# La Santa Biblia

## Con Deuterocanónicos

## VERSIÓN POPULAR
### Segunda Edición

AMERICAN BIBLE SOCIETY
NEW YORK, NY — PLANTATION, FL

III CONFERENCIA
GENERAL
DEL EPISCOPADO
LATINOAMERICANO

PUEBLA-MEXICO

## CONSEJO EPISCOPAL LATINOAMERICANO
## PRESIDENCIA

El Consejo Episcopal Latinoamericano — CELAM — mira con satisfacción la publicación completa de la Versión Popular de la Biblia en español, "Dios Habla Hoy," la cual, realizada con la colaboración de biblistas católicos, contiene, de acuerdo con nuestra petición, los libros Deuterocanónicos y está destinada a la difusión de la Palabra de Dios en América Latina.

Esperamos que por medio de esta nueva traducción la Palabra divina "se propague rápidamente y sea acogida con honor" *(2 Ts. 3.1)* en nuestro Continente, para mayor conocimiento del Señor Jesús, fidelidad de todos a su nombre y perfecta unión de los cristianos.

18 de enero de 1979

✠ ALFONSO LÓPEZ TRUJILLO
Secretario General del CELAM

---

**LA BIBLIA CON DEUTEROCANÓNICOS**
**Dios Habla Hoy**
**Segunda Edición**

Texto
Copyright © Sociedades Bíblicas Unidas 1966, 1970, 1979, 1983

Mapas
Copyright © Sociedades Bíblicas Unidas 1976, 1979

ISBN-10: 1-58516-046-6
ISBN-13: 978-1-58516-046-4

Impreso en los Estados Unidos de América
Span. Bible DHH050/DC-106295, 122093
ABS-05/12-50,000-955,000-DP9 (19)

# LA BIBLIA

Se llama Biblia al conjunto de escritos que en el judaísmo y el cristianismo se consideran de un valor religioso superior. La palabra *Biblia* se deriva del griego *biblia*, plural de *biblion*, "librito". La Biblia es, pues, una pequeña biblioteca. La Biblia que los cristianos reconocen se compone de dos grandes secciones, llamadas respectivamente Antiguo y Nuevo Testamentos. La Biblia que los judíos reconocen es el Antiguo Testamento.

Dentro del Antiguo Testamento, la tradición cristiana primitiva reconoció otros libros, conocidos como *Deuterocanónicos*, que se hallan presentes en la versión griega del Antiguo Testamento conocida como *Septuaginta* y que han sido incluidos en la presente edición (véase *Libros Deuterocanónicos. Introducción General*).

La Biblia trata de las relaciones entre Dios y el hombre. Por medio de ella Dios se revela a sí mismo y da a conocer su voluntad y su propósito redentor. Contiene, pues, la historia de la salvación. Muestra la acción poderosa de Dios en la historia humana. Esa acción se ve de modo especial en la vida de un pueblo, el pueblo de Israel. Para revelarse a los hombres, Dios se valió de seres humanos inspirados por su Espíritu Santo. Los autores de los escritos de la Biblia se sirvieron del lenguaje que hablaba el pueblo a que pertenecían y al que se dirigía el mensaje, en la época en que ellos escribían. Por eso los libros de la Biblia que forman el Antiguo Testamento se escribieron primeramente en hebreo y arameo, y los del Nuevo Testamento en griego. De esas lenguas originales se han hecho generalmente las traducciones, antiguas y modernas, a las demás lenguas del mundo.

Diversos autores escribieron los libros de la Biblia en el curso de más de mil años. Al hacerlo aprovecharon tradiciones orales y escritas que tuvieron a su alcance. La Biblia contiene poesía, en forma de poemas, himnos y cantos varios, así como declaraciones proféticas. También hay en ella narraciones de sucesos históricos y relatos que sirven de comparación o ejemplo, llamados parábolas. Hay igualmente conjuntos de leyes para la vida pública y privada, y especialmente para el culto, y para la instrucción moral y religiosa. Contiene también dichos sabios, proverbios y consejos prácticos. En el Nuevo Testamento hallamos, además, cartas escritas a iglesias, grupos e individuos.

Aun considerada simplemente como joya de la literatura universal, la Biblia es un libro incomparable. Pero para judíos y cristianos es muchísimo más: por su inspiración divina y por la suprema importancia de su tema central, es un libro único, el Libro por excelencia. Lo mismo judíos que cristianos, en el transcurso de los siglos, han escuchado en ella la voz de Dios, que les habla directamente, en su propia época y situación particular. Su mensaje ha demostrado un poder no igualado para cambiar la vida humana, así individual como social. Por eso cuantos han experimentado ese poder transformador y dan de él su testimonio al mundo, se refieren a la Biblia como la *Palabra de Dios.*

La presente edición de las Sagradas Escrituras contiene algunos materiales auxiliares importantes para el lector. Por ejemplo, una división del texto en secciones, con sus respectivos subtítulos; referencias a pasajes paralelos o semejantes, y a citas de un libro que se hacen en otro; notas al pie de página que incluyen datos de particular importancia cultural e histórica; un glosario, formado por palabras que requieren alguna explicación especial; una tabla cronológica, un índice y algunos mapas.

Los subtítulos son importantes porque ayudan a identificar el contenido general de cada sección. Las notas al margen ofrecen información sobre diferencias que ocurren en el texto y en el modo de entenderlo, con lo cual se ayuda al lector a comprender por qué ocurren diferencias entre las diversas traducciones. El sistema de referencias, preparado especialmente para esta edición, puede ser de gran ayuda para seguir al través de la Biblia temas importantes, así como para notar la forma en que sucesos y asuntos semejantes se tratan en diferentes partes de ella.

En esta edición eras referencias se citan de la siguiente manera: primero viene la abreviatura del libro donde aparece la cita paralela, luego viene el número del capítulo, seguido de un punto; después de éste vienen el número o números que indican los versículos. Cuando hay varios versículos, una coma los separa; cuando se trata de todo un pasaje, un guión separa el número del versículo con que comienza la cita, del número del versículo con que termina. Por ejemplo, Gn 3.1, significa Génesis capítulo 3, versículo 1; Gn 3.1,4, significa Génesis capítulo 3, versículos 1 y 4, o sea que no se incuyen en la cita los versículos 2 y 3; Gn 3.1–19, quiere decir Génesis capítulo 3, del versículo 1 al 19. Cuando hay varias referencias seguidas, éstas van separadas una de otra por un punto y coma. Por ejemplo: Gn 3.1–19; Ex 5.12,14; Lv 24.1–4. En los libros que sólo tienen un capítulo, se omite naturalmente el número que lo indica, el cual sería 1, y se cita directamente el versículo. Por ejemplo: Abd 2, significa Abdías versiculo 2; Flm 17, quiere decir Filemón versiculo 17.

El *Glasario* es de especial importancia porque en él se explica el significado de palabras que son extrañas o que en la Biblia tienen un sentido particular que no siempre se halla en un diccionario general de la lengua castellana.

En esta traducción se ha hecho el esfuerzo para que el lector de hoy pueda entender lo mismo que entendían los que leían o que oían leer los escritos bíblicos en la lengua y la época en que se escribieron. Para ello se ha usado un lenguaje sencillo, fácil de ser entendido por la generalidad de los lectores actuales en Hispanoamérica. Por eso esta versión se llama "popular".

Las lenguas en que se escribió la Biblia tenían, como todas las lenguas, formas propias y a veces peculiares de expresarse. Cuando éstas se traducen al pie de la letra, con frecuencia se oscurece y hasta se pierde el significado de los escritos en sus lenguas originales. Por lo tanto, a veces ha sido necesario usar otras formas de expresión con tal de conservar con toda fidelidad el significado. Además, el trabajo de traducción se ha hecho, a la vez que encomendándose a la dirección divina, a la luz de los mejores conocimientos que hoy se tienen sobre los escritos bíblicos originales. Por todo ello, esta versión puede resultar, en su manera de traducir, diferente de otras versiones.

# ÍNDICE

# ÍNDICE ALFABÉTICO DE LOS LIBROS
# Y SUS ABREVIATURAS

# ANTIGUO TESTAMENTO

La primera gran sección de la Biblia de los cristianos se conoce con el nombre de *Antiguo Testamento*. Por testamento se entiende usualmente el documento en que una persona declara su última voluntad en cuanto a sus bienes y otros asuntos personales. En el caso del Antiguo y del Nuevo Testamento, significa pacto, convenio o alianza. Esto se debe a que en el idioma griego bíblico la misma palabra, *diatheke*, significa ambas cosas, y con este doble significado se usa en He. 9.15–18. Antiguo Testamento equivale, pues, a Antiguo Pacto. Así llamó Pablo las escrituras sagradas de los judíos, refiriéndose principalmente al Pentateuco (2 Co 3.14,15). Y se le llama así porque para los cristianos contiene el antecedente, la imagen anticipada y la preparación del Nuevo Pacto encarnado en la persona de Jesucristo, de quien trata el Nuevo Testamento.

Mientras se escribía y completaba el Nuevo Testamento, los cristianos primitivos, al igual que los judíos, se referían al Antiguo simplemente como "la Escritura" o "las Escrituras". Sólo en 2 Ti 3.15 se le llama, por única vez en el Nuevo Testamento, "sagradas Escrituras".

El texto que sirve de base al Antiguo Testamento es el *masorético*. Se llama así porque es el oficialmente conservado, transmitido y autorizado por los eruditos bíblicos judíos llamados *masoretas*. El texto masorético utilizado en la presente versión es el de la *Biblia Hebraica* (3a. edición, 1937), editado por Rudolf Kittel, y cuando estuvo ya disponible, el de la *Biblia Hebraica Stuttgartensia*. El hebreo se escribía en un principio sólo con las consonantes, y a veces en los manuscritos no se veía claramente la separación entre palabra y palabra. Por eso, en algunos casos, las palabras del texto impreso se han dividido de manera diferente o se han leído con vocales diferentes. A veces los masoretas indicaban en el margen que el texto debía leerse, no como estaba escrito, sino de otro modo, así que, en ocasiones, la presente traducción ha seguido esa indicación. En otros casos se ha adoptado una variante o diferencia basada en uno o más manuscritos hebreos. Hay casos en que ningún manuscrito hebreo ofrece en un determinado pasaje un sentido satisfactorio de acuerdo con el contexto de que se trata. Entonces la traducción sigue a una o más de las versiones antiguas, como la griega (*Septuaginta*), la siriaca o la latina (*Vulgata*). Otras veces se adopta un texto reconstruido conforme a la opinión que prevalece entre las autoridades bíblicas, y que se identifica en las notas como "texto probable". Cuando la traducción se ha apartado del texto hebreo, esto se indica en la nota correspondiente.

En la Biblia hebrea, los libros se clasifican en tres grupos, llamados respectivamente la Ley, los Profetas y los Escritos. El primer grupo está formado por los primeros cinco libros (Pentateuco). En el segundo grupo se incluyen libros de historia, como los de Josué, Jueces, Samuel y Reyes. El tercer grupo comprende los libros restantes, terminando con los de Crónicas.

El Antiguo Testamento tiene relación principalmente con el pacto o alianza que Dios establece primero con los patriarcas, y después con sus descendientes, que vinieron a formar el pueblo de Israel. Dios eligió este pueblo para mostrar en él cómo se propone realizar sus designios para el género humano. En cuanto historia, el Antiguo Testamento relata cómo el pueblo de Israel fue unas veces fiel al pacto con Dios, y cómo otras veces se apartaba de él. Refiere los desastres que Israel sufría cuando caía en la infidelidad, y cómo, a pesar de todo, Dios, por su infinito amor, se mantenía fiel a sus promesas de redención, restauración y completa renovación.

En la presente edición los libros deuterocanónicos aparecen agrupados antes del Nuevo Testamento y precedidos por una introducción general.

# GÉNESIS

Génesis *significa "origen" o "comienzo". El primer libro de la Biblia relata el comienzo del universo, del género humano y de la civilización y, finalmente, el origen de Israel, el pueblo del Pacto. En tiempos en que predominaba la creencia en muchos dioses y en que las cosas creadas eran consideradas como potencias divinas, el Génesis proclamó un Dios único y eterno, creador de todo cuanto existe. Este libro establece desde el principio la relación de Dios con el hombre creado por él, a quien confía el dominio del mundo y para quien quiere el bien y la felicidad a cambio de obediencia y fidelidad. También relata el origen del pecado y el sufrimiento del hombre cuando éste prefiere su propia voluntad a la voluntad de Dios. Narra además cómo, ante la rebelión y el pecado del hombre, Dios comienza a actuar en la historia con el propósito de redimirle.*

*El libro puede considerarse dividido en dos grandes partes. La primera (capítulos 1-11) comprende la creación del universo y del hombre, el origen del pecado y del sufrimiento, los patriarcas desde Adán hasta Noé, el diluvio y el relato de la torre de Babel. La segunda (capítulos 12-50) refiere el origen de Israel, comenzando desde Abraham, Isaac y Jacob; la historia de los hijos de Jacob, José y sus hermanos; la emigración de Jacob y su familia a Egipto, y los comienzos de la nación israelita en ese país. En todo este relato, el protagonista es Dios mismo, que juzga y castiga a quienes hacen lo malo, pero protege, guía y ayuda a quienes lo aman y obedecen. Y así, habiendo comenzado este libro con la afirmación de que Dios creó el universo, concluye con la promesa de que Dios no dejará de cuidar de su pueblo.*

## La Creación

1 [1]En el comienzo de todo, Dios creó el cielo y la tierra. [2]La tierra no tenía entonces ninguna forma; todo era un mar profundo cubierto de oscuridad, y el espíritu de Dios se movía sobre el agua.

[3]Entonces Dios dijo: "¡Que haya luz!"[a,b]

Y hubo luz. [4]Al ver Dios que la luz era buena, la separó de la oscuridad [5]y la llamó "día", y a la oscuridad la llamó "noche". De este modo se completó el primer día.[1]

[6]Después Dios dijo: "Que haya una bóveda que separe las aguas, para que éstas queden separadas."

Y así fue.[2] [7]Dios hizo una bóveda que separó las aguas: una parte de ellas quedó debajo de la bóveda, y otra parte quedó arriba. [8]A la bóveda la llamó "cielo".[c] De este modo se completó el segundo día.

[9]Entonces Dios dijo: "Que el agua que está debajo del cielo se junte en un solo lugar, para que aparezca lo seco."

Y así fue. [10]A la parte seca Dios la llamó "tierra", y al agua que se había juntado la llamó "mar".

Al ver Dios que todo estaba bien, [11]dijo: "Que produzca la tierra toda clase de plantas: hierbas que den semilla y árboles que den fruto."

Y así fue. [12]La tierra produjo toda clase de plantas: hierbas que dan semilla y árboles que dan fruto. Y Dios vio que todo estaba bien. [13]De este modo se completó el tercer día.

[14-15]Entonces Dios dijo: "Que haya luces en la bóveda celeste, que alumbren la tierra y separen el día de la noche, y que sirvan también para señalar los días, los años y las fechas especiales."

Y así fue. [16]Dios hizo las dos luces: la grande para alumbrar de día y la pequeña para alumbrar de noche. También hizo las estrellas. [17]Dios puso las luces en la bóveda celeste para alumbrar la tierra [18]de día y de noche, y para separar la luz de la oscuridad, y vio que todo estaba bien. [19]De este modo se completó el cuarto día.

[20]Luego Dios dijo: "Que produzca el agua toda clase de animales, y que haya también aves que vuelen sobre la tierra."

Y así fue.[3] [21]Dios creó los grandes monstruos del mar, y todos los animales que el agua produce y que viven en ella, y todas las aves.

Al ver Dios que así estaba bien, [22]bendijo con estas palabras a los animales que había hecho: "Que tengan muchas crías y llenen los mares, y que haya muchas aves en el mundo."

[23]De este modo se completó el quinto día.

---

[1] *Lit.* Hubo tarde y hubo mañana: un día. Forma hebrea de expresar la idea de un día completo. La misma forma aparece en los vs. 8, 13, 19, 23, 31. [2] *Y así fue:* según la versión griega. En el texto hebreo esta frase aparece al final del v. 7. [3] *Y así fue:* según la versión griega. En el texto hebreo no aparece esta frase.
[a] 1.3 2 Co 4.6. [a] 1.3 2 Co 4.6. [b] 1.1-3 Jn 1.1-3. [c] 1.6-8 2 P 3.5.

²⁴Entonces Dios dijo: "Que produzca la tierra toda clase de animales: domésticos y salvajes, y los que se arrastran por el suelo."

Y así fue. ²⁵Dios hizo estos animales y vio que todo estaba bien.

²⁶Entonces dijo: "Ahora hagamos al hombre. Se parecerá a nosotros,ᵈ y tendrá poder sobre los peces, las aves, los animales domésticos y los salvajes, y sobre los que se arrastran por el suelo."

²⁷Cuando Dios creó al hombre,
lo creó parecido a Dios mismo;
hombre y mujer los creó,ᵉ
²⁸y les dio su bendición:ᶠ

"Tengan muchos, muchos hijos;
llenen el mundo y gobiérnenlo;
dominen a los peces y a las aves,
y a todos los animales que se
arrastran."*

²⁹Después les dijo: "Miren, a ustedes les doy todas las plantas de la tierra que producen semilla, y todos los árboles que dan fruto. Todo eso les servirá de alimento. ³⁰Pero a los animales salvajes, a los que se arrastran por el suelo y a las aves, les doy la hierba como alimento."

Así fue, ³¹y Dios vio que todo lo que había hecho estaba muy bien. De este modo se completó el sexto día.

2 ¹El cielo y la tierra, y todo lo que hay en ellos, quedaron terminados. ²El séptimo día terminó Dios lo que había hecho, y descansó.ᵍ ³Entonces bendijo el séptimo día y lo declaró día sagrado, porque en ese día descansó de todo su trabajo de creación.ʰ ⁴Esta es la historia de la creación del cielo y de la tierra.

### El hombre en el jardín de Edén

Cuando Dios el Señor hizo el cielo y la tierra, ⁵aún no había plantas ni había brotado la hierba, porque Dios el Señor todavía no había hecho llover sobre la tierra, ni había nadie que la trabajara. ⁶Sin embargo, de la tierra salía agua que regaba todo el terreno. ⁷Entonces Dios el Señor formó al hombreᵈ de la tierra misma, y sopló en su nariz y le dio vida. Así el hombre comenzó a vivir.**

⁸Después Dios el Señor plantó un jardín en la región de Edén, en el oriente, y puso allí al hombre que había formado. ⁹Hizo crecer también toda clase de árboles hermosos que daban fruto bueno para comer. En medio del jardín puso también el árbol de la vidaⁱ y el árbol del conocimiento del bien y del mal.

¹⁰En Edén nacía un río que regaba el jardín, y que de allí se dividía en cuatro. ¹¹El primero se llamaba Pisón, que es el que da vuelta por toda la región de Havila, donde hay oro. ¹²El oro de esa región es fino, y también hay resina fina y piedra de ónice. ¹³El segundo río se llamaba Gihón, y es el que da vuelta por toda la región de Cus. ¹⁴El tercero era el río Tigris, que es el que pasa al oriente de Asiria. Y el cuarto era el río Éufrates.

¹⁵Cuando Dios el Señor puso al hombre en el jardín de Edén para que lo cultivara y lo cuidara, ¹⁶le dio esta orden: "Puedes comer del fruto de todos los árboles del jardín, ¹⁷menos del árbol del bien y del mal. No comas del fruto de ese árbol, porque si lo comes, ciertamente morirás."ʲ

¹⁸Luego, Dios el Señor dijo: "No es bueno que el hombre esté solo. Le voy a hacer alguien que sea una ayuda adecuada para él." ¹⁹⁻²⁰Y Dios el Señor formó de la tierra todos los animales y todas las aves, y se los llevó al hombre para que les pusiera nombre. El hombre les puso nombre a todos los animales domésticos, a todas las aves y a todos los animales salvajes, y ese nombre se les quedó. Sin embargo, ninguno de ellos resultó ser la ayuda adecuada para él. ²¹Entonces Dios el Señor hizo caer al hombre en un sueño profundo y, mientras dormía, le sacó una de las costillas y le cerró otra vez la carne. ²²De esa costilla Dios el Señor hizo una mujer, y se la presentó al hombre, ²³el cual, al verla, dijo:

"¡Esta sí que es de mi propia carne y de mis propios huesos! Se va a llamar 'mujer', porque Dios la sacó del hombre."ˢ

²⁴Por eso el hombre deja a su padre y a su madre para unirse a su esposa, y los dos llegan a ser como una sola persona.ᵏ

²⁵Tanto el hombre como su mujer estaban desnudos, pero ninguno de los dos sentía vergüenza de estar así.

---

ᵈ El texto hebreo usa aquí la palabra *adam*, que se ha traducido *hombre*, y que está relacionada con la palabra *adamá*, que significa *tierra*. Pero *adam* es también el nombre propio *Adán*, y así se ha traducido en 4.25 y siguientes. ˢ En hebreo, la palabra que es este versículo corresponde a *mujer* es la forma femenina de la palabra que corresponde a *hombre*.
ᵈ 1.26 Sab 2.23; 1 Co 11.7. ᵉ 1.27 Mt 19.4; Mr 10.6. ᶠ 1.27-28 Gn 5.1-2. * 1.28 Eclo 17.2-4; Sab 9.2-3; 10.2. ᵍ 2.2 Ex 20.11; He 4.4,10. ʰ 2.2-3 Ex 20.11. ** 2.7 Sab 15.11. ⁱ 2.9 Ap 2.7; 22.2,14. ʲ 2.17 Ro 6.23. ᵏ 2.24 Mt 19.5; Mr 10.7-8; 1 Co 6.16; Ef 5.31.

### Adán y Eva desobedecen a Dios

**3** [1] La serpiente[l] era más astuta que todos los animales salvajes que Dios el Señor había creado, y le preguntó a la mujer:

—¿Así que Dios les ha dicho que no coman del fruto de ningún árbol del jardín?

[2] Y la mujer le contestó:

—Podemos comer del fruto de cualquier árbol, [3] menos del árbol que está en medio del jardín. Dios nos ha dicho que no debemos comer ni tocar el fruto de ese árbol, porque si lo hacemos, moriremos.

[4] Pero la serpiente le dijo a la mujer:

—No es cierto. No morirán. [5] Dios sabe muy bien que cuando ustedes coman del fruto de ese árbol podrán saber lo que es bueno y lo que es malo, y que entonces serán como Dios.

[6] La mujer vio que el fruto del árbol era hermoso, y le dieron ganas de comerlo y de llegar a tener entendimiento. Así que cortó uno de los frutos y se lo comió. Luego le dio a su esposo, y él también comió.[m] [7] En ese momento se les abrieron los ojos, y los dos se dieron cuenta de que estaban desnudos. Entonces cosieron hojas de higuera y se cubrieron con ellas.

[8] El hombre y su mujer escucharon que Dios el Señor andaba por el jardín a la hora en que sopla el viento de la tarde, y corrieron a esconderse de él entre los árboles del jardín. [9] Pero Dios el Señor llamó al hombre y le preguntó:

—¿Dónde estás?

[10] El hombre contestó:

—Escuché que andabas por el jardín y tuve miedo, porque estoy desnudo; por eso me escondí.

[11] Entonces Dios le preguntó:

—¿Y quién te ha dicho que estás desnudo? ¿Acaso has comido del fruto del árbol del que te dije que no comieras?

[12] El hombre contestó:

—La mujer que me diste por compañera me dio de ese fruto, y yo lo comí.

[13] Entonces Dios el Señor le preguntó a la mujer:

—¿Por qué lo hiciste?

Y ella respondió:

—La serpiente me engañó,[n] y por eso comí del fruto.

[14] Entonces Dios el Señor dijo a la serpiente:

—Por esto que has hecho, maldita serás entre todos los demás animales. De hoy en adelante caminarás arrastrándote y comerás tierra. [15] Haré que tú y la mujer sean enemigas, lo mismo que tu descendencia y su descendencia.[ñ] Su descendencia te aplastará la cabeza, y tú le morderás el talón.

[16] A la mujer le dijo:

—Aumentaré tus dolores cuando tengas hijos, y con dolor los darás a luz. Pero tu deseo te llevará a tu marido, y él tendrá autoridad sobre ti.

[17] Al hombre le dijo:

—Como le hiciste caso a tu mujer y comiste del fruto del árbol del que te dije que no comieras, ahora la tierra va a estar bajo maldición por tu culpa; con duro trabajo la harás producir tu alimento durante toda tu vida. [18] La tierra te dará espinos y cardos,[o] y tendrás que comer plantas silvestres. [19] Te ganarás el pan con el sudor de tu frente, hasta que vuelvas a la misma tierra de la cual fuiste formado, pues tierra eres y en tierra te convertirás.

[20] El hombre llamó Eva[6] a su mujer, pues ella fue la madre de todos los que viven. [21] Dios el Señor hizo ropa de pieles de animales para que el hombre y su mujer se vistieran, [22] y dijo: "Ahora el hombre se ha vuelto como uno de nosotros, pues sabe lo que es bueno y lo que es malo. No vaya a tomar también del fruto del árbol de la vida,[p] y lo coma y viva para siempre."

[23] Por eso Dios el Señor sacó al hombre del jardín de Edén, y lo puso a trabajar la tierra de la cual había sido formado. [24] Después de haber sacado al hombre, puso al oriente del jardín unos seres alados y una espada ardiendo que daba vueltas hacia todos lados, para evitar que nadie llegara al árbol de la vida.

### Caín y Abel

**4** [1] El hombre se unió con su esposa Eva. Ella quedó embarazada y dio a luz a su hijo Caín,[7] y dijo: "Ya tengo un hijo varón. El Señor me lo ha dado." [2] Después dio a luz a Abel, hermano de Caín. Abel se dedicó a criar ovejas, y Caín se dedicó a cultivar la tierra.

[3] Pasó el tiempo, y un día Caín llevó al Señor una ofrenda del producto de su cosecha. [4] También Abel llevó al Señor las primeras y mejores crías de sus ovejas. El

---

6 En hebreo, *Eva* y la palabra que significa *vida* tienen un sonido parecido. 7 En hebreo, *Caín* y el verbo que significa *llegar a tener* tienen un sonido parecido.
*l* 3.1 Ap 12.9; 20.2. *m* 3.1-6 Sab 2.24; Ro 5.12. *n* 3.13 2 Co 11.3; 1 Ti 2.14. *ñ* 3.15 Ap 12.17. *o* 3.17-18 Ro 8.20; He 6.8. *p* 3.22 Ap 22.14.

Señor miró con agrado a Abel y a su ofrenda,[q] [5]pero no miró así a Caín ni a su ofrenda, por lo que Caín se enojó muchísimo y puso muy mala cara. [6]Entonces el Señor le dijo: ''¿Por qué te enojas y pones tan mala cara? [7]Si hicieras lo bueno, podrías levantar la cara; pero como no lo haces, el pecado está esperando el momento de dominarte. Sin embargo, tú puedes dominarlo a él.''

[8]Un día, Caín invitó a su hermano Abel a dar un paseo,[8] y cuando los dos estaban ya en el campo, Caín atacó a su hermano Abel y lo mató.[r] [9]Entonces el Señor le preguntó a Caín:

—¿Dónde está tu hermano Abel?

Y Caín contestó:

—No lo sé. ¿Acaso es mi obligación cuidar de él?

[10]El Señor le dijo:

—¿Por qué has hecho esto? La sangre de tu hermano, que has derramado en la tierra, me pide a gritos que yo haga justicia.[s] [11]Por eso, quedarás maldito y expulsado de la tierra que se ha bebido la sangre de tu hermano, a quien tú mataste. [12]Aunque trabajes la tierra, no volverá a darte sus frutos. Andarás vagando por el mundo, sin poder descansar jamás.

[13]Entonces Caín respondió al Señor:

—Yo no puedo soportar un castigo tan grande. [14]Hoy me has echado fuera de esta tierra, y tendré que vagar por el mundo lejos de tu presencia, sin poder descansar jamás. Y así, cualquiera que me encuentre me matará.

[15]Pero el Señor le contestó:

—Pues si alguien te mata, será castigado siete veces.

Entonces el Señor le puso una señal a Caín, para que el que lo encontrara no lo matara. [16]Caín se fue del lugar donde había estado hablando con el Señor, y se quedó a vivir en la región de Nod,[9] que está al oriente de Edén.

### Los descendientes de Caín

[17]Caín se unió con su mujer, y ella quedó embarazada y dio a luz a Enoc. Luego Caín fundó una ciudad, a la que le puso por nombre Enoc, como a su hijo. [18]Enoc fue el padre de Irad, Irad fue el padre de Mehujael, Mehujael fue el padre de Metusael, y Metusael fue el padre de Lamec. [19]Lamec tuvo dos esposas: una de ellas se llamaba Ada, y la otra se llamaba Zila. [20]Ada dio a luz a Jabal, de quien descienden los que viven en tiendas de campaña y crían ganado. [21]Jabal tuvo un hermano llamado Jubal, de quien descienden todos los que tocan el arpa y la flauta. [22]Por su parte, Zila dio a luz a Tubal-caín, que fue herrero y hacía objetos de bronce y de hierro. Tubal-caín tuvo una hermana que se llamaba Naama.

[23]Un día, Lamec les dijo a sus esposas Ada y Zila:

''Escuchen bien lo que les digo:
he matado a un hombre por herirme,
a un muchacho por golpearme.
[24]Si a Caín lo vengarán siete veces,
a mí tendrán que vengarme
setenta y siete veces.''

### El tercer hijo de Adán y Eva

[25]Adán[10] volvió a unirse con su esposa, y ella tuvo un hijo al que llamó Set,[11] pues dijo: ''Dios me ha dado otro hijo en lugar de Abel, al que Caín mató.'' [26]También Set tuvo un hijo, al que llamó Enós. Desde entonces se comenzó a invocar el nombre del Señor.

### Los descendientes de Adán
#### (1 Cr 1.1-4)

5 [1]Esta es la lista de los descendientes de Adán. Cuando Dios creó al hombre, lo hizo parecido a Dios mismo; [2]los creó hombre y mujer,[t] y les dio su bendición.[u] El día en que fueron creados, Dios dijo: ''Se llamarán hombres.''

[3]Adán tenía ciento treinta años cuando nació su hijo, al que llamó Set, y que era parecido a él en todo. [4]Después de esto, Adán vivió ochocientos años más, y tuvo otros hijos e hijas; [5]así que vivió novecientos treinta años en total. A esa edad murió.

[6]Set tenía ciento cinco años cuando nació su hijo Enós. [7]Después de esto, Set vivió ochocientos siete años más, y tuvo otros hijos e hijas; [8]así que vivió novecientos doce años en total. A esa edad murió.

[9]Enós tenía noventa años cuando nació su hijo Cainán. [10]Después de esto, Enós vivió ochocientos quince años más, y tuvo otros hijos e hijas; [11]así que vivió novecientos cinco años en total. A esa edad murió.

[8] A dar un paseo: según varias versiones antiguas. En el texto hebreo no aparece esta frase.   [9] En hebreo, Nod y el verbo que significa vagar tienen un sonido parecido.   [10] Véase nota en 2.7.   [11] En hebreo, Set y el verbo que significa él ha dado tienen un sonido parecido.
[q] 4.4 He 11.4.   [r] 4.8 Sab 10.3; Mt 23.35; Lc 11.51; 1 Jn 3.12.   [s] 4.10 He 12.24.   [t] 5.2 Mt 19.4; Mr 10.6.   [u] 5.1-2 Gn 1.27-28.

¹²Cainán tenía setenta años cuando nació su hijo Mahalaleel. ¹³Después de esto, Cainán vivió ochocientos cuarenta años más, y tuvo otros hijos e hijas; ¹⁴así que vivió novecientos diez años en total. A esa edad murió.

¹⁵Mahalaleel tenía sesenta y cinco años cuando nació su hijo Jared. ¹⁶Después de esto, Mahalaleel vivió ochocientos treinta años más; y tuvo otros hijos e hijas; ¹⁷así que vivió ochocientos noventa y cinco años en total. A esa edad murió.

¹⁸Jared tenía ciento sesenta y dos años cuando nació su hijo Enoc. ¹⁹Después de esto, Jared vivió ochocientos años más, y tuvo otros hijos e hijas; ²⁰así que vivió novecientos sesenta y dos años en total. A esa edad murió.

²¹Enoc tenía sesenta y cinco años de edad cuando nació su hijo Matusalén. ²²Enoc vivió de acuerdo con la voluntad de Dios. Después que Matusalén nació, Enoc vivió trescientos años más, y tuvo otros hijos e hijas; ²³así que vivió trescientos sesenta y cinco años en total. ²⁴Como Enoc vivió de acuerdo con la voluntad de Dios, un día desapareció porque Dios se lo llevó.ᵛ

²⁵Matusalén tenía ciento ochenta y siete años cuando nació su hijo Lamec. ²⁶Después de esto, Matusalén vivió setecientos ochenta y dos años más, y tuvo otros hijos e hijas; ²⁷así que vivió novecientos sesenta y nueve años en total. A esa edad murió.

²⁸Lamec tenía ciento ochenta y dos años cuando nació un hijo suyo, ²⁹al que llamó Noé, ¹² porque dijo: "El Señor maldijo la tierra, y tenemos que trabajar muy duro para cultivarla; pero este niño nos hará descansar." ³⁰Después que Noé nació, Lamec vivió quinientos noventa y cinco años más, y tuvo otros hijos e hijas; ³¹así que vivió setecientos setenta y siete años en total. A esa edad murió.

³²Noé tenía ya quinientos años cuando nacieron sus hijos Sem, Cam y Jafet.

### La maldad de los hombres

**6** ¹Cuando los hombres comenzaron a poblar la tierra y tuvieron hijas, ²los hijos de Dios vieron que estas mujeres eran hermosas. Entonces escogieron entre todas ellas, y se casaron con las que quisieron. ³Pero el Señor dijo: "No voy a dejar que el hombre viva para siempre, porque él no es más que carne. Así que vivirá solamente ciento veinte años."

⁴Los gigantesʷ aparecieron en la tierra cuando los hijos de Dios se unieron con las hijas de los hombres para tener hijos con ellas, y también después. Ellos fueron los famosos héroes de los tiempos antiguos.

⁵El Señor vio que era demasiada la maldad del hombre en la tierra y que éste siempre estaba pensando en hacer lo malo, ⁶y le pesó haber hecho al hombre. Con mucho dolor ⁷dijo: "Voy a borrar de la tierra al hombre que he creado, y también a todos los animales domésticos, y a los que se arrastran, y a las aves. ¡Me pesa haberlos hecho!"

⁸Sin embargo, el Señor miraba a Noé con buenos ojos.ˣ

### La barca de Noé

⁹Esta es la historia de Noé.

Noé era un hombre muy bueno, que siempre obedecía a Dios. Entre los hombres de su tiempo, sólo él vivía de acuerdo con la voluntad de Dios.ʸ ¹⁰Noé tuvo tres hijos, que fueron Sem, Cam y Jafet.

¹¹Para Dios, la tierra estaba llena de maldad y violencia, ¹²pues toda la gente se había pervertido. Al ver Dios que había tanta maldad en la tierra, ¹³le dijo a Noé: "He decidido terminar con toda la gente. Por su culpa hay mucha violencia en el mundo, así que voy a destruirlos a ellos y al mundo entero. ¹⁴Construye una barca¹³ de madera resinosa, haz cuartos en ella, y tapa con brea todas las rendijas de la barca por dentro y por fuera, para que no le entre agua. ¹⁵Haz la barca de estas medidas: ciento treinta y cinco metros de largo, veintidós metros y medio de ancho, y trece metros y medio de alto. ¹⁶Hazla de tres pisos, con una ventana como a medio metro del techo, y con una puerta en uno de los lados. ¹⁷Yo voy a mandar un diluvio que inundará la tierra y destruirá todo lo que tiene vida en todas partes del mundo. Todo lo que hay en la tierra morirá. ¹⁸Pero contigo estableceré mi pacto, y en la barca entrarán tus hijos, tu esposa, tus nueras y tú. ¹⁹También llevarás a la barca un macho y una hembra de todos los animales que hay en el mundo, para que queden con vida igual que tú. ²⁰Contigo entrarán en la barca dos animales de cada clase: tanto de las aves y animales

---

*¹²* En hebreo, *Noé* y la palabra que significa *descanso* tienen un sonido parecido. *¹³ Barca:* Lit. *cofre.*
*ᵛ* **5.24** Eclo 44.16; 49.14; Sab 4.10-11; He 11.5; Jud 14. *ʷ* **6.4** Nm 13.33; Sab 14.6; Bar 3.26-28. *ˣ* **6.5-8** Mt 24.37; Lc 17.26; 1 P 3.20. *ʸ* **6.9** Eclo 44.17; Sab 10.4; 2 P 2.5.

domésticos, como de los que se arrastran por el suelo, para que puedan seguir viviendo. ²¹Junta además toda clase de alimentos y guárdalos, para que tú y los animales tengan qué comer.''

²²Y Noé hizo todo tal como Dios se lo había ordenado.ᶻ

## El diluvio

**7** ¹Después el Señor le dijo a Noé: "Entre toda la gente de este tiempo, sólo tú vives de acuerdo con mi voluntad. Por lo tanto, entra en la barca junto con tu familia. ²Toma siete machos y siete hembras de todo animal puro, pero sólo un macho y una hembra de los impuros. ³Toma también siete parejas de cada clase de aves, para que se conserve su especie en el mundo, ⁴porque dentro de siete días haré que llueva durante cuarenta días y cuarenta noches. ¡Voy a borrar de la tierra todo lo que vive, y que yo he creado!'' ⁵Y Noé hizo todo tal como el Señor se lo había ordenado.

⁶Cuando el diluvio inundó la tierra, Noé tenía seiscientos años. ⁷Y entró Noé en la barcaᵃ junto con sus hijos, su esposa y sus nueras, para protegerse del diluvio. ⁸Los animales puros e impuros, los que vuelan y los que se arrastran, ⁹entraron con Noé en la barca, de dos en dos, macho y hembra, como Dios se lo había ordenado.

¹⁰A los siete días, el diluvio comenzó a inundar la tierra. ¹¹Era el día diecisiete del mes segundo. Noé tenía entonces seiscientos años. Precisamente en ese día, se reventaron las fuentes del gran mar abajo, y se abrieron las compuertas del cielo arriba.ᵇ ¹²Cuarenta días y cuarenta noches estuvo lloviendo sobre la tierra. ¹³En aquel mismo día entró Noé en la barca con sus hijos Sem, Cam y Jafet, y con su esposa y sus tres nueras. ¹⁴Con ellos entraron toda clase de animales salvajes y domésticos, y toda clase de animales que se arrastran y de aves. ¹⁵Todos los animales entraron con Noé en la barca, de dos en dos. ¹⁶Entraron un macho y una hembra de cada clase, tal como Dios se lo había ordenado a Noé, y después el Señor cerró la puerta de la barca.

¹⁷El diluvio duró cuarenta días. Al subir el agua, la barca se levantó del suelo y comenzó a flotar. ¹⁸El agua seguía subiendo más y más, pero la barca seguía flotando. ¹⁹Tanto subió el agua, que llegó a cubrir las montañas más altas de la tierra; ²⁰y después de haber cubierto las montañas, subió todavía como siete metros más. ²¹Así murió toda la gente que vivía en la tierra, lo mismo que las aves, los animales domésticos y salvajes, y los que se arrastran por el suelo. ²²Todo lo que había en tierra firme, y que tenía vida y podía respirar, murió. ²³Solamente Noé y los que estaban en la barca quedaron vivos; los demás fueron destruidos: el hombre, los animales domésticos, las aves del cielo y los animales que se arrastran; ²⁴pues la tierra quedó inundada durante ciento cincuenta días.

## Fin del diluvio

**8** ¹Entonces Dios se acordó de Noé y de todos los animales que estaban con él en la barca. Hizo que el viento soplara sobre la tierra, y el agua comenzó a bajar; ²se cerraron las fuentes del mar profundo y también las compuertas del cielo. Dejó de llover, ³y el agua comenzó a bajar poco a poco. Al cabo de ciento cincuenta días, el agua ya iba bajando, ⁴y el día diecisiete del mes séptimo la barca se detuvo sobre las montañas de Ararat. ⁵El agua siguió bajando, y el primer día del mes décimo ya se podían ver las partes más altas de los montes.

⁶Después de cuarenta días, Noé abrió la ventana de la barca que había hecho ⁷y soltó un cuervo; pero el cuervo volaba de un lado para otro, esperando que la tierra se secara. ⁸Después del cuervo, Noé soltó una paloma para ver si la tierra ya estaba seca; ⁹pero la paloma regresó a la barca porque no encontró ningún lugar donde descansar, pues la tierra todavía estaba cubierta de agua. Así que Noé sacó la mano, tomó la paloma y la hizo entrar en la barca.

¹⁰Noé esperó otros siete días, y volvió a soltar la paloma. ¹¹Ya empezaba a anochecer cuando la paloma regresó, trayendo una ramita de olivo en el pico. Noé se dio cuenta de que la tierra se iba secando. ¹²Esperó siete días más, y volvió a enviar la paloma; pero la paloma ya no regresó.

¹³Cuando Noé tenía seiscientos un años, la tierra quedó seca. El primer día del mes primero, Noé quitó el techo de la barca y vio que la tierra estaba seca. ¹⁴Para el día veintisiete del mes segundo, la tierra estaba ya bien seca. ¹⁵Entonces

ᶻ 6.22 He 11.7.    ᵃ 7.7 Sab 14.6; Mt 24.38-39; Lc 17.27.    ᵇ 7.11 2 P 3.6.

Dios le dijo a Noé: [16]"Sal de la barca, junto con tu esposa, tus hijos y tus nueras. [17]Saca también a todos los animales que están contigo: las aves, los animales domésticos y los que se arrastran por el suelo, para que se vayan por toda la tierra y tengan muchas crías y llenen el mundo."

[18]Entonces Noé y su esposa, y sus hijos y nueras, salieron de la barca. [19]También salieron todos los animales domésticos y salvajes, los que se arrastran y los que vuelan. [20]Luego Noé construyó un altar en honor del Señor, tomó animales y aves puros, uno de cada clase, y los ofreció en holocausto al Señor. [21]Cuando al Señor le llegó este olor tan agradable, dijo: "Nunca más volveré a maldecir la tierra por culpa del hombre, porque desde joven el hombre sólo piensa en hacer lo malo. Tampoco volveré a destruir a todos los animales, como lo hice esta vez.

[22]"Mientras el mundo exista,
    habrá siembra y cosecha;
    hará calor y frío,
    habrá invierno y verano
    y días con sus noches."

## El pacto de Dios con Noé

**9** [1]Dios bendijo a Noé y a sus hijos, con estas palabras: "Tengan muchos hijos y llenen la tierra.[c] [2]Todos los animales del mundo temblarán de miedo delante de ustedes. Todos los animales en el aire, en la tierra y en el mar, están bajo su poder. [3]Pueden comer todos los animales y verduras que quieran. Yo se los doy. [4]Pero hay una cosa que no deben comer: carne con sangre, porque en la sangre está la vida.[d] [5]Yo pediré cuentas a cada hombre y a cada animal de la sangre de cada uno de ustedes. A cada hombre le pediré cuentas de la vida de su prójimo.

[6]"Si alguien mata a un hombre,[e]
    otro hombre lo matará a él,
    pues el hombre ha sido creado
    parecido a Dios mismo.[f]
[7]Pero ustedes, ¡tengan muchos hijos
    y llenen el mundo con ellos!"[g]

[8]Dios también les dijo a Noé y a sus hijos: [9]"Miren, yo voy a establecer mi pacto con ustedes y con sus descendientes, [10]y con todos los animales que están con ustedes y que salieron de la barca: aves y animales domésticos y salvajes, y con todos los animales del mundo. [11]Mi pacto con ustedes no cambiará: no volveré a destruir a los hombres y animales con un diluvio. Ya no volverá a haber otro diluvio que destruya la tierra. [12]Esta es la señal del pacto que para siempre hago con ustedes y con todos los animales: [13]he puesto mi arco iris en las nubes, y servirá como señal del pacto que hago con la tierra. [14]Cuando yo haga venir nubes sobre la tierra, mi arco iris aparecerá entre ellas. [15]Entonces me acordaré del pacto que he hecho con ustedes y con todos los animales, y ya no volverá a haber ningún diluvio que los destruya. [16]Cuando el arco iris esté entre las nubes, yo lo veré y me acordaré del pacto que he hecho para siempre con todo hombre y todo animal que hay en el mundo. [17]Esta es la señal del pacto que yo he establecido con todo hombre y animal aquí en la tierra." Así habló Dios con Noé. *

## Noé y sus hijos

[18]Los hijos de Noé que salieron de la barca fueron Sem, Cam, padre de Canaán, y Jafet. [19]Estos fueron los tres hijos de Noé, y con sus descendientes se volvió a poblar la tierra.

[20]Noé comenzó a cultivar la tierra, y plantó una viña. [21]Un día Noé bebió vino y se emborrachó, y se quedó tirado y desnudo en medio de su tienda de campaña. [22]Cuando Cam, o sea el padre de Canaán, vio a su padre desnudo, salió a contárselo a sus dos hermanos. [23]Entonces Sem y Jafet tomaron una capa, se la pusieron sobre sus propios hombros, y con ella cubrieron a su padre. Para no verlo desnudo, se fueron caminando hacia atrás y mirando a otro lado.

[24]Cuando Noé despertó de su borrachera y supo lo que su hijo menor había hecho con él, [25]dijo:

"¡Maldito sea Canaán!
    ¡Será el esclavo más bajo
    de sus dos hermanos!"

[26]Luego añadió:

"Que el Señor mi Dios bendiga a Sem,
    y que Canaán sea su esclavo.
[27]Dios permita que Jafet pueda extenderse;

c 9.1 Gn 1.28.   d 9.4 Lv 7.26-27; 17.10-14; 19.26; Dt 12.16,23; 15.23.   e 9.6 Ex 20.13.   f 9.6 Gn 1.26.   g 9.7 Gn 1.28.
* 9.9-17 Eclo 44.18.

que viva en los campamentos de Sem, y que Canaán sea su esclavo."

28Después del diluvio, Noé vivió todavía trescientos cincuenta años; 29así que murió cuando tenía novecientos cincuenta años.

## Los descendientes de Noé
*(1 Cr 1.5-23)*

10 1Estos son los descendientes de Sem, Cam y Jafet, los hijos de Noé, que después del diluvio tuvieron sus propios hijos.
2Los hijos de Jafet fueron Gomer, Magog, Madai, Javán, Tubal, Mesec y Tiras. 3Los hijos de Gomer fueron Askenaz, Rifat y Togarma. 4Los hijos de Javán fueron Elisa, Tarsis, Quitim y Rodanim.14 5Estos fueron los descendientes de Jafet 15 que poblaron las costas, cada nación y clan en su propia tierra y con su propio idioma.

6Los hijos de Cam fueron Cus, Mizraim, Fut y Canaán. 7Los hijos de Cus fueron Seba, Havila, Sabta, Raama y Sabteca. Los hijos de Raama fueron Seba y Dedán. 8Cus fue el padre de Nimrod, el primer hombre poderoso de la tierra. 9Nimrod, por la voluntad del Señor, fue un gran cazador. De ahí viene el dicho: "Igual a Nimrod, que por la voluntad del Señor fue un gran cazador." 10Las principales ciudades de su reino fueron Babel, Erec, Acad y Calne, 16 en la región de Sinar. 11De esta región salió Asur, que construyó las ciudades de Nínive, Rehobot-Ir, Cala 12y la gran ciudad de Resén, que está entre Nínive y Cala.

13De Mizraim descienden los ludeos, los anameos, los lehabitas, los naftuhítas, 14los patruseos, los casluhítas y los caftoritas, de quienes descienden los filisteos. 15Canaán fue padre de Sidón, su primer hijo, y de Het. 16De Canaán descienden los jebuseos, amorreos, gergeseos, 17heveos, araceos, sineos, 18arvadeos, zemareos y hamateos. Después, todos los clanes cananeos se dispersaron. 19El territorio de los cananeos llegó a extenderse en dirección a la región de Gerar, desde la ciudad de Sidón hasta el pueblo de Gaza, y en dirección de las ciudades de Sodoma,

Gomorra, Adma y Zeboim, hasta el pueblo de Lasa. 20Estos fueron los descendientes de Cam, cada nación y clan en su propia tierra y con su propio idioma.

21Sem, que fue el hermano mayor de Jafet, también tuvo hijos. Todos los hijos de Heber fueron descendientes de Sem. 22Los hijos de Sem fueron Elam, Asur, Arfaxad, Lud y Aram. 23Los hijos de Aram fueron Uz, Hul, Geter y Mas. 24Arfaxad fue el padre de Sala, y Sala fue el padre de Heber. 25Después Heber tuvo dos hijos: uno de ellos se llamaba Peleg,17 porque en su tiempo la gente de la tierra se dividió; y el hermano de Peleg se llamaba Joctán. 26Joctán fue el padre de Almodad, Selef, Hazar-mavet, Jera, 27Adoram, Uzal, Dicla, 28Obal, Abimael, Seba, 29Ofir, Havila y Jobab. Todos estos fueron hijos de Joctán, 30y vivieron en las tierras que se extienden desde la región de Mesa hasta la de Sefar; y en la región montañosa del oriente. 31Estos fueron los descendientes de Sem, cada nación y clan en su propia tierra y con su propio idioma.

32Estos son los clanes de los hijos de Noé, según sus diferentes líneas de descendientes y sus territorios. Después del diluvio, se esparcieron por todas partes y formaron las naciones del mundo.

## La torre de Babel

11 1En aquel tiempo todo el mundo hablaba el mismo idioma. 2Cuando salieron de la región oriental, encontraron una llanura en la región de Sinar y allí se quedaron a vivir. 3Un día se dijeron unos a otros: "Vamos a hacer ladrillos y a cocerlos en el fuego." Así, usaron ladrillos en lugar de piedras y asfalto natural en lugar de mezcla. 4Después dijeron: "Vengan, vamos a construir una ciudad y una torre que llegue hasta el cielo. De este modo nos haremos famosos y no tendremos que dispersarnos por toda la tierra."

5Pero el Señor bajó a ver la ciudad y la torre que los hombres estaban construyendo, 6y pensó: "Ellos son un solo pueblo y hablan un solo idioma; por eso han comenzado este trabajo, y ahora por nada del mundo van a dejar de hacerlo. 7Es mejor que bajemos a confundir su idioma, para que no se entiendan entre ellos."

---

14 *Rodanim:* según varios mss. y 1 Cr 1.7. Heb. *Dodanim.*   15 *Estos fueron los descendientes de Jafet:* Cf. vrs. 20, 31. En el texto hebreo no aparece esta frase.   16 *Calne:* lugar no identificado. El texto hebreo puede también traducirse: ... *y Acad, todas ellas en la región*...   17 Como en hebreo *Peleg* significa *división,* aquí hay un juego de palabras con el verbo *dividir.*

⁸Así fue como el Señor los dispersó por toda la tierra, y ellos dejaron de construir la ciudad. ⁹En ese lugar el Señor confundió el idioma de todos los habitantes de la tierra, y de allí los dispersó por todo el mundo. Por eso la ciudad se llamó Babel.¹⁸

## Los descendientes de Sem
### (1 Cr 1.24-27)

¹⁰Estos fueron los descendientes de Sem. Dos años después del diluvio, cuando Sem tenía cien años, nació su hijo Arfaxad. ¹¹Después de esto, Sem vivió quinientos años más, y tuvo otros hijos e hijas.

¹²Arfaxad tenía treinta y cinco años cuando nació su hijo Sala. ¹³Después de esto, Arfaxad vivió cuatrocientos tres años más, y tuvo otros hijos e hijas.

¹⁴Sala tenía treinta años cuando nació su hijo Heber. ¹⁵Después de esto, Sala vivió cuatrocientos tres años más, y tuvo otros hijos e hijas.

¹⁶Heber tenía treinta y cuatro años cuando nació su hijo Peleg. ¹⁷Después de esto, Heber vivió cuatrocientos treinta años más, y tuvo otros hijos e hijas.

¹⁸Peleg tenía treinta años cuando nació su hijo Reu. ¹⁹Después de esto, Peleg vivió doscientos nueve años más, y tuvo otros hijos e hijas.

²⁰Reu tenía treinta y dos años cuando nació su hijo Serug. ²¹Después de esto, Reu vivió doscientos siete años más, y tuvo otros hijos e hijas.

²²Serug tenía treinta años cuando nació su hijo Nacor. ²³Después de esto, Serug vivió doscientos años más, y tuvo otros hijos e hijas.

²⁴Nacor tenía veintinueve años cuando nació su hijo Taré. ²⁵Después de esto, Nacor vivió ciento diecinueve años más, y tuvo otros hijos e hijas.

²⁶Taré tenía ya setenta años cuando nacieron sus hijos Abram, Nacor y Harán.

## Los descendientes de Taré

²⁷Estos son los descendientes de Taré, que fue el padre de Abram, Nacor y Harán. Harán, el padre de Lot, ²⁸murió en Ur de Caldea, antes que su padre Taré. Murió en el mismo lugar donde había nacido.

²⁹Abram se casó con Sarai, y Nacor se casó con Milca, que era hija de Harán y hermana de Isca. ³⁰Sarai no podía tener hijos porque era estéril. ³¹Taré salió de Ur de los caldeos para ir a la tierra de Canaán, y se llevó con él a su hijo Abram, a su nieto Lot y a su nuera Sarai. Sin embargo, cuando llegaron a la ciudad de Harán, se quedaron a vivir allí. ³²Y Taré murió en Harán a la edad de doscientos cinco años.

## Dios llama a Abram

**12** ¹Un día el Señor le dijo a Abram: "Deja tu tierra, tus parientes y la casa de tu padre, para ir a la tierra que yo te voy a mostrar.ʰ ²Con tus descendientes voy a formar una gran nación; voy a bendecirte y hacerte famoso, y serás una bendición para otros. ³Bendeciré a los que te bendigan y maldeciré a los que te maldigan; por medio de ti bendeciré a todas las familias del mundo."ⁱ

⁴Abram salió de Harán tal como el Señor se lo había ordenado. Tenía setenta y cinco años cuando salió de allá para ir a la tierra de Canaán. ⁵Con él se llevó a su esposa Sarai y a su sobrino Lot, y también todas las cosas que tenían y la gente que habían adquirido en Harán. Cuando llegaron a Canaán, ⁶Abram atravesó toda esa región hasta llegar a Siquem, donde está la encina sagrada de More. Los cananeos vivían entonces en aquella región. ⁷Allí el Señor se le apareció y le dijo: "Esta tierra se la voy a dar a tu descendencia."ʲ

Entonces Abram construyó un altar en honor del Señor, porque allí se le había aparecido. ⁸Luego se fue a la región montañosa que está al este de la ciudad de Betel, y allí puso su campamento. Betel quedaba al oeste de donde él había acampado, y la ciudad de Hai al este. En ese lugar Abram construyó otro altar e invocó el nombre del Señor. ⁹Después siguió su camino, poco a poco, hacia la región del Néguev.

## Abram en Egipto

¹⁰Por aquel entonces hubo una gran escasez de alimentos en toda aquella región, y Abram se fue a vivir a Egipto durante algún tiempo, pues no había nada de comer en el lugar donde vivía. ¹¹Cuando ya estaba llegando a Egipto,

---

¹⁸ En hebreo, *Babel* y la palabra que significa *confusión* tienen un sonido parecido.
ʰ **12.1** Sab 10.5; Hch 7.2-3; He 11.8. ⁱ **12.3** Eclo 44.21; Hch 3.25; Gá 3.8. ʲ **12.7** Hch 7.5; Gá 3.16.

Abram le dijo a su esposa Sarai: "Mira, yo sé bien que tú eres una mujer hermosa, [12]y que cuando los egipcios te vean, van a decir: 'Esta mujer es la esposa de ese hombre.' Entonces a mí me matarán, y a ti te dejarán con vida para quedarse contigo. [13]Por eso, para que me vaya bien y no me maten por causa tuya, diles por favor que eres mi hermana."[k]

[14]Cuando Abram llegó a Egipto, los egipcios vieron que Sarai era muy hermosa. [15]También la vieron los funcionarios del faraón, el rey de Egipto, y le fueron a decir que aquella mujer era muy hermosa. Entonces la llevaron al palacio del faraón.

[16]Por causa de Sarai, el faraón trató muy bien a Abram. Le regaló ovejas, vacas, esclavos, esclavas, asnos y camellos. [17]Pero también por causa de Sarai, el Señor castigó al faraón y a su familia con grandes plagas. [18]Por eso el faraón mandó llamar a Abram, y le dijo: "¿Por qué me has hecho esto? ¿Por qué no me dijiste que esta mujer es tu esposa? [19]Tú dijiste que era tu hermana, y yo pude haberla tomado por esposa. Anda, aquí la tienes. ¡Tómala y vete!" [20]Entonces el faraón ordenó a sus hombres que hicieran salir de Egipto a Abram, junto con su esposa y con todo lo que tenía.

### Abram y Lot se separan

**13** [1]Cuando Abram salió de Egipto, con su esposa y con todo lo que tenía, regresó a la región del Néguev. Su sobrino Lot se fue con ellos. [2]Abram era muy rico, pues tenía oro, plata y muchos animales. [3]Del Néguev regresó poco a poco, hasta llegar al pueblo de Betel, y de ahí se fue al lugar donde había acampado primero, entre Betel y Hai. [4]Ese era el lugar donde antes había construido un altar, y allí invocó el nombre del Señor.

[5]Lot también era muy rico, pues, al igual que su tío Abram, tenía muchas ovejas y vacas, y gente que acampaba con él; [6]pero el lugar donde estaban no bastaba para alimentar a tantos animales. Ya no podían vivir juntos, [7]pues los que cuidaban el ganado de Abram se peleaban con los que cuidaban el ganado de Lot. Además, en aquel tiempo, los cananeos y ferezeos todavía vivían allí. [8]Así que un día Abram le dijo a Lot: "Tú y yo somos parientes, así que no está bien que haya pleitos entre nosotros, ni entre tus pastores y los míos. [9]Ahí está toda la tierra, para que escojas. Por favor, sepárate de mí. Si tú te vas al norte, yo me voy al sur, y si tú te vas al sur, yo me voy al norte."

[10]Lot miró por todo el valle del río Jordán y vio que, hasta el pueblecito de Zoar, el valle tenía bastante agua y era como un gran jardín.[19,l] Se parecía a Egipto. (Esto era así antes de que el Señor destruyera las ciudades de Sodoma y Gomorra.) [11]Entonces Lot escogió todo el valle del Jordán, y se fue al oriente del lugar donde estaban. De esta manera, Abram y Lot se separaron. [12]Abram se quedó en Canaán, y Lot se fue a vivir a las ciudades del valle, cerca de la ciudad de Sodoma, [13]donde toda la gente era muy mala y cometía horribles pecados contra el Señor.

[14]Después que Lot se fue, el Señor le dijo a Abram: "Desde el lugar donde estás, mira bien al norte y al sur, al este y al oeste; [15]yo te daré toda la tierra que ves, y para siempre será tuya y de tus descendientes.[m] [16]Yo haré que ellos sean tantos como el polvo de la tierra. Así como no es posible contar los granitos de polvo, tampoco será posible contar tus descendientes. [17]¡Levántate, recorre esta tierra a lo largo y a lo ancho, porque yo te la voy a dar!"

[18]Así pues, Abram levantó su campamento y se fue a vivir al bosque de encinas de un hombre llamado Mamre, cerca de la ciudad de Hebrón. Allí construyó un altar en honor del Señor.

### Abram libera a Lot

**14** [1]En aquel tiempo Amrafel era rey de Sinar, Arioc era rey de Elasar, Quedorlaomer era rey de Elam, y Tidal era rey de Goim. [2]Estos estuvieron en guerra contra Bera, rey de Sodoma, contra Birsa, rey de Gomorra, contra Sinab, rey de Adma, contra Semeber, rey de Zeboim, y contra el rey de Bela, pueblo que también se llama Zoar. [3]Estos cinco últimos juntaron sus ejércitos en el valle de Sidim, donde está el Mar Muerto. [4]El rey Quedorlaomer los había dominado durante doce años, pero a los trece años los cinco reyes decidieron luchar contra él. [5]Al año siguiente, Quedorlaomer y los reyes que estaban de su parte fueron a la región de Astarot Karnaim, y allí derrotaron a los refaítas; luego derrotaron a los

---

[19] *Gran jardín:* Lit. *jardín del Señor,* en hebreo es un superlativo, para indicar grandeza o excelencia.
[k] 12.13 Gn 20.2; 26.7.    [l] 13.10 Gn 2.10.    [m] 13.15 Hch 7.5; Gá 3.16.

zuzitas en Ham, a los emitas los derrotaron en Save-quiriataim, [6]y a los horeos los derrotaron en los montes de Seir y los persiguieron hasta la llanura de Parán, que está junto al desierto. [7]Al regresar Quedorlaomer y los que estaban con él, llegaron a En-mispat, que también se llama Cades. Y destruyeron todo lo que encontraron a su paso en la región de los amalecitas, y también hicieron lo mismo con los amorreos, que vivían en la región de Hazezon-tamar.

[8-9]Entonces los reyes de Sodoma, Gomorra, Adma, Zeboim y Bela fueron al valle de Sidim. Allí estos cinco reyes pelearon contra Quedorlaomer, Tidal, Amrafel y Arioc, que eran los cuatro reyes de Elam, Goim, Sinar y Elasar. [10]En todo el valle de Sidim había muchos pozos de asfalto natural, y cuando los reyes de Sodoma y Gomorra quisieron escapar de la batalla, fueron a caer en los pozos. Los otros reyes escaparon a los montes. [11]Los vencedores se llevaron entonces todos los alimentos y cosas de valor que había en Sodoma y Gomorra, y se fueron de allí. [12]Como en Sodoma vivía Lot, el sobrino de Abram, también se lo llevaron prisionero junto con todo lo que tenía. [13]Pero un hombre que había escapado con vida vino a contarle todo esto a Abram el hebreo, que vivía en el bosque de encinas de Mamre el amorreo. Mamre era hermano de Escol y de Aner, y ellos estaban de parte de Abram.

[14]Cuando Abram supo que su sobrino estaba prisionero, juntó a los criados de confianza que habían nacido en su casa, que eran trescientos dieciocho hombres en total, y salió con ellos a perseguir a los reyes hasta el pueblo de Dan. [15]Por la noche, Abram y su gente atacaron por sorpresa a los reyes y los persiguieron hasta Hoba, que está al norte de la ciudad de Damasco, [16]y les quitaron todo lo que se habían llevado. Así Abram libertó a su sobrino Lot, y recobró todo lo que era de su sobrino. También libertó a las mujeres y demás gente.

### Melquisedec bendice a Abram

[17]Cuando Abram regresó, después de haber derrotado a Quedorlaomer y a los reyes que estaban de su parte, el rey de Sodoma salió a recibirlo al valle de Save, que es el Valle del Rey. [18]También Melquisedec, que era rey de Salem y sacerdote del Dios altísimo, sacó pan y vino [19]y bendijo a Abram con estas palabras:

"Que te bendiga el Dios altísimo,
creador del cielo y de la tierra;
[20]y alabado sea el Dios altísimo
que te hizo vencer a tus enemigos."

Entonces Abram le dio a Melquisedec la décima parte de lo que había recobrado.[n] [21]Luego el rey de Sodoma le dijo a Abram:

—Dame las personas y quédate con las cosas.

[22]Pero Abram le contestó:

—Le he jurado al Señor, al Dios altísimo que hizo el cielo y la tierra, [23]que no voy a tomar nada de lo que es tuyo, ni siquiera un hilo o una correa para mis sandalias, para que nunca digas que tú fuiste el que me hizo rico. [24]Yo no quiero nada para mí, excepto lo que ya comieron los criados. En cuanto a los hombres que me acompañaron, es decir, Aner, Escol y Mamre, ellos tomarán su parte.

### Dios hace un pacto con Abram

**15** [1]Después de esto, el Señor le habló a Abram en una visión y le dijo:

—No tengas miedo, Abram, porque yo soy tu protector. Tu recompensa va a ser muy grande.

[2-3]Pero Abram le contestó:

—Señor y Dios, ¿de qué me sirve que me des recompensa, si tú bien sabes que no tengo hijos? Como no me has dado ningún hijo, el heredero de todo lo que tengo va a ser Eliezer de Damasco, uno de mis criados.

[4]El Señor le contestó:

—Tu heredero va a ser tu propio hijo, y no un extraño.

[5]Entonces el Señor llevó a Abram afuera, y le dijo:

—Mira bien el cielo, y cuenta las estrellas, si es que puedes contarlas. Pues bien, así será el número de tus descendientes.[ñ]

[6]Abram creyó al Señor, y por eso el Señor lo aceptó como justo[o] [7]y le dijo:

—Yo soy el Señor; yo te saqué de Ur de los caldeos para darte esta tierra como herencia.

[8]—Pero, Señor y Dios, ¿cómo podré estar seguro de que voy a heredar esta tierra? —contestó Abram.

[9]Y Dios le dijo:

[n] **14.18-20** He 5.6-7.17. [ñ] **15.5** Ro 4.18; He 11.12. [o] **15.6** 1 Mac 2.52; Ro 4.3,9,22; Gá 3.6; Stg 2.23.

—Tráeme una ternera, una cabra y un carnero, de tres años cada uno, y también una tórtola y un pichón de paloma.

[10]Abram trajo todos estos animales a Dios, los partió por la mitad y puso una mitad frente a otra;[p] pero no partió las aves. [11]Y los buitres bajaban sobre los cuerpos de los animales muertos, pero Abram los espantaba. [12]Cuando empezaba a anochecer, Abram se quedó profundamente dormido. De pronto lo rodeó una gran oscuridad y sintió mucho miedo. [13]Entonces el Señor le dijo:

—Debes saber que tus descendientes vivirán en un país extranjero, y que allí serán esclavos, y que serán maltratados durante cuatrocientos años.[q] [14]Pero yo también castigaré a la nación que va a hacerlos esclavos, y después tus descendientes saldrán libres y dueños de grandes riquezas.[r] [15]Por lo que a ti toca, morirás en paz cuando ya seas muy anciano, y así te reunirás con tus antepasados. [16]Después de cuatro generaciones, tus descendientes regresarán a este lugar, porque todavía no ha llegado al colmo la maldad de los amorreos.

[17]Cuando ya era de noche y todo estaba oscuro, apareció un horno que echaba humo y una antorcha encendida que pasaba por en medio de los animales partidos. [18]Aquel mismo día el Señor hizo un pacto con Abram y le dijo:

—Esta tierra se la daré a tus descendientes,[s] desde el río de Egipto[20] hasta el río grande, el Éufrates. [19]Es decir, la tierra de los quenitas, los cenezeos, los cadmoneos, [20]los hititas, los ferezeos, los refaítas, [21]los amorreos, los cananeos, los gergeseos y los jebuseos.

### Agar y su hijo Ismael

**16** [1]Sarai no podía darle hijos a su esposo Abram, pero tenía una esclava egipcia que se llamaba Agar. [2]Entonces le dijo a Abram:

—Mira, el Señor no me ha permitido tener hijos, pero te ruego que te unas a mi esclava Agar, pues tal vez tendré hijos por medio de ella.

Abram aceptó lo que Sarai le dijo, [3]y entonces ella tomó a Agar la egipcia y se la dio como mujer a Abram, cuando ya hacía diez años que estaban viviendo en Canaán. [4]Abram se unió a Agar, la cual

quedó embarazada; pero cuando se dio cuenta de su estado comenzó a mirar a su señora con desprecio. [5]Entonces Sarai le dijo a Abram:

—¡Tú tienes la culpa de que Agar me desprecie! Yo misma te la di por mujer, y ahora que va a tener un hijo se cree más que yo. Que el Señor diga quién tiene la culpa, si tú o yo.

[6]Y Abram le contestó:

—Mira, tu esclava está en tus manos; haz con ella lo que mejor te parezca.

Entonces Sarai comenzó a maltratarla tanto, que Agar huyó. [7]Pero un ángel del Señor la encontró en el desierto, junto al manantial que está en el camino de Shur, [8]y le preguntó:

—Agar, esclava de Sarai, ¿de dónde vienes, y a dónde vas?

—Estoy huyendo de mi señora Sarai —contestó ella.

[9]Entonces el ángel del Señor le dijo:

—Regresa al lado de tu señora, y obedécela en todo.

[10]Además el ángel del Señor le dijo:

"Aumentaré tanto tus descendientes, que nadie los podrá contar.

[11]Estás encinta y tendrás un hijo, y le pondrás por nombre Ismael,[2l] porque el Señor escuchó tu aflicción.

[12]Será arisco como un potro salvaje; luchará contra todos, y todos contra él; pero él afirmará su casa aunque sus hermanos se opongan."

[13]Como Agar había hablado con el Señor, le llamó "el Dios que ve", pues se decía: "Dios me ha visto y todavía estoy viva." [14]También por eso el pozo se llama: "Pozo del que vive y me ve". Este pozo está entre Cades y Bered.

[15]Y Agar le dio un hijo a Abram,[t] y él lo llamó Ismael. [16]Abram tenía ochenta y seis años cuando Ismael nació.

### La circuncisión como señal del pacto

**17** [1]Cuando Abram tenía noventa y nueve años, el Señor se le apareció y le dijo:

—Yo soy el Dios todopoderoso; vive una vida sin tacha delante de mí, [2]y yo haré un pacto contigo: haré que tengas muchísimos descendientes.

---

[20] *Río de Egipto,* no significa aquí el Nilo sino el conocido como arroyo de Egipto (cf. Jos 15.4), llamado hoy *el-Arish,* al norte de la península del Sinaí y al suroeste de Palestina, cerca de la costa del Mediterráneo. [2l] En hebreo, *Ismael* significa *Dios escucha.*

[p] 15.10 Jer 34.18-19. [q] 15.13 Ex 1.1-14; Hch 7.6. [r] 15.14 Ex 12.40-41; Jdt 5.9-12; Hch 7.7. [s] 15.18 Hch 7.5. [t] 16.15 Gá 4.22.

³Entonces Abram se inclinó hasta tocar el suelo con la frente, mientras Dios seguía diciéndole:

⁴—Este es el pacto que hago contigo: Tú serás el padre de muchas naciones, ⁵y ya no vas a llamarte Abram. Desde ahora te llamarás Abraham,²² porque te voy a hacer padre de muchas naciones.ᵘ ⁶Haré que tus descendientes sean muy numerosos; de ti saldrán reyes y naciones. ⁷El pacto que hago contigo, y que haré con todos tus descendientes en el futuro,ᵛ es que yo seré siempre tu Dios y el Dios de ellos. ⁸A ti y a ellos les daré toda la tierra de Canaán, donde ahora vives, como su herencia para siempre;ʷ y yo seré su Dios.

⁹Además, Dios le dijo a Abraham:

—Pero tú, cumple con mi pacto; tú y todos tus descendientes. ¹⁰Este es el pacto que hago con ustedes y que deberán cumplir también todos tus descendientes: todos los hombres entre ustedes deberán ser circuncidados.ˣ ¹¹Deberán cortarse ustedes la carne de su prepucio, y eso servirá como señal del pacto que hay entre ustedes y yo. ¹²De hoy en adelante, todo varón entre ustedes deberá ser circuncidado a los ocho días de nacido, lo mismo el niño que nazca en casa que el esclavo comprado por dinero a cualquier extranjero. ¹³Tanto el uno como el otro deberá ser circuncidado sin falta. Así mi pacto quedará señalado en la carne de ustedes como un pacto para toda la vida. ¹⁴Pero el que no sea circuncidado deberá ser eliminado de entre ustedes, por no haber respetado mi pacto.

¹⁵También Dios le dijo a Abraham:

—Tu esposa Sarai ya no se va a llamar así. De ahora en adelante se llamará Sara.²³ ¹⁶La voy a bendecir, y te daré un hijo por medio de ella. Sí, voy a bendecirla. Ella será la madre de muchas naciones, y sus descendientes serán reyes de pueblos.

¹⁷Abraham se inclinó hasta tocar el suelo con la frente, y se rió, mientras pensaba: "¿Acaso un hombre de cien años puede ser padre? ¿Y acaso Sara va a tener un hijo a los noventa años?" ¹⁸Entonces le dijo a Dios:

—¡Ojalá Ismael pueda vivir con tu bendición!

¹⁹Y Dios le contestó:

—Lo que yo he dicho es que tu esposa Sara te dará un hijo, y tú le pondrás por nombre Isaac.²⁴ Con él confirmaré mi pacto, el cual mantendré para siempre con sus descendientes. ²⁰En cuanto a Ismael, también te he oído, y voy a bendecirlo; haré que tenga muchos hijos y que aumente su descendencia. Ismael será el padre de doce jefes importantes, y haré de él una nación muy grande. ²¹Pero mi pacto lo mantendré con Isaac, el hijo que Sara te va a dar dentro de un año, por estos días.

²²Cuando Dios terminó de hablar con Abraham, se fue de allí. ²³Ese mismo día Abraham circuncidó a su hijo Ismael, y circuncidó también a todos los siervos nacidos en su casa y a los que había comprado con su dinero. Todos los hombres que vivían en su casa y le servían, fueron circuncidados, tal como Dios se lo había ordenado. ²⁴⁻²⁵Abraham tenía noventa y nueve años, y su hijo Ismael trece, cuando se les circuncidó la carne del prepucio. ²⁶Abraham y su hijo Ismael recibieron el rito de la circuncisión aquel mismo día, ²⁷junto con todos los hombres de su casa, lo mismo los siervos nacidos en su casa que los que habían sido comprados por dinero a los extranjeros.

## Dios promete un hijo a Abraham

**18** ¹El Señor se le apareció a Abraham en el bosque de encinas de Mamre, mientras Abraham estaba sentado a la entrada de su tienda de campaña, como a mediodía. ²Abraham levantó la vista y vio que tres hombres estaban de pie frente a él. Al verlos, se levantó rápidamente a recibirlos,ʸ se inclinó hasta tocar el suelo con la frente, ³y dijo:

—Mi señor, por favor le suplico que no se vaya en seguida. ⁴Si a usted le parece bien, voy a pedir un poco de agua para que se laven los pies y luego descansen un rato bajo la sombra del árbol. ⁵Ya que han pasado por donde vive este servidor suyo, les voy a traer algo de comer para que repongan sus fuerzas antes de seguir su camino.

—Bueno, está bien —contestaron ellos.

⁶Abraham entró en su tienda de campaña y le dijo a Sara:

—¡Rápido! Toma unos veinte kilos de la mejor harina y haz unos panes.

⁷Luego Abraham corrió a donde estaba el ganado, escogió el mejor de los

---

²² En hebreo, *Abraham* y la palabra que significa *padre de muchas naciones* tienen un sonido parecido. ²³ En hebreo *Sara* significa *princesa*. *Sarai* es la forma antigua del mismo nombre. ²⁴ En hebreo, *Isaac* y la palabra que significa *reírse* tienen un sonido parecido.
ᵘ **17.5** Ro 4.17-18. ᵛ **17.7** Lc 1.55. ʷ **17.8** Hch 7.5-6. ˣ **17.10** Eclo 44.20; Hch 7,8; Ro 4.11. ʸ **18.2** He 13.2.

becerros, y se lo dio a uno de sus sirvientes, quien lo preparó inmediatamente para la comida. [8]Además del becerro, Abraham le ofreció cuajada y leche, y estuvo atento a servirles mientras ellos comían debajo del árbol.

[9]Al terminar de comer, los visitantes le preguntaron a Abraham:

—¿Dónde está tu esposa Sara?

—Allí, en la tienda de campaña —respondió él.

[10]Entonces uno de ellos dijo:

—El año próximo volveré a visitarte, y para entonces tu esposa Sara tendrá un hijo.[z]

Mientras tanto, Sara estaba escuchando toda la conversación a espaldas de Abraham, a la entrada de la tienda. [11]Abraham y Sara ya eran muy ancianos, y Sara había dejado de tener sus periodos de menstruación. [12]Por eso Sara no pudo aguantar la risa, y pensó: "¿Cómo voy a tener este gusto, ahora que mi esposo[a] y yo estamos tan viejos?" [13]Pero el Señor le dijo a Abraham:

—¿Por qué se ríe Sara? ¿No cree que puede tener un hijo a pesar de su edad? [14]¿Hay acaso algo tan difícil que el Señor no pueda hacerlo? El año próximo volveré a visitarte, y para entonces Sara tendrá un hijo.[b]

[15]Al escuchar esto, Sara tuvo miedo y quiso negar. Por eso dijo:

—Yo no me estaba riendo.

Pero el Señor le contestó:

—Yo sé que te reíste.

### Abraham pide a Dios por Sodoma

[16]Después los visitantes se pusieron de pie y empezaron a caminar hacia la ciudad de Sodoma. Abraham los acompañó para despedirse de ellos. [17]Entonces el Señor pensó: "Debo decirle a Abraham lo que voy a hacer, [18]ya que él va a ser el padre de una nación grande y fuerte. Le he prometido bendecir por medio de él a todas las naciones del mundo. [19]Yo lo he escogido para que mande a sus hijos y descendientes que obedezcan mis enseñanzas y hagan todo lo que es bueno y correcto, para que yo cumpla todo lo que le he prometido." [20]Así que el Señor le dijo:

—La gente de Sodoma y Gomorra tiene tan mala fama, y su pecado es tan grave, [21]que ahora voy allá, para ver si en verdad su maldad es tan grande como se me ha dicho. Así lo sabré.

[22]Dos de los visitantes se fueron de allí a Sodoma, pero Abraham se quedó todavía ante el Señor. [23]Se acercó un poco más a él, y le preguntó:

—¿Vas a destruir a los inocentes junto con los culpables? [24]Tal vez haya cincuenta personas inocentes en la ciudad. A pesar de eso, ¿destruirás la ciudad y no la perdonarás por esos cincuenta? [25]¡No es posible que hagas eso de matar al inocente junto con el culpable, como si los dos hubieran cometido los mismos pecados! ¡No hagas eso! Tú, que eres el Juez supremo de todo el mundo, ¿no harás justicia?

[26]Entonces el Señor le contestó:

—Si encuentro cincuenta inocentes en la ciudad de Sodoma, por ellos perdonaré a todos los que viven allí.

[27]Pero Abraham volvió a decirle:

—Perdona que sea yo tan atrevido al hablarte así, pues tú eres Dios y yo no soy más que un simple hombre; [28]pero tal vez falten cinco inocentes para completar los cincuenta. ¿Sólo por faltar esos cinco vas a destruir toda la ciudad?

Y el Señor contestó:

—Si encuentro cuarenta y cinco inocentes, no la destruiré.

[29]—Tal vez haya sólo cuarenta inocentes . . . —insistió Abraham.

—Por esos cuarenta, no destruiré la ciudad —dijo el Señor.

[30]Pero Abraham volvió a suplicar:

—Te ruego que no te enojes conmigo por insistir tanto en lo mismo, pero tal vez encuentres solamente treinta . . .

Y el Señor volvió a decirle:

—Hasta por esos treinta, perdonaré a la ciudad.

[31]Abraham siguió insistiendo:

—Mi Señor, he sido muy atrevido al hablarte así, pero, ¿qué pasará si encuentras solamente veinte inocentes?

Y el Señor respondió:

—Por esos veinte, no destruiré la ciudad.

[32]Todavía insistió Abraham:

—Por favor, mi Señor, no te enojes conmigo, pero voy a hablar tan sólo esta vez y no volveré a molestarte: ¿qué harás, en caso de encontrar únicamente diez?

Y el Señor le dijo:

—Hasta por esos diez, no destruiré la ciudad.

z 18.10 Ro 9.9.  a 18.12 1 P 3.6.  b 18.14 Jer 32.16,27; Lc 1.37; Ro 9.9.

³³Cuando el Señor terminó de hablar con Abraham, se fue de allí; y Abraham regresó a su tienda de campaña.

### Dios destruye Sodoma y Gomorra

**19** ¹Empezaba a anochecer cuando los dos ángeles llegaron a Sodoma. Lot estaba sentado a la entrada de la ciudad, que era el lugar donde se reunía la gente. Cuando los vio, se levantó a recibirlos, se inclinó hasta tocar el suelo con la frente ²y les dijo:

—Señores, por favor les ruego que acepten pasar la noche en la casa de su servidor. Allí podrán lavarse los pies, y mañana temprano seguirán su camino.

Pero ellos dijeron:

—No, gracias. Pasaremos la noche en la calle.

³Sin embargo, Lot insistió mucho y, al fin, ellos aceptaron ir con él a su casa. Cuando llegaron, Lot les preparó una buena cena, hizo panes sin levadura, y los visitantes comieron.

⁴Todavía no se habían acostado, cuando todos los hombres de la ciudad de Sodoma rodearon la casa y, desde el más joven hasta el más viejo, ⁵empezaron a gritarle a Lot:

—¿Dónde están los hombres que vinieron a tu casa esta noche? ¡Sácalos! ¡Queremos acostarnos con ellos!

⁶Entonces Lot salió a hablarles y, cerrando bien la puerta detrás de él, ⁷les dijo:

—Por favor, amigos míos, no vayan a hacer una cosa tan perversa. ⁸Yo tengo dos hijas que todavía no han estado con ningún hombre; voy a sacarlas para que ustedes hagan con ellas lo que quieran, pero no les hagan nada a estos hombres, porque son mis invitados.

⁹Pero ellos le contestaron:

—¡Hazte a un lado! Sólo faltaba que un extranjero como tú nos quisiera mandar. ¡Pues ahora te vamos a tratar peor que a ellos!

En seguida comenzaron a maltratar a Lot y se acercaron a la puerta para echarla abajo, ¹⁰pero los visitantes de Lot alargaron la mano y lo metieron dentro de la casa; luego cerraron la puerta, ¹¹e hicieron quedar ciegos a los hombres que estaban afuera. Todos, desde el más joven hasta el más viejo, quedaron ciegos. Y se cansaron de andar buscando la puerta. ¹²Entonces los visitantes le dijeron a Lot:

—¿Tienes más familiares aquí? Toma a tus hijos, hijas y yernos, y todo lo que tengas en esta ciudad; sácalos y llévatelos lejos de aquí, ¹³porque vamos a destruir este lugar. Ya son muchas las quejas que el Señor ha tenido contra la gente de esta ciudad, y por eso nos ha enviado a destruirla.

¹⁴Entonces Lot fue a ver a sus yernos, o sea, a los prometidos de sus hijas, y les dijo:

—¡Levántense y váyanse de aquí, porque el Señor va a destruir esta ciudad!

Pero sus yernos no tomaron en serio lo que Lot les decía. ¹⁵Como ya estaba amaneciendo, los ángeles le dijeron a Lot:

—¡De prisa! Levántate y llévate de aquí a tu esposa y a tus dos hijas, si no quieres morir cuando castiguemos a la ciudad.

¹⁶Pero como Lot se tardaba, los ángeles lo tomaron de la mano, porque el Señor tuvo compasión de él. También tomaron a su esposa y a sus hijas, y los sacaron de la ciudad para ponerlos a salvo.ᶜ ¹⁷Cuando ya estaban fuera de la ciudad, uno de los ángeles dijo:

—¡Corre, ponte a salvo! No mires hacia atrás, ni te detengas para nada en el valle. Vete a las montañas, si quieres salvar tu vida.

¹⁸Pero Lot les dijo:

—¡No, señores míos, por favor! ¹⁹Ustedes me han hecho ya muchos favores, y han sido muy buenos conmigo al salvarme la vida, pero yo no puedo ir a las montañas porque la destrucción me puede alcanzar en el camino, y entonces moriré. ²⁰Cerca de aquí hay una ciudad pequeña, a la que puedo huir. ¡Déjenme ir allá para salvar mi vida, pues realmente es una ciudad muy pequeña!

²¹Entonces uno de ellos dijo:

—Te he escuchado y voy a hacer lo que me has pedido. No voy a destruir la ciudad de que me has hablado, ²²pero ¡anda!, vete allá de una vez, porque no puedo hacer nada mientras no llegues a ese lugar.

Por eso aquella ciudad fue llamada Zoar.²⁵

²³Cuando ya había amanecido y Lot había llegado a Zoar, ²⁴el Señor hizo llover fuego y azufre sobre Sodoma y Gomorra; ²⁵las destruyóᵈ junto con todos los que vivían en ellas, y acabó con todo lo que crecía en aquel valle. ²⁶Pero la mujer

---

²⁵ En hebreo, *Zoar* y la palabra que significa *pequeña* tienen un sonido parecido.
ᶜ **19.16** 2 P 2.7.     ᵈ **19.24-25** Sab 10.6-8; Mt 10.15; 11.23-24; Lc 10.12; 17.29; 2 P 2.6; Jud 7.

de Lot,*e* que venía siguiéndole, miró hacia atrás y allí mismo quedó convertida en una estatua de sal.

²⁷Al día siguiente por la mañana, Abraham fue al lugar donde había estado hablando con el Señor; ²⁸miró hacia Sodoma y Gomorra, y por todo el valle, y vio que de toda la región subía humo, como si fuera un horno. ²⁹Así fue como Dios destruyó las ciudades del valle donde Lot vivía, pero se acordó de Abraham y sacó a Lot del lugar de la destrucción.

### Origen de los moabitas y amonitas

³⁰Después Lot tuvo miedo de quedarse en Zoar y se fue con sus dos hijas a la región montañosa, donde los tres se quedaron a vivir en una cueva. ³¹Un día, la hija mayor le dijo a la menor:

—Nuestro padre ya está viejo, y no hay en toda esta región ningún hombre que se case con nosotras, tal como se acostumbra; ³²así que vamos a emborracharlo y a acostarnos con él para tener hijos suyos.

³³Esa misma noche le dieron vino a su padre, y la mayor se acostó con él; pero su padre no se dio cuenta cuando ella se acostó ni cuando se levantó. ³⁴Al día siguiente, la mayor le dijo a la menor:

—Mira, anoche me acosté con nuestro padre, así que esta noche también lo emborracharemos para que te acuestes con él; así las dos tendremos hijos suyos.

³⁵Esa noche volvieron a darle vino a su padre, y la menor se acostó con él; pero Lot tampoco se dio cuenta cuando ella se acostó ni cuando se levantó. ³⁶Así las dos hijas de Lot quedaron embarazadas por parte de su padre. ³⁷La mayor tuvo un hijo, al que llamó Moab,²⁶ que fue el padre de los actuales moabitas. ³⁸También la menor tuvo un hijo, al que llamó Ben-amí,²⁷ que fue el padre de los actuales amonitas.

### Abraham y Abimelec

**20** ¹Abraham salió del lugar donde estaba y se fue a la región del Néguev, y se quedó a vivir en la ciudad de Gerar, entre Cades y Shur. ²Estando allí, decía que Sara, su esposa, era su hermana.*f* Entonces Abimelec, el rey de Gerar, mandó traer a Sara para hacerla su mujer; ³pero aquella noche Abimelec tuvo un sueño, en el que Dios le dijo:

"Vas a morir, porque la mujer que has tomado es casada."

⁴Sin embargo, como él no la había tocado, le contestó: "Mi Señor, ¿acaso piensas matar a quien no ha hecho nada malo? ⁵Abraham mismo me dijo que la mujer es su hermana, y ella también afirmó que él es su hermano, así que yo hice todo esto de buena fe. No he hecho nada malo."

⁶Y Dios le contestó en el sueño: "Yo sé muy bien que lo hiciste de buena fe. Por eso no te dejé tocarla, para que no pecaras contra mí. ⁷Pero ahora, devuélvele su esposa a ese hombre, porque él es profeta y rogará por ti para que vivas; pero si no se la devuelves, tú y los tuyos ciertamente morirán."

⁸Al día siguiente por la mañana, Abimelec se levantó y llamó a sus siervos, y les contó todo lo que había soñado. Al oírlo, ellos tuvieron mucho miedo. ⁹Después Abimelec llamó a Abraham y le dijo:

—¡Mira lo que nos has hecho! ¿En qué te he ofendido, para que hayas traído un pecado tan grande sobre mí y sobre mi gente? Esas cosas no se hacen. ¹⁰¿Qué estabas pensando cuando hiciste todo esto?

Así le habló Abimelec a Abraham, ¹¹y Abraham contestó:

—Yo pensé que en este lugar no tenían ningún respeto a Dios, y que me matarían por causa de mi esposa. ¹²Pero es cierto que ella es mi hermana: es hija de mi padre, aunque no de mi madre; por eso pude casarme con ella. ¹³Cuando Dios me dio la orden de salir de la casa de mi padre, le pedí a ella que, en cada lugar a donde llegáramos, dijera que yo era su hermano.

¹⁴Entonces Abimelec le devolvió a Abraham su esposa Sara. Además le regaló ovejas, vacas, esclavos y esclavas, ¹⁵y le dijo:

—Mira, ahí tienes mi país; escoge el lugar que más te guste para vivir.

¹⁶A Sara le dijo:

—Lo que le he dado a tu hermano vale mil monedas de plata, y eso va a servir para defender tu buena fama delante de todos los que están contigo. Nadie podrá hablar mal de ti.²⁸

¹⁷Entonces Abraham oró a Dios, y Dios les devolvió la salud a Abimelec y a su esposa. También sanó a sus siervas, para que pudieran tener hijos, ¹⁸pues por causa

---

²⁶ En hebreo, *Moab* y la palabra que significa por *parte del padre* tienen un sonido parecido.    ²⁷ En hebreo, *Ben-amí* significa *hijo de mi pueblo*.    ²⁸ Mal de ti: traducción probable. Heb. oscuro.
*e* 19.26 Sab 10.7; Lc 17.32.    *f* 20.2 Gn 12.13; 26.7.

de Sara, el Señor había hecho que ninguna mujer de la casa de Abimelec pudiera tener hijos.

## El nacimiento de Isaac

**21** [1]De acuerdo con su promesa, el Señor prestó atención a Sara y cumplió lo que le había dicho, [2]así que ella quedó embarazada y le dio un hijo a Abraham cuando él ya era muy anciano.[g] El niño nació en el tiempo que Dios le había dicho. [3]El nombre que Abraham le puso al hijo que Sara le dio, fue Isaac; [4]y lo circuncidó a los ocho días de nacido,[h] tal como Dios se lo había ordenado. [5]Abraham tenía cien años cuando Isaac nació. [6]Entonces Sara pensó: "Dios me ha hecho reír, y todos los que sepan que he tenido un hijo, se reirán conmigo. [7]¿Quién le hubiera dicho a Abraham que yo llegaría a darle hijos? Sin embargo, le he dado un hijo a pesar de que él ya está viejo."

## Agar e Ismael son echados de la casa de Abraham

[8]El niño Isaac creció y lo destetaron. El día en que fue destetado, Abraham hizo una gran fiesta. [9]Pero Sara vio que el hijo que Agar la egipcia le había dado a Abraham, se burlaba de Isaac.[29] [10]Entonces fue a decirle a Abraham: "¡Que se vayan esa esclava y su hijo! Mi hijo Isaac no tiene por qué compartir su herencia con el hijo de esa esclava."[i]

[11]Esto le dolió mucho a Abraham, porque se trataba de un hijo suyo. [12]Pero Dios le dijo: "No te preocupes por el muchacho ni por tu esclava. Haz todo lo que Sara te pida, porque tu descendencia vendrá por medio de Isaac.[j] [13]En cuanto al hijo de la esclava, yo haré que también de él salga una gran nación, porque es hijo tuyo."

[14]Al día siguiente, muy temprano, Abraham le dio a Agar pan y un cuero con agua; se lo puso todo sobre la espalda, le entregó al niño Ismael y la despidió. Ella se fue, y estuvo caminando sin rumbo por el desierto de Beerseba. [15]Cuando se acabó el agua que había en el cuero, dejó al niño debajo de un arbusto, [16]y fue a sentarse a cierta distancia de allí, pues no quería verlo morir. Cuando ella se sentó, el niño[30] comenzó a llorar.

[17]Dios oyó que el muchacho lloraba; y desde el cielo el ángel de Dios llamó a Agar y le dijo: "¿Qué te pasa, Agar? No tengas miedo, porque Dios ha oído el llanto del muchacho ahí donde está. [18]Anda, ve a buscar al niño, y no lo sueltes de la mano, pues yo haré que de él salga una gran nación." [19]Entonces Dios hizo que Agar viera un pozo de agua. Ella fue y llenó de agua el cuero, y dio de beber a Ismael. [20-21]Dios ayudó al muchacho, el cual creció y vivió en el desierto de Parán, y llegó a ser un buen tirador de arco. Más tarde su madre lo casó con una mujer egipcia.

## Abraham y Abimelec hacen un pacto

[22]Más o menos por ese tiempo, Abimelec[k] fue a hablar con Abraham. Lo acompañaba Ficol, el jefe de su ejército. Y Abimelec dijo a Abraham:

—Vemos que Dios te ayuda en todo lo que haces. [23]Por lo tanto, júrame por Dios, en este mismo lugar, que no nos harás mal ni a mí ni a mis hijos ni a mis descendientes. Júrame que me tratarás con la misma bondad con que yo te he tratado, y que harás lo mismo con la gente de este país donde ahora vives.

[24]—Te lo juro —contestó Abraham.

[25]Pero Abraham le llamó la atención a Abimelec acerca de un pozo de agua que los siervos de éste le habían quitado. [26]Y Abimelec le contestó:

—Hasta hoy no he sabido nada de este asunto, pues tú no me lo habías dicho. Yo no sé quién ha podido hacer eso.

[27]Entonces Abraham tomó ovejas y vacas, y se las dio a Abimelec; y aquel mismo día los dos hicieron un trato. [28]Pero Abraham apartó siete ovejas de su rebaño, [29]por lo que Abimelec le preguntó:

—¿Para qué has apartado estas siete ovejas?

[30]Y Abraham contestó:

—Para que estas siete ovejas que yo te entrego sirvan como prueba de que yo hice este pozo.

[31]Por esta razón ese lugar se llamó Beerseba, [31] pues allí los dos hicieron un juramento.

[32]Una vez hecho el trato en Beerseba, Abimelec y Ficol regresaron al país de los filisteos. [33]Allí, en Beerseba, Abraham plantó un árbol, un tamarisco, e invocó

---

[29] *De Isaac:* según la versión griega. En el texto hebreo no aparece esta frase.   [30] *El niño:* según la versión griega. Heb. *ella.*
[31] En hebreo, *Beerseba* significa *pozo del juramento,* o *pozo de los siete.*
[g] 21.2 He 11.11.   [h] 21.4 Gn 17.12; Hch 7.8.   [i] 21.10 Gá 4.29-30.   [j] 21.12 Ro 9.7; He 11.18.   [k] 21.22 Gn 26.26.

el nombre del Señor, el Dios eterno. [34]Durante mucho tiempo, Abraham vivió en el país de los filisteos.

## Dios pone a prueba la fe de Abraham

**22** [1]Después de algún tiempo, Dios puso a prueba la fe de Abraham. Lo llamó por su nombre, y él contestó:

—Aquí estoy.

[2]Y Dios le dijo:

—Toma a Isaac, tu único hijo, al que tanto amas, y vete a la tierra de Moriah. Una vez allá, ofrécelo en holocausto sobre el cerro que yo te señalaré.

[3]Al día siguiente, muy temprano, Abraham se levantó y ensilló su asno; cortó leña para el holocausto y se fue al lugar que Dios le había dicho, junto con su hijo Isaac y dos de sus siervos. [4]Al tercer día, Abraham alcanzó a ver el lugar desde lejos. [5]Entonces les dijo a sus siervos:

—Quédense aquí con el asno. El muchacho y yo seguiremos adelante, adoraremos a Dios, y luego regresaremos.

[6]Abraham tomó la leña para el holocausto y la puso sobre los hombros de Isaac; luego tomó el cuchillo y el fuego, y se fueron los dos juntos. [7]Poco después Isaac le dijo a Abraham:

—¡Padre!

—¿Qué quieres, hijo? —le contestó Abraham.

—Mira —dijo Isaac—, tenemos la leña y el fuego, pero ¿dónde está el cordero para el holocausto?

[8]—Dios se encargará de que haya un cordero para el holocausto, hijito —respondió su padre.

Y siguieron caminando juntos. [9]Cuando llegaron al lugar que Dios le había dicho, Abraham construyó un altar y preparó la leña; luego ató a su hijo Isaac y lo puso en el altar,[l] sobre la leña; [10]pero en el momento de tomar el cuchillo para sacrificar a su hijo, [11]el ángel del Señor lo llamó desde el cielo:

—¡Abraham! ¡Abraham!

—Aquí estoy —contestó él.

[12]El ángel le dijo:

—No le hagas ningún daño al muchacho, porque ya sé que tienes temor de Dios, pues no te negaste a darme tu único hijo.

[13]Abraham se fijó, y vio un carnero que estaba enredado por los cuernos entre las ramas de un arbusto; entonces fue, tomó

el carnero y lo ofreció en holocausto, en lugar de su hijo.[m] [14]Después Abraham le puso este nombre a aquel lugar: "El Señor da lo necesario." Por eso todavía se dice: "En el cerro, el Señor da lo necesario."

[15]El ángel del Señor llamó a Abraham desde el cielo por segunda vez, [16]y le dijo:

—El Señor ha dicho: 'Puesto que has hecho esto y no me has negado a tu único hijo, juro por mí mismo [17]que te bendeciré mucho. Haré que tu descendencia sea tan numerosa como las estrellas del cielo y como la arena que hay a la orilla del mar.[n] Además, ellos siempre vencerán a sus enemigos, [18]y todas las naciones del mundo serán bendecidas por medio de ellos,[ñ] porque me has obedecido.'

[19]Abraham regresó al lugar donde se habían quedado sus siervos. Después todos juntos se fueron a Beerseba, donde Abraham se quedó a vivir.

## Los hijos de Nacor

[20]Al cabo de algún tiempo, Abraham recibió la noticia de que Milca también le había dado hijos a su hermano Nacor. [21]El primero que nació fue Uz; luego nació su hermano Buz, y luego Kemuel, que fue el padre de Aram. [22]Luego nacieron Quesed, Hazo, Pildas, Jidlaf y Betuel. [23]Este Betuel fue el padre de Rebeca. Estos son los ocho hijos que Milca le dio a Nacor, el hermano de Abraham.

[24]Además, Nacor tuvo hijos con Reúma, su concubina. Ellos fueron Teba, Gaham, Tahas y Maaca.

## Muerte y sepultura de Sara

**23** [1]Sara vivió ciento veintisiete años, [2]y murió en Quiriat-arba, o sea la ciudad de Hebrón, en la tierra de Canaán. Abraham lloró por la muerte de Sara y le guardó luto. [3]Luego salió de donde estaba el cadáver de Sara y fue a decirles a los hititas de aquel lugar:

[4]—Aunque soy un extranjero entre ustedes,[o] véndanme un sepulcro para enterrar a mi esposa.[p]

[5]Y los hititas le contestaron:

[6]—¡Por favor, señor, escúchenos! Usted es entre nosotros un escogido de Dios. Entierre a su esposa en el mejor de nuestros sepulcros, pues ninguno de nosotros le negará su sepulcro para eso.

[l] 22.9 Stg 2.21.   [m] 22.1-13 Sab 10.5; 1 Mac 2.52; He 11.17-19. [n] 22.16-17 He 6.13-14; 11.12.   [ñ] 22.18 Eclo 44.21; Hch 3.25; Gá 3.8.   [o] 23.4 He 11.9,13.   [p] 23.4 Hch 7.16.

⁷Entonces Abraham se puso de pie, hizo una reverencia ante los hititas, ⁸y les dijo:

—Si de veras quieren que yo entierre aquí a mi esposa, por favor pídanle de mi parte a Efrón, el hijo de Zohar, ⁹que me venda la cueva de Macpela, que está en la orilla de sus terrenos. Yo le pagaré el precio total de la cueva, y así seré dueño de un sepulcro en este lugar.

¹⁰Como Efrón el hitita estaba allí entre ellos, le contestó a Abraham de manera que pudieran escucharlo sus paisanos y también todos los que pasaban por la entrada de la ciudad:

¹¹—¡No, señor mío, por favor! Yo le regalo el terreno, y la cueva que está en el terreno. Mis paisanos son testigos de que yo se lo regalo. Entierre usted a su esposa.

¹²Pero Abraham volvió a hacer una reverencia a los habitantes del lugar ¹³y le contestó a Efrón delante de todos:

—¡Por favor, escúcheme usted! Le ruego que acepte el dinero por el terreno, y después enterraré allí a mi esposa.

¹⁴Entonces Efrón le contestó:

¹⁵—Escúcheme, señor mío: el terreno vale cuatrocientas monedas de plata. Por esa cantidad no vamos a discutir, así que entierre usted a su esposa.

¹⁶Abraham aceptó pagar la cantidad que Efrón había mencionado en presencia de los hititas, y le pagó en plata contante y sonante. ¹⁷De esta manera el terreno de Efrón que estaba en Macpela, al oriente de Mamre, es decir, el terreno con la cueva y todos los árboles que estaban dentro del terreno, ¹⁸pasaron a ser propiedad de Abraham. De ello fueron testigos los hititas y todos los que pasaban por la entrada de la ciudad.

¹⁹Después de esto Abraham enterró a Sara en la cueva que estaba en el terreno de Macpela, al oriente de Mamre, lugar que también es conocido con el nombre de Hebrón, y que está en Canaán. ²⁰Así quedó en posesión del terreno y de la cueva que allí había, la cual los hititas le vendieron para sepultura.

### Abraham busca esposa para Isaac

**24** ¹Abraham era ya muy viejo, y el Señor lo había bendecido en todo. ²Un día llamó al más viejo de sus siervos, el que estaba a cargo de todo lo suyo, y le dijo:

—Pon tu mano debajo de mi muslo, ³y júrame por el Señor, el Dios del cielo y de la tierra, que no dejarás que mi hijo Isaac se case con una mujer de esta tierra de Canaán, donde yo vivo, ⁴sino que irás a mi tierra y escogerás una esposa para él entre las mujeres de mi familia.

⁵El siervo le contestó:

—Pero si la mujer no quiere venir conmigo, ¿qué hago? ¿Debo entonces llevar a su hijo a la tierra de donde usted salió?

⁶Abraham le dijo:

—¡No, no lleves allá a mi hijo! ⁷El Señor, el Dios del cielo, que me sacó de la casa de mi padre y de la tierra de mis parientes y me prometió dar esta tierra a mis descendientes, también enviará su ángel delante de ti para que traigas de allá una esposa para mi hijo. ⁸Si la mujer no quiere venir contigo, quedarás libre de este compromiso, pero ¡de ninguna manera lleves allá a mi hijo!

⁹Entonces el siervo puso la mano bajo el muslo de su amo Abraham, y le juró que haría lo que le había pedido. ¹⁰Después escogió regalos entre lo mejor que su amo tenía, tomó diez de sus camellos y se fue a la ciudad de Nacor, en Mesopotamia. ¹¹Cuando el siervo llegó a las afueras de la ciudad, ya empezaba a oscurecer. A esa hora las mujeres van a sacar agua. El siervo hizo descansar a los camellos junto a un pozo de agua, ¹²y comenzó a orar: "Señor y Dios de mi amo Abraham, haz que hoy me vaya bien, y muéstrate bondadoso con mi amo. ¹³Voy a quedarme aquí, junto al pozo, mientras las muchachas de este lugar vienen a sacar agua. ¹⁴Permite que la muchacha a la que yo le diga: 'Por favor, baje usted su cántaro para que yo beba', y que me conteste: 'Beba usted, y también les daré agua a sus camellos', que sea ella la que tú has escogido para tu siervo Isaac. Así podré estar seguro de que has sido bondadoso con mi amo."

¹⁵Todavía no había terminado de orar, cuando vio que una muchacha venía con su cántaro al hombro. Era Rebeca, la hija de Betuel. Betuel era hijo de Milca y de Nacor, el hermano de Abraham. ¹⁶Rebeca era muy hermosa, y además virgen; ningún hombre la había tocado. Bajó al pozo, llenó su cántaro, y ya regresaba ¹⁷cuando el siervo corrió a alcanzarla y le dijo:

—Por favor, déjeme usted beber un poco de agua de su cántaro.

¹⁸—Beba usted, señor —contestó ella.

Y en seguida bajó su cántaro, lo sostuvo entre las manos y le dio de beber. ¹⁹Cuando el siervo terminó de beber, Rebeca le dijo:

—También voy a sacar agua para sus camellos, para que beban toda la que quieran.

²⁰Rápidamente vació su cántaro en el bebedero y corrió varias veces al pozo, hasta que sacó agua para todos los camellos. ²¹Mientras tanto el siervo la miraba sin decir nada, pues quería estar seguro de que el Señor había hecho que le fuera bien en su viaje. ²²Cuando los camellos terminaron de beber, el hombre tomó un anillo de oro que pesaba como seis gramos, y se lo puso a ella en la nariz.*³²* También le dio dos brazaletes de oro que pesaban más de cien gramos, ²³y le dijo:

—Dígame por favor de quién es usted hija, y si hay lugar en la casa de su padre donde mis hombres y yo podamos pasar la noche.

²⁴Y ella contestó:

—Soy hija de Betuel, el hijo de Milca y de Nacor. ²⁵En nuestra casa hay lugar para que usted pase la noche, y también suficiente paja y comida para los camellos.

²⁶Entonces el siervo se arrodilló y adoró al Señor, ²⁷diciendo: "¡Bendito sea el Señor, el Dios de mi amo Abraham, pues ha sido fiel y bondadoso con mi amo, y me ha dirigido en el camino a la casa de sus parientes!"

²⁸Rebeca fue corriendo a la casa de su madre, a contar todo lo que le había pasado. ²⁹Tenía ella un hermano llamado Labán, el cual corrió al pozo a buscar al hombre, ³⁰pues había visto el anillo y los brazaletes que su hermana llevaba en los brazos, y le había oído contar lo que el hombre le había dicho. Labán se acercó al siervo de Abraham, que todavía estaba con los camellos junto al pozo, ³¹y le dijo:

—Venga usted, bendito del Señor. ¡Cómo va usted a quedarse aquí afuera, si ya he preparado la casa y un lugar para los camellos!

³²Entonces el siervo fue a la casa. Allí Labán descargó los camellos y les dio de comer, y luego trajo agua para que el siervo y sus compañeros se lavaran los pies.

³³Cuando le sirvieron de comer, el siervo de Abraham dijo:

—Yo no podría comer antes de haber dicho lo que tengo que decir.

—Hable usted —dijo Labán.

³⁴El siervo dijo:

—Yo soy siervo de Abraham. ³⁵El Señor ha bendecido mucho a mi amo y lo ha hecho rico: le ha dado ovejas, vacas, oro y plata, siervos, siervas, camellos y asnos. ³⁶Además, Sara, su esposa, le dio un hijo cuando ya era muy anciana, y mi amo le ha dejado a su hijo todo lo que tiene. ³⁷Mi amo me hizo jurar, y me dijo: 'No dejes que mi hijo se case con una mujer de esta tierra de Canaán, donde yo vivo. ³⁸Antes bien, ve a la familia de mi padre, y busca entre las mujeres de mi clan una esposa para él.' ³⁹Y yo le dije: 'Mi señor, ¿y si la mujer no quiere venir conmigo?' ⁴⁰Entonces él me contestó: 'Yo he andado en el camino del Señor, y él enviará su ángel contigo, para que te vaya bien en tu viaje y tomes una esposa para mi hijo de entre las mujeres de mi familia, es decir, de la familia de mi padre. ⁴¹Sólo en caso de que mis parientes no quieran darte la muchacha, quedarás libre del juramento que me has hecho.'

⁴²"Así fue como hoy llegué al pozo, y en oración le dije al Señor, el Dios de mi amo Abraham: 'Si de veras vas a hacer que me vaya bien en este viaje, ⁴³te ruego que ahora que estoy junto al pozo, pase esto: que la muchacha que venga por agua y a la que yo le diga: Por favor, déjeme usted beber un poco de agua de su cántaro, ⁴⁴y que me conteste: Beba usted, y también sacaré agua para sus camellos, que sea ésta la mujer que tú, Señor, has escogido para el hijo de mi amo.' ⁴⁵Todavía no terminaba yo de hacer esta oración, cuando vi que Rebeca venía con su cántaro al hombro. Bajó al pozo a sacar agua, y le dije: 'Deme usted agua, por favor.' ⁴⁶Ella bajó en seguida su cántaro, y me dijo: 'Beba usted, y también les daré de beber a sus camellos.' Y ella me dio agua, y también a mis camellos. ⁴⁷Luego le pregunté: '¿De quién es usted hija?' y ella me contestó: 'Soy hija de Betuel, el hijo de Nacor y de Milca.' Entonces le puse un anillo en la nariz y dos brazaletes en los brazos, ⁴⁸y me arrodillé y adoré al Señor; alabé al Señor, el Dios de mi amo Abraham, por haberme traído por el camino correcto para tomar la hija del pariente de mi amo para su hijo. ⁴⁹Ahora pues, díganme si van a ser buenos y sinceros con mi amo, y si no, díganmelo también, para que yo sepa lo que debo hacer.

⁵⁰Entonces Labán y Betuel le contestaron:

---

*³²* *Y se lo puso a ella en la nariz:* según una versión antigua. En el texto hebreo no aparece esta frase.

—Todo esto viene del Señor, y nosotros no podemos decirle a usted que sí o que no. ⁵¹Mire usted, aquí está Rebeca; tómela y váyase. Que sea la esposa del hijo de su amo, tal como el Señor lo ha dispuesto.

⁵²Cuando el siervo de Abraham oyó esas palabras, se arrodilló delante del Señor hasta tocar el suelo con la frente. ⁵³Luego sacó varios objetos de oro y plata, y vestidos, y se los dio a Rebeca. También a su hermano y a su madre les hizo regalos. ⁵⁴Después él y sus compañeros comieron y bebieron, y pasaron allí la noche. Al día siguiente, cuando se levantaron, el siervo dijo:

—Déjenme regresar a la casa de mi amo.

⁵⁵Pero el hermano y la madre de Rebeca le dijeron:

—Que se quede la muchacha con nosotros todavía unos diez días, y después podrá irse con usted.

⁵⁶Pero el siervo les dijo:

—No me detengan más. Dios ha hecho que mi viaje haya salido bien, así que déjenme regresar a la casa de mi amo.

⁵⁷Entonces ellos contestaron:

—Vamos a llamar a la muchacha, a ver qué dice ella.

⁵⁸Llamaron a Rebeca y le preguntaron:

—¿Quieres irte con este hombre?

—Sí —contestó ella.

⁵⁹Entonces dejaron ir a Rebeca y a la mujer que la había cuidado siempre, y también al siervo de Abraham y a sus compañeros. ⁶⁰Y bendijeron a Rebeca de esta manera:

"Oh, hermana nuestra,
¡que seas madre de muchos millones!
¡que tus descendientes
conquisten las ciudades de sus
     enemigos!"

⁶¹Entonces Rebeca y sus siervas montaron en los camellos y siguieron al siervo de Abraham. Fue así como el siervo tomó a Rebeca y se fue de allí.

⁶²Isaac había vuelto del pozo llamado "El que vive y me ve", pues vivía en la región del Néguev. ⁶³Había salido a dar un paseo al anochecer. En esto vio que unos camellos se acercaban. ⁶⁴Por su parte, Rebeca también miró y, al ver a Isaac, se bajó del camello ⁶⁵y le preguntó al siervo:

—¿Quién es ese hombre que viene por el campo hacia nosotros?

—Es mi amo —contestó el siervo.

Entonces ella tomó su velo y se cubrió la cara.

⁶⁶El siervo le contó a Isaac todo lo que había hecho. ⁶⁷Luego Isaac llevó a Rebeca a la tienda de campaña de su madre Sara, y se casó con ella. Isaac amó mucho a Rebeca, y así se consoló de la muerte de su madre.

### Los descendientes de Abraham y Cetura
#### (1 Cr 1.32-33)

**25** ¹Abraham tuvo otra esposa, que se llamaba Cetura. ²Sus hijos con ella fueron Zimram, Jocsán, Medán, Madián, Isbac y Súa. ³Jocsán fue el padre de Seba y Dedán. Los descendientes de Dedán fueron los asureos, los letuseos y los leumeos. ⁴Los hijos de Madián fueron Efa, Efer, Hanoc, Abida y Elda. Todos estos fueron descendientes de Cetura. ⁵Isaac heredó todo lo que Abraham tenía. ⁶A los hijos de sus otras mujeres, Abraham solamente les hizo regalos, y cuando todavía vivía los separó de su hijo Isaac, enviándolos a la región del oriente.

### Muerte y sepultura de Abraham

⁷Abraham vivió ciento setenta y cinco años en total, ⁸y murió de muerte natural, cuando ya era muy anciano. Y fue a reunirse con sus antepasados. ⁹Sus hijos Isaac e Ismael lo sepultaron en la cueva de Macpela, que está al oriente de Mamre, en el terreno de Efrón, el hijo de Zohar el hitita. ¹⁰Este terreno era el que Abraham había comprado a los hititas.*q* Allí fue sepultado Abraham, junto a su esposa Sara. ¹¹Después que Abraham murió, Dios bendijo a Isaac, que se había quedado a vivir junto al pozo "El que vive y me ve".

### Los descendientes de Ismael
#### (1 Cr 1.28-31)

¹²Estos son los hijos de Ismael, el hijo de Abraham y de Agar, la esclava egipcia de Sara, ¹³en el orden en que nacieron: Nebaiot, que fue su hijo mayor; luego Cedar, Adbeel, Mibsam, ¹⁴Misma, Duma, Massa, ¹⁵Hadar, Tema, Jetur, Nafis y Cedema. ¹⁶Estos son los nombres de los doce hijos de Ismael, y con esos

*q* **25.10** Gn 23.3-16.

mismos nombres se conocieron sus propios territorios y campamentos. Cada uno era jefe de su propia gente.

[17] Ismael tenía ciento treinta y siete años cuando murió, y fue a reunirse con sus antepasados. [18] Sus descendientes se establecieron en la región que está entre Havila y Shur, frente a Egipto, en la ruta a Asiria. Allí se establecieron, a pesar de la oposición de sus hermanos.

### Nacimiento de Jacob y Esaú

[19] Esta es la historia de Isaac, el hijo de Abraham. [20] Isaac tenía cuarenta años cuando se casó con Rebeca, que era hija de Betuel y hermana de Labán, los arameos que vivían en Padan-aram. [21] Rebeca no podía tener hijos, así que Isaac le rogó al Señor por ella. Y el Señor oyó su oración y Rebeca quedó embarazada. [22] Pero como los mellizos se peleaban dentro de su vientre, ella pensó: "Si esto va a ser así, ¿para qué seguir viviendo?" Entonces fue a consultar el caso con el Señor, [23] y él le contestó:

"En tu vientre hay dos naciones,
dos pueblos que están en lucha
desde antes de nacer.
Uno será más fuerte que el otro,
y el mayor estará sujeto al menor."*r*

[24] Llegó al fin el día en que Rebeca tenía que dar a luz, y tuvo mellizos. [25] El primero que nació era pelirrojo, todo cubierto de vello, y lo llamaron Esaú.[33] [26] Luego nació su hermano, agarrado al talón de Esaú con una mano, y por eso lo llamaron Jacob.[34] Isaac tenía sesenta años cuando Rebeca los dio a luz.

### Esaú vende sus derechos de hijo mayor

[27] Los niños crecieron. Esaú llegó a ser un hombre del campo y muy buen cazador; Jacob, por el contrario, era un hombre tranquilo, y le agradaba quedarse en el campamento. [28] Isaac quería más a Esaú, porque le gustaba comer de lo que él cazaba, pero Rebeca prefería a Jacob.

[29] Un día en que Jacob estaba cocinando, Esaú regresó muy cansado del campo [30] y le dijo:

—Por favor, dame un poco de ese guiso rojo que tienes ahí, porque me muero de hambre.

(Por eso a Esaú también se le conoce como Edom.)[35]

[31] —Primero dame a cambio tus derechos de hijo mayor —contestó Jacob.

[32] Entonces Esaú dijo:

—Como puedes ver, me estoy muriendo de hambre, de manera que los derechos de hijo mayor no me sirven de nada.

[33] —Júramelo ahora mismo —insistió Jacob.

Esaú se lo juró, y así le cedió a Jacob sus derechos de hijo mayor.*s* [34] Entonces Jacob le dio a Esaú pan y guiso de lentejas. Cuando Esaú terminó de comer y beber, se levantó y se fue, sin dar ninguna importancia a sus derechos de hijo mayor.

### Isaac se va a Gerar

**26** [1] En ese tiempo hubo una gran escasez de alimentos en toda aquella región, además de la que hubo cuando Abraham aún vivía. Por eso Isaac se fue a Gerar, donde vivía Abimelec, rey de los filisteos. [2] Allí el Señor se le apareció y le dijo: "No vayas a Egipto. Quédate donde yo te diga, [3] y por ahora sigue viviendo en este país. Yo estaré contigo y te bendeciré, porque a ti y a tus descendientes les voy a dar todas estas tierras. Así cumpliré la promesa que le hice a tu padre Abraham. [4] Haré que tus descendientes sean tantos como las estrellas del cielo, y les daré todas estas tierras. Además, todas las naciones de la tierra serán bendecidas por medio de tus descendientes,*t* [5] porque Abraham me obedeció y cumplió mis órdenes, mis mandamientos, mis leyes y mis enseñanzas."

[6] Entonces Isaac se quedó en Gerar, [7] y cuando los que vivían en ese lugar le preguntaron en cuanto a Rebeca, Isaac tuvo miedo de decir que era su esposa y les dijo que era su hermana.*u* Era tan hermosa Rebeca, que Isaac pensó que los hombres del lugar lo matarían por causa de ella.

[8] Pasó el tiempo y él se quedó allá. Pero un día en que Abimelec estaba mirando por la ventana, vio que Isaac acariciaba a su esposa Rebeca. [9] Entonces lo mandó llamar y le dijo:

[33] La palabra hebrea que significa *vello* tiene un sonido parecido a *Seir*, que es otro nombre de *Esaú*. (Véase 36.8)
[34] En hebreo, *Jacob* tiene un sonido parecido a *talón*, y también está relacionado con el verbo *hacer trampa*. (Véase 27.36)
[35] En hebreo, *Edom* y la palabra que significa *rojo* tienen un sonido parecido.
*r* 25.23 Ro 9.12.   *s* 25.33 He 12.16.   *t* 26.3-4 Gn 22.16-18.   *u* 26.7 Gn 12.13; 20.2.

—Así que ella es tu esposa, ¿verdad? Entonces, ¿por qué dijiste que era tu hermana?

—Yo pensé que tal vez me matarían por causa de ella —contestó Isaac.

¹⁰Pero Abimelec le dijo:

—¿Por qué nos has hecho esto? Un poco más y alguno del pueblo se habría acostado con tu esposa, y tú nos habrías hecho pecar.

¹¹Entonces Abimelec ordenó a todo su pueblo:

—Si alguien molesta a este hombre o a su esposa, será condenado a muerte.

¹²Ese año Isaac sembró en aquel lugar y recogió muy buena cosecha, pues el Señor lo bendijo. ¹³Se hizo muy rico y llegó a tener muchas posesiones. ¹⁴Eran tantas sus ovejas y vacas, y tantos sus siervos, que los filisteos le tenían envidia. ¹⁵Cuando su padre Abraham aún vivía, los siervos de Abraham habían abierto pozos; pero después los filisteos los habían tapado y llenado de tierra. ¹⁶Por fin, Abimelec le dijo a Isaac:

—Vete de aquí, porque has llegado a ser más rico que nosotros.

¹⁷Isaac se fue y acampó en el valle de Gerar, y allí se quedó a vivir. ¹⁸Volvió a abrir los pozos de agua que habían sido abiertos en vida de su padre, y que los filisteos habían tapado después de su muerte, y les puso los mismos nombres que su padre les había dado. ¹⁹Un día, los siervos de Isaac estaban haciendo un pozo en el valle, y encontraron un manantial. ²⁰Pero los pastores que cuidaban las ovejas en el valle de Gerar se pelearon con los pastores que cuidaban las ovejas de Isaac, porque decían que esa agua era de ellos. Por eso Isaac llamó a ese pozo "Pelea", pues se habían peleado por él. ²¹Después sus siervos abrieron otro pozo, por el que volvieron a pelear, y a ese pozo Isaac lo llamó "Enemistad".

²²Isaac se fue lejos de allí, y abrió otro pozo. Como ya no pelearon por él, lo llamó "Libertad", pues dijo: "Ahora el Señor nos ha dejado en libertad de progresar en este lugar."

²³De allí Isaac se fue a Beerseba. ²⁴Esa noche el Señor se le apareció y le dijo:

"Yo soy el Dios de tu padre Abraham.
No tengas miedo; yo estoy contigo.
Por causa de mi siervo Abraham

te bendeciré y aumentaré mucho tu descendencia.''

²⁵Entonces Isaac construyó un altar allí, e invocó el nombre del Señor. Acampó en aquel lugar, y sus siervos abrieron un pozo.

### Isaac y Abimelec hacen un pacto

²⁶Un día, Abimelecᵛ vino desde Gerar para hablar con Isaac. Lo acompañaban su amigo Ahuzat, y Ficol, que era el capitán de su ejército. ²⁷Isaac les dijo:

—Si ustedes no me quieren, y hasta me echaron de su tierra, ¿para qué vienen a verme?

²⁸Ellos le contestaron:

—Hemos visto que el Señor está contigo, y hemos pensado proponerte que hagamos un pacto. El pacto será éste: ²⁹que tú no nos harás ningún mal, pues nosotros no te hemos molestado. Al contrario, siempre te hemos tratado bien y te despedimos en forma amistosa, y ahora el Señor te está bendiciendo.

³⁰Entonces Isaac les hizo una gran fiesta, y ellos comieron y bebieron. ³¹Al día siguiente por la mañana, se levantaron y se hicieron juramentos entre sí. Luego Isaac les dijo adiós, y ellos se despidieron de él como amigos.

³²Aquel mismo día, los siervos de Isaac vinieron a darle la noticia de que habían encontrado agua en el pozo que estaban abriendo. ³³Isaac le puso a aquel pozo el nombre de Seba.³⁶ Por eso aquella ciudad todavía se llama Beerseba.

³⁴Cuando Esaú tenía cuarenta años, se casó con Judit, que era hija de Beeri el hitita. También se casó con Basemat, que era hija de otro hitita llamado Elón. ³⁵Estas dos mujeres les amargaron la vida a Isaac y Rebeca.

### Isaac bendice a Jacob y Esaú

**27** ¹Isaac estaba ya muy viejo, y se había quedado ciego. Un día llamó a Esaú, su hijo mayor, y le dijo:

—¡Hijo mío!

—Dime, padre —contestó Esaú.

²—Ya ves que estoy muy viejo—dijo Isaac—, y un día de estos me puedo morir. ³Por eso quiero que vayas al monte con tu arco y tus flechas para cazar algún animal. ⁴Prepara luego un guisado sabroso, como a mí me gusta, y tráelo

---

³⁶ En hebreo, *Seba* y las palabras que significan *juramento* y *abundancia* tienen un sonido parecido.
ᵛ 26.26 Gn 21.22.

para que yo lo coma. Entonces te daré mi bendición antes de morir.

⁵Pero Rebeca estaba oyendo lo que Isaac le decía a Esaú. Por eso, en cuanto éste se fue al monte a cazar algo para su padre, ⁶ella dijo a Jacob, su hijo menor:

—Mira, oí que tu padre estaba hablando con tu hermano Esaú, y que le decía: ⁷'Caza algún animal, prepara un guisado sabroso para que yo lo coma, y te daré mi bendición delante del Señor antes de morir.' ⁸Así que, hijo mío, escucha bien lo que te voy a decir: ⁹Ve a donde está el rebaño, y tráeme dos de los mejores cabritos; voy a prepararle a tu padre un guisado sabroso, como a él le gusta. ¹⁰Tú se lo vas a llevar para que lo coma, y así te dará a ti su bendición antes de morir.

¹¹Pero Jacob le dijo a su madre:

—Mi hermano tiene mucho pelo en el cuerpo, y yo no. ¹²Si mi padre llega a tocarme y me reconoce, va a pensar que me estoy burlando de él; entonces haré que me maldiga en lugar de que me bendiga.

¹³Pero su madre le contestó:

—Hijo mío, que esa maldición recaiga sobre mí. Tú haz lo que te digo y tráeme esos cabritos.

¹⁴Jacob fue por los cabritos y se los trajo a su madre. Ella preparó entonces un guisado sabroso, como a Isaac le gustaba, ¹⁵sacó la mejor ropa de Esaú, su hijo mayor, que estaba guardada en la casa, y se la puso a Jacob, su hijo menor. ¹⁶Luego, con la piel de los cabritos, le cubrió a Jacob los brazos y la parte del cuello donde no tenía pelo, ¹⁷y le dio el guisado y el pan que había preparado.

¹⁸Entonces Jacob entró donde estaba su padre, y le dijo:

—¡Padre!

—Aquí estoy. ¿Cuál de mis hijos eres tú? —preguntó Isaac.

¹⁹—Soy Esaú, tu hijo mayor —contestó Jacob—. Ya hice lo que me dijiste. Levántate, por favor; siéntate y come del animal que he cazado, y dame tu bendición.

²⁰Entonces Isaac le preguntó:

—¿Cómo pudiste encontrarlo tan pronto, hijo mío?

—El Señor tu Dios me ayudó a encontrarlo —respondió Jacob.

²¹Pero Isaac le dijo:

—Acércate y déjame tocarte, a ver si de veras eres mi hijo Esaú.

²²Jacob se acercó para que su padre lo tocara. Entonces Isaac dijo: "La voz es la de Jacob, pero los brazos son los de Esaú." ²³Así que no lo reconoció, porque sus brazos tenían mucho pelo, como los de su hermano Esaú. Pero cuando iba a darle su bendición, ²⁴volvió a preguntarle:

—¿De veras eres mi hijo Esaú?

—Sí, yo soy Esaú —respondió Jacob.

²⁵Entonces su padre le dijo:

—Sírveme, hijo mío, para que coma yo de lo que cazaste, y entonces te daré mi bendición.

Jacob le sirvió de comer a su padre, y también le trajo vino. Isaac comió y bebió, ²⁶y luego le dijo:

—Acércate, hijo, y dame un beso.

²⁷Cuando Jacob se acercó para besarlo, Isaac le olió la ropa. Entonces lo bendijo con estas palabras:

"Sí, este olor es de mi hijo.
Es como el olor de un campo
bendecido por el Señor.
²⁸Que Dios te dé la lluvia del cielo,
las mejores cosechas de la tierra,
mucho trigo y mucho vino.
²⁹Que mucha gente te sirva;
que las naciones se arrodillen delante
de ti.

Gobierna a tus propios hermanos;
¡que se arrodillen delante de ti!
Los que te maldigan serán malditos,
y los que te bendigan serán
benditos."ʷ,ˣ

³⁰Había terminado Isaac de bendecir a Jacob, y apenas salía Jacob de donde estaba su padre, cuando Esaú regresó de cazar. ³¹También él preparó un guisado sabroso, se lo llevó a su padre, y le dijo:

—Levántate, padre; come del animal que tu hijo ha cazado, y dame tu bendición.

³²Entonces Isaac le preguntó:

—¿Quién eres tú?

—Soy Esaú, tu hijo mayor —contestó.

³³Isaac se quedó muy sorprendido, y con voz temblorosa dijo:

—Entonces, ¿quién es el que fue a cazar y me trajo el guisado? Yo me lo comí todo antes de que tú llegaras, y le di mi bendición, y ahora él ha quedado bendecido.

³⁴Cuando Esaú oyó lo que su padre decía, se puso a llorar amargamente, y gritó:

—¡Dame también a mí tu bendición, padre mío!

[35]Pero Isaac le contestó:

—Ya vino tu hermano, y me engañó, y se llevó la bendición que era para ti.

[36]—¡Con razón le pusieron por nombre Jacob! —dijo Esaú—. ¡Ya van dos veces que me hace trampa![37] Primero me quitó mis derechos de hijo mayor,[y] y ahora me ha quitado la bendición que me tocaba. ¿No has guardado ninguna otra bendición para mí?

[37]Entonces Isaac le contestó:

—Mira, yo le he dado a Jacob autoridad sobre ti; le he dado por siervos a todos sus parientes, y le he deseado que tenga mucho trigo y mucho vino. ¿Qué puedo hacer ahora por ti, hijo mío?

[38]Esaú insistió:

—¿No puedes dar más que una sola bendición, padre mío? ¡Bendíceme también a mí!

Y volvió a llorar a gritos.[z]

[39]Entonces Isaac le dijo:

"Vivirás lejos de las tierras fértiles
y de la lluvia que cae del cielo.
[40]Tendrás que defenderte con tu
      espada
y serás siervo de tu hermano;
pero cuando te hagas fuerte,
te librarás de él."[a,b]

### Jacob huye de Esaú

[41]Desde entonces Esaú odió a Jacob por la bendición que le había dado su padre, y pensaba: "Ya pronto vamos a estar de luto por la muerte de mi padre; después de eso, mataré a mi hermano Jacob."

[42]Cuando Rebeca supo lo que Esaú estaba planeando, mandó llamar a Jacob y le dijo:

—Mira, tu hermano Esaú quiere matarte para vengarse de ti. [43]Por eso, hijo, escúchame; huye en seguida a Harán, a casa de mi hermano Labán. [44]Quédate con él por algún tiempo, hasta que se le pase el enojo a tu hermano [45]y olvide lo que le has hecho. Entonces te mandaré avisar para que vuelvas. ¡No quiero perder a mis dos hijos en un solo día![*]

[46]Luego Rebeca le dijo a Isaac:

—Estoy cansada de la vida por culpa de estas hititas con las que Esaú se casó. Si Jacob se casa con una hitita como éstas,

de las que viven aquí en Canaán, vale más que me muera.

**28** [1]Entonces Isaac llamó a Jacob, lo bendijo y le dio esta orden: "No te cases con ninguna mujer de esta tierra de Canaán. [2]Vete a Padan-aram, a la casa de tu abuelo Betuel, y cásate allá con una de las hijas de tu tío Labán. [3]Que el Dios todopoderoso te bendiga y te dé muchos descendientes, para que de ti salgan muchas naciones. [4]Que te dé a ti, y también a tus descendientes, la bendición que le prometió a Abraham,[c] para que sean dueños de esta tierra donde ahora vivimos como extranjeros, pues él se la prometió a Abraham."

[5]Así fue como Isaac envió a Jacob a Padan-aram. Jacob llegó a casa de Labán, que era hijo de Betuel el arameo y hermano de Rebeca, la madre de Jacob y Esaú.

### Esaú se casa

[6]Esaú había visto cuando Isaac le dio su bendición a Jacob y lo envió a Padan-aram para casarse allá. También se fijó en que su padre, al bendecirlo, le encargó que no se casara con ninguna mujer de Canaán, [7]y que Jacob se fue a Padan-aram como su padre y su madre le habían dicho. [8]De esa manera Esaú se dio cuenta de que a su padre no le agradaban las mujeres de Canaán; [9]por eso fue a ver a Ismael, hijo de Abraham, y tomó por esposa a su hija Mahalat, que era hermana de Nebaiot, además de las esposas cananeas que ya tenía.

### Dios se aparece a Jacob en Betel

[10]Jacob salió de Beerseba y tomó el camino de Harán. [11]Llegó a cierto lugar y allí se quedó a pasar la noche, porque el sol ya se había puesto. Tomó como almohada una de las piedras que había en el lugar, y se acostó a dormir. [12]Allí tuvo un sueño, en el que veía una escalera que estaba apoyada en la tierra y llegaba hasta el cielo, y por la cual los ángeles de Dios subían y bajaban.[d] [13]También veía que el Señor estaba de pie junto a él, y que le decía: "Yo soy el Señor, el Dios de tu abuelo Abraham y de tu padre Isaac. A ti y a tus descendientes les daré la tierra en donde estás acostado.[e] [14]Ellos llegarán a ser tantos como el polvo de la tierra, y se extenderán al norte y al sur, al este y al

[37] Véase nota en 25.26.
[y] 27.36 Gn 25.29-34.   [z] 27.38 He 12.17.   [a] 27.40 Gn 36.8; 2 R 8.20.   [b] 27.39-40 He 11.20.   [*] 27.41-45 Sab 10.10.
[c] 28.4 Gn 17.4-8.   [d] 28.12 Jn 1.51.   [e] 28.13 Gn 13.14-15.

oeste, y todas las familias del mundo serán bendecidas por medio de ti y de tus descendientes.*f* 15Yo estoy contigo; voy a cuidarte por dondequiera que vayas, y te haré volver a esta tierra. No voy a abandonarte sin cumplir lo que te he prometido.''

16Cuando Jacob despertó de su sueño, pensó: ''En verdad el Señor está en este lugar, y yo no lo sabía.'' 17Tuvo mucho miedo, y pensó: ''Este lugar es muy sagrado. Aquí está la casa de Dios; ¡es la puerta del cielo!''

18Al día siguiente Jacob se levantó muy temprano, tomó la piedra que había usado como almohada, la puso de pie como un pilar, y la consagró derramando aceite sobre ella. 19En ese lugar había antes una ciudad que se llamaba Luz,38 pero Jacob le cambió el nombre y le puso Betel.39

20Allí Jacob hizo esta promesa: ''Si Dios me acompaña y me cuida en este viaje que estoy haciendo, si me da qué comer y con qué vestirme, 21y si regreso sano y salvo a la casa de mi padre, entonces el Señor será mi Dios. 22Esta piedra que he puesto como pilar, será casa de Dios; y siempre te daré, oh Dios, la décima parte de todo lo que tú me des.''*

**29** 1Jacob siguió su camino y se fue a la tierra de los del oriente.

2En el campo vio un pozo, cerca del cual estaban descansando tres rebaños de ovejas, porque los animales bebían agua de él. Sobre la boca del pozo había una piedra muy grande, 3y cuando todos los rebaños se juntaban allí, los pastores quitaban la piedra para darles agua a las ovejas, y luego volvían a tapar el pozo. 4Jacob preguntó a los pastores:

—¿De dónde son ustedes, amigos míos?

—Somos de Harán —contestaron ellos.

5—¿Conocen ustedes a Labán, el hijo de Nacor? —volvió a preguntar.

—Sí, lo conocemos —respondieron.

6—¿Está bien de salud? —insistió Jacob.

—Sí, Labán está bien —dijeron los pastores—. Mire usted, aquí viene su hija Raquel con sus ovejas.

7Entonces Jacob dijo:

—Todavía es de día, y es muy temprano para encerrar las ovejas. ¿Por qué no les dan agua y las llevan a pastar?

8Pero ellos le contestaron:

—No podemos hacerlo. Tenemos que esperar a que se junten todos los rebaños y los pastores quiten la piedra de la boca del pozo, para poder darles agua a las ovejas.

9Mientras Jacob estaba hablando con ellos, Raquel llegó con las ovejas de su padre, pues ella era quien las cuidaba. 10Tan pronto como Jacob la vio con las ovejas de su tío Labán, fue y quitó la piedra de la boca del pozo, y les dio agua a las ovejas; 11luego la saludó con un beso, y comenzó a llorar. 12Cuando Jacob le contó que él era hijo de Rebeca y sobrino de Labán, Raquel fue corriendo a contárselo a su padre.

13Labán, al oír hablar de Jacob, el hijo de su hermana, salió corriendo a recibirlo, lo abrazó, lo saludó con un beso y lo llevó a su casa. Luego Jacob le contó todo lo que había pasado. 14Y Labán le dijo: ''Verdaderamente tú eres uno de mi propia sangre.''

### *Jacob trabaja por Raquel y Lea*

Jacob se quedó con Labán durante un mes. 15Después de ese tiempo, Labán le dijo:

—No vas a trabajar para mí sin ganar nada, sólo porque eres mi pariente. Dime cuánto quieres que te pague.

16Labán tenía dos hijas: la mayor se llamaba Lea, y la menor, Raquel. 17Lea tenía unos ojos muy tiernos, pero Raquel era hermosa de pies a cabeza. 18Como Jacob se había enamorado de Raquel, contestó:

—Por Raquel, tu hija menor, trabajaré siete años para ti.

19Entonces Labán contestó:

—Es mejor dártela a ti que dársela a un extraño. Quédate conmigo.

20Y así Jacob trabajó por Raquel durante siete años, aunque a él le pareció muy poco tiempo porque la amaba mucho. 21Cuando pasaron los siete años, Jacob le dijo a Labán:

—Dame mi mujer, para que me case con ella, porque ya terminó el tiempo que prometí trabajar por ella.

22Entonces Labán invitó a todos sus vecinos a la fiesta de bodas que hizo. 23Pero por la noche Labán tomó a Lea y se la llevó a Jacob, y Jacob durmió con ella. 24Además, Labán le regaló a Lea una de sus esclavas, llamada Zilpa, para que la atendiera. 25A la mañana siguiente Jacob

---

38 En hebreo, *Luz* significa *almendro.*   39 En hebreo, *Betel* significa *casa de Dios.*
*f* **28.14** Gn 12.3; 22.18.   * **28.10-22** Sab 10.10.

se dio cuenta de que había dormido con Lea, y le reclamó a Labán:

—¿Qué cosa me has hecho? ¿No trabajé contigo por Raquel? Entonces, ¿por qué me has engañado?

²⁶Y Labán le contestó:

—Aquí no acostumbramos que la hija menor se case antes que la mayor. ²⁷Cumple con la semana de bodas de Lea y entonces te daremos también a Raquel, si es que te comprometes a trabajar conmigo otros siete años.

²⁸Jacob aceptó, y cuando terminó la semana de bodas de Lea, Labán le dio a Raquel por esposa. ²⁹Labán también le dio a Raquel una de sus esclavas, llamada Bilha, para que la atendiera. ³⁰Jacob se unió también a Raquel, y la amó mucho más que a Lea, aunque tuvo que trabajar con Labán durante siete años más.

### Los hijos de Jacob

³¹Cuando el Señor vio que Jacob despreciaba a Lea, hizo que ésta tuviera hijos, pero a Raquel la mantuvo estéril. ³²Lea quedó embarazada y tuvo un hijo, al que llamó Rubén,⁴⁰ porque dijo: "El Señor me vio triste. Por eso ahora mi esposo me amará."

³³Después Lea tuvo otro hijo, al que llamó Simeón,⁴¹ y entonces dijo: "El Señor oyó que me despreciaban, y por eso me dio un hijo más."

³⁴Y otra vez tuvo un hijo, al cual llamó Leví,⁴² porque dijo: "Ahora mi esposo se unirá más a mí, porque ya le he dado tres hijos."

³⁵Lea tuvo aún otro hijo, al cual llamó Judá,⁴³ porque dijo: "Esta vez alabaré al Señor." Después de esto, dejó de tener hijos.

**30** ¹Cuando Raquel vio que ella no podía darle hijos a Jacob, sintió envidia de su hermana Lea, y le dijo a su esposo:

—Dame hijos, porque si no, me voy a morir.

²Pero Jacob se enojó con ella y le dijo:

—¿Acaso soy Dios? El es quien no te deja tener hijos.

³Entonces ella le dijo:

—Mira, toma a mi esclava Bilha y únete con ella; y cuando ella tenga hijos, será

como si yo misma los tuviera.⁴⁴ Así podré tener hijos.

⁴De esta manera Raquel le dio a Jacob su esclava Bilha, para que fuera su concubina. Jacob se unió con Bilha, ⁵y ella le dio un hijo a Jacob. ⁶Entonces Raquel dijo: "Este niño se va a llamar Dan,⁴⁵ porque Dios oyó mi oración y me hizo justicia al darme un hijo."

⁷Después Bilha le dio otro hijo a Jacob, ⁸y Raquel dijo: "Este niño se va a llamar Neftalí,⁴⁶ porque he luchado mucho contra mi hermana y la he vencido."

⁹Cuando Lea vio que ya no podía tener hijos, tomó a su esclava Zilpa y se la dio a Jacob para que fuera su concubina. ¹⁰Y cuando Zilpa le dio un hijo a Jacob, ¹¹Lea dijo: "¡Qué suerte! Por eso el niño se va a llamar Gad."⁴⁷

¹²Después Zilpa le dio otro hijo a Jacob, ¹³y entonces Lea dijo: "¡Qué felicidad! Ahora las mujeres dirán que soy feliz. Por eso el niño se va a llamar Aser."⁴⁸

¹⁴Un día fue Rubén al campo, durante la cosecha de trigo, y allí encontró unas frutas llamadas mandrágoras,⁴⁹ las cuales llevó a su madre Lea. Cuando Raquel vio las frutas, le dijo a Lea:

—Por favor, dame algunas de esas mandrágoras que tu hijo te trajo.

¹⁵Pero Lea le contestó:

—¿Te parece poco haberme quitado el marido? ¡Y ahora quieres también quitarme las mandrágoras de mi hijo!

—Pues a cambio de las mandrágoras de tu hijo, esta noche Jacob dormirá contigo —propuso Raquel.

¹⁶Por la noche, cuando Jacob regresó del campo, Lea salió a su encuentro y le dijo:

—Hoy vas a dormir conmigo, porque te he alquilado a cambio de las mandrágoras de mi hijo.

Esa noche Jacob durmió con Lea, ¹⁷y ella le dio a Jacob su quinto hijo, porque Dios oyó su oración. ¹⁸Entonces Lea dijo: "Este niño se va a llamar Isacar,⁵⁰ pues Dios me ha premiado porque le di mi esclava a mi marido."

¹⁹Después Lea le dio a Jacob su sexto hijo, ²⁰y dijo: "Dios me ha dado un buen

---

⁴⁰ En hebreo, *Rubén* tiene un sonido parecido a *miren, un hijo*, y también a *él vio mi tristeza.* ⁴¹ En hebreo, *Simeón* y el verbo que significa *oír* tienen un sonido parecido. ⁴² En hebreo, *Leví* y el verbo que significa *unir* tienen un sonido parecido. ⁴³ En hebreo, *Judá* y el verbo que significa *alabar* tienen un sonido parecido. ⁴⁴ Lit. *dé a luz sobre mis rodillas.* ⁴⁵ En hebreo, *Dan* y el verbo que significa *hacer justicia* tienen un sonido parecido. ⁴⁶ En hebreo, *Neftalí* y el verbo que significa *luchar* tienen un sonido parecido. ⁴⁷ En hebreo, *Gad* significa *suerte.* ⁴⁸ En hebreo, *Aser* significa *feliz.* ⁴⁹ Se creía que esta fruta daba fertilidad a las mujeres. ⁵⁰ En hebreo, *Isacar* y los verbos que significan *premiar* y *alquilar* tienen un sonido parecido.

regalo. Ahora mi marido me estimará más, porque ya le he dado seis hijos. Por eso este niño se va a llamar Zabulón.'' [51]

[21]Por último, Lea tuvo una hija, a la cual llamó Dina. [22]Pero Dios se acordó de Raquel; oyó su oración y le permitió tener hijos. [23]Cuando tuvo el primero, dijo: ''Dios me ha quitado la vergüenza de no tener hijos. [24]Ojalá me permita tener otro.'' Por eso lo llamó José. [52]

### Trampas entre Jacob y Labán

[25]Después que Raquel dio a luz a José, Jacob dijo a Labán:

—Déjame regresar a mi propia tierra. [26]Dame mis hijos y mis mujeres, pues por ellas he trabajado contigo, y déjame ir. Tú bien sabes cómo he trabajado para ti.

[27]Pero Labán le contestó:

—Por favor, quédate conmigo. He sabido por adivinación que el Señor me ha bendecido por medio de ti. [28]Dime cuánto quieres ganar, y te lo pagaré.

[29]Entonces Jacob le dijo:

—Tú bien sabes cómo he trabajado para ti y cómo he cuidado tus animales; [30]lo poco que tenías antes que yo viniera, ha aumentado enormemente, pues desde que llegué, el Señor te ha bendecido; pero, ¿cuándo voy a comenzar a trabajar para mi propia familia?

[31]—¿Cuánto quieres que te pague? —insistió Labán.

—No me pagues nada —respondió Jacob—. Volveré a cuidar tus ovejas, si aceptas lo que te voy a proponer: [32]déjame pasar hoy por entre tu rebaño, para apartar todos los corderitos negros [53] y todos los cabritos manchados y moteados. Ellos serán mi salario. [33]Así, cuando más adelante vengas a ver lo que he ganado, tendrás la prueba de mi honradez: pues si en mi rebaño hay cabras que no sean manchadas o moteadas, o corderos que no sean negros, será que te los he robado.

[34]—Está bien, acepto lo que propones —dijo Labán.

[35]Pero ese mismo día Labán apartó todos los chivos rayados y moteados, y todas las cabras manchadas y moteadas o que tenían algo blanco, y todos los corderos negros, y se los dio a sus hijos para que los cuidaran. [36]Luego se fué con este rebaño del lugar donde estaba Jacob, a una distancia de tres días de camino.

Jacob, por su parte, siguió cuidando las otras ovejas de Labán. [37]Cortó ramas verdes de álamo, almendro y castaño, y las peló para que se pudieran ver rayas blancas; [38-39]luego puso las varas, ya peladas, frente a los rebaños, en el lugar donde tomaban agua. Allí era donde los machos se unían con las hembras, y como lo hacían delante de las varas, sus crías nacían rayadas, manchadas y moteadas. [40]Entonces Jacob las apartaba y las ponía frente a los animales rayados y negros del rebaño de Labán. Así Jacob fue formando su propio rebaño, separándolo del rebaño de Labán. [41]Cada vez que los animales más gordos se unían para tener crías, Jacob ponía las varas en el lugar donde tomaban agua, de manera que pudieran ver las varas en el momento de unirse; [42]pero cuando venían los animales más flacos, no ponía las varas. Por eso los animales más flacos eran para Labán, y los más gordos eran para Jacob. [43]De esa manera Jacob se hizo muy rico y llegó a tener muchas ovejas, esclavos, esclavas, camellos y asnos. *

### Jacob planea huir de Labán

**31** [1]Pero Jacob supo que los hijos de Labán andaban diciendo: ''Jacob ha tomado todo lo que era de nuestro padre, y con eso se ha hecho rico.'' [2]También Jacob se fijó en que Labán ya no lo miraba con buenos ojos, como antes. [3]Entonces el Señor le dijo a Jacob: ''Regresa a la tierra de tus padres, donde están tus parientes, y yo te acompañaré.''

[4]Jacob mandó llamar a Raquel y a Lea, para que vinieran al campo donde estaba él con sus ovejas, [5]y les dijo:

—Me he dado cuenta de que el padre de ustedes ya no me trata igual que antes; pero el Dios de mi padre siempre me ha acompañado. [6]Ustedes saben muy bien que yo he trabajado para su padre lo mejor que he podido, [7]y que él me ha engañado y continuamente me ha cambiado el salario. Sin embargo, Dios no le ha dejado hacerme ningún mal; [8]al contrario, cuando él decía: 'Te voy a pagar con los animales manchados', todas las hembras tenían crías manchadas; y cuando decía: 'Te voy a pagar con los

[51] En hebreo, *Zabulón* y los verbos que significan *regalar* y *estimar* tienen un sonido parecido.   [52] En hebreo, *José* y los verbos que significan *quitar* y *dar más* tienen un sonido parecido.   [53] Así, con la versión griega. Heb. *todos los corderitos manchados y moteados, y todo corderito negro entre los corderos.*
* 30.43 Sab 10.10-11.

rayados', entonces todas tenían crías rayadas. ⁹Así fue como Dios le quitó sus animales para dármelos a mí.

¹⁰"Un día, cuando los animales estaban en celo, tuve un sueño en el que veía que los machos cabríos que cubrían a las hembras eran rayados, manchados y moteados. ¹¹En ese sueño el ángel de Dios me llamó por mi nombre, y yo le contesté: 'Aquí estoy.' ¹²Entonces el ángel me dijo: 'Fíjate bien, y vas a ver que todos los machos que cubren a las hembras son rayados, manchados y moteados, porque me he dado cuenta de todo lo que Labán te ha hecho. ¹³Yo soy el Dios que se te apareció en Betel,⁵⁴ allí donde tú consagraste la piedra y me hiciste una promesa.ᵍ ¡Vamos! Levántate y vete de este lugar; regresa a la tierra donde naciste.'

¹⁴Entonces Raquel y Lea le contestaron:

—Nosotras ya no tenemos ninguna herencia en la casa de nuestro padre. ¹⁵Al contrario, nos trata como si fuéramos extrañas. ¡Hasta nos vendió, y se aprovechó de lo que le pagaste por casarte con nosotras! ¹⁶En realidad, toda la riqueza que Dios le ha quitado a nuestro padre, es nuestra y de nuestros hijos. Así que haz todo lo que Dios te ha dicho.

### Jacob se va de Padan-aram

¹⁷⁻¹⁸Jacob se preparó para regresar a Canaán, donde vivía su padre Isaac. Hizo montar a sus hijos y a sus mujeres en los camellos, tomó todo lo que tenía, y se puso en camino con todos los animales que había recibido por su trabajo en Padan-aram. ¹⁹Mientras Labán fue a otra parte a trasquilar sus ovejas, Raquel le robó sus ídolos familiares. ²⁰Así fue como Jacob engañó a Labán el arameo, no diciéndole que se iba. ²¹Escapó con todo lo que tenía. Muy pronto cruzó el río Éufrates, y siguió adelante hacia los montes de Galaad.

### Labán persigue a Jacob

²²Tres días después, Labán supo que Jacob se había escapado. ²³Entonces, acompañado de sus parientes, salió a perseguirlo, y siete días después lo alcanzó en los montes de Galaad. ²⁴Pero aquella noche Dios se le apareció a Labán el arameo en un sueño, y le dijo: "Escucha, no le hables a Jacob en forma brusca."

²⁵Labán alcanzó a Jacob en los montes de Galaad, que era donde Jacob había acampado. Allí mismo acampó Labán con sus parientes, ²⁶y le reclamó a Jacob:

—¿Qué has hecho? ¿Por qué me engañaste? ¡Has traído a mis hijas como si fueran prisioneras de guerra! ²⁷¿Por qué me engañaste y escapaste a escondidas, sin decirme nada? De haberlo sabido, yo te habría despedido con alegría y con música de tambores y de arpa. ²⁸Ni siquiera me dejaste besar a mis hijas y a mis nietos. ¡Has actuado como un necio! ²⁹Yo bien podría hacerles daño a todos ustedes, pero anoche me habló el Dios de tu padre y me dijo: 'Escucha, no le hables a Jacob en forma brusca.' ³⁰Pero, si tanto querías regresar a la casa de tu padre, y por eso te fuiste, ¿por qué me robaste mis dioses?

³¹Entonces Jacob le contestó a Labán:

—Es que tuve miedo. Yo pensé que tal vez me ibas a quitar tus hijas por la fuerza. ³²Pero si alguno de los que aquí están tiene tus dioses, ¡que muera! Nuestros parientes son testigos: dime si yo tengo algo tuyo, y llévatelo.

Pero Jacob no sabía que Raquel había robado los ídolos.

³³Labán entró en la tienda de campaña de Jacob, luego en la de Lea y también en la de las dos esclavas, pero no encontró los ídolos. Cuando salió de la tienda de campaña de Lea y entró en la de Raquel, ³⁴ella tomó los ídolos, los puso dentro de la montura del camello, y se sentó sobre ellos. Labán estuvo buscando por toda la tienda, pero no los encontró. ³⁵Entonces Raquel le dijo:

—Padre, no te enojes si no me levanto delante de ti, pero es que hoy tengo mi periodo de menstruación.

Como Labán anduvo buscando los ídolos y no los encontró, ³⁶Jacob se enojó y le reclamó a Labán con estas palabras:

—¿Qué falta cometí? ¿Cuál es mi pecado, que con tantas ansias me has perseguido? ³⁷Has registrado todas mis cosas, ¿y qué has encontrado de las cosas de tu casa? ¡Ponlo aquí, delante de tus parientes y de los míos, para que ellos digan quién de los dos tiene la razón! ³⁸Durante estos veinte años que trabajé contigo, nunca abortaron tus ovejas ni tus cabras; nunca me comí un solo carnero de tus rebaños; ³⁹nunca te traje los animales que las fieras mataban, sino que yo

---

⁵⁴ *El Dios que se te apareció en Betel:* según varias versiones antiguas. Heb. *el Dios de Betel.*
ᵍ **31.13** Gn 28.18-22.

pagaba esa pérdida; si de día o de noche robaban ganado, tú me lo cobrabas. [40]De día me moría de calor; de noche me moría de frío, ¡y hasta el sueño se me iba! [41]Veinte años he estado en tu casa, y esto es lo que me tocó: por tus dos hijas trabajé catorce años a tu servicio; por tus animales trabajé seis años; y continuamente me cambiabas mi salario. [42]De no haber estado conmigo el Dios de Abraham, el Dios que adoraba mi padre Isaac, estoy seguro que me habrías mandado con las manos vacías. Pero Dios vio mi tristeza y el resultado de mi trabajo, y anoche te reprendió.

### Jacob y Labán hacen un pacto

[43]Entonces Labán le contestó a Jacob:

—Las hijas son mis hijas; los nietos son mis nietos; las ovejas son mis ovejas; ¡todo lo que aquí ves es mío! Sin embargo, ¿qué les puedo hacer ahora a mis hijas, o a los hijos que ellas han tenido? [44]Por eso, ven; tú y yo vamos a hacer un pacto, que va a servir como testimonio entre nosotros dos.

[45]Entonces Jacob tomó una piedra, la puso de pie como un pilar, [46]y les dijo a sus parientes:

—¡Junten piedras!

Todos juntaron piedras para hacer un montón, y allí comieron, junto al montón de piedras. [47]Labán llamó a ese lugar en su idioma "Jegar Sahaduta", y Jacob lo llamó en el suyo "Galaad".[55]

[48]Entonces Labán dijo:

—Hoy, este montón de piedras es testigo entre nosotros dos.

Por eso se llamó Galaad ese lugar, [49]y también se llamó Mizpa,[56] porque Labán dijo:

—Que el Señor vigile entre nosotros dos, cuando ya no podamos vernos el uno al otro. [50]Si maltratas a mis hijas, o si te casas con otras mujeres además de ellas, aunque no haya nadie como testigo entre nosotros, Dios mismo sea testigo.

[51]Y Labán siguió diciéndole a Jacob:

—Mira, aquí están el montón de piedras y el pilar que he puesto entre nosotros dos. [52]Ambos serán testigos de que ni tú ni yo cruzaremos esta línea para perjudicarnos. [53]Que decida entre nosotros el Dios de tu abuelo Abraham y el de mi abuelo Nacor.

Entonces Jacob juró por el Dios que su padre Isaac adoraba. [54]Luego hizo Jacob sacrificios en el cerro, y llamó a sus parientes a comer. Todos ellos comieron, y pasaron la noche en el cerro.

[55][h]Al día siguiente por la mañana, Labán se levantó y les dio un beso a sus nietos y a sus hijas; después los bendijo, y regresó a su tierra.

### Jacob y Esaú se encuentran

**32** [1]Jacob siguió su camino, y unos ángeles de Dios le salieron al encuentro. [2]Cuando Jacob los vio, dijo: "Este es un ejército de Dios." Por eso llamó Mahanaim[57] a aquel lugar.

[3]Jacob envió unos mensajeros a la tierra de Seir, que es la región de Edom, para anunciarle su llegada a su hermano Esaú, [4]y les dio este mensaje: "Díganle a mi hermano Esaú: 'Su hermano Jacob se pone a sus órdenes, y le manda a decir: He vivido con Labán todo este tiempo, [5]y tengo vacas, asnos, ovejas, esclavos y esclavas. Envío este mensaje a mi señor, esperando ganarme su buena voluntad.' "

[6]Cuando los mensajeros regresaron, le dijeron a Jacob:

—Fuimos a ver a su hermano Esaú, y ya viene él mismo para recibirlo a usted, acompañado de cuatrocientos hombres.

[7]Al oír esto, Jacob tuvo mucho miedo y se quedó muy preocupado. Dividió entonces en dos grupos la gente que estaba con él, y también las ovejas, vacas y camellos, [8]pues pensó: "Si Esaú viene contra un grupo y lo ataca, el otro grupo podrá escapar." [9]Luego comenzó a orar: "Señor, Dios de mi abuelo Abraham y de mi padre Isaac, que me dijiste que regresara a mi tierra y a mis parientes, y que harías que me fuera bien: [10]no merezco la bondad y fidelidad con que me has tratado. Yo crucé este río Jordán sin llevar nada más que mi bastón, y ahora he llegado a tener dos campamentos. [11]¡Por favor, sálvame de las manos de mi hermano Esaú! Tengo miedo de que venga a atacarme y mate a las mujeres y a los niños. [12]Tú has dicho claramente que harás que me vaya bien, y que mis descendientes serán tan numerosos como los granitos de arena del mar, que no se pueden contar."[i]

---

[55] Los dos nombres significan *montón del testimonio*, en arameo y hebreo respectivamente.   [56] En hebreo, *mizpa* y la palabra que significa *lugar de vigilancia* tienen un sonido parecido.   [57] En hebreo, *Mahanaim* significa *dos ejércitos.*
[h] Los vs. 31.55-32.32 corresponden a los vs. 32.1-33 en el texto hebreo.   [i] 32.12 Gn 22.17.

¹³Aquella noche Jacob durmió allí, y de lo que tenía a la mano escogió regalos para su hermano Esaú: ¹⁴doscientas cabras, veinte chivos, doscientas ovejas, veinte carneros, ¹⁵treinta camellas recién paridas, con sus crías, cuarenta vacas, diez novillos, veinte asnas y diez asnos. ¹⁶Luego les entregó a sus siervos cada manada por separado, y les dijo:

—Adelántense, y guarden alguna distancia entre manada y manada.

¹⁷Al primero que envió, le ordenó:

—Cuando te encuentre mi hermano Esaú, y te pregunte quién es tu amo, a dónde vas y de quién son los animales que llevas, ¹⁸contéstale: 'Es un regalo para usted, mi señor Esaú, de parte de Jacob, su servidor. Por cierto que él mismo viene detrás de nosotros.'

¹⁹También al segundo que envió, y al tercero, y a todos los que llevaban las manadas, les dijo:

—Cuando encuentren a Esaú, díganle lo mismo, ²⁰y díganle también: 'Jacob, su servidor, viene detrás de nosotros.'

Y es que Jacob pensaba: "Voy a calmar su enojo con los regalos que le envío por delante, y luego lo veré personalmente. Tal vez así me recibirá bien." ²¹Así, pues, los regalos se fueron antes, y él se quedó a pasar la noche en su campamento.

### Jacob lucha con un ángel

²²Aquella misma noche Jacob se levantó, tomó a sus dos esposas, sus dos esclavas y sus once hijos, y los hizo cruzar el vado del río Jaboc, ²³junto con todo lo que tenía. ²⁴Cuando Jacob se quedó solo, un hombre luchó con él hasta que amaneció; ²⁵pero como el hombre vio que no podía vencer a Jacob, lo golpeó en la coyuntura de la cadera, y esa parte se le zafó a Jacob mientras luchaba con él. ²⁶Entonces el hombre le dijo:

—Suéltame, porque ya está amaneciendo.

—Si no me bendices, no te soltaré —contestó Jacob.

²⁷—¿Cómo te llamas? —preguntó aquel hombre.

—Me llamo Jacob - -respondió él.

²⁸Entonces el hombre le dijo:

—Ya no te llamarás Jacob. Tu nombre será Israel,[58] porque has luchado con Dios y con los hombres, y has vencido.[j]

²⁹—Ahora dime cómo te llamas tú —preguntó Jacob.

Pero el hombre contestó:

—¿Para qué me preguntas mi nombre?

Luego el hombre lo bendijo allí mismo. ³⁰Y Jacob llamó a aquel lugar Penuel,[59] porque dijo: "He visto a Dios cara a cara, y sin embargo todavía estoy vivo."*

³¹Ya Jacob estaba pasando de Penuel cuando el sol salió; pero debido a su cadera, iba cojeando. ³²Por eso hasta el día de hoy los descendientes de Israel no comen el tendón que está en la coyuntura de la cadera, porque Jacob fue golpeado en esa parte.

### Jacob y Esaú se reconcilian

**33** ¹Cuando Jacob vio que Esaú venía acompañado de cuatrocientos hombres, repartió a los niños entre Lea, Raquel y las dos esclavas. ²Colocó primero a las esclavas con sus hijos, luego a Lea con sus hijos, y por último a Raquel y José. ³Luego se adelantó a ellos, y se inclinó hasta tocar el suelo con la frente siete veces, hasta que estuvo cerca de su hermano. ⁴Pero Esaú corrió a su encuentro y, echándole los brazos al cuello, lo abrazó y lo besó. Los dos lloraron. ⁵Después Esaú se fijó en las mujeres y en los niños, y preguntó:

—Y éstos, ¿quiénes son?

—Son los hijos que Dios le ha dado a tu servidor —dijo Jacob.

⁶Entonces las esclavas y sus hijos se acercaron y se inclinaron hasta tocar el suelo con la frente; ⁷luego se acercaron Lea y sus hijos, y se inclinaron de la misma manera, y por último se acercaron José y Raquel, y también se inclinaron. ⁸De pronto Esaú preguntó:

—¿Qué piensas hacer con todas esas manadas que he venido encontrando?

—Ganarme tu buena voluntad —respondió Jacob.

⁹—No, hermano mío; yo tengo suficiente. Quédate con lo que es tuyo —dijo Esaú.

¹⁰Pero Jacob insistió:

—No, por favor. Si me he ganado tu buena voluntad, acepta este regalo, pues verte en persona es como ver a Dios mismo, ya que tú me has recibido muy bien. ¹¹Te ruego que aceptes el regalo que te he traído, pues Dios me ha hecho rico, y nada me falta.

---

[58] En hebreo, *Israel* y las palabras que significan *el que lucha con Dios*, o *Dios lucha*, tienen un sonido parecido.
[59] En hebreo, *Penuel* significa *cara de Dios*.
[j] 32.28 Gn 35.10. * 32.22-30 Sab 10.10-12.

Tanto insistió Jacob, que al fin Esaú aceptó el regalo; [12]pero dijo:

—Bueno, vámonos de aquí. Yo iré delante de ti.

[13]Y Jacob respondió:

—Querido hermano, tú sabes que los niños son débiles, y que debo pensar en las ovejas y en las vacas con cría; si se les cansa, en un solo día pueden morir todas las ovejas. [14]Es mejor que tú te adelantes a este servidor tuyo; yo iré poco a poco, al paso de los animales que van delante de mí, y al paso de los niños, hasta reunirme contigo en Seir.

[15]—Bueno —dijo Esaú—, permíteme dejarte algunos hombres de los que vienen conmigo.

Pero Jacob contestó:

—¡No, por favor! ¿Para qué te molestas?

[16]Ese mismo día, Esaú regresó a Seir. [17]Jacob, en cambio, se fue a Sucot, y allí hizo una casa para él y unas enramadas para sus animales. Por eso, a aquel lugar lo llamó Sucot.[60]

[18]Cuando Jacob vino de Padan-aram, llegó sano y salvo a Canaán y acampó frente a la ciudad de Siquem. [19]Por cien monedas compró un terreno[k] a los hijos de Hamor, el padre de Siquem, y allí puso su campamento. [20]Después construyó un altar, y lo llamó El-Elohe-Israel.[61]

### La deshonra de Dina vengada

**34** [1]Dina, la hija que Lea le dio a Jacob, fue a visitar a las muchachas del lugar; [2]pero la vio Siquem, que era hijo de Hamor el heveo, el jefe de ese lugar, y por la fuerza se acostó con ella y la deshonró. [3]Sin embargo, tanto se enamoró de ella que trató de ganarse su cariño. [4]Entonces habló con su padre Hamor, y le dijo:

—Ve a pedir la mano de esta muchacha. Quiero casarme con ella.

[5]Jacob supo que Siquem había deshonrado a su hija Dina, pero como sus hijos estaban en el campo con sus animales, no dijo nada hasta que ellos regresaron. [6]Mientras tanto, Hamor, el padre de Siquem, fue a ver a Jacob para hablar con él.

[7]Cuando los hijos de Jacob regresaron del campo y supieron lo que había pasado, se enfurecieron, porque era una ofensa muy grande para Israel que Siquem se hubiera acostado con la hija de Jacob. ¡Era algo que nunca debía haber hecho! [8]Pero Hamor habló con ellos, y les dijo:

—Mi hijo Siquem está muy enamorado de la hermana de ustedes. Por favor, déjenla que se case con él [9]y háganse nuestros parientes; así nosotros nos casaremos con las hijas de ustedes, y ustedes se casarán con las nuestras. [10]Quédense a vivir con nosotros. El país está a su disposición; vivan en él, hagan negocios, compren terrenos.

[11]Por su parte, Siquem les dijo al padre y a los hermanos de Dina:

—Yo les ruego que acepten. Les daré lo que me pidan. [12]No importa que sea una compensación más alta de lo acostumbrado y muchos regalos, yo se los daré; pero dejen que la muchacha se case conmigo.

[13]Sin embargo, como Siquem había deshonrado a Dina, los hijos de Jacob les contestaron a él y a su padre Hamor con engaños, [14]y les dijeron:

—No podemos darle nuestra hermana a un hombre que no está circuncidado, porque eso sería una vergüenza para nosotros. [15]Sólo podemos aceptar con esta condición: que ustedes sean como nosotros; es decir, que se circunciden todos los varones entre ustedes. [16]Entonces sí, ustedes se casarán con nuestras hijas y nosotros nos casaremos con las de ustedes; viviremos entre ustedes y seremos un solo pueblo. [17]Pero si no aceptan nuestra condición de circuncidarse, nos iremos de aquí y nos llevaremos a nuestra hermana.

[18]Hamor y su hijo Siquem estuvieron de acuerdo con lo que ellos propusieron. [19]Sin perder más tiempo, el joven se circuncidó, porque la hija de Jacob le había gustado. Como Siquem era el más respetado en la familia de su padre, [20]fueron él y su padre Hamor a la entrada de la ciudad, donde se trataban los negocios, y allí dijeron a los habitantes:

[21]—Estos hombres son nuestros amigos, y van a vivir y hacer negocios en este lugar, pues hay suficiente terreno para ellos; nosotros podremos casarnos con sus hijas, y ellos podrán casarse con las nuestras. [22]Pero, para que seamos un solo pueblo, ellos aceptan vivir con nosotros sólo con esta condición: que todos nuestros varones se circunciden, tal como ellos lo acostumbran. [23]Todas sus pertenencias y todos sus animales serán nuestros. Sólo

[60] En hebreo, *Sucot* significa *enramadas*.   [61] En hebreo, *El-Elohe-Israel* significa *Dios es el Dios de Israel*.
[k] **33.19** Jos 24.32; Jn 4.5.

tenemos que decir que sí, y ellos se quedarán a vivir con nosotros.

[24]Todos los hombres de la ciudad que estaban en edad militar[62] estuvieron de acuerdo con Hamor y con su hijo Siquem, y fueron circuncidados. [25]Pero Simeón y Leví, hijos de Jacob y hermanos de Dina, fueron a la ciudad al tercer día, cuando los hombres todavía tenían los dolores de la circuncisión, y espada en mano los mataron a todos, pues no encontraron resistencia. [26]A filo de espada mataron a Hamor y a su hijo Siquem; luego sacaron a Dina de la casa de Siquem y se fueron. [27]Llegaron también los otros hijos de Jacob, y pasando sobre los muertos saquearon el pueblo para vengar la deshonra de su hermana. [28]Se llevaron ovejas, vacas, asnos y todo lo que había en la ciudad y en el campo; [29]robaron todo lo que había en las casas, y se llevaron prisioneros a todos los niños y mujeres. [30]Entonces Jacob les dijo a Simeón y Leví:

—Ustedes me han puesto en aprietos. Ahora los habitantes de este lugar, los cananeos y ferezeos, me van a odiar. Se juntarán contra mí y me atacarán, y como tengo muy pocos hombres, nos matarán a mí y a mi familia.

[31]Pero ellos contestaron:

—¿Acaso tenía él que tratar a nuestra hermana como a una prostituta?

### Dios bendice a Jacob en Betel

**35** [1]Dios le dijo a Jacob: "Levántate y vete a vivir a Betel. En ese lugar harás un altar al Dios que se te apareció cuando huías de tu hermano Esaú."[l] [2]Entonces Jacob dijo a su familia y a todos los que lo acompañaban:

—Saquen todos los dioses extraños que hay entre ustedes, báñense y cámbiense de ropa. [3]Vámonos pronto a Betel, pues allá voy a construir un altar en honor del Dios que me ayudó cuando yo estaba afligido, y que me ha acompañado por dondequiera que he andado.

[4]Ellos le entregaron a Jacob todos los dioses extraños que tenían y los aretes que llevaban en las orejas, y Jacob los enterró debajo de una encina que estaba cerca de Siquem. [5]Cuando ellos salieron, Dios

hizo que todos los pueblos vecinos tuvieran mucho miedo, y por eso no persiguieron a los hijos de Jacob.

[6]Jacob y toda la gente que iba con él llegaron a Luz, ciudad que también se llama Betel y que está en Canaán. [7]Y construyó un altar, y llamó al lugar El-Betel,[63] porque cuando huía de su hermano, Dios se le había aparecido allí. [8]También allí murió Débora, la mujer que había cuidado a Rebeca, y la enterraron debajo de una encina, cerca de Betel. Jacob llamó a este lugar "La encina del llanto".

[9]Cuando Jacob regresaba de Padanaram, Dios se le apareció otra vez y lo bendijo [10]de esta manera:

> "Tú te llamas Jacob,
> pero ya no te llamarás así;
> desde hoy tu nombre será Israel."[m]

Después que Dios le cambió el nombre, [11]le dijo:

> "Yo soy el Dios todopoderoso;
> ten muchos hijos y descendientes.
> De ti saldrá una nación y muchos
>   pueblos,
> y entre tus descendientes habrá
>   reyes.
> [12]La tierra que les di a Abraham y a
>   Isaac,
> también te la doy a ti,
> y después de ti se la daré a tus
>   descendientes."[n]

[13]Cuando Dios se fue del lugar en donde había hablado con Jacob, [14]éste tomó una piedra y la puso de pie, como un pilar, en el lugar donde Dios le había hablado; luego la consagró derramando aceite y vino sobre ella, [15]y llamó Betel a aquel lugar.[ñ]

### Muerte de Raquel

[16]Después se fueron de Betel; pero todavía estaban un poco lejos de Efrata cuando Raquel dio a luz, y tuvo un parto muy difícil. [17]En el momento más difícil, la partera le dijo: "No tengas miedo, que has dado a luz otro varón." [18]Pero ella estaba a punto de morir, y en sus últimos suspiros llamó Benoni[64] al niño, aunque su padre lo llamó Benjamín.[65]

[62] Lit. *Todos los que salían por la puerta de la ciudad.* Es una expresión militar.   [63] En hebreo, *El-Betel* significa *Dios de Betel.*   [64] En hebreo, *Benoni* y la frase que significa *hijo de mi tristeza* tienen un sonido parecido.   [65] En hebreo, *Benjamín* y la palabra que significa *hijo de mi mano derecha* tienen un sonido parecido.
[l] 35.1 Gn 28.11-17.   [m] 35.10 Gn 32.28.   [n] 35.11-12 Gn 17.4-8.   [ñ] 35.14-15 Gn 28.18-19.

¹⁹Así fue como Raquel murió, y la enterraron en el camino de Efrata, que ahora es Belén. ²⁰Jacob levantó un monumento sobre su sepulcro, y éste es el monumento que todavía señala el sepulcro de Raquel.

²¹Israel siguió su camino, y acampó más allá de la torre de Edar. ²²Estando ya establecido Israel en ese lugar, Rubén fue y se acostó con Bilha, que era concubina de su padre. Y cuando éste lo supo, se enojó muchísimo.⁶⁶

### Los hijos de Jacob
*(1 Cr 2.1-2)*

Los hijos de Jacob fueron doce. ²³Los que tuvo con Lea fueron Rubén, su hijo mayor; Simeón, Leví, Judá, Isacar y Zabulón. ²⁴Los que tuvo con Raquel fueron José y Benjamín. ²⁵Los que tuvo con Bilha, la esclava de Raquel, fueron Dan y Neftalí; ²⁶y los que tuvo con Zilpa, la esclava de Lea, fueron Gad y Aser. Estos fueron los hijos de Jacob, que nacieron en Padan-aram.

### Muerte de Isaac

²⁷Jacob fue a ver a su padre Isaac en Mamre, la ciudad que también se llama Arba o Hebrón. Allí habían vivido Abraham e Isaac.ᵒ ²⁸Isaac tenía ciento ochenta años cuando murió. ²⁹Fue a reunirse con sus antepasados cuando ya era muy anciano, y sus hijos Esaú y Jacob lo sepultaron.

### Los descendientes de Esaú
*(1 Cr 1.34-54)*

**36** ¹Estos son los descendientes de Esaú, o sea Edom. ²Esaú se casó con mujeres de Canaán:ᵖ con Ada, hija de Elón el hitita; con Aholibama, hija de Aná y nieta de Zibeón el heveo; ³y con Basemat, hija de Ismael y hermana de Nebaiot.�q ⁴El hijo que Ada le dio a Esaú fue Elifaz; Basemat dio a luz a Reuel; ⁵y Aholibama dio a luz a Jeús, Jaalam y Coré. Estos fueron los hijos de Esaú, que nacieron cuando él vivía en la tierra de Canaán.

⁶Esaú tomó a sus esposas, hijos e hijas, y a todos los que vivían con él, y se fue a otro lugar para alejarse de su hermano Jacob. Se llevó todos los animales y todo lo que había llegado a tener en Canaán, ⁷pues era tanto lo que tenían los dos que ya no podían vivir juntos; además, la tierra donde vivían no bastaba para alimentar a sus animales. ⁸Por eso Esaú, o sea Edom, se fue a vivir a la región montañosa de Seir.

⁹Estos son los descendientes de Esaú, antepasado de los edomitas, que vivieron en la región montañosa de Seir. ¹⁰Estos son los nombres de los hijos de Esaú: Elifaz, hijo de Ada y de Esaú; y Reuel, hijo de Basemat y de Esaú. ¹¹Los hijos de Elifaz fueron Temán, Omar, Zefo, Gatam y Cenaz. ¹²Elifaz tuvo una concubina que se llamaba Timna; ella le dio un hijo que se llamó Amalec. Estos fueron los descendientes de Ada, una de las esposas de Esaú. ¹³Los hijos de Reuel fueron Nahat, Zera, Sama y Miza; estos fueron los descendientes de Basemat, otra de las esposas de Esaú. ¹⁴Aholibama fue otra esposa de Esaú, y los hijos que ella le dio fueron Jeús, Jaalam y Coré. Ella era hija de Aná y nieta de Zibeón.

¹⁵Los jefes de los descendientes de Esaú fueron éstos: De los descendientes de Elifaz, hijo mayor de Esaú, los jefes fueron Temán, Omar, Zefo, Cenaz, ¹⁶Coré, Gatam y Amalec. Estos fueron los jefes de la línea de Elifaz en la tierra de Edom, y todos ellos fueron descendientes de Ada. ¹⁷De los hijos de Reuel, hijo de Esaú, los jefes fueron Nahat, Zera, Sama y Miza. Estos fueron los jefes de la línea de Reuel en la tierra de Edom, y fueron descendientes de Basemat, esposa de Esaú. ¹⁸De los hijos de Aholibama, hija de Aná y esposa de Esaú, los jefes fueron Jeús, Jaalam y Coré. ¹⁹Todos ellos fueron descendientes de Esaú, o sea Edom, y jefes de sus tribus.

²⁰Los hijos de Seir el horeo, que vivían en aquella región, fueron Lotán, Sobal, Zibeón, Aná, ²¹Disón, Ezer y Disán. Estos fueron los jefes de los horeos, que fueron descendientes de Seir, en la tierra de Edom. ²²Los hijos de Lotán fueron Hori y Hemam. Timna era hermana de Lotán. ²³Los hijos de Sobal fueron Alván, Manahat, Ebal, Sefo y Onam. ²⁴Los hijos de Zibeón fueron Aja y Aná. Aná fue el que encontró manantiales en el desierto, mientras estaba cuidando los asnos de su padre Zibeón. ²⁵Aná tuvo un hijo llamado Disón, y una hija llamada Aholibama. ²⁶Los hijos de Disón fueron Hemdán, Esbán, Itrán y Querán. ²⁷Los hijos de Ezer fueron Bilhán, Zaaván y

---

⁶⁶ *Se enojó muchísimo:* según la versión griega. En el texto hebreo no aparece esta frase.
ᵒ **35.27** Gn 13.18.   ᵖ **36.2** Gn 26.34.   �q **36.3** Gn 28.9.

Acán. [28]Los hijos de Disán fueron Uz y Arán.

[29]Los jefes de los horeos fueron Lotán, Sobal, Zibeón, Aná, [30]Disón, Ezer y Disán. Estos fueron los jefes de los horeos, familia por familia, en la región de Seir.

[31]Estos fueron los reyes que gobernaron en Edom antes que los israelitas tuvieran rey: [32]Bela, que era hijo de Beor, fue rey de Edom, y su ciudad se llamaba Dinaba. [33]Cuando Bela murió, gobernó en su lugar Jobab, el hijo de Zera, que era del pueblo de Bosra. [34]Cuando Jobab murió, gobernó en su lugar Husam, que era de la región de Temán. [35]Cuando Husam murió, gobernó en su lugar Hadad, el hijo de Bedad, que derrotó a Madián en el campo de Moab; y su ciudad se llamaba Avit. [36]Cuando murió Hadad, gobernó en su lugar Samla, que era del pueblo de Masreca. [37]Cuando Samla murió, gobernó en su lugar Saúl, que era de Rehobot, el pueblo que está junto al río. [38]Cuando Saúl murió, gobernó en su lugar Baal-hanán, que era hijo de Acbor. [39]Y cuando murió Baal-hanán, gobernó en su lugar Hadad;[67] y su ciudad se llamaba Pau. La esposa de Hadad se llamaba Mehetabel, y era hija de Matred y nieta de Mezaab.

[40]Estos son los nombres de los clanes de Esaú, por orden de familias, lugares y nombres: Timna, Alva, Jetet, [41]Aholibama, Ela, Pinón, [42]Cenaz, Temán, Mibzar, [43]Magdiel e Iram. Esaú también se llamaba Edom, y estos fueron los jefes de Edom, de acuerdo con los lugares donde vivían y que eran suyos.

**37** [1]Jacob se quedó a vivir en Canaán, donde su padre había vivido por algún tiempo. [2]Ésta es la historia de la familia de Jacob.

### José y sus hermanos

Cuando José era un muchacho de diecisiete años, cuidaba las ovejas junto con sus hermanos, los hijos de Bilha y de Zilpa, que eran las concubinas de su padre. Y José llevaba a su padre quejas de la mala conducta de sus hermanos.

[3]Israel quería a José más que a sus otros hijos, porque había nacido cuando él ya era viejo. Por eso le hizo una túnica muy elegante. [4]Pero al darse cuenta sus hermanos de que su padre lo quería más

que a todos ellos, llegaron a odiarlo y ni siquiera lo saludaban.

[5]Una vez José tuvo un sueño, y se lo contó a sus hermanos; pero ellos lo odiaron más todavía, [6]porque les dijo:

—Escuchen, voy a contarles el sueño que tuve. [7]Soñé que todos nosotros estábamos en el campo, haciendo manojos de trigo; de pronto, mi manojo se levantó y quedó derecho, pero los manojos de ustedes se pusieron alrededor del mío y le hicieron reverencias.

[8]Entonces sus hermanos contestaron:

—¿Quieres decir que tú vas a ser nuestro rey, y que nos vas a dominar?

Y lo odiaron todavía más por sus sueños y por la forma en que los contaba.

[9]Después José tuvo otro sueño, que también les contó a sus hermanos. Les dijo:

—¿Saben que tuve otro sueño, en el que veía que el sol, la luna y once estrellas me hacían reverencias?

[10]Cuando José contó este sueño a su padre y a sus hermanos, su padre le reprendió y le dijo:

—¿Qué quieres decir con este sueño que tuviste? ¿Acaso tu madre, tus hermanos y yo tendremos que hacerte reverencias?

[11]Y sus hermanos le tenían envidia,[r] pero su padre pensaba mucho en este asunto.

### José es vendido por sus hermanos

[12]Un día los hermanos de José fueron a Siquem, buscando pastos para las ovejas de su padre. [13]Entonces Israel le dijo a José:

—Mira, tus hermanos están en Siquem cuidando las ovejas. Quiero que vayas a verlos.

—Iré con mucho gusto —contestó José.

[14]—Bueno —dijo Israel—, ve y fíjate cómo están tus hermanos y las ovejas, y regresa luego a traerme la noticia.

Israel mandó a José desde el valle de Hebrón, y cuando José llegó a Siquem, [15]se perdió por el campo. Entonces un hombre lo encontró y le preguntó:

—¿Qué andas buscando?

[16]—Ando buscando a mis hermanos —respondió José—. ¿Podría usted decirme dónde están cuidando las ovejas?

[17]—Ya se fueron de aquí —dijo el hombre—. Les oí decir que se iban a Dotán.

José fue en busca de sus hermanos y los encontró en Dotán. [18]Ellos lo vieron venir

---

[67] *Hadad:* según varios mss. y 1 Cr 1.50. Heb *Hadar.*
[r] 37.11 Hch 7.9.

a lo lejos, y antes de que se acercara hicieron planes para matarlo. [19]Se dijeron unos a otros:

—¡Miren, ahí viene el de los sueños! [20]Vengan, vamos a matarlo; luego lo echaremos a un pozo y diremos que un animal salvaje se lo comió. ¡Y vamos a ver qué pasa con sus sueños!

[21]Cuando Rubén oyó esto, quiso librarlo de sus hermanos, y dijo:

—No lo matemos. [22]No derramen sangre. Échenlo a este pozo que está en el desierto, pero no le pongan la mano encima.

Rubén dijo esto porque quería poner a salvo a José y devolvérselo a su padre; [23]pero cuando José llegó a donde estaban sus hermanos, ellos le quitaron la túnica que llevaba puesta, [24]lo agarraron y lo echaron al pozo, que estaba vacío y seco. [25]Después se sentaron a comer.

En esto, vieron venir una caravana de ismaelitas que venían de Galaad y que traían en sus camellos perfumes, bálsamo y mirra, para llevarlos a Egipto. [26]Entonces Judá les dijo a sus hermanos:

—¿Qué ganamos con matar a nuestro hermano, y después tratar de ocultar su muerte? [27]Es mejor que lo vendamos a los ismaelitas y no que lo matemos, porque después de todo es nuestro hermano.

Sus hermanos estuvieron de acuerdo con él, [28]y cuando los comerciantes madianitas pasaron por allí, los hermanos de José lo sacaron del pozo y lo vendieron a los ismaelitas por veinte monedas de plata. Así se llevaron a José a Egipto.[s]

[29]Cuando Rubén regresó al pozo y no encontró a José allí adentro, rasgó su ropa en señal de dolor. [30]Luego volvió a donde estaban sus hermanos, y les dijo:

—¡El muchacho ya no está! ¿Ahora qué voy a hacer?

[31]Entonces ellos tomaron la túnica de José y la mancharon con la sangre de un cabrito que mataron; [32]luego se la mandaron a su padre, con este mensaje: "Encontramos esto. Fíjate bien si es o no la túnica de tu hijo."

[33]En cuanto Jacob la reconoció, dijo: "¡Sí, es la túnica de mi hijo! Algún animal salvaje lo hizo pedazos y se lo comió." [34]Entonces Jacob rasgó su ropa y se vistió de luto, y por mucho tiempo lloró la muerte de su hijo. [35]Todos sus hijos y sus hijas trataban de consolarlo, pero él no quería que lo consolaran; al contrario, lloraba por su hijo y decía: "Guardaré luto por mi hijo, hasta que vaya a reunirme con él entre los muertos."

[36]En Egipto, los madianitas vendieron a José a un hombre llamado Potifar, que era funcionario[68] del faraón, el rey de Egipto, y capitán de su guardia.

### Judá y Tamar

38 [1]En aquel tiempo, Judá se apartó de sus hermanos y se fue a vivir a la casa de un hombre llamado Hira, que era del pueblo de Adulam. [2]Allí conoció a la hija de un cananeo llamado Súa, y se casó con ella. Cuando se unieron, [3]ella quedó embarazada y tuvo un hijo, al cual llamó Er. [4]Volvió a quedar embarazada y tuvo otro hijo, al cual llamó Onán. [5]Todavía volvió a tener otro hijo, al cual llamó Sela, que nació cuando Judá estaba en Quezib.

[6]Judá casó a Er, su hijo mayor, con una mujer llamada Tamar. [7]Pero al Señor no le agradaba la mala conducta de Er, y le quitó la vida. [8]Entonces Judá le dijo a Onán:

—Únete a la viuda de tu hermano y cumple así con tu deber de cuñado,[t] para que tu hermano pueda tener descendientes por medio de ti.

[9]Pero Onán sabía que los hijos que nacieran no serían considerados suyos. Por eso, cada vez que se unía con la viuda de su hermano, procuraba que ella no quedara embarazada, para que su hermano no tuviera descendientes por medio de él. [10]El Señor se disgustó mucho por lo que Onán hacía, y también a él le quitó la vida. [11]Entonces Judá le dijo a su nuera Tamar:

—Quédate viuda en la casa de tu padre, hasta que mi hijo Sela sea mayor de edad.

En realidad, Judá pensaba que también Sela podría morir como sus hermanos. Así Tamar se fue a vivir a la casa de su padre.

[12]Pasó el tiempo y murió la esposa de Judá, la hija de Súa. Cuando Judá dejó de guardar luto, fue al pueblo de Timnat, donde estaban los que trasquilaban sus ovejas, y su amigo Hira el adulamita lo acompañó. [13]Cuando Tamar supo que su suegro había ido a Timnat a trasquilar sus ovejas, se quitó el vestido de viuda, se cubrió con un velo para que nadie la reconociera, y se sentó a la entrada del pueblo

---

[68] *Funcionario:* lit. *eunuco.* Véase *Glosario* anexo.
[s] **37.28** Sab 10.13; Hch 7.9.    [t] **38.8** Dt 25.5-6.

de Enaim, que está en el camino a Timnat. Hizo esto porque se dio cuenta de que Sela ya era mayor de edad, y sin embargo no la habían casado con él. [15]Cuando Judá la vio, pensó que era una prostituta, pues ella se había cubierto la cara. [16]Entonces se apartó del camino para acercarse a ella y, sin saber que era su nuera, le dijo:

—¿Me dejas acostarme contigo?

—¿Qué me vas a dar por acostarte conmigo? —le preguntó ella.

[17]—Voy a mandarte uno de los cabritos de mi rebaño —contestó Judá.

—Está bien —dijo ella—, pero déjame algo tuyo como prenda hasta que me lo mandes.

[18]—¿Qué quieres que te deje? —preguntó Judá.

—Dame tu sello con el cordón, y el bastón que tienes en la mano —respondió ella.

Judá se los dio y se acostó con ella, y la dejó embarazada. [19]Después Tamar fue y se quitó el velo que tenía puesto, y volvió a ponerse su vestido de viuda.

[20]Más tarde Judá mandó el cabrito por medio de su amigo adulamita, para que la mujer le devolviera las prendas, pero su amigo ya no la encontró. [21]Entonces les preguntó a los hombres de ese lugar:

—¿Dónde está esa prostituta de Enaim, la que estaba junto al camino?

—Aquí no ha estado ninguna prostituta —le contestaron.

[22]Entonces él regresó a donde estaba Judá, y le dijo:

—No encontré a la mujer, y además los hombres del lugar me dijeron que allí no había estado ninguna prostituta.

[23]Y Judá contestó:

—Pues que se quede con las cosas, para que nadie se burle de nosotros; pero que conste que yo mandé el cabrito y tú no la encontraste.

[24]Como tres meses después, vinieron a decirle a Judá:

—Tamar, la nuera de usted, se ha acostado con otros hombres, y como resultado de ello ha quedado embarazada.

—¡Sáquenla y quémenla! —gritó Judá.

[25]Pero cuando la estaban sacando, ella le mandó decir a su suegro: "El dueño de estas cosas es el que me dejó embarazada. Fíjese usted a ver de quién son este sello con el cordón y este bastón." [26]Cuando Judá reconoció las cosas, dijo: "Ella ha hecho bien, y yo mal, porque no la casé

con mi hijo Sela." Y nunca más volvió a acostarse con ella.

[27]El día que Tamar dio a luz, tuvo mellizos. [28]Al momento de nacer, uno de ellos sacó la mano. Entonces la partera le ató un hilo rojo en la mano, y dijo: "Este salió primero." [29]Pero en ese momento el niño metió la mano, y fue su hermano el que nació primero. Por eso la partera lo llamó Fares,[69] pues dijo: "¡Cómo te abriste paso!" [30]Luego nació el otro niño, el que tenía el hilo rojo en la mano, y lo llamó Zara.

### José y la esposa de Potifar

39 [1]Cuando José fue llevado a Egipto, un egipcio llamado Potifar lo compró a los ismaelitas que lo habían llevado allá. Potifar era funcionario del faraón y capitán de su guardia. [2]Pero el Señor estaba con José,[u] y le fue muy bien mientras vivía en la casa de su amo egipcio. [3]Su amo se dio cuenta de que el Señor estaba con José, y que por eso a José le iba bien en todo. [4]Esto hizo que José se ganara la simpatía de su amo, que lo nombró su ayudante personal y mayordomo de su casa, y dejó a su cargo todo lo que tenía. [5]Desde el día en que Potifar dejó a José a cargo de su casa y de todo lo suyo, el Señor bendijo a Potifar, tanto en su casa como en el campo. [6]Con José al cuidado de todo lo que tenía, Potifar ya no se preocupaba más que de comer.

José era muy bien parecido y causaba buena impresión, [7]así que después de algún tiempo la esposa de su amo se fijó en él, y un día le dijo:

—Acuéstate conmigo.

[8]Pero José no quiso, y le contestó:

—Mire usted, mi amo ha dejado a mi cargo todo lo que tiene, y estando yo aquí, no tiene de qué preocuparse. [9]En esta casa nadie es más que yo; mi amo no me ha negado nada, sino sólo a usted, pues es su esposa; así que, ¿cómo podría yo hacer algo tan malo, y pecar contra Dios?

[10]Y aunque ella insistía con José todos los días para que se acostara con ella y estuviera a su lado, él no le hacía caso. [11]Pero un día José entró en la casa para hacer su trabajo y, como no había nadie allí, [12]ella lo agarró de la ropa y le dijo:

—Acuéstate conmigo.

Pero él salió corriendo y dejó su ropa en las manos de ella. [13]Cuando ella vio que al salir le había dejado la ropa en sus

---

[69] En hebreo, *Fares* significa *abertura*.
[u] 39.2 Hch 7.9.

manos, [14]llamó a los siervos de la casa y les dijo:

—Miren, mi esposo nos trajo un hebreo que ahora se burla de nosotros. Entró a verme y quería acostarse conmigo, pero yo grité muy fuerte; [15]y cuando me oyó gritar con todas mis fuerzas, salió corriendo y hasta dejó aquí su ropa.

[16]Luego, ella guardó la ropa de José hasta que su amo llegó a la casa. [17]Entonces le contó lo mismo, y dijo:

—El esclavo hebreo que nos trajiste entró en mi cuarto y quiso deshonrarme, [18]pero cuando grité con todas mis fuerzas, salió corriendo y dejó su ropa aquí. [19]Así me trató tu esclavo.

El amo de José se enojó mucho al oír lo que su esposa le estaba contando, [20]así que agarró a José y ordenó que lo metieran en la cárcel, donde estaban los presos del rey. Pero aun en la cárcel [21]el Señor[v] siguió estando con José[v] y mostrándole su bondad, pues hizo que se ganara la simpatía del jefe de la cárcel, [22]el cual dejó todos los presos a su cargo. José era el que daba las órdenes para todo lo que allí se hacía, [23]y el jefe de la cárcel no tenía que revisar nada de lo que estaba a cargo de José, porque el Señor estaba con él y hacía que todo le saliera bien.

### José interpreta dos sueños

**40** [1]Después de esto, el copero, o sea el encargado de servirle vino al rey, y también el panadero, ofendieron a su amo, el rey de Egipto. [2]El faraón, o sea el rey, se enojó contra estos dos funcionarios, el jefe de los coperos y el jefe de los panaderos, [3]y los mandó presos a la casa del capitán de la guardia, donde estaba la cárcel. Era el mismo lugar donde José estaba preso. [4]El capitán de la guardia encargó a José que atendiera a estos funcionarios, y ellos pasaron mucho tiempo en la cárcel.

[5]Una noche los dos presos, el copero y el panadero, tuvieron cada uno un sueño, y cada sueño tenía su propio significado. [6]Por la mañana, cuando José vino a verlos, los encontró muy preocupados; [7]así que les preguntó:

—¿Por qué tienen hoy tan mala cara?

[8]—Tuvimos un sueño y no hay quien nos explique lo que quiere decir —contestaron ellos.

—¿Y acaso no es Dios quien da las interpretaciones? —preguntó José—. Vamos, cuéntenme lo que soñaron.

[9]Entonces el jefe de los coperos le contó su sueño a José con estas palabras:

—En mi sueño veía una vid, [10]que tenía tres ramas. Y la vid retoñaba y echaba flores, y las flores se convertían en racimos de uvas maduras. [11]Yo tenía la copa del faraón en la mano, y tomaba las uvas y las exprimía en la copa. Luego, yo mismo ponía la copa en manos del faraón.

[12]Y José le dijo:

—El sueño de usted quiere decir esto: las tres ramas son tres días, [13]y dentro de tres días el faraón revisará el caso de usted y lo pondrá de nuevo en su trabajo, y usted volverá a darle la copa al faraón, tal como antes lo hacía. [14]Cuando esto suceda, acuérdese usted de mí, y por favor háblele de mí al faraón para que me saque de este lugar. ¡Compadézcase de mí! [15]A mí me robaron de la tierra de los hebreos, y no merezco estar en la cárcel porque no he hecho nada malo.

[16]Cuando el jefe de los panaderos vio que José había dado una interpretación favorable, le dijo:

—Por mi parte, yo soñé que tenía tres canastillos de pan blanco sobre mi cabeza. [17]El canastillo de arriba tenía un gran surtido de pasteles para el faraón, pero las aves venían a comer del canastillo que estaba sobre mi cabeza.

[18]Entonces José le contestó:

—El sueño de usted quiere decir esto: los tres canastillos son tres días, [19]y dentro de tres días el faraón revisará el caso de usted y hará que lo cuelguen de un árbol, y las aves se comerán su carne.

[20]Al tercer día era el cumpleaños del faraón, y él hizo una gran fiesta para todos sus funcionarios. Delante de sus invitados, el faraón mandó sacar de la cárcel al jefe de los coperos y al jefe de los panaderos. [21]Al copero lo puso de nuevo en su trabajo, y él volvió a darle la copa al faraón, como antes; [22]pero al panadero lo mandó ahorcar, tal como José lo había interpretado. [23]Sin embargo, el copero no volvió a acordarse de José.

### José interpreta los sueños del faraón

**41** [1]Pasaron dos años. Un día, el faraón soñó que estaba de pie a la orilla del río Nilo, [2]y que del río salían siete vacas hermosas y gordas, que comían hierba entre los juncos. [3]Detrás de ellas, siete vacas feas y flacas salieron del río y se pusieron en la orilla, cerca de las otras. [4]Luego, estas vacas feas y flacas

v 39.21 Hch 7.9.

se comieron a las siete vacas hermosas y gordas.

El faraón se despertó, ⁵pero se volvió a dormir y tuvo otro sueño: veía que siete espigas de trigo llenas y hermosas crecían en un solo tallo. ⁶Detrás de ellas salieron otras siete espigas, secas y quemadas por el viento del este, ⁷y estas espigas secas se comieron a las siete espigas gruesas y llenas.

El faraón se despertó, y se dio cuenta de que era un sueño. ⁸Pero al día siguiente por la mañana estaba muy preocupado, y ordenó que vinieran todos los adivinos y sabios de Egipto. El faraón les contó sus sueños, pero ninguno de ellos pudo decirle lo que significaban. ⁹Entonces el jefe de los coperos le dijo al faraón:

—Ahora me acuerdo de lo mal que me he portado. ¹⁰Cuando Su Majestad se enojó con el jefe de los panaderos y con este servidor suyo, nos mandó a los dos a la cárcel del capitán de la guardia. ¹¹Una noche, el jefe de los panaderos tuvo un sueño y yo tuve otro, y cada sueño tenía su propio significado. ¹²En ese lugar estaba con nosotros un joven hebreo, que era esclavo del capitán de la guardia. Le contamos nuestros sueños y él los interpretó, y nos dijo su significado. ¹³¡Y todo pasó tal como él nos lo había dicho! Yo volví de nuevo a mi trabajo, y el otro fue ahorcado.

¹⁴Entonces el faraón mandó llamar a José, y lo sacaron inmediatamente de la cárcel. José se cortó el pelo, se cambió de ropa y se presentó delante del faraón. ¹⁵Y el faraón le dijo:

—He tenido un sueño y no hay quien pueda interpretarlo, pero he sabido que cuando tú oyes un sueño lo puedes interpretar.

¹⁶—Eso no depende de mí —contestó José—; pero Dios le dará a Su Majestad una contestación para bien.

¹⁷El faraón le dijo a José:

—En mi sueño, yo estaba de pie a la orilla del río Nilo, ¹⁸y del río salieron siete vacas gordas y hermosas, que comían hierba entre los juncos. ¹⁹Detrás de ellas salieron otras siete vacas, muy feas y flacas. ¡Jamás había visto yo vacas tan feas en todo Egipto! ²⁰Estas vacas flacas y feas se comieron a las primeras siete vacas gordas; ²¹pero aunque ya se las habían comido, nadie podría haberse dado cuenta, porque seguían tan flacas como antes.

"Me desperté, ²²pero después tuve otro sueño en el que siete espigas de trigo, llenas y hermosas, crecían en un mismo tallo. ²³Detrás de ellas crecían otras siete espigas, secas, delgadas y quemadas por el viento del este. ²⁴Estas espigas secas se comieron a las siete espigas hermosas. Yo les conté esto a los adivinos, pero ninguno de ellos pudo decirme su significado.

²⁵Entonces José le contestó al faraón:

—Los dos sueños que tuvo Su Majestad, son uno solo. Dios le ha anunciado a usted lo que él va a hacer. ²⁶Las siete vacas hermosas son siete años, lo mismo que las siete espigas hermosas. Es el mismo sueño. ²⁷Las siete vacas flacas y feas que salieron detrás de las otras, también son siete años; lo mismo que las siete espigas secas y quemadas por el viento del este. Estos serán siete años de escasez. ²⁸Es tal como se lo he dicho: Dios le ha anunciado a Su Majestad lo que él va a hacer. ²⁹Van a venir siete años de mucha abundancia en todo Egipto, ³⁰y después vendrán siete años de gran escasez. Nadie se acordará de la abundancia que hubo en Egipto, porque la escasez arruinará al país. ³¹Será tan grande la escasez, que no quedarán señales de la abundancia que antes hubo. ³²Su Majestad tuvo el mismo sueño dos veces, porque Dios está decidido a hacer esto, y lo va a hacer muy pronto.

³³"Por lo tanto, sería bueno que Su Majestad buscara un hombre inteligente y sabio, para que se haga cargo del país. ³⁴Haga Su Majestad lo siguiente: nombre Su Majestad gobernadores que vayan por todo el país y recojan la quinta parte de todas las cosechas de Egipto, durante los siete años de abundancia. ³⁵Que junten todo el trigo de los buenos años que vienen; que lo pongan en un lugar bajo el control de Su Majestad, y que lo guarden en las ciudades para alimentar a la gente. ³⁶Así el trigo quedará guardado para el país, para que la gente no muera de hambre durante los siete años de escasez que habrá en Egipto.

### José gobernador de Egipto

³⁷El plan les pareció bien al faraón y a sus funcionarios, ³⁸así que el faraón les dijo:

—¿Podremos encontrar otro hombre como éste, que tenga el espíritu de Dios?

³⁹Y a José le dijo:

—No hay nadie más inteligente y sabio que tú, pues Dios te ha hecho saber todo esto. 40Tú te harás cargo de mi palacio,ʷ y todo mi pueblo obedecerá tus órdenes. Sólo yo seré más que tú, porque soy el rey. 41Mira, yo te nombro gobernador de todo el país de Egipto.

Al decir esto, 42el faraón se quitó de la mano el anillo que tenía su sello oficial y se lo puso a José. Luego ordenó que lo vistieran con ropas de lino muy fino y que le pusieran un collar de oro en el cuello. 43Después lo hizo subir en el carro que siempre iba después del suyo, y ordenó que gritaran delante de él: "¡Abran paso!"⁷⁰ Así fue como José quedó al frente de todo el país de Egipto.*

44Luego el faraón le dijo:

—Aunque yo soy el faraón, nadie en todo Egipto moverá un dedo sin tu permiso.

45El faraón le puso a José el nombre egipcio de Zafnat-panea, y lo casó con Asenat, la hija de Potifera, sacerdote de la ciudad de On. Así quedó José al frente de Egipto. 46José tenía treinta años cuando lo llevaron ante el faraón, el rey de Egipto.

José se despidió del faraón y comenzó a viajar por todo Egipto. 47La tierra produjo muchísimo durante los siete años de abundancia, 48y José recogió todo el trigo que hubo en el país durante esos siete años; lo guardó en las ciudades, dejando en cada ciudad el trigo recogido en los campos vecinos. 49José recogió trigo como si fuera arena del mar. Era tanto el trigo, que dejó de medirlo, pues no se podía llevar la cuenta.

50Antes de que empezaran los años de escasez, José tuvo dos hijos con su esposa Asenat. 51Al primero lo llamó Manasés,⁷¹ porque dijo: "Dios me ha hecho olvidar todos mis sufrimientos y a todos mis parientes." 52Al segundo lo llamó Efraín,⁷² porque dijo: "Dios me ha hecho tener hijos en el país donde he sufrido."

53Pasaron los siete años de abundancia que hubo en Egipto, 54y comenzaron los siete años de escasez,ˣ tal como José lo había dicho. Hubo hambre en todos los países, menos en Egipto, pues allí había qué comer; 55y cuando los habitantes de Egipto comenzaron a tener hambre, fueron a pedirle trigo al faraón. Entonces el faraón les dijo a todos los egipcios:

"Vayan a ver a José, y hagan lo que él les diga."ʸ

56Cuando el hambre se extendió por todo el país, José abrió todos los graneros donde había trigo, para venderlo a los egipcios; pues el hambre era cada vez peor. 57Y venían de todos los países a Egipto, a comprarle trigo a José, pues en ningún país había qué comer.

## Los hermanos de José van a Egipto

42 ¹Cuando Jacob supo que en Egipto había trigo, les dijo a sus hijos: "¿Qué hacen ahí, mirándose unos a otros? ²Me han dicho que en Egipto hay trigo. Vayan allá y compren trigo para nosotros, para que podamos seguir viviendo."ᶻ

³Entonces diez de los hermanos de José fueron a Egipto a comprar trigo; ⁴pero Jacob no dejó ir a Benjamín, el hermano de José, porque pensó que podría pasarle algo malo. ⁵Los hijos de Israel fueron entre otros que también iban a comprar, porque en toda la tierra de Canaán había hambre.

⁶José era el gobernador del país, y el que vendía trigo a la gente que llegaba de todas partes. Cuando sus hermanos se presentaron ante él, se inclinaron hasta tocar el suelo con la frente. ⁷José reconoció a sus hermanos en cuanto los vio; pero hizo como que no los conocía, y les preguntó en forma brusca:

—¡Ustedes!, ¿de dónde vienen?

—Venimos de Canaán, a comprar trigo —contestaron ellos.

⁸Aunque José reconoció a sus hermanos, ellos no lo reconocieron a él. ⁹Entonces José se acordó de los sueños que había tenido acerca de ellos,ᵃ y les dijo:

—Ustedes son espías. Sólo vienen a ver cuáles son los puntos débiles del país.

¹⁰—¡No, señor! --contestaron ellos—. Nosotros sus servidores hemos venido a comprar trigo. ¹¹Todos nosotros somos hijos del mismo padre. Somos gente honrada. Nunca hemos sido espías.

¹²—No es cierto —insistió José—. Ustedes vienen a ver cuáles son los puntos débiles del país.

¹³Pero ellos contestaron:

—Los servidores de usted somos doce hermanos, hijos del mismo padre, y vivimos en Canaán. Nuestro hermano menor

---

⁷⁰ Se emplea aquí una palabra de sentido oscuro, probablemente egipcia. Se traduce sólo por el contexto.   ⁷¹ En hebreo, *Manasés* y el verbo que significa *olvidar* tienen un sonido parecido.   ⁷² En hebreo, *Efraín* y los verbos que significan *tener hijos o dar frutos* tienen un sonido parecido.
ʷ 41.40 Hch 7.10.   * 41.14-43 Sab 10.13-14; 1 Mac 2.53.   ˣ 41.54 Hch 7.11.   ʸ 41.55 Jn 2.5.   ᶻ 42.2 Hch 7.12.
ᵃ 42.9 Gn 37.5-10.

se ha quedado con nuestro padre, y el otro ya no está con nosotros.

¹⁴Sin embargo, José volvió a decirles:

—¡Tal como dije! Ustedes son espías, ¹⁵y con esto vamos a probarlo: les juro por el faraón que no saldrán de aquí hasta que venga su hermano menor. ¹⁶Que vaya uno de ustedes a traerlo. Los demás se quedarán presos. Vamos a ver si es cierto lo que han dicho, y si no es cierto, es que son espías. ¡Lo juro por el faraón!

¹⁷José los tuvo presos a todos ellos durante tres días, ¹⁸pero al tercer día les dijo:

—Yo tengo temor de Dios. Hagan esto y se les perdonará la vida: ¹⁹si son de veras honrados, dejen en la cárcel a uno de sus hermanos, y los demás vayan y lleven trigo para que coman sus familias. ²⁰Tráiganme luego a su hermano menor, y veremos si han dicho la verdad. Si no, morirán.

Ellos aceptaron, ²¹pero se decían el uno al otro:

—Verdaderamente nos portamos muy mal con nuestro hermano, pues no le hicimos caso cuando nos rogaba que le tuviéramos compasión, aunque veíamos que estaba afligido. Por eso ahora nos ha venido esta aflicción.

²²Y Rubén les contestó:

—Yo les dije que no le hicieran daño al muchacho;*b* pero no me hicieron caso, y ahora tenemos que responder por su muerte.

²³Ellos no sabían que José les entendía, porque él había estado hablándoles por medio de un intérprete. ²⁴José se apartó de ellos y se puso a llorar. Cuando regresó a donde ellos estaban y pudo hablarles, apartó a Simeón y, a la vista de ellos, hizo que lo ataran. ²⁵Después ordenó que les llenaran de trigo sus costales, que le devolvieran a cada uno su dinero, poniéndolo dentro de cada costal, y que les dieran comida para el camino. Así se hizo. ²⁶Entonces ellos cargaron el trigo en sus asnos, y se fueron de allí.

²⁷Cuando llegaron al lugar donde iban a pasar la noche, uno de ellos abrió su costal para darle de comer a su asno, y vio que su dinero estaba allí, en la boca del costal. ²⁸Entonces les dijo a sus hermanos:

—¡Miren, me devolvieron mi dinero! ¡Aquí está, en mi costal!

Todos ellos se asustaron mucho, y temblando de miedo se decían el uno al otro:

—¿Qué es lo que Dios nos ha hecho?

²⁹Cuando llegaron a Canaán, le contaron a su padre Jacob todo lo que les había pasado, y le dijeron:

³⁰—El hombre que gobierna en aquel país nos habló en forma muy brusca, y nos acusó de haber ido a su país como espías. ³¹Pero nosotros le dijimos que éramos gente honrada y que nunca habíamos sido espías; ³²que éramos doce hermanos, hijos del mismo padre; que uno ya no estaba con nosotros, y que el menor se había quedado contigo en Canaán. ³³Entonces él nos dijo: 'Con esto voy a ver si ustedes son de veras honrados. Dejen aquí conmigo a uno de sus hermanos y vayan a llevar un poco de trigo para sus familias, ³⁴pero tráiganme a su hermano menor. Así podré estar seguro de que ustedes son gente honrada y no espías; entonces dejaré libre a su otro hermano y ustedes podrán andar libremente por este país.'

³⁵En el momento de vaciar sus costales, los hermanos de José vieron que en cada costal había una bolsita con el dinero de cada uno de ellos. Al ver las bolsitas con el dinero, tanto ellos como su padre se asustaron. ³⁶Entonces Jacob les dijo:

—Ustedes me están dejando sin hijos. José ya no está con nosotros, Simeón tampoco, ¡y ahora me van a quitar a Benjamín! ¡Y siempre el perjudicado soy yo!

³⁷Entonces Rubén le dijo a su padre:

—Deja a Benjamín a mi cuidado, y yo te lo devolveré. Si no te lo devuelvo, puedes matar a mis dos hijos.

³⁸Pero Jacob contestó:

—Mi hijo no irá con ustedes. Su hermano José ha muerto y sólo queda él. Si le pasa algo malo en el viaje que van a hacer, ustedes tendrán la culpa de que este viejo se muera de tristeza.

## Benjamín es llevado a Egipto

43 ¹El hambre aumentaba en el país, ²así que cuando Jacob y sus hijos se comieron lo que les quedaba del trigo que habían llevado de Egipto, Jacob les dijo:

—Vayan otra vez y compren un poco de trigo para nosotros.

³Pero Judá le contestó:

—Aquel hombre nos dijo bien claro: 'Si no traen aquí a su hermano menor, no vengan a verme.' ⁴Así pues, si lo dejas ir con nosotros, iremos a comprarte trigo; ⁵pero si no lo dejas ir, no iremos. Aquel

*b* **42.22** Gn 37.21-22.

hombre nos dijo: 'Si no traen aquí a su hermano menor, no vengan a verme.'

[6] Entonces dijo Israel:

—¿Por qué me han hecho tanto mal? ¿Por qué le dijeron a ese hombre que tenían otro hermano?

[7] Y ellos contestaron:

—Es que él nos preguntaba mucho acerca de nosotros y de nuestra familia. Nos dijo: '¿Vive todavía su padre? ¿Tienen otro hermano?' Y nosotros no hicimos más que contestar a sus preguntas. ¿Cómo íbamos a saber que nos diría: 'Traigan a su hermano'?

[8] Judá le dijo a su padre Israel:

—Si queremos vivir, deja que vaya el muchacho bajo mi cuidado, y nos iremos en seguida. Así no moriremos ni tú, ni nosotros, ni nuestros hijos. [9] Yo te respondo por él; a mí me pedirás cuentas de lo que le pase. Si no te lo devuelvo en este mismo lugar, seré el culpable delante de ti para toda la vida. [10] Si no nos hubiéramos demorado tanto aquí, ¡ya hubiéramos ido y venido dos veces!

[11] Entonces su padre les contestó:

—Puesto que no hay otro remedio, hagan esto: lleven en sus costales un regalo para ese hombre. Llévenle de lo mejor que el país produce: un poco de bálsamo, un poco de miel, perfumes, mirra, nueces y almendras. [12] Lleven también el doble del dinero, y entreguen personalmente el dinero que les devolvieron; tal vez fue un error. [13] ¡Vamos!, tomen a su hermano y vayan otra vez a ver a ese hombre. [14] Que el Dios todopoderoso le haga tener compasión de ustedes, para que deje libre a su otro hermano y a Benjamín. En cuanto a mí, si he de quedarme sin hijos, pues ¡me quedaré sin hijos!

[15] Los hijos de Jacob tomaron los regalos, el doble del dinero, y a Benjamín, y se fueron a Egipto. Cuando llegaron ante José, [16] y José vio que Benjamín estaba con ellos, le dijo al mayordomo de su casa:

—Lleva a estos hombres a mi casa, y mata una vaca y prepárala, porque ellos comerán conmigo hoy al mediodía.

[17] El mayordomo hizo tal como José le ordenó, y los llevó personalmente, [18] pero ellos se asustaron porque los llevaban a la casa de José, y se dijeron:

—¡Esto es un pretexto! Nos han traído aquí por el dinero que nos devolvieron la vez pasada. Van a atacarnos y hacernos trabajar como esclavos, junto con nuestros animales.

[19] Así que al llegar a la puerta de la casa, se acercaron al mayordomo para hablar con él, [20] y le dijeron:

—¡Ay, señor! La otra vez vinimos de veras a comprar trigo, [21] pero cuando llegamos al lugar donde íbamos a pasar la noche, abrimos nuestros costales, y ahí, en la boca de cada costal, estaba el dinero de cada uno de nosotros. El dinero estaba completo. Ahora lo hemos traído para devolverlo, [22] y también trajimos más dinero para comprar trigo. Pero no sabemos quién puso nuestro primer dinero en los costales.

[23] El mayordomo contestó:

—Cálmense, no tengan miedo. El Dios de ustedes y de su padre debe de haber puesto ese dinero en sus costales, pues yo recibí el dinero que ustedes pagaron.

El mayordomo sacó a Simeón y lo llevó a donde estaban ellos; [24] luego llevó a todos a la casa de José, les dio agua para que se lavaran los pies, y también dio de comer a sus asnos. [25] Ellos prepararon los regalos y esperaron a que José llegara al mediodía, pues habían sabido que allí iban a comer.

[26] Cuando José llegó a la casa, ellos le dieron los regalos que habían traído, y se inclinaron hasta tocar el suelo con la frente. [27] José les preguntó cómo estaban, y también preguntó:

—¿Cómo está su padre, el anciano del cual me hablaron? ¿Vive todavía?

[28] Ellos hicieron una reverencia y dijeron:

—Nuestro padre, su servidor, está bien. Todavía vive.

[29] José miró a su alrededor y vio a Benjamín, su hermano de padre y madre, y dijo:

—¿Es éste su hermano menor, del cual me hablaron? ¡Que Dios te bendiga, hijo mío!

Al decir esto, [30] José se sintió tan emocionado de ver a su hermano, que le dieron ganas de llorar. Rápidamente entró en su cuarto, y allí se puso a llorar. [31] Cuando pudo contener el llanto, se lavó la cara y salió, y dijo: "¡Sirvan ya la comida!"

[32] A José le sirvieron en una mesa, a los hijos de Jacob en otra, y en otra distinta a los egipcios que comían con José; porque los egipcios tenían prohibido comer junto con los hebreos. [33] Los hermanos de José se sentaron cuando José así lo indicó, por orden de edad, del mayor al menor; y estaban muy sorprendidos y mirándose unos a otros. [34] José les dio de comer de lo

que él tenía en su propia mesa, y a Benjamín le dio mucho más que a los otros. José y sus hermanos bebieron juntos y se pusieron muy alegres.

### La copa de José

**44** ¹Después de esto José le ordenó a su mayordomo:

—Llena los costales de estos hombres con todo el trigo que puedan llevar, y pon el dinero de cada uno de ellos en la boca de su costal. ²Pon también mi copa de plata en la boca del costal del hermano menor, junto con el dinero que pagó por su trigo.

El mayordomo hizo lo que José le ordenó. ³Con los primeros rayos del sol, José permitió que sus hermanos se fueran con sus asnos. ⁴Todavía no estaban muy lejos de la ciudad, cuando José le dijo a su mayordomo:

—Ve a perseguir a esos hombres, y diles cuando los alcances: '¿Por qué han pagado bien con mal? ¿Por qué han robado la copa de plata[73] ⁵que mi amo usa para beber y para adivinar?[74] ¡Han hecho muy mal!'

⁶Cuando el mayordomo los alcanzó, les repitió las mismas palabras, ⁷y ellos le contestaron:

—¿Por qué nos habla usted de ese modo? ¡Jamás haríamos semejante cosa! ⁸Si regresamos desde Canaán a devolver el dinero que encontramos en la boca de nuestros costales, ¿cómo íbamos a robar plata ni oro de la casa de su amo? ⁹¡Que muera cualquiera de estos servidores suyos al que se le encuentre la copa, y hasta nosotros seremos sus esclavos!

¹⁰Entonces el mayordomo dijo:

—Se hará como ustedes dicen, pero sólo el que tenga la copa será mi esclavo; los demás quedarán libres de culpa.

¹¹Cada uno de ellos bajó rápidamente su costal hasta el suelo, y lo abrió. ¹²El mayordomo buscó en cada costal, comenzando por el del hermano mayor hasta el del hermano menor, y encontró la copa en el costal de Benjamín. ¹³Entonces ellos rasgaron su ropa en señal de dolor. Después cada uno echó la carga sobre su asno, y regresaron a la ciudad. ¹⁴Cuando Judá y sus hermanos llegaron a la casa de José, todavía estaba él allí. Entonces se inclinaron delante de él hasta tocar el suelo con la frente, ¹⁵mientras José les decía:

—¿Qué es lo que han hecho? ¿No saben que un hombre como yo sabe adivinar?

¹⁶Judá contestó:

—¿Qué podemos responderle a usted? ¿Cómo podemos probar nuestra inocencia? Dios nos ha encontrado en pecado. Aquí nos tiene usted; somos sus esclavos, junto con el que tenía la copa.

¹⁷Pero José dijo:

—De ninguna manera. Sólo aquel que tenía la copa será mi esclavo. Los otros pueden regresar tranquilos a la casa de su padre. Nadie los molestará.

### Judá ruega por Benjamín

¹⁸Entonces Judá se acercó a José y le dijo:

—Yo le ruego a usted, señor, que me permita decirle algo en secreto. Por favor, no se enoje conmigo, pues usted es como si fuera el mismo faraón. ¹⁹Usted nos preguntó si teníamos padre o algún otro hermano, ²⁰y nosotros le contestamos que teníamos un padre anciano y un hermano todavía muy joven, que nació cuando nuestro padre ya era anciano. También le dijimos que nuestro padre lo quiere mucho, pues es el único hijo que le queda de la misma madre, porque su otro hermano murió. ²¹Entonces usted nos pidió que lo trajéramos, porque quería conocerlo. ²²Nosotros le dijimos que el muchacho no podía dejar a su padre, porque si lo dejaba, su padre moriría. ²³Pero usted nos dijo que si él no venía con nosotros, no volvería a recibirnos.

²⁴"Cuando regresamos junto a mi padre, le contamos todo lo que usted nos dijo. ²⁵Entonces nuestro padre nos ordenó: 'Regresen a comprar un poco de trigo'; ²⁶pero nosotros le dijimos: 'No podemos ir, a menos que nuestro hermano menor vaya con nosotros; porque si él no nos acompaña, no podremos ver a ese señor.' ²⁷Y mi padre nos dijo: 'Ustedes saben que mi esposa me dio dos hijos; ²⁸uno de ellos se fue de mi lado, y desde entonces no lo he visto. Estoy seguro de que un animal salvaje lo despedazó. ²⁹Si se llevan también a mi otro hijo de mi lado, y le pasa algo malo, ustedes tendrán la culpa de que este viejo se muera de tristeza.'

[73] ¿Por qué han robado la copa de plata . . .?: según la versión griega. En el texto hebreo no aparece esta frase.
[74] Era práctica muy común pretender adivinar por medio de copas llenas de agua.

30"Así que la vida de mi padre está tan unida a la vida del muchacho que, si el muchacho no va con nosotros cuando yo regrese, 31nuestro padre morirá al no verlo. Así nosotros tendremos la culpa de que nuestro anciano padre se muera de tristeza. 32Yo le dije a mi padre que me haría responsable del muchacho, y también le dije: 'Si no te lo devuelvo, seré el culpable delante de ti para toda la vida.' 33Por eso yo le ruego a usted que me permita quedarme como su esclavo, en lugar del muchacho. Deje usted que él se vaya con sus hermanos. 34Porque, ¿cómo voy a regresar junto a mi padre, si el muchacho no va conmigo? No quiero ver el mal que sufriría mi padre.

### José se da a conocer a sus hermanos

45 1José ya no pudo contenerse delante de todos los que estaban a su servicio, y gritó: "¡Salgan todos de aquí!" Así que ninguno de sus siervos estaba allí con José cuando él se dio a conocer a sus hermanos.c

2Entonces se puso a llorar tan fuerte que todos los egipcios lo supieron, y la noticia llegó hasta el palacio del faraón. 3José les dijo a sus hermanos:

—Yo soy José. ¿Vive mi padre todavía?

Ellos estaban tan asustados de estar delante de él, que no podían contestarle. 4Pero José les dijo:

—Por favor, acérquense a mí.

Cuando ellos se acercaron, él les dijo:

—Yo soy su hermano José, el que ustedes vendieron a Egipto; 5pero, por favor, no se aflijan ni se enojen con ustedes mismos por haberme vendido, pues Dios me mandó antes que a ustedes para salvar vidas. 6Ya van dos años de hambre en el país, y todavía durante cinco años más no se cosechará nada, aunque se siembre. 7Pero Dios me envió antes que a ustedes para hacer que les queden descendientes sobre la tierra, y para salvarles la vida de una manera extraordinaria. 8Así que fue Dios quien me mandó a este lugar, y no ustedes; él me ha puesto como consejero del faraón y amo de toda su casa, y como gobernador de todo Egipto. 9Vayan pronto a donde está mi padre, y díganle: 'Así dice tu hijo José: Dios me ha puesto como señor de todo Egipto. Ven a verme. No tardes. 10Vivirás en la región de Gosén, junto con tus hijos y nietos, y con todos tus animales y todo lo que tienes. Así estarás cerca de mí. 11Aquí les daré alimentos

a ti y a tu familia, y a todos los que están contigo, para que no les falte nada; pues todavía habrá hambre durante cinco años más.'d 12Mi hermano Benjamín y ustedes son testigos de que yo mismo he dicho esto. 13Cuéntenle a mi padre acerca de toda mi autoridad en Egipto, y de todo lo que han visto aquí. ¡Pronto, vayan a traer a mi padre!

14José abrazó a su hermano Benjamín, y comenzó a llorar. También Benjamín lloró abrazado a José. 15Luego José besó a todos sus hermanos, y lloró al abrazarlos. Después de esto, sus hermanos se atrevieron a hablarle.

16Por el palacio del faraón corrió la noticia de que los hermanos de José habían llegado, y el faraón se alegró junto con sus funcionarios. 17Y le dijo el faraón a José:

—Di a tus hermanos que carguen sus animales y regresen a Canaán, 18y que me traigan a su padre y a sus familias. Yo les daré lo mejor de la tierra de Egipto, y comerán de lo mejor que el país produce. 19Ordénales que de aquí, de Egipto, lleven carretas para traer a sus mujeres y niños, y también al padre de ustedes. Que vengan 20y que no se preocupen por lo que tienen ahora, porque lo mejor de todo Egipto será de ellos.

21Los hijos de Israel lo hicieron así. José les dio las carretas que el faraón había ordenado, y alimentos para el camino; 22también les dio ropa nueva para cambiarse, pero a Benjamín le dio trescientas monedas de plata y cinco mudas de ropa. 23A su padre le mandó diez asnos cargados con lo mejor que había en Egipto, otros diez asnos cargados de trigo, y pan y comida para que su padre comiera en el camino. 24Cuando José se despidió de sus hermanos, les dijo:

—No vayan peleando por el camino.

Ellos se fueron. 25Salieron de Egipto y llegaron a Canaán, donde vivía su padre Jacob. 26Cuando le contaron a Jacob que José vivía todavía, y que él era el que gobernaba en todo Egipto, no supo qué hacer o qué decir, pues no podía creer lo que le estaban diciendo. 27Pero cuando ellos le contaron todo lo que José les había dicho, y cuando vio las carretas que José había mandado para llevarlo, se entusiasmó muchísimo. 28Entonces dijo: "¡Me basta saber que mi hijo José vive todavía! Iré a verlo antes de morir."

c **45.1** Hch 7.13.    d **45.9-11** Hch 7.14.

## Jacob en Egipto

**46** [1]Israel se puso en camino con todo lo que tenía. Cuando llegó a Beerseba, ofreció sacrificios al Dios de su padre Isaac. [2]Esa noche Dios habló con Israel en una visión, llamándolo por su nombre, Jacob. Y él contestó:

—Aquí estoy.

[3]Entonces Dios dijo:

—Yo soy Dios, el Dios de tu padre. No tengas miedo de ir a Egipto, porque allí haré de tus descendientes una gran nación. [4]Iré contigo a Egipto, y yo mismo sacaré de allí a tus descendientes. Además, cuando mueras, José estará a tu lado.

[5]Después Jacob se fue de Beerseba. Los hijos de Israel pusieron a su padre, y a los hijos y mujeres de ellos, en las carretas que el faraón había enviado para llevarlos. [6]Jacob y todos los suyos se fueron a Egipto,[e] y se llevaron sus vacas y ovejas y todo lo que habían llegado a tener en Canaán. [7]Todos sus hijos, hijas, nietos y nietas, se fueron con él.

[8]Estos son los nombres de los israelitas que fueron a Egipto; es decir, Jacob y sus descendientes:

Rubén, el hijo mayor de Jacob. [9]Los hijos de Rubén: Hanoc, Falú, Hezrón y Carmi.

[10]Los hijos de Simeón: Jemuel, Jamín, Ohad, Jaquín, Zohar y Saúl, que era hijo de una mujer cananea.

[11]Los hijos de Leví: Gersón, Coat y Merari.

[12]Los hijos de Judá: Er, Onán, Sela, Fares y Zara. (Er y Onán habían muerto en Canaán.) Los hijos de Fares fueron Hezrón y Hamul.

[13]Los hijos de Isacar: Tola, Fúa, Job y Simrón.

[14]Los hijos de Zabulón: Sered, Elón y Jahleel.

[15]Estos fueron los hijos que Lea le dio a Jacob cuando estaban en Padan-aram, además de su hija Dina. Todos sus descendientes fueron treinta y tres personas, contando hombres y mujeres.

[16]Los hijos de Gad: Zifión, Hagui, Ezbón, Suni, Eri, Arodi y Areli. [17]Los hijos de Aser: Imna, Isúa, Isúi, Bería y la hermana de ellos, que se llamaba Sera. Los hijos de Bería fueron Heber y Malquiel. [18]Estos fueron los hijos que Zilpa le dio a Jacob. Ella era la esclava que Labán le regaló a su hija Lea, y sus descendientes fueron dieciséis personas en total.

[19]Los hijos de Raquel, la esposa de Jacob: José y Benjamín. [20]Los hijos que José tuvo con Asenat fueron Manasés y Efraín, que nacieron en Egipto. Asenat era hija de Potifera, sacerdote de On.[f] [21]Los hijos de Benjamín fueron Bela, Bequer, Asbel, Gera, Naamán, Ehi, Ros, Mupim, Hupim y Ard. [22]Estos fueron los descendientes de Raquel y Jacob, catorce personas en total.

[23]El hijo de Dan: Husim. [24]Los hijos de Neftalí: Jahzeel, Guni, Jezer y Silem. [25]Estos fueron los hijos que Bilha le dio a Jacob. Ella era la esclava que Labán le regaló a su hija Raquel, y sus descendientes fueron siete personas en total.

[26]Todas las personas que llegaron con Jacob a Egipto, y que eran de su misma sangre, fueron sesenta y seis, sin contar las esposas de sus hijos. [27]Los hijos de José fueron dos, que nacieron en Egipto. Así que a Egipto llegaron setenta personas de la familia de Jacob.[g]

[28]Jacob envió antes a Judá a ver a José, para que viniera a recibirlo a la región de Gosén. Cuando llegaron a Gosén, [29]José ordenó que prepararan su carro para ir a recibir a su padre. Cuando se presentó delante de su padre, lo abrazó y estuvo llorando largo rato sobre su hombro. [30]Entonces Israel le dijo a José:

—Después de verte personalmente y encontrarte vivo todavía, ¡ya puedo morirme!

[31]José les dijo a sus hermanos y a la familia de su padre:

—Voy a ver al faraón, para darle la noticia. Le diré que mis hermanos y los parientes de mi padre, que vivían en Canaán, han venido a quedarse conmigo; [32]y que han traído sus ovejas y vacas y todo lo que tenían, porque su trabajo es cuidar ovejas y criar ganado. [33]Entonces, cuando el faraón los llame y les pregunte en qué trabajan, [34]ustedes díganle que siempre se han dedicado a criar ovejas, igual que sus antepasados. Así podrán quedarse a vivir en la región de Gosén, porque los egipcios tienen prohibido convivir con los pastores de ovejas.

**47** [1]José fue a darle la noticia al faraón. Le dijo que su padre y sus hermanos habían llegado de Canaán, y que ya estaban en la región de Gosén con sus ovejas y vacas y todo lo que tenían. [2]Escogió a cinco de sus hermanos y se los

*e* 46.6 Hch 7.15.   *f* 46.20 Gn 41.50-52.   *g* 46.27 Hch 7.14.

presentó al faraón, para que los conociera. [3]Entonces el faraón preguntó a los hermanos de José:

—¿A qué se dedican ustedes?

Y ellos le contestaron:

—Los servidores de Su Majestad somos pastores de ovejas, igual que nuestros antepasados. [4]Hemos venido para quedarnos en este país, porque hay mucha hambre en Canaán y no hay pasto para nuestras ovejas. Por favor, permita Su Majestad que nos quedemos a vivir en la región de Gosén.

[5]Entonces el faraón le dijo a José:

—Tu padre y tus hermanos han venido a reunirse contigo. [6]La tierra de Egipto está a su disposición. Dales la región de Gosén, que es lo mejor del país, para que se queden a vivir allí. Y si sabes que entre ellos hay hombres capaces, ponlos a cargo de mi ganado.

[7]José llevó también a su padre Jacob para presentárselo al faraón. Jacob saludó con mucho respeto al faraón, [8]y el faraón le preguntó:

—¿Cuántos años tienes ya?

[9]Y Jacob le contestó:

—Ya tengo ciento treinta años de ir de un lado a otro. Han sido pocos y malos años, pues todavía no he alcanzado a vivir lo que vivieron mis antepasados.

[10]Después Jacob se despidió del faraón y salió de allí. [11]Y José les dio terrenos en la mejor región de Egipto, para que vivieran allí, tal como el faraón había ordenado. Así su padre y sus hermanos llegaron a tener terrenos en la región de Ramsés. [12]Además, José les daba alimentos a todos sus familiares, según las necesidades de cada familia.

### Política agraria de José

[13]En ninguna parte del país había trigo, y el hambre aumentaba más y más. Tanto en Egipto como en Canaán la gente se moría de hambre. [14]José recogió todo el dinero que los de Egipto y los de Canaán le habían pagado por el trigo comprado, y lo guardó en el palacio del faraón. [15]Cuando ya no había dinero ni en Egipto ni en Canaán, los egipcios fueron a decirle a José:

—¡Denos usted de comer! No es justo que nos deje morir de hambre, sólo porque ya no tenemos dinero.

[16]Y José les contestó:

—Si ya no tienen dinero, traigan sus animales y se los cambiaré por trigo.

[17]Los egipcios llevaron sus caballos, ovejas, vacas y asnos a José, y a cambio de ellos José les dio trigo durante todo ese año. [18]Pero pasó el año, y al año siguiente fueron a decirle a José:

—No podemos negarle a usted que ya no tenemos dinero; además, nuestros animales ya son suyos. Ya no tenemos otra cosa que darle, a no ser nuestras tierras y nuestros propios cuerpos. [19]Cómprenos usted a nosotros y a nuestras tierras, a cambio de trigo. Seremos esclavos del faraón y trabajaremos nuestras tierras para él, con tal de que usted nos dé semilla para que podamos vivir y para que la tierra no se eche a perder. ¿Por qué tiene usted que dejarnos morir, junto con nuestras tierras?

[20]Entonces José compró todas las tierras de Egipto para el faraón, pues los egipcios vendieron sus terrenos, obligados por el hambre. Así la tierra pasó a poder del faraón, [21]y los egipcios fueron hechos esclavos [75] en todo el país de Egipto. [22]Los únicos terrenos que José no compró fueron los de los sacerdotes, porque el faraón les daba cierta cantidad de trigo; así que no tuvieron que vender sus terrenos, porque comían de lo que el faraón les daba.

[23]Luego José dijo a la gente:

—Ahora ustedes y sus terrenos son del faraón, pues yo los he comprado para él. Aquí tienen semilla para sembrar la tierra, [24]pero deberán darle al faraón la quinta parte de las cosechas; las otras cuatro partes serán para que siembren la tierra y para que coman ustedes, sus hijos y todos los que viven con ustedes:

[25]Y ellos contestaron:

—Usted es muy bondadoso con nosotros, pues nos ha salvado la vida. ¡Seremos esclavos del faraón!

[26]Así faraón puso por ley que en toda la tierra de Egipto se diera al faraón la quinta parte de las cosechas. Esta ley todavía existe; pero los sacerdotes no tienen que pagar nada, porque sus tierras nunca llegaron a ser del faraón.

### La última voluntad de Jacob

[27]Los israelitas se quedaron a vivir en Egipto. Tomaron posesión de la región de Gosén, y allí llegaron a ser muy numerosos. [28]Jacob vivió diecisiete años en

---

[75] *Fueron hechos esclavos:* según varias versiones antiguas. Heb. *y los hizo pasar a las ciudades.*

Egipto, y llegó a la edad de ciento cuarenta y siete años.

²⁹Un día Israel sintió que ya pronto iba a morir. Entonces mandó llamar a su hijo José para decirle:

—Si de veras quieres hacerme un favor, pon tu mano debajo de mi muslo y júrame que harás lo que te voy a pedir. ¡Por favor, no me entierres en Egipto! ³⁰Cuando yo vaya a descansar junto con mis antepasados, sácame de Egipto y entiérrame en el sepulcro de ellos.ʰ

—Así lo haré —contestó José.ʰ

³¹—¡Júramelo! —insistió su padre.

José se lo juró, y entonces Israel se inclinó sobre la cabecera de su cama.

### Jacob bendice a Efraín y a Manasés

**48** ¹Poco tiempo después le dijeron a José que su padre estaba enfermo. Entonces José fue a verlo, y llevó a sus dos hijos, Manasés y Efraín. ²Cuando dieron aviso a Jacob de que su hijo José había llegado a verlo, hizo un esfuerzo y se sentó en la cama. ³Y le dijo a José:

—El Dios todopoderoso se me apareció en la ciudad de Luz, en la tierra de Canaán, y me bendijo ⁴con estas palabras: 'Mira, yo haré que tengas muchos hijos, y que tus descendientes lleguen a formar un conjunto de naciones. Además, a tu descendencia le daré esta tierra.ⁱ Será de ellos para siempre.' ⁵Ahora bien, tus hijos Efraín y Manasés, que te nacieron aquí en Egipto antes de que yo viniera a reunirme contigo en este país, me pertenecen a mí. Ellos son tan míos como lo son Rubén y Simeón. ⁶Los hijos que tengas después de ellos te pertenecerán a ti y, por ser hermanos de Efraín y Manasés, tendrán parte en su herencia. ⁷Cuando yo regresaba de Padan-aram, se me murió tu madre Raquel en Canaán, poco antes de llegar a Efrata; y la enterré allí, en el camino de Efrata, que ahora es Belén.ʲ

⁸De pronto Israel se fijó en los hijos de José, y preguntó:

—Y éstos, ¿quiénes son?

⁹—Son los hijos que Dios me ha dado aquí en Egipto —contestó José.

Entonces su padre le dijo:

—Por favor, acércalos más a mí, para que les dé mi bendición.

¹⁰Israel era ya muy viejo y le fallaba la vista. No podía ver muy bien, así que José acercó los niños a su padre, y él los besó y abrazó. ¹¹Luego le dijo a José:

—Ya no esperaba volver a verte y, sin embargo, Dios me ha dejado ver también a tus hijos.

¹²José quitó a los niños de las rodillas de su padre, y se inclinó hasta tocar el suelo con la frente. ¹³Luego tomó a los dos, a Efraín con la mano derecha y a Manasés con la izquierda, y los acercó a su padre. Así Efraín quedó a la izquierda de Israel y Manasés a su derecha. ¹⁴Pero al extender Israel sus manos, las cruzó y puso la mano derecha sobre la cabeza de Efraín, que era el menor, y la mano izquierda sobre la cabeza de Manasés, aunque él era el mayor. ¹⁵Entonces bendijo a José de esta manera:

"Que el Dios a quien obedecieron
   Abraham e Isaac, mis padres,
el Dios que me ha cuidado
   desde el día en que nací,
¹⁶el ángel que me libra de todo mal,
   bendiga a estos muchachos.
Que por medio de ellos se recuerde
   mi nombre
y el nombre de mis padres, Abraham
   e Isaac.
Que lleguen a tener muchos hijos
y sean grandes multitudes en el
   mundo."

¹⁷Pero a José le pareció mal que su padre pusiera la mano derecha sobre la cabeza de Efraín, así que tomó la mano de su padre para quitarla de la cabeza de Efraín y ponerla sobre la de Manasés, ¹⁸mientras le decía:

—¡No, padre, así no! Este es el mayor. Pon tu mano derecha sobre su cabeza.

¹⁹Pero su padre no quiso hacerlo, y contestó:

—¡Ya lo sé, hijo, ya lo sé! También él llegará a ser una nación muy importante. Sin embargo, su hermano menor será más importante que él, y sus descendientes llegarán a formar muchas naciones.

²⁰Ese mismo día Jacob los bendijoᵏ con estas palabras:

—El pueblo de Israel usará el nombre de ustedes para las bendiciones, y dirán: 'Qué Dios haga contigo como hizo con Efraín y Manasés.'

Así puso Israel a Efraín antes de Manasés. ²¹Luego le dijo a José:

—Mira, yo voy a morir; pero Dios estará con ustedes y los hará regresar a la tierra de sus antepasados. ²²A ti te he

ʰ 47.29-30 Gn 49.29-32; 50.6.   ⁱ 48.3-4 Gn 28.13-14.   ʲ 48.7 Gn 35.16-19.   ᵏ 48.20 He 11.21.

dado más que a tus hermanos: te doy Siquem,[76] que les quité a los amorreos luchando contra ellos.

### Últimas palabras de Jacob

**49** [1]Jacob llamó a sus hijos y les dijo: "Acérquense y les diré lo que les va a pasar en el futuro:

[2]"Acérquense para oír, hijos de Jacob,
escuchen a su padre Israel.

[3]"Tú, Rubén, eres mi hijo mayor,
mi fuerza y primer fruto de mi vigor,
el primero en honor y en poder.
[4]Pero ya no serás el primero,
porque eres como un torrente incontenible:
pues deshonraste mi cama
al acostarte con mi concubina.[l]

[5]"Simeón y Leví son hermanos;
sus armas son instrumentos de violencia.
[6]¡Jamás quiero estar presente
en el lugar de sus reuniones!
Pues cuando estaban enojados
mataron gentes,[m]
y por puro capricho
les rompieron las patas a los toros.
[7]¡Maldito, sí, maldito sea
su enojo tan salvaje!
¡Yo los dispersaré por completo
en todo el pueblo de Israel!

[8]"Judá, tus hermanos te alabarán.
Tomarás por el cuello a tus enemigos,
y tus propios hermanos te harán reverencias.
[9]¡Tú, Judá, hijo mío!
Eres como un cachorro de león
cuando deja de devorar a su víctima:
se agacha, se echa en el suelo,
como si fuera un león grande.
¿Y quién se atreverá a molestarlo?[n]
[10]Nadie le quitará el poder a Judá
ni el cetro que tiene en las manos,
hasta que venga el dueño del cetro,[77]
a quien los pueblos obedecerán.
[11]El que amarra su burrito a las viñas,
el que lava toda su ropa con vino,
¡con el jugo de las uvas!

[12]Sus ojos son más oscuros que el vino;
sus dientes, más blancos que la leche.

[13]"Zabulón vivirá a la orilla del mar,
en donde habrá puertos para barcos.
Sus fronteras llegarán hasta Sidón.[ñ]

[14]"Isacar es un animal de carga
que descansa en sus establos.
[15]Cuando vio que el país era bueno
y agradable para descansar,
dobló su espalda para llevar carga,
y sin protestar se hizo esclavo.

[16]"Dan gobernará a su propia gente
como una de las tribus de Israel.
[17]Dan será igual a una víbora
que está junto al camino,
que muerde los talones del caballo
y hace caer al jinete.

[18]¡Oh, Señor, espero que me salves!

[19]"A Gad lo atacará un ejército,
pero después él lo perseguirá.

[20]"Aser tendrá abundancia de pan;
dará comidas dignas de reyes.

[21]"Neftalí es como una gacela que anda libre
y que tiene hermosas crías.

[22]"José es como una planta junto al agua,
que produce mucho fruto
y sus ramas trepan sobre el muro.
[23]Los arqueros lo odian, le tiran flechas
y siempre lo están molestando;
[24]pero José tiene brazos fuertes
y mantiene firme su arco;
¡gracias al Dios poderoso de Jacob!,
¡gracias al nombre del Pastor, el protector de Israel!,
[25]¡gracias al Dios de tu padre, que te ayudará;
al Dios todopoderoso, que te bendecirá!
¡Con bendiciones del alto cielo!
¡Con las bendiciones del mar profundo!
¡Con bendiciones de los pechos y del vientre!

---

[76] En hebreo, *Siquem* significa *hombro* o *ladera,* y también *la mejor parte.*    [77] Así, con algunas versiones antiguas. El texto hebreo puede traducirse *hasta que venga Siloh,* o *hasta que él venga a Siloh.*
[l] 49.4 Gn 35.22.    [m] 49.6 Gn 34.24-30.    [n] 49.9 Nm 24.9; Ap 5.5.    [ñ] 49.13 Dt 33.18-19; Jos 19.10-16.

²⁶Tu padre te bendijo más
de lo que mis padres me bendijeron.
Hasta el fin de los montes eternos,
estas bendiciones estarán
sobre la cabeza de José,
que fue escogido entre sus
hermanos.ᵒ

²⁷"Benjamín es un lobo feroz,
que en la mañana se come a su
víctima
y en la tarde reparte las sobras."

²⁸Estas son las doce tribus de Israel, y
esto es lo que su padre dijo a sus hijos al
darle a cada uno su bendición.

### Muerte de Jacob

²⁹Un día, Jacob dio esta orden a sus
hijos: "Ya me falta poco para morir.
Entiérrenme junto a mis antepasados en
la cueva que está en el terreno de Efrón el
hitita; ³⁰allá en la tierra de Canaán; es
decir, la cueva que está en Macpela, frente
a Mamre, la que Abraham compró junto
con el mismo terreno de Efrón, para que
fuera el sepulcro de la familia.ᵖ ³¹Allí
enterraron a Abraham y a su esposa
Sara,�q a Isaacᵉ y a su esposa Rebeca, y allí
también enterré a Lea. ³²El terreno y la
cueva que allí está fueron comprados a los
hititas."
³³Cuando Jacob terminó de dar estas
instrucciones a sus hijos, volvió a acostarse y murió.ˢ

**50** ¹Entonces José se abrazó al cuerpo
de su padre, y llorando lo besó.
²Después ordenó a los médicos que estaban a su servicio que embalsamaran el
cuerpo de su padre Israel, y así lo hicieron. ³Tardaron cuarenta días en embalsa-
marlo, porque ése es el tiempo que se
necesita para hacerlo.
Los egipcios guardaron luto por Israel
durante setenta días,ᵗ ⁴y después de los
días de luto, José habló con los del palacio del faraón y les dijo:
—Si me he ganado el aprecio de ustedes, háganme el favor de decirle al faraón
⁵que cuando mi padre estaba por morir,
me hizo jurarle que yo lo enterraría en el
sepulcro que él mismo se preparó, y que
está en la tierra de Canaán.ᵗ Así que yo le
ruego me permita ir a enterrar a mi padre;
una vez que lo haya enterrado, regresaré.
⁶Y el faraón contestó:

—Ve a enterrar a tu padre, tal como él
te lo pidió.
⁷José fue a enterrar a su padre, y lo
acompañaron todos los funcionarios que
tenían autoridad en el palacio del faraón y
en Egipto, ⁸la propia familia de Jacob, la
de José, y sus hermanos. En la tierra de
Gosén dejaron solamente a los niños y los
animales. ⁹También gente con carretas y
de a caballo acompañó a José, así que era
muchísima gente. ¹⁰Cuando llegaron a
Goren-ha-atad, que está al oriente del río
Jordán, tuvieron una solemne ceremonia
luctuosa. Allí José guardó luto por su
padre durante siete días.
¹¹Cuando los cananeos que vivían en
esa región vieron la ceremonia, dijeron:
"Los egipcios tienen un entierro muy solemne." Por eso llamaron Abel-miz-
raim⁷⁸ a aquel lugar que está al oriente del
Jordán.
¹²Los hijos de Jacob hicieron con su
padre todo lo que él les había pedido,
¹³pues lo llevaron a Canaán y lo enterraron en la cueva del terreno de Macpela,
que Abraham le había comprado a Efrón
el hitita para que fuera el sepulcro de la
familia. Este terreno y la cueva están al
oriente de Mamre.ᵘ ¹⁴Después de haber
sepultado a su padre, José regresó a
Egipto junto con sus hermanos y con
todos los que lo habían acompañado.

### Últimos días de José

¹⁵Como Jacob había muerto, los hermanos de José pensaron: "Tal vez José
nos odia, y se va a vengar de todo el mal
que le hicimos." ¹⁶Entonces le mandaron
a decir: "Antes de que tu padre muriera,
nos ordenó ¹⁷que te dijéramos: 'Por
favor, te pido que perdones la maldad y
pecado de tus hermanos, que tan mal te
trataron.' Por eso te rogamos que perdones nuestra maldad, pues somos siervos
del Dios de tu padre."
Mientras los mensajeros le daban este
mensaje, José lloraba. ¹⁸Entonces llegaron sus propios hermanos, se inclinaron
delante de él hasta tocar el suelo con la
frente, y le dijeron:
—Aquí nos tienes. Somos tus esclavos.
¹⁹Pero José les contestó:
—No tengan miedo. Yo no puedo
ponerme en lugar de Dios. ²⁰Ustedes pensaron hacerme mal, pero Dios cambió ese
mal en bien para hacer lo que hoy vemos:

---

⁷⁸ En hebreo, *Abel-mizraim* significa *campo de los egipcios*, y tiene un sonido parecido a *luto de los egipcios.*
ᵒ **49.22-26** Dt 33.13-17.  ᵖ **49.30** Gn 23.3-20.  q **49.31** Gn 25.9-10.  ʳ **49.31** Gn 35.29.  ˢ **49.33** Hch 7.15.  ᵗ **50.5** Gn 47.29-31.
ᵘ **50.13** Hch 7.16.

para salvar la vida de mucha gente. [21]Así que no tengan miedo. Yo les daré de comer a ustedes y a sus hijos.

Así José los tranquilizó, pues les habló con mucho cariño.

### Muerte de José

[22]José y la familia de su padre siguieron viviendo en Egipto. José vivió ciento diez años, [23]y llegó a ver a los bisnietos de Efraín. También alcanzó a recibir como miembros de la familia a los hijos de su nieto Maquir, que era hijo de Manasés.

[24]Un día José les dijo a sus hermanos: "Me falta poco para morir, pero Dios vendrá a ayudarlos, y los sacará de este país para llevarlos a la tierra que les prometió a Abraham, Isaac y Jacob." [25]Entonces hizo que los hijos de Israel le juraran, y les dijo: "En verdad, Dios vendrá a ayudarlos. Cuando eso suceda, ustedes deben llevarse de aquí mis restos."[v]

[26]José murió en Egipto a la edad de ciento diez años, y su cuerpo fue embalsamado y puesto en un ataúd.

v **50.25** Ex 13.19; Jos 24.32; He 11.22.

# ÉXODO

*Éxodo significa "salida" o "emigración". Y este libro se llama así porque el princi-*
*pal acontecimiento que relata es la salida de los israelitas de Egipto, bajo la dirección de*
*Moisés, a quien Dios se revela y escoge para liberar a su pueblo de la esclavitud y con-*
*ducirlo a Canaán, la tierra que él había prometido a sus antepasados los patriarcas. La*
*narración muestra cómo Dios, de una multitud de antiguos esclavos, va haciendo por*
*medio de Moisés una nación. En el desierto renueva con ella el pacto establecido con*
*sus antepasados, y le da una constitución: leyes para regir todos los aspectos de su vida,*
*como pueblo escogido por Dios, tanto en su relación con Dios como en su convivencia*
*humana.*

*La figura central es Moisés, libertador, caudillo y legislador de Israel. La primera*
*parte del libro (1.1-15.21) contiene la historia de la esclavitud de los israelitas en Egipto,*
*el nacimiento y vida temprana de Moisés, su llamamiento en el desierto, su enfrenta-*
*miento con el faraón opresor, la institución de la Pascua y la salida de Egipto. La*
*segunda (15.22-24.18) refiere los variados incidentes del viaje por el desierto hasta llegar*
*al monte Sinaí. Y la tercera (25.1-40.38) habla de la proclamación del pacto y de la Ley,*
*que comprende preceptos morales, civiles y religiosos. Esta sección contiene los Diez*
*Mandamientos (cap. 20) y describe en detalle la construcción del santuario en el*
*desierto y las ofrendas para el mismo.*

## Sufrimientos de los israelitas en Egipto

**1** [1]Estos son los nombres de los israelitas que llegaron con Jacob a Egipto,
cada uno con su familia: [2]Rubén, Simeón,
Leví, Judá, [3]Isacar, Zabulón, Benjamín,
[4]Dan, Neftalí, Gad y Aser. [5]Los descendientes de Jacob sumaban en total setenta
personas. José ya estaba en Egipto.[a]

[6]José y sus hermanos, y todos los de
esa generación, murieron; [7]pero como los
israelitas tenían muchos hijos, se multiplicaron de tal manera que llegaron a ser
muy poderosos. El país estaba lleno de
ellos.

[8]Más tarde hubo un nuevo rey en
Egipto, que no había conocido a José, y
que le dijo a su pueblo: [9]"Miren, el pueblo israelita es más numeroso y más poderoso que nosotros; [10]así que debemos tramar algo para impedir que sigan aumentando, porque puede ser que, en caso de
guerra, se pongan de parte de nuestros
enemigos para pelear contra nosotros y se
vayan de este país."[b]

[11]Por eso los egipcios pusieron capataces encargados de someter a los israelitas
a trabajos muy duros. Les hicieron construir las ciudades de Pitón y Ramsés, que
el faraón, rey de Egipto, usaba para almacenar provisiones. [12]Pero mientras más
los maltrataban, más aumentaban. Así
que los egipcios les tenían mucho miedo.

[13]Los egipcios esclavizaron cruelmente
a los israelitas. [14]Les amargaron la vida
sometiéndolos al rudo trabajo de preparar
lodo y hacer adobes, y de atender a todos

los trabajos del campo. En todo esto los
israelitas eran tratados con crueldad.
[15]Además, el rey de Egipto habló con
Sifra y Fúa, que eran parteras de las
hebreas, y les dijo:

[16]—Cuando atiendan a las hebreas en
sus partos, fíjense en el sexo del recién
nacido. Si es niña, déjenla vivir, pero si es
niño, ¡mátenlo!

[17]Sin embargo, las parteras tuvieron
temor de Dios y no hicieron lo que el rey
de Egipto les había ordenado, sino que
dejaron vivir a los niños. [18]Entonces el rey
de Egipto las mandó llamar y les dijo:

—¿Por qué han dejado vivir a los
niños?

[19]—Porque las mujeres hebreas no son
como las egipcias —contestaron ellas—.
Al contrario, son muy robustas y dan a
luz antes de que nosotras lleguemos a
atenderlas.

[20-21]De esta manera el pueblo israelita
seguía creciendo en número, y cada vez se
hacía más poderoso. Además, como las
parteras tuvieron temor de Dios, él las
favoreció y les concedió una familia
numerosa. [22]El faraón, por su parte,
ordenó a todo su pueblo: "Echen al río a
todos los niños hebreos que nazcan,[c] pero
a las niñas déjenlas vivir."

## Nacimiento de Moisés

**2** [1]Un hombre de la tribu de Leví se casó
con una mujer de la misma tribu, [2]la
cual quedó embarazada y tuvo un hijo. Al

---

*a* 1.1-5 Gn 46.8-27.   *b* 1.5-10 Hch 7.14-19.   *c* 1.22 Hch 7.19.

ver ella que el niño era hermoso, lo escondió durante tres meses;[d] [3]pero, no pudiendo tenerlo escondido por más tiempo, tomó un canastillo de junco, le tapó todas las rendijas con asfalto natural y brea, para que no le entrara agua, y luego puso al niño dentro del canastillo y lo dejó entre los juncos a la orilla del río Nilo; [4]además le dijo a una hermana del niño que se quedara a cierta distancia, y que estuviera al tanto de lo que pasara con él.

[5]Más tarde, la hija del faraón bajó a bañarse al río y, mientras sus sirvientas se paseaban por la orilla, vio el canastillo entre los juncos. Entonces mandó a una de sus esclavas que se lo trajera. [6]Al abrir el canastillo y ver que allí dentro había un niño llorando, la hija del faraón sintió compasión de él y dijo:

—Este es un niño hebreo.

[7]Entonces la hermana del niño propuso a la hija del faraón:

—¿Le parece a usted bien que llame a una nodriza hebrea, para que le dé el pecho a este niño?

[8]—Ve por ella —contestó la hija del faraón.

Entonces la muchacha fue por la madre del niño, [9]y la hija del faraón le dijo:

—Toma a este niño y críamelo, y yo te pagaré por tu trabajo.

La madre del niño se lo llevó y lo crió, [10]y ya grande se lo entregó a la hija del faraón, la cual lo adoptó como hijo suyo[e] y lo llamó Moisés,[f] pues dijo:

—Yo lo saqué del agua.

### Moisés huye de Egipto

[11]Cuando Moisés era ya hombre, salió un día a visitar a sus hermanos de raza y se dio cuenta de que sus trabajos eran muy duros.[f] De pronto vio que un egipcio estaba golpeando a uno de sus hermanos hebreos. [12]Entonces miró bien a todos lados y, al no ver a nadie por allí, mató al egipcio y lo enterró en la arena. [13]Al día siguiente volvió a salir, y vio que dos hebreos se estaban peleando. Entonces preguntó al que maltrataba al otro:

—¿Por qué golpeas a uno de tu propia raza?

[14]Y aquel hebreo le contestó:

—¿Y quién te ha puesto a ti como jefe y juez entre nosotros? ¿Acaso piensas matarme, como mataste al egipcio?[g]

Al oír esto, Moisés tuvo miedo, pues se dio cuenta de que ya se había descubierto la muerte del egipcio. [15]En efecto, en cuanto el faraón supo que Moisés había dado muerte a un egipcio, lo mandó buscar para matarlo; pero Moisés huyó y se fue a vivir a la región de Madián.[h] Allí se sentó cerca de un pozo.

[16]Reuel, sacerdote de Madián, tenía siete hijas. Aquel día, ellas habían ido al pozo a sacar agua para llenar los bebederos y dar de beber a las ovejas de su padre, [17]pero unos pastores vinieron y las echaron de allí. Entonces Moisés se levantó a defenderlas, y dio de beber a las ovejas. [18]Cuando ellas volvieron a donde estaba su padre, él les preguntó:

—¿Cómo es que hoy regresaron tan pronto?

[19]Y ellas contestaron:

—Un egipcio nos defendió de los pastores, luego sacó el agua por nosotras, y les dio de beber a las ovejas.

[20]Entonces Reuel les dijo:

—¿Y dónde está ese hombre? ¿Por qué lo dejaron solo? ¡Vayan a llamarlo para que venga a comer!

[21]Y así Moisés aceptó quedarse a vivir en la casa de Reuel. Después Reuel le dio a su hija Séfora como esposa, [22]y ella tuvo un hijo al que Moisés llamó Gersón,[2] porque dijo: "Soy un extranjero en tierra extraña."

[23]Con el correr del tiempo, el rey de Egipto murió. Los israelitas, sin embargo, seguían quejándose y lamentando su esclavitud. Entonces Dios escuchó sus lamentos [24]y atendió sus quejas, acordándose del pacto[i] que había hecho con Abraham, Isaac y Jacob. [25]Los vio Dios, y se dio cuenta de su condición.

### Dios llama a Moisés

**3** [1]Moisés cuidaba las ovejas de su suegro Jetro,[3] que era sacerdote de Madián, y un día las llevó a través del desierto y llegó hasta el monte de Dios, que se llama Horeb.[4] [2]Allí el ángel del Señor se le apareció en una llama de fuego, en medio de una zarza. Moisés se fijó bien y se dio cuenta de que la zarza

---

[1] En hebreo, *Moisés* y el verbo que significa *sacar* tienen un sonido parecido. Probablemente es un nombre egipcio que significa "nacido". Forma parte de nombres compuestos como Tutmosis y Ramsés.   [2] En hebreo, *Gersón* y la palabra que significa *extranjero* tienen un sonido parecido.   [3] El suegro de Moisés, aquí llamado Jetro, también aparece con los nombres de *Reuel* y *Hobab*.   [4] *Monte Horeb:* más conocido, y así aparece en otros pasajes, como *monte Sinaí.*
[d] 2.2 Hch 7.20; He 11.23.   [e] 2.10 Hch 7.21.   [f] 2.11 He 11.24.   [g] 2.11-14 Hch 7.23-28,35.   [h] 2.15 Hch 7.29; He 11.27.
[i] 2.24 Gn 15.13-14.

ardía con el fuego, pero no se consumía. ³Entonces pensó: "¡Qué cosa tan extraña! Voy a ver por qué no se consume la zarza."

⁴Cuando el Señor vio que Moisés se acercaba a mirar, lo llamó desde la zarza:

—¡Moisés! ¡Moisés!

—Aquí estoy —contestó Moisés.

⁵Entonces Dios le dijo:

—No te acerques. Y descálzate, porque el lugar donde estás es sagrado.

⁶Y añadió:

—Yo soy el Dios de tus antepasados. Soy el Dios de Abraham, de Isaac y de Jacob.

Moisés se cubrió la cara, pues tuvo miedo de mirar a Dios, ⁷pero el Señor siguió diciendo:

—Claramente he visto cómo sufre mi pueblo que está en Egipto. Los he oído quejarse por culpa de sus capataces, y sé muy bien lo que sufren. ⁸Por eso he bajado, para salvarlos del poder de los egipcios; voy a sacarlos de ese país y a llevarlos a una tierra grande y buena, donde la leche y la miel corren como el agua. Es el país donde viven los cananeos, los hititas, los amorreos, los ferezeos, los heveos y los jebuseos. ⁹Mira, he escuchado las quejas de los israelitas, y he visto también que los egipcios los maltratan mucho. ¹⁰Por lo tanto, ponte en camino, que te voy a enviar ante el faraón para que saques de Egipto a mi pueblo, a los israelitas.ʲ

¹¹Entonces Moisés le dijo a Dios:

—¿Y quién soy yo para presentarme ante el faraón y sacar de Egipto a los israelitas?

¹²Y Dios le contestó:

—Yo estaré contigo, y ésta es la señal de que yo mismo te envío: cuando hayas sacado de Egipto a mi pueblo, todos ustedes me adorarán en este monte.ᵏ

¹³Pero Moisés le respondió:

—El problema es que si yo voy y les digo a los israelitas: 'El Dios de sus antepasadosˡ me ha enviado a ustedes,' ellos me van a preguntar: '¿Cómo se llama?' Y entonces, ¿qué les voy a decir?

¹⁴Y Dios le contestó:

—YO SOY EL QUE SOY.ᵐ Y dirás a los israelitas: 'YO SOY me ha enviado a ustedes.'

¹⁵Además, Dios le dijo a Moisés:

—Di también a los israelitas: 'El Señor, el Dios de los antepasados de ustedes, el

Dios de Abraham, de Isaac y de Jacob, me ha enviado a ustedes.' Éste es mi nombre eterno; éste es mi nombre por todos los siglos. ¹⁶Anda, reúne a los ancianos de Israel y diles: 'El Señor, el Dios de sus antepasados, el Dios de Abraham, de Isaac y de Jacob, se me apareció y me dijo que ha puesto su atención en ustedes, y que ha visto el trato que les dan en Egipto. ¹⁷También me dijo que los va a librar de los sufrimientos en Egipto, y que los va a llevar al país de los cananeos, hititas, amorreos, ferezeos, heveos y jebuseos; a una tierra donde la leche y la miel corren como el agua.' ¹⁸Los ancianos te harán caso; entonces tú irás con ellos a ver al rey de Egipto, y le dirás: 'El Señor, el Dios de los hebreos, ha salido a nuestro encuentro. Por lo tanto, déjanos ir al desierto, a una distancia de tres días de camino, a ofrecer sacrificios al Señor nuestro Dios.' ¹⁹Sin embargo, yo sé muy bien que el rey de Egipto no los dejará salir, si no es por la fuerza. ²⁰Por lo tanto, yo mostraré mi poder y heriré de muerte a los egipcios con todas las cosas asombrosas que haré en su país; después de eso el faraón los dejará salir. ²¹Además, yo haré que los israelitas se ganen la buena voluntad de los egipcios, de modo que cuando salgan no se vayan con las manos vacías. ²²Cada mujer pedirá a su vecina, o a cualquier otra mujer que viva con ella, que le dé objetos de plata y de oro, y vestidos, con los que ustedes vestirán a sus hijos e hijas, despojando así a los egipcios de todo lo que tengan.ⁿ

**4** ¹—Ellos no me creerán, ni tampoco me harán caso —contestó Moisés—. Al contrario, me dirán: 'El Señor no se te ha aparecido.'

²—¿Qué es lo que tienes en la mano? —preguntó el Señor.

—Un bastón —contestó Moisés.

³—Arrójalo al suelo —ordenó el Señor.

Moisés lo arrojó al suelo y, en ese mismo instante, el bastón se convirtió en una serpiente. Moisés echó a correr para alejarse de ella, ⁴pero el Señor le dijo:

—Extiende la mano y agárrala de la cola.

Moisés extendió la mano y, al agarrarla, la serpiente se convirtió otra vez en bastón.

⁵—Esto es para que crean que se te ha aparecido el Señor, Dios de tus antepasados, Dios de Abraham, de Isaac y de

ʲ 3.2-10 Hch 7.30-34. ᵏ 3.12 Hch 7.7. ˡ 3.13 Ex 6.2-3. ᵐ 3.14 Jn 8.24,58; Ap 1.4,8. ⁿ 3.21-22 Ex 12.35-36.

Jacob [6]—dijo el Señor—. Y ahora, mete tu mano en el pecho.

Moisés metió su mano en el pecho y, al sacarla, vio que estaba enferma de lepra y blanca como la nieve. [7]Entonces Dios le dijo:

—Vuelve a meter tu mano en el pecho.

Moisés lo hizo así y, al sacar la mano de nuevo, ya estaba tan sana como todo su cuerpo. [8]Luego el Señor le dijo:

—Si con la primera señal no te creen ni te hacen caso, entonces te creerán con la segunda; [9]pero si no te creen ni te hacen caso con ninguna de estas dos señales, saca agua del río y derrámala sobre el suelo. En cuanto al agua que saques del río caiga al suelo, se convertirá en sangre.

[10]—¡Ay, Señor! —respondió Moisés—. Yo no tengo facilidad de palabra, y esto no es sólo de ayer ni de ahora que estás hablando con este siervo tuyo, sino de tiempo atrás. Siempre que hablo, se me traba la lengua.

[11]Pero el Señor le contestó:

—¿Y quién le ha dado la boca al hombre? ¿Quién si no yo lo hace mudo, sordo, ciego, o que pueda ver? [12]Así que, anda, que yo estaré contigo cuando hables, y te enseñaré lo que debes decir.

[13]Moisés insistió:

—¡Ay, Señor, por favor, envía a alguna otra persona!

[14]Entonces el Señor se enojó con Moisés, y le dijo:

—¡Pues ahí está tu hermano Aarón, el Levita! Yo sé que él habla muy bien. Además él viene a tu encuentro, y se va a alegrar mucho de verte. [15]Habla con él, y explícale todo lo que tiene que decir; yo, por mi parte, estaré con él y contigo cuando hablen, y les daré instrucciones de lo que deben hacer. [16]Tú le hablarás a Aarón como si fuera yo mismo, y Aarón a su vez le comunicará al pueblo lo que le digas tú. [17]Llévate este bastón, porque con él harás cosas asombrosas.

### Moisés regresa a Egipto

[18]Moisés volvió a casa de su suegro Jetro, y le dijo:

—Tengo que regresar a Egipto, donde están mis hermanos de raza. Quiero ver si todavía viven.

—Anda, que te vaya bien —contestó Jetro.

[19]Cuando Moisés estaba aún en la región de Madián, el Señor le dijo:

—Regresa a Egipto, porque ya han muerto todos los que querían matarte.

[20]Moisés tomó entonces a su esposa y a su hijo,[5] los montó en un asno y regresó a Egipto. En la mano llevaba el bastón de Dios. [21]Después el Señor le dijo a Moisés:

—Cuando llegues a Egipto, pon toda tu atención en hacer ante el faraón las maravillas que te he dado el poder de realizar. Yo, por mi parte, voy a hacer que él se ponga terco y que no deje salir a los israelitas. [22]Entonces le dirás al faraón: 'Así dice el Señor: Israel es mi hijo mayor. [23]Ya te he dicho que dejes salir a mi hijo, para que vaya a adorarme; pero como no has querido dejarlo salir, yo voy a matar a tu hijo mayor.'[ñ]

[24]Durante el camino, en el lugar donde Moisés y su familia iban a pasar la noche, el Señor salió al encuentro de Moisés y quiso matarlo. [25]Entonces Séfora tomó un cuchillo de piedra y le cortó el prepucio a su hijo; luego, tocando con el prepucio del niño los pies de Moisés, le dijo: "En verdad, tú eres para mí un esposo de sangre." [26]Entonces el Señor dejó ir a Moisés. Y Séfora dijo que Moisés era un esposo de sangre debido a la circuncisión.

[27]Mientras tanto, el Señor le había dicho a Aarón: "Ve al desierto a encontrarte con Moisés." Y Aarón fue y encontró a Moisés en el monte de Dios. Allí lo saludó con un beso. [28]Entonces Moisés le contó a Aarón todas las cosas que el Señor le había ordenado decir, y también las grandes maravillas que le mandaba hacer. [29]Luego fueron los dos a reunir a los ancianos de Israel, [30]y Aarón les contó todo lo que el Señor había dicho a Moisés, haciendo además ante la gente las maravillas que Dios le había ordenado hacer. [31]La gente quedó convencida. Y al saber que el Señor había puesto su atención en ellos y que había visto cómo sufrían, se inclinaron en actitud de adoración.

### Moisés y Aarón hablan con el faraón

**5** [1]Después de esto, Moisés y Aarón fueron a decirle al faraón:

—Así ha dicho el Señor, el Dios de Israel: 'Deja ir a mi pueblo al desierto, para que haga allí una fiesta en mi honor.'

[2]Pero el faraón contestó:

---

[5] *Su hijo:* texto probable. Heb. *sus hijos.*
[ñ] 4.23 Ex 12.29.

—¿Y quién es 'el Señor', para que yo le obedezca y deje ir a los israelitas? Ni conozco al Señor, ni tampoco voy a dejar ir a los israelitas.

[3] Entonces ellos dijeron:

—El Dios de los hebreos ha venido a nuestro encuentro; así que vamos a ir al desierto, a una distancia de tres días de camino, para ofrecer sacrificios al Señor nuestro Dios, no sea que nos haga morir por una peste o a filo de espada.

[4] Pero el rey de Egipto les dijo:

—Moisés y Aarón, ¿por qué distraen a la gente de su trabajo? ¡Vayan a seguir trabajando!

[5] También les dijo el faraón:

—Ahora que hay tantos israelitas en el país, ¿van ustedes a hacer que dejen de trabajar?

[6] Ese mismo día el faraón ordenó a los capataces y jefes de grupo:

[7] —Ya no les den paja a los israelitas para que hagan adobes, como se ha estado haciendo; ¡que vayan ellos mismos a recoger la paja! [8] Pero exíjanles la misma cantidad de adobes que han hecho hasta ahora. ¡Ni un solo adobe menos! Son unos holgazanes, y por eso gritan: '¡Vayamos a ofrecer sacrificios a nuestro Dios!' [9] Hagan trabajar más duro a esa gente; manténganlos ocupados, para que no hagan caso de mentiras.

[10] Los capataces y jefes de grupo salieron y fueron a decir a la gente:

—El faraón ha dado órdenes de que ya no se les dé paja. [11] Ahora ustedes mismos tendrán que ir a recogerla en donde la encuentren. Pero no por eso se les va a rebajar la cantidad de adobes que tienen fijada.

[12] Los israelitas se dispersaron por todo Egipto, en busca de rastrojo, para usarlo como paja. [13-14] Todos los días los capataces del faraón les exigían la misma cantidad de adobes que hacían cuando se les daba paja, y además golpeaban a los jefes de grupo israelitas, y les decían:

—¿Cómo es que ni ayer ni hoy completaron ustedes la misma cantidad de adobes que antes hacían?

[15] Los jefes de grupo israelitas fueron a quejarse ante el faraón, y le dijeron:

—¿Por qué trata así Su Majestad a estos siervos suyos? [16] Ya no se nos da paja y, sin embargo, se nos exige que hagamos adobes, y además se nos golpea. ¡La culpa es de la gente de Su Majestad!

[17] Pero el faraón contestó:

—¡Ustedes no son otra cosa que unos holgazanes! Por eso andan diciendo: 'Vayamos a ofrecer sacrificios al Señor.' [18] ¡Váyanse a trabajar! Y aunque no se les dará ya paja, aun así tendrán que entregar la misma cantidad de adobes.

[19] Los jefes de grupo israelitas se vieron en aprietos cuando se les dijo que no debían reducir la producción diaria de adobes. [20] Al salir de su entrevista con el faraón, se encontraron con Moisés y Aarón, que los estaban esperando, [21] y les dijeron:

—Que el Señor mire lo que ustedes han hecho y los castigue. Porque ustedes tienen la culpa de que el faraón y sus funcionarios nos miren mal. Ustedes mismos les han puesto la espada en la mano para que nos maten.

### La oración de Moisés

[22] Entonces Moisés dijo al Señor en oración:

—Señor, ¿por qué tratas mal a este pueblo? ¿Para qué me enviaste? [23] Desde que vine a hablar con el faraón en tu nombre, él ha maltratado aún más a tu pueblo, y tú no has hecho nada para salvarlo.

**6** [1] Y el Señor le contestó:

—Ahora verás lo que voy a hacer con el faraón, porque sólo por la fuerza los dejará salir de su país; es más, él mismo les dirá que se vayan.

### Dios vuelve a llamar a Moisés

[2] Dios se dirigió a Moisés y le dijo:

—Yo soy EL SEÑOR.[6] [3] Me manifesté a Abraham, Isaac y Jacob con el nombre de Dios todopoderoso, pero no me di a conocer a ellos con mi verdadero nombre: EL SEÑOR[o]. [4] Hice además un pacto con ellos, y me comprometí a darles la tierra de Canaán, o sea la región en la que vivieron como extranjeros por algún tiempo. [5] Y ahora que he sabido que los israelitas sufren, y que los egipcios los obligan a trabajar, me he acordado de mi pacto. [6] Por lo tanto, ve a decir a los israelitas que yo, el Señor, voy a librarlos de su esclavitud y de los duros trabajos a que han sido sometidos por los egipcios. Desplegaré mi poder y los salvaré con grandes actos de justicia; [7] los tomaré a ustedes como pueblo mío, y yo seré su Dios. Así sabrán que yo soy el Señor su Dios, que

---

6 *EL SEÑOR*. Siguiendo las tradiciones judía y cristiana antiguas, se ha traducido por *Señor* el nombre divino representado por las cuatro consonantes hebreas YHWH.
o 6.2-3 Ex 3.13-15.

los libró de los duros trabajos a que
habían sido sometidos por los egipcios.
⁸Los llevaré al país que prometí dar a
Abraham, Isaac y Jacob, y que les daré a
ustedes en propiedad. Yo soy el Señor.

⁹Moisés les repitió esto a los israelitas,
pero ellos no le hicieron caso, pues estaban muy desanimados por lo duro de su
esclavitud. ¹⁰Entonces el Señor le dijo a
Moisés:

¹¹—Ve a decirle al faraón que deje salir
de Egipto a los israelitas.

¹²Pero Moisés le contestó al Señor:

—Ni siquiera los israelitas me hacen
caso; ¿y cómo me va a hacer caso el
faraón, si yo soy tan torpe para hablar?

¹³Entonces el Señor mandó a Moisés y
Aarón que dijeran a los israelitas y al
faraón, que tenían órdenes precisas de
sacar de Egipto a los israelitas.

### Lista de antepasados de Aarón y de Moisés

¹⁴Estos son los jefes de familia, por
parte de sus padres.

Los hijos de Rubén, el hijo mayor de
Israel, fueron: Hanoc, Falú, Hezrón y
Carmi. Estos son los clanes de Rubén.

¹⁵Los hijos de Simeón fueron: Jemuel,
Jamín, Ohad, Jaquín, Zohar y Saúl, que
fue hijo de una cananea. Estos son los clanes de Simeón.

¹⁶Leví vivió ciento treinta y siete años.
Estos son los nombres de sus hijos, de
mayor a menor: Gersón, Coat y Merari.
¹⁷Los hijos de Gersón, en orden de clanes,
fueron: Libni y Simei. ¹⁸Coat vivió ciento
treinta y tres años, y sus hijos fueron:
Amram, Izhar, Hebrón y Uziel. ¹⁹Los
hijos de Merari fueron: Mahli y Musi.
Estos son los clanes de Leví, de mayor a
menor.ᵖ

²⁰Amram se casó con su tía Jocabed,
que dio a luz a Aarón y a Moisés. Amram
vivió ciento treinta y siete años.

²¹Los hijos de Izhar fueron: Coré,
Nefeg y Zicri.

²²Los hijos de Uziel fueron: Misael,
Elzafán y Sitri.

²³Aarón se casó con Elisabet, que era
hija de Aminadab y hermana de Naasón,
y que dio a luz a Nadab, Abiú, Eleazar e
Itamar.

²⁴Los hijos de Coré fueron Asir, Elcana
y Abiasaf. Estos son los clanes de los
coreítas.

²⁵Eleazar, uno de los hijos de Aarón, se
casó con una de las hijas de Futiel, la cual
dio a luz a Finees. Estos son los jefes de
familia de los Levitas, en orden de clanes.

²⁶Estos son los mismos Aarón y Moisés
a los que el Señor les dijo que sacaran de
Egipto a los israelitas, formados como un
ejército. ²⁷Son los mismos Moisés y
Aarón que hablaron con el faraón, rey de
Egipto, para sacar de ese país a los israelitas.

### Dios llama a Moisés y Aarón

²⁸El día que el Señor habló con Moisés
en Egipto, ²⁹le dijo:

—Yo soy el Señor. Dile al faraón, rey
de Egipto, todo lo que voy a decirte.

³⁰Pero Moisés le contestó:

—Señor, yo soy muy torpe para hablar,
así que, ¿cómo va a hacerme caso el
faraón?

**7** ¹Entonces el Señor le dijo a Moisés:

—Mira, voy a permitir que actúes en
mi lugar ante el faraón, y que tu hermano
Aarón hable por ti. ²Tú le dirás a Aarón
todo lo que yo te ordene; luego él hablará
con el faraón para que deje salir de su país
a los israelitas. ³Pero yo voy a hacer que
el faraón se ponga terco, y haré muchas
señales y cosas asombrosas en Egipto.�q
⁴El faraón no les va a hacer caso a uste-
úes, pero yo descargaré mi poder sobre
Egipto, y con grandes actos de justicia
sacaré de allí a mis ejércitos, es decir, a mi
pueblo, los israelitas. ⁵Y cuando haya
mostrado mi poder sobre Egipto, y haya
sacado de allí a los israelitas, los egipcios
sabrán que yo soy el Señor.

⁶Moisés y Aarón lo hicieron todo tal
como el Señor se lo había ordenado.
⁷Moisés tenía ochenta años, y Aarón
ochenta y tres, cuando hablaron con el
faraón.

### El bastón de Aarón

⁸El Señor les dijo a Moisés y Aarón:

⁹—Si el faraón les pide que hagan un
milagro, le dirás a Aarón que tome su bastón y que lo arroje al suelo ante el faraón,
para que se convierta en una serpiente.

¹⁰Moisés y Aarón fueron a ver al
faraón, e hicieron lo que el Señor había
ordenado: Aarón arrojó su bastón al
suelo delante del faraón y de sus funcionarios, y el bastón se convirtió en una serpiente. ¹¹El faraón, por su parte, mandó

---

ᵖ 6.16-19 Nm 3.17-20 ; 26.57-58; 1 Cr 6.16-19.   q 7.3 Hch 7.36.

llamar a sus sabios y magos, los cuales con sus artes mágicas hicieron también lo mismo: [12]cada uno de ellos arrojó su bastón al suelo, y cada bastón se convirtió en una serpiente. Pero el bastón de Aarón se comió los bastones de los sabios y magos. [13]A pesar de eso, el faraón se puso terco y no les hizo caso, tal como el Señor lo había dicho.

## La plaga de sangre

[14]Después el Señor le dijo a Moisés:

—El faraón se ha puesto terco y no quiere dejar salir a los israelitas. [15]Pero mañana temprano irás a verlo, cuando él baje al río. Espéralo en la orilla, y lleva contigo el bastón que se convirtió en serpiente. [16]Allí le dirás: 'El Señor, el Dios de los hebreos, me ha enviado a decirte: Deja ir a mi pueblo, para que me adore en el desierto. Pero hasta ahora no has hecho caso. [17]Por lo tanto, el Señor ha dicho: Ahora vas a saber que yo soy el Señor. Cuando yo golpee el agua del río con este bastón que tengo en la mano, el agua se convertirá en sangre.[r] [18]Los peces morirán, y el río apestará tanto que los egipcios tendrán asco de beber de esa agua.'

[19]Además, el Señor le dijo a Moisés:

—Dile a Aarón que tome su bastón y que extienda su brazo sobre los ríos, arroyos, lagunas y depósitos de agua de Egipto; sobre todo lo que tenga agua, para que se convierta en sangre. ¡Así habrá sangre hasta en los recipientes de madera y de piedra!

[20]Moisés y Aarón hicieron lo que el Señor les había ordenado. Aarón levantó su bastón y golpeó el agua del río a la vista del faraón y de sus funcionarios, y toda el agua se convirtió en sangre. [21]Los peces murieron, y el río mismo apestaba tanto que los egipcios no podían beber agua de él. ¡Había sangre por todo Egipto!

[22]Pero los magos egipcios hicieron lo mismo por medio de sus artes mágicas, así que el faraón se puso terco y no les hizo caso a Moisés y Aarón, tal como el Señor lo había dicho. [23]El faraón regresó a su palacio sin darle importancia a este asunto, [24]y todos los egipcios tuvieron que hacer pozos en las orillas del río para sacar agua limpia, pues el agua del río no se podía beber.

## La plaga de ranas

[25]Siete días después de que el Señor golpeara el agua del río, **8** [1]el Señor le dijo a Moisés: —Ve a ver al faraón, y dile: 'Así dice el Señor: Deja ir a mi pueblo, para que me adore. [2]Porque si tú no lo dejas ir, yo castigaré con ranas[s] a todo tu país. [3]El río hervirá de ranas, las cuales saldrán y se meterán en tu palacio, en el lugar donde duermes, sobre tu cama, en las casas de tus funcionarios y de tu gente, en tus hornos y en donde amasan tu pan. [4]Las ranas saltarán sobre ti, sobre tus funcionarios y sobre toda tu gente.'

[5]El Señor le dijo a Moisés:

—Dile a Aarón que extienda su bastón sobre los ríos, arroyos y lagunas, para que de allí salgan ranas y llenen el país de Egipto.

[6]Aarón lo extendió sobre las aguas de Egipto, y todo el país se llenó de las ranas que salieron de allí. [7]Sin embargo, los magos hicieron lo mismo por medio de sus artes mágicas, y también trajeron ranas sobre el territorio egipcio. [8]Entonces el faraón mandó llamar a Moisés y Aarón, y les dijo:

—Pídanle al Señor que nos quite las ranas a mí y a mi gente, y dejaré que tu gente vaya a ofrecer sacrificios al Señor.

[9]Moisés le contestó al faraón:

—Dime cuándo quieres que yo le pida por ti, por tus funcionarios y por tu gente, para que las ranas se alejen de ti y de tu palacio, y se queden sólo en el río.

[10]—Mañana mismo —dijo el faraón.

Y Moisés contestó:

—Así se hará, para que sepas que no hay nadie como el Señor nuestro Dios. [11]Las ranas se irán de tu palacio y se quedarán solamente en el río. Ya no te molestarán ni a ti, ni a tus funcionarios, ni a tu gente.

[12]Moisés y Aarón salieron del palacio del faraón. Después Moisés pidió al Señor que alejara las ranas que había enviado sobre el faraón. [13]El Señor hizo lo que Moisés le pedía, y murieron las ranas que había en casas, patios y campos. [14]La gente recogía las ranas muertas y las amontonaba, y por todas partes olía mal. [15]Sin embargo, en cuanto el faraón se vio libre de su problema, se puso terco y no les hizo caso a Moisés y Aarón, tal como el Señor lo había dicho.

---

[r] 7.17 Sab 11.6-8; Ap 8.8; 16.4.   [s] Los vs. 8.1-32 corresponden a los vs. 7.26-8.28 en el texto hebreo.   [t] 8.2 Ap 16.13.

### La plaga de mosquitos

¹⁶El Señor le dijo a Moisés:

—Dile a Aarón que extienda su bastón y que golpee con él el polvo de la tierra, para que se convierta en mosquitos en todo Egipto.

¹⁷Así lo hicieron. Aarón extendió su bastón y golpeó el polvo del suelo, y todo el polvo de Egipto se convirtió en mosquitos que atacaban a hombres y animales. ¹⁸Los magos trataron también de producir mosquitos por medio de sus artes mágicas, pero no pudieron. Mientras tanto, los mosquitos atacaban a hombres y animales. ¹⁹Entonces los magos le dijeron al faraón:

—¡Esto es cosa de Dios!

Pero el faraón se puso terco y no les hizo caso, tal como el Señor lo había dicho.

### La plaga de tábanos

²⁰El Señor le dijo a Moisés:

—El faraón va a ir mañana temprano al río, así que levántate de madrugada y ve a decirle: 'Así ha dicho el Señor: Deja ir a mi pueblo, para que me adore. ²¹Porque si tú no lo dejas ir, yo enviaré tábanos sobre ti, sobre tus funcionarios y tu gente, y sobre tus casas. Se llenarán de tábanos las casas de los egipcios, y hasta el suelo mismo. ²²Pero cuando eso suceda, haré una excepción con la región de Gosén, donde vive mi pueblo. Allí no habrá un solo tábano. Así sabrás que yo, el Señor, estoy en este país. ²³Haré distinción⁷ entre mi pueblo y el tuyo. Esto tendrá lugar mañana.'

²⁴Así lo hizo el Señor, y una espesa nube de tábanos invadió el palacio del faraón, las casas de sus funcionarios y todo el territorio egipcio. Los tábanos dejaron el país completamente arruinado.

²⁵Entonces el faraón mandó llamar a Moisés y Aarón, y les dijo:

—Vayan a ofrecer sacrificios a su Dios, pero sin salir del país.

²⁶Y Moisés contestó:

—No estaría bien hacerlo así, porque los animales que ofrecemos al Señor nuestro Dios son sagrados para los egipcios. Si los egipcios nos vieran sacrificar los animales que ellos adoran, estoy seguro de que nos matarían a pedradas. ²⁷Debemos ir al desierto, a tres días de camino, y ofrecer allí sacrificios al Señor nuestro Dios, tal como él nos lo ordene.

²⁸Entonces el faraón dijo:

—Los dejaré ir al desierto para que ofrezcan sacrificios al Señor su Dios, con la condición de que no se vayan demasiado lejos. Y pídanle también por mí.

²⁹Y Moisés contestó:

—En cuanto yo salga de aquí, le pediré al Señor que mañana se alejen los tábanos de ti, de tus funcionarios y de tu pueblo, siempre y cuando no sigas engañándonos ni impidiendo que los israelitas vayan a ofrecer sacrificios al Señor.

³⁰En cuanto Moisés salió del palacio del faraón, oró al Señor, ³¹y el Señor hizo lo que Moisés le pidió: los tábanos se alejaron del faraón, de sus funcionarios y de su gente. ³²Pero el faraón volvió a ponerse terco, y no dejó ir a los israelitas.

### La plaga en el ganado

**9** ¹Entonces el Señor le dijo a Moisés:

—Ve a ver al faraón, y dile: 'Así dice el Señor, el Dios de los hebreos: Deja ir a mi pueblo, para que me adore. ²Si no los dejas ir, sino que los sigues deteniendo, ³el Señor descargará su poder sobre tus ganados que están en el campo, y habrá una peste muy grave. Morirán los caballos, los asnos, los camellos, las vacas y las ovejas. ⁴Pero el Señor hará distinción entre los ganados de Israel y los de Egipto, para que no muera ningún animal de los israelitas.'

⁵Además el Señor puso un plazo, y dijo:

—Yo haré esto mañana.

⁶Al día siguiente, el Señor lo hizo. Todo el ganado egipcio murió, pero del ganado israelita no murió ni un solo animal. ⁷El faraón mandó a ver el ganado de Israel, y resultó que ningún animal había muerto. Sin embargo, se puso terco y no dejó ir a los israelitas.

### La plaga de llagas

⁸Entonces el Señor les dijo a Moisés y Aarón:

—Tomen puñados de ceniza de un horno, y que arroje Moisés la ceniza hacia arriba, en presencia del faraón. ⁹La ceniza se convertirá en polvo y se extenderá por todo el país, produciendo llagas en todos los hombres y animales de Egipto.

¹⁰Moisés y Aarón tomaron ceniza de un horno y fueron a ver al faraón. Allí Moisés arrojó la ceniza hacia arriba, y tanto

---

⁷ *Distinción:* según la versión griega. Heb. *redención.*

hombres como animales quedaron cubiertos de llagas.ᵘ ¹¹Los magos no pudieron hacerle frente a Moisés, porque ellos, lo mismo que todos los egipcios, estaban cubiertos de llagas. ¹²Pero el Señor hizo que el faraón se pusiera terco y que no les hiciera caso a Moisés y Aarón, tal como el Señor le había dicho a Moisés.

### La plaga de granizo

¹³Entonces el Señor le dijo a Moisés:

—Levántate mañana temprano, y ve a decirle al faraón: 'Así ha dicho el Señor, el Dios de los hebreos: Deja ir a mi pueblo, para que me adore; ¹⁴porque esta vez voy a enviar todas mis plagas contra ti, y contra tus funcionarios y tu gente, para que sepas que no hay otro como yo en toda la tierra. ¹⁵Yo podría haberte mostrado mi poder castigándote a ti y a tu pueblo con una plaga, y ya habrías desaparecido de la tierra; ¹⁶pero te he dejado vivir para que veas mi poder, y para darme a conocer en toda la tierra.ᵛ ¹⁷A pesar de eso, tú sigues oponiéndote a mi pueblo y no lo dejas ir. ¹⁸¡Pues bien! Mañana a esta hora haré que caiga una fuerte granizada, como no ha caído otra igual en toda la historia de Egipto. ¹⁹Así que manda poner en lugar seguro tu ganado y todo lo que tienes en el campo, porque el granizo, al caer, matará a todos los hombres y animales que estén al aire libre y no bajo techo.'

²⁰Algunos funcionarios del faraón tuvieron miedo de la advertencia del Señor, y pusieron a sus esclavos y animales bajo techo; ²¹pero hubo otros que no la tomaron en serio, y los dejaron al aire libre. ²²Entonces el Señor le dijo a Moisés:

—Levanta tu brazo hacia el cielo, para que en todo Egipto caiga granizo sobre hombres y animales, y sobre las plantas de los campos egipcios.

²³Moisés levantó su brazoᵍ hacia el cielo, y el Señor envió truenos, rayos y granizo sobre la tierra. Hizo que granizara en todo Egipto, ²⁴y el granizo y los rayosʷ caían sin parar. En toda la historia de Egipto jamás había caído una granizada tan fuerte. ²⁵El granizo destrozó todo lo que había en el territorio egipcio: destruyó hombres y animales, y todas las plantas del campo, y desgajó además todos los árboles del país. ²⁶A pesar de

eso, en la tierra de Gosén, donde vivían los israelitas, no cayó un solo granizo. ²⁷Entonces el faraón mandó llamar a Moisés y Aarón, y les dijo:

—Reconozco que he pecado. La culpa es mía y de mi pueblo, y no del Señor. ²⁸Demasiados truenos y granizo hemos tenido ya, así que no voy a detenerlos más. Pídan ustedes al Señor por nosotros, y yo los dejaré ir.

²⁹Y Moisés le contestó:

—Tan pronto como yo salga de la ciudad, levantaré mis manos en oración al Señor. Entonces dejará de granizar y no habrá más truenos, para que sepas que la tierra es del Señor. ³⁰Pero yo sé bien que ni tú ni tus funcionarios tienen todavía temor de Dios del Señor.

³¹Los sembrados de lino y de cebada quedaron destrozados, pues la cebada estaba ya en espiga y el lino estaba en flor. ³²Pero al trigo y al centeno no les pasó nada porque brotan más tarde. ³³Cuando Moisés salió de la ciudad, después de haber estado con el faraón, levantó sus manos al Señor en oración. Inmediatamente dejó de granizar y de llover, y no hubo más truenos. ³⁴Pero en cuanto el faraón vio que ya no llovía, ni granizaba, ni había truenos, volvió a pecar. Y no sólo él se puso terco, sino también sus funcionarios. ³⁵El faraón se puso terco y no dejó ir a los israelitas, tal como el Señor lo había dicho antes por medio de Moisés.

### La plaga de langostas

10 ¹El Señor le dijo a Moisés:

—Ve a ver al faraón, pues yo he hecho que él y sus funcionarios se pongan tercos para mostrarles las grandes maravillas que yo puedo hacer, ²y para que tú les cuentes a tus hijos y nietos la forma en que me burlé de los egipcios, y las grandes maravillas que hice entre ellos. Así sabrán ustedes que yo soy el Señor.

³Moisés y Aarón fueron a ver al faraón, y le dijeron:

—Así dice el Señor, el Dios de los hebreos: '¿Hasta cuándo te negarás a humillarte delante de mí? Deja ir a mi pueblo, para que me adore; ⁴porque si sigues oponiendo a dejarlo ir, mañana haré que vengan langostas sobre tu país, ⁵las cuales cubrirán la tierra en tal cantidad que no se podrá ver el suelo. Se comerán lo poco que haya quedado después del

---

ᵍ *Su brazo:* según la versión griega. Heb. *su bastón.*
ᵘ 9.10 Ap 16.2. ᵛ 9.16 Ro 9.17. ʷ 9.24 Ap 8.7; 16.21.

granizo, y se comerán también todos los árboles del campo. [6]Llenarán tus palacios, y las casas de tus funcionarios, y las casas de todos los egipcios. ¡Será algo como nunca vieron tus padres ni tus abuelos desde sus días hasta los nuestros!'

Al terminar de hablar, Moisés dio media vuelta y salió del palacio del faraón. [7]Entonces los funcionarios del faraón dijeron:

—¿Hasta cuándo nos va a causar problemas este hombre? Deje Su Majestad que esa gente vaya a adorar a su Dios, el Señor. ¿Todavía no se da cuenta Su Majestad de que Egipto está arruinado?

[8]El faraón mandó llamar otra vez a Moisés y Aarón, y les dijo:

—Vayan a adorar al Señor su Dios. Pero antes díganme quiénes van a ir.

[9]Moisés contestó:

—Tenemos que ir con nuestros niños y ancianos, hijos e hijas, y con nuestras ovejas y vacas, pues para nosotros es una gran fiesta del Señor.

[10]Pero el faraón les dijo:

—¡Claramente se ven sus malas intenciones! ¿Y ustedes creen que el Señor los va a acompañar, y que voy a dejar que ustedes y sus niños se vayan? [11]Pues no va a ser así. Vayan ustedes, los hombres adultos, a adorar al Señor, ya que eso es lo que quieren.

Y el faraón ordenó que los echaran de su presencia. [12]Pero el Señor le dijo a Moisés:

—Extiende tu brazo sobre Egipto, para que vengan las langostas y acaben con todas las plantas del país y con todo lo que quedó después del granizo.

[13]Moisés extendió su brazo sobre Egipto, y el Señor hizo venir un viento del este que sopló sobre el país todo el día y toda la noche. Al día siguiente, el viento del este había traído las langostas, [14]las cuales invadieron todo el país.[x] Nunca antes hubo, ni habrá después, tantas langostas como en aquel día, [15]pues cubrieron la tierra en tal cantidad que no se podía ver el suelo, y se comieron todas las plantas y toda la fruta que había quedado en los árboles después del granizo. No quedó nada verde en ningún lugar de Egipto: ni en el campo ni en los árboles.

[16]El faraón mandó llamar inmediatamente a Moisés y Aarón, y les dijo:

—He pecado contra el Señor su Dios, y contra ustedes, [17]pero les ruego que tan sólo esta vez perdonen mi pecado, y que oren por mí al Señor su Dios, para que por lo menos aleje de mí esta plaga mortal.

[18]En cuanto Moisés salió del palacio del faraón, oró al Señor. [19]Entonces el Señor cambió el rumbo del viento, y lo convirtió en un fuerte viento del oeste que se llevó las langostas y las echó en el Mar Rojo. No quedó en todo Egipto una sola langosta. [20]Pero el Señor hizo que el faraón se pusiera terco y que no dejara ir a los israelitas.

### La plaga de la oscuridad

[21]Entonces el Señor le dijo a Moisés:

—Extiende tu brazo hacia el cielo, para que en todo Egipto haya una oscuridad tan espesa que hasta se pueda tocar.

[22]Moisés levantó su brazo hacia el cielo y hubo una oscuridad[y] tan grande en todo Egipto [23]que, durante tres días, nadie podía ver a su vecino ni moverse de su lugar. En cambio, en todas las casas de los israelitas había luz.

[24]Entonces el faraón mandó llamar a Moisés, y le dijo:

—Vayan a adorar al Señor, y llévense también a sus hijos; pero dejen aquí sus ovejas y sus vacas.

[25]Pero Moisés contestó:

—Al contrario, tú mismo nos vas a dar los animales que vamos a sacrificar y quemar en honor del Señor nuestro Dios. [26]Además, nuestros ganados irán con nosotros. Ni un solo animal debe quedarse, porque tenemos que escoger algunos de ellos para rendir culto al Señor. Mientras no lleguemos allá, no sabremos qué vamos a necesitar para adorar al Señor.

[27]Pero el Señor hizo que el faraón se pusiera terco y que no los dejara ir. [28]Además el faraón le dijo a Moisés:

—Vete de aquí, y cuídate bien de no venir a verme otra vez, porque el día que vuelvas a presentarte ante mí, morirás.

[29]Y Moisés contestó:

—Bien dicho. No volveré a verte.

### Anuncio de la muerte de los hijos mayores

11 [1]El Señor le dijo a Moisés:

—Todavía voy a traer otra plaga sobre el faraón y los egipcios. Después de

x **10.12-14** Ap 9.2-3.   y **10.22** Sal 105.28; Sab 17.1-18.24; Ap 16.10.

esto, el faraón no sólo va a dejar que ustedes salgan, sino que él mismo los va a echar de aquí. [2]Pero ahora diles a los israelitas, hombres y mujeres, que pidan a sus vecinos y vecinas objetos de oro y plata.

[3]El Señor hizo que los egipcios fueran muy amables con los israelitas. Además, los funcionarios del faraón consideraban a Moisés como un hombre extraordinario, y lo mismo pensaban todos en Egipto.

[4]Moisés dijo al faraón:

—Así ha dicho el Señor: 'A la medianoche pasaré por todo Egipto, [5]y morirá el hijo mayor de cada familia egipcia, desde el hijo mayor del faraón que ocupa el trono, hasta el hijo mayor de la esclava que trabaja en el molino. También morirán todas las primeras crías de los animales. [6]En todo Egipto habrá gritos de dolor, como nunca los ha habido ni los volverá a haber.' [7]Y para que sepan ustedes que el Señor hace diferencia entre egipcios e israelitas, ni siquiera le ladrarán los perros a ningún hombre o animal de los israelitas. [8]Entonces vendrán a verme todos estos funcionarios tuyos, y de rodillas me pedirán: 'Váyanse, tú y toda la gente que te sigue.' Antes de eso, no me iré.

Y muy enojado, Moisés salió de la presencia del faraón. [9]Después, el Señor le dijo a Moisés:

—El faraón no les va a hacer caso a ustedes, y así serán más las maravillas que yo haré en Egipto.

[10]Moisés y Aarón hicieron todas estas maravillas delante del faraón, pero como el Señor lo había hecho ponerse terco, el faraón no dejó salir de Egipto a los israelitas.

### La Pascua

**12** [1]El Señor habló en Egipto con Moisés y Aarón, y les dijo:

[2]"Este mes será para ustedes el principal, el primer mes del año. [3]Dígale a toda la comunidad israelita lo siguiente: 'El día diez de este mes, cada uno de ustedes tomará un cordero o un cabrito por familia, uno por cada casa. [4]Y si la familia es demasiado pequeña para comerse todo el animal, entonces el dueño de la casa y su vecino más cercano lo comerán juntos, repartiéndoselo según el número de personas que haya y la cantidad que cada uno pueda comer. [5]El animal deberá ser de un año, macho y sin defecto, y podrá ser un cordero o un cabrito. [6]Lo guardarán hasta el catorce de este mes, y ese día todos y cada uno en Israel lo matarán al atardecer. [7]Tomarán luego la sangre del animal y la untarán por todo el marco de la puerta de la casa donde coman el animal. [8]Esa noche comerán la carne asada al fuego, con hierbas amargas y pan sin levadura. [9]No coman ni un solo pedazo crudo o hervido. Todo el animal, lo mismo la cabeza que las patas y las entrañas, tiene que ser asado al fuego, [10]y no deben dejar nada para el día siguiente. Si algo se queda, deberán quemarlo. [11]Ya vestidos y calzados, y con el bastón en la mano, coman de prisa el animal, porque es la Pascua[z] del Señor. [12]Esa noche yo pasaré por todo Egipto, y heriré de muerte al hijo mayor de cada familia egipcia y a las primeras crías de sus animales, y dictaré sentencia contra todos los dioses de Egipto. Yo, el Señor, lo he dicho.

[13]'La sangre les servirá para que ustedes señalen las casas donde se encuentren. Y así, cuando yo hiera de muerte a los egipcios, ninguno de ustedes morirá, pues veré la sangre y pasaré de largo. [14]Este es un día que ustedes deberán recordar y celebrar con una gran fiesta en honor del Señor. Lo celebrarán como una ley permanente que pasará de padres a hijos. [15]Comerán pan sin levadura durante siete días; por lo tanto, desde el primer día no deberá haber levadura en sus casas. Cualquiera que coma pan con levadura durante estos siete días, será eliminado del pueblo de Israel. [16]Tanto el primer día como el séptimo deberán dedicarlos a una reunión santa. Esos días no se trabajará, a no ser para preparar la comida de cada persona. [17]La fiesta de los panes sin levadura[a] es un día que ustedes deberán celebrar, porque en ese mismo día los saqué de Egipto a todos ustedes. Lo celebrarán como una ley permanente que pasará de padres a hijos. [18]Comerán pan sin levadura desde la tarde del día catorce del primer mes hasta la tarde del día veintiuno del mismo mes. [19]No deberá haber levadura en sus casas durante siete días, porque cualquiera que coma pan con levadura será eliminado de la comunidad israelita, tanto si es extranjero como si es del país. [20]Por lo tanto, no coman nada que tenga levadura. Dondequiera que

z 12.1-13 Lv 23.5; Nm 9.1-5; 28.16; Dt 16.1-2; Mt 26.2-29; Mr 14.1-25; Lc 22.1-19; 1 Co 5.7. a 12.14-20 Ex 23.15; 34.18; Lv 23.6-8; Nm 28.17-25; Dt 16.3-8.

ustedes vivan, deberán comer pan sin levadura.' ''

[21]Moisés mandó llamar a todos los ancianos israelitas y les dijo: ''Vayan y tomen un cordero o un cabrito para sus familias, y mátenlo para celebrar la Pascua. [22]La sangre debe quedar en una palangana; tomen después un manojo de ramas de hisopo, mójenlo en la sangre, y unten la sangre por todo el marco de la puerta de la casa. Ninguno de ustedes debe salir de su casa antes del amanecer. [23]Cuando el Señor pase para herir de muerte a los egipcios, verá la sangre por todo el marco de la puerta, y pasará de largo por esa casa. Así el Señor no dejará que el destructor entre en las casas de ustedes.[b] [24]Esta orden la respetarán ustedes y sus descendientes, como una ley eterna. [25]Cuando ustedes hayan entrado ya en la tierra que el Señor les va a dar, tal como lo ha prometido, deberán seguir celebrando esta ceremonia. [26]Y cuando sus hijos les pregunten: '¿Qué significa esta ceremonia?', [27]ustedes deberán contestar: 'Este animal se sacrifica en la Pascua, en honor del Señor. Cuando él hirió de muerte a los egipcios, pasó de largo por las casas de los israelitas que vivían en Egipto, y así salvó a nuestras familias.' ''

Entonces los israelitas se inclinaron en actitud de adoración, [28]y luego fueron e hicieron todo tal como el Señor se lo había ordenado a Moisés y Aarón.

### La muerte de los hijos mayores

[29]A medianoche el Señor hirió de muerte al hijo mayor de cada familia egipcia,[c] lo mismo al hijo mayor del faraón que ocupaba el trono, que al hijo mayor del que estaba preso en la cárcel, y también a las primeras crías de los animales. [30]El faraón, sus funcionarios, y todos los egipcios, se levantaron esa noche, y hubo grandes gritos de dolor en todo Egipto. No había una sola casa donde no hubiera algún muerto. [31]Esa misma noche el faraón mandó llamar a Moisés y Aarón, y les dijo:

—Váyanse, apártense de mi gente, ustedes y los israelitas. Vayan a adorar al Señor, tal como dijeron. [32]Llévense también sus ovejas y vacas, como querían, y váyanse. Y rueguen a Dios por mí.

[33]Los egipcios apuraron a los israelitas para que se fueran pronto de su país, pues pensaban que todos iban a morir. [34]Los israelitas sacaron la masa, todavía sin levadura, y con artesa y todo la envolvieron en sus ropas y se la echaron al hombro. [35]Además, siguiendo las órdenes de Moisés, les pidieron a los egipcios objetos de oro y plata, y vestidos. [36]El Señor hizo que los egipcios dieran de buena gana todo lo que los israelitas pedían, y así los israelitas despojaron a los egipcios.[d]

### Los israelitas salen de Egipto

[37]Los israelitas salieron de Ramsés a Sucot. Sin contar mujeres y niños, eran como seiscientos mil hombres de a pie, en edad militar. [38]Con ellos se fue muchísima gente de toda clase, además de muchas ovejas y vacas. [39]Como no habían tenido tiempo de preparar comida, pues los egipcios los habían echado de su país, hicieron tortas sin levadura con la masa que habían sacado de Egipto, la cual estaba sin fermentar.

[40]Los israelitas habían vivido en Egipto cuatrocientos treinta años,[e] [41]y el mismo día en que se cumplieron los cuatrocientos treinta años, todos los ejércitos del Señor salieron de aquel país. [42]Esa noche el Señor estuvo vigilante para sacarlos de Egipto. Esa es la noche del Señor, la noche en que, en su honor, los israelitas también deberán estar vigilantes, generación tras generación.

### Leyes acerca de la Pascua

[43]El Señor les dijo a Moisés y Aarón:

''Esta es la ley para la Pascua: Ningún extranjero podrá comer del animal sacrificado, [44]pero el esclavo comprado por dinero sí podrá comer de él, si ha sido circuncidado antes. [45]Ningún extranjero, ya sea que esté de paso o que viva como asalariado, podrá comer del animal, [46]el cual deberá comerse en una sola casa. No se sacará de la casa ni un solo pedazo de carne del animal sacrificado, ni se le quebrarán los huesos.[f] [47]Esto lo hará toda la comunidad israelita. [48]Sin embargo, si un extranjero vive entre ustedes y quiere celebrar la Pascua en honor del Señor, primero ha de hacer que se circunciden todos los hombres de su familia, y después podrá celebrarla, pues entonces será como los nacidos en el país. Pero no podrá comer del animal nadie que no esté circuncidado. [49]La misma ley se aplicará a los nacidos en el país y a los extranjeros que vivan entre ustedes.''[g]

⁵⁰Los israelitas lo hicieron todo tal como el Señor se lo había ordenado a Moisés y Aarón. ⁵¹Aquel mismo día, el Señor sacó de Egipto a los ejércitos israelitas.

**13** ¹El Señor se dirigió a Moisés y le dijo:

²"Conságrame los hijos mayores, porque todo primer hijo de los israelitas me pertenece, lo mismo que toda primera cría de sus animales."*h*

³Entonces Moisés le dijo al pueblo: "Acuérdense de este día, en que con gran poder el Señor los sacó de Egipto, donde vivían como esclavos. No deberán comer pan con levadura. ⁴Ustedes salen este día, en el mes de Abib, ⁵y en este mismo mes deberán celebrar la fiesta, una vez que el Señor los haya llevado a la tierra donde la leche y la miel corren como el agua, es decir, al país de los cananeos, hititas, amorreos, heveos y jebuseos, que ya había prometido a sus antepasados que se lo daría a ustedes. ⁶Comerán pan sin levadura durante siete días, y en el séptimo día harán fiesta en honor del Señor. ⁷Durante los siete días se comerá pan sin levadura, y en ninguna parte de su territorio deberá haber levadura o pan con levadura. ⁸En ese día les dirán a sus hijos: 'Esto se hace por lo que el Señor hizo con nosotros cuando salimos de Egipto. ⁹Y, como si tuvieran ustedes una marca en el brazo o en la frente, esto les hará recordar que siempre deben hablar de la ley del Señor, pues él los sacó de Egipto con gran poder. ¹⁰Por eso deben celebrar esta ceremonia año tras año, en la fecha señalada.'

¹¹"Cuando el Señor los haya llevado al país de los cananeos, es decir, cuando les entregue el país, según la promesa que les hizo a ustedes y a sus antepasados, ¹²tendrán que dedicarle todos sus primeros hijos varones*i* y todos los primeros machos que les nazcan a sus animales, porque pertenecen al Señor. ¹³En el caso de la primera cría de una asna, deberán dar un cordero o un cabrito como rescate por el asno, pero si no dan el cordero, entonces le romperán el cuello al asno. También deberán dar una ofrenda como rescate por cada hijo mayor, ¹⁴y cuando el día de mañana sus hijos les pregunten: '¿Qué quiere decir esto?', les responderán: 'El Señor nos sacó con gran poder de Egipto, donde vivíamos como esclavos. ¹⁵Cuando el faraón se puso terco en no

dejarnos salir, el Señor hirió de muerte al hijo mayor de cada familia egipcia y a todas las primeras crías de sus animales; por eso le ofrecemos al Señor todos los machos que nacen primero, y damos una ofrenda como rescate por nuestro hijo mayor. ¹⁶Por lo tanto, como si tuvieran una marca en el brazo o en la frente, esta ceremonia les hará recordar a ustedes que el Señor nos sacó de Egipto con gran poder.' "

### La columna de nube y de fuego

¹⁷Cuando el faraón dejó salir al pueblo israelita, Dios no los llevó por el camino que va al país de los filisteos, que era el más directo, pues pensó que los israelitas no querrían pelear cuando tuvieran que hacerlo, y preferirían regresar a Egipto. ¹⁸Por eso les hizo dar un rodeo por el camino del desierto que lleva al Mar Rojo.

Los israelitas salieron de Egipto formados como un ejército. ¹⁹Moisés se llevó consigo los restos de José, pues José había hecho que los hijos de Israel le prometieran hacerlo así. Les había dicho: "En verdad, Dios vendrá a ayudarlos; y cuando eso suceda, ustedes deben llevarse mis restos de aquí."*j*

²⁰Los israelitas salieron de Sucot y acamparon en Etam, donde comienza el desierto. ²¹De día, el Señor los acompañaba en una columna de nube, para señalarles el camino; y de noche, en una columna de fuego, para alumbrarlos. Así pudieron viajar día y noche. ²²La columna de nube siempre iba delante de ellos durante el día, y la columna de fuego durante la noche.*k*

### Los israelitas cruzan el Mar Rojo

**14** ¹El Señor se dirigió a Moisés y le dijo:

²"Di a los israelitas que regresen y acampen frente a Pi-hahirot, entre Migdol y el mar, frente a Baal-zefón. Que pongan sus campamentos enfrente de este lugar, junto al mar. ³Así el faraón pensará: 'Los israelitas no saben a dónde ir. Andan perdidos en el desierto.' ⁴Pero yo voy a hacer que el faraón se ponga terco y los persiga; entonces mostraré mi poder en él y en todo su ejército, y los egipcios sabrán que yo soy el Señor.''

---

*h* 13.2 Nm 3.13; Lc 2.23.   *i* 13.12 Lc 2.23.   *j* 13.19 Gn 50.25; Jos 24.32.   *k* 13.21-22 Ex 40.34-38; Nm 9.15-23; Sab 10.17;18.3.

Los israelitas lo hicieron así. [5]Mientras tanto, el rey de Egipto recibió aviso de que los israelitas se habían escapado. Entonces el rey y sus funcionarios cambiaron de parecer en cuanto a ellos, y se dijeron: ''¿Pero cómo pudimos permitir que los israelitas se fueran y dejaran de trabajar para nosotros?''

[6]En seguida el faraón ordenó que prepararan su carro de combate, y se llevó a su ejército. [7]Tomó seiscientos de los mejores carros, además de todos los carros de Egipto, que llevaban cada uno un oficial. [8]El Señor hizo que el faraón se pusiera terco y persiguiera a los israelitas, aun cuando ellos habían salido ya con gran poder.

[9]Los egipcios con todo su ejército, con carros y caballería, salieron a perseguir a los israelitas, y los alcanzaron a la orilla del mar, junto a Pi-hahirot y frente a Baal-zefón, donde estaban acampados. [10]Cuando los israelitas se dieron cuenta de que el faraón y los egipcios se acercaban, tuvieron mucho miedo y pidieron ayuda al Señor. [11]Y a Moisés le dijeron:

—¿Acaso no había sepulcros en Egipto, que nos sacaste de allá para hacernos morir en el desierto? ¿Por qué no has hecho esto? ¿Por qué nos sacaste de Egipto? [12]Esto es precisamente lo que te decíamos en Egipto: 'Déjanos trabajar para los egipcios. ¡Más nos vale ser esclavos de ellos que morir en el desierto!'

[13]Pero Moisés les contestó:

—No tengan miedo. Manténganse firmes y fíjense en lo que el Señor va a hacer hoy para salvarlos, porque nunca más volverán a ver a los egipcios que hoy ven. [14]Ustedes no se preocupen, que el Señor va a pelear por ustedes.

[15]Entonces el Señor le dijo a Moisés:

—¿Por qué me pides ayuda? ¡Ordena a los israelitas que sigan adelante! [16]Y tú, levanta tu bastón, extiende tu brazo y parte el mar en dos, para que los israelitas lo crucen en seco. [17]Yo voy a hacer que los egipcios se pongan tercos y los persigan; entonces mostraré mi poder en el faraón y en todo su ejército, y en sus carros y caballería. [18]Cuando haya mostrado mi poder en el faraón, y en sus carros y caballería, los egipcios sabrán que yo soy el Señor.

[19]En ese momento el ángel de Dios y la columna de nube, que marchaban al frente de los israelitas, cambiaron de lugar y se pusieron detrás de ellos. [20]Así la columna de nube quedó entre el ejército egipcio y los israelitas; para los egipcios era una nube oscura, pero a los israelitas los alumbraba. Por eso los egipcios no pudieron alcanzar a los israelitas en toda la noche.

[21]Moisés extendió su brazo sobre el mar, y el Señor envió un fuerte viento del este que sopló durante toda la noche[l] y partió el mar en dos. Así el Señor convirtió el mar en tierra seca, [22]y por tierra seca lo cruzaron los israelitas,[m] entre dos murallas de agua, una a la derecha y otra a la izquierda.

[23]Toda la caballería y los carros del faraón entraron detrás de ellos, y los persiguieron hasta la mitad del mar; [24]pero a la madrugada el Señor miró de tal manera al ejército de los egipcios, desde la columna de fuego y de nube, que provocó un gran desorden entre ellos; [25]descompuso además las ruedas de sus carros, de modo que apenas podían avanzar. Entonces los egipcios dijeron:

—Huyamos de los israelitas, pues el Señor pelea a favor de ellos y contra nosotros.

[26]Pero el Señor le dijo a Moisés:

—Extiende tu brazo sobre el mar, para que el agua regrese y caiga sobre los egipcios, y sobre sus carros y caballería.

[27]Moisés extendió su brazo sobre el mar y, al amanecer, el agua volvió a su cauce normal. Cuando los egipcios trataron de huir, se toparon con el mar, y así el Señor los hundió en él. [28]Al volver el agua a su cauce normal, cubrió los carros y la caballería, y todo el ejército que había entrado en el mar para perseguir a los israelitas. Ni un solo soldado del faraón quedó vivo. [29]Sin embargo, los israelitas cruzaron el mar por tierra seca, entre dos murallas de agua, una a la derecha y otra a la izquierda.

[30]En aquel día el Señor salvó a los israelitas del poder de los egipcios, y los israelitas vieron los cadáveres de los egipcios a la orilla del mar. [31]Al ver los israelitas el gran poder que el Señor había desplegado contra Egipto, mostraron reverencia ante el Señor y tuvieron confianza en él y en su siervo Moisés.

## El canto de Moisés

15 [1]Entonces Moisés y los israelitas entonaron este canto[n] en honor del Señor:

---

[l] 14.21-22 Sal 77.16-20.   [m] 14.22 Sab 10.18-19; 1 Co 10.1-2; He 11.29.   [n] 15.1 Ap 15.3.

"Cantaré en honor del Señor,
que tuvo un triunfo maravilloso
al hundir en el mar caballos y
jinetes.
²Mi canto es al Señor,
quien es mi fuerza y salvación.ⁿ
Él es mi Dios, y he de alabarlo;
es el Dios de mi padre, y he de
enaltecerlo.
³El Señor es un gran guerrero.
El Señor, ¡ése es su nombre!

⁴El Señor hundió en el mar
los carros y el ejército del faraón;
¡sus mejores oficiales
se ahogaron en el Mar Rojo!
⁵Cayeron hasta el fondo, como
piedras,
y el mar profundo los cubrió.

⁶Oh, Señor, fue tu mano derecha,
fuerte y poderosa,
la que destrozó al enemigo.
⁷Con tu gran poder aplastaste
a los que se enfrentaron contigo;
se encendió tu enojo,
y ellos ardieron como paja.
⁸Soplaste con furia, y el agua se
amontonó;
las olas se levantaron como un
muro;
¡el centro del mar profundo se quedó
inmóvil!
⁹El enemigo había pensado:
'Los voy a perseguir hasta
alcanzarlos,
y voy a repartir lo que les quite
hasta quedar satisfecho.
Sacaré la espada,
y mi brazo los destruirá.'
¹⁰Pero soplaste, y el mar se los tragó;
se hundieron como plomo en el agua
tempestuosa.

¹¹Oh, Señor,
¡ningún dios puede compararse a ti!
¡Nadie es santo ni grande como tú!
¡Haces cosas maravillosas y
terribles!
¡Eres digno de alabanza!
¹²¡Desplegaste tu poder
y se los tragó la tierra!
¹³Con tu amor vas dirigiendo
a este pueblo que salvaste;
con tu poder lo llevas a tu santa
casa.

¹⁴Las naciones temblarán cuando lo
sepan,
los filisteos se retorcerán de dolor,
¹⁵los capitanes de Edom se quedarán
sin aliento,
los jefes de Moab temblarán de
miedo,
y perderán el valor todos los
cananeos.

¹⁶Oh, Señor,
¡que se asusten!, ¡que tengan miedo!
¡que se queden como piedras
por la fuerza de tu brazo,
hasta que haya pasado tu pueblo,
el pueblo que has hecho tuyo!
¹⁷Oh, Señor,
llévanos a vivir a tu santo monte,
al lugar que escogiste para vivir,
al santuario que afirmaste con tus
manos.

¹⁸¡El Señor reina por toda la
eternidad!"

### El canto de María

¹⁹Cuando los carros y la caballería del
faraón entraron en el mar, el Señor hizo
que el agua del mar les cayera encima;
pero los israelitas cruzaron el mar como
por tierra seca. ²⁰Entonces la profetisa
María, hermana de Aarón, tomó una pan-
dereta, y todas las mujeres la siguieron,
bailando y tocando panderetas, ²¹mientras ella les cantaba:

"Canten en honor al Señor,
que tuvo un triunfo maravilloso
al hundir en el mar caballos y
jinetes."

### El agua amarga

²²Moisés hizo que los israelitas se aleja-
ran del Mar Rojo. Entonces ellos se fueron al desierto de Shur, y durante tres días
caminaron por él, sin encontrar agua.
²³Cuando llegaron a Mara, no pudieron
beber el agua que allí había, porque era
amarga. Por eso llamaron Maraᵍ a ese
lugar.
²⁴La gente empezó a hablar mal de
Moisés, y preguntaban: "¿Qué vamos a
beber?" ²⁵Entonces Moisés pidió ayuda
al Señor, y él le mostró un arbusto. Moisés echó el arbusto al agua, y el agua se
volvió dulce.

---

ᵍ En hebreo, *Mara* significa *amarga*.
ⁿ **15.2** Sal 118.14; Is 12.2.

Allí el Señor los puso a prueba, y les dio una ley y una norma de conducta. [26]Les dijo: "Si ponen ustedes toda su atención en lo que yo, el Señor su Dios, les digo, y si hacen lo que a mí me agrada, obedeciendo mis mandamientos y cumpliendo mis leyes, no les enviaré ninguna de las plagas que envié sobre los egipcios, pues yo soy el Señor, el que los sana a ustedes."

[27]Después llegaron a Elim, donde había doce manantiales de agua y setenta palmeras, y allí acamparon junto al agua.

## Dios da el maná

**16** [1]Toda la comunidad israelita salió de Elim y llegó al desierto de Sin, que está entre Elim y Sinaí. Era el día quince del mes segundo después de su salida de Egipto. [2]Allí, en el desierto, todos ellos comenzaron a murmurar contra Moisés y Aarón. [3]Y les decían:

—¡Ojalá el Señor nos hubiera hecho morir en Egipto! Allá nos sentábamos junto a las ollas de carne y comíamos hasta llenarnos, pero ustedes nos han traído al desierto para matarnos de hambre a todos.

[4]Entonces el Señor le dijo a Moisés:

—Voy a hacer que les llueva comida del cielo.[o] La gente deberá salir cada día, y recogerá sólo lo necesario para ese día. Quiero ver quién obedece mis instrucciones y quién no. [5]El sexto día, cuando preparen lo que van a llevar a casa, deberán recoger el doble de lo que recogen cada día.

[6]Moisés y Aarón dijeron entonces a los israelitas:

—Por la tarde sabrán ustedes que el Señor fue quien los sacó de Egipto, [7]y por la mañana verán la gloria del Señor; pues ha oído que ustedes murmuraron contra él. Porque, ¿quiénes somos nosotros para que ustedes nos critiquen?

[8]Y Moisés añadió:

—Por la tarde el Señor les va a dar carne para comer, y por la mañana les va a dar pan en abundancia, pues ha oído que ustedes murmuraron contra él. Porque, ¿quiénes somos nosotros? Ustedes no han murmurado contra nosotros, sino contra el Señor.

[9]Luego Moisés le dijo a Aarón:

—Di a todos los israelitas que se acerquen a la presencia del Señor, pues él ha escuchado sus murmuraciones.

[10]En el momento en que Aarón estaba hablando con los israelitas, todos ellos miraron hacia el desierto, y la gloria del Señor se apareció en una nube. [11]Y el Señor se dirigió a Moisés y le dijo:

[12]—He oído murmurar a los israelitas. Habla con ellos y diles: 'Al atardecer, ustedes comerán carne, y por la mañana comerán pan hasta quedar satisfechos. Así sabrán que yo soy el Señor su Dios.'

[13]Aquella misma tarde vinieron codornices, las cuales llenaron el campamento, y por la mañana había una capa de rocío alrededor del campamento.[p] [14]Después que el rocío se hubo evaporado, algo muy fino, parecido a la escarcha, quedó sobre la superficie del desierto. [15]Como los israelitas no sabían lo que era, al verlo se decían unos a otros: "¿Y esto qué es?"[10] Y Moisés les dijo:

—Este es el pan que el Señor les da como alimento.[q] [16]Y ésta es la orden que ha dado el Señor: Recoja cada uno de ustedes lo que necesite para comer y, según el número de personas que haya en su casa, tome más o menos dos litros por persona.

[17]Los israelitas lo hicieron así. Unos recogieron más, otros menos, [18]según la medida acordada; y ni le sobró al que había recogido mucho, ni le faltó al que había recogido poco.[r] Cada uno había recogido la cantidad que necesitaba para comer.

[19]Luego Moisés les dijo:

—Nadie debe dejar nada para el día siguiente.

[20]Sin embargo, algunos de ellos no hicieron caso a Moisés y dejaron algo para el otro día; pero lo que guardaron se llenó de gusanos y apestaba. Entonces Moisés se enojó con ellos.

[21]Cada uno recogía por las mañanas lo que necesitaba para comer, pues el calor del sol lo derretía. [22]Pero el sexto día recogieron doble porción de comida, es decir, unos cuatro litros por persona; entonces los jefes de la comunidad fueron a contárselo a Moisés, [23]y Moisés les dijo:

—Eso es lo que el Señor ha ordenado. Mañana es día de reposo,[ll] un reposo consagrado al Señor.[s] Cocinen hoy lo que

---

[10] *¿Y esto qué es?*, en hebreo se dice *man-hu*, de donde se supone que viene la palabra *maná*.
[ll] *Día de reposo:* aquí equivale a *sábado*.
[o] 16.4 Sab 16.20-29; Jn 6.31.  [p] 16.12-13 Nm 11.31-32.  [q] 16.15 1 Co 10.3.  [r] 16.18 2 Co 8.15.  [s] 16.23 Ex 20. 8-11.

tengan que cocinar y hiervan lo que tengan que hervir, y guarden para mañana todo lo que les sobre.

²⁴De acuerdo con la orden de Moisés, ellos guardaron para el día siguiente lo que les había sobrado, y no apestaba ni se llenó de gusanos. ²⁵Entonces Moisés dijo:

—Cómanlo hoy, que es el día de reposo *ll* consagrado al Señor, pues en este día no encontrarán ustedes nada en el campo. ²⁶Podrán recogerlo durante seis días, pero el séptimo día, que es día de reposo,*ll* no habrá nada.

²⁷Algunos de ellos salieron el séptimo día a recoger algo, pero no encontraron nada. ²⁸Entonces el Señor le dijo a Moisés:

—¿Hasta cuándo van ustedes a seguir desobedeciendo mis mandamientos y mis enseñanzas? ²⁹Tomen en cuenta que yo, el Señor, les he dado un día de reposo;*ll* por eso el sexto día les doy comida para dos días. Así que el séptimo día cada uno debe quedarse en su casa y no salir de ella.

³⁰Entonces la gente reposó el día séptimo.

³¹Los israelitas llamaron maná*¹²* a lo que recogían. Era blanco, como semilla de cilantro, y dulce como hojuelas con miel.*ᵗ*

³²Después Moisés dijo:

—Esta es la orden que ha dado el Señor: 'Llenen de maná una medida de dos litros, y guárdenla para sus descendientes, para que vean la comida que yo les di a ustedes en el desierto, cuando los saqué de Egipto.'

³³A Aarón le dijo:

—Toma una canasta, y pon en ella unos dos litros*¹³* de maná.*ᵘ* Ponla después en la presencia del Señor, y que se guarde para los descendientes de ustedes.

³⁴De acuerdo con la orden que el Señor le dio a Moisés, Aarón puso la canasta ante el cofre del pacto, para que fuera guardada.

³⁵Los israelitas comieron maná durante cuarenta años, hasta que llegaron a tierras habitadas; es decir, lo comieron hasta que llegaron a las fronteras de la tierra de Canaán.*ᵛ*

³⁶(El *gomer* era la décima parte de un *efa.*)*¹⁴*

## Agua de la roca
### (Nm 20.1-13)

**17** ¹Toda la comunidad israelita salió del desierto de Sin, siguiendo su camino poco a poco, de acuerdo con las órdenes del Señor. Después acamparon en Refidim, pero no había agua para que el pueblo bebiera, ²así que le reclamaron a Moisés, diciéndole:

—¡Danos agua para beber!

—¿Por qué me hacen reclamaciones a mí? ¿Por qué ponen a prueba a Dios? —contestó Moisés.

³Pero el pueblo tenía sed, y hablaron en contra de Moisés. Decían:

—¿Para qué nos hiciste salir de Egipto? ¿Para matarnos de sed, junto con nuestros hijos y nuestros animales?

⁴Moisés clamó entonces al Señor, y le dijo:

—¿Qué voy a hacer con esta gente? ¡Un poco más y me matan a pedradas!

⁵Y el Señor le contestó:

—Pasa delante del pueblo, y hazte acompañar de algunos ancianos de Israel. Llévate también el bastón con que golpeaste el río, y ponte en marcha. ⁶Yo estaré esperándote allá en el monte Horeb, sobre la roca. Cuando golpees la roca, saldrá agua de ella para que beba la gente.

Moisés lo hizo así, a la vista de los ancianos de Israel,* ⁷y llamó a aquel lugar Meriba*¹⁵* porque los israelitas le habían hecho reclamaciones, y también lo llamó Masah*¹⁶* porque habían puesto a prueba a Dios, al decir: "¿Está o no está el Señor con nosotros?"

## Guerra contra los amalecitas

⁸Los amalecitas se dirigieron a Refidim para pelear contra los israelitas. ⁹Entonces Moisés le dijo a Josué:

—Escoge algunos hombres y sal a pelear contra los amalecitas. Yo estaré mañana en lo alto del monte, con el bastón de Dios en la mano.

¹⁰Josué hizo lo que Moisés le ordenó, y salió a pelear contra los amalecitas. Mientras tanto, Moisés, Aarón y Hur subieron a lo alto del monte. ¹¹Cuando Moisés levantaba su brazo, los israelitas dominaban en la batalla; pero cuando lo bajaba, dominaban los amalecitas. ¹²Pero como a Moisés se le cansaban los brazos, tomaron

---

*ll Día de reposo:* aquí equivale a *sábado.* *¹² Véase nota en v. 15. *¹³ Unos dos litros:* véase *gomer,* en la *Tabla de Pesas y Medidas.* *¹⁴ Véase la *Tabla de Pesas y Medidas.* *¹⁵ En hebreo, *Meriba* y el verbo *reclamar* tienen un sonido parecido. *¹⁶ En hebreo, *Masah* y el verbo *poner a prueba* tienen un sonido parecido. *ᵗ 16.14-31* Nm 11.7-9. *ᵘ 16.33* He 9.4. *ᵛ 16.35* Jos 5.12. * 17.6* Sab 11.4.

una piedra y se la pusieron debajo, para que se sentara en ella. Luego Aarón y Hur le sostuvieron los brazos, uno de un lado y el otro del otro. De esta manera los brazos de Moisés se mantuvieron firmes hasta que el sol se puso, [13]y Josué derrotó al ejército amalecita a filo de espada.

[14]Entonces el Señor le dijo a Moisés:

—Escribe esto en un libro, para que sea recordado; y dile a Josué que voy a borrar por completo el recuerdo de los amalecitas.[w]

[15]Moisés hizo un altar, al que puso por nombre "El Señor es mi bandera", [16]y dijo:

"¡La bandera del Señor en la mano![17]
¡El Señor está en guerra con Amalec de una generación a otra!"

### Jetro visita a Moisés

**18** [1]Jetro, el sacerdote de Madián y suegro de Moisés, supo todo lo que Dios había hecho por Moisés y por su pueblo Israel, y supo también que el Señor los había sacado de Egipto. [2]Moisés había despedido a su esposa Séfora, y Jetro la había recibido a ella [3]y a sus dos hijos.[x] Uno de éstos se llamaba Gersón,[18] porque Moisés había dicho: "He sido un extranjero en tierra extraña",[y] [4]y el otro se llamaba Eliezer,[19] porque había dicho: "El Dios de mi padre vino en mi ayuda, y me salvó de la espada del faraón."

[5]Moisés había acampado en el desierto, junto al monte de Dios, y allá fue Jetro, acompañado por la esposa y los hijos de Moisés. [6]Y le dijo a Moisés:

—Yo, tu suegro Jetro, he venido a verte, junto con tu esposa y sus dos hijos.

[7]Moisés salió a recibir a su suegro. Se inclinó delante de él y lo besó; y después de saludarse entraron en la tienda de campaña. [8]Allí Moisés le contó a su suegro todo lo que el Señor les había hecho al faraón y a los egipcios en favor de Israel, todas las dificultades que habían tenido en el camino, y la forma en que el Señor los había salvado.

[9]Jetro se alegró por la mucha bondad que Dios había mostrado a los israelitas al salvarlos del poder de los egipcios, [10]y dijo:

—Bendito sea el Señor, que los ha librado a ustedes, pueblo de Israel, del poder del faraón y de los egipcios; que los ha librado del poder opresor [11]y de la insolencia con que ellos los trataron. Ahora estoy convencido de que el Señor es más grande que todos los dioses.

[12]Jetro tomó un animal para quemarlo en honor de Dios, y también otras ofrendas. Luego Aarón y todos los ancianos de Israel fueron a comer con el suegro de Moisés, en presencia de Dios.

### Moisés nombra otros jueces
#### (Dt 1.9-18)

[13]Al día siguiente Moisés se sentó y dictó sentencia en los problemas de los israelitas, los cuales estuvieron todo el día de pie delante de él. [14]Al ver lo que Moisés estaba haciendo con ellos, su suegro le dijo:

—¿Qué es lo que haces con esta gente? ¿Por qué solamente tú te sientas y todos ellos se quedan de pie todo el día?

[15]Y Moisés le contestó:

—Es que el pueblo viene a verme para consultar a Dios. [16]Cuando tienen dificultades entre ellos, vienen a verme para que yo decida quién es el que tiene la razón; entonces yo les hago saber las leyes y enseñanzas de Dios.

[17]Pero su suegro Jetro le advirtió:

—No está bien lo que haces, [18]pues te cansas tú y se cansa la gente que está contigo. La tarea sobrepasa tus fuerzas, y tú solo no vas a poder realizarla. [19]Escucha bien el consejo que te voy a dar, y que Dios te ayude. Tú debes presentarte ante Dios en lugar del pueblo, y presentarle esos problemas. [20]A ellos, instrúyelos en las leyes y enseñanzas, y hazles saber cómo deben vivir y qué deben hacer. [21]Por lo que a ti toca, escoge entre el pueblo hombres capaces, que tengan temor de Dios y que sean sinceros, hombres que no busquen ganancias mal habidas, y a unos dales autoridad sobre grupos de mil personas, a otros sobre grupos de cien, a otros sobre grupos de cincuenta y a otros sobre grupos de diez. [22]Ellos dictarán sentencia entre el pueblo en todo momento; los problemas grandes te los traerán a ti, y los problemas pequeños los atenderán ellos. Así te quitarás ese peso de encima, y ellos te ayudarán a llevarlo. [23]Si pones esto en práctica, y si Dios así te lo ordena, podrás resistir; la gente, por su parte, se irá feliz a su casa.

---

[17] *¡La bandera del Señor en la mano!:* texto probable. Heb. oscuro.   [18] Véase nota en 2.22.   [19] En hebreo, *Eliezer* significa *mi Dios es ayuda.*
[w] 17.14 Dt 25.17-19; 1 S 15.2-9.   [x] 18.3 Hch 7.29.   [y] 18.2-3 Ex 2.21-22.

²⁴Moisés le hizo caso a su suegro y puso en práctica todo lo que le había dicho: ²⁵escogió a los hombres más capaces de Israel, y les dio autoridad sobre grupos de mil personas, de cien, de cincuenta y de diez. ²⁶Ellos dictaban sentencia entre el pueblo en todo momento; los problemas difíciles se los llevaban a Moisés, pero todos los problemas de menor importancia los resolvían ellos mismos. ²⁷Después Moisés y su suegro se despidieron, y su suegro regresó a su país.

### Los israelitas llegan al Sinaí

**19** ¹Los israelitas llegaron al desierto del Sinaí al tercer mes de haber salido de Egipto. ²Después de salir de Refidim, llegaron al desierto del Sinaí y acamparon allí mismo, frente al monte. ³Allí Moisés subió a encontrarse con Dios, pues el Señor lo llamó desde el monte y le dijo:

—Anúnciales estas mismas palabras a los descendientes de Jacob, a los israelitas: ⁴'Ustedes han visto lo que yo hice con los egipcios, y cómo los he traído a ustedes a donde yo estoy, como si vinieran sobre las alas de un águila. ⁵Así que, si ustedes me obedecen en todo y cumplen mi pacto, serán mi pueblo preferido entre todos los pueblos,ᶻ pues toda la tierra me pertenece. ⁶Ustedes me serán un reino de sacerdotes,ᵃ un pueblo consagrado a mí.' Diles todo esto a los israelitas.ᵇ

⁷Moisés fue y llamó a los ancianos del pueblo, y les expuso todo lo que el Señor le había ordenado. ⁸Entonces los israelitas contestaron a una voz:

—Haremos todo lo que el Señor ha ordenado.ᶜ

Moisés llevó entonces al Señor la respuesta del pueblo, ⁹y el Señor le dijo:

—Mira, voy a presentarme ante ti en medio de una nube espesa, para que la gente me oiga hablar contigo y así tengan siempre confianza en ti.

Moisés le repitió al Señor la respuesta del pueblo, ¹⁰y el Señor le dijo:

—Ve y prepara al pueblo hoy y mañana para que me rinda culto. Deben lavarse la ropa ¹¹y prepararse para pasado mañana, porque pasado mañana bajaré yo, el Señor, al monte Sinaí, a la vista de todo el pueblo. ¹²Pon límites alrededor del monte para que la gente no pase, y diles que respeten el monte y que no suban a él ni se acerquen a sus alrededores, porque todo el que se acerque será condenado a muerte. ¹³Pero nadie debe ponerle la mano encima, sino que tendrán que matarlo a pedradas o a flechazos. No importa si es un hombre o un animal, no se le deberá dejar con vida. La gente podrá subir al monte sólo cuando se oiga el toque del cuerno de carnero.ᵈ

¹⁴Moisés bajó del monte a preparar al pueblo para que rindiera culto a Dios. La gente se lavó la ropa, ¹⁵y Moisés les dijo:

—Prepárense para pasado mañana, y mientras tanto no tengan relaciones sexuales.

¹⁶Al amanecer del tercer día hubo relámpagos y truenos,ᵉ y una espesa nube se posó sobre el monte. Un fuerte sonido de trompetas hizo que todos en el campamento temblaran de miedo. ¹⁷Entonces Moisés llevó al pueblo fuera del campamento para encontrarse con Dios, y se detuvieron al pie del monte. ¹⁸Todo el monte Sinaí echaba humo debido a que el Señor había bajado a él en medio de fuego.ᶠ El humo subía como de un horno, y todo el monte temblaba violentamente. ¹⁹El sonido de trompetas fue haciéndose cada vez más fuerte; Moisés hablaba, y Dios le contestaba con voz de trueno.

²⁰El Señor bajó a la parte más alta del monte Sinaí, y le pidió a Moisés que subiera a ese mismo lugar. Moisés subió, ²¹y el Señor le dijo:

—Baja y adviértele a la gente que no pase del límite ni trate de verme, no sea que muchos de ellos caigan muertos. ²²Aun los sacerdotes, que pueden acercarse a mí, deberán purificarse, no sea que yo haga destrozos entre ellos.

²³Moisés le contestó al Señor:

—El pueblo no se atreverá a subir a este monte Sinaí, pues tú nos ordenaste ponerle un límite y declararlo sagrado.

²⁴Pero el Señor le dijo:

—Anda, baja; después subirás con Aarón. Pero los sacerdotes y el pueblo no deben pasar del límite para subir a donde yo estoy, no sea que yo haga destrozos entre ellos.

²⁵Moisés bajó y repitió esto a los israelitas.

### Los diez mandamientos

*(Dt 5.1-21)*

**20** ¹Dios habló, y dijo todas estas palabras:

---

ᶻ **19.5** Dt 4.20; 7.6; 14.2; 26.18; Tit 2.14.  ᵃ **19.6** Ap 1.6; 5.10.  ᵇ **19.5-6** 1 P 2.9.  ᶜ **19.8** Ex 24.3; Dt 5.27.  ᵈ **19.12-13** He 12.18-20.  ᵉ **19.16** Ap 4.5.  ᶠ **19.16-18** Dt 4.11-12; 5.4; Eclo 45.5.

²"Yo soy el Señor tu Dios, que te sacó de Egipto, donde eras esclavo.

³"No tengas otros dioses aparte de mí.

⁴"No te hagas ningún ídolo ni figura de lo que hay arriba en el cielo, ni de lo que hay abajo en la tierra, ni de lo que hay en el mar debajo de la tierra. ⁵No te inclines delante de ellos ni les rindas culto,ᵍ porque yo soy el Señor tu Dios, Dios celoso que castiga la maldad de los padres que me odian, en sus hijos, nietos y bisnietos; ⁶pero que trato con amor por mil generaciones a los que me aman y cumplen mis mandamientos.

⁷"No hagas mal uso del nombre del Señor tu Dios,ⁱ pues él no dejará sin castigo al que use mal su nombre.

⁸"Acuérdate del día de reposo,²⁰ para consagrarlo al Señor.ʲ ⁹Trabaja seis días y haz en ellos todo lo que tengas que hacer, ¹⁰pero el séptimo día es de reposo consagrado al Señor tu Dios. No hagas ningún trabajo en ese día,ᵏ ni tampoco tu hijo, ni tu hija, ni tu esclavo, ni tu esclava, ni tus animales, ni el extranjero que viva contigo. ¹¹Porque el Señor hizo en seis días el cielo, la tierra, el mar y todo lo que hay en ellos, y descansó el día séptimo. Por eso el Señor bendijo el día de reposo²⁰ y lo declaró día sagrado.ˡ

¹²"Honra a tu padre y a tu madre,ᵐ para que vivas una larga vida en la tierra que te da el Señor tu Dios.ⁿ

¹³"No mates.ñ

¹⁴"No cometas adulterio.º

¹⁵"No robes.ᵖ

¹⁶"No digas mentiras en perjuicio de tu prójimo.�q

¹⁷"No codiciesʳ la casa de tu prójimo: no codicies su mujer, ni su esclavo, ni su esclava, ni su buey, ni su asno, ni nada que le pertenezca."

### Los israelitas sienten temor de Dios
(Dt 5.22-33)

¹⁸Todos los israelitas fueron testigos de los truenos y relámpagos, del sonido de trompetas y del monte envuelto en humo; pero tenían miedo y se mantenían alejados. ¹⁹Así que le dijeron a Moisés:

—Háblanos tú, y obedeceremos; pero que no nos hable Dios, no sea que muramos.ˢ

²⁰Y Moisés les contestó:

—No tengan miedo. Dios ha venido para ponerlos a prueba y para que siempre sientan temor de él, a fin de que no pequen. ²¹Y mientras el pueblo se mantenía alejado, Moisés se acercó a la nube oscura en la que estaba Dios.

### La ley para el altar

²²El Señor le dijo a Moisés:

"Di lo siguiente a los israelitas: 'Ya ustedes han visto que he hablado desde el cielo con ustedes. ²³No hagan ídolos de oro o plata para adorarlos como a mí. ²⁴Háganme un altar de tierra, y ofrézcanme en él los animales de sus rebaños y ganados como holocaustos y sacrificios de reconciliación. Yo vendré y los bendeciré en cada lugar en el que yo quiera que se recuerde mi nombre. ²⁵Y si me hacen un altar de piedras, que no sea de piedras labradas,ᵗ porque al labrar la piedra con herramientas se la hace indigna de un altar. ²⁶Y mi altar no debe tener escalones, para que al subir ustedes no muestren la parte desnuda del cuerpo.'

### Leyes acerca de los esclavos
(Dt 15.12-18)

21 ¹"Estas son las leyes que les darás: ²"Si compras un esclavo hebreo, trabajará durante seis años, pero al séptimo año quedará libre, sin que tenga que pagar nada por su libertad. ³Si llegó solo, se irá solo; si tenía mujer, su mujer se irá con él; ⁴si su amo le da una mujer, y ella le da hijos o hijas, la mujer y los hijos serán de su amo y el esclavo se irá solo. ⁵Pero si el esclavo no acepta su libertad porque ama a su mujer, a sus hijos y a su amo, ⁶entonces el amo lo llevará ante Dios, lo arrimará a la puerta o al marco de la puerta, y con un punzón le atravesará la oreja. Así será esclavo suyo para siempre.ᵘ

⁷"Si alguien vende a su hija como esclava, ella no saldrá libre como los esclavos varones. ⁸Si el amo decide no tomarla por esposa, porque la muchacha no le gusta, deberá permitir que paguen su rescate; pero aunque la rechace, no podrá

---

²⁰ Día de reposo: aquí equivale a sábado.

ᵍ **20.4-5** Ex 34.17; Lv 19.4; 26.1; Dt 4.15-18; 27.15.   ʰ **20.5-6** Ex 34.6-7; Nm 14.18; Dt 7.9-10.   ⁱ **20.7** Lv 19.12.
ʲ **20.8** Ex 16.23-30; 31.12-14.   ᵏ **20.9-10** Ex 23.12; 31.15; 34.21; 35.2; Lv 23.3.   ˡ **20.11** Gn 2.1-3; Ex 31.17.   ᵐ **20.12** Dt 27.16;
Mt 15.4; 19.19; Mr 7.10; 10.19; Lc 18.20; Ef 6.2.   ⁿ **20.12** Eclo 3.1-16; Ef 6.3.   ñ **20.13** Gn 9.6; Lv 24.17; Mt 5.21; 19.18;
Mr 10.19; Lc 18.20; Ro 13.9; Stg 2.11.   º **20.14** Lv 20.10; Mt 5.27; 19.18; Mr 10.19; Lc 18.20; Ro 13.9; Stg 2.11.
ᵖ **20.15** Lv 19.11; Mt 19.18; Mr 10.19; Lc 18.20; Ro 13.9.   q **20.16** Ex 23.1; Mt 19.18; Mr 10.19; Lc 18.20.   ʳ **20.17** Ro 7.7; 13.9.
ˢ **20.18-19** He 12.18-19.   ᵗ **20.25** Dt 27.5-7; Jos 8.31.   ᵘ **21.2-6** Lv 25.39-46.

venderla a ningún extranjero. 9Si la da por esposa a su hijo, deberá tratarla como a una hija. 10Si toma otra esposa, no deberá reducirle a la primera ni la comida, ni la ropa, ni sus derechos de esposa. 11Pero si no le da ninguna de estas tres cosas, ella quedará libre, sin tener que pagar nada por su libertad.

### Leyes contra acciones violentas

12"El que hiera a alguien, y lo mate, será condenado a muerte.v 13Pero si no lo hizo a propósito, sino que de Dios estaba que muriera, yo te diré después a qué lugar podrá ir a refugiarse.w 14Pero al que se enoje con su prójimo y lo mate a sangre fría, lo buscarás aunque se refugie en mi altar, y lo condenarás a muerte.

15"El que hiera a su padre o a su madre, será condenado a muerte.

16"El que secuestre a una persona, ya sea que la haya vendido o que aún la tenga en su poder, será condenado a muerte.x

17"El que insulte a su padre o a su madre, será condenado a muerte.y

18"En casos de peleas, si un hombre hiere a otro de una pedrada o de un puñetazo, y lo hace caer en cama, pero no lo mata, 19el que hirió será declarado inocente sólo si el herido se levanta y puede salir a la calle con ayuda de un bastón, pero tendrá que pagarle las curaciones y el tiempo perdido.

20"Si alguien golpea con un palo a su esclavo o esclava, y lo mata, deberá hacérsele pagar su crimen. 21Pero si vive un día o más, ya no se le castigará, pues el esclavo es de su propiedad.

22"Si dos hombres se pelean y llegan a lastimar a una mujer embarazada, haciéndola abortar, pero sin poner en peligro su vida, el culpable deberá pagar de multa lo que el marido de la mujer exija, según la decisión de los jueces. 23Pero si la vida de la mujer es puesta en peligro, se exigirá vida por vida, 24ojo por ojo, diente por diente,z mano por mano, pie por pie, 25quemadura por quemadura, herida por herida, golpe por golpe.

26"Si alguien golpea en el ojo a su esclavo o esclava, y lo deja tuerto, tendrá que darle la libertad a cambio de su ojo. 27Si le tumba un diente, también tendrá que darle la libertad a cambio de su diente.

### Leyes en caso de accidentes

28"Si un buey embiste a un hombre o a una mujer, y lo mata, se matará al buey a pedradas y no se comerá su carne, pero no se castigará al dueño del buey. 29Pero si el buey tenía ya la costumbre de embestir, y llega a matar a alguien, se le matará a pedradas, lo mismo que al dueño, si es que el dueño lo sabía pero no hacía caso. 30Si en vez de la pena de muerte le imponen una multa, tendrá que pagar la multa que le impongan a cambio de su vida. 31Esta misma ley vale en caso de que el embestido sea un muchacho o una muchacha. 32Y si el buey embiste a un esclavo o a una esclava, se matará al buey a pedradas, y al amo del esclavo o de la esclava se le darán como pago treinta monedas de plata.

33"Si alguien deja abierto un pozo, o hace un pozo y no lo tapa, y en él se cae un buey o un asno, 34el dueño del pozo tendrá que compensar al dueño del animal por esa pérdida, pero podrá quedarse con el animal muerto.

35"Si el buey de alguien embiste y mata al buey de otro hombre, venderán el buey vivo y se repartirán por mitad el dinero y la carne del buey muerto. 36Pero si se sabe que el buey ha tenido la costumbre de embestir y su dueño no hacía caso, tendrá que compensar al otro dueño con un buey vivo a cambio del muerto, y el buey muerto será para él.

### Leyes para reparar daños

22 1a"En caso de que alguien robe un buey o una oveja, y lo mate o lo venda, tendrá que pagar cinco reses por el buey y cuatro ovejas por la oveja.

2"Si un ladrón es sorprendido en el momento del robo, y se le hiere y muere, su muerte no se considerará un asesinato. 3Pero si ya es de día, su muerte sí se considerará un asesinato.

"El que robe tendrá que pagar el precio de lo que haya robado, pero si no tiene dinero, él mismo será vendido para pagar lo robado.

4"Si se le encuentra el animal robado en su poder y con vida, tendrá que pagar el doble, ya sea un buey, un asno, o una oveja.

5"Si alguien suelta a sus animales para que pasten en un campo o viñedo, y sus

---

v 21.12 Lv 24.17.    w 21.13 Nm 35.10-34; Dt 19.1-13; Jos 20.1-9.    x 21.16 Dt 24.7.    y 21.17 Lv 20.9; Mt 15.4; Mr 7.10.
z 21.24 Lv 24.19-20; Dt 19.21; Mt 5.38.    a Los vs. 22.1-31 corresponden a los vs. 21.37-22.30 en el texto hebreo.

animales pastan en el campo de otro, tendrá que pagar el daño con lo mejor de su propio campo o de su propio viñedo.

⁶"Si alguien hace fuego, y el fuego se extiende a las zarzas y quema el trigo amontonado, o el que está por cosecharse, o toda la siembra, esa persona tendrá que pagar los daños causados por el fuego.

⁷"Si alguien le confía a otra persona dinero o cosas de valor, y a esa persona se los roban de su propia casa, el ladrón tendrá que pagar el doble, si es que lo encuentran; ⁸pero si no lo encuentran, entonces el dueño de la casa será llevado ante Dios para ver si no ha echado mano de lo que el otro le confió.

⁹"Si alguien se apropia de un buey, un asno o una oveja, o de algún vestido o cualquier otra cosa que se haya perdido y que alguno reclame como suyos, el caso de esas dos personas se llevará ante Dios, y el que resulte culpable pagará el doble al otro.

¹⁰"Si alguien le confía a otra persona un asno, un buey o una oveja, o cualquier otro animal, y ese animal muere, o es lastimado, o es robado sin que nadie lo vea, ¹¹esa persona hará un juramento al dueño, en el nombre del Señor, de que no echó mano de lo que el otro le confió. El dueño aceptará su palabra, y el otro no pagará nada. ¹²Pero si le robaron el animal ante sus propios ojos, tendrá que pagárselo al dueño. ¹³Si el animal fue despedazado por un animal salvaje, para no pagar nada se deberán presentar como prueba los restos del animal muerto.

¹⁴"Si alguien pide a otro que le preste un animal, y el animal muere o resulta lastimado sin estar presente el dueño, el que lo pidió prestado tendrá que pagar el daño; ¹⁵pero si el dueño está presente, no tendrá que pagar nada. Si el animal había sido alquilado, el costo del alquiler será el único pago.

### Leyes morales y religiosas

¹⁶"En caso de que alguien seduzca a una mujer virgen que no esté comprometida, y la deshonre, tendrá que pagar la compensación acostumbrada y casarse con ella. ¹⁷Aun si el padre de la joven no quiere dársela como esposa, tendrá que pagar la dote que se acostumbra dar por una mujer virgen.ᵇ

¹⁸"No dejes con vida a ninguna hechicera.ᶜ

¹⁹"El que se entregue a actos sexuales con un animal, será condenado a muerte.ᵈ

²⁰"El que ofrezca sacrificios a otros dioses, en vez de ofrecérselos solamente al Señor, será condenado a muerte.ᵉ

²¹"No maltrates ni oprimas al extranjero, porque ustedes también fueron extranjeros en Egipto.

²²"No maltrates a las viudas ni a los huérfanos,ᶠ ²³porque si los maltratas y ellos me piden ayuda, yo iré en su ayuda, ²⁴y con gran furia, a golpe de espada, les quitaré a ustedes la vida. Entonces quienes se quedarán viudas y huérfanos serán las mujeres y los hijos de ustedes.

²⁵"Si le prestas dinero a alguna persona pobre de mi pueblo que viva contigo, no te portes con ella como un prestamista, ni le cobres intereses.ᵍ ²⁶Si esa persona te da su ropa como garantía del préstamo, devuélvesela al ponerse el sol, ²⁷porque esa ropa es lo único que tiene para protegerse del frío. Si no, ¿sobre qué va a acostarse? Y si él me pide ayuda, en su ayuda iré, porque yo sé tener compasión.ʰ

²⁸"Nunca ofendas a Dios, ni maldigas al que gobierna a tu pueblo.ⁱ

²⁹"No tardes en traerme ofrendas de todas tus cosechas y de todo tu vino.

"Tu primer hijo me lo darás, ³⁰lo mismo que la primera cría de tus vacas y de tus ovejas. Pueden quedarse siete días con su madre, pero a los ocho días de nacidos me los darás.

³¹"Ustedes deben ser hombres consagrados a mí.

"No coman la carne de animales despedazados por las fieras en el campo;ʲ échensela a los perros.

### Leyes para hacer justicia

**23** ¹"No des informes falsos,ᵏ ni te hagas cómplice del malvado para ser testigo en favor de una injusticia.

²"No sigas a la mayoría en su maldad.

"Cuando hagas declaraciones en un caso legal, no te dejes llevar por la mayoría, inclinándote por lo que no es justo; ³pero tampoco favorezcas indebidamente las demandas del pobre.ˡ

⁴"Si encuentras el buey o el asno que tu enemigo había perdido, devuélveselo. ⁵No dejes de ayudar a aquél que te odia; si ves que su asno cae bajo el peso de la

ᵇ **22.16-17** Dt 22.28-29.   ᶜ **22.18** Dt 18.10-11.   ᵈ **22.19** Lv 18.23; 20.15-16; Dt 27.21.   ᵉ **22.20** Dt 17.2-7.   ᶠ **22.21-22** Ex 23.9; Lv 19.33-34; Dt 24.17-18; 27.19.   ᵍ **22.25** Lv 25.35-38; Dt 15.7-11; 23.19-20.   ʰ **22.26-27** Dt 24.10-13.   ⁱ **22.28** Hch 23.5.   ʲ **22.31** Lv 17.15.   ᵏ **23.1** Ex 20.16; Lv 19.11-12; Dt 5.20.   ˡ **23.3** Lv 19.15.

carga, ayúdale a quitar la carga de encima.[m]

6"No le desconozcas al pobre sus derechos en un asunto legal.

7"Apártate de las acusaciones falsas y no condenes a muerte al hombre inocente y sin culpa, porque yo no declararé inocente al culpable.

8"No aceptes soborno, porque el soborno vuelve ciegos a los hombres y hace que los inocentes pierdan el caso.[n]

9"No oprimas al extranjero, pues ustedes fueron extranjeros en Egipto y ya saben lo que es vivir en otro país.[ñ]

### Descanso obligatorio

10"Cultiva la tierra y recoge las cosechas durante seis años, 11pero el séptimo año no la cultives: déjala descansar para que la gente pobre de tu país coma de ella, y para que los animales salvajes se coman lo que sobre. Haz lo mismo con tus viñedos y tus olivos.[o]

12"Haz durante seis días todo lo que tengas que hacer, pero descansa el día séptimo,[p] para que descansen también tu buey y tu asno, y recobren sus fuerzas tu esclavo y el extranjero.

13"Cumplan con todo lo que les he dicho, y que jamás se escuche en labios de ustedes el nombre de otros dioses.

### Las tres grandes fiestas
#### (Ex 34.18-26; Dt 16.1-17)

14"Haz fiesta en mi honor tres veces al año. 15Celebra la fiesta del pan sin levadura[q] y, de acuerdo con lo que te he ordenado, come en ella pan sin levadura durante siete días. La fecha señalada es el mes de Abib, porque en ese mes saliste de Egipto. Y nadie podrá venir a verme, si no trae algo.

16"Celebra también la fiesta de la cosecha, de los primeros frutos de lo que sembraste en el campo,[r] lo mismo que la fiesta de la cosecha de fin de año, cuando coseches todo lo que hayas sembrado.[s]

17"Todos los hombres deben presentarse ante el Señor tres veces al año.

18"Cuando me hagas sacrificios de animales, no ofrezcas juntos su sangre y el pan con levadura, ni guardes su grasa para el día siguiente.

19"Los mejores primeros frutos de tu tierra debes llevarlos al templo del Señor tu Dios.[t]

"No cocines cabritos en la leche de su madre.[u]

### El ángel del Señor

20"Mira, yo enviaré mi ángel delante de ti, para que te cuide en el camino y te lleve al lugar que te he preparado. 21No te alejes de él; obedécelo y no le seas rebelde, porque él actúa en mi nombre y no perdonará los pecados de ustedes. 22Pero si de veras le obedeces y haces todo lo que yo he ordenado, seré enemigo de tus enemigos y me opondré a quienes se te opongan. 23Mi ángel irá delante de ti, y te llevará al país de los amorreos, hititas, ferezeos, cananeos, heveos y jebuseos, a quienes yo arrancaré de raíz. 24No sigas el mal ejemplo de esos pueblos. No te arrodilles ante sus dioses, ni los adores; al contrario, destruye por completo sus ídolos y piedras sagradas. 25Adora al Señor tu Dios, y él bendecirá tu pan y tu agua.

"Yo alejaré de ti la enfermedad, 26y haré que no mueras antes de tiempo. No habrá en tu país ninguna mujer que aborte o que sea estéril.

27"Yo haré que se extiendan el miedo y los gritos de angustia delante de ti, en cualquier nación por donde pases, y haré que tus enemigos huyan ante ti. 28Haré que el pánico se extienda a tu paso, y así huirán de tu presencia los heveos, los hititas y los cananeos. 29No los arrojaré de tu presencia en un año, para que la tierra no se eche a perder ni aumenten los animales salvajes y te hagan daño. 30Los arrojaré de tu presencia poco a poco, hasta que tengas muchos hijos y tomes posesión de la tierra. 31Tus fronteras las he marcado así: desde el Mar Rojo hasta el mar de los filisteos, y desde el desierto hasta el río Éufrates. Yo he puesto en tus manos a los habitantes de ese país, y tú los arrojarás de tu presencia.

32"No entres en tratos con ellos ni con sus dioses, 33ni los dejes quedarse en tu país, para que no te hagan pecar contra mí. Pues llegarías a adorar a sus dioses, y eso sería tu perdición."

---

m 23.4-5 Dt 22.1-4.    n 23.6-8 Lv 19.15; Dt 16.19.    ñ 23.9 Ex 22.21; Lv 19.33-34; Dt 24.17-18; 27.19.    o 23.10-11 Lv 25.1-7.
p 23.12 Ex 20.9-11; 31.15; 34.21; 35.2; Lv 23.3; Dt 5.13-14.    q 23.15 Ex 12.14-20; Lv 23.6-8; Nm 28.17-25.    r 23.16 Lv 23.15-21;
Nm 28.26-31.    s 23.16 Lv 23.39-43.    t 23.19 Dt 26.2.    u 23.19 Ex 34.26; Dt 14.21.

### Confirmación del pacto

**24** ¹El Señor le dijo a Moisés:
—Sube con Aarón, Nadab y Abiú, y con setenta de los ancianos de Israel, al lugar donde yo estoy; pero quédense a cierta distancia, y arrodíllense allí. ²Sólo tú podrás acercarte a mí; los demás no deberán acercarse, ni la gente subirá contigo.

³Moisés fue y le contó al pueblo todo lo que el Señor había dicho y ordenado, y todos a una voz contestaron:
—¡Haremos todo lo que el Señor ha ordenado!ᵛ

⁴Entonces Moisés escribió todo lo que el Señor había dicho, y al día siguiente, muy temprano, se levantó y construyó un altar al pie del monte, y colocó doce piedras sagradas, una por cada tribu de Israel. ⁵Luego mandó a unos jóvenes israelitas que mataran toros y los ofrecieran al Señor como holocaustos y sacrificios de reconciliación. ⁶Moisés tomó la mitad de la sangre y la echó en unos tazones, y la otra mitad la roció sobre el altar. ⁷Después tomó el libro del pacto y se lo leyó al pueblo, y ellos dijeron:
—Pondremos toda nuestra atención en hacer lo que el Señor ha ordenado.

⁸Entonces Moisés tomó la sangre y, rociándola sobre la gente, dijo:
—Esta es la sangre que confirma el pactoʷ que el Señor ha hecho con ustedes, sobre la base de todas estas palabras.ˣ

⁹Moisés subió al monte con Aarón, Nadab, Abiú y setenta ancianos de Israel. ¹⁰Allí vieron al Dios de Israel: bajo sus pies había algo brillante como un piso de zafiro y claro como el mismo cielo. ¹¹Dios no les hizo daño a estos hombres notables de Israel, los cuales vieron a Dios, y comieron y bebieron.

### Moisés en el monte Sinaí

¹²El Señor le dijo a Moisés:
—Sube al monte, donde yo estoy, y espérame allí, pues voy a darte unas tablas de piedra en las que he escrito la ley y los mandamientos para instruir a los israelitas.

¹³Moisés se levantó y subió al monte de Dios, junto con su ayudante Josué. ¹⁴A los ancianos les dijo:
—Espérennos en este lugar, hasta que regresemos. Aquí se quedan Aarón y Hur con ustedes, y si alguien tiene algún problema, que se lo presente a ellos.

¹⁵Dicho esto, Moisés subió al monte, el cual quedó cubierto por una nube. ¹⁶La gloria del Señor vino a posarse sobre el monte Sinaí, y durante seis días la nube lo cubrió. Al séptimo día el Señor llamó a Moisés desde la nube. ¹⁷La gloria del Señor se presentó a los ojos de los israelitas como un fuego devorador, sobre la parte más alta del monte. ¹⁸Moisés entró en la nube, subió al monte, y allí se quedó cuarenta días y cuarenta noches.ʸ

### Ofrendas para el santuario

*(Ex 35.4-9)*

**25** ¹El Señor se dirigió a Moisés y le dijo:
²"Di a los israelitas que recojan una ofrenda para mí. Deben recogerla entre todos los que quieran darla voluntariamente y de corazón; ³y lo que deben recoger es lo siguiente: oro, plata, cobre, ⁴tela morada, tela de púrpura, tela roja, lino fino, pelo de cabra, ⁵pieles de carnero teñidas de rojo, pieles finas,²¹ madera de acacia, ⁶aceite para lámparas, perfumes para el aceite de consagrar y para el incienso aromático, ⁷y piedras de cornalina y otras piedras finas para montarlas en el efod y el pectoral del sumo sacerdote. ⁸Y háganme un santuario para que yo habite entre ellos. ⁹Pero ese lugar donde yo he de habitar, y todos sus muebles, tienes que hacerlos exactamente iguales a los que te voy a mostrar.

### El cofre del pacto

*(Ex 37.1-9)*

¹⁰"Haz un cofre de madera de acacia, que mida un metro y diez centímetros de largo, sesenta y cinco centímetros de ancho, y sesenta y cinco centímetros de alto. ¹¹Recúbrelo de oro puro por dentro y por fuera, y ponle un ribete de oro alrededor. ¹²Hazle también cuatro argollas de oro, y pónselas en las cuatro patas, dos de un lado y dos del otro. ¹³Haz también travesaños de madera de acacia, recúbrelos de oro, ¹⁴y pásalos a través de las argollas que están a los costados del cofre, para que pueda ser levantado con ellos, ¹⁵y ya no vuelvas a quitarlos; déjalos ahí, en las argollas del cofre, ¹⁶y coloca en el cofre la ley que te voy a dar.

---

²¹ *Pieles finas:* traducción probable. La identificación del animal que corresponde al término hebreo es incierta. Otras versiones: *pieles de tejón.*
ᵛ **24.3** Ex 19.8; Dt 5.27.   ʷ **24.8** Mt 26.28; Mr 14.24; Lc 22.20; 1 Co 11.25; He 10.29.   ˣ **24.8** He 9.19-20.   ʸ **24.18** Dt 9.9.

[17] "Haz una tapa de oro puro, que mida un metro y diez centímetros de largo por sesenta y cinco centímetros de ancho, [18] con dos seres alados de oro labrado a martillo en los dos extremos. [19] La tapa y los seres alados deben ser de una sola pieza; uno de ellos estará en un extremo de la tapa y el otro en el otro extremo, [20] el uno frente al otro, pero con la cara hacia la tapa, y sus alas deben quedar extendidas por encima de la tapa cubriéndola con ellas. [21] Coloca después la tapa sobre el cofre, y pon dentro del cofre la ley que te voy a dar. [22] Allí me encontraré contigo y, desde lo alto de la tapa, de entre los dos seres alados que están sobre el cofre del pacto, te haré saber todas mis órdenes para los israelitas.

### La mesa para el pan de la Presencia
(Ex 37.10-16)

[23] "Haz una mesa de madera de acacia, que mida noventa centímetros de largo, cuarenta y cinco centímetros de ancho, y sesenta y cinco centímetros de alto. [24] Recúbrela de oro puro, y ponle un ribete de oro alrededor. [25] Hazla con un entrepaño de siete centímetros de ancho, y ponle al entrepaño un ribete de oro; [26] haz también cuatro argollas de oro, y pónselas en las cuatro esquinas que corresponden a las cuatro patas, [27] de tal manera que queden junto al entrepaño, para que se pasen los travesaños por ellos y se pueda llevar la mesa. [28] Haz de madera de acacia los travesaños con los que se ha de llevar la mesa, y recúbrelos de oro, [29] y haz de oro puro sus platos, cucharones, jarras y copas para las ofrendas de líquidos. [30] Pon siempre en la mesa, en presencia mía, el pan que se me consagra. [z]

### El candelabro de oro
(Ex 37.17-24)

[31] "Haz también un candelabro de oro puro labrado a martillo. Su base, tronco, copas, cálices y pétalos formarán una sola pieza, [32] y de los costados le saldrán seis brazos, tres en un lado y tres del otro. [33] Cada uno de los seis brazos que salen del tronco del candelabro deberá tener tres copas en forma de flor de almendro, con su cáliz y sus pétalos, [34] y el tronco mismo tendrá cuatro copas, también en forma de flor de almendro, con su cáliz y sus pétalos. [35] Cada uno de los tres pares de brazos que salen del candelabro tendrá

un cáliz en su parte inferior. [36] Los cálices y los brazos deberán formar una sola pieza con el candelabro, el cual ha de ser de oro puro labrado a martillo. [37] Hazle también siete lámparas, y colócalas de tal modo que alumbren hacia el frente, [38] y que sus tenazas y platillos sean también de oro puro. [39] Usa treinta y tres kilos de oro puro para hacer el candelabro y todos sus utensilios, [40] y pon tu atención en hacerlos iguales a los modelos que se te mostraron en el monte. [a]

### El santuario
(Ex 36.8-38)

**26** [1] "Haz el santuario con diez cortinas de lino torcido, tela morada, tela de púrpura y tela roja; borda en ellas artísticamente dos seres alados. [2] Todas estas cortinas deben tener la misma medida: doce metros y medio de largo por dos de ancho. [3] Cose cinco cortinas juntas, una sobre la otra, lo mismo que las otras cinco, [4] y pon unos ojales de cordón morado en el borde de la primera cortina de un grupo, y también en el borde de la última cortina del otro grupo. [5] Tanto a la cortina del primer grupo como a la del segundo, debes hacerles cincuenta ojales, de manera que queden uno frente al otro. [6] Haz también cincuenta ganchos de oro para enganchar un grupo de cortinas al otro, de modo que el santuario forme un todo.

[7] "Haz también once cortinas de pelo de cabra para formar una tienda de campaña que cubra el santuario. [8] Todas estas cortinas deben tener la misma medida: trece metros y medio de largo por dos de ancho. [9] Cose cinco cortinas juntas por una parte, y seis por otra, y dobla la sexta cortina por la parte delantera de la tienda de campaña. [10] Haz luego cincuenta ojales en el borde de la cortina que cierra el primer grupo, y otros cincuenta ojales en el borde de la cortina del segundo grupo. [11] Haz también cincuenta ganchos de bronce y engánchalos en los ojales, de modo que la tienda de campaña forme un todo. [12] Y como las cortinas de la tienda son más largas, la mitad de la parte sobrante quedará colgando a espaldas del santuario. [13] Así el santuario quedará cubierto por el largo sobrante, que colgará de los dos lados: cuarenta y cinco centímetros de un lado y cuarenta y cinco centímetros del otro.

z 25.30 Lv 24.5-8.   a 25.40 Hch 7.44; He 8.5.

14"Haz para la tienda de campaña una cubierta de pieles de carnero teñidas de rojo, y una cubierta de pieles finas para la parte superior.

15"Haz unas tablas de madera de acacia, para el santuario, y ponlas bien derechas. 16Cada tabla debe medir cuatro metros y medio de largo por sesenta y cinco centímetros de ancho, 17y tener dos espigas para que cada tabla quede ensamblada con la otra. Haz así todas las tablas para el santuario. 18Cuando las hagas, haz veinte tablas para el lado sur, 19y pon cuarenta bases de plata debajo de ellas. Cada tabla debe tener dos bases debajo, para sus dos espigas.

20"También para el otro lado del santuario, o sea el lado norte, harás veinte tablas 21con sus cuarenta bases de plata, para que debajo de cada tabla haya dos bases. 22Para la parte posterior del santuario, o sea el lado oeste, haz seis tablas, 23y dos tablas más para las esquinas de la parte posterior. 24Estas tablas deben formar pareja y quedar unidas por la parte de arriba hasta el primer anillo. Así ha de hacerse con las dos tablas para las dos esquinas. 25Habrá entonces ocho tablas con sus correspondientes dieciséis bases de plata, o sea dos bases debajo de cada tabla.

26"Haz cinco travesaños de madera de acacia para las tablas de un lado del santuario, 27cinco travesaños para las tablas del otro lado y otros cinco travesaños para las tablas de la parte trasera, la que da al oeste. 28El travesaño central tiene que pasar de un lado a otro, a la mitad de las tablas. 29Después recubre de oro las tablas, y hazles argollas de oro para que los travesaños, ya recubiertos de oro, pasen a través de ellas. 30En fin, construye el santuario exactamente igual al modelo que se te mostró en el monte.

31"Haz un velo de tela morada, tela de púrpura, tela roja y lino torcido, y borda artísticamente dos seres alados en él. 32Y luego, con unos ganchos de oro, cuélgalo de cuatro postes de madera de acacia, que deben estar recubiertos de oro, y sobre cuatro bases de plata. 33Cuelga entonces el velo debajo de los ganchos, y allí, tras el velo, pon el cofre del pacto. Así la cortina les servirá a ustedes de división entre el Lugar Santo y el Lugar Santísimo.[b] 34Coloca después la tapa sobre el cofre del pacto, en el Lugar Santísimo. 35Pon la mesa fuera del velo, en el lado norte del santuario, y el candelabro en el lado sur, frente a la mesa.

36"Haz para la entrada de la tienda de campaña una cortina de tela morada, tela de púrpura, tela roja y lino torcido, bordada artísticamente. 37Haz también, para la cortina, cinco postes de madera de acacia recubiertos de oro, con sus ganchos de oro, y funde cinco bases de bronce para los postes.

## El altar de bronce
### (Ex 38.1-7)

27 1"Haz un altar cuadrado, de madera de acacia, que mida dos metros y veinticinco centímetros por cada lado, y un metro y veinticinco centímetros de alto. 2Hazle cuatro cuernos para sus cuatro esquinas, los cuales deben formar una sola pieza con el altar, y recubre de bronce el altar. 3Todos los utensilios del altar han de ser de bronce: los ceniceros, las palas, los tazones, los tenedores y los braseros. 4Hazle también una rejilla de bronce, y pon cuatro argollas de bronce en las cuatro esquinas de la rejilla. 5Coloca después la rejilla debajo del borde del altar, para que quede a media altura del altar. 6Haz también para el altar unos travesaños de madera de acacia, y recúbrelos de bronce. 7Los travesaños deben pasar a través de las argollas y quedarse en los dos costados del altar, para que se pueda transportar. 8El altar ha de ser hueco y de madera, igual al que viste en el monte.

## El patio del santuario
### (Ex 38.9-20)

9"Haz un patio para el santuario. Por el lado sur, el patio debe tener cortinas de lino torcido, extendidas a lo largo de cuarenta y cinco metros. 10Sus veinte postes y sus veinte bases serán de bronce, y sus ganchos y anillos serán de plata. 11Asimismo, por el lado norte, deberá haber cortinas a lo largo de cuarenta y cinco metros, con sus veinte postes y veinte bases de bronce, y sus ganchos y anillos de plata. 12Por el lado occidental habrá veintidós metros y medio de cortinas, extendidas a lo ancho del patio, con diez postes y diez bases. 13Por el lado oriental, a lo ancho del patio, habrá también veintidós metros y medio de cortinas. 14De un lado de la entrada habrá unos siete metros de cortinas, con tres postes y tres bases; 15y del otro lado, también unos siete metros de cortinas, con tres postes y tres bases. [16]En la entrada misma del patio deberá haber nueve metros de cortinas de tela morada, tela de púrpura, tela roja y lino torcido, bordadas artísticamente, con cuatro postes y cuatro bases. [17]Todos los postes alrededor del patio deberán tener anillos de plata, ganchos de plata y bases de bronce. [18]El patio medirá cuarenta y cinco metros de largo, veintidós metros y medio de ancho por los dos lados, y dos metros y veinticinco centímetros de alto. Las cortinas serán de lino torcido, y las bases de bronce. [19]Todas las cosas necesarias para el culto en el santuario serán de bronce, lo mismo que todas sus estacas y las estacas del patio.

### El aceite para las lámparas
#### (Lv 24.1-4)

[20]"Ordena a los israelitas que te traigan aceite puro de oliva, para mantener las lámparas siempre encendidas. [21]Aarón y sus hijos se encargarán de arreglar las lámparas, para que ardan delante del Señor toda la noche en la Tienda del encuentro con Dios, fuera del velo que está junto al cofre del pacto. Esta es una ley permanente para los israelitas y sus descendientes.

### Las ropas de los sacerdotes
#### (Ex 39.1-31)

**28** [1]"De entre los israelitas, mantén cerca de ti a tu hermano Aarón y a sus hijos Nadab, Abiú, Eleazar e Itamar, para que sean mis sacerdotes. [2]Haz para tu hermano Aarón ropas especiales, que le den esplendor y belleza. [3]Habla tú con todos los que tengan mayores aptitudes, con aquellos a quienes he llenado de cualidades artísticas, para que hagan las ropas de Aarón y así él sea consagrado como mi sacerdote. [4]Las ropas que han de hacer son éstas: el pectoral, el efod, la capa, la túnica bordada, el turbante de lino y el cinturón. Así que harán ropas especiales para tu hermano Aarón y para sus hijos, para que oficien como sacerdotes míos. [5]Los que hagan las ropas deberán usar oro, tela morada, tela de púrpura, tela roja y lino torcido.

[6]"El efod ha de ser de oro, tela morada, tela de púrpura, tela roja y lino torcido, bordado artísticamente [7]y con dos

tirantes unidos a sus dos extremos. [8]El cinturón que va sobre el efod para sujetarlo, formará una sola pieza con él, y será también de oro, tela morada, tela de púrpura, tela roja y lino torcido.

[9]"Toma luego dos piedras de cornalina, y graba en ellas los nombres de los hijos de Israel, [10]en el orden en que nacieron; seis nombres en una piedra y seis nombres en la otra. [11]El grabado de los nombres en las piedras lo hará un joyero, a la manera del grabado de un sello. Monta luego las dos piedras en monturas de oro, [12]y ponlas sobre los tirantes del efod, como piedras para recordar a los hijos de Israel. Así Aarón llevará sobre sus hombros los nombres de ellos ante el Señor, para recordarlos. [13]Las monturas hazlas de oro; [14]haz luego una cadena con dos cordones de oro puro, y ponla alrededor de las monturas.

[15]"El pectoral, con los instrumentos del juicio, lo harás de la misma manera que el efod, es decir, bordado artísticamente. Hazlo de oro, tela morada, tela de púrpura, tela roja y lino torcido, [16]doble y cuadrado, de veintidós centímetros por cada lado. [17]Cúbrelo de piedras preciosas distribuidas en cuatro hileras. La primera hilera debe tener un rubí, un crisólito y una esmeralda; [18]la segunda, un granate, un zafiro y un jade; [19]la tercera, un jacinto, una ágata y una amatista; [20]y la cuarta, un topacio, una cornalina y un jaspe.[22] Las piedras deben estar montadas en monturas de oro, [21]y tienen que ser doce, pues doce son los nombres de los hijos de Israel. En cada piedra se grabará, en forma de sello, el nombre de una de las doce tribus.

[22]"Haz para el pectoral unas cadenas de oro puro, torcidas como cordones. [23]Haz también dos argollas de oro, y ponlas en los dos extremos del pectoral; [24]pon luego las dos cadenas de oro en las dos argollas que están en los dos extremos superiores del pectoral, [25]y pon las dos puntas de las dos cadenas sobre las dos monturas, asegurándolas sobre los tirantes del efod por su parte delantera. [26]Haz otras dos argollas de oro, y ponlas en los dos extremos inferiores del pectoral, sobre la orilla interior que queda junto al efod. [27]Haz dos argollas más de oro, y ponlas en la parte delantera de los tirantes del efod, pero por debajo, junto a las costuras y un poco arriba del cinturón del

[22] La identificación de algunas de estas doce piedras es dudosa.

efod. [28]Entonces se unirán las argollas del pectoral a las argollas del efod con un cordón morado, para que el pectoral quede arriba del cinturón del efod y no se separe del mismo. [29]Y así, cuando Aarón entre en el santuario llevando puesto el pectoral con los instrumentos del juicio, llevará también sobre su pecho los nombres de los hijos de Israel ante la presencia del Señor, para que él los recuerde siempre. [30]Pon en el pectoral el Urim y el Tumim,[c] que son los instrumentos del juicio, para que Aarón los lleve sobre su pecho cuando se presente ante el Señor. Así Aarón llevará siempre, sobre su pecho, los instrumentos del juicio ante el Señor.

[31]"Haz de tela morada toda la capa del efod, [32]con una abertura en el centro para la cabeza. En la orilla de la abertura debe hacérsele un dobladillo, como el que tienen los chalecos de cuero, para que no se rompa. [33]Adorna el borde de la capa con granadas de tela morada, tela de púrpura y tela roja, combinadas con campanitas de oro alrededor de todo el borde; [34]es decir, que irá una campanita de oro y luego una granada, otra campanita de oro y otra granada, y así por todo el borde de la capa. [35]Aarón debe llevar puesta la capa cuando oficie como sacerdote, para que cuando entre en el santuario ante el Señor, o cuando salga, se oiga el sonido de las campanas y así él no muera. *

[36]"Haz una placa de oro puro, y graba en ella, como si fuera un sello, las palabras 'Consagrado al Señor'. [37]Pon la placa en el turbante, por la parte delantera, atada con un cordón morado para que quede fija. [38]Así estará siempre sobre la frente de Aarón, y Aarón cargará con las faltas que cometan los israelitas en las cosas santas y cuando consagren sus ofrendas; pero la placa hará que el Señor acepte las ofrendas.

[39]"Haz la túnica bordada y de lino, y haz también de lino el turbante. El cinturón ha de ser bordado artísticamente. [40]A los hijos de Aarón hazles túnicas, cinturones y turbantes que les den esplendor y belleza.

[41]"Así deberás vestir a tu hermano Aarón y a sus hijos, y luego derramarás aceite sobre su cabeza para darles plena autoridad y consagrarlos como sacerdotes míos. [42]Hazles también calzoncillos de lino que les cubran de la cintura a los muslos, [43]y que Aarón y sus hijos los lleven puestos cuando entren en la Tienda del Encuentro, o cuando se acerquen al altar, mientras oficien como sacerdotes en el santuario, para que no cometan ninguna falta y mueran. Esta es una ley permanente para él y sus descendientes.

## Consagración de los sacerdotes
### (Lv 8.1-36)

**29** [1]"Para consagrarlos como mis sacerdotes, esto es lo que debes hacer con ellos: toma un becerro y dos carneros que no tengan ningún defecto; [2]con la mejor harina de trigo, haz panes y tortas sin levadura, amasadas con aceite, y hojuelas sin levadura rociadas con aceite, [3]y ponlos en un canastillo para llevarlos al santuario, junto con el becerro y los dos carneros. [4]Luego lleva a Aarón y a sus hijos a la entrada de la Tienda del Encuentro, y haz que se bañen; [5]toma después las ropas sacerdotales, y viste a Aarón con la túnica y la capa del efod, y con el efod mismo y el pectoral. Ajústale el cinturón del efod; [6]ponle el turbante en la cabeza y, sobre el turbante, la placa que lo consagra como sacerdote. [7]Toma entonces el aceite de consagrar, y consagra a Aarón como sacerdote, derramando el aceite sobre su cabeza. [8]Haz también que se acerquen sus hijos, y vístelos con las túnicas. [9]Tanto a Aarón como a ellos les ajustarás el cinturón y les acomodarás el turbante. De esta manera les darás plena autoridad, y su sacerdocio será una ley permanente.

[10]"Después lleva el becerro hasta la Tienda del Encuentro, para que Aarón y sus hijos pongan las manos sobre la cabeza del animal, [11]y allí, ante el Señor, a la entrada de la Tienda del Encuentro, mata al becerro. [12]Toma entonces con el dedo un poco de su sangre y úntala en los cuernos del altar, y derrama al pie del altar toda la sangre que quede. [13]A los intestinos, hígados y riñones, quítales la grasa de que están cubiertos, y quémala en el altar; [14]pero la carne, la piel y el estiércol del becerro, quémalos en las afueras del campamento, pues es un sacrificio por el pecado.

[15]"Toma uno de los dos carneros, y que Aarón y sus hijos le pongan las manos sobre la cabeza. [16]Después mátalo, y rocía su sangre sobre el altar y alrededor del altar; [17]luego córtalo en pedazos, lava sus intestinos y sus patas, y ponlas junto con

c **28.30** Nm 27.21; Esd 2.63; Neh 7.65.   * **28.33-35** Eclo 45.9.

los pedazos y la cabeza. [18]Entonces ofrece el carnero sobre el altar como holocausto en honor del Señor, como ofrenda quemada de olor agradable.[d]

[19]"Toma entonces el otro carnero, y que Aarón y sus hijos le pongan las manos sobre la cabeza. [20]Mata el carnero, toma un poco de su sangre y pónsela a Aarón y a sus hijos en la parte inferior de la oreja derecha, en el pulgar de la mano derecha y en el dedo gordo del pie derecho. Luego rocía el resto de la sangre del carnero sobre el altar y alrededor del altar. [21]Y de la sangre que quede sobre el altar, y del aceite para consagrar, toma un poco y rocíalos sobre Aarón y sobre su ropa, y sobre sus hijos y la ropa de ellos. Así quedarán consagrados Aarón y sus hijos, lo mismo que sus ropas.

[22]"Después toma la grasa que el carnero tiene en la cola[23] y sobre los intestinos y en el hígado, y toma también sus dos riñones y la grasa que los cubre, y su muslo derecho, porque es un carnero para la consagración de sacerdotes. [23]De los panes sin levadura que están en un canastillo ante el Señor, toma un pan redondo, un pan amasado con aceite y una hojuela; [24]pon todo esto en las manos de Aarón y de sus hijos, y celebra el rito de presentación ante el Señor. [25]Luego retira esto de sus manos y quémalo en el altar, junto con el holocausto de aroma agradable al Señor. Es una ofrenda quemada en honor del Señor.

[26]"Para la consagración de Aarón, toma también el pecho del carnero y celebra el rito de presentación ante el Señor. A ti te tocará esa parte. [27]Aparta el pecho presentado como ofrenda especial en ese rito, y el muslo que se ofrece como contribución, pues son las partes que del carnero de la consagración se reservan para Aarón y sus hijos. [28]Eso será para Aarón y sus hijos. Es una ley permanente para los israelitas: esta ofrenda será una contribución hecha por los israelitas como sacrificio de reconciliación al Señor.

[29]"La ropa sagrada de Aarón la heredarán sus descendientes cuando sean consagrados y reciban plena autoridad como sacerdotes. [30]Y el sacerdote descendiente de Aarón que ocupe su lugar y que entre en la Tienda del Encuentro para oficiar en el santuario, deberá llevar puesta esa ropa durante siete días.

[31]"Toma después el carnero de la consagración, y cuece su carne en un lugar sagrado. [32]Aarón y sus descendientes comerán la carne del carnero y el pan del canastillo, a la entrada de la Tienda del Encuentro. [33]Los comerán porque fueron ofrecidos para obtener el perdón de sus pecados, cuando fueron consagrados y recibieron plena autoridad como sacerdotes. Pero ningún extraño deberá comer de estas cosas, porque son sagradas. [34]Y si para el día siguiente queda algo del pan y de la carne de la consagración, quema lo que haya quedado, y que nadie lo coma, porque es sagrado.

[35]"Haz todo esto con Aarón y sus hijos, de acuerdo con todas mis instrucciones. Dedica siete días a investirlos de autoridad, [36]y ofrece cada día un becerro como sacrificio para obtener el perdón de los pecados; purifica el altar, ofreciendo sobre él un sacrificio por el pecado, y derrama aceite sobre él, para consagrarlo. [37]Durante siete días ofrecerás sobre el altar sacrificios por el pecado; así lo consagrarás a Dios, y será un altar santísimo: cualquier cosa que toque el altar quedará consagrada.

## Las ofrendas diarias
### (Nm 28.1-8)

[38]"Diariamente y sin falta debes ofrecer sobre el altar dos corderos de un año. [39]Uno de ellos lo ofrecerás por la mañana, y el otro lo ofrecerás al atardecer. [40]Con el primer cordero ofrecerás unos dos kilos de la mejor harina, mezclada con un litro de aceite de oliva, y derramarás como ofrenda un litro de vino. [41]Lo mismo harás al atardecer con el otro cordero y con las ofrendas de harina y de vino, ofrendas quemadas de aroma agradable al Señor. [42]Estas ofrendas quemadas en mi honor son las que de padres a hijos se ofrecerán siempre en mi presencia, a la entrada de la Tienda del Encuentro, que es donde me encontraré contigo para hablarte. [43]Allí me encontraré con los israelitas, y el lugar quedará consagrado por mi presencia. [44]Consagraré la Tienda del Encuentro y el altar, y consagraré también a Aarón y a sus hijos como sacerdotes míos. [45]Yo viviré entre los israelitas, y seré su Dios. [46]Así sabrán que yo soy el Señor su Dios, el que los sacó de Egipto para vivir entre ellos. Yo soy el Señor su Dios.

---

[23] Se refiere a una especie del carnero oriental que tiene la cola muy ancha y llena de gordura.
[d] 29.18 Ef 5.2; Fil 4.18.

## El altar del incienso
*(Ex 37.25-28)*

**30** ¹"Haz también un altar de madera de acacia, para quemar incienso. ²Tiene que ser cuadrado, de cuarenta y cinco centímetros de largo por cuarenta y cinco centímetros de ancho, y de noventa centímetros de altura, y los cuernos del altar deben formar una sola pieza con el altar mismo. ³Recubre de oro puro su parte superior, sus cuatro lados y sus cuernos, y ponle un ribete de oro alrededor. ⁴Ponle también unas argollas de oro debajo del ribete, dos en las esquinas de un lado y dos en las esquinas del otro, para pasar por ellas los travesaños con que va a ser transportado. ⁵Haz los travesaños de madera de acacia, y recúbrelos de oro. ⁶Pon luego el altar ante el velo que está junto al cofre del pacto, ante la tapa que lo cubre, donde yo me encontraré contigo. ⁷Todas las mañanas, a la hora de preparar las lámparas, Aarón quemará incienso aromático sobre este altar, ⁸y lo quemará también al atardecer, a la hora de encender las lámparas. Esto se hará en la presencia del Señor siempre, a través de los siglos. ⁹No ofrezcas sobre este altar ningún otro incienso, ni holocaustos, ni ofrendas de cereales, ni tampoco ofrendas de vino derramado. ¹⁰Este altar estará completamente consagrado al Señor, y una vez al año ofrecerá Aarón sobre los cuernos del altar la sangre del sacrificio para obtener el perdón de los pecados. Una vez al año, todos los años, sobre este altar se ofrecerá el sacrificio para obtener el perdón de los pecados."

## El rescate por la vida

¹¹El Señor se dirigió a Moisés y le dijo: ¹²"Cuando hagas un censo de los israelitas, cada uno de ellos deberá dar una contribución al Señor como rescate por su vida, a fin de que no haya ninguna plaga mortal con motivo del censo. ¹³Todo el que sea registrado dará como contribución al Señor cinco gramos de plata,ᵉ que es la mitad del peso oficial del santuario. ¹⁴Todos los registrados de veinte años para arriba darán esta contribución al Señor, ¹⁵y al dar cada uno al Señor el rescate por su vida, ni el rico dará más de cinco gramos de plata, ni el pobre menos de cinco. ¹⁶Así que recogerás la plata que los israelitas den como rescate por su

vida, y la entregarás para el culto de la Tienda del Encuentro. Eso hará que el Señor se acuerde de los israelitas, y de que dieron el rescate por su vida."

## La palangana de bronce
*(Ex 38.8)*

¹⁷El Señor se dirigió a Moisés y le dijo: ¹⁸"Haz una palangana de bronce, con su base del mismo metal,ᶠ que sirva para lavarse; ponla entre la Tienda del Encuentro y el altar, y llénala de agua. ¹⁹Aarón y sus hijos sacarán agua de allí para lavarse las manos y los pies. ²⁰Y se los lavarán cuando entren en la Tienda del Encuentro, y cuando se acerquen al altar para oficiar y presentar al Señor la ofrenda quemada. Así no morirán. ²¹Para que no mueran, deberán lavarse las manos y los pies. Esta será una ley permanente a través de los siglos para Aarón y sus descendientes."

## El aceite de consagrar
*(Ex 37.29)*

²²El Señor se dirigió a Moisés y le dijo: ²³"Escoge tú mismo las mejores plantas aromáticas: unos seis kilos de la mejor mirra, unos tres kilos de canela y unos tres kilos de caña aromática; ²⁴unos seis kilos de casia —pesados según el peso oficial del santuario— y tres litros y medio de aceite de oliva. ²⁵Haz con todo esto el aceite santo de consagrar, de la misma manera que un perfumero prepara sus perfumes. Este será el aceite santo de consagrar, ²⁶y deberás derramarlo sobre la Tienda del Encuentro, el cofre del pacto, ²⁷la mesa con todos sus utensilios, el candelabro con sus utensilios, el altar del incienso, ²⁸el altar de los holocaustos con todos sus utensilios, y la palangana con su base. ²⁹Así los consagrarás y serán cosas santísimas; cualquier cosa que las toque, quedará consagrada.

³⁰"Derrama también de ese aceite sobre Aarón y sus hijos, para consagrarlos como mis sacerdotes, ³¹y di a los israelitas lo siguiente: 'A través de los siglos, éste será mi aceite santo de consagrar. ³²No lo derramen sobre cualquier hombre común, ni preparen otro aceite igual a éste. Es un aceite santo, y como cosa santa deben tratarlo. ³³Si alguien prepara un aceite igual a éste, o lo derrama sobre cualquier extraño, será eliminado de entre su gente.' "

---

ᵉ **30.13** Ex 38.25-26; Mt 17.24.   ᶠ **30.18** Ex 38.8.

### El incienso
*(Ex 37.29)*

34El Señor le dijo a Moisés:

"Toma una misma cantidad de las siguientes especias: resina, uña aromática, incienso puro y gálbano aromático, 35y prepara con ellas un incienso puro y santo, mezclándolo todo bien, como un perfumero al hacer sus perfumes. 36Muele muy fina una parte, y ponla ante el cofre del pacto, en la Tienda del Encuentro, o sea donde yo me encontraré contigo. Este incienso será de lo más sagrado para ustedes, 37y no deben preparar para su propio uso otro incienso igual a éste que has preparado. Es del Señor, y para ti será una cosa sagrada. 38El que prepare un incienso igual para disfrutar de su aroma, será eliminado de entre su gente."g

### Los artesanos para el santuario
*(Ex 35.30; 36.1)*

31 1El Señor se dirigió a Moisés y le dijo:

2"Mira, de la tribu de Judá he escogido a Bezaleel, hijo de Uri y nieto de Hur, 3y lo he llenado del espíritu de Dios, y de sabiduría, entendimiento, conocimientos y capacidad creativa, 4para hacer diseños y trabajos en oro, plata y bronce, 5para tallar y montar piedras preciosas, para tallar madera y para hacer cualquier trabajo artístico. 6Le he puesto como ayudante a Aholiab, hijo de Ahisamac, que es de la tribu de Dan. Y a todos los sabios les he dado más sabiduría, a fin de que hagan todo lo que te he ordenado: 7la Tienda del Encuentro, el cofre del pacto, la tapa que va sobre el cofre, todos los utensilios de la Tienda, 8la mesa con sus utensilios, el candelabro de oro puro con sus utensilios, el altar del incienso, 9el altar de los holocaustos con sus utensilios, la palangana con su base, 10la ropa tejida, es decir, la ropa especial del sacerdote Aarón y la ropa de sus hijos para cuando oficien como sacerdotes, 11el aceite de consagrar y el incienso aromático para el santuario. Ellos deben hacerlo todo tal como te lo he ordenado."

### El día de reposo
*(Ex 35.1-3)*

12El Señor se dirigió a Moisés y le dijo: 13"Habla tú mismo con los israelitas y diles lo siguiente: 'Deben respetar mis días de reposo,24 porque ésa es la señal entre ustedes y yo a través de los siglos, para que se sepa que yo, el Señor, los he escogido a ustedes. 14El día de reposo24 será sagrado para ustedes, y deberán respetarlo. El que no respete ese día, será condenado a muerte. Además, la persona que trabaje en ese día será eliminada de entre su gente. 15Se podrá trabajar durante seis días, pero el día séptimo será día de reposo24 consagrado al Señor.h Cualquiera que trabaje en el día de reposo,24 será condenado a muerte.' 16Así que los israelitas han de respetar la práctica del día de reposo24 como un pacto eterno a través de los siglos. 17Será una señal permanente entre los israelitas y yo."

Porque el Señor hizo el cielo y la tierra en seis días, y el día séptimo dejó de trabajar y descansó.i

### El becerro de oro
*(Dt 9.6-29)*

18Cuando el Señor dejó de hablar con Moisés en el monte Sinaí, le entregó dos tablas de piedra con la ley escrita por el dedo mismo de Dios.

32 1Al ver los israelitas que Moisés tardaba en bajar del monte, se juntaron alrededor de Aarón y le dijeron:

—Anda, haznos dioses que nos guíen, porque no sabemos qué le ha pasado a este Moisés que nos sacó de Egipto.j

2Y Aarón les contestó:

—Quítenles a sus mujeres, hijos e hijas, los aretes de oro que llevan en las orejas, y tráiganmelos aquí.

3Todos se quitaron los aretes de oro que llevaban en las orejas, y se los llevaron a Aarón, 4quien lo recibió, y fundió el oro, y con un cincel lo trabajó hasta darle la forma de un becerro.k Entonces todos dijeron:

—¡Israel, éste es tu dios, que te sacó de Egipto!

5Cuando Aarón vio esto, construyó un altar ante el becerro, y luego gritó:

—¡Mañana haremos fiesta en honor del Señor!

6Al día siguiente por la mañana se levantaron y ofrecieron holocaustos y sacrificios de reconciliación. Después el pueblo se sentó a comer y beber, y luego se levantaron a divertirse.l 7Entonces el

---

24 *Día de reposo:* aquí equivale a *sábado.*
g 30.22-38 Ex 37.29. h 31.15 Ex 20.8-11; 23.12; 34.21; 35.2; Lv 23.3; Dt 5.12-14. i 31.17 Ex 20.11. j 32.1 Hch 7.40.
k 32.4 Hch 7.41. l 32.6 1 Co 10.7.

Señor le dijo a Moisés:

—Anda, baja, porque tu pueblo, el que sacaste de Egipto, se ha echado a perder. 8Muy pronto se han apartado del camino que yo les ordené seguir. Se han hecho un becerro de oro fundido, y lo están adorándo y presentándole ofrendas; y dicen: '¡Israel, éste es tu dios, que te sacó de Egipto!'

9Además, el Señor le dijo a Moisés:

—Me he fijado en esta gente, y me he dado cuenta de que son muy tercos. 10¡Ahora déjame en paz, que estoy ardiendo de enojo y voy a acabar con ellos! Pero de ti voy a hacer una gran nación.

11Moisés, sin embargo, trató de calmar al Señor su Dios con estas palabras:

—Señor, ¿por qué vas a arder de enojo contra tu pueblo, el que tú mismo sacaste de Egipto con gran despliegue de poder? 12¿Cómo vas a dejar que digan los egipcios: 'Dios los sacó con la mala intención de matarlos en las montañas, para borrarlos de la superficie de la tierra'? Deja ya de arder de enojo; renuncia a la idea de hacer daño a tu pueblo. 13Acuérdate de tus siervos Abraham, Isaac e Israel, a quienes juraste por ti mismo y les dijiste: 'Haré que los descendientes de ustedes sean tan numerosos como las estrellas del cielo,*m* y toda esta tierra que les he prometido a ustedes se la daré como su herencia para siempre.'*n*

14El Señor renunció a la idea que había expresado de hacer daño a su pueblo.*ñ* 15Entonces Moisés se dispuso a bajar del monte, trayendo en sus manos las dos tablas de la ley, las cuales estaban escritas por los dos lados. 16Dios mismo había hecho las tablas, y Dios mismo había grabado lo que estaba escrito en ellas.

17Cuando Josué escuchó los gritos de la gente, le dijo a Moisés:

—Se oyen gritos de guerra en el campamento.

18Pero Moisés contestó:

—No son cantos alegres de victoria, ni son cantos tristes de derrota; son otros cantos los que escucho.

19En cuanto Moisés se acercó al campamento y vio el becerro y los bailes, ardió de enojo y arrojó de sus manos las tablas, haciéndolas pedazos al pie del monte; 20en seguida agarró el becerro y lo arrojó al fuego, luego lo molió hasta hacerlo polvo, y el polvo lo roció sobre el agua; entonces hizo que los israelitas bebieran de aquella agua. 21Y le dijo a Aarón:

—¿Qué te hizo este pueblo, que le has hecho cometer un pecado tan grande?

22Y Aarón contestó:

—Señor mío, no te enojes conmigo. Tú bien sabes que a esta gente le gusta hacer lo malo. 23Ellos me dijeron: 'Haznos un dios que nos guíe, porque no sabemos qué pudo haberle pasado a este Moisés que nos sacó de Egipto.' 24Yo les contesté: 'El que tenga oro, que lo aparte.' Ellos me dieron el oro, yo lo eché en el fuego, ¡y salió este becerro!

25Moisés se fijó en que el pueblo estaba desenfrenado y expuesto a las burlas de sus enemigos, pues Aarón no lo había controlado, 26así que se puso de pie a la entrada del campamento y dijo:

—Los que estén de parte del Señor, júntense conmigo.

Y todos los levitas se le unieron. 27Entonces Moisés les dijo:

—Así dice el Señor, el Dios de Israel: 'Tome cada uno de ustedes la espada, regresen al campamento, y vayan de puerta en puerta, matando cada uno de ustedes a su hermano, amigo o vecino.'

28Los levitas cumplieron las órdenes de Moisés, y ese día murieron como tres mil hombres. 29Entonces Moisés dijo:

—Hoy reciben ustedes plena autoridad ante el Señor, por haberse opuesto unos a su hijo y otros a su hermano. Así que hoy el Señor los bendice.

30Al día siguiente, Moisés dijo a la gente:

—Ustedes han cometido un gran pecado. Ahora voy a tener que subir a donde está el Señor, a ver si consigo que los perdone.

31Y así Moisés volvió a donde estaba el Señor, y le dijo:

—Realmente el pueblo cometió un gran pecado al hacerse un dios de oro. 32Yo te ruego que los perdones; pero si no los perdonas, ¡borra mi nombre del libro que has escrito!*o*

33Pero el Señor le contestó:

—Sólo borraré de mi libro al que peque contra mí. 34Así que, anda, lleva al pueblo al lugar que te dije. Mi ángel te guiará. Y cuando llegue el día del castigo, yo los castigaré por su pecado.

---

*m* 32.13 Gn 22.16-17.  *n* 32.13 Gn 17.8.  *ñ* 32.11-14 Nm 14.13-19.  *o* 32.32 Sal 69.28; Ap 3.5.

[35]Y el Señor envió una plaga sobre el pueblo por haber adorado al becerro que Aarón les hizo.

## El Señor ordena seguir adelante

**33** [1]El Señor le dijo a Moisés:

—Anda, vete de aquí con el pueblo que sacaste de Egipto. Vayan a la tierra que prometí a Abraham,[p] Isaac[q] y Jacob[r] que daría a sus descendientes. [2]Yo enviaré mi ángel para que te guíe, y echaré fuera del país a los cananeos, amorreos, hititas, ferezeos, heveos y jebuseos. [3]Vayan a la tierra donde la leche y la miel corren como el agua. Pero yo no iré entre ustedes, no vaya a ser que los destruya en el camino, pues ustedes son gente muy terca.

[4]El pueblo se entristeció al escuchar estas duras palabras, y nadie se puso sus joyas, [5]pues el Señor le había dicho a Moisés:

—Diles a los israelitas: 'Ustedes son gente muy terca. ¡Si yo estuviera entre ustedes aun por un momento, terminaría por destruirlos! Quítense ahora mismo sus joyas, y ya veré entonces qué hacer con ustedes.'

[6]Y así, a partir del monte Horeb, los israelitas dejaron de usar sus joyas.

## La Tienda del encuentro con Dios

[7]Moisés tomó la tienda de campaña y la puso a cierta distancia fuera del campamento, y la llamó Tienda del encuentro con Dios. Cuando alguien quería consultar al Señor, iba a la Tienda, la cual estaba fuera del campamento. [8]Y cuando Moisés iba a la Tienda, toda la gente se levantaba y permanecía de pie a la entrada de su propia tienda de campaña, siguiendo a Moisés con la mirada hasta que éste entraba en la Tienda. [9]En cuanto Moisés entraba en ella, la columna de nube bajaba y se detenía a la entrada de la Tienda, mientras el Señor hablaba a Moisés. [10]Y cuando la gente veía que la columna de nube se detenía a la entrada de la Tienda, cada uno se arrodillaba a la entrada de su propia tienda en actitud de adoración.

[11]Dios hablaba con Moisés cara a cara, como quien habla con un amigo, y después Moisés regresaba al campamento. Pero su ayudante, el joven Josué, hijo de Nun, nunca se apartaba del interior de la Tienda.

## El Señor muestra su gloria a Moisés

[12]Moisés le dijo al Señor:

—Mira, tú me pides que yo dirija a este pueblo, pero no me dices a quién vas a enviar conmigo. También dices que tienes mucha confianza en mí y que me he ganado tu favor. [13]Pues si esto es cierto, hazme saber tus planes, para que yo pueda tener confianza en ti y pueda seguir contando con tu favor. Ten en cuenta que este pueblo es tu pueblo.

[14]—Yo mismo te acompañaré y te haré descansar —dijo el Señor.

[15]Pero Moisés le respondió:

—Si tú mismo no vas a acompañarnos, no nos hagas salir de aquí. [16]Porque si tú no nos acompañas, ¿de qué otra manera podrá saberse que tu pueblo y yo contamos con tu favor? Sólo así tu pueblo y yo podremos distinguirnos de todos los otros pueblos de la tierra.

[17]—Esto que has dicho también lo voy a hacer, porque tengo confianza en ti y te has ganado mi favor —le afirmó el Señor.

[18]—¡Déjame ver tu gloria! —suplicó Moisés.

[19]Pero el Señor contestó:

—Voy a hacer pasar toda mi bondad delante de ti, y delante de ti pronunciaré mi nombre.[25] Tendré misericordia de quien yo quiera, y tendré compasión también de quien yo quiera.[s] [20]Pero te aclaro que no podrás ver mi rostro, porque ningún hombre podrá verme y seguir viviendo.

[21]Dijo también el Señor:

—Mira, aquí junto a mí hay un lugar. Ponte de pie sobre la roca. [22]Cuando pase mi gloria, te pondré en un hueco de la roca y te cubriré con mi mano hasta que yo haya pasado. [23]Después quitaré mi mano, y podrás ver mis espaldas; pero mi rostro no debe ser visto.

## Las nuevas tablas de la ley
### (Dt 10.1-5)

**34** [1]El Señor le dijo a Moisés:

—Corta tú mismo dos tablas de piedra iguales a las primeras, para que yo escriba en ellas las mismas palabras que estaban escritas en las primeras tablas, las que hiciste pedazos. [2]Prepárate también para subir al monte Sinaí mañana por la mañana, y preséntate ante mí en la parte más alta del monte. [3]Nadie debe subir

---

[25] *Mi nombre:* lit. *el nombre del Señor.*
[p] 33.1 Gn 12.7.   [q] 33.1 Gn 26.3.   [r] 33.1 Gn 28.13.   [s] 33.19 Ro 9.15.

contigo, ni se debe ver a nadie por todo el monte; tampoco debe haber ovejas o vacas pastando frente al monte.

⁴Moisés cortó dos tablas de piedra iguales a las primeras. Al día siguiente, muy temprano, tomó las dos tablas de piedra y subió al monte Sinaí, tal como el Señor se lo había ordenado. ⁵Entonces el Señor bajó en una nube y estuvo allí con Moisés, y pronunció su propio nombre.²⁶ ⁶Pasó delante de Moisés, diciendo en voz alta:

—¡El Señor! ¡El Señor! ¡Dios tierno y compasivo, paciente y grande en amor y verdad! ⁷Por mil generaciones se mantiene fiel en su amor y perdona la maldad, la rebeldía y el pecado; pero no deja sin castigo al culpable, sino que castiga la maldad de los padres en los hijos y en los nietos, en los bisnietos y en los tataranietos.ᵗ

⁸Rápidamente Moisés se inclinó hasta tocar el suelo con la frente, y adoró al Señor ⁹diciendo:

—¡Señor! ¡Señor! Si en verdad me he ganado tu favor, acompáñanos. Esta gente es realmente muy terca, pero perdónanos nuestros pecados y maldad, y acéptanos como tu pueblo.

### El pacto renovado
#### (Dt 7.1-5)

¹⁰El Señor dijo:

"Pongan atención: yo hago ahora un pacto ante todo tu pueblo. Voy a hacer cosas maravillosas que no han sido hechas en ninguna otra nación de la tierra, y toda la gente entre la que ustedes se encuentran verá lo que el Señor puede hacer, pues será maravilloso lo que yo haré con ustedes.

¹¹"Cumplan lo que les he ordenado hoy, y yo arrojaré de la presencia de ustedes a los amorreos, cananeos, hititas, ferezeos, heveos y jebuseos.

¹²"No hagan ningún pacto con los que viven en el país al que van a entrar, para que no los hagan caer en sus redes. ¹³Al contrario, derriben sus altares y destrocen por completo sus piedras y troncos sagrados.²⁷,ᵘ

¹⁴"No adoren a ningún otro dios, porque el Señor es celoso. Su nombre es Dios celoso.

¹⁵"No hagan ningún pacto con los que viven en esa tierra, no sea que cuando ellos se rebajen a adorar a sus dioses y les presenten ofrendas, los inviten a ustedes y ustedes coman también de esas ofrendas, ¹⁶o casen ellos a sus hijas con los hijos de ustedes, y cuando ellas cometan inmoralidades al adorar a sus dioses, hagan que los hijos de ustedes también se rebajen a adorarlos.

¹⁷"Jamás se hagan ustedes ídolos de metal fundido.ᵛ

### Fiestas anuales
#### (Ex 23.14-19; Dt 16.1-17)

¹⁸"Celebren la fiesta del pan sin levaduraʷ y, de acuerdo con lo que les he ordenado, coman pan sin levadura durante siete días. La fecha señalada es el mes de Abib, porque en ese mes salieron de Egipto.

¹⁹"Todo primer hijo que ustedes tengan, será para mí,ˣ lo mismo que toda primera cría de sus vacas, ovejas y cabras, si la cría es un macho. ²⁰En el caso de la primera cría de una asna, deben dar un cordero o un cabrito en lugar del asno; pero si no lo dan, le romperán el cuello al asno. También deben dar una ofrenda en lugar de cada hijo mayor.ʸ Y nadie ha de venir a verme si no trae algo.

²¹"Trabajen durante seis días, pero el día séptimo deben descansar,ᶻ aun en tiempo de siembra o de cosecha.

²²"Celebren la fiesta de las Semanas, la de los primeros frutos de la cosecha de trigo,ᵃ y la de la cosecha de fin del año.ᵇ

²³"Todos los hombres se presentarán tres veces al año ante el Señor, el Dios de Israel. ²⁴Yo voy a arrojar de la presencia de ustedes a las demás naciones, y extenderé el territorio de ustedes. Así nadie tratará de adueñarse de su tierra mientras ustedes van a presentarse ante el Señor su Dios tres veces al año.

²⁵"En los sacrificios de animales, no ofrezcan juntos la sangre y el pan con levadura, ni guarden para el día siguiente lo que sobre del animal sacrificado en la Pascua.ᶜ

²⁶"Deben llevar los mejores primeros frutos de su tierra al templo del Señor su Dios.ᵈ

"No cocinen cabritos en la leche de su madre."ᵉ

---

²⁶ Véase nota en 33.19.  ²⁷ Los *troncos sagrados* eran una representación de la diosa *Asera* y, por lo tanto, se les daba el nombre de esa diosa.

ᵗ 34.6-7 Ex 20.5-6; Nm 14.18; Dt 5.9-10; 7.9-10.  ᵘ 34.13 Dt 16.21.  ᵛ 34.17 Ex 20.4; Lv 19.4; Dt 5.8; 27.15.  ʷ 34.18 Ex 12.14-20; Lv 23.6-8; Nm 28.16-25.  ˣ 34.19 Ex 13.2.  ʸ 34.20 Ex 13.13.  ᶻ 34.21 Ex 20.9-10; 23.12; 31.15; 35.2; Lv 23.3; Dt 5.13-14.  ᵃ 34.22 Lv 23.15-21; Nm 28.26-31.  ᵇ 34.22 Ex 23.39-43.  ᶜ 34.25 Ex 12.10.  ᵈ 34.26 Dt 26.2.  ᵉ 34.26 Dt 14.21.

### Moisés escribe la ley

²⁷El Señor le dijo a Moisés: "Escribe estas palabras, porque ellas son la base del pacto que yo hago contigo y con los israelitas."
²⁸Moisés se quedó allí con el Señor cuarenta días y cuarenta noches, sin comer ni beber. Allí escribió sobre las tablas las palabras del pacto, es decir, los diez mandamientos. ²⁹Después bajó Moisés del monte Sinaí llevando las dos tablas de la ley; pero al bajar del monte no se dio cuenta de que su cara resplandecía por haber hablado con el Señor. ³⁰Cuando Aarón y todos los israelitas vieron que la cara de Moisés resplandecía, sintieron miedo y no se acercaron a él. ³¹Pero Moisés los llamó, y cuando Aarón y todos los jefes de la comunidad volvieron a donde estaba Moisés, él habló con ellos. ³²Poco después se acercaron todos los israelitas, y Moisés les dio todas las órdenes que el Señor le había dado en el monte Sinaí. ³³Luego que terminó de hablar con ellos, se puso un velo sobre la cara.
³⁴Cuando Moisés entraba a la presencia del Señor para hablar con él, se quitaba el velo y se quedaba así hasta que salía. Entonces comunicaba a los israelitas las órdenes que había recibido del Señor. ³⁵Al ver los israelitas que la cara de Moisés resplandecía, él volvía a ponerse el velo sobre la cara, y se lo dejaba puesto hasta que entraba a hablar de nuevo con el Señor.ʃ

### Reglamento del día de reposo
#### (Ex 31.12-17)

**35** ¹Moisés reunió a toda la comunidad israelita y les dijo: "El Señor me ha dado órdenes de que se haga lo siguiente: ²Se podrá trabajar durante seis días, pero el día séptimo será para ustedes un día sagrado, de completo reposo en honor del Señor.ᵍ Cualquiera que en ese día trabaje, será condenado a muerte. ³Dondequiera que ustedes vivan, ni siquiera fuego deberán hacer en día de reposo."²⁸

### Ofrendas para el santuario
#### (Ex 25.1-9)

⁴Moisés se dirigió a toda la comunidad israelita, y les dijo: "Esto es lo que el Señor ha ordenado que se haga: ⁵Recojan entre ustedes una ofrenda para el Señor.

Todos los que quieran dar su ofrenda al Señor voluntariamente y de corazón, deben traer oro, plata, bronce, ⁶telas moradas, telas de púrpura y telas rojas, lino fino, pelo de cabra, ⁷pieles de carnero teñidas de rojo, pieles finas, madera de acacia, ⁸aceite para lámparas, perfumes para el aceite de consagrar y para el incienso aromático, ⁹piedras de cornalina y otras piedras finas para montarlas en el efod y el pectoral del sumo sacerdote.

### Los utensilios del santuario
#### (Ex 39.32-43)

¹⁰"Todos los que tengan capacidad artística, deben venir y hacer todo lo que el Señor ha ordenado: ¹¹el santuario con su tienda de campaña, la cubierta de la tienda de campaña, sus ganchos, sus tablas, sus travesaños, sus postes, sus bases, ¹²el cofre con los travesaños y la tapa, y el velo que lo cubre, ¹³la mesa con sus travesaños y todos sus utensilios, el pan que se consagra al Señor, ¹⁴el candelabro para el alumbrado, con sus utensilios y sus lámparas, el aceite para las lámparas, ¹⁵el altar del incienso con sus travesaños, el aceite de consagrar, el incienso aromático, la cortina para la entrada del santuario, ¹⁶el altar de los holocaustos con su rejilla de bronce, sus travesaños y todos sus utensilios, la palangana con su base, ¹⁷las cortinas para el patio, con sus postes y bases, la cortina para la entrada del patio, ¹⁸las estacas para el santuario y para el patio, con sus cuerdas, ¹⁹la ropa tejida para oficiar en el culto del santuario, la ropa sagrada del sacerdote Aarón, y la ropa sacerdotal de sus hijos."

### El pueblo trae la ofrenda

²⁰Toda la comunidad israelita se despidió de Moisés, ²¹y después, todos aquellos que se sintieron movidos de corazón y con sincera voluntad, volvieron con una ofrenda para el Señor, para que se hiciera la Tienda del Encuentro y todo lo que le era necesario, así como la ropa especial. ²²Vinieron hombres y mujeres, y todos ellos traían, voluntariamente y de corazón, prendedores, anillos, argollas, pendientes de oro y toda clase de artículos de oro. Cada uno trajo la ofrenda especial de oro que había dedicado al Señor. ²³Los que tenían tela morada, tela de púrpura y tela roja, lino fino, pelo de cabra, pieles

---

²⁸ *Día de reposo:* aquí equivale a *sábado.*
ʃ **34.29-35** 2 Co 3.7-16.    ᵍ **35.2** Ex 20.8-11; 23.12; 31.15; 34.21; Lv 23.3; Dt 5.12-14.

de carnero teñidas de rojo o pieles finas, lo traían. ²⁴Los que hacían una ofrenda de plata o de bronce, la traían ante el Señor; y los que tenían madera de acacia, la traían para que se hiciera todo lo necesario. ²⁵Las mujeres con capacidad artística para tejer a mano, traían sus tejidos de tela morada, tela de púrpura, tela roja y lino fino; ²⁶y las mujeres con capacidad artística y que sintieron deseos de hacerlo, torcieron pelo de cabra. ²⁷Los jefes trajeron piedras de cornalina y otras piedras finas para montarlas en el efod y el pectoral del sumo sacerdote, ²⁸perfume y aceite para el alumbrado, para el aceite de consagrar y para el incienso aromático. ²⁹Todos los hombres y mujeres israelitas que sintieron deseos de ayudar para que se hiciera lo que el Señor le había ordenado a Moisés, trajeron su ofrenda voluntaria al Señor.

## Los artesanos para el santuario
### (Ex 31.1-11)

³⁰Moisés les dijo a los israelitas: "Miren, de la tribu de Judá el Señor ha escogido a Bezaleel, que es hijo de Uri y nieto de Hur, ³¹y lo ha llenado del espíritu de Dios, y de sabiduría, entendimiento, conocimientos y capacidad creativa ³²para hacer diseños y trabajos en oro, plata y bronce, ³³para tallar y montar piedras preciosas, y para tallar madera y hacer cualquier trabajo artístico de diseño. ³⁴También le ha dado capacidad para enseñar. A él y a Aholiab, hijo de Ahisamac, que es de la tribu de Dan, ³⁵los ha llenado de capacidad artística para hacer cualquier trabajo de tallado y de diseño, y de bordado en tela morada, tela de púrpura, tela roja y lino fino, y para tejer cualquier labor de diseño artístico.

**36** ¹Así que Bezaleel y Aholiab, y todo el que tenga capacidad artística, y a quien el Señor le haya dado sabiduría y entendimiento para hacer bien todo lo necesario para el culto del santuario, llevarán a cabo lo que el Señor ha ordenado."

## La gente trae abundantes ofrendas

²Moisés llamó a Bezaleel y a Aholiab, y a todos los que tenían capacidad artística, y a quienes el Señor había dado esa capacidad y se habían ofrecido voluntariamente para ayudar en este trabajo. ³Ellos recibieron de manos de Moisés las ofrendas que los israelitas habían traído,

para comenzar a hacer lo necesario para el culto del santuario.

Mientras tanto, los israelitas seguían trayendo ofrendas voluntarias día tras día. ⁴Entonces los artesanos que estaban haciendo lo necesario para el santuario, suspendieron su trabajo y fueron ⁵a decirle a Moisés: "La gente está trayendo más de lo que se necesita para el trabajo que el Señor ordenó hacer."

⁶Moisés hizo correr por todo el campamento la voz de que ni hombres ni mujeres siguieran haciendo más labores como ofrendas para el santuario. Así se impidió que el pueblo siguiera trayendo ofrendas, ⁷pues no sólo había material suficiente para llevar a cabo el trabajo, sino que sobraba.

## Construcción del santuario
### (Ex 26.1-37)

⁸Los que tenían más capacidad artística que el resto de los trabajadores, hicieron el santuario. Lo hicieron de diez cortinas de lino torcido, tela morada, tela de púrpura y tela roja, en las que bordaron artísticamente dos seres alados. ⁹Cada cortina medía doce metros y medio de largo por dos de ancho. Todas medían lo mismo. ¹⁰Cinco cortinas las cosieron juntas, una sobre la otra, lo mismo que las otras cinco. ¹¹Luego pusieron unos ojales de cordón morado en el borde de la primera cortina de un grupo, y también en el borde de la última cortina del otro grupo. ¹²Tanto a la cortina del primer grupo como a la del segundo grupo les hicieron cincuenta ojales, de tal manera que los ojales quedaran uno frente al otro. ¹³También hicieron cincuenta ganchos de oro para enganchar un grupo de cortinas sobre el otro, y así el santuario formaba un todo.

¹⁴Bezaleel hizo también once cortinas de pelo de cabra para formar una tienda de campaña que cubriera el santuario. ¹⁵Cada cortina medía trece metros y medio de largo por dos de ancho. Todas medían lo mismo. ¹⁶Cosió cinco cortinas juntas por una parte, y seis por otra. ¹⁷Luego hizo cincuenta ojales en el borde de la cortina que cerraba el primer grupo, y otros cincuenta ojales en el borde de la última cortina del segundo grupo. ¹⁸También hizo cincuenta ganchos de bronce para unir completamente la tienda de campaña.

¹⁹Para la tienda de campaña, Bezaleel hizo una cubierta de pieles de carnero

teñidas de rojo, y para la parte superior hizo una cubierta de pieles finas. **20**Luego hizo las tablas de madera de acacia para el santuario, y las puso bien derechas. **21**Cada tabla medía cuatro metros y medio de largo por sesenta y cinco centímetros de ancho, **22**y tenía dos espigas para quedar ensamblada con otra tabla. Todas las tablas para el santuario las hizo así. **23**Hizo veinte tablas para el lado sur, **24**y puso cuarenta bases de plata debajo de ellas. Cada tabla tenía dos bases debajo, para sus dos espigas. **25**También para el otro lado del santuario, o sea el lado norte, hizo veinte tablas **26**con sus cuarenta bases de plata, para que debajo de cada tabla hubiera dos bases. **27**Para la parte posterior del santuario, o sea el lado oeste, hizo seis tablas, **28**y dos tablas más para las esquinas de la parte posterior. **29**Estas tablas formaban pareja y estaban unidas por la parte de arriba hasta el primer anillo. Esto fue lo que hizo con las dos tablas para las dos esquinas, **30**así que había ocho tablas con sus correspondientes dieciséis bases de plata, y debajo de cada tabla había dos bases.

**31**Bezaleel hizo también cinco travesaños de madera de acacia para las tablas de un lado del santuario, **32**cinco travesaños para las tablas del otro lado del santuario, y otros cinco travesaños para las tablas de la parte posterior, la que daba al oeste. **33**El travesaño central lo hizo de modo que pasara de un lado al otro, a la mitad de las tablas. **34**Luego recubrió de oro las tablas, y les hizo argollas de oro para pasar a través de ellas los travesaños, ya recubiertos de oro.

**35**Hizo además el velo de tela morada, tela de púrpura, tela roja y lino torcido, y en él tejió artísticamente dos seres alados. **36**Luego, con unos ganchos de oro, lo colgó de cuatro postes de madera de acacia, los cuales estaban recubiertos de oro y sobre cuatro bases de plata.

**37**Para la entrada de la tienda de campaña hizo una cortina de tela morada, tela de púrpura, tela roja y lino torcido, bordada artísticamente. **38**También hizo cinco postes con ganchos y con sus cinco bases de bronce, y recubrió de oro la parte superior de los postes y sus anillos.

### Se hace el cofre del pacto
#### (Ex 25.10-22)

**37** **1**Bezaleel hizo el cofre de madera de acacia, que medía un metro y diez centímetros de largo, sesenta y cinco centímetros de ancho y sesenta y cinco centímetros de alto. **2**Lo recubrió de oro puro por dentro y por fuera, y le puso un ribete de oro alrededor. **3**También le hizo cuatro argollas de oro para sus cuatro patas, dos para un lado y dos para el otro. **4**Hizo además unos travesaños de madera de acacia, los recubrió de oro, **5**y luego los pasó a través de las argollas que estaban a los costados del cofre, para poder transportarlo.

**6**Hizo también una tapa de oro puro, que medía un metro y diez centímetros de largo por sesenta y cinco centímetros de ancho, **7**con dos seres alados de oro labrado a martillo en los dos extremos de la tapa. **8**La tapa y los seres alados formaban una sola pieza: uno de ellos salía de un extremo de la tapa y el otro salía del otro extremo, **9**así que quedaban uno frente al otro, pero con la cara hacia la tapa y con sus alas extendidas por encima de la tapa cubriéndola con ellas.

### Se hace la mesa para el pan de la Presencia
#### (Ex 25.23-30)

**10**Bezaleel hizo también una mesa de madera de acacia, que medía noventa centímetros de largo, cuarenta y cinco centímetros de ancho y sesenta y cinco centímetros de alto. **11**La recubrió de oro puro y le puso un ribete de oro alrededor; **12**la hizo con un entrepaño de siete centímetros de ancho, y al entrepaño le puso un ribete de oro. **13**También le hizo cuatro argollas de oro, y se las puso en las cuatro esquinas correspondientes a las cuatro patas, **14**de manera que quedaran junto al entrepaño, para pasar los travesaños por ellas y así poder transportar la mesa. **15**Los travesaños para transportar la mesa los hizo de madera de acacia, y luego los recubrió de oro. **16**También hizo de oro puro los utensilios que debían estar sobre la mesa, es decir, sus platos, cucharones, jarras y copas para las ofrendas de líquidos.

### Se hace el candelabro de oro
#### (Ex 25.31-40)

**17**Bezaleel hizo también el candelabro de oro puro labrado a martillo. Su base, tronco, copas, cálices y pétalos formaban una sola pieza; **18**de los costados le salían seis brazos, tres de un lado y tres del otro. **19**Cada uno de los seis brazos que salían del tronco tenía tres copas en forma de flor de almendro, con un cáliz y sus pétalos, [20]y el tronco mismo tenía cuatro copas, también en forma de flor de almendro, con su cáliz y sus pétalos. [21]Cada uno de los tres pares de brazos que salían del candelabro tenían un cáliz en su parte inferior. [22]Los cálices y los brazos formaban una sola pieza con el candelabro, el cual era de oro puro labrado a martillo. [23]También hizo de oro puro sus siete lámparas, sus tenazas y sus platillos. [24]Para hacer el candelabro y sus utensilios se usaron treinta y tres kilos de oro puro.

### Se hace el altar del incienso
(Ex 30.1-5)

[25]Bezaleel hizo el altar del incienso con madera de acacia. Era cuadrado, de cuarenta y cinco centímetros de largo por cuarenta y cinco centímetros de ancho, y de noventa centímetros de altura. Los cuernos del altar formaban una sola pieza con el altar mismo. [26]Después recubrió de oro puro su parte superior, sus cuatro lados y sus cuernos, y le puso un ribete de oro alrededor. [27]También le puso unas argollas de oro debajo del ribete, dos para las esquinas de un lado y dos para las esquinas del otro, para pasar por ellas los travesaños y así poder transportar el altar. [28]Los travesaños los hizo de madera de acacia, y luego los recubrió de oro.

### Se prepara el aceite de consagrar y el incienso
(Ex 30.22-38)

[29]Bezaleel hizo también el aceite santo de consagrar y el incienso de perfume puro, como lo hacen los perfumeros.[h]

### Se hace el altar de bronce
(Ex 27.1-8)

**38** [1]Con madera de acacia, Bezaleel hizo el altar de los holocaustos. Era cuadrado, de dos metros y veinticinco centímetros por cada lado, y un metro y veinticinco centímetros de alto. [2]Para sus cuatro esquinas le hizo cuatro cuernos, los cuales formaban una sola pieza con el altar y estaban recubiertos de bronce. [3]Hizo también de bronce todos los utensilios para el altar, los ceniceros, las palas, los tazones, los tenedores y los braseros. [4]También hizo una rejilla de bronce, y la

puso debajo de la orilla del altar, a media altura del mismo. [5]Hizo también cuatro argollas para las cuatro esquinas de la rejilla de bronce, para pasar por ellas los travesaños. [6]Luego hizo los travesaños de madera de acacia para el altar, los recubrió de bronce, [7]y los pasó a través de las argollas que estaban en los costados del altar, para poder transportarlo. El altar lo hizo hueco y de madera.

### Se hace la palangana de bronce
(Ex 30.18)

[8]Con los espejos [29] de las mujeres que servían a la entrada de la Tienda del Encuentro, Bezaleel hizo la palangana de bronce y su base del mismo metal.[i]

### Se hace el patio del santuario
(Ex 27.9-19)

[9]Bezaleel hizo el patio. Por el lado sur, el patio tenía cuarenta y cinco metros de cortinas de lino torcido. [10]Sus veinte postes con sus veinte bases eran de bronce, y sus ganchos y anillos eran de plata. [11]Por el lado norte había cortinas a lo largo de cuarenta y cinco metros, con sus veinte postes y veinte bases de bronce, y sus ganchos y anillos de plata. [12]Por el lado occidental había veintidós metros y medio de cortinas, con diez postes y diez bases. Los ganchos de los postes y sus anillos eran de plata. [13]Por el lado oriental también había veintidós metros y medio de cortinas. [14]De un lado de la entrada había unos siete metros de cortinas, con tres postes y tres bases; [15]y del otro lado, de uno y otro lado de la entrada del patio, había unos siete metros de cortinas, tres postes y tres bases. [16]Todas las cortinas alrededor del patio eran de lino torcido. [17]Las bases para los postes eran de bronce, los ganchos de los postes y sus anillos eran de plata, y la parte superior de los postes estaba recubierta de plata. Todos los postes del patio tenían anillos de plata.

[18]La cortina a la entrada del patio estaba finamente bordada sobre tela morada, tela de púrpura, tela roja y lino torcido. Medía nueve metros de largo por dos metros y veinticinco centímetros de alto, igual que las cortinas del patio. [19]Tenía cuatro postes con sus cuatro bases de bronce; sus ganchos y sus anillos eran de plata, y la parte superior de los postes estaba recubierta de plata. [20]Todas las

[29] Los espejos antiguos se hacían de bronce pulido.
[h] 37.29 Ex 30.22-38.  [i] 38.8 Ex 30.18.

estacas del santuario y del patio que lo rodeaba, eran de bronce.

## Metales usados en el santuario

[21]Por órdenes de Moisés y bajo la dirección de Itamar, hijo del sacerdote Aarón, los levitas llevaron la cuenta de los metales usados en la construcción del santuario del pacto. [22]Bezaleel, el hijo de Uri y nieto de Hur, de la tribu de Judá, hizo todo lo que el Señor había ordenado a Moisés que se hiciera. [23]Lo ayudó Aholiab, hijo de Ahisamac, de la tribu de Dan, que era herrero, tejedor y bordador en tela morada, tela de púrpura, tela roja y lino fino. [24]Todo el oro que se usó para hacer lo necesario para el santuario, fue oro ofrendado al Señor, y dio un total de novecientos sesenta y cinco kilos con treinta gramos, según el peso oficial del santuario. [25]La plata recogida en el censo de la comunidad llegó a tres mil trescientos diecinueve kilos con quinientos veinticinco gramos, según el peso oficial del santuario. [26]Todos los empadronados mayores de veinte años fueron seiscientas tres mil quinientas cincuenta personas, y cada uno de ellos dio cinco gramos y medio de plata,[j] según el peso oficial del santuario.[k] [27]Había también tres mil trescientos kilos de plata para fundir las bases para el santuario y las bases para el velo. Toda esa plata se usó en cien bases, o sea treinta y tres kilos de plata en cada base. [28]Con la plata que se recogió de toda la comunidad,[30] Bezaleel hizo los ganchos de los postes, las cubiertas de su parte superior y sus anillos. [29]El bronce ofrendado al Señor llegó a dos mil trescientos treinta y seis kilos con cuatrocientos gramos, [30]y con ese bronce se hicieron las bases para la puerta de la Tienda del Encuentro, el altar de bronce y su rejilla de bronce, y todos los utensilios del altar, [31]así como las bases y las estacas para el patio que rodeaba al santuario, y las bases para la puerta del patio.

## Se hace la ropa de los sacerdotes
### (Ex 28.1-43)

39 [1]La ropa tejida para el servicio en el santuario se hizo de tela morada, tela de púrpura y tela roja. También se hizo así la ropa especial para Aarón, tal como el Señor se lo había ordenado a Moisés.

[2]Para hacer el efod se usó oro, tela morada, tela de púrpura, tela roja y lino torcido. [3]Se forjaron a martillo unas placas de oro, las cuales se cortaron en hilos para entretejerlos, a manera de bordado, en la tela morada, en la tela de púrpura, en la tela roja y en el lino. [4]Se le pusieron al efod dos tirantes unidos a sus dos extremos. [5]El cinturón que iba sobre el efod para sujetarlo, estaba hecho de la misma manera: de oro, tela morada, tela de púrpura, tela roja y lino torcido, tal como el Señor se lo había ordenado a Moisés.

[6]Las piedras de cornalina se colocaron sobre monturas de oro, con los nombres de los hijos de Israel grabados en ellas como un sello. [7]Luego Bezaleel las puso sobre los tirantes del efod, para recordar a los hijos de Israel, tal como el Señor se lo había ordenado a Moisés.

[8]El pectoral estaba hecho también con un fino bordado como el del efod: de oro, tela morada, tela de púrpura, tela roja y lino torcido. [9]Era doble y cuadrado, y de veintidós centímetros por cada lado. [10]Estaba cubierto con cuatro hileras de piedras preciosas: la primera hilera tenía un rubí, un crisólito y una esmeralda; [11]la segunda, un granate, un zafiro y un jade; [12]la tercera, un jacinto, una ágata y una amatista; [13]y la cuarta, un topacio, una cornalina y un jaspe. Las piedras estaban montadas en monturas de oro, y [14]eran doce, por los doce nombres de los hijos de Israel; cada una de ellas tenía grabado en forma de sello el nombre de una de las doce tribus.

[15]Sobre el pectoral hicieron unas cadenas de oro puro, torcidas como cordones. [16]También hicieron dos monturas de oro y dos argollas de oro; pusieron las argollas de oro en los dos extremos superiores del pectoral, [17]y las cadenas de oro sobre las dos argollas. [18]Las puntas de las dos cadenas las pusieron sobre las dos monturas y las aseguraron sobre los tirantes del efod por su parte delantera. [19]Hicieron también otras dos argollas de oro y las pusieron en los dos extremos inferiores del pectoral, sobre la orilla interior que quedaba junto al efod. [20]Hicieron dos argollas más de oro y las pusieron en la parte delantera de los tirantes del efod, pero por debajo, junto a las costuras y un poco arriba del cinturón del efod. [21]Luego unieron las argollas del pectoral a las argollas del efod con un cordón morado, para que el pectoral quedara arriba del

---

[30] Véase vs. 25-26.
[j] 38.26 Mt 17.24.   [k] 38.25-26 Ex 30.11-16.

cinturón del efod y no se separara del mismo, tal como el Señor se lo había ordenado a Moisés.
²²Toda la capa del efod se hizo de un tejido de tela morada. ²³La orilla de la abertura del centro tenía un dobladillo como el de los chalecos de cuero, para que no se rompiera. ²⁴Adornaron el borde de la capa con granadas de tela morada, tela de púrpura, tela roja y lino torcido. ²⁵Hicieron también campanitas de oro puro y las combinaron con las granadas, poniéndolas entre ellas alrededor de todo el borde ²⁶de la capa para oficiar: una campanita y una granada, otra campanita y otra granada, tal como el Señor se lo había ordenado a Moisés.
²⁷Las túnicas de lino para Aarón y sus hijos fueron hechas por un tejedor, ²⁸lo mismo que el turbante, los tocados y los calzoncillos de lino torcido; ²⁹el cinturón de lino torcido, tela morada, tela de púrpura y tela roja, fue bordado artísticamente, tal como el Señor se lo había ordenado a Moisés.
³⁰También hicieron la placa de oro puro que lo consagraba como sacerdote, y en ella grabaron, a manera de sello, "Consagrado al Señor". ³¹Luego le pusieron un cordón morado para colocar la placa sobre el turbante por la parte superior, tal como el Señor se lo había ordenado a Moisés.

### Termina la construcción del santuario
#### (Ex 35.10-19)

³²La construcción del santuario, la Tienda del encuentro con Dios, llegó a su fin. Los israelitas hicieron todo exactamente como el Señor se lo había ordenado a Moisés, ³³y le hicieron entrega a Moisés del santuario, la Tienda del Encuentro, y de todos sus utensilios: sus ganchos, tablas, travesaños, postes y bases, ³⁴la cubierta de pieles de carnero teñidas de rojo, la cubierta de pieles finas, el velo para cubrir el cofre, ³⁵el cofre del pacto y sus travesaños, la tapa, ³⁶la mesa y todos sus utensilios, el pan que se consagra al Señor, ³⁷el candelabro de oro puro y sus lámparas —o sea las lámparas que debían tenerse ordenadas—, y todos sus utensilios; el aceite para el alumbrado, ³⁸el altar de oro, el aceite de consagrar, el incienso aromático, la cortina para la entrada de la Tienda del Encuentro, ³⁹el altar de bronce con su rejilla de bronce, sus travesaños y todos sus utensilios, la palangana y su base, ⁴⁰las cortinas del patio, sus postes y

sus bases, la cortina para la entrada del patio, las cuerdas y estacas del patio, todos los utensilios para el servicio del santuario, la Tienda del Encuentro, ⁴¹la ropa tejida para oficiar en el santuario, la ropa especial del sacerdote Aarón y la ropa sacerdotal de sus hijos.
⁴²Los israelitas hicieron todo tal y como el Señor se lo había ordenado a Moisés, ⁴³y cuando Moisés vio que ellos lo habían hecho así, les dio su bendición.

### Consagración del santuario

**40** ¹El Señor se dirigió a Moisés y le dijo:
²"El día primero del mes primero debes instalar el santuario, la Tienda del encuentro con Dios. ³Pon allí dentro el cofre del pacto, y cúbrelo con el velo. ⁴Pon también dentro la mesa y el candelabro. Arregla bien la mesa y colócale al candelabro sus lámparas. ⁵Pon el altar de oro para el incienso delante del cofre del pacto, y cuelga la cortina de la entrada del santuario. ⁶Pon luego el altar de los holocaustos a la entrada del santuario, la Tienda del Encuentro. ⁷Pon después la palangana entre la Tienda del Encuentro y el altar, y llénala de agua. ⁸Instala entonces el patio alrededor, y cuelga la cortina de la entrada del patio.
⁹"Toma después el aceite de consagrar, y derrámalo sobre el santuario y sobre todo lo que está en él. Así lo consagrarás con todos sus utensilios, y será un lugar santo. ¹⁰Derrama también aceite de consagrar sobre el altar de los holocaustos y sobre todos sus utensilios. Así lo consagrarás y será un altar santísimo. ¹¹Derrama aceite sobre la palangana y su base, y así la consagrarás.
¹²"Lleva después a Aarón y a sus hijos cerca de la puerta de la Tienda del Encuentro, y haz que se bañen ¹³y que Aarón se ponga la ropa especial. Luego derrama aceite sobre él para consagrarlo como mi sacerdote. ¹⁴Acerca luego a sus hijos, ponles las túnicas ¹⁵y derrama aceite sobre ellos, como lo hiciste con Aarón, para que sean mis sacerdotes. Con este derramamiento de aceite sobre ellos se establece un sacerdocio eterno a través de los siglos."
¹⁶Moisés lo hizo todo tal como el Señor se lo había ordenado. ¹⁷Y así, al comenzar el segundo año después de la salida de Egipto, el día primero del mes primero, fue instalado el santuario. ¹⁸Moisés instaló el santuario y puso sus bases, colocó

las tablas, puso los travesaños, levantó los postes, [19]extendió la tienda de campaña sobre el santuario, y colocó la cubierta para la parte superior de la tienda, tal como el Señor se lo había ordenado.

[20-21]Después Moisés tomó las tablas de la ley y las puso en el cofre del pacto; luego le puso al cofre los travesaños, y su tapa para la parte superior, y lo llevó al interior del santuario; colgó entonces el velo y cubrió el cofre, tal como el Señor se lo había ordenado.

[22]Luego puso la mesa dentro de la Tienda del Encuentro, al lado norte del santuario, pero fuera del velo. [23]Sobre la mesa acomodó bien el pan ante la presencia del Señor, tal como el Señor se lo había ordenado.

[24]Puso también el candelabro dentro de la Tienda del Encuentro, frente a la mesa, al lado sur del santuario, [25]y encendió las lámparas ante la presencia del Señor, tal como el Señor se lo había ordenado.

[26]El altar de oro lo puso dentro de la Tienda del Encuentro, delante del velo, [27]y quemó en él incienso aromático, tal como el Señor se lo había ordenado.

[28]Después Moisés colgó la cortina para la entrada del santuario; [29]luego puso el altar de los holocaustos a la entrada del santuario, la Tienda del Encuentro, y en él quemó animales y cereales como ofrendas, tal como el Señor se lo había ordenado.

[30]La palangana la puso entre la Tienda del Encuentro y el altar, y la llenó de agua, para lavarse. [31]De allí sacaban agua Moisés, y Aarón y sus hijos, para lavarse las manos y los pies. [32]Se lavaban cuando entraban en la Tienda del Encuentro y cuando se acercaban al altar, tal como el Señor se lo había ordenado a Moisés.

[33]Finalmente, Moisés instaló el patio alrededor del santuario y el altar, y colgó la cortina de la entrada del patio.

## La nube sobre la Tienda del Encuentro
### (Nm 9.15-23)

Al terminar Moisés la construcción, [34]la nube cubrió la Tienda del Encuentro y la gloria del Señor[l] llenó el santuario. [35]Moisés no podía entrar en la Tienda del Encuentro porque la nube se había asentado sobre ella y la gloria del Señor llenaba el santuario. [36]Cuando la nube se levantaba de encima del santuario, los israelitas levantaban su campamento y seguían su camino, [37]pero si no se levantaba la nube, tampoco ellos levantaban su campamento, sino que esperaban hasta que la nube se levantaba. [38]A lo largo de todo el viaje de los israelitas, y a la vista de todos ellos, la nube del Señor estaba sobre el santuario durante el día, y durante la noche había un fuego sobre él.[m]

[l] 40.34 1 R 8.10-11; Is 6.4; Ez 43.4-5; Ap 15.8.   [m] 40.34-38 Ex 13.21-22.

# LEVÍTICO

*Levítico significa "perteneciente o relativo a los levitas". Los levitas, o miembros de la tribu de Leví, eran los encargados, como sacerdotes o como auxiliares, de los servicios religiosos y del cuidado del templo. Se dio tal nombre a este libro porque contiene los reglamentos y preceptos para esa labor, así como las disposiciones rituales y ceremoniales para el culto, las leyes sobre la pureza ritual, las grandes festividades religiosas y los alimentos prohibidos o permitidos.*

*El tema central del libro es la santidad del "Dios de Israel" y el deber de su pueblo de observar una vida de pureza, de acuerdo con esa santidad. Las varias partes del libro tratan, respectivamente, de las leyes sobre sacrificios y ofrendas (1.1-7.38), de la ordenación de Aarón y sus hijos como sacerdotes (8.1-10.20), de las leyes sobre la pureza y la impureza rituales (11.1-15.33), de la celebración del Día de la Expiación (16.1-34) y de los preceptos sobre la santidad en la vida y el culto (17.1-27.34). De este libro (19.18) citó Jesús (Mt 22.39) uno de los grandes mandamientos, el del amor al prójimo.*

### Los holocaustos

1 ¹El Señor llamó a Moisés desde la Tienda del Encuentro, y le dijo lo siguiente:

²"Habla con los israelitas y diles que cuando alguno me traiga ofrendas de animales, me las deberá traer de su ganado o de su rebaño.

³"Si el animal que ofrece en holocausto es de su ganado, tendrá que ser un toro sin defecto.[a] Para que le sea aceptado, deberá ofrecerlo en presencia del Señor a la entrada de la Tienda del Encuentro, ⁴poniendo la mano sobre la cabeza del animal. Así el animal le será aceptado para obtener el perdón de sus pecados. ⁵Degollará el toro en presencia del Señor; luego los hijos de Aarón, los sacerdotes, ofrecerán la sangre, y después la rociarán por encima y alrededor del altar que está a la entrada de la Tienda del Encuentro. ⁶El que presenta el animal en holocausto le quitará la piel y lo cortará en pedazos, ⁷y los sacerdotes harán fuego sobre el altar y acomodarán la leña ⁸para poner sobre ella los pedazos cortados del animal y la cabeza y la grasa de los intestinos. ⁹El que presenta el holocausto deberá lavar con agua las vísceras y las piernas del animal, y el sacerdote lo quemará todo sobre el altar como ofrenda quemada de aroma agradable al Señor.

¹⁰"Si el animal que ofrece en holocausto es de su rebaño de ovejas o de cabras, tendrá que ser un macho sin defecto, ¹¹y lo deberá degollar al lado norte del altar, ante el Señor. Los hijos de Aarón, los sacerdotes, rociarán la sangre del animal por encima y alrededor del altar; ¹²luego se cortará el animal en pedazos, y el sacerdote pondrá los pedazos cortados sobre la leña que arde en el altar, junto con la cabeza y la grasa de los intestinos. ¹³Luego, el que presenta el holocausto deberá lavar con agua las vísceras y las piernas del animal, y el sacerdote lo quemará todo sobre el altar como ofrenda quemada de aroma agradable al Señor.

¹⁴"Si el animal que ofrece en holocausto en honor del Señor es un ave, tendrá que ser una tórtola o un pichón de paloma. ¹⁵El sacerdote ofrecerá el ave en el altar: le arrancará la cabeza y quemará el ave sobre el altar después de exprimir su sangre en un costado del altar. ¹⁶Le quitará el buche y su contenido, y lo echará hacia el lado oriente del altar, o sea en el lugar de la ceniza; ¹⁷luego partirá el ave en dos, tomándola por las alas, pero sin separar las dos partes, finalmente quemará el ave sobre la leña del altar como holocausto, como ofrenda quemada de aroma agradable al Señor.

### Las ofrendas de cereales

2 ¹"Cuando alguno traiga al Señor una ofrenda de cereales, deberá traer harina de la mejor calidad, sobre la cual echará aceite e incienso; ²luego la llevará a los hijos de Aarón, los sacerdotes, y uno de ellos tomará un puñado de harina con aceite, junto con todo el incienso, y lo quemará sobre el altar como ofrenda quemada de recordación, de aroma agradable al Señor. ³Y la porción restante de la ofrenda, que es una porción muy sagrada entre las ofrendas que se queman en honor del Señor, será para Aarón y sus descendientes.

⁴"Cuando presentes una ofrenda de cereales cocida al horno, preséntala de tortas de la mejor harina amasadas con

a 1.3 Lv 22.18-20.

aceite, pero sin levadura, o de hojuelas sin levadura rociadas de aceite.

5 "Si tu ofrenda es de cereales, cocinada en sartén, tendrá que ser de la mejor harina, amasada con aceite y sin levadura; 6 la partirás en pedazos y le rociarás aceite, pues es ofrenda de cereales.

7 "Si tu ofrenda es de cereales, cocinada en cacerola, deberá estar hecha con la mejor harina y con aceite. 8 Una vez que hayas preparado la ofrenda con estas cosas, deberás llevarla ante el Señor y entregarla al sacerdote, el cual la llevará hasta el altar. 9 Allí el sacerdote tomará un poco de la ofrenda para quemarla sobre el altar como ofrenda quemada de recordación, de aroma agradable al Señor. 10 Y la porción restante de la ofrenda, que es una porción muy sagrada entre las ofrendas que se queman en honor del Señor, será para Aarón y sus descendientes.

11 "No le pongan ustedes levadura a ninguna de las ofrendas de cereales que presentan al Señor. Es más, ninguna clase de levadura ni de miel deberá ser quemada como ofrenda al Señor. 12 Pueden presentar la levadura y la miel al Señor como ofrendas de primeros frutos, pero no ofrecerlas en el altar como aroma agradable.

13 "A todas tus ofrendas de cereales debes ponerles sal,b y no permitas que en tu ofrenda de cereales falte la sal del pacto de tu Dios. En todas tus ofrendas debes ofrecer sal.

14 "Si le presentas al Señor una ofrenda de cereales de tus primeros frutos, deberá ser de espigas maduras tostadas al fuego y de grano fresco machacado de tus primeras cosechas. 15 Sobre la ofrenda deberás echar aceite e incienso, pues es ofrenda de cereales. 16 Luego el sacerdote quemará un poco de grano machacado y de aceite, junto con todo el incienso, y será una ofrenda de recordación quemada en honor del Señor.

### Los sacrificios de reconciliación

3 1 "Si alguien toma de sus ganados una vaca o un toro para ofrecer al Señor un sacrificio de reconciliación, el animal ofrecido no deberá tener ningún defecto. 2 El que presenta la ofrenda pondrá la mano sobre la cabeza del animal ofrecido, y luego lo degollará a la entrada de la Tienda del Encuentro. Los sacerdotes, por su parte, rociarán la sangre por encima y alrededor del altar.

3 "El que presenta el animal para ofrecer un sacrificio de reconciliación, deberá presentar al Señor, como ofrenda quemada, la grasa que cubre las vísceras del animal, 4 los riñones, la grasa que los cubre y que está sobre los lomos, y la parte grasosa del hígado, que deberá quitar junto con los riñones. 5 Los sacerdotes harán arder todo esto en el altar, junto con el animal que se va a quemar en la leña ardiente, como ofrenda quemada de aroma agradable al Señor.

6 "Si alguien ofrece al Señor un animal de sus rebaños como sacrificio de reconciliación, deberá ofrecer un macho o una hembra sin ningún defecto. 7 Si ofrece un cordero, al presentarlo ante el Señor 8 le pondrá la mano en la cabeza, y luego lo degollará ante la Tienda del Encuentro. Entonces los sacerdotes rociarán la sangre del animal por encima y alrededor del altar.

9 "El que ofrece el animal como sacrificio de reconciliación, deberá presentar al Señor, como ofrenda quemada, la grasa, la cola entera cortada al ras del espinazo, la grasa que cubre las vísceras, 10 los dos riñones, la grasa que los cubre y la que está sobre los lomos, y la parte grasosa del hígado, que habrá de quitar junto con los riñones. 11 Luego el sacerdote quemará todo esto sobre el altar, como ofrenda de alimento quemada en honor del Señor.

12 "Si el animal que ofrece es una cabra, al ofrecerla ante el Señor 13 le pondrá la mano en la cabeza, y luego la degollará ante la Tienda del Encuentro. Entonces los sacerdotes rociarán la sangre por encima y alrededor del altar.

14 "El que ofrece el animal puede tomar y presentar, como ofrenda quemada en honor del Señor, toda la grasa que cubre las vísceras, 15 los dos riñones, la grasa que los cubre y que está sobre los lomos, y la parte grasosa del hígado, que deberá quitar junto con los riñones. 16 Luego el sacerdote quemará todo esto sobre el altar, como ofrenda de alimento quemada, de aroma agradable. Toda la grasa es para el Señor.

17 "Esta es una ley permanente que pasará de padres a hijos, dondequiera que ustedes vivan: no coman nada de grasa ni de sangre."

b 2.13 Mr 9.49.

## Los sacrificios por el pecado

4 ¹El Señor se dirigió a Moisés y le dijo: ²"Di a los israelitas que, en aquellos casos en que alguien peque involuntariamente contra alguno de los mandamientos del Señor y haga algo que no está permitido, se hará lo siguiente:

³"Si el que peca es el sacerdote principal, haciendo así recaer la culpa sobre el pueblo, deberá ofrecer al Señor un becerro sin defecto como sacrificio por el pecado cometido. ⁴Lo llevará ante el Señor, a la entrada de la Tienda del Encuentro; allí le pondrá la mano en la cabeza, y luego lo degollará en presencia del Señor. ⁵Después él mismo tomará un poco de la sangre del becerro y la llevará a la Tienda del Encuentro; ⁶allí mojará su dedo en la sangre y la rociará siete veces ante el Señor, hacia el velo del santuario. ⁷Untará también un poco de sangre en los cuernos del altar destinado al incienso aromático —que está ante el Señor, en la Tienda del Encuentro—, y toda la sangre restante la derramará al pie del altar de los holocaustos, que está a la entrada de la Tienda del Encuentro. ⁸Luego le quitará al becerro sacrificado por el pecado toda la grasa que cubre las vísceras, ⁹los dos riñones, la grasa que los cubre y que está sobre los lomos, y la parte grasosa del hígado, la cual deberá quitar junto con los riñones, ¹⁰tal como se le quita al toro que se ofrece como ofrenda de reconciliación. Luego el sacerdote lo quemará sobre el altar de los holocaustos. ¹¹Pero la piel del becerro y toda su carne, junto con la cabeza, las piernas, las vísceras y desechos ¹²—o sea, todo el becerro—, los sacará a un lugar limpio fuera del campamento, donde se echa la ceniza, y allí, sobre el montón de ceniza, les echará leña y les prenderá fuego.

¹³"Si toda la comunidad israelita hace algo malo sin quererlo, y ninguno de ellos se da cuenta de que su acción está en contra de los mandamientos del Señor y que así se han hecho culpables, ¹⁴en cuanto se sepa el pecado que han cometido deberán ofrecer todos juntos un becerro como sacrificio por el pecado. Lo llevarán ante la Tienda del Encuentro, ¹⁵en donde los ancianos de la comunidad pondrán sus manos sobre la cabeza del becerro, ante el Señor, y allí mismo lo degollarán. ¹⁶Luego el sacerdote principal llevará un poco de la sangre del becerro a la Tienda del Encuentro, ¹⁷mojará su dedo en la sangre y la rociará siete veces ante el Señor, frente al velo. ¹⁸Untará un poco de sangre en los cuernos del altar que está ante el Señor, en la Tienda del Encuentro. Y toda la sangre restante la derramará al pie del altar de los holocaustos, el cual está a la entrada de la Tienda del Encuentro. ¹⁹También le quitará al becerro toda la grasa, y la quemará en el altar; ²⁰es decir, que se hará con este becerro exactamente lo mismo que se hace con el becerro que se sacrifica por el pecado; así el sacerdote obtendrá el perdón por los pecados de ellos, y el pecado se les perdonará. ²¹Luego sacará al becerro fuera del campamento, y lo quemará, tal como se hace con el primer becerro, pues es el sacrificio por el pecado de la comunidad.

²²"Si un jefe peca cometiendo algo que está en contra de los mandamientos del Señor su Dios, resultará culpable aun cuando lo haya hecho involuntariamente. ²³En cuanto se dé cuenta del pecado que cometió, deberá llevar como ofrenda un chivo sin ningún defecto. ²⁴Pondrá la mano sobre la cabeza del chivo, y lo degollará ante el Señor, en el lugar donde se matan los animales que van a ser quemados, pues es sacrificio por el pecado. ²⁵Luego el sacerdote tomará con su dedo un poco de sangre del animal sacrificado por el pecado, y la untará en los cuernos del altar de los holocaustos, después de lo cual luego derramará la sangre restante al pie del mismo altar ²⁶y quemará toda la grasa sobre el altar, tal como se hace con la grasa del sacrificio de reconciliación. Así el sacerdote obtendrá el perdón por el pecado del jefe, y el pecado le será perdonado.

²⁷"Si una persona de clase humilde peca involuntariamente, resultando culpable de haber hecho algo que está en contra de los mandamientos del Señor, ²⁸en cuanto se dé cuenta del pecado que cometió, deberá llevar una cabra sin ningún defecto como ofrenda por el pecado cometido. ²⁹Pondrá la mano sobre la cabeza del animal que ofrece por el pecado, y luego lo degollará en el lugar de los holocaustos. ³⁰Entonces el sacerdote tomará con el dedo un poco de sangre y la untará en los cuernos del altar de los holocaustos, y toda la sangre restante la derramará al pie del altar. ³¹También deberá quitarle toda la grasa, tal como se le quita al animal que se ofrece como sacrificio de reconciliación, y quemarla en el altar como aroma agradable al Señor. Así el sacerdote obtendrá el perdón por el

pecado de esa persona, y el pecado se le perdonará.[c]

³²"Si esa persona trae una oveja como sacrificio por el pecado, deberá traer una hembra sin ningún defecto. ³³Pondrá la mano sobre la cabeza de la oveja, y luego la degollará como sacrificio por el pecado en el lugar donde se matan los animales que se van a quemar. ³⁴Entonces el sacerdote tomará con el dedo un poco de sangre del animal sacrificado por el pecado y la untará en los cuernos del altar de los holocaustos, y toda la sangre restante la derramará al pie del altar. ³⁵Luego le quitará toda la grasa, tal como se le quita al cordero que se ofrece como sacrificio de reconciliación, y quemará la grasa en el altar, junto con las ofrendas quemadas en honor del Señor. Así el sacerdote obtendrá el perdón por el pecado que esa persona cometió, y el pecado le será perdonado.

### Casos específicos del sacrificio por el pecado

5 ¹"Si alguien es llamado a declarar como testigo de algo que vio o escuchó, y se niega a declarar, comete un pecado y debe cargar con la culpa.

²"Si alguien toca alguna cosa impura, como el cadáver de un animal impuro, sea salvaje o doméstico, o de un reptil impuro, quedará también impuro, y será culpable, aun cuando no se haya dado cuenta.

³"Si alguien toca alguna impureza humana, cualquier cosa que lo pueda dejar impuro, pero no se da cuenta en ese momento, si después se da cuenta será culpable.

⁴"Si alguien pronuncia a la ligera un juramento de hacer algo bueno o malo —de ese tipo de juramentos que se hacen sin pensar—, pero no se da cuenta en ese momento, si después se da cuenta será culpable de cualquiera de estas cosas.

⁵"El que resulte culpable en cualquiera de estos casos, deberá confesar el pecado que cometió ⁶y le presentará al Señor una hembra de sus rebaños como sacrificio por el pecado cometido; puede ser una oveja o una cabra, y con este sacrificio el sacerdote obtendrá el perdón de los pecados de esa persona.

⁷"Si no tiene lo suficiente para comprar un cordero, deberá llevar al Señor dos tórtolas o dos pichones de paloma por el pecado cometido: uno de ellos como

sacrificio por el pecado, y el otro como holocausto. ⁸Deberá llevar al sacerdote, el cual presentará primero el que se ofrece por el pecado, retorciéndole el cuello pero sin arrancarle la cabeza por completo; ⁹luego rociará un poco de sangre del sacrificio por el pecado en un costado del altar, y la sangre restante la exprimirá al pie del altar, pues es sacrificio por el pecado. ¹⁰Con el segundo hará un holocausto, según lo establecido; así el sacerdote obtendrá el perdón del pecado cometido por esa persona, y el pecado le será perdonado.

¹¹"Si no tiene ni siquiera para comprar dos tórtolas o dos pichones de paloma, deberá llevar como ofrenda por su pecado dos kilos de la mejor harina. No debe echarle aceite ni ponerle incienso encima, porque es una ofrenda por el pecado. ¹²Deberá llevársela al sacerdote, el cual tomará un puñado como recordatorio y lo quemará en el altar junto con las ofrendas que se queman en honor del Señor. Es una ofrenda por el pecado, ¹³para que el sacerdote obtenga el perdón de cualquier pecado que esa persona haya cometido, y el pecado se le perdonará. Y, como en el caso de las ofrendas de cereales, la parte restante será para el sacerdote."

### Los sacrificios por la culpa

¹⁴El Señor se dirigió a Moisés y le dijo: ¹⁵"La persona que peque involuntariamente y resulte culpable de fraude en las cosas sagradas del Señor, debe tomar de sus rebaños un carnero sin ningún defecto, como sacrificio por su culpa, y llevárselo al Señor. El valor del carnero se debe calcular en plata, según el peso oficial del santuario para las ofrendas por la culpa. ¹⁶Esa persona debe pagar lo defraudado de las cosas sagradas, más una quinta parte, cantidad que entregará al sacerdote. Luego, con el carnero que se sacrifica por la culpa, el sacerdote obtendrá el perdón por el pecado de esa persona, y el pecado se le perdonará.

¹⁷"Si alguien peca haciendo algo que está en contra de los mandamientos del Señor, aunque no se dé cuenta, será culpable y deberá cargar con la culpa. ¹⁸Por lo tanto, deberá tomar de sus rebaños un carnero sin ningún defecto, cuyo valor tú deberás calcular, y se lo llevará al sacerdote como sacrificio por la culpa, para obtener así el perdón del pecado que esa persona cometió involuntariamente, y el

c 4.27-31 Nm 15.27-28.

pecado se le perdonará. [19]Es un sacrificio por la culpa, pues esa persona es culpable ante el Señor.

## Los sacrificios por causa de fraudes

6 [1d]El Señor se dirigió a Moisés y le dijo:
[2]"Cuando alguien peque y resulte culpable de fraude ante el Señor por haber engañado a su prójimo en algo que éste le había confiado o prestado, o por robarle o quitarle algo a la fuerza, [3]o por negar haber encontrado un objeto perdido, o por hacer un juramento falso (cualquiera de esas cosas en que uno comete pecado), [4]será culpable de ese pecado. Por lo tanto, tendrá que devolver lo que haya robado o conseguido a la fuerza, o aquello que se le había confiado, o el objeto encontrado, [5]o cualquiera otra cosa por la que haya jurado falsamente. Tendrá que devolverlo todo a su dueño, más una quinta parte, cuando presente su sacrificio por la culpa. [6]Su sacrificio al Señor será un carnero sin ningún defecto, cuyo valor tú deberás calcular, y el cual deberá él tomar del rebaño y llevárselo al sacerdote como sacrificio por la culpa. [7]Entonces el sacerdote obtendrá del Señor el perdón de cualquiera de aquellas cosas en que esa persona haya pecado, y el pecado se le perdonará."[e]

## Instrucciones sobre los holocaustos

[8]El Señor se dirigió a Moisés y le dijo:
[9]"Dales a Aarón y a sus hijos las siguientes instrucciones en cuanto a los holocaustos: El animal sacrificado deberá dejarse sobre las brasas del altar durante toda la noche, para que el fuego lo queme. [10]El sacerdote se cubrirá el cuerpo poniéndose ropa y calzoncillos de lino; luego recogerá las cenizas del animal que fue quemado sobre el altar, y las pondrá a un lado del altar. [11]Después se cambiará de ropa y se llevará las cenizas a un lugar limpio fuera del campamento.
[12]"El fuego que arde en el altar no debe apagarse nunca. El sacerdote deberá echarle leña todas las mañanas y acomodar sobre el fuego el animal que se va a quemar, además de quemar también en el altar la grasa de los sacrificios de reconciliación. [13]El fuego del altar debe estar encendido siempre. No debe apagarse nunca.

## Instrucciones sobre las ofrendas de cereales

[14]"Las siguientes instrucciones se refieren a las ofrendas de cereales: Los sacerdotes deben ofrecerlas ante el altar, delante del Señor. [15]Uno de ellos tomará un puñado de la harina ofrendada y de su aceite, junto con todo el incienso que va con la ofrenda, y los hará arder en el altar como ofrenda quemada de recordación, de aroma agradable al Señor. [16]Y la parte restante de la ofrenda se la comerán Aarón y sus hijos, sin levadura y en un lugar consagrado, en el patio de la Tienda del Encuentro. [17]No deben cocerla con levadura. Se la he dado a ellos como la parte que les corresponde de mis ofrendas quemadas, y es una cosa santísima, como lo son los sacrificios por el pecado y por la culpa. [18]Para siempre en el futuro, todos los varones descendientes de Aarón podrán comer la parte que les corresponde de las ofrendas quemadas al Señor. Cualquier cosa que toque estas ofrendas quedará consagrada."

## La ofrenda de los sacerdotes

[19]El Señor se dirigió a Moisés y le dijo:
[20]"Esta es la ofrenda que Aarón y sus descendientes deben presentar al Señor cuando sean consagrados como sacerdotes: dos kilos de la mejor harina como ofrenda de cereales, presentando la mitad por la mañana y la otra mitad al atardecer, sin faltar un solo día. [21]Deben preparar la ofrenda en una sartén, bien mezclada con aceite, y luego presentarla partida en pedazos como ofrenda de aroma agradable al Señor. [22]Así debe prepararla el sacerdote principal descendiente de Aarón que sea consagrado en su lugar; le corresponde siempre al Señor, y deberá ser quemada completamente. [23]Todas las ofrendas de los sacerdotes habrán de ser quemadas completamente; nadie deberá comerlas."

## Instrucciones sobre los sacrificios por el pecado

[24]El Señor se dirigió a Moisés y le dijo:
[25]"Dales a Aarón y a sus hijos las siguientes instrucciones en cuanto a los sacrificios por el pecado: El animal que se ofrezca por el pecado deberá ser degollado ante el Señor, en el lugar donde se matan los animales que se van a quemar,

---

[d] Los. vs. 6.1-30 corresponden a los vs. 5.20-6.23 en el texto hebreo.   [e] 6.1-7 Nm 5.5-8.

pues es una cosa santísima. ²⁶El sacerdote que ofrezca el sacrificio por el pecado, podrá comer de él, pero deberá comerlo en un lugar santo, en el patio de la Tienda del Encuentro. ²⁷Cualquier cosa que toque la carne del animal quedará consagrada, y si la ropa queda salpicada de sangre, deberá ser lavada en un lugar santo. ²⁸La olla de barro en que se hirvió la carne de la ofrenda, deberá romperse; pero si se hirvió en un recipiente de bronce, bastará con fregarlo y enjuagarlo. ²⁹Este sacrificio es una cosa santísima. Sólo podrán comer de él los sacerdotes. ³⁰Pero no se podrá comer ningún animal ofrecido por el pecado cuya sangre haya sido llevada a la Tienda del Encuentro, para perdón de pecados en el santuario. Ese sacrificio deberá ser quemado en el fuego.

## Instrucciones sobre los sacrificios por la culpa

7 ¹Los sacrificios por la culpa son una cosa santísima. Estas son las instrucciones en cuanto a ellos: ²El animal ofrecido por la culpa deberá ser degollado en el lugar donde se matan los animales que se ofrecen para ser quemados, y su sangre se deberá rociar por encima y alrededor del altar. ³Se deberá ofrecer toda la grasa del animal: la que hay en la cola*ᶧ* y la que cubre las vísceras, ⁴los dos riñones, la grasa que los cubre y la que está sobre los lomos, así como la parte grasosa que está sobre el hígado, la cual se deberá quitar junto con los riñones. ⁵Luego el sacerdote quemará esto sobre el altar, como ofrenda quemada en honor del Señor. Es un sacrificio por la culpa, ⁶y todos los sacerdotes podrán comer de él, aunque deberán hacerlo en un lugar consagrado, pues es una cosa santísima.

⁷El sacrificio por la culpa es como el sacrificio por el pecado, y las instrucciones son las mismas para los dos: lo ofrecido será para el sacerdote que oficie en el acto del perdón. ⁸Igualmente, el sacerdote que sacrifique al animal que alguien haya ofrecido en holocausto, podrá quedarse con la piel del animal. ⁹También todas las ofrendas de cereales horneadas, y todo lo preparado en cacerola y sartén, serán para el sacerdote que presente la ofrenda. ¹⁰De la misma manera, todas las ofrendas de cereales, tanto las amasadas con aceite como las secas, serán para todos los descendientes de Aarón por partes iguales.

*ᶧ Véase la nota a Ex 29.22.*

## Instrucciones sobre los sacrificios de reconciliación

¹¹Estas son las instrucciones en cuanto a los sacrificios de reconciliación que se presentan al Señor: ¹²Si el sacrificio es de acción de gracias, se ofrecerán también tortas sin levadura amasadas con aceite, hojuelas sin levadura rociadas de aceite, y tortas de harina de la mejor calidad amasadas con aceite; ¹³y, junto con el sacrificio de acción de gracias y de reconciliación, se presentarán tortas de pan con levadura. ¹⁴De toda ofrenda se tomará una parte y se presentará al Señor como contribución, y será para el sacerdote que rocíe la sangre del sacrificio de reconciliación.

¹⁵La carne del animal ofrecido en acción de gracias y reconciliación debe comerse el mismo día en que se ofrece; no se debe guardar un solo pedazo para el día siguiente. ¹⁶En caso de que el animal se ofrezca en cumplimiento de una promesa, o de que sea una ofrenda voluntaria, deberá comerse el mismo día en que se ofrece, pero lo que quede se podrá comer al día siguiente; ¹⁷si a los tres días todavía queda carne del animal ofrecido, habrá que quemarla toda. ¹⁸Y si alguien come al tercer día carne del sacrificio de reconciliación, el sacrificio no será aceptado ni tomado en cuenta, y la carne será considerada despreciable. El que coma de ella cargará con ese pecado.

¹⁹La carne que toque cualquier cosa impura no debe ser comida, sino quemada.

Todos los que estén puros podrán comer carne. ²⁰La persona que estando impura coma carne del sacrificio de reconciliación, el cual pertenece al Señor, será eliminada de entre su pueblo. ²¹La persona que toque cualquier cosa impura —ya sea alguna impureza humana o impureza de animal, o cualquier otra cosa repugnante—, y luego coma carne del sacrificio de reconciliación, el cual pertenece al Señor, será eliminada de entre su pueblo.

## Instrucciones sobre la grasa y la sangre

²²El Señor se dirigió a Moisés y le dijo: ²³Di a los israelitas lo siguiente: No deben comer nada de grasa de toro, de

cordero o de cabra. 24A la grasa de animales muertos o despedazados por las fieras pueden darle cualquier otro uso, pero no comerla.

25"Cualquiera que coma grasa de animales de los que se presentan al Señor como ofrendas quemadas, será eliminado de entre su pueblo.

26"Dondequiera que ustedes vivan, no deberán comer nada de sangre de aves ni de animales. 27La persona que coma cualquier clase de sangre será eliminada de entre su pueblo."f

### La porción sacerdotal

28El Señor se dirigió a Moisés y le dijo: 29"Di a los israelitas que el que presente al Señor un sacrificio de reconciliación, deberá llevarlo ante el Señor. 30Con sus propias manos deberá llevar ante el Señor la ofrenda quemada, la grasa que cubre el pecho y el pecho mismo para celebrar ante el Señor el rito de presentación. 31El sacerdote quemará la grasa en el altar, pero el pecho será para Aarón y sus descendientes. 32El muslo derecho de los animales ofrecidos en reconciliación se le dará al sacerdote como contribución. 33Ese muslo derecho le corresponderá al sacerdote que ofrezca la grasa y la sangre del sacrificio de reconciliación, 34pues de los sacrificios de reconciliación que los israelitas me hacen he tomado el pecho como ofrenda especial, y el muslo como contribución, y se los he dado al sacerdote Aarón y a sus descendientes como la parte que siempre les corresponderá de las ofrendas de los israelitas."

35De las ofrendas que se queman en honor del Señor, éstas son las porciones que les corresponden a Aarón y a sus descendientes, a partir del día que el Señor los consagró como sacerdotes suyos. 36El Señor ordenó que los israelitas se las dieran, a partir del día que los consagró, como una obligación permanente que pasaría de padres a hijos.

37Estas son las instrucciones en cuanto a los holocaustos, las ofrendas de cereales, los sacrificios por el pecado y por la culpa, las ofrendas de consagración y los sacrificios de reconciliación. 38El Señor se las dio a Moisés en el monte Sinaí, cuando en el desierto de Sinaí ordenó a los israelitas que le presentaran ofrendas.

### Consagración de Aarón y de sus hijos
#### (Ex 29.1-37)

**8** 1El Señor se dirigió a Moisés y le dijo: 2"Toma a Aarón y a sus hijos, y toma además las ropas sacerdotales, el aceite de consagrar, el becerro que se sacrifica por el pecado, los dos carneros y el canastillo de los panes sin levadura, 3y reúne a toda la comunidad a la entrada de la Tienda del Encuentro."

4Moisés hizo lo que el Señor le había ordenado, y la comunidad se reunió a la entrada de la Tienda del Encuentro. 5Entonces Moisés dijo a la comunidad: "Esto es lo que el Señor ha ordenado que se haga."

6Luego hizo Moisés que Aarón y sus hijos se acercaran, y los lavó con agua. 7Después le puso a Aarón la túnica, le ajustó el cinturón y lo vistió con la capa; luego le puso encima el efod y se lo ajustó bien con la misma cinta del efod. 8Luego le puso encima el pectoral, y en el pectoral puso el Urim y el Tumim. 9Luego le puso el turbante en la cabeza, y sobre él, por la parte de enfrente, colocó la placa de oro que lo consagraba como sacerdote, tal como el Señor se lo había ordenado.g

10Después Moisés tomó el aceite de consagrar y lo derramó sobre el santuario y sobre todo lo que había allí dentro, y así lo consagró. 11Con el mismo aceite roció el altar siete veces, y lo derramó sobre el altar y sobre todos sus utensilios, y también sobre la palangana y su base, para consagrarlos.

12Luego derramó Moisés sobre la cabeza de Aarón el aceite de consagrar, para consagrarlo como sacerdote. 13Hizo también que los hijos de Aarón se acercaran, y los vistió con las túnicas, les ajustó los cinturones y les puso los turbantes, tal como el Señor se lo había ordenado.

14Después Moisés mandó traer el becerro que se sacrifica por el pecado, y Aarón y sus hijos pusieron sus manos sobre la cabeza del becerro. 15Entonces Moisés lo degolló y, tomando sangre con sus dedos, la untó en los cuernos alrededor del altar, para purificarlo, y la sangre restante la derramó al pie del altar. Así el altar quedó consagrado para obtener allí el perdón de los pecados.h

16Después Moisés tomó toda la grasa que cubre las vísceras, la parte grasosa que está sobre el hígado y los dos riñones con su grasa, y lo quemó todo sobre el altar; [17]pero al resto del becerro, es decir, a su piel, carne y desechos, les prendió fuego fuera del campamento, tal como el Señor se lo había ordenado.

[18]Moisés hizo que acercaran el carnero que se ofrece en holocausto, y Aarón y sus hijos pusieron las manos sobre la cabeza del carnero. [19]Luego Moisés lo degolló, y derramó la sangre por encima y alrededor del altar, [20]cortó el carnero en pedazos, y quemó la cabeza, los pedazos y la grasa; [21]luego lavó con agua las vísceras y las piernas del carnero, y lo quemó todo en el altar como holocausto, como ofrenda de aroma agradable al Señor, tal como el Señor se lo había ordenado.

[22]Luego Moisés hizo que trajeran el otro carnero, el de la ceremonia de consagración, y Aarón y sus hijos pusieron las manos sobre la cabeza del carnero. [23]Después Moisés lo degolló, tomó un poco de sangre y se la untó a Aarón en la parte inferior de la oreja derecha, en el pulgar de la mano derecha y en el dedo gordo del pie derecho. [24]Luego hizo que se acercaran los hijos de Aarón, y también les untó sangre en la parte inferior de su oreja derecha, en el pulgar de la mano derecha y en el dedo gordo del pie derecho; después derramó la sangre restante por encima y alrededor del altar.

[25]Luego Moisés tomó la grasa, la cola, toda la grasa que cubre las vísceras, la parte grasosa que está sobre el hígado, los dos riñones con su grasa, y el muslo derecho. [26]Del canastillo de los panes sin levadura que se pone ante el Señor, tomó Moisés una torta sin levadura, una torta amasada con aceite y una hojuela, y las puso junto con las grasas y el muslo derecho; [27]luego puso todo esto en las manos de Aarón y de sus hijos, para que hicieran ante el Señor el rito de presentación. [28]Luego recogió Moisés todo esto de manos de ellos, y lo quemó en al altar junto con el holocausto, como ofrenda de consagración de aroma agradable: ofrenda quemada en honor del Señor.

[29]Después Moisés tomó el pecho y celebró ante el Señor el rito de presentación. Esa parte del carnero de la consagración fue la que le tocó a Moisés, tal como el Señor se lo había ordenado.

[30]Tomó luego Moisés un poco de aceite de consagrar y de la sangre que estaba sobre el altar, y los roció sobre Aarón y sus hijos, así como sobre la ropa sacerdotal de todos ellos. Así consagró a Aarón y a sus hijos, y la ropa sacerdotal de todos ellos.

[31]Después Moisés les dijo a Aarón y a sus hijos: "Cuezan la carne a la entrada de la Tienda del Encuentro, y cómanla allí mismo con el pan del canastillo de las consagraciones, tal como el Señor me lo ordenó cuando dijo:[2] 'Aarón y sus hijos comerán esta carne.' [32]Quemen después la carne y el pan que sobren, [33]y no se alejen de la entrada de la Tienda del Encuentro durante siete días, que es lo que dura el periodo de su consagración. [34]El Señor ha ordenado que el rito para obtener el perdón de los pecados cometidos por ustedes se haga tal como se ha hecho hoy. [35]Por lo tanto, ustedes deberán quedarse día y noche a la entrada de la Tienda del Encuentro, durante siete días. Respeten la orden del Señor y no morirán, pues esa es la orden que recibí."

[36]Y Aarón y sus hijos hicieron todo lo que el Señor había ordenado por medio de Moisés.

### Aarón inicia su sacerdocio

**9** [1]Al octavo día Moisés llamó a Aarón y a sus hijos, y a los ancianos de Israel. [2]Y le dijo a Aarón: "Toma un becerro para el sacrificio por el pecado, y un carnero sin defecto para ofrecerlo en holocausto, y preséntalos ante el Señor. [3]A los israelitas diles que tomen un chivo como sacrificio por el pecado, un becerro y un cordero que sean de un año y que no tengan ningún defecto, para ofrecerlos como holocaustos, [4]y un toro y un carnero para matarlos ante el Señor como sacrificios de reconciliación. Que traigan también una ofrenda de cereales amasada con aceite, porque el Señor se les va a manifestar hoy."

[5]Los israelitas llevaron hasta delante de la Tienda del Encuentro lo que Moisés había ordenado, y toda la comunidad se acercó y permaneció de pie ante el Señor. [6]Entonces Moisés dijo: "Esto es lo que el Señor ha ordenado. Háganlo, y el Señor se manifestará a ustedes con gran esplendor."

[7]Luego le dijo Moisés a Aarón: "Acércate al altar, y presenta tu sacrificio por el pecado y el animal que vas a ofrecer en holocausto para el perdón de tus pecados y de los pecados de los israelitas. Presenta

---

[2] Así, con varias versiones antiguas. Heb. *como yo ordené*.

también la ofrenda de los israelitas para el perdón de sus pecados, tal como el Señor lo ha ordenado.''[i]

[8] Aarón se acercó al altar y degolló el becerro que ofrecía por sus pecados. [9] En seguida sus hijos le acercaron la sangre, y Aarón, mojando sus dedos en ella, la untó en los cuernos del altar y derramó la sangre restante al pie del altar. [10] Luego quemó sobre el altar la grasa, los riñones y la parte grasosa del hígado del animal sacrificado por el pecado, tal como el Señor se lo había ordenado a Moisés. [11] Pero la carne y la piel las quemó fuera del campamento.

[12] Aarón degolló también el animal que se ofrecía en holocausto, y sus hijos se lleváron la sangre, la cual derramó Aarón por encima y alrededor del altar. [13] Luego le llevaron la cabeza y los pedazos cortados del animal que se ofrecía en holocausto, y Aarón los quemó sobre el altar; [14] luego lavó las vísceras y las piernas, y las quemó en el altar, lo mismo que el animal entero.

[15] Aarón presentó también la ofrenda por los israelitas. Tomó el chivo, que era el sacrificio por el pecado del pueblo, y lo degolló, ofreciéndolo por el pecado como había hecho con la ofrenda anterior. [16] Al presentar el animal que se ofrece en holocausto, lo hizo según lo establecido. [17] Luego presentó la ofrenda de cereales, de la que tomó un puñado y lo quemó sobre el altar, además de los holocaustos de la mañana.

[18] Aarón degolló también el toro y el carnero que los israelitas ofrecían como sacrificio de reconciliación.[j] Sus hijos le entregaron la sangre, y él la derramó encima y alrededor del altar. [19] También le entregaron las grasas del toro y del carnero, la cola, la grasa que cubre las vísceras, los riñones y la parte grasosa del hígado, [20] y pusieron las grasas junto con los pechos. Entonces Aarón quemó las grasas en el altar, [21] pero con los pechos y los muslos derechos sólo celebró ante el Señor el rito de presentación, tal como el Señor se lo había ordenado a Moisés.[3] [22] Aarón levantó sus manos sobre los israelitas y los bendijo,[k] y después de haber presentado el sacrificio por el pecado, el holocausto y el sacrificio de reconciliación, se retiró del altar. [23] Luego Moisés y Aarón entraron en la Tienda del Encuentro, y al salir bendijeron a los

israelitas. Entonces el Señor se manifestó con gran esplendor a todo el pueblo: [24] salió fuego de la presencia del Señor y consumió el animal que iba a ser quemado y las grasas que estaban sobre el altar.

Al ver esto, todos los israelitas lanzaron gritos de alegría y se inclinaron hasta tocar el suelo con la frente.

## El pecado de Nadab y Abiú

**10** [1] Nadab y Abiú, hijos de Aarón, tomaron cada uno su brasero, pusieron lumbre e.incienso en ellos y ofrecieron ante el Señor un fuego extraño que él no les había ordenado. [2] Entonces salió fuego de la presencia del Señor y los quemó por completo. Así murieron ante el Señor. [3] Después Moisés le dijo a Aarón:

—Esto es lo que el Señor quería decir cuando dijo:

'A los que se acercan a mí les
  mostraré mi santidad,
y a todos los israelitas les mostraré
  mi gloria.'

Y Aarón se quedó callado.

[4] Luego Moisés llamó a Misael y a Elzafán, hijos de Uziel, tío de Aarón, y les dijo:

—Vengan ustedes a sacar del santuario a sus parientes, y llévenselos fuera del campamento.

[5] Ellos se acercaron y en sus propias túnicas se los llevaron fuera del campamento, tal como lo había ordenado Moisés.

## Deberes y obligaciones de los sacerdotes

[6] Luego Moisés les dijo a Aarón y a sus hijos Eleazar e Itamar:

—No se dejen suelto el pelo ni se rasguen la ropa en señal de luto, no sea que ustedes mueran y que Dios descargue su enojo sobre la comunidad. Lo que sí deben lamentar sus hermanos de raza, todos los israelitas, es que el Señor haya tenido que provocar este incendio. [7] No se alejen tampoco de la entrada de la Tienda del Encuentro, para que no mueran, pues ustedes han sido consagrados con el aceite del Señor.

Y tal como Moisés lo ordenó, así lo hicieron.

[8] Además, el Señor le habló a Aarón y le dijo:

---

[3] Así, con varios mss. Heb. *tal como lo había ordenado Moisés.*
[i] **9.7** He 5.1-3; 7.27.   [j] **9.18** Lv 3.1-11.   [k] **9.22** Nm 6.22-26.

9"Cuando tú o tus hijos tengan que entrar en la Tienda del Encuentro, no deberán beber vino ni bebidas fermentadas, no sea que mueran. Es una ley permanente, que pasará de padres a hijos, 10para que ustedes puedan distinguir entre lo sagrado y lo profano, y entre lo puro y lo impuro, 11y puedan también instruir a los israelitas en todas las leyes que el Señor les ha dado por medio de Moisés.''

12Después Moisés les dijo a Aarón y a Eleazar e Itamar, los dos hijos que le quedaban a Aarón:

—Tomen la ofrenda de cereales que ha quedado de las ofrendas quemadas al Señor, y cómanla sin levadura junto al altar, porque es una cosa santísima. 13Cómanla en un lugar sagrado, porque eso es lo que les ha tocado a ti y a tus hijos de las ofrendas que se queman en honor del Señor.*l* Eso es lo que se me ha ordenado. 14Y el pecho, que es la ofrenda especial, y el muslo, que es la contribución, los deberán comer en un lugar puro tú, y tus hijos e hijas, porque ésa es la parte que les corresponde de los sacrificios de reconciliación de los israelitas. 15El muslo, que es la contribución, y el pecho, que es la ofrenda especial, serán llevados ante el Señor y presentados como ofrenda especial, junto con las grasas que se ofrecen para ser quemadas. Esta parte será siempre tuya y de tus hijos, tal como el Señor lo ha ordenado.*m*

16Entonces Moisés preguntó por el chivo que se sacrifica por el pecado, y se encontró con que ya lo habían quemado. Entonces se enojó con Eleazar e Itamar, los dos hijos que le quedaban a Aarón, y les dijo:

17—¿Por qué no comieron el sacrificio por el pecado en un lugar sagrado? Es una cosa santísima,*n* y el Señor se lo dio a ustedes para que ustedes carguen con la culpa de la comunidad y obtengan del Señor el perdón de sus pecados. 18Puesto que la sangre no fue llevada al interior del santuario, ustedes tenían que haber comido el sacrificio en ese lugar sagrado, tal como yo lo había ordenado.

19Y Aarón le contestó:

—Mira, hoy han presentado ellos ante el Señor sus sacrificios por el pecado y sus holocaustos, y a mí me han sucedido cosas como éstas. Si yo hubiera comido hoy del sacrificio por el pecado, ¿le habría agradado al Señor?

20Al oír esto, Moisés se dio por satisfecho.

## Animales puros e impuros
### (Dt 14.3-21)

**11** 1El Señor se dirigió a Moisés y Aarón, y les dijo:

2"Digan a los israelitas que, de todos los animales que viven en tierra, pueden comer 3los que sean rumiantes*4* y tengan pezuñas partidas; 4pero no deben comer los siguientes animales, aunque sean rumiantes o tengan pezuñas partidas:

"El camello, porque es rumiante pero no tiene pezuñas partidas. Deben considerarlo un animal impuro.

5"El tejón, porque es rumiante pero no tiene pezuñas partidas. Deben considerarlo un animal impuro.

6"La liebre, porque es rumiante pero no tiene pezuñas partidas. Deben considerarlo un animal impuro.

7"El cerdo, porque tiene pezuñas, y aunque las tiene partidas en dos, no es rumiante. Deben considerarlo un animal impuro.

8"No deben comer la carne de estos animales, y ni siquiera tocar su cadáver. Deben considerarlos animales impuros.

9"De los animales que viven en el agua, ya sean de mar o de río, pueden comer solamente de los que tienen aletas y escamas. 10Pero a los que no tienen aletas y escamas deben considerarlos animales despreciables, aunque sean de mar o de río, lo mismo los animales pequeños que los grandes. 11No deben comer su carne; deben considerarlos animales despreciables, y despreciarán también su cadáver. 12Todo animal de agua que no tenga aletas y escamas, lo deben considerar despreciable.

13"De las aves no deben comer las siguientes; al contrario, las deben considerar animales despreciables: el águila, el quebrantahuesos, el águila marina, 14el milano, y toda clase de halcones, 15toda clase de cuervos, 16el avestruz, la lechuza, la gaviota, toda clase de gavilanes, 17el búho, el cormorán, el ibis, 18el cisne, el pelícano, el buitre, 19la cigüeña, toda clase de garzas, la abubilla y el murciélago.

20"A todo insecto que vuele y camine,*5* deben considerarlo despreciable, 21pero pueden comer de los que, aunque vuelen y caminen, tengan también piernas unidas a

---

*4* El término *rumiante* no coincide con el de la especie descrita por la ciencia actual, sino que se aplicaba a diversos animales que comían hierba.    *5* *Y camine:* lit. *y camine sobre cuatro patas* (aquí y en vs. 21-23).
*l* **10.12-13** Lv 6.14-18.    *m* **10.14-15** Lv 7.28-34.    *n* **10.17** Lv 6.24-26.

sus patas para saltar sobre el suelo. [22]De ellos pueden comer los siguientes: toda clase de langostas, langostones, grillos y saltamontes. [23]Pero a todo otro insecto que vuele y que camine, lo deben considerar despreciable.

[24]"En los siguientes casos ustedes quedarán impuros:

"Cualquiera que toque el cadáver de uno de esos animales, quedará impuro hasta el anochecer.

[25]"Cualquiera que levante el cadáver de uno de esos animales, deberá lavar su ropa y quedará impuro hasta el anochecer.

[26]"A todo animal que, teniendo pezuñas, no las tenga partidas ni sea rumiante, lo deben considerar un animal impuro, y cualquiera que lo toque quedará impuro también.

[27]"A cualquier animal de cuatro patas y que para andar se apoye en sus plantas, lo deben considerar un animal impuro; cualquiera que toque el cadáver de uno de ellos, quedará impuro hasta el anochecer. [28]Así mismo, el que levante el cadáver de uno de ellos, deberá lavar su ropa y quedará impuro hasta el anochecer, pues ustedes deben considerar impuros a esos animales.

[29]"De los animales que se arrastran sobre la tierra, deben considerar impuros a los siguientes: comadrejas, ratones y toda clase de reptiles, [30]como salamanquesas, cocodrilos, lagartos, lagartijas y camaleones.

[31]"Entre los muchos animales que existen, a éstos los deberán considerar impuros. Cualquiera que toque el cadáver de uno de estos animales, quedará impuro hasta el anochecer.

[32]"También quedará impura cualquier cosa sobre la que caiga el cadáver de uno de esos animales. Ya sea un objeto de madera, un vestido, alguna cosa de piel, un costal, o cualquier instrumento de trabajo, se deberá meter en agua y quedará impuro hasta el anochecer; después de eso quedará puro.

[33]"Si el cadáver de cualquiera de esos animales cae en una olla de barro, todo lo que haya dentro de ella quedará impuro y la olla tendrá que romperse. [34]Todo alimento sobre el que caiga agua de esa olla, quedará impuro; y toda bebida que haya en ella, quedará impura. [35]Todo aquello sobre lo que caiga el cadáver de uno de esos animales, quedará impuro; aunque

sea un horno o una doble hornilla: deberá ser destruido. Es un objeto impuro, y así deberán ustedes considerarlo.

[36]"Sin embargo, el manantial o pozo de donde se toma agua, seguirá siendo puro; pero quien toque los cadáveres de esos animales, quedará impuro.

[37]"Si el cadáver de uno de esos animales cae sobre una semilla que se va a sembrar, la semilla seguirá siendo pura; [38]pero si la semilla ha sido mojada y el cadáver de uno de esos animales cae sobre ella, se la deberá considerar impura.

[39]"En caso de que muera alguno de los animales que ustedes tenían para comer, el que toque el cadáver quedará impuro hasta el anochecer; [40]el que coma carne del animal muerto, deberá lavar su ropa y quedará impuro hasta el anochecer; y el que saque el cadáver del animal, también deberá lavar su ropa, y quedará impuro hasta el anochecer.

[41]"No deben comer ningún reptil que se arrastre sobre la tierra; es animal despreciable.

[42]"De todos los animales que se arrastran sobre la tierra, no deben comer ninguno, ya sea que se arrastre sobre el vientre o que ande en cuatro o más patas, pues son animales despreciables. [43]No se hagan despreciables e impuros ustedes mismos con ningún animal que se arrastra, [44]porque yo soy el Señor, su Dios. Ustedes deben purificarse completamente y ser santos, porque yo soy santo. No se hagan impuros con ningún animal que se arrastre por la tierra. [45]Yo soy el Señor, el que los hizo salir de Egipto para ser su Dios. Por lo tanto, ustedes deben ser santos porque yo soy santo."[ñ]

[46]Estas son las instrucciones en cuanto a los animales, aves y todo lo que vive y se mueve en el agua, y todos los animales que se arrastran sobre la tierra, [47]para que se pueda distinguir entre lo puro y lo impuro, y entre los animales que se pueden comer y los que no se pueden comer.

### *Purificación de la mujer después del parto*

**12** [1]El Señor se dirigió a Moisés y le dijo:

[2]"Di a los israelitas lo siguiente: Cuando una mujer quede embarazada y dé a luz un varón, será impura durante siete días, como cuando tiene su periodo natural. [3]El niño será circuncidado a los

ñ 11.44-45 Lv 19.2; Mt 5.48; 1 P 1.15-16.

ocho días de nacido.º ⁴La madre, sin embargo, continuará purificándose de su sangre treinta y tres días más. No podrá tocar ninguna cosa consagrada ni entrar en el santuario, mientras no se cumpla el término de su purificación. ⁵Pero si da a luz una niña, será impura durante dos semanas, como en el caso de su periodo natural, y seguirá purificándose de su sangre sesenta y seis días más.

⁶"Cuando se cumpla el término de la purificación, ya sea de niño o de niña, la madre deberá llevar a la entrada de la Tienda del Encuentro un cordero de un año para ofrecerlo en holocausto, y un pichón de paloma o una tórtola como sacrificio por el pecado. Se los entregará al sacerdote, ⁷y el sacerdote los ofrecerá ante el Señor para pedir el perdón de ella; así ella quedará purificada de su flujo de sangre."

Estas son las instrucciones en cuanto a los nacimientos de niños o de niñas. ⁸Y si la madre no tiene lo suficiente para un cordero, podrá tomar dos tórtolas o dos pichones de paloma,ᵖ uno para ofrecerlo en holocausto y otro como sacrificio por el pecado; entonces el sacerdote pedirá el perdón de ella, y ella quedará purificada.

### Instrucciones acerca de la lepra

**13** ¹El Señor se dirigió a Moisés y Aarón, y les dijo:

²"Cuando alguien tenga hinchazones, erupciones o manchas en la piel del cuerpo, o llagas que parezcan de lepra, deberá ser llevado al sacerdote Aarón o a uno de los sacerdotes descendientes de él. ³El sacerdote deberá examinar la llaga en la piel, y si el pelo en la llaga se ha vuelto blanco y la llaga se ve más hundida que la piel, seguramente es llaga de lepra. Luego que el sacerdote haya examinado a esa persona, la declarará impura.

⁴"Si la mancha de la piel es blanca, pero no se ve más hundida que la piel, ni el pelo se ha vuelto blanco, entonces el sacerdote encerrará al enfermo durante siete días. ⁵A los siete días lo volverá a examinar, y si la llaga sigue igual y no se ha extendido por la piel, volverá a encerrarlo otros siete días. ⁶A los siete días lo examinará de nuevo, y si la llaga va desapareciendo y no se ha extendido por la piel, entonces el sacerdote declarará puro al enfermo, pues era sólo una irritación de

la piel. Entonces el enfermo lavará su ropa y quedará puro.

⁷"Pero si la irritación sigue extendiéndose por la piel después de que el enfermo fue examinado y declarado puro por el sacerdote, tendrá que ir otra vez a que el sacerdote lo examine. ⁸Si al examinar el sacerdote al enfermo, ve que la irritación se ha extendido por toda la piel, entonces lo declarará impuro, pues está enfermo de lepra.⁶

⁹"Cuando una persona tenga llagas de lepra, deberá ser llevada al sacerdote. ¹⁰El sacerdote la examinará, y si la hinchazón de la piel es blanca y ha causado que el pelo se vuelva blanco, y si se ve la carne viva en la hinchazón, ¹¹es que se trata de lepra crónica de la piel. El sacerdote deberá declarar impura a esa persona, y no será necesario que la encierre, porque ya es impura.

¹²"Si la lepra se desarrolla rápidamente, al grado de cubrir de pies a cabeza la piel del enfermo hasta donde el sacerdote pueda ver, ¹³el sacerdote lo examinará; y si la lepra ha cubierto todo su cuerpo, el sacerdote lo declarará puro, pues la lepra se ha vuelto blanca y él ha quedado puro. ¹⁴Pero el día que aparezca en él la carne viva, quedará impuro. ¹⁵Entonces el sacerdote examinará la carne viva y lo declarará impuro, pues la carne viva es impura: es lepra.

¹⁶"En caso de que la carne viva vuelva a ponerse blanca, el enfermo deberá ir al sacerdote ¹⁷para que lo examine, y si el sacerdote ve que la llaga se ha vuelto blanca, declarará puro al enfermo, pues ya ha quedado puro.

¹⁸"Cuando alguien tenga una llaga en la piel, y llegue a sanar, ¹⁹y quede en su lugar una hinchazón blanca, o una mancha blanco-rojiza, deberá presentarse ante el sacerdote. ²⁰Si el sacerdote ve que la parte afectada aparece más hundida que el resto de la piel, y que el pelo se ha vuelto blanco, entonces declarará impura a esa persona, pues lo que tiene es una llaga de lepra. ²¹Si ve que la parte afectada no tiene ningún pelo blanco ni está más hundida que el resto de la piel, sino que va desapareciendo, entonces encerrará a esa persona durante siete días. ²²Y si el mal sigue extendiéndose por la piel, entonces el sacerdote declarará impura a esa persona, pues tiene llagas leprosas. ²³Pero si la parte afectada se mantiene sin

⁶ El término *lepra* se aplicaba a diversas enfermedades de la piel.
º 12.3 Gn 17.12; Lc 2.21. ᵖ 12.8 Lc 2.24.

extenderse, entonces es solamente la cicatriz de la llaga, y el sacerdote lo declarará puro.

24 "Cuando alguien tenga una quemadura en la piel, y en la carne viva de la quemadura haya una mancha blancorojiza o blanca, 25 el sacerdote la examinará. Si el pelo en la mancha se ha puesto blanco, y la mancha aparece más hundida que el resto de la piel, entonces es lepra lo que brotó en la quemadura; así que el sacerdote lo declarará impuro por tener llaga de lepra. 26 Si al examinar el sacerdote la mancha, ve que no hay en ella ningún pelo blanco ni aparece más hundida que la piel, sino que va desapareciendo, entonces encerrará a esa persona durante siete días. 27 A los siete días el sacerdote la examinará, y si la mancha se ha extendido por la piel, entonces declarará impura a esa persona, pues tiene llaga de lepra. 28 Pero si la mancha se mantiene sin extenderse por la piel y va desapareciendo, entonces no es más que la hinchazón de la quemadura, así que el sacerdote declarará puro al enfermo, porque sólo se trata de la cicatriz de la quemadura.

29 "Cuando un hombre o una mujer tenga una llaga en la cabeza o en la barba, 30 el sacerdote examinará la llaga. Si la llaga aparece más hundida que la piel y tiene pelo amarillento y escaso, entonces el sacerdote declarará impura a esa persona, pues tiene tiña, es decir, lepra de la cabeza y de la barba. 31 Y si al examinar el sacerdote la llaga tiñosa ve que no está más hundida que la piel ni tiene pelo negro, entonces encerrará a esa persona durante siete días. 32 Al séptimo día el sacerdote examinará la llaga, y si la tiña no se ha extendido, ni aparece más hundida que la piel, ni tiene pelo amarillento, 33 entonces ordenará el sacerdote que la persona enferma se afeite, excepto en la llaga tiñosa, y lo encerrará por siete días más. 34 Pasados los siete días el sacerdote volverá a examinar la llaga, y si la tiña no se ha extendido ni aparece más hundida que la piel, entonces el sacerdote declarará pura a la persona enferma, la cual lavará sus ropas y quedará pura. 35 Pero en caso de que la tiña siga extendiéndose por la piel después de haber sido declarada pura, 36 el sacerdote deberá examinar otra vez a la persona enferma; si la tiña se ha extendido por la piel, no hará falta que busque el pelo amarillo: esa persona es impura. 37 Pero si a él le parece que la tiña se ha detenido, y que ha salido pelo negro, es que la tiña ha sanado y la persona es pura. Entonces el sacerdote declarará pura a esa persona.

38 "Cuando un hombre o una mujer tenga manchas blancas en la piel, 39 el sacerdote examinará la piel, y si se ven en ella manchas blancuzcas y opacas, es que le ha salido una simple erupción en la piel; en ese caso la persona es pura.

40 "Si a un hombre se le cae el cabello y se queda calvo, es puro. 41 Si el cabello de la frente se le cae y la frente se le queda calva, también es puro. 42 Pero si aparece una llaga de color blanco-rojizo en las partes calvas, ya sea de atrás o de la frente, es que allí le está brotando lepra. 43 Entonces el sacerdote lo examinará, y si la hinchazón de la llaga en las partes calvas es de color blanco-rojizo, tal como se ve la lepra en la piel del cuerpo, 44 ese hombre está enfermo de lepra, pues tiene la cabeza llagada. Es un hombre impuro, y así lo declarará el sacerdote.

45 "El que tenga llagas de lepra, deberá llevar rasgada la ropa y descubierta la cabeza, y con la cara semicubierta gritará: '¡Impuro!, ¡Impuro!' 46 Y mientras tenga las llagas será considerado hombre impuro; tendrá que vivir solo y fuera del campamento.

47 "Cuando aparezca una mancha en un vestido de lana o de lino, 48 o en un tejido de lino o de lana, o en un cuero, o en cualquier objeto hecho de cuero, 49 y si la mancha en esos objetos es verdosa o rojiza, la mancha es de lepra[7] y debe ser mostrada al sacerdote. 50 El sacerdote examinará la mancha, y encerrará durante siete días el objeto manchado. 51 Al séptimo día examinará la mancha; si se ha extendido en el vestido o tejido, o en el cuero u objeto de cuero, la mancha es de lepra maligna y los objetos son impuros. 52 Así que cualquier objeto que tenga esa mancha, deberá ser quemado por completo, pues se trata de lepra maligna; 53 pero si el sacerdote la examina y se encuentra con que la mancha no se ha extendido, 54 dará órdenes de que se lave la mancha y que se encierre el objeto por siete días más.

55 "Después que la mancha haya sido lavada, el sacerdote la examinará. Si ve que la mancha no ha desaparecido, es

---

[7] El moho o los hongos que aparecen en ciertos objetos por causa de la humedad, eran considerados como manifestaciones de lepra.

mancha impura y el objeto debe ser quemado, aun cuando la mancha no se haya extendido, pues se trata de una corrosión, tanto si está por dentro como por fuera. [56]Si al examinar la mancha el sacerdote nota que se ha desvanecido después de lavada, la arrancará del vestido, cuero o tejido. [57]Pero si vuelve a aparecer y se extiende por aquel vestido, tejido u objeto de cuero, se quemará el objeto manchado. [58]En cuanto al vestido, tejido u objeto de cuero, del cual la mancha desaparezca al ser lavada, se lavará una vez más y entonces quedará purificado.''

[59]Estas son las instrucciones acerca de las manchas de lepra en vestidos de lana o de lino, o en tejidos u objetos de cuero, para que se les pueda declarar puros o impuros.

### Instrucciones para la purificación de leprosos

**14** [1]El Señor se dirigió a Moisés y le dijo:

[2]''Estas son las instrucciones para la purificación de un enfermo de lepra: El enfermo será llevado ante el sacerdote,[q] [3]el cual saldrá fuera del campamento para examinarlo. Si el sacerdote ve que la llaga leprosa del enfermo ha sanado, [4]mandará traer para el que se purifica dos pajarillos vivos y que sean puros, madera de cedro, tela roja e hisopo. [5]Ordenará que se mate uno de los pajarillos sobre una olla de barro que tenga agua de manantial, [6]y tomará el pajarillo vivo, la madera de cedro, la tela roja y el hisopo, y mojará estas cosas y el pajarillo vivo con la sangre del pajarillo muerto sobre el agua de manantial. [7]Luego rociará siete veces con la sangre al que va a ser purificado de la lepra, y lo declarará puro. Al pajarillo vivo lo dejará en libertad.

[8]''El que se purifica debe lavar su ropa, y lavarse a sí mismo, y afeitarse del todo, para quedar purificado. Después podrá entrar en el campamento, aunque durante siete días se quedará viviendo al aire libre. [9]Al séptimo día se rapará completamente la cabeza, se afeitará la barba, las cejas y todo el vello, lavará sus ropas y se lavará a sí mismo, y entonces quedará purificado. [10]Al octavo día tomará dos corderos sin defecto, y una cordera de un año y sin defecto; además, seis kilos y medio de la mejor harina para una ofrenda de cereal amasada con aceite, y la tercera parte de un litro de aceite. [11]El sacerdote que va a realizar la purificación, colocará a la persona que va a ser purificada, y a sus cosas, a la entrada de la Tienda del Encuentro, ante la presencia del Señor; [12]luego tomará uno de los corderos y lo ofrecerá junto con la tercera parte de un litro de aceite, como sacrificio por la culpa, celebrando el rito de presentación ante el Señor. [13]Deberá matar el cordero en el lugar consagrado al degüello de los animales para los sacrificios por el pecado y los holocaustos. El sacrificio por la culpa será para el sacerdote, lo mismo que el sacrificio por el pecado, pues es una cosa santísima.

[14]''Después tomará el sacerdote un poco de sangre del sacrificio por la culpa, y se la untará al que se purifica, en la parte inferior de la oreja derecha, en el pulgar de la mano derecha y en el dedo gordo del pie derecho. [15]Tomará luego un poco de aceite y se lo echará en la palma de la mano izquierda; [16]mojará entonces su dedo derecho en el aceite que tiene en la mano, y con el mismo dedo rociará siete veces aceite ante el Señor. [17]Del aceite que le quede en la mano tomará el sacerdote un poco, para untárselo al que se purifica, en la parte inferior de la oreja derecha, en el pulgar de la mano derecha y en el dedo gordo del pie derecho, sobre la sangre del sacrificio por la culpa, [18]y el resto del aceite se lo untará en la cabeza al que se purifica. Así el sacerdote obtendrá del Señor el perdón por el pecado de esa persona. [19]Luego presentará el sacerdote el sacrificio por el pecado, realizando así la purificación del que se encuentra impuro; después sacrificará al animal que se va a ofrecer en holocausto, [20]ofreciéndolo sobre el altar, junto con la ofrenda de cereales. De esta manera el sacerdote obtendrá el perdón por el pecado de esa persona, y así quedará purificada.

[21]''Si la persona enferma es pobre y no tiene para tanto, tomará un cordero como sacrificio por la culpa y lo presentará como ofrenda especial para obtener el perdón de sus pecados, con un poco más de dos kilos de la mejor harina amasada con aceite, como ofrenda de cereales, y la tercera parte de un litro de aceite [22]y dos tórtolas, o dos pichones de paloma, según sus posibilidades, uno como sacrificio por el pecado y el otro como holocausto. [23]Al octavo día llevará todo esto al sacerdote, para su purificación; lo entregará en presencia del Señor, a la entrada de la Tienda

q **14.2** Mt 8.4; Mr 1.44; Lc 5.14; 17.14.

del Encuentro. 24El sacerdote tomará el cordero del sacrificio por la culpa y la tercera parte de un litro de aceite, y los presentará ante el Señor como ofrenda especial; 25degollará el cordero del sacrificio por la culpa y, tomando un poco de la sangre del cordero, se la untará al que se purifica, en la parte inferior de la oreja derecha, en el pulgar de la mano derecha y en el dedo gordo del pie derecho; 26luego se echará un poco de aceite en la palma de la mano izquierda, 27y con el dedo derecho rociará siete veces ante el Señor parte del aceite que tiene en la mano. 28También le untará al que se purifica un poco de aceite en la parte inferior de la oreja derecha, en el pulgar de la mano derecha y en el dedo gordo del pie derecho, es decir, en el mismo lugar en que le puso la sangre del sacrificio por la culpa. 29El resto del aceite lo untará el sacerdote en la cabeza del que se purifica, para que éste obtenga así del Señor el perdón de su pecado. 30Luego ofrecerá el sacerdote una de las tórtolas o uno de los pichones de paloma, según lo que haya podido ofrecer el que se purifica. 31Una de las aves será como sacrificio por el pecado, y la otra como holocausto, además de la ofrenda de cereales. Así el sacerdote obtendrá del Señor el perdón para el que se purifica.''

32Estas son las instrucciones para los enfermos con llagas de lepra, que no puedan dar una ofrenda mayor por su purificación.

### Instrucciones para la purificación de casas con manchas de lepra

33El Señor se dirigió a Moisés y Aarón, y les dijo:

34''Cuando ustedes estén ya en la tierra de Canaán, la cual les entrego en propiedad, y yo envíe una plaga de lepra[8] sobre alguna casa de su país, 35el dueño de la casa irá a ver al sacerdote, y le dirá: 'Me parece que hay una plaga en mi casa.'

36''El sacerdote, antes de entrar en la casa, ordenará que la desocupen, para que no se vuelva impuro todo lo que hay en ella. Después entrará a examinar la plaga.

37''Si al examinar la plaga nota el sacerdote que las paredes de la casa presentan manchas profundas de color verdoso o rojizo, las cuales se hunden en la pared, 38saldrá de la casa y ordenará mantenerla cerrada durante siete días. 39Al séptimo

día volverá el sacerdote a examinarla, y si la plaga se ha extendido por las paredes de la casa, 40dará órdenes de que se quiten las piedras que tengan esa mancha y se arrojen en un lugar impuro fuera de la ciudad; 41dará órdenes también de que se raspe todo el interior de la casa, y de que el polvo raspado se arroje a un lugar impuro fuera de la ciudad. 42Se tomarán entonces otras piedras para reponer las que fueron quitadas, y barro nuevo para recubrir la casa.

43''Si la plaga vuelve a aparecer en la casa después de haberse quitado las piedras, raspado la pared y haberla recubierto de nuevo, 44el sacerdote entrará a examinarla. Si la plaga se ha extendido por la casa, se trata de lepra maligna y la casa es impura. 45Por lo tanto, la casa deberá ser derribada y todos sus escombros arrojados a un lugar impuro fuera de la ciudad. 46Cualquiera que entre en la casa durante el tiempo en que el sacerdote haya ordenado mantenerla cerrada, será considerado impuro hasta el anochecer. 47Cualquiera que coma o duerma en la casa, deberá lavar su ropa para purificarla.

48''Si al entrar el sacerdote a examinar la casa, nota que la plaga no se ha extendido después de haber sido recubierta, la declarará casa pura, porque la plaga ha terminado. 49Para purificar la casa, tomará dos pajarillos, madera de cedro, tela roja e hisopo. 50Matará uno de los pajarillos sobre una olla de barro con agua de manantial. 51Luego tomará el cedro, el hisopo, la tela roja y el pajarillo vivo, y los mojará con la sangre del pajarillo muerto y con el agua de manantial, y rociará la casa siete veces. 52Así purificará la casa con la sangre del pajarillo y el agua de manantial, y con el pajarillo vivo, el cedro, el hisopo y la tela roja. 53Después dejará en libertad al pajarillo vivo en las afueras de la ciudad, y así cumplirá con lo requerido para la purificación de la casa.''

54Estas son las instrucciones acerca de cualquier plaga de lepra y de tiña, 55de lepra en la ropa y en las casas, 56de hinchazones, erupciones y manchas, 57para que se pueda distinguir entre lo puro y lo impuro. Hasta aquí las instrucciones acerca de la lepra.

---

8 El moho o los hongos y el salitre que aparecen en las paredes por causa de la humedad eran considerados como manifestaciones de lepra.

## Instrucciones sobre algunas impurezas en el hombre

**15** ¹El Señor se dirigió a Moisés y Aarón, y les dijo:

²"Digan a los israelitas lo siguiente: Cuando un hombre sufra de flujo de su miembro, este flujo será impuro. ³La impureza del hombre debida al flujo existirá tanto si su miembro deja correr el semen como si queda obstruido a causa del mismo. De todos modos es impuro.

⁴"Cualquier lugar en que ese hombre se acueste y donde su flujo se derrame, será considerado impuro.

"Cualquier objeto en el que se siente, será considerado impuro.

⁵"Cualquiera que toque el lugar en que ese hombre se acostó, deberá lavarse la ropa y lavarse a sí mismo con agua, y será considerado impuro hasta el anochecer.

⁶"Cualquiera que se siente en el objeto en que ese hombre se haya sentado, deberá lavarse la ropa y lavarse a sí mismo con agua, y será considerado impuro hasta el anochecer.

⁷"Cualquiera que toque al que sufre de flujo, deberá lavarse la ropa y lavarse a sí mismo con agua, y será considerado impuro hasta el anochecer.

⁸"Si el que sufre de flujo escupe sobre una persona pura, esa persona deberá lavarse la ropa y lavarse a sí misma con agua, y será considerada impura hasta el anochecer.

⁹"Cualquier silla de montar que use el que sufre de flujo será considerada impura.

¹⁰"Cualquiera que toque algo sobre lo cual se haya sentado el que sufre de flujo será considerado impuro hasta el anochecer.

"Cualquiera que lleve alguna de esas cosas, deberá lavarse la ropa y lavarse a sí mismo con agua, y será considerado impuro hasta el anochecer.

¹¹"Cualquiera a quien toque el que sufre de flujo, sin haberse lavado las manos, deberá lavarse la ropa y lavarse a sí mismo con agua, y será considerado impuro hasta el anochecer.

¹²"La olla de barro que toque el que sufre de flujo deberá romperse; los objetos de madera deberán lavarse.

¹³"Si ese hombre sana de su flujo, deberá contar siete días para su purificación; se lavará la ropa y se lavará a sí mismo en agua de manantial, y entonces quedará purificado. ¹⁴Al octavo día tomará dos tórtolas o dos pichones de paloma, e irá a la entrada de la Tienda del Encuentro para entregárselos al sacerdote en presencia del Señor. ¹⁵El sacerdote ofrecerá uno como sacrificio por el pecado y otro como holocausto, y así realizará ante el Señor la purificación del hombre que sufre de flujo.

¹⁶"Cuando un hombre tenga un derrame de semen, se lavará con agua todo el cuerpo y será considerado impuro hasta el anochecer.

¹⁷"Cualquier ropa o cuero en que caiga parte del semen, deberá lavarse con agua y quedará impuro hasta el anochecer.

¹⁸"Si un hombre y una mujer tienen relaciones sexuales, los dos deberán lavarse con agua y quedarán impuros hasta el anochecer.

## Instrucciones sobre algunas impurezas en la mujer

¹⁹"Cuando una mujer tenga su periodo normal de menstruación, será considerada impura durante siete días.

"Cualquiera que la toque, será considerado impuro hasta el anochecer.

²⁰"Cualquier cosa en la que ella se acueste durante su periodo de menstruación, será considerada impura.

"Cualquier cosa en la que se siente, será considerada impura.

²¹"Cualquiera que toque el lugar donde ella se haya acostado, deberá lavarse la ropa y lavarse a sí mismo con agua, y será considerado impuro hasta el anochecer.

²²"Cualquiera que toque algún objeto en el que ella se haya sentado, deberá lavarse la ropa y lavarse a sí mismo con agua, y será considerado impuro hasta el anochecer. ²³Ya sea que toque el lugar en el que ella se haya acostado o sentado, será considerado impuro hasta el anochecer.

²⁴"Si algún hombre se acuesta con ella, comparte su impureza, y será considerado impuro durante siete días, lo mismo que el lugar donde él se acueste.

²⁵"En caso de que una mujer tenga flujo de sangre fuera de su periodo normal de menstruación, y que el flujo le dure muchos días, o en caso de que su menstruación le dure más de lo normal, será considerada impura mientras le dure el flujo, como si estuviera en su periodo de menstruación.

²⁶"Cualquier lugar en que ella duerma, y cualquier objeto en que se siente mientras le dura el flujo, será considerado

impuro, como si estuviera ella en su periodo de menstruación.

²⁷"Cualquiera que toque estas cosas,
será considerado impuro. Deberá lavarse
la ropa y lavarse a sí mismo con agua, y
será considerado impuro hasta el anochecer.

²⁸"Cuando el flujo se detenga, podrá
contar siete días, y después quedará purificada. ²⁹Al octavo día tomará dos tórtolas o dos pichones de paloma, y se los llevará al sacerdote, a la entrada de la
Tienda del Encuentro. ³⁰El sacerdote
ofrecerá uno de ellos como sacrificio por
el pecado, y otro como holocausto. Así
realizará el sacerdote ante el Señor la purificación de esa mujer por el flujo que
tuvo, ³¹y de esa manera alejarán ustedes a
los israelitas de sus impurezas, para que
no mueran por manchar con ellas el lugar
donde yo habito entre ellos."

³²Estas son las instrucciones acerca de
los que sufren de flujo y los que tienen
derrames de semen, quedando impuros
por esa razón; ³³y acerca de las mujeres
que están en su menstruación, en una
palabra, todo el que sufre de derrames,
sea hombre o mujer, y de los hombres que
se acuesten con una mujer durante su
menstruación.

### El Día del Perdón

**16** ¹El Señor habló con Moisés después de la muerte de los dos hijos
de Aarón que murieron por haberse acercado demasiado a la presencia del Señor.
²Y dijo el Señor a Moisés:

"Dile a tu hermano Aarón que no entre
a cualquier hora en el santuario que está
tras el velo,ʳ ni ante la tapa que está sobre
el cofre,ʳ para que no muera; porque yo
me manifestaré en una nube sobre la tapa.
³Aarón debe entrar en el santuario con un
becerro como sacrificio por el pecado y
con un carnero para ofrecerlo en holo-
causto.ˢ ⁴Debe ir vestido con la túnica de
lino consagrada, cubierto su cuerpo con
calzoncillos de lino, y llevar puestos el cinturón y el turbante de lino. Esta es ropa
consagrada, así que, antes de ponérsela, él
debe lavarse con agua.

⁵"De parte de la comunidad israelita
tomará Aarón dos chivos como sacrificio
por el pecado, y un carnero para ofrecerlo
en holocausto. ⁶Ofrecerá entonces el
becerro como su propio sacrificio por el
pecado, para obtener el perdón de sus

propios pecados y de los de su familia.
⁷Después tomará los dos chivos y los ofrecerá ante el Señor, a la entrada de la
Tienda del Encuentro; ⁸luego echará suertes sobre los dos chivos: una suerte será
por el Señor, y la otra por Azazel.⁹ ⁹El
chivo sobre el que recaiga la suerte por el
Señor, lo ofrecerá Aarón como sacrificio
por el pecado; ¹⁰pero el chivo sobre el que
recaiga la suerte de Azazel, lo presentará
vivo ante el Señor para obtener el perdón
de los pecados, y después lo echará al
desierto, donde está Azazel.

¹¹"Aarón ofrecerá el becerro como su
propio sacrificio por el pecado, para obtener el perdón de sus propios pecados y de
los de su familia. ¹²Luego tomará un
incensario lleno de brasas tomadas del
altar que está ante el Señor, y dos puñados de incienso aromático molido, y los
llevará detrás del velo; ¹³echará el incienso
sobre el fuego en presencia del Señor, y el
humo del incienso cubrirá la tapa que está
sobre el cofre del pacto. De esa manera
Aarón no morirá. ¹⁴Tomará también un
poco de sangre del becerro, y con su dedo
la rociará sobre la tapa, por el lado oriental. Luego rociará sangre con su dedo
siete veces, por la parte delantera de la
tapa, ¹⁵y después de eso matará al chivo
como sacrificio por el pecado del pueblo y
llevará la sangre a la parte que está tras el
velo;ᵗ allí adentro la rociará encima y
delante de la tapa, tal como lo hizo con la
sangre del becerro. ¹⁶De esa manera limpiará el santuario de todas las impurezas,
rebeliones y pecados de los israelitas. Lo
mismo debe hacer con la Tienda del
Encuentro, la cual está en medio de ellos y
de sus impurezas.

¹⁷"Mientras Aarón esté dentro del santuario para obtener el perdón de los pecados, y hasta que salga, nadie deberá
estar en la Tienda del Encuentro. Una vez
que haya obtenido el perdón de los pecados de él y de su familia, y de toda la
comunidad israelita, ¹⁸saldrá para ir a
purificar el altar que está delante del
Señor. Tomará un poco de la sangre del
becerro y del chivo, y la untará sobre los
cuernos y alrededor del altar, ¹⁹y con el
dedo rociará sangre sobre el altar siete
veces. Así lo purificará de las impurezas
de los israelitas, y lo consagrará.

²⁰"Cuando Aarón haya terminado de
purificar el santuario, la Tienda del
Encuentro y el altar, mandará traer el

---

⁹ *Azazel:* nombre de significado dudoso, que probablemente se refiere a un mal espíritu del desierto.
ʳ 16.2 He 6.19.   ˢ 16.3 He 9.7.   ᵗ 16.15 He 9.12.

chivo que aún esté vivo ²¹y, poniendo sus manos sobre la cabeza del animal, confesará sobre él todas las maldades, rebeliones y pecados de los israelitas. De esta manera pondrá los pecados sobre la cabeza del chivo, y una persona se encargará de llevarlo y soltarlo en el desierto. ²²Así, al perderse el chivo en el desierto, se llevará todas las maldades de ellos a tierras deshabitadas. ²³Luego entrará Aarón en la Tienda del Encuentro y se quitará la ropa de lino que se puso para entrar en el santuario, y la dejará allí.ᵘ ²⁴Allí mismo en el santuario se lavará con agua y, después de vestirse, saldrá para presentar su propio holocausto y el que debe ofrecer por el pueblo, y así obtendrá el perdón por sus pecados y los del pueblo. ²⁵La grasa del sacrificio por el pecado la quemará en el altar; ²⁶y el que haya llevado el chivo para soltarlo a Azazel, se lavará la ropa y se lavará a sí mismo con agua, y después podrá entrar en el campamento.

²⁷"El becerro y el chivo que fueron sacrificados por el pecado, y cuya sangre fue llevada al santuario para obtener el perdón de los pecados, serán llevados fuera del campamento,ᵛ y su piel, carne y desechos serán quemados. ²⁸La persona que los queme deberá lavarse la ropa y lavarse a sí misma con agua, y después podrá entrar en el campamento.

²⁹"Esta será una ley permanente para ustedes: el día diez del mes séptimo deberán ustedes dedicarlo al ayuno¹⁰ y suspender todas sus labores, lo mismo los israelitas que los extranjeros que vivan entre ustedes, ³⁰pues en ese día se obtendrá el perdón de los pecados de ustedes delante del Señor,ʷ y quedarán limpios de todos ellos. ³¹Es una ley permanente: ese día será para ustedes un día especial de reposoᴵᴵ y dedicado al ayuno. ³²El sacerdote que haya sido escogido y a quien se le haya dado plena autoridad para ocupar el lugar de su padre como sacerdote, celebrará el rito para obtener el perdón de los pecados; se vestirá con la ropa de lino consagrada ³³y hará la purificación del lugar santísimo, y de la Tienda del Encuentro, y del altar, y obtendrá el perdón de los pecados de los sacerdotes y de toda la comunidad. ³⁴"Esta será una ley permanente para ustedes: una vez al año se celebrará el rito

para obtener el perdón de los pecados que hayan cometido los israelitas."

Y se hizo tal como el Señor se lo ordenó a Moisés.

## El santuario único

**17** ¹El Señor se dirigió a Moisés y le dijo: ²"Diles a Aarón y a sus hijos, y a todos los israelitas, que el Señor ha dado las siguientes órdenes:

³"Cualquier israelita que mate un toro, un cordero o una cabra, dentro o fuera del campamento, ⁴y que no lo traiga a la entrada de la Tienda del Encuentro para presentarlo como ofrenda al Señor ante su santuario, será culpable de derramamiento de sangre y, por lo tanto, será eliminado de entre su gente. ⁵Esto es para que los israelitas ofrezcan al Señor los animales que maten al aire libre, y los lleven al sacerdote a la entrada de la Tienda del Encuentro, para que él los ofrezca por ellos como sacrificio de reconciliación. ⁶El sacerdote rociará la sangre sobre el altar del Señor, a la entrada de la Tienda del Encuentro, y quemará la grasa como aroma agradable al Señor. ⁷Y nunca más volverán a presentar sus sacrificios a esos demonios,¹² a los que han adorado y por los que se han corrompido. Esta será una ley permanente para ustedes, que pasará de padres a hijos.

⁸"Diles también que cualquier israelita o extranjero que viva entre ustedes y presente un holocausto o cualquier otro sacrificio, ⁹y que no lo lleve a la entrada de la Tienda del Encuentro para ofrecérselo al Señor, será eliminado de entre su pueblo.

## Prohibición de comer sangre

¹⁰"Yo estaré en contra de todo israelita o extranjero que viva entre ustedes y que coma sangre, en la forma que sea. Yo lo eliminaré de entre su pueblo.ˣ ¹¹Porque todo ser vive por la sangre que está en él, y yo se la he dado a ustedes en el altar para que por medio de ella puedan ustedes pagar el rescate por su vida, pues es la sangre la que paga el rescate por la vida.ʸ

¹²"Por lo tanto, digo a los israelitas: Ninguno de ustedes, ni de los extranjeros que viven entre ustedes, debe comer sangre. ¹³Cualquier israelita o extranjero que

¹⁰ Deberán ustedes dedicarlo al ayuno: lit. afligirán su cuerpo. ᴵᴵ Día de reposo: véase Glosario anexo. ¹² Lit. chivos, refiriéndose a ciertos espíritus que, bajo apariencia animal, se creía vivían en el desierto.
ᵘ 16.23 Ez 44.19. ᵛ 16.27 He 13.11. ʷ 16.29-34 Lv 23.26-32; Nm 29.7-11. ˣ 17.10 Gn 9.4; Lv 7.26-27; 19.26; Dt 12.16,23; 15.23. ʸ 17.11 He 9.22.

viva entre ustedes y que cace un animal o un ave de los que se pueden comer, deberá derramar la sangre de la presa y cubrirla con tierra, [14]porque la sangre es la vida de todo ser viviente. Por eso les he dicho que no coman sangre, porque ella es la vida de todo ser viviente, y cualquiera que la coma será eliminado.

[15]"Cualquier israelita o extranjero que coma carne de algún animal muerto o despedazado por una fiera, deberá lavar su ropa y lavarse a sí mismo con agua, y será considerado impuro hasta el anochecer. Después quedará purificado. [16]Pero si no lava su ropa ni se lava a sí mismo, cargará con su maldad."

## Relaciones sexuales prohibidas

**18** [1]El Señor se dirigió a Moisés y le dijo:

[2]"Di a los israelitas lo siguiente:

"Yo soy el Señor su Dios.

[3]"No sigan las costumbres de Egipto, país en el cual vivieron.

"No sigan las costumbres de Canaán, país al cual voy a llevarlos, ni vivan conforme a sus leyes.

[4]"Cumplan mis decretos; pongan en práctica mis leyes; vivan conforme a ellos. Yo soy el Señor su Dios.

[5]"Pongan en práctica mis leyes y decretos. El hombre que los cumpla, vivirá.[z] Yo soy el Señor.

[6]"Ningún hombre debe acercarse a una mujer de su propia familia para tener relaciones sexuales con ella. Yo soy el Señor.

[7]"No deshonres a tu padre teniendo relaciones sexuales con tu madre; además, ella es tu madre y no debes hacerlo.

[8]"No deshonres a tu padre teniendo relaciones sexuales con su mujer.[a]

[9]"No tengas relaciones sexuales con tu hermana. Ya sea tu hermana por parte de padre o por parte de madre; ya sea que haya nacido en la casa o fuera de ella, no debes tener relaciones sexuales con ella.[b]

[10]"No te deshonres a ti mismo teniendo relaciones sexuales con tu nieta, sea por parte de tu hijo o de tu hija. No debes tener relaciones con ella.

[11]"No tengas relaciones con la hija de la mujer de tu padre. Ha sido engendrada por tu padre, y es tu hermana. No debes tener relaciones con ella.

[12]"No tengas relaciones sexuales con la hermana de tu padre; es de la misma sangre que tu padre.

[13]"No tengas relaciones sexuales con la hermana de tu madre; es de la misma sangre que tu madre.

[14]"No deshonres a tu tío teniendo relaciones sexuales con su mujer, pues es tu tía.[c]

[15]"No tengas relaciones sexuales con tu nuera, pues es la mujer de tu hijo; no debes tener relaciones sexuales con ella.[d]

[16]"No deshonres a tu hermano teniendo relaciones sexuales con su mujer.[e]

[17]"No tengas relaciones sexuales con una mujer y con la hija de esa mujer, ni tomes a su nieta, ya sea por parte de su hijo o de su hija, para tener también relaciones sexuales con ella. Esa es una conducta depravada, pues son de la misma sangre.[f]

[18]"No tomes como mujer a la hermana de tu esposa, ni tengas relaciones sexuales con ella mientras tu esposa viva, para no crear enemistad entre ellas.

[19]"No tengas relaciones sexuales con una mujer en su periodo de menstruación.[g]

[20]"No te acuestes con la mujer de tu prójimo ni tengas relaciones sexuales con ella, para que no te hagas impuro por esa causa.[h]

[21]"No entregues a ninguno de tus hijos como ofrenda al dios Moloc. No ofendas así el nombre de tu Dios.[i] Yo soy el Señor.

[22]"No te acuestes con un hombre como si te acostaras con una mujer. Ese es un acto infame.[j]

[23]"No te entregues a actos sexuales con ningún animal, para que no te hagas impuro por esa causa. Tampoco la mujer debe entregarse a actos sexuales con un animal. Eso es una infamia.[k]

[24]"No se hagan impuros con ninguna de estas cosas. Con ellas se han hecho impuros los pueblos que yo voy a arrojar de la presencia de ustedes, [25]y también su país quedó impuro; pero yo les pedí cuentas de su maldad y el país arrojó de sí a sus habitantes. [26]Pero ustedes los israelitas, y los extranjeros que viven entre ustedes, pongan en práctica mis leyes y mis decretos, y no cometan ninguno de estos actos infames, [27]pues todas estas infamias las cometieron los que habitaron el país antes que ustedes, y la tierra quedó impura.

---

[z] 18.5 Neh 9.29; Ez 18.9; 20.11-13; Lc 10.28; Ro 10.5; Gá 3.12.   [a] 18.8 Lv 20.11; Dt 22.30; 27.20.   [b] 18.9 Lv 20.17; Dt 27.22.   [c] 18.12-14 Lv 20.19-20.   [d] 18.15 Lv 20.12.   [e] 18.16 Lv 20.21.   [f] 18.17 Lv 20.14; Dt 27.23.   [g] 18.19 Lv 20.18.   [h] 18.20 Lv 20.10.   [i] 18.21 Lv 20.1-5.   [j] 18.22 Lv 20.13.   [k] 18.23 Ex 22.19; Lv 20.15-16; Dt 27.21.

²⁸¡Que no los arroje de sí el país por hacerlo impuro, tal como arrojó a la gente que lo habitó antes que ustedes! ²⁹El que cometa cualquiera de estas infamias, será eliminado de entre su pueblo. ³⁰Por lo tanto, pongan en práctica mi precepto y no caigan en las prácticas infames cometidas antes de ustedes, ni se hagan impuros con ellas. Yo soy el Señor su Dios.''

### Leyes acerca de la santidad y la justicia

**19** ¹El Señor se dirigió a Moisés y le dijo:

²''Dile a la comunidad israelita lo siguiente:

''Sean ustedes santos, pues yo, el Señor su Dios, soy santo.ˡ

³''Respete cada uno a su padre y a su madre.ᵐ

''Respeten también mis días de reposo.¹³,ⁿ Yo soy el Señor su Dios.

⁴''No recurran a los ídolos,ñ ni se hagan dioses de metal fundido.ᵒ Yo soy el Señor su Dios.

⁵''Cuando presenten al Señor sacrificios de reconciliación, háganlo de tal manera que Dios se los acepte. ⁶El animal presentado se debe comer el mismo día, y también se puede comer al día siguiente, pero lo que sobre para el tercer día deberá ser quemado. ⁷Si se come la ofrenda al tercer día, será considerada despreciable y Dios no la aceptará; ⁸el que la coma, cargará con la maldad y será eliminado de entre su pueblo por haber profanado lo consagrado al Señor.

⁹''Cuando llegue el tiempo de la cosecha, no recojas hasta el último grano de tu campo ni rebusques las espigas que hayan quedado. ¹⁰No rebusques todas las uvas de tu viñedo ni recojas las uvas caídas; déjalas para los pobres y los extranjeros. Yo soy el Señor, el Dios de ustedes.ᵖ

¹¹''No roben.ᵠ No mientan ni se engañen unos a otros.ʳ

¹²''No hagas promesas falsas en mi nombre,ˢ pues profanas el nombre de tu Dios. Yo soy el Señor.

¹³''No uses la violencia contra tu prójimo ni le arrebates lo que es suyo.

''No retengas la paga del trabajador hasta el día siguiente.ᵗ

¹⁴''No maldigas al sordo.

''No pongas ningún tropiezo en el camino del ciego.ᵘ Muestra tu reverencia a Dios. Yo soy el Señor.

¹⁵''No actúes con injusticia cuando dictes sentencia: ni favorezcas al débil, ni te rindas ante el poderoso. Apégate a la justicia cuando dictes sentencia.ᵛ

¹⁶''No andes con chismes entre tu gente.

''No tomes parte en el asesinato de tu prójimo. Yo soy el Señor.

¹⁷''No abrigues en tu corazón odio contra tu hermano.

''Reprende a tu prójimo cuando debas reprenderlo.ʷ No te hagas cómplice de su pecado.

¹⁸''No seas vengativo ni rencoroso con tu propia gente. Ama a tu prójimo, que es como tú mismo.ˣ Yo soy el Señor.

¹⁹''Pon en práctica mis leyes.

''No cruces tu ganado con animales de diferente especie.

''No siembres tu campo con diferentes semillas entremezcladas.

''No te pongas ninguna ropa hecha con tela de materiales mezclados.ʸ

²⁰''Si alguno se acuesta con una esclava destinada a otro hombre, pero que aún no ha sido comprada ni puesta en libertad, tendrá que pagar indemnización; pero no se les condenará a muerte, porque ella no es libre. ²¹El hombre presentará al Señor un carnero como sacrificio por la culpa, el cual deberá llevar hasta la entrada de la Tienda del Encuentro. ²²Con este carnero como sacrificio por la culpa, el sacerdote pedirá al Señor que perdone el pecado de ese hombre, y el pecado cometido se le perdonará.

²³''Cuando entren ustedes en el país y siembren árboles frutales, no deberán cortar¹⁴ ni comer sus frutos durante tres años. ²⁴Al cuarto año todos sus frutos serán consagrados al Señor en una celebración, ²⁵y al quinto año ya podrán ustedes comer su fruto. Así el árbol les dará más. Yo soy el Señor su Dios.

²⁶''No coman nada que tenga sangre.ᶻ

''No practiquen la adivinación ni pretendan predecir el futuro.ᵃ

²⁷''No se corten el pelo en redondo, ni se recorten la punta de la barba.

---

¹³ *Días de reposo:* aquí equivale a *sábado.* ¹⁴ Lit. *será para ustedes incircunciso.*
ˡ 19.2 Lv 11.44-45; Mt 5.48; 1 P 1.16. ᵐ 19.3 Ex 20.12; Dt 5.16. ⁿ 19.3 Ex 20.8; Dt 5.12. ñ 19.4 Lv 26.1. ᵒ 19.4 Ex 20.23; 34.17; Dt 17.25. ᵖ 19.9-10 Lv 23.22; Dt 24.19-22. ᵠ 19.11 Ex 20.15; Dt 5.19. ʳ 19.11 Ex 20.16; Dt 5.20. ˢ 19.12 Ex 20.7; Dt 5.11; Mt 5.33. ᵗ 19.13 Dt 24.14-15; Tob 4.13. ᵘ 19.14 Dt 27.18. ᵛ 19.15 Ex 23.6-8; Dt 16.19. ʷ 19.17 Mt 18.15. ˣ 19.18 Mt 5.43; 19.19; 22.39; Mr 12.31,33; Lc 10.27; Ro 13.9; Gá 5.14; Stg 2.8. ʸ 19.19 Dt 22.9-11. ᶻ 19.26 Gn 9.4; Lv 7.26-27; 17.10-14; Dt 12.16,23; 15.23. ᵃ 19.26 Dt 18.10.

²⁸"No se hagan heridas en el cuerpo por causa de un muerto. No se hagan ninguna clase de tatuaje.ᵇ Yo soy el Señor.

²⁹"No deshonres a tu hija, convirtiéndola en una prostituta.ᶜ No corrompas el país llenándolo de depravaciones.

³⁰"Respeten mis días de reposo.¹⁵ Guarden reverencia por mi santuario. Yo soy el Señor.ᵈ

³¹"No recurran a espíritus y adivinos.ᵉ No se hagan impuros por consultarlos. Yo soy el Señor su Dios.

³²"Ponte de pie y muestra respeto ante los ancianos. Muestra reverencia por tu Dios. Yo soy el Señor.

³³"No hagan sufrir al extranjero que viva entre ustedes. ³⁴Trátenlo como a uno de ustedes; ámenlo, pues es como ustedes. Además, también ustedes fueron extranjeros en Egipto.ᶠ Yo soy el Señor su Dios.

³⁵"No hagan trampa en la exactitud de medidas lineales, de peso o de capacidad. ³⁶Deben usar balanzas, pesas y medidas exactas.ᵍ Yo soy el Señor su Dios, que los sacó de Egipto.

³⁷"Así que pongan en práctica mis leyes y decretos; cúmplanlos. Yo soy el Señor."

### Castigos a la desobediencia

**20** ¹El Señor se dirigió a Moisés y le dijo:

²"Di a los israelitas lo siguiente:

"Cualquier israelita o extranjero que viva en Israel y que entregue alguno de sus hijos al dios Moloc, deberá ser muerto a pedradas por la gente del país. ³Yo me pondré en contra de ese hombre y lo eliminaré de entre su pueblo, por haber hecho impuro mi santuario y haber profanado mi santo nombre al entregar un hijo suyo a Moloc. ⁴Si la gente del país se desentiende del asunto y no condena a muerte a ese hombre, ⁵yo me pondré en contra de él y de su familia, y lo eliminaré de entre su pueblo junto con todos los que se corrompieron con él y recurrieron a Moloc. ⁶Y si alguien recurre a espíritus y adivinos, y se corrompe por seguirlos, yo me pondré en contra de esa persona y la eliminaré de entre su pueblo.

⁷"Conságrense completamente a mí, y sean santos, pues yo soy el Señor su Dios.

⁸Pongan en práctica mis leyes; cúmplanlas. Yo soy el Señor, que los consagra para mí.

⁹"A cualquiera que maldiga a su padre o a su madre, se le condenará a muerte.ʰ Ha maldecido a su padre o a su madre, y será el responsable de su propia muerte.

¹⁰"Si alguien comete adulterio con la mujer de su prójimo, se condenará a muerte tanto al adúltero como a la adúltera.ⁱ

¹¹"Si alguien se acuesta con la mujer de su padre, deshonra a su propio padre. Por lo tanto, se condenará a muerte al hombre y a la mujer, y serán responsables de su propia muerte.ʲ

¹²"Si alguien se acuesta con su nuera, los dos serán condenados a muerte y serán responsables de su propia muerte, pues eso es una infamia.ᵏ

¹³"Si alguien se acuesta con un hombre como si se acostara con una mujer, se condenará a muerte a los dos y serán responsables de su propia muerte, pues cometieron un acto infame.ˡ

¹⁴"Si alguien toma como esposas a una mujer y a la madre de esa mujer, comete un acto depravado y tanto él como ellas deberán ser quemados vivos. Así no habrá tales depravaciones entre ustedes.ᵐ

¹⁵"Si un hombre se entrega a actos sexuales con un animal, será condenado a muerte. También se deberá matar al animal.

¹⁶"Si una mujer se entrega a actos sexuales con un animal, tanto a la mujer como al animal se les matará. Ellos serán responsables de su propia muerte.ⁿ

¹⁷"Si alguien toma como mujer a su hermana, ya sea por parte de padre o de madre, y tienen relaciones sexuales, los dos serán eliminados a la vista de sus compatriotas, pues tener relaciones sexuales con la propia hermana es un hecho vergonzoso, y el que lo hace deberá cargar con su culpa.ñ

¹⁸"Si alguien se acuesta con una mujer en periodo de menstruación y tiene relaciones sexuales con ella, pone al descubierto la fuente de menstruación de la mujer, y ella misma la ha descubierto; por lo tanto, los dos deberán ser eliminados de entre su pueblo.º

¹⁹"No tengas relaciones sexuales con la hermana de tu madre ni con la hermana

¹⁵ *Días de reposo:* aquí equivale a *sábado.*
ᵇ **19.27-28** Lv 21.5; Dt 14.1.    ᶜ **19.29** Dt 23.17.    ᵈ **19.30** Lv 26.2.    ᵉ **19.31** Dt 18.11; 1 S 28.3; 2 R 23.4; Is 8.19.    ᶠ **19.33-34** Ex 22.21; Dt 24.17-18; 27.19.    ᵍ **19.35-36** Dt 25.13-16; Pr 20.10; Ez 45.10; Am 8.5; Mi 6.11.    ʰ **20.9** Ex 21.17; Mt 15.4; Mr 7.10.    ⁱ **20.10** Ex 20.14; Lv 18.20; Dt 5.18; 22.22-24; Jn 8.5.    ʲ **20.11** Lv 18.8; Dt 22.30; 27.20.    ᵏ **20.12** Lv 18.15.    ˡ **20.13** Lv 18.22.    ᵐ **20.14** Lv 18.17; Dt 27.23.    ⁿ **20.15-16** Ex 22.19; Lv 18.23; Dt 27.21.    ñ **20.17** Lv 18.9; Dt 27.22.    º **20.18** Lv 18.19.

de tu padre, pues es tenerlas con una pariente cercana y los dos tendrán que cargar con su maldad.

20"Si alguien se acuesta con la mujer de su tío, deshonra a su propio tío; los dos cargarán con su pecado: morirán sin tener descendencia.ᵖ

21"Si alguien le quita la esposa a su hermano, deshonra a su propio hermano. Este es un acto odioso, y los dos se quedarán sin hijos.�q

22"Pongan en práctica mis leyes y decretos; cúmplanlos todos. Así no los arrojará de sí el país al cual los llevo para que vivan en él. 23No sigan las prácticas de la gente que voy a arrojar de delante de ustedes; ellos hicieron todas estas cosas, y por eso no pude aguantarlos. 24Yo les prometo que ustedes serán los dueños del país de ellos; yo mismo les daré posesión de ese país, donde la leche y la miel corren como el agua.

"Yo soy el Señor su Dios, que los ha distinguido de los demás pueblos. 25Por lo tanto, también ustedes deben hacer distinción entre animales puros e impuros, y entre aves puras e impuras. No se hagan despreciables por causa de los animales, aves y reptiles que he señalado como animales impuros. 26Ustedes deben ser santos para conmigo, porque yo, el Señor, soy santo y los he distinguido de los demás pueblos para que sean míos.

27"El hombre o la mujer que estén poseídos por un espíritu, o que practiquen la adivinación, serán muertos a pedradas y serán responsables de su propia muerte."

### Requisitos para los sacerdotes

21 ¹El Señor le dijo a Moisés:
"Habla con los sacerdotes descendientes de Aarón, y diles que no se hagan impuros por causa del cadáver de alguno de sus parientes, ²excepto en el caso de algún pariente cercano, como su madre, su padre, su hijo o su hija, ³o su hermana soltera, que aún vive con él porque no se ha casado; por ellos podrá hacerse impuro. ⁴Pero no deberá hacerse impuro ni mancharse por una parienta casada.¹⁶

⁵"No deberán raparse la cabeza, ni afeitarse la barba, ni hacerse heridas en el cuerpo,ʳ ⁶sino consagrarse completamente a su Dios y no profanar su nombre, porque ellos son los que presentan las

ofrendas quemadas y el pan de su Dios; así que deberán mantenerse consagrados.

⁷"Tampoco deberán casarse con una prostituta, ni con una mujer violada o divorciada, porque han sido consagrados a su Dios. ⁸Manténlos apartados de todo, porque ellos son los que presentan el pan de tu Dios. Y serán santos para ti, porque yo, el Señor, soy santo y soy quien los hace santos.

⁹"Si la hija de un sacerdote se rebaja y se convierte en prostituta, deshonra a su padre y deberá ser quemada viva.

¹⁰"El jefe de los sacerdotes ha recibido plena autoridad para vestir la ropa sagrada, por medio del aceite de consagrar que se le puso en la cabeza. Por lo tanto, no debe dejarse suelto el pelo ni rasgarse la ropa en señal de luto; ¹¹tampoco debe entrar donde haya un cadáver: ni siquiera por causa de su padre o de su madre debe hacerse impuro. ¹²No debe salir del santuario de su Dios, ni rebajar el carácter sagrado del santuario, porque sobre él ha sido puesto el aceite de consagrar de su Dios. Yo soy el Señor.

¹³"Por esposa deberá tomar una mujer virgen. ¹⁴En ningún caso debe casarse con una viuda o divorciada, violada o prostituta; su esposa debe ser virgen y de su propio clan, ¹⁵para no rebajar a sus descendientes entre su gente; pues yo, el Señor, lo he consagrado."

### Impedimentos para el sacerdocio

¹⁶El Señor se dirigió a Moisés y le dijo: ¹⁷"Dile a Aarón que, ahora y en el futuro, a ninguno de sus descendientes con algún defecto físico se le permitirá presentar la ofrenda de pan de su Dios. ¹⁸A decir verdad, nadie que tenga un defecto físico podrá presentarse a hacerlo: sea ciego, cojo, con la nariz o las orejas deformes, ¹⁹con las piernas o los brazos quebrados, ²⁰jorobado, enano, con nubes en los ojos, sarnoso o con erupciones en la piel, o con los testículos dañados. ²¹Ningún descendiente del sacerdote Aarón que tenga algún defecto físico presentará al Señor las ofrendas que se queman; tiene un defecto y, por lo tanto, no podrá presentar la ofrenda de pan de su Dios. ²²Podrá comer de ese pan y de las cosas santas y santísimas, ²³pero no podrá entrar tras el velo ni acercarse al altar, para no rebajar con su defecto el carácter

---

¹⁶ *Por una parienta casada:* otra posible traducción: *ya que es un hombre importante de su pueblo.*
ᵖ **20.19-20** Lv 18.12-14.  q **20.21** Lv 18.16.  ʳ **21.5** Lv 19.27-28; Dt 14.1.

sagrado de mi santuario. Yo soy el Señor, que los ha consagrado.''

²⁴Y Moisés repitió esto mismo a Aarón, a sus hijos y a todos los israelitas.

### Participación en las ofrendas del Señor

**22** ¹El Señor se dirigió a Moisés y le dijo:

²''Di a Aarón y a sus descendientes que deben tener cuidado con las cosas santas que los israelitas me consagran, para que no profanen mi santo nombre. Yo soy el Señor.

³''Diles que, ahora y en el futuro, cualquiera de sus descendientes que estando impuro haga la presentación de las cosas sagradas que los israelitas consagran al Señor, será eliminado de mi presencia. Yo soy el Señor.

⁴''Ninguno de los descendientes de Aarón que esté enfermo de lepra o sufra derrames, comerá de las cosas sagradas hasta que haya sido purificado.

''El que toque alguna cosa impura a causa de un cadáver, o toque a quien haya tenido un derrame de semen, ⁵o el que se haga impuro por tocar un reptil o a un hombre que por encontrarse impuro hace impuro al que lo toca, ⁶será considerado impuro hasta el anochecer, y no podrá comer de las cosas sagradas si antes no se lava con agua. ⁷Quedará purificado al ponerse el sol, después de lo cual podrá comer de las cosas sagradas, pues son su alimento. ⁸No debe comer carne de un animal muerto o despedazado por una fiera, para no hacerse impuro con ella. Yo soy el Señor.

⁹''Diles que cumplan mi precepto y que no carguen con ningún pecado por faltar a él, y así no morirán. Yo soy el Señor, que los ha consagrado.

¹⁰''Ningún extraño al sacerdocio podrá comer de lo que es sagrado.

''Ni el huésped del sacerdote ni el que trabaje para él podrán comer de lo que es sagrado.

¹¹''Si el sacerdote compra un esclavo con su dinero, el esclavo podrá comer de lo que es sagrado. También los que hayan nacido en casa del sacerdote podrán comer de sus alimentos.

¹²''Si la hija del sacerdote está casada con alguien extraño al sacerdocio, no podrá comer de las ofrendas que se dan a los sacerdotes. ¹³Pero si es viuda o divorciada, y no tiene hijos, y vuelve a la casa de su padre como cuando era soltera,

podrá comer de los alimentos de su padre. Por lo demás, ningún extraño al sacerdocio podrá comerlos.

¹⁴''Si alguien come involuntariamente de las cosas sagradas, tendrá que restituir al sacerdote lo que se comió, más una quinta parte; ¹⁵pero los sacerdotes no deben permitir que los israelitas profanen las cosas sagradas que se ofrecen al Señor, ¹⁶ni que carguen con la maldad de su pecado por comer de las cosas sagradas. Yo soy el Señor, que los ha consagrado.''

### Requisitos para los animales ofrecidos

¹⁷El Señor se dirigió a Moisés y le dijo:

¹⁸''Habla con Aarón y sus hijos, y con todos los israelitas, y diles lo siguiente: Si alguno de los israelitas o de los extranjeros que vivan entre ellos presenta al Señor un animal en holocausto, ya sea en cumplimiento de una promesa o como ofrenda voluntaria, ¹⁹deberá presentar un macho sin defecto para que le sea aceptado. Podrá ser un toro, un cordero o un chivo, ²⁰pero no un animal con defecto, porque no le será aceptado.ˢ

²¹''Cualquiera que presente al Señor un sacrificio de reconciliación, ya sea en cumplimiento de una promesa o como ofrenda voluntaria, deberá ofrecer toros u ovejas sin defecto para que le sean aceptados. ²²No le presenten al Señor animales ciegos, o lastimados, o mancos, o con verrugas, sarna o erupciones en la piel, ni los den para ser quemados como ofrendas en el altar del Señor. ²³Como ofrenda voluntaria podrás ofrecer un toro o un carnero que tenga las patas disparejas, pero en cumplimiento de una promesa no te será aceptado. ²⁴Tampoco deben presentar al Señor animales con los testículos heridos, golpeados, arrancados o cortados. No practiquen estas cosas en su tierra. ²⁵Tampoco reciban de un extranjero estos animales como alimento para el Dios de ustedes, porque son animales con defecto y no les serán aceptados.''

### Requisitos para matar los animales ofrecidos

²⁶El Señor se dirigió a Moisés y le dijo:

²⁷''Cuando nazca un ternero, un cordero o un cabrito, deberá quedarse al lado de su madre durante siete días, pero a partir del octavo día podrá ser aceptado para quemarlo como ofrenda al Señor.

---

ˢ **22.18-20** Lv 1.3; Dt 17.1.

²⁸"No mates en un mismo día a una vaca u oveja y a su cría.

²⁹"Cuando presentes una ofrenda de acción de gracias al Señor, hazla de tal manera que sea bien recibida. ³⁰Además, cómela el mismo día y no dejes nada para el día siguiente. Yo soy el Señor.

³¹"Pongan en práctica mis mandamientos; cúmplanlos. Yo soy el Señor.

³²"No profanen mi santo nombre, y así seré santificado entre los israelitas. Yo soy el Señor, que los ha consagrado a ustedes ³³y los ha sacado de Egipto para ser su Dios. Yo soy el Señor."

### Festividades religiosas
#### (Nm 28.16-25)

**23** ¹El Señor se dirigió a Moisés y le dijo:

²"Di a los israelitas lo siguiente: Estas son las fechas especialmente dedicadas al Señor, y que ustedes llamarán reuniones santas.

³"Trabajarás durante seis días, pero el día séptimo no deberás hacer ningún trabajo;ᵗ será un día especial de reposo¹⁷ y habrá una reunión santa. Dondequiera que vivas, ese día será de reposo¹⁷ en honor del Señor.

⁴"Estas son las fechas especiales para celebrar las reuniones santas en honor del Señor, y en las cuales deberán reunirse:

⁵"El día catorce del mes primero, al atardecer, se celebrará la Pascua en honor del Señor.ᵘ

⁶"El día quince del mismo mes se celebrará la fiesta de los panes sin levaduraᵛ en honor del Señor. Durante siete días se comerá pan sin levadura. ⁷El primer día se celebrará una reunión santa. No hagan ninguna clase de trabajo pesado. ⁸Durante siete días deberán ustedes quemar ofrendas al Señor, y el día séptimo celebrarán una reunión santa. No deberán realizar ninguna clase de trabajo."

### La fiesta de la primera cosecha
#### (Nm 28.26-31)

⁹El Señor se dirigió a Moisés y le dijo:

¹⁰"Di a los israelitas lo siguiente: Cuando hayan entrado ustedes en la tierra que yo les voy a dar, y hayan cosechado su trigo, deberán presentar al sacerdote el primer manojo de su cosecha. ¹¹Al día siguiente del día de reposo,¹⁷ el sacerdote lo presentará al Señor como ofrenda espe-

cial, para que les sea aceptado. ¹²Y el mismo día en que presenten el manojo, presentarán también un cordero de un año, sin defecto, como holocausto en honor del Señor. ¹³Traerán, además, cuatro kilos y medio de la mejor harina amasada con aceite, para presentársela al Señor como ofrenda quemada de aroma agradable. Como ofrenda para derramar, se deberá presentar un litro de vino. ¹⁴Hasta el día en que lleven ustedes su ofrenda al Señor, no deben comer pan, ni trigo tostado o fresco. Esta es una ley permanente, que pasará de padres a hijos y dondequiera que ustedes vivan.

¹⁵"A partir del día en que lleven ustedes el manojo de trigo como ofrenda especial, es decir, a partir del día siguiente al día de reposo,¹⁷ deben contar siete semanas completas. ¹⁶Y con el día siguiente al séptimo día de reposo,¹⁷ se completarán cincuenta días. Entonces presentarán al Señor su ofrenda de trigo nuevo, ¹⁷y llevarán de sus casas dos panes de la mejor harina cocidos con levadura, de unos cuatro kilos cada uno, como ofrenda especial de primeros frutos para el Señor. ¹⁸Junto con los panes llevarán siete corderos de un año y sin defecto, un becerro y dos carneros, como holocausto en honor del Señor, ofrenda quemada de aroma agradable a él, además de sus ofrendas de cereal y de vino.

¹⁹"Ofrecerán además un chivo como sacrificio por el pecado, y dos corderos de un año como sacrificio de reconciliación. ²⁰El sacerdote ofrecerá los animales como ofrenda especial en presencia del Señor, junto con el pan de los primeros frutos y los dos corderos. Serán consagrados al Señor, para el sacerdote.

²¹"Ese mismo día deben celebrar ustedes una reunión santa, y no hacer ninguna clase de trabajo pesado. Esta es una ley permanente, que pasará de padres a hijos y dondequiera que ustedes vivan.ʷ

²²"Cuando llegue el tiempo de cosechar, no recojas hasta el último grano de tu campo ni rebusques las espigas que se hayan quedado. Déjalas para los pobres y los extranjeros. Yo soy el Señor, el Dios de ustedes."ˣ

### La fiesta de las trompetas
#### (Nm 29.1-6)

²³El Señor se dirigió a Moisés y le dijo:

²⁴"Di a los israelitas lo siguiente: El día

---

¹⁷ *Días de reposo:* aquí equivale a *sábado.*
ᵗ **23.3** Ex 20.8-10; 23.12; 31.15; 34.21; 35.2; Dt 5.12-14.  ᵘ **23.5** Ex 12.1-13; Dt 16.1-2.  ᵛ **23.6-8** Ex 12.14-20; 23.15; 34.18; Dt 16.3-8.  ʷ **23.15-21** Ex 23.16; 34.22; Dt 16.9-12.  ˣ **23.22** Lv 19.9-10; Dt 24.19-22.

primero del mes séptimo celebrarán ustedes un día de reposo y una reunión santa conmemorativa con toque de trompetas. [25]Deberán quemar una ofrenda en honor del Señor, y no harán ninguna clase de trabajo pesado.''

### El Día del Perdón
*(Nm 29.7-11)·*

[26]El Señor se dirigió a Moisés y le dijo: [27]''El día diez del mismo mes séptimo será el Día del Perdón.*y* Deberán celebrar una reunión santa, y dedicar ese día al ayuno, y quemar una ofrenda en honor del Señor. [28]No hagan ningún trabajo ese mismo día, porque es el Día del Perdón, en que ustedes obtendrán el perdón ante el Señor su Dios. [29]El que no dedique ese día al ayuno, quienquiera que sea, será eliminado de entre su pueblo. [30]Y al que haga algún trabajo ese día, quienquiera que sea, lo haré desaparecer de su pueblo. [31]''No hagan ningún trabajo. Es una ley permanente, que pasará de padres a hijos y dondequiera que ustedes vivan. [32]Será para ustedes un día de reposo y dedicado al ayuno, y lo contarán del atardecer del día nueve del mes hasta el atardecer del día siguiente.''

### La fiesta de las Enramadas
*(Nm 29.12-40)*

[33]El Señor se dirigió a Moisés y le dijo: [34]''Di a los israelitas lo siguiente: El día quince del mismo mes séptimo, y durante siete días, se celebrará la fiesta de las Enramadas*z* en honor del Señor, [35]con una reunión santa el primer día. No hagan ninguna clase de trabajo. [36]Durante esos siete días quemarán ofrendas en honor del Señor, y el octavo día celebrarán también una reunión santa y quemarán una ofrenda al Señor. Es un día de fiesta, y no deben hacer ninguna clase de trabajo pesado.
[37]''Estas son las fechas especialmente dedicadas al Señor, a las que ustedes deben declarar reuniones santas y en las que presentarán al Señor ofrendas quemadas, holocaustos, ofrendas de cereales, sacrificios y ofrendas de vino, según el día que corresponda, [38]aparte de los días de reposo[17] en honor del Señor, y de los regalos y ofrendas prometidas o voluntarias que ustedes le hagan.

[39]''El día quince del mes séptimo, cuando ustedes hayan recogido ya la cosecha, celebrarán una fiesta de siete días*a* en honor del Señor, con reposo el primer día y el octavo. [40]El primer día tomarán frutos de los mejores árboles, hojas de palmera y de árboles frondosos y de álamos del río, y durante siete días se alegrarán en presencia del Señor su Dios. [41]Cada año, en el mes séptimo, celebrarán una fiesta de siete días en honor del Señor. Es una ley permanente que pasará de padres a hijos. [42]Durante esos siete días todos ustedes, los israelitas de nacimiento, vivirán bajo enramadas, [43]para que todos sus descendientes sepan que, cuando yo saqué de Egipto a los israelitas, los hice vivir bajo enramadas. Yo soy el Señor su Dios.''
[44]De esta manera informó Moisés a los israelitas acerca de las fechas especialmente dedicadas al Señor.

### El aceite para las lámparas
*(Ex 27.20-21)*

**24** [1]El Señor se dirigió a Moisés y le dijo:
[2]''Ordena a los israelitas que te traigan aceite puro de oliva, para mantener las lámparas siempre encendidas. [3]Aarón se encargará de arreglarlas, para que durante toda la noche ardan sin cesar delante del Señor en la Tienda del Encuentro, fuera del velo que está junto al cofre del pacto. Esta es una ley permanente, que pasará de padres a hijos. [4]Ha de arreglar las lámparas en el candelabro de oro puro para que ardan delante del Señor.

### El pan de la Presencia

[5]''Toma de la mejor harina y cuece doce tortas, de cuatro kilos y medio cada una, [6]y ponlas sobre la mesa de oro puro que está ante el Señor, en dos hileras de seis tortas cada una.*b* [7]Pon en cada hilera incienso puro, que le servirá al pan como ofrenda de recordación quemada en honor del Señor. [8]Esto deberá ser puesto sin falta ante el Señor cada día de reposo,[17] como un pacto eterno por parte de los israelitas. [9]Es la parte que les corresponderá siempre a Aarón y a sus descendientes,*c* los cuales deberán comer ese pan en un lugar santo, porque de las

---

[17] *Días de reposo:* aquí equivale a *sábado.*
*y* 23.26-32 Lv 16.29-34.  *z* 23.33-36 Dt 16.13-15.  *a* 23.39-43 Ex 23.16; 34.22.  *b* 24.5-6 Ex 25.30.  *c* 24.9 Mt 12.4; Mr 2.26; Lc 6.4.

ofrendas que se queman en honor del Señor, ésta es una de las más sagradas.''

### Castigo para los que ofenden a Dios

[10-11]Entre los israelitas había un hombre nacido de madre israelita y padre egipcio. Su madre se llamaba Selomit, y era hija de Dibri, de la tribu de Dan. Este hombre y un israelita tuvieron una discusión en el campamento, durante la cual el hijo de madre israelita ofendió y maldijo el nombre del Señor. Entonces lo llevaron ante Moisés, [12]y lo tuvieron bajo vigilancia mientras el Señor les decía lo que tenían que hacer. [13]Y el Señor le habló a Moisés y le dijo:

[14]''Saca del campamento al que me maldijo; que pongan la mano sobre su cabeza todos los que lo oyeron, y que lo maten a pedradas todos los de la comunidad. [15-16]Por lo que toca a los israelitas, diles lo siguiente: El que ofenda y maldiga el nombre del Señor su Dios, tendrá que cargar con su pecado y será muerto a pedradas por toda la comunidad. Tanto si es extranjero como si es natural del país, si ofende el nombre del Señor, será condenado a muerte.

[17]''El que le quite la vida a otra persona, será condenado a muerte.[d]

[18]''El que mate una cabeza de ganado, tendrá que reponerla: animal por animal.

[19]''El que cause daño a alguno de su pueblo, tendrá que sufrir el mismo daño que hizo: [20]fractura por fractura, ojo por ojo, diente por diente;[e] tendrá que sufrir en carne propia el mismo daño que haya causado.

[21]''El que mate un animal, tendrá que reponerlo. El que mate a un hombre, será condenado a muerte.

[22]''La misma ley vale tanto para los extranjeros como para los naturales del país.[f] Yo soy el Señor su Dios.''

[23]Moisés habló entonces con los israelitas, y ellos sacaron del campamento al que había maldecido a Dios, y allí lo mataron a pedradas. Lo hicieron los israelitas tal como el Señor se lo había ordenado a Moisés.

### El año de reposo y el año de liberación

**25** [1]El Señor se dirigió a Moisés en el monte Sinaí, y le dijo:
[2]''Di a los israelitas lo siguiente: Cuando ustedes hayan entrado en la tierra que les voy a dar, la tierra deberá tener reposo en honor del Señor. [3]Podrán sembrar sus campos durante seis años. También durante seis años podrán podar sus viñedos y recoger sus frutos, [4]pero el séptimo año será de completo reposo de la tierra en honor del Señor; no siembren ese año sus campos ni poden sus viñedos. [5]Tampoco corten el trigo que nazca por sí mismo después de la última cosecha, ni recojan las uvas de su viñedo no podado; la tierra debe tener reposo completo. [6]Lo que la tierra produzca por sí misma durante su reposo, alcanzará para que coman ustedes, sus siervos y sus siervas, los trabajadores y extranjeros que vivan con ustedes, [7]y sus ganados y los animales feroces del país. Todo lo que la tierra produzca, les servirá de alimento.[g]

[8]''Deben contar siete semanas de años, es decir, siete años multiplicados por siete, lo cual dará un total de cuarenta y nueve años, [9]y el día diez del mes séptimo, que es el Día del Perdón, harán sonar el cuerno de carnero en todo el país. [10]El año cincuenta lo declararán ustedes año santo: será un año de liberación, y en él anunciarán libertad para todos los habitantes del país. Todo hombre volverá al seno de su familia y a la posesión de sus tierras. [11]El año cincuenta será para ustedes año de liberación, y en él no deberán sembrar, ni cortar el trigo que nazca por sí mismo, ni podar los viñedos ni recoger sus uvas, [12]porque es un año santo y de liberación para ustedes. Comerán sólo lo que la tierra produzca por sí misma.

[13]''En este año de liberación todos ustedes volverán a tomar posesión de sus tierras. [14]Si alguien vende o compra a otra persona algún terreno, no trate de aprovecharse de ella; [15]el que compra debe pagar según el tiempo transcurrido desde el año de liberación, y el que vende debe cobrar según los años de cosecha que aún falten: [16]cuantos más años de cosecha falten, mayor será el precio; si quedan pocos años, el precio será menor, pues lo que se vende es el número de cosechas.

[17]''No abuse nadie de nadie. Muestren reverencia por su Dios, pues yo soy el Señor su Dios. [18]Cumplan mis leyes, pongan en práctica mis decretos. Cúmplanlos y vivirán tranquilos en el país; [19]la tierra dará frutos, y ustedes vivirán tranquilamente en ella y comerán de sus frutos hasta quedar satisfechos.

d 24.17 Ex 21.12.   e 24.20 Ex 21.23-25; Dt 19.21; Mt 5.38.   f 24.22 Nm 15.16.   g 25.1-7 Ex 23.10-11.

20"Tal vez se pregunten ustedes: '¿Y qué vamos a comer durante el séptimo año, si no podemos sembrar ni recoger la cosecha?' 21Pues bien, yo les enviaré mi bendición durante el sexto año, y la cosecha será suficiente para tres años; 22así comerán del grano almacenado mientras siembran de nuevo en el año octavo, y aun hasta el año noveno podrán comer del grano almacenado, mientras llega la cosecha.

23"La tierra no debe venderse a perpetuidad: la tierra es mía, y ustedes sólo están de paso por ella como huéspedes míos. 24Por lo tanto, para cualquier terreno que ustedes tengan en propiedad, deben conceder a los dueños anteriores el derecho de volver a comprarlo.

25"Si uno de tus compatriotas se queda en la ruina y te vende algún de sus terrenos, su pariente más cercano podrá venir y rescatar lo que su pariente había vendido.h

26"En el caso de alguien que no tenga un pariente que pueda rescatar su propiedad, pero que logre reunir lo suficiente para rescatarla él mismo, 27calculará el tiempo transcurrido desde que la vendió, devolverá al que la compró la cantidad de dinero que resulte a su favor, y él volverá a tomar posesión de su propiedad. 28Pero si no logra reunir lo suficiente para rescatar la propiedad, ésta se quedará en poder del comprador hasta el año de liberación, durante el cual será liberada la propiedad, y el que la vendió volverá a tomar posesión de ella.

29"Si alguien vende una vivienda en una ciudad con murallas, tendrá derecho a volver a comprarla durante un año completo a partir de la fecha de venta. 30Pero en caso de que la vivienda no sea rescatada en el término de un año, se quedará para siempre en poder del que la compró y de sus descendientes. No podrá ser liberada en el año de liberación. 31En cambio, las casas de pueblos sin murallas serán consideradas igual que los campos: podrán ser rescatadas, y serán liberadas en el año de liberación.

32"Los levitas tendrán siempre el derecho de volver a comprar las casas que estén dentro de las ciudades de ellos. 33Si el que rescata es un Levita,18 deberá abandonar la casa en el año de liberación e irse a la ciudad donde tiene su propiedad, porque la única propiedad de los levitas entre los israelitas es la casa que tienen en su ciudad. 34Las tierras de pastoreo pertenecientes a las ciudades de los levitas, no podrán ser vendidas, porque son su propiedad permanente.

35"Si alguno de tus compatriotas se queda en la ruina y recurre a ti, debes ayudarlo como a un extranjero de paso, y lo acomodarás en tu casa.i 36No le quites nada ni le cargues intereses sobre los préstamos que le hagas; al contrario, muestra temor por tu Dios y acomoda a tu compatriota en tu casa. 37No le cargues interés al dinero que le prestes,j ni aumentes el precio de los alimentos que le des. 38Yo soy el Señor, el Dios de ustedes, que los sacó de Egipto para darles la tierra de Canaán y para ser su Dios.

39"Si uno de tus compatriotas se queda en la ruina estando contigo, y se vende a ti, no lo hagas trabajar como esclavo; 40trátalo como a un trabajador o como a un huésped. Trabajará para ti hasta el año de liberación, 41después del cual podrá abandonar tu casa junto con sus hijos, para volver otra vez a su clan y a sus propiedades familiares; 42pues ellos son mis siervos; yo los saqué de Egipto, y no deben ser vendidos como esclavos. 43No los trates con crueldad; al contrario, muestra temor de tu Dios.

44"Si quieres tener esclavos o esclavas, cómpralos de las otras naciones que te rodean. 45También puedes comprar a la gente extranjera que vive entre ustedes, y a los hijos que les nazcan mientras estén en el país de ustedes; a ellos pueden comprarlos en propiedad 46y dejarlos como herencia a sus hijos cuando ustedes mueran; siempre podrán servirse de ellos. Pero ninguno de ustedes, los israelitas, debe dominar ni tratar con crueldad a sus hermanos de raza.k

47"Si un extranjero que vive en tu tierra se hace rico, y en cambio uno de tus compatriotas, vecino del extranjero, se queda en la ruina y se vende a ese extranjero o a algún otro extranjero, 48tendrá derecho a que se compre su libertad aun después de haberse vendido. Podrá ser rescatado por uno de sus hermanos, 49un tío, un primo o cualquier pariente cercano; también podrá rescatarse él mismo, si tiene medios para hacerlo, 50calculando con el que lo compró desde el año en que se vendió hasta el año de liberación: el precio de venta deberá corresponder al número de

18 Si el que rescata es un levita: texto probable. Heb. oscuro.
h 25.25 Rt 2.20; 4.1-10.   i 25.35 Dt 15.7-8.   j 25.37 Ex 22.25; Dt 23.19-20.   k 25.39-46 Ex 21.2-6; Dt 15.12-18.

años, y el tiempo que haya trabajado se calculará según la paga que se da a los trabajadores. [51]Si aún quedan muchos años por delante, en proporción con ellos dará por su rescate parte del dinero que recibió por venderse; [52]pero si falta poco tiempo para el año de liberación, dará por su rescate la cantidad correspondiente a los años que falten. [53]Se le deberá tratar como a un trabajador contratado por año; no permitas que se le trate con crueldad.

[54]"Si acaso no es rescatado en este tiempo, quedará en libertad en el año de liberación, junto con sus hijos, [55]pues los israelitas son mis siervos, mis propios siervos; yo los saqué de Egipto. Yo soy el Señor su Dios.

### Bendiciones a los obedientes
(Dt 7.12-24; 28.1-14)

**26** [1]"No se hagan ídolos ni imágenes; no levanten en su país piedras sagradas ni piedras grabadas; no se inclinen ante ellas, porque yo soy el Señor su Dios.[l] [2]Respeten mis días de reposo;[19] tengan reverencia por mi santuario: yo soy el Señor.[m]

[3]"Si siguen mis leyes, y cumplen mis mandamientos y los practican, [4]yo les enviaré la lluvia a su tiempo, y la tierra y los árboles del campo darán su fruto; [5]tendrán trigo hasta la cosecha de las uvas, y uvas hasta el tiempo de la siembra; comerán pan hasta quedar satisfechos, y gozarán de tranquilidad en el país.[n] [6]Les daré bienestar en el país, y dormirán sin sobresaltos, pues yo libraré al país de animales feroces y de guerras. [7]Ustedes harán huir a sus enemigos, y ellos caerán a filo de espada ante ustedes; [8]cinco de ustedes harán huir a cien, y cien de ustedes harán huir a diez mil; sus enemigos caerán ante ustedes a filo de espada. [9]Los miraré a ustedes con buenos ojos, y los haré crecer en número, y mantendré con ustedes mi pacto. [10]Comerán del trigo almacenado en años anteriores, y hasta tendrán que desalojarlo para almacenar el trigo nuevo.

[11]"Yo viviré entre ustedes, y no los rechazaré; [12]constantemente andaré entre ustedes, y seré su Dios, y ustedes serán mi pueblo.[ñ] [13]Yo soy el Señor su Dios, que los sacó de Egipto para que no siguieran siendo esclavos de ellos; yo rompí el yugo

que pesaba sobre ustedes, y los hice andar con la frente en alto.

### Advertencias a los desobedientes
(Dt 28.15-68)

[14]"Pero si ustedes no me obedecen ni ponen en práctica todos estos mandamientos, [15]sino que rechazan y menosprecian mis leyes y decretos y no cumplen con ninguno de mis mandamientos, faltando así a mi pacto, [16]yo también haré lo siguiente con ustedes: les enviaré mi terror, epidemia mortal, fiebre, enfermedades de los ojos y decaimiento del cuerpo; de nada les servirá sembrar, porque sus enemigos se comerán la cosecha. [17]Yo me pondré en contra de ustedes, y serán derrotados por sus enemigos; serán dominados por aquellos que los odian, y tendrán que huir aunque nadie los persiga.

[18]"Si a pesar de esto no me obedecen, los volveré a castigar siete veces por sus pecados. [19]Haré pedazos su necio orgullo; haré que el cielo les niegue su lluvia y la tierra sus frutos. [20]En vano gastarán sus fuerzas, porque la tierra no les producirá nada, ni los árboles del campo les darán frutos.

[21]"Si siguen oponiéndose a mí y negándose a obedecerme, yo volveré a castigarlos siete veces más, conforme a sus pecados. [22]Lanzaré sobre ustedes bestias salvajes que los dejarán sin hijos, que despedazarán sus ganados y que reducirán el número de ustedes hasta que no haya quien transite por sus caminos.

[23]"Si a pesar de todo esto no se corrigen, sino que siguen oponiéndose a mí, [24]yo también me opondré a ustedes y los castigaré aún siete veces más por sus pecados. [25]Haré venir sobre ustedes una espada que vengue el pacto; ustedes correrán a refugiarse en sus ciudades, pero yo enviaré enfermedades, y ustedes caerán en poder del enemigo.

[26]"Cuando yo destruya su provisión de alimentos, diez mujeres cocerán en un solo horno el pan de ustedes, y lo racionarán tanto que ustedes comerán y no quedarán satisfechos.

[27]"Si a pesar de esto no me obedecen, sino que siguen oponiéndose a mí, [28]yo también me opondré a ustedes, y con enojo los castigaré aún otras siete veces más por sus pecados. [29]Entonces se comerán ustedes a sus propios hijos e hijas. [30]Yo destruiré sus santuarios paganos y

---

[19] *Días de reposo:* aquí equivale a *sábado.*
[l] 26.1 Ex 20.4; Lv 19.4; Dt 5.8; 16.21-22; 27.1.  [m] 26.2 Lv 19.30.  [n] 26.3-5 Dt 11.13-15.  [ñ] 26.11-12 2 Co 6.16; Ap 21.3.

partiré en dos sus altares de incienso; amontonaré los cuerpos sin vida de ustedes sobre los cuerpos sin vida de sus ídolos, y les mostraré mi desprecio; 31dejaré en ruinas sus ciudades y destruidos sus santuarios, y no me deleitaré más en el aroma de sus perfumes.

32"Destruiré el país, y los enemigos de ustedes que vengan a vivir en él se quedarán asombrados. 33A ustedes los esparciré entre las naciones, y con la espada desnuda los perseguiré; su país se convertirá en un desierto y sus ciudades en espantosas ruinas. 34Entonces la tierra disfrutará de tranquilidad todo el tiempo que permanezca desolada y que ustedes estén en el país de sus enemigos; así descansará y se desquitará de lo que antes no descansó. 35Todo el tiempo que permanezca desolada, la tierra disfrutará de los días de reposo que no tuvo mientras ustedes habitaron en ella.

36"A aquellos de ustedes que queden con vida en terreno enemigo, les haré sentir tanto miedo que huirán con el simple ruido de una hoja al caer; huirán como si los persiguieran con una espada, y caerán sin que nadie los persiga; 37tropezarán unos contra otros como si huyeran de la guerra, aunque nadie los persiga; ¡ninguno de ustedes podrá hacer frente a sus enemigos! 38Serán destruidos entre las naciones, y el país de sus enemigos acabará con ustedes; 39y los que queden con vida en terreno enemigo, morirán por culpa de su maldad; ¡morirán junto con sus padres, por la maldad de ellos!

40"Aunque ustedes reconozcan su maldad y la maldad de sus padres, lo mismo que su infidelidad y su oposición a mí, 41yo también me opondré a ustedes y los llevaré al país de sus enemigos; allí su mente pagana quedará humillada, y pagarán por su pecado. 42Entonces yo me acordaré del pacto que hice con Jacob,o con Isaacp y con Abraham,q y también me acordaré de la tierra, 43la cual quedará libre de ustedes y disfrutará de sus días de reposo mientras ustedes no la habiten; y pagarán ustedes por su maldad, porque despreciaron mis decretos y rechazaron mis leyes.

44"A pesar de esto, y aunque ustedes estén en un país enemigo, no los despreciaré ni los rechazaré; no los destruiré ni faltaré al pacto que hice con sus antepasados, porque yo soy el Señor su Dios. 45Por el contrario, me acordaré del pacto

que hice con ellos cuando los saqué de Egipto en presencia de las naciones para ser su Dios. Yo soy el Señor."

46Estas son las leyes, decretos y enseñanzas que por medio de Moisés estableció el Señor en el monte Sinaí, entre él y los israelitas.

### Cosas consagradas a Dios

27 1El Señor se dirigió a Moisés y le dijo:

2"Di a los israelitas lo siguiente: Cuando alguien quiera pagar una promesa al Señor conforme al valor correspondiente de una persona, 3a un varón de veinte a sesenta años le fijarás una contribución de cincuenta monedas de plata, según la medida oficial del santuario; 4en el caso de una mujer, la contribución será de treinta monedas. 5Para las personas de cinco a veinte años, la contribución será de veinte monedas si es hombre, y de diez monedas si es mujer. 6Para los niños de un mes a cinco años, la contribución será de cinco monedas de plata, y de tres para las niñas. 7Para las personas mayores de sesenta años, la contribución será de quince monedas para los hombres, y de diez monedas para las mujeres. 8Y si la persona es demasiado pobre para pagar la contribución establecida, se llevará el caso al sacerdote para que éste fije una nueva contribución, de acuerdo con las posibilidades del que hizo la promesa.

9"En el caso de los animales que se pueden ofrecer al Señor, todo animal que se entregue al Señor quedará consagrado, 10y no podrá ser cambiado por otro animal, ya sea mejor o peor. En caso de que haya cambio, tanto el animal ofrecido como el animal dado a cambio quedarán consagrados.

11"En el caso de un animal impuro, que no puede ser ofrecido al Señor, se llevará el animal al sacerdote 12para que éste fije la contribución correspondiente, según la calidad del animal. La contribución fijada por el sacerdote deberá ser aceptada, 13y si se quiere recuperar el animal, se deberá dar una quinta parte más de la contribución establecida.

14"Si alguien consagra su casa al Señor, el sacerdote establecerá su valor según la calidad de la casa. El cálculo del sacerdote deberá ser aceptado. 15Pero en caso de que el que consagró la casa quiera rescatarla, deberá dar una quinta parte más del valor en que había sido calculada, y la casa volverá a ser suya.

[16] "Si alguien consagra al Señor una parte de su terreno, el valor del terreno se calculará según lo que pueda producir, a razón de cincuenta monedas de plata por cada doscientos veinte litros de cebada. [17] Si consagra el terreno a partir del año de liberación, quedará en pie el valor establecido; [18] pero si lo consagra después del año de liberación, el sacerdote hará el cálculo de la plata que se debe dar, descontando del valor calculado la cantidad que corresponda a los años que restan hasta el año de liberación.

[19] "Si el que consagró el terreno quiere recuperarlo, deberá dar una quinta parte más sobre el valor calculado, y el terreno seguirá siendo suyo; [20] pero si no lo recupera, y el terreno se vende a otra persona, ya no podrá volver a recuperarlo. [21] Cuando el terreno quede libre en el año de liberación, será dedicado para uso exclusivo del Señor, y el sacerdote tomará posesión de él.

[22] "Si alguien consagra al Señor un terreno comprado, que no es su herencia de familia, [23] el sacerdote calculará con esa persona el precio del terreno hasta el año de liberación, y esa persona pagará ese mismo día la cantidad estimada como valor del terreno, y la consagrará al Señor. [24] En el año de liberación, el terreno volverá a poder del que lo vendió, es decir, a poder del propietario real del terreno.

[25] "Todos tus cálculos deben tener como base el siclo de veinte geras,[20] que es el peso oficial del santuario. [26] "En cuanto a las primeras crías del ganado, que son del Señor por ser las primeras, nadie debe consagrarlas. Ya sea un ternerito o un corderito, es del Señor. [27] Si se trata de un animal impuro, podrá ser rescatado según el precio que se le fije, más una quinta parte de ese precio. Pero si no es rescatado, podrá ser vendido en el precio fijado.

[28] "Si alguien consagra al Señor parte de sus pertenencias, ya sean personas, animales o terrenos heredados de su familia, nada de lo consagrado podrá ser vendido ni recuperado; todo lo consagrado será una cosa santísima dedicada al Señor.[r] [29] Y tampoco podrá rescatarse a ninguna persona que haya sido destinada a la destrucción: tendrá que morir.

[30] "La décima parte de los productos de la tierra, tanto de semillas como de árboles frutales, pertenece al Señor y está consagrada a él. [31] Si alguien quiere recuperar algo de esa décima parte, tendrá que pagar lo que valga, más una quinta parte. [32] "Uno de cada diez animales del ganado o del rebaño será consagrado al Señor como décima parte, [33] sin escoger los mejores ni los peores, ni cambiar uno por otro. En caso de hacer un cambio, tanto el primer animal como el animal dado a cambio quedarán consagrados y, por lo tanto, no podrán ser recuperados."[s]

[34] Estos son los mandamientos que el Señor dio a Moisés para los israelitas, en el monte Sinaí.

[20] Véase la Tabla de Pesas y Medidas.
[r] 27.28 Nm 18.14.   [s] 27.30-33 Nm 18.21; Dt 14.22-29; Mal 1.8; 3.8-10.

# NÚMEROS

*Este libro se llama así porque hace referencia a los censos levantados por Moisés, primero antes de partir del Sinaí, y una generación después, en Moab, al este del Jordán. También, muy especialmente, porque en los dos primeros capítulos se dan las cifras o números de los israelitas, tribu por tribu, según el primer censo, así como de su ejército o milicia. El relato es, en cierto modo, continuación del libro del Éxodo. Contiene lo sucedido a los israelitas en el desierto, desde su partida del Sinaí hasta su llegada al este del Jordán, unos cuarenta años después, ya para cruzar el río y entrar en la Tierra Prometida.*

*Los primeros nueve capítulos describen los preparativos para reanudar la marcha, después de haber recibido la Ley, y la celebración de la segunda Pascua. Los siguientes doce capítulos contienen los acontecimientos ocurridos entre el Sinaí y la llegada a Moab. Se hace luego un resumen de las diferentes jornadas y de los sucesos ocurridos entre la salida de Egipto y la entrada en Moab (caps. 22-32), y en los últimos cuatro capítulos se dan importantes instrucciones previas al cruce del Jordán.*

*Números es importante porque muestra las alternativas en el ánimo del pueblo israelita, bajo la dura prueba del recorrido por el desierto. A menudo se sentían desalentados y acobardados, y hasta en rebeldía contra Dios y Moisés. En otras ocasiones estaban dispuestos a obedecer y disciplinarse. Pero en toda esta historia resalta la lealtad de Dios a su parte del pacto, y su paciente y constante cuidado de su pueblo, a pesar de la debilidad y desobediencia de éste. Resalta igualmente la fidelidad y fortaleza de ánimo de Moisés, pues aunque a veces cae en la impaciencia, su devoción por Dios y por su pueblo no disminuye jamás.*

## Censo de Israel en el Sinaí

**1** ¹El día primero del segundo mes del segundo año, cuando hacía poco más de un año que los israelitas habían salido de Egipto, el Señor se dirigió a Moisés en el desierto de Sinaí, en la Tienda del encuentro con Dios, y le dijo:

²"Hagan un censo*a* de todos los israelitas, por clanes y familias, para saber el nombre y número exacto de todos los hombres ³de veinte años para arriba, aptos para la guerra. Regístrenlos según el orden militar, con la ayuda de Aarón ⁴y de un jefe de familia por cada tribu. ⁵Estos son los nombres de los jefes que deberán ayudarles:

"Por la tribu de Rubén: Elisur, hijo de Sedeur.

⁶"Por la de Simeón: Selumiel, hijo de Zurisadai.

⁷"Por la de Judá: Naasón, hijo de Aminadab.

⁸"Por la de Isacar: Natanael, hijo de Zuar.

⁹"Por la de Zabulón: Eliab, hijo de Helón.

¹⁰"Por las tribus de los hijos de José: Elisama, hijo de Amiud, por la de Efraín; y Gamaliel, hijo de Pedasur, por la de Manasés.

¹¹"Por la tribu de Benjamín: Abidán, hijo de Gedeoni.

¹²"Por la de Dan: Ahiezer, hijo de Amisadai.

¹³"Por la de Aser: Pagiel, hijo de Ocrán.

¹⁴"Por la de Gad: Eliasaf, hijo de Reuel.*l*

¹⁵"Por la de Neftalí: Ahira, hijo de Enán."

¹⁶Estos fueron los jefes de tribu escogidos de entre la comunidad israelita para representar a sus propios clanes. ¹⁷⁻¹⁸El día primero del segundo mes del año, Moisés y Aarón reunieron a estos hombres expresamente designados por Dios, lo mismo que a todo el pueblo, e hicieron el censo de todos los israelitas, anotando en orden de clanes y familias el nombre de cada uno de ellos y el número total de hombres de veinte años para arriba, ¹⁹tal como el Señor se lo había ordenado a Moisés. Este censo se hizo en el desierto de Sinaí.

²⁰⁻²¹Una vez hecho el censo por tribus, clanes y familias, y anotados ya el nombre de cada uno y el número total de hombres mayores de veinte años, el resultado fue el siguiente:

De la tribu de Rubén, el hijo mayor de Israel, se contaron cuarenta y seis mil quinientos hombres aptos para la guerra.

---

*l* **Reuel:** según la versión griega. Heb. *Deuel* (así también en 2.14; 7.42; 10.20).
*a* **1.1-46** Nm 26.1-51.

22-23 De la tribu de Simeón se contaron cincuenta y nueve mil trescientos.[2]

24-25 De la tribu de Gad se contaron cuarenta y cinco mil seiscientos cincuenta.

26-27 De la tribu de Judá se contaron setenta y cuatro mil seiscientos.

28-29 De la tribu de Isacar se contaron cincuenta y cuatro mil cuatrocientos.

30-31 De la tribu de Zabulón se contaron cincuenta y siete mil cuatrocientos.

32-35 De los descendientes de José se contaron cuarenta mil quinientos de la tribu de Efraín y treinta y dos mil doscientos de la tribu de Manasés.

36-37 De la tribu de Benjamín se contaron treinta y cinco mil cuatrocientos.

38-39 De la tribu de Dan se contaron sesenta y dos mil setecientos.

40-41 De la tribu de Aser se contaron cuarenta y un mil quinientos.

42-43 De la tribu de Neftalí se contaron cincuenta y tres mil cuatrocientos.

44 Este fue el resultado del censo que hicieron Moisés, Aarón y los doce jefes israelitas que representaban a sus respectivas tribus[3] y familias: 45 los israelitas de veinte años para arriba, aptos para la guerra, 46 fueron seiscientos tres mil quinientos cincuenta en total.

### Nombramiento de los levitas

47 Los levitas no fueron contados entre las tribus de sus antepasados, 48 porque el Señor se había dicho a Moisés: 49 "Cuando hagas el censo de los israelitas, no cuentes entre ellos a la tribu de Leví. 50 A los levitas deberás ponerlos a cargo del servicio del santuario del pacto, de todos sus utensilios y de todo lo que corresponde al santuario. Ellos se ocuparán de transportar el santuario y sus utensilios, y de todo lo relacionado con su servicio. También deberán acampar alrededor del santuario, 51 y cuando haya que transportarlo, ellos serán quienes lo desarmen y quienes lo instalen de nuevo cuando tengan que acampar. Toda persona ajena que se acerque al santuario, será condenada a muerte. 52 Los demás israelitas acamparán a la manera militar, cada uno en su propio campamento y bajo su propia bandera. 53 Los levitas, por su parte, acamparán alrededor del santuario del pacto, y cuidarán de él, para que el Señor no se enoje contra los israelitas."

54 Los israelitas lo hicieron todo tal como el Señor se lo había ordenado a Moisés.

### Orden del campamento

2 1 El Señor se dirigió a Moisés y Aarón, y les dijo:

2 "Los israelitas deberán acampar a cierta distancia alrededor de la Tienda del Encuentro, cada uno bajo su propia bandera y con los distintivos de su propia familia.

3 "Al este acamparán los ejércitos que marchan bajo la bandera de Judá. El ejército de la tribu de Judá tiene como jefe a Naasón, hijo de Aminadab, 4 y según el censo se compone de setenta y cuatro mil seiscientos hombres. 5 Junto a ellos acampará el ejército de la tribu de Isacar, que tiene como jefe a Natanael, hijo de Zuar, 6 y que según el censo se compone de cincuenta y cuatro mil cuatrocientos hombres. 7 También acampará con ellos el ejército de la tribu de Zabulón, que tiene como jefe a Eliab, hijo de Helón, 8 y que según el censo se compone de cincuenta y siete mil cuatrocientos hombres. 9 De esta manera el campamento de Judá se compondrá de tres ejércitos, con un total de ciento ochenta y seis mil cuatrocientos hombres, que marcharán al frente de los israelitas.

10 "Al sur acamparán los ejércitos que marchan bajo la bandera de Rubén. El ejército de la tribu de Rubén tiene como jefe a Elisur, hijo de Sedeur, 11 y según el censo se compone de cuarenta y seis mil quinientos hombres. 12 Junto a ellos acampará el ejército de la tribu de Simeón, que tiene como jefe a Selumiel, hijo de Zurisadai, 13 y que según el censo se compone de cincuenta y nueve mil trescientos hombres. 14 También acampará con ellos el ejército de la tribu de Gad, que tiene como jefe a Eliasaf, hijo de Reuel, 15 y que según el censo se compone de cuarenta y cinco mil seiscientos cincuenta hombres. 16 De esta manera el campamento de Rubén se compondrá de tres ejércitos, con un total de ciento cincuenta y un mil cuatrocientos cincuenta hombres, que marcharán en segundo lugar.

17 "Los levitas marcharán en seguida, entre los cuatro campamentos, llevando con ellos la Tienda del Encuentro. Los cuatro campamentos marcharán uno tras

---

[2] Aquí y en los vs. siguientes el texto hebreo repite la misma fórmula usada en los vs. 20-21, la cual se ha suprimido en esta versión con objeto de facilitar la lectura. [3] Sus respectivas tribus: según la versión griega. En el texto hebreo no aparece esta frase.

otro, en el orden en que hayan acampado y bajo su propia bandera.

18"Al oeste acamparán los ejércitos que marchan bajo la bandera de Efraín. El ejército de la tribu de Efraín tiene como jefe a Elisama, hijo de Amiud, 19y según el censo se compone de cuarenta mil quinientos hombres. 20Junto a ellos acampará el ejército de la tribu de Manasés, que tiene como jefe a Gamaliel, hijo de Pedasur, 21y que según el censo se compone de treinta y dos mil doscientos hombres. 22También acampará con ellos el ejército de la tribu de Benjamín, que tiene como jefe a Abidán, hijo de Gedeoni, 23y que según el censo se compone de treinta y cinco mil cuatrocientos hombres. 24De esta manera el campamento de Efraín se compondrá de tres ejércitos, con un total de ciento ocho mil cien hombres, que marcharán en tercer lugar.

25"Al norte acamparán los ejércitos que marchan bajo la bandera de Dan. El ejército de la tribu de Dan tiene como jefe a Ahiezer, hijo de Amisadai, 26y según el censo se compone de sesenta y dos mil setecientos hombres. 27Junto a ellos acampará el ejército de la tribu de Aser, que tiene como jefe a Pagiel, hijo de Ocrán, 28y que según el censo se compone de cuarenta y un mil quinientos hombres. 29También acampará con ellos el ejército de la tribu de Neftalí, que tiene como jefe a Ahira, hijo de Enán, 30y que según el censo se compone de cincuenta y tres mil cuatrocientos hombres. 31De esta manera el campamento de Dan se compondrá de tres ejércitos, con un total de ciento cincuenta y siete mil seiscientos hombres, que cerrarán la marcha tras su bandera."

32El censo de las familias israelitas dio como resultado un ejército de seiscientos tres mil quinientos cincuenta hombres. 33Pero, tal como el Señor se lo había ordenado a Moisés, los levitas no fueron contados en el censo.

34Los israelitas lo hicieron todo tal como el Señor se lo había ordenado a Moisés: cada cual acampó bajo su propia bandera y marchó con su propio clan y su propia familia.

## Deberes de los levitas

**3** 1Por el tiempo en que el Señor habló a Moisés en el monte Sinaí, los descendientes de Aarón y de Moisés eran éstos: 2Los hijos de Aarón: Nadab, que era el mayor, Abiú, Eleazar e Itamar.[b] 3Los cuatro fueron consagrados y ordenados para oficiar como sacerdotes, 4pero Nadab y Abiú murieron delante del Señor porque en el desierto de Sinaí le ofrecieron un fuego extraño.[c] Ellos no tuvieron hijos. Entonces Eleazar e Itamar ejercieron el sacerdocio bajo la vigilancia de Aarón, su padre.

5El Señor se dirigió a Moisés y le dijo: 6"Llama a los de la tribu de Leví, para que se pongan a las órdenes del sacerdote Aarón y le sirvan. 7Estarán al servicio de Aarón y de todo el pueblo, ante la Tienda del Encuentro, y se encargarán del servicio del santuario. 8Cuidarán también de los utensilios de la Tienda del Encuentro, y estarán al servicio de los israelitas en todos los oficios del santuario. 9Aparta a los levitas de los demás israelitas, para que se dediquen especialmente a servir a Aarón y a sus descendientes, 10y deja en manos de Aarón y sus descendientes las funciones del sacerdocio. Si alguien oficia como sacerdote sin serlo, será condenado a muerte."

## Los levitas, propiedad del Señor

11El Señor se dirigió a Moisés y le dijo: 12"De entre los israelitas he escogido a los levitas, a cambio del primer hijo de cada familia. Ellos me pertenecen, 13porque a mí me pertenece todo primer hijo. Cuando hice morir a todos los hijos mayores de los egipcios, reservé para mí los hijos mayores de los israelitas y las primeras crías de sus animales.[d] Por lo tanto, me pertenecen. Yo soy el Señor."

## Censo de los levitas

14El Señor se dirigió a Moisés en el desierto de Sinaí, y le dijo: 15"Haz un censo de los levitas por orden de familias y clanes, y registra a todos los levitas varones de un mes de edad para arriba." 16Y Moisés hizo el censo, tal como el Señor se lo había ordenado.

17Los hijos de Leví fueron Gersón, Coat y Merari.

18Los descendientes de Gersón, por orden de clanes, fueron Libni y Simei.

19Los descendientes de Coat, por orden de clanes, fueron Amram, Izhar, Hebrón y Uziel.

20Los descendientes de Merari, por orden de clanes, fueron Mahli y Musi.

b 3.2 Nm 26.60.  c 3.4 Lv 10.1-2; Nm 26.61.  d 3.13 Ex 13.2,11-16.

Todos estos fueron los clanes de Leví por orden de familias.

²¹Los clanes de Gersón eran los de Libni y Simei. ²²El total de sus varones registrados de un mes de edad para arriba, fue de siete mil quinientos. ²³Estos clanes acampaban al oeste, detrás del santuario. ²⁴El jefe de las familias descendientes de Gersón era Eliasaf, el hijo de Lael. ²⁵En la Tienda del Encuentro ellos se encargaban del cuidado del santuario, de la Tienda, de su cubierta de pieles, de la cortina que está a la entrada de la Tienda, ²⁶de las cortinas del patio, de la cortina que está a la entrada del patio que rodea el santuario y el altar, y de las cuerdas correspondientes.

²⁷Los clanes de Coat eran los de Amram, Izhar, Hebrón y Uziel, ²⁸y el total de varones registrados de un mes de edad para arriba, fue de ocho mil trescientos.* Estos clanes estaban al cuidado del santuario ²⁹y acampaban al lado sur del santuario. ³⁰El jefe de estos clanes era Elizafán, hijo de Uziel. ³¹Estos clanes tenían bajo su cuidado el cofre del pacto, la mesa, el candelabro, los altares, los objetos sagrados necesarios para el servicio religioso, el velo y todos los utensilios correspondientes.

³²El jefe principal de los levitas era Eleazar, hijo del sacerdote Aarón, y estaba encargado de vigilar a los que cuidaban el santuario.

³³Los clanes de Merari eran los de Mahli y Musi. ³⁴El total de sus varones registrados de un mes de edad para arriba, fue de seis mil doscientos. ³⁵Su jefe era Zuriel, hijo de Abihail, y acampaban al lado norte del santuario. ³⁶Los descendientes de Merari tenían bajo su cuidado las tablas del santuario, con sus travesaños, sus postes, sus bases y todos sus utensilios, ³⁷lo mismo que los postes que rodeaban el patio, con sus bases, sus estacas y sus cuerdas.

³⁸Por el lado oriental, frente al santuario y delante de la Tienda del Encuentro, acampaban Moisés y Aarón y los hijos de Aarón, los cuales cuidaban el santuario en nombre de los demás israelitas. Si alguien oficiaba como sacerdote sin serlo, era condenado a muerte.

³⁹Cuando Moisés y Aarón hicieron el censo de los levitas por orden de clanes, tal como el Señor se lo había ordenado, resultó que los varones de un mes de edad para arriba eran veintidós mil en total.

## Rescate de los hijos mayores

⁴⁰El Señor dijo a Moisés:

"Haz un censo de los hijos mayores de los israelitas, de un mes de edad para arriba, y registra sus nombres. ⁴¹Luego, a cambio de los hijos mayores de los israelitas, resérvame a los levitas. Yo soy el Señor. De la misma manera, a cambio de las primeras crías del ganado de los israelitas, resérvame el ganado de los levitas."

⁴²Moisés hizo el censo de los hijos mayores de los israelitas, tal como el Señor se lo había ordenado, ⁴³y todos los varones registrados de un mes de edad para arriba fueron veintidós mil doscientos setenta y tres.

⁴⁴Y el Señor se dirigió a Moisés y le dijo:

⁴⁵"Toma a los levitas a cambio de los hijos mayores de los israelitas, y el ganado de los levitas a cambio del ganado de los israelitas, pues los levitas me pertenecen. Yo soy el Señor. ⁴⁶Pero los hijos mayores de los israelitas son más numerosos que los levitas; así que, para rescatar a esos doscientos setenta y tres hijos mayores que hay de más, ⁴⁷pide una contribución de cinco monedas de plata por persona, según el peso oficial del santuario, que es la moneda de plata de once gramos, ⁴⁸y entrega ese dinero a Aarón y a sus hijos como rescate por ellos."

⁴⁹Moisés recogió el dinero del rescate por los hijos mayores israelitas que había de más, ⁵⁰y recogió mil trescientos sesenta y cinco monedas de plata, conforme al peso oficial del santuario. ⁵¹Después entregó este dinero a Aarón y a sus hijos, tal como el Señor se lo había ordenado.

## Oficios de los levitas

4 ¹El Señor se dirigió a Moisés y Aarón, y les dijo:

²"Haz un censo, por orden de clanes y familias, de los levitas descendientes de Coat ³que estén entre los treinta y los cincuenta años de edad, y que sean aptos para el servicio de la Tienda del Encuentro.

⁴"El trabajo de los descendientes de Coat es muy sagrado, y consiste en lo siguiente: ⁵Cuando el pueblo tenga que

---

*4 Ocho mil trescientos:* según la versión griega. Heb. *ocho mil seiscientos.*

ponerse en camino, Aarón y sus hijos quitarán el velo que está a la entrada del Lugar Santísimo y con él cubrirán el cofre del pacto. 6Encima le pondrán una cubierta de pieles finas, y sobre eso extenderán una tela morada de una sola pieza, y le pondrán los palos para transportarlo. 7Extenderán también una tela morada sobre la mesa de la Presencia, y sobre ella colocarán los platos, los cucharones, las copas y las jarras para las ofrendas de vino, lo mismo que el pan que se ofrece continuamente. 8Encima de todo eso extenderán una tela roja, y lo cubrirán con una cubierta de pieles finas, y le pondrán los palos para transportarlo. 9Luego tomarán una tela morada y cubrirán con ella el candelabro, las lámparas, las tenazas, los platillos y todos los vasos que se utilizan para el aceite. 10Todo eso lo envolverán con una cubierta de pieles finas y lo pondrán sobre unos palos para transportarlo.

11"También extenderán una tela morada sobre el altar de oro, lo envolverán con una cubierta de pieles finas y le pondrán palos para transportarlo. 12Luego recogerán los utensilios usados en el servicio del santuario y los pondrán en una tela morada, los envolverán en una cubierta de pieles finas y los llevarán también sobre unos palos. 13Deben limpiar de grasa y ceniza el altar, y cubrirlo después con una tela de púrpura. 14Encima pondrán todo lo que se usa para los oficios religiosos en el altar: los braseros, los tenedores, las palas, los tazones; en fin, todos los utensilios del altar. A todo eso le pondrán una cubierta de pieles finas y los palos para transportarlo. 15Cuando Aarón y sus hijos hayan terminado de envolver todos los objetos sagrados, y estén ya listos para ponerse en camino, podrán venir los descendientes de Coat para transportar todas estas cosas. Pero no deben tocar nada sagrado con las manos, para que no mueran. Todas estas cosas de la Tienda del Encuentro son las que deben transportar los descendientes de Coat. 16Eleazar, hijo del sacerdote Aarón, deberá encargarse del aceite para las lámparas, del incienso perfumado, de los cereales para las ofrendas que siempre me deben ofrecer, y del aceite de consagrar. También tendrá que cuidar del santuario y de todo lo que hay en él, lo mismo que de los objetos sagrados correspondientes."

17El Señor se dirigió a Moisés y Aarón, y les dijo:

18"No permitan que los clanes de Coat desaparezcan de entre los levitas. 19Para que ellos no sean castigados con la muerte por tocar las cosas sagradas, deberán hacer lo siguiente: Aarón y sus hijos se encargarán de decir a cada uno de ellos lo que ha de hacer y lo que le toca llevar. 20Así ellos no tendrán que entrar en ningún momento a ver las cosas sagradas, y tampoco morirán."

21El Señor se dirigió a Moisés y le dijo: 22"Haz también un censo, por orden de clanes y familias, de los descendientes de Gersón 23que estén entre los treinta y los cincuenta años de edad, y que sean aptos para el servicio de la Tienda del Encuentro. 24"El trabajo de los descendientes de Gersón será el siguiente: 25Deberán transportar las cortinas del santuario, la Tienda del Encuentro, la cubierta de pieles finas que se le pone encima, la cortina de la entrada a la Tienda del Encuentro, 26las cortinas del patio, la cortina para la entrada del patio que rodea el santuario y el altar, las cuerdas correspondientes y todos los utensilios que necesitan para su oficio y para su trabajo. 27Aarón y sus hijos dirigirán a los descendientes de Gersón en los trabajos que han de hacer y en las cosas que han de transportar. Ustedes los harán responsables de lo que ellos hayan de hacer. 28Este es el servicio que los clanes de los descendientes de Gersón han de prestar en la Tienda del Encuentro, bajo la dirección de Itamar, hijo del sacerdote Aarón.

29"Haz también un censo de los descendientes de Merari, por orden de clanes y familias. 30Registra a todos los que tengan entre treinta y cincuenta años de edad, es decir, que sean aptos para el servicio de la Tienda del Encuentro. 31Su trabajo en relación con la Tienda del Encuentro será el de transportar las tablas del santuario, los travesaños, los postes, las bases, 32los postes del patio que rodea el santuario, con sus bases, estacas y cuerdas y todo lo que necesitan para su trabajo. Tú deberás decirle a cada uno exactamente qué cosas ha de transportar. 33Este es el trabajo, en relación con la Tienda del Encuentro, que estará a cargo de los clanes descendientes de Merari y que se hará bajo la dirección de Itamar, hijo del sacerdote Aarón."

34Moisés, Aarón y los jefes del pueblo hicieron el censo, por orden de clanes y familias, de los descendientes de Coat

[35]que estaban entre los treinta y los cincuenta años de edad, y que eran aptos para el servicio de la Tienda del Encuentro, [36]y los hombres registrados fueron dos mil setecientos cincuenta en total. [37]Este fue el número de los descendientes de Coat que podían prestar servicio en la Tienda del Encuentro, según el censo que hicieron Moisés y Aarón y conforme a la orden que el Señor había dado a Moisés.

[38]Los descendientes de Gersón, por orden de clanes y familias, [39]que estaban entre los treinta y los cincuenta años de edad y que eran aptos para el servicio de la Tienda del Encuentro, [40]fueron dos mil seiscientos treinta. [41]Este fue el número de los descendientes de Gersón que podían prestar servicio en la Tienda del Encuentro, según el censo que hicieron Moisés y Aarón por orden del Señor.

[42]Los descendientes de Merari, por orden de clanes y familias, [43]que estaban entre los treinta y los cincuenta años de edad y que eran aptos para el servicio de la Tienda del Encuentro, [44]fueron tres mil doscientos. [45]Este fue el número de los descendientes de Merari que podían prestar servicio en la Tienda del Encuentro, según el censo que hicieron Moisés y Aarón y conforme a la orden que el Señor había dado a Moisés.

[46]El número total de levitas contados por Moisés, Aarón y los jefes de Israel, por orden de clanes y familias, [47]que estaban entre los treinta y los cincuenta años de edad y que eran aptos para el servicio de la Tienda del Encuentro, [48]fue de ocho mil quinientos ochenta. [49]Este censo se hizo según la orden que el Señor había dado a Moisés, y a cada uno se le dijo lo que tenía que hacer y lo que le tocaba llevar, tal como el Señor se lo había ordenado a Moisés.

### Orden de expulsar a los ritualmente impuros

5 [1]El Señor de dirigió a Moisés y le dijo: [2]"Ordena a los israelitas que saquen fuera del campamento a todas las personas que tengan lepra, o que sufran de flujo, o que hayan quedado impuras por tocar un cadáver. [3]Que los saquen fuera del campamento, sean hombres o mujeres. Así no harán impuro el campamento, donde yo vivo en medio de ellos."

[4]Los israelitas obedecieron la orden que el Señor dio a Moisés y sacaron fuera del campamento a aquellas personas.

### Ley sobre daños y perjuicios

[5]El Señor se dirigió a Moisés y le dijo: [6]"Di a los israelitas lo siguiente: Cuando un hombre o una mujer es infiel al Señor y causa algún perjuicio a otra persona, comete un pecado [7]y deberá reconocerlo. Además deberá dar a la persona perjudicada, como compensación, el equivalente al daño causado más una quinta parte. [8]Si la persona perjudicada ya ha muerto y no hay ningún pariente cercano a quien darle la compensación, ésta será para el Señor y en beneficio del sacerdote, además del carnero que el sacerdote deberá ofrecer para obtener el perdón por el pecado de esa persona.[e]

[9]"Toda contribución y ofrenda que los israelitas consagren al Señor, y que lleven ante el sacerdote, será para el sacerdote. [10]Todo lo que se consagre al Señor y se le lleve al sacerdote, será para el sacerdote."

### Ley en caso de celos

[11]El Señor se dirigió a Moisés y le dijo: [12]"Di a los israelitas lo siguiente: Puede darse el caso de que una mujer sea infiel a su marido [13]y tenga relaciones con otro hombre sin que su marido lo sepa, y que, aunque ella cometa este acto que la hace impura, no haya pruebas de ello y la cosa quede oculta por no haber sido ella sorprendida en el acto mismo. [14]En ese caso, puede ser que el marido se ponga celoso por causa de su mujer. Pero también puede darse el caso de que el marido se ponga celoso aun cuando su mujer sea inocente. [15]En ambos casos, el marido llevará a su mujer ante el sacerdote, y presentará como ofrenda por ella dos kilos de harina de cebada. Pero no derramará aceite ni incienso sobre la harina, pues es una ofrenda por causa de celos, una ofrenda para poner al descubierto un pecado.

[16]"El sacerdote hará que la mujer se acerque, y la presentará al Señor. [17]Luego tomará un poco de agua sagrada en una vasija de barro y mezclará con ella un poco de polvo del suelo del santuario. [18]Hará así mismo que la mujer se coloque delante del Señor, le soltará el pelo y le pondrá en las manos la ofrenda por causa de celos para poner al descubierto un pecado; él, por su parte, tomará en sus manos el agua amarga que trae maldición. [19]Entonces le tomará juramento a la

e 5.5-8 Lv 6.1-7.

mujer, y le dirá: 'Si no has tenido relaciones con otro hombre ni le has sido infiel a tu marido, ni has cometido con otro hombre un acto que te haga impura, que no te pase nada al beber esta agua amarga que trae maldición. [20]Pero si le has sido infiel a tu marido, si has tenido relaciones con otro hombre y has cometido así un acto que te hace impura, [21]que el Señor te convierta en ejemplo de maldición ante el pueblo, y haga que el vientre se te hinche y que tu criatura se malogre.[5] [22]Ese castigo te vendrá al beber esta agua que trae maldición.' Y la mujer responderá: 'Que así sea.'

[23]"Entonces el sacerdote pondrá esta maldición por escrito y la borrará con el agua amarga. [24]Después hará que la mujer beba esa agua, para que le provoque amargura dentro de sí, [25]y recibirá de manos de ella la ofrenda por causa de celos para presentarla ante el Señor; luego colocará la ofrenda sobre el altar, [26]y en seguida tomará un puñado de la ofrenda de cereales y lo quemará en el altar como ofrenda de recordación.

"Después que el sacerdote haya hecho beber a la mujer el agua amarga, [27]si ella ha sido infiel a su marido, esta agua que trae maldición provocará amargura dentro de ella, y hará que el vientre se le hinche y que la criatura se malogre, y la mujer se convertirá en ejemplo de maldición entre su pueblo. [28]Pero si la mujer es inocente, no le pasará nada y podrá tener hijos.

[29]"Esta es la ley para los casos en que una mujer le sea infiel a su marido y él se ponga celoso, [30]o en los que simplemente se ponga celoso el marido por causa de su mujer. El marido deberá presentar a su mujer ante el Señor, y el sacerdote hará con ella lo que manda esta ley. [31]El marido no será considerado culpable, pero si la mujer es culpable, ella sufrirá su castigo."

### Normas para los nazareos

**6** [1]El Señor se dirigió a Moisés y le dijo: [2]"Di a los israelitas lo siguiente: Si un hombre o una mujer hace la promesa de consagrarse al Señor como nazareo,[6] [3]no podrá beber vino ni ninguna bebida fermentada, ni vinagre hecho de vino o de bebidas fermentadas, ni jugo de uva; tampoco podrá comer uvas ni pasas.[f] [4]Mientras dure su promesa no podrá comer nada de lo que produce la vid, sea lo que sea. [5]Tampoco podrá cortarse el cabello, sino que se lo dejará crecer hasta que termine el plazo fijado a su promesa, pues debe mantenerse consagrado al Señor. [6]Durante ese tiempo tampoco podrá acercarse a un cadáver, [7]ni siquiera en el caso de que muera su padre, su madre, o algún hermano o hermana, para no quedar impuro, pues está obligado a mantenerse consagrado al Señor. [8]Todo el tiempo que dure su promesa, estará consagrado al Señor.

[9]"Si alguien muere de repente junto a él y le vuelve así impuro el pelo, que él tenía consagrado al Señor, deberá raparse la cabeza siete días más tarde, es decir, el día señalado para su purificación. [10]El octavo día llevará al sacerdote dos tórtolas o dos pichones de paloma, a la entrada de la Tienda del Encuentro. [11]El sacerdote ofrecerá uno de ellos como sacrificio por el pecado y el otro como holocausto, y celebrará el rito para obtener el perdón por el pecado cometido al tocar el cadáver. Ese día volverá a consagrar su pelo al Señor, [12]y comenzará un nuevo periodo de consagración al Señor. El tiempo anterior no se tomará en cuenta, porque el pelo que había consagrado quedó impuro. También deberá llevar al Señor un cordero de un año como sacrificio por la culpa.

[13]"Cuando termine el plazo de su consagración, el nazareo deberá ir a la entrada de la Tienda del Encuentro [14]y ofrecer al Señor un cordero de un año y sin ningún defecto como holocausto, una oveja de un año y sin ningún defecto como sacrificio por el pecado, y un carnero sin ningún defecto como sacrificio de reconciliación. [15]También deberá ofrecer un canastillo de panes hechos de la mejor harina, sin levadura y amasados con aceite; hojuelas sin levadura rociadas con aceite, junto con sus correspondientes ofrendas de cereales y de vino. [16]El sacerdote ofrecerá ante el Señor el sacrificio por el pecado y el holocausto, [17]y ofrecerá el carnero como sacrificio de reconciliación, junto con el canastillo de panes sin levadura, y hará la ofrenda de cereales y de vino. [18]El nazareo se rapará la cabeza a la entrada de la Tienda del Encuentro, y

---

[5] *Que tu criatura se malogre:* lit. *que la cadera se te caiga.*   [6] El nazareo era un hombre que, bajo promesa, se consagraba al servicio de Dios. Exteriormente se distinguía por nunca cortarse el pelo y por no tomar vino ni bebidas fuertes.
[f] 6.3 Lc 1.15.

tomará el pelo que había consagrado y lo echará al fuego que arde bajo el sacrificio de reconciliación. [19]El sacerdote tomará la espaldilla del carnero, ya cocida, un pan sin levadura del canastillo y una hojuela sin levadura, y lo pondrá todo en manos del nazareo, después que éste se haya rapado la cabeza. [20]Entonces el sacerdote celebrará el rito de presentación ante el Señor. El pecho del animal con que se celebra el rito de presentación y el muslo que se da como contribución al Señor, son cosas sagradas y reservadas al sacerdote. Después de esto, el nazareo podrá beber vino.

[21]"Esta es la ley para el que hace la promesa de consagrarse al Señor como nazareo, y éstas son las ofrendas que le debe presentar, sin contar cualquier otra cosa que esté en capacidad de ofrecer. Deberá cumplir lo prometido, de acuerdo con lo establecido para estos casos."[g]

### La bendición sacerdotal

[22]El Señor se dirigió a Moisés y le dijo: [23]"Diles a Aarón y a sus hijos que cuando bendigan a los israelitas lo hagan de esta manera:

[24]'Que el Señor te bendiga y te proteja;
[25]que el Señor te mire con agrado
    y te muestre su bondad;
[26]que el Señor te mire con amor
    y te conceda la paz.'

[27]"Así ellos pronunciarán mi nombre sobre los israelitas, y yo los bendeciré."[*]

### Ofrendas para la consagración del santuario

7 [1]El día en que Moisés terminó de construir el santuario, lo consagró con aceite, junto con todos los utensilios del santuario y los del altar. [2]Luego los jefes de las tribus, los que habían ayudado a hacer el censo, fueron [3]y presentaron al Señor como ofrenda seis carretas cubiertas y doce bueyes, es decir, una carreta por cada dos jefes y un buey por cada uno. Todo esto lo pusieron delante del santuario.

[4]Entonces el Señor dijo a Moisés: [5]"Recíbeles las carretas y los bueyes, y dáselos a los levitas para que los usen en los trabajos relacionados con la Tienda del Encuentro, según el trabajo que cada uno deba realizar."

[6]Moisés recibió las carretas y los bueyes, y los repartió entre los levitas. [7]A los descendientes de Gersón les dio dos carretas y cuatro bueyes, que era lo que necesitaban para sus trabajos. [8]A los descendientes de Merari les dio cuatro carretas y ocho bueyes, que era lo que necesitaban para hacer su trabajo bajo la dirección de Itamar, hijo del sacerdote Aarón. [9]En cambio, a los descendientes de Coat no les dio carretas ni bueyes, porque las cosas sagradas que ellos tenían que transportar debían llevarlas en hombros.

[10]Cuando se consagró el altar, los jefes de las tribus llevaron sus ofrendas y las pusieron delante del altar. [11]Entonces el Señor dijo a Moisés: "Cada día será un jefe de tribu distinto el que lleve su ofrenda para la consagración del altar."

[12]El primer día llevó su ofrenda Naasón, hijo de Aminadab, de la tribu de Judá. [13]Su ofrenda consistía en una bandeja de plata que pesaba mil cuatrocientos treinta gramos y un tazón de plata que pesaba setecientos setenta gramos (según el peso oficial del santuario), ambos llenos de la mejor harina, amasada con aceite, para la ofrenda de cereales; [14]además, un cucharón de oro que pesaba ciento diez gramos, lleno de incienso, [15]un becerro, un carnero, un cordero de un año para ofrecerlo como holocausto, [16]un chivo para el sacrificio por el pecado, [17]y por último, para el sacrificio de reconciliación, dos toros, cinco carneros, cinco chivos y cinco corderos de un año. Esta fue la ofrenda de Naasón, hijo de Aminadab.

[18]El segundo día llevó su ofrenda Natanael, hijo de Zuar, jefe de la tribu de Isacar, [19-23]y ofrendó lo mismo que Naasón.[7]

[24]El tercer día llevó su ofrenda Eliab, hijo de Helón, jefe de la tribu de Zabulón, [25-29]y ofrendó lo mismo que los anteriores.

[30]El cuarto día llevó su ofrenda Elisur, hijo de Sedeur, jefe de la tribu de Rubén, [31-35]y ofrendó lo mismo que los anteriores.

[36]El quinto día llevó su ofrenda Selumiel, hijo de Zurisadai, jefe de la tribu de Simeón, [37-41]y ofrendó lo mismo que los anteriores.

---

[7] *Y ofrendó lo mismo que Naasón.* Aquí y en los siguientes casos el texto hebreo repite las mismas palabras que aparecen en los vs. 13-17, las cuales se han suprimido en esta versión con objeto de facilitar la lectura.
[g] **6.13-21** Hch 21.23-24.   [*] **6.23-27** Eclo 50.19-21.

⁴²El sexto día llevó su ofrenda Eliasaf, hijo de Reuel, jefe de la tribu de Gad, ⁴³⁻⁴⁷y ofrendó lo mismo que los anteriores.

⁴⁸El séptimo día llevó su ofrenda Elisama, hijo de Amiud, jefe de la tribu de Efraín, ⁴⁹⁻⁵³y ofrendó lo mismo que los anteriores.

⁵⁴El octavo día llevó su ofrenda Gamaliel, hijo de Pedasur, jefe de la tribu de Manasés, ⁵⁵⁻⁵⁹y ofrendó lo mismo que los anteriores.

⁶⁰El noveno día llevó su ofrenda Abidán, hijo de Gedeoni, jefe de la tribu de Benjamín, ⁶¹⁻⁶⁵y ofrendó lo mismo que los anteriores.

⁶⁶El décimo día llevó su ofrenda Ahiezer, hijo de Amisadai, jefe de la tribu de Dan, ⁶⁷⁻⁷¹y ofrendó lo mismo que los anteriores.

⁷²El día once llevó su ofrenda Pagiel, hijo de Ocrán, jefe de la tribu de Aser, ⁷³⁻⁷⁷y ofrendó lo mismo que los anteriores.

⁷⁸El día doce llevó su ofrenda Ahira, hijo de Enán, jefe de la tribu de Neftalí ⁷⁹⁻⁸³y ofrendó lo mismo que los anteriores.

⁸⁴Así pues, cuando se consagró el altar, los jefes de las tribus de Israel ofrecieron doce bandejas de plata, doce tazones de plata y doce cucharones de oro. ⁸⁵Cada bandeja de plata pesaba mil cuatrocientos treinta gramos, y cada tazón, setecientos setenta gramos. En total, la plata de todas las bandejas y de todos los tazones pesaba veintiséis mil cuatrocientos gramos, según el peso oficial del santuario. ⁸⁶Había también doce cucharones de oro llenos de incienso, que pesaban ciento diez gramos cada uno, según el peso oficial del santuario. El oro de todos los cucharones pesaba en total mil trescientos veinte gramos.

⁸⁷Los animales para el holocausto fueron en total doce becerros, doce carneros, doce corderos de un año, con sus correspondientes ofrendas de cereales, y doce chivos para el sacrificio por el pecado. ⁸⁸Los animales para el sacrificio de reconciliación fueron en total veinticuatro becerros, sesenta carneros, sesenta chivos y sesenta corderos de un año. Estas fueron las ofrendas para la dedicación del altar, después de su consagración.

⁸⁹Cuando Moisés entró en la Tienda del Encuentro para hablar con el Señor, escuchó que el Señor le hablaba desde encima de la tapa del cofre del pacto, de entre los dos seres alados.

## Instrucciones para encender las lámparas

**8** ¹El Señor se dirigió a Moisés y le dijo: ²"Dile a Aarón que, cuando acomode las lámparas, haga que su luz dé hacia el frente del candelabro." ³Aarón cumplió lo que el Señor ordenó a Moisés, y acomodó las lámparas de modo que alumbraran hacia el frente del candelabro. ⁴El candelabro estaba hecho de oro labrado a martillo, desde su base hasta la punta de sus pétalos. Moisés hizo el candelabro según el modelo que el Señor le había mostrado.ʰ

## Consagración de los levitas

⁵El Señor se dirigió a Moisés y le dijo: ⁶"Aparta a los levitas de entre los demás israelitas, y purifícalos. ⁷El rito para la purificación será el siguiente: Tú los rociarás con el agua de la purificación, y después ellos se afeitarán todo el cuerpo y lavarán su ropa; así quedarán puros. ⁸Luego tomarán un becerro y un poco de la mejor harina, amasada con aceite, para hacer la ofrenda de cereales correspondiente, además de otro becerro para el sacrificio por el pecado. ⁹Tú harás que los levitas se acerquen a la Tienda del Encuentro y que todos los israelitas se reúnan. ¹⁰En seguida harás que los levitas se presenten delante de mí y que los israelitas les vayan poniendo las manos sobre la cabeza. ¹¹Aarón celebrará ante mí el rito de presentación de los levitas por parte de los israelitas, y así los levitas quedarán dedicados a mi servicio. ¹²Después los levitas pondrán las manos sobre la cabeza de los becerros, y uno de los becerros será ofrecido como sacrificio por el pecado, y el otro como holocausto para purificar a los levitas. ¹³Luego tú los colocarás ante Aarón y sus hijos, y celebrarás el rito de presentación para dedicármelos; ¹⁴así apartarás a los levitas de entre los demás israelitas para que sean míos. ¹⁵Después irán ellos a prestar su servicio en la Tienda del Encuentro. Deberás purificarlos y presentármelos como una ofrenda especial, ¹⁶porque de entre todos los israelitas, ellos están dedicados a mí. Yo los he aceptado a cambio de todos los primeros hijos de los israelitas, ¹⁷porque a mí me pertenecen todos los primeros hijos de los israelitas, así como las primeras críasⁱ de sus animales. Cuando hice morir

---

ʰ 8.1-4 Ex 25.31-40; 37.17-24.   ⁱ 8.17 Ex 13.2,11-16.

a los hijos mayores de los egipcios, reservé para mí los hijos mayores de los israelitas.[i] [18]Pero a cambio de ellos acepté a los levitas. [19]Yo escogí a los levitas de entre los demás israelitas, y se los entregué a Aarón y a sus hijos, para que, en nombre de los israelitas, se encarguen del servicio en la Tienda del Encuentro y obtengan el perdón del Señor para los israelitas. Así los israelitas no tendrán que acercarse al santuario, y no les pasará nada malo.''

[20]Moisés, Aarón y todo el pueblo de Israel cumplieron lo que el Señor ordenó a Moisés con respecto a los levitas. [21]Los levitas se purificaron y lavaron su ropa, y Aarón los presentó como ofrenda especial ante el Señor, celebrando el rito de purificación por ellos. [22]Después de todo esto, los levitas fueron a cumplir con sus deberes en la Tienda del Encuentro, bajo la vigilancia de Aarón y sus hijos. Tal como el Señor se lo ordenó a Moisés, así se hizo con los levitas.

### Periodo de servicio de los levitas

[23]El Señor se dirigió a Moisés y le dijo: [24]''Los levitas deben comenzar a prestar sus servicios en la Tienda del Encuentro a los veinticinco años de edad, [25]y retirarse de servicio a los cincuenta. [26]Después de esa edad podrán ayudar a sus compañeros en sus oficios en la Tienda del Encuentro, pero no prestar servicio regular. Así deberás organizar el servicio de los levitas.''

### Celebración de la Pascua

**9** [1]Un año después de que los israelitas salieron de Egipto, en el primer mes del año, el Señor se dirigió a Moisés en el desierto de Sinaí, y le dijo: [2]''Los israelitas deben celebrar la fiesta de la Pascua en la fecha señalada, [3]es decir, el día catorce de este mes al atardecer, siguiendo al pie de la letra todas las instrucciones que he dado para su celebración.''

[4]Entonces Moisés ordenó a los israelitas que celebraran la Pascua, [5]y ellos lo hicieron así el día catorce de aquel mes, al atardecer, en el desierto de Sinaí, haciendo todo tal como el Señor se lo había ordenado a Moisés.[j]

[6]Pero había unos hombres que estaban impuros por haber tocado un cadáver, y por eso no pudieron celebrar la Pascua

aquel día. Estos fueron a ver a Moisés y a Aarón en el mismo día, [7]y le dijeron a Moisés:

—Nosotros hemos tocado un cadáver, y por lo tanto estamos impuros. ¿Acaso no se nos va a permitir presentar al Señor la ofrenda en la fecha señalada, junto con los demás israelitas?

[8]Moisés les respondió:

—Esperen a que reciba yo instrucciones del Señor en cuanto a ustedes.

[9]El Señor se dirigió a Moisés y le dijo: ''Di a los israelitas lo siguiente: [10]Todos ustedes y sus descendientes deben celebrar la Pascua en mi honor. Los que estén impuros por haber tocado un cadáver, o los que se encuentren lejos, de viaje, [11]la celebrarán el día catorce del mes segundo, al atardecer. Deben comer el cordero con hierbas amargas y pan sin levadura, [12]y no dejar nada para el día siguiente ni quebrarle ningún hueso.[k] Celebren la Pascua siguiendo toda las instrucciones que he dado. [13]Pero el que deje de celebrar la Pascua a pesar de estar puro y no encontrarse de viaje, deberá ser eliminado de entre su gente. Y puesto que no presentó al Señor la ofrenda en la fecha señalada, recibirá el castigo por su pecado.

[14]''Los extranjeros que vivan entre ustedes deberán celebrar la Pascua en mi honor conforme a todas las instrucciones que he dado. Las mismas normas valdrán tanto para los extranjeros como para los nacidos en el país.''[l]

### La nube sobre la tienda del pacto
#### (Ex 40.34-38)

[15]El día en que instalaron el santuario, es decir, la tienda del pacto, la nube lo cubrió. Y desde el atardecer aparecía sobre el santuario una especie de fuego que duraba hasta el amanecer.[m] [16]Así sucedía siempre: de día, la nube cubría la tienda, y de noche se veía una especie de fuego. [17]Cuando la nube se levantaba de encima de la tienda, los israelitas se ponían en camino, y en el lugar donde la nube se detenía, allí acampaban. [18]Cuando el Señor lo ordenaba, los israelitas se ponían en camino o acampaban, y allí se quedaban todo el tiempo que la nube permanecía sobre el santuario. [19]Si la nube se quedaba sobre el santuario bastante tiempo, los israelitas detenían su marcha para ocuparse del servicio del Señor. [20]Si la nube se quedaba sobre el

[i] 8.17 Ex 13.2,11-16.   [j] 9.1-5 Ex 12.1-13.   [k] 9.12 Ex 12.46; Jn 19.36.   [l] 9.14 Ex 12.48-49.   [m] 9.15 Ex 13.21-22.

santuario sólo unos cuantos días, a una orden del Señor se ponían en camino, y a otra orden suya se detenían. [21]A veces la nube se quedaba sólo por la noche, y por la mañana se levantaba; entonces ellos se ponían en camino. Lo mismo de día que de noche, cuando la nube se levantaba, ellos se ponían en camino. [22]Y si la nube se detenía sobre el santuario un par de días, un mes o un año, los israelitas acampaban y no seguían adelante. Pero en cuanto la nube se levantaba. ellos seguían su viaje. [23]A una orden del Señor acampaban, y a otra orden suya se ponían en camino. Mientras tanto, se ocupaban del servicio del Señor, como él lo había ordenado por medio de Moisés.

### Las trompetas de plata

**10** [1]El Señor se dirigió a Moisés y le dijo:

[2]"Haz dos trompetas de plata labrada a martillo, las cuales te servirán para reunir a la gente y para dar la señal de partida. [3]Cuando se toquen las dos trompetas, todo el pueblo deberá reunirse ante ti, a la entrada de la Tienda del encuentro con Dios. [4]Pero cuando se toque una sola, se reunirán solamente los principales jefes de tribu. [5]Cuando el toque de trompetas vaya acompañado de fuertes gritos, se pondrán en camino los que estén acampados en el lado este, [6]y al segundo toque se pondrán en camino los que estén acampados en el lado sur. El toque de trompetas acompañado de gritos será la señal de partida. [7]El simple toque de trompetas será la señal para que se reúna la gente. [8]Los encargados de tocar las trompetas serán los sacerdotes, los descendientes de Aarón. Esta será para ustedes una ley permanente.

[9]"Cuando un enemigo los ataque en su propio territorio y ustedes tengan que salir a pelear, toquen las trompetas y lancen fuertes gritos. Así yo, el Señor su Dios, me acordaré de ustedes y los salvaré de sus enemigos. [10]Toquen también las trompetas en días alegres, como los días de fiesta o de luna nueva, cuando ofrecen holocaustos y sacrificios de reconciliación. Así yo me acordaré de ustedes. Yo soy el Señor su Dios."

### Los israelitas parten del Sinaí

[11]El día veinte del mes segundo del segundo año, se levantó la nube de encima

del santuario del pacto. [12]Los israelitas se pusieron en marcha, partiendo del desierto de Sinaí. La nube se detuvo en el desierto de Parán. [13]Tal como el Señor lo había ordenado por medio de Moisés,[n] [14]en primer lugar iban los ejércitos que marchaban bajo la bandera de Judá, y que tenían como jefe a Naasón, hijo de Aminadab. [15]Al frente del ejército de la tribu de Isacar estaba Natanael, hijo de Zuar. [16]Al frente del ejército de la tribu de Zabulón estaba Eliab, hijo de Helón. [17]Entonces desarmaron el santuario, y los descendientes de Gersón y de Merari, que eran los encargados de transportarlo, se pusieron en camino.

[18]En seguida iban los ejércitos que marchaban bajo la bandera de Rubén, y que tenían como jefe a Elisur, hijo de Sedeur. [19]Al frente del ejército de la tribu de Simeón estaba Selumiel, hijo de Zurisadai. [20]Al frente del ejército de la tribu de Gad estaba Eliasaf, hijo de Reuel. [21]En seguida iban los descendientes de Coat, que llevaban los utensilios sagrados. Cuando ellos llegaban, ya encontraban el santuario instalado.

[22]Después seguían los ejércitos que marchaban bajo la bandera de Efraín, y que tenían como jefe a Elisama, hijo de Amiud. [23]Al frente del ejército de la tribu de Manasés estaba Gamaliel, hijo de Pedasur. [24]Al frente del ejército de la tribu de Benjamín estaba Abidán, hijo de Gedeoni.

[25]Por último, detrás de los otros ejércitos, seguían los que marchaban bajo la bandera de Dan, y que tenían como jefe a Ahiezer, hijo de Amisadai. [26]Al frente del ejército de la tribu de Aser estaba Pagiel, hijo de Ocrán. [27]Al frente del ejército de la tribu de Neftalí estaba Ahira, hijo de Enán.

[28]Este era el orden que seguían los ejércitos israelitas cuando se ponían en camino.

### Moisés invita a su cuñado a acompañarlos

[29]Un día Moisés le dijo a su cuñado Hobab, hijo de Reuel el madianita:

—Nosotros nos vamos al país que el Señor ha prometido darnos. Ven con nosotros y te trataremos bien, pues el Señor ha prometido tratar con bondad a Israel.

[30]Pero Hobab le contestó:

—No, yo prefiero volver a mi tierra, donde están mis parientes.

[31]—No te vayas —insistió Moisés—. Tú conoces bien los lugares donde se puede acampar en el desierto, y puedes servirnos de guía. [32]Si vienes con nosotros, compartiremos contigo todo lo bueno que el Señor nos conceda.

[33]Así pues, se fueron del monte del Señor y caminaron durante tres días. El cofre del pacto del Señor iba delante de ellos, buscándoles un lugar donde descansar. [34]Durante el día, apenas se ponían en camino, la nube del Señor iba encima de ellos. [35]En cuanto el cofre se ponía en marcha, Moisés decía:

"¡Levántate, Señor!
¡Que se dispersen tus enemigos!
¡Que al verte huyan los que te
    odian!"[ñ]

[36]Pero cuando el cofre se detenía, decía Moisés:

"¡Vuelve ahora, Señor,
a los incontables ejércitos de Israel!"

## El Señor promete carne a los israelitas

**11** [1]Un día los israelitas se pusieron a murmurar contra el Señor debido a las dificultades por las que estaban pasando. Al oírlos, el Señor se enojó mucho y les envió un fuego que incendió los alrededores del campamento. [2]El pueblo gritó pidiendo ayuda a Moisés, y Moisés rogó al Señor por ellos. Entonces el fuego se apagó. [3]Por eso aquel lugar se llamó Tabera,[8] porque allí el fuego del Señor ardió contra ellos.

[4]Entre los israelitas se había mezclado gente de toda clase, que sólo pensaba en comer. Y los israelitas, dejándose llevar por ellos, se pusieron a llorar y a decir: "¡Ojalá tuviéramos carne para comer! [5]¡Cómo nos viene a la memoria el pescado que comíamos gratis en Egipto! Y también comíamos pepinos, melones, puerros, cebollas y ajos. [6]Pero ahora nos estamos muriendo de hambre, y no se ve otra cosa que maná."

[7](El maná era parecido a la semilla del cilantro; tenía un color amarillento, como el de la resina, [8]y sabía a tortas de harina con aceite. La gente salía a recogerlo, y luego lo molían o machacaban, y lo cocinaban o lo preparaban en forma de panes.

[9]Por la noche, cuando caía el rocío sobre el campamento, caía también el maná.)[o]

[10]Moisés oyó que los israelitas y sus familiares lloraban a la entrada de sus tiendas. El Señor estaba muy enojado. Y Moisés también se disgustó, [11]y le dijo al Señor:

—¿Por qué me tratas mal a mí, que soy tu siervo? ¿Qué tienes contra mí, que me has hecho cargar con este pueblo? [12]¿Acaso soy yo su padre o su madre para que me pidas que los lleve en brazos, como a niños de pecho, hasta el país que prometiste a sus antepasados? [13]¿De dónde voy a sacar carne para dar de comer a toda esta gente? Vienen llorando a decirme: 'Danos carne para comer.' [14]Yo no puedo ya encargarme de llevar solo a todo este pueblo; es una carga demasiado pesada para mí. [15]Si vas a seguir tratándome así, mejor quítame la vida, si es que de veras me estimas. Así no tendré que verme en tantas dificultades.

[16]Pero el Señor le contestó:

—Reúneme a setenta ancianos israelitas, de los que sepas que tienen autoridad entre el pueblo, y tráelos a la Tienda del Encuentro y que esperen allí contigo. [17]Yo bajaré y hablaré allí contigo, y tomaré una parte del espíritu que tú tienes y se la daré a ellos para que te ayuden a sobrellevar a este pueblo. Así no estarás solo. [18]Luego manda al pueblo que se purifique para mañana, y comerán carne. Ya los he oído llorar y decir: '¡Ojalá tuviéramos carne para comer! ¡Estábamos mejor en Egipto!' Pues bien, yo les voy a dar carne para que coman, [19]y no sólo un día o dos, ni cinco o diez o veinte. No. [20]Comerán carne durante todo un mes, hasta que les salga por las narices y les dé asco, porque me han rechazado a mí, el Señor, que estoy en medio de ellos, y han llorado y han dicho ante mí: '¿Para qué salimos de Egipto?'

[21]Entonces Moisés respondió:

—El pueblo que viene conmigo es de seiscientos mil hombres de a pie, ¿y dices que nos vas a dar a comer carne durante un mes entero? [22]¿Dónde hay tantas ovejas y vacas que se puedan matar y que alcancen para todos? Aun si les diéramos todo el pescado del mar, no les alcanzaría.

[23]Pero el Señor le contestó:

—¿Crees que es tan pequeño mi poder? Ahora vas a ver si se cumple o no lo que he dicho.

---

[8] En hebreo, *Tabera* significa *incendio*.
[ñ] 10.35 Sal 68.1.   [o] 11.4-9 Ex 16.2-31.

## Setenta ancianos hablan como profetas

²⁴Moisés salió y contó al pueblo lo que el Señor le había dicho, y reunió a setenta ancianos israelitas y los colocó alrededor de la Tienda. ²⁵Entonces el Señor bajó en la nube y habló con Moisés; luego tomó una parte del espíritu que Moisés tenía y se lo dio a los setenta ancianos. En cuanto el espíritu reposó sobre ellos, comenzaron a hablar como profetas; pero esto no volvió a repetirse.

²⁶Dos hombres, el uno llamado Eldad y el otro Medad, habían sido escogidos entre los setenta, pero no fueron a la Tienda sino que se quedaron en el campamento. Sin embargo, también sobre ellos reposó el espíritu, y comenzaron a hablar como profetas en el campamento. ²⁷Entonces un muchacho fue corriendo a decirle a Moisés:

—¡Eldad y Medad están hablando como profetas en el campamento!

²⁸Entonces Josué, hijo de Nun, que desde niño era ayudante de Moisés, dijo:

—¡Señor mío, Moisés, prohíbeles que lo hagan!

²⁹Pero Moisés le contestó:

—¿Ya estás celoso por mí? ¡Ojalá el Señor le diera su espíritu a todo su pueblo, y todos fueran profetas!

³⁰Entonces Moisés y los ancianos de Israel volvieron al campamento.

## El Señor envía codornices

³¹El Señor hizo que soplara del mar un viento que trajo bandadas de codornices, las cuales cayeron en el campamento y sus alrededores, cubriendo una distancia de hasta un día de camino alrededor del campamento, y formando un tendido de casi un metro de altura. ³²Todo ese día y toda la noche y todo el día siguiente la gente estuvo recogiendo codornices. El que menos recogió, recogió diez montones⁹ de codornices, que pusieron a secar en los alrededores del campamento.ᴾ ³³Pero apenas estaban masticando los israelitas la carne de las codornices, cuando el Señor se enfureció contra ellos y los castigó, haciendo morir a mucha gente. ³⁴Por eso le pusieron a ese lugar el nombre de Kibrot-hataava,¹⁰ porque allí enterraron a los que sólo pensaban en comer.

³⁵De Kibrot-hataava siguió el pueblo su camino hasta Hazerot, y allí se quedó.

## María y Aarón critican a Moisés

**12** ¹María y Aarón empezaron a hablar mal de Moisés, porque éste se había casado con una mujer etíope. ²Además dijeron: "El Señor no ha hablado solamente con Moisés; también ha hablado con nosotros." Y el Señor lo oyó.

³En realidad, Moisés era el hombre más humilde del mundo.* ⁴Por eso el Señor les dijo a Moisés, Aarón y María: "Vayan ustedes tres a la Tienda del Encuentro."

Los tres fueron allá. ⁵Entonces el Señor bajó en una espesa nube y se colocó a la entrada de la Tienda; luego llamó a Aarón y a María, y cuando ellos se presentaron ⁶el Señor les dijo: "Escuchen esto que les voy a decir: Cuando hay entre ustedes un profeta de mi parte, yo me comunico con él en visiones y le hablo en sueños; ⁷pero con mi siervo Moisés no lo hago así. Él es el más fiel de todos mis siervos,�q ⁸y con él hablo cara a cara y en un lenguaje claro. Y si él me ve cara a cara, ¿cómo se atreven ustedes a hablar mal de él?"

⁹El Señor se enojó mucho con ellos, y se fue. ¹⁰Y en cuanto la nube se alejó de la Tienda, María se puso leprosa, con la piel toda blanca. Cuando Aarón se volvió para mirar a María, y vio que estaba leprosa, ¹¹le dijo a Moisés: "Por favor, mi señor, no nos castigues por este pecado que tontamente hemos cometido. ¹²No permitas que ella quede como una criatura muerta antes de nacer, que sale con la piel medio deshecha."

¹³Entonces Moisés suplicó al Señor: "Por favor, oh Dios, te ruego que la sanes."

¹⁴Y el Señor le respondió: "Si su padre le escupiera en la cara, quedaría deshonrada durante siete días. Pues entonces, que la echen fuera del campamentoʳ durante siete días, y después podrá volver."

¹⁵Y así María fue echada fuera del campamento durante siete días. Mientras tanto, el pueblo no se movió de allí. ¹⁶En cuanto María se reunió con ellos, se pusieron en camino desde Hazerot, y acamparon en el desierto de Parán.

## Moisés envía exploradores a Canaán
### (Dt 1.19-25)

**13** ¹El Señor se dirigió a Moisés y le dijo:

---

⁹ *Diez montones:* lit. *diez homers.* (Véase Tabla de Pesas y Medidas.)  ¹⁰ En hebreo, *Kibrot-hataava* significa *tumbas del deseo.*
ᴾ **11.31-32** Ex 16.12-13.  * **12.3** Eclo 45.4.  q **12.7** He 3.2.  ʳ **12.14** Nm 5.2-3.

²"Envía unos hombres a que exploren la tierra de Canaán, que yo voy a dar a los israelitas. Envía de cada tribu a uno que sea hombre de autoridad."

³Tal como el Señor se lo ordenó, Moisés los envió desde el desierto de Parán. Todos eran hombres de autoridad entre los israelitas, ⁴y eran los siguientes: Samúa, hijo de Zacur, de la tribu de Rubén; ⁵Safat, hijo de Horí, de la tribu de Simeón; ⁶Caleb, hijo de Jefone, de la tribu de Judá; ⁷Igal, hijo de José, de la tribu de Isacar; ⁸Oseas, hijo de Nun, de la tribu de Efraín; ⁹Palti, hijo de Rafú, de la tribu de Benjamín; ¹⁰Gadiel, hijo de Sodi, de la tribu de Zabulón; ¹¹Gadi, hijo de Susi, de la tribu de José (es decir, la tribu de Manasés); ¹²Amiel, hijo de Gemali, de la tribu de Dan; ¹³Setur, hijo de Micael, de la tribu de Aser; ¹⁴Nahbi, hijo de Vapsi, de la tribu de Neftalí; ¹⁵Geuel, hijo de Maqui, de la tribu de Gad.

¹⁶Estos son los nombres de los hombres que Moisés envió a explorar el país. A Oseas, hijo de Nun, le cambió el nombre y le puso Josué.

¹⁷Moisés, pues, los envió a explorar la tierra de Canaán, y les dijo:

—Vayan por el Néguev y suban a la región montañosa. ¹⁸Fíjense en cómo es el país, y en si la gente que vive en él es fuerte o débil, y en si son pocos o muchos. ¹⁹Vean si sus ciudades están hechas de tiendas de campaña o si son fortificadas, y si la tierra en que viven es buena o mala, ²⁰fértil o estéril, y si tiene árboles o no. No tengan miedo; traigan algunos frutos de la región.

Esto sucedió en la época en que se recogen las primeras uvas. ²¹Los hombres fueron y exploraron el país desde el desierto de Zin, en el sur, hasta Rehob, en el norte, junto a la entrada de Hamat. ²²Entraron por el Néguev y llegaron hasta Hebrón. Allí vivían Ahimán, Sesai y Talmai, descendientes de Anac. Hebrón fue construida siete años antes que Zoán en Egipto. ²³Llegaron hasta el arroyo de Escol, cortaron allí una rama que tenía un racimo de uvas, y entre dos se lo llevaron colgado de un palo. También recogieron granadas e higos. ²⁴A ese arroyo le pusieron por nombre Escol,ᴵᴵ por el racimo que cortaron allí los israelitas.

²⁵Después de explorar la tierra durante cuarenta días, regresaron ²⁶a Cades, en el desierto de Parán. Allí estaban Moisés,

Aarón y todos los israelitas. Y les contaron lo que habían averiguado y les mostraron los frutos del país. ²⁷Le dijeron a Moisés:

—Fuimos a la tierra a la que nos enviaste. Realmente es una tierra donde la leche y la miel corren como el agua, y éstos son los frutos que produce. ²⁸Pero la gente que vive allí es fuerte, y las ciudades son muy grandes y fortificadas. Además de eso, vimos allá descendientes del gigante Anac. ²⁹En la región del Néguev viven los amalecitas, en la región montañosa viven los hititas, los jebuseos y los amorreos, y por el lado del mar y junto al río Jordán viven los cananeos.

³⁰Entonces Caleb hizo callar al pueblo que estaba ante Moisés, y dijo:

—¡Pues vamos a conquistar esa tierra! ¡Nosotros podemos conquistarla!

³¹Pero los que habían ido con él respondieron:

—¡No, no podemos atacar a esa gente! Ellos son más fuertes que nosotros.

³²Y se pusieron a decir a los israelitas que el país que habían ido a explorar era muy malo. Decían:

—La tierra que fuimos a explorar mata a la gente que vive en ella, y todos los hombres que vimos allá eran enormes. ³³Vimos también a los gigantes,ˢ a los descendientes de Anac. Al lado de ellos nos sentíamos como langostas, y así nos miraban ellos también.

### Los israelitas se rebelan contra el Señor
#### (Dt 1.26-33)

14 ¹Entonces los israelitas comenzaron a gritar, y aquella noche se la pasaron llorando. ²Todos ellos se pusieron a hablar mal de Moisés y de Aarón. Decían: "¡Ojalá hubiéramos muerto en Egipto, o aquí en el desierto! ³¿Para qué nos trajo el Señor a este país? ¿Para morir en la guerra, y que nuestras mujeres y nuestros hijos caigan en poder del enemigo? ¡Más nos valdría regresar a Egipto!" ⁴Y empezaron a decirse unos a otros: "¡Pongamos a uno de jefe y volvamos a Egipto!"

⁵Moisés y Aarón se inclinaron hasta tocar el suelo con la frente delante de todo el pueblo, ⁶y Josué y Caleb, que habían estado explorando el país, se rasgaron la ropa en señal de dolor ⁷y dijeron a todos los israelitas:

---

ᴵᴵ En hebreo, *Escol* significa *racimo*.
ˢ 13.33 Gn 6.4.

—¡La tierra que fuimos a explorar es excelente! [8]Si el Señor nos favorece, nos ayudará a entrar a esa tierra y nos la dará. Es un país donde la leche y la miel corren como el agua. [9]Pero no se rebelen contra el Señor,[f] ni le tengan miedo a la gente de ese país, porque ellos van a ser pan comido para nosotros; a ellos no hay quien los proteja, mientras que nosotros tenemos de nuestra parte al Señor. ¡No tengan miedo!

[10]A pesar de esto, la gente quería apedrearlos. Entonces la gloria del Señor se apareció en la Tienda del Encuentro, a la vista de todos los israelitas, [11]y el Señor dijo a Moisés:

—¿Hasta cuándo va a seguir menospreciándome este pueblo? ¿Hasta cuándo van a seguir dudando de mí, a pesar de los milagros que he hecho entre ellos? [12]Les voy a enviar una epidemia mortal que les impida tomar posesión de esa tierra; pero de ti haré un pueblo más grande y más fuerte que ellos.

[13]Pero Moisés respondió al Señor:

—Tú, con tu poder, sacaste de Egipto a este pueblo. Cuando los egipcios sepan lo que vas a hacer, [14]se lo contarán a los habitantes del país de Canaán. Ellos también han oído decir que tú, Señor, estás en medio de este pueblo, que te dejas ver cara a cara y tu nube está sobre ellos, y que de día vas delante de ellos en una columna de nubes y de noche en una columna de fuego. [15]Si matas a este pueblo de un solo golpe, las naciones que saben de tu fama van a decir: [16]'El Señor no pudo hacer que este pueblo entrara en la tierra que había jurado darles, y por eso los mató en el desierto.' [17]Por eso, Señor, muestra ahora tu gran poder, tal como lo has prometido. Tú has dicho [18]que no te enojas fácilmente, que es muy grande tu amor y que perdonas la maldad y la rebeldía, aunque no dejas sin castigo al culpable, sino que castigas la maldad de los padres en los hijos, los nietos, los bisnietos y los tataranietos.[u] [19]Puesto que tu amor es tan grande, perdónale a este pueblo su maldad, ya que has tenido paciencia con ellos desde Egipto hasta este lugar.[v]

### El Señor castiga a los israelitas
#### (Dt 1.34-40)

[20]El Señor respondió:

—Bien, yo los perdono, tal como me lo pides. [21]Pero, eso sí, tan cierto como que yo vivo y que mi gloria llena toda la tierra, [22]ninguno de los que han visto mi gloria y los milagros que hice en Egipto y en el desierto, y que me han puesto a prueba una y otra vez en el desierto y no han querido obedecer mis órdenes, [23]ninguno de ellos verá la tierra que prometí a sus antepasados. Ninguno de los que me han menospreciado la verá.[w] [24]Solamente mi siervo Caleb ha tenido un espíritu diferente y me ha obedecido fielmente. Por eso a él sí lo dejaré entrar en el país que fue a explorar, y sus descendientes se establecerán allí.[x] [25](Los amalecitas y los cananeos viven en la llanura.) En cuanto a ustedes, den la vuelta mañana y sigan por el desierto en dirección al Mar Rojo.

[26]El Señor se dirigió a Moisés y Aarón, y les dijo:

[27]—¿Hasta cuándo voy a tener que soportar las habladurías de estos malvados israelitas? Ya les he oído hablar mal de mí. [28]Pues ve a decirles de mi parte: 'Yo, el Señor, juro por mi vida que voy a hacer que les suceda a ustedes lo mismo que les he oído decir. [29]Todos los mayores de veinte años que fueron registrados en el censo y que han hablado mal de mí, morirán, y sus cadáveres quedarán tirados en este desierto.[y] [30]Con la excepción de Caleb y de Josué, ninguno de ustedes entrará en la tierra donde solemnemente les prometí que los iba a establecer. [31]En cambio, a sus hijos, de quienes ustedes decían que iban a caer en poder de sus enemigos, los llevaré al país que ustedes han despreciado, para que ellos lo disfruten. [32]Los cadáveres de ustedes quedarán tirados en este desierto, [33]en el que sus hijos vivirán como pastores durante cuarenta años.[z] De este modo ellos pagarán por la infidelidad de ustedes, hasta que todos ustedes mueran aquí en el desierto. [34]Ustedes estuvieron cuarenta días explorando el país; pues también estarán cuarenta años pagando su castigo: un año por cada día. Así sabrán lo que es ponerse en contra de mí.' [35]Yo, el Señor, lo afirmo: Así voy a tratar a este pueblo perverso que se ha unido contra mí. En este desierto encontrarán su fin; aquí morirán.

### Muerte de los diez espías malvados

[36-37]En cuanto a los hombres que Moisés había enviado a explorar el país y que

---

[f] 14.9 He 3.16.   [u] 14.18 Ex 20.5-6; 34.6-7; Dt 5.9-10; 7.9-10.   [v] 14.13-19 Ex 32.11-14.   [w] 14.21-23 He 3.18.   [x] 14.24 Jos 14.9-12.
[y] 14.29 He 3.17.   [z] 14.32-33 Hch 7.36.

al volver dieron tan malos informes, haciendo que la gente murmurara, el Señor los hizo caer muertos. [38]De todos ellos, sólo Josué y Caleb quedaron con vida.

## Los israelitas son derrotados en Horma
### (Dt 1.41-46)

[39]Cuando Moisés contó a los israelitas lo que el Señor había dicho, todos ellos se pusieron muy tristes. [40]A la mañana siguiente se levantaron temprano, subieron a la parte alta de la región montañosa y dijeron:

—¡Ya estamos aquí! Vayamos al lugar que el Señor nos ha prometido, pues en verdad hemos pecado.

[41]Pero Moisés les dijo:

—¿Por qué desobedecen las órdenes del Señor? ¡Ese intento va a fracasar! [42]No sigan adelante, porque el Señor no está con ustedes. Sus enemigos los van a derrotar. [43]Allá delante los esperan los amalecitas y los cananeos, para pelear con ustedes y matarlos. Y puesto que ustedes han abandonado al Señor, él ya no está con ustedes.

[44]Ellos, sin embargo, se empeñaron en subir a la parte alta de la región montañosa; pero ni el cofre del pacto del Señor ni Moisés se movieron del campamento. [45]Entonces salieron los amalecitas y los cananeos que vivían en la región, y persiguieron a los israelitas hasta Horma, derrotándolos completamente.

## Leyes sobre los sacrificios

**15** [1]El Señor se dirigió a Moisés y le dijo:

[2]"Di a los israelitas lo siguiente: Cuando entren ustedes en el país que yo voy a darles para que vivan en él, [3]y me ofrezcan un toro o una oveja para quemarlo en mi honor como sacrificio u holocausto de olor agradable, ya sea en cumplimiento de alguna promesa o como ofrenda voluntaria, o en ocasión de alguna fiesta, [4]el que presente la ofrenda deberá añadir dos kilos de harina fina amasada con un litro de aceite. [5]Además, a los sacrificios indicados se deberá añadir una ofrenda de un litro de vino por cada cordero. [6]Si se trata del sacrificio de un carnero, se añadirán cuatro kilos de harina amasada con poco más de un litro de aceite [7]y algo más de un litro de vino, como ofrenda de olor agradable para mí.

[8]Si se trata del sacrificio de un becerro, para ofrecerlo como holocausto o como sacrificio de reconciliación, o en cumplimiento de una promesa, [9]se añadirán seis kilos de harina amasada con dos litros de aceite, [10]más dos litros de vino, como ofrenda quemada de olor agradable para mí. [11]Esto es lo que deberá hacerse por cada toro, cada carnero, cada cordero o cada cabrito que se ofrezca. [12]Por cada animal que se ofrezca se hará su ofrenda correspondiente, según el número de animales. [13]Todo israelita deberá cumplir estas normas cuando me haga una ofrenda quemada de olor agradable.

[14]"Si un extranjero, ya sea que se encuentre de paso o que viva permanentemente entre ustedes, quiere presentarme una ofrenda quemada de olor agradable, deberá cumplir las mismas normas que todos ustedes. [15]La misma norma vale para ustedes y para los extranjeros; será una ley permanente, que pasará de padres a hijos. [16]Una misma ley y una misma norma habrá para ustedes y para los extranjeros."[a]

[17]El Señor se dirigió a Moisés y le dijo:

[18]"Di a los israelitas lo siguiente: Cuando hayan entrado en el país adonde los voy a llevar, [19]y empiecen a disfrutar del trigo que se produce en él, deberán separar una parte para ofrecérmela. [20]Y así como me ofrecen la primera porción del trigo trillado, así también con la primera masa que preparen me harán una ofrenda de pan. [21]Esta ofrenda deberán hacerla siempre.

[22]"Cuando involuntariamente dejen ustedes de hacer cualquiera de las cosas que le he ordenado a Moisés [23]desde el primer día en adelante, para que ustedes y sus descendientes las cumplan, deberán hacer lo siguiente:

[24]"Si la falta ha sido involuntaria y de todo el pueblo, todo el pueblo me ofrecerá un becerro como holocausto de olor agradable, con su correspondiente ofrenda de cereales y de vino, como Dios lo ha ordenado; además, me ofrecerán un chivo como sacrificio por el pecado. [25]Luego el sacerdote celebrará el rito para obtener el perdón a favor de todo el pueblo de Israel, y yo los perdonaré, pues se trata de una falta involuntaria y ellos me presentaron su ofrenda y su sacrificio por el pecado. [26]Yo perdonaré a todo el pueblo de Israel y a los extranjeros que vivan

entre ustedes, si la falta del pueblo ha sido involuntaria.

27 "Si la falta involuntaria la comete una persona en particular, esa persona ofrecerá como sacrificio por el pecado una cabrita de un año. 28 El sacerdote celebrará ante mí el rito para obtener el perdón por el pecado involuntario de esa persona, y yo la perdonaré.[b] 29 La misma norma vale para los israelitas y para los extranjeros que vivan entre ustedes, si la falta cometida ha sido involuntaria.

30 "Pero si una persona peca voluntariamente, ya sea israelita o extranjera, me ofende a mí. Por lo tanto, esa persona será eliminada de entre su gente, 31 pues despreció mi palabra y no cumplió mis órdenes; será eliminada del todo y cargará con su maldad."

### Castigo por la violación del día de reposo

32 Cuando los israelitas estaban en el desierto, encontraron a un hombre recogiendo leña en día de reposo.[12] 33 Los que lo encontraron lo llevaron ante Moisés y Aarón, y ante todo el pueblo, 34 y ellos lo tuvieron bajo vigilancia, pues aún no se había decidido lo que se debía hacer con él. 35 Entonces dijo el Señor a Moisés: "Ese hombre debe ser condenado a muerte. Que todos los israelitas lo apedreen fuera del campamento." 36 Entonces los israelitas lo sacaron del campamento y lo apedrearon hasta que murió, tal como el Señor se lo había ordenado a Moisés.

### Borlas con flecos en el borde de la ropa

37 El Señor se dirigió a Moisés y le dijo: 38 "Di a los israelitas lo siguiente: Ustedes y sus descendientes deberán llevar borlas con flecos en el borde de su ropa.[c] Las borlas deben ser de hilo morado. 39 Así, cuando ustedes vean las borlas, se acordarán de todos los mandamientos que yo les he dado y los cumplirán, y no se dejarán llevar por sus propios pensamientos y deseos, por los cuales ustedes han dejado de serme fieles. 40 Así se acordarán de todos mis mandamientos y los cumplirán, y estarán consagrados a mí, que soy su Dios. 41 Yo soy el Señor, el Dios de ustedes, que los saqué de Egipto para ser su Dios. Yo soy el Señor su Dios."

### La rebelión de Coré y su castigo

16 ¹ Un levita descendiente de Coat, llamado Coré,[d] hijo de Izhar, y tres hombres más de la tribu de Rubén, llamados Datán y Abiram, hijos de Eliab, y On, hijo de Pelet, ² se rebelaron contra Moisés. A ellos se les unieron otros doscientos cincuenta israelitas, hombres de autoridad en el pueblo, que pertenecían al grupo de consejeros y tenían buena fama. ³ Todos ellos se reunieron, se enfrentaron con Moisés y Aarón, y les dijeron:

—¡Basta ya de privilegios! Todo el pueblo ha sido consagrado por Dios, y el Señor está con todos nosotros. ¿Por qué se levantan ustedes como autoridad suprema sobre el pueblo del Señor?

⁴ Al oír esto, Moisés se inclinó hasta tocar el suelo con la frente, ⁵ y dijo a Coré y a los que lo seguían:

—Mañana por la mañana el Señor hará saber quién le pertenece[e] y quién le está consagrado y puede presentarle las ofrendas. Sólo podrá presentarle ofrendas aquel a quien él escoja. ⁶ Hagan lo siguiente: traigan los incensarios de Coré y sus compañeros, ⁷ pónganles brasas, échenles incienso y colóquenlos mañana delante del Señor. El hombre a quien el Señor escoja, es el que le está consagrado. ¡Y basta ya, levitas!

⁸ Luego dijo Moisés a Coré:

—Óiganme, levitas: ⁹ ¿Les parece poco que el Dios de Israel los haya escogido a ustedes de entre el pueblo de Israel, y que estén cerca de él y se ocupen de los oficios del santuario del Señor y presten este servicio al pueblo? ¹⁰ El Señor ha querido que tú y los demás miembros de tu tribu, los levitas, estén cerca de él, ¿y ahora ambicionan también el sacerdocio? ¹¹ Realmente Aarón no es nadie para que hablen mal de él; es contra el Señor contra quien tú y tus compañeros se han rebelado.

¹² Luego Moisés mandó llamar a Datán y a Abiram, hijos de Eliab, pero ellos respondieron:

—No queremos ir. ¹³ ¿Te parece poco habernos sacado de un país donde la leche y la miel corren como el agua, para hacernos morir en el desierto, que además quieres ser nuestro jefe supremo? ¹⁴ Tú no nos has llevado a ningún país donde la leche y la miel corran como el agua, ni nos has dado campos ni viñedos. ¿Quieres que

---

[12] *Día de reposo:* aquí equivale a *sábado.*
[b] 15.27-28 Lv 4.27-31.   [c] 15.38 Dt 22.12.   [d] 16.1 Eclo 45.18-19; Jud 11.   [e] 16.5 2 Ti 2.19.

todos se dejen llevar como si fueran ciegos?[13] No, no iremos a verte.

[15] Entonces Moisés se enojó mucho, y dijo al Señor:

—¡No aceptes sus ofrendas! Yo no les he quitado a ellos ni siquiera un asno, y tampoco le he hecho mal a ninguno de ellos.

[16] Después Moisés dijo a Coré:

—Preséntense mañana tú y tus compañeros, delante del Señor. Aarón también estará allí. [17] Que cada uno lleve su incensario y le ponga incienso. Tú y Aarón llevarán también su incensario y lo pondrán, junto con los otros doscientos cincuenta, delante del Señor.

[18] Entonces cada uno tomó su incensario, le puso brasas e incienso y se colocó, junto con Moisés y Aarón, delante de la Tienda del Encuentro. [19] Coré ya había reunido contra ellos a todo el pueblo frente a la Tienda del Encuentro. La gloria del Señor se apareció entonces ante todo el pueblo, [20] y el Señor les dijo a Moisés y Aarón:

[21] —¡Apártense de ese pueblo, que voy a destruirlo en un momento!

[22] Pero ellos, inclinándose hasta tocar el suelo con la frente, dijeron:

—Oh Dios, tú que das la vida a todos los hombres, ¿vas a enojarte con todo el pueblo por el pecado de un solo hombre?

[23] Y el Señor respondió a Moisés:

[24] —Diles a todos los israelitas que se aparten de la tienda donde están Coré, Datán y Abiram.

[25] Moisés se levantó, seguido por los ancianos de Israel, y fue a donde estaban Datán y Abiram. [26] Entonces le dijo al pueblo:

—Apártense de las tiendas de esos hombres perversos, y no toquen nada de lo que les pertenece, no vaya a ser que también ustedes mueran por el pecado de ellos.

[27] El pueblo se apartó de donde estaban Coré, Datán y Abiram. Datán y Abiram estaban a la entrada de su tienda, con sus mujeres y sus hijos. [28] Y Moisés continuó:

—Con esto les voy a probar que es el Señor quien me ha enviado a hacer todas estas cosas, y que no las hago por mi propia voluntad. [29] Si estos hombres mueren de muerte natural, como los demás hombres, es que el Señor no me ha enviado;

[30] pero si el Señor hace algo extraordinario, y la tierra se abre y se los traga a ellos con todo lo que tienen, y caen vivos al fondo de la tierra, entonces sabrán ustedes que son estos hombres los que han menospreciado al Señor.

[31] En cuanto Moisés terminó de hablar, la tierra se abrió debajo de ellos [32] y se tragó a todos los hombres que se habían unido a Coré, junto con sus familias y todo lo que tenían. [33] Cayeron vivos al fondo de la tierra, con todas sus cosas, y luego la tierra volvió a cerrarse. Así fueron eliminados de entre los israelitas. [34] Al oírlos gritar, todos los israelitas que se encontraban alrededor salieron corriendo y diciendo: "¡No nos vaya a tragar la tierra a nosotros también!" [35] Además, el Señor envió un fuego que mató a los doscientos cincuenta hombres que habían ofrecido incienso.

[36] *Y el Señor se dirigió a Moisés y le dijo:

[37] "Ordena a Eleazar, hijo de Aarón, que saque los incensarios de entre los restos del incendio, y que arroje lejos las brasas que aún haya en ellos. [38] Los incensarios de estos hombres, que han muerto por haber pecado, han quedado consagrados porque fueron usados para presentar incienso delante de mí. Conviertan, pues, ese metal en láminas para recubrir el altar, y para que sirva de advertencia a los israelitas."

[39] El sacerdote Eleazar recogió los incensarios de bronce que habían presentado los hombres que murieron en el incendio, y ordenó que los convirtieran en láminas para recubrir el altar. [40] Esta fue una advertencia a los israelitas de que nadie, aparte de los descendientes de Aarón, podía acercarse al altar para ofrecer incienso al Señor; de lo contrario, le pasaría lo que a Coré y a sus compañeros. Y todo se hizo tal como el Señor se lo había ordenado a Eleazar por medio de Moisés.

[41] Al día siguiente, todo el pueblo de Israel empezó a hablar contra Moisés y Aarón. Decían:

—¡Ustedes están matando al pueblo del Señor!

[42] Y todos se arremolinaban alrededor de Moisés y Aarón; pero ellos se dirigieron a la Tienda del Encuentro. En ese momento la nube la cubrió y se apareció

---

[13] *¿Quieres que todos se dejen llevar como si fueran ciegos?:* otra posible traducción: *¿Vas a volver ciegos a estos hombres?* Lit. *¿Vas a sacarles los ojos a estos hombres?* Probable alusión al castigo que se imponía a los esclavos fugitivos y que les esperaba si tenían que regresar a Egipto.
*f* Los vs. 16.36-17.13 corresponden a los vs. 17.1-28 en el texto hebreo.

la gloria del Señor. 43Entonces Moisés y Aarón fueron al frente de la Tienda del Encuentro, 44y el Señor le dijo a Moisés:

45—¡Apártense de toda esa gente, que los voy a destruir en un momento!

Moisés y Aarón se inclinaron hasta tocar el suelo con la frente, 46y Moisés le dijo a Aarón:

—Trae tu incensario, ponle brasas del altar y échale incienso; vete en seguida a donde está el pueblo y pide a Dios perdón por ellos, porque la ira del Señor se ha encendido y la plaga ya comenzó.

47Aarón hizo lo que le dijo Moisés, y se fue corriendo a donde estaba el pueblo reunido. La plaga enviada por Dios ya estaba haciendo estragos entre el pueblo. Entonces Aarón puso incienso y pidió a Dios perdón por el pueblo. 48Luego se colocó entre los que ya habían muerto y los que todavía estaban con vida, y la plaga se detuvo, 49aunque ya para entonces habían muerto catorce mil setecientas personas, sin contar los que habían muerto antes, durante la rebelión de Coré. 50Cuando la plaga terminó, Aarón volvió a la entrada de la Tienda del Encuentro para reunirse con Moisés.*

### El bastón de Aarón retoña

**17** 1El Señor se dirigió a Moisés y le dijo:

2"Ordena a los israelitas que cada uno de los jefes de tribu traiga un bastón, o sea doce bastones en total. Tú escribirás el nombre de cada uno en su bastón, 3y en el bastón correspondiente a la tribu de Leví escribirás el nombre de Aarón, pues debe haber un bastón por cada jefe de tribu. 4Los colocarás en la Tienda del Encuentro, frente al cofre del pacto, que es donde yo me encuentro con ustedes. 5Voy a hacer que retoñe el bastón de mi elegido, y así los israelitas no seguirán hablando mal de ustedes delante de mí."

6Moisés dijo esto mismo a los israelitas, y cada uno de los jefes de tribu le dio un bastón, reuniendo así doce bastones en total. Entre ellos estaba también el bastón de Aarón. 7Moisés colocó los bastones delante del Señor en la tienda del pacto, 8y al día siguiente, cuando fue a la tienda, vio que el bastón de Aarón, correspondiente a la tribu de Leví, había retoñado:ᵍ había echado retoños, y dado flores, y

tenía almendras maduras. 9Entonces Moisés sacó de la presencia del Señor todos los bastones y se los mostró a los israelitas. Después de verlos, cada uno tomó su bastón.

10Entonces el Señor dijo a Moisés: "Vuelve a poner el bastón de Aarón delante del cofre del pacto, y guárdalo allí como advertencia para este pueblo rebelde. Así harás que dejen de hablar mal delante de mí, y no morirán."

11Moisés hizo todo tal como el Señor se lo ordenó, 12pero los israelitas dijeron a Moisés: "¡Estamos perdidos! ¡Todos vamos a morir! 13Todos los que se acercan al santuario del Señor, mueren. ¿Acaso vamos a morir todos?"

### Funciones especiales de los sacerdotes y levitas

**18** 1El Señor le dijo a Aarón: "Tú y tus hijos, junto con los demás miembros de la tribu de Leví, a la que perteneces, serán responsables por las faltas que se cometan contra el santuario; pero solamente tú y tus hijos serán responsables por las faltas que cometan ustedes en sus funciones sacerdotales. 2Pero debes hacer que los demás miembros de la tribu de Leví, a la cual perteneces, te ayuden a ti y a tus hijos en el servicio ante la tienda del pacto. 3Ellos estarán a tu servicio y al servicio de la tienda, pero no deberán acercarse a los utensilios del santuario ni al altar; de lo contrario, morirán ellos y ustedes también. 4Deberán acompañarte en el servicio de la Tienda del Encuentro y en todos los oficios correspondientes. Pero ninguna persona extraña debe acercarse a ustedes; 5ustedes son los encargados del servicio del santuario y del altar. Así no volveré a enojarme con los israelitas. 6Yo separé a tus hermanos los levitas de los demás israelitas para dárselos a ustedes, a fin de que sirvan en los oficios de la Tienda del Encuentro; 7pero solamente tú y tus hijos podrán desempeñar las funciones sacerdotales relacionadas con el altar o que se realizan tras el velo. Este oficio les corresponde a ustedes, pues yo les he dado el derecho de ejercer las funciones sacerdotales. Si alguien oficia como sacerdote, sin serlo, será condenado a muerte."

### Sostenimiento de los sacerdotes y los levitas

8El Señor le dijo a Aarón: "Yo he puesto bajo tu cuidado las

---

* **16.41-50** Sab 18.19-25.    ᵍ **17.8** He 9.4.

ofrendas que se me hacen. Todas las ofrendas sagradas que los israelitas me hacen, te las doy a ti y a tus hijos como la parte que les corresponde; ésta será una norma para siempre. [9]De los sacrificios que se queman,[14] te tocarán a ti todas las ofrendas de cereales y los sacrificios que por el pecado o por la culpa me ofrezcan los israelitas; todas estas ofrendas sagradas serán para ti y para tus hijos. [10]Todo varón de entre ustedes podrá comer de estas ofrendas, pero habrá de comerlas en un lugar consagrado, pues son sagradas.

[11]"También te doy a ti, y a tus hijos e hijas que aún vivan contigo, las ofrendas especiales que los israelitas me presenten. Esta será una ley permanente. Cualquier persona de tu familia que esté ritualmente pura, podrá comerlas. [12]También te doy los primeros frutos que los israelitas me traen cada año: lo mejor del aceite, lo mejor del vino y del trigo. [13]Igualmente los primeros frutos de las cosechas que ellos me ofrecen, serán para ti. Cualquier persona de tu familia que esté ritualmente pura, podrá comerlos. [14]Toda ofrenda que los israelitas me consagren,[h] será para ti.

[15]"Todos los primeros hijos de los israelitas o las primeras crías de los animales, que me ofrecen, serán para ti. Pero en el caso de los primeros hijos de los hombres y de las primeras crías de los animales impuros, pedirás un rescate a cambio. [16]El rescate deberá pagarse un mes después del nacimiento, y será de cinco monedas de plata, según la moneda oficial del santuario, que pesa once gramos. [17]Pero no permitirás que sean rescatadas las primeras crías de las vacas, las ovejas o las cabras. Esas están reservadas para mí, y tendrás que matarlas; su sangre la derramarás sobre el altar, y su grasa la quemarás como ofrenda de olor agradable para mí. [18]Tú podrás quedarte con la carne, lo mismo que con el pecho del animal, que es la ofrenda especial, y con el muslo derecho. [19]Todas las contribuciones que los israelitas aparten para mí, te las doy a ti, y a tus hijos e hijas que aún vivan contigo. Esta es una ley permanente. Es un pacto invariable,[15] eterno, que yo hago contigo y con tus descendientes."

[20]El Señor le dijo a Aarón:

"Tú no tendrás tierra ni propiedades en Israel, como los demás israelitas. Yo seré tu propiedad y tu herencia en Israel. [21]A los levitas les doy como propiedad esa décima parte[i] que los israelitas deben entregar de sus productos, en pago del servicio que prestan en la Tienda del Encuentro. [22]Los demás israelitas no deberán acercarse a la Tienda del Encuentro, porque cometerían un pecado que les traería la muerte. [23]Los levitas serán los únicos que se ocuparán del servicio de la Tienda del Encuentro, y serán responsables de las faltas que cometan. Esta será una ley permanente, que pasará de padres a hijos. Los levitas no tendrán territorio propio en Israel. [24]A ellos les he dado en propiedad la décima parte que los israelitas deben ofrecerme de sus productos. Por eso les he dicho que no tendrán territorio propio en Israel."

[25]El Señor se dirigió a Moisés y le dijo:

[26]"Diles a los levitas que cuando reciban de los israelitas esa décima parte de sus productos que yo les he dado como su propiedad, deberán reservar un décimo de ella para ofrecérmelo a mí. [27]Esa será su contribución, semejante a la contribución que hacen los israelitas cuando dan una parte de su trigo y de su vino. [28]Así, de esa décima parte que les dan los israelitas, los levitas apartarán su contribución al Señor y se la darán al sacerdote Aarón. [29]De todo lo que les den, deberán separar una parte como contribución para mí; y la parte que me consagren debe ser la mejor.

[30]"Diles también: 'Una vez que hayan separado la mejor parte para mí, el resto pueden considerarlo como si fuera su trigo y su vino, [31]y pueden comerlo ustedes y sus familias en cualquier lugar. Ese es su salario por el servicio que prestan en la Tienda del Encuentro. [32]Una vez que hayan separado la mejor parte para mí, podrán comer el resto sin cometer pecado; de esta manera no profanarán las ofrendas sagradas de los israelitas, y no serán condenados a muerte.' "

## Normas para la purificación ritual

**19** [1]El Señor se dirigió a Moisés y Aarón, y les dijo:

[2]"Yo, el Señor, doy esta orden: Di a los israelitas que te traigan una vaca de pelo rojizo, que no tenga ningún defecto y

---

[14] *Que se queman:* según la versión griega. Heb. *apartados del fuego.* [15] *Invariable:* lit. *de sal.* Puesto que debía ponerse sal en todas las ofrendas a Dios, la sal vino a simbolizar lo sagrado y por tanto lo que no podía desecharse o cambiarse. Véase Lv 2.13.

[h] **18.14** Lv 27.28.   [i] **18.21** Lv 27.30-33; Dt 14.22-29; Mal 3.8-10.

a la que nunca antes le hayan puesto el yugo. ³Ustedes se la entregarán al sacerdote Eleazar, y él la sacará fuera del campamento y ordenará que la maten en su presencia. ⁴El sacerdote Eleazar tomará con el dedo un poco de sangre, y rociará con ella siete veces hacia la Tienda del Encuentro. ⁵Luego quemarán la vaca en su presencia, y quemarán también el cuero, la carne, la sangre y el estiércol. ⁶El sacerdote tomará en seguida madera de cedro, una ramita de hisopo y tela roja, y lo echará todo al fuego en que se quema la vaca; ⁷luego lavará su ropa y se lavará a sí mismo con agua, y después podrá entrar en el campamento, aunque quedará ritualmente impuro hasta la tarde. ⁸En cuanto al hombre que quemó la vaca, lavará también su ropa y se lavará a sí mismo con agua, y quedará ritualmente impuro hasta la tarde. ⁹Otro hombre, que esté ritualmente puro, recogerá la ceniza de la vaca y la pondrá en un lugar puro fuera del campamento. Esa ceniza la utilizará el pueblo de Israel para preparar el agua de purificación. Todo esto es un sacrificio por el pecado.ʲ ¹⁰El que recogió la ceniza, lavará su ropa, y quedará ritualmente impuro hasta la tarde. Esta es una ley permanente, que vale tanto para ustedes los israelitas como para los extranjeros que vivan entre ustedes.

¹¹"El que toque el cadáver de cualquier persona, quedará impuro durante siete días. ¹²Al tercero y al séptimo día deberá purificarse con el agua de purificación, y quedará puro. Si no se purifica al tercero y al séptimo día, no quedará puro. ¹³Si alguien toca el cadáver de una persona y no se purifica, profana el santuario del Señor y, por lo tanto, deberá ser eliminado de Israel. Puesto que no ha sido rociado con el agua de purificación, se encuentra en estado de impureza.

¹⁴"Las normas para cuando alguien muere en una tienda de campaña, son las siguientes: Todos los que se encuentren dentro de la tienda y todos los que entren en ella, quedarán impuros durante siete días. ¹⁵Todas las vasijas que estén destapadas, o con la tapa mal puesta, también quedarán impuras.

¹⁶"En campo abierto, todo el que toque el cadáver de una persona asesinada o muerta de muerte natural, o unos huesos humanos, o una tumba, quedará impuro durante siete días.

¹⁷"En tales casos de impureza, se tomará un poco de la ceniza de la vaca sacrificada por el pecado, y se pondrá en una vasija para echarle encima agua de manantial. ¹⁸Luego, un hombre que esté puro tomará una ramita de hisopo, la mojará en el agua y rociará con ella la tienda, las vasijas y las personas que estaban allí, y también al que tocó los huesos o el cadáver de la persona asesinada o muerta de muerte natural, o la tumba. ¹⁹El hombre ritualmente puro debe rociar al impuro en los días tercero y séptimo. Al séptimo día ya lo habrá purificado. Entonces la persona impura lavará su ropa y se lavará a sí misma con agua, pero quedará impura hasta la tarde. ²⁰Si una persona ritualmente impura no se purifica, debe ser eliminada de entre su pueblo, pues profana el santuario del Señor. Puesto que no fue rociada con el agua de purificación, sigue estando impura. ²¹Esta es una ley permanente. El que rocía a otro con el agua de purificación, deberá lavar su ropa. El que toque el agua de purificación, quedará impuro hasta la tarde. ²²Todo lo que sea tocado por una persona impura, quedará impuro; y el que toque a una persona impura, quedará también impuro hasta la tarde."

## Agua de la roca
### (Ex 17.1-7)

20 ¹En el primer mes del año, los israelitas llegaron al desierto de Zin, y se quedaron por un tiempo en Cades. Allí murió María, y allí fue enterrada.

²Como la gente no tenía agua, se reunieron todos para protestar contra Moisés y Aarón, ³y le dijeron a Moisés:

—¡Ojalá hubiéramos muerto junto con los otros israelitas que hizo morir el Señor! ⁴¿Para qué trajeron ustedes al pueblo del Señor a este desierto? ¿Acaso quieren que muramos nosotros y nuestro ganado? ⁵¿Para qué nos sacaron de Egipto y nos trajeron a este lugar tan horrible? Aquí no se puede sembrar nada; no hay higueras, ni viñedos, ni granados; ¡ni siquiera hay agua para beber!

⁶Moisés y Aarón se alejaron del pueblo y se fueron a la entrada de la Tienda del Encuentro, y allí se inclinaron hasta tocar el suelo con la frente. Entonces la gloria del Señor se les apareció, ⁷y el Señor le dijo a Moisés:

⁸—Toma el bastón y, con la ayuda de tu hermano Aarón, reúne a la gente. Luego, delante de todos, ordénale a la roca que les dé agua, y verás que de la roca brotará agua para que beban ellos y el ganado.

⁹Moisés tomó el bastón que estaba delante del Señor, tal como él se lo ordenó; ¹⁰luego Moisés y Aarón reunieron a la gente delante de la roca, y Moisés les dijo:

—Escuchen, rebeldes: ¿acaso tendremos que sacar agua de esta roca para darles de beber?

¹¹Y diciendo esto, Moisés levantó la mano y golpeó dos veces la roca con el bastón, y brotó mucha agua. Así la gente y el ganado se pusieron a beber.* ¹²Pero el Señor dijo a Moisés y a Aarón:

—Puesto que ustedes no tuvieron confianza en mí ni me honraron delante de los israelitas, no entrarán con esta gente en el país que les he dado.

¹³Ese es el manantial de Meriba,¹⁶ donde los israelitas le hicieron reclamaciones al Señor y él les mostró su santidad.

### Edom no deja pasar a Israel

¹⁴Desde Cades, Moisés envió unos mensajeros al rey de Edom, a decirle: "Tus hermanos israelitas te mandan a decir: 'Tú bien sabes las dificultades por las que hemos pasado. ¹⁵Nuestros antepasados se fueron a Egipto y vivieron allá mucho tiempo, pero los egipcios nos maltrataron a nosotros, igual que a nuestros antepasados; ¹⁶entonces pedimos ayuda al Señor, y él escuchó nuestros gritos y envió un ángel y nos sacó de Egipto. Y aquí estamos ahora, en la ciudad de Cades, en la frontera de tu país. ¹⁷Te pedimos que nos dejes pasar por tu territorio. No pasaremos por los campos sembrados ni por los viñedos, ni beberemos agua de tus pozos. Iremos por el camino real, y no nos apartaremos de él hasta que hayamos cruzado tu territorio.' "

¹⁸Pero el rey de Edom les respondió:

—¡No pasen por mi territorio, pues de lo contrario saldré a su encuentro con mi ejército!

¹⁹Los israelitas le explicaron:

—Seguiremos el camino principal, y si nosotros o nuestro ganado llegamos a beber agua de tus pozos, te la pagaremos.

Lo único que queremos es pasar a pie por tu territorio.

²⁰Pero el rey de Edom les contestó:

—¡Pues no pasarán!

Y salió al encuentro de los israelitas con un ejército fuerte y bien armado, ²¹empeñado en no dejarlos pasar por su territorio. Entonces los israelitas buscaron otro camino.ᵏ

### Muerte de Aarón

²²Todo el pueblo de Israel salió de Cades en dirección al monte Hor. ²³Allí, junto a la frontera de Edom, el Señor les dijo a Moisés y a Aarón:

²⁴"Aarón va a morir, y no entrará en el país que yo he dado a los israelitas, porque junto al manantial de Meriba ustedes desobedecieron mis órdenes. ²⁵Tú, Moisés, lleva a Aarón y a su hijo Eleazar a la cumbre del monte Hor; ²⁶allí le quitarás a Aarón la ropa sacerdotal y se la pondrás a Eleazar. Aarón morirá allí."

²⁷Moisés hizo lo que el Señor le ordenó. A la vista de todos los israelitas, subieron al monte Hor, ²⁸y allí Moisés le quitó a Aarón la ropa sacerdotal y se la puso a Eleazar.ˡ Allí mismo, en la cumbre del monte, murió Aarón;ᵐ y Moisés y Eleazar bajaron del monte. ²⁹Al darse cuenta los israelitas de que Aarón había muerto, lloraron por él durante treinta días.

### Conquista de Horma

**21** ¹Cuando el rey cananeo de la ciudad de Arad, que vivía en el Néguev, oyó decir que los israelitas veníanⁿ por el camino de Atarim, salió a pelear contra ellos e hizo algunos prisioneros. ²Entonces los israelitas prometieron al Señor que, si él los ayudaba a conquistar aquel país, ellos destruirían por completo todas sus ciudades. ³El Señor concedió a los israelitas lo que ellos le habían pedido, y los ayudó a derrotar a los cananeos, y los israelitas destruyeron por completo a los cananeos, lo mismo que a sus ciudades, por lo que a aquel lugar le pusieron por nombre Horma.¹⁷

### La serpiente de bronce

⁴Los israelitas salieron del monte Hor en dirección al Mar Rojo, dando un rodeo para no pasar por el territorio de Edom.ñ En el camino, la gente perdió la paciencia

---

¹⁶ Véase nota en Ex 17.7.   ¹⁷ En hebreo, *Horma* y la palabra que significa *destrucción* tienen un sonido parecido.
* 20.11 Sab 11.4.   ᵏ 20.14-21 Dt 2.4-7.   ˡ 20.28 Ex 29.29.   ᵐ 20.28 Nm 33.38; Dt 10.6.   ⁿ 21.1 Nm 33.40.   ñ 21.4 Dt 2.1.

[5]y empezó a hablar contra Dios y contra Moisés. Decían:

—¿Para qué nos sacaron ustedes de Egipto? ¿Para hacernos morir en el desierto? No tenemos ni agua ni comida. ¡Ya estamos cansados de esta comida miserable!

—[6]El Señor les envió serpientes venenosas,[18] que los mordieron, y muchos israelitas murieron.[o] [7]Entonces fueron a donde estaba Moisés y le dijeron:

—¡Hemos pecado al hablar contra el Señor y contra ti! ¡Pídele al Señor que aleje de nosotros las serpientes!

Moisés pidió al Señor que perdonara a los israelitas, [8]y el Señor le dijo:

—Hazte una serpiente como ésas, y ponla en el asta de una bandera. Cuando alguien sea mordido por una serpiente, que mire hacia la serpiente del asta, y se salvará.

[9]Moisés hizo una serpiente de bronce y la puso en el asta de una bandera,[p] y cuando alguien era mordido por una serpiente, miraba a la serpiente de bronce y se salvaba.

### Diversas etapas

[10]Los israelitas siguieron su camino y acamparon en Obot. [11]De Obot siguieron adelante y acamparon en Ije-abarim, en el desierto, al oriente del territorio de Moab. [12]De allí siguieron y acamparon en el arroyo Zered. [13]Luego siguieron adelante y acamparon al otro lado del río Arnón. Este río se encuentra en el desierto que se extiende desde el territorio de los amorreos, y sirve de frontera entre el territorio de Moab y el de los amorreos. [14]A eso se refiere lo que dice el Libro de las Guerras del Señor:

"Pasamos por Vaheb, en la región
    de Sufá,
  por los arroyos y por el Arnón,
[15]y por la orilla de los arroyos
    que se extienden hasta la región
    de Ar
  y llegan hasta la frontera de Moab."

[16]Del río Arnón siguieron hasta Beer.[19] Allí está el pozo donde el Señor dijo a Moisés: "Reúne al pueblo y yo les daré agua." [17]Fue en esta ocasión cuando los israelitas cantaron:

"¡Brota, agua del pozo!

¡Cántenle al pozo!
[18]¡Los jefes lo cavaron con sus varas
    de mando,
  los nobles del pueblo lo abrieron con
    sus bastones!"

Del desierto continuaron los israelitas hasta Matana; [19]de Matana a Nahaliel, de Nahaliel a Bamot, [20]y de Bamot al valle que está en el territorio de Moab, hacia las alturas de Pisga, desde donde se ve el desierto.

### Israel derrota al rey Sehón
#### (Dt 2.26-37)

[21]Los israelitas mandaron unos mensajeros a Sehón, rey de los amorreos, a que le dijeran: [22]"Quisiéramos pasar por tu territorio. No nos meteremos en los campos sembrados ni en los viñedos, ni beberemos agua de tus pozos. Atravesaremos tu territorio yendo por el camino real."

[23]Pero Sehón no dejó que los israelitas pasaran por su territorio, sino que juntó a toda su gente y salió al encuentro de ellos en el desierto, y al llegar a Jahaza los atacó. [24]Pero los israelitas se defendieron y lo derrotaron, y ocuparon su territorio desde el río Arnón hasta el río Jaboc, es decir, hasta la frontera con el territorio de los amonitas, la cual estaba fortificada. [25]Así pues, Israel ocupó todas esas ciudades de los amorreos, es decir, Hesbón y sus pueblos dependientes, y se quedó a vivir en ellas. [26]Hesbón era la ciudad donde vivía Sehón, el rey de los amorreos. Sehón había estado en guerra con el anterior rey de Moab y le había quitado todo aquel territorio hasta el río Arnón. [27]Por eso dicen los poetas:

"¡Vengan a Hesbón,
  la capital del rey Sehón!
¡Reconstrúyanla, fortifíquenla!
[28]Desde Hesbón, la ciudad de Sehón,
  brotaron las llamas de un incendio,
  que destruyeron a Ar de Moab
  y las alturas que dominan el Arnón.
[29]¡Lástima de ti, Moab!
  ¡Estás perdido, pueblo del dios
    Quemós!
  El ha dejado que tus hombres salgan
    huyendo,
  que tus mujeres caigan en poder del
    rey Sehón.[q]
[30]Fue destruido el poder de Hesbón;

---

[18] Venenosas: lit. ardientes. [19] En hebreo, Beer significa pozo.
[o] 21.5-6 1 Co 10.9. [p] 21.9 2 R 18.4; Jn 3.14. [q] 21.28-29 Jer 48.45-46.

de Dibón a Nofa todo quedó en
  ruinas,
y el fuego llegó hasta Medeba."[20]

## Israel derrota a Og, rey de Basán
### (Dt 3.1-11)

[31]Así pues, Israel ocupó el territorio amorreo. [32]Además, Moisés envió algunos hombres a explorar la ciudad de Jazer, y los israelitas conquistaron las ciudades vecinas y expulsaron a los amorreos que vivían allí. [33]Después volvieron en dirección de Basán, pero Og, el rey de Basán, salió con todo su ejército a pelear contra ellos en Edrei. [34]Entonces el Señor dijo a Moisés: "No le tengas miedo, que yo voy a ponerlo en tus manos, junto con todo su ejército y su país, y tú harás con él lo mismo que hiciste con Sehón, el rey amorreo que vivía en Hesbón."

[35]Y así, los israelitas mataron a Og y a sus hijos, y a todo su ejército. No dejaron a nadie con vida, y se apoderaron de su territorio.

## Balac manda llamar a Balaam

**22** [1]Los israelitas siguieron su camino y acamparon en las llanuras de Moab, al oriente del río Jordán, frente a Jericó.

[2]Balac, hijo de Zipor, se fijó en lo que los israelitas habían hecho con los amorreos. [3]También la gente de Moab se llenó de miedo al ver que los israelitas eran tan numerosos. [4]Entonces dijo la gente de Moab a los ancianos de Madián: "Toda esta gente va a acabar con nuestra tierra, como un buey acaba con el pasto del campo."

Por aquel tiempo Balac era rey de Moab, [5]y mandó llamar a Balaam, hijo de Beor,[r] quien se encontraba en Petor, junto al río Éufrates, en el país de Amav. Balac ordenó a sus mensajeros que dijeran a Balaam: "De Egipto ha venido un pueblo que se ha extendido por todo el país, y ahora se ha establecido delante de mí. [6]Ven en seguida y maldice a este pueblo por mí, pues es más fuerte que nosotros. Quizá así pueda yo derrotarlos y expulsarlos del país. Yo sé que tus bendiciones y tus maldiciones siempre se cumplen."

[7]Los ancianos de Moab y de Madián se fueron con dinero en la mano para pagar las maldiciones, y al llegar a donde estaba Balaam le dieron el mensaje de parte de Balac. [8]Y Balaam les dijo:

—Quédense aquí esta noche, y yo les responderé según lo que el Señor me ordene.

Y los ancianos de Moab se quedaron con él. [9]Pero Dios se le apareció a Balaam, y le preguntó:

—¿Quiénes son esos hombres que están contigo?

[10]Balaam le respondió:

—Balac, hijo de Zipor, que es rey de Moab, los envió a que me dijeran [11]que un pueblo ha salido de Egipto, y que se ha extendido por todo el país. Balac quiere que yo vaya en seguida a maldecirlos, para ver si así puede derrotarlos y echarlos fuera de su territorio.

[12]Entonces Dios le dijo a Balaam:

—No vayas con ellos ni maldigas a ese pueblo, porque a ese pueblo lo he bendecido yo.

[13]Al día siguiente Balaam se levantó y les dijo a los jefes que había enviado Balac:

—Regresen a su tierra. El Señor no me permite ir con ustedes.

[14]Los jefes de Moab regresaron a donde estaba Balac, y le dijeron:

—Balaam no quiso venir con nosotros.

[15]Pero Balac insistió y volvió a enviar otros jefes, esta vez en mayor número y de más importancia que los primeros. [16]Ellos fueron a ver a Balaam y le dijeron:

—Balac, hijo de Zipor, te manda a decir: "Por favor, no te niegues a venir. [17]Yo te daré los más grandes honores, y haré todo lo que me pidas; pero ven y hazme el favor de maldecir a este pueblo."

[18]Pero Balaam les respondió:

—Aunque Balac me diera todo el oro y la plata que caben en su palacio, yo no podría hacer nada, ni grande ni pequeño, que fuera contra las órdenes del Señor mi Dios. [19]Sin embargo, quédense ustedes aquí también esta noche, y veré qué me dice esta vez el Señor.

[20]Por la noche, Dios se le apareció a Balaam y le dijo:

—Si esos hombres han venido por ti, levántate y vete con ellos, pero tendrás que hacer solamente lo que yo te diga.

## Balaam se encuentra con el ángel del Señor

[21]Balaam se levantó al día siguiente, ensilló su asna y se fue con los jefes moabitas. [22]Balaam iba montado en su asna, y lo acompañaban dos criados suyos.

---

[20] *Fue destruido . . . hasta Medeba:* texto probable. Heb. oscuro.
[r] **22.5** 2 P 2.15-16; Jud 11.

Pero Dios se enojó con él porque se había ido, y el ángel del Señor se interpuso en su camino para cerrarle el paso. [23]Cuando el asna vio que el ángel del Señor estaba en medio del camino con una espada en la mano, se apartó del camino y se fue por el campo; pero Balaam la golpeó para hacerla volver al camino. [24]Luego el ángel del Señor se paró en un lugar estrecho, donde el camino pasaba entre viñedos y tenía paredes de piedra a los dos lados. [25]Cuando el asna vio al ángel del Señor, se recostó contra una de las paredes, oprimiéndole la pierna a Balaam. Entonces Balaam le volvió a pegar. [26]Pero el ángel del Señor se adelantó a ellos y se paró en un lugar muy estrecho, donde no podía uno desviarse a ningún lado. [27]Cuando el asna vio al ángel del Señor, se echó al suelo. Entonces Balaam se enojó y la azotó con una vara. [28]En ese momento el Señor hizo que el asna hablara, y que le dijera a Balaam:

—¿Qué te he hecho? Con ésta van tres veces que me pegas.

[29]—Te estás burlando de mí —le respondió Balaam—. Si tuviera a la mano un cuchillo, ahora mismo te mataría.

[30]Pero el asna le dijo:

—Yo soy el asna que tú has montado toda tu vida, y bien sabes que nunca me he portado así contigo.

—Es verdad —respondió Balaam.

[31]Entonces el Señor hizo que Balaam pudiera ver a su ángel, que estaba en medio del camino con una espada en la mano. Balaam se inclinó hasta tocar el suelo con la frente, [32]pero el ángel del Señor le dijo:

—¿Por qué le pegaste tres veces a tu asna? Yo soy quien ha venido a cerrarte el paso, porque tu viaje me disgusta.[21] [33]El asna me vio, y me esquivó las tres veces. Si no me hubiera esquivado, ya te hubiera yo matado, aunque a ella la habría dejado con vida.

[34]Y Balaam respondió al ángel del Señor:

—He pecado, pues no sabía que tú estabas allí, cerrándome el camino. Si te parece mal que yo vaya, regresaré.

[35]Pero el ángel del Señor le contestó:

—Puedes ir con esos hombres, pero dirás solamente lo que yo te diga.

### Balac recibe a Balaam

Balaam se fue con los jefes que Balac había enviado, [36]y cuando Balac supo que

Balaam venía, salió a recibirlo a una ciudad de Moab situada junto al río Arnón, en la frontera del país, [37]y le dijo:

—Te mandé a llamar con insistencia; ¿por qué no querías venir? ¿Pensabas que no soy capaz de hacerte muchos honores?

[38]Y Balaam le respondió:

—Pues aquí estoy, ya vine a verte. Pero no tengo poder para hablar por mi cuenta; yo sólo podré decir lo que Dios me comunique.

[39]Luego Balaam se fue con Balac a Quiriat-huzot, [40]donde Balac mandó que mataran vacas y ovejas y que se las llevaran a Balaam y a los jefes que lo acompañaban.

[41]A la mañana siguiente, Balac buscó a Balaam y lo hizo subir a Bamot-baal, desde donde pudo ver los alrededores del campamento de los israelitas.

**23** [1]Entonces Balaam le dijo:

—Constrúyeme aquí siete altares, y prepárame siete becerros y siete carneros.

[2]Balac hizo lo que Balaam le dijo, y entre los dos sacrificaron un becerro y un carnero en cada altar.

[3]Luego Balaam le dijo a Balac:

—Quédate junto al sacrificio, mientras voy a ver si el Señor viene a encontrarse conmigo. Luego te comunicaré lo que él me dé a conocer.

### Balaam bendice a Israel

Y Balaam se fue a una colina desierta, [4]donde Dios se le apareció. Balaam le dijo:

—He preparado siete altares, y en cada uno he ofrecido un becerro y un carnero.

[5]Entonces el Señor puso en labios de Balaam lo que tenía que decir, y le dijo:

—Regresa a donde está Balac y dile lo mismo que yo te he dicho.

[6]Balaam regresó y encontró a Balac de pie, junto al sacrificio, en compañía de todos los jefes moabitas. [7]Entonces Balaam pronunció esta profecía:

"Desde las montañas del oriente,
   desde Aram,
me hizo venir Balac, rey de Moab.
'Ven —me dijo—, maldíceme a
   Israel,
deséale el mal al pueblo de Jacob.'
[8]Pero, ¿cómo maldecir al que Dios no
   maldice?
¿Cómo desear el mal, si el Señor no
   lo hace?

---

[21] *Tu viaje me disgusta:* traducción probable. Heb. oscuro.

⁹Desde estas altas rocas puedo verlo,
desde estas colinas lo miro:
es un pueblo que vive apartado,
distinto de los otros pueblos.
¹⁰Son como el polvo; ¿quién puede
contarlos?
¿Quién puede saber su número?
¡Ojalá muera yo como esos hombres
justos,
y sea mi fin como el de ellos!''

¹¹Entonces Balac le reclamó a Balaam:
—¿Qué estás haciendo? Yo te traje
para que maldijeras a mis enemigos, y tú
te has puesto a bendecirlos.
¹²Y Balaam contestó:
—Habíamos quedado en que yo diría
solamente lo que el Señor pusiera en mis
labios.
¹³Pero Balac insistió:
—Ven conmigo a otra parte, desde
donde sólo podrás ver los alrededores del
campamento, pero no el campamento
completo. Maldícemelos desde allí.
¹⁴Y Balac llevó a Balaam al campo de
Zofim, en la cumbre del monte Pisga,
donde construyó siete altares y sacrificó
en cada uno un becerro y un carnero.
¹⁵Allí Balaam dijo a Balac:
—Quédate aquí, junto al sacrificio,
mientras yo voy a encontrarme con Dios.
¹⁶El Señor salió al encuentro de Balaam
y puso en sus labios lo que tenía que decir.
Además le dijo:
—Regresa a donde está Balac y dile lo
mismo que yo te he dicho.
¹⁷Balaam regresó y encontró a Balac de
pie, junto al sacrificio, en compañía de los
jefes moabitas. Y Balac le preguntó:
—¿Qué te dijo el Señor?
¹⁸Entonces Balaam pronunció esta profecía:

"Balac, hijo de Zipor,
escúchame con atención.
¹⁹Dios no es como los mortales:
no miente ni cambia de opinión.
Cuando él dice una cosa, la realiza.
Cuando hace una promesa, la
cumple.
²⁰Yo tengo órdenes de bendecir;
si Dios bendice, yo no puedo
contradecirlo.
²¹Nadie ha visto engaño ni maldad
en Israel, el pueblo de Jacob.
El Señor su Dios está con ellos,
y ellos lo aclaman como rey.

²²Dios, que los sacó de Egipto, es para
ellos
lo que son para el búfalo sus
cuernos.
²³Contra Jacob no valen maleficios;
contra Israel no sirven brujerías.
Ahora es preciso decir a Israel:
'¡Cuántas maravillas ha hecho Dios
contigo!'
²⁴Este pueblo se levanta
amenazante como un león,
y no descansará hasta devorar su
presa
y beber la sangre de sus víctimas.''

²⁵Balac dijo entonces a Balaam:
—¡Ya que no puedes maldecir a este
pueblo, por lo menos no lo bendigas!
²⁶A lo cual respondió Balaam:
—¿No te había dicho ya, que yo sólo
puedo hacer lo que el Señor me ordene?
²⁷Entonces Balac le dijo:
—Ven, que te voy a llevar a otra parte.
Puede ser que a Dios no le disguste que
maldigas a Israel desde allí.
²⁸Y así Balac se llevó a Balaam a la
cumbre del monte Peor, desde donde se ve
todo el desierto. ²⁹Allí Balaam le dijo a
Balac:
—Constrúyeme aquí siete altares y prepárame siete becerros y siete carneros.
³⁰Balac hizo lo que Balaam le dijo, y en
cada altar sacrificó un becerro y un

**24** carnero. ¹Pero como Balaam vio
que al Señor le parecía bien bendecir a Israel, ya no fue a recibir profecías
de parte de él, como lo había hecho las
otras veces, sino que volvió la mirada
hacia el desierto. ²Y al ver Balaam a Israel
acampado por tribus, el espíritu de Dios
se apoderó de él; ³entonces Balaam pronunció esta profecía:

"Mensaje de Balaam, hijo de Beor,
hombre de mirada penetrante,²²
⁴que al caer en éxtasis ve con más
claridad,
que recibe mensajes y tiene visiones
de parte del Dios todopoderoso.
⁵¡Jacob, qué bellas son tus tiendas!
¡Qué bello, Israel, tu campamento!
⁶Parecen largas filas de palmeras,
jardines junto a un río,
áloes plantados por el Señor,
¡cedros a la orilla del agua!
⁷Israel tendrá agua en abundancia
para beber y regar sus sembrados.

---

²² *De mirada penetrante:* traducción probable. Heb. oscuro.

Su rey dominará a Agag;
su poder real será muy grande.
⁸Dios, que los sacó de Egipto, es para
ellos
lo que son para el búfalo sus
cuernos.
Israel devorará a las naciones
enemigas;
les romperá los huesos,
y los herirá con sus flechas.
⁹Cuando se acuesta a descansar,
parece un león:
nadie se atreve a despertarlo.ˢ
¡Bendito sea el que te bendiga,
y maldito el que te maldiga!"ᵗ

### Profecías de Balaam

¹⁰Al oír esto, Balac se enojó mucho con
Balaam, y golpeando las manos le dijo:
—Yo te llamé para que maldijeras a mis
enemigos, y resulta que ya van tres veces
que los bendices. ¹¹¡Más te vale volver a tu
casa! Yo había prometido hacerte grandes
honores, pero el Señor lo ha impedido.
¹²Y Balaam le respondió:
—Ya les advertí a tus mensajeros ¹³que,
aunque me dieras todo el oro y la plata
que caben en tu palacio, yo no podría
desobedecer las órdenes del Señor ni hacer
nada bueno ni malo por mi propia cuenta,
y que sólo diría lo que el Señor me ordenara decir. ¹⁴Pues bien, regreso a mi país;
pero antes voy a decirte lo que este pueblo
hará en el futuro con tu pueblo.
¹⁵Entonces Balaam pronunció esta profecía:

"Mensaje de Balaam, hijo de Beor,
hombre de mirada penetrante,
¹⁶que al caer en éxtasis ve con más
claridad,
que conoce lo que el Altísimo
conoce,
que recibe mensajes y tiene visiones
de parte del Dios todopoderoso.
¹⁷Veo algo en el futuro, diviso algo
allá muy lejos:
es una estrella que sale de Jacob,
un rey que se levanta en Israel.
Le aplastará la cabeza a Moab,
aplastará a todos los descendientes
de Set.
¹⁸Conquistará Edom,
se apoderará de Seir, que es su
enemigo.
Israel realizará grandes hazañas.

¹⁹Un vencedor saldrá de Jacob
y destruirá a los que queden en la
ciudad."

²⁰Después vio Balaam a Amalec, y pronunció esta profecía:

"Amalec es una nación importante,
pero terminará destruida por
completo."

²¹⁻²²También vio a los quenitas, y pronunció esta profecía:

"Descendientes de Caín,
aunque sus refugios sean firmes,
aunque hayan puesto su nido entre
las rocas,
ese nido será destruido por el fuego
cuando Asiria los haga prisioneros."

²³Después pronunció esta profecía:

"¡Ay! ¿Quién vivirá todavía
cuando Dios haga estas cosas?²³
²⁴Vienen naves de la costa de Chipre, y
dejarán en ruinas a Asiria y a
Heber,
pues también Heber será destruido."
²⁵Después de esto Balaam se puso en
camino y volvió a su casa. Balac también
se puso en camino.

### Los israelitas dan culto a Baal-peor

**25** ¹Cuando los israelitas se establecieron en Sitim, sus hombres empezaron a corromperse con las mujeres
moabitas, ²las cuales los invitaban a los
sacrificios que ofrecían a sus dioses. Los
israelitas tomaban parte en esas comidas
y adoraban a los dioses de las moabitas,
³y así se dejaron arrastrar al culto de
Baal-peor.ᵘ Entonces el Señor se enfureció contra Israel, ⁴y le dijo a Moisés:
—Reúne a todos los jefes del pueblo, y
ejecútalos delante de mí a plena luz del
día. Así se calmará mi ira contra Israel.
⁵Moisés ordenó entonces a los jueces
israelitas:
—Cada uno de ustedes deberá matar a
los hombres de su tribu que se dejaron
arrastrar al culto de Baal-peor.
⁶Pero un israelita llevó a su casa a una
mujer madianita, a la vista de Moisés y de
todos los israelitas reunidos, mientras
ellos se encontraban llorando a la entrada
de la Tienda del Encuentro. ⁷Al ver esto,

---

²³ *¿Quién vivirá . . . estas cosas?:* traducción probable. Heb. oscuro.
ˢ 24.9 Gn 49.9.   ᵗ 24.9 Gn 12.3.   ᵘ 25.1-3 Ap 2.14.

Finees, hijo de Eleazar y nieto del sacerdote Aarón, se apartó de los israelitas reunidos, empuñó una lanza [8]y se fue tras aquel israelita hasta la alcoba, y allí atravesó por el estómago al israelita y a la mujer. Así se terminó la plaga que estaba haciendo morir a los israelitas, [9]aunque ya habían muerto veinticuatro mil de ellos.

[10]Entonces el Señor se dirigió a Moisés y le dijo:

[11]—Finees ha hecho que se calme mi ira contra los israelitas, porque él ha tenido el mismo celo que yo tengo por ellos. Por eso no me he dejado llevar del celo y no terminé con ellos. [12]Dile, pues, que yo hago con él un pacto de paz, [13]por el cual le entrego, a él y a sus descendientes, el sacerdocio para siempre, porque tuvo celo por mí y obtuvo así el perdón para los israelitas. *

[14]El israelita que fue atravesado junto con la madianita se llamaba Zimri, y era hijo de Salu y jefe de una familia de la tribu de Simeón. [15]La mujer madianita se llamaba Cozbi, y era hija de Zur, jefe de un grupo de familias de Madián.

[16]El Señor se dirigió a Moisés y le dijo:

[17]—Ataquen a los madianitas y derrótenlos, [18]así como ellos los atacaron a ustedes con sus malas mañas y haciéndolos adorar a Baal-peor, y en el caso de Cozbi, la hija del jefe madianita, que fue muerta con una lanza cuando yo les envié una plaga por haber adorado a Baal-peor.

### Nuevo censo de Israel

**26** [1v]Después de aquella plaga mortal, el Señor dijo a Moisés y a Eleazar, hijo del sacerdote Aarón:

[2]"Hagan un censo, [w] por familias, de todos los israelitas de veinte años para arriba, aptos para la guerra."

[3]Moisés y Eleazar ordenaron entonces a los israelitas en las llanuras de Moab, junto al río Jordán, frente a Jericó, [4]que se registraran todos los que tuvieran de veinte años para arriba, tal como el Señor se lo había ordenado a Moisés.

Estos eran los israelitas que habían salido de Egipto:

[5]Los clanes descendientes de Rubén, el hijo mayor de Israel, fueron los de Enoc, Falú, [6]Hezrón y Carmi; [7]según el censo, los descendientes de Rubén sumaban cuarenta y tres mil setecientos treinta hombres. [8]De Falú nació Eliab, [9]y de Eliab

nacieron Nemuel, Datán y Abiram. Datán y Abiram fueron aquellos del grupo de consejeros que, junto con Coré, se rebelaron contra el Señor y al mismo tiempo contra Moisés y Aarón, [10]pero se abrió la tierra y se los tragó a ellos dos y a Coré, y todo el grupo murió, pues doscientos cincuenta hombres murieron en el fuego. Esto sirvió de advertencia para los demás. [11]Sin embargo, los hijos de Coré no murieron.

[12]Los clanes descendientes de Simeón fueron los de Nemuel, Jamín, Jaquín, [13]Zera y Saúl; [14]según el censo, los descendientes de Simeón sumaban veintidós mil doscientos hombres.

[15]Los clanes descendientes de Gad fueron los de Zefón, Hagui, Suni, [16]Ozni, Eri, [17]Arod y Areli; [18]según el censo, los descendientes de Gad sumaban cuarenta mil quinientos hombres.

[19]De los hijos de Judá, murieron Er y Onán en el país de Canaán, [20]así que los clanes descendientes de Judá fueron los de Sela, Fares y Zara. [21]Los clanes descendientes de Fares fueron los de Hezrón y Hamul; [22]según el censo, los descendientes de Judá sumaban setenta y seis mil quinientos hombres.

[23]Los clanes descendientes de Isacar fueron los de Tola, Fúa, [24]Jasub y Simrón; [25]según el censo, los descendientes de Isacar sumaban sesenta y cuatro mil trescientos hombres.

[26]Los clanes descendientes de Zabulón fueron los de Sered, Elón y Jahleel; [27]según el censo, los descendientes de Zabulón sumaban sesenta mil quinientos hombres.

[28]Los clanes descendientes de José fueron los de las tribus de Manasés y Efraín. [29]De Manasés, el clan de Maquir; de Maquir, el clan de Galaad; [30]de Galaad, los clanes de Jezer, de Helec, [31]de Asriel, de Siquem, [32]de Semida y de Hefer. [33]Zelofehad, que era hijo de Hefer, no tuvo hijos sino hijas, las cuales se llamaban Maala, Noa, Hogla, Milca y Tirsa. [34]Según el censo, los descendientes de Manasés sumaban cincuenta y dos mil setecientos hombres. [35]Los clanes descendientes de Efraín fueron los de Sutela, Bequer y Tahán. [36]Los descendientes de Sutela eran los del clan de Erán. [37]Según el censo, los descendientes de Efraín sumaban treinta y dos mil quinientos

---

* **25.7-13** Sal 106.30-31; Eclo 45.23-24.    v La primera parte del v.1 corresponde a 25.19 en el texto hebreo.
w **26.1-51** Nm 1.1-46.

hombres. Estos son los descendientes de José, por orden de clanes.

[38] Los clanes descendientes de Benjamín fueron los de Bela, Asbel, Ahiram, [39] Sefufam y Hufam. [40] Los clanes descendientes de Bela fueron los de Ard y Naamán, hijos de Bela. [41] Según el censo, los descendientes de Benjamín sumaban cuarenta y cinco mil seiscientos hombres.

[42] Los descendientes de Dan fueron los del clan de Súham. [43] Según el censo, los descendientes de Súham sumaban sesenta y cuatro mil cuatrocientos hombres.

[44] Los clanes descendientes de Aser fueron los de Imna, Isúi y Bería. [45] Los clanes descendientes de Bería fueron los de Heber y Malquiel. [46] Aser tuvo una hija, que se llamó Sera. [47] Según el censo, los descendientes de Aser sumaban cincuenta y tres mil cuatrocientos hombres.

[48] Los clanes descendientes de Neftalí fueron los de Jahzeel, Guni, [49] Jezer y Silem. [50] Según el censo, los descendientes de Neftalí sumaban cuarenta y cinco mil cuatrocientos hombres.

[51] Los israelitas contados en el censo sumaban seiscientos un mil setecientos treinta hombres en total.

### Normas para la repartición de la tierra

[52] El Señor se dirigió a Moisés y le dijo: [53] "Entre estas personas será repartida la tierra, según el número que haya sido registrado. [54] A los grupos más numerosos les darás una porción mayor, y a los grupos menos numerosos una porción menor. A cada grupo se le dará una porción de tierra de acuerdo con el censo. [55] La repartición de la tierra se hará por suertes. Cada uno recibirá su parte según la tribu a la que pertenezca por parte de padre. [56] La distribución se hará por suertes, tanto entre los grupos numerosos como entre los pequeños."[x]

### Censo de los levitas

[57] Los clanes de la tributu de Leví contados en el censo fueron los de Gersón, Coat y Merari. [58] Los clanes de los libnitas, hebronitas, mahlitas, musitas y coreítas, eran clanes levitas.

Coat fue padre de Amram. [59] Amram se casó con una hija de Leví que se llamaba Jocabed, y que nació cuando Leví aún estaba en Egipto. Amram y Jocabed fueron los padres de Aarón, Moisés y María.

[60] Los hijos de Aarón fueron Nadab, Abiú, Eleazar e Itamar.[y] [61] Nadab y Abiú murieron cuando ofrecieron ante el Señor un fuego extraño.[z]

[62] El total de varones descendientes de Leví, de un mes de edad para arriba, fue de veintitrés mil. Ellos no habían sido registrados con los demás israelitas, porque a ellos no se les había dado ninguna propiedad.

[63] Este fue el resultado del censo de los israelitas hecho por Moisés y el sacerdote Eleazar en las llanuras de Moab, junto al Jordán, frente a Jericó. [64] Entre todos ellos no había uno solo de los que estuvieron cuando Moisés y Aarón hicieron el censo en el desierto de Sinaí, [65] pues el Señor les había anunciado que morirían en el desierto.[a] Con excepción de Caleb, hijo de Jefone, y de Josué, hijo de Nun, no quedó uno solo de ellos.

### La herencia de las hijas

**27** [1] En la tribu de Manasés había cinco hermanas, que se llamaban Maala, Noa, Hogla, Milca y Tirsa. Eran hijas de Zelofehad, descendientes directas de Hefer, Galaad, Maquir, Manasés y José. [2] Estas cinco hermanas fueron a la entrada de la Tienda del Encuentro para hablar con Moisés y el sacerdote Eleazar, y con los jefes de la comunidad, y les dijeron: [3] "Nuestro padre murió en el desierto, pero él no pertenecía al grupo de Coré que se rebeló contra el Señor. Murió a causa de su propio pecado y sin dejar hijos varones. [4] Pero no es justo que el nombre de nuestro padre desaparezca de su clan simplemente porque no tuvo un hijo varón. Danos una porción de tierra a nosotras entre los hermanos de nuestro padre."

[5] Moisés presentó al Señor el caso de estas mujeres, [6] y el Señor le respondió: [7] "Las hijas de Zelofehad tienen razón. Asígnales una porción de tierra entre los hermanos de su padre, y que la herencia de su padre pase a ellas.[b] [8] Di además a los israelitas que si alguien muere sin dejar hijo varón, su herencia pasará a manos de su hija; [9] pero si no tiene ninguna hija, dejará su herencia a sus hermanos; [10] y si no tiene hermanos, dejará su herencia a los hermanos de su padre. [11] En caso de que su padre no haya tenido hermanos, dejará su herencia a su pariente más cercano. Esta será una ley para los israelitas, tal como yo te lo he ordenado a ti."

x 26.52-56 Nm 34.13; Jos 14.1-2.  y 26.60 Nm 3.2.  z 26.61 Lv 10.1-2; Nm 3.4.  a 26.65 Nm 14.26-35.  b 27.7 Nm 36.2.

## Josué es designado sucesor de Moisés
### (Dt 31.1-8)

[12]El Señor le dijo a Moisés:

—Sube a este monte de Abarim, y mira la tierra que les he dado a los israelitas. [13]Después que la hayas visto, morirás y te reunirás con tus antepasados, como tu hermano Aarón, [14]ya que ustedes dos desobedecieron mis órdenes en el desierto de Zin cuando el pueblo me hizo reclamaciones, y no me honraron delante de ellos cuando pidieron agua. (Esto se refiere al manantial de Meriba, en Cades, en el desierto de Zin.)[c]

[15]Y Moisés dijo al Señor:

[16-17]—Dios y Señor, tú que das la vida a todos los hombres, nombra un jefe que se ponga al frente de tu pueblo y lo guíe por todas partes, para que no ande como rebaño sin pastor.[d]

[18]El Señor respondió a Moisés:

—Josué,[e] hijo de Nun, es un hombre de espíritu. Tómalo y pon tus manos sobre su cabeza. [19]Luego preséntalo ante el sacerdote Eleazar y ante todo el pueblo, y dale el cargo delante de todos ellos; [20]pon sobre él parte de tu autoridad, para que todo el pueblo de Israel le obedezca.[f] [21]Pero Josué deberá presentarse ante el sacerdote Eleazar, y Eleazar me consultará en su nombre por medio del Urim.[g] Josué será el que dé las órdenes a los israelitas, para todo lo que hagan.

[22]Moisés hizo tal como el Señor se lo había ordenado. Tomó a Josué y lo presentó ante el sacerdote Eleazar y ante todo el pueblo. [23]Le puso las manos sobre la cabeza y le dio el cargo,[h] tal como el Señor lo había ordenado por medio de Moisés.

## Las ofrendas diarias
### (Ex 29.38-46)

**28** [1]El Señor se dirigió a Moisés y le dijo:

[2]"Ordena a los israelitas que no dejen de ofrecerme puntualmente pan y ofrendas quemadas en las fiestas especiales, como ofrendas de olor agradable para mí.

[3]"Diles también que éstas son las ofrendas que deberán quemar en mi honor: diariamente y sin falta, dos corderos de un año que no tengan ningún defecto. [4]Uno será sacrificado por la mañana y el otro al atardecer. [5]La ofrenda de cereales será de dos kilos de la mejor harina amasada con un litro de aceite de oliva. [6](Este era el sacrificio que se quemaba continuamente en el monte Sinaí, como ofrenda de olor agradable al Señor.) [7]La ofrenda de vino será de un litro por cada cordero. Este vino deberá derramarse en el santuario, en honor del Señor. [8]El segundo cordero será sacrificado al atardecer, y se le añadirá una ofrenda de cereales y una ofrenda de vino iguales a las de la ofrenda de la mañana. Es una ofrenda de olor agradable, que se quema en honor del Señor.

## Ofrendas del día de reposo

[9]"En los días de reposo[24] deberán ofrecer ustedes dos corderos de un año, sin defecto, y cuatro kilos de la mejor harina amasada con aceite como ofrenda de cereales, con su correspondiente ofrenda de vino. [10]Este holocausto se ofrecerá en los días de reposo,[24] con su correspondiente ofrenda de vino, además del holocausto diario.[i]

## Ofrendas mensuales

[11]"El primer día de cada mes ofrecerán como holocausto al Señor dos becerros, un carnero y siete corderos de un año, sin defecto. [12]Por cada becerro ofrecerán seis kilos de la mejor harina amasada con aceite; por cada carnero, cuatro kilos de harina amasada con aceite, [13]y por cada cordero, dos kilos de harina amasada con aceite. Es un holocausto de olor agradable que se quema en honor del Señor. [14]La ofrenda correspondiente de vino será de dos litros por cada becerro, un litro y medio por cada carnero y un litro por cada cordero. Estos son los holocaustos que deben ofrecer todos los meses del año. [15]Además del holocausto diario, deberán ofrecerle al Señor un chivo como sacrificio por el pecado, con su correspondiente ofrenda de vino.

## Ofrendas durante la Pascua
### (Lv 23.5-8)

[16]"El día catorce del primer mes del año se celebrará la Pascua en honor del Señor,[j] [17]y el día quince será día de fiesta.

[24] Días de reposo: aquí equivale a sábado.
[c] 27.12-14 Nm 20.10-13; Dt 3.23-27; 32.48-52.   [d] 27.17 1 R 22.17; Ez 34.5; Jdt 11.19; Mt 9.36; Mr 6.34.   [e] 27.18 Ex 24.13.
[f] 27.18-20 Dt 34.9; Jos 1.16-18.   [g] 27.21 Ex 28.30; 1 S 14.41; 28.6.   [h] 27.23 Dt 31.23.   [i] 28.9-10 Mt 12.5.   [j] 28.16 Ex 12.1-13;
Dt 16.1-2.

Durante siete días se comerá pan sin levadura.[k] [18] En el primero de esos siete días se celebrará una reunión santa. Ese día no harán ustedes ninguna clase de trabajo. [19] Como holocausto, ofrecerán al Señor dos becerros, un carnero y siete corderos de un año, sin defecto. [20] Junto con estos sacrificios harán la correspondiente ofrenda de harina amasada con aceite, de la siguiente manera: seis kilos de harina por cada becerro, cuatro kilos por cada carnero [21] y dos kilos por cada cordero. [22] Ofrecerán también un chivo como sacrificio para obtener el perdón de sus pecados. [23] Todo esto lo ofrecerán además del holocausto que se ofrece todos los días por la mañana. [24] Así lo harán cada uno de los siete días de la fiesta, como ofrenda de olor agradable quemada en honor del Señor. Esto deberá ofrecerse con su correspondiente ofrenda de vino, además del holocausto diario. [25] El séptimo día también tendrán reunión santa. Ese día no harán ninguna clase de trabajo.

### Ofrenda de los primeros frutos
*(Lv 23.9-22)*

[26] "En la fiesta de los primeros frutos, cuando ofrecen al Señor los cereales de una nueva cosecha, es decir, en la fiesta de las Semanas,[l] tendrán también una reunión santa. Ese día no harán ninguna clase de trabajo. [27] Ofrecerán al Señor, como holocausto de olor agradable, dos becerros, un carnero y siete corderos de un año. [28] La correspondiente ofrenda de harina amasada con aceite será de seis kilos por cada becerro, cuatro kilos por el carnero [29] y dos kilos por cada cordero. [30] Ofrecerán también un chivo como sacrificio para obtener el perdón de sus pecados. [31] Este holocausto y su correspondiente ofrenda de cereales y de vino lo presentarán además del holocausto diario. Los animales no han de tener ningún defecto.

### La fiesta de las trompetas
*(Lv 23.23-25)*

**29** [1] "El día primero del mes séptimo tendrán ustedes una reunión santa. Ese día no harán ninguna clase de trabajo, y anunciarán el día con toque de trompetas. [2] Como holocausto de olor agradable al Señor, ofrecerán un becerro,

un carnero y siete corderos de un año, sin defecto. [3] La correspondiente ofrenda de harina amasada con aceite será de seis kilos por el becerro, cuatro kilos por el carnero [4] y dos kilos por cada cordero. [5] Ofrecerán también un chivo como sacrificio para obtener el perdón de sus pecados, [6] además del holocausto de cada mes y del holocausto diario, con sus correspondientes ofrendas de cereales y de vino, como Dios lo ha ordenado. Esta será una ofrenda de olor agradable quemada en honor del Señor.

### Ofrendas del Día del Perdón
*(Lv 23.26-32)*

[7] "El día diez del mismo mes séptimo, también tendrán ustedes reunión santa. Dedicarán ese día al ayuno,[m] y no harán ninguna clase de trabajo. [8] Como holocausto de olor agradable al Señor, ofrecerán un becerro, un carnero y siete corderos de un año, sin defecto. [9] La correspondiente ofrenda de harina amasada con aceite será de seis kilos por el becerro, cuatro kilos por el carnero [10] y dos kilos por cada cordero. [11] Ofrecerán también un chivo como sacrificio por el pecado, además del sacrificio por el pecado que se ofrece el Día del Perdón, y del holocausto diario, con sus correspondientes ofrendas de cereales y de vino.

### Ofrendas durante la fiesta de las Enramadas
*(Lv 23.33-44)*

[12] "El día quince del mes séptimo tendrán ustedes reunión santa. Ese día no harán ninguna clase de trabajo. Durante siete días celebrarán fiesta en honor del Señor.[n] [13] El primer día[25] ofrecerán, como holocausto de olor agradable al Señor, trece becerros, dos carneros y catorce corderos de un año, sin defecto. [14] La correspondiente ofrenda de harina amasada con aceite será de seis kilos por cada becerro, cuatro kilos por cada carnero [15] y dos kilos por cada cordero. [16] Ofrecerán también un chivo como sacrificio por el pecado, además del holocausto diario con sus correspondientes ofrendas de cereales y de vino.

[17] "El segundo día se ofrecerán doce becerros, dos carneros y catorce corderos de un año, sin defecto. [18] Además se harán

---

[25] *El primer día:* según la versión griega. En el texto hebreo no aparece esta frase.
**k** 28.17-25 Ex 12.14-20; 23.15; 34.18; Dt 16.3-8.　**l** 28.26-31 Ex 23.16; 34.22; Dt 16.9-12.　**m** 29.7-11 Lv 16.29-34.
**n** 29.12-38 Ex 23.16; 34.22; Dt 16.13-15.

las ofrendas de cereales y de vino de acuerdo con el número de becerros, carneros y corderos, como Dios lo ha ordenado. [19]Se ofrecerá también un chivo como sacrificio por el pecado, además del holocausto diario con sus correspondientes ofrendas de cereales y de vino.

[20]"El tercer día se ofrecerán once becerros, dos carneros y catorce corderos de un año, sin defecto. [21]Además se harán las ofrendas de cereales y de vino de acuerdo con el número de becerros, carneros y corderos, como Dios lo ha ordenado. [22]También se ofrecerá un chivo como sacrificio por el pecado, además del holocausto diario con sus correspondientes ofrendas de cereales y de vino.

[23]"El día cuarto se ofrecerán diez becerros, dos carneros y catorce corderos de un año, sin defecto. [24]Además se harán las ofrendas de cereales y de vino de acuerdo con el número de becerros, carneros y corderos, como Dios lo ha ordenado. [25]También se ofrecerá un chivo como sacrificio por el pecado, además del holocausto diario con sus correspondientes ofrendas de cereales y de vino.

[26]"El día quinto se ofrecerán nueve becerros, dos carneros y catorce corderos de un año, sin defecto. [27]Además se harán las ofrendas de cereales y de vino de acuerdo con el número de becerros, carneros y corderos, como Dios lo ha ordenado. [28]También se ofrecerá un chivo como sacrificio por el pecado, además del holocausto diario con sus correspondientes ofrendas de cereales y de vino.

[29]"El día sexto se ofrecerán ocho becerros, dos carneros y catorce corderos de un año, sin defecto. [30]Además se harán las ofrendas de cereales y de vino de acuerdo con el número de becerros, carneros y corderos, como Dios lo ha ordenado. [31]Se ofrecerá también un chivo como sacrificio por el pecado, además del holocausto diario con sus correspondientes ofrendas de cereales y de vino.

[32]"El día séptimo se ofrecerán siete becerros, dos carneros y catorce corderos de un año, sin defecto. [33]Además se harán las ofrendas de cereales y de vino de acuerdo con el número de becerros, carneros y corderos, como Dios lo ha ordenado. [34]Se ofrecerá también un chivo como sacrificio por el pecado, además del holocausto diario con sus correspondientes ofrendas de cereales y de vino.

[35]"El día octavo[ñ] lo celebrarán con una reunión solemne, y no harán ese día ninguna clase de trabajo. [36]Ofrecerán como holocausto de olor agradable al Señor un becerro, un carnero y siete corderos de un año, sin defecto. [37]Además se harán las ofrendas de cereales y de vino por el becerro, el carnero y los corderos, como Dios lo ha ordenado. [38]Se ofrecerá también un chivo como sacrificio por el pecado, además del holocausto diario con sus correspondientes ofrendas de cereales y de vino.

[39]"Estos son los sacrificios que deben ofrecer al Señor en fechas determinadas, además de sus ofrendas en cumplimiento de una promesa o como ofrenda voluntaria, ya sea como holocaustos u ofrendas de cereales y de vino, o como sacrificios de reconciliación."

[40o]Y Moisés comunicó a los israelitas todo lo que el Señor le había ordenado.

### Normas sobre las promesas

**30** [1]Moisés dijo a los jefes de las tribus israelitas:

"El Señor ha ordenado [2]que cuando una persona le haga una promesa o se comprometa formalmente con juramento, deberá cumplir su palabra y hacer todo lo que haya prometido.[p]

[3]"Cuando una mujer joven, que aún depende de su padre, haga una promesa al Señor o se comprometa a algo, [4]si su padre, al enterarse de su promesa o compromiso, no le dice nada en contra, estará obligada a cumplir su promesa o compromiso. [5]Pero si su padre, al enterarse, no lo aprueba, entonces ya no estará obligada a cumplir su promesa o compromiso. Puesto que su padre no lo aprueba, el Señor no le exigirá que lo cumpla.

[6]"Cuando se trate de una mujer que haya hecho promesas al Señor o haya tomado un compromiso a la ligera, y que luego se case, [7]si su marido, al enterarse, no le dice nada en contra, estará obligada a cumplir sus promesas y sus compromisos. [8]Pero si su marido, al enterarse, no los aprueba, entonces ya no estará obligada a cumplir sus promesas y sus compromisos tomados a la ligera. El Señor no le exigirá que los cumpla.

[9]"Si la que hace una promesa es viuda o divorciada, está obligada a cumplir todos los compromisos que contraiga.

[10]"Cuando una mujer casada haga una promesa o se comprometa a algo con

---

[ñ] **29.35** Jn 7.37. [o] Los vs. 29.40-30.16 corresponden a los vs. 30.1-17 en el texto hebreo. [p] **30.2** Dt 23.21-23; Mt 5.33.

juramento, estando en casa de su marido, [11]si su marido, al enterarse, no le dice nada en contra ni desaprueba lo que hace, ella estará obligada a cumplir sus promesas y compromisos. [12]Pero si su marido, al enterarse, los anula, ya no estará obligada a cumplirlos, puesto que el marido se los anuló. El Señor no le exigirá que los cumpla.

[13]"El marido puede confirmar o anular cualquier promesa o juramento que haga su mujer y que la obligue a ayunar. [14]Si él no le dice nada en contra, y así pasa uno y otro día, con su silencio confirma todas las promesas o compromisos que ella haya tomado. [15]Si los anula un tiempo después de enterarse, entonces él se hace responsable del incumplimiento de la mujer.''

[16]Estas son las leyes que el Señor dio a Moisés sobre las relaciones entre el hombre y su mujer, y entre el padre y su hija, cuando ésta es joven y aún depende de su padre.

### Destrucción de Madián

**31** [1]El Señor se dirigió a Moisés y le dijo:

[2]"Véngate de los madianitas en nombre de los israelitas, y después de eso morirás.''

[3]Moisés dijo entonces al pueblo:

—Ármense algunos de ustedes para la guerra, y ataquen a Madián para vengarse de ellos en nombre del Señor. [4]Cada tribu debe enviar mil hombres a la guerra.

[5]Así pues, de los ejércitos de cada tribu se escogieron mil hombres, doce mil en total, armados para la guerra. [6]Moisés los envió a la batalla en compañía de Finees, hijo del sacerdote Eleazar, quien llevaba los objetos sagrados y las trompetas para dar la orden de ataque. [7]Y pelearon contra los madianitas y los mataron a todos, tal como el Señor se lo ordenó a Moisés. [8]Mataron a Evi, Requem, Zur, Hur y Reba, es decir, los cinco reyes madianitas, y también a Balaam, hijo de Beor. [9]Los israelitas se llevaron prisioneras a las mujeres madianitas y a sus hijos pequeños, y les quitaron los animales, el ganado y los objetos de valor; [10]además de eso, quemaron todas sus ciudades y campamentos. [11]Y todo lo que les quitaron, tanto personas como animales, [12]se lo llevaron a Moisés, al sacerdote Eleazar y al pueblo de Israel, los cuales estaban acampados en la llanura de Moab, junto al Jordán, frente a Jericó.

[13]Moisés, el sacerdote Eleazar y todos los jefes del pueblo salieron a recibirlos fuera del campamento. [14]Pero Moisés se enojó con los jefes que estaban al frente de mil y de cien soldados, que venían de la batalla, [15]y les dijo:

—¿Por qué dejaron con vida a las mujeres? [16]Precisamente fueron ellas las que, cuando el caso de Balaam, llevaron a los israelitas a rebelarse contra el Señor y adorar a Baal-peor.[q] Por eso el Señor castigó con una plaga a su pueblo. [17]Maten ahora mismo a todos los niños varones y a todas las mujeres que no sean vírgenes. [18]A las muchachas vírgenes déjenlas con vida y quédense con ellas. [19]Y todos los que hayan matado a alguien o hayan tocado un cadáver, quédense fuera del campamento durante siete días. Tanto ustedes como los prisioneros deberán purificarse al tercero y al séptimo día. [20]Purifiquen también toda la ropa y todos los objetos de cuero, de pelo de cabra o de madera.

[21]El sacerdote Eleazar dijo a todos los soldados que habían estado en la batalla:

—Esta es una ley que el Señor le dio a Moisés: [22]los objetos de oro, plata, bronce, hierro, estaño o plomo [23]—en una palabra, todo lo que resista al fuego—, deberán purificarlos poniéndolos en el fuego y lavándolos con el agua de purificación. Las cosas que no resistan al fuego, deberán purificarlas sólo con agua. [24]El séptimo día deberán lavar su ropa, y quedarán puros. Después podrán entrar en el campamento.

### Repartición del botín

[25]El Señor le dijo a Moisés:

[26]"Con la ayuda del sacerdote Eleazar y de los jefes de familia del pueblo, haz la cuenta de la gente y de los animales quitados a los madianitas, [27]divídelos en dos partes iguales, y distribuye una parte entre los que fueron a pelear y la otra entre el resto del pueblo. [28]Recoge además una parte para mí: de lo que les toque a los soldados, tanto de la gente como de los bueyes, asnos y ovejas, tomarás uno de cada quinientos [29]y se lo darás al sacerdote Eleazar como contribución para mí. [30]De la mitad correspondiente al resto de los israelitas, tanto de la gente como de los bueyes, asnos y ovejas, o sea de todos los animales, tomarás uno de cada cincuenta y se lo darás a los Levitas encargados del servicio de mi santuario.''

q 31.16 Nm 25.1-9; Ap 2.14.

³¹Moisés y Eleazar lo hicieron tal como el Señor se lo había ordenado a Moisés. ³²Todo lo que se le quitó al enemigo, sin contar lo que los soldados recogieron por su parte, fueron seiscientas setenta y cinco mil ovejas, ³³setenta y dos mil bueyes, ³⁴sesenta y un mil asnos ³⁵y treinta y dos mil muchachas vírgenes. ³⁶Por lo tanto, la mitad que les tocó a los soldados fueron trescientas treinta y siete mil quinientas ovejas, ³⁷de las que se dieron seiscientas setenta y cinco como contribución para el Señor; ³⁸de los treinta y seis mil bueyes se dieron sesenta y dos como contribución para el Señor; ³⁹de los treinta mil quinientos asnos se dieron sesenta y uno como contribución para el Señor; ⁴⁰y de las dieciséis mil muchachas se dieron treinta y dos como contribución para el Señor. ⁴¹Moisés entregó la contribución para el Señor al sacerdote Eleazar, tal como el Señor se lo había ordenado.

⁴²La otra mitad, que era la parte que le tocaba al resto de los israelitas y que Moisés había separado de la parte que les tocó a los soldados, ⁴³fue exactamente la misma, o sea: trescientas treinta y siete mil quinientas ovejas, ⁴⁴treinta y seis mil bueyes, ⁴⁵treinta mil quinientos asnos ⁴⁶y dieciséis mil muchachas. ⁴⁷De esta mitad, Moisés sacó uno de cada cincuenta, lo mismo de personas que de animales, y se lo dio a los levitas que servían en el santuario del Señor, tal como el Señor se lo había ordenado.

⁴⁸Entonces los jefes que habían estado al frente de mil y de cien soldados, fueron a ver a Moisés ⁴⁹y le dijeron: "Nosotros, tus servidores, hemos hecho la cuenta de los soldados que teníamos a nuestro cargo, y no falta ninguno. ⁵⁰Aquí traemos los objetos de oro que cada uno encontró: brazaletes, pulseras, anillos, aretes y otros adornos, para ofrecérselos al Señor como rescate por nosotros mismos."

⁵¹Moisés y Eleazar recibieron de ellos todas las joyas de oro. ⁵²El oro que ofrecieron como contribución los jefes al mando de mil y de cien soldados, pesó más de ciento ochenta y cuatro kilos, ⁵³pues cada soldado había traído algo de lo que se le había quitado al enemigo. ⁵⁴Así pues, Moisés y Eleazar recibieron de los jefes el oro que habían traído, y lo llevaron a la Tienda del Encuentro para que el Señor se acordara de los israelitas.

ʳ 32.8-9 Nm 13.17-33. ˢ 32.10-13 Nm 14.26-35.

## Las tribus de Rubén y Gad se establecen al oriente del Jordán
### (Dt 3.12-22)

**32** ¹Las tribus de Rubén y Gad tenían muchísimo ganado. Cuando vieron que los territorios de Jazer y de Galaad eran muy buenos para la cría de ganado, ²fueron a ver a Moisés, al sacerdote Eleazar y a los jefes del pueblo, y les dijeron:

³—Miren: las regiones de Atarot, Dibón, Jazer, Nimra, Hesbón, Eleale, Sebam, Nebo y Beón, ⁴que el Señor ha conquistado para el pueblo de Israel, son tierras de pasto para el ganado, y lo que tenemos nosotros, tus servidores, es precisamente ganado. ⁵Si te parece bien, danos ese territorio a nosotros, y no nos hagas pasar el río Jordán.

⁶Pero Moisés les respondió:

—¿Quieren ustedes quedarse aquí, mientras sus compatriotas van a la guerra? ⁷¿Por qué quieren desanimar a los israelitas para que no pasen al país que el Señor les ha dado? ⁸Eso mismo fue lo que hicieron los padres de ustedes cuando los envié desde Cades-barnea a explorar esa región. ⁹Llegaron hasta el arroyo de Escol y exploraron la región, y después desanimaron a los israelitas para que no entraran en el país que el Señor les había dado.ʳ ¹⁰Por eso el Señor se enojó aquel día, y juró ¹¹que las personas que habían salido de Egipto y que tenían de veinte años para arriba no verían la tierra que solemnemente había prometido a Abraham, Isaac y Jacob, porque no lo siguieron con fidelidad. ¹²Sólo Caleb, hijo de Jefone el cenezeo, y Josué, hijo de Nun, siguieron fielmente al Señor. ¹³El Señor se enojó con los israelitas y los hizo andar por el desierto durante cuarenta años, hasta que no quedó con vida ni uno solo de los que lo habían ofendido con sus malas acciones.ˢ ¹⁴Y ahora ustedes, hijos de padres pecadores, quieren seguir el ejemplo de sus padres, para provocar otra vez la ira del Señor contra Israel. ¹⁵Si ustedes no quieren seguir al Señor, él hará que los israelitas se queden más tiempo en el desierto, y ustedes tendrán la culpa de que ellos sean destruidos.

¹⁶Entonces se acercaron a Moisés y le dijeron:

—Lo que queremos es construir aquí corrales para nuestras ovejas y vacas, y ciudades para nuestras familias. ¹⁷Después nosotros mismos nos armaremos a toda prisa e iremos al frente de los demás israelitas, hasta que los llevemos a su territorio. Entre tanto, nuestras familias se quedarán en las ciudades, seguras y a salvo de los que viven en esta región. [18]No volveremos a nuestras casas mientras todos los israelitas no hayan tomado posesión de su propia tierra. [19]Como lo que va a ser nuestro territorio está de este lado, al oriente del río Jordán, no reclamaremos tierras del otro lado del Jordán, ni más allá.

[20]Y Moisés les respondió:

—Pues si cumplen su palabra y se arman para combatir a las órdenes del Señor, [21]si todos ustedes cruzan armados el río Jordán bajo las órdenes del Señor, y se quedan allí hasta que el Señor expulse a todos sus enemigos [22]y haya conquistado el país, entonces podrán volver, pues quedarán libres de su obligación para con el Señor y para con Israel. Esta tierra será propiedad de ustedes con la aprobación del Señor. [23]Pero si no lo hacen así, sepan que cometen un pecado contra el Señor y que algún día les llegará el castigo por ese pecado. [24]Construyan, pues, ciudades para sus familias y corrales para sus ovejas, pero cumplan su palabra.

[25]Los descendientes de Gad y de Rubén le contestaron:

—Estos servidores tuyos harán lo que les has mandado. [26]Nuestras mujeres y nuestros hijos pequeños, con el ganado y todos nuestros animales, se quedarán aquí, en las ciudades de Galaad, [27]y nosotros, tus servidores, nos armaremos e iremos a la guerra bajo las órdenes del Señor, tal como tú nos lo has mandado.

[28]Entonces Moisés dio las siguientes instrucciones al sacerdote Eleazar, a Josué y a los jefes de familia de las diversas tribus de Israel:

[29]—Si todos los hombres de las tribus de Gad y de Rubén cruzan con ustedes el Jordán armados para pelear bajo las órdenes del Señor hasta que ustedes conquisten el país, entonces ustedes les darán a ellos el país de Galaad como territorio propio. [30]Pero si no pasan armados, entonces les tocará un territorio entre ustedes en el país de Canaán.

[31]Los descendientes de Gad y Rubén respondieron:

—Haremos lo que el Señor ha ordenado a estos servidores tuyos. [32]Pasaremos armados al país de Canaán obedeciendo al Señor, pero nos quedaremos con el territorio al oriente del Jordán como nuestra propiedad.[f]

[33]Y así, a las tribus de Gad y Rubén, y a la media tribu de Manasés, Moisés les dio los territorios de Sehón, rey amorreo, y de Og, rey de Basán, con las ciudades que les pertenecían y los campos que las rodeaban. [34]Los de la tribu de Gad reconstruyeron las ciudades de Dibón, Atarot, Aroer, [35]Atarot-sofán, Jazer, Jogbeha, [36]Betnimra y Bet-arán, y las fortificaron e hicieron corrales para sus ovejas. [37]Los de la tribu de Rubén reconstruyeron las ciudades de Hesbón, Eleale, Quiriataim, [38]Nebo, Baal-meón y Sibma, cambiando el nombre a algunas de ellas y poniendo su propio nombre a las que reconstruyeron.

[39]Los descendientes de Maquir, hijo de Manasés, invadieron la región de Galaad y se apoderaron de ella, expulsando a los amorreos que había allí. [40]Entonces Moisés asignó a los descendientes de Maquir la región de Galaad, y ellos se establecieron allí. [41]Jair, descendiente de Manasés, se apoderó de unos campamentos de los amorreos y les puso el nombre de Havotjair. [42]El grupo de Noba se apoderó de Kenat y de los pueblos que dependían de ella, y le puso su propio nombre, Noba.

### Ruta de los israelitas

33 [1]Estas son las etapas del viaje que hicieron los israelitas cuando salieron de Egipto en formación militar, guiados por Moisés y Aarón. [2]Moisés iba anotando los nombres de los lugares de donde salían, etapa por etapa, según se lo ordenaba el Señor. Estas son las etapas con sus puntos de partida.

[3]Los israelitas salieron de Ramsés el día quince del primer mes del año, al día siguiente de la celebración de la Pascua. Salieron con gran poder y a la vista de todos los egipcios, [4]mientras los egipcios estaban enterrando a todos sus hijos mayores, pues el Señor los había hecho morir, con lo cual había dictado sentencia contra sus dioses.

[5]Los israelitas salieron de Ramsés y acamparon en Sucot.

[6]Salieron de Sucot y acamparon en Etam, en los límites del desierto.

[7]Salieron de Etam, dieron la vuelta hacia Pi-hahirot, que está al oriente de Baal-zefón, y acamparon frente a Migdol.

[8]Salieron de Pi-hahirot, cruzaron el mar y llegaron al desierto. Caminaron tres

días por el desierto de Etam y acamparon en Mara.

9Salieron de Mara y llegaron a Elim, donde había doce manantiales y setenta palmeras, y acamparon allí.

10Salieron de Elim y acamparon junto al Mar Rojo.

11Salieron del Mar Rojo y acamparon en el desierto de Sin.

12Salieron del desierto de Sin y acamparon en Dofca.

13Salieron de Dofca y acamparon en Alús.

14Salieron de Alús y acamparon en Refidim, donde la gente no tenía agua para beber.

15Salieron de Refidim y acamparon en el desierto de Sinaí.

16Salieron del desierto de Sinaí y acamparon en Kibrot-hataava.

17Salieron de Kibrot-hataava y acamparon en Hazerot.

18Salieron de Hazerot y acamparon en Ritma.

19Salieron de Ritma y acamparon en Rimón-peres.

20Salieron de Rimón-peres y acamparon en Libna.

21Salieron de Libna y acamparon en Rissa.

22Salieron de Rissa y acamparon en Ceelata.

23Salieron de Ceelata y acamparon en el monte Sefer.

24Salieron del monte Sefer y acamparon en Harada.

25Salieron de Harada y acamparon en Macelot.

26Salieron de Macelot y acamparon en Tahat.

27Salieron de Tahat y acamparon en Tara.

28Salieron de Tara y acamparon en Mitca.

29Salieron de Mitca y acamparon en Hasmona.

30Salieron de Hasmona y acamparon en Moserot.

31Salieron de Moserot y acamparon en Bene-jaacán.

32Salieron de Bene-jaacán y acamparon en Hor de Gidgad.

33Salieron de Hor de Gidgad y acamparon en Jotbata.

34Salieron de Jotbata y acamparon en Abrona.

35Salieron de Abrona y acamparon en Ezión-geber.

36Salieron de Ezión-geber y acamparon en el desierto de Zin, es decir, en Cades.

37Salieron de Cades y acamparon en el monte Hor, en la frontera con Edom. 38Por orden del Señor, el sacerdote Aarón subió al monte Hor, y allí murió[u] el día primero del mes quinto del año cuarenta, contando a partir de la fecha en que los israelitas salieron de Egipto. 39Cuando Aarón murió, en el monte Hor, tenía ciento veintitrés años.

40El rey cananeo de Arad, que vivía en el Néguev de Canaán, se enteró de la llegada de los israelitas.[v]

41Salieron del monte Hor y acamparon en Zalmona.

42Salieron de Zalmona y acamparon en Punón.

43Salieron de Punón y acamparon en Obot.

44Salieron de Obot y acamparon en Ije-abarim, en la frontera con Moab.

45Salieron de Ije-abarim y acamparon en Dibón-gad.

46Salieron de Dibón-gad y acamparon en Almón-diblataim.

47Salieron de Almón-diblataim y acamparon en los montes de Abarim, al oriente del Nebo.

48Salieron de los montes de Abarim y acamparon en las llanuras de Moab, junto al Jordán, frente a Jericó. 49El campamento junto al Jordán se extendía desde Bet-jesimot hasta Abel-sitim, en las llanuras de Moab.

### Normas para la ocupación y repartición de Canaán

50En las llanuras de Moab, junto al río Jordán, frente a Jericó, el Señor se dirigió a Moisés y le dijo:

51"Di a los israelitas lo siguiente: Cuando ustedes crucen el Jordán y entren en el país de Canaán, 52expulsen a todos los habitantes del país, destruyan todas sus estatuas de piedra y de metal fundido, y echen abajo todos los lugares de culto que tienen en las colinas. 53Conquisten el país y establézcanse en él, porque yo se lo entrego a ustedes para que lo ocupen. 54Pero deberán repartirlo por suertes entre los clanes de todas las tribus; a los clanes numerosos se les dará un territorio grande, y a los pequeños, un territorio pequeño; cada clan recibirá lo que la suerte le señale.[w] 55Y si ustedes no expulsan a los habitantes del país, los que se

u 33.38 Nm 20.22-28; Dt 10.6.   v 33.40 Nm 21.1.   w 33.54 Nm 26.54-56.

queden allí les molestarán como una astilla en el ojo o como espinas en el cuerpo, cuando ustedes se instalen en el país; [56]entonces yo haré con ustedes lo que pensaba hacer con ellos."

## Límites del país

**34** [1]El Señor se dirigió a Moisés y le dijo:

[2]"Da las siguientes instrucciones a los israelitas: Pronto van a entrar ustedes en el país de Canaán. Este es el país que será propiedad de ustedes, y éstos serán sus límites:

[3]"La frontera sur limitará con el desierto de Zin y el territorio de Edom. Partiendo del este, la frontera comenzará en el extremo sur del Mar Muerto, [4]seguirá hacia el sur hasta la cuesta de Acrabim, pasará por Zin y llegará hasta Cades-barnea. Luego seguirá por Hasar-adar hasta Asmón, [5]y de Asmón seguirá hasta el arroyo que limita con Egipto, y terminará en el mar Mediterráneo.

[6]"La frontera oeste limitará con la costa del mar Mediterráneo.

[7]"Para la frontera norte, tracen una línea desde el mar Mediterráneo hasta el monte Hor, [8]y desde el monte Hor hasta la entrada de Hamat, y luego hasta Zedad. [9]Desde Zedad, esta frontera norte seguirá hasta Zifrón y terminará en Hazar-enán.

[10]"Para la frontera oriental, tracen una línea desde Hazar-enán hasta Sefam, [11]y de Sefam a Ribla, al oriente de Aín; de allí la frontera bajará por el lado oriental del lago Cineret, [12]y seguirá por el río Jordán hasta terminar en el Mar Muerto.

"Estas fronteras serán los límites del país de ustedes."

## Repartición de la tierra

[13]Moisés dio las siguientes instrucciones a los israelitas:

"Este es el país que ustedes se van a repartir por suertes; es el país que el Señor ha ordenado que se dé a las nueve tribus y media que quedan,[x] [14-15]puesto que dos tribus y media, es decir, las tribus de Rubén y de Gad y la media tribu de Manasés, ya recibieron por familias el territorio que les pertenecía, al oriente del Jordán, frente a Jericó."[y]

[16]El Señor se dirigió a Moisés y le dijo:

[17]"Los que van a repartir la tierra entre ustedes son el sacerdote Eleazar y Josué, hijo de Nun. [18]Pero llamen además a un jefe por cada tribu, para repartir la tierra. [19]Los hombres a quienes deben llamar son los siguientes:

"Por la tribu de Judá: Caleb, hijo de Jefone.

[20]"Por la de Simeón: Semuel, hijo de Amiud.

[21]"Por la de Benjamín: Elidad, hijo de Quislón.

[22]"Por la de Dan: el jefe Buqui, hijo de Jogli.

[23]"Por las tribus de los hijos de José: el jefe Haniel, hijo de Efod, por la de Manasés; [24]y el jefe Kemuel, hijo de Siftán, por la de Efraín.

[25]"Por la tribu de Zabulón: el jefe Elizafán, hijo de Parnac.

[26]"Por la de Isacar: el jefe Paltiel, hijo de Azán.

[27]"Por la de Aser: el jefe Ahiud, hijo de Selomi.

[28]"Por la de Neftalí: el jefe Pedael, hijo de Amiud."

[29]A éstos encargó el Señor repartir el país de Canaán entre los israelitas.

## Herencia de los levitas

**35** [1]El Señor se dirigió a Moisés en las llanuras de Moab, junto al Jordán, frente a Jericó, y le dijo:

[2]"Ordena a los israelitas que, del territorio que les corresponde, den a los levitas ciudades para que vivan, y que les den también los campos de pastoreo que rodean las ciudades. [3]Los levitas vivirán en esas ciudades, y en los campos tendrán su ganado y demás animales. [4]Los campos de pastoreo que deben darles se extenderán alrededor de la ciudad, cuatrocientos cincuenta metros hacia afuera de la muralla. [5]Todo el terreno formará un cuadrado de novecientos metros por lado, es decir, que medirá lo mismo por el este y por el oeste, por el norte y por el sur. La ciudad quedará en medio, con los campos de pastoreo alrededor.

[6]"De las ciudades que les den a los levitas, seis serán ciudades de refugio, donde pueda buscar protección la persona que haya matado a alguien. Aparte de estas seis ciudades, les darán ustedes otras cuarenta y dos; [7]en total, deben dar a los levitas cuarenta y ocho ciudades con sus campos de pastoreo. [8]Cuando del territorio propio de los israelitas den las ciudades

*x* **34.13** Nm 26.52-56.   *y* **34.13-15** Jos 14.1-5.

para los levitas, cada tribu deberá dar en proporción a lo que le haya tocado: de los territorios más grandes se tomarán más ciudades, y de los más pequeños, menos ciudades."[z]

### Ciudades de refugio
### (Dt 19.1-13; Jos 20.1-9)

[9]El Señor se dirigió a Moisés y le dijo: [10]"Di a los israelitas lo siguiente: Cuando ustedes crucen el río Jordán para entrar en Canaán, [11]deberán escoger algunas ciudades como ciudades de refugio,[a] donde pueda buscar refugio la persona que sin intención haya matado a otra. [12]Allí quedará a salvo del pariente del muerto que quiera vengarlo, y no morirá hasta que se haya presentado ante el pueblo para ser juzgado. [13]De las ciudades dadas, seis serán para refugio: [14]tres al oriente del Jordán y tres en Canaán. [15]Estas seis ciudades serán ciudades de refugio, tanto para los israelitas como para los extranjeros que vivan o estén de paso entre ustedes. Allí podrá refugiarse todo el que sin intención haya matado a otra persona.

[16]"Si alguien hiere a otro con un objeto de hierro, y el herido muere, se trata de un asesinato, y el asesino será condenado a muerte.

[17]"Si alguien golpea a otro con una piedra que pueda causar la muerte, y el golpeado muere, se trata de un asesinato, y el asesino será condenado a muerte.

[18]"Si alguien golpea a otro con un palo que pueda causar la muerte, y el golpeado muere, se trata de un asesinato, y el asesino será condenado a muerte. [19]El pariente más cercano del muerto se encargará de dar muerte al asesino cuando lo encuentre.

[20]"Si alguien empuja a otro por odio, o si le lanza alguna cosa con malas intenciones, [21]o si por enemistad lo golpea con las manos, y el otro muere, el culpable será condenado a muerte porque es un asesino. El pariente más cercano del muerto se encargará de dar muerte al asesino cuando lo encuentre.

[22]"Pero si alguien empuja a otro accidentalmente, no por enemistad, o si le lanza alguna cosa sin mala intención, [23]o sin fijarse lanza una piedra que pueda causar la muerte, y la piedra le cae encima y lo mata no siendo ellos enemigos ni queriendo él hacerle daño, [24]entonces el pueblo actuará como juez entre el que causó la muerte y el pariente que quiera vengar a la víctima, según estas reglas. [25]El pueblo deberá proteger de la venganza del pariente al que causó la muerte, y deberá hacer que vuelva a la ciudad de refugio donde había buscado refugio. El que mató deberá quedarse allí hasta que muera el sumo sacerdote debidamente consagrado. [26]Pero si sale del territorio de la ciudad de refugio, [27]el pariente de la víctima no cometerá ningún crimen si lo encuentra fuera y lo mata. [28]El que mató deberá quedarse en la ciudad de refugio hasta la muerte del sumo sacerdote. Después podrá volver a su tierra.

[29]"Estas disposiciones serán para ustedes una ley que pasará de padres a hijos, dondequiera que ustedes vivan.

### Leyes sobre testimonios y rescates

[30]"Sólo por el testimonio de varios testigos podrá ser condenado a muerte un asesino. Un solo testigo no basta para condenar a muerte a nadie.[b]

[31]"No se podrá aceptar dinero como rescate por la vida de un asesino condenado a muerte; ese hombre deberá morir.

[32]"No se podrá aceptar dinero por permitir que un asesino que ha buscado refugio en una de las ciudades señaladas pueda regresar a su tierra antes de la muerte del sumo sacerdote.

[33]"No profanen con asesinatos el país en que van a vivir, pues el asesinato profana el país, y no hay más rescate por un asesinato que la muerte del que lo cometió.

[34]"No profanen la tierra en que van a vivir y en la que yo también viviré, pues yo, el Señor, vivo entre los israelitas."

### Herencia de las mujeres

**36** [1]Los jefes de familia de los clanes de Galaad, descendiente directo de Maquir, Manasés y José, fueron a ver a Moisés y a los jefes de familia israelitas, y les dijeron:

[2]—El Señor ordenó que tú, Moisés, repartieras por suertes entre los israelitas el territorio que le ha de tocar a cada uno, y también te ordenó que la parte que correspondía a Zelofehad, que era de nuestra familia, se la dieras a sus hijas.[c]

---

[z] 35.1-8 Jos 21.1-42.　[a] 35.9-28 Jos 20.1-9.　[b] 35.30 Dt 17.6; 19.15.　[c] 36.2 Nm 27.7.

³Pero si ellas se casan con hombres de otra tribu israelita, la tierra que les tocó a ellas dejará de pertenecer a nuestra tribu y pasará a ser de la tribu de aquellos con quienes ellas se casen. Así se nos irá quitando parte de lo que nos tocó en suerte. ⁴Luego, cuando llegue el año de liberación en Israel, la tierra de ellas pasará a ser definitivamente de aquella otra tribu y dejará de pertenecer a la nuestra.

⁵Entonces Moisés, según las instrucciones que le dio el Señor, ordenó lo siguiente a los israelitas:

—Los hombres de la tribu de José tienen razón. ⁶El Señor permitirá que las hijas de Zelofehad se casen con quien quieran, con tal de que sea alguien de un clan de la tribu a la que ellas pertenecen por parte de padre. ⁷La tierra que a cada uno en Israel le ha tocado no debe pasar de una tribu a otra; todo israelita debe conservar su herencia en su propia tribu. ⁸Si una mujer de cualquier tribu hereda tierras, deberá casarse con un hombre de un clan de su misma tribu. Así cada israelita conservará la herencia recibida de sus padres. ⁹Ninguna herencia debe pasar de una tribu a otra. Cada tribu de Israel debe conservar el territorio que le tocó.

¹⁰⁻¹¹Entonces Maala, Tirsa, Hogla, Milca y Noa, hijas de Zelofehad, hicieron lo que el Señor le había ordenado a Moisés, y se casaron con hijos de sus tíos paternos, ¹²que eran descendientes de Manasés, hijo de José. Así su herencia quedó dentro de la tribu a la que pertenecía su padre.

¹³Estas fueron las órdenes y normas que el Señor dio a los israelitas por medio de Moisés en las llanuras de Moab, junto al Jordán, frente a Jericó.

# DEUTERONOMIO

*Deuteronomio significa "segunda ley" o "repetición de la ley". En este libro, y bajo la forma de dos grandes discursos y otras alocuciones de Moisés al pueblo, antes de la entrada en la Tierra Prometida, se hace una especie de repaso o recordación y una segunda exposición de la ley recibida en el Sinaí. Como se incluye también el recuento de los grandes sucesos de los años transcurridos desde la salida de Egipto, el gran tema del libro es que Dios no sólo ha liberado a su pueblo escogido y amado, sino que lo ha bendecido y guiado en su larga peregrinación. El pueblo, por tanto, debe corresponder recordando todo esto, y amando y bendiciendo a Dios, a fin de seguir recibiendo sus bendiciones. Los versículos claves del libro vienen a ser, así, 6.4-6, y especialmente el 5, que Jesús llamó el mayor de los mandamientos: "Ama al Señor tu Dios con todo tu corazón, con toda tu alma y con todas tus fuerzas".*

*El primer discurso de Moisés es un resumen histórico de las experiencias en el desierto (caps. 1-4); el segundo, tras una amplia exhortación basada en los Diez Mandamientos, prescribe leyes, reglas y advertencias varias (caps. 5-26); luego Moisés da al pueblo instrucciones en cuanto a la entrada a Canaán (caps. 27,28), y lo encabeza con la renovación del pacto concertado en el Sinaí (caps. 29,30); por último, el libertador, sintiendo próximo su fin, se despide del pueblo, deja a Josué como su sucesor y, mirando de lejos la Tierra Prometida, muere en lo alto del monte Nebo (caps. 31-34).*

## Introducción

**1** ¹Estas son las palabras que Moisés dirigió a todo Israel cuando estaban en el desierto, al este del río Jordán, es decir, en el Arabá, frente a Suf y entre las regiones de Parán, Tofel, Labán, Hazerot y Dizahab. ²Desde el monte Horeb hasta Cades-barnea hay once días de camino, siguiendo la ruta del monte de Seir. ³⁻⁴El día primero del mes undécimo, en el año cuarenta, después de haber derrotado Moisés a Sehón, rey de los amorreos,[a] que vivía en Hesbón, y a Og, rey de Basán,[b] que vivía en Astarot, en la región de Edrei, Moisés comunicó a los israelitas todas las cosas que el Señor te había ordenado que ellos cumplieran. ⁵Cuando estaban al este del río Jordán, en el país de Moab, Moisés comenzó a dar las siguientes instrucciones:

⁶"El Señor nuestro Dios nos dijo esto en Horeb: 'Ustedes han estado ya mucho tiempo en este monte. ⁷Recojan sus cosas y vayan a las montañas de los amorreos y a todas sus regiones vecinas: el Arabá, la región montañosa, la llanura, el Néguev, la costa, el país de los cananeos y el Líbano, hasta el gran río Éufrates. ⁸Yo les he entregado el país; vayan y tomen posesión de la tierra que yo, el Señor, juré dar a los antepasados de ustedes, es decir, a Abraham, Isaac y Jacob, y a sus descendientes.'

## Nombramiento de jueces
### (Ex 18.13-27)

⁹"En aquella misma ocasión yo les dije a ustedes: 'Yo solo no puedo hacerme cargo de todos ustedes. ¹⁰Tantos hijos les ha dado el Señor su Dios, que ahora son ustedes un pueblo tan numeroso como las estrellas del cielo. ¹¹¡Que el Señor y Dios de sus antepasados los haga mil veces más numerosos de lo que ahora son, y los bendiga conforme a la promesa que les hizo! ¹²Yo solo, sin embargo, no puedo llevar la pesada carga de atender todos sus problemas y pleitos. ¹³Por lo tanto, escojan de cada tribu hombres sabios, inteligentes y experimentados, para que yo los ponga como jefes de ustedes.'[c]

¹⁴"Y ustedes me respondieron: 'Nos parece muy bien lo que propones.'

¹⁵"Entonces tomé de cada tribu de ustedes los hombres más sabios y experimentados, y les di autoridad sobre ustedes; a unos los puse a cargo de mil hombres, a otros a cargo de cien, a otros de cincuenta, a otros de diez, y a otros los puse a cargo de cada tribu. ¹⁶Al mismo tiempo les di a sus jueces las siguientes instrucciones: 'Atiendan a todos y háganles justicia, tanto a sus compatriotas como a los extranjeros; ¹⁷y al dictar sentencia, no hagan ninguna distinción de personas: atiendan tanto a los humildes como a los poderosos, sin tenerle miedo a nadie, porque el juicio es de Dios. Y si se

---

*a* **1.3-4** Nm 21.21-30. *b* **1.3-4** Nm 21.31-35. *c* **1.9-13** Nm 11.14-17.

les presenta algún caso difícil, pásenmelo para que yo lo atienda.'

18"En aquella ocasión les di amplias instrucciones acerca de todo lo que debían hacer.

### Misión de los doce espías
*(Nm 13.1—14.4)*

19"Cuando salimos de Horeb, nos dirigimos a los montes de los amorreos, obedeciendo así las órdenes del Señor nuestro Dios. Recorrimos todo aquel grande y terrible desierto que ustedes vieron, hasta que llegamos a Cades-barnea. 20Allí les dije: 'Ya hemos llegado a los montes de los amorreos, que el Señor nuestro Dios nos da. 21El Señor, el Dios de ustedes, les entrega esta tierra. Adelante, pues, y ocúpenla tal como lo ha dicho el Señor, el Dios de sus antepasados. No tengan miedo ni se desanimen.' 22Pero ustedes vinieron a decirme: 'Será mejor que algunos de nosotros se adelanten y exploren este país, y que luego regresen a decirnos qué camino debemos seguir y en qué ciudades podemos entrar.'

23"Lo que ustedes propusieron me pareció bien, y entonces escogí a doce de ustedes, uno de cada tribu, 24los cuales se encaminaron hacia la región montañosa y llegaron al valle de Escol y recorrieron toda la región. 25Después tomaron frutos de aquella tierra y nos los trajeron, con este informe: 'La tierra que el Señor nuestro Dios nos da es magnífica.' 26Pero ustedes no quisieron ir, sino que desobedecieron la orden que el Señor nuestro Dios les había dado,*d* 27y en sus casas se pusieron a murmurar y a decir: 'El Señor no nos quiere; nos sacó de Egipto tan sólo para ponernos en manos de los amorreos y acabar con nosotros. 28Y ahora, ¿a dónde vamos a ir? Nuestros compatriotas dicen que allí hay gente más poderosa y alta que nosotros, y grandes ciudades rodeadas de altísimas murallas, y que hasta vieron descendientes del gigante Anac. Todo eso nos ha desanimado por completo.'

29"Entonces yo les respondí: 'No se alarmen. No les tengan miedo. 30El Señor su Dios marcha al frente de ustedes y combatirá por ustedes, tal como vieron que lo hizo en Egipto 31y en el desierto.*e* El Señor su Dios los ha tomado en sus brazos durante todo el camino que han recorrido hasta llegar a este lugar, como un padre que toma en brazos a su hijo.' 32Sin embargo, ustedes no confiaron en el Señor su Dios,*f* 33el cual iba delante de ustedes para escoger el lugar donde debían acampar. De noche les señalaba con fuego el camino que tenían que seguir, y de día se lo señalaba con una nube.

### El Señor se enoja contra los israelitas
*(Nm 14.20-35)*

34"Cuando el Señor oyó las murmuraciones de ustedes, se enojó mucho e hizo este juramento: 35'Ni una sola persona de esta mala generación verá la buena tierra que prometí dar a sus antepasados.*g* 36Haré una excepción con Caleb, hijo de Jefone; él sí la verá, y a él y a sus descendientes les daré la tierra donde pongan el pie, por haber seguido con toda fidelidad al Señor.'

37"Y por culpa de ustedes, el Señor se enojó conmigo y me dijo: 'Tampoco tú entrarás en esa tierra. 38En tu lugar entrará tu ayudante Josué, hijo de Nun. Anímalo, pues él será quien entregue el país a Israel. 39Y aunque ustedes creyeron que el enemigo les arrebataría a sus mujeres y niños, serán esos niños, que todavía no tienen uso de razón, los que entrarán en el país; yo se lo daré a ellos en propiedad. 40En cuanto a ustedes, ¡vuelvan al desierto!, ¡vayan de nuevo al Mar Rojo!'

### Necedad y derrota de los israelitas
*(Nm 14.39-45)*

41"Entonces ustedes me contestaron: 'Hemos pecado contra el Señor, pero ahora iremos y lucharemos tal como el Señor nuestro Dios nos lo ha ordenado.' Y tomaron ustedes sus armas, creyendo que era muy fácil subir al monte. 42Pero el Señor me dijo que les advirtiera: 'No vayan a pelear; no se expongan a que sus enemigos los derroten, pues yo no estoy con ustedes.'

43"Yo les hice esa advertencia, pero ustedes no me hicieron caso, sino que se rebelaron contra la orden del Señor, y con aires de grandeza subieron a la región montañosa. 44Entonces los amorreos, que vivían en aquellos montes, salieron al encuentro de ustedes y, como avispas, los persiguieron y los derrotaron en Seir y hasta Horma. 45Cuando ustedes regresaron, lloraron ante el Señor, pero él no

---

*d* 1.26 Dt 9.23; He 3.16.   *e* 1.30-31 Hch 13.17-18.   *f* 1.32 He 3.19.   *g* 1.34-35 He 3.18.

escuchó sus lamentos. [46]Por eso tuvieron ustedes que quedarse a vivir tanto tiempo en la región de Cades.

### Los años en el desierto

**2** [1]"Después nos fuimos al desierto por el camino del Mar Rojo, tal como el Señor me lo había ordenado, y pasamos mucho tiempo caminando alrededor de las montañas de Seir.[h] [2]Entonces el Señor me dijo: [3]'Ya llevan demasiado tiempo rodeando estas montañas; váyanse ahora hacia el norte. [4]Dale esta orden al pueblo: Ustedes van a pasar por el territorio de los descendientes de Esaú, que viven en Seir[i] y son parientes de ustedes. Ellos tienen miedo de ustedes; sin embargo, tengan mucho cuidado [5]y no los ataquen, pues yo no les daré a ustedes ni una sola parte de ese país, porque las montañas de Seir son propiedad de los descendientes de Esaú. Yo se las di a ellos. [6]Ustedes les pedirán que les vendan los alimentos que necesiten, y pagarán por ellos y aun por el agua que beban.' [7]El Señor y Dios de ustedes los ha bendecido en todo lo que han hecho; durante estos cuarenta años ha estado con ustedes y los ha cuidado en su marcha por este inmenso desierto, sin que nada les haya faltado.

[8]"Después nos alejamos camino del Arabá, de Elat y Ezión-geber, y pasamos por las tierras de nuestros parientes, los descendientes de Esaú que viven en Seir, y allí hicimos un rodeo para tomar el camino del desierto de Moab. [9]Entonces el Señor me dijo: 'No molestes ni ataques a los moabitas, pues son descendientes de Lot,[j] y no te daré ni la más pequeña parte de su país. Yo les he dado en propiedad la región de Ar.' [10](Este país fue habitado en tiempos antiguos por los emitas, que eran gente grande y numerosa, y alta como los descendientes del gigante Anac. [11]En realidad, la gente creía que eran refaítas, aunque los moabitas los llamaban emitas. [12]Esta región de Seir fue habitada antes por los horeos, pero los descendientes de Esaú exterminaron a sus habitantes y ocuparon el país, quedándose a vivir allí tal como lo ha hecho Israel con el país que el Señor le ha dado.) [13]'Y ahora —dijo el Señor—, pónganse en marcha y crucen el arroyo Zered.' Y entonces cruzamos el arroyo.

[14]"Desde que salimos de Cades-barnea hasta el día en que cruzamos el arroyo Zered, pasaron treinta y ocho años. Para entonces ya había muerto toda la generación de hombres de guerra que había en el campamento, tal como el Señor se lo había jurado.[k] [15]El poder del Señor cayó sobre ellos, hasta que todos murieron.

[16]"Cuando ya no quedaba vivo ninguno de aquellos hombres de guerra, [17]el Señor me habló y me dijo: [18]'Hoy mismo pasarás la frontera de Moab y te dirigirás a Ar, [19]pero cuando te encuentres con los amonitas, que son también descendientes de Lot,[l] no los molestes ni los ataques, pues no voy a darte ninguna parte de su territorio, ya que se lo he dado a ellos en propiedad.' [20](También este país era tenido por tierra de refaítas, porque antiguamente habían vivido allí los refaítas, a quienes los amonitas llamaban zomzomeos;[l] [21]se trataba de un pueblo grande y numeroso, y de gente alta como los descendientes del gigante Anac, pero el Señor los destruyó por medio de los amonitas, los cuales se quedaron a vivir para siempre en el país. [22]El caso era semejante al de los descendientes de Esaú, que habitaban en Seir y que exterminaron a los horeos para quedarse a vivir allí. [23]Lo mismo les pasó a los heveos, que vivían en aldeas cerca de Gaza y que fueron exterminados por los filisteos, los cuales vinieron de Creta y se quedaron a vivir allí.) [24]¡Vamos —dijo el Señor—, pónganse en marcha y crucen el río Arnón! Yo haré caer en manos de ustedes al amorreo Sehón, que es rey de Hesbón, y a su país. ¡Entren en su territorio y declárenle la guerra! [25]A partir de hoy haré que ante ustedes todos los pueblos de la tierra se llenen de espanto. Cuando oigan hablar de ustedes, se pondrán a temblar y la angustia se adueñará de ellos.'

### Israel derrota al rey Sehón
*(Nm 21.21-30)*

[26]"Desde el desierto de Cademot envié unos mensajeros a Sehón, rey de Hesbón, para proponerle de manera amistosa lo siguiente: [27]'Pienso pasar por tu territorio, siguiendo siempre el camino principal y sin tocar ningún otro punto de tu país. [28]Te pagaremos con dinero los alimentos que necesitemos y el agua que bebamos. Solamente te pido que nos dejes pasar,

---

[l] Quizá por su modo de hablar o su lengua extraña, como los griegos llamaban "bárbaros" a los de otras lenguas.
[h] **2.1** Nm 21.4.   [i] **2.4** Gn 36.8; Nm 20.14-21.   [j] **2.9** Gn 19.37; Nm 21.10-20.   [k] **2.14** Nm 14.28-35.   [l] **2.19** Gn 19.38.

²⁹como nos lo han permitido los descendientes de Esaú que viven en Seir y los moabitas que viven en Ar, hasta que crucemos el río Jordán y lleguemos al país que el Señor nuestro Dios nos va a dar.'

³⁰"Pero el rey Sehón no quiso dejarnos pasar por su tierra, porque el Señor, el Dios de ustedes, hizo que se negara rotundamente a ello, con el fin de ponerlo en manos de ustedes, como todavía lo está hoy.

³¹"Entonces el Señor me dijo: 'A partir de este momento te entrego a Sehón y a todo su país; entra ya en su territorio y apodérate de él.'

³²"Sehón nos salió al encuentro con todo su ejército, para presentarnos batalla en Jahaza; ³³pero el Señor nuestro Dios lo hizo caer en nuestras manos y lo derrotamos a él, a sus hijos y a todo su ejército. ³⁴Todas sus ciudades cayeron en nuestro poder y las destinamos a la destrucción; matamos hombres, mujeres y niños; no dejamos a nadie con vida. ³⁵Lo único que tomamos para nosotros fue el ganado y las cosas de valor que hallamos en las ciudades conquistadas. ³⁶Desde la ciudad de Aroer, que está junto al río Arnón, y la ciudad que está en el valle, hasta Galaad, no hubo ciudad que resistiera nuestro ataque; el Señor nuestro Dios hizo que todas cayeran en nuestro poder. ³⁷Los únicos territorios que no atacamos fueron los siguientes: el de los amonitas, toda la región del río Jaboc, las ciudades de la montaña, y todos los demás lugares que el Señor nuestro Dios nos había ordenado no atacar.

### Israel derrota a Og, rey de Basán
*(Nm 21.31-35)*

**3** ¹"Después tomamos otro camino, y nos dirigimos a Basán. Pero Og, el rey de este país, salió con todo su ejército para pelear contra nosotros en Edrei.

²"Entonces el Señor me dijo: 'No le tengas miedo, pues a él, con su ejército y todo su país, lo he puesto en tus manos, para que hagas con él lo mismo que hiciste con Sehón, rey de los amorreos, que vivía en Hesbón.'

³"Así fue como el Señor nuestro Dios hizo caer en nuestro poder al rey Og y a todo su ejército, y los matamos a todos, sin dejar a nadie con vida. ⁴También conquistamos todas sus ciudades; no hubo ni una sola que no tomáramos. Fueron en total sesenta ciudades, es decir, todas las de la región de Argob, del reino de Og, en Basán. ⁵Todas ellas estaban fortificadas con altos muros, puertas y barras, sin contar muchas otras ciudades que no tenían murallas. ⁶Las destinamos a la destrucción, tal como lo habíamos hecho con Sehón, rey de Hesbón, y acabamos con hombres, mujeres y niños, ⁷quedándonos sólo con los animales y las cosas de valor de nuestros enemigos.

⁸"Así pues, en aquel tiempo cayeron en nuestro poder los territorios de los dos reyes amorreos que vivían al este del río Jordán, desde el río Arnón hasta el monte Hermón. ⁹(A este monte los sidonios lo llaman Sirión, y los amorreos Senir.) ¹⁰Todas las ciudades de la meseta, todo Galaad y Basán, hasta Salca y Edrei, ciudades que pertenecían al reino de Og, en Basán, cayeron en nuestras manos. ¹¹(El rey Og era el único que quedaba de los refaítas; su cama era de hierro y medía cuatro metros de largo por casi dos de ancho, como puede verse todavía en la ciudad amonita de Rabá.)

### Rubén, Gad y la media tribu de Manasés se establecen al oriente del Jordán
*(Nm 32.1-42)*

¹²"Del territorio que ocupamos, en aquella ocasión entregué a las tribus de Rubén y de Gad el territorio que va desde Aroer, a orillas del río Arnón, hasta la mitad de los montes de Galaad, con sus ciudades. ¹³La parte restante de Galaad, toda la región de Basán que había pertenecido al reino de Og, y toda la región de Argob, conocida como la tierra de los refaítas, se las di a la media tribu de Manasés. ¹⁴(Jair, descendiente de Manasés, se apoderó de la región de Argob hasta el límite de los territorios de Gesur y Maaca, y puso su propio nombre a Basán, llamándole Havot-jair, que es el nombre que todavía tiene.) ¹⁵A Maquir le di la región de Galaad, ¹⁶y a las tribus de Rubén y de Gad les di la región comprendida entre Galaad y el río Arnón, teniendo por límite el centro del valle, y hasta el río Jaboc, que es la frontera de los amonitas. ¹⁷Hacia el oriente les di el Arabá, en la falda oriental del monte Pisga, región que tiene como límite el río Jordán, y que va del lago Cineret hasta el mar de Arabá, que es el Mar Muerto.

¹⁸"En aquella ocasión les di a ustedes esta orden: 'El Señor su Dios les entrega este país en propiedad. Que todos los que sepan pelear, tomen las armas y marchen

al frente de sus compatriotas israelitas. [19]Sólo se quedarán, en las ciudades que les he dado, las mujeres, los niños y el mucho ganado que yo sé que ustedes tienen. [20]Y mientras yo, el Señor, no haya dado a los hermanos de ustedes la misma tranquilidad que a ustedes les he dado, ni ellos hayan tomado posesión del país que les voy a dar al otro lado del río Jordán, tampoco ustedes podrán volver al territorio que les he dado.'[m]

[21]"A Josué le di esta orden: 'Con tus propios ojos has visto todo lo que el Señor tu Dios ha hecho con esos dos reyes; y lo mismo hará con todos los reinos por los que vas a pasar. [22]No les tengas miedo, porque el Señor tu Dios peleará en favor de ustedes.'

### El Señor no permite a Moisés entrar en Canaán

[23]"En esta misma ocasión le supliqué al Señor: [24]'Señor, tú has comenzado a mostrar a este siervo tuyo tu grandeza y tu poder. No hay otro Dios en el cielo ni en la tierra que pueda hacer las cosas tan maravillosas que tú haces. [25]Te ruego que me permitas pasar al otro lado del río Jordán, pues quiero ver aquella buena tierra, esa hermosa región montañosa y el Líbano.' [26]Pero el Señor se enojó conmigo por culpa de ustedes, y no me concedió lo que le pedí, sino que me dijo: '¡Basta! No me hables más de este asunto. [27]Sube a lo alto del monte Pisga, y desde allí mira al norte y al sur, al este y al oeste, pero el Jordán no lo cruzarás.[n] [28]Da instrucciones a Josué; anímalo y dale valor, porque él será quien vaya al frente del pueblo y le haga tomar posesión del país que ahora vas a ver.'

[29]"Y nos quedamos en el valle, enfrente de Bet-peor.

### Moisés aconseja obediencia a los israelitas

**4** [1]"Ahora pues, israelitas, escuchen las leyes y decretos que les he enseñado, y pónganlos en práctica, para que vivan y ocupen el país que el Señor y Dios de sus antepasados les va a dar. [2]No añadan ni quiten nada a lo que yo les ordeno;[ñ] cumplan los mandamientos del Señor su Dios, que yo les ordeno. [3]Ustedes mismos han visto lo que el Señor hizo en Baal-peor, y cómo exterminó de entre ustedes a todos

los que adoraron al dios de aquel lugar;[o] [4]pero todos ustedes, los que se mantuvieron fieles al Señor su Dios, todavía están vivos. [5]Yo les he enseñado las leyes y los decretos que el Señor mi Dios me ordenó, para que los pongan en práctica en el país que van a ocupar. [6]Cúmplanlos y practíquenlos, porque de esta manera los pueblos reconocerán que ustedes hay sabiduría y entendimiento, ya que cuando conozcan estas leyes no podrán menos que decir: '¡Qué sabia y entendida es esta gran nación!' [7]Porque, ¿qué nación hay tan grande que tenga los dioses tan cerca de ella, como tenemos nosotros al Señor nuestro Dios cada vez que lo invocamos? [8]¿Y qué nación hay tan grande que tenga leyes y decretos tan justos como toda esta enseñanza que yo les presento hoy? [9]Así pues, tengan mucho cuidado de no olvidar las cosas que han visto, ni de apartarlas jamás de su pensamiento; por el contrario, explíquenlas a sus hijos y a sus nietos.

### Dios habla en el monte Horeb

[10]"El día que ustedes estuvieron ante el Señor su Dios en el monte Horeb, el Señor me dijo: 'Reúne al pueblo para que escuchen mis palabras y aprendan a honrarme todos los días de su vida, y enseñen a sus hijos a hacer lo mismo.' [11]Ustedes se acercaron al pie del monte, del cual salían llamas de fuego que subían a gran altura y formaban una nube espesa y negra; [12]entonces el Señor les habló de en medio del fuego.[p] Ustedes oyeron sus palabras, pero, aparte de oír su voz, no vieron ninguna figura. [13]El Señor les dio a conocer su pacto, que eran diez mandamientos que escribió en dos tablas de piedra[q] y que les ordenó poner en práctica. [14]A mí me ordenó que les enseñara las leyes[r] y decretos que han de cumplir en la tierra que van a ocupar.

### Advertencia contra la idolatría

[15]"El día en que el Señor habló con ustedes de en medio del fuego, en el monte Horeb, no vieron ninguna figura. Tengan, pues, mucho cuidado [16]de no caer en la perversión de hacer figuras[s] que tengan forma de hombre o de mujer, [17]ni figuras de animales, aves, [18]reptiles o peces.[t] [19]Y cuando miren al cielo y vean el sol, la luna, las estrellas y todos los astros,

*m* **3.18-20** Jos 1.12-15 . *n* **3.23-27** Nm 27.1 2-14; Dt 32.48-52 . *ñ* **4.2** Ap 22.18-19 . *o* **4.3** Nm 25.1-9 . *p* **4.11-12** Ex 19.16-18; He 12.18-19 . *q* **4.13** Ex 31.18 . *r* **4.14** Ex 21.1 . *s* **4.16** Ex 20.4; Lv 26.1; Dt 5.8; 27.15 . *t* **4.14-18** Ro 1.23 .

no caigan en la tentación de adorarlos, porque el Señor su Dios creó los astros para todos los pueblos del mundo. [20]En cuanto a ustedes, el Señor los tomó y los sacó de aquel horno para fundir hierro, que es Egipto, y los hizo lo que ahora son: el pueblo de su propiedad.[u] [21]Sin embargo, el Señor se enojó conmigo por culpa de ustedes, y juró que yo no pasaría el río Jordán ni entraría en la buena tierra que él les va a dar en propiedad.[v] [22]Así que, aunque yo voy a morir en este país y no cruzaré el Jordán, ustedes sí lo cruzarán, y tomarán posesión de esa buena tierra. [23]Pero tengan cuidado de no olvidarse del pacto que el Señor su Dios ha hecho con ustedes. No se hagan ningún ídolo ni figura de las que el Señor su Dios les ha prohibido hacer, [24]porque el Señor su Dios es un Dios celoso, ¡un fuego que todo lo consume![w]

[25]"Cuando ustedes tengan hijos y nietos, y se hayan hecho viejos en este país, si llegan a rebajarse haciendo imágenes o figuras que representen cualquier cosa, cometiendo así una maldad delante del Señor su Dios y provocando su enojo, [26]yo pongo hoy al cielo y a la tierra por testigos de que pronto desaparecerán ustedes del país que van a ocupar al otro lado del Jordán. No vivirán mucho tiempo en esa tierra, sino que serán exterminados por completo. [27]El Señor los dispersará por todas las naciones, y sólo un pequeño número de ustedes sobrevivirá en ellas. [28]Allí servirán a dioses hechos por el hombre, ídolos de madera y de piedra,[x] que no ven, ni oyen, ni comen, ni respiran. [29]Pero si allí buscan al Señor su Dios con todo su corazón y con toda su alma, lo encontrarán.[y] [30]Cuando finalmente pasen ustedes por todos estos sufrimientos y angustias, si se vuelven al Señor y le obedecen, [31]él, que es bondadoso, no los abandonará ni los destruirá, ni se olvidará del pacto que hizo con los antepasados de ustedes y que juró cumplir.

[32]"Busquen en los tiempos anteriores a ustedes, y desde los tiempos antiguos, cuando Dios creó al hombre en el mundo; vayan por toda la tierra y pregunten si alguna vez ha sucedido o se ha sabido de algo tan grande como esto. [33]¿Existe algún pueblo que haya oído, como ustedes, la voz de Dios hablándole de en medio del fuego, y que no haya perdido la vida? [34]¿Ha habido algún dios que haya escogido a un pueblo de entre los demás pueblos, con tantas pruebas, señales, milagros y guerras, desplegando tan gran poder y llevando a cabo tales hechos aterradores, como los que realizó ante ustedes y por ustedes el Señor su Dios en Egipto? [35]Esto les ha sido mostrado para que sepan que el Señor es el verdadero Dios, y que fuera de él no hay otro.[z] [36]El les habló desde el cielo para corregirlos, y en la tierra les mostró su gran fuego, y oyeron sus palabras de en medio del fuego. [37]El amó a los antepasados de ustedes y escogió a sus descendientes, liberándolos de Egipto por medio de su gran poder. [38]Arrojó de la presencia de ustedes a naciones más numerosas y poderosas que ustedes, con el fin de que ustedes ocuparan sus países y los recibieran en propiedad, como ahora está sucediendo.

[39]"Por lo tanto, grábense bien en la mente que el Señor es Dios, tanto en el cielo como en la tierra, y que no hay otro más que él. [40]Cumplan sus leyes y mandamientos que yo les doy en este día, y les irá bien a ustedes y a sus descendientes, y vivirán muchos años en el país que el Señor su Dios les va a dar para siempre."

### Ciudades de refugio al este del río Jordán

[41]Entonces Moisés escogió tres ciudades al este del río Jordán, [42]para que el que matara sin querer a otra persona con la cual nunca antes hubiera peleado, pudiera refugiarse en una de ellas y ponerse a salvo. [43]Estas ciudades fueron: Beser, en la meseta del desierto, para la tribu de Rubén; Ramot, en Galaad, para la tribu de Gad; y Golán, en Basán, para la media tribu de Manasés.[a]

### Introducción a la entrega de los Diez Mandamientos

[44]Esta es la enseñanza que Moisés entregó a los israelitas, [45]y los mandatos, leyes y decretos que les comunicó cuando salieron de Egipto, [46]cuando estaban todavía al este del Jordán, en el valle que está frente a Bet-peor, en la tierra de Sehón, rey de los amorreos. Sehón vivía en Hesbón, y fue derrotado por Moisés y los israelitas cuando éstos salieron de Egipto. [47]Los israelitas ocuparon su territorio y el del rey Og de Basán, dos reyes amorreos que vivían al este del Jordán.

[u] 4.20 Ex 19.5; Dt 7.6; 14.2; 26.18; 1 R 8.51; Jer 11.4; Tit 2.14; 1 P 2.9.   [v] 4.21 Nm 20.12; 27.12-14.   [w] 4.24 He 12.29.   [x] 4.27-28 Dt 28.36; 2 R 17.4-6; 25.8-12; Is 4.3.   [y] 4.29 2 Cr 15.2-15; Jer 29.13; Mt 7.7-8.   [z] 4.35 Ex 20.2-3; Is 43.10-13; Mr 12.32.
[a] 4.41-43 Jos 20.8-9.

⁴⁸Su territorio se extendía desde Aroer, a orillas del río Arnón, hasta el monte Sirión,² también llamado Hermón, ⁴⁹y por todo el Arabá, al este del Jordán, hasta el Mar Muerto, al pie del monte Pisga.

### Los Diez Mandamientos
*(Ex 20.1-17)*

5 ¹Moisés reunió a todo el pueblo de Israel y les dijo:

"Escuchen, israelitas, las leyes y decretos que hoy voy a comunicarles. Apréndanlos bien, y pónganlos en práctica.

² "El Señor nuestro Dios hizo un pacto con nosotros en el monte Horeb. ³No lo hizo solamente con nuestros antepasados, sino también con todos nosotros, los que hoy estamos aquí reunidos. ⁴El Señor habló con ustedes en el monte, cara a cara, de en medio del fuego. ⁵Yo estaba entonces entre el Señor y ustedes, para comunicarles la palabra del Señor, ya que ustedes tenían miedo del fuego y no subieron al monte. Y el Señor dijo:

⁶'Yo soy el Señor tu Dios, que te sacó de Egipto, donde eras esclavo.

⁷'No tengas otros dioses aparte de mí.

⁸'No te hagas ningún ídolo ni figura de lo que hay arriba en el cielo, ni de lo que hay abajo en la tierra, ni de lo que hay en el mar debajo de la tierra. ⁹No te inclines delante de ellos ni les rindas culto,ᵇ porque yo soy el Señor tu Dios, Dios celoso que castiga la maldad de los padres que me odian, en sus hijos, nietos y bisnietos, ¹⁰pero que trato con amor por mil generaciones a los que me aman y cumplen mis mandamientos.ᶜ

¹¹'No hagas mal uso del nombre del Señor tu Dios,ᵈ pues él no dejará sin castigo al que use mal su nombre.

¹²'Ten en cuenta el día de reposo³ para consagrarlo al Señor, tal como el Señor tu Dios te lo ha ordenado.ᵉ ¹³Trabaja seis días y haz en ellos todo lo que tengas que hacer, ¹⁴pero el séptimo día es día de reposo³ consagrado al Señor tu Dios. No hagas ningún trabajo en ese día,ᶠ ni tampoco tu hijo, ni tu hija, ni tu esclavo, ni tu esclava, ni tu buey, ni tu asno, ni ninguno de tus animales, ni el extranjero que vive en tus ciudades, para que tu esclavo y tu esclava descansen igual que tú. ¹⁵Recuerda que también tú fuiste esclavo en Egipto, y que el Señor tu Dios te sacó de allí desplegando gran poder. Por eso el Señor tu Dios te ordena cumplir con el día de reposo.³

¹⁶'Honra a tu padre y a tu madre,ᵍ tal como el Señor tu Dios te lo ha ordenado, para que vivas una larga vida y te vaya bien en la tierra que te da el Señor tu Dios.ʰ

¹⁷'No mates.ⁱ

¹⁸'No cometas adulterio.ʲ

¹⁹'No robes.ᵏ

²⁰'No digas mentiras en perjuicio de tu prójimo.ˡ

²¹'No codiciesᵐ la mujer de tu prójimo. No ambiciones la casa de tu prójimo, ni su campo, ni su esclavo, ni su esclava, ni su buey, ni su asno, ni nada que le pertenezca.'

### El temor del pueblo
*(Ex 20.18-26)*

²²"Estas son las palabras que el Señor pronunció en voz alta, de en medio del fuego y de una nube espesa, cuando todos estaban reunidos al pie del monte. Después ya no dijo más, y escribió estas palabras en dos tablas de piedra, y me las entregó. ²³Pero cuando ustedes oyeron aquella voz que salía de entre las tinieblas, y vieron el monte en llamas, todos ustedes, los jefes de las tribus y los ancianos, vinieron a hablar conmigo ²⁴y me dijeron: 'Verdaderamente el Señor nuestro Dios nos ha mostrado su gloria y su poder, y hemos oído su voz, que salía de en medio del fuego. Hoy hemos comprobado que Dios puede hablar con los hombres sin que éstos mueran. ²⁵Sin embargo, ¿para qué exponernos a morir consumidos por este terrible fuego? Si volvemos a escuchar la voz del Señor nuestro Dios, moriremos; ²⁶pues, ¿qué hombre hay que pueda escuchar la voz del Dios viviente hablando de en medio del fuego, como la hemos oído nosotros, sin que le cueste la vida?ⁿ ²⁷Mejor acércate tú, y escucha todo lo que el Señor nuestro Dios te diga, y ya luego nos dirás lo que te haya comunicado, y nosotros cumpliremos lo que se nos diga.'ñ

²⁸"Mientras ustedes me hablaban, el Señor estaba escuchando lo que decían, y entonces me dijo: 'He oído todo lo que ha

---

² *Sirión.* Heb. *Sión.* (Véase 3.9.)   ³ *Día de reposo:* aquí equivale a *sábado.*
ᵇ **5.8-9** Lv 26.1; Dt 4.15-18; 27.15.   ᶜ **5.9-10** Ex 34.6-7; Nm 14.18; Dt 7.9-10.   ᵈ **5.11** Lv 19.12.   ᵉ **5.12** Ex 16.23-30; 31.12-14.
ᶠ **5.13-14** Ex 23.12; 31.15; 34.21; 35.2; Lv 23.3.   ᵍ **5.16** Dt 27.16; Mt 15.4; 19.19; Mr 7.10; 10.19; Lc 18.20; Ef 6.2.
ʰ **5.16** Eclo 3.1-16; Ef 6.3.   ⁱ **5.17** Gn 9.6; Lv 24.17; Mt 5.21;19.18;Mr 10.19; Lc 18.20; Ro 13.9; Stg 2.11.   ʲ **5.18** Lv 20.10;
Mt 5.27; 19.18; Mr 10.19; Lc 18.20; Ro 13.9; Stg 2.11.   ᵏ **5.19** Lv 19.11; Mt 19.18; Mr 10.19; Lc 18.20; Ro 13.9.
ˡ **5.20** Ex 23.1; Mt 19.18; Mr 10.19; Lc 18.20.   ᵐ **5.21** Ro 7.7; 13.9.   ⁿ **5.22-27** He 12.18-19.   ñ **5.27** Ex 19.8; 24.3.

dicho este pueblo, y me ha parecido muy bien. ²⁹¡Ojalá piensen siempre de la misma manera, y me honren y cumplan mis mandamientos todos los días, para que tanto ellos como sus hijos tengan siempre una vida dichosa! ³⁰Ve y diles que regresen a sus tiendas de campaña; ³¹pero tú quédate aquí conmigo, porque te voy a decir todos los mandamientos, leyes y decretos que les has de enseñar, para que los pongan en práctica en el país que les voy a dar en propiedad.' ³²Así que pongan en práctica todo lo que el Señor su Dios les ha ordenado, sin desviarse de ello para nada. ³³Sigan el camino que el Señor su Dios les ha señalado, para que les vaya bien y vivan muchos años en la tierra que él les va a dar en propiedad.

### El gran mandamiento

**6** ¹"Estos son los mandamientos, leyes y decretos que el Señor su Dios me ha ordenado enseñarles, para que los pongan en práctica en el país del cual van a tomar posesión. ²De esta manera honrarán al Señor su Dios, y cumplirán durante toda su vida las leyes y los mandamientos que yo les mando a ustedes, a sus hijos y a sus nietos; y así vivirán muchos años. ³Por lo tanto, israelitas, pónganlos en práctica. Así les irá bien y llegarán a ser un pueblo numeroso en esta tierra donde la leche y la miel corren como el agua, tal como el Señor y Dios de sus antepasados se lo ha prometido.

⁴"Oye, Israel: El Señor nuestro Dios es el único Señor.⁴,ᵒ

⁵"Ama al Señor tu Dios con todo tu corazón, con toda tu alma y con todas tus fuerzas.ᵖ

⁶"Grábate en la mente todas las cosas que hoy te he dicho, ⁷y enséñaselas continuamente a tus hijos; háblales de ellas, tanto en tu casa como en el camino, y cuando te acuestes y cuando te levantes. ⁸Lleva estos mandamientos atados en tu mano y en tu frente como señales, ⁹y escríbelos también en los postes y en las puertas de tu casa.�q

### Moisés recomienda obediencia a los israelitas

¹⁰"El Señor y Dios de ustedes los va a hacer entrar en el país que a sus antepasados Abraham,ʳ Isaacˢ y Jacobᵗ juró que

les daría. Es un país con grandes y hermosas ciudades que ustedes no construyeron; ¹¹con casas llenas de todo lo mejor, que ustedes no llenaron; con pozos que ustedes no cavaron, y viñedos y olivos que ustedes no plantaron, pero de los cuales comerán hasta quedar satisfechos. ¹²Cuando eso suceda, procuren no olvidarse del Señor, que los sacó de Egipto, donde eran esclavos. ¹³Adoren al Señor su Dios y sírvanle sólo a él,ᵘ y cuando tengan que hacer un juramento, háganlo sólo en el nombre del Señor. ¹⁴No vayan tras los dioses que adoran los pueblos vecinos, ¹⁵porque el Señor su Dios, que está con ustedes, es un Dios celoso y puede enojarse contra ustedes y destruirlos totalmente.

¹⁶"No pongan a prueba al Señor su Dios,ᵛ como lo hicieron en Masah.ʷ ¹⁷Cumplan fielmente los mandamientos del Señor su Dios, y los mandatos y leyes que les ha ordenado. ¹⁸Hagan lo que es recto y agradable a los ojos del Señor, para que les vaya bien y tomen posesión de la buena tierra que el Señor juró dar a los antepasados de ustedes, ¹⁹y para que el Señor haga huir a todos los enemigos que se enfrenten con ustedes, tal como lo ha prometido.

²⁰"Cuando algún día sus hijos les pregunten: '¿Qué significan estos mandatos, leyes y decretos que os ha ordenado el Señor nuestro Dios?', ²¹ustedes les responderán: 'Nosotros éramos esclavos del faraón, en Egipto, y el Señor nos sacó de allí con gran poder. ²²Nosotros vimos los grandes y terribles prodigios y las señales que el Señor realizó en Egipto contra el faraón y toda la casa real; ²³pero a nosotros nos sacó de allí, y nos llevó al país que había prometido a nuestros antepasados, y nos lo dio. ²⁴Después el Señor nuestro Dios nos mandó poner en práctica todos estos mandamientos y tenerle reverencia, para que nos vaya bien y para que él nos conserve la vida como hasta ahora. ²⁵Así que nosotros haremos bien en cumplir cuidadosamente estos mandamientos ante el Señor nuestro Dios, tal como nos lo ha ordenado.'

### Advertencias contra la idolatría
*(Ex 34.11-17)*

**7** ¹"El Señor, el Dios de ustedes, los va a hacer entrar en el país del cual han

---

⁴ *Es el único Señor:* otra posible traducción: *el Señor es uno.*
ᵒ 6.4 Mr 12.29.  ᵖ 6.5 Mt 22.37; Mr 12.30; Lc 10.27.  q 6.6-9 Dt 11.18-20.  ʳ 6.10 Gn 12.7.  ˢ 6.10 Gn 26.3.  ᵗ 6.10 Gn 28.13.
ᵘ 6.13 M t 4.10; Lc 4.8.  ᵛ 6.16 Mt 4.7; Lc 4.12.  ʷ 6.16 Ex 17.1-7.

de tomar posesión, y echará de la presencia de ustedes a siete naciones[x] más grandes y poderosas que ustedes: los hititas, los gergeseos, los amorreos, los cananeos, los ferezeos, los heveos y los jebuseos. [2]Cuando el Señor su Dios haya hecho caer a estas naciones en poder de ustedes, y ustedes las hayan derrotado, deberán destinarlas a la destrucción y no hacer con ellas ningún pacto ni tenerles compasión. [3]Tampoco deberán ustedes emparentar con ellas, ni casar a sus hijos e hijas con las jóvenes y los muchachos de esa gente, [4]porque ellos harán que los hijos de ustedes se aparten del Señor y adoren a otros dioses; entonces la ira del Señor se encenderá contra ustedes y los destruirá en un abrir y cerrar de ojos. [5]Lo que tienen que hacer es derribar los altares paganos de ellos, destruir por completo las piedras y los troncos a los que ellos rinden culto, y quemar sus ídolos.[y] [6]Porque ustedes son un pueblo apartado especialmente para el Señor su Dios; el Señor los ha elegido de entre todos los pueblos de la tierra, para que ustedes le sean un pueblo especial.[z]

### Privilegios y obligaciones de Israel

[7]"Si el Señor los ha preferido y elegido a ustedes, no es porque ustedes sean la más grande de las naciones, ya que en realidad son la más pequeña de todas ellas.[a] [8]El Señor los sacó de Egipto, donde ustedes eran esclavos, y con gran poder los libró del dominio del faraón, porque los ama y quiso cumplir la promesa que había hecho a los antepasados de ustedes. [9]Reconozcan, pues, que el Señor su Dios es el Dios verdadero, que cumple fielmente su pacto generación tras generación, para con los que le aman y cumplen sus mandamientos; [10]pero que destruye a aquellos que le odian, dándoles su merecido.[b] ¡Sin tardanza da su merecido a los que le odian! [11]Cumplan, pues, los mandamientos, leyes y decretos que en este día les ordeno que pongan en práctica.

### Bendiciones de la obediencia
#### (Lv 26.3-13; Dt 28.1-14)

[12]"Si después de haber escuchado ustedes estos decretos, los cumplen y los ponen en práctica, entonces el Señor su Dios cumplirá fielmente su pacto y la promesa que hizo a los antepasados de ustedes. [13]Los amará a ustedes, los bendecirá y los hará crecer en número; bendecirá a sus hijos, sus cosechas, su trigo, su vino y su aceite, y las crías de sus vacas y ovejas, en el país que a sus antepasados juró que les daría. [14]Ustedes serán bendecidos más que todos los pueblos; no habrá entre ustedes mujer que no pueda concebir hijos ni hombre que no pueda engendrarlos, ni tampoco entre sus ganados habrá machos ni hembras estériles. [15]El Señor alejará de ustedes toda enfermedad y todas las terribles plagas que, como bien saben, envió sobre Egipto; en cambio, hará sufrir con ellas a todos sus enemigos. [16]Pero ustedes deben exterminar a todos los pueblos que el Señor su Dios ponga en sus manos; no les tengan compasión ni adoren a sus dioses, porque eso será la perdición de ustedes.[c]

[17]"Tal vez ustedes lleguen a pensar: 'Estas naciones son más numerosas que nosotros; ¿cómo podremos desalojarlas?' [18]¡Pues no les tengan miedo! Acuérdense de lo que hizo el Señor su Dios con el faraón y con todos los egipcios; [19]piensen en las grandes pruebas de las que ustedes fueron testigos, y en las señales y prodigios y en el gran poder que desplegó el Señor su Dios cuando los sacó de Egipto. Eso mismo hará el Señor con todos los pueblos a quienes ustedes temen. [20]Además, el Señor enviará un tremendo pánico entre ellos, que acabará con los que hayan quedado con vida o se hayan escondido. [21]Así que no tiemblen ante ellos, porque el Señor su Dios, el Dios grande y terrible, está con ustedes. [22]Poco a poco el Señor irá expulsando a estas naciones; ustedes no podrán acabar con ellas de una sola vez, porque el número de bestias salvajes aumentaría a su alrededor, y los atacarían. [23]Pero el Señor su Dios pondrá estas naciones en sus manos e irá acabando con ellas hasta que sean destruidas.[d] [24]A sus reyes los someterá al poder de ustedes, y ustedes harán que nadie en el mundo vuelva a acordarse de ellos. Ninguno de ellos podrá resistir el ataque de ustedes, así que ustedes los exterminarán a todos. [25]Quemarán ustedes las imágenes de sus dioses, pero no intenten quedarse con el oro y la plata que las recubren; no caigan en esa tentación, pues cometerían una acción despreciable ante el Señor. [26]Por

lo tanto, no lleven a su casa nada que sea despreciable, para que ustedes no sean también destruidos. Eso está destinado a la destrucción, así que deben considerarlo como algo despreciable.

### No sólo de pan vive el hombre

8 ¹"Pongan ustedes en práctica los mandamientos que yo les he ordenado hoy, para que así puedan vivir y llegar a ser un pueblo numeroso, y conquisten este país que el Señor prometió a sus antepasados. ²Acuérdense de todo el camino que el Señor su Dios les hizo recorrer en el desierto durante cuarenta años, para humillarlos y ponerlos a prueba, a fin de conocer sus pensamientos y saber si iban a cumplir o no sus mandamientos. ³Y aunque los hizo sufrir y pasar hambre, después los alimentó con maná, comida que ni ustedes ni sus antepasados habían conocido, para hacerles saber que no sólo de pan vive el hombre, sino de todo lo que sale de los labios del Señor.ᵉ ⁴Durante esos cuarenta años no se les gastó la ropa, ni se les hincharon los pies. ⁵Dense cuenta de que el Señor su Dios los ha corregido del mismo modo que un padre corrige a su hijo.ᶠ ⁶Cumplan, pues, los mandamientos del Señor su Dios, y hónrenlo y sigan las enseñanzas que él les ha dado. ⁷Porque el Señor los va a llevar a una buena tierra, a un país lleno de arroyos, fuentes y manantiales que brotan en los valles y en los montes; ⁸es una tierra donde hay trigo, cebada, viñedos, higueras, granados, olivos y miel. ⁹En ese país no tendrán ustedes que preocuparse por la falta de alimentos, ni por ninguna otra cosa; en sus piedras encontrarán hierro, y de sus montes sacarán cobre. ¹⁰Pero después que hayan comido y se sientan satisfechos, deben alabar al Señor su Dios por la buena tierra que les ha dado.

### Advertencias de no olvidarse de Dios

¹¹"Tengan cuidado de no olvidarse del Señor su Dios. No dejen de cumplir sus mandamientos, decretos y leyes que les he ordenado hoy. ¹²Cuando hayan comido y estén satisfechos, y vivan en las buenas casas que hayan construido, ¹³y vean que sus vacas y ovejas han aumentado, lo mismo que su oro y su plata y todas sus propiedades, ¹⁴no se llenen de orgullo ni se olviden del Señor su Dios, que los sacó

de Egipto, donde eran esclavos; ¹⁵que los hizo marchar por el grande y terrible desierto, lleno de serpientes venenosas y escorpiones, y donde no había agua. Pero él sacó agua de una dura roca y les dio de beber, ¹⁶y en el desierto los alimentó con maná, comida que los antepasados de ustedes no habían conocido, para humillarlos y ponerlos a prueba, y para bien de ustedes al fin de cuentas.ᵍ

¹⁷"No se les ocurra pensar: 'Toda esta riqueza la hemos ganado con nuestro propio esfuerzo.' ¹⁸Deben acordarse del Señor su Dios, ya que ha sido él quien les ha dado las fuerzas para adquirirla, cumpliendo así con ustedes el pacto que antes había hecho con los antepasados de ustedes.

¹⁹"Pero si se olvidan ustedes del Señor su Dios, y se van tras otros dioses y les rinden culto, yo les aseguro desde ahora que ustedes serán destruidos por completo. ²⁰De la misma manera que el Señor destruirá a las naciones que ustedes encuentren a su paso, así también ustedes serán destruidos por haber desobedecido al Señor su Dios.

### El mérito no es de Israel, sino del Señor

9 ¹"Escuchen, israelitas: ha llegado el momento de que crucen ustedes el Jordán y se lancen a la conquista de naciones más grandes y poderosas que ustedes, y de grandes ciudades rodeadas de murallas muy altas; ²sus habitantes son grandes y altos como los descendientes del gigante Anac, y ya ustedes conocen el dicho: '¿Quién puede hacer frente a los descendientes del gigante Anac?'

³"Ahora pues, deben saber que el Señor su Dios es el que marcha al frente de ustedes, y que es como un fuego devorador que ante ustedes destruirá y humillará a esas naciones. Ustedes las desalojarán y los destruirán en un abrir y cerrar de ojos, tal como el Señor se lo ha prometido. ⁴Cuando el Señor su Dios los haya arrojado de la presencia de ustedes, no se digan a sí mismos: 'Gracias a nuestros méritos, el Señor nos ha dado posesión de este país'; pues si el Señor los expulsa, es por causa de la maldad de ellos. ⁵No, no es por los méritos ni por la bondad de ustedes por lo que van a tomar posesión de su país; el Señor los arroja de la presencia de ustedes a causa de la maldad de ellos y para cumplir la promesa que hizo a

ᵉ 8.3 Mt 4.4; Lc 4.4.   ᶠ 8.5 2 S 7.14; Sal 89.32; Pr 3.11-12; Sab 11.9-10; He 12.5-11.   ᵍ 8.11-16 Os 13.5-6.

Abraham, Isaac y Jacob, antepasados de ustedes. [6]Han de saber que no es debido a los méritos de ustedes por lo que el Señor su Dios les da la posesión de esa buena tierra, pues ustedes son un pueblo muy terco.

### Rebelión de Israel en el monte Horeb
#### (Ex 31.18—32.35)

[7]"Nunca deben ustedes olvidar que han contrariado al Señor su Dios en el desierto. Desde que salieron de Egipto y hasta que llegaron a este lugar, siempre le han sido rebeldes. [8]Ya en el monte Horeb hicieron enojar al Señor, y tanto se enojó él contra ustedes que estuvo a punto de destruirlos. [9]Yo subí al monte para recoger las tablas de piedra, las tablas del pacto que el Señor había hecho con ustedes, y me quedé allí cuarenta días y cuarenta noches[h] sin comer ni beber. [10]El Señor me dio entonces las dos tablas de piedra, escritas por él mismo, que contenían todas las palabras que él les había dicho en el monte, de en medio del fuego, el día en que todos nos reunimos. [11]Pasados esos cuarenta días y cuarenta noches, el Señor me dio las dos tablas de piedra, las tablas del pacto, [12]y me dijo: 'Anda, baja pronto de aquí, porque el pueblo que sacaste de Egipto se ha descarriado. Muy pronto han dejado de cumplir lo que yo les ordené, y se han hecho un ídolo de metal fundido.'

[13]"El Señor también me dijo: 'Ya he visto que este pueblo es muy terco. [14]Quítate de mi camino, que voy a destruirlos y a borrar de la tierra su memoria; pero de ti haré una nación más fuerte y numerosa que ellos.'

[15]"Cuando bajé del monte, el cual estaba ardiendo, traía yo en mis manos las dos tablas del pacto. [16]Pero al ver que ustedes habían pecado contra el Señor, y que se habían hecho un becerro de metal fundido, abandonando así el camino que el Señor les había ordenado seguir, [17]arrojé las dos tablas que traía en las manos, y las hice pedazos delante de ustedes. [18]Después me arrodillé delante del Señor y, tal como ya lo había hecho antes, estuve cuarenta días y cuarenta noches sin comer ni beber nada, por causa del pecado que ustedes habían cometido, con lo que ofendieron al Señor y provocaron su ira. [19]Yo estaba asustado[i] del enojo y furor que el Señor manifestó contra ustedes, hasta el punto de querer destruirlos; pero una vez más el Señor me escuchó. [20]También estaba el Señor muy enojado contra Aarón, y quería destruirlo, pero yo intervine en favor de él; [21]luego agarré el becerro que ustedes se habían hecho y con el cual pecaron, y lo arrojé al fuego, y después de molerlo hasta convertirlo en polvo, lo eché al arroyo que baja del monte.

[22]"También en Tabera,[j] en Masah[k] y en Kibrot-hataava,[l] provocaron ustedes la ira del Señor. [23]Y cuando el Señor les ordenó partir de Cades-barnea[m] para ir a tomar posesión del país que él les había dado,[n] también se opusieron a su mandato[ñ] y no tuvieron fe en él ni quisieron obedecerlo. [24]¡Desde que yo los conozco, ustedes han sido rebeldes al Señor! [25]Como el Señor había amenazado con destruirlos, yo me quedé arrodillado delante del Señor durante cuarenta días y cuarenta noches, [26]y con ruegos le dije: 'Señor, no destruyas a este pueblo, que es tuyo, que tú liberaste con tu grandeza y sacaste de Egipto con gran poder. [27]Acuérdate de tus siervos Abraham, Isaac y Jacob. No tengas en cuenta la terquedad de este pueblo, ni su maldad y pecado, [28]para que no se diga en el país del que nos sacaste: El Señor no pudo hacerlos entrar en el país que les había prometido, y como los odiaba, los hizo salir de aquí para hacerlos morir en el desierto. [29]Pero ellos son tu pueblo, son tuyos; tú los sacaste de Egipto con gran despliegue de poder.'

### El pacto renovado
#### (Ex 34.1-10)

**10** [1]"Entonces el Señor me dijo: 'Corta tú mismo dos tablas de piedra iguales a las primeras, y haz también un cofre de madera, y sube al monte para hablar conmigo. [2]Yo voy a escribir en esas tablas las mismas palabras que estaban escritas en las primeras, las que tú rompiste, y las guardarás en el cofre.'

[3]"Hice, pues, un cofre de madera de acacia,[o] y corté las dos tablas de piedra, y subí con ellas al monte. [4]Y el Señor escribió en las tablas los Diez Mandamientos, tal como lo había hecho la primera vez que les habló a ustedes en el monte, de en medio del fuego, cuando todos estábamos reunidos. Me las dio, [5]y yo bajé del

---

[h] 9.9 Ex 24.18.   [i] 9.19 He 12.21.   [j] 9.22 Nm 11.3.   [k] 9.22 Ex 17.7.   [l] 9.22 Nm 11.34.   [m] 9.23 Nm 13.25-14.38.   [n] 9.23 Dt 1.21. [ñ] 9.23 Nm 13.31; Dt 1.26; He 3.16.   [o] 10.1-3 Ex 25.10; 1 R 8.9.

monte; luego puse las tablas en el cofre, tal como el Señor me ¨o había ordenado, y todavía están allí.''

[6](Los israelitas partieron de Bee-rot-bene-jaacán, y se dirigieron a Mosera. Allí murió Aarón,[p] y fue sepultado, y su hijo Eleazar ocupó su lugar como sacerdote. [7]De allí salieron para Gudgoda, y de Gudgoda fueron a Jotbata, región en la que abunda el agua. [8]Fue entonces cuando el Señor escogió a la tribu de Leví[q] para que llevara el cofre del pacto del Señor y estuviera en su presencia para ofrecerle culto y dar la bendición en su nombre, como lo siguen haciendo hasta hoy. [9]Por eso los Levitas no han tenido parte ni herencia entre sus hermanos, porque su herencia es el Señor, tal como el Señor mismo lo anunció.)

[10]''Yo estuve en el monte cuarenta días y cuarenta noches,[r] lo mismo que la primera vez, y también esta vez el Señor me escuchó y no quiso destruirlos a ustedes, [11]sino que me dijo: 'Anda, prepárate a salir al frente del pueblo, para que vayan y conquisten el país que prometí dar a sus antepasados.'

### Lo que Dios exige

[12]''Y ahora, israelitas, ¿qué pide de ustedes el Señor su Dios? Solamente que lo honren y sigan todos sus caminos; que lo amen y lo adoren con todo su corazón y con toda su alma, [13]y que cumplan sus mandamientos y sus leyes, para que les vaya bien. [14]Tengan en cuenta que el Señor su Dios son los cielos y lo más alto de los cielos, la tierra y todo lo que hay en ella. [15]Sin embargo, el Señor prefirió a los antepasados de ustedes y los amó, y después escogió a los descendientes de ellos, que son ustedes, de entre todos los demás pueblos, tal como se puede ver hoy.

[16]''Pongan en su corazón la marca del pacto,[s] y no sigan siendo tercos, [17]porque el Señor su Dios es el Dios de dioses y el Señor de señores;[t] él es el Dios soberano, poderoso y terrible, que no hace distinciones ni se deja comprar con regalos;[u] [18]que hace justicia al huérfano y a la viuda, y que ama y da alimento y vestido al extranjero que vive entre ustedes. [19]Ustedes, pues, amen al extranjero, porque también ustedes fueron extranjeros en Egipto.

[20]''Honren al Señor su Dios, y adórenlo sólo a él; séanle fieles, y cuando tengan que hacer un juramento, háganlo en su nombre. [21]Porque él es el motivo de la alabanza de ustedes; él es su Dios, que ha hecho por ustedes estas cosas grandes y maravillosas que han visto. [22]Cuando los antepasados de ustedes llegaron a Egipto, eran sólo setenta personas,[v] pero ahora el Señor su Dios los ha hecho aumentar en número como las estrellas del cielo.[w]

### La grandeza del Señor

**11** [1]''Amen ustedes al Señor su Dios, y cumplan sus preceptos, leyes, decretos y mandamientos. [2]Reconozcan hoy la corrección del Señor su Dios, que los hijos de ustedes no conocen ni han visto. Reconozcan su grandeza y su gran despliegue de poder, [3]y las señales y grandes hechos que realizó en Egipto contra el faraón y todo su país,[x] [4]lo que hizo con el ejército egipcio, con sus caballos y carros de guerra, y cómo los hundió en las aguas del Mar Rojo cuando ellos los perseguían a ustedes.[y] El Señor los destruyó para siempre. [5]Acuérdense también de todo lo que hizo por ustedes en el desierto, hasta que llegaron aquí; [6]y lo que hizo con Datán y Abiram, hijos de Eliab y descendientes de Rubén, y cómo la tierra se abrió y se los tragó junto con sus familias y tiendas de campaña, y con todo cuanto tenían, a la vista de todo Israel.[z] [7]Ustedes mismos son testigos de las grandes cosas que ha hecho el Señor.

### Bendiciones de la tierra prometida

[8]''Cumplan ustedes todos los mandamientos que hoy les he dado, para que se hagan fuertes y tomen posesión del país que van a conquistar, [9]y para que vivan muchos años en esta tierra que el Señor prometió dar a los antepasados de ustedes y a sus descendientes; tierra donde la leche y la miel corren como el agua. [10]La tierra que van a conquistar no es como Egipto, de donde ustedes salieron; allí sembraban ustedes la semilla y regaban con los pies, como se hace en las huertas, [11]pero el país del que van a tomar posesión es un país de montes y valles, regado por la lluvia del cielo. [12]Es una tierra que el Señor mismo cuida; en ella tiene puestos los ojos todo el año.

[p] 10.6 Nm 20.28; 33.38.   [q] 10.8 Nm 3.5-8.   [r] 10.10 Ex 34.28.   [s] 10.16 Dt 30.6; Jer 4.4; Ro 2.25-29.   [t] 10.17 1 Ti 6.15; Ap 17.14; 19.16.   [u] 10.17 2 Cr 19.7; Eclo 35.12-15; Sab 6.7; Hch 10.34; Ro 2.11; Gá 2.6; Ef 6.9.   [v] 10.22 Gn 46.27.   [w] 10.22 Gn 15.5; 22.17.   [x] 11.3 Ex 7.8-12.30.   [y] 11.4 Ex 14.28.   [z] 11.6 Nm 16.31-32.

¹³"Si ustedes cumplen los mandamientos que les he dado en este día, y aman al Señor su Dios, y lo adoran con todo su corazón y con toda su alma, ¹⁴él hará⁵ que vengan a su tiempo las lluvias de otoño y las de primavera, para que ustedes cosechen su trigo y tengan vino y aceite. ¹⁵También hará que crezca hierba en el campo para el ganado de ustedes, y que ustedes tengan comida en abundancia. ¹⁶Pero tengan cuidado de no dejarse engañar; no se aparten del Señor por rendir culto a otros dioses; no se inclinen ante ellos, ¹⁷porque el Señor se enojará contra ustedes y no les enviará lluvia; entonces la tierra no dará sus frutos, y muy pronto ustedes morirán en esa buena tierra que el Señor les va a dar.ᵃ

¹⁸"Grábense estas palabras en la mente y en el pensamiento; átenlas como señales en sus manos y en su frente. ¹⁹Instruyan a sus hijos hablándoles de ellas tanto en la casa como en el camino, y cuando se acuesten y cuando se levanten. ²⁰Escríbanlas en los postes y en las puertas de su casa,ᵇ ²¹para que su vida y la de sus hijos en la tierra que el Señor prometió dar a sus antepasados sea tan larga como la existencia del cielo sobre la tierra.

²²"Si cumplen fielmente todos estos mandamientos que hoy les ordeno poner en práctica, y aman al Señor su Dios y lo siguen fielmente en todos sus caminos, ²³el Señor arrojará de la presencia de ustedes a todas·esas naciones, y ustedes conquistarán a pueblos más numerosos y fuertes. ²⁴Donde ustedes planten el pie, allí se quedarán. Sus fronteras se extenderán desde el desierto hasta el Líbano, y desde el río Éufrates hasta el mar Mediterráneo.ᶜ Nadie podrá hacerles frente. El Señor su Dios hará cundir el pánico y el terror por dondequiera que ustedes pasen, tal como se lo ha prometido.

²⁶"En este día se los doy a elegir entre bendición y maldición. ²⁷Bendición, si obedecen los mandamientos del Señor su Dios, que hoy les he ordenado. ²⁸Maldición, si por seguir a dioses desconocidos, desobedecen los mandamientos del Señor su Dios y se apartan del camino que hoy les he ordenado.

²⁹"Cuando el Señor su Dios los haya hecho entrar en el país que van a conquistar, pondrán la bendición en el monte Gerizim, y la maldición en el monte Ebal.ᵈ ³⁰Estos montes están al otro lado del Jordán, en dirección de la ruta occidental, en la tierra de los cananeos que viven en la llanura, frente a Gilgal y junto a las encinas de More. ³¹Ustedes están a punto de cruzar el Jordán y conquistar el país que el Señor Dios les va a dar. Cuando ya lo hayan conquistado y vivan en él, ³²pongan en práctica todas las leyes y decretos que hoy les he entregado.

## El santuario único

**12** ¹"Estas son las leyes y los decretos que ustedes deberán poner en práctica durante toda su vida, en la tierra que el Señor y Dios de sus antepasados les va a dar en posesión.

²"Destruyan por completo todos los lugares donde los pueblos que van a conquistar adoran a sus dioses: en los montes, en las colinas y bajo los árboles frondosos. ³Derriben sus altares, hagan pedazos las piedras y quemen los troncos a los que rinden culto, y destruyan las imágenes de sus dioses; borren de aquellos lugares su recuerdo.ᵉ

⁴"Al Señor su Dios no deben adorarlo de esa manera. ⁵Entre las tribus de ustedes, el Señor escogerá un lugar como residencia de su nombre, y a ese lugar podrán ustedes ir a adorarlo. ⁶Allí sacrificarán y quemarán animales en su honor, y le llevarán sus diezmos, contribuciones, promesas y ofrendas voluntarias, así como las primeras crías de sus vacas y ovejas. ⁷Comerán allí, delante del Señor su Dios, y en compañía de sus familias se alegrarán del fruto de su trabajo con que el Señor su Dios los haya bendecido.

⁸"Allí no deberán hacer ustedes lo que ahora hacemos aquí, donde cada uno de nosotros hace lo que mejor le parece.ᶠ ⁹Realmente todavía no han llegado ustedes al lugar tranquilo que el Señor su Dios les va a dar en posesión. ¹⁰Pero una vez que hayan cruzado el Jordán y vivan en el país que él les va a entregar, y ya estén libres de todos los enemigos que los rodean, y sin ningún temor, ¹¹entonces, en el lugar que el Señor su Dios escoja como residencia de su nombre, le ofrecerán ustedes todo lo que les he ordenado: animales sacrificados y quemados en su honor, diezmos, contribuciones y todo lo más escogido de las promesas que le hayan hecho al Señor. ¹²Y harán fiesta en presencia del Señor su Dios, junto con sus

⁵ *El hará:* según la versión griega. Heb. *yo haré.*
ᵃ 11.13-17 Lv 26.3-5; Dt 7.12-16; 28.1-14.    ᵇ 11.18-20 Dt 6.6-9.    ᶜ 11.24-25 Jos 1.3-5.    ᵈ 11.29 Dt 27.11-14; Jos 8.33-35.
ᵉ 12.3 Dt 7.5.    ᶠ 12.8 Jue 17.6; 21.25.

hijos y sus siervos, y con los Levitas que vivan entre ustedes, ya que ellos no han recibido entre ustedes ninguna tierra en propiedad.

13"Cuídense de no quemar animales al Señor en cualquier lugar que encuentren; 14únicamente podrán hacerlo en el lugar que el Señor su Dios escoja en una de sus tribus. Allí cumplirán todo lo que les he ordenado.

15"Sin embargo, podrán matar y comer carne en sus poblaciones en cualquier momento, según los bienes que el Señor su Dios les haya dado. La podrán comer todos ustedes, estén o no ritualmente puros, como si fuera carne de gacela o de ciervo. 16Pero la sangre no deben comerla,g sino derramarla en la tierra como agua.

17"No podrán ustedes comer dentro de su ciudad el diezmo de su trigo, de su vino o de su aceite, ni las primeras crías de sus vacas y ovejas, ni nada de lo que hayan prometido al Señor, ni de sus ofrendas voluntarias. 18Sólo podrán hacerlo delante del Señor su Dios, en el lugar que él escoja; allí, en presencia del Señor su Dios y en compañía de sus hijos y sus criados, y de los Levitas que vivan entre ustedes, se alegrarán del fruto de su trabajo. 19Mientras ustedes vivan en el país, no abandonen jamás a los Levitas.

20"Cuando el Señor su Dios haya extendido el territorio de ustedes, tal como se lo ha prometido, si a ustedes les apetece comer carne, podrán comerla en cualquier momento. 21Si el lugar que el Señor su Dios escogió para poner allí su nombre está lejos de donde ustedes viven, podrán matar de las vacas y ovejas que el Señor les haya dado y comer todo lo que quieran allí donde ustedes habiten, tal como se lo he ordenado. 22Igual que en el caso de la carne de gacela o de ciervo, todos ustedes podrán comerla, estén o no ritualmente puros. 23Pero de ninguna manera deben comer la sangre, porque la sangre es la vida; así que no deben comer la vida junto con la carne. 24Lo que deben hacer es derramarla en la tierra como agua.h 25No la coman, y les irá bien a ustedes y a sus hijos por hacer lo recto a los ojos del Señor. 26En cuanto a las cosas que hayan dedicado como ofrenda y las promesas que hayan hecho, las presentarán en el lugar que el Señor escoja, 27y

allí, sobre el altar del Señor su Dios, ofrecerán sus holocaustos. La sangre de los animales que ustedes ofrezcan la derramarán sobre el altar del Señor su Dios, pero la carne podrán comerla.

28"Escuchen y cumplan todo lo que les he ordenado, para que a ustedes y a sus hijos les vaya bien siempre, por hacer lo que es agradable y recto a los ojos del Señor su Dios.

### Advertencias contra la idolatría

29-30"Cuando el Señor su Dios haya destruido las naciones que ustedes van a conquistar, y después de destruidas ustedes ocupen su territorio y vivan en él, tengan cuidado de no seguir el ejemplo de esas naciones, ni de recurrir a sus dioses con la idea de rendirles culto también. 31No le hagan eso al Señor su Dios, porque todas las cosas despreciables que el Señor no soporta son las que esas naciones cometen para honrar a sus dioses, llegando al extremo de sacrificar a sus propios hijos en el fuego.

32i"Pongan siempre en práctica todo lo que les he ordenado, sin añadir ni quitar nada.j

**13** 1"Si aparece entre ustedes un profeta o visionario y les anuncia una señal o un prodigio, 2en caso de que se cumpla lo que les había anunciado y les diga: '¡Vamos y sigamos a otros dioses que ustedes no conocen; vamos a rendirles culto!', 3no le hagan caso. Porque el Señor su Dios quiere ponerlos a prueba para saber si ustedes lo aman con todo su corazón y con toda su alma. 4Sigan y honren sólo al Señor su Dios; cumplan sus mandamientos, escuchen su voz y ríndanle culto; vivan unidos a él. 5Y ese profeta o visionario será condenado a muerte por haberles aconsejado rebelarse contra el Señor su Dios, que los libró de la esclavitud a que estaban sometidos en Egipto, y por tratar de que ustedes se apartaran del camino que el Señor su Dios les ha ordenado seguir. Así acabarán con el mal que haya entre ustedes.k

6"Si aun tu propio hermano, o tu hijo, o tu hija, o tu esposa amada, o tu más íntimo amigo, te empuja en secreto a dar culto a otros dioses que ni tú ni tus padres conocieron, 7como son los dioses de los pueblos que, cercanos o lejanos, los rodean de un extremo al otro de la tierra,

[8]no te sometas a sus deseos ni le hagas caso; ni siquiera tengas compasión de él; no le tengas lástima, ni lo encubras; [9]al contrario, mátalo. Y tú serás el primero en levantar la mano contra él, y después de ti hará lo mismo todo el pueblo. [10]Apedréalo hasta que muera, por haber querido apartarte del Señor tu Dios, que te sacó de Egipto, donde eras esclavo. [11]De esta manera todo Israel lo sabrá y tendrá miedo de volver a cometer una maldad como ésta.

[12]"Si en alguna de las ciudades que el Señor su Dios les ha dado para vivir llegan a saber que han aparecido [13]hombres que desobedecen a Dios y descarrían a los habitantes de esa ciudad, empujándolos a rendir culto a dioses desconocidos, [14]deberán ustedes investigar bien el asunto. Y si resulta que los rumores son ciertos y que se ha cometido entre ustedes cosa tan despreciable, [15]entonces matarán a filo de espada a los habitantes de esa ciudad y a todos sus animales, y destinarán a la destrucción todo lo que haya en ella.[l] [16]Juntarán todas sus riquezas en el centro de la plaza, y prenderán fuego a la ciudad y a todo lo que le hayan quitado al enemigo, destruyéndolo todo como ofrenda quemada en honor del Señor su Dios. Esa ciudad quedará para siempre convertida en un montón de ruinas, y nunca más será reconstruida.

[17]"No se queden ustedes con nada de lo que haya sido destinado a la destrucción, y el Señor nunca se enojará contra ustedes; al contrario, tendrá compasión de ustedes y los hará crecer en número, tal como lo prometió a los antepasados de ustedes, [18]siempre y cuando obedezcan al Señor su Dios y cumplan todos los mandamientos que yo les he dado hoy y hagan lo que es recto a sus ojos.

**14** [1]"Ustedes son los hijos del Señor su Dios. No se hagan heridas en el cuerpo, ni se rapen la cabeza por delante cuando alguien muera.[m] [2]Porque ustedes son un pueblo consagrado al Señor su Dios; él los ha elegido entre todos los pueblos de la tierra para que sean el pueblo de su propiedad.[n]

### Animales puros e impuros
#### (Lv 11.1-47)

[3]"No coman nada impuro.
[4]"Esta es la lista de los animales que ustedes pueden comer: toros, corderos,

cabritos, [5]ciervos, gacelas, gamos, cabras monteses y toda clase de antílopes. [6]Pueden, pues, comer de todo animal rumiante que tenga las pezuñas partidas, separadas en dos partes, [7]pero no deben comer de los siguientes animales, aunque sean rumiantes o tengan pezuñas partidas:

"El camello, la liebre y el tejón; deben considerarlos animales impuros, porque son rumiantes pero no tienen pezuñas partidas.

[8]"El cerdo, porque tiene pezuñas partidas pero no es rumiante. Deben considerarlo impuro. No coman la carne de estos animales ni toquen sus cuerpos muertos.

[9]"De los animales que viven en el agua podrán comer de los que tienen aletas y escamas, [10]pero no coman de los que no tienen aletas y escamas; deben considerarlos animales impuros.

[11]"Pueden comer de toda ave pura, [12]pero hay algunas de las cuales no deben comer: el águila, el quebrantahuesos, el águila marina, [13]el milano, y toda clase de halcones, [14]toda clase de cuervos, [15]el avestruz, la lechuza, la gaviota, toda clase de gavilanes, [16]el búho, el ibis, el cisne, [17]el pelícano, el buitre, el cormorán, [18]la cigüeña, la abubilla y el murciélago.

[19]"Todo insecto con alas será considerado impuro. No deberán comerlo. [20]Pero las aves consideradas puras sí podrán comerlas.

[21]"No coman ningún animal que muera por sí solo, pues ustedes son un pueblo consagrado al Señor su Dios; pero se lo podrán dar al extranjero que viva en las ciudades de ustedes; él sí puede comerlo. Y también pueden vendérselo al extranjero que esté de paso.

"No cocinen cabritos en la leche de su madre.[ñ]

### Instrucciones acerca del diezmo

[22]"Cada año, sin falta, deberán ustedes apartar la décima parte de todo el grano que cosechen.[o] [23]De esa décima parte de trigo, de vino y de aceite, y de las primeras crías de sus vacas y ovejas, comerán ustedes delante del Señor su Dios, en el lugar que él escoja como residencia de su nombre, para que aprendan a reverenciar siempre al Señor. [24]Y si el Señor los bendice, pero ustedes tienen que hacer un largo viaje para llevar esa décima parte por vivir muy lejos del lugar que el Señor ha escogido para poner allí su nombre,

[l] 13.15-16 Dt 20.16-18; Jos 6.17. [m] 14.1 Lv 19.28; 21.5. [n] 14.2 Ex 19.5-6; Dt 4.20; 7.6; 26.18; Tit 2.14; 1 P 2.9. [ñ] 14.21 Ex 23.19; 34.26. [o] 14.22-29 Lv 27.30-33; Nm 18.21; Mal 3.8-10.

²⁵entonces venderán ustedes esa décima parte y el dinero de la venta lo llevarán al lugar que el Señor haya escogido. ²⁶Con ese dinero comprarán allí lo que crean más conveniente: bueyes, ovejas, vino o cualquier bebida fermentada; en fin, lo que ustedes quieran, y lo comerán allí, delante del Señor su Dios, y harán fiesta junto con su familia.

²⁷"No desamparen nunca a los levitas que vivan en su población, ya que a ellos no les ha tocado tener su propia tierra como a ustedes.

²⁸"Cada tres años deberán ustedes apartar la décima parte de su cosecha del año, y almacenarla en su ciudad, ²⁹para que cuando vengan los levitas, a quienes no les ha tocado tener su propia tierra, o los extranjeros que viven entre ustedes, o los huérfanos y las viudas, puedan comer hasta quedar satisfechos. Así el Señor su Dios los bendecirá en todo lo que hagan.

### El año del perdón de deudas

**15** ¹"Cada siete años perdonarás lo que otros te deban.ᵖ
²Este perdón consistirá en lo siguiente: Toda persona que haya prestado algo a su prójimo, le perdonará lo que le haya prestado. Ya no deberá exigir a su prójimo o a su compatriota que le pague, porque será proclamado el año del perdón de deudas en honor del Señor. ³Al extranjero le podrás exigir que te pague el préstamo que le hiciste, pero a tu compatriota deberás perdonarle lo que haya recibido de ti. ⁴De esta manera no habrá pobres entre ustedes, pues el Señor tu Dios te bendecirá en el país que él te va a dar como herencia, ⁵siempre y cuando te obedezcas y pongas en práctica todos estos mandamientos que yo te he dado hoy. ⁶Sí, el Señor tu Dios te bendecirá, tal como te lo ha prometido, y tendrás para prestar a muchas naciones, pero tú no tendrás que pedir prestado; dominarás a muchas naciones, pero ellas no te dominarán a ti.

⁷"Si hay algún pobre entre tus compatriotas en alguna de las ciudades del país que el Señor tu Dios te da, no seas inhumano ni le niegues tu ayuda a tu compatriota necesitado; ⁸al contrario, sé generoso con él y préstale lo que necesite.�q ⁹No des lugar en tu mente a este malvado pensamiento: 'Ya está cerca el año séptimo, el año en que se perdonan las deudas', y entonces pongas mala cara a tu compatriota que se halla en la pobreza, y no le prestes nada; porque él clamará contra ti al Señor, y tal acción se te contará como pecado. ¹⁰Debes ayudarlo siempre y sin que te pese, porque por esta acción el Señor tu Dios te bendecirá en todo lo que hagas y emprendas. ¹¹Nunca dejará de haber necesitados en la tierra,ʳ y por eso yo te mando que seas generoso con aquellos compatriotas tuyos que sufran pobreza y miseria en tu país.

### Leyes sobre los esclavos
#### (Ex 21.1-11)

¹²"Si alguno de tus compatriotas hebreos, sea hombre o mujer, se vende a ti como esclavo,ˢ sólo te servirá seis años; al séptimo año lo dejarás en libertad. ¹³Y cuando lo despidas, no lo dejarás ir con las manos vacías, ¹⁴sino que le darás animales de tu rebaño y mucho trigo y vino; es decir, compartirás con él los bienes que el Señor tu Dios te haya dado. ¹⁵No olvides que también tú fuiste esclavo en Egipto, y que el Señor tu Dios te dio libertad. Por eso ahora te doy esa orden.

¹⁶"Pero si tu esclavo dice que no quiere dejarte porque siente cariño por ti y por tu familia, y porque lo tratas bien, ¹⁷entonces tomarás un punzón y, arrimándolo a la puerta de tu casa, le atravesarás la oreja; de esta manera será esclavo tuyo para siempre. Lo mismo harás si se trata de tu esclava. ¹⁸No te parezca mal dejar en libertad a tus esclavos, pues durante seis años te han servido por la mitad de lo que le habrías pagado a un jornalero; además, el Señor tu Dios te bendecirá en todo lo que hagas.

### Consagración de los primeros animales machos

¹⁹"Todo primer macho que nazca de tus vacas o de tus ovejas, deberás consagrarlo al Señor tu Dios.ᵗ

"No hagas trabajar al primer ternerito de tus vacas, ni esquiles al primer corderito de tus ovejas. ²⁰Cada año los comerás junto con tu familia y delante del Señor tu Dios, en el lugar que él haya escogido. ²¹Pero si tiene algún defecto, o es cojo o ciego, o tiene cualquier otra falta, no lo presentarás en sacrificio al Señor. ²²Lo comerás en la ciudad donde vivas, y todos podrán comer de él, estén o no estén ritualmente puros, como cuando se come la carne de gacela o de ciervo. ²³Pero no debes comer su sangre,ᵘ sino derramarla en la tierra como agua.

### *Fiestas anuales*
#### (Ex 23.14-17; 34.18-24)

**16** ¹"Cuando llegue el mes de Abib, cumplan con la celebración de la Pascuaᵛ en honor del Señor su Dios, porque fue en una noche de ese mes cuando el Señor su Dios los sacó de Egipto.

²"Durante la Pascua ofrecerán vacas y ovejas en sacrificio al Señor su Dios, en el lugar que él haya escogido como residencia de su nombre.

³"El animal sacrificado lo comerán con pan sin levadura. Durante siete días comerán pan sin levadura, que es el pan del sufrimiento, pues tuvieron que salir de Egipto muy aprisa; así, mientras ustedes vivan, se acordarán del día en que salieron de Egipto. ⁴En estos siete días no deberá haber levadura en todo el territorio de ustedes, y de la carne que se ofrece en sacrificio la tarde del primer día no debe quedar nada para la mañana siguiente. ⁵No deben ofrecer el sacrificio de la Pascua en cualquier ciudad de las que el Señor su Dios les da, ⁶sino únicamente en el lugar que él escoja como residencia de su nombre, y deben ofrecerlo por la tarde, al ponerse el sol, que es la hora en que ustedes salieron de Egipto. ⁷La carne ofrecida la cocerán y comerán en el lugar que el Señor su Dios haya escogido, y a la mañana siguiente regresarán a su casa. ⁸Durante seis días comerán pan sin levadura, y el día séptimo se celebrará una reunión especial en honor del Señor su Dios; ese día no deberán ustedes hacer ninguna clase de trabajo.

⁹"Cuando hayan pasado siete semanas, a partir del día en que comenzó la cosecha de trigo, ¹⁰celebrarán la fiesta de las Semanasʷ en honor del Señor su Dios, y presentarán sus ofrendas voluntarias según los bienes con que el Señor su Dios los haya bendecido. ¹¹Y harán fiesta delante del Señor su Dios, en el lugar que él haya escogido como residencia de su nombre, junto con sus hijos y sus esclavos, y con los levitas, extranjeros, huérfanos y viudas que habiten en su población. ¹²Recuerden que también ustedes fueron esclavos en Egipto; por lo tanto, pongan en práctica todas estas leyes.

¹³"Una vez que hayan terminado de cosechar su trigo y de exprimir sus uvas, celebrarán durante siete días la fiesta de las Enramadas.ˣ ¹⁴Alégrense en esta fiesta junto con sus hijos y sus esclavos, y con los levitas, extranjeros, huérfanos y viudas que vivan en su ciudad. ¹⁵Esta fiesta la celebrarán en honor del Señor su Dios durante siete días, en el lugar que él haya escogido; porque el Señor su Dios los bendecirá en todas sus cosechas y en todo su trabajo, y serán ustedes completamente dichosos.

¹⁶"Todos los varones deberán presentarse tres veces al año ante el Señor su Dios, en el lugar que él haya escogido, durante las siguientes fiestas: la de los Panes sin levadura, la de las Semanas y la de las Enramadas. Nadie deberá presentarse ante el Señor con las manos vacías, ¹⁷sino que cada uno llevará sus ofrendas conforme a los bienes con que el Señor su Dios lo haya bendecido.

### *Reglas para administrar justicia*

¹⁸"Nombren jueces y oficiales para todas las ciudades que el Señor su Dios le va a dar a cada tribu, para que juzguen al pueblo con verdadera justicia. ¹⁹No perviertan la justicia; no hagan ninguna diferencia entre unas personas y otras, ni se dejen sobornar, pues el soborno ciega los ojos de los sabios y pervierte las palabras de las personas justas.ʸ ²⁰La justicia, y sólo la justicia, es lo que ustedes deben seguir, para que vivan y posean el país que el Señor su Dios les da.

²¹"No planten ningún árbol para honrar a un ídolo,ᶻ ni lo pongan junto al altar del Señor su Dios. ²²No levanten piedras de culto pagano,ᵃ pues esto le repugna al Señor su Dios.

**17** ¹"No ofrezcan como sacrificio al Señor su Dios ningún toro ni oveja que tenga defecto o alguna cosa mala, porque eso le es repugnante.

²"Si en alguna de las poblaciones que el Señor su Dios les da se descubre que algún hombre o mujer hace lo que al Señor le desagrada, y falta a su pacto ³adorando a otros dioses y arrodillándose ante ellos, ya sea ante el sol, la luna o las estrellas, que es algo que el Señor no ha mandado, ⁴y si llegan a saberlo, investiguen bien el asunto; y si resulta verdad

---

ᵘ **15.23** Gn 9.4; Lv 7.26-27; 17.10-14; 19.26; Dt 12.16,23.    ᵛ **16.1-8** Ex 12.1-20; Lv 23.5-8; Nm 28.16-25.    ʷ **16.9-12** Lv 23.15-21; Nm 28.26-31.    ˣ **16.13-15** Lv 23.33-36,39-43; Nm 29.12-38.    ʸ **16.19** Ex 23.6-8; Lv 19.15.    ᶻ **16.21** Ex 34.13.    ᵃ **16.22** Ex 23.24; Lv 26.1.

que un acto tan repugnante se ha cometido en Israel, [5]llevarán ante el tribunal de la ciudad a quien haya cometido esta mala acción y lo condenarán a morir apedreado.[b]

[6]"La sentencia de muerte se dictará sólo cuando haya declaración de dos o tres testigos, pues por la declaración de un solo testigo nadie podrá ser condenado a muerte.[c] [7]Los testigos serán los primeros en arrojarle piedras al condenado, y después lo hará todo el pueblo. Así acabarán con el mal que haya en medio de ustedes.[d]

[8]"Si tienen que juzgar un caso demasiado difícil, ya sea de muerte, pleito, heridas corporales o cualquiera otra cosa que ocurra en su ciudad, vayan al lugar que el Señor su Dios haya escogido [9]y pónganse en contacto con los sacerdotes levitas y con el juez de turno para exponerles el caso. Ellos dictarán entonces la sentencia que corresponda al caso, [10]y ustedes la aplicarán siguiendo al pie de la letra sus instrucciones. [11]Hagan todo tal y como ellos lo indiquen, aplicando la sentencia que dicten sin hacerle ningún cambio. [12]Pero al que actúe movido por la soberbia y desobedezca la decisión del sacerdote que está allí sirviendo al Señor, o la del juez, se le condenará a muerte. Así acabarán ustedes con la maldad en Israel, [13]y cuando el pueblo lo sepa, tendrá miedo y dejará de hacer las cosas con soberbia.

## Instrucciones en cuanto a los reyes

[14]"Si cuando hayan entrado en el país que el Señor su Dios les va a dar, y lo hayan conquistado y vivan en él, dicen: 'Queremos tener un rey que nos gobierne,[e] como lo tienen todas nuestras naciones vecinas', [15]deberán poner como rey de su nación a aquel compatriota de ustedes que el Señor su Dios escoja. No deben tomar como rey a un extranjero, a uno que no sea su compatriota. [16]Pero ese rey no deberá adquirir muchos caballos, ni enviar gente a Egipto para aumentar su caballería,[f] pues el Señor les ha dicho: 'Nunca más vuelvan por este camino.' [17]Tampoco deberá tener muchas mujeres,[g] para que no se descarríe; ni adquirir grandes cantidades de oro y plata.[h]

[18]"Cuando el rey tome posesión del poder, mandará que le hagan una copia escrita de esta enseñanza, tomada del original que está al cuidado de los sacerdotes levitas. [19]Siempre deberá tener esa copia consigo, y leerla todos los días de su vida, para que aprenda a reverenciar al Señor su Dios, a respetar todo el contenido de esta enseñanza y a poner en práctica sus mandatos, [20]para que no se crea superior a sus compatriotas ni se aparte para nada de estos mandamientos. Así, tanto él como sus descendientes tendrán un largo reinado en Israel.

## Derechos de los sacerdotes levitas

18 [1]"Los sacerdotes levitas, es decir, todos los de la tribu de Leví, no tendrán parte ni herencia como los demás israelitas. Tendrán que mantenerse de los sacrificios que se ofrecen al Señor, y de lo que a él le corresponde. [2]No recibirán herencia como sus compatriotas, ya que su herencia es el Señor, como él lo ha dicho.[i]

[3]"Los derechos que los sacerdotes tienen sobre los sacrificios de toros o corderos ofrecidos por la gente, son los siguientes: les tocará la espaldilla, la quijada y el cuajar, [4]y también los primeros frutos de trigo, vino y aceite, y la primera lana que se corte a las ovejas; [5]pues el Señor su Dios los ha elegido a ellos, de entre todas las tribus, para que padres e hijos tengan siempre a su cargo el culto al Señor.

[6]"Cuando un levita de alguna población de ustedes, de cualquier lugar de Israel, se sienta movido a venir al lugar escogido por el Señor, [7]podrá oficiar allí como sacerdote en el nombre del Señor, lo mismo que todos sus compañeros levitas que están allí sirviendo al Señor, [8]y recibirá la misma porción de alimentos que ellos reciben, además de lo que obtenga de la herencia de su padre.

## Advertencias contra prácticas paganas

[9]"Cuando hayan entrado ustedes en el país que el Señor su Dios les va a dar, no imiten las horribles costumbres de esas naciones. [10]Que nadie de ustedes ofrezca en sacrificio a su hijo haciéndolo pasar por el fuego, ni practique la adivinación, ni pretenda predecir el futuro,[j] ni se dedique a la hechicería[k] [11]ni a los encantamientos, ni consulte a los adivinos y a los que invocan a los espíritus,[l] ni consulte a

---

[b] 17.2-5 Ex 22.20.   [c] 17.6 Nm 35.30; Dt 19.15; Mt 18.16; 2 Co 13.1; 1 Ti 5.19; He 10.28.   [d] 17.7 1 Co 5.13.   [e] 17.14 1 S 8.5.   [f] 17.16 1 R 10.28; 2 Cr 1.16; 9.28.   [g] 17.17 1 R 11.1-8.   [h] 17.17 1 R 10.14-22,27; 2 Cr 1.15; 9.27.   [i] 18.2 Nm 18.20.   [j] 18.10 Lv 19.26.   [k] 18.10 Ex 22.18.   [l] 18.11 Lv 19.31.

los muertos. ¹²Porque al Señor le repugnan los que hacen estas cosas. Y si el Señor su Dios arroja de la presencia de ustedes a estas naciones, es precisamente porque tienen esas horribles costumbres. ¹³Ustedes deben ser perfectos en su relación con Dios.ᵐ ¹⁴Esas naciones, cuyo territorio van ustedes a poseer, hacen caso a los que pretenden predecir el futuro y a los adivinos, pero a ustedes el Señor su Dios no les permite semejante cosa.

### El profeta que ha de venir

¹⁵"El Señor su Dios hará que salga de entre ustedes un profeta como yo, y deberán obedecerlo.ⁿ ¹⁶Esto es en realidad lo que ustedes pidieron al Señor su Dios en el monte Horeb, el día en que todos se reunieron allí y dijeron: 'No queremos oír otra vez la voz del Señor nuestro Dios, ni ver este gran fuego, para no morir.' ¹⁷Entonces el Señor me dijo: 'Está bien lo que han dicho. ¹⁸Yo haré que salga de entre ellos un profeta como tú, uno que sea compatriota de ellos y que les diga lo que yo le ordene decir, y les repita lo que yo le mande. ¹⁹A todo aquel que no haga caso de lo que ese profeta diga en mi nombre, yo le pediré cuentas.ñ ²⁰Pero el profeta que presuma de hablar en mi nombre y diga algo que yo no le haya mandado decir, o hable en nombre de otros dioses, será condenado a muerte.' ²¹Y si ustedes piensan: '¿Cómo podremos saber que lo que se ha dicho no es la palabra del Señor?', deben tener esto en cuenta: ²²Si lo que el profeta ha dicho en nombre del Señor no se cumple, es señal de que el Señor no lo dijo,º sino que el profeta habló movido sólo por su orgullo; por lo tanto, no le tengan miedo.

### Ciudades de refugio
#### (Nm 35.9-28; Jos 20.1-9)

**19** ¹"Cuando el Señor su Dios haya destruido a las naciones y les dé a ustedes posesión de las tierras que ahora son de ellas, y ustedes ocupen sus ciudades y sus casas, ²apartarán tres ciudadesᵖ del país que el Señor su Dios les da en propiedad, ³y arreglarán el camino que lleva a ellas. Además, dividirán en tres partes el territorio que el Señor su Dios les da en posesión, para que todo aquel que mate a

una persona pueda refugiarse en cualquiera de ellas. ⁴El que mató podrá huir allí y salvar su vida, si demuestra que lo hizo sin intención y sin que hubiera enemistad entre ellos. ⁵Por ejemplo, si alguien va con su compañero al bosque a cortar leña y, al dar el hachazo, se le escapa el hacha del mango y alcanza a su compañero y lo mata, podrá huir a una de esas ciudades, y de esta manera salvará su vida. ⁶De lo contrario, si el camino es largo, un pariente cercano del muerto, que quiera vengarlo, perseguirá con rabia al que lo mató y puede alcanzarlo y matarlo, cuando en realidad no merecía la muerte, puesto que nunca antes fueron enemigos. ⁷Por eso les mando que aparten tres ciudades, ⁸y cuando el Señor su Dios agrande el territorio de ustedes y les dé toda la tierra, tal como lo prometió a los antepasados de ustedes, ⁹entonces añadirán ustedes otras tres ciudades de refugio a las tres que ya tenían (siempre y cuando pongan en práctica estos mandamientos que hoy les doy, o sea, que amen al Señor su Dios y sigan siempre sus caminos). ¹⁰De esta manera no se derramará sangre inocente dentro de este país que el Señor su Dios les da en propiedad, ni caerá sobre ustedes la responsabilidad de ninguna muerte.

¹¹"Pero si un hombre es enemigo de otro y le sigue los pasos, y llegada la ocasión se lanza sobre él y lo mata, y huye después a una de las ciudades de refugio, ¹²entonces los ancianos de su ciudad darán la orden de que se le arreste y se le entregue en manos del pariente más cercano del muerto, para que sea condenado a muerte. ¹³No le tengan compasión, y así evitarán que se derrame sangre inocente en Israel. Entonces todas las cosas les saldrán bien.

¹⁴"En el país que el Señor su Dios les va a dar, respetarán los límites de la propiedad de su vecino,�q tal como fueron fijados en tiempos pasados.

### Ley contra los testigos falsos

¹⁵"La acusación de un solo testigo no será suficiente para demostrar que una persona ha cometido un crimen, delito o falta. Sólo valdrá la acusación cuando la presenten dos o tres testigos.ʳ
¹⁶"Si algún malvado se presenta como testigo falso contra alguien, y lo acusa de

ᵐ 18.13 Mt 5.48.   ⁿ 18.15 Hch 3.22; 7.37.   ñ 18.19 Hch 3.23.   º 18.21-22 Jer 28.9.   ᵖ 19.1-13 Jos 20.1-9.   q 19.14 Dt 27.17; Job 24.2; Pr 22.28; Os 5.10.   ʳ 19.15 Nm 35.30; Dt 17.6; Mt 18.16; Jn 19.31; 2 Co 13.1; 1 Ti 5.19; He 10.28.

haber cometido un delito, [17]entonces las dos personas en pleito se presentarán ante el Señor y ante los sacerdotes y jueces que en aquellos días estén en funciones. [18]Los jueces examinarán el caso con toda atención, y si resulta falsa la declaración presentada por el testigo contra la otra persona, [19]se le hará sufrir la misma sentencia que él quería para el otro. Así acabarán con la maldad que haya en medio de ustedes.[s] [20]Y cuando los demás lo sepan, tendrán miedo y ya no se atreverán a cometer una acción tan mala. [21]No tengan compasión: cobren vida por vida, ojo por ojo, diente por diente,[t] mano por mano, pie por pie.

### Leyes de guerra

**20** [1]"Si al salir ustedes a combatir a sus enemigos ven que ellos cuentan con caballería y carros de guerra, y con un ejército más numeroso que el de ustedes, no les tengan miedo, pues ustedes cuentan con el Señor su Dios, que los sacó de Egipto. [2]Y cuando llegue la hora de la batalla, el sacerdote se dirigirá al ejército [3]y dirá: 'Escuchen, israelitas, hoy van a luchar contra sus enemigos. No se desanimen ni tengan miedo; no tiemblen ni se asusten, [4]porque el Señor su Dios está con ustedes; él luchará contra los enemigos de ustedes y les dará la victoria.'

[5]"Luego hablarán los jefes, y dirán: 'Si alguno de ustedes ha construido una casa nueva y todavía no ha vivido en ella, que se vaya a su casa, no sea que muera en la batalla y sea otro el que la estrene. [6]Y si alguno de ustedes ha plantado un viñedo y aún no ha podido disfrutar de él, que se vaya a su casa, no sea que muera en el combate y sea otro el que recoja las uvas. [7]Y si alguien está comprometido en matrimonio y todavía no se ha casado, que se vaya a su casa, no sea que muera en la lucha y otro se case con su prometida.'

[8]"Después los jefes se dirigirán de nuevo al ejército y dirán: 'Si alguno tiene miedo y le falta valor, que se vaya a su casa para que no acobarde también a sus compañeros.' [9]Y cuando los jefes hayan terminado de hablar, los capitanes se pondrán a la cabeza del ejército. [*]

[10]"Cuando se acerquen ustedes a una ciudad para atacarla, primero deben proponer la paz. [11]Si los habitantes de la ciudad aceptan la paz y los dejan entrar, entonces les servirán a ustedes como esclavos en trabajos forzados. [12]Pero si no hacen la paz con ustedes, sino que les declaran la guerra, ustedes rodearán la ciudad y la atacarán. [13]El Señor su Dios la hará caer en poder de ustedes, y ustedes matarán a filo de espada a todos sus habitantes. [14]Las mujeres, los niños, el ganado y todo lo que haya en la ciudad, será para ustedes; podrán disfrutar de todo lo que el Señor su Dios les permita tomar del enemigo. [15]Esto mismo harán ustedes con todas las ciudades que estén lejos de donde habiten y que no formen parte de estas naciones. [16]Pero en las ciudades de estas naciones que el Señor su Dios les da en propiedad, no deben ustedes dejar nada con vida, [17]sino que destinarán a la destrucción, como sacrificio al Señor, a los hititas, amorreos, cananeos, ferezeos, heveos y jebuseos, tal como él lo ha ordenado, [18]para que no les enseñen a ustedes a hacer las mismas cosas horribles que ellos hacen en honor de sus dioses, y les hagan pecar contra el Señor su Dios.[u]

[19]"Si para tomar ustedes una ciudad tienen que sitiarla por mucho tiempo, no derriben sus árboles a golpe de hacha, pues necesitarán sus frutos como alimento; además, son tan sólo árboles del campo, y no hombres que puedan defenderse del ataque de ustedes. [20]Sin embargo, podrán derribar los árboles que no sean frutales y que les sirvan para sitiar la ciudad que estén atacando, hasta que caiga en su poder.

### Casos de muerte sin explicación

**21** [1]"Si en el país que el Señor su Dios les va a dar en propiedad se encuentra en el campo el cadáver de una persona asesinada, sin que se sepa quién la mató, [2]los ancianos y los jueces calcularán la distancia que haya entre el lugar donde se encuentre el cadáver y las ciudades más cercanas. [3]Entonces los ancianos de la ciudad más cercana tomarán una ternera a la que todavía no se le haya puesto yugo, [4]la bajarán a un arroyo que siempre lleve agua y donde nunca se haya labrado ni sembrado, y allí mismo le romperán el pescuezo.

[5]"Después se acercarán los sacerdotes levitas, pues el Señor los eligió para que tengan a su cargo los servicios del culto y bendigan en el nombre del Señor. En todo caso de pleito o disputa, su decisión será

final. ⁶Luego, todos los ancianos de la ciudad se lavarán las manos sobre la ternera muerta, ⁷y harán la siguiente declaración: 'Nosotros no matamos a ese hombre, ni vimos cómo lo mataron. ⁸Perdona, Señor, a tu pueblo Israel, que tú has rescatado, y no lo culpes de la muerte de un inocente.' Así no se les pedirá cuentas de la muerte de esa persona, ⁹y ustedes harán lo que es recto a los ojos del Señor y quitarán de entre ustedes la culpa de esa muerte.

### Ley sobre prisioneras de guerra

¹⁰"Cuando presenten batalla contra sus enemigos, y el Señor su Dios les haga caer prisioneros en manos de ustedes, ¹¹si alguno de ustedes ve entre ellos una mujer hermosa, y se enamora de ella y la toma por esposa, ¹²deberá llevarla a su casa y hará que se rape la cabeza, se corte las uñas, ¹³se quite el vestido que llevaba cuando cayó prisionera y se quede a vivir en casa de él, llorando a sus padres durante todo un mes. Después de eso podrá el israelita entrar en relaciones con ella; él será su marido, y ella su mujer. ¹⁴Si después resulta que no le gusta, podrá dejarla en libertad; pero no podrá venderla por dinero ni tratarla como esclava, ya que la ha deshonrado.

### Derechos del hijo mayor

¹⁵"Si un hombre tiene dos mujeres, y ama a una y a la otra no, pero las dos le dan hijos y el hijo mayor es de la mujer a la que no ama, ¹⁶cuando llegue el día en que ese hombre reparta sus bienes entre sus hijos, no podrá tratar como hijo mayor al de la mujer que ama, pues perjudicaría al hijo de la mujer aborrecida, que es realmente el mayor. ¹⁷Tendrá que reconocer a éste como su hijo mayor y darle una doble parte de los bienes que le correspondan, porque él es el primer fruto de su fuerza y tiene todos los derechos de hijo mayor.

### Castigo para los hijos rebeldes

¹⁸"Si alguien tiene un hijo desobediente y rebelde, que no hace caso de lo que le dicen sus padres, y que ni siquiera cuando lo castigan los obedece, ¹⁹sus padres deberán llevarlo ante el tribunal de los ancianos de la ciudad, ²⁰y decirles: 'Nuestro hijo es desobediente y rebelde; no nos obedece en nada, es un pervertido y un borracho.' ²¹Entonces todos los hombres de la ciudad lo matarán a pedradas. Así acabarán ustedes con la maldad que haya en medio de su pueblo y, al saberlo, los israelitas sentirán temor.

### Leyes diversas

²²"Si un hombre es condenado a morir colgado de un árbol por haber cometido un grave delito, ²³su cuerpo no deberá dejarse allí toda la noche, sino que tendrá que ser enterrado el mismo día, porque es maldito de Dios el que muere colgado de un árbol,ᵛ y ustedes no deben convertir en impura la tierra que el Señor su Dios les va a dar en propiedad.

**22** ¹"Si alguno de ustedes ve perdido el buey o la oveja de su compatriota, no debe desentenderse de ello, sino llevárselo a su compatriota. ²Pero si el dueño no es vecino ni conocido suyo, entonces llevará el animal a su casa y lo tendrá allí hasta que su compatriota lo reclame; entonces deberá devolvérselo. ³Lo mismo deberán hacer con el asno, el manto o cualquier otra cosa que alguien pierda y que alguno de ustedes encuentre. No se desentiendan del asunto.

⁴"Si alguno de ustedes ve caído en el camino el asno o el buey de su compatriota, no debe desentenderse de ello, sino ayudarle a levantarlo.ʷ

⁵"La mujer no debe usar ropa de hombre, ni el hombre debe usar ropa de mujer, porque al Señor le repugna todo aquel que hace estas cosas.

⁶"Si alguien encuentra en su camino algún nido de pájaros en un árbol o en el suelo, con polluelos o huevos, y la madre echada sobre ellos, no debe quedarse con la madre y los polluelos; ⁷debe quedarse sólo con los polluelos y dejar que la madre se vaya. Así será dichoso y tendrá una larga vida.

⁸"Cuando alguno de ustedes construya una casa nueva, deberá poner un muro de protección alrededor de la azotea; así evitará que su familia sea culpable de una muerte en caso de que alguien se caiga de la casa.

⁹"No siembren en su viñedo más de una clase de semilla, para que no se les impida usar⁶ tanto lo que sembraron como toda la cosecha del viñedo.

¹⁰"No aren su campo con una yunta formada por un buey y un asno.

---

⁶ Lit. *para que no consagres.* Lo consagrado a Dios no podía ya usarse como cosa personal.
ᵛ **21.23** Gá 3.13.    ʷ **22.1-4** Ex 23.4-5.

[11]"No se pongan ropa tejida con una mezcla de lana y lino.[x]

[12]"Pongan borlas con flecos en las cuatro puntas del manto con que se cubren.[y]

### Leyes sobre la castidad

[13]"Si un hombre toma a una mujer por esposa, y después de unirse a ella le pierde cariño [14]y, alegando que ella le ha faltado, le crea mala fama diciendo: 'Yo me casé con esta mujer, pero en nuestras relaciones me encontré con que ya no era virgen', [15]entonces los padres de la joven tomarán la prueba de su virginidad y la presentarán al tribunal de los ancianos de la ciudad, [16]y el padre de la joven dirá a los ancianos: 'Yo di mi hija por esposa a este hombre, pero ahora él ha dejado de quererla [17]y la acusa de haberle faltado, alegando que mi hija ya no era virgen. Sin embargo, aquí está la prueba de que sí lo era.' Y diciendo esto, extenderá la sábana delante de los ancianos. [18]Entonces ellos apresarán al hombre y lo castigarán, [19]condenándolo a pagar una multa de cien monedas de plata, que deberá entregar al padre de la joven por crearle mala fama a una muchacha virgen de Israel. Además, ella seguirá siendo su mujer y no podrá divorciarse de ella en toda su vida.

[20]"Pero si resulta cierto que la joven ya no era virgen, [21]la sacarán a las puertas de la casa de su padre y los hombres de la ciudad la matarán a pedradas, por cometer una maldad tan grande en Israel y deshonrar la casa misma de su padre. Así acabarán con el mal que haya en medio de ustedes.[z]

[22]"Si un hombre es sorprendido acostado con una mujer casada, los dos serán condenados a muerte. Así acabarán ustedes con el mal que haya en Israel.

[23]"Si una muchacha virgen es prometida de un hombre, y otro hombre la encuentra en la ciudad y se acuesta con ella, [24]serán llevados los dos ante el tribunal de la ciudad, donde serán condenados a morir apedreados:[a] la joven por no pedir socorro estando en plena ciudad, y el hombre por deshonrar a la mujer de su prójimo. Así acabarán con el mal que haya en medio de ustedes.

[25]"Pero si un hombre encuentra en el campo a la prometida de otro hombre y la obliga a acostarse con él, entonces sólo se dará muerte al hombre que se acostó con

ella. [26]A la joven no se le hará nada, porque no ha cometido ningún delito que merezca la muerte; se trata de un caso semejante del hombre que ataca a otro hombre y lo mata; [27]porque él la encontró a la joven sola en el campo y, aunque ella hubiera gritado, nadie habría podido socorrerla.

[28]"Si un hombre encuentra a una muchacha virgen y sin compromiso de matrimonio, y la obliga a acostarse con él, y son descubiertos, [29]entonces el hombre tendrá que entregar al padre de la joven cincuenta monedas de plata; y, como la ha deshonrado, tendrá que tomarla por mujer y no podrá divorciarse de ella en toda su vida.[b]

[30c]"Nadie debe tener relaciones sexuales con la mujer de su padre, pues con ello lo deshonra.[d]

### Gente excluida de la comunidad

**23** [1]"El que tenga los testículos aplastados o amputado su miembro viril, no podrá ser admitido en la congregación del Señor.

[2]"El hijo bastardo no podrá ser admitido en la congregación del Señor, ni aun después de la décima generación.

[3]"Los amonitas y los moabitas no serán nunca admitidos en la congregación del Señor, ni aun después de la décima generación; [4]porque cuando ustedes pasaron por su territorio, después de haber salido de Egipto, ellos no les ofrecieron agua ni alimentos; y además pagaron a Balaam, hijo de Beor, que venía de Petor de Mesopotamia, para que pronunciara una maldición contra ustedes.[e] [5]Pero el Señor su Dios no escuchó a Balaam, sino que convirtió su maldición en una bendición para ustedes,[f] porque los ama.[g] [6]No busquen, pues, ni la paz ni el bienestar de ellos en todos los días de su vida.

[7]"Sin embargo, no deben despreciar a los edomitas, porque son parientes de ustedes; ni tampoco a los egipcios, porque ustedes vivieron en su país; [8]la tercera generación de sus descendientes podrá entrar a formar parte de la congregación del Señor.

### Leyes sanitarias

[9]"Cuando se encuentren ustedes en guerra contra sus enemigos y hagan vida de campaña, procuren no cometer ningún

[x] 22.9-11 Lv 19.19.   [y] 22.12 Nm 15.37-41.   [z] 22.21,24 1 Co 5.13.   [a] 22.22-24 Lv 20.10; Jn 8.5.   [b] 22.28-29 Ex 22.16-17.   [c] Los vs. 22.30-23.25 corresponden a los vs. 23.1-26 en el texto hebreo.   [d] 22.30 Lv 18.8; 20.11; Dt 27.20.   [e] 23.4 Nm 22.1-6.   [f] 23.5 Nm 23.7-24.9.   [g] 23.3-5 Neh 13.1-2.

acto indecente. [10]Si alguno de ustedes se encuentra en estado de impureza por haber tenido un derrame durante el sueño, deberá salir del campamento y no entrar en él en todo el día. [11]Al caer la tarde se lavará con agua, y al ponerse el sol podrá entrar nuevamente en el campamento.

[12]"Para sus necesidades deberán ustedes tener un lugar fuera del campamento. [13]En su equipo deberán llevar siempre una estaca, para que cuando tengan que hacer sus necesidades, hagan un hoyo con la estaca y luego, cuando hayan terminado, tapen con tierra el excremento. [14]Porque el Señor su Dios anda entre ustedes, en el campamento, para protegerlos y darles la victoria sobre sus enemigos; por lo tanto, el campamento de ustedes debe ser un lugar santo, para que Dios no vea ninguna cosa indecente en él, pues de lo contrario se apartaría de ustedes.

### Leyes de asilo

[15]"Si un esclavo huye de su amo y les pide a ustedes asilo, no lo entreguen a su antiguo dueño. [16]Déjenlo que se quede a vivir con ustedes en la ciudad que más le guste y en el lugar que él escoja, y nadie deberá molestarlo.

### Prohibición de la prostitución cúltica

[17]"Ningún hombre ni ninguna mujer israelita deberá consagrarse a la prostitución practicada en cultos paganos.[h] [18]No permitan ustedes que en el templo del Señor su Dios se pague una promesa con el dinero ganado en ese tipo de prostitución, porque esa práctica le repugna al Señor.

[19]"No exigirán de un compatriota que les pague interés por el préstamo que le hayan hecho, sea de dinero, de comestibles o de cualquier cosa de las que se prestan cobrando interés. [20]Al extranjero podrán exigirle que les pague interés sobre un préstamo, pero no deberán hacerlo con un compatriota.[i] Así el Señor su Dios los bendecirá en todo lo que hagan en el país que van a ocupar.

[21]"Cuando hagan una promesa al Señor su Dios, no tarden en cumplirla,[j] pues tengan por seguro que el Señor su Dios les pedirá cuentas de ello y serán culpables de pecado. [22]Si no hacen ninguna promesa, no cometerán ningún pecado;

[23]pero si de una manera voluntaria hacen una promesa al Señor su Dios, entonces deberán cumplirla.

[24]"Cuando entren en el viñedo de su prójimo, podrán comer todas las uvas que quieran, pero no podrán llevarse ninguna en la cesta. [25]Si entran en su trigal, podrán arrancar espigas con la mano, pero no cortar el trigo con una hoz.

### Leyes sobre el divorcio

**24** [1]"Si un hombre toma una mujer y se casa con ella, pero después resulta que no le gusta por haber encontrado en ella algo indecente, le dará por escrito un certificado de divorcio y la despedirá de su casa.[k] [2]Ella, después que haya abandonado la casa, podrá casarse con otro; [3]pero si su segundo marido también llega a despreciarla y le entrega un certificado de divorcio, despidiéndola de su casa, o si este segundo marido se muere, [4]entonces el que fue su primer marido no podrá volver a casarse con ella debido al estado de impureza en que ella se encuentra; esto sería un acto repugnante para el Señor, y ustedes no deben deshonrar el país que el Señor su Dios les da en propiedad.

### Leyes varias

[5]"Si un hombre está recién casado, no deberá ir a la guerra ni se le hará cumplir ninguna otra clase de servicio durante un año; así podrá estar libre en su casa todo ese tiempo, para felicidad de su mujer.

[6]"No pidan a nadie en prenda su molino de mano o la piedra de moler, pues eso sería como pedirle en prenda su propia vida.

[7]"Si un israelita es sorprendido raptando a un compatriota para convertirlo en esclavo o para venderlo, se le condenará a muerte,[l] para acabar así con la maldad que haya en medio de ustedes.[m]

[8]"En caso de lepra, cumplan fielmente todas las instrucciones que les den los sacerdotes Levitas. Deben hacerlo todo tal y como yo se lo he ordenado a ellos.[n] [9]Recuerden lo que hizo el Señor su Dios con María en el camino, después que ustedes salieron de Egipto.[ñ]

[10]"Si hacen un préstamo a su prójimo, no entren en su casa para tomar ninguna prenda suya. [11]Quédense afuera, y esperen a que él saque lo que va a dar en prenda.

---

[h] 23.17 Lv 19.29.   [i] 23.19-20 Ex 22.25; Lv 25.36-37; Dt 15.7-11.   [j] 23.21 Nm 30.1-16; Mt 5.33.   [k] 24.1 Mt 5.31; 19.7; Mr 10.4.   [l] 24.7 Ex 21.16.   [m] 24.7 I Co 5.13.   [n] 24.8 Lv 13.1-14.54.   [ñ] 24.9 Nm 12.10.

¹²Y si se trata de una persona pobre, no deben retener la prenda durante la noche; ¹³tienen que devolvérsela a la puesta del sol, para que así pueda taparse con su manto cuando se vaya a dormir. Así él los bendecirá y ustedes harán una buena acción delante del Señor su Dios.º

¹⁴"No exploten al que se halle en la miseria, ni le retengan su paga, ya sea que se trate de un compatriota de ustedes o de un extranjero que habite en alguna de sus ciudades. ¹⁵Páguenle su jornal el mismo día, antes de ponerse el sol, porque. es pobre y necesita ese dinero para poder vivir. De otra manera clamará contra ustedes al Señor, y ustedes serán culpables de pecado.ᵖ

¹⁶"Los padres no podrán ser condenados a muerte por culpa de lo que hayan hecho sus hijos, ni los hijos por lo que hayan hecho sus padres, sino que cada uno morirá por su propio pecado.�q

¹⁷"No cometan ninguna injusticia con los extranjeros ni con los huérfanos, ni tampoco tomen en prenda la ropa de las viudas. ¹⁸No olviden que ustedes fueron esclavos en Egipto, y que el Señor su Dios los sacó de allí; por eso les ordeno que cumplan todo esto.ʳ

¹⁹"Si al estar recogiendo la cosecha de su campo se olvidan ustedes de recoger un manojo de trigo, no regresen a buscarlo; déjenlo para que lo recoja algún extranjero de los que viven entre ustedes, o algún huérfano, o alguna viuda, a fin de que el Señor su Dios los bendiga a ustedes en todo lo que hagan.

²⁰"Cuando recojan las aceitunas de sus olivos, no repasen cada una de las ramas; las aceitunas que se queden, déjenlas para los extranjeros, los huérfanos y las viudas.

²¹"Al recoger las uvas de su viñedo, no repasen ustedes cada una de las plantas; lo que quede, déjenlo para los extranjeros, los huérfanos y las viudas.ˢ ²²Recuerden que también ustedes fueron esclavos en Egipto; por eso les ordeno que cumplan todo esto.

**25** ¹"Cuando algunos tengan un pleito, deberán presentarse ante el tribunal para que se les juzgue, y los jueces declararán inocente al que lo sea y condenarán al culpable. ²Si el culpable merece ser azotado, el juez ordenará que

se le tienda en el suelo y que en su presencia se le den los azotes que merezca la falta que ha cometido. ³En ningún caso se darán más de cuarenta azotes,ᵗ para evitar que aquel compatriota sufra un castigo demasiado duro y se sienta humillado ante ustedes.

⁴"No le pongan bozal al buey cuando esté trillando el grano.ᵘ

### Ley del levirato

⁵"Si dos hermanos comparten el mismo techo y uno de ellos muere sin dejar ningún hijo, la viuda no podrá casarse con ningún hombre de otra familia. El hermano de su marido deberá tomarla por esposa, y así cumplir con ella su deber de cuñado.⁷ ⁶El primer hijo que ella dé a luz llevará el nombre del hermano muerto, con el fin de que su nombre no desaparezca de Israel.ᵛ ⁷Pero si el hombre no quiere casarse con su cuñada, ella se presentará ante el tribunal y dirá a los ancianos: 'Mi cuñado no quiere que el nombre de su hermano se mantenga vivo en Israel; no quiere cumplir conmigo su deber de cuñado.' ⁸Entonces los ancianos de la ciudad lo llamarán y hablarán con él, y si él insiste en no casarse con ella, ⁹entonces su cuñada se acercará a él y en presencia de los ancianos le quitará la sandalia del pie, le escupirá en la cara y dirá: '¡Así se hace con el hombre que no quiere dar descendencia a su hermano!' ¹⁰Y su familia será conocida en Israel con el nombre de 'la familia del Descalzado'.ʷ

### Otras leyes

¹¹"Si dos hombres se están golpeando, y se acerca la mujer de uno de ellos para defender a su marido y agarra al otro por las partes genitales, ¹²ustedes ordenarán sin ninguna compasión que se le corte la mano a la mujer.

¹³⁻¹⁴"No usen en sus compras y ventas pesas y medidas falsas, ¹⁵sino pesas exactas y completas, para que vivan muchos años en el país que el Señor su Dios les va a dar. ¹⁶Porque al Señor le repugnan todos los que hacen estas cosas y cometen injusticias.ˣ

---

⁷ Se trata de la llamada "ley del levirato", que consistía en que un hombre debía casarse con la viuda de su hermano o pariente más cercano que hubiera muerto sin dejar hijos.
º **24.10-13** Ex 22.26-27.  ᵖ **24.14-15** Lv 19.13.  q **24.16** 2 R 14.6; 2 Cr 25.4; Jer 31.29-30; Ez 18.20.  ʳ **24.17-18** Ex 23.9; Lv 19.33-34; Dt 27.19.  ˢ **24.19-21** Lv 19.9-10; 23.22.  ᵗ **25.3** 2 Co 11.24.  ᵘ **25.4** 1 Co 9.9; 1 Ti 5.18.  ᵛ **25.5-6** Mt 22.24; Mr 12.19; Lc 20.28.  ʷ **25.7-10** Rt 4.7-8.  ˣ **25.13-16** Lv 19.35-36; Pr 11.1; 20.10; Am 8.5; Mi 6.11.

### La orden de exterminar a Amalec

[17] "Recuerden ustedes lo que les hizo Amalec cuando estaban en camino, después de haber salido de Egipto; [18]recuerden que, sin ningún temor de Dios, los atacó en el camino y se aprovechó de que ustedes estaban cansados y fatigados, y atacó por la espalda a los que estaban débiles y se habían quedado atrás. [19]Por lo tanto, cuando el Señor su Dios los haya librado de todos los enemigos que les rodean en el país que él les da en propiedad, deberán borrar de la tierra la memoria de Amalec. ¡No lo olviden![y]

### Ofrenda de los primeros frutos

**26** [1]"Cuando hayas entrado en la tierra que el Señor tu Dios te va a dar en propiedad, y te hayas establecido en ella, [2]tomarás los primeros frutos de la cosecha que te dé la tierra, y los llevarás en una cesta al lugar que el Señor tu Dios haya escogido como residencia de su nombre.[z] [3]Allí te presentarás al sacerdote en funciones, y le dirás: 'Yo declaro hoy, ante el Señor mi Dios, que ya he entrado en el país que el Señor juró a nuestros antepasados que nos daría.' [4]El sacerdote tomará la cesta que tú le entregues, y la pondrá ante el altar del Señor tu Dios; [5]entonces pronunciarás ante el Señor tu Dios la siguiente declaración:

'Mis antepasados fueron un pequeño grupo de arameos errantes, que emigraron a Egipto y se quedaron a vivir allí, convirtiéndose después en una nación grande, poderosa y numerosa. [6]Pero los egipcios nos maltrataron, nos oprimieron y nos hicieron sufrir cruel esclavitud. [7]Entonces pedimos al Señor y Dios de nuestros padres que nos ayudara, y él escuchó nuestras súplicas, y vio la miseria, los trabajos y la opresión de que éramos víctimas; [8]desplegó su gran poder y, en medio de un gran terror y de acontecimientos extraordinarios, nos sacó de Egipto [9]y nos trajo a este lugar, y nos dio esta tierra donde la leche y la miel corren como el agua. [10]Por eso traigo ahora los primeros frutos de la tierra que el Señor me ha dado.'

"En seguida pondrás la cesta delante del Señor tu Dios y te arrodillarás en su presencia. [11]Después harás fiesta por todos los bienes que el Señor tu Dios te ha dado a ti y a tu familia. También se unirán a tu alegría los levitas y los extranjeros que vivan entre ustedes.

### Ofrenda de la décima parte de todo

[12]"Cuando llegue el tercer año, que es cuando se da la décima parte de todo, y cuando hayas apartado ya la décima parte de todos tus frutos y se la hayas dado a los levitas y a los extranjeros que viven en tu país, y a los huérfanos y las viudas, para que puedan comer en tus poblaciones todo lo que quieran,[a] [13]declararás ante el Señor tu Dios:

'Ya he apartado de mi casa la parte de la cosecha que debe ser consagrada, y la he repartido entre los levitas y extranjeros que viven en nuestro país, y entre los huérfanos y las viudas, cumpliendo todo lo que tú me mandaste y sin desobedecer ni olvidar ninguno de tus mandamientos. [14]No he comido nada de ello mientras estuve de luto o en estado de impureza, ni lo he ofrecido a los muertos. Señor mi Dios, te he obedecido y he cumplido todo lo que me has ordenado. [15]Mira desde los cielos, desde tu santa mansión, y bendice a tu pueblo Israel y a la tierra que nos has dado, donde la leche y la miel corren como el agua, tal como lo prometiste a nuestros antepasados.'

### Israel, pueblo consagrado al Señor

[16]"El Señor tu Dios te manda hoy que pongas en práctica estas leyes y estos mandamientos; cúmplelos de todo corazón y con toda tu alma. [17]Tú has declarado hoy que el Señor es tu Dios, y has prometido seguir sus caminos y cumplir sus leyes, mandamientos y decretos, y obedecerlo siempre. [18]También el Señor ha declarado hoy que tú, Israel, eres el pueblo de su propiedad,[b] tal como te lo había prometido, y que cumplirás todos sus mandamientos. [19]El va a hacer de ti una nación superior en gloria, fama y honor a las demás naciones que hizo, y serás, como él lo ha dicho, un pueblo consagrado al Señor tu Dios."

### Las piedras memoriales en el monte Ebal

**27** [1]Moisés y los ancianos de Israel dieron al pueblo las siguientes órdenes:

*y* **25.17-19** Ex 17.8-14; 1 S 15.2-9.   *z* **26.2** Ex 23.19.   *a* **26.12** Dt 14.28-29.   *b* **26.18** Ex 19.5; Dt 4.20; 7.6; 14.2; Tit 2.14; 1 P 2.9.

"Cumplan todo lo que hoy les he ordenado. ²Cuando crucen el río Jordán y entren en la tierra que el Señor su Dios les va a dar, levantarán unas piedras grandes y las blanquearán con cal, ³para escribir en ellas todas estas instrucciones que les he dado. Háganlo en cuanto entren en esa tierra donde la leche y la miel corren como el agua, y que el Señor su Dios les va a dar, tal como lo prometió a los antepasados de ustedes. ⁴Así que, cuando hayan cruzado el río Jordán, deberán levantar sobre el monte Ebal las piedras que les he dicho, y blanquearlas con cal. ⁵⁻⁶También deberán construir allí un altar de piedra para el Señor su Dios. Las piedras deberán ser enteras y sin labrar.ᶜ Allí, en ese altar, ofrecerán al Señor su Dios holocaustos ⁷y sacrificios de reconciliación; y allí, ante el Señor su Dios, comerán y harán fiesta. ⁸En las piedras deberán escribir con toda claridad estas instrucciones que les he dado."ᵈ

⁹Después Moisés, acompañado de los sacerdotes levitas, dijo a los israelitas:

"Guarden silencio, israelitas, y escuchen. Hoy se han convertido ustedes en el pueblo del Señor su Dios. ¹⁰Por lo tanto, deben obedecerle y poner en práctica sus mandamientos y sus leyes que yo les ordeno hoy."

### Enumeración de las maldiciones

¹¹Ese mismo día Moisés dio al pueblo esta orden:

¹²"Cuando ustedes hayan cruzado el río Jordán, las tribus de Simeón, Leví, Judá, Isacar, José y Benjamín se colocarán en el monte Gerizim para la bendición del pueblo,ᵉ ¹³y las tribus de Rubén, Gad, Aser, Zabulón, Dan y Neftalí se colocarán en el monte Ebal para la maldición. ¹⁴Los levitas se dirigirán a todos los israelitas, y en voz alta pronunciarán la siguiente declaración:

¹⁵'Maldito sea el que haga un ídolo o una figura de metal fundido,ᶠ hecha por un artesano, y la ponga en un lugar oculto, pues eso le repugna al Señor.' Y todo el pueblo dirá: 'Así sea.'

¹⁶'Maldito sea el que trate con desprecio a su padre o a su madre.'ᵍ Y todo el pueblo dirá: 'Así sea.'

¹⁷'Maldito sea el que cambie los límites de la propiedad de su vecino para robarle terreno.'ʰ Y todo el pueblo dirá: 'Así sea.'

¹⁸'Maldito sea el que desvíe de su camino a un ciego.'ⁱ Y todo el pueblo dirá: 'Así sea.'

¹⁹'Maldito sea el que cometa una injusticia con un extranjero, una viuda o un huérfano.'ʲ Y todo el pueblo dirá: 'Así sea.'

²⁰'Maldito sea el que se acueste con la mujer de su padre,ᵏ pues con ello lo deshonra.' Y todo el pueblo dirá: 'Así sea.'

²¹'Maldito sea el que tenga relaciones sexuales con un animal.'ˡ Y todo el pueblo dirá: 'Así sea.'

²²'Maldito sea el que se acueste con su hermana, ya sea por parte de padre o por parte de madre.'ᵐ Y todo el pueblo dirá: 'Así sea.'

²³'Maldito sea el que se acueste con su suegra.'ⁿ Y todo el pueblo dirá: 'Así sea.'

²⁴'Maldito sea el que mate a traición a su prójimo.'ñ Y todo el pueblo dirá: 'Así sea.'

²⁵'Maldito sea el que reciba dinero por matar a una persona inocente.' Y todo el pueblo dirá: 'Así sea.'

²⁶'Maldito sea el que no respete estas instrucciones, ni las ponga en práctica.'ᵒ Y todo el pueblo dirá: 'Así sea.'

### Bendiciones para los que obedecen
*(Lv 26.3-13; Dt 7.12-24)*

**28** ¹"Si de veras obedeces al Señor tu Dios, y pones en práctica todos sus mandamientos que yo te ordeno hoy, entonces el Señor te pondrá por encima de todos los pueblos de la tierra. ²Además, todas estas bendicionesᵖ vendrán sobre ti y te alcanzarán por haber obedecido al Señor tu Dios. ³Serás bendito en la ciudad y en el campo. ⁴Serán benditos tus hijos y tus cosechas, y las crías de tus vacas, de tus ovejas y de todos tus animales. ⁵Serán benditos tu cesta y el lugar donde amasas la harina, ⁶y tú serás bendito en todo lo que hagas.

⁷"El Señor pondrá en tus manos a tus enemigos cuando te ataquen. Avanzarán contra ti en formación ordenada, pero huirán de ti en completo desorden.

ᶜ **27.5-6** Ex 20.25.   ᵈ **27.2-8** Jos 8.30-32.   ᵉ **27.12** Dt 11.29; Jos 8.33-35.   ᶠ **27.15** Ex 20.4; 34.17; Lv 19.4; 26.1; Dt 4.15-18; 5.8.   ᵍ **27.16** Ex 20.12; Dt 5.16.   ʰ **27.17** Dt 19.14; Job 24.2; Pr 22.28; Os 5.10.   ⁱ **27.18** Lv 19.14.   ʲ **27.19** Ex 22.21; 23.9; Lv 19.33-34; Dt 24.17-18.   ᵏ **27.20** Lv 18.8; 20.11; Dt 22.30.   ˡ **27.21** Ex 22.19; Lv 18.23; 20.15.   ᵐ **27.22** Lv 18.9; 20.17.   ⁿ **27.23** Lv 18.17; 20.14.   ñ **27.24** Ex 20.13; 21.12-14.   ᵒ **27.26** Jer 11.3; Gá 3.10.   ᵖ **28.1-14** Dt 11.13-17.

8"El Señor enviará su bendición sobre tus graneros y sobre todo lo que hagas, y te hará vivir feliz en el país que va a darte. 9"Si cumples sus mandamientos y sigues sus caminos, el Señor tu Dios te mantendrá como pueblo consagrado a él, tal como te lo ha jurado. 10Entonces todos los pueblos de la tierra verán que sobre ti se invoca el nombre del Señor, y te tendrán miedo. 11El Señor te mostrará su bondad dándote muchos hijos, muchas crías de tus ganados y abundantes cosechas en la tierra que a tus antepasados juró que te daría. 12Y te abrirá su rico tesoro, que es el cielo, para darle a tu tierra la lluvia que necesite; y hará prosperar todo tu trabajo. Podrás prestar a muchas naciones, pero tú no tendrás que pedir prestado a nadie. 13El Señor te pondrá en el primer lugar, y no en el último; siempre estarás por encima de los demás, y nunca por debajo, con tal de que atiendas a los mandamientos del Señor tu Dios, que yo te ordeno hoy, y los pongas en práctica, 14sin apartarte de ellos por seguir a otros dioses y rendirles culto.

## Consecuencias de la desobediencia
### (Lv 26.14-46)

15"Pero si no obedeces al Señor tu Dios, ni pones en práctica todos sus mandamientos y leyes que yo te he ordenado hoy, vendrán sobre ti y te alcanzarán todas estas maldiciones: 16Serás maldito en la ciudad y en el campo. 17Serán malditos tu cesta y el lugar donde amasas la harina. 18Serán malditos tus hijos y tus cosechas, y las crías de tus vacas, de tus ovejas y de todos tus animales. 19Y maldito serás tú en todo lo que hagas.

20"El Señor te enviará maldición, confusión y angustia en todo lo que hagas, y en muy poco tiempo te destruirán por completo, por haberlo abandonado con tus malas acciones. 21El Señor te enviará una peste que acabará contigo en el país que vas a ocupar. 22También te enviará epidemias mortales, fiebres malignas, inflamaciones, calor sofocante, sequía y plagas sobre tus trigales, epidemias que te perseguirán hasta destruirte. 23Allá arriba, el cielo te negará su lluvia; y aquí abajo, la tierra te negará sus frutos. 24El Señor hará caer sobre ti polvo y arena en vez de lluvia, hasta que seas destruido 25y aplastado por tus enemigos. Avanzarás contra ellos en formación ordenada, pero huirás de ellos en completo desorden, y serás motivo de espanto para todos los reinos de la tierra. 26Las aves y las fieras devorarán tu cadáver sin que nadie las espante.

27"El Señor te hará sufrir con llagas, como a los egipcios, y con tumores, sarna y tiña, y no podrás curarte de estas enfermedades. 28También te hará padecer locura, ceguera y confusión, 29y andarás a tientas, como el ciego en la oscuridad. Nada de lo que hagas te saldrá bien; te verás siempre oprimido y explotado, y nadie vendrá en tu ayuda. 30Te comprometerás para casarte, pero otro se acostará con tu prometida; te construirás una casa, pero no llegarás a habitarla; plantarás un viñedo, pero no disfrutarás de sus frutos; 31degollarán a tu toro delante de ti, pero no comerás de su carne; te quitarán tu asno en tu propia cara, y no te lo devolverán; tus ovejas caerán en manos de tus enemigos, y no habrá quien te ayude a rescatarlas. 32Ante tus propios ojos, tus hijos y tus hijas serán entregados a gente extranjera, y a todas horas querrás volver a verlos, pero nada podrás hacer. 33Las cosechas de tu tierra y el fruto de todo tu trabajo se lo comerá gente que nunca antes conociste, y sufrirás continuamente opresión y malos tratos. 34Cuando veas todas estas cosas, te volverás loco. 35El Señor te hará sufrir con llagas malignas en las rodillas y en los muslos y en todo el cuerpo, sin que puedas ser curado.

36"El Señor hará que a ti y a tu rey se los lleven a una nación que ni tú ni tus padres conocieron. Allí tendrás que servir a otros dioses, hechos de madera y de piedra,q 37y serás motivo de horror, de refrán y de burla en todos los pueblos donde te lleve el Señor. 38Sembrarás mucha semilla, pero recogerás poco fruto porque la langosta lo devorará. 39Plantarás viñedos y los cuidarás, pero no beberás su vino ni recogerás sus uvas porque los gusanos acabarán con todo. 40Tendrás olivos en toda tu tierra, pero no te perfumarás con su aceite porque las aceitunas se caerán solas. 41Tendrás hijos e hijas, pero no estarán contigo porque serán llevados cautivos a otros países. 42Todos los árboles y los frutos de tu tierra serán destruidos por la langosta. 43Los extranjeros que vivan en tu país se harán más y más poderosos, mientras que tú perderás más y más tu poder. 44Ellos podrán hacerte

q 28.36 Dt 4.27-28; 2 R 17.4-6; 25.8-12.

préstamos, y tú, por el contrario, no tendrás nada que prestar; los primeros lugares serán para ellos, y para ti los últimos.

[45]"Todas estas maldiciones vendrán sobre ti, y te perseguirán y te alcanzarán hasta acabar contigo, porque no quisiste obedecer al Señor tu Dios ni cumplir los mandamientos y leyes ordenados por él. [46]Estas cosas serán una prueba contundente contra ti y tu descendencia, para siempre, [47]por no haber adorado al Señor tu Dios con alegría y sinceridad cuando tantos bienes te había dado. [48]Tendrás que servir a los enemigos que el Señor enviará contra ti; sufrirás hambre, sed, falta de ropa y toda clase de miserias. El Señor te hará sufrir una dura esclavitud, hasta que seas destruido. [49]Desde el país más lejano del mundo, el Señor lanzará contra ti, con la rapidez de un águila en vuelo, una nación cuya lengua no entiendes; [50]gente de aspecto feroz, que no respetará a los ancianos ni tendrá compasión de los niños. [51]Se comerá las crías de tu ganado y los frutos de tu tierra, hasta arruinarte; no te dejará trigo, ni vino, ni aceite, ni las crías de tus vacas ni de tus ovejas, y morirás de hambre.

[52]"Rodeará todas tus ciudades y las atacará, hasta que se derrumben las murallas más altas y fortificadas en que habías puesto tu confianza; sí, rodeará y atacará todas las ciudades del país que te ha dado el Señor tu Dios. [53]Durante el ataque enemigo a tus ciudades, será tanta tu hambre que te comerás a tus propios hijos, los hijos y las hijas que el Señor tu Dios te dio. [54]Aun el hombre más delicado y amable entre ustedes mirará con malos ojos a su hermano, a su esposa amada y a los hijos que todavía le queden, [55]para no compartir con ellos la carne de sus hijos que él se coma. Y no habrá nada que comer durante el ataque y la horrible angustia que tu enemigo te hará sufrir en todas tus ciudades. [56]Aun la mujer más delicada y fina entre ustedes, que de tan delicada que era no quería pisar descalza el suelo, mirará con malos ojos a su esposo amado y a sus hijos [57]para no compartir[g] con ellos los hijos que dé a luz y la placenta que salga de sus entrañas,[r] pues no habrá nada que comer durante el ataque del enemigo a tus ciudades.

[58]"Si no pones en práctica todas las instrucciones escritas en este libro, ni respetas este glorioso e imponente nombre del Señor tu Dios, [59]él enviará grandes y terribles plagas sobre ti y sobre tus descendientes, y enfermedades malignas e incurables. [60]Hará que se repitan sobre ti todas las plagas de Egipto, que tanto espanto te causaron, y tendrás que sufrirlas constantemente. [61]Además, te enviará otras enfermedades y plagas que no se mencionan en este libro de la enseñanza, hasta acabar contigo. [62]Y tú, Israel, que eras tan numeroso como las estrellas del cielo, quedarás reducido a un pequeño número, por no haber obedecido al Señor tu Dios. [63]Y así como el Señor se complacía en hacerte bien y multiplicarte, ahora se complacerá en tu ruina y tu destrucción, pues serás arrancado violentamente del país que vas a ocupar. [64]El Señor te esparcirá por todas las naciones, de un extremo a otro de la tierra, y allí adorarás a dioses ajenos, dioses de madera y de piedra, que ni tú ni tus antepasados conocieron. [65]Y mientras vivas en esas naciones no tendrás tranquilidad ni reposo, porque el Señor te hará vivir asustado, con los ojos tristes y lleno de ansiedad. [66]Tu vida estará siempre en peligro; tendrás miedo de día y de noche, y nunca tendrás segura la vida. [67]Será tanto el miedo que tendrás, y tales las cosas que verás, que por la mañana dirás: '¡Ojalá que ya fuera de noche!', y por la noche dirás: '¡Ojalá que ya fuera de día!' [68]Y aunque el Señor te dijo que no volverías otra vez por el camino de Egipto, sin embargo te hará volver allí en barcos, y te venderá como esclavo a tus enemigos; pero no habrá nadie que te quiera comprar.''

### Pacto del Señor con Israel en Moab

**29** [1s]Estos son los términos del pacto que el Señor ordenó a Moisés hacer con los israelitas en el país de Moab, además del pacto que ya había hecho con ellos en el monte Horeb. [2]Moisés reunió a todos los israelitas y les dijo:

"Ustedes han visto todo lo que el Señor hizo en Egipto al faraón, a sus funcionarios y a todo su país, [3]y son testigos de esas grandes pruebas, señales y maravillas. [4]Pero hasta ahora el Señor no les ha dado entendimiento ni les ha permitido comprender el significado de todo ello.[t]

---

[g] *Para no compartir.* Esta frase no aparece en el texto hebreo. Pero véase v. 55.
[r] **28.57** 2 R 6.28-29; Lm 4.10.     [s] Los vs. 29.1-29 corresponden a los vs. 28.69-29.28 en el texto hebreo.     [t] 29.4 Ro 11.8.

5 Durante cuarenta años yo los he guiado por el desierto, y en ese tiempo no se les ha gastado la ropa ni el calzado. 6 No han comido pan ni bebido vino, ni han tomado ninguna bebida fuerte, para que sepan que el Señor es el Dios de ustedes.

7 "Cuando llegamos a esta región, salieron a atacarnos Sehón, rey de Hesbón,ᵘ y Og, rey de Basán,ᵛ pero los derrotamos 8 y nos apoderamos de su país, y se lo dimos en propiedad a las tribus de Rubén y Gad y a la media tribu de Manasés.ʷ 9 Por lo tanto, cumplan los términos de este pacto y pónganlos en práctica, para que les vaya bien en todo lo que hagan.

10 "Hoy están reunidos todos ustedes delante del Señor su Dios: los jefes de sus tribus, los ancianos, los oficiales, todos los hombres de Israel, 11 los niños, las mujeres y los extranjeros que viven entre ustedes, desde el leñador hasta el aguador, 12 para comprometerse bajo juramento en el pacto que el Señor su Dios hace hoy con ustedes. 13 Hoy queda establecido que ustedes son su pueblo y que él es su Dios, como ya se lo había prometido a Abraham, Isaac y Jacob, los antepasados de ustedes. 14 Pero no sólo con ustedes hace el Señor este pacto y este juramento, 15 sino también con los que no están hoy aquí con nosotros delante de él. 16 Ustedes saben muy bien cómo hemos vivido en Egipto y de qué manera hemos tenido que pasar por las naciones que hemos encontrado en nuestro camino, 17 donde hemos visto los falsos dioses y los despreciables ídolos de madera, piedra, plata y oro, que esa gente adora. 18 Que no haya entre ustedes ni hombre ni mujer, ni familia ni tribu, que abandone hoy al Señor nuestro Dios por adorar a los dioses de esas naciones. Que ninguno de ustedes sea como una planta de raíz amarga y venenosa.ˣ

19 "Si después de haber escuchado los términos de este juramento, alguno de ustedes se cree demasiado bueno y piensa: 'Todo me ha de salir bien, aunque haga yo lo que me dé la gana', él será la causa de la ruina de todos. 20 El Señor no va a estar dispuesto a perdonarlo, sino que descargará su ira y su indignación sobre ese hombre, y caerán sobre él todas las maldiciones anunciadas en este libro, y el Señor borrará de la tierra su descendencia. 21 El Señor apartará de todas las tribus de Israel a ese hombre, y lo hará caer en desgracia, conforme a todas las maldiciones del pacto que está escrito en este libro de la ley. 22 La generación futura, los descendientes de ustedes que han de venir después, así como los extranjeros que lleguen de países lejanos, verán las plagas y las enfermedades que el Señor enviará sobre esta tierra; 23 verán que todo el país no es más que azufre, sal y tierra quemada. No se podrá sembrar en esa tierra, ni nada podrá producir; ni siquiera una hierba podrá crecer en ella, tal como sucedió en la destrucción de las ciudades de Sodoma, Gomorra,ʸ Adma y Zeboim, las cuales destruyó el Señor en su ira y furor.

24 "Entonces todo el mundo preguntará: '¿Por qué hizo esto el Señor con este país? ¿Por qué se encendió tanto su furor?' 25 Y la respuesta será: 'Porque abandonaron el pacto que el Señor, el Dios de sus antepasados, hizo con ellos cuando los sacó de Egipto, 26 y se fueron a rendir culto e inclinarse ante otros dioses que no conocían ni nunca les dieron nada. 27 Por eso se enojó el Señor contra esta tierra, e hizo caer sobre ella todas las maldiciones escritas en este libro; 28 y los arrojó de su país con ira, furor y gran indignación, echándolos a otros países, como está sucediendo ahora.'

29 "Hay cosas que no sabemos: ésas pertenecen al Señor nuestro Dios; pero hay cosas que nos han sido reveladas a nosotros y a nuestros hijos para que las cumplamos siempre: todos los mandamientos de esta ley.

### Condiciones para la restauración y la bendición

30 ¹ "Cuando les sobrevenga a ustedes todo lo que les he anunciado, la bendición y la maldición que les he dado a elegir, y reflexionen sobre ellas en las naciones donde el Señor su Dios los arroje, ² si se vuelven al Señor y lo obedecen de todo corazón y con toda su alma, ustedes y los hijos de ustedes, como yo se lo ordeno ahora, ³ entonces el Señor su Dios cambiará la suerte de ustedes y les tendrá compasión. Los reunirá otra vez de entre los países donde antes los arrojó, ⁴ y aunque los desterrados de ustedes estén esparcidos por los lugares más lejanos del mundo, de allá los hará venir el Señor su Dios, y hasta allá irá a buscarlos. ⁵ El Señor los hará volver de nuevo al país que los antepasados de ustedes ocuparon, y

ᵘ 29.7 Nm 21.21-30. ᵛ 29.7 Nm 21.31-35. ʷ 29.8 Nm 32.33. ˣ 29.18 H e 12.15. ʸ 29.23 Gn 19.24-25.

ustedes volverán a ocuparlo; los hará prosperar y les dará más hijos que a sus antepasados. [6]Pondrá la marca del pacto en el corazón[z] de ustedes y en el de sus descendientes, para que lo amen con todo su corazón y con toda su alma, a fin de que tengan vida. [7]El Señor su Dios hará caer todas estas maldiciones sobre los enemigos de ustedes y sobre los que los persiguieron con odio, [8]y ustedes se volverán al Señor y lo obedecerán, y pondrán en práctica todos los mandamientos que yo les ordeno hoy. [9]Entonces el Señor les hará prosperar en todo lo que hagan, y en hijos, en crías de ganado y en cosechas; sí, el Señor su Dios volverá a complacerse en hacerles bien, como antes se complacía en hacerlo a los antepasados de ustedes, [10]si es que obedecen al Señor su Dios y cumplen sus mandamientos y leyes escritos en este libro de la ley, y se vuelven a él con todo su corazón y con toda su alma.

[11]"Este mandamiento que hoy les doy no es demasiado difícil para ustedes, ni está fuera de su alcance. [12]No está en el cielo, para que se diga: '¿Quién puede subir al cielo por nosotros, para que nos lo traiga y nos lo dé a conocer, y lo pongamos en práctica?' [13]Tampoco está del otro lado del mar, para que se diga: '¿Quién cruzará el mar por nosotros, para que nos lo traiga y nos lo dé a conocer, y lo pongamos en práctica?' [14]Al contrario, el mandamiento está muy cerca de ustedes; está en sus labios y en su pensamiento, para que puedan cumplirlo.[a]

[15]"Miren, hoy les doy a elegir entre la vida y el bien, por un lado, y la muerte y el mal, por el otro. [16]Si obedecen lo que hoy les ordeno, y aman al Señor su Dios, y siguen sus caminos, y cumplen sus mandamientos, leyes y decretos, vivirán y tendrán muchos hijos, y el Señor su Dios los bendecirá en el país que van a ocupar. [17]Pero si no hacen caso de todo esto, sino que se dejan arrastrar por otros dioses para rendirles culto y arrodillarse ante ellos, [18]en este mismo momento les advierto que morirán sin falta, y que no estarán mucho tiempo en el país que van a conquistar después de haber cruzado el Jordán. [19]En este día pongo al cielo y a la tierra por testigos contra ustedes, de que les he dado a elegir entre la vida y la muerte, y entre la bendición y la maldición. Escojan, pues, la vida, para que vivan ustedes y sus descendientes; [20]amen

al Señor su Dios, obedézcanlo y séanle fieles, porque de ello depende la vida de ustedes y el que vivan muchos años en el país que el Señor juró dar a Abraham,[b] Isaac[c] y Jacob,[d] antepasados de ustedes."

### Josué, sucesor de Moisés
*(Nm 27.12-23)*

31 [1]Moisés habló de nuevo a todo Israel, y dijo lo siguiente:[f] [2]"Yo tengo ciento veinte años, y ya no tengo fuerzas para andar de un lado para otro. Además, el Señor me ha dicho que no cruzaré el Jordán.[e] [3]Pero el Señor su Dios marchará delante de ustedes, y al paso de ustedes destruirá estas naciones, para que ocupen su territorio. Josué irá al frente de ustedes, como jefe, tal como lo ha dicho el Señor. [4]El Señor hará con estas naciones lo mismo que hizo con Sehón y con Og, reyes de los amorreos, y con sus países, a los cuales destruyó.[f] [5]Y cuando el Señor haga que estas naciones caigan en poder de ustedes, deben hacer con ellas todo lo que les he ordenado. [6]Tengan valor y firmeza; no tengan miedo ni se asusten cuando se enfrenten con ellas, porque el Señor su Dios está con ustedes y no los dejará ni los abandonará."

[7]Después llamó Moisés a Josué, y le dijo en presencia de todo Israel:

"Ten valor y firmeza, porque tú tienes que llevar esta gente al país que el Señor juró a los antepasados de ustedes que les daría, y tú serás quien los haga tomar posesión. [8]El Señor mismo irá delante de ti, y estará contigo; no te abandonará ni te desamparará;[g] por lo tanto, no tengas miedo ni te acobardes."

### Lectura de la ley en el año del perdón de deudas

[9]Moisés puso esta ley por escrito, y la entregó a los sacerdotes levitas encargados de llevar el cofre del pacto del Señor, y a todos los ancianos de Israel, [10]dándoles también esta orden:

"Cada siete años, al llegar el año del perdón de las deudas,[h] durante la fiesta de las Enramadas,[i] [11]cuando todos los israelitas se reúnan delante del Señor su Dios en el lugar que él haya escogido, se leerá esta ley en presencia de todos ellos.[j] [12]Todo el pueblo deberá reunirse, tanto los hombres

---

z 30.6 Dt 10.16; Jer 4.4; Ro 2.25-29.   a 30.12-14 Ro 10.6-8.   b 30.20 Gn 12.7.   c 30.20 Gn 26.3.   d 30.20 Gn 28.13.   e 31.2 Nm 20.12.   f 31.4 Nm 21.21-35.   g 31.8 Jos 1.5; He 13.5.   h 31.10 Dt 15.1.   i 31.10 Dt 16.13-15.   j 31.11-13 2 R 23.2; Neh 8.1-8.

como las mujeres, y los niños y los extranjeros que vivan en sus ciudades, para que escuchen la lectura de la ley y aprendan a respetar al Señor su Dios, y pongan en práctica todo lo que se dice en ella. [13]Así los hijos de ustedes, que nada saben de ella, podrán también oírla y aprenderán a respetar al Señor su Dios durante toda su vida en el país que ustedes van a ocupar después de cruzar el Jordán.''

## Últimas instrucciones del Señor a Moisés

[14]Luego el Señor dijo a Moisés:

"Mira, ya se va acercando la hora de tu muerte; así que llama a Josué, y preséntense los dos en la Tienda del Encuentro, para que yo le dé mis órdenes.''

Moisés y Josué fueron a la Tienda del Encuentro, [15]y allí se les apareció el Señor en una columna de nubes, la cual se colocó sobre la entrada de la Tienda. [16]Entonces el Señor dijo a Moisés:

"Ya pronto vas a morir, y este pueblo se va a corromper con los dioses del país extranjero que va a ocupar; entonces me abandonará y romperá el pacto que he hecho con él. [17]Pero mi furor se encenderá contra ellos, y los abandonaré; no me preocuparé de ellos para nada, y serán tantos los males y aflicciones que les vendrán, que finalmente dirán: '¿No será que estamos sufriendo estos males porque nuestro Dios ya no está con nosotros?' [18]Pero cuando llegue ese momento, yo me apartaré de ellos aún más, por todo el mal que habrán hecho y por haber adorado a otros dioses.

[19]"Ahora pues, escriban este cántico y enséñenselo a los israelitas, para que lo canten y me sirva de testimonio contra ellos. [20]Porque cuando yo los haya hecho entrar en la tierra que bajo juramento prometí a sus antepasados, tierra donde la leche y la miel corren como el agua, y cuando hayan comido hasta estar satisfechos y engordar, entonces se irán tras otros dioses y los adorarán, y a mí me despreciarán y romperán mi pacto. [21]Pero cuando les vengan muchos males y aflicciones, entonces este cántico será un testimonio contra ellos, pues sus descendientes lo recordarán y lo cantarán; porque ya desde antes de hacerlos entrar en el país que les he prometido, sé muy bien hacia dónde se inclinan sus pensamientos.''

[22]Aquel mismo día escribió Moisés el cántico, e hizo que los israelitas lo aprendieran.

[23]A Josué, hijo de Nun, el Señor le dio la siguiente orden:[k]

"Ten valor y firmeza,[l] porque tú eres quien hará entrar a los israelitas en el país que les he prometido, y yo estaré a tu lado.''

[24]Cuando Moisés terminó de escribir estas leyes en un libro, [25]dijo a los levitas encargados de llevar el cofre del pacto del Señor:

[26]"Tomen este libro de la ley y pónganlo al lado del cofre del pacto del Señor su Dios, para que esté allí como testimonio contra ustedes. [27]Porque yo sé que ustedes son un pueblo rebelde y testarudo; y si hoy, que todavía vivo entre ustedes, se han rebelado contra el Señor, ¿qué será después de mi muerte? [28]Traigan aquí a todos los ancianos y jefes de sus tribus, para que yo les hable de estas cosas y ponga al cielo y a la tierra como testigos contra ellos. [29]Porque yo sé que después de mi muerte se van a corromper y van a dejar el camino que les he ordenado seguir; y sé también que en el futuro les sobrevendrá la desgracia, por hacer lo malo a los ojos del Señor y provocar con ello su enojo.''

## Cántico de Moisés

[30]Entonces Moisés pronunció este cántico, de principio a fin, ante todos los israelitas reunidos:

**32** [1]"Escucha, cielo, que voy a hablar; atiende, tierra, a mis palabras.

[2]"Mi enseñanza caerá como la lluvia,
mi discurso será como el rocío,
como llovizna sobre la hierba,
como gotas de agua sobre el pasto.

[3]"Proclamaré el nombre del Señor:
¡reconozcan la grandeza del Dios
nuestro!
[4]El es nuestro protector;
sus obras son perfectas,
sus acciones son justas.
Es el Dios de la verdad,
en él no hay injusticia;
¡él es justo y verdadero!

[5]"Gente malvada y perversa,
que ha ofendido a Dios,
que son indignos de ser sus hijos:[9]

---

[9] *Que ha ofendido . . . sus hijos:* texto probable. Heb. oscuro.
[k] **31.23** Nm 27.23.  [l] **31.23** Jos 1.6.

6¿así es como le pagan al Señor?
Pueblo necio y sin sabiduría,
¿no es él tu padre, tu creador?
¡El te creó y te dio el ser!

7"Vuelve atrás la mirada,
piensa en los tiempos pasados;
pide a tu padre que te lo diga,
y a los ancianos que te lo cuenten:
8Hubo una vez en que el Altísimo
hizo reparto de hombres y naciones,
y fijó las fronteras de los pueblos.m
Pero tomó en cuenta a los israelitas,
9pues la herencia del Señor, la gente
suya,
es el pueblo de Jacob.
10Los encontró por el desierto,
por tierras secas y azotadas por el
viento;
los envolvió en sus brazos, los
instruyó
y los cuidó como a la niña de sus
ojos.
11Como águila que revolotea sobre el
nido
y anima a sus polluelos a volar,
así el Señor extendió sus alas
y, tomándolos, los llevó a cuestas.n

12"El Señor los guió, y nadie más;
¡ningún dios extraño tuvo que
ayudarlo!
13Los llevó en marcha triunfal
por las regiones altas del país,
los alimentó con los frutos del
campo,
de la roca les dio a beber miel
y del duro pedernal les dio aceite;
14de sus ganados tuvieron leche y
cuajada,
y comieron lo mejor de los corderos,
carneros de Basán y machos cabríos;
comieron el mejor grano de trigo
y bebieron el vino, la sangre de las
uvas.

15"Pero engordó Jesurún,10,ñ y dio
coces
(tanto engordó que brillaba de
gordo),
y abandonó a Dios, su creador;
despreció a su protector y salvador.
16Provocaron los celos y la ira de Dios
al adorar ídolos repugnantes;
17ofrecieron sacrificios a demonios,o

a dioses falsos que nunca antes
conocieron;
dioses nuevos, recién llegados,
a los que jamás sus padres dieron
culto.

18"Olvidaste, Israel, a tu padre y
protector;
olvidaste al Dios que te dio la vida.
19Y Dios se enojó al ver esto,
y rechazó a sus hijos y a sus hijas;
20y dijo: 'Voy a volverles la espalda,
¡y a ver en qué van a parar!
Realmente son gente malvada,
hijos en los que no se puede confiar.
21Me provocan a celosp con un dios
que no es dios,
me irritan con sus dioses ilusorios;
¡pues yo los provocaré a celos con
un pueblo que no es pueblo,q
los haré enojar con un pueblo que no
quiere entender!
22Mi furor se ha encendido como un
fuego,
y arderá hasta las regiones más
profundas;
consumirá la tierra y sus frutos,
pondrá fuego a las bases de los
montes.
23Sobre ellos lanzaré todos los males,
contra ellos lanzaré todas mis
flechas;
24morirán de hambre y de fiebre;
una amarga peste los destruirá;
mandaré contra ellos fieras salvajes
y serpientes venenosas.
25En las calles caerán sus hijos a filo
de espada,
y en las casas reinará el espanto;
morirán muchachos y muchachas,
ancianos y niños de pecho.

26'Yo había pensado dispersarlos
y borrar de la tierra su memoria,
27pero no quise soportar las burlas del
enemigo;
no quise que se jactaran mis
adversarios
y que dijeran: No fue el Señor quien
hizo esto;
lo hicimos nosotros con nuestro
poder.'

28"Israel es un pueblo que ha perdido
el juicio;
¡no tiene entendimiento!

10 Jesurún es otro nombre dado a Israel. Su sentido es incierto.
m 32.8 Hch 17.26. ñ 32.11 Ex 19.4. ñ 32.15 Dt 33.5,26; Is 44.2. o 32.17 1 Co 10.20. p 32.21 Ex 20.5; 1 Co 10.22.
q 32.21 Ro 10.19.

²⁹Si fueran sabios, lo entenderían;
comprenderían en qué van a parar.
³⁰¿Cómo es que uno solo hizo huir a
mil?
¿Y cómo es que dos pusieron en fuga
a diez mil?
¡Tan sólo porque el Señor, su
protector,
decidió entregarlos al enemigo!

³¹"Bien saben nuestros enemigos
que su protector no puede
compararse al nuestro.
³²Ellos son cual viñedos corruptos,
descendientes de Sodoma y de
Gomorra,
que producen uvas amargas y
venenosas;
³³su vino es veneno de víboras,
¡veneno mortal de serpientes!

³⁴"'Todo esto me lo estoy reservando;
lo estoy guardando como un tesoro,
³⁵para el día$^r$ en que me vengue$^{ll}$ y les
dé su merecido,
para cuando llegue el momento de su
caída.
Ya está cerca el día de su
destrucción,
¡ya se les acerca la hora!'

³⁶"El Señor saldrá en defensa de su
pueblo
cuando vea que le faltan las fuerzas;
el Señor se compadecerá de sus
siervos$^s$
cuando vea que ya no quedan ni
débiles ni fuertes.
³⁷Entonces les dirá: '¿Dónde están sus
dioses,
esos protectores en los que
confiaban,
³⁸esos que comían la grasa de sus
sacrificios
y bebían el vino que les ofrecían?
¡Que se levanten a ayudarlos!
¡Que vengan a protegerlos!
³⁹Yo soy el único Dios;
no hay otros dioses fuera de mí.
Yo doy la vida, y la quito;
yo causo la herida, y la curo.
¡No hay quien se libre de mi poder!
⁴⁰Levanto mi mano al cielo,
y juro por mi eternidad
⁴¹que cuando afile mi brillante espada
y comience a impartir justicia,

me vengaré de mis enemigos.
¡Daré su merecido a los que me
odian!
⁴²Empaparé en sangre mis flechas,
y mi espada acabará con ellos;
¡sangre de heridos y de prisioneros!,
¡de los jefes enemigos, de largas
melenas!'

⁴³"'¡Alégrense, naciones, con el pueblo
de Dios!$^t$
¡El vengará la muerte de sus
siervos,$^u$
tomará venganza de sus enemigos
y perdonará a su país y a su
pueblo!'"

## Últimas instrucciones de Moisés

⁴⁴⁻⁴⁵Moisés se presentó ante todo el
pueblo de Israel y, junto con Josué, hijo
de Nun, pronunció este cántico de principio a fin. ⁴⁶Después dijo a los israelitas:
"Piensen bien en todo lo que hoy les he
dicho, y ordenen a sus hijos que pongan
en práctica todos los términos de esta ley.
⁴⁷Porque no es algo que ustedes puedan
tomar a la ligera; esta ley es vida para
ustedes, y por ella vivirán más tiempo en
la tierra que está al otro lado del río Jordán, de la cual van a tomar posesión."

## Dios permite a Moisés ver la tierra prometida

⁴⁸Aquel mismo día el Señor se dirigió a
Moisés y le dijo:
⁴⁹"Ve a las montañas de Abarim y sube
al monte Nebo, que está en territorio
moabita, frente a Jericó, y mira desde allí
la tierra de Canaán, la cual voy a dar en
propiedad a los israelitas. ⁵⁰Allí, en ese
monte al que vas a subir, morirás e irás a
reunirte con los tuyos, tal como tu hermano Aarón, que murió en el monte Hor
y fue a reunirse con los suyos. ⁵¹Ustedes
dos me fueron infieles delante de los israelitas, cuando estaban en las aguas de Meriba-cades, en el desierto de Zin, pues no
me honraron delante de ellos. ⁵²Por lo
tanto, vas a contemplar desde lejos la tierra que voy a dar a los israelitas, pero no
entrarás en ella."$^v$

## Moisés bendice a las tribus de Israel

**33** ¹Poco antes de morir, Moisés,
hombre de Dios, bendijo a los
israelitas ²de la siguiente manera:

---

$^{ll}$ *Para el día en que me vengue:* según versiones antiguas. Heb. *mía es la venganza.*
$^r$ **32.35** Ro 12.19; He 10.30.   $^s$ **32.36** Sal 135.14.   $^t$ **32.43** Ro 15.10.   $^u$ **32.43** Ap 19.2.   $^v$ **32.48-52** Nm 20.10-13; 27.12-14;
Dt 3.23-27.

"El Señor viene del Sinaí;
desde Seir nos ha alumbrado.
Resplandeció desde los montes de
Parán
y avanza desde Meriba-cades;[12]
en su derecha nos trae el fuego de la
ley.[13]

[3] El Señor ama a su pueblo,
protege a los que se consagran a él;
ellos se rinden a sus pies
y reciben órdenes suyas.
[4] Moisés nos dio la ley
como herencia de la comunidad de
Jacob,
[5] y hubo rey en Jesurún[w]
al reunirse los jefes del pueblo,
al juntarse las tribus de Israel."

[6] Acerca de Rubén dijo:[14]
"¡Viva Rubén! ¡Que no muera,
aunque sean pocos sus hombres!"

[7] Acerca de Judá dijo:
"Señor, escucha la voz de Judá;
haz que se reúna con su pueblo.
Defiéndelo con tu poder;[15]
ayúdalo contra sus enemigos."

[8] Acerca de Leví dijo:
"Tuyos son, Señor, el Tumim y el
Urim;[x]
tuyos y del hombre que te es fiel,[16]
del que pusiste a prueba en Masah,[y]
con quien reñiste en las aguas de
Meriba.[z]
[9] el que dijo a sus padres: 'Jamás los
he visto',
y a sus hermanos: 'Los desconozco',
y a sus hijos: 'No sé quiénes son.'
Ellos cumplen tus palabras,
se han entregado a tu pacto por
completo.[a]
[10] Instruyen a Jacob, a Israel,
en tus leyes y decretos;
colocan en tu altar, en tu presencia,
incienso y ofrendas de animales.
[11] Bendice, Señor, sus esfuerzos,
y recibe con agrado su trabajo.
Rómpeles la espalda a sus enemigos,
y que no vuelvan a levantarse los que
lo odian."

[12] Acerca de Benjamín dijo:

"El amado del Señor vive tranquilo;
el Altísimo lo protegerá siempre.
¡Vivirá bajo su protección!"

[13] Acerca de José dijo:
"Que el Señor bendiga su tierra[b]
con lo mejor del rocío de los cielos
y del agua que está en lo profundo
de la tierra,
[14] con las mejores cosechas del año
y los mejores frutos de los meses,
[15] con lo principal de los montes
antiguos,
con lo mejor de las alturas eternas,
[16] con lo mejor de los frutos que llenan
la tierra
y con la buena voluntad del que
habita en la zarza.
Venga todo esto sobre José,
que fue escogido entre sus hermanos.
[17] Es hermoso como el primer hijo de
un toro,
poderoso como un búfalo,
y corneará a todos los pueblos
hasta los extremos de la tierra.
Tales son las multitudes de Efraín;
tales son los millares de Manasés."

[18] Acerca de Zabulón e Isacar dijo:
"Alégrate, Zabulón, por tus salidas,
y tú, Isacar, por tus tiendas de
campaña.
[19] Llamarán a las naciones al monte,
y allí ofrecerán los sacrificios
requeridos;
disfrutarán de la riqueza de los
mares
y de los tesoros ocultos de las
playas."[c]

[20] Acerca de Gad dijo:
"¡Bendito el que le da grandes
territorios!
Gad se tiende al acecho, como leona,
y desgarra brazos y cabeza.
[21] Gad se quedó con la mejor parte,
con una tierra digna de capitanes.
Entró al frente del pueblo,
cumplió con lo que el Señor exigía
y actuó con justicia en Israel."[d]

[22] Acerca de Dan dijo:

[12] *Meriba-cades:* otras versiones traducen *y con él multitud de santos,* pero esto es poco probable.   [13] *Nos trae el fuego de la ley:* texto probable. Heb. oscuro.   [14] *Acerca de Rubén dijo:* texto probable. Esta frase no aparece en el texto hebreo.   [15] *Defiéndelo con tu poder:* texto probable. Heb. *su poder le sea suficiente.*   [16] *Tuyos son . . . que te es fiel:* otra posible traducción, según la versión griega: *Da a Leví, Señor, tu Tumin y tu Urim; al hombre que te es fiel.*
**w** 33.5,26 Dt 32.15; Is 44.2.   **x** 33.8 Ex 28.30.   **y** 33.8 Ex 17.7.   **z** 33.8 Ex 17.7; Nm 20.13.   **a** 33.9 Ex 32.25-29.
**b** 33.13-17 Gn 49.22-26.   **c** 33.18-19 Gn 49.13; Jos 19.10-16.   **d** 33.20-21 Nm 32.1-42.

"Dan es un cachorro de león
que salta desde Basán."[e]

23 Acerca de Neftalí dijo:
"Neftalí es bien visto por el Señor,
cuenta con múltiples bendiciones
suyas,
¡es dueño del lago hasta su extremo
sur!"[f]

24 Acerca de Aser dijo:
"Sea bendito Aser entre los hijos de
Jacob,
y bien querido por sus hermanos.
Que empape sus pies en aceite;
25 que tengan sus puertas cerrojos de
hierro y bronce,
y que dure su fuerza tanto como su
vida.

26 "Nada es comparable al Dios de
Jesurún,
que cabalga con majestad sobre las
nubes del cielo
para venir en tu ayuda.
27 El Dios eterno es tu refugio,
su eterno poder es tu apoyo;
hizo huir de tu presencia al enemigo
y a ti te ordenó destruirlo.
28 Israel vivirá confiado,
sus descendientes vivirán en paz.
En sus tierras habrá trigales y
viñedos,
y nunca les faltará lluvia del cielo.
29 Dichoso tú, Israel,
¿quién se te puede comparar?
El Señor mismo te ha salvado;
él te protege y te ayuda,
¡él es tu espada victoriosa!
Tus enemigos se rendirán ante ti,
y tú aplastarás su orgullo."

## Muerte y sepultura de Moisés

**34** [1]Moisés subió del desierto de Moab al monte Nebo, a la cumbre del monte Pisga, que está frente a Jericó. Desde allí el Señor le hizo contemplar toda la región de Galaad hasta el territorio de Dan, [2]las regiones de Neftalí, Efraín y Manasés, todo el territorio de Judá hasta el mar Mediterráneo, [3]el Néguev, el valle del Jordán y la llanura de Jericó, ciudad de las palmeras, hasta Zoar. [4]Y el Señor le dijo:

"Este es el país que yo juré a Abraham,[g] Isaac[h] y Jacob[i] que daría a sus descendientes. He querido que lo veas con tus propios ojos, aunque no vas a entrar en él."

[5]Y así Moisés, el siervo de Dios, murió en la tierra de Moab, tal como el Señor lo había dicho, [6]y fue enterrado en un valle de la región de Moab, frente a Bet-peor, en un lugar que hasta la fecha nadie conoce. [7]Murió a los ciento veinte años de edad, habiendo conservado hasta su muerte buena vista y buena salud.

[8]Los israelitas lloraron a Moisés durante treinta días en el desierto de Moab, cumpliendo así los días de llanto y luto por su muerte. [9]Y Josué, hijo de Nun, recibió de Moisés sabiduría, pues Moisés puso sus manos sobre él; así que los israelitas le obedecieron e hicieron como el Señor había ordenado a Moisés.[j]

[10]Sin embargo, nunca más hubo en Israel otro profeta como Moisés, con quien el Señor hablara cara a cara,[k] [11]o que hiciera todos los prodigios y maravillas que el Señor le mandó hacer en Egipto contra el faraón, sus funcionarios y todo su país, [12]o que le igualara en poder y en los hechos grandes e importantes que hizo a la vista de todo Israel.

---

[e] 33.22 Jos 19.47; Jue 18.1-29. [f] 33.23 Jos 19.33-39. [g] 34.4 Gn 12.7. [h] 34.4 Gn 26.3. [i] 34.4 Gn 28.13. [j] 34.9 Nm 27.18,23; Jos 1.16-18. [k] 34.10 Ex 33.11; Nm 12.6-8; Dt 18.15-18; Eclo 45.1-5; Hch 3.22-23.

# JOSUÉ

*Con el nombre del sucesor de Moisés como título, este libro relata la siguiente etapa en la historia de Israel. Josué acaudilla al pueblo en la invasión y conquista de Canaán (caps. 1-12). Los episodios más importantes son el cruce del Jordán, la caída de Jericó y Hai, la captura de Hazor y las batallas que llevan a la ocupación casi completa del resto del territorio.*

*Los caps. 13-22 narran cómo se repartió Canaán entre las tribus, y cómo se establecieron ciudades de refugio y se asignaron ciudades a los levitas, los cuales no recibieron porción en el reparto del territorio. Los dos últimos capítulos contienen las palabras de despedida de Josué, ya anciano, y la reunión de todas las tribus en Siquem para renovar por segunda vez el pacto, estando ya ahora en la Tierra Prometida. Josué apela a la solemne decisión del pueblo, y éste responde con el voto de servir y obedecer al Señor. El libro concluye refiriendo brevemente la muerte y sepultura de Josué y del sacerdote Eleazar, hijo de Aarón.*

## Dios llama a Josué

**1** ¹Después que murió Moisés, el siervo del Señor, habló el Señor con Josué, hijo de Nun y ayudante de Moisés, y le dijo:

²"Como mi siervo Moisés ha muerto, ahora eres tú quien debe cruzar el río Jordán con todo el pueblo de Israel, para ir a la tierra que voy a darles a ustedes. ³Tal como se lo prometí a Moisés, yo les daré toda la tierra en donde ustedes pongan el pie. ⁴Les daré el territorio que va desde el desierto y la sierra del Líbano hasta el gran río Éufrates, con todo el territorio de los hititas, y hasta el mar Mediterráneo. ⁵Nadie te podrá derrotar en toda tu vida,[a] y yo estaré contigo así como estuve con Moisés, sin dejarte ni abandonarte jamás.[b] ⁶Ten valor y firmeza,[c] que tú vas a repartir la tierra a este pueblo, pues es la herencia que yo prometí a sus antepasados. ⁷Lo único que te pido es que tengas mucho valor y firmeza, y que cumplas toda la ley que mi siervo Moisés te dio. Cúmplela al pie de la letra para que te vaya bien en todo lo que hagas. ⁸Repite siempre lo que dice el libro de la ley de Dios, y medita en él de día y de noche, para que hagas siempre lo que éste ordena. Así todo lo que hagas te saldrá bien. ⁹Yo soy quien te manda que tengas valor y firmeza. No tengas miedo ni te desanimes porque yo, tu Señor y Dios, estaré contigo dondequiera que vayas."

## Josué se prepara para la conquista

¹⁰Entonces Josué les dio órdenes a los jefes del pueblo: ¹¹"Vayan por todo el campamento y ordenen a todos que preparen provisiones, porque dentro de tres días vamos a cruzar el río Jordán para tomar posesión de la tierra que el Señor nuestro Dios nos va a dar."

¹²Josué habló también a las tribus de Rubén y de Gad y a la media tribu de Manasés, y les dijo:

¹³—Acuérdense de lo que les mandó Moisés, el siervo del Señor, cuando les dijo que el Señor, el Dios de ustedes, les daría esta tierra para que pudieran descansar. ¹⁴Dejen aquí sus mujeres, niños y animales, en esta tierra que Moisés les dio de este lado del Jordán. Pero todos los hombres aptos para la guerra tomen sus armas y vayan delante de sus hermanos, para ayudarlos, ¹⁵hasta que el Señor les dé a ellos un lugar de descanso, como se lo dio a ustedes, y hasta que ellos también sean dueños de la tierra que el Señor les va a dar. Después, ustedes podrán regresar a sus tierras de este lado oriental del río, para tomar posesión definitiva de esta tierra que les dio Moisés, el siervo de Dios.[d]

¹⁶Y ellos contestaron:

—Haremos todo lo que nos has ordenado, e iremos a donde nos mandes. ¹⁷Siempre te obedeceremos, como antes obedecimos a Moisés. Lo único que pedimos es que el Señor tu Dios te acompañe como acompañó a Moisés. ¹⁸Todo el que se te oponga o no obedezca cuanto tú mandes, morirá. Sólo pedimos que tengas valor y firmeza.[e]

## Josué manda espías a Jericó

**2** ¹Desde Sitim, Josué mandó en secreto a dos espías, y les dijo: "Vayan a explorar la región y la ciudad de Jericó."

*a* 1.3-5 Dt 11.24-25.  *b* 1.5 Dt 31.6,8; He 13.5.  *c* 1.6 Dt 31.6,7,23.  *d* 1.12-15 Nm 32.28-32; Dt 3.18-20; Jos 22.1-6.
*e* 1.16-18 Nm 27.20; Dt 34.9.

Ellos fueron, y llegaron a la casa de una prostituta de Jericó que se llamaba Rahab,*f* en donde se quedaron a pasar la noche. [2]Pero alguien dio aviso al rey de Jericó, diciéndole:

—Unos israelitas han venido esta noche a explorar la región.

[3]Entonces el rey mandó a decir a Rahab:

—Saca a los hombres que vinieron a verte y que están en tu casa, porque son espías.

[4]Pero ella los escondió y dijo:

—Es verdad que unos hombres me visitaron, pero yo no supe de dónde eran. [5]Se fueron al caer la noche, porque a esa hora se cierra la puerta de la ciudad, y no sé a dónde se fueron. Pero si ustedes salen en seguida a perseguirlos, los podrán alcanzar.

[6]En realidad, ella los había hecho subir a la azotea, y estaban allí escondidos, entre unos manojos de lino puestos a secar.

[7]Los hombres del rey los persiguieron en dirección del río Jordán, hasta los vados. Tan pronto como los soldados salieron, fue cerrada la puerta de la ciudad. [8]Entonces, antes que los espías se durmieran, Rahab subió a la azotea y les dijo:

[9]—Yo sé que el Señor les ha dado esta tierra a ustedes, porque él ha hecho que nosotros les tengamos mucho miedo. Todos los que viven aquí están muertos de miedo por causa de ustedes. [10]Sabemos que cuando ustedes salieron de Egipto, Dios secó el agua del Mar Rojo para que ustedes lo pasaran.*g* También sabemos que ustedes aniquilaron por completo a Sehón y a Og,*h* los dos reyes de los amorreos que estaban al otro lado del río Jordán. [11]Es tanto el miedo que nos ha dado al saberlo, que nadie se atreve a enfrentarse con ustedes. Porque el Señor, el Dios de ustedes, es Dios lo mismo arriba en el cielo que abajo en la tierra. [12]Por eso yo les pido que me juren aquí mismo, por el Señor, que van a tratar bien a mi familia, de la misma manera que yo los he tratado bien a ustedes. Denme una prueba de su sinceridad, [13]y perdonen la vida a mi padre, a mi madre, a mis hermanos y hermanas, y a todo lo que es de ellos. ¡Sálvennos de la muerte!

[14]Ellos le contestaron:

—Con nuestra propia vida respondemos de la vida de ustedes, con tal de que tú no digas nada de este asunto. Cuando el Señor nos haya dado esta tierra, nosotros te trataremos bien y con lealtad.

[15]Como Rahab vivía en una casa construida sobre la muralla misma de la ciudad, con una soga los hizo bajar por la ventana. [16]Y les dijo:

—Váyanse a la montaña, para que no los encuentren los que andan buscándolos. Escóndanse allí durante tres días, hasta que ellos vuelvan a la ciudad. Después podrán ustedes seguir su camino.

[17]Y ellos le contestaron:

—Nosotros cumpliremos el juramento que nos has pedido hacerte. [18]Pero cuando entremos en el país, tú deberás colgar esta soga roja de la ventana por la que nos has hecho bajar. Reúne entonces en tu casa a tu padre, tu madre, tus hermanos y toda la familia de tu padre. [19]Si alguno de ellos sale de tu casa, será responsable de su propia muerte; la culpa no será nuestra. Pero si alguien toca a quien esté en tu casa contigo, nosotros seremos los responsables. [20]Y si tú dices algo de este asunto, nosotros ya no estaremos obligados a cumplir el juramento que te hemos hecho.

[21]—Estamos de acuerdo —contestó ella.

Entonces los despidió, y ellos se fueron. Después ella ató la soga roja a su ventana.

[22]Los dos espías se fueron a las montañas y se escondieron allí durante tres días, mientras los soldados los buscaban por todas partes sin encontrarlos, hasta que por fin volvieron a Jericó. [23]Entonces los espías bajaron de las montañas, cruzaron el río y regresaron a donde estaba Josué, a quien contaron todo lo que les había pasado. [24]Le dijeron: ''El Señor ha puesto toda la región en nuestras manos. Por causa nuestra, todos los que viven en el país están muertos de miedo.''

### Los israelitas cruzan el Jordán

**3** [1]Al día siguiente, muy temprano, Josué y todos los israelitas salieron de Sitim y llegaron al río Jordán; pero antes de cruzarlo acamparon allí. [2]Pasados tres días, los jefes recorrieron el campamento [3]y dieron esta orden a los israelitas: ''En cuanto vean ustedes que el cofre del Señor pasa, llevado por los sacerdotes levitas, salgan de donde estén y síganlo.*i* [4]Así sabrán por dónde tienen que ir, porque

---

*f* 2.1 He 11.31; Stg 2.25.   *g* 2.10 Ex 14.21.   *h* 2.10 Nm 21.21-35.   *i* 3.3 Nm 10.33-36.

ninguno de ustedes ha pasado antes por ese camino. Pero no se acerquen al cofre, sino quédense siempre detrás de él, como a un kilómetro de distancia."

⁵Y Josué les dijo: "Purifíquense, porque mañana verán al Señor hacer milagros." ⁶A los sacerdotes les dijo: "Tomen el cofre del pacto y crucen el río delante de la gente."

Los sacerdotes tomaron el cofre del pacto y pasaron delante de la gente. ⁷Entonces el Señor le dijo a Josué: "A partir de hoy te haré cada vez más importante a los ojos de los israelitas. Así ellos verán que yo estoy contigo como estuve con Moisés. ⁸Tú, por tu parte, ordena a los sacerdotes que llevan el cofre del pacto que, cuando lleguen a la orilla del Jordán, se paren dentro del río."

⁹Entonces Josué les dijo a los israelitas: "Vengan y escuchen lo que dice el Señor su Dios. ¹⁰Esta será la prueba de que el Dios viviente está en medio de ustedes, y de que al paso de ustedes él irá barriendo a los cananeos, los hititas, los heveos, los ferezeos, los gergeseos, los amorreos y los jebuseos. ¹¹Miren, el cofre del pacto del Señor de toda la tierra va a cruzar el Jordán delante de ustedes. ¹²Por eso, escojan ahora doce hombres, uno de cada una de las doce tribus de Israel. ¹³Cuando los sacerdotes que llevan el cofre del Señor de toda la tierra metan los pies en el agua, el río se dividirá en dos partes, y el agua que viene de arriba dejará de correr y se detendrá como formando un embalse."

¹⁴⁻¹⁶Los israelitas salieron de sus tiendas de campaña para cruzar el río, y delante de ellos iban los sacerdotes que llevaban el cofre del pacto. Pero en cuanto los sacerdotes entraron en el río y sus pies se mojaron con el agua de la orilla (durante el tiempo de la cosecha el Jordán se desborda) el agua que venía de arriba dejó de correr y se detuvo como formando un embalse, bastante lejos, en Adam, la ciudad que está junto a la fortaleza de Saretán. Y el agua que bajaba hacia el Mar Muerto siguió corriendo hasta que se terminó. Así se dividió el agua del río, y los israelitas lo cruzaron frente a la ciudad de Jericó. ¹⁷Todo el pueblo cruzó en seco el Jordán, mientras los sacerdotes que llevaban el cofre del pacto del Señor permanecían en medio del Jordán, firmes y en terreno seco.

## Las doce piedras tomadas del Jordán

**4** ¹Después que todos terminaron de cruzar el Jordán, el Señor le dijo a Josué: ²"Escoge doce hombres del pueblo, uno de cada tribu, ³y diles que saquen doce piedras de en medio del río, del lugar donde están parados los sacerdotes, y que las lleven y las pongan en el lugar en que van a acampar esta noche."

⁴Entonces Josué llamó a los doce hombres que había escogido, ⁵y les dijo: "Entren hasta el centro del Jordán, delante del cofre del Señor, el Dios de ustedes, y cada uno de ustedes échese allí una piedra al hombro, una piedra por cada tribu de Israel, para que sean doce en total. ⁶Ellas les servirán como prueba para que, en el futuro, cuando sus hijos les pregunten: '¿Qué significan estas piedras?', ⁷ustedes les contesten: 'Cuando el cofre del pacto del Señor pasó el Jordán, el agua del río se dividió en dos partes delante del cofre. Estas piedras sirven para que los israelitas recuerden siempre lo que pasó aquí.'"

⁸Ellos hicieron lo que Josué les mandó. Tomaron doce piedras del Jordán, una por cada tribu de Israel, y las llevaron hasta el campamento y allí las colocaron, tal como el Señor le había dicho a Josué. ⁹Además Josué colocó otras doce piedras en el lugar del río donde se pararon los sacerdotes que llevaban el cofre del pacto. Esas piedras están allí todavía.

¹⁰Los sacerdotes que llevaban el cofre del pacto se quedaron en medio del Jordán mientras los israelitas hacían todas las cosas que el Señor les había ordenado por medio de Josué. Todo se hizo según Moisés lo había mandado a Josué. La gente pasó de prisa, ¹¹y luego que todos estuvieron al otro lado, pasaron los sacerdotes con el cofre del Señor, y se pusieron a la cabeza de todo el pueblo. ¹²También pasaron el río los guerreros de las tribus de Rubén y de Gad y los de la media tribu de Manasés. Pasaron armados, e iban delante de los otros israelitas, según Moisés les había mandado. ¹³Cerca de cuarenta mil hombres armados y listos para la guerra desfilaron ante el Señor, y fueron hacia los llanos de Jericó. ¹⁴Aquel día el Señor hizo que todo Israel admirara y respetara a Josué, como lo había hecho con Moisés durante toda su vida.

¹⁵Entonces el Señor le dijo a Josué: ¹⁶"Ordena a los sacerdotes que llevan el cofre del pacto, que salgan del Jordán."

¹⁷Josué les ordenó que salieran, ¹⁸y tan pronto como los sacerdotes salieron del Jordán y pusieron los pies en un lugar seco, el agua del río volvió a su lugar y corrió desbordada como antes.

¹⁹Los israelitas salieron del Jordán el día diez del mes primero, y acamparon en Gilgal, al este de Jericó. ²⁰Allí Josué colocó las doce piedras que trajeron del Jordán, ²¹y dijo a los israelitas: "En el futuro, cuando sus hijos les pregunten: '¿Qué significan estas piedras?', ²²cuéntenles cómo Israel pasó el río Jordán en seco, ²³y cómo el Señor su Dios secó el agua del Jordán mientras ustedes pasaban, tal como antes había secado el Mar Rojo mientras pasábamos nosotros. ²⁴Así todos los pueblos del mundo sabrán lo poderoso que es el Señor, y ustedes honrarán siempre al Señor su Dios."

### El campamento en Gilgal

**5** ¹Todos los reyes amorreos que estaban en el lado oeste del Jordán, y los reyes cananeos que estaban cerca del mar Mediterráneo, supieron que el Señor había secado el agua del río Jordán mientras los israelitas lo cruzaban, y les dio mucho miedo, y no se atrevían a hacer frente a los israelitas.

²Fue entonces cuando el Señor le dijo a Josué: "Haz unos cuchillos de piedra, y vuelve a circuncidar a los israelitas."

³Josué hizo los cuchillos, y circuncidó a los hombres israelitas en el monte de Aralot.ʲ ⁴Los circuncidó porque todos los hombres que estaban en edad militar cuando salieron de Egipto ya habían muerto por el camino, en el desierto. ⁵Y aunque todos los que salieron de Egipto estaban circuncidados, los que nacieron después, por el camino, en el desierto, no lo estaban. ⁶Como los israelitas anduvieron cuarenta años por el desierto, ya habían muerto todos los hombres que habían salido de Egipto en edad militar. Esos hombres no obedecieron al Señor, y por eso él les juró que no les dejaría ver la tierra que a sus antepasados había prometido darles, tierra donde la leche y la miel corren como el agua.ʲ ⁷Por eso Josué circuncidó a los hijos de aquellos hombres, es decir, a los que el Señor había puesto en lugar de ellos, los cuales no habían sido circuncidados antes porque estaban de camino.ᵏ ⁸Cuando todos estuvieron ya

circuncidados, se quedaron descansando en el campamento hasta que sanaron. ⁹Entonces el Señor le dijo a Josué: "Con esta circuncisión les he quitado la vergüenza de los egipcios." Por esta razón, aquel lugar todavía se llama Gilgal.²

¹⁰Los israelitas acamparon en Gilgal, y el día catorce del mes, por la tarde, celebraron la Pascuaˡ en los llanos de Jericó. ¹¹Ese mismo día comieron panes sin levadura y trigo tostado, pero al día siguiente comieron ya de lo que la tierra producía. ¹²Desde entonces no volvió a haber maná,ᵐ así que los israelitas se alimentaron aquel año de lo que producía la tierra de Canaán.

### Josué y el jefe del ejército del Señor

¹³Un día, estando Josué cerca de Jericó, vio delante de él a un hombre con una espada en la mano. Josué se le acercó y le preguntó:

—¿Eres de los nuestros, o de nuestros enemigos?

¹⁴—Ni lo uno ni lo otro —contestó el hombre—. Vengo como jefe del ejército del Señor.

Entonces Josué se inclinó hasta tocar el suelo con la frente, y le preguntó:

—¿Qué le manda mi Señor a este siervo suyo?

¹⁵El jefe del ejército del Señor le contestó:

—Descálzate, porque el lugar donde estás es sagrado.

Y Josué le obedeció.

### El plan para atacar a Jericó

**6** ¹Nadie podía entrar ni salir de Jericó, pues se habían cerrado las puertas de la ciudad para defenderla de los israelitas. ²Pero el Señor le dijo a Josué: "Yo te he entregado Jericó, con su rey y sus soldados. ³Ustedes, soldados israelitas, den una vuelta diaria alrededor de la ciudad durante seis días. ⁴Siete sacerdotes irán delante del cofre del pacto, cada uno con una trompeta de cuerno de carnero, y el séptimo día darán siete vueltas a la ciudad, mientras los sacerdotes tocan las trompetas. ⁵Cuando ustedes oigan que las trompetas dan un toque especial, griten con todas sus fuerzas, y la muralla de la ciudad se vendrá abajo. Entonces cada uno deberá avanzar directamente contra la ciudad."

---

ʲ En hebreo, *Aralot* significa *prepucios*. ² En hebreo, *Gilgal* y el verbo que significa *quitar rodando* tienen un sonido parecido.
ʲ **5.6** Nm 14.28-35. ᵏ **5.5-7** Gn 17.9-14. ˡ **5.10** Ex 12.1-13. ᵐ **5.12** Ex 16.35.

6Josué llamó a los sacerdotes y les dijo: "Lleven el cofre del pacto del Señor, y siete de ustedes vayan delante del cofre, con trompetas de cuerno de carnero." 7Y al pueblo le dijo: "Vayan y denle la vuelta a la ciudad. Los hombres de combate, que vayan delante del cofre del Señor."

8Todos hicieron lo que Josué les mandó. Los siete sacerdotes iban delante del cofre del pacto del Señor, tocando las siete trompetas, y el cofre los seguía. 9Los hombres de combate iban delante de los sacerdotes, y la retaguardia iba detrás del cofre, mientras los sacerdotes tocaban las trompetas sin cesar. 10Pero al ejército Josué le ordenó que marchara en silencio, hasta el momento en que él les diera la orden de gritar con todas sus fuerzas.

### La toma de Jericó

11Josué hizo que el cofre del Señor diera una vuelta alrededor de la ciudad. Después volvieron al campamento, y allí pasaron la noche. 12Al día siguiente, muy temprano, Josué se levantó y los sacerdotes tomaron el cofre del Señor. 13Los siete sacerdotes iban delante del cofre del Señor, sin dejar de caminar ni de tocar sus trompetas. Los hombres de combate iban delante de ellos, y los otros iban detrás del cofre. Las trompetas no dejaban de sonar. 14Al segundo día le dieron otra vuelta a la ciudad y volvieron al campamento. Y durante seis días hicieron lo mismo.

15Al séptimo día se levantaron de madrugada y marcharon alrededor de la ciudad, como lo habían hecho antes, pero ese día le dieron siete vueltas. 16Cuando los sacerdotes tocaron las trompetas por séptima vez, Josué ordenó a la gente: "¡Griten! El Señor les ha entregado la ciudad. 17La ciudad, con todo lo que hay en ella, será consagrada a completa destrucción, porque el Señor así lo ha ordenado.ⁿ Sólo se les perdonará la vida a Rahab la prostituta y a los que estén refugiados en su casa, porque ella escondió a los espías que mandamos. 18En cuanto a ustedes, cuídense de no tomar ni tocar nada de lo que hay en la ciudad y que el Señor ha consagrado a la destrucción, pues de lo contrario pondrán bajo maldición el campamento de Israel y le acarrearán la desgracia. 19Pero el oro y la plata, y todas las cosas de bronce y de hierro, serán dedicadas al Señor, y se pondrán en su tesoro."

20La gente gritó y las trompetas sonaron. Al oír los israelitas el sonido de las trompetas, comenzaron a gritar a voz en cuello, y la muralla de la ciudad se vino abajo.ⁿ Entonces avanzaron directamente contra la ciudad, y la tomaron. 21Después mataron a filo de espada a hombres, mujeres, jóvenes y viejos, y aun a los bueyes, las ovejas y los asnos. Todo lo destruyeron por completo.

22Josué les dijo a los dos espías que habían explorado la tierra: "Vayan a casa de la prostituta y sáquenla de allí con todos los suyos, tal como ustedes se lo prometieron." 23Ellos entraron y sacaron a Rahab, a su padre, a su madre, a sus hermanos y a todos sus parientes, y los llevaron a un lugar seguro fuera del campamento de Israel. 24Luego los israelitas quemaron la ciudad y todo lo que había en ella. Lo único que sacaron fue la plata, el oro y las cosas de bronce y de hierro, que pusieron en el tesoro del Señor. 25Pero Josué les perdonó la vida a Rahab y a su familia, porque ella había escondido a los espías que Josué había enviado a Jericó.º Y desde entonces los descendientes de Rahab viven entre los israelitas.

26Luego Josué hizo el siguiente juramento: "Maldito sea a los ojos del Señor el que intente reconstruir la ciudad de Jericó. Sean echados los cimientos sobre su hijo mayor, y sean puestas las puertas."³,ᵖ

27El Señor ayudó a Josué, y la fama de Josué se extendió por toda la región.

### El pecado de Acán

7 1Pero un miembro de la tribu de Judá, que se llamaba Acán y era hijo de Carmi, nieto de Zabdi y bisnieto de Zara, tomó varias cosas de las que estaban consagradas a la destrucción, con lo cual todos los israelitas resultaron culpables ante el Señor de haber tomado lo que él había ordenado destruir. Por eso la ira del Señor se encendió contra ellos.

### El castigo del pecado: la derrota frente a Hai

2Josué había mandado unos hombres desde Jericó, para que fueran hasta Hai, que estaba al oriente de Betel, cerca de Bet-avén, con órdenes de explorar la

---

³ Posible alusión a un sacrificio humano ritual en la construcción de ciudades.
ⁿ 6.17 Dt 13.15-16; 20.16-18. ⁿ 6.20 He 11.30. º 6.25 He 11.31. ᵖ 6.26 1 R 16.34.

región. Ellos fueron y exploraron Hai, ³y al volver le dijeron a Josué: "No hace falta que todo el pueblo ataque Hai, pues dos o tres mil hombres son suficientes para tomar la ciudad. No mandes a todo el pueblo, pues los que defienden la ciudad son pocos."

⁴Así pues, unos tres mil hombres subieron para atacar Hai. Pero los de Hai los derrotaron y los hicieron huir; ⁵mataron como a treinta y seis israelitas, y a los demás los persiguieron desde las puertas de la ciudad hasta las canteras, y en la bajada los destrozaron. Por esta razón la gente se desanimó y perdió el valor.

⁶Josué y los ancianos de Israel rasgaron sus ropas y se echaron polvo sobre la cabeza en señal de dolor; luego se inclinaron ante el cofre del Señor tocando el suelo con la frente, hasta la caída de la tarde. ⁷Y decía Josué:

—¡Ay, Señor! ¿Para qué hiciste que este pueblo pasara el río Jordán? ¿Acaso fue para entregarnos a los amorreos, y para que ellos nos destruyeran? ¡Ojalá nos hubiéramos quedado al otro lado del Jordán! ⁸¡Ay, Señor! ¿Qué puedo decir, ahora que los israelitas han huido de sus enemigos? ⁹Los cananeos y todos los que viven en la región se van a enterar de lo que ha pasado, y nos atacarán juntos, y no quedará de nosotros ni el recuerdo. Entonces, ¿qué será de tu gran nombre?

¹⁰Y el Señor le contestó:

—Levántate. ¿Qué haces ahí, en el suelo? ¹¹Los israelitas han pecado, y han roto el pacto que yo hice con ellos. Tomaron de las cosas que debieron ser destruidas;�q las robaron sabiendo que hacían mal, y las han escondido entre sus pertenencias. ¹²Por eso los israelitas no podrán hacer frente a sus enemigos. Tendrán que huir de ellos, pues ahora los israelitas mismos merecen ser destruidos. Y si ustedes no destruyen pronto lo que ordené que se destruyera, no estaré más con ustedes. ¹³Levántate y convoca al pueblo. Diles que se preparen para presentarse mañana delante de mí, porque yo, el Señor y Dios de Israel, digo así: 'Tú, Israel, has tomado lo que debió ser destruido por completo, y mientras no lo destruyas y lo eches fuera de ti, no podrás hacer frente a tus enemigos.' ¹⁴Mañana preséntense todos por tribus, y la tribu que yo señale presentará a cada uno de sus clanes; el clan que yo señale presentará a cada una

de sus familias, y la familia que yo señale presentará a cada uno de sus hombres. ¹⁵Y el que tenga en su poder lo que debió ser destruido, será quemado con su familia y con todas sus posesiones, por haber hecho una cosa indigna en Israel y no haber cumplido el pacto del Señor.

### El castigo de Acán

¹⁶Al día siguiente, Josué se levantó muy temprano y mandó que la gente se presentara repartida en tribus. Y el Señor señaló a la tribu de Judá. ¹⁷Entonces Josué hizo que la tribu de Judá presentara a cada uno de sus clanes, y fue señalado el clan de Zara. De entre los de Zara fue señalada la familia de Zabdi. ¹⁸Cuando los hombres de la familia de Zabdi se acercaron uno por uno, fue señalado Acán, el hijo de Carmi, que era nieto de Zabdi y bisnieto de Zara, de la tribu de Judá.

¹⁹Entonces Josué le dijo a Acán:

—Hijo mío, da honor y alabanza al Señor y Dios de Israel, diciéndome lo que has hecho. ¡No me lo ocultes!

²⁰Y Acán le contestó:

—En verdad, confieso que he pecado contra el Señor y Dios de Israel. Esto es lo que hice: ²¹Entre las cosas que tomamos en Jericó, vi un bello manto de Babilonia, doscientas monedas de plata y una barra de oro que pesaba más de medio kilo. Me gustaron esas cosas, y me quedé con ellas, y las he enterrado debajo de mi tienda de campaña, poniendo el dinero en el fondo.

²²Josué mandó en seguida a unos hombres a la tienda de Acán, los cuales encontraron todo lo que allí estaba escondido, con la plata en el fondo. ²³Lo tomaron y se lo llevaron a Josué y a los israelitas, los cuales se lo presentaron al Señor. ²⁴Luego se llevaron a Acán al valle de Acor junto con la plata, el manto, la barra de oro, sus hijos y sus hijas, sus bueyes, asnos y ovejas, y su tienda y todo lo que era suyo.

²⁵Josué le dijo:

—¿Por qué trajiste esta desgracia sobre nosotros? Ahora, que el Señor haga caer sobre ti la desgracia que nos trajiste.

Dicho esto, todos los israelitas mataron a pedradas a Acán y a los suyos, y luego los quemaron. ²⁶Después pusieron sobre él un gran montón de piedras, que todavía sigue en pie. Por esta razón ese lugar se llama todavía valle de Acor.⁴ Así se calmó la ira del Señor contra Israel.

---

⁴ En hebreo, Acor significa desgracia.
q 7.**11-15** Dt 13.16; Jos 6.17-19.

## Los israelitas toman la ciudad de Hai

**8** ¹El Señor le dijo a Josué: "No tengas miedo ni te desanimes. Toma a todo tu ejército y ponte en marcha contra la ciudad de Hai, pues yo te daré la victoria sobre el rey de Hai y su gente. Su ciudad y sus territorios serán tuyos, ²y tú harás con Hai y su rey lo mismo que hiciste con Jericó y su rey, aunque en este caso podrán ustedes quedarse con las cosas y los animales de los vencidos. Prepara un ataque por sorpresa, por la parte de atrás de la ciudad."

³Josué se preparó con todo su ejército para marchar contra Hai. Escogió treinta mil guerreros, a los cuales envió de noche ⁴con esta orden: "Oigan bien: vayan por la parte de atrás de la ciudad, escóndanse cerca de ella y manténganse listos para atacar. ⁵El resto de la gente se acercará conmigo a la ciudad, y cuando los de la ciudad salgan a atacarnos, nosotros huiremos de ellos, como la vez pasada. ⁶Ellos nos perseguirán cuando huyamos de la ciudad, pues pensarán que otra vez nos han puesto en fuga. ⁷Entonces ustedes saldrán de su escondite y tomarán la ciudad, pues el Señor su Dios se la va a entregar. ⁸Una vez que la hayan tomado, quémenla, tal como el Señor lo ha dicho. Es una orden."

⁹Entonces Josué les dio la orden de partir, y ellos fueron y se escondieron entre Betel y Hai, al oeste de Hai, mientras que Josué pasó la noche en el campamento. ¹⁰Al día siguiente, Josué se levantó muy temprano y pasó revista a su gente. Luego se puso al frente de ellos, junto con los ancianos de Israel, y se dispuso a atacar Hai. ¹¹Todos sus hombres se acercaron a la ciudad por la parte de delante, y acamparon al norte de ella, teniendo el valle entre ellos y la ciudad. ¹²Josué escondió unos cinco mil hombres entre Betel y Hai, al oeste de la ciudad, ¹³de modo que el ejército quedó repartido en dos grupos, uno escondido al oeste de la ciudad, y el otro en el campamento, al norte. Josué se adelantó aquella noche hasta la mitad del valle.

¹⁴Cuando el rey de Hai vio la situación, se dio prisa y salió con todo su ejército para luchar contra los israelitas en el valle del Jordán, sin saber que otros israelitas estaban escondidos detrás de la ciudad. ¹⁵Josué y sus hombres fingieron ponerse en fuga, y huyeron de los de Hai por el camino del desierto. ¹⁶Entonces todo el ejército de Hai recibió órdenes de perseguirlos, y al perseguir a Josué se alejaron de la ciudad. ¹⁷No hubo un solo hombre de Hai ni de Betel que no saliera a perseguir a los israelitas; pero en sus ansias por perseguirlos dejaron indefensa la ciudad. ¹⁸Entonces el Señor le dijo a Josué: "Da ya la señal de atacar la ciudad de Hai, que yo te la voy a entregar."

Josué dio la señal, ordenando el ataque. ¹⁹Entonces los que estaban escondidos salieron rápidamente de su escondite, se lanzaron contra la ciudad y la tomaron, prendiéndole fuego en seguida.

²⁰Cuando los hombres de Hai volvieron atrás la mirada, vieron que el humo de su ciudad subía hasta el cielo. No tenían escape por ningún lado, porque los israelitas que antes huían hacia el desierto, ahora se lanzaban al ataque. ²¹En efecto, al ver Josué y todos los israelitas que los que se habían escondido habían tomado ya la ciudad, y que le habían prendido fuego, se volvieron y atacaron a los de Hai. ²²Luego, los que habían tomado la ciudad salieron de ella, de modo que los de Hai quedaron atrapados entre las dos fuerzas israelitas, las cuales atacaron a los de Hai hasta matarlos a todos. ²³Sólo dejaron con vida al rey de Hai, al cual capturaron y llevaron ante Josué.

²⁴Después de matar a filo de espada a todos los de Hai que habían salido a perseguirlos, los israelitas regresaron a Hai y mataron a los que quedaban. ²⁵Aquel día murieron los doce mil habitantes de Hai, hombres y mujeres, ²⁶pues Josué mantuvo la orden de atacar la ciudad hasta que los destruyeron a todos por completo. ²⁷Los israelitas se quedaron con los animales y las cosas que había en la ciudad, como el Señor le había dicho a Josué, ²⁸y Josué quemó Hai y la dejó en ruinas para siempre, tal como se ve todavía. ²⁹Al rey de Hai lo colgó Josué de un árbol hasta el atardecer, y cuando el sol se puso, mandó que lo bajaran y echaran su cadáver a la entrada de la ciudad, y que amontonaran piedras encima de él. El montón de piedras está allí todavía.

### Josué lee la ley en el monte Ebal

³⁰Entonces Josué construyó en el monte Ebal un altar al Señor, el Dios de Israel, ³¹tal como Moisés, el siervo del Señor, se lo había ordenado a los israelitas, y conforme a lo que está escrito en el

libro de la ley de Moisés: "Un altar de piedras sin labrar."*r* Entonces los israelitas ofrecieron holocaustos sobre el altar, y presentaron sacrificios de reconciliación. [32]Luego, en presencia de los israelitas, Josué grabó en las piedras del altar la ley que Moisés les había dado.*s* [33]Entonces todo el pueblo, tanto los descendientes de Israel como los extranjeros, y todos los ancianos, oficiales y jueces, se pusieron a los lados del cofre del pacto del Señor, frente a los sacerdotes levitas que lo llevaban en hombros. Para la bendición del pueblo de Israel, la mitad de ellos estaba del lado del monte Gerizim, y la otra mitad del lado del monte Ebal, tal como lo había ordenado desde el principio Moisés, el siervo del Señor.

[34]Después Josué leyó cada una de las palabras del libro de la ley, tanto las bendiciones como las maldiciones. [35]No hubo una sola palabra de todo lo que Moisés había mandado, que no leyera Josué ante toda la comunidad de Israel, incluyendo a las mujeres y niños, y aun a los extranjeros que vivían entre ellos.*t*

### El pacto con los gabaonitas

**9** [1]Los reyes hititas, amorreos, cananeos, ferezeos, heveos y jebuseos se enteraron de lo sucedido. (Estos reyes vivían en la orilla occidental del río Jordán, en las montañas, en la llanura y en toda la costa del mar Mediterráneo hasta las regiones del Líbano.) [2]Entonces todos ellos se pusieron de acuerdo y se aliaron para enfrentarse con Josué y los israelitas. [3]Sin embargo, los heveos que vivían en Gabaón supieron lo que Josué había hecho con las ciudades de Jericó y de Hai, [4]y decidieron engañarlo. Se pusieron en camino, echando sobre sus asnos costales y cueros de vino viejos, rotos y remendados; [5]también se pusieron ropa y sandalias viejas y remendadas, y tomaron para el camino únicamente pan seco y mohoso. [6]Cuando llegaron al campamento de Gilgal, dijeron a Josué y a los israelitas:

—Venimos de tierras lejanas. Hagan ustedes un pacto con nosotros.

[7]Los israelitas les contestaron a los heveos:

—A lo mejor ustedes viven por aquí, cerca de nosotros; ¿cómo vamos entonces a hacer un pacto con ustedes?*u*

[8]Pero ellos dijeron a Josué:

—Nosotros nos ponemos al servicio de usted.

El les preguntó:

—¿Quiénes son ustedes? ¿De dónde vienen?

[9]Y ellos respondieron:

—Venimos de muy lejos, debido a la fama del Señor su Dios. Hemos sabido todo lo que él hizo en Egipto, [10]y lo que les hizo a los dos reyes amorreos al otro lado del río Jordán, es decir, a Sehón de Hesbón y a Og de Basán, que vivía en Astarot.*v* [11]Por eso, nuestros jefes y nuestros compatriotas nos dijeron: 'Tomen ustedes provisiones para el camino y vayan a donde ellos están. Díganles que nos ponemos a su servicio y que queremos hacer un pacto con ellos.' [12]Cuando salimos en busca de ustedes, este pan todavía estaba caliente, y ahora ya está mohoso y seco. [13]También estos cueros estaban nuevos cuando los llenamos de vino, y ahora ya están rotos. Y lo mismo ha pasado con nuestra ropa y nuestras sandalias, pues el camino ha sido largo.

[14]Los israelitas probaron las provisiones de los gabaonitas, pero no consultaron al Señor. [15]Entonces Josué hizo un pacto de paz con ellos, comprometiéndose a perdonarles la vida; y los demás jefes israelitas juraron hacer lo mismo.

[16]Tres días después, los israelitas se enteraron de que los gabaonitas eran vecinos suyos, y de que vivían cerca de ellos. [17]Entonces salieron en busca de los gabaonitas, y al tercer día llegaron a sus ciudades, que eran Gabaón, Cafira, Beerot y Quiriat-jearim. [18]Pero los israelitas no los mataron, porque los jefes les habían jurado por el Señor y Dios de Israel que les perdonarían la vida.

Por esta razón el pueblo murmuraba contra sus jefes, [19]pero los jefes les dijeron:

—Nosotros les hemos jurado por el Señor, el Dios de Israel, que no los mataríamos. Por eso, ahora no podemos hacerles nada. [20]Tenemos que dejarlos vivir, porque si rompemos el juramento, Dios se enojará con nosotros.

[21]Así pues, los jefes israelitas ordenaron que se les dejara con vida, pero que fueran puestos como leñadores y aguadores para todo el pueblo. De esa manera los jefes mantuvieron su promesa.

[22]Por su parte, Josué llamó a los gabaonitas y les preguntó:

*r* 8.31 Ex 20.25.   *s* 8.30-32 Dt 27.2-8.   *t* 8.33-35 Dt 11.29; 27.11-14.   *u* 9.7 Ex 23.32; 34.12; Dt 7.2; 20.15-16.
*v* 9.10 Nm 21.21-35.

—¿Por qué nos engañaron diciéndonos que venían de muy lejos, cuando la verdad es que viven aquí mismo? ²³Por esta razón quedarán ustedes bajo maldición, y para siempre serán sirvientes. Tendrán que cortar la leña y sacar el agua que se necesite para la casa de mi Dios.

²⁴Y ellos contestaron a Josué:

—Nosotros lo hicimos porque teníamos mucho miedo de que usted nos fuera a matar, pues nos enteramos de que el Señor su Dios le había ordenado a Moisés, su siervo, darles a ustedes toda esta región, y destruir a todos los que vivían aquí. ²⁵Pero estamos en sus manos; haga usted con nosotros lo que le parezca más conveniente.

²⁶Josué, pues, no permitió que los israelitas mataran a los gabaonitas, ²⁷pero los destinó a ser leñadores y aguadores para el pueblo y para el altar del Señor, en el lugar que el Señor escogiera. Y todavía hoy los gabaonitas tienen esa ocupación.

### La victoria sobre los amorreos

**10** ¹⁻²Adonisedec, el rey de Jerusalén, tuvo mucho miedo cuando supo que Josué había tomado y destruido Hai, y que había hecho con ella y con su rey lo mismo que antes había hecho con Jericó y su rey, y que los gabaonitas habían hecho la paz con los israelitas y ahora vivían entre ellos. Esto último le causó mucho miedo, pues Gabaón era una ciudad importante, más grande que Hai y de categoría real, y los gabaonitas eran valientes. ³Por esta razón Adonisedec les mandó el siguiente mensaje a los reyes Hohan de Hebrón, Piream de Jarmut, Jafía de Laquis, y Debir de Eglón: ⁴"Vengan acá y ayúdenme a pelear contra Gabaón, pues ha hecho un pacto con Josué y los israelitas." ⁵Así que los cinco reyes amorreos, o sea los reyes de Jerusalén, Hebrón, Jarmut, Laquis y Eglón, se juntaron y marcharon con sus ejércitos para acampar ante Gabaón y atacarla.

⁶Por su parte, los que vivían en Gabaón le mandaron este mensaje a Josué, que estaba en el campamento de Gilgal: "No se niegue usted a ayudar a sus servidores. Venga pronto a ayudarnos y defendernos, pues todos los reyes amorreos de las montañas se han unido para atacarnos." ⁷Entonces Josué salió de Gilgal con todo su ejército de valientes, ⁸y el

Señor le dijo: "No les tengas miedo, porque yo voy a entregártelos, y ninguno de ellos va a poder hacerte frente."

⁹Josué salió de Gilgal y, avanzando por la noche, atacó por sorpresa a los amorreos. ¹⁰El Señor hizo que ellos se asustaran mucho ante los israelitas, y así Josué mató a muchísimos en Gabaón. Después los persiguió por el camino de Bet-horón, y siguió matando amorreos hasta Azeca y Maceda. ¹¹Al bajar los amorreos la cuesta de Bet-horón, mientras huían de los israelitas, el Señor soltó sobre ellos grandes piedras de granizo, que mataron más amorreos que las espadas de los israelitas.

¹²Cuando el Señor entregó a los amorreos en manos de los israelitas, Josué le habló al Señor delante del pueblo y dijo:

"Párate, sol, en Gabaón;
párate, luna, en el valle de Ajalón."

¹³Y el sol y la luna se detuvieron
hasta que el pueblo se vengó del
enemigo. *

Esto es lo que dice el Libro del Justo.ʷ El sol se detuvo en medio del cielo, y por casi un día entero no se puso. ¹⁴Ni antes ni después ha habido otro día como aquel en que el Señor escuchó la voz de un hombre, pues el Señor peleaba a favor de Israel.

¹⁵Después Josué y los israelitas volvieron al campamento de Gilgal, ¹⁶y los cinco reyes huyeron y se escondieron en una cueva en Maceda. ¹⁷Pero más tarde fueron hallados en esa cueva, y así se lo dijeron a Josué. ¹⁸Entonces Josué dio las siguientes órdenes: "Rueden piedras hasta la entrada de la cueva y tápenla, y pongan guardias a la entrada para que los vigilen. ¹⁹Mientras tanto, no se detengan ustedes aquí. Vayan tras el enemigo y atáquenlo por la retaguardia. No los dejen regresar a sus ciudades, porque el Señor y Dios de ustedes los ha entregado en sus manos."

²⁰Después que Josué y los israelitas derrotaron por completo a los amorreos, matando a muchísimos de ellos, los amorreos que quedaron con vida se refugiaron en sus ciudades. ²¹Pero el pueblo israelita regresó sano y salvo al campamento de Maceda, donde estaba Josué. Y nadie se atrevía a hablar mal de los israelitas.

²²Entonces Josué dijo: "Destapen la entrada de la cueva y saquen a los cinco

* 10.12-13 Eclo 46.4-6. ʷ 10.13 2 S 1.18.

reyes.'' ²³Así lo hicieron los israelitas, y sacaron de la cueva a los reyes de Jerusalén, Hebrón, Jarmut, Laquis y Eglón. ²⁴Cuando los trajeron ante Josué, él llamó a todos los hombres de Israel, y dijo a los jefes militares que estaban con él: ''Acérquense y pongan el pie sobre el cuello de estos reyes.'' Ellos lo hicieron así, ²⁵y entonces Josué les dijo: ''No tengan miedo ni se desanimen; al contrario, tengan valor y firmeza, porque esto mismo hará el Señor con todos los enemigos de ustedes.''

²⁶Después Josué mató a los reyes y mandó que colgaran a cada uno de un árbol, y allí los dejaron hasta el atardecer. ²⁷Cuando ya el sol se iba a poner, mandó Josué que los bajaran de los árboles y los echaran en la misma cueva en que se habían escondido. Después taparon la entrada de la cueva con unas piedras enormes que, por cierto, todavía están allí.

### Otras conquistas

²⁸Ese mismo día, Josué tomó la ciudad de Maceda y la destruyó por completo; mató a filo de espada a todos los que vivían en ella, y no dejó a nadie con vida. Hizo con el rey de Maceda lo mismo que había hecho con el de Jericó.

²⁹De allí, Josué y los israelitas se fueron a la ciudad de Libna y la atacaron. ³⁰El Señor les entregó también esta ciudad y su rey. No quedó nada ni nadie con vida, e hizo con el rey de Libna lo mismo que con el de Jericó.

³¹Después Josué y los israelitas se fueron de Libna a Laquis, y acamparon ante la ciudad y la atacaron. ³²Al segundo día, el Señor les entregó Laquis y, como en Libna, los israelitas mataron a filo de espada a todas las personas y los animales que vivían allí. ³³Horam, el rey de Gezer, salió con su ejército a defender Laquis, pero Josué lo derrotó y no dejó a nadie con vida.

³⁴Después de Laquis, Josué y los israelitas fueron a la ciudad de Eglón, acamparon ante ella y la atacaron. ³⁵Ese mismo día la tomaron, y mataron a filo de espada a todos los que vivían allí, destruyéndolos por completo como habían hecho con Laquis.

³⁶De Eglón siguieron a la ciudad de Hebrón,ˣ y la atacaron. ³⁷Cuando la tomaron, la destruyeron por completo y mataron a filo de espada al rey y a todas

las personas y los animales que vivían allí y en los pueblos vecinos, tal como lo habían hecho en Eglón.

³⁸De allí, Josué y los israelitas se dirigieron a la ciudad de Debirʸ y la atacaron, ³⁹matando a filo de espada a su rey y a los habitantes de los pueblos vecinos. Ni un solo habitante de Debir quedó con vida; todos fueron aniquilados, tal como lo habían hecho con Hebrón y Libna y con sus reyes.

⁴⁰Así pues, Josué conquistó toda la región. Derrotó a los reyes de las montañas, del Néguev, de los llanos y de las cuestas.ᶻ Lo destruyó todo y los mató a todos; no quedó nada, ni dejó vivo a nadie, tal y como el Señor, el Dios de Israel, se lo había ordenado. ⁴¹⁻⁴²De una sola vez derrotó a los reyes y conquistó todos sus territorios entre Cades-barnea y Gaza, y toda la región de Gosén hasta la ciudad de Gabaón, porque el Señor, el Dios de Israel, peleaba en favor de los israelitas. ⁴³Después Josué volvió al campamento de Gilgal con todos los israelitas.

### Josué derrota a Jabín y sus aliados

**11** ¹Cuando Jabín, el rey de Hazor, supo todo esto, mandó mensajeros para hacer una alianza con el rey Jobab de Madón y con los reyes de Simrón y de Acsaf, ²y con todos los reyes de la región montañosa del norte, del valle del Jordán al sur del lago Cineret, de la llanura y de las cercanías de Dor hacia el oeste, ³con los cananeos del este y del oeste, con los amorreos, los hititas, los ferezeos, los jebuseos de las montañas y los heveos del monte Hermón, en la región de Mizpa. ⁴Todos estos reyes salieron con sus ejércitos y con muchísimos caballos y carros de guerra. Eran tantos los soldados que no se podían contar, como los granitos de arena a la orilla del mar. ⁵Todos ellos hicieron una alianza, y acamparon junto a las aguas de Merom, para atacar a los israelitas.

⁶Pero el Señor le dijo a Josué: ''No tengas miedo, porque yo haré que mañana, a esta misma hora, todos ellos caigan muertos delante de ustedes. Y tú, rómpeles las patas a sus caballos y prende fuego a sus carros de guerra.''

⁷Entonces Josué y todos sus guerreros los atacaron por sorpresa junto a las

ˣ 10.36-37 Jos 15.13; Jue 1.10.    ʸ 10.38 Jos 15.15; Jue 1.11.    ᶻ 10.40 Jue 1.9.

aguas de Merom, [8]y el Señor les dio la victoria a los israelitas, de modo que los fueron atacando y persiguiendo hasta la gran ciudad de Sidón y Misrefot-maim, y por el oriente hasta el llano de Mizpa. Ni uno solo de ellos quedó con vida. [9]Josué cumplió con lo que el Señor le había ordenado, pues les rompió las patas a los caballos del enemigo y quemó sus carros de guerra.

[10]Después regresó y tomó la ciudad de Hazor, que había sido el centro de aquella alianza, y mató a su rey [11]y a todos los que vivían allí. Todo lo destruyeron por completo, y quemaron la ciudad. [12]Y lo mismo hizo con las demás ciudades de aquella alianza: las tomó y mató a sus reyes, y los destruyó por completo, tal como se lo había mandado Moisés, el siervo del Señor. [13]Sin embargo, los israelitas no quemaron ninguna de las ciudades que estaban sobre colinas, sino solamente a Hazor. [14]Mataron a filo de espada a todos los que vivían en esas ciudades, sin dejar con vida a ninguno, y tomaron posesión de todos los animales y cosas que había en ellas.

### Josué cumple las órdenes de Moisés

[15]El Señor le había dado sus órdenes a Moisés, y Moisés se las dio a Josué, quien las cumplió en todo, sin pasar por alto ninguna de ellas. [16]Josué conquistó toda aquella región, es decir, la región montañosa, todo el Néguev, toda la tierra de Gosén, la llanura y el valle del Jordán, y todas las montañas y los llanos de Israel. [17]Desde el monte Halac, que se levanta hacia Seir, hasta Baal-gad, que está en los llanos del Líbano, al pie del monte Hermón, Josué capturó y mató a todos los reyes de la región, [18]tras pelear contra ellos por mucho tiempo. [19]La única ciudad que hizo un pacto con los israelitas fue la de los heveos de Gabaón. Todo lo demás fue tomado a la fuerza, [20]pues el Señor hizo que los enemigos se pusieran tercos y resistieran a los israelitas, para que los israelitas los destruyeran por completo y sin misericordia, tal como el Señor se lo había ordenado a Moisés.[a]

[21]También por aquel entonces, Josué conquistó y destruyó por completo todas las ciudades de los anaquitas que vivían en el monte Hebrón, en Debir, en Anab y en todos los montes de Judá y de Israel,[b]

[22]de modo que no quedó ni un solo descendiente del gigante Anac en todo el territorio de Israel. Sólo quedaron descendientes del gigante Anac en Gaza, Gat y Asdod.

[23]Así pues, Josué conquistó toda la tierra, de acuerdo con todo lo que el Señor le había dicho a Moisés. Luego la repartió entre las tribus de Israel, para que fuera su herencia. Después de eso hubo paz en la región.

### Resumen de las conquistas de Moisés

**12** [1]Estos son los reyes que los israelitas derrotaron al este del río Jordán, y los territorios que conquistaron desde el río Arnón hasta el monte Hermón, con toda la región oriental del valle del Jordán:

[2]Sehón, rey de los amorreos, que vivía en Hesbón. Su reino se extendía desde Aroer, a la orilla del río Arnón, y desde la parte central del valle hasta el río Jaboc, donde empezaba el territorio de los amonitas (es decir, como la mitad de Galaad), [3]y dominaba también la parte oriental del valle del Jordán, desde el lago Cineret hasta el Mar Muerto, en dirección de Bet-jesimot, y hacia el sur hasta el pie del monte Pisga.

[4]Og, rey de Basán, uno de los últimos refaítas, que vivía en Astarot y en Edrei. [5]Su dominio se extendía desde el monte Hermón, y desde Salca, y desde toda la región de Basán, hasta la frontera de Gesur y de Maacá, y hasta la otra mitad de Galaad, que era de Sehón, el rey de Hesbón.[c]

[6]Moisés y los israelitas derrotaron a estos reyes, y Moisés les dio estos territorios a las tribus de Rubén y de Gad y a la media tribu de Manasés.[d]

### Resumen de las conquistas de Josué

[7]Estos son los reyes que Josué y los israelitas derrotaron en la región occidental del río Jordán, comprendida entre Baal-gad, en el valle del Líbano, y el monte Halac, que se levanta hacia Seir. Josué repartió las tierras de estos reyes entre las tribus israelitas, dándoles en propiedad permanente [8]la región montañosa, la llanura, el valle del Jordán, las laderas, las tierras del desierto y el Néguev. Estas

---

*a* 11.20 Dt 7.16.  *b* 11.21 Jue 1.10-11.  *c* 12.1-5 Nm 21.21-35; Dt 2.26-3.11.  *d* 12.6 Nm 32.33; Dt 3.12.

tierras habían sido de los hititas, amorreos, cananeos, ferezeos, heveos y jebuseos.

⁹Los reyes derrotados fueron los siguientes: el de Jericó, el de Hai, ciudad cercana a Betel, ¹⁰el de Jerusalén, el de Hebrón, ¹¹el de Jarmut, el de Laquis, ¹²el de Eglón, el de Gezer, ¹³el de Debir, el de Geder, ¹⁴el de Horma, el de Arad, ¹⁵el de Libna, el de Adulam, ¹⁶el de Maceda, el de Betel, ¹⁷el de Tapúa, el de Hefer, ¹⁸el de Afec, el de Sarón, ¹⁹el de Madón, el de Hazor, ²⁰el de Simron-merón, el de Acsaf, ²¹el de Taanac, el de Meguido, ²²el de Cedes, el de Jocneam del Carmelo, ²³el de Dor, en la provincia de Dor, el de Goim de Gilgal ²⁴y el de Tirsa. Fueron treinta y un reyes en total.

### La tierra que quedaba por conquistar

**13** ¹Cuando Josué era ya muy anciano, el Señor le dijo: "Tú estás ya entrado en años, y todavía queda mucha tierra por conquistar. ²Queda todo el territorio de los filisteos y de los gesureos, ³que va desde el río Sihor, al este de Egipto, hasta la frontera de Ecrón, al norte, y que es considerado territorio cananeo; en él hay cinco jefes filisteos, que son los jefes de Gaza, Asdod, Ascalón, Gat y Ecrón. Queda también la región de los aveos, ⁴en el sur, y toda la tierra de los cananeos, desde las ciudades⁵ de los sidonios hasta Afec, en la frontera con los amorreos. ⁵Queda además la tierra de los giblitas, y todo el Líbano hacia el este, desde Baal-gad, al pie del monte Hermón, hasta la entrada de Hamat. ⁶Voy a echar de delante de los israelitas a los sidonios y a todos los que viven en las montañas, desde el Líbano hasta Misrefot-maim.ᵉ Tú ocúpate de repartir y dar posesión de la tierra a los israelitas,ᶠ tal como yo te lo he ordenado. ⁷Reparte esta tierra entre las nueve tribus y la media tribu de Manasés."

### Las tierras de Manasés, Rubén y Gad

⁸Las tribus de Rubén y de Gad y la mitad de la tribu de Manasés recibieron su parte cuando Moisés les dio tierras en la región oriental del Jordán.ᵍ ⁹Les tocó la región que va desde Aroer, a orillas del río Arnón, y la ciudad que está en medio del valle, y toda la meseta de Medeba, hasta Dibón, ¹⁰incluyendo todas las ciudades de

Sehón, el rey amorreo de Hesbón, hasta la frontera de los amonitas. ¹¹Les tocó también Galaad y el territorio de los gesureos y de los maacateos, más el monte Hermón y toda la tierra de Basán hasta Salca, ¹²incluyendo los dominios de Og, rey de Basán, que gobernaba en Astarot y Edrei, y que era el último de los refaítas, a los que Moisés había derrotado y echado del lugar. ¹³Los de Gesur y Maaca no fueron echados de allí, sino que siguieron viviendo entre los israelitas como hasta hoy.

¹⁴A la tribu de Leví no le dio posesiones Moisés, pues para ellos serían las ofrendas que se queman en honor del Señor y Dios de Israel, según él mismo había dicho.ʰ

¹⁵Moisés repartió tierras a la tribu de Rubén según el número de sus clanes, ¹⁶de modo que su territorio se extendió desde Aroer, a orillas del río Arnón, y la ciudad que está en medio del valle, y por toda la meseta de Medeba, ¹⁷hasta Hesbón y todas las ciudades que están en la meseta: Dibón, Bamot-baal, Bet-baal-meón, ¹⁸Jahaza, Cademot, Mefaat, ¹⁹Quiriataim, Sibma, Zaret-sahar, que está en la colina del valle, ²⁰Bet-peor, Bet-jesimot y las laderas del monte Pisga, ²¹es decir, las ciudades de la meseta y todo el reino de Sehón, rey amorreo de Hesbón. Moisés había derrotado a Sehón y a los príncipes de Madián que le servían: Evi, Requem, Zur, Hur y Reba. ²²Además los israelitas mataron al adivino Balaam, hijo de Beor, y a muchos más. ²³El territorio de la tribu de Rubén, repartido según el número de sus clanes, incluía todas estas ciudades y aldeas, y llegaba hasta el río Jordán.

²⁴También a los de la tribu de Gad les repartió tierras Moisés, según el número de sus clanes. ²⁵Les tocó Jazer y todas las ciudades de Galaad, la mitad del territorio de los amonitas hasta la ciudad de Aroer, que está frente a Rabá, ²⁶y la región que está entre Hesbón, Ramat-mizpa y Betonim, y entre Mahanaim y la frontera de Debir. ²⁷En el valle, les tocó Bet-aram, Bet-nimra, Sucot y Zafón, que era lo único que quedaba del reino de Sehón, rey de Hesbón. Así que su territorio se extendía del lado este del río Jordán hasta el extremo sur del lago Cineret. ²⁸Estas fueron las ciudades que, con sus aldeas, les tocaron a los de la tribu de Gad, según el número de sus clanes.

²⁹También a los de la media tribu de Manasés les dio tierras Moisés, repartidas

---

⁵ *Desde las ciudades:* traducción probable. Heb. *Mehara.*
ᵉ **13.3-6** Jue 3.3-4. ᶠ **13.6** Nm 33.54. ᵍ **13.8** Nm 32.33; Dt 3.12. ʰ **13.14** Dt 18.1; Jos 13.33.

según el número de sus clanes. ³⁰Les tocó todo lo que antes había sido de Og, rey de Basán, es decir, todo Basán desde Mahanaim, con las sesenta poblaciones que pertenecen a Jair, ³¹la mitad de Galaad, y las ciudades de Astarot y Edrei. Todo esto fue para la mitad de los descendientes de Maquir, hijo de Manasés, según el número de sus clanes.

³²Estas son las tierras que Moisés les dio en propiedad en los llanos de Moab, al este del río Jordán, frente a Jericó. ³³Pero a los de la tribu de Leví no les dio tierras en propiedad, sino que les dijo: "El Señor y Dios de Israel es su herencia."ⁱ

### Josué reparte la tierra de Canaán

**14** ¹Estos son los territorios de Canaán que los israelitas recibieron como posesión, tal y como se los dieron el sacerdote Eleazar, Josué y los jefes de clanes de las tribus israelitas. ²Los territorios se repartieron por sorteo entre las nueve tribus y media, como el Señor le había mandado a Moisés que lo hiciera.ʲ ³Ya antes Moisés les había dado tierras al otro lado del Jordán a las tribus de Rubén y de Gad y a la media tribu de Manasés;ᵏ pero a los levitas no les dio tierras. ⁴Los descendientes de José formaban dos tribus, la de Manasés y la de Efraín, pero a los levitas no les tocó ninguna porción de tierra, sino solamente ciudades habitables, con campos para criar ganado y rebaños. ⁵Los israelitas hicieron el reparto de la tierra tal como el Señor se lo había ordenado a Moisés.

### El territorio de Caleb

⁶Los descendientes de Judá fueron a Gilgal para hablar con Josué, y Caleb el cenezeo, hijo de Jefone, le dijo a Josué: "Acuérdate de lo que el Señor le dijo a su siervo Moisés en Cades-barnea, en cuanto a ti y a mí.ᵐ ⁷Yo tenía cuarenta años cuando Moisés me envió desde Cades-barnea a explorar la región, y cuando volví le hablé con toda sinceridad.ᵐ ⁸Los que fueron conmigo hicieron que la gente se asustara, pero yo me mantuve fiel a mi Dios y Señor. ⁹Entonces Moisés me juró: 'La tierra en que has puesto el pie será siempre tuya y de tus descendientes, porque te mantuviste fiel a mi Dios y Señor.'ⁿ ¹⁰Ya han pasado cuarenta y cinco años desde que el Señor le dijo esto a Moisés, que fue

cuando los israelitas andaban todavía por el desierto, y conforme a su promesa me ha conservado con vida. Ahora ya tengo ochenta y cinco años, ¹¹pero todavía estoy tan fuerte como cuando Moisés me mandó a explorar la tierra, y puedo moverme y pelear igual que entonces.* ¹²Por eso te pido que me des ahora la región montañosa que el Señor me prometió. Tú sabes desde entonces que los descendientes del gigante Anac viven allí, y que tienen ciudades grandes y bien fortificadas. Pero yo espero que el Señor me acompañe y me ayude a echarlos de allí, como él lo ha dicho."

¹³Entonces Josué bendijo a Caleb, y le dio Hebrón para que fuera de él y de sus descendientes. ¹⁴Así fue como Hebrón llegó a ser de Caleb y de sus descendientes hasta el día de hoy, porque Caleb se mantuvo fiel al Señor, Dios de Israel. ¹⁵El nombre antiguo de Hebrón era Quiriat-arba, pues Arba fue un famoso descendiente del gigante Anac.

Después de esto hubo paz en la región.

### El territorio de Judá

**15** ¹El territorio que les tocó en suerte a los clanes de la tribu de Judá llegaba hasta la frontera de Edom, y por el sur hasta el desierto de Zin. ²Por ese lado la frontera partía de la punta que está en el extremo sur del Mar Muerto, ³corría después hacia el sur por la cuesta de Acrabim, pasando por el desierto de Zin y al sur de Cades-barnea; luego seguía hasta Hezrón, subía hasta Adar y daba la vuelta hacia Carca, ⁴de donde continuaba hasta Asmón, para salir al arroyo de Egipto y terminar en el mar Mediterráneo. Esta era la frontera por el sur. ⁵Por el este, la frontera era el Mar Muerto hasta la desembocadura del Jordán. De allí partía la frontera norte, ⁶que subía por Bet-hogla y pasaba al norte de Bet-arabá, y de allí a la Peña de Bohán Ben-Rubén; ⁷después subía del valle de Acor a Debir y volvía hacia Gilgal, que está frente a la cuesta de Adumín, al sur del arroyo; después la frontera pasaba por el manantial de En-semes y seguía hasta el de En-rogel; ⁸entonces pasaba por el valle de Ben-hinom, al sur de la cuesta de Jebús, es decir, Jerusalén; luego subía por la cumbre del monte que está al oeste del valle de Hinom, y al norte del valle de

---

ⁱ 13.33 Nm 18.20; Dt 18.2.   ʲ 14.2 Nm 26.52-56; 34.13.   ᵏ 14.3 Nm 32.33; 34.14-15; Dt 3.12-17.   ˡ 14.6 Nm 14.30.  
ᵐ 14.7 Nm 13.1-30.   ⁿ 14.9 Nm 14.24.   * 14.11 Eclo 46.9.

Refaim, [9]para dar la vuelta desde la cumbre del monte hasta el manantial de Neftoa, y luego hasta las ciudades del monte de Efrón, pasando por Baala, que también se llama Quiriat-jearim. [10]De Baala, la frontera se volvía hacia el oeste hasta el monte de Seir, y pasaba por Quesalón, al costado norte del monte Jearim, para después bajar hasta Bet-semes y pasar por Timna [11]y por las cuestas al norte de Ecrón, girar hacia Sicrón, pasar por el monte de Baala, y salir a Jabneel para terminar en el mar Mediterráneo. [12]Por último, la frontera occidental era el mar Mediterráneo. Estas eran las fronteras de las posesiones que les tocaron a los de la tribu de Judá, y que se repartieron entre los clanes de la tribu.

### Caleb conquista Hebrón y Debir
#### (Jue 1.10-15)

[13]Josué dio a Caleb, el hijo de Jefone, una parte de los territorios de la tribu de Judá. Conforme a lo ordenado por el Señor, le dio Quiriat-arba, es decir, Hebrón, ciudad principal de los descendientes del gigante Anac.[6] [14]Caleb echó de allí a tres descendientes de Anac, llamados Sesai, Ahimán y Talmai.[ñ] [15]Después marchó contra los que vivían en Debir, que antes se llamaba Quiriat-sefer, [16]y dijo: "Al que ataque y conquiste esta ciudad, yo le daré por esposa a mi hija Acsa."

[17]El que conquistó la ciudad fue su sobrino Otoniel, el hijo de Cenaz, y Caleb le dio por esposa a su hija Acsa. [18]Cuando iban a salir hacia su casa, Otoniel convenció a Acsa[7] de que le pidiera a su padre tierras de cultivo. Entonces ella se bajó del asno, y Caleb le preguntó:

—¿Qué se te ofrece?

[19]—Quiero pedirte un favor —contestó ella—. Ya que me diste tierras en el desierto del Néguev, dame también manantiales.

Y él le dio los manantiales de arriba y los de abajo.

### Las ciudades de la tribu de Judá

[20]Estas fueron las posesiones de la tribu de Judá, que se repartieron según el número de sus clanes. [21]Las ciudades que les tocaron en la región sur, hacia la frontera de Edom, fueron: Cabseel, Edar, Jagur, [22]Cina, Dimona, Adada, [23]Cedes, Hazor, Itnán, [24]Zif, Telem, Bealot, [25]Hazor-hadata, Queriot, Hezrón (que también se llama Hazor), [26]Amam, Sema, Molada, [27]Hazar-gada, Hesmón, Betpelet, [28]Hazar-sual, Beerseba, Bizotia, [29]Baala, Iim, Esem, [30]Eltolad, Quesil, Horma, [31]Siclag, Madmana, Sansana, [32]Lebaot, Silhim y En-rimón.[8] En total, veintinueve ciudades con sus aldeas.

[33]En la llanura les tocaron las siguientes ciudades: Estaol, Zora, Asena, [34]Zanoa, En-ganim, Tapúa, Enam, [35]Jarmut, Adulam, Soco, Azeca, [36]Saaraim, Aditaim, Gedera y Gederotaim, o sea catorce ciudades con sus aldeas.

[37]Las ciudades de Zenán, Hadasa, Migdal-gad, [38]Dileán, Mizpa, Jocteel, [39]Laquis, Boscat, Eglón, [40]Cabón, Lahmam, Quitlis, [41]Gederot, Bet-dagón, Naama y Maceda, o sea dieciséis ciudades con sus aldeas.

[42]Las ciudades de Libna, Eter, Asán, [43]Jifta, Asena, Nezib, [44]Keila, Aczib y Maresa, o sea nueve ciudades con sus aldeas.

[45]La ciudad de Ecrón con sus pueblos y aldeas, [46]y de Ecrón al mar todo el territorio cercano a Asdod, junto con sus aldeas.

[47]La ciudad de Asdod con sus pueblos y aldeas, y la ciudad de Gaza con sus pueblos y aldeas, hasta el arroyo de Egipto y los límites del mar Mediterráneo.

[48]En la región montañosa les tocaron a los de Judá las siguientes ciudades: Samir, Jatir, Soco, [49]Dana, Quiriat-sana (llamada también Debir), [50]Anab, Estemoa, Anim, [51]Gosén, Holón y Gilo, o sea once ciudades con sus aldeas.

[52]Las ciudades de Arab, Duma, Esán, [53]Janum, Bet-tapúa, Afeca, [54]Humta, Quiriat-arba (llamada también Hebrón), y Sior, o sea nueve ciudades con sus aldeas.

[55]Las ciudades de Maón, Carmel, Zif, Juta, [56]Jezreel, Jocdeam, Zanoa, [57]Caín, Gabaa y Timna, o sea diez ciudades con sus aldeas.

[58]Las ciudades de Halhul, Bet-sur, Gedor, [59]Maarat, Bet-anot y Eltecón, o sea seis ciudades con sus aldeas.

[60]Las ciudades de Quiriat-baal, llamada también Quiriat-jearim, y Rabá, con sus aldeas.

[61]En el desierto les tocaron las ciudades de Bet-arabá, Midín, Secaca, [62]Nibsán,

---

[6] *Ciudad principal de los descendientes del gigante Anac:* según la versión griega. Heb. *el padre de Anac.*    [7] *Otoniel convenció a Acsa:* según versiones antiguas. Heb. *Acsa convenció a Otoniel.*    [8] *En-rimón:* texto probable, según Neh 11.29 y la versión griega. Heb. *y Aín y Rimón.*
[ñ] **15.13-14** Jue 1.20.

Ciudad de la Sal,[9] y En-gadi, o sea seis ciudades con sus aldeas.

[63] Los descendientes de Judá no pudieron echar de Jerusalén a los jebuseos que allí vivían, de modo que hasta la fecha los jebuseos viven en Jerusalén junto con los descendientes de Judá.[o]

### Territorios de Efraín y Manasés, descendientes de José

**16** [1] El territorio que les tocó en suerte a los descendientes de José empezaba, por el este, en el río Jordán, a la altura de los manantiales de Jericó, y de allí se extendía por el desierto, a lo largo de las montañas que van de Jericó a Betel. [2] De Betel, es decir, Luz,[10] pasaba por el territorio de los arquitas hasta Atarot; [3] luego se extendía hacia el oeste por el territorio de los jafletitas, hasta la frontera con Bet-horón de Abajo, y hasta Gezer. De allí salía al mar Mediterráneo. [4] Las posesiones que recibieron las tribus de Manasés y Efraín, descendientes de José, fueron las siguientes:

### Territorios de la tribu de Efraín

[5] Los límites del territorio de los clanes de la tribu de Efraín se extendían, al este, de Atarot-adar hasta Bet-horón de Arriba. [6] De allí se extendían hasta el mar Mediterráneo. El extremo norte de sus territorios era Micmetat, y de allí la frontera se extendía hacia el este, hasta Taanat-silo, para luego pasar por Janoa [7] y bajar a Atarot y Naarat, hasta tocar Jericó y salir al río Jordán. [8] Desde Tapúa, la frontera se extiende hacia el oeste hasta el arroyo de Caná y el mar Mediterráneo. Este es el territorio que le tocó a la tribu de Efraín, y que se repartió entre sus clanes. [9] Hubo además algunas ciudades y aldeas dentro del territorio de la tribu de Manasés, que les tocaron a los de Efraín. [10] Pero los de la tribu de Efraín no echaron de Gezer a los cananeos que allí vivían,[p] sino que los dejaron vivir entre ellos, aunque los obligaron a pagarles tributo. Y hasta la fecha los cananeos viven allí.

### Territorios de la tribu de Manasés

**17** [1] Este es el territorio que le tocó a la tribu de Manasés, el hijo mayor de José. A Maquir, hombre de guerra, que era el hijo mayor de Manasés y padre de Galaad, le tocó el territorio de Galaad y de Basán, al este del Jordán. [2] También se sortearon las tierras que les tocarían, según el número de sus clanes, a los demás hijos de Manasés: a Abiezer, Helec, Asriel, Siquem, Hefer y Semida, que eran hijos de Manasés y nietos de José.

[3] Pero Zelofehad, que era hijo de Hefer y nieto de Galaad, el hijo de Maquir y nieto de Manasés, no había tenido ningún hijo, sino sólo cinco hijas, que eran Maala, Noa, Hogla, Milca y Tirsa. [4] Estas fueron a ver al sacerdote Eleazar y a Josué y a los jefes del pueblo, y les dijeron: "El Señor le mandó a Moisés que nos diera tierras, lo mismo que a nuestros parientes."[q] Entonces Josué les dio tierras como a los parientes de su padre, tal como el Señor se había ordenado.

[5] De esta manera la tribu de Manasés recibió diez partes, además de los territorios de Galaad y Basán, que están al este del Jordán, [6] porque a las hijas de Manasés se les dieron tierras como a los varones. La región de Galaad fue para los otros descendientes de Manasés. [7] El territorio de la tribu de Manasés se extendía de Aser a Micmetat, que está frente a Siquem, y continuaba hacia el sur, hasta la fuente de Tapúa. [8] Aunque la región de Tapúa era de la tribu de Manasés, la ciudad misma de Tapúa, que estaba junto a la frontera de Manasés, pertenecía a la tribu de Efraín. [9] Después la frontera bajaba hacia el sur hasta el arroyo de Caná, de modo que estas ciudades de Efraín estaban entre las ciudades de Manasés, aun cuando la frontera norte del arroyo pertenecía a Manasés, junto con la salida al mar. [10] Efraín quedaba al sur del arroyo, y Manasés al norte, teniendo como límite el mar Mediterráneo, con los territorios de la tribu de Aser al norte y los de Isacar al este. [11] También le tocaron a Manasés las siguientes ciudades en los territorios de Isacar y de Aser, cada una con sus aldeas cercanas: Bet-seán, Ibleam, Dor, Endor, Taanac y Meguido, y las tres colinas.[11] [12] Pero los de la tribu de Manasés no pudieron tomar posesión de estas ciudades, porque los cananeos opusieron resistencia y se quedaron allí. [13] Después, cuando los israelitas se hicieron más fuertes, obligaron a los cananeos a pagarles tributo, pero no los echaron de allí.[r]

---

[9] Se ha propuesto identificarla con el sitio actual de las ruinas de Qumrán o de Ain Fesja, al sureste de ellas, a orillas del mar Muerto.    [10] *Es decir, Luz:* texto probable. Heb. *a Luz.*    [11] *Colinas:* probable significado del término hebreo. Otras versiones: *distritos.*
[o] **15.63** Jue 1.21; 2 S 5.6; 1 Cr 11.4.    [p] **16.10** Jue 1.29.    [q] **17.4** Nm 27.1-7.    [r] **17.12-13** Jue 1.27-28.

### Los descendientes de José toman los bosques

[14]Los descendientes de José le dijeron a Josué:

—¿Por qué nos has dado en suerte una sola porción del terreno, si nosotros somos muchos y el Señor nos ha bendecido?

[15]Josué les contestó:

—Ya que ustedes son tantos que no caben en los montes de Efraín, vayan al bosque y desmonten tierras en la región de los ferezeos y de los refaítas.

[16]Y ellos dijeron:

—Es verdad que estos montes no nos alcanzan. Pero los cananeos que viven en el llano tienen carros de hierro, lo mismo los que viven en Bet-seán y en sus aldeas que los que viven en el valle de Jezreel.

[17]Entonces Josué respondió así a los descendientes de José, es decir, a las tribus de Efraín y Manasés:

—Ustedes son muchos y tienen mucho poder, de modo que no les tocará solamente una parte del territorio, [18]sino que ese monte cubierto de bosques también será suyo, y ustedes aprovecharán sus bosques. En cuanto a los cananeos, ustedes los echarán de allí, aunque ellos sean fuertes y tengan carros de hierro.

### Los territorios de las otras tribus

**18** [1]Toda la comunidad israelita se reunió en Silo, para establecer allí la Tienda del encuentro con Dios. Ya para entonces la tierra había sido conquistada, [2]aunque todavía quedaban siete tribus israelitas a las que no se les había dado su parte.

[3]Entonces Josué les dijo a los israelitas: "¿Qué esperan para tomar posesión de la tierra que les ha dado el Señor, el Dios de sus antepasados? [4]Escojan tres hombres de cada tribu, para que yo los mande a recorrer toda la región y a que me traigan un informe del modo en que puede repartirse. [5]Estos hombres deberán dividir la región en siete partes, dejando a Judá sus territorios al sur, y a los descendientes de José sus territorios al norte. [6]Después que hayan dividido la región en siete partes, me traerán la descripción y yo echaré las suertes en presencia del Señor nuestro Dios. [7]A los levitas no les tocará ninguna parte, pues lo que les toca a ellos es el sacerdocio del Señor. En cuanto a las tribus de Gad y de Rubén y la media tribu de Manasés, ya tienen sus posesiones en la

región este del río Jordán, la cual les dio Moisés, el siervo del Señor.''

[8]Los que iban a preparar la descripción de la región se dispusieron a salir, y Josué les ordenó: "Vayan por toda la región y divídanla, y vuelvan en cuanto terminen, para que yo la sortee aquí en Silo, delante del Señor.''

[9]Aquellos hombres fueron y recorrieron toda la región, dividieron las ciudades en siete grupos y lo pusieron todo por escrito. Después volvieron al campamento de Silo, donde estaba Josué. [10]Entonces Josué repartió el territorio entre los israelitas allí en Silo, sorteándolo delante del Señor.

### El territorio de la tribu de Benjamín

[11]Una vez hecho el sorteo, a los clanes de la tribu de Benjamín les tocaron tierras entre los territorios de Judá y los de José. [12]La frontera de este territorio empezaba, por el norte, en el río Jordán, y se extendía hacia el lado norte de Jericó, continuaba por la región montañosa hacia el oeste, y venía a salir al desierto de Bet-avén. [13]De allí seguía hacia Luz (es decir, Betel) por el lado sur, y bajaba hasta Atarot-adar en el monte que está al sur de Bet-horón de Abajo; [14]luego la frontera se volvía hacia el mar Mediterráneo por el costado sur del monte que está frente a Bet-horón, hasta Quiriat-baal, llamada también Quiriat-jearim, que pertenece a la tribu de Judá. Esa era la frontera oeste.

[15]La frontera sur salía del extremo de Quiriat-jearim, en dirección oeste hasta el manantial de Neftoa, [16]y bajaba hasta el extremo del monte que está frente al valle de Ben-hinom, al norte del valle de Refaim. Después bajaba al valle de Hinom, pasaba al sur de la cuesta de Jebús, y seguía hasta el manantial de En-rogel. [17]Luego se volvía hacia el norte y salía a En-semes, de donde seguía hasta Gelilot, que está frente a la cuesta de Adumín, y bajaba hasta la Peña de Bohán Ben-Rubén; [18]pasaba luego por el lado norte de la cuesta, frente al valle del Jordán, y bajando hasta el Jordán [19]pasaba al norte de Bet-hogla, para terminar en la bahía norte del Mar Muerto, donde desemboca el río Jordán. Esta era la frontera sur.

[20]El río Jordán era la frontera del este. Estas eran las fronteras del territorio que se repartió entre los clanes de la tribu de Benjamín.

²¹Las ciudades que les tocaron a los clanes de la tribu de Benjamín fueron, por una parte: Jericó, Bet-hogla, Emec-casis, ²²Bet-arabá, Zemaraim, Betel, ²³Avim, Pará, Ofra, ²⁴Quefar-haamoni, Ofni y Geba, o sea doce ciudades con sus aldeas. ²⁵Además Gabaón, Ramá, Beerot, ²⁶Mizpa, Cafira, Mozah, ²⁷Requem, Irpeel, Tarala, ²⁸Zela, Elef, Jebús (es decir, Jerusalén), Gabaa y Quiriat, o sea catorce ciudades con sus aldeas. Este es el territorio que les tocó a los clanes de la tribu de Benjamín.

### El territorio de la tribu de Simeón

**19** ¹El segundo territorio sorteado les tocó a los clanes de la tribu de Simeón. Este territorio quedaba dentro del de la tribu de Judá, ²y comprendía las ciudades de Beerseba, Seba, Molada, ³Hazarsual, Bala, Ezem, ⁴Eltolad, Betul, Horma, ⁵Siclag, Bet-marcabot, Hazarsusa, ⁶Bet-lebaot y Saruhén, en total trece ciudades con sus aldeas. ⁷Además les tocaron las ciudades de En-rimón,¹² Eter y Asán, con sus aldeas, ⁸más las aldeas que había hasta Baalat-beer, que es la ciudad de Ramat, en el Néguev. Estas son las tierras que les tocaron a los clanes de Simeón.ˢ ⁹La parte de la tribu de Simeón quedaba dentro del territorio de Judá, porque esta tribu tenía demasiada tierra, y se les dio a los de Simeón parte de la tierra que le había tocado a Judá.

### El territorio de la tribu de Zabulón

¹⁰El tercer territorio que se sorteó les tocó a los clanes de la tribu de Zabulón. Su frontera se extendía hasta Sarid, ¹¹seguía hacia el occidente hasta Marala y luego hasta Dabeset, para terminar en el arroyo que está frente a Jocneam. ¹²De Sarid, esta frontera iba hacia el oriente hasta Quislot-tabor, y de allí pasaba a Daberat y subía hasta Jafía. ¹³De allí, la frontera iba por el este hacia Gat-hefer, pasaba por Ita-cazín y llegaba hasta Rimón, dando la vuelta por Nea. ¹⁴Por el norte, la frontera daba la vuelta hasta Hanatón y salía al valle de Jefte-el. ¹⁵Había en este territorio doce ciudades con sus aldeas vecinas, entre ellas: Catat, Naalal, Simrón, Idala y Belén. ¹⁶Este es el territorio que les tocó a los clanes de la tribu de Zabulón, con sus ciudades y aldeas.

### El territorio de la tribu de Isacar

¹⁷El cuarto territorio que se sorteó les tocó a los clanes de la tribu de Isacar. ¹⁸Su territorio incluía las ciudades de Jezreel, Quesulot, Sunem, ¹⁹Hafaraim, Sihón, Anaharat, ²⁰Rabit, Quisión, Abez, ²¹Remet, En-ganim, En-hada y Bet-pases. ²²La frontera llegaba a Tabor, Sahazima y Bet-semes, y terminaba en el río Jordán; en total, dieciséis ciudades con sus aldeas. ²³Este es el territorio que se tocó a los clanes de la tribu de Isacar, con sus ciudades y aldeas.

### El territorio de la tribu de Aser

²⁴El quinto territorio que se sorteó les tocó a los clanes de la tribu de Aser, ²⁵e incluía las ciudades de Helcat, Halí, Betén, Acsaf, ²⁶Alamelec, Amad y Miseal, de modo que llegaba por el oeste hasta el monte Carmelo y Sihor-libnat. ²⁷La frontera oriental corría hacia el norte hasta Bet-dagón, tocando el territorio de la tribu de Zabulón, el valle de Jefte-el, Bet-emec, Neiel, y siguiendo más allá de Cabul, ²⁸de modo que abarcaba Abdón,¹³ Rehob, Hamón y Caná, hasta llegar a la gran ciudad de Sidón. ²⁹Después la frontera daba la vuelta hacia Ramá, y hasta la ciudad fortificada de Tiro, para luego seguir hacia Hosa y salir al mar Mediterráneo. Con Mahaleb,¹⁴ Aczib, ³⁰Uma, Afec y Rehob, sumaban veintidós ciudades con sus aldeas vecinas. ³¹Este es el territorio que les tocó a los clanes de la tribu de Aser.

### El territorio de la tribu de Neftalí

³²El sexto territorio que se sorteó les tocó a los clanes de la tribu de Neftalí. ³³Su territorio iba desde Helef, Alón-saananim, Adami-neceb y Jabneel, hasta Lacum, llegando al Jordán. ³⁴Por el oeste, la frontera iba por Aznot-tabor, y luego por Hucoc, de modo que por el lado sur colindaba con el territorio de la tribu de Zabulón, y por el oeste con el territorio de la tribu de Aser. Por el este, el territorio de la tribu de Neftalí llegaba hasta el río Jordán. ³⁵Las ciudades fortificadas que les tocaron fueron: Sidim, Zer, Hamat, Racat, Cineret, ³⁶Adama, Ramá, Hazor, ³⁷Cedes, Edrei, En-hazor, ³⁸Irón,

---

¹² Véase nota en 15.32.  ¹³ Abdón: texto probable, según varios mss. y 21.30 Heb. Ebrón.  ¹⁴ Con Mahaleb: texto probable. Heb. desde el distrito.
ˢ 19.2-8 1 Cr 4.28-33.

Migdal-el, Horem, Bet-anat y Bet-semes. En total eran diecinueve ciudades con sus aldeas vecinas. [39]Este fue el territorio, con sus ciudades y aldeas, que les tocó a los clanes de la tribu de Neftalí.

### El territorio de la tribu de Dan

[40]El séptimo territorio que se sorteó les tocó a los clanes de la tribu de Dan. [41]En este territorio estaban Zora, Estaol, Ir-semes, [42]Saalabín, Ajalón, Jetla, [43]Elón, Timnat, Ecrón, [44]Elteque, Gibetón, Baalat, [45]Jehud, Bene-berac, Gat-rimón, [46]Mejarcón y Racón, con el territorio que queda frente a Jope. [47]Pero como este territorio no les alcanzaba, fueron los de la tribu de Dan a atacar la ciudad de Lesem, y tomaron posesión de ella después de matar a todos los que vivían allí. Y así se quedaron a vivir en esa ciudad, y le cambiaron el nombre, llamándola Dan en honor de su antepasado.[f] [48]Este es el territorio que, con sus ciudades y aldeas, les tocó a los clanes de la tribu de Dan.

### El territorio de Josué

[49]Después que los israelitas terminaron de repartir los territorios que le tocaban a cada tribu, le dieron su parte a Josué dentro de los territorios de los demás. [50]Tal como el Señor lo había ordenado, le dieron la ciudad de Timnat-sera, en la región montañosa de Efraín, que fue la que Josué pidió. Y Josué reconstruyó la ciudad y vivió en ella.
[51]Todos estos fueron los territorios que el sacerdote Eleazar, Josué y los jefes del pueblo sortearon entre las tribus israelitas, en presencia del Señor, a la entrada de la Tienda del Encuentro, en Silo. Y así el reparto de la tierra quedó completo.

### Los israelitas señalan ciudades de refugio

(Nm 35.6-34; Dt 4.41-43; 19.1-13)

**20** [1]El Señor le habló a Josué y le dijo: [2]"Habla con los israelitas y diles que escojan ciudades de refugio,[u] tal como lo ordené por medio de Moisés. [3]Si uno mata a otro accidentalmente, sin intención, puede huir a una de esas ciudades para protegerse de la venganza del pariente más cercano del muerto. [4]El que busque refugio en uno de esos lugares llegará a la puerta de la ciudad y hará su

declaración ante los ancianos de la ciudad. Entonces ellos le permitirán entrar y le darán un lugar para vivir. [5]Si el pariente más cercano del muerto lo persigue, los ancianos de la ciudad no entregarán al refugiado, pues mató a su prójimo sin intención y no por tenerle odio. [6]Pero el refugiado tendrá que quedarse en la ciudad hasta que se presente ante todo el pueblo para ser juzgado, y hasta que muera el sumo sacerdote que en aquel tiempo esté en funciones. Después podrá volver el refugiado al lugar de donde huyó, es decir, a su propia casa y ciudad."

[7]Entonces los israelitas escogieron como ciudades de refugio a Cedes en Galilea, en las montañas de Neftalí, a Siquem en los montes de Efraín, y a Quiriat-arba, llamada también Hebrón, en los montes de Judá. [8]Del otro lado del Jordán, en la meseta del desierto al este de Jericó, escogieron a Beser, de la tribu de Rubén; en la región de Galaad escogieron a Ramot, de la tribu de Gad; y en la región de Basán escogieron a Golán, de la tribu de Manasés. [9]Estas fueron las ciudades de refugio que escogieron para todos los israelitas y para los extranjeros que vivieran entre ellos. Allí podía refugiarse cualquiera que matara a otro por accidente, para que de este modo el pariente más cercano del muerto no pudiera vengarse y matarlo antes que el pueblo lo juzgara.

### Las ciudades de los levitas

(1 Cr 6.54-81)

**21** [1-2]Los jefes de familias levitas fueron a Silo, en la región de Canaán, para hablar con el sacerdote Eleazar, con Josué y con los jefes de familia de las tribus israelitas. Allí les dijeron: "Por medio de Moisés, el Señor ordenó que se nos dieran ciudades donde vivir, junto con campos de pastoreo para nuestros ganados."[v] [3]Entonces los israelitas dieron a los levitas algunas de sus propias ciudades y campos de pastoreo, conforme a lo dicho por el Señor.
[4]Primero se hizo el sorteo para los clanes levitas que descendían de Coat. A los coatitas descendientes del sacerdote Aarón les tocaron trece ciudades, que eran de las tribus de Judá, Simeón y Benjamín. [5]A los otros coatitas les tocaron diez ciudades, que eran de las tribus de Efraín y de Dan y de la media tribu de Manasés.

---

[f] 19.47 Jue 18.1-29.   [u] 20.1-9 Nm 35.6-32; Dt 4.41-43; 19.1-13.   [v] 21.1-2 Nm 35.1-8.

⁶Después de esto, a los clanes levitas que descendían de Gersón les tocaron en suerte trece ciudades, que eran de las tribus de Isacar, de Aser, de Neftalí y de la media tribu de Manasés que está en Basán. ⁷Y a los clanes levitas que descendían de Merari les tocaron doce ciudades, que eran de las tribus de Rubén, Gad y Zabulón.

⁸Los israelitas repartieron entre los levitas, por sorteo, ciudades y campos de pastoreo, tal como el Señor lo había ordenado por medio de Moisés. ⁹Estas ciudades, que van a ser mencionadas, las dieron los de la tribu de Judá y los de la tribu de Simeón, ¹⁰y se las tocaron a los levitas pertenecientes a los clanes de Coat, que descendían de Aarón, porque a ellos les tocó la suerte en primer lugar. ¹¹En la región montañosa de Judá les dieron Quiriat-arba, es decir, Hebrón, ciudad principal de los descendientes del gigante Anac,¹⁵ con sus campos de pastoreo. ¹²Pero los terrenos y las aldeas de esta ciudad se le dieron en propiedad a Caleb, el hijo de Jefone.

¹³Además de Hebrón, que era ciudad de refugio para quienes habían matado a alguien, se les dieron a los descendientes del sacerdote Aarón las siguientes ciudades: Libna, ¹⁴Jatir, Estemoa, ¹⁵Holón, Debir, ¹⁶Aín, Juta y Bet-semes. Estas nueve ciudades contaban con sus propios campos de pastoreo. ¹⁷Y de la tribu de Benjamín les dieron Gabaón, Geba, ¹⁸Anatot y Almón, o sea cuatro ciudades con sus propios campos de pastoreo, ¹⁹de modo que las ciudades de los sacerdotes descendientes de Aarón fueron trece en total, cada una con sus propios campos de pastoreo.

²⁰A los otros clanes levitas descendientes de Coat se les repartieron ciudades de la tribu de Efraín. ²¹En los montes de Efraín les dieron Siquem, como ciudad de refugio para quien matara a alguien, y además Gezer, ²²Kibsaim y Bet-horón, o sea cuatro ciudades con sus propios campos de pastoreo. ²³De la tribu de Dan recibieron Elteque, Gibetón, ²⁴Ajalón y Gat-rimón, o sea cuatro ciudades con sus campos de pastoreo; ²⁵y de la media tribu de Manasés recibieron dos ciudades, Taanac y Gat-rimón, con sus campos de pastoreo; ²⁶así que las ciudades de estos clanes coatitas fueron diez en total, con sus propios campos de pastoreo.

²⁷A los levitas descendientes de Gersón les dieron dos ciudades, que eran de la media tribu de Manasés, con sus propios campos de pastoreo: Golán, que estaba en Basán, para que sirviera como ciudad de refugio, y Beestera. ²⁸De la tribu de Isacar les dieron Cisón, Daberat, ²⁹Jarmut y En-ganim, o sea cuatro ciudades con sus propios campos de pastoreo. ³⁰De la tribu de Aser les dieron Misael, Abdón, ³¹Helcat y Rehob, o sea cuatro ciudades con sus propios campos de pastoreo. ³²De la tribu de Neftalí les dieron tres ciudades con sus propios campos de pastoreo: Cedes, que estaba en Galilea, para que sirviera como ciudad de refugio, Hamot-dor y Cartán; ³³de modo que las ciudades de los clanes gersonitas fueron trece en total, cada una con sus propios campos de pastoreo.

³⁴A los clanes levitas que aún quedaban, o sea a los descendientes de Merari, les dieron de la tribu de Zabulón: Jocneam, Carta, ³⁵Dimna y Naalal, o sea cuatro ciudades con sus propios campos de pastoreo. ³⁶De la tribu de Rubén les dieron Beser, Jahaza, ³⁷Cademot y Mefaat, o sea cuatro ciudades con sus propios campos de pastoreo. ³⁸De la tribu de Gad les dieron Ramot de Galaad, para que sirviera como ciudad de refugio, Mahanaim, ³⁹Hesbón y Jazer, o sea cuatro ciudades con sus propios campos de pastoreo, ⁴⁰de modo que las ciudades que les tocaron a los clanes levitas que aún quedaban, es decir, a los descendientes de Merari, fueron doce en total.

⁴¹Las ciudades levitas dentro del territorio israelita fueron cuarenta y ocho en total, cada una con sus propios campos de pastoreo, ⁴²los cuales rodeaban a cada ciudad. El caso era el mismo en cada una de estas ciudades.

### El Señor es fiel

⁴³Así fue como el Señor les dio a los israelitas todo el territorio que les había prometido bajo juramento a sus antepasados, y ellos se establecieron y vivieron allí. ⁴⁴El Señor cumplió su promesa, y les dio paz en todo el territorio. Sus enemigos no pudieron hacerles frente, porque el Señor les dio la victoria sobre ellos. ⁴⁵Ni una sola palabra quedó sin cumplirse de todas las buenas promesas que el Señor había hecho a los israelitas.

¹⁵ Véase nota en 15.13.

## El regreso de Rubén, Gad y la media tribu de Manasés

**22** [1] Entonces Josué llamó a las tribus de Rubén y de Gad y a la media tribu de Manasés, [2] y les dijo: "Ustedes han cumplido todo lo que les ordenó Moisés, el siervo del Señor, y han obedecido todas mis órdenes. [3] Hasta el día de hoy, y durante todo este tiempo, no han abandonado a sus hermanos, y han cumplido fielmente los mandamientos del Señor y Dios de ustedes. [4] Ahora que él ha cumplido su promesa y que los hermanos de ustedes tienen paz, vuelvan a sus tiendas de campaña y a las tierras que Moisés, el siervo del Señor, les dio al este del río Jordán.[w] [5] Lo único que les pido es que cumplan fielmente el mandamiento y la ley que les dio Moisés, el siervo del Señor, es decir, que amen al Señor y Dios de ustedes, que anden siempre en sus caminos y obedezcan sus mandatos, y que le sigan y le sirvan con todo el corazón y con toda el alma."

[6] Después de esto, Josué los bendijo y los despidió, y ellos se fueron a sus tiendas.

[7] A una mitad de la tribu de Manasés, Moisés le había dado tierras en la región de Basán. A la otra mitad de la tribu de Manasés, Josué le dio tierras entre los israelitas al oeste del Jordán, y a los primeros los bendijo y los mandó de regreso. [8] Y les dijo: "Ustedes vuelven ahora a sus tierras con grandes riquezas y muchos animales, con oro, plata, bronce y hierro, y con mucha ropa. Compartan con sus hermanos esto que le han quitado al enemigo."

[9] Así fue como las tribus de Rubén y de Gad y la media tribu de Manasés se separaron del resto de los israelitas en Silo, en la región de Canaán, para regresar a sus posesiones en la región de Galaad, donde tenían tierras según el Señor lo había ordenado por medio de Moisés.

## El altar junto al Jordán

[10] Cuando las tribus de Rubén y de Gad y la media tribu de Manasés llegaron al río Jordán, todavía en territorio cananeo, levantaron junto al río un gran altar. [11] A los otros israelitas les llegó la noticia de que las tribus de Rubén y de Gad y la media tribu de Manasés habían construido un altar en la frontera de Canaán, junto al Jordán, en territorio israelita; [12] y en cuanto los israelitas lo supieron, se reunieron en Silo para ir a pelear contra ellos. [13] Mandaron antes a Finees, hijo del sacerdote Eleazar, para que fuera a Galaad, donde estaban las tribus de Rubén y de Gad y la media tribu de Manasés. [14] Con él iban diez principales jefes israelitas, cada uno de los cuales representaba a su clan y a su tribu. [15] Todos ellos fueron a Galaad, donde estaban las tribus de Rubén y de Gad y la media tribu de Manasés, y les dijeron:

[16] —Nosotros hablamos en el nombre del pueblo del Señor. ¿Qué traición es ésta que ustedes han cometido contra el Dios de Israel? ¿Por qué le han abandonado y se han construido un altar en rebeldía contra el Señor?[x] [17] ¿Acaso no ha sido bastante el pecado de Peor, con el que todavía estamos manchados y por el que murieron tantos del pueblo del Señor?[y] [18] ¿No les basta con eso, para que ahora ustedes también se aparten del Señor? Si ustedes se rebelan hoy contra el Señor, mañana él se enojará con todo el pueblo israelita. [19] Si les parece que este territorio que les ha tocado es impuro, vengan a la tierra del Señor, donde está el santuario del Señor. Tomen un territorio entre nosotros. Pero no se rebelen contra el Señor ni contra nosotros construyendo otro altar además del altar del Señor nuestro Dios. [20] Acuérdense que Acán, el hijo de Zara, pecó al tomar de lo que estaba consagrado a la destrucción, y que por su culpa el Señor se enojó con toda la comunidad de Israel. ¡Y Acán no fue el único que murió a causa de su pecado![z]

[21] Entonces los de Rubén y Gad y los de la media tribu de Manasés contestaron a los jefes israelitas:

[22] —El Señor y Dios de todos los dioses sabe que no hicimos este altar por rebeldía o para apartarnos de él. Él lo sabe y se lo hace saber a todos ustedes; si fue por estas razones, ¡no nos perdones la vida! [23] Si construimos este altar para apartarnos del Señor, o para presentar holocaustos, ofrendas de cereales o sacrificios de reconciliación, que el mismo Señor nos pida cuentas. [24] La verdad es que lo hicimos porque no queremos que algún día los hijos de ustedes les digan a los nuestros: '¿Qué tienen ustedes que ver con el

---

**w** 22.1-4 Nm 32.20-32; Jos 1.12-15.   **x** 22.16 Jos 12.5-6,13-14.   **y** 22.17 Nm 25.1-9.   **z** 22.20 Jos 7.1-26.

Señor y Dios de Israel? ²⁵El Señor ha puesto el Jordán para separarnos de ustedes, los de las tribus de Rubén y de Gad. Ustedes no tienen nada que ver con el Señor.' Así los hijos de ustedes harían que nuestros hijos dejaran de sentir reverencia por el Señor. ²⁶Por eso pensamos en construir un altar, no para ofrecer holocaustos al Señor ni presentar otros sacrificios, ²⁷sino para que sea un testimonio entre ustedes y nosotros, y entre nuestros descendientes, de que nosotros podemos servir al Señor y presentarnos ante él con nuestros holocaustos y con nuestros sacrificios por el pecado y de reconciliación. Así los descendientes de ustedes no podrán decirles a los nuestros: 'Ustedes no tienen nada que ver con el Señor.' ²⁸Pensamos que si alguien nos dice eso a nosotros o a nuestros descendientes, nosotros podremos responder: '¡Miren! Nuestros antepasados construyeron este altar del Señor, no para ofrecer holocaustos ni sacrificios, sino para que sirva de testimonio entre ustedes y nosotros.' ²⁹Dios nos libre de rebelarnos contra él o de abandonarle, construyendo otro altar para ofrecer holocaustos u ofrendas de cereales, o para otros sacrificios, aparte del altar del Señor nuestro Dios que está delante de su santuario.

³⁰Cuando el sacerdote Finees, los jefes de la comunidad y los jefes de clanes que iban con él oyeron lo que decían los de Rubén y de Gad y los de la media tribu de Manasés, les pareció bien. ³¹Entonces Finees, el hijo del sacerdote Eleazar, les dijo:

—Ahora estamos seguros de que el Señor está con nosotros, pues ustedes no trataron de rebelarse contra él, y así nos han salvado del castigo del Señor.

³²Después de esto, Finees y los que iban con él se despidieron de ellos, y regresaron de la región de Galaad a la de Canaán, donde estaban los israelitas. Cuando les contaron a los que estaban en Canaán lo que habían contestado los de las otras tribus, ³³la respuesta les pareció bien, y alabaron a Dios. Desde entonces no hablaron más de atacar a las tribus de Rubén y de Gad, ni de destruir sus tierras. ³⁴Los descendientes de Rubén y de Gad le pusieron al altar el nombre de "Testimonio", diciendo: "Este altar será un testimonio entre nosotros de que el Señor es Dios."

## Josué habla al pueblo

**23** ¹Mucho tiempo después de que el Señor les diera a los israelitas paz con sus enemigos, y cuando ya Josué estaba viejo, ²mandó llamar Josué a todos los israelitas, con sus ancianos, jefes, jueces y oficiales, y les dijo:

"Yo ya estoy viejo, y los años me pesan. ³Ustedes han visto todo lo que el Señor les hizo a todos estos pueblos que se les oponían, pues él es quien ha peleado por ustedes. ⁴Yo repartí por sorteo todas estas tierras entre las tribus. No repartí sólo los territorios ya conquistados, sino también los que quedan por conquistar, desde el río Jordán al este hasta el mar Mediterráneo al oeste. ⁵El Señor va a echar de esas tierras a los que viven en ellas, y ustedes las tomarán, tal como el Señor su Dios lo ha prometido.

⁶"Esfuércense en cumplir todo lo que dice el libro de la ley de Moisés; cúmplanlo al pie de la letra. ⁷No se mezclen con la otra gente que todavía vive aquí entre ustedes. No adoren a sus dioses, ni los obedezcan; ni siquiera mencionen el nombre de esos dioses, ni juren por ellos. ⁸Sigan siempre al Señor su Dios, como lo han hecho hasta ahora. ⁹El Señor ha arrojado de delante de ustedes a pueblos grandes y fuertes, y hasta el día de hoy nadie ha podido resistir ante ustedes. ¹⁰Uno solo de ustedes puede hacer huir a mil,ᵃ porque el Señor su Dios pelea a su favor, como él mismo lo prometió.ᵇ ¹¹Tengan, pues, cuidado de ustedes mismos, y amen al Señor su Dios. ¹²⁻¹³Porque quiero que sepan esto: que si se apartan de Dios y se mezclan con esta gente que ha quedado entre ustedes, y hacen matrimonios unos con otros, el Señor su Dios no echará a estos pueblos de la presencia de ustedes, sino que los usará como red y como trampa para que ustedes caigan, y como látigo sobre sus espaldas y como espinas en sus ojos, hasta que no quede ni uno solo de ustedes en esta tierra tan buena que el Señor su Dios les ha dado.

¹⁴"Yo ya me voy a morir, pero antes quiero que ustedes reconozcan de todo corazón y con toda el alma que se han cumplido todas las cosas buenas que el Señor les prometió. Ni una sola de sus promesas quedó sin cumplirse. ¹⁵Pero, así como se cumplió todo lo bueno que el Señor les prometió, así también él traerá sobre ustedes todo tipo de calamidades, hasta que no quede ni uno solo de ustedes

---

ᵃ **23.10** Dt 32 .30.   ᵇ **23.10** Dt 3.22.

en esta tierra buena que él les dio, [16]si no cumplen el pacto que el Señor hizo con ustedes. Si van y adoran a otros dioses, y se inclinan delante de ellos, el Señor se enojará con ustedes, y muy pronto serán borrados de esta tierra tan buena que él les ha dado.''

### La despedida de Josué

**24** [1]Josué reunió en Siquem a todas las tribus de Israel. Llamó a los ancianos, jefes, jueces y oficiales y, en presencia del Señor, [2]dijo a todo el pueblo:

—Esto dice el Señor y Dios de Israel: 'Antiguamente, Taré[c] y sus hijos Abraham y Nacor, antepasados de ustedes, vivían a orillas del río Éufrates y adoraban a otros dioses. [3]De las orillas del Éufrates tomé a Abraham,[d] y lo hice andar por toda la región de Canaán. Lo hice crecer en número, dándole primero a su hijo Isaac,[e] [4]y a Isaac le di dos hijos, Jacob y Esaú.[f] A Esaú le di la región montañosa de Seir,[g] pero Jacob y sus hijos se fueron a Egipto.[h] [5]Entonces yo envié a Moisés y Aarón, y herí de muerte a los egipcios, hasta que los saqué a ustedes de allí.[i] [6]Cuando los antepasados de ustedes salieron de Egipto, los egipcios los persiguieron con carros de guerra y caballos, hasta el Mar Rojo. [7]Ellos me llamaron, y yo puse una gran oscuridad entre ellos y los egipcios, e hice que el mar cayera sobre los egipcios y los cubriera. Ustedes fueron testigos de lo que hice en Egipto.[j]

'Después pasaron ustedes mucho tiempo en el desierto, [8]hasta que los traje a la tierra de los amorreos, en el lado oriental del Jordán. Ellos pelearon contra ustedes, pero yo los hice caer en manos de ustedes, y ustedes los derrotaron y se adueñaron de la región.[k] [9]Después Balac, hijo de Zipor, rey de los moabitas, vino a pelear contra ustedes. Balac mandó a buscar a Balaam, el hijo de Beor, para que los maldijera a ustedes. [10]Pero yo no dejé que Balaam los maldijera, y tuvo que bendecirlos.[l] Así los salvé a ustedes. [11]Entonces ustedes cruzaron el río Jordán[m] y llegaron hasta Jericó. Los que vivían en Jericó (amorreos, ferezeos, cananeos, hititas, gergeseos, heveos y jebuseos) pelearon contra ustedes, pero yo hice que ustedes los derrotaran.[n] [12]A los dos reyes amorreos no los derrotaron ustedes con espadas ni con arcos, sino que yo envié mi pánico delante de ustedes,[ñ] de modo que ellos huyeron antes que ustedes llegaran. [13]Yo les di a ustedes tierras que no habían trabajado y ciudades que no habían construido. Ahora viven en ellas, y comen uvas y aceitunas que no plantaron.'[o]

Y añadió Josué:

[14]—Por todo esto, respeten al Señor y sírvanle con sinceridad y lealtad. Apártense de los dioses que sus antepasados adoraron a orillas del río Éufrates y en Egipto, y sirvan al Señor. [15]Pero si no quieren servir al Señor, decidan hoy a quién van a servir: si a los dioses a los que sus antepasados servían a orillas del Éufrates, o a los dioses de los amorreos que viven en esta tierra. Por mi parte, mi familia y yo serviremos al Señor.

[16]Entonces el pueblo dijo:

—¡No permita el Señor que lo abandonemos por servir a otros dioses! [17]El Señor fue quien nos sacó a nosotros y a nuestros antepasados de Egipto, donde éramos esclavos. El fue quien hizo tantas maravillas delante de nuestros ojos, y quien nos protegió y nos defendió durante el camino, cuando pasamos entre tantos pueblos. [18]El echó de delante de nosotros a todos los pueblos que estaban en nuestro camino, y a los amorreos que vivían aquí. Por todo esto, nosotros también serviremos al Señor, pues él es nuestro Dios.

[19]Pero Josué les dijo:

—Ustedes no van a poder servir al Señor, porque él es un Dios santo y celoso, que no va a tolerar las rebeliones y pecados de ustedes. [20]Si ustedes lo abandonan y sirven a otros dioses, el Señor responderá haciéndoles mal, y los destruirá a pesar de haberles hecho tanto bien.

[21]El pueblo le contestó:

—Eso no va a pasar. Nosotros serviremos al Señor.

[22]Entonces Josué dijo:

—Ustedes son sus propios testigos de que han escogido servir al Señor.

—Lo somos —respondieron ellos.

[23]Les dijo Josué:

—Quiten entonces todos los otros dioses que hay entre ustedes, y vuélvanse de todo corazón al Señor y Dios de Israel.

[24]Y el pueblo respondió:

—Nosotros serviremos al Señor nuestro Dios, y haremos lo que él nos diga.

---

[c] **24.2** Gn 11.27.   [d] **24.3** Gn 12.1-9.   [e] **24.3** Gn 21.1-3.   [f] **24.4** Gn 25. 24-26.   [g] **24.4** Gn 36.8; Dt 2.5.   [h] **24.4** Gn 46.1-7.   [i] **24.5** Ex 3.1-12.42.   [j] **24.6-7** Ex 14.1-31.   [k] **24.8** Nm 21.21-35.   [l] **24.9-10** Nm 22.1-24.25.   [m] **24.11** Jos 3.14-17.   [n] **24.11** Jos 6.1-21.   [ñ] **24.12** Ex 23.28; Dt 7.20.   [o] **24.13** Dt 6.10-11.

²⁵Aquel mismo día, allí en Siquem, Josué hizo un pacto con el pueblo, y les dio leyes y decretos, ²⁶los cuales escribió en el libro de la ley de Dios. Después tomó una gran piedra y la puso debajo de la encina que estaba en el santuario del Señor, ²⁷y le dijo a todo el pueblo:

—Esta piedra va a servirnos de testimonio, pues ella es testigo de todo lo que el Señor nos ha dicho. Será un testimonio contra ustedes, para que no sean falsos con su Dios.

²⁸Después Josué mandó a cada uno a su territorio.

### Muerte de Josué
*(Jue 2.6-10)*

²⁹Poco después murió Josué hijo de Nun, siervo del Señor, a la edad de ciento diez años. ³⁰Lo enterraron en su propiedad, en Timnat-sera,ᵖ que está en los montes de Efraín, al norte del monte de Gaas. ³¹Los israelitas sirvieron al Señor mientras vivió Josué, y aun después, mientras vivieron los ancianos que sabían todo lo que el Señor había hecho por los israelitas.

### Los israelitas entierran los restos de José

³²Los restos de José, que los israelitas habían traído desde Egipto,�q fueron enterrados en Siquem, en el terreno que Jacob había comprado por cien monedas de plata¹⁶ a los hijos de Hamor,ʳ el padre de Siquem, y que luego pasó a ser propiedad de los descendientes de José.

### Muerte de Eleazar

³³Cuando murió Eleazar, hijo de Aarón, lo enterraron en la colina de su hijo Finees, la cual le fue dada en los montes de Efraín.

---

¹⁶ *Cien monedas de plata:* lit. *cien quesitas.* Se ignora el valor de esta antigua moneda.
ᵖ **24.30** Jos 19.49-50.   �q **24.32** Gn 50.24-25; Ex 13.19.   ʳ **24.32** Gn 33.19; Jn 4.5; Hch 7.16.

# JUECES
## Los Caudillos de Israel

*Este libro se refiere a la época en que, muerto Josué, Israel carece de un jefe y un gobierno común, y entra en una etapa de desunión y anarquía. Sufre además ataques frecuentes de las naciones vecinas, y hay guerras ocasionales entre las propias tribus. Dentro del territorio quedan además varios núcleos cananeos, que los israelitas no logran vencer y desalojar. El desorden y los desastres vienen unos tras otros, con pocos y breves periodos de tranquilidad.*

*De cuando en cuando surgía algún jefe enérgico que lograba imponerse. A estos jefes se les llamaba tradicionalmente "jueces", y de ellos toma el libro su nombre. Pero en realidad eran caudillos y gobernantes que, por serlo, servían también como jueces.*

*En relatos sucesivos, el libro consigna los hechos de esos caudillos. Los más memorables son los de Débora y Barac, Gedeón y Sansón. Dios, que no abandonaba por completo a su pueblo, levantaba de tiempo en tiempo esos caudillos. La supervivencia de Israel dependía de su lealtad a Dios, en tanto que su deslealtad lo precipitaba en el desastre. A pesar de todo, Dios estaba siempre dispuesto a salvar a su pueblo cuando éste se arrepentía y volvía nuevamente a él.*

### Judá y Simeón capturan a Adonisedec

**1** ¹Después que murió Josué, los israelitas consultaron al Señor para saber cuál de las tribus debía atacar primero a los cananeos. ²El Señor respondió que Judá debía atacar primero, y que a Judá le entregaría ese territorio. ³Entonces los de la tribu de Judá invitaron a sus hermanos, los de la tribu de Simeón, a unirse a ellos para invadir juntos el territorio que le tocaba a Judá, y después invadir juntos también el territorio que le tocaba a Simeón. Los de Simeón aceptaron unirse a los de Judá, ⁴⁻⁵y así los de Judá invadieron el territorio de los cananeos y el de los ferezeos, a quienes el Señor entregó en sus manos. En Bezec derrotaron a diez mil de ellos, entre los que se encontraba Adonisedec.[1] ⁶Y aunque Adonisedec huyó, ellos lo persiguieron y lo atraparon, y le cortaron los pulgares de las manos y los dedos gordos de los pies. ⁷Entonces él dijo: "Antes yo les corté a setenta reyes los pulgares de las manos y los dedos gordos de los pies, y los tuve recogiendo las sobras debajo de mi mesa. Pero ahora Dios me ha hecho a mí lo mismo que yo les hice a ellos." Y lo llevaron a Jerusalén, donde murió.

### Judá conquista Hebrón y Jerusalén

⁸Los de la tribu de Judá atacaron y tomaron Jerusalén, y después de matar a filo de espada a toda la población, quemaron la ciudad. ⁹Luego atacaron a los cananeos que vivían en las montañas, en la región del Néguev y en la llanura.[a] ¹⁰También atacaron a los cananeos de la ciudad de Hebrón,[b] que antes se llamaba Quiriat-arba, y derrotaron a Sesai, a Ahimán y a Talmai.

### Otoniel conquista Debir y recibe a Acsa
#### (Jos 15.15-19)

¹¹Luego atacaron la ciudad de Debir,[c] que antes se llamaba Quiriat-sefer. ¹²Y Caleb prometió que al que conquistara Debir le daría por esposa a su hija Acsa. ¹³El que la conquistó fue Otoniel, hijo de Cenaz, hermano menor de Caleb; entonces Caleb le dio por esposa a su hija Acsa. ¹⁴Pero cuando llegó ella, Otoniel la convenció[2] para que le pidiera un terreno a su padre. Al ver Caleb que Acsa se bajaba de su asno, le preguntó:

—¿Qué te pasa?

¹⁵—Quiero que me concedas algo —contestó ella—. Ya que me has dado tierras en el Néguev, dame también manantiales.

Y Caleb le dio los manantiales de arriba y los de abajo.

### Conquistas de las tribus de Judá y de Benjamín

¹⁶Los descendientes de Hobab el quenita,[3] suegro de Moisés, salieron de la ciudad de las palmeras con la tribu de Judá, y fueron al desierto de Judá, al sur de

---

[1] *Adonisedec:* texto probable, según Jos. 10.1,3. Heb. *Adoni-bezec.* [2] *Otoniel la convenció:* según versiones antiguas. Heb. *ella convenció a Otoniel.* (Véase Jos 15.18) [3] *Hobab el quenita:* según la versión griega. Heb. *quenita.*
*a* **1.9** Jos 10.40; 11.21. *b* **1.10** Jos 10.36-37. *c* **1.11** Jos 10.38; 11.21.

Arad, donde se quedaron a vivir con la gente de la región. [17]Entonces los de la tribu de Judá fueron con los de Simeón, según habían acordado, y atacaron a los cananeos que vivían en Sefat, destruyendo por completo aquella ciudad. Por eso le pusieron el nombre de Horma.[4] [18]Sin embargo, no pudieron tomar[5] Gaza, Ascalón y Ecrón, ni sus territorios vecinos.[d] [19]Y aunque el Señor acompañaba a los de Judá, y ellos pudieron conquistar las montañas, no pudieron echar de los llanos a los que allí vivían, porque éstos tenían carros de hierro. [20]A Caleb le tocó Hebrón, tal como Moisés se lo había prometido, y Caleb desalojó a los tres hijos de Anac.[e] [21]Pero los de la tribu de Benjamín no pudieron echar de Jerusalén a los jebuseos que allí vivían. Por eso, hasta el día de hoy, los jebuseos y los de la tribu de Benjamín siguen viviendo juntos en Jerusalén.[f]

### Las tribus de José conquistan Betel

[22-23]Los de las tribus de José decidieron atacar Betel, ciudad que antes se llamaba Luz, y mandaron espías allá. El Señor los ayudaba. [24]Y los espías vieron a un hombre que salía de la ciudad, y le dijeron: "Si tú nos enseñas cómo entrar en la ciudad, nosotros seremos generosos contigo." [25]El hombre les enseñó cómo entrar en la ciudad, y ellos mataron a filo de espada a todos los que allí vivían; pero le perdonaron la vida al que les había enseñado el camino y a toda su familia. [26]Entonces aquel hombre se fue a la tierra de los hititas y construyó una nueva ciudad, y la llamó Luz, nombre que aún hoy conserva.

### Límites de las conquistas de las tribus de Manasés y de Efraín

[27]Los de la tribu de Manasés no pudieron echar de Bet-seán, Taanac, Dor, Ibleam y Meguido a los que allí vivían, ni a los que vivían en las aldeas cercanas a esas ciudades, así que los cananeos siguieron viviendo en ellas. [28]Cuando los israelitas se hicieron más poderosos, lograron someter a los cananeos a trabajos forzados, pero no pudieron desalojarlos.[g] [29]Los de la tribu de Efraín tampoco pudieron echar de Gezer a los cananeos que allí vivían, de modo que los cananeos siguieron viviendo entre ellos.[h]

### Conquistas de las otras tribus

[30]Los de la tribu de Zabulón tampoco pudieron echar de Quitrón y Naalal a los cananeos que allí vivían, de modo que los cananeos siguieron viviendo entre ellos, aunque sometidos a trabajos forzados. [31-32]Los de la tribu de Aser tampoco pudieron echar de Aco, Sidón, Ahlab, Aczib, Helba, Afec y Rehob a los cananeos que allí vivían; y como no pudieron echarlos de esas ciudades, se quedaron a vivir entre ellos. [33]Los de la tribu de Neftalí tampoco pudieron echar de Bet-semes y Bet-anat a los cananeos que allí vivían, pero los sometieron a trabajos forzados y se quedaron a vivir entre ellos. [34]Los amorreos rechazaron a los de la tribu de Dan hasta las montañas, y no los dejaron bajar a las llanuras. [35]Y así los amorreos siguieron viviendo en Heres, Ajalón y Saalbim. Pero cuando los descendientes de José se hicieron más fuertes, sometieron a los amorreos a trabajos forzados. [36]La frontera de los edomitas[6] iba desde la cuesta de Acrabim hasta Sela, y seguía hacia arriba.

### El ángel del Señor en Boquim

2 [1]El ángel del Señor fue de Gilgal a Boquim, y les dijo a los israelitas: "Yo los saqué a ustedes de Egipto, y los he traído a esta tierra que les prometí a sus antepasados cuando les dije: 'Nunca romperé mi pacto con ustedes, [2]con tal de que ustedes no hagan ningún pacto con los habitantes de esa tierra, sino que destruyan sus altares.'[i] Pero ustedes no me obedecieron, ¡y miren lo que han hecho! [3]Por eso ahora les digo: No voy a echar a esos pueblos de delante de ustedes, y ellos y sus dioses serán una trampa para ustedes."

[4]Cuando el ángel del Señor terminó de hablar, todos los israelitas se echaron a llorar a voz en cuello. [5]Por eso llamaron Boquim[7] a aquel lugar, y allí ofrecieron sacrificios al Señor.

---

[4] *Horma* se parece a la palabra hebrea que significa *destrucción completa*.   [5] *Sin embargo, no pudieron tomar:* según la versión griega. Heb. *y tomaron.*   [6] *De los edomitas:* según la versión griega. Heb. *de los amorreos.*   [7] *Boquim* se parece a la palabra hebrea que significa *los que lloran.*
[d] **1.18** Jue 3.3.   [e] **1.20** Jos 15.13-14; Jue 1.10.   [f] **1.21** Jos 15.63; 2 S 5.6; 1 Cr 11.4.   [g] **1.27-28** Jos 17.11-13.   [h] **1.29** Jos 16.10.
[i] **2.2** Ex 34.12-13; Dt 7.2-5.

### Muerte de Josué
*(Jos 24.29-31)*

⁶Cuando Josué se despidió de los israelitas, cada uno se fue a tomar posesión de la tierra que le había tocado. ⁷Mientras él vivió, los israelitas mantuvieron el culto al Señor; y también mientras vivieron los ancianos que sobrevivieron a Josué, que habían visto todos los grandes hechos del Señor en favor de Israel. ⁸Pero murió Josué, a la edad de ciento diez años, ⁹y lo enterraron en su propio terreno de Timnat-sera,⁸ que está al norte del monte de Gaas, en los montes de Efraín. ¹⁰Murieron también todos los israelitas de la época de Josué. Y así, los que nacieron después no sabían nada del Señor ni de sus hechos en favor de Israel.

### Los israelitas abandonan al Señor

¹¹Pero los hechos de los israelitas fueron malos a los ojos del Señor, pues empezaron a adorar a las diferentes representaciones de Baal. ¹²Dejaron al Señor, el Dios de sus antepasados que los había sacado de Egipto, y se entregaron a adorar a los dioses de la gente que vivía alrededor, provocando así el enojo del Señor. ¹³Dejaron al Señor por adorar a Baal y a las diferentes representaciones de Astarté, ¹⁴y por eso el Señor se enojó contra Israel e hizo que los ladrones los despojaran de lo que tenían, y que sus enemigos de los alrededores los derrotaran sin que ellos pudieran hacerles frente. ¹⁵Cada vez que ellos marchaban a la batalla, el Señor se ponía en su contra y les iba mal, según él mismo se lo había anunciado.ʲ

Sin embargo, aunque el Señor puso a los israelitas en aprietos, ¹⁶también hizo surgir caudillos que los libraran de quienes los despojaban. ¹⁷Pero los israelitas no hicieron caso a estos caudillos, sino que fueron infieles al Señor y adoraron a otros dioses. Sus antepasados habían obedecido los mandamientos del Señor; pero ellos no siguieron su ejemplo. ¹⁸Cada vez que el Señor hacía surgir un caudillo, también lo ayudaba, y durante la vida del caudillo libraba a los israelitas del poder de sus enemigos, pues sentía compasión de ellos al oírlos gemir por causa de la opresión que sufrían. ¹⁹Pero cuando el caudillo moría, ellos volvían a corromperse, y llegaban a ser peores que sus padres, sirviendo y adorando a otros dioses. No

abandonaban sus malas prácticas, ni su terca conducta. ²⁰Por eso el Señor se enfureció contra Israel, y dijo: "Esta gente rompe el pacto que yo hice con sus antepasados, y no quiere obedecerme. ²¹Por lo tanto, no volveré a desalojar ante ellos a ninguno de los pueblos que Josué no desalojó antes de morir." ²²Con esto el Señor quería ver si los israelitas seguirían el camino del Señor, como antes lo habían seguido sus antepasados, o no. ²³Por eso el Señor no desalojó en seguida a las naciones que no había entregado en manos de Josué, sino que les permitió quedarse.

### Los pueblos que se quedaron en Canaán

**3** ¹Estos son los pueblos que el Señor dejó en la región para poner a prueba a los israelitas que aún no habían nacido cuando se luchó por conquistar Canaán. ²El Señor los dejó para que aprendieran a pelear los que nunca habían estado en el campo de batalla. ³Quedaron los cinco jefes filisteos, todos los cananeos, los sidonios y los heveos que vivían en los montes del Líbano, desde el monte de Baal-hermón hasta el paso de Hamat.ᵏ ⁴Con ellos el Señor quiso poner a prueba a los israelitas, para ver si obedecían los mandamientos que él había dado a los antepasados de ellos por medio de Moisés. ⁵Y así los israelitas empezaron a vivir entre los cananeos, hititas, amorreos, ferezeos, heveos y jebuseos, ⁶y los hijos y las hijas de los israelitas se casaron con los hijos y las hijas de aquellos pueblos, y adoraron a sus dioses.

### Otoniel libera a Israel de Cusan-risataim

⁷Los hechos de los israelitas fueron malos a los ojos del Señor, pues se olvidaron de él y adoraron a las diferentes representaciones de Baal y de Astarté. ⁸Por esto el Señor se enojó contra ellos y los entregó al poder de Cusan-risataim, rey de Mesopotamia. Durante ocho años los israelitas tuvieron que servir a Cusan-risataim, ⁹hasta que lo suplicaron al Señor y él hizo que surgiera alguien para salvarlos. Este salvador fue Otoniel,ˡ hijo de Cenaz, hermano menor de Caleb: ¹⁰el espíritu del Señor vino sobre Otoniel, el cual acaudilló a los israelitas; salió a la

---

⁸ *Timnat-sera:* texto probable, según Jos 19.50; 24.30. Heb. *Timnat-heres.*
ʲ **2.14-15** Lv 26.14-26; Dt 28.15-46.   ᵏ **3.3** Jos 13.2-6.   ˡ **3.9-10** Jue 1.12-13.

batalla, y el Señor le dio la victoria sobre Cusan-risataim. ¹¹Después de eso hubo paz en la región durante cuarenta años.

### Aod libera a Israel de Moab

Después de la muerte de Otoniel, ¹²los israelitas volvieron a hacer lo malo a los ojos del Señor, y por eso el Señor dio a Eglón, rey de Moab, más poder que a Israel. ¹³Eglón hizo una alianza con los amonitas y los amalecitas, y atacó a Israel, tomando posesión de la ciudad de las palmeras. ¹⁴Durante dieciocho años, los israelitas tuvieron que servir a Eglón, ¹⁵hasta que le suplicaron al Señor y él hizo que surgiera alguien para salvarlos. Ese salvador fue un zurdo llamado Aod, hijo de Gera, de la tribu de Benjamín.

Un día, los israelitas enviaron el tributo a Eglón por medio de Aod. ¹⁶Pero Aod se hizo una espada de dos filos, como de medio metro de largo, y se la puso al cinto por debajo de la ropa y al lado derecho; ¹⁷luego se fue a llevarle el tributo a Eglón, que era muy gordo. ¹⁸Después de entregarle a Eglón el tributo, Aod salió con los que habían venido con él, ¹⁹pero al llegar a los ídolos que están cerca de Gilgal, Aod regresó a donde estaba Eglón y le dijo:

—Tengo un mensaje para Su Majestad, pero debo dárselo en privado.

El rey ordenó entonces a los que estaban a su servicio que guardaran silencio y salieran de su presencia. ²⁰En cuanto Aod se quedó a solas con Eglón, que estaba sentado en la sala de verano, se acercó a él y le dijo:

—El mensaje que traigo a Su Majestad es de parte de Dios.

Al oír esto, Eglón se levantó de su trono, ²¹pero Aod, que era zurdo, se llevó la mano izquierda al lado derecho, sacó su espada y se la clavó a Eglón en el vientre. ²²Se la clavó tan fuerte que no sólo entró toda la hoja sino también la empuñadura, quedando cubierta la espada por la gordura de Eglón, pues Aod no se la sacó.⁹ ²³Después Aod cerró las puertas con el cerrojo, y salió por la ventana.

²⁴Cuando ya se había ido, vinieron los que estaban al servicio del rey, y al ver las puertas cerradas pensaron que el rey se había encerrado en la sala de verano para hacer sus necesidades.¹⁰ ²⁵Pero después de mucho esperar, empezaron a preocuparse al ver que el rey no salía. Entonces tomaron

la llave, y al abrir encontraron a su amo tendido en el suelo.

²⁶Mientras aquellos perdían tiempo, Aod huyó, y después de pasar los ídolos de Gilgal se refugió en Seirat. ²⁷Cuando llegó a territorio israelita,¹¹ dió un toque de trompeta en los montes de Efraín para llamar a los israelitas, y todos ellos bajaron de los montes con Aod a la cabeza. ²⁸Aod les dijo que lo siguieran, pues el Señor les daría la victoria sobre sus enemigos los moabitas. Entonces ellos lo siguieron y tomaron posesión de los vados del Jordán, y no dejaron pasar a nadie. ²⁹En aquella ocasión mataron a unos diez mil moabitas, todos ellos soldados fuertes y valientes. Ni uno solo escapó con vida. ³⁰Así fue como los israelitas derrotaron a Moab. Después de eso hubo paz en la región durante ochenta años.

### Samgar libera a Israel de los filisteos

³¹El siguiente caudillo fue Samgar, hijo de Anat, que mató a seiscientos filisteos con una aguijada. Samgar también salvó a Israel.

### Débora y Barac derrotan a Sísara

4 ¹Después de la muerte de Aod, los israelitas volvieron a hacer lo malo a los ojos del Señor, ²así que el Señor los entregó al poder de Jabín, un rey cananeo que gobernaba en la ciudad de Hazor. El jefe de su ejército se llamaba Sísara, y vivía en Haroset-goim. ³Jabín tenía novecientos carros de hierro, y durante veinte años había oprimido cruelmente a los israelitas, hasta que por fin éstos le suplicaron al Señor que los ayudara.

⁴En aquel tiempo los israelitas eran gobernados por una profetisa llamada Débora, esposa de Lapidot. ⁵Débora acostumbraba sentarse bajo una palmera (conocida como "la palmera de Débora"), que había en los montes de Efraín, entre Ramá y Betel, y los israelitas acudían a ella para resolver sus pleitos.

⁶Un día, Débora mandó llamar a un hombre llamado Barac,ᵐ hijo de Abinoam, que vivía en Cedes, un pueblo de la tribu de Neftalí, y le dijo:

—El Señor, el Dios de Israel, te ordena lo siguiente: 'Ve al monte Tabor, y reúne allí a diez mil hombres de las tribus de Neftalí y Zabulón. ⁷Yo voy a hacer que Sísara, jefe del ejército de Jabín, venga al

---

⁹ Heb. añade dos palabras de sentido oscuro.   ¹⁰ Para hacer sus necesidades: lit. para cubrir los pies.   ¹¹ A territorio israelita: según la versión griega. En el texto hebreo no aparece esta frase.
ᵐ 4.6 He 11.32.

arroyo de Cisón para atacarte con sus carros y su ejército. Pero yo voy a entregarlos en tus manos.'

8—Sólo iré si tú vienes conmigo —contestó Barac—. Pero si tú no vienes, yo no iré.

9—Pues iré contigo —respondió Débora—. Sólo que la gloria de esta campaña que vas a emprender no será para ti, porque el Señor entregará a Sísara en manos de una mujer.

Entonces Débora fue con Barac a Cedes. * 10Allí Barac llamó a las tribus de Zabulón y Neftalí, y reunió bajo su mando un ejército de diez mil hombres. Débora iba con él.

11Cerca de Cedes, junto a la encina de Zaanaim, estaba el campamento de Heber el quenita, quien se había separado de los demás quenitas que, como él, descendían de Hobab,[12] el suegro de Moisés. 12Cuando Sísara supo que Barac había subido al monte Tabor, 13reunió sus novecientos carros de hierro y a todos sus soldados, y marchó con ellos desde Haroset-goim hasta el arroyo de Cisón. 14Entonces Débora le dijo a Barac:

—¡Adelante, que ahora es cuando el Señor va a entregar en tus manos a Sísara! ¡Ya el Señor va al frente de tus soldados!

Barac bajó del monte Tabor con sus diez mil soldados, 15y el Señor sembró el pánico entre los carros y los soldados de Sísara en el momento de enfrentarse con la espada de Barac; hasta el mismo Sísara se bajó de su carro y huyó a pie. 16Mientras tanto, Barac persiguió a los soldados y los carros hasta Haroset-goim. Aquel día no quedó con vida ni un solo soldado del ejército de Sísara: todos murieron.

17Como Jabín, el rey de Hazor, estaba en paz con la familia de Heber el quenita, Sísara llegó a pie, en su huida, hasta la tienda de Jael, la esposa de Heber, 18la cual salió a recibirlo y le dijo:

—Por aquí, mi señor, por aquí; no tenga usted miedo.

Sísara entró, y Jael lo escondió tapándolo con una manta; 19entonces Sísara le pidió agua, pues tenía mucha sed. Jael destapó el cuero donde guardaba la leche y le dio de beber; después volvió a taparlo. 20Sísara le dijo:

—Quédate a la entrada de la tienda, y si alguien viene y te pregunta si hay alguien aquí dentro, dile que no.

21Pero Sísara estaba tan cansado que se quedó profundamente dormido. Entonces Jael tomó un martillo y una estaca de las que usaban para sujetar la tienda de campaña, y acercándose sin hacer ruido hasta donde estaba Sísara, le clavó la estaca en la sien contra la tierra. Así murió Sísara. 22Y cuando Barac llegó en busca de Sísara, Jael salió a recibirlo y le dijo:

—Ven, que te voy a mostrar al que andas buscando.

Barac entró en la tienda y encontró a Sísara tendido en el suelo, ya muerto y con la estaca clavada en la cabeza.

23Así humilló el Señor aquel día a Jabín, el rey cananeo, delante de los israelitas. 24Y desde entonces los israelitas trataron a Jabín cada vez con mayor dureza, hasta que lo destruyeron.

## El canto de Débora y Barac

**5** 1Aquel día, Débora y Barac, hijo de Abinoam, cantaron así:

2"Alaben todos al Señor,
porque aún hay en Israel
hombres dispuestos a pelear;[13]
porque aún hay entre el pueblo
hombres que responden al llamado
de la guerra.
3¡Escúchenme, ustedes los reyes!
¡Oíganme, ustedes los gobernantes!
¡Voy a cantarle al Señor!,
¡voy a cantar al Dios de Israel!

4"Cuando tú, Señor, saliste de Seir;
cuando te fuiste de los campos de
Edom,
tembló la tierra, se estremeció[14] el
cielo,
las nubes derramaron su lluvia.
5Delante de ti, Señor,
delante de ti, Dios de Israel,
temblaron los montes, tembló el
Sinaí.[n]
6En los tiempos de Samgar,[ñ] hijo de
Anat,
y en los tiempos de Jael,
los viajeros abandonaron los
caminos
y anduvieron por senderos
escabrosos;
7las aldeas[15] de Israel
quedaron del todo abandonadas.
Fue entonces cuando yo me levanté,

---

[12] El suegro de Moisés, aquí llamado *Hobab*, también aparece con los nombres de *Jetro* y *Reuel* (Éxodo 2.16; 18.1). [13] *Porque . . . a pelear:* lit. *cuando en Israel se sueltan las cabelleras.* Los guerreros acostumbraban soltarse el pelo como señal de batalla. [14] *Se estremeció:* texto probable. Heb. *goteó.* [15] *Aldeas:* traducción probable. Heb. oscuro.
* 4.9 Jdt 9.10. [n] 5.4-5 Ex 19.18; Sal 68.7-8. [ñ] 5.6 Jue 3.31.

¡yo, Débora, una madre de Israel!

8 "No faltó quien se escogiera nuevos
dioses
mientras se luchaba a las puertas de
la ciudad,
pero no se veía un escudo ni una
lanza
entre cuarenta mil israelitas.

9 "¡Yo doy mi corazón
por los altos jefes de Israel,
por la gente de mi pueblo
que respondió al llamado de la
guerra!
¡Alaben todos al Señor!

10 "Díganlo ustedes, los que montan
asnas pardas;
y ustedes, los que se sientan en
tapetes;
también ustedes, los viajeros:
11 ¡allá, entre los abrevaderos,
y al son de sonoros platillos,
proclamen las victorias del Señor,
las victorias de sus aldeas en
Israel!*16*

12 "¡Despierta, Débora, despierta,
despierta y entona una canción!
¡Y tú, Barac, hijo de Abinoam,
levántate y llévate a tus prisioneros!

13 "Entonces bajaron los israelitas*17*
a luchar contra los poderosos;
bajaron por mí las tropas del Señor
a luchar contra los hombres de
guerra.
14 Algunos hombres de Efraín bajaron
al valle,*18*
y tras ellos fueron las tropas de
Benjamín.
De los de Maquir, bajaron sus jefes,
y de los de Zabulón, sus
gobernantes.
15 También acompañaron a Débora
los jefes de Isacar;
Isacar fue el apoyo de Barac,
pues se lanzó tras él al valle.

"Si en los escuadrones de Rubén
hay grandes hombres de corazón
resuelto,
16 ¿por qué se quedaron entre los
rediles,

oyendo a los pastores llamar a sus
ovejas?
¡En los escuadrones de Rubén
hay grandes hombres de corazón
miedoso!

17 "Galaad se quedó acampando
al otro lado del río Jordán;
Dan se quedó junto a los barcos,
y Aser se quedó en la costa
y no se movió de sus puertos;
18 pero en las alturas de los campos,
Zabulón y Neftalí arriesgaron la
vida.

19 "Entonces los reyes vinieron a
Taanac,
junto a las aguas de Meguido;
los reyes cananeos vinieron en plan
de guerra,
pero no obtuvieron plata ni riquezas.
20 Desde el cielo, desde sus órbitas,
las estrellas lucharon contra Sísara;
21 el arroyo, el arroyo antiguo,
el arroyo de Cisón los barrió a todos
ellos.
¡Tú aplastarás la garganta de los
poderosos!*19*

22 "¡Resuenan los cascos de los
caballos!
¡Galopan, galopan los briosos
corceles!
23 Y el ángel del Señor anuncia:
'¡Que caiga una dura maldición
sobre Meroz y sus habitantes!'
Pues no acudieron, como los
valientes,
en ayuda del Señor.

24 "¡Bendita sea entre las mujeres Jael,
la esposa de Heber el quenita!
¡Bendita sea entre las mujeres del
campamento!*
25 Agua pidió Sísara; leche le dio Jael.
¡Crema le dio en un tazón especial!
26 Mientras tanto, tomó la estaca con la
izquierda
y el mazo de trabajo con la derecha,
y dando a Sísara un golpe en la
cabeza
le rompió y atravesó las sienes.
27 Sísara se retorcía a los pies de Jael;
retorciéndose de dolor cayó al suelo,
y allí donde cayó, allí quedó muerto.

---

*16 ¡Allá, entre . . . aldeas en Israel!:* traducción probable. Heb. oscuro.     *17 Los israelitas:* texto probable. Heb. *los
sobrevivientes.*     *18 Al valle:* según la versión griega. Heb. *a Amalec.*     *19 ¡Tú aplastarás la garganta de los poderosos!:*
traducción probable. Heb. oscuro.
* 5.24 Jdt 13.18.

28"La madre de Sísara, afligida,
se asoma a la ventana y dice:
'¿Por qué tarda tanto en llegar su
carro?
¿Por qué se retrasa su carro de
guerra?'
29Algunas damas sabihondas le
responden,
y aun ella misma se repite:
30'Seguramente se están repartiendo
lo que ganaron en la guerra.
Una esclava, y aun dos, para cada
guerrero;
para Sísara las telas de colores:
una tela, y aun dos,
bordadas de varios colores,
para el cuello del vencedor!'20

31"¡Que así sean destruidos, Señor,
todos tus enemigos,
y que brillen los que te aman,
como el sol en todo su esplendor!"

Después de eso hubo paz en la región durante cuarenta años.

### Dios llama a Gedeón

**6** ¹Pero los hechos de los israelitas fueron malos a los ojos del Señor, y durante siete años el Señor los entregó al poder de los madianitas. ²Como los madianitas oprimían cada vez más a los israelitas, éstos, por temor a los madianitas, se hicieron escondites en los cerros, en las cuevas y en lugares difíciles de alcanzar. ³Siempre que los israelitas tenían algo sembrado, los madianitas, los amalecitas y la gente del oriente los atacaban. ⁴Acampaban en los territorios de Israel y destruían las cosechas hasta la región de Gaza, sin dejarles a los israelitas nada que comer, ni ovejas, ni bueyes, ni asnos. ⁵Con sus tiendas de campaña y su ganado invadían el país y lo destruían todo. Venían con sus camellos en grandes multitudes, como una plaga de langostas. ⁶Por causa de los madianitas, los israelitas pasaban por muchas miserias, y finalmente le pidieron ayuda al Señor.

⁷Cuando los israelitas le pidieron al Señor que los librara de los madianitas, ⁸él les envió un profeta que les dijo: "Así dice el Señor y Dios de Israel: 'Yo los saqué a ustedes de Egipto, donde vivían como esclavos, ⁹y no sólo los libré a ustedes de los egipcios, sino también de todos los que los oprimían. A ellos los fui echando de delante de ustedes, y a ustedes les di la tierra de ellos. ¹⁰Y les dije a ustedes que yo soy el Señor su Dios, y que no tuvieran miedo de los dioses de los amorreos, en cuya tierra viven ustedes ahora; pero ustedes no me hicieron caso.' "

¹¹Entonces vino el ángel del Señor y se sentó bajo la encina que estaba en Ofra, y que pertenecía a Joás, que era del clan de Abiezer. Gedeón,º el hijo de Joás, estaba limpiando el trigo a escondidas, en el lugar donde se pisaba la uva para hacer vino, para que los madianitas no lo vieran. ¹²El ángel del Señor se le apareció y le dijo:

—¡El Señor está contigo, hombre fuerte y valiente!

¹³Y Gedeón contestó:

—Perdón, señor, pero si el Señor está con nosotros, ¿por qué nos pasa todo esto? ¿Dónde están todos los milagros de que nos hablan nuestros antepasados, cuando dicen que el Señor nos sacó de Egipto? El Señor nos ha abandonado, y nos ha entregado al poder de los madianitas.

¹⁴El Señor lo miró, y le dijo:

—Usa la fuerza que tienes, para ir a salvar a Israel del poder de los madianitas. Yo soy el que te envía.

¹⁵Pero Gedeón volvió a contestar:

—Una vez más, perdón, señor, pero ¿cómo voy a salvar a Israel? Mi clan es el más pobre de toda la tribu de Manasés, y yo soy el más pequeño de mi familia.

¹⁶Y el Señor le respondió:

—Podrás hacerlo porque yo estaré contigo. Derrotarás a los madianitas como quien derrota a un solo hombre.

¹⁷Entonces Gedeón dijo:

—Si me he ganado tu favor, dame una prueba de que realmente eres tú quien habla conmigo. ¹⁸Por favor, no te vayas de aquí hasta que yo vuelva con una ofrenda que te quiero presentar.

Y el Señor le aseguró:

—Aquí estaré esperando tu regreso.

¹⁹Gedeón se fue y preparó un cabrito, y con unos veinte litros de harina hizo unos panes sin levadura; luego puso la carne en una canasta y el caldo en una olla, y se lo llevó todo hasta la encina. ²⁰El ángel de Dios le mandó poner sobre una roca la carne y los panes sin levadura, y derramar el caldo. Después que Gedeón hizo lo que

---

²⁰ *Para el cuello del vencedor:* traducción probable. Heb. oscuro.
º **6.11** He 11.32.

se le había mandado, ²¹el ángel tocó la carne y los panes con la punta del bastón que tenía en la mano, y de la roca salió fuego, el cual consumió la carne y los panes; luego el ángel del Señor desapareció de su vista. ²²Al darse cuenta Gedeón de que se trataba del ángel del Señor, dijo:

—¡Ay Señor, Señor! ¡He visto cara a cara al ángel del Señor!

²³Pero el Señor le contestó:

—No tengas miedo, que no vas a morir. Recibe mi paz.

²⁴Entonces Gedeón construyó allí un altar en honor del Señor, y lo llamó "El Señor es la paz". Este altar todavía está en Ofra, ciudad del clan de Abiezer.

²⁵Aquella misma noche el Señor le dijo a Gedeón:

—Toma un toro del ganado de tu padre, el segundo toro, el de siete años, y echa abajo el altar de Baal que tiene tu padre. Echa abajo también el árbol sagrado que está junto al altar de Baal, ²⁶y en lo alto de esa fortaleza construye un altar al Señor tu Dios. Toma luego el toro, el segundo, y ofrécelo como holocausto, usando para ello la leña del árbol sagrado que habrás echado abajo.

²⁷Entonces Gedeón tomó a diez de sus sirvientes e hizo todo lo que el Señor le había mandado; sólo que no lo hizo de día, sino durante la noche, por miedo a la familia de su padre y a los hombres de la ciudad. ²⁸A la mañana siguiente, cuando la gente de la ciudad se levantó, se encontró con que el altar de Baal había sido echado abajo, lo mismo que el árbol sagrado que estaba junto al altar, y que además un toro había sido ofrecido en holocausto sobre el nuevo altar. ²⁹Unos a otros se preguntaban: "¿Quién habrá hecho esto?"

Cuando, después de mucho buscar y preguntar, supieron que lo había hecho Gedeón, el hijo de Joás, fueron y le dijeron a Joás:

³⁰—Saca a tu hijo, que lo vamos a matar. ¡Ha echado abajo el altar de Baal y el árbol sagrado que estaba junto al altar!

³¹Pero Joás respondió a quienes le rodeaban:

—¿Van ustedes a defender a Baal, y a pelear en su favor? ¡Pues que muera antes del amanecer cualquiera que defienda a Baal! Si Baal es Dios, déjenlo que se defienda solo, puesto que era suyo el altar derribado.

³²Desde entonces comenzaron a llamar Jerobaal²¹ a Gedeón, y decían: "Que Baal se defienda de él", pues Gedeón había echado abajo el altar de Baal.

³³Entonces todos los madianitas y los amalecitas y la gente del oriente, se juntaron y cruzaron el río Jordán, y acamparon en el valle de Jezreel. ³⁴Pero el espíritu del Señor se adueñó de Gedeón, y éste tocó un cuerno de carnero para que se le unieran los del clan de Abiezer; ³⁵además mandó mensajeros para que llamaran a toda la tribu de Manasés a que se le uniera. También envió mensajeros a llamar a las tribus de Aser, Zabulón y Neftalí, que también salieron a reunirse con él.

³⁶Y Gedeón le dijo a Dios: "Si de veras me vas a usar para salvar a Israel, como tú mismo has dicho, ³⁷voy a poner el cuero lanudo de una oveja en el lugar donde se trilla el trigo. Si por la mañana la lana está mojada de rocío, pero la tierra está seca, sabré que de veras vas a usarme para salvar a Israel, como tú mismo has dicho."

³⁸En efecto, así sucedió. Cuando Gedeón se levantó por la mañana, exprimió el cuero lanudo y sacó de él una taza llena de rocío. ³⁹Sin embargo, Gedeón dijo: "No te enojes conmigo si vuelvo a insistir. Pero quiero hacer una sola prueba más. Esta vez harás que la lana quede seca y que el rocío humedezca la tierra."

⁴⁰Aquella noche Dios lo hizo así. Y a la mañana siguiente, la lana estaba seca y toda la tierra cubierta de rocío.

### Gedeón derrota a los madianitas

**7** ¹Gedeón, a quien ahora llamaban Jerobaal, y todos los que estaban con él, se levantaron de madrugada y fueron a acampar junto al manantial de Harod. El campamento de los madianitas les quedaba entonces al norte, en el valle que está al pie del monte de More.

²El Señor le dijo a Gedeón: "Traes tanta gente contigo que si hago que los israelitas derroten a los madianitas, van a alardear ante mí creyendo que se han salvado ellos mismos. ³Por eso, dile a la gente que cualquiera que tenga miedo puede irse a su casa."ᵖ

De este modo Gedeón los puso a prueba,²² y se fueron veintidós mil hombres,

---

²¹ En hebreo, *Jeroobaal* y las palabras que significan *que se defienda Baal* tienen un sonido parecido.   ²² *Gedeón los puso a prueba:* texto probable. Heb. oscuro.
ᵖ 7.3 Dt 20.8; 1 Mac 3.56.

quedándose diez mil. ⁴Pero el Señor insistió: "Son muchos todavía. Llévalos a tomar agua, y allí yo los pondré a prueba y te diré quiénes irán contigo y quiénes no."

⁵Gedeón llevó entonces a la gente a tomar agua, y el Señor le dijo: "Aparta a los que beban agua en sus manos, lamiéndola como perros, de aquellos que se arrodillen para beber."

⁶Los que bebieron agua llevándosela de las manos a la boca y lamiéndola como perros fueron trescientos. Todos los demás se arrodillaron para beber. ⁷Entonces el Señor le dijo a Gedeón: "Con estos trescientos hombres voy a salvarlos a ustedes, y derrotaré a los madianitas. Todos los demás pueden irse."

⁸Gedeón mandó entonces que todos los demás regresaran a sus tiendas; pero antes de que se fueran les recogió sus cántaros y sus cuernos de carnero. Sólo se quedó con los trescientos hombres escogidos, acampando más arriba de los madianitas, que estaban en el valle.

⁹Aquella noche el Señor le ordenó a Gedeón: "Levántate y baja a atacar a los madianitas, pues los voy a entregar en tus manos. ¹⁰Pero si tienes miedo de atacarlos, baja antes al campamento con Furá, tu criado, ¹¹y escucha lo que digan. Después te sentirás con más ánimo para atacarlos."

Entonces Gedeón bajó con Furá, su criado, hasta los puestos avanzados del campamento enemigo. ¹²Los madianitas, los amalecitas y la gente del oriente se habían esparcido por el valle como una plaga de langostas. Tenían tantos camellos como arena hay a la orilla del mar. ¹³Al acercarse Gedeón al campamento enemigo, oyó que un soldado le contaba a otro un sueño que había tenido. Le decía:

—Soñé que un pan de cebada venía rodando hasta nuestro campamento, y que al chocar contra una tienda la hacía caer.

¹⁴Y su compañero le contestó:

—Eso no es otra cosa que la espada de Gedeón, hijo de Joás, el israelita. Dios va a entregar en manos de Gedeón a los madianitas y a todo su campamento.

¹⁵Al oír cómo se había contado e interpretado el sueño, Gedeón adoró al Señor. Después volvió al campamento israelita y ordenó:

—¡Arriba, que el Señor va a entregarnos el campamento madianita!

¹⁶En seguida dividió sus trescientos hombres en tres grupos, y les dio cuernos de carnero a todos y unos cántaros vacíos que llevaban dentro antorchas encendidas. ¹⁷Y les dijo:

—Cuando llegue yo al otro lado del campamento enemigo, fíjense en mí y hagan lo mismo que me vean hacer. ¹⁸Cuando yo y los que van conmigo toquemos el cuerno, tóquenlo ustedes también alrededor de todo el campamento, y griten: '¡Por el Señor y por Gedeón!'

¹⁹Así pues, Gedeón y sus cien hombres llegaron al otro lado del campamento cuando estaba por comenzar el turno de guardia de medianoche. Entonces tocaron los cuernos de carnero y rompieron los cántaros que llevaban en las manos, ²⁰y los tres grupos tocaron al mismo tiempo los cuernos de carnero y rompieron los cántaros. En la mano izquierda llevaban las antorchas encendidas, y los cuernos de carnero en la derecha, y gritaban: "¡Guerra! ¡Por el Señor y por Gedeón!" ²¹Y como los israelitas se quedaron quietos en sus puestos alrededor del campamento, y todos en el ejército madianita gritaban y salían huyendo ²²mientras los trescientos israelitas seguían tocando los cuernos de carnero, el Señor hizo que los madianitas lucharan entre sí, y que salieran huyendo hasta Bet-sitá, camino de Zererá, y hasta la frontera de Abel-meholá, junto a Tabat.

²³Entonces se llamó a los israelitas de las tribus de Neftalí, de Aser y de todo Manasés, para que persiguieran a los madianitas. ²⁴Gedeón mandó mensajeros por los montes de Efraín, ordenando que los hombres de esta tribu bajaran a luchar contra los madianitas y ocuparan los lugares por donde se podía cruzar el río en Bet-bará y en el Jordán, antes de que ellos llegaran. Los de Efraín cumplieron estas órdenes, ²⁵y además capturaron a dos jefes madianitas llamados Oreb y Zeeb. A Oreb lo mataron en la peña que ahora se conoce como Peña de Oreb. A Zeeb lo mataron en el lugar que lleva su nombre, y que era donde se pisaba la uva para hacer vino. Y después de perseguir a los madianitas, llevaron las cabezas de Oreb y de Zeeb a Gedeón, que estaba al otro lado del Jordán.

### Gedeón captura a los reyes madianitas

8 ¹Los de la tribu de Efraín se enojaron y discutieron con Gedeón porque él no los había mandado llamar cuando

salió a pelear contra los madianitas. ²Pero él les contestó:

—¿No se dan cuenta de que ustedes hicieron más aún de lo que yo hice? Lo poco que ustedes hicieron vale más que lo mucho que hicimos nosotros. ³Dios les entregó a Oreb y a Zeeb, los jefes madianitas. ¿Qué hice yo que se pueda comparar con lo que ustedes hicieron?

Cuando los de Efraín oyeron estas palabras de Gedeón, se les pasó el enojo contra él.

⁴Gedeón y sus trescientos hombres llegaron al Jordán y lo cruzaron, aunque estaban rendidos de cansancio por ir persiguiendo al enemigo. ⁵En Sucot, Gedeón les pidió a los que allí vivían:

—Por favor, den algo de comer a los que vienen conmigo, porque están rendidos de cansancio. Andamos persiguiendo a los reyes madianitas Zeba y Zalmuna.

⁶Pero los jefes de Sucot le respondieron:

—¿Acaso ya has capturado a Zeba y Zalmuna, para que alimentemos a tu ejército?

⁷Y Gedeón les contestó:

—¡Después que el Señor me entregue a Zeba y Zalmuna, regresaré y les desgarraré a ustedes la carne con espinas y zarzas del desierto!

⁸De allí fue a Penuel, donde pidió lo mismo que en Sucot. Pero como los de Penuel le respondieron igual que los de Sucot, ⁹Gedeón les dijo:

—¡Cuando yo regrese vencedor, echaré abajo esa torre!

¹⁰Zeba y Zalmuna estaban en Carcor con unos quince mil hombres, que era todo lo que quedaba del ejército del oriente, pues habían muerto ciento veinte mil de ellos. ¹¹Gedeón avanzó por el camino que bordea el desierto, al este de Noba y Jogbeha, y atacó su campamento cuando ellos menos lo esperaban. ¹²Zeba y Zalmuna salieron huyendo, pero Gedeón los persiguió y los capturó, y llenó de espanto a todo el ejército.

¹³Cuando Gedeón regresaba de la batalla por el paso de Heres,²³ ¹⁴capturó a un joven de Sucot y lo interrogó; y aquel joven le dio por escrito los nombres de los setenta y siete jefes y ancianos de Sucot. ¹⁵Entonces Gedeón fue a Sucot y les dijo a los de este pueblo:

—¿Recuerdan cómo se burlaron de mí por causa de Zeba y de Zalmuna?

¿Recuerdan que les negaron pan a mis hombres, que estaban rendidos de cansancio, diciéndonos que todavía no los teníamos cautivos? ¡Pues aquí los tienen!

¹⁶Entonces Gedeón tomó espinas y zarzas del desierto, y con ellas castigó a los ancianos de Sucot. ¹⁷También echó abajo la torre de Penuel, y mató a la gente de esta ciudad. ¹⁸Luego les preguntó a Zeba y a Zalmuna:

—¿Cómo eran los hombres que ustedes mataron en Tabor?

Y ellos le contestaron:

—Se parecían a ti. Cada uno de ellos parecía un príncipe.

¹⁹Entonces Gedeón gritó:

—¡Mis hermanos! ¡Mataron a mis propios hermanos! Tan cierto como que el Señor vive, que si ustedes no los hubieran matado, yo tampoco los mataría a ustedes ahora.

²⁰En seguida le ordenó a Jeter, su hijo mayor:

—¡Levántate y mátalos!

Pero Jeter era todavía muy joven, y no se atrevió a sacar su espada. ²¹Entonces Zeba y Zalmuna le dijeron a Gedeón:

—¡Pues mátanos tú! ¡Al hombre se le conoce por su valentía!

Gedeón se levantó y los mató, y tomó los adornos que llevaban al cuello los camellos de Zeba y Zalmuna. ²²Entonces los israelitas le dijeron:

—Ya que tú nos has librado del poder de los madianitas, queremos que tú y tus descendientes nos gobiernen.

²³Pero Gedeón les contestó:

—Ni yo ni mi hijo los gobernaremos a ustedes. El Señor será quien los gobierne. ²⁴Lo que sí quiero es pedirles que me den los anillos que han capturado.

Esos anillos de oro los usaban los soldados enemigos, porque eran gente del desierto. ²⁵Los israelitas, tendiendo una capa en el suelo, echaron en ella los anillos que habían tomado, y le dijeron a Gedeón:

—Aquí los tienes.

²⁶Todo el oro de los anillos pesó casi diecinueve kilos, sin contar los adornos ni las joyas y telas de púpura que llevaban los reyes de Madián, ni los collares de sus camellos. ²⁷Con ese oro Gedeón hizo un efod, que puso en Ofra, su ciudad, y todo Israel le fue infiel al Señor por causa del efod, el cual se volvió una trampa para Gedeón y su familia.

---

²³ *Por el paso de Heres:* traducción probable. Heb. oscuro.

²⁸Así fue como los madianitas quedaron sometidos a Israel, y nunca más volvieron a levantar cabeza. Durante cuarenta años, mientras Gedeón vivió, hubo paz en la región.

### Muerte de Gedeón

²⁹⁻³⁰Jerobaal, o sea Gedeón, se fue a vivir a su propia casa, y tuvo setenta hijos, pues tenía muchas esposas. ³¹Una concubina que él tenía en Siquem, también le dio un hijo, y él le puso por nombre Abimelec.

³²Gedeón murió ya entrado en años, y lo enterraron en la tumba de su padre Joás, en Ofra, ciudad del clan de Abiezer.

³³Después que murió Gedeón, los israelitas volvieron a abandonar a Dios para adorar a las diferentes representaciones de Baal, y escogieron como su dios a Baal-berit. ³⁴Se olvidaron del Señor su Dios, que los había salvado de todos los enemigos que los rodeaban, ³⁵y no correspondieron con bondad a la familia de Jerobaal, o sea Gedeón, por todo lo bueno que él había hecho por ellos.

### Abimelec

**9** ¹Abimelec, hijo de Jerobaal, fue a Siquem para hablar con sus parientes por parte de madre. Y les dijo:

²—En nombre de nuestro parentesco, les ruego que convenzan a la gente de Siquem de que es mejor que los gobierne un solo hombre, y no todos los setenta hijos de Jerobaal.

³Y como Abimelec era pariente de ellos, se pusieron de parte suya y fueron a convencer a los de Siquem para que lo siguieran. ⁴Además, tomaron setenta monedas de plata del templo de Baal-berit y se las dieron a Abimelec. Con ese dinero, Abimelec alquiló unos matones para que lo siguieran. Aquellos hombres fueron con él ⁵a Ofra, donde había vivido su padre Jerobaal, y contra una misma piedra mataron a los setenta hermanos de Abimelec. Sólo pudo esconderse y salvarse Jotam, el hijo menor de Jerobaal. ⁶Después todos los de Siquem y de Bet-milo se reunieron junto a la encina y la piedra sagrada que había en Siquem, y nombraron rey a Abimelec.

⁷Cuando Jotam lo supo, subió al monte Gerizim, y desde allí gritó bien fuerte, para que todos le oyeran:

"¡Óiganme bien, hombres de Siquem! ¡Y así Dios los oiga a ustedes!

⁸"En cierta ocasión los árboles quisieron tener rey, y le pidieron al olivo que fuera su rey. ⁹Pero el olivo les dijo que no, pues para ser rey de los árboles tendría que dejar de dar aceite, el cual sirve para honrar tanto a los hombres como a Dios.

¹⁰"Entonces los árboles le pidieron a la higuera que fuera su rey. ¹¹Pero la higuera les dijo que no, pues para ser rey de los árboles tendría que dejar de dar sus dulces y sabrosos higos.

¹²"Entonces los árboles le pidieron a la vid que fuera su rey. ¹³Pero la vid les dijo que no, pues para ser rey de los árboles tendría que dejar de dar su vino, el cual sirve para alegrar tanto a los hombres como a Dios.

¹⁴"Por fin, los árboles le pidieron a un espino que fuera su rey. ¹⁵Y el espino les dijo que, si de veras querían que él fuera su rey, todos tendrían que ponerse bajo su sombra; pero si no querían que él fuera su rey, saldría de él un fuego que destruiría los cedros del Líbano.

¹⁶"Y ahora, yo les pregunto: ¿Han actuado ustedes con verdad y honradez al hacer rey a Abimelec? ¿Han tratado a Jerobaal y a su familia con la misma bondad con que él los trató a ustedes? ¹⁷Porque mi padre arriesgó su vida por ustedes cuando peleó para librarlos del poder de los madianitas; ¹⁸ustedes, en cambio, se han rebelado contra la familia de mi padre, y han matado a sus setenta hijos contra una misma piedra. Por si fuera poco, han nombrado rey a Abimelec, hijo de la concubina de Jerobaal, sólo porque él es pariente de ustedes. ¹⁹Pero yo les digo hoy: Si ustedes han tratado con verdad y honradez a Jerobaal y a su familia, que les vaya bien con Abimelec, y a él con ustedes; ²⁰pero si no, ¡que salga de Abimelec un fuego que destruya a todos los de Siquem y de Bet-milo, y que de Siquem y de Bet-milo salga un fuego que lo destruya a él!"

²¹Después de haber dicho esto, Jotam huyó y se fue a vivir en Beer, porque le tenía miedo a su hermano Abimelec.

²²Abimelec dominó a los israelitas durante tres años, ²³pero Dios interpuso un espíritu maligno entre Abimelec y los de Siquem, para que éstos se rebelaran contra él ²⁴y así pagara Abimelec el sangriento asesinato de los setenta hijos de Jerobaal, y los de Siquem pagaran por haberle ayudado. ²⁵Los de Siquem tenían gente en los montes, que se escondía y asaltaba a todos los que pasaban por el

camino cercano. Y Abimelec se enteró de esto.

26Un día, Gaal, el hijo de Ebed, pasó con sus hermanos por Siquem y se ganó la confianza de los de aquella ciudad, 27los cuales salieron al campo a recoger la uva e hicieron vino y celebraron una gran fiesta, comiendo y bebiendo en el templo de sus dioses y maldiciendo a Abimelec. 28Y Gaal decía: "¿Quién se cree este Abimelec? No es más que un hijo de Jerobaal, y Zebul es su ayudante. Y nosotros, los de Siquem, ¿quiénes somos para andar como esclavos delante de ellos? Seamos esclavos de Hamor, el fundador de Siquem, pero no de Abimelec. 29¡Ah! ¡Si yo fuera el jefe de ustedes, en seguida me desharía de Abimelec!" Además dijo: "¡Anda, Abimelec, reúne tu ejército y ven a pelear!"

30Cuando Zebul, gobernador de la ciudad, se enteró de lo que andaba diciendo Gaal, se puso furioso 31y le envió el siguiente mensaje a Abimelec, que estaba en Aruma: 24 "Gaal, el hijo de Ebed, ha venido con sus hermanos a Siquem, y están predisponiendo a la gente de la ciudad contra ti. 32Por lo tanto, sal de noche con tus soldados y escóndanse en el campo. 33Por la mañana, al salir el sol, ataca la ciudad, y cuando Gaal y su gente salgan a pelear contigo, haz con él lo que creas más conveniente."

34Así pues, Abimelec y toda su gente salieron de noche y se escondieron alrededor de Siquem, repartidos en cuatro grupos. 35Cuando Gaal salió a la puerta de la ciudad, Abimelec y su gente salieron de sus escondites. 36Al verlos, Gaal le dijo a Zebul:

—¡Mira, de los cerros viene bajando un ejército!

—No —le contestó Zebul—. Sólo son las sombras de los cerros, que a ti te parecen gente.

37Pero Gaal siguió diciendo:

—¡También de la colina que llaman 'Ombligo de la tierra' viene bajando un ejército! ¡Y otro grupo viene por el camino de la Encina de los Adivinos!

38—¡Habla ahora, fanfarrón! —le dijo Zebul—. ¡Tú, que decías que Abimelec no era nadie para que fuéramos sus esclavos! Ahí está el ejército que te parecía poca cosa. ¡Anda, sal ahora a pelear contra ellos!

39Gaal salió al frente de la gente de Siquem a pelear contra Abimelec. 40Pero Abimelec lo persiguió, y Gaal huyó de él.

Hasta en la puerta misma de la ciudad hubo muchos muertos. 41Abimelec se quedó en Aruma, y Zebul arrojó de Siquem a Gaal y sus hermanos.

42Al día siguiente, los de Siquem salieron al campo. Cuando Abimelec lo supo, 43dividió su ejército en tres grupos y se escondió en el campo; y cuando vio que los de Siquem salían de la ciudad, salió de su escondite y los atacó. 44El y su grupo se lanzaron a tomar la puerta de la ciudad, mientras los otros dos grupos atacaban y mataban a los que andaban por el campo; 45y el resto del día lo pasó Abimelec atacando a Siquem, hasta que la tomó. Entonces destruyó la ciudad y mató a todos sus habitantes, y la ciudad misma la sembró de sal.

46Cuando los de Migdal-siquem se enteraron de lo que había hecho Abimelec, fueron a refugiarse en la fortaleza del templo de El-berit. 47Y al saber Abimelec que todos estaban reunidos allí, 48fue con toda su gente al monte Salmón y con un hacha cortó una rama de un árbol; luego se la puso sobre el hombro y dijo a todos sus hombres que hicieran rápidamente lo mismo que él. 49Todos cortaron sus ramas y siguieron a Abimelec hasta la fortaleza del templo, donde amontonaron todas las ramas y les prendieron fuego, matando así a todos los de Migdal-siquem, que eran unos mil hombres y mujeres.

50Después Abimelec marchó sobre Tebes, se preparó para atacarla y la tomó. 51En el centro de aquella ciudad había una torre, y en ella se escondieron todos los habitantes de la ciudad, hombres y mujeres. Cerraron bien las puertas y subieron al techo; 52pero Abimelec llegó hasta la puerta de la torre y la atacó. Ya se disponía a prenderle fuego, 53cuando una mujer arrojó una piedra de molino, la cual le cayó en la cabeza y le rompió el cráneo. 54Abimelec llamó rápidamente a su ayudante de armas y le dijo: "Saca tu espada y mátame, porque no quiero que se diga que una mujer me mató." Entonces su ayudante lo atravesó con la espada, y así murió. 55Cuando los israelitas vieron que Abimelec había muerto, regresaron a sus casas.

56De esta manera Dios hizo pagar a Abimelec el crimen que había cometido contra su padre al matar a sus setenta hermanos. 57Y Dios hizo también que los de Siquem pagaran por todos sus crímenes.

24 Aruma: texto probable, según v. 41. Heb. oscuro.

Así se cumplió en ellos la maldición de Jotam, el hijo de Jerobaal.

### Gobierno de Tola y Jair

**10** ¹Después de Abimelec, un hombre de la tribu de Isacar llamado Tola, hijo de Fúa y nieto de Dodo, se levantó para salvar a Israel. Tola vivía en Samir, en los montes de Efraín, ²y gobernó a Israel durante veintitrés años, hasta que murió y lo enterraron en Samir.

³Después se levantó Jair, que era de Galaad, y gobernó a Israel durante veintidós años. ⁴Jair tuvo treinta hijos, cada uno de los cuales montaba en asno y tenía una ciudad en la región de Galaad. Esas treinta ciudades se conocen todavía como "las ciudades de Jair".

⁵Cuando Jair murió, fue enterrado en Camón.

### Los amonitas oprimen a Israel

⁶Pero los israelitas volvieron a hacer lo malo a los ojos del Señor, y adoraron a las diferentes representaciones de Baal y de Astarté, lo mismo que a los dioses de Siria, de Sidón, de Moab, de Amón y de los filisteos. Abandonaron al Señor y dejaron de rendirle culto. ⁷Por eso el Señor se enfureció contra ellos y los entregó al poder de los filisteos y de los amonitas. ⁸Desde entonces, y durante dieciocho años, los filisteos y los amonitas oprimieron cruelmente a todos los israelitas que vivían en Galaad, al otro lado del Jordán, en territorio amorreo. ⁹Los amonitas cruzaron el Jordán para pelear también contra las tribus de Judá, Benjamín y Efraín, y los israelitas se vieron en grave aprieto. ¹⁰Entonces le pidieron ayuda al Señor, y le dijeron: "Dios nuestro, hemos pecado contra ti, pues te hemos abandonado por adorar a falsos dioses."

¹¹Y el Señor les contestó: "Ustedes fueron oprimidos por los egipcios, los amorreos, los amonitas, los filisteos, ¹²los sidonios, los amalecitas y los madianitas; pero cuando ustedes clamaron a mí, yo los salvé. ¹³A pesar de eso, ustedes me han abandonado por ir a adorar a otros dioses, así que yo no volveré a salvarlos. ¹⁴¡Vayan y pidan ayuda a los dioses que se han escogido! ¡Que ellos los salven a ustedes cuando estén en aprietos!"

¹⁵Entonces los israelitas le respondieron al Señor: "Hemos pecado. Haz con nosotros lo que mejor te parezca, pero, ¡por favor, sálvanos ahora!" ¹⁶Y los israelitas se deshicieron de los dioses extranjeros para volver a adorar al Señor, y el Señor ya no pudo soportar que los israelitas siguieran sufriendo.

¹⁷Los amonitas se reunieron y acamparon en Galaad. Los israelitas, por su parte, se reunieron y acamparon en Mizpa. ¹⁸Los israelitas que vivían en Galaad, y sus jefes, acordaron entre sí que el que dirigiera la batalla contra los amonitas sería caudillo de todos los habitantes de Galaad.

### Jefté

**11** ¹Jefté*q* era un valiente guerrero de la región de Galaad. Era hijo de una prostituta y de un hombre llamado Galaad, ²y como la esposa de Galaad le había dado otros hijos, cuando ellos crecieron echaron de la casa a Jefté y le dijeron que no heredaría nada de su padre, por ser hijo de otra mujer. ³Entonces Jefté huyó de sus hermanos y se fue a vivir a la región de Tob, donde reunió una banda de desalmados que junto con él salían a hacer correrías.

⁴Pasado algún tiempo los amonitas atacaron a Israel, ⁵y los jefes de Galaad mandaron traer a Jefté de la región de Tob, ⁶y le dijeron:

—Ven, queremos que seas nuestro jefe en la guerra contra los amonitas.

⁷Jefté les contestó:

—¿Pues no me odiaban ustedes, y hasta me obligaron a irme de la casa de mi padre? ¿Por qué vienen a buscarme ahora que están en aprietos?

⁸—Precisamente porque estamos en aprietos venimos a buscarte —dijeron ellos—. Queremos que vengas con nosotros y pelees contra los amonitas, y que seas el jefe de todos los que vivimos en Galaad.

⁹—Pues si ustedes quieren que yo regrese para pelear contra los amonitas, y si el Señor me da la victoria, seré el jefe de ustedes —respondió Jefté.

¹⁰Y los jefes le aseguraron:

—El Señor es testigo nuestro de que haremos todo lo que has dicho.

¹¹Entonces Jefté fue con ellos, y el pueblo lo nombró su jefe y caudillo. En Mizpa, Jefté repitió ante el Señor lo que antes había dicho. ¹²Después mandó unos mensajeros al rey de los amonitas, para que le preguntaran: "¿Qué tienes tú contra mí, para que vengas ahora a atacar mi

*q* **11.1** He 11.32.

país?'' ¹³Y el rey de los amonitas les contestó a los mensajeros de Jefté: "Cuando ustedes los israelitas salieron de Egipto, nos quitaron nuestras tierras, desde el río Arnón hasta los ríos Jaboc y Jordán. Ahora, pues, devuélvemelas por las buenas.''

¹⁴Jefté envió entonces otros mensajeros al rey de los amonitas, ¹⁵con este mensaje: "Esta es la respuesta de Jefté: Nosotros los israelitas no les hemos quitado tierras ni a los moabitas ni a los amonitas. ¹⁶Cuando salimos de Egipto, cruzamos el desierto hasta el Mar Rojo, y llegamos hasta Cades. ¹⁷Entonces mandamos unos mensajeros al rey de Edom pidiéndole que nos dejara pasar por sus territorios, pero él no nos dejó pasar.ʳ Se lo pedimos también al rey de Moab, pero él tampoco nos dejó pasar. Por eso nos quedamos en Cades. ¹⁸Después, andando por el desierto, fuimos rodeando los territorios de Edomˢ y de Moab, hasta llegar al este de Moab, y acampamos allí, al otro lado del río Arnón. Pero no lo cruzamos, porque allí empezaba el territorio de Moab. ¹⁹Entonces mandamos unos mensajeros a Sehón, el rey amorreo de Hesbón, pidiéndole que nos dejara pasar por sus territorios para dirigirnos a nuestra tierra. ²⁰Pero Sehón desconfió y no nos permitió pasar por su territorio; por el contrario, reunió a todo su ejército y acampó en Jahaza, y nos atacó. ²¹Pero el Señor, el Dios de Israel, su pueblo, nos dio la victoria, y derrotamos a Sehón y a su ejército, y nos adueñamos de todo el territorio de los amorreos de esa región: ²²tomamos toda la tierra de los amorreos, desde el río Arnón hasta el Jaboc y desde el desierto hasta el Jordán.ᵗ ²³¿Y ahora quieres tú despojarnos de lo que el Señor les quitó a los amorreos y nos dio a nosotros? ²⁴Si Quemós, tu dios, te da algo en posesión, tú lo consideras propiedad tuya, ¿no es cierto? Pues también nosotros consideramos nuestro lo que el Señor nos ha dado en propiedad. ²⁵¿Acaso te crees mejor que Balac, hijo de Zipor,ᵘ el rey de Moab? Pues bien, él no vino a pelear contra nosotros. ²⁶Ya hace trescientos años que vivimos en Hesbón, Aroer y las aldeas vecinas, y en todas las ciudades a orillas del Arnón; ¿por qué no han reclamado ustedes esas tierras en todo este tiempo? ²⁷Yo no te he hecho ningún mal. Eres tú

quien está actuando mal al venir a atacarnos. Pero el Señor es el juez, y él será quien juzgue a israelitas y amonitas.''

²⁸A pesar de todo, el rey de los amonitas no hizo caso del mensaje de Jefté.

### La promesa de Jefté

²⁹Entonces el espíritu del Señor vino sobre Jefté, y éste recorrió Galaad y Manasés, pasando por Mizpa de Galaad, para invadir el territorio de los amonitas. ³⁰Y Jefté le hizo esta promesa al Señor: "Si me das la victoria sobre los amonitas, ³¹yo te ofreceré en holocausto a quien primero salga de mi casa a recibirme cuando yo regrese de la batalla.''

³²Jefté invadió el territorio de los amonitas, y los atacó, y el Señor le dio la victoria. ³³Mató Jefté a muchos enemigos, y conquistó veinte ciudades entre Aroer, Minit y Abel-keramim. De este modo los israelitas dominaron a los amonitas.

³⁴Cuando Jefté volvió a su casa en Mizpa, la única hija que tenía salió a recibirlo bailando y tocando panderetas. Aparte de ella, no tenía otros hijos, ³⁵así que, al verla, se rasgó la ropa en señal de desesperación y le dijo:

—¡Ay, hija mía, qué gran dolor me causas! ¡Y eres tú misma la causa de mi desgracia, pues le he hecho una promesa al Señor, y ahora tengo que cumplírsela!ᵛ

³⁶Y ella le respondió:

—Padre mío, haz conmigo lo que le prometiste al Señor, ya que él ha cumplido su parte al darte la victoria sobre tus enemigos los amonitas. ³⁷Te ruego, sin embargo, que me concedas dos meses para andar por los montes, con mis amigas, llorando por tener que morir sin haberme casado.

³⁸Jefté le concedió los dos meses, y en ese tiempo ella anduvo por los montes, con sus amigas, llorando porque iba a morir sin haberse casado. ³⁹Después de ese tiempo volvió a donde estaba su padre, y él cumplió la promesa que le había hecho al Señor. La hija de Jefté murió sin haber tenido relaciones sexuales con ningún hombre. ⁴⁰Por eso es costumbre entre los israelitas que todos los años las jóvenes vayan a llorar a la hija de Jefté durante cuatro días.

### Jefté y la tribu de Efraín

**12** ¹Los hombres de la tribu de Efraín se reunieron y cruzaron el Jordán en dirección a Zafón, y le dijeron a Jefté:

---

ʳ 11.17 Nm 20.14-21.   ˢ 11.18 Nm 21.4.   ᵗ 11.19-22 Nm 21.21-24.   ᵘ 11.25 Nm 22.1-6.   ᵛ 11.35 Nm 30.2.

—¿Por qué te lanzaste a atacar a los amonitas, sin avisarnos para que fuéramos contigo? ¡Ahora vamos a quemar tu casa contigo dentro!

[2]Jefté les contestó:

—Mi gente y yo tuvimos un pleito con los amonitas, y yo los llamé a ustedes, pero ustedes no vinieron a defendernos. [3]Como vi que ustedes no venían en nuestra ayuda, arriesgué mi propia vida y ataqué a los amonitas, y el Señor me dio la victoria. ¿Por qué vienen ustedes ahora a pelear conmigo?

[4]Entonces Jefté reunió a todos los hombres de Galaad, y peleó con los de Efraín y los derrotó. Los de Efraín decían que los de Galaad, que vivían entre Efraín y Manasés, eran gente que había abandonado a Efraín. [5]Los de Galaad les quitaron a los de Efraín los vados del Jordán, y cuando alguno de Efraín que llegaba huyendo les pedía paso, ellos le preguntaban si era de Efraín. Si aquél respondía que no, [6]le pedían que dijera "Shibolet", y si decía "Sibolet", porque no podía pronunciarlo de otro modo, lo agarraban y lo mataban allí mismo, junto a los vados del Jordán. En aquella ocasión los muertos de Efraín fueron cuarenta y dos mil hombres.

[7]Jefté fue caudillo de los israelitas durante seis años. Cuando murió, lo enterraron en Galaad, su ciudad natal.[25]

### Otros tres caudillos de Israel

[8]Después de Jefté, fue caudillo de los israelitas Ibzán, de Belén, [9]que tuvo treinta hijos y treinta hijas, y a todos los casó con gente de fuera. Ibzán fue caudillo de Israel durante siete años, [10]y cuando murió lo enterraron en Belén.

[11]Después de él, Elón, de la tribu de Zabulón, fue caudillo de los israelitas durante diez años [12]y cuando murió lo enterraron en Ajalón, en el territorio de su tribu.

[13]Después de él, Abdón, el hijo de Hilel, de Piratón, fue caudillo de los israelitas [14]durante ocho años. Abdón tuvo cuarenta hijos y treinta nietos, cada uno de los cuales montaba un asno. [15]Cuando murió, lo enterraron en Piratón, que está en el territorio de Efraín, en los montes de Amalec.[26]

### Nacimiento de Sansón

**13** [1]Pero los israelitas volvieron a hacer lo malo a los ojos del Señor, y el Señor los entregó al poder de los filisteos durante cuarenta años.

[2]En Zora, de la tribu de Dan, había un hombre que se llamaba Manoa. Su mujer nunca había tenido hijos, porque era estéril. [3]Pero el ángel del Señor se le apareció a ella y le dijo: "Tú nunca has podido tener hijos, pero ahora vas a quedar embarazada y tendrás un niño. [4]Pero no tomes vino ni ninguna otra bebida fuerte, ni comas nada impuro, [5]pues vas a tener un hijo al que no se le deberá cortar el cabello, porque ese niño estará consagrado a Dios como nazareo[w] desde antes de nacer, para que sea él quien comience a librar a los israelitas del poder de los filisteos."

[6]La mujer fue a contárselo a su marido, y le dijo: "Un hombre de Dios vino a donde yo estaba, y me impresionó mucho, pues parecía el ángel mismo del Señor. Ni yo le pregunté quién era, ni tampoco él me lo dijo. [7]Lo que sí me dijo fue que yo voy a tener un hijo, y que desde ahora no debo tomar vino ni ninguna otra bebida fuerte, ni comer nada impuro, porque el niño va a estar consagrado a Dios como nazareo desde antes de nacer y hasta su muerte."

[8]Entonces Manoa dijo al Señor en oración: "Yo te ruego, Señor, que envíes otra vez ese hombre a nosotros, para que nos diga lo que debemos hacer con el niño que va a nacer."

[9]Dios respondió a la petición de Manoa, y su ángel se le apareció otra vez a la mujer, cuando estaba en el campo. Como Manoa no estaba allí, [10]ella fue corriendo a decirle:

—¡Oye, el hombre que vi el otro día, se me ha vuelto a aparecer!

[11]Manoa se levantó y fue con ella a donde estaba el hombre, al cual le dijo:

—¿Es usted el que habló con mi mujer el otro día?

Y aquel hombre contestó:

—Sí, yo soy.

[12]Entonces Manoa dijo:

—Cuando se cumpla lo que usted nos ha dicho, ¿cómo debemos criar al niño? ¿Qué tendremos que hacer con él?

[13]El ángel del Señor respondió:

—Que tu mujer haga todo lo que le he dicho: [14]que no tome vino ni ningún otro

[25] *Galaad, su ciudad natal:* según dos versiones antiguas. Heb. *en las ciudades de Galaad.*    [26] *Amalec:* así heb. Pero la región de Amalec quedaba muy al sur, al noreste de la península del Sinaí. La versión griega tiene aquí *Selem,* probablemente el Saalim de 1 S 9.4.
[w] 13.5 Nm 6.1-5.

producto de la uva, ni ninguna otra bebida fuerte, ni coma nada impuro. Simplemente, que haga lo que le he ordenado.

15-16Manoa, sin saber que aquel hombre era el ángel del Señor, le dijo:

—Por favor, quédese usted con nosotros a comer un cabrito que vamos a prepararle.

Pero el ángel le contestó:

—Aun si me quedara, no podría yo compartir contigo tu comida. Pero puedes ofrecer el cabrito en holocausto al Señor.

17Entonces Manoa le dijo al ángel:

—Díganos al menos cómo se llama usted, para que le estemos agradecidos cuando se cumpla lo que nos ha dicho.

18Pero el ángel respondió:

—¿Para qué quieres saber mi nombre? Es un secreto maravilloso.

19Manoa tomó el cabrito y la ofrenda de cereales, los puso sobre una roca y los ofreció en holocausto al Señor. Entonces el Señor hizo algo maravilloso ante los ojos de Manoa y de su mujer: 20cuando el fuego subió del altar, Manoa y su mujer vieron al ángel del Señor subir al cielo en medio de las llamas. Entonces se inclinaron hasta tocar el suelo con la frente. 21Manoa se dio cuenta de que aquel hombre era el ángel del Señor, pues no se les volvió a aparecer ni a él ni a su mujer; 22y le dijo a su mujer:

—Con toda seguridad vamos a morir, porque hemos visto a Dios.

23Pero ella le contestó:

—Si el Señor nos hubiera querido matar, no habría aceptado nuestro holocausto ni nuestra ofrenda, ni nos habría dejado ver estas cosas. Tampoco nos habría anunciado todo esto.

24A su tiempo, la mujer tuvo un hijo, y le puso por nombre Sansón.x El niño crecía, y el Señor lo bendecía. 25Y un día en que Sansón estaba en el campamento de Dan, entre Zora y Estaol, el espíritu del Señor comenzó a manifestarse en él.

### Matrimonio de Sansón

**14** 1Sansón bajó un día al pueblo de Timnat y se fijó en una mujer filistea, 2y cuando regresó a casa se lo contó a sus padres. Les dijo:

—Por favor, quiero que hagan todos los arreglos para casarme con una mujer filistea que vi en Timnat.

3Pero sus padres le dijeron:

—¿Para qué tienes que ir a buscar esposa entre esos filisteos paganos? 27 ¿Acaso ya no hay mujeres entre nuestros parientes, o entre todos los israelitas?

Sansón respondió:

—Esa muchacha es la que me gusta, y es la que quiero que me consigan como esposa.

4Sus padres no sabían que era el Señor quien había dispuesto que todo esto fuera así, pues estaba buscando la ocasión de atacar a los filisteos, que en esa época dominaban a Israel. 5De modo que Sansón y sus padres fueron a Timnat. Cuando Sansón llegó a los viñedos de la ciudad, un león joven lo atacó rugiendo. 6Entonces el espíritu del Señor se apoderó de Sansón, que a mano limpia hizo pedazos al león, como si fuera un cabrito; pero no les contó a sus padres lo sucedido. 7Luego fue y habló con la muchacha que le había gustado.

8Unos días después, cuando Sansón volvió para casarse con la muchacha, se apartó del camino para ir a ver el león muerto, y se encontró con que en el cuerpo del león había un enjambre de abejas y un panal de miel. 9Raspó el panal con las manos para sacar la miel, y se la fue comiendo. Cuando se encontró con sus padres, les dio miel y comieron, pero no les dijo que la había sacado del león muerto.

10El padre de Sansón fue a ver a la muchacha; y Sansón dio allí una fiesta, según se acostumbraba entre los jóvenes. 11Pero como los filisteos le tenían miedo,28 llevaron treinta amigos para que estuvieran con él. 12A estos treinta, Sansón les dijo:

—Les voy a decir una adivinanza. Si en los siete días que va a durar la fiesta me dan la respuesta correcta, yo le daré a cada uno de ustedes una capa de lino fino y una muda de ropa de fiesta. 13Pero si no dan con la respuesta, cada uno de ustedes me tendrá que dar a mí una capa de lino fino y una muda de ropa de fiesta.

Y ellos le contestaron:

—Dinos, pues, tu adivinanza. Somos todo oídos.

14Sansón recitó su adivinanza:

"Del que comía salió comida;
del que era fuerte salió dulzura."

---

27 *Paganos:* lit. *incircuncisos.* 28 *Como . . . le tenían miedo:* según la versión griega. Heb. *cuando lo vieron.*
x **13.24** He 11.32.

Tres días después, ellos no habían logrado resolver la adivinanza; [15]así que al cuarto día[29] le dijeron a la mujer de Sansón:

—Procura que tu marido nos dé la solución de su adivinanza, pues de lo contrario te quemaremos a ti y a la familia de tu padre. ¡Parece que ustedes nos invitaron sólo para quitarnos lo que es nuestro!

[16]Entonces ella fue a ver a Sansón, y llorando le dijo:

—¡Tú no me quieres! ¡Tú me odias! Les has propuesto una adivinanza a mis paisanos, pero a mí no me has dado a conocer la respuesta.

Y Sansón le contestó:

—Si ni a mi padre ni a mi madre se lo he dicho, mucho menos te lo voy a decir a ti.

[17]Pero ella siguió llorando junto a él los siete días que duró la fiesta, y tanto le insistió que, por fin, al séptimo día le dio la respuesta. Entonces ella fue y se la dio a conocer a sus paisanos. [18]Al séptimo día, antes de que el sol se pusiera, los filisteos fueron a decirle a Sansón:

"Nada hay más dulce que la miel,
ni nada más fuerte que el león."

Sansón les respondió:

"Sólo porque araron con mi ternera,
pudieron dar con la respuesta."

[19]En seguida el espíritu del Señor se apoderó de Sansón; entonces Sansón fue a Ascalón y mató a treinta hombres de aquel lugar, y con la ropa que les quitó pagó la apuesta a los que habían resuelto la adivinanza. Después volvió furioso a casa de su padre, [20]y su mujer fue dada a uno de los amigos de Sansón.

**15** [1]Pasado algún tiempo, durante la cosecha del trigo, Sansón fue a visitar a su mujer y le llevó un cabrito. Al llegar, dijo:

—Voy a entrar a ver a mi mujer, en su cuarto.

Pero el suegro no lo dejó entrar, [2]sino que le dijo:

—Yo pensé que ya no la querías, así que se la di a uno de tus amigos. Sin embargo, su hermana menor es más linda que ella; tómala en lugar de la mayor.

[3]Pero Sansón le contestó:

—¡Ahora sí que no respondo del mal que yo les haga a los filisteos!

[4]Entonces fue y atrapó trescientas zorras, las ató por el rabo de dos en dos, y a cada par le amarró una antorcha entre los rabos; [5]luego prendió fuego a las antorchas y soltó las zorras en los campos sembrados de los filisteos. De ese modo quemó el trigo que ya estaba amontonado y el que todavía estaba en pie, y hasta los viñedos y los olivares. [6]Los filisteos se pusieron a averiguar quién lo había hecho, y cuando supieron que había sido Sansón en venganza de que su suegro el timnateo le había quitado a su mujer y se la había dado a su amigo, fueron y quemaron a la mujer y a su padre. [7]Entonces Sansón dijo:

—Ya que ustedes se portan de esa manera, ¡juro que no descansaré hasta que me haya vengado de ustedes!

[8]Y los atacó con tal furia que no les dejó hueso sano  Después se fue a vivir a la cueva que está en la peña de Etam.

### Sansón y la quijada de asno

[9]Los filisteos vinieron y acamparon en Judá, extendiéndose hasta Lehi,[30] [10]y los de Judá les preguntaron:

—¿Por qué han venido a pelear contra nosotros?

Y ellos contestaron:

—Hemos venido a capturar a Sansón, para que pague lo que nos ha hecho.

[11]Al oír esto, tres mil hombres de la tribu de Judá fueron a la cueva de la peña de Etam y le dijeron a Sansón:

—¿No sabes que los filisteos son más fuertes que nosotros? ¿Por qué nos has puesto en esta situación?

Sansón les contestó:

—Yo no he hecho más que pagarles con la misma moneda.

[12]Entonces ellos le dijeron:

—Pues nosotros hemos venido a capturarte para entregarte a los filisteos.

Sansón respondió:

—Júrenme que no me van a matar ustedes mismos.

[13]Y ellos le aseguraron:

—No, no te vamos a matar. Sólo queremos capturarte y entregarte a los filisteos.

Entonces lo ataron con dos sogas nuevas, y lo sacaron de su escondite.

[14]Cuando llegaron a Lehi, los filisteos salieron a su encuentro, gritando de alegría. Pero el espíritu del Señor se apoderó de Sansón, el cual rompió las sogas que le sujetaban los brazos y las manos, como si

---

[29] *Al cuarto día:* según la versión griega. Heb. *al séptimo día.*   [30] En hebreo, *Lehi* significa *quijada.*

fueran cordeíes de lino quemados; [15]luego tomó una quijada de asno que había por allí y que aún no estaba reseca, y con ella mató a mil filisteos. [16]Después dijo:

"Con la quijada de un asno
hice uno y dos montones;
con la quijada de un asno
a mil hombres maté."

[17]Después arrojó la quijada, y por eso aquel lugar se llama Ramat-lehi.[31] [18]Y como Sansón tenía muchísima sed, llamó al Señor y le dijo: "¿Cómo es posible que me hayas dado esta victoria tan grande, para ahora dejarme morir de sed y en manos de estos paganos?"

[19]Entonces Dios abrió el hoyo que hay en Lehi, y Sansón bebió del agua que brotaba del hoyo, y se sintió reanimado. Por eso, al manantial que hasta la fecha está en Lehi se le llamó En-hacore.[32]

[20]Sansón fue caudillo de Israel durante veinte años, en la época en que los filisteos dominaban la región.

### Sansón en Gaza

**16** [1]Un día Sansón fue a la ciudad de Gaza. Allí vio a una prostituta, y entró en su casa para pasar la noche con ella. [2]Cuando los de Gaza supieron que Sansón estaba en la ciudad, la rodearon; y se quedaron vigilando las puertas de la ciudad todo aquel día.[33] Por la noche se fueron a descansar, pensando que lo matarían cuando amaneciera. [3]Pero Sansón estuvo acostado sólo hasta la medianoche. A esa hora se levantó y arrancó las puertas de la ciudad junto con sus pilares y su tranca, y echándose todo ello al hombro se lo llevó a lo alto del monte que está frente a Hebrón.

### Sansón y Dalila

[4]Después Sansón se enamoró de una mujer llamada Dalila, que vivía en el valle de Sorec. [5]Los jefes de los filisteos fueron a ver a Dalila, y le dijeron:

—Engaña a Sansón y averigua de dónde le vienen sus fuerzas extraordinarias, y cómo podríamos vencerlo; así podremos atarlo y tenerlo sujeto. A cambio de tus servicios, cada uno de nosotros te dará mil cien monedas de plata.

[6]Entonces ella le dijo a Sansón:

—Por favor, dime de dónde te vienen tus fuerzas tan extraordinarias. ¿Hay algún modo de atarte sin que te puedas soltar?

[7]Y Sansón le respondió:

—Si me atan con siete cuerdas de arco que todavía no estén secas, perderé mi fuerza y seré un hombre común y corriente.

[8]Los jefes de los filisteos le llevaron a Dalila siete cuerdas de arco nuevas, y con ellas Dalila ató a Sansón. [9]Y como ya antes había escondido a unos hombres en su cuarto, gritó:

—¡Sansón, te atacan los filisteos!

Entonces Sansón rompió las cuerdas, como si fueran un cordón quemado. Y los filisteos no pudieron averiguar de dónde le venía su fuerza. [10]Dalila le dijo:

—¡Me engañaste! ¡Me has estado mintiendo! Pero ahora sí, por favor, dime qué hay que hacer para atarte.

[11]Y Sansón le respondió:

—Si me atan con sogas nuevas que nunca se hayan usado, perderé mi fuerza y seré un hombre común y corriente.

[12]Entonces Dalila tomó unas sogas nuevas, lo ató con ellas, y gritó:

—¡Sansón, te atacan los filisteos!

También esta vez ella había escondido unos hombres en su cuarto; pero Sansón rompió las sogas, como si fueran hilos delgados. [13]Dalila le dijo a Sansón:

—¡Todavía me sigues engañando! ¡Todavía me estás mintiendo! ¡Dime qué hay que hacer para atarte!

Y Sansón le contestó:

—Lo que tienes que hacer es entretejer siete trenzas de mi cabello con el tela del telar, y clavar bien la estaca en el suelo. Así yo perderé mi fuerza y seré un hombre común y corriente.

Entonces Dalila hizo dormir a Sansón, y tomando las siete trenzas de su cabello, las entretejió con la tela del telar,[34] [14]después de lo cual clavó bien la estaca en el suelo y gritó:

—¡Sansón, te atacan los filisteos!

Pero Sansón se levantó y arrancó del suelo la estaca y el telar. [15]Entonces ella le dijo:

—¡Mentiroso! ¿Cómo te atreves a decir que me quieres? Ya van tres veces que te burlas de mí, y todavía no me has dicho de dónde te viene toda tu fuerza.

---

[31] En hebreo, *Ramat-lehi* significa *colina de la quijada.*    [32] En hebreo, *En-hacore* significa *manantial del que clamó.*    [33] *Todo aquel día:* texto probable. Heb. *toda la noche.*    [34] *Así yo perderé . . . con la tela del telar:* según la versión griega. Esta última parte del v. 13 no aparece en el texto hebreo.

[16]Como era tanta la insistencia de Dalila, que a todas horas le hacía la misma pregunta, Sansón estaba tan fastidiado que tenía ganas de morirse; [17]así que finalmente le contó a Dalila su secreto:

—Nadie me ha cortado jamás el cabello, porque desde antes de nacer estoy consagrado a Dios como nazareo. Si me llegaran a cortar el cabello, perdería mi fuerza y sería tan débil como un hombre común y corriente.

[18]Cuando Dalila se dio cuenta de que esta vez sí le había descubierto su secreto, mandó a decir a los jefes filisteos:

—¡Ahora sí, vengan, que Sansón me ha descubierto su secreto!

Entonces ellos fueron a verla con el dinero en la mano.

[19]Dalila hizo que Sansón se durmiera con la cabeza recostada en sus piernas, y llamó a un hombre para que le cortara las siete trenzas de su cabellera. Luego ella comenzó a maltratarlo, [20]y le gritó:

—¡Sansón, te atacan los filisteos!

Sansón se despertó, creyendo que se libraría como las otras veces, pero no sabía que el Señor lo había abandonado. [21]Entonces los filisteos lo agarraron y le sacaron los ojos, y se lo llevaron a Gaza, en donde lo sujetaron con cadenas de bronce y lo pusieron a trabajar en el molino de la cárcel. [22]Sin embargo, su cabello empezó a crecerle de nuevo.

### Muerte de Sansón

[23]Los jefes de los filisteos se reunieron para celebrar su triunfo y ofrecer sacrificios a su dios Dagón. Y cantaban:

"Nuestro dios ha puesto en nuestras manos
a Sansón, nuestro enemigo."

[24]Y cuando la gente lo vio, también cantó y alabó a su dios, diciendo:

"Nuestro dios ha puesto en nuestras manos
a Sansón, nuestro enemigo,
que destruía nuestros campos
y mataba a muchos de los nuestros."

[25]Tan contentos estaban, que pidieron que les llevaran a Sansón para divertirse con él. Lo sacaron, pues, de la cárcel, y se divirtieron a costa de él, y lo pusieron de pie entre dos columnas. [26]Entonces Sansón le dijo al muchacho que lo llevaba de la mano:

—Ponme donde yo pueda tocar las columnas que sostienen el templo. Quiero apoyarme en ellas.

[27]Todos los jefes de los filisteos se hallaban en el templo, que estaba lleno de hombres y mujeres. Había, además, como tres mil personas en la parte de arriba, mirando cómo los otros se divertían con Sansón. [28]Entonces Sansón clamó al Señor, y le dijo: "Te ruego, Señor, que te acuerdes de mí tan sólo una vez más, y que me des fuerzas para cobrarles a los filisteos mis dos ojos de una vez por todas." [29]Luego buscó con las manos las dos columnas centrales, sobre las que descansaba todo el templo, y apoyando sus dos manos contra ellas, [30]gritó: "¡Mueran conmigo los filisteos!"

Entonces empujó con toda su fuerza, y el templo se derrumbó sobre los jefes de los filisteos y sobre todos los que estaban allí. Fueron más los que mató Sansón al morir, que los que había matado en toda su vida.

[31]Después vinieron los hermanos y todos los parientes de Sansón, y recogieron su cuerpo y lo enterraron entre Zora y Estaol, en la tumba de Manoa, su padre. Durante veinte años Sansón había sido caudillo de los israelitas.

### El templo privado de Micaía

**17** [1]En los montes de Efraín vivía un hombre que se llamaba Micaía, [2-3]el cual le confesó a su madre:

—En cuanto a las mil cien monedas de plata que te robaron, y por las que maldijiste al ladrón, yo las tengo. Yo fui quien te las robó; pero ahora te las devuelvo, pues te oí decir que las habías consagrado al Señor para mandar hacer un ídolo tallado y recubierto de plata.

Y le devolvió la plata. Entonces su madre exclamó:

—¡Que el Señor te bendiga, hijo mío![35]

[4]Después que Micaía devolvió el dinero a su madre, ella le entregó a un platero doscientas monedas de plata para que le hiciera un ídolo tallado y recubierto de plata, que luego puso en casa de Micaía. [5]Micaía tenía un lugar de culto en su casa. Y se hizo un efod y dioses familiares, y nombró sacerdote a uno de sus hijos. [6]Como en aquella época aún no

---

[35] El texto de los vs. 2-3 ha sido restructurado. Heb. oscuro.

había rey en Israel, cada cual hacía lo que le daba la gana.ʸ

⁷Había en el pueblo de Belén un joven forastero de la tribu de Judá, que era levita. ⁸Este joven salió de Belén en busca de otro lugar donde vivir, y andando por los montes de Efraín llegó a casa de Micaía.

⁹—¿De dónde vienes? —le preguntó Micaía.

—Vengo de Belén —contestó el joven—. Soy levita y ando buscando dónde vivir.

¹⁰—Pues quédate aquí conmigo —le propuso Micaía—, para que seas mi sacerdote y como mi propio padre. Yo te pagaré diez monedas de plata al año, además de ropa y comida.

¹¹El levita aceptó quedarse a vivir con Micaía, y llegó a ser como uno de sus hijos. ¹²Micaía lo hizo su sacerdote, y él se quedó a vivir allí. ¹³Entonces Micaía pensó que tenía aseguradas las bendiciones de Dios, pues tenía un levita como sacerdote.

## Micaía y los de la tribu de Dan

**18** ¹En aquella época aún no había rey en Israel. La tribu de Danᶻ tampoco tenía un territorio propio todavía, así que andaba buscando dónde establecerse. ²Por eso los de Dan mandaron desde Zora y Estaol a cinco de sus hombres más valientes, para que sirvieran de espías y exploraran la región. Estos cinco espías fueron a los montes de Efraín, y llegaron a casa de Micaía, donde se quedaron a pasar la noche. ³Ya cerca de la casa de Micaía, reconocieron el modo de hablar del joven levita, y fueron a preguntarle:

—¿Quién te trajo por acá? ¿Por qué estás en este lugar? ¿Qué buscas aquí?

⁴El levita les contó el trato que Micaía había hecho con él, y cómo lo había contratado para que fuera su sacerdote.

⁵Entonces ellos le dijeron:

—Consulta a Dios para saber si nos va a ir bien en este viaje.

⁶Y el sacerdote levita les contestó:

—Vayan tranquilos, que el Señor los protegerá por dondequiera que vayan.

⁷De allí, los cinco espías se fueron a Lais. La gente de esta ciudad vivía confiada, como acostumbraban los sidonios; vivían tranquilos y en paz, sin que nadie los molestara para nada y sin que nada les faltara. Estaban lejos de los sidonios, y no tenían relaciones con nadie. ⁸Entonces los

cinco espías volvieron a Zora y Estaol, donde estaban sus compañeros, que les preguntaron:

—¿Cómo les fue?

Y ellos respondieron:

⁹—Hemos recorrido esa región y encontramos que la tierra es magnífica. ¡En marcha! ¡Vamos a atacarlos! ¡No se queden ahí sentados, sin hacer nada! ¡Hay que ir a conquistar esa tierra! ¹⁰Al llegar allá, se van a encontrar con gente confiada y que tiene mucha tierra, a la que no le falta nada. Dios les dará posesión de ella.

¹¹Seiscientos hombres de la tribu de Dan salieron de Zora y de Estaol bien armados, ¹²y llegaron a Judá y acamparon allí, al oeste de Quiriat-jearim, en el lugar que ahora se llama Campamento de Dan. ¹³De allí se fueron a los montes de Efraín, y llegaron a la casa de Micaía. ¹⁴Entonces los cinco espías que habían explorado la región de Lais les dijeron a sus compañeros:

—¿Saben una cosa? En esta casa hay un efod y dioses familiares, y un ídolo tallado y recubierto de plata. ¿Qué piensan hacer?

¹⁵Entonces los espías se apartaron de los demás y fueron a casa del joven levita, es decir, a la casa de Micaía, y lo saludaron. ¹⁶Mientras tanto, los seiscientos soldados danitas bien armados esperaban a la puerta. ¹⁷Los cinco espías entraron antes en la casa y tomaron el ídolo tallado y recubierto de plata, y el efod y los dioses familiares, mientras el sacerdote se quedaba a la puerta con los seiscientos soldados. ¹⁸Al ver el sacerdote que los cinco entraban en casa de Micaía y tomaban el ídolo, el efod y los dioses familiares, les dijo:

—¿Qué están haciendo?

¹⁹Y ellos le contestaron:

—¡Cállate, y ven con nosotros! ¡Queremos que nos sirvas como sacerdote y que seas como un padre para nosotros! ¿No te parece que es mejor ser sacerdote de toda una tribu de Israel, que de la familia de un solo hombre?

²⁰Esto le gustó al sacerdote, y tomando el ídolo, el efod y los dioses familiares, se fue con los danitas, ²¹los cuales se pusieron nuevamente en marcha con los niños, el ganado y sus posesiones al frente. ²²Ya habían caminado bastante cuando Micaía

y sus vecinos se juntaron y salieron a perseguirlos. 23Al oír los gritos de los que los perseguían, los danitas se volvieron y le preguntaron a Micaía:

—¿Qué te pasa? ¿Por qué nos gritas tanto?

24Y Micaía les respondió:

—Ustedes se llevan mis dioses, que yo había hecho, y se llevan también a mi sacerdote, y me dejan sin nada, ¿y todavía se atreven a preguntarme qué me pasa?

25Pero los danitas le contestaron:

—No nos alces la voz, no sea que algunos de los nuestros pierdan la paciencia y te ataquen, y acaben perdiendo la vida tanto tú como tus familiares.

26Al ver Micaía que ellos eran muchos, regresó a su casa; pero los danitas siguieron su camino 27con las cosas que Micaía había hecho, y con su sacerdote, y llegaron hasta Lais. Allí la gente estaba tranquila y confiada, de modo que los danitas mataron a todos a filo de espada y quemaron la ciudad. 28Como la ciudad estaba lejos de Sidón, y no tenía relaciones con nadie, no hubo quien la defendiera. Estaba en el valle que pertenece a Bet-rehob. Después los danitas reconstruyeron la ciudad y se quedaron a vivir en ella. 29Aunque antes se llamaba Lais, ellos la llamaron Dan, en honor de su antepasado del mismo nombre, que era hijo de Israel. 30Allí los danitas colocaron el ídolo tallado, para adorarlo, y su sacerdote fue Jonatán, hijo de Gersón y nieto de Moisés. Después los descendientes de Jonatán fueron sacerdotes de los danitas, hasta el exilio. 31Allí estuvo entre ellos el ídolo que Micaía había hecho, todo el tiempo que el santuario del Señor estuvo en Silo.

### El levita y su concubina

19 1En los días en que aún no había rey en Israel, un levita que vivía en la parte más lejana de los montes de Efraín tomó como concubina a una mujer de Belén de Judá. 2Pero ella se enojó con él[36] y se fue a vivir a Belén, con su padre. Después de estar ella cuatro meses allí, 3el levita fue a buscarla para convencerla de que volviera con él. Llevó un criado y dos asnos, y ella lo recibió en casa de su padre. 4También el padre lo recibió con alegría, y lo invitó a quedarse con ellos. El levita y su criado se quedaron tres días en

casa del padre de ella, comiendo, bebiendo y durmiendo, 5y al cuarto día por la mañana se levantaron temprano para irse. Pero cuando ya se iban, el padre de la muchacha le dijo a su yerno:

—Come aunque sea un pedazo de pan antes de irte, para que tengas fuerza.

6Y los dos se sentaron juntos a comer y a beber, y el padre de ella le pidió que se quedara y pasara contento una noche más. 7Y aunque el levita se levantó para irse, su suegro le insistió tanto que se quedó.

8Al quinto día, el levita se levantó temprano para irse, pero otra vez el padre de la muchacha le rogó que comiera algo antes de salir, para que recobrara las fuerzas; así que comieron juntos hasta que se hizo tarde. 9Cuando el levita se levantó para irse con su concubina y su criado, su suegro le hizo ver que ya era muy tarde y que el día se estaba yendo, y lo invitó a quedarse otra noche y pasarla contento, y salir al otro día temprano. 10Pero el levita no quiso quedarse otra noche más, sino que se fue con su concubina y su criado[37] y sus dos asnos ensillados. Cuando tuvieron ante ellos a Jebús, es decir, Jerusalén, 11el criado le dijo al levita:

—¿Qué le parece a usted si pasamos la noche en esa ciudad de jebuseos?

12Y el levita le respondió:

—No vamos a ir a ninguna ciudad que no sea israelita. Sigamos hasta Gabaa, 13y procuremos pasar la noche ya sea en Gabaa o en Ramá.

14Así pues, siguieron adelante, y cuando el sol se ponía llegaron a Gabaa, ciudad de la tribu de Benjamín. 15Entonces se apartaron del camino y entraron en Gabaa para pasar la noche, y el levita fue y se sentó en la plaza de la ciudad porque nadie les ofrecía alojamiento.

16Por fin, ya de noche, pasó un anciano que regresaba de trabajar en el campo. Este anciano era de los montes de Efraín, y vivía allí como forastero, pues los que vivían en Gabaa eran de la tribu de Benjamín. 17Cuando el anciano vio en la plaza al viajero, le preguntó:

—¿De dónde vienes, y a dónde vas?

18Y el levita respondió:

—Estamos de paso. Venimos de Belén de Judá, y vamos a la parte más lejana de los montes de Efraín, donde yo vivo. Estuve en Belén, y ahora voy de regreso a casa,[38] pero no he encontrado aquí a

---

36 Se enojó con él: según la versión griega. Heb. ella se prostituyó. 37 Y su criado: según la versión griega. Heb. no tiene esta frase. 38 A casa: según la versión griega. Heb. el templo del Señor.

nadie que me dé alojamiento. ¹⁹Tenemos paja y forraje para mis asnos, y pan y vino para nosotros, es decir, para mi mujer, para mi siervo y para mí. No nos hace falta nada.

²⁰Pero el anciano le respondió:

—Sé bienvenido. Yo me haré cargo de todo lo que necesites. No voy a permitir que pases la noche en la plaza.

²¹El anciano los llevó a su casa, y mientras los viajeros se lavaban los pies, y comían y bebían, él dio de comer a los asnos. ²²En el momento en que más contentos estaban, unos hombres pervertidos de la ciudad rodearon la casa y empezaron a golpear la puerta, y a decirle al anciano, dueño de la casa:

—¡Saca al hombre que tienes de visita! ¡Queremos acostarnos con él!

²³Pero el dueño de la casa les rogó:

—¡No, amigos míos, por favor! ¡No cometan tal perversidad, pues este hombre es mi huésped! ²⁴Miren, ahí está mi hija, que todavía es virgen. Y también está la concubina de este hombre. Voy a sacarlas para que las humillen y hagan con ellas lo que quieran. Pero con este hombre no cometan tal perversidad.

²⁵Pero ellos no le hicieron caso al anciano, así que el levita tomó a su concubina y la echó a la calle, y aquellos hombres la violaron y abusaron de ella toda la noche, hasta que amaneció. Entonces la dejaron. ²⁶Ya estaba amaneciendo cuando la mujer regresó a la casa del anciano, donde estaba su marido, y cayó muerta delante de la puerta. ²⁷Cuando su marido se levantó y abrió la puerta para seguir su camino, se encontró a su concubina tendida ante el umbral de la puerta, con las manos sobre el umbral. ²⁸Entonces le dijo:

—Levántate y vámonos.

Pero ella no le respondió. Entonces él colocó el cadáver sobre un asno, y se puso en camino hacia su casa. ²⁹Al llegar, tomó un cuchillo y descuartizó el cadáver de su concubina en doce pedazos, y los mandó por todo el territorio de Israel. ³⁰Todos los que lo veían, decían:

—Desde que los israelitas salieron de Egipto, nunca se había visto nada semejante. Hay que pensar en esto y decidir lo que haremos al respecto.

### Reacción de los israelitas ante el crimen de Gabaa

**20** ¹Entonces todos los israelitas, desde Dan hasta Beerseba y Galaad, se reunieron como un solo hombre en Mizpa, delante del Señor. ²Todos los jefes de las tribus de Israel estaban presentes, y del pueblo de Dios se reunieron cuatrocientos mil soldados a pie. ³Los de la tribu de Benjamín se enteraron de que las otras tribus israelitas se habían reunido en Mizpa. Y los israelitas le preguntaron al levita cómo había ocurrido aquel crimen. ⁴El levita, marido de la víctima, les dijo:

—Yo llegué con mi concubina a la ciudad de Gabaa, de la tribu de Benjamín, para pasar la noche allí. ⁵Pero esa misma noche los habitantes de la ciudad rodearon la casa en que estábamos alojados, con la idea de matarme, y de tal manera abusaron de mi concubina, que ella murió. ⁶Entonces yo tomé el cadáver y lo descuarticé, y mandé los pedazos por todo el país, para que en todo Israel se enteraran de este crimen tan infame. ⁷A ustedes les toca ahora, como israelitas, opinar y decidir lo que se debe hacer.

⁸Como un solo hombre, todos se pusieron de pie y dijeron:

—Ninguno de nosotros volverá a su tienda o a su casa. ⁹Lo que tenemos que hacer es echar a suertes quiénes deberán atacar Gabaa. ¹⁰Uno de cada diez hombres de todas las tribus, se encargará de conseguir comida para el ejército; los demás irán a darle su merecido a Gabaa por esta infamia que se ha cometido en Israel.

¹¹Todos los israelitas se unieron, como un solo hombre, para atacar la ciudad. ¹²Mandaron mensajeros por todo el territorio de la tribu de Benjamín, para decirles: ''¿Qué crimen es éste que han cometido algunos de ustedes? ¹³Entréguennos a esos pervertidos que están en Gabaa, para matarlos y purificar a Israel de la maldad.''

Pero los de Benjamín no hicieron caso a sus hermanos israelitas, ¹⁴sino que los benjaminitas de todas las ciudades se juntaron en Gabaa para ir a pelear contra los otros israelitas. ¹⁵Los soldados de las ciudades de Benjamín que se alistaron eran veintiséis mil, sin contar setecientos hombres escogidos que eran de Gabaa. ¹⁶Entre todos estos hombres había setecientos zurdos que manejaban tan bien la honda que podían darle con la piedra a un cabello, sin fallar nunca. ¹⁷Por su parte, los otros israelitas reunieron cuatrocientos mil guerreros experimentados.

## La guerra contra la tribu de Benjamín

[18]Los israelitas fueron a Betel, y allí consultaron a Dios para saber qué tribu debía atacar primero a los de Benjamín. El Señor les respondió que Judá debía ser la primera. [19]Así pues, los israelitas se levantaron temprano y acamparon frente a Gabaa. [20]Avanzaron contra los de Benjamín, y se colocaron frente a Gabaa en orden de batalla. [21]Pero los de Benjamín salieron de la ciudad, y aquel día mataron a veintidós mil israelitas. [22-24]Por eso los israelitas fueron a Betel a lamentarse en presencia del Señor hasta el anochecer, y allí le consultaron si debían volver a atacar a sus hermanos de la tribu de Benjamín. Como el Señor les ordenó atacar, cobraron ánimo, y al día siguiente volvieron a presentar batalla contra los benjaminitas en el mismo lugar donde la habían presentado el día anterior. [25]Pero por segunda vez los benjaminitas salieron de Gabaa a atacarlos, y mataron a otros dieciocho mil soldados israelitas. [26]Entonces todos los soldados de Israel y todo el pueblo fueron nuevamente a Betel, a lamentarse delante del Señor. Todo el día se lo pasaron sin comer, y le ofrecieron al Señor holocaustos y sacrificios de reconciliación.

[27-28]En aquel tiempo el cofre del pacto de Dios estaba en Betel, y su sacerdote era Finees, hijo de Eleazar y nieto de Aarón. Y los israelitas consultaron al Señor: "¿Debemos atacar una vez más a nuestros hermanos de la tribu de Benjamín, o es mejor que nos demos por vencidos?" El Señor les dijo: "Ataquen, que mañana yo les daré la victoria."

[29]Entonces algunos soldados israelitas se escondieron alrededor de Gabaa, [30]mientras los demás marchaban aquel tercer día contra los de Benjamín y se colocaban en orden de batalla frente a Gabaa, como las otras dos veces. [31]Una vez más, los de la tribu de Benjamín salieron de la ciudad, alejándose de ella para atacar a los israelitas. Lograron matar como a treinta israelitas por los caminos de Betel y Gabaa, y por los campos, [32]creyendo que los israelitas huían de ellos, derrotados como los dos veces anteriores. Los israelitas, sin embargo, se estaban alejando de la ciudad para que el enemigo los persiguiera hasta los caminos. [33]De pronto los israelitas salieron de donde estaban y se colocaron en orden de batalla en Baal-tamar; por su parte, los que estaban escondidos en la pradera, alrededor

de Gabaa, salieron de sus escondites [34]y atacaron la ciudad. Eran diez mil de los mejores guerreros israelitas los que atacaron a Gabaa. La lucha fue dura, y los de Benjamín no sabían que estaban a punto de perder. [35]El Señor les dio a los israelitas la victoria sobre los benjaminitas, y aquel día los israelitas mataron veinticinco mil cien soldados de la tribu de Benjamín. [36]Entonces los benjaminitas se dieron cuenta de que habían perdido.

Los israelitas se habían ido retirando ante el ataque de los benjaminitas, porque confiaban en los hombres que estaban escondidos para atacar Gabaa. [37]Estos hombres atacaron por sorpresa a Gabaa y mataron a filo de espada a todos los de la ciudad. [38]Los que estaban escondidos para atacar la ciudad se habían puesto de acuerdo con los otros israelitas para avisarles con una gran columna de humo cuando hubieran tomado la ciudad. [39]En el momento en que los israelitas que parecían huir vieran la columna de humo, se volverían y harían frente a los de Benjamín.

Los benjaminitas lograron matar a unos treinta israelitas, con lo cual se confiaron, pensando que los habían derrotado, como en la primera batalla; [40]pero en esto empezó a salir humo de la ciudad, y cuando los benjaminitas miraron atrás, las llamas y el humo de la ciudad entera llegaban al cielo. [41]Entonces los israelitas les hicieron frente, y los benjaminitas se acobardaron al darse cuenta del desastre que se les venía encima. [42]Salieron huyendo de los israelitas por el camino del desierto, pero no podían escapar, pues los que salían de la ciudad les cortaban el paso y los mataban. [43]Los benjaminitas quedaron rodeados por los israelitas, los cuales los persiguieron y los fueron aplastando desde Menúha hasta el oriente de Gabaa.

[44]Así murieron dieciocho mil soldados de la tribu de Benjamín. [45]Los demás se volvieron y salieron huyendo hacia el desierto, en dirección a la peña de Rimón, pero cinco mil de ellos fueron muertos en los caminos. Los israelitas siguieron persiguiéndolos, y los destrozaron, matando a dos mil hombres. [46]En total, ese día murieron veinticinco mil de los mejores soldados de la tribu de Benjamín. [47]Pero seiscientos benjaminitas se volvieron y huyeron hacia el desierto, y se quedaron cuatro meses en la peña de Rimón. [48]Los

israelitas atacaron luego a los demás benjaminitas, y pasaron a cuchillo a los hombres de cada ciudad, matando animales y todo lo que encontraban a su paso, y quemando las ciudades.

### Resurgimiento de la tribu de Benjamín

**21** ¹Los israelitas habían jurado en Mizpa que no dejarían que sus hijas se casaran con ningún benjaminita. ²Pero luego se reunieron en Betel y estuvieron en presencia de Dios hasta el anochecer, llorando y quejándose: ³"¡Oh Señor, Dios de Israel! ¿Por qué nos ha sucedido esto? ¿Comó es posible que ahora falte una tribu en Israel?"

⁴Al día siguiente los israelitas se levantaron temprano, hicieron un altar y le ofrecieron al Señor holocaustos y sacrificios de reconciliación. ⁵Y se preguntaban: "¿Quién de entre todos nosotros no asistió a la reunión en Mizpa?", pues habían jurado matar a quienes no asistieran a la reunión.

⁶Los israelitas estaban muy tristes por lo que les había sucedido a sus hermanos los benjaminitas, y decían: "En este día ha sido arrancada de Israel una de sus tribus. ⁷¿Qué haremos para conseguirles mujeres a los benjaminitas que quedan vivos? Nosotros hemos jurado por el Señor no permitir que nuestras hijas se casen con ellos. ⁸¿Hay aquí algún israelita que no se haya presentado ante el Señor en Mizpa?"

Recordaron entonces que de Jabes de Galaad nadie había asistido a la reunión, ⁹pues al pasar lista no había respondido nadie a ese lugar. ¹⁰⁻¹¹Entonces el pueblo entero envió a doce mil de los mejores soldados con órdenes de matar a filo de espada a todos los de Jabes, incluyendo a los niños y a las mujeres que no fueran vírgenes. ¹²Entre los que vivían en Jabes se encontraron cuatrocientas jóvenes que no habían tenido relaciones sexuales con ningún hombre, y las trajeron al campamento que estaba en Silo, en Canaán. ¹³Entonces el pueblo entero mandó buscar a los benjaminitas que estaban en la peña de Rimón, y los invitaron a hacer la paz. ¹⁴Los de Benjamín regresaron, y los israelitas les dieron las mujeres que habían traído de Jabes. Pero no hubo mujeres suficientes para todos ellos.

¹⁵Los israelitas sentían lástima por la tribu de Benjamín, porque el Señor había dejado un vacío en las tribus de Israel. ¹⁶Y los jefes del pueblo se preguntaban: "¿Cómo vamos a conseguir mujeres para los demás, si las mujeres benjaminitas fueron exterminadas? ¹⁷Benjamín debe seguir manteniendo el lugar que le corresponde entre nuestras tribus, por medio de los que le han quedado con vida, para que no falte ninguna de las tribus de Israel. ¹⁸Pero nosotros no podemos darles nuestras hijas para que se casen con ellos, porque los israelitas hemos jurado no darles nuestras hijas a los benjaminitas, bajo pena de maldición. ¹⁹Sin embargo, cada año hay una gran fiesta del Señor en Silo,ᵃ que está al norte de Betel, al este del camino que va de Betel a Siquem, y al sur de Lebona."

²⁰Entonces los jefes de Israel les mandaron este mensaje a los benjaminitas: "Vayan, escóndanse en los viñedos cercanos a Silo, ²¹y manténganse atentos. Cuando las muchachas de Silo salgan bailando en grupos, salgan también ustedes de sus escondites y róbese cada uno una mujer, y váyanse a sus tierras. ²²Y si los padres o los hermanos de las muchachas vienen a hacernos alguna reclamación, les diremos: 'Nosotros les rogamos, como un favor personal, que les perdonen, porque nosotros no pudimos conseguir mujeres para todos ellos en la guerra contra Jabes. Además, como ustedes no se las dieron, realmente no han faltado al juramento.'"

²³Los benjaminitas aceptaron hacer lo que se les proponía, así que cada uno se robó una muchacha de las que estaban bailando, y se la llevó. Luego regresaron a sus tierras, y volvieron a construir sus ciudades y a vivir en ellas.

²⁴Los otros israelitas también se fueron, y cada uno regresó a su propia tierra, a su tribu y a su clan.

²⁵En aquella época aún no había rey en Israel, y cada cual hacía lo que le daba la gana.ᵇ

---

ᵃ **21.19** 1 S 1.3,21.    ᵇ **21.25** Jue 17.6.

# RUT

*Este breve relato es como un remanso o un oasis en medio de la violencia y la desola-
ción de la época de los caudillos. La figura central es la de una joven moabita, viuda de
un israelita, que demuestra una extraordinaria lealtad a su suegra y que adopta como
suyos al pueblo y al Dios de Israel. Su actitud atrae la atención de un rico pariente cercano que, conforme a las leyes y costumbres de aquella época y aquel medio social, se
casa con ella. Rut fue, por ese matrimonio, bisabuela del rey David y lejana antepasada
de Jesús. La aparición de una extranjera en tan ilustre genealogía es ya una superación
de todo nacionalismo y racismo, y muestra que cuando se tiene fe en Dios y se le obedece, él no hace distingos de personas.*

## La familia de Elimelec en Moab

**1** ¹⁻²En el tiempo en que Israel era
gobernado por caudillos, hubo una
época de hambre en toda la región.
Entonces un hombre de Belén de Judá,
llamado Elimelec, se fue a vivir por algún
tiempo al país de Moab. Con él fueron
también su esposa Noemí y sus dos hijos,
Mahlón y Quelión. Todos ellos eran efra-
teos,ᵃ es decir, de Belén.¹ Llegaron, pues,
a Moab, y se quedaron a vivir allí.

³Pero sucedió que murió Elimelec, el
marido de Noemí, y ella se quedó sola con
sus dos hijos. ⁴Más tarde, ellos se casaron
con dos mujeres moabitas; una de ellas se
llamaba Orfa y la otra Rut. Pero al cabo
de unos diez años ⁵murieron también
Mahlón y Quelión, y Noemí se encontró
desamparada, sin hijos y sin marido.

## Noemí y Rut van a Belén

⁶Un día Noemí oyó decir en Moab que
el Señor se había compadecido de su pueblo y que había puesto fin a la época de
hambre. ⁷Entonces decidió volver a Judá
y, acompañada de sus nueras, salió del
lugar donde vivían; ⁸pero en el camino les
dijo:

—Anden, vuelvan a su casa, con su
madre. Que el Señor las trate siempre con
bondad, como también ustedes nos trataron a mí y a mis hijos, ⁹y que les permita
casarse otra vez y formar un hogar feliz.

Luego Noemí les dio un beso de despedida, pero ellas se echaron a llorar ¹⁰y le
dijeron:

—¡No! ¡Nosotras volveremos contigo a
tu país!

¹¹Noemí insistió:

—Váyanse, hijas mías, ¿para qué quieren seguir conmigo? Yo ya no voy a tener
más hijos que puedan casarse con ustedes.
¹²Anden, vuelvan a su casa. Yo soy muy

vieja para volverme a casar. Y aunque
tuviera aún esa esperanza, y esta misma
noche me casara y llegara a tener más
hijos, ¹³¿iban ustedes a esperar hasta que
fueran mayores, para casarse con ellos?
¿Se quedarían sin casar por esperarlos?
No, hijas mías, de ninguna manera. El
Señor me ha enviado amargos sufrimientos, pero más amarga sería mi pena si las
viera sufrir a ustedes.

¹⁴Ellas se pusieron a llorar nuevamente.
Por fin, Orfa se despidió de su suegra con
un beso, pero Rut se quedó con ella.
¹⁵Entonces Noemí le dijo:

—Mira, tu concuñada se vuelve a su
país y a sus dioses. Vete tú con ella.

¹⁶Pero Rut le contestó:

—¡No me pidas que te deje y que me
separe de ti! Iré a donde tú vayas, y viviré
donde tú vivas. Tu pueblo será mi pueblo,
y tu Dios será mi Dios. ¹⁷Moriré donde tú
mueras, y allí quiero ser enterrada. ¡Que
el Señor me castigue con toda dureza si
me separo de ti, a menos que sea por la
muerte!

¹⁸Al ver Noemí que Rut estaba decidida
a acompañarla, no le insistió más, ¹⁹y así
las dos siguieron su camino hasta que llegaron a Belén.

Cuando entraron en Belén, hubo un
gran revuelo en todo el pueblo. Las mujeres decían:

—¿No es ésta Noemí?

²⁰Pero ella les respondía:

—Ya no me llamen Noemí;² llámenme
Mara,³ porque el Dios todopoderoso me
ha llenado de amargura. ²¹Salí de aquí
con las manos llenas, y ahora las traigo
vacías porque así lo ha querido el Señor.
¿Por qué me llaman Noemí, si el Señor
todopoderoso me ha condenado y afligido?

²²Así fue como Noemí volvió de Moab
con Rut, su nuera moabita. Llegaron a

---

¹ Otro nombre de Belén era Efrata.   ² En hebreo, *Noemí* significa *mi dulzura.*   ³ En hebreo, *Mara* significa *amarga.*
ᵃ 1.1-2 1 Cr 4.4.

Belén cuando comenzaba la cosecha de la cebada.

## Rut en el campo de Booz

2 ¹Noemí tenía un pariente por parte de su esposo Elimelec, que se llamaba Booz y era muy rico e influyente.

²Un día Rut le dijo a Noemí:

—Déjame que vaya al campo, a ver si algún segador me permite ir detrás de él recogiendo espigas.*b*

—Ve, hija mía —le respondió su suegra.

³Rut, pues, fue al campo y se puso a recoger las espigas que dejaban los segadores. Y tuvo la suerte de que aquel campo fuera de Booz, el pariente de Elimelec. ⁴En eso, Booz llegó de Belén y saludó a los segadores:

—¡Que el Señor esté con ustedes!

—¡Que el Señor le bendiga a usted! —le respondieron ellos.

⁵Luego Booz le preguntó al capataz de los segadores:

—¿De qué familia es esa muchacha?

⁶El capataz le contestó:

—Es una moabita, que vino de Moab con Noemí. ⁷Me pidió permiso para ir detrás de los segadores recogiendo espigas, y se ha pasado trabajando toda la mañana, hasta ahora mismo que ha venido a descansar un poco.*⁴*

⁸Entonces Booz le dijo a Rut:

—Escucha, hija mía, no vayas a recoger espigas a ningún otro campo. Quédate aquí, con mis criadas, ⁹y luego síguelas a donde veas que los segadores están trabajando. Ya he dado órdenes a mis criados para que nadie te moleste. Cuando tengas sed, ve a donde están las vasijas del agua y toma de la que ellos sacan.

¹⁰Rut se inclinó hasta el suelo en señal de respeto, y le preguntó a Booz:

—¿Por qué se ha fijado usted en mí y es tan amable conmigo, siendo yo una extranjera?

¹¹Booz respondió:

—Sé muy bien todo lo que has hecho por tu suegra desde que murió tu marido, y también sé que dejaste a tus padres y a tu patria por venir a vivir con nosotros, que éramos gente desconocida para ti. ¹²¡Que Dios te lo pague! ¡Que el Señor y Dios de Israel, en quien has buscado amparo, te premie por todo lo que has hecho!

¹³Ella le contestó:

—Usted es muy amable conmigo, y sus palabras me llenan de aliento. Me ha hablado usted con cariño, aunque yo ni siquiera soy como una de sus criadas.

¹⁴A la hora de comer, Booz llamó a Rut y le dijo:

—Ven acá, toma un pedazo de pan y mójalo en esta salsa de vinagre.

Rut se sentó junto a los segadores, y Booz le dio grano tostado. Ella comió hasta quedar satisfecha, y todavía le sobró. ¹⁵Luego, cuando fue otra vez a recoger espigas, Booz ordenó a sus criados:

—Dejen que también recoja espigas entre los manojos de cebada. No se lo impidan. ¹⁶Y aun dejen caer algunas espigas de sus propios manojos, para que ella las recoja. ¡Que nadie la moleste!

¹⁷Rut recogió espigas en el campo de Booz hasta que llegó la noche. Y lo recogido por ella dio, al desgranarlo, más de veinte kilos de cebada. ¹⁸Regresó entonces a la ciudad cargada con el grano, y fue a mostrárselo a su suegra. Después sacó lo que le había sobrado de la comida y se lo dio a Noemí.

¹⁹—¿Dónde trabajaste hoy? —le preguntó Noemí—. ¿Dónde recogiste tantas espigas? ¡Bendito sea el que te ha ayudado de esa manera!

Rut le contó a su suegra con quién había estado trabajando.

—El hombre con quien he trabajado se llama Booz —le dijo.

²⁰Y Noemí le contestó:

—¡Que el Señor lo bendiga! El ha sido bondadoso con nosotras ahora, como antes lo fue con los que ya han muerto. Ese hombre es pariente cercano*c* de nosotras, y por eso es uno de los que tienen el deber de protegernos.

²¹Rut añadió:

—También me dijo que siga yo trabajando con sus criadas hasta que se termine la cosecha.

²²Entonces Noemí respondió a su nuera:

—Hija mía, me parece bien que te quedes con sus criadas y que no vayas a ningún otro campo, para que nadie te moleste.

²³Rut siguió, pues, recogiendo espigas con las criadas de Booz hasta que se terminó la cosecha de la cebada y el trigo. Mientras tanto, vivía en compañía de su suegra.

---

*⁴ Para ir detrás . . . un poco:* traducción probable. Heb. oscuro.
*b* 2.2 Lv 19.9-10; Dt 24.19.  *c* 2.20 Lv 25.25.

## La bondad de Booz

**3** ¹Un día Noemí le dijo a Rut:
—Hija mía, yo debo buscarte un esposo que te haga feliz. ²Mira, nuestro pariente Booz, con cuyas criadas estuviste trabajando, va a ir esta noche al campo a separar el grano de la paja. ³Haz, pues, lo siguiente: Báñate, perfúmate y ponte tu mejor vestido, y vete allá. Pero no dejes que Booz te reconozca antes que termine de comer y beber. ⁴Fíjate bien en dónde se acuesta a dormir. Entonces ve y destápale los pies, y acuéstate allí. Luego, él mismo te dirá lo que debes hacer.

⁵Rut contestó:
—Haré todo lo que me has dicho.

⁶Rut se fue al campo e hizo todo lo que su suegra le había mandado. ⁷Booz comió, bebió y se mostró muy contento. Luego se acostó a dormir junto al montón de grano. Más tarde Rut llegó sin hacer ruido, le destapó los pies y se acostó allí. ⁸A medianoche, Booz se despertó de pronto, y al darse una vuelta se sorprendió de que una mujer estuviera acostada a sus pies.

⁹—¿Quién eres tú? —preguntó Booz.
—Soy Rut, su servidora —contestó ella—. Usted es mi pariente más cercano y tiene el deber de ampararme. Quiero que se case usted conmigo.⁵

¹⁰—¡Que el Señor te bendiga! —dijo Booz—. Ahora más que nunca has mostrado que eres fiel a tu difunto esposo. Bien podrías haber buscado a otro más joven que yo, pobre o rico, pero no lo has hecho. ¹¹No tengas miedo, hija mía, que todos en mi pueblo saben ya que eres una mujer ejemplar. Por eso, yo haré lo que me pidas. ¹²Sin embargo, aunque es verdad que soy parienteᵈ cercano tuyo, tienes otro pariente aún más cercano que yo. ¹³Quédate aquí esta noche. Si mañana él quiere cumplir con sus deberes de pariente, que lo haga; pero si no lo hace, te prometo delante del Señor que yo lo haré. Ahora duérmete hasta que amanezca.

¹⁴Rut durmió aquella noche a los pies de Booz. Al día siguiente se levantó antes del amanecer, cuando todavía estaba muy oscuro, porque Booz había dicho: "Nadie debe saber que esta mujer ha venido al campo."

¹⁵Entonces Booz le dijo:
—Quítate la capa y sujétala bien.

Mientras Rut sostenía su capa, Booz echó en ella más de cuarenta kilos de cebada. Luego la ayudó a echarse la carga sobre el hombro, y ella se fue a la ciudad.

¹⁶Cuando Rut llegó a donde estaba su suegra, ésta le preguntó:
—¿Qué tal te fue, hija mía?

Rut le contó todo lo que Booz había hecho por ella, ¹⁷y añadió:
—Me dio toda esta cebada, y me dijo: "No debes volver a tu suegra con las manos vacías."

¹⁸Entonces Noemí dijo:
—Ahora, hija mía, espera a ver qué pasa. Este hombre no descansará hoy hasta dejar resuelto el asunto.

## Boda de Booz y Rut

**4** ¹Más tarde, Booz fue a sentarse a la entrada del pueblo, que era el lugar donde se reunía la gente. En aquel momento pasaba por allí el pariente del cual Booz había hablado.
—Oye —le dijo Booz—, ven acá y siéntate.

El pariente fue y se sentó. ²En seguida Booz llamó a diez ancianos del pueblo, y también les pidió que se sentaran con él. Cuando ellos se sentaron, ³Booz le dijo a su pariente:
—Noemí, que ha vuelto de Moab, está decidida a vender el terreno que perteneció a nuestro pariente Elimelec. ⁴Quiero que lo sepas, para que, si te interesa comprarlo, lo hagas ahora delante de estos testigos y de los ancianos del pueblo. Como tú eres el pariente más cercano de Elimelec, tienes el derecho de comprar su tierra. Pero si tú no la compras, házmelo saber, pues después de ti yo soy quien tiene ese derecho.

El pariente contestó:
—La compro.

⁵Entonces Booz le hizo esta aclaración:
—Ten en cuenta que si compras el terreno de Noemí, quedas también obligado a casarte con Rut, la viuda moabita, para que la propiedad siga a nombre del difunto.

⁶Al oír esto, el pariente contestó:
—En ese caso no puedo hacer la compra, porque podría perjudicar mi herencia. Pero si tú quieres comprar, hazlo; yo te cedo mis derechos de compra.

---

⁵ *Quiero . . . conmigo:* lit. *quiero que extienda sobre mí el borde de su manto.* Según las costumbres de la época esa acción significaba que el varón aceptaba casarse con la mujer.
ᵈ **3.12** Rt 2.20.

[7]En aquellos tiempos había en Israel una costumbre: cuando uno cedía a otro el derecho de parentesco, o cuando se cerraba un contrato de compra-venta, el que cedía o vendía se quitaba una sandalia y se la daba al otro. De acuerdo, pues, con esta costumbre, [8]el pariente de Booz se quitó la sandalia, se la dio a Booz y le dijo:

—Compra tú.[e]

[9]Entonces Booz dijo a los ancianos y a los allí presentes:

—Todos ustedes son hoy testigos de que le compro a Noemí las propiedades de Elimelec, Quelión y Mahlón. [10]También son testigos de que tomo por esposa a Rut, la viuda moabita, para que la propiedad se mantenga a nombre de Mahlón, su difunto esposo. Así no se borrará el nombre de Mahlón de entre los suyos, ni será olvidado en este pueblo.[f] Hoy son ustedes testigos.

[11]Los ancianos y todos los presentes contestaron:

—Sí, lo somos. ¡El Señor haga que la mujer que va a entrar en tu casa sea como Raquel y Lea, de quienes descendemos todos los israelitas![g] Y tú, sé un hombre ilustre en Efrata, un hombre notable en Belén. [12]Que el Señor te dé muchos hijos de esta mujer. Que tengas una familia numerosa, como la tuvo Fares, el hijo de Tamar y Judá.[h]

[13]Así fue como Booz se casó con Rut. Y se unió a ella, y el Señor permitió que quedara embarazada y que tuviera un hijo.

[14]Entonces las mujeres decían a Noemí:

—¡Alabado sea el Señor, que te ha dado hoy un nieto para que cuide de ti! ¡Ojalá tu nieto sea famoso en Israel! [15]El te dará ánimos y te sostendrá en tu vejez, porque es el hijo de tu nuera, la que tanto te quiere y que vale para ti más que siete hijos.

[16]Noemí tomó al niño en su regazo y se encargó de criarlo. [17]Al verlo, las vecinas decían:

—¡Le ha nacido un hijo a Noemí!

Y le pusieron por nombre Obed. Este fue el padre de Isaí y abuelo de David.

### Los antepasados de David

[18]Estos fueron los descendientes de Fares: Fares fue el padre de Hezrón, [19]Hezrón fue el padre de Ram, Ram fue el padre de Aminadab, [20]Aminadab fue el padre de Naasón, Naasón fue el padre de Salmón, [21]Salmón fue el padre de Booz, Booz fue el padre de Obed, [22]Obed fue el padre de Isaí, e Isaí fue el padre de David.[i]

e 4.7-8 Dt 25.7-10.  f 4.10 Dt 25.5-6.  g 4.11 Gn 29.31.  h 4.12 Gn 38.27-30.  i 4.18-22 1 Cr 2.10-14; Mt 1.3-6.

# Primer Libro de
# SAMUEL

*Samuel es considerado a la vez como el último de los caudillos y el primero de los grandes profetas de Israel. El primero de los libros que llevan su nombre marca el paso entre el anárquico periodo de los caudillos y el establecimiento de la unidad nacional bajo un rey escogido por Dios y consagrado por un profeta.*

*Tres personajes principales entran en escena en este libro: Samuel, Saúl y David. Los primeros siete capítulos dan los antecedentes de Samuel desde su nacimiento y describen sus funciones como caudillo de Israel. Los primeros años del reinado de Saúl se narran en los caps. 8-15. Luego se describe la patética decadencia que va sufriendo Saúl en su carácter y reinado, ilustrado por la hostilidad y persecución de que hace objeto a David. Por eso precisamente, David llega a convertirse en guerrillero y hasta en mercenario de los filisteos (caps. 16-30). En el último capítulo se reseña la dramática muerte de Saúl y sus hijos en la batalla de Gilboa.*

*El establecimiento de la monarquía aparece en el libro como una concesión de Dios a la petición del pueblo en ese sentido, pero sin que él renuncie a su autoridad soberana como el verdadero rey de Israel, a quien, por encima de toda autoridad humana, el pueblo debe obediencia y lealtad absolutas. Como en toda la literatura histórica de la Biblia, el mensaje central del libro es que la fidelidad a Dios trae bienestar y prosperidad, en tanto que la desobediencia acarrea desastre y sufrimiento.*

## Dios concede un hijo a Ana

**1** ¹En un lugar de los montes de Efraín, llamado Ramá, vivía un hombre de la familia de Zuf, cuyo nombre era Elcana. Era hijo de Jeroham y nieto de Eliú. Su bisabuelo fue Tohu, hijo de Zuf, que pertenecía a la tribu de Efraín. ²Elcana tenía dos esposas. Una se llamaba Ana, y la otra Penina. Penina tenía hijos, pero Ana no los tenía. ³Todos los años salía Elcana de su pueblo para rendir culto y ofrecer sacrificios en Silo al Señor todopoderoso. Allí había dos hijos del sacerdote Elí, llamados Ofni y Finees, que también eran sacerdotes del Señor.

⁴Cuando Elcana ofrecía el sacrificio, daba su ración correspondiente a Penina y a todos los hijos e hijas de ella, ⁵pero a Ana le daba una ración especial, porque la amaba mucho, a pesar de que el Señor le había impedido tener hijos. ⁶Por esto Penina, que era su rival, la molestaba y se burlaba de ella, humillándola porque el Señor la había hecho estéril.

⁷Cada año, cuando iban al templo del Señor, Penina la molestaba de este modo; por eso Ana lloraba y no comía. ⁸Entonces le decía Elcana, su marido: "Ana, ¿por qué lloras? ¿Por qué estás triste y no comes? ¿Acaso no soy para ti mejor que diez hijos?"

⁹En cierta ocasión, estando en Silo, Ana se levantó después de la comida. El sacerdote Elí estaba sentado en un sillón, cerca de la puerta de entrada del templo del Señor. ¹⁰Y Ana, llorando y con el alma llena de amargura, se puso a orar al Señor ¹¹y le hizo esta promesa: "Señor todopoderoso: Si te dignas contemplar la aflicción de esta sierva tuya, y te acuerdas de mí y me concedes un hijo, yo lo dedicaré toda su vida a tu servicio, y en señal de esa dedicación no se le cortará el pelo."[a]

¹²Como Ana estuvo orando largo rato ante el Señor, Elí se fijó en su boca; ¹³pero ella oraba mentalmente. No se escuchaba su voz; sólo se movían sus labios. Elí creyó entonces que estaba borracha, ¹⁴y le dijo:

—¿Hasta cuándo vas a estar borracha? ¡Deja ya el vino!

¹⁵—No es eso, señor —contestó Ana—. No es que haya bebido vino ni ninguna bebida fuerte, sino que me siento angustiada y estoy desahogando mi pena delante del Señor. ¹⁶No piense usted que soy una mala mujer, sino que he estado orando todo este tiempo porque estoy preocupada y afligida.

¹⁷—Vete en paz —le contestó Elí—, y que el Dios de Israel te conceda lo que le has pedido.

¹⁸—Muchísimas gracias —contestó ella.

Luego Ana regresó por donde había venido, y fue a comer, y nunca más volvió a estar triste. ¹⁹A la mañana siguiente

*a* **1.11** Nm 6.5.

madrugaron y, después de adorar al Señor, regresaron a su casa en Ramá. Después Elcana se unió con su esposa Ana, y el Señor tuvo presente la petición que ella le había hecho. [20]Así Ana quedó embarazada, y cuando se cumplió el tiempo dio a luz un hijo y le puso por nombre Samuel,[l] porque se lo había pedido al Señor.

[21]Luego fue Elcana con toda su familia a Silo, para cumplir su promesa y ofrecer el sacrificio anual; [22]pero Ana no fue, porque le dijo a su marido:

—No iré hasta que destete al niño. Entonces lo llevaré para dedicárselo al Señor y que se quede allá para siempre.

[23]Elcana, su marido, le respondió:

—Haz lo que mejor te parezca. Quédate hasta que lo hayas destetado. Y que el Señor cumpla su promesa.

Así ella se quedó y crió a su hijo hasta que lo destetó. [24]Y cuando le quitó el pecho, y siendo todavía él un niño pequeño, lo llevó consigo al templo del Señor en Silo. También llevó tres becerros, veintidós litros de trigo y un cuero de vino. [25]Entonces sacrificaron un becerro y presentaron el niño a Elí. [26]Y Ana le dijo:

—Perdone usted, señor, pero tan cierto como que usted vive es que yo soy aquella mujer que estuvo orando al Señor aquí, cerca de usted. [27]Le pedí al Señor que me diera este hijo, y él me lo concedió. [28]Yo, por mi parte, lo he dedicado al Señor, y mientras viva estará dedicado a él.

Entonces Elí se inclinó hasta tocar el suelo con la frente, delante del Señor.

### Cántico de Ana

**2** [1]Y Ana oró de esta manera:

"Señor, yo me alegro en ti de corazón[b]
porque tú me das nuevas fuerzas.
Puedo hablar contra mis enemigos
porque tú me has ayudado.
¡Estoy alegre!
[2]¡Nadie es santo como tú, Señor!
¡Nadie protege como tú, Dios nuestro!
¡Nadie hay fuera de ti!
[3]Que nadie hable con orgullo,
que nadie se jacte demasiado,
porque el Señor es el Dios que todo lo sabe,

y él pesa y juzga lo que hace el hombre.
[4]El destruye los arcos de los poderosos,
y reviste de poder a los débiles;
[5]los que antes tenían de sobra,
ahora se alquilan por un pedazo de pan;
pero los que tenían hambre,
ahora ya no la tienen.
La mujer que no podía tener hijos,
ha dado a luz siete veces;
pero la que tenía muchos hijos,
ahora está completamente marchita.
[6]El Señor quita la vida y la da;
nos hace bajar al sepulcro
y de él nos hace subir.
[7]El Señor nos hace pobres o ricos;
nos hace caer y nos levanta.
[8]Dios levanta del suelo al pobre
y saca del basurero al mendigo,
para sentarlo entre grandes hombres
y hacerle ocupar un lugar de honor;
porque el Señor es el dueño
de las bases de la tierra,
y sobre ellas colocó el mundo.
[9]El cuida los pasos de sus fieles,
pero los malvados mueren en la oscuridad,
porque nadie triunfa por la fuerza.
[10]El Señor hará pedazos a sus enemigos,
y desde el cielo enviará truenos contra ellos.
El Señor juzgará al mundo entero;
dará poder al rey que ha escogido
y hará crecer su poder.''

[11]Luego regresó Elcana a su casa, en Ramá, pero el niño se quedó sirviendo al Señor bajo las órdenes del sacerdote Elí.

### La maldad de los hijos de Elí

[12]Los hijos de Elí eran unos malvados, y no les importaba el Señor [13]ni los deberes de los sacerdotes para con el pueblo; pues cuando alguien ofrecía un sacrificio, llegaba un criado del sacerdote con un tenedor en la mano y, mientras la carne estaba cociéndose, [14]metía el tenedor en el perol, en la olla, en el caldero o en la cazuela, y todo lo que sacaba con el tenedor era para el sacerdote. Así hacían con todo israelita que llegaba a Silo. [15]Además, antes de que quemaran la grasa en el altar, llegaba el criado del sacerdote y decía al que iba a ofrecer el sacrificio:

---

[l] En hebreo, *Samuel* tiene un sonido parecido al verbo que significa *pedir*.
[b] **2.1-10** Sal 113.5-9; Lc 1.46-55.

"Dame carne para asársela al sacerdote; porque no te va a aceptar la carne ya cocida, sino cruda." [16]Y si la persona le respondía que primero tenían que quemar la grasa, y que luego él podría tomar lo que quisiera, el criado contestaba: "¡No, me la tienes que dar ahora! De lo contrario, te la quitaré a la fuerza." [17]Así pues, el pecado que estos jóvenes cometían ante el Señor era gravísimo, porque trataban con desprecio las ofrendas que pertenecían al Señor.

[18]Mientras tanto, el joven Samuel, vestido con un efod de lino, continuaba al servicio del Señor. [19]Y cada año, cuando su madre iba al templo con su marido para ofrecer el sacrificio anual, le llevaba una capa pequeña que le había hecho. [20]Entonces Elí bendecía a Elcana y a su esposa, diciendo: "Que el Señor te recompense dándote hijos de esta mujer, a cambio del que ella le ha dedicado." Después de esto regresaban a su hogar, [21]y el Señor bendecía a Ana, la cual quedaba embarazada. De esa manera, Ana dio a luz tres hijos y dos hijas, y el niño Samuel seguía creciendo ante el Señor.

[22]En cuanto a Elí, era ya muy viejo, pero estaba enterado de todo lo que sus hijos les hacían a los israelitas, y que hasta se acostaban con las mujeres que estaban de servicio a la entrada de la Tienda del encuentro con Dios. [23]Por tanto les dijo: "Todo el mundo me habla de las malas acciones de ustedes. ¿Por qué se portan así? [24]No, hijos míos, no es nada bueno lo que sé que el pueblo del Señor anda contando acerca de ustedes. [25]Si una persona comete una falta contra otra, el Señor puede intervenir en su favor; pero si una persona ofende al Señor, ¿quién la defenderá?" Pero ellos no hicieron caso de lo que su padre les dijo, porque el Señor había decidido quitarles la vida.

[26]Mientras tanto, el joven Samuel seguía creciendo, y su conducta agradaba tanto al Señor como a los hombres.

[27]Por ese tiempo llegó un profeta a visitar a Elí, y le dijo: "El Señor ha declarado lo siguiente: 'Cuando tus antepasados estaban en Egipto al servicio del faraón, claramente me manifesté a ellos. [28]Y de entre todas las tribus de Israel los escogí para que fueran mis sacerdotes, para que ofrecieran holocaustos sobre mi altar, y quemaran incienso, y llevaran el efod en

mi presencia.[c] Además concedí a tus antepasados todas las ofrendas que los israelitas queman en honor del Señor.[d] [29]¿Por qué, pues, han despreciado los sacrificios y ofrendas que yo he ordenado realizar? ¿Por qué das más preferencia a tus hijos que a mí, engordándolos con lo mejor de todas las ofrendas de Israel, mi pueblo?' [30]Por lo tanto, el Señor, el Dios de Israel, que había dicho que tú y tu familia le servirían siempre, ahora declara: 'Jamás permitiré tal cosa, sino que honraré a los que me honren, y los que me desprecien serán puestos en ridículo. Yo, el Señor, lo afirmo. [31]Ya se acerca el momento en que voy a destruir tu poder y el de tus antepasados, y ninguno de tu familia llegará a viejo. [32]Contemplarás con angustia y envidia todo el bien que yo haré en Israel, y jamás nadie en tu familia llegará a viejo. [33]Pero dejaré a alguno de tus parientes cerca de mi altar, para que se consuman de envidia sus ojos y de dolor su alma, y todos tus otros descendientes serán asesinados. [34]Te servirá de muestra lo que ocurrirá a tus dos hijos, Ofni y Finees: los dos morirán el mismo día. [35]Luego pondré un sacerdote digno de confianza y que actúe de acuerdo con mi voluntad y criterio, al que le daré una descendencia continua y le haré estar siempre al servicio del rey que yo haya escogido. [36]Entonces, todo el que haya quedado vivo en tu familia vendrá a inclinarse ante él a cambio de una moneda de plata o un trozo de pan, rogándole que le dé algún trabajo entre los sacerdotes para poder ganarse el alimento.' "

### El Señor llama a Samuel

**3** [1]El joven Samuel seguía sirviendo al Señor bajo las órdenes de Elí. En aquella época era muy raro que el Señor comunicara a alguien un mensaje; no era frecuente que alguien tuviera una visión. [2]Pero un día Elí, que había comenzado a quedarse ciego y no podía ver bien, estaba durmiendo en su habitación. [3]Samuel estaba acostado en el templo del Señor, donde se encontraba el cofre de Dios. La lámpara del santuario seguía encendida. [4]Entonces el Señor lo llamó:

—¡Samuel!

—¡Aquí estoy! —contestó él.

[5]Luego corrió adonde estaba Elí, y le dijo:

—Aquí me tiene usted; ¿para qué me quería?

—Yo no te he llamado —contestó Elí—. Vuelve a acostarte.

Entonces Samuel fue y se acostó. [6]Pero el Señor llamó otra vez:

—¡Samuel!

Y Samuel se levantó y fue junto a Elí, diciendo:

—Aquí me tiene usted; ¿para qué me quería?

—Yo no te he llamado, hijo mío —respondió Elí—. Vuelve a acostarte.

[7]Samuel no conocía al Señor todavía, pues él aún no le había manifestado nada. [8]Pero por tercera vez llamó el Señor a Samuel, y éste se levantó y fue a decirle a Elí:

—Aquí me tiene usted; ¿para qué me quería?

Elí, comprendiendo entonces que era el Señor quien llamaba al joven, [9]dijo a éste:

—Ve a acostarte; y si el Señor te llama, respóndele: 'Habla, que tu siervo escucha.'

Entonces Samuel se fue y se acostó en su sitio. [10]Después llegó el Señor, se detuvo y lo llamó igual que antes:

—¡Samuel! ¡Samuel!

—Habla, que tu siervo escucha —contestó Samuel.

[11]Y el Señor le dijo:

—Voy a hacer algo en Israel que hasta los oídos le dolerán a todo el que lo oiga. [12]Ese día, sin falta, cumpliré a Elí todo lo que le he dicho respecto a su familia. [13]Le he anunciado que voy a castigar a los suyos para siempre, por la maldad que él ya sabe; pues sus hijos me han maldecido y él no los ha reprendido. [14]Por tanto, he jurado contra la familia de Elí que su maldad no se borrará jamás, ni con sacrificios ni con ofrendas.

[15]Después de esto, Samuel se acostó hasta la mañana siguiente, y entonces abrió las puertas del templo del Señor. Samuel tenía miedo de contarle a Elí la visión que había tenido, [16]pero Elí lo llamó y le dijo:

—¡Samuel, hijo mío!

—Aquí estoy —respondió él.

[17]Y Elí le preguntó:

—¿Qué es lo que te ha dicho el Señor? Te ruego que no me ocultes nada. ¡Que Dios te castigue duramente si me ocultas algo de todo lo que él te ha dicho!

[18]Samuel le declaró todo el asunto, sin ocultarle nada, y Elí exclamó:

—¡El es el Señor! ¡Hágase lo que a él le parezca mejor!

[19]Samuel creció, y el Señor lo ayudó y no dejó de cumplir ninguna de sus promesas. [20]Y todo Israel, desde Dan hasta Beerseba, reconoció que Samuel era un verdadero profeta del Señor. [21]Y el Señor volvió a revelarse en Silo, pues allí era donde él daba a conocer a Samuel su mensaje; [1]después Samuel se lo comunicaba a todo Israel.

**4**

### Los filisteos capturan el cofre del pacto

Por aquel entonces se juntaron los filisteos para luchar contra Israel,[2] por lo cual salieron los israelitas a hacer frente a los filisteos, y acamparon junto a Eben-ezer. Los filisteos establecieron su campamento en Afec, [2]desplegándose para atacar a los israelitas, y al entablarse la lucha, los filisteos vencieron a los israelitas y mataron a cuatro mil de sus hombres en el campo de batalla. [3]Cuando el ejército israelita volvió al campamento, los ancianos de Israel dijeron: "¿Por qué permitió hoy el Señor que nos derrotaran los filisteos? ¡Vamos a traernos de Silo el cofre del pacto del Señor, para que él marche en medio de nosotros y nos libre de nuestros enemigos!"

[4]Por consiguiente, los israelitas enviaron un destacamento a Silo, y trajeron de allá el cofre del pacto del Señor todopoderoso, que tiene su trono sobre los querubines.[e] Ofni y Finees, los dos hijos de Elí, acompañaban también al cofre del pacto de Dios. [5]Y ocurrió que al llegar al campamento el cofre del pacto del Señor, los israelitas gritaron con tanta alegría que hasta retumbó la tierra.

[6]Cuando los filisteos escucharon aquel griterío, preguntaron: "¿Por qué hay tanto alboroto en el campamento de los hebreos?" Pero al saber que el cofre del Señor había llegado al campamento, [7]tuvieron miedo y dijeron: "¡Dios ha llegado al campamento! ¡Ay de nosotros, porque hasta ahora no había sido así! [8]¡Ay de nosotros! ¿Quién nos librará de caer en las manos de este Dios tan poderoso? ¡El es quien destruyó a los egipcios en el desierto con toda clase de plagas! [9]¡Ármense, pues, de valor, soldados filisteos, y luchen con ardor para que no lleguen a ser esclavos de los hebreos, como ellos lo han sido de ustedes!"

---

[2] *Por aquel entonces . . . contra Israel:* según la versión griega. En el texto hebreo no aparece esta frase.
e 4.4 Ex 25.18-22; 1 R 6.23-28; Sal 80.1; Is 37.16; Ez 1.26-28.

[10]Entonces los filisteos atacaron y derrotaron a los israelitas, los cuales huyeron a su campamento. La matanza que hicieron fue tremenda, pues de la infantería israelita cayeron treinta mil hombres. [11]También capturaron el cofre de Dios, y mataron a Ofni y Finees, los dos hijos de Elí. [12]Pero un soldado de la tribu de Benjamín logró escapar del campo de batalla, y corriendo llegó a Silo el mismo día. Llevaba rasgada la ropa y llena de tierra la cabeza. [13]Cuando llegó, Elí estaba sentado en un sillón, junto a la puerta, vigilando el camino, porque se sentía muy preocupado por el cofre de Dios. Aquel hombre entró en la ciudad y dio la noticia; en seguida todos sus habitantes comenzaron a gritar. [14]Al escuchar Elí aquel griterío, preguntó:

—¿Qué significa todo ese alboroto?

Aquel hombre se apresuró entonces a comunicar la noticia a Elí, [15]que tenía ya noventa y ocho años y se había quedado completamente ciego. [16]Le dijo:

—Acabo de llegar del campo de batalla. Hoy he logrado escapar del combate.

—¿Qué ha pasado, hijo mío? —preguntó Elí.

[17]—Los israelitas huyeron ante los filisteos —respondió el mensajero—. Además, ha habido una gran matanza de gente, en la que también murieron tus dos hijos, Ofni y Finees, y el cofre de Dios ha caído en manos de los filisteos.

[18]En cuanto el mensajero mencionó el cofre de Dios, Elí cayó de espaldas al lado de la puerta, fuera del sillón, y como era ya un hombre viejo y pesado, se rompió la nuca y murió. Había sido caudillo de Israel durante cuarenta años. [19]A su nuera, la mujer de Finees, que estaba embarazada y pronto iba a dar a luz, le vinieron los dolores de parto al saber que habían capturado el cofre de Dios y que su suegro y su marido habían muerto; entonces, retorciéndose de dolor, dio a luz. [20]Y al ver las que la asistían que ella se moría, le dijeron: "No tengas miedo, que has dado a luz un niño." Pero ella no respondió ni les hizo caso; [21-22]y al niño le puso por nombre Icabod,[3] diciendo: "Israel se ha quedado sin honor, porque han capturado el cofre de Dios." Con ello aludía a la captura del cofre y a la muerte de su suegro y de su marido.

## El cofre en el país de los filisteos

**5** [1]Una vez capturado el cofre de Dios, los filisteos lo llevaron de Eben-ezer a Asdod; [2]luego lo tomaron y lo metieron en el templo del dios Dagón, colocándolo junto al dios. [3]A la mañana siguiente, cuando llegaron los de Asdod, encontraron a Dagón tirado en el suelo ante el cofre del Señor. Entonces levantaron a Dagón y lo volvieron a poner en su sitio. [4]Pero a la mañana siguiente llegaron nuevamente los de Asdod, y otra vez encontraron a Dagón tirado en el suelo ante el cofre del Señor. Su cabeza y sus dos manos se habían quebrado y estaban sobre el umbral. Lo único que le quedaba entero era el tronco. [5]Por eso hasta ahora, cuando los sacerdotes de Dagón entran en el templo de Asdod, no pisan el umbral.

[6]Después el Señor castigó severamente y llenó de terror a los de Asdod y su territorio, hiriéndolos con tumores. [7]Y cuando los habitantes de Asdod vieron lo que pasaba, dijeron: "El cofre del Dios de Israel no debe quedarse entre nosotros, porque ese dios nos está castigando muy duramente, tanto a nosotros como a Dagón, nuestro dios."

[8]Por tanto, mandaron decir a todos los jefes filisteos que se reunieran con ellos, y les preguntaron:

—¿Qué hacemos con el cofre del Dios de Israel?

—Llévenlo a la ciudad de Gat —respondieron ellos.

Y los filisteos lo llevaron allí. [9]Pero después que lo trasladaron, el Señor sembró el pánico en la ciudad, hiriendo a sus habitantes con unos tumores que les salieron a grandes y pequeños. [10]Entonces los filisteos trasladaron el cofre de Dios a Ecrón; pero cuando el cofre llegó allí, los habitantes de Ecrón gritaron: "¡Nos han traído el cofre del Dios de Israel para matarnos a todos!"

[11]Y como por toda la ciudad se extendió un pánico mortal a causa del duro castigo que Dios les había enviado, mandaron llamar a todos los jefes filisteos y les dijeron: "Llévense de aquí el cofre del Dios de Israel. Devuélvanlo a su lugar, para que no nos mate a todos."

[12]Los gritos de la ciudad llegaban hasta el cielo, pues los que no se morían tenían el cuerpo lleno de tumores.

---

[3] En hebreo, *Icabod* tiene un sonido parecido a la expresión ¿*Dónde ha quedado el honor?*

### Los filisteos devuelven el cofre

**6** ¹El cofre del Señor había estado siete meses en territorio filisteo. ²Y convocaron los filisteos a los sacerdotes y adivinos para preguntarles:

—¿Qué haremos con el cofre del Señor? Dígannos cómo debemos devolverlo a su lugar.

³Ellos les contestaron:

—Si devuelven el cofre del Dios de Israel, no lo manden sin nada, sino ofrezcan algo en desagravio al Señor. Entonces ustedes volverán a estar sanos y comprenderán por qué no ha dejado de castigarlos.

⁴—¿Qué podemos ofrecerle en desagravio? —preguntaron los filisteos.

—Cinco figuras de oro en forma de tumor —contestaron los sacerdotes—, una por cada jefe filisteo; y cinco ratones del mismo metal, ya que ustedes y sus jefes sufren de la misma plaga. ⁵Por consiguiente, hagan las figuras de los tumores y de los ratones que destrozan el país, y den honra al Dios de Israel; pues tal vez deje de castigarlos a ustedes, y a sus dioses y a la tierra de ustedes. ⁶¿Por qué tienen ustedes que ser testarudos, como fueron los egipcios y el faraón, que sólo cuando el Dios de Israel los trató con dureza dejaron ir a los israelitas? ⁷Manden ustedes construir una carreta nueva; tomen después dos vacas que estén criando y que nunca hayan llevado yugo, y únzanlas a la carreta; pero no dejen que sus becerros las sigan, sino déjenlos en el establo. ⁸Tomen luego el cofre del Señor y pónganlo en la carreta, colocando a un costado, en una caja, los objetos de oro que le van a ofrecer en desagravio. Después dejen que la carreta se vaya sola. ⁹Pero fíjense en esto: si la carreta toma la dirección de Bet-semes, su propia tierra, es que el Dios de Israel ha sido la causa de nuestra gran desgracia; en caso contrario, sabremos que no fue él quien nos castigó, sino que nos ha ocurrido un accidente.

¹⁰Aquellos hombres lo hicieron así. Tomaron dos vacas que estaban criando y, después de encerrar sus becerros en el establo, las uncieron a la carreta; ¹¹luego pusieron el cofre del Señor en la carreta, con la caja donde estaban los ratones de oro y las figuras de los tumores. ¹²Después las vacas echaron a andar por el camino que va a Bet-semes, mugiendo y siguiendo una dirección fija, sin desviarse a ningún lado. Los filisteos caminaron detrás de ellas hasta la frontera de Bet-semes. ¹³Los habitantes de Bet-semes, que estaban en el valle cosechando el trigo, al alzar la vista y ver el cofre se llenaron de alegría. ¹⁴Cuando la carreta llegó al campo de Josué, el de Bet-semes, se detuvo. Allí había una gran piedra. Entonces los de Bet-semes hicieron leña con la madera de la carreta, y ofrecieron las vacas en holocausto al Señor. ¹⁵Los levitas habían descargado ya el cofre y la caja en que estaban los objetos de oro, colocándolos sobre la gran piedra; y ese día los habitantes de Bet-semes ofrecieron al Señor holocaustos y otros sacrificios. ¹⁶Después de ver esto, los cinco jefes de los filisteos regresaron aquel mismo día a Ecrón.

¹⁷Los cinco tumores de oro que los filisteos ofrecieron en desagravio al Señor, correspondían a Asdod, Gaza, Ascalón, Gat y Ecrón; ¹⁸y el número de ratones de oro era igual al total de las ciudades filisteas de aquellos cinco jefes, contando tanto las ciudades fortificadas como las aldeas sin murallas. La gran piedra*ᵈ* sobre la que pusieron el cofre del Señor todavía puede verse en el campo de Josué, el de Bet-semes.

¹⁹Pero el Señor hizo morir a algunos de los habitantes de Bet-semes por haber curioseado dentro del cofre. Les quitó la vida a setenta hombres,⁵ y la población lloró por la gran mortandad que el Señor había causado entre ellos. ²⁰Entonces dijeron los habitantes de Bet-semes: "¿Quién se puede sostener ante el Señor, ante este Dios santo? ¿Contra quién irá cuando se aparte de nosotros?" ²¹Y enviaron a los habitantes de Quiriat-jearim el siguiente mensaje: "Los filisteos han devuelto el cofre del Señor; así que vengan a llevárselo."

**7** ¹Fueron entonces los habitantes de Quiriat-jearim y se llevaron el cofre del Señor, y lo metieron en la casa de Abinadab, la cual estaba en una colina; luego consagraron a su hijo Eleazar para que lo cuidara.ᶠ

### Samuel, caudillo de Israel

²Veinte años pasaron desde el día en que se colocó el cofre en Quiriat-jearim, y todo Israel buscaba con ansia al Señor.

---

*ᵈ Piedra:* según versiones antiguas. Heb. *el gran arroyo.* ⁵ Así, según la versión griega. Heb. añade: *cincuenta mil hombres.*
ᶠ **7.12** S 6.2-4; 1 Cr 13.5-7.

[3] Por esto, Samuel dijo a todos los israelitas: "Si ustedes se vuelven de todo corazón al Señor, deben echar fuera los dioses extranjeros y las representaciones de Astarté, y dedicar sus vidas al Señor, rindiéndole culto solamente a él. Entonces él los librará del dominio de los filisteos."

[4] Los israelitas echaron fuera las diferentes representaciones de Baal y de Astarté, y rindieron culto únicamente al Señor. [5] Después Samuel ordenó: "Reúnan a todo Israel en Mizpa, y yo rogaré al Señor por ustedes."

[6] Los israelitas se reunieron en Mizpa, y allí sacaron agua y la derramaron como ofrenda al Señor. Aquel día ayunaron y reconocieron públicamente que habían pecado contra el Señor. Allí, en Mizpa, Samuel se convirtió en caudillo de los israelitas. [7] Y cuando los filisteos supieron que los israelitas estaban reunidos en Mizpa, los jefes filisteos marcharon contra ellos. Los israelitas, al saberlo, tuvieron miedo [8] y le dijeron a Samuel: "No dejes de rogar al Señor nuestro Dios por nosotros, para que nos salve del poder de los filisteos."

[9] Samuel tomó un corderito y lo ofreció entero en holocausto al Señor; luego rogó al Señor en favor de Israel, y el Señor le respondió. [10] Cuando Samuel estaba ofreciendo el holocausto, los filisteos avanzaron para atacar a los israelitas; entonces el Señor lanzó un trueno enorme contra ellos y los asustó, y de este modo fueron vencidos por los israelitas. [11] Inmediatamente salieron los israelitas de Mizpa a perseguir a los filisteos, y los atacaron hasta más abajo de Bet-car. * [12] Después tomó Samuel una piedra y la colocó entre Mizpa y Sen, y la llamó Eben-ezer,[6] pues dijo: "Hasta ahora el Señor nos ha ayudado."

[13] Los filisteos fueron derrotados y no volvieron a invadir el territorio israelita; y mientras Samuel vivió, el Señor estuvo contra los filisteos. [14] Las ciudades que los filisteos habían tomado a los israelitas, desde Ecrón hasta Gat, volvieron a ser de Israel. De esta manera, los israelitas liberaron su territorio del dominio filisteo, y hubo paz entre los israelitas y los amorreos.

[15] Samuel fue caudillo de Israel durante toda su vida, [16] y todos los años iba a Betel, Gilgal y Mizpa, para atender los asuntos de Israel en todos estos lugares.

[17] Luego regresaba a Ramá, donde tenía su residencia, y desde allí gobernaba a Israel. También construyó allí un altar al Señor.

### Israel quiere tener rey

**8** [1] Al hacerse viejo, Samuel nombró caudillos de Israel a sus hijos. [2] Su primer hijo, que se llamaba Joel, y su segundo hijo, Abías, gobernaban en Beerseba. [3] Sin embargo, los hijos no se comportaron como su padre, sino que se volvieron ambiciosos, y se dejaron sobornar, y no obraron con justicia. [4] Entonces se reunieron todos los ancianos de Israel y fueron a entrevistarse con Samuel en Ramá, [5] para decirle: "Tú ya eres un anciano, y tus hijos no se portan como tú; por lo tanto, nombra un rey que nos gobierne, como es costumbre en todas las naciones."[8]

[6] Samuel, disgustado porque le pedían que nombrara un rey para que los gobernara, se dirigió en oración al Señor; [7] pero el Señor le respondió: "Atiende cualquier petición que el pueblo te haga, pues no es a ti a quien rechazan, sino a mí, para que yo no reine sobre ellos. [8] Desde el día en que los saqué de Egipto, hasta el presente, han hecho conmigo lo mismo que ahora te hacen a ti, pues me han abandonado para rendir culto a otros dioses. [9] Así pues, atiende su petición; pero antes adviérteles seriamente de todos los privilegios que sobre ellos tendrá el rey que los gobierne."

[10] Entonces Samuel comunicó la respuesta del Señor al pueblo que le pedía un rey. [11] Les dijo:

—Esto es lo que les espera con el rey que los va a gobernar: Llamará a filas a los hijos de ustedes, y a unos los destinará a los carros de combate, a otros a la caballería y a otros a su guardia personal. [12] A unos los nombrará jefes de mil soldados, y a otros jefes de cincuenta. A algunos de ustedes los pondrá a arar sus tierras y recoger sus cosechas, o a fabricar sus armas y el material de sus carros de combate. [13] Y tomará también a su servicio a las hijas de ustedes, para que sean sus perfumistas, cocineras y panaderas. [14] Se apoderará de las mejores tierras y de los mejores viñedos y olivares de ustedes, y los entregará a sus funcionarios. [15] Les quitará la décima parte de sus cereales y viñedos, y la entregará a los funcionarios

[6] En hebreo, *Eben-ezer* significa *piedra de ayuda*.
* **7.9-11** Eclo 46.16-18.  **8.5** Dt 17.14.

y oficiales[7] de su corte. [16]También les quitará a ustedes sus criados y criadas, y sus mejores bueyes y asnos, y los hará trabajar para él. [17]Se apropiará, además, de la décima parte de sus rebaños, y hasta ustedes mismos tendrán que servirle. [18]Y el día en que se quejen por causa del rey que hayan escogido, el Señor no les hará caso.

[19]Pero el pueblo, sin tomar en cuenta la advertencia de Samuel, respondió:

—No importa. Queremos tener rey, [20]para ser como las otras naciones, y para que reine sobre nosotros y nos gobierne y dirija en la guerra.

[21]Después de escuchar Samuel las palabras del pueblo, se las repitió al Señor, [22]y el Señor le respondió:

—Atiende su petición y nómbrales un rey.

Entonces Samuel ordenó a los israelitas que regresaran, cada uno a la ciudad de donde venía.

### Encuentro de Saúl con Samuel

**9** [1]En la tribu de Benjamín había un hombre llamado Cis, que era hijo de Abiel y nieto de Zeror; su bisabuelo había sido Becorat, hijo de Afía. Cis, hombre muy respetado, [2]tenía un hijo, joven y bien parecido, que se llamaba Saúl. No había otro israelita tan bien parecido como él, pues en estatura ninguno le pasaba del hombro.

[3]Un día, a Cis se le perdieron sus asnas. Entonces le dijo a su hijo Saúl:

—Prepárate y ve a buscar las asnas. Llévate a uno de los criados.

[4]Saúl se fue, atravesó la región montañosa de Efraín y pasó por la región de Salisa; pero no encontró las asnas. Pasó también por la región de Saalim y por la de Benjamín, y tampoco las halló. [5]Al llegar a la región de Zuf, dijo Saúl al criado que lo acompañaba:

—Vamos a regresar, pues mi padre debe de estar ya más preocupado por nosotros que por las asnas.

[6]El criado le contestó:

—En esta ciudad hay un profeta a quien todos respetan, porque todo lo que anuncia sucede sin falta. Vamos allá, y quizá él nos indique el camino que debemos seguir.

[7]—Vamos, pues —contestó Saúl—. Pero, ¿qué le llevaremos a ese hombre?

Ya ni siquiera nos queda pan en las alforjas. No tenemos nada que ofrecerle al profeta.

[8]El criado respondió:

—Tengo en mi poder una pequeña moneda de plata. Se la daremos al profeta para que nos indique el camino.

[9](Antiguamente, cuando algún israelita quería consultar a Dios, decía: "Vamos a ver al vidente"; pues al que ahora se le llama "profeta", antes se le llamaba "vidente".)

[10]—De acuerdo —dijo Saúl—. Vamos allá.

Los dos se dirigieron a la ciudad donde vivía el profeta, [11]y cuando iban subiendo la cuesta, en dirección a la ciudad, se encontraron con unas muchachas que iban a sacar agua y les preguntaron:

—¿Es aquí dónde podemos encontrar al vidente?*

[12]Ellas les respondieron:

—Sí, pero se encuentra más adelante. Dense prisa, pues ha venido a la ciudad porque hoy se celebra el sacrificio en el santuario. [13]En cuanto lleguen ustedes allí, búsquenlo, antes de que se vaya al santuario para la comida. La gente no comerá hasta que él llegue, pues él tiene que bendecir el sacrificio, después de lo cual comerán los invitados. Por eso, vayan ahora, porque en este momento lo encontrarán.

[14]Ellos continuaron subiendo, rumbo a la ciudad. Y precisamente cuando iban llegando a ella, Samuel salía en dirección contraria, para ir al santuario.

[15]El día anterior a la llegada de Saúl, el Señor había hecho la siguiente revelación a Samuel: [16]"Mañana, a esta misma hora, te mandaré un hombre de la región de Benjamín, a quien deberás consagrar como gobernante de mi pueblo Israel. El lo librará del dominio de los filisteos, porque me he compadecido de mi pueblo cuando sus quejas han llegado hasta mí."

[17]Cuando Samuel vio a Saúl, el Señor le dijo: "Ahí tienes al hombre de quien te hablé. Este gobernará a mi pueblo."

[18]Estando ya en la entrada del pueblo, Saúl se acercó a Samuel y le dijo:

—Por favor, indíqueme usted dónde está la casa del vidente.

[19]—Yo soy el vidente —respondió Samuel—. Sube delante de mí al santuario, y

---

[7] *Oficiales:* lit. *eunucos.* Véase *Glosario* anexo.
* **9.6-11** Eclo 46.15.

come hoy conmigo allí. Mañana temprano te contestaré todo lo que me quieras preguntar, y luego te dejaré marchar. ²⁰En cuanto a las asnas que se te perdieron hace tres días, no te preocupes por ellas porque ya las han encontrado. Además, todo lo más deseable de Israel será para ti y para tu familia.

²¹Saúl respondió:

—¡Pero si yo soy de la tribu de Benjamín, la más pequeña de las tribus de Israel! Además, mi familia es la más insignificante de todas las familias de la tribu de Benjamín. ¿Por qué me dices todo eso?

²²Entonces Samuel tomó a Saúl y a su criado, los llevó al salón y les ofreció el lugar principal entre los presentes, que eran unas treinta personas. ²³Luego Samuel dijo al cocinero:

—Trae la ración de carne que te entregué y que te dije que apartaras.

²⁴Inmediatamente el cocinero sacó una pierna entera y se la sirvió a Saúl. Y Samuel le dijo:

—Ahí tienes lo que estaba apartado para ti. Sírvete y come, porque yo la había apartado para ti en esta ocasión en que invité al pueblo.

Saúl comió con Samuel aquel día. ²⁵Y cuando bajaron del santuario a la ciudad, prepararon una cama en la azotea para Saúl, ²⁶y Saúl se acostó.⁸ Al día siguiente, Samuel llamó a Saúl en la azotea y le dijo:

—Levántate, y sigue tu viaje.

Saúl se levantó. Después salieron él y Samuel a la calle, ²⁷y cuando bajaban hacia las afueras de la ciudad, Samuel le dijo a Saúl:

—Manda al criado que se adelante, y tú espera un poco, que tengo que comunicarte lo que Dios me ha dicho.

### Samuel consagra a Saúl rey de Israel

**10** ¹Entonces Samuel tomó un frasco de aceite y, derramándolo sobre la cabeza de Saúl, le dijo:

—El Señor te consagra hoy gobernante de Israel, su pueblo. Tú lo gobernarás y lo librarás de los enemigos que lo rodean. Y ésta será la prueba de que⁹ el Señor te ha declarado gobernante de su pueblo: ²Ahora que te separes de mí, encontrarás dos hombres cerca de la tumba de Raquel, en Selsa, en el territorio de Benjamín. Ellos te dirán que ya se han encontrado las asnas que buscabas, y que tu padre ya

no está preocupado por ellas sino por ustedes, y se pregunta qué puede hacer por ti. ³Más adelante, cuando llegues a la encina de Tabor, saldrán a tu encuentro tres hombres que suben a Betel para adorar a Dios. Uno llevará tres chivos, otro tres panes, y el tercero un cuero de vino. ⁴Te saludarán y te ofrecerán dos panes. Acéptalos. ⁵Después llegarás a Gabaa de Dios, donde hay una guarnición filistea. Al entrar en la ciudad, te encontrarás con un grupo de profetas en trance, que bajan del santuario. Delante de ellos irá gente tocando salterios, panderos, flautas y arpas. ⁶Entonces el espíritu del Señor se apoderará de ti, y caerás en trance como ellos, y te transformarás en otro hombre. ⁷Cuando te ocurran estas cosas, haz lo que creas conveniente, que Dios te ayudará. ⁸Y adelántate a Gilgal, donde yo me reuniré contigo más tarde para ofrecer holocaustos y sacrificios de reconciliación. Espera allí siete días, hasta que yo llegue y te indique lo que tienes que hacer.

⁹Tan pronto como Saúl se despidió de Samuel para irse, Dios le cambió el corazón; y aquel mismo día se cumplieron todas las señales. ¹⁰Después, cuando Saúl y su criado llegaron a Gabaa, el grupo de profetas en trance les salió al encuentro. Entonces el espíritu de Dios se apoderó de Saúl, y éste cayó en trance profético, como ellos. ¹¹Pero todos los que lo conocían de antes, al verlo caer en trance junto con los profetas, se decían unos a otros: "¿Qué le ha pasado al hijo de Cis? ¿También Saúl es uno de los profetas?"

¹²Uno de allí añadió: "¿Y quién es el padre de ellos?" De ahí viene el refrán: "¿También Saúl es uno de los profetas?"ʰ

¹³Pasado el trance profético, Saúl llegó a su casa.¹⁰ ¹⁴Y su tío les preguntó a él y a su criado:

—¿A dónde fueron?

Saúl respondió:

—A buscar las asnas. Pero viendo que no aparecían, fuimos a ver a Samuel.

¹⁵El tío de Saúl contestó:

—¿Y qué les dijo Samuel? Cuéntamelo, por favor.

¹⁶Saúl respondió a su tío:

—Nos dijo claramente que ya habían encontrado las asnas.

Pero Saúl no le mencionó nada del asunto del reino, del cual le había hablado Samuel. ¹⁷Después llamó Samuel a los

---

⁸ *Prepararon una cama . . . y Saúl se acostó:* según la versión griega. Heb. *y habló con Saúl en la azotea.* ⁹ *Y ésta será la prueba de que:* según la versión griega. En el texto hebreo no aparece esta frase. ¹⁰ *A su casa:* texto probable. Heb. *al santuario.*

ʰ **10.12** 1 S 19.23-24.

israelitas, para adorar al Señor en Mizpa; [18]allí les dijo:

—El Señor, Dios de Israel, dice: 'Yo saqué de Egipto a ustedes los israelitas, y los libré del poder de los egipcios y de todos los reinos que los oprimían.' [19]Pero ahora ustedes desprecian a su Dios, que los ha librado de todos sus problemas y aflicciones, y lo han rechazado al pedir que les ponga un rey que los gobierne. Por lo tanto, preséntense ahora delante del Señor por tribus y por clanes.

[20]Luego ordenó Samuel que se acercaran todas las tribus de Israel, y la suerte cayó sobre la tribu de Benjamín. [21]A continuación ordenó que se acercaran los de la tribu de Benjamín, y la suerte cayó sobre el clan de Matrí, y de ella la suerte cayó sobre Saúl, hijo de Cis. Pero lo buscaron y no lo encontraron, [22]por lo que consultaron otra vez al Señor, para saber si Saúl se encontraba allí. Y el Señor respondió que Saúl ya estaba allí, y que se había escondido entre el equipaje. [23]Entonces corrieron a sacarlo de su escondite. Y cuando Saúl se presentó ante el pueblo, se vio que ningún israelita le pasaba del hombro. [24]Samuel preguntó a todos:

—¿Ya vieron al que el Señor ha escogido como rey? ¡No hay un solo israelita que pueda compararse con él!

—¡Viva el rey! —respondieron los israelitas.

[25]En seguida Samuel expuso al pueblo las leyes del reino, y las escribió en un libro que depositó en el santuario del Señor. Después Samuel ordenó a todos que volvieran a sus casas. [26]También Saúl se fue a su casa, en Gabaa, y Dios influyó en el ánimo de varios valientes para que lo acompañaran. [27]Pero no faltaron malas lenguas, que dijeron: "¿Y éste es el que va a salvarnos?" Y lo menospreciaron y no le rindieron honores; pero Saúl se hizo el desentendido.

### Saúl derrota a los amonitas

**11** [1]Nahas, rey de Amón, fue a Jabes de Galaad y preparó su ejército para atacar la ciudad. Pero los habitantes de Jabes le dijeron:

—Haz un pacto con nosotros, y nos someteremos a ti.

[2]Nahas el amonita les respondió:

—Haré un pacto con ustedes, pero con la condición de que acepten que yo le

saque a cada uno de ustedes el ojo derecho, para así poner en ridículo a los israelitas.

[3]Entonces los ancianos de Jabes le contestaron:

—Concédenos un plazo de siete días para enviar mensajeros por todo el territorio israelita; y si nadie viene en nuestra ayuda, nos rendiremos a ti.

[4]Los mensajeros llegaron a Gabaa, donde vivía Saúl, y dieron la noticia a la gente. Todos se pusieron a llorar amargamente. [5]En esto, Saúl volvía del campo con los bueyes, y preguntó:

—¿Qué le pasa a la gente? ¿Por qué lloran?

La gente le contó la noticia que habían traído los hombres de Jabes. [6]Al oír Saúl aquello, el espíritu de Dios se apoderó de él; y se llenó Saúl de furia. [7]Entonces tomó un par de bueyes y los descuartizó, y por medio de unos mensajeros mandó los trozos por todo el territorio israelita. Y los mensajeros decían: "Esto mismo se hará con los bueyes de aquel que no se una a Saúl y Samuel, y los siga."

Un miedo tremendo invadió a la gente, y como un solo hombre salieron a unirse con ellos. [8]Y cuando Saúl contó a su gente en Bezec, había reunidos trescientos mil hombres de Israel y treinta mil de Judá. [9]Luego dijo a los mensajeros que habían llegado:

—Digan a los habitantes de Jabes que mañana al mediodía los salvaremos.

Los mensajeros fueron y comunicaron esto a los habitantes de Jabes, los cuales se alegraron mucho [10]y dijeron a Nahas:

—Mañana nos entregaremos a ti, para que hagas con nosotros lo que mejor te parezca.

[11]Al día siguiente, Saúl organizó su ejército en tres escuadrones, y antes de que amaneciera penetraron en medio del campamento enemigo, haciendo con los amonitas una matanza que duró hasta el mediodía. Los que quedaron con vida se dispersaron de tal modo que no quedaron dos de ellos juntos. [12]Luego algunos del pueblo dijeron a Samuel:

—¿Quiénes fueron los que dudaron de que Saúl podría ser nuestro rey? Entréguennos esos hombres para que los matemos.

[13]Pero Saúl intervino diciendo:

—En este día no morirá nadie, porque el Señor ha salvado hoy a Israel.

[14]Y Samuel dijo a todos:

—Vayamos a Gilgal para iniciar allí el reinado.

[15]Por lo tanto todo el pueblo se dirigió a Gilgal, y allí, en presencia del Señor, proclamaron rey a Saúl. Luego ofrecieron al Señor sacrificios de reconciliación, y Saúl y todos los israelitas se llenaron de alegría.

### Samuel entrega el gobierno a Saúl

**12** [1]Luego Samuel dijo ante todos los israelitas:

—Ustedes han visto que yo los he atendido en todo lo que me han pedido, y que les he puesto un rey. [2]Aquí tienen al rey que habrá de dirigirlos. Por mi parte, yo estoy ya viejo y lleno de canas, y mis hijos están entre ustedes. Yo soy quien los ha dirigido a ustedes desde mi juventud hasta el presente, [3]y aquí me tienen: Si me he apropiado del buey o del asno de alguien, o si he oprimido o maltratado a alguno, o si me he dejado sobornar, pueden acusarme ante el Señor y ante el rey que él ha escogido, y yo pagaré lo que deba.*

[4]—Nunca nos has oprimido ni maltratado, ni te has dejado sobornar —dijeron ellos.

[5]—El Señor y el rey que él ha escogido son testigos de que ustedes no me han encontrado culpable de nada —recalcó Samuel.

—Así es —afirmaron.

[6]Además, Samuel dijo al pueblo:

—El Señor es quien actuó por medio de Moisés y de Aarón,[i] sacando de Egipto a los antepasados de ustedes. [7]Por lo tanto prepárense, que en presencia del Señor voy a discutir con ustedes acerca de todos los beneficios que él les ha hecho a ustedes y a los antepasados de ustedes. [8]Cuando Jacob y sus descendientes se fueron a Egipto y los egipcios los oprimieron,[ll] los antepasados de ustedes se quejaron ante el Señor,[j] y él envió a Moisés y a Aarón, quienes sacaron de Egipto a los antepasados de ustedes y los establecieron en este lugar. [9]Pero ellos se olvidaron del Señor su Dios, y él los entregó al poder de Sísara,[k] general del ejército de Jabín, rey de[12] Hazor, y al poder de los filisteos[l] y del rey de Moab,[m] los cuales pelearon contra ellos. [10]Pero luego ellos reconocieron ante el Señor que habían pecado al abandonarlo para adorar a las diferentes representaciones de Baal y de Astarté, y le

suplicaron que los librara del dominio de sus enemigos, comprometiéndose a rendirle culto sólo a él.[n]

[11]"Por consiguiente, el Señor envió a Jerobaal,[ñ] Barac,[13,o] Jefté[p] y Samuel[q] para librarlos a ustedes del dominio de sus enemigos, y así ustedes pudieron vivir tranquilos. [12]Pero ustedes, cuando vieron que Nahas, rey de los amonitas, iba a atacarlos, me pidieron un rey que los gobernara,[r] siendo que el rey de ustedes es el Señor su Dios. [13]Pero aquí tienen ustedes al rey que han escogido. El Señor les ha dado el rey que le pidieron. [14]Ahora les toca a ustedes honrar al Señor y rendirle culto, atender su voz y no desobedecer sus mandatos, y vivir, tanto ustedes como el rey que los gobierne, conforme a la voluntad del Señor su Dios. Así les irá bien. [15]Porque si no lo obedecen, sino que rechazan sus mandatos, él los castigará a ustedes y a su rey.[14]

[16]"Así que no se muevan de donde están, y verán la grandiosa señal que el Señor va a realizar ante los ojos de ustedes. [17]Ahora que es el tiempo de la cosecha de trigo, no llueve, ¿verdad? Pues yo clamaré al Señor y él mandará truenos y lluvia, para que ustedes reconozcan y comprendan que, tal como lo ve el Señor, ustedes han hecho muy mal en pedir un rey.

[18]En seguida Samuel clamó al Señor, y al instante él mandó truenos y lluvia; entonces todo el pueblo tuvo mucho miedo del Señor y de Samuel. [19]Por eso, todos dijeron a Samuel:

—Ruega al Señor tu Dios por estos siervos tuyos, para que no muramos; porque a todos nuestros pecados hemos añadido el de pedir un rey.

[20]Samuel les contestó:

—No tengan miedo. Es cierto que ustedes han hecho muy mal; pero ahora no se aparten del Señor, sino ríndanle culto de todo corazón. [21]No sigan a dioses falsos, que no pueden ayudar ni salvar porque son falsos. [22]Pues el Señor, haciendo honor a su nombre, no los abandonará; porque él quiere que ustedes sean su pueblo. [23]En cuanto a mí, que el Señor me libre de pecar contra él dejando de rogar por ustedes. Antes bien, les enseñaré a comportarse de manera buena y recta. [24]Ustedes sólo tienen que respetar al

---

*ll* *Y los egipcios los oprimieron:* según la versión griega. En el texto hebreo no aparece esta frase. *12 Jabín, rey de:* según la versión griega. En el texto hebreo no aparece esta frase. *13 Barac:* según la versión griega. Heb. *Bedán.* *14 Y a su rey:* según la versión griega. Heb. *y a los antepasados de ustedes.*

* **12.3** Eclo 46.19. *i* **12.6** Ex 6.26. *j* **12.8** Ex 2.23. *k* **12.9** Jue 4.2. *l* **12.9** Jue 13.1. *m* **12.9** Jue 3.12. *n* **12.10** Jue 10.10-15. *ñ* **12.11** Jue 7.1. *o* **12.11** Jue 4.6. *p* **12.11** Jue 11.29. *q* **12.11** 1 S 3.20. *r* **12.12** 1 S 8.19.

Señor y rendirle culto con verdad y de todo corazón, teniendo en cuenta lo mucho que él ha hecho por ustedes. [25]Pero si se empeñan en hacer lo malo, tanto ustedes como su rey serán destruidos.

### Guerra contra los filisteos

13 [1]Saúl era mayor de edad[15] cuando comenzó a reinar en Israel; y cuando llevaba ya algunos años reinando,[16] [2]escogió tres mil soldados entre los israelitas. Dos mil se quedaron con él en Micmas y en los montes de Betel, y los otros mil se quedaron con Jonatán en Gabaa de Benjamín. Al resto de la gente, Saúl le ordenó volver a casa. [3]Jonatán acabó con la guarnición filistea que estaba en Gabaa, y los filisteos lo supieron. Entonces Saúl mandó tocar la trompeta en todo el país, para poner sobre aviso a los hebreos.

[4]Todos los israelitas supieron que Saúl había acabado con la guarnición filistea y que por eso los filisteos aborrecían a los israelitas, así que el ejército se reunió con Saúl en Gilgal. [5]Los filisteos, a su vez, se juntaron para luchar contra los israelitas. Tenían treinta mil carros de combate, seis mil soldados de caballería y una infantería tan numerosa como la arena del mar. Luego se dirigieron a Micmas y establecieron su campamento allí, al oriente de Bet-avén.

[6]Los israelitas se vieron en grave aprieto, pues de tal manera fueron atacados por los filisteos que tuvieron que esconderse en cuevas y hoyos, y entre las peñas, y en zanjas y pozos. [7]Muchos de ellos[17] cruzaron el Jordán, hacia la región de Gad y de Galaad; pero Saúl se quedó todavía en Gilgal, y todo su ejército lo seguía lleno de miedo. [8]Allí esperó Saúl siete días, según el plazo que le había indicado Samuel;[s] pero Samuel no llegaba a Gilgal, y la gente comenzaba a irse. [9]Entonces Saúl ordenó:

—Tráiganme animales para los holocaustos y los sacrificios de reconciliación.

Y él mismo ofreció el holocausto.

[10]En el momento en que Saúl terminaba de ofrecer el holocausto, llegó Samuel. Entonces Saúl salió para recibirlo y saludarlo, [11]pero Samuel le dijo:

—¿Por qué has hecho eso?

Saúl respondió:

—Cuando vi que la gente comenzaba a irse, y que tú no llegabas en la fecha indicada, y que los filisteos estaban reunidos en Micmas, [12]pensé que ellos bajarían a atacarme en Gilgal, sin que yo me hubiera encomendado al Señor; por eso me vi en la necesidad de ofrecer yo mismo el holocausto.

[13]Samuel le contestó:

—¡Lo que has hecho es una locura! Si hubieras obedecido la orden que el Señor te dio, él habría confirmado para siempre tu reinado en Israel. [14]Pero ahora, tu reinado no permanecerá. El Señor buscará un hombre de su agrado[t] y lo nombrará jefe de su pueblo, porque tú has desobedecido la orden que él te dio.

[15]En seguida Samuel se fue de Gilgal para seguir su camino. El resto del ejército siguió a Saúl para entablar combate, y de Gilgal llegaron[18] a Gabaa de Benjamín. Allí contó Saúl las tropas que le acompañaban, y eran unos seiscientos hombres. [16]Saúl y su hijo Jonatán, y las tropas que iban con ellos, se quedaron en Gabaa de Benjamín, mientras que los filisteos acamparon en Micmas, [17]aunque tres grupos de guerrilleros filisteos salieron de su campamento; uno de ellos se dirigió hacia Ofra, en la región de Sual, [18]otro fue hacia Bet-horón, y el tercero hacia la colina [19] que se eleva sobre el valle de Zeboim, hacia el desierto.

[19]En todo el territorio de Israel no había un solo herrero, porque los filisteos pensaban que de esa manera los hebreos no podrían fabricar espadas ni lanzas. [20]Todos los israelitas tenían que recurrir a los filisteos para afilar cada cual su reja de arado, su azadón, su hacha o su pico. [21]Se cobraban dos tercios de siclo[20] por afilar rejas y azadones, y un tercio de siclo por afilar las hachas y arreglar las aguijadas. [22]Por lo tanto, ninguno de los que acompañaban a Saúl y Jonatán tenía espada o lanza el día de la batalla. Sólo ellos dos las tenían. [23]Mientras tanto, un destacamento filisteo avanzó hacia el paso de Micmas.

### Hazaña de Jonatán

14 [1]Cierto día Jonatán, el hijo de Saúl, dijo a su ayudante:

---

[15] *Era mayor de edad:* traducción probable. En el texto hebreo falta el número de años que Saúl tenía. [16] *Algunos años reinando:* traducción probable. En el texto hebreo falta el número de años que Saúl llevaba de reinar. [17] *Muchos de ellos:* texto probable. Heb. *y hebreos.* [18] *Para seguir su camino . . . y de Gilgal llegaron:* según la versión griega. En el texto hebreo no aparece esta frase. [19] *La colina:* según la versión griega. Heb. *la frontera.* [20] *Siclo:* véase Tabla de Pesas y Medidas.

[s] 13.8 1 S 10.8.   [t] 13.14 Hc h 13.22.

—Ven, crucemos el río y ataquemos al destacamento filisteo que está al otro lado.

Pero Jonatán no dijo nada de esto a su padre, [2]que había acampado en el extremo de una colina [21] y estaba debajo de un granado, en un lugar donde trillaban trigo, acompañado por una tropa compuesta de seiscientos hombres. [3]El encargado de llevar el efod era Ahías, que era hijo de Ahitob y sobrino de Icabod, el hijo de Finees y nieto de Elí, el sacerdote del Señor en Silo.

La gente no sabía que Jonatán se había ido. [4]Mientras tanto, él trataba de llegar hasta donde se encontraba el destacamento filisteo. El paso estaba entre dos grandes peñascos, llamados Boses y Sene, [5]uno al norte, frente a Micmas, y el otro al sur, frente a Gabaa. [6]Y Jonatán dijo a su ayudante:

—Anda, vamos al otro lado, hasta donde se encuentra el destacamento de esos paganos. Quizá el Señor haga algo por nosotros, ya que para él no es difícil darnos la victoria con mucha gente o con poca.*

[7]—Haz todo lo que tengas en mente, que estoy dispuesto a apoyarte en tus propósitos —respondió su ayudante.

[8]Entonces Jonatán le dijo:

—Mira, vamos a pasar al otro lado, a donde están esos hombres, y dejaremos que nos vean. [9]Si nos dicen que esperemos a que bajen hasta donde estamos, nos quedaremos allí y no subiremos adonde ellos están. [10]Pero si nos dicen que subamos, lo haremos así, porque eso será una señal de que el Señor nos dará la victoria.

[11]Así pues, los dos dejaron que los filisteos del destacamento los vieran. Y éstos, al verlos, dijeron: ''Miren, ya están saliendo los hebreos de las cuevas en que se habían escondido.'' [12]Y en seguida les gritaron a Jonatán y a su ayudante:

—¡Suban adonde estamos, que les vamos a contar algo!

Entonces Jonatán le dijo a su ayudante:

—Sígueme, porque el Señor va a entregarlos en manos de los israelitas.

[13]Jonatán subió trepando con pies y manos, seguido de su ayudante. A los que Jonatán hacía rodar por tierra, su ayudante los remataba en seguida. [14]En este primer ataque, Jonatán y su ayudante mataron a unos veinte hombres en corto espacio. [15]Todos los que estaban en el campamento y fuera de él se llenaron de miedo. Los soldados del destacamento y los grupos de guerrilleros también tuvieron miedo. Al mismo tiempo hubo un temblor de tierra, y se produjo un pánico enorme.

[16]Los centinelas de Saúl, que estaban en Gabaa de Benjamín, vieron a los filisteos correr en tropel de un lado a otro. [17]Entonces Saúl dijo al ejército que lo acompañaba:

—Pasen revista para ver quién falta de los nuestros.

Al pasar revista, se vio que faltaban Jonatán y su ayudante. [18]Y como ese día el efod[22] de Dios se hallaba entre los israelitas, Saúl le dijo a Ahías:

—Trae aquí el efod[22] de Dios.

[19]Pero mientras Saúl hablaba con el sacerdote, la confusión en el campamento filisteo iba en aumento. Entonces Saúl le dijo al sacerdote:

—Ya no lo traigas.

[20]En seguida Saúl y todas sus tropas se reunieron y se lanzaron a la batalla. Era tal la confusión que había entre los filisteos, que acabaron matándose entre sí. [21]Además, los hebreos que desde hacía tiempo estaban con los filisteos y habían salido con ellos como parte de su ejército, se pasaron al lado de los israelitas que acompañaban a Saúl y Jonatán. [22]Y cuando los israelitas que se habían refugiado en los montes de Efraín supieron que los filisteos huían, se lanzaron a perseguirlos y a darles batalla. [23]El combate se extendió hasta Bet-avén, y el Señor libró a Israel en esta ocasión.

### Juramento de Saúl

[24]Sin embargo, los israelitas estaban muy agotados aquel día, pues nadie había probado alimento porque Saúl había puesto al pueblo bajo juramento, diciendo: ''Maldito aquel que coma algo antes de la tarde, antes de que yo me haya vengado de mis enemigos.'' [25]Y el ejército llegó a un bosque donde había miel en el suelo. [26]Cuando la gente entró en el bosque, la miel corría como agua; pero nadie la probó siquiera, por miedo al juramento. [27]Pero Jonatán, que no había escuchado el juramento bajo el cual su padre había puesto al ejército, extendió la vara que llevaba en la mano, mojó la punta en un panal de miel y comió de ella, con lo cual se reanimó en seguida.

---

[21] En el extremo de una colina: otra posible traducción: el límite de Gabaa.   [22] Efod: según la versión griega. Heb. el cofre.
* 14.6 Jdt 9.11.

28Entonces uno de los soldados israelitas le dijo:

—Tu padre ha puesto al ejército bajo juramento, y ha dicho que quien hoy coma alguna cosa, será maldito. Por eso la gente está muy agotada.

29Jonatán respondió:

—Mi padre ha causado un perjuicio a la nación. Mira qué reanimado estoy después de haber probado un poco de esta miel, 30y más lo estaría la gente si hubiera comido hoy de lo que le quitó al enemigo. ¡Y qué tremenda habría sido la derrota de los filisteos!

31Aquel día los israelitas derrotaron a los filisteos, luchando desde Micmas hasta Ajalón. Pero el ejército israelita estaba muy agotado, 32así que finalmente se lanzó sobre lo que se le había quitado al enemigo, y tomando ovejas, vacas y becerros, los degollaron en el suelo y comieron la carne con sangre y todo. 33Pero algunos fueron a decirle a Saúl:

—La gente está pecando contra el Señor, porque está comiendo carne con sangre.u

Entonces Saúl dijo:

—¡Son ustedes unos traidores! Tráiganme hasta aquí rodando una piedra grande. 34Además, hablen con la gente y díganles que cada uno me traiga aquí su toro o su oveja, para que ustedes los degüellen y coman, y no pequen contra el Señor comiendo carne con sangre.

Esa misma noche, cada uno llevó personalmente su toro, y lo degollaron allí. 35Saúl, por su parte, construyó un altar al Señor, que fue el primero que le dedicó. 36Después propuso Saúl:

—Bajemos esta noche a perseguir a los filisteos y hagamos un saqueo hasta el amanecer, sin dejar vivo a ninguno.

Todos respondieron:

—Haz lo que te parezca mejor.

Pero el sacerdote dijo:

—Antes que nada, consultemos a Dios.

37Entonces Saúl consultó a Dios:

—¿Debo perseguir a los filisteos? ¿Los entregarás en manos de los israelitas?

Pero el Señor no le respondió ese día. 38Por lo tanto Saúl dijo:

—Acérquense aquí todos los jefes del ejército, y averigüen quién ha cometido hoy este pecado. 39¡Juro por el Señor, el salvador de Israel, que aunque haya sido mi hijo Jonatán, tendrá que morir!

Nadie en el ejército respondió; 40por eso Saúl dijo a todos los israelitas:

—Pónganse ustedes de este lado, y del otro nos pondremos mi hijo Jonatán y yo.

—Haz lo que te parezca mejor —contestó la tropa.

41Entonces Saúl exclamó:

—Señor y Dios de Israel, ¿por qué no has respondido hoy a tu servidor? Si la culpa es mía, o de mi hijo Jonatán, al echar las suertes saldrá el Urim; pero si la culpa es de Israel, tu pueblo, al echar las suertes saldrá el Tumín.23,v

La suerte cayó sobre Jonatán y Saúl, y el pueblo quedó libre de culpa. 42Luego Saúl dijo:

—Echen suertes entre mi hijo Jonatán y yo.

Y la suerte cayó sobre Jonatán, 43por lo cual dijo Saúl a Jonatán:

—Confiésame lo que has hecho.

Jonatán confesó:

—Realmente probé un poco de miel con la punta de la vara que llevaba en la mano. Pero aquí estoy, dispuesto a morir.

44Saúl exclamó:

—¡Que Dios me castigue con toda dureza si no mueres, Jonatán!

45Pero el pueblo respondió a Saúl:

—¿Cómo es posible que muera Jonatán, si ha dado una gran victoria a Israel! ¡Nada de eso! ¡Por vida del Señor, que no caerá al suelo ni un pelo de su cabeza! Porque lo que ha hecho hoy, lo ha hecho con la ayuda de Dios.

De este modo el pueblo libró a Jonatán de morir. 46Saúl, a su vez, dejó de perseguir a los filisteos, los cuales regresaron a su territorio.

47Así pues, Saúl tomó posesión del reino de Israel, y en todas partes combatió contra sus enemigos, que eran Moab, Amón, Edom, el rey de Soba y los filisteos. Y dondequiera que iba, vencía. 48Reunió un ejército 24 y venció a Amalec, librando así a Israel de las bandas de salteadores.

49Los hijos de Saúl fueron: Jonatán, Isúi y Malquisúa. Sus dos hijas fueron: Merab, la mayor, y Mical, la menor. 50La mujer de Saúl se llamaba Ahinoam, hija de Ahimaas. El general de su ejército se llamaba Abner, hijo de Ner, tío de Saúl. 51Cis, padre de Saúl, y Ner, padre de Abner, eran hijos de Abiel.

52La guerra contra los filisteos fue muy dura durante toda la vida de Saúl; por eso

---

23 Señor y Dios de . . . el Tumín: texto probable, según la versión griega. El texto hebreo de este versículo aparece incompleto.  24 Reunió un ejército: otra posible traducción: actuó con valentía.
u 14.33 Gn 9.4; Lv 7.26-27; 17.10-14; 19.26; Dt 12.16,23; 15.23.  v 14.41 Nm 27.21; 1 S 28.6.

Saúl alistaba en su ejército a todo hombre fuerte y valiente.

### El Señor rechaza a Saúl

**15** ¹Un día, Samuel dijo a Saúl:
—El Señor me envió para consagrarte como rey de Israel, su pueblo.ʷ Por lo tanto, escucha lo que el Señor te quiere decir. ²Así dice el Señor todopoderoso: 'Voy a castigar a los amalecitas por lo que le hicieron a Israel, pues se interpusieron en su camino cuando venía de Egipto.ˣ ³Por lo tanto, ve y atácalos; destrúyelos junto con todas sus posesiones, y no les tengas compasión. Mata hombres y mujeres, niños y recién nacidos, y también toros y ovejas, camellos y asnos.'

⁴Saúl mandó llamar al pueblo y le pasó revista en Telaim. Eran doscientos mil hombres de infantería y diez mil hombres de Judá. ⁵Después Saúl se dirigió a la capital de Amalec y tomó posiciones junto al arroyo, ⁶y dijo a los quenitas:
—¡Apártense! ¡Salgan de en medio de los amalecitas, para que no los destruya a ustedes junto con ellos; pues ustedes se portaron bien con los israelitas cuando venían de Egipto!

Los quenitas se apartaron de los amalecitas. ⁷Entonces Saúl atacó a los amalecitas desde Havila hasta la entrada de Shur, que está en la frontera de Egipto, y los derrotó, ⁸tomó prisionero a Agag, su rey, y mató a filo de espada a todo su ejército. ⁹Sin embargo, Saúl y su ejército dejaron con vida a Agag, y no mataron las mejores ovejas, ni los toros, ni los becerros más gordos, ni los carneros, ni destruyeron las cosas de valor, aunque sí destruyeron todo lo que era inútil y de poco valor.

¹⁰Luego el Señor le habló a Samuel, y le dijo:
¹¹—Me pesa haber hecho rey a Saúl, porque se ha apartado de mí y no ha cumplido mis órdenes.

Samuel se quedó muy molesto, y durante toda la noche estuvo rogando al Señor. ¹²A la mañana siguiente madrugó para ir al encuentro de Saúl, pero le avisaron que éste se había ido a Carmel, que allí se había levantado un monumento, y que luego, dando un rodeo, había continuado hacia Gilgal. ¹³Entonces Samuel fue a donde estaba Saúl, el cual le dijo:
—El Señor te bendiga. Ya he cumplido la orden del Señor.

¹⁴—¿Qué significan entonces esos balidos de ovejas y esos bramidos de toros que estoy escuchando? —respondió Samuel.

¹⁵—Los han traído de Amalec —contestó Saúl —, porque la gente ha conservado las mejores ovejas y los mejores toros para ofrecerlos en sacrificio al Señor tu Dios. Pero hemos destruido lo demás.

¹⁶—¡Calla, que te voy a comunicar lo que el Señor me dijo anoche! —le interrumpió Samuel.
—Habla —respondió Saúl.

¹⁷Y Samuel le dijo:
—¿No te considerabas tú de poca importancia? Sin embargo, has llegado a ser el jefe de las tribus israelitas, y el Señor te ha consagrado como rey de Israel. ¹⁸Ahora bien, si el Señor te envió con la orden estricta de destruir a esos pecadores amalecitas, y de atacarlos hasta acabar con ellos, ¹⁹¿por qué desobedeciste sus órdenes y te lanzaste sobre lo que se le quitó al enemigo, actuando mal a los ojos del Señor?

²⁰Saúl contestó:
—Yo obedecí las órdenes del Señor, y cumplí la misión que él me encomendó: he traído prisionero a Agag, rey de Amalec, y he destruido a los amalecitas. ²¹Pero la tropa se quedó con ovejas y toros, lo mejor de lo que estaba destinado a la destrucción, para sacrificarlos en honor del Señor tu Dios en Gilgal.

²²Entonces Samuel dijo:

"Más le agrada al Señor que se le
    obedezca,
y no que se le ofrezcan sacrificios y
    holocaustos;
vale más obedecerlo y prestarle
    atención
que ofrecerle sacrificios y grasa de
    carneros.ʸ
²³Tanto peca el que se rebela contra él
como el que practica la adivinación;
semejante a quien adora a los ídolos
es aquel que lo desobedece.
Y como tú has rechazado sus
    mandatos,
ahora él te rechaza como rey."

²⁴Entonces Saúl dijo a Samuel:
—Sí, he pecado, pues pasé por alto la orden del Señor y tus instrucciones, porque tuve miedo de la gente y atendí su petición. ²⁵Pero yo te ruego que perdones

ʷ 15.1 1 S 10.1.   ˣ 15.2 Ex 17.8-14; Dt 25.17-19.   ʸ 15.22 Pr 21.3; Os 6.6; Am 5.22-24.

mi pecado y que regreses conmigo para adorar al Señor.

26—No voy a regresar contigo —le respondió Samuel—, porque tú has rechazado el mandato del Señor, y ahora él te rechaza como rey de Israel.

27Samuel se volvió para marcharse, pero Saúl lo agarró por el borde de su capa y se la desgarró. 28Entonces Samuel le dijo a Saúl:

—De esta misma manera, el Señor ha desgarrado hoy de ti el reino de Israel. Te lo ha quitado para entregárselo a un compatriota tuyo, que es mejor que tú. 29Porque Dios, que es la gloria de Israel, no miente ni se arrepiente, pues no es un simple hombre para arrepentirse.

30—Yo he pecado —repitió Saúl—. Pero te ruego que ante los ancianos de Israel y ante todo el pueblo me sigas respetando como rey. Así que vuelve conmigo para adorar al Señor tu Dios.

31Samuel volvió entonces con Saúl, y éste adoró al Señor. 32Luego Samuel ordenó:

—Traigan ante mí a Agag, rey de Amalec.

Agag se presentó muy tranquilo ante Samuel, pensando 25 que ya había pasado el peligro de una muerte amarga. 33Pero Samuel le dijo:

—Con tu espada dejaste sin hijos a muchas mujeres. Pues igual que ellas quedará tu madre.

Y sin más, Samuel lo descuartizó en Gilgal, ante el Señor. 34Después se fue a Ramá, y Saúl regresó a su casa, en Gabaa de Saúl. 35Y Samuel nunca más volvió a ver a Saúl, aunque le causó mucha tristeza que el Señor se hubiera arrepentido de haber hecho a Saúl rey de Israel.

### David es consagrado rey

**16** 1El Señor dijo a Samuel:
—¿Hasta cuándo vas a estar triste por causa de Saúl? Ya no quiero que él siga siendo rey de Israel. Anda, llena de aceite tu cuerno, que quiero que vayas a la casa de Isaí, el de Belén, porque ya escogí como rey a uno de sus hijos.

2—¿Y cómo haré para ir? —respondió Samuel—. ¡Si Saúl llega a saberlo, me matará!

El Señor le contestó:

—Toma una ternera y di que vas a ofrecérmela en sacrificio. 3Después invita a Isaí al sacrificio, y yo te diré lo que debes

hacer. Consagra como rey a quien yo te diga.

4Samuel hizo lo que el Señor le mandó. Y cuando llegó a Belén, los ancianos de la ciudad salieron a recibirle con cierto temor, y le preguntaron:

—¿Vienes en son de paz?

5—Así es —respondió Samuel—. Vengo a ofrecer un sacrificio al Señor. Purifíquense y acompáñenme a participar en el sacrificio.

Luego Samuel purificó a Isaí y a sus hijos, y los invitó al sacrificio. 6Cuando ellos llegaron, Samuel vio a Eliab y pensó: "Con toda seguridad éste es el hombre que el Señor ha escogido como rey."

7Pero el Señor le dijo: "No te fijes en su apariencia ni en su elevada estatura, pues yo lo he rechazado. No se trata de lo que el hombre ve; pues el hombre se fija en las apariencias, pero yo me fijo en el corazón."

8Entonces Isaí llamó a Abinadab, y se lo presentó a Samuel; pero Samuel comentó:

—Tampoco a éste ha escogido el Señor.

9Luego le presentó Isaí a Sama; pero Samuel dijo:

—Tampoco ha escogido a éste.

10Isaí presentó a Samuel siete de sus hijos, pero Samuel tuvo que decirle que a ninguno de ellos lo había elegido el Señor. 11Finalmente le preguntó:

—¿No tienes más hijos?

—Falta el más pequeño, que es el que cuida el rebaño —respondió Isaí.

—Manda a buscarlo —dijo Samuel—, porque no comenzaremos la ceremonia hasta que él llegue.

12Isaí lo mandó llamar. Y el chico era de piel sonrosada, agradable y bien parecido.

Entonces el Señor dijo a Samuel:

—Este es. Así que levántate y conságralo como rey.

13En seguida Samuel tomó el frasco de aceite, y en presencia de sus hermanos consagró como rey al joven, que se llamaba David. A partir de aquel momento, el espíritu del Señor se apoderó de él. Después Samuel se despidió y se fue a Ramá.

### David al servicio de Saúl

14Entre tanto, el espíritu del Señor se había apartado de Saúl, y un espíritu

---

25 Muy tranquilo ante Samuel, pensando: otra posible traducción: con recelo ante Samuel, aunque pensaba.

maligno, enviado por el Señor, lo atormentaba. [15]Por eso, los que estaban a su servicio le dijeron:

—Como usted ve, señor nuestro, un espíritu maligno de parte de Dios lo está atormentando a usted. [16]Por eso, ordene usted a estos servidores suyos que busquen a alguien que sepa tocar el arpa, para que, cuando le ataque a usted el espíritu maligno, él toque el arpa y usted se sienta mejor.

[17]—Pues busquen a alguien que sepa tocar bien, y tráiganmelo —contestó Saúl.

[18]Entonces uno de ellos dijo:

—Yo he visto que uno de los hijos de Isaí, el de Belén, sabe tocar muy bien; además, es un guerrero valiente, y habla con sensatez; es bien parecido y cuenta con la ayuda del Señor.

[19]Entonces Saúl mandó mensajeros a Isaí, para que le dijeran: "Envíame a tu hijo David, el que cuida las ovejas", [20]e Isaí envió su hijo David a Saúl. Con él le envió a Saúl un asno cargado de pan, un cuero de vino y un cabrito. [21]Así David se presentó ante Saúl y quedó a su servicio, y Saúl llegó a estimarlo muchísimo y lo nombró su ayudante. [22]Y Saúl envió un mensaje a Isaí, rogándole que dejara a David con él, porque le había agradado mucho. [23]Así que, cuando el espíritu maligno de parte de Dios atacaba a Saúl, David tomaba el arpa y se ponía a tocar. Con eso Saúl recobraba el ánimo y se sentía mejor, y el espíritu maligno se apartaba de él.

### David, héroe nacional

**17** [1]Los filisteos juntaron sus ejércitos para la guerra y se reunieron en Soco, pueblo que pertenece a Judá, acampando en Efes-damim, entre Soco y Azeca. [2]A su vez, Saúl y los israelitas se reunieron y acamparon en el valle de Ela, preparándose para presentar batalla a los filisteos. [3]Estos tenían sus posiciones en un monte, y los israelitas en otro, quedando separados por el valle. [4]De pronto, de entre las filas de los filisteos salió un guerrero como de tres metros de estatura. Se llamaba Goliat y era de la ciudad de Gat. [5]En la cabeza llevaba un casco de bronce, y sobre su cuerpo una coraza, también de bronce, que pesaba cincuenta y cinco kilos. [6]Del mismo metal eran las placas que le protegían las piernas y la jabalina que llevaba al hombro. [7]El asta de su lanza era como un rodillo de telar, y su punta de hierro pesaba más de seis kilos. Delante de él iba su ayudante. [8]Goliat se detuvo y dijo a los soldados israelitas:

—¿Para qué han salido en orden de combate? Puesto que yo soy un filisteo, y ustedes están al servicio de Saúl, elijan a uno de ustedes para que baje a luchar conmigo. [9]Si es capaz de pelear conmigo y vencerme, nosotros seremos esclavos de ustedes; pero si yo lo venzo, ustedes serán nuestros esclavos. [10]En este día, yo lanzo este desafío al ejército de Israel: ¡Denme un hombre para que luche conmigo!

[11]Al oír Saúl y todos los israelitas las palabras del filisteo, perdieron el ánimo y se llenaron de miedo.

[12]Había un hombre de Belén llamado Isaí, que en tiempos de Saúl era ya de edad muy avanzada.[26] Este hombre tenía ocho hijos, uno de los cuales era David. [13-14]Sus tres hijos mayores, Eliab, Abinadab y Sama, se habían ido ya con Saúl a la guerra. David, que era el menor, [15]iba al campamento de Saúl, y volvía a Belén para cuidar las ovejas de su padre.

[16]Mientras tanto, aquel filisteo salía a provocar a los israelitas por la mañana y por la tarde, y así lo estuvo haciendo durante cuarenta días.

[17]Un día, Isaí le dijo a su hijo David:

—Toma unos veinte litros de este trigo tostado, y estos diez panes, y llévalos pronto al campamento, a tus hermanos. [18]Llévate también estos diez quesos para el comandante del batallón. Mira cómo están tus hermanos y tráeme algo que compruebe que se encuentran bien.

[19]Mientras tanto, Saúl y los hermanos de David y todos los israelitas estaban en el valle de Ela luchando contra los filisteos.

[20]Al día siguiente, David madrugó y, dejando las ovejas al cuidado de otro, se puso en camino llevando consigo las provisiones que le entregó Isaí. Cuando llegó al campamento, el ejército se disponía a salir a la batalla y lanzaba gritos de guerra. [21]Los israelitas y los filisteos se alinearon frente a frente. [22]David dejó lo que llevaba al cuidado del encargado de armas y provisiones, y corriendo a las filas se metió en ellas para preguntar a sus hermanos cómo estaban. [23]Mientras hablaba con ellos, aquel guerrero filisteo llamado Goliat, de la ciudad de Gat, salió

---

[26] *De edad muy avanzada:* según la versión griega. Heb. *entrado en hombres.*

de entre las filas de los filisteos y volvió a desafiar a los israelitas como lo había estado haciendo hasta entonces. David lo oyó.

²⁴En cuanto los israelitas vieron a aquel hombre, sintieron mucho miedo y huyeron de su presencia, ²⁵diciendo: "¿Ya vieron al hombre que ha salido? ¡Ha venido a desafiar a Israel! A quien sea capaz de vencerlo, el rey le dará muchas riquezas, le dará su hija como esposa y liberará a su familia de pagar tributos."

²⁶Entonces David preguntó a los que estaban a su lado:

—¿Qué darán al hombre que mate a este filisteo y borre esta ofensa de Israel? Porque, ¿quién es este filisteo pagano para desafiar así al ejército del Dios viviente?

²⁷Ellos respondieron lo mismo que antes habían dicho, en cuanto a lo que le darían a quien matara a Goliat. ²⁸Pero Eliab, el hermano mayor de David, que le había oído hablar con aquellos hombres, se enfureció con él y le dijo:

—¿A qué has venido aquí? ¿Con quién dejaste esas cuantas ovejas que están en el desierto? Yo conozco tu atrevimiento y tus malas intenciones, porque has venido sólo para poder ver la batalla.

²⁹—¿Y qué he hecho ahora —contestó David—, si apenas he hablado?

³⁰Luego se apartó de su hermano, y al preguntarle a otro, recibió la misma respuesta. ³¹Algunos que oyeron a David preguntar, fueron a contárselo a Saúl, y éste lo mandó llamar. ³²Entonces David le dijo a Saúl:

—Nadie debe desanimarse por culpa de ese filisteo, porque yo, un servidor de Su Majestad, iré a pelear contra él.

³³—No puedes ir tú solo a luchar contra ese filisteo —contestó Saúl—, porque aún eres muy joven; en cambio, él ha sido hombre de guerra desde su juventud.

³⁴David contestó:

—Cuando yo, el servidor de Su Majestad, cuidaba las ovejas de mi padre, si un león o un oso venía y se llevaba una oveja del rebaño, ³⁵iba detrás de él y se la quitaba del hocico; y si se volvía para atacarme, lo agarraba por la quijada y le daba de golpes hasta matarlo. ³⁶Así fuera un león o un oso, este servidor de Su Majestad lo mataba. Y a este filisteo pagano le va a pasar lo mismo, porque ha desafiado al ejército del Dios viviente. ³⁷El Señor, que me ha librado de las garras del león y del oso, también me librará de las manos de este filisteo.

Entonces Saúl le dijo:

—Anda, pues, y que el Señor te acompañe.

³⁸Luego hizo Saúl que vistieran a David con la misma ropa que él usaba, y que le pusieran un casco de bronce en la cabeza y lo cubrieran con una coraza. ³⁹Finalmente, David se colgó la espada al cinto, sobre su ropa, y trató de andar así, porque no estaba acostumbrado a todo aquello. Pero en seguida le dijo a Saúl:

—No puedo andar con esto encima, porque no estoy acostumbrado a ello.

Entonces se quitó todo aquello, ⁴⁰tomó su bastón, escogió cinco piedras lisas del arroyo, las metió en la bolsa que traía consigo y, con su honda en la mano, se enfrentó con el filisteo. ⁴¹El filisteo, a su vez, se acercaba poco a poco a David. Delante de él iba su ayudante. ⁴²Cuando el filisteo miró a David, y vio que era joven, de piel sonrosada y bien parecido, no lo tomó en serio, ⁴³sino que le dijo:

—¿Acaso soy un perro, para que vengas a atacarme con palos?

Y en seguida maldijo a David en nombre de su dios. ⁴⁴Además le dijo:

—¡Ven aquí, que voy a dar tu carne como alimento a las aves del cielo y a las fieras!

⁴⁵David le contestó:

—Tú vienes contra mí con espada, lanza y jabalina, pero yo voy contra ti en nombre del Señor todopoderoso, el Dios de los ejércitos de Israel, a los que tú has desafiado. ⁴⁶Ahora el Señor te entregará en mis manos, y hoy mismo te mataré y te cortaré la cabeza, y los cadáveres del ejército filisteo se los daré a las aves del cielo y a las fieras. Así todo el mundo sabrá que hay un Dios en Israel; ⁴⁷todos los aquí reunidos sabrán que el Señor no salva con espada ni con lanza. Esta batalla es del Señor, y él los entregará a ustedes en nuestras manos.

⁴⁸El filisteo se levantó y salió al encuentro de David, quien, a su vez, rápidamente se dispuso a hacer frente al filisteo: ⁴⁹metió su mano en la bolsa, sacó una piedra y, arrojándola con la honda contra el filisteo, lo hirió en la frente. Con la piedra clavada en la frente, el filisteo cayó al suelo. ⁵⁰Así fue como David venció al filisteo. Con sólo una honda y una piedra, David lo hirió de muerte. Y como no llevaba espada, ⁵¹corrió a ponerse al lado del filisteo y, apoderándose de su espada, la desenvainó y con ella lo remató. Después de esto, le cortó la cabeza.

Cuando los filisteos vieron muerto a su mejor guerrero, salieron huyendo. [52]Entonces los hombres de Israel y de Judá, lanzando gritos de guerra, salieron a perseguirlos hasta la entrada de Gat[27] y las puertas de Ecrón. Por todo el camino que va de Saaraim a Gat y Ecrón se veían cadáveres de soldados filisteos.

[53]Después de haber perseguido a los filisteos, los israelitas volvieron y saquearon su campamento. [54]Entonces David tomó la cabeza del filisteo y la llevó a Jerusalén, pero las armas las puso en su tienda de campaña.

[55]Antes Saúl había preguntado a Abner, general de su ejército, cuando vio que David salía al encuentro del filisteo:

—Abner, ¿quién es el padre de ese muchacho?

[56]—Juro a Su Majestad que no lo sé —respondió Abner.

—Pues encárgate de averiguarlo —dijo el rey.

[57]Por lo tanto, cuando David volvía de matar al filisteo, trayendo aún su cabeza en la mano, Abner lo tomó y lo llevó ante Saúl, [58]quien le preguntó:

—Dime, muchacho, ¿de quién eres hijo?

David respondió:

—Soy hijo de Isaí, el de Belén, servidor de Su Majestad.

### Jonatán y David se juran amistad

**18** [1]Después que David terminó de hablar con Saúl, Jonatán se hizo muy amigo de David, y llegó a quererlo como a sí mismo. [2]Saúl, por su parte, aquel mismo día lo tomó a su servicio y no lo dejó volver a casa de su padre. [3]Y Jonatán y David se juraron eterna amistad, porque Jonatán quería a David como a sí mismo. [4]Además, Jonatán se quitó la capa y la túnica que llevaba puestas, y se las dio a David, junto con su espada, su arco y su cinturón.

[5]Tanta capacidad demostró David para cumplir con todo lo que Saúl le ordenaba hacer, que Saúl lo puso al mando de hombres de guerra. Esto agradó a todo el ejército y a los oficiales de Saúl.

### Saúl envidia la popularidad de David

[6]Sin embargo, cuando las tropas regresaron después que David mató al filisteo, de todas las ciudades de Israel salieron mujeres a recibir al rey Saúl cantando y bailando alegremente con panderos y platillos.[28] [7]Y mientras cantaban y bailaban, las mujeres repetían:

> "Mil hombres mató Saúl,
> y diez mil mató David."[z]

[8]Esto le molestó mucho a Saúl, y muy enojado dijo:

—A David le atribuyen la muerte de diez mil hombres, y a mí únicamente la de mil. ¡Ya sólo falta que lo hagan rey!

[9]A partir de entonces, Saúl miraba a David con recelo.

[10]Al día siguiente, el espíritu maligno mandado por Dios se apoderó de Saúl, y éste se puso como loco dentro de su palacio. David estaba tocando el arpa, como de costumbre, y Saúl tenía su lanza en la mano. [11]De pronto Saúl levantó la lanza con la intención de clavar a David en la pared, pero David esquivó a Saúl dos veces.

[12]Saúl tenía miedo de David, porque el Señor ayudaba a David pero ya no lo ayudaba a él. [13]Por eso lo retiró de su lado y lo nombró comandante de un batallón, al frente del cual salía a campaña y volvía. [14]Y como el Señor lo ayudaba, David tenía éxito en todo lo que hacía. [15]Por eso Saúl tenía miedo de David, al ver cómo prosperaba. [16]Pero todos en Israel y Judá querían a David, porque él era quien los dirigía cuando salían a campaña y volvían.

[17]Un día Saúl le dijo a David:

—Te voy a dar como esposa a Merab, mi hija mayor, con la condición de que me seas un guerrero valiente y pelees las batallas del Señor.

Saúl pensaba que no necesitaba matarlo él personalmente, sino que de ello se encargarían los filisteos. [18]Pero David le respondió:

—Nada soy yo, ni nada son mis familiares en Israel, para que yo sea yerno del rey.

[19]Sin embargo, cuando llegó la fecha en que Saúl debía dar su hija Merab como esposa a David, en vez de dársela a él se la dio a Adriel, de Mehola. [20]Pero Mical, la otra hija de Saúl, estaba enamorada de David. Y cuando se lo dijeron a Saúl, le agradó saberlo, [21]pues pensó dársela a David como esposa para que ella lo

---

[27] *Hasta la entrada de Gat:* según la versión griega. Heb. *hasta tu entrada, oh valle.* [28] Lit. *terceros.* Un instrumento musical difícil de identificar. Quizá más bien *triángulos o liras de tres cuerdas.*
[z] 18.7 1 S 21.11; 29.5.

hiciera caer en manos de los filisteos. Entonces le 'ijo a David por segunda vez:

—Ahora sí vas a ser mi yerno.

²²Después Saúl ordenó a sus servidores:

—Hablen ustedes en privado con David y díganle que yo, el rey, lo quiero mucho, y que todos mis servidores lo estiman, y que él debe ser mi yerno.

²³Los servidores de Saúl fueron a decirle todo esto a David, pero David les contestó:

—¿Y creen ustedes que llegar a ser yerno del rey es tan fácil para alguien pobre e insignificante como yo?

²⁴Los servidores de Saúl fueron y le contaron a éste lo que David había dicho. ²⁵Entonces Saúl, con la intención de que David cayera en manos de los filisteos, les contestó:

—Díganle a David que en lugar de la compensación que se acostumbra dar por la esposa, yo, el rey, prefiero que me entregue cien prepucios de filisteos, para vengarme de mis enemigos.

²⁶Los servidores de Saúl le comunicaron estas noticias a David, y David consideró apropiada la oportunidad de llegar a ser yerno del rey. Antes de que el plazo se cumpliera, ²⁷David tomó a sus hombres, y fue y mató a doscientos filisteos; luego llevó los prepucios de éstos al rey, y se los entregó para poder ser su yerno. Entonces Saúl le concedió a su hija Mical por esposa.

²⁸Pero al ver y comprobar Saúl que el Señor ayudaba a David y que su hija Mical lo amaba, ²⁹llegó a tenerle más miedo que antes, y se convirtió en su eterno enemigo. ³⁰Por otra parte, siempre que los jefes filisteos salían a campaña, David tenía más éxito que todos los demás oficiales de Saúl, por lo cual llegó a ser muy respetado.

### Saúl intenta matar a David

**19** ¹Saúl ordenó a su hijo Jonatán y a todos sus oficiales que mataran a David. Pero Jonatán, que quería mucho a David, ²lo puso sobre aviso. Le dijo:

—Saúl, mi padre, está tratando de matarte. Así que mañana temprano ten cuidado y quédate escondido en algún lugar secreto. ³Yo saldré, en compañía de mi padre, al campo donde tú vas a estar. Hablaré con él acerca de ti, a ver qué pasa, y luego te lo haré saber.

⁴Y Jonatán habló con Saúl en favor de David. Le dijo:

—Su Majestad no debiera cometer ningún mal contra su siervo David, porque él no le ha hecho ningún mal a Su Majestad, y sí mucho bien; ⁵pues jugándose la vida mató al filisteo, y así el Señor libró por completo a todo Israel. Su Majestad lo vio y se alegró de ello. ¿Por qué habrá de atentar Su Majestad contra la vida de un inocente, tratando de matar a David sin motivo?

⁶Al escuchar Saúl las razones de Jonatán, exclamó:

—Juro por el Señor que David no morirá.

⁷Entonces Jonatán llamó a David y le informó de toda esta conversación. Después lo llevó ante Saúl, y David siguió al servicio de Saúl igual que antes.

⁸Volvió a estallar la guerra, y David salió a luchar contra los filisteos y los venció, ocasionándoles una gran derrota y haciéndolos huir. ⁹En cuanto a Saúl, otra vez lo atacó el espíritu maligno de parte del Señor; y estando sentado en su habitación, con su lanza en la mano, mientras David tocaba, ¹⁰intentó clavar con ella a David en la pared. Pero David pudo esquivar el golpe, y la lanza de Saúl se clavó en la pared. Aquella misma noche David se escapó y huyó. ¹¹Inmediatamente Saúl dio órdenes a sus hombres de que fueran a casa de David, para que lo vigilaran y lo mataran a la mañana siguiente.ᵃ Pero Mical, la mujer de David, lo puso sobre aviso, diciéndole:

—Si no te pones a salvo esta noche, mañana serás hombre muerto.

¹²En seguida Mical descolgó a David por una ventana, y David pudo escapar. ¹³Luego Mical tomó un ídolo y lo metió en la cama, le puso en la cabecera un tejido de pelo de cabra y lo tapó con una sábana. ¹⁴Y cuando Saúl ordenó a sus hombres que apresaran a David, Mical les dijo que estaba enfermo. ¹⁵Pero Saúl volvió a mandar a sus hombres en busca de David, y les dio esta orden:

—¡Aunque esté en la cama, sáquenlo de allí y tráiganmelo para que lo mate!

¹⁶Los hombres de Saúl entraron en casa de David, pero en la cama encontraron solamente el ídolo con el tejido de pelo de cabra en la cabecera. ¹⁷Entonces Saúl dijo a Mical:

—¿Por qué me has engañado de este modo, dejando que escape mi enemigo?

Mical le respondió:

---

ᵃ **19.11** Sal 59 Título hebreo.

—Porque él juró que me mataría si no lo dejaba escapar.

¹⁸Así fue como David logró escapar. Y fue a ver a Samuel en Ramá, y le contó todo lo que Saúl le había hecho. Luego David y Samuel se fueron a vivir a Naiot. ¹⁹Y cuando Saúl se enteró de que David se hallaba en Naiot de Ramá, ²⁰envió a sus hombres a que lo apresaran. Al llegar, los hombres de Saúl vieron a un grupo de profetas en trance, a los que dirigía Samuel. De pronto, el espíritu de Dios se apoderó de los hombres de Saúl, y también ellos cayeron en trance profético.

²¹Cuando Saúl lo supo, mandó a otros hombres, pero también ellos cayeron en trance profético. Por tercera vez mandó Saúl a unos hombres, y también a ellos les ocurrió lo mismo. ²²Entonces Saúl fue personalmente a Ramá, y cuando llegó al gran depósito de agua que hay en Secú, preguntó por Samuel y David. No faltó quien le dijera que estaban en Naiot de Ramá, ²³y Saúl se dirigió allá. Pero el espíritu de Dios también se apoderó de él, y Saúl cayó en trance profético, y así siguió su camino hasta llegar a Naiot de Ramá; ²⁴además se quitó la ropa, y así, desnudo, permaneció en trance delante de Samuel todo el día y toda la noche. De allí viene el dicho: "¿También Saúl es uno de los profetas?"[b]

### Jonatán ayuda a David

**20** ¹David huyó de Naiot de Ramá, y fue adonde estaba Jonatán, para decirle:

—¿Qué he hecho yo? ¿Cuál es mi culpa? ¿Qué pecado he cometido contra tu padre, para que él busque matarme?

²Y Jonatán le contestó:

—¡Dios no lo quiera! ¡No te matará! Ten en cuenta que mi padre no hace nada, sea o no importante, sin comunicármelo. ¿Por qué razón iba mi padre a ocultarme este asunto? ¡No puede ser!

³Pero David insistió:

—Tu padre sabe muy bien que yo cuento con tu estimación, y no querrá que lo sepas para evitarte un disgusto. ¡Pero te juro por el Señor y por ti mismo que estoy a un paso de la muerte!

⁴Entonces Jonatán le preguntó:

—¿Qué quieres que haga yo por ti?

⁵David respondió:

—Mira, mañana es la fiesta de luna nueva,[c] y debo sentarme a comer con el rey. Pero déjame que me esconda en el campo hasta pasado mañana por la tarde, ⁶y si tu padre pregunta por mí, dile que yo te pedí con urgencia permiso para ir a mi pueblo, a Belén, porque toda mi familia celebra allí el sacrificio anual. ⁷Si contesta que está bien, quiere decir que puedo estar tranquilo; pero si se enoja, sabrás que ha decidido hacerme daño. ⁸Así que hazme este favor, ya que soy tu servidor y nos hemos jurado amistad ante el Señor. Ahora bien, si la culpa es mía, mátame tú mismo. No es necesario que me lleves ante tu padre.

⁹Pero Jonatán respondió:

—¡No pienses tal cosa! Si llego a saber que mi padre está resuelto a hacerte mal, te lo comunicaré.

¹⁰Entonces David le preguntó:

—¿Quién me avisará en caso de que tu padre te responda de mal modo?

¹¹Jonatán respondió:

—Ven conmigo. Salgamos al campo.

Los dos salieron al campo, ¹²y allí Jonatán le dijo a David:

—Te juro por el Señor y Dios de Israel que entre mañana y pasado mañana, a esta misma hora, trataré de conocer las intenciones de mi padre. Si su actitud hacia ti es buena, te mandaré aviso; ¹³pero si mi padre intenta hacerte mal, que el Señor me castigue duramente si no te aviso y te ayudo a escapar tranquilamente. ¡Y que el Señor te ayude como ayudó a mi padre! ¹⁴Ahora bien, si para entonces vivo todavía, trátame con la misma bondad con que el Señor te ha tratado. Y si muero, ¹⁵⁻¹⁶no dejes de ser bondadoso con mi familia.[d] ¡Que el Señor les pida cuentas a tus enemigos, y los destruya por completo!

De esta manera, Jonatán hizo un pacto con David,²⁹ ¹⁷y por el cariño que Jonatán le tenía, volvió a hacerle el juramento, pues lo quería tanto como a sí mismo. ¹⁸Luego le dijo:

—Mañana es la fiesta de luna nueva, y como tu asiento va a estar desocupado, te echarán de menos. ¹⁹Pero al tercer día se notará aún más tu ausencia.³⁰ Por tanto, vete al sitio donde te escondiste la vez pasada, y colócate junto a aquel montón de piedras.³¹ ²⁰Yo lanzaré tres flechas hacia aquel lado, como si estuviera tirando al

²⁹ *Y si muero . . . pacto con David:* traducción probable. Heb. oscuro.    ³⁰ *Se notará aún más tu ausencia:* según la versión griega. Heb. *descenderás mucho.*    ³¹ *Aquel montón de piedras:* según la versión griega. Heb. *la piedra de Ezel,* lugar no identificado.
*b* 19.24 1 S 10.11-12.    *c* 20.5 Nm 28.11.    *d* 20.15-16 2 S 9.1.

blanco, 21y le diré a mi criado: 'Ve a buscar las flechas.' Si le digo: 'Las flechas están más acá de ti; anda, tómalas', podrás salir tranquilo, porque nada te va a pasar. Te lo juro por el Señor. 22Pero si le digo: 'Las flechas están más allá', vete, porque el Señor quiere que te vayas. 23En cuanto a la promesa que nos hemos hecho, el Señor es nuestro testigo para siempre.

24David se escondió en el campo, y cuando llegó la fiesta de luna nueva, el rey se sentó a la mesa para comer. 25Se sentó en el lugar de costumbre, junto a la pared. Jonatán se colocó enfrente,32 y Abner se sentó al lado de Saúl. El asiento de David quedó vacío. 26Aquel día Saúl no dijo nada, porque se imaginó que algo impuro le habría ocurrido y no estaría purificado. 27Pero al día siguiente, que era el segundo día de la fiesta, el asiento de David quedó también vacío. Entonces le preguntó Saúl a su hijo Jonatán:

—¿Por qué no vino ayer el hijo de Isaí a la comida, ni tampoco hoy?

28Y Jonatán le respondió:

—David me pidió con urgencia permiso para ir a Belén. 29Me rogó que le diera permiso, pues su familia celebraba un sacrificio en su pueblo y su hermano le ordenaba ir. También me dijo que si yo le hacía ese favor, se daría una escapada para visitar a sus parientes. Por eso no se ha sentado a comer con Su Majestad.

30Entonces Saúl se enfureció con Jonatán, y le dijo:

—¡Hijo de mala madre! ¿Acaso no sé que tú eres el amigo íntimo del hijo de Isaí, para vergüenza tuya y de tu madre? 31Mientras él esté vivo en esta tierra, ni tú ni tu reino estarán seguros. ¡Así que manda a buscarlo, y tráemelo, porque merece la muerte!

32Pero Jonatán le contestó:

—¿Y por qué habría de morir? ¿Qué es lo que ha hecho?

33Saúl levantó su lanza para herir a Jonatán, con lo que éste comprendió que su padre estaba decidido a matar a David. 34Entonces, lleno de furia, se levantó Jonatán de la mesa y no participó en la comida del segundo día de la fiesta, porque sentía un gran pesar por David, ya que su padre lo había ofendido. 35A la mañana siguiente, a la hora de la cita con

David, Jonatán salió al campo acompañado de un criado joven, 36al cual le ordenó:

—Corre a buscar en seguida las flechas que yo dispare.

El criado echó a correr, mientras Jonatán disparaba una flecha de modo que cayera lejos de él. 37Y cuando el criado llegó al lugar donde había caído la flecha, Jonatán le gritó al criado con todas sus fuerzas:

—¡La flecha está más allá de ti!

38Y una vez más Jonatán le gritó al criado:

—¡Date prisa, corre, no te detengas!

El criado de Jonatán recogió las flechas y se las trajo a su amo, 39pero no se dio cuenta de nada, porque sólo Jonatán y David conocían la contraseña. 40Después Jonatán entregó sus armas a su criado, y le ordenó llevarlas de vuelta a la ciudad.

41En cuanto el criado se fue, David salió de detrás del montón de piedras,33 y ya ante Jonatán se inclinó tres veces hasta tocar el suelo con la frente. Luego se besaron y lloraron juntos hasta que David se desahogó. 42Por último, Jonatán le dijo a David:

—Vete tranquilo, pues el juramento que hemos hecho los dos ha sido en el nombre del Señor, y hemos pedido que para siempre esté él entre nosotros dos y en las relaciones entre tus descendientes y los míos.

eDespués David se puso en camino, y Jonatán regresó a la ciudad.

### David huye de Saúl

**21** 1David se dirigió a Nob, a ver al sacerdote Ahimelec,f que sorprendido salió a su encuentro y le dijo:

—¿Cómo es que vienes solo, sin que nadie te acompañe?

2David le contestó:

—El rey me ha ordenado atender un asunto, y me ha dicho que nadie debía saber para qué me ha enviado ni cuáles son las órdenes que traigo. En cuanto a los hombres bajo mis órdenes, los he citado en cierto lugar. 3A propósito, ¿qué provisiones tienes a mano? Dame cinco panes o lo que encuentres.

4Y el sacerdote le contestó:

---

32 Jonatán se colocó en frente: según la versión griega. Heb. Jonatán se levantó.   33 De detrás del montón de piedras: según la versión griega. Heb. del lado del sur.
e Los vs. 20.42c-21.15 corresponden a los vs. 21.1-16 en el texto hebreo.   f 21.1-6 Mt 12.3-4; Mr 2.25-26; Lc 6.3.

—El pan que tengo a mano no es pan común y corriente, sino que está consagrado. Pero te lo daré, si tus hombres se han mantenido alejados de las mujeres.

⁵David le respondió con firmeza:

—Como siempre que salimos a campaña, hemos estado alejados de las mujeres. Y aunque éste es un viaje ordinario, ya mis hombres estaban limpios cuando salimos, así que con más razón lo han de estar ahora.

⁶Entonces el sacerdote le entregó el pan consagrado, pues allí no había más que los panes que se consagran al Señorᵍ y que ese mismo día se habían quitado del altar, para poner en su lugar pan caliente. ⁷En aquella ocasión estaba allí uno de los oficiales de Saúl, que había tenido que quedarse en el santuario. Era un edomita llamado Doeg, jefe de los pastores de Saúl.

⁸David le dijo a Ahimelec:

—¿Tienes a mano una lanza o una espada? Pues era tan urgente la orden del rey que no tuve tiempo de tomar mi espada ni mis otras armas.

⁹El sacerdote le respondió:

—Sí. Tengo la espada de Goliat, el filisteo que tú venciste en el valle de Ela.ʰ Está ahí, detrás del efod, envuelta en una capa. Puedes llevártela, si quieres; más armas no tengo.

David contestó:

—Ninguna otra sería mejor. Dámela.

¹⁰Aquel mismo día David siguió huyendo de Saúl, y fue a presentarse a Aquis, el rey de Gat. ¹¹Y los oficiales de Aquis le dijeron:

—¡Pero si éste es David, servidor de Saúl, el rey de esta tierra!³⁴ ¡El es de quien cantaban en las danzas: 'Mil hombres mató Saúl, y diez mil mató David'!ⁱ

¹²David tomó muy en cuenta estos comentarios, y tuvo miedo de Aquis, rey de Gat.ʲ ¹³Por eso, delante de ellos cambió su conducta normal, y fingiéndose locoᵏ escribía garabatos en las puertas y dejaba que la saliva le corriera por la barba. ¹⁴Entonces Aquis dijo a sus oficiales:

—Si ustedes ven que este hombre está loco, ¿para qué me lo trajeron? ¹⁵¿Acaso me hacen falta locos, que me han traído a éste para que haga sus locuras en mi propia casa?

**22** ¹David se fue de allí y huyó a la cueva de Adulam.ˡ Cuando sus hermanos y todos sus parientes lo supieron, fueron a reunirse con él. ²También se le unieron todos los oprimidos, todos los que tenían deudas y todos los descontentos, y David llegó a ser su capitán. Los que andaban con él eran como cuatrocientos hombres.

³Desde allí, David se dirigió a Mizpa, en Moab, y dijo al rey de Moab:

—Te ruego que mi padre y mi madre se queden con ustedes hasta que yo sepa lo que Dios va a hacer conmigo.

⁴Y así David llevó a sus padres ante el rey de Moab, y ellos vivieron con él todo el tiempo que David estuvo en la fortaleza. ⁵Entonces Gad, el profeta, aconsejó a David:

—No te quedes en la fortaleza. Ponte en camino y vete a la región de Judá.

Así pues, David se fue y llegó al bosque de Haret.

### Matanza de los sacerdotes de Nob

⁶Mientras tanto, Saúl estaba en Gabaa, sentado bajo el tamarisco del santuario, ³⁵ con su lanza en la mano y rodeado de todos sus oficiales. Y cuando se enteró de que David y sus hombres habían sido localizados, ⁷dijo a los oficiales que lo rodeaban:

—Hombres de Benjamín, escúchenme: ¿Acaso creen que el hijo de Isaí les va a dar también a todos ustedes tierras y viñedos, y que a todos los va a nombrar comandantes y capitanes? ⁸Todos ustedes han conspirado contra mí, pues nadie me ha dicho que mi hijo ha hecho un pacto con el hijo de Isaí; ninguno de ustedes se ha preocupado por mí; ninguno me ha dicho que mi hijo ha puesto en contra mía a mi ayudante para que me tienda emboscadas, como lo hace ahora.

⁹Entonces Doeg, el edomita, que se encontraba entre los oficiales de Saúl, respondió con estas palabras:

—Yo vi al hijo de Isaí cuando fue a Nob para entrevistarse con Ahimelec, el hijo de Ahitob. ¹⁰Ahimelec consultó al Señor acerca de David, y le entregó a éste provisiones y la espada de Goliat el filisteo.ᵐ

---

³⁴ *David, servidor de Saúl, el rey de esta tierra:* texto probable. Heb. *David, rey de esta tierra.*
³⁵ *El tamarisco del santuario:* según la versión griega. Heb. *el tamarisco en Ramá.*
ᵍ 21.6 Lv 24.5-9.   ʰ 21.9 1 S 17.51.   ⁱ 21.11 1 S 18.7; 29.5.   ʲ 21.12 Sal 56 Título hebreo.   ᵏ 21.13 Sal 34 Título hebreo.
ˡ 22.1 Sal 57 Título hebreo; Sal 142 Título hebreo.   ᵐ 22.9-10 Sal 52 Título hebreo.

¹¹Entonces el rey mandó llamar al sacerdote Ahimelec y a todos los sacerdotes de Nob, que eran parientes suyos. Y cuando todos llegaron ante el rey, ¹²Saúl le dijo a Ahimelec:

—Escúchame bien, hijo de Ahitob.

—Estoy a la disposición de Su Majestad —contestó Ahimelec.

¹³Y Saúl le preguntó:

—¿Por qué tú y el hijo de Isaí conspiraron contra mí? Tú le has dado pan y una espada, y has consultado a Dios acerca de David, para que se ponga en contra mía y me tienda emboscadas, como lo hace ahora.

¹⁴Entonces Ahimelec contestó al rey:

—¿Quién entre todos los oficiales de Su Majestad es tan fiel como David, que además es yerno de Su Majestad y jefe de la guardia real, y tan digno de honra en palacio? ¹⁵¿Acaso es la primera vez que consulto a Dios acerca de él? ¡Nada de eso! Por lo tanto, no haga Su Majestad ninguna acusación contra este servidor suyo ni contra su familia, porque su servidor no sabe ni poco ni mucho de este asunto.

¹⁶Pero el rey insistió:

—¡Ten por seguro, Ahimelec, que tú y toda tu parentela morirán!

¹⁷Y en seguida el rey ordenó a su guardia personal:

—¡Maten a los sacerdotes del Señor! También ellos están de parte de David, pues sabiendo ellos que él estaba huyendo, no me lo hicieron saber.

Pero la guardia real no se atrevió a levantar la mano contra los sacerdotes del Señor. ¹⁸Por lo tanto, el rey ordenó a Doeg, el edomita:

—¡Mátalos tú!

Entonces Doeg se lanzó contra los sacerdotes, y en aquella ocasión mató a ochenta y cinco hombres que vestían efod de lino. ¹⁹Luego entró en Nob, la ciudad de los sacerdotes, y a filo de espada mató a hombres, mujeres, niños y hasta recién nacidos. También mató bueyes, asnos y ovejas. ²⁰Pero uno de los hijos de Ahimelec, llamado Abiatar, logró escapar de la matanza y huyó hasta donde estaba David. ²¹Allí le comunicó que Saúl había asesinado a los sacerdotes del Señor, ²²y David le respondió:

—Ya sabía yo aquel día que, estando allí Doeg, sin duda se lo contaría a Saúl. Yo tengo la culpa de que hayan muerto todos los miembros de tu familia. ²³Pero quédate conmigo y no tengas miedo, que quien quiere matarte también quiere matarme a mí. Pero conmigo estarás seguro.

### David libera la ciudad de Keila

**23** ¹Un día, los filisteos atacaron a la ciudad de Keila, y robaron el trigo recién trillado. Cuando le contaron esto a David, ²él fue y consultó al Señor. Le dijo:

—¿Me permites ir a luchar contra estos filisteos?

Y el Señor le respondió:

—Sí, combátelos y libera la ciudad de Keila.

³Pero los hombres de David le dijeron:

—Si estando aquí en Judá tenemos miedo, ¡con más razón lo tendremos si vamos a Keila a luchar contra el ejército filisteo!

⁴Entonces David consultó de nuevo al Señor, y el Señor le contestó:

—Ponte en marcha hacia Keila, pues yo pondré en tus manos a los filisteos.

⁵David y sus hombres se pusieron en marcha hacia Keila, y allí lucharon contra los filisteos, y los derrotaron por completo y se apoderaron de sus ganados. De esa manera salvó David a los habitantes de Keila.

⁶Mientras tanto, Abiatar, el hijo de Ahimelec, había huido con la intención de unirse a David en Keila, llevándose consigo el efod. ⁷Por otra parte, a Saúl le habían informado que David estaba en Keila, y pensó: "Dios lo ha puesto en mis manos, porque al haberse metido en la ciudad ha quedado encerrado tras sus puertas y cerrojos."

⁸En seguida, Saúl mandó llamar a todo su ejército con el fin de dirigirse a Keila y sitiar a David y a sus hombres. ⁹Pero al saber David que Saúl pensaba atacarlo, ordenó al sacerdote Abiatar que le trajera el efod para consultar al Señor. ¹⁰Y dijo David:

—Señor y Dios de Israel, este siervo tuyo sabe que Saúl se propone venir a Keila y destruirla por causa mía. ¹¹¿Vendrá Saúl a buscarme, según he sabido? ¿Me entregarán a él los habitantes de Keila? ¡Señor y Dios de Israel, este siervo tuyo te ruega que se lo digas!

Y el Señor contestó:

—Saúl vendrá.

¹²Entonces David preguntó:

—¿Nos entregarán los habitantes de Keila, a mí y a mis hombres, en poder de Saúl?

Y el Señor respondió:

—Los entregarán.

[13] Entonces David y sus hombres, que eran alrededor de seiscientos, salieron de Keila y anduvieron sin rumbo fijo. Y cuando le llegó a Saúl la noticia de que David había escapado de Keila, ya no hizo nada por perseguirlo.

### David en el desierto

[14] Así David se quedó a vivir en unas fortalezas que había en un monte del desierto de Zif, y aunque Saúl lo buscaba todos los días, Dios no lo puso en sus manos. [15] Sin embargo, David tenía miedo de Saúl, porque había salido con la intención de matarlo. Por eso se quedó en Hores, en el desierto de Zif.

[16] Un día, Jonatán, el hijo de Saúl, fue a ver a David en Hores, y a darle ánimo fortaleciendo su confianza en Dios. [17] Le dijo:

—No tengas miedo, porque Saúl mi padre no podrá encontrarte. Tú llegarás a ser rey de Israel, y yo seré el segundo en importancia. Esto, hasta Saúl mi padre lo sabe.

[18] Entonces los dos hicieron un pacto, y pusieron al Señor por testigo.[n] Después Jonatán regresó a su casa, y David se quedó en Hores. [19] Pero los habitantes de Zif fueron a Gabaa para hablar con Saúl, y le dijeron:

—David está escondido en nuestro territorio,[ñ] en unas fortalezas que hay en el monte de Haquila, en Hores, al sur del desierto. [20] Por lo tanto, cuando Su Majestad guste venir, hágalo, y nosotros se lo entregaremos.

[21] Saúl les contestó:

—¡Que Dios los bendiga por haberse compadecido de mí! [22] Ahora les ruego que vayan y averigüen el lugar exacto donde se encuentra, y quién lo ha visto allí, porque me han dicho que él es muy astuto. [23] Fíjense bien en todos los escondites en que se mete, y vuelvan a mí con datos seguros, y entonces yo iré con ustedes. Y si en verdad está en esa región, yo lo buscaré palmo a palmo entre todos los clanes de Judá.

[24] Los de Zif se despidieron, y con el permiso de Saúl regresaron a su ciudad. David y sus hombres se hallaban en el desierto de Maón, en el llano que hay al sur del desierto, [25] y Saúl y su gente se pusieron en camino para buscarlo.

Cuando le dieron aviso de esto a David, él bajó al peñasco que está [36] en el desierto de Maón. Al saberlo, Saúl se lanzó al desierto de Maón, en persecución de David. [26] Por un costado del monte avanzaban Saúl y su gente, y por el otro iban David y sus hombres, dándose prisa para alejarse de Saúl. Y cuando ya Saúl y su gente habían rodeado a David y los suyos, y estaban a punto de capturarlos, [27] llegó un mensajero a decirle a Saúl:

—¡Regrese inmediatamente Su Majestad, porque los filisteos han invadido el país!

[28] Entonces Saúl dejó de perseguir a David y fue a enfrentarse con los filisteos. Por esa razón aquel lugar fue conocido como 'Peñasco de la Separación'.

### David perdona la vida a Saúl

[29o] De allí David se fue a vivir a las fortalezas de En-gadi. **24** [1] Y cuando regresó Saúl de perseguir a los filisteos, le dieron la noticia de que David estaba en el desierto de En-gadi. [2] Entonces Saúl escogió a tres mil hombres de todo Israel y fue a buscar a David y sus hombres por las peñas más escarpadas. [3] En su camino llegó a unos rediles de ovejas, cerca de los cuales había una cueva en la que estaban escondidos David y sus hombres.[p] Saúl se metió en ella para hacer sus necesidades, [4] y los hombres de David le dijeron a éste:

—Hoy se cumple la promesa que te hizo el Señor de que pondría en tus manos a tu enemigo. Haz con él lo que mejor te parezca.

Entonces David se levantó, y con mucha precaución cortó un pedazo de la capa de Saúl; [5] pero después de hacerlo le remordió la conciencia, [6] y les dijo a sus hombres:

—¡El Señor me libre de alzar mi mano contra mi señor el rey! ¡Si él es rey, es porque el Señor lo ha escogido!

[7] De este modo refrenó David a sus hombres y no les permitió atacar a Saúl, el cual salió de la cueva y siguió su camino. [8] Pero en seguida David salió de la cueva tras él, y le gritó:

—¡Majestad, Majestad!

Saúl miró hacia atrás, y David, inclinándose hasta el suelo en señal de reverencia, [9] le dijo:

---

[36] *Peñasco que está:* según la versión griega. Heb. *peñasco y permaneció (o se estableció).*
*n* **23.18** 1 S 18.3. *ñ* **23.19** Sal 54 Título hebreo. *o* Los vs. 23.29-24.22 corresponden a los vs. 24.1-23 en el texto hebreo. *p* **24.3** Sal 57 Título hebreo; Sal 142 Título hebreo.

—¿Por qué hace caso Su Majestad a quienes le dicen que yo busco su mal? [10]Su Majestad ha podido comprobar que, aunque el Señor puso hoy a Su Majestad en mis manos allá en la cueva, yo no quise matar a Su Majestad, sino que le perdoné la vida, pues me dije que si Su Majestad es rey, es porque el Señor lo ha escogido.

[11]"Mire bien Su Majestad lo que tengo en la mano: es un pedazo de la capa de Su Majestad, a quien bien podría haber matado. Con eso puede darse cuenta Su Majestad de que yo no he pensado en hacerle daño ni en traicionarlo, ni tampoco le he faltado. Sin embargo, Su Majestad me persigue para quitarme la vida. [12]¡Que el Señor juzgue entre nosotros dos, y me vengue de Su Majestad! Por lo que a mí toca, jamás levantaré mi mano contra Su Majestad. [13]Un antiguo refrán dice: 'La maldad viene de los malvados'; por eso yo jamás levantaré mi mano contra Su Majestad. [14]Además, ¿tras de quién ha salido el rey de Israel? ¿A quién está persiguiendo? ¡A mí, que soy como un perro muerto, o como una pulga! [15]Por lo tanto, que el Señor decida y juzgue entre nosotros dos; ¡que sea él quien examine mi causa y me defienda de Su Majestad!

[16]Cuando David terminó de hablar, Saúl exclamó:

—¡Pero si eres tú, David, hijo mío, quien me habla!

Y echándose a llorar, [17]le dijo:

—La razón está de tu lado, pues me has devuelto bien a cambio del mal que te he causado. [18]Hoy me has demostrado que tú buscas mi bien, pues habiéndome puesto el Señor en tus manos, no me mataste. [19]En realidad, no hay nadie que, al encontrar a su enemigo, lo deje ir sano y salvo. Por lo tanto, ¡que el Señor te pague con bien lo que hoy has hecho conmigo! [20]Ahora me doy perfecta cuenta de que tú serás el rey, y de que bajo tu dirección el reino de Israel habrá de prosperar. [21]Júrame, pues, por el Señor, que no acabarás con mis descendientes ni borrarás mi nombre de mi familia.

[22]David se lo juró a Saúl, y después Saúl regresó a su palacio, en tanto que David y los suyos se fueron a la fortaleza.

### Muerte de Samuel

**25** [1]Samuel murió, y todos los israelitas se reunieron para llorar su muerte. Lo enterraron en su casa, en Ramá. Después David se fue al desierto de Parán.

### David y Abigail

[2]Había en Maón un hombre muy rico, dueño de tres mil ovejas y mil cabras, que tenía sus negocios en la ciudad de Carmel, donde acostumbraba trasquilar sus ovejas. [3]Este hombre se llamaba Nabal, y era descendiente de Caleb; era un hombre rudo y de mala conducta. Por el contrario, Abigail, su esposa, era hermosa e inteligente.

[4-5]Cuando David, que estaba en el desierto, supo que Nabal se encontraba en Carmel trasquilando sus ovejas, envió a diez de sus criados con la orden de saludar a Nabal de su parte [6]y darle el siguiente mensaje: "Recibe, hermano mío,[37] mis mejores deseos de bienestar para ti y tu familia y todos los tuyos. [7]He sabido que te encuentras trasquilando tus ovejas. También tú sabrás que tus pastores han estado en Carmel con nosotros, y que mientras ellos estuvieron con nosotros nunca se les molestó ni se les quitó nada. [8]Puedes preguntar esto a tus criados, y ellos te lo confirmarán. Por esta razón te ruego que tengas ahora consideración con estos muchachos, que en buen momento llegan, y que nos des, tanto a ellos como a mí, lo que tengas a mano, pues soy como tu hijo."

[9]Los criados de David fueron y transmitieron este recado a Nabal, y se quedaron esperando la respuesta. [10]Pero Nabal les contestó:

—¿Quién es David? ¿Quién es ese hijo de Isaí? ¡Hoy en día son muchos los esclavos que andan huyendo de sus dueños! [11]¿Acaso voy a tomar la comida y la bebida y la carne que he preparado para mis trasquiladores, y voy a dárselas a gente que no sé ni de dónde es?

[12]Los criados de David tomaron el camino de regreso, y cuando llegaron ante David le contaron todo lo que Nabal había dicho. [13]Entonces David ordenó a sus hombres:

—¡Todos a las armas!

Sus hombres se colocaron la espada al cinto, lo mismo que David; y así cuatrocientos hombres se fueron con él, mientras que otros doscientos se quedaron cuidando el material. [14]Pero uno de los criados de Nabal fue a decirle a Abigail, la mujer de Nabal:

---

[37] *Hermano mío:* texto probable: o quizá: *¡Salud!.* Heb. oscuro.

—Desde el desierto, David envió unos mensajeros a saludar a nuestro amo, pero él reaccionó muy groseramente. [15]Sin embargo, esos hombres se han portado muy bien con nosotros. Durante todo el tiempo que anduvimos con ellos por el campo, nunca nos molestaron ni nos quitaron nada. [16]Al contrario, de día y de noche nos protegían, tanto a nosotros como a nuestros rebaños. [17]Pero como el marido de usted tiene tan mal genio que no se le puede hablar, piense usted y vea lo que debe hacer, porque con toda seguridad algo malo va a venir contra él y contra toda su familia.

[18]Rápidamente Abigail tomó doscientos panes, dos cueros de vino, cinco ovejas asadas, unos cuarenta litros de grano tostado, cien tortas de uvas pasas y doscientas tortas de higos secos; luego lo cargó todo en asnos, [19]y dijo a sus criados:

—Adelántense ustedes, que yo los seguiré más tarde.

Sin decir nada de esto a su marido, [20]Abigail montó en un asno y, a escondidas, comenzó a bajar del monte. De pronto vio que David y sus hombres venían a su encuentro, y fue a recibirlos.

[21]David venía pensando que de balde había protegido todo lo que Nabal tenía en el desierto, sin quitarle nada de su propiedad, pues él le había pagado mal por bien. [22]Así que juró: "¡Que Dios me castigue duramente[38] si de aquí a mañana no acabo con todos los varones parientes suyos!"

[23]En cuanto Abigail vio a David, se bajó del asno y se inclinó hasta el suelo en señal de respeto. [24]Luego se echó a sus pies y le dijo:

—¡Que la culpa, mi señor, recaiga sobre mí! Yo le ruego a usted que me permita hablarle, y que escuche mis razones. [25]No haga usted caso de Nabal, ese hombre grosero, porque él, haciendo honor a su nombre,[39] es realmente un estúpido. Siempre actúa con estupidez. Esta servidora de usted no vio a los criados que usted mandó. [26]Sin embargo, con toda seguridad, el Señor no ha permitido que venga usted a derramar sangre y a hacerse justicia por su propia mano. ¡Quiera el Señor que todos los enemigos de usted, y todos los que procuran hacerle daño, corran la misma suerte que Nabal! [27]Y ahora le ruego a usted que estos regalos

que yo le he traído sean repartidos entre los criados que le acompañan, [28]y que perdone usted a esta servidora suya. Ciertamente el Señor va a mantener a usted y a su dinastía en el poder, ya que usted lucha por la causa del Señor, y en toda su vida no sufrirá ningún mal. [29]Si alguien lo persigue a usted e intenta matarlo, la vida de usted estará segura bajo la protección del Señor su Dios. En cuanto a los enemigos de usted, el Señor los arrojará como quien tira piedras con una honda. [30]Así pues, cuando el Señor haga realidad todo lo bueno que ha anunciado respecto a usted, y lo nombre jefe de Israel, [31]no tendrá usted el pesar ni el remordimiento de haber derramado sangre inocente ni de haberse hecho justicia por su propia mano. Y cuando el Señor le dé a usted prosperidad, acuérdese de esta servidora suya.

[32]David le respondió:

—Bendito sea el Señor, Dios de Israel, que te envió hoy a mi encuentro, [33]y bendita seas tú por tu buen juicio, porque hoy has evitado que yo llegue a derramar sangre y a hacerme justicia por mi propia mano. [34]Pero te juro por el Señor, el Dios de Israel, que ha evitado que yo te haga daño, que si no te hubieras dado prisa en venir a mi encuentro, mañana no le quedaría a Nabal ni un solo varón vivo.

[35]Luego David recibió de manos de ella lo que le había llevado, y le dijo:

—Puedes irte tranquila a tu casa. Como ves, he atendido a tus razones y te he concedido lo que me pediste.

[36]Cuando Abigail volvió a donde estaba Nabal, vio que éste se hallaba celebrando en su casa un banquete digno de un rey. Estaba muy contento y completamente borracho. Por eso, ella no le dijo nada hasta el otro día. [37]A la mañana siguiente, cuando ya se le había pasado la borrachera a Nabal, Abigail le explicó claramente lo ocurrido, y Nabal sufrió un ataque repentino que lo dejó paralizado. [38]Diez días después, el Señor lo hirió de nuevo, y Nabal murió. [39]Cuando David supo que Nabal había muerto, dijo:

—¡Bendito sea el Señor, que me ha vengado de la ofensa que me hizo Nabal! ¡Me ha librado de hacer lo malo, y ha hecho recaer la maldad de Nabal sobre Nabal mismo!

Después David envió a Abigail una proposición de matrimonio. [40]Y cuando los

---

[38] *Me castigue duramente:* según la versión griega. Heb. *castigue duramente a mis enemigos.*
[39] *En hebreo, Nabal* significa *estúpido.*

criados de David llegaron a Carmel para hablar con ella, le dijeron:

—David nos ha enviado por usted, porque quiere hacerla su esposa.

<sup>41</sup>Abigail se inclinó hasta el suelo, en actitud de reverencia, y contestó:

—Yo soy una simple servidora de David, dispuesta a lavar los pies de sus esclavos, si él así me lo ordena.

<sup>42</sup>Después de haber dicho esto, se preparó rápidamente y, acompañada por cinco criadas, montó en un asno y se puso en camino tras los enviados de David, y se casó con él.

<sup>43</sup>David se casó también con Ahinoam de Jezreel, y las dos fueron sus mujeres. <sup>44</sup>Saúl había entregado su hija Mical, la mujer de David, a Palti, el hijo de Lais, que era de Galim.

### David perdona la vida a Saúl

**26** <sup>1</sup>Los habitantes de Zif fueron a Gabaa a ver a Saúl, y le dijeron: "David está escondido<sup>q</sup> en la colina de Haquila, frente al desierto."

<sup>2</sup>Entonces Saúl se puso en marcha, acompañado de tres mil de los mejores soldados israelitas, y se fue al desierto de Zif en busca de David. <sup>3</sup>Acampó en la colina de Haquila, que está junto al camino y frente al desierto. Pero David, que estaba en el desierto, se dio cuenta de que Saúl lo había seguido hasta allí, <sup>4</sup>así que envió espías para saber hasta dónde había llegado Saúl. <sup>5</sup>Después fue hasta el lugar en que Saúl había acampado y se fijó en dónde dormían Saúl y Abner, el hijo de Ner, que era jefe del ejército de Saúl. Resultó que Saúl dormía dentro del campamento, rodeado de su gente. <sup>6</sup>Entonces David habló con Ahimelec el hitita y con Abisai, que era hijo de Sarvia y hermano de Joab, y les preguntó:

—¿Quién está dispuesto a bajar conmigo al campamento para llegar hasta Saúl?

—Yo bajaré contigo —respondió Abisai.

<sup>7</sup>Aquella misma noche, David y Abisai fueron al campamento. Saúl estaba durmiendo dentro del campamento, y a su cabecera tenía su lanza hincada en tierra. Abner y la tropa estaban acostados alrededor de él. <sup>8</sup>Entonces dijo Abisai a David:

—Dios ha puesto hoy en tus manos a tu enemigo. Déjame que lo mate ahora y que lo clave en tierra con su propia lanza. Un solo golpe será suficiente.

<sup>9</sup>Pero David le contestó:

—No lo mates, pues nadie que intente matar al rey escogido por el Señor quedará sin castigo. <sup>10</sup>Juro por el Señor que él será quien le quite la vida, ya sea que le llegue la hora de la muerte, o que muera al entrar en combate. <sup>11</sup>Que el Señor me libre de intentar matar al rey que él ha escogido. Así que toma la lanza que está a su cabecera y la jarra del agua, y vámonos.

<sup>12</sup>De esta manera David tomó la lanza y la jarra del agua que estaban a la cabecera de Saúl, y se fueron. Nadie los vio ni oyó; nadie se despertó, porque todos estaban dormidos, pues el Señor hizo que cayeran en un profundo sueño. <sup>13</sup>Después David pasó al otro lado del valle y se puso sobre la cumbre de un monte, a cierta distancia. Entre ellos quedaba un gran espacio. <sup>14</sup>Entonces David llamó en alta voz a Abner y al ejército:

—¡Abner, contéstame!

Abner respondió:

—¿Quién eres tú para gritarle al rey?

<sup>15</sup>David le dijo:

—¿No eres tú ese hombre a quien nadie en Israel se le puede comparar? ¿Cómo es que no has protegido a tu señor el rey? Uno del pueblo ha entrado con intenciones de matarlo. <sup>16</sup>No está bien lo que has hecho. Yo les juro por el Señor que ustedes merecen la muerte, pues no han protegido a su señor, el rey que el Señor ha escogido. ¡Busca la lanza del rey y la jarra del agua que estaban a su cabecera, a ver si las encuentras!

<sup>17</sup>Cuando Saúl reconoció la voz de David, exclamó:

—¡Pero si eres tú, David, hijo mío, quien me habla!

Y David contestó:

—Sí, Majestad, soy yo. <sup>18</sup>Pero, ¿por qué persigue Su Majestad a este servidor suyo? ¿Qué he hecho? ¿Qué mal he cometido? <sup>19</sup>Yo le ruego a Su Majestad que escuche a este siervo suyo: si es el Señor quien ha puesto a Su Majestad en contra mía, ojalá acepte una ofrenda; pero si es cosa de los hombres, que el Señor los maldiga. Porque me han arrojado ahora de esta tierra, que es del Señor, con lo cual me empujan a servir a otros dioses. <sup>20</sup>Yo no quisiera que mi sangre fuera derramada lejos de la presencia del Señor, ¡pero Su Majestad ha salido en busca de

<sup>q</sup> **26.1** Sal 54 Título hebreo.

una pulga, y me persigue por los montes como a una perdiz!

²¹Entonces Saúl dijo:

—¡David, hijo mío, reconozco que he pecado! ¡Me he portado como un necio, y he cometido un gran error! Pero regresa, que no volveré a buscar tu mal, ya que en este mismo día has mostrado respeto por mi vida.

²²David le contestó:

—Aquí está la lanza de Su Majestad. Que venga uno de los criados a recogerla, ²³y que el Señor recompense a cada cual según su lealtad y sinceridad. Aunque el Señor puso hoy a Su Majestad en mis manos, no quise alzar mi mano contra el rey que él ha escogido. ²⁴Y así como hoy he respetado la vida de Su Majestad, así quiera el Señor respetar la mía y me libre de toda angustia.

²⁵Saúl exclamó entonces:

—¡Bendito seas, David, hijo mío! ¡Tú emprenderás grandes cosas, y tendrás éxito en todo!

Después de esto, Saúl regresó a su casa, y David siguió su camino.

### David en territorio filisteo

**27** ¹Sin embargo, David pensaba: "Tarde o temprano, Saúl me va a matar. Por eso, lo mejor que puedo hacer es huir al país filisteo para que Saúl me deje tranquilo y no me ande buscando por todo el territorio de Israel. Así escaparé de sus manos." ²Y así David y los seiscientos hombres que le acompañaban se pusieron en camino para ponerse al servicio de Aquis, hijo de Maoc y rey de Gat. ³David y sus hombres vivieron en Gat, con Aquis, cada cual con su familia. David se llevó a sus dos mujeres: Ahinoam, la de Jezreel, y Abigail, la viuda de Nabal, el de Carmel. ⁴Cuando Saúl supo que David había huido a Gat, dejó de perseguirlo.

⁵Y David le dijo a Aquis:

—Si Su Majestad tiene a bien favorecerme, le ruego que me conceda vivir en alguna de las ciudades del país, pues no está bien que este servidor suyo viva con Su Majestad en la capital del reino.

⁶Aquel mismo día, Aquis le dio la ciudad de Siclag. Por eso, hasta la fecha, Siclag es parte del reino de Judá.

⁷David vivió durante un año y cuatro meses en territorio filisteo. ⁸Y salía con sus hombres a saquear a los de Gesur, Gezer y Amalec, que habitaban en aquella región, desde Telaim, ⁴⁰ en la dirección de Shur, hasta Egipto. ⁹Atacaba a aquella región y no dejaba vivo hombre ni mujer. Además se llevaba las ovejas, las vacas, los asnos, los camellos y hasta la ropa. Después volvía adonde estaba Aquis, ¹⁰y éste le preguntaba: "¿Qué pueblo has saqueado hoy?" Y David le contestaba: "Al sur de Judá", o "Al sur de Jerameel", o "Al sur del territorio de los quenitas."

¹¹David no dejaba hombre ni mujer con vida, para evitar que fueran a Gat y dieran aviso de lo que él hacía. Todo el tiempo que vivió en tierra filistea lo hizo así. ¹²Y Aquis confiaba en David, y pensaba: "David se está volviendo odioso a Israel, y así será siempre mi servidor."

**28** ¹Por aquellos días, los filisteos reunieron sus ejércitos para luchar contra Israel, y Aquis dijo a David:

—Como tú bien sabes, tú y tus hombres tienen que salir conmigo a campaña.

²David le respondió:

—Muy bien. Ahora va a saber Su Majestad lo que este siervo suyo es capaz de hacer.

—En ese caso —contestó Aquis a David—, te nombraré jefe permanente de mi guardia personal.

### Saúl y la adivina de Endor

³Para entonces ya Samuel había muerto, y todos en Israel habían llorado su muerte, después de lo cual lo habían enterrado en Ramá, su ciudad natal.ʳ Saúl, por su parte, había expulsado del país a los adivinos y a los que invocaban a los muertos.ˢ

⁴Los filisteos se reunieron y fueron a establecer su campamento en Sunem, y Saúl juntó a todo Israel y tomó posiciones en Gilboa. ⁵Pero cuando vio el campamento filisteo, tuvo miedo y se sintió dominado por el terror. ⁶Entonces consultó al Señor, pero el Señor no le respondió ni por sueños, ni por el Urim,ᵗ ni por los profetas. ⁷Por eso ordenó a sus oficiales:

—Busquen alguna mujer que invoque a los muertos, para que yo vaya a hacerle una consulta.

Y sus oficiales le respondieron:

—En Endor hay una mujer que invoca a los muertos.

---

⁴⁰ *Desde Telaim:* texto probable. Heb. *desde hacía mucho tiempo.* (Véase 15.4.)
ʳ **28.3** 1 S 25.1. ˢ **28.3** Lv 20.27; Dt 18.10-11. ᵗ **28.6** Nm 27.21.

⁸Saúl se disfrazó, vistiéndose con otra ropa, y acompañado por dos hombres fue de noche a visitar a aquella mujer. Y le dijo:

—Te ruego que me adivines la suerte, y que hagas venir el espíritu de quien yo te diga.

⁹La mujer le respondió:

—Tú sabes lo que ha hecho Saúl, que ha expulsado del país a los adivinos y a los que invocan a los muertos. ¿Por qué me metes en algo que me puede costar la vida?

¹⁰Pero Saúl, jurando por el Señor, le dijo:

—Te juro por el Señor que no te pasará nada malo por esto.

¹¹—¿A quién quieres que haga venir? —contestó la mujer.

—Llámame a Samuel —dijo Saúl.

¹²De repente la mujer vio a Samuel, y dio un grito; luego le dijo a Saúl:

—¿Por qué me has engañado? ¡Tú eres Saúl!

¹³Pero el rey le dijo:

—No tengas miedo. ¿Qué has visto?

—Veo un dios que sube*⁴¹* de la tierra —contestó la mujer.

¹⁴—¿Qué aspecto tiene? —preguntó Saúl.

—Es un hombre anciano, vestido con una capa —respondió ella.

Saúl comprendió en seguida que era Samuel, y se inclinó hasta tocar el suelo con la frente. ¹⁵Entonces le dijo Samuel:

—¿Para qué me has molestado, haciéndome venir?

Saúl respondió:

—Es que estoy muy angustiado, pues me están atacando los filisteos y Dios me ha abandonado. No me responde ya ni por medio de los profetas ni por sueños. Por eso te he llamado, para que me indiques lo que debo hacer.

¹⁶Samuel le contestó:

—¿Por qué me preguntas a mí, si el Señor ya se ha abandonado y se ha vuelto tu enemigo? ¹⁷El Señor ha hecho contigo lo que te anunció por medio de mí. Te ha arrebatado el reino y se lo ha entregado a tu compañero*ᵘ* David, ¹⁸ya que tú no obedeciste el mandato del Señor, ni cumpliste su orden de destruir a los amalecitas.*ᵛ* Por eso ahora el Señor ha hecho esto contigo. ¹⁹Además, el Señor va a entregar a los israelitas y a ti en poder de los filisteos, y mañana tú y tus hijos estarán conmigo.

También hará el Señor que el campamento de Israel caiga en poder de los filisteos.*

²⁰De pronto Saúl cayó al suelo cuan largo era. Estaba tan asustado por las palabras de Samuel, que se desmayó. Para colmo, no había comido nada en todo el día ni en toda la noche. ²¹Al ver la mujer que Saúl estaba tan aturdido, se acercó a él y le dijo:

—Esta servidora tuya ha atendido tu petición. Jugándome la vida, he obedecido tus órdenes. ²²Así que ahora te ruego que me hagas caso: te voy a servir un poco de comida, para que te reanimes y puedas seguir adelante.

²³Saúl no quería comer, pero sus oficiales y la mujer insistieron tanto que al fin aceptó. En seguida se levantó del suelo y se sentó en una cama. ²⁴Mientras tanto, la mujer mató un becerro gordo que tenía en su casa, y amasó harina para cocer unas tortas sin levadura. ²⁵Luego les llevó esto a Saúl y a sus oficiales, los cuales, después de haber comido, se despidieron, y aquella misma noche se fueron.

### Los filisteos desconfían de David

**29** ¹Los filisteos reunieron todas sus tropas en Afec, en tanto que los israelitas acamparon en el manantial que está en Jezreel. ²Y cuando los jefes filisteos avanzaban por compañías y batallones, David y sus hombres marchaban con Aquis en la retaguardia. ³Entonces los jefes filisteos le preguntaron a Aquis:

—¿Qué hacen aquí estos hebreos?

Aquis les respondió:

—Este es David, que era oficial de Saúl, rey de Israel. Pero ha estado conmigo durante algunos años, y desde el día que se pasó a mi lado hasta hoy no he encontrado en él ninguna falta.

⁴Pero los jefes filisteos se enojaron con Aquis, y le dijeron:

—Pues ordénale que se vaya al lugar que le has dado y que no nos acompañe en la batalla; no sea que se convierta en nuestro enemigo en medio del combate. ¡La mejor manera que él tendría de quedar bien con su señor sería presentándole las cabezas de estos soldados! ⁵¡Este es el mismo David de quien cantaban en las danzas: 'Mil hombres mató Saúl, y diez mil mató David'!*ʷ*

⁶Entonces Aquis llamó a David y le dijo:

---

*⁴¹ Un dios que sube:* en singular, según el contexto. Lit. *unos dioses que suben.*
*ᵘ 28.17* 1 S 15.28.   *ᵛ 28.18* 1 S 15.3-9.   * *28.3-19* Eclo 46.20.   *ʷ 29.5* 1 S 18.7; 21.11.

—¡Tan cierto como que el Señor vive, que tú eres un hombre recto! Y me ha gustado mucho la forma en que te has portado en el campamento. No he encontrado nada malo en ti desde el día en que viniste a verme. Pero no les caes bien a los jefes filisteos, [7]así que regresa ahora tranquilo, para no hacer nada que les desagrade.

[8]David le contestó:

—¿Qué he hecho yo? ¿Qué ha visto en mí Su Majestad en todo este tiempo, que no me deja luchar contra sus enemigos?

[9]Aquis respondió:

—Yo estoy seguro de que eres tan bueno como un ángel de Dios, pero los jefes filisteos han decidido que no entres con nosotros en la batalla. [10]Por lo tanto, tú y los servidores de tu señor que han venido contigo se levantarán mañana, en cuanto amanezca, y emprenderán el regreso.

[11]Así pues, David y sus hombres se levantaron al día siguiente por la mañana y regresaron al país filisteo, mientras que los filisteos avanzaban hacia Jezreel.

### David derrota a los amalecitas

**30** [1]Al tercer día, David y sus hombres llegaron a Siclag, y se encontraron con que los amalecitas habían invadido el Néguev y atacado a Siclag, destruyéndola e incendiándola. [2]También se habían llevado prisioneras a las mujeres y a todos los niños y adultos que estaban allí, aunque no habían matado a nadie.

[3]Cuando David y sus hombres llegaron a la ciudad y vieron que estaba quemada y que se habían llevado prisioneros a sus mujeres, hijos e hijas, [4]se pusieron a llorar a voz en cuello hasta quedarse sin fuerzas. [5]También habían hecho prisioneras a las dos mujeres de David: a Ahinoam, la de Jezreel, y a Abigail, la viuda de Nabal, el de Carmel.*x* [6]David estaba muy preocupado porque la tropa quería apedrearlo, pues todos estaban muy disgustados por lo que había sucedido a sus hijos. Sin embargo, puso su confianza en el Señor su Dios, [7]y le dijo al sacerdote Abiatar,*y* hijo de Ahimelec:

—Por favor, tráeme el efod.

En cuanto Abiatar llevó el efod a David, [8]éste consultó al Señor. Le preguntó:

—¿Debo perseguir a esa banda de ladrones? ¿Podré alcanzarla?

Y el Señor contestó:

—Persíguela, pues la alcanzarás y rescatarás a los prisioneros.

[9]Inmediatamente David se puso en camino con los seiscientos hombres que le acompañaban, y llegaron al arroyo de Besor. Allí se quedaron [10]doscientos hombres que estaban muy cansados para cruzar el arroyo, y con los otros cuatrocientos continuó David la persecución. [11]Más tarde encontraron en el llano a un egipcio, y lo llevaron ante David, aunque antes tuvieron que darle de comer y de beber: [12]le dieron una rebanada de torta de higo y dos tortas de uvas pasas. Después de comer, el egipcio se sintió más reanimado, pues hacía tres días y tres noches que no había comido ni bebido nada. [13]Entonces le preguntó David:

—¿Quién es tu amo? ¿De dónde vienes?

El egipcio le respondió:

—Soy egipcio, criado de un amalecita, pero hace tres días mi amo me abandonó porque caí enfermo, [14]pues fuimos a saquear la parte sur del territorio de los cereteos, y de los de Judá y de Caleb. También le prendimos fuego a Siclag.

[15]—¿Me quieres conducir hasta esa banda de ladrones? —le preguntó David.

Y el egipcio contestó:

—Si me juras por Dios que no me matarás ni me entregarás a mi amo, te llevaré hasta ellos.

[16]Y lo llevó hasta donde estaban los ladrones, los cuales se habían desparramado por todo el campo y estaban comiendo, bebiendo y haciendo fiesta por todo lo que habían robado en territorio filisteo y en territorio de Judá. [17]Entonces David los atacó desde la mañana hasta la tarde, y los destruyó por completo, menos a cuatrocientos muchachos que montaron en sus camellos y lograron escapar.

[18]David rescató todo lo que los amalecitas habían robado, y rescató también a sus dos mujeres. [19]No les faltó ni la más pequeña cosa de todo lo que les habían quitado, ni tampoco faltó un solo niño ni adulto, pues David lo recuperó todo. [20]También se apoderó David de todas sus ovejas y vacas, y los que arreaban el ganado decían que aquello era lo que había ganado David.

[21]Cuando David llegó adonde estaban los doscientos hombres que por estar demasiado cansados no lo habían acompañado, sino que se habían quedado en el arroyo de Besor, salieron ellos a recibirlo

*x* **30.5** 1 S 25.42-43.   *y* **30.7** 1 S 22.20-23.

a él y a sus acompañantes. David se acercó a ellos y los saludó. ²²Pero algunos de sus hombres, que eran gente malvada y perversa, protestaron y dijeron que a quienes no habían ido con ellos no se les debía dar nada de lo que ellos habían obtenido, excepto sus mujeres e hijos, y que deberían irse después de recuperarlos. ²³Sin embargo, David dijo:

—No hagan eso, amigos míos, después de todo lo que el Señor nos ha dado, y de que nos ha conservado la vida y ha puesto en nuestras manos a esa banda de ladrones que nos había atacado. ²⁴En este caso nadie va a darles la razón, porque en el reparto lo mismo les toca a los que se quedan cuidando el equipo que a los que van a la batalla.

²⁵(Desde entonces, y hasta el presente, ésta fue la práctica general en Israel).

²⁶Cuando David llegó a Siclag, envió a sus amigos, los ancianos de Judá, una parte de lo que le había quitado al enemigo, junto con este mensaje: "Aquí tienen ustedes este regalo, que es parte de lo que les quité a los enemigos del Señor." ²⁷Y envió regalos a los que estaban en Betel, en Ramot del Néguev, en Jatir, ²⁸en Aroer, en Sifmot, en Estemoa ²⁹y en Racal, y también a los que estaban en las ciudades de Jerameel, en las ciudades de los quenitas, ³⁰y en Horma, en Corasán, en Atac, ³¹en Hebrón y en todos los sitios por donde él y sus hombres habían andado.

### Saúl y sus hijos mueren en la guerra
### (1 Cr 10.1-12)

**31** ¹Los filisteos atacaron a Israel, y los israelitas huyeron ante ellos, pues fueron muchos los muertos en el monte Gilboa. ²Y los filisteos se fueron en persecución de Saúl y de sus hijos, y mataron a Jonatán, a Abinadab y a Malquisúa. ³Luego concentraron todo su ataque sobre Saúl; y como los arqueros lograron alcanzarlo con sus flechas, le entró mucho miedo de ellos. ⁴Por lo tanto, le dijo a su ayudante de armas:

—Saca tu espada y atraviésame con ella, para que no vengan estos paganos y sean ellos quienes me maten y se diviertan conmigo.

Pero su ayudante no quiso hacerlo, porque tenía mucho miedo. Entonces Saúl tomó su espada y se dejó caer sobre ella. ⁵Y cuando su ayudante vio que Saúl había muerto, también él se dejó caer sobre su propia espada y murió con él. ⁶Así murieron aquel día Saúl, sus tres hijos, su ayudante y todos sus hombres. ⁷Y cuando los israelitas que vivían al otro lado del valle y al este del Jordán vieron que las tropas de Israel habían huido, y que Saúl y sus hijos habían muerto, abandonaron las ciudades y huyeron también. Entonces los filisteos llegaron y se quedaron a vivir en ellas.

⁸Al día siguiente, cuando los filisteos fueron a despojar a los muertos, encontraron a Saúl y a sus tres hijos tendidos en el monte Gilboa. ⁹Entonces le cortaron la cabeza y le quitaron las armas, y enviaron mensajeros por todo el territorio filisteo para que dieran la noticia al pueblo en el templo de sus dioses. ¹⁰Luego pusieron las armas de Saúl en el templo de Astarté y colgaron su cuerpo en la muralla de Bet-sán.

¹¹Cuando los habitantes de Jabes de Galaad supieron lo que los filisteos habían hecho con Saúl, ¹²se pusieron de acuerdo todos los hombres valientes y, después de haber caminado durante toda la noche, tomaron de la muralla de Bet-sán los cuerpos de Saúl y de sus hijos y regresaron a Jabes, donde los quemaron. ¹³Luego enterraron sus restos en Jabes, debajo de un árbol. Después de esto guardaron siete días de ayuno.

# Segundo Libro de
# SAMUEL

*Continuando el relato, este segundo libro inserta al principio la bella y noble elegía o poema fúnebre en que David lamenta la muerte de Saúl y Jonatán. Y luego se dedica por entero a narrar la historia del reinado de David, primero solamente sobre Judá (caps. 1-4), pues el resto del país queda, sin mucho entusiasmo, bajo el gobierno de Is-boset, hijo y heredero de Saúl. Después, tras una infortunada guerra entre él y David, éste queda como rey de todo Israel (caps. 5-24). El libro presenta a David y describe su reinado con honrado realismo, exaltando sus grandes virtudes, pero refiriendo también sus debilidades y pecados, que llegaron hasta el crimen.*

*David se muestra en el relato como guerrero valeroso y hábil estadista, que extiende y consolida el reino, luchando contra sublevaciones internas y contra enemigos del exterior. Claramente se ve su profunda fe, su devoción a Dios y su solicitud por el pueblo, todo lo cual le ganó la lealtad general. Y se muestra cómo, cuando dejándose llevar por sus deseos y ambiciones incurre en graves pecados, y el profeta Natán, enviado por Dios, se los reprocha, no sólo los confiesa y se arrepiente de ellos, sino que acepta humildemente su castigo.*

*La persona y el reinado de David dejaron una huella profunda en el pueblo de Israel, de manera que éste lo exaltó como prototipo y prefiguración del libertador nacional por excelencia después de Moisés. Este ideal tomó la figura del Mesías, el Elegido de Dios, que vendría para cumplir las grandes promesas divinas hechas a Israel.*

### David se entera de la muerte de Saúl

**1** ¹Después de la muerte de Saúl,[a] David volvió a Siclag tras haber derrotado a los amalecitas,[b] y allí se quedó dos días. ²Pero al tercer día llegó del campamento de Saúl un hombre que traía la ropa rasgada y la cabeza cubierta de tierra en señal de dolor. Cuando llegó ante David, se inclinó hasta el suelo en señal de reverencia. ³David le preguntó:

—¿De dónde vienes?

—He logrado escapar del campamento israelita —respondió aquel hombre.

⁴—¿Pues qué ha ocurrido? ¡Dímelo, por favor! —exigió David.

—Pues que el ejército huyó del combate, y que muchos de ellos murieron —contestó aquel hombre—. ¡Y también murieron Saúl y su hijo Jonatán!

⁵—¿Y cómo sabes que Saúl y su hijo Jonatán han muerto? —preguntó David al criado que le había traído la noticia.

⁶Éste respondió:

—Pues de pura casualidad estaba yo en el monte Gilboa, y vi a Saúl apoyándose en su lanza y a los carros de combate y la caballería enemiga a punto de alcanzarlo. ⁷En ese momento él miró hacia atrás, y al verme me llamó. Yo me puse a sus órdenes. ⁸Luego me preguntó quién era yo, y yo le respondí que era amalecita. ⁹Entonces me pidió que me acercara a él y lo matara de una vez, porque ya había entrado en agonía y, sin embargo, todavía estaba vivo. ¹⁰Así que me acerqué a él y lo maté, porque me di cuenta de que no podría vivir después de su caída. Luego le quité la corona de su cabeza y el brazalete que tenía en el brazo, para traérselos a usted, mi señor.[c]

¹¹Entonces David y los que lo acompañaban se rasgaron la ropa en señal de dolor, ¹²y lloraron y lamentaron la muerte de Saúl y de su hijo Jonatán, lo mismo que la derrota que habían sufrido los israelitas, el ejército del Señor, y ayunaron hasta el atardecer. ¹³Después David le preguntó al joven que le había traído la noticia:

—¿Tú de dónde eres?

—Soy extranjero, un amalecita —contestó él.

¹⁴—¿Y cómo es que te atreviste a levantar tu mano contra el rey escogido por el Señor? —exclamó David, ¹⁵y llamando a uno de sus hombres, le ordenó:

—¡Anda, mátalo!

Y él hirió mortalmente al amalecita y lo mató, ¹⁶mientras David decía:

—Tú eres responsable de tu propia muerte, pues tú mismo te declaraste culpable al confesar que habías matado al rey escogido por el Señor.

### Lamento por Saúl y Jonatán

¹⁷David entonó este lamento por la muerte de Saúl y de su hijo Jonatán, ¹⁸y

ª 1.11 S 31.   ᵇ 1.11 S 30.   ᶜ 1.6-10 1 S 31.1-6; 1 Cr 10.1-6.

ordenó que se le enseñara a la gente de Judá.[l] Este lamento se halla escrito en el Libro del Justo:[d]

19 "¡Oh, Israel,
   herida fue tu gloria en tus montañas!
   ¡Cómo han caído los valientes!
20 No lo anuncien en Gat[e]
   ni lo cuenten en las calles de
      Ascalón,
   para que no se alegren las mujeres
      filisteas,
   para que no salten de gozo esas
      paganas.

21 "¡Que no caiga más sobre ustedes
   lluvia ni rocío, montes de Gilboa,
   pues son campos de muerte![2]
   Allí fueron pisoteados
   los escudos de los héroes.
   Allí perdió su brillo
   el escudo de Saúl.

22 "Jamás Saúl y Jonatán volvieron
   sin haber empapado espada y flechas
   en la sangre y la grasa
   de los guerreros más valientes.

23 "Saúl y Jonatán, amados y queridos,
   ni en su vida ni en su muerte
   estuvieron separados.
   ¡Más veloces eran que las águilas!
   ¡Más fuertes que los leones!

24 "¡Hijas de Israel, lloren por Saúl,
   que las vestía de púrpura y lino fino,
   que las adornaba con brocados de
      oro!
25 ¡Cómo han caído los valientes
   en el campo de batalla!
   ¡Jonatán ha sido muerto
   en lo alto de tus montes!

26 "¡Angustiado estoy por ti,
   Jonatán, hermano mío!
   ¡Con cuánta dulzura me trataste!
   Para mí tu cariño superó
   al amor de las mujeres.
27 ¡Cómo han caído los valientes!
   ¡Las armas han sido destruidas!"[*]

### David es proclamado rey de Judá

**2** ¹Después de esto, David consultó al Señor y le dijo:

—¿Debo ir a alguna de las ciudades de Judá?

El Señor le contestó:

—Sí, debes ir.

Entonces David preguntó:

—¿A dónde debo ir?

Y el Señor respondió:

—A Hebrón.

²David fue allá con sus dos mujeres: Ahinoam, la del pueblo de Jezreel, y Abigail, la viuda de Nabal, el de Carmel.[f] ³También se llevó a sus compañeros, con sus respectivas familias, y se establecieron en las ciudades de Hebrón. ⁴Llegaron después los hombres de Judá, y consagraron allí a David como rey de Judá.

Cuando le contaron a David que los de Jabes de Galaad eran los que habían enterrado a Saúl,[g] ⁵envió David unos mensajeros a decirles: "Que el Señor los bendiga por tratar con tanta bondad a Saúl, su señor, dándole sepultura. ⁶Y que el Señor los trate a ustedes con bondad y fidelidad. Yo, por mi parte, los trataré bien a ustedes por esto que han hecho. ⁷Pero ahora, cobren ustedes ánimo y valor, pues aunque ha muerto Saúl, su señor, la tribu de Judá me ha consagrado para que yo sea su rey."

### Israel y Judá, en guerra

⁸Pero Abner, hijo de Ner, jefe del ejército de Saúl, tomó a Is-boset,[3] el hijo de Saúl, y lo llevó a Mahanaim, ⁹donde lo consagró como rey de Galaad, de Gesuri, de Jezreel, de Efraín, de Benjamín y de todo Israel. ¹⁰Cuando Is-boset comenzó a reinar en Israel, tenía cuarenta años, y reinó durante dos años. Pero la tribu de Judá reconocía como rey a David, ¹¹así que David fue rey de Judá durante siete años y seis meses, y la capital de su reino fue Hebrón.

¹²Abner salió entonces de Mahanaim a Gabaón, al frente de las tropas de Is-boset. ¹³Por su parte Joab, hijo de Sarvia, y las tropas de David, salieron de Hebrón y se encontraron con ellos junto al depósito de agua de Gabaón. Los dos ejércitos tomaron posiciones, unos a un lado del depósito y otros al lado opuesto. ¹⁴Entonces Abner le propuso a Joab:

—Que salgan a luchar los jóvenes delante de todos nosotros.

---

[l] *La gente de Judá:* según la versión griega. Heb. *añade un arco.*   [2] *Campos de muerte:* texto probable. Heb. *campos de ofrendas.*   [3] El nombre original *Is-baal,* "el hombre de Baal", aparece en el texto hebreo de este pasaje como *Is-boset,* con la intención evidente de usar la palabra hebrea que significa "vergüenza", para no pronunciar el nombre de un dios pagano. (Véase 1 Cr. 8.33; 9.39.)
[d] **1.18** Jos 10.13.   [e] **1.20** Mi 1.10.   [*] **1.19,27** 1 Mac 9.21.   [f] **2.2** 1 S 25.42-43.   [g] **2.4** 1 S 31.11-13.

—De acuerdo —contestó Joab.

¹⁵Así pues, para luchar por parte de Benjamín y de Is-boset, hijo de Saúl, pasaron al frente doce criados, y otros doce por parte de las tropas de David. ¹⁶Cada cual agarró a su contrario por la cabeza y le clavó la espada en el costado, de modo que cayeron todos muertos a la vez. Por eso aquel lugar, que está en Gabaón, fue llamado Helcat-hazurim.⁴ ¹⁷El combate fue muy duro aquel día, y Abner y las tropas de Israel fueron derrotados por los soldados de David. ¹⁸Allí estaban los tres hijos de Sarvia: Joab, Abisai y Asael. Este último corría veloz, como un ciervo a campo abierto, ¹⁹y se lanzó en persecución de Abner sin darle ninguna oportunidad de escapar. ²⁰Y cuando Abner miró hacia atrás, exclamó:

—¡Pero si eres tú, Asael!

—¡Claro que soy yo! —respondió él.

²¹Entonces Abner le dijo:

—Deja ya de perseguirme. Mejor agarra a alguno de los criados y quédate con todo lo que lleva encima.

Pero como Asael no quiso dejar de perseguirlo, ²²Abner volvió a decirle:

—¡Deja ya de perseguirme, o me veré obligado a derribarte por tierra! Y luego, ¿con qué cara voy a presentarme ante tu hermano Joab?

²³Como Asael no quiso apartarse, Abner le clavó en el vientre la punta posterior de su lanza, la cual le salió por la espalda, y Asael cayó muerto allí mismo. Y todos los que llegaban al sitio donde había caído muerto Asael, se paraban a verlo. ²⁴Pero Joab y Abisai siguieron persiguiendo a Abner. A la puesta del sol llegaron a la colina de Ama, que está frente a Gía, en el camino al desierto de Gabaón. ²⁵Allí los benjaminitas se reunieron con Abner, y formando un solo ejército tomaron posiciones en la cumbre de un cerro. ²⁶Entonces Abner le gritó a Joab:

—¿No va a tener fin esta matanza? ¿No te das cuenta de que esto sólo nos traerá amargura? ¿Cuándo vas a ordenar a tu gente que deje de perseguir a sus hermanos?

²⁷Y Joab contestó:

—Te juro por Dios que si no hubieras dicho esto, mi gente habría seguido persiguiendo a sus hermanos hasta el amanecer.

²⁸En seguida Joab ordenó que tocaran las trompetas, y toda la gente se detuvo, dejando de perseguir a los israelitas y de luchar contra ellos. ²⁹Abner y sus hombres caminaron por la llanura de Arabá toda aquella noche, y cortando camino a través del Jordán y de todo Bitrón, llegaron a Mahanaim.

³⁰Joab dejó de perseguir a Abner y reunió todas sus tropas, y al pasar lista resultó que habían muerto diecinueve oficiales de David, además de Asael. ³¹Sin embargo, los seguidores de David habían matado a trescientos sesenta hombres de Benjamín y de Abner.

³²Más tarde, el cuerpo de Asael fue llevado a Belén y enterrado allí, en el sepulcro de su padre. Joab y sus hombres caminaron toda aquella noche, y al amanecer estaban en Hebrón.

**3** ¹La guerra entre la casa de Saúl y la casa de David fue larga, pero mientras que la de David iba haciéndose más y más fuerte, la de Saúl se iba debilitando.

### La familia de David

*(1 Cr 3.1-4)*

²Los hijos que le nacieron a David cuando estaba en Hebrón, fueron: el mayor, Amnón, hijo de Ahinoam, la de Jezreel; ³el segundo, Quileab, hijo de Abigail, la viuda de Nabal, el de Carmel; el tercero, Absalón, hijo de Maaca, la hija de Talmai, rey de Gesur; ⁴el cuarto, Adonías, hijo de Haguit; el quinto, Sefatías, hijo de Abital; ⁵el sexto, Itream, hijo de Egla, otra mujer de David. Estos nacieron cuando David estaba en Hebrón.

### Abner se alía con David

⁶Mientras continuaba la guerra entre la casa de Saúl y la casa de David, Abner adquiría cada vez más poder sobre la casa de Saúl. ⁷Saúl había tenido una concubina llamada Rizpa, hija de Aja, con la que Abner tuvo relaciones.⁵ Por lo tanto, Is-boset le reclamó a Abner:

—¿Por qué te acostaste con la concubina de mi padre?

⁸Abner se enojó mucho por la reclamación de Is-boset, y le contestó:

—¿Acaso soy un perro al servicio de Judá? Yo he sido fiel a la casa de Saúl, tu padre, y a sus parientes y amigos, y no te

---

⁴ En hebreo, *Helcat-hazurim* quiere decir "Campo de las rocas". Cambiando una vocal para decir *hazurim* significaría "Campo de los adversarios". Se ha propuesto enmendar el texto para que diga *hasiddim*, con lo cual significaría "Campo de los costados". En este caso la relación del suceso con el nombre resulta insegura. ⁵ *Con la que Abner tuvo relaciones:* según un manuscrito griego. En el texto hebreo no aparece esta frase.

he entregado en manos de David. ¿Y tú me acusas ahora de haber pecado con una mujer? 9¡Que el Señor me castigue duramente si no hago con David lo que el Señor le ha prometido, 10quitando del trono a la dinastía de Saúl,*h* y estableciendo a David en el trono de Israel y de Judá, desde Dan hasta Beerseba!

11Is-boset no pudo responderle a Abner una sola palabra, porque le tenía miedo. 12Abner, por su parte, envió mensajeros a decirle a David: "¿De quién es el país? Hagamos un trato: yo haré cuanto esté a mi alcance para que todo Israel se ponga de tu parte."

13David le contestó: "Estoy de acuerdo en hacer un pacto contigo, pero con una condición: que no te presentes ante mí sin traer contigo, cuando vengas a verme, a Mical, la hija de Saúl." 14Además, David envió mensajeros a Is-boset, diciéndole: "Entrégame a Mical, mi mujer, con la que me casé a cambio de cien prepucios de filisteos."*i*

15Entonces Is-boset mandó que se la quitaran a Paltiel, hijo de Lais, que era su marido; 16pero Paltiel se fue detrás de ella, llorando, y la siguió hasta Bahurim. Allí Abner le ordenó que regresara, y Paltiel regresó.

17Más tarde Abner habló con los ancianos de Israel, y les dijo: "Ya hace tiempo que ustedes andan buscando que David sea su rey. 18Pues bien, ha llegado el momento de actuar, porque el Señor ha prometido a David que por medio de él librará a Israel, su nación, del dominio de los filisteos y del poder de todos sus enemigos."

19Abner habló también con la gente de Benjamín, y después fue a Hebrón para comunicarle a David el parecer de Israel y de toda la tribu de Benjamín. 20Llegó con veinte hombres a Hebrón, donde estaba David, y David hizo un banquete para él y los que le acompañaban. 21Luego Abner le dijo a David:

—Ahora debo irme para reunir a todo Israel, para que hagan un pacto con Su Majestad, y que así Su Majestad reine conforme a sus deseos.

Y David despidió a Abner, el cual se fue tranquilamente.

### Joab mata a Abner

22Joab y los seguidores de David llegaron en ese momento de una de sus correrías, trayendo consigo gran cantidad de

cosas que le habían quitado al enemigo. Abner no estaba ya con David en Hebrón, pues se había ido tranquilamente después que David lo despidió. 23Al llegar Joab con todo el ejército que le acompañaba, le contaron que Abner, hijo de Ner, había estado antes con el rey, y que se había ido después que el rey lo despidió. 24Entonces Joab fue a ver al rey, y le dijo:

—¿Qué es lo que ha hecho Su Majestad? Abner ha venido a ver a Su Majestad, y Su Majestad ha dejado que se vaya. 25¿Acaso no sabe Su Majestad que Abner, hijo de Ner, ha venido sólo a engañarle, y a espiar sus movimientos, y a enterarse de todo lo que Su Majestad hace?

26En cuanto Joab salió de hablar con David, envió mensajeros en busca de Abner, sin que David lo supiera, y éstos lo hicieron volver desde el pozo de Sira. 27Cuando Abner llegó a Hebrón, Joab lo llevó a un lado de la puerta de la ciudad, para hablar con él a solas, y allí lo hirió de muerte en el vientre, para vengar la muerte de su hermano Asael. 28Más tarde, cuando David lo supo, dijo: "Ante el Señor, yo y mi reino somos completamente inocentes del asesinato de Abner, hijo de Ner. 29¡Que caiga la culpa sobre la cabeza de Joab y sobre toda su familia, y que nunca falte en su casa quien sufra de flujo, lepra o cojera, ni quien sea asesinado o padezca hambre!"

30Joab y Abisai mataron a Abner porque en la batalla de Gabaón Abner había matado a su hermano de ellos.

31Después David ordenó a Joab y a todo el grupo que le acompañaba: "Rásguense la ropa y vístanse con ropas ásperas, y guarden luto por la muerte de Abner." El rey David marchó detrás de la camilla, 32y enterraron a Abner en Hebrón. Allí el rey se puso a llorar a voz en cuello junto al sepulcro de Abner, y lo mismo hizo toda la gente. 33Entonces el rey entonó este lamento por Abner:

"¿Por qué tenías que morir, Abner,
    de manera tan absurda,
34si no tenías atadas las manos
    ni encadenados los pies?
¡Has muerto como quien muere
    a manos de gente malvada!"

También la gente siguió llorando por él. 35Luego fueron a rogarle a David que

*h* 3.10 1 S 15.28.   *i* 3.14 1 S 18.27.

comiera algo antes de que terminara el día, pero David juró, diciendo:

—¡Que Dios me castigue duramente, si pruebo pan o alguna otra cosa antes de que se ponga el sol!

[36]Todos comprendieron esto y les pareció bien, pues todo lo que el rey hacía agradaba a la gente. [37]Aquel día todos los israelitas quedaron convencidos de que el rey no había tenido nada que ver con la muerte de Abner, hijo de Ner.

[38]Luego el rey dijo a sus oficiales:

—Como ustedes saben, hoy ha caído en Israel un jefe principal, una gran personalidad. [39]Por eso yo, a pesar de ser el rey que Dios ha escogido, me siento débil ante la extremada violencia de los hijos de Sarvia. ¡Que el Señor le dé su merecido a quien cometió esta maldad!

### Asesinato de Is-boset

4 [1]Cuando Is-boset, hijo de Saúl, supo que Abner había muerto en Hebrón, perdió el ánimo por completo, y todos en Israel se llenaron de miedo. [2]Is-boset tenía a su servicio dos hombres que eran jefes de una banda de ladrones. Uno se llamaba Baana, y el otro Recab. Eran hijos de Rimón de Beerot, y por lo tanto descendientes de Benjamín, pues al pueblo de Beerot se le consideraba como parte de la tribu de Benjamín [3]aun cuando los de Beerot huyeron a Gitaim, donde han vivido como forasteros hasta el presente.

[4]Ahora bien, Jonatán, hijo de Saúl, tenía un hijo, llamado Mefi-boset, que era inválido de los dos pies.[j] Cuando Mefi-boset tenía cinco años de edad, llegó de Jezreel la noticia de que Saúl y Jonatán habían muerto; entonces su nodriza tomó a Mefi-boset y huyó con él, pero con las prisas de la huida éste se cayó y quedó cojo.

[5]Recab y Baana, los hijos de Rimón de Beerot, se dirigieron a casa de Is-boset, y llegaron a la hora de más calor del día, cuando él estaba durmiendo la siesta. [6]La portera de la casa había estado limpiando trigo, pero finalmente se había quedado dormida, de modo que Recab y su hermano Baana pudieron entrar sin ser vistos.[6] [7]Cuando entraron en la casa, Is-boset estaba acostado sobre la cama de su dormitorio; entonces lo asesinaron y le cortaron la cabeza, después de lo cual se la llevaron consigo y caminaron toda la noche por el camino del Arabá [8]para entregársela a David, que estaba en Hebrón. Le dijeron al rey:

—Aquí tiene Su Majestad la cabeza de Is-boset, el hijo de Saúl, que era enemigo de Su Majestad y procuraba quitarle la vida. Pero hoy el Señor ha concedido a Su Majestad vengarse de Saúl y sus descendientes.

[9]Y David les respondió:

—Les juro por el Señor, que me ha librado de toda angustia, [10]que cuando uno, creyendo que me daba buenas noticias, vino a contarme que Saúl había muerto, la noticia le valió que yo lo apresara y lo matara en Siclag.[k] [11]¡Con mayor razón haré eso mismo con ustedes, malvados, que han asesinado a un hombre inocente mientras éste se hallaba acostado y en su propia casa! Por lo tanto, ¡voy a hacerles pagar su muerte! ¡Voy a borrarlos de este mundo!

[12]En seguida David dio órdenes a sus oficiales, y éstos los mataron; les cortaron las manos y los pies, y los colgaron junto al depósito de agua de Hebrón. Después tomaron la cabeza de Is-boset y la enterraron en Hebrón, en el sepulcro de Abner.

### David, rey de Israel y Judá
*(1 Cr 11.1-3)*

5 [1]Más tarde, todas las tribus de Israel fueron a Hebrón para hablar con David, y le dijeron: "Nosotros somos de tu misma sangre, [2]y en realidad, aunque Saúl era nuestro rey, tú eras el que verdaderamente dirigía a Israel en sus campañas. Además, el Señor te ha prometido que tú serás quien dirija y gobierne a Israel."

[3]De esta manera, todos los ancianos de Israel fueron y hablaron con el rey David en Hebrón, y él hizo un pacto con ellos, poniendo al Señor por testigo. Entonces ellos consagraron a David como rey de Israel. [4]David tenía treinta años cuando empezó a reinar, y reinó cuarenta años: [5]en Hebrón fue rey de Judá durante siete años y medio, y luego en Jerusalén fue rey de todo Israel y Judá durante treinta y tres años.[l]

---

[6] *La portera . . . sin ser vistos:* según la versión griega. Heb.: *Y ellas entraron hasta en medio de la casa tomando trigo, y ellos lo hirieron en el vientre. Y Recab y su hermano Baana escaparon.*
[j] 4.4 2 S 9.3 . [k] 4.10 2 S 1.1-16. [l] 5.4-5 1 R 2.11; 1 Cr 3.4; 29.27.

## David captura la fortaleza de Sión

### (1 Cr 11.4-9)

[6]El rey David y sus hombres se dirigieron hacia Jerusalén para atacar a los jebuseos,[m] habitantes de aquella región. Y los jebuseos, creyendo que David no lograría entrar en la ciudad, le dijeron: "Tú no podrás entrar aquí, pues se bastan los ciegos y los cojos para no dejarte entrar." [7]Sin embargo, David capturó la fortaleza de Sión, ahora conocida como la Ciudad de David. [8]David había dicho en aquella ocasión: "Todo el que ataque a los jebuseos, que entre por el canal del agua y mate a los ciegos y a los cojos, a los cuales aborrezco con toda mi alma." De allí viene el dicho: "Ni los ciegos ni los cojos pueden entrar en el templo del Señor." [9]Después se instaló David en la fortaleza y la llamó Ciudad de David, y le construyó murallas alrededor, desde el terraplén hasta el palacio.

## Hiram envía embajadores a David

### (1 Cr 14.1-2)

[10]El poder de David iba aumentando, y el Señor, el Dios todopoderoso, estaba con él. [11]Por eso Hiram, rey de Tiro, envió sus embajadores a David, además de carpinteros y canteros, los cuales llevaron madera de cedro y construyeron el palacio de David. [12]Entonces David comprendió que el Señor lo había confirmado como rey de Israel, y que había hecho prosperar su reinado en atención a su pueblo Israel.

## Otros hijos de David

### (1 Cr 3.5-9; 14.3-7)

[13]Después de haberse trasladado de Hebrón a Jerusalén, David tomó allí más esposas y concubinas, las cuales le dieron más hijos e hijas. [14]Los hijos que le nacieron en Jerusalén se llamaban: Samúa, Sobab, Natán, Salomón, [15]Ibhar, Elisúa, Nefeg, Jafía, [16]Elisama, Eliada y Elifelet.

## David vence a los filisteos

### (1 Cr 14.8-17)

[17]Cuando los filisteos supieron que David había sido consagrado como rey de Israel, se lanzaron todos en busca suya; pero David lo supo y se retiró a la fortaleza. [18]Entonces los filisteos avanzaron y ocuparon el valle de Refaim. [19]Por esto, David consultó al Señor, y le preguntó:

—¿Puedo atacar a los filisteos? ¿Me darás la victoria sobre ellos?

Y el Señor le respondió:

—Sí, atácalos, porque te daré la victoria sobre ellos.

[20]David llegó a Baal-perazim, y allí los venció. Por eso dijo: "Como un torrente de agua, el Señor me ha abierto paso entre mis enemigos." Y llamó a aquel lugar Baal-perazim.[7] [21]Además, los filisteos dejaron abandonados sus ídolos, y David y sus hombres los recogieron.

[22]Pero los filisteos volvieron a ocupar el valle de Refaim, [23]así que David consultó al Señor, y el Señor le contestó:

—No los ataques de frente, sino rodéalos y atácalos por la retaguardia cuando llegues a los árboles de bálsamo. [24]Cuando escuches ruido de pasos por encima de las copas de los árboles, lánzate al ataque, porque eso significa que yo voy delante de ti para herir de muerte al ejército filisteo.

[25]David hizo lo que el Señor le había ordenado, y derrotó a los filisteos desde Gabaón[8] hasta Gezer.

## David intenta trasladar el cofre del Señor

### (1 Cr 13.5-14)

**6** [1]David reunió de nuevo a todos los soldados escogidos de Israel, que eran treinta mil, [2]y partiendo de Baala de Judá con todas las tropas que lo acompañaban, se dispuso a trasladar de allí el cofre de Dios, sobre el que se invoca el nombre del Señor todopoderoso, que tiene su trono sobre las querubines.[n] [3-4]Pusieron el cofre sobre una carreta nueva y se lo llevaron de la casa de Abinadab, que estaba en una colina.[ñ] Uza y Ahío, hijos de Abinadab, iban guiando la carreta que llevaban el cofre de Dios, y Ahío iba delante del cofre. [5]Mientras tanto, David y todos los israelitas iban delante de Dios cantando y danzando con todas sus fuerzas, al son de la música de arpas, salterios, panderos, castañuelas y platillos. [6]Cuando llegaron al lugar conocido como Era de Nacón, Uza alargó la mano hacia el cofre de Dios, para sostenerlo, porque habían tropezado los bueyes. [7]Pero el Señor se enfureció con Uza por aquel atrevimiento, y le quitó la vida allí mismo,

---

[7] En hebreo, *Baal-perazim* significa *Señor de los pasos abiertos.*     [8] *Gabaón:* según la versión griega y 1 Cr 14.16. Heb. *Geba.*
[m] 5.6 Jos 15.63; Jue 1.21.     [n] 6.2 Ex 25.18-22; 1 S 4.4; 1 R 6.23-28; Sal 80.1; Is 37.16; Ez 1.26-28.     [ñ] 6.3-4 1 S 7.1-2.

cayendo Uza muerto junto al cofre de Dios.

8David se disgustó mucho porque el Señor le quitó la vida9 a Uza, y por eso llamó a aquel lugar Pérez-uza,10 nombre que tiene hasta el presente. 9Pero ese mismo día David tuvo mucho miedo ante el Señor, y exclamó: "¡Ni pensar en llevarme el cofre del Señor!" 10Y como ya no quiso llevarse el cofre del Señor a la Ciudad de David, ordenó que lo llevaran a casa de Obed-edom, un hombre de Gat. 11El cofre del Señor se quedó tres meses en casa de Obed-edom, y el Señor lo bendijo a él y a toda su familia.º

### David traslada el cofre del Señor a Jerusalén
#### (1 Cr 15.1—16.6)

12Cuando le contaron al rey David que por causa del cofre el Señor había bendecido a la familia de Obed-edom junto con todas sus pertenencias, David fue y con gran alegría trasladó el cofre de Dios de la casa de Obed-edom a la Ciudad de David. 13Y cuando los que llevaban el cofre del Señor habían dado ya seis pasos, David sacrificó un toro y un carnero gordo.

14David iba vestido con un efod de lino, y danzaba con todas sus fuerzas, 15y tanto él como todos los israelitas llevaban el cofre del Señor entre gritos de alegría y toque de trompetas.

16Cuando el cofre del Señor llegó a la Ciudad de David, Mical, la hija de Saúl, se asomó a la ventana; y al ver al rey David saltando y bailando delante del Señor, sintió un profundo desprecio por él.

17El cofre del Señor fue llevado y puesto en su lugar, dentro de una tienda de campaña que David había levantado con ese propósito. En seguida David ofreció holocaustos y sacrificios de reconciliación delante del Señor, 18y como terminó de ofrecerlos bendijo al pueblo en el nombre del Señor todopoderoso, 19y a todos los israelitas allí presentes, hombres y mujeres, les dio un pan, una torta de dátiles y otra de pasas. Después todos se volvieron a sus casas.

20También David volvió a su casa para bendecir a su familia;p pero Mical, la hija de Saúl, salió a recibirlo y le dijo:

—¡Qué bien ha quedado hoy el rey de Israel, mostrándose delante de las esclavas de sus criados como un desvergonzado cualquiera!

21David le respondió:

—Es verdad; he estado bailando, pero ha sido delante del Señor, que me escogió en lugar de tu padre y de toda tu familia para ser el jefe de su pueblo Israel. Por eso bailo delante de él. 22Y aún me humillaré más que ahora; me rebajaré, según tu opinión, pero seré honrado por esas mismas esclavas de que tú hablas.

23Y Mical no tuvo hijos en toda su vida.

### Dios promete bendecir a David
#### (1 Cr 17.1-27)

7 1Cuando el rey David estuvo ya instalado en su palacio, y el Señor le había concedido la paz con todos sus enemigos de alrededor, 2le dijo a Natán, el profeta:

—Como puedes ver, yo habito en un palacio de cedro, mientras que el cofre de Dios habita bajo simples cortinas.

3Y Natán le contestó:

—Pues haz todo lo que te has propuesto, porque cuentas con el apoyo del Señor.

4Pero aquella misma noche, el Señor se dirigió a Natán y le dijo: 5"Ve y habla con mi siervo David, y comunícale que yo, el Señor, le he dicho: 'No serás tú quien me construya un templo para que habite en él. 6Desde el día en que saqué de Egipto a los israelitas, hasta el presente, nunca he habitado en templos, sino que he andado en simples tiendas de campaña. 7En todo el tiempo que anduve con ellos, jamás le pedí a ninguno de sus caudillos,ll a quienes puse para que gobernaran a mi pueblo Israel, que me construyera un templo de madera de cedro.' 8Por lo tanto, dile a mi siervo David que yo, el Señor todopoderoso, le digo: 'Yo te saqué del redil, y te quité de andar tras el rebaño, para que fueras el jefe de mi pueblo Israel; 9te he acompañado por dondequiera que has ido, he acabado con todos los enemigos que se te enfrentaron, y te he dado gran fama, como la que tienen los hombres importantes de este mundo. 10Además he preparado un lugar para mi pueblo Israel, y allí los he instalado para que vivan en un sitio propio, donde nadie los moleste ni los malhechores los opriman como al principio, 11cuando puse caudillos que gobernaran a mi pueblo

---

9 *Le quitó la vida:* lit. *abrió brecha en.*   10 En hebreo, *Pérez-uza* significa *brecha de Uza.*   ll *Caudillos:* texto probable. Heb. *tribus.*
o 6.11 1 Cr 26.4-5.   p 6.19-20 1 Cr 16.43.

Israel. Yo haré que te veas libre de todos tus enemigos. Y te hago saber que te daré descendientes, [12]y que cuando tu vida llegue a su fin y mueras, yo estableceré a uno de tus descendientes y lo confirmaré en el reino. [13]El me construirá un templo, y yo afirmaré su reino para siempre. [14]Yo le seré un padre, y él me será un hijo. Y cuando cometa una falta, yo lo castigaré y lo azotaré como todo padre lo hace con su hijo,[q] [15]pero no le retiraré mi bondad como se la retiré a Saúl, al cual quité para ponerte a ti en su lugar. [16]Tu dinastía y tu reino estarán para siempre seguros bajo mi protección, y también tu trono quedará establecido para siempre.' '[r]

[17]Natán le contó todo esto a David, exactamente como lo había visto y oído. [18]Entonces el rey David entró para hablar delante del Señor, y dijo: "Señor, ¿quién soy yo y qué es mi familia para que me hayas hecho llegar hasta aquí? [19]¡Y tan poca cosa te ha parecido esto, Señor, que hasta has hablado del porvenir de la dinastía de tu siervo! ¡Ningún hombre actúa como tú, Señor! [20]¿Qué más te puedo decir, Señor, si tú conoces a este siervo tuyo? [21]Todas estas maravillas las has hecho, según lo prometiste y lo quisiste, para que yo las conociera; [22]por lo tanto, Señor mío, ¡qué grandeza la tuya! Porque no hay nadie como tú, ni existe otro dios aparte de ti, según todo lo que nosotros mismos hemos oído. [23]En cuanto a Israel, tu pueblo, ¡no hay otro como él, pues es nación única en la tierra! Tú, oh Dios, lo libertaste para que fuera tu pueblo, y lo hiciste famoso haciendo por él cosas grandes y maravillosas. Tú arrojaste de delante de tu pueblo, al que rescataste de Egipto, a las demás naciones y a sus dioses, [24]porque tú has determinado que Israel sea tu pueblo para siempre, y que tú, Señor, serás su Dios.

[25]"Así pues, Señor y Dios, mantén para siempre la promesa que has hecho a tu siervo y a su dinastía, y cumple lo que has dicho. [26]¡Que tu nombre sea siempre engrandecido, y se diga que el Señor todopoderoso es el Dios de Israel! ¡Que la dinastía de David, tu siervo, se mantenga firme con tu protección! [27]Tú, Señor todopoderoso, me has hecho saber que vas a establecer mi dinastía; por eso yo, aunque soy tu siervo, me atrevo a hacerte esta súplica. [28]Tú, Señor, eres Dios, y tus palabras son verdaderas, y has prometido a tu siervo tanta bondad; [29]dígnate, pues,

bendecir la dinastía de tu siervo para que permanezca siempre bajo tu protección. Tú, Señor Dios, lo has prometido, y con tu bendición la dinastía de tu siervo será bendita para siempre."

## Campañas militares de David
### (1 Cr 18.1-13)

8 [1]Después de esto David venció a los filisteos, sometiéndolos y arrebatándoles de las manos las riendas del poder. [2]También derrotó a los moabitas, a quienes hizo que se tendieran en el suelo y los midió con un cordel: los que quedaban dentro de cada una medidas de cordel, eran condenados a muerte, y los que quedaban dentro de una medida eran dejados con vida. Así los moabitas fueron sometidos a David y tuvieron que pagarle tributo.

[3]David venció también a Hadad-ezer, hijo de Rehob, que era rey de Soba, cuando éste iba a recuperar su dominio sobre la región del río Éufrates. [4]De ellos, David hizo prisioneros a mil setecientos soldados de caballería y a veinte mil de infantería; y además les rompió las patas a todos los caballos de los carros de combate, con la excepción de los caballos necesarios para cien carros.

[5]Llegaron luego los sirios de Damasco para prestar ayuda a Hadad-ezer, el rey de Soba, pero David venció a los sirios, matando a veintidós mil de ellos. [6]Luego puso David guarniciones en Siria de Damasco, y los sirios quedaron sometidos a él y sujetos al pago de tributo. Así pues, el Señor le daba la victoria a David por dondequiera que iba.

[7]Después David se apoderó de los escudos de oro que usaban los oficiales de Hadad-ezer, y los llevó a Jerusalén. [8]También se apoderó de una gran cantidad de bronce de Beta y de Berotai, ciudades que pertenecían a Hadad-ezer.

[9]Cuando Toi, rey de Hamat, se enteró de que David había derrotado a todo el ejército de Hadad-ezer, [10]envió a su hijo Joram con objetos de plata, de oro y de bronce, para que saludara y felicitara al rey David por haber luchado con Hadad-ezer y haberlo vencido, pues Toi también había estado en guerra con él. [11]David dedicó todos estos objetos al Señor, junto con el oro y la plata que le había consagrado, y que venía de todas las naciones que había sometido: [12]de

q **7.14** Dt 8.5; 2 Co 6.18; He 1.5; 12.5-11.  r **7.11-16** 1 R 2.4.

Edom,[12] de Moab, de Amón, de los filisteos y de los amalecitas, y de lo que le había quitado en la guerra a Hadad-ezer, hijo de Rehob, rey de Soba. [13]David se hizo famoso. Y cuando regresaba de haber vencido a los edomitas,[13] derrotó a dieciocho mil edomitas en el Valle de la Sal.[s] [14]Luego puso guarniciones en todo Edom, y todos los edomitas quedaron sometidos a David, a quien el Señor daba la victoria por dondequiera que iba.

### Oficiales de David
#### (2 S 20.23-26; 1 Cr 18.14-17)

[15]David reinó sobre todo Israel, actuando con justicia y rectitud para con todo su pueblo. [16]El jefe del ejército era Joab, hijo de Sarvia; y Josafat, hijo de Ahilud, era el secretario del rey. [17]Sadoc, hijo de Ahitob, y Ahimelec, hijo de Abiatar, eran sacerdotes; Seraías era el cronista, [18]y Benaía, hijo de Joiada, estaba al mando de la guardia de cereteos y peleteos. Los hijos de David eran sacerdotes.

### David favorece a Mefi-boset

**9** [1]Un día David preguntó: "¿Ha quedado algún superviviente de la familia de Saúl, a quien yo pueda favorecer en memoria de Jonatán?"[t] [2]Había un sirviente de la familia de Saúl, llamado Siba, al cual llamaron para que se presentara ante David. Cuando Siba se presentó, le preguntó el rey:

—¿Eres tú Siba?

—Para servir a Su Majestad —respondió él.

[3]Entonces el rey le preguntó:

—¿Queda todavía alguien de la familia de Saúl por quien yo pueda hacer algo en el nombre de Dios?

Y Siba le respondió:

—Queda todavía un hijo de Jonatán, que es inválido de los dos pies.[u]

[4]—¿Dónde está? —dijo el rey.

—En Lodebar, en casa de Maquir, hijo de Amiel —respondió Siba.

[5]Entonces el rey David ordenó que lo trajeran de aquel lugar; [6]y cuando Mefi-boset, hijo de Jonatán y nieto de Saúl, llegó ante David, se inclinó en señal de reverencia.

—¡Mefi-boset! —exclamó David.

—A las órdenes de Su Majestad —respondió él.

[7]David le dijo:

—No tengas miedo, porque yo te voy a tratar muy bien, en memoria de Jonatán, tu padre. Haré que se te devuelvan todas las tierras de tu abuelo Saúl, y comerás siempre a mi mesa.

[8]Pero Mefi-boset se inclinó y dijo:

—¿Por qué se fija Su Majestad en este siervo suyo, si soy como un perro muerto?

[9]Sin embargo, el rey llamó a Siba, el antiguo sirviente de Saúl, y le dijo:

—Le he entregado al nieto de tu amo todo lo que perteneció a él y a su familia. [10]Por lo tanto tú, con tus hijos y tus criados, labrarás la tierra para él y almacenarás lo que produzca, para que así pueda mantenerse la familia de tu amo, aunque Mefi-boset, su nieto, comerá siempre a mi mesa.

Siba, que tenía quince hijos y veinte criados, [11]respondió al rey:

—Todo lo que ha ordenado Su Majestad a este siervo suyo, se hará.

Y Mefi-boset comía siempre a la mesa de David, como uno de los hijos del rey. [12]Además tenía un hijo pequeño que se llamaba Micaía, y todos los que vivían en casa de Siba estaban al servicio de Mefi-boset. [13]Pero Mefi-boset, que era cojo de ambos pies, vivía en Jerusalén, porque comía siempre a la mesa del rey.

### David derrota a los sirios y amonitas
#### (1 Cr 19.1-19)

**10** [1]Después de algún tiempo murió Nahas, el rey de los amonitas, y en su lugar reinó su hijo Hanún. [2]Entonces David pensó que debía tratar a Hanún, el hijo de Nahas, con la misma bondad con que su padre lo había tratado a él, y envió a unos de sus oficiales para que le dieran a Hanún el pésame por la muerte de su padre. Pero cuando los oficiales de David llegaron al país amonita, [3]los jefes amonitas le dijeron a Hanún, su soberano: "¿Y cree Su Majestad que David ha enviado esos hombres a dar el pésame, tan sólo para honrar al padre de Su Majestad? ¡Seguramente los ha enviado para inspeccionar y espiar la ciudad, y luego destruirla!"

[4]Entonces Hanún ordenó que apresaran a los oficiales de David, y que les afeitaran media barba y les rasgaran la ropa por la mitad, hasta las nalgas. Después los despidió. [5]Cuando David lo supo, mandó que fueran a recibirlos, porque estarían

---

[12] *Edom:* según la versión griega. Hèb. *Siria.* [13] *Edomitas:* según la versión griega. Heb. *sirios.*
[s] 8.13 Sal 60 Título hebreo.   [t] 9.11 S 20.15-17.   [u] 9.3 2 S 4.4.

sumamente avergonzados, y que les ordenaran quedarse en Jericó hasta que les creciera la barba, y que entonces regresaran.

⁶Los amonitas comprendieron que se habían hecho odiosos a David, por lo que tomaron a sueldo a veinte mil soldados sirios de Bet-rehob y de Soba, al rey de Maaca con mil hombres, y a doce mil hombres de Is-tob. ⁷Pero David lo supo y mandó a Joab con todos los soldados del ejército. ⁸Los amonitas avanzaron y se prepararon para la batalla a la entrada misma de la ciudad, mientras que los soldados sirios de Soba y Rehob, y las tropas de Is-tob y Maaca, tomaron posiciones en el campo. ⁹Cuando Joab vio que iba a ser atacado por el frente y por la retaguardia, escogió los mejores soldados israelitas y se preparó para atacar a los sirios. ¹⁰Luego puso el resto de la tropa bajo el mando de su hermano Abisai, para que éste hiciera frente a los amonitas, ¹¹y le dijo: "Si los sirios pueden más que yo, tú vendrás a ayudarme, y si los amonitas pueden más que tú, iré a ayudarte yo. ¹²Ten ánimo, y luchemos con valor por nuestra nación y por las ciudades de nuestro Dios. ¡Y que el Señor haga lo que le parezca mejor!"

¹³Joab avanzó con sus tropas para atacar a los sirios, pero éstos huyeron ante él. ¹⁴Y cuando los amonitas vieron que los sirios huían, ellos también huyeron de Abisai y se metieron en la ciudad. Joab dejó entonces de luchar contra los amonitas y regresó a Jerusalén.

¹⁵Cuando los sirios se dieron cuenta de que Israel los había vencido, se juntaron otra vez. ¹⁶Hadad-ezer mandó traer a los sirios que estaban al otro lado del río Éufrates, los cuales llegaron a Helam. Al frente de ellos estaba Sobac, jefe del ejército de Hadad-ezer. ¹⁷Pero le contaron esto a David, quien, movilizando en seguida a todo Israel, atravesó el río Jordán y llegó a Helam. Allí los sirios se enfrentaron con David y lucharon contra él, ¹⁸pero finalmente huyeron de los israelitas, pues las bajas que les causó David fueron de cuarenta mil soldados de caballería y setecientos de los carros de combate; además, David hirió de muerte a Sobac, el jefe del ejército sirio, el cual murió allí. ¹⁹Al ver todos los reyes aliados de Hadad-ezer que los israelitas los habían derrotado, hicieron la paz con los israelitas y quedaron sometidos a ellos. A

partir de entonces, los sirios tuvieron miedo de volver a ayudar a los amonitas.

### David y Betsabé

**11** ¹En cierta ocasión, durante la primavera, que es cuando los reyes acostumbran salir a campaña, David envió a Joab y a sus oficiales, con todo el ejército israelita, y destruyeron a los amonitas y sitiaron la ciudad de Rabá. David, sin embargo, se quedó en Jerusalén.ᵛ

²⁻⁴Una tarde, al levantarse David de su cama y pasearse por la azotea del palacio real, vio desde allí a una mujer muy hermosa que se estaba bañando. Esta mujer estaba apenas purificándose de su periodo de menstruación. David mandó que averiguaran quién era ella, y le dijeron que era Betsabé, hija de Eliam y esposa de Urías el hitita. David ordenó entonces a unos mensajeros que se la trajeran, y se acostó con ella, después de lo cual ella volvió a su casa.

⁵La mujer quedó embarazada, y así se lo hizo saber a David. ⁶Entonces David ordenó a Joab que mandara traer a Urías el hitita, y así lo hizo Joab. ⁷Y cuando Urías se presentó ante David, éste le preguntó cómo estaban Joab y el ejército, y qué noticias había de la guerra. ⁸Después le ordenó que se fuera a su casa y se lavara los pies.

En cuanto Urías salió del palacio real, el rey le envió comida especial como regalo; ⁹pero Urías, en lugar de ir a su casa, pasó la noche a las puertas del palacio, con los soldados de la guardia real. ¹⁰Cuando le contaron a David que Urías no había ido a su casa, David le preguntó:

—¿Por qué no fuiste a tu casa, después del viaje que has hecho?

¹¹Y Urías le respondió:

—Tanto el cofre sagrado como los soldados de Israel y de Judá tienen como techo simples enramadas; igualmente Joab, mi jefe, y los oficiales de Su Majestad, duermen a campo abierto; ¿y yo habría de entrar en mi casa para comer y beber y acostarme con mi mujer? ¡Por vida de Su Majestad que yo no haré tal cosa!

¹²Pero David le ordenó:

—Quédate hoy todavía, y mañana dejaré que te vayas.

Y así Urías se quedó en Jerusalén hasta el día siguiente. ¹³David lo invitó a comer y beber con él, y lo emborrachó. Ya por la noche, Urías salió y se fue a dormir con

ᵛ 11.1 1 Cr 20.1.

los soldados de la guardia real, pero no fue a su casa.

¹⁴A la mañana siguiente, David escribió una carta a Joab, y la envió por medio de Urías. ¹⁵En la carta decía: "Pongan a Urías en las primeras líneas, donde sea más dura la batalla, y luego déjenlo solo para que caiga herido y muera."

¹⁶Así pues, cuando Joab rodeó la ciudad para atacarla, puso a Urías en el lugar donde él sabía que estaban los soldados más valientes, ¹⁷y en un momento en que los que defendían la ciudad salieron para luchar contra Joab, cayeron en combate algunos de los oficiales de David, entre los cuales se encontraba Urías.

¹⁸Joab envió a David un informe detallado de la batalla, ¹⁹y le dio al mensajero las siguientes instrucciones: "Cuando acabes de informar al rey de todo lo relacionado con la batalla, ²⁰puede ser que el rey se enoje y te pregunte: '¿Por qué se acercaron tanto al atacar la ciudad? ¿Acaso no saben que ellos lanzan objetos desde la muralla, ²¹igual que cuando en Tebes una mujer mató a Abimelec, el hijo de Jerobaal,¹⁴ arrojándole desde la muralla una piedra de molino?ʷ ¿Por qué, pues, se acercaron tanto a la muralla?' Entonces tú le contestarás: 'También ha muerto Urías el hitita, oficial de Su Majestad.'"

²²El mensajero se fue, y al llegar contó a David todo lo que Joab le había ordenado. David, en efecto, se enojó mucho contra Joab, y le dijo al mensajero:

—¿Por qué se acercaron tanto al atacar la ciudad? ¿Acaso no saben que ellos lanzan objetos desde la muralla, igual que cuando en Tebes una mujer mató a Abimelec, el hijo de Jerobaal,¹⁴ arrojándole desde la muralla una piedra de molino? ¿Por qué, pues, se acercaron tanto a la muralla?¹⁵

²³Entonces el mensajero le respondió:

—Los soldados que salieron a luchar contra nosotros a campo abierto nos llevaban ventaja, pero los hicimos retroceder hasta la entrada de la ciudad. ²⁴Fue entonces cuando los arqueros dispararon sus flechas desde la muralla contra las tropas de Su Majestad, y murieron algunos de los oficiales, entre ellos Urías el hitita.

²⁵Entonces David respondió al mensajero:

—Dile a Joab que no se preocupe demasiado por esto, pues son cosas de la guerra. Pero que ataque la ciudad con más brío, hasta destruirla. Y tú dale ánimo.

²⁶Cuando la mujer de Urías supo que su marido había muerto, guardó luto por él; ²⁷pero después que pasó el luto, David mandó que la trajeran y la recibió en su palacio, la hizo su mujer y ella le dio un hijo. Pero al Señor no le agradó lo que David había hecho.

### Natán reprende a David

**12** ¹El Señor envió al profeta Natán a ver a David.ˣ Cuando Natán se presentó ante él, le dijo:

—En una ciudad había dos hombres. Uno era rico y el otro pobre. ²El rico tenía gran cantidad de ovejas y vacas, ³pero el pobre no tenía más que una ovejita que había comprado. Y él mismo la crió, y la ovejita creció en compañía suya y de sus hijos; comía de su misma comida, bebía en su mismo vaso y dormía en su pecho. ¡Aquel hombre la quería como a una hija! ⁴Un día, un viajero llegó a visitar al hombre rico; pero éste no quiso tomar ninguna de sus ovejas o vacas para preparar comida a su visitante, sino que le quitó al hombre pobre su ovejita y la preparó para dársela al que había llegado.

⁵David se enfureció mucho contra aquel hombre, y le dijo a Natán:

—¡Te juro por Dios que quien ha hecho tal cosa merece la muerte! ⁶¡Y debe pagar cuatro veces el valor de la ovejita, porque actuó sin mostrar ninguna compasión!

⁷Entonces Natán le dijo:

—¡Tú eres ese hombre! Y esto es lo que ha declarado el Señor, el Dios de Israel: 'Yo te escogí como rey de Israel, y te libré del poder de Saúl; ⁸te di el palacio y las mujeres de tu señor, y aun el reino de Israel y Judá. Por si esto fuera poco, te habría añadido muchas cosas más. ⁹¿Por qué despreciaste mi palabra, y hiciste lo que no me agrada? Has asesinado a Urías el hitita, usando a los amonitas para matarlo, y te has apoderado de su mujer. ¹⁰Puesto que me has menospreciado al apoderarte de la esposa de Urías el hitita para hacerla tu mujer, jamás se apartará de tu casa la violencia. ¹¹Yo, el Señor, declaro: Voy a hacer que el mal contra ti surja de tu propia familia, y en tu propia

---

¹⁴ *Jerobaal*, según la versión griega. Heb. *Jeroboset* (véase nota en 2.8).    ¹⁵ *David, en efecto . . . a la muralla?:* según la versión griega. En el texto hebreo no aparece esta última parte del v. 22.

ʷ **11.21-22** Jue 9.53.    ˣ **12.1** Sal 51 Título hebreo.

cara tomaré a tus mujeres y se las entregaré a uno de tu familia, el cual se acostará con ellas a plena luz del sol. [12]Si tú has actuado en secreto, yo voy a actuar en presencia de todo Israel y a plena luz del sol.'*y*

[13]David admitió ante Natán:

—He pecado contra el Señor.

Y Natán le respondió:

—El Señor no te va a castigar a ti por tu pecado, y no morirás. [14]Pero como has ofendido gravemente al Señor,[16] tu hijo recién nacido tendrá que morir.

[15]Y cuando Natán volvió a su casa, el Señor hizo que el niño que David había tenido con la mujer de Urías se enfermara gravemente. [16]Entonces David rogó a Dios por el niño, y ayunó y se pasó las noches acostado en el suelo. [17]Los ancianos que vivían en su palacio iban a rogarle que se levantara del suelo, pero él se negaba a hacerlo, y tampoco comía con ellos.

[18]Siete días después murió el niño, y los oficiales de David tenían miedo de decírselo, pues pensaban: "Si cuando el niño aún vivía, le hablábamos y no nos hacía caso, ¿cómo vamos ahora a decirle que el niño ha muerto? ¡Puede cometer una barbaridad!"

[19]Pero al ver David que sus oficiales hacían comentarios entre sí, comprendió que el niño había muerto; así que les preguntó:

—¿Ha muerto el niño?

—Sí, ya ha muerto —respondieron ellos.

[20]Entonces David se levantó del suelo, se bañó, se perfumó y se cambió de ropa, y entró en el templo para adorar al Señor. Después fue a su casa, y pidió de comer y comió. [21]Entonces sus oficiales le preguntaron:

—¿Pero qué está haciendo Su Majestad? Cuando el niño aún vivía, Su Majestad ayunaba y lloraba por él; y ahora que el niño ha muerto, ¡Su Majestad se levanta y se pone a comer!

[22]David respondió:

—Cuando el niño vivía, yo ayunaba y lloraba pensando que quizá el Señor tendría compasión de mí y lo dejaría vivir. [23]Pero ahora que ha muerto, ¿qué objeto tiene que yo ayune, si no puedo hacer que vuelva a la vida? ¡Yo iré a reunirme con él, pero él no volverá a reunirse conmigo!

## Nacimiento de Salomón

[24]Después David consoló a Betsabé, su mujer. Fue a visitarla y se unió a ella, y ella dio a luz un hijo al que David llamó Salomón. El Señor amó a este niño, [25]y así se lo hizo saber a David por medio del profeta Natán. David entonces, en atención al Señor, llamó al niño Jedidías.[17]

## David conquista Rabá
### (1 Cr 20.1-3)

[26]Mientras tanto, Joab lanzó un ataque contra la ciudad amonita de Rabá, y cuando ya estaba a punto de capturar la ciudad real, [27]envió a David el siguiente mensaje: "He estado atacando Rabá, y ya he capturado la ciudadela que protegía el abastecimiento de agua. [28]Por lo tanto reúna ahora Su Majestad el resto de las tropas, y ataque la ciudad y captúrela, para que no sea yo quien lo haga y le pongan mi nombre."

[29]Entonces David reunió todas sus tropas y marchó contra Rabá, la atacó y la capturó. [30]Después tomó de la cabeza de su rey la corona de oro, que tenía piedras preciosas y pesaba treinta y tres kilos, y se la pusieron a David. También sacó David de la ciudad muchísimas cosas de valor, [31]y a la gente que aún quedaba en la ciudad la sacó de allí y la puso a trabajar con sierras y con trillos y hachas de hierro, así como en los hornos de ladrillo. Lo mismo hizo con todas las ciudades amonitas, y después regresó con todas sus tropas a Jerusalén.

## Amnón deshonra a Tamar

**13** [1]Absalón, hijo de David, tenía una hermana muy hermosa, llamada Tamar. Y sucedió que Amnón, hijo también de David, se enamoró de ella, [2]a tal grado que acabó por enfermarse de angustia, pues como su hermana Tamar no había tenido aún relaciones con ningún hombre, él encontraba muy difícil hacerle algo. [3]Pero Amnón tenía un amigo muy astuto, llamado Jonadab, que era hijo de Simea, hermano de David. [4]Un día Jonadab le preguntó:

—¿Qué te pasa, príncipe? ¿Por qué estás cada día más desmejorado? ¿No me lo vas a contar?

Amnón le respondió:

---

[16] *Has ofendido gravemente al Señor:* texto probable. Heb. *has ofendido gravemente a los enemigos del Señor.*    [17] En hebreo, *Jedidías* significa *amado del Señor.*
*y* **12.11-12** 2 S 16.22.

—Es que estoy enamorado de Tamar, la hermana de mi hermano Absalón.

⁵Entonces Jonadab le aconsejó:

—Métete en la cama y hazte el enfermo. Y cuando vaya a verte tu padre, dile que, por favor, mande a tu hermana Tamar para que te dé de comer y prepare alguna comida allí mismo, para que tú la veas y comas lo que ella te dé.

⁶Amnón se metió en la cama y se hizo el enfermo. Y cuando el rey fue a verlo, Amnón le dijo:

—¡Por favor! Que venga mi hermana Tamar y haga aquí mismo un par de tortas, y que ella misma me sirva.

⁷Entonces David mandó a Tamar a la casa, y le dijo:

—Ve, por favor, a casa de tu hermano Amnón, y prepárale algo de comer.

⁸Tamar fue a casa de su hermano Amnón, que estaba acostado. Y tomó ella harina, y la amasó, y allí mismo preparó las tortas y las coció; ⁹luego tomó la sartén y le sirvió las tortas; pero Amnón no quiso comer, y ordenó que salieran todos los que allí estaban. ¹⁰Cuando ya todos habían salido, Amnón le dijo a Tamar:

—Trae la comida a mi habitación, y sírveme tú misma.

Tamar tomó las tortas que había hecho y se las llevó a su hermano Amnón a su habitación, ¹¹pero cuando se las acercó para que comiera, él la sujetó y le dijo:

—Ven, hermana mía, acuéstate conmigo.

¹²Ella le respondió:

—No, hermano mío, no me deshonres, porque esto no se hace en Israel. ¡No cometas tal infamia! ¹³¿A dónde podría ir yo con mi vergüenza? Y por lo que a ti toca, serías considerado en Israel como un necio. Te ruego que hables con el rey, que él no se opondrá a que yo sea tuya.

¹⁴Amnón no quiso hacerle caso, y como era más fuerte que Tamar, la forzó y se acostó con ella. ¹⁵Pero fue tal el odio que Amnón sintió después hacia ella, que terminó aborreciéndola más de lo que la había amado. Así que le ordenó:

—Levántate y vete.

¹⁶Tamar le contestó:

—¡No, hermano mío, porque el echarme ahora de aquí sería una maldad peor que la que has cometido conmigo!

Amnón no quiso hacerle caso; ¹⁷por el contrario, llamó a su criado y le ordenó:

—¡Echa de aquí a esta mujer, y luego cierra bien la puerta!

¹⁸El criado la echó fuera de la casa, y luego cerró bien la puerta. Entonces Tamar, que llevaba puesta una túnica muy elegante, ropa que acostumbraban usar las princesas solteras, ¹⁹se echó ceniza en la cabeza, rasgó la túnica que llevaba puesta y, con las manos sobre la cabeza, se fue llorando por el camino. ²⁰Entonces su hermano Absalón le preguntó:

—¿Así que fue tu hermano Amnón quien te hizo esto? En tal caso, guarda silencio, hermana mía, pues es tu hermano. No te preocupes demasiado por este asunto.

Tamar, al verse abandonada, se quedó en casa de su hermano Absalón. ²¹Cuando el rey David se enteró de todo lo sucedido, se puso muy furioso; pero no reprendió a su hijo Amnón porque, como era su hijo mayor, lo quería mucho.*¹⁸*

²²Absalón, por su parte, no le dijo nada a Amnón, aunque lo odiaba por haber deshonrado a su hermana Tamar.

### *Absalón se venga de Amnón*

²³Dos años después, la gente de Absalón estaba trasquilando sus ovejas en Baal-hazor, cerca del pueblo de Efraín, y Absalón invitó a comer a todos los hijos del rey. ²⁴Además fue a ver al rey, y le dijo:

—Ahora que mis hombres están trasquilando mis ovejas, desearía que Su Majestad y sus oficiales honraran con su compañía a este siervo suyo.

²⁵Pero el rey le respondió:

—No, hijo mío, no podemos ir todos nosotros, para no ocasionarte demasiados gastos.

Y aunque Absalón insistió, el rey no quiso ir, pero le dio su bendición. ²⁶Entonces Absalón dijo:

—Si eso no es posible, permita al menos Su Majestad que nos acompañe mi hermano Amnón.

—¿Y por qué quieres que te acompañe Amnón? —preguntó el rey.

²⁷Pero Absalón insistió tanto, que el rey permitió que Amnón y sus demás hijos fueran con él.

Absalón había preparado un banquete digno de un rey,*¹⁹* ²⁸y había ordenado a sus criados: "Fíjense bien cuando a

---

*¹⁸ Pero no reprendió . . . lo quería mucho:* según tres versiones antiguas. En el texto hebreo no aparece esta frase.
*¹⁹ Absalón había . . . digno de un rey:* según varias versiones antiguas. En el texto hebreo no aparece esta frase.

Amnón ya se le haya subido el vino, y cuando yo les diga que lo maten, mátenlo. No tengan miedo de hacerlo, pues son órdenes mías. Así que tengan ánimo y valor."

²⁹Por lo tanto, cumpliendo las órdenes de Absalón, sus criados mataron a Amnón. Entonces todos los hijos del rey se levantaron, y montando en sus mulas huyeron.

³⁰Cuando aún estaban de camino, le llegó a David el rumor de que Absalón había matado a todos sus hijos, y que ninguno de ellos había quedado vivo. ³¹Entonces el rey se levantó, se rasgó la ropa en señal de dolor y se tendió en el suelo. Todos sus oficiales allí presentes se rasgaron también la ropa; ³²pero Jonadab, el hijo de Simea, hermano de David, tomó la palabra y dijo:

—No piense Su Majestad que han matado a todos sus hijos. Sólo han matado a Amnón, pues así lo había decidido Absalón desde el día que Amnón violó a su hermana Tamar. ³³Por lo tanto, no crea Su Majestad que todos los príncipes han muerto. El único que ha muerto es Amnón.

³⁴Mientras Absalón se daba a la fuga, el joven que estaba de centinela alzó la vista y vio un grupo numeroso de gente que bajaba por el camino de Horonaim, por la ladera de la montaña. Entonces el centinela fue a decirle al rey que había visto gente bajando por el camino de Horonaim.²⁰ ³⁵Y Jonadab dijo al rey:

—Ya vienen los hijos de Su Majestad, tal como había pensado este servidor suyo.

³⁶Apenas había terminado él de hablar, cuando llegaron los hijos del rey y se pusieron a llorar a voz en cuello. También el rey y todos sus oficiales lloraron muchísimo. ³⁷⁻³⁸Absalón, por su parte, huyó y se fue con Talmai, hijo de Amiud, rey de Gesur,ᶻ y allí se quedó durante tres años. Y David lloraba todos los días por la muerte de su hijo Amnón, ³⁹pero cuando se consoló de su muerte, sintió un profundo deseo de ver a Absalón.

### Joab consigue que vuelva Absalón

**14** ¹Joab, hijo de Sarvia, sabía que el rey echaba mucho de menos a Absalón, ²así que mandó traer de Tecoa a una mujer muy astuta que allí vivía. Le

dijo: "Finge que estás de duelo y vístete de luto; y no te eches perfume, pues debes parecer una mujer que durante mucho tiempo ha estado de luto por algún muerto. ³Luego preséntate ante el rey y repite exactamente lo que te voy a decir."

Luego que Joab le dijo lo que tenía que repetir, ⁴aquella mujer de Tecoa fue ante el rey, e inclinándose hasta tocar el suelo con la frente en señal de reverencia, le dijo:

—¡Dígnese Su Majestad ayudarme!

⁵—¿Qué te pasa? —le preguntó el rey. Ella respondió:

—Yo soy viuda, mi marido ha muerto, ⁶y dos hijos que tenía esta servidora de Su Majestad tuvieron una pelea en el campo; y como no hubo quien los separara, uno de ellos hirió al otro y lo mató. ⁷Y ahora todos mis parientes se han puesto en contra mía y quieren que yo les entregue al que mató a su hermano, para vengar la muerte del que fue asesinado y al mismo tiempo quitar de en medio al único heredero. Así van a apagar la única brasa que me ha quedado, y van a dejar a mi marido sin ningún descendiente que lleve su nombre en la tierra.

⁸Entonces el rey respondió a la mujer:

—Vete a tu casa, que yo voy a dar órdenes en favor tuyo.

⁹La mujer le contestó:

—Mi rey y señor, si alguien ha de cargar con la culpa, que seamos yo y mi familia paterna, pero no Su Majestad ni su gobierno.

¹⁰Y el rey contestó:

—Al que te amenace, tráemelo, y no volverá a molestarte más.

¹¹Pero ella insistió:

—¡Ruego a Su Majestad que invoque al Señor su Dios, para que el pariente que quiera vengar la muerte de mi hijo no aumente la destrucción matando a mi otro hijo!

El rey afirmó:

—¡Te juro por el Señor que no caerá al suelo ni un pelo de la cabeza de tu hijo!

¹²Pero la mujer siguió diciendo:

—Permita Su Majestad que esta servidora suya diga tan sólo una palabra más.

—Habla —dijo el rey.

¹³Entonces la mujer preguntó:

—¿Por qué, pues, piensa Su Majestad hacer esto mismo contra el pueblo de Dios? Según lo que Su Majestad mismo ha dicho, resulta culpable por no dejar que regrese su hijo desterrado. ¹⁴Es un

---

²⁰ *Por el camino de Horonaim . . . por el camino de Horonaim:* según la versión griega. En el texto hebreo no aparece esta frase.
ᶻ 13.37-38 2 S 3.3.

hecho que todos tenemos que morir; somos como agua que se derrama en el suelo, que no se puede recoger. Sin embargo, Dios no quita la vida a nadie, sino que pone los medios para que el desterrado no siga alejado de él.[21] [15]Ahora bien, si yo he venido a decir esto a Su Majestad, mi señor, es porque la gente me atemorizó. Por eso decidió esta servidora suya hablar, por si acaso Su Majestad aceptaba hacer lo que he pedido. [16]Si Su Majestad me atiende, podrá librarme de quien quiere arrancarnos, a mi hijo y a mí, de esta tierra que pertenece a Dios. [17]Esta servidora suya espera que la respuesta de Su Majestad la tranquilice, pues Su Majestad sabe distinguir entre lo bueno y lo malo, igual que un ángel de Dios. ¡Que Dios el Señor quede con Su Majestad!

[18]El rey respondió a la mujer:

—Te ruego que no me ocultes nada de lo que voy a preguntarte.

—Hable Su Majestad —contestó la mujer.

[19]Entonces el rey le preguntó:

—¿No es verdad que Joab te ha metido en todo esto?

Y la mujer contestó:

—Juro por Su Majestad que nada hay más cierto que lo que Su Majestad ha dicho. En efecto, Joab, oficial de Su Majestad, es quien me ordenó venir, y él mismo me dijo todo lo que yo tenía que decir. [20]Pero lo hizo con el deseo de que cambien las cosas. Sin embargo, Su Majestad es tan sabio que conoce como un ángel de Dios todo lo que ocurre en el país.

[21]Como consecuencia de esto, el rey dijo a Joab:

—Mira, ya he resuelto este asunto. Ve y haz que regrese el joven Absalón.

[22]Entonces Joab se inclinó hasta tocar el suelo con la frente en señal de reverencia, bendijo al rey y le dijo:

—Hoy he podido ver que cuento con el favor de Su Majestad, ya que Su Majestad ha hecho lo que este servidor suyo le sugirió hacer.

[23]En seguida Joab se levantó y fue a Gesur para traer a Absalón a Jerusalén. [24]Pero el rey ordenó que se fuera directamente a su casa y no se presentara ante él; por tanto, Absalón se fue a su casa sin ver al rey.

[25]En todo Israel no había un hombre tan bien parecido como Absalón, y tan alabado por ello. De pies a cabeza no tenía defecto alguno. [26]Cuando se cortaba el pelo, lo cual hacía cada fin de año, porque le molestaba, sus cabellos pesaban más de dos kilos, según el peso real. [27]Y Absalón tenía tres hijos y una hija, llamada Tamar, que era muy hermosa.

[28]Durante dos años, Absalón estuvo en Jerusalén sin poder presentarse ante el rey [29]así que Absalón pidió a Joab que fuera a visitar al rey de su parte; pero Joab no quiso ir. Por segunda vez Absalón le pidió que fuera, pero Joab tampoco fue. [30]Entonces ordenó Absalón a sus criados:

—Miren, el campo de Joab está junto al mío, y lo tiene sembrado de cebada; ¡vayan y préndanle fuego!

Los criados de Absalón fueron y prendieron fuego al campo de Joab, [31]el cual fue inmediatamente a casa de Absalón y le preguntó:

—¿Por qué han prendido fuego tus criados a mi campo?

[32]Absalón le respondió:

—Te mandé a decir que vinieras aquí para enviarte a ver al rey y decirle de mi parte que no tuvo objeto que yo me viniera de Gesur; que hubiera sido mejor que me quedara allá. Yo quiero ver al rey, y si soy culpable de algo, que me mate.

[33]Entonces Joab fue a ver al rey y le comunicó lo que decía Absalón, y el rey lo mandó llamar. Y al llegar Absalón ante el rey, se inclinó hasta tocar el suelo con la frente. El rey, por su parte, lo recibió con un beso.

### *Absalón se rebela contra David*

**15** [1]Pasado algún tiempo, Absalón consiguió un carro de combate y caballos, y formó una guardia personal de cincuenta hombres. [2]Se levantaba temprano y se ponía a la orilla del camino, a la entrada de la ciudad, y a todo el que llegaba para que el rey le hiciera justicia en algún pleito, lo llamaba y le preguntaba de qué ciudad venía. Si aquella persona respondía que era de alguna de las tribus de Israel, [3]Absalón le decía: "Realmente tu demanda es justa y razonable, pero no hay quien te atienda por parte del rey." [4]Y añadía: "¡Ojalá yo fuera el juez de este país, para que vinieran a verme todos los que tienen pleitos legales y yo les hiciera justicia!" [5]Además, cuando

---

[21] *Sin embargo, Dios . . . alejado de él:* traducción probable. Heb. oscuro.

alguien se acercaba a saludarlo, Absalón le tendía la mano, y lo abrazaba y lo besaba. [6]Esto lo hacía con todo israelita que iba a ver al rey para que le hiciera justicia, y así les robaba el corazón a los israelitas.

[7]Al cabo de cuatro [22] años, Absalón le dijo al rey:

—Ruego a Su Majestad que me permita ir a Hebrón, a cumplir la promesa que hice al Señor. [8]Cuando este servidor de Su Majestad vivía en Gesur, en Siria, prometí al Señor que si él me concedía volver a Jerusalén, yo le rendiría culto.

[9]—Puedes ir tranquilo —le respondió el rey.

Entonces Absalón se fue a Hebrón. [10]Pero al mismo tiempo envió unos mensajeros a todas las tribus de Israel para decirles que, en cuanto escucharan el toque de trompeta, anunciaran que Absalón había sido proclamado rey en Hebrón. [11]Invitó además a doscientas personas de Jerusalén, las cuales fueron con él de buena fe y sin saber nada del asunto. [12]Así mismo, Absalón mandó llamar a uno de los consejeros de David, llamado Ahitofel, el cual vivía en Gilo, su ciudad, para que lo acompañara mientras él ofrecía los sacrificios. De modo que la conspiración iba tomando fuerza y seguían aumentando los seguidores de Absalón.

### David huye de Jerusalén

[13]Un mensajero fue a decirle a David que los israelitas estaban haciéndose partidarios de Absalón. [14]Entonces David ordenó a todos los oficiales que estaban con él en Jerusalén:

—¡Huyamos ahora mismo o no podremos escapar de Absalón! ¡Vamos, dense prisa, no sea que nos alcance y nos cause mucho daño y mate a filo de espada a todos en la ciudad!

[15]Y ellos respondieron al rey:

—Nosotros estamos dispuestos a hacer lo que Su Majestad ordene.

[16]Así pues, el rey salió acompañado de toda la casa real, dejando sólo a diez de sus concubinas para que cuidaran del palacio. [17]Y después de haber salido el rey con todos sus acompañantes, se detuvieron en la última casa de la ciudad. [18]A su lado se pusieron todos sus oficiales, mientras que todos los cereteos y peleteos de la guardia real, y los seiscientos geteos que lo habían seguido desde Gat, desfilaban

ante él. [19]En ese momento el rey dijo a Itai, el de Gat:

—¿Por qué has venido tú también con nosotros? Es mejor que te vuelvas y te quedes con el nuevo rey, pues al fin y al cabo tú eres un extranjero desterrado de tu país. [20]Apenas ayer llegaste, ¿y cómo voy a pedirte hoy que vengas con nosotros, si ni yo mismo sé a dónde voy? Es mejor que te vuelvas y te lleves contigo a tus paisanos. ¡Que el Señor te bendiga y te acompañe siempre!

[21]Itai respondió al rey:

—Juro por el Señor y por Su Majestad, que dondequiera que Su Majestad se encuentre, sea para vida o para muerte, allí también estará este servidor suyo.

[22]—Entonces ven con nosotros —le contestó David.

De esa manera se fue Itai con David, junto con todos sus hombres y la gente que lo acompañaba. [23]Todo el mundo lloraba amargamente. Pasaron todos el arroyo Cedrón; luego pasó el rey, y toda la gente siguió delante de él por el camino del desierto. [24]También iba Sadoc con todos los levitas que llevaban el cofre del pacto de Dios, el cual dejaron junto a Abiatar[23] hasta que toda la gente salió de la ciudad. [25]Pero el rey le dijo a Sadoc:

—Lleva el cofre de Dios de vuelta a la ciudad, pues si el Señor me favorece, hará que yo regrese y vea el cofre y el lugar donde éste se halla. [26]Pero si me dice que no le agrado, aquí me tiene; que haga conmigo lo que mejor le parezca.

[27]Dijo también el rey a Sadoc, el sacerdote:

—Mira, tú y Abiatar regresen tranquilamente a la ciudad con sus dos hijos. Tú con tu hijo Ahimaas, y Abiatar con su hijo Jonatán. [28]Mientras tanto, yo me quedaré en los llanos del desierto, hasta que me lleguen noticias de ustedes.

[29]Sadoc y Abiatar llevaron el cofre de Dios de vuelta a Jerusalén, y se quedaron allí. [30]David subió la cuesta de los Olivos; iba descalzo y llorando, y con la cabeza cubierta en señal de dolor. Toda la gente que lo acompañaba llevaba también cubierta la cabeza y subía llorando. [31]Y cuando le contaron a David que Ahitofel era uno de los que conspiraban con Absalón, David rogó al Señor que hiciera fracasar los planes de Ahitofel.

[32]Al llegar David a la cumbre del monte, donde se rendía culto a Dios, le

---

[22] *Cuatro:* según varias versiones antiguas. Heb. *cuarenta.*    [23] *Junto a Abiatar:* texto probable. Heb. *y subió Abiatar.*

salió al encuentro Husai, de la tribu de los arquitas, con la ropa rasgada y la cabeza cubierta de tierra. [33]David le dijo:

—Si te vienes conmigo, me serás una carga; [34]pero si vuelves a Jerusalén y le dices a Absalón: 'Majestad, este siervo suyo estará a su servicio igual que antes estuvo al servicio de su padre', me ayudarás a deshacer los planes de Ahitofel, [35]pues allí cuentas con los sacerdotes Sadoc y Abiatar. Por tanto, comunícales siempre todo lo que escuches en palacio. [36]Sus hijos Ahimaas y Jonatán también están allí, así que háganme saber por medio de ellos todo lo que sepan.

[37]Y Husai, el amigo de David, llegó a Jerusalén en el momento en que Absalón hacía su entrada en la ciudad.

### David habla con Siba

**16** [1]Apenas había pasado David un poco más allá de la cumbre del monte, cuando Siba, el criado de Mefi-boset, salió a su encuentro.[a] Llevaba un par de asnos aparejados y cargados con doscientos panes, cien tortas de uvas pasas, cien frutas del tiempo y un cuero de vino. [2]El rey le preguntó:

—¿Para qué traes esto?

Y Siba contestó:

—Los asnos son para que monte en ellos la familia real; los panes y la fruta para que coman los soldados, y el vino para que beban los que se cansen en el desierto.

[3]—¿Dónde está el nieto de tu amo? —preguntó el rey.

—Se ha quedado en Jerusalén —respondió Siba—, porque piensa que ahora los israelitas le devolverán el reino que le correspondía a su abuelo.

[4]—Pues bien —contestó el rey—, ahora es tuyo todo lo que antes era de Mefi-boset.

—¡Ojalá cuente yo siempre con el favor de Su Majestad! —respondió Siba, inclinándose ante el rey.

[5]Cuando el rey David llegó a Bahurim, un hombre de la familia de Saúl salió de allí. Era hijo de Gera, y se llamaba Simei, e iba maldiciendo [6]y tirando piedras contra David y contra todos sus oficiales; y aunque el rey estaba protegido por la gente y por su guardia personal, [7]Simei lo maldecía diciendo:

—¡Largo de aquí, malvado asesino! [8]¡El Señor te ha castigado por todos los crímenes que cometiste contra la familia de Saúl para reinar en su lugar! ¡Ahora el Señor ha entregado el reino a tu hijo Absalón, y aquí estás, víctima de tu propia maldad, pues no eres otra cosa que un asesino!

[9]Entonces Abisai, hijo de Sarvia, dijo al rey:

—¿Por qué este perro muerto ha de ofender a Su Majestad? ¡Ahora mismo voy a cortarle la cabeza!

[10]Pero el rey respondió:

—Este no es asunto de ustedes, hijos de Sarvia. Si él me maldice, será porque el Señor se lo ha ordenado. Y en tal caso, ¿quién puede pedirle cuentas de lo que hace?

[11]Luego, dirigiéndose a Abisai y a todos sus oficiales, dijo:

—Si hasta mi propio hijo procura quitarme la vida, ¡cuánto más uno de la tribu de Benjamín! ¡Déjenlo que me maldiga, pues el Señor se lo habrá ordenado! [12]Quizá cuando el Señor vea mi aflicción, me envíe bendiciones en lugar de las maldiciones que hoy escucho.

[13]Y David y sus hombres siguieron su camino, mientras que Simei se fue por la ladera del monte, paralelo a David, maldiciendo y arrojando piedras y levantando polvo. [14]Cuando el rey y la gente que le acompañaba llegaron al río Jordán,[24] iban muy cansados, y descansaron allí.

### Absalón entra en Jerusalén

[15]Mientras tanto, Absalón entró en Jerusalén acompañado por todos los israelitas y por Ahitofel. [16]Por su parte, Husai el arquita, amigo de David, fue al encuentro de Absalón, gritando:

—¡Viva el rey, viva el rey!

[17]Entonces Absalón le preguntó:

—¿Es ésta tu lealtad hacia tu amigo? ¿Por qué no te fuiste con él?

[18]—No puedo —le respondió Husai—, porque yo debo estar y quedarme con quien el Señor y todo el pueblo israelita hayan escogido. [19]Y en segundo lugar, si a alguien debo servir, que sea al hijo de mi amigo. Así que yo serviré a Su Majestad de la misma manera que he servido a su padre.

[20]Más tarde Absalón preguntó a Ahitofel:

—¿Qué aconsejan ustedes que hagamos?

[21]Y Ahitofel respondió a Absalón:

---

[24] *Al río Jordán:* según la versión griega. En el texto hebreo no aparece esta frase.
[a] 16.1 2 S 9.9-10.

—Acuéstate con las concubinas de tu padre, las que él dejó para que cuidaran el palacio. Así todos en Israel comprenderán que te has hecho odioso a tu padre, y tendrán más ánimo todos los que están de tu parte.

²²Entonces pusieron para Absalón una tienda de campaña sobre la azotea, y allí se acostó Absalón con las concubinas de su padre, a la vista de todos los israelitas;[b] ²³pues, en aquel tiempo, pedir un consejo a Ahitofel era como consultar la palabra de Dios. Tal era el prestigio de Ahitofel, tanto para David como para Absalón.

### Husai deshace el plan de Ahitofel

**17** ¹Después Ahitofel le dijo a Absalón:

—Déjame escoger a doce mil hombres, y esta misma noche saldré en persecución de David. ²Y cuando él esté débil y cansado, caeré sobre él y lo llenaré de miedo, y toda la gente que está con él, huirá. No mataré más que al rey, ³y luego haré que todo el pueblo se reconcilie contigo, como cuando la recién casada se reconcilia con su esposo. Lo que tú buscas es la muerte de un hombre; ²⁵ y todo el pueblo quedará en paz.

⁴El plan pareció bueno a Absalón y a todos los consejeros de Israel. ⁵Pero Absalón ordenó que llamaran también a Husai el arquita, para que diera su opinión. ⁶Cuando Husai llegó ante Absalón, éste le dijo:

—El plan de Ahitofel es éste. ¿Lo llevaremos a cabo, o no? Danos tu opinión.

⁷Husai le contestó:

—Esta vez el plan de Ahitofel no es conveniente. ⁸Tú bien sabes que tu padre y sus hombres son muy valientes, y que ahora deben estar furiosos como una osa salvaje a la que le han quitado sus crías. Además, tu padre es un hombre acostumbrado a la guerra y no pasará la noche con la demás gente. ⁹Ahora mismo ha de estar escondido en una cueva o en algún otro lugar. Por otra parte, apenas corra la voz de que en el primer encuentro han caído algunos de los tuyos, no faltará quien piense que tus seguidores han sido derrotados, ¹⁰y hasta el más valiente, aun el que sea bravo como un león, se desanimará por completo; porque todos en Israel saben que tu padre y sus seguidores son gente valiente. ¹¹Ahora bien, yo te aconsejaría que se reúnan contigo todos los israelitas que hay desde Dan hasta Beerseba, que son tantos como los granos de arena que hay a la orilla del mar, y que tú personalmente los dirijas en la batalla. ¹²Entonces atacaremos a tu padre en cualquier lugar donde se encuentre. Caeremos sobre él como el rocío sobre la tierra, y no quedarán con vida ni él ni ninguno de sus hombres. ¹³Incluso si se refugia en alguna ciudad, todos los israelitas llevaremos cuerdas y, piedra por piedra, arrastraremos esa ciudad hasta el arroyo, y no quedará allí ni una sola piedra.

¹⁴Absalón y todos los israelitas estuvieron de acuerdo en que el plan de Husai era mejor que el de Ahitofel. (Y es que el Señor había determinado frustrar el plan acertado de Ahitofel, para acarrear el desastre sobre Absalón.) ¹⁵Después Husai informó a los sacerdotes Sadoc y Abiatar del consejo que Ahitofel había dado a Absalón y a los ancianos de Israel, y del consejo que él mismo les había dado, ¹⁶a fin de que avisaran rápidamente a David, advirtiéndole que no pasara aquella noche en los llanos del desierto, sino que pasara sin falta al otro lado del Jordán para que no los mataran ni a él ni a sus hombres.

¹⁷Como Jonatán y Ahimaas estaban en En-rogel, pues no podían arriesgarse a que los vieran en la ciudad, una criada fue a avisarles, e inmediatamente ellos salieron a contárselo al rey David. ¹⁸Sin embargo, un muchacho los vio y fue a decírselo a Absalón. Entonces ellos se dieron prisa y llegaron a la casa de un vecino de Bahurim, y se metieron en un pozo que había en el patio. ¹⁹Luego la esposa de ese hombre puso una tapa sobre el pozo, y encima esparció trigo trillado. De esto nadie supo nada. ²⁰Y cuando llegaron los seguidores de Absalón, preguntaron a la mujer:

—¿Dónde están Ahimaas y Jonatán?

—Pasaron por aquí, en dirección al río —les contestó la mujer.

Entonces los seguidores de Absalón fueron en su busca, pero al no encontrarlos regresaron a Jerusalén. ²¹Y después que aquellos se fueron, Ahimaas y Jonatán salieron del pozo y corrieron a poner sobre aviso al rey David; le dijeron que se levantara en seguida y cruzara el río, porque Ahitofel había aconsejado que los atacaran. ²²Entonces David y toda la gente que le acompañaba se levantaron rápidamente y cruzaron el río Jordán. Al

²⁵ *Como cuando la recién . . . muerte de un hombre:* según la versión griega. Heb. oscuro.
*b* **16.22** 2 S 12.11-12.

amanecer del día siguiente, no había nadie que no lo hubiera cruzado.

²³Cuando Ahitofel vio que su plan no se había puesto en práctica, aparejó su asno y se fue a su casa, en su pueblo natal, y después de arreglar sus asuntos familiares, se ahorcó. Así murió, y fue enterrado en el sepulcro de su padre.

### David en Mahanaim

²⁴David llegó a Mahanaim en el momento en que Absalón cruzaba el Jordán con todos los israelitas. ²⁵Absalón había puesto a Amasa al frente del ejército, en lugar de Joab. Amasa era hijo de un ismaelita²⁶ llamado Itra, que había tenido relaciones íntimas con Abigail, hija de Nahas y hermana de Sarvia, la madre de Joab.

²⁶Absalón acampó con los israelitas en territorio de Galaad. ²⁷y cuando David llegó a Mahanaim, salieron a recibirlo Sobi, hijo de Nahas, que era de Rabá de Amón; Maquir, hijo de Amiel, que era de Lodebar; y Barzilai, que era de Rogelim de Galaad. ²⁸Y le llevaron camas, palanganas y ollas de barro, y también trigo, cebada, harina, grano tostado, habas, lentejas, ²⁹miel, cuajada y queso de vaca y de oveja, para que comiera David y la gente que lo acompañaba; pues pensaron que, viniendo del desierto, estarían cansados, hambrientos y sedientos.

### Derrota y muerte de Absalón

**18** ¹David pasó revista a su ejército, y puso jefes al frente de grupos de mil y de cien soldados. ²Después envió una tercera parte del ejército bajo el mando de Joab, otra tercera parte bajo el mando de Abisai, hijo de Sarvia y hermano de Joab, y la otra tercera parte bajo el mando de Itai, el de Gat. Y a todo el ejército le dijo:

—Yo iré con ustedes a la batalla.

³Pero ellos le respondieron:

—No, no haga eso Su Majestad, porque al enemigo poco le importa que huyamos o que muera la mitad de nosotros, pero Su Majestad vale tanto como diez mil de nosotros. Por eso es mejor que Su Majestad se quede en la ciudad para enviarnos refuerzos desde aquí.

⁴—Haré lo que les parezca mejor —les respondió el rey, poniéndose inmediatamente a un lado de la entrada de la ciudad, mientras el ejército salía en grupos de mil y de cien soldados.

⁵Además, el rey ordenó a Joab, a Abisai y a Itai que, en atención a él, trataran con consideración al joven Absalón, y todo el ejército escuchó la orden que el rey dio a los jefes acerca de Absalón. ⁶Así pues, las tropas marcharon al campo para enfrentarse con las tropas de Israel. La batalla tuvo lugar en el bosque de Efraín, y ⁷los de Israel fueron derrotados por los seguidores de David. Hubo una gran matanza aquel día, pues murieron veinte mil hombres. ⁸La lucha se había extendido por todo el territorio, y en esta ocasión el bosque mismo causó más muertes que la espada. ⁹Absalón, que iba montado en un mulo, se encontró de repente frente a los seguidores de David. Entonces el mulo se metió debajo de una gran encina, y a Absalón se le quedó trabada la cabeza en las ramas, por lo que se quedó colgado en el aire, pues el mulo siguió de largo. ¹⁰Alguien que vio esto, fue a decirle a Joab:

—He visto a Absalón colgado de una encina.

¹¹Y Joab les respondió:

—Pues si lo viste, ¿por qué no lo derribaste allí mismo? Yo con mucho gusto te habría dado diez monedas de plata y un cinturón.

¹²Pero aquel hombre contestó a Joab:

—Aunque me dieras mil monedas de plata, no atentaría contra el hijo del rey; porque nosotros escuchamos que el rey te ordenó a ti, a Abisai y a Itai, que protegieran al joven Absalón. ¹³Por otro lado, si yo hubiera hecho tal cosa, habría sido en vano, porque no hay nada oculto para el rey, y tú no habrías hecho nada para protegerme.

¹⁴—No voy a perder más tiempo contigo —le respondió Joab; y tomando tres dardos, los clavó en el corazón de Absalón, que aún estaba vivo en la encina. ¹⁵Luego, diez asistentes de Joab rodearon a Absalón, y lo remataron. ¹⁶A continuación Joab ordenó que tocaran la trompeta, y las tropas dejaron de perseguir a los de Israel, porque Joab las detuvo. ¹⁷Entonces tomaron el cuerpo de Absalón, lo echaron en un gran hoyo que había en el bosque, y sobre él levantaron un

---

²⁶ *Ismaelita:* texto probable, según 1 Cr 2.17. Heb. *israelita*.

enorme montón de piedras. Después todos los israelitas huyeron a sus casas.

[18]En vida, Absalón se había mandado hacer un monumento de piedra, el que está en el Valle del Rey, y le había puesto su nombre, ya que no tenía ningún hijo que se lo conservara. Y hasta el presente se le conoce como "el monumento de Absalón".

[19]Luego Ahimaas, el hijo de Sadoc, dijo a Joab:

—Te ruego que me dejes ir corriendo a avisar al rey que el Señor le ha hecho justicia librándolo del poder de sus enemigos.

[20]Pero Joab le respondió:

—Tú no eres hoy la persona ideal para llevar la noticia. Ya lo serás en otra ocasión, pero no hoy, porque el hijo del rey ha muerto.

[21]Sin embargo, Joab dijo a un soldado etiope:

—Ve tú, e informa al rey de lo que has visto.

El etiope hizo una reverencia a Joab y salió corriendo. [22]Ahimaas, por su parte, volvió a decir a Joab:

—De todos modos, déjame correr detrás del etiope.

Pero Joab le contestó:

—¿Para qué quieres ir tú, hijo mío, si no vas a recibir un premio por tu noticia?

[23]—No importa, iré corriendo —contestó Ahimaas.

—¡Pues corre! —le respondió Joab.

Entonces Ahimaas echó a correr por el valle, y se adelantó al etiope. [24]Mientras tanto, David estaba sentado entre las dos puertas[27] de la entrada de la ciudad, y el centinela había subido a la azotea, encima de la puerta de la muralla. Al levantar la vista, el centinela vio a un hombre solo, que venía corriendo, [25]y lo anunció al rey en voz alta. El rey exclamó:

—Si viene solo es que trae buenas noticias.

Mientras el hombre se acercaba, [26]el centinela vio a otro hombre que corría, y le gritó al guardián de la puerta:

—¡Viene otro hombre corriendo!

—También ha de traer buenas noticias —respondió el rey.

[27]El centinela añadió:

—Por su modo de correr, me parece que el primero es Ahimaas, el hijo de Sadoc.

—El es un buen hombre —comentó el rey—, y seguramente traerá buenas noticias.

[28]Ahimaas se acercó,[28] e inclinándose hasta el suelo delante del rey, lo saludó y le dijo:

—Bendito sea el Señor, el Dios de Su Majestad, porque ha quitado de en medio a los que se rebelaron contra Su Majestad.

[29]—¿Está bien el joven Absalón? —preguntó el rey.

Y Ahimaas respondió:

—Yo vi un gran alboroto en el momento en que Joab, servidor de Su Majestad, me enviaba, pero no supe lo que pasaba.

[30]Entonces el rey le ordenó:

—Colócate a un lado y quédate ahí.

Ahimaas lo hizo así. [31]En aquel momento llegó el etiope, y dijo:

—Reciba estas buenas noticias Su Majestad: hoy el Señor ha hecho justicia a Su Majestad, librándolo del poder de todos los que se rebelaron contra Su Majestad.

[32]El rey preguntó al etiope:

—Y el joven Absalón, ¿está bien?

El etiope contestó:

—Ojalá que los enemigos de Su Majestad y todos los que se rebelen contra Su Majestad y busquen su mal, acaben como ese muchacho.

[33]cEl rey se conmovió, y subiendo al cuarto que estaba encima de la puerta, se echó a llorar. Y mientras caminaba, decía: "¡Absalón, hijo mío! ¡Absalón, hijo mío! ¡Ojalá yo hubiera muerto en tu lugar! ¡Hijo mío, Absalón, hijo mío!"

# 19

[1-2]Cuando la gente supo que el rey lloraba y lamentaba la muerte de su hijo Absalón, fueron a decírselo a Joab. Y así aquel día la victoria se convirtió en motivo de tristeza. [3]El ejército mismo procuró disimular su entrada en la ciudad: avanzaban los soldados avergonzados, como si hubieran huido del campo de batalla. [4]Mientras tanto el rey, cubriéndose la cara, gritaba a voz en cuello: "¡Absalón, hijo mío! ¡Absalón, hijo mío, hijo mío!"

[5]Joab fue entonces a palacio, y le dijo al rey:

—Su Majestad ha puesto en vergüenza a sus servidores, que hoy han salvado la vida de Su Majestad y de sus hijos, hijas, esposas y concubinas. [6]Su Majestad ha

---

[27] La entrada a algunas ciudades amuralladas tenía una puerta que daba al exterior y otra que daba al interior, con un pasadizo entre ambas, constantemente vigilado por soldados. [28] *Se acercó:* según la versión griega. Heb. *gritó.*
c Los vs. 18.33-19.43 corresponden a los vs. 19.1-44 en el texto hebreo.

demostrado hoy que nada le importan sus jefes y oficiales, pues ama a quienes lo odian, y odia a quienes lo aman. Hoy me he dado cuenta de que para Su Majestad sería mejor que Absalón estuviera vivo, aunque todos nosotros hubiéramos muerto. [7]Salga, pues, ahora Su Majestad y aliente con sus palabras a sus seguidores, pues de lo contrario juro por el Señor a Su Majestad que esta noche no le quedará ni un solo partidario. Esto será para Su Majestad peor que todos los males que le han ocurrido desde su juventud hasta el presente.

[8]Entonces el rey se levantó y fue a sentarse a la puerta de la ciudad. Y cuando se informó a todo el pueblo de que el rey estaba sentado a la puerta, fueron todos a presentarse ante él.

### David vuelve a Jerusalén

En cuanto a los de Israel, todos ellos habían huido a sus casas. [9]Y en todas la tribus de Israel la gente discutía y decía: "El rey David nos libró del dominio de nuestros enemigos, los filisteos; y, sin embargo, por causa de Absalón, ha tenido que huir del país. [10]Y Absalón, a quien nosotros habíamos consagrado como nuestro rey, ha muerto en la batalla. ¿Qué esperamos, pues, que no hacemos volver al rey David?"

[11]Este comentario de todo Israel llegó hasta la casa del rey David. Entonces él mandó recado a los sacerdotes Sadoc y Abiatar, diciéndoles: "Hablen ustedes con los ancianos de Judá, y pregúntenles por qué se retrasan en hacer que yo regrese a mi palacio; [12]díganles que no hay razón para que ellos sean los últimos en hacerme volver, puesto que son mis hermanos de tribu." [13]Ordenó, además, que se dijera a Amasa: "Tú eres de mi misma sangre, así que de ahora en adelante tú serás el general de mi ejército, en lugar de Joab. Y si no te lo cumplo, que el Señor me castigue duramente."

[14]Así convenció a los hombres de Judá, y todos ellos, como un solo hombre, mandaron decir al rey que volviera con todos sus oficiales. [15]Entonces el rey emprendió el regreso, y llegó al río Jordán. Los de Judá, por su parte, fueron a Gilgal para recibirlo y ayudarlo a cruzar el Jordán. [16]También Simei,[d] que era hijo de Gera, de la tribu de Benjamín, y natural de Bahurim, se apresuró a bajar con los hombres de Judá para recibir al rey David. [17]Le acompañaban mil hombres de Benjamín. A su vez, Siba, el criado de la familia de Saúl, acompañado de sus quince hijos y sus veinte esclavos, llegó al Jordán antes que el rey y [18]atravesó el vado del río para ayudar a la familia del rey a cruzarlo, y así quedar bien con él. Cuando el rey se disponía a cruzar el Jordán, Simei se inclinó delante de él, [19]y le dijo:

—Ruego a Su Majestad que no tome en cuenta mi falta ni recuerde el delito que este servidor suyo cometió el día en que Su Majestad salió de Jerusalén. No me guarde rencor, [20]pues yo mismo reconozco mi culpa, y de toda la casa de José hoy he sido el primero en salir a recibir a Su Majestad.

[21]Entonces Abisai, hijo de Sarvia, dijo:

—¿Acaso no merece la muerte Simei, por haber maldecido al rey escogido por el Señor?

[22]Pero David respondió:

—¡Esto no es asunto de ustedes, hijos de Sarvia! ¿Por qué se oponen a mí? Ahora sé bien que soy el rey de Israel, así que nadie en Israel morirá en este día.

[23]Luego, dirigiéndose a Simei, le juró que no moriría.

[24]También salió a recibirlo Mefi-boset,[e] el hijo de Saúl. Desde el día en que el rey salió, y hasta que volvió sano y salvo, no se había lavado los pies, ni cortado la barba, ni lavado su ropa. [25]Y cuando vino a Jerusalén para recibir al rey, éste le dijo:

—Mefi-boset, ¿por qué no viniste conmigo?

[26]El respondió:

—Mi criado me engañó, Majestad. Como soy cojo, le ordené que me aparejara un asno para montar en él e irme con Su Majestad. [27]Pero él me ha calumniado ante Su Majestad. Sin embargo, Su Majestad es como un ángel de Dios y hará lo que mejor le parezca. [28]Y aunque toda mi familia paterna era digna de muerte ante Su Majestad, este siervo suyo fue invitado a comer en la mesa de Su Majestad. ¿Qué más puedo pedir de Su Majestad?

[29]El rey le respondió:

—No hay nada más que hablar. Ya he ordenado que tú y Siba se repartan las tierras.

[30]Pero Mefi-boset le contestó:

---

[d] 19.16 2 S 16.5-13.   [e] 19.24 2 S 9.1-13; 16.1-4.

—Que se quede él con todas. Lo importante es que Su Majestad ha vuelto sano y salvo a su palacio.

[31] En cuanto a Barzilai,ᶠ el de Galaad, había bajado de Rogelim para acompañar al rey a cruzar el Jordán y allí despedirse de él. [32] Era ya muy anciano, pues tenía ochenta años, y durante el tiempo en que el rey estuvo en Mahanaim había dado al rey todo lo necesario, porque era muy rico. [33] El rey dijo entonces a Barzilai:

—Vente conmigo a Jerusalén, y allí me haré cargo de ti.

[34] Pero Barzilai le respondió:

—Me quedan pocos años de vida para irme ahora a Jerusalén con Su Majestad, [35] pues ya tengo ochenta años; he perdido el gusto de lo que como y lo que bebo, y ya no puedo decir si tiene buen o mal sabor; tampoco puedo oír ya la voz de los cantores y cantoras. ¿Por qué he de convertirme en una carga para Su Majestad? [36] Si únicamente voy a acompañar a Su Majestad a cruzar el Jordán, ¿por qué ha de ofrecerme Su Majestad esta recompensa? [37] Antes rogaría a Su Majestad que me permita volver a mi pueblo para morir allá y ser enterrado en la tumba de mis padres. Pero aquí tiene Su Majestad a otro servidor: mi hijo Quimam. Que vaya él con Su Majestad, y haga Su Majestad por él lo que crea más conveniente.

[38] El rey contestó:

—Que venga conmigo Quimam, y haré por él lo que tú creas más conveniente. Y todo lo que me pidas, te lo concederé.

[39] Toda la gente cruzó el Jordán. Y cuando el rey lo cruzó, dio a Barzilai un beso de despedida. Entonces Barzilai regresó al lugar donde vivía. [40] El rey, por su parte, se dirigió a Gilgal, acompañado de Quimam y de toda la gente de Judá, así como de la mitad de la gente de Israel. [41] Todos los israelitas fueron entonces a ver al rey, y le dijeron:

—¿Por qué han de ser nuestros hermanos de Judá quienes se adueñen de Su Majestad, y quienes lo escolten a él y a la familia real, y a todo su ejército, en el paso del Jordán?

[42] Todos los de Judá respondieron a los de Israel:

—Porque el rey es nuestro pariente cercano. Pero no hay razón para que ustedes se enojen. ¿Acaso comemos nosotros a costa del rey, o hemos tomado algo para nosotros?

[43] Los de Israel contestaron:

—Nosotros tenemos sobre el rey diez veces más derecho que ustedes. Además, como tribus, somos los hermanos mayores[29] de ustedes. Así pues, ¿por qué nos menosprecian? ¿Acaso no fuimos nosotros los primeros en decidir que regresara nuestro rey?

Sin embargo, los de Judá discutieron con mayor violencia que los de Israel.

## Sublevación de Seba

**20** [1] Un malvado de la tribu de Benjamín, que se llamaba Seba y era hijo de Bicri, se encontraba en Gilgal. Este Seba incitó al pueblo a levantarse en armas,[30] diciendo: "¡Nosotros no tenemos parte ni herencia con David, el hijo de Isaí! ¡Todos a sus casas, israelitas!"ᵍ

[2] Todos los hombres de Israel abandonaron a David para seguir a Seba, hijo de Bicri. Pero los de Judá, desde el Jordán hasta Jerusalén, se mantuvieron fieles a su rey.

[3] Cuando David regresó a su palacio, en Jerusalén, tomó a las diez concubinasʰ que había dejado cuidando el palacio y las metió en una casa, bajo vigilancia. Allí siguió cuidando de ellas, pero no volvió a tener relaciones sexuales con ellas. Así ellas se quedaron encerradas, viviendo como viudas hasta el día de su muerte.

[4] Después el rey ordenó a Amasa:

—Llama a los hombres de Judá, y dentro de tres días preséntate aquí con ellos.

[5] Amasa fue a reunirlos, pero tardó más tiempo del que se le había señalado. [6] Entonces dijo David a Abisai:

—Seba nos va a causar más daño que Absalón. Así que toma el mando de mis tropas y persíguelo, no sea que encuentre algunas ciudades amuralladas y se nos escape.

[7] Los hombres de Joab, con los cereteos y peleteos de la guardia real, y los mejores soldados, salieron de Jerusalén con Abisai, para perseguir a Seba. [8] Cuando se encontraban cerca de la gran roca que está en Gabaón, Amasa les salió al encuentro. Joab llevaba puesto su uniforme de batalla, ajustado con un cinturón, y al costado una espada envainada, la cual podía desenvainar con sólo tirar hacia abajo. [9] Y mientras Joab tomaba a Amasa por la barba con la mano derecha para besarlo, le preguntó:

---

[29] Los hermanos mayores: según la versión griega. Heb. sobre David.    [30] Incitó al pueblo a levantarse en armas: lit. dio un toque de trompeta.
ᶠ **19.31** 2 S 17.27-29.    ᵍ **20.1** 1 R 12.16; 2 Cr 10.16.    ʰ **20.3** 2 S 16.22.

—¿Te ha ido bien, hermano?

[10]Amasa no prestó atención a la espada que Joab llevaba en la mano. De pronto, Joab lo hirió con ella en el vientre, y todas sus entrañas se derramaron por el suelo. Murió sin que Joab tuviera que rematarlo. Luego Joab y su hermano Abisai siguieron persiguiendo a Seba, hijo de Bicri. [11]Entonces uno de los soldados de Joab se puso al lado del cuerpo de Amasa, y dijo:

—¡El que esté a favor de Joab y de David, que siga a Joab!

[12]Pero Amasa seguía en medio del camino, revolcándose en su sangre; y viendo aquel soldado que toda la gente se detenía, hizo a Amasa a un lado del camino y lo tapó con una capa, pues se dio cuenta de que todos los que llegaban se quedaban parados junto a él. [13]Después de apartarlo del camino, pasaron todos los que andaban con Joab en persecución de Seba.

[14]Seba pasó por todas las tribus de Israel hasta Abel-bet-maaca, y todos los descendientes de Bicri se reunieron y entraron tras él en la ciudad. [15]Cuando los hombres de Joab llegaron a Abel-bet-maaca, construyeron una rampa sobre la muralla exterior, para atacar la ciudad, y luego entre todos trataron de derribar la muralla. [16]De pronto, una mujer muy astuta gritó desde la muralla de la ciudad:

—¡Escúchenme! ¡Escúchenme, por favor! ¡Díganle de mi parte a Joab que se acerque, porque quiero hablar con él!

[17]Cuando Joab se acercó, la mujer le preguntó:

—¿Tú eres Joab?

—Yo soy Joab —respondió él.

Ella dijo:

—Escucha las palabras de esta sierva tuya.

—Te escucho —contestó él.

[18]Entonces ella comenzó a decir:

—Antiguamente decían: "Quien quiera saber algo, que pregunte en Abel." Y así se solucionaba el asunto. [19]Nuestra ciudad es una de las más pacíficas y fieles de Israel,[31] ¡una de las más importantes! Sin embargo, tú estás tratando de destruirla. ¿Por qué quieres destruir lo que pertenece al Señor?

[20]Joab le contestó:

—¡Eso ni pensarlo! No es mi intención destruirla ni dejarla en ruinas. [21]No se trata de eso, sino que un hombre de los montes de Efraín, llamado Seba, se ha levantado en armas contra el rey David. Entréguenmelo a él solo, y yo me retiraré de la ciudad.

—Te echaremos su cabeza desde el muro —respondió la mujer a Joab.

[22]En seguida fue ella a convencer con su astucia a toda la gente de la ciudad, y le cortaron la cabeza a Seba y se la arrojaron a Joab. Entonces Joab ordenó que tocaran retirada, y se alejaron de la ciudad, cada cual a su casa, mientras que Joab regresó a Jerusalén para hablar con el rey.

### Oficiales de David
*(2 S 8.15-18; 1 Cr 18.14-17)*

[23]Joab quedó al mando de todo el ejército de Israel, en tanto que Benaía, hijo de Joiada, estaba al mando de la guardia de cereteos y peleteos. [24]Adoram era el encargado del trabajo obligatorio, y el secretario del rey era Josafat, hijo de Ahilud. [25]Seva era el cronista, y Sadoc y Abiatar los sacerdotes. [26]Ira, del pueblo de Jair, era también sacerdote de David.

### Venganza de los gabaonitas

**21** [1]En tiempos de David hubo un hambre que duró tres años seguidos. Entonces David consultó al Señor, y el Señor le respondió: "El hambre se debe a los crímenes de Saúl y de su familia, porque asesinaron a los gabaonitas."

[2]David llamó a los gabaonitas y habló con ellos. (Los gabaonitas no eran israelitas, sino un grupo que aún quedaba de los amorreos con quienes los israelitas habían hecho un juramento,[i] y a quienes Saúl, en su celo por la gente de Israel y de Judá, había tratado de exterminar.) [3]David les preguntó:

—¿Qué puedo hacer por ustedes? ¿Cómo puedo reparar el daño que se les hizo, para que bendigan al pueblo del Señor?

[4]Los gabaonitas le respondieron:

—No es cuestión de dinero lo que tenemos pendiente con Saúl y su familia, ni queremos que muera nadie en Israel.

David les dijo:

—Díganme entonces qué quieren que haga por ustedes.

[5]Y ellos contestaron:

—Del hombre que quiso destruirnos e hizo planes para eliminarnos y para que no permaneciéramos en todo el territorio

---

[31] *Y así. . . Israel:* texto probable. Heb. oscuro.
[i] **21.2** Jos 9.3-15.

de Israel, [6]queremos que se nos entreguen siete de sus descendientes, y nosotros los colgaremos ante el Señor en Gabaa de Saúl, el escogido del Señor.

El rey aceptó entregárselos, [7]aunque se compadeció de Mefi-boset, hijo de Jonatán y nieto de Saúl, por el sagrado juramento que se habían hecho él y Jonatán.[j] [8]Sin embargo apresó a los dos hijos que Rizpa, hija de Aja, había tenido con Saúl, y que se llamaban Armoni y Mefi-boset, y a los cinco hijos que Merab,[32,k] hija de Saúl, tuvo con Adriel, hijo de Barzilai de Mehola, [9]y se los entregó a los de Gabaón, los cuales los ahorcaron en el monte delante del Señor. Así murieron juntos los siete, en los primeros días de la cosecha de la cebada.

[10]Entonces Rizpa, la hija de Aja, se vistió con ropas ásperas en señal de luto, y se tendió sobre una peña. Allí se quedó, desde el comienzo de la cosecha de cebada hasta que llegaron las lluvias, sin dejar que los pájaros se acercaran a los cadáveres durante el día, ni los animales salvajes durante la noche.

[11]Cuando le contaron a David lo que había hecho Rizpa, la concubina de Saúl, [12]fue y recogió los restos de Saúl y de su hijo Jonatán, que estaban en posesión de los habitantes de Jabes de Galaad. Estos los habían robado de la plaza de Bet-sán, donde los filisteos los colgaron el día que derrotaron a Saúl en Gilboa.[l] [13]Luego ordenó David que trasladaran los restos de Saúl y de Jonatán, y que recogieran los restos de los ahorcados; [14]y enterraron los restos de Saúl y de Jonatán en el sepulcro de Cis, el padre de Saúl, en Zela, en el territorio de Benjamín. Todo se hizo como el rey lo había ordenado. Y después de esto, Dios atendió las súplicas en favor del país.

### Abisai salva la vida a David

[15]Los filisteos declararon de nuevo la guerra a Israel. Entonces David y sus oficiales salieron a luchar contra ellos. David se cansó demasiado, [16]y un gigante llamado Isbi-benob trató de matarlo. Su lanza pesaba más de treinta kilos, y al cinto llevaba una espada nueva. [17]Pero Abisai, el hijo de Sarvia, fue en ayuda de David, y atacó al filisteo y lo mató. Entonces los hombres de David le hicieron prometer que ya no saldría más a la guerra con ellos, para que no se apagara la lámpara de Israel.

### Peleas contra gigantes
(1 Cr 20.4-8)

[18]Después hubo en Gob otra batalla contra los filisteos. En aquella ocasión, Sibecai el husatita mató a Saf, que era descendiente de los gigantes. [19]Y en otra batalla que hubo contra los filisteos, también en Gob, Elhanán, hijo de Jair,[33] de Belén, mató a Goliat el de Gat, cuya lanza tenía el asta tan grande como el rodillo de un telar.

[20]En Gat hubo otra batalla. Había allí un hombre de gran estatura, que tenía veinticuatro dedos: seis en cada mano y seis en cada pie. Era también descendiente de los gigantes, [21]pero desafió a Israel y lo mató Jonatán, hijo de Simea, el hermano de David. [22]Estos cuatro gigantes eran descendientes de Refa, el de Gat, pero cayeron a manos de David y de sus oficiales.

### Canto de victoria de David
(Salmo 18)

**22** [1]David entonó este canto al Señor cuando el Señor lo libró de caer en manos de Saúl y de todos sus enemigos. [2]Dijo así:

> "Tú, Señor, eres mi protector,
> mi lugar de refugio,
> mi libertador,
> [3]mi Dios,
> la roca que me protege,
> mi escudo,
> el poder que me salva,
> mi más alto escondite,
> mi más alto refugio,
> mi salvador.
> ¡Me salvaste de la violencia!
> [4]Tú, Señor, eres digno de alabanza:
> cuando te llamo, me salvas de mis
> enemigos.
>
> [5]"Pues la muerte me enredó en sus
> olas;
> sentí miedo ante el torrente
> destructor.
> [6]La muerte me envolvió en sus lazos;
> ¡me encontré en trampas mortales!
> [7]En mi angustia llamé al Señor,
> pedí ayuda a mi Dios,
> y él me escuchó desde su templo;
> ¡mis gritos llegaron a sus oídos![m]

[32] *Merab:* según la versión griega. Heb. *Mical.*   [33] *Jair:* texto probable. Heb. *Jaare-oregim.*
[j] 21.7 1 S 20.15-17; 2 S 9.1-7.   [k] 21.8 1 S 18.19.   [l] 21.12 1 S 31.8-13.   [m] 22.7 Sal 120.1; Jon 2.2.

8"Hubo entonces un fuerte temblor
de tierra:
temblaron las bases del cielo;
fueron sacudidas por la furia del
Señor.ⁿ
9De su nariz brotaba humo,
y de su boca un fuego destructor;
¡por la boca lanzaba carbones
encendidos!
10Descorrió la cortina del cielo, y
descendió.
¡Debajo de sus pies había grandes
nubarrones!
11Montó en un ser alado, y voló;
se le veía sobre las alas del viento.ñ
12Tomó como tienda de campaña
la densa oscuridad que le rodeaba
y los nubarrones cargados de agua.
13Un fulgor relampagueante salió de su
presencia;
llovieron carbones encendidos.


14"El Señor, el Altísimo,
hizo oír su voz de trueno desde el
cielo:
15lanzó sus flechas, sus relámpagos,
y a mis enemigos hizo huir en
desorden.
16El fondo del mar quedó al
descubierto;
las bases del mundo quedaron a la
vista,
por la voz amenazante del Señor,
por el fuerte soplo que lanzó.º


17"Dios me tendió la mano desde lo
alto,
y con su mano me sacó del mar
inmenso.
18Me salvó de enemigos poderosos
que me odiaban y eran más fuertes
que yo.
19Me atacaron cuando yo estaba en
desgracia,
pero el Señor me dio su apoyo:
20me sacó a la libertad;
¡me salvó porque me amaba!
21El Señor me ha dado la recompensa
que merecía mi limpia conducta,
22pues yo he seguido el camino del
Señor;
¡jamás he renegado de mi Dios!
23Yo tengo presentes todos sus
decretos;
¡jamás me he desviado de sus leyes!
24Me he conducido ante él sin tacha
alguna,

me he alejado de la maldad.
25El Señor me ha recompensado
por mi limpia conducta en su
presencia.


26"Tú, Señor, eres fiel con el que es
fiel,
irreprochable con el que es
irreprochable,
27sincero con el que es sincero,
pero sagaz con el que es astuto.
28Tú salvas a los humildes,
pero te fijas en los orgullosos
y los humillas.
29Tú, Señor, eres mi luz;
tú, Dios mío, alumbras mi
oscuridad.
30Con tu ayuda atacaré al enemigo
y pasaré sobre el muro de sus
ciudades.


31"El camino de Dios es perfecto;
la promesa del Señor es digna de
confianza.
¡Dios protege a todos los que en él
confían!ᵖ
32¿Quién es Dios, fuera del Señor?
¿Qué otro dios hay que pueda
protegernos?�q
33Dios es mi refugio poderoso,
quien hace intachable mi conducta,
34quien me da pies ligeros, como de
ciervo,ʳ
quien me hace estar firme en las
alturas,
35quien me entrena para la batalla,
quien me da fuerzas para tensar
arcos de bronce.


36"Tú me proteges y me salvas;
tu bondad me ha hecho prosperar.
37Has hecho fácil mi camino,
y mis pies no han resbalado.


38"Perseguí a mis enemigos, los
destruí,
y sólo volví después de
exterminarlos.
39¡Los exterminé! ¡Los hice pedazos!
Ya no se levantaron: ¡cayeron
debajo de mis pies!
40Tú me diste fuerza en la batalla;
hiciste que los rebeldes se inclinaran
ante mí,
41y que delante de mí huyeran mis
enemigos.

ⁿ 22.8-17 Jue 5.4-5; Job 36.30; Sal 29.3-9; 77.16-19; 144.5-8; Hab 3.3-13.   ñ 22.11 Sal 68.33; 104.3.   º 22.14-16 Ex 15.8; 19.19.
ᵖ 22.31 Pr 30.5.   q 22.32 Is 44.8.   ʳ 22.34 Hab 3.19.

Así pude destruir a los que me
  odiaban.
⁴²Pedían ayuda, y nadie los ayudó;
  llamaban al Señor, y no les contestó.
⁴³¡Los deshice como a polvo del suelo!
  ¡Los pisoteé como a barro de las
  calles!
⁴⁴Me libraste de las luchas de mi
  pueblo,
  me mantuviste como jefe de las
  naciones,
  y me sirve gente que yo no conocía.
⁴⁵En cuanto me oyen, me obedecen;
  gente extranjera me halaga,
⁴⁶gente extranjera se acobarda
  y sale temblando de sus refugios.

⁴⁷"¡Viva el Señor! ¡Bendito sea mi
  protector!
  ¡Sea enaltecido Dios, que me salva y
  me protege!
⁴⁸El es el Dios que me ha vengado
  y que me ha sometido los pueblos.
⁴⁹El me libra de mis enemigos,
  de los rebeldes que se alzaron contra
  mí.
  ¡Tú, Señor, me salvas de los
  hombres violentos!
⁵⁰Por eso te alabo entre las naciones
  y canto himnos a tu nombre.ˢ
⁵¹Concedes grandes victorias al rey que
  has escogido;
  siempre tratas con amor a David y a
  su descendencia."

## Ultimas palabras de David

**23** ¹Estas son las últimas palabras de
     David:

"David, el hijo de Isaí,
  el hombre a quien Dios ha
  enaltecido,
  el rey escogido por el Dios de Jacob,
  el dulce cantor de himnos de Israel,
  ha declarado:

²"El Espíritu del Señor habla por
  medio de mí;
  su palabra está en mi lengua.
³El Dios de Israel ha hablado;
  el Protector de Israel me ha dicho:
  'El que gobierne a los hombres con
  justicia,
  el que gobierne en el temor de Dios,
⁴será como la luz de la aurora,

como la luz del sol en una mañana
  sin nubes,
  que hace crecer la hierba después de
  la lluvia.'
⁵Por eso mi descendencia está firme³⁴
  en Dios,
  pues él hizo conmigo un pacto
  eterno,
  totalmente reglamentado y seguro.
  El me da la victoria completa
  y hace que se cumplan todos mis
  deseos.
⁶Pero todos los malhechores
  serán como espinos desechados,
  que nadie toma con la mano.
⁷Para tocarlos, se toma un hierro o
  una lanza,
  y se les echa en el fuego
  para que se quemen por completo."

## Héroes del ejército de David

### (1 Cr 11.10-47)

⁸Estos son los nombres de los mejores
soldados de David: Is-Boset, el hacmonita,³⁵ jefe de los tres más valientes, que
en una ocasión mató ochocientos hombres con su lanza. ⁹Después de él seguía
Eléazar, hijo de Dodo, el ahohíta, que era
uno de los tres más valientes. Estuvo con
David en Pasdamim,³⁶ cuando los filisteos se juntaron allí para la batalla y los
israelitas se retiraron. ¹⁰Pero él se mantuvo firme, y estuvo matando filisteos
hasta que la mano se le cansó y se le quedó
pegada a la espada. Aquel día el Señor
alcanzó una gran victoria. Luego el ejército siguió a Eleazar para apoderarse de lo
que se le había quitado al enemigo.

¹¹Tras Eleazar seguía Sama, hijo de
Age, el ararita. Cuando los filisteos se
reunieron en Lehi, donde había un campo
sembrado de lentejas, las tropas israelitas
huyeron ante ellos. ¹²Pero Sama se plantó
en medio del campo y lo defendió, derrotando a los filisteos. Así el Señor alcanzó
una gran victoria.

¹³Una vez, en el tiempo de la cosecha,
tres de los treinta valientes fueron a
encontrarse con David en la cueva de
Adulam. Las fuerzas filisteas estaban
acampadas en el valle de Refaim. ¹⁴David
se hallaba en la fortaleza, al tiempo que
un destacamento filisteo se encontraba en
Belén. ¹⁵Y David expresó este deseo:
"¡Ojalá alguien me diera a beber agua del
pozo que está en la puerta de Belén!"

---

³⁴ *Está firme:* texto probable. Heb. *no así.*    ³⁵ *Is-boset, el hacmonita:* texto probable. Heb. *Joseb-basebet el tacmonita.*
³⁶ *En Pas-damim:* texto probable, según 1 Cr 11.13. Heb. *cuando se burlaron de ellos.*
ˢ **22.50** Ro 15.9.

¹⁶Entonces los tres valientes penetraron en el campamento filisteo y sacaron agua del pozo que está a la entrada de Belén, y se la llevaron a David. Pero él no quiso beberla, sino que la derramó como ofrenda al Señor, ¹⁷diciendo: "¡El Señor me libre de beberla! ¡Sería como beberme la sangre de estos hombres, que arriesgando sus vidas fueron a traerla!" Y no quiso beberla.

Esta hazaña la realizaron los tres valientes.

¹⁸Abisai, hermano de Joab e hijo de Sarvia, era jefe de los treinta valientes. En cierta ocasión atacó a trescientos hombres con su lanza, y los mató. Así ganó fama entre los treinta, ¹⁹y recibió más honores que todos ellos, pues llegó a ser su jefe. Pero no igualó a los tres primeros.

²⁰Benaía, hijo de Joiada, del pueblo de Cabseel, era un hombre valiente que realizó muchas hazañas. El fue quien mató a los dos hijos de Ariel³⁷ de Moab. Un día en que estaba nevando bajó a un foso, y allí dentro mató a un león. ²¹También mató a un egipcio de gran estatura, que iba armado con una lanza: Benaía lo atacó con un palo, le arrebató la lanza de la mano, y lo mató con su propia lanza. ²²Esta acción de Benaía, hijo de Joiada, le hizo ganar fama entre los treinta valientes; ²³y recibió más honores que ellos, pero no igualó a los tres primeros. Y David lo puso al mando de su guardia personal.

²⁴Entre los treinta valientes estaban: Asael, hermano de Joab; Elhanán, hijo de Dodo, de Belén; ²⁵Sama, de Harod; Elica, también de Harod; ²⁶Heles, el paltita; Ira, hijo de Iques, de Tecoa; ²⁷Abiezer, de Anatot; Sibecai,³⁸ de Husah; ²⁸Salmón, el ahohíta; Maharai, de Netofa; ²⁹Heled,³⁹ hijo de Baana, también de Netofa; Itai, hijo de Ribai, de Gabaa, que está en el territorio de Benjamín; ³⁰Benaía, de Piratón; Hidai, del arroyo de Gaas; ³¹Abi-albón, el arbatita; Azmavet, de Bahurim; ³²Eliaba, el saalbonita; los hijos de Jasén; Jonatán; ³³Sama, el ararita; Ahíam, hijo de Sarar, también ararita; ³⁴Elifelet, hijo de Ahasbai, hijo del de Maaca; Eliam, hijo de Ahitofel, de Gilo; ³⁵Hezrai, de Carmel; Paarai, el arbita; ³⁶Igal, hijo de Natán, de Soba; Bani, de Gad; ³⁷Selec, de Amón; Naharai, de Beerot, asistente de Joab, hijo de Sarvia; ³⁸Ira, de Jatir; Gareb, también de Jatir; ³⁹y Urías, el hitita. En total, treinta y siete.

### David censa la población
*(1 Cr 21.1-17)*

24 ¹El Señor volvió a encenderse en ira contra los israelitas, e incitó a David contra ellos, ordenándole que hiciera un censo de Israel y Judá. ²Entonces el rey ordenó a Joab, jefe del ejército, que lo acompañaba:

—Recorre todas las tribus de Israel, desde Dan hasta Beerseba, y haz el censo de la población, para que yo sepa cuántos habitantes hay.

³Pero Joab respondió al rey:

—Que el Señor, el Dios de Su Majestad, aumente su pueblo cien veces más de lo que es ahora, y que Su Majestad viva para verlo; pero, ¿para qué desea Su Majestad hacer un censo?

⁴Sin embargo, la orden del rey se impuso a Joab y a los jefes del ejército, y por lo tanto Joab y los jefes del ejército se retiraron de la presencia del rey para hacer el censo del pueblo de Israel. ⁵Atravesaron el río Jordán y comenzaron por Aroer y por la ciudad que está en medio del valle, en dirección a Gad y Jazer. ⁶Después fueron a Galaad y a Cades, en el país de los hititas.⁴⁰ Llegaron luego a Dan, y desde Dan dieron la vuelta por Sidón. ⁷Después fueron a la fortaleza de Tiro y a todas las ciudades de los heveos y los cananeos, hasta salir al sur de Judá, a Beerseba. ⁸Al cabo de nueve meses y veinte días, y tras haber recorrido todo el país, llegaron a Jerusalén. ⁹Joab entregó al rey cifras del censo de la población, y resultó que había en Israel ochocientos mil hombres aptos para la guerra, y quinientos mil en Judá.

¹⁰Pero David se sintió culpable por haber hecho el censo de la población, y confesó al Señor:

—He cometido un grave pecado al hacer esto. Pero te ruego, Señor, que perdones ahora el pecado de este siervo tuyo, pues me he portado como un necio.

¹¹A la mañana siguiente, cuando se levantó David, dijo el Señor al profeta Gad, vidente al servicio de David: ¹²"Ve a ver a David, y dile de mi parte que le propongo tres cosas, y que escoja la que él quiera que yo haga." ¹³Gad fue a ver a David, y le preguntó:

---

³⁷ *Dos hijos de Ariel:* según la versión griega. Heb. *dos de Ariel.*   ³⁸ *Sibecai:* según la versión griega y 1 Cr 11.29. Heb. *Mebunai.*   ³⁹ *Heled:* según varios mss. y 1 Cr 11.30. Heb. *Heleb.*   ⁴⁰ *A Cades, en el país de los hititas:* texto probable. Heb. oscuro.

—¿Qué prefieres: siete años de hambre en el país, tres meses huyendo tú de la persecución de tus enemigos, o tres días de peste en el país? Piensa y decide ahora lo que he de responder al que me ha enviado.

[14]Y David contestó a Gad:

—Estoy en un grave aprieto. Ahora bien, es preferible que caigamos en manos del Señor, pues su bondad es muy grande, y no en manos de los hombres.

[15]Entonces mandó el Señor una peste sobre Israel, desde aquella misma mañana hasta la fecha indicada, y desde Dan hasta Beerseba murieron setenta mil personas. [16]Y cuando el ángel estaba a punto de destruir Jerusalén, le pesó al Señor aquel daño y ordenó al ángel que estaba hiriendo al pueblo: "¡Basta ya, no sigas!"

En aquel momento el ángel del Señor se encontraba junto al lugar donde Arauna el jebuseo trillaba el trigo. [17]Y cuando David vio al ángel que hería a la población, dijo al Señor:

—¡Yo soy quien ha pecado! ¡Yo soy el culpable! ¿Pero qué han hecho estos inocentes?[4l] ¡Yo te ruego que tu castigo caiga sobre mí y sobre mi familia!

### David levanta un altar
*(1 Cr 21:18-27)*

[18]Aquel mismo día, Gad fue a ver a David, y le dijo que levantara un altar al Señor en el lugar donde Arauna el jebuseo

---

[4l] *Estos inocentes:* lit. *estas ovejas.*

---

trillaba el trigo. [19]Entonces David fue a hacer lo que Gad le había dicho por orden del Señor. [20]Arauna estaba mirando a lo lejos, cuando vio que el rey y sus servidores se dirigían hacia él. Entonces Arauna se adelantó, e inclinándose delante del rey [21]le dijo:

—¿A qué se debe la visita de Su Majestad a su criado?

David respondió:

—Quiero comprarte el lugar donde trillas el trigo, para construir allí un altar al Señor, a fin de que la peste se retire del pueblo.

[22]Y Arauna le contestó:

—Tome Su Majestad lo que le parezca mejor, y ofrezca holocaustos. Aquí hay toros para el holocausto, y los trillos y los yugos de las yuntas pueden servir de leña. [23]¡Todo esto se lo doy a Su Majestad!

Además, Arauna exclamó:

—¡Ojalá Su Majestad pueda complacer al Señor su Dios!

[24]Pero el rey respondió:

—Te lo agradezco, pero tengo que comprártelo todo pagándote lo que vale, pues no presentaré al Señor mi Dios holocaustos que no me hayan costado nada.

De esta manera David compró aquel lugar y los toros por cincuenta monedas de plata, [25]y allí construyó un altar al Señor y ofreció holocaustos y sacrificios de reconciliación. Entonces el Señor atendió las súplicas en favor del país, y la peste se retiró de Israel.

# Primer Libro de los
# REYES

*En este libro sigue la historia de la monarquía, todavía unida bajo David, que en su ancianidad avanzada, próximo a morir, nombra como sucesor a Salomón (1.1-2.12), bajo cuyo gobierno el reino alcanza su mayor esplendor (2.13-11.43). Sus fronteras llegan a una extensión nunca igualada después. La riqueza y la sabiduría de Salomón se hacen famosas en el mundo de entonces. Salomón es el primer gran constructor israelita: reconstruye y fortifica ciudades, levanta palacios y sitios de recreo, y edifica su obra maestra: el templo de Jerusalén.*

*Como en el caso de David, el escritor sagrado le reconoce a Salomón sus grandes hechos, pero no pasa por alto su debilidad por las mujeres y su condescendencia con la idolatría. Tras la culminación representada por su reinado, sobreviene la decadencia, que desemboca en la gran tragedia nacional del reino dividido, a cuya historia se dedica la segunda parte del libro (12.1-22.53). El relato sigue ahora en paralelo el desarrollo de los sucesos en uno y otro reino: el del norte, que retiene el nombre tradicional de Israel, y el del sur, que asume el de Judá, su tribu principal.*

*A la luz de la narración, es el reino del norte el que más se aparta del camino de Dios. En el sur, reyes piadosos alternan con monarcas impíos. Y la lección es la misma: la prosperidad nacional depende de la lealtad del rey a Dios, y la idolatría y la desobediencia traen consigo siempre el desastre. En una situación con tantos cambios, destaca el papel de los profetas, que aparecen para reconvenir al pueblo y a los reyes cuando caen en la apostasía, y llamarlos a rendir culto y obedecer al verdadero y único Dios. La gran figura profética del libro es Elías, especialmente en su oposición a los profetas de Baal (cap. 18).*

## Ancianidad de David

1 ¹El rey David era ya anciano, de edad muy avanzada. Aunque lo cubrían y arropaban bien, no podía entrar en calor. ²Por esto, sus servidores le dijeron: "Debe buscarse para Su Majestad una muchacha soltera que le sirva y lo cuide, y que duerma con Su Majestad para que le dé calor."

³Buscaron una muchacha hermosa por todo el territorio de Israel, y hallaron una que se llamaba Abisag, del pueblo de Sunem, la cual llevaron al rey. ⁴Abisag era muy hermosa, y cuidaba al rey y le servía, pero el rey nunca tuvo relaciones sexuales con ella.

## Adonías se proclama rey

⁵Entre tanto, Adonías,[a] hijo de David y de Haguit, se levantó en armas y dijo que él sería rey. Se hizo de carros de combate, y de caballería, y de una guardia personal de cincuenta hombres. ⁶Su padre no lo había contrariado en toda su vida, ni le había preguntado por qué hacía lo que hacía. Adonías, que había nacido después de Absalón, era muy bien parecido. ⁷Había hecho un trato con Joab, el hijo de Sarvia, y con el sacerdote Abiatar, los cuales le apoyaban. ⁸Pero ni el sacerdote Sadoc, ni Benaía, hijo de Joiada, ni el profeta Natán, ni Simei, hombre de confianza del rey,[1] ni los mejores soldados de David estaban a favor de Adonías.

⁹Por aquel tiempo, Adonías preparó un banquete junto a la peña de Zohelet, que está cerca del manantial de Rogel. Mató ovejas y toros y los becerros más gordos, e invitó a todos sus hermanos, hijos del rey, y a todos los hombres de Judá que estaban al servicio del rey; ¹⁰pero no invitó al profeta Natán, ni a Benaía, ni a los soldados de David, ni a su hermano Salomón. ¹¹Entonces habló Natán con Betsabé, la madre de Salomón,[b] y le dijo:

—¿No te has enterado de que Adonías, el hijo de Haguit, se ha proclamado rey sin que lo sepa David, nuestro señor? ¹²Pues ven, que voy a darte un consejo para que puedas salvar tu vida y la de tu hijo Salomón. ¹³Ve y preséntate al rey David, y dile: 'Su Majestad me había jurado que mi hijo Salomón reinaría después de Su Majestad, y que subiría al trono. ¿Por qué, entonces, está reinando Adonías?' ¹⁴Y mientras tú hablas con el rey, yo entraré y confirmaré tus palabras.

---

[1] *Hombre de confianza del rey:* texto probable. Heb. *Rei.*
[a] 1.5 2 S 3.4.   [b] 1.11 2 S 12.24.

¹⁵Betsabé fue entonces a ver al rey a su habitación. El rey ya estaba muy anciano, y Abisag la sunamita lo atendía. ¹⁶Betsabé se inclinó ante el rey hasta tocar el suelo con la frente, y el rey le preguntó:

—¿Qué te pasa?

¹⁷Ella le respondió:

—Su Majestad me juró por el Señor su Dios, que mi hijo Salomón reinaría después de Su Majestad, y que subiría al trono. ¹⁸Pero sucede que Adonías se ha proclamado rey, y Su Majestad no lo sabe. ¹⁹Ha matado toros y becerros y muchas ovejas, y ha invitado a los hijos de Su Majestad; también ha invitado al sacerdote Abiatar y a Joab, general del ejército, pero no ha invitado a Salomón, servidor de Su Majestad. ²⁰Ahora bien, señor, todo Israel está pendiente de que Su Majestad diga quién habrá de reinar después de Su Majestad. ²¹De lo contrario, cuando Su Majestad muera, mi hijo Salomón y yo seremos condenados a muerte.

²²Mientras ella hablaba con el rey, llegó el profeta Natán, ²³y se lo hicieron saber al rey. Cuando el profeta se presentó ante el rey, se inclinó delante de él hasta tocar el suelo con la frente, ²⁴y le preguntó:

—¿Ha ordenado Su Majestad que Adonías reine después de Su Majestad? ²⁵Porque resulta que hoy ha bajado, ha matado toros y becerros y muchas ovejas, y ha convidado a los hijos de Su Majestad, a los capitanes del ejército y al sacerdote Abiatar. Y ahí están comiendo y bebiendo con él, y gritando: '¡Viva el rey Adonías!' ²⁶Sin embargo, no me han invitado a mí, ni al sacerdote Sadoc, ni a Benaía, hijo de Joiada, ni a Salomón, hijo de Su Majestad. ²⁷¿Acaso ha ordenado esto Su Majestad sin haber informado a este siervo suyo acerca de quién ocuparía el trono después de Su Majestad?

### David declara a Salomón sucesor suyo

²⁸El rey David ordenó entonces que llamaran a Betsabé. Al llegar Betsabé ante el rey, se quedó de pie delante de él. ²⁹El rey hizo entonces el siguiente juramento:

—Juro por el Señor, que me ha librado de toda angustia, ³⁰que lo que te juré por el Señor, el Dios de Israel, te lo cumpliré hoy mismo: tu hijo Salomón subirá al trono en mi lugar y reinará después de mí.

³¹Betsabé se inclinó ante el rey hasta tocar el suelo con la frente, y exclamó:

—¡Viva para siempre mi señor, el rey David!

³²Luego el rey David ordenó que llamaran al sacerdote Sadoc, al profeta Natán y a Benaía, hijo de Joiada. Cuando éstos se presentaron ante el rey, ³³él les dijo:

—Háganse acompañar de los funcionarios del reino, monten a mi hijo Salomón en mi mula y llévenlo a Gihón; ³⁴y en cuanto el sacerdote Sadoc y el profeta Natán lo consagren como rey de Israel, toquen el cuerno de carnero y griten: '¡Viva el rey Salomón!' ³⁵Luego sírvanle de escolta, para que venga y se siente en mi trono y reine en mi lugar, pues he dispuesto que él sea el jefe de Israel y de Judá.

³⁶Benaía, el hijo de Joiada, respondió al rey:

—¡Así sea, y que así lo ordene el Señor, el Dios de Su Majestad! ³⁷Y del mismo modo que el Señor ha estado con Su Majestad, así esté con Salomón, y haga que su reino sea mayor aún que el de Su Majestad, mi señor David.

³⁸Luego el sacerdote Sadoc, el profeta Natán, Benaía, hijo de Joiada, y los cereteos y los peleteos, fueron y montaron a Salomón en la mula del rey David, y lo llevaron a Gihón. ³⁹Allí el sacerdote Sadoc tomó del santuario el cuerno con el aceite y consagró como rey a Salomón. A continuación tocaron el cuerno de carnero, y todo el pueblo gritó: "¡Viva el rey Salomón!" ⁴⁰Luego todos lo siguieron, tocando flautas. Era tal su alegría que parecía que la tierra se partía en dos por causa de sus voces.

⁴¹Adonías y todos sus invitados acababan de comer cuando oyeron el ruido. Al oír Joab el sonido del cuerno, comentó:

—¿Por qué habrá tanto alboroto en la ciudad?

⁴²Mientras él hablaba, llegó Jonatán, el hijo del sacerdote Abiatar. Adonías le dijo:

—Entra, pues tú eres un hombre importante y debes traer buenas noticias:

⁴³Jonatán respondió a Adonías:

—Al contrario. David, nuestro señor y rey, ha hecho rey a Salomón, ⁴⁴y ha ordenado que el sacerdote Sadoc y el profeta Natán, así como Benaía, hijo de Joiada, y los cereteos y los peleteos, acompañen a Salomón; y ellos lo han montado en la mula del rey. ⁴⁵Además, el sacerdote Sadoc y el profeta Natán lo han consagrado como rey en Gihón, y han regresado de allí muy contentos. Por eso está alborotada la ciudad, y ése es el ruido que ustedes han escuchado. ⁴⁶Además, Salomón ya ha tomado posesión del trono, ⁴⁷y los funcionarios del rey David han ido a felicitarlo y a desearle que Dios haga prosperar a Salomón y extienda su dominio más que el suyo. Incluso el propio rey David se inclinó en su cama para adorar a Dios, [48]y dijo: 'Bendito sea el Señor, el Dios de Israel, que ha permitido hoy que un descendiente mío suba al trono, y que yo lo vea.'

[49]Los invitados de Adonías se pusieron a temblar; luego se levantaron todos, y cada uno se fue por su lado. [50]Adonías, por su parte, por miedo a Salomón se levantó y se fue al santuario, y allí buscó refugio agarrándose a los cuernos del altar. [51]Alguien fue a decirle a Salomón:

—Adonías tiene miedo de Su Majestad, y se ha refugiado en el altar. Pide que Su Majestad le jure ahora mismo que no lo va a matar.

[52]Salomón respondió:

—Si se porta como un hombre de bien, no caerá al suelo ni un pelo de su cabeza; pero si se descubre alguna maldad en él, morirá.

[53]En seguida Salomón mandó que lo retiraran del altar. Luego Adonías fue y se inclinó ante el rey Salomón, y éste le ordenó que se fuera a su casa.

### Últimas órdenes de David

2 [1]La muerte de David se acercaba por momentos, así que David ordenó a su hijo Salomón: [2]"Voy a emprender el último viaje, como todo el mundo. Ten valor y pórtate como un hombre. [3]Cumple las ordenanzas del Señor tu Dios, haciendo su voluntad y cumpliendo sus leyes, mandamientos, decretos y mandatos, según están escritos en la ley de Moisés, para que prosperes en todo lo que hagas y dondequiera que vayas. [4]También para que el Señor confirme la promesa que me hizo, de que si mis hijos cuidaban su conducta y se conducían con verdad delante de él, con todo su corazón y toda su alma, nunca faltaría en mi familia quien ocupara el trono de Israel.[c]

[5]"Ahora bien, tú ya sabes lo que me hizo Joab, el hijo de Sarvia, es decir, lo que hizo con dos generales del ejército israelita: con Abner,[d] el hijo de Ner, y con Amasa,[e] el hijo de Jeter, a quienes mató en tiempo de paz para vengar la sangre derramada en guerra, haciéndome responsable de ese asesinato.[2] [6]Por lo tanto,

actúa con inteligencia y no lo dejes tener una muerte tranquila. [7]En cuanto a los hijos de Barzilai, el de Galaad,[f] trátalos con bondad y hazlos participar de tu mesa, pues ellos me protegieron cuando yo huía de tu hermano Absalón. [8]Por otra parte, fíjate que está contigo Simei, hijo de Gera, el benjaminita de Bahurim. El fue quien me lanzó una maldición terrible el día que yo iba hacia Mahanaim.[g] Después, sin embargo, salió a recibirme al río Jordán, y yo tuve que jurarle por el Señor que no lo mataría.[h] [9]No lo perdones. Eres inteligente, y sabrás qué hacer con él. Pero procura que su muerte sea violenta."

### Muerte de David
#### (1 Cr 29.26-30)

[10]David murió y fue enterrado con sus antepasados en la Ciudad de David. [11]Fue rey de Israel durante cuarenta años, de los cuales reinó siete en Hebrón y treinta y tres en Jerusalén.[i] [12]Luego reinó Salomón en lugar de David, su padre,[j] y su reinado fue muy estable.

### Fin de Adonías y de sus partidarios

[13]Adonías, el hijo de Haguit, fue a ver a Betsabé, la madre de Salomón. Ella le preguntó:

—¿Vienes en son de paz?

—Sí —respondió él. [14]Y añadió—: Tengo algo que decirte.

—Dime —contestó ella.

[15]—Tú sabes —dijo Adonías— que el reino me pertenecía, y que todo Israel estaba esperando que yo fuera rey. Pero el derecho a reinar se le concedió a mi hermano, porque ya el Señor había dispuesto que fuera para él. [16]Ahora sólo quiero pedirte un favor. No me lo niegues.

—Habla —respondió ella.

[17]El dijo:

—Te ruego que le pidas al rey Salomón que me dé por esposa a Abisag la sunamita. El no te lo negará.

[18]—De acuerdo, yo hablaré al rey por ti —respondió Betsabé.

[19]Así pues, Betsabé fue a hablar con el rey Salomón en favor de Adonías. El rey se levantó a recibir a su madre y se inclinó ante ella. Luego volvió a sentarse en su trono y ordenó que trajeran un sillón para su madre; entonces ella se sentó a su derecha, [20]y le dijo:

---

[2] Haciéndome responsable de ese asesinato.: lit. poniendo sangre de guerra en mi cinturón y en mis sandalias.: según la versión griega. Heb. su cinturón . . . sus sandalias.
[c] 2.4 2 S7.11-16.   [d] 2.5 2 S3.27.   [e] 2.5 2 S20.10.   [f] 2.7 2 S17.27-29.   [g] 2.8 2 S16.5-13.   [h] 2.8 2 S19.16-23.   [i] 2.11 2 S 5.4-5; 1 Cr 3.4.   [j] 2.12 1 Cr 29.23.

—Quiero pedirte un pequeño favor. Te ruego que no me lo niegues.

—Pídeme lo que quieras, madre mía —contestó el rey—, que no te lo negaré. 21—Permite que Abisag la sunamita sea dada por esposa a tu hermano Adonías —dijo ella.

22—¿Por qué pides a Abisag la sunamita para Adonías? —respondió el rey a su madre—. ¡Sólo falta que me pidas que le entregue el reino, porque es mi hermano mayor y porque tiene a su favor al sacerdote Abiatar y a Joab, el hijo de Sarvia!

23Dicho esto, el rey Salomón juró por el Señor: "¡Que Dios me castigue con toda dureza, si esto que ha dicho Adonías no le cuesta la vida. 24Juro por el Señor, que me ha colocado y confirmado en el trono de David mi padre y que me ha establecido una dinastía, que Adonías morirá hoy mismo!"

25En seguida dio órdenes a Benaía, hijo de Joiada, de matar a Adonías, y éste fue y lo mató. 26En cuanto al sacerdote Abiatar, el rey le ordenó: "¡Lárgate a Anatot, a tus tierras! Mereces la muerte, pero no te mataré porque has transportado el cofre del Señor delante de David, mi padre,k y has sufrido las mismas penalidades que él."l 27De este modo Salomón quitó a Abiatar del sacerdocio del Señor, y así se cumplió lo que el Señor había dicho en Silo en cuanto a la familia de Elí.m

28Joab se había puesto de parte de Adonías, pero no de parte de Absalón; así que cuando le llegó esta noticia a Joab, huyó al santuario del Señor y se refugió en el altar. 29Pero informaron al rey Salomón de que Joab había huido al santuario del Señor, y de que se había refugiado en el altar. Entonces mandó Salomón a Benaía, hijo de Joiada, que fuera a matarlo, 30y Benaía fue al santuario y le dijo a Joab:

—El rey ordena que salgas.

Pero Joab contestó:

—¡No! ¡Aquí moriré!

Benaía fue al rey con la respuesta, y le contó lo que Joab le había respondido. 31Entonces el rey contestó:

—Démosle gusto. Mátalo y entiérralo, y borra de la casa de mi padre, y de mí también, la culpa de los asesinatos cometidos por Joab. 32El Señor hará recaer sobre él la culpa de su propia muerte, porque, sin saberlo mi padre, Joab acuchilló a dos hombres más honrados y mejores que él: a Abner, hijo de Ner, jefe del ejército israelita, y a Amasa, hijo de Jeter, jefe del ejército de Judá. 33La culpa de su muerte recaerá sobre Joab y sobre su descendencia para siempre. Por el contrario, la paz del Señor estará siempre con David y su descendencia, y con su dinastía y su trono.

34Entonces Benaía fue y mató a Joab. Y Joab fue enterrado en su casa, en el desierto. 35Luego el rey puso a Benaía al mando del ejército en lugar de Joab, y al sacerdote Sadoc en lugar de Abiatar. 36Después mandó llamar a Simei, y le ordenó:

—Constrúyete una casa en Jerusalén, para que vivas allí. Pero no salgas de allí a ninguna parte, 37porque el día que salgas y cruces el arroyo Cedrón, ten la seguridad de que morirás, y tú tendrás la culpa.

38Simei respondió al rey:

—Está bien. Haré lo que ha ordenado Su Majestad.

Simei vivió mucho tiempo en Jerusalén. 39Pero al cabo de tres años, dos esclavos suyos se escaparon y se fueron a vivir con Aquis, hijo de Maaca, que era rey de Gat. Cuando le avisaron a Simei que sus dos esclavos estaban en Gat, 40se levantó y aparejó su asno y se fue a Gat, donde estaba Aquis, en busca de sus esclavos. Cuando ya Simei regresaba de Gat con sus esclavos, 41supo Salomón que Simei había salido de Jerusalén a Gat, y que ya venía de regreso. 42Entonces mandó el rey llamar a Simei, y le dijo:

—¿No te hice jurar por el Señor, y te advertí, que el día que salieras a alguna parte, con toda seguridad morirías? ¿Acaso no me respondiste que estaba bien, y que me ibas a obedecer? 43¿Por qué no cumpliste tu juramento al Señor, ni obedeciste lo que te mandé? 44Tú sabes perfectamente el daño que hiciste a David, mi padre. Por eso el Señor ha hecho que el mal que hiciste se vuelva contra ti. 45Pero el rey Salomón será bendecido, y el trono de David quedará establecido para siempre delante del Señor.

46Después el rey dio órdenes a Benaía, hijo de Joiada, y éste salió y mató a Simei. Así se afirmó el reino en manos de Salomón.

### Salomón se casa con la hija del faraón

**3** 1Salomón emparentó con el faraón, rey de Egipto, pues se casó con su hija y la llevó a la Ciudad de David mientras

---

k 2.26 2 S 15.24.   l 2.26 1 S 22.20-23.   m 2.27 1 S 2.27-36.

terminaba de construir su palacio y el templo del Señor y la muralla alrededor de Jerusalén. [2]La gente, sin embargo, ofrecía sus sacrificios en los lugares altos de culto pagano, porque hasta entonces no se había construido un templo para el Señor.

### Salomón pide a Dios sabiduría
#### (2 Cr 1.1-13)

[3]Salomón amaba al Señor y cumplía las leyes establecidas por David, su padre, aun cuando él mismo ofrecía sacrificios e incienso en los lugares altos, [4]e incluso iba a Gabaón para ofrecer allí sacrificios, porque aquél era el lugar alto más importante; y ofrecía en aquel lugar mil holocaustos.

[5]Una noche, en Gabaón, el Señor se apareció en sueños a Salomón y le dijo: "Pídeme lo que quieras, y yo te lo daré."

[6]Salomón respondió: "Tú trataste con gran bondad a mi padre, tu siervo David, pues él se condujo delante de ti con lealtad, justicia y rectitud de corazón para contigo. Por eso lo trataste con tanta bondad y le concediste que un hijo suyo se sentara en su trono, como ahora ha sucedido. [7]Tú, Señor y Dios mío, me has puesto para que reine en lugar de David, mi padre, aunque yo soy un muchacho joven y sin experiencia. [8]Pero estoy al frente del pueblo que tú escogiste: un pueblo tan grande que, por su multitud, no puede contarse ni calcularse. [9]Dame, pues, un corazón atento para gobernar a tu pueblo, y para distinguir entre lo bueno y lo malo; porque ¿quién hay capaz de gobernar a este pueblo tuyo tan numeroso?" *

[10]Al Señor le agradó que Salomón le hiciera tal petición, [11]y le dijo: "Porque me has pedido esto, y no una larga vida, ni riquezas, ni la muerte de tus enemigos, sino inteligencia para saber oír y gobernar, [12]voy a hacer lo que me has pedido: yo te concedo sabiduría e inteligencia como nadie las ha tenido antes que tú ni las tendrá después de ti. ** [13]Además, te doy riquezas y esplendor, cosas que tú no pediste, de modo que en toda tu vida no haya otro rey como tú. [14]Y si haces mi voluntad, y cumples mis leyes y mandamientos, como lo hizo David, tu padre, te concederé una larga vida."

[15]Al despertar, Salomón se dio cuenta de que había sido un sueño. Y cuando llegó a Jerusalén, se presentó ante el cofre del pacto del Señor y ofreció holocaustos y sacrificios de reconciliación. Después dio un banquete a todos sus funcionarios.

### Salomón, el juez sabio

[16]Por aquel tiempo fueron a ver al rey dos prostitutas. Cuando estuvieron en su presencia, [17]una de ellas dijo:

—¡Ay, Majestad! Esta mujer y yo vivimos en la misma casa, y yo di a luz estando ella conmigo en casa. [18]A los tres días de que yo di a luz, también dio a luz esta mujer. Estábamos las dos solas. No había ninguna persona extraña en casa con nosotras; sólo estábamos nosotras dos. [19]Pero una noche murió el hijo de esta mujer, porque ella se acostó encima de él. [20]Entonces se levantó a medianoche, mientras yo estaba dormida, y quitó de mi lado a mi hijo y lo acostó con ella, poniendo junto a mí a su hijo muerto. [21]Por la mañana, cuando me levanté para dar el pecho a mi hijo, vi que estaba muerto. Pero a la luz del día lo miré, y me di cuenta de que aquél no era el hijo que yo había dado a luz.

[22]La otra mujer dijo:

—No, mi hijo es el que está vivo, y el tuyo es el muerto.

Pero la primera respondió:

—No, tu hijo es el muerto, y mi hijo el que está vivo.

Así estuvieron discutiendo delante del rey. [23]Entonces el rey se puso a pensar: "Esta dice que su hijo es el que está vivo, y que el muerto es el de la otra; ¡pero la otra dice exactamente lo contrario!" [24]Luego ordenó:

—¡Tráiganme una espada!

Cuando le llevaron la espada al rey, [25]ordenó:

—Corten en dos al niño vivo, y denle una mitad a cada una.

[26]Pero la madre del niño vivo se angustió profundamente por su hijo, y suplicó al rey:

—¡Por favor! ¡No mate Su Majestad al niño vivo! ¡Mejor déselo a esta mujer!

Pero la otra dijo:

—Ni para mí ni para ti. ¡Que lo partan!

[27]Entonces intervino el rey y ordenó:

—Entreguen a aquella mujer el niño vivo. No lo maten, porque ella es su verdadera madre.

[28]Todo Israel se enteró de la sentencia con que el rey había resuelto el pleito, y sintieron respeto por él, porque vieron

* 3.5-9 Sab 9.1-18.   ** 3.12 Eclo 47.12-17.

que Dios le había dado sabiduría para administrar justicia.

Había, además, un intendente general sobre todo el país.

### Gobierno de Salomón

4 ¹Salomón fue rey de todo Israel. ²Y sus funcionarios fueron éstos: Azarías, hijo del sacerdote Sadoc; ³Elihoref y Ahías, hijos de Sisa, los cronistas; Josafat, hijo de Ahilud, secretario del rey; ⁴Benaía, hijo de Joiada, jefe del ejército; Sadoc y Abiatar, sacerdotes; ⁵Azarías, hijo de Natán, superintendente; Zabud, hijo del sacerdote Natán, consejero particular³ del rey; ⁶Ahisar, mayordomo de palacio; y Adoniram, hijo de Abda, encargado del trabajo obligatorio.

⁷Salomón tenía doce intendentes sobre todo Israel, cuya obligación era proveer de todo al rey y a su familia. Cada uno de ellos debía proveerlo de todo durante un mes al año. ⁸Estos doce intendentes eran:
Ben-Hur, en los montes de Efraín;
⁹Ben-Decar, en Macaz, Saalbim,
    Bet-semes, Elón y Bet-hanán;
¹⁰Ben-Hesed, en Arubot, y también en
    Soco y en todo el país de Hefer;
¹¹Ben-Abinadab, en toda la provincia
    de Dor; su mujer era Tafat, hija
    de Salomón;
¹²Baana, hijo de Ahilud, en Taanac,
    Meguido y toda Bet-seán, que está
    junto a Saretán, más abajo de
    Jezreel, desde Bet-seán hasta
    Abel-mehola, más allá de
    Jocmeam;
¹³Ben-Geber, en Ramot de Galaad,
    que tenía a su cargo las aldeas de
    Galaad, que pertenecían a Jair
    hijo de Manasés, y también la
    región de Argob, que estaba en
    Basán, donde había sesenta
    grandes ciudades con murallas y
    cerrojos de bronce;
¹⁴Ahinadab, hijo de Ido, en
    Mahanaim;
¹⁵Ahimaas, que se casó con Basemat,
    hija de Salomón, en Neftalí;
¹⁶Baana, hijo de Husai, en Aser y en
    Alot;
¹⁷Josafat, hijo de Parúa, en Isacar;
¹⁸Simei, hijo de Ela, en Benjamín;
¹⁹Geber, hijo de Uri, en la región de
    Gad,⁴ país de Sehón, rey de los
    amorreos, y de Og, rey de Basán.

### Sabiduría y prosperidad de Salomón

²⁰Judá e Israel tenían una población incontable, como la arena que hay a la orilla del mar. Había abundancia de comida y bebida, y reinaba la alegría. ²¹ⁿSalomón era soberano de todos los reinos comprendidos desde el río Éufrates hasta el país filisteo y hasta la frontera de Egipto,ⁿ los cuales pagaron tributo y estuvieron sometidos a Salomón mientras él vivió. ²²La provisión diaria para Salomón era de seis mil seiscientos litros de flor de harina, trece mil doscientos litros de harina, ²³diez toros de los más gordos, veinte toros criados con hierba, y cien ovejas, sin contar ciervos, gacelas, gamos y aves bien gordas, ²⁴pues Salomón dominaba en toda la región al oeste del Éufrates, desde Tifsa hasta Gaza, y sobre todos los reyes de esta región, y había pacificado todo el territorio de alrededor.

²⁵Mientras Salomón vivió, los habitantes de Judá e Israel, desde Dan hasta Beerseba, vivieron tranquilos, cada cual debajo de su parra y de su higuera. ²⁶Salomón tenía además cuatro mil⁵ caballerizas para los caballos de sus carros, y doce mil soldados de caballería.º ²⁷Los intendentes ya mencionados proveían de lo necesario, en el mes que les tocaba, al rey Salomón y a sus huéspedes, procurando que nada faltara. ²⁸En su turno correspondiente, mandaban al lugar donde se les indicaba la cebada y la paja para los caballos y los animales de tiro.

²⁹Dios concedió a Salomón mucha sabiduría e inteligencia, y una comprensión tan abundante como la arena que está a la orilla del mar, ³⁰hasta el punto de que la sabiduría de Salomón sobrepasó a la de los egipcios y los orientales. ³¹Fue más sabio que ningún hombre: más sabio que Etán, el descendiente de Zera, y que Hemán, Calcol y Darda, hijos de Mahol. Su fama se extendió por todas las naciones de alrededor. ³²Pronunció tres mil proverbios y compuso mil cinco poemas.ᵖ ³³Habló acerca de los árboles y las plantas, desde el cedro del Líbano hasta la hierba que crece en las paredes; también habló sobre los animales, las aves, los reptiles y los peces. ³⁴De todas las naciones y

---

³ *Consejero particular:* lit. *amigo o compañero.*  ⁴ *Gad:* según la versión griega. Heb. *Galaad.*  ⁵ *Cuatro mil:* texto probable, según 2 Cr 9.25. Heb. *cuarenta mil.*
ⁿ Los vs. 4.21-5.18 corresponden a los vs. 5.1-32 en el texto hebreo.  ⁿ 4.21 Gn 15.18; 2 Cr 9.26.  º 4.26 1 R 10.26; 2 Cr 1.14; 9.25.  ᵖ 4.32 Pr 1.1; 10.1; 25.1; Cnt 1.1; Eclo 47.16-17.

reinos de la tierra donde habían oído hablar de la inteligencia de Salomón, venía gente a escucharlo.

### Pacto de Salomón con Hiram, rey de Tiro
*(2 Cr 2.1-18)*

5 ¹Cuando Hiram, rey de Tiro, supo que habían consagrado rey a Salomón en lugar de David, su padre, envió sus embajadores, pues Hiram siempre había estimado a David. ²Entonces Salomón mandó a decir a Hiram: ³"Tú ya sabes que David, mi padre, no pudo construir un templo al Señor su Dios, por las guerras en que se vio envuelto, hasta que el Señor sometió a sus enemigos. ⁴Pero ahora el Señor mi Dios nos ha dado calma en todas partes, pues no tenemos enemigos ni calamidades. ⁵Por lo tanto he decidido construir un templo al Señor mi Dios, conforme a la promesa que él le hizo a David, mi padre, cuando le dijo que su hijo, a quien él haría reinar en su lugar, sería quien construiría un templo en su honor.*�ۛ* ⁶Ordena, pues, que me corten cedros del Líbano. Mis servidores ayudarán a los tuyos, y yo te pagaré lo que me pidas como salario de tus servidores, pues tú bien sabes que ninguno de nosotros sabe cortar la madera como los sidonios."

⁷Cuando Hiram escuchó el mensaje de Salomón, se puso muy contento y exclamó: "¡Bendito sea hoy el Señor, porque ha concedido a David un hijo tan sabio para que gobierne esa gran nación!"

⁸Luego Hiram mandó a decir a Salomón: "He recibido el mensaje que me enviaste, y cumpliré tu pedido de madera de cedro y de pino. ⁹Mis servidores la bajarán del Líbano hasta el mar, y de allí haré que la transporten, en forma de balsas, hasta el lugar que me indiques. Allí se desatarán las balsas, y tú recogerás la madera. Por lo que a ti toca, cumple mi deseo de proveer alimentos para mi palacio."

¹⁰Por lo tanto, Hiram dio a Salomón toda la madera de cedro y de pino que quiso, ¹¹y Salomón proveyó a Hiram de alimentos para su palacio: cuatro millones cuatrocientos mil litros de trigo y cuatro mil cuatrocientos litros de aceite puro de oliva. Salomón entregaba esto a Hiram cada año. ¹²Así pues, el Señor concedió

sabiduría a Salomón, como le había prometido. Además, Hiram y Salomón hicieron un pacto, y hubo paz entre ellos.

¹³Entonces el rey Salomón decretó una leva de trabajo obligatorio en todo Israel, y en la leva se reunió a treinta mil hombres, ¹⁴los cuales fueron enviados al Líbano por turnos mensuales de diez mil hombres cada vez. De esa manera, estos hombres estaban un mes en el Líbano y dos meses en sus casas. El encargado del trabajo obligatorio era Adoniram. ¹⁵Salomón tenía además setenta mil cargadores y ochenta mil canteros en la montaña, ¹⁶sin contar los tres mil trescientos capataces que tenía en las obras para dirigir a los trabajadores. ¹⁷El rey mandó sacar piedras grandes y costosas para los cimientos del templo, y piedras labradas. ¹⁸Los constructores de Salomón y de Hiram, y los vecinos de Gebal, prepararon la madera y labraron las piedras para la construcción del templo.

### Salomón construye el templo
*(2 Cr 3.1-14)*

6 ¹Salomón comenzó la construcción del templo del Señor en el cuarto año de su reinado en Israel, en el mes de Ziv, que es el segundo mes del año, cuando hacía ya cuatrocientos ochenta años que los israelitas habían salido de Egipto. ²El templo que el rey Salomón construyó para el Señor tenía veintisiete metros de largo, nueve de ancho y trece y medio de alto. ³El vestíbulo que había en la parte delantera del templo medía nueve metros de largo, igual que la anchura del templo, y cuatro metros y medio de ancho en la parte frontal del edificio. ⁴Salomón le hizo al templo ventanas con rejas. ⁵También construyó un anexo junto al muro que rodeaba el edificio, contra los muros que rodeaban el templo, tanto alrededor de la sala central como del cuarto posterior, y construyó celdas alrededor. ⁶La planta baja del anexo medía dos metros y veinticinco centímetros de ancho; la planta intermedia, dos metros con setenta centímetros; y la planta alta, tres metros con quince centímetros; pues por fuera había reducido las medidas del templo para no empotrar las vigas en los muros del templo. ⁷En la construcción del templo se emplearon piedras totalmente

*ᵠ 5.5* 2 S 7.12-13; 1 Cr 17.11-12.

labradas, así que al edificarlo no se escucharon en el templo ni martillos ni piquetas ni ningún otro instrumento de hierro. [8]La puerta de la celda de la planta baja estaba al lado derecho del templo; y para subir a los pisos intermedio y tercero había una escalera de caracol.

[9]Cuando Salomón terminó de construir el templo, lo cubrió con vigas y artesonado de cedro. [10]Edificó también el anexo que rodeaba todo el templo, cuya altura era de dos metros y veinticinco centímetros, y que sujetó al muro del templo con vigas de cedro. [11]Entonces el Señor se dirigió a Salomón y le dijo: [12]"En cuanto al templo que estás construyendo, quiero decirte que, si te conduces conforme a mis leyes y decretos, y cumples todos mis mandamientos portándote conforme a ellos, yo cumpliré la promesa que hice a David, tu padre, respecto a ti; [13]y viviré entre los israelitas, y no abandonaré a Israel, mi pueblo."

[14]Salomón terminó de construir el templo. [15]Cubrió las paredes interiores del edificio con tablas de cedro. Lo recubrió de madera de arriba abajo, y cubrió el piso con madera de pino. [16]También recubrió de arriba abajo, con tablas de cedro, un espacio de nueve metros en la parte posterior del templo, y lo acondicionó para que fuera el Lugar Santísimo.*r* [17]La nave del templo, que estaba frente al Lugar Santísimo,*6* medía dieciocho metros de largo. [18]El revestimiento interior del templo era de madera de cedro, con tallas de flores y frutos. Todo era de cedro. No se veía una sola piedra. [19]Salomón preparó el Lugar Santísimo en el templo, para colocar allí el cofre del pacto del Señor. [20]El interior del Lugar Santísimo medía nueve metros de largo, nueve de ancho y nueve de alto. Frente al Lugar Santísimo, Salomón hizo un altar de cedro y lo recubrió de oro. [21]También recubrió de oro puro el interior del templo y el Lugar Santísimo, y delante de éste puso cadenas de oro. [22]De modo que recubrió de oro todo el templo lo mismo que el altar que había delante del Lugar Santísimo.*s*

[23]Hizo también dos seres alados de madera de olivo para el Lugar Santísimo. Cada uno de ellos tenía cuatro metros y medio de altura, [24]y cada una de sus alas medía dos metros y veinticinco centímetros. Así que, de una punta a otra de las alas, cada uno de ellos medía cuatro metros y medio. [25]Los dos seres alados tenían las mismas medidas; es decir, los dos medían cuatro metros y medio, y también tenían la misma forma. [26]Su altura era también de cuatro metros y medio. [27]Salomón los puso en el Lugar Santísimo. Y aquellos seres alados tenían sus alas extendidas, de modo que el ala de uno tocaba una pared y el ala del otro tocaba la pared opuesta, y las otras dos alas se tocaban entre sí en el centro del Lugar Santísimo. [28]Luego Salomón recubrió de oro los seres alados,*t* [29]y en todas las paredes interiores y exteriores del templo labró figuras de seres alados, palmeras y flores. [30]También cubrió de oro el piso del templo, por dentro y por fuera. [31]Para la entrada del Lugar Santísimo hizo puertas de madera de olivo, y el dintel y los postes formaban una figura de cinco lados. [32]Las dos puertas eran de madera de olivo, y en ellas labró figuras de seres alados, palmeras y flores; luego recubrió de oro todas estas figuras. [33]Para la entrada de la sala central del templo, hizo postes de madera de olivo formando un cuadro. [34]Las dos hojas de la puerta eran de madera de pino, y ambas eran giratorias. [35]Labró en ellas seres alados, palmeras y flores, y luego recubrió estas figuras con láminas de oro. [36]Construyó también el atrio interior con tres hileras de piedras labradas y una hilera de vigas de cedro.

[37]En el cuarto año del reinado de Salomón, en el mes de Ziv, se echaron los cimientos del templo del Señor; [38]y en el año once de su reinado, en el mes de Bul, que es el octavo mes del año, se terminó el templo en todos sus detalles, según la totalidad del proyecto. En siete años lo construyó Salomón.

### Otras construcciones de Salomón

**7** [1]Salomón construyó su propio palacio, y lo terminó completamente en trece años. [2]También edificó el palacio llamado "Bosque del Líbano", el cual tenía cuarenta y cinco metros de largo, veintidós y medio de ancho, y trece y medio de alto, y estaba sostenido por cuatro hileras de columnas de cedro, sobre las que descansaban vigas de cedro. [3]Estas vigas eran cuarenta y cinco, distribuidas en tres series de quince cada una, y se apoyaban sobre las columnas. Sobre las vigas

---

*6* *Al Lugar Santísimo:* según la versión griega. Esta frase no aparece en el texto hebreo.
*r* **6.16** Ex 26.33-34.   *s* **6.22** Ex 30.1-3.   *t* **6.23-28** Ex 25.18-20.

había un artesonado de cedro. ⁴Había tres filas de ventanas ordenadas de tres en tres, unas frente a las otras. ⁵Todas las puertas y ventanas⁷ eran cuadradas y estaban unas frente a las otras, en tres hileras. ⁶También hizo la Sala de las Columnas, que tenía veintidós metros y medio de largo por trece metros y medio de ancho. Y frente a ésta, otra sala con columnas y techo. ⁷Hizo además la Sala del Tribunal, o Sala de Justicia, para celebrar allí los juicios, y la cubrió de arriba abajo con madera de cedro.

⁸El palacio donde Salomón vivía, tenía un patio en la parte de atrás, y una sala de igual construcción. Y el palacio que construyó para la hija del faraón que tomó por esposa,ᵘ tenía una sala semejante. ⁹Todas estas construcciones, desde los cimientos hasta las cornisas y desde la fachada hasta el patio mayor, eran de piedras costosas, labradas y cortadas a la medida con sierras, lo mismo por fuera que por dentro. ¹⁰Los cimientos eran también de piedras costosas y grandes, unas de cuatro metros y medio, y otras de tres metros y sesenta centímetros. ¹¹La parte superior era también de piedras costosas, labradas a la medida, y de madera de cedro. ¹²Y alrededor del patio grande había tres hileras de piedras y una hilera de vigas de cedro, lo mismo que en el atrio interior y en el vestíbulo del templo del Señor.

### Salomón contrata a Hiram
### (2 Cr 2.13-14; 3.15-17)

¹³El rey Salomón mandó traer de Tiro a Hiram, ¹⁴que era hijo de una viuda de la tribu de Neftalí y de un nativo de Tiro experto en trabajar el bronce. Hiram era muy hábil e inteligente, y conocía la técnica para realizar cualquier trabajo en bronce, así que se presentó ante el rey Salomón y realizó todos sus trabajos. ¹⁵Fundió dos columnas de bronce, que medían ocho metros de alto y cinco metros y medio de circunferencia. ¹⁶Hizo también dos capiteles de bronce para colocarlos en la parte superior de las columnas. La altura de cada capitel era de dos metros y veinticinco centímetros. ¹⁷Además hizo dos⁸ rejillas, trenzadas en forma de cadenas, para los capiteles que había en la parte superior de las columnas: una rejilla⁹ para cada capitel. ¹⁸Hizo

también dos hileras de granadas alrededor de cada rejilla, para cubrir los capiteles de las columnas. Hizo lo mismo con ambos capiteles. ¹⁹Los capiteles que había sobre las columnas del vestíbulo medían casi dos metros, y tenían forma de lirio. ²⁰Alrededor y en lo alto de cada capitel, en su parte más ancha, en forma de globo, junto a la rejilla, había doscientas granadas en dos hileras. ²¹Hiram puso estas columnas en el vestíbulo del templo. Y cuando las puso en su lugar, a la columna de la derecha la llamó Jaquín,¹⁰ y a la columna de la izquierda la llamó Boaz.¹¹ ²²La parte superior de las columnas tenía forma de lirio. Así quedó terminado el trabajo de las columnas.

### Mobiliario del templo
### (2 Cr 4.1—5.1)

²³Hiram hizo después una enorme pila de bronce, para el agua. Era redonda, y medía cuatro metros y medio de un borde al otro. Su altura era de dos metros y veinticinco centímetros, y su circunferencia, de trece metros y medio. ²⁴Por debajo del borde, alrededor de la pila, hizo dos enredaderas con frutos, en número de diez por cada cuarenta y cinco centímetros, formando una sola pieza con la pila. ²⁵Esta descansaba sobre doce toros de bronce, de los cuales tres miraban al norte, tres al sur, tres al este y tres al oeste. Sus patas traseras estaban hacia dentro, y la pila descansaba sobre ellos. ²⁶Las paredes de la pila tenían ocho centímetros de grueso; su borde imitaba el cáliz de un lirio, y cabían en ella cuarenta y cuatro mil litros de agua.

²⁷También hizo diez bases de bronce, cada una de un metro y ochenta centímetros de largo, otro tanto de ancho y un metro y treinta y cinco centímetros de alto. ²⁸Las bases estaban hechas de este modo: tenían unos entrepaños sujetos por un marco, ²⁹y sobre los entrepaños enmarcados había figuras de leones, de toros y de seres alados. Por encima y por debajo de los toros y de los leones había adornos de guirnaldas. ³⁰Cada base tenía cuatro ruedas de bronce, con ejes también de bronce. En las cuatro esquinas de la base, por debajo de la pila, había unas repisas de bronce que a cada lado tenían guirnaldas. ³¹La boca de la pila estaba

---

⁷ *Ventanas:* según la versión griega. Heb. *postes.*      ⁸ *Además hizo dos:* según la versión griega. Esta frase no aparece en el texto hebreo.      ⁹ *Una rejilla:* según la versión griega. Heb. *siete.*      ¹⁰ Probablemente significa "Él (Dios) establecerá."      ¹¹ Probablemente significa "En él (Dios) hay fuerza."      ᵘ 7.8 1 R 3.1.

dentro de un cerco que sobresalía hacia arriba cuarenta y cinco centímetros. La boca era redonda, y lo que le servía de soporte tenía sesenta y ocho centímetros de alto. También sobre la boca había grabados, cuyos marcos no eran redondos, sino cuadrados. ³²Las cuatro ruedas estaban debajo de los entrepaños, y los ejes de las ruedas sujetos a la base. La altura de cada rueda era de sesenta y ocho centímetros, ³³y tenían la misma forma que las ruedas de los carros. Los ejes, aros, radios y cubos de las ruedas eran todos de bronce. ³⁴Las cuatro repisas que había en las cuatro esquinas de cada base, formaban con ésta una sola pieza. ³⁵La parte superior terminaba en un borde circular de veintidós centímetros y medio de altura; y los entrepaños y molduras que había en lo alto de la base, formaban una sola pieza con ésta. ³⁶Hiram grabó seres alados, leones y palmeras sobre los entrepaños y las molduras, según lo permitía el espacio de cada uno, y guirnaldas alrededor. ³⁷Así fue como hizo las diez bases, todas fundidas iguales y con la misma forma y medida.

³⁸Hizo también diez pilas de bronce.ᵛ Cada una medía un metro y ochenta centímetros, con capacidad para ochocientos ochenta litros, y cada una fue puesta sobre una de las diez bases, ³⁹cinco bases al lado derecho del templo y cinco al lado izquierdo. La pila grande fue puesta al lado derecho del edificio, hacia el sudeste.

⁴⁰Hiram hizo además ollas,¹² palas y tazones, y así terminó todo el trabajo que hizo para Salomón en el templo del Señor, ⁴¹el cual consistió en las dos columnas, los capiteles redondos que estaban en la parte superior de las mismas, las dos rejillas para cubrir los capiteles, ⁴²las cuatrocientas granadas para las dos rejillas, en dos hileras para cada una de las rejillas, con que se cubrían los dos capiteles redondos que había en lo alto de las columnas; ⁴³las diez pilas, las diez pilas que iban sobre ellas, ⁴⁴la pila grande para el agua, con los doce toros que tenía debajo, ⁴⁵además de las ollas, las palas y los tazones.

Todos estos utensilios que Hiram le hizo al rey Salomón para el templo del Señor, eran de bronce pulido. ⁴⁶El rey los fundió en moldes de arena, en la región del Jordán, entre Sucot y Saretán. ⁴⁷Eran tantos los utensilios de bronce, que Salomón no se preocupó por hacer que los pesaran.

⁴⁸También mandó hacer Salomón todos los demás utensilios que había en el templo del Señor: el altar de oro,ʷ la mesa de oro sobre la que se ponían los panes que se consagran al Señor,ˣ ⁴⁹los candelabrosʸ de oro puro que había frente al Lugar Santísimo, cinco a la derecha y cinco a la izquierda, con sus figuras de flores, las lámparas, las tenazas de oro, ⁵⁰las copas, las despabiladeras, los tazones, los cucharones y los incensarios, que eran todos de oro puro. También eran de oro los goznes de las puertas del Lugar Santísimo, en el interior del templo, y los de las puertas del templo mismo.

⁵¹Y cuando se acabaron todas las obras que el rey Salomón mandó realizar en el templo del Señor, llevó Salomón los utensilios de oro y de plata que David, su padre, había dedicado al Señor,ᶻ y los depositó en los tesoros del templo del Señor.

### El cofre del pacto es llevado al templo
(2 Cr 5.2-14)

8 ¹Entonces Salomón reunió ante sí en Jerusalén a los ancianos de Israel, a todos los jefes de las tribus y a las personas principales de las familias israelitas, para trasladar el cofre del pacto del Señor desde Sión, la Ciudad de David.ᵃ ²Y en el día de la fiesta solemne, en el mes de Etanim, que es el séptimo mes del año, se reunieron con el rey Salomón todos los israelitas. ³Llegaron todos los ancianos de Israel, y los sacerdotes tomaron el cofre ⁴y lo trasladaron junto con la Tienda del encuentro con Dios y con todos los utensilios sagrados que había en ella, los cuales llevaban los sacerdotes y levitas. ⁵El rey Salomón y toda la comunidad israelita que se había reunido con él, estaban delante del cofre ofreciendo en sacrificio ovejas y toros en cantidad tal que no se podían contar. ⁶Después llevaron los sacerdotes el cofre del pacto del Señor al interior del templo, hasta el Lugar Santísimo, bajo las alas de los seres alados, ⁷los cuales tenían sus alas extendidas sobre el sitio donde estaba el cofre, cubriendo por encima tanto el cofre como sus travesaños. ⁸Pero los travesaños eran tan largos que sus extremos se veían desde el Lugar

---

¹² *Ollas:* según la versión griega. Heb. *palanganas.* (Véase v. 45)
ᵛ **7.38** Ex 30.17-21. ʷ **7.48** Ex 30.1-3. ˣ **7.48** Ex 25.23-30. ʸ **7.49** Ex 25.31-40. ᶻ **7.51** 2 S 8.11; 1 Cr 18.11. ᵃ **8.12** S 6.12-16; 1 Cr 15.25-29.

Santo, frente al Lugar Santísimo, aunque no podían verse por fuera; y así han quedado hasta hoy. [9]En el cofre no había más que las dos tablas de piedra que Moisés había puesto allí en Horeb,[b] las tablas del pacto que el Señor hizo con los israelitas cuando salieron de Egipto.

[10]Al salir los sacerdotes del Lugar Santo, la nube llenó el templo del Señor, [11]y por causa de la nube los sacerdotes no pudieron quedarse para celebrar el culto, porque la gloria del Señor había llenado su templo.[c]

### Salomón dedica el templo
*(2 Cr 6.1—7.10)*

[12]Entonces Salomón dijo:

"Tú, Señor, has dicho
que vives en la oscuridad.
[13]Pero yo te he construido
un templo para que lo habites,
un lugar donde vivas para siempre."

[14]Luego el rey se volvió, de frente a toda la comunidad israelita, que estaba de pie, y la bendijo [15]diciendo: "Bendito sea el Señor, Dios de Israel, que ha cumplido lo que prometió a David, mi padre, cuando le dijo: [16]'Desde el día en que saqué de Egipto a mi pueblo Israel, no había escogido yo ninguna ciudad entre todas las tribus de Israel para que en ella se construyera un templo donde residiera mi nombre. Pero escogí a David para que gobernara a mi pueblo Israel.'[d] [17]Y David, mi padre, tuvo el deseo de construir un templo en honor del Señor, Dios de Israel. [18]Sin embargo, el Señor le dijo: 'Haces bien en querer construirme un templo;[e] [19]pero no serás tú quien lo construya, sino el hijo que tendrás. Él será quien me construya el templo.'[f]

[20]"Pues bien, el Señor ha cumplido su promesa. Tal como dijo, yo he tomado el lugar de David, mi padre, y me he sentado en el trono de Israel y he construido un templo al Señor, el Dios de Israel. [21]Además, he destinado en él un lugar para el cofre donde está el pacto que el Señor hizo con nuestros antepasados cuando los sacó de Egipto."

[22]Después se puso Salomón delante del altar del Señor, en presencia de toda la comunidad israelita, y extendiendo sus manos al cielo, [23]exclamó: "Señor, Dios de Israel: ni en el cielo ni en la tierra hay un Dios como tú, que cumples tu pacto y muestras tu bondad para con los que te sirven de todo corazón; [24]que has cumplido lo que prometiste a tu siervo David, mi padre, uniendo así la acción a la palabra en este día. [25]Por lo tanto, Señor, Dios de Israel, cumple también lo que prometiste a tu siervo David, mi padre: que no le faltaría un descendiente que, con tu favor, subiera al trono de Israel, con tal de que sus hijos cuidaran su conducta y se comportaran en tu presencia como él se comportó.[g] [26]Así pues, Dios de Israel, haz que se cumpla la promesa que hiciste a mi padre, tu servidor David.

[27]"Pero ¿será verdad que Dios puede vivir sobre la tierra? Si el cielo, en toda su inmensidad, no puede contenerte, ¡cuánto menos este templo que he construido para ti![h] [28]No obstante, Señor y Dios mío, atiende mi ruego y mi súplica; escucha el clamor y la oración que este siervo tuyo te dirige hoy. [29]No dejes de mirar, ni de día ni de noche, este templo, lugar donde tú has dicho que estarás presente.[i] Escucha la oración que aquí te dirige este siervo tuyo. [30]Escucha mis súplicas y las de tu pueblo Israel cuando oremos hacia este lugar. Escúchalas en el cielo, lugar donde vives, y concédenos tu perdón.

[31]"Cuando alguien cometa una falta contra su prójimo, y le obliguen a jurar ante tu altar en este templo, [32]escucha tú desde el cielo, y actúa; haz justicia a tus siervos. Condena al culpable, haciendo recaer sobre él el castigo por sus malas acciones, y haz justicia al inocente, según le corresponda.

[33]"Cuando el enemigo derrote a tu pueblo Israel por haber pecado contra ti, si luego éste se vuelve a ti y alaba tu nombre, y en sus oraciones te suplica en este templo, [34]escúchalo tú desde el cielo, perdona su pecado, y hazlo volver al país que diste a sus antepasados.

[35]"Cuando haya una sequía y no llueva porque el pueblo pecó contra ti, si luego ora hacia este lugar, y alaba tu nombre, y se arrepiente de su pecado a causa de tu castigo, [36]escúchalo tú desde el cielo y perdona el pecado de tus siervos, de tu pueblo Israel, y enséñales el buen camino que deben seguir. Envía entonces tu lluvia a esta tierra que diste en herencia a tu pueblo.

[37]"Cuando en el país haya hambre, o peste, o las plantas se sequen por el calor, o vengan plagas de hongos, langostas o pulgón; cuando el enemigo rodee nuestras ciudades y las ataque, o venga cualquier otra desgracia o enfermedad, [38-39]escucha entonces toda oración o súplica hecha por cualquier persona, o por todo tu pueblo Israel, que al ver su desgracia y dolor extienda sus manos en oración hacia este templo. Escucha tú desde el cielo, desde el lugar donde habitas, y concede tu perdón; intervén y da a cada uno según merezcan sus acciones, pues sólo tú conoces las intenciones y el corazón del hombre. [40]Así te honrarán mientras vivan en la tierra que diste a nuestros antepasados.

[41]"Aun si un extranjero, uno que no sea de tu pueblo, por causa de tu nombre viene de tierras lejanas [42]y ora hacia este templo (ya que se oirá hablar de tu nombre grandioso y de tu gran despliegue de poder), [43]escucha tú desde el cielo, desde el lugar donde habitas, y concédele todo lo que te pida, para que todas las naciones de la tierra te conozcan y te honren como lo hace tu pueblo Israel, y comprendan que tu nombre es invocado en este templo que yo te he construido.

[44]"Cuando tu pueblo salga a luchar contra sus enemigos, dondequiera que tú lo envíes, si ora a ti en dirección de la ciudad que tú escogiste y del templo que yo te he construido, [45]escucha tú desde el cielo su oración y su ruego, y defiende su causa.

[46]"Y cuando pequen contra ti, pues no hay nadie que no peque, y tú te enfurezcas con ellos y los entregues al enemigo para que los haga cautivos y se los lleve a su país, sea lejos o cerca, [47]si en el país adonde hayan sido desterrados se vuelven a ti y te suplican y reconocen que han pecado y hecho lo malo, [48]si se vuelven a ti con todo su corazón y toda su alma en el país enemigo adonde los hayan llevado cautivos, y oran a ti en dirección de esta tierra que diste a sus antepasados, y de la ciudad que escogiste, y del templo que te he construido, [49]escucha tú sus oraciones y súplicas desde el cielo, desde el lugar donde habitas, y defiende su causa. [50]Perdónale a tu pueblo sus pecados contra ti, y todas sus rebeliones contra ti. Y concede que quienes lo desterraron tengan piedad de él. [51]Porque es tu pueblo y te pertenece; tú lo sacaste de Egipto, que era como un horno de fundición.[j]

[52]"Atiende, pues, la oración de tu servidor y la súplica de tu pueblo Israel. ¡Óyenos, oh Dios, cuando clamemos a ti! [53]Porque tú, Señor, los apartaste como propiedad tuya de entre todos los pueblos de la tierra, según dijiste por medio de tu servidor Moisés, cuando sacaste de Egipto a nuestros antepasados."

[54]Cuando Salomón terminó esta oración y súplica al Señor, la cual hizo de rodillas delante del altar y levantando sus manos al cielo, [55]se puso de pie y bendijo a toda la comunidad israelita, diciendo en voz alta: [56]"¡Bendito sea el Señor, que ha concedido la paz a su pueblo Israel, según todo lo que ha prometido! Pues no ha dejado de cumplir ninguna de las buenas promesas que hizo por medio de su siervo Moisés.[k]

[57]"Y ahora, que el Señor nuestro Dios esté con nosotros como estuvo con nuestros antepasados. Que no nos abandone ni nos deje, [58]sino que incline nuestro corazón hacia él para que en todo hagamos su voluntad y cumplamos los mandamientos, leyes y decretos que mandó cumplir a nuestros antepasados. [59]Que estas cosas que he pedido al Señor nuestro Dios, las tenga él siempre presentes, día y noche, para que haga justicia a su siervo y a su pueblo Israel, según sea necesario, [60]y para que todas las naciones de la tierra conozcan que el Señor es Dios y que no hay otro. [61]Por lo tanto, sean ustedes sinceros con el Señor nuestro Dios, y cumplan sus leyes y obedezcan sus mandamientos como en este día."

[62]Después de esto, el rey y todo Israel ofrecieron sacrificios al Señor. [63]Y Salomón ofreció al Señor veintidós mil toros y ciento veinte mil ovejas, como sacrificios de reconciliación.

Así fue como el rey y todos los israelitas consagraron el templo del Señor. [64]El mismo día, el rey consagró el centro del atrio que está frente al templo del Señor, pues allí ofreció los holocaustos, las ofrendas de cereales y la grasa de los sacrificios de reconciliación, porque el altar de bronce que había delante del Señor era pequeño y no cabían los holocaustos, las ofrendas de cereales y la grasa de los sacrificios de reconciliación.

[65]En dicha ocasión, Salomón y todo Israel, una gran muchedumbre que había venido desde la entrada de Hamat hasta el arroyo de Egipto, celebraron la fiesta de

*j* **8.51** Dt 4.20; Jer 11.4.   *k* **8.56** Dt 12.10; Jos 21.44-45.

las Enramadas[13] en honor del Señor nuestro Dios, y otra fiesta de siete días; en total, catorce días de fiesta. [66]Al día siguiente[14] despidió al pueblo, y ellos bendijeron al rey y se fueron a sus casas alegres y satisfechos por todo el bien que el Señor había hecho a David, su servidor, y a su pueblo Israel.

### Dios hace un pacto con Salomón
(2 Cr 7.11-22)

9 [1]Cuando Salomón terminó de construir el templo del Señor, el palacio real y todo lo que quiso hacer, [2]se le apareció el Señor por segunda vez, como se le había aparecido en Gabaón,[l] [3]y le dijo: "He escuchado la oración y el ruego que me has hecho, y he consagrado este templo que has construido como residencia perpetua de mi nombre. Siempre lo cuidaré y lo tendré presente. [4]Ahora bien, si tú te comportas en mi presencia como lo hizo David, tu padre, con un corazón intachable y recto, poniendo en práctica todo lo que te he ordenado y obedeciendo mis leyes y decretos, [5]yo confirmaré para siempre tu reinado en Israel, como se lo prometí a David, tu padre, cuando le dije que nunca faltaría un descendiente suyo en el trono de Israel.[m] [6]Pero si ustedes y sus hijos se apartan de mí, y no cumplen los mandamientos y leyes que les he dado, sino que sirven y adoran a otros dioses, [7]yo arrancaré a Israel de la tierra que le he dado, arrojaré de mi presencia el templo que he consagrado e Israel será motivo de burla constante entre todas las naciones. [8]En cuanto a este templo, será convertido en un montón de ruinas,[15] y todo el que pase junto a él se asombrará y se burlará, y preguntará por qué actuó el Señor así con este país y con este templo.[n] [9]Y le responderán que fue porque abandonaron al Señor su Dios, que sacó de Egipto a sus antepasados, y porque se aferraron a adorar y servir a otros dioses; que por eso el Señor hizo venir sobre ellos tan grande mal."

### Otras actividades de Salomón
(2 Cr 8.1-18)

[10]Pasaron veinte años después de haber construido Salomón los dos edificios, el templo del Señor y el palacio real, [11]para los que Hiram, rey de Tiro, había provisto a Salomón de madera de cedro y de pino, y de todo el oro que quiso. El rey Salomón, a su vez, entregó a Hiram veinte ciudades en la región de Galilea. [12]Pero cuando Hiram fue a ver las ciudades que le había dado Salomón, no le agradaron, [13]y dijo: "¿Qué clase de ciudades son éstas que me has dado, hermano mío?" Por eso, a la región donde estaban esas ciudades la llamó Cabul,[16] nombre que lleva hasta ahora. [14]En cuanto a la cantidad de oro que Hiram envió al rey Salomón, fueron tres mil novecientos sesenta kilos.

[15]Ahora bien, el motivo del trabajo obligatorio que impuso el rey Salomón para construir el templo del Señor, su propio palacio, el terraplén y las murallas de Jerusalén, además de las ciudades de Hazor, Meguido y Gezer, fue el siguiente: [16]el faraón, rey de Egipto, había llegado y conquistado la ciudad de Gezer; después la quemó, y mató a todos los cananeos que vivían en la ciudad, y luego la entregó como dote a su hija, la esposa de Salomón. [17]Entonces Salomón reconstruyó Gezer, Bet-horón de abajo, [18]Baalat y Tamar en el desierto de Judá. [19]Además reconstruyó todas las ciudades donde almacenaba los alimentos, así como los cuarteles de los carros de combate, los cuarteles de la caballería y todo lo que quiso construir en Jerusalén, en el Líbano y en todo el territorio bajo su dominio. [20]En cuanto a los habitantes amorreos, hititas, ferezeos, heveos y jebuseos que quedaron, los cuales no eran israelitas, [21]es decir, a sus descendientes, que quedaron después de ellos en el país y que los israelitas no pudieron aniquilar, Salomón los sometió a trabajos forzados, y así siguen hasta el día de hoy. [22]Pero no obligó a ningún israelita a servir como esclavo, sino como soldados, oficiales, jefes, capitanes y comandantes de los carros de combate y de la caballería. [23]En cuanto a los capataces que Salomón tenía a cargo de los trabajos, eran quinientos cincuenta, los cuales dirigían a la gente que los realizaba.

[24]La hija del faraón se trasladó de la Ciudad de David al palacio que Salomón había edificado para ella. Entonces él construyó el terraplén.

[25]Tres veces al año,[ñ] Salomón ofrecía holocaustos y sacrificios de reconciliación

---

[13] Fiesta de las Enramadas: lit. fiesta de siete días. [14] Al día siguiente: lit. al octavo día. [15] Un montón de ruinas: según varias versiones antiguas. Heb. altísimo. [16] En hebreo, Cabul tiene un sonido parecido a la palabra que significa comc nada.
[l] 9.2 1 R 3.5; 2 R 1.7. [m] 9.5 2 S 7.11-16; 1 R 2.4. [n] 9.8 2 R 25.9; 2 Cr 36.19. [ñ] 9.25 Ex 23.17; 34.23; Dt 16.16.

sobre el altar que había construido al Señor, y quemaba incienso delante del Señor. Así se terminó de construir el templo.

²⁶El rey Salomón construyó también barcos en Ezión-geber, que está junto a Elat, a orillas del Mar Rojo, en el territorio de Edom. ²⁷Hiram envió en los barcos a sus oficiales, marinos expertos y conocedores del mar, junto con los oficiales de Salomón, ²⁸y llegaron a Ofir, de donde tomaron casi catorce mil kilos de oro y se los llevaron al rey Salomón.

### La reina de Sabá visita a Salomón
#### (2 Cr 9.1-12)

**10** ¹⁻²La reina de Sabáᵒ oyó hablar de la fama que Salomón había alcanzado para honra del Señor, y fue a Jerusalén para ponerlo a prueba con preguntas difíciles. Llegó rodeada de gran esplendor, con camellos cargados de perfumes y con gran cantidad de oro y piedras preciosas. Cuando llegó ante Salomón, le preguntó todo lo que tenía pensado, ³y Salomón respondió a todas sus preguntas. No hubo una sola pregunta de la cual no supiera la respuesta. ⁴Al ver la reina de Sabá la sabiduría de Salomón, y el palacio que había construido, ⁵los manjares de su mesa, los lugares que ocupaban sus oficiales, el porte y la ropa de sus criados, sus coperos, y los holocaustos que ofrecía en el templo, se quedó tan asombrada ⁶que dijo al rey: "Lo que escuché en mi país acerca de tus hechos y de tu sabiduría, es verdad; ⁷pero sólo he podido creerlo ahora que he venido y lo he visto con mis propios ojos. En realidad, no me habían contado ni la mitad, pues tu sabiduría y tus bienes son más de lo que yo había oído. ⁸¡Qué felices deben de ser tus esposas,¹⁷ y qué contentos han de sentirse estos servidores tuyos, que siempre están a tu lado escuchando tus sabias palabras! ⁹¡Bendito sea el Señor tu Dios, que te vio con agrado y te entregó el reino de Israel! ¡Por el amor que el Señor ha tenido siempre a Israel, te ha hecho rey para que gobiernes con rectitud y justicia!''

¹⁰Luego entregó ella al rey tres mil novecientos sesenta kilos de oro, y gran cantidad de perfumes y piedras preciosas. Nunca llegó a Israel tal cantidad de perfumes como la que regaló la reina de Sabá al rey Salomón.

¹¹Además, la flota mercante de Hiram, que había traído oro de Ofir, trajo también de allá mucha madera de sándalo y piedras preciosas. ¹²Con la madera de sándalo hizo el rey barandas para el templo del Señor y para el palacio real, y también arpas y salterios para los músicos. Nunca había llegado, ni se ha visto hasta hoy, tanta madera de sándalo. ¹³Por su parte, el rey Salomón dio a la reina de Sabá todo lo que ella quiso pedirle, además de lo que él personalmente le regaló. Después la reina regresó a su país acompañada de la gente a su servicio.

### Fama y riqueza de Salomón
#### (2 Cr 9.13-24)

¹⁴El oro que Salomón recibía cada año llegaba a unos veintidós mil kilos, ¹⁵sin contar el tributo que le pagaban los comerciantes, los negociantes y todos los reyes de Arabia y gobernadores del país. ¹⁶El rey Salomón mandó hacer doscientos escudos grandes de oro batido, empleando en cada uno seis kilos de oro. ¹⁷Mandó hacer también trescientos escudos más pequeños, empleando en cada uno poco más de un kilo y medio de oro batido, y los puso en el palacio llamado "Bosque del Líbano". ¹⁸Mandó hacer también un gran trono de marfil, y ordenó que lo recubrieran de oro puro. ¹⁹El trono tenía seis escalones; su respaldo tenía un dosel redondo y brazos a cada lado del asiento, junto a los cuales había dos leones de pie. ²⁰Había también doce leones de pie, uno a cada lado de los seis escalones. ¡Jamás se había construido en ningún otro reino nada semejante! ²¹Además, todas las copas del rey eran de oro, lo mismo que toda la vajilla del palacio "Bosque del Líbano". No había nada de plata, porque en tiempos de Salomón ésta no era de mucho valor, ²²ya que los barcos de Tarsis que el rey tenía llegaban una vez cada tres años, junto con los barcos de Hiram, trayendo oro, plata, marfil, monos y pavos reales.

²³El rey Salomón superaba a todos los reyes de la tierra en riqueza y sabiduría. ²⁴Todo el mundo quería verlo y escuchar la sabiduría que Dios le había dado, ²⁵y todos le llevaban cada año un regalo: objetos de plata y de oro, capas, armas, sustancias aromáticas, caballos y mulas.

---

¹⁷ *Tus esposas:* según tres versiones antiguas. Heb. *tus hombres.*
ᵒ 10.1-10 Mt 12.42; Lc 11.31.

## Salomón comercia con carros y caballos
*(2 Cr 1.14-17; 9.25-28)*

26Salomón reunió carros y jinetes. Tenía mil cuatrocientos carros y doce mil jinetes,*p* los cuales destinó a los cuarteles de carros de combate y a la guardia real en Jerusalén. 27El rey hizo que en Jerusalén hubiera tanta plata como piedras;*q* y que abundara el cedro como las higueras silvestres en la llanura. 28Los caballos para Salomón eran llevados de Muzri *18* y de Cilicia, pues los comerciantes de la corte los compraban allí.*r* 29Un carro importado de Egipto valía seiscientas monedas de plata, y un caballo, ciento cincuenta. Y todos los reyes hititas y sirios los compraban por medio de los agentes de Salomón.

## Salomón se vuelve idólatra

**11** 1Además de la hija del faraón, el rey Salomón amó a muchas mujeres extranjeras:*s* moabitas, amonitas, edomitas, sidonias e hititas; 2es decir, mujeres de las naciones con las que el Señor había prohibido a los israelitas establecer relaciones matrimoniales porque seguramente harían que sus corazones se desviaran hacia sus dioses.*t* Pero Salomón, enamorado, se unió con ellas. 3Tuvo setecientas esposas de rango real y trescientas concubinas, las cuales desviaron su corazón. 4Cuando Salomón ya era anciano, sus mujeres hicieron que su corazón se desviara hacia otros dioses, pues no se había entregado por completo al Señor su Dios, como lo había hecho David, su padre. 5Salomón rindió culto a Astarté, diosa de los sidonios, y a Milcom, ídolo repugnante de los amonitas. 6Así pues, los hechos de Salomón fueron malos a los ojos del Señor, pues no siguió fielmente al Señor, como lo había hecho David, su padre.

7Por aquel tiempo, Salomón construyó, en el monte que está al oriente de Jerusalén, un santuario a Quemos, ídolo repugnante de Moab, y a Moloc, ídolo repugnante de los amonitas. 8Lo mismo hizo para todas sus mujeres extranjeras, las cuales ofrecían incienso y sacrificios a sus dioses. 9El Señor, Dios de Israel, se enojó con Salomón, porque su corazón se había apartado de él, que se le había aparecido dos veces 10y que le había ordenado no rendir culto a otros dioses. Sin embargo, él no hizo caso de lo que el Señor le había ordenado. 11Por lo tanto, el Señor le dijo a Salomón: "Ya que te has comportado así, y no has cumplido el pacto y las leyes que te ordené, voy a quitarte el reino y a dárselo a uno de los que te sirven. 12Sin embargo, por consideración a David, tu padre, no lo haré mientras vivas; pero se lo quitaré a tu hijo. 13Aunque no le quitaré todo el reino: le dejaré una tribu, por consideración a tu padre y a Jerusalén, la ciudad que he escogido."

14Entonces el Señor hizo que se levantara un enemigo contra Salomón: Hadad, un edomita, de la familia real de Edom. 15Cuando David venció*19* a Edom, Joab, el jefe del ejército, que había ido a enterrar a los caídos en combate, mató a todos los hombres de Edom; 16durante seis meses se quedó allí, con todos los israelitas, hasta que aniquiló a todos los hombres de Edom. 17Pero Hadad, que entonces era un niño, huyó a Egipto con algunos de sus paisanos que estaban al servicio de su padre. 18Salieron de Madián y llegaron a Parán, donde tomaron a su servicio algunos hombres del lugar. Llegaron a Egipto y se presentaron al faraón, rey de Egipto, y éste les dio casa y comida, y les regaló tierras.

19Hadad se ganó de tal modo el favor del faraón, que el faraón le dio por esposa a su cuñada, la hermana de la reina Tahpenes. 20La hermana de Tahpenes dio a Hadad un hijo que se llamó Genubat, al cual Tahpenes crió en el palacio del faraón, junto con sus propios hijos. 21Pero cuando Hadad supo en Egipto que David había muerto, y que también había muerto Joab, el jefe del ejército, dijo Hadad al faraón:

—Dame permiso para regresar a mi tierra.

22El faraón le respondió:

—¿Y para qué quieres regresar a tu tierra? ¿Te hace falta algo aquí conmigo?

Hadad respondió:

—No me falta nada, pero te ruego que me permitas regresar.

23Además, Dios hizo que también Rezón se levantara contra Salomón. Rezón era hijo de Eliada, que se había escapado de su amo, Hadad-ezer, el rey de Soba. 24Había reunido algunos hombres y era el jefe de una banda de ladrones. Cuando David les mató gente, Rezón se fue a Damasco y se estableció allí como rey. 25Fue enemigo de Israel mientras vivió Salomón, y esto se unió al daño que causaba Hadad, pues aborrecía a Israel. De este modo, Rezón llegó a ser rey de Siria.

26También Jeroboam, hijo de Nabat, se rebeló contra el rey. Jeroboam era un funcionario de Salomón, de la ciudad de Sereda y de la tribu de Efraín. Su madre era una viuda llamada Zerúa. 27La razón por la que Jeroboam se rebeló contra el rey fue la siguiente: Salomón estaba construyendo el terraplén y cerrando la brecha de la Ciudad de David, su padre. 28Jeroboam era un hombre fuerte y decidido; y al ver Salomón que este joven era muy activo, lo puso a cargo de todo lo relacionado con los descendientes de José.

29Por aquel entonces, un día en que Jeroboam salió de Jerusalén, se encontró en el camino con el profeta Ahías, el de Silo, que iba cubierto con una capa nueva. Los dos estaban solos en el campo, 30y tomando Ahías la capa nueva que llevaba puesta, la rasgó en doce pedazos 31y dijo a Jeroboam: "Toma para ti diez pedazos, porque el Señor, Dios de Israel, te dice: 'Voy a quitarle el reino a Salomón, y a darte a ti diez tribus. 32A Salomón le dejaré sólo una tribu, por consideración a mi siervo David y a Jerusalén, la ciudad que he escogido entre todas las ciudades de las tribus de Israel. 33Porque Salomón me ha rechazado, y se ha puesto a adorar a Astarté, diosa de los sidonios; a Quemos, dios de los moabitas; y a Milcom, dios de los amonitas. Sus hechos no han sido buenos a mis ojos, y no ha cumplido mis leyes y decretos como lo hizo David, su padre. 34Sin embargo, no le quitaré todo el reino, sino que lo mantendré como gobernante mientras viva, por consideración a mi siervo David, a quien escogí, y quien cumplió mis mandamientos y mis leyes. 35Pero le quitaré el reino a su hijo, y te lo entregaré a ti; es decir, diez tribus. 36Sólo dejaré una tribu a su hijo, para que la lámpara de David, mi siervo, se mantenga siempre encendida ante mí en Jerusalén, la ciudad que escogí como residencia de mi nombre. 37Yo te tomaré a ti, para que reines sobre todo lo que quieras y seas el rey de Israel. 38Y si obedeces todo lo que yo te mande y tus hechos son rectos a mis ojos, y si cumples mis leyes y mandamientos, como lo hizo David, mi siervo, yo estaré contigo y estableceré firmemente tu dinastía, como establecí la de David; y te entregaré Israel. 39En cuanto a la descendencia de David, la castigaré por este motivo, pero no para siempre.' "

40Por causa de esto, Salomón procuró matar a Jeroboam; pero Jeroboam huyó a Egipto, donde reinaba Sisac, y allí se quedó hasta la muerte de Salomón.

## Muerte de Salomón
### (2 Cr 9.29-31)

41El resto de la historia de Salomón y de su sabiduría, y de todo lo que hizo, está escrito en el libro de las crónicas de Salomón. 42Salomón reinó en Jerusalén sobre todo Israel durante cuarenta años, 43y cuando murió lo enterraron en la Ciudad de David, su padre. Después reinó en su lugar su hijo Roboam.

## División del reino
### (2 Cr 10.1-11.4)

12 1Roboam fue a Siquem, porque todo Israel había ido allá para proclamarlo rey. 2Pero lo supo Jeroboam, hijo de Nabat, que estaba todavía en Egipto, adonde había huido del rey Salomón y donde se había quedado a vivir. 3Cuando lo mandaron llamar, Jeroboam y todo el pueblo de Israel fueron a hablar con Roboam, y le dijeron:

4—Tu padre fue muy duro con nosotros; ahora alivia tú la dura servidumbre y el pesado yugo que él nos impuso, y te serviremos.

5Roboam les contestó:

—Váyanse, y vuelvan a verme dentro de tres días.

La gente se fue, 6y entonces el rey Roboam consultó a los ancianos que habían servido a Salomón, su padre, cuando éste vivía. Les preguntó:

—¿Qué me aconsejan ustedes que responda yo a esta gente?

7Ellos le dijeron:

—Si hoy te pones al servicio de este pueblo y les respondes con buenas palabras, ellos te servirán siempre.

8Pero Roboam no hizo caso del consejo de los ancianos, sino que consultó a los muchachos que se habían criado con él y que estaban a su servicio, 9preguntándoles:

—¿Qué me aconsejan ustedes que responda yo a esta gente que me ha pedido que aligere el yugo que mi padre les impuso?

¹⁰Aquellos jóvenes, que se habían criado con él, le respondieron:

—A esta gente que te ha pedido que aligeres el yugo que tu padre les impuso, debes responderle lo siguiente: 'Si mi padre fue duro, yo lo soy mucho más;²⁰ ¹¹si él les impuso un yugo pesado, yo lo haré más pesado todavía; y si él los azotaba con correas, yo los azotaré con látigos de puntas de hierro.'

¹²Al tercer día volvió Jeroboam a presentarse con todo el pueblo ante Roboam, como el rey les había dicho. ¹³Pero el rey les contestó duramente, sin hacer caso del consejo que le habían dado los ancianos, ¹⁴y les repitió lo que le habían aconsejado los muchachos: que si su padre les había impuesto un yugo pesado, él les impondría uno más pesado todavía, y que si su padre los había azotado con correas, él los azotaría con látigos de puntas de hierro. ¹⁵El rey, pues, no hizo caso del pueblo, porque el Señor había dispuesto que sucediera así para que se cumpliera lo que el Señor había prometido a Jeroboam, hijo de Nabat, por medio de Ahías, el de Silo. ¹⁶Cuando todo el pueblo de Israel vio que el rey no le había hecho caso, le respondió de este modo:

"¡No tenemos nada que ver con David!
¡Ninguna herencia compartimos con el hijo de Isaí!
¡A sus casas, israelitas!ᵘ
¡Y David que cuide de su familia!"

Al momento, los israelitas se fueron a sus casas. ¹⁷En cuanto a los israelitas que vivían en las ciudades de Judá, Roboam siguió reinando sobre ellos. ¹⁸Y cuando Roboam envió a Adoram, que era el encargado del trabajo obligatorio, todo Israel lo mató a pedradas. Entonces el rey Roboam subió rápidamente a su carro y huyó a Jerusalén. ¹⁹De este modo se rebeló Israel contra la dinastía de David hasta el día de hoy. ²⁰Al enterarse los de Israel de que Jeroboam había vuelto, lo mandaron llamar para que se presentara ante la comunidad, y lo proclamaron rey de todo Israel, sin quedar nadie que siguiera fiel a la dinastía de David, aparte de la tribu de Judá.

²¹Cuando Roboam llegó a Jerusalén, juntó ciento ochenta mil soldados escogidos de todas las familias de Judá y de la tribu de Benjamín, para luchar contra Israel y recuperar su reino. ²²Pero Dios habló a Semaías, hombre de Dios, y le ordenó: ²³"Di a Roboam, hijo de Salomón y rey de Judá, a todas las familias de Judá y de Benjamín, y al resto del pueblo, ²⁴que les ordeno que no luchen contra sus hermanos israelitas. Que se vuelvan todos a sus casas, porque así lo he dispuesto."

Al oír ellos lo que el Señor les decía, regresaron, como les ordenaba el Señor.

### Jeroboam implanta la idolatría

²⁵Jeroboam reconstruyó la ciudad de Siquem, que está en los montes de Efraín, y se estableció en ella. Luego reconstruyó también Penuel. ²⁶Pero pensó: "La dinastía de David puede recuperar el reino, ²⁷si esta gente va a Jerusalén para ofrecer sacrificios en el templo del Señor. Volverán a sentir afecto por Roboam, rey de Judá, y entonces me matarán y se volverán a Roboam, rey de Judá." ²⁸Después de haber consultado el asunto, hizo el rey dos becerros de oro, y dijo al pueblo: "Ustedes, israelitas, ya han ido bastante a Jerusalén. Aquí tienen a sus dioses, que los sacaron de Egipto."ᵛ ²⁹Entonces puso uno en Betel y el otro en Dan. ³⁰Y esto fue causa de que Israel pecara, pues la gente iba a Betel y a Dan para adorarlos. ³¹Construyó también santuarios paganos y nombró sacerdotes del pueblo, que no eran levitas. ³²Además estableció una fiesta religiosa el día quince del mes octavo, como la fiesta que se celebraba en Judá, y él mismo ofreció sacrificios sobre el altar. Esto lo hizo en Betel, ofreciendo sacrificios a los becerros que había fabricado y nombrando sacerdotes para los santuarios paganos que había construido. ³³Así pues, el día quince del mes octavo, Jeroboam ofreció sacrificios sobre el altar que había construido en Betel. Este era el mes de la fiesta que él inventó a su antojo,ʷ declarándola fiesta religiosa para los israelitas, el mismo mes en que subió al altar a quemar incienso.

### Un profeta de Judá reprende a Jeroboam

13 ¹Cuando Jeroboam estaba quemando incienso sobre el altar, llegó a Betel un profeta de Judá mandado por el Señor. ²Y por orden del Señor habló con fuerte voz contra el altar, diciendo:

²⁰ Si mi padre . . . soy mucho más: lit. mi dedo meñique es más grueso que los lomos de mi padre.
ᵘ 12.16 2 S 20.1.   ᵛ 12.28 Ex 32.4.   ʷ 12.32-33 Lv 23.33-34.

"Altar, altar: El Señor ha dicho: 'De la dinastía de David nacerá un niño, que se llamará Josías y que sacrificará sobre ti a los sacerdotes de los santuarios paganos que sobre ti queman incienso; y sobre ti quemarán huesos humanos.' "x

³Aquel mismo día, el profeta dio una señal prodigiosa. Dijo: "Esta es la señal prodigiosa que el Señor ha anunciado: El altar se hará pedazos y la ceniza que hay sobre él se esparcirá."

⁴Cuando el rey Jeroboam escuchó la sentencia que el profeta había pronunciado contra el altar de Betel, extendió su mano desde el altar y dijo: "¡Aprésenlo!" Pero la mano que había extendido para señalarlo se le quedó tiesa y no pudo ya moverla. ⁵En aquel momento el altar se hizo pedazos y las cenizas que había sobre él se esparcieron, conforme a la señal que el profeta había dado por orden del Señor. ⁶Entonces el rey, dirigiéndose al profeta, dijo:

—Te ruego que ores por mí al Señor tu Dios, para que mi mano se cure.

El profeta rogó al Señor, y la mano del rey quedó sana, como antes. ⁷Luego dijo el rey al profeta:

—Ven conmigo a mi casa, para que comas algo, y te haré un regalo.

⁸Pero el profeta respondió al rey:

—Aunque me des la mitad de tu palacio, no iré contigo, ni comeré pan ni beberé agua en este lugar; ⁹porque así me lo ha ordenado el Señor. Me dijo: 'No comas pan, ni bebas agua, ni vuelvas por el mismo camino por el que has ido.'

¹⁰Y el profeta se fue por otro camino distinto, para no volver por el mismo camino por el que había ido a Betel.

¹¹En aquel tiempo vivía en Betel un profeta anciano, cuyos hijos fueron y le contaron todo lo que el profeta de Judá había hecho aquel día en Betel; y también le contaron a su padre lo que había dicho el rey. ¹²Y su padre les preguntó:

—¿Por qué camino se fue?

Sus hijos le indicaron el camino por el que había regresado el profeta de Judá. ¹³Entonces les dijo a sus hijos:

—Aparéjenme el asno.

Ellos lo hicieron así, y el profeta montó y ¹⁴salió tras el profeta de Judá. Lo encontró sentado debajo de una encina, y le preguntó:

—¿Eres tú el profeta que ha venido de Judá?

—Yo soy —le respondió.

¹⁵—Ven a mi casa, a comer pan conmigo —dijo el profeta anciano.

¹⁶Pero el profeta de Judá le contestó:

—No puedo acompañarte, ni entrar en tu casa, ni comer pan ni beber agua contigo en este lugar; ¹⁷porque el Señor me ha ordenado claramente: 'No comas pan ni bebas agua aquí, ni regreses por el mismo camino por el que te fuiste.'

¹⁸Pero el anciano insistió:

—Yo también soy profeta, lo mismo que tú, y un ángel de parte del Señor me ha ordenado que te lleve a mi casa y te dé de comer y de beber.

Y aunque el anciano le mentía, ¹⁹el profeta de Judá se fue con él y comió y bebió en su casa. ²⁰Y estando ellos sentados a la mesa, el Señor habló al profeta anciano que había hecho volver al profeta de Judá, ²¹y en voz alta dijo el anciano a éste:

—El Señor ha dicho que por haber tú desobedecido las órdenes que te dio, ²²pues te volviste para comer y beber donde el Señor te ordenó que no lo hicieras, no reposará tu cuerpo en el sepulcro de tus antepasados.

²³Cuando el profeta de Judá acabó de comer y beber, el profeta anciano le aparejó el asno, ²⁴y el profeta de Judá se fue. Pero en el camino le salió al encuentro un león y lo mató, y su cuerpo quedó tirado en el camino. El asno y el león, sin embargo, se quedaron junto al cadáver. ²⁵En eso pasaron unos hombres y vieron el cadáver tirado en el camino, y que el león estaba todavía junto a él. Y cuando llegaron a la ciudad donde vivía el profeta anciano, contaron lo que habían visto. ²⁶Al saberlo, el profeta anciano que había hecho volver al otro, exclamó: "Ese es el profeta que desobedeció la orden del Señor. Por eso el Señor lo ha entregado a un león, que lo ha despedazado y matado, conforme a lo que el Señor le dijo."

²⁷En seguida pidió a sus hijos que le aparejaran un asno, y ellos lo hicieron así. ²⁸Entonces el profeta anciano se fue y encontró el cadáver tirado en el camino y, junto a él, al asno y al león. El león no había devorado el cadáver ni despedazado al asno. ²⁹Entonces el profeta anciano levantó el cuerpo del profeta de Judá, lo echó sobre el asno y volvió con él a su ciudad, para hacerle duelo y enterrarlo. ³⁰Lo enterró en su propio sepulcro, y lloró por él, diciendo: "¡Ay, hermano mío!"

x 13.2 2 R 23.15 -16.

³¹Después de enterrarlo, dijo a sus hijos:

—Cuando yo muera, entiérrenme en el mismo sepulcro en que he enterrado a este hombre de Dios. Pongan mis restos junto a los suyos, ³²porque sin duda se cumplirá lo que él anunció por orden del Señor contra el altar de Betel y contra todos los santuarios paganos que hay en las ciudades de Samaria. ³³A pesar de esto, Jeroboam no abandonó su mala conducta, sino que volvió a nombrar sacerdotes de entre el pueblo para los santuarios paganos. A quien así lo deseaba, Jeroboam lo consagraba sacerdote de tales santuarios. ³⁴Tal proceder fue la causa de que la descendencia de Jeroboam pecara, y que, por lo mismo, fuera exterminada por completo.

### Ahías anuncia la caída de Jeroboam

**14** ¹Por aquel tiempo, Abías, el hijo de Jeroboam, cayó enfermo. ²Y dijo Jeroboam a su mujer:

—Anda, ponte un disfraz para que no reconozcan que eres mi mujer, y vete a Silo. Allí vive Ahías, el profeta que me dijo que yo sería rey de esta nación. ³Toma diez panes, tortas y una jarra de miel, y ve a verlo para que te diga lo que va a ser de este niño.

⁴Así lo hizo la mujer de Jeroboam. Se preparó y fue a Silo, y llegó a casa de Ahías. Ahías no podía ver, pues su vista se había ido apagando a causa de su vejez, ⁵pero el Señor le había hecho saber que la mujer de Jeroboam iría a consultarle acerca de su hijo, que estaba enfermo. También le hizo saber lo que debía responderle, y le advirtió que llegaría disfrazada.

⁶Cuando Ahías oyó sus pasos al entrar ella por la puerta, le dijo:

—Entra, mujer de Jeroboam. ¿Por qué te haces pasar por otra? Yo he recibido el encargo de hablarte duramente, ⁷así que vuelve y dile a Jeroboam que el Señor, Dios de Israel, ha dicho: 'Yo te saqué de entre el pueblo, y te hice jefe de mi pueblo Israel. ⁸Yo le quité el reino a la dinastía de David, para dártelo a ti. Pero tú no has sido como David, mi siervo, que cumplió mis mandamientos y me siguió con todo su corazón, y cuyos hechos fueron rectos a mis ojos; ⁹tú te has comportado peor que todos los que hubo antes de ti; tú, para hacerme enojar, te has hecho otros

dioses e imágenes de hierro fundido, y me has despreciado. ¹⁰Por eso voy a traer el mal sobre tu descendencia: haré que mueran todos tus descendientes varones en Israel; ninguno quedará con vida.ʸ Barreré por completo tu descendencia, como si barriera estiércol. ¹¹A tus parientes que mueran en la ciudad se los comerán los perros; y a los que mueran en el campo se los comerán las aves de rapiña, porque yo, el Señor, así lo he dispuesto.'

¹²"En cuanto a ti, mujer, levántate y vete a tu casa. Tan pronto pongas un pie en la ciudad, el niño morirá. ¹³Entonces todo Israel hará lamentación por él, y lo enterrarán; pues él será el único descendiente de Jeroboam que tendrá sepultura. Porque de toda la descendencia de Jeroboam, sólo en él ha encontrado el Señor, Dios de Israel, algo que le agrade. ¹⁴Después pondrá en Israel un rey que acabará con la dinastía de Jeroboam en su día. De ahora en adelante²¹ ¹⁵el Señor va a sacudir a Israel como la corriente del río sacude las cañas. Lo arrancará de esta buena tierra que dio a sus antepasados, y lo arrojará más allá del río Éufrates, por haber hecho representaciones de Astarté, causando con ello la irritación del Señor. ¹⁶El Señor entregará a Israel por los pecados que Jeroboam ha cometido y que ha hecho cometer a Israel.

¹⁷Entonces la mujer de Jeroboam se levantó y se fue, y llegó a Tirsa; y en cuanto cruzó el umbral de la casa, el niño murió. ¹⁸Todo Israel fue a su entierro y lloró por él, según lo había anunciado el Señor por medio de su siervo, el profeta Ahías.

¹⁹El resto de la historia de Jeroboam, las batallas en que tomó parte y otros detalles de su reinado, están escritos en el libro de las crónicas de los reyes de Israel. ²⁰Jeroboam reinó durante veintidós años, y después de su muerte reinó en su lugar su hijo Nadab.

### Reinado de Roboam en Judá
#### (2 Cr 12.1-16)

²¹En Judá reinaba Roboam, hijo de Salomón. Tenía cuarenta y un años cuando comenzó a reinar, y reinó durante dieciséte años en Jerusalén, la ciudad que el Señor escogió entre todas las ciudades de las tribus de Israel como residencia de su nombre. La madre de Roboam se llamaba Naama, y era amonita.

---

²¹ *En su día. De ahora en adelante:* traducción probable. Heb. *éste es hoy, y qué también ahora.*
ʸ **14.10** 1 R 15.29.

[22]Pero los hechos de Roboam [22] fueron malos a los ojos del Señor, y le irritaron más que todos los pecados que cometieron sus antepasados, [23]pues también ellos construyeron santuarios paganos y levantaron piedras y troncos sagrados en toda colina alta y debajo de todo árbol frondoso.[z] [24]También los hombres del país practicaban la prostitución como un culto,[a] y se cometían todas las infamias practicadas por las naciones paganas que el Señor había arrojado de la presencia de los israelitas.

[25]En el quinto año del reinado de Roboam, Sisac, rey de Egipto, fue y atacó a Jerusalén,[b] [26]apoderándose de los tesoros del templo del Señor y del palacio real. Todo lo saqueó, y se llevó también todos los escudos de oro que había hecho Salomón.[c] [27]El rey Roboam hizo en su lugar escudos de bronce, y los dejó al cuidado de los oficiales de la guardia que vigilaba la entrada del palacio real. [28]Y cada vez que el rey iba al templo del Señor, los guardias los llevaban. Luego volvían a ponerlos en el cuarto de guardia.

[29]El resto de la historia de Roboam y de todo lo que hizo, está escrito en el libro de las crónicas de los reyes de Judá. [30]Hubo guerra continuamente entre Roboam y Jeroboam. [31]Y cuando Roboam murió, fue enterrado con sus antepasados en la Ciudad de David. Su madre se llamaba Naama, y era de Amón. Después reinó en su lugar su hijo Abiam.

### Reinado de Abiam en Judá
### (2 Cr 13.1-22)

15 [1]Abiam comenzó a reinar en Judá en el año dieciocho del reinado de Jeroboam, hijo de Nabat. [2]Reinó en Jerusalén durante tres años. Su madre se llamaba Maaca, y era hija de Absalón. [3]Abiam cometió los mismos pecados que su padre había cometido antes que él, y su corazón no fue fiel al Señor su Dios, como lo fue el de David, antepasado suyo. [4]Sin embargo, por consideración a David, el Señor concedió que su lámpara continuara encendida en Jerusalén,[d] al poner a su hijo en el trono después de él y afirmar a Jerusalén; [5]pues David se había conducido de manera digna de aprobación por parte del Señor, ya que nunca en su vida se apartó de lo que el Señor le

había mandado, excepto en el asunto de Urías el hitita.[e]

[6-7]Hubo guerra continuamente entre Roboam y Jeroboam mientras Roboam vivió. Y también hubo guerra entre Abiam y Jeroboam.[f] El resto de la historia de Abiam y de todo lo que hizo, está escrito en el libro de las crónicas de los reyes de Judá. [8]Y cuando Abiam murió, lo enterraron en la Ciudad de David. Después reinó en su lugar su hijo Asa.

### Reinado de Asa en Judá
### (2 Cr 14.1-5; 15.16-19)

[9]Asa comenzó a reinar en Judá en el año veinte del reinado de Jeroboam en Israel, [10]y reinó en Jerusalén cuarenta años. Su abuela se llamaba Maaca, y era hija de Absalón.

[11]Los hechos de Asa fueron buenos a los ojos del Señor, como los de su antepasado David. [12]Echó fuera del país a los hombres que practicaban la prostitución como un culto, y quitó todos los ídolos que sus antepasados habían hecho.[g] [13]También quitó la categoría de reina madre a Maaca, su abuela, porque había mandado hacer una imagen de Asera. Asa destruyó aquella imagen, y la quemó en el arroyo Cedrón. [14]Y aunque no se quitaron los santuarios paganos, Asa fue siempre fiel al Señor, [15]y puso en el templo del Señor todo el oro y la plata que tanto él como su padre habían dedicado al Señor.

### Alianza de Asa con Ben-adad
### (2 Cr 16.1-10)

[16]Hubo guerra continuamente entre Asa y Baasa, rey de Israel. [17]Y cuando Baasa fue a atacar a Judá, fortificó Ramá para cortarle toda comunicación al rey de Judá. [18]Entonces Asa tomó todo el oro y la plata que aún había en los tesoros del templo del Señor y del palacio real, y por medio de sus funcionarios los envió a Ben-adad, rey de Siria, que era hijo de Tabrimón y nieto de Hezión, y tenía su residencia en Damasco. También le envió este mensaje: [19]"Hagamos tú y yo un pacto, como hicieron nuestros padres. Aquí te envío oro y plata como regalo. Rompe el pacto que tienes con Baasa, rey de Israel, y así me dejará en paz."

[20]Ben-adad aceptó la proposición del rey Asa y envió a los jefes de sus tropas a

---

[22] *Roboam:* según la versión griega. Heb. *Judá.*
[z] 14.23 2 R 17.9-10.  [a] 14.24 Dt 23.17.  [b] 14.25 2 Cr 12.2-8.  [c] 14.26 1 R 10.16-17; 2 Cr 9.15-16.  [d] 15.4 1 R 11.36.
[e] 15.5 2 S 11.1-27.  [f] 15.6-7 2 Cr 13.3-21.  [g] 15.12 2 Cr 15.8-15.

atacar las ciudades de Israel. Así conquistó Ijón, Dan, Abel-bet-Maaca, toda Cineret y toda la región de Neftalí. ²¹Cuando Baasa lo supo, dejó de fortificar Ramá y regresó a Tirsa. ²²Entonces el rey Asa mandó llamar a todo Judá, sin que faltara nadie, y se llevaron de Ramá las piedras y la madera que Baasa había usado para fortificarla, y con ellas el rey Asa fortificó Geba de Benjamín y Mizpa.

### Muerte de Asa
(2 Cr 16.11-14)

²³El resto de la historia completa de Asa y de sus hazañas, y lo que hizo, y las ciudades que construyó, está escrito en el libro de las crónicas de los reyes de Judá.

En su ancianidad, Asa enfermó de los pies; ²⁴y cuando murió, lo enterraron con sus antepasados en la Ciudad de David. Después reinó en su lugar su hijo Josafat.

### Reinado de Nadab en Israel

²⁵En el segundo año del reinado de Asa en Judá, Nadab, hijo de Jeroboam, comenzó a reinar en Israel, y su reinado duró dos años. ²⁶Pero sus hechos fueron malos a los ojos del Señor; cometió los mismos pecados que su padre había cometido, y con los cuales hizo pecar a los israelitas. ²⁷Pero Baasa, hijo de Ahías, que pertenecía a la tribu de Isacar, formó un complot contra él y lo mató en Gibetón, ciudad filistea que Nadab estaba sitiando con todo el ejército israelita.

²⁸Baasa mató a Nadab en el tercer año del reinado de Asa en Judá, y reinó en su lugar. ²⁹Y tan pronto como empezó a reinar, mató a toda la familia de Jeroboam. Conforme a lo que el Señor había anunciado por medio de Ahías de Silo, Baasa exterminó por completo a la familia de Jeroboam. No dejó vivo a nadie.ʰ ³⁰Esto fue a causa de los pecados que Jeroboam había cometido, con los cuales hizo pecar a los israelitas, provocando así la ira del Señor, Dios de Israel.

³¹El resto de la historia de Nadab y de todo lo que hizo, está escrito en el libro de las crónicas de los reyes de Israel. ³²Entre Asa y Baasa, rey de Israel, hubo guerra continuamente.

### Reinado de Baasa en Israel

³³En el tercer año del reinado de Asa en Judá, Baasa, hijo de Ahías, comenzó a

reinar en Tirsa sobre todo Israel, y reinó durante veinticuatro años. ³⁴Pero los hechos de Baasa fueron malos a los ojos del Señor, pues cometió los mismos pecados con que Jeroboam hizo pecar a los israelitas.

**16** ¹Entonces el Señor se dirigió a Jehú, hijo de Hanani, para decir en contra de Baasa: ²"Yo te levanté del polvo y te puse como jefe de Israel, mi pueblo. Pero tú, al igual que Jeroboam, has hecho pecar a Israel, mi pueblo. Has provocado mi ira con tus pecados. ³Por lo tanto, Baasa, voy a acabar contigo y con tu familia; voy a hacer con ella lo mismo que hice con la de Jeroboam, hijo de Nabat. ⁴Cualquier pariente tuyo que muera en la ciudad, será devorado por los perros; y al que muera en el campo, se lo comerán las aves de rapiña.

⁵El resto de la historia de Baasa, y de lo que hizo, y de sus hazañas, está escrito en el libro de las crónicas de los reyes de Israel. ⁶Cuando murió Baasa, lo enterraron en Tirsa. Después reinó en su lugar su hijo Ela.

⁷Por medio del profeta Jehú, hijo de Hanani, el Señor pronunció sentencia contra Baasa y su familia, porque sus hechos fueron malos a sus ojos. Baasa irritó al Señor, porque sus acciones fueron semejantes a las de Jeroboam y su familia, a quienes destruyó.

### Reinados de Ela y de Zimri en Israel

⁸En el año veintiséis del reinado de Asa en Judá, Ela, hijo de Baasa, comenzó a reinar sobre Israel en Tirsa, y reinó durante dos años; ⁹pero Zimri, un oficial suyo al mando de la mitad de los carros de combate, formó un complot contra él. Un día en que Ela estaba en Tirsa, en casa de Arsa, su mayordomo, bebió hasta emborracharse. ¹⁰De pronto llegó Zimri y lo mató, para reinar en su lugar. Esto sucedió en el año veintisiete del reinado de Asa en Judá.

¹¹Tan pronto como Zimri subió al trono y comenzó a reinar, mató a toda la familia de Baasa, sin dejar vivo a ningún varón, pariente o amigo, que pudiera vengarlo. ¹²Así pues, Zimri aniquiló a toda la familia de Baasa, conforme a la sentencia que el Señor había pronunciado contra Baasa por medio del profeta Jehú, ¹³a causa de todos los pecados de Baasa y de su hijo Ela, con los cuales hicieron pecar también

ʰ **15.29** 1 R 14.10.

a los israelitas, irritando con su idolatría al Señor, Dios de Israel.

[14]El resto de la historia de Ela y de todo lo que hizo, está escrito en el libro de las crónicas de los reyes de Israel.

[15]En el año veintisiete del reinado de Asa en Judá, y estando el ejército israelita acampado para atacar la ciudad filistea de Gibetón, Zimri comenzó a reinar en Tirsa. Pero sólo reinó siete días, [16]porque el mismo día en que el ejército que estaba en el campamento supo que Zimri había conspirado contra el rey y lo había matado, todos en el campamento proclamaron rey de Israel a Omri, general del ejército. [17]Entonces Omri y todo el ejército israelita dejaron de atacar Gibetón y atacaron Tirsa.

[18]Al ver Zimri que la ciudad había sido tomada, se metió en el reducto del palacio real, prendió fuego al palacio estando él dentro, y así murió. [19]Esto sucedió por causa de los pecados que cometió y por sus malas acciones a los ojos del Señor, pues cometió los mismos pecados que Jeroboam, con los cuales hizo pecar también a los israelitas.

[20]El resto de la historia de Zimri y de su conspiración contra el rey Ela, está escrito en el libro de las crónicas de los reyes de Israel.

### Reinado de Omri en Israel

[21]Entonces el pueblo de Israel se dividió en dos bandos. Unos estaban a favor de Tibni, hijo de Ginat, para que fuera el rey, y otros estaban a favor de Omri. [22]Finalmente, el partido de Omri se impuso al partido de Tibni, hijo de Ginat. Tibni murió, y así Omri llegó a ser rey.

[23]Omri comenzó a reinar en Israel en el año treinta y uno del reinado de Asa en Judá, y reinó durante doce años, de los cuales reinó seis en Tirsa. [24]Le compró a Semer el monte de Samaria por sesenta y seis kilos de plata, y allí construyó una ciudad fortificada a la que llamó Samaria, porque el dueño anterior del monte se llamaba Semer.

[25]Los hechos de Omri fueron malos a los ojos del Señor, e incluso peores que los de los reyes anteriores a él, [26]pues cometió los mismos pecados que Jeroboam, hijo de Nabat, con los cuales hizo pecar también a los israelitas, provocando con su idolatría la ira del Señor, Dios de Israel.

[27]El resto de la historia de Omri y de todo lo que hizo, y de sus hazañas, está

escrito en el libro de las crónicas de los reyes de Israel. [28]Cuando murió, lo enterraron en Samaria. Después reinó en su lugar su hijo Acab.

### Reinado de Acab en Israel

[29]En el año treinta y ocho del reinado de Asa en Judá, Acab, hijo de Omri, comenzó a reinar en Israel. Y reinó sobre Israel durante veintidós años, en la ciudad de Samaria. [30]Pero su conducta fue reprobable a los ojos del Señor, e incluso peor que la de los reyes anteriores a él, [31]pues no le importó cometer los mismos pecados de Jeroboam, hijo de Nabat. Para colmo, se casó con Jezabel, hija de Et-baal, rey de Sidón, y acabó por adorar y rendir culto a Baal, [32]y construyó un altar y un templo a Baal en Samaria. [33]Hizo también una imagen de Asera, con lo que irritó al Señor, Dios de Israel, más que todos los reyes de Israel anteriores a él.

[34]En tiempos de Acab, Hiel, el de Betel, reconstruyó la ciudad de Jericó. A costa de Abiram, su hijo mayor, echó los cimientos, y a costa de Segub, su hijo menor, puso las puertas, conforme a lo que el Señor había dicho por medio de Josué, hijo de Nun.[i]

### Elías anuncia la sequía

**17** [1]El profeta Elías, que era de Tisbe, de la región de Galaad, dijo a Acab: "¡Juro por el Señor, Dios de Israel, a quien sirvo, que en estos años no lloverá, ni caerá rocío hasta que yo lo diga!"[j]

[2]Por eso el Señor le dijo a Elías: [3]"Vete de aquí, hacia el oriente, y escóndete en el arroyo Querit, que está al oriente del Jordán. [4]Allí podrás beber agua del arroyo, y he ordenado a los cuervos que te lleven comida."

[5]Elías hizo lo que el Señor le ordenó, y fue y se quedó a vivir junto al arroyo Querit, al oriente del río Jordán. [6]Y los cuervos le llevaban pan y carne por la mañana y por la tarde. El agua la bebía del arroyo. [7]Pero al cabo de unos días el arroyo se secó, porque no llovía en el país.

### Elías y la viuda de Sarepta

[8]Entonces el Señor le dijo a Elías: [9]"Levántate y vete a la ciudad de Sarepta, en Sidón, y quédate a vivir allá. Ya le he

---

*i* 16.34 Jos 6.26.   *j* 17.1 Eclo 48.2-3; Stg 5.17.

ordenado a una viuda[k] que allí vive, que te dé de comer.''

[10]Elías se levantó y se fue a Sarepta. Al llegar a la entrada de la ciudad, vio a una viuda que estaba recogiendo leña. La llamó y le dijo:

—Por favor, tráeme en un vaso un poco de agua para beber.

[11]Ya iba ella a traérselo, cuando Elías la volvió a llamar y le dijo:

—Por favor, tráeme también un pedazo de pan.

[12]Ella le contestó:

—Te juro por el Señor tu Dios que no tengo nada de pan cocido. No tengo más que un puñado de harina en una tinaja y un poco de aceite en una jarra, y ahora estaba recogiendo un poco de leña para ir a cocinarlo para mi hijo y para mí. Comeremos, y después nos moriremos de hambre.

[13]Elías le respondió:

—No tengas miedo. Ve a preparar lo que has dicho. Pero primero, con la harina que tienes, hazme una torta pequeña y tráemela, y haz después otras para ti y para tu hijo. [14]Porque el Señor, Dios de Israel, ha dicho que no se acabará la harina de la tinaja ni el aceite de la jarra hasta el día en que el Señor haga llover sobre la tierra.

[15]La viuda fue e hizo lo que Elías le había ordenado. Y ella y su hijo[23] y Elías tuvieron comida para muchos días. [16]No se acabó la harina de la tinaja ni el aceite de la jarra, tal como el Señor lo había dicho por medio de Elías.

[17]Algún tiempo después cayó enfermo el hijo de la viuda, y su enfermedad fue gravísima, tanto que hasta dejó de respirar. [18]Entonces la viuda le dijo a Elías:

—¿Qué tengo yo que ver contigo, hombre de Dios? ¿Has venido a recordarme mis pecados y a hacer que mi hijo se muera?

[19]—Dame acá tu hijo —le respondió él.

Y tomándolo del regazo de la viuda, lo subió al cuarto donde él estaba alojado y lo acostó sobre su cama. [20]Luego clamó al Señor en voz alta: ''Señor y Dios mío, ¿también has de causar dolor a esta viuda, en cuya casa estoy alojado, haciendo morir a su hijo?''

[21]Y en seguida se tendió tres veces sobre el niño, y clamó al Señor en voz alta: ''Señor y Dios mío, ¡te ruego que devuelvas la vida a este niño!''

[22]El Señor atendió a los ruegos de Elías, e hizo que el niño reviviera.*[23]Inmediatamente Elías tomó al niño, lo bajó de su cuarto a la planta baja de la casa y lo entregó a su madre, diciéndole:

—¡Mira, tu hijo está vivo!

[24]Y la mujer le respondió:

—Ahora sé que realmente eres un hombre de Dios, y que lo que dices es la verdad del Señor.

### Elías vuelve a presentarse ante Acab

**18** [1]El tiempo pasó. Tres años después, el Señor se dirigió a Elías y le dijo: ''Ve y preséntate ante Acab, pues voy a mandar lluvia sobre la tierra.''

[2]Elías fue y se presentó ante Acab. El hambre que había en Samaria era tremenda. [3]Acab llamó a Abdías, su mayordomo, que adoraba al Señor con profunda reverencia [4]y que, cuando Jezabel comenzó a matar a los profetas del Señor, había recogido a cien de ellos y, después de dividirlos en dos grupos de cincuenta, los había escondido en dos cuevas y les había dado el alimento necesario. [5]Acab le dijo a Abdías:

—Anda, vamos a recorrer el país y todos los manantiales y los ríos, a ver si podemos encontrar pasto para mantener vivos los caballos y las mulas. De lo contrario, nos quedaremos sin bestias.

[6]Así pues, se repartieron las zonas del país que debían recorrer, y Acab se fue por un camino y Abdías por otro. [7]Ya en el camino, Elías salió al encuentro de Abdías, que al reconocerlo se inclinó ante él y exclamó:

—¡Pero si es mi señor Elías!

[8]—Sí, yo soy —respondió Elías. Y añadió—: Anda, dile a tu amo que estoy aquí.

[9]Abdías contestó:

—¿Qué falta he cometido yo para que me entregues a Acab y que él me mate? [10]Juro por el Señor tu Dios que no hay nación ni reino adonde mi amo no haya enviado a buscarte; y cuando respondían que no estabas allí, mi amo les hacía jurar que en verdad no te habían hallado. [11]¡Y ahora me pides que vaya y le diga a mi amo que estás aquí! [12]Lo que va a pasar es que, al separarme yo de ti, el espíritu del Señor te llevará a donde yo no sepa. Y cuando yo vaya a darle la noticia a Acab, él no te encontrará y me matará. Este siervo tuyo, desde su juventud, siempre ha honrado al Señor. [13]¿Acaso no te han

---

[23] *Su hijo:* texto probable. Heb. *su casa.*
[k] 17.9-16 Lc 4.25-26.    * 17.22 Eclo 48.5.

contado lo que hice cuando Jezabel estaba matando a los profetas del Señor? Pues escondí a cien de ellos, y en grupos de cincuenta los metí en dos cuevas y les di el alimento necesario. [14]¿Y ahora me pides que vaya y le diga a mi amo que tú estás aquí? ¡Me matará!

[15]Elías le respondió:

—Juro por el Señor todopoderoso, a quien sirvo, que hoy mismo me presentaré ante Acab.

[16]Abdías fue a buscar a Acab y darle el aviso, y entonces Acab fue a encontrarse con Elías. [17]Cuando lo vio, le dijo:

—¿Así que tú eres el que está trastornando a Israel?

[18]—Yo no lo estoy trastornando —contestó Elías—, sino tú y tu gente, por dejar los mandamientos del Señor y rendir culto a las diferentes representaciones de Baal. [19]Manda ahora gente que reúna a todos los israelitas en el monte Carmelo, con los cuatrocientos cincuenta profetas de Baal y los cuatrocientos profetas de Asera, a quienes Jezabel mantiene.

### Elías y los profetas de Baal

[20]Acab mandó llamar a todos los israelitas, y reunió a los profetas en el monte Carmelo. [21]Entonces Elías, acercándose a todo el pueblo, dijo:

—¿Hasta cuándo van a continuar ustedes con doble juego? Si el Señor es el verdadero Dios, síganlo a él, y si Baal lo es, a él deberán seguirlo.[l]

El pueblo no respondió palabra. [22]Y Elías continuó diciendo:

—Yo soy el único profeta del Señor que ha quedado con vida, en tanto que de Baal hay cuatrocientos cincuenta profetas. [23]Pues bien, que se nos den dos becerros, y que ellos escojan uno, y lo descuarticen y lo pongan sobre la leña, pero que no le prendan fuego. Yo, por mi parte, prepararé el otro becerro y lo pondré sobre la leña, pero tampoco le prenderé fuego. [24]Luego ustedes invocarán a sus dioses, y yo invocaré al Señor, ¡y el dios que responda enviando fuego, ése es el Dios verdadero!

—¡Buena propuesta! —respondió todo el pueblo.

[25]Entonces Elías dijo a los profetas de Baal:

—Escojan uno de los becerros, y prepárenlo primero, ya que ustedes son muchos. Luego invoquen a su dios, pero no enciendan fuego.

[26]Así pues, ellos tomaron el becerro que se les entregó, y lo prepararon, y desde la mañana hasta el mediodía invocaron a Baal. Decían: "¡Contéstanos, Baal!", y daban pequeños brincos alrededor del altar que habían construido, pero ninguna voz les respondía. [27]Hacia el mediodía, Elías se burlaba de ellos diciéndoles:

—Griten más fuerte, porque es un dios. A lo mejor está ocupado, o está haciendo sus necesidades, o ha salido de viaje. ¡Tal vez esté dormido y haya que despertarlo!

[28]Ellos seguían gritando y cortándose con cuchillos y lancetas, como tenían por costumbre, hasta quedar bañados en sangre. [29]Pero pasó el mediodía, y aunque ellos continuaron gritando y saltando como locos hasta la hora de ofrecer el sacrificio, no hubo ninguna respuesta. ¡Nadie contestó ni escuchó! [30]Entonces Elías dijo a toda la gente:

—Acérquense a mí.

Toda la gente se acercó a él, y él se puso a reparar el altar del Señor, que estaba derrumbado. [31]Tomó doce piedras, conforme al número de las tribus de los hijos de Jacob, a quien el Señor dijo que se llamaría Israel,[m] [32]y construyó con ellas un altar al Señor; hizo luego una zanja alrededor del altar, donde cabrían unos veinte litros de grano, [33]y tras acomodar la leña, descuartizó el becerro y lo puso sobre ella. [34]Luego dijo:

—Llenen cuatro cántaros de agua, y vacíenlos sobre el holocausto y la leña.

Luego mandó que lo hicieran por segunda y tercera vez, y así lo hicieron ellos. [35]El agua corría alrededor del altar, y también llenó la zanja. [36]A la hora de ofrecer el holocausto, el profeta Elías se acercó y exclamó: "¡Señor, Dios de Abraham, Isaac e Israel: haz que hoy se sepa que tú eres el Dios de Israel, y que yo soy tu siervo, y que hago todo esto porque me lo has mandado! [37]¡Respóndeme, Señor; respóndeme, para que esta gente sepa que tú eres Dios, y que los invitas a volverse de nuevo a ti!"

[38]En aquel momento, el fuego del Señor cayó y quemó el holocausto, la leña y hasta las piedras y el polvo, y consumió el agua que había en la zanja. [39]Al ver esto, la gente se inclinó hasta tocar el suelo con la frente, y dijo: "¡El Señor es Dios, el Señor es Dios!"

---

[l] 18.21 Is 36.6; Ez 29.6.     [m] 18.31 Gn 32.28; 35.10.

⁴⁰Entonces Elías les dijo:

—¡Atrapen a los profetas de Baal! ¡Que no escape ninguno!

La gente los atrapó, y Elías los llevó al arroyo Cisón y allí los degolló.

### Elías ora para que llueva

⁴¹Después Elías dijo a Acab:

—Vete a comer y beber, porque ya se oye el ruido del aguacero.

⁴²Acab se fue a comer y beber. Pero Elías subió a lo alto del monte Carmelo y, arrodillándose en el suelo, se inclinó hasta poner la cara entre las rodillas, ⁴³dijo a su criado:

—Ve y mira hacia el mar.

El fue y miró, y luego dijo:

—No hay nada.

Pero Elías le ordenó:

—Vuelve siete veces.

⁴⁴La séptima vez el criado dijo:

—¡Allá, subiendo del mar, se ve una nubecita del tamaño de una mano!

Entonces Elías le dijo:

—Ve y dile a Acab que enganche su carro y se vaya antes que se lo impida la lluvia.

⁴⁵Acab subió a su carro y se fue a Jezreel. Mientras tanto, el cielo se oscureció con nubes y viento, y cayó un fuerte aguacero.ⁿ ⁴⁶En cuanto a Elías, el Señor le dio fuerzas; y luego de arreglarse la ropa, corrió hasta Jezreel y llegó antes que Acab.

### Elías huye a Horeb

**19** ¹Acab contó a Jezabel todo lo que Elías había hecho y cómo había degollado a todos los profetas de Baal. ²Entonces Jezabel mandó un mensajero a decirle a Elías: "¡Si tú eres Elías, yo soy Jezabel!²⁴ Y que los dioses me castiguen duramente, si mañana a esta hora no he hecho contigo lo mismo que tú hiciste con esos profetas."

³Elías se dio cuenta de que corría peligro, y para salvar su vida se fue a Beerseba, que pertenece a Judá, y allí dejó a su criado. ⁴Luego él se fue hacia el desierto, y caminó durante un día, hasta que finalmente se sentó bajo una retama. Era tal su deseo de morirse, que dijo: "¡Basta ya, Señor! i Quítame la vida, pues yo no soy mejor que mis padres!"

⁵Y se acostó allí, bajo la retama, y se quedó dormido. Pero un ángel llegó, y tocándolo le dijo: "Levántate y come."

⁶Elías miró a su alrededor, y vio que cerca de su cabecera había una torta cocida sobre las brasas y una jarra de agua. Entonces se levantó, y comió y bebió; después se volvió a acostar. ⁷Pero el ángel del Señor vino por segunda vez, y tocándolo le dijo: "Levántate y come, porque si no el viaje sería demasiado largo para ti."

⁸Elías se levantó, y comió y bebió. Y aquella comida le dio fuerzas para caminar cuarenta días y cuarenta noches hasta llegar a Horeb, el monte de Dios. ⁹Al llegar, entró en una cueva, y allí pasó la noche. Pero el Señor se dirigió a él, y le dijo: "¿Qué haces aquí, Elías?"

¹⁰El respondió: "He sentido mucho celo por ti, Señor, Dios todopoderoso, porque los israelitas han abandonado tu pacto y derrumbado tus altares, y a filo de espada han matado a tus profetas. Sólo yo he quedado, y me están buscando para quitarme la vida."ᶠⁱ

¹¹Y el Señor le dijo: "Sal fuera y quédate de pie ante mí, sobre la montaña."

En aquel momento pasó el Señor, y un viento fuerte y poderoso desgajó la montaña y partió las rocas ante el Señor; pero el Señor no estaba en el viento. Después del viento hubo un terremoto; pero el Señor tampoco estaba en el terremoto. ¹²Y tras el terremoto hubo un fuego; pero el Señor no estaba en el fuego. Pero después del fuego se oyó un sonido suave y delicado. ¹³Al escucharlo, Elías se cubrió la cara con su capa, y salió y se quedó a la entrada de la cueva. En esto llegó a él una voz que le decía: "¿Qué haces ahí, Elías?"

¹⁴El contestó: "He sentido mucho celo por ti, Señor, Dios todopoderoso, porque los israelitas han abandonado tu pacto y derrumbado tus altares, y a filo de espada han matado a tus profetas. Sólo yo he quedado, y me andan buscando para quitarme la vida."

¹⁵Entonces el Señor le dijo: "Anda, regresa por donde viniste al desierto de Damasco. Ve y consagra a Hazael como rey de Siria,ᵒ ¹⁶y a Jehú, nieto²⁵ de Nimsi, como rey de Israel;ᵖ a Eliseo, hijo de Safat, del pueblo de Abel-mehola, conságralo como profeta en lugar tuyo. ¹⁷De esta manera, a quien escape de la espada de Hazael, lo matará Jehú, y a quien escape de la espada de Jehú, lo matará Eliseo. ¹⁸No obstante, yo dejaré en Israel

---

²⁴ *¡Si tú . . . soy Jezabel!:* según la versión griega. Esta frase no aparece en el texto hebreo. ²⁵ *Nieto:* lit. *hijo.* (Véase 2 R 9.14.)
ⁿ 18.42-45 Stg 5.18. ᶠⁱ 19.10,14 Ro 11.3. ᵒ 19.15 2 R 8.7-13. ᵖ 19.16 2 R 9.1-6.

siete mil personas que no se han arrodillado ante Baal⁹ ni lo han besado.''

### Llamamiento de Eliseo

¹⁹Elías se fue de allí y encontró a Eliseo,
que estaba arando. Delante de Eliseo iban
doce yuntas de bueyes, y él mismo llevaba
la última. Elías se dirigió a él y le echó su
capa encima. ²⁰Al instante Eliseo dejó los
bueyes, corrió tras Elías, y le dijo:

—Déjame dar a mis padres un beso de
despedida, y luego te seguiré.

—Puedes ir —dijo Elías—, pero
recuerda lo que he hecho contigo.

²¹Eliseo se apartó de Elías, y fue, tomó
dos toros y los descuartizó, y con la
madera del yugo asó la carne y dio de
comer a la gente. Después se fue tras Elías
y quedó a su servicio.

### Acab derrota a los sirios

20 ¹Ben-adad, rey de Siria, reunió a
todo su ejército, y a treinta y dos
reyes aliados, con su caballería y sus carros de combate, y fue a la ciudad de
Samaria, la rodeó y la atacó. ²⁻³Al mismo
tiempo envió mensajeros a esta ciudad
para que le dijeran a Acab, rey de Israel:
''Ben-adad dice: 'Tus riquezas me pertenecen, lo mismo que tus mujeres y tus
mejores hijos.' ''

⁴El rey de Israel contestó: ''Tal como
Su Majestad lo ha dicho, yo y todo lo que
tengo es suyo.''

⁵Los mensajeros fueron una vez más a
ver a Acab, y le dijeron: ''Ben-adad dice:
'Ya te he mandado a decir que tienes que
darme tus riquezas, tus mujeres y tus
hijos. ⁶Además, mañana a estas horas
enviaré a mis oficiales a que registren tu
palacio y las casas de tus funcionarios, y
todo lo que les guste lo tomarán para sí.' ''

⁷Entonces el rey de Israel mandó llamar a todos los ancianos del país, y les
dijo:

—Como ustedes podrán darse cuenta,
este hombre está buscando hacerme daño,
a pesar de que yo no me he negado a
entregarle mis mujeres, mis hijos y mis
riquezas.

⁸—Pues no lo escuches ni le hagas caso
—respondieron los ancianos y toda la
gente.

⁹Entonces Acab dijo a los enviados de
Ben-adad:

—Digan a Su Majestad que haré todo
lo que me ordenó al principio, pero que
no puedo hacer lo que ahora me exige.

Los enviados llevaron la respuesta a
Ben-adad, ¹⁰y Ben-adad mandó a decir a
Acab: ''¡Que los dioses me castiguen
duramente, si de Samaria queda polvo
suficiente para darle un puñado a cada
uno de mis seguidores!''

¹¹Por su parte, el rey de Israel le mandó
a decir: ''No cantes victoria antes de
tiempo.''

¹²Cuando Ben-adad recibió la respuesta, estaba bebiendo con los otros
reyes en las enramadas que habían improvisado. Entonces dijo a sus oficiales: ''¡Al
ataque!'' Y todos se dispusieron a atacar
la ciudad.

¹³Mientras tanto, un profeta se presentó ante Acab, rey de Israel, y le dijo:

—El Señor ha dicho: 'Aunque veas esa
gran multitud de enemigos, yo la voy a
entregar hoy en tus manos, para que sepas
que yo soy el Señor.'

¹⁴—¿Y por medio de quién me la va a
entregar? —preguntó Acab.

—El Señor ha dicho que por medio de
los jóvenes que ayudan a los gobernadores de las provincias —respondió el profeta.

—¿Y quién atacará primero? —insistió
Acab.

—Tú —respondió el profeta.

¹⁵Entonces Acab pasó revista a los
jóvenes que ayudaban a los gobernadores
de las provincias, que eran doscientos
treinta y dos, y a todo el ejército israelita,
compuesto de siete mil hombres. ¹⁶Salie-
ron al mediodía, mientras Ben-adad y los
treinta y dos reyes aliados suyos seguían
emborrachándose en las enramadas que
habían improvisado, ¹⁷y avanzaron en
primer lugar los ayudantes de los gobernadores. Cuando Ben-adad recibió aviso
de que algunos hombres habían salido de
Samaria, ¹⁸ordenó: ''¡Sea que hayan
salido en son de paz o en son de guerra,
los quiero vivos!''

¹⁹Los ayudantes de los gobernadores
salieron de la ciudad, seguidos por el ejército. ²⁰Y cada uno de ellos mató a un contrario, y los sirios huyeron. Los israelitas
los persiguieron, pero Ben-adad, rey de
los sirios, escapó a caballo con algunos
soldados de caballería. ²¹Entonces el rey
de Israel avanzó y se apoderó de sus caballos y carros de combate, y les causó a los
sirios una tremenda derrota. ²²Después el

profeta se presentó ante el rey de Israel, y le dijo:

—Ve y refuerza tu ejército, y piensa bien lo que debes hacer; porque dentro de un año el rey de Siria volverá a atacarte. ²³Los oficiales del rey de Siria, por su parte, dijeron a éste:

—Los dioses de los israelitas son dioses de las montañas; por eso nos han vencido. Pero si luchamos contra ellos en la llanura, con toda seguridad los venceremos. ²⁴Lo que ahora debe hacer Su Majestad es quitar de su puesto a los reyes, y poner oficiales en su lugar, ²⁵organizar luego un ejército como el que fue derrotado, caballo por caballo y carro por carro. Entonces lucharemos contra ellos en el llano, y sin duda los venceremos.

Ben-adad prestó atención a este consejo y lo siguió. ²⁶Un año después, Ben-adad pasó revista a los sirios y se trasladó a Afec para luchar contra Israel. ²⁷También los israelitas pasaron revista a sus fuerzas y les dieron provisiones, y salieron al encuentro de los sirios. Acampados frente a los sirios, parecían apenas dos rebaños de cabras, pues los sirios ocupaban todo el terreno. ²⁸En esto se presentó un profeta ante el rey de Israel, y le dijo:

—Así dice el Señor: 'Puesto que los sirios han dicho que yo soy un dios de las montañas y no un dios de los valles, voy a entregar en tus manos a toda esta gran multitud. Así sabrás que yo soy el Señor.'

²⁹Durante siete días, sirios e israelitas estuvieron acampados frente a frente, y el séptimo día tuvo lugar la batalla. Ese día los israelitas mataron a cien mil soldados sirios de infantería. ³⁰El resto del ejército huyó a la ciudad de Afec, pero la muralla de la ciudad cayó sobre los veintisiete mil hombres que habían logrado escapar. Ben-adad también huyó, y llegó a la ciudad, y se escondió de habitación en habitación. ³¹Entonces sus oficiales le dijeron:

—Hemos sabido que los reyes israelitas cumplen los tratos que hacen; así que pongámonos ropas ásperas y una soga en el cuello, y vayamos ante el rey de Israel, a ver si nos perdona²⁶ la vida. ³²Entonces se pusieron ropas ásperas y una soga en el cuello, y se presentaron ante el rey de Israel y le dijeron:

—Ben-adad ruega a Su Majestad que le perdone la vida.

Acab respondió:

—¿Vive todavía? ¡Para mí es como un hermano!

³³A los hombres les pareció esto una buena señal, y tomándole la palabra contestaron inmediatamente:

—¡Ben-adad es hermano de Su Majestad!

—¡Pues vayan a traerlo! —contestó Acab.

Entonces Ben-adad se presentó ante Acab, y Acab le hizo subir en su carro. ³⁴Luego Ben-adad le dijo:

—Te devolveré las ciudades que mi padre le quitó al tuyo; y tú puedes tener negocios en Damasco, como mi padre los tenía en Samaria.

—Yo, por mi parte, me comprometo a dejarte ir —contestó Acab.

De este modo, Acab hizo un pacto con Ben-adad y le dejó que se fuera.

³⁵Sin embargo, un hombre que pertenecía al grupo de los profetas pidió a un compañero suyo, por orden del Señor:

—¡Hiéreme, por favor!

Pero el otro no quiso hacerlo. ³⁶Entonces el profeta le dijo:

—Por no haber hecho caso a la orden del Señor, un león te atacará cuando te separes de mí.

En efecto, en cuanto el otro se separó del profeta, un león le salió al encuentro y lo mató.

³⁷Después se encontró el profeta con otro hombre, y le pidió también que lo hiriera, y aquel hombre lo golpeó y lo hirió. ³⁸Entonces el profeta fue a esperar al rey en el camino, disfrazado con un vendaje sobre los ojos. ³⁹Y cuando el rey estaba pasando, el profeta le dijo en voz alta:

—Este servidor de Su Majestad marchó al frente de batalla, y de entre las filas salió un soldado y me trajo un prisionero. Me pidió que me hiciera cargo de él, advirtiéndome que, si se me escapaba, yo le respondería con mi vida o tendría que pagarle tres mil monedas de plata. ⁴⁰Y como este servidor de Su Majestad se entretuvo con otras cosas, el prisionero se me escapó.

El rey de Israel le contestó:

—Tú mismo te has declarado culpable, y has pronunciado tu sentencia.

⁴¹Pero el profeta se quitó rápidamente el vendaje de los ojos, y el rey se dio cuenta de que era uno de los profetas. ⁴²Entonces el profeta le dijo:

---

²⁶ *Nos perdona:* según dos versiones antiguas. Heb. *te perdona.*

—Así dice el Señor: 'Como tú dejaste escapar al hombre que él había condenado a morir, con tu vida pagarás por la suya, y con tu pueblo por el suyo.'

⁴³Entonces el rey de Israel se fue a Samaria, triste y malhumorado, y se metió en su palacio.

### Acab y el viñedo de Nabot

**21** ¹Algún tiempo después sucedió que un hombre de Jezreel, llamado Nabot, tenía un viñedo en aquel pueblo, junto al palacio de Acab, el rey de Samaria. ²Un día, Acab le dijo a Nabot:

—Dame tu viñedo para que yo pueda tener en él una huerta, ya que está al lado de mi palacio. A cambio de él te daré un viñedo mejor; o, si lo prefieres, te pagaré su valor en dinero.

³Pero Nabot respondió a Acab:

—No permita Dios que yo te dé lo que he heredado de mis padres.

⁴Acab se fue a su casa triste y malhumorado a causa de la respuesta de Nabot, pues le había dicho que no le daría lo que había heredado de sus padres. Llegó y se acostó de cara a la pared, y no quiso comer. ⁵Entonces Jezabel, su mujer, se acercó a él y le dijo:

—¿Por qué estás tan triste, y no quieres comer?

⁶Acab contestó:

—Hablé con Nabot, el de Jezreel, y le pedí que me vendiera su viñedo; o, si él lo prefería, le daría otro viñedo a cambio. Pero él no me lo quiere ceder.

⁷Entonces Jezabel, su esposa, le respondió:

—¡Pero tú eres quien manda en Israel! Anda, come y tranquilízate. ¡Yo voy a conseguirte el viñedo de Nabot!

⁸En seguida escribió ella cartas en nombre de Acab, y les puso el sello real; luego las envió a los ancianos y jefes que vivían en el mismo pueblo de Nabot. ⁹En las cartas les decía: "Anuncien ayuno y sienten a Nabot delante del pueblo. ¹⁰Luego sienten a dos testigos falsos delante de él y háganlos declarar en contra suya, afirmando que ha maldecido a Dios y al rey. Después, sáquenlo y mátenlo a pedradas."

¹¹Los hombres del pueblo de Nabot, junto con los ancianos y los jefes, hicieron lo que Jezabel les ordenó en las cartas que les había enviado: ¹²Anunciaron ayuno y sentaron a Nabot delante del pueblo. ¹³Luego llegaron dos testigos falsos y declararon contra Nabot delante de todo el pueblo, afirmando que Nabot había maldecido a Dios y al rey. Entonces lo sacaron de la ciudad y lo mataron a pedradas. ¹⁴Luego mandaron a decir a Jezabel que Nabot había sido apedreado y había muerto.

¹⁵En cuanto Jezabel lo supo, le dijo a Acab:

—Ve y toma posesión del viñedo de Nabot, el de Jezreel, que no te lo quería vender. Nabot ya no vive; ahora está muerto.

¹⁶Al enterarse Acab de que Nabot había muerto, fue y se apoderó de su viñedo. ¹⁷Entonces el Señor se dirigió a Elías, el de Tisbe, y le dijo: ¹⁸"Ve en seguida a ver a Acab, rey de Israel, que vive en Samaria. En este momento se encuentra en el viñedo de Nabot, del cual ha ido a tomar posesión. ¹⁹Le dirás: 'Así dice el Señor: Puesto que mataste a Nabot y le quitaste lo que era suyo, en el mismo lugar donde los perros lamieron su sangre, lamerán también la tuya.' "

²⁰Acab le respondió a Elías:

—¿Así que tú, mi enemigo, me encontraste?

—Sí, te encontré —contestó Elías—. Porque no cometes más que malas acciones a los ojos del Señor. ²¹Por lo tanto, el Señor ha dicho: 'Voy a traer sobre ti la desgracia, y voy a acabar con toda tu descendencia; destruiré a todos los varones descendientes tuyos que haya en Israel. ²²Además, haré con tu familia lo mismo que hice con la de Jeroboam, hijo de Nabat, y con la de Baasa, hijo de Ahías, por haber provocado mi enojo al hacer pecar a Israel.' ²³En cuanto a Jezabel, el Señor ha dicho: 'Los perros se comerán a Jezabel en los campos de Jezreel.'ʳ ²⁴Y al familiar tuyo que muera en la ciudad, se lo comerán los perros; y al que muera en el campo, se lo comerán las aves de rapiña.

²⁵(No hubo nadie como Acab, que, incitado por su esposa Jezabel, sólo cometió malas acciones a los ojos del Señor. ²⁶Cometió una infamia al rendir culto a los ídolos, como lo hacían todos los amorreos, a quienes el Señor había arrojado de la presencia de los israelitas.)

²⁷Cuando Acab escuchó todo esto, se rasgó la ropa, se puso ropas ásperas y ayunó. Dormía con esas ropas, y andaba muy triste. ²⁸Entonces el Señor dijo a Elías: ²⁹"¿Has visto cómo Acab se ha

humillado ante mí? Pues por haberse humillado ante mí, no traeré el mal sobre su familia mientras él viva, sino en vida de su hijo.''

### Micaías anuncia la derrota de Acab
### (2 Cr 18.1-34)

**22** ¹Pasaron tres años sin que hubiera guerra entre sirios e israelitas. ²Pero al tercer año, Josafat, rey de Judá, fue a visitar al rey de Israel. ³Y el rey de Israel dijo a sus funcionarios:

—Ya saben ustedes que Ramot de Galaad nos pertenece. Entonces, ¿por qué no hacemos algo para rescatarla del dominio del rey sirio?

⁴A Josafat le preguntó:

—¿Quieres acompañarme a atacar a Ramot de Galaad?

Josafat le respondió:

—Yo, lo mismo que mi ejército y mi caballería, estamos contigo y con tu gente. ⁵Pero antes consulta la voluntad del Señor.

⁶El rey de Israel reunió a los profetas, que eran cerca de cuatrocientos, y les preguntó:

—¿Debo atacar a Ramot de Galaad, o no?

Y ellos respondieron:

—Atácala, porque el Señor te la va a entregar.

⁷Pero Josafat preguntó:

—¿No hay por aquí algún otro profeta del Señor a quien también podamos consultar?

⁸El rey de Israel contestó a Josafat:

—Hay uno más, por medio del cual podemos consultar al Señor. Es Micaías, hijo de Imla. Pero lo aborrezco, porque nunca me anuncia cosas buenas, sino solamente cosas malas.

Pero Josafat le dijo:

—No digas eso.

⁹En seguida el rey de Israel llamó a un oficial,²⁷ y le ordenó:

—¡Pronto, que venga Micaías, hijo de Imla!

¹⁰Tanto el rey de Israel como Josafat, el rey de Judá, tenían puesta su armadura²⁸ y estaban sentados en sus tronos en la explanada a la entrada de Samaria, y todos los profetas caían en trance profético delante de ellos. ¹¹Sedequías, hijo de Quenaana, se había hecho unos cuernos de hierro, y gritaba: ''¡Así ha dicho el Señor: 'Con estos cuernos atacarás a los sirios hasta exterminarlos!' ''

¹²Todos los profetas anunciaban lo mismo. Decían al rey: ''Ataca a Ramot de Galaad y obtendrás la victoria, pues el Señor va a entregarte la ciudad.''

¹³El mensajero que había ido a llamar a Micaías, le dijo a éste:

—Todos los profetas, sin excepción, han dado una respuesta favorable al rey. Así pues, te ruego que hables como todos ellos y anuncies algo favorable.

¹⁴Micaías le contestó:

—¡Juro por el Señor que sólo diré lo que el Señor me ordene decir!

¹⁵Luego se presentó ante el rey, y el rey le preguntó:

—Micaías, ¿debemos atacar a Ramot de Galaad o no?

Y Micaías dijo:

—Atácala, y obtendrás la victoria, pues el Señor te la va a entregar.

¹⁶Pero el rey le respondió:

—¿Cuántas veces te he de decir que bajo juramento me declares sólo la verdad en el nombre del Señor?

¹⁷Entonces Micaías dijo:

''He visto a todos los israelitas
desparramados por los montes,
como ovejas sin pastor.ˢ
Y el Señor ha dicho:
'Estos no tienen dueño;
que cada uno vuelva en paz a su
      casa.' ''

¹⁸El rey de Israel dijo a Josafat:

—¿No te he dicho que este hombre nunca me anuncia cosas buenas, sino sólo cosas malas?

¹⁹Micaías añadió:

—Por eso que has dicho, escucha la palabra del Señor: Vi al Señor sentado en su trono, y a todo el ejército del cielo que estaba de pie, junto a él, a su derecha y a su izquierda. ²⁰Entonces el Señor preguntó quién iría a incitar a Acab para que atacara a Ramot de Galaad y cayera allí. Unos decían una cosa y otros otra. ²¹Pero un espíritu se presentó delante del Señor y dijo que él lo haría. El Señor le preguntó cómo lo iba a hacer, ²²y el espíritu respondió que iba a inspirar mentiras en todos los profetas del rey. Entonces el Señor le dijo que, en efecto, conseguiría engañarlo, y que fuera a hacerlo. ²³Y ahora ya sabes que el Señor ha puesto un espíritu

---

²⁷ *Oficial:* lit. eunuco. Véase *Glosario* anexo.   ²⁸ *Tenían puesta su armadura:* texto probable. Heb. oscuro.
ˢ 22.17 Nm 27.17; Jdt 11.19; Mt 9.36; Mr 6.34.

mentiroso en labios de todos estos profetas tuyos, y que ha determinado tu ruina.

[24] Entonces Sedequías, hijo de Quenaana, acercándose a Micaías le dio una bofetada y dijo:

—¿Por dónde se me fue el espíritu del Señor para hablarte a ti?

[25] Y Micaías le respondió:

—Lo sabrás el día que andes escondiéndote de habitación en habitación.

[26] Entonces el rey de Israel ordenó:

—¡Agarren a Micaías y llévenlo preso ante Amón, el gobernador de la ciudad, y ante Joás, mi hijo! [27] Díganles que yo ordeno que lo metan en la cárcel y lo tengan a ración escasa de pan y agua, hasta que yo regrese sano y salvo.

[28] Todavía añadió Micaías:

"Si tú vuelves sano y salvo,
el Señor no ha hablado por medio de mí."[29]

[29] Así pues, el rey de Israel, y Josafat, el rey de Judá, avanzaron contra Ramot de Galaad. [30] Y el rey de Israel dijo a Josafat:

—Yo voy a entrar en la batalla disfrazado, y tú te pondrás mi ropa.[30]

Así el rey de Israel se disfrazó y entró en combate. [31] Pero el rey de Siria había ordenado a los treinta y dos capitanes de sus carros de combate que no atacaran a nadie que no fuera el rey de Israel. [32] Y cuando los capitanes de los carros vieron a Josafat, pensaron que él era el rey de Israel y lo rodearon para atacarlo. Entonces Josafat gritó pidiendo ayuda, [33] y al ver ellos que no era el rey de Israel, dejaron de perseguirlo. [34] Pero un soldado disparó su arco al azar, e hirió de muerte al rey de Israel por entre las juntas de la armadura. Entonces éste le ordenó al conductor de su carro:

—Da la vuelta y sácame del combate, porque estoy gravemente herido.

[35] La batalla fue dura aquel día, y al rey se le mantuvo en pie en su carro, haciendo frente a los sirios. Pero a la tarde murió, pues la sangre de su herida corría por la plataforma del carro. [36] Cuando ya el sol se ponía, corrió la voz entre las filas del ejército: "¡Cada cual a su pueblo y a su tierra, [37] porque el rey ha muerto!"

Entonces el rey fue llevado a Samaria, y allí lo enterraron. [38] Después lavaron el carro en el estanque de Samaria, donde se bañaban las prostitutas, y los perros lamieron la sangre de Acab, conforme a lo que el Señor había anunciado.[t]

[39] El resto de la historia de Acab y de todo lo que hizo, y del palacio de marfil y las ciudades que construyó, está escrito en el libro de la crónicas de los reyes de Israel. [40] Murió Acab, y después reinó en su lugar su hijo Ocozías.

### Reinado de Josafat en Judá
#### (2 Cr 20.31-37)

[41] En el cuarto año del reinado de Acab en Israel, Josafat, hijo de Asa, comenzó a reinar en Judá. [42] Tenía entonces treinta y cinco años, y veinticinco años reinó en Jerusalén. Su madre se llamaba Azuba, y era hija de Silhi.

[43] Josafat se condujo en todo con rectitud, como Asa, su padre. Sus hechos fueron rectos a los ojos del Señor. Sin embargo, los santuarios paganos, donde el pueblo ofrecía sacrificios y quemaba incienso a los ídolos, no fueron quitados.[u]

[44] Josafat hizo un tratado de paz con el rey de Israel. [45] El resto de su historia y de sus hazañas, y de las guerras en que tomó parte, está escrito en el libro de las crónicas de los reyes de Judá. [46] Josafat fue quien desterró del país a los que aún practicaban la prostitución como un culto, los que habían quedado desde el tiempo de Asa, su padre. [47] (En Edom no había entonces rey, sino sólo un intendente.)

[48] Josafat construyó también barcos como los de Tarsis, para traer oro de Ofir; pero no pudieron ir porque se hicieron pedazos en Ezión-Geber. [49] Entonces Ocozías, hijo de Acab, dijo a Josafat que permitiera a sus marinos acompañar a los suyos en los barcos, pero Josafat no lo permitió.

[50] Josafat murió y fue enterrado en la Ciudad de David, su antepasado. Después reinó en su lugar su hijo Joram.

### Reinado de Ocozías en Israel

[51] En el año diecisiete del reinado de Josafat en Judá, Ocozías, hijo de Acab, comenzó a reinar sobre Israel en Samaria, y reinó durante dos años. [52] Pero sus hechos fueron malos a los ojos del Señor, pues siguió el mal camino de su padre y de su madre, y de Jeroboam, hijo de Nabat, que hizo pecar a Israel. [53] Además rindió culto a Baal y lo adoró, como antes había hecho su padre, provocando así la ira del Señor, el Dios de Israel.

---

[29] Heb. añade: *Y dijo: ¡Pueblos todos, escuchen esto!*  [30] *Mi ropa:* según la versión griega. Heb. *tu ropa.*
[t] 22.38 1 R 21.19.  [u] Los vs. 22.43b-53 corresponden a los vs. 22.44-54 en el texto hebreo.

# Segundo Libro de los
# REYES

*En su narración, el primer libro había llegado, con Josafat de Judá y Ocozías de Israel, más o menos a la mitad del siglo 9 a. C. Este segundo libro se inicia con el final del ministerio profético de Elías y el comienzo del ministerio de Eliseo, su discípulo y sucesor. En su primera parte abarca la historia del reino dividido hasta la caída del reino del norte en 721 a. C. (caps. 1-17). La segunda parte consigna el resto de la historia del reino de Judá, hasta la caída de Jerusalén en 586. a. C., la deportación a Babilonia, la emigración en masa a Egipto y la transformación de Judá en provincia babilonia con Gedalías como gobernador (caps. 18-25). Estos últimos sucesos producen en la historia israelita uno de sus más trascendentales cambios de rumbo.*

## Muerte de Ocozías

**1** [1]Después de la muerte de Acab,[a] Moab se rebeló contra Israel. [2]En cuanto a Ocozías,[b] se cayó por una ventana del piso alto de su palacio en Samaria y quedó muy lastimado. Entonces envió mensajeros a que consultaran a Baalzebub, dios de Ecrón, si se iba a recuperar, [3]pero el ángel del Señor le dijo a Elías, el de Tisbe: "Ve al encuentro de los mensajeros del rey de Samaria, y pregúntales si acaso no hay Dios en Israel, para que tengan que consultar a Baal-zebub, el dios de Ecrón. [4]Y diles también que yo, el Señor, digo a Ocozías: 'Ya no te levantarás de la cama, sino que vas a morir.' "

Elías fue y lo hizo así. [5]Y cuando los mensajeros regresaron ante el rey, éste les preguntó:

—¿Por qué han regresado?

[6]Ellos respondieron:

—Porque un hombre nos salió al paso y nos dijo que nos volviéramos al rey que nos había mandado, y que le dijéramos: 'Así dice el Señor: ¿Acaso no hay Dios en Israel, para que mandes a consultar a Baal-zebub, el dios de Ecrón? Por esto que has hecho, ya no te levantarás de la cama, sino que vas a morir.'

[7]El rey les preguntó:

—¿Cómo era ese hombre que les salió al encuentro y les dijo esto?

[8]—Era un hombre vestido con una capa peluda, y con un cinturón de cuero en la cintura[c] —respondieron ellos.

—¡Es Elías, el de Tisbe! —exclamó el rey. [9]Y en seguida envió por él a un capitán con cincuenta soldados. Cuando llegaron, Elías estaba sentado en la cima de un monte. Entonces el capitán le dijo:

—¡Profeta, el rey ordena que bajes!

[10]Elías respondió:

—Si yo soy profeta, que caiga fuego del cielo y te consuma a ti y a tus cincuenta soldados.[d]

Al instante cayó fuego del cielo y los consumió.

[11]El rey envió a otro capitán con otros cincuenta soldados, el cual fue y dijo a Elías:

—¡Profeta, el rey ordena que bajes inmediatamente!

[12]Elías le respondió:

—Si yo soy profeta, que caiga fuego del cielo y te consuma a ti y a tus cincuenta soldados.

Y al instante cayó fuego del cielo y los consumió.

[13]Después mandó el rey por tercera vez un capitán con otros cincuenta soldados. Pero el tercer capitán subió hasta donde estaba Elías, y arrodillándose delante de él, le rogó:

—Por favor, profeta, respeta mi vida y la de estos cincuenta servidores tuyos; [14]pues antes cayó fuego del cielo y consumió a los otros dos capitanes y a sus hombres. Yo te ruego que me tengas consideración.

[15]Entonces el ángel del Señor ordenó a Elías:

—Ve con él, no le tengas miedo.

Elías bajó y fue con el capitán a ver al rey, [16]y le dijo:

—Así dice el Señor: 'Puesto que enviaste mensajeros a consultar a Baalzebub, el dios de Ecrón, como si en Israel no hubiera Dios a quien consultar, ya no te levantarás de tu cama, sino que vas a morir.'

[17]Y en efecto, Ocozías murió, tal como el Señor lo había dicho por medio de Elías. Y como Ocozías nunca tuvo hijos, reinó en su lugar su hermano[j] Joram.

*j Su hermano: según varias versiones antiguas. Esta frase no aparece en el texto hebreo.*
*a 1.1 1 R 22.34-37. b 1.2 1 R 22.51-53. c 1.8 Mt 3.4; Mr 1.6. d 1.10,12 Lc 9.54.*

Esto fue en el segundo año del reinado de Joram, hijo de Josafat, en Judá.

[18]El resto de la historia de Ocozías y de lo que hizo, está escrito en el libro de las crónicas de los reyes de Israel.

### Elías sube al cielo

2 [1]Cuando llegó el momento en que el Señor iba a llevarse a Elías al cielo en un torbellino, Elías y Eliseo salieron de Gilgal. [2]Y Elías le dijo a Eliseo:

—Quédate aquí, porque el Señor me ha enviado a Betel.

Pero Eliseo le contestó:

—Juro por el Señor, y por ti mismo, que no voy a dejarte solo.

Entonces fueron juntos hasta Betel. [3]Pero los profetas que vivían en Betel salieron al encuentro de Eliseo y le dijeron:

—¿Sabes que el Señor va a quitarte hoy a tu maestro?

—Sí, ya lo sé —contestó Eliseo—, pero ustedes no digan nada.

[4]Después Elías le dijo a Eliseo:

—Quédate aquí, porque el Señor me ha enviado a Jericó.

Pero Eliseo le contestó:

—Juro por el Señor, y por ti mismo, que no voy a dejarte solo.

Entonces fueron juntos hasta Jericó. [5]Pero los profetas que vivían en Jericó salieron al encuentro de Eliseo y le dijeron:

—¿Sabes que el Señor va a quitarte hoy a tu maestro?

—Sí, ya lo sé —respondió Eliseo—, pero ustedes no digan nada.

[6]Luego le dijo Elías:

—Quédate aquí, porque el Señor me ha enviado al Jordán.

Pero Eliseo le contestó:

—Te juro por el Señor, y por ti mismo, que no voy a dejarte solo.

Entonces fueron los dos. [7]Pero cincuenta profetas llegaron y se detuvieron a cierta distancia, frente a ellos; Elías y Eliseo, por su parte, se detuvieron a la orilla del río Jordán. [8]Entonces Elías tomó su capa, la enrolló y golpeó el agua, y el agua se hizo a uno y otro lado, y los dos cruzaron el río como por terreno seco. [9]En cuanto cruzaron, dijo Elías a Eliseo:

—Dime qué quieres que haga por ti antes que sea yo separado de tu lado.

Eliseo respondió:

—Quiero recibir una doble porción de tu espíritu.[2]

[10]—No es poco lo que pides —dijo Elías—. Pero si logras verme cuando sea yo separado de ti, te será concedido. De lo contrario, no se te concederá.

[11]Y mientras ellos iban caminando y hablando, de pronto apareció un carro de fuego, con caballos también de fuego, que los separó, y Elías subió al cielo en un torbellino.* [12] Al ver esto, Eliseo gritó: "¡Padre mío, padre mío, que has sido para Israel como un poderoso ejército!"[3]

Después de esto no volvió a ver a Elías.

### Eliseo sucede a Elías

Entonces Eliseo tomó su ropa y la rasgó en dos. [13]Luego recogió la capa que se le había caído a Elías, y regresó al Jordán y se detuvo en la orilla. [14]Acto seguido, golpeó el agua con la capa, y exclamó: "¿Dónde está el Señor, el Dios de Elías?"

Apenas había golpeado el agua, cuando ésta se hizo a uno y otro lado, y Eliseo volvió a cruzar el río. [15]Los profetas de Jericó, que estaban enfrente, dijeron al verlo: "¡El espíritu de Elías reposa ahora en Eliseo!"

Fueron entonces a su encuentro, e inclinándose ante él [16]le dijeron:

—Mira, entre nosotros, tus servidores, hay cincuenta valientes. Deja que vayan en busca de tu maestro, no sea que el espíritu de Dios lo haya alzado y arrojado sobre alguna montaña o en algún valle.

Pero él dijo:

—No, no manden ustedes a nadie.

[17]Sin embargo, fue tanta la insistencia de ellos que al fin los dejó que mandaran a aquellos cincuenta hombres, los cuales estuvieron buscando a Elías durante tres días, pero no lo encontraron. [18]Entonces regresaron a Jericó, donde se había quedado Eliseo, y éste les dijo:

—Yo les advertí que no fueran.

### Eliseo purifica el manantial de Jericó

[19]Los habitantes de la ciudad dijeron entonces a Eliseo:

—Mira, la ciudad tiene una buena situación, como puedes ver, pero el agua es mala y la tierra estéril.[4]

[20]—Tráiganme un tazón nuevo, con sal —respondió Eliseo.

---

[2] *Quiero recibir . . . espíritu :* aquí Eliseo apela al derecho de hijo mayor sobre la herencia. (Véase Dt 21.17.)   [3] *¡ . . . que has sido . . . ejército!:* aquí y en 13.14, lit. *carro de combate y soldado de caballería de Israel.*   [4] *Y la tierra estéril:* otra posible traducción: *y hace abortar a las mujeres.*
* 2.Il Eclo 48.9,12.

En cuanto le llevaron el tazón, ²¹Eliseo fue al manantial y arrojó allí la sal, diciendo:

—Así dice el Señor: 'Yo he purificado esta agua, y nunca más causará muerte ni hará estéril la tierra.'⁵

²²Desde entonces el agua quedó purificada, tal como lo había dicho Eliseo.

²³Después Eliseo se fue de allí a Betel. Cuando subía por el camino, un grupo de muchachos de la ciudad salió y comenzó a burlarse de él. Le gritaban: "¡Sube, calvo! ¡Sube, calvo!"

²⁴Eliseo se volvió hacia ellos, los miró y los maldijo en el nombre del Señor. Al instante salieron dos osos del bosque y despedazaron a cuarenta y dos de ellos. ²⁵Luego Eliseo se fue al monte Carmelo, y de allí regresó a Samaria.

### Reinado de Joram en Israel

**3** ¹En el año dieciocho del reinado de Josafat en Judá, Joram, hijo de Acab, comenzó a reinar sobre Israel, y reinó en Samaria doce años. ²Sus hechos fueron malos a los ojos del Señor, pero no tanto como los de su padre y su madre, ya que él quitó la piedra sagrada de Baal que su padre había hecho. ³No obstante, cometió los mismos pecados de Jeroboam, hijo de Nabat, con los cuales había hecho pecar a Israel.

### Eliseo predice la victoria sobre Moab

⁴Mesa, el rey de Moab, se dedicaba a criar ovejas, y tenía que entregar como tributo al rey de Israel cien mil corderos y cien mil carneros con su lana. ⁵Pero cuando Acab murió, el rey de Moab se rebeló contra el rey de Israel. ⁶Entonces el rey Joram salió de Samaria y pasó revista a todo el ejército de Israel. ⁷Luego mandó a decir al rey de Judá: "El rey de Moab se ha rebelado contra mí. ¿Quieres acompañarme a luchar contra él?"

El rey de Judá respondió: "Te acompañaré, pues yo, lo mismo que mi ejército y mi caballería, estamos contigo y con tu gente. ⁸Pero, ¿por qué camino atacaremos?" Y Joram contestó: "Por el camino del desierto de Edom."

⁹Así pues, los reyes de Israel, Judá y Edom se pusieron en marcha. Pero como tuvieron que dar un rodeo de siete días, se les terminó el agua para el ejército y sus animales. ¹⁰Entonces dijo el rey de Israel:

—¡Vaya! Parece que el Señor nos ha traído a nosotros, los tres reyes, para entregarnos en manos de los moabitas.

¹¹Y Josafat preguntó:

—¿No hay por aquí algún profeta del Señor, para que consultemos al Señor por medio de él?

Uno de los oficiales del rey de Israel dijo:

—Aquí está Eliseo, hijo de Safat, que era asistente de Elías.

¹²—Pues tendrá algo que decir de parte del Señor —contestó Josafat.

Inmediatamente el rey de Israel, Josafat y el rey de Edom fueron a ver a Eliseo; ¹³pero Eliseo dijo al rey de Israel:

—¿Qué tengo yo que ver contigo? Ve a consultar a los profetas de tus padres.

El rey de Israel insistió:

—No, porque el Señor nos ha traído para que los tres reyes caigamos en manos de los moabitas.

¹⁴Entonces Eliseo le dijo:

—Juro por el Señor todopoderoso, que me está viendo, que si no fuera porque respeto a Josafat, rey de Judá, no te prestaría yo atención ni te miraría siquiera. ¹⁵¡Vamos, tráiganme a un músico!

Y cuando el músico se puso a tocar, el Señor se posesionó de Eliseo; ¹⁶y Eliseo dijo:

—El Señor ha dicho: 'Hagan muchas represas en este valle, ¹⁷porque aunque no habrá viento ni verán ustedes llover, este valle se llenará de agua y todos ustedes beberán, lo mismo que sus ganados y sus bestias. ¹⁸Y esto es sólo una pequeña muestra de lo que el Señor puede hacer, porque además él va a entregar a los moabitas en las manos de ustedes, ¹⁹y ustedes destruirán todas las ciudades amuralladas y ciudades importantes, y cortarán todos los árboles frutales, cegarán todos los manantiales de agua y llenarán de piedras todos los terrenos de cultivo.'

²⁰En efecto, a la mañana siguiente, a la hora de presentar la ofrenda, de la parte de Edom vino el agua, la cual inundó el terreno. ²¹Mientras tanto, los moabitas se habían enterado de que los reyes llegaban para atacarlos, por lo que llamaron a filas a todos los jóvenes y adultos en edad militar, y tomaron posiciones en la frontera. ²²Por la mañana temprano, cuando se levantaron, el sol se reflejaba sobre el agua, y los moabitas la vieron frente a ellos roja como la sangre. ²³Entonces

dijeron: "Eso es sangre. Lo que ha ocurrido es que los reyes han luchado entre sí, y se han destruido unos a otros. ¡Moabitas, vamos ahora a apoderarnos de las cosas que han dejado!"

[24]Pero al entrar los moabitas en el campamento israelita, los israelitas los atacaron y los hicieron huir. Entonces los israelitas los persiguieron y los mataron. [25]Luego destruyeron las ciudades, llenaron de piedras los terrenos de cultivo, cegaron todos los manantiales y cortaron todos los árboles frutales. Sólo quedó en pie la ciudad de Kir-hareset. Pero los honderos la rodearon y la conquistaron.

[26]Cuando el rey de Moab se dio cuenta de que el ataque era superior a sus fuerzas, tomó setecientos soldados de infantería para abrir una brecha hacia donde estaba el rey de Edom. Pero no lograron hacerlo. [27]Entonces tomó a su hijo mayor, que había de reinar en su lugar, y lo ofreció en holocausto sobre la muralla. Esto causó gran enojo contra los israelitas,[6] por lo que ellos levantaron el campamento y regresaron a su país.

### El milagro del aceite

4 [1]Cierta mujer, que había sido esposa de uno de los profetas, fue a quejarse a Eliseo, diciéndole:

—Mi marido ha muerto, y usted sabe que él honraba al Señor. Ahora el prestamista ha venido y quiere llevarse a mis dos hijos como esclavos.

[2]Eliseo le preguntó:

—¿Qué puedo hacer por ti? Dime qué tienes en casa.

Ella le contestó:

—Esta servidora de usted no tiene nada en casa, excepto un jarrito de aceite.

[3]Entonces Eliseo le dijo:

—Pues ve ahora y pide prestados a tus vecinos algunos jarros, ¡todos los jarros vacíos que puedas conseguir! [4]Luego métete en tu casa con tus hijos, cierra la puerta y ve llenando de aceite todos los jarros y poniendo aparte los llenos.

[5]La mujer se despidió de Eliseo y se encerró con sus hijos. Entonces empezó a llenar los jarros que ellos le iban llevando. [6]Y cuando todos los jarros estuvieron llenos, le ordenó a uno de ellos:

—Tráeme otro jarro más.

Pero su hijo le respondió:

—No hay más jarros.

En ese momento el aceite dejó de correr. [7]Después fue ella y se lo contó al profeta, y éste le dijo:

—Ve ahora a vender el aceite, y paga tu deuda. Con el resto podrán vivir tú y tus hijos.

### Eliseo y la mujer de Sunem

[8]Un día en que Eliseo pasó por Sunem, una mujer importante que allí vivía lo invitó con mucha insistencia a que pasara a comer. Y cada vez que Eliseo pasaba por allí, se quedaba a comer. [9]Entonces ella le dijo a su marido:

—Mira, yo sé que este hombre que cada vez que pasa nos visita, es un santo profeta de Dios. [10]Vamos a construir en la azotea un cuarto para él. Le pondremos una cama, una mesa, una silla y una lámpara. Así, cuando él venga a visitarnos, podrá quedarse allí.

[11]Una vez en que llegó a ese cuarto para quedarse a dormir en él, [12]le dijo a Giezi, su criado:

—Llama a la señora sunamita.

El criado la llamó, y cuando ella se presentó ante él, Eliseo ordenó al criado:

[13]—Dile a esta señora que ha sido tan amable con nosotros, que si podemos hacer algo por ella; que si quiere que hablemos en su favor con el rey o con el jefe del ejército.

—Yo estoy bien aquí entre mi propia gente —respondió ella.

[14]—Entonces, ¿qué podemos hacer por ella?

—No sé —respondió Giezi—. No tiene hijos, y su marido es anciano.

[15]—Llámala —dijo Eliseo.

El criado fue a llamarla, pero ella se quedó de pie en la puerta. [16]Entonces Eliseo le dijo:

—Para el año que viene, por este tiempo, tendrás un hijo en tus brazos.

Ella respondió:

—No, mi señor, no engañe un hombre de Dios a su servidora.

[17]Pero tal como Eliseo se lo anunció, ella quedó embarazada y al año siguiente dio a luz un hijo. [18]Y el niño creció. Pero un día en que salió a ver a su padre, que estaba con los segadores, [19]comenzó a gritarle a éste:

—¡Ay, mi cabeza! ¡Me duele la cabeza!

Entonces su padre dijo a un criado:

—Llévalo con su madre.

---

[6] *Esto causó gran enojo contra los israelitas:* otra posible traducción: *Esto causó un gran enojo de los israelitas.*

²⁰El criado lo tomó y lo llevó a donde estaba su madre, la cual lo sentó sobre sus rodillas hasta el mediodía. Entonces el niño murió. ²¹Pero ella lo subió al cuarto del profeta, lo puso sobre la cama y salió, dejando cerrada la puerta. ²²Luego llamó a su marido y le dijo:

—Envíame un criado con una asna, para que yo vaya a ver al profeta. Luego volveré.

²³—¿Por qué vas a verlo hoy? —preguntó su marido—. No es luna nueva ni día de reposo.⁷

—No te preocupes —contestó ella.

²⁴Y ordenó que le aparejaran el asna, y dijo a su criado:

—Vamos, adelántate. Y hasta que yo te lo diga, no hagas que me detenga.

²⁵Así ella se fue y llegó al monte Carmelo, donde estaba el profeta. Cuando Eliseo la vio venir a lo lejos, dijo a Giezi, su criado:

—Mira, es la señora sunamita. ²⁶Corre a recibirla y pregúntale cómo está, y cómo están su marido y su hijo.

El criado fue, y ella le dijo que estaban bien. ²⁷Luego llegó al monte en donde se encontraba Eliseo, y se abrazó a sus pies. Giezi se acercó para apartarla, pero Eliseo le ordenó:

—Déjala, porque está muy angustiada, y hasta ahora el Señor no me ha dicho lo que le ocurre.

²⁸Entonces ella le dijo:

—Señor, ¿acaso le pedí a usted tener un hijo? ¿No le pedí a usted que no me engañara?

²⁹Eliseo dijo entonces a Giezi:

—Prepárate, toma mi bastón y ve allá. Si te encuentras con alguien, no lo saludes; y si alguien te saluda, no le respondas. Luego coloca mi bastón sobre la cara del niño.

³⁰Pero la madre del niño dijo a Eliseo:

—Juro por el Señor, y por usted mismo, que de aquí no me iré sin usted.

Entonces Eliseo se fue con ella. ³¹Mientras tanto, Giezi se había adelantado a ellos y había colocado el bastón sobre la cara del muchacho, pero éste no daba la menor señal de vida; así que Giezi fue al encuentro de Eliseo y le dijo:

—El niño no vuelve en sí.

³²Cuando Eliseo entró en la casa, el niño ya estaba muerto, tendido sobre la cama. ³³Entonces entró, y cerrando la puerta se puso a orar al Señor. Sólo él y el niño estaban adentro. ³⁴Luego se subió a la cama y se acostó sobre el niño, colocando su boca, sus ojos y sus manos contra los del niño y estrechando su cuerpo contra el suyo. El cuerpo del niño empezó a entrar en calor. ³⁵Eliseo se levantó entonces y anduvo de un lado a otro por la habitación; luego se subió otra vez a la cama y volvió a estrechar su cuerpo contra el del niño. De pronto el muchacho estornudó siete veces, y abrió los ojos. ³⁶Eliseo llamó a Giezi, y le dijo:

—Llama a la señora sunamita.

Giezi lo hizo así, y cuando ella llegó a donde estaba Eliseo, éste le dijo:

—Aquí tienes a tu hijo.

³⁷La mujer se acercó y se arrojó a los pies de Eliseo; luego tomó a su hijo y salió de la habitación.

### El milagro de la comida

³⁸Después de esto, Eliseo regresó a Gilgal. Por aquel tiempo hubo mucha hambre en aquella región, y una vez en que los profetas estaban sentados alrededor de Eliseo, dijo éste a su criado: "Pon la olla grande en el fuego, y haz un guisado para los profetas."

³⁹Uno de ellos salió al campo a recoger algunas hierbas, y encontró un arbusto silvestre del cual tomó unos frutos, como calabazas silvestres, con los que llenó su capa. Cuando volvió, los rebanó y los echó dentro del guisado, sin saber lo que eran. ⁴⁰Después se sirvió de comer a los profetas, y al empezar a comer el guisado, ellos gritaron:

—¡Profeta, este guisado está envenenado!

Y ya no lo comieron. ⁴¹Pero Eliseo ordenó:

—Tráiganme un poco de harina.

Y echando la harina dentro de la olla, ordenó:

—¡Ahora sírvanle de comer a la gente!

Y la gente comió, y ya no había nada malo en la olla.

⁴²Después llegó un hombre de Baal-salisa llevando a Eliseo veinte panes de cebada recién horneados, y trigo fresco en su morral. Eliseo ordenó entonces a su criado:

—Dáselo a la gente para que coma.

⁴³Pero el criado respondió:

—¿Cómo voy a dar esto a cien personas?

Y Eliseo contestó:

---

⁷ *Día de reposo:* aquí equivale a *sábado.*

—Dáselo a la gente para que coma, porque el Señor ha dicho que comerán y habrá de sobra.

[44] Así pues, el criado les sirvió, y ellos comieron y hubo de sobra, como el Señor lo había dicho.

### Naamán es sanado de su lepra

5 [1] Había un hombre llamado Naamán,[e] jefe del ejército del rey de Siria, muy estimado y favorecido por su rey, porque el Señor había dado la victoria a Siria por medio de él. Pero este hombre estaba enfermo de lepra.

[2] En una de las correrías de los sirios contra los israelitas, una muchachita fue hecha cautiva, y se quedó al servicio de la mujer de Naamán. [3] Esta muchachita dijo a su ama:

—Si mi amo fuera a ver al profeta que está en Samaria, quedaría curado de su lepra.

[4] Naamán fue y le contó a su rey lo que había dicho aquella muchacha. [5] Y el rey de Siria le respondió:

—Está bien, ve, que yo mandaré una carta al rey de Israel.

Entonces Naamán se fue. Tomó treinta mil monedas de plata, seis mil monedas de oro y diez mudas de ropa, [6] y le llevó al rey de Israel la carta, que decía: "Cuando recibas esta carta, sabrás que envío a Naamán, uno de mis oficiales, para que lo sanes de su lepra."

[7] Cuando el rey de Israel leyó la carta, se rasgó la ropa en señal de aflicción y dijo:

—¿Acaso soy Dios, que da la vida y la quita, para que éste me mande un hombre a que lo cure de su lepra? ¡Fíjense bien y verán que está buscando un pretexto contra mí!

[8] Al enterarse el profeta Eliseo de que el rey se había rasgado la ropa por aquella carta, le mandó a decir: "¿Por qué te has rasgado la ropa? Que venga ese hombre a verme, y sabrá que hay un profeta en Israel."

[9] Naamán fue, con su carro y sus caballos, y se detuvo a la puerta de la casa de Eliseo. [10] Pero Eliseo envió un mensajero a que le dijera: "Ve y lávate siete veces en el río Jordán, y tu cuerpo quedará limpio de la lepra."

[11] Naamán se enfureció, y se fue diciendo:

—Yo pensé que iba a salir a recibirme, y que de pie iba a invocar al Señor su Dios, y que luego iba a mover su mano sobre la parte enferma, y que así me quitaría la lepra. [12] ¿No son los ríos de Damasco, el Abaná y el Farfar, mejores que todos los ríos de Israel? ¿No podría yo haber ido a lavarme en ellos y quedar limpio?

Y muy enojado se fue de allí. [13] Pero sus criados se acercaron a él y le dijeron:

—Señor, si el profeta le hubiera mandado hacer algo difícil, ¿no lo habría hecho usted? Pues con mayor razón si sólo le ha dicho que se lave usted y quedará limpio.

[14] Naamán fue y se sumergió siete veces en el Jordán, según se lo había ordenado el profeta, y su carne se volvió como la de un jovencito, y quedó limpio. [15] Entonces él y todos sus acompañantes fueron a ver a Eliseo. Al llegar ante él, Naamán le dijo:

—¡Ahora estoy convencido de que en toda la tierra no hay Dios, sino sólo en Israel! Por lo tanto, te ruego que aceptes un regalo de este servidor tuyo.

[16] Pero Eliseo le contestó:

—Juro por el Señor, que me está viendo, que no lo aceptaré.

Y aunque Naamán insistió, Eliseo se negó a aceptarlo. [17] Entonces Naamán dijo:

—En ese caso permite que me lleve dos cargas de mula de tierra de Israel; porque este servidor tuyo no volverá a ofrecer holocaustos ni sacrificios a otros dioses, sino al Señor. [18] Solamente ruego al Señor que me perdone una cosa: que cuando mi soberano vaya a adorar al templo de Rimón, y se apoye en mi brazo, y yo tenga que arrodillarme en ese templo, que el Señor me perdone por esto.

[19] Eliseo le respondió:

—Vete tranquilo.

Naamán se fue de allí. Y cuando ya iba a cierta distancia, [20] Giezi, el criado del profeta Eliseo, pensó: "Mi señor ha dejado ir a Naamán el sirio sin aceptar nada de lo que él trajo. Juro por el Señor que voy a seguirlo rápidamente, a ver qué puedo conseguir de él."

[21] Y se fue Giezi tras Naamán; y cuando éste lo vio detrás de él, se bajó de su carro para recibirlo, y le preguntó:

—¿Pasa algo malo?

[22] —No, nada —contestó Giezi—. Pero mi amo me ha enviado a decirle a usted que acaban de llegar dos profetas jóvenes, que vienen de los montes de Efraín, y

e 5.1-14 Lc 4.27.

ruega a usted que les dé tres mil monedas de plata y dos mudas de ropa.

²³Naamán respondió:

—Por favor, toma seis mil monedas de plata.

E insistiendo Naamán en que las aceptara, las metió en dos sacos junto con las dos mudas de ropa, y se lo entregó todo a dos de sus criados para que lo llevaran delante de Giezi. ²⁴Cuando llegaron a la colina, Giezi tomó la plata que llevaban los criados, la guardó en la casa y los despidió. ²⁵Luego fue y se presentó ante su amo, y Eliseo le preguntó:

—¿De dónde vienes, Giezi?

—Yo no he ido a ninguna parte —contestó Giezi.

²⁶Pero Eliseo insistió:

—Cuando cierto hombre se bajó de su carro para recibirte, yo estaba allí contigo, en el pensamiento. Pero éste no es el momento de recibir dinero y mudas de ropa, ni de comprar huertos, viñedos, ovejas, bueyes, criados y criadas. ²⁷Por lo tanto, la lepra de Naamán se te pegará a ti y a tu descendencia para siempre.

Y cuando Giezi se separó de Eliseo, estaba tan leproso que se veía blanco como la nieve.

### El milagro del hacha

**6** ¹Un día, los profetas dijeron a Eliseo:

—Mira, el lugar donde vivimos contigo es demasiado estrecho para nosotros. ²Permítenos ir al río Jordán y tomar cada uno de nosotros un tronco, para construir allí un lugar donde vivir.

—Vayan, pues —respondió Eliseo.

³—Por favor, acompáñanos —dijo uno de ellos.

—Muy bien, los acompañaré —contestó él.

⁴Y Eliseo fue con ellos hasta el Jordán, y allí se pusieron a cortar árboles. ⁵Pero ocurrió que, al cortar uno un tronco, el hacha se le cayó al agua. Entonces gritó:

—¡Ay, maestro! ¡Esa hacha era prestada!

⁶—¿Dónde cayó? —le preguntó el profeta.

El otro señaló el lugar. Entonces Eliseo cortó un palo, lo arrojó allí e hizo que el hacha saliera a flote.

⁷—Recógela —ordenó Eliseo.

El otro extendió la mano y recogió el hacha.

### Eliseo y los sirios

⁸El rey de Siria estaba en guerra con Israel, y en un consejo que celebró con sus oficiales, dijo en qué lugares planeaba acampar. ⁹Entonces Eliseo mandó decir al rey de Israel que procurara no pasar por aquellos lugares, porque los sirios iban hacia allá. ¹⁰De esa manera el rey de Israel envió su ejército al lugar que el profeta le había dicho al prevenirlo, y así se salvó en varias ocasiones.

¹¹El rey de Siria estaba muy confuso por ese motivo, así que llamó a sus oficiales y les dijo:

—¡Díganme quién de los nuestros está de parte del rey de Israel!

¹²Uno de ellos contestó:

—Nadie, Majestad. Pero Eliseo, el profeta que está en Israel, le hace saber al rey de Israel todo lo que Su Majestad dice incluso en la intimidad de su dormitorio.

¹³Entonces el rey de Siria ordenó:

—Averigüen dónde está, para que envíe yo unos hombres a que lo capturen.

Cuando le dijeron que estaba en Dotán, ¹⁴envió un destacamento de caballería, y carros de combate, y mucha infantería, que llegaron de noche a Dotán y rodearon la ciudad. ¹⁵A la mañana siguiente se levantó el criado de Eliseo, y al salir vio aquel ejército que rodeaba la ciudad con caballería y carros de combate; entonces fue a decirle a Eliseo:

—Y ahora, maestro, ¿qué vamos a hacer?

¹⁶Eliseo le respondió:

—No tengas miedo, porque son más los que están con nosotros que los que están con ellos.

¹⁷Y oró Eliseo al Señor, diciendo: "Te ruego, Señor, que abras sus ojos, para que vea." El Señor abrió entonces los ojos del criado, y éste vio que la montaña estaba llena de caballería y de carros de fuego alrededor de Eliseo.

¹⁸Cuando ya los sirios iban a atacarlo, Eliseo rogó al Señor:—"Te pido que dejes ciega a esta gente."

Y el Señor los dejó ciegos, conforme a la petición de Eliseo. ¹⁹Entonces Eliseo les dijo:

—Este no es el camino, ni es ésta la ciudad que buscan. Síganme, y yo los llevaré hasta el hombre que buscan.

Y los llevó a Samaria. ²⁰Al llegar allí, Eliseo hizo esta oración: "Ahora, Señor, ábreles los ojos, para que puedan ver." Entonces ellos vieron que estaban dentro de Samaria. ²¹Y cuando el rey de Israel los vio, preguntó a Eliseo:

—¿Los mato, padre mío, los mato?

²²Pero Eliseo respondió:

—No, no los mates. ¿Acaso acostumbras matar a quienes has hecho prisioneros con tu espada y con tu arco? Dales de comer y beber, y luego devuélvelos a su señor.

²³Se les hizo entonces una gran fiesta, y comieron y bebieron. Luego el rey los despidió, y ellos volvieron a su señor. Desde entonces los sirios dejaron de hacer correrías en territorio israelita.

### Eliseo y el sitio de Samaria

²⁴Después de esto, Ben-adad, rey de Siria, reunió todo su ejército y fue y rodeó a Samaria para atacarla. ²⁵Hubo entonces gran hambre en Samaria, pues el cerco fue tan cerrado que una cabeza de asno llegó a costar ochenta monedas de plata, y un cuarto del litro de estiércol de paloma,ᵇ cinco monedas de plata.

²⁶Un día, el rey de Israel pasaba sobre la muralla, y una mujer le gritó:

—¡Majestad, ayúdeme!

²⁷El rey respondió:

—Si el Señor no te ayuda, ¿cómo quieres que lo haga yo? ¿Acaso puedo darte trigo, o vino? ²⁸¿Qué es lo que te pasa? Ella contestó:

—Esta mujer me dijo que entregara mi hijo para que nos lo comiéramos hoy, y que mañana nos comeríamos el suyo. ²⁹Entonces guisamos a mi hijo, y nos lo comimos.ᶠ Al día siguiente yo le dije que entregara a su hijo para que nos lo comiéramos, pero ella lo ha escondido.

³⁰Al escuchar el rey lo que esa mujer decía, se rasgó las ropas en señal de furor. Como estaba sobre la muralla, la gente vio que sobre la piel vestía ropas ásperas. ³¹Y el rey exclamó: "¡Que Dios me castigue duramente si este mismo día no le corto la cabeza a Eliseo, el hijo de Safat!"

³²Eliseo estaba en su casa, sentado con los ancianos. Mientras tanto, el rey había enviado a uno de sus hombres. Pero antes de que el enviado del rey llegara, Eliseo dijo a los ancianos:

—Vean cómo este asesino ha enviado a alguien a cortarme la cabeza. Pero pongan atención, y cuando llegue su enviado cierren la puerta y sosténganla contra él, pues detrás de él se oyen los pasos de su amo.

³³Aún estaba hablando con ellos, cuando el mensajero llegó ante Eliseo y dijo:

—Ya que esta desgracia nos la ha enviado el Señor, ¿qué más puedo esperar de él?

**7** ¹Eliseo respondió:

—Escucha la palabra del Señor. El Señor dice: 'Mañana a estas horas, a la entrada de Samaria se podrán comprar siete litros de harina por una sola moneda de plata, y también por una moneda de plata se podrán comprar quince litros de cebada.'

²El ayudante personal del rey respondió al profeta:

—Aun si el Señor abriera ventanas en el cielo, no podría suceder lo que has dicho.

Pero Eliseo contestó:

—Pues tú lo verás con tus propios ojos, pero no comerás de ello.

³Mientras tanto, cuatro leprosos que había a la entrada de la ciudad se dijeron entre sí:

—¿Qué hacemos aquí sentados esperando la muerte? ⁴Si nos decidimos a entrar en la ciudad, moriremos, pues hay una gran hambre allí dentro; y si nos quedamos aquí sentados, también moriremos. Pasémonos, pues, al campamento sirio; si nos perdonan la vida, viviremos; y si nos matan, de todos modos vamos a morir.

⁵Así pues, se levantaron al anochecer y se dirigieron al campamento sirio; pero cuando ya estuvieron cerca, se dieron cuenta de que no había nadie. ⁶Y era que el Señor había hecho que el ejército sirio oyera ruido de carros de combate, de caballería y de un gran ejército; los sirios pensaron entonces que el rey de Israel había contratado a los reyes hititas y a los reyes egipcios, para que los atacaran. ⁷Por eso se levantaron y huyeron al anochecer, abandonando sus tiendas de campaña, sus caballos y sus asnos, y dejando el campamento tal como estaba para escapar con vida. ⁸Al llegar los leprosos a los alrededores del campamento, penetraron en una tienda y se pusieron a comer y beber; se apoderaron de plata, oro y ropa, y luego fueron y lo escondieron. Después volvieron y entraron en otra tienda, y también de allí tomaron cosas y fueron a esconderlas. ⁹Pero luego dijeron entre sí:

—No estamos haciendo bien. Hoy es día de llevar buenas noticias, y nosotros

---

ᵇ *Estiércol de paloma:* probablemente el nombre de una planta no identificada.
ᶠ 6.29 Dt 28.57.

nos las estamos callando. Si esperamos hasta la mañana, nos considerarán culpables. Es mejor que vayamos al palacio y demos aviso.

[10]Fueron entonces y llamaron a los centinelas de la ciudad, y les dijeron:

—Hemos ido al campamento sirio, y no había absolutamente nadie; ni siquiera se oía hablar a nadie. Sólo estaban los caballos y los asnos atados, y las tiendas de campaña tal como las instalaron.

[11]Los que vigilaban la entrada de la ciudad llamaron en seguida a los de palacio.
[12]Entonces se levantó el rey, y aunque era de noche dijo a sus oficiales:

—Voy a explicarles lo que tratan de hacernos los sirios. Como saben que estamos sufriendo hambre, han salido del campamento y se han escondido en el campo, pensando que cuando nosotros salgamos de la ciudad, ellos nos atraparán vivos y entrarán en la ciudad.

[13]Pero uno de sus oficiales dijo:

—Que se envíen unos hombres en cinco de los caballos que quedan, y veamos qué pasa. Si viven o mueren, su situación no será mejor ni peor que la de los demás israelitas que quedamos aquí.[9]

[14]Así que tomaron dos carros con caballos, y el rey los mandó al campamento sirio con órdenes de inspeccionar. [15]Ellos fueron siguiendo el rastro de los sirios hasta el Jordán, y vieron que todo el camino estaba lleno de ropa y objetos que los sirios habían arrojado con las prisas por escapar. Luego regresaron los enviados del rey y le contaron lo que habían visto. [16]En seguida la gente salió y saqueó el campamento sirio. Y, conforme a lo anunciado por el Señor, la harina se vendió a razón de siete litros por una moneda de plata; y la cebada, a razón de quince litros por una moneda de plata.

[17]El rey ordenó a su ayudante personal que se encargara de cuidar la entrada de la ciudad, pero la gente lo atropelló en la puerta y murió, conforme a lo que había dicho el profeta cuando el rey fue a verlo. [18]Ocurrió, pues, lo que el profeta había anunciado al rey cuando le dijo que a la entrada de Samaria se comprarían siete litros de harina, o quince litros de cebada, con una sola moneda de plata. [19]El oficial había respondido al profeta que, aun si el Señor abriera ventanas en el cielo, no

podría suceder aquello. Eliseo, por su parte, le había contestado que lo vería con sus propios ojos, pero no comería de ello. [20]En efecto, así sucedió, porque la gente lo atropelló a la entrada de la ciudad y murió.

### La mujer de Sunem recupera sus bienes

**8** [1]Eliseo habló con la mujer a cuyo hijo había revivido,[g] y le dijo que se fueran ella y su familia a vivir a otro lugar, porque el Señor había anunciado una gran hambre en el país, que duraría siete años. [2]La mujer se preparó e hizo lo que el profeta le aconsejó: se fue con su familia a territorio filisteo, y allí se quedó a vivir siete años. [3]Pasado este tiempo, la mujer regresó de territorio filisteo, y fue a ver al rey para reclamar la devolución de su casa y sus tierras. [4]El rey estaba hablando con Giezi, el criado del profeta Eliseo, pues le había pedido que le contara todas las maravillas que Eliseo había realizado. [5]Y en el momento en que Giezi le estaba contando al rey cómo Eliseo había revivido al hijo de una mujer, llegó ésta a reclamar al rey su casa y sus tierras. Entonces Giezi dijo al rey:

—Majestad, ésta es la mujer, y éste es su hijo, a quien Eliseo revivió.

[6]El rey hizo preguntas a la mujer, y ella le contó su historia. Después el rey ordenó a un oficial de su confianza[10] que se encargara de que fueran devueltas a la mujer todas sus propiedades y todo lo que habían producido sus tierras desde que había salido del país hasta aquel momento.

### Hazael, rey de Siria

[7]Después Eliseo fue a Damasco. En aquel tiempo estaba enfermo Ben-adad, el rey de Siria, y le dijeron que había llegado el profeta. [8]Entonces dijo el rey a Hazael:

—Toma un regalo y vete a ver al profeta. Pídele que consulte al Señor para saber si sobreviviré a esta enfermedad.

[9]Hazael fue a ver al profeta, y le llevó regalos de los mejores productos de Damasco, cargados en cuarenta camellos. Cuando llegó ante él, le dijo:

—Ben-adad, rey de Siria, quien te ve como a un padre, me envía a preguntarte si sobrevivirá a su enfermedad.

[10]Eliseo le respondió:

---

[9] *Que se envíen . . . quedamos aquí:* traducción probable. Heb. oscuro.    [10] *Oficial de su confianza:* lit. *eunuco.* Véase *Glosario* anexo.
g **8.1** 2 R 4.8-37.

—Ve y dile que sobrevivirá a su enfermedad, aunque el Señor me ha hecho saber que de todos modos va a morir. [11]De pronto Eliseo se quedó mirando fijamente a Hazael, lo que hizo que éste se sintiera incómodo. Luego el profeta se echó a llorar, [12]y Hazael le preguntó:

—¿Por qué lloras, mi señor?

Eliseo respondió:

—Porque sé que vas a causarles daño a los israelitas, pues vas a prender fuego a sus fortalezas, a matar a filo de espada a sus jóvenes, a asesinar a sus pequeñuelos y a abrirles el vientre a las mujeres embarazadas.

[13]Hazael contestó:

—¡Pero si yo no soy más que un pobre perro! ¿Cómo podría hacer tal cosa?

Y Eliseo respondió:

—El Señor me ha hecho saber que tú vas a ser rey de Siria.[h]

[14]Hazael se despidió de Eliseo y se presentó ante su soberano, quien le preguntó:

—¿Qué te ha dicho Eliseo?

Hazael contestó:

—Me ha dicho que vas a sobrevivir a tu enfermedad.

[15]Pero al día siguiente Hazael fue y tomó una manta, y luego de empaparla de agua, se la puso al rey sobre la cara, y el rey murió. Después de esto, Hazael reinó en su lugar.

### Reinado de Joram en Judá
#### (2 Cr 21.1-20)

[16]En el quinto año del reinado de Joram, hijo de Acab, en Israel, Joram, hijo de Josafat, comenzó a reinar en Judá. [17]Tenía treinta y dos años cuando comenzó a reinar, y reinó en Jerusalén ocho años. [18]Pero siguió los pasos de los reyes de Israel y de la descendencia de Acab, pues su mujer era de la descendencia de Acab; así que sus hechos fueron malos a los ojos del Señor. [19]Pero el Señor no quiso destruir a Judá, por consideración a su siervo David, a quien prometió que siempre tendría ante él[ll] una lámpara encendida.[i]

[20]Durante el reinado de Joram, Edom se rebeló contra el dominio de Judá[j] y nombró su propio rey. [21]Entonces Joram se dirigió a Zair con todos sus carros de combate, y durante la noche se levantaron él y los capitanes de los carros de combate y atacaron a los edomitas que los habían rodeado, y los hicieron huir. [22]Pero Edom logró hacerse independiente de Judá hasta el presente. También en aquel tiempo se hizo independiente la ciudad de Libna.

[23]El resto de la historia de Joram y de todo lo que hizo, está escrito en el libro de las crónicas de los reyes de Judá. [24]Cuando Joram murió, lo enterraron con sus padres en la Ciudad de David. Después reinó en su lugar su hijo Ocozías.

### Reinado de Ocozías en Judá
#### (2 Cr 22.1-6)

[25]En el año doce del reinado de Joram, hijo de Acab, en Israel, Ocozías, hijo de Joram, rey de Judá, comenzó a reinar. [26]Tenía veintidós años cuando empezó a reinar, y reinó en Jerusalén un año. Su madre se llamaba Atalía, y era descendiente de Omri, rey de Israel. [27]Ocozías siguió los pasos de Acab y su dinastía, y por causa de sus relaciones familiares con la casa de Acab, sus hechos fueron malos a los ojos del Señor.

[28]Ocozías se alió con Joram, hijo de Acab, para pelear en Ramot de Galaad contra Hazael, rey de Siria. Pero los sirios hirieron a Joram, [29]y éste regresó a Jezreel para curarse de las heridas que le habían hecho los sirios en Ramot durante el combate contra Hazael, rey de Siria. Entonces, como Joram estaba enfermo, Ocozías fue a Jezreel a visitarlo.

### Jehú es consagrado rey de Israel

**9** [1]El profeta Eliseo llamó a uno del grupo de los profetas, y le dijo:

—Prepárate para salir. Toma este frasco de aceite y ve a Ramot de Galaad; [2]cuando llegues allá, ve en busca de Jehú, hijo de Josafat y nieto de Nimsi. Entra en donde él se encuentre, apártalo de sus compañeros y llévalo a otra habitación; [3]toma entonces el frasco de aceite y derrámalo sobre su cabeza, diciendo: 'Así dice el Señor: Yo te consagro como rey de Israel.' Abre luego la puerta y huye sin detenerte.

[4]El joven profeta fue a Ramot de Galaad, [5]y cuando llegó allí, encontró reunidos a los capitanes del ejército. Entonces dijo:

—Tengo algo que comunicar a mi capitán.

—¿A cuál de todos nosotros? —respondió Jehú.

---

*ll Ante él:* texto probable. Heb. *a sus hijos.*
*h* **8.13** 1 R 19.15. *i* **8.19** 1 R 11.36. *j* **8.20** Gn 27.40.

—A usted, mi capitán, —contestó el profeta.

⁶En seguida Jehú se levantó y entró en la habitación. Entonces el profeta derramó el aceite sobre su cabeza, y le anunció:

—El Señor, Dios de Israel, dice: 'Yo te consagro como rey de Israel, mi pueblo.ᵏ ⁷Tú acabarás con la descendencia de Acab, tu amo, y así vengarás la sangre de mis profetas y de todos mis siervos, derramada por Jezabel. ⁸Toda la familia de Acab será destruida; acabaré con todos sus varones en Israel, y ninguno quedará con vida. ⁹Voy a hacer con la descendencia de Acab lo mismo que hice con la de Jeroboam, hijo de Nabat, y con la de Baasa, hijo de Ahías. ¹⁰En cuanto a Jezabel, se la comerán los perros en el campo de Jezreel,ˡ y no habrá quien la entierre.'

Dicho esto, el profeta abrió la puerta y huyó. ¹¹Y cuando Jehú fue a reunirse con los oficiales de su amo, éstos le preguntaron:

—¿Qué pasa? ¿Para qué ha venido a verte ese loco?

—Pues ustedes lo conocen, y conocen también su modo de hablar —dijo Jehú.

¹²—No nos engañes —contestaron ellos—. ¡Vamos, cuéntanoslo todo!

Entonces Jehú les respondió:

—Pues me dijo lo siguiente: 'Así dice el Señor: Yo te consagro como rey de Israel.'

¹³Al momento cada uno de ellos tomó su capa y la tendió a sus pies, sobre los escalones. Luego tocaron el cuerno de carnero y gritaron: "¡Jehú es el rey!"

### Jehú mata a Joram, rey de Israel

¹⁴Jehú, hijo de Josafat y nieto de Nimsi, conspiró contra Joram. Joram, que había estado con todos los de Israel defendiendo Ramot de Galaad del ataque de Hazael, rey de Siria, ¹⁵había vuelto a Jezreel para curarse de las heridas que le habían hecho los sirios en el combate contra Hazael. Jehú dijo entonces a sus compañeros que, si en verdad querían que él fuera su rey, no permitieran que nadie saliera de la ciudad para dar la noticia en Jezreel. ¹⁶Luego montó en su carro de combate y se fue a Jezreel, donde Joram estaba en cama. También Ocozías, rey de Judá, había ido a visitar a Joram. ¹⁷Cuando el centinela que estaba en la torre de Jezreel vio acercarse el grupo de Jehú, gritó:

—¡Viene gente!

Entonces Joram ordenó:

—Manden a su encuentro un hombre a caballo, para que les pregunte si vienen en son de paz.

¹⁸El jinete fue al encuentro de Jehú, y le dijo:

—El rey manda preguntar si vienen en son de paz.

Jehú le contestó:

—Eso no es asunto tuyo. ¡Ponte ahí detrás de mí!

Entonces el centinela informó:

—El mensajero ha llegado hasta ellos, pero no se le ve regresar.

¹⁹Al momento envió el rey otro hombre a caballo, el cual llegó a ellos y dijo:

—El rey manda preguntar si vienen en son de paz.

Jehú respondió:

—Eso no es asunto tuyo. ¡Ponte ahí detrás de mí!

²⁰El centinela informó de nuevo:

—El otro ha llegado también hasta ellos, pero no se le ve regresar. Y parece que quien conduce el carro es Jehú, el nieto de Nimsi, porque lo conduce como un loco, conforme a su manera de ser.

²¹Entonces Joram ordenó:

—¡Enganchen mi carro de combate!

Engancharon su carro, y Joram, rey de Israel, y Ocozías, rey de Judá, salieron, cada uno en su carro de combate, al encuentro de Jehú. Lo encontraron en la propiedad de Nabot de Jezreel. ²²Y al ver Joram a Jehú, le dijo:

—¿Vienes en son de paz, Jehú?

Jehú respondió:

—¿Qué paz puede haber mientras tu madre, Jezabel, siga con sus prostitucionesˡ² y sus muchas hechicerías?

²³En seguida Joram dio la vuelta y huyó, mientras le gritaba a Ocozías:

—¡Traición, Ocozías!

²⁴Pero Jehú tendió su arco y disparó una flecha contra Joram, la cual le entró por la espalda y le atravesó el corazón, y Joram cayó herido de muerte sobre su carro. ²⁵Jehú ordenó entonces a Bidcar, su ayudante:

—Sácalo de ahí y échalo en el campo de Nabot de Jezreel, porque recuerdo que cuando tú y yo conducíamos juntos los carros de combate de Acab, su padre, el Señor pronunció esta sentencia contra él:

---

*12 Siga con sus prostituciones:* aquí, como en otros pasajes de los escritos proféticos, se alude así a la idolatría.
*k* 9.6 1 R 19.16.    *l* 9.10 1 R 21.23.

²⁶'Así como ayer vi la sangre de Nabot y de sus hijos, así te daré tu merecido en este mismo terreno.ᵐ Yo, el Señor, lo afirmo.' Así que agárralo y échalo en el campo de Nabot, según lo anunció el Señor.

### Jehú mata a Ocozías
#### (2 Cr 22.7-9)

²⁷Cuando Ocozías, rey de Judá, vio lo que sucedía, huyó hacia Bet-hagan. Pero Jehú lo persiguió, y ordenó:

—¡Mátenlo a él también!

Lo hirieron de muerte en su carro, en la cuesta de Gur, junto a Ibleam, pero él huyó hasta Meguido. Allí murió. ²⁸Después sus criados lo llevaron a Jerusalén en un carro, y lo enterraron en su sepulcro familiar en la Ciudad de David.

²⁹Ocozías había comenzado a reinar sobre Judá en el año once del reinado de Joram, hijo de Acab.

### Muerte de Jezabel

³⁰Jehú se fue entonces a Jezreel. Al saberlo, Jezabel se pintó sombras alrededor de los ojos y se adornó el cabello; luego se asomó a una ventana. ³¹Y cuando Jehú llegó a la entrada de la ciudad, ella le dijo:

—¿Cómo estás, Zimri,¹³ asesino de tu señor?

³²Jehú miró hacia la ventana, y dijo:

—¿Quién está de mi parte?

Dos o tres oficiales de palacio se asomaron a verlo, ³³y Jehú les ordenó:

—¡Échenla abajo!

Ellos la echaron abajo, y parte de su sangre salpicó la pared y los caballos, los cuales pisotearon a Jezabel. ³⁴Luego Jehú se fue a comer y beber.

Más tarde, Jehú ordenó:

—Encárguense de esa maldita mujer, y entiérrenla; porque después de todo era hija de un rey.

³⁵Pero cuando fueron a enterrarla, sólo encontraron de ella el cráneo, los pies y las palmas de las manos. ³⁶Entonces regresaron a comunicárselo a Jehú, y Jehú comentó:

—Ya el Señor había dicho por medio de su siervo Elías, el de Tisbe, que los perros se comerían el cuerpo de Jezabel en el campo de Jezreel,ⁿ ³⁷y que su cadáver quedaría esparcido, como estiércol, sobre el terreno del campo de Jezreel, hasta el punto de que nadie podría reconocer sus restos.

### Jehú aniquila a la familia de Acab

**10** ¹Acab tenía setenta hijos en Samaria, así que Jehú escribió cartas a las autoridades de la ciudad,¹⁴ a los ancianos y a los tutores de los hijos de Acab, en las que les decía: ²"Puesto que ustedes tienen consigo a los hijos de su señor, así como sus caballos y sus carros de combate, su plaza fuerte y sus armas, cuando esta carta llegue a ustedes, ³escojan al mejor y más apto de los hijos de su señor, pónganlo en el trono de su padre y luchen por la casa de su señor."

⁴Esto les causó mucho miedo, y dijeron: "Si dos reyes no pudieron resistir frente a él, ¿cómo vamos a resistir nosotros?"

⁵Entonces el mayordomo de palacio, el gobernador de la ciudad, los ancianos y los tutores mandaron a decir a Jehú: "Nosotros estamos a tus órdenes, y haremos todo lo que nos mandes, pero no vamos a nombrar a nadie. Haz lo que te parezca mejor."

⁶Por segunda vez les escribió Jehú, diciéndoles: "Si ustedes están de mi parte y quieren obedecer mis órdenes, tomen las cabezas de los hijos de su señor, y mañana a estas horas vengan a verme a Jezreel."

Los setenta hijos varones del rey estaban con los grandes personajes de la ciudad que los habían criado, ⁷así que al recibir éstos la carta, tomaron a los setenta varones y los mataron; luego echaron sus cabezas en unas canastas y las enviaron a Jezreel. ⁸Cuando el mensajero llegó, le dijo a Jehú:

—Han traído las cabezas de los hijos del rey.

Jehú ordenó:

—Pónganlas en dos montones a la entrada de la ciudad, y déjenlas allí hasta mañana.

⁹Al día siguiente salió Jehú, y puesto de pie dijo a todo el pueblo:

—Ustedes son inocentes. Yo fui quien conspiró contra mi señor y lo mató; pero, ¿quién ha matado a todos éstos? ¹⁰Sepan bien que nada de lo que el Señor habló contra la familia de Acab dejará de cumplirse. El Señor mismo ha hecho lo que anunció por medio de Elías, su siervo.

---

¹³ *Zimri:* Al llamar Jezabel a Jehú por este nombre, se refería con mucha ironía al personaje mencionado en 1 R 16.9-15, que asesinó al rey Ela y sus descendientes para reinar en su lugar, pero que sólo reinó siete días. ¹⁴ *De la ciudad:* según la versión griega. Heb. *de Jezreel.*
ᵐ 9.26 1 R 21.19. ⁿ 9.36 1 R 21.23.

[11]Y Jehú dio muerte en Jezreel[ñ] al resto de la familia de Acab, a todos sus hombres importantes y amigos íntimos, y a sus sacerdotes. No dejó a nadie con vida.

[12]Después se dirigió a Samaria, y en el camino llegó a Bet-equed de los Pastores, [13]donde encontró a los hermanos de Ocozías, rey de Judá. Jehú les preguntó:

—¿Quiénes son ustedes?

Ellos le respondieron:

—Somos hermanos de Ocozías, y hemos venido a saludar a los hijos del rey y a los hijos de la reina.

[14]Entonces Jehú ordenó a sus seguidores:

—Atrápenlos vivos.

Los seguidores de Jehú los atraparon vivos, y los degollaron junto al pozo de Bet-equed de los Pastores. Eran cuarenta y dos hombres, y no dejaron a ninguno de ellos con vida.

[15]Cuando Jehú se fue de allí, se encontró con Jonadab, hijo de Recab, que había ido a verlo. Jehú lo saludó y le dijo:

—¿Son buenas tus intenciones hacia mí, como lo son las mías hacia ti?

—Así es —respondió Jonadab.

—En ese caso, dame la mano —dijo Jehú.

Jonadab le dio la mano, y Jehú lo hizo subir con él a su carro, [16]diciéndole:

—Acompáñame y verás mi celo por el Señor.

Así pues, lo llevó en su carro. [17]Y al entrar en Samaria, Jehú mató a todos los descendientes de Acab que aún quedaban con vida. Los exterminó por completo, según el Señor se lo había anunciado a Elías.

### Jehú elimina el culto de Baal

[18]Después reunió Jehú a todo el pueblo, y les dijo:

—Acab rindió un poco de culto a Baal, pero yo le voy a rendir mucho culto. [19]Por lo tanto, llamen a todos los profetas, adoradores y sacerdotes de Baal, sin que falte ninguno, porque he preparado un gran sacrificio en honor de Baal. El que falte será condenado.

Pero Jehú había planeado este engaño para aniquilar a los adoradores de Baal; [20]por eso ordenó que se anunciara una fiesta solemne a Baal, y así se hizo. [21]Después envió mensajeros por todo Israel, y todos los que adoraban a Baal llegaron al templo. Ninguno de ellos faltó, así que el templo de Baal estaba lleno de lado a lado. [22]Jehú dijo entonces al encargado del guardarropa que sacara trajes de ceremonia para todos los adoradores de Baal, y el encargado lo hizo así. [23]A continuación, Jehú y Jonadab entraron en el templo de Baal, y Jehú dijo a los adoradores de Baal:

—Procuren que no haya entre ustedes ninguno de los adoradores del Señor, sino sólo adoradores de Baal.

[24]Los adoradores de Baal entraron en el templo para ofrecer sacrificios y holocaustos. Mientras tanto, Jehú puso ochenta hombres afuera, y les advirtió:

—Quien deje escapar a alguno de los hombres que he puesto en sus manos, lo pagará con su vida.

[25]Y al terminar Jehú de ofrecer el holocausto, ordenó a las guardias y oficiales:

—¡Entren y mátenlos! ¡Que no escape ninguno!

Los hombres de Jehú los mataron a filo de espada, y luego los arrojaron de allí. Después entraron en el santuario[15] del templo de Baal, [26]y sacaron los troncos sagrados y los quemaron. [27]Derribaron también el altar[16] y el templo de Baal, y lo convirtieron todo en un muladar, que existe hasta el presente.

[28]Así Jehú eliminó de Israel a Baal. [29]Sin embargo, no se apartó de los pecados con que Jeroboam, hijo de Nabat, hizo pecar a los israelitas, pues siguió rindiendo culto a los becerros de oro que había en Dan y en Betel.[o]

[30]El Señor dijo a Jehú: "Ya que ante mí has actuado bien y a mis ojos tus acciones han sido rectas, pues has hecho con la familia de Acab todo lo que yo me había propuesto, tus descendientes se sentarán en el trono de Israel hasta la cuarta generación."

[31]A pesar de esto, Jehú no se preocupó por cumplir fielmente la ley del Señor, el Dios de Israel, pues no se apartó de los pecados con que Jeroboam hizo pecar a los israelitas.

[32]Por aquel tiempo, el Señor comenzó a recortar el territorio de Israel. Hazael atacó a los israelitas por todas sus fronteras: [33]desde el este del Jordán, por toda la región de Galaad, Gad, Rubén y Manasés, y desde Aroer, que está junto al arroyo Arnón, incluyendo Galaad y Basán.

---

[15] *El santuario:* texto probable. Heb. *la ciudad.* [16] *El altar:* texto probable. Heb. *la piedra sagrada.*
[ñ] 10.11 Os 1.4.   [o] 10.29 1 R 12.28-30.

³⁴El resto de la historia de Jehú y de todo lo que hizo, y de sus hazañas, está escrito en el libro de las crónicas de los reyes de Israel. ³⁵Cuando murió, lo enterraron en Samaria, y reinó en su lugar su hijo Joacaz. ³⁶Jehú reinó sobre Israel durante veinticinco años, en la ciudad de Samaria.

### Atalía usurpa el trono
### (2 Cr 22.10-23.21)

**11** ¹Cuando Atalía, madre de Ocozías, supo que su hijo había muerto, fue y eliminó a toda la familia real. ²Pero Josaba, hija del rey Joram y hermana de Ocozías, apartó a Joás, hijo de Ocozías, de los otros hijos del rey a los que estaban matando, y lo escondió de Atalía, junto con su nodriza, en un dormitorio. Así que no lo mataron, ³y Joás estuvo escondido con su nodriza en el templo del Señor durante seis años. Mientras tanto, Atalía gobernó el país.

⁴Al séptimo año, Joiada mandó llamar a los capitanes, y a los cereteos y los guardias, y los hizo entrar en el templo del Señor, donde él estaba. Allí hizo con ellos un pacto bajo juramento, y les mostró al príncipe Joás. ⁵Luego les ordenó: "Esto es lo que van a hacer ustedes: una tercera parte de ustedes estará de guardia en el palacio en el día de reposo;¹⁷ ⁶otra tercera parte estará en la puerta de Shur; y la otra tercera parte en la puerta posterior del cuartel de la guardia. Así cubrirán ustedes por turnos¹⁸ la guardia del palacio. ⁷Ahora bien, las dos secciones que salen de guardia el día de reposo,¹⁹ montarán la guardia en el templo del Señor, junto al rey. ⁸Ustedes formarán un círculo alrededor del rey, cada uno con sus armas en la mano, y el que intente penetrar en las filas, morirá. Ustedes acompañarán al rey dondequiera que él vaya.''

⁹Los capitanes hicieron todo lo que el sacerdote Joiada les había ordenado. Cada cual tomó el mando de sus hombres, tanto los que entraban de guardia en día de reposo¹⁹ como los que salían, y se presentaron al sacerdote Joiada. ¹⁰Entonces el sacerdote entregó a los capitanes las lanzas y los escudos que habían pertenecido al rey David, y que estaban en el templo del Señor. ¹¹Los guardias tomaron sus puestos, desde el ala derecha hasta el ala izquierda del templo, y alrededor del altar, cada cual con su arma en la mano para proteger al rey. ¹²Entonces Joiada sacó al hijo del rey, le puso la corona y las insignias reales, y después de derramar aceite sobre él lo proclamó rey. Luego todos aplaudieron y gritaron: "¡Viva el rey!''

¹³Cuando Atalía oyó las aclamaciones de los guardias y de la gente, fue al templo del Señor, donde estaban todos. ¹⁴Vio allí al rey, de pie junto a la columna, según era la costumbre. A su lado estaban los jefes y la banda de música, y la gente muy alegre y tocando trompetas. Entonces Atalía rasgó sus vestidos, y gritó:

—¡Traición! ¡Traición!

¹⁵Pero el sacerdote Joiada ordenó a los capitanes que estaban al mando del ejército:

—¡Sáquenla de entre las filas, y pasen a cuchillo al que la siga!

Como el sacerdote había ordenado que no la mataran en el templo del Señor, ¹⁶la apresaron y la sacaron por la entrada de la caballería al palacio real, y allí la mataron.

¹⁷Después Joiada hizo un pacto entre el Señor, el rey y el pueblo, de que ellos serían el pueblo del Señor, y también entre el rey y el pueblo. ¹⁸Luego fueron todos al templo de Baal y lo derribaron, destrozando por completo sus altares y sus ídolos. En cuanto a Matán, el sacerdote de Baal, lo degollaron ante los altares. A continuación, el sacerdote puso una guardia en el templo del Señor; ¹⁹luego tomó a los capitanes, a los cereteos, a los guardias y a toda la gente, y juntos acompañaron al rey desde el templo del Señor hasta el palacio real, entrando por la puerta de la guardia. Joás se sentó en el trono, ²⁰y todo el pueblo se alegró. Y como Atalía había muerto a filo de espada en el palacio real, la ciudad quedó tranquila.

### Reinado de Joás en Judá
### (2 Cr 24.1-27)

**12** ²¹ᵖJoás tenía siete años cuando comenzó a reinar, ¹lo cual sucedió en el séptimo año del reinado de Jehú; y reinó en Jerusalén durante cuarenta años. Su madre se llamaba Sibia, y era de Beerseba. ²Los hechos de Joás fueron rectos a los ojos del Señor, porque lo había educado Joiada, el sacerdote. ³Sin embargo,

---

¹⁷ *Día de reposo:* aquí equivale a *sábado.* ¹⁸ *Por turnos:* traducción probable. Heb. oscuro. ¹⁹ *Día de reposo:* aquí equivale a *sábado.*

ᵖ Los vs. 11.21-12.21 corresponden a los vs. 12.1-22 en el texto hebreo.

no se quitaron los santuarios paganos, en los que el pueblo seguía ofreciendo sacrificios y quemaba incienso.

⁴⁻⁵Un día, Joás dijo a los sacerdotes:

—Recojan ustedes todo el dinero de las ofrendas que se traigan al templo del Señor, tanto la cuota que debe pagar cada personaᵠ como el total de las ofrendas voluntarias que cada uno traiga al templo del Señor. Pídanselo a los administradores del tesoro, para que se hagan todas las reparaciones necesarias en el templo.

⁶Pero llegó el año veintitrés del reinado de Joás, y los sacerdotes aún no habían reparado el templo. ⁷Entonces el rey Joás llamó al sacerdote Joiada y a los otros sacerdotes, y les dijo:

—¿Por qué no han reparado ustedes el templo? De ahora en adelante no recibirán más dinero de los administradores del tesoro; y el que tengan, deberán entregarlo para la reparación del templo.

⁸Los sacerdotes estuvieron de acuerdo en no recibir más dinero de la gente, y en no tener a su cargo la reparación del templo. ⁹Entonces el sacerdote Joiada tomó un cofre, le hizo un agujero en la tapa y lo colocó al lado derecho del altar, según se entra en el templo del Señor; y los sacerdotes que vigilaban la entrada del templo ponían allí todo el dinero que se llevaba al templo del Señor. ¹⁰Cuando veían que el cofre tenía ya mucho dinero, llegaban el cronista del rey y el sumo sacerdote y contaban el dinero que encontraban en el templo del Señor; luego lo echaban en unas bolsas, ¹¹y una vez registrada la cantidad, lo entregaban a los encargados de las obras del templo para que pagaran a los carpinteros y maestros de obras que trabajaban en el templo del Señor, ¹²así como a los albañiles y canteros, y para que compraran madera y piedras de cantera para reparar el templo y cubrieran los demás gastos del mismo. ¹³Pero aquel dinero que se llevaba al templo del Señor no se usaba para hacer copas de plata, despabiladeras, tazones, trompetas u otros utensilios de oro y plata, ¹⁴sino que era entregado a los encargados de las obras para que hicieran con él la reparación del templo del Señor. ¹⁵Sin embargo, no se pedían cuentas a los hombres a quienes se entregaba el dinero para pagar a los obreros, porque actuaban con honradez. ¹⁶Ahora bien, el dinero de las ofrendas por la culpa y por el pecado no se llevaba

al templo, porque era para los sacerdotes.ʳ

¹⁷En aquel tiempo, Hazael, rey de Siria, lanzó un ataque contra Gat²⁰ y la tomó, y después se dirigió contra Jerusalén. ¹⁸Pero Joás, rey de Judá, tomó todos los objetos sagrados que habían dedicado al culto los reyes Josafat, Joram y Ocozías, antepasados suyos en el reino de Judá; tomó también los que él mismo había dedicado, más todo el oro que se encontró en los tesoros del templo y del palacio real, y todo junto lo envió a Hazael, y éste dejó entonces de atacar a Jerusalén.

¹⁹El resto de la historia de Joás y de todo lo que hizo, está escrito en el libro de las crónicas de los reyes de Judá. ²⁰Sus propios oficiales tramaron un complot contra él, y lo mataron en el edificio del terraplén que está en la bajada de Sila. ²¹Así pues, Josacar, hijo de Simeat, y Jozabad, hijo de Somer, oficiales suyos, lo hirieron de muerte, y cuando murió lo enterraron en la Ciudad de David. Después reinó en su lugar su hijo Amasías.

### Reinado de Joacaz en Israel

**13** ¹En el año veintitrés del reinado de Joás, hijo de Ocozías, en Judá, Joacaz, hijo de Jehú, comenzó a reinar en Israel, y reinó en Samaria durante diecisiete años. ²Pero sus hechos fueron malos a los ojos del Señor, pues cometió los mismos pecados con que Jeroboam, hijo de Nabat, hizo pecar a Israel, sin apartarse de ellos. ³Por lo tanto se encendió la ira del Señor contra Israel, y por mucho tiempo los entregó en manos de Hazael, rey de Siria, y de Ben-adad, su hijo.

⁴Entonces Joacaz oró al Señor, y el Señor atendió su oración, porque había visto de qué manera el rey de Siria oprimía a los israelitas. ⁵Y dio el Señor a Israel un libertador, y así los israelitas se libraron del poder de Siria y volvieron a vivir tranquilos en sus casas, como antes. ⁶Sin embargo, no se apartaron de los pecados cometidos por los descendientes de Jeroboam, el cual hizo pecar a Israel, sino que siguieron pecando, y la representación de Asera siguió estando en Samaria.

⁷A Joacaz no le había quedado más ejército que cincuenta soldados de caballería, diez carros de combate y diez mil

---

²⁰ *Gat.* No se trata aquí de la ciudad filistea del mismo nombre sino de una ciudad situada más al norte, aunque también en la llanura costera que da al Mediterráneo. Se conocía también con el nombre de Guitáyim.
ᵠ **12.4-5** Ex 30.11-16. ʳ **12.16** Lv 7.7.

soldados de infantería, porque el rey de Siria los había destruido y hecho polvo.

[8]El resto de la historia de Joacaz y de todo lo que hizo, y de sus hazañas, está escrito en el libro de las crónicas de los reyes de Israel. [9]Cuando murió, lo enterraron en Samaria. Después reinó en su lugar su hijo Joás.

### Reinado de Joás en Israel

[10]En el año treinta y siete del reinado de Joás, rey de Judá, Joás, hijo de Joacaz, comenzó a reinar en Israel, y reinó en Samaria durante dieciséis años. [11]Pero sus hechos fueron malos a los ojos del Señor, pues no se apartó de todos los pecados con que Jeroboam, hijo de Nabat, hizo pecar a Israel, sino que siguió cometiéndolos.

[12]El resto de la historia de Joás y de todo lo que hizo, y de sus hazañas, y de cómo luchó contra Amasías, rey de Judá, está escrito en el libro de las crónicas de los reyes de Israel. [13]Cuando Joás murió, lo enterraron en Samaria con los reyes de Israel. Después subió al trono Jeroboam.

### Profecía final y muerte de Eliseo

[14]Eliseo estaba enfermo de muerte, y Joás, rey de Israel, fue a verlo, y lloró y lo abrazó, diciendo:

—¡Padre mío, padre mío, que has sido para Israel como un poderoso ejército![s]

[15]Eliseo le dijo:

—Toma un arco y algunas flechas.

El rey tomó un arco y unas flechas. [16]Entonces Eliseo le dijo:

—Prepárate a disparar una flecha.

Mientras el rey hacía esto, Eliseo puso sus manos sobre las del rey [17]y le dijo:

—Abre la ventana que da al oriente.

El rey la abrió, y Eliseo le ordenó:

—Ahora, ¡dispara!

Y el rey disparó la flecha. Entonces Eliseo exclamó:

—¡Flecha salvadora del Señor! ¡Flecha salvadora contra Siria! ¡Tú vas a derrotar a los sirios en Afec, y acabarás con ellos!

[18]Después le dijo al rey:

—Toma las flechas.

Al tomarlas el rey, Eliseo le ordenó:

—Ahora golpea el suelo.

El rey golpeó el suelo tres veces, y se detuvo. [19]Entonces el profeta se enojó con él y le dijo:

—Si hubieras golpeado el suelo cinco o seis veces, habrías podido derrotar a los sirios hasta acabar con ellos; pero ahora los derrotarás sólo tres veces.

[20]Eliseo murió, y lo enterraron. Y como año tras año bandas de ladrones moabitas invadían el país, [21]en cierta ocasión en que unos israelitas estaban enterrando a un hombre, al ver que una de esas bandas venía, arrojaron al muerto dentro de la tumba de Eliseo y se fueron. Pero tan pronto el muerto rozó los restos de Eliseo, resucitó y se puso de pie.

[22]Hazael, rey de Siria, oprimió a Israel mientras Joacaz vivió. [23]Pero el Señor tuvo misericordia y compasión de ellos, y por causa de su pacto con Abraham, Isaac y Jacob, puso su atención en ellos y no quiso destruirlos ni arrojarlos de su presencia. Y hasta ahora no lo ha hecho.

[24]Cuando Hazael, rey de Siria, murió, reinó en su lugar su hijo Ben-adad. [25]Entonces Joás, hijo de Joacaz, rescató del poder de Ben-adad las ciudades que éste le había quitado en la guerra a Joacaz, su padre. Y derrotó Joás a Ben-adad tres veces, y recuperó las ciudades de Israel.

### Reinado de Amasías en Judá
#### (2 Cr 25.1-28)

14 [1]En el segundo año del reinado de Joás, hijo de Joacaz, rey de Israel, Amasías, hijo de Joás, comenzó a reinar en Judá. [2]Amasías tenía veinticinco años cuando comenzó a reinar, y reinó en Jerusalén durante veintinueve años. Su madre se llamaba Joadán, y era de Jerusalén. [3]Los hechos de Amasías fueron rectos a los ojos del Señor, pero no tanto como los de su antepasado David. Pues hizo lo mismo que su padre Joás, [4]y no se quitaron los santuarios paganos, en los que el pueblo siguió ofreciendo sacrificios y quemando incienso.

[5]Cuando Amasías se afirmó en el poder, mató a todos los oficiales que habían asesinado a su padre. [6]Pero no dio muerte a los hijos de los asesinos, pues, según lo escrito en el libro de la ley de Moisés, el Señor ordenó: "Los padres no podrán ser condenados a muerte por culpa de lo que hayan hecho sus hijos, ni los hijos por lo que hayan hecho sus padres, sino que cada uno morirá por su propio pecado."[t]

[7]Amasías fue quien mató a diez mil edomitas en el Valle de la Sal y conquistó

Sela, y la llamó Jocteel, que es su nombre hasta el día de hoy.

[8]Después de esto, envió un mensaje a Joás, hijo de Joacaz y nieto de Jehú, rey de Israel, en el que le decía: "Ven, y nos veremos las caras." [9]Pero Joás le envió la siguiente respuesta: "El cardo le mandó decir al cedro del Líbano: 'Dale tu hija a mi hijo, para que sea su mujer.' Pero una fiera pasó por allí y aplastó al cardo. [10]Tengo que reconocer que has derrotado a los edomitas, y que eso te hace sentirte orgulloso. Muy bien, siéntete orgulloso; pero mejor quédate en tu casa. ¿Por qué quieres provocar tu propia desgracia y la desgracia de Judá?''

[11]Sin embargo, Amasías no le hizo caso. Entonces Joás se puso en marcha para enfrentarse con Amasías, en Bet-semes, que está en territorio de Judá. [12]Y Judá fue derrotado por Israel, y cada cual huyó a su casa. [13]Joás, rey de Israel, hizo prisionero en Bet-semes a Amasías, rey de Judá, y luego se dirigió a Jerusalén, en cuyo muro abrió una brecha de ciento ochenta metros, desde la Puerta de Efraín hasta la Puerta de la Esquina. [14]Además se apoderó de todo el oro y la plata, y de todos los objetos que había en el templo del Señor y en los tesoros del palacio real. Y después de tomar a algunas personas como rehenes, regresó a Samaria.

[15]El resto de la historia de Joás y de lo que hizo, así como de sus hazañas y de la guerra que tuvo con Amasías, rey de Judá, está escrito en el libro de los reyes de Israel. [16]Cuando murió, lo enterraron en Samaria junto con los reyes de Israel. Después reinó en su lugar su hijo Jeroboam.

[17]Amasías, hijo de Joás, rey de Judá, vivió aún quince años después de la muerte de Joás, hijo de Joacaz y rey de Israel. [18]El resto de la historia de Amasías está escrito en el libro de las crónicas de los reyes de Judá. [19]En Jerusalén se había conspirado contra Amasías, el cual huyó a Laquis; pero lo persiguieron hasta esa ciudad, y allí le dieron muerte. [20]Luego lo llevaron sobre un caballo y lo enterraron en Jerusalén con sus antepasados, en la Ciudad de David. [21]Entonces todo el pueblo de Judá tomó a Azarías, y lo hicieron rey en lugar de su padre Amasías. Azarías tenía entonces dieciséis años, [22]y él fue quien, después de la muerte de su padre, reconstruyó la ciudad de Elat y la recuperó para Judá.

### Reinado de Jeroboam II en Israel

[23]En el año quince del reinado de Amasías, hijo de Joás, rey de Judá, Jeroboam, hijo de Joás, rey de Israel, comenzó a reinar en Israel, y reinó en Samaria cuarenta y un años. [24]Pero sus hechos fueron malos a los ojos del Señor, pues no se apartó de ninguno de los pecados con que Jeroboam, hijo de Nabat, hizo pecar a Israel.

[25]Jeroboam volvió a establecer las fronteras de Israel, desde la entrada de Hamat hasta el mar del Arabá, tal como lo había anunciado el Señor, el Dios de Israel, por medio de su siervo Jonás,[u] hijo de Amitai, profeta de Gat-hefer. [26]Porque el Señor se dio cuenta del amargo sufrimiento de Israel, del que nadie había escapado, y de que Israel no contaba con ninguna ayuda. [27]Entonces los salvó por medio de Jeroboam, hijo de Joás, pues aún no había decidido borrar de este mundo el nombre de Israel.

[28]El resto de la historia de Jeroboam y de todo lo que hizo, así como de sus hazañas y de las guerras que emprendió, y de cómo recuperó Damasco y Hamat para Israel,[21] está escrito en el libro de las crónicas de los reyes de Israel. [29]Cuando Jeroboam murió, lo enterraron con los reyes de Israel. Después reinó en su lugar su hijo Zacarías.

### Reinado de Azarías en Judá
### (2 Cr 26.3-5, 16-23)

**15** [1]En el año veintisiete del reinado de Jeroboam, rey de Israel, comenzó a reinar Azarías, hijo de Amasías, rey de Judá. [2]Tenía dieciséis años cuando comenzó a reinar, y reinó en Jerusalén cincuenta y dos años. Su madre se llamaba Jecolías, y era de Jerusalén.

[3]Los hechos de Azarías fueron rectos a los ojos del Señor, como lo habían sido los de Amasías, su padre. [4]Sin embargo, no se quitaron los santuarios paganos, donde la gente todavía ofrecía sacrificios y quemaba incienso. [5]El Señor castigó al rey con lepra hasta el día en que murió, así que el rey vivió aislado en su palacio, relevado de sus obligaciones, y Jotam, su hijo, se hizo cargo de la regencia y gobernó a la nación.

---

[21] *Para Israel:* según una versión antigua. Heb. *para Judá en Israel.*
[u] **14.25** Jon 1.1.

⁶El resto de la historia de Azarías y de todo lo que hizo, está escrito en el libro de las crónicas de los reyes de Judá. ⁷Cuando Azarías murió,ᵛ lo enterraron con sus antepasados en la Ciudad de David. Después reinó en su lugar su hijo Jotam.

### Reinado de Zacarías en Israel

⁸En el año treinta y ocho del reinado de Azarías, rey de Judá, Zacarías, hijo de Jeroboam, comenzó a reinar en Israel, y reinó en Samaria seis meses. ⁹Pero sus hechos fueron malos a los ojos del Señor, como los de sus antepasados, pues no se apartó de los pecados con que Jeroboam, hijo de Nabat, hizo pecar a Israel.

¹⁰Ahora bien, Salum, hijo de Jabes, conspiró contra él, y lo atacó en Ibleam ²² y lo mató, reinando después en su lugar.

¹¹El resto de la historia de Zacarías está escrito en el libro de las crónicas de los reyes de Israel. ¹²Así se cumplió el anuncio que hizo el Señor a Jehú, cuando le dijo que sus hijos se sentarían en el trono de Israel hasta la cuarta generación.ʷ

### Reinado de Salum en Israel

¹³Salum, hijo de Jabes, comenzó a reinar en el año treinta y nueve del reinado de Uzías, rey de Judá. Pero reinó sólo un mes completo en Samaria, ¹⁴pues Manahem, hijo de Gadi, llegó de Tirsa a Samaria y atacó a Salum, y después de matarlo reinó en su lugar.

¹⁵El resto de la historia de Salum, incluyendo su conspiración contra Zacarías, está escrito en el libro de las crónicas de los reyes de Israel.

¹⁶Entonces Manahem destruyó Tifsa ²³ y saqueó todo lo que había en ella y en su territorio, a partir de Tirsa, y también les abrió el vientre a todas las mujeres embarazadas. Lo hizo porque no le habían abierto las puertas de la ciudad.

### Reinado de Manahem en Israel

¹⁷En el año treinta y nueve del reinado de Azarías, rey de Judá, Manahem, hijo de Gadi, comenzó a reinar sobre Israel, y reinó diez años en Samaria. ¹⁸Pero sus hechos fueron malos a los ojos del Señor, pues no se apartó de los pecados con que Jeroboam, hijo de Nabat, hizo pecar a Israel.

En sus días, ¹⁹Pul,²⁴ el rey de Asiria, invadió el país, y Manahem le entregó treinta y tres mil kilos de plata para que le ayudara a fortalecer su reinado. ²⁰Para pagarle tal cantidad al rey de Asiria, Manahem ordenó que todos los ricos de Israel pagaran un impuesto de más de medio kilo de plata. De ese modo el rey de Asiria se volvió a su tierra, y no se detuvo más en el país.

²¹El resto de la historia de Manahem y de todo lo que hizo, está escrito en el libro de las crónicas de los reyes de Israel. ²²Después de su muerte, reinó en su lugar su hijo Pekaía.

### Reinado de Pekaía en Israel

²³En el año cincuenta del reinado de Azarías, rey de Judá, Pekaía, hijo de Manahem, comenzó a reinar sobre Israel, y reinó en Samaria dos años. ²⁴Pero sus hechos fueron malos a los ojos del Señor, pues no se apartó de los pecados con que Jeroboam, hijo de Nabat, hizo pecar a Israel.

²⁵Pero un oficial suyo, llamado Peka, hijo de Remalías, conspiró contra él, y, con la ayuda de cincuenta hombres de Galaad, lo atacó en la fortaleza del palacio real²⁵ y lo mató, después de lo cual reinó en su lugar.

²⁶El resto de la historia de Pekaía y de todo lo que hizo, está escrito en el libro de las crónicas de los reyes de Israel.

### Reinado de Peka en Israel

²⁷En el año cincuenta y dos del reinado de Azarías, rey de Judá, Peka, hijo de Remalías, comenzó a reinar sobre Israel, y reinó en Samaria veinte años. ²⁸Pero sus hechos fueron malos a los ojos del Señor, pues no se apartó de los pecados con que Jeroboam, hijo de Nabat, hizo pecar a Israel.

²⁹En el tiempo en que Peka era rey de Israel, llegó Tiglat-pileser, rey de Asiria, y conquistó Ijón, Abel-bet-maaca, Janoa, Cedes, Hazor, Galaad, Galilea y toda la región de Neftalí, y a sus habitantes los llevó cautivos a Asiria. ³⁰Entonces Oseas, hijo de Ela, conspiró contra Peka, hijo de Remalías, y lo atacó y lo mató. De esa manera llegó a reinar en su lugar, en el año veinte del reinado de Jotam, hijo de Uzías.

---

²² *En Ibleam:* según la versión griega. Heb. *ante el pueblo.*   ²³ *Destruyó Tifsa.* No se trata de la población de este nombre, situada en las márgenes del Éufrates, sino, según un manuscrito de la versión griega, de la ciudad de Tapúa, situada al sur de Siquem.   ²⁴ *En sus días,* ¹⁹*Pul:* según la versión griega. Heb. *todos sus días.*   ²⁵ Heb. añade: *a Argob y al Arie.*
ᵛ **15.7** Is 6.1.   ʷ **15.12** 2 R 10.30.

³¹El resto de la historia de Peka y de todo lo que hizo, está escrito en el libro de las crónicas de los reyes de Israel.

### Reinado de Jotam en Judá
*(2 Cr 27.1-9)*

³²En el segundo año del reinado de Peka, hijo de Remalías, Jotam, el hijo de Uzías, comenzó a reinar en Judá. ³³Tenía veinticinco años cuando comenzó a reinar, y reinó en Jerusalén dieciséis años. Su madre se llamaba Jerusa, hija de Sadoc. ³⁴Los hechos de Jotam fueron rectos a los ojos del Señor, como lo habían sido los de Uzías, su padre, ³⁵pues construyó la puerta superior del templo del Señor. Sin embargo, no se quitaron los santuarios paganos, donde el pueblo seguía ofreciendo sacrificios y quemando incienso. ³⁶El resto de la historia de Jotam y de todo lo que hizo, está escrito en el libro de las crónicas de los reyes de Judá. ³⁷Por aquel tiempo empezó el Señor a enviar contra Judá a Rezín, rey de Siria, y a Peka, hijo de Remalías. ³⁸Cuando murió Jotam, lo enterraron con sus antepasados en la Ciudad de David, su antepasado. Después reinó en su lugar su hijo Acaz.

### Reinado de Acaz en Judá
*(2 Cr 28.1-27)*

**16** ¹En el año diecisiete del reinado de Peka, hijo de Remalías, comenzó a reinar Acaz, hijo de Jotam, rey de Judá. ²Tenía veinte años cuando comenzó a reinar, y reinó en Jerusalén dieciséis años; pero sus hechos no fueron rectos a los ojos del Señor su Dios, como lo había sido su antepasado David, ³sino que siguió los pasos de los reyes de Israel, pues hasta hizo quemar a su hijo en sacrificio, conforme a las prácticas infames de las naciones que el Señor había arrojado de la presencia de los israelitas.ˣ ⁴Además ofreció sacrificios y quemó incienso en los santuarios paganos, en las colinas y bajo todo árbol frondoso. ⁵Por aquel tiempo, Rezín, rey de Siria, y Peka, hijo de Remalías, rey de Israel, se dirigieron a Jerusalén para atacarla. Y sitiaron a Acaz, pero no pudieron tomar la ciudad.ʸ ⁶Entonces el rey de Edom²⁶ recuperó para Edom la ciudad de Elat; y

los edomitas llegaron, y después de arrojar de Elat a los de Judá, se quedaron a vivir allí hasta el día de hoy. ⁷Entonces Acaz envió unos mensajeros a Tiglat-pileser, rey de Asiria, para que le dijeran de su parte: "Este servidor tuyo es como un hijo tuyo. Por lo tanto, ven y líbrame del rey de Siria y del rey de Israel, que me están atacando." ⁸Acaz tomó, además, la plata y el oro que había en el templo del Señor y en los tesoros del palacio real, y los envió como regalo al rey de Asiria, ⁹el cual atendió su petición y organizó un ataque contra Damasco, y la conquistó, después de lo cual desterró a sus habitantes a Kir y dio muerte a Rezín. ¹⁰Cuando el rey Acaz fue a Damasco para encontrarse con Tiglat-pileser, rey de Asiria, vio el altar que allí había. Entonces envió al sacerdote Urías un plano exacto de la construcción del altar, ¹¹y Urías construyó un altar siguiendo todas las indicaciones que el rey Acaz le había enviado desde Damasco, y lo tuvo listo para cuando el rey Acaz regresó de Damasco. ¹²Cuando el rey llegó de Damasco y vio el altar, se acercó y ofreció sobre él un holocausto; ¹³lo quemó, al igual que su ofrenda de cereales, y derramó sobre el altar su ofrenda de vino, y roció sobre él la sangre de sus sacrificios de reconciliación. ¹⁴En cuanto al altar de bronceᶻ que estaba frente al templo del Señor, Acaz lo quitó de allí y lo puso al lado norte del altar, ya que ahora quedaba entre el nuevo altar y el templo del Señor. ¹⁵Después ordenó al sacerdote Urías que en el altar grande quemara el holocausto de la mañana y la ofrenda de cereales de la tarde, así como el holocausto y la ofrenda de cereales del rey, y el holocausto y ofrendas de cereales y de vino del pueblo en general. También le dijo que rociara sobre ese altar toda la sangre de los holocaustos y los sacrificios, pero que el altar de bronce sería sólo para que él consultara al Señor. ¹⁶El sacerdote Urías hizo todo lo que el rey Acaz le ordenó. ¹⁷Luego el rey Acaz cortó los entrepaños de las bases y quitó la enorme pila para el agua de encima de los toros de bronce que la sostenían,ᵃ y la colocó sobre un pavimento de piedra. ¹⁸Y para agradar al rey de Asiria, quitó del

---

²⁶ *Entonces el rey de Edom:* texto probable. Heb. *Entonces Rezín, rey de Siria.*
ˣ **16.3** Dt 12.31. ʸ **16.5** Is 7.1. ᶻ **16.14** Ex 27.1-2; 2 Cr 4.1. ᵃ **16.17** 1 R 7.23-39; 2 Cr 4.2-6.

templo del Señor el estrado que habían construido para el día de reposo,[27] y la puerta exterior reservada al rey.

[19]El resto de la historia de Acaz y de todo lo que hizo, está escrito en el libro de las crónicas de los reyes de Judá. [20]Cuando murió,[b] lo enterraron con sus antepasados en la Ciudad de David. Después reinó en su lugar su hijo Ezequías.

### Caída de Samaria y destierro de Israel

**17** [1]En el año doce del reinado de Acaz, rey de Judá, Oseas, hijo de Ela, comenzó a reinar sobre Israel, y reinó nueve años en Samaria. [2]Pero sus hechos fueron malos a los ojos del Señor, aunque no tanto como los de los reyes que hubo antes de él en Israel.

[3]Salmanasar, rey de Asiria, atacó a Oseas, y éste fue hecho su siervo y tributario. [4]Pero descubrió Salmanasar que Oseas estaba conspirando contra él, y que había enviado unos agentes a So, rey de Egipto, además de que ya no le pagaba el tributo anual. Ordenó entonces Salmanasar que arrestaran a Oseas y lo pusieran en prisión; [5]luego invadió el país entero y atacó a Samaria, manteniendo el ataque durante tres años. [6]Finalmente, en el año nueve del reinado de Oseas, el rey de Asiria tomó Samaria, y a los israelitas los llevó cautivos a Asiria y los estableció en Halah, en la región del Habor, río de Gozán, y en las ciudades de los medos.[c]

[7]Esto sucedió porque los israelitas habían pecado contra el Señor su Dios, que los hizo salir de Egipto y los libró del dominio del faraón, rey de Egipto, pues adoraron a otros dioses [8]y siguieron las prácticas de las naciones que el Señor había arrojado de la presencia de ellos, así como las establecidas por los reyes de Israel.

[9]Además, los israelitas pronunciaron palabras impropias contra el Señor su Dios, y construyeron santuarios paganos en todas sus ciudades, lo mismo en las torres de vigilancia que en las ciudades fortificadas. [10]También levantaron piedras sagradas y representaciones de Asera en cada colina y bajo todo árbol frondoso,[d] [11]y conforme a las prácticas de las naciones que el Señor había desterrado de la presencia de ellos, quemaron incienso y cometieron acciones malvadas, provocando así la ira del Señor. [12]Adoraron ídolos, cosa que

el Señor les había prohibido expresamente.[e]

[13]Ya por medio de todos los profetas y videntes, el Señor había advertido a los israelitas que se convirtieran de sus malos caminos y cumplieran los mandamientos y leyes de toda la enseñanza que él había dado a sus antepasados por medio de sus siervos los profetas. [14]Pero ellos no hicieron caso, sino que fueron tan tercos como sus antepasados, los cuales no confiaron en el Señor su Dios; [15]despreciaron sus leyes, y el pacto que había hecho con sus antepasados, y los mandatos que les había dado. Además siguieron a dioses sin ningún valor, con lo que también ellos perdieron su valor, e imitaron a las naciones que había a su alrededor, cosa que les había prohibido el Señor. [16]Dejaron todos los mandamientos del Señor su Dios, y se hicieron dos becerros de bronce fundido[f] y una representación de Asera, y además adoraron a todos los astros del cielo y a Baal. [17]También hicieron quemar a sus hijos e hijas, practicaron la adivinación y los augurios,[g] y se entregaron a hacer lo malo a los ojos del Señor, provocando así su ira.

[18]Por lo tanto, el Señor se enfureció contra Israel y lo arrojó de su presencia, y no dejó más que a la tribu de Judá. [19]Pero tampoco Judá cumplió los mandamientos del Señor su Dios, sino que siguió las prácticas que los de Israel habían establecido. [20]Entonces el Señor rechazó a todos los descendientes de los israelitas y los humilló, entregándolos en manos de salteadores hasta arrojarlos de su presencia. [21]Separó de la dinastía de David a Israel, y los de Israel hicieron rey a Jeroboam, hijo de Nabat, quien hizo que los israelitas se apartaran del Señor y pecaran gravemente. [22]Así los de Israel cometieron los mismos pecados que había cometido Jeroboam, y no los abandonaron. [23]Finalmente el Señor apartó de su presencia a Israel, como lo había anunciado por medio de todos los profetas, sus siervos, y así los de Israel fueron llevados cautivos a Asiria, donde están hasta el día de hoy.

### Repoblación de Samaria

[24]El rey de Asiria llevó gente de Babilonia, Cuta, Ava, Hamat y Sefarvaim, y la estableció en las ciudades de Samaria, en

---

[27] *Día de reposo:* aquí equivale a *sábado.*
[b] **16.20** Is 14.28.   [c] **17.4-6** Dt 4.27-28; 28.36.   [d] **17.10** 1 R 14.23.   [e] **17.12** Ex 20.3-5; Dt 5.7-9.   [f] **17.16** 1 R 12.28.
[g] **17.17** Dt 18.10.

lugar de los israelitas. Así tomaron posesión de Samaria y vivieron en sus ciudades. [25]Pero como esta gente no rendía culto al Señor, cuando comenzaron a establecerse el Señor les mandó leones, los cuales mataron a algunos de ellos. [26]Fueron entonces a decirle al rey de Asiria: "La gente que has llevado a las ciudades de Samaria para que se establezca allí, no conoce la religión del dios de ese país y, por no conocerla, él les ha mandado leones, que los están matando."

[27]Así pues, el rey de Asiria ordenó: "Envíen alguno de los sacerdotes que trajeron cautivos, para que vaya a vivir allí y les enseñe la religión del dios del país."

[28]Entonces uno de los sacerdotes que ellos habían desterrado de Samaria fue y se estableció en Betel, y les enseñó a rendir culto al Señor. [29]Pero cada nación se hizo su propio dios en la ciudad donde habitaba, y lo puso en los santuarios de los lugares altos que habían construido los samaritanos. [30]Los de Babilonia hicieron una representación de Sucot-benot; los de Cuta, una de Nergal, y los de Hamat, una de Asima. [31]Los de Ava hicieron un Nibhaz y un Tartac, y los de Sefarvaim quemaban a sus hijos en el fuego como sacrificio a Adramelec y a Anamelec, sus dioses. [32]Además rendían culto al Señor, pero nombraron sacerdotes de entre ellos mismos para que prestaran servicio en los santuarios paganos. [33]Así que, aunque rendían culto al Señor, seguían adorando a sus propios dioses, según la costumbre de las naciones de donde habían sido desterrados.

[34]Todavía hoy hacen lo mismo que antes hacían, pues no rinden culto al Señor ni actúan de acuerdo con sus leyes y decretos, ni según la enseñanza y los mandamientos que el Señor ordenó cumplir a los descendientes de Jacob, a quien dio el nombre de Israel.[h] [35]Cuando el Señor hizo un pacto con ellos, les ordenó: "No rindan culto a otros dioses, ni los adoren ni les sirvan ofreciéndoles sacrificios.[i] [36]Ríndanme culto a mí, el Señor su Dios,[j] que los sacó de Egipto con gran despliegue de poder. Sólo a mí deben rendirme culto, y adorarme y ofrecerme sacrificios. [37]Además cumplan fielmente las leyes y decretos, y la enseñanza y mandamientos que les he dado por escrito, y no rindan culto a otros dioses. [38]No olviden el pacto que he hecho con ustedes, ni rindan culto a otros dioses, [39]sino sólo a mí, el Señor su Dios, y yo los libraré del dominio de sus enemigos."

[40-41]Sin embargo, esas naciones no hicieron caso, sino que siguieron con sus prácticas anteriores; y, a la vez que rendían culto al Señor, también seguían adorando a sus ídolos. Y sus descendientes hicieron lo mismo que sus antepasados, y hasta el día de hoy lo hacen así.

### Reinado de Ezequías en Judá
*(2 Cr 29.1-2)*

**18** [1]En el tercer año del reinado de Oseas, hijo de Ela, rey de Israel, Ezequías, hijo de Acaz, rey de Judá, comenzó a reinar. [2]Tenía entonces veinticinco años de edad, y reinó en Jerusalén veintinueve años. Su madre se llamaba Abí, y era hija de Zacarías. [3]Los hechos de Ezequías fueron rectos a los ojos del Señor, como todos los de su antepasado David. [4]El fue quien quitó los santuarios paganos, hizo pedazos las piedras sagradas, rompió las representaciones de Asera y destrozó la serpiente de bronce que Moisés había hecho[k] y a la que hasta entonces los israelitas quemaban incienso y llamaban Nehustán.

[5]Ezequías puso su confianza en el Señor, el Dios de Israel. Entre todos los reyes de Judá que hubo antes o después de él, no hubo ninguno como él. [6]Permaneció fiel al Señor y nunca se apartó de él, sino que cumplió los mandamientos que el Señor había ordenado a Moisés. [7]Por eso el Señor le favorecía y le hacía tener éxito en todo lo que emprendía.

Ezequías se rebeló contra el rey de Asiria y se negó a someterse a él. [8]Además derrotó a los filisteos hasta Gaza y sus fronteras, desde las torres de vigilancia hasta las ciudades fortificadas.

### Caída de Samaria

[9]En el cuarto año del reinado de Ezequías, que era el séptimo del reinado de Oseas, hijo de Ela, rey de Israel, Salmanasar, rey de Asiria, rodeó la ciudad de Samaria y la atacó, [10]y al cabo de tres años la tomó. Era el año seis del reinado de Ezequías y el nueve del reinado de Oseas en Israel, cuando Samaria fue tomada. [11]El rey de Asiria desterró a los israelitas a Asiria y los estableció en Halah, en la región del Habor, río de

*h* 17.34 Gn 32.28; 35.10.   *i* 17.35 Ex 20.5; Dt 5.9.   *j* 17.36 Dt 6.13.   *k* 18.4 Nm 21.9.

Gozán, y en las ciudades de los medos. [12]Esto sucedió porque no obedecieron al Señor su Dios, sino que violaron su pacto y no hicieron caso de todo lo que Moisés, siervo del Señor, les había mandado, ni lo pusieron en práctica.

### Senaquerib invade Judá
*(2 Cr 32.1-19; Is 36.1-22)*

[13]En el año catorce del reinado de Ezequías, Senaquerib, rey de Asiria, atacó a todas las ciudades fortificadas de Judá y las tomó. [14]Entonces Ezequías, rey de Judá, envió un mensaje al rey de Asiria, que estaba en Laquis, en el que decía: "He cometido un error. Retírate de mi país y te pagaré el tributo que me impongas."

Por lo tanto, el rey de Asiria impuso a Ezequías, rey de Judá, un tributo de nueve mil novecientos kilos de plata y novecientos noventa kilos de oro. [15]Así que Ezequías le entregó toda la plata que encontró en el templo del Señor y en los tesoros del palacio real. [16]En aquella misma ocasión, Ezequías quitó del templo del Señor las puertas y sus marcos, que él mismo había cubierto de oro, y se las dio al rey de Asiria.

[17]Después el rey de Asiria envió al rey Ezequías un alto oficial, un funcionario de su confianza y otro alto oficial, al frente de un poderoso ejército, y éstos fueron de Laquis a Jerusalén, para atacarla. Cuando llegaron a Jerusalén, acamparon junto al canal del estanque de arriba, por el camino que va al campo del Lavador de Paños. [18]Luego llamaron al rey, y Eliaquim, hijo de Hilcías, que era el mayordomo de palacio, y Sebna, el cronista, y Joa, hijo de Asaf, el secretario del rey, salieron a encontrarse con ellos. [19]Allí el oficial asirio les dijo:

—Comuniquen a Ezequías este mensaje del gran rey, el rey de Asiria: ¿De qué te sientes tan seguro? [20]¿Piensas acaso que las palabras bonitas valen lo mismo que la táctica y la fuerza para hacer la guerra? ¿En quién confías para rebelarte contra mí? [21]Veo que confías en el apoyo de Egipto. Pues bien, Egipto es una caña astillada, que si uno se apoya en ella, se le clava y le atraviesa la mano. Eso es el faraón, rey de Egipto, para todos los que confían en él. [22]Y si me dicen ustedes: Nosotros confiamos en el Señor nuestro Dios, ¿acaso no suprimió Ezequías los lugares de culto y los altares de ese Dios, y ordenó que la gente de Judá y Jerusalén le diera culto solamente en el altar de Jerusalén? [23]Haz un trato con mi amo, el rey de Asiria: yo te doy dos mil caballos, si consigues jinetes para ellos. [24]Tú no eres capaz de hacer huir ni al más insignificante de los oficiales asirios, ¿y esperas conseguir jinetes y caballos en Egipto? [25]Además, ¿crees que yo he venido a atacar y destruir este país sin contar con el Señor? ¡El fue quien me ordenó atacarlo y destruirlo!'

[26]Eliaquim, Sebna y Joa respondieron al oficial asirio:

—Por favor, háblenos usted en arameo, pues nosotros lo entendemos. No nos hable usted en hebreo, pues toda la gente que hay en la muralla está escuchando.

[27]Pero el oficial asirio dijo:

—No fue a tu amo, ni a ustedes, a quienes el rey de Asiria me mandó que dijera esto; fue precisamente a la gente que está sobre la muralla, pues ellos, lo mismo que ustedes, tendrán que comerse su propio excremento y beberse sus propios orines.

[28]Entonces el oficial, de pie, gritó bien fuerte en hebreo:

—Oigan lo que les dice el gran rey, el rey de Asiria: [29]'No se dejen engañar por Ezequías; él no puede salvarlos de mi mano.' [30]Si Ezequías quiere convencerlos de que confíen en el Señor, y les dice: 'El Señor ciertamente nos salvará; él no permitirá que esta ciudad caiga en poder del rey de Asiria', [31]no le hagan caso. El rey de Asiria me manda a decirles que hagan las paces con él, y que se rindan, y así cada uno podrá comer del producto de su viñedo y de su higuera y beber el agua de su propia cisterna. [32]Después los llevará a un país parecido al de ustedes, un país de trigales y viñedos, para hacer pan y vino, un país de aceite de oliva y miel. Entonces podrán vivir bien y no morirán. Pero no le hagan caso a Ezequías, porque los engaña al decir que el Señor los va a librar. [33]¿Acaso alguno de los dioses de los otros pueblos pudo salvar a su país del poder del rey de Asiria? [34]¿Dónde están los dioses de Hamat y de Arfad? ¿Dónde están los dioses de Sefarvaim, Hena e Iva? ¿Acaso pudieron salvar del poder de Asiria a Samaria? [35]¿Cuál de todos los dioses de esos países pudo salvar a su nación del poder del rey de Asiria? ¿Por qué piensan que el Señor puede salvar a Jerusalén?

[36]La gente se quedó callada y no le respondió ni una palabra, porque el rey había ordenado que no respondieran nada. [37]Entonces Eliaquim, mayordomo

de palacio, Sebna, el cronista, y Joa, secretario del rey, afligidos se rasgaron la ropa y se fueron a ver a Ezequías para contarle lo que había dicho el alto oficial asirio.

### Judá es librado de Senaquerib
(2 Cr 32.20-23; Is 37.1-38)

**19** ¹Cuando el rey Ezequías oyó esto, se rasgó sus vestiduras, se puso ropas ásperas en señal de dolor y se fue al templo del Señor. ²Y envió a Eliaquim, mayordomo de palacio, al cronista Sebna y a los sacerdotes más ancianos, con ropas ásperas en señal de dolor, a ver al profeta Isaías, hijo de Amoz, ³y a decirle de parte del rey: "Hoy estamos en una situación de angustia, castigo y humillación, como una mujer que, a punto de dar a luz, se quedara sin fuerzas. ⁴Ojalá el Señor tu Dios haya oído las palabras del oficial enviado por su amo, el rey de Asiria, para insultar al Dios viviente, y ojalá lo castigue por las cosas que se dijeron contra el Señor mismo, tu Dios, habrá oído. Ofrece, pues, una oración por los que aún quedan.''

⁵Los funcionarios del rey Ezequías fueron a ver a Isaías, ⁶e Isaías les encargó que respondieran a su amo: "El Señor dice: 'No tengas miedo de esas palabras ofensivas que dijeron contra mí los criados del rey de Asiria. ⁷Mira, yo voy a hacer que llegue a él un rumor que lo obligue a volver a su país, y allí lo haré morir asesinado.' ''

⁸El oficial asirio se enteró de que el rey de Asiria se había ido de la ciudad de Laquis. Entonces se fue de Jerusalén, y encontró al rey de Asiria atacando a Libna. ⁹Allí el rey de Asiria oyó decir que el rey Tirhaca de Etiopía había emprendido una campaña militar contra él. Una vez más, el rey de Asiria envió embajadores al rey Ezequías de Judá, ¹⁰a decirle: "Tu Dios, en el que tú confías, te asegura que Jerusalén no caerá en mi poder; pero no te dejes engañar por él. ¹¹Tú has oído lo que han hecho los reyes de Asiria con todos los países que han querido destruir. ¿Y te vas a salvar tú? ¹²¿Acaso los dioses salvaron a los otros pueblos que mis antepasados destruyeron: a Gozán, a Harán, a Resef, y a la gente de Bet-edén que vivía en Telasar? ¹³¿Dónde están los reyes de Hamat, de Arfad, de Sefarvaim, de Hena y de Iva?''

¹⁴Ezequías tomó la carta que le entregaron los embajadores, y la leyó. Luego se fue al templo y, extendiendo la carta delante del Señor, ¹⁵oró así: "Señor, Dios de Israel, que tienes tu trono sobre los querubines:ᵐ tú solo eres Dios de todos los reinos de la tierra; tú creaste el cielo y la tierra. ¹⁶Pon atención, Señor, y escucha. Abre tus ojos, Señor, y mira. Escucha las palabras que Senaquerib mandó decirme, palabras todas ellas ofensivas contra ti, el Dios viviente. ¹⁷Es cierto, Señor, que los reyes de Asiria han destruido las naciones y sus tierras, ¹⁸y que han echado al fuego sus dioses, porque en realidad no eran dioses, sino objetos de madera o de piedra hechos por el hombre. Por eso los destruyeron. ¹⁹Ahora pues, Señor y Dios nuestro, sálvanos de su poder, para que todas las naciones de la tierra sepan que tú, Señor, eres el único Dios.''

²⁰Entonces Isaías mandó a decir a Ezequías: "Esto dice el Señor, Dios de Israel: 'Yo he escuchado la oración que me hiciste acerca de Senaquerib, rey de Asiria.' ''

²¹Estas son las palabras que dijo el Señor acerca del rey de Asiria:

"La ciudad de Sión, como una
    muchacha,
se ríe de ti, Senaquerib.
Jerusalén mueve burlonamente la
    cabeza
cuando tú te retiras.
²²¿A quién has ofendido e insultado?
    ¿Contra quién alzaste la voz
    y levantaste los ojos altaneramente?
    ¡Contra el Dios Santo de Israel!
²³Por medio de tus mensajeros
        insultaste al Señor.
Dijiste:
'Con mis innumerables carros de
    guerra
subí a las cumbres de los montes,
a lo más empinado del Líbano.
Corté sus cedros más altos,
    sus pinos más bellos.
Llegué a sus cumbres más altas,
    a sus bosques, que parecen jardines.
²⁴En tierras extrañas
cavé pozos y bebí de esa agua,
y con las plantas de mis pies
sequé todos los ríos de Egipto.'
²⁵¿Pero no sabías que soy yo, el Señor,
quien ha dispuesto todas estas cosas?

---

ˡ **19.2** Is 1.1. ᵐ **19.15** Ex 25.18-22; 1 S 4.4; Sal 80.1; Is 37.16; Ez 1.26-28.

Desde tiempos antiguos lo había
planeado,
y ahora lo he realizado;
por eso tú destruyes ciudades
fortificadas
y las conviertes en montones de
ruinas.
²⁶Sus habitantes, impotentes,
llenos de miedo y vergüenza,
han sido como hierba del campo,
como pasto verde,
como hierba que crece en los tejados
y que es quemada por el viento del
este.²⁸
²⁷Yo conozco todos tus movimientos
y todas tus acciones;
yo sé que te has enfurecido contra
mí.
²⁸Y como conozco tu furia y tu
arrogancia,
voy a ponerte una argolla en la
nariz,
un freno en la boca,
y te haré volver por el camino
por donde viniste.''

²⁹Isaías dijo entonces a Ezequías:
''Esta será una señal de lo que va a
suceder:
este año y el siguiente comerán
ustedes
el trigo que nace por sí solo,
pero al tercer año podrán sembrar y
cosechar,
plantar viñedos y comer de sus
frutos.
³⁰Los sobrevivientes de Judá serán
como plantas:
echarán raíces y producirán fruto.
³¹Porque un resto quedará en
Jerusalén;
en el monte Sión habrá
sobrevivientes.
Esto lo hará el ardiente amor del
Señor todopoderoso.

³²''Acerca del rey de Asiria dice el
Señor:
'No entrará en Jerusalén,
no le disparará ni una flecha,
no la atacará con escudos
ni construirá una rampa a su
alrededor.
³³Por el mismo camino por donde
vino, se volverá;
no entrará en esta ciudad.
Yo, el Señor, doy mi palabra.

³⁴Yo protegeré esta ciudad
y la salvaré,
por consideración a mi siervo David
y a mí mismo.' ''

³⁵Aquella misma noche el ángel del
Señor fue y mató a ciento ochenta y cinco
mil hombres del campamento asirio, y al
día siguiente todos amanecieron muertos. * ³⁶Entonces Senaquerib, rey de Asiria, levantó el campamento y regresó a
Nínive. ³⁷Y un día, cuando estaba adorando en el templo de Nisroc, su dios, sus
hijos Adramelec y Sarezer fueron y lo asesinaron, y huyeron a la región de Ararat.
Después reinó en su lugar su hijo Esarhadón.

## Enfermedad y curación de Ezequías
### (2 Cr 32.24-26; Is 38.1-8)

**20** ¹Por aquel tiempo, Ezequías cayó
gravemente enfermo, y el profeta
Isaías, hijo de Amoz, fue a verlo y le dijo:
—El Señor dice: 'Da tus últimas instrucciones a tu familia, porque vas a
morir; no te curarás.'
²Ezequías volvió la cara hacia la pared
y oró así al Señor: ³''Yo te suplico, Señor,
que te acuerdes de cómo te he servido fiel
y sinceramente, haciendo lo que te
agrada.'' Y lloró amargamente.
⁴Y ocurrió que antes de que Isaías saliera al patio central del palacio, el Señor
se dirigió a Isaías y le dijo: ⁵''Vuelve y dile
a Ezequías, jefe de mi pueblo: 'El Señor,
Dios de tu antepasado David, dice: Yo he
escuchado tu oración y he visto tus lágrimas. Voy a sanarte, y dentro de tres días
podrás ir al templo del Señor. ⁶Voy a
darte quince años más de vida. A ti y a
Jerusalén los libraré del rey de Asiria. Yo
protegeré esta ciudad, por consideración a
mi siervo David y a mí mismo.' ''
⁷Isaías mandó hacer una pasta de
higos, y la hicieron y se la aplicaron al rey
en la parte enferma, y el rey se curó.
⁸Entonces Ezequías preguntó a Isaías:
—¿Por medio de qué señal voy a darme
cuenta de que el Señor me va a sanar, y de
que dentro de tres días podré ir al templo
del Señor?
⁹Isaías respondió:
—Esta es la señal que el Señor te dará
en prueba de que te cumplirá su promesa:
¿Quieres que la sombra avance diez gradas, o que las retroceda?
¹⁰Y Ezequías le contestó:

---

²⁸ Y que es quemada por el viento del este: texto probable, según Is 37.27. Heb. oscuro.
* 19.35 Eclo 48.21.

—Que la sombra avance es cosa fácil. Lo difícil es que retroceda.

[11]Entonces el profeta Isaías invocó al Señor, y el Señor hizo que la sombra retrocediera las diez gradas que había avanzado en el reloj de sol de Acaz.

### Ezequías recibe a los enviados de Babilonia
#### (2 Cr 32.27-31; Is 39.1-8)

[12]Por aquel tiempo, el rey Merodac-Baladán, hijo de Baladán, rey de Babilonia, oyó decir que Ezequías había estado enfermo, y por medio de unos mensajeros le envió cartas y un regalo. [13]Ezequías los atendió y les mostró su tesoro, la plata y el oro, los perfumes, el aceite fino y su depósito de armas, y todo lo que se encontraba en sus depósitos. No hubo nada en su palacio ni en todo su reino que no les mostrara. [14]Entonces fue el profeta Isaías a ver al rey Ezequías y le preguntó:

—¿De dónde vinieron esos hombres, y qué te dijeron?

Ezequías respondió:

—Vinieron de un país lejano; vinieron de Babilonia.

[15]Isaías le preguntó:

—¿Y qué vieron en tu palacio?

Ezequías contestó:

—Vieron todo lo que hay en él. No hubo nada en mis depósitos que yo no les mostrara.

[16]Isaías dijo entonces a Ezequías:

—Escucha este mensaje del Señor: [17]'Van a venir días en que todo lo que hay en tu palacio y todo lo que juntaron tus antepasados hasta el día de hoy, será llevado a Babilonia. No quedará aquí nada.[n] [18]Aun a algunos de tus propios descendientes se los llevarán a Babilonia, los castrarán y los pondrán como criados en el palacio del rey.'[ñ] [19]Ezequías, pensando que al menos durante su vida habría paz y seguridad, respondió a Isaías:

—El mensaje que me has traído de parte del Señor es favorable.

### Muerte de Ezequías
#### (2 Cr 32.32-33)

[20]El resto de la historia de Ezequías y de sus hazañas, y de cómo construyó el estanque y el canal para llevar el agua a la ciudad, está escrito en el libro de las crónicas de los reyes de Judá. * [21]Cuando murió Ezequías, reinó en su lugar su hijo Manasés.

### Reinado de Manasés en Judá
#### (2 Cr 33.1-20)

**21** [1]Manasés tenía doce años cuando comenzó a reinar, y reinó en Jerusalén cincuenta y cinco años. Su madre se llamaba Hepsiba. [2]Pero sus hechos fueron malos a los ojos del Señor,[o] pues practicó las mismas infamias de las naciones que el Señor había arrojado de la presencia de los israelitas: [3]reconstruyó los santuarios paganos que Ezequías, su padre, había destruido; levantó altares a Baal e hizo una imagen de Asera, como había hecho Acab, rey de Israel; además adoró y rindió culto a todos los astros del cielo, [4]y construyó altares en el templo del Señor, acerca del cual el Señor había dicho que sería la residencia de su nombre en Jerusalén.[p] [5]Levantó otros altares en los dos atrios del templo del Señor, y los dedicó a todos los astros del cielo.

[6]Además hizo quemar a sus hijos[29] en sacrificio, practicó la invocación de espíritus y la adivinación, y estableció el espiritismo y la hechicería. Tan malos fueron sus hechos a los ojos del Señor, que acabó por provocar su indignación. [7]También colocó una imagen de Asera en el templo del Señor, acerca del cual el Señor había dicho a David y a su hijo Salomón: "Este templo en Jerusalén, que he escogido entre todas las tribus de Israel, será para siempre la residencia de mi nombre. [8]No volveré a arrojar a los israelitas de la tierra que di a sus antepasados, con tal de que cumplan y practiquen todo lo que les he ordenado, y todas las enseñanzas que les dio mi siervo Moisés."[q]

[9]Pero ellos no hicieron caso. Por el contrario, Manasés los llevó a actuar con más perversidad que las naciones que el Señor había aniquilado ante los israelitas. [10]Por lo tanto, el Señor habló por medio de sus siervos los profetas, y dijo: [11]"Por haber cometido Manasés tantas infamias, y por ser su maldad mayor que la de los amorreos que hubo antes que él, ya que ha hecho que Judá peque con sus ídolos, [12]yo, el Señor, el Dios de Israel, declaro: Voy a acarrear tal desastre sobre Jerusalén y Judá, que hasta le van a doler los

[29] Sus hijos: según la versión griega. Heb. su hijo.
[n] 20.17 2 R 24.13; 2 Cr 36.10. [ñ] 20.18 2 R 24.14-15; Dn 1.1-7. * 20.20 Eclo 48.17-22. [o] 21.2 Jer 15.4. [p] 21.4 2 S 7.13. [q] 21.7-8 1 R 9.3-5; 2 Cr 7.12-18.

oídos a quien lo oiga. ¹³Mediré a Jerusalén con la misma medida que a Samaria y a la descendencia de Acab; la voy a dejar limpia, como cuando se limpia un plato y se pone boca abajo. ¹⁴En cuanto al resto de mi pueblo, lo abandonaré y lo entregaré en manos de sus enemigos, para que sean saqueados y despojados por ellos. ¹⁵Porque sus hechos han sido malos a mis ojos, y me han estado irritando desde el día en que sus antepasados salieron de Egipto hasta el presente.''

¹⁶Además de los pecados que Manasés hizo cometer a Judá y de sus malas acciones a los ojos del Señor, fue tanta la sangre inocente que derramó en Jerusalén, que la llenó de extremo a extremo. ¹⁷El resto de la historia de Manasés y de todo lo que hizo, y los pecados que cometió, está escrito en el libro de las crónicas de los reyes de Judá. ¹⁸Cuando murió, lo enterraron en el jardín de su palacio, en el jardín de Uza. Después reinó en su lugar su hijo Amón.

### Reinado de Amón en Judá
#### (2 Cr 33.21-25)

¹⁹Amón tenía veintidós años cuando comenzó a reinar, y reinó en Jerusalén dos años. Su madre se llamaba Mesulemet, y era hija de Hazur, de Jotba. ²⁰Pero sus hechos fueron malos a los ojos del Señor, como los de su padre Manasés, ²¹pues siguió sus mismos malos pasos y rindió culto y adoró a los mismos ídolos que su padre había adorado. ²²Así abandonó al Señor, el Dios de sus antepasados, y no actuó conforme a su voluntad.

²³Los oficiales de Amón conspiraron contra él, y lo asesinaron en su palacio. ²⁴Pero la gente del pueblo mató a los que habían conspirado contra el rey Amón, y en su lugar hicieron reinar a su hijo Josías.

²⁵El resto de la historia de Amón y de lo que hizo, está escrito en el libro de las crónicas de los reyes de Judá. ²⁶Lo enterraron en su sepulcro del jardín de Uza. Después reinó en su lugar su hijo Josías.

### Reinado de Josías en Judá
#### (2 Cr 34.1-2)

**22** ¹Josías' tenía ocho años cuando comenzó a reinar, y reinó en Jerusalén durante treinta y un años. Su madre se llamaba Jedida, hija de Adaía, y era de Boscat. ²Los hechos de Josías fueron rectos a los ojos del Señor, pues siguió en todo la conducta de David, su antepasado, sin desviarse de ella para nada.

### Se encuentra el libro de la ley
#### (2 Cr 34.8-33)

³En el año dieciocho del reinado de Josías, el rey envió al templo del Señor a su cronista Safán, hijo de Azalía y nieto de Mesulam. Le dijo:

⁴—Ve a ver a Hilcías, el sumo sacerdote, y dile que reúna el dinero que ha sido llevado al templo del Señor y que los porteros han recogido de entre la gente, ⁵y que lo entregue a los encargados de las obras del templo del Señor, para que ellos a su vez paguen a los que trabajan en la reparación del templo, ⁶es decir, a los carpinteros, maestros de obras y albañiles, y también para que compren madera y piedras de cantería para reparar el templo. ⁷Dile también que no les pida cuentas del dinero que se les entregue, porque actúan con honradez.

⁸Hilcías, el sumo sacerdote, le contó a Safán, el cronista, que había encontrado el libro de la ley en el templo del Señor; y le entregó el libro, y Safán lo leyó. ⁹Después Safán fue a informar de esto al rey, y le dijo:

—Los siervos de Su Majestad han fundido la plata que había en el templo, y la han entregado a los encargados de reparar el templo del Señor.

¹⁰También informó Safán al rey de que el sacerdote Hilcías le había entregado un libro, y lo leyó Safán al rey. ¹¹Al escuchar el rey lo que decía el libro de la ley, se rasgó la ropa, ¹²y en seguida ordenó a Hilcías, a Ahicam, hijo de Safán, a Acbor, hijo de Micaías, a Safán, el cronista, y a Asaías, oficial del rey:

¹³—Vayan a consultar al Señor por mí y por el pueblo y por todo Judá, en cuanto al contenido de este libro que se ha encontrado; pues el Señor debe estar muy furioso contra nosotros, ya que nuestros antepasados no prestaron atención a lo que dice este libro ni pusieron en práctica todo lo que está escrito en él.³⁰

¹⁴Hilcías, Ahicam, Acbor, Safán y Asaías, fueron a ver a la profetisa Hulda, esposa de Salum, hijo de Ticva y nieto de Harhas, encargado del guardarropa del templo. Hulda vivía en el Segundo Barrio

---

³⁰ En él: según la versión griega. Heb. en contra de nosotros.
ʳ 22.1 Jer 3.6.

de Jerusalén, y cuando le hablaron, [15]ella les contestó:

—Esta es la respuesta del Señor, Dios de Israel: 'Dígale a la persona que los ha enviado a consultarme, [16]que yo, el Señor, digo: Voy a acarrear un desastre sobre este lugar y sobre sus habitantes, conforme a todo lo anunciado en el libro que ha leído el rey de Judá. [17]Pues me han abandonado y han quemado incienso a otros dioses, provocando mi irritación con todas sus prácticas; por eso se ha encendido mi ira contra este lugar, y no se apagará. [18]Dígale, pues, al rey de Judá, que los ha enviado a consultar al Señor, que el Señor, el Dios de Israel, dice también: Por haber prestado atención a lo que has oído, [19]y porque te has conmovido y sometido a mí al escuchar mi declaración contra este lugar y sus habitantes, que serán arrasados y malditos, y por haberte rasgado la ropa y haber llorado delante de mí, yo también por mi parte te he escuchado. Yo, el Señor, te lo digo. [20]Por lo tanto, te concederé morir en paz y reunirte con tus antepasados, sin que llegues a ver el desastre que voy a acarrear sobre este lugar.'

Los enviados del rey regresaron para llevarle a éste la respuesta.

**23** [1]Entonces el rey mandó llamar a todos los ancianos de Judá y de Jerusalén, para que se reunieran con él. [2]Luego el rey y todos los hombres de Judá, y los habitantes de Jerusalén, y los sacerdotes, los profetas y la nación entera, desde el más pequeño hasta el más grande, fueron al templo del Señor. Allí el rey les leyó en voz alta todo lo que decía el libro del pacto[s] que había sido encontrado en el templo del Señor. [3]Luego el rey se puso de pie junto a la columna, y se comprometió ante el Señor a obedecerle, a poner en práctica fielmente y con toda sinceridad sus mandamientos, mandatos y leyes, y a cumplir las condiciones del pacto que estaban escritas en el libro. Y todo el pueblo aceptó también el compromiso.

### Reforma de Josías
*(2 Cr 34.3-7)*

[4]Entonces el rey ordenó a Hilcías, sumo sacerdote, y a su segundo sacerdote y a los porteros, que sacaran del templo del Señor todos los objetos del culto de Baal y de Asera y de todos los astros del cielo, y los quemó en las afueras de Jerusalén, en los campos de Cedrón, y llevó luego las cenizas a Betel. [5]Después quitó de sus puestos a los sacerdotes que los reyes de Judá habían nombrado para que quemaran incienso en los santuarios paganos que había en las ciudades de Judá y en los alrededores de Jerusalén, y a los sacerdotes que quemaban incienso a Baal, al sol, a la luna, a los planetas y a todos los astros del cielo. [6]Sacó fuera de Jerusalén la imagen de Asera que estaba en el templo del Señor, la quemó en el arroyo Cedrón hasta convertirla en ceniza y luego la esparció sobre la fosa común.[t] [7]También derrumbó las habitaciones dedicadas a la prostitución entre hombres, que era practicada como un culto en el templo del Señor, donde las mujeres tejían mantos para la diosa Asera.

[8]Después ordenó que vinieran todos los sacerdotes de las ciudades de Judá, y profanó todos los santuarios paganos, desde Geba hasta Beerseba, donde esos sacerdotes habían quemado incienso, y derribó los altares de los demonios que había en la puerta de Josué, gobernador de la ciudad, situados a la entrada de la ciudad, al lado izquierdo. [9]Pero los sacerdotes de los santuarios paganos no iban al altar del Señor en Jerusalén, sino que comían pan sin levadura con sus compañeros sacerdotes.

[10]Josías también profanó el quemadero que había en el valle de Ben-hinom,[u] para que nadie quemara a su hijo o a su hija como sacrificio a Moloc.[v] [11]Quitó los caballos que los reyes de Judá habían dedicado al sol, los cuales estaban a la entrada del templo del Señor, junto a la habitación de Natán-melec, el encargado de las dependencias, y quemó también el carro del sol. [12]Además derribó los altares que los reyes de Judá habían construido en la parte alta de la sala de Acaz, y los altares que Manasés había construido en los patios del templo del Señor;[w] los destrozó y arrojó sus escombros al arroyo Cedrón.

[13]El rey profanó también los santuarios paganos que había al oriente de Jerusalén, en la parte sur del monte de los Olivos, [31] los cuales había construido Salomón, rey de Israel, para Astarté, diosa aborrecible

---

[31] *Monte de los Olivos:* lit. *Monte de la Destrucción.* En hebreo probable juego de palabras entre la que significa *destrucción* y una muy parecida que quiere decir *untura con aceite de olivo.*
[s] 23.2 Dt 31.11-13; Neh 8.1-8.   [t] 23.4-6 2 R 21.3; 2 Cr 33.3.   [u] 23.10 Jer 7.31; 19.1-6; 32.35.   [v] 23.10 Lv 18.21.   [w] 23.12 2 R 21.5; 2 Cr 33.5.

de los sidonios; para Quemos, ídolo aborrecible de los moabitas, y para Milcom, ídolo aborrecible de los amonitas.ˣ ¹⁴También hizo pedazos las piedras y los troncos sagrados, y llenó de huesos humanos los lugares donde habían estado. ¹⁵En cuanto al altar y al santuario pagano de Betel, que fueron construidos por Jeroboam, hijo de Nabat,ʸ que hizo pecar a los israelitas, Josías los destrozó hasta hacerlos polvo, y les prendió fuego; y le prendió fuego también a la representación de Asera.

¹⁶Cuando Josías regresó y vio los sepulcros que había en la colina misma, mandó que sacaran los huesos que hubiera en ellos, y los quemó sobre el altar, profanándolo. Así se cumplió la palabra del Señor trasmitida por el profeta que había anunciado esto.ᶻ ¹⁷Luego preguntó:

—¿Qué monumento es ése que veo allá?

Los hombres de la ciudad le respondieron:

—Es el sepulcro del profeta que vino de Judá y anunció lo que Su Majestad ha hecho con el altar de Betel.ᵃ

¹⁸Entonces Josías ordenó:

—Déjenlo así. Que nadie toque sus huesos.

Así se respetaron sus restos y los del profeta que había venido de Samaria.

¹⁹En cuanto a todos los edificios de los santuarios paganos que había en Samaria, y que los reyes de Israel habían construido provocando la ira del Señor, Josías los eliminó e hizo con ellos lo mismo que había hecho en Betel. ²⁰Después mató sobre los altares a todos los sacerdotes de los santuarios paganos que allí había, y sobre ellos quemó huesos humanos. Después regresó a Jerusalén.

### Josías celebra la Pascua
*(2 Cr 35.1-19)*

²¹El rey ordenó a todo el pueblo que celebrara la Pascuaᵇ en honor del Señor su Dios, según estaba escrito en el libro del pacto. ²²Nunca se había celebrado una Pascua como ésta desde la época de los caudillos que gobernaron en Israel, ni en todo el tiempo de los reyes de Israel y de Judá. ²³Fue en el año dieciocho del reinado de Josías cuando en Jerusalén se celebró aquella Pascua en honor del Señor.

### Devoción de Josías

²⁴Josías eliminó también a los brujos y adivinos, a los ídolos familiares y a otros ídolos, y a todos los aborrecibles objetos de culto que se veían en Judá y en Jerusalén. Lo hizo para cumplir los términos de la ley escritos en el libro que el sacerdote Hilcías había encontrado en el templo del Señor. ²⁵No hubo ningún rey, ni antes ni después de él, que como él se volviera al Señor con todo su corazón y con toda su alma y con todas sus fuerzas, conforme a la ley de Moisés.

²⁶A pesar de ello, el Señor siguió enojado, pues todavía estaba enfurecido contra Judá por todas las ofensas con que Manasés le había provocado. ²⁷Por eso dijo el Señor que iba a apartar de su presencia a Judá, como había apartado a Israel, y que iba a rechazar la ciudad de Jerusalén que había escogido, y el templo en el que había dicho que residiría su nombre.

### Muerte de Josías
*(2 Cr 35.20-27)*

²⁸El resto de la historia de Josías y de todo lo que hizo, está escrito en el libro de las crónicas de los reyes de Judá. ²⁹En su tiempo, el faraón Necao, rey de Egipto, se dirigió hacia el río Éufrates para ayudar al rey de Asiria. El rey Josías le salió al encuentro; pero en Meguido, en cuanto Necao lo vio, lo mató. ³⁰Sus oficiales pusieron su cadáver en un carro y lo llevaron desde Meguido a Jerusalén, donde lo enterraron en su sepulcro. La gente del pueblo tomó entonces a Joacaz, hijo de Josías, y lo consagraron como rey en lugar de su padre.

### Reinado de Joacaz en Judá
*(2 Cr 36.1-4)*

³¹Joacaz tenía veintitrés años cuando comenzó a reinar, y reinó en Jerusalén tres meses. Su madre se llamaba Hamutal, hija de Jeremías, y era de Libna. ³²Pero sus hechos fueron malos a los ojos del Señor, igual que los de sus antepasados. ³³El faraón Necao lo tuvo preso en Ribla, en la región de Hamat, para que no reinara en Jerusalén, y obligó al país a pagar un tributo de tres mil trescientos kilos de plata y treinta y tres kilos de oro. ³⁴Además, el faraón Necao puso como rey a Eliaquim, hijo de Josías, en lugar de su

padre, y le cambió el nombre y le puso Joacim, y a Joacaz lo tomó y lo llevó a Egipto, donde murió.c

35 Joacim entregó a Necao la plata y el oro que éste exigía, para lo cual tuvo que imponer una contribución a la gente del país. Y cada uno pagó en plata y en oro el impuesto que se le calculó, para entregárselo al faraón Necao.

### Reinado de Joacim en Judá
*(2 Cr 36.5-8)*

36 Joacimd tenía veinticinco años cuando comenzó a reinar, y reinó en Jerusalén once años. Su madre se llamaba Zebuda, hija de Pedaías, y era de Ruma. 37 Pero sus hechos fueron malos a los ojos del Señor, igual que los de sus antepasados.

**24** 1 Durante el reinado de Joacim, Nabucodonosor, rey de Babilonia, invadió el país,e y Joacim estuvo sometido a él durante tres años. Luego cambió de parecer y se rebeló contra él. 2 Pero el Señor mandó contra Joacim bandas de ladrones caldeos, sirios, moabitas y amonitas. Las envió contra Judá, para que la destruyeran, conforme al anuncio que había hecho el Señor por medio de sus siervos los profetas. 3 Esto ocurrió con Judá porque el Señor así lo dispuso, para apartarla de su presencia por todos los pecados que Manasés había cometido, 4 y también por la sangre inocente que había derramado y con la cual había llenado Jerusalén. Por eso el Señor no quiso perdonar más.

5 El resto de la historia de Joacim y de todo lo que hizo está escrito en el libro de las crónicas de los reyes de Judá. 6 Cuando murió, reinó en su lugar su hijo Joaquín. 7 Desde entonces, el rey de Egipto no salió más de su país, porque el rey de Babilonia había conquistado todas sus posesiones, desde el arroyo de Egipto hasta el río Éufrates.

### Joaquín y su corte son desterrados a Babilonia
*(2 Cr 36.9-10)*

8 Joaquín tenía dieciocho años cuando comenzó a reinar, y reinó en Jerusalén tres meses. Su madre se llamaba Nehusta, hija de Elnatán, y era de Jerusalén. 9 Pero

sus hechos fueron malos a los ojos del Señor, igual que los de su padre.

10 En aquel tiempo, las tropas de Nabucodonosor, rey de Babilonia, marcharon contra Jerusalén y la rodearon para atacarla. 11 Durante el ataque a la ciudad, llegó Nabucodonosor. 12 Entonces Joaquín, rey de Judá, junto con su madre, sus oficiales, jefes y hombres de confianza, se rindieron al rey de Babilonia, quien los hizo prisioneros. Esto sucedió en el año ocho del reinado de Nabucodonosor.f

13 Después Nabucodonosor sacó de allí todos los tesoros del templo del Señor y del palacio real y, tal como el Señor lo había anunciado, rompió todos los objetos de oro que Salomón, rey de Israel, había hecho para el templo del Señor. 14 Luego se llevó cautivos a todos los habitantes de Jerusalén, a todos los jefes y los mejores soldados, y a todos los artesanos y herreros, hasta completar diez mil prisioneros. No quedó nadie en el país, a excepción de la gente más pobre.

15 Nabucodonosor se llevó también cautivos a Joaquín y a su madre, a sus esposas, a sus oficiales, y a las personas más importantes del país. Los llevó cautivos de Jerusalén a Babilonia.g 16 El total de prisioneros de renombre que el rey de Babilonia se llevó, fue de siete mil; y mil de artesanos y herreros, además de todos los hombres fuertes y aptos para la guerra. 17 Luego el rey de Babilonia nombró rey a Matanías, en lugar de su sobrino Joaquín, y le cambió su nombre y le puso Sedequías.h

### Reinado de Sedequías
*(2 Cr 36.11-16; Jer 52.1-3)*

18 Sedequías tenía veintiún años cuando comenzó a reinar,i y reinó once años en Jerusalén. Su madre se llamaba Hamutal, hija de Jeremías, y era de Libna. 19 Pero sus hechos fueron malos a los ojos del Señor, igual que los de Joacim. 20 Por eso el Señor se enojó con Jerusalén y con Judá, y los echó de su presencia.

### Caída de Jerusalén
*(Jer 39.1-7; 52.3-11)*

Después Sedequías se rebeló contra el **25** rey de Babilonia.j 1 El día diez del mes décimo del año noveno del reinado de Sedequías, el rey Nabucodonosor

c **23.34** Jer 22.11-12.  d **23.36** Jer 22.18-19; 26.1-6; 35.1-19.  e **24.1** Jer 25.1-38; Dn 1.1-2.  f **24.12** Jer 22.24-30; 24.1-10; 29.1-2.  g **24.15** Ez 17.12.  h **24.17** Jer 37.1; Ez 17.13.  i **24.18** Jer 27.1-22; 28.1-17.  j **24.20** Ez 17.15.

marchó con todo su ejército contra Jerusalén, y la sitió.[k] Acampó frente a ella, y a su alrededor construyó rampas para atacarla. [2]La ciudad estuvo sitiada hasta el año once del reinado de Sedequías. [3]El día nueve del mes cuarto[32] de ese año aumentó el hambre en la ciudad, y la gente no tenía ya nada que comer. [4]Entonces hicieron un boquete en las murallas de la ciudad,[l] y aunque los caldeos la tenían sitiada, el rey[33] y todos los soldados huyeron de la ciudad durante la noche. Salieron por la puerta situada entre las dos murallas, por el camino de los jardines reales, y tomaron el camino del valle del Jordán. [5]Pero los soldados caldeos persiguieron al rey Sedequías, y lo alcanzaron en la llanura de Jericó. Todo su ejército lo abandonó y se dispersó. [6]Los caldeos capturaron al rey y lo llevaron ante el rey de Babilonia, que estaba en Ribla, en el territorio de Hamat. Allí Nabucodonosor dictó sentencia contra Sedequías, [7]y en presencia de éste mandó degollar a sus hijos. En cuanto a Sedequías, mandó que le sacaran los ojos y que lo encadenaran para llevarlo a Babilonia.[m]

### Destrucción del templo
*(2 Cr 36.17-21; Jer 39.8-10; 52.12-30)*

[8]El día siete del mes quinto del año diecinueve del reinado de Nabucodonosor, rey de Babilonia, Nabuzaradán, oficial del rey y comandante de la guardia real, llegó a Jerusalén [9]e incendió el templo,[n] el palacio real y todas las casas de la ciudad, especialmente las casas de todos los personajes notables, [10]y el ejército caldeo que lo acompañaba derribó las murallas que rodeaban Jerusalén. [11]Luego Nabuzaradán llevó desterrados a Babilonia tanto a los que aún quedaban en la ciudad como a los que se habían puesto del lado del rey de Babilonia, y al resto de los artesanos.[34] [12]Sólo dejó a algunos de entre la gente más pobre, para que cultivaran los viñedos y los campos.[ñ]

[13]Los caldeos hicieron pedazos los objetos de bronce que había en el templo: las columnas,[o] las bases y la enorme pila[p] para el agua, y se llevaron todo el bronce a Babilonia. [14]También se llevaron los ceniceros, las palas, las despabiladeras,

los cucharones y todos los utensilios de bronce para el culto.[q] [15]Igualmente, el comandante de la guardia se llevó todos los objetos de oro y plata: los braseros y los tazones. [16]Por lo que se refiere a las dos columnas, la enorme pila para el agua y las bases que el rey Salomón había mandado hacer para el templo, su peso no podía calcularse. [17]Cada columna tenía más de ocho metros de altura, y en su parte superior tenía un capitel de bronce, de más de dos metros[35] de altura, alrededor del cual había una rejilla toda de bronce, adornada con granadas. Las dos columnas eran iguales.

### Destierro del pueblo de Judá

[18]El comandante de la guardia apresó también a Seraías, sumo sacerdote, a Sofonías, sacerdote que le seguía en dignidad, y a los tres guardianes del umbral del templo. [19]De la gente de la ciudad apresó al oficial que mandaba las tropas, a cinco hombres del servicio personal del rey que se encontraron en la ciudad, al funcionario militar que reclutaba hombres para el ejército y a sesenta ciudadanos notables que estaban en la ciudad. [20-21]Nabuzaradán llevó a todos estos ante el rey de Babilonia, que estaba en Ribla, en el territorio de Hamat. Allí el rey de Babilonia mandó que los mataran.

Así fue desterrado de su país el pueblo de Judá.

### El grupo restante huye a Egipto
*(Jer 40.7-10; 41.1-3, 16-18)*

[22]Nabucodonosor, rey de Babilonia, nombró gobernador a Gedalías, hijo de Ahicam y nieto de Safán, para que se hiciera cargo de la gente que él había dejado en Judá. [23]Y cuando los jefes del ejército de Judá y sus hombres supieron esto, fueron a Mizpa para hablar con Gedalías. Eran Ismael, hijo de Netanías; Johanán, hijo de Carea; Seraías, hijo de Tanhumet, de Netofa; y Jaazanías, hijo de un hombre de Maacá. Fueron acompañados de sus hombres. [24]Gedalías les hizo un juramento a ellos y a sus hombres, y les dijo que no tuvieran miedo de los oficiales caldeos, que se quedaran a vivir en el país y sirvieran al rey de Babilonia, y que les iría bien.

---

[32] *Del mes cuarto:* según Jer 52.6. En el texto hebreo no aparece *cuarto.* [33] *El rey:* según la versión griega. En el texto hebreo no aparece esta frase. [34] *Artesanos:* texto probable. Heb. *multitud.* [35] *Más de dos metros:* texto probable, según Jer 52.22. Heb. *metro y medio.*

[k] 25.1 Jer 21.1-10; 34.1-5; Ez 24.2. [l] 25.4 Ez 33.21. [m] 25.7 Ez 12.13. [n] 25.9 1 R 9.8. [ñ] 25.8-12 Dt 4.27-28; 28.36. [o] 25.13 1 R 7.15-22; 2 Cr 3.15-17. [p] 25.13 1 R 7.23-26; 2 Cr 4.2-5. [q] 25.14 1 R 7.45; 2 Cr 4.16.

²⁵Pero en el mes séptimo, Ismael, hijo de Netanías y nieto de Elisama, que era de la familia real de Judá, llegó acompañado de diez hombres, y entre todos mataron a Gedalías y a los judíos y caldeos que había con él en Mizpa. ²⁶Entonces toda la gente, por miedo a los caldeos, se levantó y se fue a Egipto,ʳ lo mismo grandes y pequeños que oficiales del ejército.

### Joaquín es libertado y recibe honores en Babilonia
*(Jer 52.31-34)*

²⁷El día veintisiete del mes doce del año treinta y siete del destierro del rey Joaquín de Judá, comenzó a reinar en Babilonia el rey Evil-merodac, el cual se mostró bondadoso con Joaquín y lo sacó de la cárcel, ²⁸lo trató bien y le dio preferencia sobre los otros reyes que estaban con él en Babilonia. ²⁹De esta manera, Joaquín pudo quitarse la ropa que usaba en la prisión y comer con el rey por el resto de su vida. ³⁰Además, durante toda su vida, Joaquín recibió una pensión diaria de parte del rey de Babilonia.

ʳ 25.26 Jer 43.5-7.

# Primer Libro de las
# CRÓNICAS

*Los dos libros de las Crónicas son en gran parte un nuevo relato, condensado en algunos puntos, ampliado en otros, de los sucesos referidos en los libros de Samuel y de Reyes. Pero no sólo se han omitido algunos de los acontecimientos narrados por dichos libros. También los que de nuevo se consignan se enfocan e interpretan desde otro punto de vista. Por una parte, se concentra la atención en los reinados de David y Salomón, y en el templo, su culto y su sacerdocio. A la organización y funciones de este último se da especial importancia. Por otra parte, se presenta a David como el verdadero fundador del templo y de su ritual, aun cuando quien lo construye es Salomón.*

*Josafat, Ezequías y Josías se destacan en el relato como ejemplos de fidelidad al Dios de Israel, y de piedad y devoción en tiempos difíciles y, tras periodos de apostasía, como grandes reformadores religiosos. El escritor sagrado se esfuerza por mostrar que, a pesar de los desastres sobrevenidos a Israel y Judá, Dios mantenía en pie las promesas hechas a la nación y llevaba adelante sus planes respecto a ella. Para ello se valía de modo especial de la continuidad y pureza del culto que se le ofrecía.*

*Los primeros nueve capítulos del primer libro se dedican a genealogías y listas. La historia propiamente dicha comienza con la muerte de Saúl (cap. 10). El resto del libro (caps. 11-29) habla del reinado de David, y de sus dificultades y sus logros. Le da gran importancia a los preparativos de David para la construcción del templo, la cual encomendó luego a Salomón, y trata de ellos con mucho detalle (ocho capítulos finales).*

## Descendientes de Adán

### (Gn 5.1-32)

**1** [1]Adán, Set, Enós, [2]Cainán, Mahalaleel, Jared, [3]Enoc, Matusalén, Lamec, [4]Noé.

## Descendientes de Noé

### (Gn 10.1-32)

Hijos de Noé:[1] Sem, Cam y Jafet.
[5]Hijos de Jafet: Gomer, Magog, Madai, Javán, Tubal, Mesec y Tiras. [6]Hijos de Gomer: Askenaz, Rifat y Togarma. [7]Hijos de Javán: Elisa, Tarsis, Quitim y Rodanim.
[8]Hijos de Cam: Cus, Mizraim, Fut y Canaán. [9]Hijos de Cus: Seba, Havila, Sabta, Raama y Sabteca. Hijos de Raama: Seba y Dedán. [10]Cus fue el padre de Nimrod, el primer hombre poderoso de la tierra.
[11]De Mizraim descienden los ludeos, los anameos, los lehabitas, los naftuhítas, [12]los patruseos, los casluhítas y los caftoritas, de quienes descienden los filisteos.
[13]Canaán fue padre de Sidón, su primer hijo, y de Het. [14]De Canaán descienden los jebuseos, amorreos, gergeseos, [15]heveos, araceos, sineos, [16]arvadeos, zemareos y hamateos.

[17]Hijos de Sem: Elam, Asur, Arfaxad, Lud y Aram. Los hijos de Aram fueron[2] Uz, Hul, Geter y Mas.[3] [18]Arfaxad fue el padre de Sala, y Sala fue el padre de Heber. [19]Heber tuvo dos hijos: el primero se llamaba Peleg,[4] porque en su tiempo la gente de la tierra se dividió. El hermano de Peleg se llamaba Joctán. [20]Joctán fue el padre de Almodad, Selef, Hazar-mavet, Jera, [21]Adoram, Uzal, Dicla, [22]Obal,[5] Abimael, Seba, [23]Ofir, Havila y Jobab. Todos estos fueron hijos de Joctán.

## Descendientes de Sem

### (Gn 11.10-26)

[24]Sem, Arfaxad, Sala, [25]Heber, Peleg, Reu, [26]Serug, Nacor, Taré [27]y Abram, que es Abraham.

## Descendientes de Ismael y de Cetura

### (Gn 25.1-6, 12-18)

[28]Hijos de Abraham: Isaac e Ismael. [29]Sus descendientes fueron: Nebaiot, hijo mayor de Ismael, Cedar, Abdeel, Mibsam, [30]Misma, Duma, Massa, Hadad, Tema, [31]Jetur, Nafis y Cedema. Estos fueron los hijos de Ismael.
[32]Hijos de Cetura, concubina de Abraham: Zimram, Jocsán, Medán, Madián,

Isbac y Súa. Hijos de Jocsán: Seba y Dedán. ³³Hijos de Madián: Efa, Efer, Hanoc, Abida y Elda. Todos estos fueron descendientes de Cetura.

### Descendientes de Esaú
#### (Gn 36.1-43)

³⁴Abraham fue el padre de Isaac. Hijos de Isaac: Esaú e Israel. ³⁵Hijos de Esaú: Elifaz, Reuel, Jeús, Jaalam y Coré. ³⁶Hijos de Elifaz: Temán, Omar, Zefo, Gatam y Cenaz; de Timna tuvo a Amalec.⁶ ³⁷Hijos de Reuel: Nahat, Zera, Sama y Miza.

³⁸Hijos de Seir: Lotán, Sobal, Zibeón, Aná, Disón, Ezer y Disán. ³⁹Hijos de Lotán: Hori y Hemam.⁷ Timna era hermana de Lotán. ⁴⁰Hijos de Sobal: Alván, Manahat, Ebal, Sefo y Onam. Hijos de Zibeón: Aja y Aná. ⁴¹Aná fue padre de Disón. Hijos de Disón: Hemdán,⁸ Esbán, Itrán y Querán. ⁴²Hijos de Ezer: Bilhán, Zaaván y Jaacán. Hijos de Disán: Uz y Arán.

⁴³Estos fueron los reyes que gobernaron en Edom antes que los israelitas tuvieran rey: Bela, hijo de Beor; su ciudad se llamaba Dinaba. ⁴⁴Cuando Bela murió, gobernó en su lugar Jobab, el hijo de Zera, que era del pueblo de Bosra. ⁴⁵Cuando Jobab murió, gobernó en su lugar Husam, que era de la región de Temán. ⁴⁶Cuando Husam murió, gobernó en su lugar Hadad, el hijo de Bedad, que derrotó a Madián en el campo de Moab; y su ciudad se llamaba Avit. ⁴⁷Cuando murió Hadad, gobernó en su lugar Samla, que era del pueblo de Masreca. ⁴⁸Cuando Samla murió, gobernó en su lugar Saúl, que era de Rehobot, el pueblo que está junto al río. ⁴⁹Cuando Saúl murió, gobernó en su lugar Baal-hanán, que era hijo de Acbor. ⁵⁰Y cuando murió Baal-hanán, gobernó en su lugar Hadad; y su ciudad se llamaba Pau.⁹ La esposa de Hadad se llamaba Mehetabel y era hija de Matred y nieta de Mezaab.

⁵¹Después de la muerte de Hadad, los jefes de Edom fueron: Timna, Alva, Jetet, ⁵²Aholibama, Ela, Pinón, ⁵³Cenaz, Temán, Mibzar, ⁵⁴Magdiel e Iram. Estos fueron los jefes de Edom.

### Los hijos de Israel
#### (Gn 35.22-26)

**2** ¹Los hijos de Israel fueron Rubén, Simeón, Leví, Judá, Isacar, Zabulón, ²Dan, José, Benjamín, Neftalí, Gad y Aser.

### Descendientes de Judá

³Los hijos de Judá fueron Er, Onán y Sela. La madre de estos tres fue la hija de Súa, que era cananea. Pero Er, el hijo mayor de Judá, fue tan malo que el Señor le quitó la vida. ⁴Tamar, la nuera de Judá, tuvo de éste dos hijos, Fares y Zera. En total, los hijos de Judá fueron cinco.

⁵Los hijos de Fares fueron Hezrón y Hamul. ⁶Los hijos de Zera fueron Zimri, Etán, Hemán, Calcol y Darda, cinco en total.

⁷El hijo de Carmi fue Acar, ¹⁰ que trajo la desgracia sobre Israel al tomar lo que Dios había ordenado que se destruyera por completo.ᵃ ⁸El hijo de Etán fue Azarías.

⁹Los hijos de Hezrón fueron Jerameel, Ram y Quelubai.

¹⁰Ram fue padre de Aminadab, y Aminadab fue padre de Naasón, jefe de los descendientes de Judá. ¹¹Naasón fue padre de Salma, Salma fue padre de Booz, ¹²Booz fue padre de Obed, Obed fue padre de Isaí, ¹³Isaí fue padre de Eliab, su primer hijo; de Abinadab, el segundo; de Simea, el tercero; ¹⁴de Natanael, el cuarto; de Radai, el quinto; ¹⁵de Ozem, el sexto, y de David,ᵇ el séptimo. ¹⁶Las hermanas de éstos fueron Sarvia y Abigail. Los hijos de Sarvia fueron tres: Abisai, Joab y Asael. ¹⁷Abigail tuvo un hijo, Amasa, cuyo padre fue Jeter el ismaelita.

¹⁸Caleb, hijo de Hezrón, tuvo de Azuba, su mujer, un hijo:¹¹ Jeriot. Sus otros hijos fueron Jezer, Sobab y Ardón. ¹⁹Cuando Azuba murió, Caleb se casó con Efrata, y tuvo de ella un hijo: Hur. ²⁰Hur fue padre de Uri, y Uri fue padre de Bezaleel.

²¹Cuando Hezrón tenía sesenta años, se casó con la hija de Maquir, el padre de Galaad, y tuvo de ella un hijo: Segub. ²²Segub fue padre de Jair, quien tuvo veintitrés ciudades en la región de Galaad. ²³Pero Gesur y Aram se apoderaron de

---

⁶ *De Timna tuvo a Amalec:* texto probable (véase Gn 36.12). Heb. *Timna y Amalec.*   ⁷ *Hemam:* según la versión griega y Gn 36.22. Heb. *Homam.*   ⁸ *Hemdán:* según varios mss. y Gn 36.26. Heb. *Amram.*   ⁹ *Pau:* según varios mss. y Gn 36.39. Heb. *Pai.*   ¹⁰ En hebreo, *Acar* se relaciona con la palabra que significa *traer desgracia.* En Jos 7.1 este nombre aparece bajo la forma de *Acán.*   ¹¹ *Tuvo de Azuba, su mujer, un hijo:* según una versión antigua. Heb. *fue padre de Azuba, una mujer, y de.*
ᵃ 2.7 Jos 7.1.   ᵇ 2.10-15 Rt 4.18-22.

los campamentos de Jair, y también de Kenat y sus aldeas; en total sesenta ciudades. Todos estos fueron los descendientes de Maquir, padre de Galaad.

²⁴Después de la muerte de Hezrón, Caleb se casó con Efrata, esposa de su padre Hezrón, y tuvo de ella un hijo, Asur, que fue padre de Tecoa.

²⁵Los hijos de Jerameel, hijo mayor de Hezrón, fueron Ram, el mayor, Buna, Orén, Ozem y Ahías. ²⁶Jerameel tuvo otra esposa, llamada Atara, que fue madre de Onam.

²⁷Los hijos de Ram, el hijo mayor de Jerameel, fueron Maaz, Jamín y Equer. ²⁸Los hijos de Onam fueron Samai y Jada.

Los hijos de Samai fueron Nadab y Abisur. ²⁹La esposa de Abisur se llamaba Abihail y fue madre de Ahbán y Molid. ³⁰Los hijos de Nadab fueron Seled y Apaim. Seled murió sin hijos. ³¹Apaim fue padre de Isi. Isi fue padre de Sesán. Sesán fue padre de Ahlai.

³²Los hijos de Jada, hermano de Samai, fueron Jeter y Jonatán. Jeter murió sin hijos. ³³Los hijos de Jonatán fueron Pelet y Zaza.

Estos fueron los descendientes de Jerameel.

³⁴Sesán no tuvo hijos: sólo tuvo hijas. Pero tenía un esclavo egipcio llamado Jarha ³⁵y a éste dio por esposa a una de sus hijas, de la que tuvo un hijo: Atai. ³⁶Atai fue padre de Natán, Natán fue padre de Zabad, ³⁷Zabad fue padre de Eflal, Eflal fue padre de Obed, ³⁸Obed fue padre de Jehú, Jehú fue padre de Azarías, ³⁹Azarías fue padre de Heles, Heles fue padre de Elasa, ⁴⁰Elasa fue padre de Sismai, Sismai fue padre de Salum, ⁴¹Salum fue padre de Jecamías, y Jecamías fue padre de Elisama.

⁴²Los hijos de Caleb, hermano de Jerameel, fueron Mesa, el mayor, que fue padre de Zif, y Maresa, el segundo,¹² que fue padre de Hebrón. ⁴³Los hijos de Hebrón fueron Coré, Tapúa, Requem y Sema. ⁴⁴Sema fue padre de Raham, que fue padre de Jorcoam; y Requem fue padre de Samai. ⁴⁵De Samai fue hijo Maón, padre de Bet-sur.

⁴⁶Efa, concubina de Caleb, fue madre de Harán, Mosa y Gazez. Harán fue el padre de Gazez.

⁴⁷Los hijos de Jahdai fueron Regem, Jotam, Gesán, Pelet, Efa y Saaf.

⁴⁸Maaca, concubina de Caleb, fue madre de Seber y de Tirhana. ⁴⁹También fue madre de Saaf, padre de Madmana, y de Seva, padre de Macbena y de Gibea. Caleb tuvo también una hija, llamada Acsa.

⁵⁰Estos fueron los descendientes de Caleb.

Los hijos de Hur, hijo mayor de Efrata, fueron Sobal, padre de Quiriat-jearim; ⁵¹Salma, padre de Belén; y Haref, padre de Bet-gader.

⁵²Los hijos de Sobal, padre de Quiriat-jearim, fueron Reaía, ¹³ la mitad de los manahetitas ⁵³y los clanes de Quiriat-jearim: los itritas, los futitas, los sumatitas y los misraítas, de quienes vienen los zoratitas y los estaolitas.

⁵⁴Los hijos de Salma fueron Belén, los netofatitas, Atrot-bet-joab, la otra mitad de los manahetitas, los zoraítas ⁵⁵y los clanes de los soferitas que vivían en Jabes, es decir, los tirateos, simeateos y sucateos. Estos son los quenitas que descienden de Hamat, padre de Bet-recab.

### Los hijos de David
(2 S 3.2-5; 5.13-16; 1 Cr 14.3-7)

**3** ¹Los hijos de David nacidos en Hebrón fueron: el mayor, Amnón, hijo de Ahinoam, la de Jezreel; el segundo, Daniel, hijo de Abigail, de Carmel; ²el tercero, Absalón, hijo de Maaca, la hija de Talmai, rey de Gesur; el cuarto, Adonías, hijo de Haguit; ³el quinto, Sefatías, hijo de Abital; y el sexto, Itream, hijo de Egla, otra esposa de David. ⁴Estos seis hijos de David nacieron en Hebrón, donde reinó durante siete años y seis meses. Luego reinó treinta y tres años en Jerusalén,ᶜ ⁵donde le nacieron cuatro hijos más: Simea, Sobab, Natán y Salomón, todos ellos hijos de Betsabé, ¹⁴,ᵈ hija de Amiel. ⁶Tuvo además otros nueve hijos: Ibhar, Elisama, Elifelet, ⁷Noga, Nefeg, Jafía, ⁸Elisama, Eliada y Elifelet. ⁹Todos estos fueron hijos de David, sin contar los hijos tenidos de las concubinas. Tamar fue hermana de ellos.

### Descendientes de Salomón

¹⁰⁻¹⁴Los descendientes de Salomón, en línea directa, fueron Roboam, Abías, Asa, Josafat, Joram, Ocozías, Joás,

---

¹² *Maresa, el segundo:* texto probable. Heb. *y los hijos de Maresa.*   ¹³ *Reaía:* texto probable (véase 4.2). Heb. *Haroe.*
¹⁴ *Betsabé:* texto probable. Heb. *Bet-súa.*
ᶜ 3.4 2 S 5.4-5; 1 R 2.11; 1 Cr 29.27.   ᵈ 3.5 2 S 11.3.

Amasías, Azarías, Jotam, Acaz, Eze-quías, Manasés, Amón y Josías.

¹⁵Los hijos de Josías fueron: el mayor, Johanán; el segundo, Joacim; el tercero, Sedequías; y el cuarto, Salum.

¹⁶Los hijos de Joacim fueron Jeconías y Sedequías.

¹⁷Los descendientes de Jeconías, el des-terrado, fueron Salatiel, su hijo mayor, *¹⁵* ¹⁸y Malquiram, Pedaías, Senazar, Jeca-mías, Hosama y Nedabías.

¹⁹Los hijos de Pedaías fueron Zoroba-bel y Simei. Los hijos de Zorobabel fue-ron Mesulam y Hananías, y Selomit, her-mana de éstos, ²⁰y otros cinco hijos: Hasuba, Ohel, Berequías, Hasadías y Jusab-hesed.

²¹Los hijos de Hananías fueron Pelatías y Jesaías. Los descendientes de Jesaías, en línea directa, fueron Refaías, Arnán, Abdías y Secanías.

²²Los hijos de Secanías fueron Semaías,*¹⁶* Hatus, Igal, Barías, Nearías y Safat: seis en total.

²³Los hijos de Nearías fueron tres: Elioenai, Ezequías y Azricam.

²⁴Los hijos de Elioenai fueron siete: Hodavías, Eliasib, Pelaías, Acub, Joha-nán, Dalaías y Anani.

### Descendientes de Judá

**4** ¹Los hijos de Judá fueron Fares, Hez-rón, Carmi, Hur y Sobal. ²Reaía, hijo de Sobal, fue padre de Jahat, y Jahat fue padre de Ahumai y de Lahad. Estos fue-ron los clanes de los zoratitas.

³⁻⁴Los hijos de Hur fueron *¹⁷* Etam, Jezreel, Isma, Idbas, Penuel, padre de Gedor, y Ezer, padre de Husa. Estos tenían una hermana llamada Haze-lel-poni. Estos fueron los hijos de Hur, hijo mayor de Efrata, antepasado de Belén.

⁵Asur, el padre de Tecoa, tuvo dos mujeres: Hela y Naara. ⁶Naara fue madre de Ahuzam, Hefer, Temeni y Ahastari. Estos fueron los hijos de Naara. ⁷Los hijos de Hela fueron Zeret, Jezoar y Etnán.

⁸Cos fue padre de Anub y de Zobeba y antepasado de los clanes de Aharhel, hijo de Harum.

⁹Jabes fue más famoso que sus herma-nos, y su madre le puso por nombre Jabes,*¹⁸* porque dijo: "En verdad lo he

dado a luz con dolor." ¹⁰Jabes oró al Dios de Israel, diciendo: "Te ruego que me des tu bendición y un territorio muy grande, que me ayudes y me libres de males, para que yo no sufra." Y Dios le concedió lo que le había pedido.

¹¹Quelub, hermano de Súa, fue padre de Mehír; Mehír fue padre de Estón; ¹²Estón fue padre de Bet-rafa, de Paseah y de Tehína, fundador de la ciudad de Nahas. Estos fueron los habitantes de Reca.

¹³Los hijos de Cenaz fueron Otoniel y Seraías. Los hijos de Otoniel fueron Hatat ¹⁴y Meonotai, padre de Ofra. Seraías fue padre de Joab, el antepasado de los habitantes del valle de Carisim, *¹⁹* los cuales se dedicaban a la artesanía.

¹⁵Los hijos de Caleb, hijo de Jefone, fueron Iru, Ela y Naam. Ela fue padre de Cenaz.

¹⁶Los hijos de Jahaleel fueron Zif, Zifa, Tirías y Asareel.

¹⁷⁻¹⁸Los hijos de Esdras fueron Jeter, Mered, Efer y Jalón. Mered se casó con Bitia, hija del faraón, y sus hijos fueron María, Samai e Isba, padre de Estemoa. Mered tuvo también una mujer de la tribu de Judá, que fue madre de Jered, padre de Gedor, de Heber, padre de Soco, y de Jecutiel, padre de Zanoa.

¹⁹Los hijos de la mujer de Hodías, her-mana de Naham, el padre de Keila, fue-ron Dalia²⁰ el garmita y Estemoa el maa-cateo.

²⁰Los hijos de Simón fueron Amnón, Rina, Ben-hanán y Tilón.

Los hijos de Isi fueron Zohet y Benzo-het.

²¹Los descendientes de Sela, hijo de Judá, fueron Er, padre de Leca, Laada, padre de Maresa, los clanes de los que tra-bajaban el lino en Bet-asbea, ²²Joacim, los habitantes de Cozeba, Joás y Saraf, los cuales fueron a casarse con mujeres moabitas²¹ y volvieron a Belén, según antiguas crónicas. ²³Estos eran alfareros; vivían en Netaim y Gedera, y estaban al servicio del rey.

### Descendientes de Simeón

²⁴Los hijos de Simeón fueron Nemuel, Jamín, Jarib, Zera y Saúl. ²⁵Saúl fue

---

*¹⁵ Su hijo mayor:* texto probable. Heb. *su hijo.* *¹⁶ Semaías:* texto probable. Heb. añade: *y los hijos de Semaías.* *¹⁷ Los hijos de Hur fueron:* texto probable. Heb. *el padre de.* *¹⁸* En hebreo, *Jabes* y la palabra que significa *dolor* tienen un sonido parecido. *¹⁹* En hebreo, *Carisim* significa *artesanos.* *²⁰ Dalia:* según la versión griega. En el texto hebreo no aparece este nombre. *²¹ Fueron a casarse con mujeres moabitas:* otra posible traducción: *dominaron en Moab.*

padre de Salum; Salum fue padre de Mibsam, y Mibsam fue padre de Misma.

[26]Misma fue padre de Hamuel; de éste fue hijo Zacur, y de éste fue hijo Simei. [27]Simei tuvo dieciséis hijos y seis hijas; pero sus hermanos no tuvieron muchos hijos, de modo que sus clanes no crecieron tanto como los descendientes de Judá. [28]Vivían en Beerseba, Molada, Hazar--sual, [29]Bilha, Ezem, Tolad, [30]Betuel, Horma, Siclag, [31]Bet-marcabot, Hazar--susim, Bet-birai y Saaraim. Estas fueron sus ciudades hasta el reinado de David. [32]Tenían además cinco pueblos: Etam, Aín, Rimón, Toquén y Asán, [33]con todas las aldeas que estaban alrededor de estas ciudades hasta Baalat. Estos son los lugares en que vivieron y sus registros familiares.[e]

[34]Mesobab, Jamlec, Josías, hijo de Amasías, [35]Joel, Jehú, quien fue hijo de Josibías, éste de Seraías, y éste de Asiel; [36]Elioenai, Jaacoba, Jesohaía, Asaías, Adiel, Jesimiel, Benaía, [37]Ziza, quien fue hijo de Sifi, éste de Alón, éste de Jedaías, éste de Simri, éste de Semaías. [38]Estos que han sido mencionados fueron jefes de clanes. Como sus familias aumentaron hasta ser muy numerosas, [39]llegaron buscando pastos para sus rebaños a la entrada de Gerar,[22] al este del valle, [40]y allí encontraron buen pasto, fresco y abundante, y una gran extensión de terreno tranquilo y seguro. Allí habían vivido antes los descendientes de Cam, [41]pero en tiempos del rey Ezequías de Judá, vinieron éstos que ya se han mencionado y los destruyeron para siempre, junto con los campamentos y viviendas que allí encontraron, y se quedaron a vivir en lugar de ellos, pues había pasto para sus rebaños. [42]Además, quinientos hombres de ellos, descendientes de Simeón, se fueron a la montaña de Seir capitaneados por Pelatías, Nearías, Refaías y Uziel, hijos de Isi, [43]y destruyeron al resto de los amalecitas. Desde entonces han vivido allí hasta el presente.

## Descendientes de Rubén

5 [1-3]Los hijos de Rubén, el hijo mayor de Israel, fueron Hanoc, Falú, Hezrón y Carmi. Rubén era realmente el hijo mayor, pero perdió sus derechos de hijo mayor por haber abusado de la mujer de su padre,[f] y esos derechos pasaron a los hijos de José, otro hijo de Israel. Sin embargo, después Judá llegó a ser más poderoso que sus hermanos, y de él salió un jefe;[g] pero los derechos de hijo mayor eran de José.

[4-6]Los descendientes de Joel, en línea directa, fueron Semaías, Gog, Simei, Micaía, Reaía, Baal y Beera, jefe de los rubenitas, que fue llevado cautivo por Tiglat-pileser, rey de Asiria.[h]

[7]Los hermanos de Beera, según el orden en que sus clanes fueron registrados, fueron Jeiel, el principal, y Zacarías [8]y Bela, hijo de Asaz, nieto de Sema, el hijo de Joel. Bela vivió en Aroer y su territorio se extendía hasta Nebo y Baal-meón. [9]Por el oriente se estableció hasta el borde del desierto que se extiende desde el río Éufrates, pues sus ganados aumentaron mucho en la región de Galaad.

[10]Durante el reinado de Saúl, los rubenitas estuvieron en guerra con los agarenos, pero los derrotaron y se establecieron en la parte oriental de la región de Galaad.

## Descendientes de Gad

[11]Los descendientes de Gad que vivieron frente a los rubenitas, en la región de Basán, hasta la ciudad de Salca, fueron [12]Joel, el principal, y después de él, Safán, luego Jaanai, y luego Safat. [13]Sus parientes, en orden de familias, fueron Micael, Mesulam, Seba, Jorai, Jacán, Zía y Heber, siete en total. [14]Estos fueron hijos de Abihail, quien fue hijo de Huri, éste de Jaroa, éste de Galaad, éste de Micael, éste de Jesisai, éste de Jahdo, éste de Buz. [15]Ahí, hijo de Abdiel y nieto de Guni, fue el jefe de sus familias. [16]Todos ellos vivieron en Galaad, en Basán y en sus aldeas, y en los campos de pastoreo de Sarón, hasta sus límites. [17]Todos ellos fueron inscritos en el registro familiar en tiempos de Jotam, rey de Judá, y de Jeroboam, rey de Israel.

### Historia de las dos tribus y media

[18]Los descendientes de Rubén y de Gad, y la media tribu de Manasés, eran soldados valientes, armados de escudo, espada y arco, y bien entrenados para combatir. Eran cuarenta y cuatro mil setecientos sesenta hombres aptos para la guerra. [19]Y pelearon contra los agarenos, y contra Jetur, Nafis y Nodab; [20]pero Dios los ayudó, y los agarenos y sus aliados cayeron en sus manos, porque en medio

---

[22] *Gerar:* según la versión griega. Heb. *Gedor.*
[e] 4.28-33 Jos 19.2-8.  [f] 5.1-3 Gn 35.22; 49.3-4.  [g] 5.1-3 Gn 49.8-10.  [h] 5.4-6 2 R 15.29.

de la batalla pidieron a Dios que los ayudara. Dios los ayudó porque confiaron en él. ²¹Luego se llevaron los ganados de sus enemigos, que eran cincuenta mil camellos, doscientas cincuenta mil ovejas y dos mil asnos. Hicieron además cien mil prisioneros. ²²Muchos enemigos murieron, porque la guerra era de parte de Dios. Y se quedaron a vivir en aquellos lugares hasta la época del destierro.

²³Los descendientes de la media tribu de Manasés vivieron en la región que se extiende desde Basán hasta Baal-hermón, Senir y el monte Hermón, pues eran muchos. ²⁴Los jefes de sus familias fueron Efer, Isi, Eliel, Azriel, Jeremías, Hodavías y Jahdiel, todos ellos soldados valientes, hombres famosos y jefes de familia. ²⁵Pero se rebelaron contra el Dios de sus antepasados y le fueron infieles adorando a los dioses de los pueblos que Dios había destruido y eliminado delante de ellos. ²⁶Por esta razón, el Dios de Israel incitó a Pul,$^i$ rey de Asiria, es decir, a Tiglat-pileser,$^j$ quien desterró a los rubenitas y gaditas y a la media tribu de Manasés; y los llevó a Halah, Habor, Hara y al río Gozán, donde están hasta el presente.$^k$

## Lista de los sacerdotes hijos de Leví

**6** ¹ᴵLos hijos de Leví fueron Gersón, Coat y Merari.

²Los hijos de Coat fueron Amram, Izhar, Hebrón y Uziel. ³Los hijos de Amram fueron Aarón, Moisés y María. Los hijos de Aarón fueron Nadab, Abiú, Eleazar e Itamar. ⁴Eleazar fue padre de Finees, Finees fue padre de Abisúa, ⁵Abisúa fue padre de Buqui, Buqui fue padre de Uzi, ⁶Uzi fue padre de Zeraías, Zeraías fue padre de Meraiot, ⁷Meraiot fue padre de Amarías, Amarías fue padre de Ahitob, ⁸Ahitob fue padre de Sadoc, Sadoc fue padre de Ahimaas, ⁹Ahimaas fue padre de Azarías, Azarías fue padre de Johanán, ¹⁰Johanán fue padre de Azarías, que fue sacerdote en el templo que Salomón construyó en Jerusalén. ¹¹Azarías fue padre de Amarías, Amarías fue padre de Ahitob, ¹²Ahitob fue padre de Sadoc, Sadoc fue padre de Salum, ¹³Salum fue padre de Hilcías, Hilcías fue padre de Azarías, ¹⁴Azarías fue padre de Seraías y Seraías fue padre de Josadac. ¹⁵Josadac fue llevado al destierro cuando

el Señor desterró a Judá y Jerusalén por medio de Nabucodonosor.

## Descendientes de Leví

¹⁶Los hijos de Leví fueron Gersón, Coat y Merari.

¹⁷Los hijos de Gersón fueron Libni y Simei.

¹⁸Los hijos de Coat fueron Amram, Izhar, Hebrón y Uziel.

¹⁹Los hijos de Merari fueron Mahli y Musi.

Estos fueron los hijos de Leví.$^m$

²⁰⁻²¹Los descendientes de Gersón, en línea directa, fueron Libni, Jahat, Zima, Joa, Ido, Zara y Jeatrai.

²²⁻²⁴Los descendientes de Coat, en línea directa, fueron Aminadab, Coré, Asir, Elcana, Ebiasaf, Asir, Tahat, Uriel, Uzías y Saúl.

²⁵⁻²⁷Los hijos de Elcana fueron Amasai y Ahimot, y los descendientes de Ahimot, en línea directa, fueron Elcana, Zofai, Nahat, Eliab, Jeroham y Elcana.

²⁸Los hijos de Samuel fueron Vasni, su hijo mayor, y Abías.$^{23}$

²⁹⁻³⁰Los descendientes de Merari, en línea directa, fueron Mahli, Libni, Simei, Uza, Simea, Haguía y Asaías.

## Cantores del templo nombrados por David

³¹Estos son los cantores que David nombró para que se encargaran de la música en el templo del Señor desde que se colocó allí el cofre. ³²Ellos cantaron ante la Tienda del encuentro con Dios hasta que Salomón construyó el templo del Señor en Jerusalén, y luego siguieron prestando allí su servicio conforme a su costumbre.

³³Los que estaban allí con sus hijos eran: de los descendientes de Coat, el cantor Hemán, que fue hijo de Joel, que fue hijo de Samuel, ³⁴que fue hijo de Elcana, que fue hijo de Jeroham, que fue hijo de Eliel, que fue hijo de Toa, ³⁵que fue hijo de Zuf, que fue hijo de Elcana, que fue hijo de Mahat, que fue hijo de Amasai, ³⁶que fue hijo de Elcana, que fue hijo de Joel, que fue hijo de Azarías, que fue hijo de Sofonías, ³⁷que fue hijo de Tahat, que fue hijo de Asir, que fue hijo de Ebiasaf, que fue hijo de Coré, ³⁸que fue hijo de Izhar, que fue hijo de Coat, que fue hijo de Leví, que fue hijo de Israel.

---

²³ *Fueron Vasni, su hijo mayor, y Abías:* otra posible traducción, en vista de v.33, 1 S 8.2 y la versión griega: *fueron Joel, su hijo mayor, y Abías, el segundo.*

$^i$ 5.26 2 R 15.19.   $^j$ 5.26 2 R 15.29.   $^k$ 5.26 2 R 17.6.   $^l$ Los vs. 6.1-81 corresponden a los vs. 5.27-6.66 en el texto hebreo.
$^m$ 6.16-19 Ex 6.16-19.

³⁹A la derecha de Hemán se colocaba su pariente Asaf, que fue hijo de Berequías, que fue hijo de Simea, ⁴⁰que fue hijo de Micael, que fue hijo de Baasías, que fue hijo de Malquías, ⁴¹que fue hijo de Etni, que fue hijo de Zera, que fue hijo de Adaía, ⁴²que fue hijo de Etán, que fue hijo de Zima, que fue hijo de Simei, ⁴³que fue hijo de Jahat, que fue hijo de Gersón, que fue hijo de Leví.

⁴⁴A la izquierda de Hemán se colocaba su pariente de los descendientes de Merari: Etán, que fue hijo de Quisi, que fue hijo de Abdi, que fue hijo de Maluc, ⁴⁵que fue hijo de Hasabías, que fue hijo de Amasías, que fue hijo de Hilcías, ⁴⁶que fue hijo de Amsi, que fue hijo de Bani, que fue hijo de Semer, ⁴⁷que fue hijo de Mahli, que fue hijo de Musi, que fue hijo de Merari, que fue hijo de Leví.

⁴⁸Sus otros parientes descendientes de Leví quedaron a cargo de todo el servicio del templo de Dios. ⁴⁹Aarón y sus descendientes eran los que quemaban las ofrendas sobre el altar del holocausto y en el altar del incienso. También se ocupaban de todo el servicio del Lugar Santísimo y de obtener el perdón de los pecados de Israel, de acuerdo con todo lo que había ordenado Moisés, el siervo de Dios.

### Descendientes de Aarón

⁵⁰⁻⁵³Los descendientes de Aarón, en línea directa, fueron Eleazar, Finees, Abisúa, Buqui, Uzi, Zeraías, Meraiot, Amarías, Ahitob, Sadoc y Ahimaas.

### Ciudades de los levitas
*(Jos 21.1-42)*

⁵⁴Estos fueron los lugares de residencia y los límites territoriales de los descendientes de Aarón. A los clanes coatitas les tocó en suerte ⁵⁵Hebrón, en la región de Judá, con sus campos de pastoreo. ⁵⁶A Caleb hijo de Jefone le dieron el campo de la ciudad y sus aldeas. ⁵⁷A los descendientes de Aarón les entregaron Hebrón, ciudad de refugio, además de las aldeas de Libna, Jatir, Estemoa, ⁵⁸⁻⁵⁹Hilén, Debir, Asán y Bet-semes, todas ellas con sus campos de pastoreo. ⁶⁰También les dieron ciudades de la tribu de Benjamín, que fueron Geba, Alemet y Anatot, todas ellas con sus campos de pastoreo. Así que las ciudades que les tocaron a los clanes de Aarón fueron trece.

⁶¹A los otros clanes de Coat les tocaron en suerte diez ciudades de la media tribu de Manasés, ⁶²y a los descendientes de Gersón, según el número de sus clanes, les dieron trece ciudades de las tribus de Isacar, Aser y Neftalí, y de la tribu de Manasés que se había establecido en Basán.

⁶³A los descendientes de Merari, según el número de sus clanes, les tocaron en suerte doce ciudades de las tribus de Rubén, Gad y Zabulón.

⁶⁴Los israelitas dieron estas ciudades con sus campos de pastoreo a los descendientes de Leví. ⁶⁵De las tribus de Judá, Simeón y Benjamín les dieron las ciudades que ya se han mencionado, según les tocó en suerte. ⁶⁶A algunos clanes coatitas les tocaron en suerte ciudades de la tribu de Efraín. ⁶⁷También les dieron Siquem, la ciudad de refugio, que está en los montes de Efraín, con sus campos de pastoreo, y también Gezer, ⁶⁸⁻⁶⁹Jocmeam, Bet-horón, Ajalón y Gat-rimón, todas ellas con sus campos de pastoreo.

⁷⁰A los clanes restantes de los coatitas les dieron las ciudades de Aner y Bileam, que eran de la media tribu de Manasés, con sus campos de pastoreo.

⁷¹A los descendientes de Gersón, según el número de sus clanes, les dieron la ciudad de Golán, que está en Basán, y la ciudad de Astarot, que había pertenecido a la media tribu de Manasés, con sus campos de pastoreo. ⁷²⁻⁷³También les dieron, de la tribu de Isacar, Cedes, Daberat, Ramot y Anem, cada una con sus campos de pastoreo. ⁷⁴⁻⁷⁵De la tribu de Aser les dieron Masal, Abdón, Hucoc y Rehob, cada una con sus campos de pastoreo. ⁷⁶De la tribu de Neftalí les dieron Cedes de Galilea, Hamón y Quiriataim, cada una con sus campos de pastoreo.

⁷⁷A los restantes descendientes de Merari les dieron: de la tribu de Zabulón, Rimón y Tabor, cada una con sus campos de pastoreo; ⁷⁸⁻⁷⁹de la tribu de Rubén, al este del Jordán, frente a Jericó, Beser, que está en el desierto, Jaza, Cademot y Mefaat, cada una con sus campos de pastoreo; ⁸⁰⁻⁸¹de la tribu de Gad, Ramot de Galaad, Mahanaim, Hesbón y Hazer, cada una con sus campos de pastoreo.

### Descendientes de Isacar

**7** ¹Los hijos de Isacar fueron cuatro: Tola, Fúa, Jasub y Simrón. ²Los hijos de Tola fueron Uzi, Refaías, Jeriel, Jahmai, Jibsam y Semuel, jefes de las familias de Tola y guerreros valientes por tradición familiar. En tiempos de David, el número de sus descendientes llegó a veintidós mil seiscientos.

³El hijo de Uzi fue Israhías. Los hijos de Israhías fueron Micael, Obadías, Joel e Isías. Cinco jefes, en total. ⁴Como tenían muchas mujeres e hijos, las varias generaciones de sus familias formaron ejércitos de hombres aptos para la guerra, que llegaban a treinta y seis mil.

⁵Contando a todos los clanes de Isacar, según el registro familiar, llegaban a ochenta y siete mil hombres, todos ellos guerreros valientes.

### Descendientes de Benjamín

⁶Los hijos de Benjamín fueron tres: Bela, Bequer y Jediael.

⁷Los hijos de Bela fueron cinco: Esbón, Uzi, Uziel, Jerimot e Iri, todos ellos jefes de familia y guerreros valientes. Según su registro familiar, sus descendientes llegaban a veintidós mil treinta y cuatro personas.

⁸Los hijos de Bequer fueron Zemira, Joás, Eliezer, Elioenai, Omri, Jerimot, Abías, Anatot y Alamet. Todos estos fueron hijos de Bequer, ⁹y según el registro familiar de sus generaciones y jefes de familia, eran veinte mil doscientos hombres valientes.

¹⁰El hijo de Jediael fue Bilhán. Los hijos de Bilhán fueron Jeús, Benjamín, Aod, Quenaana, Zetán, Tarsis y Ahisahar. ¹¹Todos estos eran descendientes de Jediael, jefes de familia y guerreros valientes aptos para la guerra. Llegaban a diecisiete mil doscientos hombres.

¹²Los hijos de Hir fueron Sufam y Hufam. El hijo de Aher fue Husim.

### Descendientes de Neftalí

¹³Los hijos de Neftalí fueron Jahzeel, Guni, Jezer y Salum. Estos fueron los descendientes de Bilha.

### Descendientes de Manasés

¹⁴Los hijos que Manasés tuvo con su concubina siria fueron Asriel y Maquir, padre de Galaad. ¹⁵Maquir se casó con Maaca, mujer de la familia de Hufam y Sufam.²⁴ El segundo hijo de Maquir se llamaba Zelofehad, quien solamente tuvo hijas. ¹⁶Maaca, la mujer de Maquir, tuvo un hijo, a quien puso por nombre Peres.

El hermano de Peres se llamaba Seres, y sus hijos se llamaban Ulam y Requem. ¹⁷De Ulam fue hijo Bedán. Estos fueron los hijos de Galaad, hijo de Maquir, hijo de Manasés.

¹⁸La hermana de Maquir, Hamolequet, fue la madre de Isod, Abiezer y Mahala.

¹⁹Los hijos de Semida fueron Ahián, Siquem, Likhi y Aniam.

### Descendientes de Efraín

²⁰⁻²¹Los descendientes de Efraín, en línea directa, fueron Sutela, Bered, Tahat, Elada, Tahat, Zabad, Sutela. A Ezer y Elad, los otros hijos de Efraín, los mataron los habitantes de la región de Gat, porque bajaron a quitarles sus ganados. ²²Efraín, su padre, les guardó luto por mucho tiempo, y vinieron sus familiares a consolarlo. ²³Después se unió a su mujer, y ella quedó embarazada y tuvo un hijo a quien puso por nombre Bería, ²⁵ porque la desgracia estaba en su casa.

²⁴Seera, hija de Bería, edificó Bethorón de abajo y Bet-horón de arriba, y también Uzen-seera.

²⁵⁻²⁷Los descendientes de Bería, en línea directa, fueron Refa, Resef, Telah, Tahán, Laadán, Amiud, Elisama, Nun y Josué. ²⁸Sus tierras y lugares de residencia fueron Betel; Naarán, hacia el este; Gezer, hacia el oeste; y Siquem, hasta Ayah; todas estas ciudades con sus aldeas. ²⁹Los descendientes de Manasés tenían en su poder a Betseán, Taanac, Meguido y Dor, con sus correspondientes aldeas. En estos lugares vivieron los descendientes de José, hijo de Israel.

### Descendientes de Aser

³⁰Los hijos de Aser fueron Imna, Isúa, Isúi, Bería y Sera, hermana de ellos.

³¹Los hijos de Bería fueron Heber y Malquiel, padre de Birzavit. ³²Heber fue padre de Jaflet, Semer, Hotam y Súa, hermana de ellos.

³³Los hijos de Jaflet fueron Pasac, Bimhal y Asvat.

³⁴Los hijos de Semer, su hermano, fueron Rohga, Jehúba y Aram.

³⁵Los hijos de Hotam,²⁶ su hermano, fueron Zofa, Imna, Seles y Amal. ³⁶Los hijos de Zofa fueron Súa, Hernefer, Súal, Beri, Imra, ³⁷Beser, Hod, Sama, Silsa, Itrán y Beera.

---

²⁴ *Mujer de . . . Sufam:* traducción probable. Heb. oscuro. ²⁵ En hebreo, *Bería* y la palabra que significa *en desgracia* tienen un sonido parecido. ²⁶ *Hotam:* texto probable (véase v. 32). Heb. *Helem.*

³⁸Los hijos de Jeter fueron Jefone, Pispa y Ara. ³⁹Los hijos de Ula fueron Ara, Haniel y Rezia.

⁴⁰Todos estos fueron descendientes de Aser. Eran jefes de familia, de los mejores y más valientes soldados, y hombres de los más importantes. Según el registro familiar eran veintiséis mil hombres, aptos para la guerra.

### Descendientes de Benjamín

8 ¹Benjamín fue padre de Bela, su primer hijo; de Asbel, el segundo; de Ahara, el tercero; ²de Noha, el cuarto, y de Rafa, el quinto. ³Los hijos de Bela fueron Adar, Gera, Abiud, ⁴Abisúa, Naamán, Ahoa, ⁵Gera, Sefufán e Hiram.

⁶Los hijos de Aod, jefes de familia que vivían en Geba y que fueron desterrados a Manahat, fueron ⁷Naamán, Ahías y Gera, padre de Uza y Ahiud, que fue quien los llevó.

⁸Saharaim tuvo otros hijos en el país de Moab, después de divorciarse de sus esposas Husim y Baara. ⁹Los hijos que tuvo con su nueva esposa, que se llamaba Hodes, fueron Jobab, Sibia, Mesa, Malcam, ¹⁰Jeúz, Saquías y Mirma. Estos fueron sus hijos, jefes de familia.

¹¹Con su esposa Husim había tenido a sus hijos Abitob y Elpaal. ¹²Los hijos de Elpaal fueron Heber, Misam y Semed, que edificó las ciudades de Ono y Lod, con sus aldeas; ¹³Bería y Sema, jefes de familia que vivían en Ajalón, los cuales expulsaron a los antiguos habitantes de Gat; ¹⁴y sus hermanos Sasac y Jeroham.²⁷

¹⁵Zebadías, Arad, Ader, ¹⁶Micael, Ispa y Joha fueron hijos de Bería. ¹⁷Zebedías, Mesulam, Hizqui, Heber, ¹⁸Ismerai, Jezlías y Jobab fueron hijos de Elpaal. ¹⁹Jaquim, Zicri, Zabdi, ²⁰Elienai, Ziletai, Eliel, ²¹Adaías, Beraías y Simrat fueron hijos de Simei. ²²Ispán, Heber, Eliel, ²³Abdón, Zicri, Hanán, ²⁴Hananías, Elam, Anatotías, ²⁵Ifdaías y Peniel fueron hijos de Sasac. ²⁶Samserai, Seharías, Atalías, ²⁷Jaresías, Elías y Zicri fueron hijos de Jeroham. ²⁸Estos fueron los jefes principales de familia de sus respectivas generaciones, que vivieron en Jerusalén.

### La familia de Saúl
*(1 Cr 9.35-44)*

²⁹En la ciudad de Gabaón vivía Jehiel,²⁸ padre de Gabaón. Su mujer se llamaba Maaca. ³⁰Sus hijos fueron Abdón, el mayor, Zur, Cis, Baal, Ner, ²⁹ Nadab, ³¹Gedor, Ahío, Zequer ³²y Miclot, que fue padre de Simea. También éstos, siguiendo el ejemplo de sus hermanos, vivían con ellos en Jerusalén.

³³Ner fue padre de Cis, Cis fue padre de Saúl, y Saúl fue padre de Jonatán, Malquisúa, Abinadab y Es-baal. ³⁴Hijo de Jonatán fue Merib-baal, que fue padre de Micaía. ³⁵Los hijos de Micaía fueron Pitón, Melec, Tarea y Acaz. ³⁶Acaz fue padre de Joada, y Joada fue padre de Alemet, Azmavet y Zimri; Zimri fue padre de Mosa, ³⁷y Mosa fue padre de Bina, que fue padre de Rafa, que fue padre de Elasa, que fue padre de Azel.

³⁸Los hijos de Azel fueron seis, que se llamaron: Azricam, Bocru, Ismael, Searías, Obadías y Hanán. Estos fueron los hijos de Azel.

³⁹Los hijos de su hermano Esec fueron Ulam, el mayor; Jehús, el segundo, y Elifelet, el tercero. ⁴⁰Los hijos de Ulam fueron soldados valientes, hábiles en el manejo del arco. Tuvieron muchos hijos y nietos, ciento cincuenta en total, todos ellos descendientes de Benjamín.

9 ¹De esta manera, todo Israel quedó registrado en el libro de los reyes de Israel.

### Los que regresaron de Babilonia
*(Neh 11.1-24)*

Pero la gente de Judá fue desterrada a Babilonia por causa de su maldad.

²Los primeros en volver a establecerse en sus propiedades y ciudades fueron israelitas, sacerdotes, levitas y sirvientes del templo. ³En Jerusalén se establecieron descendientes de Judá, Benjamín, Efraín y Manasés.ⁿ

⁴De los descendientes de Judá:³⁰ Utai, hijo de Amiud, que fue hijo de Omri, que fue hijo de Imri, que fue hijo de Bani, de los descendientes de Fares, hijo de Judá. ⁵Silonitas: Asaías, el mayor de sus hijos. ⁶De los descendientes de Zera: Jeuel y sus parientes, seiscientas noventa personas.

⁷De los descendientes de Benjamín: Salú, hijo de Mesulam, que fue hijo de

---

²⁷ *Jeroham:* texto probable (véase v. 27). Heb. *Jeremot.* ²⁸ *Jehiel:* según la versión griega y 9.35. En el texto hebreo no aparece este nombre. ²⁹ *Ner:* según la versión griega y 9.36. En el texto hebreo no aparece este nombre. ³⁰ *De los descendientes de Judá:* texto probable. En el texto hebreo no aparece esta frase.
ⁿ **9.2-3** Esd 2.27; Neh 7.73; 11.3.

Hodavías, que fue hijo de Asenúa; [8]Ibneías, hijo de Jeroham; Ela, hijo de Uzi, que fue hijo de Micri; Mesulam, hijo de Sefatías, que fue hijo de Reuel, que fue hijo de Ibnías. [9]Sus parientes, según sus varias generaciones, fueron novecientos cincuenta y seis, todos ellos jefes de familia.

[10]De los sacerdotes: Jedaías, Joiarib, Jaquín, [11]Azarías, hijo de Hilcías, que fue hijo de Mesulam, que fue hijo de Sadoc, que fue hijo de Meraiot, que fue hijo de Ahitob, jefe principal de la casa de Dios; [12]Adaía, hijo de Jeroham, que fue hijo de Pasur, que fue hijo de Malquías; Masai, hijo de Adiel, que fue hijo de Jazera, que fue hijo de Mesulam, que fue hijo de Mesilemit, que fue hijo de Imer; [13]y sus parientes, que eran mil setecientos sesenta jefes de familia, hombres muy capacitados para el servicio de la casa de Dios.

[14]De los levitas: Semaías, hijo de Hasub, que fue hijo de Azricam, que fue hijo de Hasabías, de la familia de Merari; [15]Bacbacar, Heres, Galal y Matanías, hijo de Micaía, que fue hijo de Zicri, que fue hijo de Asaf; [16]Obadías, hijo de Semaías, que fue hijo de Galal, que fue hijo de Jedutún; Berequías, hijo de Asa, que fue hijo de Elcana, que vivió en las aldeas de los netofatitas.

[17]Los porteros: Salum, Acub, Talmón, Ahimán. Salum, hermano de ellos, era su jefe [18]y, hasta el presente, guardián de la puerta del rey, que está al oriente. Estos fueron los porteros de los campamentos de los levitas.

[19]Salum, hijo de Coré, que fue hijo de Ebiasaf, que fue hijo de Coré, y sus parientes coreítas, eran los encargados de cuidar la entrada del santuario, como antes sus antepasados habían cuidado la entrada del campamento del Señor.

[20]Antes de eso, Finees, hijo de Eleazar, fue jefe de ellos. ¡Que el Señor esté con él! [21]Zacarías, hijo de Meselemías, era portero de la Tienda del encuentro con Dios.

[22]El total de los porteros escogidos era de doscientos doce, según el registro familiar de las poblaciones donde vivían. David y Samuel el vidente fueron quienes los nombraron para este cargo, porque eran dignos de confianza. [23]Tanto ellos como sus hijos se turnaban para cuidar la entrada de la casa del Señor, es decir, el santuario. [24]Había porteros en los cuatro puntos cardinales: al este y al oeste, al norte y al sur. [25]Sus familiares, que vivían en sus pueblos, venían para ayudarlos con un turno de siete días. [26]Pero los cuatro porteros principales, que eran levitas, estaban de guardia permanente, cuidando los cuartos y tesoros de la casa de Dios. [27]Pasaban la noche en los alrededores del templo, porque estaban encargados de cuidarlo y de abrir sus puertas todas las mañanas. [28]Algunos de ellos tenían a su cargo los utensilios que se usaban en el culto, y debían sacarlos y meterlos llevando la cuenta. [29]Otros estaban encargados de los demás utensilios y de los objetos sagrados, además de la harina, el vino, el aceite, el incienso y los perfumes. [30]Algunos de los sacerdotes eran quienes preparaban los perfumes; [31]y un levita llamado Matatías, hijo mayor de Salum el coreíta, era siempre el encargado de hacer las tortas para la ofrenda. [32]Algunos de sus parientes coatitas eran los encargados de preparar el pan consagrado que se ponía en hileras todos los días de reposo.[31] [33]Había también cantores, jefes de familias levitas que vivían en los cuartos del templo, libres de otros trabajos, porque día y noche estaban ocupados en su servicio.

[34]Estos fueron los jefes de familia de los levitas, en el orden de sus generaciones, que vivían en Jerusalén.

## La familia de Saúl
### (1 Cr 8.29-40)

[35]En la ciudad de Gabaón vivía Jehiel, padre de Gabaón. Su mujer se llamaba Maaca. [36]Sus hijos fueron Abdón, el mayor; Zur, Cis, Baal, Ner, Nadab, [37]Gedor, Ahío, Zacarías y Miclot, [38]que fue padre de Simeam. También éstos, siguiendo el ejemplo de sus hermanos, vivían con ellos en Jerusalén.

[39]Ner fue padre de Cis, Cis fue padre de Saúl, y Saúl fue padre de Jonatán, Malquisúa, Abinadab y Es-baal. [40]Hijo de Jonatán fue Merib-baal, que fue padre de Micaía. [41]Los hijos de Micaía fueron Pitón, Melec, Tarea y Acaz.[32] [42]Acaz fue padre de Jara, y Jara fue padre de Alemet, Azmavet y Zimri; Zimri fue padre de Mosa, [43]y Mosa fue padre de Bina, que fue padre de Refaías, que fue padre de Elasa, que fue padre de Azel.

---

*31 Días de reposo:* aquí equivale a *sábado.*   *32 Y Acaz:* según versiones antiguas y 8.35. En el texto hebreo no aparece este nombre.

⁴⁴Los hijos de Azel fueron seis, que se llamaron: Azricam, Bocru, Ismael, Searías, Obadías y Hanán. Estos fueron los hijos de Azel.

## Saúl y sus hijos mueren en la guerra
### (1 S 31.1-13)

**10** ¹Los filisteos atacaron a Israel, y los israelitas huyeron ante ellos, pues fueron muchos los muertos en el monte Gilboa. ²Y los filisteos se fueron en persecución de Saúl y de sus hijos, y mataron a Jonatán, a Abinadab y a Malquisúa. ³Luego concentraron todo su ataque sobre Saúl, y los arqueros lograron alcanzarlo y herirlo con sus flechas. ⁴Por lo tanto, le dijo a su ayudante de armas: "Saca tu espada y atraviésame con ella, para que no vengan estos paganos y se diviertan conmigo."

Pero su ayudante no quiso hacerlo, porque tenía mucho miedo. Entonces Saúl tomó su espada y se dejó caer sobre ella. ⁵Y cuando su ayudante vio que Saúl había muerto, también él se dejó caer sobre su propia espada y murió. ⁶Así murieron aquel día Saúl, sus tres hijos y toda su familia. ⁷Y cuando todos los israelitas que vivían en el valle vieron que habían huido, y que Saúl y sus hijos habían muerto, abandonaron las ciudades y huyeron también. Entonces los filisteos llegaron y se quedaron a vivir en ellas.

⁸Al día siguiente, cuando los filisteos fueron a despojar a los muertos, encontraron a Saúl y a sus hijos tendidos en el monte Gilboa. ⁹Entonces le quitaron la ropa y se llevaron su cabeza y sus armas, y enviaron mensajeros por todo el territorio filisteo para que dieran la noticia al pueblo y a sus dioses. ¹⁰Luego pusieron las armas de Saúl en el templo de sus dioses y colgaron su cabeza en el templo de Dagón.

¹¹Cuando todos los de Jabes de Galaad supieron lo que los filisteos habían hecho con Saúl, ¹²se pusieron de acuerdo todos los hombres valientes, y tomaron los cuerpos de Saúl y de sus hijos y se los llevaron a Jabes. Allí enterraron sus restos debajo de una encina. Después de eso guardaron siete días de ayuno.

¹³Así fue como murió Saúl a causa de su maldad, pues pecó al no obedecer las órdenes del Señor*ñ* y al consultar a una adivina*o* ¹⁴en vez de consultarlo a él. Por

eso el Señor le quitó la vida, y le dio el reino a David, hijo de Isaí.

## David, rey de Israel y de Judá
### (2 S 5.1-5)

**11** ¹Todos los israelitas se reunieron y fueron a hablar con David en Hebrón. Allí le dijeron: "Nosotros somos de tu misma sangre, ²y en realidad, aunque Saúl era rey, tú dirigías a Israel en sus campañas. Además, el Señor tu Dios te ha prometido que tú serás quien dirija y gobierne a su pueblo Israel."

³De esta manera, todos los ancianos de Israel fueron y hablaron con el rey David en Hebrón, y él hizo un pacto con ellos, poniendo al Señor por testigo. Entonces ellos consagraron a David como rey de Israel, conforme a lo que Dios había prometido por medio de Samuel.

## David captura la fortaleza de Sión
### (2 S 5.6-10)

⁴David y todos los israelitas se dirigieron a Jerusalén, que es Jebús. Los jebuseos*p* habitaban en aquella región, ⁵y le dijeron a David: "Tú no podrás entrar aquí." Sin embargo, David capturó la fortaleza de Sión, ahora conocida como la Ciudad de David. ⁶Y David había dicho: "Al primero que ataque a los jebuseos lo nombraré jefe principal." Y el primero en atacar fue Joab, hijo de Sarvia, y fue nombrado jefe. ⁷Después se instaló David en la fortaleza; por eso la llamaron Ciudad de David. ⁸Y construyó David la ciudad alrededor, desde el terraplén hasta los alrededores. Joab reconstruyó el resto de la ciudad. ⁹Y el poder de David iba aumentando, y el Señor todopoderoso estaba con él.

## Héroes del ejército de David
### (2 S 23.8-39)

¹⁰Estos son los soldados más sobresalientes de David, que le dieron apoyo en su reinado y que en unión de todos los israelitas lo hicieron rey, conforme a lo que el Señor había anunciado a Israel.

¹¹Esta es la lista de los mejores soldados de David: Jasobeam, hijo de Hacmoni, jefe de los tres³³ más valientes, que en una ocasión mató a trescientos hombres con su lanza. ¹²Después de él seguía Eleazar, hijo de Dodo, el ahohíta, que era uno

---

³³ *Tres:* según una versión antigua. Heb. *treinta.*

*ñ* 10.13 1 S 13.8-14; 15.1-24.   *o* 10.13 Lv 19.31; 20.6; 1 S 28.7-8.   *p* 11.4 Jos 15.63; Jue 1.21.

de los tres más valientes. ¹³Estuvo con David en Pas-damim, cuando los filisteos se juntaron allí para la batalla. Había allí un campo sembrado de cebada, y cuando la tropa israelita huyó ante los filisteos, ¹⁴él se plantó en medio del campo y lo defendió,³⁴ derrotando a los filisteos. Así el Señor les dio una gran victoria.

¹⁵Una vez, tres de los treinta valientes fueron a la Peña a encontrarse con David en la cueva de Adulam. Las fuerzas filisteas tenían su campamento en el valle de Refaim. ¹⁶David se hallaba en la fortaleza, al tiempo que un destacamento filisteo se encontraba en Belén. ¹⁷Y David expresó este deseo: "¡Ojalá alguien me diera a beber agua del pozo que está en la puerta de Belén!"

¹⁸Entonces los tres valientes penetraron en el campamento filisteo y sacaron agua del pozo que está a la entrada de Belén, y se la llevaron a David. Pero David no quiso beberla, sino que la derramó como ofrenda al Señor, ¹⁹diciendo: "¡Dios me libre de beberla! ¡Sería como beberme la sangre de estos hombres, pues arriesgando sus vidas fueron a traerla!" Y no quiso beberla.

Esta hazaña la realizaron los tres valientes.

²⁰Abisai, hermano de Joab, era jefe de los treinta valientes. En cierta ocasión atacó a trescientos hombres con su lanza y los mató. Así ganó fama entre los treinta,³⁵ ²¹y recibió más honores que todos ellos, pues llegó a ser su jefe. Pero no igualó a los tres primeros.

²²Benaía, hijo de Joiada, del pueblo de Cabseel, era un hombre valiente que realizó muchas hazañas. El fue quien mató a los dos hijos de Ariel³⁶ de Moab. Un día en que estaba nevando bajó a un foso, y allí dentro mató a un león. ²³También mató a un egipcio de gran estatura, que medía casi dos metros y medio e iba armado con una lanza que parecía el rodillo de un telar. Benaía lo atacó con un palo, le arrebató la lanza de la mano y lo mató con su propia lanza. ²⁴Esta acción de Benaía, hijo de Joiada, le hizo ganar fama entre los treinta³⁷ valientes, ²⁵y recibió más honores que ellos, pero no igualó a los tres primeros. Y David lo puso al mando de su guardia personal.

²⁶Los valientes eran: Asael, hermano de Joab; Elhanán, hijo de Dodo, de Belén; ²⁷Samot, de Harod;³⁸ Heles, el paltita;³⁹ ²⁸Ira, hijo de Iques, de Tecoa; Abiezer, de Anatot; ²⁹Sibecai, de Husa; Ilai, el ahohíta; ³⁰Maharai, de Netofa; Heled, hijo de Baana, también de Netofa; ³¹Itai, hijo de Ribai, de Gabaa, que está en el territorio de Benjamín; Benaía, de Piratón; ³²Hidai,⁴⁰ del arroyo de Gaas; Abiel, el arbatita; ³³Azmavet, de Bahurim; Eliaba, el saalbonita; ³⁴los hijos de Jasén, el gizonita; Jonatán, hijo de Sage el ararita; ³⁵Ahíam, hijo de Sacar, también ararita; Elifal, hijo de Ur; ³⁶Hefer, el mequeratita; Ahías, el pelonita; ³⁷Hezrai, de Carmel; Naarai, hijo de Esbai; ³⁸Joel, hermano de Natán; Mibhar, hijo de Hagrai; ³⁹Selec, el amonita; Naharai, de Berot, ayudante de armas de Joab, hijo de Sarvia; ⁴⁰Ira, de Jatir; Gareb, también de Jatir; ⁴¹Urías, el hitita; Zabad, hijo de Ahlai; ⁴²Adina, hijo de Siza, el rubenita, jefe de los rubenitas, y treinta hombres con él; ⁴³Hanán, hijo de Maaca; Josafat, el mitnita; ⁴⁴Uzías, de Astarot; Sama y Jehiel, hijos de Hotam, de Aroer; ⁴⁵Jediael, hijo de Simri, y su hermano Joha, el tizita; ⁴⁶Eliel, de Mahanaim;⁴¹ Jerebai y Josavía, hijos de Elnaam; Itma, el moabita; ⁴⁷Eliel, Obed y Jaasiel, de Soba.

## Los aliados de David

**12** ¹Cuando David todavía estaba desterrado de la presencia de Saúl, hijo de Cis, un grupo de guerreros valientes que iban a ser sus aliados en la guerra fue a unirse con él en Siclag. ²Estos guerreros estaban armados con arcos, y lo mismo podían lanzar piedras con la honda que disparar flechas, con la mano derecha o con la izquierda. Eran los siguientes:

Parientes de Saúl, de la tribu de Benjamín: ³Ahiezer, el jefe, y Joás, hijos de Sema, del pueblo de Gabaa; Jeziel y Pelet, hijos de Azmavet; Beraca y Jehú, que era del pueblo de Anatot; ⁴Ismaías, gabaonita, uno de los treinta valientes y jefe de ellos;�q Jeremías, Jahaziel, Johanán, Jozabad de Gedera, ⁵Eluzai, Jerimot, Bealías, Semarías; Sefatías, el harufita; ⁶Elcana,

---

³⁴ *El se plantó . . . lo defendió:* según la versión griega y 2 S 23.12. Heb. *ellos se plantaron . . . lo defendieron.* ³⁵ *Treinta:* según una versión antigua y 2 S 23.18. Heb. *tres.* ³⁶ *Dos hijos de Ariel:* texto probable (véase 2 S 23.20). Heb. *dos de Ariel.* ³⁷ *Treinta:* texto probable. Heb. *tres.* ³⁸ *Harod:* texto probable, según 2 S 23.25. Heb. *Haror.* ³⁹ *Paltita:* texto probable, según 2 S 23.26. Heb. *pelonita.* ⁴⁰ *Hidai:* texto probable, según 2 S 23.31. Heb. *Hurai.* ⁴¹ *De Mahanaim:* texto probable. Heb. oscuro.
q Los vs. 12.4b-40 corresponden a los vs. 12.5-41 en el texto hebreo.

Isías, Azareel, Joezer y Jasobeam, coreítas; [7]y Joela y Zebadías, hijos de Jeroham, de Gedor.

[8]También de la tribu de Gad se pasaron algunos al lado de David cuando estaba en la fortaleza del desierto. Eran guerreros valientes, entrenados en la guerra y armados con escudo y lanza. Tenían aspecto como de leones y corrían por los montes como venados. [9]Eran los siguientes: Ezer, el primero; Obadías, el segundo; Eliab, el tercero; [10]Mismana, el cuarto; Jeremías, el quinto; [11]Atai, el sexto; Eliel, el séptimo; [12]Johanán, el octavo; Elzabad, el noveno; [13]Jeremías, el décimo, y Macbanai, el undécimo. [14]Estos descendientes de Gad eran jefes del ejército. Uno solo de ellos valía, el menor por cien, y el mayor por mil. [15]Estos fueron los que atravesaron el Jordán en primavera,[42] cuando el río iba crecido hasta los bordes, e hicieron huir a todos los que había en los valles, al este y al oeste.

[16]Además algunos hombres de las tribus de Benjamín y de Judá fueron a unirse con David en la fortaleza. [17]David salió a su encuentro y les dijo: "Si vienen ustedes en son de paz y para ayudarme, acepto de todo corazón que se unan conmigo; pero si vienen a traicionarme y entregarme a mis enemigos, a pesar de que no he cometido ningún crimen, ¡que el Dios de nuestros antepasados lo vea y los castigue!"

[18]Entonces Amasai, jefe de los treinta, poseído por el espíritu, exclamó:

"¡Paz a ti, David, hijo de Isaí!
¡Que la paz esté contigo!
¡Paz a ti y a los que te ayuden,
porque tu Dios te ha ayudado!"

David los recibió y les dio puestos entre los jefes de la tropa.

[19]También algunos de la tribu de Manasés se pasaron al lado de David cuando éste se fue a vivir con los filisteos para luchar contra Saúl. Aunque de hecho David no pudo ayudar a los filisteos, porque sus gobernadores, después de reunirse, decidieron despedirlo, pues dijeron: "¡A costa de nuestras cabezas se pasará a Saúl, su señor!" [20]Los hombres de la tribu de Manasés que se pasaron al lado de David cuando éste se fue a Siclag, fueron Adnas, Jozabad, Jediael, Micael, Jozabad, Eliú y Ziletai, jefes de batallones de Manasés. [21]Estos fueron los que ayudaron a David al frente de la tropa, porque todos eran guerreros valientes y llegaron a ser jefes del ejército. [22]Y día tras día llegaban más refuerzos a David, hasta que se formó un gran ejército, un ejército de veras formidable.

### El ejército de David

[23]Este es el total de las fuerzas equipadas para la guerra que se unieron a David en Hebrón, para pasarle el reino de Saúl, según el mandato del Señor: [24]De la tribu de Judá, seis mil ochocientos hombres con escudos y lanzas, equipados para el combate. [25]De la tribu de Simeón, siete mil cien guerreros valientes, equipados para la guerra. [26]De la tribu de Leví, cuatro mil seiscientos, [27]más tres mil setecientos de la familia de Aarón, con Joiada, su jefe, [28]y con Sadoc, joven y valiente guerrero, con veintidós jefes de su familia. [29]De la tribu de Benjamín, la misma tribu de Saúl, tres mil hombres, pues hasta entonces la mayoría de ellos había permanecido fiel a Saúl. [30]De la tribu de Efraín, veinte mil ochocientos guerreros valientes, famosos en su clan. [31]De la media tribu de Manasés, dieciocho mil hombres que habían sido nombrados para ir a establecer a David como rey. [32]De la tribu de Isacar, gente experta en conocer los tiempos para saber lo que Israel debía hacer, doscientos jefes con todos los hombres de su tribu bajo sus órdenes. [33]De la tribu de Zabulón, cincuenta mil soldados en pie de guerra, con toda clase de armamento, firmemente decididos a ayudar a David. [34]De la tribu de Neftalí, mil jefes con treinta y siete mil hombres armados con lanzas y escudos. [35]De la tribu de Dan, veintiocho mil seiscientos soldados. [36]De la tribu de Aser, cuarenta mil soldados en pie de guerra. [37]Además, del otro lado del Jordán, ciento veinte mil hombres de las tribus de Rubén y Gad y de la media tribu de Manasés, equipados con toda clase de armamento.

[38]Todos estos guerreros, en formación de batalla, fueron a Hebrón firmemente decididos a establecer a David como rey de todo Israel; y todos los demás israelitas, sin excepción, estaban resueltos a hacer lo mismo. [39]Estuvieron allí con David durante tres días, comiendo y bebiendo, porque sus compatriotas les habían preparado lo necesario. [40]Además, sus vecinos, aun los que eran de Isacar, Zabulón y Neftalí, les llevaron

---

[42] *Primavera:* lit. *el mes primero.*

comida en asnos, camellos, mulos y bueyes. Les llevaron provisiones varias: harina, tortas de higos, pasas, vino, aceite, toros y ovejas; todo en abundancia, porque había mucha alegría en Israel.

### David hace planes para llevar el cofre a Jerusalén

**13** ¹David consultó a los comandantes de batallón y a los capitanes, es decir, a todos los jefes, ²y después dijo a todo el pueblo de Israel: "Si a ustedes les parece bien y el Señor nuestro Dios nos da la oportunidad, mandemos aviso a nuestros compatriotas que quedan todavía en las diversas regiones de Israel, y también a todos los sacerdotes y levitas que se hallan en sus ciudades y tierras de pastoreo, invitándolos a que se unan a nosotros, ³para que nos traigamos el cofre de nuestro Dios, pues desde los tiempos de Saúl lo hemos tenido olvidado." ⁴Todo el pueblo estuvo de acuerdo en que se hiciera eso, pues a todos les pareció razonable la propuesta.

### David intenta trasladar el cofre del Señor
#### (2 S 6.1-11)

⁵David reunió a todo Israel, desde Sihor en la frontera con Egipto hasta la entrada de Hamat, para traer de Quiriat-jearim el cofre de Dios.ʳ ⁶Luego, acompañado de todo Israel, subió a Quiriat-jearim, llamada también Baala, que está en Judá, para trasladar de allí el cofre de Dios, sobre el que se invoca el nombre del Señor, que tiene su trono sobre los querubines.ˢ ⁷Pusieron el cofre sobre una carreta nueva y se lo llevaron de la casa de Abinadab. Uza y Ahío iban guiando la carreta. ⁸Mientras tanto, David y todo Israel iban delante de Dios cantando y bailando con todas sus fuerzas, al son de la música de arpas, salterios, panderos, platillos y trompetas. ⁹Cuando llegaron al lugar conocido como Era de Quidón, Uza alargó la mano para sostener el cofre, porque habían tropezado los bueyes. ¹⁰Pero el Señor se enfureció con Uza por haber extendido la mano hacia el cofre, y le quitó la vida allí mismo, delante de él. ¹¹David se disgustó mucho porque el Señor le quitó la vida⁴³ a Uza, y por eso llamó a aquel lugar Pérez-uza,⁴⁴ nombre

que tiene hasta el presente. ¹²Pero ese mismo día David tuvo mucho miedo ante Dios, y exclamó: "¡Ni pensar en llevarme el cofre de Dios!" ¹³Y no se llevó el cofre a la Ciudad de David, sino que ordenó que lo llevaran a casa de Obed-edom, un hombre de Gat. ¹⁴El cofre de Dios se quedó tres meses en casa de Obed-edom, y el Señor bendijo a la familia de Obed-edom y a todas sus cosas.ᵗ

### Hiram envía embajadores a David
#### (2 S 5.11-12)

**14** ¹Hiram, rey de Tiro, envió sus embajadores a David, además de albañiles y carpinteros que llevaron madera de cedro para construirle el palacio. ²Entonces David comprendió que el Señor lo había confirmado como rey de Israel, porque había hecho prosperar mucho su reinado en atención a su pueblo Israel.

### Otros hijos de David
#### (2 S 5.13-16; 1 Cr 3.5-9)

³David tomó más esposas en Jerusalén, y tuvo más hijos e hijas. ⁴Los hijos que le nacieron en Jerusalén se llamaban: Samúa, Sobab, Natán, Salomón, ⁵Ibhar, Elisúa, Elpelet, ⁶Noga, Nefeg, Jafía, ⁷Elisama, Eliada y Elifelet.

### David derrota a los filisteos
#### (2 S 5.17-25)

⁸Cuando los filisteos supieron que David había sido consagrado como rey de todo Israel, se lanzaron todos en busca suya; pero David lo supo y les salió al encuentro. ⁹Entonces los filisteos avanzaron e hicieron incursiones por el valle de Refaim. ¹⁰Por esto, David consultó al Señor, y le preguntó:
—¿Puedo atacar a los filisteos? ¿Me darás la victoria sobre ellos?
Y el Señor le respondió:
—Atácalos, pues te daré la victoria sobre ellos.
¹¹David subió a Baal-perazim, y allí los venció. Por eso dijo: "Como un torrente de agua, Dios me ha abierto paso entre mis enemigos." Y llamaron a aquel lugar Baal-perazim.⁴⁵ ¹²Además, los filisteos dejaron abandonados a sus dioses, y David los mandó quemar.

---

⁴³ *Le quitó la vida:* lit. *abrió brecha en.* ⁴⁴ En hebreo, *Pérez-uza* significa *brecha de Uza.* ⁴⁵ En hebreo, *Baal-perazim* significa *Señor de los pasos abiertos.*
ʳ **13.5** 1 S 7.1-2. ˢ **13.6** Ex 25.18-22; 1 S 4.4; 2 S 6.2; 1 R 6.23-28; Sal 80.1; Is 37.16; Ez 1.26-28. ᵗ **13.14** 1 Cr 26.4-5.

¹³Pero los filisteos volvieron a hacer incursiones por el valle de Refaim, ¹⁴así que David consultó de nuevo a Dios, y Dios le contestó:

—No los ataques de frente, sino rodéalos y atácalos por la retaguardia cuando llegues a los árboles de bálsamo. ¹⁵Cuando escuches ruido de pasos por encima de las copas de los árboles, lánzate a la batalla, porque eso significa que yo voy delante de ti para herir de muerte al ejército filisteo.

¹⁶David hizo lo que Dios le había ordenado, y derrotaron al ejército de los filisteos desde Gabaón hasta Gezer, ¹⁷por lo cual su fama se extendió por todos los países y el Señor hizo que todas las naciones le tuvieran miedo.

### David traslada el cofre del Señor a Jerusalén
*(2 S 6.12-23)*

**15** ¹David hizo que le construyeran casas en la Ciudad de David, y preparó también un lugar para el cofre de Dios en una tienda de campaña que levantó. ²Entonces ordenó: "Nadie, fuera de los levitas, debe llevar el cofre de Dios, porque el Señor los ha escogido a ellos para que lleven el cofre del Señor y para que estén siempre a su servicio."ᵘ

³Luego reunió a todo Israel en Jerusalén para trasladar el cofre del Señor al lugar que le había preparado. ⁴También reunió a los descendientes de Aarón y a los levitas. ⁵De los descendientes de Coat se juntaron ciento veinte: Uriel, el jefe, y sus parientes. ⁶De los descendientes de Merari, doscientos veinte: Asaías, el jefe, y sus parientes. ⁷De los descendientes de Gersón, ciento treinta: Joel, el jefe, y sus parientes. ⁸De los descendientes de Elizafán, doscientos: Semaías, el jefe, y sus parientes. ⁹De los descendientes de Hebrón, ochenta: Eliel, el jefe, y sus parientes. ¹⁰De los descendientes de Uziel, ciento doce: Aminadab, el jefe, y sus parientes.

¹¹Luego llamó David a Sadoc y a Abiatar, los sacerdotes, y a los levitas Uriel, Asaías, Joel, Eliel y Aminadab, ¹²y les dijo: "Ustedes, que son los jefes de las familias de los levitas, purifíquense ritualmente junto con sus parientes, para que puedan trasladar el cofre del Señor, Dios de Israel, al lugar que le he preparado; ¹³pues como la primera vez no lo hicieron ustedes, el Señor nuestro Dios les quitó la vida a algunos de nosotros, porque no lo consultamos como era debido."

¹⁴Entonces los sacerdotes y levitas se purificaron ritualmente para poder trasladar el cofre del Señor, Dios de Israel. ¹⁵Lo hicieron sirviéndose de los travesaños, llevados sobre los hombros, según lo había mandado Moisés por orden del Señor.ᵛ

¹⁶También ordenó David a los jefes de los levitas que, de entre los de su tribu, nombraran cantores que fueran con instrumentos musicales, salterios, arpas y platillos, y los tocaran con entusiasmo en señal de alegría. ¹⁷Los levitas nombraron a Hemán, hijo de Joel, y también a Asaf, hijo de Berequías, pariente de Hemán; de los descendientes de Merari y parientes de los anteriores, a Etán, hijo de Cusaías; ¹⁸además nombraron a otros parientes de los anteriores, que pertenecían a la segunda categoría de servicio: Zacarías,⁴⁶ Jaaziel, Semiramot, Jehiel, Uni, Eliab, Benaía, Maasías, Matatías, Elifelehu, Micnías, y los porteros, que eran Obed-edom y Jeiel.

¹⁹Los cantores Hemán, Asaf y Etán estaban encargados de hacer sonar los platillos de bronce. ²⁰Zacarías, Aziel, Semiramot, Jehiel, Uni, Eliab, Maasías y Benaía tenían salterios para tocar a la manera elamita,⁴⁷ ²¹mientras que Matatías, Elifelehu, Micnías, Obed-edom, Jeiel y Azazías tenían arpas para tocar a la manera siminita,⁴⁸ introduciendo el canto. ²²Quenanías, jefe de los levitas encargados del transporte,⁴⁹ era el que lo dirigía, pues era muy entendido. ²³Los porteros del cofre eran Berequías y Elcana. ²⁴Y los sacerdotes Sebanías, Josafat, Natanael, Amasai, Zacarías, Benaías y Eliezer eran los que tocaban las trompetas delante del cofre de Dios. Obed-edom y Jehías también eran porteros del cofre.

²⁵Entonces David, los ancianos de Israel y los jefes de los batallones fueron con alegría a trasladar de la casa de Obed-edom el cofre del pacto del Señor. ²⁶Y como Dios ayudaba a los levitas que transportaban el cofre, se sacrificaron siete novillos y siete carneros. ²⁷David iba vestido con un manto de lino fino, como también todos los levitas que llevaban el cofre, los cantores y Quenanías, que dirigía el transporte;⁴⁹ además David llevaba

---

⁴⁶ Heb. añade *hijo de.*    ⁴⁷ *A la manera elamita:* otra posible traducción: *las notas altas.*    ⁴⁸ *A la manera siminita:* otra posible traducción: *las notas bajas.*    ⁴⁹ *Transporte:* otra posible traducción: *canto.*
ᵘ **15.2** Dt 10.8.    ᵛ **15.15** Ex 25.14.

puesto un efod de lino. ²⁸Todo Israel llevaba así el cofre del pacto del Señor entre gritos de alegría y el sonido de cuernos de carnero, trompetas y platillos, y la música de salterios y arpas.

²⁹Cuando el cofre del pacto del Señor llegó a la Ciudad de David, Mical, la hija de Saúl, se asomó a la ventana; y al ver al rey David bailando alegremente, sintió un profundo desprecio por él.

**16** ¹El cofre de Dios fue llevado y puesto dentro de una tienda de campaña que David había levantado con ese propósito. En seguida se ofrecieron holocaustos y sacrificios de reconciliación delante de Dios, ²y cuando terminó David de ofrecerlos bendijo al pueblo en nombre del Señor, ³y a todos los israelitas, hombres y mujeres, les dio un pan, una torta de dátiles y otra de pasas.

⁴David nombró entre los levitas a los que habían de servir delante del cofre del Señor, para que se encargaran de celebrar, dar gracias y alabar al Señor, Dios de Israel. ⁵El jefe era Asaf, y después de él estaba Zacarías; luego venían Jeiel, Semiramot, Jehiel, Matatías, Eliab, Benaía, Obed-edom y Jeiel, quienes tenían sus instrumentos musicales, sus salterios y sus arpas. Asaf tocaba los platillos, ⁶y los sacerdotes Benaía y Jahaziel tocaban siempre las trompetas delante del cofre del pacto de Dios.

### Salmo de acción de gracias de David
*(Sal 105.1-15; 96.1-13; 106.47-48)*

⁷Fue aquel mismo día cuando David ordenó por primera vez que Asaf y sus colegas elevaran al Señor la siguiente acción de gracias:

⁸"¡Den gracias al Señor!
¡Proclamen su nombre!
Cuenten a los pueblos sus acciones.
⁹Canten himnos en su honor.
¡Hablen de sus grandes hechos!

¹⁰"Siéntanse orgullosos de su santo
nombre.
¡Siéntase alegre el corazón
de los que buscan al Señor!
¹¹Recurran al Señor, y a su poder;
recurran al Señor en todo tiempo;
¹²Recuerden sus obras grandes y
maravillosas,

y los decretos que ha pronunciado:
¹³ustedes, descendientes de su siervo
Israel,
ustedes, hijos de Jacob, sus
escogidos.
¹⁴"El es el Señor, nuestro Dios;
¡él gobierna toda la tierra!
¹⁵Ni aunque pasen mil generaciones,
se olvidará⁵⁰ de las promesas de su
pacto,
¹⁶del pacto que hizo con Abraham,ʷ
del juramento que hizo a Isaacˣ
¹⁷y que confirmó como ley para Jacob,
como pacto eterno para Israel,
¹⁸cuando dijo:
'Voy a darte la tierra de Canaán
como la herencia que te toca.'ʸ

¹⁹"Aunque ellos eran pocos,
unos cuantos extranjeros en la tierra
²⁰que iban de nación en nación
y de reino en reino,
²¹Dios no permitió que nadie los
maltratara;
y aun advirtió a los reyes:
²²'No toquen a mis escogidos,
ni maltraten a mis profetas.'ᶻ

²³"Canten al Señor, habitantes de toda
la tierra;
anuncien día tras día su salvación.
²⁴Hablen de su gloria y de sus
maravillas
ante todos los pueblos y naciones,
²⁵porque el Señor es grande
y muy digno de alabanza,
y más terrible que todos los dioses.
²⁶Los dioses de otros pueblos no son
nada,
pero el Señor hizo los cielos.
²⁷¡Hay gran esplendor en su presencia!
¡Hay poder y alegría en su
santuario!

²⁸"Den al Señor, familias de los
pueblos,
den al Señor el poder y la gloria;
²⁹den al Señor la honra que merece;
con ofrendas preséntense ante él;
adoren al Señor en su santuario
hermoso.⁵¹,ᵃ
³⁰¡Que todo el mundo tiemble delante
de él!
El afirmó el mundo para que no se
mueva.
³¹¡Que se alegren los cielos y la tierra!

---

⁵⁰ *Se olvidará:* texto probable según Sal 105.8. Heb. *se olviden.*   ⁵¹ *En su santuario hermoso:* otra posible traducción: con ropas sagradas.
ʷ **16.16** Gn 12.7; 17.8.   ˣ **16.16** Gn 26.3.   ʸ **16.17-18** Gn 28.13.   ᶻ **16.21-22** Gn 20.3-7.   ᵃ **16.28-29** Sal 29.1-2.

Que se diga en las naciones: '¡El
Señor es rey!'
32¡Que brame el mar y todo lo que
contiene!
¡Que se alegre el campo y todo lo
que hay en él!
33¡Que griten de alegría los árboles del
bosque
delante del Señor, que viene a
gobernar la tierra!

34"Den gracias al Señor, porque él es
bueno,
porque su amor es eterno.b
35Díganle:
¡Sálvanos, oh Dios, salvador
nuestro!
¡Recógenos y líbranos de entre las
naciones
para que alabemos tu santo nombre,
para que alegres te alabemos!
36¡Bendito sea el Señor, Dios de Israel,
por toda la eternidad!''

Y todo el pueblo respondió: "¡Así
sea!'', y alabó al Señor.
37Así pues, David dejó allí delante del
cofre del pacto del Señor a Asaf y sus
colegas para que sirvieran continuamente
según se necesitara cada día. 38También
dejó a Obed-edom y sus colegas, sesenta y
ocho personas, con Obed-edom, hijo de
Jedutún, y Hosa, como porteros. 39Y a
Sadoc y a sus colegas sacerdotes los dejó
ante la tienda del Señor, en el santuario de
Gabaón, 40para que ofrecieran continuamente holocaustos al Señor en el altar destinado a ellos, por la mañana y por la
tarde, exactamente como está escrito en la
ley del Señor, que él dejó como mandato a
Israel. 41También dejó con ellos a Hemán,
a Jedutún y al resto de los que fueron
escogidos y designados por nombre para
cantar: "Den gracias al Señor, porque su
amor es eterno." 42Estos tocaban trompetas, platillos y otros instrumentos musicales, con los que acompañaban los cantos a
Dios. Los hijos de Jedutún estaban encargados de la puerta.
43Después todos se volvieron a sus
casas, y también David volvió a su casa
para bendecir a su familia.c

## Pacto de Dios con David
### (2 S 7.1-29)

**17** 1Cuando David estuvo ya instalado
en su palacio, le dijo a Natán, el
profeta:

—Mira, yo habito en un palacio de
cedro, mientras que el cofre del pacto del
Señor está bajo simples cortinas.
2Y Natán le contestó:
—Pues haz todo lo que te has propuesto, porque cuentas con el apoyo de
Dios.
3Pero aquella misma noche, Dios se
dirigió a Natán y le dijo: 4"Ve y habla con
David, mi siervo, y comunícale que yo, el
Señor, he dicho: 'No serás tú quien me
construya un templo para que habite en
él. 5Desde el día en que saqué a Israel,
hasta el presente, nunca he habitado en
templos, sino que he estado viviendo de
una tienda de campaña en otra y de un
lugar en otro. 6En todo el tiempo que
anduve con ellos, jamás le pedí a ninguno
de sus caudillos, a quienes puse para que
gobernaran a mi pueblo, que me construyera un templo de madera de cedro.'
7Por lo tanto, dile a mi siervo David que
yo, el Señor todopoderoso, le digo: 'Yo te
saqué del redil, y te quité de andar tras el
rebaño, para que fueras el jefe de mi pueblo Israel; 8te he acompañado por dondequiera que has ido, he acabado con todos
los enemigos que se te enfrentaron, y te he
dado fama, como la que tienen los hombres importantes de este mundo. 9Además
he preparado un lugar para mi pueblo
Israel, y allí los he instalado para que
vivan en un sitio propio, donde nadie los
moleste ni los malhechores los opriman
como al principio, 10cuando puse caudillos que gobernaran a mi pueblo Israel.
Yo humillaré a todos tus enemigos. Y te
hago saber que te daré descendientes, 11y
que cuando tu vida llegue a su fin y mueras, yo estableceré a uno de tus descendientes y lo confirmaré en el reino. 12El
me construirá un templo, y yo afirmaré su
trono para siempre. 13Yo le seré un padre,
y él me será un hijo.d No le retiraré mi
bondad como lo hice con tu predecesor,
14sino que lo confirmaré para siempre en
mi casa y en mi reino. Y su trono quedará
establecido para siempre.' ''
15Natán le contó todo esto a David,
exactamente como lo había visto y oído.
16Entonces el rey David entró para hablar
delante del Señor, y dijo: "Señor y Dios,
¿quién soy yo y qué es mi familia para que
me hayas hecho llegar hasta aquí? 17¡Y
tan poca cosa te ha parecido esto, Señor y
Dios, que hasta has hablado del porvenir
de la dinastía de tu siervo y me has mirado

b 16.34,41 2 Cr 5.13; 7.3; Esd 3.11; Sal 100.5; 106.1; 107.1; 118.1; 136.1; Jer 33.11.  c 16.43 2 S 6.19-20.  d 17.13 2 Co 6.18; He 1.5.

como a un hombre de posición elevada! [52] [18]¿Qué más te puedo decir del honor que has hecho a tu siervo, si tú conoces a este siervo tuyo? [19]Señor, todas estas maravillas las has hecho en atención a tu siervo, según lo quisiste y para darlas a conocer. [20]Señor, no hay nadie como tú, ni existe otro dios aparte de ti, según todo lo que nosotros mismos hemos oído. [21]En cuanto a Israel, tu pueblo, ¡no hay otro como él, pues es nación única en la tierra! Tú, oh Dios, lo libertaste para que fuera tu pueblo, y te hiciste famoso haciendo cosas grandes y maravillosas. Tú arrojaste de delante de tu pueblo, al que rescataste de Egipto, a las demás naciones, [22]porque tú has tomado a Israel como tu pueblo para siempre, y tú, Señor, serás su Dios.

[23]"Así pues, Señor, confirma para siempre la promesa que has hecho a tu siervo y a su dinastía, y cumple lo que has dicho. [24]¡Que tu promesa se realice fielmente y que tu nombre sea siempre engrandecido, y se diga que el Señor todopoderoso es el Dios de Israel, que él es realmente Dios para Israel! ¡Que la dinastía de tu siervo David se mantenga firme con tu protección! [25]Tú, Dios mío, me has hecho saber que vas a establecer mi dinastía; por eso yo, aunque soy tu siervo, voy a hacerte una súplica. [26]Tú, Señor, eres Dios y has prometido a tu siervo tanta bondad; [27]y ahora te dignaste bendecir a la dinastía de tu siervo para que permanezca para siempre bajo tu protección. Tú, Señor, la has bendecido y será bendita para siempre.''

### Campañas militares de David
*(2 S 8.1-14)*

**18** [1]Después de esto, David venció a los filisteos, sometiéndolos y arrebatándoles de las manos la ciudad de Gat y sus aldeas. [2]También derrotó a los moabitas, y así ellos fueron sometidos a David y tuvieron que pagarle tributo.

[3]David venció también a Hadad-ezer, rey de Soba, que está en dirección de Hamat, cuando éste iba a imponer su dominio sobre la región del río Éufrates. [4]De ellos, David capturó mil carros de combate e hizo prisioneros a siete mil soldados de caballería y a veinte mil de infantería; y además les rompió las patas a todos los caballos de los carros de combate, con la excepción de los caballos necesarios para cien carros.

[5]Llegaron luego los sirios de Damasco para prestar ayuda a Hadad-ezer, el rey de Soba, pero David venció a los sirios, matando a veintidós mil de ellos. [6]Luego puso David guarniciones en Siria de Damasco, y los sirios quedaron sometidos a él y sujetos al pago de tributos. Así pues, el Señor le daba la victoria a David por dondequiera que iba.

[7]Después David se apoderó de los escudos de oro que usaban los oficiales de Hadad-ezer, y los llevó a Jerusalén. [8]También se apoderó de una gran cantidad de bronce de Tibhat y de Cun, ciudades que pertenecían a Hadad-ezer. Con ese bronce hizo después Salomón la enorme pila para el agua, las columnas y los utensilios de bronce para el templo.[e]

[9]Cuando Toi, rey de Hamat, se enteró de que David había derrotado a todo el ejército de Hadad-ezer, rey de Soba, [10]envió a su hijo Adoram con toda clase de objetos de oro, de plata y de bronce, para que saludara y felicitara al rey David por haber luchado con Hadad-ezer y haberlo vencido, pues Toi también había estado en guerra con él. [11]David dedicó todos estos objetos al Señor, junto con el oro y la plata que les había quitado a todas las naciones, a Edom, a Moab, a los amonitas, a los filisteos y a los amalecitas.

[12]Además Abisai, hijo de Sarvia, derrotó a dieciocho mil edomitas en el Valle de la Sal.[f] [13]Luego puso David guarniciones en Edom, y todos los edomitas quedaron sometidos a él; y el Señor le daba la victoria por dondequiera que iba.

### Oficiales de David
*(2 S 8.15-18; 20.23-26)*

[14]David reinó sobre todo Israel, actuando con justicia y rectitud para con todo su pueblo. [15]El jefe del ejército era Joab, hijo de Sarvia; y Josafat, hijo de Ahilud, era el secretario del rey. [16]Sadoc, hijo de Ahitob, y Ahimelec, hijo de Abiatar, eran sacerdotes; Savsa era el cronista, [17]y Benaía, hijo de Joiada, estaba al mando de la guardia de cereteos y peleteos. Los hijos de David eran sus principales ayudantes.

### David derrota a los sirios y amonitas
*(2 S 10.1-19)*

**19** [1]Después de algún tiempo murió Nahas, el rey de los amonitas, y en

---

[52] *Y me has mirado . . . posición elevada:* traducción probable. Heb. oscuro.
[e] **18.8** 1 R 7.40-47; 2 Cr 4.11-18.  [f] **18.12** Sal 60 Título hebreo.

su lugar reinó su hijo. ²Entonces David pensó que debía tratar a Hanún, el hijo de Nahas, con bondad, porque su padre lo había tratado a él con bondad, y mandó algunos embajadores para que le dieran a Hanún el pésame por la muerte de su padre. Pero cuando los oficiales de David llegaron al país amonita, ³los jefes amonitas le dijeron a Hanún: ''¿Y cree Su Majestad que David ha enviado esos hombres a dar el pésame, tan sólo para honrar al padre de Su Majestad? ¡Seguramente han venido para inspeccionar, examinar⁵³ y espiar el país!''

⁴Entonces Hanún ordenó que apresaran a los oficiales de David, y que los afeitaran y les rasgaran la ropa por la mitad hasta las asentaderas. Después los despidió. ⁵Cuando fueron a decir a David lo que les había pasado a aquellos hombres, mandó que fueran a recibirlos, porque estarían sumamente avergonzados, y que les ordenaran quedarse en Jericó hasta que les creciera la barba, y que entonces regresaran.

⁶Los amonitas comprendieron que se habían hecho odiosos a David, por lo que Hanún y los amonitas enviaron treinta y tres toneladas de plata para tomar a sueldo carros de combate y tropas de caballería en Mesopotamia, Siria, Maaca y Soba, ⁷y tomaron a sueldo treinta y dos mil carros de combate, así como al rey de Maaca con su ejército. Estos llegaron e instalaron su campamento frente a Medeba. Además los amonitas salieron de sus ciudades y se reunieron para entrar en el combate. ⁸Pero David lo supo, y mandó a Joab con todos los soldados del ejército. ⁹Los amonitas avanzaron y se prepararon para la batalla a la entrada misma de la ciudad. Los reyes que habían venido se quedaron en el campo. ¹⁰Cuando Joab vio que iba a ser atacado por el frente y por la retaguardia, escogió los mejores soldados israelitas y se preparó para atacar a los sirios. ¹¹Luego, para hacer frente a los amonitas, puso el resto de la tropa bajo el mando de su hermano Abisai, ¹²y le dijo: ''Si los sirios pueden más que yo, tú vendrás a ayudarme, y si los amonitas pueden más que tú, yo te ayudaré. ¹³Ten ánimo, y luchemos con valor por nuestra nación y por las ciudades de nuestro Dios. ¡Y que el Señor haga lo que le parezca mejor!''

¹⁴Joab avanzó con sus tropas para atacar a lo sirios, pero éstos huyeron ante él. ¹⁵Y cuando los amonitas vieron que los sirios huían, ellos también huyeron de Abisai, hermano de Joab, y se metieron en la ciudad. Entonces Joab regresó a Jerusalén.

¹⁶Cuando los sirios se dieron cuenta de que Israel los había vencido, enviaron mensajeros para hacer venir a los sirios que estaban al otro lado del río Éufrates. Al frente de ellos estaba Sofac, jefe del ejército de Hadad-ezer. ¹⁷Pero le contaron esto a David, quien, movilizando en seguida a todo Israel, atravesó el río Jordán, avanzó y tomó posiciones contra ellos. David formó sus tropas para enfrentarse con los sirios, y éstos lucharon con él, ¹⁸pero finalmente huyeron de los israelitas, pues las bajas que les causó David fueron de cuarenta mil soldados de infantería y siete mil de los carros de combate; además, David mató a Sofac, el jefe del ejército sirio. ¹⁹Al ver los aliados de Hadad-ezer que los israelitas los habían derrotado, hicieron la paz con David y quedaron sometidos a él. A partir de entonces, los sirios no quisieron volver a ayudar a los amonitas.

### David conquista Rabá
*(2 S 12.26-31)*

**20** ¹En cierta ocasión, durante la primavera, que es cuando los reyes acostumbran salir a campaña, Joab organizó una expedición y arrasó el territorio amonita. Avanzó, rodeó a Rabá y la atacó hasta dejarla en ruinas. Mientras tanto, David se quedó en Jerusalén.ᵍ ²Después David tomó de la cabeza de su rey la corona de oro, que tenía piedras preciosas, y encontró que pesaba treinta y tres kilos; y se la pusieron a David. También sacó David de la ciudad muchísimas cosas de valor, ³y a la gente que aún quedaba en la ciudad la sacó de allí y la puso a trabajar con sierras, trillos de hierro y hachas. Lo mismo hizo David con todas las ciudades amonitas, y después regresó con todas sus tropas a Jerusalén.

### Peleas contra gigantes
*(2 S 21.18-20)*

⁴Después hubo una batalla con los filisteos en Gezer. En aquella ocasión, Sibecai el de Husa mató y humilló a Sipai,

---

⁵³ *Examinar:* según una versión antigua. Heb. *destruir.*
ᵍ **20.**12 S 11.1.

que era descendiente de los gigantes. [5]Y en otra batalla que hubo contra los filisteos, Elhanán, hijo de Jair, mató a Lahmi, hermano de Goliat el de Gat, cuya lanza tenía el asta tan grande como el rodillo de un telar.[h]

[6]En Gat hubo otra batalla. Había allí un hombre de gran estatura, que tenía veinticuatro dedos: seis en cada mano y seis en cada pie. Era también descendiente de los gigantes, [7]pero desafió a Israel y lo mató Jonatán, hijo de Simea, el hermano de David. [8]Estos gigantes eran descendientes de Refa, el de Gat, pero cayeron a manos de David y de sus oficiales.

## David censa la población
### (2 S 24.1-17)

**21** [1]El ángel acusador[54,i] se puso contra los israelitas e incitó a David a hacer un censo de Israel. [2]Entonces David ordenó a Joab y a los jefes del pueblo:

—Vayan y hagan el censo de Israel—[54] desde Beerseba hasta Dan, y tráiganme el informe para que yo sepa cuántos son.

[3]Pero Joab respondió:

—Que el Señor aumente su pueblo cien veces más de lo que es ahora; ¿pero acaso no son todos ellos servidores de Su Majestad? ¿Por qué desea esto Su Majestad? ¿Para qué hacerse culpable Israel?

[4]Sin embargo, la orden del rey se impuso a Joab, y éste se retiró, recorrió todo Israel y regresó a Jerusalén. [5]Joab entregó a David las cifras del censo de la población, y resultó que en todo Israel había un millón cien mil hombres aptos para la guerra, y cuatrocientos setenta mil en Judá. [6]Pero no se incluyó en el censo a las tribus de Leví y de Benjamín, porque a Joab no le gustó la orden del rey.

[7]A Dios le pareció mal todo esto, y mandó un castigo a Israel. [8]Pero David confesó a Dios:

—He cometido un grave pecado al hacer esto. Pero te ruego que perdones ahora el pecado de este siervo tuyo, pues me he portado como un necio.

[9]Entonces el Señor dijo a Gad, vidente al servicio de David: [10]"Ve a ver a David, y dile de mi parte que le propongo tres cosas, y que escoja la que él quiera que yo haga." [11]Gad fue a ver a David, y le dijo:

—Esto dice el Señor: Escoge [12]entre tres años de hambre, tres meses de derrota perseguido por la espada de tus enemigos, o tres días de peste en el país bajo la espada del Señor, con el ángel del Señor causando estragos en todo el territorio de Israel. Decide ahora lo que he de responder al que me ha enviado.

[13]David contestó a Gad:

—Estoy en un grave aprieto. Ahora bien, es preferible que caiga yo en manos del Señor, pues su bondad es muy grande, y no en manos de los hombres.

[14]Entonces mandó el Señor una peste sobre Israel, y cayeron muertos setenta mil israelitas. [15]Y mandó Dios un ángel para destruir Jerusalén. Pero cuando la estaba destruyendo, el Señor lo vio, y le pesó aquel daño, y ordenó al ángel que estaba hiriendo: "¡Basta ya, no sigas!"

En aquel momento, el ángel del Señor se encontraba junto al lugar donde Ornán el jebuseo trillaba el trigo. [16]Al alzar David los ojos, vio que el ángel del Señor se encontraba entre el cielo y la tierra, con una espada desenvainada en la mano, que apuntaba hacia Jerusalén. Entonces David y los ancianos, vestidos con ropas ásperas, se inclinaron hasta tocar el suelo con la frente, [17]y David dijo a Dios:

—¡Yo fui quien mandó hacer el censo de la población! ¡Yo soy quien ha pecado y ha hecho mal! ¿Pero qué han hecho estos inocentes?[55] Señor y Dios mío, yo te ruego que tu castigo caiga sobre mí y sobre mi familia, pero deja de herir a tu pueblo.

## David levanta un altar
### (2 S 24.18-25)

[18]Entonces el ángel del Señor ordenó a Gad decirle a David que levantara un altar al Señor en el lugar donde Ornán el jebuseo trillaba el trigo. [19]Entonces David fue a hacer lo que Gad le había dicho en nombre del Señor. [20]Ornán, que estaba trillando el trigo, al volverse había visto al ángel, pero sus cuatro hijos, que estaban con él, habían ido a esconderse. [21]Cuando David se acercó a donde estaba Ornán, éste miró, y al ver a David salió del lugar donde trillaba el trigo y se inclinó delante de David. [22]Entonces le dijo David a Ornán:

—Cédeme el lugar donde trillas el trigo, para construir allí un altar al Señor. Véndemelo por el precio exacto, a fin de que la peste se retire del pueblo.

[23]Y Ornán le contestó:

—Tómelo Su Majestad y haga lo que le parezca mejor. Yo le doy los toros para el

---

[54] *Ángel acusador:* lit. *satán.* [55] *Estos inocentes:* lit. *estas ovejas.*
[h] 20.5 1 S 17.4-7. [i] 21.1 Job 1.6; Zac 3.1; Ap 12.10.

holocausto, los trillos para la leña y el trigo para la ofrenda. ¡Todo esto se lo doy a Su Majestad!

²⁴Pero el rey David respondió:

—Te lo agradezco, pero tengo que comprarlo todo por el precio exacto, pues no te voy a quitar lo tuyo para dárselo al Señor y ofrecerle un holocausto que no me haya costado nada.

²⁵De esta manera, David le pagó a Ornán por aquel lugar seiscientas monedas de oro, ²⁶y allí construyó un altar al Señor y ofreció holocaustos y sacrificios de reconciliación. Luego invocó al Señor, y él le respondió enviando fuego desde el cielo sobre el altar del holocausto. ²⁷Entonces el Señor ordenó al ángel que volviera a guardar su espada.

### El lugar para el templo

²⁸En aquel momento, al ver David que el Señor lo había escuchado en el lugar en que Ornán el jebuseo trillaba el trigo, ofreció allí sacrificios. ²⁹Pues aunque la tienda de campaña que Moisés había levantado para el Señor en el desierto y el altar del holocausto se hallaban por entonces en el santuario de Gabaón, ³⁰David no pudo ir allá para consultar a Dios, porque se había llenado de espanto al ver la espada del ángel del Señor.

**22** ¹Por eso dijo David: "Aquí estarán el templo de Dios, el Señor, y el altar del holocausto para Israel."

### Preparativos para el templo

²Después David mandó que se reunieran los extranjeros que vivían en Israel, y nombró canteros para que labraran la piedra para la construcción del templo de Dios. ³Además preparó hierro en abundancia para los clavos de las puertas y para las grapas; también una inmensa cantidad de bronce, ⁴y madera de cedro en cantidad incalculable, porque los habitantes de Sidón y de Tiro le habían traído mucha madera de cedro.

⁵David pensaba: "Mi hijo Salomón es todavía un muchacho de tierna edad, y el templo que hay que construir para el Señor tiene que ser el más grande, famoso y bello de todo el mundo; así que le dejaré todo preparado."

Por eso David hizo grandes preparativos antes de morir. ⁶Luego llamó a su hijo Salomón, y le encargó que construyera el

templo del Señor, Dios de Israel, ⁷diciéndole: "Hijo mío, yo tenía el propósito de construir un templo para el Señor mi Dios. ⁸Pero el Señor me ha dicho: 'He visto que tú has derramado mucha sangre y has hecho muchas guerras; por eso no eres tú quien va a construirme un templo. ⁹Pero tendrás un hijo que será un hombre pacífico; y además yo haré que sus enemigos por todas partes lo dejen en paz. Por eso se llamará Salomón.⁵⁶ En su tiempo concederé paz y tranquilidad a Israel. ¹⁰El me construirá un templo. El me será un hijo y yo le seré un padre, y afirmaré su reino en Israel para siempre.'ʲ ¹¹Ahora, hijo mío, que el Señor esté contigo para que logres construir el templo del Señor tu Dios, conforme a lo que ha prometido que tú harías. ¹²Que el Señor te dé inteligencia y sabiduría, para que cuando él te encargue del gobierno de Israel, cumplas la ley del Señor tu Dios. ¹³Todo te saldrá bien, si procuras cumplir las leyes y disposiciones que el Señor ordenó a Moisés para Israel. ¡Ten valor y firmeza; no te desanimes ni tengas miedo!ᵏ ¹⁴Mira, yo con muchos esfuerzos he podido preparar para el templo del Señor tres mil trescientas toneladas de oro, treinta y tres mil toneladas de plata, y una cantidad tan grande de bronce y hierro que no se puede pesar. También he preparado madera y piedra, a la que tú debes añadir más. ¹⁵⁻¹⁶Además tienes a tu disposición muchos obreros, canteros, albañiles y carpinteros, e innumerables especialistas de todo tipo y clase de trabajos en oro, plata, bronce y hierro. Así que, ¡manos a la obra, y que el Señor te ayude!"

¹⁷Luego David ordenó a todos los jefes de Israel que ayudaran a su hijo Salomón, diciéndoles: ¹⁸"El Señor su Dios ha estado con ustedes y les ha dado paz por todas partes, pues él ha puesto bajo mi poder a todos los habitantes del país, y éste ha quedado sometido al Señor y a su pueblo. ¹⁹Por tanto, hagan ahora el firme propósito de buscar al Señor su Dios. Así que dispónganse a construir el santuario de Dios, el Señor, para trasladar el cofre del pacto del Señor y los utensilios sagrados de Dios al templo que se va a construir para el Señor."

### Los levitas y sus obligaciones

**23** ¹Siendo ya David un anciano de edad muy avanzada, nombró a su

---

⁵⁶ En hebreo, *Salomón* y la palabra que significa *paz* tienen un sonido parecido.
ʲ 22.7-10 2 S 7.1-16; 1 Cr 17.1-14.    ᵏ 22.13 Jos 1.6-9.

hijo Salomón como rey de Israel,[l] [2]y reunió a todos los jefes de Israel, y a los sacerdotes y levitas. [3]Contaron entonces a los levitas de treinta años de edad para arriba, y al hacer la cuenta resultó que su número era de treinta y ocho mil varones. [4]De éstos, se destinaron veinticuatro mil para dirigir la obra del templo, seis mil para ser oficiales y jueces, [5]cuatro mil para ser porteros, y otros cuatro mil para encargarse de alabar al Señor con los instrumentos musicales que David había mandado hacer con ese propósito. [6]David los repartió en grupos, según los hijos que había tenido Leví: Gersón, Coat y Merari.

[7]Los hijos de Gersón: Laadán y Simei. [8]Los hijos de Laadán fueron tres: Jehiel, el mayor, Zetam y Joel. [9]Los hijos de Simei[57] también fueron tres: Selomit, Haziel y Harán. Estos fueron los jefes de familia de los descendientes de Laadán. [10]Los hijos de Simei fueron cuatro: Jahat, Ziza,[58] Jeús y Bería. [11]El mayor era Jahat, y el segundo Ziza; pero como Jeús y Bería no tuvieron muchos hijos, para efectos del servicio los contaron como una sola familia.

[12]Los hijos de Coat fueron cuatro: Amram, Izhar, Hebrón y Uziel. [13]Los hijos de Amram fueron Aarón y Moisés. Aarón fue escogido por Dios para dedicar las ofrendas más sagradas, para quemar incienso ante el Señor, servirle y pronunciar siempre la bendición, cargo que deberían desempeñar Aarón y sus hijos para siempre.[m] [14]A Moisés, el hombre de Dios, y a sus descendientes también se les incluyó en la tribu de Leví.

[15]Los hijos de Moisés fueron Gersón y Eliezer. [16]De los hijos de Gersón, el primero fue Sebuel. [17]El primer hijo de Eliezer fue Rehabías, y ya no tuvo más hijos; pero Rehabías sí tuvo muchos. [18]El primer hijo de Izhar fue Selomit. [19]Los hijos de Hebrón fueron: Jerafas, el primero; Amarías, el segundo; Jahaziel, el tercero; y Jecamán, el cuarto. [20]Los hijos de Uziel fueron: Micaías, el primero, e Isías, el segundo.

[21]Los hijos de Merari fueron Mahli y Musi. Los hijos de Mahli fueron Eleazar y Cis. [22]Eleazar murió sin haber tenido hijos varones: sólo tuvo hijas, que se casaron con sus primos, los hijos de Cis. [23]Los hijos de Musi fueron tres: Mahli, Edar y Jeremot.

[24]Estos fueron los descendientes de Leví, según sus familias, que estaban inscritos por nombre en el censo como jefes de familia, de veinte años para arriba, los cuales estaban ocupados en los oficios del templo.

[25]David había dicho: "El Señor, el Dios de Israel, ha concedido tranquilidad a su pueblo y ha fijado para siempre su propia residencia en Jerusalén. [26]Por eso los levitas ya no tendrán que estar transportando la Tienda del Señor ni los objetos que se usan en el culto."[n]

[27]Así pues, conforme a las últimas disposiciones de David, se hizo el censo de los descendientes de Leví de veinte años para arriba, [28]y quedaron a las órdenes de los sacerdotes, descendientes de Aarón, para los oficios del templo, como responsables de los atrios, de los cuartos y de la purificación de los objetos sagrados, así como de los demás oficios del templo. [29]Estaban encargados del pan consagrado que se ponía en hileras, de la harina para la ofrenda de cereales, de las hojuelas de pan sin levadura, de las ofrendas cocinadas en sartén, y de la masa y de todos los pesos y medidas. [30]Además tenían que estar presentes en el templo diariamente por la mañana y por la tarde para dar gracias y alabar al Señor, [31]y cuando se ofrecían todos los holocaustos al Señor los días de reposo,[59] en las fiestas de la luna nueva y en las fiestas especiales, siempre sirviendo al Señor según el número prescrito para ellos. [32]Tenían también a su cargo el cuidado de la Tienda del encuentro con Dios y del santuario, sirviendo en el templo con sus hermanos de tribu, los descendientes de Aarón.[ñ]

# 24

[1]Los descendientes de Aarón también tenían sus turnos. Los hijos de Aarón fueron Nadab, Abiú, Eleazar e Itamar. [2]Pero como Nadab y Abiú murieron antes que su padre,[o] sin haber tenido hijos, Eleazar e Itamar se encargaron del sacerdocio.

[3]David, con la ayuda de Sadoc, descendiente de Eleazar, y de Ahimelec, descendiente de Itamar, los repartió en turnos para que desempeñaran sus oficios. [4]Pero como se dieron cuenta de que los varones descendientes de Eleazar eran más numerosos que los de Itamar, fueron repartidos de modo que quedaron dieciséis jefes de descendientes de Eleazar y ocho de descendientes de Itamar. [5]Los

[57] Simei: el nombre original debe de haber sido otro (véase v. 10). [58] Ziza: según la versión griega. Heb. Zina. [59] Días de reposo: aquí equivale a sábado.
[l] 23.1 1 R 1.1-40. [m] 23.13 Ex 28.1. [n] 23.26 Dt 10.8. [ñ] 23.28-32 Nm 3.5-9. [o] 24.2 Lv 10.1-2.

turnos se repartieron por suertes entre todos, pues tanto entre los descendientes de Eleazar como entre los de Itamar había funcionarios sagrados, funcionarios de Dios.

[6] Luego Semaías el secretario, hijo de Natanael y uno de los levitas, escribió sus nombres en presencia del rey, de los jefes, del sacerdote Sadoc, de Ahimelec, hijo de Abiatar, y de los jefes de familia de los sacerdotes y de los levitas. Los turnos se sacaban por suerte, dos turnos para los descendientes de Eleazar y uno para los de Itamar.

[7-18] Al sacar las suertes, quedaron los turnos en el siguiente orden, del primero al vigesimocuarto:

Joiarib
Jedaías
Harim
Seorim
Malquías
Mijamín
Cos
Abías
Jesúa
Secanías
Eliasib
Jaquim
Hupa
Jesebeab
Bilga
Imer
Hezir
Afses
Petaías
Hezequiel
Jaquín
Gamul
Delaía
Maazías

[19] Así pues, se repartieron los turnos para servir en el templo, según las normas que el Señor, Dios de Israel, había ordenado por medio de Aarón, antepasado de ellos.

[20] Los levitas que quedaban eran: Subael, de los descendientes de Amram; Jehedías, de los de Subael; [21] Isías, que era el mayor, de los de Rehebías; [22] Selomot, de los de Izhar; Jahat, de los de Selomot; [23] de los descendientes de Hebrón: [60] Jerías, el primero; Amarías, el segundo; Jahaziel, el tercero; y Jecamán, el cuarto. [24] Estaban también: Micaía, hijo de Uziel; Samir, hijo de Micaía; [25] Isías, hermano de Micaía; Zacarías, hijo de Isías; [26] Mahli

y Musi, hijos de Merari; los hijos de Jaazías, hijo también de Merari. [27] De los descendientes de Merari, por parte de Jaazías, su hijo, estaban Soham, Zacur e Ibri; [28] y por parte de Mahli, Eleazar, que no tuvo hijos, [29] y Cis; Jerahmeel, hijo de Cis; [30] los hijos de Musi, que eran Mahli, Edar y Jerimot.

Estos eran los levitas por familias. [31] También ellos se repartieron por suertes, tanto la familia del jefe como la del hermano menor, igual que sus parientes los descendientes de Aarón, en presencia del rey David, de Sadoc, Ahimelec y los jefes de familia de los sacerdotes y de los levitas.

### Los músicos y cantores

**25** [1] Luego David y los jefes de los servicios religiosos asignaron oficios especiales a los hijos de Asaf, Hemán y Jedutún, quienes comunicaban mensajes proféticos acompañados de arpas, salterios y platillos. Esta es la lista de los que estaban ocupados en esa labor.

[2] De los hijos de Asaf: Jacur, José, Netanías y Asarela. El que los dirigía era Asaf, su padre, quien comunicaba mensajes proféticos por las órdenes del rey.

[3] Los seis hijos de Jedutún: Gedalías, Zeri, Jesaías, Simei, Hasabías y Matatías. El que los dirigía era su padre Jedutún, el cual comunicaba mensajes proféticos acompañado de arpa para dar gracias y alabar a Dios.

[4] Los hijos de Hemán: Buquías, Matanías, Uziel, Sebuel, Jeremot, Hananías, Hanani, Eliata, Gidalti, Romanti-ezer, Josbecaza, Maloti, Hotir y Mahaziot. [5] Todos estos fueron hijos de Hemán, vidente al servicio del rey, según las promesas que Dios le había hecho de que lo haría muy poderoso; en efecto, Dios le dio a Hemán catorce hijos y tres hijas. [6] A todos ellos los dirigía su padre cuando cantaban en los servicios religiosos del templo acompañados de platillos, salterios y cítaras.

Asaf, Jedutún y Hemán estaban bajo las órdenes del rey. [7] El número total de músicos expertos, incluyendo a sus otros compañeros instruidos para cantar al Señor, era de doscientos ochenta y ocho.

[8] Entonces se repartieron por suerte los turnos del servicio entre todos, fueran mayores o menores, maestros o aprendices.

---

[60] *De Hebrón . . . el primero:* según 23.19 y la versión griega. En el texto hebreo no aparece *Hebrón* ni *el primero.*

9-31Al sacar la suerte, quedaron los turnos en el siguiente orden, del primero al vigesimocuarto:

José61
Gedalías
Zacur
Izri
Netanías
Buquías
Jesarela
Jesahías
Matanías
Simei
Azareel
Hasabías
Subael
Matatías
Jeremot
Hananías
Josbecasa
Hanani
Maloti
Eliata
Hotir
Gidalti
Mahaziot
Romanti-ezer

Cada uno de ellos con sus hermanos e hijos eran doce.

## Porteros y otros funcionarios

**26** ¹Al repartir los turnos de los porteros, quedaron los siguientes:
De los coreítas, Meselemías, hijo de Coré, que fue hijo de Ebiasaf.62 ²Los hijos de Meselemías: Zacarías, el mayor; Jediael, el segundo; Zebadías, el tercero; Jatniel, el cuarto; ³Elam, el quinto; Johanán, el sexto, y Elioenai, el séptimo.

⁴Los hijos de Obed-edom: Semaías, el mayor; Jozabad, el segundo; Joa, el tercero; Sacar, el cuarto; Natanael, el quinto; ⁵Amiel, el sexto; Isacar, el séptimo, y Peultai, el octavo. Porque Dios había bendecido a Obed-edom con muchos hijos.p

⁶Semaías, hijo de Obed-edom, tuvo dos hijos que gobernaban en sus familias porque eran hombres de mucho valor. ⁷Los hijos de Semaías fueron Otni, Rafael, Obed, Elzabad, Eliú y Samaquías, hombres de valor. ⁸Todos estos, descendientes de Obed-edom, y sus hijos y hermanos, eran hombres de valor por la energía que mostraban en el servicio. En

total, sesenta y dos descendientes de Obed-edom.

⁹Hijos y hermanos de Meselemías: dieciocho, todos hombres de gran valor.

¹⁰Hijos de Hosa, descendientes de Merari: Simri, que era el jefe, pues aunque no era el hijo mayor, su padre lo puso de jefe; ¹¹Hilcías, el segundo; Tebalías, el tercero; Zacarías, el cuarto. Los hijos y hermanos de Hosa eran en total trece.

¹²Estos eran los turnos de los porteros. A ellos, lo mismo a los jefes que a sus compañeros, les correspondía el servicio en el templo. ¹³Hicieron por familias el sorteo de cada puerta, y en él entraron tanto los mayores como los menores.

¹⁴A Selemías le tocó en el sorteo la puerta del este, y a su hijo Zacarías, consejero prudente, le tocó la del norte. ¹⁵A Obed-edom le tocó la del sur, y a sus hijos les tocó el cuidado de los depósitos del templo. ¹⁶A Hosa63 le tocó la parte del oeste donde está la puerta de Salequet, en el camino de subida.

Los servicios correspondientes se distribuían así: ¹⁷cada día había seis porteros al este, cuatro al norte y cuatro al sur, y dos para cada uno de los depósitos. ¹⁸En el atrio,64 al oeste, había cuatro para la calzada y dos para el atrio mismo. ¹⁹Así estaban repartidos los oficios de los porteros descendientes de Coré y Merari.

²⁰Otros levitas estaban encargados de cuidar los tesoros del templo y los depósitos de ofrendas sagradas. ²¹De los hijos de Laadán, que descendían de Gersón y de Jehiel, ²²los hijos de Jehiel y de sus hermanos Zetam y Joel tenían a su cargo los tesoros del templo.

²³En cuanto a los descendientes de Amram, Izhar, Hebrón y Uziel, ²⁴el encargado principal de los tesoros era Sebuel, descendiente de Gersón y de Moisés.

²⁵Parientes suyos por parte de Eliezer eran Rehabías, hijo de Eliezer; Jesahías, hijo de Rehabías; Joram, hijo de Jesahías; Zicri, hijo de Joram; y Selomit, hijo de Zicri.

²⁶Selomit y sus hermanos tenían a su cargo todos los depósitos de objetos sagrados que David, los jefes de familia, los jefes de batallones y de compañías y los altos jefes del ejército habían consagrado al Señor. ²⁷Eran cosas conseguidas en las guerras, y que ellos habían dedicado al mantenimiento del templo. ²⁸También

---

61 *José:* texto probable. Heb. *Asaf, José.* 62 *Ebiasaf:* texto probable según 9.19. Heb. *Asaf.* 63 *Hosa:* según varios mss. griegos. Heb. *Supim y Hosa.* 64 *Atrio:* el sentido de esta palabra es incierto.
p **26.4-5** 2 S 6.11; 1 Cr 13.14.

estaba allí lo que habían consagrado Samuel el vidente, Saúl hijo de Cis, Abner hijo de Ner, y Joab hijo de Sarvia. Todo lo consagrado estaba al cuidado de Selomit y sus hermanos.

²⁹De los descendientes de Izhar, los que estaban ocupados de los asuntos exteriores de Israel, como oficiales y jueces, eran Quenanías y sus hijos.

³⁰De los descendientes de Hebrón, los que estaban encargados de inspeccionar a Israel al oeste del Jordán, tanto en todo lo relacionado con las cosas del Señor como en el servicio del rey, eran Hasabías y sus parientes, mil setecientos hombres de gran valor.

³¹En el año cuarenta del reinado de David se hicieron investigaciones en los anales familiares de los descendientes de Hebrón, y se encontró que entre ellos había hombres de gran valor en Jazer de Galaad. El jefe de los descendientes de Hebrón era Jerías; ³²junto con sus parientes, hombres de gran valor, sumaban dos mil setecientos jefes de familia. El rey David los nombró para hacerse cargo de las tribus de Rubén y de Gad y de la media tribu de Manasés, para todos los asuntos relacionados con Dios o con el rey.

### Organización militar y civil en el reino de David

27 ¹A continuación viene la lista de los israelitas enumerados según los jefes de familia, de los jefes de batallones y de compañías, y de los oficiales de los que estaban al servicio del rey, para todo lo relacionado con las divisiones militares que servían por turnos mensuales durante todo el año. Cada división estaba formada por veinticuatro mil hombres.

²Primera división, de guardia el primer mes: su jefe era Jasobeam, hijo de Zabdiel, ³descendiente de Fares y comandante de todos los jefes de las tropas que prestaban servicio el primer mes.

⁴División de guardia el segundo mes: su jefe era Dodai el ahohíta.⁶⁵

⁵División de guardia el tercer mes: su jefe militar era Benaía, hijo del sumo sacerdote Joiada, ⁶el cual era uno de los treinta valientes y su jefe. Pero su hijo Amisabad mandaba esta división.

⁷División de guardia el cuarto mes: su jefe era Asael, hermano de Joab. A él lo sucedió su hijo Zebadías.

⁸División de guardia el quinto mes: su jefe era Samhut el izraíta.

⁹División de guardia el sexto mes: su jefe era Ira, hijo de Iques, del pueblo de Tecoa.

¹⁰División de guardia el séptimo mes: su jefe era Heles el paltita,⁶⁶ descendiente de Efraín.

¹¹División de guardia el octavo mes: su jefe era Sibecai el de Husa, descendiente de Zera.

¹²División de guardia el noveno mes: su jefe era Ebiezer el de Anatot, descendiente de Benjamín.

¹³División de guardia el décimo mes: su jefe era Maharai el de Netofa, descendiente de Zera.

¹⁴División de guardia el undécimo mes: su jefe era Benaía el de Piratón, descendiente de Efraín.

¹⁵División de guardia el duodécimo mes: su jefe era Heldai el de Netofa, descendiente de Otoniel.

¹⁶Los jefes de las tribus de Israel eran los siguientes: de la tribu de Rubén, Eliezer, hijo de Zicri; de la de Simeón, Sefatías, hijo de Maaca; ¹⁷de la de Leví, Hasabías, hijo de Kemuel; de los descendientes de Aarón, Sadoc; ¹⁸de la tribu de Judá, Eliú, un hermano de David; de la de Isacar, Omri, hijo de Micael; ¹⁹de la de Zabulón, Ismaías, hijo de Abdías; de la de Neftalí, Jerimot, hijo de Azriel; ²⁰de la de Efraín, Oseas, hijo de Azazías; de la media tribu de Manasés, Joel, hijo de Pedaías; ²¹de la otra media tribu que estaba en Galaad, Iddo, hijo de Zacarías; de la de Benjamín, Jaasiel, hijo de Abner; ²²la de Dan, Azareel, hijo de Jeroham. Estos eran los jefes de las tribus de Israel.

²³David no hizo el censo de los que tenían menos de veinte años, porque el Señor había prometido que multiplicaría a los israelitas como las estrellas del cielo.�q ²⁴Joab comenzó a hacer el censo, pero no lo terminó, porque eso trajo una calamidad a Israel.ʳ Por eso no aparece el número en el libro de las crónicas del rey David.

²⁵El tesorero real era Azmavet, hijo de Adiel, y el encargado de los almacenes que había en el campo, en las ciudades, en los pueblos y en las fronteras, era Jonatán, hijo de Uzías.

²⁶Al frente de los trabajadores que cultivaban las tierras estaba Ezri, hijo de Quelub. ²⁷Al frente de los viñedos estaba

---

⁶⁵ *Ahohíta:* según la versión griega. Heb. añade: *y su división, y el jefe era Miclot.*  ⁶⁶ *Paltita:* según 2 S 23.26. Heb. *pelonita.*

*q* 27.23 Gn 15.5; 22.17; 26.4.  *r* 27.24 2 S 24.1-15; 1 Cr 21.1-14.

Simei, de Ramat, y el encargado de recoger el vino para las bodegas era Zabdi, de Sefam. 28Al frente de los olivares y de los bosques de higueras silvestres que había en la llanura estaba Baal-hanán, de Gedera, y de los depósitos de aceite, Joás. 29Al frente del ganado que pastaba en Sarón estaba Sitrai, del propio Sarón, y al frente del ganado que pastaba en los valles estaba Safat, hijo de Adlai. 30Al frente de los camellos estaba Obil, el ismaelita; de las asnas, Jehedías, de Meronot; 31y de las ovejas, Jaziz, el agareno. Todos estos eran los administradores de los bienes del rey David.

32Jonatán, el tío de David, hombre sabio e instruido, era consejero, y Jehiel, hijo de Hacmoni, era quien acompañaba a los hijos del rey. 33También Ahitofel era consejero del rey, y Husai, el arquita, era el hombre de confianza del rey. 34A Ahitofel le sucedieron en su cargo Joiada, hijo de Benaía, y Abiatar. El jefe del ejército real era Joab.

### Salomón sucede a David

**28** 1David reunió en Jerusalén a todas las autoridades de Israel: los jefes de las tribus, los jefes de las divisiones militares al servicio del rey, los comandantes de batallones y jefes de compañías, los administradores de todas las tierras y ganados del rey y de sus hijos, los personajes más importantes67 y todos los militares notables. 2Entonces David se puso de pie y dijo: "Escúchenme, hermanos y pueblo mío: Yo tenía el propósito de construir un lugar donde el cofre del pacto del Señor estuviera permanentemente y que fuera el sitio donde nuestro Dios pusiera su trono, y había hecho preparativos para construirlo. 3Pero Dios me dijo: 'No eres tú quien va a construirme un templo, porque eres un guerrero y has derramado sangre.' 4Sin embargo, el Señor, Dios de Israel, me escogió entre toda mi familia para hacerme rey de Israel por siempre. Pues él escogió la tribu de Judá como tribu gobernante; de la tribu de Judá escogió a mi familia; y de entre mis hermanos me escogió a mí para ser rey sobre todo Israel. 5Y ahora, entre todos mis hijos, pues son muchos los que el Señor me ha dado, el Señor ha escogido a mi hijo Salomón para que se siente en el trono del dominio del Señor sobre Israel. 6El Señor también me

dijo: 'Tu hijo Salomón será quien construya mi templo y mis atrios, porque lo he escogido como hijo, y yo seré un padre para él, 7y afirmaré su reino para siempre, si él sigue esforzándose en cumplir mis mandamientos y disposiciones como hasta el día de hoy.'s

8"Ahora pues, en presencia de todo Israel, de esta asamblea del Señor, y de nuestro Dios que nos escucha, guarden con empeño todos los mandamientos del Señor, el Dios de ustedes, para que este hermoso país continúe siendo propiedad de ustedes y luego puedan dejárselo para siempre en herencia a sus hijos. 9Y tú, Salomón, hijo mío, reconoce al Dios de tu padre y sírvele de todo corazón y con buena disposición, porque el Señor examina todas las conciencias y distingue cualquier intención y pensamiento. Así que, si tú lo buscas, él permitirá que lo encuentres; pero si te apartas de él, te rechazará de una vez para siempre. 10Ten ahora presente que el Señor te ha escogido para que construyas un edificio que será su santuario. Por tanto, ¡ánimo y manos a la obra!"

11Entonces David entregó a su hijo Salomón el plano del vestíbulo del templo, de sus edificios, de los almacenes, de las salas del piso alto, de los cuartos interiores y del Lugar Santísimo. 12Además le dio el proyecto de todo lo que tenía en mente para los atrios del templo y los cuartos que debían estar alrededor, los tesoros y los depósitos para las ofrendas sagradas, 13y también los cuartos para los turnos de los sacerdotes y los levitas y para todos los servicios del templo, lo mismo que para todos los objetos del culto en el templo.

14También le dio oro y plata en cantidad suficiente para todos los objetos de oro y plata que se iban a usar en el culto; 15para los candelabros y sus lámparas, tanto los de oro como los de plata, le dio conforme al peso que debía tener cada uno de ellos; 16y lo mismo hizo para cada una de las mesas, tanto las de oro como las de plata, donde debía ponerse en hileras el pan consagrado. 17Le dio además oro para los tenedores, los tazones y las jarras, así como oro y plata suficiente para las copas de uno u otro metal, según el peso de cada una. 18También le entregó suficiente cantidad de oro refinado para el altar del incienso, e igualmente le dio oro

---

67 Personajes más importantes: lit. eunucos. Véase Glosario anexo.
s 28.2-7 2 S 7.1-16; 1 Cr 17.1-14.

para la construcción del carro, es decir, de los seres alados que con las alas extendidas cubren el cofre del pacto del Señor.

[19]Todo esto estaba en un escrito redactado por revelación del Señor a David, en el que se explicaban todos los trabajos que había que hacer de acuerdo con el plano.

[20]Entonces dijo David a Salomón: "¡Ten valor y firmeza, y pon manos a la obra! ¡No te desanimes ni tengas miedo, porque el Señor mi Dios estará contigo! El no te dejará ni te abandonará hasta que se acabe toda la obra para el servicio del templo. [21]Aquí están los turnos de los sacerdotes y levitas dispuestos para el servicio en el templo; para todos los trabajos tendrás también la ayuda de toda clase de voluntarios, expertos en todo tipo de servicio; y los jefes y todo el pueblo estarán a tus órdenes."

**29** [1]Después el rey David dijo a toda la asamblea: "Mi hijo Salomón, el único a quien Dios ha escogido, es un muchacho de tierna edad, mientras que la obra es enorme, porque no se trata del palacio para un hombre sino del templo para Dios, el Señor. [2]Con todo esfuerzo he preparado lo necesario para el templo de mi Dios: oro, plata, bronce, hierro y madera respectivamente para cada cosa. Y también cornalina, piedras para engastar, mezcla, piedras para mosaico, toda clase de piedras preciosas y alabastro en abundancia.[t] [3]Pero además de todo lo que ya tengo preparado para el templo, y por el amor que tengo al templo de mi Dios, entrego para el templo el oro y la plata que son de mi propiedad personal: [4]cien mil kilos del oro más fino, doscientos treinta mil kilos de plata refinada para cubrir las paredes de los edificios. [5]Todo el oro y la plata para hacer de uno u otro metal lo que sea necesario, y para todo trabajo que tengan que hacer los artesanos. Y ahora, ¿quién quiere contribuir voluntariamente haciendo un donativo para el Señor?"

[6]Entonces los jefes de familia, los jefes de las tribus de Israel, los jefes de batallones y de compañías, y los jefes de obras públicas del rey, hicieron donativos voluntarios, [7]dando para las obras del templo ciento sesenta y cinco mil kilos y diez mil monedas[68] de oro, trescientos treinta mil kilos de plata, y cerca de seiscientos mil kilos de bronce y tres millones trescientos mil kilos de hierro.

[8]También los que tenían piedras preciosas las entregaron a la tesorería del templo, que estaba a cargo de Jehiel, descendiente de Gersón.

[9]La gente se alegró de esta generosidad, porque habían dado estas cosas al Señor con toda sinceridad. También el rey David se puso muy contento.

[10]Entonces David bendijo al Señor en presencia de toda la asamblea, diciendo: "¡Bendito seas para siempre, Señor, Dios de nuestro padre Israel! [11]¡Tuyos son, Señor, la grandeza, el poder, la gloria, el dominio y la majestad! Porque todo lo que hay en el cielo y en la tierra es tuyo. Tuyo es también el reino,[u] pues tú, Señor, eres superior a todos. [12]De ti vienen las riquezas y la honra. Tú lo gobiernas todo. La fuerza y el poder están en tu mano, y en tu mano está también el dar grandeza y poder a todos. [13]Por eso, Dios nuestro, te damos ahora gracias y alabamos tu glorioso nombre; [14]pues, ¿quién soy yo y qué es mi pueblo para que seamos capaces de ofrecerte tantas cosas? En realidad, todo viene de ti y sólo te damos lo que de ti hemos recibido. [15]Pues ante ti somos como extranjeros que están de paso, igual que lo fueron todos nuestros antepasados, y nuestra vida sobre la tierra es como una sombra, sin ninguna esperanza.

[16]"¡Oh Señor, Dios nuestro, tuyas son y de ti han venido todas estas riquezas que hemos preparado para construir un templo a tu santo nombre! [17]Yo sé, Dios mío, que tú examinas las conciencias y que te agrada la rectitud. Por eso, con recta intención te he ofrecido todo esto. Y ahora puedo ver con alegría que tu pueblo, aquí reunido, te ha presentado generosamente sus ofrendas. [18]Señor, Dios de Abraham, de Isaac y de Israel, nuestros antepasados, conserva siempre esta disposición de ánimo en el corazón de tu pueblo, y dirige su corazón hacia ti. [19]Concédele también a mi hijo Salomón un corazón íntegro para que pueda cumplir tus mandamientos, preceptos y leyes, poniéndolos todos en práctica, y para que pueda construir el templo para el que he hecho los preparativos."

[20]A continuación dijo David a toda la asamblea: "Ahora alaben al Señor su Dios." Entonces la asamblea en pleno alabó al Señor, Dios de sus antepasados, y de rodillas se inclinaron ante el Señor y ante el rey. [21]Al día siguiente ofrecieron al

---

[68] Lit. *dáricos*. Véase *Tabla de Pesas y Medidas*.
[t] 29.1-2 1 Cr 22.5.   [u] 29.11 Mt 6.13.

Señor sacrificios y holocaustos: mil becerros, mil carneros y mil corderos, con sus
correspondientes ofrendas de vino y multitud de sacrificios por todo Israel.
²²Aquel día comieron y bebieron con
mucha alegría en presencia del Señor.
Después proclamaron por segunda vez a
Salomón, hijo de David, como rey, y lo
consagraron ante Dios como soberano, y
a Sadoc como sacerdote. ²³Así pues, Salomón ocupó como rey el trono del Señor,
en lugar de David, su padre,ᵛ y tuvo gran
prosperidad. Todo Israel le obedeció. ²⁴Y
todos los jefes y guerreros, con todos los
hijos del rey David, dieron su apoyo al rey
Salomón. ²⁵El Señor hizo que Salomón
gozara de enorme prestigio ante todo
Israel, y le dio tal esplendor a su reinado

ᵛ 29.23 1 R 2.12.   ʷ 29.27 2 S 5.4-5; 1 Cr 3.4.

como jamás lo tuvo antes que él ningún
rey en Israel.

### Muerte de David
*(1 R 2.10-12)*

²⁶David, hijo de Isaí, reinó, pues, sobre
todo Israel. ²⁷Fue rey de Israel durante
cuarenta años, de los cuales reinó siete en
Hebrón y treinta y tres en Jerusalén.ʷ
²⁸Murió en tranquila vejez, cargado de
años, riquezas y honores. En su lugar
reinó su hijo Salomón.

²⁹La historia del rey David, desde el
principio hasta el final, está escrita en las
crónicas del profeta Samuel, en las crónicas del profeta Natán y en las de Gad, el
vidente, ³⁰con todo lo referente a su reinado y su poder y a los sucesos que les
ocurrieron a él, a Israel y a los demás países.

# Segundo Libro de las
# CRÓNICAS

*El segundo libro dedica sus primeros nueve capítulos al reinado de Salomón, y después refiere la insurrección de las tribus del norte, cuyo resultado final fue su separación de la dinastía de David (cap. 10). Luego fija su atención solamente en los reyes de Judá, hasta la caída de Jerusalén (caps. 11-36). Tras un breve resumen de la cautividad, este libro concluye con el decreto de Ciro que puso fin a la misma y permitió el regreso de los judíos a su país.*

### Salomón pide a Dios sabiduría
#### (1 R 3.3-15)

1 ¹Salomón, hijo de David, consiguió fortalecer su reinado con la ayuda del Señor, que aumentó muchísimo su poder. ²Entonces llamó a todo Israel: a los jefes militares, a los principales funcionarios y a todos los jefes de familia que tenían autoridad en Israel. ³Y con toda la gente que se había reunido fue al santuario que había en Gabaón, porque allí estaba la Tienda del encuentro con Dios, que Moisés, siervo de Dios, había hecho en el desierto. ⁴Pero David había llevado el cofre de Dios desde Quiriat-jearim hasta el sitio que le tenía preparado, pues le había levantado una tienda de campaña en Jerusalén.ᵃ ⁵El altar de bronce que había hecho Bezaleel,ᵇ hijo de Uri y nieto de Hur, también estaba en Gabaón delante de la tienda del Señor. Salomón y toda la comunidad fueron allí a consultarlo.

⁶Salomón subió al altar de bronce que estaba ante el Señor, frente a la Tienda del encuentro con Dios, y ofreció sobre él mil holocaustos.

⁷Y aquella misma noche, Dios se apareció a Salomón y le dijo: "Pídeme lo que quieras, y yo te lo daré."

⁸Salomón le respondió a Dios: "Tú trataste con gran bondad a mi padre David, y a mí me pusiste a reinar en su lugar. ⁹Ahora pues, Dios y Señor, cumple lo que dijiste a David mi padre, ya que me hiciste rey de un pueblo tan numeroso como el polvo de la tierra.ᶜ ¹⁰Por tanto, dame sabiduría y conocimiento para dirigir a este pueblo; porque ¿quién va a gobernar a este pueblo tuyo tan grande?"

¹¹Dios respondió a Salomón: "Puesto que éste ha sido tu deseo, y no has pedido riquezas ni bienes ni honores, ni la muerte de tus enemigos, ni tampoco una larga vida, sino sabiduría y conocimiento para poder gobernar a mi pueblo, del que te hice rey, ¹²te concedo sabiduría y conocimiento, pero además te daré riquezas, bienes y honores, como no tuvieron los reyes que hubo antes de ti ni los tendrán los que habrá después de ti.''

¹³Después Salomón volvió a Jerusalén desde el santuarioˡ que había en Gabaón, y luego de haber visitado la Tienda del encuentro con Dios, reinó en Israel.

### Salomón comercia con carros y caballos
#### (1 R 10.26-29; 2 Cr 9.25-28)

¹⁴Salomón reunió carros y jinetes. Tenía mil cuatrocientos carros y doce mil jinetes,ᵈ los cuales destinó a los cuarteles de carros de combate y a la guardia real en Jerusalén. ¹⁵El rey hizo que en Jerusalén hubiera tanta plata y oro como piedras;ᵉ y que abundara el cedro como las higueras silvestres en la llanura. ¹⁶Los caballos para Salomón eran llevados de Muzri² y de Cilicia, pues los comerciantes de la corte los compraban allí.ᶠ ¹⁷Un carro importado de Egipto valía seiscientas monedas de plata, y un caballo, ciento cincuenta. Y todos los reyes hititas y sirios los compraban por medio de los agentes de Salomón.

### Pacto de Salomón con Hiram, rey de Tiro
#### (1 R 5.1-18; 7.13-14)

2 ¹ᵍSalomón decidió construir un templo al Señor y también su propio palacio real. ²Para ello designó setenta mil cargadores y ochenta mil canteros que trabajaran en la montaña, y tres mil seiscientos capataces que los dirigieran.

³Después Salomón mandó decir a Hiram, rey de Tiro: "Haz conmigo lo que

---

ˡ *Desde el santuario:* según varias versiones antiguas. Heb. *al santuario.*  ² *Muzri:* texto probable. Heb. *Egipto.*
ᵃ 1.4 2. S 6.1-17; 1 Cr 13.5-14; 15.25-16.1.  ᵇ 1.5 Ex 38.1-7.  ᶜ 1.9 Gn 13.16; 28.14.  ᵈ 1.14 1 R 4.26.  ᵉ 1.15 Dt 17.17.  ᶠ 1.16 Dt 17.16.  ᵍ Los vs. 2.1-18 corresponden a los vs. 1.18-2.17 en el texto hebreo.

hiciste con David, mi padre, a quien enviaste madera de cedro para que se construyera un palacio donde vivir. ⁴Mira, yo voy a construir un templo al Señor mi Dios, para consagrárselo, quemar perfumes en su honor, presentarle siempre las hileras de panes y ofrecerle holocaustos por la mañana y por la tarde, lo mismo que en los días de reposo,³ y en las fiestas de luna nueva y en las demás fiestas que en honor del Señor nuestro Dios se celebran siempre en Israel. ⁵Pero el templo que voy a construir debe ser grande, porque nuestro Dios es más grande que todos los dioses. ⁶Sin embargo, ¿quién será capaz de construirle un templo,ʰ si el cielo, con toda su inmensidad, no puede contenerlo? ¿Y quién soy yo para construirle un templo, aunque sólo sea para quemar incienso en su honor? ⁷Envíame, por tanto, un experto en trabajos en oro, plata, bronce y hierro, y en tela púrpura, tela roja y tela morada. Que sepa también hacer grabados en colaboración con los maestros que están a mi servicio en Judá y en Jerusalén, y que contrató David mi padre. ⁸Mándame también del Líbano madera de cedro, ciprés y sándalo, porque sé que tus súbditos saben cortar madera del Líbano. Mis servidores ayudarán a los tuyos ⁹a prepararme gran cantidad de madera, ya que el templo que voy a construir tiene que ser grande y maravilloso. ¹⁰Pero ten en cuenta que daré como provisiones para tus trabajadores, los leñadores que corten la madera, cuatro millones cuatrocientos mil litros de trigo, igual cantidad de cebada, cuatrocientos cuarenta mil litros de vino y otros tantos de aceite.''

¹¹Entonces Hiram, rey de Tiro, le envió a Salomón una carta en la que le decía: "El Señor te ha hecho rey de los israelitas, porque ama a su pueblo.'' ¹²Y añadía: "¡Bendito sea el Señor, el Dios de Israel, que hizo el cielo y la tierra, porque ha concedido al rey David un hijo tan sabio, instruido y prudente, que va a construir un templo al Señor y un palacio real para sí mismo! ¹³Te envío, pues, un hombre experto e inteligente: al maestro Hiram. ¹⁴Es hijo de una mujer de la tribu de Dan y de un nativo de Tiro. Es experto en trabajos en oro, plata, bronce, hierro, piedra, madera, tela púrpura y morada, lino y tela roja, y en grabados de toda clase de figuras, y sabe realizar toda clase de diseños que se le encarguen en compañía de tus peritos y de los que tenía tu padre David, mi señor. ¹⁵Por eso, señor, manda a tus servidores el trigo, la cebada, el aceite y el vino que has ofrecido. ¹⁶Entre tanto, nosotros cortaremos en el Líbano toda la madera que necesites, y te la llevaremos por mar, en balsas, hasta Jope. Luego tú te encargarás de que la lleven de allí a Jerusalén.''

¹⁷Después Salomón hizo el censo de todos los extranjeros que vivían en Israel, después del que David, su padre, había hecho, y resultó que había ciento cincuenta y tres mil seiscientos. ¹⁸De ellos reclutó setenta mil cargadores, ochenta mil canteros en la montaña y tres mil seiscientos capataces que hicieran trabajar a la gente.

### Salomón construye el templo
(1 R 6.1-38)

3 ¹Salomón comenzó la construcción del templo del Señor en Jerusalén, en el monte Moriah, donde el Señor se apareció a David, su padre, en el sitio que David había preparado para ello, es decir, donde Ornán el jebuseo trillaba el trigo. ²Comenzó la construcción el día dos del segundo mes del cuarto año de su reinado.

³Los cimientos que puso Salomón para la construcción del templo tenían estas medidas: veintisiete metros de largo por nueve de ancho. ⁴El vestíbulo que había en la parte delantera del templo medía nueve metros de largo, igual que la anchura del templo, y la altura era también de nueve⁴ metros. Salomón recubrió de oro puro el interior del vestíbulo, ⁵y revistió el interior del edificio principal con tableros de pino, que recubrieron luego de oro fino, y pusieron relieves de palmeras y cadenas, ⁶y lo adornó con incrustaciones de piedras preciosas. El oro que usaron era de la mejor calidad. ⁷Revistió, pues, de oro todo el interior del edificio: las vigas, los umbrales, las paredes y las puertas, y grabó seres alados sobre las paredes.

⁸Construyó además la sala del Lugar Santísimo.ⁱ Tenía nueve metros de largo, igual que la anchura del templo, y también nueve metros de ancho. Luego lo revistió de oro fino, para lo que emplearon cerca de veinte mil kilos. ⁹Los clavos pesaban quinientos cincuenta gramos

---

³ Días de reposo: aquí equivale a sábado. ⁴ Nueve: según algunas versiones antiguas. Heb. cincuenta y cuatro. ʰ 2.6 1 R 8.27; 2 Cr 6.18. ⁱ 3.8 Ex 26.33-34.

cada uno. También revistió de oro las salas del piso alto.

[10]En el Lugar Santísimo mandó esculpir dos seres alados, que fueron también recubiertos de oro. [11]La longitud total de las alas de los seres alados era de nueve metros; una de ellas, que medía dos metros y veinticinco centímetros, tocaba la pared de la sala, y la otra, de igual longitud, tocaba la punta del ala del otro ser alado. [12]De igual modo, un ala de este otro ser alado, de igual medida que las otras, tocaba la pared de la sala, y la otra, de igual longitud, tocaba la punta del ala del ser alado anterior. [13]Estos seres alados, cuyas alas medían en total nueve metros, estaban de pie, con las caras vueltas hacia la sala central.[j] [14]Hizo también la cortina[k] de tela morada, púrpura y de lino, e hizo bordar seres alados en ella.

### Las dos columnas
*(1 R 7.15-22)*

[15]Salomón hizo dos columnas de casi dieciséis metros de altura para la fachada del templo. Sus capiteles medían dos metros veinticinco centímetros. [16]También hizo cadenas en forma de collar,[5] y las puso en lo alto de las columnas; además modeló cien granadas, que puso en las cadenas. [17]Puso las columnas en la fachada del templo, una a la derecha y otra a la izquierda. A la columna de la derecha la llamó Jaquín, y a la de la izquierda la llamó Boaz.

### Mobiliario del templo
*(1 R 7.23-51)*

4 [1]Salomón hizo también un altar de bronce[l] de nueve metros de largo por nueve de ancho y cuatro y medio de alto. [2]Hizo también una enorme pila de bronce, para el agua. Era redonda, y medía cuatro metros y medio de un borde al otro. Su altura era de dos metros y veinticinco centímetros, y su circunferencia, de trece metros y medio. [3]Debajo y alrededor de la pila, en dos hileras, había figuras como de toros, en número de diez por cada cuarenta y cinco centímetros, formando una sola pieza con la pila. [4]Esta descansaba sobre doce toros de bronce, de los cuales tres miraban al norte, tres al sur, tres al este y tres al oeste. Sus patas traseras estaban hacia

dentro, y la pila descansaba sobre ellos. [5]Las paredes de la pila tenían ocho centímetros de grueso; su borde imitaba el cáliz de un lirio, y cabían en ella sesenta y seis mil litros de agua.

[6]Hizo también diez pilas[m] de bronce para lavar, y puso cinco a la derecha y cinco a la izquierda. En ellas lavaban todo lo que se usaba en el holocausto; pero la pila grande era para que se lavaran en ella los sacerdotes.

[7]Hizo también diez candelabros de oro[n] en la forma prescrita, y los colocó en el templo, cinco a la derecha y cinco a la izquierda. [8]Además hizo diez mesas,[ñ] y las puso en el templo, cinco a la derecha y cinco a la izquierda. Hizo también cien tazones de oro.

[9]Construyó además el atrio de los sacerdotes y el atrio principal, con sus puertas, las cuales recubrió de bronce. [10]Y puso la pila grande al lado derecho del templo, hacia el suroeste.

[11]Hiram hizo además las ollas, las palas y los tazones, y así terminó el trabajo que hizo para Salomón en el templo de Dios. [12]Este trabajo consistió en las dos columnas, los capiteles redondos que estaban en la parte superior de las mismas, las dos rejillas para cubrir los capiteles, [13]las cuatrocientas granadas para las dos rejillas, en dos hileras para cada una de las rejillas, con que se cubrían los dos capiteles redondos que había en lo alto de las columnas; [14]las diez bases, las diez pilas que iban sobre ellas, [15]la pila grande para el agua, con los doce toros que tenía debajo, [16]además de las ollas, las palas y los tenedores.

Todos los utensilios que Hiram, el maestro, le hizo al rey Salomón para el templo del Señor, eran de bronce pulido. [17]Los fundió en moldes de arena, en la región del Jordán, entre Sucot y Saretán.[6] [18]Salomón hizo tantos utensilios de bronce, que no se preocupó por hacer que los pesaran.

[19]También mandó hacer Salomón todos los demás utensilios que había en el templo de Dios: el altar de oro, las mesas sobre las que se ponían los panes que se consagran al Señor, [20]los candelabros de oro puro con sus lámparas que había frente al Lugar Santísimo, para encenderlos como estaba ordenado; [21]las figuras de flores, las lámparas y las tenazas, igualmente de oro puro; [22]las despabiladeras,

---

[5] *En forma de collar:* texto probable. Heb. *en el Lugar Santísimo.*   [6] *Saretán:* según una versión antigua y 1 R 7.46. Heb. *Seredata.*
[j] 3.10-13 Ex 25.18-20.   [k] 3.14 Ex 26.31.   [l] 4.1 Ex 27.1-2.   [m] 4.6 Ex 30.17-21.   [n] 4.7 Ex 25.31-40.   [ñ] 4.8 Ex 25.23-30.

los tazones, los cucharones y los incensarios, que eran todos de oro puro. También eran de oro, a la entrada del templo, las hojas de las puertas interiores, las del Lugar Santísimo y las de las puertas del templo mismo.

**5** ¹Y cuando se acabaron todas las obras que Salomón mandó realizar en el templo del Señor, llevó Salomón los utensilios de oro y de plata que David, su padre, había dedicado al Señor,ᵒ y los depositó en los tesoros del templo de Dios.

### El cofre del pacto es llevado al templo
#### (1 R 8.1-11)

²Entonces Salomón reunió en Jerusalén a los ancianos de Israel, a todos los jefes de las tribus y a las personas principales de las familias israelitas, para trasladar el cofre del pacto del Señor desde Sión, la Ciudad de David.ᵖ ³Y en el día de la fiesta solemne, en el séptimo mes del año, se reunieron con el rey Salomón todos los israelitas. ⁴Llegaron todos los ancianos de Israel, y los levitas tomaron el cofre ⁵y lo trasladaron junto con la Tienda del encuentro con Dios y con todos los utensilios sagrados que había en ella, los cuales llevaban los sacerdotes y levitas. ⁶El rey Salomón y toda la comunidad israelita que se había reunido con él, estaban delante del cofre ofreciendo en sacrificio ovejas y toros en cantidad tal que no se podían contar. ⁷Después llevaron los sacerdotes el cofre del pacto del Señor al interior del templo, hasta el Lugar Santísimo, bajo las alas de los seres alados, ⁸los cuales tenían sus alas extendidas sobre el sitio donde estaba el cofre, cubriendo por encima tanto el cofre como sus travesaños. ⁹Pero los travesaños eran tan largos que sus extremos se veían desde el Lugar Santo,ᵍ frente al Lugar Santísimo, aunque no podían verse por fuera; y así han quedado hasta el día de hoy. ¹⁰En el cofre no había más que las dos tablas de piedra que Moisés había puesto allí en Horeb,ᵍ las tablas del pacto que el Señor hizo con los israelitas cuando salieron de Egipto.

¹¹Los sacerdotes salieron del Lugar Santo. Todos los sacerdotes que estaban presentes se habían purificado sin atenerse a los turnos en que estaban repartidos. ¹²Todos los levitas cantores, Asaf, Hemán y Jedutún, junto con sus hijos y demás parientes, estaban de pie, al este del altar, vestidos de lino. Tenían platillos, salterios y arpas. Con ellos había ciento veinte sacerdotes que tocaban trompetas.

¹³Entonces todos unidos se pusieron a tocar las trompetas y a cantar a una voz para alabar y dar gracias al Señor, haciendo sonar las trompetas, los platillos y los otros instrumentos musicales mientras se cantaba: "Alaben al Señor, porque él es bueno, porque su amor es eterno."ʳ En aquel momento, el templo del Señor se llenó de una nube, ¹⁴y por causa de la nube los sacerdotes no pudieron quedarse para celebrar el culto, porque la gloria del Señor había llenado el templo.ˢ

### Salomón dedica el templo
#### (1 R 8.12-66)

**6** ¹Entonces Salomón dijo:
"Tú, Señor, has dicho
que vives en la oscuridad.
²Pero yo te he construido
un templo para que lo habites,
un lugar donde vivas para siempre."

³Luego el rey se volvió, de frente a toda la comunidad israelita, que estaba de pie, y la bendijo ⁴diciendo: "Bendito sea el Señor, Dios de Israel, que ha cumplido lo que prometió a David, mi padre, cuando le dijo: ⁵'Desde el día en que saqué de Egipto a mi pueblo, no había escogido a ninguna ciudad entre todas las tribus de Israel para que en ella se construyera un templo donde residiera mi nombre, ni había escogido a ningún hombre para que fuera el guía de mi pueblo Israel, ⁶pero escogí a Jerusalén para que mi nombre resida allí, y escogí a David para que gobernara a mi pueblo Israel.' ⁷Y David, mi padre, tuvo el deseo de construir un templo en honor del Señor, Dios de Israel. ⁸Sin embargo, el Señor le dijo: 'Haces bien en querer construirme un templo; ⁹pero no serás tú quien lo construya, sino el hijo que tendrás. Él será quien me construya el templo.'ᵗ

¹⁰"Pues bien, el Señor ha cumplido su promesa. Tal como dijo, yo he tomado el lugar de David, mi padre, y me he sentado en el trono de Israel y he construido un templo al Señor, el Dios de Israel. ¹¹Además he puesto allí el cofre donde está el

⁷ *Desde el Lugar Santo:* según 1 R 8.8. Heb. *desde el cofre.*
ᵒ 5.12 S 8.11; 1 Cr 18.11. ᵖ 5.2.2 S 6.12-15; 1 Cr 15.25-28. ᵍ 5.10 Dt 10.5. ʳ 5.13 1 Cr 16.34; 2 Cr 7.3; 20.21; Esd 3.11; Sal 100.5; 106.1; 107.1; 118.1; 136.1; Jer 33.11; Dn (dc) 3.89-90. ˢ 5.13-14 Ex 40.34-35. ᵗ 6.4-9 2 S 7.1-13; 1 Cr 17.1-12.

pacto que el Señor hizo con los israelitas.''

[12] Después se puso Salomón delante del altar del Señor, en presencia de toda la comunidad israelita, y extendió sus manos. [13] Estaba subido sobre una plataforma de bronce de dos metros veinticinco centímetros de largo, otro tanto de ancho y un metro treinta y cinco centímetros de alto, la cual había construido y colocado en medio del atrio. Luego se arrodilló delante de toda la comunidad israelita, y extendiendo sus manos al cielo, [14] exclamó: "Señor, Dios de Israel: ni en el cielo ni en la tierra hay un Dios como tú, que cumples tu pacto y muestras tu bondad para con los que te sirven de todo corazón; [15] que has cumplido lo que prometiste a David, mi padre, uniendo así la acción a la palabra en este día. [16] Por lo tanto, Señor, Dios de Israel, cumple también lo que prometiste a tu siervo David, mi padre: que no le faltaría un descendiente que, con tu favor, subiera al trono de Israel, con tal de que sus hijos cuidaran su conducta y cumplieran tu ley como él la cumplió.ᵘ [17] Así pues, Señor, Dios de Israel, haz que se cumpla la promesa que hiciste a mi padre, tu servidor David.

[18] "Pero ¿será verdad que Dios puede vivir con los hombres sobre la tierra? Si el cielo, en toda su inmensidad, no puede contenerte, ¡cuánto menos este templo que he construido para ti!ᵛ [19] No obstante, Señor y Dios mío, atiende mi ruego y mi súplica; escucha el clamor y la oración que este siervo tuyo te dirige. [20] No dejes de mirar, ni de día ni de noche, este templo, lugar donde tú has dicho que estarás presente.ʷ Escucha la oración que aquí te dirige este siervo tuyo. [21] Escucha mis súplicas y las de tu pueblo Israel cuando oremos hacia este lugar. Escúchalas en el cielo, lugar donde vives, y concédenos tu perdón.

[22] "Cuando alguien cometa una falta contra su prójimo, y le obliguen a jurar ante tu altar en este templo, [23] escucha tú desde el cielo, y actúa; haz justicia a tus siervos. Da su merecido al culpable, haciendo recaer sobre él el castigo por sus malas acciones, y haz justicia al inocente, según le corresponda.

[24] "Cuando el enemigo derrote a tu pueblo Israel por haber pecado contra ti, si luego éste vuelve a tu nombre, y en sus oraciones te suplica en este templo, [25] escúchalo tú desde el cielo, perdona su pecado, y hazlo volver al país que les diste a ellos y a sus antepasados.

[26] "Cuando haya una sequía y no llueva porque el pueblo pecó contra ti, si luego ora hacia este lugar, y alaba tu nombre, y se arrepiente de su pecado a causa de tu castigo, [27] escúchalo tú desde el cielo y perdona el pecado de tus siervos, de tu pueblo Israel, y enséñales el buen camino que deben seguir. Envía entonces tu lluvia a esta tierra que diste en herencia a tu pueblo.

[28] "Cuando en el país haya hambre, o peste, o las plantas se sequen por el calor, o vengan plagas de hongos, langostas o pulgón; cuando el enemigo rodee nuestras ciudades y las ataque, o venga cualquier otra desgracia o enfermedad, [29-30] escucha entonces toda oración o súplica hecha por cualquier persona, o por todo tu pueblo Israel, que al ver su desgracia y dolor extienda sus manos en oración hacia este templo. Escucha tú desde el cielo, desde el lugar donde habitas, y concede tu perdón; da a cada uno según merezcan sus acciones, pues sólo tú conoces las intenciones y el corazón del hombre. [31] Así te honrarán y te obedecerán mientras vivan en la tierra que diste a nuestros antepasados.

[32] "Aun si un extranjero, uno que no sea de tu pueblo, viene de tierras lejanas por causa de tu nombre grandioso y de tu gran despliegue de poder, y ora hacia este templo, [33] escucha tú desde el cielo, desde el lugar donde habitas, y concédele todo lo que te pida, para que todas las naciones de la tierra te conozcan y te honren como lo hace tu pueblo Israel, y comprendan que tu nombre es invocado en este templo que yo te he construido.

[34] "Cuando tu pueblo salga a luchar contra sus enemigos, dondequiera que tú lo envíes, si ora a ti en dirección de esta ciudad que tú escogiste y del templo que yo te he construido, [35] escucha tú desde el cielo su oración y su ruego, y defiende su causa.

[36] "Y cuando pequen contra ti, pues no hay nadie que no peque, y tú te enfurezcas con ellos y los entregues al enemigo para que los haga cautivos y se los lleve a otro país, sea lejos o cerca, [37] si en el país adonde hayan sido desterrados se vuelven a ti y te suplican y reconocen que han pecado y hecho lo malo, [38] si se vuelven a ti con todo su corazón y toda su alma en el país adonde los hayan llevado cautivos, y oran en dirección de esta tierra que diste a

sus antepasados, y de la ciudad que escogiste, y del templo que te he construido, [39]escucha tú sus oraciones y súplicas desde el cielo, desde el lugar donde habitas, defiende su causa y perdónale a tu pueblo sus pecados contra ti.

[40]"Atiende, pues, Dios mío, y escucha las oraciones que se hagan en este lugar.

[41]"Levántate, Dios y Señor, con tu
cofre poderoso,
y ven al lugar donde has de
descansar.
Que tus sacerdotes, Dios y Señor, se
revistan de la salvación,
que tus fieles gocen de prosperidad.
[42]No desaires, Dios y Señor, al rey que
has escogido.
Recuerda tu amor por David, tu
siervo."x

**7** [1]Cuando Salomón terminó esta oración, cayó fuego del cielo y consumió el holocausto y los sacrificios,y y la gloria del Señor llenó el templo, [2]de modo que por eso los sacerdotes no podían entrar en él. [3]Al ver todos los israelitas el fuego y la gloria del Señor que bajaban sobre el templo, se arrodillaron e inclinaron hasta tocar el suelo del enlosado con la frente, y adoraron y dieron gracias al Señor, repitiendo: "Porque él es bueno, porque su amor es eterno."z

[4]Después de esto, el rey y todo el pueblo ofrecieron sacrificios al Señor. [5]Y el rey Salomón ofreció en sacrificio veintidós mil toros y ciento veinte mil ovejas.

Así fue como el rey y todo Israel consagraron el templo de Dios.

[6]Los sacerdotes se mantenían en sus puestos, y también los levitas, con los instrumentos de música sagrada que el rey había hecho para acompañar el canto que dice: "Porque su amor es eterno", cuando David cantaba con ellos. Y los sacerdotes tocaban frente a ellos las trompetas, mientras todo Israel estaba de pie.

[7]Salomón consagró también el centro del atrio que está frente al templo del Señor, pues allí ofreció los holocaustos y la grasa de los sacrificios de reconciliación, porque en el altar de bronce que él había construido no cabían los holocaustos, las ofrendas de cereales y la grasa.

[8]En dicha ocasión, Salomón y todo Israel, una gran muchedumbre que había venido desde la entrada de Hamat hasta el arroyo de Egipto, celebraron la fiesta de las Enramadas.[8] [9]Al día siguiente[9] tuvieron una fiesta solemne, porque durante siete días habían celebrado la consagración del altar y durante otros siete días la fiesta de las Enramadas. [10]El día veintitrés del séptimo mes, el rey despidió al pueblo para que se fueran a sus casas alegres y satisfechos por el bien que el Señor había hecho a David, a Salomón y a su pueblo Israel.

### Dios hace un pacto con Salomón
#### (1 R 9.1-9)

[11]Cuando Salomón terminó con éxito el templo del Señor, el palacio real y todo lo que se propuso hacer en ellos, [12]se le apareció de noche el Señor y le dijo: "He escuchado tu oración, y he escogido este sitio como templo para los sacrificios. [13]Así que, si mando una sequía y hago que no llueva, u ordeno a las langostas que destruyan los campos, o envío una peste sobre mi pueblo, [14]y si mi pueblo, el pueblo que lleva mi nombre, se humilla, ora, me busca y deja su mala conducta, yo lo escucharé desde el cielo, perdonaré sus pecados y devolveré la prosperidad a su país. [15]De ahora en adelante escucharé con atención las oraciones que se hagan en este lugar, [16]porque he escogido y consagrado este templo como residencia perpetua de mi nombre. Siempre lo cuidaré y lo tendré presente. [17]Ahora bien, si tú te comportas en mi presencia como lo hizo David, tu padre, poniendo en práctica todo lo que te he ordenado y obedeciendo mis leyes y decretos, [18]yo confirmaré tu reinado según lo pactado con David, tu padre, cuando le dije que nunca faltaría un descendiente suyo que gobernara a Israel.a [19]Pero si ustedes se apartan de mí, y no cumplen las leyes y los mandamientos que les he dado, sino que sirven y adoran a otros dioses, [20]los arrancaré a ustedes de la tierra que les he dado, arrojaré de mi presencia el templo que he consagrado y haré que sean motivo de burla constante entre todas las naciones. [21]Y este templo, que era tan glorioso, será convertido en un montón de ruinas, [10] y todo el que pase junto a él se asombrará y preguntará por qué actuó el Señor así con este país y con este templo. [22]Y le responderán que fue porque abandonaron al

---

[8] *Fiesta de las Enramadas:* lit. *fiesta de siete días.* [9] *Al día siguiente:* lit. *al octavo día.* [10] *Un montón de ruinas:* según varias versiones antiguas. Heb. *altísimo.* (Véase 1 R 9.8.)
x **6.41-42** Sal 132.8-10.   y **7.1** Lv 9.23-24.   z **7.3** 1 Cr 16.34; 2 Cr 5.13; Esd 3.11; Sal 100.5; 106.1; 107.1; 118.1; 136.1; Jer 33.11.
a **7.18** 2 S 7.11-16; 1 R 2.4.

Señor, el Dios de sus antepasados, que los sacó de Egipto, y porque se aferraron a adorar y servir a otros dioses; que por eso hizo venir sobre ellos tan grande mal.''

### Otras actividades de Salomón
(1 R 9.10-28)

**8** ¹Pasaron veinte años después de haber construido Salomón el templo del Señor y su propio palacio, ²y entonces reconstruyó las ciudades que Hiram le había entregado e instaló a los israelitas en ellas.

³Después marchó contra Hamat de Soba, y se apoderó de ella. ⁴También reconstruyó Tadmor, en el desierto, y todas las ciudades donde almacenaba los alimentos, las cuales había construido en Hamat. ⁵Igualmente reconstruyó Bet-horón de arriba y Bet-horón de abajo, ciudades fortificadas, con murallas, puertas y barras, ⁶y también a Baalat y demás ciudades donde almacenaba los alimentos, todos los cuarteles de los carros de combate, los cuarteles de la caballería y todo lo que quiso construir en Jerusalén, en el Líbano y en todo el territorio bajo su dominio. ⁷En cuanto a los habitantes hititas, amorreos, heveos, ferezeos y jebuseos que quedaron, los cuales no eran israelitas, ⁸es decir, a sus descendientes que quedaron después de ellos en el país y que los israelitas no exterminaron, Salomón los sometió a trabajos forzados, y así siguen hasta el día de hoy. ⁹Pero no obligó a ningún israelita a servir como esclavo en sus obras, sino como soldados, jefes, capitanes y comandantes de los carros de combate y de la caballería. ¹⁰En cuanto a los capataces que el rey Salomón tenía, eran doscientos cincuenta.

¹¹Salomón trasladó a la hija del faraón de la Ciudad de David al palacio que Salomón había edificado para ella, porque pensó que su esposa no debía vivir en el palacio de David, rey de Israel, ya que los lugares donde había entrado el cofre del Señor eran sagrados.

¹²Salomón ofrecía al Señor holocaustos sobre el altar del Señor que había construido frente al vestíbulo del templo, ¹³en los días en que había que ofrecerlos según la ley de Moisés, es decir, en los días de reposo,*ll,b* en las fiestas de luna nueva*c* y en las tres fiestas que se celebran al año:*d*

la de los panes sin levadura, la de las semanas y la de las Enramadas.

¹⁴También estableció los turnos, según lo había dispuesto David, su padre, para que los sacerdotes hicieran su servicio y los levitas se encargaran de alabar al Señor y de colaborar con los sacerdotes en lo que se necesitara cada día. Y también los turnos de los porteros en cada puerta, porque así lo había ordenado David, hombre de Dios. ¹⁵Así pues, no se apartaron en ningún momento de las disposiciones del rey David en cuanto a los sacerdotes, los levitas y la tesorería. ¹⁶Todo lo que Salomón tenía que realizar, se llevó a cabo, desde el día en que se pusieron los cimientos del templo hasta su terminación. El templo del Señor quedó perfectamente terminado.

¹⁷Salomón fue, entonces, a Ezión-geber y a Elat, a orilla del mar, en el territorio de Edom. ¹⁸Hiram, por medio de sus oficiales, le envió barcos y hombres a su servicio, conocedores del mar, que fueron junto con los oficiales de Salomón, y llegaron a Ofir, de donde tomaron casi quince mil kilos de oro y se los llevaron al rey Salomón.

### La reina de Sabá visita a Salomón
(1 R 10.1-13)

**9** ¹La reina de Sabá*e* oyó hablar de la fama que Salomón había alcanzado, y fue a Jerusalén para ponerlo a prueba con preguntas difíciles. Llegó rodeada de gran esplendor, con camellos cargados de perfumes y con gran cantidad de oro y piedras preciosas. Cuando llegó ante Salomón, le preguntó todo lo que tenía pensado, ²y Salomón respondió a todas sus preguntas. No hubo una sola pregunta de la cual no supiera la repuesta. ³Al ver la reina de Sabá la sabiduría de Salomón, y el palacio que había construido, ⁴los manjares de su mesa, los lugares que ocupaban sus oficiales, el porte y la ropa de sus criados, sus coperos y su ropa, y cómo subía al templo,*¹²* se quedó tan asombrada ⁵que dijo al rey: ''Lo que escuché en mi país acerca de tus hechos y de tu sabiduría, es verdad; ⁶pero sólo he podido creerlo ahora que he venido y lo he visto con mis propios ojos. En realidad, no me habían contado ni la mitad de tu gran sabiduría, pues tú sobrepasas lo que yo

---

*ll Días de reposo:* aquí equivale a *sábado.* *¹² Cómo subía al templo:* traducción probable. Otra posible traducción, con ligero cambio del texto: *los holocaustos que ofrecía en el templo* (véase 1 R 10.5).
*b* **8.13** Nm 28.9-10. *c* **8.13** Nm 28.11-15. *d* **8.13** Ex 23.14-17; 34.22-23; Nm 28.16-29.39; Dt 16.16. *e* **9.1-9** Mt 12.42; Lc 11.31.

había oído. [7]¡Qué felices deben de ser tus esposas,[13] y qué contentos han de sentirse esos servidores tuyos, que siempre están a tu lado escuchando tus sabias palabras! [8]¡Bendito sea el Señor tu Dios, que te vio con agrado y te puso sobre su trono para que fueras su rey! ¡Por el amor que tu Dios tiene a Israel, y para consolidarlo para siempre, te ha hecho rey sobre ellos para que gobiernes con rectitud y justicia!"

[9]Luego entregó ella al rey tres mil novecientos sesenta kilos de oro, y gran cantidad de perfumes y piedras preciosas. Nunca llegó a Israel tal cantidad de perfumes como la que regaló la reina de Sabá al rey Salomón.

[10]Además, los hombres al servicio de Hiram y de Salomón que habían traído oro de Ofir, trajeron también de allá madera de sándalo y piedras preciosas. [11]Con la madera de sándalo hizo el rey barandas para el templo del Señor y para el palacio real, y también arpas y salterios para los músicos. Nunca se había visto nada semejante en la tierra de Judá. [12]Por su parte, el rey Salomón dio a la reina de Sabá todo lo que ella quiso pedirle, además de lo que ya le había dado a cambio de lo que ella le había traído.[14] Después la reina regresó a su país acompañada de la gente a su servicio.

### Fama y riqueza de Salomón
### (1 R 10.14-29; 2 Cr 1.14-17)

[13]El oro que Salomón recibía cada año llegaba a unos veintidós mil kilos, [14]sin contar el tributo que le pagaban los comerciantes y viajeros. Además, todos los reyes de Arabia y los gobernadores del país le traían oro y plata a Salomón. [15]El rey Salomón mandó hacer doscientos escudos grandes de oro batido, empleando en cada uno seis kilos de oro. [16]Mandó hacer también trescientos escudos más pequeños, empleando en cada uno poco más de tres kilos de oro batido, y los puso en el palacio llamado "Bosque del Líbano." [17]Mandó hacer también un gran trono de marfil, y ordenó que lo recubrieran de oro puro. [18]El trono tenía sujetos a él seis escalones y un estrado de oro, y brazos a cada lado del asiento, junto a los cuales había dos leones de pie. [19]Había también doce leones de pie, uno a cada lado de los seis escalones. ¡Jamás se había

construido en ningún otro reino nada semejante! [20]Además, todas las copas del rey eran de oro, lo mismo que toda la vajilla del palacio "Bosque del Líbano". No había nada de plata, porque en tiempos de Salomón ésta no era de mucho valor, [21]ya que los barcos del rey iban a Tarsis con los hombres al servicio de Hiram, y llegaban una vez cada tres años, trayendo oro, plata, marfil, monos y pavos reales.

[22]El rey Salomón superaba a todos los reyes de la tierra en riqueza y sabiduría. [23]Todos los reyes del mundo querían verlo y escuchar la sabiduría que Dios le había dado, [24]y todos le llevaban cada año un regalo: objetos de plata y de oro, capas, armas, sustancias aromáticas, caballos y mulas.

### Salomón comercia con carros y caballos
### (1 R 10.26-29; 2 Cr 1.14-17)

[25]Salomón tenía cuatro mil caballerizas para sus caballos y sus carros, y doce mil jinetes,[f] los cuales destinó a sus cuarteles de carros de combate y a la guardia real en Jerusalén. [26]Y Salomón era soberano de todos los reyes que había desde el río Éufrates hasta el país filisteo y hasta la frontera de Egipto.[g] [27]El rey hizo que en Jerusalén hubiera tanta plata como piedras;[h] y que abundara el cedro como las higueras silvestres en la llanura. [28]Los caballos que compraban Salomón eran traídos de Muzri[15] y de todos los otros países.[i]

### Muerte de Salomón
### (1 R 11.41-43)

[29]El resto de la historia de Salomón, desde el principio hasta el fin, está escrito en las crónicas del profeta Natán, en la profecía de Ahías el de Silo, y en las revelaciones del profeta Iddo concernientes a Jeroboam, hijo de Nabat. [30]Salomón reinó en Jerusalén sobre todo Israel durante cuarenta años, [31]y cuando murió lo enterraron en la Ciudad de David, su padre. Después reinó en su lugar su hijo Roboam.

### División del reino
### (1 R 12.1-24)

**10** [1]Roboam fue a Siquem, porque todo Israel había ido allá para proclamarlo rey. [2]Pero lo supo Jeroboam,

---

[13] *Tus esposas:* texto probable (véase 1 R 10.8). Heb. *tus hombres.*  [14] *Además . . . traído:* traducción probable. Heb. oscuro.  [15] *Muzri:* texto probable. Heb. *Egipto.*
[f] 9.25 1 R 4.26.  [g] 9.26 Gn 15.18; 1 R 4.21.  [h] 9.27 Dt 17.17.  [i] 9.28 Dt 17.16.

hijo de Nabat, que estaba en Egipto, adonde había huido del rey Salomón, y regresó de Egipto. ³Cuando lo mandaron llamar, Jeroboam y todo Israel fueron a hablar con Roboam, y le dijeron:

⁴—Tu padre fue muy duro con nosotros; ahora alivia tú la dura servidumbre y el pesado yugo que él nos impuso, y te serviremos.

⁵Roboam les contestó:

—Vuelvan a verme dentro de tres días.

La gente se fue, ⁶y entonces el rey Roboam consultó a los ancianos que habían servido a Salomón, su padre, cuando éste vivía. Les preguntó:

—¿Qué me aconsejan ustedes que responda yo a esta gente?

⁷Ellos le dijeron:

—Si tratas bien a esta gente y procuras darles gusto y les respondes con buenas palabras, ellos te servirán siempre.

⁸Pero Roboam no hizo caso del consejo de los ancianos, sino que consultó a los muchachos que se habían criado con él y que estaban a su servicio, ⁹preguntándoles:

—¿Qué me aconsejan ustedes que responda yo a esta gente, que me ha pedido que aligere el yugo que mi padre les impuso?

¹⁰Aquellos jóvenes, que se habían criado con él, le respondieron:

—A la gente que te ha pedido que aligeres el yugo que tu padre les impuso, debes responderle lo siguiente: 'Si mi padre fue duro, yo lo soy mucho más;¹⁶ ¹¹si él les impuso un yugo pesado, yo lo haré más pesado todavía; y si él los azotaba con correas, yo los azotaré con látigos de puntas de hierro.'

¹²Al tercer día volvió Jeroboam a presentarse con todo el pueblo ante Roboam, como el rey les había dicho. ¹³Pero el rey Roboam les contestó duramente, sin hacer caso del consejo de los ancianos, ¹⁴y les repitió lo que le habían aconsejado los muchachos: que si su padre les había impuesto un yugo pesado, él les impondría uno más pesado todavía, y que si su padre los había azotado con correas, él los azotaría con látigos de puntas de hierro. ¹⁵El rey, pues, no hizo caso del pueblo, porque el Señor había dispuesto que sucediera así para que se cumpliera lo que el Señor había prometido a Jeroboam, hijo de Nabat, por medio de Ahías el de Silo. ¹⁶Cuando todo el pueblo de Israel vio que

el rey no le había hecho caso, le respondió de este modo:

"¡No tenemos nada que ver con David!
¡Ninguna herencia compartimos con el hijo de Isaí!
¡Cada uno a su casa, israelitas!ʲ
¡Y David que cuide de su familia!"

Al momento, todos los israelitas se fueron a sus casas. ¹⁷En cuanto a los israelitas que vivían en las ciudades de Judá, Roboam siguió reinando sobre ellos. ¹⁸Y cuando Roboam envió a Adoram, que era el encargado del trabajo obligatorio, los israelitas lo mataron a pedradas. Entonces el rey Roboam subió rápidamente a su carro y huyó a Jerusalén. ¹⁹De este modo se rebeló Israel contra la dinastía de David hasta el día de hoy.

**11** ¹Cuando Roboam llegó a Jerusalén, juntó ciento ochenta mil soldados escogidos de las familias de Judá y de la tribu de Benjamín, para luchar contra Israel y recuperar su reino. ²Pero el Señor habló a Semaías, hombre de Dios, y le ordenó: ³"Di a Roboam, hijo de Salomón y rey de Judá, y a todos los israelitas de Judá y de Benjamín, ⁴que les ordeno que no luchen contra sus hermanos. Que se vuelvan todos a sus casas, porque así lo he dispuesto."

Al oír ellos lo que el Señor les decía, regresaron, desistiendo de marchar contra Jeroboam.

### Prosperidad de Roboam

⁵Roboam se estableció en Jerusalén y construyó ciudades fortificadas en Judá. ⁶Reforzó así Belén, Etam, Tecoa, ⁷Bet-sur, Soco, Adulam, ⁸Gat, Maresa, Zif, ⁹Adoraim, Laquis, Azeca, ¹⁰Zora, Ajalón y Hebrón, que eran ciudades fortificadas de Judá y Benjamín. ¹¹Reforzó las fortificaciones y puso en ellas comandantes y provisiones de comida, aceite y vino. ¹²Además proveyó de escudos y lanzas a todas y cada una de las ciudades, y las reforzó de manera extraordinaria. Así pues, Roboam quedó en posesión de Judá y Benjamín.

¹³Los sacerdotes y levitas de todo Israel vinieron de todas partes para unirse a él, ¹⁴pues los levitas tuvieron que abandonar sus tierras de pastoreo y demás posesiones, para irse a Jerusalén y a otros lugares

---

¹⁶ *Si mi padre . . . soy mucho más:* lit. *mi dedo meñique es más grueso que los lomos de mi padre.*
ʲ **10.16** 2 S 20.1.

de Judá, porque Jeroboam y sus sucesores les impidieron ejercer el sacerdocio del Señor. ¹⁵Jeroboam había nombrado sus propios sacerdotes para los santuarios paganos y para el culto a los demonios y a los becerros que había fabricado.ᵏ ¹⁶Además, los que tenían el sincero propósito de buscar al Señor, el Dios de Israel, siguieron el ejemplo de los sacerdotes y levitas, y se fueron a Jerusalén para ofrecer sacrificios al Señor, Dios de sus antepasados. ¹⁷De esta manera fortalecieron el reino de Judá y apoyaron a Roboam, hijo de Salomón, durante tres años, pues sólo durante tres años él siguió ¹⁷ el ejemplo de David y Salomón.

¹⁸Roboam se casó con Mahalat, hija de Jerimot, hijo de David y Abihail, hija de Eliab y nieta de Isaí. ¹⁹Hijos de Roboam y Mahalat fueron Jehús, Semarías y Zaham. ²⁰Después se casó con Maaca, hija de Absalón, y sus hijos fueron Abiam,¹⁸ Atai, Ziza y Selomit. ²¹Roboam tenía dieciocho esposas y sesenta concubinas, pero quería más a Maaca que a todas las demás. Tuvo veintiocho hijos y sesenta hijas.

²²Roboam nombró a Abiam, hijo de Maaca, jefe de sus hermanos, pues quería hacerlo rey. ²³Tuvo la buena idea de repartir a sus demás hijos entre todos los territorios de Judá y Benjamín y entre todas las ciudades fortificadas, dándoles provisiones en abundancia y consiguiéndoles muchas esposas.

### Sisac invade Judá
#### (1 R 14.21-31)

**12** ¹Cuando se consolidó el reinado de Roboam y él se sintió fuerte, dejó de cumplir la ley del Señor, y todo Israel hizo lo mismo. ²Pero, como fueron infieles al Señor, en el quinto año del reinado de Roboam, Sisac, rey de Egipto, fue y atacó a Jerusalén ³con mil doscientos carros de combate, sesenta mil soldados de caballería y una innumerable tropa que venía con él de Egipto: libios, suquienos y etíopes. ⁴Conquistó las ciudades fortificadas de Judá, y llegó hasta Jerusalén.

⁵Entonces el profeta Semaías se presentó a Roboam y a los jefes de Judá que se habían reunido en Jerusalén ante el avance de Sisac, y les dijo:

—El Señor dice que ustedes lo han abandonado y que, por eso, él los abandona ahora en manos de Sisac.

⁶Los jefes de Israel y el rey reconocieron humildemente:

—¡El Señor tiene razón!

⁷Al ver el Señor que se habían humillado, le dijo a Semaías: "Por haberse humillado, no los destruiré, sino que voy a librarlos dentro de poco, y no utilizaré a Sisac para descargar mi ira sobre Jerusalén; ⁸pero van a quedar sometidos a él, y se darán cuenta de la diferencia que hay entre servirme a mí y servir a los reyes de otras naciones."

⁹Sisac, rey de Egipto, atacó a Jerusalén y se apoderó de los tesoros del templo del Señor y del palacio real. Todo lo saqueó, y se llevó también los escudos de oro que había hecho Salomón.ˡ ¹⁰El rey Roboam hizo en su lugar escudos de bronce, y los dejó al cuidado de los oficiales de la guardia que vigilaba la entrada del palacio real. ¹¹Y cada vez que el rey iba al templo del Señor, iban los guardias y los llevaban. Luego volvían a ponerlos en el cuarto de guardia. ¹²Así pues, por haberse humillado Roboam, se calmó la ira del Señor contra él y no lo destruyó totalmente. A pesar de todo, también había cosas buenas en Judá.

¹³El rey Roboam aumentó su poder en Jerusalén, y siguió reinando. Cuando comenzó a reinar tenía cuarenta y un años, y reinó diecisiete años en Jerusalén, ciudad que el Señor escogió entre todas las tribus de Israel para residir en ella. La madre de Roboam se llamaba Naama, y era de Amón. ¹⁴Sus actos fueron malos, pues no trató sinceramente de buscar al Señor.

¹⁵La historia de Roboam, desde el principio hasta el fin, está escrita en las crónicas del profeta Semaías y del profeta Iddo, en el registro familiar. ¹⁶Hubo guerra continuamente entre Roboam y Jeroboam. ¹⁷Y cuando Roboam murió, fue sepultado en la Ciudad de David. Después reinó en su lugar su hijo Abiam.

### Reinado de Abiam en Judá
#### (1 R 15.1-7)

**13** ¹Abiam comenzó a reinar en Judá en el año dieciocho del reinado de Jeroboam. ²Reinó en Jerusalén durante tres años. Su madre se llamaba Micaías y era hija de Uriel de Gabaa.

Estalló la guerra entre Abiam y Jeroboam. ³Abiam empezó la batalla con un ejército de cuatrocientos mil soldados escogidos. Jeroboam, por su parte, tomó posiciones de batalla contra él con ochocientos mil soldados escogidos. [4]Entonces Abiam, de pie en el monte Zemaraim, que está en la montaña de Efraín, gritó: "¡Jeroboam y todo Israel, escúchenme! [5]¿No saben ustedes que el Señor, el Dios de Israel, entregó el reino a David y a sus descendientes para siempre mediante un pacto irrevocable? [6]Sin embargo, Jeroboam, el hijo de Nabat, servidor de Salomón, hijo de David, se rebeló contra su amo. [7]Y se le unieron unos hombres ociosos y malvados, que se impusieron a Roboam, hijo de Salomón, porque era joven y débil de carácter. Así que no tuvo fuerza para enfrentarse con ellos. [8]Y ahora ustedes intentan oponerse al gobierno del Señor ejercido por medio de los descendientes de David, sólo porque ustedes son una gran multitud y tienen de su parte los becerros de oro que Jeroboam les hizo para que los tuvieran por dioses. [9]¿Y no han expulsado ustedes también a los sacerdotes del Señor, descendientes de Aarón, y a los levitas, y se han nombrado sus propios sacerdotes como hacen las naciones paganas? ¡Cualquiera que viene a consagrarse con un becerro y siete carneros puede ser sacerdote de dioses que no son dioses! [10]Para nosotros, en cambio, nuestro Dios es el Señor, y no lo hemos abandonado. Los sacerdotes que están al servicio del Señor son descendientes de Aarón, y los que se encargan del servicio son los levitas. [11]Ellos ofrecen al Señor, mañana y tarde, holocaustos e incienso, presentan en una mesa ritualmente pura el pan consagrado, y encienden todas las tardes las lámparas que arden en el candelabro de oro. Porque nosotros cumplimos las disposiciones del Señor nuestro Dios, mientras que ustedes lo han abandonado. [12]Tengan en cuenta, pues, que al frente de nosotros están Dios y sus sacerdotes, y que están listas las trompetas para dar el toque de guerra contra ustedes. Por consiguiente, israelitas, no peleen contra el Señor, el Dios de sus antepasados, porque no vencerán."

[13]Jeroboam había ordenado que sus tropas de retaguardia dieran un rodeo y atacaran por detrás, de modo que el grueso del ejército de Jeroboam quedó frente al de Judá, mientras que la retaguardia atacaba por detrás. [14]Cuando los de Judá miraron hacia atrás, se dieron cuenta de que los atacaban por el frente y por detrás. Entonces invocaron al Señor, y los sacerdotes tocaron las trompetas. [15]Y cuando los de Judá lanzaron el grito de guerra, Dios derrotó a Jeroboam y a todo Israel frente a Abiam y Judá. [16]Los israelitas huyeron de los de Judá, porque Dios los entregó en manos de éstos. [17]Abiam y su gente les hicieron una gran matanza, en la que cayeron quinientos mil soldados escogidos de Israel. [18]Así los israelitas fueron humillados en aquel tiempo, mientras que los de Judá se mostraron fuertes, porque se apoyaron en el Señor, Dios de sus antepasados.

[19]Abiam persiguió a Jeroboam y le arrebató las ciudades de Bet-el, Jesana y Efraín[19] con sus respectivas aldeas. [20]Jeroboam no pudo recuperar su poderío mientras vivió Abiam. Finalmente el Señor lo hirió, y Jeroboam murió. [21]Entre tanto, Abiam se afirmó en el poder. Tuvo catorce esposas, veintidós hijos y dieciséis hijas. [22]El resto de la historia de Abiam y de todo lo que hizo en su vida, está escrito en el comentario del profeta Iddo.

### Reinado de Asa en Judá
#### (1 R 15.8-12)

**14** [1m]Cuando Abiam murió, lo enterraron en la Ciudad de David. Después reinó en su lugar su hijo Asa. Durante su reinado, hubo paz en el país durante diez años.

[2]Los hechos de Asa fueron buenos y rectos a los ojos del Señor su Dios. [3]Quitó los altares de los dioses extranjeros, así como los santuarios paganos; hizo pedazos las piedras sagradas y rompió las representaciones de Asera. [4]Además ordenó a Judá que acudiera al Señor, Dios de sus antepasados, y que cumpliera la ley y los mandamientos. [5]Quitó de todas las ciudades de Judá los santuarios y altares paganos. Y hubo paz durante su reinado.

[6]Aprovechando esos años en que la nación estaba en paz y no tenía que hacer frente a ninguna guerra, porque el Señor le concedió tranquilidad, Asa construyó en Judá ciudades fortificadas. [7]Dijo a la gente de Judá: "Fortifiquemos estas ciudades y hagamos alrededor de ellas muros, torres, puertas y barras, mientras el país está todavía en nuestro poder. Porque hemos buscado al Señor nuestro

---

[19] *Efraín:* otra posible traducción: *Efrón.*
*m* Los vs. 14.1-15 corresponden a los vs. 13.23-14.14 en el texto hebreo.

Dios, él nos ha dado paz con todos nuestros vecinos.'' Por tanto llevaron a cabo con éxito las construcciones.

[8] Asa tenía un ejército formado por trescientos mil soldados de Judá, armados con escudos y lanzas, y doscientos ochenta mil de Benjamín, equipados con escudos y arcos. Todos ellos eran soldados valientes. [9] Contra ellos marchó Zera el etíope con un ejército de un millón de hombres y trescientos carros de combate, y llegó hasta Maresa. [10] Entonces Asa le salió al encuentro, y con sus hombres tomó posiciones para la batalla en el valle de Sefata, junto a Maresa. [11] Asa invocó al Señor su Dios, diciendo: "Señor, para ti es igual ayudar al fuerte que al débil. Por tanto, ¡ayúdanos, Señor y Dios nuestro, ya que confiamos en ti, y en tu nombre hemos venido contra este ejército! Tú, Señor, eres nuestro Dios. ¡Muestra que nadie puede oponerte resistencia!''

[12] Entonces el Señor dio a Asa y a Judá la victoria sobre los etíopes, por lo cual éstos huyeron. [13] Pero Asa y su gente los persiguieron hasta Gerar, y cayeron los etíopes hasta no quedar ni uno con vida, pues quedaron destrozados ante el Señor y su ejército, el cual se apoderó de gran cantidad de cosas de los enemigos. [14] Después cayeron sobre todas las ciudades que había alrededor de Gerar, pues todas se llenaron de miedo ante el Señor. Los de Judá las saquearon, pues en ellas había grandes riquezas. [15] También atacaron los campamentos donde había ganado, y se llevaron gran cantidad de ovejas y camellos. Después regresaron a Jerusalén.

### Reformas religiosas de Asa
(1 R 15.13-15)

**15** [1] Azarías, hijo de Oded, poseído por el espíritu de Dios, [2] salió al encuentro de Asa para decirle: "¡Escúchenme tú, Asa, y todos los de Judá y Benjamín! El Señor está con ustedes, si ustedes están con él. Si ustedes lo buscan, lo encontrarán; pero si lo abandonan, él también los abandonará. [3] Israel ha estado mucho tiempo sin verdadero Dios, sin sacerdote que enseñe y sin instrucción religiosa. [4] Pero cuando, en medio de sus dificultades, el pueblo se ha vuelto al Señor, Dios de Israel, y lo ha buscado, él se ha dejado encontrar. [5] En aquellos tiempos no había paz para nadie, sino mucho sobresalto para los habitantes de los

diversos países. [6] Las naciones y las ciudades se destruían unas a otras, porque el Señor los aterraba con toda clase de calamidades. [7] Pero ustedes sean valientes y no se desanimen, porque sus trabajos tendrán una recompensa.''

[8] Cuando Asa oyó este mensaje del profeta, se armó de valor y eliminó los repugnantes ídolos de todo el territorio de Judá y Benjamín y de las ciudades que había conquistado en la montaña de Efraín, y reparó el altar del Señor que estaba frente al vestíbulo del templo del Señor. [9] Después reunió a todo Judá y Benjamín, más los forasteros que había con ellos procedentes de Efraín, Manasés y Simeón, pues muchos de Israel se habían pasado al lado de Asa, al ver que el Señor su Dios estaba con él.

[10] Se juntaron en Jerusalén en el mes tercero del año quince del reinado de Asa, [11] y ofrecieron en sacrificio al Señor, en ese día, setecientas reses y siete mil ovejas, de las que habían quitado a los enemigos. [12] Luego se comprometieron solemnemente a buscar de todo corazón al Señor, el Dios de sus antepasados. [13] Y prometieron que cualquiera que no quisiera buscar al Señor, Dios de Israel, fuera mayor o menor, hombre o mujer, sería condenado a muerte. [14] Hicieron el juramento al Señor en alta voz y con gritos de alegría y al son de trompetas y cuernos. [15] Todo Judá se alegró por el juramento que habían hecho, pues juraron de todo corazón, y con toda su voluntad habían buscado al Señor, y él se había dejado encontrar de ellos y les había concedido paz con todos sus vecinos.[n]

[16] Además, el rey Asa quitó la categoría de reina madre a Maacá, su abuela, porque había mandado hacer una imagen de Asera. Asa destruyó aquella imagen; la hizo pedazos y la quemó en el arroyo Cedrón. [17] Y aunque no se quitaron de Israel los santuarios paganos, Asa permaneció siempre fiel, [18] y puso en el templo de Dios todo el oro y la plata que tanto él como su padre habían dedicado al Señor. [19] Y no hubo guerra hasta el año treinta y cinco del reinado de Asa.

### Alianza de Asa con Ben-adad
(1 R 15.16-22)

**16** [1] Pero en el año treinta y seis del reinado de Asa, el rey de Israel, Baasa, fue a atacar a Judá, y fortificó

n 15.2-15 Dt 4.29; Jer 29.13.

Ramá para cortarle toda comunicación al rey de Judá. [2]Entonces Asa sacó el oro y la plata de los tesoros del templo del Señor y del palacio real, y los envió a Ben-adad, rey de Siria, que tenía su residencia en Damasco. También le envió este mensaje: [3]"Hagamos tú y yo un pacto, como hicieron nuestros padres. Aquí te envío oro y plata. Rompe el pacto que tienes con Baasa, rey de Israel, y así me dejará en paz.''

[4]Ben-adad aceptó la proposición del rey Asa, y envió a los jefes de sus tropas a atacar las ciudades de Israel. Así conquistaron Ijón, Dan, Abel-maim y todas las ciudades de Neftalí que servían de almacenes. [5]Cuando Baasa lo supo, dejó de fortificar Ramá, suspendiendo sus trabajos. [6]Entonces el rey Asa tomó consigo a todo Judá, y se llevaron de Ramá las piedras y la madera que Baasa había usado para fortificarla, y con ellas fortificó Geba y Mizpa.

[7]Por aquel tiempo fue el profeta Hanani a visitar a Asa, rey de Judá, y a decirle: "El ejército del rey de Siria se te ha escapado de las manos, porque te apoyaste en el rey de Siria y no en el Señor tu Dios. [8]¿No formaban los etíopes y los libios un ejército sumamente poderoso, con muchísima caballería y carros de combate? Sin embargo, el Señor los entregó en tus manos porque te apoyaste en él. [9]Pues el Señor está atento a lo que ocurre en todo el mundo, para dar fuerza a los que confían sinceramente en él. ¡En esto has actuado como un tonto! Porque de ahora en adelante tendrás más guerras.''

[10]Entonces Asa se enfureció de tal manera contra el profeta, que lo mandó encarcelar. También en ese tiempo trató brutalmente a algunos del pueblo.

## Muerte de Asa
### (1 R 15.23-24)

[11]La historia de Asa, desde el principio hasta el fin, está escrita en el libro de los reyes de Judá y de Ïsrael. [12]En el año treinta y nueve de su reinado, Asa enfermó gravemente de los pies; pero en su enfermedad no recurrió al Señor, sino a los médicos. [13]Murió en el año cuarenta y uno de su reinado, [14]y lo enterraron en el sepulcro que había mandado hacer en la Ciudad de David. Lo colocaron en una camilla llena de perfumes y de toda clase

de sustancias aromáticas hábilmente preparadas. Luego encendieron en su honor una enorme hoguera.

## Reinado de Josafat

**17** [1]En lugar de Asa reinó su hijo Josafat, quien se mostró fuerte en Israel.[20] [2]Puso tropas en todas las ciudades fortificadas de Judá, y destacamentos en todo el territorio de Judá y en las ciudades de Efraín que Asa, su padre, había conquistado.

[3]El Señor estuvo con Josafat, porque procedió como David, su antepasado, lo había hecho al principio. No sirvió a las diversas representaciones de Baal, [4]sino al Dios de su padre, cumpliendo sus mandamientos, sin seguir el ejemplo de la gente de Israel. [5]Por eso, el Señor consolidó bajo su mando el reino. Todo Judá le hacía regalos, y llegó a tener grandes riquezas y honores. [6]Siguió con orgullo el camino trazado por el Señor, y una vez más quitó de Judá los santuarios paganos y las representaciones de Asera.

[7]En el tercer año de su reinado envió a sus funcionarios Ben-hail, Abdías, Zacarías, Natanael y Micaías, para enseñar en las ciudades de Judá, [8]y con ellos a los levitas Semaías, Netanías, Zebadías, Asael, Semiramot, Jonatán, Adonías, Tobías y Tobadonías. Los acompañaban los sacerdotes Elisama y Joram. [9]Los envió para que, con el libro de la ley del Señor, enseñaran a la gente de Judá. Y ellos recorrieron todas las ciudades de Judá enseñando al pueblo.

[10]Entre tanto, todos los reinos de los países que rodeaban a Judá sentían tal miedo al Señor que no se atrevían a pelear contra Josafat. [11]Al contrario, algunos de los filisteos traían regalos y plata como tributo a Josafat, y los árabes le llevaron siete mil setecientos carneros e igual cantidad de chivos.

[12]Josafat, pues, se fue haciendo sumamente poderoso. Construyó en Judá fortalezas y ciudades para almacenes, [13]y tuvo muchas propiedades en las ciudades de Judá. Tuvo también soldados muy valientes en Jerusalén, [14]cuya lista, según su registro por familias, es la siguiente:

Por Judá, como comandante de los jefes de batallón, estaba Adnas con trescientos mil soldados. [15]Junto a éste estaba el jefe Johanán con doscientos ochenta mil soldados, [16]y junto a él Amasías, hijo

---

[20] *Se mostró fuerte en Israel:* otra posible traducción: *se fortificó contra Israel.*

de Zicri, que se había ofrecido voluntariamente para servir al Señor, con doscientos mil valientes soldados.

[17]Por Benjamín estaba Eliada, un valiente guerrero, con doscientos mil hombres armados con arcos y escudos, [18]y junto a él Jozabad con ciento ochenta mil hombres en pie de guerra.

[19]Estos estaban al servicio del rey, sin contar los que el rey había destinado a las ciudades fortificadas de todo Judá.

### Micaías anuncia la derrota de Acab
#### (1 R 22.1-40)

**18** [1]Josafat consiguió grandes riquezas y honores, y llegó a ser consuegro de Acab.

[2]Después de algunos años, Josafat fue a Samaria a visitar a Acab, el cual, para festejar a Josafat y a sus acompañantes, mató muchas ovejas y reses, y trató de incitarlo a atacar a Ramot de Galaad. [3]En efecto, Acab, rey de Israel, preguntó a Josafat, rey de Judá:

—¿Quieres acompañarme a marchar contra Ramot de Galaad?

Josafat le respondió:

—Yo, lo mismo que mi ejército, estamos contigo y con tu gente para ir a la guerra. [4]Pero antes consulta la voluntad del Señor.

[5]El rey de Israel reunió a los profetas, que eran cuatrocientos, y les preguntó:

—¿Debemos atacar a Ramot de Galaad, o no?

Y ellos respondieron:

—Atácala, porque Dios te la va a entregar.

[6]Pero Josafat preguntó:

—¿No hay por aquí algún otro profeta del Señor a quien también podamos consultar?

[7]El rey de Israel contestó a Josafat:

—Hay uno más, por medio del cual podemos consultar al Señor. Es Micaías, hijo de Imla. Pero lo aborrezco, porque nunca me anuncia cosas buenas, sino siempre malas.

Pero Josafat le dijo:

—No digas eso.

[8]En seguida el rey de Israel llamó a un oficial,[21] y le ordenó:

—¡Pronto, que venga Micaías, hijo de Imla!

[9]Tanto el rey de Israel como Josafat, el rey de Judá, tenían puesta su armadura y estaban sentados en sus tronos en la explanada a la entrada de Samaria, y todos los profetas caían en trance profético delante de ellos. [10]Sedequías, hijo de Quenaana, se había hecho unos cuernos de hierro, y gritaba: ''¡Así ha dicho el Señor: 'Con estos cuernos atacarás a los sirios hasta exterminarlos!' ''

[11]Todos los profetas anunciaban lo mismo. Decían al rey: ''Ataca a Ramot de Galaad y obtendrás la victoria, pues el Señor va a entregarte la ciudad.''

[12]El mensajero que había ido a llamar a Micaías, le dijo a éste:

—Todos los profetas, sin excepción, han dado una respuesta favorable al rey. Así pues, te ruego que hables como todos ellos, y anuncies algo favorable.

[13]Micaías le contestó:

—¡Juro por el Señor que sólo diré lo que mi Dios me ordene decir!

[14]Luego se presentó ante el rey, y el rey le preguntó:

—Micaías, ¿debemos atacar a Ramot de Galaad, o no?

Y Micaías dijo:

—Atáquenla, y obtendrán la victoria, pues Dios se la va a entregar.

[15]Pero el rey le respondió:

—¿Cuántas veces te he de decir que bajo juramento me declares sólo la verdad en el nombre del Señor?

[16]Entonces Micaías dijo:

''He visto a todos los israelitas
desparramados por los montes,
como ovejas sin pastor.[n]
Y el Señor ha dicho:
'Estos no tienen dueño;
que cada uno vuelva en paz a su
    casa.' ''

[17]El rey de Israel dijo a Josafat:

—¿No te he dicho que este hombre nunca me anuncia cosas buenas, sino sólo cosas malas?

[18]Micaías añadió:

—Por eso que has dicho, oigan ustedes la palabra del Señor: Vi al Señor sentado en su trono, y a todo el ejército del cielo, que estaba de pie, junto a él, a su derecha y a su izquierda. [19]Entonces el Señor preguntó quién iría a incitar a Acab, rey de Israel, para que atacara a Ramot de Galaad y cayera allí. Unos decían una cosa y otros otra. [20]Pero un espíritu se presentó delante del Señor y dijo que él lo haría. El Señor le preguntó cómo lo iba a hacer, [21]y el espíritu respondió que iba a inspirar mentiras en todos los profetas del rey. Entonces el Señor le dijo que, en efecto, conseguiría engañarlo, y que fuera a hacerlo. [22]Y ahora ya sabes que el Señor ha puesto un espíritu mentiroso en labios de estos profetas tuyos, y que ha determinado tu ruina.

[23]Entonces Sedequías, hijo de Quenaana, acercándose a Micaías le dio una bofetada y dijo:

—¿Por dónde se me fue el espíritu del Señor para hablarte a ti?

[24]Y Micaías le respondió:

—Lo sabrás el día en que andes escondiéndote de habitación en habitación.

[25]Entonces el rey de Israel ordenó:

—¡Agarren a Micaías y llévenlo preso ante Amón, el gobernador de la ciudad, y ante Joás, mi hijo! [26]Díganles que yo ordeno que lo metan en la cárcel y lo tengan a ración escasa de pan y agua, hasta que yo regrese sano y salvo.

[27]Todavía añadió Micaías:

"Si tú vuelves sano y salvo,
    el Señor no ha hablado por medio de
    mí."[22]

[28]Así pues, el rey de Israel, y Josafat, el rey de Judá, avanzaron contra Ramot de Galaad. [29]Y el rey de Israel dijo a Josafat:

—Yo voy a entrar en la batalla disfrazado, y tú te pondrás mi ropa.[23]

Así el rey de Israel se disfrazó, y ambos entraron en combate. [30]Pero el rey de Siria había ordenado a los capitanes de sus carros de combate que no atacaran a nadie que no fuera el rey de Israel. [31]Y cuando los capitanes de los carros vieron a Josafat, pensaron que él era el rey de Israel y lo rodearon para atacarlo. Entonces Josafat gritó pidiendo ayuda, y el Señor le ayudó. Dios los apartó de él, [32]pues al ver ellos que no era al rey de Israel, dejaron de perseguirlo. [33]Pero un soldado disparó su arco al azar, e hirió de muerte al rey de Israel por entre las juntas de la armadura. Entonces éste le ordenó al conductor del carro:

—Da la vuelta y sácame del combate, porque estoy gravemente herido.

[34]La batalla fue dura aquel día, y el rey de Israel tuvo que mantenerse en pie en su carro, haciendo frente a los sirios hasta la tarde, y murió al ponerse el sol.

## El profeta Jehú reprende a Josafat

**19** [1]Josafat, rey de Judá, volvió sano y salvo a su palacio de Jerusalén. [2]Pero el profeta Jehú, hijo de Hanani, le salió al encuentro y le preguntó: "¿Por qué ayudas al malo y eres amigo de los enemigos del Señor? Por este motivo, el Señor se ha enojado contigo. [3]Sin embargo, hay otras cosas buenas a tu favor, pues has destruido las representaciones de Asera que había en el país, y te has propuesto buscar a Dios.

## Josafat nombra jueces

[4]Josafat vivía en Jerusalén, pero acostumbraba visitar a su pueblo, desde Beerseba hasta los montes de Efraín, para hacerlos volver al Señor, Dios de sus antepasados. [5]Además estableció jueces en todas las ciudades fortificadas de Judá, una tras otra. [6]Y dijo a los jueces: "Fíjense bien en lo que hacen, porque no van a juzgar en nombre de los hombres, sino del Señor, que estará con ustedes cuando den el fallo. [7]Así que respeten al Señor y tengan cuidado con lo que hacen, porque el Señor nuestro Dios no tolera injusticias, parcialidad ni sobornos."[o]

[8]También estableció Josafat en Jerusalén algunos levitas, sacerdotes y jefes de familia de Israel, para servir de jueces en asuntos religiosos y en los pleitos de los habitantes de[24] Jerusalén. [9]Y les dio las siguientes instrucciones: "Ustedes deben actuar siempre con respeto al Señor, fidelidad y honradez. [10]En cualquier pleito que sus compatriotas, los habitantes de las diversas ciudades, les presenten a ustedes para que decidan si una muerte es criminal o no, o para aplicar las diversas leyes, estatutos, reglamentos y ordenanzas, recomiéndenles no cometer faltas contra el Señor, para que él no se enoje con ustedes y con ellos. Hagan esto, y la culpa no será de ustedes. [11]El sumo sacerdote Amarías será su superior en todas las cuestiones religiosas, y Zebadías, el hijo de Ismael y jefe de la tribu de Judá, lo será en todas las cuestiones civiles; y los levitas serán ayudantes de ustedes. ¡Animo, pues, y a trabajar! ¡Que el Señor esté con el que lo haga bien!"

## Victoria sobre Moab y Amón

**20** [1]Algún tiempo después, los moabitas y los amonitas, aliados con los

---

[22] Heb. añade: *Y dijo: "¡Pueblos todos, escuchen esto!"*   [23] *Mi ropa:* según la versión griega. Heb. *tu ropa.*
[24] *De los habitantes de:* según versiones antiguas. Heb. *y volvieron a.*
*o* 19.7 Dt 10.17.

meunitas, *25* atacaron a Josafat; ²entonces fueron algunos a decirle: "¡De Edom, *26* del otro lado del Mar Muerto, viene un gran ejército contra ti! ¡Ya están en Hazezón-tamar!" (Hazezón-tamar es lo mismo que En-gadi.)

³Josafat sintió miedo y decidió acudir al Señor. Así que anunció un ayuno en todo Judá, ⁴y la gente de Judá se reunió para pedir ayuda al Señor. De todas las ciudades de Judá llegó gente. ⁵Josafat se puso de pie en medio del pueblo de Judá que se había reunido en Jerusalén, frente al atrio nuevo del templo del Señor, ⁶y exclamó: "Señor, Dios de nuestros antepasados, ¡tú eres el Dios del cielo, tú gobiernas a todas las naciones! ¡En tus manos están la fuerza y el poder: nadie puede oponerte resistencia! ⁷Dios nuestro, tú arrojaste de la presencia de tu pueblo Israel a los habitantes de este territorio y se lo diste para siempre a los descendientes de Abraham, tu amigo.ᵖ ⁸Después de haberse establecido aquí, construyeron un templo para ti, y dijeron: ⁹'Si nos viene algún mal como castigo, sea la guerra, la peste o el hambre, nos presentaremos delante de este templo, porque tú estás en este templo, y en nuestras angustias te pediremos ayuda, y tú nos escucharás y nos salvarás.' ¹⁰Pues ahora, aquí están los amonitas, los moabitas y los de la montaña de Seir, en cuyos territorios no quisiste que entraran los israelitas cuando venían de Egipto,�q sino que se apartaron de ellos y no los destruyeron. ¹¹En pago de eso, ahora nos atacan para arrojarnos de tu propiedad, la tierra que tú nos diste como propiedad. ¹²Dios nuestro, ¿no vas a castigarlos? Pues nosotros no tenemos fuerza suficiente para hacer frente a ese gran ejército que nos ataca. ¡No sabemos qué hacer; por eso tenemos los ojos puestos en ti!"

¹³Todo Judá estaba de pie delante del Señor, incluyendo sus mujeres y sus hijos, aun los niños más pequeños. ¹⁴Y estando todo el pueblo reunido, Jahaziel, hijo de Zacarías y nieto de Benaía, el cual era hijo de Jeiel y nieto de Matanías, un levita descendiente de Asaf, quedó poseído por el espíritu del Señor ¹⁵y dijo: "Pongan atención, habitantes de Judá y de Jerusalén, y tú, rey Josafat. El Señor les dice: 'No tengan miedo ni se asusten ante ese gran ejército, porque esta guerra no es de

ustedes sino de Dios. ¹⁶Bajen mañana a atacarlos. Vienen subiendo por la cuesta de Sis, y ustedes los encontrarán en el extremo del arroyo que está frente al desierto de Jeruel. ¹⁷No son ustedes los que van a pelear esta batalla. Tomen posiciones, esténse quietos y verán cómo el Señor los librará. ¡Habitantes de Jerusalén y de todo Judá, no tengan miedo ni se asusten; marchen mañana contra ellos, porque el Señor está con ustedes!' "ʳ

¹⁸Entonces Josafat se arrodilló y se inclinó hasta tocar el suelo con la frente, y los habitantes de Judá y Jerusalén se postraron ante el Señor para adorarlo. ¹⁹Y los levitas descendientes de Coat y los descendientes de Coré empezaron a alabar en voz muy alta al Señor, Dios de Israel.

²⁰A la mañana siguiente se levantaron temprano para ponerse en camino hacia el desierto de Tecoa. Y en el momento de salir, Josafat se puso de pie para decirles: "Escúchenme, habitantes de Jerusalén y de Judá: confíen en el Señor, su Dios, y se sentirán seguros; confíen en sus profetas, y todo les saldrá bien."

²¹Y después de consultar con el pueblo, nombró algunos cantores para que, vestidos con ropas sagradas y marchando al frente de las tropas, alabaran al Señor con el himno: "Den gracias al Señor, porque su amor es eterno."ˢ

²²Luego, en el momento en que empezaron a cantar con alegría himnos de alabanza, el Señor creó confusión *27* entre los amonitas, los moabitas y los de la montaña de Seir, que venían a atacar a Judá, y fueron derrotados. ²³Pues los amonitas y los moabitas atacaron a los de la montaña de Seir y los destruyeron por completo, y después de acabar con ellos, se destruyeron unos a otros. ²⁴Cuando los hombres de Judá llegaron al sitio desde donde se ve el desierto, y miraron hacia el ejército enemigo, sólo vieron cadáveres tendidos en el suelo. ¡Nadie había logrado escapar! ²⁵Entonces acudieron Josafat y su gente a recoger lo que habían dejado los enemigos, y encontraron gran cantidad de ganado, armas, vestidos *28* y objetos valiosos, y se apoderaron de todo. Había tantas cosas, que no podían llevárselas. Era tal la cantidad, que estuvieron tres días recogiendo cosas.

²⁶El cuarto día se reunieron en el valle de Beraca, y allí bendijeron al Señor. Por

---

*25* **Meunitas:** según la versión griega. Heb. *amonitas.*     *26* **Edom:** según contexto. Heb. *Siria.*     *27* **Confusión:** texto probable. Heb. *emboscadas.*     *28* **Vestidos:** según una versión antigua. Heb. *cadáveres.*
ᵖ **20.7** Is 41.8; Stg 2.23.     q **20.10** Dt 2.4-19.     ʳ **20.15-17** Dt 20.1-4.     ˢ **20.21** 2 Cr 5.13; 7.3; 16.34,41; Esd 3.11; Sal 100.5; 106.1; 107.1; 118.1; 136.1; Jer 33.11.

eso llamaron aquel lugar el valle de Beraca,[29] nombre que lleva hasta hoy. [27]Después todos los hombres de Judá y Jerusalén, con Josafat al frente, regresaron a Jerusalén muy contentos, porque el Señor les había dado motivo de alegría a costa de sus enemigos. [28]Cuando llegaron a Jerusalén, fueron al templo del Señor al son de salterios, cítaras y trompetas. [29]Al saber que el Señor había luchado contra los enemigos de Israel, todas las naciones se llenaron de miedo a Dios. [30]Y así el reinado de Josafat siguió tranquilo, porque Dios le concedió paz con los países vecinos.

### Resumen del reinado de Josafat
#### (1 R 22.41-50)

[31]Josafat reinó, pues, sobre Judá. Tenía treinta y cinco años cuando comenzó a reinar, y veinticinco años reinó en Jerusalén. Su madre se llamaba Azuba, y era hija de Silhi. [32]Josafat se condujo con rectitud, como Asa, su padre. Sus hechos fueron rectos a los ojos del Señor. [33]Sin embargo, los santuarios paganos no fueron quitados, pues el pueblo todavía no estaba firme en su propósito de seguir al Dios de sus antepasados. [34]El resto de su historia, desde el comienzo hasta el fin, está escrito en las crónicas de Jehú, hijo de Hanani, y está incluido en el libro de los reyes de Israel. [35]Más tarde, Josafat, rey de Judá, se alió con Ocozías, rey de Israel, el cual se comportaba perversamente. [36]Se hizo su socio para construir barcos para ir a Tarsis, y los construyeron en Ezión-geber. [37]Entonces Eliezer de Maresa, hijo de Dodava, pronunció contra Josafat esta profecía: "El Señor va a hacer pedazos lo que tú has hecho, por haberte asociado con Ocozías." Y, en efecto, los barcos se hicieron pedazos y ya no pudieron ir a Tarsis.

### Reinado de Joram
#### (2 R 8.16-24)

**21** [1]Josafat murió y fue enterrado en la Ciudad de David, su antepasado. Después reinó en su lugar su hijo Joram. [2]Hermanos de Joram, hijos también de Josafat, eran: Azarías, Jehiel, Zacarías, Micael y Sefatías. Todos ellos eran hijos de Josafat, rey de Judá.[30] [3]Su padre les

había regalado muchos objetos de oro y plata, y otras cosas de valor. Les dio también ciudades fortificadas en Judá, pero el reino se lo entregó a Joram, por ser el hijo mayor. [4]Pero Joram, una vez que se aseguró en el trono de su padre, pasó a cuchillo a todos sus hermanos y también a algunos jefes de Israel. [5]Tenía treinta y dos años cuando comenzó a reinar, y reinó en Jerusalén ocho años. [6]Pero siguió los pasos de los reyes de Israel y de la descendencia de Acab, pues su mujer era de la descendencia de Acab; así que sus hechos fueron malos a los ojos del Señor. [7]Pero el Señor no quiso destruir la dinastía de David por el pacto que había hecho con David, a quien prometió, lo mismo que a sus hijos, que siempre tendrían una lámpara encendida.

[8]Durante el einado de Joram, Edom se rebeló contra el dominio de Judá[u] y nombró su propio rey. [9]Entonces Joram se dirigió con sus capitanes y con todos sus carros de combate, y durante la noche se levantaron él y los capitanes de los carros de combate y atacaron a los edomitas que los habían rodeado. [10]Pero Edom logró hacerse independiente de Judá hasta el presente. También en aquel tiempo se hizo independiente la ciudad de Libna, porque Joram había abandonado al Señor, Dios de sus antepasados. [11]Además construyó santuarios paganos en los montes de Judá, y fue el causante de que ios habitantes de Jerusalén fueran infieles al Señor, e hizo que Judá se extraviara.

[12]Pero entonces Joram recibió una carta del profeta Elías, que decía: "El Señor, Dios de David, tu antepasado, te dice: 'No has seguido el ejemplo de Josafat, tu padre, ni el de Asa, rey de Judá, [13]sino los ejemplos de los reyes de Israel, y has sido el causante de que Judá y los habitantes de Jerusalén fueran infieles al Señor como lo fue la familia de Acab. Además, has matado a tus hermanos, que eran mejores que tú. [14]Por eso, el Señor va a hacer caer sobre tu pueblo, tus hijos, tus mujeres y todas tus posesiones una gran calamidad. [15]Y sobre ti hará caer muchas enfermedades. Te pondrás enfermo del estómago con una enfermedad crónica, hasta que se te salgan los intestinos.' "

[16]Entonces el Señor hizo que los filisteos y los árabes vecinos de los de Cus se enfurecieran contra Joram; [17]por lo cual

---

[29] En hebreo, *Beraca* significa *bendición.*   [30] *Rey de Judá:* según 17.1,2 y las versiones antiguas. Heb. *rey de Israel.*
*t* 21.7 1 R 11.36.   *u* 21.8 Gn 27.40.

marcharon sobre Judá e invadieron el país, y se llevaron todos los bienes que hallaron en el palacio del rey, así como a sus hijos y a sus mujeres. El único que le quedó fue Joacaz, el menor. [18]Después de todo esto, el Señor lo castigó con una enfermedad incurable del estómago. [19]Pasó el tiempo y, al cabo de unos dos años, los intestinos se le salieron por causa de la enfermedad, y murió entre horribles dolores. Su pueblo ni siquiera encendió una hoguera en memoria suya, como habían hecho con sus antepasados. [20]Tenía treinta y dos años cuando comenzó a reinar, y reinó en Jerusalén ocho años. Se fue sin que nadie lo lamentara. Lo enterraron en la Ciudad de David, pero no en el panteón real.

### Reinado de Ocozías
### (2 R 8.25-29)

**22** [1]Los habitantes de Jerusalén proclamaron rey, en lugar de Joram, a su hijo menor, Ocozías, pues las bandas de salteadores que junto con los árabes habían invadido el campamento, habían matado a todos los hijos mayores de Joram, rey de Judá. Así pues, Ocozías, hijo de Joram, rey de Judá, comenzó a reinar. [2]Tenía veintidós[31] años cuando empezó a reinar, y reinó en Jerusalén un año. Su madre se llamaba Atalía, y era descendiente de Omri. [3-4]Y Ocozías también siguió los pasos de Acab y su dinastía, pues su madre le daba malos consejos, y por causa de sus relaciones familiares con la casa de Acab, sus hechos fueron malos a los ojos del Señor. Ellos, en efecto, fueron sus consejeros después de la muerte de su padre, y lo llevaron a la ruina.

[5]Por seguir sus consejos, Ocozías se alió con Joram, hijo de Acab y rey de Israel, para pelear en Ramot de Galaad contra Hazael, rey de Siria. Pero los sirios hirieron a Joram, [6]y éste regresó a Jezreel para curarse de las heridas que le habían hecho en Ramot durante el combate contra Hazael, rey de Siria. Entonces, como Joram estaba enfermo, Ocozías fue a Jezreel a visitarlo.

### Jehú mata a Ocozías
### (2 R 9.27-29)

[7]Dios tenía dispuesto que Ocozías muriera al ir a visitar a Joram. Apenas llegó, salió con Joram a encontrarse con Jehú, hijo de Nimsi. Pero Dios había escogido a Jehú para que aniquilara a la familia de Acab. [8]Cuando Jehú estaba haciendo justicia contra la familia de Acab, encontró a los jefes de Judá y a los parientes de Ocozías, que estaban al servicio de éste, y los mató. [9]Mandó buscar también a Ocozías, que se había escondido en Samaria, y lo apresaron, se lo llevaron a Jehú y lo mataron. Pero lo enterraron, teniendo en cuenta que era hijo de Josafat, quien había buscado sinceramente al Señor. De esta manera no quedó nadie de la familia de Ocozías que fuera capaz de recuperar el poder real.

### Atalía usurpa el trono
### (2 R 11.1-21)

[10]Cuando Atalía, madre de Ocozías, supo que su hijo había muerto, fue y exterminó a toda la familia real de Judá. [11]Pero Josaba, hija del rey Joram, apartó a Joás, hijo de Ocozías, de los otros hijos del rey a los que estaban matando, y lo escondió de Atalía, junto con su nodriza, en un dormitorio. Así que no lo mataron. Esto lo hizo Josaba, hija del rey Joram, hermana de Ocozías y esposa del sacerdote Joiada. [12]Y Joás estuvo escondido con ellas en el templo del Señor. Mientras tanto, Atalía gobernó el país.

**23** [1]Al séptimo año, Joiada mandó llamar a los capitanes siguientes: Azarías hijo de Jeroham, Ismael hijo de Johanán, Azarías hijo de Obed, Maasías hijo de Adaía, y Elisafat hijo de Zicri, e hizo que se le unieran como aliados. [2]Ellos recorrieron Judá, y reunieron a los levitas de todas las ciudades de Judá y a los jefes de las familias de Israel, y fueron todos a Jerusalén. [3]Allí todos los que se habían reunido hicieron un pacto con el rey en el templo de Dios.

Joiada les dijo: "¡Aquí tienen ustedes al hijo del rey! El es quien debe ser rey, como lo prometió el Señor acerca de los descendientes de David.[v] [4]Esto es lo que van a hacer ustedes: una tercera parte de ustedes, los sacerdotes y levitas que están de servicio en el día de reposo,[32] cuidarán las puertas del templo; [5]otra tercera parte estará en el palacio real; y la otra tercera parte en la puerta de los cimientos. Mientras tanto, todo el pueblo estará en los atrios del templo. [6]Pero que nadie entre en el templo, fuera de los sacerdotes y

---

[31] *Veintidós:* según algunos mss. griegos y 2 R 8.26. Heb. *cuarenta y dos.*    [32] *Día de reposo:* aquí equivale a *sábado.*
[v] 23.3 2 S 7.12.

levitas que estén de servicio. Solamente ellos pueden entrar, porque están consagrados; pero el resto del pueblo montará guardia en honor del Señor. [7]Los levitas formarán un círculo alrededor del rey, cada uno con sus armas en la mano, y el que intente penetrar en el templo, morirá. Acompañarán al rey dondequiera que él vaya.''

[8]Los levitas y la gente de Judá hicieron todo lo que el sacerdote Joiada les había ordenado. Cada cual tomó el mando de sus hombres, tanto los que entraban de guardia en día de reposo [32] como los que salían, porque el sacerdote Joiada no dejó que se fueran los que terminaban su turno. [9]Entonces Joiada entregó a los capitanes las lanzas y los diversos escudos que habían pertenecido al rey David, y que estaban en el templo de Dios. [10]Luego colocó en sus puertas a toda la gente, desde el ala derecha hasta el ala izquierda del templo, y alrededor del altar, cada uno con su lanza en la mano para proteger al rey. [11]Entonces Joiada y sus hijos sacaron al hijo del rey, le pusieron la corona y las insignias reales, y después de derramar aceite sobre él lo proclamaron rey. Luego todos gritaron: "¡Viva el rey!"

[12]Cuando Atalía oyó los gritos de la gente que corría y aclamaba al rey, fue al templo del Señor, donde estaban todos. [13]Vio allí al rey, de pie junto a su columna, a la entrada. A su lado estaban los jefes y la banda de música, y la gente muy alegre y tocando trompetas; los cantores, con instrumentos musicales, dirigían los himnos de alabanza. Entonces Atalía rasgó sus vestidos y gritó:

—¡Traición! ¡Traición!

[14]Pero el sacerdote Joiada hizo salir a los capitanes que estaban al mando del ejército, y les dijo:

—¡Sáquenla de entre las filas, y pasen a cuchillo al que la siga!

Como el sacerdote había ordenado que no la mataran en el templo del Señor, [15]la apresaron y la sacaron por la puerta de la caballería al palacio real, y allí la mataron.

[16]Después Joiada hizo un pacto con todo el pueblo y con el rey, de que ellos serían el pueblo del Señor. [17]Luego fueron todos al templo de Baal y lo derribaron, destrozando sus altares y sus ídolos. En cuanto a Matán, el sacerdote de Baal, lo

degollaron ante los altares. [18]A continuación, Joiada puso una guardia en el templo del Señor, bajo las órdenes de los sacerdotes y los levitas, a quienes David había repartido por turnos para servir en el templo ofreciendo al Señor los holocaustos, según está prescrito en la ley de Moisés, y cantando con alegría, como lo había dispuesto David. [19]También puso porteros en las entradas del templo del Señor, para que nadie que por cualquier motivo estuviera ritualmente impuro pudiera entrar. [20]Luego tomó a los capitanes, a las personas más importantes, a los gobernadores del pueblo y a toda la gente, y 'ompañó al rey desde el templo del Seño. hasta el palacio real, entrando por la puerta superior. Luego sentaron al rey en el trono real, [21]y todo el pueblo se alegró. Y como Atalía había muerto a filo de espada, la ciudad quedó tranquila.

### Reinado de Joás
### (2 R 12.1-21)

24 [1]Joás tenía siete años cuando comenzó a reinar, y reinó en Jerusalén durante cuarenta años. Su madre se llamaba Sibia, y era de Beerseba. [2]Los hechos de Joás fueron rectos a los ojos del Señor, mientras vivió el sacerdote Joiada. [3]Joiada lo casó con dos esposas, de las que Joás tuvo hijos e hijas.

[4]Algún tiempo después, Joás se propuso reparar el templo del Señor, [5]para lo cual reunió a los sacerdotes y a los levitas y les dijo: "Salgan por las ciudades de Judá, y recojan de todos los israelitas dinero para reparar cada año el templo de Dios. Dense prisa en este asunto.'' Pero los levitas no se dieron prisa. [6]Entonces el rey llamó al sumo sacerdote Joiada y le dijo:

—¿Por qué no has procurado que los levitas traigan de Judá y Jerusalén la contribución que Moisés, el siervo del Señor, y la comunidad de Israel ordenaron recoger para la tienda del pacto?[w]

[7]Porque Atalía, que era la maldad misma, y sus seguidores, habían penetrado en el templo de Dios y habían tomado para el culto de sus ídolos todos los objetos del templo del Señor. [8]Entonces el rey mandó hacer un cofre, y lo colocaron junto a la puerta del templo del Señor, por fuera. [9]Luego anunciaron por todo Judá y Jerusalén que se debía llevar al Señor la contribución que Moisés, el

---

[32] *Día de reposo:* aquí equivale a *sábado.*
[w] 24.6 Ex 30.11-16.

siervo del Señor, había ordenado a Israel en el desierto. [10]Y todos los jefes y todo el pueblo acudieron con gusto a depositar su contribución en el cofre, hasta llenarlo. [11]Los levitas llevaban el cofre al rey, para que lo examinara; y cuando veían que ya había bastante dinero, llegaban el cronista del rey y un inspector designado por el sumo sacerdote y vaciaban el cofre, y luego lo tomaban y lo volvían a colocar en su lugar. Así lo hacían diariamente, y recogían mucho dinero. [12]El rey y Joiada entregaban ese dinero a los encargados de las obras del templo, para que contrataran canteros y carpinteros que repararan el templo del Señor. También debían contratar oficiales que trabajaran el hierro y el bronce, para reparar el templo. [13]Los encargados de las obras se pusieron a trabajar, y en sus manos progresó de tal modo la obra de reparación, que restauraron el templo de Dios según los planos originales y lo dejaron en buen estado. [14]Cuando terminaron, llevaron al rey y a Joiada el dinero que sobró, y ellos mandaron hacer con él utensilios para el templo del Señor, tanto para los actos de culto como para holocaustos, y cucharones y otros utensilios de oro y plata. Mientras vivió Joiada, se ofrecieron continuamente holocaustos en el templo del Señor.

[15]Pero Joiada envejeció, y siendo ya de edad muy avanzada, murió. Al morir tenía ciento treinta años; [16]y lo enterraron en la Ciudad de David, junto con los reyes, porque se había portado bien con Israel, con Dios y con su templo.

[17]Después de la muerte de Joiada, llegaron los jefes de Judá y rindieron homenaje al rey. El se dejó aconsejar de ellos, [18]y ellos abandonaron el templo del Señor, Dios de sus antepasados, y dieron culto a las representaciones de Asera y a otros ídolos. Por este pecado el Señor se enojó contra Judá y Jerusalén. [19]Sin embargo, el Señor les envió profetas para hacer que se volvieran a él. Pero la gente no hizo caso a las amonestaciones de los profetas.

[20]Entonces Zacarías, hijo del sacerdote Joiada, fue poseído por el espíritu de Dios, se puso de pie en un lugar elevado y dijo al pueblo: "Dios dice: '¿Por qué no obedecen ustedes mis mandamientos? ¿Por qué se buscan ustedes mismos su desgracia? ¡Puesto que ustedes me han

abandonado a mí, yo también los abandonaré a ustedes!' "[x]

[21]Pero ellos se pusieron de acuerdo contra él, y lo apedrearon por orden del rey en el atrio del templo del Señor. [22]El rey Joás olvidó la lealtad que Joiada, el padre de Zacarías, le había demostrado, y mató a Zacarías, su hijo, quien en el momento de morir exclamó: "¡Que el Señor vea esto y pida cuentas por ello!"

[23]En la primavera, [33] el ejército sirio lanzó un ataque contra Joás, y después de avanzar hasta Judá y Jerusalén, exterminaron a todos los jefes de la nación, la saquearon y enviaron todas las cosas al rey de Damasco. [24]Sólo había llegado un pequeño destacamento del ejército sirio, pero el Señor entregó en manos de ellos un ejército muy numeroso, por haber abandonado al Señor, Dios de sus antepasados. Así Joás sufrió el castigo merecido.

[25]Cuando los sirios se retiraron, dejándolo gravemente enfermo, sus funcionarios tramaron una conspiración contra él para vengar el asesinato del hijo del sacerdote Joiada, y lo mataron en su propia cama. Después lo enterraron en la Ciudad de David, pero no en el panteón real. [26]Los de la conspiración contra él fueron Zabad hijo de Simeat, un amonita, y Jozaba hijo de Simrit, un moabita.

[27]Lo que se refiere a los hijos de Joás, a las muchas profecías contra él y a su restauración del templo de Dios, todo está escrito en el comentario del libro de los reyes. Después reinó en su lugar su hijo Amasías.

### *Reinado de Amasías*
### *(2 R 14.1-22)*

25 [1]Amasías tenía veinticinco años cuando comenzó a reinar, y reinó en Jerusalén durante veintinueve años. Su madre se llamaba Joadán, y era de Jerusalén. [2]Los hechos de Amasías fueron rectos a los ojos del Señor, pero no se portó con total sinceridad.

[3]Cuando Amasías se afirmó en el poder, mató a todos los oficiales que habían asesinado a su padre. [4]Pero no dio muerte a los hijos de ellos, pues, según lo escrito en el libro de la ley de Moisés, el Señor ordenó: "Los padres no podrán ser condenados a muerte por culpa de lo que hayan hecho sus hijos, ni los hijos por lo que hayan hecho sus padres, sino que cada uno morirá por su propio pecado."[y]

---

*33 En la primavera:* lit. *a la vuelta del año.*
*x* 24.20-21 Mt 23.35; Lc 11.51. *y* 25.4 Dt 24.16; Ez 18.2-4.

⁵Amasías reunió a todos los hombres de Judá y de Benjamín, y los organizó por familias bajo el mando de jefes militares. Luego hizo el censo de todos los que tenían de veinte años para arriba, y resultó que había trescientos mil soldados escogidos, listos para la guerra y capaces de usar lanzas y escudos. ⁶Además contrató cien mil soldados de Israel por tres mil trescientos kilos de plata.

⁷Pero un hombre de Dios se presentó ante él, y le dijo:

—Oh rey, que no se te junte el ejército de Israel, porque el Señor no está con Israel, con toda esa gente de Efraín. ⁸Pero si quieres reforzar tu ejército con ayuda de ellos ³⁴ para ir a la guerra, Dios te hará caer frente al enemigo, porque Dios tiene poder para ayudar y para derribar.

⁹Amasías le preguntó al hombre de Dios:

—Pero, ¿qué va a pasar entonces con los tres mil trescientos kilos de plata que di a las tropas de Israel?

El hombre de Dios le respondió:

—El Señor tiene suficiente para darte mucho más que eso.

¹⁰Entonces Amasías hizo que las tropas que habían venido de Efraín a unírsele se separaran y volvieran a sus casas. Pero ellos se enfurecieron contra Judá, y se volvieron muy enojados a sus casas.

¹¹Amasías se armó de valor y llevó su ejército al Valle de la Sal, y mató a diez mil hombres de Seir. ¹²Además los de Judá apresaron vivos a otros diez mil y los llevaron a la cumbre de un monte rocoso; desde allí los despeñaron, y todos se hicieron pedazos.

¹³Entre tanto, las tropas que Amasías no había dejado que se le juntaran para la guerra y había hecho volver a sus casas, invadieron las ciudades de Judá desde Samaria hasta Bet-horón, mataron a tres mil personas y se llevaron muchas cosas que robaron.

¹⁴Al volver Amasías de derrotar a los de Edom, se trajo con él los dioses de Seir, y los tomó como dioses suyos, los adoró y les quemó incienso. ¹⁵El Señor se enojó con Amasías, y le envió un profeta a decirle:

—¿Por qué has recurrido a los dioses de una nación que ellos no pudieron librar de ti?

¹⁶Pero cuando el profeta decía esto, el rey le replicó:

—¿Acaso te hemos nombrado consejero real? ¡Déjate de cosas! ¡O es que quieres que te maten?

El profeta no insistió más, pero dijo:

—Yo sé que Dios ha decidido destruirte por haber hecho esto y no seguir mi consejo.

¹⁷Pero Amasías, rey de Judá, siguió el consejo de otros, y le mandó decir a Joás, hijo de Joacaz y nieto de Jehú, rey de Israel: "Ven, y nos veremos las caras." ¹⁸Pero Joás le envió la siguiente respuesta: "El cardo le mandó decir al cedro del Líbano: 'Dale tu hija a mi hijo, para que sea su mujer.' Pero una fiera pasó por allí y aplastó al cardo. ¹⁹Tú dices que has derrotado a los edomitas, y eso te hace sentirte orgulloso y buscar más honores. Pero mejor q. ¿date en tu casa. ¿Por qué quieres provocar tu propia desgracia y la desgracia de Judá?"

²⁰Sin embargo, Amasías no le hizo caso, porque Dios lo había dispuesto así para entregarlos en poder de Joás, por haber recurrido ellos a los dioses de Edom. ²¹Entonces Joás se puso en marcha para enfrentarse con Amasías, en Bet-semes, que está en territorio de Judá. ²²Y Judá fue derrotado por Israel, y cada cual huyó a su casa. ²³Joás, rey de Israel, hizo prisionero en Bet-semes a Amasías, rey de Judá, y luego lo llevó a Jerusalén, en cuyo muro abrió una brecha de ciento ochenta metros, desde la Puerta de Efraín hasta la Puerta de la Esquina. ²⁴Además se apoderó de todo el oro y la plata, y de todos los objetos que había en el templo de Dios a cargo de Obed-edom y en los tesoros del palacio real. Y después de tomar a algunas personas como rehenes, regresó a Samaria.

²⁵Amasías, hijo de Joás, rey de Judá, vivió aún quince años después de la muerte de Joás, hijo de Joacaz y rey de Israel. ²⁶El resto de la historia de Amasías, desde el comienzo hasta el fin, está escrito en el libro de los reyes de Judá y de Israel. ²⁷Desde el momento en que Amasías se apartó del Señor, en Jerusalén se conspiró contra Amasías, el cual huyó a Laquis; pero lo persiguieron hasta esa ciudad, y allí le dieron muerte. ²⁸Luego lo llevaron sobre un caballo y lo enterraron con sus antepasados, en la Ciudad de David.³⁵

---

³⁴ Con ayuda de ellos: texto probable. Heb. oscuro.   ³⁵ Ciudad de David: según varios mss. y 2 R 14.20. Heb. ciudad de Judá.

### Reinado de Uzías
*(2 R 14.21-22; 15.1-7)*

**26** ¹Entonces todo el pueblo de Judá tomó a Uzías,³⁶ y lo hicieron rey en lugar de su padre Amasías. Uzías tenía entonces dieciséis años, ²y él fue quien, después de la muerte de su padre, reconstruyó la ciudad de Elat y la recuperó para Judá.

³Uzías tenía dieciséis años cuando comenzó a reinar, y reinó en Jerusalén cincuenta y dos años. Su madre se llamaba Jecolías, y era de Jerusalén.

⁴Los hechos de Uzías fueron rectos a los ojos del Señor, como lo habían sido los de Amasías, su padre. ⁵Procuró recurrir a Dios mientras vivió Zacarías, quien le enseñó a respetar a Dios. Y mientras recurrió al Señor, él le dio prosperidad.

⁶Uzías emprendió una campaña contra los filisteos, y derribó las murallas de Gat, Jabnia y Asdod, y construyó ciudades en el territorio de Asdod, entre los filisteos. ⁷Dios le ayudó contra los filisteos, contra los árabes que vivían en Gur-baal y contra los meunitas. ⁸Los amonitas pagaban tributo a Uzías, y la fama de éste se extendió hasta las fronteras de Egipto, porque su poder había aumentado mucho.

⁹También construyó torres en Jerusalén, sobre la Puerta de la Esquina, sobre la Puerta del Valle y sobre la esquina, y las fortificó. ¹⁰Además construyó torres en el desierto, y abrió muchos pozos, porque tenía mucho ganado, tanto en la llanura como en la meseta. También tenía hombres trabajando en los campos y viñedos que poseía en la región montañosa, y en sus huertos, pues era aficionado a la agricultura.

¹¹Uzías disponía, además, de un ejército en pie de guerra, que salía a campaña organizado por destacamentos, según el registro hecho por Jehiel, el cronista real, y por Maasías, el oficial, bajo la dirección de Hananías, uno de los comandantes del rey. ¹²El total de los jefes de familias compuestas por guerreros valientes era de dos mil seiscientos. ¹³Bajo su mando había un ejército de trescientos siete mil quinientos soldados en pie de guerra, una fuerza poderosa que podía ayudar al rey en sus guerras. ¹⁴Uzías preparó para todo el ejército escudos, lanzas, cascos, corazas, arcos y hondas. ¹⁵Además construyó en Jerusalén ingeniosas máquinas de guerra

para colocarlas en las torres y en los puntos más altos de la muralla, y disparar desde allí flechas y grandes piedras. Su fama se extendió hasta muy lejos, pues Dios le ayudó en forma tan extraordinaria que logró hacerse muy poderoso.

¹⁶Pero cuando se afirmó en el poder, se volvió orgulloso, lo cual fue su ruina. Fue infiel al Señor su Dios, pues entró en el templo del Señor para quemar incienso en el altar del incienso. ¹⁷Pero detrás de él entró el sacerdote Azarías, acompañado de ochenta valientes sacerdotes del Señor, ¹⁸que se enfrentaron al rey y le dijeron: "Rey Uzías, el ofrecer incienso al Señor no le corresponde a Su Majestad, sino a los sacerdotes descendientes de Aarón, que están consagrados para hacerlo.ᶻ Salga Su Majestad del santuario, porque ha cometido una infidelidad al Señor, y Dios no lo va a honrar por eso."

¹⁹Uzías, que tenía un incensario en la mano para ofrecer el incienso, se enfureció con los sacerdotes. Y en ese momento, en pleno templo del Señor, junto al altar del incienso y en presencia de los sacerdotes, le salió lepra en la frente. ²⁰Cuando el sumo sacerdote Azarías y todos los demás sacerdotes se fijaron en él, vieron que tenía lepra en la frente y lo sacaron inmediatamente de allí; él mismo quería salir cuanto antes, pues el Señor lo había castigado.

²¹El rey Uzías fue leproso hasta el día en que murió, así que el rey vivió como leproso, aislado en una casa, y le prohibieron entrar en el templo del Señor, y Jotam, su hijo, se hizo cargo de la regencia y gobernó a la nación.

²²El resto de la historia de Uzías, desde el principio hasta el fin, lo escribió el profeta Isaías hijo de Amoz. ²³Cuando Uzías murió,ᵃ lo enterraron con sus antepasados en un cementerio de propiedad real, teniendo en cuenta que era leproso. Después reinó en su lugar su hijo Jotam.

### Reinado de Jotam
*(2 R 15.32-38)*

**27** ¹Jotam tenía veinticinco años cuando comenzó a reinar, y reinó en Jerusalén dieciséis años. Su madre se llamaba Jerusa, hija de Sadoc.

²Los hechos de Jotam fueron rectos a los ojos del Señor, como lo habían sido los de Uzías, su padre. Sin embargo, no

---

³⁶ Este mismo rey lleva también el nombre de Azarías.
ᶻ **26.18** Ex 30.7-8; Nm 3.10.   ᵃ **26.23** Is 6.1.

entró en el templo del Señor. Pero el pueblo continuó sus prácticas perversas. ³Jotam fue quien construyó la puerta superior del templo del Señor, y también muchas otras edificaciones en la muralla de Ofel. ⁴También construyó ciudades en la montaña de Judá, y fortalezas y torres en los bosques. ⁵Estuvo en guerra con el rey de los amonitas, a los que venció. Aquel año los amonitas tuvieron que pagarle como tributo tres mil trescientos kilos de plata, dos millones doscientos mil litros de trigo y otros tantos de cebada. Lo mismo le entregaron en cada uno de los dos años siguientes.

⁶Jotam se hizo poderoso porque su conducta fue recta a los ojos del Señor. ⁷El resto de la historia de Jotam, con todo lo que se refiere a sus campañas militares y lo que realizó, está escrito en el libro de los reyes de Israel y de Judá.

⁸Jotam tenía veinticinco años cuando comenzó a reinar, y reinó en Jerusalén dieciséis años. ⁹Cuando murió, lo enterraron con sus antepasados en la Ciudad de David. Después reinó en su lugar su hijo Acaz.

### Reinado de Acaz en Judá
(2 R 16.1-20)

28 ¹Acaz tenía veinte años cuando comenzó a reinar, y reinó en Jerusalén dieciséis años; pero sus hechos no fueron rectos a los ojos del Señor, como los de su antepasado David, ²sino que siguió los pasos de los reyes de Israel, y también hizo estatuas de metal fundido que representaban a Baal, ³quemó incienso en el valle de Ben-hinom e hizo quemar a sus hijos en sacrificio, conforme a las prácticas infames de las naciones que el Señor había arrojado de la presencia de los israelitas. ⁴Además ofreció sacrificios y quemó incienso en los santuarios paganos, en las colinas y bajo todo árbol frondoso.

⁵Por ese motivo, el Señor su Dios lo entregó en manos del rey de Siria, y los sirios lo derrotaron y le hicieron gran número de prisioneros que se llevaron a Damasco. También lo entregó el Señor en manos del rey de Israel, que le causó una gran derrota. ⁶En efecto, Peka, hijo de Remalías, mató en Judá, en un solo día, ciento veinte mil hombres, todos ellos

hombres de gran valor, por haber abandonado al Señor, Dios de sus antepasados.ᵇ ⁷Y Zicri, un guerrero de Efraín, mató a Maasías, hijo del rey, a Azricam, jefe de palacio, y a Elcana, primer oficial del rey. ⁸Además, los soldados de Israel hicieron prisioneras a doscientas mil personas de Judá, entre mujeres, niños y niñas, y se apoderaron de muchas cosas y se las llevaron a Samaria.

⁹Había allí un profeta del Señor, llamado Oded, que salió al encuentro del ejército cuando entraba en Samaria, y les dijo:

—El Señor, Dios de los antepasados de ustedes, se enojó con Judá, y por eso los ha entregado en manos de ustedes. Pero ustedes los han matado con un furor que ha llegado hasta el cielo. ¹⁰Además, han decidido hacer de la gente de Judá y Jerusalén sus esclavos y esclavas. Pero, ¿acaso ustedes mismos no han pecado contra el Señor su Dios? ¹¹Por tanto, háganme caso y devuelvan los prisioneros que hicieron y que son sus hermanos, porque el Señor está muy enojado con ustedes.

¹²Entonces Azarías hijo de Johanán, Berequías hijo de Mesilemot, Ezequías hijo de Salum, y Amasa hijo de Adlai, que eran de los principales jefes de Efraín, se pusieron frente a los que volvían de la guerra, ¹³y les dijeron:

—No traigan aquí a los prisioneros, pues eso nos hará culpables ante el Señor. Lo que ustedes pretenden, sólo aumentará nuestros pecados y nuestras culpas, que ya son demasiados, y el Señor se enojará mucho con Israel.

¹⁴Entonces los soldados soltaron a los prisioneros y dejaron las cosas que les habían quitado delante de los jefes y de todo el pueblo. ¹⁵Luego, los hombres antes mencionados se hicieron cargo de los prisioneros, y de las mismas cosas que les habían quitado sacaron ropa para vestir a los que estaban desnudos, y los calzaron, les dieron de comer y de beber y les curaron las heridas, y llevaron montados en asnos a todos los inválidos hasta Jericó, la ciudad de las palmeras, y los dejaron con sus parientes. Después regresaron a Samaria.

¹⁶Por aquel tiempo, el rey Acaz envió una embajada al rey de Asiria para pedirle ayuda, ¹⁷pues los de Edom habían realizado una nueva invasión, y habían derrotado a Judá, y se habían llevado algunos prisioneros. ¹⁸Por otra parte, los filisteos

ᵇ **28.5-6** 2 R. 16.5; Is 7.1.

habían saqueado las ciudades de la llanura y del Néguev pertenecientes a Judá;
se habían apoderado de Bet-semes, Ajalón y Gederot, y también de Soco, Timna
y Gimzo con sus respectivas aldeas, y se
habían instalado en ellas. [19]El Señor había
querido humillar a Judá a causa de Acaz,
rey de Judá,[37] pues él había promovido el
desenfreno en Judá y había sido sumamente infiel al Señor.

[20]Tiglat-pileser, rey de Asiria, se dirigió
contra Acaz, y en vez de apoyarlo, lo puso
en aprietos. [21]Pues aunque Acaz sacó las
cosas de valor del templo del Señor, del
palacio real y de las casas de los jefes para
dárselas como tributo al rey de Asiria, no
consiguió con eso ninguna ayuda. [22]Y a
pesar de encontrarse en tal aprieto, continuó siendo infiel al Señor. ¡Así era el rey
Acaz! [23]Ofreció sacrificios a los dioses de
Damasco, que fueron la causa de su derrota. Pensó que, si los dioses de Siria
habían ayudado a los reyes de este país,
también le ayudarían a él, si les ofrecía
sacrificios. Pero ellos fueron la causa de
su ruina y de la de todo Israel. [24]Acaz
juntó los utensilios del templo de Dios y
los hizo pedazos, cerró las puertas del
templo y mandó que le hicieran altares
paganos en todas las esquinas de Jerusalén. [25]Edificó santuarios paganos en
todas las ciudades de Judá para quemar
incienso a otros dioses, provocando así la
ira del Señor, Dios de sus antepasados.

[26]El resto de su historia y todo lo que
realizó, desde el principio hasta el fin, está
escrito en el libro de los reyes de Judá y de
Israel. [27]Cuando murió,[c] lo enterraron
con sus antepasados en la ciudad de Jerusalén, pero no lo llevaron al panteón de
los reyes de Israel. Después reinó en su
lugar su hijo Ezequías.

### Reinado de Ezequías
(2 R 18.1-3)

29 [1]Ezequías empezó a reinar cuando
tenía veinticinco años de edad, y
reinó en Jerusalén veintinueve años. Su
madre se llamaba Abí, y era hija de Zacarías. [2]Los hechos de Ezequías fueron rectos a los ojos del Señor, como todos los de
su antepasado David. [3]El fue quien en el
mes primero del primer año de su reinado
abrió las puertas del templo del Señor, y
las reparó. [4]Luego llamó a los sacerdotes
y levitas, los reunió en la plaza oriental [5]y

les dijo: "Levitas, escúchenme: purifíquense ahora, y purifiquen también el
templo del Señor, Dios de sus antepasados. Saquen del santuario todo lo que sea
impuro. [6]Porque nuestros antepasados
fueron infieles, sus actos fueron malos a
los ojos del Señor nuestro Dios, y lo abandonaron. Apartaron su vista y despreciaron el lugar donde reside el Señor. [7]Cerra-
ron las puertas del vestíbulo, apagaron las
lámparas, y dejaron de quemar incienso y
de ofrecer holocaustos en el santuario al
Dios de Israel. [8]Por eso, el Señor se enojó
con Judá y Jerusalén, y las dejó convertidas en algo que causaba terror y espanto,
como lo han visto ustedes con sus propios
ojos. [9]Por eso, nuestros padres cayeron
muertos en la guerra, y nuestros hijos e
hijas y nuestras esposas fueron llevados
prisioneros. [10]Así pues, he decidido hacer
un pacto con el Señor, Dios de Israel,
para que aparte su ira de nosotros. [11]Por
consiguiente, hijos míos, no se den descanso, porque el Señor los ha escogido
para que estén siempre a su disposición y
le sirvan, y para que le ofrezcan
incienso."

[12]Los levitas que inmediatamente
empezaron a trabajar fueron los siguientes: de los descendientes de Coat, Mahat
hijo de Amasai y Joel hijo de Azarías; de
los de Merari, Cis hijo de Abdi y Azarías
hijo de Jehaleel; de los de Gersón, Joa
hijo de Zima y Edén hijo de Joa; [13]de los
de Elizafán, Simri y Jehiel; de los de Asaf,
Zacarías y Matanías; [14]de los de Hemán,
Jehiel y Simei, y de los de Jedutún,
Semaías y Uziel. [15]Primero reunieron a
sus parientes y se purificaron todos; luego
entraron en el templo para purificarlo,
según la orden que el rey les había dado de
acuerdo con el mandato del Señor.

[16]Después penetraron los sacerdotes en
el interior del templo para purificarlo.
Sacaron al atrio del templo todas las cosas
impuras que encontraron en el edificio
interior, y los levitas las llevaron al arroyo
Cedrón. [17]Comenzaron a hacer la purificación el día primero del primer mes, y
para el día ocho del mes ya habían llegado
al vestíbulo del templo del Señor. El resto
del templo lo purificaron en otros ocho
días, y para el día dieciséis ya habían terminado. [18]Después entraron en el palacio
del rey Ezequías, y le dijeron: "Ya hemos
purificado todo el templo: el altar de los
holocaustos con todos sus utensilios, y la

---

[37] Rey de Judá: según 28.1 y las versiones antiguas. Heb. rey de Israel.
c 28.27 Is 14.28.

mesa para los panes consagrados con todos sus utensilios. ¹⁹También hemos ordenado y purificado todos los utensilios que el rey Acaz, durante su reinado, había desechado por causa de su infidelidad, y ahora están ya delante del altar del Señor.''

²⁰El rey Ezequías se levantó muy temprano, reunió a las autoridades de la ciudad y se fue al templo del Señor. ²¹Llevaban siete becerros, siete carneros, siete corderos y siete cabritos, como ofrenda por el pecado a favor de la familia real, del templo y de Judá. El rey ordenó a los sacerdotes, descendientes de Aarón, que los ofrecieran en holocausto sobre el altar del Señor. ²²Los sacerdotes mataron los becerros, recogieron la sangre y rociaron con ella el altar. Luego hicieron lo mismo con los carneros, y también con los corderos.

²³Después llevaron los cabritos de la ofrenda por el pecado delante del rey y de la comunidad, y ellos pusieron las manos sobre los animales. ²⁴A continuación, los sacerdotes los mataron y derramaron su sangre sobre el altar como ofrenda por el pecado, para obtener el perdón de los pecados de todo Israel, pues el rey había ordenado que el holocausto se ofreciera por todo Israel.

²⁵Ezequías también puso en el templo del Señor levitas con platillos, salterios y cítaras, según la norma que David, y Gad, vidente al servicio del rey, y el profeta Natán habían dado.ᵈ Porque aquella norma la había dado el Señor por medio de sus profetas.

²⁶Los levitas estaban de pie con los instrumentos musicales de David, y los sacerdotes con las trompetas. ²⁷Entonces Ezequías dispuso que se ofreciera el holocausto sobre el altar. Y en el momento de comenzar el holocausto, empezaron también los cantos en honor del Señor y el toque de las trompetas, acompañados por los instrumentos musicales del rey David. ²⁸La comunidad estaba de rodillas en actitud de adoración mientras el coro cantaba y los sacerdotes tocaban las trompetas. Todo esto duró hasta que se terminó el holocausto. ²⁹Cuando éste terminó, el rey y todos los que lo acompañaban se arrodillaron en actitud de adoración. ³⁰Después el rey Ezequías y las autoridades ordenaron a los levitas que alabaran al Señor con los salmos de David y del profeta Asaf. Y

ellos lo hicieron con mucha alegría, y también se arrodillaron en actitud de adoración.

³¹Luego Ezequías dijo a la gente: ''Ya que ustedes se han consagrado ahora al Señor, acérquense y traigan sacrificios y ofrendas de acción de gracias para el templo del Señor.'' Entonces la comunidad llevó sacrificios y ofrendas de acción de gracias, y los que tuvieron voluntad de hacerlo, ofrecieron holocaustos. ³²Los animales que llevó la comunidad para los holocaustos fueron setenta toros, cien carneros y doscientos corderos. Todo era para ofrecerlo al Señor como holocausto. ³³El total de animales que ofrecieron fue de seiscientas reses y tres mil cabezas de ganado menor.

³⁴Pero como había pocos sacerdotes, y no alcanzaban a quitarles la piel a todos los animales para los holocaustos, tuvieron que ayudarles sus hermanos, los levitas, a terminar la labor, hasta que los otros sacerdotes se purificaron; porque los levitas se habían mostrado mejor dispuestos a purificarse que los sacerdotes. ³⁵Además, había una gran cantidad de holocaustos que ofrecer, y la grasa de los sacrificios de reconciliación, y las ofrendas de vino que se hacían junto con los holocaustos.

De este modo se restableció el culto en el templo del Señor. ³⁶Y tanto Ezequías como todo el pueblo se alegraron de lo que Dios había hecho por el pueblo, pues todo había sucedido con gran rapidez.

### Ezequías celebra la Pascua

**30** ¹Ezequías mandó avisar en todo Israel y Judá, y también envió cartas a Efraín y Manasés, para invitarlos a acudir al templo del Señor en Jerusalén a celebrar la Pascuaᵉ del Señor, Dios de Israel. ²El rey, después de haber consultado con sus funcionarios y con toda la comunidad de Jerusalén, había decidido celebrar la Pascua en el segundo mes, ³ya que no había podido celebrarla a su debido tiempo porque no había bastantes sacerdotes que se hubieran purificado ni el pueblo se había reunido en Jerusalén.ᶠ ⁴Y como tanto al rey como a toda la comunidad les había parecido buena la propuesta, ⁵decidieron hacer circular por todo Israel, desde Beer-seba hasta Dan, la invitación a ir a celebrar en Jerusalén la Pascua del Señor, Dios de Israel. Porque antes no la habían celebrado con mucha asistencia, como estaba prescrito.

⁶Así pues, salieron mensajeros por todo Israel y Judá con cartas del rey y de sus funcionarios para proclamar la orden real: "Israelitas: vuélvanse al Señor, Dios de Abraham, Isaac e Israel, y él se volverá a ustedes, el resto que ha escapado de las manos de los reyes de Asiria. ⁷No sean como sus antepasados y como sus hermanos, que por ser infieles al Señor, Dios de sus antepasados, él los entregó a la destrucción, como ustedes ven. ⁸Por consiguiente, no sean tercos como sus antepasados; extiendan la mano al Señor para renovar el pacto y vengan a su santuario, que él ha consagrado para siempre. Sirvan al Señor su Dios, y él dejará de estar enojado con ustedes. ⁹Si ustedes se vuelven al Señor, los enemigos que ahora tienen prisioneros a sus hermanos y a sus hijos tendrán compasión de ellos y los dejarán volver a este país, porque el Señor, el Dios de ustedes, es compasivo y misericordioso y no los rechazará a ustedes, si ustedes se vuelven a él."

¹⁰Los mensajeros recorrieron el territorio de Efraín y Manasés, yendo de ciudad en ciudad hasta llegar a Zabulón. Pero la gente se reía y se burlaba de ellos. ¹¹Sin embargo, algunos hombres de las tribus de Aser, Manasés y Zabulón se humillaron ante Dios y acudieron a Jerusalén. ¹²Dios también movió a la gente de Judá para que estuvieran de acuerdo en cumplir la orden del rey y de las autoridades, según lo mandado por el Señor.

¹³Así pues, una multitud sumamente grande se reunió el segundo mes en Jerusalén para celebrar la fiesta de los panes sin levadura. ¹⁴Empezaron por quitar todos los altares y lugares para quemar incienso que había en Jerusalén, y los echaron al arroyo Cedrón. ¹⁵El día catorce del segundo mes mataron el cordero de la Pascua. Los sacerdotes y levitas, sintiendo vergüenza de sí mismos, se purificaron y llevaron al templo del Señor animales para los holocaustos. ¹⁶Luego ocuparon sus puestos, según les está asignado en la ley de Moisés, hombre de Dios. Los sacerdotes rociaban la sangre que les entregaban los levitas. ¹⁷Y como en la comunidad había muchos que no se habían purificado, los levitas tuvieron que matar para la Pascua los animales de todos aquellos que no se habían purificado, a fin de consagrarlos al Señor. ¹⁸En efecto, un gran número de personas de

Efraín, Manasés, Isacar y Zabulón participaron de la comida de la Pascua, pero no de acuerdo con lo prescrito, pues no se habían purificado. Pero Ezequías oró por ellos, diciendo: "Señor bondadoso, perdona a todos los de corazón sincero que te buscan a ti, ¹⁹oh Señor, Dios de sus antepasados, aunque no se hayan purificado como lo requiere la santidad del templo."

²⁰Y el Señor atendió la petición de Ezequías y perdonó al pueblo. ²¹Así que, durante siete días, los israelitas que se encontraban en Jerusalén celebraron con mucha alegría la fiesta de los panes sin levadura. Y los sacerdotes y levitas estuvieron alabando diariamente al Señor con los imponentes instrumentos de música sagrada. ²²Ezequías felicitó a todos los levitas que habían demostrado sus excelentes disposiciones para el servicio del Señor.

Y después de haber participado de la comida de la fiesta durante siete días, de haber ofrecido sacrificios de reconciliación y de haber alabado al Señor, Dios de sus antepasados, ²³toda la comunidad decidió prolongar la fiesta por otros siete días, lo cual hicieron muy contentos; ²⁴porque Ezequías, rey de Judá, regaló a la comunidad mil becerros y siete mil ovejas, y por su parte las autoridades regalaron al pueblo mil becerros y diez mil ovejas. Muchos sacerdotes se purificaron. ²⁵Toda la comunidad de Judá se alegró, lo mismo que los sacerdotes, los levitas y toda la gente que había venido de Israel, y los extranjeros que llegaron del territorio de Israel o que vivían en Judá. ²⁶Hubo, pues, mucha alegría en Jerusalén, porque desde los tiempos de Salomón, hijo de David y rey de Israel, no había ocurrido nada semejante en Jerusalén. ²⁷Después los sacerdotes y levitas, de pie, bendijeron al pueblo; y el Señor los escuchó, y su oración llegó hasta el cielo, el lugar donde el Dios santo reside.

**31** ¹Cuando todo eso terminó, todos los israelitas que se encontraban allí se fueron a las ciudades de Judá e hicieron pedazos las piedras sagradas, rompieron las representaciones de Asera y derribaron los santuarios paganos, hasta que terminaron con todas aquellas cosas en todo Judá y en Benjamín, y también en Efraín y Manasés. Luego todos los israelitas regresaron a sus ciudades, cada uno a su propiedad.

²Después Ezequías repartió a los sacerdotes y levitas por turnos, para que unos y otros, cada uno según su propio oficio,

ofrecieran holocaustos y sacrificios de reconciliación, dieran gracias y alabaran al Señor, y sirvieran en las puertas del templo. [3]Además el rey contribuyó de sus propios bienes para el holocausto de la mañana y de la tarde, para los holocaustos del día de reposo, de la fiesta de luna nueva y de las fiestas solemnes, como está escrito en la ley del Señor.[g] [4]También ordenó a la gente que vivía en Jerusalén que entregaran a los sacerdotes y levitas la contribución que les correspondía, para que pudieran dedicarse con todo empeño a cumplir la ley del Señor. [5]Y cuando la orden se difundió, los israelitas dieron con gran generosidad lo mejor de su cosecha de trigo, vino, aceite, miel y toda clase de productos del campo. También llevaron la décima parte de todos sus productos, en gran cantidad.[h]

[6]También los habitantes de Israel y los que vivían en otras ciudades de Judá trajeron la décima parte del ganado vacuno y del ganado menor, y la décima parte de las cosas consagradas al Señor su Dios. Todo lo colocaron en montones. [7]En el tercer mes empezaron a amontonar aquellas cosas, y terminaron en el séptimo. [8]Y cuando Ezequías y las autoridades fueron a ver lo que se había amontonado, bendijeron al Señor y a su pueblo Israel. [9]Entonces Ezequías pidió a los sacerdotes y levitas información sobre aquellos montones, [10]y el sumo sacerdote Azarías, de la familia de Sadoc, le respondió: "Desde que empezaron a traer la contribución al templo del Señor, hemos tenido suficiente para comer y aun ha sobrado mucho; toda esta cantidad ha sobrado, porque el Señor ha bendecido a su pueblo."

[11]Por tal motivo, Ezequías mandó que prepararan depósitos en el templo del Señor. Una vez hechos, [12]metieron allí, fielmente, la contribución, la décima parte que habían entregado y las porciones consagradas al Señor. Pusieron de encargado principal de todo eso al levita Conanías, y a su hermano Simei como sustituto suyo. [13]Como vigilantes bajo las órdenes de Conanías y de su hermano Simei, fueron nombrados por el rey Ezequías y por Azarías, el jefe principal del templo de Dios, los siguientes: Jehiel, Azazías, Nahat, Asael, Jerimot, Jozabad, Eliel, Ismaquías, Mahat y Benaía. [14]El portero de la puerta oriental, que era el levita Coré, hijo de Imna, estaba encargado

de las ofrendas voluntarias para Dios y de repartir la contribución para el Señor y las porciones consagradas a Dios. [15]A Coré lo ayudaban fielmente, en las ciudades de los sacerdotes, Edén, Miniamín, Jesúa, Semaías, Amarías y Secanías, para hacer el reparto de las porciones entre sus colegas. Lo hacían de acuerdo con sus turnos, lo mismo a mayores que a menores, [16]a todos los que acudían al templo para sus diarias tareas, según sus turnos y sus propios oficios, con tal de que estuvieran inscritos en los registros, que incluían a todos los que tenían de tres años para arriba. [17]Los sacerdotes estaban inscritos por familias, y los levitas de veinte años para arriba, según sus oficios y turnos. [18]En el registro quedaban incluidos todos los niños pequeños, las esposas, los hijos y las hijas, es decir toda la comunidad, ya que por el oficio que se les ha confiado quedan consagrados a Dios. [19]En todas las ciudades había hombres nombrados para repartir las porciones a todo varón entre los sacerdotes descendientes de Aarón, y a todos los levitas que estaban inscritos y que vivían en las tierras de pastoreo de las ciudades de los sacerdotes.

[20]Ezequías hizo esto en todo Judá. Sus acciones fueron buenas, rectas y sinceras ante el Señor su Dios. [21]Todo lo que emprendió para el servicio del templo de Dios o referente a la ley y los mandamientos, lo hizo procurando buscar a Dios de todo corazón, y por eso tuvo éxito.

### Senaquerib invade Judá
*(2 R 18.13-19.37; Is 36-37)*

**32** [1]Después de estas cosas y de esta muestra de fidelidad, llegó Senaquerib, rey de Asiria, invadió Judá y puso cerco a las ciudades fortificadas, con intención de conquistarlas.

[2]Al ver Ezequías que Senaquerib había llegado resuelto a atacar a Jerusalén, [3]consultó a sus jefes civiles y militares y les propuso cegar los manantiales que había fuera de la ciudad, y ellos estuvieron de acuerdo. [4]Entonces se reunió mucha gente y cegaron todos los manantiales, así como el canal subterráneo, para que cuando llegaran los reyes de Asiria no encontraran agua abundante.

[5]Ezequías se armó de ánimo y reconstruyó la muralla, y también construyó

g 31.3 Nm 28.1-29.39.    h 31.4-5 Nm 18.12-13,21.

torres sobre ella y una muralla exterior. Fortificó además el terraplén de la Ciudad de David, y fabricó buena cantidad de lanzas y escudos. [6]Luego puso oficiales al mando de la gente, los reunió en la explanada de la puerta de la ciudad y les dio ánimo, diciéndoles: [7]"¡Sean fuertes y valientes! No tengan miedo ni se desanimen ante el rey de Asiria y todo el numeroso ejército que lo acompaña, porque nosotros tenemos más que él. [8]El cuenta con la fuerza de los hombres, pero con nosotros está el Señor nuestro Dios para ayudarnos a luchar nuestras batallas." Al oír las palabras del rey Ezequías, el pueblo se sintió animado.

[9]Después el rey Senaquerib de Asiria, quien se encontraba atacando a Laquis con todas sus tropas, mandó a Jerusalén unos oficiales suyos, para comunicar a Ezequías, rey de Judá, y a todos los habitantes de Jerusalén que estaban en Jerusalén, el siguiente mensaje: [10]"Senaquerib, rey de Asiria, manda a decirles: '¿Por qué se sienten tan seguros, que se quedan en Jerusalén a pesar de estar cercados? [11]Si Ezequías les dice que el Señor su Dios los librará de mis manos, los está engañando y los está exponiendo a ustedes a morir de hambre y sed. [12]¿Acaso no suprimió Ezequías los lugares de culto y los altares de ese Dios, y ordenó que la gente de Judá y Jerusalén le diera culto y le ofreciera incienso solamente en un altar? [13]¿No saben lo que yo y mis antepasados hemos hecho con todos los pueblos de los otros países? ¿Acaso pudieron los dioses de esas naciones librarlos de mi poder? [14]¿Cuál de todos los dioses de esas naciones que destruyeron mis antepasados, pudo salvar a su país de mi poder? ¿Por qué piensan que su Dios puede salvarlos? [15]Por tanto, no se dejen engañar ni embaucar por Ezequías; no le crean, pues si ningún dios de ninguna de esas naciones fue capaz de librar a su pueblo de mi poder y del poder de mis antepasados, ¡mucho menos podrá el Dios de ustedes librarlos de mi poder!'"

[16]Esto, y más todavía, dijeron los oficiales del rey de Asiria contra Dios, el Señor, y contra su siervo Ezequías. [17]Senaquerib escribió además cartas en que insultaba al Señor, Dios de Israel, y en que decía contra él: "Así como los dioses de los pueblos de otros países no pudieron librarlos de mi poder, tampoco

el Dios de Ezequías podrá librar de mi poder a su pueblo." [18]Los oficiales de Senaquerib, dirigiéndose a la gente de Jerusalén que estaba en la muralla, gritaron bien fuerte en hebreo para asustarlos y aterrorizarlos, y así poder conquistar la ciudad. [19]Hablaban del Dios de Jerusalén como de los dioses de las otras naciones de la tierra, que son dioses hechos por los hombres.

[20]En esta situación, el rey Ezequías y el profeta Isaías, hijo de Amoz, oraron y pidieron ayuda al cielo. [21]Entonces el Señor envió un ángel que exterminó a todos los soldados, capitanes y comandantes del campamento del rey de Asiria, quien tuvo que volverse a su país lleno de vergüenza. Y cuando entró en el templo de su dios, allí mismo lo asesinaron sus propios hijos.

[22]De este modo, el Señor libró a Ezequías y a los habitantes de Jerusalén del poder de Senaquerib, rey de Asiria, y del poder de todos los demás, y les concedió paz con todos sus vecinos. [23]Entonces hubo muchos que llevaron a Jerusalén ofrendas para el Señor, y regalos valiosos para Ezequías, rey de Judá. Y a partir de entonces, su prestigio aumentó frente a las demás naciones.

### Enfermedad y curación de Ezequías
*(2 R 20.1-11; Is 38.1-22)*

[24]Por aquel tiempo, Ezequías cayó gravemente enfermo; pero oró al Señor, quien le contestó por medio de una señal milagrosa. [25]Pero, a pesar del beneficio que había recibido, Ezequías no fue agradecido, sino que se llenó de orgullo, por lo cual el Señor se enojó con él y también con Judá y Jerusalén.

[26]Sin embargo, a pesar de su orgullo, Ezequías se humilló ante Dios, y lo mismo hicieron los habitantes de Jerusalén, y el Señor no descargó su ira sobre ellos mientras Ezequías vivió.

### Prosperidad de Ezequías

[27]Ezequías gozó de grandes riquezas y honores, y llegó a acumular grandes cantidades de plata, oro, piedras preciosas, perfumes, escudos y toda clase de objetos valiosos. [28]Construyó también almacenes para guardar los cereales, el vino y el aceite, y establos para toda clase de ganado, y rediles para los rebaños. [29]Además hizo construir ciudades, y tuvo mucho ganado mayor y menor, pues Dios le concedió muchísimos bienes.

³⁰Ezequías fue también quien mandó cegar la salida del agua por la parte de arriba del manantial de Gihón, y la canalizó hacia abajo, hacia el lado occidental de la Ciudad de David. Así que Ezequías tuvo éxito en todo lo que emprendió.

### Ezequías recibe a los enviados de Babilonia
### (2 R 20.12-19; Is 39.1-8)

³¹Así sucedió también cuando las autoridades de Babilonia enviaron a unos para visitarlo e informarse del milagro que había ocurrido en el país. Dios dejó solo a Ezequías, para probarlo y conocer a fondo su manera de pensar.

### Muerte de Ezequías
### (2 R 20.20-21)

³²El resto de la historia de Ezequías y de sus obras piadosas, está escrito en la revelación del profeta Isaías, hijo de Amoz, y en el libro de los reyes de Judá y de Israel. ³³Cuando murió Ezequías, lo enterraron en la parte superior del panteón de la familia de David. Todo Judá y los habitantes de Jerusalén le rindieron honores; y reinó en su lugar su hijo Manasés.

### Reinado de Manasés
### (2 R 21.1-18)

33 ¹Manasés tenía doce años cuando comenzó a reinar, y reinó en Jerusalén cincuenta y cinco años. ²Pero sus hechos fueron malos a los ojos del Señor,ⁱ pues practicó las mismas infamias de las naciones que el Señor había arrojado de la presencia de los israelitas: ³reconstruyó los santuarios paganos que Ezequías, su padre, había derribado; levantó altares a las representaciones de Baal, e hizo imágenes de Asera; además adoró y rindió culto a todos los astros del cielo, ⁴y construyó altares en el templo del Señor, acerca del cual el Señor había dicho que sería para siempre la residencia de su nombre en Jerusalén.ʲ ⁵Levantó otros altares en los dos atrios del templo del Señor, y los dedicó a todos los astros del cielo.

⁶Además hizo quemar a sus hijos en sacrificio en el valle de Ben-hinom, practicó la invocación de los espíritus, la adivinación y la magia, y estableció el espiritismo y la hechicería. Tan malos fueron

sus hechos a los ojos del Señor, que acabó por provocar su indignación. ⁷También colocó la imagen del ídolo que había hecho en el templo de Dios, acerca del cual Dios había dicho a David y a su hijo Salomón: "Este templo en Jerusalén, que he escogido entre todas las tribus de Israel, será para siempre la residencia de mi nombre. ⁸No volveré a desalojar a los israelitas de la tierra donde establecí a sus antepasados, con tal de que cumplan y practiquen todo lo que les he ordenado, y todas las enseñanzas, leyes y decretos que les he dado por medio de Moisés."ᵏ

⁹Pero Manasés hizo que Judá y los habitantes de Jerusalén siguieran por el mal camino y que actuaran con más perversidad que las naciones que el Señor había aniquilado ante los israelitas. ¹⁰El Señor habló a Manasés y a su pueblo, pero no le hicieron caso. ¹¹Por eso, el Señor trajo contra ellos a los jefes del ejército del rey de Asiria, quienes apresaron con ganchos a Manasés, lo sujetaron con cadenas de bronce y lo llevaron a Babilonia.

¹²Pero cuando se halló en aflicción invocó al Señor su Dios, y se humilló profundamente ante el Dios de sus antepasados. ¹³Y cuando oró, Dios lo atendió, escuchó sus súplicas e hizo que volviera a Jerusalén a hacerse cargo de su reino. Entonces comprendió Manasés que el Señor es Dios.

¹⁴Después de esto, Manasés le construyó a la Ciudad de David, al oeste de Gihón, una muralla exterior que pasaba por el arroyo y llegaba a la Puerta de los Pescados, para luego rodear a Ofel. La hizo de mucha altura. También puso comandantes militares en todas las ciudades fortificadas de Judá. ¹⁵Además quitó del templo del Señor los dioses extranjeros y el ídolo, así como todos los altares paganos que había construido en el monte del templo y en Jerusalén, y los arrojó fuera de la ciudad. ¹⁶Después reparó el altar del Señor, ofreció en él sacrificios de reconciliación y de acción de gracias, y ordenó a Judá que diera culto al Señor, Dios de Israel. ¹⁷Sin embargo, el pueblo seguía ofreciendo sacrificios en los altares paganos, aunque los dedicaba al Señor su Dios.

¹⁸El resto de la historia de Manasés, y su oración a Dios, y las declaraciones que los profetas le hicieron en nombre del

ⁱ 33.2 Jer 15 .4.   ʲ 33.4 2 S 7.13.   ᵏ 33.7-8 1 R 9.3-5; 2 Cr 7.12-18.

Señor, Dios de Israel, están en las crónicas de los reyes de Israel. [19]Su oración y la respuesta que recibió, todo lo relativo a su pecado e infidelidad y a los sitios donde construyó santuarios paganos y donde puso las imágenes de Asera y los ídolos antes de humillarse ante Dios, están escritos en la historia de sus profetas. [20]Cuando murió, lo enterraron en el jardín de[38] su palacio. Después reinó en su lugar su hijo Amón.

### Reinado de Amón
### (2 R 21.19-26)

[21]Amón tenía veintidós años cuando comenzó a reinar, y reinó en Jerusalén dos años. [22]Pero sus hechos fueron malos a los ojos del Señor, como los de su padre Manasés. Ofreció sacrificios y rindió culto a todos los ídolos que su padre Manasés había hecho. [23]Pero no se humilló ante el Señor, como lo hizo su padre Manasés, sino que acumuló más culpas. [24]Sus oficiales conspiraron contra él, y lo asesinaron en su palacio. [25]Pero la gente del pueblo mató a los que habían conspirado contra el rey Amón, y en su lugar hicieron reinar a su hijo Josías.

### Reinado de Josías
### (2 R 22.1-2)

**34** [1]Josías[l] tenía ocho años cuando comenzó a reinar, y reinó en Jerusalén durante treinta y un años. [2]Los hechos de Josías fueron rectos a los ojos del Señor, pues siguió la conducta de David, su antepasado, sin desviarse de ella para nada.

### Reformas de Josías

[3]En el octavo año de su reinado, siendo todavía joven, Josías empezó a buscar al Dios de su antepasado David. Y en el año doce de su reinado comenzó a purificar a Judá y Jerusalén de los santuarios paganos, las imágenes de Asera, los ídolos y las estatuas de metal fundido, [4]y fueron destruidos en su presencia los altares de las diversas representaciones de Baal.[m] Además, Josías mandó destrozar los altares para incienso que había encima. También mandó hacer pedazos las imágenes de Asera, los ídolos y las estatuas de metal fundido; los hizo polvo, que luego esparció sobre las tumbas de quienes les habían ofrecido sacrificios. [5]Además quemó los huesos de los sacerdotes sobre sus altares,[n] y así purificó a Judá y Jerusalén. [6]Hizo lo mismo en las ciudades de Manasés, Efraín y Simeón, y hasta Neftalí, en las plazas[39] de todas sus ciudades. [7]Derribó los altares, las imágenes de Asera y los ídolos, haciéndolos polvo, y destruyó todos los altares para incienso en todo el territorio de Israel. Después regresó a Jerusalén.

### Se encuentra el libro de la ley
### (2 R 22.3-23.3)

[8]En el año dieciocho de su reinado, después de haber purificado el país y el templo, envió a Safán, hijo de Azalía, a Amasías, alcalde de la ciudad, y a su secretario Joa, hijo de Joacaz, a reparar el templo del Señor su Dios. [9]Entonces éstos fueron a ver al sumo sacerdote Hilcías y le entregaron el dinero que había sido llevado al templo de Dios y que los levitas porteros habían recogido en Manasés y Efraín, de la gente que había quedado en Israel, lo mismo que de todo Judá y Benjamín y de los habitantes de Jerusalén. [10]Luego se lo entregaron a los encargados de las obras del templo del Señor, para que ellos a su vez pagaran a los que trabajaban en la reparación del templo. [11]Entregaron el dinero a los carpinteros y maestros de obras, para que compraran piedras de cantería y madera para los amarres y para poner vigas a los edificios que los reyes de Judá habían dejado derruir. [12-13]Estos hombres hacían su trabajo fielmente, y los que estaban al frente de ellos eran los levitas Jahat y Abdías, descendientes de Merari, y Zacarías y Mesulam, descendientes de Coat, que eran los jefes. Ellos estaban también al frente de los cargueros, y dirigían a todos los que trabajaban en la obra. Todos los levitas eran músicos, y algunos de ellos eran cronistas, comisarios o porteros. [14]Cuando sacaban el dinero que había sido llevado al templo del Señor, el sacerdote Hilcías encontró el libro de la ley del Señor, dada por medio de Moisés. [15]En seguida le contó a Safán, el cronista, que había encontrado el libro de la ley en el templo del Señor; y le entregó el libro a Safán, [16]quien lo llevó al rey y le informó del asunto, diciéndole:

---

[38] *El jardín de:* texto probable según 2 R 21.18. En el texto hebreo no aparece esta frase.   [39] *En las plazas:* texto probable. Heb. oscuro.
[l] 34.1 Jer 3.6.   [m] 34.4 2 R 21.3; 2 Cr 33.3.   [n] 34.5 1 R 13.2.

—Los servidores de Su Majestad están haciendo todo lo que se les encargó. [17]Han fundido la plata que había en el templo, y la han entregado a los que dirigen las obras y a los encargados de éstas.

[18]También informó Safán al rey de que el sacerdote Hilcías le había entregado un libro; y lo leyó Safán al rey. [19]Al escuchar el rey lo que decía el libro de la ley, se rasgó la ropa, [20]y en seguida ordenó a Hilcías, a Ahicam, hijo de Safán, a Abdón, hijo de Micaías, a Safán, el cronista, y a Asaías, oficial del rey:

[21]—Vayan a consultar al Señor por mí y por la gente que queda en Israel y en Judá, en cuanto al contenido de este libro que se ha encontrado; pues el Señor debe estar muy furioso con nosotros, ya que nuestros antepasados no prestaron atención a lo que dijo el Señor, ni pusieron en práctica todo lo que está escrito en este libro.

[22]Hilcías y los que el rey nombró fueron a ver a la profetisa Hulda, esposa de Salum, hijo de Ticva y nieto de Harhas, encargado del guardarropa del templo. Hulda vivía en el Segundo Barrio de Jerusalén, y cuando le hablaron, [23]ella les contestó:

—Esta es la respuesta del Señor, Dios de Israel: 'Díganle a la persona que los ha enviado a consultarme, [24]que yo, el Señor, digo: Voy a acarrear un desastre sobre este lugar y sobre sus habitantes, conforme a todas las maldiciones que están escritas en el libro que han leído delante del rey de Judá. [25]Pues me han abandonado y han quemado incienso a otros dioses, provocando mi irritación con todas sus prácticas; por eso se ha encendido mi ira contra este lugar, y no se apagará. [26]Díganle, pues, al rey de Judá, que los ha enviado a consultar al Señor, que el Señor, el Dios de Israel, dice también: Por haber prestado atención a lo que has oído, [27]y porque te has conmovido y sometido a mí al escuchar mi declaración contra este lugar y sus habitantes, por haberte humillado ante mí, haberte rasgado la ropa y haber llorado ante mí, yo también por mi parte te he escuchado. Yo, el Señor, te lo digo. [28]Yo te concederé morir en paz y reunirte con tus antepasados, sin que llegues a ver el desastre que voy a acarrear sobre este lugar y sobre sus habitantes.'

Los enviados del rey regresaron para llevarle a éste la respuesta. [29]Entonces el rey mandó llamar a todos los ancianos de Judá y Jerusalén, para que se reunieran. [30]Luego el rey y todos los hombres de Judá y los habitantes de Jerusalén, y los sacerdotes, los levitas y la nación entera, desde el más pequeño hasta el más grande, fueron al templo del Señor. Allí el rey les leyó en voz alta todo lo que decía el libro del pacto que había sido encontrado en el templo del Señor. [31]Luego el rey se puso de pie junto a su columna, y se comprometió ante el Señor a obedecerle, a poner en práctica fielmente y con toda sinceridad sus mandamientos, mandatos y leyes, y a cumplir las condiciones del pacto que estaban escritas en el libro. [32]Después hizo que toda la gente de Jerusalén y de Benjamín que se encontraba allí se comprometiera a cumplirlo. Y los habitantes de Jerusalén cumplieron el pacto de Dios, el Dios de sus antepasados. [33]Josías suprimió las infames prácticas que había en todos los territorios de los israelitas, e hizo que todos los que se encontraban en Israel dieran culto al Señor su Dios. Y mientras él vivió, no se apartaron del Señor, Dios de sus antepasados.

### Josías celebra la Pascua
#### (2 R 23.21-33)

**35** [1]Josías celebró en Jerusalén la Pascua[h] en honor del Señor: el día catorce del primer mes del año se sacrificó el cordero para la fiesta. [2]Instaló a los sacerdotes en sus puestos de servicio, y los animó a que atendieran el servicio del templo del Señor. [3]Además, a los levitas, que eran los maestros de todo Israel y que estaban consagrados al Señor, les dio las siguientes instrucciones: ''Coloquen el cofre sagrado en el templo que construyó Salomón, hijo de David y rey de Israel. Ya no tendrán que llevarlo en hombros. Ahora dedíquense a servir al Señor su Dios, y a Israel, pueblo del Señor. [4]Organícense por familias y turnos, según lo dejaron escrito David, rey de Israel, y su hijo Salomón.[o] [5]Quédese en el santuario un grupo de levitas por cada grupo de familias, como representantes de los grupos de familias de los otros israelitas, sus hermanos. [6]Sacrifiquen el cordero de la

---

[h] 35.1 Ex 12.1-13,21-27; Lv 23.5-8; Nm 28.16; Dt 16.1-8.   [o] 35.4 2 Cr 8.14.

Pascua, purifíquense y preparen lo necesario para que sus hermanos puedan cumplir lo que el Señor ordenó por medio de Moisés."

7Luego Josías, de su propio ganado, dio a toda la gente del pueblo que se encontraba allí animales para celebrar la Pascua: corderos y cabritos, con un total de treinta mil cabezas, y además tres mil novillos. 8También los funcionarios del rey hicieron donativos voluntarios al pueblo, a los sacerdotes y a los levitas. A su vez, Hilcías, Zacarías y Jehiel, encargados del templo de Dios, entregaron a los sacerdotes dos mil seiscientos animales para celebrar la Pascua, y trescientos novillos; 9y Conanías, y sus colegas Semaías y Natanael, así como Hasabaías, Jehiel y Josabad, jefes de los levitas, les entregaron cinco mil animales para la celebración de la Pascua, y quinientos novillos.

10Estando así ya dispuesta la celebración, los sacerdotes ocuparon sus puestos y los levitas se organizaron según sus turnos, como lo había ordenado el rey. 11Entonces sacrificaron los animales de la Pascua, y mientras los levitas desollaban a los animales, los sacerdotes rociaban el altar con la sangre que los levitas les pasaban. 12Después retiraron la grasa que debía ser quemada, de acuerdo con los grupos de familias del pueblo, para que la ofrecieran al Señor, como está ordenado en el libro de Moisés; y lo mismo hicieron con los novillos. 13A continuación asaron los animales para la celebración de la Pascua, como está prescrito;p y las demás ofrendas sagradas las cocieron en ollas, calderos y sartenes, y a toda prisa las repartieron entre toda la gente del pueblo. 14Luego los levitas prepararon lo que les correspondía a ellos y a los sacerdotes, porque los sacerdotes, descendientes de Aarón, estuvieron atareados hasta la noche ofreciendo los holocaustos y la grasa. Por eso los levitas tuvieron que preparar la parte que les correspondía a ellos y a los sacerdotes, descendientes de Aarón.

15En cuanto a los cantores, descendientes de Asaf, también estaban en sus puestos, según lo dispuesto por David, Asaf, Hemán y Jedutún, vidente al servicio del rey.q Los porteros estaban en sus respectivas puertas; ninguno de ellos tuvo que abandonar su puesto, porque sus colegas, los levitas, les prepararon la parte de los sacrificios que les correspondía.

16Así se organizó todo el servicio del Señor aquel día para celebrar la Pascua y ofrecer los holocaustos sobre el altar del Señor, según lo había mandado el rey Josías. 17Los israelitas que estaban presentes en aquella ocasión celebraron la Pascua y los siete días en que se come el pan sin levadura.r 18Nunca se había celebrado en Israel una Pascua como ésta desde la época del profeta Samuel; ninguno entre los reyes de Israel celebró la Pascua como la celebró Josías, con los sacerdotes y levitas y la gente de Judá y de Israel que estaba presente, y con los habitantes de Jerusalén. 19Fue en el año dieciocho del reinado de Josías cuando se celebró aquella Pascua.

### Muerte de Josías
### (2 R 23.28-30)

20Más tarde, cuando Josías ya había restaurado el templo, Necao, rey de Egipto, se dirigió hacia el río Éufrates para dar una batalla en Carquemis. Josías le salió al encuentro; 21pero Necao le envió delegados a decirle: "Déjame en paz, rey de Judá. Ahora no vengo contra ti, sino contra otra nación con la que estoy en guerra. Dios me ha ordenado que me dé prisa; así que, por tu propio bien, deja de oponerte a Dios, que está de mi parte, y así no te destruirá."

22Pero Josías no retrocedió, sino que insistió en luchar40 contra él, sin hacer caso a la advertencia de Necao, la cual venía del mismo Dios. Así que entró en batalla en el valle de Meguido, 23y los arqueros le dispararon al rey Josías. Entonces dijo el rey a sus oficiales: "¡Sáquenme de aquí, porque estoy gravemente herido!" 24Sus oficiales lo sacaron del carro de combate, lo trasladaron a un segundo carro que tenía y lo llevaron a Jerusalén, donde murió. Lo enterraron en el panteón de sus antepasados. Todo Judá y Jerusalén lloró la muerte de Josías. 25Jeremíass compuso en su honor un poema fúnebre. Hasta el día de hoy, todos los cantores y cantoras recuerdan a Josías en sus canciones fúnebres. Estas canciones se han hecho costumbre en Israel y están escritas en las colecciones de tales cantos.

---

40 Insistió en luchar: según la versión griega y otras versiones antiguas. Heb. se disfrazó para luchar.
p 35.13 Ex 12.8-9. q 35.15 1 Cr 25.1. r 35.17 Ex 12.1-20. s 35.25 Jer 1.1-2; 3.6; 22.10-15.

²⁶El resto de la h¹storia de Josías, con las obras piadosas que hizo de acuerdo con lo escrito en el libro de la ley del Señor, ²⁷y sus hechos, desde el principio hasta el fin, está escrito en el libro de los reyes de Israel y de Judá.

### Reinado de Joacaz
#### (2 R 23.31-35)

**36** ¹La gente del pueblo tomó entonces a Joacaz, hijo de Josías, y lo pusieron como rey en Jerusalén en lugar de su padre. ²Joacaz tenía veintitrés años cuando comenzó a reinar, y reinó en Jerusalén tres meses. ³El rey de Egipto lo quitó del trono en Jerusalén e impuso al país un tributo de tres mil trescientos kilos de plata y treinta y tres kilos de oro. ⁴Además, el rey de Egipto puso como rey de Judá y Jerusalén a Eliaquim, hermano de Joacaz, y le cambió el nombre y le puso Joacim, y a Joacaz lo tomó y lo llevó a Egipto.ᵗ

### Reinado de Joacim
#### (2 R 23.36-24.7)

⁵Joacimᵘ tenía veinticinco años, y reinó en Jerusalén once años. Pero sus hechos fueron malos a los ojos del Señor su Dios. ⁶Nabucodonosor, rey de Babilonia, marchó contra élᵛ y lo sujetó con cadenas de bronce para llevárselo a Babilonia. ⁷Nabucodonosor se llevó a Babilonia una parte de los utensilios del templo del Señor, y los puso en su templo de Babilonia.

⁸El resto de la historia de Joacim, con sus prácticas infames y lo que le ocurrió, está escrito en el libro de los reyes de Israel y de Judá. Y reinó en su lugar su hijo Joaquín.

### Joaquín es desterrado a Babilonia
#### (2 R 24.8-17)

⁹Joaquín tenía dieciocho años cuando comenzó a reinar, y reinó en Jerusalén tres meses y diez días. Pero sus hechos fueron malos a los ojos del Señor. ¹⁰En la primavera de aquel año, el rey Nabucodonosor mandó que lo llevaran a Babilonia,ʷ junto con los utensilios de más valor del templo del Señor, y nombró rey de Judá y Jerusalén a Sedequías, pariente de Joaquín.ˣ

### Reinado de Sedequías

¹¹Sedequíasʸ tenía veintiún años cuando comenzó a reinar, y reinó once años en Jerusalén. ¹²Pero sus hechos fueron malos a los ojos de su Dios. No se humilló ante el profeta Jeremías, que le hablaba de parte del Señor.ᶻ ¹³Además se rebeló contra el rey Nabucodonosor,ᵃ quien le había hecho jurar por Dios que sería su aliado, y se empeñó tercamente en no volverse al Señor, Dios de Israel.

¹⁴También todos los jefes de Judá,⁴ˡ los sacerdotes y el pueblo extremaron su infidelidad, siguiendo las prácticas infames de las naciones paganas y profanando el templo del Señor que él había escogido como su santuario en Jerusalén. ¹⁵El Señor, Dios de sus antepasados, les envió constantes advertencias por medio de sus mensajeros, porque tenía compasión de su pueblo y de su lugar de residencia. ¹⁶Pero ellos se rieron de los mensajeros de Dios, despreciaron sus avisos y se burlaron de sus profetas, hasta que la ira del Señor estalló contra su pueblo de modo que ya no hubo remedio.

### Destrucción del templo y destierro de Judá
#### (2 R 25.8-21; Jer 39.8-10; 52.12-30)

¹⁷Entonces el Señor hizo marchar contra ellos al rey de los caldeos,ᵇ que pasó a cuchillo a sus jóvenes en el propio edificio del templo y no tuvo piedad de los jóvenes ni de las muchachas, de los ancianos ni de los inválidos. A todos los entregó el Señor en sus manos. ¹⁸Todos los utensilios del templo de Dios, grandes y pequeños, y los tesoros del templo, del rey y de sus funcionarios, todo se lo llevó el rey de los caldeos a Babilonia. ¹⁹Además quemaron el templo de Dios,ᶜ derribaron la muralla de Jerusalén, prendieron fuego a sus palacios y destruyeron todo lo que había de valor. ²⁰Después desterró a Babilonia a los sobrevivientes de la matanza, donde se convirtieron en esclavos suyos y de sus hijos hasta que se estableció el imperio persa, ²¹para que se cumpliera lo que Dios había dicho por medio del profeta Jeremías. Así el país debía disfrutar de su reposo; porque descansó todo el tiempo que estuvo en ruinas, hasta que pasaron setenta años.ᵈ

---

⁴ˡ *Jefes de Judá, los sacerdotes:* según la versión griega. Heb. *jefe de los sacerdotes.*
ᵗ **36.4** Jer 22.11-12. ᵘ **36.5** Jer 22.18-19; 26.1-6; 35.1-19. ᵛ **36.6** Jer 25.1-38; 36.1-32; 45.1-5; Dn 1.1-2. ʷ **36.10** Jer 22.24-30; 24.1-10; 29.1-2; Ez 17.12. ˣ **36.10** Jer 37.1; Ez 17.13. ʸ **36.11** Jer 27.1-22; 28.1-17. ᶻ **36.12** Jer 37-39. ᵃ **36.13** Ez 17.15. ᵇ **36.17** Jer 21.1-10; 34.1-5. ᶜ **36.19** 1 R 9.8. ᵈ **36.21** Jer 25.11; 29.10; Zac 1.12.

## El decreto de Ciro
### (Esd 1.1-14)

²²En el primer año del reinado de Ciro, rey de Persia, y para que se cumpliera la palabra del Señor anunciada por Jeremías, el Señor impulsó a Ciro a que en todo su reino promulgara, de palabra y por escrito, este decreto: ²³"Ciro, rey de Persia, declara lo siguiente: El Señor, Dios de los cielos, ha puesto en mis manos todos los reinos de la tierra, y me ha encargado que le construya un templo en Jerusalén,ᵉ que está en la región de Judá. Así que a cualquiera de ustedes que pertenezca al pueblo del Señor, que el Señor su Dios lo ayude, y váyase allá."

ᵉ 36.23 Is 44.28; 45.1-4.

# ESDRAS

*Este libro y el siguiente,* Nehemías, *forman prácticamente uno solo. Por una parte, cubren el mismo periodo de la historia judía. Por la otra, sus narraciones se entrelazan y complementan. Pero hay diferencia en el enfoque de los relatos. Esdras es un maestro de la ley, a quien interesa especialmente la restauración de la vida religiosa. Nehemías es un gobernador civil que no deja de dar atención a la religión, pero que se siente más responsable por la reconstrucción y la seguridad civil y militar de la nación.*

*Esdras describe el regreso de algunos de los cautivos judíos, bajo Zorobabel; da un censo de ellos (caps. 1,2), y luego refiere la reconstrucción y rededicación del templo (caps. 3-6). Finalmente relata su propio regreso con otros exiliados, y su labor de reorganización de la vida religiosa (caps. 7-10).*

### El decreto de Ciro
### (2 Cr 36.22-23)

**1** ¹En el primer año del reinado de Ciro, rey de Persia, y para que se cumpliera la palabra del Señor anunciada por Jeremías,ᵃ el Señor impulsó a Ciro a que en todo su reino promulgara, de palabra y por escrito, este decreto: ²"Ciro, rey de Persia, declara lo siguiente: El Señor, Dios de los cielos, ha puesto en mis manos todos los reinos de la tierra, y me ha encargado que le construya un templo en Jerusalén,ᵇ que está en la región de Judá. ³Así que, a cualquiera de ustedes que pertenezca al pueblo del Señor, que Dios lo ayude, y vaya a Jerusalén, que está en Judá, a construir el templo del Señor, el Dios de Israel, que es el Dios que habita en Jerusalén. ⁴Y a cualquiera de los sobrevivientes que emigre del lugar donde ahora vive, que le ayuden sus vecinos con plata, oro, bienes y ganado, además de donativos para el templo de Dios en Jerusalén."

### Los israelitas vuelven a Jerusalén

⁵Los jefes de las familias de Judá y Benjamín, y los sacerdotes y los levitas, o sea todos los que habían sido animados por Dios, se prepararon para ir a Jerusalén y reconstruir el templo del Señor. ⁶Todos sus vecinos les ayudaron con plata, oro, bienes, ganado y objetos valiosos, además de toda clase de ofrendas voluntarias. ⁷El rey Ciro, por su parte, hizo entrega de los utensilios del templo del Señor, que Nabucodonosor había sacado de Jerusalén y llevado al templo de sus dioses.ᶜ ⁸Ciro los devolvió por conducto de Mitrídates, el tesorero, quien después de contarlos los entregó a Sesbasar, gobernador de Judá. ⁹La cuenta de los objetos fue la siguiente: treinta tazones de oro, mil tazones de plata, veintinueve cuchillos, ¹⁰treinta tazas de oro, cuatrocientas diez tazas de plata de inferior calidad, y mil objetos más. ¹¹El total de objetos de oro y plata fue de cinco mil cuatrocientos. Todo esto lo llevó Sesbasar de vuelta a Jerusalén, al regresar de Babilonia con los desterrados.

### Los que regresaron de Babilonia
### (Neh 7.5-73)

**2** ¹⁻²Esta es la lista de los israelitas nacidos en Judá que fueron desterrados a Babilonia por el rey Nabucodonosor, y que después del destierro volvieron a Jerusalén y a otros lugares de Judá, cada cual a su población, encabezados por Zorobabel, Josué, Nehemías, Seraías, Reelaías, Mardoqueo, Bilsán, Mispar, Bigvai, Rehum y Baana:

³Los descendientes de Paros, dos mil ciento setenta y dos;

⁴los de Sefatías, trescientos setenta y dos;

⁵los de Ara, setecientos setenta y cinco;

⁶los de Pahat-moab, o sea, de Josué y Joab, dos mil ochocientos doce;

⁷los de Elam, mil doscientos cincuenta y cuatro;

⁸los de Zatu, novecientos cuarenta y cinco;

⁹los de Zacai, setecientos sesenta;

¹⁰los de Binuy, seiscientos cuarenta y dos;

¹¹los de Bebai, seiscientos veintitrés;

¹²los de Azgad, mil doscientos veintidós;

¹³los de Adonicam, seiscientos sesenta y seis;

¹⁴los de Bigvai, dos mil cincuenta y seis;

ᵃ 1.1 2 Cr 36.21; Jer 25.11; 29.10.   ᵇ 1.2 Is 44.28; 45.1-4.   ᶜ 1.7 2 R 24.13; 25.13-16; 2 Cr 36.10,18.

¹⁵los de Adín, cuatrocientos cincuenta y cuatro;

¹⁶los de Ater, o sea de Ezequías, noventa y ocho;

¹⁷los de Bezai, trescientos veintitrés;

¹⁸los de Jora, ciento doce;

¹⁹los de Hasum, doscientos veintitrés;

²⁰los de Gibar, noventa y cinco;

²¹los de Belén, ciento veintitrés.

²²Los hombres de Netofa, cincuenta y seis;

²³los de Anatot, ciento veintiocho.

²⁴Los descendientes de Bet-azmavet, cuarenta y dos;

²⁵los de Quiriat-jearim, Cafira y Beerot, setecientos cuarenta y tres;

²⁶los de Ramá y Geba, seiscientos veintiuno.

²⁷Los hombres de Micmas, ciento veintidós;

²⁸los de Betel y Hai, doscientos veintitrés.

²⁹Los descendientes de Nebo, cincuenta y dos;

³⁰los de Magbis, ciento cincuenta y seis;

³¹los del otro Elam, mil doscientos cincuenta y cuatro;

³²los de Harim, trescientos veinte;

³³los de Lod, Hadid y Ono, setecientos veinticinco;

³⁴los de Jericó, trescientos cuarenta y cinco;

³⁵los de Senaa, tres mil seiscientos treinta.

³⁶Los sacerdotes descendientes de Jedaías, de la familia de Josué, novecientos setenta y tres;

³⁷los descendientes de Imer, mil cincuenta y dos;

³⁸los de Pasur, mil doscientos cuarenta y siete;

³⁹los de Harim, mil diecisiete.

⁴⁰Los levitas descendientes de Josué y de Cadmiel, que a su vez eran descendientes de Hodavías, setenta y cuatro.

⁴¹Los cantores, descendientes de Asaf, ciento veintiocho.

⁴²Los porteros eran los descendientes de Salum, los de Ater, los de Talmón, los de Acub, los de Hatita y los de Sobai. En total, ciento treinta y nueve.

⁴³Los sirvientes del templo eran los descendientes de Ziha, los de Hasufa, los de Tabaot, ⁴⁴los de Queros, los de Siaha, los de Padón, ⁴⁵los de Lebana, los de Hagaba, los de Acub, ⁴⁶los de Hagab, los de Salmai, los de Hanán, ⁴⁷los de Gidel, los de Gahar, los de Reaía, ⁴⁸los de Rezín, los de Necoda, los de Gazam, ⁴⁹los de Uza, los de Paseah, los de Besai, ⁵⁰los de Asena, los de Meunim, los de Nefusim, ⁵¹los de Bacbuc, los de Hacufa, los de Harhur, ⁵²los de Bazlut, los de Mehída, los de Harsa, ⁵³los de Barcos, los de Sísara, los de Tema, ⁵⁴los de Nezía y los de Hatifa.

⁵⁵Los descendientes de los sirvientes de Salomón eran los descendientes de Sotai, los de Soferet, los de Peruda, ⁵⁶los de Jaala, los de Darcón, los de Gidel, ⁵⁷los de Sefatías, los de Hatil, los de Poqueret-hazebaim y los de Amón.ᶠ ⁵⁸El total de los sirvientes del templo y de los descendientes de los sirvientes de Salomón era de trescientos noventa y dos.

⁵⁹Los que llegaron de Tel-mela, Telharsa, Querub, Adón e Imer, y que no pudieron demostrar si eran israelitas de raza o por parentesco, fueron los siguientes: ⁶⁰los descendientes de Delaía, los de Tobías y los de Necoda, que eran seiscientos cincuenta y dos. ⁶¹Y de los parientes de los sacerdotes: los descendientes de Habaía, los de Cos y los de Barzilai, el cual se casó con una de las hijas de Barzilai, el de Galaad, y tomó el nombre de ellos. ⁶²Estos buscaron su nombre en el registro familiar, pero como no lo encontraron allí, fueron excluidos del sacerdocio. ⁶³Además, el gobernadorᵈ les ordenó que no comieran de los alimentos consagrados hasta que un sacerdote decidiera la cuestión por medio del Urim y el Tumim.ᵉ

⁶⁴La comunidad se componía de un total de cuarenta y dos mil trescientas sesenta personas, ⁶⁵sin contar sus esclavos y esclavas, que eran siete mil trescientas treinta y siete personas. Tenían también doscientos cantores y cantoras. ⁶⁶Tenían además setecientos treinta y seis caballos, doscientas cuarenta y cinco mulas, ⁶⁷cuatrocientos treinta y cinco camellos y seis mil setecientos veinte asnos.

⁶⁸Algunos jefes de familia, al llegar al templo del Señor en Jerusalén, entregaron donativos para reconstruir en su sitio el templo de Dios. ⁶⁹Y dieron para el fondo de reconstrucción, conforme a sus posibilidades, cuatrocientos ochenta y ocho kilos de oro, dos mil setecientos cincuenta kilos de plata y cien túnicas sacerdotales.

---

ᶠ *Amón:* texto probable, según Neh 7.59. Heb. *Amí.*
ᵈ 2.63 Esd 1.8.    ᵉ 2.63 Ex 28.30; Nm 27.21; 1 S 14.41.

[70]Los sacerdotes, los levitas y algunos del pueblo se quedaron a vivir en Jerusalén,[2] y los cantores, porteros y sirvientes del templo, y los demás israelitas, se quedaron en sus propias ciudades.[f]

### Se reorganiza el culto

3 [1]Cuando llegó el mes séptimo, y los israelitas se habían instalado ya en sus poblaciones, todo el pueblo se reunió en Jerusalén.[g] [2]Entonces Josué, hijo de Josadac, y sus compañeros los sacerdotes, así como Zorobabel, hijo de Salatiel, y sus parientes, se pusieron a construir el altar del Dios de Israel, para ofrecer sobre él los holocaustos que ordena la ley de Moisés, hombre de Dios.[h] [3]Construyeron el altar bien firme, porque tenían miedo de la gente de la región, y cada mañana y cada tarde ofrecían sobre él holocaustos en honor del Señor.[i] [4]Celebraron además la fiesta de las Enramadas,[j] conforme a la ley escrita, ofreciendo diariamente los holocaustos acostumbrados, según la cantidad correspondiente a cada día, [5]así como los holocaustos diarios y de luna nueva, los correspondientes a las fiestas sagradas del Señor,[k] y los que alguien ofrecía voluntariamente al Señor. [6]Desde el primer día del mes séptimo empezaron a ofrecer holocaustos al Señor, aun cuando el templo del Señor no se había comenzado a reconstruir. [7]Luego dieron dinero a los albañiles y carpinteros, y comida, bebida y aceite a la gente de Tiro y Sidón, para que desde el Líbano llevaran por mar madera de cedro hasta Jope, según el permiso que les había dado Ciro, rey de Persia.

### Comienza la reconstrucción del templo

[8]Zorobabel, hijo de Salatiel, y Josué, hijo de Josadac, junto con sus compañeros los sacerdotes y levitas, y con todos los desterrados que volvieron a Jerusalén, iniciaron la reconstrucción del templo de Dios en el mes segundo del segundo año de su llegada a Jerusalén, dejando la dirección de las obras en manos de los levitas mayores de veinte años. [9]Josué y sus hijos y hermanos formaron un solo grupo con Cadmiel y sus hijos, que eran descendientes de Judá, y con los descendientes e hijos y hermanos de Henadad, que eran levitas, para dirigir a los que trabajaban en el templo de Dios.

[10]Cuando los constructores echaron los cimientos del templo del Señor, los sacerdotes se pusieron de pie, vestidos para la ocasión y con trompetas. Los levitas descendientes de Asaf llevaban platillos para alabar al Señor, según lo ordenado por David, rey de Israel.[l] [11]Unos cantaban alabanzas, y otros respondían: "Den gracias al Señor, porque él es bueno, porque su amor por Israel es eterno."[m] Y todo el pueblo gritaba de alegría y alababa al Señor, porque ya se había comenzado a reconstruir el templo del Señor. [12]Y muchos de los sacerdotes, levitas y jefes de familia, que eran ya ancianos y que habían visto el primer templo, lloraban en alta voz porque veían que se comenzaba a construir este nuevo templo. Al mismo tiempo, muchos otros gritaban de alegría. [13]Nadie podía distinguir entre los gritos de alegría y el llanto de la gente, pues gritaban tanto que desde muy lejos se oía el alboroto.

### Los enemigos obligan a interrumpir las obras

4 [1]Cuando los enemigos de Judá y de Benjamín supieron que los que habían vuelto del destierro estaban reconstruyendo el templo del Señor, Dios de Israel, [2]fueron a ver a Zorobabel y a Josué[3] y a los jefes de familia, y les dijeron:

—Permitan ustedes que les ayudemos en la construcción, porque nosotros, como ustedes, también hemos recurrido a su Dios y le hemos ofrecido sacrificios desde el tiempo de Esar-hadón, rey de Asiria, que nos trajo hasta aquí.[n]

[3]Pero Zorobabel, Josué y los otros jefes de familia israelitas les respondieron:

—No podemos reconstruir junto con ustedes el templo de nuestro Dios. Lo tenemos que reconstruir nosotros solos para el Señor, Dios de Israel, pues así nos lo ordenó Ciro, rey de Persia.

[4]Entonces la gente de la región se dedicó a desanimar a la gente de Judá y a no dejarlos construir. [5]Además sobornaron a ciertos funcionarios del gobierno, y éstos se opusieron a sus propósitos durante todo el tiempo que Ciro fue rey de Persia,

---

[2] En Jerusalén: según la versión griega. En el texto hebreo no aparece esta frase. [3] Y a Josué: según la versión griega. Véase v. 3.
[f] 2.70 1 Cr 9.2; Neh 11.3. [g] 3.1 Neh 7.73-8.1. [h] 3.2 Ex 27.1. [i] 3.3 Ex 29.38-42; Nm 28.1-8. [j] 3.4 Lv 23.33-36; Nm 29.12-38; Dt 16.13-15. [k] 3.5 Nm 28.11-29.39. [l] 3.10 1 Cr 25.1; 2 Cr 29.25-30. [m] 3.11 1 Cr 16.34; 2 Cr 5.13; 7.3; Sal 100.5; 106.1; 107.1; 118.1; 136.1; Jer 33.11; Dn (dc) 3.89-90. [n] 4.2 2 R 17.24-41.

y hasta el reinado de Darío, rey de Persia. [6]En los comienzos del reinado de Asuero[a] presentaron una acusación contra los habitantes de Judá y de Jerusalén. [7]Y en la época de Artajerjes,[o] rey de Persia, Bislam, Mitrídates, Tabeel y sus demás compañeros escribieron a Artajerjes. La carta estaba escrita en arameo,[4] con su traducción correspondiente. [8]Rehum, que era el comandante, y Simsai, el secretario, escribieron al rey Artajerjes una carta en contra de los habitantes de Jerusalén. [9-11]Esta es la carta que le enviaron Rehum el comandante, Simsai el secretario, y sus compañeros los jueces, generales y funcionarios de Persia, Erec, Babilonia y Susa, o sea Elam, y el resto de las naciones que el grande e ilustre Asnapar llevó desterradas e instaló en las ciudades de Samaria y en el resto de la provincia al oeste del río Éufrates:

"Al rey Artajerjes, de parte de sus siervos de la provincia al oeste del río Éufrates:

[12]"Hacemos del conocimiento de Su Majestad que los judíos que de parte de Su Majestad vinieron a nosotros, han llegado a Jerusalén y están reconstruyendo esta ciudad rebelde y perversa. Ya han comenzado a levantar las murallas y a reparar los cimientos. [13]Y hacemos también del conocimiento de Su Majestad que si esta ciudad es reconstruida y levantada su muralla, esa gente no va a querer pagar tributo ni impuestos ni derechos, con lo que el tesoro real sufrirá pérdidas. [14]Y como nosotros estamos al servicio de Su Majestad,[5] no podemos permitir que se ofenda a Su Majestad de tal manera. Por eso enviamos a Su Majestad esta información, [15]para que se investigue en los archivos de los antepasados de Su Majestad. Por lo que allí se diga, Su Majestad podrá comprobar que esta ciudad es rebelde y peligrosa para los reyes y para las otras provincias, y que ya en otros tiempos se organizaron rebeliones en ella, y que por eso fue destruida. [16]Por lo tanto, hacemos saber a Su Majestad que si esta ciudad es reconstruida, y terminada de reparar su muralla, Su Majestad perderá el dominio sobre la provincia al oeste del río Éufrates."

[17]Entonces el rey Artajerjes les envió la siguiente respuesta:

"A Rehum el comandante, a Simsai el secretario, y a sus compañeros que viven en Samaria y en el resto de la provincia al oeste del río Éufrates: saludos.

"En relación [18]con la carta que ustedes me han enviado, y cuya traducción ha sido leída en mi presencia, [19]ordené que se hiciera una investigación. Se ha encontrado, en efecto, que esa ciudad se ha rebelado anteriormente contra los reyes, que se han organizado en ella revueltas y rebeliones, [20]y que hubo en Jerusalén reyes poderosos que dominaron en la provincia al oeste del río Éufrates, a los cuales se pagaba tributo, impuestos y derechos. [21]Por lo tanto, ordenen a esos hombres que detengan las obras y que, hasta nueva orden mía, no se reconstruya la ciudad. [22]No descuiden este asunto, para que no aumente el mal en perjuicio del reino."

[23]Cuando la carta del rey Artajerjes fue leída en presencia de Rehum, de Simsai el secretario, y de sus compañeros, todos ellos fueron inmediatamente a Jerusalén, y por la fuerza obligaron a los judíos a detener las obras. [24]De esta manera, la reconstrucción del templo de Dios en Jerusalén quedó suspendida hasta el segundo año del reinado de Darío de Persia.

### Reconstrucción del templo

**5** [1]Los profetas Hageo y Zacarías hijo de Ido comunicaron a los judíos de Judá y Jerusalén los mensajes que habían recibido de parte de su Señor, el Dios de Israel. [2]Entonces Zorobabel, hijo de Salatiel, y Josué, hijo de Josadac, se pusieron a trabajar de nuevo en la reconstrucción del templo de Dios en Jerusalén, y los profetas de Dios estaban con ellos, para ayudarlos.[p] [3-4]Pero Tatnai, que era gobernador de la provincia al oeste del río Éufrates, y Setar-boznai y sus compañeros, fueron a decirles: "¿Quién les ha dado órdenes de reconstruir este templo y recubrirlo de madera? ¿Cómo se llaman las personas que están reconstruyendo este edificio?" [5]Sin embargo, Dios protegía a los dirigentes

[4] *Escrita en arameo.* Desde el v.8 hasta 6.18, no sólo la carta sino los demás documentos y el relato mismo están en arameo en el texto. [5] Lit. *como nosotros comemos la sal del palacio.*
[a] 4.6 Est 1.1. [o] 4.7 Neh 1.1. [p] 5.1-2 Hag 1-2; Zac 1.1; 4.6-10; 6.15.

judíos, así que no les impidieron continuar hasta que se enviara un informe a Darío y se recibiera la respuesta.

⁶Esta es una copia de la carta que Tatnai, gobernador de la provincia al oeste del Éufrates, y Setar-boznai y sus compañeros, los funcionarios del gobierno al oeste del Éufrates, enviaron al rey Darío, ⁷⁻⁸la cual decía:

"Deseando a Su Majestad salud y bienestar, le hacemos saber que hemos visitado la región de Judá y el templo del gran Dios, el cual está siendo reconstruido con grandes piedras labradas. Ahora están recubriendo de tablas las paredes, pues trabajan aprisa y la obra avanza rápidamente. ⁹Preguntamos a los dirigentes judíos quién les había dado órdenes de reconstruir el templo y recubrirlo de madera, ¹⁰y cómo se llamaban las personas que los dirigen, para poder anotar sus nombres y comunicarlos a Su Majestad. ¹¹Ellos nos respondieron que adoran al Dios del cielo y de la tierra, y que están reconstruyendo el templo que ya hace muchos años había sido totalmente construido por un gran rey de Israel.*q* ¹²Dijeron también que sus antepasados irritaron al Dios del cielo, y que él los había entregado en poder del rey Nabucodonosor de Babilonia, que era caldeo, y que fue quien destruyó aquel templo y los desterró a Babilonia.*r* ¹³Más tarde Ciro, en su primer año como rey de Babilonia, ordenó que el templo de Dios fuera reconstruido.*s* ¹⁴"También nos dijeron que el rey Ciro sacó del templo de Babilonia los utensilios de oro y plata que Nabucodonosor había tomado del templo de Dios en Jerusalén y llevado al templo de Babilonia, y que se los entregó a un tal Sesbasar, al cual había nombrado gobernador. ¹⁵Ciro ordenó a Sesbasar que recogiera aquellos utensilios y los devolviera al templo de Jerusalén, y que reconstruyera en el mismo sitio el templo de Dios. ¹⁶Fue entonces cuando Sesbasar llegó y echó los cimientos del templo de Dios en Jerusalén; desde entonces se está reconstruyendo, pero no ha sido terminado todavía.

¹⁷"Ahora, pues, si le parece bien a Su Majestad, pedimos que se busque en los archivos reales de Babilonia y se averigüe si es cierto que el rey Ciro ordenó reconstruir el templo de Dios en Jerusalén, y que se nos comunique la decisión de Su Majestad sobre este asunto."

**6** ¹Entonces el rey Darío ordenó buscar en los archivos donde se guardaban los documentos de valor en Babilonia; ²y en el palacio de Ecbatana, que está en la provincia de Media, se encontró un libro en el que constaba la siguiente memoria:

³"En el primer año de su reinado, el rey Ciro dictó esta orden:

'En relación con el templo de Dios en Jerusalén: Que se pongan los cimientos y se reconstruya el edificio, para que se ofrezcan allí sacrificios. Ha de tener veintisiete metros de alto por veintisiete de ancho; ⁴además, tres hileras de grandes bloques de piedra y una de madera nueva. El tesoro real pagará los gastos. ⁵En cuanto a los utensilios de oro y plata del templo de Dios, los cuales Nabucodonosor sacó del templo de Jerusalén y trajo a Babilonia, que se devuelvan y sean llevados a Jerusalén, y que sean colocados en el templo de Dios, que es su sitio.' "

⁶Entonces el rey Darío dio la siguiente orden a Tatnai, gobernador de la provincia al oeste del río Éufrates, y a Setar-boznai y sus compañeros, los funcionarios de esa misma provincia:

"Retírense de Jerusalén ⁷y dejen que el gobernador*t* de los judíos y sus dirigentes se encarguen de reconstruir en su sitio el templo de Dios. ⁸Estas son mis órdenes en cuanto a la manera de ayudar a los dirigentes judíos para que reconstruyan el templo de Dios: Que con los impuestos que el tesoro real recibe de la provincia al oeste del río Éufrates, se paguen puntualmente los gastos para que no se interrumpan las obras. ⁹Y que diariamente y sin falta se entregue a los sacerdotes de Jerusalén, según sus indicaciones, todo lo que necesiten, sean becerros, carneros o corderos para los holocaustos al Dios del cielo; o bien trigo, sal, vino o aceite, ¹⁰para que ofrezcan al Dios del cielo sacrificios agradables y rueguen también por la vida del rey y de sus hijos.

*q* 5.11 1 R 6-7. *r* 5.12 2 R 25.8-12; 2 Cr 36.17-20; Jer 52.12-15. *s* 5.13 Esd 1.2-11. *t* 6.7 Hag 2.21.

[11]"Ordeno también que si alguien desobedece esta orden, se arranque una viga de su propia casa y sea empalado[6] en ella; y que su casa sea convertida en un montón de escombros. [12]¡Y que el Dios que escogió a Jerusalén como residencia de su nombre, destruya a cualquier rey o nación que se atreva a causar dificultades o perjuicios al templo del Señor que está en Jerusalén! Yo, Darío, he dado esta orden. Cúmplase al pie de la letra.''

## Continuación y terminación de las obras

[13]Entonces Tatnai, gobernador de la provincia al oeste del río Éufrates, y Setar-boznai y sus compañeros cumplieron al pie de la letra la orden dada por el rey Darío. [14]Así los dirigentes judíos pudieron continuar los trabajos de reconstrucción, de acuerdo con lo dicho por los profetas Hageo y Zacarías, hijo de Ido.[u] Y la reconstrucción se terminó conforme a lo ordenado por el Dios de Israel, y según las órdenes de Ciro, Darío y Artajerjes, reyes de Persia. [15]El templo quedó terminado el día tres del mes de Adar, del año seis del gobierno de Darío, rey de Persia.

[16]Los israelitas, los sacerdotes, los levitas y los demás que estuvieron desterrados, celebraron con alegría la dedicación del templo de Dios. [17]En aquella ocasión ofrecieron en sacrificio cien becerros, doscientos carneros y cuatrocientos corderos, y además doce chivos, uno por cada tribu israelita, como ofrendas por el pecado de todo Israel. [18]Luego pusieron a los sacerdotes en sus turnos correspondientes, y a los levitas en sus puestos, para el culto de Dios en Jerusalén, conforme a lo escrito en el libro de Moisés.

[19]Los que volvieron del destierro celebraron además la Pascua el día catorce del mes primero.[v] [20]Los sacerdotes y los Levitas se habían purificado ya, así que todos estaban ritualmente limpios. Entonces ofrecieron el sacrificio de la Pascua por todos los que habían estado desterrados, por sus compañeros los sacerdotes y por ellos mismos. [21]Todos los israelitas que volvieron del destierro participaron en la comida de la Pascua, junto con todos aquellos que se habían apartado[w] de la corrupción de las naciones paganas y se unían a ellos en el culto al Señor, Dios de Israel. [22]Durante siete días celebraron con alegría la fiesta de los panes sin levadura, pues el Señor los había llenado de alegría al hacer que el rey de Persia[7] los favoreciera y ayudara en la reconstrucción del templo de Dios, el Dios de Israel.

## Esdras y sus compañeros llegan a Jerusalén

**7** [1]Tiempo después, durante el reinado de Artajerjes, rey de Persia, hubo un hombre llamado Esdras, descendiente en línea directa de Seraías, Azarías, Hilcías, [2]Salum, Sadoc, Ahitob, [3]Amarías, Azarías, Meraiot, [4]Zeraías, Uzi, Buqui, [5]Abisúa, Finees, Eleazar y Aarón, el primer sacerdote. [6]Este Esdras era un maestro instruido en la ley que el Señor, Dios de Israel, había dado por medio de Moisés, y contaba con la ayuda del Señor, así que el rey Artajerjes le concedió todo lo que él pidió. De esta manera, Esdras regresó de Babilonia[7a] a Jerusalén con un grupo de israelitas compuesto de sacerdotes, levitas, cantores, porteros y sirvientes del templo, en el séptimo año del reinado de Artajerjes. [8-9]Contando Esdras con la bondadosa ayuda de Dios, inició el regreso de Babilonia el día primero del mes primero del séptimo año del reinado de Artajerjes, y llegó a Jerusalén el día primero del mes quinto de ese mismo año. [10]Y Esdras tenía el firme propósito de estudiar y de poner en práctica la ley del Señor, y de enseñar a los israelitas sus leyes y decretos.

[11]Esta es la copia de la carta[8] que el rey Artajerjes entregó a Esdras, sacerdote y maestro instruido en todos los mandamientos y leyes del Señor para Israel:

[12]"El emperador Artajerjes saluda a Esdras, sacerdote y maestro instruido en la ley del Dios del cielo.[9]

[13]"He ordenado que todo israelita que se encuentre en mi reino y que quiera irse a Jerusalén contigo, pueda hacerlo, incluso si es levita o sacerdote. [14]Porque el rey y sus siete consejeros te envían a estudiar la situación en Judá y Jerusalén, conforme a la ley de tu Dios que tienes en la mano. [15]Lleva contigo

---

[6] Castigo usado por los pueblos semitas, que consistía en clavar un palo en tierra con la punta superior afilada, y arrojar sobre ella al condenado.   [7] *Rey de Persia:* traducido según contexto. Heb. *rey de Asiria.*   [8] *La carta.* El texto de la carta (vs. 12-26) está nuevamente en arameo.   [9] En el texto arameo siguen dos palabras: la primera significa lit. *terminado* o *completo,* cuyo sentido resulta oscuro en este contexto; la segunda significa *ahora bien* y parece introducir lo que sigue.
[u] 6.14 Esd 5.1-2; Hag 1.1; Zac 1.1.   [v] 6.19-22 Ex 12.1-20; Dt 16.1-8.   [w] 6.21 Neh 9.2; 10.28; 13.3.

la plata y el oro que el rey y sus consejeros ofrecen voluntariamente al Dios de
Israel, que habita en Jerusalén, [16]y toda
la plata y el oro que puedas conseguir
en toda la provincia de Babilonia, más
los donativos que el pueblo y los sacerdotes ofrezcan voluntariamente para el
templo de Dios en Jerusalén. [17]Con ese
dinero deberás comprar becerros, carneros y corderos, junto con sus ofrendas de cereales y de vino, para ofrecerlos sobre el altar del templo del Dios de
ustedes, en Jerusalén. [18]En cuanto al
oro y la plata restantes, hagan tú y tus
compañeros lo que les parezca mejor,
conforme a la voluntad de Dios. [19]Pero
los utensilios que se te han entregado
para el culto en el templo de tu Dios,
entrégalos tú mismo al Dios de Jerusalén.

[20]"Cualquier otra cosa que debas
proporcionar para el templo de tu Dios,
puedes conseguirla en los almacenes
reales. [21]Y yo, el rey Artajerjes, ordeno
a todos los tesoreros al oeste del río
Éufrates que, sin falta, entreguen a
Esdras, sacerdote y maestro instruido
en la ley del Dios del cielo, todo lo que
él pida, [22]hasta tres mil trescientos kilos
de plata, veintidós mil litros de trigo,
dos mil doscientos litros de vino, dos
mil doscientos litros de aceite y toda la
sal que pida.

[23]"Todo lo que pida el Dios del cielo
para su templo, debe ser entregado
rápidamente, para que no venga ningún
castigo sobre los hijos del rey y sobre
sus dominios. [24]Han de saber también
que está prohibido imponer tributo,
impuestos o derechos a cualquiera de
los sacerdotes, levitas, cantores, porteros, sirvientes del templo o cualquier
otra persona que sirva en el templo de
Dios.

[25]"En cuanto a ti, Esdras, de acuerdo con los conocimientos que tu Dios
te ha dado, nombra jueces y gobernantes que hagan justicia a toda la gente de
la provincia al oeste del río Éufrates, o
sea, a todos los que conocen la ley de tu
Dios; y a los que no la conozcan, ensé-
ñasela. [26]Y a todo el que no cumpla la
ley de tu Dios y las leyes del rey, que se
le condene inmediatamente a muerte, a
destierro, al pago de una multa o a prisión."

## Oración de Esdras

[27]Entonces Esdras oró: "Bendito sea el
Señor, Dios de nuestros padres, porque
impulsó al rey a honrar el templo del
Señor en Jerusalén, [28]y porque me demostró su bondad ante el rey y sus consejeros
y los hombres más importantes de la
corte, y me dio ánimos, pues con su ayuda
pude reunir a los israelitas más importantes para que regresaran conmigo."

## La lista de los que regresaron

**8** [1]Esta es la lista de los jefes de familia,
según el registro familiar de cada uno
de ellos, que durante el reinado de Artajerjes volvieron de Babilonia con Esdras:

[2-3]Gersón, de los descendientes de
    Finees;
  Daniel, de los descendientes de
    Itamar;
  Hatús, hijo de Secanías,[10] de los
    descendientes de David;
  Zacarías, de los descendientes de
    Paros, acompañado de ciento
    cincuenta hombres apuntados en
    la lista;
[4]Elioenai, hijo de Zeraías, de los
    descendientes de Pahat-moab,
    acompañado de doscientos
    hombres;
[5]Secanías, hijo de Jahaziel, de los
    descendientes de Zatu,[11]
    acompañado de trescientos
    hombres;
[6]Ebed, hijo de Jonatán, de los
    descendientes de Adín,
    acompañado de cincuenta
    hombres;
[7]Jesaías, hijo de Atalías, de los
    descendientes de Elam,
    acompañado de setenta hombres;
[8]Zebadías, hijo de Micael, de los
    descendientes de Sefatías,
    acompañado de ochenta hombres;
[9]Obadías, hijo de Jehiel, de los
    descendientes de Joab,
    acompañado de doscientos
    dieciocho hombres;
[10]Selomit, hijo de Josifías, de los
    descendientes de Bani,[12]
    acompañado de ciento sesenta
    hombres;
[11]Zacarías, hijo de Bebai, de los
    descendientes de Bebai,
    acompañado de veintiocho
    hombres;

---

[10] *Hijo de Secanías:* según un manuscrito griego. Heb. *de los descendientes de Secanías.* [11] *De Zatu:* según la versión griega. En el texto hebreo no aparece este nombre. [12] *De Bani:* según la versión griega. En el texto hebreo no aparece este nombre.

[12]Johanán, hijo de Hacatán, de los descendientes de Azgad, acompañado de ciento diez hombres; [13]Elifelet, Jeiel y Semaías, últimos descendientes de Adonicam, acompañados de sesenta hombres, volvieron más tarde. [14]Utai y Zabud, de los descendientes de Bigvai, acompañados de setenta hombres.

### Los sirvientes del templo

[15]Yo, Esdras, los reuní a todos ellos junto al canal que va a dar al río Ahava, y acampamos allí tres días. Y cuando pasé revista a la gente y a los sacerdotes, no encontré a ningún levita. [16]Por lo tanto envié a Eliezer, Ariel, Semaías, Elnatán, Jarib, Elnatán, Natán, Zacarías y Mesulam, que eran personas importantes, y también a los maestros Joiarib y Elnatán, [17]con la orden de visitar a Ido, jefe del lugar llamado Casifia, y les dije todo lo que tenían que comunicar a Ido y sus compañeros, los sirvientes del templo que estaban en Casifia, para que nos trajeran gente que nos ayudara en el templo de nuestro Dios. [18]Y, gracias a Dios, nos trajeron a Serebías, hombre muy capaz, descendiente de un levita llamado Mahli, con sus hijos y hermanos; dieciocho personas en total. [19]Además nos trajeron a Hasabías y Jesaías, descendientes de Merari, que con sus hijos y hermanos sumaban veinte personas. [20]De los sirvientes del templo puestos por David y los dirigentes al servicio de los levitas, había doscientos veinte, todos ellos nombrados personalmente. [21]Después proclamé un ayuno cerca del río Ahava, para que reconociéramos nuestras faltas ante nuestro Dios, y para pedirle que nos llevara con bien a nosotros, nuestras familias y nuestras posesiones. [22]Pues me dio vergüenza pedirle al rey soldados de caballería para que nos protegieran del enemigo en el camino, ya que le habíamos dicho al rey que Dios protege a todos los que le buscan, pero que descarga su fuerza y su ira sobre todos los que le abandonan. [23]De modo que ayunamos y rogamos a Dios por todo esto, y él nos atendió.

[24]Luego aparté a doce dirigentes de los sacerdotes: a Serebías, Hasabías y diez compañeros suyos, [25]y les pesé y entregué la plata, el oro y los utensilios que el rey y sus consejeros y oficiales y todos los israelitas allí presentes habían ofrecido como donativo para el templo de nuestro Dios. [26]Les pesé y entregué veintiún mil cuatrocientos cincuenta kilos de plata, cien utensilios de plata[13] y tres mil trescientos kilos de oro; [27]además, veinte tazas de oro con un peso total de ocho kilos, y dos utensilios de bronce bruñido de primera calidad, tan valiosos como si fueran de oro. [28]Luego les dije: "Ustedes están consagrados al Señor, lo mismo que los utensilios. La plata y el oro son para el Señor, Dios de nuestros padres. [29]Tengan cuidado y guárdenlos hasta que los pesen en presencia de los jefes de los sacerdotes, y de los levitas y jefes de familia de Israel, en los cuartos del templo del Señor, en Jerusalén." [30]Entonces los sacerdotes y los levitas recibieron la plata, el oro y los utensilios que habían sido pesados, y los llevaron a Jerusalén, al templo de nuestro Dios.

[31]El día doce del mes primero nos marchamos del río Ahava para dirigirnos a Jerusalén. Nuestro Dios nos ayudó, librándonos de enemigos y de bandidos en el camino. [32]Cuando llegamos a Jerusalén, descansamos tres días. [33]Al cuarto día se pesó la plata, el oro y los utensilios en el templo de nuestro Dios, y se entregó todo al sacerdote Meremot, hijo de Urías. Con él estaban Eleazar, hijo de Finees, y los levitas Jozabad, hijo de Josué, y Noadías, hijo de Binuy. [34]Aquel mismo día se pesó y contó todo, y se tomó nota de la carga.

[35]Después, los desterrados que volvieron del exilio entregaron para los holocaustos al Dios de Israel, y en nombre de todos los israelitas, doce becerros, noventa y seis carneros, setenta y siete corderos y doce chivos para la ofrenda por el pecado. Todos fueron quemados en honor del Señor. [36]Luego entregaron la orden del rey a las autoridades del reino y a los gobernadores de la provincia al oeste del río Éufrates, los cuales apoyaron al pueblo y al templo de Dios.

### Pecado del pueblo y oración de Esdras

**9** [1]Cuando aquello se terminó, los jefes se acercaron a mí para decirme: "Los israelitas, incluidos los sacerdotes y los levitas, no se han mantenido apartados de la gente del país, es decir, de los cananeos, hititas, ferezeos, jebuseos, amonitas, moabitas, egipcios y amorreos, a pesar de

---

[13] Heb. añade: *con un valor de . . .*, pero falta la cantidad.

sus odiosas costumbres paganas. ²Ellos y sus hijos se han casado con las hijas de esa gente; por lo tanto, el pueblo de Dios se ha mezclado con la gente de otros pueblos. Y los primeros en cometer este pecado han sido los jefes y gobernantes.''

³Al escuchar esta noticia, me rasgué la ropa, me arranqué los pelos y la barba en señal de dolor, y me senté completamente deprimido. ⁴Todos los que temían el castigo del Dios de Israel por causa del pecado de los que habían vuelto del destierro, se unieron a mí; pero yo seguí sentado y deprimido hasta la hora del sacrificio de la tarde. ⁵A esa hora me recuperé de mi depresión y, todavía con la ropa rasgada, comencé a orar al Señor mi Dios, ⁶diciendo: ''Dios mío, Dios mío, me siento tan avergonzado y confundido que no sé cómo dirigirme a ti. Nuestras faltas han sobrepasado el límite, y nuestras culpas llegan hasta el cielo. ⁷Desde hace mucho tiempo y hasta ahora, hemos vivido en grave pecado. Por causa de nuestras maldades, tanto nosotros como nuestros reyes y sacerdotes hemos sido entregados al poder de los reyes de otros países. Hemos sido heridos, desterrados, saqueados y despreciados, y en esa misma situación estamos ahora. ⁸Pero también ahora, Señor y Dios nuestro, tu bondad ha hecho posible que un grupo de nosotros quede en libertad y que se nos conceda establecer nuestro hogar en tierra santa; tú has dado nueva luz a nuestros ojos, nos has dado un pequeño respiro en medio de nuestra esclavitud. ⁹Aunque somos esclavos, no nos has abandonado en nuestra esclavitud; nos has mostrado tu bondad ante los reyes de Persia, nos has concedido vida para reconstruir tu templo de entre sus ruinas, ¡nos has dado protección en Judá y Jerusalén!

¹⁰''Pero ahora, Dios nuestro, ¿qué podemos decir después de todo lo que hemos hecho? No hemos cumplido los mandamientos ¹¹que ordenaste por medio de los profetas, tus servidores. Tú nos advertiste que el país en el que íbamos a entrar y del que íbamos a tomar posesión, estaba corrompido por la maldad de la gente de aquellos lugares, que con sus odiosas costumbres paganas lo habían llenado de prácticas impuras. ¹²También nos dijiste que no debíamos casar a nuestras hijas con sus hijos ni aceptar que sus hijas se casaran con nuestros hijos,ˣ ni procurar nunca la paz y el bienestar de esa

gente, a fin de mantenernos fuertes, disfrutar de la bondad del país y dejárselo luego todo a nuestros descendientes como su herencia para siempre.

¹³''Después de todo lo que nos ha ocurrido por causa de nuestras maldades y grave culpa, y aunque no nos has castigado como merecíamos por nuestros pecados, sino que nos has dado esta libertad, ¹⁴¿podríamos acaso volver a desobedecer tus mandamientos y emparentar con gentes de tan odiosas costumbres? ¿Acaso no te enojarías contra nosotros y nos destruirías, hasta que no quedara con vida ni uno solo de nosotros?

¹⁵''Señor, Dios de Israel, tú has sido justo con nosotros; tú has permitido que un grupo de nosotros haya podido sobrevivir, como hoy se puede ver. Y nosotros somos realmente culpables ante ti; por eso no podemos estar en tu presencia.''

### Expulsión de las mujeres extranjeras

**10** ¹Mientras Esdras oraba y hacía esta confesión llorando y de rodillas ante el templo de Dios, un grupo numeroso de israelitas, hombres, mujeres y niños, que lloraban también amargamente, se juntó a su alrededor. ²Entonces Secanías, hijo de Jehiel y descendiente de Elam, tomó la palabra y dijo a Esdras: ''Nosotros no hemos sido fieles a nuestro Dios, porque nos hemos casado con mujeres extranjeras, de naciones paganas; sin embargo, todavía hay esperanza para Israel. ³Vamos a comprometernos a despedir a todas nuestras mujeres extranjeras y a sus hijos, y que se cumpla la ley, tal como tú y quienes respetan el mandamiento del Señor nos aconsejan. ⁴Levántate, porque esto es algo que a ti te toca hacer; nosotros te apoyaremos. Anímate, y manos a la obra.

⁵Entonces Esdras se puso de pie, e hizo prometer solemnemente a los jefes de los sacerdotes y de los levitas, y a todos los israelitas, que cumplirían su compromiso; y ellos lo prometieron. ⁶Luego Esdras se retiró del templo de Dios para ir al cuarto de Johanán, hijo de Eliasib, donde pasó la noche sin comer ni beber nada, porque estaba muy triste por la infidelidad de los que habían vuelto del destierro.

⁷Después se hizo un llamado general en Judá y en Jerusalén, para que se reunieran en Jerusalén todos los que habían regresado del destierro. ⁸A todo aquel que no llegara en el plazo de tres días, según lo

---

ˣ **9.12** Ex 34.11-16; Dt 7.1-5.

determinaron los jefes y consejeros, se le expropiarían sus propiedades y se le expulsaría de la comunidad de los que volvieron del destierro. ⁹Por lo tanto, todos los hombres de Judá y de Benjamín se reunieron en Jerusalén el día veinte del mes noveno, es decir, en el término de tres días. Todos ellos se sentaron en la plaza del templo de Dios, temblando por causa de aquel asunto y de la lluvia que caía. ¹⁰Entonces el sacerdote Esdras se puso de pie y les dijo:

—Ustedes han pecado al casarse con mujeres extranjeras, aumentando así la culpa de Israel. ¹¹Por tanto, aquí, ante el Señor y Dios de sus padres, reconozcan ustedes que son culpables y cumplan la voluntad del Señor. Apártense de la gente pagana y de esas mujeres extranjeras.

¹²Y toda la gente respondió en alta voz:

—Sí, haremos lo que tú nos ordenes. ¹³Pero somos muchos y no deja de llover; además, no podemos quedarnos en la calle, ya que este asunto no es cosa de un día ni dos, pues somos muchos los que hemos cometido este pecado. ¹⁴Será mejor que se queden aquí nuestros jefes en representación nuestra, y que todos los que vivan en nuestras ciudades y se hayan casado con mujeres extranjeras vengan en una fecha indicada, acompañados por las autoridades y jueces de su ciudad, hasta que la ardiente ira de nuestro Dios por este asunto se aparte de nosotros.

¹⁵⁻¹⁶Todos los que regresaron del destierro estuvieron de acuerdo en hacerlo así, con la excepción de Jonatán, hijo de Asael, y de Jahazías, hijo de Ticva, a quienes apoyaron Mesulam y Sabetai el levita. Entonces el sacerdote Esdras escogió y nombró personalmente algunos hombres, que eran jefes de sus respectivas familias, y el día primero del mes décimo todos los nombrados formaron el tribunal para estudiar cada caso. ¹⁷Y el día primero del mes primero terminaron con todos los casos de hombres que se habían casado con mujeres extranjeras.

¹⁸Los sacerdotes a quienes encontraron casados con mujeres extranjeras, fueron:

De los descendientes de Josué, hijo de Josadac, y de sus parientes: Maasías, Eliezer, Jarib y Gedalías, ¹⁹los cuales prometieron firmemente despedir a sus mujeres y presentaron un carnero como ofrenda por su pecado. ²⁰De los descendientes de Imer: Hanani y Zebadías.

²¹De los descendientes de Harim: Maasías, Elías, Semaías, Jehiel y Uzías.

²²De los descendientes de Pasur: Elioenai, Maasías, Ismael, Natanael, Jozabad y Elasa.

²³De los descendientes de levitas: Jozabad, Simei, Kelaía (o sea, Kelita), Petaías, Judá y Eliezer.

²⁴De los cantores: Eliasib.

De los porteros: Salum, Telem y Uri.

²⁵Los demás israelitas que estaban en el mismo caso, fueron:

De los descendientes de Paros: Ramía, Jezías, Malquías, Mijamín, Eleazar, Malquías y Benaía.

²⁶De los descendientes de Elam: Matanías, Zacarías, Jehiel, Abdi, Jeremot y Elías.

²⁷De los descendientes de Zatu: Elioenai, Eliasib, Matanías, Jeremot, Zabad y Aziza.

²⁸De los descendientes de Bebai: Johanán, Hananías, Zabai y Atlai.

²⁹De los descendientes de Bani: Mesulam, Maluc, Adaía, Jasub, Seal y Ramot.

³⁰De los descendientes de Pahat-moab: Adna, Quelal, Benaía, Maasías, Matanías, Bezaleel, Binuy y Manasés.

³¹De los descendientes de Harim: Eliezer, Isías, Malquías, Semaías, Simeón, ³²Benjamín, Maluc y Semarías.

³³De los descendientes de Hasum: Matenai, Matata, Zabad, Elifelet, Jeremai, Manasés y Simei.

³⁴De los descendientes de Bani: Madai, Amram, Uel, ³⁵Benaía, Bedías, Queluhi, ³⁶Vanías, Meremot, Eliasib, ³⁷Matanías, Matenai, Jaasai.

³⁸De los descendientes de *¹⁴* Binuy: Simei, ³⁹Selemías, Natán, Adaía, ⁴⁰Macnadebai, Sasai, Sarai, ⁴¹Azareel, Selemías, Semarías, ⁴²Salum, Amarías y José.

⁴³De los descendientes de Nebo: Jeiel, Matatías, Zabad, Zebina, Jadau, Joel y Benaía.

⁴⁴Todos estos se habían casado con mujeres extranjeras, pero las despidieron a ellas y a sus hijos.*¹⁵*

---

*¹⁴ De los descendientes de:* texto probable. Heb. *y Bani y.* griega. Heb. *y de ellos había mujeres, y ellos pusieron hijos.*

*¹⁵ Pero las despidieron a ellas y a sus hijos:* según la versión

# NEHEMÍAS

*Nehemías, comisionado oficialmente por el rey persa Artajerjes (caps. 1,2), regresa y emprende con todo empeño la reconstrucción de los muros de Jerusalén (caps. 3-7). Sin embargo, no separa la restauración civil de la religiosa, así que apoya a Esdras en esta última. Tiene lugar entonces la solemne lectura pública de la ley y la renovación del pacto por el pueblo (caps. 8-10). Los últimos tres capítulos consignan datos sobre el personal del templo, reseñan la dedicación del muro e informan sobre las reformas emprendidas por Nehemías.*

### Nehemías ora en favor de su pueblo

**1** ¹Esta es la historia de Nehemías, hijo de Hacalías. En el año veinte del reinado de Artajerjes,[a] en el mes de Quisleu, yo, Nehemías, estaba en la ciudadela de Susa ²cuando llegó mi hermano Hanani con unos hombres que venían de Judá. Entonces les pregunté por Jerusalén y por los judíos que habían escapado de ir al destierro. ³Y me contestaron: "Los que escaparon de ir al destierro y se quedaron en la provincia, están en una situación muy difícil y vergonzosa. En cuanto a Jerusalén, la muralla ha sido derribada y sus puertas han sido destruidas por el fuego."

⁴Al escuchar estas noticias, me senté a llorar, y por algunos días estuve muy triste, ayunando y orando ante el Dios del cielo. ⁵Y le dije: "Señor, Dios del cielo, Dios grande y terrible, que mantienes firme tu pacto y tu fidelidad con los que te aman y cumplen tus mandamientos; ⁶te ruego ahora que atiendas a la oración que día y noche te dirijo en favor de tus siervos, los israelitas. Reconozco que nosotros los israelitas hemos pecado contra ti; ¡hasta mis familiares y yo hemos pecado! ⁷Nos hemos conducido de la peor manera ante ti; no hemos cumplido los mandamientos, leyes y decretos que nos diste por medio de tu siervo Moisés. ⁸Recuerda que le advertiste que si nosotros pecábamos, nos dispersarías por todo el mundo;[b] ⁹pero que si nos volvíamos a ti y cumplíamos tus mandamientos, poniéndolos en práctica, aun cuando fuéramos esparcidos hasta el último rincón del mundo nos recogerías de allí y nos llevarías de nuevo al santo lugar que escogiste como residencia de tu nombre.[c]

¹⁰"Nosotros somos tus siervos y tu pueblo, que rescataste con tu gran poder y fortaleza.[d] ¹¹Te ruego, pues, Señor, que atiendas a mi oración y las súplicas de tus siervos, cuyo único deseo es honrarte. Te pido también que me des éxito y despiertes hacia mí las simpatías del rey."

### Artajerjes permite a Nehemías ir a Jerusalén

**2** Yo era entonces copero del rey Artajerjes. ¹Y un día del mes de Nisán, en el año veinte de su reinado, mientras yo le servía vino, el rey me vio tan triste ²que me preguntó:

—Te veo muy triste. ¿Qué te pasa? No pareces estar enfermo, así que has de tener algún problema.

En ese momento sentí un gran temor, ³y le dije al rey:

—¡Viva siempre Su Majestad! ¿Y cómo no he de verme triste, si la ciudad donde están las tumbas de mis padres se halla en ruinas y sus puertas han sido quemadas?[e]

⁴—¿Qué puedo hacer por ti? —preguntó el rey.

Entonces me encomendé al Dios del cielo, ⁵y respondí al rey:

—Si a Su Majestad le parece bien, y si he alcanzado su favor, pido a Su Majestad que me mande a Judá, a la ciudad donde están enterrados mis padres, para que yo la reconstruya.

⁶El rey, a cuyo lado estaba sentada la reina, me contestó:

—¿Cuánto tiempo durará tu viaje? ¿Cuándo volverás?

Yo le indiqué la fecha, y él aceptó dejarme ir. ⁷Además le dije que, si lo estimaba conveniente, se me diera una orden por escrito dirigida a los gobernadores al oeste del río Éufrates, para que me dejaran pasar libremente hasta llegar a Judá; ⁸y otra orden escrita para que Asaf, el guardabosques del rey, me diera madera para recubrir las puertas de la ciudadela del templo, así como para la muralla de la ciudad y para la casa donde yo tenía que vivir. Y el rey me lo concedió todo porque yo contaba con la bondadosa ayuda de mi Dios.

---

*a* 1.1 Esd 4.7.   *b* 1.8 Lv 26.33; Dt 28.64.   *c* 1.9 Dt 30.1-5.   *d* 1.10 Dt 9.29.   *e* 2.3 2 R 25.8-10; 2 Cr 36.19; Jer 52.12-14.

⁹Cuando llegué ante los gobernadores al oeste del Éufrates, les entregué las cartas del rey, quien además había enviado conmigo una escolta de caballería al mando de jefes del ejército. ¹⁰Pero cuando supieron esto Sanbalat el de Horón y Tobías, el funcionario amonita, se disgustaron mucho porque había llegado alguien interesado en ayudar a los israelitas.

### Proyecto de reconstrucción de la muralla

¹¹Llegué por fin a Jerusalén. Y a los tres días de estar allí, ¹²me levanté de noche, acompañado de algunos hombres, pero sin decir a nadie lo que Dios me había inspirado hacer por Jerusalén. No llevaba yo más cabalgadura que la que montaba. ¹³Aquella misma noche salí por la puerta del Valle en dirección a la fuente del Dragón y a la puerta del Basurero, e inspeccioné la muralla de Jerusalén, que estaba derrumbada y sus puertas quemadas. ¹⁴Luego seguí hacia la puerta de la Fuente y el estanque del Rey; pero mi cabalgadura no podía pasar por allí. ¹⁵Siendo todavía de noche, subí a lo largo del arroyo, y después de haber inspeccionado la muralla, regresé entrando por la puerta del Valle.

¹⁶Los gobernantes no sabían a dónde había ido yo, ni lo que andaba haciendo. Tampoco había yo informado hasta entonces a los judíos, es decir, a los sacerdotes, nobles, gobernantes y demás personas que habían de participar en la obra. ¹⁷Así que les dije:

—Ustedes saben bien que nos encontramos en una situación difícil, pues Jerusalén está en ruinas y sus puertas quemadas. Únanse a mí y reconstruyamos la muralla de Jerusalén, para que ya no seamos objeto de burla.

¹⁸Y cuando les conté la forma tan bondadosa en que Dios me había ayudado y las palabras que me había dicho el rey, ellos respondieron:

—¡Comencemos la reconstrucción!

Y con muy buen espíritu se animaron unos a otros. ¹⁹Pero cuando lo supieron Sanbalat el de Horón, Tobías el funcionario amonita, y Gesem el árabe, se burlaron de nosotros y nos dijeron con desprecio:

—¿Qué se traen ustedes entre manos? ¿Acaso piensan rebelarse contra el rey?

²⁰Pero yo les contesté:

—El Dios del cielo nos dará el éxito. Nosotros, sus siervos, vamos a comenzar la reconstrucción, y ustedes no tienen arte ni parte en Jerusalén.

### Distribución del trabajo

**3** ¹Entonces el sumo sacerdote Eliasib y sus compañeros los sacerdotes reconstruyeron la puerta de las Ovejas. Le pusieron vigas¹ y colocaron las puertas, y reconstruyeron la muralla desde la torre de los Cien hasta la torre de Hananeel. ²El siguiente tramo de la muralla lo reconstruyeron los hombres de Jericó, y el siguiente lo hizo Zacur, el hijo de Imri. ³Los descendientes de Senaa reconstruyeron la puerta de los Pescados. Le pusieron vigas y colocaron sus puertas con sus cerrojos y barras. ⁴El siguiente tramo de la muralla lo reforzó Meremot, hijo de Urías y nieto de Cos; y el siguiente, Mesulam, hijo de Berequías y nieto de Mesezabeel; el siguiente tramo lo restauró Sadoc, hijo de Baana. ⁵La reparación del siguiente tramo la hicieron los de Tecoa, aunque sus hombres importantes no quisieron ayudar a sus dirigentes. ⁶Joiada, hijo de Paseah, y Mesulam, hijo de Besodías, repararon la puerta de Jesana. Le pusieron vigas y colocaron sus puertas con sus cerrojos y barras. ⁷El siguiente tramo de la muralla lo repararon Melatías de Gabaón y Jadón de Meronot, y la gente de Gabaón y de Mizpa, lugares que estaban bajo la autoridad del gobernador al oeste del río Éufrates. ⁸El siguiente tramo de la muralla lo reparó Uziel, hijo de Harhaía, el platero; y el siguiente lo reparó Hananías, el perfumero; ellos dos restauraron la muralla de Jerusalén hasta la muralla ancha. ⁹El siguiente tramo lo reparó Refaías, hijo de Hur, que era alcalde de la mitad del distrito de Jerusalén. ¹⁰El siguiente tramo lo reparó Jedaías, hijo de Harumaf, pues quedaba frente a su casa, y el siguiente lo reparó Hatús, hijo de Hasabnías.

¹¹Malquías, hijo de Harim, y Hasub, hijo de Pahat-moab, repararon el siguiente tramo y la torre de los Hornos. ¹²El siguiente lo repararon Salum, hijo de Halohes, que era alcalde de la otra mitad del distrito de Jerusalén, y sus hijas. ¹³Hanún y los habitantes de Zanoa repararon la puerta del Valle; la reconstruyeron y colocaron sus puertas con sus cerrojos y barras, y restauraron cuatrocientos cincuenta metros de muralla, hasta la

---

¹ Le pusieron vigas: texto probable. Heb. consagraron.

puerta del Basurero. ¹⁴Malquías, hijo de Recab, gobernador del distrito de Bet-haquerem, reconstruyó la puerta del Basurero y colocó sus puertas con sus cerrojos y barras.

¹⁵Salum, hijo de Colhoze, gobernador del distrito de Mizpa, reparó la puerta de la Fuente: la reconstruyó y la techó, y colocó sus puertas con sus cerrojos y sus barras, y también reparó el muro del estanque de Siloé junto al Jardín Real, hasta las escaleras que bajan de la Ciudad de David. ¹⁶Nehemías, hijo de Azbuc, gobernador de medio distrito de Bet-sur, reparó el siguiente tramo de la muralla hasta frente a los sepulcros de David, hasta el depósito del agua y hasta el cuartel de los soldados.

¹⁷El siguiente tramo lo repararon los levitas: Rehum, hijo de Bani; y más adelante Hasabías, gobernador de medio distrito de Keila, que lo hizo en nombre de su distrito. ¹⁸El siguiente tramo lo repararon sus colegas: Bavai, hijo de Henadad, gobernador de la otra mitad del distrito de Keila; ¹⁹y Ezer, hijo de Josué, gobernador de Mizpa, reparó otro tramo frente a la subida al depósito de armas de la esquina. ²⁰A continuación de él, Baruc, hijo de Zabai, reparó otro tramo, desde la esquina hasta la puerta de la casa de Eliasib, el sumo sacerdote; ²¹y Meremot, hijo de Urías y nieto de Cos, reparó el siguiente tramo, desde la puerta de la casa de Eliasib hasta el final de la misma.

²²El tramo siguiente de la muralla lo repararon los sacerdotes que vivían en el valle del Jordán. ²³A continuación de ellos, Benjamín y Hasub repararon la muralla frente a su casa. Y después de ellos, Azarías, hijo de Maasías y nieto de Ananías, hizo la restauración junto a su casa. ²⁴El siguiente tramo lo reparó Binuy, hijo de Henadad, desde la casa de Azarías hasta el ángulo en la esquina. ²⁵A continuación de él, Palal, hijo de Uzai, reparó la muralla frente a la esquina y también la torre alta que sobresale del palacio real, la cual está en el patio de la guardia. El siguiente tramo lo reparó Pedaías, hijo de Faros, ²⁶hasta frente a la puerta del Agua, hacia el este, así como la torre que sobresale. (Los que vivían en Ofel eran los sirvientes del templo.) ²⁷Los de Tecoa repararon el siguiente tramo, desde enfrente de la torre grande que sobresale hasta la muralla de Ofel.

²⁸Los sacerdotes repararon la muralla, cada uno frente a su casa, desde la puerta de los Caballos. ²⁹A continuación de ellos, Sadoc, hijo de Imer, reparó la muralla frente a su casa; y el tramo siguiente lo reparó Semaías, hijo de Secanías, que era guardián de la puerta de Oriente. ³⁰Tras él repararon otro tramo Hananías, hijo de Selemías, y Hanún, que era el sexto hijo de Salaf; y a continuación de ellos, Mesulam, hijo de Berequías, lo hizo frente a su casa. ³¹Malquías, el platero, reparó el siguiente tramo de la muralla hasta la casa de los servidores del templo, y la de los comerciantes, frente a la puerta de la Inspección y hasta el puesto de vigilancia de la esquina. ³²Los plateros y los comerciantes repararon el siguiente tramo desde el puesto de vigilancia de la esquina hasta la puerta de las Ovejas.

### Burlas de los enemigos

4 ¹ᶠCuando Sanbalat supo que estábamos reconstruyendo la muralla, se enfureció y, lleno de rabia, comenzó a burlarse de los judíos ²diciendo ante sus compañeros y el ejército de Samaria: "¿Qué se creen estos judíos muertos de hambre? ¿Acaso piensan que se les va a permitir ofrecer sacrificios otra vez? ¿O que podrán terminar el trabajo en un día? ¿O que de los montones de escombros van a sacar nuevas las piedras que se quemaron?"

³A su lado estaba Tobías, el amonita, que añadió: "Para colmo, miren el muro que están construyendo: ¡hasta una zorra lo puede echar abajo, si se sube en él!"

### Oración de Nehemías

⁴Entonces yo oré: "Dios nuestro: escucha cómo se burlan de nosotros. Haz que sus ofensas se vuelvan contra ellos, y que caigan en poder del enemigo y sean llevados cautivos a otro país. ⁵No les perdones su maldad, ni borres de tu presencia su pecado, pues han insultado a los que están reconstruyendo la muralla."

### Amenazas de los enemigos

⁶Continuamos, pues, reconstruyendo la muralla, que estaba ya levantada hasta la mitad. La gente trabajaba con entusiasmo. ⁷Pero cuando Sanbalat, Tobías, los árabes, los de Amón y los de Asdod supieron que la reparación de la muralla

---

ᶠ Los vs. 4.1-23 corresponden a los vs. 3.33-4.17 en el texto hebreo.

de Jerusalén seguía adelante y que se había comenzado a tapar las brechas, se enojaron muchísimo, [8]y todos juntos formaron un plan para atacar Jerusalén y causar destrozos en ella. [9]Entonces oramos a nuestro Dios, y pusimos guardia día y noche para defendernos de ellos. [10]Y la gente de Judá decía: "La fuerza del cargador desmaya ante tal cantidad de escombros, y nosotros somos incapaces de reconstruir esta muralla."

[11]Nuestros enemigos pensaban que no nos daríamos cuenta ni veríamos nada hasta que se metieran en medio de nosotros para matarnos y detener las obras. [12]Pero cuando los judíos que vivían cerca de ellos vinieron a decirnos una y otra vez que esa gente iba a atacarnos por todos lados, [13]ordené que la gente se pusiera por familias detrás de la muralla, y en las partes bajas, y en las brechas, con espadas, lanzas y arcos. [14]Y al ver que tenían miedo, me puse de pie y dije a los nobles, a los gobernantes y al resto del pueblo: "No les tengan miedo. Recuerden que el Señor es grande y terrible, y luchen por sus compatriotas, por sus hijos e hijas, mujeres y hogares."

[15]Cuando nuestros enemigos supieron que estábamos preparados y que Dios había desbaratado sus planes, todos nosotros volvimos a la muralla, cada cual a su trabajo. [16]A partir de aquel momento, la mitad de mis hombres trabajaba en la obra, y la otra mitad se mantenía armada con lanzas, escudos, arcos y corazas. Los jefes daban todo su apoyo a la gente de Judá [17]que estaba reconstruyendo la muralla. Los cargadores seguían llevando cargas, pero con una mano trabajaban y con la otra sujetaban el arma. [18]Todos los que trabajaban en la construcción tenían la espada a la cintura, y a mi lado estaba el encargado de tocar la trompeta, [19]pues yo había dicho a los nobles y gobernantes, y al resto del pueblo: "Las obras son enormes y extensas, y nosotros estamos repartidos por la muralla, separados unos de otros. [20]Por lo tanto, allá donde escuchen el toque de trompeta, únanse a nosotros, y nuestro Dios luchará a nuestro lado."

[21]De este modo, mientras nosotros trabajábamos de sol a sol en la obra, la mitad de la gente se mantenía con la lanza en la mano. [22]Además, en aquella ocasión

dije a la gente que todos, incluso los ayudantes, debían pasar la noche dentro de Jerusalén, para que nos protegieran durante la noche y trabajaran durante el día. [23]Además, ni yo ni mis parientes y ayudantes, ni los hombres de la guardia que me acompañaban, nos quitábamos la ropa, y cada uno tenía la lanza en la mano.[2]

## Problemas internos

**5** [1]Hubo en aquel tiempo una gran protesta de parte del pueblo y de sus mujeres contra sus compatriotas judíos, [2]pues algunos decían que tenían muchos hijos e hijas y necesitaban conseguir trigo para no morirse de hambre; [3]otros decían que debido a la falta de alimentos habían tenido que hipotecar sus terrenos, viñedos y casas, [4]y otros decían que habían tenido que pedir dinero prestado para pagar los impuestos al rey, dando en garantía sus terrenos y viñedos. Decían además: [5]"Tanto nuestros compatriotas como nosotros somos de la misma raza; nuestros hijos no se diferencian en nada de los de ellos. Sin embargo, nosotros tenemos que someter a nuestros hijos e hijas a la esclavitud. De hecho, algunas de nuestras hijas son ya esclavas, y no podemos hacer nada por evitarlo, porque nuestros terrenos y viñedos ya pertenecen a otros."

[6]Cuando escuché sus quejas y razones, me llené de indignación. [7]Después de pensarlo bien, reprendí a los nobles y gobernantes por imponer una carga tal a sus compatriotas. Convoqué además una asamblea general para tratar su caso, [8]y les dije: "Nosotros, hasta donde nos ha sido posible, hemos rescatado a nuestros compatriotas judíos que habían sido vendidos a las naciones paganas; ¿y ahora ustedes los vuelven a vender para que nosotros tengamos que volver a rescatarlos?"

Ellos se quedaron callados, pues no sabían qué responder. [9]Y yo añadí: "Lo que están haciendo no está bien. Deberían mostrar reverencia por nuestro Dios, y evitar así las burlas de los paganos, nuestros enemigos. [10]También mis familiares, mis ayudantes y yo, les hemos prestado a ellos dinero y trigo; así que, ¡vamos a perdonarles esta deuda! [11]Y les ruego también que les devuelvan ahora mismo sus terrenos, viñedos, olivares y casas, y que cancelen las deudas[3] que tienen con ustedes,

---

[2] *Cada uno tenía la lanza en la mano:* texto probable. Heb. *cada uno su lanza el agua.*    [3] *Las deudas:* texto probable. Heb. *la centésima parte.*

sean de dinero, grano, vino o aceite."
¹²Ellos respondieron: "Devolveremos todo eso, y no les reclamaremos nada. Haremos todo tal como lo has dicho."

Entonces llamé a los sacerdotes, y en su presencia les hice jurar lo que prometieron. ¹³Además me sacudí la ropa y dije: "Así sacuda Dios fuera de su casa y de sus propiedades a todo aquel que no cumpla este juramento, y así lo despoje de todo lo que ahora tiene." Toda la multitud respondió: "Así sea", y alabaron al Señor.

### Generosidad de Nehemías

La gente cumplió su promesa, ¹⁴y durante doce años, es decir, desde aquel día del año veinte en que el rey Artajerjes me nombró gobernador de la región de Judá hasta el año treinta y dos de su reinado, ni yo ni mis colaboradores hicimos uso de la pensión que me correspondía como gobernador. ¹⁵En cambio, los gobernadores que estuvieron antes que yo, fueron una carga para el pueblo, pues diariamente cobraban cuarenta monedas de plata para comida y vino. Además, sus empleados oprimían al pueblo. Pero yo no lo hice así, por respeto a Dios. ¹⁶Por otra parte, cumplí con mi tarea de reconstruir la muralla de la ciudad, y no adquirí terrenos. En cuanto a mis empleados, todos ellos tomaron parte en el trabajo. ¹⁷A mi mesa se sentaban hasta ciento cincuenta personas, tanto judíos del pueblo como funcionarios del gobierno, sin contar a los que venían a visitarnos de las naciones vecinas. ¹⁸Y lo que se preparaba diariamente por mi cuenta, era: un buey y seis de las mejores ovejas, y aves; y cada diez días había vino en abundancia. A pesar de esto, nunca reclamé la pensión que me correspondía como gobernador, porque ya era excesiva la carga que pesaba sobre este pueblo. ¹⁹¡Tómame en cuenta, Dios mío, para mi bien, todo lo que he hecho por este pueblo!

### Complot contra Nehemías

**6** ¹Cuando Sanbalat, Tobías, Gesem el árabe y los demás enemigos nuestros supieron que yo había reconstruido la muralla sin dejar en ella ninguna brecha (aunque me faltaba todavía colocar las puertas en su sitio), ²me enviaron un mensaje Sanbalat y Gesem para que nos reuniéramos en alguna de las aldeas del valle de Ono. Pero lo que tramaban era hacerme daño. ³Entonces envié mensajeros a decirles que yo estaba ocupado en una obra importante, y que no podía ir, ya que el trabajo se detendría si yo lo dejaba por ir a verlos. ⁴Cuatro veces me enviaron el mismo mensaje, pero mi respuesta fue siempre la misma.

⁵Entonces Sanbalat, por medio de un criado suyo, me envió por quinta vez el mismo mensaje en una carta abierta, ⁶que decía: "Corre el rumor entre la gente, y también lo dice Gesem, de que tú y los judíos están planeando una rebelión, y que por eso están reconstruyendo la muralla. Según estos rumores, tú vas a ser su rey, ⁷y has nombrado ya profetas para que te proclamen rey en Jerusalén y digan que ya hay rey en Judá. Estos rumores bien pueden llegar a oídos del rey Artajerjes, así que ven y conversaremos personalmente."

⁸Entonces yo le envié contestación, diciéndole que no había nada de cierto en aquellos rumores, sino que eran producto de su imaginación. ⁹Pues ellos trataban de asustarnos, pensando que nos desanimaríamos y que no llevaríamos a cabo la obra; pero yo puse aún mayor empeño.[4]

¹⁰Después fui a casa de Semaías, hijo de Delaía y nieto de Mehetabel, que se había encerrado en su casa, y me dijo: "Reunámonos en el templo de Dios, dentro del santuario, y cerremos las puertas, porque esta noche piensan venir a matarte." ¹¹Pero yo le respondí: "Los hombres como yo, no huyen ni se meten en el templo para salvar el pellejo. Yo, al menos, no me meteré."

¹²Además me di cuenta de que él no hablaba de parte de Dios, sino que decía todo aquello contra mí porque Sanbalat y Tobías lo habían sobornado; ¹³le pagaban por asustarme, para que así yo pecara. De ese modo podrían crearme mala fama y desprestigiarme. ¹⁴¡Dios mío: recuerda lo que Sanbalat y Tobías han hecho! ¡No te olvides tampoco de Noadías, la profetisa, ni de los otros profetas que quisieron asustarme!

¹⁵La muralla quedó terminada el día veinticinco del mes de Elul, y en la obra se emplearon cincuenta y dos días. ¹⁶Nuestros enemigos lo supieron, y todas las naciones que había a nuestro alrededor tuvieron mucho miedo y se vino abajo su orgullo, porque comprendieron que esta

---

4 *Yo puse aún mayor empeño:* según varias versiones antiguas. Heb. *hazme poner más empeño.*

obra se había llevado a cabo con la ayuda de nuestro Dios.

¹⁷En aquellos días hubo mucha correspondencia entre Tobías y personas importantes de Judá, ¹⁸porque muchas personas de Judá habían jurado lealtad a Tobías, por ser el yerno de Secanías, hijo de Ara, y porque su hijo Johanán se había casado con la hija de Mesulam, hijo de Berequías. ¹⁹De modo que lo elogiaban en mi presencia y le contaban lo que yo decía. Tobías, por su parte, me enviaba cartas para asustarme.

## Nehemías nombra dirigentes

7 ¹Cuando la muralla quedó reconstruida y se le colocaron las puertas, se nombraron porteros, cantores y levitas. ²Al frente de Jerusalén puse a mi hermano Hananí[g] y a Hananías, el comandante de la ciudadela, que era un hombre digno de confianza y más temeroso de Dios que muchas personas. ³Les dije que no debían abrirse las puertas de Jerusalén hasta bien entrado el día, y que debían cerrarse y asegurarse estando en sus puestos los de la guardia. También nombré vigilantes entre los mismos habitantes de Jerusalén, para que vigilaran, unos en sus puestos y otros frente a su propia casa. ⁴La ciudad era grande y extensa, pero había en ella poca gente porque las casas no se habían reconstruido.

## Los que volvieron del destierro
### (Esd 2.1-70)

⁵Entonces Dios me impulsó a reunir a las personas importantes, las autoridades y el pueblo, para hacer un registro familiar, y encontré el libro del registro familiar de los que habían llegado antes. En él estaba escrito lo siguiente:

⁶⁻⁷"Esta es la lista de los israelitas nacidos en Judá que fueron desterrados a Babilonia por el rey Nabucodonosor, y que después del destierro volvieron a Jerusalén y a otros lugares de Judá, cada cual a su población, encabezados por Zorobabel, Josué, Nehemías, Azarías, Raamías, Nahamani, Mardoqueo, Bilsán, Misperet, Bigvai, Nehum y Baana:

⁸"Los descendientes de Paros, dos mil ciento setenta y dos;

⁹los de Sefatías, trescientos setenta y dos;

¹⁰los de Ara, seiscientos cincuenta y dos;

¹¹los de Pahat-moab, que eran descendientes de Josué y de Joab, dos mil ochocientos dieciocho;

¹²los de Elam, mil doscientos cincuenta y cuatro;

¹³los de Zatu, ochocientos cuarenta y cinco;

¹⁴los de Zacai, setecientos sesenta;

¹⁵los de Binuy, seiscientos cuarenta y ocho;

¹⁶los de Bebai, seiscientos veintiocho;

¹⁷los de Azgad, dos mil trescientos veintidós;

¹⁸los de Adonicam, seiscientos sesenta y siete;

¹⁹los de Bigvai, dos mil sesenta y siete;

²⁰los de Adín, seiscientos cincuenta y cinco;

²¹los de Ater, que eran descendientes de Ezequías, noventa y ocho;

²²los de Hasum, trescientos veintiocho;

²³los de Bezai, trescientos veinticuatro;

²⁴los de Harif, ciento doce;

²⁵los de Gabaón, noventa y cinco.

²⁶Los hombres de Belén y de Netofa, ciento ochenta y ocho;

²⁷los de Anatot, ciento veintiocho;

²⁸los de Bet-azmavet, cuarenta y dos;

²⁹los de Quiriat-jearim, Cafira y Beerot, setecientos cuarenta y tres;

³⁰los de Ramá y de Geba, seiscientos veintiuno;

³¹los de Micmas, ciento veintidós;

³²los de Betel y de Hai, ciento veintitrés;

³³los de Nebo,[5] cincuenta y dos.

³⁴Los descendientes del otro Elam, mil doscientos cincuenta y cuatro;

³⁵los de Harim, trescientos veinte;

³⁶los de Jericó, trescientos cuarenta y cinco;

³⁷los de Lod, Hadid y Ono, setecientos veintiuno;

³⁸los de Senaa, tres mil novecientos treinta.

³⁹Los sacerdotes descendientes de Jedaías, de la familia de Josué, novecientos setenta y tres;

⁴⁰los descendientes de Imer, mil cincuenta y dos;

⁴¹los de Pasur, mil doscientos cuarenta y siete;

⁴²los de Harim, mil diecisiete.

---

⁵ *Los de Nebo:* texto probable, según Esd 2.29. Heb. *los del otro Nebo.*
ᵍ **7.2** Neh 1.2.

43"Los levitas descendientes de Josué y de Cadmiel, que a su vez eran descendientes de Hodavías, eran setenta y cuatro.

44"Los cantores descendientes de Asaf eran ciento cuarenta y ocho.

45"Los porteros eran los descendientes de Salum, los de Ater, los de Talmón, los de Acub, los de Hatita y los de Sobai. En total, ciento treinta y ocho.

46"Los sirvientes del templo eran los descendientes de Ziha, los de Hasufa, los de Tabaot, 47los de Queros, los de Siaha, los de Padón, 48los de Lebana, los de Hagaba, los de Salmai, 49los de Hanán, los de Gidel, los de Gahar, 50los de Reaía, los de Rezín, los de Necoda, 51los de Gazam, los de Uza, los de Paseah, 52los de Besai, los de Meunim, los de Nefusim,[6] 53los de Bacbuc, los de Hacufa, los de Harhur, 54los de Bazlut, los de Mehída, los de Harsa, 55los de Barcos, los de Sísara, los de Tema, 56los de Nezía y los de Hatifa.

57"Los descendientes de los sirvientes de Salomón eran los descendientes de Sotai, los de Soferet, los de Peruda, 58los de Jaala, los de Darcón, los de Gidel, 59los de Sefatías, los de Hatil, los de Poqueret-hazebaim y los de Amón. 60El total de los sirvientes del templo y de los descendientes de los sirvientes de Salomón era de trescientos noventa y dos.

61"Los que llegaron de Tel-mela, Tel-harsa, Querub, Adón e Imer, y que no pudieron demostrar si eran israelitas de raza o por parentesco, fueron los siguientes: 62los descendientes de Delaía, los de Tobías y los de Necoda, que eran seiscientos cuarenta y dos. 63Y de los parientes de los sacerdotes: los descendientes de Habaía, los de Cos y los de Barzilai, el cual se casó con una de las hijas de Barzilai, el de Galaad, y tomó el nombre de ellos. 64Estos buscaron su nombre en el registro familiar, pero como no lo encontraron allí, fueron eliminados del sacerdocio. 65Además, el gobernador les ordenó que no comieran de los alimentos consagrados hasta que un sacerdote decidiera la cuestión por medio del Urim y el Tumim.[h]

66"La comunidad se componía de un total de cuarenta y dos mil trescientas sesenta personas, 67sin contar sus esclavos y esclavas, que eran siete mil trescientas treinta y siete personas. Tenían también doscientos cuarenta y cinco cantores y cantoras. 68Tenían además setecientos treinta y seis caballos, doscientas cuarenta y cinco mulas,[7] 69cuatrocientos treinta y cinco camellos y seis mil setecientos veinte asnos.

70"Algunos jefes de familia entregaron donativos para la obra; el gobernador dio para la tesorería ocho kilos de oro, cincuenta tazones y quinientas treinta túnicas sacerdotales. 71Los jefes de familia dieron para la tesorería de la obra ciento sesenta kilos de oro y mil doscientos diez kilos de plata; 72y el resto del pueblo dio ciento sesenta kilos de oro, mil cien kilos de plata y sesenta y siete túnicas sacerdotales.

73"Los sacerdotes, los levitas, los porteros, los cantores, la gente del pueblo, los sirvientes del templo y todo Israel se establecieron en sus poblaciones."[i]

## La ley es leída en público

Cuando llegó el mes séptimo, ya los israelitas estaban instalados en sus localidades.[j] 8 1Entonces todo el pueblo en masa se reunió en la plaza que está frente a la puerta del Agua, y le dijeron al maestro Esdras que trajera el libro de la ley de Moisés, que el Señor había dado a Israel. 2El día primero del mes séptimo, el sacerdote Esdras trajo el libro de la ley ante la reunión compuesta de hombres, mujeres y todos los que tenían uso de razón; 3y desde la mañana hasta el mediodía lo leyó en presencia de ellos, delante de la plaza que está frente a la puerta del Agua.

Todo el pueblo estaba atento a la lectura del libro de la ley. 4Y el maestro Esdras estaba de pie sobre una tribuna de madera construida para ese fin. También de pie y a su derecha estaban Matatías, Sema, Anías, Urías, Hilcías y Maasías. A su izquierda estaban Pedaías, Misael, Malquías, Hasum, Hasbadana, Zacarías y Mesulam. 5Entonces Esdras abrió el libro a la vista de todo el pueblo, ya que se le podía ver por encima de todos; y al abrirlo, todo el mundo se puso de pie. 6Entonces Esdras alabó al Señor, el Dios todopoderoso, y todo el pueblo, con los brazos en alto, respondió: "Así sea, así sea." Luego se inclinaron hasta tocar el suelo con la frente, y adoraron al Señor.

7Los levitas Josué, Bani, Serebías, Jamín, Acub, Sabetai, Hodías, Maasías, Kelita, Azarías, Jozabed, Hanán y Pelaía

---

[6] Nefusim: texto probable, según Esd 2.50. Heb. Nefisesim.   [7] Este v. 68 se inserta según Esd 2.66. En el texto hebreo no aparece, por lo que los vs. 69-73 corresponden a 68-72 en dicho texto.
[h] 7.65 Ex 28.30; Nm 27.21; Dt 33.8.   [i] 7.73 1 Cr 9.2; Heb 11.3.   [j] 7.73-8.1 Esd 3.1.

explicaban la ley al pueblo. Mientras la gente permanecía en su sitio, [8]ellos leían en voz alta el libro de la ley de Dios, y lo traducían para que se entendiera claramente la lectura.[k] [9]Y como todo el pueblo lloraba al oír los términos de la ley, tanto el gobernador Nehemías como el maestro y sacerdote Esdras, y los levitas que explicaban la ley al pueblo, dijeron a todos que no se pusieran tristes ni lloraran, porque aquel día estaba dedicado al Señor, su Dios. [10]Además les dijo Esdras: "Vayan y coman de lo mejor, beban vino dulce e inviten a quienes no tengan nada preparado, porque hoy es un día dedicado a nuestro Señor. No estén tristes, porque la alegría del Señor es nuestro refugio."

[11]También los levitas calmaban a la gente, diciéndoles que se callaran y no lloraran, porque era un día dedicado al Señor. [12]Entonces toda la gente se fue a comer y beber, y a compartir su comida y celebrar una gran fiesta, porque habían comprendido lo que se les había enseñado.

### Celebración de la fiesta de las Enramadas

[13]Al día siguiente, todos los jefes de familia y los sacerdotes y los levitas se reunieron con el maestro Esdras para estudiar los términos de la ley, [14]y encontraron escrito en ella que el Señor había ordenado por medio de Moisés que, durante la fiesta religiosa del mes séptimo, los israelitas debían vivir debajo de enramadas.[l] [15]Entonces, por todas las ciudades y en Jerusalén, se hizo correr la voz de que la gente saliera a los montes a buscar ramas de olivo, arrayán, palmera o cualquier otro árbol frondoso para hacer las enramadas, conforme a lo que estaba escrito en la ley. [16]Y la gente salió y volvió con ramas para hacer sus propias enramadas en las azoteas y en los patios, como también en el atrio del templo de Dios, en la plaza de la puerta del Agua y en la plaza de la puerta de Efraín. [17]Toda la comunidad que volvió del destierro hizo enramadas y se instaló debajo de ellas, pues desde el tiempo de Josué, hijo de Nun, hasta aquel día no se había hecho tal cosa. Y hubo una gran alegría. [18]Celebraron la fiesta religiosa durante siete días; y desde el primer día hasta el último, Esdras leía

diariamente pasajes del libro de la ley de Dios; y en el día octavo hubo una reunión solemne, conforme a la costumbre establecida.

### Esdras confiesa los pecados de Israel

**9** [1]El día veinticuatro del mismo mes, los israelitas se reunieron para ayunar; se vistieron con ropas ásperas y se echaron tierra sobre la cabeza, [2]y separándose de aquellos que descendían de extranjeros,[m] se pusieron de pie y reconocieron sus propios pecados y los de sus antepasados. [3]Mientras permanecían en su lugar, durante tres horas se leyó públicamente el libro de la ley del Señor su Dios, y durante otras tres horas confesaron sus pecados y adoraron al Señor. [4]Después los levitas Josué, Binuy, Cadmiel, Sebanías, Buni, Serebías, Bani y Quenaní subieron a la tribuna e invocaron en voz alta al Señor su Dios; [5]luego dijeron los levitas Josué, Cadmiel, Binuy, Hasabnías, Serebías, Hodías, Sebanías y Petaías: "Levántense, alaben al Señor su Dios por siempre y siempre. ¡Alabado sea, con bendiciones y alabanzas, su[8] alto y glorioso nombre!"

[6]Y Esdras dijo:[9] "Tú eres el Señor, y nadie más.[n] Tú hiciste el cielo y lo más alto del cielo, y todas sus estrellas; tú hiciste la tierra y todo lo que hay en ella, los mares y todo lo que contienen. Tú das vida a todas las cosas. Por eso te adoran las estrellas del cielo.

[7]"Tú, Señor, eres el Dios que escogiste a Abram; tú lo sacaste de Ur, ciudad de los caldeos,[ñ] y le pusiste por nombre Abraham.[o] [8]Viste que era un hombre que confiaba en ti, e hiciste con él un pacto: que darías a sus descendientes el país de los cananeos, hititas, amorreos, ferezeos, jebuseos y gergeseos;[p] ¡y has cumplido tu palabra, porque tú siempre cumples! [9]Tú viste cómo sufrían nuestros antepasados en Egipto,[q] y escuchaste sus lamentos junto al Mar Rojo.[r] [10]Hiciste grandes prodigios y maravillas en contra del faraón, de todos sus siervos y de toda la gente de su país,[s] porque te diste cuenta de la insolencia con que ellos trataban a los israelitas. Y te ganaste así la gran fama que tienes. [11]Partiste en dos el mar delante de ellos, y pasaron por en medio sobre

---

[8] *Su:* según una versión antigua. Heb. *tu.*  [9] *Y Esdras dijo:* según la versión griega. En el texto hebreo no aparece esta frase.
[k] **8.1-8** Dt 31.11-13; 2 R 23.2.  [l] **8.14-15** Lv 23.33-36,39-43; Dt 16.13-15.  [m] **9.2** Esd 10.11.  [n] **9.6** Dt 6.4.  [ñ] **9.7** Gn 12.1.
[o] **9.7** Gn 17.5.  [p] **9.8** Gn 15.18-21.  [q] **9.9** Ex 3.7.  [r] **9.9** Ex 14.10-12.  [s] **9.10** Ex 7-12.

terreno seco; pero hundiste a sus perseguidores hasta al fondo, como una piedra en aguas profundas.[t] [12]Luego los guiaste de día con una columna de nube, y de noche con una columna de fuego, para alumbrarles el camino que tenían que seguir.[u]

[13]"Después bajaste al monte Sinaí, y hablaste con ellos desde el cielo; les diste decretos justos, enseñanzas verdaderas, y leyes y mandamientos buenos. [14]Les enseñaste también a consagrarte el día de reposo,[10] y les diste mandamientos, enseñanzas verdaderas, leyes y enseñanzas por medio de tu siervo Moisés.[v] [15]Les diste además pan del cielo para saciar su hambre[w] y agua de la roca para apagar su sed.[x] Luego les dijiste que entraran a ocupar el país que les habías prometido.[y]

[16]"Pero ellos y nuestros antepasados fueron orgullosos y testarudos, y no hicieron caso a tus mandamientos. [17]No quisieron obedecer ni recordar las grandes cosas que hiciste en favor suyo. Fueron tan testarudos que nombraron un jefe que los llevara de nuevo a su esclavitud en Egipto.[z] Pero tú eres un Dios perdonador, un Dios tierno y compasivo, paciente y todo amor,[a] y no los abandonaste. [18]Aun cuando se hicieron un becerro de metal fundido, y dijeron que ése era el dios que los había sacado de Egipto,[b] y cometieron graves ofensas, [19]tú, por tu gran compasión, no los abandonaste en el desierto. La columna de nube no se apartó de ellos durante el día para guiarlos por el camino, ni la columna de fuego durante la noche para alumbrarles el camino que tenían que seguir. [20]Además les diste de tu buen espíritu para instruirlos; jamás les faltó de la boca el maná que les enviabas, y les diste agua para calmar su sed. [21]Durante cuarenta años les diste de comer en el desierto, y nunca les faltó nada: ni se desgastaron sus ropas ni se les hincharon los pies.[c]

[22]"Les entregaste reinos y naciones, y se los repartiste en parcelas, y ellos tomaron posesión de Hesbón, país del rey Sehón, y de Basán, país del rey Og.[d] [23]Hiciste que tuvieran tantos hijos como estrellas hay en el cielo,[e] y los llevaste a tomar posesión del país que habías prometido dar en propiedad a sus antepasados.[f] [24]Y ellos entraron y conquistaron la tierra de Canaán; humillaste ante ellos a los habitantes de esa tierra, y a sus reyes y a la gente de esa región los pusiste en sus manos para que hicieran con ellos lo que quisieran.[g] [25]También se apoderaron de ciudades fortificadas y de tierras fértiles, de casas llenas de lo mejor, de pozos, viñedos, olivares y muchos otros árboles frutales; comieron hasta quedar satisfechos, engordaron y disfrutaron de tu gran bondad.[h]

[26]"Pero fueron desobedientes, se rebelaron contra ti y despreciaron tu ley. Mataron además a tus profetas, que los acusaban abiertamente y les decían que se volvieran a ti, y te ofendieron grandemente. [27]Por eso los entregaste al poder de sus enemigos, que los oprimieron. Después, estando afligidos, te pidieron ayuda, y tú, por tu gran compasión, los escuchaste desde el cielo; les diste hombres que los libraran del poder de sus opresores.

[28]"Sin embargo, en cuanto tenían un poco de paz, volvían a hacer lo malo en tu presencia; por eso los dejaste caer en poder de sus enemigos, los cuales los sometieron. Luego volvían a pedirte ayuda, y tú, lleno de compasión, los escuchabas desde el cielo, librándolos en muchas ocasiones.[i] [29]Les aconsejabas que volvieran a cumplir tus leyes; pero ellos se creían suficientes y no hacían caso de tus mandamientos; violaban tus decretos, que dan vida a quienes los practican;[j] fueron rebeldes y testarudos, y no hicieron caso. [30]Durante muchos años tuviste paciencia con ellos y les hiciste advertencias por medio de tu espíritu y de tus profetas; pero no hicieron caso,[k] y por eso los entregaste al dominio de las naciones de la tierra. [31]Sin embargo, por tu gran compasión no los destruiste del todo ni los abandonaste; porque tú eres un Dios tierno y compasivo.

[32]"Por lo tanto, Dios nuestro, Dios grande, poderoso y terrible, que mantienes tu pacto y tu gran amor, no tengas en poco todas las calamidades que han ocurrido a nuestros reyes, jefes, sacerdotes y profetas, y a nuestros antepasados, y a todo el pueblo, desde el tiempo de los reyes de Asiria[l] hasta el presente. [33]No obstante, tú estás limpio de culpa en todo lo que nos ha sucedido; pues tú has actuado con fidelidad, en tanto que nosotros

---

[10] Días de reposo: aquí equivale a sábado.

[t] 9.11 Ex 14.21-29; 15.4-5.   [u] 9.12 Ex 13.21-22.   [v] 9.13-14 Ex 19.18-23.33.   [w] 9.15 Ex 16.4-15.   [x] 9.15 Ex 17.1-7.   [y] 9.15 Dt 1.21.
[z] 9.16-17 Nm 14.1-4; Dt 1.26-33.   [a] 9.17 Ex 34.6; Neh 9.17; Sal 86.15; Jl 2.13.   [b] 9.18 Ex 32.1-4.   [c] 9.19-21 Dt 8.2-4.
[d] 9.22 Nm 21.21-35; Dt 2.26-3.4.   [e] 9.23 Gn 15.5; 22.17; Dt 1.10.   [f] 9.23 Jos 3.14-17.   [g] 9.24 Jos 11.23.   [h] 9.25 Dt 6.10-11.
[i] 9.25-28 Dt 32.15-43; Jue 2.11-16.   [j] 9.29 Lv 18.5.   [k] 9.30 2 R 17.13-18; 2 Cr 36.15-16; Zac 7.12.   [l] 9.32 2 R 15.19,29; 17.3-6;
Esd 4.2,10.

hemos hecho lo malo. [34]Ni nuestros reyes, jefes y sacerdotes, ni nuestros antepasados, cumplieron tu ley ni hicieron caso de tus mandamientos y de las advertencias que les hiciste. [35]Por el contrario, en su reino, y a pesar de los muchos bienes que les diste y del grande y fértil país que les entregaste, no te rindieron culto ni abandonaron sus malas acciones.

[36]"Míranos hoy, convertidos en esclavos precisamente en el país que diste a nuestros antepasados para que se alimentaran de sus productos y bienes. [37]Lo que se produce en abundancia es para los reyes que, por causa de nuestros pecados, has puesto sobre nosotros. Nosotros y nuestros ganados estamos sujetos a sus caprichos. Por eso estamos tan afligidos."

### Pacto del pueblo para cumplir la ley

[38][m]Por todo esto, nosotros nos comprometemos firmemente por escrito, y el documento sellado lo firman nuestros jefes, levitas y sacerdotes.

**10** [1]Las siguientes personas firmamos el documento: Yo, Nehemías hijo de Hacalías, que era el gobernador; Sedequías, [2]Seraías, Azarías, Jeremías, [3]Pasur, Amarías, Malquías, [4]Hatús, Sebanías, Maluc, [5]Harim, Meremot, Obadías, [6]Daniel, Ginetón, Baruc, [7]Mesulam, Abías, Mijamín, [8]Maazías, Bilgai y Semaías. Estos eran sacerdotes.

[9]Los levitas: Josué, hijo de Azanías, Binuy, descendiente de Henadad, y Cadmiel; [10]y sus hermanos, Sebanías, Hodías, Kelita, Pelaías, Hanán, [11]Micaía, Rehob, Hasabías, [12]Zacur, Serebías, Sebanías, [13]Hodías, Bani y Beninu.

[14]Los jefes de la nación: Paros, Pahatmoab, Elam, Zatu, Bani, [15]Buni, Azgad, Bebai, [16]Adonías, Bigvai, Adín, [17]Ater, Ezequías, Azur, [18]Hodías, Hasum, Bezai, [19]Harif, Anatot, Nebai, [20]Magpías, Mesulam, Hezir, [21]Mesezabeel, Sadoc, Jadúa, [22]Pelatías, Hanán, Anaías, [23]Oseas, Hananías, Hasub, [24]Halohes, Pilha, Sobec, [25]Rehum, Hasabna, Maasías, [26]Ahías, Hanán, Anán, [27]Maluc, Harim y Baana.

### Otros compromisos del pueblo para con Dios

[28]En cuanto a los demás ciudadanos, es decir, los sacerdotes, levitas, porteros, cantores, sirvientes del templo, y todos los que se habían separado[n] de la gente de la región para cumplir con la ley de Dios, junto con sus mujeres y todos sus hijos e hijas con uso de razón, [29]se unieron a sus parientes y a sus jefes, y juraron conducirse según la ley que Dios había dado por medio de su siervo Moisés, y cumplir fielmente todos los mandamientos y decretos y leyes de nuestro Señor. [30]Por lo tanto, no daríamos en casamiento nuestras hijas a las gentes del país, ni aceptaríamos que sus hijas se casaran con nuestros hijos.[ñ] [31]Y cuando la gente del país viniera en día de reposo[10,o] a vender sus productos y toda clase de granos, no les compraríamos nada, ni en día de reposo ni en cualquier otro día festivo; así mismo, en el séptimo año renunciaríamos a las cosechas[p] y perdonaríamos las deudas.[q]

[32]También decidimos imponernos la obligación de contribuir cada año con cuatro gramos de plata para cubrir los gastos del servicio del templo de nuestro Dios:[r] [33]para el pan de la Presencia,[s] las ofrendas diarias de cereales, los holocaustos diarios, los sacrificios de los días de reposo[10] y de luna nueva, y de las otras fiestas religiosas; y para las ofrendas en general, los sacrificios para obtener el perdón por los pecados de Israel, y para todo el culto en el templo de nuestro Dios.

[34]Además, los sacerdotes, los levitas y todo el pueblo, según nuestras familias, echamos suertes para llevar cada año al templo de nuestro Dios la provisión de leña en el tiempo señalado, para quemarla en el altar del Señor nuestro Dios, como está escrito en la ley.[t] [35]También acordamos llevar cada año al templo del Señor los primeros frutos de nuestros campos y de todos los árboles frutales,[u] [36]y llevar también al templo de nuestro Dios a nuestros primeros hijos y las primeras crías de nuestras vacas y de nuestras ovejas, como está escrito en la ley,[v] ante los sacerdotes que sirven en el templo. [37]También acordamos llevar a los almacenes del templo de nuestro Dios, como contribución para los sacerdotes, nuestra primera harina y los primeros frutos de todo árbol, y nuestro primer vino y nuestro primer aceite, y llevar a los levitas la décima parte de nuestras cosechas,[w] ya que son ellos los que recogen la décima parte en todas nuestras fincas.

---

[10] *Días de reposo:* aquí equivale a *sábado.*

[m] Los vs. 9.38-10.39 corresponden a los vs. 10.1-40 en el texto hebreo. [n] 10.28 Esd 6.21; Neh 9.2; 13.3. [ñ] 10.30 Ex 34.16; Dt 7.3. [o] 10.31 Ex 20.8. [p] 10.31 Ex 23.10-11; Lv 25.1-7. [q] 10.31 Dt 15.1-2. [r] 10.32 Ex 30.11-16; 2 Cr 24.6-9; Mt 17.24. [s] 10.33 Ex 25.30; Lv 24.5-8. [t] 10.34 Lv 6.12; Neh 13.31. [u] 10.35 Ex 23.19; 34.26; Dt 26.2. [v] 10.36 Ex 13.2,11-15. [w] 10.37 Lv 27.30; Nm 18.21.

³⁸Y cuando los levitas vayan a recoger la décima parte, los acompañará un sacerdote descendiente de Aarón. Luego los levitas deberán llevar a los almacenes del templo de nuestro Dios la décima parte de la décima parte˟ que ellos recojan, ³⁹pues los israelitas y los levitas llevan las contribuciones de trigo, vino y aceite a los almacenes donde están los utensilios sagrados y los sacerdotes en servicio, los porteros y los cantores. Y prometimos no abandonar el templo de nuestro Dios.

### Los habitantes de Jerusalén
(1 Cr 9.1-34)

11 ¹Las autoridades de la nación se establecieron en Jerusalén; y el resto del pueblo echó suertes para que una de cada diez familias fuera a vivir a Jerusalén, la ciudad santa, mientras que las otras nueve se quedarían en las demás poblaciones. ²Luego el pueblo bendijo a todos los que voluntariamente se ofrecieron a vivir en Jerusalén.

³A continuación figuran los jefes principales de los repatriados que establecieron su residencia en Jerusalén. En las ciudades de Judá se establecieron los israelitas, los sacerdotes, los levitas, los sirvientes del templo y los descendientes de los sirvientes de Salomón, cada uno en su respectiva población y propiedad.

⁴Algunos de Judá y Benjamín que se establecieron en Jerusalénʸ fueron, por parte de Judá: Ataías, que era hijo de Uzías, que era hijo de Zacarías, que era hijo de Amarías, que era hijo de Sefatías, que era hijo de Mahalaleel, descendiente de Fares; ⁵y Maasías, que era hijo de Baruc, que era hijo de Colhoze, que era hijo de Hazaías, que era hijo de Adías, que era hijo de Joiarib, que era hijo de Zacarías, que era hijo de Siloni. ⁶El total de los descendientes de Fares que se quedaron a vivir en Jerusalén fue de cuatrocientos sesenta y ocho, todos ellos hombres de guerra.

⁷Por parte de Benjamín: Salú, que era hijo de Mesulam, que era hijo de Joed, que era hijo de Pedaías, que era hijo de Colaías, que era hijo de Maasías, que era hijo de Itiel, que era hijo de Jesaías; ⁸y sus hermanosⁱⁱ Gabai y Salai. En total: novecientos veintiocho. ⁹Su jefe era Joel, hijo de Zicri; y Judá, hijo de Senúa, que era el segundo jefe de la ciudad.

¹⁰De los sacerdotes: Jedaías, hijo de Joiarib, Jaquín, ¹¹y Seraías, hijo de Hilcías, que era hijo de Mesulam, que era hijo de Sadoc, que era hijo de Meraiot, que era hijo de Ahitob, el jefe principal del templo de Dios. ¹²También sus compañeros, que trabajaban en el servicio del templo y eran ochocientos veintidós; y Adaías, que era hijo de Jeroham, que era hijo de Pelalías, que era hijo de Amsi, que era hijo de Zacarías, que era hijo de Pasur, que era hijo de Malquías. ¹³Sus parientes, jefes de familia, sumaban doscientos cuarenta y dos; y Amasai, que era hijo de Azareel, que era hijo de Azai, que era hijo de Mesilemot, que era hijo de Imer. ¹⁴Sus parientes, que eran hombres de guerra, sumaban ciento veintiocho personas, y su jefe era Zabdiel, hijo de Gedolim.

¹⁵De los levitas: Semaías, que era hijo de Hasub, que era hijo de Azricam, que era hijo de Hasabías, que era hijo de Buni; ¹⁶Sabetai y Jozabad, que eran de los jefes de los levitas, estaban encargados de las obras fuera del templo de Dios; ¹⁷Matanías, que era hijo de Micaía, que era hijo de Zabdi, que era hijo de Asaf, era el director del coro que cantaba la alabanza y la acción de gracias a la hora de la oración; Bacbuquías, que era el segundo de la familia, y Abda, que era hijo de Samúa, que era hijo de Galal, que era hijo de Jedutún. ¹⁸El total de levitas que quedaron en la ciudad santa fue de doscientos ochenta y cuatro.

¹⁹De los porteros: Acub, Talmón y sus parientes, que vigilaban las puertas ciento setenta y dos.

²⁰Los demás israelitas en general, y el resto de los sacerdotes y levitas, se instalaron en las otras poblaciones de Judá, cada uno en su propiedad; ²¹aunque los sirvientes del templo, cuyos dirigentes eran Ziha y Gispa, se instalaron en Ofel.

²²El jefe de los levitas de Jerusalén era Uzi, que era hijo de Bani, que era hijo de Hasabías, que era hijo de Matanías, que era hijo de Micaía, de los descendientes de Asaf, los cuales dirigían los cantos en el servicio del templo de Dios, ²³pues el rey había dado órdenes acerca de los deberes diarios de los cantores.

²⁴El representante ante el rey para cualquier asunto civil, era Petaías, hijo de Mesezabeel, que era descendiente de Zera, hijo de Judá.

---

ⁱⁱ Y sus hermanos: según la versión griega. Heb. y después de él.
˟ 10.38 Nm 18.26. ʸ 11.3-4 1 Cr 9.2; Neh 7.73.

### Lugares habitados además de Jerusalén

²⁵Algunos de la tribu de Judá se instalaron en Quiriat-arba, Dibón, Jecabseel, ²⁶Josué, Molada, Bet-pelet, ²⁷Hazar-sual, Beerseba, ²⁸Siclag, Mecona, ²⁹En-rimón, Zora, Jarmut, ³⁰Zanoa, Adulam, Laquis y Azeca, con sus aldeas y campos respectivos. Se establecieron desde Beerseba hasta el valle de Hinom. ³¹Y los de la tribu de Benjamín se instalaron en Geba, Micmas, Aía, Betel y sus aldeas; ³²también en Anatot, Nob, Ananías, ³³Hazor, Ramá, Gitaim, ³⁴Hadid, Seboim, Nebalat, ³⁵Lod, Ono, y en el valle de los Artesanos. ³⁶Además, a algunos de los levitas se les dieron terrenos en Judá y Benjamín.

### Sacerdotes y levitas

**12** ¹Estos son los sacerdotes y levitas que regresaron con Zorobabel, hijo de Salatiel, y con Josué:

Los sacerdotes: Seraías, Jeremías, Esdras, ²Amarías, Maluc, Hatús, ³Secanías, Rehum, Meremot, ⁴Ido, Gineto, Abías, ⁵Mijamín, Maadías, Bilga, ⁶Semaías, Joiarib, Jedaías, ⁷Salú, Amoc, Hilcías y Jedaías. Estos eran los jefes de los sacerdotes y sus parientes en tiempos de Josué.

⁸Los levitas: Josué, Binuy, Cadmiel, Serebías, Judá y Matanías, quien, con sus colegas, estaba encargado de los himnos de alabanza; ⁹y Bacbuquías y Uni, también colegas suyos, estaban frente a ellos para el desempeño de sus funciones.

¹⁰Josué fue padre de Joiacim, Joiacim lo fue de Eliasib, Eliasib lo fue de Joiada, ¹¹Joiada lo fue de Johanán,¹² y Johanán lo fue de Jadúa.

¹²En tiempos de Joiacim, los sacerdotes jefes de familia eran: de la familia de Seraías, Meraías; de la de Jeremías, Hananías; ¹³de la de Esdras, Mesulam; de la de Amarías, Johanán; ¹⁴de la de Melicú, Jonatán; de la de Sebanías, José; ¹⁵de la de Harim, Adna; de la de Meraiot, Helcai; ¹⁶de la de Ido, Zacarías; de la de Ginetón, Mesulam; ¹⁷de la de Abías, Zicri; de la de Miniamín, . . .; ¹³ de la de Moadías, Piltai; ¹⁸de la de Bilga, Samúa; de la de Semaías, Jonatán; ¹⁹de la de Joiarib, Matenai; de la de Jedaías, Uzi; ²⁰de la de Salai, Calai; de la de Amoc, Eber; ²¹de la de Hilcías, Hasabías; y de la familia de Jedaías, Natanael.

²²En la época de Eliasib, Joiada, Johanán y Jadúa, y hasta el reinado de Darío el persa, los levitas fueron inscritos como jefes de familia, y también los sacerdotes. ²³Por su parte, los levitas jefes de familia fueron inscritos en el libro de la crónicas hasta la época de Johanán, nieto de Eliasib. ²⁴Los jefes de los levitas eran: Hasabías, Serebías, Josué, Binuy¹⁴ y Cadmiel, y sus compañeros estaban frente a ellos para alabar y dar gracias al Señor durante su respectivo turno de servicio, como lo había mandado David, hombre de Dios. ²⁵Y los porteros que cuidaban las puertas de entrada eran: Matanías, Bacbuquías, Obadías, Mesulam, Talmón y Acub. ²⁶Estos vivieron en tiempos de Joiacim, hijo de Josué y nieto de Josadac; y en la época del gobernador Nehemías y del sacerdote y maestro Esdras.

### Consagración de la muralla

²⁷Cuando llegó el día de consagrar la muralla de Jerusalén, buscaron a los levitas en todos los lugares donde vivían, y los llevaron a Jerusalén para que celebraran la consagración con alegría, alabanzas e himnos, acompañados de platillos, arpas y liras. ²⁸Y los cantores levitas¹⁵ acudieron de los alrededores de Jerusalén, de las aldeas de Netofa, ²⁹del caserío de Gilgal y de los campos de Geba y de Azmavet; pues los cantores se habían construido aldeas alrededor de Jerusalén. ³⁰Entonces se purificaron los sacerdotes y los levitas. Luego purificaron al pueblo y las puertas de la ciudad y la muralla.

³¹Después hice que autoridades de Judá se subieran a la muralla, y organicé dos coros grandes. El primer coro marchaba sobre la muralla hacia la derecha, en dirección a la puerta del Basurero. ³²Detrás del coro iba Osaías con la mitad de las autoridades de Judá, es decir, ³³con Azarías, Esdras, Mesulam, ³⁴Judá, Benjamín, Semaías y Jeremías. ³⁵De los sacerdotes, los acompañaban con trompetas: Zacarías, hijo de Jonatán, cuyos antepasados eran Semaías, Matanías, Micaías, Zacur y Asaf; ³⁶además de sus parientes Semaías, Azarael, Milalai, Gilalai, Maai, Natanael, Judá y Hanani, los cuales tocaban los instrumentos de música de David, hombre de Dios. Al frente de ellos iba el maestro Esdras. ³⁷Y sobre la puerta de la Fuente, y siguiendo adelante

---

¹² *Johanán:* texto probable. Heb. *Jonatán.* (Véase v. 23.) ¹³ El nombre del jefe correspondiente no se encuentra en el texto hebreo. ¹⁴ *Binuy:* según v. 8 y otros casos. Heb. *hijo de.* ¹⁵ *Levitas:* texto probable. Heb. *hijos de.*

sobre lo alto de la muralla, subieron por sobre las escaleras de la Ciudad de David, arriba del palacio de David y hasta la puerta del Agua, que está al este.

[38]El segundo coro marchaba hacia la izquierda. Yo iba detrás del coro sobre la muralla con la otra mitad de la gente, desde la torre de los Hornos hasta la muralla ancha, [39]pasando por la puerta de Efraín, la puerta de Jesana, la puerta de los Pescados, la torre de Hananeel y la torre de los Cien, hasta la puerta de las Ovejas; y nos detuvimos en la puerta de la Guardia. [40]Luego los dos coros ocuparon sus puestos en el templo de Dios; y yo también, con la mitad de los gobernantes que me acompañaban.

[41]Los sacerdotes que tocaban las trompetas eran: Eliacim, Maaseías, Miniamín, Micaías, Elioenai, Zacarías, Hananías, [42]Maasías, Semaías, Eleazar, Uzi, Johanán, Malquías, Elam y Ezer. Y los cantores, dirigidos por Izrahías, cantaron a coro.

[43]Aquel día se ofrecieron muchos sacrificios,[z] y la gente se alegró mucho porque Dios nos llenó de gran alegría. Las mujeres y los niños también estuvieron muy contentos, y el regocijo que hubo en Jerusalén se oía desde lejos.

### Víveres para sacerdotes y levitas

[44]Por aquel tiempo se nombraron personas encargadas de los depósitos de los tesoros, de las ofrendas, de los primeros frutos y de los diezmos, para almacenar en ellos lo que conforme a la ley llegaba de los campos de cada ciudad para los sacerdotes y levitas; porque los de Judá estaban contentos con los sacerdotes y levitas que estaban en servicio. [45]Tanto ellos como los cantores[a] y los porteros,[b] eran quienes celebraban el culto a su Dios y el rito de la purificación, tal como lo habían dispuesto David y su hijo Salomón. [46]Pues antiguamente, en tiempos de David y de Asaf, había jefes de cantores, cantos de alabanza y acción de gracias a Dios.

[47]Así que, en la época de Zorobabel y de Nehemías, todo Israel entregaba diariamente los víveres a los cantores y porteros; daba también a los levitas la parte que les correspondía, y éstos hacían lo mismo con los descendientes de Aarón.

### Reformas de Nehemías

**13** [1]Por aquel tiempo se leyó públicamente el libro de Moisés, y en él se halló escrito que los amonitas y moabitas no debían jamás pertenecer al pueblo de Dios. [2](Porque ellos no salieron a recibir a los israelitas con comida y bebida, sino que le pagaron a Balaam para que pronunciara maldiciones contra ellos,[c] aunque nuestro Dios convirtió la maldición en bendición.)[d] [3]Así que, en cuanto oyeron lo que decía la ley, separaron de Israel a todos los que ya se habían mezclado con extranjeros.

[4]Antes de esto, el sacerdote Eliasib estaba a cargo de los almacenes del templo de nuestro Dios. Como Eliasib era pariente de Tobías, [5]había facilitado a éste un cuarto grande en el que antes se guardaban las ofrendas, el incienso, los utensilios y el diezmo del trigo, del vino y del aceite que se ordenaba dar a los levitas, cantores y porteros, además de las contribuciones para los sacerdotes. [6]Cuando todo esto ocurrió, yo no estaba en Jerusalén, porque en el año treinta y dos del reinado de Artajerjes, rey de Babilonia, volví a la corte; aunque al cabo de algún tiempo pedí permiso al rey [7]y regresé a Jerusalén. Fue entonces cuando comprobé el mal que había hecho Eliasib por complacer a Tobías, proporcionándole una sala en el atrio del templo de Dios. [8]Aquello me disgustó mucho, y eché fuera de la sala todos los muebles de la casa de Tobías. [9]Luego ordené que la purificaran y que volvieran a colocar en su sitio los utensilios del templo de Dios, las ofrendas y el incienso.

[10]También supe que no se habían entregado a los levitas sus provisiones,[e] y que los levitas y cantores encargados del culto habían huido, cada uno a su tierra. [11]Entonces reprendí a las autoridades por el abandono en que tenían el templo de Dios. Después reuní a los sacerdotes y levitas, y los instalé en sus puestos, [12]y todo Judá trajo a los almacenes el diezmo del trigo, del vino y del aceite. [13]Luego puse a cargo de los almacenes al sacerdote Selemías, al secretario Sadoc y a un levita llamado Pedaías; puse también como ayudante suyo a Hanán, hijo de Zacur y nieto de Matanías, porque eran dignos de confianza. Ellos se encargarían de hacer el reparto a sus compañeros. [14]¡Dios mío: tómame en cuenta esto que he hecho; y no

olvides todo lo bueno que he hecho por el templo de mi Dios y por su culto!

[15] En aquellos días vi que en Judá había quienes en día de reposo[16] pisaban uvas para hacer vino, acarreaban manojos de trigo, cargaban los asnos con vino y racimos de uvas, higos y toda clase de carga, y que también en día de reposo[16] lo llevaban a Jerusalén.[g] Entonces los reprendí por vender sus mercancías en ese día. [16] Además, algunos de la ciudad de Tiro que vivían allí, llevaban pescado y toda clase de mercancías, y se lo vendían en día de reposo[16] a los judíos de Jerusalén. [17] Entonces reprendí a los jefes de Judá, diciéndoles:

—¿Qué maldad están cometiendo, al profanar el día de reposo?[16] [18] Esto es precisamente lo que hicieron sus antepasados, y por eso nuestro Dios trajo tantas desgracias sobre nosotros y sobre esta ciudad. ¿Acaso quieren irritar más aún a Dios contra Israel por profanar el día de reposo?

[19] Entonces ordené que tan pronto como las sombras de la tarde anunciaran el comienzo del día de reposo,[17] se cerraran las puertas de Jerusalén y no fueran abiertas hasta pasado el día. Puse además en las puertas a algunos de mis sirvientes para que en día de reposo [18] no entrara ningún cargamento. [20] Los negociantes y vendedores de mercancías se quedaron varias veces a pasar la noche fuera de Jerusalén, [21] pero yo discutí con ellos y los reprendí por quedarse a pasar la noche delante de la muralla, y les dije que si volvían a hacerlo los haría arrestar. Desde entonces no volvieron a presentarse en día

de reposo.[18] [22] Después ordené a los levitas que se purificaran y que fueran a vigilar las puertas, para que el día de reposo[18] no fuera profanado. ¡Dios mío: acuérdate de mí también por esto, y ten compasión de mí conforme a tu bondad!

[23] Vi también en aquellos días que algunos judíos se habían casado con mujeres de Asdod, Amón y Moab; [24] y la mitad de sus hijos hablaban la lengua de Asdod y de otras naciones, pero no sabían hablar la lengua de los judíos. [25] Discutí con ellos y los maldije. A algunos de ellos los golpeé y les arranqué el pelo, y los obligué a jurar por Dios que no permitirían más que sus hijas e hijos se casaran con extranjeros, ni aceptarían como esposas para sus hijos o para ellos mismos a las mujeres de ellos.[h] Les dije además: [26] "'¡Este fue el pecado de Salomón, rey de Israel! Y a pesar de que entre las muchas naciones no hubo un rey como él, y de que Dios lo amó[i] y lo puso como rey de todo Israel, las mujeres extranjeras lo hicieron pecar.[j] [27] Por lo tanto, no se tolerará que ustedes pequen tan gravemente contra nuestro Dios, casándose con mujeres extranjeras.''

[28] A uno de los hijos de Joiada, el hijo del sumo sacerdote Eliasib, que era además yerno de Sanbalat[k] el horonita, lo hice huir de mi presencia. [29] ¡Dios mío: acuérdate de los que han manchado el sacerdocio y el pacto sacerdotal y levítico! [30] Así que los limpié de todo lo que era extranjero y organicé los turnos de sacerdotes y levitas, cada cual en su obligación; [31] la provisión de leña en las fechas señaladas y la entrega de los primeros frutos. ¡Dios mío: acuérdate de favorecerme!

---

[16] *Día de reposo:* aquí equivale a *sábado.*     [17] En Israel, los días se cuentan a partir de la puesta del sol.
[18] *Día de reposo:* aquí equivale a *sábado.*
[g] 13.15-22 Ex 20.8-10; Dt 5.12-14; Jer 17.21-22.     [h] 13.23-25 Ex 34.11-16; Dt 7.1-5.     [i] 13.26 2 S 12.24-25.     [j] 13.26 1 R 11.1-8.
[k] 13.28 Neh 4.1.

# ESTER

*Si Esdras y Nehemías nos hablan de los judíos que volvieron del exilio, el libro de Ester nos ofrece un cuadro dramático de la vida de los que se quedaron y arraigaron en el imperio persa. En el centro de ese cuadro está una mujer judía, Ester, y la acción se desarrolla en el palacio del rey Asuero —generalmente identificado con Jerjes— y en Susa, capital de su imperio. Ester ha llegado a ser reina (caps. 1,2) y descubre los planes de Amán, un alto funcionario real, para destruir a los judíos (caps. 3-6). Ester lo denuncia al rey, y éste no sólo lo manda ahorcar sino que expide un decreto que favorece a los judíos y los autoriza a defenderse de sus enemigos. La festividad judía del Purim (caps. 7-10) conmemora este acontecimiento.*

### Banquete del rey Asuero

**1** ¹Esta historia tuvo lugar en el tiempo en que Asuero*ᵃ* reinaba sobre un imperio de ciento veintisiete provincias, que se extendía desde la India hasta Etiopía, ²y que tenía establecido su gobierno central en la ciudadela de Susa.

³En el tercer año de su reinado, el rey Asuero dio una fiesta en honor de todos los funcionarios y colaboradores del gobierno, de los jefes del ejército persa y medo, y de los gobernadores y jefes de las provincias, ⁴con el fin de mostrarles la riqueza y grandeza de su reino y el extraordinario esplendor de su poderío. La fiesta duró medio año, ⁵al cabo del cual el rey dio otra fiesta que duró siete días, en el patio del jardín del palacio real. Todos los que vivían en la ciudadela de Susa, tanto los más importantes como los menos importantes, fueron invitados. ⁶El patio estaba adornado con finas cortinas blancas y azules, sostenidas por cordones de lino color púrpura que pasaban por anillos de plata, y estaban sujetas a unas columnas de mármol. También habían puesto divanes de oro y plata, y el suelo estaba embaldosado con piedras finas, nácar y mármol blanco y negro.*¹* ⁷Las bebidas se servían en copas de oro, cada una de ellas de diferente forma, y el vino corría en abundancia, como corresponde a la generosidad de un rey. ⁸Sin embargo, el rey había dado orden a los jefes de los camareros de palacio, de que no se obligara a nadie a beber, sino que cada invitado tomara lo que quisiera. ⁹Por su parte, la reina Vasti dio también un banquete a las esposas de los invitados en el palacio del rey Asuero.

¹⁰En el séptimo día de fiesta, el rey estaba muy alegre debido al vino, y mandó a Mehumán, Bizta, Harbona, Bigta, Abagta, Zetar y Carcas, siete hombres de su confianza,*²* ¹¹que llevaran a su presencia a la reina Vasti luciendo la corona real, para que el pueblo y los grandes personajes pudieran admirar la belleza de la reina, pues realmente era muy hermosa. ¹²Pero la reina se negó a cumplir la orden que el rey le había dado por medio de sus hombres de confianza. Entonces el rey se enojó mucho. Lleno de ira, ¹³consultó a los entendidos en cuestiones de leyes,*³* ya que era costumbre que los asuntos del rey fueran tratados con los que conocían las leyes y el derecho. ¹⁴De ellos, los más allegados al rey eran Carsena, Setar, Admata, Tarsis, Meres, Marsena y Memucán, siete altas personalidades de Persia y Media, que formaban parte del consejo real y ocupaban altos cargos en el gobierno de la nación. ¹⁵El rey les preguntó:

—De acuerdo con la ley, ¿qué debe hacerse con la reina Vasti por no obedecer la orden que le di por medio de mis mensajeros?

¹⁶Y en presencia de los que formaban parte del consejo real, Memucán respondió al rey:

—La reina Vasti no solamente ha ofendido a Su Majestad, sino también a todas las autoridades y a toda la población de las provincias del rey Asuero. ¹⁷Lo que ha hecho la reina lo van a saber todas las mujeres, y eso va a ser la causa de que ellas pierdan el respeto a sus maridos, pues dirán: 'El rey Asuero mandó llamar a la reina Vasti, y ella se negó a ir'. ¹⁸Las esposas de los funcionarios de Persia y de Media, al saber lo que ha hecho la reina, lo van a discutir hoy mismo con sus maridos, y eso traerá desprecio y disgustos. ¹⁹Por lo tanto, si a Su Majestad le parece bien, que se dé a conocer el siguiente decreto real, y que quede registrado entre

---

*¹ El patio estaba . . . blanco y negro.:* traducción probable. Heb. oscuro.  *² Hombres de su confianza:* lit. *eunucos.* Véase *Glosario* anexo.  *³ Leyes:* texto probable. Heb. *tiempos.*
*ᵃ* 1.1 Esd 4.6; Est (gr) 1.1a-s.

las leyes de los persas y los medos, para que no sea anulado:[b] 'La reina Vasti no podrá presentarse nunca más delante del rey.' Y que el título de reina le sea dado a otra mujer más digna. [20]El decreto real deberá darse a conocer por todo el reino, y así todas las mujeres respetarán a sus maridos, cualquiera que sea su posición social.

[21]La idea de Memucán les pareció bien al rey y a los miembros del consejo real, y el rey la puso en práctica. [22]Envió cartas a todas las provincias de su reino, escritas en la lengua y la escritura propias de cada provincia y pueblo de su imperio, ordenando en ellas que los maridos mantuvieran su autoridad en sus casas y hablaran como mejor les pareciera.[d]

### Ester es elegida reina

**2** [1]Después de algún tiempo, el rey Asuero, con el ánimo ya calmado, se acordó de Vasti, de lo que ella había hecho y del decreto promulgado contra ella. [2]Entonces los funcionarios de su gobierno le dijeron:

—Es necesario que se busquen para el rey jóvenes vírgenes y bellas. [3]Que nombre el rey delegados en todas las provincias de su reino, con el encargo de traerlas todas al palacio de las mujeres que el rey tiene en la ciudadela de Susa, y que sean puestas al cuidado de Hegai, hombre de confianza del rey y guardián de las mujeres. Que Hegai, a su vez, las someta a un tratamiento de belleza, [4]y que la joven que más le guste al rey sea nombrada reina y ocupe el lugar de Vasti.

La idea le agradó al rey, y así se hizo.

[5]En la ciudadela de Susa vivía un judío llamado Mardoqueo, hijo de Jair, y descendiente de Simei y de Cis, de la tribu de Benjamín. [6]Era uno de los muchos que el rey Nabucodonosor de Babilonia había desterrado de Jerusalén junto con Jeconías, rey de Judá.[c] [7]Mardoqueo tenía una prima, huérfana de padre y madre, que él había adoptado como hija cuando sus padres murieron. Se llamaba Hadasa, o Ester, y era muy bella y de hermoso porte. [8]Cuando el edicto del rey se publicó y muchas jóvenes fueron reunidas en el palacio real de la ciudadela de Susa y puestas bajo el cuidado de Hegai, el guardián de las mujeres, entre ellas estaba Ester. [9]La joven agradó mucho a Hegai y se ganó su estimación, así que Hegai la

sometió en seguida a un tratamiento de belleza y le dio los mejores alimentos; puso a su servicio siete de las mejores criadas que había en el palacio real, y con ellas la trasladó a las mejores habitaciones del palacio de las mujeres.

[10]Ester no dijo nada sobre su raza ni su familia, pues Mardoqueo le había ordenado que no lo hiciera. [11]Y Mardoqueo se paseaba todos los días frente al patio del palacio de las mujeres, para saber si Ester estaba bien, y cómo la trataban.

[12]Todas aquellas jóvenes eran sometidas a un tratamiento de belleza durante doce meses. Los primeros seis meses se untaban el cuerpo con aceite de mirra, y los seis meses restantes con perfumes y cremas de los que usan las mujeres. Terminado el tratamiento, cada una de las jóvenes se presentaba por turno ante el rey Asuero, [13]y se le permitía llevar del palacio de las mujeres al palacio real todo lo que pidiera. [14]Iba al palacio real por la noche, y a la mañana siguiente pasaba a otra sección del palacio de las mujeres, que estaba al cuidado de Saasgaz, hombre de confianza del rey y guardián de las concubinas; después de eso no volvía a presentarse ante el rey, a menos que a éste le hubiera agradado y la mandara llamar.

[15]Cuando a Ester, hija de Abihail, tío de Mardoqueo, le tocó presentarse ante el rey, sólo llevó lo que le había indicado Hegai, hombre de confianza del rey y guardián de las mujeres. Para entonces, Ester se había ganado ya la simpatía de todos los que la trataban. [16]Ester fue llevada al palacio real para presentarse ante el rey Asuero, en el mes décimo, también llamado Tebet, del séptimo año de su reinado. [17]Y Asuero se enamoró de Ester como nunca se había enamorado de ninguna otra mujer, y de tal manera se ganó ella el cariño de Asuero, que éste la favoreció más que a todas las otras jóvenes que habían estado con él, y le puso la corona real en la cabeza y la nombró reina en lugar de Vasti. [18]Luego dio un gran banquete en honor de Ester, al que invitó a todos los funcionarios y colaboradores de su reino, rebajó impuestos a las provincias y repartió muchos regalos, como corresponde a la generosidad de un rey.

### Mardoqueo descubre un complot contra el rey

[19]Por los días en que las jóvenes eran llevadas a la otra sección del palacio de las

[d] Y hablaran como mejor les pareciera: texto probable. Heb. y que hablaran la lengua de su pueblo.
[b] 1.19 Est 8.8; Dn 6.8. [c] 2.5-6 2 R 24.10-16; 2 Cr 36.10; Est (gr) 1.1a-c.

mujeres, Mardoqueo estaba sentado a la puerta del palacio real. [20]Tal como le había aconsejado Mardoqueo, Ester no había dicho nada acerca de su pueblo ni de su familia, sino que seguía cumpliendo las instrucciones que Mardoqueo le había dado, como cuando estaba bajo su protección. [21]Mientras Mardoqueo estaba sentado a la puerta del palacio real, oyó hablar a Bigtán y Teres, dos oficiales de la guardia real que vigilaban la entrada del palacio. Estos, muy enojados, hacían planes para asesinar al rey Asuero. [22]Cuando Mardoqueo supo de este complot, se lo contó a la reina Ester, quien a su vez lo comunicó al rey de parte de Mardoqueo. [23]El asunto fue investigado y, al descubrirse que era cierto, los dos oficiales fueron condenados a la horca. De este hecho se dejó constancia, en presencia del rey, en el libro en que se escribía la historia de la nación.*

### Mardoqueo y Amán

**3** [1]Algún tiempo después, el rey Asuero elevó a Amán, hijo de Hamedata, descendiente de Agag, al cargo de jefe de gobierno de la nación. [2]Todos los que servían al rey en su palacio, se ponían de rodillas e inclinaban la cabeza cuando Amán pasaba o cuando estaban delante de él, porque así lo había mandado el rey; pero Mardoqueo no quiso obedecer esta orden.

[3]Entonces los funcionarios del rey preguntaron a Mardoqueo por qué no cumplía la orden dada por el rey. [4]Y todos los días le preguntaban lo mismo, pero él no les hacía caso. Entonces fueron a contárselo a Amán, para ver si Mardoqueo sostendría sus palabras, pues ya les había dicho que era judío.** [5]Y cuando Amán comprobó que Mardoqueo no se arrodillaba ni inclinaba la cabeza cuando él pasaba, se llenó de indignación; [6]pero como ya le habían dicho de qué raza era Mardoqueo, le pareció que no bastaría con castigarlo sólo a él, y empezó a pensar en cómo acabar con todos los judíos que vivían en el reino de Asuero.

### Decreto para destruir a los judíos

[7]El primer mes del año, o sea el mes de Nisán, en el año decimosegundo del reinado de Asuero, se echaron suertes[d] en presencia de Amán para fijar el día y el mes en que convenía llevar a cabo su plan, y salió el día trece del mes doce, o sea el mes de Adar. [8]Entonces dijo Amán al rey Asuero:

—Entre todos los pueblos que componen las provincias del reino de Su Majestad, hay uno que vive separado de los demás; tiene leyes distintas de las de otros pueblos, y no cumple las órdenes de Su Majestad. No conviene a Su Majestad que este pueblo siga viviendo en su reino. [9]Por lo tanto, si a Su Majestad le parece bien, publíquese un decreto que ordene su exterminio, y yo por mi parte entregaré a los funcionarios de hacienda trescientos treinta mil kilos de plata para el tesoro real.

[10]Entonces el rey se quitó su anillo y se lo dio a Amán, enemigo de los judíos, [11]diciéndole:

—Puedes quedarte con la plata. En cuanto a ese pueblo, haz con él lo que mejor te parezca.

[12]El día trece del primer mes del año fueron llamados los secretarios del rey, los cuales escribieron las órdenes de Amán a los gobernadores regionales y provinciales y a las autoridades de cada nación. Estas órdenes fueron escritas en la escritura y la lengua propias de cada provincia y pueblo, y firmadas en nombre del rey Asuero y selladas con el sello real, [13]y enviadas luego por medio de correos a todas las provincias del reino. En ellas se ordenaba destruir por completo, y en un solo día, a todos los judíos, fueran jóvenes o viejos, niños o mujeres, y apoderarse de todos sus bienes. El día señalado era el trece del mes doce, o sea el mes de Adar. [14]La copia de este decreto fue publicada como ley y dada a conocer en todas las provincias y pueblos, a fin de que estuvieran preparados para ese día.*** [15]Los correos partieron inmediatamente por orden del rey, y el decreto fue publicado en la ciudadela de Susa. Y mientras el rey y Amán se sentaban a brindar, en Susa reinaba la confusión.

### Tristeza de los judíos por el edicto

**4** [1]Cuando Mardoqueo supo todo lo que había pasado, se rasgó la ropa en señal de dolor, se vistió con ropas ásperas, se echó ceniza sobre la cabeza y empezó a recorrer la ciudad dando gritos llenos de amargura. [2]Así llegó hasta la entrada del palacio real, pues no se permitía que

---

* 2.21-23 Est (gr) 1.1m-p.   ** 3.2-4 Est (gr) 4.17d-e.   *d* 3.7 Est 9.24-26.   *** 3.14 Est (gr) 3.13a-g.

entrara nadie vestido de tal manera. ³También en cada provincia adonde llegaban la orden y el edicto del rey, hubo gran aflicción entre los judíos, los cuales manifestaban su tristeza con ayunos, lágrimas y lamentos, y muchos de ellos se acostaron sobre ceniza y se vistieron con ropas ásperas.

### La intervención de Ester

⁴Las criadas que estaban al servicio de la reina Ester y los hombres que formaban su guardia personal, comunicaron a ésta lo que estaba sucediendo. Entonces la reina se llenó de angustia y envió ropa a Mardoqueo para que se cambiara la ropa áspera que tenía puesta, pero él no quiso aceptarla. ⁵Ester llamó entonces a Hatac, que era oficial de la guardia real, y le ordenó que fuera a ver a Mardoqueo y le preguntara qué estaba sucediendo y por qué hacía todo aquello. ⁶Hatac fue a hablar con Mardoqueo, que estaba en la plaza de la ciudad, frente a la puerta del palacio real, ⁷y Mardoqueo lo puso al corriente de lo que pasaba y de la cantidad de plata que Amán había prometido entregar al tesoro real a cambio de que los judíos fueran exterminados. ⁸También le entregó una copia del decreto de exterminación publicado en Susa, para que se la diera a Ester y así pudiera ella estar informada de todo. También le recomendaba a Ester que hablara personalmente con el rey y le suplicara que interviniera en favor de su pueblo.

⁹Hatac regresó y le contó a Ester lo que Mardoqueo le había dicho. ¹⁰Entonces Ester envió nuevamente a Hatac con la siguiente respuesta para Mardoqueo: ¹¹"Todos los que sirven al rey, y los habitantes de las provincias bajo su gobierno, saben que hay una ley que condena a muerte a todo hombre o mujer que entre en el patio interior del palacio para ver al rey sin que él lo haya llamado, a no ser que el rey tienda su cetro de oro hacia esa persona en señal de clemencia, y le perdone así la vida. Por lo que a mí toca, hace ya treinta días que no he sido llamada por el rey."

¹²Cuando Mardoqueo recibió la respuesta de Ester, ¹³le envió a su vez este mensaje: "No creas que tú, por estar en el palacio real, vas a ser la única judía que salve la vida. ¹⁴Si ahora callas y no dices nada, la liberación de los judíos vendrá de otra parte, pero tú y la familia de tu padre morirán. ¡A lo mejor tú has llegado a ser reina precisamente para ayudarnos en esta situación!"

¹⁵Entonces Ester envió esta respuesta a Mardoqueo: ¹⁶"Ve y reúne a todos los judíos de Susa, para que ayunen por mí. Que no coman ni beban nada durante tres días y tres noches. Mis criadas y yo haremos también lo mismo, y después iré a ver al rey, aunque eso vaya contra la ley. Y si me matan, que me maten."

¹⁷Entonces Mardoqueo se fue y cumplió todas las indicaciones de Ester. *

### Ester se presenta al rey

**5** ¹Tres días después, Ester se puso las vestiduras reales y entró en el patio interior de palacio, deteniéndose ante la sala en que el rey estaba sentado en su trono, el cual quedaba frente a la puerta. ** ²En cuanto el rey vio a la reina Ester en el patio, se mostró cariñoso con ella y extendió hacia ella el cetro de oro que llevaba en la mano. Ester se acercó y tocó el extremo del cetro, ³y el rey le preguntó:

—¿Qué te pasa, reina Ester? ¿Qué deseas? ¡Aun si me pides la mitad de mi reino, te la concederé!

Y Ester respondió: ***

⁴—Si le parece bien a Su Majestad, le ruego que asista hoy al banquete que he preparado en su honor, y que traiga también a Amán.

Entonces el rey ordenó:

⁵—Busquen en seguida a Amán, y que se cumpla el deseo de la reina Ester.

Así el rey y Amán fueron al banquete que la reina había preparado. ⁶Durante el banquete, el rey dijo a Ester:

—¡Pídeme lo que quieras, y te lo concederé, aun si me pides la mitad de mi reino!

⁷Y Ester contestó:

—Sólo deseo y pido esto: ⁸que si Su Majestad me tiene cariño y accede a satisfacer mi deseo y a concederme lo que pido, asista mañana, acompañado de Amán, a otro banquete que he preparado en su honor. Entonces haré lo que Su Majestad me pide.

### Amán prepara la horca para Mardoqueo

⁹Amán salió del banquete muy contento y satisfecho; pero se llenó de ira al

* 4.17 Est (gr) 4.17a-i.    ** 5.1 Est (gr) 4.17k-z; 5.1a-f.    *** 5.3 Est (gr) 1.1q.

ver que Mardoqueo, que estaba a la puerta del palacio, no se levantaba y ni siquiera se movía al verlo pasar. [10]Sin embargo, en ese momento no demostró el odio que sentía; pero cuando llegó a su casa mandó llamar a sus amigos y a Zeres, su mujer, [11]y habló con ellos de sus grandes riquezas, de los muchos hijos que tenía, y de cómo el rey lo había distinguido entre sus funcionarios y colaboradores, dándole un puesto superior al de todos ellos. [12]Y añadió:

—Además, yo soy el único a quien la reina Ester ha invitado al banquete que hoy ofreció al rey; y me ha invitado de nuevo al banquete que le ofrecerá mañana. [13]Sin embargo, mientras yo vea a ese judío Mardoqueo sentado a la puerta del palacio real, todo esto no significará nada para mí.

[14]Entonces su mujer y todos sus amigos le dijeron:

—Manda construir una horca, de unos veintidós metros de altura, y mañana por la mañana pídele al rey que cuelguen en ella a Mardoqueo. Así podrás ir al banquete con el rey sin ninguna preocupación.

Esta idea le agradó a Amán, y mandó preparar la horca.

### Triunfo de Mardoqueo

6 [1]Aquella misma noche, el rey no podía dormir, por lo que mandó que le trajeran el libro en que estaban escritos todos los sucesos importantes de la nación, para que se lo leyeran. [2]En él encontraron el relato de cómo Mardoqueo había descubierto el complot preparado por Bigtán y Teres, oficiales de la guardia real, para asesinar al rey Asuero.[e] [3]Entonces el rey preguntó:

—¿Qué recompensa y honor ha recibido Mardoqueo por esta acción?

—Nada absolutamente —respondieron sus funcionarios.

[4]En aquel momento entró Amán en el patio al cual daban las habitaciones particulares del rey, para pedirle que Mardoqueo fuera colgado en la horca que había mandado preparar.

—¿Quién anda en el patio? —preguntó el rey.

[5]—Es Amán —contestaron los funcionarios.

—¡Háganlo pasar! —ordenó.

[6]Amán entró, y el rey le preguntó:

—¿Qué debe hacerse al hombre a quien el rey quiere honrar?

Amán se dijo a sí mismo: "¿Y a quién va a querer honrar el rey sino a mí?" [7]Así que respondió:

—Para ese hombre [8]deberá traerse la misma túnica que usa Su Majestad, y un caballo de los que Su Majestad monta, que lleve en su cabeza una corona real.[5] [9]La túnica y el caballo se entregarán a uno de los más grandes personajes del gobierno, para que sea él quien vista al hombre a quien Su Majestad desea honrar, y lo conduzca a caballo por la plaza de la ciudad, gritando delante de él: '¡Así se trata al hombre a quien el rey quiere honrar!'

[10]Entonces el rey dijo a Amán:

—Pues date prisa, toma la túnica y el caballo, tal como has dicho, y haz eso mismo con el judío Mardoqueo, que está sentado a la puerta del palacio. No dejes de cumplir ningún detalle de los que has dicho.

[11]Amán tomó la túnica y el caballo, y vistió a Mardoqueo y lo condujo a caballo por la plaza de la ciudad, gritando delante de él: "¡Así se trata al hombre a quien el rey quiere honrar!"

[12]Una vez terminado el paseo, Mardoqueo volvió a la puerta del palacio, y Amán se fue a toda prisa a su casa, triste y con la cara tapada. [13]Allí les contó a su mujer y a sus amigos todo lo que había pasado, y ellos le dijeron:

—Si ese Mardoqueo, ante el cual has comenzado a perder autoridad, es judío, no podrás vencerlo, sino que fracasarás por completo.

[14]Todavía no habían terminado de hablar, cuando llegaron los criados que estaban al servicio personal del rey, para llevar inmediatamente a Amán al banquete que Ester había preparado.

### Amán es condenado a muerte

7 [1]El rey y Amán fueron al banquete, [2]y también en este segundo día dijo el rey a Ester durante el banquete:

—¡Pídeme lo que quieras, y te lo concederé, aun si me pides la mitad de mi reino!

[3]Y Ester le respondió:

—Si Su Majestad me tiene cariño, y si le parece bien, lo único que deseo y pido es que Su Majestad me perdone la vida y la de mi pueblo; [4]pues tanto a mi pueblo

---

[5] *Una corona real.* Probablemente un adorno entretejido con la crin del caballo y que se asemeja a una corona o diadema.
[e] 6.2 Est 2.21-22; Est (gr) 1.1m-p.

como a mí se nos ha vendido para ser destruidos por completo. Si hubiéramos sido vendidos como esclavos, yo no diría nada, porque el enemigo no causaría entonces tanto daño a los intereses de Su Majestad.

[5]Entonces Asuero preguntó:

—¿Quién es y dónde está el que ha pensado hacer semejante cosa?

[6]—¡El enemigo y adversario es este malvado Amán! —respondió Ester.

Al oír esto, Amán se quedó paralizado de miedo ante el rey y la reina. [7]Asuero se levantó lleno de ira y, abandonando la sala donde estaban celebrando el banquete, salió al jardín del palacio. Pero Amán, al darse cuenta de que el rey había decidido condenarlo a muerte, se quedó en la sala para rogar a la reina Ester que le salvara la vida. [8-9]Cuando el rey volvió del jardín y entró en la sala del banquete, vio a Amán de rodillas junto al diván en que estaba recostada Ester, y exclamó:

—¿Acaso quieres también deshonrar a la reina en mi presencia y en mi propia casa?

Tan pronto como el rey hubo pronunciado estas palabras, unos oficiales de su guardia personal cubrieron la cara[6] de Amán. Y uno de ellos, llamado Harbona, dijo:

—En casa de Amán está lista una horca, como de veintidós metros, que él mandó construir para Mardoqueo, el hombre que tan buen informe dio a Su Majestad.

—¡Pues cuélguenlo en ella! —ordenó el rey.

[10]Y así Amán fue colgado en la misma horca que había preparado para Mardoqueo. Con eso se calmó la ira del rey.

### Decreto en favor de los judíos

**8** [1]Aquel mismo día, el rey Asuero regaló a la reina Ester la casa de Amán, enemigo de los judíos, y Mardoqueo se presentó ante el rey, pues ya Ester le había dicho que Mardoqueo era su primo. [2]Entonces el rey se quitó el anillo que había recobrado de Amán, y se lo dio a Mardoqueo. Ester, por su parte, lo nombró administrador de todos los bienes que habían sido de Amán. [3]Luego Ester habló nuevamente con el rey y, echándose a sus pies y con lágrimas en los ojos, le suplicó que anulara la malvada orden de

Amán y que no se llevaran a cabo sus planes contra los judíos. [4]El rey tendió hacia Ester su cetro de oro. Ella se levantó, y de pie ante él [5]dijo:

—Si a Su Majestad le parece bien y cree que mi petición es justa, y si realmente Su Majestad me quiere y siente cariño por mí, que se escriba una orden que anule las cartas que Amán envió con la orden de exterminar a los judíos de todas las provincias del reino. [6]Pues ¿cómo podré soportar la desgracia que está por caer sobre mi pueblo, y la exterminación de mi propia familia?

[7]El rey Asuero contestó entonces a la reina Ester y a Mardoqueo, el judío:

—Yo le he dado ya a Ester la casa de Amán, y a éste lo han colgado en la horca por haber atentado contra la vida de los judíos. [8]Ahora los autorizo a escribir, en mi nombre, lo que mejor les parezca en favor de los judíos. ¡Y sellen las cartas con el sello real!

(Una carta firmada en nombre del rey, y sellada con su sello, no se puede anular.)

[9]Los secretarios del rey fueron llamados inmediatamente. Era el día veintitrés del mes tercero, o sea el de Siván, y todo lo que ordenó Mardoqueo fue escrito a los judíos, a los gobernadores regionales y provinciales y a las demás autoridades de las ciento veintisiete provincias que se extendían desde la India hasta Etiopía, en la lengua y escritura propias de cada provincia. También a los judíos se les escribió en su lengua y escritura. [10]Las cartas fueron firmadas en nombre del rey Asuero y, después de sellarlas con el sello real, fueron enviadas por medio de correos que montaban veloces caballos de las caballerizas del rey.* [11]En ellas el rey autorizaba a los judíos, en cualquier ciudad donde vivieran, a reunirse para defender sus vidas, y a matar, destruir, exterminar y apoderarse de los bienes de la gente armada de cualquier pueblo o provincia que les atacara, sin respetar a las mujeres ni a los niños. [12]Todo esto debería hacerse en un mismo día en todas las provincias del rey Asuero; el día señalado era el trece del mes doce, o sea el mes de Adar. [13]Una copia de la orden debía ser publicada como ley y dada a conocer en todas las poblaciones y provincias, para que los judíos estuvieran preparados aquel día para vengarse de sus enemigos. [14]Por orden del rey, los correos partieron a toda prisa y en caballos de sus caballerizas, y el

edicto fue publicado también en la ciudadela de Susa.

[15]Mardoqueo salió del palacio vestido con una túnica real de color azul y blanco, una gran corona de oro y un manto de lino y púrpura. Toda la ciudad de Susa dio gritos de alegría, [16]y para los judíos todo fue luz, gozo, alegría y honra. [17]En todas las provincias, ciudades y lugares adonde llegaba el decreto real, los judíos se llenaron de gozo y alegría, y celebraron banquetes y fiestas. Además, entre la gente del país hubo muchos que se hicieron judíos, porque el miedo a los judíos se había apoderado de ellos.

### Triunfo de los judíos

9 [1]El día trece del mes doce, llamado Adar, era la fecha señalada para el cumplimiento de la orden del rey, y también el día en que los enemigos de los judíos esperaban dominarlos; pero sucedió todo lo contrario, pues los judíos los dominaron a ellos. * [2]En todas las provincias del rey Asuero, los judíos se reunieron en las ciudades donde vivían, para atacar a los que habían querido su desgracia. No hubo nadie que se enfrentara con ellos, porque el terror se había apoderado de todos los pueblos. [3]Todas las autoridades de las provincias, los gobernadores regionales y provinciales, y los que ocupaban altos cargos en el gobierno, apoyaban a los judíos por miedo a Mardoqueo, [4]pues él era ya un gran personaje en el palacio real y su fama se había extendido por todas las provincias, y cada día tenía más poder. [5]A filo de espada acabaron los judíos con todos sus enemigos; los exterminaron por completo e hicieron con ellos lo que quisieron. [6]Tan sólo en la ciudadela de Susa mataron a quinientos hombres; [7]mataron también a Parsandata, Dalfón, Aspata, [8]Porata, Adalía, Aridata, [9]Parmasta, Arisai, Aridai y Vaizata, [10]que eran los diez hijos de Amán, el enemigo de los judíos; pero no tocaron sus bienes.

[11]Aquel mismo día, al enterarse el rey del número de muertos que había habido en la ciudadela de Susa, [12]le dijo a la reina Ester:

—Los judíos han matado a quinientos hombres y a los diez hijos de Amán en la ciudadela de Susa. ¿Qué más habrán hecho en las otras provincias del reino? ¡Dime qué más deseas, y te lo concederé!

[13]Y Ester respondió:

—Si a Su Majestad le parece bien, que se permita a los judíos de Susa hacer mañana lo mismo que han hecho conforme al decreto, y que se cuelguen en la horca los cuerpos de los diez hijos de Amán.

[14]El rey ordenó que se hiciera así. El decreto se publicó en Susa, y los cadáveres de los diez hijos de Amán fueron colgados.

[15]Los judíos que vivían en Susa se volvieron a reunir el día catorce del mes de Adar, y mataron allí a trescientos hombres más; pero no tocaron sus bienes. [16-17]Los judíos que vivían en las otras provincias se reunieron, el día trece del mismo mes, para defender sus vidas y deshacerse de sus enemigos; mataron a setenta y cinco mil de ellos, pero no tocaron sus bienes. El día catorce descansaron y lo celebraron con banquetes y alegría. [18]Como los judíos de Susa se habían concentrado los días trece y catorce, descansaron el día quince, celebrándolo también con banquetes y alegría. [19]Pero los judíos que viven en pueblos y aldeas que no tienen murallas, celebran el día catorce del mes de Adar con alegría y fiestas, y unos a otros se hacen regalos.

### La fiesta de Purim

[20]Mardoqueo puso por escrito estos acontecimientos, y envió cartas a todos los judíos que habitaban en las provincias del reino de Asuero, tanto cercanas como lejanas, [21]ordenándoles que cada año celebraran los días catorce y quince del mes de Adar [22]como los días en que los judíos se deshicieron de sus enemigos, y como el mes en que la tristeza y los gritos de dolor se cambiaron para ellos en alegría y fiesta. Estos días deberían celebrarse con banquetes y alegría, haciéndose regalos unos a otros y dando limosnas a los pobres. [23]Los judíos convirtieron en costumbre este acontecimiento y lo que Mardoqueo les había escrito. [24]Pues Amán, el enemigo de todos los judíos, había pensado exterminarlos echando suertes [f] para matarlos y destruirlos; [25]pero cuando Ester se presentó al rey, éste ordenó por escrito que todo el mal

* 9.11 Mac 7.49 ; 2 Mac 15.36.    f 9.24-26 Est 3.7.

que Amán había pensado hacer a los judíos cayera sobre él. Así Amán y sus hijos fueron colgados en la horca. [26]Por esta razón, estos días fueron llamados purim, que es el plural de pur.[7]

Así pues, conforme a la carta de Mardoqueo y a lo que habían visto y les había tocado vivir, [27]los judíos establecieron esta costumbre para ellos y sus descendientes, y para todos los que se convirtieran al judaísmo: celebrar todos los años, sin falta, estos dos días en la fecha señalada, conforme a las instrucciones que se habían dado; [28]y que estos días fueran recordados y celebrados de generación en generación, en cada clan, provincia y ciudad, para que jamás se perdiera su recuerdo entre los judíos y sus descendientes. [29]La reina Ester, hija de Abihail, y Mardoqueo el judío, escribieron con plena autoridad una segunda carta referente a la fiesta de Purim, para confirmar la primera, [30]y la enviaron a todos los judíos de las ciento veintisiete provincias del reino de Asuero, con palabras amistosas y sinceras, [31]ordenando que se celebrara la fiesta de Purim en la fecha señalada, tal como lo habían ordenado Mardoqueo y la reina Ester para ellos y sus descendientes. Al mismo tiempo se añadieron ciertas reglas referentes a ayunos y lamentaciones, [32]y la orden de Ester confirmó las reglas que deberían seguirse para la celebración del Purim. Todo esto se puso por escrito en un libro. *

### Elogio de Mardoqueo y conclusión

**10** [1]El rey Asuero impuso un tributo tanto a los países en tierra firme como a los de las islas. [2]Todo lo que hizo con autoridad y poder, así como el relato exacto del alto cargo que dio a Mardoqueo, está escrito en el libro donde se anotaban todos los sucesos del reino de Media y de Persia. [3]El judío Mardoqueo ocupaba el primer lugar después del rey; fue un gran personaje entre los judíos, amado por todos sus compatriotas, porque buscó el bien de su pueblo y luchó por el bienestar de su raza. **

---

[7] *Purim . . . pur:* en el idioma del país, o sea el acadio, *pur* significa *suerte.* En hebreo se adoptó su forma plural para designar, hasta hoy, la fiesta judía del mismo nombre.
* 9.18-32 2 Mac 15.36.   ** 10.3 Est (gr) 10.3a-l.

# JOB

Con el libro de Job *pasamos de la historia a la poesía. El protagonista es un patriarca nómada, bueno, muy rico y con numerosa familia, al cual le sobreviene un completo desastre: pierde todas sus posesiones, todos sus hijos mueren en una catástrofe y él se ve atacado por una dolorosa y repugnante enfermedad. Por todo eso, se apodera de él la desesperación (caps. 1,2). Primero tres, y luego otro más de sus amigos, acuden supuestamente a consolarlo. Entre ellos y él hay un intercambio de discursos, que en ciertos momentos se convierte en una verdadera polémica (caps. 3-37).*

*Según las ideas de aquella época, el sufrimiento es siempre la consecuencia del pecado. La controversia surge porque mientras que Job tiene conciencia de haber sido siempre bueno, piadoso y caritativo, y por tanto, de no merecer tal sufrimiento, los amigos insisten en que no puede ser así. Para ellos, Job es sin duda un pecador, sólo que sus pecados habían quedado ocultos; la prueba de ello es precisamente lo que sufre. Job rechaza enérgicamente esta interpretación de su sufrimiento. No puede entender cómo Dios permite que le sobrevenga a él, siendo inocente, tanta y tan cruel calamidad. En su dolor y perplejidad, se atreve a interpelar a Dios. Quisiera encontrarse con él cara a cara para demandarle una explicación, pues desea quedar finalmente rehabilitado en su honor y reputación de hombre bueno y piadoso.*

*Al final, Dios habla a Job. Por medio de una serie de grandiosas e imponentes preguntas, despliega ante él su poder y sabiduría, según se manifiestan en la naturaleza. Esto lleva a Job a comprender su propia insignificancia ante un Dios tan grande, sabio y poderoso, y a arrepentirse de haber hablado de lo que no entendía. Y más cuando, al pretender descifrar misterios que estaban más allá de su entendimiento, ha llegado hasta proferir palabras iracundas y violentas (38.1-42.6).*

*Por su arrepentimiento, Job no sólo queda moralmente rehabilitado a los ojos de Dios sino que es restaurado a una prosperidad mayor todavía que la de antes. En cambio, Dios reprende a los amigos por no haber comprendido el significado del sufrimiento de Job, y por haber sostenido, según las ideas religiosas tradicionales, un concepto erróneo de Dios. Job, en medio de su impaciencia, su inconformidad y hasta sus protestas, a veces casi blasfemas, ha mantenido su fe en un Dios que es justo, aunque el insignificante entendimiento humano no alcance a explicarse del todo por qué a veces también los inocentes sufren (42.7-17).*

## Dios permite que Job caiga en la miseria

**1** [1]En la región de Uz había un hombre llamado Job,*a* que vivía una vida recta y sin tacha, y que era un fiel servidor de Dios, cuidadoso de no hacer mal a nadie. [2]Job tenía siete hijos y tres hijas, [3]y era dueño de siete mil ovejas, tres mil camellos, quinientas yuntas de bueyes y quinientas asnas. Tenía también un gran número de esclavos. Era el hombre más rico de todo el oriente.

[4]Los hijos de Job acostumbraban celebrar banquetes en casa de cada uno de ellos, por turno, y siempre invitaban a sus tres hermanas. [5]Terminados los días del banquete, Job llamaba a sus hijos y, levantándose de mañana, ofrecía holocaustos por cada uno de ellos, para purificarlos de su pecado. Esto lo hacía Job siempre, pensando que sus hijos podían

haber pecado maldiciendo*l* a Dios en su interior.

[6]Un día en que debían presentarse ante el Señor sus servidores celestiales,[2] se presentó también el ángel acusador[3] entre ellos.*b* [7]El Señor le preguntó:

—¿De dónde vienes?

Y el acusador contestó:

—He andado recorriendo la tierra de un lado a otro.

[8]Entonces le dijo el Señor:

—¿Te has fijado en mi siervo Job? No hay nadie en la tierra como él, que me sirva tan fielmente y viva una vida tan recta y sin tacha, cuidando de no hacer mal a nadie.

[9]Pero el acusador respondió:

—Pues no de balde te sirve con tanta fidelidad. [10]Tú no dejas que nadie lo toque, ni a él ni a su familia ni a nada de lo que tiene; tú bendices todo lo que hace, y él es el hombre más rico en ganado de

---

*l* Lit. *bendiciendo.* Este verbo ocurre como eufemismo aquí y en 1.11; 2.5,9. [2] *Servidores celestiales:* aquí y en 2.1, lit. *hijos de Dios.* [3] *Ángel acusador:* aquí y en 1.7-12; 2.1-7, lit. *satán.* (Véase *Glosario.*)
*a* 1.1 Stg 5.11. *b* 1.6-12 1 Cr 21.1; Zac 3.1; Ap 12.10.

todo el país. ¹¹Pero quítale todo lo que tiene y verás cómo te maldice en tu propia cara.

¹²El Señor respondió al acusador:

—Está bien. Haz lo que quieras con todas las cosas de Job, con tal de que a él mismo no le hagas ningún daño.

Entonces el acusador se retiró de la presencia del Señor.

¹³Un día, mientras los hijos y las hijas de Job estaban celebrando un banquete en casa del hermano mayor, ¹⁴un hombre llegó a casa de Job y le dio esta noticia:

—Estábamos arando el campo con los bueyes, y las asnas estaban pastando cerca; ¹⁵de repente llegaron los sabeos, y se robaron el ganado y mataron a cuchillo a los hombres. Sólo yo pude escapar para venir a avisarte.

¹⁶Aún no había terminado de hablar aquel hombre, cuando llegó otro y dijo:

—Cayó un rayo y mató a los pastores y las ovejas. Sólo yo pude escapar para venir a avisarte.

¹⁷Aún no había terminado de hablar ese hombre, cuando llegó un tercero y dijo:

—Tres grupos de caldeos nos atacaron y se robaron los camellos, y mataron a cuchillo a los hombres. Sólo yo pude escapar para venir a avisarte.

¹⁸Aún no había terminado de hablar este hombre, cuando llegó uno más y dijo:

—Tus hijos y tus hijas estaban celebrando un banquete en la casa de tu hijo mayor, ¹⁹cuando de pronto un viento del desierto vino y sacudió la casa por los cuatro costados, derrumbándola sobre tus hijos. Todos ellos murieron. Sólo yo pude escapar para venir a avisarte.

²⁰Entonces Job se levantó, y lleno de dolor se rasgó la ropa, se rapó la cabeza y se inclinó en actitud de adoración. ²¹Entonces dijo:

—Desnudo vine a este mundo, y desnudo saldré de él.ᶜ El Señor me lo dio todo, y el Señor me lo quitó; ¡bendito sea el nombre del Señor!

²²Así pues, a pesar de todo, Job no pecó ni dijo nada malo contra Dios.

**2** ¹Cuando llegó el día en que debían presentarse ante el Señor sus servidores celestiales, se presentó también el ángel acusador entre ellos. ²El Señor le preguntó:

—¿De dónde vienes?

Y el acusador contestó:

—He andado recorriendo la tierra de un lado a otro.

³Entonces el Señor le dijo:

—¿Te has fijado en mi siervo Job? No hay nadie en la tierra como él, que me sirva tan fielmente y viva una vida tan recta y sin tacha, cuidando de no hacer mal a nadie. Y aunque tú me hiciste arruinarlo sin motivo alguno, él se mantiene firme en su conducta intachable.

⁴Pero el acusador contestó al Señor:

—Mientras no lo tocan a uno en su propio pellejo, todo va bien. El hombre está dispuesto a sacrificarlo todo por salvar su vida. ⁵Pero tócalo en su propia persona y verás cómo te maldice en tu propia cara.

⁶El Señor respondió al acusador:

—Está bien, haz con él lo que quieras, con tal de que respetes su vida.

⁷El acusador se alejó de la presencia del Señor, y envió sobre Job una terrible enfermedad de la piel que lo cubrió de pies a cabeza. ⁸Entonces Job fue a sentarse junto a un montón de basura, y tomó un pedazo de olla rota para rascarse. ⁹Pero su mujer le dijo:

—¿Todavía te empeñas en seguir siendo bueno? ¡Maldice a Dios y muérete!

¹⁰Job respondió:

—¡Mujer, no digas tonterías! Si aceptamos los bienes que Dios nos envía, ¿por qué no vamos a aceptar también los males?

Así pues, a pesar de todo, Job no pecó ni siquiera de palabra.

### Los amigos de Job van a visitarlo

¹¹Ahora bien, Job tenía tres amigos: Elifaz, de la región de Temán, Bildad, de la región de Súa, y Zofar, de la región de Naamat. Al enterarse éstos de todas las desgracias que le habían sucedido a Job, decidieron ir a consolarlo y acompañarlo en su dolor. ¹²A cierta distancia alcanzaron a ver a Job, y como apenas podían reconocerlo, empezaron a gritar y llorar, y llenos de dolor se rasgaron la ropa y lanzaron polvo al aire y sobre sus cabezas. ¹³Luego se sentaron en el suelo con él, y durante siete días y siete noches estuvieron allí, sin decir una sola palabra, pues veían que el dolor de Job era muy grande.

### Job se queja de su desdicha

**3** ¹⁻²Por fin Job rompió el silencio, y maldijo el día en que había nacido.ᵈ Job

³¡Maldita sea la noche en que fui concebido!

ᶜ 1.21 Ec 5.15; 1 Ti 6.7.   ᵈ 3.1-19 Jer 20.14-18; Eclo 23.14.

¡Maldito sea el día en que nací!
⁴¡Ojalá aquel día se hubiera
    convertido en noche,
y Dios lo hubiera pasado por alto
y no hubiera amanecido!
⁵¡Ojalá una sombra espesa lo hubiera
    oscurecido,
o una nube negra lo hubiera
    envuelto,
o un eclipse lo hubiera llenado de
    terror!
⁶¡Ojalá aquella noche se hubiera
    perdido en las tinieblas
y aquel día no se hubiera contado
entre los días del mes y del año!
⁷¡Ojalá hubiera sido una noche
    estéril,
en que faltaran los gritos de alegría!
⁸¡Ojalá la hubieran maldecido los
    hechiceros,
que tienen poder sobre Leviatán!⁴,ᵉ
⁹¡Ojalá aquella mañana no hubieran
    brillado los luceros,
ni hubiera llegado la luz tan
    esperada,
ni se hubiera visto parpadear la
    aurora!
¹⁰¡Maldita sea aquella noche, que me
    dejó nacer
y no me ahorró ver tanta miseria!
¹¹¿Por qué no habré muerto en el
    vientre de mi madre,
o en el momento mismo de nacer?
¹²¿Por qué hubo rodillas que me
    recibieran
y pechos que me alimentaran?
¹³Si yo hubiera muerto entonces,
ahora estaría durmiendo tranquilo,
descansando en paz,
¹⁴con los reyes y ministros
que se construyen grandes
    pirámides,⁵
¹⁵o con los gobernantes
que llenan sus palacios de oro y
    plata.
¹⁶¿Por qué no me enterraron como a
    los abortos,
como a los niños muertos antes de
    nacer?
¹⁷En la tumba tiene fin la agitación de
    los malvados,
y los cansados alcanzan su reposo;
¹⁸allí encuentran paz los prisioneros,
y dejan de escuchar los gritos del
    capataz;
¹⁹allí están grandes y pequeños por
    igual,

y el esclavo se ve libre de su amo.

²⁰¿Por qué deja Dios ver la luz al que
    sufre?
¿Por qué le da vida al que está lleno
    de amargura,
²¹al que espera la muerte y no le llega,ᶠ
aunque la busque más que a un
    tesoro escondido?
²²La alegría de ese hombre llega
cuando por fin baja a la tumba.
²³Dios lo hace caminar a ciegas,
le cierra el paso por todos lados.

²⁴Los gemidos son mi alimento;
mi bebida, las quejas de dolor.
²⁵Todo lo que yo temía,
lo que más miedo me causaba,
ha caído sobre mí.
²⁶No tengo descanso ni sosiego;
no encuentro paz, sino inquietud.

### *Primera serie de diálogos*

(Caps 4—14)

# 4

*Elifaz*
¹⁻²Seguramente, Job, te será molesto
que alguien se atreva a hablarte,
pero no es posible quedarse callado.
³Tú, que dabas lecciones a muchos
y fortalecías al débil;
⁴tú, que animabas a levantarse al que
    caía
y sostenías al que estaba por caer,
⁵¿te acobardas y pierdes el valor
ahora que te toca sufrir?
⁶Tú, que eres un fiel servidor de Dios,
un hombre de recta conducta,
¿cómo es que no tienes plena
    confianza?
⁷Piensa, a ver si recuerdas un solo
    caso
de un inocente que haya sido
    destruido.
⁸La experiencia me ha enseñado
que los que siembran crimen y
    maldad
cosechan lo que antes sembraron.
⁹Dios, en su furor, sopla sobre ellos
y los destruye por completo.
¹⁰Por más que gruñan y rujan como
    leones,
Dios los hará callar rompiéndoles los
    dientes.

---

⁴ *Leviatán*: legendario monstruo marino, descrito a veces con los rasgos característicos del cocodrilo. (Véase 41.1-34.)
⁵ *Pirámides*: texto probable. Heb. *ruinas*.
ᵉ 3.8 Job 41.1; Sal 74.14; 104.26; Is 27.1. ᶠ 3.21 Ap 9.6.

[11]Morirán como leones que no
  hallaron presa,
y sus hijos serán dispersados.


[12]Calladamente me llegó un mensaje,
  tan suave que apenas escuché un
  murmullo.
[13]Por la noche, cuando el sueño cae
  sobre los hombres,
tuve una inquietante pesadilla.
[14]El terror se apoderó de mí;
  todos los huesos me temblaban.
[15]Un soplo me rozó la cara
  y la piel se me erizó.
[16]Alguien estaba allí,
  y pude ver su silueta
pero no el aspecto que tenía.
Todo en silencio . . . Luego oí una
  voz:
[17]"¿Puede el hombre ser justo ante
  Dios?
¿Puede ser puro ante su creador?
[18]Ni aun sus servidores celestiales
  merecen toda su confianza.
Si hasta en sus ángeles encuentra
  Dios defectos,
[19]¡cuánto más en el hombre, ser tan
  débil
como una casa de barro construida
  sobre el polvo,
y que puede ser aplastado como la
  polilla!
[20]Entre la mañana y la tarde es
  destruido;
muere para siempre, y a nadie le
  importa.
[21]Su vida acaba como un hilo que se
  corta;
muere sin haber alcanzado
  sabiduría."

5 [1]Grita, Job, a ver quién te responde.
  ¿A qué ángel vas a recurrir?
[2]Entregarse a la amargura o a la
  pasión
es una necedad que lleva a la muerte.
[3]He visto al necio empezar a
  prosperar,
mas su casa fue pronto destruida.[6]
[4]Sus hijos no tienen quien los ayude;
  en los tribunales los tratan
  injustamente
y no hay quien los defienda.
[5]Sus cosechas se las comen los
  hambrientos
sacándolas de entre los espinos,

y los sedientos les envidian sus
  riquezas.
[6]La maldad no brota del suelo;
  la desdicha no nace de la tierra:
[7]es el hombre el que causa la
  desdicha,
así como del fuego salen volando las
  chispas.
[8]En tu lugar, yo me volvería hacia
  Dios
y pondría mi causa en sus manos;
[9]¡él hace tantas y tan grandes
  maravillas,
cosas que nadie es capaz de
  comprender![g]
[10]El envía la lluvia a la tierra,
  y con ella riega los campos;
[11]él enaltece a los humildes
  y da seguridad a los afligidos;
[12]él desbarata los planes del astuto
  y los hace fracasar.
[13]El atrapa al astuto en su propia
  astucia,[h]
y hace que fracasen sus planes
  malvados:
[14]¡a plena luz del día andan ellos a
  tientas,
envueltos en tinieblas, como si fuera
  de noche!
[15]Dios salva al pobre y oprimido
  del poder de los malvados;
[16]él es la esperanza de los débiles,
  ¡él les tapa la boca a los malvados!


[17]Feliz el hombre a quien Dios
  reprende;
no rechaces la represión del
  Todopoderoso.[i]
[18]Si él hace una herida, también la
  vendará;[j]
si con su mano da el golpe, también
  da el alivio.
[19]Una y otra vez te librará del peligro,
  y no dejará que el mal llegue a ti.
[20]En tiempo de hambre te librará de la
  muerte,
y en tiempo de guerra te salvará de la
  espada.
[21]Te protegerá de las malas lenguas,
  y no habrás de temer cuando llegue
  el desastre.
[22]Te reirás de hambres y calamidades,
  y no tendrás miedo a los animales
  salvajes.
[23]Las piedras no estorbarán en tus
  campos,
y las fieras serán tus amigas.

---

[6] Fue . . . destruida: según la versión griega. Heb. yo maldije.
[g] 5.9 Job 9.10.   [h] 5.13 1 Co 3.19.   [i] 5.17 Sal 94.12; Pr 3.11-12; He 12.5-6.   [j] 5.18 Os 6.1.

²⁴En tu casa tendrás prosperidad,
y al revisar tu ganado lo encontrarás
completo.
²⁵Tendrás tanta descendencia
como hierba hay en el campo.
²⁶Llegarás a la vejez en pleno vigor,
como un manojo de espigas
maduras.
²⁷La experiencia nos enseña que esto es
así;
escucha esto, y compruébalo tú
mismo.

# 6

*Job*

¹⁻²Si todas mis penas y desgracias
pudieran pesarse en una balanza,
³pesarían más que la arena del mar.
Por eso he hablado con pasión.
⁴El Todopoderoso ha clavado en mí
sus flechas,ᵏ
y el veneno de ellas me corre por el
cuerpo.
Dios me ha llenado de terror con sus
ataques.ˡ
⁵¿Acaso rebuzna el asno, si tiene
hierba?
¿O brama el toro, si tiene pasto?
⁶¿Quién come sin sal una cosa
desabrida?
¿Qué gusto tiene una cosa sin sabor?
⁷Pues lo que jamás quise comer
es ahora mi alimento.⁷
⁸¡Ojalá Dios me conceda lo que le
pido;
ojalá me cumpla lo que deseo!
⁹¡Ojalá Dios se decida por fin
a aplastarme y acabar con mi vida!
¹⁰A pesar de la violencia del dolor,
eso sería un gran consuelo para mí,
pues siempre he respetado las leyes
del Dios santo.
¹¹Ya no me quedan fuerzas para
resistir,
ni razón alguna para seguir viviendo.
¹²No tengo la dureza de la roca,
ni la consistencia del bronce.
¹³No puedo valerme por mí mismo,
ni cuento con ningún apoyo.
¹⁴Al amigo que sufre se le ama,
aun cuando no haya sido fiel al
Todopoderoso.⁸
¹⁵Pero ustedes, mis amigos, me han
fallado,
como arroyos que se quedan secos.

¹⁶El agua baja turbia,
revuelta con el hielo y la nieve;
¹⁷pero pasa el deshielo y se secan los
arroyos,
viene el calor y se acaba el agua.
¹⁸Hacen que las caravanas se desvíen
de su camino,
y que avancen por el desierto y
mueran.
¹⁹Las caravanas de Tema y de Sabá
buscan llenas de esperanza esos
arroyos,
²⁰pero al llegar se ven decepcionadas,
queda frustrada su esperanza.
²¹Así son ustedes para mí:⁹
ven mi horrible situación, y sienten
miedo.
²²Pero yo no les he pedido nada,
ni que den dinero por salvarme,
²³ni que me libren de un enemigo,
ni que me rescaten de las manos de
los bandidos.

²⁴Denme lecciones, y guardaré
silencio;
muéstrenme el error que he
cometido.
²⁵Nadie puede rechazar un argumento
correcto;
pero ustedes me acusaron sin razón.
²⁶Ustedes me critican por mis
palabras,
palabras locas que se lleva el viento.
²⁷¡Capaces son de jugarse la vida de
un huérfano
y de vender aun a su propio amigo!
²⁸Mírenme ahora cara a cara;
díganme si miento.
²⁹Retiren lo dicho, no sean injustos;
reconozcan que tengo razón.
³⁰¿Acaso creen que soy un mentiroso
que no se da cuenta de lo que dice?

# 7

¹La vida del hombre aquí en la tierra
es la de un soldado que cumple su
servicio,
²la de un esclavo que suspira por la
sombra,
la de un peón que espera con ansias
su salario.
³Me ha tocado vivir meses enteros de
desengaño,
noche tras noche de sufrimiento.
⁴Me acuesto y la noche se me hace
interminable;

---

⁷ El sentido de este versículo es oscuro. ⁸ *Al amigo . . . al Todopoderoso:* traducción probable. Heb. oscuro.
⁹ *Para mí:* según versiones antiguas. Heb. *no.*
ᵏ 6.4 Sal 38.2. ˡ 6.4 Sal 88.16.

me canso de dar vueltas hasta el
  alba,
y pienso: ¿Cuándo me levantaré?
[5]Tengo el cuerpo lleno de gusanos y
  de costras,
y me supuran las heridas de la piel.
[6]Mis días se acercan a su fin, sin
  esperanza,
con la rapidez de una lanzadera de
  telar.

[7]Recuerda, oh Dios, que mi vida es
  como un suspiro,
y que nunca más tendré felicidad.
[8]Nadie podrá volver a verme;
pondrás en mí tus ojos, y dejaré de
  existir.
[9-10]Como nube que pasa y se deshace,
así es el que baja al sepulcro:
jamás regresa de allí,
sus familiares no vuelven a verlo.
[11]Por eso no puedo quedarme callado.
En mi dolor y mi amargura
voy a dar rienda suelta a mis quejas.
[12]¿Soy acaso un monstruo del mar
para que así me vigiles?
[13]Cuando pienso que en la cama
  encontraré descanso
y que el sueño aliviará mi pena,
[14]me llenas de terror en mis sueños;
¡me espantas con pesadillas!
[15]Sería mejor que me estrangularas;
prefiero la muerte a esta vida.[10]
[16]No puedo más. No quiero seguir
  viviendo.
Déjame en paz, que mi vida es como
  un suspiro.[m]
[17]¿Qué es el hombre, que le das tanta
  importancia?
¿Por qué te preocupas por él?[n]
[18]¿Por qué lo vigilas día tras día,
y lo pones a prueba a cada instante?[ñ]
[19]¿Por qué no apartas tu vista de mí,
y me dejas siquiera tragar saliva?
[20]Si peco, ¿qué perjuicio te causo,
vigilante de los hombres?
¿Por qué me tomas por blanco de
  tus flechas?
¿Acaso soy una carga para ti?
[21]¿No puedes perdonarme mi pecado?
¿No puedes perdonar el mal que he
  cometido?
Pronto estaré tendido en el polvo:
me buscarás, y ya no existiré.

# 8

## Bildad

[1-2]¿Hasta cuándo vas a seguir hablando
  así,
hablando como un viento
  huracanado?
[3]Dios, el Todopoderoso,
nunca tuerce la justicia ni el derecho.
[4]Seguramente tus hijos pecaron
  contra Dios,
y él les dio el castigo merecido.
[5]Busca a Dios, al Todopoderoso,
y pídele que tenga compasión de ti.
[6]Si tú actúas con pureza y rectitud,
él velará por ti, y te dará
el hogar que justamente mereces.
[7]La riqueza que tenías no será nada
comparada con lo que tendrás
  después.

[8]Consulta a las generaciones pasadas,
aprende[ll] de la experiencia de los
  antiguos. *
[9]Nosotros somos apenas de ayer, y
  nada sabemos;
nuestros días en esta tierra pasan
  como una sombra.[o]
[10]Pero los antiguos podrán hablarte
y enseñarte muchas cosas.
[11]El junco y el papiro
crecen sólo donde abunda el agua;
[12]sin embargo, estando aún verdes y
  sin cortar,
se secan antes que otras hierbas.
[13]Lo mismo pasa con los malvados,
con los que se olvidan de Dios:
sus esperanzas quedan frustradas.
[14]Su confianza y su seguridad
son como el hilo de una telaraña.
[15]Querrán agarrarse al hilo, y no
  resistirá;
o apoyarse en la telaraña, y no los
  soportará.
[16]Los malvados son como verdes
  hierbas al sol,
que se extienden por todo el jardín;
[17]enredan sus raíces entre las rocas
y se adhieren[12] a las piedras,
[18]pero si alguien las arranca de su sitio
nadie podrá saber que estuvieron
  allí.
[19]Así termina su prosperidad,
y en su lugar brotan otras hierbas.

[10] *A esta vida:* lit. *a mis huesos.* [ll] *Aprende:* según una versión antigua. Heb. *prepara.* [12] *Se adhieren:* texto probable. Heb. *contemplan.*
[m] 7.16 Sal 144.4. [n] 7.17 Sal 8.4; 144.3. [ñ] 7.18 Sal 17.3. * 8.8 Eclo 8.9. [o] 8.9 Job 14.2; Sal 39.5-6; 102.11; 109.23; Ec 6.12.

<sup>20</sup>Dios no abandona al hombre
intachable,
ni brinda su apoyo a los malvados.
<sup>21</sup>El hará que vuelvas a reír
y que grites de alegría;
<sup>22</sup>en cambio, tus enemigos se cubrirán
de vergüenza
y la casa de los malvados será
destruida.

# 9
*Job*

<sup>1-2</sup>Yo sé muy bien que esto es así,
y que ante Dios el hombre no puede
alegar inocencia.
<sup>3</sup>Si alguno quisiera discutir con él,
de mil argumentos no podría
rebatirle uno solo.
<sup>4</sup>Dios es grande en poder y sabiduría,
¿quién podrá hacerle frente y salir
bien librado?
<sup>5</sup>Dios, en su furor, remueve las
montañas;
las derrumba, y nadie se da cuenta.
<sup>6</sup>El hace que la tierra se sacuda
y que sus bases se estremezcan.
<sup>7</sup>El ordena al sol que no salga,
y a las estrellas, que no brillen.
<sup>8</sup>Sin ayuda de nadie extendió el cielo
y aplastó al monstruo del mar.
<sup>9</sup>El creó las constelaciones:
la Osa Mayor, el Orión y las
Pléyades,*p*
y el grupo de estrellas del sur.
<sup>10</sup>¡El hace tantas y tan grandes
maravillas,
cosas que nadie es capaz de
comprender!*q*
<sup>11</sup>Si Dios pasa junto a mí, no lo podré
ver;
pasará y no me daré cuenta.
<sup>12</sup>Si de algo se adueña, ¿quién podrá
reclamárselo?
¿Quién podrá pedirle cuentas de lo
que hace?
<sup>13</sup>Si Dios se enoja, no se calma
fácilmente;
a sus pies quedan humillados los
aliados de Rahab.*13,r*
<sup>14</sup>¿Cómo, pues, encontraré palabras
para contradecir a Dios?
<sup>15</sup>Por muy inocente que yo sea, no
puedo responderle;
él es mi juez, y sólo puedo pedirle
compasión.

<sup>16</sup>Si yo lo llamara a juicio, y él se
presentara,
no creo que hiciera caso a mis
palabras.
<sup>17</sup>Haría que me azotara una
tempestad,
y aumentaría mis heridas sin motivo;
<sup>18</sup>me llenaría de amargura
y no me dejaría tomar aliento.
<sup>19</sup>¿Acudir a la fuerza? El es más
poderoso.
¿Citarlo a juicio? ¿Y quién lo hará
presentarse?
<sup>20</sup>Por más recto e intachable que yo
fuera,
él*14* me declararía culpable y malo.
<sup>21</sup>Yo soy inocente, pero poco importa;
ya estoy cansado de vivir.
<sup>22</sup>Todo es lo mismo. Y esto es lo que
pienso:
que él destruye lo mismo a culpables
que a inocentes.
<sup>23</sup>Si en un desastre muere gente
inocente,
Dios se ríe de su desesperación.
<sup>24</sup>Deja el mundo en manos de los
malvados
y a los jueces les venda los ojos.
Y si no ha sido Dios, ¿quién,
entonces?
<sup>25</sup>Mis días huyen en veloz carrera,
sin haber visto la felicidad.
<sup>26</sup>Se van como barcos ligeros,
como águila que se lanza tras la
presa.
<sup>27</sup>Si trato de olvidar mis penas
y de parecer alegre,
<sup>28</sup>todo mi dolor vuelve a asustarme,
pues sé que Dios no me cree
inocente.
<sup>29</sup>Y si él me tiene por culpable,
de nada sirve que yo me esfuerce.
<sup>30</sup>Aunque me lave las manos con
jabón*15*
y me las frote con lejía,
<sup>31</sup>Dios me hundirá en el fango,
y hasta mi ropa sentirá asco de mí.
<sup>32</sup>Yo no puedo encararme con Dios
como con otro hombre,
ni decirle que vayamos los dos a un
tribunal.
<sup>33</sup>¡Ojalá entre nosotros hubiera un
juez
que tuviera autoridad sobre los dos,
<sup>34</sup>que impidiera que Dios me siga
castigando

---

*13* *Rahab:* monstruo mitológico que para los antiguos simbolizaba la potencia enemiga de Dios. (Véase 26.12.) *14* *El:* texto
probable. Heb. *yo.* Otra posible traducción: *mi propia boca me declararía culpable y malo.* *15* *Jabón:* otra posible
traducción: *agua de nieve.*
*p* **9.9** Job 38.31; Am 5.8. *q* **9.10** Job 5.9. *r* **9.13** Job 26.12; Is 51.9.

y me siga llenando de terror!
³⁵Entonces yo hablaría sin tenerle
      miedo,
pues no creo haberle faltado.¹⁶

**10** ¹¡Ya estoy cansado de vivir!
      Voy a desahogarme con mis
      quejas,
voy a dar rienda suelta a mi
      amargura.
²¡Oh Dios, no me declares culpable!
¡Dime de qué me acusas!
³Siendo así que tú mismo me creaste,
¿te parece bien maltratarme y
      despreciarme,
y mostrarte favorable a los planes de
      los malos?
⁴¿Acaso ves las cosas como las ven los
      hombres?
⁵¿Acaso es tu vida tan corta como la
      de un mortal?
⁶Entonces, ¿por qué andas
      buscándome faltas y pecados,
⁷aun cuando sabes que yo no soy
      culpable
y que nadie me puede salvar de tu
      poder?
⁸Tú me formaste con tus propias
      manos,
¡y ahora me quieres destruir!
⁹Recuerda que me hiciste de barro:
¿vas ahora a convertirme otra vez en
      polvo?
¹⁰Hiciste que mi cuerpo se formara
      como se forma el queso al cuajarse
      la leche;
¹¹me revestiste de carne y de piel,
      entrelazaste mis huesos y tendones;
¹²me diste vida, me brindaste amor,
y con tus cuidados me has
      mantenido con vida.
¹³Pero ahora veo que allá en tu
      corazón
tenías una intención secreta:
¹⁴me estabas observando para ver si yo
      pecaba,
y así poder condenarme por mi falta.
¹⁵Si soy culpable, estoy perdido;
si soy inocente, de poco puedo
      alegrarme,
pues me tienes humillado y afligido.
¹⁶Si me muestro arrogante, tú, como
      un león, me persigues
y hasta haces milagros para
      destruirme.
¹⁷Nunca te faltan testigos contra mí;

tu ira contra mí va en aumento;
¡como un ejército, me atacas sin
      cesar!

¹⁸¿Por qué me dejaste nacer?
Debí morir antes que nadie pudiera
      verme.
¹⁹Habría pasado del seno de mi madre
      a la tumba;
sería como si nunca hubiera existido.
²⁰Ya que mi vida es corta, ¡déjame en
      paz!
Déjame tener un poco de alegría
²¹antes de irme al viaje sin regreso,ˢ
      al país de la oscuridad y las tinieblas,
²²al país de las sombras y la confusión,
      donde la luz misma es igual a las
      tinieblas.

**11**

*Zofar*
¹⁻²Toda esa palabrería merece una
      respuesta,
pues no por hablar mucho se tiene la
      razón.
³¿Crees que con tu verborrea nos vas
      a hacer callar,
y que nadie es capaz de responder a
      tus burlas?
⁴Tú dices que tu doctrina es recta,
y tú mismo te consideras puro.
⁵¡Ojalá Dios hablara para
      responderte!
⁶El te enseñaría los secretos de la
      sabiduría,
que son muy difíciles de entender.¹⁷
Así verías que Dios no te ha
      castigado
tanto como mereces.

⁷¿Crees que puedes penetrar en los
      misterios de Dios
y llegar hasta lo más profundo de su
      ser?
⁸¿Qué puedes hacer,
si son más altos que el cielo?
¿Qué sabes tú, si son más profundos
      que el abismo?
⁹Son más grandes que la tierra
y más anchos que el mar.
¹⁰Si Dios viene, y arresta y llama a
      juicio,
¿quién habrá que se lo impida?
¹¹El sabe quién es mentiroso;
él ve la maldad, ¿o crees que no se
      da cuenta?

---

¹⁶ *Pues no creo haberle faltado:* según la versión griega. Heb. *pues yo no soy así conmigo.*    ¹⁷ *Muy difíciles de entender:*
traducción probable. Heb. oscuro.
ˢ **10.20-21** Sal 39.13.

¹²El día que el asno salvaje deje de
serlo,
ese día el necio entrará en razón.
¹³Decídete a actuar con rectitud,
y dirige tus súplicas a Dios.
¹⁴Si estás cargado de pecado, aléjalo
de ti;
no des lugar en tu casa a la maldad.
¹⁵Así podrás alzar limpia la frente,
y estarás tranquilo y sin temor;
¹⁶echarás en el olvido tus sufrimientos;
los olvidarás como al agua que pasa.
¹⁷Tu vida brillará más que el sol a
mediodía;
tus horas más oscuras serán como el
amanecer.
¹⁸Tendrás esperanza y podrás vivir
confiado;
bajo el cuidado de Dios[18] dormirás
tranquilo.
¹⁹Nada te asustará cuando descanses.
Muchos vendrán a buscar tu favor.
²⁰Los malos, en cambio, buscarán
ayuda en vano;
no encontrarán lugar donde
refugiarse,
y la muerte será su única esperanza.

# 12
*Job*

¹⁻²¡No hay duda de que ustedes son la
voz del pueblo,
y de que cuando mueran no habrá
más sabiduría!
³Pero también yo tengo
entendimiento,
y en nada soy inferior a ustedes.
¿Quién no sabe todo esto?

⁴Aunque soy inocente e intachable,
y en otro tiempo Dios oía mis
súplicas,
mis amigos se ríen de mí.
⁵El que está seguro desprecia al
infeliz;
no le importa empujar al que está a
punto de caer.
⁶Los bandidos tienen paz en sus
hogares;
los que ofenden a Dios viven
tranquilos,
pensando que lo tienen en un puño.
⁷Pregunta a las bestias o a las aves:
ellas te pueden enseñar.

⁸También a la tierra y a los peces del
mar
puedes pedirles que te instruyan.
⁹¿Hay alguien todavía que no sepa
que Dios lo hizo todo con su mano?
¹⁰En su mano está la vida
de todo ser viviente.
¹¹El oído distingue las palabras,
igual que el paladar reconoce los
sabores.[t]

¹²Los ancianos tienen sabiduría;
la edad les ha dado entendimiento.
¹³Pero Dios es sabio y poderoso;
él hace planes, y los lleva a cabo.
¹⁴Lo que Dios destruye, nadie lo puede
reconstruir;
al que Dios encierra, nadie lo puede
libertar.
¹⁵Si él retiene la lluvia, todo se seca;
si le da salida, se inunda la tierra.
¹⁶Su poder le da siempre la victoria.
Sujetos a él están el engañado y el
que engaña.
¹⁷El hace que los sabios pierdan su
inteligencia[19]
y que los jueces se vuelvan locos.
¹⁸Deja sin autoridad a los reyes
y los hace ir cautivos y desnudos.
¹⁹Quita a los sacerdotes de su oficio
y derroca a los que están en el poder.
²⁰A los consejeros de confianza deja
sin palabra
y quita el buen juicio a los ancianos.
²¹Hace que los señores queden sin
honra
y que los fuertes pierdan su fuerza.
²²Da a conocer los secretos más
ocultos
y saca a la luz las cosas más
oscuras.[u]
²³El engrandece y destruye a las
naciones,
las dispersa y las reúne.
²⁴Quita la inteligencia a los jefes de un
país
y los hace perderse en un desierto sin
camino,[v]
²⁵donde andan a tientas en la
oscuridad,
tambaleándose como borrachos.

# 13
¹Todo esto lo he visto con mis
propios ojos,
lo he escuchado con mis propios
oídos.

---

[18] *Bajo el cuidado de Dios:* texto probable. Heb. *mirarás.* [19] *El hace que los sabios pierdan su inteligencia:* texto probable.
Heb. *Quita a los sabios de su oficio.* Véase v. 19.
[t] 12.11 Job 34.3. [u] 12.22 Dn 2.22. [v] 12.24 Sal 107.40.

²Lo que ustedes saben, también yo lo
   sé;
en nada soy inferior a ustedes.
³Pero prefiero hablar con Dios,
   prefiero discutir con el
   Todopoderoso.
⁴Ustedes cubren la verdad con sus
   mentiras;
son médicos que a nadie curan.
⁵¡Si al menos guardaran ustedes
   silencio,
podrían pasar por personas sabias!ʷ

⁶Escuchen, por favor, con atención,
mientras yo expongo mis razones.
⁷¿Creen acaso que defienden a Dios
   con sus mentiras,
y que le hacen un servicio con
   palabras engañosas?
⁸Ustedes se han puesto de su parte
y quieren defender su causa,
⁹pero, ¿qué pasará si Dios los
   examina?
¿Podrán ustedes engañarlo como a
   un hombre?
¹⁰Si con disimulo se ponen de su parte,
él los reprenderá duramente.
¹¹La grandeza de Dios
los llenará de espanto y de terror.
¹²Sus anticuados argumentos son puro
   polvo;
es como querer defenderse con
   murallas de barro.

¹³Y ahora, ¡cállense, que voy a hablar,
páseme lo que me pase!
¹⁴Voy a arriesgar mi vida,
voy a jugarme el todo por el todo.
¹⁵Aunque él me mate, me mantendré
   firme,
con tal de presentarle mi defensa
   cara a cara.
¹⁶Quizá en eso esté mi salvación,
pues un malvado no entraría hasta
   su presencia.
¹⁷Escuchen, pues, con atención
la exposición que voy a hacerles.
¹⁸Voy a presentar mi defensa,
y sé que tengo la razón.
¹⁹Si alguien tiene de qué acusarme,
yo guardaré silencio y moriré.

²⁰Concédeme sólo dos cosas, oh Dios,
y no me esconderé de ti:
²¹Deja ya de castigarme
y no me hagas sentir tanto miedo.
²²Llámame, y yo te responderé;

o yo hablaré primero, y tú me
   responderás.
²³Dime, ¿cuáles son mis pecados y
   delitos?
¿Cuáles son mis crímenes?
²⁴¿Por qué te escondes de mí?ˣ
¿Por qué me tratas como a un
   enemigo?
²⁵Soy como una hoja al viento,
¿por qué quieres destruirme?
No soy más que paja seca,
¿por qué me persigues?
²⁶Traes amargas acusaciones contra
   mí;
me pides cuentas de las faltas de mi
   juventud.
²⁷Me pones cadenas en los pies,
vigilas todos mis pasos
y examinas todas mis pisadas.
²⁸Me voy deshaciendo, como algo
   podrido,
como ropa que se come la polilla.

**14** ¹El hombre, nacido de mujer,
tiene una vida corta y llena de
zozobras.
²Es como una flor que se abre y luego
   se marchita;
pasa y desaparece como una
   sombra.ʸ
³¿Y en este hombre has puesto los
   ojos,
y contra él quieres entablar un
   juicio?
⁴No hay nadie que pueda sacar
pureza de la impureza.
⁵Si tú eres quien determina
cuánto ha de vivir el hombre,
y le pones un límite que no puede
   pasar,
⁶aparta de él tus ojos y déjalo en paz;
¡déjalo disfrutar de su vida de
   asalariado!

⁷Cuando se corta un árbol,
queda aún la esperanza de que
   retoñe
y de que jamás le falten renuevos.
⁸Aunque ya esté vieja la raíz
y el tronco se esté pudriendo en el
   suelo,
⁹al sentir la frescura del agua,
   reverdecerá;
echará ramas como una planta
   tierna.
¹⁰En cambio, el hombre muere sin
   remedio;

ʷ **13.5** Pr 17.28.   ˣ **13.24** Sal 44.24.   ʸ **14.1-2** Sal 39.4-6; 102.11; 109.23; Ec 6.12; Eclo 40.1-10; Sab 2.1-4.

y al morir, ¿a dónde va?

¹¹El agua del mar podrá evaporarse,
  y los ríos quedarse secos;
¹²pero mientras el cielo exista,
  el hombre no se levantará de su
    tumba,
  no despertará de su sueño.

¹³¡Ojalá me escondieras en el reino de
    la muerte
  mientras pasa tu ira,
  y fijaras un plazo para acordarte de
    mí!
¹⁴Si un hombre muere, ¿volverá a
    vivir?
  Yo esperaría todo el tiempo que
    durara mi servicio
  hasta que viniera el alivio de mis
    penas.
¹⁵Tú me llamarías, y yo te respondería;
  me mirarías con afecto, pues eres mi
    creador.
¹⁶Si ahora vigilas cada uno de mis
    pasos,
  entonces no te fijarías en mis
    pecados;
¹⁷echarías mis faltas al olvido
  y me limpiarías de mis delitos.

¹⁸Aun las montañas acaban por
    derrumbarse,
  y los peñascos por cambiar de sitio.
¹⁹Así como el agua desgasta la piedra
  y las lluvias arrastran el polvo del
    suelo,
  así destruyes tú la esperanza del
    hombre.
²⁰Lo derrotas para siempre, lo echas
    de su tierra,
  y él se va desfigurado.
²¹Si sus hijos alcanzan honores, él no
    se entera;
  si caen en desgracia, él no se da
    cuenta;
²²sólo siente los dolores de su propio
    cuerpo,
  el sufrimiento de su propio ser.

### Segunda serie de diálogos
*(Caps 15—21)*

# 15
*Elifaz*
¹⁻²El que es sabio no responde con
    palabras huecas

ni se hincha con razones que sólo
    son viento;
³no habla sólo por hablar
  ni usa argumentos sin valor.
⁴Pero tú acabas con la reverencia a
    Dios:
  ¡destruyes la devoción sincera!
⁵Tu mala conciencia hace que hables
    así
  y que uses palabras engañosas.
⁶No hace falta que yo te acuse,
  pues tu propia boca te condena.

⁷¿Piensas que antes de ti no hubo
    ningún hombre,
  y que ni siquiera existían las
    montañas?
⁸¿Acaso te crees el consejero privado
    de Dios,ᶻ
  o el único sabio del mundo?
⁹¿Qué sabes tú que nosotros no
    sepamos?
  ¿Qué conoces tú que nosotros
    ignoremos?
¹⁰¡Nosotros somos gente ya madura,
  con más experiencia que tu propio
    padre!

¹¹¿No te basta con que Dios mismo te
    consuele
  y con que te hablemos suavemente?
¹²¿Por qué te dejas llevar de la pasión
  y echas chispas por los ojos?
¹³¿Por qué te enfureces contra Dios
  y das rienda suelta a tus protestas?
¹⁴No hay hombre que sea puro
  ni que esté libre de culpa.
¹⁵Si ni aun los ángeles merecen toda su
    confianza,
  si ni siquiera el cielo es puro a sus
    ojos,
¹⁶¡mucho menos el hombre,
    corrompido y despreciable,
  que hace el mal como quien bebe
    agua!

¹⁷Escúchame, pues te voy a decir
  algo que sé por experiencia,
¹⁸algo que los sabios nos enseñan.
  Ellos lo aprendieron de sus
    antepasados,
¹⁹a quienes fue dada la tierra
  y entre quienes no hubo mezcla de
    extranjeros.

²⁰La vida del hombre malvado y
    violento
  es corta y llena de tormentos.

ᶻ **15.8** Is 40.13; Jer 23.18; Ro 11.34.

²¹Oye ruidos que lo asustan;
cuando más seguro está, lo asaltan
los ladrones.
²²No tiene esperanza de escapar de la
oscuridad:
¡un puñal está en espera de matarlo!
²³Su cadáver servirá de alimento a los
buitres;
él sabe que su ruina²⁰ es inevitable.
²⁴La oscuridad lo llenará de terror,
y lo asaltarán la angustia y la
desgracia,
como cuando un rey ataca en la
batalla.

²⁵Esto le pasa al que levanta su mano
contra Dios,
al que se atreve a desafiar al
Todopoderoso,
²⁶al que, protegido con un escudo,
se lanza en forma insolente contra
Dios.
²⁷Llenos de grasa tiene
la cara y los costados.
²⁸Las ciudades donde viva quedarán en
ruinas;
las casas quedarán abandonadas
y convertidas en un montón de
escombros.
²⁹No será rico por mucho tiempo,
ni se extenderán sus posesiones en la
tierra.
³⁰No podrá escapar de las tinieblas.
Será como una planta cuyos retoños
quema el fuego
o cuyas flores²¹ arranca el viento.
³¹Que no confíe tontamente en el
engaño,
pues no logrará más que ser
engañado.
³²Antes de tiempo se marchitarán²² sus
ramas
y no volverán a reverdecer.
³³Será como una vid cuyas uvas no
maduran,
como un olivo cuyas flores se caen.
³⁴Los impíos no tendrán descendencia,
y sus casas, enriquecidas con
soborno,
arderán en el fuego.
³⁵Están preñados de maldad y dan a
luz desdicha;
el fruto que producen es el engaño.

# 16
*Job*

¹⁻²Ya he oído muchas veces cosas
parecidas.

Ustedes, en vez de consolarme, me
atormentan.
³¿Es que no hay fin para las palabras
huecas?
¿Qué manía es esa de
contradecirme?
⁴Si ustedes estuvieran ahora en mi
lugar,
también yo hablaría como ustedes;
movería burlonamente la cabeza
y les lanzaría un torrente de
palabras,
⁵palabras amables y consoladoras,
para darles ánimo y valor.
⁶Pero ni el hablar calma mi dolor,
ni el callar me trae alivio.
⁷Dios ha acabado con mis fuerzas;
me ha quitado todos mis amigos
⁸y me ha puesto en prisión.
Ha levantado testimonios contra mí;
contra mí ha presentado acusaciones
falsas.
⁹El Señor me persigue y me desgarra,
me amenaza como una fiera,
me clava los ojos cual si fuera mi
enemigo.
¹⁰La gente se amontona contra mí,
me hace muecas
y me da de bofetadas para
humillarme.
¹¹Dios me ha puesto en manos
de gente malvada y criminal.²³
¹²Yo estaba en paz, y él me agarró del
cuello;
me estrujó, me hizo pedazos.
Me convirtió en el blanco de sus
flechas.
¹³De todos lados me dispara;
atraviesa mi cuerpo sin ninguna
compasión,
y se esparcen mis entrañas por el
suelo.
¹⁴Me abre herida tras herida,
se lanza contra mí como un
guerrero.

¹⁵Lleno de tristeza, me puse ásperas
ropas
y hundí en el polvo mi cabeza.
¹⁶La cara se me ha hinchado de llorar;
se me ha nublado la vista,
¹⁷a pesar de que nunca hice violencia a
nadie
y de que ha sido pura mi oración.

---

²⁰ *Ruina:* texto probable. Heb. *en su mano.*    ²¹ *Flores:* según la versión griega. Heb. *boca.*    ²² *Se marchitarán:* texto
probable. Heb. *se llenará.*    ²³ *Dios ha acabado . . . y criminal:* traducción probable. El texto hebreo de los vs. 7-11 es oscuro.

18Este crimen contra mí, clama
justicia;
¡tierra, no sepultes mi clamor!
19Alguien debe de haber en el cielo
que declare en mi favor,
20que interprete ante Dios mis
pensamientos,
para que él vea mis lágrimas;
21alguien que hable ante Dios en mi
favor,
como se habla ante un hombre en
favor de otro.
22Los pocos años que me quedan van
pasando,
y pronto emprenderé el viaje sin
regreso.

# 17

1Me estoy quedando sin aliento;
mi vida va acercándose a su fin;
me está esperando la tumba.
2Junto a mí no hay más que gente
burlona;
día y noche veo sus provocaciones.
3Pero tú, Señor, puedes responder
por mí;
¿quién sino tú puede hacerlo?
4Tú, que les has entorpecido el
entendimiento,
no dejes que me venzan.
5Sufrirán hambre24 los hijos de
quienes,
por una recompensa, traicionan a
sus amigos.
6Tú has hecho que todos hablen mal
de mí
y que me escupan en la cara.
7Los ojos se me nublan de dolor;
mi cuerpo es apenas una sombra.
8Al ver esto, los buenos se quedan
asombrados;
se enojan y me tienen por impío.
9Insisten en que ellos son justos,
en que tienen limpias las manos.
10Pero vengan aquí, todos ustedes,
y no encontraré entre ustedes un solo
sabio.

11Van pasando los días de mi vida,
y mis planes y deseos se ven
frustrados.
12Pero ustedes convierten la noche en
día;
¡a pesar de la oscuridad, dicen que la
luz se acerca!
13Lo único que puedo esperar es la
muerte,
y tenderme a dormir en las tinieblas.
14¡Mi padre, mi madre, mis hermanos,
son los gusanos y el sepulcro!
15¿Dónde ha quedado mi esperanza?
¿Dónde está mi bienestar?25
16¿Bajarán conmigo al reino de la
muerte,
para que juntos reposemos en el
polvo?

# 18

*Bildad*

1-2¿Cuándo va a dejar de hablar esta
gente?
Si fuera razonable, podríamos
hablar.
3¿Por qué se nos trata como animales
y se nos considera estúpidos?
4¿Crees tú que por desgarrarte
rabiosamente
va a quedar desierta la tierra
o las rocas van a cambiar de lugar?
5Al malvado se le apagará la luz,
y su fuego no volverá a dar llama.
6Su lámpara se apagará;
en su casa no brillará la luz.
7Su paso firme perderá fuerza,
y quedará atrapado en su propia
trampa.
8Se pondrá una red a su paso,
y en esa red quedará atrapado.
9Se tenderá un lazo a sus pies,
y alrededor del tobillo se le cerrará el
nudo.
10La trampa estará oculta en el camino
para atraparle cuando pase.
11Por todas partes se siente
amenazado;
se siente perseguido a cada paso.
12Sus fuerzas se acaban por el hambre;
la desgracia está lista a caerle
encima.
13La enfermedad, hija preferida de la
muerte,
le devora la carne poco a poco.
14Arrancado es también de la paz de su
hogar
y llevado a rastras ante el rey del
terror.
15Se prende fuego26 a su casa;
sus posesiones son rociadas con
azufre.
16Es como un árbol de raíces secas
y ramas marchitas.
17Su recuerdo se borrará de la tierra

---

24 *Sufrirán hambre:* lit. *se les debilitarán los ojos.* 25 *Mi bienestar:* según una versión antigua. Heb. *mi esperanza.*
26 *Se prende fuego:* texto probable. Heb. oscuro.

y no se volverá a pronunciar su
nombre.*a*

[18] Lo arrojarán de la luz a las tinieblas;
lo expulsarán de este mundo.

[19] No tendrá descendientes en su
pueblo;
nadie en su casa quedará con vida.*b*

[20] Cuando sepan su destino, en oriente
y occidente
quedarán espantados, llenos de
terror.

[21] En eso acaba la vida del malvado,
del hombre que desprecia a Dios.

# 19
*Job*

[1-2] ¿Hasta cuándo van a atormentarme
y herirme con sus palabras?

[3] Una y otra vez me insultan;
¿no se avergüenzan de tratarme así?

[4] Aun cuando yo fuera culpable,
mi culpa sólo a mí me afectaría.

[5] Ustedes se creen mejores que yo,
y me echan en cara mi desgracia.

[6] Pues sepan bien que Dios me ha
derribado,
que es él quien me ha hecho caer en
la trampa.

[7] Yo grito: "¡Me matan!", y nadie
responde;
pido ayuda, y nadie me hace justicia.

[8] Dios me ha cerrado el camino para
que yo no pase;
ha envuelto mis caminos en
oscuridad.

[9] Me ha despojado de mis riquezas;
me ha quitado mi corona.

[10] Me ha dejado en la más completa
ruina;
¡ha dejado sin raíces mi esperanza!

[11] Descargó su ira contra mí
y me trató como a un enemigo.

[12] Todas sus tropas se lanzaron contra
mí;
acamparon alrededor de mi casa
y prepararon el ataque.

[13] Dios ha hecho que mis hermanos y
amigos
se alejen de mí y me traten como a
un extraño.*c*

[14-15] Mis parientes y amigos me han
abandonado;
los que vivían en mi casa me han
olvidado.

Mis criadas me tienen por un
extraño;
ya no me reconocen.

[16] Si llamo a un criado, no contesta,
por más que se lo ruegue.

[17] Si me acerco a mi esposa, me
rechaza;
a mis propios hijos[27] les repugno.

[18] Aun los niños me desprecian;
apenas me levanto, hablan mal de
mí.

[19] Mis más íntimos amigos me
aborrecen;
los que más estimo se han vuelto
contra mí.*d*

[20] La piel se me pega a los huesos,
y a duras penas logro seguir con
vida.

[21] Tengan compasión de mí, ustedes
mis amigos,
porque Dios ha dejado caer su mano
sobre mí.

[22] ¿Por qué me persiguen ustedes como
Dios?
¿No me han mordido ya bastante?

[23] ¡Ojalá alguien escribiera mis
palabras
y las dejara grabadas en metal!

[24] ¡Ojalá alguien con un cincel de
hierro
las grabara en plomo o en piedra
para siempre!

[25] Yo sé que mi defensor vive,
y que él será mi abogado aquí en la
tierra.

[26] Y aunque la piel se me caiga a
pedazos,
yo, en persona, veré a Dios.

[27] Con mis propios ojos he de verlo,*e*
yo mismo y no un extraño.

Las fuerzas me fallaron

[28] al oír que ustedes decían:
"¿Cómo podremos perseguirlo?
La raíz de sus males está en él
mismo."

[29] Pero tengan miedo a la espada,
la espada con que Dios castiga el
mal.
Sepan que hay uno que juzga.[28]*f*

# 20
*Zofar*

[1-2] Tú me pones inquieto e impaciente;
por eso quiero contestarte.

---

[27] *Hijos:* otra posible traducción: *hermanos.*   [28] *Mis más íntimos . . . uno que juzga:* traducción probable. El texto hebreo de los vs. 19-29 es oscuro.
*a* **18.17** Sal 9.5; 34.16.   *b* **18.19** Sal 37.28.   *c* **19.13** Sal 31.11; 38.11; 69.8; 88.18.   *d* **19.19** Sal 41.9; Eclo 6.8-12.
*e* **19.26-27** Job 42.5.   *f* **19.29** Sal 58.11.

³Con tus reproches me insultas,
pero yo sé cómo responderte.²⁹

⁴Tú sabes que siempre ha sido así
desde que el hombre existe sobre la
tierra:
⁵la alegría del malvado dura poco;
su gozo es sólo por un momento.
⁶Aunque sea tan alto como el cielo
y su cabeza llegue hasta las nubes,
⁷acabará como el estiércol
y sus amigos no sabrán su paradero.ᵍ
⁸Desaparecerá como un sueño, como
una visión nocturna,
y nadie podrá encontrarlo. *
⁹Los que vivían con él y lo veían,
no lo volverán a ver.
¹⁰Sus hijos tendrán que devolver a los
pobres
lo que él había robado.
¹¹En pleno vigor y juventud
bajará a la tumba.
¹²El mal le parece tan delicioso
que lo saborea con la lengua;
¹³retiene su sabor en la boca
y lo paladea lentamente.
¹⁴Pero luego, en el estómago,
se le convierte en veneno de
serpiente.
¹⁵Vomita las riquezas que había
devorado;
Dios se las saca del estómago.
¹⁶Estaba chupando veneno de
serpiente,
y ese veneno lo matará.
¹⁷No podrá disfrutar de la abundancia
de la leche y la miel, que corren
como ríos.
¹⁸Todo lo que había ganado, tendrá
que devolverlo;
no podrá aprovecharlo ni gozar de
sus riquezas.
¹⁹Explotó y abandonó a los pobres;
se adueñó de casas que no había
construido.
²⁰Nunca quedaba satisfecho su apetito,
ni nada se libraba de su ambición;
²¹nada escapaba a su voracidad.
Por eso no podrá durar su dicha.
²²Cuanta más abundancia tenga, más
infeliz será;
sobre él caerá la mano de los
malvados.
²³Cuando trate de llenar su estómago,
Dios descargará su ira sobre él:
hará llover sobre él su enojo.³⁰

²⁴Si escapa de un arma de hierro,
lo alcanzarán con un arco de bronce.
²⁵La flecha le atravesará el cuerpo,³¹
y la punta le saldrá por el hígado.
Se llenará de terror;
²⁶total oscuridad lo envolverá.³²
Un fuego que no hará falta avivar
acabará con él y con toda su casa.
²⁷El cielo pondrá al descubierto su
pecado,
y la tierra se levantará para acusarlo.
²⁸Cuando la ira de Dios se desborde
sobre él,
se perderán todas sus riquezas.
²⁹Esto es lo que Dios ha destinado
para el malo;
ésta es la suerte que le tiene
preparada.

# 21
### Job

¹⁻²El mejor consuelo que ustedes
pueden darme
es escuchar mis palabras.
³Tengan paciencia mientras hablo,
y después, ríanse si quieren.

⁴Mi pleito no es con ningún hombre;
por eso estoy tan impaciente.
⁵Si me ponen atención,
se quedarán mudos de miedo.
⁶Si yo mismo pienso en ello, me
espanto;
mi cuerpo se estremece.
⁷¿Por qué siguen con vida los
malvados,
y llegan a viejos, llenos de poder?
⁸Ven crecer a sus hijos y a sus nietos,
que a su lado gozan de seguridad.
⁹Nada amenaza la paz de sus hogares;
Dios no los castiga.ʰ
¹⁰Su ganado es siempre fecundo;
las crías nunca se malogran.
¹¹Sus hijos corretean y juegan como
corderitos,
¹²y alegres bailan y saltan
al son del arpa, los tambores y las
flautas.
¹³Terminan su vida en la prosperidad;
bajan tranquilos a la tumba.
¹⁴A Dios le dicen: "¡Déjanos en paz,
no queremos conocer tus leyes!
¹⁵¿Quién es el Todopoderoso, para
que le sirvamos?
¿Qué ganamos con orar ante él?"ⁱ

---

²⁹ *Pero yo sé cómo responderte:* traducción probable. Heb. oscuro.   ³⁰ *Hará llover sobre él su enojo:* texto probable. Heb.
oscuro.   ³¹ *La flecha le atravesará el cuerpo:* traducción probable. Heb. oscuro.   ³² *Total oscuridad lo envolverá:*
traducción probable. Heb. oscuro.
ᵍ **20.6-7** Sal 37.35-36.   * **20.8** Sab 5.14.   ʰ **21.7-9** Sal 73.4-12; Mal 3.15-19.   ⁱ **21.14-15** Mal 3.14.

16(Pero los malvados no son dueños de
su bienestar.
¡Lejos de mí pensar como ellos!)

17¿Cuándo se ha apagado la luz de los
malvados?
¿Cuándo han caído en la desgracia?
¿Cuándo se ha enojado Dios con
ellos
y los ha hecho sufrir?
18¿Cuándo han sido dispersados como
paja
que arrastra el viento en sus
torbellinos?*j*
19Se dice que Dios hace pagar a los
hijos
por las faltas de sus padres.
Pero es el propio malvado
quien debe pagar y escarmentar.
20El debe recibir el castigo
de la ira del Todopoderoso.
21¿Qué le importa lo que pueda pasarle
a su familia
una vez que él haya muerto?
22(Pero, ¿quién puede dar lecciones a
Dios,
que juzga aun a los habitantes del
cielo?)

23Hay quienes llegan a la muerte
llenos de vigor, felices y tranquilos,
24llenos de prosperidad y de salud.
25Otros, en cambio, viven amargados
y mueren sin haber probado la
felicidad.
26Sin embargo, todos en la tumba son
iguales;*k*
a unos y a otros se los comen los
gusanos.

27Yo sé lo que ustedes piensan de mí
y las ideas perversas que tienen.
28Se preguntan: "¿Dónde ha quedado
la casa
de aquel malvado tirano?"
29¿No han hablado ustedes con la
gente que viaja?
¿No han oído las cosas que ellos
cuentan:
30que cuando Dios se enoja, manda
una desgracia
y al malvado no le pasa nada?
31Nadie le echa en cara su conducta,
nadie le da su merecido.
32-33Y cuando al fin lo llevan a enterrar,
todos en cortejo lo acompañan,
unos delante y otros detrás,

y hacen guardia en el sepulcro,
y hasta la tierra es suave para él.

34¡Es absurdo que ustedes quieran
consolarme!
¡Es mentira todo lo que dicen!

### Tercera serie de diálogos
*(Caps 22-27)*

# 22
*Elifaz*
1-2¿Crees tú que el hombre, por muy
sabio que sea,
puede serle a Dios de alguna
utilidad?
3¿Qué interés o beneficio obtiene el
Todopoderoso
de que tú seas recto e intachable?*l*
4Si él te corrige y te llama a juicio,
no es porque tú le sirvas con
fidelidad,
5sino porque tu maldad es mucha
y tus pecados no tienen límite.
6Tú, sin necesitarlo, exigías prenda a
tus hermanos;
les quitabas su ropa y los dejabas
desnudos.
7A quien tenía sed, no le dabas agua;
a quien tenía hambre, no le dabas de
comer.
8¡Como eras poderoso y respetable,
te creías el dueño de la tierra!
9Dejabas ir a las viudas con las manos
vacías,
y maltratabas a los huérfanos.
10Por eso ahora el peligro te rodea
y te sientes de pronto lleno de terror.
11Todo es oscuridad, no puedes ver
nada;
un torrente de agua te inunda.

12Dios está en lo más alto del cielo;
las estrellas más altas quedan a sus
pies.
13-14¿Cómo puedes decir que Dios no se
da cuenta,
que las densas nubes le impiden
juzgar?
¿Cómo puedes decir que Dios no ve
porque anda paseando de un lado a
otro del cielo?*m*
15¿Piensas seguir por el camino oscuro
que han seguido los malvados?
16Ellos murieron muy pronto
como arrebatados por un río
crecido.

---

*j* **21.18** Sal 1.4.   *k* **21.26** Ec 9.2-3.   *l* **22.1-3** Job 35.6-8.   *m* **22.13-14** Sal 73.11; Is 29.15.

¹⁷Decían a Dios: "¡Déjanos en paz!
  ¿Qué puede hacer el Todopoderoso
  por nosotros?"
¹⁸(Y sin embargo, él fue quien llenó
  sus casas de bienes.
  ¡Lejos de mí pensar como los
  malos!)
¹⁹Los justos ven esto y se alegran;
  los inocentes se ríen
²⁰al ver que las riquezas de los malos
  acaban devoradas por el fuego.

²¹Ponte de nuevo en paz con Dios,
  y volverás a tener prosperidad.
²²Deja que él te instruya,
  grábate en la mente sus palabras.
²³Si te humillas,³³ y te vuelves al
  Todopoderoso,
  y alejas el mal de tu casa,
²⁴y si miras aun el oro más precioso
  como si fuera polvo, como piedras
  del arroyo,
²⁵el Todopoderoso será entonces
  tu oro y tu plata en abundancia.
²⁶El será tu alegría,
  y podrás mirarlo con confianza.
²⁷Si le pides algo, él te escuchará,
  y tú cumplirás las promesas que le
  hagas.
²⁸Tendrás éxito en todo lo que
  emprendas;
  la luz brillará en tu camino.
²⁹Porque Dios humilla al orgulloso³⁴
  y salva al humilde.
³⁰El te librará, si eres inocente,³⁵
  si estás limpio de pecado.

# 23
## Job

¹⁻²Una vez más mis quejas son amargas
  porque Dios ha descargado su
  mano³⁶ sobre mí.
³¡Ojalá supiera yo dónde encontrarlo,
  y cómo llegar a donde vive!
⁴Presentaría ante él mi caso,
  pues me sobran argumentos.
⁵¡Ya sabría cómo responder
  a lo que él me contestara!
⁶Pero él no usaría la fuerza como
  argumento,
  sino que me escucharía
⁷y reconocería que tengo la razón;
  me declararía inocente,
  ¡me dejaría libre para siempre!

⁸Pero busco a Dios en el oriente, y no
  está allí;
  lo busco en el occidente, y no lo
  encuentro.
⁹Me dirijo³⁷ al norte, y no lo veo;
  me vuelvo³⁸ al sur, y no lo percibo.
¹⁰El conoce cada uno de mis pasos;
  puesto a prueba, saldré puro como el
  oro.
¹¹Yo siempre he seguido sin desviarme
  el camino que él me ha señalado.
¹²Siempre he cumplido sus leyes y
  mandatos,
  y no mi propia voluntad.
¹³Cuando él decide realizar algo, lo
  realiza;
  nada le hace cambiar de parecer.
¹⁴Lo que él ha dispuesto hacer
  conmigo, eso hará,
  junto con otras cosas semejantes.
¹⁵Por eso le tengo miedo;
  sólo el pensarlo me llena de terror.
¹⁶Dios, el Todopoderoso,
  me tiene acobardado.
¹⁷¡Ojalá³⁹ la noche me hiciera
  desaparecer
  y me envolviera la oscuridad!

# 24

¹¿Por qué el Todopoderoso no
  señala fechas para actuar,
  de modo que sus amigos puedan
  verlas?
²Los malvados cambian los linderos
  de los campos,
  roban ovejas para aumentar sus
  rebaños,ⁿ
³despojan de sus animales
  a los huérfanos y las viudas.
⁴Apartan a los pobres del camino,
  y la gente humilde tiene que
  esconderse.
⁵Los pobres, como asnos salvajes del
  desierto,
  salen a buscar con trabajo su
  comida,
  y del desierto sacan alimento para
  sus hijos.
⁶Van a recoger espigas en campos
  ajenos
  o a rebuscar en los viñedos de los
  malos.
⁷Pasan la noche sin nada con que
  cubrirse,
  sin nada que los proteja del frío.

---

³³ Te humillas: según una versión antigua. Heb. serás reconstruido.   ³⁴ Porque Dios humilla al orgulloso: traducción
probable. Heb. oscuro.   ³⁵ Inocente: según versiones antiguas. Heb. oscuro.   ³⁶ Dios ha descargado su mano: según
versiones antiguas. Heb. mi mano pesa.   ³⁷ Me dirijo: según versiones antiguas. Heb. él se dirige.   ³⁸ Me vuelvo: según
versiones antiguas. Heb. él se vuelve.   ³⁹ Ojalá: texto probable. Heb. no.

ⁿ 24.2 Dt 19.14; 27.17; Pr 22.28; 23.10.

⁸La lluvia de las montañas los
empapa,
y se abrazan a las rocas en busca de
refugio.

⁹Les quitan a las viudas sus recién
nacidos,
y a los pobres les exigen prendas.
¹⁰Los pobres andan casi desnudos,
cargando trigo mientras se mueren
de hambre.
¹¹Mueven las piedras del molino para
sacar aceite;
pisan las uvas para hacer vino,
y mientras tanto se mueren de sed.
¹²Lejos de la ciudad, los que agonizan
lloran y lanzan gemidos,
pero Dios no escucha su oración.

¹³Hay algunos que odian la luz,
y en todos sus caminos se apartan de
ella.ⁿ
¹⁴El asesino madruga para matar al
pobre,
y al anochecer se convierte en
ladrón.
¹⁵El adúltero espera a que oscurezca,
y se tapa bien la cara,
pensando: "Así nadie me ve." *
¹⁶El ladrón se mete de noche en las
casas.
Todos ellos se encierran de día;
son enemigos de la luz.
¹⁷La luz del día es para ellos densa
oscuridad;
prefieren los horrores de la noche.

## Zofar ⁴⁰

¹⁸El malvado es arrastrado por el
agua.
Sus tierras quedan bajo maldición
y nadie vuelve a trabajar en sus
viñedos.
¹⁹Con el calor de la sequía, la nieve se
derrite;
y en el sepulcro, el pecador
desaparece.
²⁰Su propia madre se olvidará de él;
los gusanos se lo comerán,
y nadie volverá a acordarse de él.
El malo caerá como un árbol
cortado.
²¹Con las mujeres sin hijos y con las
viudas

fue siempre cruel;⁴¹ jamás las
ayudó.
²²Pero Dios, con su fuerza, derriba a
los poderosos;
cuando él actúa, nadie tiene segura
la vida.
²³Dios los deja vivir confiados,
pero vigila cada uno de sus pasos.
²⁴Por un momento se levanta el malo,
pero pronto deja de existir.
Se marchita como hierba
arrancada,⁴²
como espiga que se dobla.
²⁵Y si esto no es así, ¿quién podrá
desmentirme
y probar que estoy equivocado?

# 25

## Bildad

¹⁻²Dios es poderoso y temible;
él establece la paz en el cielo.
³Sus ejércitos son incontables,
su luz brilla sobre todos.
⁴¿Podrá, pues, un simple hombre
ser puro e inocente frente a Dios?
⁵A sus ojos, ni la luna tiene brillo
ni son puras las estrellas,
⁶¡mucho menos el hombre;
este gusano miserable!

# 26

## Job

¹⁻²¡Qué manera de ayudar al débil,
de salvar al que ya no tiene fuerzas!
³¡Qué bien sabes dar consejos
e instruir al ignorante!
⁴¿Con ayuda de quién has dicho esas
palabras?
¿Quién te ha inspirado para hablar
así?

## Bildad⁴³

⁵Los muertos, que habitan el mar
profundo,
tiemblan de miedo en el fondo del
mar.
⁶El sepulcro, reino de la muerte,
no encierra misterios para Dios.
⁷Dios extendió el cielo⁴⁴ sobre el
vacío
y colgó la tierra sobre la nada.
⁸El encierra el agua en las nubes
sin que las nubes revienten con el
peso;
⁹oscurece la cara de la luna⁴⁵

---

⁴⁰ *Zofar:* los vs. 18-25 son considerados generalmente como parte del discurso de Zofar, aun cuando el nombre mismo no aparece en el texto hebreo.    ⁴¹ *Cruel:* texto probable. Heb. *apacentaba.*    ⁴² *Como hierba arrancada:* según la versión griega. Heb. *como todo.*    ⁴³ *Bildad:* los vs. 5-14 son considerados generalmente como parte del discurso de Bildad, aun cuando el nombre mismo no aparece en el texto hebreo.    ⁴⁴ *Cielo:* lit. *norte.* La palabra hebrea *tsafón* fue originalmente el nombre cananeo del monte Casio, situado al norte de Palestina, y llegó a significar *norte* por extensión.    ⁴⁵ *Luna:* texto probable. Heb. *trono.*

ⁿ 24.13 Jn 3.20.    * 24.15 Eclo 23.18.

cubriéndola con una nube;
[10]ha puesto el horizonte del mar
como límite entre la luz y las
tinieblas.
[11]Cuando Dios amenaza, tiemblan de
miedo
los montes en que se apoya el cielo.
[12]Con su fuerza dominó al mar;
con su habilidad derrotó al monstruo
Rahab.[46,o]
[13]Con su soplo dejó el cielo despejado;
con su mano mató a la serpiente
escurridiza.
[14]Y esto no es más que una parte de
sus obras;
lo que hemos oído es apenas un
murmullo.
¿Quién podrá entender su trueno
poderoso?*

# 27

### Job

[1-2]¡Juro por Dios, por el
Todopoderoso,
quien se niega a hacerme justicia
y me llena de amargura,
[3]que mientras él me dé fuerza para
respirar,
[4]jamás diré mentiras
ni pronunciaré palabras falsas!
[5]Mientras yo viva, insistiré en mi
inocencia;
¡no admitiré que ustedes tengan
razón al acusarme!
[6]No dejaré de insistir en mi honradez,
pues no tengo nada que
reprocharme.

[7]¡Que todo el que se declare mi
enemigo
corra la suerte del malvado y del
injusto!
[8]¿Qué esperanza habrá para el impío
cuando Dios le quite la vida?
[9]Cuando se encuentre en dificultades,
Dios no hará caso de sus ruegos.
[10]Pues él no encuentra su alegría en el
Todopoderoso,
ni lo invoca en ningún momento.

[11]Voy a mostrarles el gran poder de
Dios,
los planes del Todopoderoso.
[12]Y si todos ustedes ya lo han visto,
¿por qué dicen cosas absurdas?

### Zofar [47]

[13]Este es el castigo que Dios, el Todopoderoso,
dará a los hombres crueles y
malvados:
[14]aunque sus hijos sean muchos,
morirán en la guerra o por no
encontrar qué comer.
[15]A los que queden con vida, los
matará la peste,
y sus viudas no los llorarán.

[16]Aunque el malvado amontone plata
como tierra,
y tenga ropa en grandes cantidades,
[17]será un hombre honrado el que use
esa ropa
y algún hombre honrado el que
disfrute de esa plata.
[18]La casa del malvado es frágil como
un nido,
como la choza de quien cuida los
campos.
[19]Se acostará rico por última vez,
y al despertar, ya no tendrá nada.
[20]El terror le llegará de día,[48]
la tempestad se lo llevará de noche.
[21]El viento huracanado del oriente
lo arrancará de su casa;
[22]soplará contra él sin compasión,
por más que trate de escapar.
[23]El viento lo perseguirá con
estruendos y silbidos.

### Alabanza a la sabiduría

# 28

[1]Hay minas de donde se saca la
plata
y lugares donde se refina el oro.
[2]El hierro se saca de la tierra,
y las piedras, al fundirse, producen
el cobre.
[3]El hombre ha puesto fin a las
tinieblas:
baja a los lugares más profundos
y allí, en la oscuridad, busca piedras.
[4]Balanceándose suspendidos de una
soga,
abren minas en lugares solitarios,
en lugares por donde nadie pasa,
lejos de las ciudades.[49]
[5]La tierra, por encima, produce trigo,
y por debajo está revuelta como por
fuego.
[6]Allí se encuentran zafiros,
y oro mezclado con tierra.

---

[46] Véase nota en 9.13.   [47] *Zofar:* los vs. 13-23 son considerados generalmente como parte del discurso de Zofar, aun cuando el nombre mismo no aparece en el texto hebreo.   [48] *De día:* texto probable. Heb. *como agua.*   [49] *Balanceándose . . . ciudades:* traducción probable. Heb. oscuro.
*o* 26.12 Job 9.13; Is 51.9.   * 26.14 Eclo 43.32.

7Ni los halcones ni otras aves de
   rapiña
han visto jamás esos senderos.
8Las fieras no pasan por ellos
ni los frecuentan los leones.
9El hombre pone la mano en el
   pedernal
y arranca de raíz las montañas.
10Abre túneles en los peñascos
y descubre toda clase de tesoros.
11Explora los nacimientos50 de los ríos
y saca a la luz cosas escondidas.

12¿Pero de dónde viene la sabiduría?
¿En qué lugar está la inteligencia?
13El hombre no sabe lo que ella vale,
ni la encuentra en este mundo.
14El océano dice: "Aquí no está",
y el mar: "Yo no la tengo."
15No se puede conseguir con oro,
ni se puede comprar con plata.
16No se puede pagar con el oro más
   precioso,
ni con joyas de cornalina o de zafiro.
17Vale más que el oro y el cristal;
no se puede cambiar por objetos de
   oro puro.
18La sabiduría es más preciosa que el
   coral,
y que el cristal de roca y las perlas.
19El crisólito de Etiopía no la iguala,
ni se puede pagar con el oro más
   fino.
20¿De dónde, pues, viene la sabiduría?
¿En qué lugar está la inteligencia?
21Está escondida a la vista de las
   fieras,
oculta a las aves del cielo.
22Aun la destrucción y la muerte dicen:
"Sólo de oídas hemos sabido de
   ella."

23Pero Dios conoce el camino de la
   sabiduría;
sólo él sabe dónde encontrarla,
24pues él ve hasta el último rincón de
   la tierra
y todo lo que hay debajo del cielo.
25Cuando Dios le fijó la fuerza al
   viento
y puso un límite al agua,
26cuando estableció las leyes de la
   lluvia
y señaló el camino a la tormenta,
27también vio a la sabiduría, vio su
   justo valor,

la examinó y le dio su aprobación.p
28Y dijo Dios a los hombres:
"Servir fielmente al Señor: eso es
   sabiduría;
apartarse del mal: eso es
   inteligencia."q

### Defensa final de Job
(Caps 29-31)

# 29
*Job*

1-2¡Ojalá pudiera yo volver a aquellos
   tiempos
en que Dios me protegía!
3Cuando él me iluminaba con su luz
y yo podía andar en la oscuridad;
4cuando yo estaba en plena madurez
y Dios cuidaba de mi hogar;
5cuando el Todopoderoso estaba a mi
   lado
y mis hijos me hacían compañía;
6cuando la leche corría por el suelo51
y el aceite brotaba de las rocas;
7cuando yo tomaba asiento
en el lugar de reunión de la ciudad.
8Los jóvenes, al verme, se hacían a un
   lado
y los ancianos se ponían de pie.
9Aun los hombres importantes
dejaban de hablar
y hacían señas de guardar silencio.
10Los gobernantes bajaban la voz;
se les pegaba la lengua al paladar.

11La gente, al verme o escucharme,
me felicitaba y hablaba bien de mí,
12pues yo socorría al huérfano y al
   pobre,
gente a la que nadie ayudaba.
13El que estaba en la ruina me daba las
   gracias;
mi ayuda era a las viudas motivo de
   alegría.
14La justicia y la honradez eran parte
de mí mismo:
eran mi ropa de todos los días.
15¡Yo era ojos para el ciego
y pies para el lisiado,
16padre de los necesitados
y defensor de los extranjeros!
17Yo les rompía la quijada a los
   malvados
y les quitaba la presa de los dientes.

---

50 *Explora los nacimientos:* texto probable. Heb. *ata* (o *detiene*) *las goteras.*   51 *La leche corría por el suelo:*
lit. *me lavaba los pies en leche.*
p **28.12-27** Pr 8.22-31; Eclo 1.6-9; Bar 3.15, 29-37.   q **28.28** Sal 111.10; Pr 1.7; 8.13; 9.10.

18Yo pensaba: "Mis días serán tantos
   como la arena;
   moriré anciano y en mi propio
   hogar.
19Soy como un árbol plantado junto al
   agua,ʳ
   cuyas ramas baña el rocío de la
   noche.
20Mi esplendor se renovará conmigo,
   y no me faltarán las fuerzas.''

21Todos me escuchaban
   y esperaban en silencio mis consejos.
22Después de hablar yo, ninguno
   replicaba.
   Mis palabras caían gota a gota sobre
   ellos,
23y ellos las esperaban ansiosos,
   como se espera la lluvia en tiempo de
   calor.
24Cuando yo les sonreía, apenas lo
   creían,
   y no dejaban de mirar mi rostro
   alegre.
25Yo establecía mi autoridad sobre
   ellos
   y decidía lo que ellos debían hacer,
   como un rey al frente de sus tropas.
   Cuando estaban tristes, yo los
   consolaba.

30 ¹Pero ahora se ríen de mí
   muchachos más jóvenes que yo,
   cuyos padres no hubiera yo aceptado
   para estar con los perros que
   cuidaban mis rebaños.
2¿De qué me hubiera servido la fuerza
   de sus brazos?
   Ellos eran gente desgastada
3por el hambre terrible y la necesidad.
   De noche, en el desierto solitario,
   tenían que roer raíces secas;
4arrancaban hierbas amargas de los
   matorrales,
   y hasta raíces de retama comían.⁵²
5Eran gente rechazada por la
   sociedad,
   perseguida a gritos como los
   ladrones;
6tenían que vivir en cuevas,
   en los barrancos y entre los
   peñascos;
7aullaban en la maleza,
   amontonados bajo los matorrales.
8Gente inútil, hijos de nadie,
   indignos de vivir en el país.

9Pero ahora ellos se burlan
   y hacen chistes a costa mía.
10Con repugnancia se alejan de mí,
   y hasta me escupen en la cara.
11Ahora que estoy desarmado y
   humillado,
   no me tienen ningún respeto.
12A mi lado se presentan en montón,
   me hacen caer, me atacan
   y procuran darme muerte.
13Me cierran el camino, para
   destruirme,
   y nadie lo detiene.⁵³
14Como por un boquete abierto en la
   muralla,
   se lanzan sobre mí con gran
   estruendo.
15El terror cayó sobre mí;
   mi dignidad huyó como el viento;
   mi prosperidad, como una nube.

16Ya no tengo ganas de vivir;
   la aflicción se ha apoderado de mí.
17El dolor me penetra hasta los huesos;
   sin cesar me atormenta por las
   noches.
18Dios me ha agarrado por el cuello,
   y con fuerza me sacude⁵⁴ la ropa.
19Me ha arrojado en el lodo,
   como si yo fuera polvo y ceniza.

20Te pido ayuda, oh Dios, y no
   respondes,
   te suplico y no me haces caso.
21Te has vuelto cruel conmigo,
   me persigues con rigor.
22Haces que el viento me arrebate,
   que la tempestad me sacuda.
23Ya sé que tú quieres llevarme a la
   muerte,
   al destino reservado a todo ser
   viviente.
24¿Acaso no he ayudado al pobre
   y lo he salvado de su miseria?⁵⁵
25¿Acaso no he llorado por el que
   sufre,
   ni tenido compasión del necesitado?
26Yo esperaba la felicidad, y vino la
   desdicha;
   aguardaba la luz, y llegó la
   oscuridad.
27Mi corazón se agita sin descanso;
   sólo me esperan días de aflicción.
28Llevo una vida triste, sin luz de sol;
   delante de todos pido ayuda.
29Parezco hermano de los chacales,

---

⁵² *Comían*: otra posible traducción: *para calentarse*.  ⁵³ *Los detiene*: texto probable. Heb. *los ayuda*.  ⁵⁴ *Sacude*: texto
probable. Heb. *desfigura*.  ⁵⁵ *¿Acaso no . . . su miseria?*: traducción probable. Heb. oscuro.
ʳ **29.19** Sal 1.3.

amigo de los avestruces.
³⁰Mi piel se ha vuelto negra,
mi cuerpo arde a causa de la fiebre.
³¹La música de las arpas y las flautas
se convirtió para mí en llanto de
dolor.

**31** ¹Yo me he impuesto la norma
de no codiciar ni siquiera a las
solteras.
²¿Cuál es la recompensa que el
Todopoderoso
da a cada hombre desde lo alto del
cielo?
³¿No es acaso al malvado y pecador
a quien corresponde la desgracia?
⁴¿O es que Dios no ve lo que hago
ni observa cada uno de mis pasos?

⁵Juro que nunca he procedido con
malicia
ni he intentado engañar a nadie.
⁶¡Que Dios me pese con balanza
justa,
y se convencerá de mi inocencia!
⁷Si me he desviado del camino recto,
si me he dejado llevar de la codicia,
si algo ajeno se ha encontrado en mi
poder,
⁸que otros se coman lo que yo he
sembrado
y arranquen de raíz lo que planté.

⁹Si me he dejado seducir de una
mujer
o me he puesto a espiar a la mujer de
mi vecino,
¹⁰que mi esposa sea esclava de otros
y que extraños se acuesten con ella.
¹¹Pues mis acciones serían infames;
serían actos dignos de castigo.
¹²Serían como un incendio destructor
que destruiría todo lo que tengo.

¹³Si mis criados me reclamaban algo,
yo siempre atendía a sus peticiones.
¹⁴¿De qué otra manera podría yo
presentarme ante Dios?
¿Qué le respondería cuando él me
pidiera cuentas?
¹⁵Un mismo Dios nos formó en el
vientre,
y tanto a ellos como a mí nos dio la
vida.
¹⁶Nunca dejé de socorrer al pobre en
su necesidad,

ni permití que las viudas pasaran
hambre.
¹⁷Nunca comí yo solo mi bocado
sin compartirlo con el huérfano.
¹⁸Siempre traté al huérfano como un
padre;
siempre fui protector de las viudas.
¹⁹Cuando yo veía que alguien moría
por falta de ropa,
o que un pobre no tenía con qué
cubrirse,
²⁰con la lana de mis propias ovejas le
daba calor,
y él me quedaba agradecido.
²¹Jamás amenacé a un huérfano
valiéndome de mi influencia con los
jueces.
²²Y si esto no es verdad,
que los brazos se me rompan;
que se me caigan de los hombros.
²³Yo temía el castigo de Dios;
¡no habría podido resistir su
majestad!

²⁴Jamás el oro ha sido para mí
la base de mi confianza y seguridad.ˢ
²⁵Jamás mi dicha ha consistido en
tener grandes riquezas
o en ganar mucho dinero.
²⁶He visto brillar el sol
y avanzar la luna en todo su
esplendor,
²⁷pero jamás los adoré en secreto
ni les envié besos con la mano.ᵗ
²⁸Esto habría sido digno de castigo;
¡habría sido negar al Dios del cielo!

²⁹Nunca me alegré del mal de mi
enemigo,
ni de que le hubiera venido una
desgracia.ᵘ
³⁰Jamás lancé sobre él una maldición
ni le deseé la muerte.
³¹Si algunos de los que vivían conmigo
querían abusar de un extranjero,⁵⁶
³²yo no lo dejaba pasar la noche en la
calle.
Siempre abrí las puertas de mi casa a
los viajeros.
³³Jamás he ocultado mis faltas, como
hacen otros,
ni he tratado de tenerlas en secreto
³⁴por miedo de la gente.
Jamás me he quedado encerrado y
en silencio

---

⁵⁶ *Querían abusar de un extranjero:* traducción probable. La exégesis más generalizada ve en las palabras de Job una
alusión al abuso sexual de que eran víctima los extranjeros, como en el caso de Sodoma y Gomorra. (Véase Gn. 19.)
ˢ **31.24** Sal 49.6; 52.6-7; Eclo 31.5-10.   ᵗ **31.26-27** Dt 4.19.   ᵘ **31.29** Pr 24.17.

por temor al desprecio de mis
familiares.

35 ¡Ojalá que alguien me escuchara!
Con mi firma respaldo lo que he
dicho;
ahora, ¡que el Todopoderoso me
responda!
Las acusaciones que me hagan por
escrito,
36 las llevaré conmigo honrosamente;
me las pondré por corona.
37 Yo daré cuenta a Dios de todas mis
acciones,
me acercaré con dignidad a su
presencia.
38 Mis tierras no claman al cielo contra
mí,
ni sus surcos lloran afligidos.
39 Pero si a alguien le he robado sus
productos,
o si he explotado a los campesinos,
40 ¡que mis tierras produzcan espinos
en vez de trigo,
y mala hierba en vez de cebada!

Con esto terminó Job su defensa.

### Intervención de Eliú
#### (Caps 32-37)

**32** ¹Al ver los tres hombres que Job
insistía en que era inocente, dejaron de discutir con él. ²Entonces un hombre llamado Eliú, hijo de Baraquel el
buzita, descendiente de Ram, no pudo
contener más su enojo contra Job, al ver
que insistía en su inocencia y culpaba a
Dios. ³Pero también se enojó con los tres
amigos de Job, porque, al no haber
sabido responderle, habían hecho quedar
mal a Dios.⁵⁷ ⁴Como Eliú era el más
joven de todos, esperó a que los otros terminaran de hablar con Job; ⁵pero al ver
que ellos no sabían ya cómo responderle,
no se pudo contener ⁶y comenzó a hablar.

#### Primer discurso de Eliú

*Eliú*
Como yo soy joven y ustedes
ancianos,
no me atrevía a expresarles mi
opinión.
⁷Y pensé: "Que hable la voz de la
experiencia;
que muestren los muchos años su
sabiduría."

⁸Aunque en realidad todo hombre
tiene entendimiento,
pues el Todopoderoso le infundió su
espíritu.
⁹Los muchos años no hacen sabio a
nadie,
ni las barbas traen consigo una recta
comprensión. *
¹⁰Por eso dije: "Ahora, que me
escuchen,
pues yo también tengo algo que
decir."

¹¹Yo he estado atento y he escuchado
los argumentos presentados por
ustedes.
Les he visto buscar las mejores
palabras,
¹²y he visto también que ninguno de
ustedes
ha podido darle a Job la debida
respuesta.
¹³Pues para que no se crean ustedes
tan sabios,
Dios, y no un hombre, le
responderá.
¹⁴Pero, ni Job se ha dirigido a mí,
ni yo voy a contestarle como ustedes.

¹⁵Job, estos tres están confundidos
y les faltan palabras para
responderte;
¹⁶pero no creas que yo voy a callar
porque ellos callan,
porque se quedan sin responderte.
¹⁷Voy a tomar parte en el asunto
y diré lo que tengo que decir.
¹⁸Estoy tan lleno de palabras
que ya no puedo contenerme;
¹⁹estoy a punto de estallar,
como el vino encerrado en cueros
nuevos.
²⁰Tengo que hablar para desahogarme,
tengo que darte una respuesta.
²¹No voy a halagar a nadie;
trataré a todos por igual.
²²En realidad, yo no acostumbro hacer
halagos;
¡el Creador me castigaría en seguida
si los hiciera!

**33** ¹Por lo tanto, Job, escucha mis
palabras;
pon atención a lo que voy a decirte.
²Ya tengo en los labios la respuesta:
³voy a hablar con sinceridad
y a decir francamente lo que pienso.

---

⁵⁷ *A Dios:* texto probable. Heb. *a Job,* por eufemismo.
* 32.9 Sab 4.8-9.

⁴Dios, el Todopoderoso, me hizo,
e infundió en mí su aliento.

⁵Respóndeme, si puedes;
prepárate a hacerme frente.
⁶Tú y yo somos iguales ante Dios;
yo también fui formado de barro.
⁷Así que no tienes por qué asustarte
de mí,
pues no te voy a imponer mi
autoridad.

⁸Me parece que te oí decir
(tales son las palabras que escuché):
⁹"Yo soy puro e inocente,
y no tengo falta ni pecado.
¹⁰Pero Dios busca de qué acusarme,
y me trata como a su enemigo;
¹¹me ha puesto cadenas en los pies,
y vigila cada uno de mis pasos."
¹²Pero tal afirmación es incorrecta,
pues Dios es más grande que los
hombres.
¹³¿Por qué le echas en cara
que no conteste a ninguno de tus
argumentos?
¹⁴Dios habla de muchas maneras,
pero no nos damos cuenta.
¹⁵A veces lo hace en las noches,
en un sueño o una visión,
cuando los hombres ya duermen,
cuando el sueño los domina.
¹⁶Dios habla al oído de los hombres;
los reprende y los llena de miedo,
¹⁷para apartarlos de sus malas obras
y prevenirlos contra el orgullo.⁵⁸
¹⁸Así los libra de la tumba,
los salva de la muerte.
¹⁹Otras veces Dios corrige al hombre
con enfermedades,
con fuertes dolores en todo su
cuerpo.
²⁰Todo alimento, aun el más delicioso,
le resulta entonces insoportable.
²¹La carne se le va desgastando,
se le pueden ver los huesos.
²²Su vida está al borde del sepulcro,
a las puertas de la muerte.

²³Pero si hay cerca de él un ángel,
uno entre mil que hable en su favor
y dé testimonio de su rectitud,
²⁴que le tenga compasión y diga a
Dios:
"Líbralo de la muerte,
pues he encontrado su rescate",

²⁵entonces su cuerpo recobrará la
salud
y volverá a ser como en su juventud.
²⁶Hará súplicas a Dios, y él lo
atenderá;
con alegría verá a Dios cara a cara,
y cantará⁵⁹ a los hombres la bondad
de Dios.⁶⁰
²⁷Dirá: "Pequé, cometí injusticias,
pero Dios no quiso castigarme;
²⁸por el contrario, me salvó de la
muerte
y todavía puedo ver la luz."

²⁹Así trata Dios al hombre
una y otra vez;
³⁰lo salva de la muerte,
lo deja seguir viendo la luz.

³¹Escúchame, Job, con atención;
guarda silencio mientras hablo.
³²Si tienes algo que decir, respóndeme;
si tienes razón, lo admitiré con
gusto;
³³pero si no, escúchame en silencio,
y yo te enseñaré a ser sabio.

### Segundo discurso de Eliú

**34** ¹⁻²Ustedes, sabios e instruidos,
escuchen mis palabras.
³El oído distingue las palabras,
igual que el paladar reconoce los
sabores.ᵛ
⁴Así también, examinemos nosotros el
caso
y decidamos lo que nos parezca
mejor.
⁵Job afirma: "Yo soy inocente,
pero Dios se niega a hacerme
justicia.
⁶Sería una mentira el admitir que soy
culpable;
mi herida no sana, aun cuando no he
pecado."ʷ

⁷¡No hay nadie como Job!
Se burla de Dios como quien bebe
agua;
⁸le gusta juntarse con los malvados,
andar con la gente mala.
⁹Dice que nada gana el hombre
con tratar de agradar a Dios.
¹⁰Pero ustedes, gente sensata,
escúchenme.
¡Ni pensar que Dios, el
Todopoderoso,

---

⁵⁸ *Para apartarlos . . . el orgullo:* traducción probable. Heb. oscuro.   ⁵⁹ *Cantará:* texto probable. Heb. *devolverá.*
⁶⁰ *Y cantará a los hombres la bondad de Dios:* otra posible traducción: *y Dios le restituirá al hombre su bondad.*
ᵛ 34.3 Job 12.11.   ʷ 34.5-6 Job 27.1-5.

haga el mal o cometa injusticias!

[11] El paga a cada uno según sus obras;
hace que cada cual reciba lo que
merece.[x]

[12] En verdad, Dios, el Todopoderoso,
no hace nada malo ni injusto;

[13] de nadie recibió el poder
para gobernar al mundo entero.

[14-15] Si les quita a los hombres
el aliento de vida,
todos ellos mueren por igual
y otra vez vuelven al polvo.[y]

[16] Si tú eres sensato, escúchame;
pon atención a mis palabras.

[17] Si Dios odiara la justicia, no podría
gobernar.
¿Cómo puedes condenar a quien es
inmensamente justo?

[18] Si los reyes y los nobles son
malvados,
Dios no duda en echárselo en cara.

[19] El no se pone de parte de los
gobernantes,
ni favorece más a los ricos que a los
pobres,
pues él fue quien los hizo a todos.

[20] Los hombres mueren en un instante,
en medio de la noche;
la gente se alborota y desaparece;
el poderoso es eliminado sin esfuerzo
humano.

[21] Dios vigila los pasos del hombre
y conoce todas sus andanzas.

[22] No hay tinieblas tan oscuras
que puedan ocultar a un malhechor.

[23] Dios no fija un plazo al hombre
para que se presente ante él a juicio.

[24] No necesita investigar
para derribar a los grandes
y dar a otros su lugar.

[25] Dios conoce lo que hacen,
llega de noche y los destroza.

[26] Los azota como a criminales,
a la vista de todos,

[27] porque no quisieron obedecerle
ni aceptar sus normas de conducta.

[28] Hicieron que los gritos de los pobres
y oprimidos
llegaran hasta Dios, y él los escuchó.

[29] Pero si Dios calla, ¿quién podrá
condenarlo?
Si oculta su rostro, ¿quién podrá
verlo?
El vigila[61] a pueblos e individuos

[30] para que no gobierne al pueblo
un malvado que lo engañe.

[31] ¿Acaso le has dicho a Dios:
"Me dejé engañar; no volveré a
pecar.

[32] Muéstrame las faltas que yo no veo.
Si he actuado mal, no lo volveré a
hacer"?

[33] ¿Acaso quieres que Dios te
recompense
como mejor te parezca,
aunque tú lo hayas rechazado?
Ya que eres tú quien decide, y no yo,
dinos lo que sabes.[62]

[34] Los hombres sabios que me
escuchan,
y las personas sensatas, me dirán:

[35] "Job está hablando sin saber;
sus palabras no tienen sentido.

[36] ¡Que se examine a fondo a Job,
pues sus respuestas son las de un
malvado!

[37] Job no sólo es pecador, sino rebelde;
delante de nosotros se burla de Dios
y se pone a discutir con él."

### Tercer discurso de Eliú

**35** [1-2] ¿Te parece justo, Job, afirmar
que Dios debe darte la razón?

[3] Pues le has dicho a Dios:
"¿Qué te importa si yo peco?
¿En que te perjudica[63] mi
pecado?"[z]

[4] Pues yo te voy a responder
a ti, y también a tus amigos.

[5] Fíjate en el cielo,
y mira qué altas están las nubes
sobre ti.

[6] Si pecas, eso no afecta a Dios;
por muchos pecados que cometas,
no le haces nada.

[7] Y si actúas bien, nada le das;
no le haces ningún beneficio.

[8] Es a los hombres como tú a quienes
afecta tu pecado
y a quienes benefician tus buenas
acciones.[a]

[9] Bajo el peso de la opresión, los
hombres gritan
y buscan quien los salve de los
poderosos;

[10] pero no buscan al Dios que los creó,

---

[61] *Vigila:* texto probable. Heb. *igualmente.*    [62] *¿Acaso le has . . . lo que sabes:* traducción probable. El texto hebreo de los vs. 31-33 es oscuro.    [63] *¿En qué te perjudica . . .?:* según dos versiones antiguas. Heb. *¿qué provecho saco . . .?*
[x] 34.11 Sal 62.11-12; Pr 24.12; Jer 17.10; Ez 18.30; 33.20; Eclo 16.12,14; Mt 16.27; Ro 2.6.    [y] 34.14-15 Sal 104.29.
[z] 35.3 Job 7.20.    [a] 35.6-8 Job 22.2-3.

al que da fuerzas[64] en las horas más
oscuras,
[11]al que nos instruye y nos enseña
por medio de los animales y las aves.
[12]Gritan, pero Dios no les contesta,
porque son hombres malos y
orgullosos.
[13]Dios, el Todopoderoso,
no hace caso a las falsedades.

[14]Aun cuando dices que no ves a Dios,
espéralo, pues tu caso está en su
presencia.
[15]Dices que él no se enoja ni castiga,
que no presta mucha atención al
pecado.
[16]¡Pero, Job, estás diciendo cosas sin
sentido,
estás hablando mucho y sin
inteligencia!

### Cuarto discurso de Eliú

**36** [1-2]Ten un poco de paciencia, y te
instruiré,
pues aún tengo argumentos a favor
de Dios.
[3]Usaré mis amplios conocimientos
para mostrar que mi Creador tiene
razón.
[4]Te aseguro que no diré nada falso;
tienes delante a un sabio consumado.

[5]Dios es poderoso e inmensamente
sabio,
y no desprecia al inocente.[65]
[6]No perdona la vida al malvado,
pero hace justicia a los pobres;
[7]siempre protege a los hombres
rectos;
afirma a los reyes en sus tronos,
y los mantiene en alta posición.
[8]Pero si son sujetados con cadenas
y el dolor los atormenta,
[9]Dios les hace ver el mal que
cometieron
y cómo se dejaron llevar por el
orgullo.
[10]Les habla para corregirlos
y pedirles que dejen su maldad.
[11]Si le hacen caso y se someten,
gozan de dicha y felicidad
por el resto de sus días.
[12]Pero si no hacen caso,
mueren y bajan al sepulcro
antes de que puedan darse cuenta.

[13]Los impíos se llenan de furor,
y ni aun estando presos piden ayuda.
[14]Mueren en plena juventud;
su vida termina en forma
vergonzosa.
[15]Por medio del sufrimiento, Dios
salva al que sufre;
por medio del dolor lo hace
entender.
[16]A ti también te libró de los peligros,
y te dio abundancia y libertad;
llenó tu mesa de comidas deliciosas.
[17]En ti se cumple la sentencia del
malvado,
y no podrás evitar que se te juzgue y
condene.
[18]Cuida de no dejarte sobornar,
de no dejarte seducir por el mucho
dinero.
[19]En la angustia no te servirán de nada
tus gritos ni todo tu poder.
[20]No suspires por que llegue la noche,
cuando los pueblos desaparecen.[66]
[21]Cuida de no volver a la maldad,
tú que fuiste probado por el
sufrimiento.

[22]Fíjate en el gran poder de Dios.
Ningún maestro es comparable a él;
[23]nadie puede decirle lo que tiene que
hacer,
ni echarle en çara el haber hecho
mal.
[24]Todo el mundo alaba sus obras;
acuérdate también tú de alabarlas.
[25]Todo hombre puede verlas,
aunque sea de lejos.
[26]Dios es tan grande, que no podemos
comprenderlo;
tampoco podemos contar sus años.

[27]El recoge en un depósito las gotas de
agua,
y luego las convierte en lluvia.
[28]La lluvia chorrea de las nubes
y cae en aguaceros sobre la gente.
[29]¿Quién entiende por qué avanzan las
nubes,
o por qué resuena el trueno en el
cielo?
[30]Dios extiende el relámpago sobre el
mar,
dejando oculto el fondo del océano.[b]
[31]Así alimenta[67] a los pueblos
y les da comida en abundancia.
[32]Sujeta el rayo entre sus manos,

---

[64] *Fuerzas:* texto probable. Heb. *canciones.*   [65] *Al inocente:* según la versión griega. En el texto hebreo no aparece esta frase.   [66] *En ti se . . . desaparecen:* traducción probable. El texto hebreo de los vs. 17-20 es oscuro.   [67] *Alimenta:* texto probable. Heb. *juzga.*
[b] **36.29-30** Sal 18.13-1 5; Eclo 43.13-16.

y éste da en el blanco, tal como él lo
ordena.
[33]El trueno anuncia a Dios,
la tempestad proclama su ira.[68]

**37** [1]Al ver la tempestad, mi corazón
palpita
como si fuera a salírseme del pecho.
[2]Escuchen el estruendo de la voz de
Dios,
el trueno que sale de su boca.
[3]El lanza el relámpago por todo el
cielo
y de un extremo a otro de la tierra.
[4]Luego se oye un estruendo,
cuando hace resonar su voz
majestuosa;
y mientras se oye el trueno,
los relámpagos[69] no cesan.
[5]Cuando Dios hace tronar su voz,
se producen maravillas;
suceden grandes cosas que nadie
puede comprender.
[6]Ordena a la nieve caer sobre la tierra
y hace que la lluvia caiga con
violencia.
[7]Hace que los hombres se queden en
sus casas,
y que todos reconozcan que él es
quien actúa.[70]
[8]Los animales entran en sus cuevas,
y allí se quedan escondidos.
[9]Del sur viene el huracán,
y del norte viene el frío.
[10]Por el soplo de Dios se forma el
hielo
y las aguas extensas se congelan.[c]
[11]El carga de humedad las nubes,
y hace que de ellas surja el rayo;
[12]y el rayo va, zigzagueando por el
cielo,
cumpliendo así las órdenes de Dios
en toda la superficie de la tierra.
[13]De todo ello se vale Dios para
castigar a la tierra
o para mostrarle su bondad.

[14]Job, ten paciencia y escucha,
considera las cosas admirables que
hace Dios.
[15]¿Sabes tú cómo Dios dispone todo
esto,
y cómo brilla el relámpago en la
nube?
[16]¿Sabes tú cómo flotan las nubes en el
aire,

prueba admirable de su perfecta
inteligencia?
[17]Tú te sofocas de calor entre tu ropa
cuando el viento del sur adormece la
tierra.
[18]¿Puedes tú ayudar a Dios a extender
el cielo
y dejarlo firme como una hoja de
metal?[d]
[19]Enséñanos qué debemos decirle a
Dios,
pues estamos a oscuras y sin
argumentos.
[20]Yo ni siquiera le diría que quiero
hablar,
pues sería como querer que me
destruya.

[21]No es posible ver la luz del sol
cuando las nubes lo ocultan;
pero si el viento sopla, el cielo se
aclara.
[22]Resplandores de oro aparecen por el
norte,
cuando Dios se rodea de terrible
majestad.
[23]No podemos comprender al
Todopoderoso,
pues él es inmensamente fuerte y
justo;
es recto y no oprime a nadie.
[24]Por eso los hombres le temen;
nada significan los sabios para él.

### Dios interpela a Job
(38.1-42.6)

**38** [1]Entonces el Señor le habló a Job
de en medio de la tempestad.
*El Señor*
[2]¿Quién eres tú para dudar de mi providencia
y mostrar con tus palabras tu
ignorancia?[e]
[3]Muéstrame ahora tu valentía,
y respóndeme a estas preguntas:[f]
[4]¿Dónde estabas cuando yo afirmé la
tierra?
¡Dímelo, si de veras sabes tanto!
[5]¿Sabes quién decidió cuánto habría
de medir,
y quién fue el arquitecto que la hizo?
[6]¿Sobre qué descansan sus cimientos?
¿Quién le puso la piedra principal de
apoyo,

---

[68] *El trueno . . . su ira:* traducción probable. Heb. oscuro.   [69] *Relámpagos:* texto probable. Esta palabra no aparece en el texto hebreo.   [70] *Todos reconozcan que él es quien actúa:* según versiones antiguas. Heb. *todos los hombres que él hizo reconozcan.*
[c] 37.10 Sal 147.17.   [d] 37.18 Gn 1.6.   [e] 38.2 Job 42.3.   [f] 38.3 Job 40.7; 42.4.

[7] mientras cantaban a coro las estrellas
de la aurora
entre la alegría de mis servidores
celestiales?

[8] Cuando el mar brotó del seno de la
tierra,
¿quién le puso compuertas para
contenerlo?
[9] Yo le di una nube por vestido
y la niebla por pañales.
[10] Yo le puse[71] un límite al mar
y cerré con llave sus compuertas.
[11] Y le dije: "Llegarás hasta aquí,
y de aquí no pasarás;
aquí se romperán[72] tus olas
arrogantes."[g]
[12] ¿Alguna vez en tu vida has dado
órdenes
de que salga la aurora y amanezca el
día?
[13] ¿Y de que la luz se difunda por la
tierra
y los malvados vayan a esconderse?
[14] Entonces aparecen los relieves de la
tierra y se tiñen de color como un
vestido;
[15] se les niega la luz a los malvados
y se pone fin a su amenaza.

[16] ¿Has visitado el misterioso abismo
donde tiene sus fuentes el océano?
[17] ¿Has visto dónde están las puertas
del tenebroso reino de la muerte?
[18] ¿Tienes idea de la anchura de la
tierra?
¡Dímelo, si en verdad lo sabes todo!

[19] ¿En dónde están guardadas
la luz y las tinieblas?
[20] ¿Sabes hacerlas llegar hasta el último
rincón
y que luego regresen a su casa?
[21] ¡Debes de saberlo, pues tienes tantos
años
que para entonces ya habrías nacido!

[22] ¿Has visitado los depósitos
donde guardo la nieve y el granizo
[23] para enviarlos en tiempos de
desgracia,
en tiempos de batallas y de guerra?[h]
[24] ¿Qué caminos sigue la luz al
repartirse?
¿Cómo se extiende el viento del este
sobre el mundo?

[25] ¿Quién abre una salida al aguacero
y señala el camino a la tormenta,
[26] para que llueva en el desierto,
en lugares donde nadie vive,
[27] para que riegue la tierra desolada
y haga brotar la hierba?

[28] ¿Quién es el padre de la lluvia y del
rocío?
[29] ¿Quién es la madre del hielo y de la
escarcha?
[30] ¿Quién vuelve el agua dura como la
piedra
y congela la superficie del océano?

[31] ¿Eres tú quien mantiene juntas a las
Pléyades
y separadas las estrellas de Orión?[i]
[32] ¿Eres tú quien saca a su hora al
lucero de la mañana?
¿Eres tú quien guía a las estrellas
de la Osa Mayor y de la Osa Menor?
[33] ¿Conoces tú las leyes que gobiernan
el cielo?
¿Eres tú quien aplica esas leyes en la
tierra?
[34] ¿Puedes dar órdenes a las nubes
de que te inunden con agua?
[35] Si mandas al rayo que vaya a alguna
parte,
¿acaso te responde: "Aquí estoy, a
tus órdenes"?
[36] ¿Quién dio instinto inteligente
a aves como el ibis[73] o el gallo?[74]
[37] ¿Quién es tan sabio que sepa cuántas
nubes hay?
¿Quién puede vaciarlas para que den
su lluvia,
[38] para que el polvo se convierta en
barro
y se peguen los terrones entre sí?

[39] ¿Eres tú quien busca presa para las
leonas,
para que coman sus cachorros hasta
llenarse,
[40] cuando se esconden en su guarida
o se ponen al acecho en la maleza?
[41] ¿Quién da de comer a los cuervos,
cuando sus crías andan buscando
comida
y con grandes chillidos me la piden?

**39** [1] ¿Sabes cuándo dan a luz las
cabras monteses?
¿Has visto parir a las hembras del
venado?

---

[71] *Puse:* según una versión antigua. Heb. *rompí.*   [72] *Se romperán:* según una versión antigua. Heb. *pondré en.*   [73] *Ibis:* ave de Egipto que aparecía durante las inundaciones del Nilo.   [74] Según los antiguos, el *gallo* anunciaba la lluvia.
[g] **38.8-11** Sal 104.6-9; Pr 8.29; Jer 5.22.   [h] **38.22-23** Ex 9.13-35; Jos 10.11; Is 30.30.   [i] **38.31** Job 9.9; Am 5.8.

²¿Sabes cuántos meses necesitan
para que den a luz?
³Al dar a luz se encorvan,
y entonces nacen sus crías.
⁴Luego éstas se hacen fuertes, crecen
en el campo,
y al fin se van y no regresan.

⁵¿Quién dio libertad al asno salvaje?
¿Quién lo dejó andar suelto?
⁶Yo le señalé, como lugar donde vivir,
el desierto y las llanuras salitrosas.
⁷No le gusta el ruido de la ciudad,
ni obedece a los gritos del arriero.
⁸Recorre las lomas en busca de pasto,
buscando cualquier hierba verde
para comer.

⁹¿Crees que el toro salvaje querrá
servirte
y pasar la noche en tu establo?
¹⁰¿Podrás atarlo al yugo y obligarlo a
arar,
o a ir detrás de ti rastrillando el
campo?
¹¹¿Podrás confiar en él porque es tan
fuerte,
y dejar que te haga tus trabajos?
¹²¿Crees que te servirá para recoger tu
cosecha
y para juntar el grano en tu era?

¹³Ahí tienes al avestruz: aletea
alegremente,
como si tuviera alas de cigüeña,⁷⁵
¹⁴y abandona los huevos en la arena
para que se incuben al calor del sol.
¹⁵No piensa que alguien puede
aplastarlos,
que algún animal puede pisotearlos.
¹⁶Es cruel con sus crías, como si no
fueran suyas,
y no le importa que resulte inútil su
trabajo.
¹⁷Es que yo no le di inteligencia;
le negué el buen sentido.
¹⁸Pero cuando se levanta y echa a
correr,
se ríe de caballos y jinetes.

¹⁹¿Acaso fuiste tú quien dio fuerza al
caballo,
quien adornó su cuello con la crin?
²⁰¿Acaso tú lo haces saltar como
langosta,
con ese soberbio resoplido que
impone terror?

²¹Escarba arrogante en la llanura,
y sin temor se lanza a la batalla.
²²Se ríe del terror y no se asusta,
ni se acobarda ante la espada,
²³por más que resuene la aljaba del
jinete
y lancen chispas las lanzas y las
jabalinas.
²⁴Con ímpetu incontenible devora las
distancias;
suena la trompeta y ya no puede
estarse quieto.
²⁵Contesta con relinchos al toque de
trompeta;
desde lejos siente el olor de la batalla
y oye las voces de mando y el
griterío.

²⁶¿Acaso eres tan sabio que enseñas a
volar al halcón,
y a tender su vuelo hacia el sur?
²⁷¿Eres tú quien ha ordenado al águila
que ponga su nido en las alturas?
²⁸Ella vive día y noche en los peñascos,
levanta su fortaleza en un picacho.
²⁹Desde allá arriba mira
y acecha a su presa.
³⁰Sus crías se alimentan de sangre,
y donde hay cadáveres, allí se la
encuentra.

**40** ¹⁻²Tú, que querías entablarme
juicio
a mí, al Todopoderoso,
¿insistes todavía en responder?ʲ

*Job*
³⁻⁴¿Qué puedo responder yo, que soy
tan poca cosa?
Prefiero guardar silencio.
⁵Ya he hablado una y otra vez,
y no tengo nada que añadir.

### Dios vuelve a interpelar a Job

⁶Volvió el Señor a hablarle a Job de en
medio de la tempestad.
*El Señor*
⁷Muéstrame ahora tu valentía,
y respóndeme a estas preguntas:ᵏ
⁸¿Pretendes declararme injusto y
culpable,
a fin de que tú aparezcas inocente?
⁹¿Acaso eres tan fuerte como yo?
¿Es tu voz de trueno, como la mía?
¹⁰Revístete entonces de grandeza y
majestad,
cúbrete de gloria y esplendor.
¹¹Mira a todos los orgullosos:

---

⁷⁵ *Ahí tienes . . . de cigüeña:* traducción probable. Heb. oscuro.
ʲ **40.1-2** Job 13.15-23; 23.5; 31.35-37.   ᵏ **40.7** Job 38.3.

da rienda suelta a tu furor y
humíllalos.
[12]Sí, derríbalos con tu mirada,
aplasta a los malvados donde se
encuentren.
[13]Sepúltalos a todos en la tierra,
enciérralos en la prisión de los
muertos.
[14]Entonces yo mismo reconoceré
que fue tu poder el que te dio la
victoria.

[15]Fíjate en el monstruo Behemot,[76]
criatura mía igual que tú:
come hierba, como los bueyes;
[16]mira qué fuertes son sus lomos,
y qué poderosos sus músculos.
[17]Su cola es dura como el cedro,
los tendones de sus patas forman
nudos.
[18]Sus huesos son como tubos de
bronce, como barras de hierro.
[19]Es mi obra maestra;
sólo yo, su creador, puedo
derrotarlo.
[20]De los montes, donde juegan las
fieras,
le traen hierba para que coma.
[21]Se echa debajo de los lotos,
se esconde entre las cañas del
pantano.
[22]Los lotos le dan sombra,
los álamos del arroyo lo rodean.
[23]Si el río crece, no se asusta;
aunque el agua le llegue al hocico,
está tranquilo.
[24]¿Quién es capaz de agarrarlo y
sacarle los ojos,
o de pasarle un lazo por la nariz?

**41** [1]Y a Leviatán,[77,m] ¿lo pescarás
con un anzuelo?
¿Podrás atarle la lengua con una
cuerda?
[2]¿Podrás pasarle un cordel por las
narices
o atravesarle con un gancho la
quijada?
[3]¿Acaso va a rogarte que le tengas
compasión,
y a suplicarte con palabras tiernas?
[4]¿Acaso harás que te prometa
ser tu esclavo toda la vida?
[5]¿Jugarás con él como con un
pajarito?

¿Lo atarás como juguete de tus
hijas?
[6]¿Se pondrán a regatear por él en el
mercado?
¿Lo cortarán en pedazos para
venderlo?
[7]¿Podrás atravesarle el cuero con
flechas,
o la cabeza con arpones?
[8]Si llegas a ponerle la mano encima,
te dará tal batalla que no la
olvidarás,
y nunca volverás a hacerlo.

[9]Con sólo ver a Leviatán,
cualquiera se desmaya de miedo.
[10]Si alguien lo provoca, se pone
furioso;
nadie es capaz de hacerle frente.
[11]¿Quién, que se le enfrente, saldrá
sano y salvo?
¡Nadie[78] en todo el mundo!
[12]No dejaré de mencionar sus patas
y su fuerza sin igual.[79]
[13]¿Quién puede quitarle el cuero que lo
cubre,
o atravesar su doble coraza[80]
protectora?
[14]¿Quién puede abrirle el hocico,
con su cerco de terribles dientes?
[15]Sus lomos[81] son hileras de escudos
cerrados y duros como la piedra.
[16]Tan apretados están unos contra
otros,
que ni el aire puede pasar entre ellos.
[17]Tan unidos y trabados están,
que nadie puede separarlos.
[18]Sus estornudos son como
relámpagos;
sus ojos brillan como el sol cuando
amanece.
[19]De su hocico salen llamaradas
y se escapan chispas de fuego.
[20]De sus narices sale humo,
como de una caldera que hierve[82] al
fuego.
[21]Su aliento enciende las brasas,
de su hocico salen llamas.
[22]Su cuello es tan fuerte
que aun él todos se llenan de miedo.
[23]Aun la parte carnosa de su cuerpo
es dura e impenetrable, como hierro
fundido.
[24]Tiene el corazón duro como la roca,
duro como piedra de moler.

[76] *Behemot:* monstruo legendario, descrito, al parecer, con los rasgos característicos del hipopótamo.   [77] Véase nota en 3.8.   [78] *Nadie:* texto probable. Heb. *para mí él.*   [79] *Sin igual:* texto probable. Heb. oscuro.   [80] *Coraza:* según la versión griega. Heb. *freno.*   [81] *Lomos:* según varias versiones antiguas. Heb. *orgullo.*   [82] *Que hierve:* según dos versiones antiguas. Heb. *juncos.*
[l] Los vs. 41.1-34 corresponden a los vs. 40.25-41.26 en el texto hebreo.   [m] 41.1 Job 3.8; Sal /4.14; 104.26; Is 27.1.

²⁵Cuando él se levanta, los dioses se
espantan
y huyen llenos de terror.
²⁶Ni espada ni lanza ni flecha ni dardo
sirven de nada para atacarlo.
²⁷Para él, el hierro es como paja,
y el bronce como madera podrida.
²⁸Las flechas no lo hacen huir;
lanzarle piedras es como lanzarle
paja.
²⁹Un golpe de mazo le es como un
golpe de caña;
se ríe al oír silbar las jabalinas.
³⁰Cuando se arrastra, abre surcos en el
barro,
como si lo hiciera con afilados
trillos.
³¹Hace hervir como una olla al mar
profundo;
como una caldera para mezclar
ungüentos.
³²Va dejando en el agua una estela
blanca y brillante como melena de
canas.
³³No hay en la tierra nada que se le
parezca;
fue hecho para no sentir miedo
jamás.
y que no hay nada que no puedas
realizar.
³⁴Hace frente aun a los más
arrogantes,
y es el rey de todas las fieras.

# 42
*Job*

¹⁻²Yo sé que tú lo puedes todo
y que no hay nada que no puedas
realizar.
³¿Quién soy yo para dudar de tu
providencia,
mostrando así mi ignorancia?ⁿ
Yo estaba hablando de cosas que no
entiendo,
cosas tan maravillosas que no las
puedo comprender.
⁴Tú me dijiste: "Escucha, que quiero
hablarte;
respóndeme a estas preguntas."ñ

⁵Hasta ahora, sólo de oídas te
conocía,
pero ahora te veo con mis propios
ojos.
⁶Por eso me retracto arrepentido,
sentado en el polvo y la ceniza.

### Dios devuelve la prosperidad a Job

⁷Después que el Señor dijo estas cosas
a Job, dijo también a Elifaz: "Estoy muy
enojado contigo y con tus dos amigos,
porque no dijeron la verdad acerca de mí,
como lo hizo mi siervo Job. ⁸Tomen
ahora siete toros y siete carneros y vayan a
ver a mi siervo Job, y ofrézcanlos como
holocaustoᵒ por ustedes. Mi siervo Job
orará por ustedes, y yo aceptaré su oración y no les haré ningún daño, aunque se
lo merecen por no haber dicho la verdad
acerca de mí, como lo hizo mi siervo
Job."
⁹Elifaz, Bildad y Zofar fueron e hicieron lo que el Señor les ordenó, y el Señor
aceptó la oración de Job.
¹⁰Después que Job oró por sus amigos,
Dios le devolvió su prosperidad anterior,ᵖ
y aun le dio dos veces más de lo que antes
tenía. ¹¹Entonces fueron a visitarlo todos
sus hermanos, hermanas y amigos, y
todos sus antiguos conocidos, y en su
compañía celebraron un banquete en su
casa. Le ofrecieron sus condolencias y lo
consolaron por todas las calamidades que
el Señor le había enviado, y cada uno de
ellos le dio una cantidad de dinero y un
anillo de oro.
¹²Dios bendijo a Job en sus últimos
años más abundantemente que en los
anteriores. Llegó a tener catorce mil ovejas, seis mil camellos, mil yuntas de bueyes y mil asnas. ¹³También tuvo catorce⁸³
hijos y tres hijas. ¹⁴A la mayor la llamó
Jemima,⁸⁴ a la segunda, Cesia⁸⁵ y a la tercera, Keren-hapuc.⁸⁶ ¹⁵No había en todo
el mundo mujeres tan bonitas como las
hijas de Job. Su padre las hizo herederas
de sus bienes, junto con sus hermanos.
¹⁶⁻¹⁷Después de esto, Job vivió ciento
cuarenta años, y murió a una edad muy
avanzada, llegando a ver a sus hijos, nietos, bisnietos y tataranietos.

---

⁸³ *Catorce:* algunas versiones traducen *siete.*   ⁸⁴ En hebreo, *Jemima* significa *paloma.*   ⁸⁵ En hebreo, *Cesia* significa
*canela.*   ⁸⁶ En hebreo, *Keren-hapuc* significa *pomo de cosméticos.*
ⁿ **42.3** Job 38.2.   ñ **42.4** Job 38.3; 40.7.   ᵒ **42.8** Job 1.5.   ᵖ **42.10** Job 1.1-3.

# LOS SALMOS

*El libro de los Salmos es el himnario y libro de oración de la Biblia. Para judíos y cristianos de todas las confesiones, ha sido en el curso de los siglos el libro devocional por excelencia. Es además, en el campo de la literatura, la colección de poesía religiosa más grandiosa que se ha escrito hasta hoy. Se compone de 150 salmos, agrupados en cinco grandes secciones o libros: 1-41(40); 42(41)-72(71); 73(72)-89(88); 90(89)-106(105) y 107(106)-150. (Los números entre paréntesis indican la numeración de algunas versiones que adoptan la de las antiguas versiones griega y latina, las cuales consideran los salmos 9 y 10 como uno solo, y después dividen el 147 en dos.)*

*Cada uno de esos libros concluye con una doxología o alabanza. Conocidos popular y globalmente como "los salmos de David", fueron en realidad compuestos por varios autores durante un largo periodo de tiempo. La mitad de ellos se atribuyen a David mismo, otros a Salomón y otros más a varios autores que se citan por nombre.*

*En el curso del tiempo, los salmos se coleccionaron y emplearon en el culto. Esa colección, editada después en la forma en que ha llegado a nosotros, vino a formar parte muy importante de las sagradas escrituras judías. Jesús y los escritores del Nuevo Testamento citaron salmos, y así éstos vinieron a ser también el tesoro devocional, usado en privado y en el culto público, de la Iglesia Cristiana desde sus comienzos mismos.*

*Los salmos son de varias clases: himnos de alabanza y adoración a Dios; plegarias en demanda de ayuda, protección y salvación; expresiones de arrepentimiento, confesión de culpas y súplica de perdón; cánticos de gratitud por las bendiciones divinas y, de conformidad con los conceptos y actitudes de aquella época, incluso peticiones de castigo para los enemigos. De estas oraciones, algunas son personales y expresan los sentimientos más íntimos de un individuo. Otras representan las necesidades y sentimientos de todo el pueblo de Dios.*

## LIBRO I

### SALMO 1

#### Felicidad verdadera

¹Feliz el hombre
que no sigue el consejo de los
    malvados,
ni va por el camino de los pecadores,
ni hace causa común con los que se
    burlan de Dios,
²sino que pone su amor en la ley del
    Señor
y en ella medita noche y día.
³Ese hombre es como un árbol
plantado a la orilla de un río,[a]
que da su fruto a su tiempo
y jamás se marchitan sus hojas.
¡Todo lo que hace, le sale bien!

⁴Con los malvados no pasa lo mismo,
pues son como paja que se lleva el
    viento.[b]
⁵Por eso los malvados no tienen parte
    en el juicio;
no tienen parte los pecadores en la
    comunidad de los justos.

⁶El Señor cuida el camino de los
    justos,
pero el camino de los malos lleva al
    desastre.[c]

### SALMO 2

#### Tú eres mi hijo

¹¿Por qué se alborotan los pueblos
    paganos?
¿Por qué hacen planes sin sentido?
²Los reyes y gobernantes de la tierra
se rebelan, y juntos conspiran
contra el Señor y su rey escogido.[d]
³Y gritan:
"¡Vamos a quitarnos sus cadenas!
¡Vamos a librarnos de sus
    ataduras!"

⁴El Señor, el que reina en el cielo,
se ríe de ellos;[e]
⁵luego, enojado, los asusta;
lleno de furor les dice:
⁶"Ya he consagrado a mi rey sobre
    Sión, mi monte santo."

⁷Voy a anunciar la decisión del Señor:
él me ha dicho: "Tú eres mi hijo;

---

*a* **1.3** Job 29.19; Jer 17.8.  *b* **1.4** Job 21.18; Jer 13.24; Os 13.3; Sof 2.2.  *c* **1.6** Pr 4.18-19; Mt 7.13-14.  *d* **2.1-2** Hch 4.25-26.  *e* **2.4** Sal 59.8.

yo te he engendrado hoy.*f*
8Pídeme que te dé las naciones como
herencia
y hasta el último rincón del mundo
en propiedad,
y yo te los daré.
9Con cetro de hierro destrozarás a los
reyes;*g*
¡los harás pedazos como a ollas de
barro!''

10Reyes y gobernantes de la tierra,
entiendan esto,
¡aprendan bien esta lección!
11-12Adoren al Señor con alegría y
reverencia;
inclínense ante él con temblor,*l*
no sea que se enoje
y ustedes mueran en el camino,
pues su furor se enciende fácilmente.

¡Felices los que buscan protección en
él!

# SALMO 3

## *Oración pidiendo la ayuda del Señor²,ʰ*

1Señor,
muchos son mis enemigos,
muchos son los que se han puesto en
contra mía,
2¡muchos son los que dicen de mí:
"Dios no va a salvarlo''!*³*
3Pero tú, Señor,
eres mi escudo protector,
eres mi gloria,
eres quien me reanima.

4A gritos pido ayuda al Señor
y él me contesta desde su monte
santo.
5Me acuesto y duermo, y vuelvo a
despertar,
porque el Señor me da su apoyo.*i*
6No me asusta ese enorme ejército
que me rodea dispuesto a atacarme.

7¡Levántate, Señor!
¡Sálvame, Dios mío!
Tú golpearás en la cara a mis
enemigos;

¡les romperás los dientes a los
malvados!
8Tú, Señor, eres quien salva;
¡bendice, pues, a tu pueblo!

# SALMO 4

## *Plena confianza en el Señor⁴*

1Dios y defensor mío,
¡contéstame cuando te llame!
Tú, que en mi angustia me diste
alivio,
¡ten compasión de mí y escucha mi
oración!

2Ustedes, que se creen grandes
señores,
¿hasta cuándo ofenderán mi honor?,
¿hasta cuándo desearán y buscarán
lo que no tiene sentido,
lo que sólo es falsedad?
3Sepan que el Señor prefiere al
hombre que le es fiel;
sepan que el Señor me escucha
cuando le llamo.
4¡Tiemblen y no pequen más!*j*
Ya acostados, y en silencio,
examinen su propia conciencia;
5ofrezcan sacrificios sinceros
y confíen en el Señor.

6Muchos dicen: "¿Quién nos
mostrará la dicha?''
¡Señor, míranos con buenos ojos!
7Tú has puesto en mi corazón más
alegría
que en quienes tienen trigo y vino en
abundancia.

8Yo me acuesto tranquilo y me
duermo en seguida,
pues tú, Señor, me haces vivir
confiado.*k*

# SALMO 5

## *Comenzando el día con Dios*

1-2Señor, Rey mío y Dios mío,
escucha mis palabras,
atiende a mis gemidos,

---

*l* *Adoren al Señor . . . él con temblor:* traducción probable. Heb. oscuro.  *²* Título hebreo: *Salmo de David, cuando huía de
su hijo Absalón.*  *³* El texto hebreo añade aquí la palabra *Selah,* cuyo significado es dudoso. Parece ser una indicación
musical o litúrgica, y podría significar pausa, repetición o cambio de voz. Ocurre muchas veces en los Salmos, pero debido
a su significado incierto, en esta versión se ha preferido omitirla.  *⁴* Este salmo, como muchos otros, lleva al principio
muchas indicaciones de traducción muy incierta que parecen dirigidas al director del coro, probablemente sobre la forma
del canto. Por la inseguridad de su traducción se omiten en esta versión.
*f* 2.7 Hch 13.33; He 1.5; 5.5.  *g* 2.9 Ap 2.26-27; 12.5; 19.15.  *h* 3 Título hebreo 2 S 15.13-17.22.  *i* 3.5 Sal 4.8; Pr 3.24.
*j* 4.4 Ef 4.26.  *k* 4.8 Sal 3.5; Pr 3.24.

oye mis súplicas,
pues a ti elevo mi oración.

³De mañana escuchas mi voz;
muy temprano te expongo mi caso,
y quedo esperando tu respuesta.
⁴No eres tú un Dios que se complace
en lo malo;
los malvados no pueden vivir a tu
lado,
⁵ni en tu presencia hay lugar para los
orgullosos.
Tú odias a los malhechores,
⁶destruyes a los mentirosos y rechazas
a los traidores y asesinos.
⁷En cambio yo, por tu gran amor,
puedo entrar en tu templo;
¡puedo adorarte con toda reverencia
mirando hacia tu santo templo!

⁸Señor, por causa de mis enemigos
guíame en tu justicia,
llévame por el buen camino.
⁹Ellos nunca hablan con sinceridad;
¡están corrompidos por dentro!
Sepulcro abierto es su garganta;
¡su lengua es mentirosa!ˡ

¹⁰¡Castígalos, Dios mío!
¡Haz que fracasen sus intrigas!
Recházalos por sus muchos pecados,
porque se han rebelado contra ti.
¹¹Alégrense los que buscan tu
protección;
canten siempre de alegría
porque tú los proteges.
Los que te aman, se alegran por
causa tuya,
¹²pues tú, Señor, bendices al que es
fiel;
tu bondad lo rodea como un escudo.

## SALMO 6

### Oración en momentos de angustia

¹Señor,
no me reprendas en tu enojo,
no me castigues en tu furor.ᵐ
²Señor, ten compasión de mí,
pues me siento sin fuerzas.
Señor, devuélveme la salud,
pues todo el cuerpo me tiembla.
³¡Estoy temblando de miedo!
Y tú, Señor, ¿cuándo vendrás?

⁴Ven, Señor, ¡salva mi vida!,
¡sálvame, por tu amor!
⁵Nadie que esté muerto puede
acordarse de ti;
¿quién podrá alabarte en el
sepulcro?ⁿ
⁶Estoy cansado de llorar.
Noche tras noche lloro tanto
que inundo de lágrimas mi
almohada.
⁷El dolor me nubla la vista;
¡se me nubla por culpa de mis
enemigos!

⁸¡Apártense de mí, malhechores,ñ
que el Señor ha escuchado mis
sollozos!
⁹El Señor ha escuchado mis ruegos,
¡el Señor ha aceptado mi oración!
¹⁰Mis enemigos, muertos de miedo,
quedarán en ridículo;
¡en un abrir y cerrar de ojos huirán
avergonzados!

## SALMO 7

### El Señor es un juez justoˢ

¹⁻²Señor, mi Dios, en ti busco
protección;
¡sálvame de todos los que me
persiguen!
¡Líbrame, pues son como leones;
no sea que me despedacen
y no haya quien me salve!

³Señor, mi Dios,
¿en cuál de estas cosas he incurrido?
¿Acaso he cometido un crimen?
⁴¿Acaso he pagado a mi amigo mal
por bien?
¿Acaso he oprimido sin razón a mi
enemigo?
⁵De ser así, que mi enemigo me
persiga;
que me alcance y me arrastre por el
suelo,
y que haga rodar por el suelo mi
honor.

⁶¡Levántate, Señor, con furor!
¡Haz frente a la furia de mis
enemigos!
Tú, que has decretado hacer justicia,
¡ponte de mi parte!
⁷Rodéate del conjunto de las naciones

---

ˢ Título hebreo: *Salmo de David al Señor, acerca de las palabras de Cus el benjaminita.*
ˡ 5.9 Ro 3.13.   ᵐ 6.1 Sal 38.1; Jer 10.24.   ⁿ 6.5 Sal 88.10-12; 115.17; Is 38.18-19; Eclo 17.27-28; Bar 2.17-18.   ñ 6.8 Mt 7.23;
Lc 13.27.

y pon tu trono en lo alto, por encima
de ellas.

⁸Señor, tú juzgas a las naciones:
júzgame conforme a mi honradez;
júzgame conforme a mi inocencia.
⁹Dios justo,
que examinas los pensamientos
y los sentimientos más profundos,ᵒ
¡pon fin a la maldad de los
malvados,
pero al hombre honrado manténlo
firme!

¹⁰Mi protección es el Dios Altísimo,
que salva a los de corazón sincero.
¹¹Dios es un juez justo
que condena la maldad en todo
tiempo.
¹²Si el hombre no se vuelve a Dios,
Dios afilará su espada;
ya tiene su arco tenso,
¹³ya apunta sus flechas encendidas,
¡ya tiene listas sus armas mortales!
¹⁴Miren al malvado,
tiene dolores de parto,
está preñado de maldad
y dará a luz mentira.
¹⁵Ha hecho una fosa muy honda,
y en su propia fosa caerá.
¹⁶¡Su maldad y su violencia
caerán sobre su propia cabeza!

¹⁷Alabaré al Señor porque él es justo;
cantaré himnos al nombre del Señor,
al nombre del Altísimo.

## SALMO 8

### La gloria de Dios y la dignidad del hombre

¹Señor, soberano nuestro,
¡tu nombre domina en toda la
tierra!,
¡tu gloria se extiende más allá del
cielo!ᵖ
²Con la alabanza de los pequeños,
de los niñitos de pecho,�q
has construido una fortaleza
por causa de tus enemigos,
para acabar con rebeldes y
adversarios.

³Cuando veo el cielo que tú mismo
hiciste,

y la luna y las estrellas que pusiste
en él,
⁴pienso:
¿Qué es el hombre?
¿Qué es el ser humano?
¿Por qué lo recuerdas y te preocupas
por él?ʳ
⁵Pues lo hiciste casi como un dios,
lo rodeaste de honor y dignidad,
⁶le diste autoridad sobre tus obras,
lo pusiste por encima de todo:ˢ
⁷sobre las ovejas y los bueyes, sobre
los animales salvajes,
⁸sobre las aves que vuelan por el
cielo,
sobre los peces que viven en el mar,
¡sobre todo lo que hay en el mar!

⁹Señor, soberano nuestro,
¡tu nombre domina en toda la tierra!

## SALMO 9 (9a)

### Alabanzas a la justicia de Dios

¹Oh Señor,
quiero alabarte con todo el corazón
y contar tus muchas maravillas.
²Oh Altísimo,
por ti quiero gritar lleno de alegría;
¡quiero cantar himnos a tu nombre!

³Mis enemigos huyen delante de ti;
caen y mueren.
⁴Tú eres juez justo:
te has sentado en tu trono, para
hacerme justicia.
⁵Has reprendido a los paganos,
has destruido a los malvados,
¡has borrado su recuerdo para
siempre!
⁶El enemigo ha muerto,
y con él han muerto sus ciudades;
tú las destruiste,
y no quedó de ellas ni el recuerdo.

⁷Pero el Señor es rey por siempre;
ha afirmado su trono para el juicio:
⁸juzgará al mundo con justicia,
dictará a los pueblos justa sentencia.
⁹El Señor protege a los oprimidos;
él los protege en tiempos de
angustia.ᵗ

¹⁰Señor,
los que te conocen, confían en ti,

---

ᵒ **7.9** Jer 17.10; Ap 2.23.   ᵖ **8.1** Sal 57.5,11; 108.5.   q **8.2** Sab 10.21; Mt 21.16.   ʳ **8.4** Job 7.17-18; Sal 144.3; He 2.6-8.
ˢ **8.6** Eclo 17.1-4; 1 Co 15.27; Ef 1.22; He 2.8.   ᵗ **9.9** Sal 37.39.

pues nunca abandonas a quienes te
buscan.
[11]Canten himnos al Señor, que reina
en Sión;
anuncien a los pueblos lo que ha
hecho.
[12]Dios[6] se acuerda de los afligidos
y no olvida sus lamentos;
castiga a quienes les hacen violencia.

[13]Señor, ten compasión de mí,
mira cómo me afligen los que me
odian,
¡sácame de las puertas de la muerte!
[14]Y así, a las puertas de Jerusalén,
diré a todo el mundo que tú eres
digno de alabanza,
y que yo soy feliz porque me has
salvado.

[15]Los paganos caen en su propia
trampa;
sus pies quedan atrapados
en la red que ellos mismos
escondieron.
[16]El Señor se ha dado a conocer:
¡ha hecho justicia!
El malvado queda preso
en la trampa tendida por él mismo.[7]
[17]Los malvados y paganos,
los que se olvidan de Dios,
acabarán en el reino de la muerte;
[18]pues no siempre serán olvidados los
pobres,
ni para siempre se perderá su
esperanza.

[19]Levántate, Señor;
no consientas la altanería del
hombre;
¡juzga a los paganos en tu presencia!
[20]Hazles sentir temor, Señor;
¡hazles saber que no son más que
hombres!

## SALMO 10 (9b)

### *Oración pidiendo la ayuda de Dios[8]*

[1]Señor, ¿por qué te quedas tan lejos?,
¿por qué te escondes en tiempos de
angustia?
[2]Con altanería, el malvado
persigue rabiosamente al humilde;

pero ha de quedar atrapado
en las trampas que él mismo ha
puesto.
[3]El malvado se jacta de sus propios
deseos;
el ambicioso maldice y desprecia al
Señor.
[4]Levanta insolente la nariz, y dice:
"No hay Dios. No hay quien me
pida cuentas."[u]
Eso es todo lo que piensa.
[5]Siempre tiene éxito en lo que hace.
Para él, tus juicios están lejos,
muy lejos de su vista.
Se burla de sus enemigos,
[6]y piensa que nadie lo hará caer,
que jamás tendrá problemas.
[7]Su boca está llena de maldiciones,
de mentiras y de ofensas;[v]
sus palabras ocultan opresión y
maldad.
[8]Se pone al acecho, por las aldeas,
y a escondidas mata al inocente.
No pierde de vista al indefenso:
[9]como si fuera un león en su cueva,
espía al pobre desde su escondite,
esperando el momento de caer
sobre él,
y cuando lo atrapa, lo arrastra en su
red.
[10]Se agacha, se encoge,
y caen en sus garras los indefensos.

[11]El malvado cree que Dios se olvida,
que se tapa la cara y que nunca ve
nada.
[12]¡Levántate, Señor, levanta tu brazo!
¡No olvides a los afligidos!
[13]¿Por qué, Dios mío, han de burlarse
los malos,
pensando que no habrás de pedirles
cuentas?
[14]Tú mismo has visto su irritante
maldad;
¡la has visto, y les darás su
merecido!
A ti se acogen los indefensos;
tú eres la ayuda de los huérfanos.
[15]¡Rómpeles el brazo a los malvados!
¡Pídeles cuentas de su maldad
hasta que no quede nada pendiente!

[16]El Señor es el rey eterno;
¡los paganos serán echados de su
país!

---

[6] *Dios:* lit. *el que demanda las sangres,* o sea, *el que no deja sin castigo a los asesinos.*    [7] El texto hebreo añade aquí, antes de *Selah* (véase nota a 3.2) la palabra *Higayón,* de significado incierto. Esta palabra aparece en otros pasajes de los Salmos, pero en esta versión se ha preferido omitirla.    [8] La versión griega considera los Salmos 9 y 10 como uno solo, y por eso algunas ediciones de la Biblia llevan una enumeración diferente, la cual se indica en esta versión entre paréntesis.
[u] **10.4,11** Sal 14.1; 53.1; 73.11.    [v] **10.7** Ro 3.14.

¹⁷Señor, tú escuchas la oración de los
humildes,
tú los animas y los atiendes.
¹⁸Haz justicia al huérfano y al
oprimido:
¡que el hombre, hecho de tierra,
no vuelva a sembrar el terror!

## SALMO 11 (10)

### Plena confianza en el Señor

¹Yo busco mi refugio en el Señor.
Es por demás que me digan:
"Huye a los montes, como las aves.
²Fíjate en los malvados:
ponen la flecha en la cuerda,
tensan el arco
y, desde un lugar escondido,
disparan contra los hombres
honrados.
³Y cuando las bases mismas se vienen
abajo,
¿qué puede hacer el hombre
honrado?"

⁴Pero el Señor está en su santo
templo.ʷ
El Señor tiene su trono en el cielo,
y con ojos bien abiertos
vigila atentamente a los hombres.ˣ
⁵El Señor vigila a justos y a
malvados,
y odia con toda su alma
a los que aman la violencia.
⁶El Señor hará llover sobre los malos
brasas, fuego y azufre,
y traerá un viento que todo lo
quemará.
¡El Señor les dará su merecido!
⁷El Señor es justo
y ama lo que es justo;
¡por eso lo verán cara a cara los
sinceros!

## SALMO 12 (11)

### Oración pidiendo la ayuda de Dios

¹Sálvanos, Señor, pues ya no hay
creyentes fieles;ʸ
ya no hay hombres sinceros.
²Unos a otros se mienten;
hablan con hipocresía y doble
sentido.

³Arranca, Señor, de raíz
a los hipócritas y fanfarrones,

⁴a los que dicen:
"Con tener boca nos basta;
nuestra lengua nos defiende.
¿Quién se atreve a darnos órdenes?"

⁵Esto ha dicho el Señor:
"A los pobres y débiles
se les oprime y se les hace sufrir.
Por eso voy ahora a levantarme,
y les daré la ayuda que tanto
anhelan."

⁶Las promesas del Señor son puras;
¡son como la plata más pura,
refinada en el horno siete veces!
⁷Tú, Señor, nos cuidarás;
¡siempre nos protegerás de tales
gentes!
⁸Los malvados rondan por todos
lados
y todo el mundo alaba la maldad.⁹

## SALMO 13 (12)

### Oración pidiendo ayuda

¹Señor,
¿hasta cuándo me olvidarás?
¿Me olvidarás para siempre?
¿Hasta cuándo te esconderás de mí?
²¿Hasta cuándo mi alma y mi corazón
habrán de sufrir y estar tristes todo
el día?
¿Hasta cuándo habré de estar
sometido al enemigo?
³Señor, Dios mío,
¡mírame, respóndeme, llena mis ojos
de luz!
¡Que no caiga yo en el sueño de la
muerte!
⁴¡Que no diga mi enemigo: "Lo he
vencido"!
¡Que no se alegre si yo fracaso!

⁵Yo confío en tu amor;
mi corazón se alegra porque tú me
salvas.
⁶¡Cantaré al Señor por el bien que me
ha hecho!

## SALMO 14 (13)

### Perversión del hombre

#### (Salmo 53)

¹Los necios piensan que no hay Dios:
todos se han pervertido;

---

⁹ *Alaba la maldad:* traducción probable. Heb. oscuro.
ʷ **11.4** Hab 2.20; Sof 1.7; Zac 2.13.   ˣ **11.4** Is 66.1; Mt 5.34.   ʸ **12.1** Mi 7.2.

han hecho cosas horribles;
¡no hay nadie que haga lo bueno!<sup>z</sup>
²Desde el cielo mira el Señor a los
    hombres
para ver si hay alguien con
    entendimiento,
alguien que busque a Dios.
³Pero todos se han ido por mal
    camino;
todos por igual se han pervertido.
¡Ya no hay quien haga lo bueno!
¡No hay ni siquiera uno!<sup>a</sup>

⁴No tienen entendimiento los
    malhechores,
los que se comen a mi pueblo como
    quien come pan,
los que no invocan el nombre del
    Señor.
⁵Temblarán llenos de miedo,
pues Dios está con los que le
    obedecen.
⁶Se burlan de los anhelos del humilde,
pero el Señor le protege.

⁷¡Ojalá que del monte Sión
venga la salvación de Israel!
Cuando el Señor haga cambiar la
    suerte de su pueblo,
se alegrarán los descendientes de
    Jacob,
todo el pueblo de Israel.

## SALMO 15 (14)

### Lo que Dios espera del hombre

¹Señor,
¿quién puede residir en tu
    santuario?,
¿quién puede habitar en tu santo
    monte?
²Sólo el que vive sin tacha y hace lo
    bueno;<sup>b</sup>
el que dice la verdad de todo
    corazón;
³el que no habla mal de nadie;
el que no hace daño a su amigo
ni ofende a su vecino;
⁴el que mira con desprecio a quien
    desprecio merece,
pero honra a quien honra al Señor;
el que cumple sus promesas aunque
    le vaya mal;

⁵el que presta su dinero sin exigir
    intereses;
el que no acepta soborno en contra
    del inocente.<sup>c</sup>
El que así vive, jamás caerá.

## SALMO 16 (15)

### No hay mejor herencia

¹¡Cuida, oh Dios, de mí, pues en ti
    busco protección!
²Yo te he dicho:
"Tú eres mi Señor, mi bien;
nada es comparable a ti."

³Los ídolos del país son poderosos,
según dicen los que en ellos se
    complacen,
⁴que aumentan el número de sus
    imágenes
y los siguen con gran devoción.<sup>10</sup>
¡Jamás tomaré parte en sus
    sangrientos sacrificios!
¡Jamás pronunciaré sus nombres con
    mis labios!

⁵Tú, Señor, eres mi todo;
tú me colmas de bendiciones;
mi vida está en tus manos.
⁶Primoroso lugar me ha tocado en
    suerte;
¡hermosa es la herencia que me ha
    correspondido!

⁷Bendeciré al Señor, porque él me
    guía,
y en lo íntimo de mi ser me corrige
    por las noches.
⁸Siempre tengo presente al Señor;
con él a mi derecha, nada me hará
    caer.
⁹Por eso, dentro de mí,
mi corazón está lleno de alegría.

Todo mi ser vivirá confiadamente,
¹⁰pues no me dejarás en el sepulcro,
¡no abandonarás en la fosa a tu
    amigo fiel!<sup>d</sup>
¹¹Me mostrarás el camino de la vida.
Hay gran alegría en tu presencia;<sup>e</sup>
hay dicha eterna junto a ti.

---

10 *Los ídolos . . . con gran devoción:* traducción probable. Heb. oscuro.
*z* **14.1** Sal 10.4,11; 73.11.   *a* **14.1-3** Ro 3.10-12.   *b* **15.1-2** Sal 24.3-4.   *c* **15.5** Ex 22.24; 23.8.   *d* **16.10** Hch 13.35.
*e* **16.8-11** Hch 2.25-28.

## SALMO 17 (16)

### *Oración pidiendo justicia*

[1]Señor, escucha mi causa justa,
atiende a mi clamor,
presta oído a mi oración,
pues no sale de labios mentirosos.

[2]¡Que venga de ti mi sentencia,
pues tú sabes lo que es justo!
[3]Tú has penetrado mis pensamientos;
de noche has venido a vigilarme;
me has sometido a pruebas de
fuego,[f]
y no has encontrado maldad en mí.
No he dicho cosas indebidas,
[4]como hacen los demás;
me he alejado de caminos de
violencia,
de acuerdo con tus mandatos.
[5]He seguido firme en tus caminos;
jamás me he apartado de ellos.

[6]Oh Dios, a ti mi voz elevo,
porque tú me contestas;
préstame atención, escucha mis
palabras.
[7]Dame una clara muestra de tu amor,
tú, que salvas de sus enemigos
a los que buscan protección en tu
poder.
[8]Cuídame como a la niña de tus ojos;
protégeme bajo la sombra de tus
alas[g]
[9]de los malvados que me atacan,
¡de los enemigos mortales que me
rodean!
[10]Son engreídos, hablan con altanería;
[11]han seguido de cerca mis pasos
esperando el momento de echarme
por tierra.
[12]Parecen leones, feroces leones
que agazapados en su escondite
esperan con ansias dar el zarpazo.

[13]Levántate, Señor, ¡enfréntate con
ellos!
¡Hazles doblar las rodillas!
Con tu espada, ponme a salvo del
malvado;
[14]con tu poder, Señor, líbrame de
ellos;
¡arrójalos de este mundo,
que es su herencia en esta vida!

Deja que ellos se llenen de
riquezas,[ll]
que sus hijos coman hasta que
revienten,
y que aún sobre para sus nietos.
[15]Pero yo, en verdad, quedaré
satisfecho
con mirarte cara a cara,[h]
¡con verme ante ti cuando despierte!

## SALMO 18 (17)

### *Un canto de victoria*[12]
#### (2 S 22.1-51)

[1]Tú, Señor, eres mi fuerza;
¡yo te amo!
[2]Tú eres mi protector,
mi lugar de refugio,
mi libertador,
mi Dios,
la roca que me protege,
mi escudo,
el poder que me salva,
mi más alto escondite.
[3]Tú, Señor, eres digno de alabanza:
cuando te llamo, me salvas de mis
enemigos.

[4]La muerte me enredó en sus lazos;
sentí miedo ante el torrente
destructor.
[5]La muerte me envolvió en sus lazos;
¡me encontré en trampas mortales!
[6]En mi angustia llamé al Señor,
pedí ayuda a mi Dios,
y él me escuchó desde su templo;
¡mis gritos llegaron a sus oídos![i]

[7]Hubo entonces un fuerte temblor de
tierra:
los montes se estremecieron hasta sus
bases;
fueron sacudidos por la furia del
Señor.[j]
[8]De su nariz brotaba humo,
y de su boca un fuego destructor;
¡por la boca lanzaba carbones
encendidos!
[9]Descorrió la cortina del cielo, y
descendió.
¡Debajo de sus pies había grandes
nubarrones!
[10]Montó en un ser alado, y voló

---

*ll* Con tu poder . . . de riquezas: traducción probable. Heb. oscuro.  *12* Según el título hebreo, David, el siervo del Señor,
compuso este salmo cuando el Señor lo libró de caer en manos de Saúl y de todos sus enemigos.
*f* 17.3 Job 7.18; Sal 26.2; 139.23.  *g* 17.8 Dt 32.10-11; Sal 61.4; 91.4.  *h* 17.15 Ap 22.4.  *i* 18.6 Sal 120.1; Jon 2.2.
*j* 18.7-16 Jue 5.4-5; Job 36.30; Sal 29.3-9; 77.16-19; 144.5-8; Hab 3.3-13; Eclo 43.16.

deslizándose sobre las alas del
viento.*k*

¹¹Tomó como escondite,
como tienda de campaña,
la densa oscuridad que le rodeaba
y los nubarrones cargados de agua.
¹²Un fulgor relampagueante salió de su
presencia;
brotaron de las nubes granizos y
carbones encendidos.

¹³El Señor, el Altísimo,
hizo oír su voz de trueno desde el
cielo;
granizos y carbones encendidos.
¹⁴Lanzó sus flechas, sus relámpagos,
y a mis enemigos hizo huir en
desorden.
¹⁵El fondo del mar quedó al
descubierto;
las bases del mundo quedaron a la
vista
por la voz amenazante del Señor,
por el fuerte soplo que lanzó.*l*

¹⁶Dios me tendió la mano desde lo
alto,
y con su mano me sacó del mar
inmenso.
¹⁷Me salvó de enemigos poderosos
que me odiaban y eran más fuertes
que yo.
¹⁸Me atacaron cuando yo estaba en
desgracia,
pero el Señor me dio su apoyo:
¹⁹me sacó a la libertad;
¡me salvó porque me amaba!
²⁰El Señor me ha dado la recompensa
que merecía mi limpia conducta,
²¹pues yo he seguido el camino del
Señor;
¡jamás he renegado de mi Dios!
²²Yo tengo presentes todos sus
decretos;
¡jamás he rechazado sus leyes!
²³Me he conducido ante él sin tacha
alguna;
me he alejado de la maldad.
²⁴El Señor me ha recompensado
por mi limpia conducta en su
presencia.

²⁵Tú, Señor, eres fiel con el que es fiel,
irreprochable con el que es
irreprochable,
²⁶sincero con el que es sincero,
pero sagaz con el que es astuto.

²⁷Tú salvas a los humildes,
pero humillas a los orgullosos.
²⁸Tú, Señor, me das luz;
tú, Dios mío, alumbras mi
oscuridad.
²⁹Con tu ayuda atacaré al enemigo,
y sobre el muro de sus ciudades
pasaré.

³⁰El camino de Dios es perfecto;
la promesa del Señor es digna de
confianza;
¡Dios protege a cuantos en él
confían!*m*
³¹¿Quién es Dios, fuera del Señor?
¿Qué otro dios hay que pueda
protegernos?*n*
³²Dios es quien me da fuerzas,
quien hace intachable mi conducta,
³³quien me da pies ligeros, como de
ciervo,*ñ*
quien me hace estar firme en las
alturas,
³⁴quien me entrena para la batalla,
quien me da fuerzas para tensar
arcos de bronce.

³⁵Tú me proteges y me salvas,
me sostienes con tu mano derecha;
tu bondad me ha hecho prosperar.
³⁶Has hecho fácil mi camino,
y mis pies no han resbalado.

³⁷Perseguí a mis enemigos y los
alcancé,
y sólo volví después de destruirlos.
³⁸Los hice pedazos. Ya no se
levantaron.
¡Cayeron debajo de mis pies!
³⁹Tú me diste fuerza en la batalla;
hiciste que los rebeldes se inclinaran
ante mí,
⁴⁰y que delante de mí huyeran mis
enemigos.
Así pude destruir a los que me
odiaban.
⁴¹Pedían ayuda, y nadie los ayudó;
llamaban al Señor, y no les contestó.
⁴²¡Los deshice como a polvo que se
lleva el viento!
¡Los pisoteé como a barro de las
calles!
⁴³Me libraste de un pueblo rebelde,
me hiciste jefe de naciones
y me sirve gente que yo no conocía.
⁴⁴En cuanto me oyen, me obedecen;
gente extranjera me halaga,

---

*k* **18.10** Sal 68.33; 104.3.   *l* **18.13-15** Ex 15.8; 19.19.   *m* **18.30** Pr 30.5.   *n* **18.31** Is 44.8.   *ñ* **18.33** Hab 3.19.

⁴⁵gente extranjera se acobarda
y sale temblando de sus refugios.

⁴⁶¡Viva el Señor! ¡Bendito sea mi
protector!
¡Sea enaltecido Dios mi salvador!
⁴⁷El es el Dios que me ha vengado
y que me ha sometido los pueblos.
⁴⁸El me salva de la furia de mis
enemigos,
de los rebeldes que se alzaron contra
mí.
¡Tú, Señor, me salvas de los
hombres violentos!
⁴⁹Por eso te alabo entre las naciones
y canto himnos a tu nombre.ᵒ
⁵⁰Concedes grandes victorias al rey que
has escogido;
siempre tratas con amor a David y a
su descendencia.

## SALMO 19 (18)

### La gloria de Dios en la creación

¹El cielo proclama la gloria de Dios;
de su creación nos habla la bóveda
celeste.
²Los días se lo cuentan entre sí;
las noches hacen correr la voz.
³Aunque no se escuchan palabras
ni se oye voz alguna,
⁴el tema va por toda la tierra
y hasta el último rincón del mundo,ᵖ
hasta donde el sol tiene su hogar.
⁵Y el sol comienza alegre a recorrer su
camino,
como un atleta,
como un novio que sale de la
habitación nupcial.
⁶Sale el sol por un lado del cielo
y da la vuelta hasta llegar al otro,
sin que nada pueda huir de su calor.

⁷La enseñanza del Señor es perfecta,
porque da nueva vida.
El mandato del Señor es fiel,
porque hace sabio al hombre
sencillo.
⁸Los preceptos del Señor son justos,
porque traen alegría al corazón.
El mandamiento del Señor es puro
y llena los ojos de luz.
⁹El temor del Señor es limpio
y permanece para siempre.

Los decretos del Señor son
verdaderos,
todos ellos son justos,�q
¹⁰¡son de más valor que el oro fino!,
¡son más dulces que la miel del
panal!ʳ
¹¹Son también advertencias a este
siervo tuyo,
y le es provechoso obedecerlas.

¹²¿Quién se da cuenta de sus propios
errores?
¡Perdona, Señor, mis faltas ocultas!
¹³Quítale el orgullo a tu siervo;
no permitas que el orgullo me
domine.
Así seré un hombre sin tacha;
estaré libre de gran pecado.¹³

¹⁴Sean aceptables a tus ojos
mis palabras y mis pensamientos,
oh Señor, refugio y libertador mío.

## SALMO 20 (19)

### Oración por la victoria

¹Que el Señor te escuche cuando estés
angustiado;
que el Dios mismo de Jacob te
defienda.
²Que te envíe auxilio y ayuda
desde el santuario de Sión.
³Que se acuerde de todas tus ofrendas
y acepte con agrado las que quemas
sobre el altar.
⁴Que cumpla todos tus deseos
y lleve a cabo todos tus planes.
⁵Celebraremos así tu victoria,
y levantaremos banderas
en el nombre del Dios nuestro.
¡Que el Señor cumpla todas tus
peticiones!

⁶Estoy convencido de que el Señor
dará la victoria al rey que ha
escogido;
de que le contestará desde su santo
cielo,
dándole grandes victorias con su
poder.
⁷Unos cuentan con sus carros de
guerra
y otros cuentan con sus caballos;
pero nosotros contamos con el Señor
nuestro Dios.ˢ

---

¹³ *Libre de gran pecado:* probable alusión al *"gran pecado"* de la idolatría, mencionado en esas palabras en Ex 32. 21-31 y 2 R 17.21, en el texto hebreo.
ᵒ **18.49** Ro 15.9. ᵖ **19.4** Ro 10.18. q **19.7-14** Sal 119. ʳ **19.10** Sal 119.103,127; Eclo 24.20. ˢ **20.7** Sal 33.16-17; Pr 21.31; Os 1.7.

⁸A ellos se les doblan las rodillas,
y caen,
pero nosotros seguimos firmes y
en pie.

⁹Señor, ¡dale la victoria al rey!
¡Respóndenos cuando te llamemos!

## SALMO 21 (20)

### *Un canto de victoria*

¹Señor,
el rey está alegre porque le has dado
fuerzas;
¡está muy alegre porque le has dado
la victoria!
²Has cumplido sus deseos;
no le has negado sus peticiones.
³Lo recibiste con grandes bendiciones
y le pusiste una corona de oro.
⁴Te pidió vida, y se la diste:
vida larga y duradera.
⁵Gracias a tu ayuda, es grande su
poder;
le has dado honor y dignidad.
⁶Lo has bendecido para siempre;
con tu presencia lo llenas de alegría.

⁷Tú, oh rey, jamás caerás, pues
confías en el Señor;
¡confías en el amor del Altísimo!
⁸Tu poder alcanzará a todos tus
enemigos;
tu derecha alcanzará a los que te
odian;
⁹los pondrás en un horno encendido
cuando aparezcas para juzgar.
El Señor, en su furor,
los consumirá con un fuego
destructor.
¹⁰Borrarás del mundo y de entre los
hombres
a sus hijos y sus descendientes.
¹¹Aunque quieran hacerte daño
y hagan planes contra ti,
no se saldrán con la suya,
¹²pues tú los pondrás en fuga;
con tu arco apuntarás contra ellos.

¹³¡Levántate con tu poder, Señor!
¡Celebraremos con himnos tus
victorias!

## SALMO 22 (21)

### *Grito de angustia y canto de alabanza*

¹Dios mío, Dios mío,
¿por qué me has abandonado?,ᵗ
¿por qué no vienes a salvarme?,
¿por qué no atiendes a mis
lamentos?
²Dios mío,
día y noche te llamo, y no respondes;
¡no hay descanso para mí!

³Pero tú eres santo;
tú reinas, alabado por Israel.
⁴Nuestros padres confiaron en ti;
confiaron, y tú los libertaste;
⁵te pidieron ayuda, y les diste
libertad;
confiaron en ti, y no los defraudaste.

⁶Pero yo no soy un hombre, sino un
gusano;
¡soy el hazmerreír de la gente!
⁷Los que me ven, se burlan de mí;
me hacen muecas, mueven la cabezaᵘ
⁸y dicen:
"Este confiaba en el Señor;
pues que el Señor lo libre.
Ya que tanto le quiere, que lo
salve."ᵛ

⁹Y así es:
tú me hiciste nacer del vientre de mi
madre;
en su pecho me hiciste descansar.
¹⁰Desde antes que yo naciera,
fui puesto bajo tu cuidado;
desde el vientre de mi madre,
mi Dios eres tú.
¹¹No te alejes de mí,
pues estoy al borde de la angustia
y no tengo quien me ayude.

¹²Mis enemigos me han rodeado como
toros,
como bravos toros de Basán;
¹³rugen como leones feroces,
abren la boca y se lanzan contra mí.
¹⁴Soy como agua que se derrama;
mis huesos están dislocados.
Mi corazón es como cera
que se derrite dentro de mí.
¹⁵Tengo la bocaⁱ⁴ seca como una teja;
tengo la lengua pegada al paladar.
¡Me has hundido hasta el polvo de la
muerte!

ⁱ⁴ *La boca:* texto probable. Heb. *mi fuerza.*
ᵗ **22.1** Mt 27.46; Mr 15.34.    ᵘ **22.7** Mt 27.39; Mr 15.29; Lc 23.35.    ᵛ **22.8** Sab 2.18-20; Mt 27.43.

¹⁶Como perros, una banda de
  malvados
me ha rodeado por completo;
me han desgarrado¹⁵ las manos y los
  pies.
¹⁷¡Puedo contarme los huesos!
Mis enemigos no me quitan la vista
  de encima;
¹⁸se han repartido mi ropa entre sí,
y sobre ella echan suertes.ʷ

¹⁹Pero tú, Señor, que eres mi fuerza,
  ¡no te alejes!, ¡ven pronto en mi
  ayuda!
²⁰Líbrame de morir a filo de espada,
no dejes que me maten esos perros,
²¹sálvame de la boca de esos leones,
¡defiéndeme de los cuernos de esos
  toros!

²²Yo hablaré de ti a mis hermanos,
te alabaré en sus reuniones.ˣ
²³Ustedes, los que honran al Señor,
  ¡alábenlo!
¡Glorifíquenlo todos los
  descendientes de Jacob!
¡Adórenlo todos los descendientes de
  Israel!
²⁴Pues él no desprecia ni pasa por alto
el sufrimiento de los pobres,
ni se esconde de ellos.
¡El los oye cuando le piden ayuda!
²⁵En presencia de tu pueblo numeroso
alabaré tu fidelidad;
delante de los que te honran
te cumpliré mis promesas.

²⁶Coman, ustedes los oprimidos,
hasta que estén satisfechos;
alaben al Señor, ustedes que lo
  buscan,
y vivan muchos años.
²⁷Razas y naciones todas,
gente de todos los rincones de la
  tierra:
acuérdense del Señor, y vengan a él;
¡arrodíllense delante de él!
²⁸Porque el Señor es el rey,
y él gobierna las naciones.
²⁹Inclínense y adórenlo sólo a él
todos los que viven en abundancia,
todos los que han de volver al polvo,
pues en sí mismos no tienen vida.

³⁰Mis descendientes adorarán al Señor
y hablarán de él toda la vida;

³¹a los que nazcan después, les
  contarán
de su justicia y de sus obras.¹⁶

## SALMO 23 (22)

### Tú, Señor, estás conmigo

¹El Señor es mi pastor;ʸ
nada me falta.
²Me hace descansar en verdes pastos,
me guía a arroyos de tranquilas
  aguas,ᶻ
³me da nuevas fuerzasᵃ
y me lleva por caminos rectos,ᵇ
haciendo honor a su nombre.

⁴Aunque pase por el más oscuro de
  los valles,
no temeré peligro alguno,
porque tú, Señor, estás conmigo;ᶜ
tu vara y tu bastón me inspiran
  confianza.

⁵Me has preparado un banquete
ante los ojos de mis enemigos;
has vertido perfume en mi cabeza,
y has llenado mi copa a rebosar.
⁶Tu bondad y tu amor me acompañan
a lo largo de mis días,
y en tu casa, oh Señor, por siempre
  viviré.ᵈ

## SALMO 24 (23)

### El Rey de la gloria

¹Del Señor es el mundo entero,
con todo lo que en él hay,
con todo lo que en él vive.ᵉ
²Porque el Señor puso las bases de la
  tierra
y la afirmó sobre los mares y los
  ríos.

³¿Quién puede subir al monte del
  Señor?
¿Quién puede permanecer en su
  santo templo?
⁴El que tiene las manos y la mente
limpias de todo pecado;ᶠ
el que no adora ídolos
ni hace juramentos falsos.
⁵El Señor, su Dios y salvador,

---

¹⁵ *Me han desgarrado:* según versiones antiguas. Heb. *como león.*  ¹⁶ El texto hebreo de los vs. 29.31 es oscuro.
ʷ **22.18** Mt 27.35; Mr 15.24; Lc 23.34; Jn 19.24. ˣ **22.22** He 2.12. ʸ **23.1** Is 40.11; Jer 31.10; Ez 34.11-16; Jn 10.11.
ᶻ **23.2** Jer 31.9; Ez 34.13-15; Ap 7.17. ᵃ **23.3** Is 40.31. ᵇ **23.3** Pr 4.11-12. ᶜ **23.4** Is 9.2; 50.10. ᵈ **23.6** Sal 27.4.
ᵉ **24.1** Sal 50.12; 89.11; 1 Co 10.26. ᶠ **24.3-4** Sal 15.1-2; Is 33.14-16; Mt 5.8.

bendecirá a ese hombre y le hará
justicia.
⁶Así deben ser los que buscan al
Señor,
los que buscan la presencia del Dios
de Jacob.

⁷          ¡Ábranse, puertas eternas!
¡Quédense abiertas de par en
par,
y entrará el Rey de la gloria!

⁸¡Quién es este Rey de la gloria?
¡Es el Señor, el fuerte y valiente!
¡Es el Señor, valiente en la batalla!

⁹          ¡Ábranse, puertas eternas!
¡Quédense abiertas de par en
par,
y entrará el Rey de la gloria!

¹⁰¿Quién es este Rey de la gloria?
¡Es el Señor todopoderoso!
¡El es el Rey de la gloria!

## SALMO 25 (24)

### *Oración pidiendo la dirección de Dios*

¹Señor, a ti dirijo mi oración;
²mi Dios, en ti confío:
no dejes que me hunda en la
vergüenza.
¡Que no se rían de mí mis enemigos!
³¡Que no sea jamás avergonzado
ninguno de los que en ti confían!
¡Que sean puestos en vergüenza
los que sin motivo se rebelan
contra ti!

⁴Señor,
muéstrame tus caminos;
guíame por tus senderos;
⁵guíame, encamíname en tu verdad,
pues tú eres mi Dios y salvador.
¡En ti confío a todas horas!

⁶Señor,
acuérdate del amor y la ternura
que siempre nos has manifestado,
⁷pero no te acuerdes de mis pecados
ni del mal que hice en mi juventud.
Señor, acuérdate de mí,
por tu gran amor y bondad.

⁸El Señor es bueno y justo;

él corrige la conducta de los
pecadores
⁹y guía por su camino a los humildes;
¡los instruye en la justicia!
¹⁰El siempre procede con amor y
verdad,
con los que cumplen su pacto
y sus mandamientos.

¹¹Señor, es grande mi maldad;
perdóname, haz honor a tu nombre.
¹²Al hombre que honra al Señor,
él le muestra el camino que debe
seguir;
¹³lo rodea de bienestar
y da a sus descendientes posesión del
país.ᵍ
¹⁴El Señor es amigo de quienes le
honran,
y les da a conocer su pacto.
¹⁵Siempre dirijo mis ojos al Señor,
porque él me libra de todo peligro.

¹⁶Mírame, Señor, y ten compasión
de mí,
porque estoy solo y afligido.
¹⁷Mi corazón se aflige más y más;
líbrame de mis angustias.
¹⁸Mira mis tristezas y trabajos,
y perdona mis pecados.
¹⁹Mira cuántos enemigos tengo
que sienten por mí un odio mortal.
²⁰¡Cuídame, sálvame la vida!
¡No dejes que me hunda en la
vergüenza,
pues en ti busco protección!
²¹Que me protejan mi honradez y mi
inocencia,
pues en ti he puesto mi confianza.

²²¡Dios mío,
salva a Israel de todas sus angustias!

## SALMO 26 (25)

### *La seguridad de una vida limpia*

¹Señor, hazme justicia,
pues mi vida no tiene tacha.
En ti, Señor, confío firmemente;
²examíname, ¡ponme a prueba!,
¡pon a prueba mis pensamientos
y mis sentimientos más profundos!ʰ
³Yo tengo presente tu amor
y te he sido fiel;
⁴jamás conviví con los mentirosos
ni me junté con los hipócritas.

---

ᵍ 25.12-13 Dt 11.8-9; Sal 37.9,11,29; Mt 5.5.   ʰ 26.2 Sal 7.9; 17.3; 139.23.

⁵Odio las reuniones de los malvados;
¡jamás conviví con los perversos!

⁶Lavadas ya mis manos y limpias de
   pecado,
quiero, Señor, acercarme a tu altar,
⁷y entonar cantos de alabanza,
y proclamar tus maravillas.

⁸Yo amo, Señor, el templo donde
   vives,
el lugar donde reside tu gloria.
⁹No me quites la vida junto con los
   pecadores;
no me hagas correr la suerte de los
   asesinos,
¹⁰de esos que tienen las manos
llenas de maldad y soborno.

¹¹Pero mi vida es intachable;
¡sálvame, ten compasión de mí!
¹²Mis pies están en terreno firme;
¡bendeciré al Señor en presencia de
   su pueblo!

## SALMO 27 (26)

### El Señor es mi luz y mi salvación

¹El Señor es mi luz y mi salvación,
¿de quién podré tener miedo?
El Señor defiende mi vida,
¿a quién habré de temer?
²Los malvados, mis enemigos,
se juntan para atacarme y
   destruirme;
pero ellos son los que tropiezan y
   caen.
³Aunque un ejército me rodee,
mi corazón no tendrá miedo;
aunque se preparen para atacarme,
yo permaneceré tranquilo.

⁴Sólo una cosa he pedido al Señor,
sólo una cosa deseo:
estar en el templo del Señor
todos los días de mi vida,ⁱ
para adorarlo en su templo
y contemplar su hermosura.
⁵Cuando lleguen los días malos,
el Señor me dará abrigo en su
   templo;
bajo su sombra me protegerá.
¡Me pondrá a salvo sobre una roca!
⁶Entonces podré levantar la cabeza
por encima de mis enemigos,

entonces podré ofrecer sacrificios en
   el templo,
y gritar de alegría, y cantar himnos
   al Señor.

⁷A ti clamo, Señor: escúchame.
Ten compasión de mí, ¡respóndeme!
⁸El corazón me dice:
"Busca la presencia del Señor."
Y yo, Señor, busco tu presencia.
⁹¡No te escondas de mí!
¡No me rechaces con ira!
¡Mi única ayuda eres tú!
No me dejes solo y sin amparo,
pues tú eres mi Dios y salvador.
¹⁰Aunque mi padre y mi madre me
   abandonen,
tú, Señor, te harás cargo de mí.

¹¹Señor, muéstrame tu camino;
guíame por el buen camino
a causa de mis enemigos;
¹²no me entregues a su voluntad,
pues se han levantado contra mí
testigos falsos y violentos.
¹³Pero yo estoy convencido
de que llegaré a ver la bondad del
   Señor
a lo largo de esta vida.¹⁷

¹⁴¡Ten confianza en el Señor!
¡Ten valor, no te desanimes!
¡Sí, ten confianza en el Señor!

## SALMO 28 (27)

### El Señor escucha nuestros ruegos

¹Señor, mi protector,
a ti clamo.
¡No te niegues a responderme!
Pues si te niegas a responderme,
ya puedo contarme entre los
   muertos.
²Oye mis gritos cuando te pido ayuda,
cuando extiendo mis manos hacia tu
   santo templo.

³No me arrastres junto con los
   malvados,
no me hagas correr la suerte de los
   malhechores,
que por fuera se muestran amistosos
pero por dentro son todo maldad.
⁴Dales su merecido,
conforme a sus malas acciones;ʲ
págales con la misma moneda,

---

¹⁷ *A lo largo de esta vida:* otra posible traducción: *en el mundo de los que viven* (véase 116.9).
ⁱ 27.4 Sal 23.6.   ʲ 28.4 Jer 50.29; Ap 18.6.

conforme al mal que han cometido.
[5]Ya que no tienen presentes
las cosas que hizo el Señor,
¡que él los destruya y no los vuelva a
levantar!

[6]¡Bendito sea el Señor, que ha
escuchado mis ruegos!
[7]El Señor es mi poderoso protector;
en él confié plenamente, y él me
ayudó.
Mi corazón está alegre;
cantaré y daré gracias al Señor.
[8]El Señor es la fuerza de su pueblo;
es ayuda y refugio de su rey
escogido.

[9]Salva a tu pueblo, Señor;
bendice a los tuyos.
Cuídalos como un pastor;
¡llévalos en tus brazos para siempre!

## SALMO 29 (28)

### La poderosa voz del Señor

[1]Alaben al Señor, seres celestiales:
alaben el poder y la gloria del Señor,
[2]alaben el glorioso nombre del Señor,
adoren al Señor en su hermoso
santuario.[18,k]

[3]La voz del Señor resuena sobre el
mar;
el Dios glorioso hace tronar:
¡el Señor está sobre el mar inmenso!
[4]La voz del Señor resuena con fuerza;
la voz del Señor resuena imponente.
[5]la voz del Señor desgaja los cedros.
¡El Señor desgaja los cedros del
Líbano!
[6]Hace temblar los montes Líbano y
Sirión;
¡los hace saltar como toros y
becerros!
[7]La voz del Señor lanza llamas de
fuego;
[8]la voz del Señor hace temblar al
desierto;
¡el Señor hace temblar al desierto de
Cades!
[9]La voz del Señor sacude las
encinas[19]
y deja sin árboles los bosques.

En su templo, todos le rinden
honor.[l]

[10]El Señor gobierna las lluvias;
¡el Señor gobierna cual rey eterno!
[11]El Señor da fuerza a su pueblo;
el Señor bendice a su pueblo con
paz.

## SALMO 30 (29)

### Alabanzas de gratitud al Señor[20,m]

[1]Señor, yo te alabo
porque tú me libertaste,
porque no has permitido
que mis enemigos se burlen de mí.
[2]Señor, mi Dios,
te pedí ayuda, y me sanaste;
[3]tú, Señor, me salvaste de la muerte;
me diste vida, me libraste de morir.

[4]Ustedes, fieles del Señor, ¡cántenle
himnos!,
¡alaben su santo nombre!
[5]Porque su enojo dura un momento,
pero su buena voluntad, toda la
vida.
Si lloramos por la noche,
por la mañana tendremos alegría.[n]

[6]Yo me sentí seguro, y pensé:
"Nada me hará caer jamás."
[7]Tú, Señor, en tu bondad
me afirmaste en lugar seguro.
Pero me negaste tu ayuda
y el miedo me dejó confundido.

[8]A ti, Señor, clamo;
a ti, Señor, suplico:
[9]¿qué se gana con que yo muera,
con que sea llevado al sepulcro?
¡El polvo no puede alabarte
ni hablar de tu fidelidad!
[10]Señor, óyeme y ten compasión
de mí;
Señor, ¡ayúdame!

[11]Has cambiado en danzas mis
lamentos;
me has quitado el luto
y me has vestido de fiesta.
[12]Por eso, Señor y Dios,
no puedo quedarme en silencio:

---

[18] *En su hermoso santuario:* otra posible traducción: *vestidos con ropas sagradas.* [19] *Sacude las encinas:* traducción probable. Heb. *hace a las ciervas dar a luz* (lit. *retorcerse* en parto). [20] Título hebreo: *Salmo de David, para la dedicación del templo.*
k 29.1-2 1 Cr 16.28-29; Sal 96.7-9. l 29.3-9 2 S 22.8-17; Sal 18.7-15; Hab 3.3-13; Eclo 43.16. m 30 Título hebreo 1 R 18.12-66; 2 Cr 6.1-7.10; Esd 6.16; 1 Mac 4.36. n 30.5 Is 54.7-8.

¡te cantaré himnos de alabanza
y siempre te daré gracias!

## SALMO 31 (30)

### Plena confianza en el Señor

[1]Señor, en ti busco protección;
¡no me defraudes jamás!
¡Ponme a salvo, pues tú eres justo!
[2]Dígnate escucharme;
¡date prisa, líbrame ya!
Sé tú mi roca protectora,
¡sé tú mi castillo de refugio y
salvación!
[3]¡Tú eres mi roca y mi castillo!

¡Guíame y protégeme; haz honor a
tu nombre!
[4]¡Sácame de la trampa que me han
tendido,
pues tú eres mi protector!
[5]En tus manos encomiendo mi
espíritu;[ñ]
¡rescátame, Señor, Dios de la
verdad!

[6]Odio a los que adoran ídolos
inútiles.
He puesto mi confianza en el Señor.
[7]Tu amor me trae gozo y alegría.
Tú has visto mis tristezas,
conoces mis aflicciones;
[8]no me entregaste en manos del
enemigo;
¡me hiciste poner pie en lugar
seguro!

[9]Señor, ten compasión de mí,
pues estoy en peligro.
El dolor debilita mis ojos,
mi cuerpo, ¡todo mi ser!
[10]¡El dolor y los lamentos
acaban con los años de mi vida!
La tristeza[21] acaba con mis fuerzas;
¡mi cuerpo se está debilitando!

[11]Soy el hazmerreír de mis enemigos,
objeto de burla[22] de mis vecinos,
horror de quienes me conocen.
¡Huyen de mí cuantos me ven en la
calle![o]
[12]Me han olvidado por completo,
como si ya estuviera muerto.
Soy como un jarro hecho pedazos.
[13]Puedo oír que la gente cuchichea:

"Hay terror por todas partes."[p]
Como un solo hombre, hacen planes
contra mí;
¡hacen planes para quitarme la vida!

[14]Pero yo, Señor, confío en ti;
yo he dicho: "¡Tú eres mi Dios!"
[15]Mi vida está en tus manos;
¡líbrame de mis enemigos, que me
persiguen!
[16]Mira con bondad a este siervo tuyo,
y sálvame, por tu amor.
[17]A ti clamo, Señor;
¡no me hundas en la vergüenza!
¡Hunde en la vergüenza a los
malvados;
húndelos en el silencio del sepulcro!
[18]Queden en silencio los labios
mentirosos,
que hablan con burla y desprecio,
y ofenden al hombre honrado.

[19]¡Qué grande es tu bondad para
aquellos que te honran!
La guardas como un tesoro
y, a la vista de los hombres,
la repartes a quienes confían en ti.
[20]Con la protección de tu presencia
los libras de los planes malvados del
hombre;
bajo tu techo los proteges
de los insultos de sus enemigos.

[21]Bendito sea el Señor, que con su
amor
hizo grandes cosas por mí
en momentos de angustia.[23]
[22]En mi inquietud llegué a pensar
que me habías echado de tu
presencia;
pero cuando te pedí ayuda,
tú escuchaste mis gritos.

[23]Amen al Señor, todos sus fieles.
El Señor cuida de los sinceros,
pero a los altaneros
les da con creces su merecido.
[24]Den ánimo y valor a sus corazones
todos los que confían en el Señor.

## SALMO 32 (31)

### Confesión y perdón

[1]Feliz el hombre a quien sus culpas y
pecados

---

[21] *La tristeza:* según versiones antiguas. Heb. *mi maldad.*   [22] *Objeto de burla:* texto probable. Heb. *mucho.*
[23] *En momentos de angustia:* texto probable. Heb. *en una ciudad sitiada.*
[ñ] **31.5** Lc 23.46; Hch 7.59.   [o] **31.11** Job 19.13; Sal 38.11; 69.8; 88.18.   [p] **31.13** Jer 20.3,10; 46.5; 49.29; Lm 2.22.

le han sido perdonados por
completo.
[2]Feliz el hombre que no es mal
intencionado
y a quien el Señor no acusa de falta
alguna.*q*

[3]Mientras no confesé mi pecado,
mi cuerpo iba decayendo
por mi gemir de todo el día,
[4]pues de día y de noche
tu mano pesaba sobre mí.
Como flor marchita por el calor del
verano,
así me sentía decaer.

[5]Pero te confesé sin reservas
mi pecado y mi maldad;
decidí confesarte mis pecados,
y tú, Señor, los perdonaste.*r*

[6]Por eso, en momentos de angustia[24]
los fieles te invocarán,
y aunque las aguas caudalosas se
desborden,
no llegarán hasta ellos.
[7]Tú eres mi refugio:
me proteges del peligro,
me rodeas de gritos de liberación.

[8]El Señor dice:
"Mis ojos están puestos en ti.
Yo te daré instrucciones,
te daré consejos,
te enseñaré el camino que debes
seguir.
[9]No seas como el mulo o el caballo,
que no pueden entender
y hay que detener su brío
con el freno y con la rienda,
pues de otra manera no se acercan
a ti."

[10]Los malvados tendrán muchos
dolores,
pero el amor del Señor envuelve
a los que en él confían.
[11]Alégrense en el Señor,
hombres buenos y honrados;
¡alégrense y griten de alegría!

## SALMO 33 (32)

### Alabanza y gratitud al Señor

[1]Aclamen al Señor, hombres buenos;

en labios de los buenos, la alabanza
es hermosa.
[2]Den gracias al Señor al son del arpa,
cántenle himnos con música de
salterio,
[3]cántenle un nuevo canto,
¡toquen con arte al aclamarlo!

[4]La palabra del Señor es verdadera;
sus obras demuestran su fidelidad.
[5]El Señor ama lo justo y lo recto;
¡su amor llena toda la tierra!
[6]El cielo y cuanto hay en él
lo hizo el Señor por su palabra
y por el soplo de su boca.*s*
[7]El junta y almacena
las aguas del mar profundo.

[8]Honren al Señor todos en la tierra;
¡hónrenlo todos los habitantes del
mundo!
[9]Pues él habló, y todo fue hecho;
él ordenó, y todo quedó firme.

[10]El Señor hace fracasar por completo
los proyectos de los pueblos
paganos,
[11]pero los proyectos del Señor
permanecen firmes para siempre.
[12]Feliz el pueblo cuyo Dios es el
Señor,*t*
el pueblo que ha escogido como
suyo.

[13]El Señor mira desde el cielo
y ve a todos los hombres;
[14]desde el lugar donde vive
observa a los que habitan la tierra;
[15]él es quien formó sus corazones
y quien vigila todo lo que hacen.

[16]Ningún rey se salva por su gran
ejército,
ni se salvan los valientes por su
mucha fuerza;
[17]los caballos no sirven para salvar a
nadie;
aunque son muy poderosos, no
pueden salvar. *

[18]Pero el Señor cuida siempre
de quienes le honran y confían en su
amor,
[19]para salvarlos de la muerte
y darles vida en épocas de hambre.

---

[24] *En momentos de angustia:* según versiones antiguas. Heb. *en tiempo de encontrar solamente.*
*q* **32.1-2** Ro 4.7-8. *r* **32.5** 2 S 12.13; Sal 51.1-4. *s* **33.6-7** Gn 1.3-31; Jn 1.3. *t* **33.12** Sal 144.15. * **33.16-17** 1 S 17.47;
Hos 1.7; Jdt 9.7.

²⁰Nosotros confiamos en el Señor;
¡él nos ayuda y nos protege!
²¹Nuestro corazón se alegra en el
Señor;
confiamos plenamente en su santo
nombre.
²²¡Que tu amor, Señor, nos acompañe,
tal como esperamos de ti!

## SALMO 34 (33)

### *Alabanzas a la bondad del Señor²⁵,ᵘ*

¹Bendeciré al Señor a todas horas;
mis labios siempre lo alabarán.
²Yo me siento orgulloso del Señor;
¡oíganlo y alégrense, hombres
humildes!
³Alabemos juntos y a una voz
la grandeza del nombre del Señor.

⁴Recurrí al Señor, y él me contestó,
y me libró de todos mis temores.
⁵Los que miran al Señor
quedan radiantes de alegría
y jamás se verán defraudados.
⁶Este pobre gritó, y el Señor le oyó
y lo libró de todas sus angustias.
⁷El ángel del Señor protege y salva
a los que honran al Señor.
⁸Prueben, y vean que el Señor es
bueno.ᵛ
¡Feliz el hombre que en él confía!
⁹Honren al Señor, los consagrados a
él,
pues nada faltará a los que le
honran.
¹⁰Los ricos²⁶ se vuelven pobres, y
sufren hambre,
pero a los que buscan al Señor nunca
les faltará ningún bien.

¹¹Vengan, hijos míos, y escúchenme:
voy a enseñarles a honrar al Señor.
¹²¿Quieres vivir mucho tiempo?
¿Quieres gozar de la vida?
¹³Pues refrena tu lengua de hablar
mal,
y nunca digan mentiras tus labios.
¹⁴Aléjate de la maldad, y haz lo
bueno;
busca la paz, y síguela.

¹⁵El Señor cuida de los hombres
honrados
y presta oído a sus clamores.

¹⁶El Señor está en contra de los
malhechores,ʷ
para borrar de la tierra su recuerdo.
¹⁷El Señor atiende al clamor del
hombre honrado,
y lo libra de todas sus angustias.
¹⁸El Señor está cerca, para salvar a los
que tienen el corazón hecho
pedazos
y han perdido la esperanza.

¹⁹El hombre honrado pasa por muchos
males,
pero el Señor lo libra de todos ellos.
²⁰El le protege todos los huesos;
ni uno solo le romperán.ˣ
²¹A los malvados los mata su propia
maldad;
los que odian al hombre honrado
serán castigados.
²²Pero el Señor salva la vida a sus
siervos;
¡no serán castigados los que en él
confían!

## SALMO 35 (34)

### *Oración pidiendo la ayuda del Señor*

¹Señor, opónte a los que se oponen a
mí;
ataca a los que me atacan.
²Toma tu escudo y ven en mi ayuda;
³toma tu lanza y haz frente a los que
me persiguen;
¡dime que eres tú mi salvador!

⁴Huyan avergonzados
los que quieren matarme;
huyan avergonzados
los que quieren hacerme daño;
⁵¡sean como paja que se lleva el
viento,
arrojados por el ángel del Señor!
⁶¡Sea su camino oscuro y resbaladizo,
perseguidos por el ángel del Señor!
⁷Sin motivo me pusieron una trampa;
sin motivo hicieron un hoyo
para que yo cayera en él.
⁸¡Que los sorprenda la desgracia!
¡Que caigan en su propia trampa!
¡Que caigan en desgracia!

⁹Entonces me alegraré en el Señor,
porque él me habrá salvado.
¹⁰De todo corazón diré:

"¿Quién como tú, Señor?
A los pobres y necesitados los libras
de quienes son más fuertes que ellos,
de quienes los explotan."

[11]Se levantan testigos malvados
y me preguntan cosas que yo no sé.
[12]Me han pagado mal por bien,
y esto me causa mucha tristeza;
[13]pues cuando ellos enfermaban
yo me afligía por ellos,
me ponía ropas ásperas y ayunaba,
y en mi interior no dejaba de orar.
[14]Andaba yo triste y decaído,
como si estuviera de luto por mi
madre,
por un amigo o por mi propio
hermano.
[15]Pero cuando caí,
todos juntos se rieron de mí;
como si fueran gente extraña y
desconocida,[27]
me maltrataron sin cesar.
[16]Me atormentaron, se burlaron de
mí,[28]
me lanzaron miradas cargadas de
odio.[29]

[17]Señor, ¿cuánto tiempo seguirás
viendo esto?
¡Sálvame la vida, mi única vida,
de esos leones que andan rugiendo!
[18]Te daré gracias ante tu pueblo
numeroso;
¡te alabaré ante la gran multitud!

[19]Que no se alegren de mí mis
enemigos;
que no se guiñen el ojo los que me
odian sin razón.[y]
[20]Pues ellos no buscan la paz,
sino que hacen planes traicioneros
contra la gente pacífica del país;
[21]abren tamaña boca contra mí, y
dicen:
"¡Miren lo que hemos llegado a
ver!"

[22]¡A ti te consta, Señor!
¡No te quedes en silencio!
¡No te alejes de mí!
[23]Levántate, Señor y Dios mío,
¡despierta!
Hazme justicia, ponte de mi parte.
[24]Júzgame, Señor y Dios mío,
de acuerdo con tu justicia.

¡Que no se rían de mí!
[25]Que no digan ni piensen:
"¡Esto es lo que queríamos!
¡Lo hemos arruinado por
completo!"
[26]Que queden cubiertos de vergüenza
los que se alegran de mi desgracia;
que queden totalmente cubiertos de
vergüenza
los que se creen superiores a mí.

[27]Pero que se alegren y griten de
alegría
los que quieren verme victorioso;
que digan constantemente:
"¡El Señor es grande,
y le agrada el bienestar de su
siervo!"
[28]Con mi lengua hablaré de tu justicia;
¡todo el día te alabaré!


## SALMO 36 (35)

### Maldad del hombre y bondad de Dios

[1]La maldad habla al malvado
en lo íntimo de su corazón.
Jamás tiene él presente
que hay que temer a Dios.[z]
[2]Se cree tan digno de alabanzas,
que no encuentra odiosa su maldad.
[3]Es malhablado y mentiroso,
perdió el buen juicio, dejó de hacer
el bien.
[4]Acostado en su cama, planea hacer
lo malo;
tan aferrado está a su mal camino
que no quiere renunciar a la maldad.

[5]Pero tu amor, Señor, llega hasta el
cielo;
tu fidelidad alcanza al cielo azul.[a]
[6]Tu justicia es como las grandes
montañas;
tus decretos son como el mar grande
y profundo.
Tú, Señor, cuidas de hombres y
animales.
[7]¡Qué maravilloso es tu amor, oh
Dios!
¡Bajo tus alas, los hombres buscan
protección!
[8]Quedan completamente satisfechos
con la abundante comida de tu casa;
tú les das a beber de un río delicioso,

---

[27] Como si fueran gente extraña y desconocida; traducción probable. Heb. golpean (?) y yo no supe (o no conocí).   [28] Me atormentaron, se burlaron de mí: según la versión griega. Heb. con los peores burlones de una torta.   [29] Me lanzaron miradas cargadas de odio: lit. rechinaron los dientes contra mí.
[y] 35.19 Sal 69.4; Jn 15.25.   [z] 36.1 Ro 3.18.   [a] 36.5 Sal 57.10.

[9] porque en ti está la fuente de la vida
y en tu luz podemos ver la luz.

[10] Brinda siempre tu amor y tu justicia
a los que te conocen,
a los hombres honrados.
[11] No dejes que me pisoteen los
orgullosos
ni que me zarandeen los malvados.
[12] ¡Vean cómo caen los malhechores!
¡Caen para no volver a levantarse!

## SALMO 37 (36)

### Confía en el Señor

[1] No te enojes por causa de los
malvados,
ni sientas envidia de los
malhechores,
[2] pues pronto se secan, como el heno;
¡se marchitan como la hierba!

[3] Confía en el Señor y haz lo bueno,
vive en la tierra y mantente fiel.
[4] Ama al Señor con ternura,
y él cumplirá tus deseos más
profundos.[b]

[5] Pon tu vida en las manos del Señor;
confía en él, y él vendrá en tu
ayuda.[c]
[6] Hará brillar tu rectitud y tu justicia
como brilla el sol de mediodía.

[7] Guarda silencio ante el Señor;
espera con paciencia a que él te
ayude.
No te irrites por el que triunfa en la
vida,
por el que hace planes malvados.

[8] Deja el enojo, abandona el furor;
no te enojes, porque eso empeora las
cosas.
[9] Pues los malvados serán arrojados
del país,
pero los que confían en el Señor
tomarán posesión de él.[d]

[10] Dentro de poco no habrá malvados;
por más que los busques, no volverás
a encontrarlos.
[11] Pero los humildes heredarán la
tierra[e]
y disfrutarán de completa paz.

[12] El malvado trama hacer daño al
hombre bueno,
y le lanza miradas cargadas de odio.
[13] Pero el Señor se ríe, porque sabe
que al malvado se le acerca su hora.

[14] Los malvados sacan la espada y
tensan el arco
para hacer caer a los pobres y
humildes,
¡para matar a los de buena
conducta!
[15] Pero su propia espada se les clavará
en el corazón,
y sus arcos quedarán hechos
pedazos.

[16] Lo poco que tiene el hombre bueno
es mejor que la mucha riqueza de los
malos.[f]
[17] Porque el Señor pondrá fin a los
malos,
pero sostendrá a los buenos.

[18] El Señor cuida de los que viven sin
tacha,
y la herencia de ellos durará para
siempre.
[19] En épocas malas, cuando haya
hambre,
no pasarán vergüenza, pues tendrán
suficiente comida.

[20] Los malvados arderán como hierba
seca;[30]
Los enemigos del Señor se
desvanecerán como el humo.

[21] El malvado pide prestado y no paga,
pero el hombre bueno es compasivo
y generoso.
[22] Los que el Señor bendice heredarán
la tierra,
pero los que él maldice serán
destruidos.

[23] El Señor dirige los pasos del hombre[g]
y lo pone en el camino que a él le
agrada;
[24] aun cuando caiga, no quedará caído,
porque el Señor lo tiene de la mano.

[25] Yo fui joven, y ya soy viejo,
pero nunca vi desamparado al
hombre bueno
ni jamás vi a sus hijos pedir limosna.

[30] *Como hierba seca:* texto probable. Heb. oscuro.
[b] 37.1-4 Pr 23.17-18; 24.19-20; Eclo 9.11-12.   [c] 37.5 Pr 16.3; Eclo 2.6.   [d] 37.9 Pr 2.21-22.   [e] 37.11 Dt 11.8-9; Sal 25.12-13;
Mt 5.5.   [f] 37.16 Pr 15.16.   [g] 37.23 Pr 20.24.

<sup>26</sup>A todas horas siente compasión, y da
prestado;
sus hijos son una bendición.

<sup>27</sup>Aléjate de la maldad y haz lo bueno,
y tendrás siempre un lugar donde
vivir.
<sup>28</sup>Pues el Señor ama la justicia
y no abandona a quienes le son
fieles;
pero destruye a los malvados<sup>31</sup>
y los deja sin descendencia.<sup>h</sup>
<sup>29</sup>Los hombres buenos heredarán la
tierra
y vivirán en ella para siempre.

<sup>30</sup>El hombre bueno habla con
sabiduría;
el hombre bueno habla con justicia.
<sup>31</sup>Lleva en el corazón la enseñanza de
su Dios;
¡jamás resbalarán sus pies!

<sup>32</sup>El malvado espía al hombre bueno,
con la intención de matarlo;
<sup>33</sup>pero el Señor no dejará que caiga en
sus manos,
ni dejará tampoco que lo declaren
culpable.

<sup>34</sup>Tú confía en el Señor, y obedécelo,
pues él te enaltecerá y te dará el país
como herencia.
¡Con tus ojos verás la destrucción de
los malvados!

<sup>35</sup>He visto al malvado, lleno de
altanería,
extenderse como un árbol frondoso;
<sup>36</sup>pero se fue, dejó de existir;
lo busqué, y no pude encontrarlo.

<sup>37</sup>Fíjate en el hombre honrado y sin
tacha:
el futuro de ese hombre es la paz.
<sup>38</sup>Pero los rebeldes serán destruidos
por completo;
el futuro de los malos será su
destrucción.

<sup>39</sup>La ayuda a los hombres buenos viene
del Señor,
que es su refugio en tiempos
difíciles.<sup>i</sup>
<sup>40</sup>El Señor los ayuda a escapar.

Los hace escapar de los malvados, y
los salva,
porque en él buscaron protección.

## SALMO 38 (37)

### Oración pidiendo la ayuda de Dios

<sup>1</sup>Señor, no me reprendas en tu enojo
ni me castigues en tu furor.<sup>j</sup>
<sup>2</sup>Pues en mí se han clavado tus
flechas;
¡tu mano has descargado sobre mí!<sup>k</sup>
<sup>3</sup>Por tu enojo debido a mis pecados,
todo mi cuerpo está enfermo;
¡no tengo un solo hueso sano!
<sup>4</sup>Mis maldades me tienen abrumado;
son una carga que no puedo
soportar.
<sup>5</sup>Por causa de mi necedad,
mis heridas se pudren y apestan.
<sup>6</sup>Todo el día ando triste,
cabizbajo y deprimido.
<sup>7</sup>La espalda me arde de fiebre;
¡tengo enfermo todo el cuerpo!
<sup>8</sup>Estoy completamente molido y sin
fuerzas;
¡mis quejas son quejas del corazón!

<sup>9</sup>Señor, tú conoces todos mis deseos,
¡mis suspiros no son un secreto para
ti!
<sup>10</sup>Mi corazón late de prisa,
las fuerzas me abandonan,
¡aun la vista se me nubla!
<sup>11</sup>Mis mejores amigos, y hasta mis
parientes,
se mantienen a distancia, lejos de
mis llagas.<sup>l</sup>
<sup>12</sup>Los que me quieren matar, me ponen
trampas;
los que me quieren perjudicar,
hablan de arruinarme
y a todas horas hacen planes
traicioneros.

<sup>13</sup>Pero yo me hago el sordo, como si
no oyera;
como si fuera mudo, no abro la
boca.<sup>m</sup>
<sup>14</sup>Soy como el que no oye
ni puede decir nada en su defensa.
<sup>15</sup>Yo espero de ti, Señor y Dios mío,
que seas tú quien les conteste.
<sup>16</sup>Tan sólo pido que no se rían de mí,

<sup>31</sup> Destruye a los malvados: según la versión griega. Heb. siempre los protege.
<sup>h</sup> 37.28 Job 18.19.   <sup>i</sup> 37.39 Sal 9.9.   <sup>j</sup> 38.1 Sal 6.1; Jer 10.24.   <sup>k</sup> 38.2 Job 6.4; 16.12-13.   <sup>l</sup> 38.11 Job 19.13.   <sup>m</sup> 38.13 Is 53.7.

que no canten victoria cuando yo
caiga.

[17] En verdad, estoy a punto de caer;
mis dolores no me dejan ni un
momento.
[18] ¡Voy a confesar mis pecados,
pues me llenan de inquietud!
[19] Mis enemigos han aumentado;
muchos son los que me odian sin
motivo.
[20] Me han pagado mal por bien;
porque busco hacer el bien se ponen
en contra mía.

[21] Señor, ¡no me dejes solo!
Dios mío, ¡no te alejes de mí!
[22] Dios y salvador mío, ¡ven pronto en
mi ayuda!

## SALMO 39 (38)

### La vida es breve

[1] Yo había prometido cuidar mi
conducta,
y no pecar con mi lengua,
y ponerle un freno a mis labios
mientras hubiera malvados delante
de mí.
[2] Y me hacía el mudo: no decía nada.
¡Ni siquiera hablaba de lo bueno!
Pero mi dolor iba en aumento;
[3] ¡el corazón me ardía en el pecho!
Pensando en ello, un fuego se
encendió dentro de mí,
y dije entonces con voz fuerte:

[4] "Señor, hazme saber qué fin tendré
y cuánto tiempo voy a vivir;
¡quiero saber cuán breve será mi
vida!
[5] Me has dado una vida muy corta;
no es nada mi vida delante de ti.
¡Todo hombre dura lo que un
suspiro!
[6] ¡Todo hombre pasa como una
sombra!
De nada le sirve amontonar riquezas,
pues no sabe quién se quedará con
ellas.[n]
[7] Y así, Señor, ¿qué puedo ya esperar?
¡Mi esperanza está en ti!
[8] Líbrame de mis pecados;

no dejes que los necios se burlen de
mí.

[9] "Me hice el mudo y no abrí la boca,
porque tú eres el que actúa.
[10] Aparta de mí tus golpes;
estoy acabado por los golpes de tu
brazo.
[11] Tú corriges al hombre castigando su
maldad,
y reduces a polvo lo que más ama.
¡Todo hombre es un suspiro!

[12] "Señor, escucha mi oración,
¡presta oído a mis lamentos!,
¡no te quedes callado ante mis
lágrimas!
Yo soy para ti un extranjero,
un ave de paso, como mis
antepasados.[ñ]
[13] Deja ya de mirarme, dame un
momento de respiro,[o]
antes que me vaya y deje de existir."

## SALMO 40 (39)

### Me agrada hacer tu voluntad, Dios mío
#### (Sal 70)

[1] Puse mi esperanza en el Señor,
y él se inclinó para escuchar mis
gritos;
[2] me salvó de la fosa mortal,
me libró de hundirme en el pantano.
Afirmó mis pies sobre una roca;
dio firmeza a mis pisadas.
[3] Hizo brotar de mis labios un nuevo
canto,
un canto de alabanza a nuestro Dios.
Muchos, al ver esto, se sintieron
conmovidos
y pusieron su confianza en el Señor.
[4] ¡Feliz el hombre que confía en el
Señor
y no busca a los insolentes
ni a los que adoran a dioses falsos![32]

[5] Señor y Dios mío,
muchas son las maravillas que tú has
hecho
y las consideraciones que nos tienes.
¡Nada es comparable a ti!
Quisiera anunciarlas, hablar de ellas,
pero son más de las que puedo
contar.

[32] *Adoran dioses falsos:* lit. *se desvían (tras la) mentira.* Falsedad, mentira y otros sinónimos sirven con frecuencia en el
texto hebreo para designar indirectamente los dioses falsos y los ídolos o la idolatría.
[n] **39.5-6** Job 7.16; 8.9; 14.1-2; Sal 90.9-10; 102.11; 109.23; Ec. 6.2; Eclo 40.1-10; Sab 2.1-4.   [ñ] **39.12** Lv 25.23; Sal 119.19; 1 P 2.11.
[o] **39.13** Job 7.19; 10.20-21; 14.6.

⁶Tú no te complaces en los sacrificios
ni en las ofrendas de cereales;
tampoco has pedido holocaustos
ni ofrendas para quitar el pecado.
En cambio, me has abierto los oídos.
⁷Por eso he dicho: Aquí estoy,
tal como el libro dice de mí.
⁸A mí me agrada hacer tu voluntad,
Dios mío;
¡llevo tu enseñanza en el corazón!ᵖ
⁹En presencia de tu pueblo numeroso
he dado a conocer lo que es justo.
¡Tú bien sabes, Señor, que no he
guardado silencio!
¹⁰No me he quedado callado acerca de
tu justicia;
he hablado de tu fidelidad y
salvación.
Jamás he ocultado tu amor y tu
verdad
ante tu pueblo numeroso.

¹¹Y tú, Señor, ¡no me niegues tu
ternura!
¡Que siempre me protejan tu amor y
tu verdad!
¹²Pues me han pasado tantas
desgracias
que ni siquiera las puedo contar.
Me han atrapado mis propias
maldades;
¡hasta he perdido la vista!
Son más que los pelos de mi cabeza,
y hasta el ánimo he perdido.

¹³Señor, por favor, ¡ven a librarme!
Señor, ¡ven pronto en mi ayuda!
¹⁴¡Que sean puestos en completo
ridículo
los que tratan de acabar con mi vida!
¡Que huyan en forma vergonzosa
los que quieren hacerme daño!
¹⁵¡Que huyan avergonzados
los que se burlan de mí!
¹⁶Pero que todos los que te buscan
se llenen de alegría;
que cuantos desean tu salvación
digan siempre: "¡El Señor es
grande!"

¹⁷Y a mí, que estoy pobre y afligido,
no me olvides, Señor.
Tú eres quien me ayuda y me liberta;
¡no te tardes, Dios mío!

## SALMO 41 (40)

### *Oración de un hombre enfermo*

¹Dichoso el que piensa en el débil y
pobre;�q

el Señor lo librará en tiempos malos.
²El Señor lo protegerá,
le dará vida y felicidad en la tierra,
y no lo abandonará al capricho de
sus enemigos.
³El Señor le dará fuerzas en el lecho
del dolor;
¡convertirá su enfermedad en salud!

⁴Yo he dicho:
"Señor, tenme compasión;
cúrame, aunque he pecado contra
ti."
⁵Mis enemigos me desean lo peor:
"¿Cuándo morirá y se perderá su
recuerdo?"
⁶Vienen a verme, y no son sinceros;
guardan en su memoria todo lo
malo,
y al salir a la calle lo dan a saber.
⁷Los que me odian se juntan y hablan
de mí;
piensan que estoy sufriendo por mi
culpa,
⁸y dicen:
"Su enfermedad es cosa del
demonio;
ha caído en cama y no volverá a
levantarse."
⁹Aun mi mejor amigo, en quien yo
confiaba,
el que comía conmigo, se ha vuelto
contra mí.ʳ
¹⁰Pero tú, Señor, tenme compasión;
haz que me levante y les dé su
merecido.
¹¹En esto conoceré que te he agradado:
en que mi enemigo no cante victoria
sobre mí.
¹²En cuanto a mí, que he vivido una
vida sin tacha,
tómame en tus manos,
manténme siempre en tu presencia.

¹³¡Bendito sea el Señor, Dios de Israel,
ahora y siempre!
¡Así sea!ˢ

# LIBRO II

## SALMO 42-43 (41-42)

### *Mi esperanza está en Dios*

42 ¹Como ciervo sediento en busca de un
río,
así, Dios mío, te busco a ti.

---

ᵖ **40.6-8** He 10.5-7.   �q **41.1** Pr 14.21; Tob 4.7-11.   ʳ **41.9** Mt 26.23; Mr 14.20; Lc 22.21; Jn 13.18.   ˢ **41.13** Sal 106.48.

²Tengo sed de Dios, del Dios de la
vida.ʳ
¿Cuándo volveré a presentarme ante
Dios?
³Día y noche, mis lágrimas son mi
alimento,
mientras a todas horas me
preguntan:
"¿Dónde está tu Dios?"

⁴Cuando pienso en estas cosas,
doy rienda suelta a mi dolor.
Recuerdo cuando yo iba con la
gente,
conduciéndola al templo de Dios
entre gritos de alegría y gratitud.
¡Qué gran fiesta entonces!

⁵ ¿Por qué voy a desanimarme?
¿Por qué voy a estar
preocupado?
Mi esperanza he puesto en Dios,
a quien todavía seguiré
alabando.
¡Él es mi Dios y salvador!

⁶Me siento muy desanimado.
Por eso pienso tanto en ti
desde la región del río Jordán,
desde los montes Hermón y Mizar.
⁷Se oye en los barrancos profundos
el eco atronador de tus cascadas;
los torrentes de agua que tú mandas
han pasado sobre mí.ᵘ

⁸De día el Señor me envía su amor,
y de noche no cesa mi canto
ni mi oración al Dios de mi vida.
⁹Le digo a Dios, mi defensor:
"¿Por qué me has olvidado?
¿Por qué tengo que andar triste
y oprimido por mis enemigos?"
¹⁰Hasta los huesos me duelen
por las ofensas de mis enemigos,
que a todas horas me preguntan:
"¿Dónde está tu Dios?"

¹¹ ¿Por qué voy a desanimarme?
¿Por qué voy a estar
preocupado?
Mi esperanza he puesto en Dios,
a quien todavía seguiré
alabando.
¡Él es mi Dios y salvador!

**43** ¹Oh Dios, hazme justicia;
¡ponte de mi parte contra esta gente
pagana!
¡Ponme a salvo del mentiroso y del
malvado,
²porque tú eres mi Dios y protector!
¿Por qué me has alejado de ti?
¿Por qué tengo que andar triste
y oprimido por mis enemigos?
³Envía tu luz y tu verdad,
para que ellas me enseñen el camino
que lleva a tu santo monte,
al lugar donde tú vives.
⁴Llegaré entonces a tu altar, oh Dios,
y allí te alabaré al son del arpa,
pues tú, mi Dios, llenas mi vida de
alegría.

⁵ ¿Por qué voy a desanimarme?
¿Por qué voy a estar
preocupado?
Mi esperanza he puesto en Dios,
a quien todavía seguiré
alabando.
¡Él es mi Dios y salvador!

## SALMO 44 (43)

### *Oración pidiendo la ayuda de Dios*

¹Oh Dios,
hemos oído con nuestros oídos,
y nuestros padres nos han contado
lo que tú hiciste en sus días,
en aquellos tiempos pasados:
²con tu propia mano
echaste fuera a los paganos,
castigaste a las naciones
y estableciste allí a nuestros padres.
³Pues no fue su brazo ni su espada
lo que les dio la victoria;
ellos no conquistaron la tierra.
¡Fue tu poder y tu fuerza!ᵛ
¡Fue el resplandor de tu presencia,
porque tú los amabas!

⁴¡Mi rey! ¡Mi Dios!
Tú diste las victorias a tu pueblo;
⁵por ti vencimos a nuestros enemigos;
¡en tu nombre aplastamos a los que
nos atacaban!ᵂ
⁶Porque no confiaría yo en mi arco,
ni mi espada podría darme la
victoria;
⁷fuiste tú quien nos hizo vencer a
nuestros enemigos,

---

ʳ **42.1-2** Sal 63.1; 143.6.   ᵘ **42.7** Jon 2.3.   ᵛ **44.3** Dt 8.17-18; Jos 24.12; Jue 7.2.   ᵂ **44.5** Sal 60.12.

quien puso en ridículo a los que nos
   odiaban.
⁸¡Siempre estaremos orgullosos de ti,
   oh Dios,
   y siempre alabaremos tu nombre!

⁹Pero nos has rechazado;
   nos has cubierto de vergüenza.
   Ya no sales con nuestros ejércitos.ˣ
¹⁰Nos has hecho dar la espalda a
   nuestros enemigos;
   los que nos odian nos roban
   y se llevan lo que quieren.
¹¹Nos has entregado
   cual si fuéramos ovejas para el
   matadero;
   nos has dispersado entre los
   paganos;
¹²has vendido a tu pueblo muy barato,
   y nada has ganado con venderlo.
¹³Nos has convertido en objeto de
   insultos;
   nuestros vecinos nos ofenden y
   ridiculizan.
¹⁴Has hecho que los paganos se burlen
   de nosotros;
   al vernos, mueven burlones la
   cabeza.
¹⁵No hay momento en que no me vea
   humillado;
   se me cae la cara de vergüenza
¹⁶por culpa del enemigo, que trata de
   vengarse
   y que me ofende y ultraja.

¹⁷Esto que nos ha pasado
   no fue por haberte olvidado.
   ¡No hemos faltado a tu pacto!
¹⁸No hemos pensado abandonarte
   ni hemos dejado tus caminos.
¹⁹Sin embargo, tú nos has aplastado
   en lugares de miseria.³³
   ¡Nos has cubierto de terrible
   oscuridad!
²⁰Si te hubiéramos olvidado, oh Dios,
   y adorado en tu lugar a un dios
   extraño,
²¹tú te habrías dado cuenta,
   pues conoces los más íntimos
   secretos.
²²Pero por causa tuya estamos siempre
   expuestos a la muerte;
   nos tratan como a ovejas para el
   matadero.ʸ

²³¿Por qué duermes, Señor?

¡Despierta, despierta!
   ¡No nos rechaces para siempre!
²⁴¿Por qué te escondes?
   ¿Por qué te olvidas de nosotros,
   que sufrimos tanto, tanto?
²⁵Estamos rendidos y humillados,
   arrastrando nuestros cuerpos por el
   suelo.
²⁶¡Levántate,
   ven a ayudarnos
   y sálvanos por tu gran amor!


# SALMO 45 (44)

## *Poema para las bodas del rey*

¹Palabras hermosas bullen en mi
   mente;
   mi lengua es como la pluma de un
   buen escritor.
   ¡Voy a recitar mi poesía ante el rey!

²¡Eres el más hermoso de los
   hombres!
   ¡El encanto brota de tus labios!
   Por eso Dios te bendijo para
   siempre.
³¡Ponte la espada a la cintura,
   valiente!
   ¡Ella es tu adorno esplendoroso!

⁴Tu gloria consiste en avanzar
   triunfante,
   luchando en favor de la verdad
   y haciendo justicia a los humildes.³⁴
   ¡Tu mano derecha realiza grandes
   proezas!
⁵Los pueblos caen a tus pies, oh rey;
   tus flechas son agudas y se clavan
   en el corazón de tus enemigos.

⁶Tu reinado, oh Dios, es eterno,
   y es un reinado de justicia.
⁷Amas el bien y odias el mal.
   Por eso te ha escogido Dios, tu Dios,
   y te ha colmado de alegría
   más que a tus compañeros.ᶻ
⁸Toda tu ropa es perfume de mirra,
   áloe y canela;
   con música de instrumentos de
   cuerda
   te alegran en los palacios de marfil.
⁹Entre las damas de tu corte hay
   princesas;
   a la derecha de tu trono está la reina,
   adornada con el oro más fino.

---

³³ *Lugares de miseria:* según la versión griega. Heb. *lugar de chacales.*   ³⁴ *Y haciendo justicia a los humildes:* traducción
probable. Heb. *y humildad de la justicia.*
ˣ **44.9** Sal 60.10; 108.11.   ʸ **44.22** Ro 8.36.   ᶻ **45.6-7** He 1.8-9.

[10]Escucha, hijita;
fíjate bien en lo que voy a decirte:
Olvídate de tu familia y de tu gente,
[11]pues el rey desea tu belleza;
él es tu señor, y debes obedecerlo.
[12]Princesa de Tiro,
los más ricos del pueblo
procuran con regalos ganarse tu
favor.

[13]¡Aquí entra la princesa, en toda su
hermosura!
¡Su vestido es de brocado de oro!
[14]Espléndidamente vestida la llevan
ante el rey,
seguida de sus damas de honor,
del cortejo de sus amigas.
[15]Avanzan con gran alegría;
alegres entran en el palacio del rey.

[16]Tus hijos, oh rey,
ocuparán el trono de tus
antepasados,
y harás que gobiernen en todo el
país.
[17]Yo haré que tu nombre se recuerde
en cada nueva generación,
y que los pueblos te alaben por
siempre.

## SALMO 46 (45)

### El Señor está con nosotros

[1]Dios es nuestro refugio y nuestra
fuerza;
nuestra ayuda en momentos de
angustia.
[2]Por eso no tendremos miedo,
aunque se deshaga la tierra,
aunque se hundan los montes en el
fondo del mar,
[3]aunque ruja el mar y se agiten sus
olas,
aunque tiemblen los montes a causa
de su furia.[a]

[4]Un río alegra con sus brazos la
ciudad de Dios,[b]
la más santa de las ciudades del
Altísimo.
[5]Dios está en medio de ella, y la
sostendrá;
Dios la ayudará al comenzar el día.
[6]Las naciones rugen, los reinos
tiemblan,

la tierra se deshace cuando él deja
oír su voz.

7      ¡El Señor todopoderoso está
con nosotros!
¡El Dios de Jacob es nuestro
refugio!

[8]Vengan a ver las cosas sorprendentes
que el Señor ha hecho en la tierra:
[9]ha puesto fin a las guerras
hasta el último rincón del mundo;
ha roto los arcos,
ha hecho pedazos las lanzas,
¡ha prendido fuego a los carros de
guerra!
[10]"¡Ríndanse! ¡Reconozcan que yo
soy Dios!
¡Yo estoy por encima de las
naciones!
¡Yo estoy por encima de toda la
tierra!"

11      ¡El Señor todopoderoso está
con nosotros!
¡El Dios de Jacob es nuestro
refugio!

## SALMO 47 (46)

### Dios es el rey de toda la tierra

[1]Aplaudan, pueblos todos!
¡Aclamen a Dios con gritos de
alegría!
[2]Porque el Señor, el Altísimo, es
terrible;
es el gran rey de toda la tierra.
[3]Destrozó pueblos y naciones
y los sometió a nuestro yugo.
[4]Nos ha escogido nuestra herencia,
que es orgullo de Jacob, a quien
amó.

[5]¡Dios el Señor ha subido a su trono
entre gritos de alegría y toques de
trompeta!
[6]¡Canten, canten himnos a Dios!
¡Canten, canten himnos a nuestro
rey!
[7]¡Canten un poema a Dios,
porque él es el rey de toda la tierra!
[8]¡Dios es el rey de las naciones!
¡Dios está sentado en su santo trono!
[9]Los hombres importantes de las
naciones

---

[a] 46.1-3 Is 54.10; Jl 3.16.   [b] 46.4 Ez 47.1-12; Zac 14.8; Ap 22.1-2.

se unen al pueblo del Dios de
   Abraham,
¹⁰pues de Dios son los poderes del
   mundo.
¡El está por encima de todo!

## SALMO 48 (47)

### Grandeza de Sión, ciudad de Dios

¹¡El Señor es grande!
¡Nuestro Dios es digno de alabanza
en su ciudad y en su santo monte!

²¡Qué hermosa altura la del monte
   Sión,
allá, en el extremo norte!
¡Es la alegría de toda la tierra!
¡Es la ciudad del gran rey!ᶜ

³Dios está en los palacios de
   Jerusalén;
Dios se ha dado a conocer como un
   refugio seguro.
⁴Pues los reyes se reunieron
y juntos avanzaron contra ella;
⁵pero al ver la ciudad se
   sorprendieron,
se inquietaron y huyeron.
⁶El miedo se adueñó de ellos:
se retorcían de dolor, como mujer de
   parto;
⁷como el viento del este, que destroza
los barcos de Tarsis.
⁸En la ciudad de nuestro Dios,
el Señor todopoderoso,
hemos visto con nuestros ojos
lo mismo que nos habían contado:
¡Dios afirmará para siempre a
   Jerusalén!

⁹Oh Dios,
en medio de tu templo
pensamos en tu gran amor.
¹⁰Oh Dios,
por toda la tierra eres alabado
como corresponde a tu nombre.
Con tu poder haces plena justicia.

¹¹¡Que se alegre el monte Sión!
¡Que salten de alegría las ciudades de
   Judá
por tus justas decisiones!

¹²Caminen alrededor de Sión
y cuenten las torres que tiene;

¹³fíjense en su muralla y en sus
   palacios,
para que puedan contar
a las generaciones futuras
¹⁴que así es nuestro Dios
por toda la eternidad.
¡El es nuestro guía eternamente!

## SALMO 49 (48)

### El dinero no lo es todo

¹Oigan bien esto,
pueblos y habitantes de todo el
   mundo,
²lo mismo los ricos que los pobres,
lo mismo los poderosos que los
   humildes.
³Voy a hablar con sabiduría
y expresaré pensamientos profundos;
⁴pondré atención a los refranes,
y diré mi secreto al son del arpa.

⁵¿Por qué voy a tener miedo
cuando vengan los días malos,
cuando me encuentre rodeado
de la maldad de mis enemigos?³⁵
⁶Ellos confían en sus riquezas
y se jactan de sus muchos bienes,
⁷pero nadie puede salvarse a sí
   mismo³⁶
ni pagarle a Dios porque le salve la
   vida.
⁸¡No hay dinero que pueda comprar
la vida de un hombre,
⁹para que viva siempre y se libre de la
   muerte!
¹⁰Pues se ve que todos mueren por
   igual,
lo mismo los sabios que los tontos,
y se quedan para otros sus riquezas.
¹¹Aunque dieron su nombre a sus
   tierras,
el sepulcro³⁷ será su hogar eterno;
¡allí se quedarán para siempre!

¹²      El hombre no es eterno, por
            muy rico que sea;
         muere lo mismo que los
            animales.ᵈ

¹³Así acaban los que en sí mismos
   confían;
así terminan los que a sí mismos se
   alaban.
¹⁴Para esa gente, la muerte es el pastor

---

³⁵ *Maldad de mis enemigos:* traducción probable. Heb. *maldad de mis talones.*   ³⁶ *Salvarse a sí mismo:* según varios mss. hebreos. Otros mss.: *salvar a su hermano.*   ³⁷ *El sepulcro:* según la versión griega y otras versiones antiguas. Heb. *sus íntimos pensamientos.*
ᶜ **48.2** Mt 5.35.   ᵈ **49.12,20** Ec 3.19.

que los conduce al sepulcro
como si fueran ovejas.
Cuando llegue la mañana,
los buenos triunfarán sobre ellos;
su fuerza irá decayendo
y el sepulcro será su hogar.
<sup>15</sup>Pero Dios me salvará del poder de la
muerte,
pues me llevará con él.

<sup>16</sup>No te inquietes si alguien se hace rico
y aumenta el lujo de su casa,
<sup>17</sup>pues cuando muera no podrá llevarse
nada,<sup>e</sup>
ni su lujo le seguirá al sepulcro.
<sup>18</sup>Aunque se sienta feliz mientras vive,
y la gente lo alabe por ser rico,
<sup>19</sup>llegará el día en que se muera,
y no volverá a ver la luz.

<sup>20</sup>    El hombre no es eterno,<sup>38</sup> por
        muy rico que sea;
        muere lo mismo que los
        animales.

## SALMO 50 (49)

### Dios es un juez justo

<sup>1</sup>El Señor, el Dios de los dioses, ha
hablado;
ha llamado a los que habitan la
tierra
del oriente al occidente.
<sup>2</sup>Dios resplandece desde Sión,
la ciudad de belleza perfecta.
<sup>3</sup>Nuestro Dios viene, pero no en
silencio:
delante de él, un fuego destructor;
a su alrededor, una fuerte tormenta.
<sup>4</sup>Desde lo alto, Dios llama al cielo y a
la tierra
a presenciar el juicio de su pueblo:

<sup>5</sup>"Reúnan a los que me son fieles,
a los que han hecho un pacto
conmigo
ofreciéndome un sacrificio."
<sup>6</sup>Y el cielo declara que Dios es juez
justo.

<sup>7</sup>"Escucha, Israel, pueblo mío;
voy a poner las cosas en claro
contigo.
¡Yo soy Dios! ¡Yo soy tu Dios!
<sup>8</sup>No te censuro por los sacrificios

y holocaustos que siempre me
ofreces.
<sup>9</sup>No te pido becerros de tu ganado
ni machos cabríos de tus corrales,
<sup>10</sup>pues míos son todos los animales
salvajes,
lo mismo que los ganados de las
serranías;
<sup>11</sup>mías son las aves de las montañas
y todo lo que bulle en el campo.
<sup>12</sup>Si yo tuviera hambre, no te lo diría a
ti,
pues el mundo es mío, con todo lo
que hay en él.
<sup>13</sup>¿Acaso me alimento de carne de
toros,
o bebo sangre de machos cabríos?
<sup>14</sup>¡Sea la gratitud tu ofrenda a Dios;
cumple al Altísimo tus promesas!
<sup>15</sup>Llámame cuando estés angustiado;
yo te libraré, y tú me honrarás."

<sup>16</sup>Pero al malvado Dios le dice:
"¿Qué derecho tienes de citar mis
leyes
o de mencionar mi pacto,
<sup>17</sup>si no te agrada que yo te corrija
ni das importancia a mis palabras?
<sup>18</sup>Al ladrón lo recibes con los brazos
abiertos;
¡te juntas con gente adúltera!
<sup>19</sup>Para el mal y para inventar mentiras
se te sueltan la lengua y los labios.
<sup>20</sup>Calumnias a tu hermano;
¡contra tu propio hermano lanzas
ofensas!
<sup>21</sup>Todo esto has hecho, y me he
callado;
pensaste que yo era igual que tú.
Pero voy a acusarte cara a cara,
¡voy a ajustarte las cuentas!

<sup>22</sup>"Entiendan bien esto, ustedes que
olvidan a Dios,
no sea que empiece yo a
despedazarlos
y no haya quien los libre:
<sup>23</sup>el que me ofrece su gratitud, me
honra.
¡Yo salvo al que permanece en mi
camino!"

## SALMO 51 (50)

### Oh Dios, ten compasión de mí <sup>39</sup><sup>f</sup>

<sup>1</sup>Por tu amor, oh Dios, ten
compasión de mí;

---

<sup>38</sup> *El hombre no es eterno:* según v. 12. Heb. *el hombre no comprende.* <sup>39</sup> Según el título hebreo, David escribió este salmo después que el profeta Natán lo había reprendido por cometer adulterio con Betsabé.
<sup>e</sup> **49.17** Job 1.21; Ec 5.15; 1 Ti 6.7. <sup>f</sup> **51 Título hebreo** 2 S 12.1-15.

por tu gran ternura, borra mis
culpas.
² ¡Lávame de mi maldad!
¡Límpiame de mi pecado!
³ Reconozco que he sido rebelde;
mi pecado no se borra de mi mente.
⁴ Contra ti he pecado, y sólo contra ti,
haciendo lo malo, lo que tú
condenas.ᵍ
Por eso tu sentencia es justa;
irreprochable tu juicio.ʰ

⁵ En verdad, soy malo desde que nací;
soy pecador desde el seno de mi
madre.
⁶ En verdad, tú amas al corazón
sincero,
y en lo íntimo me has dado
sabiduría.
⁷ Purifícame con hisopo,ⁱ y quedaré
limpio;
lávame, y quedaré más blanco que la
nieve.ʲ
⁸ Lléname de gozo y alegría;
alégrame de nuevo, aunque me has
quebrantado.
⁹ Aleja de tu vista mis pecados
y borra todas mis maldades.

¹⁰ Oh Dios, ¡pon en mí un corazón
limpio!,
¡dame un espíritu nuevo y fiel!ᵏ
¹¹ No me apartes de tu presencia
ni me quites tu santo espíritu.
¹² Hazme sentir de nuevo el gozo de tu
salvación;
sosténme con tu espíritu generoso,
¹³ para que yo enseñe a los rebeldes tus
caminos
y los pecadores se vuelvan a ti.
¹⁴ Líbrame de cometer homicidios,
oh Dios, Dios de mi salvación,
y anunciaré con cantos que tú eres
justo.

¹⁵ Señor, abre mis labios,
y con mis labios te cantaré
alabanzas.
¹⁶ Pues tú no quieres ofrendas ni
holocaustos;ˡ
yo te los daría, pero no es lo que te
agrada.
¹⁷ Las ofrendas a Dios son un espíritu
dolido;
¡tú no desprecias, oh Dios, un
corazón hecho pedazos!ᵐ

¹⁸ Haz bien a Sión, por tu buena
voluntad;
vuelve a levantar los muros de
Jerusalén.
¹⁹ Entonces aceptarás los sacrificios
requeridos,
animales y ofrendas totalmente
quemadas;
entonces se ofrecerán becerros sobre
tu altar.

## SALMO 52 (51)

### La inútil jactancia del malvado⁴⁰,ⁿ

¹ ¿Por qué presumes de tu maldad, oh
poderoso?
¡El amor de Dios es constante!
² Sólo piensas en hacer lo malo;
tu lengua es traidora como un
cuchillo afilado.
³ Prefieres lo malo a lo bueno,
prefieres la mentira a la verdad.

⁴ Lengua embustera,
prefieres las palabras destructivas;
⁵ pero Dios también te destruirá para
siempre:
te tomará y te echará de tu casa; te
quitará la vida.

⁶ Los que obedecen a Dios, verán esto
y sentirán temor;
pero se burlarán de aquel hombre,
diciendo:
⁷ "Miren al que no busca protección
en Dios;
al que confía en sus grandes riquezas
y persiste en su maldad."
⁸ Pero yo soy como un olivo verde
en el templo de Dios;
¡siempre confiaré en su amor!

⁹ Oh Dios, siempre te daré gracias por
lo que has hecho;
esperaré en ti delante de tus fieles,
porque eres bueno.

## SALMO 53 (52)

### Perversión del hombre
#### (Salmo 14)

¹ Los necios piensan que no hay Dios:
todos se han pervertido,

⁴⁰ Según el título hebreo, David escribió este poema cuando Doeg el edomita fue a decir a Saúl que David había estado en la casa de Ahimelec.
ᵍ 51.3-4 Sal 32.5. ʰ 51.4 Ro 3.4. ⁱ 51.7 Ex 12.22; Lv 14.51; Ez 36.25; He 9.13-14,19. ʲ 51.7 Is 1.18. ᵏ 51.10 Ez 11.19; 36.26; 2 Co 5.17. ˡ 51.16 Sal 40.6; 50.8-14. ᵐ 51.17 Sal 34.18. ⁿ 52 Título hebreo 1 S 21.7; 22.9-10.

han hecho cosas malvadas;
¡no hay nadie que haga lo bueno!ñ

²Desde el cielo, Dios mira a los
hombres
para ver si hay alguien con
entendimiento,
alguien que busque a Dios.

³Pero todos se han desviado,
todos por igual se han pervertido.
¡Ya no hay quien haga lo bueno!
¡No hay ni siquiera uno!º

⁴No tienen entendimiento los
malhechores,
los que se comen a mi pueblo como
quien come pan,
los que no invocan el nombre de
Dios.

⁵Aunque no haya razón para temblar,
ellos temblarán de miedo,
porque Dios esparce los huesos del
enemigo.
Quedarán en ridículo, porque Dios
los rechaza.

⁶¡Ojalá que del monte Sión
venga la salvación de Israel!
Cuando el Señor haga cambiar la
suerte de su pueblo,
se alegrarán los descendientes de
Jacob,
todo el pueblo de Israel.

## SALMO 54 (53)

### *Oración en que se pide la ayuda de Dios⁴¹,ᵖ*

¹¡Sálvame, Dios mío, por tu nombre!
¡Defiéndeme con tu poder!

²Escucha, Dios mío, mi oración;
presta oído a mis palabras,

³pues gente arrogante y violenta
se ha puesto en contra mía y quiere
matarme.
¡No tienen presente a Dios!�q

⁴Sin embargo, Dios me ayuda;
el Señor me mantiene con vida.

⁵⁻⁶El hará que la maldad de mis
enemigos
se vuelva contra ellos mismos.

¡Destrúyelos, Señor, pues tú eres
fiel!

Yo te ofreceré sacrificios
voluntariosʳ
y alabaré tu nombre, porque eres
bueno,

⁷porque me has librado de todas mis
angustias
y he visto vencidos a mis enemigos.

## SALMO 55 (54)

### *Oración de un perseguido*

¹Dios mío, escucha mi oración;
no desatiendas mi súplica.

²⁻³Hazme caso, contéstame;
en mi angustia te invoco.
Me hacen temblar la voz del enemigo
y los gritos de los malvados.

Me han cargado de aflicciones;
me atacan rabiosamente.

⁴El corazón me salta en el pecho;
el terror de la muerte ha caído sobre
mí.

⁵Me ha entrado un temor espantoso;
¡estoy temblando de miedo!

⁶Y digo:
"¡Ojalá tuviera yo alas como de
paloma;
volaría entonces y podría descansar.

⁷Volando me iría muy lejos;
me quedaría a vivir en el desierto.

⁸Correría presuroso a protegerme
de la furia del viento y de la
tempestad."

⁹Destrúyelos, Señor, confunde su
lenguaje,
pues tan sólo veo violencia y
discordia,

¹⁰que día y noche rondan la ciudad.
Hay en ella maldad e intrigas;
hay en ella corrupción;

¹¹sus calles están llenas de violencia y
engaño.

¹²No me ha ofendido un enemigo,
lo cual yo podría soportar;
ni se ha alzado contra mí el que me
odia,
de quien yo podría esconderme.

¹³¡Has sido tú, mi propio camarada,
mi más íntimo amigo,

¹⁴con quien me reunía en el templo de
Dios
para conversar amigablemente,

---

⁴¹ Según el título hebreo, David escribió este poema cuando los zifeos fueron a decir a Saúl que David se había
refugiado en el pueblo de Zif.
ñ 53.1 Sal 10.4,11; 73.11. º 53.1-3 Ro 3.10-12. ᵖ 54 Título hebreo 1 S 23.19; 26.1. q 54.3 Sal 86.14. ʳ 54.5-6 Nm 15.3.

con quien caminaba entre la
multitud!

15¡Que sorprenda la muerte a mis
enemigos!
¡Que caigan vivos en el sepulcro,
pues la maldad está en su corazón!

16Pero yo clamaré a Dios;
el Señor me salvará.
17Me quejaré y lloraré
mañana, tarde y noche,
y él escuchará mi voz.
18En las batallas me librará;
me salvará la vida,
aunque sean muchos mis
adversarios.

19Dios, el que reina eternamente,
me oirá y los humillará,
pues ellos no cambian de conducta
ni tienen temor de Dios.
20Levantan la mano contra sus amigos;
no cumplen su promesa de amistad.
21Usan palabras más suaves que la
mantequilla,
pero sus pensamientos son de guerra.
Usan palabras más suaves que el
aceite,
pero no son sino espadas afiladas.

22Deja tus preocupaciones al Señor,*s*
y él te mantendrá firme;
nunca dejará que caiga
el hombre que le obedece.

23Dios mío,
los asesinos y mentirosos no vivirán
ni la mitad de su vida;
tú harás que caigan al fondo del
sepulcro,
pero yo confío en ti.

## SALMO 56 (55)

### Confío en Dios y alabo su palabra 42,t

1Ten compasión de mí, Dios mío,
pues hay gente que me persigue;
a todas horas me atacan y me
oprimen.
2A todas horas me persiguen mis
enemigos;
son muchos los que me atacan con
altanería.

3    Cuando tengo miedo, confío
en ti.
4    Confío en Dios y alabo su
palabra;
confío en Dios y no tengo
miedo.
¿Qué me puede hacer el
hombre?*u*

5A todas horas me hieren con
palabras;
sólo piensan en hacerme daño.
6Andan escondiéndose aquí y allá,
siguiéndome los pasos,
esperando el momento de matarme.

7¿Acaso escaparán de su propia
maldad?
Oh, Dios, humilla a los pueblos con
tu enojo.
8Tú llevas la cuenta de mis huidas;
tú recoges cada una de mis lágrimas.
¿Acaso no las tienes anotadas en tu
libro?
9Mis enemigos se pondrán en retirada
cuando yo te pida ayuda.
Yo sé muy bien que Dios está de mi
parte.

10    Confío en Dios y alabo su
palabra;
confío en el Señor y alabo su
palabra;
11    confío en Dios y no tengo
miedo.
¿Qué me puede hacer el
hombre?

12Las promesas que te hice, oh Dios,
te las cumpliré con alabanzas,
13porque me has salvado de la muerte,
porque me has librado de caer,
a fin de que yo ande en la luz de la
vida,
en la presencia de Dios.

## SALMO 57 (56)

### Oración en que se pide la ayuda divina43,v

#### (Sal 108.1-5)

1Ten compasión de mí, Dios mío, ten
compasión de mí,
pues en ti busco protección.

---

42 Según el título hebreo, David escribió este salmo cuando los filisteos lo capturaron en la ciudad de Gat.    43 Según el
título hebreo, David escribió este salmo cuando huyó de Saúl y estaba en una cueva.
s 55.22 Mt 6.25-34; 1 P 5.7.    t 56 Título hebreo 1 S 21.13-15.    u 56.3-4,9-11 Sal 118.6; He 13.6.
v 57 Título hebreo 1 S 22.1; 24.3-7.

Quiero protegerme debajo de tus
alas
hasta que el peligro haya pasado.
²Voy a clamar al Dios altísimo,
al Dios que en todo me ayuda.
³El enviará desde el cielo su amor y su
verdad,
y me salvará de quienes con rabia me
persiguen.

⁴Tendido estoy, por el suelo,
entre leones que se comen a la gente;
sus dientes son como lanzas y
flechas,
su lengua es una espada afilada.

⁵      Dios mío, tú estás por encima
del cielo.
¡Tu gloria llena toda la tierra!ʷ

⁶Mis enemigos me pusieron una
trampa
para doblegar mi ánimo;
hicieron un hoyo a mi paso,
pero ellos mismos cayeron en él.

⁷Mi corazón está dispuesto, Dios mío,
mi corazón está dispuesto a cantarte
himnos.
⁸Despierta, alma mía;
despierten, arpa y salterio;
¡despertaré al nuevo día!
⁹Te alabaré con himnos, Señor,
en medio de pueblos y naciones.
¹⁰Pues tu amor es grande hasta los
cielos;
tu lealtad alcanza al cielo azul.ˣ

¹¹      Dios mío, tú estás por encima
del cielo.
¡Tu gloria llena toda la tierra!

## SALMO 58 (57)

### Clamor de justicia

¹Ustedes, los poderosos,⁴⁴
¿en verdad dictan sentencias justas
y hacen verdadera justicia?
²Al contrario, actúan con mala
intención;
abren camino a la violencia en el
país.

³Los malvados se pervierten desde el
vientre;
los mentirosos se descarrían desde
antes de nacer.
⁴Son venenosos como víboras;
son como una serpiente venenosa
que se hace la sorda, que se tapa los
oídos
⁵para no oír la música del mago,
del experto en encantamientos.

⁶Dios mío, ¡rómpeles los dientes!
Señor, ¡rómpeles los colmillos a esos
leones!
⁷Que desaparezcan, como el agua que
se escurre;
que se sequen, como la hierba del
camino;
⁸que se deshagan, como el caracol en
su baba,
¡como el niño abortado que nunca
vio la luz!
⁹que ardan como espinos antes que se
den cuenta;
que sean arrancados con furia, como
hierba verde.⁴⁵

¹⁰El que es fiel se alegrará de verse
vengado;
¡empapará sus pies en la sangre del
malvado!
¹¹Y entonces se dirá:
"¡Vale la pena ser fiel!
¡Hay un Dios que juzga al mundo!"

## SALMO 59 (58)

### El Señor es nuestro protector⁴⁶,ʸ

¹Dios mío, líbrame de mis enemigos;
ponme a salvo de mis agresores.
²Líbrame de los malhechores,
sálvame de los asesinos,
³porque hay hombres poderosos
que esperan el momento de
matarme.

Señor, no he sido rebelde ni he
pecado;
⁴no he hecho nada malo,
y, sin embargo, se apresuran a
atacarme.
¡Despierta! ¡Ven a mi encuentro y
mira!
⁵Tú, Señor,

---

⁴⁴ *Ustedes, los poderosos:* texto probable. Heb. *ustedes, mudo.* ⁴⁵ *Que sean . . . hierba verde:* traducción probable. Heb. oscuro. ⁴⁶ Según el título hebreo, David escribió este salmo cuando Saúl ordenó que se diera muerte a David en la primera oportunidad.
ʷ **57.5,11** Sal 8.1. ˣ **57.10** Sal 36.5. ʸ **59 Título hebreo** 1 S 19.11.

Dios todopoderoso, Dios de Israel,
despierta y castiga a esos paganos;
no tengas compasión de esos
    malvados traidores.
⁶Regresan por la noche, ladrando
    como perros,
y rondan la ciudad.
⁷Echando espuma por la boca,
dicen con tono hiriente:
    "¡No hay nadie que nos oiga!"

⁸Pero tú, Señor, te ríes de ellos;ᶻ
tú te burlas de esos paganos.
⁹En ti estaré protegido, Dios mío,
pues tú eres mi fortaleza y
    protección.
¹⁰El Dios que me ama vendrá a mi
    encuentro;
me hará ver la derrota de mis
    enemigos.

¹¹No les tengas compasión,⁴⁷
para que mi pueblo lo tenga
    presente;
dispérsalos con tu poder, y
    humíllalos.
¡El Señor es nuestro protector!

¹²Pecan en todo lo que dicen;
¡pues que sean presa de su propio
    orgullo
y de sus falsos juramentos!
¹³¡Acábalos, acábalos con tu enojo!
¡Que dejen de existir!
¡Que se sepa que Dios es rey
en Jacob y hasta lo último de la
    tierra!
¹⁴⁻¹⁵Cuando vuelvan por la noche
    ladrando como perros,
y ronden la ciudad en busca de
    comida,
aullarán por no encontrar suficiente.

¹⁶En cuanto a mí, te cantaré por la
    mañana;
anunciaré a voz en cuello tu amor y
    tu poder.
Pues tú has sido mi protección,
mi refugio en momentos de angustia.
¹⁷A ti cantaré himnos, Dios mío,
pues tú eres mi fortaleza y
    protección;
¡tú eres el Dios que me ama!

## SALMO 60 (59)

### Oración en que se pide la ayuda divina⁴⁸,ᵃ

#### (Sal 108.6-13)

¹En tu enojo, oh Dios, nos has
    abandonado,
nos has deshecho;
¡devuélvenos ahora nuestra fuerza!
²Hiciste que la tierra temblara y se
    abriera;
¡cierra ahora sus grietas, pues se
    desmorona!
³Has hecho pasar a tu pueblo duras
    pruebas,
nos has dado un vino que enloquece;
⁴¡da ahora una señal a los que te
    honran,
para que escapen de las flechas!
⁵¡Respóndenos, sálvanos con tu
    poder!
¡Libera a los que amas!

⁶Dios ha dicho en su santuario:
    "¡Con qué alegría dividiré Siquem
y repartiré el valle de Sucot!
⁷Galaad y Manasés me pertenecen;
Efraín es el casco que cubre mi
    cabeza;
Judá es mi bastón de mando;
⁸Moab es la palangana en que me
    lavo;
sobre Edom arrojaré mi sandalia;
¡gritaré de triunfo sobre los
    filisteos!".

⁹¿Quién me llevará a la ciudad
    amurallada?
¿Quién me guiará hasta Edom?
¹⁰Pues tú, oh Dios, nos has rechazado;
¡no sales ya con nuestras tropas!ᵇ
¹¹Ayúdanos contra el enemigo,
pues nada vale la ayuda del hombre.
¹²Con la ayuda de Dios haremos
    grandes cosas;
¡él aplastará a nuestros enemigos!ᶜ

## SALMO 61 (60)

### Confianza en la protección de Dios

¹Dios mío, escucha mis gritos de
    dolor,
¡atiende a mi oración!

---

⁴⁷ *No les tengas compasión:* texto probable. Heb. *no los mates.*  ⁴⁸ Según el título hebreo, David escribió este salmo para instruir a otros. Lo escribió cuando combatió contra los arameos de Naharaim y de Soba, y Joab atacó y mató doce mil edomitas en el valle de la Sal.
ᶻ **59.8** Sal 2.4.  ᵃ **60 Título hebreo** 2 S 8.13; 1 Cr 18.12.  ᵇ **60.10** Sal 44.9; 108.11.  ᶜ **60.12** Sal 44.5.

²Desde el último rincón de la tierra
  clamo a ti,
 pues mi corazón desfallece.
 Ponme a salvo sobre una alta roca,
³pues tú eres mi refugio.
 ¡Eres como una torre fuerte
 que me libra del enemigo!
⁴Quiero vivir en tu casa para siempre,
 protegido debajo de tus alas.ᵈ
⁵Tú, Dios mío, has escuchado mis
  promesas,
 y me has dado la herencia
 de los que honran tu nombre.

⁶Concédele al rey una larga vida;
 que viva muchos, muchísimos años,
⁷y que reine siempre con tu bendición.
 Cuídalo con tu amor y fidelidad;
⁸así alabaré tu nombre en todo
  tiempo
 y cumpliré mis promesas día tras día.

## SALMO 62 (61)

### Dios, el único refugio

¹   Sólo en Dios encuentro paz;
    mi salvación viene de él.
²   Sólo él me salva y me protege.
    No caeré, porque él es mi
     refugio.ᵉ

³¿Hasta cuándo me atacarán ustedes
 y tratarán de echarme abajo,
 cual si fuera una pared que se
  derrumba
 o una cerca a punto de caer al suelo?
⁴Sólo piensan en derribarme;
 su mayor placer es la mentira.
 Me alaban con los labios,
 pero me maldicen con el
  pensamiento.

⁵Sólo en Dios encuentro paz;
 pues mi esperanza viene de él.
⁶Sólo él me salva y me protege.
 No caeré, porque él es mi refugio.

⁷De Dios dependen mi salvación y mi
  honor;
 él es mi protección y mi refugio.
⁸¡Pueblo mío, confía siempre en él!
 ¡Háblenle en oración con toda
  confianza!
 ¡Dios es nuestro refugio!

⁹El hombre es pura ilusión,
 tanto el pobre como el rico;
 si en una balanza los pesaran juntos,
 pesarían menos que nada.
¹⁰No confíen en la violencia;
 ¡no se endiosen con el pillaje!
 Si llegan a ser ricos,
 no pongan su confianza en el dinero.

¹¹⁻¹²Más de una vez he escuchado
 esto que Dios ha dicho:
 que el poder y el amor le pertenecen,
 y que él recompensa a cada uno
 conforme a lo que haya hecho.ᶠ

## SALMO 63 (62)

### Dios, satisfacción del hombre⁴⁹,ᵍ

¹¡Dios mío, tú eres mi Dios!
 Con ansias te busco, pues tengo sed
  de ti;ʰ
 mi ser entero te desea,
 cual tierra árida, sin agua, sin vida.
²¡Quiero verte en tu santuario,
 y contemplar tu poder y tu gloria,
³pues tu amor vale más que la vida!
 Con mis labios te alabaré;
⁴toda mi vida te bendeciré,
 y a ti levantaré mis manos en
  oración.
⁵Quedaré muy satisfecho,
 como el que disfruta de un banquete
  delicioso,
 y mis labios te alabarán con alegría.

⁶Por las noches, ya acostado,
 te recuerdo y pienso en ti;
⁷pues tú eres quien me ayuda.
 ¡Soy feliz bajo tus alas!ⁱ
⁸Mi vida entera está unida a ti;
 tu mano derecha no me suelta.
⁹Los que tratan de matarme
 caerán al fondo del sepulcro;
¹⁰¡morirán a filo de espada
 y serán devorados por los lobos!
¹¹Pero el rey se alegrará en Dios;
 cantarán alabanzas todos los que
  juran por él,
 pero a los que mienten se les tapará
  la boca.

## SALMO 64 (63)

### Oración pidiendo la protección de Dios

¹Dios mío, escucha mi queja;

⁴⁹ Título hebreo: *Salmo de David, cuando estaba en el desierto de Judá.*
ᵈ **61.4** Dt 32.10-11; Sal 17.8; 63.7; 91.4.   ᵉ **62.1-2** Sal 46.   ᶠ **62.11-12** Job 34.11; Pr 24.12; Jer 17.10; Ez 18.30; 33.20; Eclo 16.12,14;
Mt 16.27; Ro 2.6; Ap 2.23.   ᵍ **63 Título hebreo** 1 S 23.14.   ʰ **63.1** Sal 42.1-2; 143.6.   ⁱ **63.7** Sal 17.8; 91.4.

protege mi vida de terribles
enemigos.
²Escóndeme de los malvados
y de sus planes secretos;
líbrame de la conspiración de los
malvados,
³que afilan su lengua como espada
y lanzan como flechas palabras
venenosas.

⁴Desde su escondite disparan contra el
inocente;
disparan por sorpresa y sin temor.
⁵Se animan entre sí a hacer lo malo;
planean poner trampas escondidas
y piensan que nadie podrá verlos,
⁶que nadie investigará sus maldades.

Pero aquel que puede conocer
los pensamientos más íntimos del
hombre,
hará la investigación.⁵⁰
⁷Dios los herirá con sus flechas,
los herirá por sorpresa;
⁸caerán por sus propias palabras,
y quienes los vean se burlarán de
ellos.
⁹Todos entonces honrarán a Dios
y hablarán de sus acciones;
comprenderán lo que él ha hecho.
¹⁰El hombre bueno se alegrará en el
Señor
y buscará protección en él,
y todos los hombres honrados
se sentirán satisfechos.

## SALMO 65 (64)

### Dios es digno de alabanza

¹Oh Dios de Sión,
¡tú eres digno de alabanza!,
¡tú mereces que te cumplan lo
prometido,
²pues escuchas la oración!

Todo el mundo viene a ti.
³Nuestras maldades nos dominan,
pero tú perdonas nuestros pecados.
⁴Feliz el hombre a quien escoges
y lo llevas a vivir cerca de ti,
en las habitaciones de tu templo.
¡Llénanos de lo mejor de tu casa,
de la santidad de tu templo!

⁵Dios y salvador nuestro,

tú nos respondes
con maravillosos actos de justicia;
la tierra entera confía en ti,
y también el mar lejano;
⁶tú mantienes firmes las montañas
con tu poder y tu fuerza.
⁷Tú calmas el estruendo de las olas
y el alboroto de los pueblos;
⁸aun los que habitan en lejanas tierras
tiemblan ante tus maravillas;
por ti hay gritos de alegría
del oriente al occidente.
⁹Tú tienes cuidado de la tierra;
le envías lluvia y la haces producir;ʲ
tú, con arroyos caudalosos,
haces crecer los trigales.
¡Así preparas el campo!
¹⁰Tú empapas los surcos de la tierra
y nivelas sus terrones;
ablandas la tierra con lluvias
abundantes
y bendices sus productos.
¹¹Tú colmas el año de bendiciones,
tus nubes⁵¹ derraman abundancia;
¹²los pastos del desierto están verdes
y los montes se visten de gala;
¹³los llanos se cubren de rebaños,
los valles se revisten de trigales;
¡todos cantan y gritan de alegría!

## SALMO 66 (65)

### Tus obras son maravillosas

¹Canten a Dios con alegría,
habitantes de toda la tierra;
²canten himnos a su glorioso nombre;
cántenle gloriosas alabanzas.
³Díganle a Dios:
"Tus obras son maravillosas.
Por tu gran poder
tus enemigos caen aterrados ante ti;
⁴todo el mundo te adora
y canta himnos a tu nombre."

⁵Vengan a ver las obras de Dios,
las maravillas que ha hecho por los
hombres:
⁶convirtió el mar en tierra seca,ᵏ
y nuestros antepasados cruzaron el
río a pie;ˡ
¡alegrémonos en Dios!
⁷Con su poder, gobierna para
siempre;
vigila su mirada a las naciones,
para que los rebeldes

---

⁵⁰ *Pero aquel . . . la investigación:* traducción probable. Heb. oscuro.    ⁵¹ *Tus nubes:* traducción probable.
Heb. *tus caminos.*
ʲ **65.9-13** Sal 104.10-16.    ᵏ **66.6** Ex 14.21; Sal 114.3,5.    ˡ **66.6** Jos 3.14-17.

no se levanten contra él.

⁸¡Naciones, bendigan a nuestro Dios!
¡hagan resonar himnos de alabanza!
⁹Porque nos ha mantenido con vida;
no nos ha dejado caer.

¹⁰Dios nuestro, tú nos has puesto a
prueba,
¡nos has purificado como a la plata!
¹¹Nos has hecho caer en la red;
nos cargaste con un gran peso.
¹²Dejaste que un cualquiera nos
pisoteara;
hemos pasado a través de agua y
fuego,
pero al fin nos has dado respiro.

¹³Entraré en tu templo y quemaré
ofrendas ante ti;
así cumpliré mis promesas,
¹⁴las promesas que te hice
cuando me hallaba en peligro.
¹⁵Quemaré sobre tu altar animales
engordados;
te ofreceré toros y machos cabríos,
y el agradable olor de los carneros.

¹⁶¡Vengan todos ustedes,
los que tienen temor de Dios!
¡Escuchen, que voy a contarles
lo que ha hecho por mí!
¹⁷Con mis labios y mi lengua
lo llamé y lo alabé.
¹⁸Si yo tuviera malos pensamientos,
el Señor no me habría escuchado;
¹⁹¡pero él me escuchó y atendió mis
oraciones!

²⁰¡Bendito sea Dios,
que no rechazó mi oración
ni me negó su amor!

## SALMO 67 (66)

### ¡Que te alaben todos los pueblos!

¹Oh Dios,
ten compasión de nosotros y
bendícenos;
míranos con buenos ojos,
²para que todas las naciones de la
tierra
conozcan tu voluntad y salvación.

³  Oh Dios,
que te alaben los pueblos;
¡que todos los pueblos te
alaben!

⁴Que las naciones griten de alegría,
pues tú gobiernas los pueblos con
justicia;
¡tú diriges las naciones del mundo!

⁵  Oh Dios,
que te alaben los pueblos;
¡que todos los pueblos te
alaben!

⁶La tierra ha dado su fruto;
¡nuestro Dios nos ha bendecido!
⁷¡Que Dios nos bendiga!
¡Que le rinda honor el mundo
entero!

## SALMO 68 (67)

### La marcha triunfal de Israel

¹Cuando Dios entra en acción,
sus enemigos se dispersan;
los que le odian huyen de su
presencia;ᵐ
²desaparecen como el humo en el aire,
se derriten como la cera en el fuego;
¡ante Dios están perdidos los
malvados!
³Pero los buenos se alegran;
ante Dios se llenan de gozo,
¡saltan de alegría!

⁴Canten ustedes a Dios,
canten himnos a su nombre;
alaben al que cabalga sobre las
nubes.⁵²
¡Alégrense en el Señor!
¡Alégrense en su presencia!
⁵Dios, que habita en su santo templo,
es padre de los huérfanos
y defensor de las viudas;
⁶Dios da a los solitarios un hogar
donde vivir,
libera a los prisioneros y les da
prosperidad;
pero los rebeldes vivirán en tierra
estéril.

⁷Oh Dios, cuando saliste al frente de
tu pueblo
marchando a través del desierto,
⁸la tierra tembló,

⁵² Cabalga sobre las nubes: texto probable. Heb. cabalga en los desiertos.
ᵐ 68.1 Nm 10.35.

la lluvia cayó del cielo,
el Sinaí tembló delante de Dios,[n]
delante del Dios de Israel.[ñ]
9Oh Dios, tú hiciste llover en
    abundancia
para renovar las fuerzas de tu tierra
    seca.
10Tu pueblo se estableció allí
y tú, oh Dios, por tu bondad,
le diste al pobre lo necesario.

11El Señor dio un mensaje;
muchas mujeres lo anunciaban:
12"¡Están huyendo los reyes y sus
    ejércitos!"
En casa, las mujeres se repartían
lo que se le había quitado al
    enemigo,
13pero ustedes se quedaron escondidos.
¡Alas de paloma cubiertas de plata!
¡Sus plumas cubiertas de oro fino!
14Cuando el Todopoderoso hizo huir a
    los reyes,
nevaba sobre el monte Salmón.

15¡Qué altos son los montes de Basán,
y qué elevadas sus cumbres!
16Ustedes, que son montes tan altos,
¿por qué miran con envidia
el monte donde Dios quiso residir?
¡El Señor vivirá allí para siempre!

17Dios cuenta por millones sus carros
    de combate;
del Sinaí vino en ellos a su templo.
18Oh Dios, subiste a lo alto llevando
    cautivos;
recibiste tributo entre los hombres[o]
y hasta los rebeldes se rindieron a
    ti,[53] Señor.

19¡Bendito sea el Señor, nuestro Dios y
    salvador,
que día tras día lleva nuestras
    cargas!
20Nuestro Dios es un Dios que salva
y que puede librarnos de la muerte.
21Dios partirá la cabeza de sus
    enemigos,
la cabeza de los que siguen pecando.

22El Señor ha dicho:
"Te haré volver de Basán;
te haré volver del mar profundo,
23para que bañes tus pies
en la sangre de tus enemigos

y tus perros se la beban."

24Oh Dios, mi Dios y rey,
en tu santuario se ven las procesiones
que celebran en tu honor.
25Los cantores van al frente
y los músicos detrás,
y en medio las jovencitas
van tocando panderetas.
26¡Bendigan todos ustedes a Dios el
    Señor!
¡Bendígalo todo Israel reunido!
27Al frente de ellos va Benjamín, el
    menor,
con muchos jefes de Judá,
de Zabulón y de Neftalí.

28Dios mío, demuestra tu poder;
¡reafirma lo que has hecho por
    nosotros!
29Desde tu alto templo, en Jerusalén,
adonde los reyes te traen regalos,
30reprende a Egipto, a esa bestia de los
    juncos,
a esa manada de toros bravos y de
    becerros
que en su afán de riquezas humillan
    a los pueblos;
¡dispersa a la gente que ama la
    guerra!
31De Egipto vendrán embajadores;[54]
Etiopía levantará sus manos a Dios.

32¡Canten a Dios, reinos de la tierra,
canten himnos al Señor,
33al que cabalga en los cielos,
en los cielos eternos!
Escuchen cómo resuena su voz,
su voz poderosa.
34Reconozcan el poder de Dios:
su majestad se extiende sobre Israel,
su poder alcanza el cielo azul.
35Maravilloso es Dios en su santuario;
el Dios de Israel da poder y fuerza a
    su pueblo.

¡Bendito sea Dios!

## SALMO 69 (68)

### Un grito de angustia

1Sálvame, Dios mío,
porque estoy a punto de ahogarme;
2me estoy hundiendo en un pantano
    profundo

---

53 Y hasta los rebeldes se rindieron a ti: texto probable. Heb. hasta rebeldes para morar.   54 Embajadores: según la versión griega. Heb. utensilios de bronce.
n 68.8 Ex 19.18.   ñ 68.7-8 Jue 5.4-5.   o 68.18 Ef 4.8.

y no tengo dónde apoyar los pies.
He llegado a lo más hondo del agua
y me arrastra la corriente.*p*
³Ya estoy ronco de tanto gritar;
la garganta me duele;
¡mis ojos están cansados
de tanto esperar a mi Dios!
⁴Son más los que me odian sin
motivo*q*
que los pelos de mi cabeza;
han aumentado mis enemigos,
los que sin razón me destruyen
y me exigen que devuelva lo que no
he robado.

⁵Dios mío, tú sabes cuán necio he
sido;
no puedo esconderte mis pecados.
⁶Señor, Dios todopoderoso,
¡que no pasen vergüenza por mi
culpa
los que confían en ti!
Dios de Israel,
¡que no se decepcionen por mi causa
los que con ansia te buscan!
⁷Por ti he soportado ofensas;
mi cara se ha cubierto de vergüenza;
⁸¡soy como un extraño y desconocido
para mis propios hermanos!*r*

⁹Me consume el celo por tu casa;*s*
en mí han recaído las ofensas
de los que te insultan.*t*
¹⁰Cuando lloro y ayuno, se burlan
de mí;
¹¹si me visto de luto, soy el hazmerreír
de todos.
¹²Ando de boca en boca,
y los borrachos me hacen canciones.

¹³Pero yo, Señor, a ti clamo.
Dios mío, ¡ayúdame ahora!
Por tu gran amor, ¡respóndeme!
Por tu constante ayuda, ¡sálvame!
¹⁴¡No dejes que me hunda en el lodo!
¡Ponme a salvo de los que me odian
y de las aguas profundas!
¹⁵¡No dejes que me arrastre la
corriente!
¡No dejes que el profundo remolino
me trague y se cierre tras de mí!

¹⁶Señor, respóndeme;
¡tú eres bueno y todo amor!
Por tu inmensa ternura, fíjate en mí;
¹⁷¡no rechaces a este siervo tuyo!

¡Respóndeme pronto, que estoy en
peligro!
¹⁸Acércate a mí, y sálvame;
¡líbrame de mis enemigos!
¹⁹Tú conoces las ofensas,
la vergüenza y la deshonra que he
sufrido;
tú sabes quiénes son mis enemigos.
²⁰Las ofensas me han roto el corazón;
¡estoy sin ánimo y sin fuerzas!
Inútilmente he buscado
quien me consuele y compadezca.
²¹En mi comida pusieron veneno,
y cuando tuve sed me dieron a beber
vinagre.*u*

²²¡Que su mesa y sus comidas de
amistad
se conviertan en trampa para ellos!
²³¡Haz que se queden ciegos
y que siempre les tiemblen las
piernas!*v*
²⁴Descarga tu enojo sobre ellos;
¡que tu furia encendida los alcance!
²⁵Que su campamento se vuelva un
desierto,
y que nadie viva en sus tiendas;*w*
²⁶pues persiguen al que has afligido
y se burlan del dolor del que has
herido.
²⁷Devuélveles mal por mal;
¡que no alcancen tu perdón!
²⁸¡Bórralos del libro de la vida!*x*
¡No los pongas en la lista de los
justos!
²⁹Pero a mí, que estoy enfermo y
afligido,
levántame, Dios mío, y sálvame.

³⁰Alabaré con cantos el nombre de
Dios;
lo alabaré con gratitud,
³¹y el Señor quedará más complacido
que si le ofreciera un toro en
sacrificio
o un novillo con cuernos y pezuñas.
³²Al ver esto, se alegrarán los afligidos
y se animará el corazón de los que
buscan a Dios;
³³pues el Señor escucha a los pobres
y no desprecia a los suyos que están
presos.

³⁴¡Alaben al Señor el cielo, la tierra y
el mar,
y todos los seres que en ellos viven!

*p* 69.2 Jon 2.6.   *q* 69.4 Sal 35.19; Jn 15.25.   *r* 69.8 Job 19.13.   *s* 69.9 Jn 2.17.   *t* 69.9 Ro 15.3.   *u* 69.21 Mt 27.34,48;
Mr 15.23,36; Lc 23.36; Jn 19.28-29.   *v* 69.22-23 Ro 11.9-10.   *w* 69.25 Hch 1.20.   *x* 69.28 Ex 32.32; Ap 3.5; 13.8; 17.8.

35-36Pues Dios salvará a Sión
y reconstruirá las ciudades de Judá.
Los hijos de sus siervos heredarán la
ciudad;
allí vivirán y tomarán posesión de
ella;
¡los que aman su nombre la
habitarán!

## SALMO 70 (69)

### Ven pronto en mi ayuda

#### (Sal 40.13-17)

1Dios mío, ¡ven a librarme!
Señor, ¡ven pronto en mi ayuda!
2¡Que sean puestos en ridículo
los que tratan de matarme!
¡Que huyan en forma vergonzosa
los que quieren hacerme daño!
3¡Que huyan avergonzados
los que se burlan de mí!
4Pero que todos los que te buscan
se llenen de alegría;
que los que desean tu salvación
digan siempre: "¡Dios es grande!"

5Y a mí, que estoy pobre y afligido,
Dios mío, ¡ven pronto a ayudarme!
Tú eres quien me ayuda y me liberta;
¡no te tardes, Señor!

## SALMO 71 (70)

### Oración de un anciano

1Señor, en ti busco protección;
¡no me defraudes jamás!
2¡Líbrame, ponme a salvo,
pues tú eres justo!
Dígnate escucharme, y sálvame.
3Sé tú mi roca protectora,
¡sé tú mi castillo de refugio55 y
salvación!
¡Tú eres mi roca y mi castillo!

4Dios mío,
líbrame de las manos del malvado,
de las manos del criminal y del
violento,
5pues tú, Señor, desde mi juventud
eres mi esperanza y mi seguridad.
6Aún estaba yo en el vientre de mi
madre
y ya me apoyaba en ti.
¡Tú me hiciste nacer!

¡Yo te alabaré siempre!

7He sido motivo de asombro para
muchos,
pero tú eres mi refugio.
8Todo el día están llenos mis labios
de alabanzas a tu gloria;
9no me desprecies cuando ya sea
viejo;
no me abandones cuando ya no
tenga fuerzas.
10Mis enemigos, los que quieren
matarme,
se han aliado y hacen planes contra
mí.
11Dicen: "¡Persíganlo y agárrenlo,
pues Dios lo ha abandonado
y nadie puede salvarlo!"

12No te alejes de mí, Dios mío;
¡ven pronto a ayudarme!
13¡Que sean avergonzados y destruidos
los enemigos de mi vida!
¡Que sean puestos en ridículo
los que quieren mi desgracia!
14Pero yo esperaré en todo momento,
y más y más te alabaré;
15todo el día anunciaré con mis labios
que tú nos has salvado y nos has
hecho justicia.
¡Esto es algo que no alcanzo a
comprender!
16Contaré las grandes cosas que tú,
Señor, has hecho;
¡proclamaré que sólo tú eres justo!

17Dios mío,
tú me has enseñado desde mi
juventud,
y aún sigo anunciando tus grandes
obras.
18Dios mío, no me abandones
aun cuando ya esté yo viejo y
canoso,
pues aún tengo que hablar de tu gran
poder
a esta generación y a las futuras.

19Tu justicia, oh Dios, llega hasta el
cielo;
tú has hecho grandes cosas;
¡no hay nadie como tú!
20Aunque me has hecho ver
muchas desgracias y aflicciones,
me harás vivir de nuevo;
me levantarás de lo profundo de la
tierra,

---

55 Mi castillo de refugio: según la versión griega. Heb. para ir siempre tú ordenaste.

²¹aumentarás mi grandeza
y volverás a consolarme.

²²Yo, por mi parte,
cantaré himnos y alabaré tu lealtad
al son del arpa y del salterio,
Dios mío, Santo de Israel.
²³Mis labios se alegrarán al cantarte,
lo mismo que todo mi ser, que tú has
salvado.
²⁴También mi lengua dirá a todas
horas
que tú eres justo,
pues los que querían mi desgracia
han quedado cubiertos de vergüenza.

## SALMO 72 (71)

### Oración por el rey

¹Concede, oh Dios, al rey,
tu propia justicia y rectitud,
²para que con rectitud y justicia
gobierne a tu pueblo y a tus pobres.
³Ofrezcan las montañas y los cerros
paz y rectitud al pueblo.
⁴¡Que haga justicia el rey a los
pobres!
¡Que salve a los hijos de los
necesitados
y aplaste a los explotadores!

⁵¡Que tenga el rey temor de ti por
siempre,
mientras el sol y la luna existan!
⁶¡Que sea como la lluvia y el rocío
que riegan la tierra y los pastos!
⁷¡Que abunden la paz y la rectitud
en los días de su reinado,
hasta que la luna deje de existir!
⁸¡Que domine de mar a mar,
del río Éufrates al último rincón del
mundo!ʸ
⁹¡Que sus enemigos, que habitan en el
desierto,
se rindan humillados ante él!
¹⁰¡Que le traigan regalos y tributos
los reyes de Tarsis y de las islas,
los reyes de Sabá y de Seba!
¹¹¡Que todos los reyes se arrodillen
ante él!
¡Que todas las naciones le sirvan!
¹²Pues él salvará al pobre que suplica
y al necesitado que no tiene quien le
ayude.
¹³Tendrá compasión de los humildes
y salvará la vida a los pobres.

¹⁴Los salvará de la opresión y la
violencia,
pues sus vidas le son de gran valor.

¹⁵¡Viva el rey!
¡Que le den el oro de Sabá!
¡Que siempre se pida a Dios por él!
¡Que sea siempre bendecido!
¹⁶¡Que haya mucho trigo en el país
y que abunde en la cumbre de los
montes!
¡Que brote el grano como el Líbano
y que haya tantas espigas⁵⁶ como
hierba en el campo!
¹⁷¡Que el nombre del rey permanezca
siempre;
que su fama dure tanto como el sol!
¡Que todas las naciones del mundo
reciban bendiciones por medio de él!
¡Que todas las naciones lo llamen
feliz!

¹⁸Bendito sea Dios, Señor y Dios de
Israel,
el único que hace grandes cosas;
¹⁹bendito sea por siempre su glorioso
nombre.
¡Que toda la tierra se llene de su
gloria!
¡Así sea!

²⁰Aquí terminan las oraciones de David,
el hijo de Isaí.

# LIBRO III

## SALMO 73 (72)

### La bondad de Dios

¹¡Qué bueno es Dios con Israel,
con los de limpio corazón!
²Un poco más, y yo hubiera caído;
mis pies casi resbalaron.
³Pues tuve envidia al ver cómo
prosperan
los orgullosos y malvados.ᶻ

⁴A ellos no les preocupa la muerte,
pues están llenos de salud;
⁵no han sufrido las penas humanas
ni han estado en apuros como los
demás.
⁶Por eso el orgullo es su collar

⁵⁶ *Espigas:* texto probable. Heb. *desde la ciudad.*
ʸ 72.8 1 R 4.21; Zac 9.10; Eclo 44.21.   ᶻ 73.3-14 Job 21; Jer 12.1-4; Hab 1.

y la violencia su vestido;
7están tan gordos que los ojos se les
saltan,
y son demasiadas sus malas
intenciones.
8Con burla, orgullo y descaro,
amenazan hacer maldad y violencia;
9atacan al cielo con sus labios
y recorren la tierra con su lengua.

10Por eso la gente los alaba
y no encuentra ninguna falta en
ellos.57
11Preguntan: "¿Acaso Dios va a
saberlo?
¿Acaso se dará cuenta el
Altísimo?"a
12¡Miren a estos malvados!
Con toda tranquilidad aumentan sus
riquezas.
13¡De nada me sirve tener limpio el
corazón
y limpiarme las manos de toda
maldad!
14Pues a todas horas recibo golpes,
y soy castigado todas las mañanas.

15Si yo hubiera pensado como ellos,
habría traicionado a tus hijos.
16Traté de comprender esto,
pero me fue muy difícil.
17Sólo cuando entré en el santuario de
Dios
comprendí a dónde van ellos a parar:
18los has puesto en lugar resbaladizo
y los empujas a la ruina.
19¡En un momento quedarán
destruidos!
¡El miedo acabará con ellos!
20Cuando tú, Señor, te levantes,
como cuando uno despierta de un
sueño,
despreciarás su falsa apariencia.

21Yo estuve lleno de amargura
y en mi corazón sentía dolor,
22porque era un necio que no entendía;
¡era ante ti igual que una bestia!
23Sin embargo, siempre he estado
contigo.
Me has tomado de la mano derecha,
24me has dirigido con tus consejos
y al final me recibirás con honores.
25¿A quién tengo en el cielo? ¡Sólo a
ti!
Estando contigo nada quiero en la
tierra.

26Todo mi ser se consume,
pero Dios es mi herencia eterna
y el que sostiene mi corazón.

27Los que se alejen de ti, morirán;
destruirás al que no te sea fiel.
28Pero yo me acercaré a Dios,
pues para mí eso es lo mejor.
Tú, Señor y Dios, eres mi refugio,
y he de proclamar todo lo que has
hecho.

## SALMO 74 (73)

### Oración pidiendo la liberación
### del pueblo

1Oh Dios,
¿por qué nos has abandonado para
siempre?
¿por qué se ha encendido tu furor
contra las ovejas de tu prado?
2Acuérdate de tu pueblo,
el que adquiriste desde el principio,
el que rescataste para hacerlo tribu
tuya;
acuérdate del monte Sión, donde has
vivido.
3Ven a ver estas ruinas sin fin;
¡el enemigo lo ha destruido todo en
el santuario!

4Tus enemigos cantan victoria en tu
santuario;
¡han puesto sus banderas extranjeras
5sobre el portal de la entrada!
Cual si fueran leñadores
en medio de un bosque espeso,
6a golpe de hacha y martillo
destrozaron los ornamentos de
madera.
7Prendieron fuego a tu santuario;
¡deshonraron tu propio templo,
derrumbándolo hasta el suelo!
8Decidieron destruirnos del todo;
¡quemaron todos los lugares del país
donde nos reuníamos para adorarte!
9Ya no vemos nuestros símbolos
sagrados;
ya no hay ningún profeta,
y ni siquiera sabemos lo que esto
durará.

10Oh Dios,
¿hasta cuándo nos ofenderá el
enemigo?

---

57 Por eso . . . falta en ellos: traducción probable. Heb. oscuro.
a 73.11 Sal 10.4,11; 14.1; 53.1; Job 22.13-14; Is 29.15.

¿Hasta cuándo seguirá hablando mal
de ti?
11 ¿Por qué escondes tu mano
poderosa?
¿Por qué te quedas cruzado de
brazos?
12 Desde tiempos antiguos, tú eres mi
rey.
Tú, oh Dios, alcanzaste muchas
victorias
en medio de la tierra:
13 tú dividiste el mar con tu poder,[b]
les rompiste la cabeza a los
monstruos del mar,
14 aplastaste las cabezas del monstruo
Leviatán[c]
y lo diste por comida a las fieras del
desierto.
15 Tú hiciste brotar fuentes y ríos,
y secaste los ríos inagotables.
16 Tuyos son el día y la noche;
tú afirmaste la luna y el sol;[d]
17 tú marcaste los límites del mundo;
tú hiciste el verano y el invierno.

18 Ten en cuenta, Señor, que el
enemigo te ofende,
y que gente necia habla mal de ti.
19 ¡No te olvides tanto de nosotros!
Somos débiles como tórtolas;
¡no nos entregues a las fieras!
20 ¡Acuérdate de tu pacto,
porque el país está lleno de violencia
hasta el último rincón!
21 No dejes que se humille al oprimido;
¡haz que te alaben el pobre y el
humilde!

22 ¡Levántate, oh Dios! ¡Defiende tu
causa!
¡Recuerda que los necios te ofenden
sin cesar!
23 No olvides los gritos de tus
enemigos,
el creciente clamor de los rebeldes.

## SALMO 75 (74)

### Dios, el juez

1 Te damos gracias, oh Dios,
te damos gracias;
invocamos[58] tu nombre y cantamos
tus maravillas.
2 El Señor dice:

"En el momento que yo escoja,
juzgaré con toda rectitud.
3 Cuando tiembla la tierra, con todos
sus habitantes,
soy yo quien mantiene firmes sus
bases."
4 A los presumidos y a los malvados
digo:
"No sean tan altivos y orgullosos;
5 no hagan tanto alarde de su poder
ni sean tan insolentes al hablar."

6 Pues la ayuda no viene
del este ni del oeste,
ni del desierto del sur,
7 sino que Dios es el juez:
a unos los humilla y a otros los
levanta.
8 El Señor tiene en la mano la copa de
su ira,
con vino mezclado y fermentado.
Cuando él derrame el vino,
todos los malvados de la tierra
lo beberán hasta la última gota.[e]

9 Yo siempre anunciaré al Dios de
Jacob
y le cantaré alabanzas;
10 porque él destruirá el orgullo de los
malvados,
pero aumentará el poder del hombre
bueno.

## SALMO 76 (75)

### Dios, el vencedor

1 Dios es conocido en Judá;
su nombre es famoso en Israel.
2 Su templo está sobre el monte Sión,
en Jerusalén;
3 allí rompió las armas de guerra:
escudos, espadas, arcos y flechas.

4 ¡Tú eres glorioso, oh Dios!
¡Eres más grandioso que las
montañas eternas![59]
5 Los más valientes fueron
despojados;
los más fuertes nada pudieron hacer;
¡durmieron su último sueño!
6 Ni aun moverse pueden el carro y el
caballo
cuando tú, Dios de Jacob, los
amenazas.

7 ¡Tú eres terrible!

58 Invocamos: según dos versiones antiguas. Heb. cercano. 59 Montañas eternas: según la versión griega. Heb. montañas
de cacería. (lit. de presa).
b 74.13 Ex 14.21. c 74.14 Job 3.8; 41.1; Sal 89.10; 104.26; Is 27.1. d 74.16-17 Gn 1.3-18. e 75.8 Jer 25.15-29; Ez 23.32-34;
Hab 2.16; Ap 14.10; 16.19.

¿Quién puede estar en pie delante
de ti
cuando se enciende tu furor?
[8]Desde el cielo das a conocer tu
juicio;
la tierra tiene miedo y se queda
quieta,
[9]oh Dios,
cuando te levantas para hacer
justicia
y salvar a todos los oprimidos de este
mundo.

[10]El enojo del hombre se convierte en
tu alabanza;
¡aun su más mínimo enojo se
convierte en tu corona!
[11]Hagan ustedes promesas al Señor, su
Dios,
pero cúmplanselas.
Ustedes, que rodean al que es digno
de temor,
¡tráiganle ofrendas!
[12]Pues él quita la vida a los
gobernantes
y causa temor a los reyes del mundo.

## SALMO 77 (76)

### Reflexiones sobre los actos de Dios

[1]A Dios clamo con fuerte voz
para que él me escuche.
[2]El día que estoy triste busco al
Señor,
y sin cesar levanto mis manos
en oración, por las noches.
Mi alma no encuentra consuelo.
[3]Me acuerdo de Dios, y lloro;
me pongo a pensar, y me desanimo.

[4]Tú, Señor, no me dejas pegar los
ojos;
¡estoy tan aturdido, que no puedo
hablar!
[5]Pienso en los días y los años de
antes;
[6]recuerdo cuando cantaba por las
noches.
En mi interior medito, y me
pregunto:
[7]¿Acaso va a estar siempre enojado el
Señor?
¿No volverá a tratarnos con
bondad?
[8]¿Acaso su amor se ha terminado?

¿Se ha acabado su promesa para
siempre?
[9]¿Acaso se ha olvidado Dios de su
bondad?
¿Está tan enojado, que ya no tiene
compasión?
[10]Lo que más me duele es pensar
que el Altísimo ya no es el mismo
con nosotros.
[11]Recordaré las maravillas
que hizo el Señor en otros tiempos;
[12]pensaré en todo lo que ha hecho.

[13]Oh Dios, tú eres santo en tus
acciones;
¿qué dios hay tan grande como tú?
[14]¡Tú eres el Dios que hace maravillas!
¡Diste a conocer tu poder a las
naciones!
[15]Con tu poder rescataste a tu pueblo,
a los hijos de Jacob y de José.

[16]Oh Dios,
cuando el mar te vio, tuvo miedo,
y temblaron sus aguas más
profundas;[f]
[17]las nubes dejaron caer su lluvia,
y hubo truenos en el cielo
y relámpagos por todas partes.
[18]Se oían tus truenos en el torbellino;
el mundo se iluminó con tus
relámpagos
y la tierra se sacudió con temblores.
[19]Te abriste paso por el mar;
atravesaste muchas aguas,
pero nadie encontró tus huellas.
[20]Dirigiste a tu pueblo como a un
rebaño,[g]
por medio de Moisés y de Aarón.

## SALMO 78 (77)

### Acciones de Dios en favor de
su pueblo

[1]Pueblo mío, atiende a mi enseñanza;
¡inclínate a escuchar lo que te digo!
[2]Voy a hablar por medio de refranes;
diré cosas que han estado en secreto
desde tiempos antiguos.[h]
[3]Lo que hemos oído y sabemos
y nuestros padres nos contaron,
[4]no lo ocultaremos a nuestros hijos.
Con las generaciones futuras
alabaremos al Señor
y hablaremos de su poder y
maravillas.

f 77.16-20 Ex 14.21-22.   g 77.20 Sal 78.52; Is 63.11-14.   h 78.2 Mt 13.35.

⁵Dios estableció una ley para Jacob;
puso una norma de conducta en
Israel,
y ordenó a nuestros antepasados
que la enseñaran a sus descendientes,
⁶para que la conocieran las
generaciones futuras,
los hijos que habían de nacer,
y que ellos, a su vez, la enseñaran a
sus hijos;ⁱ
⁷para que tuvieran confianza en Dios
y no olvidaran lo que él había hecho;
para que obedecieran sus
mandamientos
⁸y no fueran como sus antepasados,
rebeldes y necios,
faltos de firmeza en su corazón y
espíritu;
¡generación infiel a Dios!

⁹Los de la tribu de Efraín,
que estaban armados con arcos y
flechas,
dieron la espalda el día del combate;
¹⁰no respetaron su pacto con Dios
ni quisieron obedecer sus
enseñanzas.
¹¹Se olvidaron de lo que él había
hecho,
de las maravillas que les hizo ver.
¹²Dios hizo maravillas delante de sus
padres
en la región de Zoán, que está en
Egipto;ʲ
¹³partió en dos el mar, y los hizo pasar
por él,
deteniendo el agua como un muro.ᵏ
¹⁴De día los guió con una nube,
y de noche con luz de fuego.ˡ
¹⁵En el desierto partió en dos las
peñas,
y les dio a beber agua en
abundancia.
¹⁶¡Dios hizo brotar de la peña
un torrente de aguas caudalosas!ᵐ

¹⁷Pero ellos siguieron pecando contra
Dios;
se rebelaron contra el Altísimo en el
desierto.
¹⁸Quisieron ponerle a prueba
pidiendo comida a su antojo.
¹⁹Hablaron contra él, diciendo:
"¿Acaso puede Dios servir una mesa
en el desierto?
²⁰Es verdad que Dios partió la peña;

que de ella brotó agua como un río,
y que la tierra se inundó;
pero, ¿podrá dar también pan?
¿podrá dar carne a su pueblo?"

²¹Cuando el Señor oyó esto, se enojó;
¡su furor, como un fuego,
se encendió contra Jacob!
²²Porque no confiaron en Dios
ni creyeron en su ayuda.
²³Sin embargo, Dios dio órdenes a las
nubes
y abrió las puertas del cielo;
²⁴¡hizo llover sobre su pueblo el maná,
trigo del cielo,ⁿ para que comieran!
²⁵¡El hombre comió pan de ángeles!
¡Dios les dio de comer en
abundancia!
²⁶El viento del este y el viento del sur
soplaron en el cielo;
¡Dios los trajo con su poder!
²⁷Hizo llover carne sobre su pueblo;
¡llovieron aves como arena del mar!
²⁸Dios las hizo caer en medio del
campamento
y alrededor de las tiendas de
campaña.
²⁹Y comieron hasta hartarse,
y así Dios les cumplió su deseo.
³⁰Pero aún no habían calmado su
apetito,
todavía tenían la comida en la boca,
³¹cuando el furor de Dios cayó sobre
ellos
y mató a los hombres más fuertes.
¡Hizo morir a los mejores hombres
de Israel!ñ

³²A pesar de todo, volvieron a pecar;
no creyeron en las maravillas de
Dios.
³³Por eso Dios puso fin a sus vidas
como si fueran un suspiro
y en medio de un terror espantoso.
³⁴Si Dios los hacía morir, entonces lo
buscaban;
se volvían a él y lo buscaban sin
descanso;
³⁵entonces se acordaban del Dios
altísimo
que los protegía y los rescataba.
³⁶Pero con su boca y su lengua
le decían hermosas mentiras,
³⁷pues nunca le fueron sincerosᵒ
ni fieles a su pacto.

ⁱ 78.5-6 Dt 6.7. ʲ 78.12 Ex 7.8-12.32; Sab 16-19. ᵏ 78.13 Ex 14.21-22. ˡ 78.14 Ex 13.21-22. ᵐ 78.15-16 Ex 17.1-7; Nm 20.2-13.
ⁿ 78.24-25 Sab 16.20-29; Jn 6.31. ñ 78.18-31 Ex 16.2-15; Nm 11.4-23,31-35. ᵒ 78.37 Hch 8.21.

³⁸Pero Dios tenía compasión,
perdonaba su maldad y no los
    destruía;
muchas veces hizo a un lado el enojo
y no se dejó llevar por la furia.
³⁹Dios se acordó de que eran simples
    hombres;
de que eran como el viento, que se
    va y no vuelve.

⁴⁰¡Cuántas veces desobedecieron a
    Dios
y le causaron dolor en el desierto!
⁴¹Pero volvían a ponerlo a prueba;
¡entristecían al Santo de Israel!
⁴²No se acordaron de aquel día
cuando Dios, con su poder, los salvó
    del enemigo;
⁴³cuando en los campos de Zoán, en
    Egipto,
hizo cosas grandes y asombrosas;
⁴⁴cuando convirtió en sangre los ríos,
y los egipcios no pudieron beber de
    ellos.ᵖ
⁴⁵Mandó sobre ellos tábanosᑫ y ranas,ʳ
que todo lo devoraban y destruían;
⁴⁶entregó a la langosta las cosechas
por las que ellos habían trabajado.ˢ
⁴⁷Con granizo y escarcha
destruyó sus higueras y sus viñas.
⁴⁸Sus vacas y sus ovejas murieron
bajo el granizo y los rayos.ᵗ
⁴⁹Dios les envió la furia de su enojo:
furor, condenación y angustia,
como mensajeros de calamidades.
⁵⁰¡Dio rienda suelta a su furor!
No les perdonó la vida,
sino que los entregó a la muerte;
⁵¹¡hizo morir en Egipto mismo
al primer hijo de toda familia
    egipcia!ᵘ

⁵²Sacó a Israel como a un rebaño de
    ovejas;ᵛ
llevó a su pueblo a través del
    desierto.
⁵³Los llevó con paso seguro
para que no tuvieran miedo,
pero a sus enemigos el mar los
    cubrió.ʷ
⁵⁴Dios trajo a su pueblo a su tierra
    santa,ˣ
¡a las montañas que él mismo
    conquistó!
⁵⁵Quitó a los paganos de la vista de
    Israel;ʸ

repartió la tierra en lotes entre sus
    tribus,
y les hizo vivir en sus campamentos.

⁵⁶Pero ellos pusieron a prueba al Dios
    altísimo
rebelándose contra él²
y desobedeciendo sus mandatos;
⁵⁷pues, lo mismo que sus padres,
lo abandonaron y le fueron infieles;
¡se torcieron igual que un arco falso!
⁵⁸Lo hicieron enojar con sus altares
    paganos;
adorando ídolos, lo provocaron a
    celos.
⁵⁹Dios se enojó al ver esto,
y rechazó por completo a Israel,
⁶⁰y abandonó el santuario de Silo,
que era su casa entre los hombres.ᵃ
⁶¹Permitió que sus enemigos
    capturaran
el símbolo de su gloria y su poder.ᵇ
⁶²Tan furioso estaba contra su pueblo,
que los entregó a la espada del
    enemigo.
⁶³Los muchachos murieron quemados;
¡no hubo canción de bodas para las
    novias!
⁶⁴Los sacerdotes murieron a filo de
    espada,
y sus viudas no les lloraron.

⁶⁵Pero despertó el Señor, como de un
    sueño,
como guerrero que vuelve en sí del
    vino,
⁶⁶y derrotó a sus enemigos, y los hizo
    huir;
¡los cubrió de vergüenza para
    siempre!
⁶⁷Rechazó además a la casa de José,
y no escogió a la tribu de Efraín;
⁶⁸eligió en cambio a la tribu de Judá
y a su amado monte Sión.
⁶⁹Construyó un santuario, alto como
    el cielo,
y lo afirmó para siempre, como a la
    tierra.
⁷⁰Escogió a su siervo David,
el que era pastor de ovejas;
⁷¹lo quitó de andar tras los rebaños,
para que cuidara a su pueblo,
para que fuera pastor de Israel.ᶜ
⁷²Y David cuidó del pueblo de Dios;
los cuidó y los dirigió
con mano hábil y corazón sincero.

---

ᵖ **78.44** Ex 7.17-21; Sab 11.6.   ᑫ **78.45** Ex 8.20-24.   ʳ **78.45** Ex 8.1-6.   ˢ **78.46** Ex 10.12-15; Sab 16.9.   ᵗ **78.47-48** Ex 9.22-25;
Sab 16.16.   ᵘ **78.51** Ex 12.29; Sab 18.6-19.   ᵛ **78.52** Ex 13.17-22; Sal 77.20; Is 63.11-14.   ʷ **78.53** Ex 14.26-28; Sab 10.18-19.
ˣ **78.54** Ex 15.17; Jos 3.14-17.   ʸ **78.55** Jos 11.16-23.   ² **78.56** Jue 2.11-15.   ᵃ **78.60** Jos 18.1; Jer 7.12-14; 26.6.
ᵇ **78.61** 1 S 4.4-22.   ᶜ **78.70-71** 1 S 16.11-12; 2 S 7.8; 1 Cr 17.7.

## SALMO 79 (78)

### Dolor ante la destrucción de Jerusalén

[1] ¡Oh Dios,
los paganos han invadido tu
propiedad!
¡Han profanado tu santo templo
y han convertido en ruinas a
Jerusalén![d]
[2] ¡Han dejado los cadáveres de tus
siervos,
de los que te fueron fieles,
para que sirvan de alimento
a los buitres y a los animales
salvajes!
[3] Como agua han derramado su sangre
por toda Jerusalén,
y no hay quien los entierre.
[4] Somos la burla de nuestros vecinos;
el hazmerreír de cuantos nos rodean.

[5] Oh Señor,
¿hasta cuándo estarás enojado?
¿Arderá siempre tu enojo como el
fuego?
[6] ¡Descarga tu furia sobre los reinos
paganos
que no te conocen ni te invocan!
[7] Porque ellos devoraron a Jacob
y convirtieron en ruinas el país.[e]
[8] No nos hagas pagar a nosotros
por la maldad de nuestros
antepasados;
¡que venga tu ternura pronto a
nuestro encuentro,
porque estamos abatidos!

[9] Oh Dios, salvador nuestro,
¡ayúdanos, líbranos y perdónanos,
por la gloria de tu nombre!
[10] No tienen por qué decir los paganos:
"¿Dónde está su Dios?"[f]
¡Permítenos ver vengada la muerte
de tus siervos!
¡Que los paganos también lo sepan!
[11] Atiende las quejas de los presos,
y salva con tu gran poder
a los sentenciados a muerte.

[12] Oh Señor,
véngate siete veces de nuestros
vecinos
por las ofensas que te han hecho;
[13] y nosotros, que somos tu pueblo,
que somos ovejas de tus prados,
gracias te daremos siempre,

¡cantaremos tus alabanzas por todos
los siglos!

## SALMO 80 (79)

### ¡Míranos con buenos ojos!

[1] Pastor de Israel,
que guías a José como a un rebaño,
que tienes tu trono sobre los
querubines,[g]
¡escucha!
¡Mira con buenos ojos a Efraín,
[2] Benjamín y Manasés!
¡Despierta y ven a salvarnos con tu
poder!

[3]      Oh Dios,
¡haz que volvamos a ser lo que
fuimos!
¡Míranos con buenos ojos y
estaremos a salvo!

[4] Señor, Dios todopoderoso,
¿hasta cuándo estarás enojado
con la oración de tu pueblo?
[5] Nos has dado lágrimas por comida;
por bebida, lágrimas en abundancia.
[6] Nos has convertido en la burla de
nuestros vecinos,
y nuestros enemigos se ríen de
nosotros.

[7]      Dios todopoderoso,
¡haz que volvamos a ser lo que
fuimos!
¡Míranos con buenos ojos y
estaremos a salvo!

[8] De Egipto sacaste una vid;
arrojaste a los paganos y la
plantaste.
[9] Limpiaste el terreno para ella,
y la vid echó raíces y llenó el país.
[10] Cubrió los montes con su sombra,
y con sus ramas los árboles más
altos.
[11] Se extendieron sus ramas hasta el
mar,
y hasta el río Éufrates sus retoños.
[12] ¿Por qué has derribado su cerca,
dejando que le arranquen uvas los
que van por el camino?
[13] El jabalí la destroza;
¡los animales salvajes la devoran![h]

d 79.12 R 25.8-10; 2 Cr 36.17-19; Jer 52.12-14; Lm 1.1-10.  e 79.6-7 Jer 10.25.  f 79.10 Jl 2.17; Mi 7.10.  g 80.1 Ex 25.18-22; 1 S 4.4; Is 37.16; Ez 1.26-28.  h 80.8-13 Is 5.1-7.

14Dios todopoderoso, regresa, por
   favor;
mira atentamente desde el cielo
y ten consideración de esta vid,
15de la vid que tú mismo plantaste,
del retoño que tú mismo afirmaste.
16Destruye con tu furor
a quienes la cortan y la queman;
17pero ayuda al hombre que has
   escogido,
al retoño de hombre que tú mismo
   afirmaste,
18y nunca más nos apartaremos de ti.
¡Danos vida, y sólo a ti te
   invocaremos!

19      Oh Señor, Dios todopoderoso,
        ¡haz que volvamos a ser lo que
           fuimos!
        ¡Míranos con buenos ojos y
           estaremos a salvo!

## SALMO 81 (80)

### Bondad de Dios y maldad de Israel

1¡Canten alegres a Dios, que es
   nuestra fuerza!
¡Alaben con gritos de alegría al Dios
   de Jacob!
2Canten al son del pandero,
de la dulce arpa y del salterio.
3Toquen la trompeta al llegar la luna
   nueva,
y también al llegar la luna llena,
que es el día de nuestra gran fiesta.*i*
4Porque éste es el mandamiento
que el Dios de Jacob dio a Israel;
5es el mandato dado a José
cuando Dios salió contra Egipto.

Oí una voz que yo no conocía:
6"Te he quitado la carga de los
   hombros,
te he aliviado del trabajo duro.
7En tu angustia me llamaste, y te
   salvé;
te contesté desde la nube que
   tronaba;
te puse a prueba junto a las aguas de
   Meriba.*j*
8Escucha, pueblo mío, mi
   advertencia;
¡ojalá me obedezcas, Israel!
9No tengas dioses extranjeros;
no adores dioses extraños.*k*

10Yo soy el Señor, tu Dios,
el que te sacó de la tierra de Egipto;*l*
abre tu boca, y yo te satisfaré.

11"Pero mi pueblo no quiso oírme;
¡Israel no quiso obedecerme!
12Por eso los dejé seguir con su
   capricho,
y vivieron como mejor les pareció.
13¡Si mi pueblo me hubiera escuchado!
¡Si Israel hubiera seguido mis
   caminos,
14en un abrir y cerrar de ojos
yo habría humillado a sus enemigos
y castigado a sus contrarios!"

15Los que odian al Señor caerían
   aterrados,60
y su condenación quedaría sellada.
16Dios alimentaría a su pueblo con lo
   mejor del trigo,
y con miel silvestre apagaría su sed.

## SALMO 82 (81)

### Dios, el juez supremo

1Dios ha ocupado su lugar entre los
   jueces celestiales61
para dictar sentencia contra ellos:
2"¿Hasta cuándo harán ustedes
   juicios falsos
y se pondrán de parte de los
   malvados?
3¡Hagan justicia al débil y al
   huérfano!
¡Hagan justicia al pobre y al
   necesitado!*m*
4¡Libren a los débiles y pobres,
y defiéndanlos de los malvados!

5"Pero ustedes no saben, no
   entienden;
andan en la oscuridad.
Tiemblan los cimientos de la tierra.
6Yo dije que ustedes son dioses;*n*
que todos son hijos del Altísimo.
7Sin embargo, morirán como todo
   hombre,
¡caerán como cualquier tirano!"

8¡Oh Dios, dispónte a juzgar la tierra,
pues tú eres el dueño de todas las
   naciones!

60 *Caerán aterrados:* otra posible traducción: *lo adularían.*   61 *Jueces celestiales:* lit. *dioses.*
*i* 81.3 Nm 10.10.   *j* 81.7 Ex 17.7; Nm 20.13.   *k* 81.9 Ex 20.2-3; Dt 5.6-7.   *l* 81.10 Ex 20.2.   *m* 82.3 Ex 23.6; Dt 1.17.
*n* 82.6 Jn 10.34.

## SALMO 83 (82)

### Oración pidiendo la intervención de Dios

[1] Oh Dios, ¡no te quedes en silencio!,
¡no te quedes inmóvil y callado!
[2] Mira a tus enemigos, a los que te
odian:
alborotan y se rebelan contra ti.
[3] Han hecho planes astutos
en contra de tu pueblo,
¡en contra de tus protegidos!
[4] Han pensado venir a destruirnos
para que dejemos de existir como
nación,
para que no vuelva a recordarse el
nombre de Israel.
[5] Han hecho un pacto en contra tuya,
han conspirado como un solo
hombre:
[6] los campamentos de Edom y de
Ismael,
los descendientes de Agar y de
Moab,
[7] Gebal, Amón y Amalec,
los filisteos, los que viven en Tiro,
[8] y hasta los asirios se han unido a
ellos,
y son el brazo fuerte de los hijos de
Lot.

[9] Haz con ellos como hiciste con
Madián,[ñ]
como hiciste con Sísara,
como hiciste con Jabín en el arroyo
de Cisón,[o]
[10] que fueron destruidos en Endor,
¡fueron convertidos en estiércol
de la tierra!
[11] Haz con sus hombres importantes
como hiciste con Oreb y con Zeeb;[p]
haz con todos sus jefes
como hiciste con Zeba y con
Zalmuna,[q]
[12] que quisieron apropiarse de los
pastizales de Dios.

[13] Dios mío, haz que rueden como
zarzas,
como hojas secas arrastradas por el
viento;
[14] y así como el fuego quema el bosque
y consume los montes con sus
llamas,
[15] ¡así persíguelos con tus tormentas
y espántalos con tus tempestades!
[16] ¡Avergüénzalos, Señor,

para que recurran a ti!
[17] ¡Que sean avergonzados para
siempre;
¡que se avergüencen y mueran!
[18] ¡Que sepan que sólo tú eres el Señor,
que sólo tú eres el Altísimo
sobre toda la tierra!

## SALMO 84 (83)

### Anhelo por la casa de Dios

[1] ¡Cuán hermoso es tu santuario,
Señor todopoderoso!
[2] ¡Con qué ansia y fervor
deseo estar en los atrios de tu
templo!
¡Con todo el corazón
canto alegre al Dios de la vida!

[3] Aun el gorrión y la golondrina
hallan lugar en tus altares
donde hacerles nido a sus polluelos,
oh Señor todopoderoso,
rey mío y Dios mío.

[4] ¡Felices los que viven en tu templo
y te alaban sin cesar!
[5] ¡Felices los que en ti encuentran
ayuda,
los que desean peregrinar hasta tu
monte![62]
[6] Cuando pasen por el valle de las
Lágrimas
lo convertirán en manantial,
y aun la lluvia lo llenará de
bendiciones;
[7] irán sus fuerzas en aumento,
y en Sión verán al Dios supremo.

[8] Señor, Dios todopoderoso,
Dios de Jacob,
¡escucha mi oración!
[9] Oh Dios, protector nuestro,
mira con buenos ojos
a quien tú has escogido como rey.

[10] ¡Más vale estar un día en tus atrios,
que mil fuera de ellos!
Prefiero ser portero del templo de mi
Dios,
que vivir en lugares de maldad.
[11] Porque Dios el Señor nos alumbra y
nos protege;
el Señor ama y honra a los que viven
sin tacha,
y nada bueno les niega.

---

[62] *Los que desean peregrinar hasta tu monte:* lit. *calzadas (hay) en su corazón.* Heb. oscuro.
[ñ] **83.9** Jue 7.1-23.　[o] **83.9** Jue 4.6-22.　[p] **83.11** Jue 7.25.　[q] **83.11** Jue 8.12.

12Señor todopoderoso,
¡felices los que en ti confían!

## SALMO 85 (84)

### ¡Sálvanos otra vez!

1Señor,
tú has sido muy bueno con este país
tuyo.
Has devuelto su felicidad a Jacob;63
2has perdonado la maldad de tu
pueblo
y todos sus pecados;
3has calmado por completo
tu enojo y tu furor.

4Dios y salvador nuestro,
¡sálvanos también ahora
y no sigas enojado con nosotros!
5¿Acaso vas a prolongar por siempre
tu enojo contra nosotros?
6¿No volverás a darnos vida,
para que tu pueblo se alegre por ti?
7Oh Señor,
¡muéstranos tu amor, y sálvanos!

8Escucharé lo que el Señor va a decir;
pues va a hablar de paz a su pueblo,
a los que le son fieles,
para que no vuelvan a hacer
locuras.64
9En verdad, Dios está muy cerca,
para salvar a los que le honran;
su gloria vivirá en nuestra tierra.

10El amor y la verdad se darán cita,
la paz y la rectitud se besarán,
11la verdad brotará de la tierra
y la rectitud mirará desde el cielo.
12El Señor mismo traerá la lluvia,
y nuestra tierra dará su fruto.
13La rectitud irá delante de él,
y le preparará el camino.

## SALMO 86 (85)

### Sólo tú eres Dios

1Señor, dígnate escucharme,
porque estoy muy triste y pobre;
2protégeme, pues te soy fiel.
Tú eres mi Dios;
¡salva a este siervo tuyo que en ti
confía!

3Señor, ten compasión de mí,
que a ti clamo a todas horas.
4Señor, alegra el ánimo de este siervo
tuyo,
pues a ti dirijo mi oración.
5Porque tú, Señor, eres bueno y
perdonas;
eres todo amor con los que te
invocan.

6Señor, escucha mi oración,
¡atiende mi plegaria!
7En mi angustia clamo a ti,
porque tú me respondes.
8¡No hay dios comparable a ti, Señor!
¡No hay nada que iguale a tus obras!

9Oh Señor,
tú has formado a todas las naciones,
y ellas vendrán a ti para adorarte
y para glorificar tu nombre.r
10Porque sólo tú eres Dios;
¡tú eres grande y haces maravillas!

11Oh Señor, enséñame tu camino,
para que yo lo siga fielmente.
Haz que mi corazón honre tu
nombre.
12Mi Señor y Dios,
te alabaré con todo el corazón
y glorificaré siempre tu nombre.
13¡Inmenso es tu amor por mí!
¡Me has librado de caer en el
sepulcro!

14Oh Dios,
una banda de insolentes y violentos,
que no te tienen presente,
se han puesto en contra mía y
quieren matarme.s
15Pero tú, Señor,
eres Dios tierno y compasivo,
paciente, todo amor y verdad.
16Mírame, ¡ten compasión de mí!
¡Salva a este siervo tuyo! ¡Dale tu
fuerza!
17Dame una clara prueba de tu
bondad,
y que al verla se avergüencen los que
me odian.
¡Tú, Señor, me das ayuda y
consuelo!

## SALMO 87 (86)

### Alabanza a la ciudad de Dios

1Los cimientos de la ciudad de Dios
están sobre los montes santos.

---

63 Has devuelto su felicidad a Jacob: otra posible traducción: has hecho volver la cautividad de Jacob.   64 Para que no
vuelvan a hacer locuras: otra posible traducción: a los que vuelvan a confiar en él.
r 86.9 Ap 15.4.   s 86.14 Sal 54.3.

²El Señor ama las puertas de Sión
más que a todas las casas de Jacob.
³Ciudad de Dios,
qué cosas tan hermosas se dicen de
ti:
⁴"Entre los pueblos que me conocen
puedo nombrar a Egipto y
Babilonia,
Filistea, Tiro y Etiopía;
todos ellos nacieron en ti."

⁵De la ciudad de Sión dirán:
"Este y aquél nacieron en ella."
El Altísimo mismo la ha afirmado.
⁶El Señor escribe en el libro
donde constan los nombres de los
pueblos:
"Este nació en ella."

⁷Y los que cantan y los que bailan,
dicen:
"Mi hogar⁶⁵ está en ti."

## SALMO 88 (87)

### Señor, ¿por qué me desprecias?

¹Señor, mi Dios y Salvador,
día y noche te pido ayuda,
²¡acepta mi oración!,
¡atiende a mi plegaria!

³Tanto es el mal que ha caído sobre
mí,
que me encuentro al borde de la
muerte;
⁴¡ya me pueden contar entre los
muertos,
pues me he quedado sin fuerzas!
⁵Estoy abandonado entre difuntos;
soy como los que han muerto en
combate
y ya han sido enterrados;
como los que han perdido tu
protección
y ya han sido olvidados por ti.
⁶Me has echado en lo más hondo del
hoyo,
en lugares oscuros y profundos.
⁷Has descargado tu enojo sobre mí,
¡me has hundido bajo el peso de tus
olas!
⁸Has hecho que mis amigos me
abandonen;

me has hecho insoportable para
ellos.
¡Soy como un preso que no puede
escapar!
⁹De tanto llorar me estoy quedando
ciego.
¡Todos los días clamo a ti, Señor,
y a ti levanto las manos!
¹⁰¿Acaso harás milagros por los
muertos?
¿Acaso podrán los muertos darte
gracias?
¹¹¿Acaso se hablará de tu verdad y de
tu amor
en el sepulcro, en el reino de la
muerte?
¹²En las sombras de la muerte, donde
todo se olvida,
¿habrá quién reconozca tu rectitud y
maravillas?ᵗ

¹³Pero yo, Señor, a ti clamo;
de mañana elevo a ti mi oración.
¹⁴¿Por qué me desprecias, Señor?
¿Por qué te escondes de mí?
¹⁵Desde los días de mi juventud
he estado afligido y al borde de la
muerte;
he soportado cosas terribles de tu
parte,
y ya no puedo más.
¹⁶Tu furor terrible ha pasado sobre mí,
y me ha vencido;ᵘ
¹⁷me rodea por completo a todas
horas,
como una inundación.
¹⁸Has alejado de mí amigos y
compañeros,
y ahora sólo tengo amistad con las
tinieblas.

## SALMO 89 (88)

### El pacto de Dios con David

¹Señor, siempre diré en mi canto
que tú eres bondadoso;
constantemente contaré
que tú eres fiel.
²Proclamaré que tu amor es eterno;
que tu fidelidad es invariable,
invariable como el mismo cielo.
³Hiciste un pacto con David;
prometiste a tu siervo escogido:
⁴"Haré que tus descendientes
reinen siempre en tu lugar."ᵛ

⁶⁵ Mi hogar: según la versión griega. Heb. mis fuentes.
ᵗ 88.10-12 Job 10.21-22; Sal 6.5; 115.17; Is 38.18-19; Eclo 17.27-28; Bar 2.17-18.   ᵘ 88.16 Job 6.4.   ᵛ 89.4 2 S 7.12-16;
1 Cr 17.11-14; Sal 132.11; Hch 2.30.

⁵Oh Señor,
todos los seres celestiales
alaban tu fidelidad y tus maravillas.
⁶¡Ningún dios, nadie en el cielo
puede compararse a ti, Señor!
⁷Dios grande y terrible,
rodeado de seres celestiales.

⁸Señor, Dios todopoderoso,
todo el poder es tuyo y la verdad te
rodea;
¡no hay nadie igual a ti!
⁹Tú dominas el mar embravecido
y aquietas sus olas encrespadas;
¹⁰aplastaste al monstruo marino
como si fuera un cadáver;ʷ
dispersaste a tus enemigos
con la fuerza de tu brazo.
¹¹El cielo y la tierra son tuyos;
tú formaste el mundo y todo lo que
hay en él.ˣ
¹²Tú creaste el norte y el sur;
los montes Tabor y Hermón cantan
alegres a tu nombre.
¹³Tu brazo es poderoso;
tu mano derecha es fuerte y
victoriosa.
¹⁴Tu trono está afirmado en la justicia
y el derecho;
el amor y la verdad salen a tu
encuentro.

¹⁵Oh Señor,
feliz el pueblo que sabe alabarte con
alegría
y camina alumbrado por tu luz,
¹⁶que en tu nombre se alegra todo el
tiempo
y se entusiasma por tu rectitud.
¹⁷En verdad, tú eres su fuerza y
hermosura;
nuestro poder aumenta por tu buena
voluntad.
¹⁸¡Nuestro protector es el Señor!
¡Nuestro rey es el Santo de Israel!

¹⁹En otro tiempo hablaste en una
visión,
y dijiste a tus siervos fieles:
"He escogido a un valiente de mi
pueblo,
lo he puesto en alto y lo he ayudado.
²⁰¡He encontrado a mi siervo David!ʸ
Con mi aceite sagrado lo he
designado rey,ᶻ
²¹y nunca le faltará mi ayuda.

Con mi poder lo fortaleceré,
²²no lo atacarán sus enemigos
ni lo vencerán los malvados.
²³Aplastaré a sus enemigos;
¡los quitaré de su vista!
¡Destrozaré a los que le odian!
²⁴Él contará con mi amor y fidelidad,
y por mí aumentará su poder.
²⁵Afirmaré su poder y dominio
desde el Mediterráneo hasta el
Éufrates.⁶⁶
²⁶Él me dirá: 'Tú eres mi Padre;
eres mi Dios, que me salva y me
protege.'
²⁷Y yo le daré los derechos de hijo
mayor,
por encima de los reyes del mundo.ᵃ
²⁸Mi amor por él será constante,
y mi pacto con él será firme.
²⁹Sus descendientes reinarán en su
lugar
siempre, mientras el cielo exista.

³⁰"Pero si ellos abandonan mi
enseñanza
y no viven de acuerdo con mis
mandatos,
³¹si faltan a mis leyes
y no obedecen mis mandamientos,
³²castigaré su rebelión y maldad
con golpes de vara;ᵇ
³³Pero no dejaré de amar a David,
ni faltaré a mi fidelidad hacia él.
³⁴No romperé mi pacto
ni faltaré a mi palabra.
³⁵Una vez le he jurado por mi
santidad,
y no le mentiré:
³⁶sus descendientes reinarán en su
lugar,
siempre, mientras el sol exista.
³⁷¡Siempre firmes, como la luna!
¡Siempre firmes, mientras el cielo
exista!"

³⁸Sin embargo, has rechazado y
despreciado
al rey que tú escogiste;
¡te has enojado con él!
³⁹Has roto el pacto con tu siervo;
has arrojado al suelo su corona.
⁴⁰Abriste brechas en todos sus muros;
¡convertiste en ruinas sus ciudades!
⁴¹Todo el mundo pasa y roba lo que
quiere;
sus vecinos se burlan de él.

---

⁶⁶ *Desde el Mediterráneo hasta el Éufrates:* lit. *en el mar y en los ríos.*
ʷ **89.10** Sal 74.13.   ˣ **89.11-12** Sal 24.1-2; 95.4-5; 1 Co 10.26.   ʸ **89.20** 1 S 13.14; Hch 13.22.   ᶻ **89.20** 1 S 16.12.   ᵃ **89.27** Ap 1.5.
ᵇ **89.32** Dt 8.5; 2 S 7.14; Sal 94.12; Pr 3.11-12; He 12.5-11.

⁴²Has hecho que sus enemigos
levanten la mano alegres y
triunfantes.
⁴³Le quitaste el filo a su espada
y no lo sostuviste en la batalla.
⁴⁴Has apagado su esplendor;
has arrojado su trono por los suelos;
⁴⁵le has quitado años de vida
y lo has llenado de vergüenza.

⁴⁶Oh Señor,
¿hasta cuándo estarás escondido?
¿Arderá siempre tu enojo, como el
fuego?
⁴⁷Señor, recuerda que mi vida es corta;
que el hombre, que tú has creado,
vive poco tiempo.
⁴⁸¡Nadie puede vivir y no morir nunca!
¡Nadie puede librarse del poder de la
muerte!
⁴⁹Señor,
¿dónde está tu amor primero,
que en tu fidelidad prometiste a
David?
⁵⁰Señor, recuerda que a tus siervos
los ofende mucha gente;
que llevo esos insultos en mi pecho.
⁵¹Oh Señor,
¡así nos ofenden tus enemigos!
¡así ofenden a tu escogido a cada
paso!

⁵²Bendito sea el Señor por siempre.
¡Así sea!

# LIBRO IV

## SALMO 90 (89)

### Eternidad de Dios y fragilidad del hombre

¹Señor, tú has sido nuestro refugio
por todas las edades.
²Desde antes que se formaran los
montes
y que existieran la tierra y el mundo,
desde los tiempos antiguos
y hasta los tiempos postreros,
tú eres Dios.
³Haces que el hombre vuelva al polvo
cuando dices: "Vuelvan al polvo,
seres humanos."

⁴En verdad, mil años, para ti,
son como el día de ayer, que pasó.ᶜ
¡Son como unas cuantas horas de la
noche!
⁵Arrastras a los hombres con
violencia,
cual si fueran sólo un sueño;ᵈ
⁶son como la hierba, que brota y
florece a la mañana,
pero a la tarde se marchita y muere.

⁷En verdad, tu furor nos consume,
¡nos deja confundidos!
⁸Nuestros pecados y maldades
quedan expuestos ante ti.

⁹En verdad, toda nuestra vida
termina a causa de tu enojo;
nuestros años se van como un
suspiro.
¹⁰Setenta son los años que vivimos;
los más fuertes llegan hasta ochenta;
pero el orgullo de vivir tanto
sólo trae molestias y trabajo.
¡Los años pronto pasan, lo mismo
que nosotros!ᵉ

¹¹¿Quién conoce la violencia de tu
enojo?
¿Quién conoce tu furor?
¹²Enséñanos a contar bien nuestros
días,
para que nuestra mente alcance
sabiduría.

¹³¡Señor, vuélvete a nosotros!
¿Cuánto más tardarás?
¡Ten compasión de estos siervos
tuyos!
¹⁴Llénanos de tu amor al comenzar el
día,
y alegres cantaremos toda nuestra
vida.
¹⁵Danos tantos años de alegría
como los años de aflicción que
hemos tenido.
¹⁶¡Haz que tus siervos y sus
descendientes
puedan ver tus obras y tu gloria!

¹⁷Que la bondad del Señor, nuestro
Dios,
esté sobre nosotros.
¡Afirma, Señor, nuestro trabajo!
¡Afirma, sí, nuestro trabajo!

ᶜ **90.4** 2 P 3.8.   ᵈ **90.5** Is 40.6-8.   ᵉ **90.10** Job 14.1; Ec 2.23; 11.8.

## SALMO 91 (90)

### El Señor es nuestro refugio

[1] El que vive bajo la sombra
       protectora
   del Altísimo y Todopoderoso,
[2] dice al Señor: "Tú eres mi refugio,
   mi castillo, ¡mi Dios, en quien
       confío!"

[3] Sólo él puede librarte
   de trampas ocultas y plagas
       mortales,
[4] pues te cubrirá con sus alas,
   y bajo ellas estarás seguro.[f]
   ¡Su fidelidad te protegerá como un
       escudo!
[5] No tengas miedo a los peligros
       nocturnos,
   ni a las flechas lanzadas de día,
[6] ni a las plagas que llegan con la
       oscuridad,
   ni a las que destruyen a pleno sol;
[7] pues mil caerán muertos a tu
       izquierda
   y diez mil a tu derecha,
   pero a ti nada te pasará.
[8] Solamente lo habrás de presenciar:
   verás a los malvados recibir su
       merecido.

[9] Ya que has hecho del Señor tu
       refugio,[67]
   del Altísimo tu lugar de protección,
[10] no te sobrevendrá ningún mal
   ni la enfermedad llegará a tu casa;
[11] pues él mandará que sus ángeles
   te cuiden por dondequiera que
       vayas.[g]
[12] Te levantarán con sus manos
   para que no tropieces con piedra
       alguna.[h]
[13] Podrás andar entre leones,
   entre monstruos y serpientes.[i]

[14] "Yo lo pondré a salvo,
   fuera del alcance de todos,
   porque él me ama y me conoce.
[15] Cuando me llame, le contestaré;
   ¡yo mismo estaré con él!
   Lo libraré de la angustia
   y lo colmaré de honores;
[16] le haré disfrutar de una larga vida:
   ¡le haré gozar de mi salvación!"

## SALMO 92 (91)

### Un canto de alabanza

[1] Altísimo Señor,
   ¡qué bueno es darte gracias
   y cantar himnos en tu honor!
[2] Anunciar por la mañana y por la
       noche
   tu gran amor y fidelidad,
[3] al son de instrumentos de cuerda,
   con música suave de arpa y de
       salterio.

[4] Oh Señor,
   ¡tú me has hecho feliz con tus
       acciones!
   ¡Tus obras me llenan de alegría!
[5] Oh Señor,
   ¡qué grandes son tus obras!,
   ¡qué profundos tus pensamientos!
[6] ¡Sólo los necios no pueden
       entenderlo!
[7] Si los malvados y malhechores
   crecen como la hierba, y prosperan,
   es sólo para ser destruidos para
       siempre.
[8] Pero tú, Señor, por siempre estás en
   lo alto.
[9] Una cosa es cierta, Señor:
   que tus enemigos serán destruidos;
   que todos los malhechores serán
       dispersados.

[10] Tú aumentas mis fuerzas
   como las fuerzas de un toro,
   y viertes perfume sobre mi cabeza.
[11] He de ver cómo caen mis enemigos;
   ¡he de oír las quejas de esos
       malvados!

[12] Los buenos florecen como las palmas
   y crecen como los cedros del Líbano.
[13] Están plantados en el templo del
       Señor;
   florecen en los atrios de nuestro
       Dios.
[14] Aun en su vejez, darán fruto;
   siempre estarán fuertes y lozanos,
[15] y anunciarán que el Señor, mi
       protector,
   es recto y no hay en él injusticia.

## SALMO 93 (92)

### ¡El Señor es rey!

[1] ¡El Señor es rey!
   ¡El Señor se ha vestido de esplendor

---

[67] *Tu refugio:* según versiones. Heb. *mi refugio.*
[f] **91.4** Dt 32.10-11; Sal 17.8; 61.4; Eclo 34.13-16. [g] **91.11** Mt 4.6; Lc 4.10. [h] **91.12** Mt 4.6; Lc 4.11. [i] **91.13** Lc 10.19.

y se ha rodeado de poder!
Él afirmó el mundo, para que no se
mueva.
²Desde entonces, Señor, tu trono está
firme.
¡Tú siempre has existido!

³Oh Señor,
los ríos braman y levantan grandes
olas;
⁴pero tú, Señor, en las alturas,
eres más poderoso que las olas
y que el rugir de los mares.

⁵Oh Señor,
tus mandatos son muy firmes.
¡La santidad es el adorno eterno de
tu templo!

## SALMO 94 (93)

### El Señor es el juez del mundo

¹¡Muéstrate, Señor, Dios de las
venganzas!
²Tú eres el juez del mundo;
¡levántate contra los altivos
y dales su merecido!

³¿Hasta cuándo, Señor,
hasta cuándo se alegrarán los
malvados?
⁴Todos esos malhechores
son insolentes y altaneros;
¡son unos fanfarrones!
⁵Oh Señor,
ellos destrozan a tu pueblo;
¡humillan a los tuyos!
⁶Matan viudas y extranjeros;
asesinan huérfanos.
⁷Dicen que el Señor no ve,
que el Dios de Jacob no se da
cuenta.

⁸¡Entiendan, gente torpe y necia!
¿Cuándo podrán comprender?
⁹¿Acaso no habrá de oír
el que ha hecho los oídos?
¿Y acaso no habrá de ver
el que ha formado los ojos?
¹⁰¿Acaso no ha de castigar
el que corrige a las naciones?
¿Y acaso no ha de saber
el que instruye en el saber al
hombre?
¹¹El Señor sabe que el hombre

sólo piensa tonterías.ʲ

¹²Oh Señor,
feliz aquel a quien corriges
y le das tus enseñanzas
¹³para que tenga tranquilidad
cuando lleguen los días malos,
mientras que al malvado
se le prepara la fosa.
¹⁴El Señor no abandonará a su pueblo,
ni dejará solos a los suyos.
¹⁵La justicia volverá a ser justa,
y todo hombre honrado la seguirá.

¹⁶¿Quién se levantará a defenderme
de los malvados y malhechores?
¹⁷Si el Señor no me hubiera ayudado,
yo estaría ya en el silencio de la
muerte.
¹⁸Cuando alguna vez dije: "Mis pies
resbalan",
tu amor, Señor, vino en mi ayuda.
¹⁹En medio de las preocupaciones
que se agolpan en mi mente,
tú me das consuelo y alegría.
²⁰Tú no puedes ser amigo de jueces
injustos,
que actúan mal y en contra de la ley;
²¹que conspiran contra el inocente y
honrado,
y lo condenan a muerte.
²²Pero el Señor es mi refugio;
mi Dios es la roca que me defiende.
²³El Señor hará que los malvados
sean destruidos por su propia
maldad.
¡Nuestro Dios los destruirá!

## SALMO 95 (94)

### Cantemos al Señor con alegría

¹Vengan, cantemos al Señor con
alegría;
cantemos a nuestro protector y
salvador.
²Entremos a su presencia con
gratitud,
y cantemos himnos en su honor.
³Porque el Señor es Dios grande,
el gran rey de todos los dioses.
⁴Él tiene en su mano
las regiones más profundas de la
tierra;
suyas son las más altas montañas.
⁵El mar le pertenece, pues él lo
formó;

ʲ 94.11 1 Co 3.20.

¡con sus propias manos formó la
   tierra seca!k

6Vengan, adoremos de rodillas;
   arrodillémonos delante del Señor,
   pues él nos hizo.
7Él es nuestro Dios, y nosotros su
      pueblo;
   somos ovejas de sus prados.

   Escuchen hoy lo que él les dice:
8"No endurezcan su corazón,l como
      en Meriba;
   como aquel día en Masah, en el
      desierto,
9cuando me pusieron a prueba sus
      antepasados,m
   aunque habían visto mis obras.
10Cuarenta años estuve enojado
   con aquella generación,
   y dije: 'Esta gente anda muy
      descarriada;
   ¡no obedecen mis mandatos!n
11Por eso juré en mi furor
   que no entraríanñ en el lugar de mi
      reposo."o

## SALMO 96 (95)

### Una canción nueva al Señor
#### (1 Cr 16.23-33)

1Canten al Señor una canción nueva;
   canten al Señor, habitantes de toda
      la tierra;
2canten al Señor, bendigan su
      nombre;
   anuncien día tras día su salvación.
3Hablen de su gloria y de sus
      maravillas
   ante todos los pueblos y naciones,
4porque el Señor es grande
   y muy digno de alabanza:
   ¡más terrible que todos los dioses!
5Los dioses de otros pueblos no son
      nada,
   pero el Señor hizo los cielos.
6¡Hay gran esplendor en su presencia!
   ¡Hay poder y belleza en su
      santuario!

7Den al Señor, familias de los
      pueblos,
   den al Señor el poder y la gloria;
8den al Señor la honra que merece;
   entren a sus atrios con ofrendas,

9adoren al Señor en su hermoso
   santuario.68,p
   ¡Que todo el mundo tiemble delante
      de él!
10Digan a las naciones: "¡El Señor es
      rey!"
   Él afirmó el mundo, para que no se
      mueva;
   él gobierna a los pueblos con
      igualdad.
11¡Que se alegren los cielos y la tierra!
   ¡Que brame el mar y todo lo que
      contiene!
12¡Que se alegre el campo y todo lo
      que hay en él!
   ¡Que griten de alegría los árboles del
      bosque,
13delante del Señor, que viene!
   ¡Sí, él viene a gobernar la tierra,
   y gobernará a los pueblos del mundo
   con justicia y con verdad!

## SALMO 97 (96)

### ¡El Señor es rey!

1¡Alégrese toda la tierra!
   ¡Alégrense las islas numerosas!
   ¡El Señor es rey!
2Está rodeado de espesas nubes;
   la justicia y el derecho sostienen su
      trono;
3el fuego va delante de él
   y quema a los enemigos que le
      rodean.
4Sus relámpagos iluminan el mundo;
   ¡la tierra tiembla al verlos!
5Las montañas se derriten como ceraq
   ante el Señor, ante el dueño de toda
      la tierra.
6Los cielos anuncian su justicia;
   todos los pueblos ven su gloria.
7Quedan humillados los que adoran
      ídolos,
   los que se sienten orgullosos de ellos.
   ¡Todos los dioses se inclinan ante él!

8Oh Señor,
   Sión y las ciudades de Judá
   se alegran mucho por tus decretos;
9pues tú, Señor altísimo,
   estás por encima de toda la tierra
   y mucho más alto que todos los
      dioses.

68 Véase nota en 29.2.
k 95.4-5 Sal 24.1-2; 89.11-12.   l 95.7-8 He 3.15; 4.7.   m 95.8-9 Ex 17.1-7; Nm 20.2-13; Sal 106.32-33.   n 95.10-11 Nm
14.20-23,33; Dt 1.34-36; He 4.3,5.   ñ 95.11 Dt 12.9-10.   o 95.7-11 He 3.7-11.   p 96.7-9 Sal 29.1-2.   q 97.5 Mi 1.4; Nah 1.5.

¹⁰El Señor ama a los que odian el mal;⁶⁹
protege la vida de los que le son fieles;
los libra de caer en manos de malvados.
¹¹La luz brilla⁷⁰ para el hombre bueno;
la alegría es para la gente honrada.

¹²¡Alégrense en el Señor, hombres buenos,
y alaben su santo nombre!

## SALMO 98 (97)

### ¡El Señor ha alcanzado la victoria!

¹¡Canten al Señor una canción nueva,
pues ha hecho maravillas!
¡Ha alcanzado la victoria
con su gran poder, con su santo brazo!
²El Señor ha anunciado su victoria,
ha mostrado su justicia
a la vista de las naciones;
³ha tenido presentes su amor y su lealtad
hacia el pueblo de Israel.
¡Hasta el último rincón del mundo ha sido vista
la victoria de nuestro Dios!ʳ

⁴Canten a Dios con alegría,
habitantes de toda la tierra;
den rienda suelta a su alegría
y cántenle himnos.ˢ
⁵Canten himnos al Señor al son del arpa,
al son de los instrumentos de cuerda.
⁶Canten con alegría ante el Señor, el Rey,
al son de los instrumentos de viento.

⁷Que brame el mar y todo lo que contiene,
el mundo y sus habitantes;
⁸que aplaudan los ríos;
que se unan las montañas en gritos de alegríaᵗ
⁹delante del Señor,
que viene a gobernar la tierra.
Él gobernará a los pueblos del mundo
con rectitud e igualdad.

## SALMO 99 (98)

### El Señor es el rey supremo

¹¡El Señor es rey!
¡Él tiene su trono sobre los querubines!
Tiemblen las naciones, y aun la tierra entera.ᵘ
²El Señor es grande en el monte Sión;
el Señor está por encima de todos los pueblos.
³Sea alabado su nombre, grande y terrible;

¡Dios es santo!

⁴Tú eres un rey poderoso⁷¹ que ama la justicia;
tú mismo estableciste la igualdad.
Has tratado a los hijos de Jacob
con justicia y rectitud.
⁵¡Alaben al Señor, nuestro Dios,
y arrodíllense delante de sus pies!

¡Dios es santo!

⁶Moisés y Aarón están entre sus sacerdotes;
Samuel está entre los que alabaron su nombre.
El Señor les respondía
cuando ellos pedían su ayuda.
⁷Dios habló con ellos
desde la columna de nube,ᵛ
y ellos cumplieron sus mandatos
y la ley que les dio.

⁸Señor, Dios nuestro, ¡tú les respondías!
Fuiste para ellos un Dios de perdón,
pero también castigaste sus maldades.
⁹Alaben al Señor nuestro Dios,
¡arrodíllense ante su santo monte!

¡Nuestro Dios, el Señor, es santo!

## SALMO 100 (99)

### El Señor nos hizo y somos suyos

¹¡Canten al Señor con alegría,
habitantes de toda la tierra!

---

⁶⁹ *El Señor ama a los que odian el mal:* texto probable. Heb. *ustedes que aman al Señor, odien el mal.*   ⁷⁰ *La luz brilla:* según versiones antiguas. Heb. *la luz es sembrada.*   ⁷¹ *Tú eres un rey poderoso:* según otras versiones. Heb. *el poder del rey.*   ʳ **98.1-3** Is 52.10.   ˢ **98.4** Sal 100.1.   ᵗ **98.7-8** Is 44.23.   ᵘ **99.1** Ex 25.18-22; 1 S 4.4; Sal 80.1; Is 37.16.   ᵛ **99.7** Ex 33.9.

²Con alegría adoren al Señor;
¡con gritos de alegría vengan a su
presencia!
³Reconozcan que el Señor es Dios;
él nos hizo y somos suyos;
¡somos pueblo suyo y ovejas de su
prado!
⁴Vengan a sus puertas, entren en su
templo
cantando himnos de alabanza y
gratitud.
¡Denle gracias, bendigan su nombre!
⁵Porque el Señor es bueno;
su amor es eterno[w]
y su fidelidad no tiene fin.

## SALMO 101 (100)

### Promesa del rey a Dios

¹Quiero alabar el amor y la justicia;
quiero, Señor, cantarte himnos;
²quiero vivir con rectitud.
¿Cuándo vendrás a mí?

Será intachable mi conducta
aun en mi propio palacio;
³no pondré jamás la mira
en propósitos perversos.

Odio a quienes son desleales a Dios;
¡jamás permitiré que se me
acerquen!
⁴Alejaré de mí los pensamientos
perversos:
¡no quiero hacer nada malo!
⁵Haré callar a aquellos
que a escondidas hablan mal de su
vecino;
¡no soporto al altanero y arrogante!

⁶Pondré mis ojos en los hombres
leales,
para que vivan junto a mí;
sólo estará a mi servicio
el que lleve una vida recta.
⁷Para el tramposo no habrá lugar en
mi palacio;
¡ningún mentiroso podrá estar en mi
presencia!
⁸Día tras día reduciré al silencio
a todos los malvados del país;
¡arrojaré de la ciudad del Señor
a todos los malhechores!

## SALMO 102 (101)

### Oración de un afligido[72]

¹Señor, escucha mi oración,
¡permite que mi grito llegue a ti!
²No escondas de mí tu rostro
cuando me encuentre angustiado;
¡dígnate escucharme!,
¡respóndeme pronto cuando te
llame!
³Pues mi vida se acaba como el
humo,
mis huesos arden como brasas,
⁴mi corazón está decaído
como la hierba marchita;
¡ni aun deseos tengo de comer!
⁵La piel se me pega a los huesos
de tanto gemir.
⁶Soy como un búho del desierto,
como un búho entre las ruinas.
⁷No duermo.
Soy como un pájaro solitario en el
tejado.
⁸Mis enemigos me ofenden sin cesar
y usan mi nombre para maldecir.
⁹En vez de pan, como ceniza;
en mi bebida se mezclan mis
lágrimas,
¹⁰por causa de tu enojo y tu furor,
pues me alzaste para derribarme
después.
¹¹Mis días pasan como una sombra;[x]
me voy marchitando como la hierba.
¹²Pero tú, Señor, reinas por siempre;
¡tu nombre será siempre recordado!

¹³Levántate, compadécete de Sión,
pues ya se cumplió el tiempo;
¡ya es hora de que la perdones!
¹⁴Tus siervos aman sus piedras;
¡sienten dolor por sus ruinas!

¹⁵Todas las naciones y reyes de la
tierra
honrarán el nombre glorioso del
Señor
¹⁶cuando él reconstruya a Sión
y aparezca en su gloria,
¹⁷cuando atienda a la oración del
desamparado
y no desoiga sus ruegos.
¹⁸Que esto quede escrito
para las generaciones futuras,
para que alaben al Señor
los que aún han de nacer.

---

⁷² Título hebreo: Oración de un afligido que, en su desaliento, da rienda suelta a su lamento ante el Señor.
[w] **100.5** 1 Cr 16.34; 2 Cr 5.13; 7.3; Esd 3.11; Sal 106.1; 107.1; 118.1; 136.1; Jer 33.11; Dn (dc) 3.89-90.    [x] **102.11** Job 8.9; 14.2;
Sal 39.5-6; 109.23.

¹⁹El Señor miró la tierra desde el cielo,
desde su santa altura,
²⁰para atender los lamentos de los
prisioneros
y libertar a los condenados a muerte;
²¹para que en Sión, en Jerusalén,
se proclame y se alabe el nombre del
Señor
²²cuando gentes de todas las naciones
se reúnan para adorarlo.

²³Él me ha quitado fuerzas a medio
camino;
ha hecho más corta mi vida.
²⁴Yo le digo: "Dios mío,
no me lleves en la mitad de mi
vida."

¡Tus años no tienen fin!
²⁵Afirmaste la tierra desde el principio;
tú mismo hiciste el cielo.
²⁶Todo ello dejará de existir,
pero tú permaneces firme.
Todo ello se gastará, como la ropa;
¡tú lo cambiarás y quedará
cambiado,
como quien se cambia de ropa!
²⁷Pero tú eres el mismo;
tus años nunca terminarán.*y*
²⁸Darás seguridad a los descendientes
de tus siervos;
en tu presencia misma los
establecerás.

## SALMO 103 (102)

### *Bendeciré al Señor*

¹Bendeciré al Señor con toda mi
alma;
bendeciré con todo mi ser su santo
nombre.
²Bendeciré al Señor con toda mi
alma;
no olvidaré ninguno de sus
beneficios.
³Él es quien perdona todas mis
maldades,
quien sana todas mis enfermedades,
⁴quien libra mi vida del sepulcro,
quien me colma de amor y ternura,
⁵quien me satisface con todo lo mejor
y me rejuvenece como un águila.

⁶El Señor juzga con verdadera justicia
a los que sufren violencia.*z*

⁷Dio a conocer sus caminos y sus
hechos
a Moisés y al pueblo de Israel.
⁸El Señor es tierno y compasivo;
es paciente y todo amor.*a*
⁹No nos reprende en todo tiempo ni
su rencor es eterno;
¹⁰no nos ha dado el pago que merecen
nuestras maldades y pecados;
¹¹tan inmenso es su amor por los que
le honran
como inmenso es el cielo sobre la
tierra.
¹²Nuestros pecados ha alejado de
nosotros,
como ha alejado del oriente el
occidente.
¹³El Señor es, con los que le honran,
tan tierno como un padre con sus
hijos;
¹⁴pues él sabe de qué estamos hechos:
sabe bien que somos polvo.

¹⁵La vida del hombre es como la
hierba;
brota como una flor silvestre:
¹⁶tan pronto la azota el viento, deja de
existir,
y nadie vuelve a saber de ella.
¹⁷Pero el amor del Señor es eterno
para aquellos que le honran;
su justicia es infinita
por todas las generaciones,*b*
¹⁸para los que cumplen con su pacto
y no se olvidan de obedecer sus
mandatos.
¹⁹El Señor ha puesto su trono en el
cielo,
y su reino domina sobre todo.

²⁰¡Bendigan al Señor, ángeles
poderosos!
Ustedes, que cumplen sus órdenes,
que están atentos a obedecerle.
²¹¡Bendigan al Señor todos sus
ejércitos,
que le sirven y hacen su voluntad!
²²¡Bendiga al Señor la creación entera,
en todos los lugares de su reino!*c*

¡Bendeciré al Señor con toda mi
alma!

## SALMO 104 (103)

¹¡Bendeciré al Señor con toda mi
alma!

---

*y* 102.25-27 He 1.10-12.   *z* 103.6 Sal 146.7.   *a* 103.8 Sal 145.8; Eclo 2.11; Stg 5.11.   *b* 103.15-17 Is 40.6-8.   *c* 103.21-22 Sal 148.

¡Cuán grande eres, Señor y Dios
mío!
Te has vestido de gloria y esplendor;
[2]te has envuelto en un manto de luz.*d*
¡Tú extendiste el cielo como un velo!
[3]¡Tú afirmaste sobre el agua
los pilares de tu casa, allá en lo alto!
Conviertes las nubes en tu carro;
¡viajas sobre las alas del viento!*e*
[4]Los vientos son tus mensajeros,
y las llamas de fuego tus servidores.*f*

[5]Pusiste la tierra sobre sus bases
para que nunca se mueva de su
lugar.
[6]El mar profundo cubría la tierra
como si fuera un vestido.
El agua cubría las montañas.
[7]Pero tú la reprendiste, y se fue;
huyó de prisa al escuchar tu voz de
trueno.
[8]Subiendo a los montes
y bajando a los valles,
se fue al lugar que le habías
señalado,
[9]al límite que le ordenaste no cruzar,
para que no volviera a cubrir la
tierra.*g*

[10]Tú envías el agua de los manantiales
a los ríos que corren por las
montañas.*h*
[11]De esa agua beben los animales
salvajes;
con ella apagan su sed los asnos del
monte.
[12]A la orilla de los ríos
anidan las aves del cielo;
¡allí cantan, entre las ramas de los
árboles!

[13]Tú eres quien riega los montes
desde tu casa, allá en lo alto;
con los torrentes del cielo satisfaces a
la tierra.
[14]Haces crecer los pastos para los
animales,
y las plantas que el hombre cultiva
para sacar su pan de la tierra,
[15]el pan que le da fuerzas,
y el vino, que alegra su vida
y hace brillar su cara más que el
aceite.[73]
[16]Sacian su sed los árboles,

los cedros del Líbano que el Señor
plantó.
[17]En ellos anidan las aves más
pequeñas,
y en los pinos viven las cigüeñas.
[18]Los montes altos son para las cabras,
y en las peñas se esconden los
tejones.

[19]Hiciste la luna para medir el
tiempo;[74]
el sol sabe cuándo debe ocultarse.*i*
[20]Tiendes el manto oscuro de la noche,
y entonces salen los animales del
bosque.
[21]Los leones rugen por la víctima;
piden que Dios les dé su comida.
[22]Pero al salir el sol, se van
y se acuestan en sus cuevas.
[23]Entonces sale el hombre a su labor
y trabaja hasta la noche.

[24]¡Cuántas cosas has hecho, Señor!
Todas las hiciste con sabiduría;
¡la tierra está llena de todo lo que
has creado!
[25]Allí está el mar, ancho y extenso,
donde abundan incontables
animales,
grandes y pequeños;
[26]allí navegan los barcos, allí está el
Leviatán,*j*
el monstruo que hiciste para jugar
con él.[75]
[27]Todos ellos esperan de ti
que les des su comida a su tiempo.
[28]Tú les das, y ellos recogen;
abres la mano, y se llenan de lo
mejor;
[29]si escondes tu rostro, se espantan;
si les quitas el aliento, mueren
y vuelven a ser polvo.
[30]Pero si envías tu aliento de vida, son
creados,
y así renuevas el aspecto de la
tierra.*k*

[31]¡La gloria del Señor es eterna!
¡El Señor se alegra en su creación!
[32]La tierra tiembla cuando él la mira;
¡echan humo los montes cuando él
los toca!

[33]Mientras yo exista y tenga vida,
cantaré himnos al Señor mi Dios.*l*

---

[73] *Y hace brillar su cara más que el aceite:* otra posible traducción: *y el aceite que hace brillar su cara.* [74] *Para medir el tiempo:* otra posible traducción: *para indicar las estaciones.* [75] *Jugar con él:* otra posible traducción: *que juegue con él.* *d* 104.2 1 Ti 6.16. *e* 104.2-3 Gn 1.3 ; 2 S 22.11-12; Sal 18.10-11; 68.33. *f* 104.4 He 1.7. *g* 104.6-9 Gn 1.9; Job 38.8-11; Pr 8.29; Jer 5.22. *h* 104.10-16 Sal 65.9-13. *i* 104.19 Gn 1.14-18. *j* 104.26 Job 3.8; 41.1; Sal 74.14; Is 27.1. *k* 104.29-30 Gn 2.7; Job 34.14-15. *l* 104.33 Sal 146.2.

³⁴Quiera el Señor agradarse de mis
   pensamientos,
pues sólo en él encuentro mi alegría.
³⁵¡Que desaparezcan de la tierra los
   pecadores!
¡Que dejen de existir los malvados!

¡Bendeciré al Señor con toda mi
   alma!
¡Alabado sea el Señor!

# SALMO 105 (104)

## Los actos de Dios por Israel

### (1 Cr 16.7-22)

¹¡Den gracias al Señor!
¡Proclamen su nombre!
Cuenten a los pueblos sus acciones.
²Canten himnos en su honor.
¡Hablen de sus grandes hechos!
³Siéntanse orgullosos de su santo
   nombre.
¡Siéntase alegre el corazón
de los que buscan al Señor!
⁴Recurran al Señor, y a su poder;
recurran al Señor en todo tiempo.
⁵Recuerden sus obras grandes y
   maravillosas,
y los decretos que ha pronunciado;
⁶ustedes, descendientes de su siervo
   Abraham;
ustedes, hijos de Jacob, sus
   escogidos.

⁷El es el Señor, nuestro Dios;
¡él gobierna toda la tierra!
⁸Ni aunque pasen mil generaciones
se olvidará de las promesas de su
   pacto,
⁹del pacto que hizo con Abraham,ᵐ
del juramento que hizo a Isaacⁿ
¹⁰y que confirmó como ley para Jacob,
como pacto eterno para Israel,
¹¹cuando dijo:
"Voy a darte la tierra de Canaán
como la herencia que te toca."ñ

¹²Aunque ellos eran pocos,
unos cuantos extranjeros en la tierra,
¹³que iban de nación en nación
y de reino en reino,
¹⁴Dios no permitió que nadie los
   maltratara,
y aun advirtió a los reyes:

¹⁵"No toquen a mis escogidos
ni maltraten a mis profetas."ᵒ

¹⁶Hizo venir hambre a aquella tierra,
y les quitó todo alimento.ᵖ
¹⁷Pero envió delante de ellos a José,
al que habían vendido como
   esclavo.�q
¹⁸Le lastimaron los pies con cadenas;
¡le aprisionaron con hierros!
¹⁹La palabra del Señor puso a prueba
   a José,
hasta que se cumplió lo que José
   había anunciado.ʳ
²⁰El rey, el que gobernaba a mucha
   gente,
ordenó que le dieran libertad;ˢ
²¹le nombró amo y señor de su casa
y de todo cuanto tenía,ᵗ
²²para que enseñara e hiciera sabios
a los jefes y a los ancianos.

²³Vino después Israel, que es Jacob,
y vivió como extranjero en Egipto,ᵘ
en la tierra de Cam.
²⁴Dios hizo grande en número a su
   pueblo,
y más fuerte que los egipcios.
²⁵Pero hizo que los egipcios
se pusieran en contra de su pueblo
y engañaran a los siervos de Dios.ᵛ

²⁶Entonces Dios envió a su siervo
   Moisés,
y a Aarón, a quien había escogido,ʷ
²⁷y ellos realizaron señales de Dios en
   el desierto:
¡grandes maravillas en la tierra de
   Cam!
²⁸Envió Dios una oscuridad que todo
   lo cubrió,ˣ
pero los egipcios desatendieron⁷⁶ sus
   palabras.
²⁹Convirtió en sangre el agua de sus
   ríos,
y mató a sus peces;ʸ
³⁰infestó de ranas el país,
y aun la alcoba del rey.ᶻ
³¹Habló Dios, y nubes de tábanos y
   mosquitos
invadieron el territorio egipcio.ᵃ
³²En vez de lluvia, envió granizo
y llamas de fuego sobre el país.
³³Destrozó sus viñas y sus higueras;
¡destrozó los árboles de Egipto!ᵇ
³⁴Habló Dios, y llegaron las langostas;

---

⁷⁶ *Desatendieron:* texto probable. Heb. *no se rebelaron.*
ᵐ **105.9** Gn 12.7; 17.8.   ⁿ **105.9** Gn 26.3.   ñ **105.10-11** Gn 28.13.   ᵒ **105.14-15** Gn 20.3-7.   ᵖ **105.16** Gn 41.53-57.
q **105.17** Gn 37.28; 45.5.   ʳ **105.18-19** Gn 39.20-40.23.   ˢ **105.20** Gn 41.14.   ᵗ **105.21** Gn 41.39-41.   ᵘ **105.23** Gn 46.6; 47.11.
ᵛ **105.24-25** Ex 1.7-14.   ʷ **105.26** Ex 3.1-4.17.   ˣ **105.28** Ex 10.21-23.   ʸ **105.29** Ex 7.17-21.   ᶻ **105.30** Ex 8.1-6.
ᵃ **105.31** Ex 8.16-24.   ᵇ **105.32-33** Ex 9.22-25.

¡tantas eran, que no se podían
contar!

³⁵¡Devoraron la hierba del campo
y todo lo que la tierra había
producido!ᶜ

³⁶¡Hirió de muerte, en Egipto mismo,
al primer hijo de toda familia
egipcia!ᵈ

³⁷Dios sacó después a su pueblo
cargado de oro y plata,
y nadie entre las tribus tropezó.

³⁸Los egipcios se alegraron de verlos
partir,
pues estaban aterrados.ᵉ

³⁹Dios extendió una nube para
cubrirlos
y un fuego para alumbrarlos de
noche.ᶠ

⁴⁰Pidieron comida, y les mandó
codornices,
y con pan del cielo los dejó
satisfechos.ᵍ

⁴¹Partió la roca, y de ella brotó agua
que corrió por el desierto como un
río.ʰ

⁴²Pues se acordó de la santa promesa
que había hecho a su siervo
Abraham.

⁴³Fue así como Dios sacó a su pueblo
escogido,
entre gritos de alegría,

⁴⁴y les dio las tierras de otras nacionesⁱ
y el fruto del trabajo de otros
pueblos,

⁴⁵a condición de que respetaran y
atendieran
las leyes y enseñanzas del Señor.

¡Alabado sea el Señor!

## SALMO 106 (105)

### La constante rebeldía de Israel

¹¡Alabado sea el Señor!

Den gracias al Señor, porque él es
bueno,
porque su amor es eterno.ʲ

²¿Quién podrá describir las victorias
del Señor?ᵏ
¿Quién podrá alabarle como merece?

³Felices los que practican la justicia
y hacen siempre lo que es justo.

⁴Acuérdate de mí, Señor, cuando
hagas bien a tu pueblo;
tenme presente cuando vengas a
salvar,

⁵para que vea yo la dicha de tus
escogidos,
para que me alegre y enorgullezca
con el pueblo que te pertenece.

⁶Hemos pecado igual que nuestros
padres;
nos hemos pervertido; hemos hecho
lo malo.

⁷Nuestros padres, allá en Egipto,
no dieron importancia a tus grandes
hechos;
se olvidaron de tu gran amor,
y junto al Mar Rojo se rebelaron
contra ti.ˡ

⁸Pero Dios los salvó, y dio a conocer
su poder
haciendo honor a su nombre.ᵐ

⁹Reprendió al Mar Rojo y lo dejó
seco.
Los hizo pasar por el fondo del mar
como por un desierto.

¹⁰Así los salvó de sus enemigos,
del poder de quienes los odiaban.

¹¹El agua cubrió a sus rivales
y ni uno de ellos quedó con vida.

¹²Entonces creyeron en las promesas
de Diosⁿ
y le cantaron alabanzas.ñ

¹³Pero muy pronto olvidaron los
hechos de Dios,
y no esperaron a conocer sus planes.

¹⁴Allá, en la soledad del desierto,
pusieron a prueba a Dios
exigiéndole que les cumpliera sus
deseos.

¹⁵Y Dios les dio lo que pidieron,
pero les mandó una enfermedad
mortal.ᵒ

¹⁶En el campamento tuvieron envidia
de Moisés,
y también de Aarón, el consagrado
del Señor.

¹⁷Entonces se abrió la tierra y se tragó
a Datán,
y también a la pandilla de Abiram.

¹⁸¡El fuego ardió contra todos ellos!
¡Las llamas quemaron a los
malvados!ᵖ

ᶜ 105.34-35 Ex 10.12-15. ᵈ 105 .36 Ex 12.29. ᵉ 105.37-38 Ex 12.33-36. ᶠ 105.39 Ex 13.21-22. ᵍ 105.40 Ex 16.2-15. ʰ 105.41 Ex 17.1-7; Nm 20.2-13. ⁱ 105.44 Jos 11.16-23. ʲ 106.11 Cr 16.34; 2 Cr 5.13; 7.3; Esd 3.11; Sal 100.5; 107.1; 118.1; 136.1-26; Jer 33.11; Dan (dc) 3.89-90. ᵏ 106.1-48 Ez 20.4-44. ˡ 106.7 Ex 14.10-12. ᵐ 106.8 Dt 7.7-8; Ez 20.9; 36.22-23. ⁿ 106.9-12 Ex 14.21-31. ñ 106.12 Ex 15.1-21. ᵒ 106.14-15 Nm 11.4-34. ᵖ 106.16-18 Nm 16.1-35.

¹⁹En el monte Horeb hicieron un
   becerro,
un ídolo de oro fundido, y lo
   adoraron:
²⁰¡cambiaron al Dios glorioso
por la imagen de un buey que come
   hierba!�q
²¹Olvidaron a Dios, su salvador,
   que había hecho grandes cosas en
      Egipto,
²²que había hecho maravillas en el país
      de Cam
   y cosas sorprendentes en el Mar
      Rojo.
²³Dios habló de destruirlos;
   pero Moisés, su escogido, se
      interpuso
   y calmó el furor de Dios,
   evitando que los destruyera.ʳ

²⁴Más tarde despreciaron un país
      hermoso,
   y no creyeron en las promesas de
      Dios;
²⁵dentro de sus tiendas hablaron mal
      del Señor,
   y no obedecieron sus órdenes.
²⁶Entonces él levantó la mano y les
      juró
   que los haría morir en el desierto,ˢ
²⁷que haría morir a sus descendientes
   y los dispersaría entre las naciones
      paganas.ᵗ

²⁸Se hicieron esclavos de Baal-peor,
   y comieron de lo sacrificado a dioses
      sin vida.
²⁹Con sus malas acciones provocaron a
      Dios,
   y se extendió una plaga entre ellos.
³⁰Pero Finees se levantó y ejecutó al
      culpable,
   y así la plaga se detuvo.
³¹Y Dios le tomó en cuenta esa justa
      acción,
   para siempre y de padres a hijos.ᵘ

³²Hicieron también que Dios se
      enojara
   junto a las aguas de Meriba,
   y por causa de ellos
   le fue muy mal a Moisés,
³³pues le amargaron el ánimo
   y él habló sin pensar lo que decía.ᵛ

³⁴No destruyeron a los pueblos

que el Señor había ordenado
   destruir.
³⁵Por el contrario,
   se mezclaron con los paganos
   y aprendieron sus costumbres:
³⁶adoraron ídolos paganos,
   los cuales fueron causa de su ruina,ʷ
³⁷pues ofrecieron a sus hijos y a sus
      hijas
   en sacrificio a esos demonios.ˣ
³⁸Derramaron sangre inocente,
   la sangre de sus hijos y sus hijas,
   y la ofrecieron a los dioses de
      Canaán.
   La tierra se manchó con su sangre,ʸ
³⁹y ellos se mancharon y prostituyeron
   con todas sus malas acciones.

⁴⁰El Señor se enfureció contra su
      pueblo,
   y renegó de ellos, de los que eran
      suyos;
⁴¹los abandonó en manos de los
      paganos,
   y sus enemigos los dominaron;
⁴²sus enemigos los aplastaron,
   los humillaron bajo su poder.
⁴³Dios los salvó muchas veces,
   pero ellos se opusieron a sus planes
   y se hundieron en su propia maldad.
⁴⁴Sin embargo, al verlos angustiados
   y al escuchar sus lamentos,
⁴⁵se acordó de su pacto con ellos
   y cambió de parecer,
   porque su amor es muy grande:
⁴⁶¡hizo que aun sus conquistadores
   los trataran con bondad!ᶻ

⁴⁷¡Sálvanos, Señor y Dios nuestro!
   ¡Recógenos de entre las naciones
   para que alabemos tu santo nombre,
   para que alegres te alabemos!

⁴⁸¡Bendito sea el Señor, Dios de Israel,
   por toda la eternidad!
   ¡Que todos digan: "Así sea"!ᵃ

   ¡Alabado sea el Señor!

# LIBRO V

## SALMO 107 (106)

### El constante amor del Señor

¹Den gracias al Señor, porque él es
   bueno,

q 106.20 Jer 2.11; Ro 1.23.   r 106.19-23 Ex 32.1-14.   s 106.24-26 Nm 14.1-35.   t 106.27 Lv 26.33.   u 106.28-31 Nm 25 .1-13
v 106.32-33 Nm 20.2-13.   w 106.34-36 Jue 2.1-3; 3.5-6.   x 106.37 2 R 17.17; Bar 4.7.   y 106.38 Nm 35.33.
z 106.40-46 Jue 2.14-18.   a 106.47-48 1 Cr 16.35-36.

porque su amor es eterno.[b]

2 Díganlo los que el Señor ha salvado,
los que salvó del poder del enemigo,
3 los que reunió de entre los países
del norte y del sur,
del este y del oeste.

4 Andaban perdidos por el desierto
arenoso,
sin hallar el camino a una ciudad
donde vivir;
5 tenían hambre y sed,
¡estaban a punto de morir!
6 Pero en su angustia clamaron al
Señor,
y él los libró de la aflicción.
7 Después los puso en el buen camino
hacia una ciudad donde vivir.

8      Den gracias al Señor por su
amor,
¡por lo que hace en favor de los
hombres!
9      Pues él apaga la sed del sediento
y da abundante comida al
hambriento.

10 Vivían en profunda oscuridad,
presos de la tristeza y las cadenas,
11 por rebelarse contra las órdenes del
Señor,
por despreciar los planes del
Altísimo.
12 Dios los sometió a duros trabajos;
tropezaban, y nadie los ayudaba.
13 Pero en su angustia clamaron al
Señor,
y él los salvó de la aflicción;
14 los sacó de la profunda oscuridad
y los libró de las cadenas.

15     Den gracias al Señor por su
amor,
¡por lo que hace en favor de los
hombres!
16     ¡El hizo pedazos puertas de
bronce!
¡El hizo pedazos barras de
hierro!

17 Enfermos[77] y afligidos
por sus propias maldades y pecados,
18 no soportaban ningún alimento;
¡ya estaban a las puertas de la
muerte!

19 Pero en su angustia clamaron al
Señor,
y él los salvó de la aflicción;
20 envió su palabra, y los sanó;
¡los libró del sepulcro!

21     Den gracias al Señor por su
amor,
¡por lo que hace en favor de los
hombres!
22     Ofrézcanle sacrificios de
gratitud
y hablen con alegría de sus
actos.

23 Se hicieron a la mar los
comerciantes.
Surcaron las aguas con sus barcos,
24 y allí, en alta mar, vieron
la creación maravillosa del Señor.
25 A la voz del Señor se desató una
tormenta
que levantaba grandes olas;
26 eran lanzados hasta el cielo
y hundidos hasta el fondo del mar;
¡perdieron el valor ante el peligro!
27 Se tambaleaban como borrachos;
¡de nada les servía su pericia!
28 Pero en su angustia clamaron al
Señor,
y él los sacó de la aflicción;
29 convirtió en brisa la tempestad,
y las olas se calmaron.
30 Al ver tranquilas las olas, se
alegraron,
y Dios los llevó hasta el puerto
deseado.

31     Den gracias al Señor por su
amor,
¡por lo que hace en favor de los
hombres!
32     ¡Aclámenlo al reunirse el
pueblo!
¡Alábenlo en la reunión de
ancianos!

33 El Señor convierte ríos y manantiales
en desiertos y tierras secas;
34 convierte tierras fértiles en salitrosas,
por la maldad de sus habitantes;
35 convierte desiertos en lagunas
y tierras secas en manantiales;[c]
36 allí establece a los que tienen
hambre,
y ellos construyen sus ciudades.

[77] Enfermos: según otras versiones. Heb. insensatos.
[b] 107.11 Cr 16.34; 2 Cr 5.13; 7.3; Esd 3.11; Sal 100.5; 106.1; 118.1; 136.1-26; Jer 33.11.   [c] 107.33-35 Dt 29.23; Is 43.19; 40.3;
Eclo 39.22-23.

³⁷Siembran campos, plantan viñedos
y recogen cose  has abundantes.
³⁸El los bendice, hace que aumenten
y que crezca el número de sus
ganados.
³⁹Y si mueren y su número decrece
a causa de la opresión,
de la desgracia y el dolor,
⁴⁰Dios desprecia a los opresores
y los hace perderse en desiertos sin
camino.ᵈ
⁴¹El saca a los pobres de su tristeza;
¡hace crecer sus familias como
rebaños!
⁴²Al ver esto, los hombres honrados se
alegran,
y los malvados cierran la boca.

⁴³El que es inteligente,
debe tener esto en cuenta
y comprender el amor del Señor.

## SALMO 108 (107)

### Mi corazón está dispuesto
#### (Sal 57.7-11; 60.5-12)

¹Mi corazón está dispuesto, Dios mío,
¡dispuesto a cantarte himnos!
Despierta, alma mía;
²despierten, arpa y salterio;
¡despertaré al nuevo día!
³Te alabaré con himnos, Señor,
en medio de pueblos y naciones.
⁴Pues tu amor es más grande que los
cielos.
¡Tu lealtad alcanza al cielo azul!ᵉ
⁵¡Dios mío, tú estás por encima del
cielo;
tu gloria llena toda la tierra!ᶠ
⁶Sálvanos con tu poder,
para que sean libertados los que
amas.
¡Respóndenos!

⁷Dios habló desde su santuario:
"¡Con qué alegría dividiré Siquem
y repartiré el valle de Sucot!
⁸Galaad y Manasés me pertenecen;
Efraín es el casco que cubre mi
cabeza;
Judá es mi bastón de mando;
⁹Moab es la palangana en que me
lavo;
sobre Edom arrojaré mi sandalia;
¡cantaré victoria sobre los filisteos!"

¹⁰¿Quién me llevará a la ciudad
amurallada?
¿Quién me guiará hasta Edom?
¹¹Pues tú, oh Dios, nos has rechazado;
¡no sales ya con nuestras tropas!
¹²Ayúdanos contra el enemigo,
pues nada vale la ayuda del hombre.
¹³Con la ayuda de Dios haremos
grandes cosas;
¡él aplastará a nuestros enemigos!

## SALMO 109 (108)

### Apelación al Juez supremo

¹Oh Dios,
no te quedes callado ante mi
oración,
²pues labios mentirosos y malvados
hablan mal de mí,
y es falso lo que de mí dicen.
³Sus expresiones de odio me rodean;
¡me atacan sin motivo!
⁴A cambio de mi amor, me atacan;
pero yo hago oración.
⁵Me han pagado mal por bien,
y a cambio de mi amor, me odian.

⁶Pon como juez suyo a un malvado,
y que su propio abogado lo condene;
⁷que lo declaren culpable en el juicio;
que lo condene su propia defensa.
⁸¡Que viva poco tiempo
y que otro se apodere de sus
bienes!⁷⁸'ᵍ
⁹¡Que sus hijos queden huérfanos
y viuda su esposa!
¹⁰¡Que sus hijos anden vagando y
pidiendo limosna!
¡Que los echen⁷⁹ de las ruinas de su
casa!
¹¹Que se lleve el prestamista
todo lo que le pertenecía.
Que gente extraña le arrebate
el fruto de su trabajo.
¹²Que no haya quien tenga compasión
de él ni de sus hijos huérfanos.
¹³Que se acabe su descendencia,
que se borre para siempre su
apellido.
¹⁴Que se acuerde el Señor de la maldad
de su padre
y nunca borre el pecado de su
madre;
¹⁵que el Señor los tenga siempre
presentes

---

⁷⁸ Sus bienes: otra posible traducción: su nombramiento.   ⁷⁹ Que los echen: según la versión griega. Heb. y busquen.
ᵈ 107.40 Job 12.24.   ᵉ 108.4 Sal 36.5.   ᶠ 108.5 Sal 8.1.   ᵍ 109.8 Hch 1.20.

y borre de la tierra su recuerdo.

¹⁶Nunca pensó en ser compasivo;
a los pobres y humildes y afligidos
los persiguió hasta matarlos.
¹⁷Ya que prefirió la maldición, ¡que lo
maldigan!
No quiso bendición, ¡pues que nunca
lo bendigan!
¹⁸Que lo cubra la maldición como un
vestido;
que le entre en el vientre y en los
huesos
cual si fuera agua o aceite;
¹⁹¡que lo cubra como un vestido
y lo oprima como un cinto!
²⁰¡Así pague el Señor a mis enemigos
y a los que hablan mal de mí!

²¹Pero tú, Señor,
haz honor a tu nombre, y trátame
bien.
¡Sálvame, por la bondad de tu amor!
²²Estoy muy pobre y afligido,
tengo herido el corazón,
²³me voy desvaneciendo como una
sombra,
¡el viento me arrastra como a una
langosta!ʰ
²⁴De no comer me tiemblan las
rodillas;
adelgazo por falta de alimento.
²⁵¡Soy el hazmerreír de la gente!
¡Al verme, mueven burlones la
cabeza!ⁱ

²⁶Ayúdame, Señor y Dios mío;
¡sálvame, por tu amor!
²⁷Que sepan que tú, Señor,
has hecho esto con tu mano.
²⁸No importa que me maldigan,
con tal que tú me bendigas.
Que ellos se avergüencen
mientras tu siervo se alegra.
²⁹¡Que mis enemigos se llenen de
vergüenza!
¡Que los cubra la vergüenza como
una capa!

³⁰Con mis labios daré al Señor gracias
infinitas;
¡lo alabaré en medio de mucha
gente!
³¹Porque él aboga en favor del pobre
y lo pone a salvo de los que lo
condenan.

## SALMO 110 (109)

### El Señor da poder al rey

¹El Señor dijo a mi señor:
"Siéntate a mi derecha,
hasta que yo haga de tus enemigos
el estrado de tus pies."ʲ

²Desde Sión, el Señor te entrega
el bastón, símbolo de tu poder.
¡Domina, pues, a tus enemigos!
³Tu pueblo se te entrega
en el día de tu victoria.
Sobre los montes santos,
y como el rocío que nace de la
aurora,
tu juventud se renueva de día en
día.⁸⁰

⁴El Señor ha hecho un juramento,
y no va a desdecirse:
"Tú eres sacerdote para siempre,
de la misma clase que
Melquisedec."ᵏ

⁵El Señor está a tu mano derecha,
en el día de su furor, destruirá reyes;
⁶dictará sentencia contra las naciones;
amontonará cadáveres;
¡estrellará cabezas en toda la tierra!
⁷En el camino, beberá agua de un
arroyo,
y el agua le dará nuevas fuerzas.

## SALMO 111 (110)

### Alabanza de los actos de Dios

¹¡Alabado sea el Señor!

Alabaré al Señor de todo corazón
en la reunión de los hombres
honrados,
en la comunidad entera.
²Las obras del Señor son grandes,
y quienes las aman, las estudian.
³Su obra es bella y esplendorosa,
y su justicia permanece para
siempre.
⁴Ha hecho inolvidables sus
maravillas.

El Señor es tierno y compasivo;
⁵da alimentos a los que le honran;
¡se acuerda siempre de su pacto!

⁸⁰ *Tu pueblo . . . día en día:* traducción probable. Heb. oscuro.
ʰ **109.23** Job 8.9; 14.2; Sal 39.5-6; 102.11. ⁱ **109.25** Mt 27.39; Mr 15.29. ʲ **110.1**Mt 22.44; Mr 12.36; Lc 20.42-43; Hch 2.34-35;
1 Co 15.25; Ef 1.20-22; Col 3.1; He 1.13; 8.1; 10.12-13. ᵏ **110.4** Gn 14.18-20; He 5.6; 6.20; 7.17,21.

⁶Mostró a su pueblo el poder de sus
obras,
dándole lo que era posesión de los
paganos.
⁷Lo que él hace es justo y verdadero;
se puede confiar en sus
mandamientos,
⁸pues son firmes hasta la eternidad
y están hechos con verdad y rectitud.
⁹Dio libertad a su pueblo
y afirmó su pacto para siempre.
Dios es santo y terrible.

¹⁰La mayor sabiduría consiste en
honrar al Señor;*l*
los que le honran, tienen buen juicio.
¡Dios será siempre alabado!

## SALMO 112 (111)

### La dicha del hombre honrado

¹¡Alabado sea el Señor!

Feliz el hombre que honra al Señor
y se complace en sus mandatos.*m*
²Los descendientes del hombre
honrado
serán bendecidos y tendrán poder en
la tierra.
³En su casa hay abundantes riquezas,
y su generosidad es constante.
⁴Es como una luz en la oscuridad,
que brilla*81* para los hombres
honrados.
Es compasivo, tierno y justo.
⁵El hombre de bien presta con
generosidad
y maneja con honradez sus negocios;
⁶por eso jamás llegará a caer.
¡El hombre justo será siempre
recordado!
⁷No tiene miedo de malas noticias;
su corazón está firme, confiado en el
Señor.
⁸Su corazón está firme; no tiene
miedo,
y aun mira con burla a sus enemigos.
⁹Reparte limosna entre los pobres,
su generosidad es constante,*n*
levanta la frente con honor.
¹⁰El malvado se enfurece al verlo;
en su impotencia rechina los dientes.
La ambición de los malvados
fracasará.

## SALMO 113 (112)

### Alabanza a la bondad del Señor

¹¡Alabado sea el Señor!
Siervos del Señor, ¡alaben su
nombre!

²¡Bendito sea ahora y siempre
el nombre del Señor!
³¡Alabado sea el nombre del Señor
del oriente al occidente!
⁴El Señor está por encima de las
naciones;
¡su gloria está por encima del cielo!

⁵Nadie es comparable al Señor
nuestro Dios,
que reina allá en lo alto;
⁶y que, sin embargo, se inclina
para mirar el cielo y la tierra.
⁷El Señor levanta del suelo al pobre,
y saca del lugar más bajo al
necesitado
⁸para sentarlo entre gente importante,
entre la gente importante de su
pueblo.
⁹A la mujer que no tuvo hijos
le da la alegría de ser madre
y de tener su propio hogar.*ñ*

¡Alabado sea el Señor!

## SALMO 114 (113a)

### Recuerdos de la salida de Egipto

¹Cuando Israel, la casa de Jacob,
salió de Egipto,*o* del país extraño,
²Judá llegó a ser el santuario del
Señor;
Israel llegó a ser su dominio.

³Cuando el mar vio a Israel, huyó,*p*
y el río Jordán se hizo atrás.*q*
⁴¡Los cerros y las montañas
saltaron como carneros y corderitos!

⁵¿Qué te pasó, mar, que huiste?
¿qué te pasó, Jordán, que te hiciste
atrás?
⁶¿qué les pasó, cerros y montañas,
que saltaron como carneros y
corderitos?

⁷¡Tiembla tú, tierra,

---

*81 Es como una luz . . . que brilla:* según otras versiones. Heb. *una luz . . . brilla.*
*l* 111.10 Job 28.28; Pr 1.7; 9.10; Eclo 1.14.   *m* 112.1 Sal 1.1-2.   *n* 112.9 2 Co 9.9.   *ñ* 113.5-9 1 S 2.2-8; Lc 1.48-53.   *o* 114.1 Ex 12.51.
*p* 114.3,5 Ex 14.21; Sal 66.6; 74.13.   *q* 114.3 Jos 3.16.

delante del Señor, Dios de Jacob!
[8]¡Él convirtió las peñas en lagunas!
¡Él convirtió las rocas en
manantiales![r]

## SALMO 115 (113b)

### Nuestro Dios está en el cielo

[1]Señor,
glorifícate a ti mismo, y no a
nosotros;
¡glorifícate, por tu amor y tu
verdad!
[2]¿Por qué han de preguntar los
paganos
dónde está nuestro Dios?
[3]Nuestro Dios está en el cielo;
él ha hecho todo lo que quiso.
[4]Los ídolos de los paganos son oro y
plata,
objetos que el hombre fabrica con
sus manos:
[5]tienen boca, pero no pueden hablar;
tienen ojos, pero no pueden ver;
[6]tienen orejas, pero no pueden oír;
tienen narices, pero no pueden oler;
[7]tienen manos, pero no pueden tocar;
tienen pies, pero no pueden andar;
¡ni un solo sonido sale de su
garganta!
[8]Iguales a esos ídolos
son quienes los fabrican
y quienes en ellos creen.[s]

[9]Israelitas, ¡confíen en el Señor!
Él nos ayuda y nos protege.
[10]Sacerdotes, ¡confíen en el Señor!
Él nos ayuda y nos protege.
[11]Ustedes que honran al Señor,
¡confíen en él!
Él nos ayuda y nos protege.

[12]¡El Señor se ha acordado de nosotros
y nos bendecirá!
Bendecirá a los israelitas,
bendecirá a los sacerdotes,
[13]bendecirá a los que le honran,
a grandes y pequeños.[t]

[14]¡Que el Señor les aumente la
descendencia
a ustedes y a sus hijos!
[15]¡Que el Señor, creador del cielo y de
la tierra,
les dé a ustedes su bendición!

[16]El cielo pertenece al Señor,
y al hombre le dio la tierra.
[17]Los que han bajado al mundo del
silencio,
los que ya han muerto, no pueden
alabar al Señor;
[18]pero nosotros lo alabaremos
ahora y siempre.

¡Alabado sea el Señor!

## SALMO 116 (114-115)

### Oración de gratitud

[1]Amo al Señor porque ha escuchado
mis súplicas,
[2]porque me ha prestado atención.
¡Toda mi vida le invocaré!
[3]La muerte me enredó en sus lazos,[u]
la angustia del sepulcro me alcanzó
y me hallé preso del miedo y del
dolor.
[4]Entonces invoqué el nombre del
Señor
y le rogué que me salvara la vida.

[5]El Señor es justo y compasivo;
nuestro Dios es todo ternura.
[6]El Señor cuida de los sencillos.
Cuando yo estaba sin fuerzas, me
salvó.
[7]Ahora sí, puedo volver a sentirme
tranquilo
porque el Señor ha sido bueno
conmigo,
[8]porque me ha librado de la muerte,
porque me ha librado de llorar y de
caer.
[9]Seré obediente al Señor
en el mundo de los que viven.

[10]Yo tenía fe, a pesar de que decía[v]
que era grande mi aflicción.
[11]Desesperado, afirmé
que todo hombre es mentiroso.

[12]¿Cómo podré pagar al Señor
todo el bien que me ha hecho?
[13]¡Levantaré la copa de la salvación[w]
e invocaré su nombre!
[14]Cumpliré mis promesas al Señor
en presencia de todo su pueblo.

[15]Mucho le cuesta al Señor
ver morir a los que le aman.

[r] 114.8 Ex 17.1-7; Nm 20.2-13.   [s] 115.4-8 Sal 135.15-18; Is 44.9-20; Jer 10.1-16; Sab 15.15; Bar 6.7-68; Ap 9.20.   [t] 115.13 Ap 11.18;
19.5.   [u] 116.3-4 Sal 18.5-6.   [v] 116.10 2 Co 4.13.   [w] 116.13 Ex 29.40.

16¡Oh Señor, yo soy tu siervo!
¡Yo soy el hijo de tu sierva!
Tú has roto los lazos que me ataban.
17En gratitud, te ofreceré sacrificios,
e invocaré, Señor, tu nombre.
18Cumpliré mis promesas al Señor
en presencia de todo su pueblo,
19en los atrios del templo del Señor,
¡en medio de ti, Jerusalén!

¡Alabado sea el Señor!

## SALMO 117 (116)

### *Alabanza al Señor*

1Naciones y pueblos todos,
alaben al Señor,*x*
2pues su amor por nosotros es muy
grande;
¡la fidelidad del Señor es eterna!

¡Alabado sea el Señor!

## SALMO 118 (117)

### *El poder del Señor es extraordinario*

1Den gracias al Señor, porque él es
bueno,
porque su amor es eterno.*y*
2Que digan los israelitas:
"El amor del Señor es eterno."
3Que digan los sacerdotes:
"El amor del Señor es eterno."
4Que digan los que honran al Señor:
"El amor del Señor es eterno."

5En mi angustia llamé al Señor;
él me escuchó y me dio libertad.
6El Señor está conmigo; no tengo
miedo.
¿Qué me puede hacer el hombre?*z*
7El Señor está conmigo; él me ayuda.
¡He de ver derrotados a los que me
odian!
8Es mejor confiar en el Señor
que confiar en el hombre.
9Es mejor confiar en el Señor
que confiar en grandes hombres.

10Todas las naciones me rodearon,
pero en el nombre del Señor las
derroté.

11Me rodearon por todos lados,
pero en el nombre del Señor las
derroté.
12Me rodearon como avispas,
pero su furia se apagó como fuego
de espinos;
¡en el nombre del Señor las derroté!
13Me empujaron con violencia, para
que cayera,
pero el Señor vino en mi ayuda.
14Yo canto al Señor, que me da
fuerzas.
¡El es mi salvador!*a*

15En las casas de los hombres fieles
hay alegres cantos victoriosos:
"¡El poder del Señor alcanzó la
victoria!
16¡El poder del Señor es
extraordinario!
¡El poder del Señor alcanzó la
victoria!"
17¡No moriré, sino que he de vivir
para contar lo que el Señor ha
hecho!
18El Señor me ha castigado con
dureza,
pero no me ha dejado morir.

19¡Abran las puertas del templo,*82*
que quiero entrar a dar gracias al
Señor!

20Esta es la puerta del Señor,
y por ella entrarán los que le son
fieles.*b*

21Te doy gracias, Señor, porque me
has respondido
y porque eres mi salvador.
22La piedra que los constructores
despreciaron
se ha convertido en la piedra
principal.*c*
23Esto lo ha hecho el Señor,
y estamos maravillados.*d*
24Este es el día en que el Señor ha
actuado:
¡estemos hoy contentos y felices!

25Por favor, Señor, ¡sálvanos!
Por favor, Señor, ¡haz que nos vaya
bien!

26¡Bendito el que viene en el nombre
del Señor!*e*

---

82 *Las puertas del templo:* lit. *las puertas de la rectitud.*
*x* 117.1 Ro 15.11.   *y* 118.1 1 Cr 16.34; 2 Cr 5.13; 7.3; Esd 3.11; Sal 100.5; 106.1; 107.1; 136.1-26; Jer 33.11; Dn (dc) 3.89-90.
*z* 118.6 Sal 56.4,11; He 13.6.   *a* 118.14 Ex 15.2; Is 12.2.   *b* 118.20 Sal 15; 24.3-6.   *c* 118.22 Lc 20.17; Hch 4.11; 1 P 2.7.
*d* 118.22-23 Mt 21.42; Mr 12.10-11.   *e* 118.26 Mt 21.9; 23 39; Mr 11.9; Lc 13.35; 19.38; Jn 12.13.

Bendecimos a ustedes desde el
templo del Señor.
27 El Señor es Dios; ¡él nos alumbra!
Comiencen la fiesta y lleven ramas
hasta los cuernos del altar.

28 Te doy gracias y alabo tu grandeza,
porque tú eres mi Dios.
29 Den gracias al Señor, porque él es
bueno,
porque su amor es eterno.

## SALMO 119 (118)

### *Alabanzas a la ley de Dios* ᶠ

#### – 1 –

1 Felices los que se conducen sin tacha
y siguen la enseñanza del Señor.
2 Felices los que atienden a sus
mandatos
y le buscan de todo corazón,
3 los que no hacen nada malo,
los que siguen el camino del Señor.ᵍ
4 Tú has ordenado que tus preceptos
se cumplan estrictamente.
5 ¡Ojalá yo me mantenga firme
en la obediencia a tus leyes!
6 No tendré de qué avergonzarme
cuando atienda a todos tus
mandamientos.
7 Te alabaré con corazón sincero
cuando haya aprendido tus justos
decretos.
8 ¡Quiero cumplir tus leyes!
¡No me abandones jamás!

#### – 2 –

9 ¿Cómo podrá el joven llevar una
vida limpia?
¡Viviendo de acuerdo con tu
palabra!
10 Yo te busco de todo corazón;
no dejes que me aparte de tus
mandamientos.
11 He guardado tus palabras en mi
corazón
para no pecar contra ti.
12 ¡Bendito tú, Señor!
¡Enséñame tus leyes!
13 Con mis labios contaré
todos los decretos que pronuncies.

14 Me alegraré en el camino de tus
mandatos,
más que en todas las riquezas.
15 Meditaré en tus preceptos
y pondré mi atención en tus
caminos.
16 Me alegraré con tus leyes
y no me olvidaré de tu palabra.

#### – 3 –

17 ¡Concédele vida a este siervo tuyo!
¡Obedeceré tu palabra!
18 Abre mis ojos, para que contemple
las maravillas de tu enseñanza.
19 Yo soy extranjero en esta tierra;
no escondas de mí tus
mandamientos.ʰ
20 Me siento oprimido a todas horas
por el deseo de conocer tus decretos.
21 Tú reprendes a los insolentes y
malditos
que se apartan de tus mandamientos.
22 Aléjame de sus ofensas y desprecios,
pues he atendido a tus mandatos.
23 Aunque hombres poderosos tramen
hacerme daño,
este siervo tuyo meditará en tus
leyes.
24 Yo me alegro con tus mandatos;
ellos son mis consejeros.

#### – 4 –

25 Estoy a punto de morir;
¡dame vida, conforme a tu promesa!
26 Te he expuesto mi conducta, y me
has respondido.
¡Enséñame tus leyes!
27 Dame entendimiento para seguir tus
preceptos,
pues quiero meditar en tus
maravillas.
28 Estoy ahogado en lágrimas de dolor;
¡manténme firme, conforme a tu
promesa!
29 Aléjame del camino de la mentira
y favoréceme con tu enseñanza.
30 He escogido el camino de la verdad
y deseo tus decretos.
31 Señor, me he apegado a tus
mandatos;
¡no me llenes de vergüenza!
32 Me apresuro a cumplir tus
mandamientos
porque llenas de alegría mi corazón.

ᶠ 119 Sal 19.7-14.   ᵍ 119.1-3 Sal 1.1-2.   ʰ 119.19 Sal 39.12; 1 P 2.11.

– 5 –

³³Señor, enséñame el camino de tus
leyes,
pues quiero seguirlo hasta el fin.
³⁴Dame entendimiento para guardar tu
enseñanza;
¡quiero obedecerla de todo corazón!
³⁵Llévame por el camino de tus
· mandamientos,
pues en él está mi felicidad.
³⁶Haz que mi corazón prefiera tus
mandatos
a las ganancias mal habidas.
³⁷No dejes que me fije en falsos dioses;
¡dame vida para seguir tu camino!
³⁸Confirma a este siervo tuyo
las promesas que haces a los que te
honran.
³⁹Aleja de mí la ofensa que temo,
pues tus decretos son buenos.
⁴⁰Yo he deseado tus preceptos;
¡dame vida, pues tú eres justo!

– 6 –

⁴¹Muéstrame, Señor, tu amor y
salvación,
tal como lo has prometido.
⁴²Así podré responder al que me
ofenda,
pues confío en tu palabra.
⁴³No quites de mi boca la palabra de
verdad,
pues he puesto mi esperanza en tus
decretos.
⁴⁴¡Quiero poner en práctica tu
enseñanza,
siempre, por toda la eternidad!
⁴⁵Así podré vivir en libertad,
pues he seguido tus preceptos.
⁴⁶Hablaré de tus mandatos ante los
reyes
y no sentiré vergüenza.
⁴⁷Pues amo tus mandamientos
y me alegro con ellos.
⁴⁸Amo y anhelo⁸³ tus mandamientos,
y pienso mucho en tus leyes.

– 7 –

⁴⁹Recuerda la palabra que diste a este
siervo tuyo:
en ella me hiciste poner la esperanza.
⁵⁰Este es mi consuelo en la tristeza:
que con tus promesas me das vida.
⁵¹Los insolentes me ofenden sin cesar,
pero yo no me aparto de tu
enseñanza.
⁵²Recuerdo tus decretos de otros
tiempos,
y en ellos, Señor, encuentro
consuelo.
⁵³Los malvados que abandonan tu
enseñanza
me llenan de furor.
⁵⁴Tus leyes han sido mis canciones
en esta tierra donde soy un
extranjero.
⁵⁵Señor, por las noches me acuerdo de
ti;
¡quiero poner en práctica tu
enseñanza!
⁵⁶Esto es lo que me corresponde:
obedecer tus preceptos.

– 8 –

⁵⁷Tú, Señor, eres todo lo que tengo;
he prometido poner en práctica tus
palabras.
⁵⁸De todo corazón he procurado
agradarte;
trátame bien, conforme a tu
promesa.
⁵⁹Me puse a pensar en mi conducta,
y volví a obedecer tus mandatos.
⁶⁰Me he dado prisa, no he tardado
en poner en práctica tus
mandamientos.
⁶¹Me han rodeado con trampas los
malvados,
pero no me he olvidado de tu
enseñanza.
⁶²A medianoche me levanto a darte
gracias
por tus justos decretos.
⁶³Yo soy amigo de los que te honran
y de los que cumplen tus preceptos.
⁶⁴Señor, la tierra está llena de tu
amor;ⁱ
¡enséñame tus leyes!

– 9 –

⁶⁵Señor, tú has tratado bien a este
siervo tuyo,
conforme a tu promesa.
⁶⁶Enséñame a tener buen juicio y
conocimiento,
pues confío en tus mandamientos.
⁶⁷Antes de ser humillado cometí
muchos errores,
pero ahora obedezco tu palabra.

---

⁸³ *Anhelo:* otra posible traducción: *recibo con gusto.* Lit. *levanto las manos a.*
ⁱ 119.64 Sal 33.5.

⁶⁸Tú eres bueno, y haces el bien;
¡enséñame tus leyes!
⁶⁹Los insolentes me acusan falsamente,
pero yo cumplo tus preceptos de
todo corazón.
⁷⁰Ellos tienen la mente entorpecida,
pero yo me alegro con tu enseñanza.
⁷¹Me hizo bien haber sido humillado,
pues así aprendí tus leyes.
⁷²Para mí vale más la enseñanza de tus
labios,
que miles de monedas de oro y plata.

– 10 –

⁷³Tú mismo me hiciste y me formaste;
¡dame inteligencia para aprender tus
mandamientos!
⁷⁴Los que te honran se alegrarán al
verme,
porque he puesto mi esperanza en tu
palabra.
⁷⁵Señor, yo sé que tus decretos son
justos
y que tienes razón cuando me
afliges.
⁷⁶¡Que tu amor me sirva de consuelo,
conforme a la promesa que me
hiciste!
⁷⁷Muéstrame tu ternura, y hazme vivir,
pues me siento feliz con tu
enseñanza.
⁷⁸Sean avergonzados los insolentes
que sin razón me maltratan;
yo quiero meditar en tus preceptos.
⁷⁹Que se reúnan conmigo los que te
honran,
los que conocen tus mandatos.
⁸⁰Que mi corazón sea perfecto en tus
leyes,
para no tener de qué avergonzarme.

– 11 –

⁸¹Con ansia espero que me salves;
¡he puesto mi esperanza en tu
palabra!
⁸²Mis ojos se consumen esperando tu
promesa,
y digo: "¿Cuándo vendrás a
consolarme?"
⁸³Aunque soy un jiejo inútil y
olvidado,
no me he olvidado de tus leyes.
⁸⁴¿Cuánto más habré de esperar?
¿Cuándo juzgarás a los que me
persiguen?

⁸⁵Gente insolente que no sigue tu
enseñanza,
ha cavado trampas a mi paso.
⁸⁶¡Ayúdame, pues soy perseguido sin
motivo!
¡Tus mandamientos son todos
verdaderos!
⁸⁷Casi he sido borrado de la tierra,
pero no he descuidado tus preceptos.
⁸⁸Dame vida, de acuerdo con tu amor,
y cumpliré los mandatos de tus
labios.

– 12 –

⁸⁹Señor, tu palabra es eterna;
¡afirmada está en el cielo!ʲ
⁹⁰Tu fidelidad permanece para
siempre;
tú afirmaste la tierra, y quedó en pie.
⁹¹Todas las cosas siguen firmes,
conforme a tus decretos,
porque todas ellas están a tu
servicio.
⁹²Si tu enseñanza no me trajera
alegría,
la tristeza habría acabado conmigo.
⁹³Jamás me olvidaré de tus preceptos,
pues por ellos me has dado vida.
⁹⁴¡Sálvame, pues soy tuyo
y he seguido tus preceptos!
⁹⁵Los malvados esperan el momento
de destruirme,
pero yo estoy atento a tus mandatos.
⁹⁶He visto que todas las cosas tienen su
fin,
pero tus mandamientos son infinitos.

– 13 –

⁹⁷¡Cuánto amo tu enseñanza!
¡Todo el día medito en ella!
⁹⁸Tus mandamientos son míos para
siempre;
me han hecho más sabio que mis
enemigos.
⁹⁹Entiendo más que todos mis
maestros
porque pienso mucho en tus
mandatos.
¹⁰⁰Entiendo más que los ancianos
porque obedezco tus preceptos.
¹⁰¹He alejado mis pies de todo mal
camino
para cumplir tu palabra.
¹⁰²No me he apartado de tus decretos
porque tú eres quien me enseña.

ʲ **119.89** Is 40.8.

¹⁰³Tu promesa es más dulce a mi
paladar
que la miel a mi boca.ᵏ
¹⁰⁴De tus preceptos he sacado
entendimiento;
por eso odio toda conducta falsa.

*– 14 –*

¹⁰⁵Tu palabra es una lámpara a mis
pies
y una luz en mi camino.ˡ
¹⁰⁶Hice un juramento, y lo voy a
cumplir:
¡pondré en práctica tus justos
decretos!
¹⁰⁷Señor, me siento muy afligido;
¡dame vida, conforme a tu promesa!
¹⁰⁸Acepta, Señor, las ofrendas de mis
labios,
y enséñame tus decretos.
¹⁰⁹Siempre estoy en peligro de muerte,
pero no me olvido de tu enseñanza.
¹¹⁰Los malvados me ponen trampas,
pero no me aparto de tus preceptos.
¹¹¹Mi herencia eterna son tus
mandatos,
porque ellos me alegran el corazón.
¹¹²De corazón he decidido practicar
tus leyes,
para siempre y hasta el fin.

*– 15 –*

¹¹³Odio a la gente hipócrita,
pero amo tu enseñanza.
¹¹⁴Tú eres quien me ampara y me
protege;
en tu palabra he puesto mi
esperanza.
¹¹⁵¡Aléjense de mí, malvados,
que quiero cumplir los mandatos de
mi Dios!
¹¹⁶Dame fuerzas, conforme a tu
promesa, y viviré;
¡no defraudes mi esperanza!
¹¹⁷Ayúdame, y estaré a salvo;
así cumpliré siempre tus leyes.
¹¹⁸Tú desprecias a los que se apartan
de tus leyes,
porque sus pensamientos no tienen
sentido.
¹¹⁹Los malvados de la tierra son para
ti como basura;
por eso yo amo tus mandatos.

¹²⁰Mi cuerpo tiembla de temor delante
de ti;
¡siento reverencia por tus decretos!

*– 16 –*

¹²¹Nunca he dejado de hacer lo que es
justo;
no me abandones en manos de mis
opresores.
¹²²Hazte responsable de mi bienestar;
que no me maltraten los insolentes.
¹²³Mis ojos se consumen esperando
que me salves,
esperando que me libres, conforme a
tu promesa.⁸⁴
¹²⁴Trata a este siervo tuyo de acuerdo
con tu amor;
¡enséñame tus leyes!
¹²⁵Yo soy tu siervo. Dame
entendimiento,
pues quiero conocer tus mandatos.
¹²⁶Señor, ya es tiempo de que hagas
algo,
pues han desobedecido tu enseñanza.
¹²⁷Por eso yo amo tus mandamientos
mucho más que al oro fino.
¹²⁸Por eso me guío⁸⁵ por tus preceptos
y odio toda conducta falsa.

*– 17 –*

¹²⁹Tus mandatos son maravillosos;
por eso los obedezco.
¹³⁰La explicación de tus palabras
ilumina,
instruye a la gente sencilla.
¹³¹Con gran ansia abro la boca,
pues deseo tus mandamientos.
¹³²Mírame, y ten compasión de mí,
como haces con los que te aman.
¹³³Hazme andar conforme a tu
palabra;
no permitas que la maldad me
domine.
¹³⁴Líbrame de la violencia humana,
pues quiero cumplir tus preceptos.
¹³⁵Mira con buenos ojos a este siervo
tuyo,
y enséñame tus leyes.
¹³⁶Ríos de lágrimas salen de mis ojos
porque no se respeta tu enseñanza.

*– 18 –*

¹³⁷Señor, tú eres justo;
rectos son tus decretos.

---

⁸⁴ *Que me libres, conforme a tu promesa:* otra posible traducción: *que cumplas con tu justa promesa.*    ⁸⁵ *Me guío:* según las versiones griega y latina. Heb. oscuro.
ᵏ **119.103** Sal 19.10; Eclo 24.20.    ˡ **119.105** Pr 6.23.

138Todos tus mandatos
son justos y verdaderos.
139Me consume el celo que siento por
tus palabras,
pues mis enemigos se han olvidado
de ellas.
140Tu promesa ha pasado las más
duras pruebas;
por eso la ama este siervo tuyo.
141Humilde soy, y despreciado,
pero no me olvido de tus preceptos.
142Tu justicia es siempre justa,
y tu enseñanza es la verdad.
143Me he visto angustiado y en
aprietos,
pero tus mandamientos me
alegraron.
144Tus mandatos son siempre justos;
¡dame entendimiento para que pueda
yo vivir!

### – 19 –

145Señor, te llamo con todo el corazón;
¡respóndeme, pues quiero cumplir
tus leyes!
146A ti clamo, ayúdame
para que cumpla tus mandatos.
147Antes de amanecer, me levanto a
pedirte ayuda;
he puesto mi esperanza en tu
promesa.
148Antes de anochecer, mis ojos ya
están velando
para meditar en tu promesa.
149Oye mi voz, Señor, por tu amor;
dame vida, conforme a tu justicia.
150Están cerca mis crueles
perseguidores,
pero están lejos de tu enseñanza.
151Tú, Señor, estás cerca,
y todos tus mandamientos son
verdaderos.
152Desde hace mucho conozco tus
mandatos,
establecidos por ti eternamente.

### – 20 –

153Mira mi aflicción y líbrame,
pues no me he olvidado de tu
enseñanza.
154Defiende mi caso y rescátame;
¡dame vida, conforme a tu promesa!
155Tu ayuda está lejos de los
malvados,
porque no siguen tus leyes.
156Señor, es muy grande tu ternura;

dame vida, conforme a tu justicia.
157Muchos son mis enemigos y
opresores,
pero yo no me aparto de tus
mandatos.
158No soporto a los traidores,
a los que no obedecen tus
mandamientos.
159Señor, mira cómo amo tus
preceptos;
¡dame vida, por tu amor!
160En tu palabra se resume la verdad;
eternos y justos son todos tus
decretos.

### – 21 –

161Hombres poderosos me persiguen
sin motivo,
pero mi corazón reverencia tus
palabras.
162Yo me siento feliz con tu promesa,
como quien se encuentra un gran
tesoro.
163Odio la mentira, no la soporto;
pero amo tu enseñanza.
164A todas horas te alabo
por tus justos decretos.
165Los que aman tu enseñanza gozan
de mucha paz,
y nada los hace caer.
166Señor, espero que me salves,
pues he puesto en práctica tus
mandamientos.
167Yo obedezco tus mandatos
y los amo de todo corazón.
168Yo obedezco tus preceptos y
mandatos;
¡tú conoces toda mi conducta!

### – 22 –

169Lleguen mis gritos, Señor, a tu
presencia;
¡dame entendimiento, conforme a tu
palabra!
170Llegue mi oración a tu presencia;
¡líbrame, conforme a tu promesa!
171Brote de mis labios la alabanza,
pues tú me has enseñado tus leyes.
172Entonen mis labios un canto a tu
promesa,
porque todos tus mandamientos son
justos.
173Esté lista tu mano a darme ayuda,
porque he preferido tus preceptos.
174Señor, ¡deseo que me salves!
¡Yo me siento feliz con tu
enseñanza!

175Quiero vivir para alabarte;
que tu justicia me ayude.
176Me he extraviado como una oveja;*m*
¡ven en busca mía,
pues no me he olvidado de tus
mandamientos!

## SALMO 120 (119)

### *Oración ante el peligro*

1Cuando estoy angustiado, llamo al
Señor,
y él me responde.*n*
2Señor, líbrame de los labios
mentirosos
y de la lengua embustera.

3¿Qué más puedes recibir, lengua
embustera?
4¡Flechas puntiagudas de guerrero!
¡Ardientes brasas de retama!

5¡Pobre de mí, que vivo como
extranjero en Mesec,
que he acampado entre las tiendas de
Cedar!
6Demasiado he vivido entre los que
odian la paz;
7¡cuando yo hablo de paz, ellos
hablan de guerra!

## SALMO 121 (120)

### *El Señor es tu protector*

1Al contemplar las montañas me
pregunto:
"¿De dónde vendrá mi ayuda?"
2Mi ayuda vendrá del Señor,
creador del cielo y de la tierra.*ñ*

3¡Nunca permitirá que resbales!
¡Nunca se dormirá el que te cuida!
4No, él nunca duerme;
nunca duerme el que cuida de Israel.
5El Señor es quien te cuida;
el Señor es quien te protege,
quien está junto a ti para ayudarte.
6El sol no te hará daño de día,
ni la luna de noche.

7El Señor te protege de todo peligro;
él protege tu vida.

8El Señor te protege en todos tus
caminos,*86*
ahora y siempre.

## SALMO 122 (121)

### *Alabanzas a Jerusalén*

1¡Qué alegría cuando me dicen:
"Vamos al templo del Señor"!
2Jerusalén,
¡ya estamos dentro de tus puertas!
3Jerusalén, ciudad construida
para que en ella se reúna la
comunidad.*87*
4A ella vienen las tribus del Señor
para alabar su nombre,
como se le ordenó a Israel.
5En ella están los tribunales de
justicia,
los tribunales de la casa real de
David.

6Digan ustedes de corazón:
"Que haya paz en ti, Jerusalén;
que vivan tranquilos los que te
aman.
7        Que haya paz en tus murallas;
que haya seguridad en tus
palacios."

8Y ahora, por mis hermanos y amigos
diré:
"Que haya paz en ti.
9        Por el templo del Señor nuestro
Dios,
procuraré tu bien."

## SALMO 123 (122)

### *Oración de confianza en Dios*

1Hacia ti, Señor, miro suplicante;
hacia ti, que reinas en el cielo.
2Suplicantes miramos al Señor
nuestro Dios,
como mira el criado la mano de su
amo,
como mira la criada la mano de su
ama,
esperando que él nos tenga
compasión.
3Ten compasión de nosotros, Señor;
ten compasión de nosotros,
pues ya no soportamos sus insultos.

---

*86 En todos tus caminos:* lit. *tu salida y tu entrada.*   *87 Para que en ella se reúna la comunidad:* traducción probable. Heb. oscuro.
*m* 119.176 Is 53.6; Jer 50.6; Ez 34.11-16.   *n* 120.1 2 S 22.7; Sal 18.6; Jon 2.2.   *ñ* 121.2 Sal 124.8.

⁴¡Demasiado hemos sufrido
la burla de los ricos
y el desprecio de los orgullosos!

## SALMO 124 (123)

### Dios, salvador de Israel

¹Si el Señor no hubiera estado de
nuestra parte
—que lo diga ahora Israel—,
²si el Señor no hubiera estado de
nuestra parte
cuando los hombres se levantaron
para atacarnos,
³nos habrían tragado vivos
al encenderse su furor contra
nosotros.
⁴Entonces las aguas nos habrían
arrastrado;
¡un río habría pasado sobre
nosotros!
⁵¡Entonces las aguas turbulentas
habrían pasado sobre nosotros!

⁶¡Bendito sea el Señor,
que no dejó que nos despedazaran
con sus dientes!
⁷Nos hemos escapado de la trampa
como un ave que escapa del cazador;
la trampa se rompió, y nosotros
escapamos.
⁸La ayuda nos viene del Señor,
creador del cielo y de la tierra.ᵒ

## SALMO 125 (124)

### Dios protege a los suyos

¹Los que confían en el Señor son
inconmovibles;
igual que el monte Sión, permanecen
para siempre.
²Así como los montes rodean a
Jerusalén,
el Señor rodea a su pueblo ahora y
siempre.
³El mal gobierno no siempre
dominará
en la tierra que Dios ha dado a su
pueblo,
no sea que su pueblo comience
a practicar la maldad.

⁴Señor, haz bien a los hombres
buenos,
a los hombres de corazón sincero;
⁵pero a los que van por mal camino
hazles correr la suerte de los
malhechores.

¡Que haya paz en Israel!ᵖ

## SALMO 126 (125)

### ¡ Haz que cambie nuestra suerte !

¹Cuando el Señor cambió la suerte de
Sión,⁸⁸
nos pareció que estábamos soñando.
²Entonces nuestra boca y nuestros
labios
se llenaron de risas y gritos de
alegría;
entonces los paganos decían:
"¡El Señor ha hecho grandes cosas
por ellos!"
³Sí, el Señor había hecho grandes
cosas por nosotros,
y estábamos alegres.

⁴¡Señor, haz que cambie de nuevo
nuestra suerte,
como cambia el desierto con las
lluvias!
⁵Los que siembran con lágrimas,
cosecharán con gritos de alegría.
⁶Aunque lloren mientras llevan el
saco de semilla,
volverán cantando de alegría,
con manojos de trigo entre los
brazos.

## SALMO 127 (126)

### Todo viene del Señor

¹Si el Señor no construye el templo,
de nada sirve que trabajen los
constructores;
si el Señor no protege la ciudad,
de nada sirve que vigilen los
centinelas.
²De nada sirve trabajar de sol a sol
y comer un pan ganado con dolor,
cuando Dios lo da a sus amigos
mientras duermen.

³Los hijos que nos nacen
son ricas bendiciones del Señor.
⁴Los hijos que nos nacen en la
juventud

---

⁸⁸ Cambió la suerte de Sión: otra posible traducción: hizo volver la cautividad de Sión.
o 124.8 Sal 121.2.  p 125.5. Sal 128.6; Gá 6.16.

son como flechas en manos de un
  guerrero.
5¡Feliz el hombre que tiene muchas
  flechas como ésas!
No será avergonzado por sus
  enemigos
cuando se defienda de ellos ante los
  jueces.

## SALMO 128 (127)

### Las bendiciones del Señor

1Feliz tú, que honras al Señor
  y le eres obediente.
2Comerás del fruto de tu trabajo,
  serás feliz y te irá bien.
3En la intimidad de tu hogar,
  tu mujer será como una vid cargada
    de uvas;
  tus hijos, alrededor de tu mesa,
  serán como retoños de olivo.
4Así bendecirá el Señor al hombre que
  le honra.

5¡Que el Señor te bendiga desde el
    monte Sión!
  ¡Que veas el bienestar de Jerusalén
  todos los días de tu vida!
6¡Que llegues a ver a tus nietos!

¡Que haya paz en Israel!q

## SALMO 129 (128)

### El Señor da libertad

1Por muchas angustias he pasado
  desde mi juventud
    —que lo diga ahora Israel—,
2por muchas angustias he pasado
  desde mi juventud,
  pero no han podido conmigo.
3Me han herido la espalda con azotes,
  y me han abierto grandes surcos,
4pero el Señor, que es justo,
  me ha librado del dominio de los
    malvados.

5¡Que sean avergonzados y huyan
  los enemigos de Sión!
6¡Que sean como la hierba que crece
  en los tejados,
  que antes de arrancarla se marchita!
7Hierba que nunca llena las manos

del que cosecha el trigo y lo ata en
  manojos;
8hierba de la que nadie que pase dirá:
  "¡El Señor los ha bendecido!"

Nosotros los bendecimos a ustedes
en el nombre del Señor.

## SALMO 130 (129)

### Confianza en el Señor

1Desde el fondo del abismo
  clamo a ti, Señor;r
2¡escucha, Señor, mi voz!
  ¡atiendan tus oídos mi grito
    suplicante!

3Señor, Señor,
  si tuvieras en cuenta la maldad,
  ¿quién podría mantenerse en pie?
4Pero en ti encontramos perdón,
  para que te honremos.

5Con toda mi alma espero al Señor,
  y confío en su palabra.
6Yo espero al Señor
  más que los vigilantes a la mañana.
  Así como los vigilantes esperan a la
    mañana,
7espera tú, Israel, al Señor,
  pues en él hay amor y completa
    libertad.
8¡El librará a Israel de toda su
    maldad!s

## SALMO 131 (130)

### Oración de confianza

1Señor, no es orgulloso mi corazón,
  ni son altaneros mis ojos,
  ni voy tras cosas grandes y
    extraordinarias
  que están fuera de mi alcance.
2Al contrario, estoy callado y
    tranquilo,
  como un niño recién amamantado
  que está en brazos de su madre.
  ¡Soy como un niño recién
    amamantado!

3Israel, espera en el Señor ahora y
  siempre.

q 128.6 Sal 125.5; Gá 6.16.  r 130.1 Jon 2.2.  s 130.8 Mt 1.21; Tit 2.14.

## SALMO 132 (131)

### *Las promesas de Dios a David*

1-2Señor, Señor, Poderoso de Jacob,
acuérdate de David y de sus
aflicciones;
acuérdate del firme juramento que te
hizo:
3"No me pondré bajo techo
ni me acostaré a descansar,
4no cerraré los ojos
ni dormiré un solo instante,
5mientras no encuentre casa
para el Señor, el Poderoso de
Jacob."

6En Efrata oímos hablar del cofre del
pacto,
y lo encontramos en los campos de
Jaar.ᵗ
7¡Vayamos al santuario del Señor!
¡Arrodillémonos ante el estrado de
sus pies!

8Levántate, Señor, con tu cofre
poderoso,
y ven al monte donde has de
descansar.
9Que se revistan de salvación tus
sacerdotes;
que tus fieles griten de alegría.
10Por consideración a David, tu siervo,
no rechaces al rey que has escogido.ᵘ

11El Señor hizo a David un firme
juramento,
juramento del que no va a
desdecirse:ᵛ
12"Pondré en tu trono a uno de tus
descendientes.
Si tus hijos cumplen con mi pacto
y con los mandatos que voy a
enseñarles,
también los hijos de ellos
ocuparán tu trono para siempre."

13¡El Señor ha escogido el monte Sión!
¡Lo ha elegido para vivir allí!
14"Este es el monte donde siempre
quiero estar;
en él viviré, porque así me agradó.
15Bendeciré mucho sus alimentos
y saciaré el hambre de sus pobres.
16Revestiré de salvación a sus
sacerdotes

y haré que griten de alegría los que le
son fieles.
17Allí haré que renazca el poder de
David.
Ya he preparado una lámpara
para el rey que he escogido.ʷ
18A sus enemigos los llenaré de
vergüenza,
pero a él lo cubriré de esplendor."

## SALMO 133 (132)

### *Alabanza al amor fraternal*

1¡Vean qué bueno y agradable es
que los hermanos vivan unidos!
2Es como el buen perfume
que corre por la cabeza de los
sacerdotes[89]
y baja por su barba
hasta el cuello de su ropaje.ˣ
3Es como el rocío del monte Hermón,
que cae sobre los montes de Sión.
Allí es donde el Señor envía
la bendición de una larga vida.

## SALMO 134 (133)

### *Que el Señor te bendiga*

1¡Vamos, siervos del Señor!
¡Bendigan al Señor todos ustedes,
que están en su templo por las
noches!
2¡Eleven sus manos al santuario
y bendigan al Señor!
3¡Que el Señor, creador del cielo y de
la tierra,
te bendiga desde el monte Sión!

## SALMO 135 (134)

### *Los grandes hechos de Dios*

1¡Alabado sea el Señor!

Alaben el nombre del Señor;
alábenlo ustedes, siervos suyos,
2que están en el templo del Señor,
en los atrios del templo del Dios
nuestro.
3Alaben al Señor, porque él es bueno;
canten himnos a su nombre, porque
él es bondadoso.
4Pues escogió a Jacob, a Israel,
para que fuera su tesoro propio.

---

89 *Los sacerdotes:* lit. *Aarón.*
ᵗ **132.6** 1 S 7.1-2; 2 Cr 1.4.   ᵘ **132.6-10** 2 Cr 6.41-42.   ᵛ **132.11** 2 S 7.12-16; 1 Cr 17.11-14; Sal 89.3-4; Hch 2.30.   ʷ **132.17** 1 R 11.36.
ˣ **133.2** Ex 29.7,21.

5Yo sé muy bien que el Señor nuestro
Dios
es más grande que todos los dioses.
6El Señor hace todo lo que quiere,
lo mismo en el cielo que en la tierra,
lo mismo en el mar que en sus
profundidades.
7Levanta las nubes desde el extremo
del mundo,
hace los relámpagos que anuncian la
lluvia,
y de sus depósitos saca al viento.*y*
8El fue quien hirió de muerte
al hijo mayor de toda familia egipcia
y a las primeras crías de sus
animales.
9En pleno corazón de Egipto,
envió señales maravillosas
contra el faraón y sus ministros.*z*
10Hirió de muerte a muchas naciones,
quitó la vida a reyes poderosos:
11a Sehón, el rey amorreo,
a Og, el rey de Basán,*a*
y a todos los reyes de Canaán;
12y las tierras de esos reyes
se las dio como herencia a su pueblo
Israel.

13Señor, tu nombre es eterno;
por siempre serás recordado.
14El Señor, hace justicia a su pueblo;*b*
tiene compasión de sus siervos.
15Los ídolos de los paganos son oro y
plata,
objetos que el hombre fabrica con
sus manos.
16Tienen boca, pero no pueden hablar;
tienen ojos, pero no pueden ver;
17tienen orejas, pero no pueden oír;
¡ni siquiera tienen vida!
18Iguales a esos ídolos
son quienes los fabrican
y quienes en ellos creen.*c*

19Israelitas, bendigan al Señor;
sacerdotes, bendigan al Señor;
20levitas, bendigan al Señor,
ustedes que honran al Señor,
bendíganlo.
21¡Bendito sea en Sión
el Señor, el que vive en Jerusalén!

¡Alabado sea el Señor!

## SALMO 136 (135)

### Amor eterno de Dios a Israel

1Den gracias al Señor, porque él es
bueno,
porque su amor es eterno.*d*
2Den gracias al Dios de dioses,
porque su amor es eterno.
3Den gracias al Señor de señores,
porque su amor es eterno.
4Al único que hace grandes
maravillas,
porque su amor es eterno.
5Al que hizo los cielos*e* con sabiduría,
porque su amor es eterno.
6Al que extendió la tierra sobre las
aguas,*f*
porque su amor es eterno.
7Al que hizo el sol y la luna,
porque su amor es eterno:
8el sol, para alumbrar de día,
porque su amor es eterno.
9la luna y las estrellas, para alumbrar
de noche,*g*
porque su amor es eterno.
10Al que hirió al primer hijo de toda
familia egipcia,*h*
porque su amor es eterno.
11Al que sacó de Egipto a los
israelitas,*i*
porque su amor es eterno;
12extendiendo su brazo con gran
poder,
porque su amor es eterno.
13Al que partió en dos el Mar Rojo,
porque su amor es eterno.
14Al que hizo pasar a Israel por en
medio del mar,
porque su amor es eterno.
15Al que hundió en el Mar Rojo al
faraón y su ejército,*j*
porque su amor es eterno.
16Al que llevó a su pueblo por el
desierto,*k*
porque su amor es eterno.
17Al que hirió de muerte a grandes
reyes,
porque su amor es eterno.
18Al que a reyes poderosos quitó la
vida,
porque su amor es eterno:
19a Sehón, el rey amorreo,*l*
porque su amor es eterno;
20y a Og, el rey de Basán,*m*
porque su amor es eterno.

*y* 135.7 Jer 10.13; 51.16; Eclo 43.13-14.  *z* 135.8-9 Ex 12.29-30.  *a* 135.11 Nm 21.21-35.  *b* 135.14 Dt 32.36.
*c* 135.15-18 Sal 115.4-8; Is 44.9-20; Jer 10.1-16; Sab 15.15; Ap 9.20.  *d* 136.11 Cr 16.34; 2 Cr 5.13; 7.3; Esd 3.11; Sal 100.5;
106.1;107.1; 118.1; Jer 33.11; Dn (dc) 3.89-90.  *e* 136.5 Gn 1.1.  *f* 136.6 Gn 1.2.  *g* 136.7-9 Gn 1.16.  *h* 136.10 Ex 12.29.
*i* 136.11 Ex 12.51.  *j* 136.13-15 Ex 14.21-29.  *k* 136.16 Dt 8.2,15.  *l* 136.19 Nm 21.21-30.  *m* 136.20 Nm 21.31-35.

²¹Al que repartió la tierra de esos
    reyes,
        porque su amor es eterno,
²²y la dio como herencia a su siervo
    Israel,
        porque su amor es eterno.
²³Al que nos recuerda cuando estamos
    abatidos,
        porque su amor es eterno.
²⁴Al que nos libra de nuestros
    enemigos,
        porque su amor es eterno.
²⁵Al que da de comer a hombres y
    animales,
        porque su amor es eterno.
²⁶¡Den gracias al Dios del cielo,
        porque su amor es eterno!

## SALMO 137 (136)

### Junto a los ríos de Babilonia

¹Sentados junto a los ríos de
    Babilonia,ⁿ
    llorábamos al acordarnos de Sión.
²En los álamos que hay en la ciudad
    colgábamos nuestras arpas.
³Allí, los que nos habían llevado
    cautivos,
    los que todo nos lo habían
        arrebatado,⁹⁰
    nos pedían que cantáramos con
        alegría;
    ¡que les cantáramos canciones de
        Sión!

⁴¿Cantar nosotros canciones del
    Señor
    en tierra extraña?
⁵¡Si llego a olvidarte, Jerusalén,
    que se me seque la mano derecha!
⁶¡Que se me pegue la lengua al
    paladar
    si no me acuerdo de ti,
    si no te pongo, Jerusalén,
    por encima de mi propia alegría!

⁷Señor, acuérdate de los edomitas,
    que cuando Jerusalén cayó, decían:
    "¡Destrúyanla, destrúyanla hasta sus
        cimientos!"ñ

⁸¡Tú, Babilonia, serás destruida!
    ¡Feliz el que te dé tu merecido
    por lo que nos hiciste!º
⁹¡Feliz el que agarre a tus niños
    y los estrelle contra las rocas!

## SALMO 138 (137)

### Oración de gratitud al Señor

¹Te daré gracias, Señor, de todo
    corazón;
    te cantaré himnos delante de los
        dioses.
²Me arrodillaré en dirección a tu
    santo templo
    para darte gracias por tu amor y tu
        verdad,
    pues has puesto tu nombre y tu
        palabra
    por encima de todas las cosas.
³Cuando te llamé, me respondiste,
    y aumentaste mis fuerzas.

⁴Todos los reyes del mundo te
    alabarán
    al escuchar tus promesas.
⁵Alabarán al Señor por lo que él ha
    dispuesto,
    porque grande es la gloria del Señor.
⁶Aunque el Señor está en lo alto,
    se fija en el hombre humilde,
    y de lejos reconoce al orgulloso.

⁷Cuando me encuentro en peligro,
    tú me mantienes con vida;
    despliegas tu poder y me salvas
    de la furia de mis enemigos.
⁸¡El Señor llevará a feliz término
    su acción en mi favor!
    Señor, tu amor es eterno;
    ¡no dejes incompleto lo que has
        emprendido!ᵖ

## SALMO 139 (138)

### Dios lo sabe todo

¹Señor, tú me has examinado y me
    conoces;
²tú conoces todas mis acciones;
    aun de lejos te das cuenta de lo que
        pienso.
³Sabes todas mis andanzas,
    ¡sabes todo lo que hago!
⁴Aún no tengo la palabra en la
    lengua,
    y tú, Señor, ya la conoces.
⁵Por todos lados me has rodeado;
    tienes puesta tu mano sobre mí.
⁶Sabiduría tan admirable está fuera
    de mi alcance;

---

⁹⁰ *Los que todo nos lo habían arrebatado:* según la versión griega. Heb. oscuro.
ⁿ 137.1 Ez 3.15.   ñ 137.7 Abd 10-15.   º 137.8 Jer 50.29; Ap 18.6.   ᵖ 138.8 Fil 1.6.

¡es tan alta que no alcanzo a
comprenderla!

[7] ¿A dónde podría ir, lejos de tu
espíritu?
¿A dónde huiría,
lejos de tu presencia?
[8] Si yo subiera a las alturas de los
cielos,
allí estás tú;
y si bajara a las profundidades de la
tierra,
también estás allí;
[9] si levantara el vuelo hacia el oriente,
o habitara en los límites del mar
occidental,
[10] aun allí me alcanzaría[91] tu mano;
¡tu mano derecha no me soltaría!
[11] Si pensara esconderme en la
oscuridad,
o que se convirtiera en noche la luz
que me rodea,
[12] la oscuridad no me ocultaría de ti,
y la noche sería tan brillante como el
día.
¡La oscuridad y la luz son lo mismo
para ti![q]

[13] Tú fuiste quien formó todo mi
cuerpo;
tú me formaste en el vientre de mi
madre.
[14] Te alabo porque estoy maravillado,
porque es maravilloso lo que has
hecho.
¡De ello estoy bien convencido!
[15] No te fue oculto el desarrollo de mi
cuerpo
mientras yo era formado en lo
secreto,
mientras era formado en lo más
profundo de la tierra.
[16] Tus ojos vieron mi cuerpo en
formación;
todo eso estaba escrito en tu libro.
Habías señalado los días de mi vida
cuando aún no existía ninguno de
ellos.

[17] Oh Dios,
qué profundos me son tus
pensamientos;
¡infinito es el conjunto de ellos!
[18] Si yo quisiera contarlos, serían más
que la arena;

y si acaso terminara,[92] aún estaría
contigo. *

[19] Oh Dios,
quítales la vida a los malvados
y aleja de mí a los asesinos,
[20] a los que hablan mal de ti
y se levantan en vano en contra tuya.

[21] Señor,
¿no odio acaso a los que te odian
y desprecio a los que te desafían?
[22] ¡Los odio con toda mi alma!
¡Los considero mis enemigos!

[23] Oh Dios,
examíname, reconoce mi corazón;
ponme a prueba, reconoce mis
pensamientos;[r]
[24] mira si voy por el camino del mal,
y guíame por el camino eterno.[93]

## SALMO 140 (139)

### Oración pidiendo la protección de Dios

[1] Señor, líbrame de los malvados;
protégeme de los violentos,
[2] de los que traman el mal
y a todas horas provocan peleas.
[3] Su lengua es aguda, como de
serpiente;
sus palabras son como veneno de
víbora.[s]

[4] Señor, protégeme del poder de los
malvados,
protégeme de los violentos,
de los que hacen planes para que yo
caiga.
[5] Esos orgullosos me han puesto una
trampa;
me han tendido red y lazos,
me han puesto trampas junto al
camino.

[6] Le he dicho al Señor: "Tú eres mi
Dios;
¡escucha, pues, mi grito suplicante!
[7] Señor, Señor, mi salvador poderoso,
tú proteges mi cabeza en el
combate."

[8-9] Señor, no concedas al malvado sus
deseos;

---

[91] *Alcanzaría:* según versiones antiguas. Heb. *guiaría.*  [92] *Si acaso terminara:* texto probable. Heb. *despertara.*
[93] *El camino eterno:* otra posible traducción: *el camino antiguo.*
[q] 139.7-12 Jer 23.23-24; Am 9.2; Eclo 16.17.  * 139.17-18 Eclo 18.4-7.  [r] 139.23 Sal 17.3; 26.2.  [s] 140.3 Ro 3.13.

no dejes que sus planes sigan
adelante.
Los que me rodean levantan la
cabeza;
¡que caiga sobre ellos la maldición
que lanzan!
10 Que caigan sobre ellos carbones
encendidos;
que los echen en pozos, de donde no
salgan más.
11 Que no permanezca en la tierra el
deslenguado;
que el mal persiga al violento y lo
destruya.

12 Yo sé que el Señor hace justicia al
pobre
y defiende el derecho del afligido.
13 Los hombres honrados alabarán tu
nombre;
¡los hombres rectos vivirán en tu
presencia!

## SALMO 141 (140)

### Mis ojos están puestos en ti

1 A ti clamo, Señor: ¡ven pronto!,
¡escucha mi voz cuando te invoco!
2 Sea mi oración como incienso en tu
presencia,[f]
y mis manos levantadas, como
ofrenda de la tarde.

3 Señor, ponle a mi boca un vigilante
que cuide de que yo no abra los
labios. *
4 Aleja mi pensamiento de la maldad;
no me dejes andar en malas acciones
ni tomar parte en banquetes de
malhechores.

5 Es un favor que el hombre honrado
me castigue,
un perfume delicado que me
reprenda.
Tales cosas no rechazaré;
a pesar de sus golpes, seguiré
orando.
6 Los jefes de los malvados serán
despeñados,
y verán que mis palabras eran
agradables.
7 Sus huesos serán esparcidos junto al
sepulcro,

como cuando se abren surcos en la
tierra.[94]

8 Señor, Señor, mis ojos están puestos
en ti.
En ti busco protección: no me
abandones.
9 Líbrame de la trampa que me han
puesto;
líbrame de la trampa de los
malhechores.
10 Que caigan los malvados en su
propia red,
mientras yo sigo adelante.

## SALMO 142 (141)

### Tú eres mi refugio[95,u]

1 Con fuerte voz clamo al Señor,
con fuerte voz le pido misericordia.
2 En su presencia expongo mi queja,
en su presencia doy a conocer mi
angustia
3 cuando me encuentro totalmente
deprimido.

Señor, tú conoces mi camino:
en el camino por donde voy,
me han puesto una trampa.
4 Vuelvo la mirada a la derecha
y nadie viene en mi ayuda.
¡No hay nadie que me defienda!
¡No hay nadie que se preocupe de
mí!

5 A ti clamo, Señor,
y te digo: "Tú eres mi refugio;
tú eres todo lo que tengo en esta
vida."
6 Presta atención a mis gritos,
porque me encuentro sin fuerzas.
Líbrame de los que me persiguen,
porque son más fuertes que yo.
7 Sácame de mi prisión
para que pueda yo alabarte.
Los hombres honrados me rodearán
cuando me hayas tratado bien.

## SALMO 143 (142)

### En ti he puesto mi confianza

1 Señor, escucha mi oración;
pon atención a mi súplica.

---

94 *Es un favor . . . en la tierra:* traducción probable. El texto hebreo de los vs. 5-7 es oscuro.   95 Según el título hebreo,
David hizo esta oración cuando estaba en la cueva.
*f* 141.2 Ap 5.8.   * 141.3 Eclo 22.27.   *u* 142 **Título hebreo** 1 S 22.1; 24.3.

¡Respóndeme, pues tú eres justo y
fiel!
[2]No llames a cuentas a tu siervo,
porque ante ti nadie es inocente.[v]

[3]Mis enemigos me persiguen,
me han aplastado contra el suelo;
me obligan a vivir en la oscuridad,
como los que han muerto hace
tiempo.
[4]Me encuentro totalmente deprimido;
turbado tengo el corazón.
[5]Me acuerdo de tiempos anteriores,
y pienso en todo lo que has hecho.
[6]Hacia ti tiendo las manos,
sediento de ti, cual tierra seca.[w]

[7]Señor, ¡respóndeme pronto,
pues ya se me acaba el aliento!
No me niegues tu ayuda,
porque entonces seré como los
muertos.
[8]Por la mañana hazme saber de tu
amor,
porque en ti he puesto mi confianza.
Hazme saber cuál debe ser mi
conducta,
porque a ti dirijo mis anhelos.
[9]Líbrame, Señor, de mis enemigos,
porque en ti busco refugio.
[10]Enséñame a hacer tu voluntad,
porque tú eres mi Dios.
¡Que tu buen espíritu me lleve
por un camino recto!

[11]Por tu nombre, Señor, ¡hazme vivir!
Porque eres justo, ¡sácame de la
angustia!
[12]Porque eres fiel, ¡destruye a mis
enemigos!
¡destruye a todos mis enemigos, pues
yo soy tu siervo!

## SALMO 144 (143)

### Gratitud de un rey a Dios

[1]¡Bendito sea el Señor, mi protector!
Él es quien me entrena y me prepara
para combatir en la batalla;
[2]él es mi amigo fiel, mi lugar de
protección,
mi más alto escondite, mi libertador;
él es mi escudo, y con él me protejo;
él es quien pone a los pueblos bajo
mi poder.

[3]Señor,
¿qué es el hombre, para que pienses
en él?
¿Qué es el ser humano, para que
tanto lo estimes?[x]
[4]El hombre es como un suspiro;
su vida pasa como una sombra.

[5]Señor,
descorre la cortina de los cielos, y
baja;[y]
toca los montes para que echen
humo;
[6]lanza tus flechas, los relámpagos,
y haz huir en desorden a tus
enemigos.
[7]Extiende tu mano desde lo alto,
y líbrame del mar inmenso;
líbrame del poder de gente extraña,
[8]de los que dicen mentiras
y levantan su derecha para jurar en
falso.

[9]Señor,
voy a cantarte una canción nueva;
voy a cantarte himnos con el
salterio.
[10-11]Tú, que das la victoria a los reyes;
tú, que libraste a tu siervo David,[z]
líbrame de la espada mortal;
líbrame del poder de gente extraña,
de los que dicen mentiras
y levantan su derecha para jurar en
falso.

[12]Nuestros hijos crecen como plantas
en un jardín;
nuestras hijas son cual columnas
labradas
que sostienen la estructura del
templo.
[13]Nuestros graneros están llenos,
repletos de toda clase de alimentos.
Nuestros rebaños aumentan por
millares,
por miles y miles en nuestros
campos.
[14]Nuestras vacas quedan preñadas,
y no tienen su cría antes de tiempo.
No hay gritos de alarma en nuestras
calles.[a]
[15]¡Feliz el pueblo que tiene todo esto!
¡Feliz el pueblo cuyo Dios es el
Señor![b]

---

[v] 143.2 Ro 3.20; Gá 2.16.   [w] 143.6 Sal 42.1-2; 63.1.   [x] 144.3 Job 7.17-18; Sal 8.4.   [y] 144.5-8 2 S 22.8-17; Sal 18.7-15.
[z] 144.10-11 Sal 18.50.   [a] 144.13-14 Lv 26.3-6.   [b] 144.15 Sal 33.12.

## SALMO 145 (144)

### *Que todo hombre alabe al Señor*

[1] Hablaré de tu grandeza, mi Dios y Rey;
bendeciré tu nombre por siempre.
[2] Diariamente te bendeciré;
alabaré tu nombre por siempre.
[3] El Señor es grande y muy digno de alabanza;
su grandeza excede nuestro entendimiento.

[4] De padres a hijos se alabarán tus obras,
se anunciarán tus hechos poderosos.
[5] Se hablará de tu majestad gloriosa,
y yo hablaré de tus maravillas.
[6] Se hablará de tus hechos poderosos y terribles,
y yo hablaré de tu grandeza.
[7] Se hablará de tu bondad inmensa,
y a gritos se dirá que tú eres justo.

[8] El Señor es tierno y compasivo,
es paciente y todo amor.[c]
[9] El Señor es bueno para con todos,
y con ternura cuida sus obras.

[10] ¡Que te alaben, Señor, todas tus obras!
¡Que te bendigan tus fieles!
[11] ¡Que hablen del esplendor de tu reino!
¡Que hablen de tus hechos poderosos!
[12] ¡Que se haga saber a los hombres tu poder
y el gran esplendor de tu reino!
[13] Tu reino es un reino eterno,
tu dominio es por todos los siglos.[96]

[14] El Señor sostiene a los que caen
y levanta a los que desfallecen.[d]
[15] Los ojos de todos esperan de ti
que tú les des su comida a su tiempo.
[16] Abres tu mano, y con tu buena voluntad
satisfaces a todos los seres vivos.
[17] El Señor es justo en sus caminos,
bondadoso en sus acciones.
[18] El Señor está cerca de los que le invocan,
de los que le invocan con sinceridad.
[19] Él cumple los deseos de los que le honran;

cuando le piden ayuda, los oye y los salva.
[20] El Señor protege a los que le aman,
pero destruye a los malvados.

[21] ¡Que mis labios alaben al Señor!
¡Que todos bendigan su santo nombre,
ahora y siempre!

## SALMO 146 (145)

### *Alabanzas a los hechos de Dios*

[1] ¡Alabado sea el Señor!

Alabaré al Señor con toda mi alma.
[2] Alabaré al Señor mientras yo viva;
cantaré himnos a mi Dios mientras yo exista.[e]
[3] No pongan su confianza en hombres importantes,
en simples hombres que no pueden salvar,
[4] pues cuando mueren regresan al polvo,
y ese mismo día terminan sus proyectos.

[5] Feliz quien recibe ayuda del Dios de Jacob,
quien pone su esperanza en el Señor su Dios.
[6] Él hizo cielo, tierra y mar,
y todo lo que hay en ellos.[f]
Él siempre mantiene su palabra.
[7] Hace justicia a los oprimidos[g]
y da de comer a los hambrientos.

El Señor da libertad a los presos;
[8] el Señor devuelve la vista a los ciegos;
el Señor levanta a los caídos;
el Señor ama a los hombres honrados;
[9] el Señor protege a los extranjeros
y sostiene a los huérfanos y a las viudas,
pero hace que los malvados pierdan el camino.

[10] Oh Sión,
el Señor reinará por siempre;
tu Dios reinará por todos los siglos.

¡Alabado sea el Señor!

---

*96 Un manuscrito muy antiguo, la versión griega y otras versiones antiguas, añaden: Fiel es el Señor en todas sus promesas y leal en todo lo que hace. (Véase v. 17)*

c 145.8 Sal 103.8; Eclo 2.11; Stg 5.11.  d 145.14 Sal 146.8; 147.6.  e 146.2 Sal 104.33.  f 146.6 Gn 1.  g 146.7 Sal 103.6.

## SALMO 147 (146-147)

### No hizo lo mismo con todas las naciones

1 ¡Alabado sea el Señor!

¡Qué bueno es cantar himnos a
  nuestro Dios!
¡A él se le deben dulces alabanzas!
2 El Señor reconstruye a Jerusalén
y reúne a los dispersos de Israel.
3 Él sana a los que tienen roto el
  corazón,
y les venda las heridas.
4 Él determina el número de las
  estrellas,
y a cada una le pone nombre.
5 Grande es nuestro Dios, y grande su
  poder;
su inteligencia es infinita.
6 El Señor levanta a los humildes,
pero humilla por completo a los
  malvados.

7 Canten al Señor con gratitud;
canten himnos a nuestro Dios, al son
  del arpa.
8 Él cubre de nubes el cielo,
prepara la lluvia para la tierra,
hace crecer los pastos en los montes,
9 da de comer a los animales
y a las crías de los cuervos cuando
  chillan.
10 No es la fuerza del caballo ni los
  músculos del hombre
lo que más agrada al Señor;
11 a él le agradan los que le honran,
los que confían en su amor.

12 Jerusalén, alaba al Señor;
Sión, alaba a tu Dios.
13 Pues él reforzó los cerrojos de tus
  puertas
y bendijo a tus hijos dentro de la
  ciudad.
14 Él trae la paz a tu territorio
y te satisface con lo mejor del trigo.
15 Él envía su palabra a la tierra,
y su palabra corre a toda prisa.
16 Él produce la nieve como si fuera
  lana,
y esparce la escarcha como si fuera
  polvo.
17 Él envía el hielo en forma de
  granizo;
con el frío que envía, el agua se
  congela.⁹⁷

18 Pero envía su palabra, y la derrite;
hace soplar el viento, y el agua
  corre.ʰ
19 Él dio a conocer a Jacob, a Israel,
su palabra, sus leyes y decretos.ⁱ
20 No hizo lo mismo con las otras
  naciones,
las cuales nunca conocieron sus
  decretos.

¡Alabado sea el Señor!

## SALMO 148

### La creación alaba al Señor

1 ¡Alabado sea el Señor!

¡Alaben al Señor desde el cielo!
¡Alaben al Señor desde lo alto!
2 ¡Alábenlo ustedes, todos sus ángeles!
¡Alábenlo ustedes, ejércitos del
  cielo!
3 ¡Alábenlo, sol y luna!
¡Alábenlo ustedes, brillantes luceros!
4 ¡Alábalo tú, altísimo cielo,
y tú, agua que estás encima del cielo!

5 Alaben el nombre del Señor,
pues él dio una orden y todo fue
  creado;
6 él lo estableció todo para siempre,
y dictó una ley que no puede ser
  violada.

7 ¡Alaben al Señor desde la tierra,
monstruos del mar, y mar profundo!
8 ¡El rayo y el granizo, la nieve y la
  neblina!
¡El viento tempestuoso que cumple
  sus mandatos!
9 ¡Los montes y las colinas!
¡Todos los cedros y los árboles
  frutales!
10 ¡Los animales domésticos y los
  salvajes!
¡Las aves y los reptiles!
11 ¡Los reyes del mundo y todos los
  pueblos!
¡Todos los jefes y gobernantes del
  mundo!
12 ¡Hombres y mujeres, jóvenes y
  viejos!

13 ¡Alaben todos el nombre del Señor,
pues sólo su nombre es altísimo!

---

⁹⁷ *El agua se congela:* texto probable. Heb. *¿quién se mantendrá en pie?*
ʰ 147.16-18 Job 37.9-11.   ⁱ 147.19 Ro 3.2.

¡Su honor está por encima del cielo y
de la tierra!
14 ¡Él ha dado poder a su pueblo!

¡Alabanza de todos sus fieles,
de los israelitas, su pueblo cercano!

¡Alabado sea el Señor! *

## SALMO 149

### Dios, creador y rey

1 ¡Alabado sea el Señor!

Canten al Señor un canto nuevo;
alábenlo en la comunidad de los
fieles.
2 Alégrense los israelitas, el pueblo de
Sión,
porque Dios es su creador y rey.
3 Alaben su nombre con danzas,
cántenle himnos al son de arpas y
panderos.
4 Porque el Señor se complace en su
pueblo;
da a los humildes el honor de la
victoria.
5 Alégrense los fieles con el triunfo,
y aun dormidos canten de alegría.
6 Haya alabanzas a Dios en sus labios,
y en su mano una espada de dos filos

7 para vengarse de los paganos,
para castigar a las naciones,
8 para encadenar a los reyes y gente
poderosa
con pesadas cadenas de hierro,
9 para cumplir en ellos la sentencia
escrita.
¡Esto será una honra para todos sus
fieles! **

¡Alabado sea el Señor!

## SALMO 150

### Alabanza universal a Dios

1 ¡Alabado sea el Señor!
¡Alaben a Dios en su santuario!
¡Alábenlo en su majestuosa bóveda
celeste!
2 ¡Alábenlo por sus hechos poderosos!
¡Alábenlo por su grandeza infinita!
3 ¡Alábenlo con toques de trompeta!
¡Alábenlo con arpa y salterio!
4 ¡Alábenlo danzando al son de
panderos!
¡Alábenlo con flautas e instrumentos
de cuerda!
5 ¡Alábenlo con platillos sonoros!
¡Alábenlo con platillos vibrantes!
6 ¡Que todo lo que respira alabe al
Señor!

¡Alabado sea el Señor!

* 148.1-14 Dn (dc) 3.57-90.   ** 149.6-9 2 Mac 15.26-27.

# PROVERBIOS

*El libro de los* Proverbios *pertenece al género llamado de "la sabiduría", un género que en la antigüedad se usó mucho para la enseñanza. El proverbio o dicho sabio es una sentencia, generalmente concisa y breve, para poderse recordar fácilmente, en la que se da alguna enseñanza o consejo de carácter moral o religioso. Este libro es una colección de tales sentencias. La sabiduría que se enseña por medio de ellas es de naturaleza práctica, pero tiene un profundo sentido religioso, aunque se refiera a asuntos al parecer seculares. La idea clave de ella y del libro es que la sabiduría verdadera comienza por respetar y obedecer a Dios.*

*Es, pues, una sabiduría de esencia religiosa, aunque no siempre trate de temas específicamente religiosos. Muchas de estas sentencias tratan asuntos de moral en general, de buenas costumbres y hasta de sentido común. Otras aluden a relaciones de familia, a los negocios, y al modo de portarse en sociedad: Entre las virtudes que se recomiendan están el dominio propio, la humildad, la paciencia, la consideración a los pobres, la lealtad a los amigos y el comportamiento ante los superiores y gobernantes. Se les llama comúnmente "Proverbios de Salomón", pero los que propiamente reciben esta designación son sólo los contenidos en los caps. 10-29. En el cap. 30 se citan las palabras de Agur, y en 31.1-9, las palabras de la madre de Lemuel.*

*Los primeros nueve capítulos son un elogio de la sabiduría, la cual en algunos pasajes aparece personificada e identificada con la sabiduría de Dios, que con ella y por medio de ella creó el universo. En el pasaje de 31.10-31, se describe y alaba a la esposa idónea, capaz y laboriosa.*

## Valor de los Proverbios

**1** [1] Dichos de Salomón,[a] hijo de David, rey de Israel, [2] que tienen como propósito:

comunicar sabiduría[b] e instrucción,
ayudar a comprender palabras llenas de sentido,
[3] adquirir instrucción, prudencia, justicia, rectitud y equilibrio;
[4] hacer sagaces a los jóvenes inexpertos,
y darles conocimiento y reflexión.
[5] El que es sabio e inteligente, los escucha,
y adquiere así más sabiduría y experiencia
[6] para entender los dichos de los sabios,
y sus palabras, ejemplos y adivinanzas.

[7] La sabiduría comienza por honrar al Señor;[c]
los necios desprecian la sabiduría y la instrucción.

## Consejos a los jóvenes

[8] Hijo mío, atiende la instrucción de tu padre
y no abandones la enseñanza de tu madre,
[9] pues serán para ti un bello adorno: como un collar o una corona.[d]
[10] Si los pecadores quieren engañarte, ¡no se lo permitas, hijo mío![e]
[11] Tal vez te digan: "Ven con nosotros; por capricho tenderemos una trampa para matar a algún inocente cuando pase.
[12] Nos tragaremos vivos a los hombres honrados
como se traga la muerte a quienes caen en el sepulcro.
[13] Tendremos toda clase de riquezas, ¡llenaremos nuestras casas con todo lo robado!
[14] Ven y comparte tu suerte con nosotros,
y comparte también nuestro fondo común."
[15] ¡Pero no vayas con ellos, hijo mío! Aléjate de sus malos caminos,
[16] pues tienen prisa por hacer lo malo; ¡tienen prisa por derramar sangre![f]

[17] Aunque no vale la pena tender una trampa
si los pájaros pueden verla,
[18] esos hombres se tienden la trampa a sí mismos
y ponen su vida en peligro.
[19] Tal es el final de los ambiciosos: su propia ambición los mata.

[a] 1.1 1 R 4.32; Pr 10.1; 25.1.   [b] 1.2 Stg 1.5; 3.13-17.   [c] 1.7 Job 28.28; Sal 111.10; Pr 9.10; 15.33.; Eclo 1.14.   [d] 1.8-9 Pr 6.20-21; Eclo 6.29.   [e] 1.10-16 Sal 1.1.   [f] 1.16 Is 59.7; Ro 3.15.

## Invitación de la sabiduría

<sup>20</sup>Por calles y avenidas
la sabiduría hace oír su voz;
<sup>21</sup>proclama sus palabras por las
puertas,
por los puntos más concurridos de la
ciudad:<sup>g</sup>

<sup>22</sup>"Jóvenes inexpertos, burlones y
necios,
¿hasta cuándo amarán la
inexperiencia,
y hallarán placer en sus burlas,
y despreciarán el saber?
<sup>23</sup>Presten atención a mis correcciones
y yo los colmaré de mi espíritu;
les daré a conocer mis pensamientos.
<sup>24</sup>Yo los he llamado, los he invitado a
venir,
pero ustedes no han querido hacerme
caso.
<sup>25</sup>Al contrario, han rechazado mis
consejos;
no han querido recibir mi
corrección.
<sup>26</sup>¡Ya me tocará reír cuando les llegue
la desgracia!
¡Ya me burlaré cuando estén
muertos de miedo,
<sup>27</sup>cuando vengan sobre ustedes temores
y problemas,
desesperación y angustia,
como un torbellino que todo lo
destruye!

<sup>28</sup>"Ese día me llamarán, pero no
responderé;
me buscarán, pero no me
encontrarán;
<sup>29</sup>pues desprecian la sabiduría
y no quieren honrar al Señor.
<sup>30</sup>No desean recibir mis consejos;
desprecian mis correcciones.
<sup>31</sup>¡Pues sufrirán las consecuencias de
su conducta!
¡Quedarán hartos de sus malas
intenciones!
<sup>32</sup>A los inexpertos los mata su falta de
experiencia,
y a los necios los destruye su
despreocupación;
<sup>33</sup>pero el que me preste atención, vivirá
en paz
y sin temor de ningún peligro."

## Beneficios que ofrece la sabiduría

**2** <sup>1</sup>Haz tuyas mis palabras, hijo mío;
guarda en tu mente mis
mandamientos.
<sup>2</sup>Presta oído a la sabiduría;
entrega tu mente a la inteligencia.
<sup>3</sup>Pide con todas tus fuerzas
inteligencia y buen juicio;
<sup>4</sup>entrégate por completo a buscarlos,
cual si buscaras plata o un tesoro
escondido.
<sup>5</sup>Entonces sabrás lo que es honrar al
Señor;
¡descubrirás lo que es conocer a
Dios!
<sup>6</sup>Pues el Señor es quien da la
sabiduría;
la ciencia y el conocimiento brotan
de sus labios.
<sup>7</sup>El Señor da su ayuda y protección
a los que viven rectamente y sin
tacha;
<sup>8</sup>cuida de los que se conducen con
justicia,
y protege a los que le son fieles.
<sup>9</sup>Sabrás también lo que es recto y
justo,
y estarás atento a todo lo bueno,
<sup>10</sup>pues tu mente obtendrá sabiduría
y probarás la dulzura del saber.
<sup>11</sup>La discreción y la inteligencia
serán tus constantes protectoras;
<sup>12</sup>ellas te librarán del mal camino
y de los hombres perversos,
<sup>13</sup>de los que dejan el buen camino
y se van por senderos oscuros,
<sup>14</sup>que se divierten haciendo daño
y festejan sus malas acciones,
<sup>15</sup>que andan por caminos torcidos
y se han desviado del recto sendero.
<sup>16</sup>Te librarán también de la mujer
ajena,
de la extraña de palabras seductoras<sup>h</sup>
<sup>17</sup>que abandona al compañero de su
juventud
y olvida su compromiso con Dios.
<sup>18</sup>Tomar el camino que lleva a la casa
de ella
es tomar el camino que lleva a la
muerte;
<sup>19</sup>los que entran en su casa ya no
vuelven,
jamás vuelven a recorrer el sendero
de la vida.
<sup>20</sup>Anda, pues, por el buen camino,
y practica la conducta de los justos.

---

*g* 1.20-21 Pr 8.1-3; Sab. 6.12-16.    *h* 2.16 Pr 7.5.

²¹Porque los que viven rectamente y
sin tacha
vivirán para siempre en la tierra;
²²pero los malvados y traidores
serán arrancados y expulsados de
ella.ⁱ

## Recomendaciones para alcanzar sabiduría

**3** ¹No olvides mis enseñanzas, hijo
mío;
guarda en tu memoria mis
mandamientos,
²y tendrás una vida larga
y llena de felicidad.
³No abandones nunca el amor y la
verdad;
llévalos contigo como un collar.
Grábatelos en la mente,
⁴y tendrás el favor y el aprecio
de Dios y de los hombres.ʲ

⁵Confía de todo corazón en el Señor
y no en tu propia inteligencia.ᵏ
⁶Ten presente al Señor en todo lo que
hagas,
y él te llevará por el camino recto.
⁷No te creas demasiado sabio;
honra al Señor y apártate del mal:
⁸¡ésa es la mejor medicina
para fortalecer tu cuerpo!

⁹Honra al Señor con tus riquezas
y con los primeros frutos de tus
cosechas;
¹⁰así se llenarán a reventar
tus graneros y tus depósitos de vino.

¹¹No rechaces, hijo mío, la corrección
del Señor,
ni te disgustes por sus reprensiones;ˡ
¹²porque el Señor corrige a quien él
ama,ᵐ
como un padre corrige a su hijo
favorito.ⁿ

¹³Dichoso el que halla sabiduría,
el que obtiene inteligencia;
¹⁴porque son más provechosas que la
plata
y rinden mayores beneficios que el
oro.
¹⁵La sabiduría vale más que las piedras
preciosas;
¡ni aun las cosas más deseables se le
pueden comparar!
¹⁶Con la derecha ofrece larga vida,

y con la izquierda, riquezas y
honores.
¹⁷Seguir sus pasos es muy agradable;
andar por sus senderos es vivir en
paz.
¹⁸La sabiduría es vida para quien la
obtiene;
¡dichosos los que saben retenerla!
¹⁹Con sabiduría e inteligencia,
el Señor afirmó los cielos y la tierra;
²⁰con sabiduría hizo que el mar se
dividiera
y que de las nubes brotara el rocío.

²¹Conserva siempre el buen juicio, hijo
mío,
y no pierdas de vista la discreción,
²²pues serán para ti fuente de vida
y te adornarán como un collar.
²³Podrás andar confiado por el camino
y jamás tropezarás.
²⁴Cuando descanses, no tendrás que
temer;
cuando te acuestes, dormirás
tranquilo.ñ
²⁵No temerás a los peligros repentinos
ni a la ruina que vendrá sobre los
malvados,
²⁶porque el Señor te infundirá
confianza
y evitará que caigas en alguna
trampa.

²⁷Nunca niegues un favor a quien te lo
pida,ᵒ
cuando en tu mano esté el hacerlo.
²⁸No dejes para mañana
la ayuda que puedas dar hoy.
²⁹No hagas planes perversos
contra el que vive confiado en ti.
³⁰No busques pelea con nadie,
si nadie te ha hecho daño.
³¹No envidies al desalmado
ni trates de imitar su conducta;
³²porque al Señor le repugnan los
malvados,
pero a los buenos les brinda su
confianza.
³³El Señor maldice la casa del
malvado,
pero bendice el hogar del hombre
justo.
³⁴El Señor se burla de los burlones,
pero trata con bondad a los
humildes.ᵖ
³⁵La honra es el premio de los sabios,
pero los necios se destacan por su
deshonra.

---

ⁱ 2.21-22 Sal 37.9. ʲ 3.4 Lc 2.52. ᵏ 3.5 Eclo 2.6; Ro 12.16. ˡ 3.11 Job 5.17; He 12.5-6. ᵐ 3.12 Ap 3.19. ⁿ 3.11-12 Dt 8.5;
2 S 7.14; He 12.5-6. ñ 3.24 Sal 3.5; 4.8. ᵒ 3.27 Eclo 4.3-4; Mt 5.42. ᵖ 3.34 Stg 4.6; 1 P 5.5.

## Exhortaciones a seguir el buen camino

**4** [1]Hijos, atiendan a los consejos de su
        padre;
   pongan atención, para que
        adquieran buen juicio.
[2]Yo les he dado una buena
        instrucción,
   así que no descuiden mis enseñanzas.
[3]Pues yo también he sido hijo;
   mi madre me amaba con ternura
[4]y mi padre me instruía de esta
        manera:
   "Grábate en la mente mis palabras;
   haz lo que te ordeno, y vivirás.
[5]Adquiere sabiduría y buen juicio;
   no eches mis palabras al olvido.
[6]Ama a la sabiduría, no la abandones
   y ella te dará su protección.
[7]Antes que cualquier otra cosa,
   adquiere sabiduría y buen juicio.
[8]Ámala, y te enaltecerá;
   abrázala, y te honrará;
[9]¡te obsequiará con la más bella
        guirnalda
   y te coronará con ella!"

[10]Atiende a mis palabras, hijo mío,
   hazlas tuyas y aumentarán los años
        de tu vida.
[11]Yo te llevaré por el camino de la
        sabiduría:
   te haré andar por el buen camino,
[12]en el que no habrá estorbos a tu
        paso,
   en el que no tropezarás aun cuando
        corras.
[13]Aférrate a la instrucción y no la
        descuides;
   ponla en práctica, pues es vida para
        ti.
[14]No vayas tras los pasos de los
        malvados,
   no sigas su mala conducta.
[15]Evita el pasar por su camino;
   apártate de ellos y sigue adelante,
[16]pues no están en paz si no hacen lo
        malo;
   pierden el sueño, si no hacen caer a
        alguno.
[17]¡Su comida y su bebida
   son la maldad y la violencia!

[18]El camino de los justos es como la
        luz de un nuevo día:
   va en aumento hasta brillar en todo
        su esplendor.

[19]Pero el camino de los malvados es
        oscuro;
   ¡ni siquiera saben contra qué
        tropiezan![q]
[20]Atiende a mis palabras, hijo mío;
   préstales atención.
[21]Jamás las pierdas de vista,
   ¡grábatelas en la mente!
[22]Ellas dan vida y salud
   a todo el que las halla.
[23]Cuida tu mente más que nada en el
        mundo,
   porque ella es fuente de vida.
[24]Evita el decir cosas falsas;
   apártate de la mentira.
[25]Mira siempre adelante,
   mira siempre de frente.
[26]Fíjate bien en dónde pones los pies,
   y siempre pisarás terreno firme.
[27]No te desvíes de tu camino;
   evita el andar en malos pasos.

## La mujer fácil, perdición del hombre

**5** [1]Atiende a mi sabiduría, hijo mío;
        presta atención a mi inteligencia.
[2]Así sabrás ser discreto
   y podrás hablar con conocimiento.
[3]Pues la mujer ajena habla con
        dulzura
   y su voz es más suave que el aceite;
[4]pero termina siendo más amarga que
        el ajenjo
   y más cortante que una espada de
        dos filos.
[5]Andar con ella conduce a la muerte;
   sus pasos llevan directamente al
        sepulcro.
[6]A ella no le importa el camino de la
        vida
   ni se fija en lo inseguro de sus
        pasos.[l]

[7]Por lo tanto, hijo mío, atiéndeme,
   no te apartes de mis enseñanzas.
[8]Aléjate de la mujer ajena;
   ni siquiera te acerques a la puerta de
        su casa,
[9]para que no pierdas la riqueza de tus
        años
   en manos de gente extraña y cruel;
[10]para que ningún extraño se llene
   con el fruto de tu esfuerzo y tu
        trabajo.
[11]De lo contrario, acabarás por
        lamentarlo
   cuando tu cuerpo se consuma poco a
        poco.

*l A ella no . . . sus pasos:* texto probable. Heb. oscuro.
*q* **4.18-19** Sal 1.6; Eclo 39.24.

[12]Y dirás: "¡Cómo pude despreciar la
    corrección!
    ¡Cómo pude rechazar las
    represiones!
[13]¡No quise escuchar a mis maestros,
    no atendí a los que me instruían,
[14]y por poco llego al colmo de la
    desgracia
    ante la comunidad entera!"

[15]Calma tu sed con el agua
    que brota de tu propio pozo.
[16]No derrames el agua de tu
    manantial;
    no la desperdicies derramándola por
    la calle.
[17]Pozo y agua son tuyos, y de nadie
    más;
    ¡no los compartas con extraños!
[18]¡Bendita sea tu propia fuente!
    ¡Goza con la compañera de tu
    juventud,
[19]delicada y amorosa cervatilla!
    ¡Que nunca te falten sus caricias!
    ¡Que siempre te envuelva con su
    amor!

[20]¿Por qué enredarte, hijo mío, con la
    mujer ajena?
    ¿Por qué arrojarte en brazos de una
    extraña?
[21]El Señor está pendiente de la
    conducta del hombre;
    no pierde de vista ninguno de sus
    pasos.
[22]Al malvado lo atrapa su propia
    maldad;
    su propio pecado lo sujeta como un
    lazo.
[23]Su indisciplina lo llevará a la muerte;
    su gran necedad, a la perdición.*

### Advertencias contra el dar fianza

**6** [1]Hijo mío, si das fianza por tu
    amigo
    o te haces responsable de un extraño,
[2]tú solo te pones la trampa:
    quedas atrapado en tus propias
    palabras.
[3]Para librarte, hijo mío,
    pues estás en las manos de otro,
    haz lo siguiente:
    trágate el orgullo y cóbrale a tu
    amigo.
[4]No te duermas,
    no te des ni un momento de
    descanso;

[5]huye, como un venado del cazador;
    huye, como un ave de la trampa.

### Exhortación a los perezosos

[6]Anda a ver a la hormiga, perezoso;
    fíjate en lo que hace, y aprende la
    lección:
[7]aunque no tiene quien la mande
    ni quien le diga lo que ha de hacer,
[8]asegura su comida en el verano,
    la almacena durante la cosecha.
[9]¡Basta ya de dormir, perezoso!
    ¡Basta ya de estar acostado!
[10]Mientras tú sueñas y cabeceas,
    y te cruzas de brazos para dormir
    mejor,
[11]la pobreza vendrá y te atacará
    como un vagabundo armado.[r]

### Características del malvado

[12]El que es malvado y perverso
    anda siempre contando mentiras;
[13]guiña los ojos,
    hace señas con los pies,
    señala con los dedos;
[14]su mente es perversa,
    piensa siempre en hacer lo malo
    y en andar provocando peleas.
[15]Por eso, en un instante le vendrá el
    desastre;
    en un abrir y cerrar de ojos
    quedará arruinado sin remedio.

### Lo que el Señor aborrece

[16]Hay seis cosas, y hasta siete,
    que el Señor aborrece por completo:
[17]los ojos altaneros,
    la lengua mentirosa,
    las manos que asesinan a gente
    inocente,
[18]la mente que elabora planes
    perversos,
    los pies que corren ansiosos al mal,
[19]el testigo falso y mentiroso,
    y el que provoca peleas entre
    hermanos.

### Consecuencias del adulterio

[20]Hijo mío, guarda siempre en tu
    memoria
    los mandamientos y enseñanzas de
    tus padres.
[21]Llévalos siempre sobre tu corazón,
    átalos alrededor de tu cuello;[s]
[22]te guiarán cuando andes de viaje,

---

* 5.3-23 Pr 7.6-27; 23.27; Eclo 9.3-9    r 6.10-11 Pr 24.33-34.    s 6.20-21 Pr 1.8-9.

te protegerán cuando estés dormido,
hablarán contigo cuando despiertes.

[23] En verdad, los mandamientos y las
    enseñanzas
son una lámpara encendida;
las correcciones y los consejos
son el camino de la vida.[t]
[24] Te protegerán de la mujer malvada,
de las palabras melosas de la mujer
    ajena.
[25] No permitas que su belleza encienda
tu pasión;
¡no te dejes atrapar por sus miradas!

[26] La prostituta va tras un bocado de
    pan,
pero la adúltera va tras el hombre
que vale.

[27] El que se echa fuego en el pecho,
sin duda se quema la ropa.
[28] El que camina sobre las brasas,
se quema los pies.
[29] El que se enreda con la mujer ajena,
no quedará sin castigo.

[30] Nadie desprecia al ladrón
que roba para calmar su hambre;[2]
[31] aunque si lo encuentran robando,
tendrá que devolver siete veces lo
    robado,
y aun tendrá que dar todo cuanto
    tenga.

[32] ¡Qué imprudente es el que anda con
la mujer ajena!
¡El que lo hace se destruye a sí
    mismo!
[33] Tendrá que afrontar golpes y
    ofensas,
y no habrá nada que borre su
    deshonra.
[34] Porque el hombre celoso es como un
    fuego
y no perdona a la hora de vengarse;
[35] no acepta desagravio alguno,
ni se calma ante muchos regalos.

### Artimañas de la mujer adúltera

**7** [1] Obedece mis palabras, hijo mío;
guarda en tu mente mis
    mandamientos.
[2] Obedece mis mandamientos y
enseñanzas;

cuídalos como a las niñas de tus
ojos, y vivirás.
[3] Átalos a tus dedos,
grábatelos en la mente.
[4] Haz de la sabiduría tu hermana,
haz de la inteligencia tu amiga.
[5] Ellas te librarán de la mujer
    adúltera,
de la extraña de palabras
seductoras.[u]

[6] Un día estaba yo mirando
entre las rejas de mi ventana
[7] a unos jóvenes sin experiencia,
y me fijé en el más imprudente de
    ellos.
[8] Al llegar a la esquina cruzó la calle
en dirección a la casa de aquella
    mujer.
[9] La tarde iba cayendo,
y comenzaba a oscurecer.
[10] De pronto la mujer salió a su
    encuentro,
con toda la apariencia y los gestos de
una prostituta,
[11] de una mujer ligera y caprichosa
que no puede estarse en su casa
[12] y que anda por calles, plazas y
    esquinas
esperando atrapar al primero que
    pase.
[13] La mujer abrazó y besó al joven,
y descaradamente le dijo:
[14] "Yo había prometido sacrificios de
    reconciliación,
y hoy he cumplido mi promesa.[3]
[15] Por eso he salido a tu encuentro;
¡tenía ganas de verte, y te he
    encontrado!
[16] Sobre mi cama he tendido
una hermosa colcha de lino egipcio,
[17] la he perfumado con aroma
de mirra, áloe y canela.
[18] Ven, vaciemos hasta el fondo la copa
del amor;
gocemos del amor hasta que
    amanezca,
[19] pues mi esposo no está en casa:
ha salido para un largo viaje;
[20] se ha llevado una bolsa de dinero
y no volverá hasta el día de la luna
    llena."

[21] Sus palabras melosas e insistentes
acabaron por convencer al
    muchacho,

---

[2] *Nadie... hambre:* Otra posible traducción: *Al ladrón se le desprecia, aunque robe para calmar su hambre.*    [3] La persona que ofrecía sacrificio de reconciliación recibía una porción de carne de la víctima (Lv 7.16). La mujer quiere decir que, por tanto, hay en su casa buena comida.
[t] 6.23 Sal 119.105.    [u] 7.5 Pr 2.16.

[22]que sin más se fue tras ella:
como un buey rumbo al matadero,
como un ciervo que cae en la trampa
[23]y al que luego una flecha le parte el
corazón;
como un ave que se lanza contra
la red
sin saber que eso le va a costar la
vida.

[24]Así pues, hijo mío, escúchame;
presta atención a mis palabras.
[25]No desvíes hacia esa mujer tus
pensamientos;
no te pierdas por ir tras ella,
[26]porque a muchos los ha herido de
muerte;
¡sus víctimas son numerosas!
[27]Tomar el camino de su casa
es tomar el camino de la muerte.

### Discurso de la sabiduría

**8** [1]La sabiduría clama a voz en cuello;
la inteligencia hace oír su voz.
[2]Se para en lo alto de las colinas,
se detiene donde se cruzan los
caminos,
[3]se hace oír junto a las puertas,
a la entrada de la ciudad:[v]
[4]"Para ustedes los hombres
van estas palabras mías.
[5]Jóvenes inexpertos y necios,
¡aprendan a ser prudentes y
entendidos!
[6]Atiendan, que voy a decirles
cosas importantes[4] e irreprochables.
[7]Lo que voy a decir es la verdad;
no me gusta hablar mentira.
[8]Todas mis palabras son justas;
no hay en ellas la menor falsedad.
[9]Para el inteligente y entendido,
mis palabras son claras e
irreprochables.
[10]En vez de plata y oro fino,
adquieran instrucción y
conocimiento."

[11]Vale más sabiduría que piedras
preciosas;
¡ni lo más deseable se le puede
comparar!

[12]"Yo, la sabiduría, habito con la
inteligencia,
y sé hallar los mejores consejos.
[13]Honrar al Señor es odiar el mal.

Yo odio el orgullo y la altanería,
el mal camino y la mentira.
[14]En mí están el plan y su realización,
yo soy el buen juicio y la fuerza.
[15]Gracias a mí reinan los reyes
y los gobernantes establecen el
derecho.
[16]Gracias a mí dominan los jefes de
estado
y dictan sentencia las autoridades.
[17]Yo amo a los que me aman,
y los que me buscan, me encuentran.
[18]Yo doy riquezas y honra,
grandes honores y prosperidad.
[19]Lo que yo doy es mejor que el oro
más refinado;
lo que yo ofrezco es mejor que la
plata más fina.
[20]Yo voy por el camino recto,
por las sendas de la justicia.
[21]A los que me aman les doy su parte:
lleno sus casas de tesoros.

[22]"El Señor me creó al principio de su
obra,[w]
antes de que él comenzara a crearlo
todo.
[23]Me formó en el principio del tiempo,
antes de que creara la tierra.
[24]Me engendró antes de que existieran
los grandes mares,
antes de que brotaran los ríos y los
manantiales.
[25]Antes de afirmar los cerros y los
montes,
el Señor ya me había engendrado;
[26]aún no había creado él la tierra y sus
campos,
ni el polvo de que el mundo está
formado.
[27]Cuando él afirmó la bóveda del cielo
sobre las aguas del gran mar,[5] allí
estaba yo.
[28]Cuando afirmó las nubes en el cielo
y reforzó las fuentes del mar
profundo,
[29]cuando ordenó a las aguas del mar
no salirse de sus límites,
cuando puso las bases de la tierra,[x]
[30]allí estaba yo, fielmente, a su lado.
Yo era su constante fuente de
alegría,
y jugueteaba en su presencia a todas
horas;
[31]jugueteaba en el mundo creado,
¡me sentía feliz por el género
humano![y]

---

[4] *Cosas importantes:* texto probable. Heb. *jefes.*   [5] Véase Gn 1.6-8.
[v] 8.1-3 Pr 1.20-21; Eclo 24; Sab 6.12-16.   [w] 8.22 Eclo 1.4,9; 24.9; Ap 3.14.   [x] 8.29 Job 38.8-11; Sal 104.6-9; Jer 5.22.
[y] 8.22-31 Job 28.23-27; Eclo 24.5; Sab 8.6; 9.9.

³²"Y ahora, hijos míos, escúchenme;
sigan mi ejemplo y serán felices.
³³Atiendan a la instrucción;
no rechacen la sabiduría.
³⁴Feliz aquel que me escucha,
y que día tras día se mantiene
vigilante
a las puertas de mi casa.
³⁵Porque hallarme a mí es hallar la
vida
y ganarse la buena voluntad del
Señor;*
³⁶pero apartarse de mí es poner la vida
en peligro;
¡odiarme es amar la muerte!"

## Contraste entre la sabiduría y la necedad

**9** ¹La sabiduría construyó su casa,
la adornó con siete columnas;
²mató animales para el banquete,
preparó un vino especial,
puso la mesa
³y envió a sus criadas a gritar
desde lo alto de la ciudad:
⁴"'¡Vengan acá, jóvenes inexpertos!"
Mandó a decir a los imprudentes:
⁵"Vengan a comer de mi pan
y a beber del vino que he
preparado.**
⁶Dejen de ser imprudentes, y vivirán;
condúzcanse como gente
inteligente."

⁷Corrige al insolente y malvado,
y sólo lograrás que te insulte y
ofenda.

⁸Reprende al insolente y te ganarás su
odio;
corrige al sabio y te ganarás su
aprecio.

⁹Dale al sabio y se hará más sabio;
enseña al hombre bueno y
aumentará su saber.

¹⁰La sabiduría comienza por honrar al
Señor;ᶻ
conocer al Santísimo es tener
inteligencia.

¹¹Gracias a la sabiduría, vivirás mucho
tiempo
y aumentarán los años de tu vida.
¹²Si eres sabio, tuyo será el provecho;

si eres insolente, tuya será la
responsabilidad.

¹³La necedad es como una mujer
chismosa,
tonta e ignorante.
¹⁴Se sienta en una silla, a las puertas
de su casa,
en la parte más alta de la ciudad,
¹⁵y llama a los caminantes
que van por buen camino:
¹⁶"'¡Vengan acá, jóvenes inexpertos!"
Manda a decir a los imprudentes:
¹⁷"El agua robada es más sabrosa;
el pan comido a escondidas sabe
mejor."
¹⁸Pero ellos no saben que sus invitados
son ahora sombras en el reino de la
muerte.

## Primera colección de dichos de Salomón

### (Caps. 10.1-22.16)

**10** ¹Dichos de Salomón:

El hijo sabio alegra a sus padres;
el hijo necio los hace sufrir.ᵃ

²Las riquezas mal habidas no son de
provecho,
pero la honradez libra de la muerte.ᵇ

³El Señor no deja con hambre al que
es bueno,
pero impide al malvado calmar su
apetito.ᶜ

⁴Poco trabajo, pobreza;
mucho trabajo, riqueza.

⁵Cosechar en el verano es de sabios;
dormirse en la cosecha es de
descarados.

⁶Sobre el hombre bueno llueven
bendiciones,
pero al malvado lo ahoga la
violencia.

⁷Al hombre bueno se le recuerda con
bendiciones;
al malvado, muy pronto se le olvida.

⁸El que es sabio acepta mandatos;
el que dice necedades acaba en la
ruina.

* 8.35 Eclo 1.20; 4.12.   ** 9.5 Eclo 24.19-21.   ᶻ 9.10 Job 28.28; Sal 111.10; Pr 1.7.   ᵃ 10.1 Pr 15.20.   ᵇ 10.2 Pr 11.4.; Eclo 5.8.
ᶜ 10.3 Sal 34.10.

⁹El que nada debe, nada teme;
el que mal anda, mal acaba.⁶

¹⁰El que guiña el ojo acarrea grandes
males;
el que dice necedades acaba en la
ruina.

¹¹Las palabras del justo son fuente de
vida,
pero al malvado lo ahoga la
violencia.

¹²El odio provoca peleas,
pero el amor perdona todas las
faltas.ᵈ

¹³En labios del sabio hay sabiduría;
para el imprudente, un garrotazo en
la espalda.

¹⁴Los sabios se reservan sus
conocimientos,
mas cuando los necios hablan, el
peligro amenaza.

¹⁵La defensa del rico es su riqueza;
la ruina del pobre, su pobreza.

¹⁶La recompensa del justo es la vida;
la cosecha del malvado es el pecado.

¹⁷El que atiende la corrección va
camino a la vida;
el que la desatiende, va camino a la
perdición.

¹⁸Es de mentirosos disimular el odio,
y es de necios divulgar chismes.

¹⁹El que mucho habla, mucho yerra;
callar a tiempo es de sabios.

²⁰Plata fina es la lengua del justo;
la mente del malo no vale nada.

²¹Los labios del justo instruyen a
muchos,
pero el necio muere por su
imprudencia.

²²La bendición del Señor es riqueza
que no trae dolores consigo.

²³El necio goza cometiendo infamias;
el sabio goza con la sabiduría.

²⁴Lo que más teme el malvado, eso le
sucede,
pero al justo se le cumplen sus
deseos.

²⁵Pasa el huracán y el malvado
desaparece,
pero el justo permanece para
siempre.

²⁶El perezoso es, para el que lo envía,
como el vinagre a los dientes o el
humo a los ojos.

²⁷El honrar al Señor alarga la vida,
pero a los malvados se les acorta.

²⁸Para los justos, el porvenir es alegre;
para los malvados, ruinoso.

²⁹El Señor protege a los que hacen
bien,
pero destruye a los que hacen mal.

³⁰Jamás el justo fracasará,
pero el malvado no permanecerá en
la tierra.

³¹De los labios del justo brota
sabiduría,ᵉ
pero al perverso le cortarán la
lengua.

³²El justo dice cosas agradables;
el malvado, sólo cosas perversas.

**11** ¹El Señor reprueba las balanzas
falsas
y aprueba las pesas exactas.ᶠ

²El orgullo acarrea deshonra;
la sabiduría está con los humildes.ᵍ

³A los hombres rectos los guía su
rectitud;
a los hombres falsos los destruye su
falsedad.

⁴De nada servirán las riquezas el día
del juicio,
pero la justicia libra de la muerte.ʰ

⁵La justicia endereza el camino del
justo,
pero el malvado cae por su propia
maldad.

⁶ *Mal acaba:* texto probable. Heb. *es conocido.*
ᵈ **10.12** Stg 5.20; 1 P 4.8.   ᵉ **10.31** Sal 37.30.   ᶠ **11.1** Lv 19.35-36; Dt 25.13-16; Pr 20.10,23; Am 8.5.   ᵍ **11.2** Pr 13.10.
ʰ **11.4** Pr 10.2.; Eclo 5.8.

[6]La justicia libera a los hombres
rectos,
pero la codicia aprisiona a los
traidores.

[7]Cuando el malvado muere,
mueren con él sus esperanzas e
ilusiones.

[8]Dios libra de la angustia al justo,
y en su lugar pone al malvado.

[9]Las palabras del malvado destruyen
a sus semejantes,
pero la inteligencia del justo los
salva.

[10]Cuando los justos prosperan, la
ciudad se alegra;
cuando los malvados mueren, salta
de alegría.

[11]Con la bendición de los justos se
construye una ciudad,
pero las palabras de los malvados la
destruyen.

[12]El imprudente habla mal de su
amigo;
el prudente guarda silencio.

[13]El chismoso todo lo cuenta;
el discreto guarda el secreto.

[14]Si no hay buen gobierno, la nación
fracasa;
el triunfo depende de los muchos
consejeros.[i]

[15]Mal resulta salir fiador de un
extraño;
el que evita dar fianzas vive
tranquilo.

[16]La mujer agraciada recibe honores,
y el hombre audaz obtiene riquezas.

[17]El que es compasivo se hace bien a sí
mismo,
pero el que es cruel provoca su
propio mal.

[18]El malvado recibe una paga
engañosa;
el que actúa con justicia, recompensa
efectiva.

[19]Ir tras la justicia conduce a la vida,
pero ir tras la maldad conduce a la
muerte.

[20]El Señor aborrece a los de mente
perversa,
pero mira con agrado a los de
conducta intachable.

[21]Ciertamente el malvado no quedará
sin castigo,
pero los justos saldrán bien librados.

[22]Anillo de oro en hocico de cerdo
es la mujer bella de poco cerebro.

[23]El deseo de los justos siempre resulta
bien;
el capricho de los malvados sólo
provoca enojo.

[24]Hay gente desprendida que recibe
más de lo que da,
y gente tacaña que acaba en la
pobreza.

[25]El que es generoso, prospera;
el que da, también recibe.

[26]Al que acapara trigo, la gente lo
maldice;
al que lo vende, lo bendice.

[27]El que anda tras el bien, busca ser
aprobado;
al que anda tras el mal, mal le irá.

[28]El que confía en sus riquezas, caerá
como hoja seca,[j]
pero los justos reverdecerán como
las ramas.

[29]Al que descuida su casa, nada le
queda;
el necio siempre será esclavo del
sabio.

[30]La justicia[7] da vida,
la violencia[8] la quita.

[31]Si el justo recibe su paga aquí en la
tierra,
¡con cuánta más razón el malvado y
el pecador![k]

**12** [1]Amar la disciplina es amar el
saber;

[7] *Justicia:* según la versión griega. Heb. *el justo.*   [8] *Violencia:* según la versión griega. Heb. *el sabio.*
[i] 11.14 Pr 24.6; Sab 6.24.   [j] 11.28 Eclo 5.1; Mr 10.23-25.   [k] 11.31 1 P 4.18.

odiar la represión es ser ignorante.

2 Al hombre bueno el Señor lo
   aprueba,
y al pícaro lo condena.

3 El mal no es base firme para nadie;
los justos tienen raíz permanente.

4 La mujer ejemplar hace de su marido
   un rey,
pero la mala esposa lo destruye por
   completo.

5 Los hombres justos piensan en la
   justicia;
los malvados, sólo en el engaño.

6 Las palabras del malvado son una
   trampa mortal;
las del hombre justo, salvación.

7 Los malvados caen, y ése es su fin,
pero la casa de los justos queda en
   pie.

8 Al hombre se le alaba según su
   inteligencia,
pero el tonto sólo merece desprecio.

9 Más vale menospreciado pero
   servido,
que reverenciado pero mal comido. *

10 El justo sabe que sus animales
   sienten,
pero el malvado nada entiende de
   compasión.

11 El que trabaja su tierra tiene
   abundancia de pan;
el imprudente se ocupa en cosas sin
   provecho.

12 Los malos deseos son la red de los
   malvados;
la raíz de los justos es permanente.9

13 El malvado se enreda en sus propias
   mentiras,
pero el hombre justo sale bien del
   apuro.

14 Cada uno recoge el fruto de lo que
   diceⁱ
y recibe el pago de lo que hace.

15 El necio cree que todo lo que hace
   está bien,
pero el sabio atiende los consejos.

16 El necio muestra en seguida su
   enojo;
el prudente pasa por alto la ofensa. .

17 El testigo verdadero declara la
   verdad;
el testigo falso afirma mentiras.

18 Hay quienes hieren con sus palabras,
pero hablan los sabios y dan el
   alivio.

19 El que dice la verdad permanece para
   siempre,
pero el mentiroso, sólo un instante.

20 En los planes de los malvados hay
   mentira;
en los consejos del hombre de paz,
   alegría.

21 El hombre justo jamás sufrirá
   ningún mal,
pero el malvado recibirá todos los
   males juntos.

22 El Señor aborrece a los mentirosos,
pero mira con agrado a los que
   actúan con verdad.

23 El inteligente no hace alarde de su
   saber,
pero el necio hace gala de su
   estupidez.

24 El que trabaja, dominará;
el perezoso será dominado.

25 La angustia deprime al hombre;
la palabra amable lo alegra.

26 El justo sirve de guía a su prójimo,10
pero los malvados pierden el camino.

27 El cazador perezoso no alcanza
   presa,
pero el diligente alcanza grandes
   riquezas.11

28 El camino de la justicia lleva a la
   vida;

9 *Los malos . . . es permanente:* texto probable. Heb. oscuro.    10 *El justo . . . prójimo:* traducción probable. Heb.
oscuro.    11 *El diligente alcanza grandes riquezas:* texto probable. Heb. oscuro.
* 12.9 Eclo 10.27.    ⁱ 12.14 Pr 13.2; 18.20.

el de la imprudencia[12] lleva a la
muerte.[m]

# 13

[1]El hijo sabio acepta la corrección
del padre;
el insolente no hace caso de
reprensiones.

[2]Cada uno recoge el fruto de lo que
dice,[n]
pero los traidores tienen hambre de
violencia.

[3]Cuidar las palabras es cuidarse uno
mismo;
el que habla mucho se arruina solo. *

[4]El perezoso desea y no consigue;
el que trabaja, prospera.

[5]El hombre justo odia la mentira;
el malvado es motivo de vergüenza y
deshonra.

[6]La rectitud protege al hombre
intachable;
la maldad destruye al pecador.

[7]Hay quienes no tienen nada y
presumen de ricos,
y hay quienes todo lo tienen y
aparentan ser pobres.

[8]La riqueza del rico le salva la vida;
el pobre jamás escucha amenazas.[13]

[9]Los justos son como una luz
brillante;
los malvados, como lámpara que se
apaga.

[10]El orgullo sólo provoca peleas;
la sabiduría está con los
humildes.[14,ñ]

[11]La riqueza ilusoria, disminuye;
el que la junta poco a poco, la
aumenta.

[12]Esperanza frustrada, corazón
afligido,
pero el deseo cumplido es como un
árbol de vida.

[13]El que desatiende una orden, lo
lamentará;
el que respeta el mandato será
recompensado.

[14]La enseñanza del sabio es fuente de
vida
y libra de los lazos de la muerte.[o]

[15]El buen juicio se gana el aprecio,
pero los traidores marchan a su
ruina.

[16]El que es prudente actúa con
inteligencia,
pero el necio hace gala de su
necedad.

[17]El mensajero malvado acarrea
problemas,
pero el mensajero fiel los alivia.

[18]Pobreza y deshonra tendrá quien
desprecia el consejo;
grandes honores, quien atiende la
corrección.

[19]El deseo cumplido es causa de
alegría.
Los necios no soportan alejarse del
mal.

[20]Júntate con sabios y obtendrás
sabiduría;
júntate con necios y te echarás a
perder.

[21]Los pecadores son perseguidos por el
mal;
los justos, recompensados con el
bien.

[22]El hombre bueno deja herencia a sus
nietos;
el pecador amasa fortunas que serán
del justo.

[23]En el campo del pobre hay comida
abundante,
pero mucho se pierde donde no hay
justicia.

[24]Quien no corrige a su hijo, no lo
quiere;
el que lo ama, lo corrige.

---

[12] *El de la imprudencia:* texto probable. Heb. oscuro.   [13] *Escucha amenazas:* traducción probable. (véase v.1) Heb. oscuro.
[14] *Con los humildes:* texto probable, según 11.2. Heb. *con los que admiten consejos.*
[m] 12.28 Ro 6.21-22.   [n] 13.2 Pr 12.14; 18.20.   * 13.3 Eclo 28.25-26; Stg 3.2-12.   [ñ] 13.10 Pr 11.2.   [o] 13.14 Pr 14.27; Eclo 21.13.

25El justo come hasta estar satisfecho,
pero el malvado se queda con
hambre.

14 ¹La mujer sabia construye su
casa;
la necia, con sus propias manos la
destruye.

²El de recta conducta honra al Señor;
el de conducta torcida lo desprecia.

³De la boca del necio brota el orgullo;
de los labios del sabio, su
protección.

⁴Cuando no hay bueyes, el trigo falta;
con la fuerza del buey, la cosecha
aumenta.

⁵El testigo verdadero no miente;
el testigo falso dice mentiras.

⁶El insolente busca sabiduría y no la
encuentra;
para el inteligente, el saber es cosa
fácil.

⁷Aléjate del necio,
pues de sus labios no obtendrás
conocimiento.

⁸La sabiduría hace al sabio entender
su conducta,
pero al necio lo engaña su propia
necedad.

⁹Los necios se burlan de sus culpas,
pero entre los hombres honrados hay
buena voluntad.

¹⁰El corazón conoce sus propias
amarguras,
y no comparte sus alegrías con
ningún extraño.

¹¹La casa de los malvados será
destruida;
la de los hombres honrados
prosperará.

¹²Hay caminos que parecen derechos,
pero al final de ellos está la muerteᵖ

¹³Hasta de reírse duele el corazón,
y al final la alegría acaba en llanto.q

¹⁴El necio está satisfecho de su
conducta;
el hombre bueno lo está de sus
acciones.

¹⁵El imprudente cree todo lo que le
dicen;
el prudente se fija por dónde anda.

¹⁶El sabio teme al mal y se aparta de
él,
pero al necio nada parece
importarle.

¹⁷El que es impulsivo actúa sin pensar;
el que es reflexivo mantiene la
calma.¹⁵

¹⁸Los imprudentes son herederos de la
necedad;
los prudentes se rodean de
conocimientos.

¹⁹Los malvados se inclinarán ante los
buenos;
los malos suplicarán a las puertas de
los justos.

²⁰Al pobre, hasta sus propios amigos
lo odian;
al rico le sobran amigos.

²¹El que desprecia a su amigo comete
un pecado,
pero ¡feliz aquel que se compadece
del pobre!ʳ

²²Los que buscan hacer lo malo,
pierden el camino;
los que buscan hacer lo bueno son
objeto de amor y lealtad.

²³De todo esfuerzo se saca provecho;
del mucho hablar, sólo miseria.

²⁴La corona del sabio es su
inteligencia;¹⁶
la de los necios, su necedad.

²⁵El testigo verdadero salva a otros la
vida;
el testigo falso es causa de muerte.¹⁷

²⁶El honrar al Señor da una firme
esperanza
que da seguridad a los hijos.

27El honrar al Señor es fuente de vida
  que libra de los lazos de la muerte.s

28Gobernar a muchos es una honra
  para el rey;
  gobernar a pocos es su ruina.

29Ser paciente es muestra de mucha
  inteligencia;
  ser impaciente es muestra de gran
  estupidez.

30La mente tranquila es vida para el
  cuerpo,
  pero la envidia corroe hasta los
  huesos.

31Ofende a su Creador quien oprime al
  pobre,
  pero lo honra quien le tiene
  compasión.

32Al malvado lo arruina su propia
  maldad;
  al hombre honrado lo protege su
  honradez.18

33La sabiduría habita en mentes que
  razonan,
  pero entre los necios es
  desconocida.19

34La justicia es el orgullo de una
  nación;
  el pecado es su vergüenza.

35El siervo capaz se gana el favor del
  rey,
  pero el incapaz se gana su enojo.

**15** 1La respuesta amable calma el
  enojo;
  la respuesta violenta lo excita más.

2De la lengua de los sabios brota
  sabiduría;
  de la boca de los necios, necedades.

3El Señor está en todo lugar
  vigilando a los buenos y a los malos.

4La lengua amable es un árbol de
  vida;
  la lengua perversa hace daño al
  espíritu.

5El necio desprecia la corrección de su
  padre;
  el que la atiende, demuestra
  inteligencia.

6Gran abundancia hay en casa del
  hombre honrado,
  pero al malvado no le aprovechan
  sus ganancias.

7Los sabios esparcen sabiduría con
  sus labios;
  los necios, con su mente, hacen todo
  lo contrario.

8El Señor no soporta las ofrendas de
  los malvados,t
  pero recibe con agrado la oración de
  los justos.

9El Señor no soporta la conducta de
  los malvados,
  pero ama a quien vive una vida
  recta.

10Al que deja el buen camino se le
  corrige con dureza;
  el que odia la represión, morirá.

11Si a la vista del Señor están la muerte
  y el sepulcro,
  ¡con mayor razón los pensamientos
  de los hombres!

12El insolente no ama al que le
  reprende,
  ni busca la compañía de los sabios.

13Corazón alegre, cara feliz;
  corazón enfermo, semblante triste.

14La mente inteligente busca el saber,
  pero los necios se alimentan de
  necedades.

15Para quien está afligido, todos los
  días son malos;
  para quien está contento, son una
  fiesta constante.

16Más vale ser pobre y honrar al
  Señor,
  que ser rico y vivir angustiado.u

17Más vale comer verduras con amor,
  que carne de res con odio.

18 Su honradez: según la versión griega. Heb. su muerte.  19 Desconocida: según la versión griega. Heb. conocida.
s 14.27 Pr 13.14.   t 15.8 Pr 21.27.   u 15.16 Sal 37.16.

¹⁸El que es impulsivo provoca peleas;
el que es paciente las apacigua. *

¹⁹Para el perezoso, el camino está
lleno de espinas;
para el hombre recto, el camino es
amplia calzada.

²⁰El hijo sabio alegra a sus padres;
el hijo necio los menosprecia.ᵛ

²¹El imprudente goza con su necedad;
el inteligente corrige sus propios
pasos.

²²Cuando no hay consulta, los planes
fracasan;
el éxito depende de los muchos
consejeros.

²³¡Qué grato es hallar la respuesta
apropiada,
y aún más cuando es oportuna!

²⁴El camino de la vida va cuesta
arriba,
y libra al sabio de bajar al sepulcro.

²⁵El Señor destruye la casa del
orgulloso,
pero mantiene invariable la
propiedad de la viuda.

²⁶El Señor no soporta los planes
malvados,
pero le agradan las palabras sin
malicia.

²⁷El que se da a la codicia arruina su
propia casa,
pero el que rechaza el soborno,
vivirá.

²⁸El hombre justo piensa lo que ha de
responder,
pero el malvado lanza maldad por la
boca.ʷ

²⁹El Señor se aleja de los malvados,
pero atiende a la oración de los
justos.

³⁰Los ojos radiantes alegran el
corazón;
las buenas noticias dan nuevas
fuerzas.

³¹El que atiende a la reprensión que da
vida,
tendrá un lugar entre los sabios.

³²El que desprecia la corrección no se
aprecia a sí mismo;
el que atiende a la reprensión
adquiere entendimiento.

³³El honrar al Señor instruye en la
sabiduría;
para recibir honores, primero hay
que ser humilde.

**16** ¹Los planes son del hombre;
la palabra final la tiene el Señor.ˣ

²Al hombre le parece bueno todo lo
que hace,
pero el Señor es quien juzga las
intenciones.ʸ

³Pon tus actos en las manos del
Señorᶻ
y tus planes se realizarán.

⁴El Señor lo ha creado todo con un
propósito:
aun al hombre malvado para el día
del castigo.

⁵El Señor no soporta a los orgullosos;
tarde o temprano tendrán su castigo.

⁶Con amor y verdad se perdona el
pecado;
honrando al Señor se aleja uno del
mal.

⁷Cuando al Señor le agrada la
conducta de un hombre,
hasta a sus enemigos los pone en paz
con él.

⁸Vale más lo poco ganado
honradamente,
que lo mucho ganado en forma
injusta.

⁹Al hombre le toca hacer planes,
y al Señor dirigir sus pasos.ᵃ

¹⁰El rey habla de parte de Dios
y no dicta sentencias injustas.

* 15.18 Eclo 28.8.    ᵛ 15.20 Pr 10.1.    ʷ 15.28 Pr 19.28.    ˣ 16.1 Pr 16.9; 19.21; Ec 9.1.    ʸ 16.2 Pr 21.2.    ᶻ 16.3 Sal 37.5.
ᵃ 16.9 Pr 16.1; 19.21; Ec 9.1.

[11] Pesas y medidas caen bajo el juicio
del Señor;[20]
todas las pesas han sido creadas por
él.

[12] Los reyes reprueban las malas
acciones,
porque el trono se basa en la justicia.

[13] Los reyes aman y ven con agrado
a quien habla con honradez y
sinceridad.

[14] La ira del rey es mensajera de
muerte,
y es de sabios procurar calmarla.

[15] La alegría del rey es promesa de
vida,
y su buena voluntad es como nube
de lluvia.

[16] Más vale adquirir sabiduría que oro;
más vale entendimiento que plata.

[17] La norma de los justos es apartarse
del mal;
cuidar la propia conducta es cuidarse
uno mismo.

[18] Tras el orgullo viene el fracaso;
tras la altanería, la caída.

[19] Más vale humillarse con los pobres
que hacerse rico con los orgullosos.

[20] Al que bien administra,[21] bien le va;
¡dichoso aquél que confía en el
Señor!

[21] Al que piensa sabiamente, se le llama
inteligente;
las palabras amables convencen
mejor.

[22] Tener buen juicio es tener una fuente
de vida;
instruir a los necios es también
necedad.

[23] El que piensa sabiamente, se sabe
expresar,
y sus palabras convencen mejor.

[24] Las palabras dulces son un panal de
miel:
endulzan el ánimo y dan nuevas
fuerzas.

[25] Hay caminos que parecen derechos,
pero al final de ellos está la muerte.[b]

[26] El apetito del que trabaja lo impulsa
a trabajar;
el hambre que siente lo empuja a
ello.

[27] El malvado es un horno de
maldad;[22]
¡aun sus palabras parecen llamas de
fuego![c]

[28] El perverso provoca peleas;
el chismoso es causa de enemistades.

[29] El violento engaña a su amigo
y lo desvía por el mal camino.

[30] Guiña los ojos quien piensa hacer lo
malo;
se muerde los labios quien ya lo ha
cometido.

[31] Las canas son una digna corona,
ganada por una conducta honrada.

[32] Más vale ser paciente que valiente;
más vale vencerse uno mismo que
conquistar ciudades.

[33] El hombre echa las suertes,
pero el Señor es quien lo decide
todo.

**17** [1] Más vale comer pan duro y vivir
en paz
que tener muchas fiestas y vivir
peleando.

[2] El siervo capaz llega a ser amo del
hijo indigno,
y tiene parte en la herencia como los
otros hermanos.

[3] El oro y la plata, el fuego los
prueba;[d]
los pensamientos los prueba el
Señor.

---

[20] *Pesas y medidas caen bajo el juicio del Señor:* texto probable. Heb. *pesas y medidas de justicia del Señor.*   [21] *Al que bien administra:* otra posible traducción: *al que presta atención al mandamiento.*   [22] *Es un horno de maldad:* texto probable. Heb. *cava maldad.*
[b] **16.25** Pr 14.12; Eclo 21.10.   [c] **16.27** Stg 3.6.   [d] **17.3** Pr 27.21; Eclo 2.5.

<sup>4</sup>El malvado y el mentiroso
hacen caso de las malas lenguas.

<sup>5</sup>El que se burla del pobre ofende a su
Creador;
el que se alegra de su desgracia no
quedará sin castigo.

<sup>6</sup>La corona de los ancianos son sus
nietos;
el orgullo de los hijos son sus padres.

<sup>7</sup>Ni al tonto le sienta bien el hablar
con elegancia,
ni al hombre respetable el hablar con
engaños.

<sup>8</sup>El que practica el soborno cree tener
poderes mágicos,
pues alcanza el éxito en todo lo que
emprende.

<sup>9</sup>Quien pasa por alto la ofensa, crea
lazos de amor;
quien insiste en ella, aleja al amigo.

<sup>10</sup>Cala más un regaño en el entendido
que cien azotes en el necio.

<sup>11</sup>El revoltoso sólo busca pelea,
pero le enviarán un mensajero cruel.

<sup>12</sup>Vale más toparse con una osa furiosa
que con un necio empeñado en algo.

<sup>13</sup>Jamás el mal se apartará de la casa
del que paga mal por bien.

<sup>14</sup>Río desbordado es el pleito que se
inicia;
vale más retirarse que complicarse
en él.

<sup>15</sup>Perdonar al culpable y condenar al
inocente
son dos cosas que no soporta el
Señor.<sup>e</sup>

<sup>16</sup>¿Por qué viene el necio, dinero en
mano,
a comprar sabiduría, si no tiene
entendimiento?

<sup>17</sup>Un amigo es siempre afectuoso,
y en tiempos de angustia es como un
hermano.

<sup>18</sup>El imprudente da fianza por su
amigo
y se hace responsable de él.

<sup>19</sup>Al que le gusta ofender, le gusta
pelear;
el fanfarrón provoca su propia
ruina.

<sup>20</sup>Jamás la mente perversa se
encontrará con el bien;
la lengua embustera caerá en la
desgracia.

<sup>21</sup>Ser padre de un necio trae sólo
dolor;
ser padre de un tonto no es ninguna
alegría.

<sup>22</sup>Buen remedio es el corazón alegre,
pero el ánimo triste resta energías.

<sup>23</sup>El malvado acepta soborno en
secreto,
para torcer el curso de la justicia.<sup>f</sup>

<sup>24</sup>La sabiduría es la meta del
inteligente,
pero el necio no tiene meta fija.

<sup>25</sup>El hijo necio es para sus padres
motivo de enojo y amargura.

<sup>26</sup>No está bien multar al inocente
ni azotar al hombre honorable.

<sup>27</sup>Es de sabios hablar poco,
y de inteligentes mantener la calma.

<sup>28</sup>Hasta el necio pasa por sabio e
inteligente
cuando se calla y guarda silencio. *

**18**    <sup>1</sup>El egoísta sólo busca su interés,
y se opone a todo buen consejo.

<sup>2</sup>El necio no tiene deseos de aprender;
sólo le importa presumir de lo que
sabe.

<sup>3</sup>Con la maldad viene la vergüenza;
con el orgullo, la deshonra.

<sup>4</sup>Las palabras del hombre son aguas
profundas,
río que corre, pozo de sabiduría.

---

<sup>e</sup> 17.15 Ex 23.7.   <sup>f</sup> 17.23 Ex 23.8; Dt 16.19.   * 17.28 Eclo 20.5.

⁵No está bien que los jueces
favorezcan al culpable
y le nieguen sus derechos al inocente.

⁶Con sus labios, el necio se mete en
líos;
con sus palabras se busca buenos
azotes.

⁷Las palabras del necio son su propia
ruina;
con sus labios se echa la soga al
cuello.

⁸Los chismes son como golosinas,
pero calan hasta lo más profundo.ᵍ

⁹Los perezosos y los destructores
¡hasta hermanos resultan!

¹⁰El nombre del Señor es una torre
poderosa
a la que acuden los justos en busca
de protección.

¹¹El rico cree que sus riquezas
son una ciudad protegida por altos
muros.

¹²Tras el orgullo viene el fracaso;
tras la humildad, la prosperidad.

¹³Es una necedad y una vergüenza
responder antes de escuchar.

¹⁴Al enfermo lo levanta su ánimo,
pero al ánimo decaído, ¿quién podrá
levantarlo?

¹⁵Los sabios e inteligentes
adquieren los conocimientos que
buscan.

¹⁶Con un regalo se abren todas las
puertas
y se llega hasta la gente importante.

¹⁷El primero en defenderse parece
tener la razón, hasta que llega su
contrario y lo desmiente.

¹⁸El juicio divino pone fin a los pleitos
y separa a las partes en pugna.

¹⁹Más se cierra el hermano ofendido
que una ciudad amurallada.

Los pleitos separan
como las rejas de un palacio.²³

²⁰Cada uno comerá hasta el cansancio
del fruto de sus palabras.ʰ

²¹La vida y la muerte dependen de la
lengua;
los que hablan mucho sufrirán las
consecuencias.*

²²Encontrar esposa es encontrar lo
mejor:
es recibir una muestra del favor de
Dios.**

²³El pobre habla con ruegos;
el rico responde con altanería.

²⁴Algunas amistades se rompen
fácilmente,
pero hay amigos más fieles que un
hermano.

**19** ¹Más vale ser pobre y honrado,
que necio y calumniador.ⁱ

²No es bueno el afán sin reflexión;
las muchas prisas provocan errores.

³La necedad del hombre le hace
perder el camino,
y luego el hombre le echa la culpa al
Señor.

⁴La riqueza atrae multitud de amigos,
pero el pobre hasta sus amigos
pierde.

⁵El testigo falso no quedará sin
castigo;
el mentiroso no saldrá bien librado.ʲ

⁶Al que es dadivoso y desprendido,
todo el mundo lo busca y se hace su
amigo.

⁷Si al pobre hasta sus hermanos lo
desprecian,
con mayor razón sus amigos se
alejarán de él.²⁴

⁸El que aprende y pone en práctica lo
aprendido,
se estima a sí mismo y prospera.

---

²³ *Más se cierra . . . un palacio:* traducción probable. Heb. oscuro.   ²⁴ Heb. añade cuatro palabras de sentido oscuro.
ᵍ **18.8** Pr 26.22.   ʰ **18.20** Pr 12.14; 13.2.   * **18.21** Eclo 37.18.   ** **18.22** Eclo 26.1-4.   ⁱ **19.1** Pr 28.6.   ʲ **19.5** Pr 19.9.

9El testigo falso no quedará sin
castigo;
al mentiroso le espera la muerte.*k*

10No es propio del necio hacer
derroche de lujos,
ni mucho menos del esclavo
gobernar a grandes señores.

11La prudencia consiste en refrenar el
enojo,
y la honra, en pasar por alto la
ofensa.

12La ira del rey es como el rugido del
león,
pero su buena voluntad es como
rocío sobre la hierba.

13Un hijo necio hace sufrir a su padre.
Como gotera constante es la mujer
pendenciera.*l*

14De los padres se reciben casa y
riquezas;
del Señor, la esposa inteligente.

15La pereza hace dormir
profundamente,
y el perezoso habrá de pasar hambre.

16El que cumple el mandamiento
protege su vida;
el que desprecia la enseñanza del
Señor, muere. *

17Un préstamo al pobre es un
préstamo al Señor,
y el Señor mismo pagará la deuda.

18Corrige a tu hijo mientras aún pueda
ser corregido,
pero no vayas a matarlo a causa del
castigo.

19El que mucho se enoja, recibe su
merecido;
librarlo del castigo es empeorar las
cosas.*25*

20Atiende al consejo y acepta la
corrección;
así llegarás a ser sabio.

21El hombre hace muchos planes,

pero sólo se realiza el propósito
divino.*m*

22Lo que se quiere del hombre es
lealtad;
más vale ser pobre que tramposo.

23La reverencia al Señor conduce a la
vida;
uno vive contento y sin sufrir ningún
mal.

24El perezoso mete la mano en el
plato,
pero no es capaz ni de llevársela a la
boca.*n*

25Del castigo al insolente, el
imprudente aprende;
el sabio aprende con la sola
corrección.*ñ*

26Maltratar al padre y echar de la casa
a la madre
son actos vergonzosos y reprobables
en un hijo.

27Hijo mío, si dejas de atender a la
represión
te apartarás de los buenos consejos.

28El testigo falso se burla de la justicia;
el malvado lanza maldad por la
boca.*o*

29Listas están las varas para los
insolentes;
los buenos azotes para la espalda de
los necios.

20 1El vino hace insolente al hombre;
las bebidas fuertes lo alborotan;
bajo sus efectos nadie actúa
sabiamente.

2Un rey furioso es como un león
rugiente;
quien lo provoca, pone su vida en
peligro.

3Es honra del hombre evitar
discusiones,
mas cualquier necio puede iniciarlas.

4Cuando es tiempo de arar, el
perezoso no ara;

*25* El que mucho . . . las cosas: traducción probable. Heb. oscuro.
*k* 19.9 Pr 19.5.  *l* 19.13 Pr 27.15.  * 19.16 Eclo 32.34.  *m* 19.21 Pr 16.1,9; Ec 9.1.  *n* 19.24 Pr 26.15.  *ñ* 19.25 Pr 21.11.
*o* 19.28 Pr 15.28.

pero al llegar la cosecha, buscará y
no encontrará.

⁵Las intenciones secretas son como
aguas profundas,
pero el que es inteligente sabe
descubrirlas.

⁶Hay muchos que presumen de leales,
pero no se halla a nadie en quien se
pueda confiar.

⁷¡Dichosos los hijos que deja
quien ha vivido con rectitud y
honradez!

⁸Cuando el rey toma asiento en el
tribunal,
le basta una sola mirada para barrer
el mal.

⁹Nadie puede decir: "Tengo puro el
corazón,
estoy limpio de pecado."ᵖ

¹⁰Pesas falsas y medidas con trampa
son dos cosas que el Señor
aborrece.�q

¹¹Por sus acciones se conoce
si un joven se conduce con rectitud.

¹²El oído para oír y el ojo para ver
fueron creados por el Señor.

¹³No te entregues al sueño, o te
quedarás pobre;
mantente despierto y tendrás pan de
sobra.

¹⁴"¡Que mala mercancía!", dice el
comprador,
pero una vez comprada se felicita a
sí mismo.

¹⁵Vale más quien habla con sabiduría,
que todo el oro y las joyas del
mundo.

¹⁶Al que salga fiador por un extraño,
quítale la ropa y tómasela en
prenda.ʳ

¹⁷Al hombre le gusta alimentarse de
mentiras,

aunque a la larga le resulte como
bocado de tierra.

¹⁸Los planes se afirman con un buen
consejo;
la guerra se hace con una buena
estrategia.

¹⁹El chismoso no sabe guardar un
secreto,
así que no te juntes con gente
chismosa.

²⁰El que maldice a su padre o a su
madre,
morirá en la más espantosa
oscuridad.ˢ

²¹Lo que al principio se adquiere
fácilmente,
al final no es motivo de alegría.

²²Nunca hables de tomar venganza;
confía en el Señor, y él te hará
triunfar.ᵗ

²³El Señor aborrece el uso de pesas
falsas;
las balanzas falsas son reprobables.

²⁴El Señor dirige los pasos del
hombre;ᵘ
nadie conoce su propio destino.ᵛ

²⁵Es peligroso que el hombre le
prometa algo a Dios
y que después reconsidere su
promesa.

²⁶El rey sabio aleja de sí a los
malvados
y los aplasta bajo una rueda.

²⁷El espíritu que Dios ha dado al
hombre
es luz que alumbra lo más profundo
de su ser.

²⁸El rey se mantiene seguro en su trono
cuando practica el amor y la verdad.

²⁹El orgullo de los jóvenes está en su
fuerza;
la honra de los ancianos, en sus
canas.

---

p 20.9 Sal 51.3-5; 1 Jn 1.8.   q 20.10,23 Lv 19.35-36; Dt 25.13-16; Pr 11.1; Am 8.5.   r 20.16 Pr 6.1-5; 27.13.   s 20.20 Ex 21.17;
Pr 19.26.   t 20.22 Ro 12.19.   u 20.24 Sal 37.23; Pr 16.9.   v 20.24 Jer 10.23.

³⁰La maldad se cura con golpes y
  heridas;
los golpes hacen sanar la conciencia.

**21** ¹La mente del rey, en manos del
         Señor,
sigue, como los ríos, el curso que el
  Señor quiere.

²Al hombre le parece bien todo lo que
  hace,
pero el Señor es quien juzga las
  intenciones.ʷ

³Practica la rectitud y la justicia,
pues Dios prefiere eso a los
  sacrificios.ˣ

⁴Ojos altivos, mente orgullosa;
la luz de los malvados es pecado.

⁵Los planes bien meditados dan buen
  resultado;
los que se hacen a la ligera causan la
  ruina.

⁶Las riquezas que se obtienen por
  medio de mentiras
son ilusión pasajera de los que
  buscan la muerte.

⁷A los malvados los destruirá su
  propia violencia,
por no haber querido practicar la
  justicia.

⁸La conducta del malvado es torcida e
  insegura;
las acciones del hombre honrado son
  limpias.

⁹Más vale vivir en el borde de la
  azotea,
que en una amplia mansión con una
  mujer pendenciera.ʸ

¹⁰El malvado sólo piensa en hacer el
  mal;
jamás mira con bondad a sus
  semejantes.

¹¹Del castigo al insolente, el
  imprudente aprende;
el sabio aprende con la sola
  explicación.ᶻ

¹²El Dios justo observa la casa del
  malvado,
y entrega a los malvados a la
  ruina.²⁶

¹³El que no atiende a los ruegos del
  pobre
tampoco obtendrá respuesta cuando
  pida ayuda.

¹⁴El regalo hecho con discreción
calma aun el enojo más fuerte.

¹⁵Cuando se hace justicia, el justo se
  alegra,
y a los malhechores les llega la ruina.

¹⁶El que no sigue una conducta
  prudente,
irá a parar entre los muertos.

¹⁷El que se entrega al placer, al vino y
  a los perfumes,
terminará en la pobreza.

¹⁸El hombre falso y malvado
sufrirá en lugar del justo y honrado.

¹⁹Vale más vivir en el desierto
que con una mujer irritable y
  pendenciera.

²⁰En casa del sabio hay riquezas y
  perfumes,
pero el necio gasta todo lo que tiene.

²¹El que busca ser recto y leal,
encuentra vida y honor.²⁷

²²El sabio ataca una ciudad bien
  defendida,
y acaba con el poder en que ella
  confiaba.

²³El que tiene cuidado de lo que dice,
nunca se mete en aprietos.

²⁴Pedante, orgulloso e insolente se le
  llama
al que actúa con demasiada
  pedantería.

²⁵De deseos se muere el perezoso,
porque sus manos no quieren
  trabajar;
²⁶todo el día se lo pasa deseando.

---

²⁶ *El Dios . . . la ruina:* texto probable. Heb. oscuro.   ²⁷ *Vida y honor:* según la versión griega. Heb. *vida, justicia y honor.*
ʷ **21.2** Pr 16.2.   ˣ **21.3** 1 S 15.22; Am 5.22-24; Os 6.6; Mt 9.13; 12.7.   ʸ **21.9,19** Pr 25.24; Eclo 25.16.   ᶻ **21.11** Pr 19.25.

El justo, en cambio, da sin
  tacañerías.

27El Señor aborrece las ofrendas de los
  malvados,ª
porque las ofrecen con malas
  intenciones.

28El testigo falso será destruido;
pero quien sabe escuchar, siempre
  podrá responder.28

29El malvado aparenta seguridad;
el honrado está seguro de su
  conducta.

30Ante el Señor no hay sabiduría que
  valga,
ni inteligencia ni buenas ideas.

31El hombre prepara el caballo para
  entrar en batalla,
pero el Señor es quien da la
  victoria.b

**22** 1Vale más tener buena fama y
          reputación,
que abundancia de oro y plata.

2El rico y el pobre tienen algo en
  común:
a los dos los ha creado el Señor.c

3El prudente ve el peligro y lo evita;
el imprudente sigue adelante y sufre
  el daño.d

4La humildad y la reverencia al Señor
traen como premio riquezas, honores
  y vida.

5El camino del malvado está lleno de
  trampas;
pero el que tiene cuidado de su
  propia vida, las evita.

6Dale buena educación al niño de
  hoy,
y el viejo de mañana jamás la
  abandonará.

7Entre los pobres, el rico es rey;
entre los deudores, el prestamista.

8El que siembra maldad, cosechará
  calamidades;
¡el Señor lo destruirá con el cetro de
  su furia!29

9El que mira a otros con bondad, será
  bendecido
por compartir su pan con los pobres.

10Despedido el insolente, se va la
  discordia
y se acaban los pleitos y las ofensas.

11El rey aprecia al de corazón sincero,
y brinda su amistad al que habla con
  gracia.

12El Señor vigila atentamente al sabio
y desmiente las afirmaciones del
  mentiroso.

13Para no trabajar, el perezoso
  pretexta
que en la calle hay un león que lo
  quiere matar.e

14Los labios de la adúltera son un pozo
  profundo
donde caen los que el Señor maldice.

15La necedad es parte de las ideas
  juveniles,
pero se quita cuando se corrige con
  golpes.

16El que para enriquecerse oprime al
  pobre
o le da al rico, terminará en la
  pobreza.30

### Los treinta dichos de los sabios

17Presta toda tu atención a los dichos
  de los sabios;
concéntrate en lo que te enseño.
18Te agradará guardarlos en tu
  memoria
y poder repetirlos todos juntos.
19Hoy te los hago saber
para que pongas tu confianza en el
  Señor.

20Yo te he escrito treinta dichos
que contienen consejos y
  conocimientos,
21para enseñarte a conocer la verdad,
para que puedas dar un fiel informe
  a quien te pregunte.31

---

28 Pero quien . . . podrá responder: traducción probable. Heb. oscuro.  29 ¡El Señor lo destruirá con el cetro de su furia!:
traducción probable. Heb. oscuro.  30 El que para . . . la pobreza: traducción probable. Heb. oscuro.  31 Te pregunte:
según la versión griega. Heb. te envíe.
ª 21.27 Pr 15.8.  b 21.31 Sal 20.7.  c 22.2 Pr 29.13; Sab 6.7.  d 22.3 Pr 27.12.  e 22.13 Pr 26.13.

– 1 –

22No abuses del pobre por ser pobre,
ni oprimas ante los jueces32 al
    indefenso,
23pues el Señor saldrá en su defensa
y oprimirá a quienes los opriman.

– 2 –

24No te hagas amigo ni compañero
de gente violenta y malhumorada,
25no sea que aprendas sus malas
    costumbres
y te eches la soga al cuello.

– 3 –

26Nunca te hagas responsable
de las deudas de otra persona,
27pues si no tienes con qué pagar,
hasta la cama te quitarán.

– 4 –

28No cambies de lugar los linderos
establecidos por tus antepasados.ʃ

– 5 –

29El que hace bien su trabajo,
estará al servicio de reyes
y no de gente insignificante.

– 6 –

**23** 1Cuando un gran señor te invite a
    comer,
piensa bien delante de quién te
    encuentras.
2Aunque tengas mucha hambre,
controla tu apetito;
3no codicies sus deliciosos manjares,
porque te puede estar engañando. *

– 7 –

4No te esfuerces por hacerte rico;
deja de preocuparte por eso.
5Si te fijas bien, verás que no hay
    riquezas;
de pronto se van volando, como
    águilas,
como si les hubieran salido alas.

– 8 –

6No te sientes a la mesa de un tacaño,
ni codicies sus deliciosos manjares,
7que son como un pelo en la
    garganta:33
él te invita a comer y beber,
pero no lo dice en serio;
8vomitarás después lo que comiste
y de nada te habrán servido tus
    palabras amables. *

– 9 –

9No hables a oídos del necio,
pues se burlará de tus sabias
    palabras.

– 10 –

10No cambies de lugar los linderos
    antiguos,
ni invadas el terreno de los
    huérfanos,
11porque ellos tienen un poderoso
    libertador
que saldrá contra ti en su defensa.

– 11 –

12Aplica tu mente y tus oídos
a la instrucción y a los
    conocimentos.

– 12 –

13No dejes de corregir al joven,
que unos cuantos azotes no lo
    matarán;
14por el contrario, si lo corriges,
lo librarás de la muerte.

– 13 –

15Cuando alcances la sabiduría, hijo
    mío,
no habrá nadie más feliz que yo;
16sentiré una profunda alegría
al oírte hablar como es debido.

– 14 –

17No tengas envidia de los pecadores;ᵍ
antes bien, honra siempre al Señor;

32 Ante los jueces: lit. en la puerta (de la ciudad) donde los jueces se sentaban a administrar justicia. 33 Como un pelo en la
garganta: según la versión griega. Heb. oscuro.
ʃ 22.28 Dt 19.14; 27.17; Pr 23.10; Os 5.10.   * 23.1-3, 6-8 Eclo 31.12-21.   ᵍ 23.17-18 Sal 37.1-4; Eclo 9.11-12.

¹⁸entonces tendrás un buen fin³⁴
y tu esperanza jamás será destruida.ʰ

**– 15 –**

¹⁹Atiende bien, hijo mío, y aprende;
procura seguir el buen camino.
²⁰No te juntes con los borrachos
ni con los que comen demasiado,
²¹pues los borrachos y los glotones
acaban en la ruina,
y los perezosos se visten de harapos.

**– 16 –**

²²Atiende a tu padre, que te engendró;
no desprecies a tu madre cuando sea
anciana.
²³Compra la verdad y la sabiduría,
la instrucción y el entendimiento, ¡y
no los vendas!
²⁴El padre del hijo bueno y sabio
tiene razón para estar feliz y
orgulloso;
²⁵¡haz, pues, que tu padre y tu madre
se sientan felices y orgullosos!

**– 17 –**

²⁶Pon toda tu atención en mí, hijo
mío,
y mira con buenos ojos mi ejemplo;
²⁷porque la mujer extraña, la
prostituta, es como un pozo
profundo y angosto;
²⁸se pone al acecho, como un ladrón,
y hace que muchos hombres se
pierdan.

**– 18 –**

²⁹¿Quién sufre? ¿Quién se queja?
¿Quién anda en pleitos y lamentos?
¿Quién es herido sin motivo?
¿Quién tiene turbia la mirada?
³⁰El que no abandona jamás el vino
y anda ensayando nuevas bebidas.
³¹No te fijes en el vino.
¡Qué rojo se pone y cómo brilla en la
copa!
¡Con qué suavidad se resbala!
³²Pero al final es como una serpiente
que muerde y causa dolor.
³³Te hará ver cosas extrañas,
y pensar y decir tonterías;
³⁴te hará sentir que estás en alta mar,

recostado en la punta del palo
mayor,
³⁵y dirás:
"Me golpearon, y no lo sentí;
me azotaron, y no me di cuenta;
pero en cuanto me despierte
iré en busca de más vino."

**– 19 –**

**24** ¹No tengas envidia de los
malvados
ni ambiciones estar en su compañía,
²porque sólo piensan en la violencia
y no hablan más que de hacer lo
malo.

**– 20 –**

³Con sabiduría se construye la casa,
y con inteligencia se ponen sus
cimientos;
⁴con conocimientos se llenan sus
cuartos
de objetos valiosos y de buen gusto.

**– 21 –**

⁵Vale más hombre sabio que hombre
fuerte;
vale más el saber que el poder,
⁶pues la guerra se hace con buenos
planes
y la victoria depende de los muchos
consejeros.ⁱ

**– 22 –**

⁷El necio no sabe qué decir ante el
tribunal,
pues la sabiduría está fuera de su
alcance.

**– 23 –**

⁸Quien sólo piensa en hacer daño,
gana fama de malintencionado.
⁹La intención del necio es el pecado;
¡no hay quien soporte al insolente!

**– 24 –**

¹⁰Si te desanimas cuando estás en
aprietos,
no son muchas las fuerzas que
tienes.

---

³⁴ *Tendrás un buen fin:* según la versión griega. Heb. *tendrá buen fin.*.
ʰ **23.18** Pr 24.14.   ⁱ **24.6** Pr 11.14.

## – 25 –

¹¹Salva a los condenados a muerte;
   libra del peligro a los que están por
   morir.
¹²Pues aunque afirmes que no lo
   sabías,
   el que juzga los motivos habrá de
   darse cuenta;
   bien lo sabrá el que te vigila,
   el que paga a cada uno según sus
   acciones.ʲ

## – 26 –

¹³Come, hijo mío, la dulce miel del
   panal;
   prueba lo deliciosa que está.
¹⁴Así de dulces te parecerán
   la sabiduría y el conocimiento;
   si los encuentras, tendrás un buen fin
   y tu esperanza jamás será destruida.ᵏ

## – 27 –

¹⁵No hagas planes malvados en contra
   del hombre honrado,
   ni causes destrozos en la casa donde
   vive,
¹⁶porque aunque caiga siete veces,
   otras tantas se levantará;
   pero los malvados se hundirán en la
   desgracia.

## – 28 –

¹⁷No te alegres ni hagas fiesta
   por los tropiezos y caídas de tu
   enemigo,
¹⁸porque al Señor no le agradará ver
   esto,
   y entonces su enojo se apartará de él.

## – 29 –

¹⁹No te enojes por causa de los
   malvados
   ni sientas envidia de los perversos,ˡ
²⁰porque el malvado no tendrá un
   buen fin:
   ¡el malvado se apagará como una
   lámpara!

## – 30 –

²¹Honra a Dios y al rey, hijo mío;

no te juntes con los enemigos,³⁵
²²porque su ruina llega en un instante
   y nadie sabe el castigo que Dios y el
   rey pueden dar.³⁶

### Otros dichos de los sabios

²³También éstos son dichos de los
sabios:

No está bien que en los tribunales
   se discrimine a nadie.
²⁴Al que declara inocente al culpable,
   los pueblos lo maldicen y las
   naciones lo desprecian;
²⁵pero a quienes lo castigan, les va
   bien
   y la gente los cubre de bendiciones.

²⁶El que da buenas respuestas
   es como si diera un beso en los
   labios.

²⁷Arregla tus negocios en la calle
   y realiza tus tareas en el campo,
   y luego podrás construir tu casa.

²⁸No declares sin razón contra tu
   prójimo
   ni hagas afirmaciones falsas.

²⁹No pienses jamás en vengarte,
   haciéndole al otro lo mismo que él te
   hizo.

³⁰Pasé por el campo del perezoso
   y por el viñedo del hombre falto de
   seso:
³¹y lo que vi fue un terreno lleno de
   espinos,
   con su cerca de piedras derrumbada.
³²Al ver esto, lo grabé en mi mente;
   lo vi y aprendí esta lección:
³³mientras tú sueñas y cabeceas,
   y te cruzas de brazos para dormir
   mejor,
³⁴la pobreza vendrá y te atacará
   como un vagabundo armado.ᵐ

### Segunda colección de dichos
### de Salomón
(Caps 25.1–29.27)

**25** ¹También éstos son dichos de Salomón, copiados por gente al servicio
de Ezequías, rey de Judá:

---

³⁵ *Los enemigos:* texto probable: otra posible traducción: *los volubles.* Heb. oscuro.  ³⁶*El castigo que Dios y el rey pueden
dar:* traducción probable: otra posible traducción: *el castigo de los volubles* (o *de los enemigos*), Heb. oscuro.
ʲ **24.12** Job 34.11; Sal 62.11-12; Jer 17.10; Ez 18.30; 33.20; Eclo 16.12,14; Mt 16.27; Ro 2.6.   ᵏ **24.14** Pr 23.18.   ˡ **24.19** Sal 37.1;
Eclo 9.11-12.   ᵐ **24.33-34** Pr 6.10-11.

[2]Es gloria de Dios tener secretos,
y honra de los reyes penetrar en
ellos.

[3]La altura del cielo,
la profundidad de la tierra
y los pensamientos de los reyes,
son cosas en las que no es posible
penetrar.

[4]Aparta de la plata las impurezas,
y el platero producirá una copa;
[5]aparta del servicio del rey al
malvado,
y su trono se afirmará en la justicia.

[6]No te des importancia ante el rey,
ni tomes el lugar de la gente
importante;
[7]vale más que te inviten a subir allí,
que ser humillado ante los grandes
señores.[n]

Lo que veas con tus propios ojos
[8]no lo lleves en seguida a los
tribunales,
porque otro testigo puede
desmentirte
y al final no sabrás qué hacer.

[9]Defiéndete de quien te acuse,
pero no descubras el secreto ajeno;
[10]pues alguien puede oírte y ponerte en
vergüenza,
y tu mala fama será cosa sin
remedio.

[11]"Las palabras en el momento
oportuno
son como manzanas de oro
incrustadas en plata.
[12]Como un anillo y un collar del oro
más fino,
es la sabia reprensión en quien sabe
recibirla.

[13]El mensajero fiel es para el que lo
envía
cual frescura de nieve en día
caluroso,
pues da nuevos ánimos a su señor.

[14]Nubes y viento y nada de lluvia,
es quien presume de dar y nunca da
nada.

[15]La paciencia calma el enojo;[37]
las palabras suaves rompen la
resistencia.

[16]Si encuentras miel, no comas más de
la cuenta,
no sea que de mucho comer la
vomites.
[17]Si visitas a tu amigo, no lo hagas con
frecuencia,
no sea que se canse de ti y llegue a
odiarte.

[18]Mazo, espada, flecha puntiaguda,
¡eso es quien declara en falso contra
su amigo!

[19]Confiar en un traidor en momentos
de angustia
es como andar con una pierna rota
o comer con un diente picado.
[20]Cantar canciones al corazón afligido
es como echar vinagre en la llaga[38]
o quitarse la ropa en tiempo de frío.

[21]Si tu enemigo tiene hambre, dale de
comer;
y si tiene sed, dale de beber;
[22]así harás que le arda la cara de
vergüenza,
y el Señor te lo pagará.[ñ]

[23]Por el viento del norte viene la
lluvia,
y por las malas lenguas las malas
caras.

[24]Más vale vivir en el borde de la
azotea,
que en una amplia mansión con una
mujer pendenciera.[o]

[25]Como agua fresca en garganta
sedienta
así caen las buenas noticias de tierras
lejanas.

[26]Manantial de agua turbia y revuelta
es el inocente que tiembla ante el
culpable.

[27]No hace bien comer mucha miel,
pero es una honra investigar lo
difícil.[39]

37 *Enojo:* texto probable. Heb. *dirigente.*   38 *Llaga:* según la versión griega. Heb. *salitre.*   39 *Pero es una honra investigar
lo difícil:* texto probable. Heb. oscuro.
*n* **25.6-7** Eclo 7.4-6; 13.9-10; Lc 14.8-10.   *ñ* **25.21-22** Ro 12.20.   *o* **25.24** Pr 21.9,19.

28 Como ciudad sin muralla y expuesta
al peligro,
así es quien no sabe dominar sus
impulsos.

**26** ¹No le va bien la nieve al verano
ni la lluvia a la cosecha
ni los honores al necio.

²Como gorrión perdido o golondrina
sin nido,
la maldición sin motivo jamás
llegará a su destino.

³Al caballo hay que domarlo,
al asno hay que frenarlo
y al necio hay que azotarlo.

⁴El que al necio no responde,
por necio no pasa.
⁵El que al necio sabe responder,
como tal le hace parecer.

⁶Confiar al necio un mensaje
es cortarse los pies y buscarse
problemas.

⁷No va lejos el cojo con sus piernas
ni el proverbio dicho por un necio.

⁸Tan absurdo es atar la piedra a la
honda
como dar honra a los necios.

⁹Ni el borracho la espina siente,
ni el necio el proverbio entiende.

¹⁰Arquero que apunta a todo el que
pasa
es quien da al necio trabajo en su
casa.⁴⁰

¹¹El perro vuelve a su vómito ᵖ
y el necio a su necedad.

¹²Más se puede esperar del necio ᑫ
que de quien se cree muy sabio.

¹³Para no trabajar, el perezoso
pretexta
que en la calle hay un león al
acecho. ʳ

¹⁴La puerta gira en sus bisagras
y el perezoso gira en la cama.

¹⁵El perezoso mete la mano en el
plato,
pero luego es incapaz de llevársela a
la boca.ˢ

¹⁶El perezoso se cree más sabio
que siete personas que saben
responder.

¹⁷Meterse en pleitos ajenos
es agarrar a un perro por las orejas.

¹⁸Como un loco que lanza
mortales flechas de fuego,
¹⁹así es quien engaña a su amigo
y luego dice que todo era un juego.

²⁰Sin leña se apaga el fuego,
y sin chismes se acaba el pleito.

²¹Para hacer brasas, el carbón;
para hacer fuego, la leña;
y para entablar pleitos, el
pendenciero.

²²Los chismes son como golosinas,
pero calan hasta lo más profundo.ᵗ

²³Baño de plata sobre olla de barro
son las palabras suaves que llevan
mala intención.

²⁴El que odia, lo disimula cuando
habla,
pero en su interior hace planes
malvados.
²⁵No le creas si te habla con ternura,
pues su mente está llena de maldad;
²⁶aunque trate de ocultar su odio,
su maldad se descubrirá ante todos.

²⁷El que cava una fosa, en ella cae;
al que hace rodar una roca, la roca
lo aplasta. *

²⁸El mentiroso odia la verdad,⁴¹
el de suaves palabras provoca el
desorden.

**27** ¹No presumas del día de mañana,
pues no sabes lo que el mañana
traerá.ᵘ

²Deja que sean otros los que te
alaben;
no está bien que te alabes tú mismo.

---

⁴⁰ *Arquero que . . . su casa:* traducción probable. Heb. oscuro. ⁴¹ *Odia la verdad:* según la versión griega. Heb. oscuro.
ᵖ **26.11** 2 P 2.22. ᑫ **26.12** Pr 29.20. ʳ **26.13** Pr 22.13. ˢ **26.15** Pr 19.24. ᵗ **26.22** Pr 18.8. * **26.27** Eclo 27.25-27.
ᵘ **27.1** Stg 4.13-16.

³Las piedras y la arena son pesadas,
  pero más pesado es el enojo del
  necio.

⁴La ira es cruel, y el enojo
  destructivo,
  pero los celos son incontrolables.

⁵Vale más reprender con franqueza
  que amar en secreto.

⁶Más se puede confiar en el amigo
  que hiere
  que en el enemigo que besa.

⁷El que está lleno, hasta la miel
  desprecia;
  al que tiene hambre, hasta lo amargo
  le sabe dulce.

⁸Como ave que vaga lejos de su nido
  es el que anda lejos del lugar donde
  nació.

⁹Para alegrar el corazón, buenos
  perfumes;
  para endulzar el alma, un consejo de
  amigos.⁴²

¹⁰Nunca abandones a tus amigos
  ni a los amigos de tu padre.

  Nunca vayas con tus problemas
  a la casa de tu hermano.

  Más vale vecino cercano
  que hermano lejano.

¹¹Sé sabio, hijo mío, y me harás feliz;
  así podré responder a los que me
  ofendan.

¹²El prudente ve el peligro y lo evita;
  el imprudente sigue adelante y sufre
  el daño.ᵛ

¹³Al que salga fiador por un extraño,
  quítale la ropa y tómasela en
  prenda.ʷ

¹⁴Saludar al amigo a gritos y de
  madrugada,
  es para él lo mismo que insultarlo.

¹⁵Lo mismo es una mujer pendenciera

que una gotera constante en tiempo
  de lluvia.ˣ
¹⁶Querer detenerla es querer detener el
  viento
  o retener el aceite en la mano.⁴³

¹⁷El hierro se afila con hierro,
  y el hombre con otro hombre.

¹⁸El que cuida de la higuera come los
  higos;
  el que cuida de su amo recibe
  honores.

¹⁹Así como las caras se reflejan en el
  agua,
  así también los hombres se reflejan
  en su mente.

²⁰La muerte, el sepulcro y la codicia
  del hombre
  jamás quedan satisfechos.

²¹Al oro y la plata, el fuego los
  prueba;ʸ
  al hombre lo prueban las alabanzas.

²²Al necio no se le quita lo necio
  ni aunque lo muelas y lo remuelas.

²³Mantente al tanto de tus ovejas,
  preocúpate por tus rebaños,
²⁴pues ni riquezas ni coronas
  duran eternamente.
²⁵Cuando el pasto aparezca, y brote el
  verdor,
  y se recoja la hierba de los montes,
²⁶de tus corderos tendrás lana para
  vestirte,
  de tus cabritos dinero para comprar
  terrenos
²⁷y de tus cabras leche abundante
  para alimentarte tú y tu familia
  y todos los que estén a tu servicio.

## 28

¹El malvado huye aunque nadie lo
  persiga,ᶻ
  pero los justos viven confiados como
  el león.

²Cuando el país anda mal, los
  gobernantes aumentan,
  pero el buen dirigente sabe mantener
  el orden.

³El malvado que oprime a los pobres

---

⁴² *Para endulzar . . . de amigos:* traducción probable. Heb. oscuro.   ⁴³ *Querer detenerla . . . la mano:* traducción probable.
Heb. oscuro.
ᵛ 27.12 Pr 22.3.   ʷ 27.13 Pr 6.1-5; 20.16.   ˣ 27.15 Pr 19.13.   ʸ 27.21 Pr 17.3; Eclo 2.5.   ᶻ 28.1 Lv 26.17.

es como fuerte lluvia que destruye
las cosechas.

⁴Los que se apartan de la ley alaban
al malvado;
los que la cumplen están en contra
de él.

⁵Los malvados no entienden nada de
la justicia,
pero los que recurren al Señor lo
entienden todo.

⁶Más vale ser pobre y honrado
que rico y malintencionado.ᵃ

⁷El que cumple la ley de Dios es un
hijo inteligente,
pero el que anda con glotones es la
vergüenza de su padre.

⁸El que amontona riquezas cobrando
intereses,ᵇ
las amontona para el que se
compadece de los pobres.

⁹Si alguno no quiere atender la ley de
Dios,
tampoco Dios soportará sus
oraciones.

¹⁰El que lleva a los buenos por mal
camino,
caerá en su propia trampa;
pero los hombres intachables
recibirán lo mejor.

¹¹El rico se cree muy sabio,
pero el pobre e inteligente puede
ponerlo a prueba.

¹²Cuando triunfan los justos, se hace
gran fiesta;
cuando triunfan los malvados, la
gente se esconde.ᶜ

¹³Al que disimula el pecado, no le irá
bien;
pero el que lo confiesa y lo deja, será
perdonado.

¹⁴Dichoso el hombre que honra
siempre al Señor;
pero el terco caerá en la desgracia.

¹⁵Igual que un león rugiente o un oso
voraz

es el malvado que gobierna a un
pueblo pobre.

¹⁶El gobernante insensato aumenta la
opresión;
pero el que no es codicioso tendrá
larga vida.

¹⁷El que ha cometido un asesinato
no parará hasta caer en la tumba:
¡que nadie intente detenerlo!

¹⁸El hombre honrado será puesto a
salvo,
pero el perverso caerá en la
desgracia.⁴⁴

¹⁹Al que cultiva su campo, hasta le
sobra comida;
al que anda con ociosos, lo que le
sobra es pobreza.

²⁰Quien es digno de confianza, será
alabado;
quien tiene ansias de riquezas, no
quedará sin castigo.

²¹No está bien discriminar a nadie;
hasta por un pedazo de pan se puede
pecar.

²²El ambicioso tiene prisa por ser rico,
y no sabe que sobre él vendrá la
pobreza.

²³Con el tiempo, más se aprecia
al que critica que al que alaba.

²⁴Amigo de criminales
es quien roba a sus padres y alega
que no ha pecado.

²⁵El que mucho ambiciona, provoca
peleas;
pero el que confía en el Señor,
prospera.

²⁶Sólo un necio confía en sus propias
ideas;
el que actúa con sabiduría saldrá
bien librado.

²⁷Al que ayuda al pobre, nada le
faltará;
pero al que le niega su ayuda, mucho
se le maldecirá.

⁴⁴ En la desgracia: texto probable. Heb. en uno.
ᵃ 28.6 Pr 19.1.   ᵇ 28.8 Ex 22.25; Lv 25.35-38; Dt 15.7-11; 23.19-20.   ᶜ 28.12 Pr 28.28.

²⁸Cuando triunfan los malvados, la
gente se esconde;
cuando les llega su fin, predominan
los justos.ᵈ

## 29

¹El que se pone terco cuando lo
reprenden,
pronto será destruido sin remedio.

²Cuando predominan los justos, la
gente se alegra;
cuando los malvados gobiernan, la
gente sufre.

³El hijo sabio hace feliz a su padre;
el que anda con prostitutas derrocha
el dinero.

⁴El rey que hace justicia, afirma a su
país;
el que sólo exige impuestos, lo
arruina.

⁵El que siempre alaba a su amigo,
en realidad le está tendiendo una
trampa.

⁶La trampa del malvado son sus
propios pecados;
pero el hombre honrado vive alegre y
feliz.

⁷El justo toma en cuenta los derechos
del pobre,
pero al malvado nada le importa.

⁸Los alborotadores agitan a una
ciudad;
los sabios saben calmar los ánimos.

⁹El sabio que entabla pleito contra un
necio,
se enoja, recibe burlas y no arregla
nada.

¹⁰Los asesinos y desalmados⁴⁵
odian a muerte al hombre honrado.

¹¹El necio da rienda suelta a sus
impulsos,
pero el sabio acaba por refrenarlos.

¹²El gobernante que hace caso de
mentiras
corrompe a todos sus servidores.

¹³El oprimido y el opresor tienen algo
en común:
el Señor les ha dado la vista a
ambos.ᵉ

¹⁴El rey que gobierna a los pobres con
lealtad,
afirma su trono para siempre.

¹⁵A golpes y represiones se aprende,
pero el hijo consentido avergüenza a
su madre.

¹⁶Si los malvados abundan, abunda el
pecado;
pero los hombres honrados los verán
fracasar.

¹⁷Corrige a tu hijo y te hará vivir
tranquilo,
y te dará muchas satisfacciones.

¹⁸Donde no hay dirección divina, no
hay orden;
¡feliz el pueblo que cumple la ley de
Dios!

¹⁹Con palabras no se corrige al
esclavo,
porque entiende pero no hace caso.

²⁰Más se puede esperar de un necioᶠ
que de quien habla sin pensar.

²¹El que consiente a su esclavo desde
pequeño,
al final tendrá que lamentarlo.⁴⁶

²²El que es violento e impulsivo,
provoca peleas y comete muchos
errores.

²³Al que es orgulloso se le humilla,
pero al que es humilde se le honra.ᵍ

²⁴El cómplice del ladrón es enemigo de
sí mismo,
pues aunque oye maldiciones⁴⁷ no
confiesa.

²⁵El miedo a los hombres es una
trampa,
pero el que confía en el Señor estará
protegido.

---

⁴⁵ *Desalmados:* texto probable. Heb. *rectos.* ⁴⁶ *Tendrá que lamentarlo:* texto probable. Heb. oscuro. ⁴⁷ *Aunque
oye maldiciones:* las declaraciones y testimonios juramentados significaban que quien las hacía quedaba expuesto, en caso
de mentir, a maldiciones que a veces se expresaban verbalmente como parte del juramento o quedaban sobrentendidas.
Véase Jue 17.2.
ᵈ **28.28** Pr 28.12.   ᵉ **29.13** Pr 22.2; Mt 5.45.   ᶠ **29.20** Pr 26.12.   ᵍ **29.23** Mt 23.12; Lc 14.11; 18.14.

²⁶Muchos buscan el favor del
gobernante,
pero sólo el Señor hace justicia.

²⁷Los hombres honrados no soportan
a los malvados,
y los malvados no soportan a los
honrados.

### Los dichos de Agur

**30** ¹Dichos de Agur, hijo de Jaqué de
Masa. Agur habló a Itiel y a Ucal
de la siguiente manera:⁴⁸

²Soy el más estúpido de los hombres,
no hay en mí entendimiento
humano.
³No he adquirido sabiduría,
ni sé nada acerca del Santísimo.
⁴¿Quién ha subido y bajado del cielo?
¿Quién puede contener el viento en
su puño?
¿Quién envuelve al mar en su capa?
¿Quién estableció los límites de la
tierra?
¡No me digas que sabes su nombre,
y aun el nombre de su hijo!

⁵El Señor protege a los que en él
confían;ʰ
todas sus promesas son dignas de
confianza.
⁶No añadas nada a lo que él diga;
de lo contrario, te puede reprender
y te hará quedar como mentiroso.

⁷Sólo dos cosas te he pedido, oh Dios;
concédemelas antes de que muera:
⁸aleja de mí la falsedad y la mentira,
y no me hagas rico ni pobre;
dame sólo el pan necesario,ⁱ
⁹porque si me sobra, podría renegar
de ti
y decir que no te conozco;
y si me falta, podría robar
y ofender así tu divino nombre.

¹⁰No hables mal del esclavo delante de
su amo,
pues te puede maldecir y sufrirás las
consecuencias.

¹¹Hay quienes maldicen a su padre
y no bendicen a su madre.
¹²Hay quienes se creen muy limpios,

y no se han limpiado de sus
impurezas.
¹³Hay quienes se creen importantes,
y miran a otros con altanería.
¹⁴Hay quienes tienen espadas en vez de
dientes
y puñales en vez de muelas,
para acabar por completo
con la gente pobre del país.

¹⁵Dos hijas tiene la sanguijuela,
que sólo saben pedir.

Hay tres cosas, y hasta cuatro,
que nunca se satisfacen:
¹⁶el sepulcro,
la mujer estéril,
la tierra falta de agua
y el fuego insatisfecho.

¹⁷El que mira a su padre con desprecio
y se burla de su madre anciana,⁴⁹
merece que los cuervos le saquen
los ojos
y que las águilas lo devoren.

¹⁸Hay tres cosas, y hasta cuatro,
que me asombran y no alcanzo a
comprender:
¹⁹el camino del águila en el cielo,
el camino de la víbora en las rocas,
el camino de un barco en alta mar
y el camino del hombre en la mujer.*

²⁰La mujer infiel hace lo siguiente:
come, se limpia la boca
y afirma que no ha hecho nada
malo.

²¹Hay tres tipos de gente, y hasta
cuatro,
que son insoportables y hacen
temblar a un país:
²²el esclavo que llega a ser rey,
el tonto que tiene comida de sobra,
²³la mujer despreciada que encuentra
marido
y la esclava que toma el lugar de su
señora.

²⁴Hay cuatro animalitos en la tierra
que son más sabios que los sabios:
²⁵las hormigas, gran ejército sin fuerza
que asegura su comida en el verano;
²⁶los tejones, grupo no muy numeroso
que vive entre las peñas;

---

⁴⁸ *Dichos de Agur . . . siguiente manera:* traducción probable. Heb. oscuro.  ⁴⁹ *Su madre anciana:* según la versión griega.
Heb. *la obediencia de su madre.*
ʰ **30.5** 2 S 22.31; Sal 18.30.  ⁱ **30.8** Mt 6.11.  * **30.19** Sab 5.10-12.

²⁷las langostas, que sin tener rey
  marchan en orden perfecto;
²⁸las lagartijas, que caben en un puño
  y llegan hasta el palacio del rey.

²⁹Hay tres valientes, y hasta cuatro,
  que tienen un paso airoso:
³⁰el león, el animal más terrible,
  que no huye ante nada ni ante nadie;
³¹el gallo orgulloso, el macho cabrío
  y el rey que marcha al frente de su
  ejército.⁵⁰

³²Si tontamente te has dado
  importancia
  y has hecho planes malvados, ponte
  a pensar
³³que si bates la leche, obtendrás
  mantequilla,
  si te suenas fuerte, te sangrará la
  nariz,
  y si irritas a otro, acabarás en una
  pelea.

### Dichos de Lemuel

**31** ¹Dichos del rey Lemuel de Masa,
  con los cuales su madre le dio instrucción:

²Hijo mío, fruto de mis entrañas,
  respuesta de Dios a mis ruegos,
  ¿qué más te puedo decir?
³Que no gastes tu energía con
  mujeres,
  pues por ellas los reyes se pierden.
⁴Y no está bien, Lemuel, que reyes y
  gobernantes
  beban vino y bebidas fuertes,
⁵pues podrían olvidarse de la ley
  y violar los derechos de los más
  humildes.

⁶Deja el vino y las bebidas fuertes
  para los decaídos y deprimidos;
⁷¡que beban y no vuelvan a acordarse
  de su pobreza y sufrimientos!

⁸Levanta la voz por los que no tienen
  voz;
  ¡defiende a los indefensos!
⁹Levanta la voz, y hazles justicia;
  ¡defiende a los pobres y a los
  humildes!

### Alabanza a la mujer ejemplar

¹⁰Mujer ejemplar no es fácil hallarla;
  ¡vale más que las piedras preciosas!
¹¹Su esposo confía plenamente en ella,
  y nunca le faltan ganancias.
¹²Brinda a su esposo grandes
  satisfacciones
  todos los días de su vida.
¹³Va en busca de lana y lino,
  y con placer realiza labores
  manuales.
¹⁴Cual si fuera un barco mercante,
  trae de muy lejos sus provisiones.
¹⁵Antes de amanecer se levanta
  y da de comer a sus hijos y a sus
  criadas.
¹⁶Inspecciona un terreno y lo compra,
  y con sus ganancias planta viñedos.
¹⁷Se reviste de fortaleza
  y con ánimo se dispone a trabajar.
¹⁸Cuida de que el negocio marche
  bien,
  y de noche trabaja hasta tarde.
¹⁹Con sus propias manos
  hace hilados y tejidos.
²⁰Siempre les tiende la mano
  a los pobres y necesitados.
²¹No teme por su familia cuando
  nieva,
  pues todos los suyos andan bien
  abrigados.
²²Ella misma hace sus colchas,
  y se viste con las telas más finas.
²³Su esposo es bien conocido en la
  ciudad,
  y se cuenta entre los más respetados
  del país.
²⁴Ella hace túnicas y cinturones,
  y los vende a los comerciantes.
²⁵Se reviste de fuerza y dignidad,
  y el día de mañana no le preocupa.
²⁶Habla siempre con sabiduría,
  y da con amor sus enseñanzas.
²⁷Está atenta a la marcha de su casa,
  y jamás come lo que no ha ganado.
²⁸Sus hijos y su esposo
  la alaban y le dicen:
²⁹"Mujeres buenas hay muchas,
  pero tú eres la mejor de todas."
³⁰Los encantos son una mentira,
  la belleza no es más que ilusión,
  pero la mujer que honra al Señor
  es digna de alabanza.
³¹¡Alábenla ante todo el pueblo!
  ¡Denle crédito por todo lo que ha
  hecho! *

---

⁵⁰ *El gallo orgulloso . . . su ejército:* traducción probable. Heb. oscuro.
* **31.10-31** Eclo 26.1-4.

# ECLESIASTÉS

*El nombre tradicional de este libro es el que recibió en la antigua versión griega lla-*
*mada Septuaginta: Eclesiastés, que pasó al latín y de ahí al castellano. El nombre en*
*hebreo es Qohélet, que probablemente significa "el que preside una asamblea" o "el*
*que habla" ante ella. Como en griego la asamblea se llama ecclesía, de donde viene*
*nuestra palabra iglesia, tomando ésta en sentido cristiano, eclesiastés se ha traducido*
*como "predicador". Pero se trata de un orador, conferenciante o ensayista —también*
*podría decirse un filósofo— que emite sus reflexiones sobre una gran cuestión: ¿Cuál es*
*el supremo bien? ¿Qué es lo que más vale en la vida, para que a ello dedique el hombre*
*la suma de sus anhelos y esfuerzos?*

*El autor examina, de manera realista, honrada y franca, si la riqueza, el placer y aun*
*el trabajo y la sabiduría misma, valen realmente la pena como meta suprema de la vida*
*humana. Su conclusión es negativa: considerados como fines en sí mismos, no valen la*
*pena. Más que un discurso a una asamblea, el libro parece un diálogo del autor consigo*
*mismo, ya que a veces otorga algo que después condiciona o rechaza, como en un*
*debate interior en que busca afanosamente cuál puede ser el sentido último de la vida.*

*Debido a que el libro es como un debate interior, muchos de sus conceptos aparecen*
*como negativos y desalentadores. El autor ha reflexionado profundamente sobre cuán*
*breve y contradictoria es la vida humana y cuántas misteriosas injusticias y frustracio-*
*nes ocurren en ella, y saca la conclusión de que la vida misma no vale la pena, es fugaz y*
*no tiene sentido. Cuando considera que todo está predeterminado por Dios, parece lle-*
*gar al fatalismo e inclusive al más negro pesimismo. Es que se fija en las cosas como*
*aparecen para él en la realidad. Partiendo de este honrado enfrentamiento con la reali-*
*dad, somete a un examen riguroso lo que la generalidad de los hombres considera valio-*
*so y persigue empeñosamente. Y entonces niega que eso pueda ser el supremo bien.*
*Pero al final del libro declara que el fin supremo del hombre, aquello para lo cual fue*
*creado, es respetar y obedecer a Dios, el supremo juez que todo lo sabe. Todo en la*
*vida, como el gozar de los dones de Dios, como el trabajo y como la propia sabiduría,*
*sólo adquiere valor y sentido cuando se subordina a ese supremo fin.*

## Todo es vana ilusión

**1** ¹⁻²Estos son los dichos del Predicador,¹ hijo de David, que reinó en
Jerusalén.

¡Vana ilusión, vana ilusión!
¡Todo es vana ilusión!
³¿Qué provecho saca el hombre
de tanto trabajar en este mundo?
⁴Unos nacen, otros mueren,
pero la tierra jamás cambia. *
⁵Sale el sol, se oculta el sol,
y vuelve pronto a su lugar
para volver a salir.
⁶Sopla el viento hacia el sur,
y gira luego hacia el norte.
¡Gira y gira el viento!
¡Gira y vuelve a girar!
⁷Los ríos van todos al mar,
pero el mar nunca se llena;
y vuelven los ríos a su origen
para recorrer el mismo camino.
⁸No hay nadie capaz de expresar
cuánto aburren todas las cosas;
nadie ve ni oye lo suficiente

como para quedar satisfecho.
⁹Nada habrá que antes no haya
habido;
nada se hará que antes no se haya
hecho.
¡Nada hay nuevo en este mundo!

¹⁰Nunca faltará quien diga:
"¡Esto sí que es algo nuevo!"
Pero aun eso ya ha existido
siglos antes de nosotros.
¹¹Las cosas pasadas han caído en el
olvido,
y en el olvido caerán las cosas
futuras
entre los que vengan después.

## Experiencias del Predicador

¹²Yo, el Predicador, fui rey de Israel en
Jerusalén, ¹³y me entregué de lleno a
investigar y estudiar con sabiduría todo lo
que se hace en este mundo. ¡Vaya carga
pesada que ha puesto Dios sobre los hombres para humillarlos con ella! ¹⁴Y pude
darme cuenta de que todo lo que se hace

---

¹ *Predicador:* según varias versiones tradicionales. Heb. oscuro.
* 1.3-4 Eclo 14.18-19.

en este mundo es vana ilusión, es querer atrapar el viento.

[15]¡Ni se puede enderezar lo torcido, ni hacer cuentas con lo que no se tiene!

[16-17]Entonces me dije a mí mismo: "Aquí me tienen, hecho un gran personaje, más sabio que todos los que antes de mí reinaron en Jerusalén;[a] entregado por completo a profundizar en la sabiduría y el conocimiento, y también en la estupidez y la necedad, tan sólo para darme cuenta de que también esto es querer atrapar el viento." [18]En realidad, a mayor sabiduría, mayores molestias; cuanto más se sabe, más se sufre.

**2** [1]También me dije a mí mismo: "Ahora voy a hacer la prueba divirtiéndome; voy a darme buena vida." ¡Pero hasta eso resultó vana ilusión! [2]Y concluí que la risa es locura y que el placer de nada sirve.

[3]Con mi mente bajo el control de la sabiduría, quise probar el estímulo del vino, y me entregué a él para saber si eso es lo que más le conviene al hombre durante sus contados días en este mundo. [4]Realicé grandes obras; me construí palacios;[b] tuve mis propios viñedos. [5]Cultivé mis propios huertos y jardines, y en ellos planté toda clase de árboles frutales. [6]Construí represas de agua para regar los árboles plantados; [7]compré esclavos y esclavas, y aun tuve criados nacidos en mi casa; también tuve más vacas y ovejas que cualquiera otro antes de mí en Jerusalén.[c] [8]Junté montones de oro y plata, tesoros que antes fueron de otros reyes y de otras provincias.[d] Tuve cantores y cantoras, placeres humanos y concubina[e] tras concubina.[f]

[9]Fui un gran personaje,[g] y llegué a tener más que todos los que fueron antes de mí en Jerusalén. Además de eso, la sabiduría no me abandonaba. [10]Nunca me negué ningún deseo; jamás me negué ninguna diversión. Gocé de corazón con todos mis trabajos, y ese gozo fue mi recompensa.

[11]Me puse luego a considerar mis propias obras y el trabajo que me había costado realizarlas, y me di cuenta de que todo era vana ilusión, un querer atrapar el viento, y de que no hay nada de provecho en este mundo.

[12]Después me puse a reflexionar sobre la sabiduría, la estupidez y la necedad: ¿Qué más podrá hacer el que reine después de mí, sino lo que ya antes ha sido hecho? [13]Y encontré que es más provechosa la sabiduría que la necedad, así como es más provechosa la luz que la oscuridad.

[14]El sabio usa bien los ojos, pero el necio anda a oscuras. Sin embargo, me di cuenta de que a todos les espera lo mismo, [15]y me dije: "Lo que le espera al necio también me espera a mí, así que de nada me sirve tanta sabiduría. ¡Hasta eso es vana ilusión! [16]Porque nunca nadie se acordará ni del sabio ni del necio; con el correr del tiempo todo se olvida, y sabios y necios mueren por igual."

[17]Llegué a odiar la vida, pues todo lo que se hace en este mundo resultaba en contra mía. Realmente, todo es vana ilusión, ¡es querer atrapar el viento! [18]Llegué a odiar también todo el trabajo que había realizado en este mundo, pues todo ello tendría que dejárselo a mi sucesor. [19]Y una cosa era segura: que él, ya fuera sabio o necio, se adueñaría de todo lo que con tanto trabajo y sabiduría logré alcanzar en este mundo. ¡Y esto también es vana ilusión!

[20]Al ver lo que yo había hecho en este mundo, lamenté haber trabajado tanto, [21]pues hay quien pone sabiduría, conocimientos y experiencia en su trabajo, tan sólo para dejárselo todo a quien no trabajó para obtenerlo. ¡Y también esto es vana ilusión y una gran injusticia!

[22]En fin, ¿qué saca el hombre de tanto trabajar y de tanto preocuparse en este mundo? [23]Toda su vida es de sufrimientos,[h] es una carga molesta; ni siquiera de noche descansa su mente. ¡Y esto también es vana ilusión!

[24]Lo mejor que puede hacer el hombre es comer y beber,[i] y disfrutar del fruto de su trabajo, pues he encontrado que también esto viene de parte de Dios. [25]Porque, ¿quién puede comer, o gozar, si no es por él?[2] [26]De hecho, Dios da sabiduría, conocimiento[j] y alegría a quien él mira con buenos ojos; pero al que peca le deja la carga de prosperar y amontonar tesoros para luego dárselos a quien él mira con buenos ojos.[k] ¡También esto es vana ilusión y querer atrapar el viento!

[2] *Si no es por él:* según la versión griega. Heb. *si no es por mí.*
a **1.16-17**1 R 4.29-31; Eclo 47.14-19.   b **2.4**1 R 7.1-12.   c **2.7**1 R 4.23.   d **2.8**1 R 9.28; 10.10-22.   e **2.8**1 R 11.3.
f **2.4-8**1 R 10.23-27; 2 Cr 9.22-27.   g **2.9**1 Cr 29.25.   h **2.23**Job 5.7; 14.1.   i **2.24**Ec 3.13; 5.18; 9.7; Is 56.12; Lc 12.19;
1 Co 15.32.   j **2.26**Job 32.8; Pr 2.6.   k **2.26**Job 27.16-17; Pr 13.22; Eclo 2.26.

## Todo tiene su tiempo

**3** [1]En este mundo todo tiene su hora; hay un momento para todo cuanto ocurre:

[2]Un momento para nacer,
y un momento para morir.
Un momento para plantar,
y un momento para arrancar lo
plantado.
[3]Un momento para matar,
y un momento para curar.
Un momento para destruir,
y un momento para construir.
[4]Un momento para llorar,
y un momento para reír.
Un momento para estar de luto,
y un momento para estar de fiesta.
[5]Un momento para esparcir piedras,
y un momento para recogerlas.
Un momento para abrazarse,
y un momento para separarse.
[6]Un momento para intentar,
y un momento para desistir.
Un momento para guardar,
y un momento para tirar.
[7]Un momento para rasgar,
y un momento para coser.
Un momento para callar,
y un momento para hablar.
[8]Un momento para el amor,
y un momento para el odio.
Un momento para la guerra,
y un momento para la paz.

[9]¿Qué provecho saca el hombre de tanto trabajar? [10]Me doy cuenta de la carga que Dios ha puesto sobre los hombres para humillarlos con ella. [11]El, en el momento preciso, todo lo hizo hermoso; puso además en la mente humana la idea de lo infinito, aun cuando el hombre no alcanza a comprender en toda su amplitud lo que Dios ha hecho y lo que hará.[l] [12]Yo sé que lo mejor que puede hacer el hombre es divertirse y disfrutar de la vida, [13]pues si comemos y bebemos y contemplamos los beneficios de nuestro trabajo, es porque Dios nos lo ha concedido. [14]Y también sé que todo lo que Dios ha hecho permanecerá para siempre.[m] No hay nada que añadirle ni nada que quitarle; Dios lo ha hecho así, para que ante él se guarde reverencia. [15]Nada existe que no haya existido antes, y nada existirá que no exista ya. Dios hace que el pasado se repita.

## Injusticias de la vida

[16]He podido ver también que en este mundo hay corrupción y maldad donde debiera haber justicia y rectitud. [17]Por lo tanto digo que Dios juzgará al hombre honrado y al malvado, porque hay un momento para todo lo que ocurre y para todo lo que se hace. [18]También digo, en cuanto a la conducta humana, que Dios está poniendo a prueba a los hombres para que se den cuenta de que también ellos son como animales. [19]En realidad, hombres y animales tienen el mismo destino: unos y otros mueren por igual,[n] y el aliento de vida es el mismo para todos. Nada de más tiene el hombre que el animal: todo es vana ilusión, [20]y todos paran en el mismo lugar; del polvo fueron hechos todos, y al polvo todos volverán.[ñ] [21]¿Quién puede asegurar que el espíritu del hombre sube a las alturas de los cielos, y que el espíritu del animal baja a las profundidades de la tierra?[o] [22]Me he dado cuenta de que no hay nada mejor para el hombre que disfrutar de su trabajo, pues eso es lo que le ha tocado, ya que nadie lo traerá a que vea lo que habrá de ocurrir después de su muerte.

**4** [1]Dirigí luego mi atención a los actos de opresión que se cometen en este mundo. Y vi que los oprimidos lloran, pero no hay quien los consuele; sus opresores les hacen violencia, pero no hay quien los consuele. [2]Por eso consideré más felices a los que ya han muerto que a los que aún viven; [3]aunque en mejores condiciones que estos dos están los que aún no han nacido, pues todavía no han visto la maldad que se comete en este mundo.

[4]Vi también que el mucho trabajar y el éxito en una empresa provocan la envidia de unos contra otros, y esto también es vana ilusión y querer atrapar el viento.

[5]La gente dice: "El necio se cruza de brazos y se destruye a sí mismo." [6]Pero yo digo: "Más vale un puñado de descanso que dos de fatiga por querer atrapar el viento."

[7]Al volverme hacia otro lado, vi otra vana ilusión en este mundo: [8]un hombre solo, sin amigos ni hijos ni hermanos, que jamás se toma un momento de descanso y que nunca se cansa de contemplar sus riquezas, ni se pregunta: "¿Y para quién

---

[l] 3.11 Sal 139.17; Is 55.8-9; Ro 11.33.   [m] 3.14 Sal 33.11.   [n] 3.19 Sal 49.12,20.   [ñ] 3.20 Gn 3.19; Job 34.15; Eclo 17.1.
[o] 3.20-21 Ec 12.7.

trabajo tanto? ¿Para qué me niego el bienestar?'' Pues también esto es vana ilusión y una pesada carga.

### La unión hace la fuerza

[9]Más valen dos que uno, pues mayor provecho obtienen de su trabajo. [10]Y si uno de ellos cae, el otro lo levanta. ¡Pero ay del que cae estando solo, pues no habrá quien lo levante! [11]Además, si dos se acuestan juntos, uno a otro se calientan; pero uno solo, ¿cómo va a entrar en calor? [12]Uno solo puede ser vencido, pero dos podrán resistir. Y además, la cuerda de tres hilos no se rompe fácilmente.

### La sabiduría no está en la edad

[13]Por otra parte, más vale el joven pobre pero sabio que el rey viejo pero necio, porque éste ya no admite consejos. [14-15]Aunque el joven que luego reinará en lugar de ese rey haya llegado de la cárcel al trono, o haya subido de la pobreza al reinado, he visto a la gente de este mundo darle su apoyo.[3] [16]Y aunque es incontable el pueblo sobre el cual reinará, ni a ellos ni a sus descendientes los dejará contentos. Y también esto es vana ilusión y querer atrapar el viento.

### Hay que cumplir lo que se promete

5 [1]p Cuando vayas al templo de Dios, cuida tu conducta: en vez de ofrecer sacrificios como la gente tonta que no se da cuenta de que hace mal, acércate dispuesto a obedecer.

[2]No te apresures, ni con los labios ni con el pensamiento, a hacer promesas a Dios, pues Dios está en el cielo y tú en la tierra. Por eso, habla lo menos que puedas, [3]porque por mucho pensar se tienen pesadillas, y por mucho hablar se dicen tonterías.q

[4]Cuando hagas una promesa a Dios, no tardes en cumplirla, porque a él no le agradan los necios. Cumple lo que prometes,r [5]pues vale más no prometer, que prometer y no cumplir.

[6]No permitas que tus labios te hagan pecar, y luego digas ante el enviado de Dios que lo hiciste por error. ¿Por qué hacer que Dios se enoje por lo que dices y destruya lo que has hecho? [7]Por lo tanto, en medio de tantas pesadillas y de tantas palabras y cosas sin sentido, tú debes mostrar reverencia hacia Dios.[4]

### Contradicciones de la vida

[8]No te sorprendas si en algún país ves que se oprime al pobre y que se hace violencia a la justicia y al derecho, porque a un alto oficial lo encubre otro más alto, y otros más altos oficiales encubren a estos dos. [9]¡Y a eso se le llama progreso del país y estar el rey al servicio del campo![5]

[10]El que ama el dinero, siempre quiere más; el que ama las riquezas, nunca cree tener bastante. Esto es también vana ilusión, [11]porque mientras más se tiene, más se gasta. ¿Y qué se gana con tener, aparte de contemplar lo que se tiene? [12]El que trabaja, coma poco o mucho, siempre duerme a gusto; al rico, en cambio, sus riquezas no lo dejan dormir.

[13]Una cosa realmente lamentable he visto en este mundo: que el amontonar riquezas va en perjuicio de su dueño, [14]pues un mal negocio puede acabar con toda esa riqueza, y si él tiene un hijo, ya no tendrá después nada que dejarle. [15]Y tal como vino a este mundo, así se irá: tan desnudo como cuando nació, y sin llevarse nada del fruto de su trabajo.s [16]Esto es realmente lamentable: que tal como vino al mundo, así también se irá. ¿Y qué sacó de tanto trabajar para nada? [17]Para colmo, toda su vida se la pasó6 en tinieblas, y con muchas molestias, dolores y resentimientos.

[18]He encontrado que lo mejor y más agradable es comer y beber, y disfrutar del fruto de tanto trabajar en este mundo durante la corta vida que Dios nos da, pues eso es lo que nos ha tocado. [19]Por otra parte, a todo aquel a quien Dios da abundantes riquezas, le da también la facultad de comer de ellas y de tomar lo que le corresponde, pues el disfrutar de tanto trabajo viene de parte de Dios. [20]Y como Dios lo llena de alegría el corazón, no se preocupa mucho por el curso de su vida.

6 [1]En este mundo hay otro mal muy común entre los hombres, según he podido ver: [2]Dios les da a algunos abundantes riquezas y esplendor, y nunca les falta nada de lo que desean; pero no les permite gozar de todo ello, sino que otros lo disfrutan.t ¡Esto es también una ilusión

[3] Aunque el joven . . . su apoyo: traducción probable. Heb. oscuro.   [4] Por lo tanto . . . Dios: traducción probable. Heb. oscuro.   [5] No te sorprendas . . . del campo!: traducción probable. Heb. oscuro.   [6] Se le pasó: lit. comió.
p Los vs. 5.1-20 corresponden a los vs. 4.17-5.19 en el texto hebreo.   q 5.2-3 Pr 10.19.   r 5.4 Dt 23.21-23; Sal 66.13-14.
s 5.15 Job 1.21; Sal 49.17; 1 Ti 6.7.   t 6.2 Sal 39.6.

vana y realmente lamentable! [3]Un hombre puede tener cien hijos y vivir muchos años; pero por mucho que viva, si no disfruta completamente de lo bueno, y si ni siquiera recibe sepultura, yo sostengo que un niño abortado vale más que ese hombre. [4]Pues aunque ese niño se pierda en la nada, en la oscuridad, donde su nombre quedará ignorado, [5]y aunque no llegue a ver el sol ni a saber nada, al menos habrá tenido más descanso que aquel hombre, [6]el cual podría haber vivido dos mil años y, sin embargo, no disfrutar de sus bienes. Y al fin de cuentas, ¡todos van al mismo lugar!

[7]El hombre trabaja y trabaja para comer, pero nunca queda satisfecho. [8]¿Qué tiene el sabio que no tenga el necio, a no ser sus conocimientos[7] para hacerle frente a la vida?[8]

[9]Vale más lo que uno ve que lo que se imagina. Pero también esto es vana ilusión, es querer atrapar el viento. [10]Lo que ahora existe, hace mucho que recibió su nombre, y se sabe cuál es. Nadie puede luchar con quien es más poderoso que él. [11]Una cosa es cierta: donde abundan las palabras, abundan los disparates; y nada se gana con eso. [12]De hecho, nadie sabe lo que es mejor para el hombre durante los contados días de esta vana ilusión que es su vida. Sus días pasarán como una sombra,[u] ¿y quién podrá decirle lo que ha de ocurrir en este mundo después de su muerte?

### Hay que atender a lo más importante

7 [1]Vale más la buena fama[v]
que el buen perfume.

Vale más el día en que se muere
que el día en que se nace.

[2]Vale más ir a un funeral
que ir a divertirse;
pues la muerte es el fin de todo
hombre,
y los que viven debieran recordarlo.

[3]Vale más llorar que reír,
pues podrá hacerle mal al semblante
pero le hace bien al corazón.

[4]El sabio piensa en la muerte,

pero el necio, en ir a divertirse.

[5]Vale más oír reprensiones de sabios
que alabanzas de necios.

[6]Las risas del necio se parecen
al crujir de las zarzas en el fuego,[9]
y también son vana ilusión.

[7]La violencia entorpece al sabio,
y el soborno corrompe su carácter.

[8]Vale más terminar un asunto
que comenzarlo.

Vale más ser paciente
que valiente.

[9]No te dejes llevar por el enojo,[w] porque el enojo es propio de gente necia. [10]Nunca te preguntes por qué todo tiempo pasado fue mejor, pues ésa no es una pregunta inteligente. [11]Buena y provechosa es la sabiduría para los que viven en este mundo, si además va acompañada de una herencia. [12]Porque la sabiduría protege lo mismo que el dinero, pero la sabiduría tiene la ventaja de darle vida al sabio. [13]Fíjate bien en lo que Dios ha hecho: ¿quién podrá enderezar lo que él ha torcido? [14]Cuando te vaya bien, disfruta ese bienestar; pero cuando te vaya mal, ponte a pensar que lo uno y lo otro son cosa de Dios, y que el hombre nunca sabe lo que ha de traerle el futuro.

[15]Todo esto he visto durante esta vana ilusión que es mi vida: hombres buenos que mueren a pesar de su bondad, y malvados que a pesar de su maldad viven muchos años.

[16]No hay que pasarse de bueno,
ni tampoco pasarse de listo.
¿Para qué arruinarse uno mismo?

[17]No hay que pasarse de malo,
ni tampoco pasarse de tonto.
¿Para qué morir antes de tiempo?

[18]Lo mejor es agarrar bien esto
sin soltar de la mano aquello.

El que honra a Dios
saldrá bien de todas estas cosas.

---

[7] *A no ser sus conocimientos:* texto probable. Heb. *¿Qué tiene el pobre que sabe . . .?* [8] *¿Qué tiene él . . . a la vida?:* otra posible traducción: *¿Qué tiene el sabio, qué tiene el pobre que saber hacerle frente a la vida, que no tenga el insensato?* [9] *En el fuego:* lit. *bajo la olla.*

[u] 6.12 Job 8.9; 14.2; Sal 39.5-6; 102.11; 109.23.    [v] 7.1 Pr 22.1.    [w] 7.9 Stg 1.19.

¹⁹Da más fuerza la sabiduría al sabio,
que diez gobernantes a una ciudad.

²⁰Sin embargo, no hay nadie en la tierra tan perfecto que haga siempre el bien y nunca peque.ˣ ²¹No hagas caso de todo lo que se dice, y así no oirás cuando tu siervo hable mal de ti. ²²Aunque también tú, y lo sabes muy bien, muchas veces has hablado mal de otros.

### Búsqueda de la sabiduría

²³Todo esto lo examiné con sabiduría, pues me había propuesto ser sabio; pero estaba fuera de mi alcance. ²⁴¡Fuera de mi alcance está todo lo que existe! ¡Es demasiado profundo y nadie puede comprenderlo!

²⁵Me dediqué entonces a adquirir conocimientos, y a estudiar y buscar algunas sabias conclusiones. Y pude darme cuenta de que es malo ser necio, y una locura ser estúpido. ²⁶He encontrado algo que es más amargo que la muerte: la mujer que tiende trampas con el corazón y aprisiona con los brazos. El que agrada a Dios escapará de ella, pero el pecador caerá en sus redes.ʸ ²⁷En mi intento de encontrar la razón de las cosas, yo, el Predicador, he hallado lo siguiente: ²⁸¡que todavía no he dado con lo que realmente busco! He encontrado un hombre entre mil, pero ni una sola mujer entre todas ellas. ²⁹Solamente he encontrado lo siguiente: que Dios hizo perfecto al hombre,ᶻ pero éste se ha complicado la vida.

**8** ¹¿Quién puede compararse al sabio? ¿Quién conoce el sentido de las cosas? La sabiduría ilumina la cara del hombre; hace que cambie su duro semblante.

### La obediencia al rey

²Cumple las órdenes del rey, pues así lo has jurado ante Dios. ³No salgas de su presencia con demasiada rapidez. No tomes parte en asuntos malvados, porque él puede hacer lo que se le antoje. ⁴La palabra del rey tiene autoridad final, y nadie puede pedirle cuenta de sus actos. ⁵Al que cumple una orden, no le pasará nada malo, y el que es sabio entiende cuándo y cómo debe cumplirla. ⁶En realidad, hay un momento y un modo de hacer todo lo que se hace, pero el gran problema del hombre ⁷es que nunca sabe lo que va a suceder, ni hay nadie que se lo pueda advertir.

### Nadie tiene poder sobre la vida y la muerte

⁸No hay quien tenga poder sobre la vida, como para retenerla, ni hay tampoco quien tenga poder sobre la muerte. No hay quien escape de esta batalla. Al malvado no lo salvará su maldad.

⁹Todo esto he visto al entregarme de lleno a conocer lo que se hace en este mundo y el poder que el hombre tiene de hacer daño a sus semejantes.

### Hay cosas que no tienen sentido

¹⁰También he visto que a gente malvada, que se mantuvo alejada del lugar santo, la alaban el día de su entierro; y en la ciudad donde cometió su maldad, nadie después lo recuerda.¹⁰ Y esto no tiene sentido, ¹¹porque al no ejecutarse en seguida la sentencia para castigar la maldad, se provoca que el hombre sólo piense en hacer lo malo. ¹²¡Así resulta que el que peca y sigue pecando vive muchos años! (Lo que yo sabía es que a los que honran a Dios y guardan reverencia ante él, les va bien; ¹³y que, por el contrario, a los malvados les va mal y su vida pasa como una sombra porque no muestran reverencia ante Dios.) ¹⁴Y así se da en este mundo el caso sin sentido de hombres buenos que sufren como si fueran malos, y de hombres malos que gozan como si fueran buenos.ᵃ ¡Yo digo que tampoco esto tiene sentido!

¹⁵Por eso, me declaro en favor de la alegría. Y lo mejor que puede hacer el hombre en este mundo es comer, beber y divertirse, porque eso es lo único que le queda de su trabajo en los días de vida que Dios le da en este mundo.

¹⁶Mientras más me entregué a aprender y a saber y a observar todo lo que se hace en este mundo —llega un momento en que no puede uno dormir a ninguna hora—, ¹⁷más cuenta me di de que el hombre no puede comprender lo que Dios hace ni lo que ocurre en este mundo. Por más que luche buscando la respuesta, no la encontrará; aun cuando el sabio diga conocerla, en realidad no ha podido encontrarla.

¹⁰ *También he visto . . . recuerda:* traducción probable. Heb. oscuro.
ˣ **7.20** 1 Jn 1.8-10.   ʸ **7.26** Pr 5; 7.   ᶻ **7.29** Gn 1.26-31.   ᵃ **8.14** Sal 73; Jer 12.1-4; Hab 1.2-4,12-17.

## Consideraciones sobre la vida y la muerte

**9** ¹A todo esto me he entregado de lleno, tan sólo para descubrir que las obras de buenos y de sabios están en las manos de Dios.ᵇ Nada sabe el hombre del amor ni del odio, aun cuando los tenga ante sus ojos. ²Al fin y al cabo, a todos les espera lo mismo: al justo y al injusto, al bueno y al malo,ᴵᴵ al puro y al impuro, al que ofrece sacrificios y al que no los ofrece; lo mismo al bueno que al pecador, al que hace juramentos y al que no los hace.

³Esto es lo malo de todo lo que pasa en este mundo: que a todos les espera lo mismo. Por otra parte, el pensamiento del hombre está lleno de maldad; la estupidez domina su mente durante toda su vida; y al fin de cuentas, ¡al cementerio!

⁴Tiene más esperanza aquel a quien se concede seguir viviendo, pues vale más perro vivo que león muerto.ᴵ² ⁵Además, los que viven saben que han de morir, pero los muertos ni saben nada ni ganan nada, porque se les echa al olvido. ⁶Allí terminan su amor, su odio y sus pasiones, y nunca más vuelven a tomar parte en nada de lo que se hace en este mundo.

⁷¡Vamos, pues! Disfruta del pan que comes; goza del vino que bebes, porque a Dios le han agradado tus acciones. ⁸Vístete siempre con ropas blancas; ponte siempre perfume en la cabeza. ⁹Goza de la vida con la mujer amada,ᶜ cada instante de esta vida sin sentido que Dios te ha dado en este mundo; eso es lo único que sacarás de tanto trabajar en este mundo. ¹⁰Y todo lo que esté en tu mano hacer, hazlo con todo empeño; porque en el sepulcro, que es donde irás a parar, no se hace nada ni se piensa nada, ni hay conocimientos ni sabiduría. *

## Injusticias de la vida

¹¹En este mundo he visto algo más: que no son los veloces los que ganan la carrera, ni los valientes los que ganan la batalla; que no siempre los sabios tienen pan, ni los inteligentes son ricos, ni los instruidos son bien recibidos; todos ellos dependen de un momento de suerte. ¹²Por otra parte, nunca sabe nadie cuándo le llegará su hora: así como los peces quedan atrapados en la red y las aves en la trampa, así también el hombre, cuando menos lo espera, se ve atrapado en un mal momento.

¹³También he visto en este mundo algo que me parece encerrar una gran enseñanza: ¹⁴una ciudad pequeña, con pocos habitantes, es atacada por un rey poderoso que levanta alrededor de ella una gran maquinaria de ataque. ¹⁵Y en la ciudad vive un hombre pobre, pero sabio, que con su sabiduría podría salvar a la ciudad, ¡y nadie se acuerda de él!

## Por sobre todas las cosas, sabiduría

¹⁶Sin embargo, yo afirmo que vale más ser sabio que valiente,ᵈ aun cuando la sabiduría del hombre pobre no sea tomada en cuenta ni se preste atención a lo que dice.

¹⁷Más se oyen las palabras tranquilas
de los sabios
que el griterío del rey de los necios.
¹⁸Vale más la sabiduría
que las armas de guerra.

Un solo error
causa grandes destrozos.

**10** ¹Una mosca muerta apesta
y echa a perder el buen perfume.

Cuenta más la tontería más ligera
que la sabiduría más respetable.

²La mente del sabio se inclina al bien,
pero la del necio se inclina al mal.

³El necio, en todo lo que hace,
muestra la pobreza de sus ideas,
aun cuando vaya diciendo
que los necios son los demás.ᴵ³

⁴Si el que gobierna se enoja contigo,
no pierdas la cabeza;
el remedio para los grandes errores
es tomar las cosas con calma.

⁵Me he dado cuenta de un error que se comete en este mundo, y que tiene su origen en los propios gobernantes: ⁶que al necio se le da un alto cargo, mientras que la gente que vale ocupa puestos humildes. ⁷He visto esclavos andar a caballo, y príncipes andar a pie como si fueran esclavos.

---

ᴵᴵ *Y al malo:* según una versión antigua. En el texto hebreo no aparece esta frase. ᴵ² El autor del libro cita aquí un conocido dicho arameo. ᴵ³ *Aun cuando . . . los demás:* otra posible traducción: *y revela a todos que es un necio.*
ᵇ 9.1 Pr 16.1,9; 19.21. ᶜ 9.9 Pr 5.15-19. * 9.10 Eclo 14.16. ᵈ 9.16 Pr 24.5.

[8]El que hace el hoyo,
en él se cae.[e]

Al que rompe el muro,
la serpiente lo muerde.

[9]El que labra piedras,
se lastima con ellas.

El que parte leña,
corre el riesgo de cortarse.

[10]Si el hacha se desafila
y no se la vuelve a afilar,
habrá que golpear con más fuerza.

Vale más hacer las cosas bien y con
sabiduría.

[11]¿De qué sirve un encantador,
si la serpiente muerde antes de ser
encantada?

[12]Las palabras del sabio le atraen
simpatías,
pero las del necio son su propia
ruina.[f]
[13]comienza diciendo puras tonterías,
y acaba diciendo las peores
estupideces.
[14]¡Al necio no le faltan las palabras!

¿Quién puede decir lo que ha de
suceder,
si nadie sabe nada del futuro?

[15]Tanto se mata el necio trabajando,
que no sabe ni el camino a la ciudad.

[16]¡Ay del país que tiene por rey a un
chiquillo,
y en el que sus príncipes
amanecen en banquetes!

[17]¡Dichoso el país que tiene un rey
honorable,
y en el que los gobernantes
comen a la hora debida,
para reponer sus fuerzas
y no para emborracharse!

[18]Al holgazán se le cae el techo;
al que no hace nada, toda la casa.

[19]El pan es para disfrutarlo,
y el vino para gozar de la vida;
mas para eso hace falta dinero.

[20]No critiques al rey
ni siquiera con el pensamiento.

No hables mal del rico, aunque estés
a solas,
porque las aves vuelan y pueden ir a
contárselo.

11 [1]Echa tu pan al agua;
después de algún tiempo lo
encontrarás.

[2]Comparte lo que tienes lo más que
puedas,
pues no sabes el mal que puede venir
sobre el país.

[3]Si las nubes están cargadas,
la lluvia cae sobre la tierra.

Caiga el árbol al norte
o caiga el árbol al sur,
en el lugar donde caiga
allí se habrá de quedar.

[4]El que mira al viento, no siembra,
y el que mira a las nubes, no
cosecha.

[5]Así como no sabes por dónde va el
viento,[g] ni cómo se forma el niño en el
vientre de la madre,[h] tampoco sabes nada
de lo que hace Dios, creador de todas las
cosas.
[6]Siembra tu semilla por la mañana, y
por la tarde siémbrala también, porque
nunca se sabe qué va a resultar mejor, si la
primera siembra o la segunda, o si las dos
prosperarán.
[7]Muy agradable es la luz, y es bueno
que los ojos vean el sol; [8]pero aunque uno
viva muchos años y disfrute de todos
ellos, debe recordar que los días de oscuridad serán muchos, y que todo lo que está
por venir es vana ilusión.

### Consejos a los jóvenes

[9]Diviértete, joven, ahora que estás
lleno de vida; disfruta de lo bueno ahora
que puedes. Déjate llevar por los impulsos
de tu corazón y por todo lo que ves, pero
recuerda que de todo ello Dios te pedirá
cuentas. [10]Aleja de tu mente las preocupaciones y echa fuera de ti el sufrimiento,
porque aun los mejores días de la juventud son vana ilusión.

*e* **10.8** Sal 7.15; Pr 26.27; Eclo 27.26-27.   *f* **10.12** Pr 10.32; 15.2.   *g* **11.5** Jn 3.8.   *h* **11.5** Sal 139.13-16.

**12** [1]Acuérdate de tu Creador ahora que eres joven y que aún no no han llegado los tiempos difíciles; ya vendrán años en que digas: "No me trae ningún placer vivirlos." [2]Hazlo ahora, cuando aún no se apaga la luz del sol, de la luna y de las estrellas, y cuando aún hay nubes después de la lluvia. [3]Llegará un día en que tiemblen los guardianes del palacio y se doblen los valientes; quedarán tan pocas molineras, que dejarán de moler; las que miran por las ventanas, comenzarán a perder la vista. [4]Cuando llegue ese día, se cerrarán las puertas que dan a la calle; el ruido del molino se irá apagando; las aves dejarán oír su canto, pero las canciones dejarán de oírse; [5]la altura causará miedo, y en el camino habrá peligros.

El almendro comenzará a florecer,
la langosta resultará una carga
y la alcaparra[14] no servirá para
 nada.
Pues el hombre va a su hogar eterno,
y en la calle se escucha ya
a los que lloran su muerte.

[6]Acuérdate de tu Creador ahora que aún no se ha roto el cordón de plata ni se ha hecho pedazos la olla de oro; ahora que aún no se ha roto el cántaro a la orilla de la fuente ni se ha hecho pedazos la polea del pozo. [7]Después de eso el polvo volverá a la tierra, como antes fue, y el espíritu volverá a Dios, que es quien lo dio.[i]

[8]Yo, el Predicador, repito:
 ¡Vana ilusión, vana ilusión!
 ¡Todo es vana ilusión!

### Epílogo

[9]Y mientras más sabio llegó a ser el Predicador, más conocimientos impartió a la gente. También se dio a la tarea de estudiar gran número de proverbios, y de clasificarlos ordenadamente. [10]Hizo todo lo posible por encontrar las palabras más adecuadas, para escribir convenientemente dichos verdaderos.

[11]Los dichos de los sabios son como aguijones, y una vez reunidos en colecciones son como estacas bien clavadas, puestas por un solo pastor.[15] [12]Lo que uno saca de ellos son grandes advertencias.[16] El hacer muchos libros no tiene fin, y el mucho estudio cansa.

[13]El discurso ha terminado. Ya todo ha sido dicho. Honra a Dios y cumple sus mandamientos, porque eso es el todo del hombre. [14]Dios habrá de pedirnos cuentas de todos nuestros actos, sean buenos o malos, y aunque los hayamos hecho en secreto.

---

[14] La alcaparra era considerada en la antigüedad un afrodisíaco.   [15] Y una vez reunidos . . . pastor: traducción probable. Heb. oscuro.   [16] Lo que uno saca . . . advertencias: otra posible traducción: recibe, además, hijo mío, esta otra advertencia. [i] 12.7 Ec 3.20-21.

# EL CANTAR DE LOS CANTARES

*El título de este libro traduce literalmente un hebraísmo que significa "el mejor (o más bello) de los cantares" o "el cantar por excelencia". Dividido en seis poemas o cantos, y bajo la forma de un diálogo entre el amado y la amada, con ocasionales intervenciones de un grupo de acompañantes o "coro", su tema es el amor sencillo, puro y transparente. Algunas de sus comparaciones y descripciones, que para la mente moderna pueden parecer atrevidas, han de considerarse a la luz de un tiempo y de un medio en que prevalecían la sencillez y la naturalidad tan características de estos cantos nupciales.*

*Dado el concepto bíblico de la santidad del matrimonio, y que por ello la relación de Dios con su pueblo se presenta bajo tal analogía, el Cantar ha sido interpretado como un cuadro, por los judíos, de esa alta y sagrada relación, y por los cristianos, de la relación mística entre Cristo y su Iglesia. La preposición hebrea que aparece en el título del poema (1.1) puede significar "de" Salomón, "dedicado a" Salomón o "acerca de" Salomón. La tradición ha considerado a este gran rey como el autor del libro.*

1 ¹El más hermoso de los poemas de Salomón.[1,a]

### Primer canto

**Ella**

²¡Dame un beso de tus labios!
Son más dulces que el vino tus
    caricias,
³deliciosos al olfato tus perfumes,
tu nombre es perfume derramado.
¡Por eso te aman las mujeres!

⁴¡Llévame pronto contigo!
¡Llévame, oh rey, a tus habitaciones!

**Coro**

Contigo estaremos muy alegres;
evocaremos tus caricias más que el
    vino.
¡Con razón te aman las mujeres!

**Ella**

⁵Mujeres de Jerusalén,
soy morena, pero hermosa;
morena como los campamentos de
    Cedar,
hermosa como las cortinas de
    Salomón.
⁶No se fijen en que soy morena,
ni en que el sol me ha quemado la
    piel.
Mis hermanos se enojaron conmigo
y me pusieron a cuidar las viñas,
¡y mi propia viña descuidé!

⁷Dime, amor de mi vida,
¿dónde apacientas tus rebaños?,
¿dónde los llevas a descansar al
    mediodía?
¿Por qué he de andar como una
    vagabunda,[2]
junto a los rebaños de tus
    compañeros?

**Coro**

⁸Si no lo sabes tú,
hermosa entre las hermosas,
sigue las pisadas del rebaño
y apacienta tus cabritos
junto a las chozas de los pastores.

**Él**

⁹Tú eres para mí, amor mío,
cual fina yegua del carro del faraón.
¹⁰¡Qué lindas son tus mejillas
entre los pendientes!
¡Qué lindo es tu cuello
entre los collares de perlas!
¹¹¡Te haremos pendientes de oro
con incrustaciones de plata!

**Ella**

¹²Mientras el rey se sienta a la mesa,
mi nardo esparce su fragancia.

¹³Mi amado es para mí como el
    saquito de mirra
que está siempre entre mis pechos.
¹⁴Mi amado es para mí como flor de
    alheña
en los viñedos de En-gadi.

**Él**

¹⁵¡Qué hermosa eres, amor mío,
qué hermosa eres!
¡Tus ojos son dos palomas!

---

[1] *De Salomón:* otra posible traducción: *dedicado a Salomón.*
[2] *Vagabunda:* según versiones antiguas. Heb. *tapada* (con un velo).
[a] 1.1 1 R 4.32; Cnt 3.9-11.

*Ella*

¹⁶¡Qué hermoso eres, amor mío,
   qué hermoso eres!

*Él*

   ¡La verde hierba es nuestro lecho!
¹⁷Los cedros son las vigas de la casa,
   y los cipreses, el techo que nos
      cubre.

**2** *Ella*
   ¹Soy la flor de los llanos de Sarón,
      soy la rosa de los valles.

*Él*
   ²Mi amada es, entre las mujeres,
      como una rosa entre los espinos.

*Ella*
   ³Mi amado es, entre los hombres,
      como un manzano entre los árboles
         del bosque.

   ¡Qué agradable es sentarme a su
      sombra!
   ¡Qué dulce me sabe su fruta!
⁴Me llevó a la sala de banquetes
   y sus miradas para mí fueron de
      amor.

⁵¡Reanímenme con tortas de pasas,
   aliméntenme con manzanas,
   porque me muero de amor!
⁶¡Que ponga él su izquierda bajo mi
      cabeza,
   y que con su derecha me abrace!

*Él*
   ⁷Prométanme, mujeres de Jerusalén,
      por las gacelas y cervatillas del
         bosque,
   no interrumpir el sueño de mi amor.
   ¡Déjenla dormir hasta que quiera
      despertar!*b*

### Segundo canto

*Ella*
   ⁸¡Ya viene mi amado!
   ¡Ya escucho su voz!
   Viene saltando sobre los montes,
   viene saltando por las colinas.
⁹Mi amado es como un venado:
   como un venado pequeño.
   ¡Aquí está ya, tras la puerta,
   asomándose a la ventana,
   espiando a través de la reja!

¹⁰Mi amado me dijo:
   "Levántate, amor mío;

---

anda, cariño, vamos.
¹¹¡Mira! El invierno ha pasado
   y con él se han ido las lluvias.
¹²Ya han brotado flores en el campo,
   ya ha llegado el tiempo de cantar,
   ya se escucha en nuestra tierra
   el arrullo de las tórtolas.
¹³Ya tiene higos la higuera,
   y los viñedos esparcen su aroma.

   "Levántate, amor mío;
anda, cariño, vamos.

¹⁴"Paloma mía, que te escondes en las
      rocas,
   en altos y escabrosos escondites,
   déjame ver tu rostro,
   déjame escuchar tu voz.
   ¡Es tan agradable el verte!
   ¡Es tan dulce el escucharte!"

*Los dos*
   ¹⁵Atrapen las zorras, las zorras peque-
         ñas
   que arruinan nuestros viñedos,
   nuestros viñedos en flor.

*Ella*
   ¹⁶Mi amado es mío, y yo soy suya.
   Él apacienta sus rebaños entre las
      rosas.*c*

¹⁷Mientras llega el día
   y huyen las sombras,
   vuelve, amado mío;
   sé como un venado,
   como un venado pequeño
   por los montes escarpados.

**3** ¹En mi cama, por las noches,
      busqué al amor de mi vida.
   Lo busqué y no lo encontré.
²Entonces me levanté
   y recorrí la ciudad
   buscando al amor de mi vida
   por las calles y las plazas.
   Lo busqué y no lo encontré.
³Pregunté a los guardias
   que hacen la ronda de la ciudad:
   "¿No han visto ustedes al amor de
      mi vida?"

⁴Apenas me había alejado de ellos,
   cuando encontré al amor de mi vida.
   Lo tomé de la mano, y sin soltarlo
   lo llevé a las habitaciones de mi
      madre.

---

*b* 2.7 Cnt 3.5; 8.4.   *c* 2.16 Cnt 6.3.

*Él*

⁵Prométanme, mujeres de Jerusalén,
por las gacelas y cervatillas del
   bosque,
no interrumpir el sueño de mi amor.
¡Déjenla dormir hasta que quiera
   despertar!*d*

### Tercer canto

*Coro*

⁶¿Qué es eso que viene del desierto
y avanza entre columnas de humo,
entre humo de mirra y de incienso
y de toda clase de perfumes?

⁷¡Es la litera de Salomón!
Viene escoltada por sesenta soldados
de los más valientes de Israel;
⁸todos ellos manejan la espada
y son expertos guerreros;
cada uno lleva la espada al cinto
en previsión de peligros nocturnos.

⁹El rey Salomón se ha hecho una
   litera
con finas maderas del Líbano.
¹⁰Las columnas son de plata;
el respaldo, de oro;
el asiento, tapizado de púrpura;
el interior, decorado con amor
por las mujeres de Jerusalén.

¹¹Mujeres de Sión,
¡salgan a ver al rey Salomón!
Lleva puesta la corona
que le hizo su madre para el día de
   su boda,
para el día más feliz de su vida.

**4** *Él*

¹¡Qué hermosa eres, amor mío!
¡Qué hermosa eres!
Tus ojos son dos palomas
escondidas tras tu velo;
tus cabellos son como cabritos
que retozan por los montes de
   Galaad.
²Tus dientes, todos perfectos,
son cual rebaño de ovejas
recién salidas del baño
y listas para la trasquila.*e*
³Tus labios son rojos
como hilos de escarlata,
y encantadoras tus palabras.
Tus mejillas son dos gajos de
   granada
escondidos tras tu velo.

⁴Tu cuello es semejante
a la bella torre de cantería
que se construyó para David.
De ella cuelgan mil escudos,
escudos de valientes.
⁵Tus pechos son dos gacelas,
dos gacelas mellizas*f*
que pastan entre las rosas.

⁶Mientras llega el día
y huyen las sombras,
me iré al monte de la mirra,
a la colina del incienso.

⁷¡Tú eres hermosa, amor mío;
hermosa de pies a cabeza!
¡En ti no hay defecto alguno!

⁸Baja conmigo del Líbano, novia mía;
baja conmigo del Líbano.
Contempla el valle desde la cumbre
   del Amana,
desde la cumbre del Senir y del
   Hermón;
desde las cuevas de los leones,
desde los montes de los leopardos.

⁹Me robaste el corazón,
hermanita, novia mía;
me robaste el corazón
con una sola mirada tuya,
con uno de los hilos de tu collar.

¹⁰¡Qué gratas son tus caricias,
hermanita, novia mía!
¡Son tus caricias más dulces que el
   vino,
y más deliciosos tus perfumes
que todas las especias aromáticas!

¹¹Novia mía,
de tus labios brota miel.
¡Miel y leche hay debajo de tu
   lengua!
¡Como fragancia del Líbano
es la fragancia de tu vestido!

¹²Tú, hermanita, novia mía,
eres jardín cerrado,
cerrada fuente,
sellado manantial;
¹³jardín donde brotan los granados
de frutos exquisitos;
jardín donde hay flores de alheña,*³*
¹⁴nardos y azafrán,
caña aromática y canela,
y toda clase de árboles de incienso,

---

*³* Heb. añade: *y nardos.*
*d* 3.5 Cnt 2.7; 8.4.   *e* 4.1-2 Cnt 6.5-6.   *f* 4.5 Cnt 7.3.

de mirra y de áloe;
¡todas las mejores especias
    aromáticas!
15La fuente del jardín
es un pozo del cual brota
el agua que baja desde el Líbano.

16Viento del norte, ¡despierta!
Viento del sur, ¡ven acá!
¡Soplen en mi jardín y esparzan su
    perfume!

*Ella*
Ven, amado mío, a tu jardín,
y come de sus frutos exquisitos.

**5** *Él*
1Ya he entrado en mi jardín,
hermanita, novia mía.
Ya he tomado mi mirra y mis
    perfumes,
ya he probado la miel de mi panal,
ya he bebido mi vino y mi leche.

*Coro*
Queridos amigos,
coman y beban,
¡beban todo lo que quieran!

### Cuarto canto
*Ella*
2Yo dormía, pero no mi corazón.
Y oí que mi amado llamaba a la
    puerta:
"¡Ábreme, amor mío;
hermanita,
palomita virginal!
¡Mi cabeza está empapada de rocío!
¡El rocío nocturno me corre por el
    cabello!"

3"Ya me he quitado la ropa;
¡tendría que volver a vestirme!
Ya me he lavado los pies;
¡se me volverían a llenar de polvo!"

4Mi amado metió la mano
por el agujero de la puerta.
¡Eso me conmovió profundamente!
5-6Entonces me levanté
para abrirle a mi amado.
De mis manos y mis dedos
cayeron gotitas de mirra
sobre el pasador de la puerta.
¡Al oírlo hablar
sentí que me moría!

Abrí la puerta a mi amado,
pero él ya no estaba allí.

Lo busqué y no lo encontré,
lo llamé y no me respondió.
7Me encontraron los guardias
que hacen la ronda de la ciudad;
me golpearon, me hirieron;
¡los que cuidan la entrada de la
    ciudad
me arrancaron el velo con violencia!

8Mujeres de Jerusalén,
si encuentran a mi amado,
prométanme decirle
que me estoy muriendo de amor.

*Coro*
9¿Qué de especial tiene tu amado,
hermosa entre las hermosas?
¿Qué de especial tiene tu amado
que nos pides hacerte tal promesa?

*Ella*
10Mi amado es trigueño claro,
inconfundible entre miles de
    hombres.
11Su cabeza es oro puro;
su cabello es ondulado
y negro como un cuervo;
12sus ojos son dos palomas bañadas en
    leche,
posadas junto a un estanque;
13sus mejillas son amplios jardines
de fragantes flores.
Sus labios son rosas
por las que ruedan gotitas de mirra;
14sus manos son abrazaderas de oro
    cubiertas de topacios;
su cuerpo es pulido marfil
con incrustaciones de zafiros;
15sus piernas son columnas de mármol
afirmadas sobre bases de oro puro;
su aspecto es distinguido
como los cedros del Líbano;
16su paladar es dulcísimo.
¡Todo él es un encanto!

Así es mi amado,
así es el amor mío,
mujeres de Jerusalén.

**6** *Coro*
1¿A dónde se ha ido tu amado,
hermosa entre las hermosas?
¿A dónde se ha dirigido?
¡Iremos contigo a buscarlo!

*Ella*
2Mi amado ha ido a su jardín,
a su jardín perfumado,
a apacentar su rebaño

y cortar las rosas.

3 Yo soy de mi amado, y él es mío.
El apacienta sus rebaños entre las
rosas.g

### Quinto canto

*Él*
4 Tú, amor mío,
eres hermosa y encantadora
como las ciudades de Tirsah y
    Jerusalén;
irresistible como un ejército en
    marcha.
5 ¡Deja ya de mirarme,
pues tus ojos me han vencido!

Tus cabellos son como cabritos
que retozan por los montes de
    Galaad.
6 Tus dientes, todos perfectos,
son cual rebaño de ovejas
recién salidas del baño
y listas para la trasquila.i
7 Tus mejillas son dos gajos de
    granada
escondidos tras tu velo.

8 Sesenta son las reinas,
ochenta las concubinas
y muchísimas las doncellas,
9 pero mi palomita virginal es una
    sola;
una sola es la hija preferida
de la mujer que la dio a luz.
Al verla, las jóvenes la felicitan;
reinas y concubinas la alaban.

*Coro*
10 ¿Quién es ésta que se asoma
como el sol en la mañana?
Es hermosa como la luna,
radiante como el sol,
¡irresistible como un ejército en
    marcha!

*Ella*
11 Fui al bosque de los nogales
a admirar el verdor en el arroyo;
quería ver los brotes de los viñedos
y las flores de los granados.
12 Después ya no supe qué pasó
hasta que me vi en un carro junto a
    mi príncipe.4

*Coro*
13 j ¡Regresa, Sulamita, regresa!
¡Regresa, queremos verte!

*Ella*
¿Y qué quieren ver de la Sulamita?

*Coro*
¡Una danza, como en los
    campamentos!

**7** *Él*
1 ¡Qué hermosos son tus pies
en las sandalias, princesa!
Las curvas de tus caderas
son como adornos de oro fino
hechos por manos expertas.
2 Tu ombligo es una copa redonda
donde no falta el buen vino;
tu vientre es una pila de trigo
rodeada de rosas.
3 Tus pechos son dos gacelas,
dos gacelas mellizas.k
4 Tu cuello es una torre de marfil;
tus ojos son dos estanques
de la ciudad de Hesbón,
junto a la puerta de Bat-rabim;
tu nariz es como la torre del Líbano
que mira hacia la ciudad de
    Damasco.
5 Tu cabeza, sobre tu cuerpo,
es como el monte Carmelo;
hilos de púrpura son tus cabellos:
¡un rey está preso entre sus rizos!

6 Amor mío, mujer encantadora,5
¡qué bella, qué hermosa eres!
7 Tu porte es como el porte de una
    palmera;
tus pechos son como racimos.
8 Yo pienso subir a la palmera
y adueñarme de sus racimos.
Tus pechos serán entonces
como racimos de uvas;
tu aliento, perfume de manzanas;
9 tu paladar, como el buen vino
que resbala suavemente
por los labios y los dientes.6

*Ella*
10 Yo soy de mi amado:
los impulsos de su amor lo atraen a
    mí.

11 ¡Anda, amado mío, vayamos al
    campo!

---

4 *Mi príncipe*: traducción probable. Heb. oscuro.   5 *Mujer encantadora*: según dos versiones antiguas. Heb. *en las delicias*.
6 *Tu paladar . . . los dientes*: traducción probable. Heb. oscuro.
g 6.3 Cnt 2.16.   h 6.4 l R 15.21.   i 6.5-6 Cnt 4.1-2.   j Los vs. 6.13-7.13 corresponden a los vs. 7.1-14 en el texto hebreo.
k 7.3 Cnt 4.5.

Pasaremos la noche entre flores de
alheña.
[12] Por la mañana iremos a los viñedos,
a ver si ya tienen brotes,
si se abren ya sus botones,
si ya han florecido los granados.
¡Allí te daré mi amor!

[13] Las mandrágoras[7] esparcen su
aroma.
A nuestra puerta hay fruta de todas
clases:
fruta seca y fruta recién cortada,
que para ti, amado mío, aparté.

**8** [1] ¡Ojalá fueras tú un hermano mío,
criado a los pechos de mi madre!
Así, al encontrarte en la calle,
podría besarte y nadie se burlaría de
mí;
[2] podría llevarte a la casa de mi
madre,
te haría entrar en ella,
y tú serías mi maestro.
Yo te daría a beber del mejor vino
y del jugo de mis granadas.

[3] ¡Que ponga él su izquierda bajo mi
cabeza,
y que con su derecha me abrace!

*Él*

[4] Prométanme, mujeres de Jerusalén,
no interrumpir el sueño de mi amor.
¡Déjenla dormir hasta que quiera
despertar![l]

### Sexto canto

*Coro*
[5] ¿Quién es ésta que viene del desierto,
recostada en el hombro de su
amado?

*Él*

Bajo un manzano interrumpí tu
sueño:
allí donde tu madre tuvo dolores;
allí donde tu madre te dio a luz.

*Ella*
[6] Llévame grabada en tu corazón,
¡llévame grabada en tu brazo!

---

[7] Véase nota en Gn 30.14.
[l] **8.4** Cnt 2.7; 3.5.

El amor es inquebrantable como la
muerte;
la pasión, inflexible como el
sepulcro.
¡El fuego ardiente del amor
es una llama divina!
[7] El agua de todos los mares
no podría apagar el amor;
tampoco los ríos podrían extinguirlo.
Si alguien ofreciera todas sus
riquezas
a cambio del amor,
burlas tan sólo recibiría.

*Coro*
[8] Nuestra hermanita no tiene pechos.
¿Qué vamos a hacer con ella
cuando vengan a pedirla?
[9] Si fuera una muralla,
construiríamos sobre ella almenas de
plata;
si fuera una puerta,
la recubriríamos con tablas de cedro.

*Ella*
[10] Yo soy como una muralla,
y mis pechos como torres.
Por eso, a los ojos de él,
ya he encontrado la felicidad.

[11] Salomón tenía un viñedo en Baal-
hamón.
Lo dejó al cuidado de unos
guardianes,
que al llegar la cosecha le entregaban
mil monedas de plata cada uno.
[12] Las mil monedas son para ti,
Salomón,
y doscientas para los guardianes;
¡yo cuido mi propia viña!

*Él*
[13] ¡Déjame oír tu voz,
oh reina de los jardines!
¡Nuestros amigos esperan
escucharla!

*Ella*
[14] ¡Corre, amado mío,
corre como un venado,
como el hijo de una gacela
sobre los montes llenos de aromas!

# ISAÍAS

*Isaías fue uno de los grandes profetas del siglo octavo a. C., en que el ministerio profético alcanzó su mayor altura. Este libro exalta el poder y soberanía de Dios, y ante todo su perfecta santidad. Uno de los nombres favoritos que recibe es "el Santo de Israel". En él se hace resaltar que el curso de los acontecimientos nacionales e internacionales está gobernado por Dios, cuya voluntad y propósito determinan la historia. Se exhorta al pueblo, por tanto, a vivir en santidad y a identificarse, en completa obediencia, con el propósito divino.*

*El libro puede considerarse dividido en tres grandes secciones. En la primera (caps. 1-39), cuando Judá se ve amenazada por Asiria, el profeta insiste en que el mayor peligro para la nación, y lo que puede llevarla al desastre, es sobre todo su propio pecado, su desobediencia a Dios y su falta de fe en él. Con palabras y actos simbólicos, el profeta hace un ardiente llamado al pueblo y a sus guías a una vida de rectitud y justicia, y anuncia la futura venida de un descendiente de David, que será el rey ideal, y de una época de paz y bienestar universales. Los caps. 36—39 son una recapitulación histórica.*

*En la segunda sección (caps. 40—55), la visión profética es la de una nación que ha sufrido el desastre y cuyo pueblo padece el exilio y se halla oprimido y sin esperanza. En estas circunstancias, el mensaje es de aliento, porque Dios no abandona a los suyos sino que les prepara la libertad y la restauración. Es especialmente en esta sección donde con más fuerza se presenta a Dios como el Señor de la historia, creador y redentor de Israel, que encomienda a su pueblo restaurado una misión para con todas las naciones. Aparece en ella también la impresionante figura del "Siervo del Señor", que sufre por los pecados de otros, y por medio de quien Dios lleva a cabo la salvación de su pueblo. Los cristianos han considerado estos pasajes como anuncio y figura anticipada de Jesucristo y de su pasión y muerte expiatorias.*

*La tercera sección (caps. 56-66) exhorta al pueblo a conducirse con rectitud y justicia, y a mostrar esta conducta especialmente por la observancia del día del reposo, la oración y el sacrificio. Se conforta al pueblo asegurándole que Dios nunca falla en el cumplimiento de sus promesas. Jesús citó el pasaje de 61.1,2 al principio de su ministerio para expresar en qué consistía su misión en el mundo. En este libro se describe también (65.17-25) la nueva creación y el advenimiento de un reino de paz y felicidad.*

## Judá, nación pecadora

**1** ¹Profecías que Isaías, hijo de Amoz, recibió por revelación acerca de Judá y Jerusalén, durante los reinados de Uzías,*ᵃ* Jotam,*ᵇ* Acaz*ᶜ* y Ezequías*ᵈ* en Judá.*ᵉ*

²Cielo y tierra,
escuchen lo que el Señor dice:
"Crie hijos hasta que fueron
    grandes,
pero ellos se rebelaron contra mí.
³El buey reconoce a su dueño
y el asno el establo de su amo;
pero Israel, mi propio pueblo,
no reconoce ni tiene
    entendimiento."*ᶠ*

⁴¡Ay, gente pecadora,
pueblo cargado de maldad,
descendencia de malhechores,
hijos pervertidos!
Se han alejado del Señor,
se han apartado del Dios Santo de
    Israel,
lo han abandonado.
⁵Ustedes se empeñan en ser rebeldes,
y en su cuerpo ya no hay donde
    castigarlos.
Tienen herida toda la cabeza,
han perdido las fuerzas por
    completo.
⁶De la punta del pie a la cabeza
no hay nada sano en ustedes;
todo es heridas, golpes, llagas
    abiertas;
nadie se las ha curado ni vendado,
ni les ha calmado los dolores con
    aceite.*ᵍ*

⁷Su país ha quedado hecho un
    desierto,
y arden en llamas las ciudades.
En la propia cara de ustedes
los enemigos se comen lo que ustedes
    sembraron.

*ᵃ* 1.1 2 R 15.1-7; 2 Cr 26.1-23.   *ᵇ* 1.1 2 R 15.32-38; 2 Cr 27.1-9.   *ᶜ* 1.1 2 R 16.1-20; 2 Cr 28.1-27.   *ᵈ* 1.1 2 R 18.1-20.21; 2 Cr 29.1-32.33.   *ᵉ* 1.1 Mi 1.1.   *ᶠ* 1.3 Jer 8.7.   *ᵍ* 1.5-6 Jer 30.12-15.

Todo ha quedado hecho un desierto,
como Sodoma[l] cuando fue
destruida.
[8]Sión nada más ha quedado en pie,
sola cual choza en medio de un
viñedo,
sola cual cobertizo en medio de un
melonar,
sola cual ciudad rodeada por el
enemigo.
[9]Si el Señor todopoderoso
no hubiera dejado a unos cuantos de
nosotros,
ahora mismo estaríamos como
Sodoma y Gomorra.[h]

### El verdadero culto a Dios

[10]Jefes de Sodoma, escuchen la
palabra del Señor;
pueblo de Gomorra,[i] oye
atentamente
lo que nuestro Dios te va a enseñar.

[11]El Señor dice:
"¿Para qué me traen tantos
sacrificios?
Ya estoy harto de sus holocaustos de
carneros
y de la grasa de los terneros;
me repugna la sangre de los toros,
carneros y cabritos.
[12]Ustedes vienen a presentarse ante mí,
pero ¿quién les pidió que pisotearan
mis atrios?
[13]No me traigan más ofrendas sin
valor;
no soporto el humo de ellas.
Ustedes llaman al pueblo
a celebrar la luna nueva y el día de
reposo,[2]
pero yo no soporto las fiestas de
gente que practica el mal.
[14]Aborrezco sus fiestas de luna nueva
y sus reuniones;
¡se me han vuelto tan molestas
que ya no las aguanto![j]
[15]Cuando ustedes levantan las manos
para orar,
yo aparto mis ojos de ustedes;
y aunque hacen muchas oraciones,
yo no las escucho.
Tienen las manos manchadas de
sangre.
[16]¡Lávense, límpiense!
¡Aparten de mi vista sus maldades!
¡Dejen de hacer el mal!

[17]¡Aprendan a hacer el bien,
esfuércense en hacer lo que es justo,
ayuden al oprimido,
hagan justicia al huérfano,
defiendan los derechos de la
viuda!"[k]

[18]El Señor dice:
"Vengan, vamos a discutir este
asunto.
Aunque sus pecados sean como el
rojo más vivo,
yo los dejaré blancos como la nieve;
aunque sean como tela teñida de
púrpura,
yo los dejaré blancos como la lana.
[19]Si aceptan ser obedientes,
comerán de lo mejor que produce la
tierra;
[20]pero si insisten en ser rebeldes,
morirán sin remedio en la guerra."
El Señor mismo lo ha dicho.

### El Señor purificará a Jerusalén

[21]¡Cómo has llegado, ciudad fiel,
a ser igual que una prostituta![l]
Antes toda tu gente actuaba con
justicia
y vivía rectamente,
pero ahora no hay más que asesinos.
[22]Eras plata y te has convertido en
basura,
eras buen vino y te has vuelto agua.
[23]Tus gobernantes son rebeldes
y amigos de bandidos.
Todos se dejan comprar con dinero
y buscan que les hagan regalos.
No hacen justicia al huérfano
ni les importan los derechos de la
viuda.

[24]Por eso, el Señor todopoderoso,
el Poderoso de Israel, afirma:
"¡Basta! Yo ajustaré las cuentas a
mis enemigos.
Me vengaré de ellos.
[25]Voy a levantar de nuevo mi mano
contra ti
y a quemar por completo tu basura;
voy a limpiarte de toda tu impureza.
[26]Haré que vuelvas a tener jueces
como antes
y consejeros como los del principio.
Después que yo lo haya hecho,
volverán a llamarte
'Ciudad de justicia', 'Ciudad fiel'.[m]

[l] Sodoma: texto probable. Heb. extranjeros.    [2] Día de reposo: aquí equivale a sábado.·
[h] 1.9 Gn 19.1-29; Ro 9.29.    [i] 1.10 Jer 23.14.    [j] 1.11-14 Jer 6.20; Am 5.21-22.    [k] 1.17 Ex 22.21-22; Dt 24.17-21; 27.19.
[l] 1.21 Jer 3.6-10; Ez 16.15-36; 23.1-49.    [m] 1.26 Zac 8.3.

²⁷Con mi justicia y acción salvadora
libertaré a los habitantes de Sión que
se vuelvan a mí;
²⁸pero haré pedazos a los rebeldes y
pecadores,
y los que me abandonen morirán.
²⁹Se avergonzarán ustedes de esas
encinas y jardines
que tanto les gustan,
donde dan culto a los ídolos.
³⁰Ustedes serán como encina de hojas
marchitas,
y semejantes a un jardín sin agua.
³¹El hombre fuerte se convertirá en
paja,
y sus obras en chispa:
los dos arderán al mismo tiempo
y no habrá quien los apague."

## El Señor hará que reine la paz entre las naciones

*(Mi 4.1-3)*

2 ¹Estas son las profecías que Isaías,
hijo de Amoz, recibió por revelación
acerca de Judá y Jerusalén:

²En los últimos tiempos quedará
afirmado
el monte donde se halla el templo del
Señor.
Será el monte más alto,
más alto que cualquier otro monte.
Todas las naciones vendrán a él;
³pueblos numerosos llegarán,
diciendo:
"Vengan, subamos al monte del
Señor,
al templo del Dios de Jacob,
para que él nos enseñe sus caminos
y podamos andar por sus
senderos."ⁿ
Porque de Sión saldrá la enseñanza
del Señor,
de Jerusalén vendrá su palabra.
⁴El Señor juzgará entre las naciones
y decidirá los pleitos de pueblos
numerosos.
Ellos convertirán sus espadas en
arados
y sus lanzas en hoces.ñ
Ningún pueblo volverá a tomar las
armas contra otro
ni a recibir instrucción para la
guerra.
⁵¡Vamos, pueblo de Jacob,
caminemos a la luz del Señor!

## Castigo de los soberbios

⁶Señor, has abandonado a tu gente, al
pueblo de Jacob;
el país está lleno de adivinosº
venidos del oriente,
de magos como entre los filisteos,
y se hacen tratos con extranjeros.
⁷El país está lleno de oro y plata,
de tesoros inmensos;
el país está lleno de caballos
y de infinidad de carros.
⁸¡Pero también está lleno de ídolos!
La gente adora los dioses que ha
hecho con sus manos,
con sus propios dedos.
⁹Se han humillado, se han rebajado.
¡No los perdones!

¹⁰La gente se meterá entre las rocas,ᵖ
debajo del suelo;
se esconderá de la presencia terrible
del Señor,
del resplandor de su majestad.�q
¹¹Los orgullosos tendrán que bajar la
vista;
los altaneros se verán humillados.
Sólo el Señor mostrará su grandeza
en aquel día,
¹²el día en que el Señor todopoderoso
actúe
contra todo hombre orgulloso y
soberbio,
contra todo hombre altanero, para
humillarlo;
¹³contra todos los que se creen cedros
del Líbano,
altos y elevados,
o robles de Basán;
¹⁴contra todos los que se creen montes
altos
o cerros elevados,
¹⁵contra todos los que se creen torres
altas
o fuertes murallas,
¹⁶contra todos los que se creen naves
de Tarsis
o barcos preciosos.
¹⁷Los orgullosos y altaneros
serán humillados por completo.
Solamente el Señor mostrará su
grandeza en aquel día,
¹⁸y acabará con todos los ídolos.

¹⁹Cuando el Señor se levante y llene de
terror la tierra,
la gente se meterá en las cuevas de
las rocas,

---

ⁿ 2.3 Is 56.6-7; Zac 8.20-22.   ñ 2.4 Jl 3.10.   º 2.6 Lv 20.27; Dt 18.10-11.   ᵖ 2.10 Ap 6.15.   q 2.10 2 Ts 1.9.

en los hoyos del suelo;
se esconderá de la presencia terrible
del Señor,
del resplandor de su majestad.
²⁰En aquel día el hombre echará sus
ídolos
a las ratas y a los murciélagos,
esos ídolos de oro y de plata
que él mismo se hizo para adorarlos,
²¹y se meterá en los huecos de las
rocas,
en las cuevas de las peñas,
para esconderse de la presencia
terrible del Señor,
del resplandor de su majestad,
cuando él se levante y llene de terror
la tierra.
²²Dejen de confiar en el hombre,
que bien poco es lo que vale.
La vida del hombre no es más que
un suspiro.

### Castigo de Judá y Jerusalén

**3** ¹¡Fíjense bien! El Señor
todopoderoso
les quitará a Jerusalén y a Judá
toda clase de proveedores
y toda provisión de pan y de agua.
²Hará desaparecer al valiente, al
guerrero,
al juez, al profeta, al adivino, al
anciano,
³al capitán, al aristócrata,
al consejero, al mago y al brujo,
⁴y les pondrá por jefes a unos
muchachos,
unos chiquillos los gobernarán.
⁵La situación será tal en el pueblo,
que unos a otros, aun entre amigos,
se atacarán.
Los jóvenes la emprenderán contra
los viejos,
los despreciados contra la gente
importante.
⁶Tanto que un hermano tomará a
otro en la casa de su padre
y le dirá: "Tú al menos tienes ropa
que ponerte;
sé, pues, nuestro jefe; gobierna este
montón de ruinas."
⁷Y el otro le responderá:
"Yo no puedo remediar esos males,
en mi casa no tengo comida ni ropa
que ponerme.
No me hagan jefe del pueblo."
⁸Ciertamente Jerusalén se derrumba,
Judá se queda en ruinas,

porque allí se dicen y hacen cosas
contra el Señor,
cosas que ofenden su majestad.

⁹Su mismo descaro los acusa;
no ocultan sus pecados;
igual que Sodoma, los hacen saber a
todo el mundo.
¡Ay de ellos, pues preparan su
propio castigo!
¹⁰Dichoso³ el justo, porque le irá bien
y gozará del fruto de sus acciones.
¹¹¡Ay del malvado, pues le irá mal!
Dios le pagará según sus propias
acciones.

¹²Un chiquillo es el tirano de mi
pueblo;
el gobierno está en manos de
mujeres.
Tus dirigentes te engañan, pueblo
mío,
te llevan por camino equivocado.
¹³El Señor se ha preparado para
juzgar,
está listo para enjuiciar a su pueblo.⁴
¹⁴El Señor llamará a juicio,ʳ y dirá
a los ancianos y a los jefes del
pueblo:
"Ustedes han estado destruyendo mi
viñedo;ˢ
han robado a los pobres,
y lo que roban lo guardan en sus
casas.
¹⁵¿Con qué derecho oprimen a mi
pueblo
y pisotean la cara a los pobres?"
Lo afirma el Señor todopoderoso.

### Castigo a las mujeres de Jerusalén

¹⁶El Señor dice también:
"A las mujeres de Sión, que son
orgullosas,
que andan con la cabeza levantada,
mirando con insolencia,
caminando con pasitos cortos
y haciendo sonar los adornos de los
pies,
¹⁷en castigo las dejaré calvas por la
tiña
y pondré su desnudez al
descubierto."

¹⁸En aquel día,
el Señor hará desaparecer todos los
adornos:

---

³ *Dichoso:* texto probable. Heb. *digan.*   ⁴ *Su pueblo:* según dos versiones antiguas. Heb. *los pueblos.*
ʳ **3.13-14** Mi 6.2.   ˢ **3.14** Is 5.1-7.

los adornos de los pies, las
diademas, las lunetas,
19los pendientes, los brazaletes y los
velos,
20las bandas de la cabeza, las cadenitas
de los pies,
los cinturones, los frasquitos de
perfume y los amuletos,
21los anillos, los adornos de la nariz,
22los vestidos elegantes, los mantos,
los chales y los bolsos,
23los espejos, las telas finas,
los turbantes y las mantillas.
24En vez de perfume habrá pestilencia;
en vez de cinturón, una soga;
en vez de elegante peinado, la cabeza
calva;
en vez de finos vestidos, ropa áspera;
en vez de belleza, una marca con
hierro candente.
25Tus hombres caerán en la guerra,
tus guerreros morirán en la batalla.
26La ciudad llorará y se pondrá de
luto,
y quedará en completo abandono.ʳ

**4** 1En aquel día quedarán tan pocos
hombres
que siete mujeres pelearán por uno
de ellos,
y le dirán:
"Nosotras nos mantendremos por
nuestra cuenta
y nos vestiremos con nuestros
propios medios,
pero déjanos llevar tu nombre,
líbranos de nuestra vergüenza.''

### Promesa de felicidad para el futuro

2En aquel día,
el retoño que el Señor hará brotar
será el adorno y la gloria
de los que queden con vida en Israel;
las cosechas que produzca la tierra
serán su orgullo y su honor.
3A los que queden con vida en Sión,
a los que sobrevivan en Jerusalén
y reciban el privilegio de vivir allí,
se les llamará "consagrados al
Señor".
4Cuando el Señor dicte su sentencia
y ejecute su castigo,ˢ
limpiará a Jerusalén de la sangre de
sus crímenes
y lavará las manchas de los
habitantes de Sión.

5Sobre toda la extensión del monte
Sión
y sobre el pueblo reunido allí,
el Señor creará una nube oscura en el
día,
y en la noche resplandor y llamas de
fuego.
Por encima de todos estará la gloria
del Señor,
6para protegerlos y defenderlos;
les servirá de sombra contra el calor
del día
y de protección contra la lluvia y la
tempestad.ᵘ

### El viñedo, imagen de Judá

**5** 1Voy a entonar en nombre de mi
mejor amigo
el canto dedicado a su viñedo.ᵛ
Mi amigo tenía un viñedo
en un terreno muy fértil.
2Removió la tierra, la limpió de
piedras
y plantó cepas de la mejor calidad.
En medio del sembrado levantó una
torre
y preparó también un lugar donde
hacer el vino.
Mi amigo esperaba del viñedo uvas
dulces,
pero las uvas que éste dio fueron
agrias.
3Ahora, habitantes de Jerusalén,
gente de Judá,
digan ustedes quién tiene la culpa,
si mi viñedo o yo.
4¿Había algo más que hacerle a mi
viñedo?
¿Hay algo que yo no le haya hecho?
Yo esperaba que diera uvas dulces,
¿por qué, entonces, dio uvas agrias?
5Pues bien, les voy a decir
qué pienso hacer con mi viñedo:
voy a quitarle la cerca, para que lo
destruyan;
voy a agrietarle el muro, para que lo
pisoteen;
6voy a dejarlo abandonado.
No lo podarán ni lo desyerbarán,
y se llenará de espinos y maleza.
Voy a ordenar a las nubes
que no envíen su lluvia sobre él.
7El viñedo del Señor todopoderoso,
su sembrado preferido,
es el país de Israel,
el pueblo de Judá.

---

ˢ *Dicte su sentencia y ejecute su castigo:* otra posible traducción: *con soplo justiciero y soplo quemante.*
ʳ **3.26** Jer 14.2; Lm 1.4.   ᵘ **4.5-6** Ex 13.21; 24.16.   ᵛ **5.1-2** Mt 21.33; Mr 12.1; Lc 20.9.

El Señor esperaba de ellos respeto a
su ley,
y sólo encuentra asesinatos;
esperaba justicia,
y sólo escucha gritos de dolor.ʷ

## Amenazas contra los malvados

8 ¡Ay de ustedes, que compran casas y
más casas,
que consiguen campos y más
campos,
hasta no dejar lugar a nadie más,
y se instalan como si fueran los
únicos en el país!
9 El Señor todopoderoso me ha
jurado:
"Muchas casas serán destruidas;
y por grandes y hermosas que sean,
nadie las habitará.
10 Tres hectáreas plantadas de uvas
no rendirán más que un barrilito de
vino.
Diez costales de semilla
sólo rendirán uno de trigo."

11 ¡Ay de ustedes, que madrugan para
emborracharse,
y al calor del vino se quedan hasta la
noche! *
12 Todo es música de arpas, salterios,
tambores y flautas,
y mucho vino en sus banquetes;
pero no se fijan en lo que hace el
Señor,
no toman en cuenta sus obras.
13 Por eso, por no querer entender, mi
pueblo irá al destierro.
Todo el pueblo, con sus jefes,
morirá de hambre y de sed.
14 Como una fiera, el sepulcro abre su
boca sin medida,
para tragarse al pueblo y a sus jefes,
a esa gente que vive en juergas y
diversiones.
15 La gente quedará completamente
humillada;
los orgullosos tendrán que bajar los
ojos.
16 El Señor todopoderoso mostrará su
grandeza en el juicio;
el Dios Santo mostrará su santidad
haciendo justicia.
17 Las ciudades serán destruidas⁶
y en sus ruinas pastarán ovejas y
cabras.⁷

18 ¡Ay de ustedes, que con mentiras
arrastran la maldad,
que arrastran el pecado como quien
tira de un carro!
19 Ustedes que dicen: "Que Dios haga
pronto sus cosas,
para que las veamos;
que el Dios Santo de Israel cumpla
de prisa sus planes,
para que los conozcamos."
20 ¡Ay de ustedes, que llaman bueno a
lo malo,
y malo a lo bueno;
que convierten la luz en oscuridad,
y la oscuridad en luz;
que convierten lo amargo en dulce,
y lo dulce en amargo!

21 ¡Ay de ustedes, que se creen sabios
y se consideran inteligentes!
22 ¡Ay de ustedes, que son campeones
bebiendo vino,
y nadie les gana en preparar licores!
23 Ustedes, que por dinero declaran
inocente al culpable
y desconocen los derechos del
inocente.
24 Por eso, así como el fuego quema la
paja
y las llamas devoran las hojas secas,
así también perecerán ustedes,
como plantas que se pudren de raíz
y cuyas flores se deshacen como el
polvo.
Porque despreciaron las enseñanzas
y las órdenes
del Señor todopoderoso, el Dios
Santo de Israel.
25 Por eso el Señor se enojó contra su
pueblo
y levantó la mano para castigarlo.
Los montes se estremecieron,
los cadáveres quedaron tirados como
basura en las calles.
Y sin embargo la ira del Señor no se
ha calmado;
él sigue amenazando todavía.ˣ

26 El Señor levanta una bandera
y a silbidos llama a una nación
lejana;
de lo más lejano de la tierra la hace
venir.
Viene en seguida, llega con gran
rapidez;

---

⁶ *Las ciudades serán destruidas:* traducción probable. Heb. oscuro.     ⁷ *Cabras:* texto probable. Heb. *nómadas.* Otra
posible traducción del versículo: *carneros y cabritos engordados pastarán en las ruinas como en sus pastizales.*
ʷ 5.1-7 Jer 2.21; Os 10.1; Lc 13.6-9.     * 5.11 Sab 2.7-9.     ˣ 5.25 Is 9.12,17,21; 10.4.

²⁷no hay entre ellos nadie débil ni
cansado,
nadie que no esté bien despierto,
nadie que no tenga el cinturón bien
ajustado,
nadie que tenga rotas las correas de
sus sandalias.
²⁸Tienen las flechas bien agudas
y todos sus arcos bien tensos.
Los cascos de sus caballos son como
dura piedra,
y como un torbellino las ruedas de
sus carros;
²⁹su rugido es como el rugido de un
león,
que gruñe y agarra la presa,
y se la lleva sin que nadie se la pueda
quitar.
³⁰Esa nación, al llegar el día señalado,
rugirá, como el mar, contra Israel;
y si alguien observa la tierra,
la verá envuelta en tinieblas
y oscurecida la luz por los
nubarrones.

### Llamamiento de Isaías

**6** ¹El año en que murió el rey Uzías,ʸ vi
al Señor sentado en un trono muy
alto; el borde de su manto llenaba el templo. ²Unos seres como de fuego estaban
por encima de él. Cada uno tenía seis alas.
Con dos alas se cubrían la cara, con otras
dos se cubrían la parte inferior del cuerpo
y con las otras dos volaban. ³Y se decían
el uno al otro:

"Santo, santo, santo es el Señor
todopoderoso;ᶻ
toda la tierra está llena de su
gloria."

⁴Al resonar esta voz, las puertas del
templo temblaron, y el templo mismo se
llenó de humo.ᵃ ⁵Y pensé: "¡Ay de mí,
voy a morir!ᵇ He visto con mis ojos al
Rey, al Señor todopoderoso; yo, que soy
un hombre de labios impuros y vivo en
medio de un pueblo de labios impuros."
⁶En ese momento uno de aquellos
seres como de fuego voló hacia mí. Con
unas tenazas sostenía una brasa que había
tomado de encima del altar, ⁷y tocán-
dome con ella la boca, me dijo:

"Mira, esta brasa ha tocado tus
labios.

Tu maldad te ha sido quitada,
tus culpas te han sido perdonadas."

⁸Entonces oí la voz del Señor, que
decía:
"¿A quién voy a enviar?
¿Quién será nuestro mensajero?"

Yo respondí:
"Aquí estoy yo, envíame a mí."

⁹Y él me dijo:
"Anda y dile a este pueblo lo
siguiente:
'Por más que escuchen, no
entenderán;
por más que miren, no
comprenderán.'
¹⁰Entorpece la mente de este pueblo;
tápales los oídos y cúbreles los ojos
para que no puedan ver ni oír,
ni puedan entender,
para que no se vuelvan a mí
y yo no los sane."ᶜ

¹¹Yo le pregunté:
"¿Cuánto tiempo durará esto,
Señor?"

Y él me contestó:
"Hasta que las ciudades queden
destruidas
y sin ningún habitante;
hasta que las casas queden sin gente,
y los campos desiertos,
¹²y el Señor haga salir desterrada a la
gente,
y el país quede completamente vacío.
¹³Y si aún queda una décima parte del
pueblo,
también será destruida,
como cuando se corta un roble o una
encina
y sólo queda el tronco."
(Pero de ese tronco saldrá un retoño
sagrado.)ᵍ

### Primer mensaje de Isaías a Acaz

**7** ¹El rey de Siria, Rezín, y el rey de
Israel, Peka, hijo de Remalías, atacaron a Jerusalén y quisieron conquistarla,
pero no pudieron. Esto sucedió cuando
Acaz, hijo de Jotam y nieto de Uzías, era
rey de Judá.ᵈ ²En esa ocasión llevaron
esta noticia al rey Acaz y a su familia:
"Los sirios se han aliado con Efraín." El

---

ᵍ *Como cuando se corta . . . sagrado:* texto probable. Heb. oscuro.
ʸ 6.12 R 15.7; 2 Cr 26.23.    ᶻ 6.3 Ap 4.8.    ᵃ 6.4 Ap 15.8.    ᵇ 6.5 Ex 33.20.    ᶜ 6.9-10 Ez 12.2; Mt 13.14-15; Mr 4.12;
Lc 8.10; Jn 12.40; Hch 28.26-27.    ᵈ 7.1 2 R 16.5; 2 Cr 28.5-6.

rey y el pueblo empezaron a temblar como tiemblan los árboles del bosque cuando sopla el viento.

³Entonces el Señor dijo a Isaías: "Toma a tu hijo Sear-jasub⁹ y ve a encontrarte con el rey Acaz en el extremo del canal del estanque superior, en el camino que va al campo del Lavador de Paños, ⁴y dile:

'Ten cuidado, pero no te asustes;
no tengas miedo ni te acobardes
por esos dos tizones humeantes,
Rezín con sus sirios, y el hijo de
    Remalías,
que están ardiendo en furor.
⁵Los sirios, con el pueblo de Efraín y
    el hijo de Remalías,
han tramado hacerte mal.
Han dicho:
⁶Invadamos Judá y metámosle miedo;
apoderémonos de ella
y pongamos por rey al hijo de
    Tabeel.
⁷Pero el Señor dice:
¡Eso jamás sucederá!
⁸⁻⁹Damasco es la capital de Siria,
y Rezín es el rey de Damasco;
Samaria es la capital de Efraín,
y el hijo de Remalías es el rey de
    Samaria;
pero dentro de sesenta y cinco años
Efraín dejará de ser nación;
y si ustedes no tienen una fe firme,
tampoco quedarán firmemente en
    pie.' "

### Segundo mensaje: el nacimiento de Emanuel

¹⁰El Señor dijo también a Acaz: ¹¹"Pide al Señor tu Dios que haga un milagro que te sirva de señal, ya sea abajo en lo más profundo o arriba en lo más alto."

¹²Acaz contestó: "No, yo no voy a poner a prueba al Señor pidiéndole una señal."

¹³Entonces Isaías dijo:

"Escuchen ustedes, los de la casa
    real de David.
¿Les parece poco molestar a los
    hombres,
que quieren también molestar a mi
    Dios?
¹⁴Pues el Señor mismo les va a dar una
    señal:

La joven¹⁰ está encinta
y va a tener un hijo,
al que pondrá por nombre
    Emanuel.¹¹,ᵉ
¹⁵En los primeros años de vida del
    niño,
se comerá leche cuajada y miel.
¹⁶Pero antes de que el niño tenga uso
    de razón,
el país de los dos reyes que te causan
    miedo
quedará abandonado.

¹⁷"El Señor hará venir sobre ti,
sobre tu pueblo y la casa real,
días como no habían venido
desde que Efraín se separó de
    Judá."
(Esto se refiere al rey de Asiria.)

¹⁸En ese tiempo el Señor hará venir
    como moscas
a los que viven en los lejanos ríos de
    Egipto,
y hará venir como abejas
a los que viven en Asiria.
¹⁹Todos ellos vendrán a instalarse
en las cañadas profundas
y en las cuevas de las rocas,
en todos los matorrales espinosos
y en los sitios donde bebe el ganado.
²⁰En ese día el Señor usará al rey de
    Asiria
como navaja alquilada más allá del
    río Éufrates,
y les afeitará a los israelitas
la cabeza, la barba y la parte inferior
    del cuerpo.

²¹En ese tiempo, el que críe una vaca y dos ovejas ²²tendrá tanta leche que podrá comer leche cuajada. Y todos los que se salven de la destrucción en el país podrán comer leche cuajada y miel.

²³En ese tiempo, lo que antes era un viñedo con mil plantas y valía mil monedas de plata, quedará convertido en espinos y matorrales. ²⁴Sólo se podrá entrar allí con arco y flechas para cazar, porque todo el país quedará convertido en espinos y matorrales. ²⁵En las colinas que antes se cultivaban con azadón, habrá tantos espinos y matorrales que nadie irá a ellas. Sólo servirán como pastizal para los bueyes y las ovejas.

---

⁹ En hebreo, *Sear-jasub* significa *un pequeño resto volverá*. ¹⁰ Joven: según el texto hebreo. La versión griega traduce *virgen*. (Véase Mt 1.23.) ¹¹ En hebreo, *Emanuel* significa *Dios está con nosotros*. ᵉ 7.14 Mt 1.23.

## Nombre simbólico de un hijo de Isaías

**8** ¹El Señor me dijo: "Toma una tabla grande y escribe en ella, con letras comunes y corrientes: 'Maher-salal-has-baz.'[12] ²Toma luego como testigos de confianza al sacerdote Urías[f] y a Zacarías, el hijo de Jeberequías."

³Más tarde me uní a la profetisa, mi esposa, y ella quedó encinta y tuvo un niño. Entonces el Señor me dijo: "Ponle por nombre Maher-salal-hasbaz. ⁴Porque antes de que el niño sepa decir 'papá' y 'mamá', Damasco y Samaria serán saqueadas, y sus riquezas serán llevadas al rey de Asiria." ⁵Y de nuevo me dijo el Señor:

⁶"Ya que por miedo a[13] Rezín y al
  hijo de Remalías[g]
desprecia esta gente el agua de Siloé,
  que corre mansamente,
⁷el Señor los va a inundar
con la violenta corriente del río
  Éufrates
(es decir, el rey de Asiria con todo su
  poder).
Se desbordará por todos sus canales,
  se saldrá por todas las orillas,
⁸pasará hasta Judá y la cubrirá, la
  inundará,
le llegará hasta el cuello.
Será como un ave con las alas
  extendidas,
que cubrirá, Emanuel, toda tu
  tierra."

⁹Reúnanse,[14] naciones, y llénense de
  espanto;
escuchen esto, todos los países
  lejanos:
por más que tomen las armas,
  quedarán espantados;
sí, por más que tomen las armas,
  quedarán espantados.
¹⁰Hagan planes, que serán
  desbaratados;
propongan lo que quieran, que no se
  realizará,
porque Dios está con nosotros.

## Al Señor es a quien hay que temer

¹¹El Señor me tomó fuertemente con su mano y me advirtió que no siguiera el camino de esta gente. Me dijo: ¹²"No llamen ustedes conspiración a todo lo que este pueblo llama conspiración. No se asusten ni tengan miedo por todo lo que a ellos les da miedo. ¹³Al Señor todopoderoso es a quien hay que tener por santo;[h] a él es a quien hay que temer; hay que tener miedo en su presencia. ¹⁴Él será para ustedes como una trampa;[15] será la piedra con la que tropezarán, la cual hará caer a los dos reinos de Israel; será como una trampa en la que caerán los habitantes de Jerusalén. ¹⁵Muchos tropezarán, caerán[i] y morirán; muchos caerán en la trampa, y quedarán atrapados."

## Advertencias de Isaías a sus discípulos

¹⁶Guarden bien este mensaje;
  mantengan ocultas estas
  instrucciones, estas enseñanzas
  mías.
¹⁷Aunque el Señor se oculta del pueblo
  de Jacob,
yo confío en él.[j]
En él he puesto mi esperanza.
¹⁸Yo y los hijos que me dio el Señor[k]
somos señales milagrosas para Israel,
  puestas por el Señor todopoderoso
que vive en el monte Sión.
¹⁹Sin duda la gente les dirá a ustedes:
"Consulten a los espíritus de los
  muertos
y a esos adivinos que cuchichean y
  susurran.
¿Acaso no debe un pueblo consultar
  a sus dioses,
y pedir consejo a los muertos acerca
  de los vivos
²⁰para recibir una instrucción o un
  mensaje?"
Sin duda que hablarán así,
pero lo que dicen es una tontería.[16]

²¹La gente irá de una parte a otra,
  oprimida y con hambre,
y por el hambre se pondrán furiosos.
Maldecirán a su rey y a sus dioses.
Volverán la cara hacia arriba
²²y después mirarán al suelo,
y no encontrarán más que miseria y
  oscuridad,
tinieblas y angustia.

---

[12] En hebreo, *Maher-salal-hasbaz* significa *muy pronto habrá saqueo y destrucción.* [13] *Por miedo a:* texto probable. Heb. *alegría con.* [14] *Reúnanse:* traducción probable. Otra posible traducción según la versión griega: *Sepan.* Heb. *Sean malas.* [15] *Trampa:* según una versión antigua. Heb. *lugar sagrado.* [16] *Pero lo que . . . tontería:* texto probable. Heb. *para lo cual no hay amanecer.*

[f] 8.2 2 R 16.10-16. [g] 8.6 Is 7.1. [h] 8.12-13 1 P 3.14- 15. [i] 8.14-15 1 P 2.8. [j] 8.17 He 2.13. [k] 8.18 He 2.13.

Todo lo cubrirá la noche.
'Y el oprimido no podrá escapar.[17]

## Nacimiento y reinado del Príncipe de la paz

**9** ¹Al principio Dios humilló a Galilea, tierra de Zabulón y de Neftalí, región vecina a los paganos,[m] que se extiende desde el otro lado del Jordán hasta la orilla del mar; pero después le concedió mucho honor.

²El pueblo que andaba en la
  oscuridad
vio una gran luz;
una luz ha brillado
para los que vivían en tinieblas.[n]
³Señor, has traído una gran alegría;
muy grande es el gozo.[18]
Todos se alegran delante de ti como
  en tiempo de cosecha,
como se alegran los que se reparten
  grandes riquezas.
⁴Porque tú has deshecho
la esclavitud que oprimía al pueblo,
la opresión que lo afligía,
la tiranía a que estaba sometido.
Fue como cuando destruiste a
  Madián.[ñ]
⁵Las botas que hacían resonar los
  soldados
y los vestidos manchados de sangre
serán quemados, destruidos por el
  fuego.
⁶Porque nos ha nacido un niño,
Dios nos ha dado un hijo,
al cual se le ha concedido el poder de
  gobernar.
Y le darán estos nombres:
Admirable en sus planes, Dios
  invencible,
Padre eterno, Príncipe de la paz.
⁷Se sentará en el trono de David;
extenderá su poder real a todas
  partes
y la paz no se acabará;
su reinado quedará bien establecido,
y sus bases serán la justicia y el
  derecho
desde ahora y para siempre.[o]
Esto lo hará el ardiente amor del
  Señor todopoderoso.

## Ira del Señor contra el reino de Israel

⁸El Señor ha enviado un mensaje a
  Israel,
al pueblo de Jacob;
⁹todo el pueblo de Efraín, que vive en
  Samaria,
lo ha entendido.
Ellos dicen con orgullo y altanería:
¹⁰"Se han caído los ladrillos,
pero vamos a construir con piedra.
Han cortado las vigas de sicómoro,
pero las vamos a cambiar por
  madera de cedro.''
¹¹El Señor ha hecho venir terribles
  enemigos;[19]
él mismo les ha ordenado atacar.
¹²Por el oriente los sirios,
por el occidente los filisteos.
De un bocado se tragaron a Israel.
Y sin embargo la ira del Señor no se
  ha calmado;
él sigue amenazando todavía.

¹³Pero el pueblo no se volvió a Dios,
  que lo castigaba;
no buscó al Señor todopoderoso.
¹⁴Entonces el Señor trató al reino de
  Israel
como quien corta a un animal la cola
  y la cabeza,
como quien derriba palmeras y
  juncos por igual.
¡Todo esto en un solo día!
¹⁵(La cabeza representa a los ancianos
  y los jefes,
la cola a los profetas que enseñan
  mentiras.)
¹⁶Los jefes han extraviado a este
  pueblo,
y los que buscaban un guía se
  perdieron.
¹⁷Por eso el Señor no tuvo
  compasión[20] de los jóvenes,
ni misericordia de los huérfanos y las
  viudas.
Porque el pueblo entero es impío y
  perverso
y todos dicen disparates.
Y sin embargo la ira del Señor no se
  ha calmado;
él sigue amenazando todavía.

¹⁸La maldad hace estragos

---

[17] Y el oprimido no podrá escapar: otra posible traducción: *Mas ya no habrá tinieblas para el que sufre angustia.* [18] *Has traído . . . gozo:* texto probable. Heb. *has hecho crecer la nación, pero no has aumentado la alegría.* [19] *Terribles enemigos:* texto probable. Heb. *los enemigos de Rezín.* [20] *El Señor no tuvo compasión:* según un manuscrito antiguo. Heb. *el Señor no se regocijó.*
[l] Los vs. 9.1-21 corresponden a los vs. 8.23-9.20 en el texto hebreo. [m] 9.1 Mt 4.15. [n] 9.2 Mt 4.16; Lc 1.79. [ñ] 9.4 Jue 7.15-25. [o] 9.7 Lc 1.32-33.

como un incendio que devora
espinos y matorrales
y quema luego los árboles del
bosque,
y los lanza por los aires entre
torbellinos de humo.
¹⁹⁻²⁰Por la ira del Señor todopoderoso
el país está incendiado,
el fuego destruye al pueblo;
se comen la carne de sus propios
hijos
y no tienen compasión de sus
hermanos.
Aquí hay uno que engulle y queda
con hambre,
allá hay otro que come y no se siente
satisfecho.
²¹Manasés destruye a Efraín, Efraín a
Manasés,
y ambos se lanzan contra Judá.
Y sin embargo la ira del Señor no se
ha calmado;
él sigue amenazando todavía.

**10** ¹¡Ay de ustedes, que dictan leyes
injustas
y publican decretos intolerables,
²que no hacen justicia a los débiles
ni reconocen los derechos de los
pobres de mi pueblo,
que explotan a las viudas
y roban a los huérfanos!
³¿Qué harán ustedes cuando tengan
que rendir cuentas,
cuando vean venir de lejos el
castigo?
¿A quién acudirán pidiendo ayuda?
¿En dónde dejarán sus riquezas?
⁴Si no son humillados y llevados
presos,
caerán con los que mueran
asesinados.
Y sin embargo la ira del Señor no se
ha calmado;
él sigue amenazando todavía.ᵖ

### Dios se vale de Asiria para el castigo

⁵"¡El rey de Asiria!�q
Él es el palo con que yo en mi ira
castigo,
la vara que uso²¹ cuando me enojo.
⁶Lo mando a atacar a un pueblo
impío,
a una nación que me ofende,
para que la robe y le quite sus
riquezas,

para que la pisotee como al barro de
las calles.
⁷Pero el rey de Asiria no piensa así,
ni es eso lo que él se propone.
No piensa más que en destruir
y en acabar con muchas naciones.
⁸Dice: 'Todos los reyes son jefes a mis
órdenes.
⁹Para mí son iguales las ciudades de
Calno y de Carquemis,
Hamat igual que Arfad,
Samaria lo mismo que Damasco.
¹⁰Me he encontrado naciones con
muchos dioses,
con más ídolos que los de Jerusalén
y Samaria.
¹¹Pues bien, lo que hice con Samaria y
sus dioses,
¿no seré capaz de hacerlo con
Jerusalén y sus ídolos?' "

¹²Cuando el Señor haya hecho todo lo
que tiene que hacer
en el monte Sión y en Jerusalén,
castigará al rey de Asiriaʳ
por esta obra de su orgullo,
y por su altanería y arrogancia.

¹³El rey de Asiria ha dicho:
"Yo lo he hecho con mi propia
fuerza;
yo soy inteligente, y he hecho los
planes.
Yo he cambiado las fronteras de las
naciones,
me he apoderado de sus riquezas,
y, como un valiente, he derribado a
los reyes.
¹⁴He puesto mi mano en las riquezas
de los pueblos,
me he apoderado de toda la tierra
como quien toma de un nido unos
huevos abandonados,
y no hubo nadie que moviera las
alas,
nadie que abriera el pico y chillara."

¹⁵Pero, ¿acaso puede el hacha
creerse más importante que el que la
maneja?,
¿la sierra más que el que la mueve?
¡Como si el bastón, que no es más
que un palo,
fuera el que moviera al hombre que
lo lleva!

¹⁶Por eso, el Señor todopoderoso

---

²¹ *Que uso:* texto probable. Heb. *que ellos usan.*
ᵖ 10.4 Is 5.25; 9.12,17,21.   q 10.5-34 Is 14.24-27; Nah 1.1-3.19; Sof 2.13-15.   ʳ 10.12-27 2 R 19.20-32.

va a dejar sin fuerzas a esos que son
tan robustos,
y hará que les arda el cuerpo con el
fuego de la fiebre.

[17] El Dios Santo, luz de Israel,
se convertirá en llama de fuego,
y en un día quemará y destruirá
todos los espinos y matorrales que
hay en el país.

[18] Destruirá completamente
la belleza de sus bosques y sus
huertos.
Los dejará como un enfermo que ya
no tiene fuerzas.

[19] Y serán tan pocos los árboles que
queden en el bosque,
que hasta un niño los podrá contar.

[20] En ese tiempo
los pocos que hayan quedado de
Israel,
aquellos del pueblo de Jacob que se
hayan salvado,
no volverán a apoyarse en el que los
destruyó
sino que se apoyarán firmemente
en el Señor, el Dios Santo de Israel.

[21] Unos cuantos del pueblo de Jacob
se volverán hacia el Dios invencible.

[22] Aunque tu pueblo, Israel, sea tan
numeroso
como los granos de arena del mar,
sólo unos cuantos volverán.
La destrucción está decidida
y se hará justicia por completo.

[23] Porque el Señor todopoderoso
ha decidido la destrucción
y la va a llevar a cabo en todo el
país.

[24] El Señor todopoderoso dice así:
"Pueblo mío, que vives en Sión,
no tengas miedo a los asirios,
aunque te golpeen con su vara
y levanten su bastón contra ti
como hicieron los egipcios.[s]

[25] Porque dentro de muy poco tiempo
va a llevarse a cabo el castigo,
y mi ira los destruirá.

[26] El Señor todopoderoso los castigará
como cuando derrotó a Madián
en la roca de Oreb,
y mostrará su poder contra Asiria[22]
como cuando lo mostró contra
Egipto.

[27] En ese día se te quitará

la carga que han puesto sobre tus
espaldas,
y será quebrado el yugo que te han
puesto en la nuca."

## El avance de los asirios

El invasor viene por Rimón,[23]
[28] llega a Ajat,
pasa por Migrón,
deja la carga en Micmas,
[29] cruza el paso del torrente,
acampa en Geba;
Ramá se llena de terror,
Gabaa de Saúl sale huyendo.
[30] ¡Da gritos, Bat-galim!
¡Óyelos, Laisa!
¡Responde,[24] Anatot!
[31] Madmena sale huyendo,
los habitantes de Gebim se esconden.
[32] Hoy mismo se detiene el invasor en
Nob;
da la señal de atacar el monte Sión,
la colina de Jerusalén.
[33] Miren, el Señor todopoderoso
derriba los árboles con fuerza
terrible;
los más altos caen cortados,
los más elevados se vienen al suelo.
[34] Con un hacha derriba lo más espeso
del bosque,
y los árboles más bellos del Líbano
se derrumban.

## El descendiente de Isaí trae un reinado de paz y justicia

**11** [1] De ese tronco que es Isaí, sale un
retoño;[t]
un retoño brota de sus raíces.[u]
[2] El espíritu del Señor estará
continuamente sobre él,
y le dará sabiduría, inteligencia,
prudencia, fuerza,
conocimiento y temor del Señor.
[3] El no juzgará por la sola
apariencia,[25]
ni dará su sentencia fundándose en
rumores.
[4] Juzgará con justicia a los débiles
y defenderá los derechos de los
pobres del país.
Sus palabras serán como una vara
para castigar al violento,[26]
y con el soplo de su boca hará morir
al malvado.[v]

---

[22] *Asiria:* lit. *el mar*, es decir, el río Éufrates, río de Asiria, al que aquí se alude así por lo caudaloso.   [23] *El invasor viene por Rimón:* texto probable. Heb. *el yugo será quebrado por el aceite.*   [24] *Responde:* según una versión antigua. Heb. *desgracia.*   [25] El texto hebreo añade al comienzo: *Y se deleitará en el temor del Señor.*   [26] *Violento:* texto probable. Heb. *la tierra.*
[s] 10.22-24 Gn 22.17; Ro 9.27.   [t] 11.11 S 16.1-20.   [u] 11.1 Ap 5.5; 22.16.   [v] 11.4 2 Ts 2.8.

⁵Siempre irá revestido de justicia y
  verdad.ʷ
⁶Entonces el lobo y el cordero vivirán
  en paz,
 el tigre y el cabrito descansarán
  juntos,
 el becerro y el león crecerán²⁷ uno al
  lado del otro,
 y se dejarán guiar por un niño
  pequeño.
⁷La vaca y la osa serán amigas,
 y sus crías descansarán juntas.
 El león comerá pasto, como el buey.
⁸El niño podrá jugar en el hoyo de la
  cobra,
 podrá meter la mano en el nido de la
  víbora.
⁹En todo mi monte santo
 no habrá quien haga ningún daño,ˣ
 porque así como el agua llena el
  mar,
 así el conocimiento del Señor llenará
  todo el país.ʸ
¹⁰En ese tiempo
 el retoño de esta raíz que es Isaíᶻ
 se levantará como una señal para los
  pueblos;
 las naciones irán en su busca,
 y el sitio en que esté será glorioso.

## Regreso triunfal de los desterrados

¹¹En ese tiempo mostrará otra vez el
  Señor su poder
 reconquistando el resto de su pueblo,
 haciéndolo volver de Asiria y de
  Egipto,
 de Patros, de Etiopía, de Elam,
 de Sinar, de Hamat y de los países
  del mar.
¹²Levantará una señal para las
  naciones
 y reunirá a los israelitas que estaban
  desterrados;
 juntará desde los cuatro puntos
  cardinales
 a la gente de Judá que estaba
  dispersa.
¹³La envidia de Efraín terminará,
 y el rencor de Judá se calmará;
 Efraín no tendrá envidia de Judá,
 y Judá no sentirá rencor contra
  Efraín.
¹⁴Los dos se lanzarán hacia el
  occidente contra los filisteos
 y les caerán por la espalda;

juntos les quitarán las riquezas a las
  tribus de oriente.
 Su poder llegará hasta Edom y
  Moab,
 y dominarán a los amonitas.
¹⁵El Señor les abrirá un camino por el
  Mar Rojo,
 extenderá su brazo sobre el río
  Éufrates,
 hará soplar un viento terrible
 que lo dividirá en siete brazos,
 y podrán cruzarlos sin quitarse las
  sandalias.ᵃ
¹⁶Cuando ese resto del pueblo del
  Señor vuelva de Asiria,
 encontrará un amplio camino,
 como Israel cuando salió de Egipto.ᵇ

## Canto de acción de gracias

**12** ¹En ese tiempo dirás:
 "Te doy gracias, Señor,
 porque aunque estuviste enojado
  conmigo,
 tu ira ya pasó
 y me has devuelto la paz.
²Dios es quien me salva;
 tengo confianza, no temo.
 El Señor es mi refugio y mi fuerza,
 él es mi salvador."ᶜ
³También ustedes podrán ir a beber
  con alegría
 en esa fuente de salvación,
⁴y entonces dirán:
 "Den gracias e invoquen al Señor,
 cuenten a las naciones las cosas que
  ha hecho,
 recuérdenles que él está por encima
  de todo.
⁵Canten al Señor, porque ha hecho
  algo grandioso
 que debe conocerse en toda la
  tierra.ᵈ
⁶Den gritos de alegría, habitantes de
  Sión,
 porque el Dios Santo de Israel está
  en medio de ustedes
 con toda su grandeza."

## Profecía contra Babilonia

**13** ¹Palabras proféticas contra Babilonia,ᵉ las cuales recibió por revelación Isaías, hijo de Amoz:

²"¡Alcen en un monte pelado la señal
  de combate!

---

²⁷ *Crecerán*: texto probable. Heb. *ternero cebado.*
ʷ **11.5** Ef 6.14.   ˣ **11.6-9** Is 65.25.   ʸ **11.9** Hab 2.14.   ᶻ **11.10** Ro 15.12.   ᵃ **11.15** Ap 16.12.   ᵇ **11.15-16** Ex 14.21-22.   ᶜ **12.2** Ex 15.2;
Sal 118.14.   ᵈ **12.4-5** Sal 105.1-2.   ᵉ **13.1-14.23** Is 47.1-15; Jer 50.1-51.64.

¡Den la orden de ataque a los
   soldados!
¡Levanten la mano para que avancen
   por las puertas de los nobles!
[3]Ya he llamado a mis valientes,
he dado órdenes a mis guerreros
   consagrados,
a los que se alegran por mi triunfo,
para que ejecuten mi castigo."

[4]Se oye un griterío en los montes,
   como de mucha gente.
Se oye el rugir de las naciones,
   de los pueblos que se han reunido.
El Señor todopoderoso pasa revista
a sus tropas dispuestas para la
   batalla.
[5]Vienen de un país lejano,
   de más allá del horizonte.
Es el Señor con los instrumentos de
   su ira,
que viene a destruir toda la tierra.
[6]Den alaridos, porque el día del Señor
   está cerca,
llega como un golpe del
   Todopoderoso.[f]
[7]Entonces todo el mundo dejará caer
   los brazos,
todos perderán el valor
[8]y quedarán aterrados.
Les vendrá una angustia y un dolor
   tan grandes
que se retorcerán como mujer de
   parto.
Unos a otros se mirarán asombrados
y les arderá la cara de vergüenza.

[9]Ya llega el día del Señor,
día terrible, de ira y furor ardiente,
que convertirá la tierra en desierto
y acabará con los pecadores que hay
   en ella.
[10]Las estrellas y constelaciones del
   cielo
dejarán de dar su luz;
el sol se oscurecerá apenas salga,
y la luna no brillará.[g]

[11]El Señor dice:
"Voy a castigar al mundo por su
   maldad,
a los malvados por sus crímenes.
Voy a terminar con la altanería de
   los orgullosos,
voy a humillar a los soberbios e
   insolentes.

[12]Voy a hacer que los hombres sean
   más escasos que el oro fino de Ofir.
[13]Entonces el cielo se estremecerá
y la tierra se moverá de su sitio
por la ira que tendré en ese día,
por mi ardiente furor.

[14]"La gente parecerá gacela
   perseguida,
o un rebaño cuando se dispersa
y no hay nadie que lo junte.
Cada uno se volverá a su propio
   país,
huirá a su propia tierra.[h]
[15]Todo el que se deje encontrar será
   apuñalado,
todo el que se deje agarrar caerá
   asesinado.
[16]Ante sus propios ojos
estrellarán contra el suelo a sus hijos
   pequeños;
sus casas serán saqueadas
y violadas sus esposas.
[17]Voy a incitar contra ellos al pueblo
   de los medos,
gente que no se preocupa por la
   plata
y a la que el oro no le llama la
   atención.
[18]Con sus flechas derribarán a los
   jóvenes.
No tienen compasión de los recién
   nacidos, ni sienten lástima por los
   niños.
[19]Y Babilonia, la perla de las naciones,
joya y orgullo de los caldeos,
quedará como Sodoma y Gomorra,
cuando yo las destruí.[i]
[20]Nunca más volverá a ser habitada,[j]
nadie volverá a vivir jamás en ella.
Los árabes no volverán a acampar
   allí,
ni los pastores harán que allí
   descansen sus rebaños.
[21]Allí habitarán los gatos monteses,
las lechuzas llenarán las casas,
los avestruces vivirán en ella,
y también retozarán los chivos.[k]
[22]Los chacales aullarán en los
   castillos,[28]
y en los lujosos palacios habrá lobos.
Ya se le acerca su hora a Babilonia;
no le quedan muchos días."

## Regreso del destierro

**14** [1]Sí, el Señor tendrá misericordia de
Jacob. De nuevo tendrá a Israel

---

[28] *Los castillos:* texto probable. Heb. *las viudas de él.*
[f] **13.6** Ez 30.2-3; Jl 1.15; Sof 1.14-18; Mal 3.2; Ap 6.17.   [g] **13.10** Ez 32.7; Mt 24.29; Mr 13.24-25; Lc 21.25; Ap 6.12-13; 8.12.
[h] **13.14** Jer 50.16.   [i] **13.19** Gn 19.24.   [j] **13.20-22** Jer 50.39-40.   [k] **13.21** Ap 18.2.

como su elegido, y hará que los israelitas vuelvan a establecerse en su tierra. Los extranjeros se acercarán a ellos, se unirán al pueblo de Jacob. ²Muchas naciones recibirán a los israelitas y los acompañarán hasta su patria, y los israelitas los tomarán como esclavos en la tierra del Señor. Los israelitas llevarán presos a quienes antes los habían puesto presos, y dominarán a quienes antes los oprimieron.

### Burla al rey de Babilonia

³Pueblo de Israel, cuando el Señor te haga descansar de tus sufrimientos, de tus penas y de la cruel esclavitud a que fuiste sometido, ⁴recitarás este poema para burlarte del rey de Babilonia:

"¡Miren en qué vino a parar el
    tirano!
¡Miren en qué vino a parar su
    arrogancia!²⁹
⁵El Señor ha roto el poder del
    malvado,
ha hecho pedazos la vara del tirano
⁶que castigaba a las naciones con ira
y las golpeaba sin parar,
que aplastaba a los pueblos con
    furor
y los perseguía sin compasión.
⁷Toda la tierra está en paz y
    tranquila,
y grita de alegría.
⁸Hasta los pinos y los cedros del
    Líbano
se alegran de tu ruina
y dicen: 'Desde que tú caíste,
nadie ha vuelto a cortarnos.'
⁹Abajo, entre los muertos, hay gran
    agitación
y salen a recibirte.
Las sombras de los muertos se
    despiertan,
todos los jefes de la tierra salen a tu
    encuentro;
todos los reyes de los pueblos
se levantan de sus tronos.
¹⁰Todos ellos toman la palabra
y te dicen:
'Tú también has perdido tu fuerza,
has llegado a ser como nosotros.
¹¹Aquí vinieron a parar tu orgullo
y tu música de cítaras.
Tu cama es podredumbre,
tus mantas son gusanos.'

¹²"¡Cómo caíste del cielo,ˡ
lucero del amanecer!
Fuiste derribado por el suelo,
tú que vencías a las naciones.
¹³Pensabas para tus adentros:
'Voy a subir hasta el cielo;
voy a poner mi trono
sobre las estrellas de Dios;
voy a sentarme allá lejos en el norte,
en el monte donde los dioses se
    reúnen.
¹⁴Subiré más allá de las nubes más
    altas;
seré como el Altísimo.'
¹⁵¡Pero en realidad has bajado al reino
    de la muerte,
a lo más hondo del abismo!ᵐ
¹⁶Los que te ven se quedan mirándote,
y fijando su atención en ti, dicen:
'¿Este es el hombre que hacía
    temblar la tierra,
que destruía las naciones,
¹⁷que dejó el mundo hecho un
    desierto,
que arrasaba las ciudades
y no dejaba libres a los presos?'
¹⁸Todos los reyes de las naciones
    descansan con honor,
cada uno en su tumba;
¹⁹a ti, en cambio, te arrojan lejos del
    sepulcro
como basura³⁰ repugnante,
como cadáver pisoteado,
entre gente asesinada, degollada,
arrojada al abismo lleno de piedras.
²⁰No te enterrarán como a los otros
    reyes,
porque arruinaste a tu país
y asesinaste a la gente de tu pueblo.
La descendencia de los malhechores
no durará para siempre.
²¹Prepárense para matar a los hijos
por los crímenes que sus padres
    cometieron,
para que no piensen más en dominar
    la tierra
ni en llenar el mundo de ciudades."

²²El Señor todopoderoso afirma:
"Voy a entrar en acción contra ellos,
voy a acabar con el nombre de
    Babilonia
y con lo que quede de ella,
con sus hijos y sus nietos.
²³La convertiré en un pantano,
en región plagada de lechuzas.

---

²⁹ *Su arrogancia:* otra posible traducción: *su violencia:* según un manuscrito antiguo y varias versiones antiguas. Heb., tomado del arameo, *la que exige oro.*   ³⁰ *Basura:* texto probable. Heb. *retoño.*
ˡ 14.12 Ap 8.10; 9.1.   ᵐ 14.13-15 Mt 11.23; Lc 10.15.

La barreré con la escoba de la
destrucción.''
Es el Señor todopoderoso quien lo
afirma.

## Asiria será destruida

[24]El Señor todopoderoso ha jurado:
''Sin duda alguna, lo que yo he
decidido, se hará;
lo que yo he resuelto, se cumplirá.
[25]Destruiré al pueblo asirio[n] en mi
país,
lo aplastaré en mis montañas.
Su yugo dejará de oprimir a mi
pueblo,
su tiranía no pesará más sobre sus
hombros.
[26]Esta es mi decisión en cuanto a toda
la tierra.
Mi mano amenaza a todas las
naciones.''
[27]El Señor todopoderoso lo ha
decidido,
y nadie podrá oponérsele.
Su mano está amenazando,
y nadie lo hará cambiar de parecer.

## Profecía contra los filisteos

[28]El año en que murió el rey Acaz,[ñ]
Isaías pronunció esta profecía:

[29]No te alegres, nación filistea,[o]
de que haya sido quebrada la vara
con que te castigaban,
pues de donde salió una serpiente
saldrá una víbora,
más aún, saldrá un dragón volador.
[30]Los pobres tendrán en mis campos
pasto para sus rebaños,[31]
y la gente sin recursos descansará
tranquila.
Yo, en cambio, haré que tu gente
muera de hambre,
y mataré a los pocos que te queden.
[31]¡Laméntense, ciudades filisteas,
griten de dolor, tiemblen de espanto!
Porque del norte viene un ejército
como una nube de humo;
ni un solo hombre se sale de las filas.
[32]¿Qué se puede responder a los
enviados de ese país?
Que el Señor ha dado firmeza a
Sión,

y los afligidos de su pueblo se
refugiarán allí.

## Profecía contra Moab

**15** [1]Profecía contra Moab:[p]
En la noche en que Ar fue
destruida,
ocurrió la ruina de Moab;
en la noche en que Kir fue destruida,
ocurrió la ruina de Moab.
[2]La gente de Dibón sube a llorar
al templo situado en la colina.
Moab se lamenta de la destrucción
de Nebo y de Medeba.
Todos tienen la cabeza rapada,
la barba cortada.
[3]Por las calles va la gente con ropas
ásperas;
en las terrazas gritan de dolor.[32]
En las plazas todo el mundo se
lamenta
y se deshace en lágrimas.
[4]Hesbón y Eleale piden socorro;
hasta en Jahaza se oyen sus gritos.
Por eso se acobardan los guerreros
de Moab
y se llenan de terror.
[5]Mi corazón pide socorro para Moab;
su gente sale huyendo hasta Zoar,
hasta Eglat-selisiya.
Por la cuesta de Luhit suben
llorando;
por el camino de Horonaim
lanzan gritos de dolor ante el
desastre.
[6]Los pozos de Nimrim han quedado
secos,
la hierba está marchita, muerta la
vegetación,
no queda ni una hoja verde.
[7]Por eso la gente recoge sus riquezas
y las lleva más allá del arroyo de los
Álamos.
[8]El grito de socorro da la vuelta
por las fronteras de Moab;
los lamentos llegan hasta Eglaim
y hasta Beer-elim.
[9]Aunque los pozos de Dimón están
llenos de sangre,
aún le enviaré mayores males;
un león devorará a los que se salven
de Moab,
a los que queden con vida en la
tierra.

---

[31] Los pobres . . . rebaños: según un manuscrito antiguo y la versión latina. Heb. lit. Los primogénitos de los pobres apacentarán (o serán apacentados). [32] Gritan de dolor: texto probable. (Véase Jer 48.38.) En el texto hebreo no aparece esta frase.
n 14.24-27 Is 10.5-34; Nah 1.1-3.19; Sof 2.13-15.   ñ 14.28 2 R 16.20; 2 Cr 28.27.   o 14.29-31 Jer 47.1-7; Ez 25.15-17; Jl 3.4-8;
Am 1.6-8; Sof 2.4-7; Zac 9.5-7.   p 15.1-16.14 Is 25.10-12; Jer 48; Ez 25.8-11; Am 2.1-3; Sof 2.8-11.

## La gente de Moab se refugia en Judá

**16** ¹Desde Sela en el desierto,
los jefes del país envían
corderos[33]
hasta el monte Sión.
²Los habitantes de Moab en el paso
del Arnón
son como pájaros espantados
que huyen de su nido.
³Dicen a Sión:
"Haz planes para protegernos,
toma tú nuestra defensa.
Extiende tu sombra en pleno
mediodía,
como si fuera de noche;
ofrece asilo a los desterrados,
no traiciones a los fugitivos.
⁴Deja que se refugien en ti
los fugitivos de Moab.
Sírveles de asilo
frente al destructor."

Cuando termine la opresión
y la destrucción haya pasado,
cuando el invasor se vaya del país,
⁵un descendiente de David alcanzará
el reinado,
reinado estable fundado en la
bondad.
Será un juez honrado,
que establecerá el derecho
y hará llegar pronto la justicia.

⁶Conocemos el orgullo enorme de
Moab,
su arrogancia, su altivez, su soberbia
y su inútil charlatanería.
⁷Por eso todos los habitantes de
Moab
llorarán por su nación;
afligidos en extremo, se dolerán
por los hombres[34] de Kir-hareset.
⁸Los viñedos de Hesbón y de Sibma
han quedado marchitos,
destrozados por los señores de las
naciones.
Sus ramas llegaban hasta Jazer,
se extendían por el desierto
y alcanzaban hasta más allá del mar.
⁹Por eso lloro por los viñedos de
Sibma,
lo mismo que por Jazer,
y derramo lágrimas por Hesbón y
Eleale,
porque sobre sus frutos y cosechas

resonó el grito de guerra.
¹⁰La alegría y el bullicio se acabarán
en los campos;
no habrá más gritos de alegría
ni cantos en los viñedos,
ni exprimirán más las uvas para
sacar vino.
Los gritos se acabaron.
¹¹Mi corazón se estremece como un
arpa
por Moab y por Kir-hareset.
¹²Por más que Moab vaya a las colinas
y ruegue allí hasta el cansancio,
por más que vaya a su templo a orar,
nada va a conseguir.

¹³Estas fueron las palabras que dijo el
Señor contra Moab hace mucho tiempo.
¹⁴Ahora dice el Señor:

"Dentro de tres años,
tal como los cuenta un obrero que
vive de su salario,
la grandeza de Moab se hará
despreciable,
a pesar de su inmenso gentío;
sólo quedará un puñado pequeño,
impotente."

## Profecía contra Damasco

**17** ¹Profecía contra Damasco:[q]
Damasco dejará de ser ciudad;
no será más que un montón de
ruinas.
²Quedará abandonada para
siempre,[35]
convertida en pastizales;
los animales podrán pastar
tranquilamente.
³Efraín, que es el orgullo de Israel,
ya no tendrá ciudad fortificada;
así también Damasco, lo que queda
de Siria,
dejará de ser un reino.
Lo afirma el Señor todopoderoso.

## Castigo de Israel

⁴En ese día Samaria, orgullo de
Jacob,
perderá su fuerza,
y su prosperidad desaparecerá.
⁵Será como cuando el segador[36]
cosecha el trigo
y recoge las espigas con las manos,
o cuando se recogen las espigas

---

³³ *Los jefes del país envían corderos:* texto probable. Heb. *envíen un cordero jefe del país.* ³⁴ *Por los hombres:* texto
probable. Heb. *por las tortas de pasa.* ³⁵ *Quedará abandonada para siempre:* según versiones antiguas. Heb. *las ciudades
de Aroer.* ³⁶ *El segador:* texto probable. Heb. *la mies.*
*q* **17.1-3** Jer 49.23-27; Am 1.3-5; Zac 9.1.

en el valle de Refaim,
6donde sólo quedan restos olvidados;
o como cuando se golpea un olivo
y sólo quedan dos o tres aceitunas
en la punta de una rama,
o a lo sumo cuatro o cinco en todo el
árbol.
Lo afirma el Señor, el Dios de Israel.

7En ese día
el hombre volverá sus ojos a su
creador,
al Dios Santo de Israel.
8No volverá a mirar los altares ni
otros objetos hechos por los
hombres con sus propias manos.
No se fijará más en esos troncos
sagrados
ni en esos altares donde queman
incienso a los dioses.

9En ese día
tus ciudades fortificadas serán
abandonadas,
como fueron abandonadas
las ciudades de los heveos y de los
amorreos37
por miedo a los israelitas.
Quedarán convertidas en desierto,
10porque olvidaste al Dios que te
salvó,
no recordaste que él es tu refugio
seguro.
Tú cultivas esos jardines agradables,
siembras tus plantas en honor a un
dios extranjero,
11las proteges el día en que las plantas,
y haces que brote la semilla al día
siguiente.
Pero cuando vengan la enfermedad y
el mal incurable,
se perderá la cosecha.

12¡Oigan el estruendo de pueblos
numerosos,
estruendo como el que produce el
mar!
Es el rugido que lanzan las naciones,
como el rugido de aguas impetuosas.
13Pero cuando Dios los reprende,
salen huyendo lejos,
como la paja que el viento se lleva
por los montes
o como el cardo que arrastra el
huracán.
14Por la tarde parecen terribles,
pero antes del amanecer dejan de
existir.

En eso paran los que nos saquean,
así terminan los que nos arruinan.

## Profecía acerca de Etiopía

18 1¡Ay del país donde resuena un
zumbido de insectos,
del país situado más allá de los ríos
de Etiopía,r
2que envía sus embajadores por el
Nilo,38
viajando por el agua en barcas de
junco!
Vayan, veloces mensajeros,
a un pueblo de alta estatura y piel
brillante,
a una nación temida en todas partes,
pueblo fuerte y altanero
que vive en una tierra bañada por
ríos.
3Todos ustedes, habitantes del
mundo,
verán cuando se alce la señal en la
montaña,
y oirán cuando suene la trompeta.

4El Señor me dijo:
"Desde mi lugar miro tranquilo,
como la luz en un día de verano,
como una nube de rocío en tiempo
ardiente de cosecha.
5Cuando pase la floración en los
viñedos,
y la flor se vuelva uva madura,
pero antes del tiempo de la cosecha,
podarán las ramas con cuchillos,
las cortarán y las retirarán.
6Todo quedará abandonado en las
montañas
a las aves de rapiña
y a los animales salvajes.
Las aves pasarán allí el verano,
y todos los animales salvajes
se quedarán allí en el invierno."

7En ese tiempo
traerán al Señor todopoderoso
ofrendas de parte del pueblo
de alta estatura y piel brillante,
nación temida en todas partes,
pueblo fuerte y altanero,
que vive en una tierra bañada por
ríos.
Las traerán al monte Sión,
donde se invoca el nombre del Señor
todopoderoso.

37 Las ciudades de los heveos y de los amorreos: según una versión antigua. Heb. el bosque y la rama.    38 Nilo: lit. el mar.
(Véase 10.26 y 19.5.)
r 18.1-7 Sof 2.12.

### Profecía contra Egipto

**19** ¹Profecía contra Egipto:*
Miren al Señor:
viene a Egipto montado en veloz
nube.
Ante él tiemblan los ídolos de
Egipto,
y los egipcios se llenan de terror.
²"Voy a hacer que los egipcios se
dividan—dice—
y peleen unos contra otros:
amigo contra amigo, ciudad contra
ciudad,
reino contra reino.
³Les haré perder la cabeza,
haré fracasar sus planes.
Entonces consultarán a los ídolos y a
los brujos,
a los espíritus de los muertos y a los
adivinos.
⁴Pero yo pondré a Egipto en poder de
un amo duro;
un rey cruel va a gobernarlo."
Lo afirma el Señor todopoderoso.

⁵El agua del Nilo se agotará,
el río quedará completamente seco,
⁶los canales despedirán mal olor.
Las corrientes de agua de Egipto
irán disminuyendo hasta secarse,
las cañas y los juncos se
marchitarán;
⁷los juncales que están al borde del
Nilo,
y todos los sembrados que hay en sus
orillas,
se secarán y dejarán de existir.
⁸Todos los que pescan en el Nilo
se pondrán a gemir y a lamentarse;
los que echan sus redes al agua se
entristecerán.
⁹Los que trabajan el lino se sentirán
desanimados;
las cardadoras³⁹ y los tejedores se
pondrán pálidos;
¹⁰los fabricantes de telas quedarán
abatidos,
y todos los artesanos confundidos.

¹¹¡Qué tontos son ustedes, jefes de
Zoán,
los consejeros más sabios de Egipto,
que en realidad son consejeros
estúpidos!
¿Cómo se les ocurre decirle al
faraón:

"Somos descendientes de sabios,
de reyes de la antigüedad"?
¹²¿Dónde están tus sabios, faraón,
para que te enseñen y te anuncien⁴⁰
los planes que el Señor todopoderoso
tiene contra Egipto?
¹³Los jefes de Zoán son tontos,
los jefes de Menfis se dejaron
engañar,
los jefes de las provincias
han llevado a Egipto por camino
falso.
¹⁴El Señor ha puesto en ellos
un espíritu de confusión;
ellos llevan a Egipto por camino
falso
en todo lo que hace,
como un borracho que vomita y
pierde el equilibrio.
¹⁵Y nadie, sea cabeza o cola,
palmera o junco,
podrá hacer nada por Egipto.

¹⁶En ese día los egipcios parecerán
mujeres; se llenarán de miedo y espanto
cuando vean que el Señor todopoderoso
levanta su mano contra ellos. ¹⁷Los egipcios sentirán terror ante Judá; con sólo
recordar su nombre se llenarán de espanto
por los planes que el Señor todopoderoso
tiene contra Egipto. ¹⁸En ese día habrá en
Egipto cinco ciudades que hablarán
hebreo y que jurarán fidelidad al Señor
todopoderoso. Una de ellas se llamará
Ciudad del Sol.⁴¹

¹⁹En ese día habrá un altar dedicado al
Señor en pleno Egipto, y cerca de su frontera se levantará una piedra en honor al
Señor. ²⁰Servirá de señal, para que se
recuerde al Señor todopoderoso en el país
de Egipto. Cuando griten al Señor
pidiendo ayuda contra los que les oprimen, él les enviará un libertador, para que
los defienda y los salve. ²¹El Señor se dará
a conocer a los egipcios, y ellos reconocerán al Señor, le darán culto y le ofrecerán
sacrificios y ofrendas. Harán promesas al
Señor y las cumplirán. ²²El Señor herirá a
Egipto, pero después lo sanará. Ellos se
volverán al Señor, y él se compadecerá de
ellos y los sanará.

²³En ese día habrá un amplio camino
desde Egipto hasta Asiria. Los asirios
podrán llegar hasta Egipto y los egipcios
hasta Asiria, y los egipcios y los asirios
adorarán juntos al Señor.

---

³⁹ *Las cardadoras:* texto probable. Heb. *(lino) cardado.*   ⁴⁰ *Te anuncien:* según una versión antigua. Heb. *sepan.*   ⁴¹ *Sol:*
según un antiguo manuscrito. Heb. *destrucción,* por probable juego de palabras, pues en hebreo las dos se parecen mucho.
* **19.1-25** Jer 46.2-26; Ez 29.1-32.32.

²⁴En ese día Israel se colocará a la par con Egipto y Asiria, y será una bendición en medio de la tierra.ᶠ ²⁵El Señor todopoderoso los bendecirá, diciendo: "Yo bendigo a Egipto, mi pueblo, a Asiria, obra de mis manos, y a Israel, mi propiedad."

### Asiria conquistará a Egipto y Etiopía

**20** ¹En cierta ocasión, el rey Sargón de Asiria envió a un alto oficial a la ciudad de Asdod, y el oficial atacó a la ciudad y la conquistó. ²Por ese tiempo habló el Señor por medio de Isaías, hijo de Amoz, y le dijo: "Quítate esa ropa áspera que llevas puesta y el calzado que tienes en los pies."

Isaías lo hizo así y se quedó descalzo y medio desnudo. ³Entonces dijo el Señor: "Mi siervo Isaías ha estado descalzo y medio desnudo durante tres años, como señal y anuncio para Egipto y Etiopía. ⁴Así también el rey de Asiria llevará al destierro a los egipcios y a los etiopes, sean viejos o jóvenes, descalzos y desnudos, con el trasero al aire para su vergüenza. ⁵La gente se llenará de miedo y sentirá vergüenza de Etiopía, que era su esperanza, y de Egipto, que era su orgullo. ⁶En ese tiempo dirán todos los que viven en aquella costa: 'Miren en lo que vino a parar el que era nuestra esperanza, al que acudíamos a pedir auxilio, para que nos librara del rey de Asiria. ¿Cómo vamos a salvarnos ahora?' "

### Profecía sobre la caída de Babilonia

**21** ¹Profecía acerca del desierto:⁴²
Como huracanes que avanzan por el sur,
vienen del desierto, lugar espantoso.
²Terrible es la visión que Dios me ha mostrado:
el traidor traiciona,
el destructor destruye.
¡Levántate, Elam!
¡Medos, al asalto!
¡No permito más quejas!
³Mi cuerpo se estremece,
me retuerzo de dolor como mujer de parto,
la angustia no me deja oír,
el terror me impide ver.
⁴Tengo la mente confundida,
me estremezco de terror.
El fresco del atardecer, que tanto me gustaba,

se ha vuelto para mí algo terrible.
⁵La mesa ya está puesta, tendidas las alfombras,
el banquete ha comenzado.
¡De pie, capitanes: saquen brillo a los escudos!
⁶Porque el Señor me ha dicho:
"Ve y coloca un centinela
que dé aviso de todo cuanto vea.
⁷Si ve carros tirados por parejas de caballos
o gente montada en asnos o camellos,
que mire con mucha atención."

⁸Y el que vigilaba⁴³ gritó:
"En mi puesto, Señor,
permanezco todo el día,
y noche tras noche me mantengo vigilante.
⁹Y veo venir un carro tirado por un par de caballos."
Alguien dijo entonces:
"¡Cayó, cayó Babilonia!ᵘ
Todas las estatuas de sus dioses
quedaron por el suelo hechas pedazos."

¹⁰Pueblo mío, pisoteado como el trigo,
yo te anuncio lo que escuché
del Señor todopoderoso, el Dios de Israel.

### Profecía contra Edom

¹¹Profecía contra Edom:⁴⁴
Alguien me grita desde Seir:
"Centinela, ¿qué horas de la noche son?
Centinela, ¿qué horas de la noche son?"
¹²Y el centinela responde:
"Ya viene la mañana,
pero también la noche.
Si quieren preguntar, pregunten,
y vuelvan otra vez."

### Profecía en el desierto

¹³Profecía en el desierto:
Caravanas de Dedán, que pasan la noche
en los matorrales del desierto,
¹⁴salgan al encuentro del que tiene sed
y ofrézcanle agua.
Habitantes del país de Tema,
salgan al paso del que huye

---

⁴² *Desierto:* lit. *desierto del mar.* Por *mar* parece entenderse aquí el actual Golfo Pérsico.  ⁴³ *El que vigilaba:* según un antiguo manuscrito y una versión antigua. Heb. *un león.*  ⁴⁴ *Edom:* según la versión griega. Heb. *Duma.*
ᶠ 19.24 Gn 12.3.  ᵘ 21.9 Ap 14.8; 18.2.

y ofrézcanle alimento.
[15]Porque huyen de la espada,
de la espada afilada,
del arco listo para disparar
y del furor de la batalla.

[16]El Señor me dijo:
"Dentro de un año,
tal como lo cuenta un obrero que
vive de su salario,
se habrá terminado toda la grandeza
de Cedar.
[17]Y pocos serán los arcos
que les quedarán a los guerreros de
Cedar."
El Señor, el Dios de Israel, lo ha
dicho.

### Profecía acerca de Jerusalén

**22** [1]Profecía acerca del valle de la
visión:
¿Qué pasa, que todos suben a las
azoteas?
[2]Ciudad llena de alboroto y bulla,
ciudad amiga de las diversiones,
tus muertos no cayeron a filo de
espada,
no murieron en la guerra;
[3]tus jefes salieron todos corriendo,
y al huir de los arcos los pusieron
presos.
Tus hombres más valientes[45]
huyeron lejos,
pero los pusieron presos.
[4]Por eso dije: Apártense de mí,
que quiero llorar con amargura;
no traten de consolarme
de la catástrofe de mi pueblo.
[5]Porque el Señor todopoderoso
ha decretado que llegue un día de
pánico,
de destrucción y aturdimiento
en el valle de la visión.
Están derribando las murallas;
llegan los gritos hasta las montañas.

[6]Los elamitas prepararon ya sus
flechas,
y están montados en sus carros y
caballos;
los de Kir sacaron sus escudos.
[7]Tus valles más hermosos están llenos
de carros,
y la caballería ataca la puerta de la
ciudad.

[8]La defensa de Judá quedó
desamparada.

En ese día ustedes se fijaron en el depósito de armas de la Casa del Bosque,[v] [9]vie-
ron las muchas grietas que había en la
Ciudad de David[w] y llenaron de agua el
estanque inferior;[x] [10]inspeccionaron las
casas de Jerusalén y derribaron algunas
para reforzar la muralla. [11]Entre las dos
murallas hicieron una cisterna para el
agua del estanque viejo. Pero no se fijaron en el que hizo todo aquello, el que
desde hace mucho tiempo lo preparó.

[12]Ese día el Señor todopoderoso
los invitó a ustedes a llorar y a
lamentarse,
a raparse la cabeza
y a ponerse ropas ásperas en señal de
dolor.
[13]Pero lo que hay es diversión y
alegría,
matar vacas y ovejas,
comer carne y beber vino.
"Comamos y bebamos,
que mañana moriremos"[y] —dicen.
[14]Y el Señor todopoderoso se me
apareció
y me aseguró al oído:
"No voy a perdonarles este pecado;
antes de eso morirán ustedes."
Son palabras del Señor
todopoderoso.

### Contra el funcionario encargado del palacio

[15]El Señor todopoderoso me dijo: "Ve
a ver a Sebna,[z] mayordomo de palacio, y
dile:

[16]'¿Qué negocio tienes aquí, o quién te
dio el derecho
de construirte aquí un sepulcro,
de hacerte una tumba en la parte alta
y cavarte en la roca un lugar de
reposo?
[17]El Señor te va a arrojar muy lejos,
como lo hace un hombre robusto.
Te agarrará con fuerza,
[18]te hará rodar como una pelota
y te arrojará a una tierra inmensa.
Allá morirás,
allá pararán los carros que eran tu
gloria,

---

[45] *Tus hombres más valientes:* según una versión antigua. Heb. *tus hombres que fueron encontrados.*
[v] 22.8 1 R 7.2.  [w] 22.9 2 S 5.7.  [x] 22.9 2 R 20.20.  [y] 22.13 1 Co 15.32.  [z] 22.15,20 2 R 18.18; Is 36.3.

y serás la vergüenza del palacio de tu
señor.
¹⁹Yo te quitaré de tu puesto,
te retiraré de tu oficio.

²⁰'En ese día llamaré a mi siervo,
a Eliaquim, hijo de Hilcías;
²¹lo vestiré con tu túnica,
le pondré tu cinturón de honor
y le daré tu autoridad.
Será como un padre para los
habitantes de Jerusalén
y para el pueblo de Judá.
²²En sus hombros le pondré
la llave de la casa de David;
nadie podrá cerrar lo que él abra
ni abrir lo que él cierre.ᵃ
²³El será como un trono de honor
para la familia de su padre.
Yo haré que quede firme en su lugar,
como si fuera un clavo.
²⁴En él se podrá colgar todo lo que
haya de valioso
en la familia de su padre
y de toda su descendencia,
toda clase de vajilla pequeña,
desde copas hasta jarros.

²⁵'En ese día,
cederá el clavo que estaba clavado
firmemente en su lugar;
será arrancado y se caerá,
y todas las cosas que de él estaban
colgadas, se romperán.' ''
Lo afirma el Señor todopoderoso.

### Profecía contra Tiro y Sidón

**23** ¹Profecía contra Tiro:ᵇ
Las naves de Tarsis están
gimiendo,
porque el puerto⁴⁶ ha sido
destruido.
El puerto a donde se llegaba de
Chipre
ha sido arrasado.
²La gente de Tiro y los comerciantes
de Sidón guardan silencio.
Sus agentes atravesaban el mar
³y sus aguas inmensas.
Sacaban sus ganancias
del grano de Sihor, de las cosechas
del Nilo,
y comerciaban con las naciones.
⁴Llénate de vergüenza, Sidón,
fortaleza del mar,

pues tendrás que decir:
"Ya no tengo dolores de parto, ya
no doy a luz.
Ya no tengo hijos que criar
ni hijas que educar.''
⁵Cuando llegue la noticia a los
egipcios,
se llenarán de angustia por lo que le
pasó a Tiro.
⁶Dirán: "Váyanse a Tarsis,
pónganse a gemir, habitantes de la
costa.''

⁷¿Es ésta la ciudad de origen tan
antiguo
y tan amiga de las diversiones?
¿Es ésta la que viajaba
para establecerse en lejanas
regiones?
⁸¿Quién decretó esto contra Tiro,
la ciudad real,
cuyos comerciantes eran príncipes,
y sus negociantes los más poderosos
de la tierra?
⁹El Señor todopoderoso lo decretó
para humillar todo orgullo
y dejar por el suelo a todos los
poderosos de la tierra.
¹⁰Pueblo de Tarsis, ponte a cultivar la
tierra,⁴⁷
que el astillero ya no existe.
¹¹El Señor extendió su mano sobre el
mar,
hizo temblar a las naciones
y mandó destruir las fortificaciones
de Canaán.
¹²Y dijo a Sidón:
"Déjate de diversiones, muchacha
violada.
Aunque resuelvas pasar hasta
Chipre,
tampoco allí encontrarás descanso.''

¹³Miren esta tierra,
tierra destinada a naves.
Los caldeos levantaron torres
y demolieron los palacios de Sidón,
los convirtieron en ruinas.
Ellos fueron los culpables, no
Asiria.⁴⁸

¹⁴Pónganse a gemir, naves de Tarsis,
porque su fortaleza ha sido
destruida.

---

⁴⁶ *El puerto:* texto probable. Heb. *sin casa.*    ⁴⁷ *La tierra:* según un manuscrito antiguo y la versión griega. Heb. *pasa (o desborda) su tierra como el Nilo.*    ⁴⁸ *Miren esta tierra . . . no Asiria:* traducción probable. Heb. oscuro.
ᵃ **22.22** Ap 3.7.    ᵇ **23.1-18** Ez 26.1-28.19; Jl 3.4-8; Am 1.9-10; Zac 9.1-4; Mt 11.21-22; Lc 10.13-14.

¹⁵En ese tiempo Tiro será echada al olvido durante setenta años, el tiempo que dura la vida de un rey. Al cabo de esos setenta años se le aplicará a Tiro lo que dice aquella canción de la prostituta:

¹⁶"Prostituta olvidada,
  toma tu arpa, recorre la ciudad,
  toca buena música, entona muchos
    cantos,
  a ver si se acuerdan de ti."

¹⁷Al cabo de setenta años el Señor volverá a ocuparse de Tiro. Ella volverá a alquilarse y se prostituirá con todos los países de la tierra. ¹⁸Pero las ganancias de su comercio serán consagradas al Señor; no serán guardadas ni almacenadas, sino que serán dadas a los que sirven al Señor, para que compren alimentos en abundancia y vestidos finos.

### El juicio sobre toda la tierra

**24** ¹Miren, el Señor va a arrasar la
        tierra,
  va a devastarla y trastornarla,
  y dispersará a sus habitantes.
²Y será igual para el sacerdote y el
    pueblo,
  para el amo y el esclavo,
  para el ama y la esclava,
  para el que compra y el que vende,
  para el que presta y el que recibe
    prestado,
  para el deudor y el acreedor.
³La tierra será totalmente arrasada,
  totalmente saqueada.
  Porque esto es lo que ha dicho el
    Señor.
⁴La tierra se seca y se marchita,
  el mundo entero se reseca, se
    marchita,
  y el cielo y la tierra⁴⁹ se llenan de
    tristeza.
⁵La tierra ha sido profanada por sus
    habitantes,
  porque han dejado de cumplir las
    leyes,
  han desobedecido los mandatos,
  han violado el pacto eterno.
⁶Por eso, una maldición ha acabado
    con la tierra,
  y sus habitantes sufren el castigo.
  Por eso, los habitantes de la tierra
  han disminuido,
  y queda poca gente.

⁷El vino escasea, los viñedos se
    enferman,
  los que vivían alegres se llenan de
    tristeza.
⁸Se terminó la alegría de los tambores
    y del arpa,
  se calló el bullicio de los amigos de la
    diversión.
⁹No más beber vino al son de las
    canciones;
  las bebidas se volverán amargas para
    los bebedores.
¹⁰La ciudad del desorden está en
    ruinas,
  no se puede entrar en ninguna casa.
¹¹La gente llora en las calles por la
    escasez de vino;
  toda la alegría se ha apagado,
  ha quedado desterrada de la tierra.
¹²La ciudad está en ruinas,
  la puerta quedó hecha pedazos.
¹³Así será en todas las naciones de la
    tierra:
  como cuando se hacen caer a golpes
    las aceitunas,
  o cuando se rebuscan las uvas
  una vez terminada la cosecha.

¹⁴Los sobrevivientes gritarán llenos de
    alegría,
  levantarán la voz desde occidente
  al ver la majestad del Señor.
¹⁵También en el oriente
  y en los países del mar
  darán gloria al Señor, el Dios de
    Israel.
¹⁶Desde el extremo de la tierra los
    hemos oído cantar:
  "¡Honor al justo!"

  Pero yo dije: ¡Ay, qué miseria, qué
    miseria!
  ¡Los traidores cometen una vil
    traición!
¹⁷Los habitantes de la tierra
  serán como animales perseguidos por
    los cazadores
  o en peligro de caer en un hoyo o
    una trampa.
¹⁸El que escape de los cazadores caerá
    en el hoyo,
  y el que salga del hoyo caerá en la
    trampa.ᶜ
  Un diluvio caerá del cielo
  y temblarán los cimientos de la
    tierra.

⁴⁹ Y el cielo y la tierra: texto probable. Heb. y las alturas del pueblo de la tierra.
ᶜ 24.17-18 Jer 48.43-44.

¹⁹La tierra temblará terriblemente,
se sacudirá, se hará pedazos.
²⁰Se tambaleará como un borracho,
temblará como una débil choza.
Sus pecados pesan tanto sobre ella
que caerá y no volverá a levantarse.
²¹En ese día el Señor castigará
a los poderes celestiales
y a los reyes de la tierra;
²²los reunirá, los encerrará en un
calabozo,
los tendrá encarcelados,
y después de mucho tiempo los
castigará.
²³Cuando el Señor todopoderoso actúe
como rey
en el monte Sión, en Jerusalén,
el sol y la luna se oscurecerán
y los jefes de su pueblo verán la
gloria del Señor.

### Canto de alabanza a Dios

**25** ¹Señor, tú eres mi Dios;
yo te alabo y bendigo tu nombre,
porque has realizado tus planes
admirables,
fieles y seguros desde tiempos
antiguos.
²Has convertido las ciudades en
montones de piedras,
las ciudades fortificadas en ruinas;
destruiste los palacios de los
enemigos,
y no serán reconstruidos jamás.
³Por esto un pueblo violento te
honra,
las ciudades de gente cruel te temen.
⁴Porque tú has sido un refugio para el
pobre,
un protector para el necesitado en su
aflicción,
refugio contra la tempestad,
sombra contra el calor.
El aliento de los hombres crueles
es como una tempestad de
invierno,⁵⁰
⁵o como el calor en tierra seca.
Tú dominas el tumulto de los
enemigos
como calmas el calor con la sombra
de una nube.
Tú obligas a los hombres crueles a
guardar silencio.

⁶En el monte Sión, el Señor
todopoderoso
preparará para todas las naciones
un banquete con ricos manjares y
vinos añejos,
con deliciosas comidas y los más
puros vinos.
⁷En este monte destruirá el Señor
el velo que cubría a todos los
pueblos,
el manto que envolvía a todas las
naciones.
⁸El Señor destruirá para siempre la
muerte,ᵈ
secará las lágrimas de los ojos de
todosᵉ
y hará desaparecer en toda la tierra
la deshonra de su pueblo.
El Señor lo ha dicho.
⁹En ese día se dirá:
"Este es nuestro Dios,
en él confiamos y él nos salvó.
Alegrémonos, gocémonos, él nos ha
salvado."

¹⁰La mano del Señor protegerá al
monte Sión,
mientras que a Moabᶠ la pisoteará
como se pisotea la paja en un
basurero.
¹¹Moab extenderá sus brazos
como los extiende un nadador,
pero con cada movimiento
se hundirá más su altanería.
¹²El Señor hará caer
sus altas y fuertes murallas;
las derribará,
las dejará tiradas por el suelo.

### Canto de victoria

**26** ¹En ese día se cantará este canto en
la tierra de Judá:

"Tenemos una ciudad fuerte;
para salvarnos,
el Señor levantó murallas y
fortificaciones.
²Abran las puertas para que pase una
nación justa
que se mantiene fiel.ᵍ
³Señor, tú conservas en paz a los de
carácter firme,
porque confían en ti.
⁴Confíen siempre en el Señor,
porque él es refugio eterno.
⁵Él hace caer a los orgullosos,
y humilla a la ciudad soberbia
derribándola hasta el suelo,
⁶para que los humildes y los pobres
la pisoteen con sus pies."

⁵⁰ Invierno: texto probable. Heb. pared.
ᵈ 25.8 1 Co 15.54.   ᵉ 25.8 Ap 7.17; 21.4.   ᶠ 25.10-12 Is 15.1-16.14; Jer. 48.1-47; Ez 25.8-11; Am 2.1-3; Sof 2.8-11.
ᵍ 26.2 Sal 118.19-20.

⁷El camino de los justos es recto;
tú, Señor, haces llano su camino.
⁸Nosotros también nos sentimos
    seguros
en el camino señalado por tus leyes,
    Señor.
Lo que nuestro corazón desea es
    pensar en ti.
⁹De todo corazón suspiro por ti en la
    noche;
desde lo profundo de mi ser te
    busco.
Cuando tú juzgues la tierra,
los hombres aprenderán lo que es
    justicia.
¹⁰Aunque tengas compasión de los
    malos,
ellos no aprenderán a ser rectos;
son perversos en tierra de gente
    honrada
y no tienen en cuenta la grandeza del
    Señor.
¹¹Señor, tienes el castigo preparado,
pero ellos no quieren darse cuenta;
cuando vean tu ardiente amor por tu
    pueblo,
quedarán en ridículo.
¡Ojalá que el fuego de tu ira los
    devore!ʰ
¹²Señor, tú nos concedes bienestar;
eres tú, en verdad,
quien realizas todas nuestras obras.
¹³Señor y Dios nuestro,
otros señores han sido nuestros
    amos,
pero sólo a ti te reconocemos por
    Señor.
¹⁴Ellos están muertos, no volverán a
    vivir;
no son más que sombras, y no
    volverán a levantarse;
pues los has castigado, los has
    destruido,
has acabado con todo recuerdo de
    ellos.
¹⁵Tú hiciste crecer la nación, Señor;
la hiciste crecer para gloria tuya,
extendiste todas las fronteras del
    país.
¹⁶En la aflicción te buscamos, Señor,
cuando nos corriges con un simple
    murmullo.⁵¹
¹⁷Delante de ti estábamos, Señor,
como cuando a una mujer encinta
se le acerca el momento del parto
y se retuerce y grita de dolor.

¹⁸Concebimos, sentimos los dolores
    del parto
y dimos a luz, pero no era más que
    viento.
No hemos traído la salvación al país,
ni va a nacer gente que pueble el
    mundo.
¹⁹Pero tus muertos sí volverán a vivir,
sus cadáveres resucitarán.
Los que duermen en la tierra se
    despertarán
y darán gritos de alegría.
Porque tú envías tu luz como rocío
y los muertos volverán a nacer de la
    tierra.ⁱ

²⁰Ve, pueblo mío, entra en tu casa
y cierra las puertas detrás de ti.
Escóndete un poco, hasta que pase la
    ira del Señor.
²¹Porque el Señor va a salir de su
    palacio
para castigar por sus pecados
a los habitantes de la tierra,
y la tierra no ocultará más sus
    víctimas
sino que dejará ver los crímenes
    cometidos en ella.

### *Liberación de Israel*

**27** ¹En ese día el Señor castigará
con su espada terrible, inmensa,
    poderosa,
a Leviatán,ʲ la serpiente enroscada,
a Leviatán, la serpiente tortuosa,
y matará al dragón que está en el
    mar.

²En ese día el Señor dirá:
"Canten al viñedo delicioso.
³Yo, el Señor, soy quien lo cuido
y con frecuencia lo riego.
Lo cuido día y noche,
para que no sufra ningún daño.
⁴No estoy enojado con él.
Si tuviera espinos y maleza,
saldría a hacerles la guerra
y los quemaría por completo.
⁵Si quiere que yo lo proteja,
que haga las paces conmigo,
sí, que haga las paces conmigo."

⁶En el futuro el pueblo de Jacob
echará raíces,
Israel retoñará y florecerá,
y llenará el mundo con sus frutos.

---

*⁵¹ En la aflicción . . . simple murmullo:* traducción probable. Otra posible traducción: *Señor, en la angustia con que nos castigaste murmuramos una oración.* Heb. oscuro.
ʰ **26.11** He 10.27.   ⁱ **26.19** Ez 37.   ʲ **27.1** Job 3.8; 41.1; Sal 74.14; 104.26.

[7]Dios no ha castigado a Israel
como castigó a sus opresores,
ni ha dado muerte a Israel
como dio muerte a sus asesinos.
[8]Dios castigó a su pueblo
mandándolo al destierro,
lo expulsó con su soplo terrible,
como cuando sopla el viento del este.
[9]Pero perdonará el pecado de Jacob
y bajo esta condición borrará sus
faltas:
que haga polvo todos sus altares
paganos
como si triturara la piedra de cal,
y que no queden más troncos
sagrados
ni altares de incienso en honor de los
dioses.

[10]La ciudad fortificada quedó en
ruinas,
como casa abandonada,
como desierto sin gente.
Es un lugar donde pasta el ganado,
donde come las ramas y se echa a
descansar.
[11]Las ramas de un árbol se quiebran
cuando se secan;
entonces las mujeres las recogen y
hacen fuego con ellas.
Es un pueblo sin inteligencia.
Por eso su Creador, el que lo hizo,
no le tendrá compasión ni
misericordia.

[12]En ese día el Señor actuará
desde el Éufrates hasta el río de
Egipto,
como quien trilla las espigas;
pero ustedes, israelitas, serán
recogidos uno por uno.
[13]En ese día se tocará la gran
trompeta,[k]
y los que estaban perdidos en Asiria,
lo mismo que los que estaban
desterrados en Egipto,
vendrán a adorar al Señor
en Jerusalén, en el monte santo.

### Advertencia a Samaria

**28** [1]¡Ay de Samaria, orgullo y
corona
de Efraín, ese pueblo borracho;
adorno glorioso de flores marchitas,
que se alza por encima del fértil
valle,

ciudad de gente dominada por el
vino!
[2]El Señor tiene reservado un hombre
fuerte,
poderoso como tormenta de granizo,
como tempestad destructora, como
lluvia torrencial,
como terrible inundación.
Con la mano echará por tierra,
[3]y con los pies aplastará,
a la que es orgullo y corona
de ese pueblo borracho de Efraín.
[4]Y ese adorno glorioso de flores
marchitas
que se alza por encima del fértil
valle,
será como los primeros higos de la
temporada:
que en cuanto alguien los ve
y los tiene a la mano, se los come.

[5]En ese día
el Señor todopoderoso será una
corona gloriosa,
un adorno magnífico para los que
queden de su pueblo,
[6]e inspirará justicia a los jueces en el
tribunal
y valor a los soldados que defiendan
la ciudad.

### Advertencias y promesas a Jerusalén

[7]También hay otros que se tambalean
por el vino
y dan traspiés por las bebidas
fuertes:
sacerdotes y profetas se tambalean
por las bebidas fuertes,
se atontan con el vino;
dan traspiés por las bebidas fuertes,
se tambalean al tener visiones
y están borrachos al dictar sentencia.
[8]Todas las mesas están llenas de
vómito asqueroso,
y no hay un solo lugar limpio.
[9]Hablan de mí y dicen:
"¡Venir a darnos lecciones a
nosotros,
a enseñarnos lo que Dios ha
revelado!
¡Como si fuéramos niños chiquitos
[10]que apenas estuvieran aprendiendo a
leer:
ba be bi bo bu!"[52]
[11]Pues bien, si no hacen caso,

---

[52] O también las palabras que siguen pueden imitar en el texto hebreo el balbucear de los borrachos, quizá remedando los
mensajes proféticos que no entendían.
[k] 27.13 Mt 24.31; 1 Ts 4.16.

será en lenguaje enredado, en idioma
  extraño,
como Dios hablará a este pueblo.
[12] Ya él les había dicho antes:
  "Aquí está la calma,
  aquí está el descanso;
  que descanse el fatigado."
Pero no quisieron hacerle caso.[l]
[13] Por eso el Señor les hablará
  como si fueran niños chiquitos
  que estuvieran aprendiendo a leer.
Y así, al caminar, caerán de
  espaldas,
  se herirán, caerán en la trampa,
  quedarán atrapados.

[14] Escuchen, pues, la palabra del
  Señor,
  hombres insolentes
  que gobiernan este pueblo de
  Jerusalén.
[15] Ustedes dicen:
  "Hemos hecho un pacto con la
  muerte,
  un contrato con el reino de los
    muertos,
  para que cuando venga la terrible
  calamidad,
  no nos alcance;
  hemos buscado refugio en las
  mentiras,
  protección en el engaño."*

[16] Por eso, el Señor dice:
  "Voy a poner en Sión una piedra,
  una piedra escogida y muy valiosa,
  que será la piedra principal
  y servirá de fundamento.
El que tenga confianza, podrá estar
  tranquilo.[m]
[17] En esa construcción usaré por
  plomada la justicia
  y por nivel la rectitud."

El refugio que ustedes habían
  buscado en las mentiras
  lo destruirá el granizo,
  y el agua arrasará su lugar de
  protección.
[18] Su pacto con la muerte será anulado,
  y su contrato con el reino de los
  muertos quedará sin valor.
Vendrá la terrible calamidad
  y a ustedes los aplastará.
[19] Cada vez que venga, los arrastrará.

Vendrá mañana tras mañana, de día
  y de noche.
El solo oír la noticia los hará
  temblar.
[20] Será como acostarse en una cama
  estrecha
  y abrigarse con una manta corta.[53]
[21] El Señor actuará como en el monte
  Perazim,[n]
  intervendrá como en el valle de
  Gabaón,[ñ]
  para realizar su acción, por extraña
  que parezca,
  para llevar a cabo su obra, su obra
  misteriosa.
[22] Así pues, ¡no más insolencia!,
  no sea que sus cadenas se les aprieten
  más;
  porque he oído que el Señor
  todopoderoso
  ha decretado la destrucción de todo
  el país.

[23] Pongan atención, escuchen lo que
  digo,
  oigan con cuidado mis palabras:
[24] Cuando un agricultor va a sembrar,
  no se pasa todo el tiempo arando
  o rompiendo o rastrillando su
    terreno.
[25] ¿No es verdad que, después de
  haberlo aplanado,
  esparce semillas de eneldo o comino,
  y que luego siembra trigo en hileras,
  y que en los bordes siembra cebada y
  centeno?
[26] Dios le enseña cómo debe hacerlo.
[27] Porque el eneldo no se trilla,
  ni se hace rodar sobre el comino una
  carreta;
  sino que el eneldo se sacude con un
  palo
  y el comino con una vara.
[28] El trigo se trilla, sí, pero no sin
  parar;
  se hacen pasar las ruedas de la
  carreta
  y se separa el grano, pero sin
  machacarlo.
[29] Así también hace sus planes el Señor
  todopoderoso.
Él tiene planes admirables,
  y los lleva a cabo con gran sabiduría.

# 29

[1] ¡Ay de Ariel, Ariel,[54]
  la ciudad donde acampó David![54]
Que pasen unos cuantos años

---

[53] Al parecer el profeta está citando un proverbio conocido. [54] *Ariel:* como nombre propio, esta palabra sirve aquí para designar a Jerusalén. Ez 43.15,16 se refiere al brasero del altar en que se quemaban las ofrendas.
[l] 28.11-12 1 Co 14.21. * 28.15 Sab 1.16. [m] 28.16 Sal 118.22-23; Ro 9.33; 10.11; 1 P 2.6. [n] 28.21 2 S 5.20; 1 Cr 14.11.
[ñ] 28.21 Jos 10.10-12.

con sus series de fiestas,
[2]y yo pondré a Ariel en apuros,
y habrá llanto y gemidos.
La ciudad será para mí realmente
como Ariel.[55]
[3]Enviaré mi ejército para que te
rodee,
pondré un cerco de fortalezas en tu
derredor
y levantaré trincheras para atacarte.
[4]Quedarás humillada, tendida en el
suelo;
tu voz parecerá la de un fantasma;
tus palabras sonarán como un
susurro.
[5-6]Pero de repente, en un instante,
el Señor todopoderoso castigará a
tus enemigos
con truenos, terremotos, gran
estruendo,
tormenta, tempestad e incendios
destructores.
Tus innumerables enemigos
quedarán hechos polvo fino,
tus muchos perseguidores serán
arrastrados como paja.
[7]Todos esos pueblos incontables
que hacen la guerra a Ariel,
todos los que lo combaten
y atacan sus fortificaciones,
los mismos que lo oprimen,
serán como un sueño o una visión
nocturna.
[8]Será como cuando un hambriento
sueña
y cree que está comiendo,
pero luego se despierta con el
estómago vacío;
o como cuando un sediento sueña
y cree que está bebiendo,
pero luego se despierta con sed
y con la garganta reseca.
Así sucederá con todos esos
innumerables pueblos
que atacan el monte Sión.

[9]¡Sigan ustedes siendo estúpidos!
¡Sigan siendo ciegos, sin ver nada!
¡Sigan tambaleándose como
borrachos,
aunque no hayan tomado bebidas
embriagantes!
[10]Pues el Señor ha enviado sobre
ustedes
un sueño profundo.
Los profetas son los ojos del pueblo,
pero el Señor los ha cubierto con un
velo.[o]
[11]Toda visión se ha convertido para
ustedes
en algo así como lo escrito
en un pliego enrollado y sellado.
Si alguien se lo da a uno que sabe
leer
y le dice: "Lee esto",
él responderá:
"No puedo, porque está sellado."
[12]Y si se lo da a uno que no sabe leer
y le dice: "Lee esto",
él responderá: "No sé leer."

[13]El Señor me dijo:
"Este pueblo me sirve de palabra
y me honra con la boca,
pero su corazón está lejos de mí,[p]
y el culto que me rinde
son cosas inventadas por los
hombres
y aprendidas de memoria.
[14]Por eso, con prodigios y milagros
dejaré otra vez maravillado a este
pueblo.
La sabiduría de sus sabios
y la inteligencia de sus inteligentes
desaparecerán."[q]

[15]¡Ay de aquellos que se esconden del
Señor
para ocultar sus planes,
que hacen sus maldades en la sombra
y dicen: "Nadie nos ve. Nadie se da
cuenta"!
[16]¡Qué modo de pervertir las cosas!
Como si el barro fuera igual
a aquel que lo trabaja.
Un objeto no va a decir al que lo
hizo:
"Tú no me hiciste",
ni una pieza de barro al que la
fabrica:
"No sabes lo que estás haciendo."[r]

### Promesa de salvación a Israel

[17]Dentro de poco tiempo
el bosque se convertirá en campos de
cultivo
y los campos de cultivo parecerán un
bosque[s].
[18]En ese día los sordos podrán oír
cuando alguien les lea,
y los ciegos podrán ver,
libres de oscuridad y de tinieblas.

---

[55] Como Ariel: otra posible traducción: como un brasero del altar. Véase nota en 29.1.
[o] 29.10 Ro 11.8.   [p] 29.13 Mt 15.8-9; Mr 7.6-7.   [q] 29.14 1 Co 1.19.   [r] 29.16 Is 45.9; Jer 18.1-6; Eclo 33.13; Ro 9.20-21.

¹⁹Los humildes volverán a alegrarse en
el Señor,
los más pobres se gozarán
en el Dios Santo de Israel.
²⁰Se acabarán los insolentes,
dejarán de existir los arrogantes
y desaparecerán los que sólo piensan
en hacer el mal,
²¹esos que acusan de crímenes a otros,
y ponen trampas al juez,
y con engaños niegan justicia al
inocente.

²²Por eso, el Señor, el Dios de Israel,
el que rescató a Abraham, dice:
"De ahora en adelante Jacob no
sentirá vergüenza,
ni su rostro se enrojecerá,
²³porque cuando sus descendientes
vean lo que he hecho en su pueblo,
reconocerán mi santidad y me
temerán a mí,
el Dios Santo de Israel.
²⁴Los que estaban confundidos
aprenderán a ser sabios,
y los murmuradores aceptarán las
enseñanzas."

### Contra los que buscan apoyo en Egipto

**30** ¹El Señor afirma:
"¡Ay de los hijos rebeldes,
que hacen planes sin contar conmigo
y preparan proyectos que yo no les
inspiro,
de manera que amontonan pecado
sobre pecado!
²Se van a toda prisa a Egipto,
y a mí no me consultan;
buscan apoyo bajo la protección del
faraón,
se refugian bajo la sombra de
Egipto.ʳ
³Pero la protección del faraón los
defraudará,
y el refugio a la sombra de Egipto
será su humillación.
⁴Aunque ustedes hayan enviado
embajadores
hasta las ciudades de Zoán y de
Hanes,
⁵todos quedarán defraudados por esa
nación inútil,
que no les trae ayuda ni provecho,
sino sólo desilusión y desgracia."

⁶Profecía acerca de los animales del
Néguev:
Por territorio lleno de peligros,

habitado por leones que rugen,
por víboras y dragones voladores,
llevan sus tesoros y riquezas
a lomo de burro y de camello
a Egipto, pueblo inútil,
⁷impotente, incapaz de ayudar.
Por eso le he puesto este nombre:
"Monstruo que ruge y no hace
nada".
⁸Ven ahora y escríbelo en una tabla,
ponlo en una inscripción
que quede ahí para el futuro,
como testimonio eterno.
⁹Esta gente es un pueblo rebelde,
infiel,
que no quiere escuchar las
enseñanzas del Señor.
¹⁰A los videntes dicen: "No tengan
visiones",
y a los profetas: "No nos cuenten
revelaciones verdaderas;
háblennos palabras suaves;
no nos quiten nuestras ilusiones.
¹¹Apártense del camino,
desvíense del sendero recto,
no nos pongan delante al Dios Santo
de Israel."
¹²Por eso, el Dios Santo de Israel dice:
"Ustedes rechazan esta advertencia,
y confían en la violencia y la
maldad,
y se apoyan en ellas;
¹³por eso, ustedes son culpables.
Parecen un alto muro agrietado
que cuando menos se piensa se
derrumba;
¹⁴serán destruidos como un jarrón de
barro,
que se quiebra tan completamente
que no queda entre los pedazos rotos
ni uno que sirva para recoger las
brasas del fogón
o para sacar agua de un pozo."

¹⁵El Señor, el Dios Santo de Israel,
dice:
"Vuelvan, quédense tranquilos y
estarán a salvo.
En la tranquilidad y la confianza
estará su fuerza."
Pero ustedes no quisieron,
¹⁶sino que dijeron: "No, mejor
huiremos a caballo."
Bueno, así tendrán que huir.
También dijeron: "Montaremos en
carros veloces."
Bueno, veloces serán los que los
persigan.ᵘ

---

ʳ **30.1-5** Is 31.1-3; Jer 2.18,36.    ᵘ **30.16** Is 31.1.

<sup>17</sup>Mil huirán amenazados por un solo
  hombre,
y todos ustedes huirán amenazados
  por cinco,
hasta que queden tan pocos
como queda un palo en la cumbre de
  un monte
o una señal levantada sobre una
  colina.

### Promesa de misericordia para el pueblo

<sup>18</sup>Pero el Señor los espera, para tener compasión de ustedes; él está ansioso por mostrarles su amor, porque el Señor es un Dios de justicia. ¡Dichosos todos los que esperan en él!
<sup>19</sup>Pueblo de Sión, que vives en Jerusalén: ya no llorarás más. El Señor tendrá compasión de ti al oír que gritas pidiendo ayuda, y apenas te oiga, te responderá. <sup>20</sup>Y aunque el Señor te dé el pan del sufrimiento y el agua de la aflicción, él, que es tu maestro, no se esconderá más; con tus propios ojos lo verás. <sup>21</sup>Y si te desvías a la derecha o a la izquierda, oirás una voz detrás de ti, que te dirá: "Por aquí es el camino, vayan por aquí." <sup>22</sup>Y despreciarás como cosas impuras tus imágenes de plata y tus ídolos recubiertos de oro. Los rechazarás como algo impuro y los considerarás como basura. <sup>23</sup>El Señor te dará lluvia para la semilla que siembres en la tierra, y la tierra producirá trigo abundante y fértil. En ese día tu ganado tendrá lugar en abundancia para pastar. <sup>24</sup>Hasta los bueyes y los burros que trabajan en tus campos tendrán para comer el mejor y más exquisito forraje. <sup>25</sup>Cuando llegue el día de la gran matanza y caigan las fortalezas, habrá ríos y torrentes de agua en todas las altas montañas y en las colinas elevadas. <sup>26</sup>El Señor curará y vendará las heridas de su pueblo. Entonces la luna alumbrará como el sol, y la luz del sol será siete veces más fuerte, como la luz de siete soles juntos.

### Castigo de Asiria

<sup>27</sup>Miren, el Señor en persona viene de
  lejos;
su furor está ardiendo con espesa
  humareda,
sus labios están llenos de ira,
su lengua es como fuego destructor,
<sup>28</sup>su aliento es como un río desbordado
que llega hasta el cuello;

él viene a poner un yugo a las
  naciones
para llevarlas a la ruina,
a poner un freno en la boca de los
  pueblos
para hacerlos extraviar.
<sup>29</sup>Para ustedes, en cambio, habrá
  cantos,
como en noche de fiesta sagrada;
su corazón estará alegre,
como el de quien camina al son de la
  flauta
para ir al monte del Señor,
al refugio de Israel.
<sup>30</sup>El Señor dejará oír su voz
  majestuosa
y mostrará su poder, que actuará
  con ira terrible,
con las llamas de un fuego
  devorador,
con rayos, aguacero y granizo.
<sup>31</sup>Al oír la voz del Señor y recibir su
  castigo,
Asiria se llenará de terror,
<sup>32</sup>y a cada golpe que descargue el
  Señor sobre ella,
sonarán tambores y arpas.
El Señor le hará una guerra terrible.
<sup>33</sup>Desde hace mucho tiempo
está preparado para Asiria y para su
  rey
el lugar del tormento, ancho y
  profundo,
una hoguera encendida con leña
  abundante.
La encenderá el soplo del Señor,
como un torrente de azufre.

### Contra los que buscan ayuda en Egipto

**31** <sup>1</sup>¡Ay de los que van a Egipto a
  buscar ayuda,<sup>v</sup>
de los que confían en los caballos,
de los que ponen su confianza en que
  tienen muchos carros
y en que es muy numerosa su
  caballería,
y no vuelven la vista al Dios Santo
  de Israel,
no buscan al Señor!<sup>w</sup>
<sup>2</sup>Pero él también es hábil y sabe
  causar desgracias,
y cuando dice una cosa, no se vuelve
  atrás.
Él actuará contra la gente malvada,
contra los que ayudan a los
  malhechores.
<sup>3</sup>Los egipcios son hombres, no dioses;

<sup>v</sup> **31.1-3** Is 30.1-5.   <sup>w</sup> **31.1** Pr 21.31; Is 30.16; Os 1.7.

sus caballos son de carne, no
espíritu.
El Señor extenderá su mano para
castigarlos,
y tanto el protector como el
protegido caerán;
todos perecerán a la vez.

4El Señor me dijo:
"Así como un león que ha matado
una oveja
no se deja asustar por los pastores,
aunque todos ellos se reúnan
y traten de asustarlo con sus gritos,
así vendrá el Señor todopoderoso
a defender a su pueblo en el monte
Sión.
5Como el ave que protege su nido
volando encima de él,
así protegerá el Señor todopoderoso
a Jerusalén;
la cuidará, la salvará,
la defenderá, la librará."

6Hijos de Israel, vuelvan a aquel
a quien han ofendido tan
gravemente.
7Porque el día en que todos ustedes
rechacen los ídolos de oro y de plata
que han hecho con sus manos
culpables,
8Asiria caerá a filo de espada,
pero no por un poder humano.
La guerra hará huir a su gente,
y a sus jóvenes guerreros los harán
esclavos;
9a causa del miedo, su rey saldrá
corriendo
y sus capitanes desertarán de su
bandera.
Esto lo afirma el Señor,
que en Jerusalén tiene una hoguera
para castigar a sus enemigos.56

### Reino de justicia

**32** 1Habrá un rey que reinará con
rectitud
y gobernantes que gobernarán con
justicia.
2Cada uno de ellos será como refugio
contra el viento
y protección contra la tempestad,
como canales de riego en tierra seca,
como la sombra de una gran roca en
el desierto.
3Tendrán los ojos bien abiertos

y estarán dispuestos a escuchar con
atención;
4no actuarán con precipitación sino
con prudencia,
y dirán las cosas con toda claridad.
5La gente no llamará noble al canalla
ni tratará al pícaro como persona de
importancia.
6Porque el canalla habla como canalla
y en su mente hace planes malvados;
busca cometer el crimen
y habla mentiras contra el Señor;
deja ir con las manos vacías al
hambriento
y no da de beber al que tiene sed.
7El que es pícaro se vale de artimañas
y trama cosas infames;
perjudica con mentiras a los pobres
y al necesitado que pide justicia.
8En cambio, el que es noble tiene
planes nobles,
y en esos planes se mantiene firme.

### Contra las mujeres frívolas

9Y ustedes, mujeres despreocupadas,
oigan lo que les voy a decir.
Mujeres confiadas, escuchen mis
palabras.
10Ahora están confiadas,
pero dentro de poco más de un año
se estremecerán,
porque se terminará la cosecha
y no recogerán más uvas.
11Ustedes que viven despreocupadas,
tiemblen;
ustedes que se sienten confiadas,
estremézcanse,
quítense esos vestidos
y pónganse ropas ásperas en señal de
dolor.
12Hagan demostraciones de dolor
por los campos risueños y los fértiles
viñedos.
13Espinos y matorrales crecerán en mi
país,
en toda casa alegre de la ciudad
amiga de las diversiones.
14El palacio estará abandonado;
la ciudad, tan poblada, quedará
desierta;
las fortificaciones, abandonadas
para siempre;
allí vivirán contentos los asnos
salvajes,
y podrá comer el ganado.

15Pero el poder creador del Señor

---

56 *Que en Jerusalén . . . enemigos:* lit. *que en Sión tiene una lumbre, y un horno en Jerusalén.*

vendrá de nuevo sobre nosotros,
y el desierto se convertirá en tierra de
cultivo,
y la tierra de cultivo será mucho más
fértil.ˣ
¹⁶La rectitud y la justicia reinarán
en todos los lugares del país.
¹⁷La justicia producirá paz,
tranquilidad y confianza para
siempre.
¹⁸Mi pueblo vivirá en un lugar
pacífico,
en habitaciones seguras,
en residencias tranquilas,
¹⁹aunque el bosque sea talado⁵⁷
y humillada la ciudad.
²⁰Ustedes vivirán felices,
con riego abundante para sus
sembrados
y pastos seguros para el burro y el
buey.

### Esperanza en el Señor

**33** ¹¡Ay de ti, destructor no
destruido;
traidor no traicionado!
Cuando acabes de destruir, serás
destruido,
cuando acabes de traicionar, serás
traicionado.
²Señor, ten compasión de nosotros,
que esperamos en ti.
Sé nuestro apoyo todas las mañanas,
nuestra salvación en tiempos de
dificultad.
³Al oír tus amenazas huyen los
pueblos,
cuando tú intervienes se dispersan las
naciones;
⁴sus enemigos, como nube de
langostas,
se lanzan sobre ellos y les quitan sus
riquezas.
⁵El Señor es soberano, pues vive en el
cielo;
él ha llenado a Sión de rectitud y
justicia,
⁶y siempre le dará seguridad.
La sabiduría y el conocimiento son
un tesoro que salva;
el temor del Señor es una riqueza.

⁷¡Oye cómo gritan los valientes en la
calle
y cómo lloran los enviados a
negociar la paz!

⁸Los caminos están desiertos,
nadie transita por ellos.
Se rompen los pactos y convenios;⁵⁸
no hay respeto para nadie.
⁹La tierra está de luto y triste,
el Líbano se marchita avergonzado,
el valle de Sarón se ha convertido en
un desierto,
Basán y el monte Carmelo están
pelados.

¹⁰El Señor dice:
"Ahora voy a actuar;
ahora voy a mostrar toda mi
grandeza y majestad.
¹¹Los planes y las obras de ustedes son
paja y basura;
mi soplo⁵⁹ los devorará como un
incendio.
¹²Los pueblos serán reducidos a
cenizas;
como espinos cortados arderán en el
fuego.
¹³Los que están lejos escuchen lo que
he hecho,
y los que están cerca reconozcan mi
poder."

¹⁴En Sión tiemblan los pecadores,
y los impíos se llenan de terror y
dicen:
"¿Quién de nosotros puede vivir
en un fuego destructor, en una
hoguera eterna?"

¹⁵El que procede rectamente y dice la
verdad,
el que no se enriquece abusando de
la fuerza
ni se deja comprar con regalos,
el que no hace caso a sugerencias
criminales
y cierra los ojos para no fijarse en el
mal,ʸ
¹⁶ése vivirá seguro,
tendrá su refugio en una fortaleza de
rocas,
siempre tendrá pan y el agua no le
faltará.

¹⁷De nuevo verás al rey en su
esplendor;
las fronteras del país llegarán hasta
muy lejos.
¹⁸Al recordar el miedo en que vivías,
dirás:

---

⁵⁷ *Sea talado:* según versiones antiguas. Heb. *granizo al caer.*   ⁵⁸ *Y convenios:* traducción probable. Heb. *He ahí, helos
ahí.*   ⁵⁹ *Mi soplo:* según versiones antiguas. Heb. *el soplo de ustedes.*
ˣ **32.15** Is 29.17.   ʸ **33.15** Sal 15.2-5; 24.3-5.

"¿Dónde está el que contaba los
impuestos?
¿Dónde está el que comprobaba el
peso?
¿Dónde está el que contaba las
torres?"
19 Ya no vivirás entre un pueblo
insolente,
de lengua difícil de entender,
de idioma enredado, que nadie
comprende.
20 Mira a Sión, la ciudad de nuestras
fiestas;
dirige tus ojos a Jerusalén, ciudad
segura;
será como un campamento firme,
cuyas estacas no se arrancarán
ni se romperán sus cuerdas.
21 Ahí se muestra glorioso el Señor con
nosotros.
Es un lugar de ríos, de corrientes
muy anchas,
pero no lo invadirán los enemigos
con sus barcos de remo y sus naves
poderosas.
22-23 Las cuerdas de esas naves
no pueden sostener el mástil;
la vela no se puede extender.
Arrebataremos tantas riquezas a los
enemigos,
que hasta el ciego recibirá su parte
y los lisiados se dedicarán al saqueo.
Porque el Señor es nuestro juez,
nuestro legislador y nuestro rey,
y él nos salvará.
24 Ningún habitante dirá: "Estoy
enfermo."
Dios perdonará los pecados a los
habitantes de Sión.

### Castigo de Dios sobre Edom

**34** 1 Acérquense, pueblos, a escuchar;
naciones, presten atención.
Que escuche la tierra y lo que hay en
ella,
el mundo y todo lo que él produce.
2 Porque el Señor está enojado
con las naciones y con todos sus
ejércitos,
y los ha condenado a destrucción y
muerte.
3 Los muertos serán abandonados,
el mal olor se levantará de los
cadáveres
y ríos de sangre correrán por las
montañas.

4 Todos los astros del cielo se
desintegrarán,
el cielo se envolverá como un rollo
y todas las estrellas se apagarán,
como se marchita y cae una hoja
desprendida
de una vid o de una higuera.z
5 Sí, la espada del Señor aparece en el
cielo
y va a caer sobre Edom,a
pueblo condenado a muerte.
6 La espada del Señor se cubrirá de
sangre y de grasa,
como cuando se matan corderos y
cabras en los sacrificios.
El Señor va a hacer un sacrificio en
Bosra,
una gran matanza en Edom.
7 Y caerán como los búfalos,
los becerros y los toros;
su tierra se empapará de sangre,
y el polvo se llenará de grasa.
8 Sí, será el día de la venganza del
Señor,
el año del desquite, para la causa de
Sión.
9 Los arroyos de Edom se convertirán
en brea,
su polvo en azufre;
la tierra arderá como brea.
10 No se apagará ni de día ni de noche;
siempre se levantará su humareda.b
Por siglos y siglos quedará
abandonada;
nadie volverá a pasar jamás por allí.
11 Allí se instalarán el búho y el
mochuelo,
y harán sus nidos el cuervo y la
lechuza.
El Señor convertirá ese país
en desierto y soledad.
12 No volverá a tener un rey que lo
gobierne;
todos sus jefes desaparecerán.
13 En sus palacios crecerán espinos,
y ortigas y cardos en sus fortalezas.
Será un lugar donde vivan los
chacales
y se refugien los avestruces.
14 Los gatos monteses harán compañía
a los chacales,
las cabras se llamarán unas a otras.
Allí habitará el fantasma que
espanta de noche,
y encontrará sitio para descansar.
15 Allí el búho hará su nido,
pondrá sus huevos y sacará sus crías,

---

z 34.4 Ap 6.13-14.   a 34.5-17 Is 63.1-6; Jer 49.7-22; Ez 25.12-14; 35.1-15; Am 1.11-12; Abd 1-14; Mal 1.2-5.
b 34.10 Ap 14.11; 19.3.

y las reunirá para protegerlas.
Allí también se reunirán los
    gavilanes,
cada macho con su hembra.
[16]Consulten el libro del Señor y lean:
No faltará ni uno solo de esos
    animales,
y a ninguno le faltará su hembra,
porque el Señor mismo lo ha
    dispuesto
y con su soplo los reunirá.
[17]A cada uno le ha señalado su lugar,
con su mano le ha asignado su
    territorio,
y lo ocuparán por siempre;
por siglos y siglos vivirán allí.

### Regreso del pueblo a Sión

**35** [1]Que se alegre el desierto, tierra
        seca;
que se llene de alegría, que florezca,
[2]que produzca flores como el lirio,
que se llene de gozo y alegría.
Dios lo va a hacer tan bello como el
    Líbano,
tán fértil como el Carmelo y el valle
    de Sarón.
Todos verán la gloria del Señor,
la majestad de nuestro Dios.
[3]Fortalezcan a los débiles,
den valor a los cansados,[c]
[4]digan a los tímidos:
"¡Animo, no tengan miedo!
¡Aquí está su Dios para salvarlos,
y a sus enemigos los castigará como
    merecen!"
[5]Entonces los ciegos verán
y los sordos oirán;
[6]los lisiados saltarán como venados
y los mudos gritarán.[d]
En el desierto, tierra seca,
brotará el agua a torrentes.
[7]El desierto será un lago,
la tierra seca se llenará de
    manantiales.
Donde ahora viven los chacales,
crecerán cañas y juncos.
[8]Y habrá allí una calzada
que se llamará "el camino sagrado".
Los que no estén purificados
no podrán pasar por él;
los necios no andarán por él.[e]
[9]Allí no habrá leones
ni se acercarán las fieras.
Por ese camino volverán los
    libertados,
[10]los que el Señor ha redimido;

entrarán en Sión con cantos de
    alegría,
y siempre vivirán alegres.
Hallarán felicidad y dicha,
y desaparecerán el llanto y el dolor.[f]

### La invasión de Senaquerib
#### (2 R 18.13-37; 2 Cr 32.1-19)

**36** [1]En el año catorce del reinado de
        Ezequías, Senaquerib, rey de Asi-
ria, atacó a todas las ciudades fortificadas
de Judá y las tomó. [2]Desde Laquis envió a
un alto oficial, con un poderoso ejército,
a ver al rey Ezequías en Jerusalén, y se
colocaron junto al canal del estanque
superior, en el camino que va al campo
del Lavador de Paños. [3]Allá salieron a su
encuentro Eliaquim, hijo de Hilcías, que
era mayordomo de palacio; el cronista
Sebna; y Joa, hijo de Asaf, el secretario
del rey. [4]El oficial asirio les dijo:
—Comuniquen a Ezequías este mensaje
del gran rey, el rey de Asiria: '¿De qué te
sientes tan seguro? [5]¿Piensas acaso que
las palabras bonitas valen lo mismo que la
táctica y la fuerza para hacer la guerra?
¿En quién confías para rebelarte contra
mí? [6]Veo que confías en el apoyo de
Egipto. Pues bien, Egipto es una caña
astillada,[g] que si uno se apoya en ella, se
le clava y le atraviesa la mano. Eso es el
faraón, rey de Egipto, para todos los que
confían en él. [7]Y si me dices: Nosotros
confiamos en el Señor nuestro Dios,
¿acaso no suprimió Ezequías los lugares
de culto y los altares de ese Dios, y ordenó
que la gente de Judá y Jerusalén le diera
culto solamente en un altar? [8]Haz un
trato con mi amo, el rey de Asiria: yo te
doy dos mil caballos, si consigues jinetes
para ellos. [9]Tú no eres capaz de hacer huir
ni al más insignificante de los oficiales asirios, ¿y esperas conseguir jinetes y caballos en Egipto? [10]Además, ¿crees que yo
he venido a atacar y destruir este país sin
contar con el Señor? ¡Él fue quien me
ordenó atacarlo y destruirlo!'
[11]Eliaquim, Sebna y Joa respondieron
al oficial asirio:
—Por favor, háblenos usted en arameo, pues nosotros lo entendemos. No
nos hable usted en hebreo, pues toda la
gente que hay en la muralla está escuchando.
[12]Pero el oficial asirio dijo:
—No fue a tu amo, ni a ustedes, a quienes el rey de Asiria me mandó que dijera

c 35.3 He 12.12.  d 35.5-6 Mt 11.5; Lc 7.22.  e 35.6-8 Is 41.18; 43.19-20; 44.3-4.  f 35.10 Is 51.11.  g 36.6 2 R 18.21; Ez 29.6-7.

esto. Fue precisamente a la gente que está sobre la muralla, pues ellos, lo mismo que ustedes, tendrán que comerse su propio estiércol y beberse sus propios orines. 13Entonces el oficial, de pie, gritó bien fuerte en hebreo:

—Oigan lo que les dice el gran rey, el rey de Asiria: 14'No se dejen engañar por Ezequías; él no puede salvarlos.' 15Si Ezequías quiere convencerlos de que confíen en el Señor, y les dice: 'El Señor ciertamente nos salvará; él no permitirá que esta ciudad caiga en poder del rey de Asiria', 16no le hagan caso. El rey de Asiria me manda a decirles que hagan las paces con él, y que se rindan, y así cada uno podrá comer del producto de su viñedo y de su higuera y beber el agua de su propia cisterna. 17Después los llevará a un país parecido al de ustedes, un país de trigales y viñedos, para hacer pan y vino. 18Si Ezequías les dice que el Señor los va a salvar, no se dejen engañar por él. ¿Acaso alguno de los dioses de los otros pueblos pudo salvar a su país del poder del rey de Asiria? 19¿Dónde están los dioses de Hamat y de Arfad? ¿Dónde están los dioses de Sefarvaim? ¿Acaso pudieron salvar del poder de Asiria a Samaria? 20¿Cuál de todos los dioses de esos países pudo salvar a su nación del poder del rey de Asiria? ¿Por qué piensan que el Señor puede salvar a Jerusalén?

21Ellos se quedaron callados y no le respondieron ni una palabra, porque el rey había ordenado que no respondieran nada. 22Entonces, afligidos, Eliaquim, mayordomo de palacio; Sebna, cronista; y Joa, secretario del rey, se rasgaron la ropa y se fueron a ver a Ezequías para contarle lo que había dicho el comandante asirio.

### El Señor libra a Judá del invasor
(2 R 19.1-37; 2 Cr 32.20-23)

**37** 1Cuando el rey Ezequías oyó esto, se rasgó sus vestiduras, se puso ropas ásperas en señal de dolor y se fue al templo del Señor. 2Y envió a Eliaquim, mayordomo de palacio, al cronista Sebna y a los sacerdotes más ancianos, con ropas ásperas en señal de dolor, a ver al profeta Isaías, hijo de Amoz, 3y a decirle de parte del rey: "Hoy estamos en una situación de angustia, castigo y humillación; como una mujer que, a punto de dar a luz, se quedara sin fuerzas. 4Ojalá el Señor tu Dios haya oído las palabras del oficial enviado por su amo, el rey de Asiria, para insultar al Dios viviente, y ojalá lo castigue por las cosas que el Señor mismo, tu Dios, habrá oído. Ofrece, pues, una oración por los que aún quedan.''

5Los funcionarios del rey Ezequías fueron a ver a Isaías, 6e Isaías les encargó que respondieran a su amo: "El Señor dice: 'No tengas miedo de esas palabras ofensivas que dijeron contra mí los criados del rey de Asiria. 7Mira, yo voy a hacer que llegue a él un rumor que lo obligue a volver a su país, y allí lo haré morir asesinado.' ''

8El oficial asirio se enteró de que el rey de Asiria se había ido de la ciudad de Laquis. Entonces se fue de Jerusalén, y encontró al rey de Asiria atacando a Libna. 9Allí el rey de Asiria oyó decir que el rey Tirhaca de Etiopía había emprendido una campaña militar contra él. Una vez más, el rey de Asiria envió embajadores al rey Ezequías de Judá, a decirle: 10"Tu Dios, en el que tú confías, te asegura que Jerusalén no caerá en mi poder; pero no te dejes engañar por él. 11Tú has oído lo que han hecho los reyes de Asiria con todos los países que han querido destruir. ¿Y te vas a salvar tú? 12¿Acaso los dioses salvaron a los otros pueblos que mis antepasados destruyeron: a Gozán, a Harán, a Resef, y a la gente de Bet-edén que vivía en Telasar? 13¿Dónde están los reyes de Hamat, de Arfad, de Sefarvaim, de Hena y de Iva?''

14Ezequías tomó la carta que le entregaron los embajadores, y la leyó. Luego se fue al templo y, extendiendo la carta delante del Señor, 15oró así: 16"Señor todopoderoso, Dios de Israel, que tienes tu trono sobre los querubines, tú solo eres Dios de todos los reinos de la tierra; tú creaste el cielo y la tierra. 17Pon atención, Señor, y escucha. Abre tus ojos, Señor, y mira. Escucha las palabras que Senaquerib mandó decirme, palabras todas ellas ofensivas contra ti, el Dios viviente. 18Es cierto, Señor, que los reyes de Asiria han destruido todas las naciones y sus tierras, 19y que han echado al fuego sus dioses, porque en realidad no eran dioses, sino objetos de madera o de piedra hechos por el hombre. Por eso los destruyeron. 20Ahora pues, Señor y Dios nuestro, sálvanos de su poder, para que todas las naciones de la tierra sepan que tú, Señor, eres el único Dios.''

21Entonces Isaías mandó a decir a Ezequías: "Esto dice el Señor, Dios de Israel: 'Yo he escuchado la oración que me hiciste acerca de Senaquerib, rey de Asiria.' ''

²²Estas son las palabras que dijo el Señor acerca del rey de Asiria:

"La ciudad de Sión, como una
      muchacha,
se ríe de ti, Senaquerib.
Jerusalén mueve burlonamente la
      cabeza
cuando tú te retiras.
²³¿A quién has ofendido e insultado?
¿Contra quién alzaste la voz
y levantaste los ojos altaneramente?
¡Contra el Dios Santo de Israel!
²⁴Por medio de tus funcionarios
      insultaste al Señor.
Dijiste:
'Con mis innumerables carros de
      guerra
subí a las cumbres de los montes,
a lo más empinado del Líbano.
Corté sus cedros más altos,
sus pinos más bellos.
Alcancé sus cumbres más altas,
y sus bosques, que parecen jardines.
²⁵En tierras extrañas
cavé pozos y bebí de esa agua,
y con las plantas de mis pies
sequé todos los ríos de Egipto.'
²⁶¿Pero no sabías que soy yo, el Señor,
quien ha dispuesto todas estas cosas?
Desde tiempos antiguos lo había
      planeado,
y ahora lo he realizado;
por eso tú destruyes ciudades
      fortificadas
y las conviertes en montones de
      ruinas.
²⁷Sus habitantes, impotentes,
llenos de miedo y vergüenza,
han sido como hierba del campo,
como pasto verde,
como hierba que crece en los tejados
y que es quemada por el viento del
      este.
²⁸Yo conozco todos tus movimientos
y todas tus acciones;
yo sé que te has enfurecido contra
      mí.
²⁹Y como conozco tu furia y tu
      arrogancia,
voy a ponerte una argolla en la
      nariz,
un freno en la boca,
y te haré volver por el camino
por donde viniste.''

³⁰Isaías dijo entonces a Ezequías:

"Esta será una señal de lo que va a
      suceder:
este año y el siguiente comerán
      ustedes
el trigo que nace por sí solo,
pero al tercer año podrán sembrar y
      cosechar,
plantar viñedos y comer de sus
      frutos.
³¹Los sobrevivientes de Judá serán
      como plantas:
echarán raíces y producirán fruto,
³²porque un resto quedará en
      Jerusalén;
en el monte Sión habrá
      sobrevivientes.
Esto lo hará el ardiente amor del
      Señor todopoderoso.

³³"Acerca del rey de Asiria dice el
      Señor:
'No entrará en Jerusalén,
no le disparará ni una flecha,
no la atacará con escudos
ni construirá una rampa a su
      alrededor.
³⁴Por el mismo camino por donde
      vino, se volverá;
no entrará en esta ciudad.
Yo, el Señor, doy mi palabra.
³⁵Yo protegeré esta ciudad
y la salvaré,
por consideración a mi siervo David
y a mí mismo.' ''

³⁶Y el ángel del Señor fue y mató a ciento ochenta y cinco mil hombres del campamento asirio; al día siguiente, todos amanecieron muertos. ³⁷Entonces Senaquerib, rey de Asiria, levantó el campamento y regresó a Nínive. ³⁸Y un día, cuando estaba adorando en el templo de Nisroc, su dios, sus hijos Adramelec y Sarezer fueron y lo asesinaron, y huyeron a la región de Ararat. Después reinó en su lugar su hijo Esarhadón.

### Enfermedad y curación de Ezequías
*(2 R 20.1-11; 2 Cr 32.24-26)*

**38** ¹Por aquel tiempo Ezequías cayó gravemente enfermo, y el profeta Isaías, hijo de Amoz, fue a verlo y le dijo:

—El Señor dice: 'Da tus últimas instrucciones a tu familia, porque vas a morir. No te curarás.'

²Ezequías volvió la cara hacia la pared y oró así al Señor:

³"Yo te suplico, Señor, que te acuerdes de cómo te he servido fiel y sinceramente, haciendo lo que te agrada.'' Y lloró amargamente.

⁴El Señor ordenó a Isaías ⁵que fuera y le dijera a Ezequías: "El Señor, Dios de tu antepasado David, dice: 'Yo he escuchado tu oración y he visto tus lágrimas. Voy a darte quince años más de vida. ⁶A ti y a Jerusalén los libraré del rey de Asiria. Yo protegeré esta ciudad.' ''

²¹Isaías mandó hacer una pasta de higos para que se la aplicaran al rey en la parte enferma, y el rey se curó. ²²Entonces Ezequías preguntó a Isaías:

—¿Por medio de qué señal voy a darme cuenta de que puedo ir al templo del Señor?⁶⁰

⁷Isaías respondió:

—Esta es la señal que el Señor te dará en prueba de que te cumplirá su promesa: ⁸En el reloj de sol de Acaz voy a hacer que la sombra del sol retroceda las diez gradas que ya ha bajado.

Y la sombra del sol retrocedió las diez gradas que ya había bajado.

⁹Cuando el rey Ezequías de Judá sanó de su enfermedad, compuso este salmo:

¹⁰Yo había pensado:
En lo mejor de mi vida tendré que
    irme;
se me ordena ir al reino de la muerte
por el resto de mis días.
¹¹Yo pensé: Ya no veré más al Señor
    en esta tierra,
no volveré a mirar a nadie
de los que viven en el mundo.
¹²Deshacen mi habitación, me la
    quitan,
como tienda de pastores.
Mi vida era cual la tela de un
    tejedor,
que es cortada del telar.
De día y de noche me haces sufrir.
¹³Grito de dolor toda la noche,
como si un león estuviera
    quebrándome los huesos.
De día y de noche me haces sufrir.
¹⁴Me quejo suavemente como las
    golondrinas,
gimo como las palomas.
Mis ojos se cansan de mirar al cielo.
¡Señor, estoy oprimido, responde tú
    por mí!
¹⁵¿Pero qué podré yo decirle,

si él fue quien lo hizo?
El sueño se me ha ido
por la amargura de mi alma.
¹⁶Aquellos a quienes el Señor protege,
    vivirán,
y con todos ellos viviré yo.⁶¹

Tú me has dado la salud, me has
    devuelto la vida.
¹⁷Mira, en vez de amargura, ahora
    tengo paz.
Tú has preservado⁶² mi vida
de la fosa destructora,
porque has perdonado todos mis
    pecados.
¹⁸Quienes están en el sepulcro no
    pueden alabarte,
los muertos no pueden darte gloria,
los que bajan a la fosa
no pueden esperar tu fidelidad.ʰ
¹⁹Sólo los que viven pueden alabarte,
como hoy lo hago yo.
Los padres hablan a sus hijos
de tu fidelidad.
²⁰El Señor está aquí para salvarme.
Toquemos nuestras arpas y cantemos
todos los días de nuestra vida
en el templo del Señor.⁶³

### Ezequías recibe a los enviados de Babilonia
(2 R 20.12-19; 2 Cr 32.27-31)

**39** ¹Por aquel tiempo el rey Merodac-baladán, hijo de Baladán, rey de Babilonia, oyó decir que Ezequías había estado enfermo pero que ya había recobrado la salud, y por medio de unos mensajeros le envió cartas y un regalo. ²Ezequías se alegró de su llegada y les mostró su tesoro, la plata y el oro, los perfumes, el aceite fino y su depósito de armas, y todo lo que se encontraba en sus depósitos. No hubo nada en su palacio ni en todo su reino que no les mostrara. ³Entonces fue el profeta Isaías a ver al rey Ezequías, y le preguntó:

—¿De dónde vinieron esos hombres, y qué te dijeron?

Ezequías respondió:

—Vinieron de un país lejano; vinieron de Babilonia.

⁴Isaías le preguntó:

—¿Y qué vieron en tu palacio?

Ezequías contestó:

---

⁶⁰ Vs. 21-22: trasladados aquí, según 2 R. 20.7-8.   ⁶¹ ¿Pero qué podré yo decirle, . . . viviré yo: traducción probable. Heb. oscuro.   ⁶² Has preservado: según versiones antiguas. Heb. has amado.   ⁶³ Véase nota 60.
ʰ 38.18-19 Sal 88.10-12; Eclo 17.27-28; Bar 2.17-18.

—Vieron todo lo que hay en él. No hubo nada en mis depósitos que yo no les mostrara.

[5] Isaías dijo entonces a Ezequías:

—Escucha este mensaje del Señor todopoderoso: [6] 'Van a venir días en que todo lo que hay en tu palacio y todo lo que juntaron tus antepasados hasta el día de hoy, será llevado a Babilonia. No quedará aquí nada. [7] Aun a algunos de tus propios descendientes se los llevarán a Babilonia, los castrarán y los pondrán como criados en el palacio del rey.'[i]

[8] Ezequías, pensando que al menos durante su vida habría paz y seguridad, respondió a Isaías:

—El mensaje que me has traído de parte del Señor es favorable.

### El Señor consuela a Jerusalén

**40** [1] El Dios de ustedes dice:
"Consuelen, consuelen a mi pueblo;
[2] hablen con cariño a Jerusalén
y díganle que su esclavitud ha terminado,
que ya ha pagado por sus faltas,
que ya ha recibido de mi mano
el doble del castigo por todos sus pecados."

[3] Una voz grita:
"Preparen al Señor un camino en el desierto,
tracen para nuestro Dios
una calzada recta en la región estéril.[j]
[4] Rellenen todas las cañadas,
allanen los cerros y las colinas,
conviertan la región quebrada y montañosa
en llanura completamente lisa.
[5] Entonces mostrará el Señor su gloria,
y todos los hombres juntos la verán.[k]
El Señor mismo lo ha dicho."

[6] Una voz dice: "Grita",
y yo pregunto: "¿Qué debo gritar?"
"Que todo hombre es como hierba,
¡tan firme como una flor del campo!
[7] La hierba se seca y la flor se marchita
cuando el soplo del Señor pasa sobre ellas.

Ciertamente la gente es como hierba.
[8] La hierba se seca y la flor se marchita,
pero la palabra de nuestro Dios
permanece firme para siempre."[l]

[9] Súbete, Sión, a la cumbre de un monte,
levanta con fuerza tu voz
para anunciar una buena noticia.
Levanta sin miedo la voz, Jerusalén,
y anuncia a las ciudades de Judá:
"¡Aquí está el Dios de ustedes!"
[10] Llega ya el Señor con poder,
sometiéndolo todo con la fuerza de su brazo.
Trae a su pueblo
después de haberlo rescatado.[m]
[11] Viene como un pastor[n] que cuida su rebaño;
levanta los corderos en sus brazos,
los lleva junto al pecho
y atiende con cuidado a las recién paridas.

### Grandeza del Dios de Israel

[12] ¿Quién ha medido el océano con la palma de la mano,
o calculado con los dedos la extensión del cielo?
¿Quién ha puesto en una medida todo el polvo de la tierra,
o ha pesado en balanza las colinas y montañas?[ñ]
[13] ¿Quién ha corregido al Señor
o quién le ha dado instrucciones?[o]
[14] ¿Quién le dio consejos y entendimiento?
¿Quién le enseñó a juzgar con rectitud?
¿Quién lo instruyó en la ciencia?
¿Quién le dio lecciones de sabiduría?
[15] Para él las naciones son como una gota de agua,
como un grano de polvo en la balanza;
los países del mar valen lo que un grano de arena. *
[16] En todo el Líbano no hay animales suficientes
para ofrecerle un holocausto,
ni leña suficiente para el fuego.
[17] Todas las naciones no son nada en su presencia;
para él no tienen absolutamente ningún valor.

[i] 39.6-7 2 R 24.10-16; 2 Cr 36.10; Dn 1.1-7.  [j] 40.3 Mt 3.3; Mr 1.3; Jn 1.23.  [k] 40.3-5 Bar'5.7; Lc 3.4-6.  [l] 40.6-8 Stg 1.10-11; 1 P 1.24-25.  [m] 40.10 Is 62.11.  [n] 40.11 Ez 34; Eclo 18.13; Lc 15.5; Jn 10.11.  [ñ] 40.12 Job 38.4-11; Pr 8.29.
[o] 40.13 Eclo 42.21; Ro 11.34; 1 Co 2.16.  * 40.15 Sab 11.22.

<sup>18</sup>¿Con quién van ustedes a comparar
a Dios?
¿Con qué imagen van a
representarlo?
<sup>19</sup>Un escultor funde una estatua,
y un joyero la recubre de oro
y le hace cadenas de plata.*p*
<sup>20</sup>El que fabrica una estatua
escoge madera que no se pudra,
y busca un hábil artesano
que la afirme, para que no se caiga.*q*

<sup>21</sup>¿Acaso no lo sabían ustedes?
¿No lo habían oído decir?
¿No se lo contaron desde el
principio?
¿No lo han comprendido desde la
creación del mundo?
<sup>22</sup>Dios tiene su trono sobre la bóveda
que cubre la tierra,
y ve a los hombres como si fueran
saltamontes.
El extiende el cielo como un toldo,
lo despliega como una tienda de
campaña.
<sup>23</sup>El convierte en nada a los grandes
hombres
y hace desaparecer a los jefes de la
tierra.
<sup>24</sup>Son como plantas tiernas, recién
plantadas,
que apenas han echado raíces en la
tierra.
Si Dios sopla sobre ellos, se
marchitan,
y el huracán se los lleva como a paja.
<sup>25</sup>El Dios Santo pregunta:
"¿Con quién me van a comparar
ustedes?
¿Quién puede ser igual a mí?"
<sup>26</sup>Levanten los ojos al cielo y miren:
¿Quién creó todo eso?
El que los distribuye uno por uno
y a todos llama por su nombre.
Tan grande es su poder y su fuerza
que ninguno de ellos falta.
<sup>27</sup>Israel, pueblo de Jacob,
¿por qué te quejas? ¿Por qué dices:
"El Señor no se da cuenta de mi
situación;
Dios no se interesa por mí"?
<sup>28</sup>¿Acaso no lo sabes? ¿No lo has
oído?
El Señor, el Dios eterno,
el creador del mundo entero,
no se fatiga ni se cansa;

su inteligencia es infinita.
<sup>29</sup>El da fuerzas al cansado,
y al débil le aumenta su vigor.
<sup>30</sup>Hasta los jóvenes pueden cansarse y
fatigarse,
hasta los más fuertes llegan a caer,
<sup>31</sup>pero los que confían*r* en el Señor
tendrán siempre nuevas fuerzas
y podrán volar como las águilas;*s*
podrán correr sin cansarse
y caminar sin fatigarse.

### Dios promete la liberación a Israel

**41** <sup>1</sup>"Callen ante mí, países del mar.
Naciones, ármense de todo su
valor.
Vengan, para que hablemos de este
asunto;
vamos a reunirnos para discutirlo.
<sup>2</sup>¿Quién fue el que hizo aparecer en el
oriente
a ese rey que siempre sale victorioso?
¿Quién le entrega las naciones
y hace que los reyes se le humillen,
para que con su espada y su arco
los triture y los disperse como a
paja?
<sup>3</sup>¿Quién hace que los persiga y que
avance tranquilo
como si no tocara el camino con los
pies?
<sup>4</sup>¿Quién ha realizado esta obra?
¿Quién, desde el principio,
ha ordenado el curso de la historia?
Yo, el Señor, el único Dios,
el primero y el último.*t*
<sup>5</sup>Los países del mar lo vieron
y se llenaron de miedo;
la tierra tembló de un extremo a
otro.
Ya se acercan, ya vienen."

<sup>6</sup>Cada artesano ayuda
y anima a su compañero.
<sup>7</sup>El escultor anima al joyero;
el que martilla anima al que golpea
el yunque,
y dice si la soldadura es buena,
y luego asegura la estatua con clavos
para que no se tambalee.*6ª*

<sup>8</sup>"Escucha, Israel, pueblo de Jacob,
mi siervo, a quien yo he elegido,
pueblo descendiente de mi amigo
Abraham:*u*
<sup>9</sup>Yo te saqué del extremo de la tierra,

*6ª* Los vs. 6-7 corresponden al tema tratado en 40.19-20.
*p* 40.18-19 Hch 17.29.   *q* 40.18-20 Is 41.6-7; 44.9-20; Jer 10.1-16; Sab 13.10-14.21; Bar 6.7-72.   *r* 40.31 Sal 25.3; 33.20-21;
Is 49.23.   *s* 40.31 Sal 103.5.   *t* 41.4 Is 43.10; 44.6; Ap 1.8,17; 22.13.   *u* 41.8 2 Cr 20.7; Stg 2.23.

te llamé desde el rincón más alejado
y te dije: 'Tú eres mi siervo.'
Yo te elegí y no te he rechazado.
¹⁰No tengas miedo, pues yo estoy
contigo;
no temas, pues yo soy tu Dios.
Yo te doy fuerzas, yo te ayudo,
yo te sostengo con mi mano
victoriosa.
¹¹Todos los que te odian
quedarán avergonzados y
humillados;
los que luchan contra ti
quedarán completamente
exterminados.
¹²Buscarás a tus enemigos
y no los encontrarás;
los que te hacen la guerra
serán como si no existieran.
¹³Porque yo, el Señor tu Dios,
te he tomado de la mano;
yo te he dicho: 'No tengas miedo, yo
te ayudo.' ''

¹⁴El Señor afirma:
''Israel, pueblo de Jacob,
por pequeño y débil que seas,
no tengas miedo; yo te ayudo.
Yo, el Dios Santo de Israel, soy tu
salvador.
¹⁵Haré de ti un instrumento de trillar,
nuevo y con buenos dientes;
trillarás los montes, los harás polvo,
convertirás en paja las colinas.
¹⁶Los aventarás y el viento se los
llevará;
el huracán los desparramará.
Entonces tú te alegrarás en el Señor,
estarás orgulloso del Dios Santo de
Israel.

¹⁷''La gente pobre y sin recursos busca
agua
y no la encuentra.
Tienen la lengua reseca por la sed;
pero yo, el Señor, los atenderé,
yo, el Dios de Israel, no los
abandonaré.
¹⁸Haré brotar ríos en los cerros
desiertos
y manantiales en medio de los valles;
convertiré el desierto en ciénagas,
haré brotar arroyos en la tierra
seca.ᵛ
¹⁹En el desierto plantaré cedros,
acacias, arrayanes y olivos;

en la tierra seca haré crecer pinos
juntamente con abetos y cipreses,
²⁰para que todo el mundo vea y sepa,
y ponga atención y entienda
que yo, el Señor, he hecho esto con
mi poder,
que yo, el Dios Santo de Israel, lo he
creado.''

### Dios desafía a los falsos dioses

²¹El Señor, el rey de Jacob, dice:
''Vengan, ídolos, a presentar su
defensa,
vengan a defender su causa.
²²Vengan a anunciarnos el futuro
y a explicarnos el pasado,
y pondremos atención;
anúnciennos las cosas por venir,
para ver en qué terminan;
²³dígananos qué va a suceder después,
demuéstrennos que en verdad son
dioses.
Hagan lo que puedan, bueno o
malo,
algo que nos llene de miedo y de
terror.
²⁴¡Pero ustedes no son nada
ni pueden hacer nada!ʷ
Despreciable es aquel que los escoge
a ustedes.

²⁵''Hice aparecer un hombre en el
oriente;
lo he llamado por su nombre,⁶⁵
y llega por el norte.
Pisotea a los gobernantes como si
fueran barro;
como el alfarero, que amasa el barro
con sus pies.
²⁶¿Quién anunció esto desde el
comienzo,
para que lo supiéramos?
¿Quién lo predijo desde antes,
para que admitiéramos que tiene la
razón?
Ninguno de ustedes lo anunció,
nadie les oyó decir una palabra.
²⁷Yo fui quien lo anunció⁶⁶ a Sión
desde el principio,
y quien envió a Jerusalén un
mensajero
para decirle que su gente pronto
volvería.
²⁸Miro, y ninguno de los otros dioses
aparece;
nadie que pueda dar consejo,

---

⁶⁵ *Lo he llamado por su nombre:* otra posible traducción: *él invoca mi nombre.* ⁶⁶ *Yo fui quien lo anunció:* texto probable.
*He ahí, helos ahí.*
ᵛ **41.18** Is 35.6-8; 43.19-20; 44.3-4. ʷ **41.23-24,29** Jer 10.5.

nadie que responda a mis preguntas.
²⁹¡Ninguno de ellos es nada!
Nada pueden hacer;
no son más que ídolos vacíos.

### El siervo del Señor

**42** ¹"Aquí está mi siervo, a quien
sostengo,
mi elegido, en quien me deleito.ˣ
He puesto en él mi espíritu
para que traiga la justicia a todas las
naciones.
²No gritará, no levantará la voz,
no hará oír su voz en las calles,
³no acabará de romper la caña
quebrada
ni apagará la mecha que arde
débilmente.
Verdaderamente traerá la justicia.
⁴No descansará ni su ánimo se
quebrará,
hasta que establezca la justicia en la
tierra.
Los países del mar estarán atentos a
sus enseñanzas."ʸ

⁵Dios, el Señor, que creó el cielo y lo
extendió,
que formó la tierra y lo que crece en
ella,
que da vida y aliento a los hombres
que la habitan,ᶻ
dice a su siervo:
⁶"Yo, el Señor, te llamé
y te tomé por la mano,
para que seas instrumento de
salvación;
yo te formé, pues quiero que seas
señal de mi pacto con el pueblo,
luz de las naciones.ᵃ
⁷Quiero que des vista a los ciegos
y saques a los presos de la cárcel,
del calabozo donde viven en la
oscuridad.
⁸Yo soy el Señor, ése es mi nombre,
y no permitiré que den mi gloria a
ningún otroᵇ
ni que honren a los ídolos en vez de
a mí.
⁹Miren cómo se cumplió todo lo que
antes anuncié,
y ahora voy a anunciar cosas nuevas;
se las hago saber a ustedes antes que
aparezcan."

### Himno de alabanza por la acción salvadora de Dios

¹⁰Canten al Señor un canto nuevo;
desde lo más lejano de la tierra
alábenle
quienes navegan por el mar
y los animales que viven en él,
los países del mar y sus habitantes.ᶜ
¹¹Que se alegren el desierto y sus
ciudades
y los campamentos de la tribu de
Cedar.
Que canten de gozo los habitantes de
Sela;
que alcen la voz desde las cumbres
de los montes.
¹²Que den gloria al Señor
y proclamen su alabanza en los
países del mar.
¹³El Señor saldrá como un héroe
y luchará con ardor como un
guerrero;
alzará la voz, dará el grito de batalla
y derrotará a sus enemigos.

¹⁴El Señor dice:
"Por mucho tiempo me quedé
callado,
guardé silencio y me contuve;
pero ahora voy a gritar como mujer
de parto,
gimiendo y suspirando.
¹⁵Voy a destruir montañas y colinas,
y a dejar seca toda su vegetación;
voy a convertir los ríos en
desiertos⁶⁷
y a dejar secas las lagunas.
¹⁶Llevaré a los ciegos por caminos
y senderos que no conocían.
Convertiré la oscuridad en luz
delante de ellos,
y en terreno llano los lugares
quebrados.
Estas cosas las haré sin falta.
¹⁷Los que confían en un ídolo,
los que a unas estatuas dicen:
'Ustedes son nuestros dioses',
se alejarán avergonzados.ᵈ

### Ceguera de Israel

¹⁸"Sordos, escuchen;
ciegos, fíjense y vean.
¹⁹Nadie hay tan ciego ni tan sordo
como mi siervo, mi enviado,
nadie tan ciego ni tan sordo

---

⁶⁷ *Desiertos:* texto probable. Heb. *países del mar.*
ˣ **42.1** Mt 3.17; 17.5; Mr 1.11; Lc 3.22; 9.35.  ʸ **42.1-4** Mt 12.18-21.  ᶻ **42.5** Gn 1-2; Hch 17.24-25.  ᵃ **42.6** Is 49.6; 60.1-3; Lc 2.32;
Jn 8.12; Hch 13.47; 26.23.  ᵇ **42.8** Is 48.11.  ᶜ **42.10** Sal 96.1; 149.1.  ᵈ **42.17** Is 45.16,20.

como mi mensajero, el siervo del
Señor.
20 Ha visto muchas cosas, pero no se
fija en ellas;
puede oír, pero no escucha nada.
21 El Señor, por ser un Dios que salva,
quiso hacer grande y gloriosa su
enseñanza;
22 pero a este pueblo lo roban y
saquean,
a todos los han hecho caer presos,
los han encerrado en calabozos;
se apoderan de ellos, y no hay quien
los libre;
los secuestran, y no hay quien los
rescate.''

23 ¿Pero quién de ustedes hace caso de
esto?
¿Quién está dispuesto a escuchar lo
que va a suceder?
24 ¿Quién permitió que Israel, el pueblo
de Jacob,
fuera conquistado y secuestrado?
¿No es verdad que fue el Señor?
Ellos pecaron contra él,
no quisieron seguir por el camino
que él les había señalado,
ni obedecieron su enseñanza.
25 Por eso se enojó con ellos y los
castigó
con una guerra violenta que los hizo
arder en llamas;
mas ni aun así quisieron entender.

### El Señor es el único Salvador

**43** ¹ Pero ahora, Israel, pueblo de
Jacob,
el Señor que te creó te dice:
''No temas, que yo te he libertado;
yo te llamé por tu nombre, tú eres
mío.
² Si tienes que pasar por el agua, yo
estaré contigo,
si tienes que cruzar ríos, no te
ahogarás;
si tienes que pasar por el fuego, no te
quemarás,
las llamas no arderán en ti.
³ Pues yo soy tu Señor, tu salvador,
el Dios Santo de Israel.
Yo te he adquirido;
he dado como precio de rescate
a Egipto, a Etiopía y a Sabá,
⁴ porque te aprecio,
eres de gran valor y yo te amo.
Para tenerte a ti y para salvar tu vida

entrego hombres y naciones.
⁵ No tengas miedo, pues yo estoy
contigo.
Desde oriente y occidente
haré volver a tu gente para reunirla.
⁶ Diré al norte: 'Devuélvelos',
y al sur: 'No te quedes con ellos.
Trae a mis hijos y mis hijas
desde lejos, desde el extremo del
mundo,
⁷ a todos los que llevan mi nombre,
a los que yo creé y formé,
a los que hice para gloria mía.'

⁸ ''Hagan venir a mi pueblo,
que tiene ojos pero está ciego,
y tiene oídos pero está sordo.
⁹ Reúnanse todos los pueblos,
júntense las naciones.
¿Quién entre ellas había predicho
esto,
o había anunciado los sucesos
pasados?
Que presenten testigos y prueben
tener razón,
para que se oiga y se diga que es la
verdad.''

10 El Señor afirma:
''Ustedes son mis testigos,
mis siervos, que yo elegí
para que me conozcan y confíen en
mí
y entiendan quién soy.
Antes de mí no ha existido ningún
dios,
ni habrá ninguno después de mí.
11 Sólo yo soy el Señor;
fuera de mí nadie puede salvar.''ᵉ

12 El Señor afirma:
''Yo lo anuncié y lo proclamé: yo los
he salvado;
no lo hizo un dios extraño,
y ustedes son mis testigos.
13 Desde siempre, yo soy Dios.
Nadie puede librar de mi poder.
Nadie puede deshacer lo que yo
hago.''

14 El Señor, el Dios Santo de Israel,
el que les dio la libertad, dice:
''Para salvarlos a ustedes mandaré
gente a Babilonia
y haré abrir todas las puertas,
y la alegría de los caldeos se
convertirá en dolor.⁶⁸

---

68 *Y haré abrir . . . en dolor:* texto probable. Heb. oscuro.
e 43.10-13 Dt 4.35.

¹⁵Yo soy el Señor, el creador de Israel,
el Dios Santo y rey de ustedes.''

¹⁶El Señor abrió un camino a través
del mar,
un sendero por entre las aguas
impetuosas;*
¹⁷hizo salir todo un poderoso ejército,
con sus carros y caballos, para
destruirlo.
Quedaron derribados y no pudieron
levantarse;
se acabaron como mecha que se
apaga.
¹⁸Ahora dice el Señor a su pueblo:
''Ya no recuerdes el ayer,
no pienses más en cosas del pasado.
¹⁹Yo voy a hacer algo nuevo,
y verás que ahora mismo va a
aparecer.
Voy a abrir un camino en el desierto
y ríos en la tierra estéril.
²⁰Me honrarán los animales salvajes,
los chacales y los avestruces,
porque hago brotar agua en el
desierto,
ríos en la tierra estéril,
para dar de beber a mi pueblo
elegido,ᵍ
²¹el pueblo que he formado
para que proclame mi alabanza.ʰ

²²''Pero tú, Israel, pueblo de Jacob,
no me invocaste, sino que te cansaste
de mí.
²³No me ofreciste holocaustos de
ovejas
ni me honraste con sacrificios.
Yo no te cansé pidiéndote ofrendas,
ni te molesté exigiéndote incienso.
²⁴No has tenido que comprar caña
aromática
para traérmela como ofrenda,
ni has tenido que complacerme
con la grasa de animales
sacrificados.
Por el contrario, me cansaste con tus
pecados;
me molestaste con tus maldades.

²⁵''Pero yo, por ser tu Dios, borro tus
crímenes
y no me acordaré más de tus
pecados.
²⁶Si tienes algo contra mí,
sometámoslo a juicio.

Trae tus argumentos, a ver si sales
inocente.
²⁷Tu primer antepasado pecó,
tus maestros se rebelaron contra mí,
²⁸tus gobernantes profanaron mi
templo;⁶⁹
por eso dejé que Israel, el pueblo de
Jacob,
fuera destruido e insultado.

### *Fidelidad del Señor, único Dios*

**44** ¹''Escúchame ahora, Israel,
pueblo de Jacob,
mi siervo, mi elegido.
²Yo soy el Señor, tu creador,
que te formó desde antes de nacer y
que te ayuda.
No temas, Jesurún,ⁱ pueblo de
Jacob,
mi siervo, mi elegido,
³porque voy a hacer que corra agua
en el desierto,
arroyos en la tierra seca.
Yo daré nueva vida a tus
descendientes,
les enviaré mi bendición.
⁴Y crecerán como hierba bien regada,
como álamos a la orilla de los ríos.ʲ
⁵Uno dirá: 'Yo soy del Señor',
otro se llamará descendiente de
Jacob,
y otro se grabará en la mano:
'Propiedad del Señor',
y añadirá el nombre de Israel al suyo
propio.''

⁶El Señor, el rey y libertador de
Israel,
el Señor todopoderoso, dice:
''Yo soy el primero y el último;ᵏ
fuera de mí no hay otro dios.
⁷¿Quién hay igual a mí?
Que hable y me lo explique.
¿Quién ha anunciado desde el
principio el futuro,
y dice lo que está por suceder?⁷⁰
⁸Pero, ¡ánimo, no tengan miedo!
Yo así lo dije y lo anuncié desde hace
mucho,
y ustedes son mis testigos.
¿Hay acaso otro dios fuera de mí?
No hay otro refugio; no conozco
ninguno.''

⁶⁹ *Tus gobernantes profanaron mi templo:* según versiones antiguas. Heb. *yo profané a los gobernantes del templo.*
⁷⁰ *¿Quién hay igual a mí? ¿. . . está por suceder?:* texto probable. Heb. oscuro.
* 43.16-17 Ex 14.13-31.  ᵍ 43.19-20 Ex 17.1-7; Is 35.6-8; 41.18; 44.3-4.  ʰ 43.16-21 Jer 16.14-15; 23.7-8.  ⁱ 44.2 Dt 32.15; 33.5,26.
ʲ 44.3-4 Is 43.19-21; Jer 31.12; Ez 47.1-12; Jn 4.10-14; 7.37-39; Ap 22.1-2.  ᵏ 44.6 Is 41.4; 48.12; Ap 1.17; 22.13.

### Contra la idolatría

[9]Ninguno de los que hacen ídolos[l] vale nada, y para nada sirven los ídolos que ellos tanto estiman. Los que les dan culto son ciegos y estúpidos, y por eso quedarán en ridículo. [10]El que funde una estatua para adorarla como si ella fuera un dios, pierde su tiempo. [11]Todos los que la adoren quedarán en ridículo. Los que fabrican ídolos son simples hombres. Si todos juntos se presentaran a juicio, quedarían humillados y llenos de terror.

[12]Veamos qué hace el herrero: toma su cincel y, después de calentar el metal entre las brasas, le da forma a golpes de martillo. Lo trabaja con su fuerte brazo. Pero si el herrero no come, se le acaba la fuerza, y si no bebe agua, se cansa. [13]O veamos al escultor: toma las medidas con su regla, traza el dibujo con lápiz y compás y luego lo trabaja con escoplo; así hace una estatua dándole la figura de una persona e imitando la belleza humana, y luego la instala en un templo. [14]O también, alguien planta cedros y la lluvia los hace crecer; después tendrá cedros para cortar. O si prefiere cipreses o robles, los cuida en el bosque hasta que están bien gruesos. [15]Luego la gente los usa para hacer fuego; se llevan unos pedazos para calentarse con ellos; se llevan otros para cocer pan; y otros pedazos los usan para hacer la estatua de un dios, y se inclinan ante ella para adorarla. [16]O también: la mitad de la madera la pone uno a arder en el fuego, asa carne, se come el asado y queda satisfecho. También se calienta con ella, y dice: "¡Qué bien se está junto al fuego; ya estoy entrando en calor!" [17]Y de la madera sobrante hace la estatua de un dios, se inclina ante ella para adorarla, y suplicante le dice: "¡Sálvame, porque tú eres mi dios!"

[18]Esa gente no sabe, no entiende; tienen los ojos tan ciegos que no pueden ver, y el entendimiento tan cerrado que no pueden comprender. [19]No se ponen a pensar, les falta entendimiento para comprender y decir: "La mitad de la madera la puse a arder y en las brasas cocí pan, asé carne y me la comí; del resto hice esta cosa detestable, ¡y lo que estoy adorando es un pedazo de palo!" [20]Verdaderamente, es como comer ceniza. Es dejarse engañar por ideas falsas. Esas personas no podrán salvarse. No serán capaces de entender que lo que tienen en sus manos es pura mentira.

### El Señor perdona y salva a Israel

[21]"Israel, pueblo de Jacob,
recuerda que tú eres mi siervo;
tú eres mi siervo, pues yo te formé.
Israel, no te olvides de mí.
[22]Yo he hecho desaparecer tus faltas y
pecados,
como desaparecen las nubes.
Vuélvete a mí, pues yo te he
libertado."

[23]¡Cielo, grita de alegría por lo que el
Señor ha hecho!
¡Lancen vivas, abismos de la tierra!
¡Montañas y bosques con todos sus
árboles,
griten llenos de alegría,
porque el Señor ha mostrado su
gloria
libertando a Israel, el pueblo de
Jacob!

[24]Esto dice el Señor, tu libertador,
el que te formó desde antes que
nacieras:
"Yo soy el Señor, creador de todas
las cosas,
yo extendí el cielo y afirmé la tierra
sin que nadie me ayudara.
[25]Yo no dejo que se cumplan
las predicciones de los falsos
profetas;
yo hago que los adivinos pierdan la
razón.
Yo hago que los sabios se
contradigan
y que sus conocimientos resulten
pura tontería.[m]
[26]Pero hago que se cumplan las
palabras de mis siervos
y que salgan bien los planes de mis
enviados.
Yo declaro que Jerusalén volverá a
ser habitada
y que las ciudades de Judá serán
reconstruidas.
Yo haré que se levanten de sus
ruinas.
[27]Yo puedo ordenar que se seque el
océano
y que sus ríos se queden sin agua.
[28]Yo le digo a Ciro: 'Tú eres mi
pastor,

[l] 44.9-20 Sal 115.4-8; 135.15-18; Is 40.18-20; 41.6-7; 42.17; 45.16; Jer 10.1-16; Sab 13.10-14.21; Bar 6.7-72.   [m] 44.25 1 Co 1.20.

tú harás todo lo que yo quiero';[n]
y le digo a Jerusalén: 'Tú serás
reconstruida';
y al templo: 'Se pondrán tus
cimientos.' "

### El Señor confía una misión a Ciro

**45** [1]El Señor consagró a Ciro como
rey,
lo tomó de la mano
para que dominara las naciones
y desarmara a los reyes.
El Señor hace que delante de Ciro
se abran las puertas de las ciudades
sin que nadie pueda cerrárselas.
Y ahora le dice:
[2]"Yo iré delante de ti,
derribaré las alturas,
romperé las puertas de bronce
y haré pedazos las barras de hierro.
[3]Yo te entregaré tesoros escondidos,
riquezas guardadas en lugares
secretos,
para que sepas que yo soy el Señor,
el Dios de Israel, que te llama por tu
nombre.
[4]Por consideración a mi siervo Jacob,
al pueblo de Israel, que he elegido,
te he llamado por tu nombre
y te he dado el título de honor que
tienes,
sin que tú me conocieras.
[5]Yo soy el Señor, no hay otro;
fuera de mí no hay Dios.
Yo te he preparado para la lucha
sin que tú me conocieras,
[6]para que sepan todos, de oriente a
occidente,
que fuera de mí no hay ningún otro.
Yo soy el Señor, no hay otro.
[7]Yo creo la luz y la oscuridad,
produzco el bienestar y la desgracia.
Yo, el Señor, hago todas estas cosas.

### El poder soberano de Dios

[8]"Yo enviaré de lo alto mi victoria,
como rocío del cielo y lluvia de las
nubes,
y la tierra la recibirá;
como fruto producirá la salvación
y a su lado florecerá la justicia."

[9]Una vasija de barro, igual a otra
cualquiera,
no se pone a discutir con quien la
hizo.
El barro no dice al que lo trabaja:

"¿Qué estás haciendo?",[ñ]
ni el objeto hecho por él le dice:
"Tú no sabes trabajar."
[10]Tampoco puede un hijo reprochar a
sus padres
el haberlo traído a este mundo.
[11]El Señor, el Dios Santo de Israel,
quien lo formó, dice:
"¿Van acaso ustedes a pedirme
cuentas de mis hijos,
o a darme lecciones de cómo hacer
mis cosas?
[12]Yo creé la tierra y sus habitantes,
extendí el cielo con mis manos
y mandé que aparecieran todos los
astros.
[13]Yo hice aparecer a Ciro para que
triunfe,
y voy a hacerle fáciles todos los
caminos;
él reconstruirá mi ciudad
y dejará en libertad a mis
desterrados,
sin exigir pago ni compensación."
El Señor todopoderoso ha hablado.

[14]El Señor dice a Israel:
"Los campesinos de Egipto,
los comerciantes de Etiopía,
y la gente de Sabá, de alta estatura,
se rendirán a ti y serán esclavos
tuyos;
irán encadenados detrás de ti,
se arrodillarán delante de ti y te
suplicarán:
'Ciertamente que Dios está entre
ustedes,
y no hay más, no hay otro dios.' "

[15]Sin embargo, tú eres un Dios
invisible,
Dios salvador de Israel.

[16]Todos los que hacen ídolos
quedarán avergonzados, humillados
y en ridículo.[o]
[17]Pero a Israel lo salvó el Señor,
lo salvó para siempre,
y jamás quedará avergonzado ni
humillado.

[18]El creador del cielo,
el que es Dios y Señor,
el que hizo la tierra y la formó,
el que la afirmó,
el que la creó, no para que estuviera
vacía

---

[n] **44.28** 2 Cr 36.23; Esd 1.2.   [ñ] **45.9** Ro 9.20.   [o] **45.16** Is 42.17.

sino para que tuviera habitantes,
dice:
"Yo soy el Señor, y no hay otro.
[19]Yo no hablo en secreto ni en lugares
oscuros de la tierra.
Yo no digo a los descendientes de
Jacob:
'Búsquenme donde no hay nada.'
Yo, el Señor, hablo la verdad,
digo lo que es justo.

### El Señor se enfrenta a los ídolos

[20]"Reúnanse y vengan,
acérquense todos los sobrevivientes
de los pueblos.
Son unos ignorantes quienes llevan
en procesión
sus ídolos de madera
y se ponen a orar a un dios
que no puede salvarlos.
[21]Hablen y presenten sus pruebas,
consúltense, si quieren, unos con
otros:
¿Quién predijo estas cosas desde el
principio?
¿Quién las anunció desde hace
tiempo?
¿No fui acaso yo, el Señor?
Y no hay Dios fuera de mí.
Fuera de mí no hay Dios victorioso y
salvador.

[22]"Vengan a mí, que yo los salvaré,
pueblos del extremo de la tierra,
pues yo soy Dios, y no hay otro.
[23]Yo lo juré por mí mismo,
hice una promesa de triunfo,
y esa promesa se cumplirá:
que ante mí todos doblarán la
rodilla,
y por mí jurarán todos[p]
[24]y dirán: 'Solamente en el Señor
están la victoria y el poder.'
Todos los que me odian
quedarán en ridículo.
[25]Gracias a mí, todo el pueblo de
Israel
saldrá triunfante y estará orgulloso
de mí."

# 46

[1]El dios Bel se dobla,
y el dios Nebo cae al suelo.
Los ídolos son cargados sobre
bestias,
y son pesada carga para animales
cansados. *
[2]Los dioses se doblan y caen al suelo

sin poder salvarse,
y ellos mismos van al destierro.

[3]"Óiganme, descendientes de Jacob,
todos los que quedan del pueblo de
Israel:
Yo he cargado con ustedes desde
antes que nacieran;
yo los he llevado en brazos,
[4]y seguiré siendo el mismo cuando
sean viejos;
cuando tengan canas, todavía los
sostendré.
Yo los hice, y seguiré cargando con
ustedes;
yo los sostendré y los salvaré.

[5]"¿Con quién pueden ustedes
compararme?
¿A quién piensan que puedo
parecerme?
[6]Hay quienes sacan mucho oro de sus
bolsas,
y pesan plata en la balanza;
luego contratan a un artesano que les
haga un dios
para inclinarse ante él y adorarlo.
[7]Lo cargan sobre los hombros y se lo
llevan;
lo colocan sobre un soporte
y ahí se queda, sin moverse de su
sitio.
Por más que gritan pidiéndole
ayuda, no les responde
ni puede salvarlos de sus angustias.[q]

[8]"Recuerden esto, pecadores,
no se hagan ilusiones, piénsenlo
bien;
[9]recuerden lo que ha pasado desde
tiempos antiguos.
Yo soy Dios, y no hay otro;
soy Dios, y no hay nadie igual a mí.
[10]Yo anuncio el fin desde el principio;
anuncio el futuro desde mucho
antes.
Yo digo: Mis planes se realizarán;
yo haré todo lo que me propongo.
[11]He llamado a un hombre del oriente,
que vendrá de lejos como un ave de
rapiña
y llevará a cabo mis planes.
Lo he dicho y así lo haré,
he hecho mi plan y lo cumpliré.
[12]Escúchenme, gente obstinada,
que piensan que la liberación está
muy lejos:

---

[p] 45.23 Ro 14.11; Fil 2.10-11   * 46.1 Jer 50.2; 51.44; Bar 6.40; Dn(dc) 14.3-22.   [q] 46.1-7 Jer 10.5.

<sup>13</sup>Yo hago que se acerque mi acción
liberadora;
mi salvación no se demora, no está
lejos.
Yo daré a Sión la salvación,
yo daré a Israel mi honor.

### Caída de Babilonia

**47** <sup>1</sup>"Baja, joven Babilonia,<sup>r</sup> todavía
sin marido,
y siéntate en el polvo;
baja de tu trono, joven Caldea,
y siéntate en el suelo,
porque ya no volverán a llamarte
tierna y delicada.
<sup>2</sup>Toma la piedra de moler
y muele la harina,
quítate el velo,
recógete las faldas,
desnúdate las piernas,
pasa a pie los ríos;
<sup>3</sup>que se te vea el cuerpo desnudo,
sí, que quede tu sexo al descubierto.
Voy a vengarme,
y nadie podrá impedirlo con sus
ruegos."

<sup>4</sup>Nuestro libertador,
el Dios Santo de Israel,
cuyo nombre es Señor
todopoderoso, dice:
<sup>5</sup>"Siéntate en silencio,
joven Caldea,
métete en la oscuridad,
porque ya no volverán a llamarte
'reina de las naciones'.
<sup>6</sup>Cuando estuve enojado con mi
pueblo,
entregué mi propia nación a la
deshonra
y los dejé caer en tu poder.
Tú no tuviste compasión de ellos,
y pusiste sobre los ancianos tu
pesado yugo.
<sup>7</sup>Dijiste: 'Seré reina siempre';
no reflexionaste sobre estas cosas
ni pensaste cómo habrían de
terminar.
<sup>8</sup>Por eso, escucha ahora esto,
mujer amante del lujo, que estás
tranquila en tu trono,
que piensas en tu interior:
'Yo y nadie más que yo;
yo no seré viuda
ni me quedaré sin hijos.'
<sup>9</sup>De repente, en un mismo día,
te vendrán ambas desgracias:<sup>s</sup>

quedarás viuda y sin hijos, a pesar
de tus muchas brujerías
y de tus incontables magias.
<sup>10</sup>Tú te sentías segura en tu maldad,
y pensaste: 'Nadie me ve.'
Tu sabiduría y tus conocimientos te
engañaron.
Pensaste en tu interior:
'Yo y nadie más que yo.'
<sup>11</sup>Pero va a venir la desgracia sobre ti,
y no podrás impedirlo con tu magia;
caerá sobre ti un desastre
que no podrás evitar;
una calamidad que no esperabas
vendrá de repente sobre ti.
<sup>12</sup>Sigue con tus hechicerías
y con las muchas brujerías
que has practicado desde tu
juventud,
a ver si te sirven de algo,
a ver si logras que la gente te tenga
miedo.
<sup>13</sup>Has tenido consejeros en
abundancia, hasta cansarte.
¡Pues que se presenten tus
astrólogos,
los que adivinan mirando las
estrellas,
los que te anuncian el futuro mes por
mes,
y que traten de salvarte!
<sup>14</sup>Pero, mira, son iguales a la paja:
el fuego los devora,
no pueden salvarse de las llamas.
Porque no es un fuego de brasas,
para sentarse frente a él y calentarse.
<sup>15</sup>En eso pararon tus hechiceros,<sup>7l</sup>
con los que tanto trato has tenido
toda tu vida.
Cada uno por su lado siguió su falso
camino
y no hay nadie que te salve.

### El Señor anuncia cosas nuevas

**48** <sup>1</sup>"Escucha esto, familia de Jacob,
que llevas el nombre de Israel
y eres descendiente de Judá;
que juras por el nombre del Señor;
que invocas al Dios de Israel,
aunque sin honradez ni rectitud;
<sup>2</sup>que dices ser de la ciudad santa
y apoyarte en el Dios de Israel,
cuyo nombre es Señor
todopoderoso:
<sup>3</sup>Desde el principio te anuncié las
cosas del pasado;
yo mismo las di a conocer.

<sup>7l</sup> *Tus hechiceros:* texto probable. Heb. *tus traficantes.*
<sup>r</sup> **47.1-15** Is 13.1-14.23; Jer 50.1-51.64. <sup>s</sup> **47.8-9** Ap 18.7-8.

De pronto actué, y se hicieron
realidad.
⁴Como yo sabía que eres tan terca,
que eres dura como el hierro
e inflexible como el bronce,
⁵te lo anuncié desde hace mucho,
te lo comuniqué antes de que
sucediera.
Así no podrías decir: 'Fue mi ídolo
el que lo hizo,
la estatua que hice fue quien lo
dispuso.'
⁶Tú has oído todo esto; fíjate en ello,
y tendrás que admitir que es cierto.
Ahora te voy a anunciar cosas
nuevas,
cosas secretas que no conocías,
⁷cosas creadas ahora, no en tiempos
antiguos,
de las que no habías oído hablar
hasta hoy.
Así no podrás decir: 'Ya lo sabía.'
⁸Tú no habías oído hablar de ellas,
ni las conocías,
porque siempre has tenido los oídos
sordos.
Yo sabía que eres infiel,
que te llaman rebelde desde que
naciste.

⁹"Pero tuve paciencia por respeto a
mí mismo,
por mi honor me contuve y no te
destruí.ᵗ
¹⁰Yo te purifiqué, pero no como se
hace con la plata,
sino que te probé en el horno del
sufrimiento.
¹¹Por mi honor, por mi honor lo he
hecho,
pues mi nombre no puede ser
profanado.
No permitiré que den mi gloria a
ningún otro.ᵘ

### El Señor salvará a su pueblo

¹²"Oyeme, Israel, pueblo de Jacob,
a quien he llamado:
Yo soy el único Dios,
yo soy el primero y el último.ᵛ
¹³Con mi mano afirmé la tierra,
con mi mano extendí el cielo;
en cuanto pronuncié su nombre,
empezaron a existir.
¹⁴Reúnanse todos ustedes y escuchen:

¿Quién de ustedes anunció esto que
va a suceder:
que el hombre a quien he escogido
hará lo que he pensado hacer con
Babilonia
y con la raza deᵗ² los caldeos?
¹⁵Yo fui quien lo dijo, yo lo llamé,
yo lo hice venir,
y por donde vaya tendrá éxito.
¹⁶Acérquense a mí y escuchen esto:
Desde el principio, yo nunca hablé
en secreto;
y cuando todo esto sucedía, yo
estaba presente.
Y ahora yo, el Señor, le he dado mi
poder
y lo he enviado."

¹⁷Así dice el Señor, tu libertador,
el Dios Santo de Israel:
"Yo soy el Señor tu Dios;
yo te enseño lo que es para tu bien,
yo te guío por el camino que debes
seguir.
¹⁸¡Ojalá hubieras hecho caso de mis
órdenes!
Tu bienestar iría creciendo como un
río,
tu prosperidad sería como las olas
del mar,ʷ
¹⁹tus descendientes serían numerosos,ˣ
incontables como la arena del mar;
yo nunca los hubiera destruido,
ni los hubiera apartado de mi vista."

²⁰Salgan de Babilonia,ʸ huyan de los
caldeos.
Anuncien esta noticia con gritos de
alegría,
y denla a conocer hasta el extremo
de la tierra.
Digan: "¡El Señor ha libertado
a Jacob su siervo!"
²¹Aunque los hizo pasar por lugares
desiertos,
no tuvieron sed;
él partió la roca
e hizo brotar torrentes de agua.ᶻ
²²Para los malos, en cambio, no hay
bienestar.ᵃ
El Señor lo ha dicho.

### El siervo del Señor, luz de las naciones

**49** ¹Óiganme, países del mar,
préstenme atención, naciones
lejanas:

---

⁷² *La raza de:* según la versión griega. Heb. *el brazo de él.*
ᵗ **48.9-11** Ez 20.22; 36.22-23.   ᵘ **48.11** Is 42.8.   ᵛ **48.12** Is 41.4; 44.6; Ap 1.17; 22.13.   ʷ **48.18** Dt 29.5; Sal 23.3; 27.11.
ˣ **48.19** Gn 22.17.   ʸ **48.20** Jer 50.8; 51.6,45; Ap 18.4.   ᶻ **48.21** Ex 17.1-7.   ᵃ **48.22** Is 57.21.

El Señor me llamó desde antes de
que yo naciera;
pronunció mi nombre
cuando aún estaba yo en el seno de
mi madre.[b]
[2]Convirtió mi lengua en espada
afilada,[c]
me escondió bajo el amparo de su
mano,
me convirtió en una flecha aguda
y me guardó en su aljaba.
[3]Me dijo: "Israel, tú eres mi siervo,
en ti me mostraré glorioso."
[4]Y yo que había pensado: "He
pasado trabajos en vano,
he gastado mis fuerzas sin objeto,
para nada."
En realidad mi causa está en manos
del Señor,
mi recompensa está en poder de mi
Dios.

[5]He recibido honor delante del Señor
mi Dios,
pues él ha sido mi fuerza.
El Señor, que me formó desde el
seno de mi madre
para que fuera su siervo,
para hacer que Israel, el pueblo de
Jacob,
se vuelva y se una a él,
[6]dice así:
"No basta que seas mi siervo
sólo para restablecer las tribus de
Jacob
y hacer volver a los sobrevivientes de
Israel;
yo haré que seas la luz de las
naciones,[d]
para que lleves mi salvación
hasta las partes más lejanas de la
tierra."[e]

[7]El Señor, el libertador,
el Dios Santo de Israel,
dice al pueblo que ha sido totalmente
despreciado,
al que los otros pueblos aborrecen,
al que ha sido esclavo de los tiranos:
"Cuando los reyes y los príncipes te
vean,
se levantarán y se inclinarán delante
de ti
porque yo, el Señor, el Dios Santo
de Israel,
te elegí y cumplo mis promesas."

## Anuncio de la reconstrucción de Jerusalén

[8]El Señor dice:
"Vino el momento de mostrar mi
bondad, y te respondí;
llegó el día de la salvación, y te
ayudé.[f]
Yo te protegí
para establecer por ti mi pacto con el
pueblo,
para reconstruir el país,
para hacer que tomen posesión de las
tierras arrasadas,
[9]para decir a los presos: 'Queden
libres',
y a los que están en la oscuridad:
'Déjense ver.'
Junto a todos los caminos
encontrarán pastos,
y en cualquier monte desierto
tendrán alimento para su ganado.

[10]"No tendrán hambre ni sed,
ni los molestará el sol ni el calor,
porque yo los amo y los guío,
y los llevaré a manantiales de agua.[g]
[11]Abriré un camino a través de las
montañas
y haré que se allanen los senderos."

[12]¡Miren! Vienen de muy lejos:
unos del norte, otros de occidente,
otros de la región de Asuán.
[13]¡Cielo, grita de alegría!
¡Tierra, llénate de gozo!
¡Montañas, lancen gritos de
felicidad!
Porque el Señor ha consolado a su
pueblo,
ha tenido compasión de él en su
aflicción.

[14]"Sión decía:
'El Señor me abandonó,
mi Dios se olvidó de mí.'
[15]Pero ¿acaso una madre olvida
o deja de amar a su propio hijo?
Pues aunque ella lo olvide,
yo no te olvidaré.
[16]Yo te llevo grabada en mis manos,
siempre tengo presentes tus murallas.
[17]Los que te reconstruyen van más de
prisa
que los que te destruyeron;
ya se han ido los que te arrasaron.
[18]Levanta los ojos y mira alrededor,
mira cómo se reúnen todos

b 49.1 Jer 1.5.   c 49.2 He 4.12; Ap 1.16.   d 49.6 Is 42.6; 60.1-3; Lc 2.32; Jn 8.12; Hch 26.23.   e 49.6 Hch 13.47.
f 49.8 2 Co 6.2.   g 49.10 Ap 7.16-17.

y vuelven hacia ti.

"Yo, el Señor, juro por mi vida
que todos ellos serán como joyas que
    te pondrás,
como los adornos de una novia.
¹⁹Tu país estaba en ruinas,
destruido, arrasado;
pero ahora tu territorio
será pequeño para tus habitantes.
Los que te destruyeron están lejos.
²⁰Los hijos que dabas por perdidos
te dirán al oído:
'Este país es demasiado pequeño
    para nosotros;
haznos lugar para vivir.'
²¹Y tú dirás en tu interior:
'¿Quién me ha dado estos hijos?
Yo no tenía hijos, ni podía tenerlos;
estaba desterrada y apartada,
¿quién los crió?
Me habían dejado sola,
¿de dónde vinieron?' "ʰ

²²El Señor dice:
"Voy a dar órdenes a las naciones;
voy a dar una señal a los pueblos
para que traigan en brazos a tus
    hijos,
y a tus hijas las traigan sobre los
    hombros.*
²³Los reyes serán tus padres adoptivos,
y las princesas tus niñeras.
Se inclinarán hasta el suelo delante
    de ti,
y lamerán el polvo de tus pies.
Y reconocerás que yo soy el Señor,
y que los que en mí confían no
    quedan defraudados."

²⁴¿Se le puede arrebatar a un hombre
    fuerte
lo que ha ganado en la batalla?
¿O puede un preso escapar de un
    tirano?
²⁵El Señor afirma que sí:
"Al hombre fuerte le arrebatarán lo
    conquistado,
y al tirano le quitarán lo ganado.
Yo me enfrentaré con los que te
    buscan pleito;
yo mismo salvaré a tus hijos.ⁱ
²⁶Obligaré a tus opresores a comer su
    propia carne
y a emborracharse con su sangre,
    como si fuera vino.
Así toda la humanidad sabrá

que yo, el Señor, soy tu salvador;
que yo, el Poderoso de Jacob, soy tu
    libertador."

**50** ¹El Señor dice:
"¡No crean que yo repudié a
Israel, madre de ustedes,
como un hombre repudia a su mujer,
o que los vendí a ustedes como
    esclavos
porque tuviera deudas con alguno!
Ustedes fueron vendidos porque
    pecaron;
Israel, la madre de ustedes, fue
    repudiada
porque ustedes fueron rebeldes. **
²¿Por qué, cuando yo vine, no
    encontré a nadie?
¿Por qué, cuando llamé, nadie me
    contestó?
¿Creyeron acaso que yo no era capaz
    de rescatarlos?
¿Creyeron acaso que no podía
    libertarlos?
Basta una orden mía para que se
    seque el mar
y los ríos se conviertan en desierto;
para que los peces se mueran de sed
y se pudran por falta de agua.
³Yo visto el cielo de luto
y lo cubro con vestido de tristeza."

### Confianza del siervo del Señor en medio del sufrimiento

⁴El Señor me ha instruido
para que yo consuele a los cansados
con palabras de aliento.
Todas las mañanas me hace estar
    atento
para que escuche dócilmente.
⁵El Señor me ha dado entendimiento,
y yo no me he resistido
ni le he vuelto las espaldas.
⁶Ofrecí mis espaldas para que me
    azotaran
y dejé que me arrancaran la barba.
No retiré la cara
de los que me insultaban y escupían.ʲ
⁷El Señor es quien me ayuda:
por eso no me hieren los insultos;
por eso me mantengo firme como
    una roca,
pues sé que no quedaré en ridículo.
⁸A mi lado está mi defensor:
¿Alguien tiene algo en mi contra?
¡Vayamos juntos ante el juez!

ʰ 49.20-21 Jer 31.15-17 .  * 49.22 Bar 5.6.  ⁱ 49.24-25 Is 61.1; Jer 30.8-10; 31.11.  ** 50.1 Bar 4.6.  ʲ 50.6 Mt 26.67; Mr 14.65.

¿Alguien se cree con derecho a
acusarme?
¡Que venga y me lo diga!
[9]El Señor es quien me ayuda;
¿quién podrá condenarme?
Todos mis enemigos desaparecerán
como vestido comido por la polilla.[k]

[10]Ustedes que honran al Señor
y escuchan la voz de su siervo:
si caminan en la oscuridad,
sin un rayo de luz,
pongan su confianza en el Señor;
apóyense en su Dios.
[11]Pero todos los que prenden fuego
y preparan flechas encendidas,
caerán en las llamas de su propio
fuego,
bajo las flechas que ustedes mismos
encendieron.
El Señor les enviará este castigo
y quedarán tendidos en medio de
tormentos.

### Palabras de consuelo a Jerusalén

**51** [1]Óiganme todos los que quieren
vivir con rectitud
y me buscan—dice el Señor—.
Miren la roca de donde fueron
cortados,
la cantera de donde fueron sacados;
[2]miren a Abraham, su padre,
y a Sara, la que les dio la vida.
Cuando yo lo llamé, era uno solo,
pero lo bendije y le di muchos
descendientes.[l]
[3]Yo seré bondadoso con Sión,
la ciudad que estaba toda en ruinas.
Convertiré las tierras secas del
desierto en un jardín,
como el jardín que el Señor plantó
en Edén.
Allí habrá felicidad y alegría,
cantos de alabanza y son de
música.[m]

[4]"Pueblos, préstenme atención,
escúchenme, naciones:
yo publicaré mi enseñanza
y mis mandamientos alumbrarán a
los pueblos.
[5]Mi victoria está cercana,
mi acción salvadora está en camino;
con mi poder gobernaré a los
pueblos.
Los países del mar esperarán en mí
y confiarán en mi poder.

[6]"Levanten los ojos al cielo,
y miren abajo, a la tierra:
el cielo se desvanecerá como el
humo,
la tierra se gastará como un vestido
y sus habitantes morirán como
mosquitos.
Pero mi salvación será eterna,
mi victoria no tendrá fin.[n]

[7]"Escúchenme, ustedes que saben lo
que es justo,
pueblo que toma en serio mi
enseñanza.
No teman las injurias de los
hombres,
no se dejen deprimir por sus
insultos,
[8]porque perecerán como un vestido
apolillado,
como lana roída por gusanos.
Pero mi victoria será eterna,
mi salvación durará por siempre."

[9]Despierta, despierta, brazo del
Señor,
ármate de fuerza;
despierta como lo hiciste en el
pasado,
en tiempos muy lejanos.
Tú despedazaste a Rahab,[73] el
monstruo marino;[ñ]
[10]secaste el mar,
el agua del profundo abismo,
y convertiste el fondo del mar en
camino
para que pasaran los libertados.[o]
[11]Así también regresarán los
rescatados por el Señor,
y entrarán en Sión dando gritos de
alegría;
sus rostros estarán siempre alegres;
encontrarán felicidad y dicha,
y el dolor y el llanto desaparecerán.[p]

[12]"Yo, yo mismo, te doy ánimo.
¿A quién tienes miedo? ¿A los
hombres?
¿A los hombres mortales, que no son
más que hierba?
[13]¿Vas a olvidarte del Señor, tu
creador,
que extendió el cielo y afirmó la
tierra?
¿Vas a temblar continuamente, a
todas horas,
por la furia de los opresores,

---

[73] *Rahab:* véase nota en Job 9.13.
[k] 50.8-9 Ro 8.33-34.   [l] 51.2 Gn 12.1-3.   [m] 51.3 Gn 2.8; Ez 36.35.   [n] 51.6 Sal 102.25-28; Mt 24.35.   [ñ] 51.9 Job 9.13; 26.12.
[o] 51.10 Ex 14.21-22.   [p] 51.11 Is 35.10.

que están listos para destruirte?
Pero, ¿dónde está esa furia?
¹⁴El que sufría la opresión,
pronto quedará libre;
no morirá en el calabozo
ni le faltará su pan.

¹⁵"Yo soy el Señor tu Dios,
mi nombre es Señor todopoderoso;
yo agité el mar
y rugieron las olas,
¹⁶extendí⁷⁴ el cielo
y afirmé la tierra.
Yo puse en tu boca mis palabras
y te protegí al amparo de mi mano.
Yo dije a Sión: 'Tú eres mi
     pueblo.' "

¹⁷Despierta, despierta,
Jerusalén, levántate.
Tú sufriste la ira del Señor
como quien bebe una copa,$^q$
y la bebe hasta el fondo,
hasta quedar borracho.
¹⁸Entre todos los hijos que has tenido,
no hay ninguno que te guíe;
entre todos los hijos que criaste,
no hay ninguno que te lleve de la
     mano.
¹⁹Estas dos desgracias vinieron sobre
     ti:
tu país fue destruido y saqueado,
y tu gente murió por el hambre y la
     guerra.
¿Quién tendrá lástima de ti?
¿Quién te consolará?
²⁰Como antílopes atrapados en la red,
tus hijos están sin fuerzas,
tendidos en la esquina de cualquier
     calle,
heridos por la ira del Señor,
por la corrección de tu Dios.
²¹Por eso, ciudad desdichada, escucha
     esto,
tú que estás borracha, pero no de
     vino;
²²tu Señor y tu Dios,
el que defiende la causa de su
     pueblo, dice:
"Te voy a quitar de la mano
esa copa con que te has
     emborrachado;
ya no volverás a beber más la copa
de mi ira.
²³Yo se la daré
a los que te atormentaron,
a los que te decían:

'Échate al suelo, que vamos a pasar
sobre ti';
y tú te tendiste en el suelo
para que te pisotearan como al
     polvo.''

### Anuncio de liberación a Jerusalén

**52** ¹Despierta, Sión, despierta,
ármate de fuerza;
Jerusalén, ciudad santa,$^r$
vístete tu ropa más elegante,
porque los paganos, gente impura,
no volverán a entrar en ti.
²Levántate, Jerusalén,
sacúdete el polvo,
siéntate en el trono.
Sión, joven prisionera,
quítate ya el yugo del cuello.

³El Señor dice:
"Ni un centavo recibí
cuando ustedes fueron llevados
     como esclavos;
pues ni un centavo daré
ahora que yo los rescate.
⁴Al principio mi pueblo fue a Egipto
y vivió allí como extranjero;
después Asiria lo oprimió sin
     motivo.
⁵Y ahora, ¿qué es lo que veo?
Sin motivo se han llevado mi pueblo
a Babilonia.
Quienes lo dominan, gritan
     orgullosos
y me ofenden sin cesar.$^s$
⁶Pero vendrá el día en que mi pueblo
     reconozca
y sepa que yo, que le he hablado, soy
el Señor.''

⁷¡Qué hermoso es ver llegar por las
     colinas
al que trae buenas noticias,
al que trae noticias de paz,$^t$
al que anuncia la liberación
y dice a Sión: "Tu Dios es rey"!
⁸¡Escucha! Tus centinelas levantan la
     voz
y a una dan gritos de triunfo,
porque ven con sus propios ojos
cómo vuelve el Señor a Sión.
⁹¡Estallen en gritos de triunfo,
ruinas de Jerusalén,
porque el Señor ha tenido compasión
de su pueblo,
ha liberado a Jerusalén!
¹⁰El Señor ha mostrado su poder

---

⁷⁴ *Extendí:* según una versión antigua. Heb. *planté.*
*q* 51.17 Jer 25.15; Ap 14.10; 16.19.   *r* 52.1 Ap 21.2,27.   *s* 52.5 Ro 2.24.   *t* 52.7 Nah 1.15; Ro 10.15; Ef 6.15.

a la vista de todas las naciones.
Por toda la tierra se sabrá
que nuestro Dios nos ha salvado.
11 ¡Salgan, salgan ya de Babilonia,
no toquen nada impuro,[u]
salgan ya de Babilonia!
¡Consérvense limpios
los que transportan los utensilios del
Señor!
12 Pero no tendrán que salir a toda
prisa,
no tendrán que salir huyendo,
porque el Señor, el Dios de Israel,
los protegerá por todos lados.

### Sufrimientos y triunfo del siervo del Señor

13 Mi siervo tendrá éxito,
será levantado y puesto muy alto.
14 Así como muchos se asombraron de
él,
al ver su semblante, tan desfigurado
que había perdido toda apariencia
humana,
15 así también muchas naciones se
quedarán admiradas;
los reyes, al verlo, no podrán decir
palabra,
porque verán y entenderán
algo que nunca habían oído.[v]

53 1 ¿Quién va a creer lo que hemos
oído?[w]
¿A quién ha revelado el Señor su
poder?[x]
2 El Señor quiso que su siervo
creciera como planta tierna
que hunde sus raíces en la tierra
seca.
No tenía belleza ni esplendor,
su aspecto no tenía nada atrayente;
3 los hombres lo despreciaban y lo
rechazaban.[y]
Era un hombre lleno de dolor,
acostumbrado al sufrimiento.
Como a alguien que no merece ser
visto,
lo despreciamos, no lo tuvimos en
cuenta.
4 Y sin embargo él estaba cargado con
nuestros sufrimientos,
estaba soportando nuestros propios
dolores.[z]
Nosotros pensamos que Dios lo
había herido,

que lo había castigado y humillado.
5 Pero fue traspasado a causa de
nuestra rebeldía,
fue atormentado a causa de nuestras
maldades;
el castigo que sufrió nos trajo la paz,
por sus heridas alcanzamos la salud.[a]

6 Todos nosotros nos perdimos como
ovejas,[b]
siguiendo cada uno su propio
camino,
pero el Señor cargó sobre él la
maldad de todos nosotros.
7 Fue maltratado, pero se sometió
humildemente,
y ni siquiera abrió la boca;
lo llevaron como cordero al
matadero,[c]
y él se quedó callado, sin abrir la
boca,
como una oveja cuando la
trasquilan.
8 Se lo llevaron injustamente,
y no hubo quien lo defendiera;
nadie se preocupó de su destino.
Lo arrancaron de esta tierra,[d]
le dieron muerte por los pecados de
mi pueblo.
9 Lo enterraron al lado de hombres
malvados,
lo sepultaron con gente perversa,[75]
aunque nunca cometió ningún
crimen
ni hubo engaño en su boca.[e]

10 El Señor quiso oprimirlo con el
sufrimiento.
Y puesto que él se entregó en
sacrificio por el pecado,
tendrá larga vida
y llegará a ver a sus descendientes;
por medio de él tendrán éxito los
planes del Señor.
11 Después de tanta aflicción verá la
luz,[76]
y quedará satisfecho al saberlo;
el justo siervo del Señor liberará a
muchos,
pues cargará con la maldad de ellos.
12 Por eso Dios le dará un lugar entre
los grandes,
y con los poderosos participará del
triunfo,
porque se entregó a la muerte
y fue contado entre los malvados,[f]

[75] Gente perversa: texto probable. Heb. un rico.   [76] Verá la luz: según un manuscrito antiguo y la versión griega.
Heb. verá.
[u] 52.11 2 Co 6.17.   [v] 52.15 Ro 15.21.   [w] 53.1 Ro 10.16.   [x] 53.1 Jn 12.38.   [y] 53.3 Sal 22.6-7; Is 49.7.   [z] 53.4 Mt 8.17.
[a] 53.5 1 P 2.24.   [b] 53.6 1 P 2.25.   [c] 53.7 Ap 5.6.   [d] 53.7-8 Hch 8.32-33.   [e] 53.9 1 P 2.22.   [f] 53.12 Mr 15.28; Lc 22.37.

cuando en realidad cargó con los
pecados de muchos
e intercedió por los pecadores.

### Amor eterno de Dios

**54** ¹Da gritos de alegría, mujer estéril
y sin hijos;
estalla en cantos de gozo,
tú que nunca has dado a luz,
porque el Señor dice:
"La mujer abandonada tendrá más
hijos
que la mujer que tiene esposo."ᵍ
²Agranda tu tienda de campaña,
extiende sin miedo el toldo bajo el
cual vives;
alarga las cuerdas, clava bien las
estacas,
³porque te vas a extender a derecha e
izquierda;
tus descendientes conquistarán
muchas naciones
y poblarán las ciudades ahora
desiertas.
⁴No tengas miedo, no quedarás en
ridículo;
no te insultarán ni tendrás de qué
avergonzarte.
Olvidarás la vergüenza de tu
juventud
y no te acordarás más de la deshonra
de tu viudez,
⁵porque tu creador te tomará por
esposa.
Su nombre es Señor todopoderoso;
tu libertador es el Dios Santo de
Israel,
el Dios de toda la tierra.

⁶Eras como una esposa joven
abandonada y afligida,
pero tu Dios te ha vuelto a llamar y
te dice:ʰ
⁷"Por un corto instante te abandoné,
pero con bondad inmensa te volveré
a unir conmigo.ⁱ
⁸En un arranque de enojo, por un
momento, me oculté de ti,
pero con amor eterno te tuve
compasión."
Lo dice el Señor, tu libertador.

⁹"Así como juré a Noé, cuando el
diluvio,
no volver a inundar la tierra.ʲ
así juro ahora

no volver a enojarme contigo
ni volver a amenazarte.
¹⁰Aunque las montañas cambien de
lugar
y los cerros se vengan abajo,
mi amor por ti no cambiará
ni se vendrá abajo mi pacto de
paz."ᵏ
Lo dice el Señor, que se compadece
de ti.

### La nueva Jerusalén

¹¹"¡Desdichada ciudad, azotada por la
tempestad,
sin nadie que te consuele!
Yo pondré tus piedras sobre
azabache
y tus cimientos sobre zafiro;ˡ
¹²de rubíes haré tus torres
y de berilo tus puertas,
y de piedras preciosas todas tus
murallas.
¹³Yo instruiré a todos tus hijos;ᵐ
todos ellos tendrán gran bienestar.
¹⁴La justicia te hará fuerte,
quedarás libre de opresión y miedo,
y el terror no volverá a inquietarte.
¹⁵Si alguien te ataca, no será por causa
mía,
pero tú vencerás al que te ataque.

¹⁶"Mira, yo he creado al herrero
que aviva el fuego en las brasas
y hace armas para diversos usos;
yo también he creado al hombre
destructor
para que cause ruina;
¹⁷pero nadie ha hecho el arma
que pueda destruirte.
Dejarás callado a todo el que te
acuse.
Esto es lo que yo doy a los que me
sirven: la victoria."
El Señor es quien lo afirma.

### Ofrecimiento generoso del Señor

**55** ¹"Todos los que tengan sed,
vengan a beber agua;ⁿ
los que no tengan dinero, vengan,
consigan trigo de balde y coman;
consigan vino y leche sin pagar nada.
²¿Por qué dar dinero a cambio de lo
que no es pan?
¿Por qué dar su salario por algo que
no deja satisfecho?

ᵍ 54.1 Gá 4.27.   ʰ 54.5-8 Ez 16; Os 1-3.   ⁱ 54.7-8 Sal 30.5; Is 60.10; Lm 3.31-33.   ʲ 54.9 Gn 9.8-17.   ᵏ 54.10 Jer 31.35-36;
32.40; Mr 13.31.   ˡ 54.11-12 Ap 21.18-21.   ᵐ 54.13 Jn 6.45.   ⁿ 55.1-2 Eclo 24.19-22; Jn 7.37; Ap 21.6; 22.17.

Óiganme bien y comerán buenos
    alimentos,
comerán cosas deliciosas.
³Vengan a mí y pongan atención,
    escúchenme y vivirán.
Yo haré con ustedes un pacto eterno,
    cumpliendo así las promesas que por
    amor hice a David.ᶠⁱ
⁴Yo lo puse a él como testigo para las
    naciones,
como jefe e instructor de los
    pueblos.
⁵Tú llamarás a pueblos desconocidos;
pueblos que no te conocían irán
    corriendo a ti,
porque yo, tu Señor, el Dios Santo
    de Israel,
te he honrado.

⁶"Busquen al Señor mientras puedan
    encontrarlo,
llámenlo mientras está cerca.
⁷Que el malvado deje su camino,
que el perverso deje sus ideas;
vuélvanse al Señor, y él tendrá
    compasión de ustedes;
vuélvanse a nuestro Dios, que es
    generoso para perdonar.ᵒ
⁸⁻⁹Porque mis ideas no son como las
    de ustedes,
y mi manera de actuar no es como la
    suya.
Así como el cielo está por encima de
    la tierra,
así también mis ideas y mi manera de
    actuar
están por encima de las de ustedes."
El Señor lo afirma.

¹⁰"Así como la lluvia y la nieve bajan
    del cielo,
y no vuelven allá, sino que empapan
    la tierra,
la fecundan y la hacen germinar,
y producen la semilla para sembrar
y el pan para comer,ᵖ
¹¹así también la palabra que sale de
    mis labios
no vuelve a mí sin producir efecto,
sino que hace lo que yo quiero
y cumple la orden que le doy.

¹²"Ustedes saldrán de allí con alegría,
volverán a su país con paz.
Al verlos, los montes y las colinas

estallarán en cantos de alegría
y todos los árboles del campo
    aplaudirán.
¹³En vez de zarzas crecerán pinos,
en vez de ortigas crecerán arrayanes;
esto hará glorioso el nombre del
    Señor;
será una señal eterna,
    indestructible."

## Recompensa de la fidelidad al pacto

**56** ¹El Señor dice:
        "Practiquen la justicia,
hagan lo que es recto,
porque pronto voy a llevar a cabo la
    liberación;
voy a mostrar mi poder salvador.
²Dichoso el hombre que sigue estos
    mandatos
y los cumple con fidelidad,
que respeta el día de reposo⁷⁷,�q y no
    lo profana,
que tiene buen cuidado de no hacer
    nada malo."

³Si un extranjero se entrega al Señor,
no debe decir:
"El Señor me tendrá separado de su
    pueblo."
Ni tampoco el eunuco debe decir:
"Yo soy un árbol seco."
⁴Porque el Señor dice:
"Si los eunucos respetan mis días de
    reposo,⁷⁷
y si cumplen mi voluntad
y se mantienen firmes en mi pacto,
⁵yo les daré algo mejor que hijos e
    hijas;
les concederé que su nombre quede
    grabado para siempre
en mi templo, dentro de mis muros;
les daré un nombre eterno,
que nunca será borrado. *
⁶Y a los extranjeros que se entreguen
    a mí,
para servirme y amarme,
para ser mis siervos,
si respetan el día de reposo⁷⁷ y no lo
    profanan
y se mantienen firmes en mi pacto,
⁷yo los traeré a mi monte sagrado
y los haré felices en mi casa de
    oración.
Yo aceptaré en mi altar sus
    holocaustos y sacrificios,
porque mi casa será declarada

---

⁷⁷ *Día(s) de reposo:* aquí equivale a *sabado.*
ᶠⁱ **55.3** 2 S 7.4-16; Hch 13.34.   ᵒ **55.7** Lm 3.40-42; Zac 1.3; Mal 3.7.   ᵖ **55.10** 2 Co 9.10.   �q **56.2** Ex 20.8-11; Is 58.13-14;
Jer 17.19-27.   * **56.4-5** Sab 3.14.

casa de oración para todos los
pueblos.[r]

[8] Yo haré que vuelvan y se reúnan
los que aún están en el destierro."
Esto lo afirma el Señor,
que hace que vuelvan a reunirse
los israelitas que estaban dispersos.[s]

### Reproches a los malos jefes

[9] Vengan, fieras salvajes;
vengan, animales del bosque,
a devorar el rebaño;
[10] porque los guardianes de mi pueblo
están ciegos,
no se dan cuenta de nada.
Todos ellos son perros mudos, que
no pueden ladrar;
se pasan la vida echados y soñando;
les encanta dormir.
[11] Son perros hambrientos que nunca se
llenan,
son pastores que no entienden nada;[t]
cada uno sigue su propio camino,
sólo busca sus propios intereses.
[12] Dicen: "Vamos a buscar vino y
bebidas fuertes
para emborracharnos.
Y hagamos mañana lo mismo que
hoy,
o mucho más aún."

**57** [1] Los hombres honrados mueren
y nadie se preocupa;
los hombres buenos desaparecen,
y nadie entiende
que al morir se ven libres de los
males
[2] y entran en la paz.
Habían seguido un camino recto
y ahora descansan en sus tumbas.

### Contra los cultos idolátricos

[3] Acérquense ustedes, hijos de
hechicera,
nacidos de un adúltero y una
prostituta:
[4] ¿De quién se burlan ustedes?
¿A quién le hacen gestos de
desprecio?
¿A quién le enseñan la lengua?
Ustedes son hijos de pecado, gente
mentirosa;
[5] debajo de los robles y de todo árbol
frondoso
se entregan a actos inmorales,

y sacrifican niños[u] junto a los
arroyos,
en las grietas de las rocas.

[6] "Israel,
tú prefieres dar culto a las piedras
lisas del arroyo,
pues allí tienes un lugar destinado
para ti.
A ellas les has derramado ofrendas
de vino,
les has ofrecido cereales.
¿Y después de todo esto voy a
sentirme contento?
[7] En un monte alto y empinado pusiste
tu cama,
y allá también has subido a ofrecer
sacrificios.
[8] Detrás de la puerta de tu casa
pusiste tus ídolos obscenos.
Te olvidaste de mí, te desnudaste
y te acostaste en tu ancha cama;
hiciste tratos con los hombres
con quienes querías acostarte,
y mirabas al ídolo.[78]

[9] "Corriste hacia el dios Mélec[79]
llevando aceite
y gran cantidad de perfumes;
enviaste mensajeros hasta muy lejos,
los hiciste bajar hasta el reino de la
muerte.
[10] Te cansaste de tantos viajes,
pero no reconociste que todo era
inútil.
Tenías a la mano el sustento,
y por eso no te cansabas.

[11] "¿Quiénes son esos dioses que tú
temías y honrabas,
para que me fueras infiel
y me olvidaras por completo?
Cuando tú no me honrabas,
yo callaba y disimulaba.[80]
[12] Pero voy a denunciar tu conducta,
que tú crees tan perfecta.
[13] Cuando grites pidiendo auxilio,
tus ídolos no te ayudarán ni te
librarán.
A todos ellos se los llevará el viento;
un soplo los hará desaparecer.
En cambio, el que confía en mí
habitará en el país
y vivirá en mi monte santo."

---

[78] *Y mirabas al ídolo:* otra posible traducción: *y contemplabas su sexo* (lit. *mano,* por eufemismo).     [79] En hebreo, *Mélec* significa *rey,* y se aplicaba como título a varios dioses paganos.     [80] *Y disimulaba:* según la versión griega. Heb. *y desde la antigüedad.*

[r] 56.7 Mt 21.13; Mr 11.17; Lc 19.46.     [s] 56.7-8 Is 60.1-14.     [t] 56.11 Ez 34.2.     [u] 57.5 Lv 18.21; Jer 7.31; 19.5.

## Castigo y curación de Israel

**14**Entonces se oirá decir:
"Preparen un camino bien llano,
quiten los obstáculos para que pase
  mi pueblo."
**15**Porque el Altísimo,
el que vive para siempre
y cuyo nombre es santo, dice:
"Yo vivo en un lugar alto y sagrado,
pero también estoy con el humilde y
  afligido,
y le doy ánimo y aliento.
**16**No estaré siempre acusando a mi
  pueblo,
ni estaré enojado todo el tiempo;
pues haría que los hombres que he
  creado
perdieran el ánimo ante mí.
**17**A causa del pecado de Israel
estuve enojado un tiempo,
y lo castigué y me aparté de él;
pero él se rebeló y se dejó llevar de
  sus caprichos.
**18**He visto su conducta,
pero lo sanaré y le daré descanso
y tranquilidad completa.
Yo consolaré a los tristes,
**19**y diré a todos:
'¡Paz a los que están lejos,
y paz a los que están cerca!'ᵛ
¡Yo sanaré a mi pueblo!'
**20**Pero los malos son como un mar
  agitado,
que no puede calmarse
y que arroja entre sus olas lodo y
  suciedad.
**21**Para los malos no hay bienestar."ʷ
Dios lo ha dicho.

## El verdadero ayuno

**58** **1**El Señor me dijo:
"Grita fuertemente, sin miedo,
alza la voz como una trompeta;
reprende a mi pueblo por sus culpas,
al pueblo de Jacob por sus pecados.
**2**Diariamente me buscan
y están felices de conocer mis
  caminos,
como si fueran un pueblo que hace el
  bien
y que no descuida mis leyes;
me piden leyes justas
y se muestran felices de acercarse a
  mí,
**3**y, sin embargo, dicen:
'¿Para qué ayunar, si Dios no lo ve?
¿Para qué sacrificarnos, si él no se
  da cuenta?'
El día de ayuno lo dedican ustedes a
  hacer negocios
y a explotar a sus trabajadores;
**4**el día de ayuno lo pasan en disputas
  y peleas
y dando golpes criminales con los
  puños.
Un día de ayuno así, no puede lograr
que yo escuche sus oraciones.
**5**¿Creen que el ayuno que me agrada
consiste en afligirse,
en agachar la cabeza como un junco
y en acostarse con ásperas ropas
  sobre la ceniza?
¿Eso es lo que ustedes llaman
  'ayuno',
y 'día agradable al Señor'?
**6**Pues no lo es.
El ayuno que a mí me agrada
consiste en esto:
en que rompas las cadenas de la
  injusticia
y desates los nudos que aprietan el
  yugo;
en que dejes libres a los oprimidos
y acabes, en fin, con toda tiranía;
**7**en que compartas tu pan con el
  hambriento
y recibas en tu casa al pobre sin
  techo;
en que vistas al que no tiene ropa
y no dejes de socorrer a tus
  semejantes.
**8**Entonces brillará tu luz como el
  amanecer
y tus heridas sanarán muy pronto.
Tu rectitud irá delante de ti
y mi gloria te seguirá.
**9**Entonces, si me llamas, yo te
  responderé;
si gritas pidiendo ayuda, yo te diré:
  'Aquí estoy.'
Si haces desaparecer toda opresión,
si no insultas a otros
ni les levantas calumnias,
**10**si te das a ti mismo en servicio del
  hambriento,
si ayudas al afligido en su necesidad,
tu luz brillará en la oscuridad,
tus sombras se convertirán en luz de
  mediodía.
**11**Yo te guiaré continuamente,
te daré comida abundante en el
  desierto,
daré fuerza a tu cuerpo
y serás como un jardín bien regado,

---

ᵛ **57.19** Ef 2.17.   ʷ **57.21** Is 48.22.

como un manantial al que no le falta
el agua.
[12] Tu pueblo reconstruirá las viejas
ruinas
y afianzará los cimientos puestos
hace siglos.
Llamarán a tu pueblo 'reparador de
muros caídos',
'reconstructor de casa en ruinas'.

### Sobre el día de reposo

[13] "Respeta el día de reposo;[81,x]
no te dediques a tus negocios en mi
día santo.
Considera este día como día de
alegría,
como día santo del Señor y digno de
honor;
hónralo no dedicándote a tus
asuntos,
ni buscando tus intereses y haciendo
negocios.
[14] Si haces esto, encontrarás tu alegría
en mí,
y yo te llevaré en triunfo sobre las
alturas del país
y te haré gozar de la herencia de tu
padre Jacob."
El Señor mismo lo ha dicho.

### Culpa y castigo de Israel

**59** [1] El poder del Señor no ha
disminuido
como para no poder salvar,
ni él se ha vuelto tan sordo
como para no poder oír.
[2] Pero las maldades cometidas por
ustedes
han levantado una barrera entre
ustedes y Dios;
sus pecados han hecho que él se
cubra la cara
y que no los quiera oír.
[3] Ustedes tienen las manos manchadas
de sangre
y los dedos manchados de crímenes;
sus labios dicen mentiras,
su lengua emite maldad.
[4] Nadie hace denuncias justas,
ni va a juicio con honradez.
Confían más bien en la mentira
y en palabras falsas;
están preñados de maldad
y dan a luz el crimen.
[5] Incuban huevos de víbora
y tejen telarañas;

el que come esos huevos, se muere,
y si uno los aplasta, salen serpientes
venenosas.
[6] Con esas telarañas no se hacen
vestidos;
nadie puede vestirse con lo que ellos
tejen.
Sus acciones son todas criminales:
sus manos trabajan para hacer
violencia,
[7] sus pies les sirven para correr al mal,
para darse prisa a derramar sangre
inocente.
Sus pensamientos se dirigen al
crimen,
y a su paso sólo dejan destrucción y
ruina.[y]
[8] No conocen el camino de la paz,
no hay rectitud en sus acciones.
Los caminos que siguen son
torcidos;
los que andan por ellos no
encuentran la paz.[z]

[9] Por eso la salvación se ha alejado de
nosotros
y la liberación no se nos acerca;
esperábamos la luz, y no hay más
que oscuridad;
esperábamos la claridad, y andamos
en tinieblas.
[10] Andamos a tientas, como ciegos
junto a una pared,
como si no tuviéramos ojos;
en pleno mediodía tropezamos como
si fuera de noche;
teniendo salud, estamos como
muertos.
[11] Todos nosotros gruñimos como
osos,
gemimos como palomas;
esperamos la salvación, pero no
llega;
esperamos la liberación, pero está
lejos.
[12] Nosotros te hemos ofendido mucho,
y nuestros propios pecados nos
acusan;
tenemos presentes nuestras culpas
y conocemos nuestras maldades.
[13] Hemos sido rebeldes e infieles al
Señor,
no quisimos seguir a nuestro Dios,
hemos hablado de violencia y de
traición,
hemos hecho planes para engañar a
los demás.

---

*81 Día de reposo: aquí equivale a sábado.*
*x 58.13-14 Ex 20.8-11; Is 56.2; Jer 17.19-27.   y 59.7 Pr 1.16.   z 59.7-8 Ro 3.15-17.*

¹⁴La justicia ha sido despreciada,
la rectitud se mantiene a distancia,
la sinceridad tropieza en la plaza
pública
y la honradez no puede presentarse.
¹⁵La sinceridad ha desaparecido,
y al que se aparta del mal le roban lo
que tiene.
El Señor se ha disgustado
al ver que no hay justicia.
¹⁶El Señor quedó asombrado
al ver que nadie ponía remedio a
esto;
entonces actuó con su propio poder,
y él mismo obtuvo la victoria.[a]
¹⁷Se cubrió de triunfo como con una
coraza,
se puso la salvación como un casco
en la cabeza,[b]
se vistió de venganza como con una
túnica
y se envolvió de ira como con un
manto.
¹⁸El Señor dará a cada cual su
merecido;
castigará a sus enemigos.
A quienes lo odian, les dará lo que se
merecen;
aun a los que viven en los países del
mar.
¹⁹Todo el mundo, desde oriente hasta
occidente,
respetará al Señor, al ver su
majestad,
Porque él vendrá como un río
crecido
movido por un viento poderoso.
²⁰Vendrá como libertador de Sión
y de todos los descendientes de
Jacob
que se arrepientan de sus culpas.[c]
El Señor lo afirma.

²¹El Señor dice:
"Yo hago un pacto con ustedes y les
prometo
que mi poder y las enseñanzas que
les he dado
no se apartarán jamás de ustedes
ni de sus descendientes
por toda la eternidad."

### La gloria de la nueva Jerusalén

**60** ¹Levántate, Jerusalén, envuelta en
resplandor,

porque ha llegado tu luz
y la gloria del Señor brilla sobre ti.
²La oscuridad cubre la tierra,
la noche envuelve a las naciones,
pero el Señor brillará sobre ti
y sobre ti aparecerá su gloria.
³Las naciones vendrán hacia tu luz,
los reyes vendrán hacia el resplandor
de tu amanecer.[d]
⁴Levanta los ojos, y mira a tu
alrededor:
todos se reúnen y vienen hacia ti.
Tus hijos vendrán desde lejos;
tus hijas serán traídas en brazos.
⁵Tú, al verlos, estarás radiante de
alegría,
tu corazón se llenará de gozo;
te traerán los tesoros de los países
del mar,
te entregarán las riquezas de las
naciones.
⁶Te verás cubierta de caravanas de
camellos
que vienen de Madián y de Efa;
vendrán todos los de Sabá,
cargados de oro y de incienso,
y proclamarán las acciones gloriosas
del Señor.
⁷Todos los rebaños de Cedar serán
para ti;
los carneros de Nebaiot estarán a tu
servicio,
para que los ofrezcas al Señor en su
altar
como ofrendas agradables,
y él hará aún más bello su hermoso
templo.

⁸¿Quiénes son esos que vuelan como
nubes,
que van como palomas a sus
palomares?
⁹Son barcos que vienen juntos,
con las naves de Tarsis a la cabeza,
trayendo de lejos a tus hijos,
con su oro y su plata,
en honor de tu Señor, el Dios Santo
de Israel,
quien te hizo gloriosa.
¹⁰Gente extranjera reconstruirá tus
murallas,
y sus reyes te servirán;
pues aunque en su ira el Señor te
castigó,
ahora en su bondad te ha tenido
compasión.[e]
¹¹Tus puertas estarán siempre abiertas;

---

[a] **59.16** Is 63.5.  [b] **59.17** Sab 5.17-23; Ef 6.17; 1 Ts 5.8.  [c] **59.20** Ro 11.26.  [d] **60.3** Ap 21.24.  [e] **60.10** Is 54.7-8; Lm 3.31-33.

no se cerrarán de día ni de noche,
para que puedan traerte las riquezas
    de las naciones*f*
y entren los reyes con su comitiva.
¹²El país que no te sirva, perecerá;
naciones enteras serán destruidas.

¹³El Señor dice a Jerusalén:
"Las riquezas del Líbano vendrán a
    ti:
pinos, abetos y cipreses,
para embellecer mi templo,
para dar gloria al lugar donde pongo
    mis pies.
¹⁴Los hijos de los que te oprimieron
vendrán a humillarse delante de ti,
y todos los que te despreciaban
se arrodillarán a tus pies*g*
y te llamarán 'Ciudad del Señor',
'Sión del Dios Santo de Israel'.
¹⁵Ya no estarás abandonada,
    odiada y sola,
sino que yo te haré gloriosa
    eternamente,
motivo de alegría para siempre.
¹⁶Las naciones te darán sus mejores
    alimentos
y los reyes te traerán sus riquezas;
y reconocerás que yo, el Señor, soy
    tu salvador,
que yo, el Poderoso de Jacob, soy tu
    libertador.

¹⁷"En vez de bronce te daré oro,
en vez de hierro, plata,
en vez de madera, bronce,
y en vez de piedras, hierro.
Haré que la paz te gobierne
y que la rectitud te dirija.
¹⁸En tu tierra no se volverá a oír
el ruido de la violencia,
ni volverá a haber destrucción y
    ruina en tu territorio,
sino que llamarás a tus murallas
    'Salvación'
y a tus puertas 'Alabanza'.

¹⁹"Ya no necesitarás que el sol te
    alumbre de día,
ni que la luna te alumbre de noche,
porque yo, el Señor, seré tu luz
    eterna;
yo, tu Dios, seré tu esplendor.*h*
²⁰Tu sol no se ocultará jamás
ni tu luna perderá su luz,
porque yo, el Señor, seré tu luz
    eterna;

tus días de luto se acabarán.

²¹"Todos los de tu pueblo serán gente
    honrada,
serán dueños de su país por siempre,
retoños de una planta que yo mismo
    he plantado,
obra que he hecho con mis manos
para mostrar mi gloria.
²²Este puñado tan pequeño se
    multiplicará por mil;
este pequeño número será una gran
    nación.
Yo soy el Señor,
yo haré que se realice pronto,
a su debido tiempo."

### Anuncio de salvación a Israel

**61** ¹El espíritu del Señor está sobre
    mí,
porque el Señor me ha consagrado;
me ha enviado a dar buenas noticias
    a los pobres,*i*
a aliviar a los afligidos,
a anunciar libertad a los presos,
libertad a los que están en la cárcel;
²a anunciar el año favorable del
    Señor,*j*
el día en que nuestro Dios
nos vengará de nuestros enemigos.
Me ha enviado a consolar a todos los
    tristes,*k*
³a dar a los afligidos de Sión
una corona en vez de ceniza,
perfume de alegría en vez de llanto,
cantos de alabanza en vez de
    desesperación.
Los llamarán "robles victoriosos",
plantados por el Señor para mostrar
    su gloria.

⁴Se reconstruirán las viejas ruinas,
se levantarán los edificios destruidos
    hace mucho,
y se repararán las ciudades en ruinas.
⁵Los extranjeros se pondrán a cuidar
los rebaños, los campos y los viñedos
    de ustedes.
⁶Y a ustedes los llamarán sacerdotes
    del Señor,
siervos de nuestro Dios.
Disfrutarán de la riqueza de otras
    naciones
y se adornarán con el esplendor de
    ellas.
⁷Y como mi pueblo ha tenido que
    sufrir

---

*f* **60.11** Ap 21.25-26.    *g* **60.14** Ap 3.9.    *h* **60.19** Ap 21.23; 22.5.    *i* **61.1** Mt 11.5; Lc 7.22.    *j* **61.1-2** Lc 4.18-19.
*k* **61.2** Is 57.18; Mt 5.4.

doble porción de deshonra e
insultos,
por eso recibirá en su país
doble porción de riquezas
y gozará de eterna alegría.

[8] Porque el Señor ama la justicia,
y odia el robo y el crimen.[82]
El les dará fielmente su recompensa
y hará con ellos un pacto eterno.
[9] Sus descendientes serán famosos
entre las naciones;
todos los que los vean reconocerán
que son un pueblo que el Señor ha
bendecido.

[10] ¡Cómo me alegro en el Señor!
Me lleno de gozo en mi Dios,[l]
porque me ha brindado su salvación,
¡me ha cubierto de victoria!
Soy como un novio que se pone su
corona
o una novia que se adorna con sus
joyas.[m]
[11] Porque así como nacen las plantas de
la tierra
y brotan los retoños en un jardín,
así hará el Señor que brote su
victoria
y que todas las naciones entonen
cantos de alabanza.

**62** [1] Por amor a ti, Sión, no me
quedaré callado;
por amor a ti, Jerusalén, no
descansaré
hasta que tu victoria brille como el
amanecer
y tu salvación como una antorcha
encendida.
[2] Las naciones verán tu salvación,
todos los reyes verán tu gloria.
Entonces tendrás un nombre nuevo[n]
que el Señor mismo te dará.
[3] Tú serás una hermosa corona real
en la mano del Señor tu Dios.
[4] No volverán a llamarte
"Abandonada",
ni a tu tierra le dirán "Destruida",
sino que tu nombre será "Mi
predilecta",
y el de tu tierra, "Esposa mía".[ñ]
Porque tú eres la predilecta del
Señor,
y él será como un esposo para tu
tierra.

[5] Porque así como un joven se casa
con su novia,
así Dios te tomará por esposa,
te reconstruirá[83] y será feliz contigo,
como es feliz el marido con su
esposa.
[6] Jerusalén, en tus murallas he puesto
centinelas[o]
que ni de día ni de noche dejan de
decir:
"No se queden callados los que
invocan al Señor,
[7] no lo dejen descansar
hasta que haya reconstruido a
Jerusalén
y haya hecho que todo el mundo la
alabe."

[8] El Señor ha jurado
alzando su poderoso brazo derecho:
"Nunca más permitiré
que tus enemigos se coman tu trigo
ni que los extranjeros se beban el
vino
que has hecho con tu trabajo;
[9] sino que ustedes mismos recogerán la
cosecha,
se la comerán y me alabarán a mí;
y recogerán las uvas y beberán el
vino
en los atrios de mi santo templo."

[10] Salgan, salgan por las puertas,
preparen el camino para mi pueblo.
Construyan con cuidado la calzada
y límpienla de piedras;
levanten la señal para llamar a las
naciones.
[11] El Señor anuncia esto
hasta el extremo de la tierra:
"Digan a la ciudad de Sión
que ha llegado ya su salvador.
El Señor trae a su pueblo
después de haberlo rescatado."[p]
[12] A los israelitas los llamarán "El
pueblo santo",
"Los libertados por el Señor",
y a Jerusalén, "La ciudad deseada",
"La ciudad no abandonada".

### Dios castiga a sus enemigos

**63** [1] —¿Quién es ése que viene de
Bosra, capital de Edom,[q]
con su ropa teñida de rojo,
que viene vestido espléndidamente

---

[82] Y el crimen: según versiones antiguas. Heb. con holocausto. [83] Así Dios . . . te reconstruirá: texto probable.
Heb. se casarán contigo tus hijos.
[l] 61.10 Lc 1.46-47.   [m] 61.10 Ap 21.2.   [n] 62.2 Is 1.26; 62.12; Jer 33.16; Ez 48.35.   [ñ] 62.4 Is 60.15; Os 2.23.   [o] 62.6 Is
52.8; Ez 33.   [p] 62.11 Is 40.10.   [q] 63.1-6 Is 34.5-17; Jer 49.7-22; Ez 25.12-14; 35.1-15; Am 1.11-12; Abd 1-14; Mal 1.2-5.

y camina con fuerza terrible?

—Soy yo, que anuncio la victoria
y soy poderoso para salvar.

² —¿Y por qué tienes rojo el vestido,
como si hubieras pisado uvas con los
pies?

³ —Sí, estuve pisando las uvas yo
solo,ʳ
nadie me ayudó;
lleno de ira pisoteé a mis enemigos,
los aplasté con furor,
y su sangre me salpicó los vestidos
y me manchó toda la ropa.ˢ
⁴ Yo decidí que un día tendría que
hacer justicia;
había llegado el tiempo de libertar a
mi pueblo.
⁵ Miré, y no había quien me ayudara;
quedé admirado de que nadie me
apoyara.
Mi brazo me dio la victoria
y mi ira me sostuvo.ᵗ
⁶ Lleno de ira aplasté a las naciones,
las destruí con furor
e hice correr su sangre por el suelo.

### Bondad de Dios para Israel

⁷ Yo quiero hablar del amor del Señor,
cantar sus alabanzas
por todo lo que él ha hecho por
nosotros,
por su inmensa bondad con la
familia de Israel,
por lo que ha hecho en su bondad
y en su gran amor.
⁸ El dijo: "Ellos son mi pueblo,
hijos que no habrán de
traicionarme."
Y él los salvó
⁹ de todas sus aflicciones.
No fue un enviado suyo quien los
salvó;
fue el Señor en persona.ᵘ
Él los libertó por su amor y su
misericordia,
los levantó, los tomó en brazos.
Así lo ha hecho siempre.
¹⁰ Pero ellos se rebelaron contra el
Señor
y ofendieron su santidad;
por eso se volvió
enemigo de ellos
y les hizo la guerra.ᵛ

¹¹ Ellos se acordaron de los tiempos
antiguos,
de Moisés que libertó a su pueblo,
y se preguntaban:
"¿Dónde está Dios, que salvó del
Nilo
a Moisés, pastor de su rebaño?
¿Dónde está el que puso en Moisés
su santo espíritu,
¹² el que hizo que su glorioso poder
acompañara a Moisés,
el que dividió el mar delante de su
puebloʷ
para alcanzar fama eterna,
¹³ el que los hizo pasar por el fondo del
mar sin resbalar,
como caballos por el desierto,
¹⁴ como ganado que baja a la llanura?"
El espíritu del Señor los guiaba.ˣ
Así condujo a su pueblo
y alcanzó fama y gloria.

### Oración a Dios para implorar su ayuda

¹⁵ Mira, Señor, desde el cielo,
desde el lugar santo y glorioso en
que vives.
¿Dónde están tu ardiente amor y tu
fuerza?
¿Dónde están tus sentimientos?
¿Se agotó tu misericordia con
nosotros?
¹⁶ ¡Tú eres nuestro padre!
Aunque Abraham no nos reconozca,
ni Israel se acuerde de nosotros,
tú, Señor, eres nuestro padre;
desde siempre eres nuestro
libertador. *
¹⁷ ¿Por qué, Señor, haces que nos
desviemos de tus caminos,
y endureces nuestros corazones para
que no te respetemos?
Cambia ya, por amor a tus siervos
y a las tribus que te pertenecen.
¹⁸ ¡Qué poco tiempo tu pueblo santo
fue dueño del país!
Nuestros enemigos han pisoteado tu
templo.
¹⁹ Estamos como si tú nunca nos
hubieras gobernado,
como si nunca hubiéramos llevado tu
nombre.

**64** ¹ʸ Ojalá rasgaras el cielo y bajaras
haciendo temblar con tu presencia
las montañas,ᶻ
² como cuando el fuego quema las
zarzas

---

ʳ **63.3** Lm 1.15; Jl 3.13; Ap 14.20; 19.15.  ˢ **63.3** Ap 19.13.  ᵗ **63.5** Is 59.16.  ᵘ **63.9** Dt 32.11-12.  ᵛ **63.10** Dt 32.15-25.
ʷ **63.12** Ex 14.21.  ˣ **63.14** Sal 77.20.  * **63.16** Tob 13.4.  ʸ Los vs. 64.1-12 corresponden a los vs. 63.19-64.11 en el texto
hebreo.  ᶻ **64.1-3** Ex 19.16-18; Jue 5.4-5; Hab 3.3-15.

o hace hervir el agua.
Entonces tus enemigos conocerían tu
    nombre
y las naciones temblarían ante ti.
[3]Cuando hiciste cosas terribles que no
    esperábamos,
cuando bajaste, las montañas
    temblaron ante ti.
[4]Jamás se ha escuchado ni se ha visto
que haya otro dios fuera de ti
que haga tales cosas
en favor de los que en él confían.[a]
[5]Tú aceptas a quien hace el bien con
    alegría
y se acuerda de hacer lo que tú
    quieres.

Tú estás enojado porque hemos
    pecado;
desde hace mucho te hemos
    ofendido.[84]
[6]Todos nosotros somos como un
    hombre impuro;
todas nuestras buenas obras son
    como un trapo sucio;
todos hemos caído como hojas
    marchitas,
y nuestros crímenes nos arrastran
    como el viento.
[7]No hay nadie que te invoque
ni se esfuerce por apoyarse en ti;
por eso te ocultaste de nosotros
y nos has abandonado[85] por causa
    de nuestra maldad.

[8]Sin embargo, Señor, tú eres nuestro
    padre;
nosotros somos el barro, tú nuestro
    alfarero;[b]
¡todos fuimos hechos por ti mismo!
[9]Señor, no te enojes demasiado
ni te acuerdes siempre de nuestros
    crímenes.
¡Mira que somos tu pueblo!
[10]Tus santas ciudades están
    convertidas en desierto,
Jerusalén está en ruinas, destruida.
[11]Nuestro santuario glorioso,
donde nuestros padres te alababan,
quedó destruido por el fuego.
¡Todo lo que más queríamos está en
    ruinas!
[12]Y ante todo esto, Señor, ¿no vas a
    hacer nada?
¿Te vas a quedar callado

y vas a humillarnos hasta el
    extremo?

## Acusación contra los rebeldes

**65** [1]El Señor dice:
    "Los que no me habían pedido
    nada
fueron los que acudieron a mí;
los que no me habían buscado
fueron los que me encontraron.[c]
A un pueblo que no me había
    invocado
fue al que le dije: 'Aquí estoy.'
[2]Todo el día extendí mis manos
para atraer a un pueblo rebelde[d]
que iba por caminos perversos
siguiendo sus propios caprichos;
[3]un pueblo que en mi propia cara
me ofendía continuamente;
que ofrecía sacrificios a los dioses en
    los jardines
y quemaba incienso en altares de
    ladrillo;
[4]que se sentaba entre los sepulcros
y pasaba las noches en sitios
    escondidos;
que comía carne de cerdo[e]
y llenaba sus ollas de caldos
    impuros.
[5]Dicen: 'Quédate ahí, no me toques;
soy demasiado sagrado para que me
    toques.'
Esa gente es como fuego que arde
    todo el día;
me molestan como el humo en las
    narices.
[6]Pero todo esto está escrito delante de
    mí,
y no voy a quedarme cruzado de
    brazos;
voy a darles su merecido,
[7]tanto por los crímenes de ellos
como por los de sus padres.
Ellos quemaban incienso sobre los
    montes
y me ofendían en las colinas.
Haré primero la cuenta
y les daré su merecido."
El Señor lo ha dicho.

## El Señor promete sus bendiciones

[8]El Señor dice:
    "Cuando las uvas tienen mucho jugo
la gente no las echa a perder,
porque pueden sacar mucho vino.

---

[84] *Desde hace mucho te hemos ofendido:* traducción probable. Heb. oscuro.   [85] *Y nos has abandonado:* según
versiones antiguas. Heb. *nos has hecho derretir.*
[a] 64.4 1 Co 2.9.   [b] 64.8 Is 29.16; 45.9; Jer 18.1-6; Eclo 33.13; Sab 15.7.   [c] 65.1 Ro 10.20.   [d] 65.2 Ro 10.21.
[e] 65.4 Lv 11.7; Dt 14.8.

Así haré yo también por amor a mis
   siervos:
no destruiré a toda la nación.
⁹Haré que Jacob tenga descendientes
y que haya gente en Judá que viva en
   mis montañas.
Mis elegidos poseerán la tierra.
mis servidores vivirán allí.
¹⁰El valle de Sarón se llenará de
   rebaños
y en el valle de Acor⁵ pastará el
   ganado
que tendrá el pueblo que me busca.
¹¹Pero a ustedes que se apartan del
   Señor
y se olvidan de mi monte santo,
que ofrecen comida y vino
a Gad y Mení, dioses de la fortuna,
¹²mala fortuna les espera:
los haré morir a filo de espada.
Porque yo los llamé y ustedes no
   respondieron;
les hablé y no me escucharon;
hicieron lo que yo no apruebo,
escogieron lo que a mí me
   disgusta.''ᵍ

¹³Por eso, el Señor dice:
''Mis servidores tendrán de comer,
pero ustedes sufrirán hambre;
ellos tendrán de beber,
pero ustedes sufrirán sed;
ellos se alegrarán,
pero ustedes quedarán en ridículo;
¹⁴ellos cantarán de alegría
por el gozo de su corazón,
pero ustedes gritarán y llorarán
por la tristeza y la aflicción.
¹⁵Mis elegidos usarán el nombre de
   ustedes
para maldecir y desear la muerte a
   otros,
pero a mis siervos les cambiaré de
   nombre.
¹⁶Cualquiera que en el país pida una
   bendición,
la pedirá al Dios fiel;
y cualquiera que en el país haga un
   juramento,
jurará por el Dios fiel.
Las aflicciones anteriores han
   quedado olvidadas,
han desaparecido de mi vista.

¹⁷''Miren, yo voy a crear
un cielo nuevo y una tierra nueva.ʰ

Lo pasado quedará olvidado,
nadie se volverá a acordar de ello.
¹⁸Llénense de gozo y alegría para
   siempre
por lo que voy a crear,
porque voy a crear una Jerusalén
   feliz
y un pueblo contento que viva en
   ella.
¹⁹Yo mismo me alegraré por Jerusalén
y sentiré gozo por mi pueblo.
En ella no se volverá a oír llanto
ni gritos de angustia.ⁱ
²⁰Allí no habrá niños que mueran a los
   pocos días,
ni ancianos que no completen su
   vida.
Morir a los cien años será morir
   joven,
y no llegar a los cien años será una
   maldición.
²¹La gente construirá casas y vivirá en
   ellas,
sembrará viñedos y comerá sus
   uvas.ʲ
²²No sucederá que uno construya y
   otro viva allí,
o que uno siembre y otro se
   aproveche.
Mi pueblo tendrá una vida larga,
como la de un árbol;
mis elegidos disfrutarán del trabajo
   de sus manos.
²³No trabajarán en vano
ni tendrán hijos que mueran antes de
   tiempo,
porque ellos son descendientes
de los que el Señor ha bendecido,
y lo mismo serán sus descendientes.
²⁴Antes que ellos me llamen,
yo les responderé;
antes que terminen de hablar,
yo los escucharé.
²⁵El lobo y el cordero comerán juntos,
el león comerá pasto, como el buey,
y la serpiente se alimentará de
   tierra.ᵏ
En todo mi monte santo
no habrá quien haga ningún daño.''ˡ
El Señor lo ha dicho.

## Contra el culto falso

**66** ¹El Señor dice:
''El cielo es mi tronoᵐ
y la tierra es el estrado de mis pies.ⁿ

ʲ 65.10 Jos 7.24-26.  ᵍ 65.12 Is 66.4; Jer 7.13.  ʰ 65.17 Is 66.22; 2 P 3.13; Ap 21.1.  ⁱ 65.19 Ap 21.4.  ʲ 65.21 Jer 31.5; Am 9.14.
ᵏ 65.25 Gn 3.14.  ˡ 65.25 Is 11.6-9.  ᵐ 66.1 Sal 11.4; Mt 5.34; 23.22.  ⁿ 66.1 Mt 5.35.

¿Dónde podrán construirme una
casa?
¿Dónde podrán hacerme un lugar de
descanso?
²¡Yo mismo hice todas estas cosas,
y así empezaron a existir!ñ
Yo, el Señor, lo afirmo.

"El hombre en quien yo me fijo
es el pobre y afligido
que respeta mi palabra.
³Pero hay quienes sacrifican un toro,
y también matan a un hombre;
degüellan una oveja, y también
desnucan un perro;
ofrecen cereales, y también la sangre
de un cerdo;
queman incienso, y también adoran
a un ídolo.
A los que escogieron esos ritos
detestables,
les encanta hacer todo esto.
⁴Yo también escogeré el sufrimiento
para ellos,
y les traeré lo que ellos tanto temen.
Porque llamé y nadie me respondió,
hablé y nadie me escuchó;
hicieron lo que yo no apruebo,
escogieron lo que a mí me
disgusta."º

### Juicio y liberación

⁵Escuchen la palabra del Señor,
ustedes que respetan su palabra:
"Algunos compatriotas de ustedes,
que los odian,
que los persiguen porque invocan mi
nombre, dicen:
'Que el Señor muestre su gloria;
queremos verlos alegres.'
Pero ellos quedarán en ridículo.
⁶Ese estruendo que viene de la ciudad,
ese ruido que viene del templo,
es el ruido que hace el Señor
al dar su merecido a sus enemigos.ᵖ

⁷"Sión dio a luz en un momento,
antes de sentir los dolores del parto.�q
⁸¿Quién ha oído decir algo parecido?
¿Quién ha visto algo semejante?
¿Nace una nación en un solo día?
¿Nace un pueblo en un momento?
Pero cuando Sión comenzó a sentir
los dolores,
en seguida dio a luz a sus hijos.
⁹¿Cómo iba yo a impedir el
nacimiento,

si yo soy quien hace dar a luz?"
El Señor tu Dios lo ha dicho.

¹⁰"Alégrense con Jerusalén,
llénense de gozo con ella todos los
que la aman;
únanse a su alegría
todos los que han llorado por ella;
¹¹y ella, como una madre,
los alimentará de sus consuelos
hasta que queden satisfechos.
¹²Porque yo, el Señor, digo:
Yo haré que la paz venga sobre ella
como un río,
y las riquezas de las naciones
como un torrente desbordado.
Ella los alimentará a ustedes,
los llevará en sus brazos
y los acariciará sobre sus rodillas.
¹³Como una madre consuela a su hijo,
así los consolaré yo a ustedes,
y encontrarán el consuelo en
Jerusalén."

¹⁴Cuando ustedes vean esto, su
corazón se alegrará;
su cuerpo se renovará como la
hierba.
El Señor dará a conocer su poder
entre sus siervos,
y su ira entre sus enemigos.
¹⁵Porque el Señor llega en medio de
fuego,
sus carros parecen un torbellino;
va a descargar el ardor de su ira
y las llamas ardientes de su castigo.
¹⁶Sí, el Señor va a hacer el juicio con
fuego,
va a juzgar a todo el mundo con su
espada
y hará morir a muchos.

¹⁷⁻¹⁸El Señor afirma:
"Los que se consagran y purifican
para el culto pagano en los jardines
siguiendo a uno que va en medio,
los que comen carne de cerdo, de
rata
o de otros animales impuros,
serán exterminados de una sola vez,
porque yo conozco sus acciones y sus
pensamientos.

"Entonces vendréᵃ⁶ yo mismo
a reunir a todos los pueblos y
naciones,
y vendrán y verán mi gloria.

---

ᵃ⁶ Vendré: según versiones antiguas. Heb. ella viene.
ñ 66.1-2 Hch 7.49-50.   º 66.4 Is 65.12; Jer 7.13.   ᵖ 66.6 Ap 16.17.   q 66.7 Ap 12.5.

[19]Yo les daré una señal:
dejaré que escapen algunos
y los enviaré a las naciones:
a Tarsis, a Libia,[87]
a Lidia, país donde saben manejar el
arco,
a Tubal, a Grecia
y a los lejanos países del mar,
que nunca han oído hablar de mí
ni han visto mi gloria;
ellos anunciarán mi gloria entre las
naciones.
[20]Harán venir de todas las naciones
a todos los compatriotas de ustedes,
a caballo, en carros, en literas,
en mulas y en camellos.
Serán una ofrenda para mí
en Jerusalén, mi monte santo,
como las ofrendas que traen los
israelitas
en vasos limpios a mi templo.
Yo, el Señor, lo he dicho.

[21]"A algunos de ellos los elegiré
para que sean sacerdotes y levitas.

Yo, el Señor, lo he dicho."

[22]También afirma el Señor:
"Así como el nuevo cielo y la nueva
tierra[r]
que yo voy a crear
durarán para siempre,
así también durarán tus
descendientes y tu nombre.[s]
[23]Y cada mes, en el día de la luna
nueva,
y cada semana, en el día de
reposo,[88]
todos los hombres vendrán a
postrarse delante de mí.
Yo, el Señor, lo he dicho.

[24]"Vendrán y verán los cadáveres de
los hombres
que se rebelaron contra mí.
Los gusanos que se los comen no
morirán,
y el fuego que los devora no se
apagará.[t]
¡Serán algo repugnante para toda la
humanidad!"

---

[87] *Libia:* según una versión antigua. Heb. *Pul.*    [88] *Día de reposo:* aquí equivale a *sábado.*
[r] 66.22 Is 65.17; 2 P 3.13; Ap 21.1.    [s] 66.22 Jer 31.35-36.    [t] 66.24 Jdt 16.17; Mr 9.48.

# JEREMÍAS

*El profeta Jeremías, que vivió en los últimos días del reino de Judá (fines del siglo siete y principios del seis, a. C.), no cesó de advertir al pueblo sobre la catástrofe que se veía venir sobre la nación por causa de su pecado e idolatría. Le tocó presenciar los sitios y capturas de Jerusalén, y en la segunda ocasión fue testigo de la destrucción de la ciudad y el templo, con la consiguiente deportación del rey y una gran parte de la población. Pero también predijo el regreso de la cautividad y la restauración de la nación.*

*El libro puede considerarse dividido en cuatro secciones. La primera (caps. 1-25) contiene el llamamiento del profeta y sus mensajes bajo los últimos reyes de Judá. La segunda es lo que podría llamarse material biográfico del profeta, registrado por su secretario Baruc, e incluye varias profecías (caps. 26-45). La tercera se compone de profecías contra las naciones (caps. 46-51). Y la cuarta (cap. 52) es un apéndice histórico en que se reseña la caída de Jerusalén y el destierro a Babilonia.*

*Jeremías fue todo menos un profeta popular. Al contrario, padeció una oposición que llegó hasta la violencia, pues su misión de reconvenir al pueblo y anunciarle el desastre que su desobediencia le acarrearía, no era bien recibida por la gente. Para él mismo, hombre sensible que amaba ardientemente a su pueblo, tampoco era esto cosa agradable, lo cual le ocasionó una lucha interior de la cual habla conmovedoramente en varios pasajes. Pero la palabra de Dios era como un fuego ardiente en su corazón, y de ningún modo podía callarla: "Si digo: No pensaré más en el Señor, no volveré a hablar en su nombre, entonces su palabra en mi interior se convierte en un fuego que devora, que me cala hasta los huesos" (20.9).*

*En uno de los pasajes del libro el profeta reprende duramente al pueblo su apostasía e infidelidad bajo la figura de un adulterio (cap. 3), pero le anuncia el nuevo pacto que Dios establecerá con él. Entonces ya no será necesario que un maestro los instruya o que se instruyan unos a otros sobre el conocimiento de Dios, porque la ley divina estará grabada en su mente y su corazón (31.31-34).*

**1** ¹Dichos y hechos de Jeremías, hijo de Hilcías. Jeremías pertenecía a una familia de sacerdotes que vivían en el pueblo de Anatot,*ᵃ* en la región de la tribu de Benjamín. ²El Señor le habló a Jeremías cuando Josías,*ᵇ* hijo de Amón, estaba en el año trece de su reinado en Judá. ³También le habló durante el tiempo en que Joacim,*ᶜ* hijo de Josías, era rey de Judá, y hasta que Sedequías,*ᵈ* también hijo de Josías, cumplió once años como rey de Judá; es decir, hasta el quinto mes de aquel año, cuando los habitantes de Jerusalén fueron llevados al destierro.

### El Señor llama a Jeremías

⁴El Señor se dirigió a mí, y me dijo:
⁵"Antes de darte la vida, ya te había
  yo escogido;
 antes de que nacieras, ya te había yo
  apartado;
 te había destinado a ser profeta de
  las naciones."*ᵉ*

⁶Yo contesté:
 "¡Ay, Señor! ¡Yo soy muy joven y
  no sé hablar!"

⁷Pero el Señor me dijo:
 "No digas que eres muy joven.
 Tú irás a donde yo te mande,
 y dirás lo que yo te ordene.
⁸No tengas miedo de nadie,
 pues yo estaré contigo para
  protegerte.
 Yo, el Señor, doy mi palabra."

⁹Entonces el Señor extendió la mano, me tocó los labios y me dijo:
¹⁰"Yo pongo mis palabras en tus
  labios.
 Hoy te doy plena autoridad
 sobre reinos y naciones,
 para arrancar y derribar,
 para destruir y demoler,
 y también para construir y
  plantar."

¹¹El Señor se dirigió a mí, y me dijo:
 "Jeremías, ¿qué es lo que ves?"
 "Veo una rama de
  almendro"—contesté.
¹²"Tienes razón —me dijo el Señor—.
 En efecto, voy a estar atento*ᶠ*

---

*ᶠ* En hebreo, las palabras que corresponden a *almendro* y *voy a estar atento* tienen un sonido parecido.
*ᵃ* **1.11** R 2.26-27.  *ᵇ* **1.2 2** R 22.3-23.27; 2 Cr 34.8-35.19.  *ᶜ* **1.3 2** R 23.36-24.7; 2 Cr 36.5-8.  *ᵈ* **1.3 2** R 24.18-25.21;
2 Cr 36.11-21.  *ᵉ* **1.5** Is 49.1; Gá 1.15.

a que mis palabras se cumplan."*ſ*

[13]El Señor se dirigió a mí por segunda vez:

"¿Qué es lo que ves?"—me preguntó.

"Veo una olla hirviendo,
a punto de derramarse desde el norte"—contesté.

[14]Entonces el Señor me dijo:
"Desde el norte va a derramarse la calamidad
sobre todos los habitantes de este país.
[15]Yo, el Señor, les aseguro
que voy a llamar a todos los reinos del norte.
Vendrán sus reyes
y pondrán sus tronos
a la entrada misma de Jerusalén,
frente a todas las murallas que la rodean
y frente a todas las ciudades de Judá.
[16]Este es el castigo que voy a decretar
contra esos pecadores que me abandonaron,
que quemaron incienso y adoraron
a dioses extranjeros que ellos mismos hicieron.
[17]Y tú, ármate de valor;
ve y diles todo lo que yo te mande.
No les tengas miedo, porque de otra manera
yo te haré temblar delante de ellos.
[18]Yo te pongo hoy
como ciudad fortificada,
como columna de hierro,
como muralla de bronce,*g*
para que te enfrentes a todo el país de Judá:
a sus reyes, jefes y sacerdotes, y al pueblo en general.
[19]Ellos te harán la guerra, pero no te vencerán
porque yo estaré contigo para protegerte.
Yo, el Señor, doy mi palabra."

### Infidelidad de Israel

**2** [1]El Señor se dirigió a mí, y me dijo:
[2]"Ve y habla a la ciudad de Jerusalén;
grita para que lo oiga bien:
'¡Así dice el Señor!

Recuerdo que cuando eras joven, me eras fiel,*h*
que cuando te hice mi esposa, me amabas
y me seguiste a través del desierto *i*
tierra en que nada se cultiva.'
[3]Israel estaba consagrada a mí,
era lo mejor de mi cosecha.
Si alguien le hacía daño, yo lo castigaba
enviándole calamidades.
Yo, el Señor, lo afirmo.''

[4]Descendientes de Jacob, familias todas de Israel, escuchen la palabra del Señor. [5]El Señor les dice:

"¿Qué de malo encontraron en mí sus antepasados,
que se alejaron de mí?
Se fueron tras dioses que no son nada,
y en nada se convirtieron ellos mismos.
[6]No se preocuparon por buscarme a mí,
que los saqué de Egipto,
que los guié por el desierto,
tierra seca y llena de barrancos,
tierra sin agua, llena de peligros,
tierra donde nadie vive, por donde nadie pasa.*j*
[7]Yo los traje a esta tierra fértil,
para que comieran de sus frutos
y de sus mejores productos.
Pero ustedes vinieron y profanaron mi tierra,
me hicieron sentir asco de este país, de mi propiedad.
[8]Los sacerdotes no me buscaron,
los instructores de mi pueblo no me reconocieron,
los jefes se rebelaron contra mí,
y los profetas hablaron en nombre de Baal
y se fueron tras ídolos que no sirven para nada.

### Proceso contra Israel

[9]"Por eso, yo, el Señor, afirmo:
Voy a entablar un proceso contra ustedes y sus nietos.
[10]Vayan a las islas de occidente y observen;
envíen a alguien a Cedar para que se fije bien,
a ver si se ha dado el caso

*ſ* **1.12** Is 55.10-11; Ez 12.28.   *g* **1.18** Jer 15.20.   *h* **2.2** Os 2.15-16.   *i* **2.2** Ex 13.17-18; Nm 14.33-34; 32.13.   *j* **2.6-7** Dt 8.2-16.

[11]de que una nación pagana haya
cambiado a sus dioses.[k]
¡Y eso que son dioses falsos!
Pero mi pueblo me ha dejado a mí,
que soy su gloria,
por ídolos que no sirven para nada.
[12]¡Espántate, cielo, ante esto!
¡Ponte a temblar de horror!
Yo, el Señor, lo afirmo.

[13]"Mi pueblo ha cometido un doble
pecado:
me abandonaron a mí,
fuente de agua viva,[l]
y se hicieron sus propias cisternas,
pozos rotos que no conservan el
agua.

### Consecuencias de la infidelidad de Israel

[14]"Israel no es un esclavo,
él no nació en la esclavitud.
¿Por qué, pues, lo saquean?
[15]¿Por qué lo atacan como leones,
lanzando fuertes rugidos?
Han dejado en ruinas su país;
sus ciudades fueron incendiadas
y nadie quedó en ellas.
[16]La gente de Menfis y de Tafnes
te rompió[2] la cabeza.
[17]Esto te ha pasado por haberme
abandonado
a mí, que soy el Señor tu Dios
y que te guiaba por el camino.
[18]Y ahora, ¿qué ganas con ir a Egipto
a beber agua del Nilo?[m]
¿Qué ganas con ir a Asiria
a beber agua del Éufrates?
[19]Tu propia maldad te castigará,
tu infidelidad te condenará.
Piensa y verás lo malo y amargo
que ha sido que me abandones
y que no me hayas honrado,
a mí, que soy el Señor tu Dios.
Yo, el Señor todopoderoso, lo
afirmo.

### Rebeldía de Israel

[20]"Desde hace mucho te rebelaste
contra mí,
te negaste a obedecerme.
Dijiste: 'No quiero servir.'
Sobre toda loma alta
y bajo todo árbol frondoso
te dedicaste a la prostitución.

[21]Yo te planté como vid de la mejor
calidad,
como vid de la semilla más fina.[n]
¡Pero te has degenerado tanto,
que ya ni te reconozco![3]
[22]Por más que te laves con lejía
y uses todo el jabón que quieras,
ante mí sigue presente la mancha de
tu pecado.
Yo, el Señor, lo afirmo.
[23]¿Cómo puedes decir: 'No me he
manchado
ni he dado culto a dioses falsos'?
Mira cuál fue tu conducta en el
valle,[4]
fíjate en todo lo que has hecho
tú, camella ligera de cascos
que corre en todas direcciones;
[24]asna salvaje que tira al monte
y resopla jadeante de deseos.
Cuando está en celo, nadie puede
controlarla.
Si un macho la busca, no tiene que
cansarse:
siempre la encuentra en época de
celo.[ñ]

[25]"¡Israel, no lastimes tus pies
corriendo descalza,
no dejes que se te seque la garganta!
Pero tú dijiste: 'No, imposible;
amo a los extraños y me voy con
ellos.'

### Israel merece castigo

[26]"Como el ladrón se avergüenza
cuando lo descubren,
así quedará avergonzado Israel,
el pueblo, los reyes, los jefes,
los sacerdotes y los profetas;
[27]pues a un árbol le dicen: 'Tú eres mi
padre',
y a una piedra: 'Tú eres mi madre.'
A mí, en cambio, me dan la espalda
y no la cara.
Sin embargo, apenas se ven en
peligro, me dicen:
'¡Ven a salvarnos!'
[28]Judá, ¿dónde están los dioses que te
hiciste?
¡Tienes tantos dioses como ciudades!
¡Pues que vengan ellos, a ver si
pueden salvarte
cuando te llegue la desgracia![o]
[29]¿Qué alegan ustedes en mi contra,

---

[2] Rompió: texto probable. Heb. apacentará.   [3] ¡Pero te has . . . reconozco!: texto probable. Heb. oscuro.   [4] El valle: probable alusión al valle Hinom, junto a Jerusalén, en que se hacían sacrificios humanos al dios Moloc.
[k] 2.11 Sal 106.20; Ro 1.23.   [l] 2.13 Jn 4.10-14; 7.37-38.   [m] 2.18 Is 30.1-3.   [n] 2.21 Is 5.1-7; Lc 13.6-9.   [ñ] 2.23-24 Os 2.5; 4.12-14.
[o] 2.28 Dt 32.37-38.

si todos ustedes me han sido
rebeldes?
Yo, el Señor, lo afirmo.
[30]En vano castigué a los hijos de
ustedes,
pues no quisieron aprender la
lección.
Ustedes mismos, como leones
feroces,
asesinaron a sus profetas.[p]
[31](También ustedes, los de la
generación actual,
presten atención al mensaje del
Señor.)
Israel, ¿acaso he sido un desierto
para ti?,
¿una tierra llena de sombras?
Pueblo mío, ¿por qué dices:
'Somos libres; nunca más
volveremos a ti'?
[32]¿Puede olvidarse una mujer
de sus joyas y adornos de novia?
Mi pueblo, sin embargo,
hace mucho que se olvidó de mí.

[33]''¡Qué bien conoces el camino
cuando de buscar amantes se trata!
¡Eres maestra en la escuela del mal!
[34]Tienes la ropa toda manchada
de sangre de pobres e inocentes,
de gente que no sorprendiste en
ningún delito.
[35]Pero a pesar de todo dices:
'Soy inocente. Dios ya no está
enojado conmigo.'
Pues bien, ya que dices que no has
pecado,
te voy a entablar un juicio.
[36]¿Por qué tienes tanta prisa por
cambiar de aliados?
También Egipto te va a fallar,
como ya te ha fallado Asiria.
[37]Y tendrás que regresar de Egipto
llena de vergüenza,
porque yo he rechazado a los que te
inspiran confianza,
y nada vas a ganar con su amistad.''

### Israel ha sido infiel al Señor

**3** [1]El Señor dice:
''Si un hombre se divorcia de su
mujer
y ella, al separarse de él,
se casa con otro hombre,
el primero no volverá a unirse con
ella.
¡Eso sería una grave ofensa al país![q]

Sin embargo, tú, Israel,
te has prostituido con muchos
amantes,
¡y ahora quieres volver a mí!
Yo, el Señor, lo afirmo.

[2]''Mira las lomas peladas, fíjate bien:
¿dónde no te has dejado deshonrar?[r]
Sentada como árabe del desierto,
a la orilla del camino esperabas a tus
amantes.
Has manchado el país con tu
prostitución y tu maldad.
[3]Por eso han faltado las lluvias
de invierno y de primavera.
Tienes el descaro de una prostituta;
¡debería darte vergüenza!
[4]Hace poco me decías:
'Padre mío, amigo de mi juventud,
[5]¿vas a estar siempre enojado?,
¿te va a durar la ira para siempre?'
Y mientras decías esto,
hacías todo el mal que podías.''

### El Señor exhorta a Israel y a Judá al arrepentimiento

[6]En tiempos del rey Josías[s] me dijo el
Señor: ''¿Has visto lo que hizo la rebelde
Israel? Fue y se dedicó a la prostitución
sobre toda loma alta y bajo todo árbol
frondoso. [7]Yo pensé que, aun después de
todo lo que ella había hecho, volvería a
mí; pero no volvió. Su hermana, la infiel
Judá, vio esto; [8]y vio también que yo
repudié a la rebelde Israel y que me divor-
cié de ella precisamente por el adulterio
cometido. Pero Judá, la infiel hermana de
Israel, no tuvo temor, sino que también
ella fue y se dedicó a la prostitución. [9]Y lo
hizo con tanta facilidad, que profanó el
país. Me fue infiel adorando a las piedras
y a los árboles. [10]Y después de todo esto,
la infiel Judá tampoco volvió a mí de todo
corazón, sino que me engañó.[t] Yo, el
Señor, lo afirmo.''
[11]El Señor me dijo: ''La rebelde Israel
es menos culpable que la infiel Judá. [12]Ve
y anuncia este mensaje mirando hacia el
norte:
'El Señor afirma:
¡Vuelve a mí, rebelde Israel!
No te recibiré de mal modo
ni mantendré mi enojo por siempre,
porque soy bondadoso.
Yo, el Señor, doy mi palabra.
[13]Reconoce tan sólo tu maldad,

P **2.30** 1 R 19.10; Mt 23.37.   q **3.1** Dt 24.1-4.   r **3.2,6** Dt 12.2-3.   s **3.6** 2 R 22.1-23.30; 2 Cr 34.1-35.27.   t **3.6-13** Ez 23;
Os 2.2-20.

y que fuiste rebelde contra el Señor
    tu Dios;
que corriste en busca de amores
    extraños
debajo de todo árbol frondoso,
y que no obedeciste mis órdenes.
Yo, el Señor, lo afirmo.' "

[14]El Señor afirma: "Regresen, hijos
rebeldes, pues yo soy su dueño. Tomaré
uno de cada ciudad y dos de cada clan, y
los haré volver a Sión. [15]Les daré los
gobernantes que a mí me agradan, y ellos
los gobernarán a ustedes con sabiduría y
entendimiento. [16]Y cuando ustedes hayan
aumentado en el país y tengan ya muchos
hijos, nadie volverá a hablar más del cofre
del pacto[u] del Señor; nadie pensará en él
ni se acordará más de él; ya no hará falta
ni se hará uno nuevo. Yo, el Señor, doy
mi palabra. [17]Jerusalén será llamada
entonces el trono del Señor; todas las
naciones se reunirán allí para honrarme, y
no volverán a seguir tercamente las malas
inclinaciones de su corazón.
[18]"Cuando llegue ese día, Judá se unirá
a Israel, y juntos regresarán del país del
norte a la tierra que di como herencia a los
antepasados de ustedes.[v]

### La idolatría de Israel

[19]"Israel, yo decidí aceptarte como
    hijo
y darte una tierra envidiable,
el país más bello de todo el mundo.
Yo pensé que me llamarías padre
y que nunca te alejarías de mí.
[20]Pero como una mujer que es infiel a
    su esposo,
así ustedes me fueron infieles.
Yo, el Señor, lo afirmo.

[21]"Se oyen voces en las lomas
    desiertas:
¡son los israelitas, que lloran y piden
    compasión!
Se desviaron del camino recto
y se olvidaron de mí, el Señor su
    Dios.
[22]Vuélvanse a mí, hijos rebeldes,
y yo los curaré de su rebeldía."

### Respuesta de los israelitas al Señor

"Aquí estamos, acudimos a ti,
porque tú eres el Señor nuestro Dios.
[23]De nada nos sirve ir a las colinas

o gritar sobre los montes;
sólo en el Señor nuestro Dios
encuentra Israel su salvación.
[24]La vergonzosa idolatría nos ha hecho
    perder
lo que nuestros padres consiguieron
desde que éramos niños:
ovejas y ganado, hijos e hijas.
[25]Humillémonos, pues, avergonzados,
cubiertos de deshonra,
pues desde niños y hasta ahora,
nosotros y nuestros antepasados
hemos pecado contra el Señor
    nuestro Dios
y no le hemos obedecido."

### Exhortación al arrepentimiento

**4** [1]El Señor afirma:
"Si te quieres volver, Israel,
es a mí a quien debes volverte.
Si alejas tus ídolos odiosos
y no te apartas de mí,
[2]entonces podrás jurar por mi nombre
con verdad, justicia y rectitud.
Mi nombre será para las naciones
motivo de bendición y alabanza."

[3]El Señor dice a la gente de Judá y
Jerusalén:
"Cultiven terrenos no cultivados;[w]
ya no siembren entre los espinos.
[4]Gente de Judá y de Jerusalén,
circuncídense y reconózcanme como
    Señor,
pongan en su corazón la marca del
    pacto;[x]
no sea que, por sus malas acciones,
mi enojo se encienda como un fuego
y arda sin que nadie pueda apagarlo.

### La invasión amenaza a Judá

[5]"Anuncien esto en Jerusalén y en
    Judá,
proclámenlo a son de trompeta por
    todo el país,
grítenlo bien fuerte:
'¡Vamos! ¡A reunirse!
¡A las ciudades fortificadas!'.
[6]Levanten la bandera apuntando a
    Sión;
¡busquen refugio, no se detengan!
Porque voy a traer del norte
gran calamidad y destrucción.
[7]El león ya ha salido de su guarida,
el que destruye las naciones está en
    marcha;

---

[u] 3.16 Ex 25.10-22.   [v] 3.18 Gn 13.14-15.   [w] 4.3 Os 10.12.   [x] 4.4 Dt 10.16; 30.6; Ro 2.25-29.

ha salido de su patria para destruir
  tu país,
para dejar desiertas y en ruinas tus
  ciudades.
8Por eso, vístanse con ropas ásperas,
lloren y giman de dolor,
pues la ardiente ira del Señor
no se ha apartado de nosotros.''

9El Señor afirma:
''Cuando llegue ese día,
el rey y los jefes temblarán de miedo,
los sacerdotes sentirán terror
y los profetas quedarán
  espantados.''

10Yo dije: ''¡Ay, Señor,
cómo has engañado a la gente de
  Jerusalén!
Les prometiste paz,
y lo que tienen es un cuchillo en el
  cuello.''

11Cuando llegue ese momento,
se dirá al pueblo de Jerusalén:
''Un viento caliente del desierto
sopla en dirección de mi pueblo.
No es la brisa que sirve
para limpiar de paja el trigo;
12el viento que yo haré venir
será demasiado fuerte para eso,
pues ahora voy a dictar sentencia
  contra ellos.''

### Los enemigos rodean a Israel

13Miren, el enemigo avanza como una
  nube,
sus carros de guerra parecen un
  huracán,
sus caballos son más ligeros que las
  águilas.
¡Ay de nosotros, estamos perdidos!
14Jerusalén, limpia del mal tu corazón
y así te salvarás.
¿Hasta cuándo darás vueltas en tu
  cabeza
a pensamientos perversos?
15Desde Dan y las colinas de Efraín
llegan malas noticias:
16''Adviertan a las naciones y a
  Jerusalén
que de un país lejano vienen
  enemigos5
lanzando gritos de guerra
contra las ciudades de Judá.
17Rodearán a Judá, como los que
  cuidan los campos,

porque se rebeló contra el Señor.
Yo, el Señor, lo afirmo.

18''Tu conducta y tus acciones
son la causa de lo que te ha
  sucedido;
tu maldad te ha dado este amargo
  fruto
y te hiere el corazón.''

### Dolor de Jeremías por su pueblo

19¡Me retuerzo de dolor!
¡El corazón me palpita con
  violencia!
¡Estoy inquieto, no puedo callarme!
He escuchado un toque de trompeta,
un griterío de guerra.
20Llegan noticias de continuos
  desastres;
todo el país está en ruinas.
De repente han sido destruidos mis
  campamentos,
han quedado deshechas mis tiendas
  de campaña.
21¿Cuánto tiempo aún veré en lo alto
  la bandera
y escucharé el toque de la trompeta?
22''Mi pueblo es estúpido, no me
  conoce
  —dice el Señor—.
Son hijos sin juicio, que no
  reflexionan.
Les sobra talento para hacer el mal,
pero no saben hacer el bien.''

### Jeremías ve la destrucción futura

23Miré a la tierra, y era un desierto sin
  forma;y
miré al cielo, y no había luz.
24Miré a los montes, y estaban
  temblando;
todas las colinas se estremecían.
25Miré y ya no había ningún hombre,
y todas las aves se habían escapado.
26Miré y vi los jardines convertidos en
  desierto,
y todas las ciudades estaban en
  ruinas.
La ira terrible del Señor
había causado todo esto.

27El Señor dice:
''Toda la tierra será arrasada,
pero no la destruiré totalmente.
28La tierra se llenará de tristeza
y el cielo se pondrá de luto.

---

5 Enemigos: texto probable. Heb. guardias o vigilantes.
y 4.23-26 Gn 1.2.

He hablado, y no me arrepentiré;
lo he resuelto, y no me volveré atrás.

²⁹Ante los gritos de los jinetes y de los
  arqueros,
toda la gente sale corriendo;
se esconden en los matorrales
o trepan a los peñascos.
Todas las ciudades quedan
  abandonadas;
ya no hay nadie que viva en ellas.

³⁰Y tú, ciudad en ruinas,
¿para qué te vistes de púrpura?,
¿para qué te cubres con joyas de
  oro?,
¿para qué te pintas de negro los
  ojos?
De nada sirve que te embellezcas,
pues tus amantes te han rechazado
y lo que buscan es tu muerte.

³¹Oigo gritos de dolor, como de una
  mujer
que da a luz a su primer hijo;
son los gritos de Sión,
que gime, extiende los brazos y dice:
'¡Ay de mí! ¡Me van a matar los
  asesinos!' ''

### Pecado de Jerusalén

**5** ¹El Señor dice:
''Recorran las calles de Jerusalén,
miren bien, busquen por las plazas,
a ver si encuentran a alguien
que actúe con justicia,
que quiera ser sincero.
Si lo encuentran, perdonaré a
  Jerusalén.ᶻ
²Hay quienes juran por la vida del
  Señor,
pero juran en falso.''

³Señor, lo que tú buscas es gente
  sincera.
Los castigaste, pero no les dolió;
los arruinaste, pero no quisieron
  aprender.
Tercos, más duros que la piedra,
no quisieron volver al buen camino.
⁴Yo pensé:
Sólo los pobres se comportan como
  tontos,
porque no saben lo que el Señor
  quiere,
lo que su Dios ordena.
⁵Me dirigiré a la gente importante
y les hablaré.

Ellos, sin duda, sabrán lo que el
  Señor quiere,
lo que su Dios ordena.
Pero todos se habían rebelado contra
  Dios,
se habían negado a obedecerle.
⁶Por eso saldrán leones de la selva y
  los matarán,
los lobos del desierto los
  despedazarán,
los leopardos los atacarán junto a
  sus ciudades
y los harán pedazos cuando salgan;
porque han cometido muchos
  pecados,
numerosas traiciones.

⁷El Señor dice:
''¿Cómo voy a perdonarte todo
  esto?
Tus hijos me han abandonado,
y juran por dioses que no son dioses.
Les di comida en abundancia,
pero me fueron infieles
y en masa se entregaron a la
  prostitución.
⁸Como caballos sementales en celo,
relinchan por la mujer de su
  prójimo.
⁹¿Y no los he de castigar por estas
  cosas?
¿No he de dar su merecido a un
  pueblo así?
¹⁰¡Que sus enemigos entren y arrasen
  el viñedo,
aunque no lo destruyan del todo!
¡Que le arranquen las ramas,
porque ya no es mi viñedo!ᵃ
¹¹¡Israel y Judá me han traicionado!
Yo, el Señor, lo afirmo.''

### Anuncio del castigo

¹²Israel y Judá han negado al Señor;
han dicho: ''Dios no cuenta.
Nada malo va a pasarnos,
no tendremos ni guerra ni hambre.''
¹³⁻¹⁴Los profetas son puro viento,
pues la palabra del Señor no está en
  ellos.
Pues bien, esto me ha dicho
el Señor, el Dios todopoderoso:
''Por decir ellos esas cosas,
esto es lo que les sucederá:
Voy a hacer que mis palabras
sean en tu boca como fuego,
y que el pueblo sea como leña,
y que ese fuego lo devore.''

ᶻ 5.1 Gn 18.23-33.   ᵃ 5.10 Is 5.1-7; Jer 2.21.

¹⁵El Señor afirma:
"Israel, voy a traer contra ti
un pueblo que viene de lejos,
un pueblo fuerte y muy antiguo.
Tú no conoces su idioma
ni entiendes lo que dicen.ᵇ
¹⁶Todos ellos son guerreros valientes,
y sus armas significan la muerte.
¹⁷Se comerán tus cosechas, tu pan,
y aun devorarán a tus hijos y a tus
hijas.
Se comerán tus ovejas, tus reses,
tus viñas y tus higueras.
Con sus armas destruirán
las ciudades fortificadas en que tú
confías."

¹⁸El Señor afirma: "En ese tiempo, sin embargo, no los destruiré por completo. ¹⁹Cuando te pregunten: '¿Por qué nos hizo todo esto el Señor nuestro Dios?', respóndeles: 'Así como abandonaron al Señor y se pusieron a servir a dioses extranjeros en su propia tierra, así también tendrán que servir a gente extranjera en una tierra ajena.'

### Advertencia a Israel

²⁰"Avisen al reino de Israel,
y digan a Judá:
²¹'Oye esto, pueblo tonto y estúpido,
que tiene ojos y no ve,
que tiene oídos y no oye.ᶜ
²²Yo, el Señor, digo:
¿Es que ustedes no me temen?
¿Es que no tiemblan delante de mí?
Yo puse la playa como límite del
mar,
un límite que el mar no puede
pasar.ᵈ
Sus olas se agitan impotentes
y rugen, pero no pueden pasarlo.
²³Ustedes tienen un corazón terco y
rebelde;
me abandonaron y se fueron.
²⁴No reflexionaron ni dijeron:
Respetemos al Señor nuestro Dios,
que a su debido tiempo nos da la
lluvia
en otoño y primavera,
y nos reserva el tiempo señalado
para la cosecha.
²⁵Pero el pecado de ustedes ha
cambiado las cosas,
y no pueden disfrutar de esos
beneficios.

²⁶Porque hay en mi pueblo hombres
malos
que acechan como cazadores de
pájaros,
que ponen trampas para atrapar a
los demás.
²⁷Llenan sus casas de objetos robados,
como se llenan de pájaros las jaulas.
Así se hicieron poderosos y ricos,
²⁸y están gordos y bien alimentados.
Su maldad no tiene límites:
no hacen justicia al huérfano
ni reconocen el derecho de los
pobres.
²⁹¿No los he de castigar por estas
cosas?
¿No he de dar su merecido a gente
así?
Yo, el Señor, lo afirmo.

³⁰"Algo terrible, espantoso,
está pasando en este país.
³¹Lo que anuncian los profetas es
mentira;
los sacerdotes gobiernan a su antojo,
¡y mi pueblo así lo quiere!
Pero, ¿qué harán ustedes cuando
llegue el fin?' "

### El enemigo rodea a Jerusalén

**6** ¹¡Gentes de la región de Benjamín,
¡busquen refugio, ʰhuyan de
Jerusalén!
Toquen la trompeta en Tecoa,
levanten una señal en Bet-haquerem,
porque una desgracia, una gran
calamidad,
amenaza desde el norte.
²Sión es como una bella pradera,ᵍ
³a donde van los pastores con sus
rebaños;
acampan a su alrededor
y cada rebaño pasta por su lado.
⁴Sus enemigos dicen:
"¡Prepárense a pelear contra ella!
¡Vengan, ataquémosla a mediodía!
Pero, ¡qué lástima!,
ya es tarde, y las sombras se alargan.
⁵¡Entonces ataquémosla de noche
y destruyamos sus torres!"

⁶El Señor todopoderoso ha dado esta
orden:
"¡Corten árboles y construyan una
rampa
para atacar a Jerusalén!
La ciudad está condenada al castigo,

---

ᵍ *Como una bella pradera:* texto probable. Heb. oscuro.
ᵇ **5.15-17** Dt 28.49-52; Bar 4.15.   ᶜ **5.21** Is 6.9-10; Ez 12.2; Mr 8.18.   ᵈ **5.22** Job 38.8-11; Sal 104.6-9; Pr 8.29.

porque está llena de opresión.
⁷De Jerusalén brota la maldad
como de un pozo brota el agua.
No se oye en ella más que violencia y
    atropellos;
no veo en ella más que heridas y
    dolor.
⁸Escarmienta, Jerusalén,
porque si no, me apartaré de ti
    disgustado,
te convertiré en un desierto,
te dejaré sin habitantes.''

### Anuncio del castigo

⁹El Señor todopoderoso dice:
''A los israelitas que queden
los van a buscar y rebuscar,
como se rebusca entre las ramas de
    un viñedo
hasta que no queda ninguna uva.''

¹⁰Yo respondí: ''¿Quién me va a oír,
si les hablo y les doy este aviso?
Tienen tapados los oídos, Señor,
y no pueden escuchar;
se burlan de tu palabra,
no les agrada.
¹¹Estoy lleno de tu ira, Señor;
ya no puedo contenerla.''

El Señor me dijo:
''Derrámala sobre los muchachos en
    la calle,
sobre las pandillas de jóvenes.
Se llevarán presos a los maridos con
    sus esposas
y a los ancianos cargados de años.
¹²Sus casas, sus campos y sus esposas
pasarán a ser de otros.
Porque voy a levantar mi mano
para castigar a los que viven en este
    país.
Yo, el Señor, lo afirmo.

¹³''Todos, grandes y pequeños,
sólo piensan en las ganancias mal
    habidas;
profetas y sacerdotes,
todos cometen fraudes.ᵉ
¹⁴Tratan por encima las heridas de mi
    pueblo;
dicen que todo está bien,
cuando todo está tan mal.ᶠ
¹⁵¡Debería darles vergüenza
de hacer esas cosas que no soporto!
Pero no, no sienten vergüenza,
¡ya ni saben lo que es avergonzarse!

Por eso, cuando yo los castigue,
tropezarán y caerán como los otros.
Yo, el Señor, lo digo.''

### Rebeldía de Israel

¹⁶El Señor dice a su pueblo:
''Párense en los caminos y miren,
pregunten por los senderos antiguos,
dónde está el mejor camino;
síganlo y encontrarán descanso.''ᵍ
Pero ellos dicen: ''No, no queremos
    seguirlo.''

¹⁷El Señor puso centinelas, y dijo al
pueblo:
''Pongan atención a la señal de
    alarma.''
Pero el pueblo dijo: ''No queremos
    hacer caso.''

¹⁸Por eso dice el Señor:
''Escuchen, naciones,
sepan lo que va a pasarle a mi
    pueblo.
¹⁹Escucha, tierra:
Voy a traer a este pueblo una
    desgracia
que es consecuencia de sus planes
    malvados;
porque no hicieron caso de mis
    palabras,
sino que despreciaron mi enseñanza.
²⁰¿Para qué me traen ustedes incienso
    de Sabá
y plantas olorosas de países lejanos?
A mí no me agradan sus holocaustos
ni sus otros sacrificios.''

²¹Por eso, el Señor dice:
''Voy a hacer que este pueblo
    tropiece y caiga.
Padres e hijos, vecinos y amigos,
morirán por igual.''

### Invasión desde el norte

²²El Señor dice:
''Desde lejanas tierras del norte
se prepara a venir una nación
    poderosa.
²³Están armados de arcos y lanzas;
son crueles, no tienen compasión;
sus gritos son como el estruendo del
    mar,
y van montados a caballo.
Están listos para la batalla contra
    Sión.''ʰ

²⁴En Jerusalén la gente dice:

---

ᵉ **6.12-13** Jer 8.10-12.   ᶠ **6.14** Jer 8.11; Ez 13.10.   ᵍ **6.16** Mt 11.29.   ʰ **6.22-23** Jer 50.41-43.

"Hemos oído la noticia,
y el miedo nos ha dejado sin fuerzas;
sentimos angustia y dolor,
como una mujer de parto.
²⁵¡No salgan al campo,
no vayan por los caminos!
¡El enemigo está armado;
hay terror por todas partes!"[i]

²⁶¡Pueblo mío, ponte ropas ásperas
en señal de dolor;
revuélcate en la ceniza,
ponte de luto y llora amargamente,
como cuando se muere un hijo
único;
•porque el que nos va a destruir
vendrá muy pronto contra nosotros!
²⁷El Señor me dijo: "Te encargo que
pongas a prueba a mi pueblo.[7] Examí-
nalo, para ver cuál es su conducta."
²⁸Todos ellos, Señor, son muy rebeldes;
son gente chismosa y pervertida;
no son más que bronce y hierro.
²⁹Cuando el fuelle sopla con fuerza,
hace que el fuego derrita el plomo.
De nada sirve que a ellos se les
refine,
pues los malvados no desaparecen.
³⁰Habrá que llamarlos "plata de
desecho",
porque tú, Señor, los has desechado.

### Jeremías predica en el templo

7 ¹El Señor se dirigió a Jeremías, y le
dijo: ²"Ponte a la entrada del templo
del Señor y da a conocer allí este mensaje:
Habitantes todos de Judá, que entran por
estas puertas a adorar al Señor, escuchen
este mensaje ³del Señor todopoderoso, el
Dios de Israel: 'Mejoren su vida y sus
obras, y yo los dejaré seguir viviendo en
esta tierra. ⁴No confíen en esos que los
engañan diciendo: ¡Aquí está el templo
del Señor, aquí está el templo del Señor!
⁵'Si mejoran su vida y sus obras y son
justos los unos con los otros; ⁶si no explotan a los extranjeros, a los huérfanos y a
las viudas, ni matan a gente inocente en
este lugar, ni dan culto a otros dioses, con
lo que ustedes mismos se perjudicarían,
⁷yo los dejaré seguir viviendo aquí, en la
tierra que di para siempre a sus antepasados.
⁸'Ustedes confían en palabras engañosas que no les sirven de nada. ⁹Roban,

matan, cometen adulterio, juran en falso,
ofrecen incienso a Baal, dan culto a dioses
con los que ustedes nada tienen que ver,
¹⁰y después vienen a este templo que me
está dedicado, a presentarse ante mí. Se
creen que aquí están seguros; creen que
pueden seguir haciendo esas cosas que yo
no soporto. ¹¹¿Acaso piensan que este
templo que me está dedicado es una cueva
de ladrones?[j] Yo he visto todo eso. Yo, el
Señor, lo afirmo. ¹²Vayan a mi santuario
en Silo, el primer lugar que escogí para
residir, y vean lo que hice con él por la
maldad de mi pueblo Israel. ¹³Y aunque
una y otra vez les he advertido acerca de
su conducta, ustedes no han querido obedecerme, y ni siquiera me han respondido.[k] Yo, el Señor, lo afirmo. ¹⁴Por eso,
lo mismo que hice con el santuario de
Silo, lo voy a hacer con este templo dedicado a mí, el cual les di a ustedes y a sus
antepasados y en el que ustedes confían.[l]
¹⁵Los arrojaré a ustedes de mi presencia
como antes arrojé a sus hermanos, los
descendientes de Efraín.'

### Infidelidad de Israel

¹⁶"Tú, Jeremías, no ores por este pueblo, no me ruegues ni me supliques por
ellos. No me insistas, porque no te escucharé. ¹⁷¿No ves lo que ellos hacen en las
ciudades de Judá y en las calles de Jerusalén? ¹⁸Los hijos recogen la leña, los
padres encienden el fuego y las mujeres
preparan la masa para hacer tortas y ofrecerlas a la diosa que llaman Reina del
Cielo.[m] Me ofenden, además, ofreciendo
vino a dioses extraños. ¹⁹Pero más que
ofenderme a mí, se ofenden a sí mismos,
para su propia vergüenza. Yo, el Señor, lo
afirmo. ²⁰Por eso yo, el Señor, les aseguro que voy a descargar toda mi ira contra este lugar y contra la gente, y aun contra los animales, los árboles del campo y
las cosechas. Será como un incendio que
no se apagará.

²¹El Señor todopoderoso, el Dios de
Israel, dice a su pueblo: "Ofrezcan todos
los holocaustos y sacrificios que quieran,
y coman de esa carne. ²²Pero cuando yo
saqué a sus antepasados de Egipto, nada
les dije ni ordené acerca de holocaustos y
sacrificios.[n] ²³Lo que sí les ordené fue que
me obedecieran; pues así yo sería su Dios
y ellos serían mi pueblo. Y les dije que se
portaran como yo les había ordenado,
para que les fuera bien.[ñ] ²⁴Pero no me

⁷ Heb. añade: *una fortaleza.*
ⁱ 6.25 Sal 31.13; Jer 20.3,10; 46.5; 49.29; Lm 2.22. ʲ 7.11 Mt 21.13; Mr 11.17; Lc 19.46. ᵏ 7.13 Is 65.12; 66.4. ˡ 7.12-14 Jos 18.1;
1 S 4; Sal 78.60; Jer 26.6. ᵐ 7.18 Jer 44.15-26. ⁿ 7.22 Sal 51.16-19; Am 5.22-24. ñ̃ 7.23 Ex 15.26; 19.5; Lv 26.3-12; Jer 11.4.

obedecieron ni me hicieron caso, sino que tercamente se dejaron llevar por las malas inclinaciones de su corazón. En vez de volverse a mí, me volvieron la espalda. [25]Desde que sus antepasados salieron de Egipto hasta ahora, yo les he enviado a ustedes, uno tras otro, a todos mis siervos los profetas. [26]Pero ustedes no me obedecieron ni me hicieron caso, sino que se portaron aún más tercamente que sus antepasados.

[27]"Tú, Jeremías, diles todas estas cosas, aunque no te hagan caso; grítales, aunque no te respondan. [28]Diles: 'Esta es la nación que no obedece al Señor su Dios ni quiere ser corregida. La sinceridad ha desaparecido por completo de sus labios.' "

### Culto pagano en Jerusalén

[29]¡Jerusalén, córtate la cabellera y tírala!
¡Entona un canto triste en las lomas desiertas!
Porque el Señor está enojado con tu gente,
la ha abandonado y rechazado.

[30]El Señor afirma: "La gente de Judá ha hecho algo que me disgusta: pusieron sus despreciables ídolos en el templo dedicado a mí, y lo profanaron. [31]En el valle de Ben-hinom construyeron el altar de Tofet[o] para quemar a sus hijos y a sus hijas,[p] cosa que yo no les había ordenado y que ni siquiera me pasó por la mente.[q] [32]Por eso yo, el Señor, afirmo que vendrá el día en que a ese lugar ya no lo llamarán Tofet ni Valle de Ben-hinom, sino Valle de la Matanza.[r] Y en Tofet enterrarán a los muertos, por no haber más lugar. [33]Los cadáveres de esta gente servirán de comida a las aves de rapiña y a las fieras, y no habrá quien las espante. [34]Haré desaparecer de las ciudades de Judá y de las calles de Jerusalén los cantos de fiesta y alegría, y los cantos de bodas;[s] todo el país quedará convertido en un desierto."

**8** [1]El Señor afirma: "En aquel tiempo sacarán de sus tumbas los huesos de los reyes y de los jefes de Judá, de los sacerdotes, de los profetas y de los que vivieron en Jerusalén, [2]y los dejarán tendidos al sol, a la luna y a todas las estrellas a las que habían amado, servido, seguido, consultado y adorado. Nadie los recogerá para enterrarlos. Quedarán en el suelo, como estiércol.[t] [3]Los que queden con vida de esta gente tan mala, en cualquier lugar en que se encuentren después que yo los disperse, preferirán la muerte a la vida. Yo, el Señor todopoderoso, lo afirmo.

### Traición y castigo de Israel

[4]"Tú, Jeremías, comunícale al pueblo este mensaje de mi parte:

'Cuando uno se cae, se levanta;
cuando pierde el camino, vuelve a él.
[5]Entonces, Israel, ¿por qué me traicionaste?
¿Por qué, Jerusalén, renegaste de mí para siempre?
¿Por qué te empeñas en ser rebelde y no quieres volver?
[6]He estado escuchando con atención, pero no he oído a nadie
que se arrepienta de su maldad y tenga la franqueza de decir:
¿Qué es lo que he hecho?
Todos siguen veloces su camino, como caballos desbocados en la batalla.
[7]Aun la cigüeña en el cielo sabe cuándo debe volver.
La tórtola, la golondrina y la grulla saben cuándo deben ir a otro lugar.
En cambio tú, pueblo mío, no conoces mis leyes.[u]
[8]¿Cómo pueden ustedes decir que son sabios
y que tienen la ley del Señor?
¡Si los cronistas, con pluma mentirosa,
la han falsificado!
[9]Pero esos sabios quedarán humillados,
acobardados, como animales caídos en la trampa.
¿Dónde está su sabiduría, si han rechazado mi palabra?
[10]Por eso, voy a entregar sus mujeres a otros hombres,
y sus tierras a otros dueños.
Porque todos, grandes y pequeños, sólo piensan en las ganancias mal habidas;
profetas y sacerdotes, todos cometen fraudes.
[11]Tratan por encima las heridas de mi pueblo;
dicen que todo está bien,

---

cuando todo está tan mal.ᵛ

12 ¡Debería darles vergüenza
de hacer esas cosas que no soporto!
Pero no, no sienten vergüenza,
¡ya ni saben lo que es avergonzarse!
Por eso, cuando yo los castigue,
tropezarán y caerán como los otros.ʷ
Yo, el Señor, lo digo.' ''

13 El Señor afirma:
"Voy a cortar a mi pueblo como si
fuera trigo.
No quedará ni una uva en el viñedo,
ni un higo en la higuera.ˣ
Sólo quedarán hojas marchitas."⁸

14 Y el pueblo dirá:
"¿Para qué nos quedamos aquí?
¡Vámonos todos a las ciudades
fortificadas,
a que nos maten de una vez!
El Señor, nuestro Dios, va a
hacernos morir;
nos da a beber agua envenenada,
porque pecamos contra él.
15 Esperábamos prosperidad,
pero nada bueno nos ha llegado.
Esperábamos salud,
pero sólo hay espanto.
16 ¡Ya viene el enemigo!
¡Ya se oye desde Dan el resoplar de
sus caballos!
Cuando relinchan, tiembla toda la
tierra.
Vienen a destruir el país y todos sus
bienes,
las ciudades y a los que en ellas
viven."

17 El Señor afirma:
"Voy a enviar contra ustedes
serpientes venenosas,
que los van a morder;
contra ellas no hay magia que
valga."

### Dolor de Jeremías por su pueblo

18 Mi dolor no tiene remedio,⁹
mi corazón desfallece.
19 Los ayes de mi pueblo
se oyen por todo el país:
"¿Ya no está el Señor en Sión?
¿Ya no está allí su rey?"
Y el Señor responde:

"¿Por qué me ofendieron adorando
a los ídolos,
a dioses inútiles y extraños?"
20 Pasó el verano, se acabó la cosecha
y no ha habido salvación para
nosotros.
21 Sufro con el sufrimiento de mi
pueblo;
la tristeza y el terror se han
apoderado de mí.
22 ¿No habrá algún remedio en
Galaad?
¿No habrá allí nadie que lo cure?
¿Por qué no puede sanar mi pueblo?

**9** 1 ʸ¡Ojalá fueran mis ojos como un
manantial,
como un torrente de lágrimas,
para llorar día y noche
por los muertos de mi pueblo!ᶻ
2 ¡Ojalá tuviera yo en el desierto
un lugar donde vivir,
para irme lejos de mi pueblo!
Porque todos han sido infieles;
son una partida de traidores.
3 Siempre están listos a decir mentiras
como si dispararan flechas con un
arco.
En el país reina la mentira, no la
verdad;
han ido de mal en peor,
y el Señor mismo afirma:
"No han querido reconocerme."
4 Hay que desconfiar hasta del amigo;
ni siquiera en el hermano se puede
confiar,
pues los hermanos se engañan entre
sí
y los amigos se calumnian unos a
otros.
5 Cada uno se burla del otro,
y no hay quien diga la verdad.
Se han acostumbrado a mentir;
son perversos, incapaces ⁶de cambiar.

El Señor afirma:
"¡Atropello tras atropello,¹⁰
falsedad tras falsedad!
Mi pueblo no quiere reconocerme.
7 Por eso yo, el Señor todopoderoso,
digo:
¿Qué otra cosa puedo hacer con mi
pueblo,
sino ponerlo al fuego para refinarlo?
8 Sus lenguas son flechas mortales;
andan diciendo falsedades.

---

⁸ *El Señor . . . hojas marchitas:* según la versión griega. Heb. añade unas palabras oscuras.    ⁹ *Mi dolor no tiene remedio:* texto probable. Heb. oscuro.    ¹⁰ *Incapaces* ⁶*de cambiar . . . atropello tras atropello:* según la versión griega. Heb. *cansados* ⁶*tú vives en medio.*
ᵛ **8.11** Jer 6.14; Ez 13.10.    ʷ **8.10-12** Jer 6.12-15.    ˣ **8.13** Lc 13.7.    ʸ Los vs. 9.1-26 corresponden a los vs. 8.23-9.25 en el texto hebreo.    ᶻ **9.1** Lm 3.48-51.

Saludan cordialmente a sus amigos,
pero en realidad les están poniendo
trampas.
9 ¿Y no los he de castigar por estas
cosas?
¿No he de darle su merecido a un
pueblo así?
Yo, el Señor, lo afirmo.

10 "Lloren y giman por las montañas,
entonen un lamento por las
praderas,
porque están quemadas y ya nadie
pasa por ellas;
ya no se oye el mugir del ganado,
y hasta las aves y las fieras se fueron
huyendo.

11 "Voy a convertir a Jerusalén en un
montón de piedras,
en una guarida de chacales;
convertiré en un desierto las ciudades
de Judá,
y quedarán sin habitantes."

12 ¿Quién es lo bastante sabio para comprender esto? ¿A quién le ha dado a conocer el Señor estas cosas, para que él se las pueda explicar a los demás? ¿Por qué está el país en ruinas, seco como un desierto por donde nadie pasa? 13 El Señor responde: "Todo esto sucedió porque los israelitas abandonaron las instrucciones que yo les di; no me obedecieron y no las pusieron en práctica. 14 Siguieron tercamente las inclinaciones de su corazón y dieron culto a dioses falsos, como sus padres les enseñaron. 15 Por eso yo, el Señor todopoderoso, el Dios de Israel, digo: Voy a darles de comer algo muy amargo, voy a darles de beber agua envenenada.[a] 16 Los voy a dispersar entre naciones que ni ellos ni sus padres conocieron; haré que los persigan espada en mano, hasta que no quede ni uno solo."

### Lamentaciones en Jerusalén

17 El Señor todopoderoso dice:
"¡Atención! Manden llamar a las
mujeres
que tienen por oficio hacer
lamentación."

18 ¡Sí, que vengan pronto
y que hagan lamentación por
nosotros;
que se nos llenen de lágrimas los ojos
y nuestros párpados se inunden de
llanto!
19 Desde Sión nos llegan ayes de dolor:
¡Ay, cómo hemos quedado en
ruinas!,
¡qué deshonra hemos sufrido!
Tenemos que abandonar nuestra
patria,
nuestros hogares están en ruinas.
20 Mujeres, escuchen la palabra del
Señor,
pongan atención a su mensaje.
Enseñen a sus hijas a llorar
y a sus amigas a lamentarse así:
21 "La muerte entró en nuestros
hogares,
llegó a nuestros palacios;
mata a los niños en las calles
y a los jóvenes en las plazas.
22 Los cadáveres de los hombres
quedaron tendidos
como estiércol en el campo,
como espiga que cae detrás del
segador
y que nadie la recoge."
El Señor lo afirma.

23 El Señor dice:
"Que no se enorgullezca el sabio de
ser sabio,
ni el poderoso de su poder,
ni el rico de su riqueza.
24 Si alguien se quiere enorgullecer,
que se enorgullezca de conocerme,
de saber que yo soy el Señor,[b]
que actúo en la tierra con amor,
justicia y rectitud,
pues eso es lo que a mí me agrada.
Yo, el Señor, lo afirmo."

25 El Señor afirma: "Viene el día en que castigaré a todos los pueblos que se circuncidan físicamente: 26 a Egipto, Judá, Edom, Amón y Moab, y a todos los que viven en el desierto y se afeitan las sienes. Porque todos esos pueblos, y aun todo el pueblo de Israel, son realmente paganos de corazón."[c]

### Idolatría y culto verdadero a Dios

10 ¹Escucha, pueblo de Israel, este mensaje que el Señor te dirige. ²El Señor dice:

"No sigan el ejemplo de otras
naciones

---

[a] 9.15 Jer 23.15.   [b] 9.24 1 Co 1.31; 2 Co 10.17; Stg 1.9.   [c] 9.25-26 Hch 7.51; Ro 2.25-29.

ni se dejen asustar por las señales del
cielo,
como esas naciones lo hacen.
<sup>3</sup>La religión de esos pueblos no vale
nada.
Cortan un tronco en el bosque,
un escultor lo labra con su cincel,
<sup>4</sup>luego lo adornan con plata y oro,
y lo aseguran con clavos y martillo
para que no se caiga.*d*
<sup>5</sup>Los ídolos parecen espantapájaros
en un campo sembrado de melones;
no pueden hablar,
y hay que cargar con ellos, porque
no caminan.*e*
No tengan miedo de ellos,
que a nadie hacen mal ni bien.''*f*

<sup>6</sup>Señor, no hay nadie como tú:
tú eres grande,
tu nombre es grande y poderoso.
<sup>7</sup>¿Quién no te teme, rey de las
naciones?*g*
Tú mereces ser temido.
Entre todos los sabios y reyes del
mundo,
no hay nadie como tú.
<sup>8</sup>Todos ellos son necios,
no tienen ninguna inteligencia.
¡Nada puede enseñarles un pedazo
de madera!
<sup>9</sup>Sus ídolos son tan sólo plata traída
de Tarsis
y oro traído de Ufaz;
objetos hechos por escultores y
orfebres
y vestidos con telas moradas y rojas,
todos ellos fabricados por hábiles
artistas.
<sup>10</sup>El Señor es el Dios verdadero,
el Dios viviente, el Rey eterno.
Cuando se enoja, tiembla la tierra;
las naciones no pueden resistir su ira.

<sup>11</sup>(Ustedes, israelitas, digan a los paga-
nos: ''Los dioses que no hicieron el cielo
ni la tierra desaparecerán de la tierra; ni
uno de ellos quedará debajo del cielo.'')

### Himno de alabanza a Dios
#### (Jer 51.15-19)

<sup>12</sup>El Señor, con su poder, hizo la
tierra;
con su sabiduría afirmó el mundo;
con su inteligencia extendió el cielo.

<sup>13</sup>Con voz de trueno hace rugir el agua
en el cielo,
hace subir las nubes desde el extremo
de la tierra,
hace brillar los relámpagos en medio
de la lluvia
y saca el viento de donde lo tiene
guardado.*h*
<sup>14</sup>Necio e ignorante es todo hombre.
Los ídolos defraudan al que los
fabrica;
son imágenes engañosas y sin vida;
<sup>15</sup>son objetos sin valor, ridículos,
que el Señor, en el juicio, destruirá.
<sup>16</sup>¡Qué diferente es el Dios de Jacob,
creador de todo lo que existe!
El escogió a Israel como su
propiedad.
El Señor todopoderoso: ése es su
nombre.

### Diálogo entre el profeta y la nación

<sup>17</sup>—Y tú, nación en estado de sitio,
recoge tus cosas.
<sup>18</sup>Porque el Señor dice:
'Esta vez voy a lanzar lejos
a los habitantes de este país.
Voy a ponerlos en aprietos,
a ver si así me encuentran.'*ll*

<sup>19</sup>—¡Ay de mí, que estoy en ruinas!
¡Mis heridas no tienen curación!
¡Y yo que pensé que podría
soportar este dolor!
<sup>20</sup>Mi campamento está destruido,
todas las cuerdas están rotas.
Mis hijos me han abandonado,
¡ya no existen!
Ya no hay quien vuelva a plantar mis
tiendas,
quien vuelva a extender sus lonas.

<sup>21</sup>—Los pastores de este pueblo son
necios;
no buscan al Señor.
Por eso han fracasado
y todo su rebaño está disperso.*i*

<sup>22</sup>¡Atención! ¡Llega una noticia!
De un país del norte viene un gran
estruendo
que va a convertir las ciudades de
Judá
en un desierto donde sólo vivan los
chacales.

---

*ll* Me encuentran: texto probable. Heb. oscuro.
*d* 10.3-4 Sal 115.4-8; 135.15-18; Is 40.19-20; 44.9-20; Sab 13.10-14.21; Bar 6.7-72.   *e* 10.5 Is 46.1-7.   *f* 10.5 Is 41.23-24,29.
*g* 10.7 Ap 15.4.   *h* 10.13 Sal 135.7.   *i* 10.21 Jer 23.1-4; Ez 34.1-10.

²³Señor, yo sé que el hombre no es
   dueño de su vida,
   que no tiene dominio sobre su
   destino.*j*
²⁴Corrígenos conforme a tu justicia,
   y no con ira, pues nos destruirías.*k*
²⁵Descarga tu ira sobre las naciones
   que no te reconocen,
   sobre los pueblos que no te invocan,
   porque han devorado al pueblo de
   Jacob,
   lo han destruido por completo
   y han dejado en ruinas el país.*l*

### Violación del pacto

**11** ¹El Señor se dirigió a mí, Jeremías,
   y me dijo: ²"Que los israelitas pongan atención a los términos de este pacto.
Habla a la gente de Judá y a los habitantes
de Jerusalén, ³y diles que yo, el Señor, el
Dios de Israel, declaro maldito al que no
obedezca los términos de este pacto.*m* ⁴Es
el pacto que hice con sus antepasados
cuando los saqué de Egipto, país que era
para ellos como un horno de fundir hierro. Les dije: Obedézcanme, hagan todo
lo que yo les ordene y ustedes serán mi
pueblo y yo seré su Dios.*n* ⁵Si ustedes me
hacen caso, yo cumpliré el juramento que
hice a sus antepasados, de darles una tierra, la tierra que ahora tienen, donde la
leche y la miel corren como el agua."*ñ*
   Y yo respondí: "Sí, Señor."
   ⁶Entonces el Señor me dijo: "Proclama este mensaje en las ciudades de
Judá y en las calles de Jerusalén. Di a la
gente: 'Escuchen cuáles son los términos
de este pacto, y cúmplanlos. ⁷Cuando yo
saqué de Egipto a los antepasados de ustedes, les advertí solemnemente que me
hicieran caso, y desde entonces hasta
ahora se lo he seguido advirtiendo. ⁸Pero
no me hicieron caso ni me obedecieron,
sino que tercamente se dejaron llevar por
las malas inclinaciones de su corazón. No
quisieron cumplir los términos que yo les
había ordenado, y entonces hice que les
vinieran los castigos anunciados en el
pacto.' "
   ⁹El Señor siguió diciéndome: "La
gente de Judá y los habitantes de Jerusalén conspiran contra mí. ¹⁰Han vuelto a
los mismos pecados que antes cometieron
sus antepasados, los cuales se negaron a
obedecerme y se fueron tras otros dioses y

los adoraron. Tanto Israel como Judá han
violado el pacto que yo hice con sus antepasados. ¹¹Por lo tanto, voy a enviarles
una calamidad de la que no podrán escapar. Por más que griten pidiéndome auxilio, no los escucharé. Yo, el Señor, lo
afirmo. ¹²Entonces la gente de Judá y los
habitantes de Jerusalén irán a pedir ayuda
a los dioses a los que ofrecen incienso,
pero ellos no podrán salvarlos cuando llegue la calamidad. ¹³Judá tiene tantos dioses como ciudades, y los habitantes de
Jerusalén han levantado tantos altares
para ofrecer incienso a Baal como calles
hay en la ciudad. ¹⁴Así que tú, Jeremías,
no ores en favor de este pueblo; no me
ofrezcas oraciones ni súplicas por ellos,
porque no voy a escucharlos cuando me
pidan ayuda en medio de la calamidad.
   ¹⁵"¿Qué busca Israel, mi amigo, en mi
templo, después de haber hecho tantas
cosas malas? ¿Piensa que ofreciéndome
grasa¹² y carne como sacrificio va a hacer
que se aleje la calamidad, y que él logrará
escapar?¹³ ¹⁶En otro tiempo yo, el Señor,
lo llamaba olivo frondoso cargado de hermosos frutos; pero ahora, en medio de
fuertes truenos, voy a quemar sus hojas y
desgajar sus ramas.
   ¹⁷"Yo, el Señor todopoderoso, que lo
planté, he ordenado la calamidad contra
él por causa de las maldades que Israel y
Judá han cometido, pues me han ofendido ofreciendo incienso a Baal."

### Los enemigos de Jeremías pretenden darle muerte

¹⁸El Señor me hizo saber que mis enemigos estaban tramando algo malo. Él me
abrió los ojos, para que me diera cuenta.
¹⁹Yo estaba tranquilo, como un cordero
que llevan al matadero, sin saber que estaban haciendo planes contra mí. Decían:
"Cortemos el árbol ahora que está en
todo su vigor;¹⁴ arranquémoslo de este
mundo de los vivientes, para que nadie
vuelva a acordarse de él."

²⁰Pero tú, Señor todopoderoso,
   eres un juez justo;
   tú conoces hasta lo más íntimo del
   hombre.
   Hazme ver cómo castigas a esa
   gente,

---

*12 Grasa:* según la versión latina. Heb. *muchos.* *13 Logrará escapar:* según la versión griega. Heb. *entonces te alegrarás.*
*14 Vigor:* texto probable. Heb. *pan.*
*j* 10.23 Pr 20.24. *k* 10.24 Sal 6.1; 38.1. *l* 10.25 Sal 79.6-7. *m* 11.3 Dt 27.26. *n* 11.4 Dt 4.20; 1 R 8.51; Jer 7.23.
*ñ* 11.5 Dt 7.12-13.

pues he puesto mi causa en tus
manos.º

²¹Y a los hombres de Anatot, que buscaban mi muerte y que me ordenaban no hablar en nombre del Señor, si no quería que me mataran, ²²el Señor todopoderoso les dice: "Voy a ajustar cuentas con ustedes: los jóvenes morirán en la guerra, y sus hijos y sus hijas morirán de hambre. ²³No quedará ni uno solo de ellos, porque viene el día en que yo ajustaré cuentas con ustedes, hombres de Anatot, y traeré sobre ustedes la calamidad."

### El profeta se dirige a Dios

**12** ¹Señor, si me pongo a discutir
contigo,
tú siempre tienes la razón;
y sin embargo quisiera preguntarte
el porqué de algunas cosas.
¿Por qué les va bien a los malvados?
¿Por qué viven tranquilos los
traidores?ᵖ
²Tú los plantas,
y ellos echan raíces, y crecen y dan
fruto.
De labios para afuera, te tienen
cerca,
pero en su interior están lejos de ti.
³Tú, en cambio, Señor, me conoces;
tú me ves y sabes
cuáles son mis sentimientos hacia ti.
¡Llévate a esa gente como ovejas al
matadero;
márcalos para el día de la matanza!
⁴¿Hasta cuándo va a estar seca la
tierra
y marchita la hierba de los campos?
Los animales y las aves se están
muriendo
por la maldad de los habitantes del
país,
que piensan que no ves lo que ellos
hacen.

### Respuesta de Dios

⁵"Si tanto te cansas corriendo contra
gente de a pie,
¿cómo podrás competir con gente de
a caballo?
En terreno seguro te sientes
tranquilo,
¿pero qué harás en la espesura del
Jordán?

⁶Aun tus hermanos, los de tu propia
familia,
te han traicionado,
y a gritos te insultan a tus espaldas.
No confíes en ellos,
ni aunque te hablen con buenas
palabras.

### Tristeza del Señor por la suerte de su pueblo

⁷"He abandonado a mi pueblo,
he rechazado a la que fue mi
posesión.
He puesto en manos de sus enemigos
a la nación que yo tanto amaba.
⁸Este pueblo, que fue mi posesión,
es ahora para mí como un león en la
selva;
ruge contra mí, por eso lo aborrezco.
⁹Mi pueblo es como un ave de bello
plumaje,
a la que otras aves atacan.
¡Vengan, todos los animales
salvajes;
júntense a darse su banquete!
¹⁰Muchos jefes enemigos han
destruido mi viñedo,
han pisoteado mi campo.
Han convertido en desolado desierto
el terreno que yo más quiero.
¹¹Lo dejaron desierto y desolado,
y yo lo veo lamentarse.
Todo el país está desierto,
pero a nadie le preocupa.
¹²Por todas las lomas del desierto
vinieron hombres violentos,
porque yo, el Señor, tengo una
espada
que destruirá el país de extremo a
extremo,
y no habrá paz para ninguno.
¹³Sembraron trigo y cosecharon
espinos;
todos sus trabajos fueron vanos.
La cosecha fue un fracaso
por causa de mi ardiente ira."

### Promesas del Señor a los pueblos vecinos de Israel

¹⁴Así dice el Señor acerca de los pueblos malvados, vecinos de Israel, que han destruido la tierra que él dio como herencia a su pueblo Israel: "Yo los arrancaré de sus tierras, y sacaré a Judá de en medio de ellos. ¹⁵Pero después de arrancarlos volveré a tener compasión de ellos, y los haré

º 11.20 Jer 20.12; Bar 1.6-9.　ᵖ 12.1-4 Job 21; Sal 73.4-14; Hab 1.

regresar a su propia tierra y a su propio país. [16]Ciertamente ellos enseñaron a mi pueblo a jurar por Baal, pero ahora podrán establecerse en medio de mi pueblo, si de veras aceptan la religión de mi pueblo y juran por mi nombre diciendo: 'Por la vida del Señor.' [17]Pero a la nación que no me obedezca, la arrancaré de raíz y la destruiré. Yo, el Señor, lo afirmo.''

### Acción simbólica sobre la infidelidad de Israel

**13** [1]El Señor me dijo: ''Ve y cómprate un cinturón de lino y póntelo en la cintura, pero no lo mojes con agua.'' [2]Yo compré el cinturón, como el Señor me lo había ordenado, y me lo puse en la cintura. [3]Entonces me habló de nuevo el Señor y me dijo: [4]''Toma el cinturón que compraste y que tienes puesto, vete al río Éufrates y escóndelo allí, en la grieta de una roca.'' [5]Fui entonces al río Éufrates y lo escondí, como el Señor me lo había ordenado.

[6]Al cabo de mucho tiempo, el Señor me dijo: ''Ve al río Éufrates y trae el cinturón que te ordené que escondieras allá.'' [7]Fui al río Éufrates, busqué en la tierra y saqué el cinturón del sitio en que lo había escondido, pero ya estaba podrido y no servía para nada.

[8]Entonces el Señor se dirigió a mí una vez más, [9]y me dijo: ''De esta misma manera destruiré el orgullo de Judá y Jerusalén. [10]Este pueblo malvado se niega a obedecer mis órdenes y sigue tercamente las inclinaciones de su corazón. Se ha ido tras otros dioses, para servirlos y adorarlos. Es como ese cinturón, que no sirve para nada. [11]Así como uno se aprieta el cinturón alrededor de la cintura, así tuve a todo el pueblo de Israel y a todo el pueblo de Judá muy unidos a mí, para que fueran mi pueblo y dieran a conocer mi nombre, y fueran mi honor y mi gloria. Pero no me obedecieron. Yo, el Señor, lo afirmo.

### Otra acción simbólica sobre el futuro castigo

[12]''Diles también: 'El Señor, el Dios de Israel, dice: Cualquier vasija puede llenarse de vino.' Los israelitas te van a contestar: '¿Acaso no sabemos de sobra que cualquier vasija puede llenarse de vino?' [13]Y tú les responderás: 'El Señor dice: Voy a emborrachar a todos los que viven en este país; a los reyes que se sientan en el trono de David, a los sacerdotes, a los profetas y a todos los que viven en Jerusalén. [14]Luego los romperé como vasijas, unos contra otros, padres e hijos por igual. No les tendré compasión; los destruiré sin misericordia y sin piedad. Yo, el Señor, lo afirmo.' ''

### Advertencia a Israel

[15]¡Israelitas, el Señor ha hablado!
No sean orgullosos, escúchenlo con
   atención.
[16]Honren al Señor su Dios,
antes que él haga llegar la oscuridad
y tropiecen ustedes en los montes
   tenebrosos;
antes que él convierta en tinieblas,
en pesada sombra,
la luz que ustedes esperaban.
[17]Si ustedes no hacen caso,
lloraré en secreto a causa de su
   orgullo;
de mis ojos correrán las lágrimas,
porque se llevan preso el rebaño del
   Señor.

### Mensaje de parte de Dios para el rey

[18]''Di al rey y a la reina madre:
'Bajen del trono, siéntense en el
   suelo,
pues de su cabeza ha caído
la corona que los adornaba.'
[19]Las ciudades del Néguev están
   sitiadas;
nadie puede pasar.
Todos los de Judá fueron llevados al
   destierro,
a un destierro total.
[20]Alcen la vista y miren
cómo viene del norte el enemigo.
¿Dónde está el rebaño que yo te
   había confiado,
ese rebaño que era tu orgullo?

### Anuncio del destierro de Israel

[21]''¿Y qué vas a decir, Jerusalén,
cuando tengas que ser gobernada
por gente que tú misma instruiste?
Te vendrán dolores
como a mujer de parto.[15]
[22]Y si preguntas por qué te pasa esto,
debes saber que es por tus graves
   pecados;
¡por eso te han desnudado
y han abusado de ti!

---

*15 ''¿Y qué vas . . . mujer de parto:* texto probable. Heb. oscuro.

²³¿Puede un negro cambiar de color?
¿Puede un leopardo quitarse sus
    manchas?
Pues tampoco ustedes,
    acostumbrados al mal,
    pueden hacer lo bueno.
²⁴Por eso voy a dispersarlos a ustedes
    como a paja que arrastra el viento
    del desierto.�q
²⁵Ese es tu destino, Israel,
    eso has merecido que yo te haga.
Yo, el Señor, lo afirmo.
Pues te olvidaste de mí
    y pusiste tu confianza en falsos
    ídolos.
²⁶Yo también te voy a desnudar del
    todo
    y a exponerte a la vergüenza.
²⁷He visto tu pasión, tus adulterios,
    tu vergonzosa conducta de
    prostituta,
    tus repugnantes acciones
    en las colinas y en los campos.
¡Ay de ti, Jerusalén!,
    ¿cuánto tiempo seguirás estando
    impura?''

### La gran sequía

**14** ¹Por causa de la sequía, el Señor se
dirigió a Jeremías, y le dijo:

²''Judá llora de tristeza,
    sus ciudades están afligidas,
    la gente está tendida por el suelo.
Jerusalén lanza gritos de dolor.ʳ
³Los ricos mandan a sus criados por
    agua;
    éstos van a las cisternas, pero no la
    encuentran,
    y vuelven con sus cántaros vacíos;
    defraudados y llenos de vergüenza,
    se cubren la cabeza.
⁴Los campesinos se sienten
    defraudados
    y se cubren la cabeza,
    porque falta la lluvia
    y la tierra está reseca.
⁵Aun las ciervas, en el campo,
    abandonan sus crías recién nacidas,
    porque no hay hierba que comer.
⁶Los asnos salvajes,
    parados en las lomas desiertas,
    toman aire como los chacales;
    y la vista se les nubla
    porque no hay pasto que comer.''

### El profeta invoca al Señor en nombre del pueblo

⁷¡Señor, aunque nuestros pecados nos
    acusan,
    actúa por el honor de tu nombre!
Muchas veces te hemos sido infieles,
    hemos pecado contra ti.
⁸Esperanza de Israel,
    salvador nuestro en tiempos difíciles,
    ¿por qué te portas como un extraño
    en el país,
    como un viajero que sólo se queda a
    pasar la noche?
⁹¿Por qué estás como un hombre
    aturdido,
    como un guerrero que no puede
    ayudar?
Pero, Señor, tú estás en medio de
    nosotros,
    todos saben que somos tu pueblo;
    ¡no nos abandones!

¹⁰El Señor dice esto acerca del pueblo
de Israel: ''A este pueblo le encanta andar
siempre de un lado para otro. Por eso no
lo miro con agrado. Ahora voy a acordarme de sus pecados y a pedirle cuenta
de ellos.''
¹¹El Señor me dijo: ''No me ruegues
por el bienestar de este pueblo. ¹²Por
mucho que ayune, no escucharé sus súplicas; por muchos holocaustos y ofrendas
de cereales que me traiga, no lo miraré
con agrado. Voy a destruirlo con guerra,
hambre y peste.''
¹³Y yo le contesté: ''Pero, Señor; los
profetas le están diciendo al pueblo que
no va a haber guerra ni hambre, y que tú
le vas a conceder una paz duradera en este
lugar.''
¹⁴Entonces el Señor me respondió: ''Si
eso dicen en mi nombre los profetas, es
que están mintiendo. Yo no los he
enviado, ni les he dado ninguna orden, y
ni siquiera les he hablado. Son revelaciones falsas, visiones engañosas, inventos de
su propia fantasía. Esto es lo que les
anuncian esos profetas. ¹⁵Pues yo, el
Señor, digo de esos profetas que pretenden hablar en mi nombre sin que yo los
haya enviado, y que dicen que no va a
haber guerra ni hambre en este país: esos
profetas morirán por la guerra y el hambre. ¹⁶Y el pueblo al que ellos se dirigen,
morirá también por la guerra y el hambre,
con sus mujeres, sus hijos y sus hijas. Los
cadáveres serán arrojados a las calles de
Jerusalén, y no habrá quien los entierre.

Así les haré pagar su maldad. ¹⁷Di al pueblo lo siguiente:

'Que broten lágrimas de mis ojos
día y noche, sin cesar,
por la terrible desgracia de mi
    pueblo,
por la gravedad de su herida.
¹⁸Salgo al campo, y veo los cadáveres
de los muertos en batalla;
entro en la ciudad, y veo gente
que se está muriendo de hambre,
Aun los profetas y los sacerdotes
se van a un país desconocido.' '¹⁶

### El profeta se dirige al Señor

¹⁹Señor, ¿has rechazado del todo a
    Judá?
¿Te has cansado de la ciudad de
    Sión?
¿Por qué nos heriste
    irremediablemente?
Esperábamos prosperidad,
pero nada bueno nos ha llegado.
Esperábamos salud,
pero sólo hay espanto.
²⁰Reconocemos, Señor, nuestra
    maldad
y la culpa de nuestros antepasados;
hemos pecado contra ti.
²¹¡Por el honor de tu nombre, no nos
    rechaces;
no trates con desprecio a la ciudad
donde está tu glorioso trono!
¡Recuerda el pacto que hiciste con
    nosotros,
no faltes a él!
²²¿Hay acaso entre los ídolos paganos
alguno que pueda hacer llover?
¿Acaso el cielo envía los aguaceros
    por sí mismo?
¡No, Señor y Dios nuestro!
Tú eres quien los envía,
tú eres quien hace todas estas cosas;
¡por eso esperamos en ti!

### Anuncio del castigo

**15** ¹El Señor me dijo: "Aunque Moisésˢ y Samuelᵗ se presentaran aquí, delante de mí, yo no tendría compasión de este pueblo. Diles que salgan de mi presencia, que se vayan. ²Y si te preguntan a dónde han de ir, diles esto de mi parte:

'Los destinados a morir de peste,
a morir de peste;

los destinados a morir en la guerra,
a morir en la guerra;
los destinados a morir de hambre,
a morir de hambre;
los destinados al destierro,
al destierro.'ᵘ

³"Yo, el Señor, afirmo: Voy a enviarles cuatro diferentes castigos: los matarán en la guerra, los arrastrarán los perros, se los comerán las aves de rapiña y los devorarán las fieras. ⁴Haré que todas las naciones de la tierra sientan horror de lo que voy a hacer con ellos, por causa de lo que el rey de Judá, Manasés, hijo de Ezequías, ha hecho en Jerusalén.ᵛ

⁵"¿Quién tendrá compasión de ti,
    Jerusalén?
¿Quién va a sentir lástima de ti?
¿Quién se va a preocupar de tu
    salud?
⁶Tú me abandonaste, me diste la
    espalda.
Yo, el Señor, lo afirmo.
Por eso yo, cansado de tener
    paciencia,
levanté mi mano para castigarte, y te
    destruí.
⁷Dispersé a tu gente como a paja,
sacándola de las ciudades del país;
dejé sin hijos a mi pueblo, lo destruí
porque no quiso dejar su mala vida.
⁸Dejé entre ellos más viudas
que granos de arena tiene el mar.
En pleno mediodía hice caer la
    muerte
sobre las madres con hijos jóvenes;
de repente hice caer sobre ellas
la angustia y el terror.
⁹Madres con muchos hijos
se desmayan, quedan sin aliento;
avergonzadas y humilladas,
la luz del día se les vuelve oscuridad.
Si algunos quedan con vida,
haré que sus enemigos los maten.
Yo, el Señor, doy mi palabra."

### Exclamación del profeta

¹⁰¡Ay de mí, madre mía, que me diste
    a luz
sólo para disputar y pelear con todo
    el mundo!
A nadie he prestado dinero, ni me lo
han prestado a mí,
y sin embargo todos me maldicen.

---

¹⁶ Se van a un país desconocido: texto probable. Heb. oscuro.
ˢ 15.1 Ex 32.11-14; Nm 14.13-19.   ᵗ 15.11 S 7.5-9.   ᵘ 15.2 Jer 43.11; Ap 13.10.   ᵛ 15.4 2 R 21.1-16; 2 Cr 33.1-9.

[11]Que sus maldiciones se cumplan,[17]
Señor,
si no te he servido bien,
si no te he rogado en favor de mis
enemigos,
cuando estaban en desgracia y
aflicción.

## Dios anuncia el castigo a Israel

[12]"¿Quién puede romper
el hierro del norte[18] y el bronce?
[13]A causa de todos tus pecados, Israel,
voy a entregar a tus enemigos
tu riqueza y tus tesoros,
todo lo que tienes en tu territorio,
para que se lo lleven gratuitamente.
[14]Voy a hacerte esclavo de tus
enemigos
en una tierra que tú no conoces,
porque mi ira se ha encendido
como un fuego que te consumirá."

## El profeta invoca al Señor

[15]Señor, tú que lo sabes todo,
¡acuérdate de mí y ven en mi ayuda!
¡Toma venganza de los que me
persiguen!
No seas con ellos tan paciente
que me dejes morir a mí;
mira que por ti soporto insultos.
[16]Cuando me hablabas, yo devoraba
tus palabras;
ellas eran la dicha y la alegría de mi
corazón,
porque yo te pertenezco,
Señor y Dios todopoderoso.
[17]Yo he evitado juntarme
con los que sólo piensan en
divertirse;
desde que tú te apoderaste de mí
he llevado una vida solitaria,
pues me llenaste de tu ira.
[18]¿Por qué mi dolor nunca termina?
¿Por qué mi herida es incurable,
rebelde a toda curación?
Te has vuelto para mí
como el agua engañosa de un
espejismo.

## Respuesta del Señor

[19]Entonces el Señor me respondió:
"Si regresas a mí, volveré a recibirte
y podrás servirme.
Si evitas el hablar por hablar

y dices sólo cosas que valgan la
pena,
tú serás quien hable de mi parte.
Son ellos quienes deben volverse a ti,
y no tú quien debe volverse a ellos.
[20]Yo haré que seas para este pueblo
como un muro de bronce, difícil de
vencer.
Te harán la guerra,
pero no te vencerán,
pues yo estoy contigo para salvarte y
librarte.[w]
Yo, el Señor, doy mi palabra.
[21]Te libraré del poder de los malvados,
¡te salvaré del poder de los
violentos!"

## Jeremías recibe órdenes del Señor

**16** [1]El Señor se dirigió a mí, y me dijo:
[2]"No te cases ni tengas hijos en este
país. [3]Porque yo, el Señor, te voy a decir
lo que va a suceder a los hijos que nazcan
en este país y a los padres que los tengan.
[4]Morirán de enfermedades terribles y
nadie llorará por ellos ni los enterrará:
quedarán tendidos en el suelo como estiércol. La guerra y el hambre acabarán con
ellos, y sus cadáveres serán devorados por
las aves de rapiña y las fieras."

[5]El Señor me dijo también: "No entres
en una casa donde estén de luto por un
muerto; no llores ni muestres tu dolor por
él, porque a este pueblo le he retirado mi
paz, mi amor y mi misericordia. Yo, el
Señor, lo afirmo. [6]Grandes y pequeños
morirán en este país; nadie les dará sepultura, ni los llorará, ni mostrará dolor por
ellos hiriéndose en el cuerpo o rapándose
la cabeza. [7]Nadie celebrará banquetes
fúnebres para consolar a los parientes, ni
aun cuando se trate de la muerte del padre
o de la madre.

[8]"Tampoco entres en una casa donde
haya un banquete, a sentarte con ellos a
comer y beber. [9]Porque yo, el Señor todopoderoso, el Dios de Israel, declaro: Yo
haré que terminen en este país los cantos
de fiesta y alegría, y los cantos de bodas.[x]
Esto pasará en sus propios días, y ustedes
mismos lo verán.

[10]"Cuando comuniques al pueblo este
mensaje, te van a preguntar: '¿Por qué ha
ordenado el Señor contra nosotros este
mal tan grande? ¿Qué mal hemos hecho?
¿Qué pecado hemos cometido contra el
Señor nuestro Dios?' [11]Tú contéstales: 'El

---

*[17] Que sus maldiciones se cumplan:* según la versión griega. Heb. *dijo.*   *[18] Hierro del norte:* el hierro, y en general la
industria de los metales, procedían del norte de Palestina y del Asia Menor.
**w 15.20** Jer 1.18.   **x 16.9** Jer 7.34; 25.10; Ap 18.23.

Señor afirma: Esto es porque los antepasados de ustedes me dejaron y se fueron tras otros dioses, para darles culto y adorarlos; a mí me abandonaron y no cumplieron las instrucciones que yo les di. [12]Y ustedes han sido peores que sus antepasados, pues cada uno ha seguido tercamente las malas inclinaciones de su corazón y no me ha obedecido. [13]Por eso los voy a echar de esta tierra a un país que ni ustedes ni sus antepasados conocían, y allá servirán día y noche a otros dioses, pues no tendré compasión de ustedes.'

[14]"Pero vendrá un tiempo —yo, el Señor, lo afirmo— en que ya no jurarán diciendo: 'Por la vida del Señor, que sacó a los israelitas de Egipto', [15]sino que dirán: 'Por la vida del Señor, que sacó a los israelitas del país del norte y de todos los demás países por donde los había dispersado'.[y] Yo haré que ustedes regresen a su tierra, a la tierra que di a sus antepasados.

[16]"Voy a hacer venir muchos pescadores —yo, el Señor, lo afirmo—para que pesquen a los israelitas. Luego haré venir muchos cazadores para que los cacen y los saquen de todas las montañas y colinas y hasta de las grietas de las rocas.[z] [17]Porque veo todas sus acciones; ninguna queda oculta para mí, ni sus pecados pueden esconderse de mi vista. [18]Primero los haré pagar el doble por sus maldades y pecados, porque profanaron mi tierra con sus aborrecibles ídolos muertos, y en toda la tierra que les di como herencia hicieron cosas que yo detesto.''

### Jeremías invoca al Señor

[19]Señor, fuerza y protección mía,
mi refugio en el momento de peligro;
a ti vendrán las naciones
desde el extremo de la tierra, y te
    dirán:
"Sólo dioses falsos, inútiles y sin
    poder
recibieron nuestros padres como
    herencia.
[20]¿Puede el hombre hacer sus propios
    dioses?
¡Entonces esos dioses no son
    verdaderos!''

### Respuesta del Señor

[21]"Por eso, de una vez por todas,
voy a mostrarles mi poder;

así sabrán que mi nombre es el
    Señor.

### Pecado y castigo de Judá

**17** [1]"Judá, tu pecado está escrito
    con cincel de hierro,
está grabado con punta de diamante
en la piedra de tu corazón,
en los cuernos de tus altares.
[2]Tus hijos se acuerdan de los altares
y de los troncos sagrados
que había junto a los árboles
    frondosos
y sobre las colinas elevadas
[3]y sobre los montes del campo.
Por causa de tus pecados,
haré que te roben tus riquezas y
    tesoros,
y que saqueen tus colinas sagradas
en todo tu territorio.
[4]Tendrás que abandonar[19] la tierra
que yo te di como herencia,
y te haré esclava de tus enemigos
en una tierra que no conoces,
porque mi ira se ha encendido
como un fuego que te consumirá.''

### Mensajes varios

[5]El Señor dice:
"Maldito aquel que aparta de mí su
    corazón,
que pone su confianza en los
    hombres
y en ellos busca apoyo.
[6]Será como la zarza del desierto,
que nunca recibe cuidados:
que crece entre las piedras,
en tierras de sal, donde nadie vive.

[7]"Pero bendito el hombre que confía
    en mí,
que pone en mí su esperanza.
[8]Será como un árbol plantado a la
    orilla de un río,[a]
que extiende sus raíces hacia la
    corriente
y no teme cuando llegan los calores,
pues su follaje está siempre
    frondoso.
En tiempo de sequía no se inquieta,
y nunca deja de dar fruto.

[9]"Nada hay tan engañoso y
    perverso[20]
como el corazón humano.
¿Quién es capaz de comprenderlo?

---

[19] *Abandonar:* según versiones antiguas. Heb. oscuro.   [20] *Y perverso:* lit. *y sin remedio.*
[y] **16.14-15** Is 43.16-19; Jer 23.7-8.   [z] **16.16** Hab 1.14-15.   [a] **17.8** Sal 1.3.

¹⁰Yo, el Señor, que investigo el
corazón
y conozco a fondo los sentimientos;[b]
que doy a cada cual lo que se
merece,
de acuerdo con sus acciones."[c]

¹¹El que se hace rico injustamente
es como la perdiz que empolla
huevos ajenos.
En pleno vigor tendrá que
abandonar su riqueza,
y al fin sólo será un tonto más.

¹²Nuestro templo es un trono glorioso,
puesto en alto desde el principio.

¹³Señor, tú eres la esperanza de Israel.
Todo el que te abandona quedará
avergonzado.
Todo el que se aleja de ti
desaparecerá como un nombre
escrito en el polvo,
por abandonarte a ti, manantial de
frescas aguas.

### Jeremías invoca al Señor

¹⁴Sáname tú, Señor, y seré sanado;
sálvame tú, y seré salvado,
pues sólo a ti te alabo.
¹⁵La gente me dice:
"¿Qué pasó con las palabras del
Señor?
¡Que se cumplan ahora mismo!"
¹⁶Y, sin embargo, yo no he insistido
en que tú les envíes un desastre,[21]
ni he deseado calamidades para
ellos.
Tú bien sabes lo que he dicho,
pues lo dije en tu presencia.
¹⁷No te conviertas para mí en terror,
pues eres mi refugio en momentos de
angustia.
¹⁸Deja en ridículo a mis perseguidores,
y no a mí;
que ellos queden espantados, y no
yo.
Haz venir sobre ellos momentos de
angustia,
destrózalos por completo una y otra
vez.

### Sobre la observancia del día de reposo

¹⁹El Señor me dijo: "Ve y párate en la
Puerta del Pueblo, por donde entran y
salen los reyes de Judá, y luego haz lo
mismo en las demás puertas de Jerusalén.
²⁰Di a la gente: 'Reyes y pueblo todo de
Judá, habitantes todos de Jerusalén que
entran por estas puertas, escuchen la palabra del Señor. ²¹El Señor dice: En el día
de reposo[22] y por consideración a sus
propias vidas, no lleven cargas ni las
metan por las puertas de Jerusalén.[d] ²²No
saquen tampoco ninguna carga de sus
casas en el día de reposo,[22] ni hagan en él
ningún trabajo. Conságrenme el día de
reposo,[22] tal como se lo ordené a sus antepasados.[e] ²³Pero ellos no me hicieron
caso ni me obedecieron, sino que fueron
tercos y no quisieron obedecer ni escarmentar.

²⁴'Yo, el Señor, afirmo: Obedézcanme
de veras, no lleven ninguna carga por las
puertas de la ciudad en el día de reposo;[22]
conságrenme este día y no hagan en él ningún trabajo. ²⁵Si lo hacen así, siempre
habrá reyes que ocupen el trono de David
y que entren por las puertas de esta ciudad
en carrozas y caballos, acompañados de
los jefes y de la gente de Judá y de Jerusalén. Y Jerusalén siempre tendrá habitantes. ²⁶Y vendrá gente de las ciudades de
Judá que están en los alrededores de Jerusalén, y del territorio de Benjamín, de la
llanura, de la región montañosa y del
Néguev. Traerán al templo animales para
el holocausto y para los demás sacrificios,
ofrendas de cereales e incienso, y ofrendas
de acción de gracias. ²⁷Pero si ustedes no
obedecen mi mandato de consagrarme el
día de reposo[22] y de no meter cargas en
ese día por las puertas de Jerusalén,
entonces pondré fuego a las puertas de la
ciudad, un fuego que destruirá los palacios de Jerusalén y que nadie podrá apagar.' "

### Acción simbólica del alfarero y el barro

**18** ¹El Señor se dirigió a mí, y me dijo:
²"Baja a la casa del alfarero y allí
te comunicaré un mensaje." ³Yo, Jeremías, bajé y encontré al alfarero trabajando el barro en el torno. ⁴Cuando el
objeto que estaba haciendo le salía mal,
volvía a hacer otro con el mismo barro,
hasta que quedaba como él quería.

⁵Entonces el Señor me dijo: ⁶"¿Acaso
no puedo hacer yo con ustedes, israelitas,
lo mismo que este alfarero hace con el
barro? Ustedes son en mis manos como el

---

²¹ *En que tú les envíes un desastre:* texto probable. Heb. *para no ser pastor detrás de ti.*   ²² *Día de reposo:*
aquí equivale a *sábado.*
*b* 17.10 Sal 7.9; Jer 11.20; Ap 2.23.   *c* 17.10 Sal 62.11-12; Pr 24.12; Ez 18.30; 33.20; Eclo 16.12,14; Mt 16.27; Ro 2.6.
*d* 17.21 Neh 13.15-22.   *e* 17.22 Ex 20.8-10; Dt 5.12-14; Is 58.13-14.

barro en las manos del alfarero.*f* Yo, el Señor, lo afirmo. ⁷En un momento dado decido arrancar, derribar y destruir una nación o un reino. ⁸Pero si esa nación se aparta del mal, entonces ya no le envío el castigo que le tenía preparado. ⁹En otra ocasión decido construir y hacer crecer una nación o un reino. ¹⁰Pero si esa nación hace lo malo y desatiende mis advertencias, entonces ya no le envío los beneficios que le tenía preparados.

¹¹"Di, pues, a la gente de Judá y a los habitantes de Jerusalén que yo, el Señor, les digo: 'Estoy haciendo planes contra ustedes; estoy pensando en castigarlos. Dejen ya el mal camino; mejoren su conducta y sus obras.' ¹²Ellos te van a decir: '¡No pierdas tu tiempo! Preferimos vivir como a nosotros nos gusta y seguir tercamente las malas inclinaciones de nuestro corazón.' "

¹³Por eso, el Señor dice:
"Pregunten entre las naciones,
si alguien ha oído cosa semejante.
¡El pueblo de Israel
ha hecho algo muy horrible!
¹⁴¿Desaparece alguna vez la nieve
de las altas rocas del Líbano?
¿Se secarán acaso las frescas aguas
que bajan de las montañas?*²³*
¹⁵Pero mi pueblo me ha olvidado,
y ofrece incienso a dioses falsos.
Se ha extraviado en su camino,
el camino antiguo,
y sigue senderos desconocidos.
¹⁶Así ha convertido su país en un
desierto,
en un constante motivo de asombro.
Todo el que pase por él
moverá espantado la cabeza.
¹⁷Yo, como un viento del este,
dispersaré a Israel;
lo haré huir de sus enemigos.
Yo le volveré la espalda, no la cara,
cuando llegue el día de su castigo."

### Planes contra el profeta

¹⁸La gente dijo: "Vamos a preparar un plan para deshacernos de Jeremías. Jamás faltarán sacerdotes que nos instruyan, ni sabios que nos den consejos, ni profetas que nos comuniquen la palabra de Dios. Acusémoslo, para que lo maten. No hagamos caso a nada de lo que dice."

### Oración de Jeremías

¹⁹¡Señor, préstame atención!
¡Oye lo que dicen mis enemigos!
²⁰¿Es con el mal como se paga el bien?
¡Ellos han cavado mi sepultura!

Recuerda que me he enfrentado
contigo
para hablarte en favor de ellos,
para pedirte que apartaras de ellos tu
ira.
²¹¡Pero ahora, haz que sus hijos
mueran
de hambre o a filo de espada;
que queden viudas y sin hijos sus
esposas!
¡Que la peste mate a sus hombres
y sus jóvenes caigan en el campo de
batalla!
²²Envía de repente contra ellos
una banda de ladrones;
¡que se oigan sus gritos de terror!
Porque cavaron un hoyo para
atraparme,
pusieron trampas a mi paso.
²³Pero tú, Señor, conoces todos los
planes
que han hecho para darme muerte.
¡No les perdones su maldad
ni olvides sus pecados!
¡Hazlos caer delante de ti,
castígalos con ira!

### Acción simbólica del cántaro roto

**19** ¹El Señor me dijo: "Ve y compra un cántaro de barro, y llama a algunos ancianos del pueblo y a algunos sacerdotes ancianos. ²Luego sal al Valle de Ben-hinom,*g* frente a la Puerta de los Tiestos,*²⁴* y proclama allí el mensaje que voy a comunicarte. ³Di: 'Reyes de Judá y habitantes de Jerusalén, escuchen este mensaje del Señor todopoderoso, el Dios de Israel: Voy a enviar una calamidad tan grande sobre este lugar, que todo el que oiga la noticia quedará aturdido. ⁴Porque los israelitas me abandonaron y convirtieron este lugar en tierra extraña; en él ofrecieron incienso a otros dioses, que no conocían ni ellos ni sus antepasados ni los reyes de Judá, y lo llenaron de sangre de gente inocente. ⁵Además construyeron altares para quemar a sus hijos en holocausto a Baal,*h* cosa que yo no les ordené ni les dije, y que ni siquiera me pasó por la

---

²³ *¿Se secarán . . . montañas?:* texto probable. Heb. oscuro. ²⁴ Esta puerta, que se menciona con este nombre sólo en este pasaje, probablemente sea la misma llamada Puerta del Basurero en Neh 2.13.
*f* **18.1-6** Is 64.8; Eclo 33.13; Sab 15.7; Ro 9.20-21. *g* **19.2-6** 2 R 23.10; Jer 7.30-32; 32.34-35. *h* **19.5** Lv 18.21; Is 57.5; Jer 7.31.

mente. [6]Por eso vendrán días en que este lugar ya no se llamará Tofet ni Valle de Ben-hinom, sino Valle de la Matanza. Yo, el Señor, lo afirmo. [7]En este lugar haré pedazos los planes de Judá y de Jerusalén. Haré que sus enemigos mortales los derroten y los maten, y que sus cadáveres sirvan de comida a las aves de rapiña y a las fieras. [8]Convertiré esta ciudad en un desierto, en algo que cause espanto. Todos los que pasen por ella se quedarán espantados y asombrados al ver su completa destrucción. [9]Haré que la gente se coma a sus propios hijos e hijas, y que se coman unos a otros a causa de la situación desesperada a que los someterán sus enemigos mortales durante el sitio de la ciudad.'[i]

[10]"Después de decir esto, haz pedazos el cántaro a la vista de los hombres que te acompañan, [11]y diles: 'El Señor todopoderoso dice: Haré pedazos este pueblo y esta ciudad como quien hace pedazos un cántaro de barro, que ya no se puede reparar. La gente tendrá que enterrar a los muertos en Tofet, por no haber más lugar donde enterrarlos. [12]Así haré con esta ciudad y sus habitantes. La dejaré en las mismas condiciones que a Tofet. Yo, el Señor, lo afirmo. [13]Las casas de Jerusalén, los palacios de los reyes de Judá y las azoteas de las casas donde ofrecían incienso a todos los astros y derramaban ofrendas de vino a otros dioses, serán consideradas impuros, lo mismo que Tofet.' "

[14]Después de esto, Jeremías regresó de Tofet, adonde el Señor lo había enviado a hablar en su nombre, y parándose en el atrio del templo, dijo a todo el pueblo: [15]"El Señor todopoderoso, el Dios de Israel, dice: 'Voy a enviar a esta ciudad y a todos los pueblos vecinos todos los castigos que les he anunciado, porque se han puesto tercos para no obedecer mis palabras.' "

## Profecía acerca de Pasur, enemigo de Jeremías

**20** [1]Cuando Pasur, hijo de Imer, que era sacerdote e inspector mayor en el templo, oyó a Jeremías pronunciar esta profecía, [2]mandó que lo golpearan y lo sujetaran en el cepo que estaba en la Puerta Superior de Benjamín, junto al templo. [3]Un día después mandó que quitaran a Jeremías del cepo, y entonces Jeremías le dijo: "El Señor te ha cambiado el nombre de Pasur por el de Magor-misabib.[25] [4]Porque el Señor dice: 'Te voy a convertir en terror para ti mismo y para todos tus amigos; ante tus propios ojos, tus amigos caerán bajo la espada de sus enemigos. Entregaré a todos los habitantes de Judá en manos del rey de Babilonia, el cual los llevará desterrados a Babilonia o los pasará a cuchillo. [5]Entregaré también en manos de sus enemigos todas las riquezas de esta ciudad, todas sus posesiones y objetos de valor, y todos los tesoros de los reyes de Judá, para que se los lleven a Babilonia. [6]Y tú, Pasur, serás desterrado a Babilonia, junto con toda tu familia. Allí morirás y allí te enterrarán a ti y a todos los amigos a quienes profetizabas cosas falsas.' "

## Quejas de Jeremías ante el Señor

[7]Señor, tú me engañaste,
   y yo me dejé engañar;
   eras más fuerte, y me venciste.
A todas horas soy motivo de risa;
   todos se burlan de mí.
[8]Siempre que hablo es para anunciar
   violencia y destrucción;
   continuamente me insultan y me
      hacen burla
   porque anuncio tu palabra.
[9]Si digo: "No pensaré más en el
      Señor,
   no volveré a hablar en su nombre",
   entonces tu palabra en mi interior
   se convierte en un fuego que devora,
   que me cala hasta los huesos.
   Trato de contenerla,
   pero no puedo.[j]
[10]Puedo oír que la gente cuchichea:
   "¡Hay terror por todas partes!"
   Dicen: "¡Vengan, vamos a
      acusarlo!"
   Aun mis amigos esperan
   que yo dé un paso en falso.
   Dicen: "Quizás se deje engañar;
   entonces lo venceremos y nos
      vengaremos de él."[k]
[11]Pero tú, Señor, estás conmigo
   como un guerrero invencible;
   los que me persiguen caerán,
   y no podrán vencerme;
   fracasarán, quedarán avergonzados,
   cubiertos para siempre de deshonra
   inolvidable.

---

[25] En hebreo, este nombre significa *hay terror por todas partes*, frase característica del profeta Jeremías.
[i] 19.9 Dt 28.53-57; Ez 5.10.   [j] 20.9 Am 3.8; 1 Co 9.16.   [k] 20.10-12 Sal 6.9-10; 31.13-18; 109.30-31; Jer 20.3; 46.5; 49.29; Lm 2.22.

[12]Señor todopoderoso,
tú que examinas con justicia,
tú que ves hasta lo más íntimo del
hombre,
hazme ver cómo castigas a esa gente,
pues he puesto mi causa en tus
manos.*l*

[13]¡Canten al Señor, alaben al Señor!,
pues él salva al afligido del poder de
los malvados.

[14]¡Maldito el día en que nací!*m*
¡Que el día en que mi madre me dio
a luz no sea bendito!

[15]¡Maldito el que alegró a mi padre
con la noticia de que un hijo varón le
había nacido!

[16]¡Que ese hombre sea como las
ciudades
que Dios destruye para siempre!
¡Que oiga de mañana gritos de
dolor,
y alarma de guerra a mediodía,

[17]pues Dios no me hizo morir en el
seno de mi madre!
Así ella hubiera sido mi sepulcro,
y yo nunca habría nacido.

[18]¿Por qué salí del vientre
sólo para ver dolor y penas,
y para terminar mi vida cubierto de
vergüenza?

### Anuncio del castigo a Jerusalén

**21** [1-2]El rey Sedequías envió a Pasur,
hijo de Malquías, y al sacerdote
Sofonías, hijo de Maasías, a ver a Jeremías
y a decirle: "Por favor, consulta al
Señor por nosotros, porque Nabucodonosor,
rey de Babilonia, nos está atacando.*n*
Tal vez quiera el Señor hacer uno de sus
milagros y obligue a Nabucodonosor a
retirarse."

Entonces habló el Señor a Jeremías, [3]y
éste respondió a los enviados de Sedequías:
"Díganle a Sedequías [4]que el
Señor, el Dios de Israel, dice: 'Voy a
hacer retroceder a las tropas con las que,
fuera de las murallas, están ustedes respondiendo
al ataque del rey de Babilonia
y de los caldeos, y las reuniré en medio de
esta ciudad. [5]Yo mismo pelearé contra
ustedes, con gran despliegue de poder y
con ardiente ira y gran furor.*ñ* [6]Mataré a
todos los habitantes de esta ciudad; hombres
y animales morirán de una peste

terrible. [7]Después entregaré a Sedequías,
rey de Judá, en manos de Nabucodonosor
y de sus otros enemigos mortales, junto
con sus oficiales y tropas y la gente que
haya quedado con vida en la ciudad después
de la peste, la guerra y el hambre. Yo
haré que los maten a filo de espada, sin
piedad ni compasión. Yo, el Señor, lo
afirmo.

[8]'Anuncia también al pueblo que yo,
el Señor, digo: Les doy a escoger entre el
camino de la vida y el camino de la
muerte. [9]El que se quede en esta ciudad
morirá en la guerra, o de hambre o de
peste. En cambio, el que salga y se entregue
a los caldeos que están ahora atacando
la ciudad, no morirá; al menos
podrá salvar su vida.*o* [10]Porque yo he
decidido traer mal en vez de bien sobre
esta ciudad. Voy a entregársela al rey de
Babilonia, y él le prenderá fuego.*p* Yo, el
Señor, lo afirmo.

### Anuncio contra el rey de Judá

[11-12]'A la casa real de Judá, a la casa del
rey David, dile de mi parte:
Escucha el mensaje del Señor:
Haz justicia todos los días;
libra de explotadores a los
oprimidos,
no sea que, por tus malas acciones,
mi enojo se encienda como un fuego
y arda sin que nadie pueda apagarlo.

### Anuncio de castigo a Jerusalén

[13]'Ciudad que dominas el valle,
como peñasco en la llanura,
yo, el Señor, me declaro contra ti.
Ustedes dicen: ¿Quién podrá
atacarnos?
¿Quién podrá llegar hasta nuestro
refugio?

[14]Yo los castigaré como merecen sus
acciones;
prenderé fuego a sus bosques,[26]
y ese fuego devorará todos los
alrededores.
Yo, el Señor, lo afirmo.' "

### Mensaje a la casa real de Judá

**22** [1]El Señor me dijo: "Ve al palacio
real y proclama este mensaje [2]ante
el rey de Judá, que está sentado en el
trono de David, y ante sus funcionarios y

---

[26] Lit. *bosque*. Probable alusión al palacio llamado "Bosque del Líbano". Véase 22.6,7.
*l* 20.12 Jer 11.20. *m* 20.14-18 Job 3.1-19. *n* 21.1-2 2 R 25.1-11; 2 Cr 36.17-21. *ñ* 21.5 Dt 29.28. *o* 21.9 Jer 38.2.
*p* 21.10 Jer 38.17-18.

la gente de la ciudad: 'Escuchen la palabra del Señor. [3]Practiquen en este lugar la justicia y la rectitud, libren del explotador al oprimido, no humillen ni maltraten a los extranjeros, los huérfanos y las viudas. No maten a gente inocente. [4]Si de veras hacen esto que les mando, seguirá habiendo reyes que ocupen el trono de David, los cuales entrarán en carrozas y a caballo por las puertas de este palacio, acompañados de los funcionarios y del pueblo. [5]Pero si no hacen caso de estas advertencias, este palacio quedará convertido en ruinas. Yo, el Señor, lo afirmo.' "

[6]Porque el Señor dice acerca del palacio del rey de Judá:

"Tú eres para mí como el monte Galaad,
como la cumbre del Líbano,
pero juro que te convertiré en desierto,
en un lugar sin habitantes.
[7]Voy a enviar gente armada contra ti,
con la misión de destruirte.
Cortarán tus hermosas columnas de cedro
y las echarán al fuego.

[8]"Gentes de muchas naciones pasarán después junto a esta ciudad, y se preguntarán unos a otros: '¿Por qué trató así el Señor a esta ciudad tan grande?' [9]Y responderán: 'Porque abandonaron el pacto que el Señor, su Dios, había hecho con ellos, y adoraron y dieron culto a otros dioses.' "

### Mensaje de Jeremías acerca de Salum (Joacaz)

[10-11]No lloren por el rey Josías,
no lloren por su muerte;
lloren más bien por su hijo Salum,[q]
que se va para no volver;
ya no verá más su tierra natal.

Pues el Señor dice acerca de Salum, hijo de Josías, rey de Judá, que ocupó el trono después de su padre, y que salió de este lugar: "No regresará, [12]sino que morirá en el país adonde lo llevaron desterrado, y no volverá a ver este país.

### Mensaje acerca de Joacim

[13]"¡Ay de ti, que a base de maldad e injusticias

construyes tu palacio y tus altos edificios,
que haces trabajar a los demás sin pagarles sus salarios!
[14]Que dices: 'Voy a construirme un gran palacio,
con amplias salas en el piso superior.'
Y le abres ventanas,
recubres de cedro sus paredes
y lo pintas de rojo.
[15]¿Piensas que ser rey
consiste en vivir rodeado de cedro?
Tu padre gozó de la vida;
pero actuaba con justicia y rectitud,
y por eso le fue bien.
[16]Defendía los derechos de pobres y oprimidos,
y por eso le fue bien.
Eso es lo que se llama conocerme.
Yo, el Señor, lo afirmo.

[17]"Pero tú sólo te preocupas
por las ganancias mal habidas;
haces morir al inocente,
y oprimes y explotas a tu pueblo."

[18]El Señor dice acerca de Joacim,[r] hijo de Josías, rey de Judá:

"No habrá nadie que llore su muerte.
No habrá nadie que llore y diga:
'¡Ay, hermano! ¡Ay, hermana!
¡Ay, Señor! ¡Ay, Majestad!'
[19]Lo enterrarán como a un asno:
lo arrastrarán y lo echarán
fuera de Jerusalén."

### Mensaje acerca de Jerusalén

[20]"¡Judá, sube al monte Líbano y grita!
¡Levanta la voz en las montañas de Basán!
¡Grita desde las colinas de Abarim,
pues todos tus amantes han sido derrotados!
[21]Yo te hablé en el tiempo de tu prosperidad,
pero no quisiste oírme.
Así lo has hecho desde tu juventud:
¡no has querido escuchar mi voz!
[22]El viento arrastrará a todos tus jefes,
y tus amantes irán al destierro.
Quedarás avergonzada y humillada
por causa de todas tus maldades.
[23]Tú estás ahora tranquila en tu nido,

---

[q] **22.10-11** 2 R 23.31-34; 2 Cr 36.1-4.    [r] **22.13-19** 2 R 23.36-24.6; 2 Cr 36.5-7; Jer 36.30-31.

entre los cedros traídos del Líbano,
¡pero ya sufrirás cuando te vengan
    dolores,
dolores como de parto!''

### Mensaje de Dios al rey Jeconías

²⁴El Señor ha dicho a Jeconías,²⁷,ˢ hijo
de Joacim, rey de Judá: "Lo juro por mi
vida: Aunque fueras un anillo de sellar
puesto en mi mano derecha, te arrancaría
de ahí ²⁵para entregarte a tus enemigos
mortales, a los que tú tanto temes. Te
entregaré a Nabucodonosor, rey de Babilonia, y a los caldeos. ²⁶Y te arrojaré a ti y
a tu madre a una tierra que no los vio
nacer, y allá morirán los dos." ²⁷Así que
ellos no volverán a la tierra a la que tanto
desearán volver.

### Exclamación del profeta

²⁸¿Es Jeconías una vasija rota e inútil,
    un trasto que nadie quiere?
¿Por qué son lanzados él y sus hijos
    a una tierra desconocida?
²⁹¡Tierra, tierra, tierra;
    escucha la palabra del Señor!

³⁰El Señor dice:
"Anoten a este hombre en los
    registros
como un hombre sin hijos,
como un hombre que fracasó en la
    vida.
Porque ninguno de sus descendientes
llegará a ocupar el trono de David
para reinar de nuevo en Judá."

### Esperanzas para el futuro

**23** ¹El Señor afirma: "¡Ay de los pastores que dejan que mis ovejas se
pierdan y dispersen!"ᵗ
²El Señor, el Dios de Israel, dice a los
pastores que gobiernan a su pueblo:
"Ustedes han dispersado mis ovejas, las
han hecho huir y no las han cuidado. Pues
bien, yo tendré buen cuidado de castigar
sus malas acciones. Yo, el Señor, lo
afirmo. ³Y yo mismo traeré el resto de mis
ovejas de los países adonde las hice huir,
las reuniré y las haré volver a sus pastos,
para que tengan muchas crías. ⁴Les pondré pastores que las cuiden, para que no
tengan nada que temer ni falte ninguna de
ellas.ᵘ Yo, el Señor, lo afirmo."

⁵El Señor afirma:
"Vendrá un día en que haré
    que David tenga un descendiente
        legítimo,
un rey que reine con sabiduría
y que actúe con justicia y rectitud en
    el país.
⁶Durante su reinado, Judá estará a
    salvo,
y también Israel vivirá seguro.
Este es el nombre con que lo
    llamarán:
'El Señor es nuestra victoria.' ''ᵛ

⁷El Señor afirma: "Vendrán días en
que ya no jurarán diciendo: 'Por la vida
del Señor, que sacó a los israelitas de
Egipto', ⁸sino que jurarán diciendo: 'Por
la vida del Señor, que sacó a los descendientes de Israel, del país del norte y de
todos los demás países por donde los
había dispersado.'ʷ Y vivirán en su propia tierra.''

### Mensaje acerca de los profetas

⁹Mensaje acerca de los profetas:ˣ
Estoy profundamente perturbado;
todo el cuerpo me tiembla,
parezco un borracho,
un hombre dominado por el vino,
por causa del Señor
y de sus palabras santas.
¹⁰El país está lleno de adúlteros,
de gente que corre a hacer el mal,
que usa su poder para cometer
    injusticias.
Por eso el Señor maldijo la tierra,
y la tierra se secó,
y los pastos del desierto se
    quemaron.

¹¹El Señor afirma:
"Hasta los profetas y los sacerdotes
    son impíos;
en mi propio templo los he
    encontrado haciendo el mal.
¹²Por eso su camino
    será oscuro y resbaladizo;
yo haré que los empujen y caigan.
Cuando ajuste cuentas con ellos,
traeré sobre ellos la desgracia.
Yo, el Señor, lo afirmo.

¹³"Yo he visto a los profetas de
    Samaria
hacer cosas que me ofenden:

---

²⁷ Jeconías, o Conías. Este rey también es llamado Joaquín.
ˢ 22.24-26 2 R 24.8-15; 2 Cr 36.9-10.  ᵗ 23.1-4 Ez 34.1-10; Jn 10.  ᵘ 23.4 Jn 6.37.  ᵛ 23.5-6 Jer 33.14-16.  ʷ 23.7-8 Is 43.16-19;
Jer 16.14-15.  ˣ 23.9-32 Jer 14.13-15; 27.9-10,16-18; Ez 13.1-16.

han profetizado en nombre de Baal
y han hecho que mi pueblo Israel se
extravíe.
<sup>14</sup>Yo he visto a los profetas de
Jerusalén
hacer cosas horribles:
cometen adulterios y fraudes,
animan de tal modo a los malvados
que nadie se aparta de su maldad.
Ellos y los habitantes de la ciudad
son para mí como Sodoma<sup>y</sup> y
Gomorra.
<sup>15</sup>Por eso yo, el Señor todopoderoso,
digo esto contra los profetas:
Voy a darles de comer algo muy
amargo;
voy a darles de beber agua
envenenada,<sup>z</sup>
porque de los profetas de Jerusalén
se ha extendido la maldad a todo el
país."

<sup>16</sup>El Señor todopoderoso dice:
"Israelitas, no hagan caso
a lo que les dicen los profetas.
Lo que dicen no son más que
mentiras,
cosas que ellos mismos inventan,
que yo no les he comunicado.
<sup>17</sup>A los que desprecian mi palabra
les dicen: 'Todo les saldrá bien.'
Y a los que siguen tercamente
las inclinaciones de su corazón,
les dicen: 'No les vendrá ningún
mal.' "

### Exclamación de Jeremías

<sup>18</sup>Pero ¿quién conoce los secretos del
Señor?,
¿quién ha visto o escuchado su
palabra?,
¿quién le ha prestado atención?
<sup>19</sup>La ira del Señor es como una
tormenta,
como un viento huracanado
que se agita sobre los malvados.
<sup>20</sup>La ira del Señor no cesará
hasta que él haya realizado sus
propósitos.
Vendrá el tiempo en que ustedes
pensarán
y entenderán estas cosas.<sup>a</sup>

### Mensaje del Señor contra los falsos profetas

<sup>21</sup>"Yo no envié a esos profetas,
y ni siquiera les hablé,
pero ellos salieron corriendo
a hablar en mi nombre.
<sup>22</sup>Si hubieran conocido mis secretos,
habrían anunciado mi palabra a mi
pueblo;
lo habrían hecho apartarse de su mal
camino
y dejar sus malas acciones."

<sup>23</sup>El Señor afirma:
"Lejos o cerca, yo soy Dios.
<sup>24</sup>¿Quién podrá esconderse de mi
vista?
Con mi presencia lleno el cielo y la
tierra.
Yo, el Señor, lo afirmo.*

<sup>25</sup>"He oído las mentiras de esos profe-
tas que pretenden hablar en mi nombre y
comunicarse en sueños conmigo. <sup>26</sup>¿Hasta cuándo esos profetas van a seguir anunciando cosas falsas, inventos de su propia
fantasía? <sup>27</sup>Con los sueños que se cuentan
unos a otros, pretenden hacer que mi pueblo se olvide de mí, como también sus
antepasados me olvidaron y se fueron tras
Baal. <sup>28-29</sup>¡Si un profeta tiene un sueño,
que diga que es un sueño, pero si recibe mi
palabra, que la anuncie fielmente! No se
puede comparar la paja con el trigo. Mi
palabra es como el fuego, como un martillo que hace pedazos la roca. Yo, el Señor,
lo afirmo.
<sup>30</sup>"Por eso me declaro contra esos pro-
fetas que se roban unos a otros mis palabras. Yo, el Señor, lo afirmo. <sup>31</sup>Me
declaro contra esos profetas que hacen
pasar como mensaje mío cosas que ellos
inventan. <sup>32</sup>Me declaro contra esos profetas que cuentan sueños mentirosos; que
con sus mentiras y habladurías hacen que
mi pueblo se extravíe. Yo no los he
enviado ni les he dado orden alguna, así
que son incapaces de ayudar al pueblo.
Yo, el Señor, lo afirmo.

### Cómo hablar de los mensajes del Señor

<sup>33</sup>"Jeremías, si alguna persona del pue-
blo o un profeta o un sacerdote te pregunta: '¿Cuál es el encargo<sup>28</sup> del Señor?'
diles: 'El Señor afirma que su carga<sup>29</sup> son

---

<sup>28</sup> Aquí y en los vs. siguientes, el profeta juega con la palabra hebrea que significa tanto *encargo* o *mensaje*, como *carga*.
<sup>29</sup> *Yo los levantaré como una carga:* según versiones antiguas. Heb. *yo los echaré al olvido.*
<sup>y</sup> 23.14 Gn 18.20.  <sup>z</sup> 23.15 Jer 9.15.  <sup>a</sup> 23.19-20 Jer 30.23-24.  * 23.24 Sal 139.7-12; Eclo 16.17; Sab 1.7.

ustedes, y que la va a dejar caer.' ³⁴Y si un profeta o un sacerdote o una persona del pueblo usa la frase 'encargo del Señor', yo le castigaré, a él y a su familia. ³⁵Cuando alguien le pregunte a un amigo o familiar suyo, podrá decir: '¿Qué respuesta ha dado el Señor? ¿Qué ha dicho?' ³⁶Pero no vuelvan a usar la frase 'encargo del Señor', porque si alguien la usa, haré que sus palabras se le vuelvan una carga. Ustedes han pervertido el sentido de las palabras del Dios viviente, de su Dios, el Señor todopoderoso.

³⁷"Jeremías, pregunta a los profetas: '¿Qué respuesta ha dado el Señor? ¿Qué ha dicho?' ³⁸Y si dicen 'encargo del Señor', respóndeles: 'El Señor dice: Puesto que ustedes usando la frase que les prohibí que usaran, ³⁹yo los levantaré como una carga,²⁹ a ustedes y a la ciudad que les di a ustedes y a sus antepasados, y los dejaré caer lejos de mí. ⁴⁰Y para siempre traeré sobre ustedes humillación y vergüenza tales que no podrán olvidarlas.' "

## Visión de las canastas de higos

**24** ¹Después que Nabucodonosor, rey de Babilonia, se llevó desterrado a Jeconías, hijo de Joacim, rey de Judá, junto con los jefes de Judá y los artesanos y los cerrajeros,ᵇ el Señor me hizo ver dos canastas de higos colocadas delante del templo. ²Una de ellas tenía higos muy buenos, de los primeros en madurar, pero la otra tenía higos muy malos, tan malos que no se podían comer.

³Y el Señor me preguntó: "Jeremías, ¿qué ves?" Yo respondí: "Higos. Los buenos son muy buenos; pero los malos son tan malos que no se pueden comer."

⁴Entonces me dijo el Señor: ⁵"Yo, el Señor, el Dios de Israel, digo: Como a higos buenos miraré a los desterrados de Judá, que mandé desterrado de aquí al país de los caldeos. Los miraré favorablemente, ⁶los tendré bajo mi protección y los haré regresar a este país. Aquí los haré prosperar, y no los volveré a destruir; los plantaré, y no los volveré a arrancar. ⁷Les daré entendimiento para que reconozcan que yo soy el Señor, y ellos serán mi pueblo y yo seré su Dios, porque volverán a mí de todo corazón.

⁸"En cambio, a Sedequías, rey de Judá, y a los jefes y demás habitantes de Jerusalén que se quedaron en el país, o que se instalaron en Egipto, los trataré como a los higos malos, que de malos no se pueden comer. ⁹Haré con ellos algo que causará horror³⁰ a todas las naciones de la tierra, y que será ejemplo de humillación, desprecio y maldición en todos los países por donde yo los disperse. ¹⁰Les enviaré la guerra, el hambre y la peste, hasta que no quede uno solo en el país que les di a ellos y a sus antepasados."

## El enemigo que viene del norte

**25** ¹El año cuarto del reinado de Joacim,ᶜ hijo de Josías, en Judá, el Señor dirigió a Jeremías un mensaje acerca de todo el pueblo de Judá. Ese era el primer año del reinado de Nabucodonosor en Babilonia. ²El profeta Jeremías comunicó el mensaje a todo el pueblo de Judá y a los habitantes de Jerusalén. Dijo: ³"Desde el año trece del reinado de Josías, hijo de Amón, en Judá, hasta ahora, es decir, desde hace veintitrés años, el Señor se ha dirigido a mí, y yo les he hablado a ustedes una y otra vez; pero ustedes no me han hecho caso. ⁴Y a pesar de que una y otra vez el Señor les ha enviado sus siervos los profetas, ustedes no han hecho caso, ni han querido prestar ninguna atención y obedecer. ⁵Ellos les han dicho: 'Dejen su mala conducta y sus malas acciones; así podrán vivir en la tierra que el Señor les dio para siempre a ustedes y a sus antepasados. ⁶No sigan a otros dioses; no les den culto ni los adoren. No irriten al Señor adorando dioses hechos por ustedes mismos, y él no les enviará ningún mal.' ⁷Y ahora, el Señor dice: 'Ustedes no han querido hacerme caso; me irritan adorando dioses hechos por ustedes mismos, y esto será para su propio mal.'

⁸"Por eso dice el Señor todopoderoso: 'Ya que ustedes no han hecho caso a mis advertencias, ⁹voy a llamar a todos los pueblos del norte y a mi servidor Nabucodonosor, rey de Babilonia, para que vengan y ataquen a este país, a todos sus habitantes y a todas las naciones vecinas. Los voy a destruir completamente. Los convertiré para siempre en ruinas, en algo que cause terror y espanto. ¹⁰Voy a hacer que entre ellos no vuelvan a oírse cantos de fiesta y alegría, ni cantos de bodas,ᵈ ni el sonido de las piedras de moler, ni que vuelva a verse la luz de las lámparas.

---

²⁹ Yo los levantaré como una carga: según versiones antiguas. Heb. yo los echaré al olvido. ³⁰ Horror: según la versión griega. Heb. añade: para el mal.
ᵇ 24.1 2 R 24.12-16; 2 Cr 36.10. ᶜ 25.1 2 R 24.1; 2 Cr 36.5-7; Dn 1.1-2. ᵈ 25.10 Jer 7.34; 16.9; Ap 18.22-23.

¹¹Todo este país quedará destruido y convertido en ruinas. Durante setenta años[e], estas naciones estarán sometidas al rey de Babilonia. ¹²Y cuando se completen los setenta años, pediré cuentas de sus pecados al rey de Babilonia y a su nación, el país de los caldeos, y lo destruiré para siempre. Yo, el Señor, lo afirmo. ¹³Haré caer sobre ese país todo lo que he anunciado y está escrito en este libro: todo lo que Jeremías ha dicho en mi nombre contra todas las naciones. ¹⁴Grandes naciones y reyes poderosos los someterán también a ellos. Así les daré el pago que merecen sus acciones.' "

### Castigo de las naciones

¹⁵El Señor, el Dios de Israel, me dijo: "Mira esta copa llena del vino de mi ira.[f] Tómala y dásela a beber a todas las naciones a las que yo te envíe. ¹⁶Cuando beban de ella, comenzarán a vomitar y se pondrán como locos a causa de la guerra que les voy a enviar."

¹⁷Yo tomé la copa, de la mano del Señor, y se la di a beber a todas las naciones a las que el Señor me envió. ¹⁸Se la di a beber a Jerusalén y a las ciudades de Judá, junto con sus reyes y jefes, para destruirlas y dejarlas convertidas en ruinas, en algo que causara terror y espanto, en el ejemplo de maldición que aún hoy siguen siendo. ¹⁹Igualmente se la di a beber al faraón, rey de Egipto, y a sus funcionarios y jefes, y a todo su pueblo, ²⁰y a la gente de diversas razas que hay allí; a todos los reyes del país de Uz y de la región de los filisteos: Ascalón, Gaza, Ecrón y lo que queda de Asdod; ²¹a Edom, Moab y Amón; ²²a todos los reyes de Tiro y de Sidón; a todos los reyes de los países del mar Mediterráneo; ²³a las tribus de Dedán, Tema y Buz, y a los pueblos que se afeitan las sienes; ²⁴a todos los reyes de Arabia; a todos los reyes de las diversas razas que viven en el desierto; ²⁵a todos los reyes de Zimri, Elam y Media; ²⁶a todos los reyes del norte, cercanos o lejanos uno del otro. Es decir, a todos los reinos de la tierra. Por último beberá el rey de Babilonia.[31]

²⁷Luego me dijo el Señor: "Diles que yo, el Señor todopoderoso, el Dios de Israel, les ordeno que beban hasta que se emborrachen y vomiten y caigan al suelo para no levantarse, por causa de la guerra que les voy a enviar. ²⁸Y si no quieren recibir de ti la copa y beberla, diles: 'El Señor todopoderoso dice: Tendrán que beberla de todos modos. ²⁹Pues comenzaré a enviar mis castigos sobre la ciudad que me está consagrada. ¿Y creen ustedes que van a quedar sin castigo? Pues no se quedarán sin él, porque voy a enviar la guerra a todos los habitantes de la tierra. Yo, el Señor todopoderoso, lo afirmo.'

³⁰"Tú, Jeremías, anúnciales en mi nombre todas esas cosas. Diles:

'El Señor lanza su voz de trueno
    desde lo alto, desde el santo lugar
    donde vive.[g]
Pues contra su rebaño
    grita como los que pisan las uvas,
    contra todos los habitantes de la
        tierra.
³¹El estruendo llega hasta el extremo
        de la tierra,
    porque el Señor va a entablar un
        proceso contra las naciones,
    va a llamar a juicio a todos los
        mortales,
    a condenar a muerte a los malvados.
El Señor lo afirma.' "


³²El Señor todopoderoso dice:
"La calamidad va a llegar
    a una nación tras otra;
    una terrible tormenta se levanta
    desde el extremo de la tierra."
³³Los que el Señor haga morir ese día,
    quedarán tendidos de un extremo a
        otro de la tierra.
Nadie llorará por ellos,
    nadie recogerá sus cadáveres para
        enterrarlos;
    quedarán tendidos en el suelo como
        estiércol.[h]
³⁴¡Griten, pastores, griten de dolor!
    ¡Ustedes, que guían el rebaño,
        revuélquense en el suelo!
Pues ha llegado el momento de la
        matanza[32]
    y a ustedes los matarán como a
        carneros[33] gordos.


³⁵Los pastores no podrán huir,
    los que guían el rebaño no podrán
        escapar.
³⁶Los pastores gritan,
    gritan de dolor los que guían el
        rebaño,

---

[31] *Babilonia:* lit. *Sesac,* escritura en clave para Babilonia. (Véase también 51.1,41.)   [32] Así, según la versión griega. Heb. oscuro.   [33] *Carneros:* según la versión griega. Heb. *instrumentos.*
[e] 25.11 2 Cr 36.21; Jer 29.10; Dn 9.2; Zac 1.12.   [f] 25.15 Is 51.17; Ap 14.10; 16.19.   [g] 25.30 Jl 3.16; Am 1.2.   [h] 25.33 Jer 8.1-2.

porque el Señor ha destruido sus pastos.
[37] El Señor se enojó y destruyó sus hermosos campos.
[38] Salió como un león de su guarida
y el país de ellos quedó convertido en ruinas,
pues se encendió la ira del Señor
y envió una guerra terrible.

### Jeremías amenazado de muerte

**26** [1] Al comienzo del reinado de Joacim,[i] hijo de Josías, en Judá, el Señor se dirigió a Jeremías [2] y le dijo: "Párate en el atrio del templo, y di todo lo que te ordené que dijeras a la gente que viene de las ciudades de Judá para adorar en el templo. No dejes nada por decir. [3] Quizá te hagan caso y dejen su mala conducta, y yo decida no castigarlos por sus malas acciones, como había pensado. [4] Diles que yo, el Señor, digo: 'Si no me hacen caso ni cumplen las instrucciones que les he dado, [5] ni hacen caso a las advertencias de mis siervos los profetas, que una y otra vez les he enviado y a los que ustedes han desobedecido, [6] entonces haré con este templo lo que hice con el de Silo.[j] Haré de esta ciudad un ejemplo de maldición para todas las naciones de la tierra.' "

[7] Los sacerdotes, los profetas y todo el pueblo oyeron estas palabras que Jeremías pronunció en el templo. [8] Y cuando él terminó de decir lo que el Señor le había ordenado, los sacerdotes, los profetas y el pueblo lo agarraron y le dijeron: "¡Vas a morir! [9] ¿Cómo te atreves a decir en nombre del Señor que este templo quedará como el de Silo, y que esta ciudad será destruida y quedará sin habitantes?" Y todo el pueblo se agolpó en el templo, alrededor de Jeremías.

[10] Los jefes de Judá, al oír lo que pasaba, fueron del palacio del rey al templo, y allí, en la Puerta Nueva, se sentaron. [11] Entonces los sacerdotes y los profetas dijeron a los jefes y a todo el pueblo: "Este hombre debe ser condenado a muerte porque ha hablado contra esta ciudad. Ustedes lo oyeron con sus propios oídos."

[12] Jeremías se dirigió a los jefes y al pueblo, y les dijo: "El Señor fue quien me envió a hablar en su nombre, y a decir contra este templo y esta ciudad todo lo que ustedes han oído. [13] Mejoren su conducta y sus acciones, obedezcan al Señor su Dios y él no les enviará las calamidades que les ha anunciado. [14] En cuanto a mí, estoy en manos de ustedes; hagan conmigo lo que les parezca. [15] Pero, eso sí, sepan bien esto: si me matan, ustedes y los habitantes de esta ciudad serán culpables de matar a un inocente; porque en verdad fue el Señor quien me envió a anunciarles claramente todas esas cosas."

[16] Entonces los jefes y el pueblo dijeron a los sacerdotes y a los profetas: "No hay motivo para condenar a muerte a este hombre; nos ha hablado en nombre del Señor nuestro Dios."

[17] Algunos ancianos se levantaron y dijeron al pueblo que estaba allí reunido: [18] "En tiempos de Ezequías, rey de Judá, Miqueas de Moréset habló en nombre del Señor a todo el pueblo de Judá, diciéndole:

'El Señor todopoderoso dice:
Sión quedará convertida en un campo arado,
Jerusalén quedará hecha un montón de ruinas
y la colina del templo se llenará de maleza.'[k]

[19] "¿Acaso el rey Ezequías y todo el pueblo de Judá mataron a Miqueas? Todo lo contrario: el rey sintió temor del Señor y le pidió que tuviera compasión de ellos. Entonces el Señor no envió contra ellos la calamidad que les había anunciado. ¿Y vamos nosotros a cargar con la responsabilidad de un crimen tan grande?"

[20] También el profeta Urías, hijo de Semaías, de la ciudad de Quiriat-jearim, habló en nombre del Señor contra esta ciudad y contra el país, del mismo modo que Jeremías. [21] El rey Joacim, sus funcionarios y sus jefes oyeron lo que él dijo, y el rey quiso hacerlo matar. Pero cuando Urías se enteró, tuvo miedo y huyó a Egipto. [22] El rey Joacim envió a Egipto a Elnatán, hijo de Acbor, y a otros hombres, [23] los cuales trajeron de Egipto a Urías y lo entregaron al rey Joacim, quien mandó que lo mataran y que echaran su cadáver a la fosa común.

[24] Ahicam, hijo de Safán, habló en favor de Jeremías, y esto hizo que no lo entregaran al pueblo para que lo mataran.

---

*i* 26.1 2 R 23.36–24.6; 2 Cr 36.5-7.   *j* 26.6 Jos 18.1; 1 S 4; Sal 78.60; Jer 7.12-14.   *k* 26.18 Mi 3.12.

### *Acción simbólica: el yugo*

**27** [1]El año cuarto[34] del reinado de Sedequías,[35,l] hijo de Josías, en Judá, el Señor se dirigió a Jeremías, [2]y le dijo: "Hazte unas correas y un yugo, y póntelo todo al cuello. [3]Luego manda un recado a los reyes de Edom, Moab, Amón, Tiro y Sidón por medio de los mensajeros que han venido a Jerusalén a visitar al rey Sedequías. [4]Ordénales decir a sus soberanos que yo, el Señor todopoderoso, el Dios de Israel, digo: [5]Con gran despliegue de poder hice el mundo, y los hombres y animales que hay en él, y puedo dárselo a quien yo quiera. [6]Pues bien, yo he puesto todas estas tierras bajo el poder de mi servidor Nabucodonosor, rey de Babilonia, y hasta a los animales salvajes los he puesto bajo su dominio. [7]Todas las naciones estarán sometidas a él, a su hijo y a su nieto, hasta que a su país le llegue el momento de estar también sometido a grandes naciones y reyes poderosos. [8]Y si algunas naciones o reyes no se someten al yugo de Nabucodonosor, yo los castigaré con guerra, hambre y peste, hasta que todos queden bajo su poder. Yo, el Señor, lo afirmo.

[9]"Por tanto, no hagan ustedes caso a esos profetas, adivinos o intérpretes de sueños, ni a los hechiceros que pretenden predecir el futuro y que les aconsejan no someterse al rey de Babilonia. [10]Eso que les dicen es mentira, y lo único que van a conseguir ustedes es que los destierren de su país, y que yo los disperse y mueran. [11]En cambio, a la nación que se someta al poder del rey de Babilonia, yo la dejaré quedarse en su tierra para que viva en ella y la cultive. Yo, el Señor, lo afirmo."

[12]Yo, Jeremías, repetí todo esto a Sedequías, rey de Judá, y además le dije: "Sométanse al poder del rey de Babilonia y de su pueblo, y vivirán. [13]¿Qué necesidad hay de que mueran tú y tu pueblo a causa de la guerra, el hambre y la peste? Porque el Señor ha dicho que esto le pasará a toda nación que no se someta al rey de Babilonia. [14]No hagan caso a esos profetas que les aconsejan no someterse al rey de Babilonia, porque lo que les dicen es mentira. [15]El Señor afirma que él no los envió; falsamente hablan ellos en el nombre del Señor. Y así, el Señor acabará por dispersarlos a ustedes, y ustedes y los profetas que les han dicho esas cosas morirán."

[16]También me dirigí a los sacerdotes y a todo el pueblo, y les dije: "Esto dice el Señor: 'No hagan caso a los profetas que les aseguran que muy pronto van a ser devueltos de Babilonia los utensilios del templo. Eso que les dicen es mentira. [17]¡No les hagan caso! Sométanse al rey de Babilonia y vivirán. ¿Qué necesidad hay de que esta ciudad se convierta en un montón de ruinas? [18]Si realmente son profetas, y en verdad yo les he hablado, que me pidan a mí, el Señor todopoderoso, que no permita que sean llevados a Babilonia los utensilios que aún quedan en el templo, en el palacio del rey de Judá y en Jerusalén.'

[19-21]"Cuando el rey Nabucodonosor se llevó de Jerusalén a Jeconías,[m] hijo de Joacim, rey de Judá, y lo desterró a Babilonia junto con todos los hombres principales de Judá y de Jerusalén, no se llevó las columnas, ni la enorme pila de bronce para el agua, ni las bases, ni el resto de los utensilios del templo. El Señor todopoderoso dice a propósito de esos objetos que quedaron en el templo y en el palacio del rey de Judá y en Jerusalén: [22]'Se los llevarán a Babilonia, y allí se quedarán hasta que yo quiera traerlos otra vez a este lugar. Yo, el Señor, lo afirmo.' "

### *Jeremías y el profeta Hananías*

**28** [1]En el quinto mes del mismo año, es decir, del año cuarto[36] del reinado de Sedequías[n] en Judá, el profeta Hananías, hijo de Azur, del pueblo de Gabaón, se dirigió a Jeremías en el templo, delante de los sacerdotes y de todo el pueblo, y le dijo:

[2]—El Señor todopoderoso, el Dios de Israel, dice: 'Voy a romper el yugo del rey de Babilonia, y [3]dentro de dos años haré que sean devueltos a este lugar todos los utensilios del templo que se llevó a Babilonia el rey Nabucodonosor. [4]Y también haré que regresen a este lugar Jeconías, hijo de Joacim, rey de Judá, y toda la demás gente que salió desterrada de Judá a Babilonia. Sí, yo romperé el yugo del rey de Babilonia. Yo, el Señor, lo afirmo.'

[5]El profeta Jeremías respondió al profeta Hananías, delante de los sacerdotes y

---

[34] *El año cuarto:* texto probable. Heb. *al comienzo.* (Véase 28.1.)   [35] *Sedequías:* según algunos manuscritos y versiones antiguas. Heb. *Joacim.* (Véase v. 3.)   [36] *Del año cuarto:* según la versión griega. Heb. añade: *al comienzo del reinado.*
[l] 27.1 2 R 24.18-20; 2 Cr 36.11-13.   [m] 27.19-21 2 R 24.8-17; 2 Cr 36.9-10.   [n] 28.1 2 R 24.18-20; 2 Cr 36.11-13.

de todo el pueblo que se encontraba en el templo:

6—¡Sí, ojalá el Señor haga eso! ¡Ojalá haga el Señor que se cumplan las palabras que has dicho, y que sean devueltos los utensilios del templo y regresen de Babilonia todos los desterrados! 7Pero escucha esto que te digo a ti y a todo el pueblo: 8Los profetas que hubo en tiempos pasados, antes que naciéramos tú y yo, anunciaron guerra, calamidad y peste contra numerosas naciones y reinos poderosos. 9Pero cuando un profeta anuncia prosperidad, solamente si se cumplen sus palabras se comprueba que realmente el Señor lo envió.ñ

10Entonces Hananías le quitó a Jeremías el yugo del cuello y lo hizo pedazos, 11al tiempo que decía delante de todo el pueblo:

—El Señor dice: 'De esta misma manera, dentro de dos años quitaré del cuello de todas las naciones el yugo del rey Nabucodonosor de Babilonia, y lo romperé.'

Y Jeremías se fue. 12Algún tiempo después de que Hananías le quitara a Jeremías el yugo que llevaba al cuello y lo rompiera, el Señor se dirigió al profeta Jeremías, y le dijo: 13"Ve y dile a Hananías que yo, el Señor, digo: Hiciste pedazos un yugo de madera, pero yo te he preparado37 un yugo de hierro. 14Porque yo, el Señor todopoderoso, el Dios de Israel, digo: He puesto sobre el cuello de todas esas naciones un yugo de hierro para que sirvan como esclavos al rey Nabucodonosor de Babilonia. Hasta a los animales salvajes los he puesto bajo su poder.''

15Entonces dijo Jeremías a Hananías:

—¡Escucha, Hananías! El Señor no te ha enviado, y tú estás dando a este pueblo una falsa confianza. 16Por eso, el Señor dice: 'Te voy a enviar, sí, pero para hacerte desaparecer de la tierra. Este año morirás, porque con tus palabras has llevado al pueblo a ponerse en contra mía.'

17Y el profeta Hananías murió en el séptimo mes de aquel mismo año.o

## Carta de Jeremías a los desterrados

**29** 1-2Después de que el rey Jeconías salió al destierro, junto con la reina madre, los criados del palacio,38 los jefes de Judá y Jerusalén, los artesanos y los cerrajeros, el profeta Jeremías envió desde Jerusalén una carta a los ancianos que quedaban de los desterrados, y a los sacerdotes, profetas y gente que Nabucodonosor había llevado desterrados de Jerusalén a Babilonia.p 3Esta carta fue enviada por medio de Elasa, hijo de Safán, y de Gemarías, hijo de Hilcías, a quienes Sedequías, rey de Judá, había enviado a Babilonia para presentarse ante el rey Nabucodonosor. La carta decía:

4Así dice el Señor todopoderoso, el Dios de Israel, a todos los que hizo salir desterrados de Jerusalén a Babilonia: 5'Construyan casas y establézcanse; planten árboles frutales y coman de su fruto. 6Cásense, tengan hijos e hijas, y que ellos también se casen y tengan hijos. Aumenten en número allá, y no disminuyan. 7Trabajen en favor de la ciudad a donde los desterré, y pídanme a mí por ella, porque del bienestar de ella depende el bienestar de ustedes. 8Yo, el Señor todopoderoso, el Dios de Israel, les advierto esto: No se dejen engañar por los profetas y los adivinos que viven entre ustedes; no hagan caso de los sueños que ellos tienen.39 9Lo que ellos les anuncian en mi nombre es mentira. Yo no los he enviado. Yo, el Señor, lo afirmo.'

10"El Señor dice: 'Cuando se le cumplan a Babilonia los setenta años,q actuaré en favor de ustedes y les cumpliré mi promesa favorable de hacerlos regresar a este lugar. 11Yo sé los planes que tengo para ustedes, planes para su bienestar y no para su mal, a fin de darles un futuro lleno de esperanza. Yo, el Señor, lo afirmo. 12Entonces ustedes me invocarán, y vendrán a mí en oración y yo los escucharé. 13Me buscarán y me encontrarán, porque me buscarán de todo corazón.r 14Sí, yo dejaré que ustedes me encuentren, y haré que cambie su suerte: los sacaré de todas las naciones y de todos los lugares por donde los dispersé, y los reuniré y haré que vuelvan a este lugar de donde los desterré. Yo, el Señor, lo afirmo.'

15"Ustedes dicen: 'El Señor nos ha dado profetas en Babilonia.' 16(El Señor dice acerca del rey que ocupa el trono de David y acerca de los habitantes de esta ciudad, parientes de ustedes que no fueron llevados con ustedes al

---

37 Yo te he preparado: según la versión griega. Heb. tú haces. 38 Criados del palacio: lit. eunucos. Véase Glosario anexo.
39 Que ellos tienen: texto probable. Heb. que ustedes hacen tener.
ñ 28.9 Dt 18.21-22. o 28.15-17 Dt 13.6-10. p 29.1-2 2 R 24.12-16; 2 Cr 36.10. q 29.10 2 Cr 36.21; Jer 25.11; Dn 9.2; Zac 1.12.
r 29.13 Dt 4.29.

destierro: [17]'Yo, el Señor todopoderoso, digo: Voy a enviarles guerra, hambre y peste. Voy a hacer que queden como esos higos podridos, que de tan malos no se pueden comer. [18]Los voy a perseguir con guerra, hambre y peste. Haré que todas las naciones de la tierra sientan horror al verlos, y los convertiré en ejemplo de maldición y de vergüenza, en algo que causará horror y espanto en todas las naciones por donde yo los haya dispersado. [19]Porque no hicieron caso de las advertencias que les hice por medio de mis siervos los profetas, a quienes una y otra vez envié, sin que ustedes los escucharan. Yo, el Señor, lo afirmo. [20]Obedezcan, pues, mi palabra, todos los que hice desterrar de Jerusalén a Babilonia.')[40]

[21]"El Señor todopoderoso, el Dios de Israel, dice acerca de Acab, hijo de Colaías, y acerca de Sedequías, hijo de Maasías, quienes dicen a ustedes cosas falsas en el nombre del Señor: 'Voy a hacer que caigan en poder del rey Nabucodonosor de Babilonia, y él los matará delante de ustedes. [22]Así, cuando los desterrados de Judá que están en Babilonia quieran maldecir a alguno, dirán: Que el Señor haga contigo como hizo con Sedequías y Acab, a quienes el rey de Babilonia asó al fuego. [23]Eso les va a suceder por haber hecho cosas infames en Israel: cometieron adulterio con las mujeres de sus prójimos y dijeron en mi nombre cosas falsas que yo no les ordené decir. Yo lo sé y me consta. Yo, el Señor, lo afirmo.' "

### Mensaje a Semaías

[24]El Señor ordenó a Jeremías que le dijera a Semaías de Nehelam: [25]"El Señor todopoderoso, el Dios de Israel, dice: 'Tú enviaste en tu propio nombre una carta a todo el pueblo que está en Jerusalén, y al sacerdote Sofonías, hijo de Maasías, y a todos los demás sacerdotes. En la carta decías a Sofonías: [26]El Señor te ha puesto como sacerdote en lugar de Joiada, para que seas el inspector mayor[41] del templo. Si se presenta un loco y empieza a hablar como profeta, tú debes ponerlo en el cepo y atarlo con cadenas. [27]¿Por qué, pues, no has reprendido a Jeremías de Anatot, que se ha puesto a hablar ante ustedes como profeta? [28]Hasta nos mandó una

carta a Babilonia, en la que decía: El destierro va a durar mucho tiempo; construyan casas e instálense, y siembren árboles frutales y coman de su fruto.' "

[29]El sacerdote Sofonías leyó la carta a Jeremías. [30]Entonces el Señor se dirigió al profeta, y le dijo: [31]"Manda a decir a todos los que están en el destierro que yo, el Señor, les digo: Puesto que Semaías de Nehelam les ha hablado en mi nombre sin que yo lo haya enviado, y les ha inspirado a ustedes una falsa confianza, [32]yo, el Señor, digo que voy a castigar a Semaías y a su descendencia. No tendrá descendientes entre mi pueblo, ni gozará de la felicidad que yo voy a conceder a mi pueblo, porque con sus palabras lo llevó a ponerse en contra mía. Yo, el Señor, lo afirmo."

### Promesas del Señor para el futuro

30 [1]Este es el mensaje que el Señor dirigió a Jeremías. Le dijo: [2]"El Señor, el Dios de Israel, dice: Escribe en un libro todo lo que te he dicho, [3]porque viene el día en que cambiaré la suerte de mi pueblo Israel y Judá. Yo, el Señor, lo afirmo. Yo los haré volver a la tierra que di a sus padres como su propiedad."

[4]Este es el mensaje del Señor acerca de Israel y de Judá. [5]El Señor dice:

"¡Se oyen gritos de terror,
de miedo e intranquilidad!
[6]Pregunten, a ver si es posible
que un hombre dé a luz.
¿Por qué, pues, veo retorcerse a los
hombres
como si tuvieran dolores de parto?
¿Por qué se han puesto pálidos todos
ellos?
[7]¡Se acerca un día terrible,
un día como ningún otro!
Será un tiempo de angustia para el
pueblo de Jacob,
pero yo los salvaré.
[8]Yo, el Señor todopoderoso, afirmo:
Libraré a mi pueblo del yugo de la
esclavitud,
y no volverá a ser esclavo de
extranjeros.
[9]Y me servirá a mí, su Señor y Dios, y
a David, a quien yo le pondré por
rey.

---

[40] Los vs. 16-20 no aparecen en la versión griega. Los vs. 21-23 deben leerse después del v. 15.    [41] Para que seas el inspector mayor: según versiones antiguas. Heb. para ser los inspectores mayores.

## El Señor salvará a su pueblo
*(Jer 46. 27-28)*

¹⁰"Yo, el Señor, afirmo:
No temas, pueblo de Jacob, siervo
mío;
no tengas miedo, Israel,
pues a ti y a tus hijos los libraré
de ese país lejano donde están
desterrados.ˢ
Volverás a vivir en paz,
tranquilo, sin que nadie te asuste.
¹¹Yo, el Señor, afirmo
que estoy contigo para salvarte.
Destruiré a todas las naciones
entre las cuales te dispersé.
Pero a ti no te destruiré;
sólo te castigaré como mereces:
no te dejaré sin tu castigo."

¹²El Señor dice:
"Tu herida es incurable,
tu mal no tiene remedio.
¹³No hay quien se ocupe de ti;
no hay quien te cure las heridas,
y no tienes curación.
¹⁴Todos tus amantes te olvidaron;
ya no se preocupan por ti.
Y es que yo te herí, como si fuera tu
enemigo,
te castigué duramente
por tus muchas maldades,
por tus innumerables pecados.
¹⁵¿Por qué te quejas de tus heridas?
Tu dolor es incurable.
Por tus muchas maldades
y tus innumerables pecados,
te he tratado así.ᵗ
¹⁶Pero todo el que te devore será
devorado,
y todos tus enemigos irán al
destierro;
haré que sean saqueados los que te
saqueen,
y que les roben a los que te roben a
ti.
¹⁷Te devolveré la salud,
curaré tus heridas,
por más que digan tus enemigos:
'Sión está abandonada,
nadie se preocupa por ella.'ᵘ
Yo, el Señor, lo afirmo."

¹⁸El Señor dice:
"Cambiaré la suerte de la nación de
Jacob,
tendré compasión de su país;
las ciudades se reconstruirán sobre
sus ruinas
y los palacios en su debido lugar.
¹⁹De ellos saldrán cantos de gratitud
y risas de alegría.
No disminuirán, pues yo haré que
aumenten.
No los despreciarán, porque yo los
honraré.
²⁰Los israelitas serán como antes;
su pueblo estará firme en mi
presencia,
y yo castigaré a sus opresores.
²¹⁻²²De entre ellos saldrá su jefe:
un gobernante saldrá de entre ellos
mismos.
Haré que se acerque a mí,
pues, ¿quién se atrevería a
acercárseme?
Ellos serán mi pueblo y yo seré su
Dios.
Yo, el Señor, lo afirmo."

²³La ira del Señor es como una
tormenta,
como un viento huracanado
que se agita sobre los malvados.
²⁴La ira del Señor no cesará
hasta que él haya realizado sus
propósitos.
Vendrá el tiempo en que ustedes
entenderán estas cosas.ᵛ

## Regreso de los israelitas a su patria

**31** ¹El Señor afirma: "En ese tiempo
yo seré el Dios de todas las tribus de
Israel, y ellas serán mi pueblo."

²El Señor dice:
"En el desierto me mostré
bondadoso
con el pueblo que escapó de la
muerte.
Cuando Israel buscaba un lugar de
descanso,
³yo me aparecí a él⁴² de lejos.
Yo te he amado con amor eterno;
por eso te sigo tratando con bondad.
⁴Te reconstruiré, Israel.
De nuevo vendrás con panderetas
a bailar alegremente.
⁵Volverás a plantar viñedos
en las colinas de Samaria,
y los que planten viñas
gozarán de sus frutos.ʷ
⁶Porque vendrá un día en que los
centinelas

⁴² *Yo me aparecí a él:* según la versión griega. Heb. *el Señor se me apareció.*
ˢ 30.10 Is 49.25. ᵗ 30.12-15 Is 1.5-6. ᵘ 30.17 Os 14.4. ᵛ 30.23-24 Jer 23.19-20. ʷ 31.5 Is 65.21; Am 9.14.

gritarán en las colinas de Efraín:
'Vengan ustedes, vamos a Sión,
al Señor nuestro Dios.' ''

[7] El Señor dice:
"Canten de gozo y alegría por el
pueblo de Jacob,
la principal entre todas las naciones.
Hagan oír sus alabanzas y digan:
'El Señor salvó a su pueblo,[43]
lo que quedaba de Israel.'
[8] Voy a hacerlos volver del país del
norte,
y a reunirlos del último rincón del
mundo.
Con ellos vendrán los ciegos y los
cojos,
las mujeres embarazadas y las que ya
dieron a luz;
¡volverá una enorme multitud!
[9] Vendrán orando y llorando.
Yo los llevaré a corrientes de agua,
por un camino llano, donde no
tropiecen.
Pues soy el padre de Israel,
y Efraín es mi hijo mayor.

[10] "Naciones, escuchen la palabra del
Señor
y anuncien en las costas lejanas:
'El Señor dispersó a Israel,
pero lo reunirá y lo cuidará
como cuida el pastor a sus ovejas.'
[11] Porque el Señor rescató al pueblo de
Jacob,
lo libró de una nación más
poderosa.[x]

[12] "Vendrán y cantarán de alegría en lo
alto de Sión,
se deleitarán con los beneficios del
Señor:
el trigo, el vino y el aceite,
las ovejas y las reses.
Serán como una huerta bien regada,
y no volverán a perder las fuerzas.[y]
[13] Las muchachas bailarán
alegremente,
lo mismo que los jóvenes y los
viejos.
Yo les daré consuelo:
convertiré su llanto en alegría,
y les daré una alegría mayor que su
dolor.
[14] Haré que los sacerdotes coman los
mejores alimentos

y que mi pueblo disfrute en
abundancia de mis bienes.
Yo, el Señor, lo afirmo.''

[15] El Señor dice:
"Se oye una voz en Ramá,
de alguien que llora amargamente.
Es Raquel, que llora por sus hijos,[z]
y no quiere ser consolada
porque ya están muertos.''[a]
[16] Pero el Señor le dice:
"Raquel, no llores más;
ya no derrames tus lágrimas,
pues tus penas tendrán su
recompensa:
tus hijos volverán del país enemigo.
Yo, el Señor, lo afirmo.
[17] Hay una esperanza para tu futuro:
tus hijos volverán a su patria.
Yo, el Señor, lo afirmo.
[18] He oído al pueblo de Efraín quejarse
amargamente:
'Yo era como un novillo sin domar,
pero tú me has domado;
hazme volver a ti,
pues tú eres el Señor, mi Dios.
[19] Yo me aparté de ti,
pero estoy arrepentido;
he reconocido mi pecado
y me doy golpes en el muslo;[44]
me siento avergonzado y humillado
por los pecados de mi juventud.'
[20] "El pueblo de Efraín es para mí un
hijo amado;
es el hijo que más quiero.
Aun cuando lo reprendo,
no dejo de acordarme de él;
mi corazón se conmueve
y siento por él gran compasión.
Yo, el Señor, lo afirmo.

[21] "Israel, marca con señales el
camino,
para que vuelvas a encontrarlo
fácilmente;
fíjate bien en el camino que
anduviste.
¡Vuelve, pueblo de Israel,
vuelve a tus ciudades!
[22] ¿Hasta cuándo vas a ir de un lado a
otro,
como una hija descarriada?
Yo, el Señor, he creado algo nuevo
en este mundo:

---

[43] *El Señor salvó a su pueblo:* según versiones antiguas. Heb. *Salva, Señor, a tu pueblo.*   [44] *Golpes en el muslo:* (o *en la ingle*): era una señal de dolor o pena.
[x] 31.11 Is 49.25.   [y] 31.12 Ez 47.1-12; Jn 4.14; 6.35; 7.37-39; Ap 22.1-2.   [z] 31.15 Gn 35.16-19.   [a] 31.15 Mt 2.18.

una mujer que corteja a un
hombre."[45]

## Prosperidad futura de Israel

[23]El Señor todopoderoso, el Dios de
Israel, dice: "Cuando yo cambie la suerte
de la gente de Judá, y ellos estén de nuevo
en su tierra y en sus ciudades, dirán otra
vez: '¡Que el Señor bendiga este monte
santo donde habita la justicia! [24]La gente
de Judá y de sus ciudades, los agricultores
y los pastores de rebaños vivirán ahí.
[25]Pues daré de comer y de beber en abundancia a los que estén cansados y sin fuerzas.' "

[26]En esto me desperté y abrí los ojos.
Mi sueño me agradó.

[27]El Señor afirma: "Vendrá un día en
que haré que hombres y animales abunden en Israel y en Judá. [28]Y así como
estuve atento para arrancar, derribar,
echar abajo, destruir y causar daños, así
también estaré vigilante para construir y
plantar. Yo, el Señor, lo afirmo.

[29]"En aquel tiempo no volverá a
decirse: 'Los padres comen uvas agrias y a
los hijos se les destemplan los dientes.'[b]
[30]Porque será que a quien coma uvas
agrias, a ése se le destemplarán los dientes. Cada cual morirá por su propio
pecado."[c]

[31]El Señor afirma: "Vendrá un día en
que haré un nuevo pacto[d] con Israel y con
Judá. [32]Este pacto no será como el que
hice con sus antepasados, cuando los
tomé de la mano para sacarlos de Egipto;
porque ellos no cumplieron mi pacto, a
pesar de que yo era su dueño. Yo, el
Señor, lo afirmo. [33]Este será el pacto que
haré con Israel en aquel tiempo: Pondré
mi ley en su corazón y la escribiré en su
mente.[e] Yo seré su Dios y ellos serán mi
pueblo. Yo, el Señor, lo afirmo. [34]Ya no
será necesario que unos a otros, amigos y
parientes, tengan que instruirse para que
me conozcan, porque todos, desde el más
grande hasta el más pequeño, me conocerán. Yo les perdonaré su maldad y no me
acordaré más de sus pecados.[f] Yo, el
Señor, lo afirmo."

[35]El Señor, que puso el sol para
    alumbrar de día
y la luna y las estrellas para
    alumbrar de noche,

que hace que el mar se agite y rujan
    sus olas,
que tiene por nombre el Señor
    todopoderoso, dice:
[36]"Si un día llegaran a fallar
estas leyes que he establecido,
ese día Israel dejaría de ser mi
    pueblo.[g]
Yo, el Señor, lo afirmo.
[37]Si un día se llegara a medir el cielo
y a explorar la tierra hasta sus
    cimientos,
ese día yo rechazaría a Israel
por todo lo que ha hecho.
Yo, el Señor, lo afirmo."

[38]El Señor afirma: "Vendrá un día en
que mi ciudad será reconstruida, desde la
torre de Hananeel hasta la Puerta del
Ángulo. [39]Los límites irán, en línea recta,
desde allí hasta la colina de Gareb, y luego
torcerán hacia Goa. [40]Todo el valle donde
se entierra a los muertos y se tira la ceniza,
y todos los campos que están encima del
arroyo de Cedrón hasta el ángulo de la
Puerta de los Caballos, al oriente, me
estarán consagrados, y todo esto no volverá jamás a ser derribado ni destruido."

## Jeremías compra un terreno

**32** [1]El Señor habló a Jeremías en el
año décimo del reinado de Sedequías[h] en Judá, que era el año dieciocho
del reinado de Nabucodonosor. [2]Por
aquel tiempo el ejército del rey de Babilonia estaba atacando a Jerusalén, y el profeta Jeremías estaba encerrado en el patio
de la guardia del palacio real. [3]El rey
Sedequías lo había mandado arrestar,
porque Jeremías había dicho: "El Señor
dice: 'Voy a hacer que esta ciudad caiga
en poder del rey de Babilonia, [4]y el rey
Sedequías no escapará de los caldeos, sino
que caerá en poder del rey de Babilonia y
tendrá que presentarse ante él. [5]Nabuco-
donosor se llevará a Sedequías a Babilonia, donde se quedará hasta que yo me
vuelva a ocupar de él. Aunque ustedes
peleen contra los caldeos, no tendrán
éxito. Yo, el Señor, lo afirmo.' "

[6]Y dijo Jeremías: "El Señor se dirigió
a mí, y me dijo: [7]'Mira, tu primo Hanameel, el hijo de tu tío Salum, va a venir a
proponerte que le compres un terreno que
tiene en Anatot, pues tú tienes el derecho

[45] Una mujer que corteja a un hombre: traducción probable. Heb. oscuro.
[b] 31.29 Ez 18.2.   [c] 31.30 Dt 24.16.   [d] 31.31 Mt 26.28; Mr 14.24; Lc 22.20; 1 Co 11.25; 2 Co 3.6.   [e] 31.33 Heb 10.16.
[f] 31.31-34 Jer 32.38-40; Ez 36.27-28; Heb 8.8-12; 10.16-17.   [g] 31.35-36 Is 54.10; Mr 13.31.   [h] 32.12 2 R 25.1-7.

de comprarlo por ser el pariente más cercano.' [8]Tal como el Señor me lo dijo, mi primo Hanameel vino a verme al patio de la guardia y me pidió que le comprara el campo que tenía en Anatot, en territorio de la tribu de Benjamín, porque yo tenía el derecho de comprarlo y quedarme con él, por ser el pariente más cercano. Al darme cuenta de que aquello era una orden del Señor, [9-10]le compré el campo a mi primo Hanameel. Le entregué diecisiete monedas de plata, que fue el precio convenido, y puse el contrato por escrito, sellado y firmado por los testigos. [11]Luego tomé las dos copias del contrato, una sellada y con las condiciones de compra, y otra abierta, [12]y se las di a Baruc, hijo de Nerías y nieto de Maasías, delante de mi primo Hanameel, de los testigos que habían firmado el contrato y de todos los judíos que estaban sentados en el patio de la guardia. [13]Delante de ellos dije a Baruc: [14]'El Señor todopoderoso, el Dios de Israel, dice: Toma las dos copias de este contrato, la sellada y la abierta, y guárdalas en una vasija de barro, para que se conserven mucho tiempo. [15]Pues el Señor todopoderoso, el Dios de Israel, dice: En esta tierra volverán a comprarse casas, campos y viñedos.'

## Oración de Jeremías

[16]"Después de darle el contrato de compra a Baruc, hijo de Nerías, dirigí al Señor esta oración: [17]'Tú, Señor, con gran despliegue de poder creaste el cielo y la tierra. Nada hay imposible para ti. [18]Tú muestras tu amor por mil generaciones, pero también castigas a los hombres por los pecados de sus padres. ¡Oh Dios grande y poderoso, tu nombre es Señor todopoderoso! [19]Tú eres grandioso en tus planes y poderoso en tus obras. Tú ves todo lo que hacen los hombres y das a cada uno lo que merecen sus acciones. [20]Tú hiciste milagros y señales en Egipto, y aún hoy los sigues haciendo tanto en Israel como entre todos los hombres, de manera que tu nombre se ha hecho famoso. [21]Tú, con gran despliegue de poder, sacaste de Egipto a tu pueblo Israel, haciendo milagros y señales y llenando de terror a todos. [22]Le diste a Israel esta tierra en que la leche y la miel corren como el agua, según lo habías prometido a sus antepasados. [23]Pero cuando ellos entraron en el país y tomaron posesión de él, no te obedecieron ni siguieron las instrucciones que les diste, ni hicieron nada de lo que les ordenaste. Por eso les enviaste toda esta ca!amidad.[i]

[24]'Ahora los caldeos han levantado rampas para atacar la ciudad, y la guerra, el hambre y la peste van a hacer que la ciudad caiga en manos de los atacantes. Señor, ya ves que se está cumpliendo lo que dijiste. [25]Y sin embargo, Señor, tú me ordenaste que comprara y pagara aquel terreno en presencia de testigos, aunque la ciudad va a caer en manos de los caldeos.' "

[26]Entonces el Señor respondió a Jeremías: [27]"Yo soy el Señor, el Dios de todo ser viviente. Nada hay imposible para mí.[j] [28]Así pues, yo te digo: Voy a hacer que esta ciudad caiga en poder de Nabucodonosor, rey de Babilonia, y de los caldeos.[k] [29]Los caldeos que están atacando la ciudad entrarán en ella y le prenderán fuego; la quemarán junto con las casas en cuyas azoteas, para ofenderme, se quemaba incienso a Baal y se ofrecía vino a dioses extraños. [30]Desde el principio, el pueblo de Israel y el pueblo de Judá han hecho siempre lo que me desagrada; los israelitas no han dejado de ofenderme con ídolos que ellos mismos se hicieron. Yo, el Señor, lo afirmo. [31]Y esta ciudad, desde el día en que empezó a construirse hasta este día, no ha hecho más que provocar mi ira y mi enojo. Por eso voy a hacerla desaparecer, [32]por todo lo que me han ofendido con sus malas acciones el pueblo de Israel y el pueblo de Judá, lo mismo que sus reyes, sus jefes, sus sacerdotes, sus profetas y todos los habitantes de Judá y de Jerusalén. [33]Me han dado la espalda, no la cara. Y aunque en ningún momento he dejado de instruirlos, no me han hecho caso ni han querido recibir corrección. [34]Hasta han llegado a profanar el templo consagrado a mí, poniendo allí sus ídolos detestables.[l] [35]También construyeron altares a Baal en el valle de Ben-hinom,[m] para quemar sus hijos y sus hijas en sacrificio a Moloc,[n] y así hacer pecar a Judá, cosa detestable que yo no les ordené y que ni siquiera pasó por mi mente.

## Promesas para el futuro

[36]"Yo, el Señor, el Dios de Israel, digo acerca de esta ciudad que tú dices[46] que

---

[46] *Dices:* según la versión griega. Heb. *ustedes dicen.*
[i] **32.20-23** Ex 3.8; 7-14; Dt 4.34-40.   [j] **32.16,27** Gn 18.14; Lc 1.37.   [k] **32.28** 2 R 25.1-11; 2 Cr 36.17-21.   [l] **32.34** 2 R 23.10;
Jer 7.30-31; 19.1-6.   [m] **32.35** 2 R 23.10; Jer 7.31.   [n] **32.35** Lv 18.21.

va a caer en poder del rey de Babilonia por causa de la guerra, el hambre y la peste: [37]Voy a reunir a sus ciudadanos de entre todos los países por donde los dispersé cuando me llené de enojo, ira y furor terrible, y los haré volver a este lugar para que en él vivan tranquilos. [38]Ellos serán mi pueblo, y yo seré su Dios. [39]Haré que sólo tengan voluntad y determinación de honrarme toda su vida, para su propio bien y el de sus descendientes. [40]Haré con ellos un pacto eterno: me comprometeré a no dejar nunca de hacerles bien, y les llenaré del deseo de honrarme y de no apartarse nunca de mí.[ñ] [41]Yo me alegraré de hacerles bien,[o] y de todo corazón y con toda sinceridad los haré habitar en este país.''

[42]El Señor añadió: ''Así como envié esta calamidad tan grande a este pueblo, también le enviaré todos los bienes que le he prometido. [43]Y en este país, que dices[47] que va a quedar desierto, sin hombres ni animales, y que va a caer en poder de los caldeos, se volverán a comprar terrenos. [44]Se comprarán y se harán los contratos por escrito, con sello y firmas de testigos. Esto sucederá en el territorio de Benjamín, en los alrededores de Jerusalén y en las ciudades de Judá, tanto de la región montañosa como de la llanura, y en las ciudades del Néguev, porque yo haré que cambie su suerte. Yo, el Señor, lo afirmo.''

### Anuncio de esperanza

**33** [1]Mientras Jeremías todavía estaba preso en el patio de la guardia, el Señor se dirigió a él de nuevo, y le dijo: [2]''Yo, el Señor, que hice la tierra, la formé y la coloqué firmemente en su sitio, te digo: [3]Llámame y te responderé, y te anunciaré cosas grandes y misteriosas que tú ignoras. [4-5]Yo, el Señor, el Dios de Israel, tengo un mensaje acerca de las casas de Jerusalén y de las casas de los reyes de Judá que van a ser derribadas. El salir a pelear con espadas contra los caldeos que levantan rampas para atacar la ciudad, sólo servirá para llenarla de cadáveres. Yo, en mi terrible ira, los haré morir, porque he apartado mi rostro de esta ciudad a causa de las muchas maldades que han cometido.[48] [6]Pero los curaré,

les daré la salud y haré que con honra disfruten de paz y seguridad. [7]Cambiaré la suerte de Judá y de Israel, y los reconstruiré para que vuelvan a ser como al principio. [8]Los purificaré de todos los pecados que cometieron contra mí; les perdonaré todas las maldades que cometieron y con las que se rebelaron contra mí. [9]Jerusalén será para mí un motivo de alegría, honor y gloria ante todas las naciones de la tierra. Cuando ellas oigan hablar de todos los beneficios que voy a traer sobre los habitantes de Jerusalén, y de toda la prosperidad que le voy a dar, temblarán de miedo.''

[10]El Señor dice: ''Ustedes dicen que este lugar está desierto y que no hay en él hombres ni animales; que las calles de Jerusalén y las ciudades de Judá están vacías; y que nadie, ni hombres ni animales, vive allí. Pues bien, aquí se volverán a oír [11]los cantos de fiesta y alegría, y los cantos de los novios, y se oirá decir: 'Den gracias al Señor todopoderoso, porque el Señor es bueno, porque su amor es eterno.'[p] Y traerán al templo ofrendas de gratitud. Sí, yo cambiaré la suerte de este país, para que vuelva a ser como al principio. Yo, el Señor, lo afirmo.''

[12]El Señor todopoderoso dice: ''En este país que ahora está desierto, sin hombres ni animales, y en todas sus ciudades, volverá a haber pastos adonde los pastores lleven sus rebaños. [13]Tanto en las ciudades de la región montañosa como en las de la llanura, y en las del Néguev y del territorio de Benjamín, y en los alrededores de Jerusalén y en las demás ciudades de Judá, se volverá a ver a los pastores contando sus ovejas. Yo, el Señor, lo digo.''

[14]El Señor afirma: ''Llegará el día en que cumpliré las promesas de bendición que hice al pueblo de Israel y de Judá. [15]Cuando llegue ese tiempo y ese día, haré que David tenga un descendiente legítimo, que establecerá la justicia y la rectitud en el país. [16]En aquel tiempo Judá estará a salvo y Jerusalén vivirá segura. Este es el nombre con que la llamarán: 'El Señor es nuestra victoria.'[q] [17]Yo, el Señor, digo: Nunca faltará un descendiente de David que ocupe el trono de Israel,[r] [18]ni faltarán jamás sacerdotes descendientes de Leví que todos los días me ofrezcan holocaustos, quemen ofrendas de cereales en mi honor y me dediquen otros sacrificios.''[s]

---

[47] *Dices:* según la versión griega. Heb. *ustedes dicen.*   [48] *Yo, el Señor, . . . han cometido:* traducción probable. Heb. oscuro.
[ñ] **32.38-40** Jer 31.31-34.   [o] **32.41** Dt 30.9.   [p] **33.11** 1 Cr 16.34; 2 Cr 5.13; 7.3; Esd 3.11; Sal 100.5; 106.1; 107.1; 118.1; 136.1; Dn(dc) 3.89-90.   [q] **33.14-16** Jer 23.5-6.   [r] **33.17** 2 S 7.12-16; 1 R 2.4; 1 Cr 17.11-14.   [s] **33.18** Nm 3.5-10.

¹⁹El Señor se dirigió a Jeremías, y le dijo: ²⁰"Yo, el Señor, digo: Es imposible que deje de cumplirse el pacto que he hecho con el día y con la noche, de manera que el día y la noche dejen de llegar a su debido tiempo. ²¹Del mismo modo, es imposible que deje de cumplirse mi pacto con mi siervo David, y que deje de haber un descendiente suyo que reine en su trono, o que deje de cumplirse mi pacto con mis ministros los sacerdotes descendientes de Leví. ²²Y a los descendientes de mi siervo David, y a mis ministros, los descendientes de Leví, los haré tan numerosos como las estrellas del cielo y los granos de arena del mar, que nadie puede contar."

²³El Señor se dirigió a Jeremías, y le dijo: ²⁴"¿No has notado que la gente dice que he rechazado a las dos familias que yo mismo había escogido, a Israel y Judá? ¡Por eso miran con desprecio a mi pueblo, y ya ni lo consideran una nación! ²⁵Pues yo, el Señor, digo: Yo, que he hecho un pacto con el día y con la noche, y que he fijado las leyes que gobiernan el cielo y la tierra, ²⁶jamás rechazaré a los descendientes de Jacob y de David mi siervo, ni dejaré de sacar de entre ellos a quienes gobiernen a los descendientes de Abraham, Isaac y Jacob. Porque yo tendré compasión de ellos y haré que cambie su suerte."

### Mensaje al rey Sedequías

**34** ¹Cuando Nabucodonosor, rey de Babilonia, con todo su ejército formado por gente de todas las naciones de la tierra sometidas a él, estaba atacando Jerusalén*f* y todas las ciudades vecinas, el Señor se dirigió a Jeremías, y le dijo: ²"Yo, el Señor, el Dios de Israel, te ordeno que vayas a decirle a Sedequías, rey de Judá: 'Así dice el Señor: Voy a hacer que el rey de Babilonia se apodere de esta ciudad y le prenda fuego. ³Tú no podrás escapar de caer en sus manos; te capturarán y te entregarán a él, y después de que te hayan llevado ante su presencia, serás llevado a Babilonia. ⁴Con todo, escucha, Sedequías, rey de Judá, lo que yo, el Señor, te voy a decir: No morirás a filo de espada. ⁵Morirás en paz, y quemarán perfumes en tus funerales, como los quemaron en los funerales de tus antepasados que reinaron antes de ti, y dirán: ¡Ay, señor!, haciendo lamentación por

ti. Yo, el Señor, lo afirmo y doy mi palabra.' "

⁶El profeta Jeremías repitió todo esto al rey Sedequías en Jerusalén. ⁷Entre tanto, el ejército del rey de Babilonia estaba atacando Jerusalén, Laquis y Azeca, las únicas ciudades fortificadas de Judá que aún quedaban.

### Violación del pacto de libertar a los esclavos hebreos

⁸El Señor se dirigió a Jeremías, después que el rey Sedequías hizo un pacto con todos los habitantes de Jerusalén para dejar libres a los esclavos. ⁹El pacto establecía que los que tuvieran esclavos o esclavas hebreos los dejaran en libertad, para que nadie tuviera como esclavo a un compatriota judío. ¹⁰Todos los jefes y todo el pueblo aceptaron los términos del pacto, y dejaron libres a sus esclavos y no los obligaron más a servirles. ¹¹Pero después se arrepintieron de haberles dado libertad, y los obligaron a volver y a servirles de nuevo como esclavos.

¹²Entonces el Señor se dirigió a Jeremías, y le dijo: ¹³"Yo, el Señor, el Dios de Israel, hice un pacto con los antepasados de ustedes cuando los saqué de Egipto, donde servían como esclavos. Les ordené ¹⁴que cada siete años dejaran libre a cualquier hebreo que se hubiera vendido a ellos y que les hubiera servido durante seis años. Pero sus antepasados no me hicieron caso ni me obedecieron.*u* ¹⁵Ahora ustedes habían cambiado de conducta, y habían hecho lo que a mí me agrada, al dejar en libertad a sus compatriotas esclavos. Y se comprometieron con un pacto hecho en mi presencia, en el templo que está dedicado a mí. ¹⁶Pero después cambiaron de parecer y, profanando mi nombre, obligaron a los esclavos que habían dejado en libertad a volver y servirles de nuevo como esclavos. ¹⁷Así pues, yo, el Señor, digo: Ustedes no me obedecieron, puesto que no dejaron en libertad a sus compatriotas esclavos; por lo tanto, ahora yo voy a dejar en libertad a la guerra, la peste y el hambre, para que hagan con ustedes algo que cause horror a todos los reinos de la tierra. Yo, el Señor, lo afirmo. ¹⁸⁻¹⁹Los jefes de Judá y de Jerusalén, junto con los criados del palacio, los sacerdotes y todos los demás ciudadanos hicieron un pacto en mi presencia: partieron en dos un becerro y pasaron por entre las dos partes. Pero luego violaron el

---

*f* **34.1** 2 R 25.1-11; 2 Cr 36.17-21.   *u* **34.13-14** Ex 21.2; Dt 15.12.

pacto y faltaron a su compromiso. *v* ²⁰Por lo tanto, haré que ellos caigan en poder de sus enemigos mortales, y que sus cadáveres sirvan de comida a las aves de rapiña y a las fieras. ²¹También haré que Sedequías, rey de Judá, y sus oficiales caigan en poder de sus enemigos mortales, en poder del ejército del rey de Babilonia, que ahora ha dejado de atacarles. ²²Voy a ordenarles que vuelvan contra esta ciudad y que la ataquen, que la tomen y le prendan fuego. Y haré que las demás ciudades de Judá queden desiertas y sin ningún habitante. Yo, el Señor, lo afirmo.''

### Jeremías y los recabitas

**35** ¹En el tiempo en que Joacim,*w* hijo de Josías, era rey de Judá, el Señor se dirigió a mí, y me dijo: ²''Ve a la comunidad de los recabitas y habla con ellos. Llévalos luego a uno de los cuartos que hay en el templo, y ofréceles vino.'' ³Yo, Jeremías, fui a buscar a Jaazanías (hijo de otro Jeremías y nieto de Habasinías), y a sus hermanos e hijos, y a toda la comunidad de los recabitas, ⁴y los llevé al templo, al cuarto de los hijos de Hanán, hijo de Igdalías, que era un hombre de Dios. Este cuarto se encuentra junto al los jefes del templo y encima del cuarto de Maasías, hijo de Salum, que era el guardián del umbral del templo. ⁵Serví a los recabitas jarros y copas llenos de vino, y les dije: ''Tomen un poco de vino.''

⁶Ellos respondieron: ''Nosotros no bebemos vino, porque Jonadab, hijo de Recab,*x* nuestro antepasado, prohibió para siempre que nosotros y nuestros descendientes bebiéramos vino. ⁷También nos prohibió hacer casas, sembrar campos y plantar o tener viñedos. Nos mandó que habitáramos siempre en tiendas de campaña, para vivir mucho tiempo en esta tierra donde andamos como extranjeros. ⁸Nosotros hemos obedecido todas las órdenes de nuestro antepasado Jonadab, y nunca bebemos vino, ni nosotros ni nuestras mujeres ni nuestros hijos, ⁹ni construimos casas para vivir, ni tenemos viñedos ni terrenos sembrados. ¹⁰Vivimos en tiendas de campaña y cumplimos todo lo que nuestro antepasado Jonadab nos ordenó. ¹¹Pero cuando Nabucodonosor, rey de Babilonia, invadió este país, decidimos venir a Jerusalén para huir de los ejércitos caldeos y sirios; por eso estamos viviendo en Jerusalén.''

¹²Entonces el Señor se dirigió a Jeremías, y le dijo: ¹³''Yo, el Señor todopoderoso y Dios de Israel, te ordeno que vayas y digas a la gente de Judá y de Jerusalén: 'Aprendan la lección y obedezcan mis órdenes. Yo, el Señor, lo digo. ¹⁴Los descendientes de Jonadab, hijo de Recab, han cumplido la orden que él les dio de no beber vino, y hasta el día de hoy no lo beben porque han obedecido la orden de su antepasado. Yo también les he dado a ustedes órdenes una y otra vez, pero no me han obedecido. ¹⁵Les he enviado, uno tras otro, a todos mis siervos los profetas, para decirles: Dejen su mala conducta y sus malas acciones. No se vayan tras otros dioses ni les rindan culto, y así podrán seguir viviendo en la tierra que les he dado a ustedes y a sus antepasados. Pero ustedes no quisieron hacerme caso ni me han obedecido. ¹⁶Los descendientes de Jonadab, hijo de Recab, han cumplido la orden que su antepasado les dio; en cambio, el pueblo de Israel no me ha obedecido. ¹⁷Por eso yo, el Señor todopoderoso y Dios de Israel, digo: Voy a hacer que caigan sobre Judá y sobre los habitantes de Jerusalén todas las calamidades que les he anunciado. Porque yo les he hablado, y ustedes no me han hecho caso; los he llamado, y ustedes no me han respondido.' ''

¹⁸Además, Jeremías dijo a los recabitas: ''El Señor todopoderoso y Dios de Israel dice: 'Ya que ustedes han obedecido las órdenes de su antepasado Jonadab, y han observado sus instrucciones y cumplido todo lo que él les ordenó, ¹⁹yo, el Señor todopoderoso y Dios de Israel, les aseguro que nunca faltará un descendiente de Jonadab que esté siempre a mi servicio.' ''

### Baruc lee el rollo en el templo

**36** ¹El año cuarto del gobierno de Joacim,*y* hijo de Josías, rey de Judá, el Señor se dirigió a Jeremías, y le dijo: ²''Toma un rollo de escribir, y escribe en él todo lo que te he dicho acerca de Israel, de Judá y de las demás naciones, desde que comencé a hablarte en tiempos de Josías hasta ahora. ³Quizá cuando los de Judá sepan de todas las calamidades que pienso enviarles, dejarán su mala conducta y yo les perdonaré sus maldades y pecados.''

---

*v* **34.18-19** Gn 15.9-17.  *w* **35.1** 2 R 23.36—24.6; 2 Cr 36.5-7.  *x* **35.6** 2 R 10.15; 1 Cr 2.55.  *y* **36.1** 2 R 24.1; 2 Cr 36.5-7; Dn 1.1-2.

⁴Jeremías llamó a Baruc, hijo de Nerías, y le dictó todo lo que el Señor le había dicho, y Baruc lo escribió en un rollo. ⁵Luego Jeremías dio a Baruc las siguientes instrucciones: "Mira, la situación en que me encuentro me impide ir al templo del Señor. ⁶Por lo tanto, ve tú el próximo día de ayuno y lee el rollo que yo te dicté y que tú escribiste, para que el pueblo y todos los habitantes de las ciudades de Judá que hayan venido acá, oigan el mensaje del Señor. ⁷Quizá dirijan al Señor sus ruegos y dejen todos su mala conducta, porque la ira y el furor con que el Señor ha amenazado a este pueblo son terribles." ⁸Baruc hizo todo lo que el profeta Jeremías le había ordenado: fue al templo y leyó en el rollo el mensaje del Señor.

⁹El noveno mes del año quinto del gobierno de Joacim, hijo de Josías, rey de Judá, se dispuso que, tanto los habitantes de Jerusalén como los que habían venido de otras ciudades de Judá, ayunaran ante el Señor. ¹⁰Baruc fue al atrio superior del templo, a la entrada de la Puerta Nueva, y desde el cuarto de Gemarías, hijo de Safánᶻ el cronista, leyó a todo el pueblo el rollo donde estaban las palabras de Jeremías.

### Baruc lee el rollo ante los altos funcionarios

¹¹Micaías, hijo de Gemarías y nieto de Safán, oyó todo el mensaje del Señor que Baruc leyó en el rollo, ¹²y fue al palacio real, al cuarto del cronista, donde estaban reunidos todos los altos funcionarios: Elisama, el cronista; Delaía, hijo de Semaías; Elnatán, hijo de Acbor; Gemarías, hijo de Safán; Sedequías, hijo de Hananías, y otros funcionarios. ¹³Micaías les contó todo lo que había oído cuando Baruc leyó en el rollo delante del pueblo. ¹⁴Los funcionarios enviaron a Jehudí, que era hijo de Netanías, nieto de Selemías y bisnieto de Cusi, a decirle a Baruc que les llevara el rollo que había leído delante del pueblo. Baruc tomó entonces el rollo y se presentó ante ellos, ¹⁵y ellos le dijeron:

—Siéntate y léenos el rollo.

Baruc se lo leyó, ¹⁶y tan pronto como lo oyeron, llenos de miedo se volvieron unos a otros y dijeron:⁴⁹

—Tenemos que informar de todo esto al rey.

¹⁷Luego dijeron a Baruc:

—Cuéntanos cómo escribiste todo esto.⁵⁰

¹⁸Baruc respondió:

—Jeremías personalmente me lo dictó todo, y yo lo escribí con tinta en el rollo.

¹⁹Entonces le dijeron a Baruc:

—¡Pues tú y Jeremías vayan a esconderse, y que nadie sepa dónde están!

### El rey Joacim quema el rollo

²⁰Los altos funcionarios dejaron el rollo en el cuarto de Elisama, el cronista, y fueron al palacio a informar de todo esto al rey. ²¹El rey mandó a Jehudí traer el rollo del cuarto de Elisama, el cronista, y cuando Jehudí lo trajo, lo leyó delante del rey y de todos los altos funcionarios que lo rodeaban. ²²Como era el mes noveno, el rey se encontraba en su cuarto de invierno, ante un brasero encendido. ²³En cuanto Jehudí terminaba de leer tres o cuatro columnas, el rey las cortaba con un cuchillo y las echaba al fuego del brasero. Así lo hizo hasta quemar todo el rollo. ²⁴Ni el rey ni los altos funcionarios que oyeron toda la lectura, sintieron miedo ni dieron señales de dolor. ²⁵Elnatán, Delaía y Gemarías rogaron al rey que no quemara el rollo, pero él no les hizo caso, ²⁶sino que ordenó a Jerameel, príncipe de sangre real, a Seraías, hijo de Azriel, y a Selemías, hijo de Abdeel, que apresaran al profeta Jeremías y a su secretario Baruc. Pero el Señor los ocultó.

### Jeremías dicta otro rollo

²⁷Después que el rey quemó el rollo con las palabras que Jeremías le había dictado a Baruc, el Señor se dirigió a Jeremías y le dijo: ²⁸"Toma otro rollo y vuelve a escribir en él todo lo que estaba escrito en el primero, el que quemó Joacim, rey de Judá. ²⁹Y dile lo siguiente: 'Así dice el Señor: Tú quemaste el rollo, y reprendiste a Jeremías por haber escrito en él que el rey de Babilonia va a venir sin falta, a destruir el país y a dejarlo sin hombres ni animales. ³⁰Pues bien, yo, el Señor, te digo a ti, Joacim, rey de Judá, que tú no tendrás descendiente en el trono de David. Tu cadáver quedará expuesto al calor del día y a las heladas de la noche, ³¹y a ti y a tus descendientes, lo mismo que a tus funcionarios, los castigaré por sus pecados. Haré que caigan sobre ustedes y sobre los habitantes de Jerusalén y de Judá todas

⁴⁹ *Dijeron:* según la versión griega. Heb. añade: *a Baruc.*  ⁵⁰ *Esto:* según la versión griega. Heb. añade: *¿él te lo dictó?*
ᶻ **36.10** Jer 26.24.

las calamidades que les anuncié, y a las que ustedes no hicieron caso.' "*a*

[32]Entonces Jeremías tomó otro rollo y se lo dio a Baruc, su secretario, quien escribió todo lo que Jeremías le dictó, es decir, todo lo que estaba escrito en el rollo que el rey Joacim había quemado. Jeremías añadió además muchas otras cosas parecidas.

### Petición de Sedequías a Jeremías

**37** [1]Nabucodonosor, rey de Babilonia, puso como rey de Judá a Sedequías, hijo de Josías, en lugar de Jeconías, hijo de Joacim.*b* [2]Pero ni Sedequías ni sus funcionarios ni el pueblo hicieron caso del mensaje que el Señor les dirigió por medio del profeta Jeremías.

[3]El rey Sedequías envió a Jucal, hijo de Selemías, y al sacerdote Sofonías, hijo de Maasías, a ver al profeta Jeremías y decirle: "Ora por nosotros al Señor nuestro Dios." [4]A Jeremías todavía no lo habían apresado, así que podía moverse libremente entre el pueblo. [5]Mientras tanto, el ejército del faraón había salido de Egipto. Cuando los caldeos que estaban atacando Jerusalén lo supieron, se retiraron de allí.

[6]Entonces el Señor se dirigió al profeta Jeremías, y le ordenó decir [7]de parte suya a los enviados: "Digan al rey de Judá, que los envió a consultarme, que el ejército del faraón, que se había puesto en camino para ayudarlos, ha regresado a Egipto. [8]Los caldeos volverán para atacar la ciudad de Jerusalén, y la tomarán y le prenderán fuego. [9]Yo, el Señor, les advierto: No se hagan ilusiones ni crean que los caldeos se van a retirar, porque no será así. [10]Aun cuando ustedes derrotaran a todo el ejército caldeo que los está atacando, y no le quedaran más que unos cuantos hombres heridos en el campamento, esos hombres se levantarían y le prenderían fuego a la ciudad."

### Encarcelamiento de Jeremías

[11]Cuando el ejército de los caldeos se estaba retirando de Jerusalén, porque supieron que venía el ejército del faraón, [12]Jeremías salió de la ciudad para dirigirse al territorio de Benjamín y ocuparse de la repartición de una herencia*51* entre los de su tierra. [13]Pero cuando llegó a la Puerta de Benjamín, un hombre llamado Irías,

hijo de Selemías y nieto de Hananías, que era jefe de la guardia, detuvo a Jeremías y le dijo:

—¡Tú te vas a pasar a los caldeos!

[14]Jeremías respondió:

—¡No es verdad, no me voy a pasar a los caldeos!

Pero Irías no lo escuchó, sino que lo arrestó y lo llevó ante los funcionarios. [15]Estos se pusieron furiosos con Jeremías, y mandaron que lo golpearan y lo encarcelaran en la casa de Jonatán, el cronista, la cual habían convertido en cárcel. [16]Jeremías fue a parar al calabozo del sótano, donde estuvo mucho tiempo.

[17]El rey Sedequías ordenó que llevaran a Jeremías al palacio, y cuando Jeremías fue llevado ante el rey, éste le preguntó en secreto:

—¿Hay algún mensaje del Señor?

Jeremías respondió:

—Sí, y es el siguiente: que Su Majestad va a caer en poder del rey de Babilonia.

[18]A su vez, Jeremías le preguntó al rey Sedequías:

—¿Qué crimen he cometido contra Su Majestad, o contra sus funcionarios, o contra el pueblo, para que me hayan metido en la cárcel? [19]¿Dónde están esos profetas que aseguraban que el rey de Babilonia no los atacaría, ni a ustedes ni al país? [20]Escuche ahora Su Majestad, y concédame esta petición que le voy a hacer: No permita que me lleven otra vez a la casa de Jonatán, el cronista, no sea que yo muera allá.

[21]Entonces el rey Sedequías ordenó que Jeremías quedara preso en el patio de la guardia y que cada día le llevaran un pan de la calle de los Panaderos. Y esto se hizo así mientras hubo pan en la ciudad. De esta manera, Jeremías se quedó en el patio de la guardia.

### Echan a Jeremías en una cisterna seca

**38** [1]Sefatías, hijo de Matán, Gedalías, hijo de Pasur, Jucal, hijo de Selemías, y Pasur, hijo de Malquías, oyeron a Jeremías pronunciar ante el pueblo las siguientes palabras: [2]"El Señor dice: 'El que se quede en la ciudad morirá en la guerra o de hambre o de peste. En cambio, el que salga y se entregue a los caldeos, podrá al menos salvar su vida.'*c* [3]El Señor dice: 'Esta ciudad va a caer en

---

*51 Y ocuparse de la repartición de la herencia:* otra posible traducción: *y recibir allí una herencia.* Heb. oscuro.
*a* **36.30-31** 2 R 23.36-24.6; Jer 22.18-19. *b* **37.1** 2 R 24.17; 2 Cr 36.10. *c* **38.2** Jer 21.9.

poder del ejército del rey de Babilonia. Él la tomará, y nadie podrá evitarlo.' ''

⁴Entonces los funcionarios dijeron al rey:

—Hay que matar a este hombre, pues con sus palabras desmoraliza a los soldados que aún quedan en la ciudad, y a toda la gente. Este hombre no busca el bien del pueblo, sino su mal.

⁵El rey Sedequías les respondió:

—Está bien, hagan con él lo que quieran. Yo nada puedo contra ustedes.

⁶Entonces ellos se apoderaron de Jeremías y lo echaron en la cisterna del príncipe Malquías, que se encontraba en el patio de la guardia. Lo bajaron con sogas, y como en la cisterna no había agua, sino lodo, Jeremías se hundió en él.

⁷Un etíope llamado Ebed-melec, que era hombre de confianza en el palacio real, oyó decir que habían echado a Jeremías en la cisterna. Por aquel tiempo, el rey estaba en una sesión en la Puerta de Benjamín. ⁸Entonces Ebed-melec salió del palacio real y fue a decirle al rey:

⁹—Majestad, lo que esos hombres han hecho con Jeremías es un crimen. Lo han echado en una cisterna, y ahí se está muriendo de hambre, porque ya no hay pan en la ciudad.

¹⁰En seguida el rey ordenó a Ebed-melec que se llevara con él a treinta hombres para sacar a Jeremías de la cisterna, antes que muriera. ¹¹Ebed-melec se llevó a los hombres, fue al depósito de ropa del palacio y tomó de allí unos trapos viejos, se los bajó con sogas a Jeremías en la cisterna, ¹²y le dijo:

—Ponte esos trapos bajo los brazos, para que las sogas no te lastimen.

Jeremías lo hizo así. ¹³Entonces los hombres tiraron de las sogas y lo sacaron de allí. Después de esto, Jeremías se quedó en el patio de la guardia.

### Sedequías manda llamar a Jeremías

¹⁴El rey Sedequías mandó que llevaran ante él al profeta Jeremías, a la tercera entrada del templo. Allí el rey le dijo:

—Voy a hacerte una pregunta, y quiero que me contestes con toda franqueza.

¹⁵Jeremías le respondió:

—Si contesto a la pregunta, Su Majestad me mandará matar; y si le doy algún consejo, no me hará caso.

¹⁶Pero en secreto el rey Sedequías le hizo este juramento a Jeremías:

—Te juro por el Señor, que nos dio la vida, que no te mandaré matar ni te entregaré en manos de los que quieren matarte.

¹⁷Jeremías dijo entonces a Sedequías:

—El Señor todopoderoso, el Dios de Israel, dice: 'Si te entregas de una vez a los generales del rey de Babilonia, tú y tu familia salvarán la vida, y esta ciudad no será incendiada. ¹⁸Pero si no te entregas a ellos, los caldeos se apoderarán de la ciudad y le prenderán fuego, y tú no podrás escapar.'

¹⁹Sedequías respondió:

—Tengo miedo de los judíos que se han pasado a los caldeos; si caigo en manos de ellos, me torturarán.

²⁰Jeremías contestó:

—Pero Su Majestad no caerá en manos de ellos. Obedezca Su Majestad, por favor, a la voz del Señor, que yo le he comunicado, y le irá bien y salvará la vida. ²¹El Señor me ha hecho ver lo que pasará, si Su Majestad se empeña en no rendirse: ²²todas las mujeres que queden en el palacio del rey de Judá serán sacadas y entregadas a los generales del rey de Babilonia, y ellas mismas dirán:

'Los mejores amigos del rey
lo engañaron y lo vencieron;
dejaron que sus pies se hundieran en
    el lodo
y le dieron la espalda.'

²³Y Jeremías continuó diciendo al rey:

—Todas las mujeres y los hijos de Su Majestad serán entregados a los caldeos, y Su Majestad no escapará de ellos, sino que será entregado al rey de Babilonia, y prenderán fuego a la ciudad.

²⁴Entonces Sedequías respondió a Jeremías:

—Si en algo aprecias tu vida, no hables de esto con nadie. ²⁵Si los funcionarios llegan a saber que he estado hablando contigo, vendrán y te preguntarán qué me dijiste tú, y qué te dije yo, y con la promesa de salvarte la vida, te pedirán que les cuentes todo. ²⁶Pero tú respóndeles que sólo me estabas suplicando que no te mandara de nuevo a la casa de Jonatán, para no morir allí.

²⁷En efecto, todos los funcionarios fueron a ver a Jeremías y le hicieron preguntas, pero él les respondió exactamente lo que el rey le había ordenado. Entonces lo dejaron en paz, porque nadie había oído la conversación. ²⁸Y Jeremías se quedó en

el patio de la guardia hasta el día en que Jerusalén fue tomada.[d]

### Caída de Jerusalén
*(2 R 24.20—25.21; 2 Cr 36.17-21; Jer 52.3-30)*

**39** [1]En el mes décimo del año noveno del reinado de Sedequías en Judá, Nabucodonosor, rey de Babilonia, marchó con todo su ejército contra Jerusalén, y la sitió. [2]El día nueve del mes cuarto del año once del gobierno de Sedequías, el ejército enemigo entró en la ciudad, [3]y todos los oficiales del rey de Babilonia entraron y se instalaron en la puerta central. Eran Nergal-sarezer, Samgar-nebo, Sarsequim, alto funcionario de la corte, y otro Nergal-sarezer, también alto funcionario.

[4]Cuando el rey Sedequías y sus soldados vieron lo que pasaba, huyeron de la ciudad. Salieron de noche por el camino de los jardines reales, por la puerta situada entre las dos murallas, y tomaron el camino del valle del Jordán. [5-6]Pero los soldados caldeos los persiguieron, y alcanzaron a Sedequías en la llanura de Jericó. Lo capturaron y lo llevaron ante el rey Nabucodonosor, que estaba en Ribla, en el territorio de Hamat. Allí Nabucodonosor dictó sentencia: hizo degollar a los hijos de Sedequías en presencia de éste, y también a todos los nobles de Judá. [7]En cuanto a Sedequías, mandó que le sacaran los ojos y que lo encadenaran para llevarlo a Babilonia.

[8]Los caldeos prendieron fuego al palacio real y a las casas de la ciudad, y derribaron las murallas de Jerusalén. [9]Por último, Nabuzaradán, comandante de la guardia real, llevó desterrados a Babilonia tanto a los habitantes de la ciudad que aún quedaban como a los que se habían pasado a los caldeos; en fin, a todo el pueblo. [10]Sólo dejó en el territorio de Judá a algunos de los más pobres, de los que no tenían nada, y ese día les dio viñedos y campos de cultivo.

### Jeremías es puesto en libertad

[11]El rey Nabucodonosor de Babilonia dio a Nabuzaradán, comandante de la guardia, las siguientes órdenes respecto de Jeremías: [12]"Tómalo bajo tu cuidado, y no lo trates mal, sino dale todo lo que te pida." [13]Entonces Nabuzaradán, junto con Nabusazbán y Nergal-sarezer, dos altos funcionarios de la corte, y todos los demás oficiales del rey de Babilonia, [14]mandaron sacar a Jeremías del patio de la guardia y lo pusieron bajo el cuidado de Gedalías, hijo de Ahicam y nieto de Safán, para que lo llevaran a su casa. Así pues, Jeremías se quedó a vivir entre el pueblo.

### Promesas a Ebed-melec

[15]Cuando Jeremías estaba todavía preso en el patio de la guardia, el Señor se dirigió a él, y le dijo: [16]"Ve y dile a Ebed-melec, el etíope: 'El Señor todopoderoso, el Dios de Israel, dice: Voy a cumplir lo que le he anunciado a esta ciudad, para su mal y no para su bien. Cuando esto suceda, tú estarás presente. [17]Pero yo te protegeré, para que no caigas en poder de esa gente a la que temes. Yo, el Señor, lo afirmo. [18]Yo te libraré de que te maten. Podrás escapar con vida, porque confiaste en mí. Yo, el Señor, lo afirmo.' "

### Jeremías se queda con Gedalías

**40** [1]El Señor se dirigió a Jeremías, después que Nabuzaradán, comandante de la guardia, dejó libre a Jeremías en Ramá. Nabuzaradán lo había encontrado preso y encadenado entre la gente de Jerusalén y de Judá que era llevada al destierro a Babilonia.

[2]El comandante de la guardia llevó aparte a Jeremías, y le dijo: "El Señor tu Dios amenazó con enviar esta desgracia a esta tierra, [3]y ahora ha cumplido su amenaza. Esto les ha pasado a ustedes porque pecaron contra el Señor y no lo obedecieron. [4]Mira, ahora mismo te quito las cadenas con que estás atado. Si quieres venir conmigo a Babilonia, ven; yo te cuidaré. Pero si no quieres venir, quédate. Tienes todo el país a tu disposición: ve a donde mejor te parezca. [5]Si prefieres regresar,[52] vuélvete a Gedalías, hijo de Ahicam y nieto de Safán, a quien el rey de Babilonia ha nombrado gobernador de las ciudades de Judá, y vive con él y con tu pueblo. Ve a donde te parezca mejor." Luego el comandante dio a Jeremías un regalo y provisiones, y lo despidió. [6]Jeremías se fue con Gedalías a Mizpa, y vivió con él y con la gente que había quedado en el país.

---

[52] *Si prefieres regresar:* texto probable. Heb. *y aún él no se volvía.*
[d] **38.28** Ez 33.21.

## Conspiración contra Gedalías
### (2 R 25.23-24)

[7]Cuando los comandantes y los soldados de las tropas judías que aún estaban en los campos se enteraron de que el rey de Babilonia había nombrado gobernador del país a Gedalías, hijo de Ahicam, y que había puesto bajo su cuidado a los hombres, mujeres y niños de la gente más pobre del país, los cuales no habían sido deportados a Babilonia, [8]fueron con su gente a Mizpa, a ver a Gedalías. Entre ellos estaban: Ismael, hijo de Netanías; Johanán y Jonatán, hijos de Carea; Seraías, hijo de Tanhumet; los hijos de Efai de Netofa; y Jezanías, hijo de un hombre de Maacat, y sus hombres. [9]Gedalías les aseguró bajo juramento: "No tengan miedo de someterse a los caldeos. Quédense a vivir en el país, sométanse al rey de Babilonia, y les irá bien. [10]Yo me quedaré en Mizpa, para representarlos a ustedes ante los caldeos cuando ellos vengan aquí. Ustedes dedíquense a almacenar vino, frutas y aceite, y así podrán quedarse en las ciudades que han tomado." [11]También los judíos que se encontraban en Moab, Amón, Edom y otros países se enteraron de que el rey de Babilonia había permitido que algunos judíos se quedaran en su tierra, y que había nombrado a Gedalías como gobernador de ellos. [12]Entonces volvieron a Judá de todos los sitios por donde se habían dispersado, y se presentaron ante Gedalías en Mizpa. Y también ellos almacenaron vino y frutas en grandes cantidades.

## Conspiración de Ismael contra Gedalías

[13]Johanán, hijo de Carea, y todos los demás comandantes de tropas que habían quedado en los campos, fueron a Mizpa, a ver a Gedalías, [14]y le dijeron:

—¿No sabes que el rey Baalis de Amón ha enviado a Ismael, el hijo de Netanías, a matarte?

Pero Gedalías no les creyó. [15]Entonces Johanán le dijo en secreto a Gedalías:

—Deja que yo vaya y mate a Ismael. Nadie tiene que saber quién lo hizo. ¿Por qué vamos a dejar que él te mate a ti? Eso traería la dispersión de todos los judíos que se han reunido a tu alrededor, y sería la ruina de lo que aún queda de Judá.

[16]Pero Gedalías le respondió:

—¡No lo hagas! Lo que dices de Ismael no es verdad.

## Asesinato de Gedalías
### (2 R 25.25-26)

**41** [1]En el séptimo mes, Ismael, hijo de Netanías y nieto de Elisama, miembro de la familia real,[53] fue a Mizpa para entrevistarse con Gedalías. Iba acompañado de diez hombres. Y allí en Mizpa, mientras comían juntos, [2]Ismael y los diez hombres que lo acompañaban se levantaron de pronto y a filo de espada mataron a Gedalías, a quien el rey de Babilonia había nombrado gobernador de Judá. [3]Ismael mató también a todos los judíos y soldados caldeos que estaban con Gedalías en Mizpa.

[4]Al día siguiente del asesinato de Gedalías, cuando todavía nadie se había enterado de lo sucedido, [5]llegaron de Siquem, Silo y Samaria ochenta hombres, los cuales traían la barba afeitada, la ropa rasgada y el cuerpo lleno de heridas que ellos mismos se habían hecho. Traían además cereales e incienso para ofrecerlos al Señor en el templo. [6]Entonces Ismael salió de Mizpa a su encuentro, llorando por el camino. Apenas se encontró con ellos, les dijo:

—Vengan a ver a Gedalías, hijo de Ahicam.

[7]Pero tan pronto como llegaron al centro de la ciudad, Ismael y sus hombres los mataron y los echaron en una cisterna. [8]Sin embargo, diez de los hombres de ese grupo dijeron a Ismael:

—No nos mates; nosotros tenemos trigo, cebada, aceite y miel escondidos en el campo.

Entonces Ismael no los mató como a sus compañeros. [9]La cisterna en que Ismael echó los cadáveres de todos los hombres que había matado era la misma que el rey Asa había mandado hacer cuando se defendía del rey Baasa de Israel.[e] Era una cisterna muy grande, pero quedó llena con los cadáveres de la gente que Ismael mató. [10]Además, Ismael apresó a las hijas del rey y a la gente que quedaba en Mizpa, a quienes Nabuzaradán, comandante de la guardia, había puesto bajo el mando de Gedalías. Ismael los apresó, y se puso en camino con intención de pasar al territorio de Amón.

---

[53] *Real:* según la versión griega. Heb. añade: *y los principales funcionarios del rey.*
[e] **41.9** 1 R 15.16-22.

¹¹Cuando Johanán, hijo de Carea, y los jefes militares que estaban con él se enteraron del crimen que Ismael había cometido, ¹²reunieron a toda su gente y se fueron a luchar contra él. Lo encontraron junto al gran estanque que hay en Gabaón.ʲ ¹³Cuando los que Ismael llevaba presos vieron a Johanán y a todos los jefes militares que lo acompañaban, se pusieron muy contentos, ¹⁴y se volvieron y fueron a reunirse con Johanán. ¹⁵Pero Ismael y ocho de sus hombres lograron escapar de Johanán y se fueron al país de Amón.

¹⁶Por su parte, Johanán y los jefes militares que lo acompañaban se hicieron cargo de los soldados, las mujeres, los niños y los altos funcionarios que Ismael se había llevado presos de Mizpa después de haber matado a Gedalías, y que Johanán había traído de vuelta desde Gabaón. ¹⁷Se pusieron así en camino hasta llegar a Gerut-quimam, junto a Belén, donde hicieron un alto. Su intención era continuar hasta Egipto ¹⁸para escapar de los caldeos, pues les tenían miedo por haber matado Ismael a Gedalías, a quien el rey de Babilonia había nombrado gobernador del país.

### El pueblo pide a Jeremías que ore por ellos

**42** ¹Todos los jefes militares, incluyendo a Johanán, hijo de Carea, y a Azarías,⁵⁴ hijo de Osaías, y toda la gente, chicos y grandes, se acercaron ²al profeta Jeremías y le dijeron:

—Vamos a pedirte una cosa; no nos la niegues: Ruega al Señor tu Dios por nosotros, los pocos que quedamos. Antes éramos muchos, pero ahora quedamos sólo unos pocos, como puedes ver. ³Ruega al Señor tu Dios que nos enseñe el camino que debemos seguir y lo que debemos hacer.

⁴Jeremías les respondió:

—Está bien. Voy a rogar al Señor su Dios por ustedes, como me lo han pedido, y les daré a conocer todo lo que él me responda, sin ocultarles nada.

⁵Entonces ellos dijeron a Jeremías:

—Que el Señor tu Dios sea testigo fiel y verdadero en contra nuestra, si no hacemos lo que él te encargue decirnos. ⁶Nos guste o nos disguste su respuesta, obedeceremos al Señor nuestro Dios, a quien te

hemos pedido que recurras, para que así nos vaya bien.

### Respuesta del Señor a la oración de Jeremías

⁷Diez días más tarde, el Señor le habló a Jeremías, ⁸y éste llamó a Johanán, hijo de Carea, y a los jefes militares que lo acompañaban, y a toda la gente, desde el más chico hasta el más grande, ⁹y les dijo: "El Señor, el Dios de Israel, a quien ustedes me encargaron que fuera a presentar su petición, dice: ¹⁰'Si ustedes están dispuestos a quedarse en esta tierra, yo los haré prosperar; no los destruiré, sino que los plantaré y no los arrancaré, pues me pesa haberles enviado esa calamidad. ¹¹No tengan miedo del rey de Babilonia, al que tanto temen. No le tengan miedo, porque yo estoy con ustedes para salvarlos y librarlos de su poder. Yo, el Señor, lo afirmo. ¹²Tendré compasión de ustedes, y haré que también él les tenga compasión y los deje volver a su tierra.'

¹³"Pero si ustedes no quieren quedarse en este país, sino que desobedecen al Señor su Dios ¹⁴y dicen: 'Preferimos ir a vivir a Egipto, donde no veremos guerra, ni oiremos el sonido de la trompeta, ni nos moriremos de hambre', ¹⁵entonces escuchen ustedes, los que quedan de Judá, lo que les dice el Señor todopoderoso, el Dios de Israel: 'Si ustedes se empeñan en ir a vivir a Egipto, ¹⁶la guerra y el hambre que ustedes tanto temen los alcanzará allí mismo, y allí morirán. ¹⁷Todos los que están empeñados en irse a vivir a Egipto, morirán allá por la guerra, el hambre o la peste. Nadie quedará con vida; nadie escapará a la calamidad que les voy a enviar.'

¹⁸"El Señor todopoderoso, el Dios de Israel, dice: 'Así como mi ira y mi furor se encendieron contra los habitantes de Jerusalén, así se encenderán también contra ustedes, si se van a Egipto. Se convertirán en ejemplo de maldición, en algo que causará terror, y no volverán a ver este lugar.' ¹⁹A ustedes, los que aún quedan de Judá, el Señor les ordena que no vayan a Egipto. Sépanlo bien, yo se lo advierto ahora. ²⁰Ustedes cometen un error fatal, pues ustedes mismos me encargaron que acudiera al Señor su Dios, y me dijeron: 'Ruega al Señor nuestro Dios por nosotros, y haznos saber todo lo que él ordene, para que lo hagamos.' ²¹Yo les he dado a

⁵⁴ *Azarías:* según la versión griega. (Véase 42.3) Heb. *Jezanías.*
ʲ 41.12 2 S 2 .13.

conocer hoy lo que el Señor su Dios me encargó decirles, pero ustedes no quieren obedecer. [22]Por lo tanto, sepan bien que por causa de la guerra, el hambre y la peste, ustedes morirán en el país a donde quieren ir a vivir.''

## Se llevan a Jeremías a Egipto

**43** [1]Cuando Jeremías terminó de comunicar al pueblo todo lo que el Señor, el Dios de ellos, le había encargado decirles, [2]Azarías, hijo de Osaías, Johanán, hijo de Carea, y otros hombres arrogantes dijeron a Jeremías: ''¡Lo que dices es mentira! El Señor nuestro Dios no te ha encargado decirnos que no vayamos a vivir en Egipto. [3]Es Baruc, hijo de Nerías, el que te ha predispuesto contra nosotros, para hacer que caigamos en poder de los caldeos y que nos maten o nos lleven desterrados a Babilonia.''

[4]Así pues, ni Johanán ni los jefes militares ni la gente se quedaron en el territorio de Judá, desobedeciendo así la orden del Señor. [5]Por el contrario, Johanán y todos los jefes militares reunieron a la poca gente de Judá que aún quedaba y que, después de haber sido dispersada por distintos países, había vuelto a Judá para establecerse allí: [6]hombres, mujeres, niños, las hijas del rey y todas las personas que Nabuzaradán, comandante de la guardia, había dejado bajo el cuidado de Gedalías, incluyendo a Jeremías y a Baruc. [7]Sin hacer caso de la orden del Señor, todos ellos se fueron a Egipto[g] y llegaron hasta la ciudad de Tafnes.

[8]En Tafnes, el Señor se dirigió a Jeremías y le dijo: [9]''Toma unas piedras grandes y, a la vista de la gente de Judá, entiérralas en el piso de barro de la terraza, frente a la entrada del palacio real de la ciudad. [10]Y diles: 'El Señor todopoderoso, Dios de Israel, dice: Voy a hacer venir a mi siervo Nabucodonosor, rey de Babilonia, y voy a poner su trono y su tienda real encima de estas piedras que he enterrado aquí. [11]Él vendrá y destruirá el país de Egipto. Los que están destinados a morir, morirán; los que están destinados a ir al destierro, irán al destierro; y los que están destinados a morir en la guerra, morirán en la guerra.[h] [12]Prenderá fuego[55] a los templos de los dioses de Egipto, y a sus dioses les prenderá fuego o se los

llevará como si fueran prisioneros. Limpiará el país de Egipto, como un pastor que limpia de piojos su ropa, y luego se irá sin que nadie se lo impida. [13]Destruirá los obeliscos de Heliópolis, en Egipto,[56] y prenderá fuego a los templos de los dioses de Egipto.' ''

## Mensaje del Señor a los judíos que fueron a Egipto

**44** [1]Mensaje que Jeremías recibió para todos los judíos que vivían en Egipto, en las ciudades de Migdol, Tafnes, Menfis y la región del sur: [2]''El Señor todopoderoso, el Dios de Israel, dice: 'Ustedes han visto todas las calamidades que hice caer sobre Jerusalén y las demás ciudades de Judá. Ahora están en ruinas, y nadie vive en ellas [3]por causa de las maldades que cometieron, pues me ofendieron adorando a otros dioses[i] y ofreciéndoles incienso; dioses con los que ni ellos ni ustedes ni sus antepasados tenían nada que ver. [4]Una y otra vez envié a mis siervos los profetas para que les dijeran a ustedes que no hicieran esas cosas repugnantes que yo detesto. [5]Pero ustedes no me obedecieron ni me hicieron caso. En vez de dejar su maldad, siguieron ofreciendo incienso a otros dioses. [6]Entonces se encendieron mi ira y mi furor, y ardieron como un fuego en las ciudades de Judá y en las calles de Jerusalén. Quedaron en ruinas y desiertas hasta el día de hoy.

[7]''Así pues, yo, el Señor todopoderoso, el Dios de Israel, digo: ¿Por qué traen sobre ustedes mismos ese mal tan grande? ¿Por qué hacen que muera toda la gente de Judá, hombres, mujeres y niños, y hasta recién nacidos, de manera que no quede nadie? [8]¿Por qué me ofenden con sus acciones y ofrecen incienso a otros dioses aquí en Egipto, donde han venido a vivir? Con ello van a provocar su propia destrucción, y se convertirán en ejemplo de maldición y humillación entre todas las naciones de la tierra. [9]¿Ya se han olvidado de todas las maldades que cometieron los antepasados de ustedes, y de las que cometieron los reyes de Judá y sus esposas, y de las que ustedes mismos y las esposas de ustedes cometieron en el territorio de Judá y en las calles de Jerusalén? [10]Hasta ahora ustedes no han cambiado de conducta, ni han sentido temor, ni han

---

[55] *Prenderá fuego:* según versiones antiguas. Heb. *prenderé fuego.* [56] *En Egipto:* lit. *(la) que está en Egipto:* el texto hebreo añade esta explicación para distinguirla de una ciudad Palestina, Betsemes, nombre también de Heliópolis en hebreo.
[g] 43.5-7 2 R 25.26. [h] 43.11 Jer 15.2. [i] 44.3 Ex 20.3.

cumplido las instrucciones y leyes que a ustedes y a sus antepasados les di. [11]"Por eso yo, el Señor todopoderoso, el Dios de Israel, les digo: He decidido traer mal sobre ustedes y destruir a todo Judá. [12]Haré que los que quedaron de Judá y se empeñaron en irse a vivir a Egipto, sean destruidos allá por completo. Todos, desde el más chico hasta el más grande, morirán por la guerra o el hambre, y se convertirán en ejemplo de maldición y humillación, en algo que causará terror. [13]Castigaré a los que vivan en Egipto como castigué a Jerusalén, con la guerra, el hambre y la peste. [14]Nadie de ese pequeño resto de Judá que se ha ido a vivir a Egipto, podrá escapar o quedar con vida. Y aunque quieran volver a Judá para establecerse allí, no volverán, a no ser unos cuantos refugiados.' "

[15]Entonces, aquellos que sabían que sus esposas ofrecían incienso a otros dioses, y las mujeres que se encontraban allí, todos los cuales formaban un grupo numeroso, más los judíos que vivían en la región sur de Egipto, respondieron a Jeremías:

[16]—No haremos caso de ese mensaje que nos has traído de parte del Señor. [17]Al contrario, seguiremos haciendo lo que habíamos decidido hacer. Seguiremos ofreciendo incienso y ofrendas de vino a la diosa Reina del Cielo,[j] como lo hemos hecho hasta ahora y como antes lo hicieron nuestros antepasados y nuestros reyes y jefes en las ciudades de Judá y en las calles de Jerusalén. Pues antes teníamos comida en abundancia, nos iba bien y no nos vino ninguna desgracia; [18]pero desde que dejamos de ofrecer incienso y ofrendas de vino a la Reina del Cielo, nos falta de todo, y nuestra gente muere de hambre o en la guerra.

[19]Las mujeres añadieron:

—Nosotras hacíamos tortas que representaban a la Reina del Cielo, y le ofrecíamos incienso y ofrendas de vino, pero todo ello con el consentimiento de nuestros esposos. Y lo seguiremos haciendo.

[20]Entonces Jeremías respondió a todos los hombres y mujeres que le habían contestado de esa manera:

[21]—¿Creen ustedes que el Señor no se daba cuenta, o se había olvidado, de que ustedes y sus antepasados, sus reyes, sus jefes y el pueblo en general, ofrecían incienso a otros dioses en las ciudades de Judá y en las calles de Jerusalén? [22]Pero el Señor ya no pudo soportar más las malas acciones que ustedes cometían y que a él tanto le disgustan. Por eso el país de ustedes está hoy en ruinas y sin nadie que viva en él; se ha convertido en ejemplo de maldición, en algo que causa terror. [23]Esta desgracia en que ahora se encuentran les ha venido precisamente porque ofrecieron incienso a otros dioses, pecando así contra el Señor, y porque no obedecieron sus instrucciones y leyes, ni cumplieron sus mandatos.

[24]Jeremías dijo además a todo el pueblo, y especialmente a las mujeres:

—Escuchen este mensaje del Señor todos ustedes, gente de Judá que vive en Egipto. [25]El Señor todopoderoso, el Dios de Israel, dice: 'Ustedes las mujeres[57] lo dicen de boca y lo practican de hecho. Ustedes dicen que han prometido ofrecer incienso y ofrendas de vino a la Reina del Cielo, y que cumplirán sin falta su promesa. ¡Muy bien, cumplan y pongan por obra lo que han prometido! [26]Pero oigan todos ustedes, gente de Judá que vive en Egipto, lo que yo, el Señor, les digo: Juro por mi nombre soberano que ninguno de los de Judá volverá a pronunciar mi nombre en todo Egipto, diciendo: Por la vida del Señor. [27]Porque yo estaré vigilando para enviarles calamidades y no beneficios. Todos los de Judá que viven en Egipto serán completamente aniquilados por la guerra o el hambre. [28]Serán muy contados los que escapen de morir en la guerra y vuelvan de Egipto a Judá. Así, todos los que quedaban en Judá y vinieron a vivir a Egipto, verán qué palabras se cumplieron, si las mías o las de ellos. [29]Yo, el Señor, les daré a ustedes esta señal como prueba de que mis amenazas se van a cumplir, y de que los castigaré en este país: [30]Yo entregaré al faraón Hofra, rey de Egipto, en poder de sus enemigos mortales, así como entregué a Sedequías, rey de Judá, en poder de Nabucodonosor, rey de Babilonia,[k] su enemigo mortal.'

## Promesas del Señor a Baruc

**45** [1]El año cuarto del gobierno de Joacim,[l] hijo de Josías, rey de Judá, mientras Baruc, hijo de Nerías, escribía lo que el profeta Jeremías le dictaba, dijo Jeremías a Baruc: [2-3]"Tú, Baruc, dices: '¡Ay de mí! ¡El Señor no me da sino penas y dolores! Ya estoy cansado de llorar y no encuentro ningún alivio.' Pues el Señor

[57] Ustedes las mujeres: según la versión griega. Heb. ustedes y sus mujeres.
[j] 44.17 Jer 7.18.   [k] 44.30 2 R 25.1-7.   [l] 45.1 2 R 24.1; 2 Cr 36.5-7; Dn 1.1-2.

dice respecto de ti, [4]y me manda que te diga: 'Yo destruyo lo que construí, y arranco lo que planté. Y lo mismo haré con toda la tierra. [5]¿Quieres pedir para ti algo extraordinario? Pues no lo pidas, porque yo voy a enviar calamidades sobre toda la humanidad. Pero al menos permitiré que conserves tu vida por dondequiera que vayas. Yo, el Señor, lo afirmo.' "

## Derrota de Egipto en Carquemis

**46** [1]El Señor habló al profeta Jeremías acerca de las naciones. [2]Este fue su mensaje acerca de Egipto,[m] y en particular acerca del ejército del faraón Necao, rey de Egipto, que se hallaba en Carquemis, junto al río Éufrates, y a quien el rey Nabucodonosor de Babilonia derrotó en el año cuarto del gobierno de Joacim, hijo de Josías, rey de Judá:

[3]"¡Preparen los escudos!
¡Láncense al ataque!
[4]¡Ensillen los caballos!
¡Monten, jinetes!
¡Pónganse los cascos y formen líneas!
¡Afilen las lanzas!
¡Pónganse las corazas!

[5]"Pero ¿qué es lo que veo?
Retroceden llenos de terror.
Sus guerreros se dispersan derrotados;
salen corriendo, sin mirar atrás.
¡Hay terror por todas partes![n]
Yo, el Señor, lo afirmo.
[6]¡No pueden huir los más veloces,
ni escapar los más valientes!
En el norte, junto al río Éufrates,
tropiezan y caen.
[7]¿Quién es ése que crece como el Nilo,
como un río de aguas violentas?
[8]Es Egipto, que crece como el Nilo,
como un río de aguas violentas.
Egipto dice: 'Voy a crecer y a inundar la tierra,
voy a destruir las ciudades y sus habitantes.'

[9]"¡Que avance la caballería!
¡Adelante los carros!
¡Que se pongan en marcha los guerreros:
los soldados de Etiopía y de Libia, armados de escudos;
los soldados de Lidia, que manejan bien el arco!
[10]Este es el día del Señor todopoderoso,
el día en que va a vengarse de sus enemigos.
La espada herirá hasta saciarse,
hasta emborracharse de sangre.
Pues el Señor todopoderoso hará una matanza[58]
en el país del norte, junto al Éufrates.

[11]"¡Pueblo de Egipto,
ve a Galaad en busca de medicinas!
¡Pero por más remedios que uses,
de nada te van a servir,
pues no hay remedio para ti!
[12]Las naciones ya saben que has sido humillado,
y en toda la tierra se te oye gritar;
chocan los guerreros unos contra otros,
y juntos ruedan por el suelo."

## El ataque de Nabucodonosor a Egipto

[13]El Señor habló al profeta Jeremías cuando Nabucodonosor, rey de Babilonia, se dirigía a atacar a Egipto:[ñ]

[14]"Anuncien en Egipto,
en Migdol, en Menfis y en Tafnes:
'¡Alerta, estén listos!
¡La espada hace estragos a tu alrededor!'
[15]¿Por qué huyó Apis, tu toro sagrado?[59]
¿Por qué no pudo tenerse en pie?
Pues porque yo, el Señor, lo derribé.
[16]Tus soldados tropiezan y caen,
y unos a otros se dicen:
'¡Vámonos de aquí, volvamos a nuestra patria,
al país donde nacimos!
¡Huyamos de la violencia de la guerra!'

[17]"Pónganle este apodo al faraón, el rey de Egipto:
'Mucho ruido, pero a destiempo'.
[18]Yo, que soy el rey

---

[58] *Matanza:* lit. *sacrificio.* Otra posible traducción: *pues será sacrificio al Señor todopoderoso.*  [59] *¿Por qué huyó Apis, tu toro sagrado?:* según la versión griega. Heb. *¿por qué fueron derribados tus toros?*
[m] 46.2-26 Is 19.1-25; Ez 29.1-32.32.   [n] 46.5 Sal 31.13; Jer 6.25; 20.3,10; 49.29; Lm 2.22.   [ñ] 46.13 Jer 43.10-13.

y me llamo el Señor todopoderoso,
lo juro por mi vida:
Como el Tabor, que se destaca entre
los montes,
y como el Carmelo, que se alza sobre
el mar,
así es el enemigo que vendrá.
19 Prepárense para el destierro,
habitantes de Egipto,
pues Menfis se convertirá en
desierto,
en ruinas donde nadie vivirá.
20 Egipto parece una hermosa novilla,
pero viene a picarle un tábano del
norte.
21 Sus soldados mercenarios
son como becerros gordos,
pero ellos también saldrán corriendo
y no podrán resistir,
porque llega el día de su desastre,
la hora de su castigo.
22 Egipto huirá silbando como una
serpiente
cuando se acerquen los ejércitos
y lo ataquen con hachas,
como si cortaran árboles.
23 ¡Cortarán sus espesos bosques!
Yo, el Señor, lo afirmo.
Eran más numerosos que las
langostas,
y nadie los podía contar.
24 Egipto será humillado,
y caerá en poder del pueblo del
norte."

25 El Señor todopoderoso, el Dios de
Israel, dice: "Voy a castigar a Amón, el
dios de Tebas, a Egipto con sus dioses y
sus reyes, y al faraón y a los que en él confían. 26 Haré que caigan en poder de sus
enemigos mortales, de Nabucodonosor,
rey de Babilonia, y de su gente. Pero al
cabo de un tiempo, Egipto volverá a estar
habitado como antes. Yo, el Señor, lo
afirmo.

### El Señor salvará a su pueblo
*(Jer 30.10-11)*

27 "No temas, pueblo de Jacob, siervo
mío;
no tengas miedo, Israel.
Pues a ti y a tus hijos los libraré
de ese país lejano donde están
desterrados.
Volverás a vivir en paz,
tranquilo, sin que nadie te asuste.

28 Yo, el Señor, afirmo:
No temas, pueblo de Jacob, siervo
mío,
porque yo estoy contigo.
Destruiré todas las naciones
entre las cuales te dispersé.
Pero a ti no te destruiré;
sólo te corregiré como mereces;
no te dejaré sin tu castigo."

### Profecía acerca de los filisteos

47 1 Este es el mensaje que el Señor
dirigió al profeta Jeremías acerca
de los filisteos,[o] antes que el faraón atacara Gaza:

2 "Yo, el Señor, digo:
Del norte llega una inundación,
como de un río desbordado;
inunda el país y todo lo que hay en él,
las ciudades y los que en ellas viven.
Todos los habitantes del país gritan,
la gente lanza ayes de dolor.
3 Al oír el galope de los caballos,
el estruendo de los carros
y el ruido de las ruedas,
les faltan fuerzas a los padres
y abandonan a sus hijos.
4 Porque llegó el día de aniquilar a los
filisteos,
de quitarles a Tiro y Sidón
la ayuda que aún les queda."

Sí, el Señor va a destruir a los
filisteos,
que emigraron de la isla de Creta.
5 La gente de Gaza se rapa la cabeza,
la gente de Ascalón se queda muda.
Último resto de los antiguos
gigantes,[60,p]
¿hasta cuándo te harás cortaduras en
la carne
en señal de dolor?
6 ¡Ay, espada del Señor!
¿Cuándo te vas a detener?
¡Vuelve a entrar en tu vaina,
cálmate, quédate quieta!
7 ¿Pero cómo podría quedarse quieta
si el Señor le ha dado órdenes,
si le ha dado el encargo
de atacar a Ascalón y toda la costa?

### Profecía acerca de Moab

48 1 Mensaje del Señor todopoderoso,
el Dios de Israel, acerca de Moab:[q]

60 *Los antiguos gigantes:* según la versión griega. Heb. *del valle de ellos.*
o 47.1-7 Is 14.29-31; Ez 25.15-17; Jl 3.4-8; Am 1.6-8; Sof 2.4-7; Zac 9.5-7. p 47.5 Jos 11.22. q 48.1-47 Is 15.1-16.14; 25.10-12;
Ez 25.8-11; Am 2.1-3; Sof 2.8-11.

"¡Pobre ciudad de Nebo,
qué destruida está!
¡Quiriataim fue tomada y humillada!
¡Su fortaleza fue derribada al suelo!
²El esplendor de Moab ha terminado.
En Hesbón los enemigos hacen
planes
para que Moab, como nación,
desaparezca.
Tú también, Madmén, serás
destruida,
y la guerra no dejará de amenazarte.
³De Horonaim salen gritos:
'¡Ruina y gran destrucción!'

⁴"Moab está en ruinas;
los gritos de dolor llegan hasta
Zoar.⁶¹
⁵Con lágrimas en los ojos avanzan
los que suben por la cuesta de Luhit;
gritan de dolor ante el desastre
los que bajan a Horonaim.
⁶¡Huyan! ¡Sálvese quien pueda!
¡Sean como la zarza en el desierto!⁶²

⁷"Moab, tú confiabas en tu fuerza
y en tus riquezas,
pero también tú serás tomada.
Tu dios Quemós irá al destierro,
con sus sacerdotes y gente
importante.
⁸La destrucción llegará a todas las
ciudades,
y ni una sola escapará;
el valle y la meseta quedarán en
ruinas.
Yo, el Señor, lo afirmo.
⁹Pónganle una lápida⁶³ a Moab,
porque la van a destruir;
sus ciudades quedarán en ruinas
y sin ningún habitante."

¹⁰(¡Maldito el que no haga con gusto el trabajo que el Señor encarga! ¡Maldito el que se niegue a tomar parte en la matanza!)
¹¹Moab siempre ha vivido en paz, nunca ha tenido que ir al destierro. Es como el vino que se deja asentar, que no se pasa de una vasija a otra, y por eso nunca pierde su sabor ni su aroma.
¹²Pero el Señor afirma: "Va a llegar el día en que yo enviaré gente que eche ese vino en otras vasijas, y que a las vasijas vacías las haga pedazos. ¹³Entonces Moab se sentirá defraudado por su dios Quemós, así como Israel se sintió defraudado

por Betel, en quien tenía puesta su confianza.

¹⁴"Que no diga Moab: 'Somos
valientes,
guerreros poderosos.'
¹⁵Ya llega el destructor de Moab y sus
ciudades;
lo mejor de su juventud morirá.
Lo afirma el Rey, cuyo nombre es el
Señor todopoderoso.
¹⁶El desastre de Moab se acerca,
su desgracia está a punto de llegar.
¹⁷Vecinos de Moab,
y todos los que conocen su fama,
lloren por él y digan:
'¡Miren cómo quedó deshecho su
dominio
tan fuerte y tan glorioso!'

¹⁸"Baja de tu sitio de honor, ciudad de
Dibón,
y siéntate en el suelo reseco,
porque el destructor de Moab avanza
contra ti
y ha destruido tus fortificaciones.
¹⁹Ciudad de Aroer,
párate al lado del camino y mira;
pregunta a los sobrevivientes
qué fue lo que pasó.
²⁰Moab está humillado, lleno de terror.
¡Lloren de dolor por él!
¡Anuncien en el río Arnón
que Moab ha sido destruido!"

²¹Llegó el castigo decretado contra las ciudades de la meseta: Holón, Jahaza, Mefaat, ²²Dibón, Nebo, Bet-diblataim, ²³Quiriataim, Bet-gamul, Bet-meón, ²⁴Queriot, Bosra y todas las ciudades de Moab, cercanas y lejanas.

²⁵El Señor afirma:
"La fuerza de Moab ha sido rota,
y su poder destruido."

²⁶Emborrachen a Moab,
porque se rebeló contra el Señor.
Entonces Moab se revolcará en su
vómito
y todos se burlarán de él.
²⁷Moab, ¿no te burlabas tú de Israel
y hablabas siempre de él con
desprecio,
como si fuera un ladrón?
²⁸Abandonen las ciudades, habitantes
de Moab;

---

⁶¹ *Hasta Zoar:* según la versión griega. Heb. *de sus pequeños.* Heb. oscuro. ⁶³ *Lápida:* según la versión griega. Heb. oscuro. ⁶² *Como la zarza en el desierto:* según la versión latina.

váyanse a las peñas, a vivir como las
palomas
que anidan al borde de los
precipicios.
29Conocemos el gran orgullo de Moab:
su arrogancia, su altivez y su
soberbia.
30También el Señor conoce su
insolencia,
su charlatanería y sus bravatas.

31Por eso lloraré y me lamentaré
por todo el pueblo de Moab
y por los hombres de Kir-hares.
32Lloraré por ti, viñedo de Sibma,
más de lo que se lloró por Jazer.
Tus ramas pasaban más allá del mar
y llegaban hasta Jazer.
Pero ahora tu cosecha de uvas
ha quedado destruida.
33Ya no se oyen gritos de contento
en los jardines de Moab.
El vino se ha acabado en los
depósitos.
Ya no hay quien pise las uvas,
ya no hay más cantos de alegría.
34La gente de Hesbón grita de dolor,
y sus gritos llegan hasta Eleale y
Jahaza,
y desde Zoar hasta Horonaim y
Eglat-selisiya,
porque aun los manantiales de
Nimrim están secos.

35El Señor afirma:
"Yo destruiré a la gente de Moab
que sube a las colinas, a los
santuarios paganos,
para ofrecer sacrificios e incienso a
sus dioses."

36Por eso mi corazón gime por Moab
y por los hombres de Kir-hares
con sonido de flautas fúnebres,
pues las riquezas que juntó se han
perdido.
37Toda cabeza está rapada y toda
barba cortada;
todos se han hecho heridas en las
manos
y se han vestido con ropas ásperas.

38"En todas las terrazas de Moab
y en todas sus calles

no se oye más que llanto,
porque yo hice pedazos a Moab
como a una vasija inútil.
Yo, el Señor, lo afirmo."

39¡Hagan lamentación por Moab!
¡Qué lleno de terror está!
¡Volvió la espalda de manera
vergonzosa!
Se convirtió en algo horrible y
despreciable
para todos sus vecinos.

40El Señor dice:
"El enemigo de Moab se lanza
contra él
como un águila con las alas
extendidas.
41Ciudades y fortalezas
caerán en poder del enemigo.
En ese día los guerreros de Moab
temblarán como mujer de parto.
42Moab dejará de ser nación,
porque se levantó contra mí, contra
el Señor.
43Por eso yo, el Señor, afirmo:
Los habitantes de Moab serán
como animales perseguidos por los
cazadores
o en peligro de caer en un hoyo o
una trampa.
44El que escape de los cazadores caerá
en el hoyo,
y el que salga del hoyo caerá en la
trampa,r
porque yo traeré sobre Moab
el tiempo de su castigo.
Yo, el Señor, lo afirmo.

45"Algunos huyen sin fuerzas
a buscar refugio a la sombra de
Hesbón;
pero Hesbón, la ciudad del rey
Sehón,
está en llamas, y el fuego se extiende
y devora los montes de Moab,
ese pueblo revoltoso.
46¡Ay de ti, Moab!
¡Pueblo de Quemós, estás perdido!
¡A tus hijos y a tus hijas se los lleven
al destierro!
47Pero al final yo cambiaré la suerte de
Moab;
yo, el Señor, lo afirmo."

r 48.43-44 Is 24.17-18.

Esta es la sentencia del Señor contra Moab.

## Profecía acerca de los amonitas

**49** ¹Mensaje del Señor acerca de Amón:⁵

"¿Dónde están los hijos de Israel?
¿Dónde están sus herederos?
¿Por qué el dios Milcom⁶⁴ es ahora dueño de Gad?
¿Por qué los amonitas habitan en sus ciudades?

²"Pues bien, yo, el Señor, afirmo:
Va a llegar el día
en que haré que la ciudad amonita de Rabá
escuche el grito de guerra;
se convertirá en un montón de ruinas,
y sus poblaciones arderán en llamas.
Entonces Israel reconquistará sus ciudades.
Yo, el Señor, lo afirmo.

³"¡Gime, Hesbón, pues Hai ha sido destruida!
¡Hagan lamentación, mujeres de Rabá!
¡Vístanse de luto, golpéense el pecho!
¡Corran como locas, hiéranse el cuerpo!⁶⁵
Porque el dios Milcom va al destierro,
con sus sacerdotes y gente importante.
⁴¿Por qué te jactas de tu fuerza?
Tu fuerza ya se acaba, pueblo rebelde,
que confías en las riquezas que has juntado
y dices: '¿Quién me va a atacar?'
⁵Pues bien, de todas partes
voy a enviar terror sobre ti.
Yo, el Señor todopoderoso, lo afirmo.
Cada uno de ustedes saldrá corriendo por su lado,
y no habrá nadie que los vuelva a reunir.
⁶Pero después cambiaré la suerte de los amonitas.
Yo, el Señor, lo afirmo."

## Profecía acerca de Edom

⁷Mensaje del Señor todopoderoso acerca de Edom:ᵗ

"¿Ya no hay sabiduría en Temán?
¿Ya no saben qué hacer los inteligentes?
¿Se echó a perder su sabiduría?
⁸¡Habitantes de Dedán, salgan corriendo,
vayan a esconderse!
Porque voy a destruir el pueblo de Esaú;
ha llegado el tiempo en que voy a castigarlo.
⁹Cuando se cosechan las uvas,
se dejan algunos racimos;
cuando por la noche llegan ladrones,
sólo se llevan lo que necesitan.
¹⁰Pero yo he dejado al pueblo de Esaú sin nada,
he descubierto sus escondites
y ya no puede ocultarse.
Sus hijos, sus parientes y vecinos,
fueron todos destruidos;
no quedó nadie que diga:⁶⁶
¹¹'Déjame a tus huérfanos, que yo los cuidaré.
Tus viudas pueden contar conmigo.' "

¹²El Señor dice: "Si aquellos que no merecían la copa del castigo han tenido que beberla, de ningún modo quedarás tú sin castigo, sino que tendrás que beber también de ella. ¹³Yo, el Señor, lo juro por mí mismo: La ciudad de Bosra quedará convertida en un desierto, en ruinas, en ejemplo de humillación y maldición, y las demás ciudades quedarán en ruinas para siempre."

¹⁴Me ha llegado una noticia de parte del Señor;
un heraldo proclama entre las naciones:
"¡Reúnanse y marchen contra Edom!
¡Prepárense para la batalla!
¹⁵Yo te haré el más pequeño de los pueblos,
el más despreciado entre los hombres.
¹⁶Te dejaste engañar por tu orgullo,⁶⁷
porque infundías terror.

---

⁶⁴ *Milcom:* según varias versiones antiguas. Heb. *su rey.* ⁶⁴ *Hiéranse el cuerpo:* texto probable. Heb. *en los cercados.*
⁶⁶ *No quedó nadie que diga:* texto probable. Heb. *y él ya no existe.* ⁶⁷ *Tu orgullo:* traducción probable. Heb. oscuro.
ˢ **49.1-6** Ez 21.28-32; 25.1-7; Am 1.13-15; Sof 2.8-11. ᵗ **49.7-22** Is 34.5-17; 63.1-6; Ez 25.12-14; 35.1-15; Am 1.11-12; Abd 1-14; Mal 1.2-5.

Vives entre las grietas de las rocas,
agarrado a las cumbres de los
   montes.
Pero aunque anides tan alto como el
   águila,
de allá te haré bajar.
Yo, el Señor, lo afirmo.

[17]"La destrucción de Edom será tan
grande que causará espanto. Todo el que
pase por allí se espantará al ver el castigo,
[18]pues quedará como Sodoma y Gomorra
y las ciudades vecinas, cuando fueron destruidas.[u] Nadie volverá a vivir allí, ni
siquiera de paso. Yo, el Señor, lo digo.
[19]Vendré repentinamente, como un león
que sale de los matorrales del Jordán y se
lanza a los lugares donde siempre hay
pasto fresco, y haré huir de ahí a los de
Edom, y haré que gobierne la persona que
yo escoja. Pues ¿quién puede compararse
a mí? ¿Quién puede desafiarme? ¿Qué
pastor me puede hacer frente? [20]Escuchen
el plan que yo, el Señor, he preparado
contra Edom, el proyecto que he formulado contra los habitantes de Temán: Aun
a los corderos más pequeños se los llevarán, y las praderas mismas serán también
destrozadas. [21]La caída de Edom hará
tanto ruido, que la tierra temblará; gritará
pidiendo auxilio, y sus gritos se oirán
hasta en el Mar Rojo.[v] [22]El enemigo se
lanzará contra Bosra como un águila con
las alas extendidas, y ese día los guerreros
de Edom temblarán como mujer de
parto."

## Profecía acerca de Damasco

[23]Mensaje acerca de Damasco:[w]

"Las ciudades de Hamat y Arfad
   están avergonzadas,
porque les han llegado malas
   noticias.
Se llenan de terror,[68] no pueden
   estar tranquilas.
[24]Damasco, ya sin fuerzas, se dispone
   a huir.
La dominan el pánico, la angustia y
   el dolor,
como a una mujer de parto.
[25]La ciudad famosa, la ciudad feliz,[69]
ha quedado abandonada.
[26]Ese día quedarán sus jóvenes
   tendidos en las calles,
y todos sus guerreros morirán.

Yo, el Señor todopoderoso, lo
   afirmo.
[27]Voy a prender fuego a las murallas
   de Damasco,
y ese fuego destruirá los palacios de
   Ben-adad."

## Profecía acerca de Cedar y Hazor

[28]Mensaje del Señor acerca de la tribu
de Cedar y de los jefes de Hazor, a los
cuales derrotó Nabucodonosor, rey de
Babilonia:

"¡Adelante, ataquen a Cedar!
¡Destruyan a esa tribu de oriente!
[29]Apodérense de sus tiendas y de sus
   rebaños,
de sus lonas y de todos sus
   utensilios.
Quítenles sus camellos y grítenles:
'¡Hay terror por todas partes!'[x]
[30]¡Salgan corriendo, habitantes de
   Hazor!
¡Vayan a esconderse!
Yo, el Señor, lo digo.
Pues Nabucodonosor, el rey de
   Babilonia,
ha hecho planes contra ustedes.
[31]Yo, el Señor, les ordeno:
¡Adelante, ataquen a ese pueblo
que vive confiado y tranquilo,
sin puertas ni cerrojos
y completamente solo!
[32]¡Róbenle sus camellos y todo su
   ganado!
Voy a dispersar en todas direcciones
a esa gente que se afeita las sienes;
de todas partes les traeré el desastre.
Yo, el Señor, lo afirmo.
[33]Hazor será para siempre
un desierto y guarida de chacales.
Nadie volverá a vivir allí ni siquiera
   de paso."

## Profecía acerca de Elam

[34]Cuando Sedequías comenzó a reinar
en Judá, el Señor dirigió este mensaje a
Jeremías acerca de Elam:

[35]"Yo, el Señor todopoderoso,
   afirmo:
Voy a romper los arcos de Elam,
que son su arma principal.
[36]Voy a traer vientos contra este
   pueblo

[68] Se llenan de terror: traducción probable. Heb. oscuro.   [69] Feliz: según versiones antiguas. Heb. de mi felicidad.
[u] 49.18 Gn 19.24-25.   [v] 49.18-21 Jer 50.40,44-46.   [w] 49.23-27 Is 17.1-3; Am 1.3-5; Zac 9.1.   [x] 49.29 Sal 31.13; Jer 6.25;
20.3,10; Lm 2.22.

desde las cuatro direcciones,
para que lo dispersen por todas
partes,
hasta que no quede país
adonde no lleguen sus refugiados.
[37] Haré temblar a Elam ante sus
enemigos mortales,
le enviaré calamidades,
desataré mi ira contra él,
y le enviaré la guerra hasta destruirlo
por completo.
Yo, el Señor, lo afirmo.
[38] Pondré mi trono en Elam,
y haré morir a sus reyes y a sus jefes.
Yo, el Señor, lo afirmo.
[39] Pero en el futuro cambiaré la suerte
de Elam.
Yo, el Señor, lo afirmo.''

### Caída de Babilonia

50 [1] Mensaje acerca de Babilonia,[y] país
de los caldeos, que el Señor comunicó por medio del profeta Jeremías:

[2] ''Anuncien esto, denlo a conocer
entre las naciones.
Levanten la señal de anuncio; no
oculten nada.
Digan: '¡Babilonia fue tomada!
¡El dios Bel quedó en ridículo,
el dios Marduc está lleno de terror!
¡Sus ídolos, sus falsos dioses,
quedaron en ridículo y llenos de
terror!'*
[3] Porque del norte avanza contra ella
una nación
que convertirá su país en un desierto.
Nadie, ni hombres ni animales,
volverá a vivir allí,
pues todos se irán huyendo.''

### Regreso de los israelitas

[4] El Señor dice: ''En aquel tiempo, la
gente de Israel y de Judá vendrá llorando
a buscarme a mí, el Señor su Dios. [5] Preguntarán por el camino de Sión, y hacia
allá irán, diciendo: 'Vayamos al Señor, y
unámonos con él en un pacto eterno, que
no se olvide nunca.'
[6] ''Mi pueblo era como ovejas perdidas,[z] mal guiadas por sus pastores, que
las dejaron perderse en los montes. Iban
de un monte al otro, y hasta olvidaron su
corral. [7] Sus enemigos, al encontrarlos, los
devoraban y decían: 'No es culpa nuestra,
porque ellos pecaron contra el Señor, su

pastizal seguro, la esperanza de sus antepasados.'

[8] ''¡Huyan de Babilonia,[a] del país de
los caldeos!
¡Salgan como guías al frente del
rebaño!
[9] Pues voy a hacer que un grupo
de poderosos pueblos del norte
ataque al mismo tiempo a Babilonia.
Se alinearán y la conquistarán.
Son guerreros expertos,
que disparan sus flechas sin fallar el
tiro.
[10] Saquearán a los caldeos;
los saquearán hasta llenarse.
Yo, el Señor, lo afirmo.

### Caída de Babilonia

[11] ''Ustedes, caldeos, que saquearon mi
pueblo,
¡alégrense y diviértanse!
¡Salten como una novilla en la
hierba!
¡Relinchen como caballos!
[12] Pero su patria y su ciudad natal
quedarán cubiertas de vergüenza.
Será la última de las naciones,
un desierto seco y desolado.
[13] Porque me enojaré y la dejaré sin
habitantes,
completamente convertida en un
desierto.
Todo el que pase por allí quedará
espantado
al ver el castigo que recibió.

[14] ''¡A sus puestos, arqueros, rodeen
Babilonia!
¡Disparen contra ella todas sus
flechas,
porque pecó contra mí, contra el
Señor!
[15] ¡Lancen gritos de guerra por todos
lados!
¡Babilonia ya se rinde!
¡Cayeron las torres, se derrumbaron
las murallas!
¡Esta es mi venganza: vénguense de
ella!
¡Hagan con ella lo mismo que ella
hizo!
[16] No dejen en Babilonia a nadie que
siembre o recoja las cosechas.
Al ver la guerra destructora,
los extranjeros volverán a su patria,
cada cual huyendo hacia su tierra.[b]

y **50.1-51.64** Is 13.1-14.23; 47.1-15.   * **50.2** Is 46.1; Bar 6.40; Dn(dc) 14.3-22.   z **50.6-7** Ez 34.5-6; Zac 10.2; Mt 9.36; Mr 6.34.
a **50.8** Is 48.20; Jer 51.6,45; Ap 18.4.   b **50.16** Is 13.14.

### Regreso de Israel

[17]"Israel es como una oveja perdida, perseguida por leones. Primero se lo comió el rey de Asiria; después, Nabucodonosor, rey de Babilonia, le royó los huesos. [18]Por eso yo, el Señor todopoderoso, el Dios de Israel, digo: Voy a castigar al rey de Babilonia y a su país, como lo hice con el rey de Asiria. [19]Haré que Israel vuelva a su tierra, y como una oveja tendrá pastos abundantes en el Carmelo, en Basán, en la región montañosa de Efraín y en Galaad. [20]Yo, el Señor, afirmo: En aquel tiempo, Israel y Judá estarán libres de culpas y pecados, porque yo perdonaré a los que deje con vida.

### Derrota de Babilonia

[21]"¡Ataquen la región de Merataim[70]
y a los habitantes de Pecod![70]
¡Persíganlos, destrúyanlos por
completo!
¡Cumplan mis órdenes en todo!
Yo, el Señor, lo ordeno."

[22]En el país se oye estruendo de
batalla,
de gran destrucción.
[23]¡Babilonia, el martillo[c] del mundo
entero,
ha quedado roto, hecho pedazos!
¡Qué horror sienten las naciones
al ver lo que a Babilonia le ha
pasado!
[24]Tú misma, Babilonia, te tendiste una
trampa,
y sin darte cuenta caíste en ella.
Quedaste presa, atrapada,
porque te opusiste al Señor.
[25]El Señor abrió el depósito de sus
armas
y sacó las armas de su ira,
porque el Señor todopoderoso
tiene una tarea que llevar a cabo
en la nación de los caldeos.
[26]¡Atáquenla por todas partes!
¡Abran sus graneros!
¡Amontonen a la gente y
destrúyanla!
¡Que no quede nadie con vida!
[27]¡Maten a todos sus soldados,
envíenlos al matadero!
¡Ay de ellos! ¡Les llegó su día,
la hora de su castigo!

[28](Gente escapada de Babilonia llega a Sión contando cómo el Señor nuestro Dios ha dado su merecido a Babilonia por lo que ella hizo con el templo.)

[29]"¡Llamen a todos los arqueros,
para que ataquen a Babilonia!
¡Acampen alrededor de la ciudad
para que nadie escape!
¡Páguenle como merece![d]
¡Hagan con ella lo mismo que ella
hizo!
Porque ha sido insolente conmigo,
con el Señor, el Dios Santo de Israel.
[30]Por eso sus jóvenes caerán muertos
por las calles
y todos sus guerreros morirán en ese
día.
Yo, el Señor, lo afirmo."

[31]El Señor todopoderoso dice:
"Nación insolente, yo estoy en
contra tuya;
ha llegado tu día, la hora de
castigarte.
[32]Nación insolente, tropezarás y
caerás,
y nadie te levantará.
Prenderé fuego a todas tus ciudades,
y ese fuego destruirá todos tus
contornos."

[33]El Señor todopoderoso dice: "El pueblo de Israel y el pueblo de Judá están sufriendo la opresión. Sus enemigos los tienen presos y no quieren soltarlos. [34]Pero su libertador es fuerte y se llama el Señor todopoderoso. El se encargará de hacerles justicia; traerá paz al país y terror a los habitantes de Babilonia."

[35]El Señor dice:
"¡Guerra a Babilonia y a sus
habitantes!
¡A sus jefes y a sus sabios!
[36]¡Guerra a sus adivinos: que se
vuelvan locos!
[37]¡Guerra a sus soldados: que tiemblen
de miedo!
¡Guerra a sus caballos y sus carros!
¡Guerra a sus soldados mercenarios:
que se vuelvan como mujeres!
¡Guerra a sus tesoros: que se los
roben!
[38]¡Guerra a sus ríos: que se sequen!
Porque Babilonia es un país de
ídolos horribles,

[70] *Merataim* y *Pecod:* el texto hebreo registra así a los nombres de dos lugares de Babilonia, para que signifiquen *doble rebelión* y *lugar de castigo* respectivamente.
[c] 50.23 Jer 51.20-23.   [d] 50.29 Sal 28.4; 137.8; Ap 18.6.

y por ellos ha perdido el sentido.

[39]"Por eso, en Babilonia harán sus guaridas los gatos monteses y los chacales,[e] y allí vivirán los avestruces. Jamás en todos los siglos venideros volverá a ser habitada. [40]Quedará como Sodoma y Gomorra y las ciudades vecinas,[f] cuando fueron destruidas. Nadie volverá a vivir allí, ni siquiera de paso.[g] Yo, el Señor, lo afirmo.

[41]"Desde lejanas tierras del norte,
una nación poderosa y numerosos reyes
se preparan a venir.
[42]Están armados de arcos y lanzas;
son crueles, no tienen compasión,
sus gritos son como el estruendo del mar,
y van montados a caballo.
Están listos para la batalla contra Babilonia.
[43]El rey de Babilonia, al saber esta noticia,
se ha quedado paralizado de miedo,
y siente angustia y dolor
como mujer de parto.[h]

[44]"Vendré repentinamente como un león que sale de los matorrales del Jordán y se lanza a los lugares donde siempre hay pasto fresco, y haré huir de ahí a los de Babilonia, y haré que gobierne la persona que yo escoja. Pues ¿quién puede compararse a mí? ¿Quién puede desafiarme? ¿Qué pastor me puede hacer frente? [45]Escuchen el plan que yo, el Señor, he preparado contra Babilonia; el proyecto que he formulado contra el país de los caldeos: Aun a los corderos más pequeños se los llevarán, y las mismas praderas serán también destrozadas. [46]La caída de Babilonia hará tanto ruido, que la tierra temblará, y sus gritos se oirán en las demás naciones."[i]

### Destrucción de Babilonia

**51** [1]El Señor dice:
"Voy a enviar un viento destructor
contra Babilonia y los caldeos.[71]
[2]Haré que sus enemigos traten a Babilonia
como a trigo que se lanza al aire;

haré que dejen sin habitantes su territorio.
Cuando llegue el día del desastre,
la atacarán por todas partes.
[3]¡Que preparen sus arcos los arqueros!
¡Que se pongan las corazas![72]
¡No tengan compasión de los jóvenes de Babilonia;
destruyan su ejército por completo!
[4]Por todo el país de los caldeos
la gente quedará tendida por las calles,
[5]pues aunque Israel y Judá han pecado contra mí
y han llenado de pecado su país,
yo, el Señor todopoderoso,
el Dios Santo de Israel,
aún no los he abandonado.

[6]"¡Huyan de Babilonia! ¡Sálvese quien pueda!
¡No mueran por causa del pecado de ella!
Esta es la hora de mi venganza,
y le pagaré como merece.[j]
[7]Babilonia era en mi mano una copa de oro
que embriagaba a todo el mundo.
Las naciones bebían de ese vino[k]
y perdían el sentido.
[8]Pero de pronto Babilonia cayó hecha pedazos.[l]
¡Pónganse a llorar por ella!
Traigan remedios para sus heridas,
a ver si se cura."

[9]Ya le pusimos remedios a Babilonia,
pero no se curó.
¡Déjenla! Vámonos de aquí,
cada uno a su patria,
pues su crimen llega hasta el cielo,[m]
se levanta hasta las nubes.

[10]El Señor hizo triunfar nuestro derecho.
Vengan, vamos a contar en Sión
lo que ha hecho el Señor nuestro Dios.
[11]El Señor quiere destruir Babilonia,
y ha despertado en los reyes de Media
ese mismo sentimiento.
Esa es la venganza del Señor
por lo que hicieron con su templo.

---

[71] Caldeos: lit. corazón de los que se levantan contra mí, escritura en clave para Caldea. (Véase también 25.26; 51.41.)
[72] Que preparen . . . corazas: según la versión griega. Heb. oscuro.
[e] 50.39 Ap 18.2.   [f] 50.40 Gn 19.24-25.   [g] 50.39-40 Is 13.20-22.   [h] 50.41-43 Jer 6.22-2 3.   [i] 50.40,44-46 Jer 49.18-21.
[j] 51.6 Is 48.20; Jer 50.8; 51.45; Ap 18.4.   [k] 51.7 Ap 17.2-4; 18.3.   [l] 51.8 Ap 18.2.   [m] 51.9 Ap 18.5.

¡Preparen las flechas! ¡Sujeten los
escudos!
[12]¡Den la señal de atacar los muros de
Babilonia!
¡Refuercen la guardia!
¡Pongan centinelas!
¡Tiendan emboscadas!

Porque el Señor preparó y llevó a
cabo
los planes que había anunciado
contra los habitantes de Babilonia.
[13]Tú, Babilonia, que estás junto a
grandes ríos[n]
y tienes grandes riquezas,
¡ya te ha llegado tu fin,
el término de tu existencia!
[14]El Señor todopoderoso ha jurado
por su vida:
"¡Te llenaré de enemigos, como de
langostas,
y ellos cantarán victoria sobre ti!"

### Himno de alabanza a Dios
(Jer 10.12-16)

[15]El Señor, con su poder, hizo la
tierra;
con su sabiduría afirmó el mundo;
con su inteligencia extendió el cielo.
[16]Con voz de trueno hace rugir el agua
en el cielo,
hace subir las nubes desde el extremo
de la tierra,
hace brillar los relámpagos en medio
de la lluvia
y saca el viento de donde lo tiene
guardado.[ñ]
[17]Necio e ignorante es todo hombre.
Los ídolos defraudan al que los
fabrica:
son imágenes engañosas y sin vida;
[18]son objetos sin valor, ridículos,
que el Señor, en el juicio, destruirá.
[19]¡Qué diferente es el Dios de Jacob,
creador de todo lo que existe!
Él escogió a Israel como su
propiedad.
El Señor todopoderoso: ése es su
nombre.

### Babilonia, instrumento de castigo
del Señor

[20]"¡Babilonia, tú eres mi mazo,[o]
mi arma de guerra!
Contigo destrozo naciones
y destruyo reinos.

[21]Contigo destrozo caballos y jinetes,
carros y cocheros.
[22]Contigo destrozo hombres y
mujeres,
ancianos y jóvenes,
muchachos y muchachas.
[23]Contigo destrozo pastores y rebaños,
labradores y bueyes,
gobernadores y funcionarios.

### Castigo de Babilonia

[24]"Pero ante los propios ojos de
ustedes
pagaré a Babilonia y a todos los
caldeos
como merecen, por el mal que
hicieron a Sión.
Yo, el Señor, lo afirmo.
[25]Yo estoy en contra tuya, montaña
destructora,
que destruyes toda la tierra.
Yo, el Señor, lo afirmo.
Levantaré la mano para castigarte,
te haré rodar desde los peñascos
y te convertiré en un cerro quemado.
[26]Ninguna de las piedras de tus ruinas
servirá para construir edificios.
Serás un desierto para siempre.
Yo, el Señor, lo afirmo.

[27]"¡Den en el país la señal de ataque!
¡Toquen la trompeta y preparen a las
naciones
para atacar a Babilonia!
¡Levanten contra ella a los reinos de
Ararat,
de Mini y de Askenaz!
¡Nombren un general que dirija la
batalla!
¡Hagan avanzar la caballería como
langostas furiosas!
[28]Preparen a las naciones para
atacarla;
preparen a los reyes de Media,
y a sus gobernadores y funcionarios,
y toda la tierra que dominan."

[29]La tierra tiembla y se estremece,
porque el Señor está cumpliendo sus
planes
de convertir Babilonia en un horrible
desierto.
[30]Los soldados babilonios dejaron de
luchar,
se quedaron en sus fortalezas;
sus fuerzas se agotaron,
y hasta parecían mujeres.

---

[n] **51.13** Ap 17.1.   [ñ] **51.16** Sal 135.7; Eclo 43.13-14.   [o] **51.20-23** Jer 50.23.

Sus ciudades fueron invadidas
y sus casas incendiadas.
31Uno tras otro corren los mensajeros
a anunciar al rey de Babilonia
que su ciudad fue conquistada por
completo.
32El enemigo ocupó los pasos de los
ríos,
incendió los puestos de defensa73
y los soldados se llenaron de terror.
33Porque el Señor todopoderoso,
el Dios de Israel, dice:
"¡Babilonia es como una era
pisoteada en el tiempo de la trilla,
y muy pronto va a llegarle el tiempo
de la cosecha!"

34-35Dice Jerusalén, la ciudad de Sión:
"Nabucodonosor, el rey de
Babilonia,
me hizo pedazos y me devoró;
me dejó como un plato vacío.
Como un monstruo del mar, me
tragó;
se llenó con lo que más le gustó de
mí,
y el resto lo tiró.74
¡Que pague Babilonia por la
violencia que me hizo!
¡Que paguen los caldeos por la gente
que me mataron!"

### Promesa a Israel

36El Señor dice:
"Yo te voy a hacer justicia,
me voy a vengar de tus enemigos.
Voy a dejar completamente secos
el río y los manantiales de Babilonia,
37que quedará convertida en un
montón de ruinas,
en guarida de chacales,
en un lugar inhabitable
que a todos causará espanto y
horror.
38Todos ellos rugirán como leones
y gruñirán como cachorros.
39Cuando ardan de calor, yo les daré a
beber
bebidas que los embriaguen
y les hagan perder el sentido.75
Así caerán en un sueño eterno
del que no despertarán.
Yo, el Señor, lo afirmo.
40Luego los llevaré al matadero,
como se lleva a los corderos, chivos
y carneros."

### Caída de Babilonia

41¡Babilonia,76 la ciudad famosa en
todo el mundo,
ha caído, ha sido conquistada!
¡Cómo se espantan las naciones al
verla!
42El mar inundó Babilonia,
la cubrió con sus grandes olas.
43Sus ciudades se convirtieron en
horrible desierto,
en tierra seca y desolada,
donde nadie vive,
por donde nadie pasa.

44"Castigaré al dios Bel en Babilonia,
le haré vomitar lo que se había
tragado,
y no volverán las naciones a acudir a
él.
¡Ya cayeron las murallas de
Babilonia!
45Pueblo mío, sal de ahí,
y que cada cual salve su vida
de mi ardiente ira!p
46No se asusten, no tengan miedo
por los rumores que corren en el
país.
Cada año correrán rumores
diferentes,
rumores de violencia en el país
y de luchas entre gobernantes.
47Así pues, vendrá el día
en que castigaré a los ídolos de
Babilonia.
Todo el país quedará humillado
y cubierto de cadáveres.
48El cielo y la tierra y todo lo que
existe
se alegrarán cuando caiga
Babilonia,q
cuando vengan del norte sus
destructores.
Yo, el Señor, lo afirmo.
49Sí, Babilonia ha de caer
por los muertos que le causó a Israel
y por los muertos que causó en todo
el mundo."r

### Mensaje a los judíos que están en Babilonia

50Ustedes, los que escaparon de la
matanza,
huyan sin parar,
y aun cuando estén lejos, piensen en
el Señor
y acuérdense de Jerusalén.

73 Puestos de defensa: traducción probable. Heb. pantanos.　74 Y el resto lo tiró: traducción probable. Heb. oscuro.
75 Y les hagan perder el sentido: según varias versiones antiguas. Heb. se divierten.　76 Véase nota en 25.26 y 51.1.
p 51.45 Is 48.20; Jer 50.8.　q 51.48 Ap 18.20.　r 51.49 Ap 18.24.

[51]Ustedes dicen: "Sentimos vergüenza
al oír cómo nos insultan.
La deshonra cubre nuestros rostros,
porque gente extranjera ha entrado
hasta los sitios más santos del
templo."
[52]Pero el Señor afirma:
"Viene el día
en que castigaré a los ídolos de
Babilonia,
y en todo su territorio gemirán los
heridos.
[53]Y aunque Babilonia suba hasta el
cielo
para poner bien alta su fortaleza,
aun allí le enviaré enemigos que la
destruyan.
Yo, el Señor, lo afirmo."

### Destrucción de Babilonia

[54]Desde Babilonia llegan gritos de
dolor,
desde el país de los caldeos llega un
gran ruido.
[55]Es el Señor, que destruye a Babilonia
y pone fin a su bullicio.
Los enemigos, como olas rugientes,
caerán sobre ella con gran estruendo.
[56]Vinieron a destruir Babilonia;
ya capturaron a sus guerreros
y les hicieron pedazos sus arcos.
Porque el Señor es un Dios
que a cada cual le da lo que merece.
[57]El Rey, el Señor todopoderoso,
afirma:
"Emborracharé a los jefes de
Babilonia,
a sus sabios y gobernadores,
y a sus funcionarios y soldados,
y caerán en un sueño eterno
del que no despertarán.
[58]Yo, el Señor todopoderoso, digo:
Las anchas murallas de Babilonia
serán derribadas por completo,
y sus enormes puertas serán
incendiadas.
Inútilmente habrán trabajado las
naciones,
pues sus fatigas terminarán en el
fuego."

### Llevan a Babilonia el mensaje de Jeremías

[59]En el año cuarto del gobierno de
Sedequías, rey de Judá, el profeta Jeremías dio un encargo a Seraías, hijo de
Nerías y nieto de Maasías. Seraías acompañaba al rey Sedequías en su viaje a
Babilonia, como encargado de arreglar el
hospedaje del rey. [60]Jeremías había
escrito en un libro su mensaje acerca de
todas las calamidades que habrían de
venir sobre Babilonia, es decir, todo lo
escrito acerca de ella, [61]y le dijo a Seraías:
"Cuando llegues a Babilonia, ten cuidado
de leer todo este mensaje. [62]Luego dirás:
'Señor, tú has dicho que destruirás este
lugar, de manera que nadie vuelva a vivir
aquí, ni hombres ni animales, porque lo
vas a convertir en un desierto para siempre.' [63]Y luego que termines de leer este
libro, átale una piedra y échalo al río
Éufrates, [64]y di: 'Así se hundirá Babilonia, y no se volverá a levantar[s] del desastre que el Señor le va a enviar.' "[77]

Aquí terminan las palabras de Jeremías.

### Reinado de Sedequías
(2 R 24.18-20; 2 Cr 36.11-16)

**52** [1]Sedequías tenía veintiún años
cuando comenzó a reinar, y reinó
en Jerusalén once años. Su madre se llamaba Hamutal, hija de Jeremías, y era de
Libna. [2]Pero sus hechos fueron malos a
los ojos del Señor, igual que los de Joacim. [3]Por eso el Señor se enojó con Jerusalén y con Judá, y los echó de su presencia.

### Caída de Jerusalén
(2 R 24.20—25.7; Jer 39.1-7)

Después Sedequías se rebeló contra el
rey de Babilonia. [4]El día diez del mes décimo del año noveno del reinado de Sedequías, el rey Nabucodonosor marchó con
todo su ejército contra Jerusalén, y la
sitió.[t] Acampó frente a ella, y a su alrededor construyó rampas para atacarla. [5]La
ciudad estuvo sitiada hasta el año once del
reinado de Sedequías. [6]El día nueve del
mes cuarto de ese año aumentó el hambre
en la ciudad, y la gente no tenía ya nada
que comer. [7]Entonces hicieron un
boquete en las murallas de la ciudad,[u] y
aunque los caldeos la tenían sitiada, el
rey[78] y todos los soldados huyeron de la
ciudad durante la noche. Salieron por la
puerta situada entre las dos murallas, por
el camino de los jardines reales, y tomaron el camino del valle del Jordán. [8]Pero
los soldados caldeos persiguieron al rey

---

[77] Heb. añade: *y se fatigarán.*  [78] *El rey:* incluido según 39.4. En el texto hebreo no aparece esta frase.
[s] 51.63-64 Ap 18.21.  [t] 52.4 Ez 24.2.  [u] 52.7 Ez 33.21.

Sedequías, y lo alcanzaron en la llanura de Jericó. Todo su ejército lo abandonó y se dispersó. ⁹Los caldeos capturaron al rey y lo llevaron ante el rey de Babilonia, que estaba en Ribla, en el territorio de Hamat. Allí Nabucodonosor dictó sentencia contra Sedequías, ¹⁰y en presencia de éste mandó degollar a sus hijos y a todos los nobles de Judá. ¹¹En cuanto a Sedequías, mandó que le sacaran los ojos y que lo encadenaran para llevarlo a Babilonia,ᵛ en donde estuvo preso hasta que murió.

### Destrucción del templo
*(2 R 25.8-21; 2 Cr 36.17-21; Jer 39.8-10)*

¹²El día diez del mes quinto del año diecinueve del reinado de Nabucodonosor, rey de Babilonia, Nabuzaradán, ministro del rey y comandante de la guardia real, llegó a Jerusalén ¹³e incendió el templo,ʷ el palacio real y todas las casas de la ciudad, especialmente las casas de todos los personajes notables, ¹⁴y el ejército caldeo que lo acompañaba derribó las murallas que rodeaban a Jerusalén. ¹⁵Luego Nabuzaradán llevó desterrados a Babilonia⁷⁹ tanto a los que aún quedaban en la ciudad como a los que se habían puesto del lado del rey de Babilonia, y al resto de los artesanos. ¹⁶Sólo dejó a algunos de entre la gente más pobre, para que cultivaran los viñedos y los campos.ˣ

¹⁷Los caldeos hicieron pedazos los objetos de bronce que había en el templo: las columnas, las bases y la enorme pila para el agua, y se llevaron todo el bronce a Babilonia. ¹⁸También se llevaron los ceniceros, las palas, las despabiladeras, los tazones, los cucharones y todos los utensilios de bronce para el culto. ¹⁹Igualmente, el comandante de la guardia se llevó todos los objetos de oro y plata: las palanganas, los braseros, los tazones, los ceniceros, los candelabros, los cucharones y las copas para las ofrendas de vino. ²⁰Por lo que se refiere a las dos columnas, la enorme pila para el agua con los doce toros de bronce que la sostenían y las bases que el rey Salomón había mandado hacer para el templo, su peso no podía calcularse. ²¹Cada columna tenía más de

ocho metros de altura y como cinco metros y medio de circunferencia; eran huecas por dentro, y el grosor del bronce era de siete centímetros. ²²Cada columna tenía en su parte superior un capitel de bronce, de más de dos metros de altura, alrededor del cual había una rejilla toda de bronce, adornada con granadas. Las dos columnas eran iguales. ²³En la rejilla de cada capitel había cien granadas, de las cuales noventa y seis estaban a la vista.ʸ

### Los judíos llevados al destierro

²⁴El comandante de la guardia apresó también a Seraías, sumo sacerdote, a Sofonías, sacerdote que le seguía en dignidad, y a los tres guardianes del umbral del templo. ²⁵De la gente de la ciudad apresó al oficial que mandaba las tropas, a siete hombres del servicio personal del rey que se encontraron en la ciudad, al funcionario militar que reclutaba hombres para el ejército y a sesenta ciudadanos notables que estaban en la ciudad. ²⁶⁻²⁷Nabuzaradán llevó a todos estos ante el rey de Babilonia, que estaba en Ribla, en el territorio de Hamat. Allí el rey de Babilonia mandó que los mataran.

Así pues, el pueblo de Judá fue desterrado de su país. ²⁸El número de personas desterradas por Nabucodonosor fue el siguiente: el año séptimo de su reinado desterró a tres mil veintitrés personas de Judá; ²⁹el año dieciocho desterró a ochocientas treinta y dos de Jerusalén; ³⁰el año veintitrés, Nabuzaradán desterró a setecientas cuarenta y cinco de Judá, lo que dio un total de cuatro mil seiscientas personas desterradas.

### Joaquín es libertado y recibe honores en Babilonia
*(2 R 25.27-30)*

³¹El día veinticinco del mes doce del año treinta y siete del destierro del rey Joaquín de Judá, comenzó a reinar en Babilonia el rey Evil-merodac, el cual se mostró bondadoso con Joaquín y lo sacó de la cárcel, ³²lo trató bien y le dio preferencia sobre los otros reyes que estaban con él en Babilonia. ³³De esta manera, Joaquín pudo quitarse la ropa que usaba en la prisión y comer con el rey por el resto de su vida. ³⁴Además, durante toda su vida, hasta que murió, Joaquín recibió una pensión diaria de parte del rey de Babilonia.

⁷⁹ Heb. añade: *a algunos de entre la gente más pobre.*
ᵛ 52.4-11 Ez 12.8-13; 17.18-20.   ʷ 52.13 1 R 9.8.   ˣ 52.15-16 Ez 12.14-16; 17.21.   ʸ 52.17-23 1 R 7.15-47.

# LAMENTACIONES

*Se llama* Lamentaciones *a la colección de cinco poemas en que, con patética emoción, se lamenta la destrucción de Jerusalén y la desolación y el exilio que sobrevinieron tras ella. Los primeros cuatro poemas son acrósticos en el original hebreo. Cada poema ocupa un capítulo. A pesar de que el dolor y la lamentación son la nota dominante del libro, también se oye en él la nota de la confianza en Dios y de la esperanza en el futuro.*

### Primer lamento

**1**
¹¡Cuán solitaria ha quedado
   la ciudad antes llena de gente!
¡Tiene apariencia de viuda
   la ciudad capital de los pueblos!
¡Sometida está a trabajos forzados
   la princesa de los reinos!

²Se ahoga en llanto por las noches;
   lágrimas corren por sus mejillas.
De entre todos sus amantes
   no hay uno que la consuele.*ᵃ*
Todos sus amigos la han
   traicionado;
   se han vuelto sus enemigos.*ᵇ*

³A más de sufrimientos y duros
   trabajos,
   Judá sufre ahora el cautiverio.
La que antes reinaba entre los
   pueblos,
   ahora no encuentra reposo.
Los que la perseguían, la alcanzaron
   y la pusieron en aprietos.

⁴¡Qué tristes están los caminos de
   Sión!
   ¡No hay nadie que venga a las
   fiestas!
Las puertas de la ciudad están
   desiertas,
   los sacerdotes lloran,
las jóvenes se afligen
   y Jerusalén pasa amarguras.*ᶜ*

⁵Sus enemigos dominan,
   sus adversarios prosperan.
Es que el Señor la ha afligido
   por lo mucho que ha pecado.
Sus hijos fueron al destierro
   llevados por el enemigo.

⁶Desapareció de la bella Sión
   toda su hermosura;
sus jefes, como venados,
   andan en busca de pastos;
arrastrando los pies, avanzan
   delante de sus cazadores.

⁷Jerusalén recuerda aquellos días,
   cuando se quedó sola y triste;
recuerda todas las riquezas que tuvo
   en tiempos pasados;
recuerda cuando cayó en poder del
   enemigo
   y nadie vino en su ayuda,
cuando sus enemigos la vieron
   y se burlaron de su ruina.

⁸Jerusalén ha pecado tanto
   que se ha hecho digna de
   desprecio.*¹*
Los que antes la honraban, ahora la
   desprecian,
   porque han visto su desnudez.
Por eso está llorando,
   y avergonzada vuelve la
   espalda.*ᵈ*

⁹Tiene su ropa llena de inmundicia;
   no pensó en las consecuencias.
Es increíble cómo ha caído;
   no hay quien la consuele.
¡Mira, Señor, mi humillación
   y la altivez del enemigo!

¹⁰El enemigo se ha adueñado
   de las riquezas de Jerusalén.*ᵉ*
La ciudad vio a los paganos
   entrar violentamente en el
   santuario,
¡gente a la que tú, Señor, ordenaste
   que no entrara en tu lugar de
   reunión!

¹¹Todos sus habitantes lloran,
   andan en busca de alimentos;
dieron sus riquezas a cambio de
   comida
   para poder sobrevivir.
¡Mira, Señor, mi ruina!
   ¡Considera mi desgracia!

¹²¡Ustedes,*²* los que van por el
   camino,
   deténganse a pensar

---

*¹ Digna de desprecio:* probablemente lit. *impura* (por menstruación). Véase v. 17.  *² Ustedes:* texto probable.
Heb. *no a ustedes.*
*ᵃ* 1.1-2 Sal 69.20; Jer 9.17-19; 13.17; Bar 4.12.  *ᵇ* 1.2 Jer 30.13,14.  *ᶜ* 1.4 Is 3.26; Jer 14.2.  *ᵈ* 1.8 Ez 16.35-37.
*ᵉ* 1.10 2 R 24.13; 25.13-17.

si hay dolor como el mío,
    que tanto me hace sufrir!
¡El Señor me mandó esta aflicción
    al encenderse su enojo!

[13] El Señor lanzó desde lo alto
    un fuego que me ha calado hasta
    los huesos;
tendió una trampa a mi paso
    y me hizo volver atrás;
me ha entregado al abandono,
    al sufrimiento a cada instante.

[14] Mis pecados los ha visto el Señor;
    me han sido atados por él
    mismo,
y como un yugo[3] pesan sobre mí:
    ¡acaban con mis fuerzas!
El Señor me ha puesto en manos de
    gente
ante la cual no puedo resistir.

[15] El Señor arrojó lejos de mí
    a todos los valientes que me
    defendían.
Lanzó un ejército a atacarme,
    para acabar con mis hombres
    más valientes.
¡El Señor ha aplastado a la virginal
    Judá
    como se aplastan las uvas para
    sacar vino![f]

[16] Estas cosas me hacen llorar.
    Mis ojos se llenan de lágrimas,
pues no tengo a nadie que me
    consuele,
    a nadie que me dé nuevo aliento.
Entre ruinas han quedado mis hijos,
    porque pudo más el enemigo que
    nosotros.

[17] Sión extiende las manos suplicante,
    pero no hay quien la consuele.
El Señor ha ordenado que a Jacob
    lo rodeen sus enemigos;
Jerusalén es para ellos
    objeto de desprecio.

[18] El Señor hizo lo debido,
    porque me opuse a sus
    mandatos.
¡Escúchenme, pueblos todos;
    contemplen mi dolor!
¡Mis jóvenes y jovencitas
    han sido llevados cautivos!

[19] Pedí ayuda a mis amantes,
    pero ellos me traicionaron.
Mis sacerdotes y mis ancianos
    murieron en la ciudad:
    ¡andaban en busca de alimentos
    para poder sobrevivir!

[20] ¡Mira, Señor, mi angustia!
    ¡Siento que me estalla el pecho!
El dolor me oprime el corazón
    cuando pienso en lo rebelde que
    he sido.
Allá afuera la espada mata a mis
    hijos,
    y aquí adentro también hay
    muerte.[g]

[21] La gente escucha mis lamentos,
    pero no hay quien me consuele.
Todos mis enemigos saben de mi
    mal,
    y se alegran de que tú lo hayas
    hecho.
¡Haz que venga el día que tienes
    anunciado,
    y que les vaya a ellos como me
    ha ido a mí!

[22] Haz que llegue a tu presencia
    toda la maldad que han
    cometido;
trátalos por sus pecados
    como me has tratado a mí,
pues es mucho lo que lloro;
    ¡tengo enfermo el corazón!

### Segundo lamento

**2** [1] ¡Tan grande ha sido el enojo del
    Señor,
    que ha oscurecido a la bella
    Sión!
Ha derribado la hermosura de Israel,
    como del cielo a la tierra;
ni siquiera se acordó, en su enojo,
    del estrado de sus pies.[a]

[2] El Señor no ha dejado en pie
    ni una sola de las casas de
    Jacob;
en un momento de furor ha
    destruido
    las fortalezas de la bella Judá;
ha echado por tierra, humillados,
    al reino y sus gobernantes.

---

[3] *Mis pecados . . . un yugo:* texto probable según la versión griega. Heb. oscuro.   [4] *Estrado de sus pies:* referencia al templo de Jerusalén.
[f] **1.15** Is 63.3; Jl 3.13; Ap 14.20; 19.15.   [g] **1.20** Jer 4.19; 9.21.

³Al encenderse su enojo, cortó de un
    tajo
    todo el poder de Israel.
Nos retiró el apoyo de su poder
    al enfrentarnos con el enemigo;
¡ha prendido en Jacob un fuego
    que devora todo lo que
    encuentra!

⁴El Señor, como un enemigo,
    tensó el arco, afirmó el brazo;
igual que un adversario,
    destrozó lo que era agradable a
    la vista;
como un fuego, lanzó su enojo
    sobre el campamento de la bella
    Sión.

⁵El Señor actuó como un enemigo:
destruyó por completo a Israel;
    derrumbó todos sus palacios,
    derribó sus fortalezas,
colmó a la bella Judá
    de aflicción tras aflicción.

⁶Como un ladrón, hizo violencia a su
    santuario;
    destruyó el lugar de las
    reuniones.
El Señor hizo que en Sión se
    olvidaran
    las fiestas y los días de
    reposo.⁵,ʰ
En el ardor de su enojo,
    rechazó al rey y al sacerdote.

⁷El Señor ha rechazado su altar,
    ha despreciado su santuario;ⁱ
ha entregado en poder del enemigo
    las murallas que protegían la
    ciudad.
¡Hay un griterío en el templo del
    Señor,
    como si fuera día de fiesta!

⁸El Señor decidió derrumbar
    las murallas de la bella Sión.
Trazó el plan de destrucción
    y lo llevó a cabo sin descanso.
Paredes y murallas, que él ha
    envuelto en luto,
    se han venido abajo al mismo
    tiempo.

⁹La ciudad no tiene puertas ni
    cerrojos:
    ¡quedaron destrozados, tirados
    por el suelo!

Su rey y sus gobernantes están entre
    paganos;
    ya no existe la ley de Dios.
¡Ni siquiera sus profetas tienen
    visiones de parte del Señor!ʲ

¹⁰Los ancianos de la bella Sión
    se sientan silenciosos en el suelo,
se echan polvo sobre la cabeza
    y se visten de ropas burdas.
Las jóvenes de Jerusalén
    agachan la cabeza hasta el suelo.

¹¹El llanto acaba con mis ojos,
    y siento que el pecho me
    revienta;
mi ánimo se ha venido al suelo
    al ver destruida la ciudad de mi
    gente,
al ver que hasta los niños de pecho
    mueren de hambre por las calles.

¹²Decían los niños a sus madres:
    "¡Ya no tenemos pan ni vino!"
Y caían como heridos de muerte
    por las calles de la ciudad,
exhalando el último suspiro
    en brazos de sus madres.

¹³¿A qué te puedo comparar o
    asemejar,
    hermosa Jerusalén?
¿Qué ejemplo puedo poner para
    consolarte,
    pura y bella ciudad de Sión?
Enorme como el mar ha sido tu
    destrucción;
    ¿quién podrá darte alivio?

¹⁴Las visiones que tus profetas te
    anunciaron
    no eran más que un vil engaño.
No pusieron tu pecado al descubierto
    para hacer cambiar tu suerte;
te anunciaron visiones engañosas,
    y te hicieron creer en ellas.ᵏ

¹⁵Al verte, los que van por el camino
    aplauden en son de burla;
silban y mueven burlones la cabeza,
    diciendo de la bella Jerusalén:
"¿Y es ésta la ciudad a la que llaman
    la máxima belleza de la tierra?"

¹⁶Todos tus enemigos
    abren la boca en contra tuya.
Entre silbidos y gestos de amenaza,
    dicen:

---

⁵ *Días de reposo:* aquí equivale a *sábado.*
ʰ **2.6** Is 1.13.   ⁱ **2.7** Ez 24.21.   ʲ **2.7-9** Sal 74.3-9; Ez 7.26.   ᵏ **2.14** Jer 5.31; 23.25-27; Ez 13.10.

"La hemos arruinado por
    completo.
Este es el día que tanto esperábamos;
    ¡por fin pudimos verlo!"

17El Señor llevó a cabo sus planes,
    cumplió su palabra.
Destruyó sin miramientos
    lo que mucho antes había
        resuelto destruir,*l*
permitió que el enemigo se riera de ti
    y puso en alto el poder del
        adversario.

18¡Pídele ayuda al Señor,
    bella*6* ciudad de Sión!
¡Deja correr de día y de noche
    el torrente de tus lágrimas!
¡No dejes de llorar,
    no des reposo a tus ojos!

19Levántate, grita por las noches,
    grita hora tras hora;
vacía tu corazón delante del Señor,
    déjalo que corra como el agua;
dirige a él tus manos suplicantes
    y ruega por la vida de tus niños,
que en las esquinas de las calles
    mueren por falta de alimentos.

20Mira, Señor, ponte a pensar
    que nunca a nadie has tratado
        así.
¿Tendrán acaso las madres
    que comerse a sus niños de
        pecho?*m*
¿Tendrán los sacerdotes y profetas
    que ser asesinados en tu
        santuario?

21Tendidos por las calles
    se ven jóvenes y ancianos;
mis jóvenes y jovencitas
    cayeron a filo de espada.
En el día de tu ira, heriste de muerte,
    ¡mataste sin miramientos!

22Has hecho venir peligros de todos
    lados,*n*
    como si acudieran a una fiesta;
en el día de tu ira, Señor,
    no hubo nadie que escapara.
A los que yo crié y eduqué,
    el enemigo los mató.

## Tercer lamento

**3**

1Yo soy el que ha experimentado el
    sufrimiento
    bajo los golpes de la furia del
        Señor.
2Me ha llevado a regiones oscuras,
    me ha hecho andar por caminos
        sin luz;*ñ*
3una y otra vez, a todas horas,
    descarga su mano sobre mí.*o*

4Ha hecho envejecer mi carne y mi
    piel,
    ha hecho pedazos mis huesos;*p*
5ha levantado a mi alrededor
    un cerco de amargura y
        sufrimientos;*q*
6me ha hecho vivir en las sombras,
    como los que murieron hace
        tiempo.*r*

7Me encerró en un cerco sin salida;*s*
    me oprimió con pesadas
        cadenas;
8aunque grité pidiendo ayuda,
    no hizo caso de mis ruegos;*t*
9me cerró el paso con muros de
    piedra,
    ¡cambió el curso de mis
        senderos!

10El ha sido para mí como un león
    escondido,*u*
    como un oso a punto de
        atacarme.
11Me ha desviado del camino, me ha
    desgarrado,
    ¡me ha dejado lleno de terror!
12¡Tensó el arco y me puso
    como blanco de sus flechas!

13Las flechas lanzadas por el Señor
    se me han clavado muy hondo.*v*
14Toda mi gente se burla de mí;
    a todas horas soy el tema de sus
        burlas.*w*
15El Señor me ha llenado de
    amarguras;
    amarga es la bebida que me ha
        dado.*x*

16Me estrelló los dientes contra el
    suelo;
    me hizo morder el polvo.
17De mí se ha alejado la paz

*6 Bella:* traducción probable: otra posible traducción: *gime.*
*l* 2.17 1 R 9.6-9.   *m* 2.20 Dt 28.53; 2 R 6.28-29; Jer 19.9.   *n* 2.22 Sal 31.13; Jer 20.3,10; 46.5; 49.29.   *ñ* 3.2 Job 19.8.   *o* 3.3 Job 7.16-19; Sal 88.7,15-16.   *p* 3.4 Job 7.5; 30.30.   *q* 3.5 Job 19.12.   *r* 3.6 Sal 88.5-6; 143.3.   *s* 3.7,9 Job 3.23; 19.8.   *t* 3.8 Job 30.20.   *u* 3.10-11 Job 10.16; 16.9.   *v* 3.12-13 Job 16.12-13.   *w* 3.14 Dt 28.37; Job 30.9; Sal 69.10-12; Jer 20.7.   *x* 3.15 Job 9.18.

y he olvidado ya lo que es la
dicha.
[18]Hasta he llegado a pensar que ha
muerto
mi firme esperanza en el Señor.*y*

[19]Recuerdo mi tristeza y soledad,
mi amargura y sufrimiento;
[20]me pongo a pensar en ello
y el ánimo se me viene abajo.
[21]Pero una cosa quiero tener presente
y poner en ella mi esperanza:

[22]El amor del Señor no tiene fin,
ni se han agotado sus bondades.
[23]Cada mañana se renuevan;
¡qué grande es su fidelidad!*z*
[24]Y me digo: ¡El Señor lo es todo para
mí;
por eso en él confío!*a*

[25]El Señor es bueno con los que en él
confían,
con los que a él recurren.*b*
[26]Es mejor esperar en silencio
a que el Señor nos ayude.
[27]Es mejor que el hombre se someta
desde su juventud.

[28]El hombre debe quedarse solo y
callado
cuando el Señor se lo impone;
[29]debe, humillado, besar el suelo,
pues tal vez aún haya esperanza;
[30]debe ofrecer la mejilla a quien le
hiera,
y recibir el máximo de ofensas.*c*

[31]El Señor no ha de abandonarnos
para siempre.
[32]Aunque hace sufrir, también se
compadece,
porque su amor es inmenso.*d*
[33]Realmente no le agrada afligir
ni causar dolor a los hombres.

[34]El pisotear sin compasión
a los prisioneros del país,
[35]el violar los derechos de un hombre
en la propia cara del Altísimo,
[36]el torcer la justicia de un proceso,
son cosas que el Señor condena.

[37]Cuando algo se dice, cuando algo
pasa,

es porque el Señor lo ha
ordenado.
[38]Tanto los bienes como los males
vienen porque el Altísimo así lo
dispone.*e*
[39]Siendo el hombre un pecador,
¿de qué se queja en esta vida?

[40]Reflexionemos seriamente en nuestra
conducta,
y volvamos nuevamente al
Señor.
[41]Elevemos al Dios del cielo
nuestros pensamientos y
oraciones.
[42]Nosotros pecamos y fuimos rebeldes,
y tú no perdonaste.*f*

[43]Nos rodeaste con tu furia, nos
perseguiste,
¡nos quitaste la vida sin
miramientos!
[44]Te envolviste en una nube
para no escuchar nuestros
ruegos.
[45]Nos has tratado como a vil basura
delante de toda la gente.

[46]Todos nuestros enemigos
abren la boca en contra de
nosotros;
[47]temores, trampas, destrucción y
ruina,
¡eso es lo que nos ha tocado!
[48]Ríos de lágrimas brotan de mis ojos
ante la destrucción de mi amada
ciudad.*g*

[49]Lloran mis ojos sin descanso,
pues no habrá alivio
[50]hasta que el Señor del cielo
nos mire desde lo alto.
[51]Me duelen los ojos hasta el alma,
por lo ocurrido a las hijas de mi
ciudad.

[52]Sin tener ningún motivo,
mis enemigos me han cazado
como a un ave;
[53]me enterraron vivo en un pozo,
y con una piedra taparon la
salida.
[54]El agua me ha cubierto por
completo,
y he pensado: "Estoy
perdido."*h*

*y* **3.16-18** Job 17.15-16; 19.9-10; 30.19.   *z* **3.22-23** Ex 34.6-7; Sal 136.   *a* **3.24** Sal 16.5; 119.57.   *b* **3.25** Is 30.18.
*c* **3.30** Mt 5.39.   *d* **3.31-33** Sal 30.5; Is 54.7-8; 60.10.   *e* **3.38** Job 2.10; Is 45.7.   *f* **3.40-42** Is 55.7.   *g* **3.48-51** Jer 9.1;
Lm 2.11.   *h* **3.54** Jon 2.3-6.

⁵⁵Yo, Señor, invoco tu nombre
　　desde lo más profundo del
　　pozo:ⁱ
⁵⁶tú escuchas mi voz,
　　y no dejas de atender a mis
　　ruegos.
⁵⁷El día que te llamo, vienes a mí,
　　y me dices: "No tengas miedo."

⁵⁸Tú me defiendes, Señor, en mi lucha,
　　tú rescatas mi vida.
⁵⁹Tú ves, Señor, las injusticias que
　　sufro,
　　¡hazme justicia!
⁶⁰Tú ves sus deseos de venganza
　　y todos los planes que hacen
　　contra mí.

⁶¹Escucha, Señor, sus ofensas
　　y todos los planes que hacen
　　contra mí;
⁶²las habladurías de mis enemigos,
　　que a todas horas hablan en
　　contra mía.
⁶³¡Mira cómo en todas sus acciones
　　soy objeto de sus burlas!

⁶⁴Dales, Señor, su merecido,
　　dales lo que sus hechos merecen.
⁶⁵Enduréceles el entendimiento,
　　y pon sobre ellos tu maldición.
⁶⁶Persíguelos con furia, Señor,
　　¡haz que desaparezcan de este
　　mundo!

### Cuarto lamento

**4** ¹¡Cómo se ha empañado el oro!
　　¡Cómo perdió su brillo el oro
　　fino!
　　¡Esparcidas por todas las esquinas
　　están las piedras del santuario!

²Los habitantes de Sión, tan
　　estimados,
　　los que valían su peso en oro,
　　ahora son tratados como ollas de
　　barro
　　hechas por un simple alfarero.

³Hasta las hembras de los chacales
　　dan la teta
　　y amamantan a sus cachorros,
　　pero la capital de mi pueblo es cruel,
　　cruel como un avestruz del
　　desierto.

⁴Tienen tanta sed los niños de pecho

que la lengua se les pega al
　　paladar.
Piden los niños pan,
　　pero no hay nadie que se lo dé.

⁵Los que antes comían en
　　abundancia,
　　ahora mueren de hambre por las
　　calles.ʲ
Los que crecieron en medio de lujos,
　　ahora viven en los muladares.

⁶La maldad de la capital de mi pueblo
　　es mayor que el pecado de
　　Sodoma,
la cual fue destruida en un instante
　　sin que nadie la atacara.ᵏ

⁷Más blancos que la nieve eran sus
　　hombres escogidos,
　　más blancos que la leche;
su cuerpo, más rojizo que el coral;
　　su porte, hermoso como el
　　zafiro.

⁸Pero ahora se ven más sombríos que
　　las tinieblas;
　　nadie en la calle podría
　　reconocerlos.
La piel se les pega a los huesos,
　　¡la tienen seca como leña!

⁹Mejor les fue a los que murieron en
　　batalla
　　que a los que murieron de
　　hambre,
porque estos murieron lentamente
　　al faltarles los frutos de la tierra.

¹⁰Con sus propias manos,
　　mujeres de buen corazón
　　cocieron a sus hijos;
sus propios hijos les sirvieron de
　　comida
　　al ser destruida la capital de mi
　　pueblo.ˡ

¹¹El Señor agotó su enojo,
　　dio rienda suelta al ardor de su
　　furia;
　　le prendió fuego a Sión
　　y destruyó hasta sus cimientos.

¹²Jamás creyeron los reyes de la tierra,
　　todos los que reinaban en el
　　mundo,
　　que el enemigo, el adversario,

ⁱ **3.55-56** Sal 130.1-2.　ʲ **4.4-5** 2 R 25.3; Jer 52.6.　ᵏ **4.6** Gn 19.24.　ˡ **4.10** Dt 28.56-57; Lm 2.20; Ez 5.10.

entraría por las puertas de
Jerusalén.

[13]¡Y todo por el pecado de sus
profetas,
por la maldad de sus sacerdotes,
que dentro de la ciudad misma
derramaron sangre inocente!

[14]Caminan inseguros, como ciegos,
por las calles de la ciudad;
tan sucios están de sangre
que nadie se atreve a tocarles la
ropa.[m]

[15]"¡Apártense, apártense —les
gritan—;
son gente impura, no los
toquen!"
"Son vagabundos en fuga —dicen
los paganos—,
no pueden seguir viviendo
aquí."

[16]La presencia del Señor los dispersó,
y no volvió a dirigirles la
mirada.
No hubo respeto para los sacerdotes
ni compasión para los ancianos.

[17]Con los ojos cansados, pero atentos,
en vano esperamos ayuda.
Pendientes estamos de la llegada
de un pueblo que no puede
salvar.[n]

[18]Vigilan todos nuestros pasos;
no podemos salir a la calle.
Nuestro fin está cerca, nos ha
llegado la hora;
¡ha llegado nuestro fin!

[19]Más veloces que las águilas del cielo
son nuestros perseguidores;
nos persiguen por los montes,
¡nos ponen trampas en el
desierto!

[20]Preso ha caído el escogido del
Señor,[ñ]
el que daba aliento a nuestra
vida,
el rey de quien decíamos:
"A su sombra viviremos entre
los pueblos."

[21]¡Ríete, alégrate, nación de Edom;

tú que reinas en la región de Uz!
¡También a ti te llegará el trago
amargo,
y quedarás borracha y desnuda!

[22]Tu castigo ha terminado, ciudad de
Sión;[o]
el Señor no volverá a
desterrarte.
Pero castigará tu maldad, nación de
Edom,
y pondrá al descubierto tus
pecados.[p]

### Quinto lamento

5 [1]Recuerda, Señor, lo que nos ha
pasado;
míranos, ve cómo nos ofenden.[q]

[2]Todo lo nuestro está ahora en manos
de extranjeros;
ahora nuestras casas son de
gente extraña.

[3]Estamos huérfanos, sin padre;
nuestras madres han quedado
como viudas.

[4]¡Nuestra propia agua tenemos que
comprarla;
nuestra propia leña tenemos que
pagarla!

[5]Nos han puesto un yugo en el cuello;
nos cansamos, y no nos dejan
descansar.

[6]Para llenarnos de pan, tendemos la
mano
a los egipcios y a los asirios.

[7]Nuestros padres pecaron, y ya no
existen,
y nosotros cargamos con sus
culpas.

[8]Ahora somos dominados por
esclavos,
y no hay quien nos libre de sus
manos.

[9]El pan lo conseguimos a riesgo de la
vida
y a pesar de los guerreros del
desierto.

[10]La piel nos arde como un horno,

---

[m] 4.14-15 Nm 19.11-16.　[n] 4.17 Jer 37.5-10.　[ñ] 4.20 2 R 25.4-6; Jer 39.4-6.　[o] 4.22 Is 40.2.　[p] 4.21-22 Abd 1-12.
[q] 5.1-22 Sal 44.9-26; 74; 79.

por la fiebre que el hambre nos causa.

¹¹En Sión y en las ciudades de Judá, mujeres y niñas han sido deshonradas.

¹²Nuestros jefes fueron colgados de las manos, los ancianos no fueron respetados.

¹³A los hombres más fuertes los pusieron a moler; los jóvenes cayeron bajo el peso de la leña.

¹⁴Ya no hay ancianos a las puertas de la ciudad; ya no se escuchan canciones juveniles.

¹⁵Ya no tenemos alegría en el corazón; nuestras danzas de alegría acabaron en tristeza.

¹⁶Se nos cayó de la cabeza la corona; ¡ay de nosotros, que hemos pecado!

¹⁷Por eso tenemos enfermo el corazón; por eso se nos nubla la vista.

¹⁸El monte Sión es un montón de ruinas; en él van y vienen las zorras.

¹⁹Pero tú, Señor, por siempre reinarás; ¡siempre estarás en tu trono!ʳ

²⁰¿Por qué has de olvidarnos para siempre? ¿Por qué has de abandonarnos tanto tiempo?ˢ

²¹¡Haznos volver a ti, Señor, y volveremos! ¡Haz que nuestra vida sea otra vez lo que antes fue!ᵗ

²²Pero tú nos has rechazado por completo; mucho ha sido tu enojo con nosotros.

ʳ **5.19** Sal 102.12; 145.13; 146.10.    ˢ **5.20,22** Sal 74.1.    ᵗ **5.21** Sal 80.3-7; Jer 31.18.

# EZEQUIEL

*El profeta Ezequiel fue llevado cautivo a Babilonia antes de la caída de Jerusalén
(586 a. C.) y permaneció allá después de ese acontecimiento. Así que su mensaje se
dirige tanto al pueblo de Jerusalén como a los exiliados en Babilonia. El libro puede
dividirse en cuatro partes: (1) Llamamiento del profeta y mensajes al pueblo acerca del
juicio de Dios sobre ellos y la inminente caída y destrucción de Jerusalén (caps. 1-24).
(2) El juicio de Dios alcanza también a las naciones que han oprimido y descarriado al
pueblo, profecías pronunciadas después de la caída de Jerusalén (caps. 25-32). (3) Mensajes de consuelo al pueblo en cautividad, y promesa de restauración y de un futuro
mejor, con una profecía final contra Gog (caps. 33-39). (4) Una visión del país y de su
templo en el futuro (caps. 40-48).*

*Ezequiel fue un hombre de profunda fe y brillante imaginación. Percibió las revela-
ciones divinas en forma de visiones y se valió de vívidas acciones simbólicas para expresar muchos de sus mensajes. Hizo hincapié en la responsabilidad individual por los
pecados propios y la necesidad de una completa renovación de espíritu. Proclamó
igualmente su esperanza en la renovación de la nación como un todo. A este respecto,
ofrece el muy conocido pasaje de la visión de los huesos secos que Dios vuelve a la vida
infundiéndoles su espíritu (37.1-14). Como sacerdote que era también, dio especial
importancia a la necesidad de santidad y a la construcción del templo futuro, el cual
describe con todo detalle.*

## Visión del trono de Dios

**1** [1-3] Yo, el sacerdote Ezequiel, hijo de
Buzi, estaba un día a orillas del río
Quebar, en Babilonia, entre los que
habían sido llevados al destierro. En esto
se abrió tanto el cielo,[a] y vi a Dios en una
visión. Era el día cinco del mes cuarto del
año treinta, cinco años después que el rey
Joaquín había sido llevado al destierro.[b]
El Señor puso su mano sobre mí. [4] Entonces vi que del norte venía un viento huracanado; de una gran nube salía un fuego
como de relámpagos, y en su derredor
había un fuerte resplandor. En medio del
fuego brillaba algo semejante al metal
bruñido, [5] y en el centro mismo había algo
parecido a cuatro seres[c] con aspecto
humano. [6] Cada uno de ellos tenía cuatro
caras y cuatro alas; [7] sus piernas eran rectas, con pezuñas como de becerro, y brillaban como bronce muy pulido. [8-9] Además de sus cuatro caras y sus cuatro alas,
estos seres tenían manos de hombre en sus
cuatro costados, debajo de sus alas. Las
alas se tocaban unas con otras. Al andar,
no se volvían, sino que caminaban de
frente. [10] Las caras de los cuatro seres
tenían este aspecto: por delante, su cara
era la de un hombre; a la derecha, la de un
león; a la izquierda, la de un toro; y por
detrás, la de un águila.[d] [11] Las alas[f] se
extendían hacia arriba. Dos de ellas se
tocaban entre sí, y con las otras dos se

cubrían el cuerpo. [12] Todos caminaban de
frente, y no se volvían al andar. Iban en la
dirección en que el poder de Dios los llevaba. [13] El aspecto de los seres era como
de carbones encendidos, o como de algo
parecido a antorchas[e] que iban y venían
en medio de ellos; el fuego era resplandeciente, y de él salían relámpagos. [14] Los
seres iban y venían rápidamente, como si
fueran relámpagos.

[15] Miré a aquellos seres y vi que en el
suelo, al lado de cada uno de ellos, había
una rueda. [16] Las cuatro ruedas eran iguales y, por la manera en que estaban
hechas, brillaban como el topacio. Parecía como si dentro de cada rueda hubiera
otra rueda. [17] Podían avanzar en cualquiera de las cuatro direcciones, sin tener
que volverse. [18] Vi[2] que las cuatro ruedas
tenían sus aros, y que en su derredor estaban llenas de reflejos.[3,f] [19] Cuando aquellos seres avanzaban, también avanzaban
las ruedas con ellos, y cuando los seres se
levantaban del suelo, también se levantaban las ruedas. [20] Los seres se movían en
la dirección en que el poder de Dios los
impulsaba, y las ruedas se levantaban
junto con ellos, porque las ruedas formaban parte viva de los seres. [21] Cuando
los seres se movían, se movían también
las ruedas, y cuando ellos se detenían, las
ruedas también se detenían; y cuando los
seres se levantaban del suelo, también las

---

[1] Así, según versiones antiguas. Heb. añade: *y sus caras.*   [2] *Vi:* según la versión griega. Heb. *temor.*   [3] *Reflejos:* lit. *ojos.*
[a] 1.1-3 Ap 19.11.   [b] 1.1-3 2 R 24.10-16; 2 Cr 36.9-10.   [c] 1.5 Ex 25.18-22; 1 R 6.23-28; Ap 4.6.   [d] 1.10 Ez 10.14; Ap 4.7.
[e] 1.13 Ap 4.5.   [f] 1.18 Ap 4.8.

ruedas se levantaban con ellos, porque las ruedas formaban parte viva de los seres.[g]

[22]Por encima de sus cabezas se veía una especie de bóveda, brillante como el cristal.[h] [23]Debajo de la bóveda se extendían rectas las alas de aquellos seres, tocándose unas con otras. Con dos de ellas se cubrían el cuerpo. [24]Y oí también el ruido que hacían las alas cuando avanzaban: era como el ruido del agua de un río crecido,[i] como la voz del Todopoderoso, como el ruido de un gran ejército. Cuando se detenían, bajaban las alas. [25]Y salió un ruido de encima de la bóveda que estaba sobre la cabeza de ellos.[4] [26]Encima de la bóveda vi algo como un trono que parecía de zafiro, y sobre aquella especie de trono había alguien que parecía un hombre.[j] [27]De lo que parecía ser su cintura para arriba, vi que brillaba como metal bruñido rodeado de fuego, y de allí para abajo vi algo semejante al fuego.[k] En su derredor había un resplandor [28]parecido al arco iris cuando aparece entre las nubes en un día de lluvia. De esta manera se me presentó la gloria del Señor. Al verla, me incliné hasta tocar el suelo con la frente.

### Dios llama a Ezequiel

**2** Luego oí una voz [1]que me decía: "Tú, hombre,[5] ponte de pie, que te voy a hablar." [2]Mientras esa voz me hablaba, entró en mí el poder de Dios y me hizo ponerme de pie. Entonces oí que la voz que me hablaba [3]seguía diciendo: "A ti, hombre, te voy a enviar a los israelitas, un pueblo desobediente que se ha rebelado contra mí. Ellos y sus antepasados se han levantado contra mí hasta este mismo día. [4]También sus hijos son tercos y de cabeza dura. Pues te voy a enviar a ellos, para que les digas: 'Esto dice el Señor.' [5]Y ya sea que te hagan caso o no, pues son gente rebelde, sabrán que hay un profeta en medio de ellos. [6]Tú, hombre, no tengas miedo de ellos ni de lo que te digan, aunque te sientas como rodeado de espinos o viviendo entre alacranes. No tengas miedo de lo que te digan ni te asustes ante la cara que pongan, por muy rebeldes que sean. [7]Tú comunícales mis palabras, ya sea que te hagan caso o no, pues son muy rebeldes. [8]Atiende bien lo que te digo, y no seas rebelde como ellos. Abre la boca y come lo que te voy a dar."

[9]Entonces vi una mano extendida hacia mí, la cual tenía un escrito enrollado. [10]La mano lo desenrolló delante de mí. Estaba escrito por ambos lados:[l] eran lamentos, ayes de dolor y amenazas.

**3** [1]Entonces me dijo: "Tú, hombre, cómete este escrito, y luego ve a hablar a la nación de Israel."

[2]Abrí la boca y él me hizo comer el escrito. [3]Luego me dijo: "Trágate ahora este escrito que te doy, y llena con él tu estómago."[m]

Yo me lo comí, y me supo tan dulce como la miel. [4]Entonces me dijo: "Ve y comunica al pueblo de Israel lo que tengo que decirle. [5]Yo no te envío a un pueblo que habla una lengua complicada o difícil de entender, sino al pueblo de Israel. [6]No te envío a naciones numerosas que hablan idiomas complicados o difíciles, que tú no entenderías. Aunque, si yo te enviara a esos pueblos, ellos te harían caso. [7]En cambio, el pueblo de Israel no va a querer hacerte caso, porque no quiere hacerme caso a mí. Todo el pueblo de Israel es terco y de cabeza dura. [8]Pero yo voy a hacerte tan obstinado y terco como ellos. [9]Voy a hacerte duro como el diamante, más duro que la piedra. No les tengas miedo, ni te asustes ante la cara que pongan, por muy rebeldes que sean."

[10]Luego me dijo: "Escucha atentamente todo lo que te voy a decir, y grábatelo en la memoria. [11]Ve a ver a tus compatriotas que están en el destierro y, ya sea que te hagan caso o no, diles: 'Esto dice el Señor.' "

[12]Entonces el poder de Dios me levantó, y detrás de mí oí un fuerte ruido, como de un terremoto, al levantarse[6] de su sitio la gloria del Señor. [13]El ruido lo hacían las alas de los seres al rozarse unas con otras, y las ruedas que estaban junto a ellos; el ruido era como el de un gran terremoto. [14]El poder de Dios me levantó y me sacó de allí, y yo me fui triste y amargado, mientras el Señor me agarraba fuertemente con su mano. [15]Y llegué a Tel Abib, a orillas del río Quebar, donde vivían los israelitas desterrados, y durante siete días me quedé allí con ellos, sin saber qué hacer ni qué decir.

### Dios pone a Ezequiel como centinela
#### (Ez 33.1-9)

[16]Al cabo de los siete días, el Señor se dirigió a mí, y me dijo: [17]"A ti, hombre,

---

[4] *Heb. repite: cuando se detenían, bajaban las alas.*   [5] *Hombre:* Véase en el *Glosario,* el artículo *Hijo del hombre.*
[6] *Al levantarse:* texto probable. Heb. *bendita.*
[g] 1.15-21 Ez 10.9-13.   [h] 1.22 Ap 4.6.   [i] 1.24 Ap 1.4-15; 19.6.   [j] 1.26 Ez 10.1; Ap 4.2-3.   [k] 1.27 Ez 8.2.   [l] 2.9-10 Zac 5.1-4; Ap 5.1.   [m] 3.1-3 Jer 15.16; Ap 10.9-11.

yo te he puesto de centinela[n] para el pueblo de Israel. Cuando yo te comunique algún mensaje, deberás anunciárselo de mi parte, para que estén advertidos. [18]Puede darse el caso de que yo pronuncie sentencia de muerte contra un malvado; pues bien, si tú no le hablas a ese malvado y le adviertes que deje su mala conducta para que pueda seguir viviendo, él morirá por su pecado, pero yo te pediré a ti cuentas de su muerte. [19]Si tú, en cambio, adviertes al malvado y él no deja su maldad ni su mala conducta, él morirá por su pecado, pero tú salvarás tu vida. [20]También puede darse el caso de que un hombre recto deje su vida de rectitud y haga lo malo, y que yo lo ponga en peligro de caer; si tú no se lo adviertes, morirá. Yo no tomaré en cuenta el bien que haya hecho, y morirá por su pecado, pero a ti te pediré cuentas de su muerte. [21]Si tú, en cambio, adviertes a ese hombre que no peque, y él no peca, seguirá viviendo, porque hizo caso de la advertencia, y tú salvarás tu vida.''

### Ezequiel se queda mudo

[22]El Señor puso allí mismo su mano sobre mí, y me dijo: "Levántate y sal a la llanura, que allí te voy a hablar.'' [23]Yo me levanté y salí a la llanura, y allí vi la gloria del Señor, como la había visto a orillas del río Quebar. Me incliné hasta tocar el suelo con la frente, [24]pero el poder de Dios entró en mí y me hizo poner de pie. Entonces el Señor me habló de esta manera: "Ve y enciérrate en tu casa. [25]Mira, te van a atar con cuerdas, de manera que no podrás salir y estar con el pueblo. [26]Además yo voy a hacer que tu lengua se te quede pegada al paladar y que te quedes mudo. No podrás reprenderlos, aunque son un pueblo rebelde. [27]Pero cuando yo quiera decirte algo, te devolveré el habla, y entonces les dirás: 'Esto dice el Señor.' El que quiera oír, oirá, pero el que no quiera, no oirá. Porque son un pueblo rebelde.

### Ezequiel anuncia el ataque a Jerusalén

**4** [1]"Y tú, hombre, toma un adobe, ponlo delante de ti y dibuja sobre él la ciudad de Jerusalén. [2]Luego rodéala de ejércitos y de instrumentos de asalto, construye un muro a su alrededor, y también una rampa, para que se vea como una ciudad sitiada. [3]Toma en seguida una lámina de hierro y ponla entre ti y la ciudad, como si fuera una muralla, y colócate frente a la ciudad, como si la estuvieras atacando. Esto servirá de señal a los israelitas.

[4]"Y tú te acostarás sobre el lado izquierdo, y echarás sobre ti la culpa del pueblo de Israel. Tendrás que estar acostado sobre ese lado, llevando sobre ti su culpa [5]trescientos noventa días, o sea, un día por cada año de culpa de Israel. [6]Cuando hayas cumplido ese tiempo, te acostarás sobre el lado derecho y echarás sobre ti la culpa del reino de Judá durante cuarenta días. Un día por cada año de culpa. [7]Luego te volverás hacia Jerusalén, rodeada de enemigos; te desnudarás el brazo y hablarás en mi nombre contra ella. [8]Mira, te voy a atar con cuerdas, para que no te puedas volver de un lado a otro hasta que completes los días en que debes estar sufriendo.

[9]"Toma en seguida un poco de trigo, cebada, mijo y avena, y también habas y lentejas; mézclalo todo en una sola vasija y haz con ello tu pan. Eso es lo que comerás durante los trescientos noventa días que estarás acostado sobre el lado izquierdo. [10]Tomarás tu comida a horas fijas, en raciones de un cuarto de kilo por día; [11]el agua la tomarás también a horas fijas, en raciones de medio litro por día. [12]Tu comida será una torta de cebada, cocida en fuego de estiércol humano, y la prepararás donde la gente te vea.''

[13]Luego añadió el Señor: "Comida impura como ésa es la que tendrán que comer los israelitas en los países a donde los voy a desterrar.''

[14]Yo le contesté: "Pero, Señor, yo nunca en mi vida he tocado nada impuro; nunca he comido carne de un animal muerto por sí solo, o despedazado por las fieras, ni he probado nunca carne impura.''

[15]Entonces él me dijo: "Bueno, te permito que uses estiércol de vaca en vez de estiércol humano, para cocer tu pan.''

[16]Después me dijo: "Voy a hacer que falten alimentos en Jerusalén. La comida estará racionada, y la gente se la comerá con angustia; el agua estará medida, y la beberán llenos de miedo. [17]Les faltará agua y comida, y unos a otros se mirarán llenos de miedo. Y por sus pecados se irán pudriendo en vida.''

**5** [1]El Señor me dijo: "Ahora, hombre, toma un cuchillo afilado como navaja

[n] **3.17** Is 21.6,11; Jer 6.17; Os 9.8.

de afeitar, y rápate la cabeza y la barba.[7] Toma luego una balanza, y divide tu pelo en tres partes. [2]Cuando termine el ataque a la ciudad, quema una de las tres partes del pelo en medio de la ciudad; toma después un cuchillo, y corta otra de esas tres partes de pelo alrededor de la ciudad, y la parte restante lánzala al viento. Yo iré detrás de la gente de la ciudad, con una espada en la mano. [3]Toma unos cuantos de aquellos pelos, y átalos en el borde de tu vestido. [4]Toma luego unos pocos de ellos, y échalos al fuego para que se quemen. De allí saldrá fuego contra todo el pueblo de Israel.

[5]"Yo, el Señor, lo digo: Ahí está Jerusalén. Yo fui quien la puso en medio de los pueblos y naciones. [6]Pero ella se rebeló contra mis leyes y mandatos, y ha resultado peor que los pueblos y naciones a su alrededor, pues no obedece mis leyes ni sigue mis mandatos.

[7]"Por eso yo, el Señor, lo digo: Ustedes han sido más rebeldes[8] que los pueblos que los rodean, y no han seguido mis mandatos; ni siquiera han cumplido las leyes de los pueblos que los rodean. [8]Por eso yo, el Señor, lo digo: Yo también me voy a poner contra ti, Jerusalén; voy a ejecutar la sentencia contra ti a la vista de las naciones, [9]como nunca lo había hecho ni volveré a hacerlo. Tan detestables son todas tus acciones. [10]Dentro de ti habrá padres que se coman a sus hijos,[ñ] e hijos que se coman a sus padres. Ejecutaré la sentencia contra ti, y a los que sobrevivan los dispersaré a los cuatro vientos. [11]Yo, el Señor, lo juro por mi vida: como ustedes han profanado mi santo templo con sus ídolos inmundos y sus acciones detestables, también yo los voy a destrozar sin misericordia; no tendré compasión de ustedes. [12]Una tercera parte de tus habitantes morirá de peste y de hambre dentro de ti, otra tercera parte caerá asesinada por tus enemigos en los alrededores, y a la tercera parte restante la dispersaré a los cuatro vientos. Yo iré detrás de ellos con una espada en la mano. [13]Entonces descargaré mi furor; haré que mi ira contra ellos quede satisfecha, y me calmaré. Y cuando haya descargado mi ira contra ellos, sabrán que yo, el Señor, fui quien lo dijo en el ardor de mis celos. [14]Yo te convertiré en un montón de ruinas, Jerusalén; te humillaré en medio de los pueblos que te rodean, para que lo vean todos los que

pasen. [15]Cuando yo ejecute con ira y furor la sentencia contra ti, y te castigue duramente, todos te insultarán y te ofenderán, y servirás de escarmiento terrible para los pueblos que te rodean. Yo, el Señor, lo he dicho. [16]Yo haré que venga el hambre sobre ustedes, como terribles flechas destructoras. Sí, haré que vengan sobre ustedes la destrucción y el hambre y la escasez de alimentos. [17]Sí, haré venir sobre ustedes hambre, enfermedad y muerte, y animales feroces que los dejarán sin hijos; y haré que muchos de ustedes mueran en la guerra.[o] Yo, el Señor, lo he dicho."

### Ezequiel denuncia la idolatría

**6** [1]El Señor se dirigió a mí, y me dijo: [2]"Mira hacia los montes de Israel, y háblales en mi nombre [3]de la siguiente manera: 'Escuchen, montes de Israel, lo que dice el Señor a los montes, las colinas, los ríos y los valles: Voy a hacer venir sobre ustedes la guerra, y a destruir sus lugares altos de culto pagano. [4]Haré pedazos los altares donde ustedes ofrecen sacrificios y queman incienso, y haré que sus hombres caigan muertos delante de los ídolos. [5]Arrojaré los cadáveres de los israelitas delante de sus ídolos, y esparciré sus huesos alrededor de sus altares. [6]En todos los lugares donde ustedes vivan, las ciudades serán destruidas y sus altares de culto pagano quedarán en ruinas. Sus altares quedarán completamente destruidos, sus ídolos, hechos pedazos; sus altares para quemar incienso, derrumbados; todo lo que ustedes han hecho desaparecerá.[p] [7]Y cuando vean caer muerta entre ustedes a tanta gente, reconocerán que yo soy el Señor. [8]Pero yo haré que algunos de ustedes se salven de la muerte y queden con vida, esparcidos entre las naciones. [9]Los sobrevivientes se acordarán de mí en esas naciones; se acordarán de cómo los hice sufrir[9] por haberme sido infieles y por haberse apartado de mí para adorar ídolos. Ellos sentirán asco de sí mismos por todas las maldades que han hecho, por todas sus acciones detestables. [10]Entonces reconocerán que yo soy el Señor y que, cuando prometí enviarles estos males, no hice vanas amenazas.' "

[11]El Señor me dijo: "Laméntate dando golpes con las manos y los pies; lanza gritos de dolor por las maldades detestables

---

[7] Entre los hebreos, el raparse era señal de gran luto y aflicción.    [8] Ustedes han sido más rebeldes: texto probable. Heb. el tumulto de ustedes.    [9] Los hice sufrir: según versiones antiguas. Heb. fui quebrantado.
[ñ] 5.10 Dt 28.53-57; Jer 19.9; Lm 4.10.    [o] 5.16-17 Ez 14.21; Ap 6.8.    [p] 6.3-6 Lv 26.30-31.

del pueblo de Israel, pues va a morir por causa de la guerra, el hambre y las enfermedades. [12]Los que estén lejos morirán por las enfermedades, los que estén cerca morirán en la guerra, y los que queden con vida morirán de hambre. Así acabaré de descargar mi ira contra ellos. [13]Y cuando vean los cadáveres de esa gente entre sus ídolos y alrededor de los altares, en todas las colinas elevadas, en las cumbres de los montes, debajo de todo árbol verde, debajo de toda encina frondosa, y en los lugares en que ofrecieron a sus ídolos perfumes agradables, entonces reconocerán que yo soy el Señor. [14]Levantaré mi mano para castigarlos y, desde el desierto del sur hasta Ribla[10] en el norte, convertiré su país y todos sus lugares habitados en un desierto espantoso. Entonces reconocerán que yo soy el Señor.''

### El fin está cerca

7 [1]El Señor se dirigió a mí, y me dijo: [2]''Yo, el Señor, digo al país de Israel: Ya llega el fin, ya llega el fin de la tierra entera. [3]Ya llega tu fin, Israel. Voy a descargar mi ira contra ti; voy a pedirte cuentas de tu conducta y a castigarte por todas tus acciones detestables. [4]No te voy a tratar con misericordia; voy a castigarte por tu conducta y a hacerte pagar las consecuencias de tus acciones detestables. Y reconocerán ustedes que yo soy el Señor.

[5-6]''Yo, el Señor, digo: Mira, ya se acerca el fin, y va a venir desgracia tras desgracia; ya está cerca el fin para ti. [7]Llega la destrucción,[11] habitantes del país. El momento ha llegado; se acerca el día en que sólo habrá confusión. Se acabará la alegría en las montañas. [8]Ahora mismo, en seguida, descargaré mi ira contra ti hasta quedar satisfecho, te pediré cuentas de tu conducta y te castigaré por todas tus acciones detestables. [9]No te voy a tratar con misericordia; voy a castigarte por tu conducta y a hacerte pagar las consecuencias de tus acciones detestables. Y reconocerán ustedes que yo, el Señor, soy quien los castiga.

[10]''¡Aquí está el día! ¡Ya llegó! ¡Vino la destrucción![12] La maldad triunfa por todas partes y es mucha la insolencia. [11]La violencia aparece y produce maldad. Pero ellos no lograrán nada con sus riquezas y su griterío. No hay en ellos nada de valor.

[12]Llegó el momento, vino el día. Ni el vendedor tiene de qué alegrarse, ni el comprador por qué ponerse triste. Voy a castigar con ira el orgullo de Israel. [13]El que haya vendido algo no lo recuperará en toda su vida, ni podrá deshacer el negocio que hizo.[13] Los malvados no podrán conservar su vida.

[14]''Suena la trompeta llamando a la batalla; todos se preparan, pero nadie sale a luchar. Voy a castigar con ira el orgullo de Israel. [15]Afuera hay guerra, y adentro enfermedades y hambre. Los que estén en los campos morirán en la guerra, y los que estén en la ciudad morirán de hambre y enfermedad. [16]Aunque algunos logren escapar a las montañas, como palomas asustadas, todos morirán[14] por sus pecados. [17]Todos dejarán caer los brazos, y les temblarán de miedo las rodillas. [18]Se vestirán con ropas ásperas en señal de dolor; todo el cuerpo les temblará, e irán con la cara roja de vergüenza y la cabeza rapada. [19]Tirarán su plata a la calle; tirarán su oro como si fuera basura. Ni su oro ni su plata podrá salvarlos en el día de la ira del Señor. No podrán calmar el hambre ni llenar el estómago, porque el oro fue la causa de que cayeran en la maldad. [20]Por la belleza de sus joyas se llenaron de vanidad, y con ellas hicieron las detestables imágenes de sus ídolos. Por eso yo convertiré esas joyas suyas en basura. [21]Haré que vengan extranjeros y se las roben, que venga la gente más despreciable de la tierra y se las quite, y las trate como cosa impura. [22]Yo me apartaré de este país y dejaré que profanen mi templo, que era mi tesoro. Vendrán bandidos y lo profanarán.

[23]''Prepara una cadena, porque en el país se condena a muchos por asesinato y la ciudad está llena de violencia. [24]Yo voy a hacer que venga gente malvada y se apodere de las casas de la ciudad. Pondré fin al orgullo de los poderosos; haré que sus lugares sagrados sean profanados. [25]El terror se apoderará de ellos; buscarán la paz, y no la encontrarán. [26]Vendrá desgracia tras desgracia; malas noticias, una tras otra. En vano buscarán algún profeta que les haga una revelación; no habrá sacerdotes que los instruyan ni ancianos que les den consejos. [27]El rey se pondrá de luto, el gobernante caerá en la tristeza y el pueblo se pondrá a temblar. Los trataré según su conducta y los juzgaré según

---

[10] *Ribla:* texto probable. Heb. *Dibla.*   [11] *Llega la destrucción:* traducción probable. Heb. *la guirnalda.*   [12] Véase nota a v. 7.   [13] Heb. añade una frase de sentido oscuro.   [14] *Morirán:* texto probable. Heb. *gimen.*

su manera de juzgar. Así reconocerán que yo soy el Señor.''

## Visión de las cosas detestables que se cometían en Jerusalén

**8** ¹El día cinco del mes sexto del año sexto, estaba yo sentado en mi casa en compañía de los ancianos de Judá. De repente el Señor puso su mano sobre mí, ²y vi algo que parecía un hombre.¹⁵ De lo que parecía ser su cintura para abajo, vi algo semejante al fuego, y de allí para arriba brillaba como metal bruñido.*q* ³El hombre extendió lo que parecía ser una mano y me agarró por el pelo. Entonces el poder de Dios me levantó por los aires y, en visiones producidas por Dios, me llevó a Jerusalén y me colocó a la entrada de la puerta interior de la ciudad, que da hacia el norte, donde se encuentra el ídolo que provoca la ira del Señor. ⁴Allí estaba la gloria del Dios de Israel, como yo la había visto en la visión que tuve en la llanura.*r* ⁵Entonces me dijo: ''Dirige tu vista hacia el norte.''

Dirigí mi vista hacia el norte y, en la entrada, junto a la puerta del altar, vi el ídolo que provoca la ira del Señor.

⁶Luego me dijo: ''¿Ves las cosas tan detestables que hacen los israelitas, con las cuales me alejan de mi santo templo? Pues todavía verás otras peores.''

⁷Luego me llevó a la entrada del atrio. En el muro se veía un boquete. ⁸Entonces me dijo: ''Agranda el boquete del muro.''

Yo agrandé el boquete y encontré una entrada. ⁹Entonces me dijo: ''Entra y verás las cosas tan horribles que hacen allí.'' ¹⁰Entré y, a todo lo largo del muro, vi pintadas toda clase de figuras de reptiles y de otros animales impuros, y toda clase de ídolos del pueblo de Israel. ¹¹Setenta ancianos israelitas, entre los que se encontraba Jaazanías, hijo de Safán, rendían culto a esos ídolos. Cada uno tenía un incensario en la mano, del cual subía una espesa nube de incienso.

¹²Y me dijo: ''¿Ves lo que hacen en secreto los ancianos israelitas, cada uno en el nicho de su ídolo? Piensan que yo no los veo, que he abandonado el país.'' ¹³Y añadió: ''Todavía los verás hacer cosas peores.''

¹⁴Y me llevó a la puerta de entrada del templo del Señor, que da hacia el norte. Allí estaban sentadas unas mujeres, llorando por el dios Tamuz. ¹⁵Entonces me dijo: ''¿Ves esto? Pues todavía verás cosas peores.''

¹⁶Entonces me llevó al atrio interior del templo del Señor y, a la entrada del santuario, entre el vestíbulo y el altar, unos veinticinco hombres estaban de espaldas al santuario; inclinados hacia el oriente, y con la frente en el suelo, adoraban al sol.*s* ¹⁷Entonces el Señor me dijo: ''¿Lo ves? ¡No le ha bastado al pueblo de Judá con hacer aquí estas cosas tan detestables, que además ha llenado el país de actos de violencia! Una y otra vez provocan mi ira, y hacen que su pestilencia me llegue a la nariz.¹⁶ ¹⁸Pero yo voy a actuar con ira. No tendré ninguna compasión de ellos. Aunque me llamen a gritos, no los escucharé.''

## Visión del castigo de Jerusalén

**9** ¹Después oí una voz muy fuerte, que me gritó al oído: ''¡Ya llegan los que van a castigar la ciudad, cada uno con su arma de destrucción en la mano!''

²Vi entonces que seis hombres entraban por la puerta superior que da al norte, cada uno con un mazo en la mano. En medio de ellos venía un hombre vestido de lino, que llevaba a la cintura instrumentos de escribir. Entraron y se detuvieron junto al altar de bronce. ³Entonces la gloria del Dios de Israel se elevó de encima de los seres alados, donde había estado, y se dirigió a la entrada del templo. El Señor llamó al hombre vestido de lino que llevaba a la cintura instrumentos de escribir, ⁴y le dijo: ''Recorre la ciudad de Jerusalén, y pon una señal en la frente*t* de los que sientan tristeza y pesar por todas las cosas detestables que se hacen en ella.''

⁵⁻⁶Luego oí que les decía a los otros hombres: ''Vayan tras él a recorrer la ciudad, y comenzando por mi templo, maten sin ninguna compasión a ancianos, jóvenes, muchachas, niños y mujeres. Pero no toquen a nadie que tenga la señal.'' Ellos, entonces, comenzaron por los ancianos que estaban delante del templo.

---

¹⁵ *Hombre:* según la versión griega. Heb. *fuego.*   ¹⁶ *Hacen que su pestilencia me llegue a la nariz:* traducción probable. Heb. *lanzan la rama* (de vid) *a su nariz.* Alusión probable a la rama o ramas que según el historiador Estrabón usaban los adoradores del sol en sus ritos. Al parecer el texto hebreo dice *su nariz* para evitar la posible blasfemia si se aludiera claramente a la nariz de Dios.

*q* **8.2** Ez 1.27.   *r* **8.4** Ez 1.28.   *s* **8.16** Dt 4.19.   *t* **9.4-6** Ap 7.2-3; 9.4; 14.1.

[7]Después les dijo: "Vayan al templo, y profánenlo; y llenen de cadáveres sus atrios."

Ellos salieron y comenzaron a matar gente en la ciudad. [8]Y mientras lo hacían, yo me quedé solo. Entonces me incliné hasta tocar el suelo con la frente, y lleno de dolor grité: "Señor, ¿vas a descargar tu ira sobre Jerusalén hasta destruir lo poco que queda de Israel?"

[9]El Señor me respondió: "El pecado del pueblo de Israel y de Judá es muy grande. El país está lleno de crímenes; la ciudad está llena de injusticia. Piensan que yo he abandonado al país y que no veo lo que hacen. [10]Pues no voy a tener ninguna compasión de ellos, sino que les voy a pedir cuentas de su conducta."

[11]Entonces el hombre vestido de lino que llevaba a la cintura instrumentos de escribir, volvió y dijo: "Ya he cumplido la orden que me diste."

## La gloria del Señor abandona el templo

**10** [1]Luego vi que, encima de la bóveda que estaba sobre las cabezas de los seres alados, apareció algo así como un trono que parecía de zafiro.[u] [2]Y el Señor dijo al hombre vestido de lino: "Métete entre las ruedas del carro, debajo de los seres alados, y toma un puñado de brasas encendidas, de esas que están en medio de los seres alados, y espárcelas sobre la ciudad."[v]

Y vi cómo el hombre se metió. [3]En ese momento los seres alados estaban al sur del templo, y una nube llenaba el atrio interior. [4]Entonces la gloria del Señor se elevó de encima de los seres alados y se dirigió a la entrada del templo; y la nube llenó el templo, y el atrio se iluminó con el resplandor de la gloria del Señor.[w] [5]El ruido que hacían las alas de los seres alados se oía hasta en el atrio exterior. Era como si el Dios todopoderoso estuviera hablando. [6]Entonces el Señor ordenó al hombre vestido de lino que tomara fuego de entre las ruedas del carro, de en medio de los seres alados. El hombre fue y se puso junto a una de las ruedas. [7-8]Debajo de las alas de los seres alados se veía algo así como una mano de hombre. Uno de ellos extendió la mano hacia el fuego que estaba en medio y, tomando un poco, se lo puso en las manos al hombre vestido de lino, el cual lo tomó y se fue. [9]Junto a los seres alados vi cuatro ruedas, una junto a cada uno de ellos. Las ruedas brillaban como si fueran de topacio. [10]Las cuatro ruedas eran iguales y parecían estar una dentro de la otra. [11]Cuando los seres alados avanzaban en una de las cuatro direcciones, no tenían que volverse, sino que avanzaban en la dirección en que iba el de adelante. [12]Su cuerpo, sus espaldas, sus manos y sus alas estaban llenos de reflejos[17]por todos lados,[x] lo mismo que las cuatro ruedas. [13]Yo mismo oí que a las ruedas también les daban el nombre de "carro".[y] [14]Cada ser alado tenía cuatro caras: la primera cara era la de un toro;[18] la segunda, la de un hombre; la tercera, la de un león; y la cuarta, la de un águila.[z] [15]Estos seres son los mismos que yo había visto junto al río Quebar.[a]

Los seres alados se levantaron, [16]y cuando ellos avanzaban, también avanzaban las ruedas; y cuando alzaban las alas para levantarse del suelo, las ruedas no se apartaban de su lado; [17]cuando se detenían, se detenían también las ruedas; y cuando se levantaban, se levantaban también las ruedas, porque las ruedas formaban parte viva de ellos.

[18]Entonces la gloria del Señor se elevó de encima del templo y se colocó sobre los seres alados. [19]Estos alzaron las alas y se levantaron del suelo. Yo vi cómo se levantaron, con las ruedas a su lado, y cómo se detuvieron en la puerta oriental del templo del Señor. La gloria del Dios de Israel estaba encima de ellos. [20]Eran los mismos seres alados que yo había visto debajo del Dios de Israel, junto al río Quebar. Entonces me di cuenta de lo que eran. [21]Cada uno de ellos tenía cuatro caras y cuatro alas, y debajo de las alas se veía algo que parecía manos de hombre. [22]Las caras tenían la misma apariencia que las de los seres alados que yo había visto junto al río Quebar. Cada uno avanzaba de frente.

## Castigo de Jerusalén

**11** [1]El poder de Dios me levantó y me llevó hasta la entrada oriental del templo del Señor. En la puerta había veinticinco hombres. Entre ellos distinguí a Jaazanías, hijo de Azur, y a Pelatías, hijo de Benaías, que eran jefes del pueblo. [2]El Señor me dijo: "Estos son los que están tramando crímenes y haciendo planes

---

[17] *Reflejos:* lit. *ojos.*   [18] *Era la de un toro:* según 1.10. Heb. *era la de un querubín.*
[u] 10.1 Ez 1.26; Ap 4.2.   [v] 10.2 Ap 8.5.   [w] 10.3-4 Ex 16.10; 24.16; Nm 10.34.   [x] 10.12 Ez 1.18; Ap 4.8.   [y] 10.9-13 Ez 1.15-21.
[z] 10.14 Ez 1.10; Ap 4.7.   [a] 10.15,20 Ez 1.1-3.

malvados en esta ciudad. ³Dicen: 'No hace mucho que reconstruimos las casas. Aquí estaremos a salvo, como la carne en la olla,'ᵇ ⁴Por eso, háblales en mi nombre.''

⁵El espíritu del Señor se posesionó de mí, y me ordenó que dijera: ''Esto dice el Señor: 'Eso es lo que ustedes piensan, israelitas. Yo conozco sus pensamientos. ⁶Ustedes han cometido muchos asesinatos en esta ciudad, y han llenado de cadáveres las calles. ⁷Por eso yo, el Señor, les aseguro: Jerusalén será como una olla, pero la carne no serán ustedes, sino los cadáveres de los que ustedes mataron, pues a ustedes los voy a sacar de la olla. ⁸¿Tienen miedo a la guerra? Pues haré venir guerra sobre ustedes. Yo, el Señor, doy mi palabra. ⁹Ejecutaré la sentencia contra ustedes: los sacaré de aquí y los entregaré a gente extranjera. ¹⁰Morirán a filo de espada. Yo los juzgaré a ustedes en los límites de Israel, y entonces reconocerán que yo soy el Señor. ¹¹La ciudad no les servirá a ustedes de olla, ni ustedes serán la carne. Yo los juzgaré a ustedes en los límites de Israel, ¹²y entonces reconocerán que yo soy el Señor. Ustedes no han vivido de acuerdo con mis órdenes ni han practicado mis leyes, sino que han seguido las prácticas de las naciones que los rodean.' ''

¹³Mientras yo les hablaba en nombre del Señor, cayó muerto Pelatías, hijo de Benaías. Yo me incliné hasta tocar el suelo con la frente, lancé un fuerte grito y dije: ''¡Ay, Señor! ¿Vas a terminar con lo poco que queda de Israel?''

### Dios anuncia un nuevo pacto

¹⁴El Señor se dirigió a mí, y me dijo: ¹⁵''La gente que vive en Jerusalén habla de los israelitas, tus compatriotas, y dice: '¡Ellos están lejos del Señor! A nosotros, en cambio, nos dio el país para que seamos dueños de él.' ¹⁶Por eso diles: 'Esto dice el Señor: Yo los desterré y los dispersé entre las naciones, entre países extraños, pero sólo por un corto tiempo. Ahora yo mismo seré un santuario para ellos en los países adonde han ido.' ¹⁷Diles también: 'Esto dice el Señor: Yo los haré volver de esos países y naciones adonde los he dispersado, y los reuniré y les daré el país de Israel.' ¹⁸Ellos volverán a su país y acabarán con todas las prácticas odiosas

y detestables que hay en él. ¹⁹Yo les quitaré ese corazón duro como la piedra, y les daré un nuevo corazón y un nuevo espíritu.ᶜ ²⁰Entonces vivirán de acuerdo con mis leyes y decretos, y los pondrán en práctica. Ellos serán mi pueblo y yo seré su Dios.ᵈ ²¹Pero a los que viven apegados a esas prácticas odiosas y detestables, les pediré cuentas de su conducta. Yo, el Señor, doy mi palabra.' ''

### La gloria del Señor se aleja de Jerusalén

²²Los seres alados levantaron el vuelo, y las ruedas los siguieron. Entonces la gloria del Dios de Israel, que estaba encima de ellos, ²³se levantó y se alejó de la ciudad, yendo a colocarse sobre el monte que está al oriente de la ciudad.ᵉ ²⁴Luego el poder de Dios me levantó y me hizo volver a Babilonia, donde estaban los otros desterrados. Esto sucedió en una visión que el espíritu de Dios me hizo ver. Después la visión desapareció, ²⁵y yo les conté a los desterrados todo lo que el Señor me había revelado.

### Ezequiel anuncia el destierro

**12** ¹El Señor se dirigió a mí, y me dijo: ²''Tú, hombre, vives en medio de un pueblo rebelde. Tienen ojos para ver, pero no ven; y oídos para oír, pero no oyen,ᶠ porque son un pueblo rebelde. ³Por eso, prepara lo necesario para salir al destierro y, a pleno día y a la vista de todos, sal de tu casa y vete a otro lugar; tal vez se den cuenta de que son un pueblo rebelde. ⁴A pleno día y a la vista de todos, saca tus cosas como para ir al destierro; y por la tarde, también a la vista de todos, sal como si fueras al destierro. ⁵Después, haz un boquete en el muro, a la vista de todos, y sal por él con tus cosas. ⁶Y cuando oscurezca, échate al hombro tus cosas y sal con ellas a la vista de todos. Tápate la cara, de modo que no puedas ver el país. Quiero que seas una señal de alarma para el pueblo de Israel.''

⁷Yo preparé mis cosas tal como el Señor me lo había ordenado, y a pleno día salí con ellas, como quien va al destierro. Por la tarde hice con mis manos un boquete en el muro y, cuando oscureció, a la vista de todos me eché las cosas al hombro y salí con ellas.

---

ᵇ **11.3** Ez 24.1-14.  ᶜ **11.19** Sal 51.10.  ᵈ **11.19-20** Ez 36.26-28.  ᵉ **11.22-23** Ez 10.1-22; 43.2-5.  ᶠ **12.2** Is 6.9-10; Jer 5.21; Mr 8.18.

⁸A la mañana siguiente, el Señor se dirigió a mí, y me dijo: ⁹"Seguramente los israelitas, ese pueblo rebelde, te habrán preguntado qué estabas haciendo. ¹⁰Pues diles de mi parte que esto es un anuncio para el rey de Jerusalén y para todos los israelitas que allí viven. ¹¹Diles que tú eres una señal de alarma para ellos, y que tendrán que hacer lo mismo que tú hiciste, porque serán llevados al destierro. ¹²El jefe que tienen habrá de echarse sus cosas al hombro, y cuando oscurezca saldrá con ellas por un boquete que harán en el muro. Irá con la cara tapada, para que nadie pueda verlo a él ni él pueda ver *¹⁹* el país. ¹³Yo le echaré encima mi red y lo atraparé con ella. Lo llevaré a Babilonia, tierra de los caldeos, tierra que no podrá ver,ᵍ y allí morirá. ¹⁴Y dispersaré a los cuatro vientos la guardia que lo rodea para defenderlo, lo mismo que sus otras tropas, y los perseguiré con la espada en la mano. ¹⁵Y cuando ya los haya dispersado por otros países y naciones, reconocerán que yo soy el Señor. ¹⁶Pero haré que unos cuantos escapen de la guerra, el hambre y las enfermedades, para que en las naciones adonde vayan cuenten todas las cosas detestables que cometieron y reconozcan que yo soy el Señor."

### Nuevo anuncio de castigo

¹⁷El Señor se dirigió a mí una vez más, y me dijo: ¹⁸"Tú, hombre, tiembla de miedo al comer, y muéstrate angustiado al beber. ¹⁹Y diles a los habitantes del país y de Jerusalén, y a todos los israelitas: 'Esto dice el Señor: Comerán su comida llenos de angustia, y tomarán sus bebidas llenos de miedo; el país quedará destruido y vacío, por causa de la violencia de sus habitantes. ²⁰Toda ciudad habitada será destruida; el país quedará convertido en desierto. Entonces reconocerán ustedes que yo soy el Señor.' "

²¹El Señor se dirigió a mí, y me dijo: ²²"¿Qué quieren decir los israelitas con eso de 'Pasan los días, y las visiones del profeta no se cumplen'?ʰ ²³Pues diles: 'Esto dice el Señor: Yo voy a hacer que no se repitan más esas palabras en Israel.' Y diles también que ya está cerca el día en que se cumplirá todo lo anunciado en las visiones. ²⁴No volverá a haber entre los israelitas visiones falsas ni profecías que sean mentira, ²⁵porque yo, el Señor, voy a hablar, y lo que diga se cumplirá sin tardanza. Ustedes mismos lo verán, pueblo rebelde; yo hablaré y haré que se cumpla lo que diga. Yo, el Señor, doy mi palabra."

²⁶El Señor se dirigió a mí, y me dijo: ²⁷"Los israelitas andan diciendo que tus visiones proféticas son de cumplimiento a largo plazo. ²⁸Por lo tanto, diles: 'Esto dice el Señor: Mis palabras no tardarán en cumplirse; lo que he dicho se cumplirá. Yo, el Señor, doy mi palabra.' "

### El Señor condena a los falsos profetas

**13** ¹El Señor se dirigió a mí, y me dijo: ²"Habla en mi nombre contra los profetasⁱ de Israel, esos profetas que hablan por su propia cuenta, y diles: 'Oigan la palabra del Señor: ³¡Ay de los profetas estúpidos que siguen su propia inspiración y no tienen verdaderas visiones! ⁴Tus profetas, Israel, son como zorras que viven entre ruinas. ⁵No han hecho nada para defender a Israel, para que pueda resistir en la batalla cuando venga el día del Señor. ⁶Sus visiones son falsas y sus profecías son mentira. Dicen que hablan de mi parte, pero yo no los he enviado. ¡Y esperan que sus palabras se cumplan! ⁷¡Las visiones que ustedes tienen son falsas! ¡Sus profecías son mentira! Dicen que hablan de mi parte, pero yo no he dicho nada. ⁸Por eso yo, el Señor, digo: Como ustedes dicen cosas falsas y sus visiones son mentira, yo estoy contra ustedes. Yo, el Señor, lo afirmo. ⁹Voy a levantar la mano para castigar a los profetas que tienen visiones falsas y cuyas profecías son mentira. No podrán tomar parte en las reuniones de mi pueblo Israel; sus nombres no serán anotados en las listas de los israelitas, ni entrarán en la tierra de Israel. Entonces reconocerán ustedes que yo soy el Señor.'

¹⁰"Sí, ellos engañaron a mi pueblo diciéndole que todo iba bien, cuando en realidad no era así.ʲ Son como quien levanta una pared insegura y luego la recubre con cal. ¹¹Pues diles a esos que blanquean la pared, que la pared se vendrá abajo. Vendrá la lluvia a torrentes, y caerán granizos como piedras, y soplará un viento huracanado, ¹²y la pared se vendrá abajo. Entonces les preguntarán: '¿Qué pasó con la cal que le pusieron?' ¹³Por eso yo, el Señor, digo: En mi ira voy

---

a hacer que sople un viento huracanado; en mi furor voy a hacer que llueva a torrentes y que caigan granizos como piedras, para destruirlo todo con furia. [14]Y derribaré esa pared que ustedes blanquearon; la echaré por tierra, y sus cimientos quedarán al descubierto. Sí, la pared se vendrá abajo, y ustedes morirán entre sus escombros. Entonces reconocerán que yo soy el Señor. [15]Descargaré toda mi ira contra esa pared y contra los que la blanquearon, y la gente dirá:[20] 'No quedó nada de la pared ni de los que la blanquearon, [16]esos profetas de Israel que tenían visiones falsas y anunciaban a Jerusalén que todo iba bien, cuando en realidad no era así.' Yo, el Señor, lo afirmo.

### El Señor condena a las profetisas

[17]"Ahora, hombre, dirígete a las mujeres de tu pueblo que se ponen a hablar en mi nombre por su propia cuenta, [18]y diles: 'Esto dice el Señor: ¡Ay de ustedes, que andan a caza de la gente; que cosen vendas mágicas para que todo el mundo se las ponga como pulseras, y hacen velos para que todos se los pongan en la cabeza! ¿Creen que pueden disponer de la vida y de la muerte de mi pueblo, según les convenga? [19]Ustedes, por unos puñados de cebada y unos bocados de pan, me deshonran delante de mi pueblo; dan muerte a gente que no debía morir, y dejan con vida a gente que no debía vivir. Así engañan a mi pueblo, que hace caso a las mentiras. [20]Por eso yo, el Señor, digo: Yo me declaro enemigo de esas vendas mágicas que ustedes hacen, con las que atrapan a la gente como a pájaros. Yo libraré del poder de ustedes a esas personas, y las dejaré volar libremente; [21]libraré a mi pueblo del poder de ustedes y de los velos que le han puesto, y no lo volverán a atrapar. Entonces reconocerán ustedes que yo soy el Señor. [22]Ustedes, con sus mentiras, han acobardado a los buenos, cosa que yo no quería hacer, y en cambio han animado a los malvados a seguir en su mala conducta, para que yo no les dé vida. [23]Por eso no volverán ustedes a tener sus falsas visiones ni a proclamar sus profecías de mentira. Yo salvaré a mi pueblo del poder de ustedes, y reconocerán ustedes que yo soy el Señor.' "

### Contra el culto a los ídolos

**14** [1]Varios ancianos de Israel vinieron a verme para consultar al Señor. [2]Entonces el Señor se dirigió a mí, y me dijo: [3]"Estos hombres se han entregado por completo al culto de sus ídolos y han puesto sus ojos en lo que les hace pecar. ¿Y acaso voy a permitir que me consulten? [4]Habla con ellos y diles: 'Esto dice el Señor: Todo israelita que se entregue al culto de los ídolos y ponga sus ojos en lo que les hace pecar, y que venga luego a consultar al profeta, tendrá de mi parte la respuesta que se merece por tener tantos ídolos.'

[5]"Yo les tocaré el corazón a todos los israelitas que se apartaron de mí por causa de sus ídolos. [6]Por eso, diles a los israelitas: 'Esto dice el Señor: Vuélvanse a mí, apártense de sus ídolos y dejen todas esas cosas detestables.' [7]Si un israelita o un extranjero que viva en Israel se aparta de mí y se entrega por completo al culto de sus ídolos, y pone sus ojos en lo que le hace pecar, y luego recurre a un profeta para consultarme, yo mismo le daré la respuesta: [8]Me enfrentaré con ese hombre y le daré un castigo ejemplar, algo de lo que todos hablen, y lo eliminaré de entre mi pueblo. Entonces reconocerán ustedes que yo soy el Señor.

[9]"Y si un profeta da un mensaje falso, es porque yo, el Señor, engañé a ese profeta; y yo levantaré mi mano para castigarlo y lo eliminaré de mi pueblo Israel. [10]Tanto el hombre que hace la consulta como el profeta serán castigados por su pecado, [11]para que el pueblo de Israel no vuelva jamás a apartarse de mí ni a mancharse con esos crímenes. Ellos serán mi pueblo, y yo seré su Dios. Yo, el Señor, lo afirmo."

### Jerusalén merece ser castigada

[12]El Señor se dirigió a mí, y me dijo: [13]"Si un país peca contra mí y me es infiel, yo levantaré la mano para castigarlo y le quitaré sus provisiones de alimento; enviaré hambre sobre él, y haré que mueran hombres y animales. [14]Y si en ese país vivieran Noé, Danel [21] y Job, sólo ellos tres se salvarían por ser justos. Yo, el Señor, lo afirmo.

[15]"Y si envío animales feroces a un país, para que maten a sus habitantes y lo conviertan en un desierto donde nadie se

---

[20] *La gente dirá:* texto probable. Heb. *diré.* [21] Heb. *Danel* o *Daniel,* héroe de la antigüedad, famoso por su sabiduría y rectitud.

atreva a pasar por miedo a las fieras, [16]si vivieran allí esos tres hombres, no podrían salvar ni a sus hijos ni a sus hijas; sólo ellos se salvarían, y el país quedaría convertido en un desierto. Yo, el Señor, lo juro por mi vida.

[17]"Y si hago venir la guerra sobre todo ese país y ordeno la muerte de hombres y animales, [18]si vivieran allí esos tres hombres, no podrían salvar ni a sus hijos ni a sus hijas; sólo ellos se salvarían. Yo, el Señor, lo juro por mi vida.

[19]"Y si envío enfermedades a ese país, y en mi ira siembro allí la muerte y hago que mueran hombres y animales, [20]si vivieran allí Noé, Danel y Job, no podrían salvar ni a sus hijos ni a sus hijas; sólo ellos se salvarían por ser justos. Yo, el Señor, lo juro por mi vida.

[21]"Yo, el Señor, digo: Peor todavía será cuando yo mande contra Jerusalén mis cuatro castigos terribles: la guerra, el hambre, los animales salvajes y las enfermedades,[k] y mate a hombres y animales. [22]Sólo unos cuantos quedarán con vida y podrán salir de allí con sus hijos e hijas. Cuando ellos vayan a ustedes, ustedes verán cómo se han portado y las cosas que han hecho, y se consolarán del castigo que hice venir sobre Jerusalén. [23]Se consolarán al ver cómo se han portado ellos y las cosas que han hecho. Entonces reconocerán ustedes que no me faltaba motivo para hacer todo lo que hice con Jerusalén. Yo, el Señor, lo afirmo."

### Israel comparado a una vid inútil

**15** [1]El Señor se dirigió a mí, y me dijo: [2]"¿En qué es mejor el tronco de la vid
que la madera de los árboles?
[3]Su tronco no sirve para nada,
¡ni siquiera para hacer una percha!
[4]No sirve más que para leña.
Y cuando el fuego ha quemado las puntas
y el centro está hecho carbón,
¿para qué puede servir?
[5]Si cuando estaba entero
no servía para nada,
¡menos ahora que está quemado
podrá servir para algo!

[6]"Por eso yo, el Señor, digo:
Así como al tronco de la vid
se le echa en el fuego para que arda,
así también echaré en el fuego
a los habitantes de Jerusalén.

[7]Yo me declararé enemigo de ellos.
Escaparán de un fuego,
pero otro fuego los devorará.
Y cuando yo me declare su enemigo,
ustedes reconocerán que yo soy el Señor.
[8]Convertiré su país en un desierto,
por haberme sido infieles.
Yo, el Señor, lo afirmo."

### Infidelidad de Jerusalén

**16** [1]El Señor se dirigió a mí, y me dijo: [2]"Tú, hombre, hazle ver a Jerusalén las cosas tan detestables que ha hecho. [3]Dile: 'Esto dice el Señor: Por lo que toca a tu origen, tú, Jerusalén, eres cananea de nacimiento; tu padre fue amorreo y tu madre hitita. [4]El día en que naciste no te cortaron el ombligo, ni te bañaron, ni te frotaron con sal, ni te fajaron. [5]Nadie tuvo compasión de ti ni se preocupó de hacerte esas cosas. El día en que naciste, te dejaron tirada en el campo porque sentían asco de ti. [6]Yo pasé junto a ti, y al verte pataleando en tu sangre, decidí que debías vivir. [7]Te hice crecer como una planta del campo. Te desarrollaste, llegaste a ser grande y te hiciste mujer. Tus pechos se hicieron firmes, y el vello te brotó. Pero estabas completamente desnuda.

[8]'Volví a pasar junto a ti, y te miré; estabas ya en la edad del amor. Extendí mi manto sobre ti, y cubrí tu cuerpo desnudo, y me comprometí contigo; hice un pacto contigo, y fuiste mía.[l] Yo, el Señor, lo afirmo. [9]Y te bañé, te limpié la sangre y te perfumé; [10]te puse un vestido de bellos colores y sandalias de cuero fino; te di un cinturón de lino y un vestido de finos tejidos; [11]te adorné con joyas, te puse brazaletes en los brazos y un collar en el cuello; [12]te puse un anillo en la nariz, aretes en las orejas y una hermosa corona en la cabeza. [13]Quedaste cubierta de oro y plata; tus vestidos eran de lino, de finos tejidos y de telas de bellos colores. Te alimentabas con el mejor pan, y con miel y aceite de oliva. Llegaste a ser muy hermosa: te convertiste en una reina. [14]Te hiciste famosa entre las naciones por tu belleza, que era perfecta por el encanto con que te adorné. Yo, el Señor, lo afirmo.

[15]'Pero confiaste en tu belleza y te aprovechaste de tu fama para convertirte en una prostituta, entregando tu cuerpo a todo el que pasaba. [16]Con tus vestidos

---

[k] 14.21 Ap 6.8.  [l] 16.8-63 Jer 31.3-4; Os 2-3.

hiciste tiendas de culto pagano en las colinas, y te prostituiste en ellas.²² ¹⁷Tomaste las joyas de oro y de plata que yo te había regalado, e hiciste figuras de hombres para prostituirte con ellos; ¹⁸les pusiste tus vestidos de bellos colores y les ofreciste mi aceite y mi incienso. ¹⁹El pan que yo te había dado, que era de la mejor harina, y el aceite y la miel con que yo te había alimentado, se los ofreciste a ellos como ofrenda de olor agradable. Yo, el Señor, lo afirmo.

²⁰'Tomaste también a los hijos e hijas que tuve contigo, y los sacrificaste a esos ídolos como alimento para ellos. ¿Te parecía poco haberte convertido en prostituta, ²¹que además sacrificaste a mis hijos entregándolos a morir quemados en honor de esos ídolos? ²²Con tu detestable vida de prostituta ya no te acuerdas de cuando eras niña y estabas completamente desnuda, pataleando en tu propia sangre.

²³'Esto afirmo yo, el Señor: ¡Ay de ti! Además de todos los males que hiciste, ²⁴te construiste en todo sitio despejado un lugar donde dar culto a los ídolos y entregarte a la prostitución. ²⁵Al término de todo camino construiste tales lugares, y convertiste tu belleza en algo detestable ofreciendo tu cuerpo a todo el que pasaba, en continuos actos de prostitución. ²⁶Practicaste la prostitución con tus vecinos, esos egipcios de gran potencia sexual, y provocaste mi ira con tus continuos actos de prostitución.

²⁷'Entonces levanté la mano para castigarte: te hice pasar privaciones y te entregué a las ciudades filisteas, que te odian y que estaban disgustadas por tu conducta vergonzosa. ²⁸Pero no contenta con eso, te entregaste a la prostitución con los asirios; y ni aun así quedaste satisfecha. ²⁹Y seguiste entregándote a la prostitución en Babilonia, tierra de comerciantes; y ni aun así quedaste satisfecha. ³⁰Yo, el Señor, afirmo: ¡Qué enfermo tenías el corazón para cometer todos esos actos propios de una prostituta desvergonzada! ³¹Al término de todo camino y en todo sitio despejado, te construiste un altar donde dar culto a los ídolos y entregarte a la prostitución. Pero tú no te portabas como las prostitutas: ¡tú no cobrabas!

³²'La mujer que es infiel a su marido, recibe a extraños.³³A toda prostituta se le da una paga; pero tú eras más bien la que dabas regalos a todos tus amantes y les pagabas para que vinieran de todas partes a pecar contigo. ³⁴En tu prostitución has hecho lo contrario de lo que hacen otras mujeres: nadie te busca para pecar, ni ellos te pagan a ti, sino que tú las pagas a ellos. ¡Sólo en eso eres diferente!

³⁵'Por eso, escucha, prostituta, mi palabra: ³⁶Yo, el Señor, te digo: Tú has descubierto desvergonzadamente tu cuerpo para entregarte a la prostitución con tus amantes y con todos tus detestables ídolos, y has derramado la sangre de tus hijos que ofreciste en sacrificio. ³⁷Por eso, yo voy a reunir a todos los amantes que has complacido, a todos los que amaste y a todos los que odiaste; los reuniré alrededor de ti, y delante de ellos descubriré tu cuerpo para que se vean completamente desnuda.ᵐ ³⁸Te juzgaré por adulterio y asesinato, y con ira y celo te entregaré a la muerte. ³⁹Te dejaré en manos de ellos, para que destruyan tus lugares de prostitución y de culto a los ídolos. Te arrancarán tus vestidos y tus magníficos adornos, y te dejarán completamente desnuda. ⁴⁰Levantarán al pueblo contra ti, te apedrearán y te matarán con sus espadas. ⁴¹Prenderán fuego a tus casas y ejecutarán la sentencia contra ti delante de muchas mujeres. Pondré fin a tu prostitución, y no volverás a pagar más a tus amantes. ⁴²Entonces mi ira contra ti quedará satisfecha y mis celos se calmarán; me tranquilizaré y ya no estaré enojado. ⁴³Tú te olvidaste de cuando eras joven, y me irritaste con todas tus acciones infames y detestables; por lo tanto, yo te castigaré por esa conducta tuya. Yo, el Señor, lo afirmo.

### De tal madre, tal hija

⁴⁴'Todos los amigos de decir refranes, dirán refiriéndose a ti: De tal madre, tal hija. ⁴⁵Tú eres hija de una madre que odiaba a su marido y a sus hijos, y también tus hermanas odiaban a sus maridos y a sus hijos. La madre de todas ustedes era hitita, y su padre, amorreo. ⁴⁶Al norte estaba tu hermana mayor, la ciudad de Samaria, con sus aldeas; al sur, tu hermana menor, la ciudad de Sodoma, también con sus aldeas. ⁴⁷Y tú seguiste su ejemplo y cometiste sus mismas acciones detestables. Y no satisfecha con esto, tu conducta fue peor que la de ellas. ⁴⁸Yo, el Señor, lo juro por mi vida: ni tu hermana

---

²² Heb. añade: *ellas no vienen y él no será.*
ᵐ **16.35-37** Ap 17.16.

Sodoma ni sus aldeas hicieron lo que tú y tus aldeas han hecho. [49]Este fue el pecado de tu hermana Sodoma: ella y sus aldeas se sentían orgullosas de tener abundancia de alimentos y de gozar de comodidad, pero nunca ayudaron al pobre y al necesitado. [50]Se volvieron orgullosas y cometieron cosas que yo detesto; por eso las destruí, como has visto. [51]En cuanto a Samaria, no cometió ni la mitad de tus pecados. Tú has hecho más cosas detestables que ellas; tantas que, a tu lado, ellas parecen inocentes. [52]Tú tendrás que soportar tu humillación, pues al cometer pecados más detestables que tus hermanas, las hiciste parecer inocentes. Tú tendrás que sufrir esa vergüenza y soportar tu humillación, pues hiciste parecer inocentes a tus hermanas.

[53]'Yo devolveré la prosperidad a Sodoma y Samaria, y a sus aldeas; y también a ti volveré a darte prosperidad, [54]pero tendrás que soportar tu humillación y avergonzarte de lo que hiciste, con lo cual tú serás para ellas motivo de consuelo. [55]Y cuando Sodoma y Samaria y sus aldeas vuelvan a ser lo que antes fueron, también tú y tus aldeas volverán a serlo. [56]Tú te burlabas del castigo de tu hermana Sodoma, cuando te sentías tan orgullosa [57]y todavía no se había puesto al descubierto tu maldad; pero ahora[23] las ciudades edomitas y filisteas, todas tus vecinas, te insultan; ¡todo el mundo te desprecia! [58]Ahora tienes que soportar el castigo de tus acciones malas y detestables. Yo, el Señor, lo afirmo.

[59]'Yo, el Señor, digo: Te voy a dar tu merecido, pues faltaste a tu juramento y no cumpliste el pacto. [60]Pero yo sí me acordaré del pacto que hice contigo cuando eras joven, y haré contigo un pacto eterno. [61]Cuando yo te dé como hijas a tu hermana mayor y a tu hermana menor, a pesar de que el pacto no me obliga a ello, tú te acordarás de tu conducta pasada y sentirás vergüenza. [62]Yo renovaré mi pacto contigo, y reconocerás que yo soy el Señor. [63]Tú te acordarás, y sentirás tanta vergüenza y humillación que no volverás a abrir la boca cuando yo te perdone todo lo que has hecho. Yo, el Señor, lo afirmo.' "

### La vid y el águila

**17** [1]El Señor se dirigió a mí, y me dijo: [2]"Tú, hombre, propón al pueblo de Israel una comparación. [3]Diles:

'Esto dice el Señor:
Un águila enorme llegó al Líbano;
sus alas eran grandes y de mucho alcance,
cubiertas de plumas de muchos colores.
Agarró la punta de un cedro,
[4]cortó la rama más alta
y fue a plantarla en un país de comerciantes,
en una ciudad de mucho comercio.
[5]Luego tomó de la tierra una semilla
y la sembró en un terreno cultivado,
a la orilla de un arroyo,
con agua abundante.[24]
[6]La semilla nació
y se convirtió en una vid frondosa;
y aunque era poca su altura,
dirigió sus ramas hacia el águila,
mientras hundía sus raíces en la tierra.
Se convirtió en una vid;
produjo retoños y echó ramas.
[7]Pero había otra águila enorme,
de grandes alas y abundante plumaje.
Entonces la vid dirigió sus raíces
y tendió sus ramas hacia esta águila,
para que le diera más agua,
lejos del lugar donde estaba plantada.
[8]Sin embargo, estaba plantada en buena tierra,
junto a agua abundante,
donde podía echar ramas y dar fruto
y convertirse en una vid hermosa.'

[9]"Diles, pues, de mi parte:
'Esto dice el Señor:
Esta vid no prosperará.
El águila primera le arrancará las raíces,
y le hará caer los frutos;
con poco esfuerzo y sin mucha gente la arrancará de raíz,
y se secarán todos sus nuevos retoños.
[10]Aunque la trasplanten, no retoñará;
se secará al soplar sobre ella el viento del este;
se secará en el lugar donde debía retoñar.' "

[11]El Señor se dirigió a mí, y me dijo: [12]"Pregunta a este pueblo rebelde si saben lo que significa esta comparación. Diles:

---

[23] *Pero ahora:* según la versión griega. Heb. *como tiempo.* Otra posible traducción: *pero ahora eres como ella.* [24] *A la orilla . . . abundante:* otra posible traducción: *la puso junto a agua abundante como se planta un sauce.*

'El rey de Babilonia vino a Jerusalén e hizo prisioneros al rey de Judá y a sus funcionarios, y se los llevó con él a Babilonia. [13]Luego tomó a un príncipe de la familia real e hizo un pacto con él, obligándolo a jurarle fidelidad, y se llevó a la gente importante del país [14]para que Judá fuera un reino débil, incapaz de levantarse, aunque dispuesto a cumplir ese pacto y a mantenerlo en vigor. [15]Pero este príncipe se rebeló contra el rey de Babilonia[n] y envió embajadores a Egipto para pedir caballos y hombres en gran cantidad. ¿Creen ustedes que después de eso podrá tener éxito y escapar con vida? ¿Puede escapar con vida quien no cumple un pacto? [16]Yo, el Señor, juro por mi vida que morirá en Babilonia el que se burló del juramento y no cumplió el pacto que hizo con el rey que lo puso en el trono. [17]Cuando el rey de Babilonia lo ataque, y construya rampas y muros alrededor de la ciudad, y mate a mucha gente, el faraón no enviará en su ayuda un poderoso ejército ni gran cantidad de gente, [18]pues él se burló del juramento y no cumplió el pacto; se había comprometido y, sin embargo, ha hecho todo esto. Por eso no podrá escapar con vida.

[19]'Yo, el Señor, lo juro por mi vida: él se burló del juramento que me hizo, y no cumplió el pacto que había hecho conmigo; por eso yo le voy a pedir cuentas. [20]Voy a echar sobre él mis redes, y lo atraparé en ellas; lo llevaré a Babilonia, y allá lo someteré a juicio por haberme sido infiel.[ñ] [21]Sus mejores soldados [25] morirán en batalla, y los que queden con vida serán esparcidos a los cuatro vientos. Entonces reconocerán ustedes que yo, el Señor, he hablado.

[22]'Yo, el Señor, digo: También yo voy a tomar la punta más alta del cedro; arrancaré un retoño tierno de la rama más alta, y yo mismo lo plantaré en un monte muy elevado, [23]en el monte más alto de Israel. Echará ramas, dará fruto y se convertirá en un cedro magnífico. Animales[26] de toda clase vivirán debajo de él, y aves de toda especie anidarán a la sombra de sus ramas. [24]Y todos los árboles del campo sabrán que yo soy el Señor. Yo derribo el árbol orgulloso y hago crecer el árbol pequeño. Yo seco el árbol verde y hago reverdecer el árbol seco. Yo, el Señor, lo digo y lo cumplo.' "

## Responsabilidad personal

**18** [1]El Señor se dirigió a mí, y me dijo: [2]"¿Por qué en Israel no deja de repetirse aquel refrán que dice: 'Los padres comen uvas agrias y a los hijos se les destemplan los dientes'?[o] [3]Yo, el Señor, juro por mi vida que nunca volverán ustedes a repetir este refrán en Israel. [4]A mí me pertenece todo ser humano, lo mismo el padre que el hijo. Aquel que peque, morirá.

[5]"El hombre recto es el que hace lo que es justo y recto: [6]no participa en los banquetes que se celebran en las colinas para honrar a los ídolos, ni pone su confianza en los falsos dioses de Israel; no le quita la mujer a su prójimo, ni se une con su propia mujer cuando ella está en su periodo de menstruación; [7]no oprime a nadie, sino que devuelve a su deudor lo que había recibido de él en prenda; no roba a nadie; comparte su pan con el hambriento y da ropa al desnudo;[p] [8]no presta dinero con usura ni exige intereses; no causa daño a nadie; es justo cuando juzga un pleito entre dos personas; [9]actúa de acuerdo con mis leyes y cumple fielmente mis mandamientos. Ese hombre es verdaderamente recto, y por lo tanto vivirá.[q] Yo, el Señor, lo afirmo.

[10]"Pero si este hombre tiene un hijo violento y asesino, que hace cualquiera de esas cosas [11]que su padre no hacía, es decir, que participa en los banquetes que se celebran en las colinas para honrar a los ídolos, que le quita la mujer a su prójimo, [12]que oprime al pobre y al necesitado, que roba a los demás, que no devuelve a sus deudores lo que había recibido de ellos en prenda, que pone su confianza en los falsos dioses y hace cosas que yo detesto, [13]que presta dinero con usura y exige intereses: ese hombre no podrá vivir. Después de haber hecho todas esas cosas que yo detesto, morirá sin remedio, y él mismo será responsable de su muerte.

[14]"Puede ser que este hombre, a su vez, tenga un hijo que vea todos los pecados cometidos por su padre, pero que no siga su ejemplo; [15]es decir, que no participe en los banquetes que se celebran en las colinas para honrar a los ídolos, ni ponga su confianza en los falsos dioses de Israel; que no le quite la mujer a su prójimo [16]ni oprima a nadie; que no exija nada en prenda cuando le pidan prestado; que no

---

[25] *Sus mejores soldados:* según versiones antiguas. Heb. *Todos sus fugitivos en toda su tropa.*    [26] *Animales:* según la versión griega. Esta palabra no aparece en el texto hebreo.
[n] 17.12-15 2 R 24.15-20; 2 Cr 36.10-13.   [ñ] 17.18-20 Jer 37.1-2; 52.4-11; Ez 12.13.   [o] 18.2 Jer 31.29.   [p] 18.7 Mt 25.35-40.
[q] 18.9 Lv 18.5.

robe a nadie, sino que comparta su pan con el hambriento y dé ropa al desnudo; [17]que no haga daño a nadie [27] ni preste dinero con usura o intereses; y que cumpla mis leyes y actúe según mis mandatos: ese hombre no morirá por los pecados de su padre. Ciertamente vivirá.

[18]"Su padre, que fue opresor, y cometió robos, e hizo lo malo en medio de su pueblo, morirá en castigo de sus propios pecados. [19]Ustedes preguntarán: '¿Por qué no paga el hijo también por los pecados del padre?' Pues porque el hijo hizo lo que es recto y justo, y cumplió y puso en práctica todas mis leyes: por eso ciertamente vivirá. [20]Sólo aquel que peque morirá. Ni el hijo ha de pagar por los pecados del padre, ni el padre por los pecados del hijo.[r] El justo recibirá el premio a su justicia; y el malvado, el castigo a su maldad.

### El Señor actúa con justicia
#### (Ez 33.10-20)

[21]"Y si el malvado se aparta de todos los pecados que cometía, y cumple todas mis leyes y hace lo que es recto y justo, ciertamente vivirá y no morirá. [22]Yo no volveré a acordarme de todo lo malo que hizo, y él vivirá por hacer lo que es recto. [23]Yo no quiero que el malvado muera, sino que cambie de conducta y viva.[s] Yo, el Señor, lo afirmo.*

[24]"Pero si el justo deja de actuar rectamente, y hace todo lo malo y detestable que hace el malvado, ¿piensan ustedes que habrá de seguir viviendo? Yo no volveré a acordarme de todo lo bueno que haya hecho: morirá por culpa de su infidelidad y de sus pecados. [25]Ustedes dirán que yo no estoy actuando con justicia; pero escucha, pueblo de Israel, ¿piensan ustedes que yo no estoy actuando bien? ¿No será más bien lo contrario, que son ustedes los que están actuando mal? [26]Si el justo deja de hacer lo bueno y hace lo malo, morirá por culpa de sus malas acciones. [27]Por el contrario, si el malvado se aparta de su maldad y hace lo que es recto y justo, salvará su vida. [28]Si abre los ojos y se aparta de todas las maldades que había hecho, ciertamente vivirá y no morirá.

[29]"Pero el pueblo de Israel dirá que yo no actúo con justicia. ¿Que yo no actúo con justicia? ¿No será más bien el pueblo de Israel el que no actúa con justicia? [30]Yo los juzgo a cada uno de ustedes, israelitas, de acuerdo con sus acciones.[t] Yo, el Señor, lo afirmo. Abandonen de una vez por todas sus maldades, para que no se hagan culpables de su propia ruina. [31]Apártense de todas las maldades que han cometido contra mí, y háganse de un corazón y un espíritu nuevos.[u] ¿Por qué habrás de morir, pueblo de Israel, [32]si yo no quiero que nadie muera? Apártense del mal y vivirán. Yo, el Señor, lo afirmo.*

### Lamento por los reyes de Israel

**19** [1]"Y tú, hombre, dedica este canto fúnebre a los reyes de Israel:

[2]"Tu madre era una leona
que vivía entre leones.[v]
Hizo su guarida entre ellos,
y allí crió a sus cachorros.
[3]A uno especialmente lo hizo crecer
hasta su pleno desarrollo.
Aprendió a desgarrar la presa,
y devoraba hombres.
[4]Las naciones oyeron hablar de él;
lo apresaron en una trampa,
y con ganchos lo arrastraron
hasta el país de Egipto.[w]
[5]Al ver la leona que su esperanza
quedaba frustrada por completo,
tomó otro de sus cachorros
y lo ayudó a desarrollarse.
[6]Hecho ya todo un león,
iba y venía entre los leones.
Aprendió a desgarrar la presa,
y devoraba hombres.
[7]Hacía destrozos en los palacios[28]
y arruinaba las ciudades;
con sus rugidos
hacía temblar a todo el mundo.
[8]Entonces levantaron contra él
a los pueblos de las provincias
    vecinas;
le tendieron sus redes
y lo hicieron caer en la trampa.
[9]Con ganchos lo encerraron en una
    jaula
y se lo llevaron al rey de Babilonia;
allí lo metieron preso,
para que nadie volviera a oír sus
    rugidos
en las montañas de Israel.[x]

---

[27] *Que no haga daño a nadie:* según la versión griega. Heb. *se abstiene del infeliz.* [28] *Hacía destrozos en los palacios:* según versiones antiguas. Heb. *y conocía sus viudas.*

[r] 18.20 Dt 24.16. [s] 18.23 2 P 3.9. [t] 18.30 Job 34.11; Sal 62.11-12; Pr 24.12; Jer 17.10; Ez 33.20; Eclo 16.12,14; Mt 16.27; Ro 2.6. [u] 18.31 Ez 36.26. *18.23,32 Ez 33.11; Sab 1.13; 2 P 3.9. [v] 19.2 Gn 49.9; 1 R 10.18-20. [w] 19.3-4 2 R 23.30-34; Jer 22.10-12. [x] 19.5-9 2 R 24.8-15; Jer 22.24-30.

¹⁰'Tu madre parecía una vidʸ
plantada junto al agua,
fecunda y frondosa
gracias a la abundancia de riego.
¹¹Sus ramas se hicieron tan fuertes
que llegaron a ser cetros de reyes,
y tanto creció
que llegó hasta las nubes.
Se destacaba por su altura
y por sus ramas frondosas.
¹²Pero la arrancaron con furia
y la echaron al suelo.
El viento del oriente la secóᶻ
y se le cayeron las uvas;
se secaron sus fuertes ramas
y las echaron al fuego.
¹³Ahora está plantada en el desierto,
en tierra seca y sedienta.
¹⁴De sus ramas sale un fuego
que devora sus retoños y sus frutos.
Ya no le quedan ramas fuertes
que lleguen a ser cetros de reyes.' "

(Este es un canto fúnebre, y como
canto fúnebre será usado.)

### *Fidelidad de Dios y rebeldía de Israel*

**20** ¹El día décimo del mes quinto del
año séptimo, unos ancianos de
Israel fueron a consultar al Señor, y se
sentaron delante de mí. ²El Señor se dirigió a mí, y me dijo: ³"Tú, hombre, habla
a los ancianos de Israel y diles: 'Esto dice
el Señor: ¿Vienen ustedes a consultarme?
Pues yo, el Señor, juro por mi vida que no
me dejaré consultar por ustedes.' ⁴Júzga-
los más bien tú, hombre; júzgalos y hazles
reconocer las cosas detestables que sus
padres cometieron.ᵃ ⁵Diles: 'Esto dice el
Señor: Cuando elegí a Israel, hice un juramento a sus descendientes y me manifesté
a ellos en Egipto. Solemnemente les juré:
Yo soy el Señor su Dios. ⁶En ese día me
comprometí a sacarlos de Egipto y a llevarlos al país que yo les había buscado, un
país donde la leche y la miel corren como
el agua, ¡el país más hermoso de todos!ᵇ
⁷Y a todos sin excepción les ordené que se
deshicieran de sus detestables dioses y que
no se mancharan con los ídolos de Egipto,
porque yo, el Señor, soy su Dios.ᶜ

⁸'Pero ellos se rebelaron contra mí, y
no quisieron escucharme; no se deshicieron de·sus detestables dioses ni abandonaron los ídolos de Egipto. Yo pensé en descargar mi ira contra ellos, y en castigarlos

en Egipto hasta que mi furor quedara
satisfecho. ⁹Pero actué por honor a mi
nombre,ᵈ para no quedar mal a los ojos
de las naciones en medio de las cuales
vivían, pues delante de esas naciones me
había manifestado a ellos y les había prometido sacarlos de Egipto. ¹⁰Yo los saqué
de Egipto y los llevé al desierto; ¹¹allí les di
a conocer mis leyes y mandamientos, que
dan vida a quien los practica.ᵉ ¹²También
les di a conocer mis días de reposo,²⁹ᶠ
que debían ser una señal entre ellos y yo, y
un recuerdo de que yo, el Señor, los había
consagrado para mí. ¹³Pero se rebelaron
contra mí en el desierto,ᵍ y no obedecieron mis leyes; rechazaron los mandamientos que les había dado para que, cum-
pliéndolos, tuvieran vida, y profanaron
completamente mis días de reposo.²⁹
Pensé entonces en descargar mi ira contra
ellos y en aniquilarlos allí, en el desierto,
¹⁴pero por honor a mi nombre no lo hice,
para no quedar mal a los ojos de las
naciones que habían visto cómo los había
sacado de Egipto.

¹⁵'También en el desierto les juré que
no los haría entrar en el país que les había
dado,ʰ el más hermoso de todos, donde la
leche y la miel corren como el agua, ¹⁶porque rechazaron mis mandamientos, no
obedecieron mis leyes y profanaron mis
días de reposo,²⁹ porque el corazón se les
iba tras sus ídolos. ¹⁷Sin embargo, me dio
lástima destruirlos y no los aniquilé en el
desierto. ¹⁸Entonces les pedí a sus hijos
que no hicieran lo que sus padres les mandaban, que no cumplieran lo que les ordenaban, que no se contaminaran con los
ídolos. ¹⁹Les dije: Yo soy el Señor su
Dios. Cumplan al pie de la letra mis leyes
y decretos, ²⁰y respeten como sagrados
mis días de reposo,²⁹ de manera que sean
una señal entre ustedes y yo; así reconocerán que yo soy el Señor su Dios.

²¹'Pero también los hijos de ellos se
rebelaron contra mí. No obedecieron mis
leyes, ni cumplieron ni practicaron mis
mandamientos, que dan vida a quien los
practica, y profanaron mis días de
reposo.²⁹ Pensé en descargar mi ira contra
ellos y aniquilarlos allí, en el desierto,
para calmar mi furor, ²²pero me contuve
por honor a mi nombre, para no quedar
mal a los ojos de las naciones que habían
visto cómo los había sacado de Egipto.

---

²⁹ *Días de reposo:* aquí equivale a *sábado.*

ʸ **19.10-14** Is 5.1-4; Jer 2.21.    ᶻ **19.11-14** Jer 52.1-11; Ez 17.7-13.    ᵃ **20.2-44** Sal 106.    ᵇ **20.5-6** Ex 3.14-16; 6.2-8; 20.2.
ᶜ **20.7** Jos 24.14.    ᵈ **20.9,14** Dt 7.7-8; Sal 106.8; Jer 14.7; Ez 36.22-23.    ᵉ **20.11,13** Lv 18.5.    ᶠ **20.12** Ex 20.8-11; 31.13-17.
ᵍ **20.13** Ex 14.11; 15.24; 32; Nm 11.1,4.    ʰ **20.15** Nm 14.26-35; Dt 1.34-40.

²³En el desierto les juré que los iba a dispersar por todas las naciones del mundo,ⁱ ²⁴porque no cumplieron mis mandamientos, rechazaron mis leyes, profanaron mis días de reposo²⁹ y sólo tuvieron ojos para los ídolos de sus padres. ²⁵Y hasta llegué a imponerles leyes que no eran buenas y mandamientos con los que no podían encontrar la vida. ²⁶Dejé que se contaminaran llevando ofrendas a los ídolos y sacrificándoles en el fuego a sus hijos mayores. Esto lo hice para que se llenaran de miedo y reconocieran que yo soy el Señor.'

²⁷"Y tú, hombre, diles a los israelitas: 'Esto dice el Señor: También los padres de ustedes me han ofendido; me han sido infieles. ²⁸Cuando yo los hice entrar en la tierra que había jurado darles, apenas veían una colina elevada o un árbol frondoso, allí ofrecían sus sacrificios y hacían las ofrendas que tanto me ofenden, ponían sus sustancias perfumadas y derramaban sus ofrendas de vino.ʲ ²⁹Yo les pregunté: ¿Qué santuario pagano es ése a donde van ustedes? Y se le quedó el nombre de Santuario Pagano³⁰ hasta el día de hoy.'

³⁰"Dile al pueblo de Israel: 'Esto dice el Señor: ¿Por qué quieren ustedes mancharse lo mismo que sus antepasados? ¿Por qué me son infieles adorando esos ídolos detestables? ³¹Al presentar esas ofrendas y sacrificar en el fuego a sus hijos, ustedes siguen todavía manchándose con sus ídolos. ¿Y así quieren ustedes, israelitas, venir a consultarme? Yo, el Señor, juro por mi vida que no me dejaré consultar por ustedes. ³²Se les ha metido en la cabeza ser como las demás naciones de la tierra, que adoran al palo y a la piedra, pero no será así. ³³Yo, el Señor, juro por mi vida que, con gran despliegue de poder y castigando con ira, reinaré sobre ustedes. ³⁴Yo los reuniré de entre los pueblos y naciones donde se encuentren dispersos, desplegando mi gran poder y castigando con ira. ³⁵⁻³⁶Los llevaré al desierto de los pueblos, y cara a cara los llamaré a juicio, de la misma manera que llamé a juicio a sus padres en el desierto de Egipto. Yo, el Señor, lo afirmo. ³⁷Yo los examinaré a ustedes como un pastor que cuenta sus ovejas, y haré que se sometan al pacto. ³⁸Separaré de ustedes a los

rebeldes y revoltosos, y los sacaré de la tierra extranjera en que ahora están viviendo; pero ellos no entrarán en la tierra de Israel. Entonces reconocerán ustedes que yo soy el Señor.

³⁹'Pueblo de Israel, esto dice el Señor: ¡Vayan a adorar a sus ídolos . . .! Pero después ustedes me obedecerán, y no volverán a profanar mi santo nombre haciendo esas ofrendas y adorando a sus ídolos. ⁴⁰Todo Israel me adorará en mi santo monte, en el monte elevado de Israel, situado en mi país. Yo, el Señor, lo afirmo. Allí los recibiré con gusto; allí les pediré que me hagan sus ofrendas, y que me traigan los primeros frutos de sus cosechas y todo lo que hayan de consagrarme. ⁴¹Cuando yo los reúna de los países y naciones donde ahora están dispersos, y muestre mi santidad entre ustedes a la vista de todos los pueblos, entonces aceptaré sus ofrendas de olor agradable. ⁴²Y cuando yo los haga entrar en Israel, en el país que había jurado dar a los antepasados de ustedes, entonces reconocerán que yo soy el Señor. ⁴³Allí se acordarán de todas las malas acciones con que se han profanado, y sentirán asco de ustedes mismos por la mucha maldad que han cometido. ⁴⁴Pueblo de Israel, cuando yo los trate a ustedes, no de acuerdo con su mala conducta y peores acciones, sino haciendo honor a mi nombre, entonces reconocerán que yo soy el Señor. Yo, el Señor, lo afirmo.'"

### Castigo de la región del sur

⁴⁵ᵏEl Señor se dirigió a mí, y me dijo: ⁴⁶"Tú, hombre, vuélvete hacia el sur, y dirige hacia allá tus palabras; habla en mi nombre contra el bosque de la región del sur, ⁴⁷y dile: 'Esto dice el Señor: Yo voy a prender en ti un fuego que devorará todos tus árboles, verdes y secos; este fuego arderá sin apagarse y le quemará la cara a toda la gente que hay en ti, de norte a sur.ˡ ⁴⁸Y todo el mundo verá que yo, el Señor, fui quien lo encendió. Y el fuego no se apagará.'"

⁴⁹Yo le contesté: "¡Ay, Señor, la gente anda diciendo que yo sólo digo cosas que nadie entiende!"

---

²⁹ *Días de reposo:* aquí equivale a *sábado.* ³⁰ *Santuario Pagano.* El término hebreo significa, literalmente, *lugar alto,* y se usaba para referirse a los santuarios de cultos paganos que se construían en lo alto de las montañas. Aquí el profeta juega con las palabras *qué* y *lugar alto,* que en hebreo tienen un sonido parecido.
ⁱ **20.23** Lv 26.33.  ʲ **20.27-29** Dt 12.2-3; Ez 6.1-7; 16.15-22.  ᵏ Los vs 20.45-21.32 corresponden a los vs 21.1-37 en el texto hebreo.  ˡ **20.47** Jer 5.14-17.

### La espada del Señor

**21** [1]Entonces el Señor se dirigió a mí, y me dijo: [2]"Tú, hombre, vuélvete hacia Jerusalén y dirige tu palabra contra su templo. Habla en mi nombre contra el país de Israel, [3]y dile: 'Esto dice el Señor: Yo me declaro tu enemigo. Voy a sacar mi espada, y mataré lo mismo a justos que a pecadores. [4]Sí, voy a sacar mi espada para matar a todos por igual, a justos y a pecadores, desde el norte hasta el sur. [5]Y todo el mundo sabrá que yo, el Señor, he sacado la espada y no la voy a guardar.'

[6]"Y tú, hombre, llora amargamente y con el corazón hecho pedazos; llora delante del pueblo. [7]Y si acaso te preguntan por qué lloras, diles que es por la noticia de algo que está a punto de suceder, y que todo el mundo se quedará sin ánimo y dejará caer los brazos; nadie tendrá valor, a todos les temblarán las rodillas de miedo. Ya llega el momento, ya va a suceder. Yo, el Señor, lo afirmo."

[8]El Señor se dirigió a mí, y me dijo: [9]"Tú, hombre, habla en nombre mío y di que yo, el Señor, te he ordenado decir:

'¡La espada, la espada!
Ya está afilada y pulida.
[10]Afilada para hacer una matanza,
pulida para lanzar rayos;[31]
[11]la hicieron pulir para que uno la empuñe.
La espada está afilada y pulida,
para ponerla en la mano del asesino.
[12]Y tú, hombre, ¡grita, chilla,
porque está destinada a matar a mi pueblo,
a todos los gobernantes de Israel!
Están condenados a morir con mi pueblo,
así que date golpes de dolor.[32]
[13]Yo, el Señor, lo afirmo.'[33]

[14]"Tú, hombre, habla en nombre mío;
incita a la espada a que hiera
con el doble y el triple de furor.
Es una espada para matar,
la terrible espada de la matanza
que amenaza al pueblo por todas partes.
[15]Ella los va a llenar de miedo,
va a hacer muchas víctimas.
En todas sus casas
he puesto la espada asesina.

Es la espada pulida para lanzar rayos,
afilada para la matanza.
[16]¡Afilada te quiero,[34]
a la derecha, a la izquierda,
cortando a uno y otro lado!
[17]Yo también la voy a incitar
hasta que mi ira se calme.
Yo, el Señor, lo he dicho."

[18]El Señor se dirigió a mí, y me dijo: [19]"Traza dos caminos, para que el rey de Babilonia pase con su espada. Los dos caminos deben salir del mismo país, y al comienzo de cada camino deberás poner una señal que diga a qué ciudad lleva.[35] [20]Debes trazar un camino por donde pase el rey con la espada. Las ciudades son Rabá de los Amonitas y Jerusalén, la ciudad fortificada de Judá. [21]El rey de Babilonia se ha colocado donde comienzan los dos caminos, y consulta a la suerte: revuelve las flechas, consulta a sus dioses, examina hígados de animales. [22]En la mano derecha le salió la flecha que señala a Jerusalén, y ello significa que debe atacarla con instrumentos de asalto y dar órdenes de matanza, lanzar gritos de guerra, atacar sus puertas, construir una rampa y rodearla por completo. [23]Pero a la gente de Jerusalén le parece que ésta es una falsa profecía, por los pactos que han hecho. Pero en realidad es una acusación contra el pecado de ellos, y un anuncio de su captura. [24]Por eso yo, el Señor, digo: Las maldades y los crímenes de ustedes saltan a la vista; los pecados que cometen en todas sus acciones están al descubierto. Por eso van a ser capturados. [25]Y a ti, rey de Israel, criminal malvado, se te acerca el momento de recibir el castigo final.[m] [26]Yo, el Señor, digo: Te quitarán el turbante, te arrebatarán la corona, y todo será diferente. ¡Llegue a la cumbre lo que está en el llano, y caiga por tierra lo que está en la cumbre! [27]Todo lo dejaré convertido en ruinas, ruinas y más ruinas. Pero esto sólo sucederá cuando venga aquel a quien, por encargo mío, le corresponde hacer justicia.

### Castigo de los amonitas

[28]"Tú, hombre, habla en mi nombre y diles de mi parte a los amonitas[n] que insultan a Israel, que la espada ya está

---

[31] Heb. añade unas palabras oscuras. [32] *Golpes de dolor:* lit. *golpes en el muslo.* Véase Jer 31.19 y nota. [33] Heb. añade: *Se hizo la prueba y qué, si tampoco habrá un cetro altanero.* [34] *Afilada te quiero:* texto probable. Heb. *sé única o únete.* [35] *Y al comienzo . . . lleva:* texto probable. Heb. añade después de *señal* y al final del versículo la palabra *corta.*
[m] 21.25 Jer 21.7.   [n] 21.28-32 Jer 49.1-6; Ez 25.1-7; Am 1.3-15; Sof 2.8-11.

desenfundada: lista para matar y pulida para lanzar rayos y destruir. [29]Sus visiones son falsas, y sus predicciones son mentira. La espada caerá sobre el cuello de esos malvados criminales. Ya se acerca el momento de su castigo final.

[30]"¡Espada, vuelve a tu funda! Yo te voy a juzgar allí donde te forjé, en la tierra en que naciste, [31]y descargaré sobre ti mi ira como un incendio terrible; te entregaré en poder de gente brutal y destructora. [32]Serás quemada, destruida; tu sangre correrá por todo el país y nadie volverá a acordarse de ti. Yo, el Señor, lo he dicho."

### Crímenes de Jerusalén

**22** [1]El Señor se dirigió a mí, y me dijo: [2]"Tú, hombre, vas a dictar la sentencia contra la ciudad criminal. La acusarás de todas las cosas detestables que ha hecho, [3]y le dirás: 'Esto dice el Señor: Ciudad que matas a tus habitantes y fabricas ídolos para contaminarte, ¡ya te va a llegar tu hora! [4]Con los asesinatos que has cometido te has hecho culpable, y con los ídolos que has fabricado te has contaminado; has hecho que tu hora se acerque y que haya llegado el fin de tus días. Así pues, yo voy a hacer que los pueblos te insulten, que todas las naciones se burlen de ti. [5]Los de cerca y los de lejos se burlarán de ti, ciudad famosa por tu idolatría y tu gran desorden. [6]Allí están los gobernantes de Israel, que viven en medio de ti y cometen todos los crímenes que pueden. [7]Tus habitantes no honran a su padre ni a su madre,[ñ] maltratan a los extranjeros, explotan a los huérfanos y a las viudas.[o] [8]No respetan mis lugares sagrados ni mis días de reposo.[36.p] [9]Por causa de sus mentiras, algunos de tus habitantes son los culpables de que otros mueran; asisten a los banquetes que se celebran en los montes en honor de los ídolos, y hacen cosas detestables. [10]Algunos tienen relaciones sexuales con la esposa de su padre, o abusan de la mujer que está en su periodo de menstruación. [11]Hay quienes cometen adulterio con la mujer de su prójimo, o tienen relaciones vergonzosas con su nuera, o hacen violencia a una media hermana.[q] [12]Algunos de tus habitantes se

dejan comprar para matar a otros.[r] Prestan dinero a usura e interés,[s] explotan y hacen violencia a su prójimo, y se olvidan de mí. Yo, el Señor, lo afirmo.

[13]"Yo estoy muy enojado por tus explotaciones y asesinatos. [14]No pienses que vas a poder hacerme frente cuando yo tome medidas contra ti. Yo, el Señor, lo he dicho y lo voy a cumplir: [15]te esparciré por todas las naciones, te dispersaré por todos los países[t] y te limpiaré totalmente de tu impureza; [16]me harás quedar mal[37] a los ojos de las demás naciones, pero reconocerás que yo soy el Señor.' "

[17]El Señor se dirigió a mí, y me dijo: [18]"El pueblo de Israel es para mí como el resto inservible que queda cuando se echa cobre, estaño, hierro, plomo o plata en el horno. [19]Por eso yo, el Señor, digo: Como ustedes se han convertido en un resto inservible, los voy a reunir en medio de Jerusalén. [20]Así como la plata, el cobre, el hierro, el plomo y el estaño se echan juntos en un horno, y se atiza el fuego para fundirlos, así yo, en mi ira terrible, los voy a reunir a ustedes y los pondré a fundir. [21]Sí, voy a atizar el fuego de mi ira, y los reuniré a ustedes para fundirlos en medio de la ciudad. [22]Así como se funde la plata en el horno, así serán fundidos ustedes en medio de la ciudad, y así reconocerán que yo, el Señor, he descargado mi ira contra ustedes."

[23]El Señor se dirigió a mí, y me dijo: [24]"Tú, hombre, dile a Israel: 'Eres un país castigado con falta de lluvias[38] y de agua, [25]un país con gobernantes[39] como leones, que rugen y despedazan su presa; que en su territorio devoran a la gente, le roban sus tesoros y riquezas y dejan viudas a muchas mujeres. [26]Los sacerdotes de este país tuercen el sentido de mis enseñanzas y profanan las cosas que yo considero sagradas; no hacen ninguna distinción entre lo sagrado y lo profano, ni enseñan a otros a distinguir entre lo puro y lo impuro.[u] No ponen atención a mis días de reposo,[40] ni me honran. [27]Los jefes de este país son como lobos que despedazan su presa, listos a derramar sangre y a matar gente con tal de enriquecerse. [28]Los profetas ocultan la verdad, como quien blanquea una pared; dicen tener visiones, y anuncian cosas que resultan

36 *Días de reposo:* aquí equivale a *sábado.* 37 *Me harás quedar mal:* texto probable. Heb. *tú te profanarás en ti.* 38 *Castigado con falta de lluvias:* según la versión griega. Heb. *no purificado.* 39 *Un país con gobernantes:* según la versión griega. Heb. *la conspiración de sus profetas.* 40 *Días de reposo:* aquí equivale a *sábado.*

ñ 22.7 Ex 20.12; Lv 19.3; Dt 5.16; 27.16. o 22.7 Ex 22.21-22; Dt 24.17. p 22.8 Lv 19.30; 26.2. q 22.10-11 Lv 18.7-20. r 22.12 Ex 23.8; Dt 16.19. s 22.12 Ex 22.25; Lv 25.36-37; Dt 23.19. t 22.15 Lv 26.33. u 22.26 Lv 10.10.

falsas. Aseguran que hablan en mi nombre, cuando en realidad yo no he hablado. [29]La gente del pueblo se dedica a la violencia y al robo; explotan al pobre y al necesitado, y cometen violencias e injusticias con los extranjeros. [30]Yo he buscado entre esa gente a alguien que haga algo en favor del país y que interceda ante mí para que yo no los destruya, pero no lo he encontrado. [31]Por eso he descargado mi castigo sobre ellos y los he destruido con el fuego de mi ira, para hacerlos responder por su conducta. Yo, el Señor, lo afirmo.' ''

### Samaria y Jerusalén, dos hermanas pecadoras

**23** [1]El Señor se dirigió a mí, y me dijo: [2]"Había una vez dos mujeres,[v] hijas de la misma madre. [3]Desde jóvenes, estas dos mujeres se entregaron a la prostitución; en Egipto dejaron que les manosearan los pechos, y perdieron su virginidad. [4]La mayor se llamaba Ahola [41] (que representa a Samaria), y su hermana Aholiba[42] (que representa a Jerusalén). Yo las tomé por esposas, y me dieron hijos e hijas. [5]Ahola me fue infiel y se apasionó por sus amantes, los guerreros asirios, [6]con sus uniformes de púrpura, todos ellos jefes y gobernadores, jóvenes apuestos, jinetes montados en sus caballos, [7]¡lo más selecto de los asirios! Ahola se entregó a la prostitución con ellos, y hasta se apasionó por todos sus ídolos y se rebajó adorándolos. [8]Desde que estuvo en Egipto se volvió una prostituta, y jamás dejó de serlo. Desde que era joven, muchos se acostaron con ella y le quitaron su virginidad, convirtiéndola en una prostituta. [9]Por eso la entregué en manos de sus amantes, los asirios, por quienes ella se había apasionado, [10]y ellos la deshonraron; luego le quitaron a sus hijos e hijas, y a ella la mataron a filo de espada, ejecutando así la sentencia contra ella. Y su caso se hizo famoso entre las mujeres.

[11]"Su hermana Aholiba vio esto, y sin embargo se entregó, más aún que su hermana, a la pasión y la prostitución. [12]También ella se apasionó por los asirios,[w] todos ellos jefes y gobernadores, guerreros espléndidamente vestidos, jinetes montados a caballo, jóvenes apuestos. [13]Me di cuenta de que también ella se había manchado, y que había seguido el ejemplo de su hermana. [14-15]Pero ella fue aún más lejos en sus prostituciones: vio en las paredes imágenes de babilonios, grabadas y pintadas de rojo; todos ellos tenían aspecto de oficiales, a juzgar por sus cinturones y turbantes. [16]Al ver a estos babilonios, se apasionó por ellos y envió mensajeros a Babilonia; [17]y los babilonios vinieron y se acostaron con ella, y le hicieron el amor, manchándola con sus prostituciones. Tanto la mancharon que al fin sintió asco de ellos. [18]Entonces se entregó públicamente a la prostitución, mostrando su cuerpo desnudo, hasta que yo sentí asco de ella como antes lo había sentido de su hermana. [19]Pero se entregó más y más a la prostitución, recordando el tiempo de su juventud, cuando se prostituyó en Egipto [20]y se apasionó por sus amantes egipcios, que en sus impulsos sexuales se parecen a los asnos y los caballos.

[21]"Tú, Aholiba, sentías nostalgia del libertinaje de tu juventud, cuando los egipcios te manoseaban los pechos. [22]Por eso yo, el Señor, digo: Voy a hacer que esos amantes tuyos, de los que ahora sientes asco, se vuelvan tus enemigos. De todas partes voy a lanzar contra ti [23]a los babilonios y a los caldeos, a los de Pecod, Soa y Coa, y a todos los asirios; todos ellos jóvenes apuestos, jefes y gobernadores, oficiales y guerreros; [43] todos ellos gente de a caballo. [24]Vendrán contra ti, con gran número de carros y de ejércitos; te rodearán por todas partes, armados y con cascos y escudos, y yo les daré el derecho de juzgarte, y ellos te juzgarán según sus leyes. [25]Yo descargaré sobre ti el furor de mi ira, y ellos te tratarán con crueldad; te cortarán la nariz y las orejas, y a los que aún queden vivos los matarán a filo de espada. Te arrebatarán a tus hijos y a tus hijas, y al fin caerás devorada por el fuego. [26]Te quitarán tus vestidos y se apoderarán de tus joyas. [27]Así pondré fin a tu libertinaje y a la prostitución a que te entregaste en Egipto, y no volverás a ver a los egipcios ni a acordarte de ellos.

[28]"Esto digo yo, el Señor: Voy a dejar que caigas en poder de las naciones que odias, y por las que sientes asco. [29]Ellas te tratarán con odio, se adueñarán de lo que has ganado con tu trabajo y te dejarán completamente desnuda; quedará al descubierto tu cuerpo, el cual entregaste a la

---

[41] En hebreo, *Ahola* significa *santuario de ella.* [42] En hebreo, *Aholiba* significa *mi santuario en ella.* [43] *Guerreros:* texto probable. Heb. *llamados.*
[v] **23.1-49** Jer 3.6-13; Os 2.2-20. [w] **23.11-21** 2 R 16.7-19.

prostitución. Tu libertinaje y tu prostitución ³⁰son la causa de lo que hoy te pasa, pues te entregaste a la prostitución con esas naciones y te rebajaste adorando sus ídolos. ³¹Seguiste los pasos de tu hermana; por eso te daré a beber la misma copa que le di a ella.

³²"Esto digo yo, el Señor:
Beberás de la misma copa que tu
  hermana,ˣ
una copa grande, ancha y profunda,
llena de burla y desprecio,
³³llena de ruina y destrucción.
Es la copa de tu hermana Samaria,
con la que quedarás borracha y
  dolorida.
³⁴La beberás hasta el fondo,
y luego la harás pedazos
y te desgarrarás los pechos.
Yo, el Señor, he hablado;
yo he dado mi palabra.

³⁵"Por eso yo, el Señor, digo: Puesto que te has olvidado de mí y me has vuelto la espalda, tendrás que sufrir el castigo de tu libertinaje y de tus prostituciones."

³⁶El Señor me dijo: "Y tú, hombre, ¿quieres pronunciar la sentencia contra Ahola y Aholiba? Entonces échales en cara sus acciones detestables. ³⁷Ellas me han sido infieles y tienen las manos manchadas de sangre. Me han sido infieles adorando a sus ídolos, y en honor de ellos han sacrificado en el fuego a sus propios hijos, los hijos que yo tuve con ellas. ³⁸Además, han hecho esto contra mí: en un mismo día profanaron mi santo templo y deshonraron mis días de reposo.⁴⁴ ³⁹Y el mismo día que sacrificaron a sus hijos para honrar a sus ídolos, vinieron a mi santo templo y lo profanaron. ¡Esto es lo que han hecho, en mi propia casa! ⁴⁰"Enviaron mensajeros para hacer venir hombres de lejos, y ellos vinieron. Ellas dos se bañaron, se pintaron los ojos y se pusieron joyas para recibirlos; ⁴¹se sentaron en una cama lujosa, con la mesa ya servida, y en ella pusieron el incienso y el aceite consagrados a mi servicio. ⁴²Se escuchaban los gritos de una multitud haciendo fiesta; eran hombres venidos del desierto, que adornaban a las mujeres poniéndoles brazaletes en los brazos y hermosas coronas en la cabeza. ⁴³Yo me

decía: 'Ahora van a servirse de estas prostitutas gastadas por los adulterios. ¡Nada menos que con ellas!⁴⁵ ⁴⁴Vienen a Ahola y a Aholiba, mujeres libertinas, como quien va a las prostitutas.' ⁴⁵Pero los hombres justos dictarán contra ellas la sentencia que merecen las adúlteras y las asesinas.ʸ Porque adúlteras son, y tienen las manos manchadas de sangre."

⁴⁶Esto dice el Señor: "Que se reúna el pueblo contra ellas, que las haga sentir pánico y las robe; ⁴⁷que el pueblo entero las mate a pedradas y las atraviese con sus espadas; que mate a sus hijos e hijas y queme sus casas. ⁴⁸Yo haré que desaparezca del país esta conducta infame. Así todas las mujeres aprenderán la lección y no seguirán su ejemplo inmoral. ⁴⁹En cuanto a esas dos, recibirán el castigo de su conducta inmoral y de sus pecados de idolatría. Y ustedes reconocerán que yo soy el Señor."

### Imagen de la olla

**24** ¹El día diez del mes décimo del año noveno, el Señor se dirigió a mí, y me dijo: ²"Anota esta fecha, la fecha de hoy, porque hoy el rey de Babilonia ha atacado Jerusalén.ᶻ ³Y recítale a este pueblo rebelde un poema que le sirva de ejemplo. Dile de mi parte:

'Pon una olla al fuego y échale agua;
⁴pon en ella pedazos de carne,
buenos pedazos de pierna y de lomo,
y también lo mejor de los huesos.
⁵Toma luego una de las mejores
  ovejas,
y amontona leña⁴⁶ debajo
para que hierva bien,
hasta que queden cocidos los huesos.

⁶'Porque el Señor dice:
¡Ay de la ciudad asesina!
Es como una olla enmohecida,
a la que el moho no se le quita.
Saca tú, uno a uno, los pedazos de
  carne,
hasta dejar la olla vacía.⁴⁷
⁷La ciudad está llena de la sangre
  derramada;
y derramada, no sobre la tierra
para que el polvo la cubriera,
sino sobre la roca desnuda.
⁸Pues yo voy a dejar la sangre allí,

---

⁴⁴ *Días de reposo:* aquí equivale a *sábado.* ⁴⁵ *Yo me decía... con ellas:* traducción probable. Heb. oscuro. ⁴⁶ *Leña:* texto probable. Heb. *huesos.* ⁴⁷ *Hasta dejar la olla vacía:* otra posible traducción: *tal como vayan saliendo.* Lit. *sin echar suertes sobre ella.*
ˣ **23.32-34** Sal 75.8; Jer 25.15-29; Hab 2.16. ʸ **23.45** Gn 9.6; Lv 20.10. ᶻ **24.2** 2 R 25.1; Jer 52.4.

sobre la roca desnuda,
de manera que no se pueda cubrir,
para que mi ira se encienda
y se haga justicia.

⁹'Porque el Señor dice:
¡Ay de la ciudad asesina!
Yo mismo voy a hacer una hoguera.
¹⁰Y tú trae mucha leña, enciende el
fuego
y cuece bien la carne,
hasta que se acabe el caldo y se
quemen los huesos;
¹¹pon luego la olla vacía sobre el
fuego,
hasta que el cobre se ponga al rojo
vivo
y quede limpio de sus impurezas;
¡hasta que el moho desaparezca!
¹²Sin embargo, tan enmohecido está
que no se limpia ni con fuego.⁴⁸

¹³'Jerusalén, yo he querido limpiarte de
la impureza de tu libertinaje, pero no has
quedado limpia. Sólo quedarás limpia
cuando descargue mi ira sobre ti. ¹⁴Yo, el
Señor, lo he dicho, y así será. Yo mismo
voy a hacerlo, y no dejaré de cumplirlo;
no tendré compasión ni me arrepentiré.
Te castigaré por tu conducta y tus acciones. Yo, el Señor, lo afirmo.' ''

### Muerte de la esposa de Ezequiel

¹⁵El Señor se dirigió a mí, y me dijo:
¹⁶''Voy a quitarte de un solo golpe a la
persona que tú más quieres. Pero no te
lamentes ni llores; no derrames lágrimas.
¹⁷Sufre en silencio y no guardes luto como
se hace por los muertos. No andes con la
cabeza descubierta ni vayas descalzo; no
te cubras la cara en señal de dolor ni
comas el pan que se come en tales casos.''
¹⁸Por la mañana estuve hablando con la
gente, y por la tarde murió mi esposa; a la
mañana siguiente hice lo que el Señor me
había ordenado. ¹⁹Entonces la gente del
pueblo me dijo: ''Explícanos qué quiere
decir para nosotros eso que estás
haciendo.''
²⁰Yo les dije: ''El Señor se dirigió a mí,
y me dijo: ²¹'Dile al pueblo de Israel: Esto
dice el Señor: Voy a profanar mi templo,
que a ustedes tanto les gusta mirar y tanto
quieren, y que es su orgullo y su fuerza;
los hijos e hijas que ustedes dejaron en
Jerusalén morirán asesinados. ²²Y diles:
Ustedes harán lo mismo que yo he hecho:

no podrán cubrirse la cara en señal de
dolor, ni comer el pan que se come en
tales casos. ²³No podrán llevar la cabeza
descubierta ni los pies descalzos. No se
lamentarán ni llorarán. Quedarán sin
fuerzas por culpa de sus maldades, y se
pondrán a lamentarse unos con otros.
²⁴Ezequiel será para ustedes un ejemplo, y
todo lo que él hizo lo harán ustedes.
Cuando esto suceda, reconocerán que yo
soy el Señor.
²⁵'Y ahora voy a quitarles a los israelitas su fortaleza, que es el templo, con
cuya belleza se alegran tanto, y que tanto
les gusta mirar y tanto quieren. También
les quitaré a sus hijos e hijas. ²⁶Y en ese
día, el que pueda escapar vendrá a darte la
noticia. ²⁷Ese día dejarás de estar mudo, y
podrás hablar con el que haya escapado.
Servirás así de ejemplo al pueblo, y ellos
reconocerán que yo soy el Señor.' ''

### Contra los amonitas

**25** ¹El Señor se dirigió a mí, y me dijo:
²''Tú, hombre, vuélvete hacia los
amonitas*a* y habla en mi nombre contra
ellos. ³Diles que escuchen la palabra que
el Señor les dirige: 'Ustedes dieron gritos
de alegría al ver que mi templo era profanado, el país de Israel destruido y los
habitantes de Judá llevados al destierro.
⁴Pues bien, por eso los voy a entregar a
ustedes al poder de los pueblos del oriente, para que ellos se apoderen de su tierra,
y levanten campamentos, y establezcan
ahí su habitación. Ellos se comerán las
cosechas de ustedes y se beberán su leche.
⁵Convertiré a Rabá en pastizal de camellos, y a Amón en campo de ovejas.
Entonces reconocerán ustedes que yo soy
el Señor.
⁶'Yo, el Señor, digo: Ustedes los amonitas han aplaudido y saltado de alegría, y
han despreciado a Israel. ⁷Por eso voy a
levantar mi mano para castigarlos y entregarlos a las naciones, para que les quiten
todo lo que tengan. Los voy a arrancar de
entre los pueblos, los voy a hacer desaparecer de entre las naciones, los voy a destruir por completo. Entonces reconocerán
que yo soy el Señor.'

### Contra Moab

⁸''Yo, el Señor, digo: Moab*b* y Seir
dicen que Judá es igual a todas las naciones. ⁹Por eso voy a abrir una brecha en el

---

⁴⁸ *Sin embargo . . . con fuego:* texto probable. Heb. oscuro.
*a* 25.1-7 Jer 49.1-6; Ez 21.28-32; Am 1.13-15; Sof 2.8-11.   *b* 25.8-11 Is 15.1-16.14; 25.10-12; Jer 48; Am 2.1-3; Sof 2.8-11.

costado de Moab, y voy a dejarlo de un extremo al otro sin ciudades, esas ciudades que son las joyas del país: Bet-jesimot, Baal-meón y Quiriataim. ¹⁰Haré que los pueblos del oriente tomen posesión de su territorio, además del de los amonitas, de manera que entre las naciones nadie se acuerde más de los amonitas. ¹¹Ejecutaré la sentencia contra Moab, y entonces reconocerán que yo soy el Señor.

### Contra Edom

¹²"Yo, el Señor, digo: Edom[c] se ha vengado de Judá, y con ello se ha hecho gravemente culpable. ¹³Por eso yo, el Señor, digo: Voy a levantar mi mano para castigar a Edom y destruir a sus hombres y sus animales. Lo voy a dejar en ruinas. Desde Temán hasta Dedán, la gente morirá a filo de espada. ¹⁴Me vengaré de Edom por medio de mi pueblo Israel; él tratará a Edom de acuerdo con mi ira y mi furor. Así sabrán lo que es mi venganza. Yo, el Señor, lo afirmo.

### Contra los filisteos

¹⁵"Yo, el Señor, digo: Los filisteos[d] han tomado venganza, se han desquitado con corazón lleno de desprecio; como eternos enemigos de Israel, se han entregado a la destrucción. ¹⁶Por eso yo, el Señor, digo: Voy a levantar la mano para castigar a los filisteos; voy a exterminar a los cereteos y voy a destruir a los que aún quedan en la costa. ¹⁷Me vengaré de ellos terriblemente; los castigaré con ira. Y cuando haga esto, reconocerán que yo soy el Señor."

### Profecía contra la ciudad de Tiro

**26** ¹El día primero del mes, en el año once, el Señor se dirigió a mí, y me dijo: ²"Tiro[e] ha dicho, a propósito de Jerusalén:

'¡Ah, la puerta del comercio entre
    las naciones
está hecha pedazos!
¡Ahora ha llegado mi turno!
Yo me lleno de riquezas
mientras ella queda en ruinas.'

³"Por eso yo, el Señor, digo:
Tiro, yo me declaro tu enemigo.

Haré que muchas naciones se
    levanten contra ti,
como levanta el mar sus olas,
⁴y que destruyan tus murallas
y echen abajo tus torres.
Hasta el polvo barreré de su lugar,
y sólo dejaré una roca pelada.
⁵En medio del mar quedará,
como un lugar para poner las redes a
    secar.
Yo, el Señor, lo afirmo.
Tiro será saqueada por las naciones,
⁶y sus colonias en tierra firme
caerán a filo de espada.
Entonces reconocerán que yo soy el
    Señor.

⁷"Yo, el Señor, digo:
Voy a hacer venir del norte
a Nabucodonosor, rey de Babilonia,
el rey más poderoso,
para que ataque a Tiro.
Vendrá con caballos, y carros, y
    jinetes,
y con muchas tropas reunidas.
⁸A filo de espada destruirá
tus colonias en tierra firme;
construirá un muro alrededor de ti,
levantará rampas para atacarte
y lanzará contra ti soldados armados
    con escudos.
⁹Atacará con arietes tus murallas
y a golpe de barra destrozará tus
    torres.
¹⁰Cuando el rey de Babilonia entre por
    tus puertas
como se entra en una ciudad tomada
    por asalto,
serán tantos los caballos,
que te cubrirán con el polvo que
    levanten;
tus murallas temblarán
al estruendo de sus carros y
    caballería;
¹¹los cascos de sus caballos
pisotearán todas tus calles.
Matará a tu pueblo a filo de espada,
y echará por tierra tus fuertes
    columnas.
¹²Te dejarán sin riquezas,
te robarán tus mercancías,
derribarán tus murallas
y echarán abajo tus lujosos palacios;
arrojarán al mar las piedras,
las vigas y hasta los escombros.

c **25.12-14** Is 34.5-17; 63.1-6; Jer 49.7-22; Ez 35; Am 1.11-12; Abd 1-14; Mal 1.2-5.   d **25.15-17** Is 14.29-31; Jer 47.1-7; Jl 3.4-8; Am 1.6-8; Sof 2.4-7; Zac 9.5-7.   e **26.1-28.19** Is 23; Jl 3.4-8; Am 1.9-10; Zac 9.1-4; Mt 11.21-22; Lc 10.13-14.

[13] Así pondré fin al ruido de tus
canciones,
y no se volverá a oír el sonido de tus
arpas.ʲ
[14] Te convertiré en una roca pelada,
en un lugar para poner las redes a
secar,
y nunca más serás reconstruida.
Yo, el Señor, he hablado;
yo, el Señor, lo afirmo.

[15] "Yo, el Señor, digo a Tiro: Los países
del mar temblarán al oír el ruido de tu
caída, entre los gemidos de los heridos y la
matanza de tus habitantes. [16] Todos los
reyes del mar bajarán de sus tronos, y se
quitarán sus capas y sus vestidos bordados; llenos de terror se sentarán en el
suelo, temblando a todas horas y espantados al verte. [17] Entonces te dedicarán este
canto fúnebre:

'¡Cómo fuiste destruida,
cómo desapareciste[49] del mar,
ciudad famosa!
¡Tú, con tu gente, fuiste poderosa en
el mar
y sembraste el terror en todo el
continente![50]
[18] Ahora que has caído,
los países del mar tiemblan de
miedo.
Ahora que has desaparecido,
las islas del mar se llenan de
espanto.'ᵍ

[19] "Porque esto digo yo, el Señor: Te
voy a dejar en ruinas, como las ciudades
donde no vive nadie. Voy a hacer que te
cubran las aguas profundas del mar, [20] y
que te hundas hasta donde están los muertos, la gente que vivió en el pasado. Te
arrojaré a lo más profundo de la tierra, al
país de eternas ruinas, y vivirás entre los
que ya han muerto. No volverás a tener
habitantes, ni serás reconstruida[51] en esta
tierra de los que viven. [21] Te convertiré en
algo terrible, y dejarás de existir. Te buscarán, y jamás volverán a encontrarte.ʰ
Yo, el Señor, lo afirmo."

### Canto fúnebre por la ciudad de Tiro

27 [1] El Señor se dirigió a mí, y me dijo:
[2] "Tú, hombre, entona este canto
fúnebre [3] acerca de Tiro, la ciudad que

está a la salida del mar y que comercia con
las naciones, con muchos países del mar.
Dile que así dice el Señor:

'Tú, Tiro, presumes de ser
una nave[52] bella y perfecta;
[4] tu dominio se extiende hasta el
corazón del mar,
tus constructores te hicieron la más
hermosa.
[5] Todos tus entablados los hicieron
con pinos traídos del monte Senir;
tu mástil lo hicieron de un cedro del
Líbano;
[6] tus remos los hicieron con robles de
Basán;
tu cubierta la hicieron de cipreses
traídos de las costas de Chipre
e incrustados de marfil.
[7] Tu vela, de lino bordado de Egipto,
te servía de bandera;
tu toldo era de telas moradas y rojas
traídas de las costas de Elisa.
[8] Tus remeros eran hombres de Sidón
y de Arvad,
tus pilotos eran expertos hombres
tuyos.
[9] Hombres veteranos de Gebal
reparaban tus daños hábilmente.
Marineros de todas las naves del mar
comerciaban con tus mercancías.
[10] Hombres de Persia, Lidia y Libia
servían de guerreros en tu ejército;
te adornaban con sus escudos y sus
cascos,
y te daban esplendor.

[11] "Gente de Arvad, junto con tu ejército, ocupaba tus murallas en derredor, y
en tus torres había hombres de Gamad.
Sus escudos colgaban a todo lo largo de
tus muros, haciéndote aparecer más bella.
[12] Era tanta tu riqueza, que Tarsis comerciaba contigo, y a cambio de tus mercancías te daba plata, hierro, estaño y plomo.
[13] También Grecia, Tubal y Mesec comerciaban contigo, ofreciéndote en pago
esclavos y objetos de bronce. [14] Los de
Bet-togarma te pagaban con caballos de
trabajo y de montar, y con mulas. [15] Gente
de Rodas [53] comerciaba contigo. Hacías
negocios con numerosos países del mar,
que te pagaban con marfil y ébano.
[16] Edom hacía comercio contigo, gracias a
tus muchos productos: a cambio de tus
mercancías te traían piedras de granate,

---

[49] *Desapareciste:* según la versión griega. Heb. *colocada.*     [50] *El continente:* texto probable. Heb. *sus habitantes.*
[51] *Ni serás reconstruida:* según la versión griega. Heb. *y pondré un adorno.*     [52] *Una nave:* texto probable. Heb. *yo.*
[53] *Rodas:* según la versión griega. Heb. *Dedán.*
ʲ 26.13 Ap 18.22.     ᵍ 26.16-18 Ap 18.9-10.     ʰ 26.21 Ap 18.21.

telas teñidas de púrpura, bordados, telas de lino, corales y rubíes. [17]Igualmente comerciaban contigo Judá e Israel, y te pagaban con trigo de Minit, y con pasteles,[54] miel, aceite y bálsamo. [18]Damasco te compraba gran cantidad de productos y de riquezas; te pagaba con vino de Helbón y lana de Sahar. [19]Desde Uzal te traían vino,[55] hierro forjado, canela y caña aromática, a cambio de tus mercancías. [20]Dedán hacía contigo comercio de aparejos para montar. [21]Arabia y todos los jefes de Cedar eran clientes tuyos: te pagaban con corderos, carneros y chivos. [22]Comerciantes de Sabá y Raama eran clientes tuyos, y te pagaban con los mejores perfumes, con piedras preciosas y oro. [23]Contigo hacían negocios Harán, Cane, Edén y los comerciantes de Sabá, de Asiria y de toda Media;[56] [24]te vendían telas finas, mantos de color púrpura, bordados, tapices de varios colores y fuertes cuerdas trenzadas. [25]Las naves de Tarsis venían, una tras otra, trayéndote productos.

'Eras como una nave en alta mar,
toda cargada de riquezas.
[26]Tus remeros te llevaron por aguas
profundas,
pero el viento del este te destrozó en
alta mar.
[27]Tu riqueza, tus mercancías y tus
productos,
tus marineros y tus pilotos,
tus calafateadores, tus comerciantes,
tus guerreros y toda tu tripulación,
se irán al fondo del mar
el día en que te hundas.
[28]A los gritos de tus marineros
temblarán las olas.[57]
[29]Los remeros bajarán de sus barcos;
los marineros y todos los pilotos
saltarán a tierra.
[30]Levantarán la voz
y llorarán por ti amargamente.
Se echarán polvo en la cabeza
y se revolcarán en la ceniza.
[31]Por ti se raparán la cabeza,
se vestirán de luto
y llorarán llenos de amargura.
[32]Por ti entonarán un canto fúnebre,
en el que dirán con tristeza:
¿Quién podía compararse a Tiro,
la ciudad que estaba en el mar?[58]

[33]Cuando llegaban del mar tus
mercancías,
satisfacías a muchas naciones.
Con la abundancia de tus riquezas y
productos
enriquecías a los reyes de la tierra.
[34]Ahora estás deshecha por el mar,
hundida en el fondo del agua.
Tus productos y toda tu tripulación
se fueron contigo al fondo.
[35]Todos los habitantes de los países del
mar
están aterrados por ti;
sus reyes están espantados,
se les ve el miedo en la cara.
[36]Los comerciantes de los otros países
se quedan asustados al verte.
Te has convertido en algo terrible;
para siempre has dejado de
existir.' "[i]

## Profecía contra el rey de Tiro

**28** [1]El Señor se dirigió a mí, y me dijo: [2]"Tú, hombre, dile al rey de Tiro:

'Esto dice el Señor:
Tu corazón se llenó de orgullo,
y te creíste un dios
sentado en el trono de los dioses
y rodeado por el mar.
Pero tú no eres un dios, sino un
hombre
que cree tener la inteligencia de un
dios.
[3]¿Acaso eres más sabio que Danel?[59]
¿Acaso ningún secreto te es
desconocido?
[4]Con tu sabiduría y tu habilidad
has conseguido muchas riquezas,
has llenado tus cofres de oro y plata.
[5]Con tu gran habilidad para el
comercio
has aumentado tus riquezas,
y las riquezas te han vuelto
orgulloso.
[6]Por eso, el Señor dice:
Ya que crees tener la inteligencia de
un dios,
[7]voy a hacer que vengan extranjeros
contra ti,
gente de lo más cruel,
que sacará la espada para atacarte,
a ti, tan hermoso y tan sabio,

---

[54] *Pasteles:* traducción probable. Heb. usa una palabra de significado desconocido. [55] *Vino:* texto probable. Heb. *Y Dan y Javán.* [56] *Toda Media:* texto probable. Heb. *Quilmad.* [57] *Las olas:* traducción probable: las versiones antiguas difieren. Heb. probable *pastizales.* [58] *¿Quién podía . . . en el mar?:* otra posible traducción: *¿Quién como Tiro ha sido destruida* (lit. *silenciada*) *en medio del mar?* [59] Véase nota 14.14.
[i] **27.25-36** Ap 18.1 1-19.

y que dejará tu esplendor por el
suelo.
[8]Te hundirán en el abismo,
y tendrás una muerte violenta en alta
mar.
[9]¿Y seguirás creyendo que eres un
dios,
cuando estés ante tus verdugos?
¡En manos de los que te maten
no serás más que un simple hombre!
[10]Morirás a manos de extranjeros,
como mueren los paganos.
Yo, el Señor, he hablado;
yo he dado mi palabra.' "

### Canto fúnebre por el rey de Tiro

[11]El Señor se dirigió a mí, y me dijo:
[12]"Tú, hombre, entona un canto fúnebre
al rey de Tiro, y dile:

'Esto dice el Señor:
Tú eras modelo de perfección,
lleno de sabiduría y de perfecta
belleza.
[13]Estabas en Edén, el jardín de Dios,
adornado de toda clase de piedras
preciosas:
rubí, crisólito, jade,
topacio, cornalina, jaspe,
zafiro, granate y esmeralda;
tus joyas y aretes eran de oro,
preparados desde el día en que fuiste
creado.
[14]Te dejé al cuidado de un ser alado,[60]
estabas en el monte santo de Dios
y caminabas entre las estrellas.[61]
[15]Tu conducta fue perfecta
desde el día en que fuiste creado
hasta que apareció en ti la maldad.
[16]Con la abundancia de tu comercio
te llenaste de violencia y de pecado.
Entonces te eché de mi presencia;
te expulsé del monte de Dios,
y el ser alado que te protegía
te sacó de entre las estrellas.
[17]Tu belleza te llenó de orgullo;
tu esplendor echó a perder tu
sabiduría.
Yo te arrojé al suelo,
te expuse al ridículo
en presencia de los reyes.
[18]Tantos pecados cometiste
y tanto te corrompiste con tu
comercio,
que llegaste a profanar tus templos.
Entonces hice brotar en medio de ti

un fuego que te devorara.
Todos pueden verte ahora en el
suelo,
convertido en cenizas.
[19]Todas las naciones que te conocen
se espantan al verte.
Te has convertido en algo terrible;
¡para siempre has dejado de
existir!' "

### Profecía contra Sidón

[20]El Señor se dirigió a mí, y me dijo:
[21]"Tú, hombre, vuélvete hacia Sidón[j] y
habla en mi nombre contra ella. [22]Dile:

'Esto dice el Señor:
Yo me declaro tu enemigo, Sidón;
en medio de ti voy a ser glorificado.
Y cuando ejecute la sentencia contra
ti
y demuestre así mi santidad,
se reconocerá que yo soy el Señor.

[23]'Enviaré contra ti enfermedades,
y la sangre correrá por tus calles;
tus habitantes caerán muertos,
atacados a espada por todos lados.
Entonces se reconocerá que yo soy el
Señor.

[24]'Israel no volverá a sufrir
las espinas punzantes y dolorosas
del desprecio de los pueblos que lo
rodean.
Entonces se reconocerá que yo soy el
Señor.'

[25]"Yo, el Señor, digo: Reuniré al pueblo de Israel de entre las naciones donde
está disperso, y mostraré mi santidad a la
vista de las naciones. Israel se establecerá
en su propio país, el país que di a Jacob,
mi siervo. [26]Allí vivirán seguros y tranquilos, y construirán casas y plantarán viñedos. Yo ejecutaré la sentencia contra
todos los vecinos que desprecian al pueblo
de Israel. Entonces se reconocerá que yo
soy el Señor, el Dios de Israel."

### Profecía contra Egipto

**29** [1]El día doce del mes décimo del año
décimo, el Señor se dirigió a mí, y
me dijo: [2]"Tú, hombre, dirígete ahora al
faraón, rey de Egipto, y habla en mi nombre contra él y contra todo Egipto.[k] [3]Dile:

---

[60] *Te dejé al cuidado de un ser alado:* según la versión griega. Heb. oscuro.   [61] *Entre las estrellas:* lit. *entre piedras de fuego.*
[j] **28.20-26** Jl 3.4-8; Zac 9.1-2; Mt 11.21-22; Lc 10.13-14.   [k] **29.1-32.32** Is 19.1-25; Jer 46.2-26.

'Esto dice el Señor:
Yo me declaro tu enemigo,
faraón, rey de Egipto,
monstruo gigantesco que estás
  echado en tu río
y dices: El Nilo es mío, yo lo hice.[62]
[4]Voy a ponerte ganchos en el hocico,
y haré que los peces de tu río
se peguen a tus escamas.
¡De tu río te sacaré
con todos los peces pegados a tus
  escamas!
[5]Te arrojaré al desierto,
junto con todos los peces de tu río;
caerás en campo abierto,
y nadie te recogerá para enterrarte.
Haré que te devoren las fieras
  salvajes
y las aves del cielo.
[6]Todos los habitantes de Egipto
  reconocerán
que yo soy el Señor.
El pueblo de Israel buscó tu apoyo,
pero fuiste como una caña:[l]
[7]cuando te tomaron entre sus manos,
tú te quebraste y les heriste el
  costado;
cuando quisieron apoyarse en ti,
tú te rompiste y los hiciste caer.[63]

[8]'Por eso yo, el Señor, digo: Egipto,
voy a hacer que te ataquen con espadas, y
que maten a tus hombres y tus animales.
[9]Quedarás convertido en un desierto, y la
gente reconocerá que yo soy el Señor. Tú
dijiste: El Nilo es mío, yo lo hice. [10]Pues
bien, yo me declaro enemigo tuyo y de tu
río. Voy a convertirte en un desierto
espantoso y desolado, desde Migdol hasta
Asuán, hasta la frontera con Etiopía. [11]Ni
hombres ni animales pasarán por allí.
Durante cuarenta años nadie vivirá allí.
[12]Yo te convertiré, Egipto, en el país más
desolado; durante cuarenta años tus ciudades quedarán en ruinas, en peor estado
que otras ciudades en ruinas, y desterraré
a tus habitantes y los dispersaré entre los
demás países y naciones.
[13]'Yo, el Señor, digo: Después de los
cuarenta años, reuniré a los egipcios de
los países adonde los había dispersado.
[14]Haré que los prisioneros egipcios vuelvan y se instalen en el sur de Egipto, en su
lugar de origen, donde formarán un reino
sin importancia. [15]Será el reino menos

importante de todos, y no volverá a levantarse por encima de las demás naciones.
Lo haré tan pequeño que no podrá dominar a otros países; [16]y el pueblo de Israel
no volverá a confiar en Egipto, pues esto
les hará ver lo equivocados que estaban
cuando fueron allá a buscar ayuda.
Entonces reconocerán que yo soy el
Señor.' ''

[17]El día primero del mes primero del
año veintisiete, el Señor se dirigió a mí, y
me dijo: [18]"Nabucodonosor, el rey de
Babilonia, ha lanzado su ejército a una
gran campaña contra Tiro; tanto a que a
todos se les ha pelado la cabeza y se les
han llagado los hombros; pero ni él ni su
ejército han sacado ningún provecho de
esa campaña contra Tiro. [19]Por eso yo, el
Señor, digo: Voy a hacer que Nabucodonosor se apodere de Egipto, y que le quite
sus riquezas y todo lo que tenga; con lo
que le robe tendrá para pagar a su ejército. [20]Voy a hacer que Nabucodonosor
se apodere de Egipto en pago de la campaña que lanzó contra Tiro, porque ha
trabajado para mí. Yo, el Señor, lo
afirmo.

[21]"En ese tiempo haré que aumente la
fuerza del pueblo de Israel, y que tú, Ezequiel, puedas hablarles abiertamente.
Entonces reconocerán que yo soy el
Señor."

## Castigo de Egipto

**30** [1]El Señor se dirigió a mí, y me dijo:
[2]"Tú, hombre, habla en nombre
mío y di:

'Esto dice el Señor:
Griten por el día [3]que ya se acerca;
¡se acerca el día del Señor!
¡Será un día nublado,
un día terrible para las naciones![m]
[4]Vendrá la guerra contra Egipto.
Y cuando allí maten a muchos,
y les roben sus riquezas,
y destruyan Egipto hasta sus
  cimientos,
Etiopía se pondrá a temblar.
[5]Caerán también en la guerra
los soldados de Etiopía y de Libia,
de Lidia, de toda Arabia, de Cub y
  de otros pueblos,
y de los demás países aliados.

[6]'Esto dice el Señor:

---

[62] *Yo lo hice:* según versiones antiguas. Heb. *yo me hice.*   [63] *Hiciste caer:* según una versión antigua. Heb. *hiciste estar
derechos.* Otra posible traducción: *y los hiciste tambalearse.*
[l] 29.6-7 2 R 18.21; Is 36.6.    [m] 30.2-3 Is 13.6; Jl 1.15; Sof 1.14-18; Mal 3.2; Ap 6.17.

Los que apoyen a Egipto
morirán en la guerra,
desde Migdol hasta Asuán.
El orgulloso poder de Egipto
quedará humillado.
Yo, el Señor, doy mi palabra.'

7"Egipto será el país más desolado de
todos, y sus ciudades las más arruinadas.
8Cuando yo haga que el país se incendie y
queden destruidos todos los que le ayudan, entonces reconocerán que yo soy el
Señor.

9"Cuando llegue el día del castigo de
Egipto, enviaré mensajeros por mar para
que alarmen a la gente despreocupada de
Etiopía, la cual se llenará de terror. Ese
día está a punto de llegar.

10"Yo, el Señor, digo: Me voy a valer
de Nabucodonosor, rey de Babilonia,
para destruir la riqueza de Egipto. 11El irá
con su ejército, que es gente de lo más
cruel, a destruir el país. Atacarán a Egipto
con sus espadas, y dejarán el país lleno de
muertos. 12Haré que el Nilo se seque, y
pondré el país en manos de gente malvada; por medio de esos extranjeros
dejaré en ruinas el país y todo lo que hay
en él. Yo, el Señor, he hablado.

13"Yo, el Señor, digo:
Voy a destruir los ídolos
y a terminar con los falsos dioses de
Menfis.
Egipto no volverá a tener quien lo
gobierne,
y llenaré de terror el país.
14Convertiré en ruinas el sur de
Egipto, pondré fuego a Zoán
y ejecutaré la sentencia contra
Tebas.

15"Descargaré mi ira sobre Sin, la fortaleza de Egipto, y destruiré la riqueza de
Tebas. 16Pondré fuego a Egipto, y Sin se
retorcerá de dolor; se abrirán boquetes en
las murallas de Tebas, y Menfis será atacada en pleno día. 17Los jóvenes de On y
de Bubastis morirán en la guerra, y a los
demás habitantes se los llevarán presos.
18Cuando yo destruya el poder de Egipto
y acabe con la fuerza de la cual estaba tan
orgulloso, el sol se oscurecerá en Tafnes,
una nube cubrirá a Egipto, y a los habitantes de sus ciudades se los llevarán presos. 19Yo ejecutaré la sentencia contra
Egipto, y entonces reconocerán que yo
soy el Señor."

20El día siete del mes primero del año
once, el Señor se dirigió a mí, y me dijo:
21"Yo le he roto el brazo al faraón, rey de
Egipto, y nadie se lo ha curado ni vendado para que recobre su fuerza y pueda
volver a empuñar la espada. 22Por eso yo,
el Señor, digo: Yo me declaro enemigo del
faraón, el rey de Egipto. Voy a romperle
los dos brazos, el bueno y el que ya tenía
roto, y haré que se le caiga la espada de la
mano. 23Voy a dispersar a los egipcios
entre las demás naciones, a esparcirlos
por los diversos países. 24Y voy a dar
fuerza a los brazos del rey de Babilonia, y
a ponerle mi espada en la mano. Voy a
romperle al faraón los brazos, y él se que-
jará al sentirse herido delante de su enemigo. 25Daré fuerzas a los brazos del rey
de Babilonia y se las quitaré a los brazos
del faraón. Cuando yo ponga mi espada
en la mano del rey de Babilonia y él la
levante contra Egipto, reconocerán que
yo soy el Señor. 26Dispersaré a los egipcios entre los demás pueblos y naciones, y
entonces reconocerán que yo soy el
Señor."

### El faraón comparado a un cedro

31 1El día primero del mes tercero del
año once, el Señor se dirigió a mí, y
me dijo: 2"Di al faraón, rey de Egipto, y
a toda su gente:

'¿Con qué se puede comparar tu
grandeza?
3Pareces un ciprés[64] o un cedro del
Líbano,
con hermosas ramas que dan sombra
al bosque,
tan alto que su punta llega a las
nubes.
4La lluvia y el agua del suelo
le ayudaron a crecer;
se formaron ríos alrededor
de donde estaba plantado;
sus corrientes regaron
todos los árboles de la región.
5Como tenía tanta agua,
creció más que los otros árboles del
bosque;
sus ramas aumentaron
y se extendieron mucho.
6Aves de todas clases
hacían nidos en sus ramas;
animales salvajes de toda especie
daban a luz debajo de ellas.
A su sombra podían vivir
naciones numerosas.

64 Un ciprés: texto probable. Heb. Asiria.

[7]Era un árbol magnífico, inmenso,
con ramas muy largas,
pues sus raíces estaban
junto a aguas abundantes.
[8]Ningún cedro del jardín de Dios*
se podía comparar a él;
ningún pino tenía ramas como las
suyas,
ningún castaño tenía tantas hojas,
ningún árbol del jardín de Dios
se le igualaba en belleza.
[9]Yo lo hice bello y con mucho
ramaje;
los demás árboles del Edén, jardín
de Dios,
le tenían envidia.

[10]'Pues bien, esto dice el Señor: El
árbol llegó a ser tan alto que su punta llegaba a las nubes; tanto creció que se llenó
de orgullo. [11]Por eso yo lo he desechado;
voy a dejarlo caer en poder de un jefe
extranjero, que lo tratará como merece su
maldad. [12]Los más crueles extranjeros
van a cortarlo y dejarlo abandonado; sus
ramas caerán rotas por todas las montañas, valles y cañadas del país, y todos los
pueblos que vivían bajo su sombra huirán
y lo abandonarán. [13]Aves de todas clases
vendrán a vivir en el árbol caído, y animales salvajes de toda especie se echarán en
sus ramas. [14]Y ya ningún árbol, aunque
esté junto al agua, volverá a crecer tanto,
ni aunque esté bien regado volverá a
alcanzar las nubes con su punta ni subirá
a tanta altura. Todos están condenados a
morir, a bajar a ese mundo bajo tierra y
reunirse con los que ya están en el sepulcro.
[15]'Yo, el Señor, digo: Cuando el árbol
baje al reino de la muerte, haré que de
tristeza se seque el mar profundo; deten-
dré los ríos y las corrientes de agua; por él
haré que el monte Líbano se cubra de tristeza y que todos los árboles del campo se
marchiten. [16]Cuando yo lo haga bajar al
reino de la muerte para reunirlo con los
que ya han muerto, el ruido de su caída
hará temblar a las naciones. Y en ese
mundo bajo tierra sentirán consuelo los
árboles del Edén, los más hermosos y
mejor regados del monte Líbano. [17]Tam-
bién ellos bajarán, como él, al reino de la
muerte, a juntarse con los que murieron
en batalla. Los que vivían a su sombra, se
dispersarán entre las naciones. [18]Ninguno
de los árboles del Edén podía compararse

a él en esplendor y altura; y, sin embargo,
bajará con los demás árboles del Edén a
ese mundo bajo tierra, para vivir entre
paganos, entre gente que murió en batalla.
'El árbol es el faraón y toda su gente.
Yo, el Señor, lo afirmo.' "

## El faraón comparado a un monstruo

**32** [1]El día primero del mes duodécimo
del año doce, el Señor se dirigió a
mí, y me dijo: [2]"Dedica este canto fúnebre al faraón, rey de Egipto:

'Pareces un león de las naciones;
eres como un monstruo marino;
chapoteas en tu río,
con las patas enturbias el agua
y revuelves la corriente.

[3]'Esto dice el Señor: Aunque estés
entre pueblos numerosos, echaré mi red
sobre ti y con ella te atraparé. [4]Te arras-
traré a tierra y te dejaré tendido en el
suelo. Haré que todas las aves del cielo se
paren sobre ti, y que se harten de tu carne
todos los animales salvajes. [5]Con la carne
podrida de tu cadáver llenaré los montes y
los valles. [6]Empaparé el suelo con tu sangre, la cual llegará hasta las montañas, y
con ella se llenarán los cauces de los ríos.
[7]Cuando yo te destruya, haré que el cielo
se oscurezca y se apaguen las estrellas;
cubriré con nubes el sol, y la luna no brillará más.* [8]Por causa tuya apagaré todas
las luces que brillan en el cielo, y llenaré
de oscuridad tu país. Yo, el Señor, lo
afirmo.
[9]'Cuando las noticias de tu destrucción lleguen a países que no conocías,
haré que se inquieten muchos pueblos.
[10]Por causa tuya sembraré el terror en
muchos pueblos; sus reyes se llenarán de
pánico cuando yo esgrima mi espada
delante de ellos. Cuando caigas, ellos temblarán de miedo por sus propias vidas.
[11]'El Señor dice: La espada del rey de
Babilonia caerá sobre ti. [12]Voy a hacer
que tu pueblo numeroso caiga herido por
la espada de los más crueles guerreros.
Pondrán fin a la grandeza de Egipto y
acabarán con su pueblo numeroso. [13]Des-
truiré todo el ganado que bebe de tus
aguas, y nunca más los hombres ni los
animales las enturbiarán con sus pisadas.
[14]Entonces haré que el agua se aclare y
que los ríos corran tranquilos como

ʌ 31.8-9 Gn 2.8-9.   ʌ 32.7 Is 13.10; Am 8.9; Mt 24.29; Mr 13.24-25; Lc 21.25; Ap 6.12-13; 8.12.

aceite. Yo, el Señor, lo afirmo. [15]Cuando convierta a Egipto en un desierto y el país quede vacío, sin habitantes, entonces reconocerán que yo soy el Señor.'

[16]"Este es un canto fúnebre, y así deberán cantarlo las mujeres de las diversas naciones cuando lloren por Egipto y por su gente numerosa. Yo, el Señor, lo afirmo.''

### Egipto en el reino de la muerte

[17]El día quince del mes duodécimo[65] del año doce, el Señor se dirigió a mí, y me dijo: [18]"Tú, hombre, entona en compañía de las mujeres de las diversas naciones un canto fúnebre por el numeroso pueblo de Egipto y por sus jefes:[66]

'Los poderosos caen al mundo bajo tierra,
con los que han bajado ya al sepulcro.
[19]¿Eres tú acaso más hermoso que los otros?
Baja y tiéndete también junto a los paganos.'

[20]"Ellos caerán con los que mueren en la guerra. La espada está lista. Con ellos se irán sus grandes multitudes.[67] [21]Los jefes más poderosos recibirán en el reino de la muerte a los egipcios y a sus aliados, diciendo: '¡Ya bajaron! ¡Quedaron tendidos esos paganos, muertos en la guerra!'

[22]"Ahí está Asiria, con todos sus soldados rodeando su tumba. Todos ellos murieron en la guerra. [23]Están enterrados en lo más hondo de la fosa. Sus soldados sembraron el pánico entre los que aún estaban vivos, pero cayeron muertos en la guerra y ahora rodean la tumba de Asiria.

[24]"Ahí está Elam, con todos sus soldados rodeando su tumba. Todos ellos murieron en la guerra, paganos que cayeron al mundo bajo tierra. Sembraron el pánico entre los vivos, pero ahora están sin honor entre los que bajaron al sepulcro. [25]Elam está tendido en medio de todos sus soldados muertos, todos ellos paganos muertos en la guerra, que ahora rodean su tumba. Sembraron el pánico entre los vivos, pero ahora están sin honor entre los que bajaron al sepulcro. Quedaron entre gente asesinada.

[26]"Ahí están Mesec y Tubal, con todos sus soldados rodeando su tumba, todos ellos paganos muertos en la guerra, que sembraron el pánico entre los vivos. [27]No están sepultados con los héroes del pasado,[68] que bajaron con sus armas al reino de la muerte y que tienen sus espadas bajo la cabeza y sus escudos[69] sobre el cuerpo, después de haber sembrado el pánico entre los que estaban vivos.

[28]"Ahí estarás tú, Egipto, en medio de paganos, destrozado y sepultado con los muertos en la guerra.

[29]"Ahí está Edom, con sus reyes y gobernantes. A pesar de haber sido tan poderosos, están entre los muertos en la guerra, sepultados entre los paganos, entre los que bajaron al sepulcro.

[30]"Ahí están todos los jefes del norte, igual que todos los de Sidón. Fueron muy poderosos y sembraron el pánico, pero ahora han bajado con los muertos en la guerra, cubiertos de deshonra. Son paganos, y están sepultados sin honor entre los muertos en la guerra, entre los que bajaron al sepulcro.

[31]"Cuando el faraón los vea, se consolará de la muerte de toda su gente, pues él y todo su ejército murieron en la guerra. Yo, el Señor, lo afirmo. [32]El faraón sembró el pánico entre los vivos; por eso está sepultado entre los paganos, entre los muertos en la guerra, lo mismo que su numeroso ejército. Yo, el Señor, lo afirmo.''

### Responsabilidad del centinela
(Ez 3.16-21)

**33** [1]El Señor se dirigió a mí, y me dijo: [2]"Tú, hombre, habla a tus compatriotas, y diles: 'Cuando yo envío la guerra a un país, la gente de ese país escoge a uno de ellos para ponerlo de centinela.[o] [3]Y cuando el centinela ve que los ejércitos enemigos se acercan al país, toca la trompeta y previene a la gente. [4]Si alguien escucha el toque de trompeta y no le hace caso, y los enemigos llegan y lo matan, el culpable de su muerte es él mismo, [5]porque oyó el toque de trompeta pero no hizo caso; es culpable de su muerte, porque, si hubiera hecho caso, habría salvado su vida. [6]Pero si el centinela ve llegar los ejércitos enemigos y no toca la trompeta para prevenir a la gente, y los enemigos

[65] Duodécimo: incluido, según 32.1. Esta palabra no aparece en el texto hebreo. La versión griega dice: del primer mes. [66] Sus jefes: texto probable. Heb. hazlo bajar. [67] Con ellos . . . multitudes: traducción probable. Heb. oscuro. [68] Del pasado: según versiones antiguas. Heb. de los incircuncisos. [69] Sus escudos: texto probable. Heb. sus maldades.
[o] 33.2 Is 21.6,11; Jer 6.17; Os 9.8.

llegan y matan a alguien, éste morirá por su pecado, pero yo le pediré al centinela cuentas de esa muerte.'

⁷"Pues a ti, hombre, yo te he puesto como centinela del pueblo de Israel. Tú deberás recibir mis mensajes y comunicarles mis advertencias. ⁸Puede darse el caso de que yo pronuncie sentencia de muerte contra un malvado; pues bien, si tú no hablas con él para advertirle que cambie de vida, y él no lo hace, ese malvado morirá por su pecado, pero yo te pediré a ti cuentas de su muerte. ⁹Si tú, en cambio, adviertes al malvado que cambie de vida, y él no lo hace, él morirá por su pecado, pero tú salvarás tu vida.

### Responsabilidad personal
### (Ez 18.21-32)

¹⁰"Tú, hombre, di al pueblo de Israel: 'Ustedes dicen: Estamos cargados de faltas y pecados. Por eso nos estamos pudriendo en vida. ¿Cómo podremos vivir? ¹¹Pero yo, el Señor, juro por mi vida que no quiero la muerte del malvado, sino que cambie de conducta y viva. Israel, deja esa mala vida que llevas. ¿Por qué habrás de morir?'*

¹²"Tú, hombre, di a tus compatriotas: 'Si un hombre bueno peca, su bondad anterior no lo salvará, y si un malvado deja de hacer el mal, su maldad anterior no será causa de su muerte. Si el hombre bueno peca, su bondad anterior no le valdrá para seguir viviendo. ¹³Si yo le prometo vida a un hombre bueno, y éste, ateniéndose a su bondad, hace el mal, no tomaré en cuenta ninguna buena acción suya, sino que morirá por el mal que haya cometido. ¹⁴Y si condeno a morir a un malvado, y éste deja el pecado y actúa bien y con justicia, ¹⁵y devuelve lo que había recibido en prenda o lo que había robado, y cumple las leyes que dan la vida y deja de hacer lo malo, ciertamente vivirá y no morirá. ¹⁶Puesto que ahora actúa bien y con justicia, vivirá, y no me acordaré de ninguno de los pecados que había cometido.' ¹⁷Tus compatriotas dirán que yo no actúo con justicia; pero en realidad son ellos los que no actúan con justicia. ¹⁸Si el hombre bueno deja de hacer lo bueno y hace lo malo, morirá a causa de ello. ¹⁹Y si el malvado deja de hacer lo malo y hace lo bueno y lo justo, a causa de ello vivirá. ²⁰Ustedes repiten: 'El Señor no está actuando con justicia.' Pero yo

juzgaré a cada uno de ustedes, israelitas, de acuerdo con sus acciones.'ᵖ

### La caída de Jerusalén

²¹El quinto día del mes décimo del año doce de nuestro destierro, un hombre que había huido de Jerusalén vino y me contó que la ciudad había caído en poder del enemigo.�q ²²La noche antes de que llegara el escapado, el Señor había puesto su mano sobre mí; y por la mañana, cuando vino el hombre, el Señor me devolvió el habla y dejé de estar mudo.

### Los pecados del pueblo

²³El Señor se dirigió a mí, y me dijo: ²⁴"La gente que vive en esas ciudades de Israel que están en ruinas, anda diciendo: 'Abraham era uno solo y, sin embargo, llegó a ser dueño del país; con mayor razón nosotros, que somos muchos, llegaremos a ser dueños del país.' ²⁵Por lo tanto, diles: 'Así dice el Señor: Ustedes comen carne con sangre, adoran ídolos, cometen asesinatos, ¿y creen que van a ser dueños del país? ²⁶Recurren a la violencia de las armas, hacen cosas que yo detesto, todos cometen adulterio, ¿y creen que van a ser dueños del país?'

²⁷"Diles también: 'Así dice el Señor: Juro por mi vida que los que viven en las ciudades en ruinas también serán asesinados, y a los que viven en el campo haré que se los coman las fieras, y los que viven en rocas y cuevas morirán de enfermedades. ²⁸Dejaré el país desierto y en ruinas, y destruiré la fuerza de la cual tan orgulloso. Los montes de Israel quedarán desiertos; nadie pasará por ellos. ²⁹Cuando yo deje desierto y en ruinas el país a causa de los pecados detestables que ellos cometieron, entonces reconocerán que yo soy el Señor.'

³⁰"Tus compatriotas hablan de ti junto a las murallas, y en las puertas de las casas, y se dicen unos a otros: 'Vengan, vamos a oír el mensaje que ha venido de parte del Señor.' ³¹Y así mi pueblo viene y se sienta delante de ti, como acostumbra hacerlo, para oír tus palabras. Pero no las ponen en práctica. Las repiten como si fueran canciones amorosas, pero su corazón va tras el dinero. ³²Ellos te consideran como uno que canta canciones amorosas, que tiene hermosa voz y toca bien el arpa. Escuchan tus palabras, pero no las ponen

* 33.11 Ez 18.23,32; Sab 1.13; 2 P 3.9. p 33.20 Job 34.11; Sal 62.11-12; Pr 24.12; Jer 17.10; Ez 18.30; Eclo 16.12; Mt 16.27; Ro 2.6. q 33.21 2 R 25.3-10; Jer 39.2-8; 52.4-14.

en práctica. ³³Sin embargo, todo ello va a cumplirse; y cuando se cumpla, reconocerán que sí había un profeta entre ellos."ʳ

### Profecía contra los pastores de Israel

**34** ¹El Señor se dirigió a mí, y me dijo: ²"Tú, hombre, habla en mi nombre contra los pastoresˢ de Israel, y diles: 'Esto dice el Señor: ¡Ay de los pastores de Israel, que se cuidan a sí mismos! Lo que deben cuidar los pastores es el rebaño. ³Ustedes se beben la leche, se hacen vestidos con la lana y matan las ovejas más gordas, pero no cuidan el rebaño. ⁴Ustedes no ayudan a las ovejas débiles, ni curan a las enfermas, ni venden a las que tienen alguna pata rota, ni hacen volver a las que se extravían, ni buscan a las que se pierden, sino que las tratan con dureza y crueldad. ⁵Mis ovejas se quedaron sin pastor y se dispersaron,ᵗ y las fieras salvajes se las comieron. ⁶Se dispersaron por todos los montes y cerros altos, se extraviaron por toda la tierra, y no hubo nadie que se preocupara por ellas y fuera a buscarlas.

⁷'Así que, pastores, escuchen bien mis palabras. ⁸Yo, el Señor, lo juro por mi vida: Fieras salvajes de todas clases han robado y devorado a mis ovejas, porque no tienen pastor. Mis pastores no van a buscar a las ovejas. Los pastores cuidan de sí mismos, pero no de mi rebaño. ⁹Por eso, pastores, escuchen las palabras ¹⁰que yo, el Señor, les dirijo: Pastores, yo me declaro su enemigo y les voy a reclamar mi rebaño; les voy a quitar el encargo de cuidarlo, para que no se sigan cuidando ustedes mismos; rescataré a mis ovejas, para que ustedes no se las sigan comiendo.'

### El buen pastor

¹¹"Yo, el Señor, digo: Yo mismo voy a encargarme del cuidado de mi rebaño. ¹²Como el pastorᵘ que se preocupa por sus ovejas cuando están dispersas, así me preocuparé yo de mis ovejas; las rescataré de los lugares por donde se dispersaron en un día oscuro y de tormenta. ¹³Las sacaré de los países extranjeros, las reuniré y las llevaré a su propia tierra. Las llevaré a comer a los montes de Israel, y por los arroyos, y por todos los lugares habitados del país. ¹⁴Las llevaré a comer los mejores

pastos, en los pastizales de las altas montañas de Israel. Allí podrán descansar y comer los pastos más ricos. ¹⁵Yo mismo seré el pastor de mis ovejas, yo mismo las llevaré a descansar.ᵛ Yo, el Señor, lo afirmo. ¹⁶Buscaré a las ovejas perdidas,ʷ traeré a las extraviadas, vendaré a las que tengan alguna pata rota, ayudaré a las débiles, y cuidaré⁷⁰ a las gordas y fuertes. Yo las cuidaré como es debido.

¹⁷"Yo, el Señor digo: Escuchen, ovejas mías: Voy a hacer justicia entre los corderos y los cabritos.ˣ ¹⁸¿No les basta con comerse el mejor pasto, sino que tienen que pisotear el que queda? Beben el agua clara, y la demás la enturbian con las patas. ¹⁹Y mis ovejas tienen que comer el pasto que ustedes han pisoteado y beber el agua que ustedes han enturbiado. ²⁰Por eso yo, el Señor, les digo: Voy a hacer justicia entre las ovejas gordas y las flacas. ²¹Ustedes han alejado a empujones a las débiles, las han atacado a cornadas y las han hecho huir. ²²Pero yo voy a salvar a mis ovejas. No dejaré que las sigan robando. Voy a hacer justicia entre las ovejas. ²³Voy a hacer que vuelva mi siervo David, y lo pondré como único pastor, y él las cuidará. Él será su pastor.ʸ ²⁴Yo, el Señor, seré su Dios, y mi siervo David será su jefe.ᶻ Yo, el Señor, he hablado. ²⁵Voy a hacer un pacto con ellas, para asegurarles una vida tranquila. Haré desaparecer las fieras del país, para que mis ovejas puedan vivir tranquilas en campo abierto y dormir en los bosques.

²⁶"Yo pondré a mis ovejas alrededor de mi monte santo, les bendeciré; les enviaré lluvias de bendición en el tiempo oportuno. ²⁷Los árboles del campo darán su fruto, la tierra dará sus cosechas, y ellas vivirán tranquilas en su propia tierra. Cuando yo libere a mi pueblo de quienes lo han esclavizado, entonces reconocerán que yo soy el Señor. ²⁸Los pueblos extranjeros no volverán a apoderarse de ellos, ni las fieras volverán a devorarlos. Vivirán tranquilos, sin que nadie los asuste. ²⁹Les daré sembrados fértiles,⁷¹ y ellos no volverán a sufrir hambre ni las demás naciones volverán a burlarse de ellos. ³⁰Entonces reconocerán que yo, el Señor su Dios, estoy con ellos, y que Israel es mi pueblo. Yo, el Señor, lo afirmo. ³¹Ustedes son mis ovejas, las ovejas de mi prado.⁷² Yo soy su Dios. Yo, el Señor, lo afirmo."

---

⁷⁰ Cuidaré: según versiones antiguas. Heb. destruiré.   ⁷¹ Fértiles: según versiones antiguas. Heb. famosos.
⁷² Así, con versiones antiguas. Heb. añade: hombres.
ʳ 33.33 Dt 18.21-22; Jer 28.9.   ˢ 34.1-10 Jer 10.21; 23.1-6.   ᵗ 34.5 Nm 27.17; 2 Cr 18.16; Jer 50.6-7; Zac 10.2; Mt 9.36;
Mr 6.34.   ᵘ 34.11-16 Is 40.11; Eclo 18.13.   ᵛ 34.13-15 Sal 23.   ʷ 34.16 Lc 15.4-7.   ˣ 34.17 Mt 25.31-34.   ʸ 34.23 Jn 10;
Ap 7.17.   ᶻ 34.24 Ez 37.24.

## Profecía contra el monte Seir

**35** ¹El Señor se dirigió a mí, y me dijo: ²"Vuélvete hacia el monte de Seir[a] y habla en mi nombre contra él. ³Dile:

'Esto dice el Señor:
Yo me declaro tu enemigo,
monte de Seir,
y te voy a castigar
dejándote desierto y en ruinas.
⁴Voy a dejar destruidas tus ciudades,
y tú quedarás convertido en un
desierto.
Entonces reconocerás que yo soy el
Señor.

⁵'Tú has sido eterno enemigo de los israelitas, y les hiciste la guerra cuando ellos recibían el castigo final por sus pecados. ⁶Pero yo, el Señor, juro por mi vida que te entregaré a la muerte, y la muerte te perseguirá. Eres culpable[73] de muerte, y la muerte te perseguirá. ⁷Te voy a dejar desierto y en ruinas, monte de Seir, y no permitiré que nadie vuelva a pasar por ti. ⁸Haré que tus cerros y tus colinas, tus valles y tus ríos, queden llenos de los cadáveres de los que mueran en la guerra. ⁹Te dejaré convertido para siempre en un desierto, y nadie vivirá en tus ciudades. Entonces reconocerán ustedes que yo soy el Señor.

¹⁰'Tú dijiste: El país de Israel, con sus dos reinos, será mío; yo seré su dueño, a pesar de que el Señor viva allí. ¹¹Pero yo, el Señor, juro por mi vida que voy a tratarte a ti con la misma ira, envidia y odio con que tú trataste a Israel. Cuando yo te castigue, ellos me reconocerán. ¹²Entonces verás que yo, el Señor, había escuchado todos los insultos que lanzaste contra los montes de Israel. Tú dijiste: ¡Son un desierto; ahora los podemos devorar! ¹³Abriste la boca desafiándome, y se te soltó la lengua contra mí. Yo lo escuché.

¹⁴'Pues esto digo yo, el Señor: Toda la tierra se va a alegrar cuando yo te destruya. ¹⁵Tú te alegraste cuando fue destruido el país que Israel recibió en propiedad, pero lo mismo pasará contigo: quedarás hecho un desierto, monte de Seir, país de Edom. Entonces reconocerán que yo soy el Señor.'

## Futura prosperidad de Israel

**36** ¹"Y tú, hombre, habla en nombre mío a las montañas de Israel, y diles que escuchen mi palabra. ²Yo, el Señor, digo: Los enemigos de Israel se creen dueños ya de las montañas eternas. ³Pues bien, habla en mi nombre y diles: 'Esto dice el Señor: De todas partes las atacan a ustedes y las destruyen; todos los pueblos extranjeros se han apoderado de ustedes, y la gente las trata con burla y desprecio. ⁴Por lo tanto, montañas de Israel, escuchen el mensaje del Señor a las montañas, colinas, ríos y valles; a las ruinas despobladas y a las ciudades desiertas de Israel, que han sido saqueadas por los pueblos vecinos y que han sido objeto de burla por parte de ellos. ⁵Esto dice el Señor: Mis palabras van encendidas de enojo contra los otros pueblos, y en especial contra todo Edom, porque con gran alegría se apoderaron de mi tierra y con profundo desprecio saquearon sus campos.'

⁶"Habla en mi nombre acerca de la tierra de Israel, y di: 'Esto dice el Señor a las montañas, colinas, ríos y valles: Yo tengo palabras de ira y furor, por los insultos que han sufrido ustedes de parte de las naciones extranjeras. ⁷Por lo tanto yo, el Señor, juro que los pueblos vecinos de ustedes se verán cubiertos de vergüenza. ⁸Ustedes, en cambio, montañas de Israel, estarán cubiertas de árboles grandes y con mucho fruto para mi pueblo Israel, que ya está a punto de regresar. ⁹Yo las voy a proteger, y haré que sean cultivadas y sembradas. ¹⁰Haré que aumente mucho el pueblo de Israel que vive allí. Las ciudades se llenarán de habitantes, y las ruinas serán reconstruidas. ¹¹Haré que aumenten en ustedes los hombres y los animales, y que se hagan muy numerosos. Habrá tantos habitantes como antes, y ustedes estarán mejor que en el pasado. Entonces reconocerán que yo soy el Señor. ¹²Haré que mi pueblo camine sobre ustedes, montañas de Israel, y que tomen ellos posesión de ustedes como dueños, y ustedes no volverán a dejarlos sin hijos.

¹³'Yo, el Señor, digo: A ustedes, montañas, las acusan de comerse a la gente y de dejar sin hijos a su pueblo. ¹⁴Pues bien, ustedes no volverán a comerse a la gente ni a dejar sin hijos a su pueblo. Yo, el Señor, lo afirmo. ¹⁵No permitiré que

---

[73] *Eres culpable:* según la versión griega. Heb. *odiaste.*
[a] **35.1-15** Is 34.5-17; 63.1-6; Jer 49.7-22; Ez 25.12-14; Am 1.11-12; Abd 1-14; Mal 1.2-5.

oigan de nuevo los insultos de las naciones extranjeras; no recibirán más ofensas de esos pueblos, porque ustedes no volverán a dejar sin hijos a su pueblo. Yo, el Señor, lo afirmo.' "

[16]El Señor se dirigió a mí, y me dijo: [17]"Cuando los israelitas vivían en su tierra, la profanaron con sus malas acciones. Su manera de vivir era para mí algo sucio y repugnante. [18]Entonces descargué mi ira sobre ellos por los asesinatos que cometieron en el país y por la manera en que lo profanaron adorando a los ídolos, [19]y en castigo de sus malas acciones los dispersé entre los demás países y naciones. [20]Pero en todos los pueblos a donde ellos llegaban, ofendían mi santo nombre, pues la gente decía: 'Estos son el pueblo del Señor, pero tuvieron que salir de su país.' [21]Entonces me dolió ver que, por culpa de Israel, mi santo nombre era profanado en cada nación adonde ellos llegaban.

[22]"Por eso, dile al pueblo de Israel: 'Esto dice el Señor: Lo que voy a realizar no es por causa de ustedes, israelitas, sino por mi santo nombre, que ustedes han ofendido entre las naciones a donde han ido. [23]Yo voy a mostrar ante las naciones la santidad de mi gran nombre, que ustedes han ofendido entre ellas; cuando yo lo haga, ellas reconocerán que yo soy el Señor. Yo, el Señor, lo afirmo. [24]Yo los sacaré a ustedes de todas esas naciones y países; los reuniré y los haré volver a su tierra. [25]Los lavaré con agua pura, los limpiaré de todas sus impurezas, los purificaré del contacto con sus ídolos; [26]pondré en ustedes un corazón nuevo y un espíritu nuevo. Quitaré de ustedes ese corazón duro como la piedra y les pondré un corazón dócil.[b] [27]Pondré en ustedes mi espíritu, y haré que cumplan mis leyes y decretos;[c] [28]vivirán en el país que di a sus padres, y serán mi pueblo y yo seré su Dios.[d] [29]Los libraré de todo lo que les manche. Haré que el trigo abunde, y no volveré a enviarles hambre. [30]Haré también que los árboles y los campos den más fruto, para que ustedes no vuelvan a pasar vergüenza delante de las otras naciones por causa del hambre. [31]Y cuando se acuerden de su mala conducta y de sus malas acciones, sentirán vergüenza de ustedes mismos por sus pecados y malas acciones. [32]Yo, el Señor, lo afirmo: Sepan, israelitas, que no hago esto porque

ustedes lo merezcan; sientan vergüenza y confusión por su conducta.

[33]'Yo, el Señor, digo: Cuando yo los purifique de todos sus pecados, haré que vivan en sus ciudades y que reconstruyan las ruinas. [34]La tierra que había quedado desierta, en vez de quedar desierta será cultivada a la vista de todos los que pasan. [35]Y se dirá: Esta tierra, que había quedado desierta, ahora se parece al jardín de Edén;[e] las ciudades que habían sido destruidas, arrasadas y dejadas en ruinas, ahora son unas fortalezas y están habitadas. [36]Entonces los pueblos vecinos que queden con vida reconocerán que yo, el Señor, reconstruyo lo destruido y vuelvo a sembrar lo arrasado. Yo, el Señor, lo he dicho, y lo realizaré.

[37]"Yo, el Señor, digo: Aún haré algo más. Concederé al pueblo de Israel lo que me pida que haga por ellos; multiplicaré su gente como un rebaño. [38]Las ciudades en ruinas se llenarán de tanta gente, que se parecerán a las ovejas que en las fiestas se llevan a Jerusalén para ofrecerlas en sacrificio. Entonces reconocerán que yo soy el Señor.' "

## Los huesos secos

**37** [1]El Señor puso su mano sobre mí, y me hizo salir lleno de su poder, y me colocó en un valle que estaba lleno de huesos. [2]El Señor me hizo recorrerlo en todas direcciones; los huesos cubrían el valle, eran muchísimos y estaban completamente secos. [3]Entonces me dijo: "¿Crees tú que estos huesos pueden volver a tener vida?" Yo le respondí: "Señor, sólo tú lo sabes."

[4]Entonces el Señor me dijo: "Habla en mi nombre a estos huesos. Diles: 'Huesos secos, escuchen este mensaje del Señor. [5]El Señor les dice: Voy a hacer entrar en ustedes aliento de vida, para que revivan. [6]Les pondré tendones, los rellenaré de carne, los cubriré de piel y les daré aliento de vida para que revivan. Entonces reconocerán ustedes que yo soy el Señor.' "

[7]Yo les hablé como él me lo había ordenado. Y mientras les hablaba, oí un ruido: era un terremoto, y los huesos comenzaron a juntarse unos con otros. [8]Y vi que sobre ellos aparecían tendones y carne, y que se cubrían de piel. Pero no tenían aliento de vida.

[9]Entonces el Señor me dijo: "Habla en mi nombre al aliento de vida, y dile: 'Así

dice el Señor: Aliento de vida, ven de los cuatro puntos cardinales y da vida a estos cuerpos muertos.' " [10]Yo hablé en nombre del Señor, como él me lo ordenó, y el aliento de vida vino y entró en ellos, y ellos revivieron y se pusieron de pie./ Eran tantos que formaban un ejército inmenso.

[11]Entonces el Señor me dijo: "El pueblo de Israel es como estos huesos. Andan diciendo: 'Nuestros huesos están secos; no tenemos ninguna esperanza, estamos perdidos.' [12]Pues bien, háblales en mi nombre, y diles: 'Esto dice el Señor: Pueblo mío, voy a abrir las tumbas de ustedes; voy a sacarlos de ellas y a hacerlos volver a la tierra de Israel. [13]Y cuando yo abra sus tumbas y los saque de ellas, reconocerán ustedes, pueblo mío, que yo soy el Señor. [14]Yo pondré en ustedes mi aliento de vida, y ustedes revivirán; y los instalaré en su propia tierra. Entonces sabrán que yo, el Señor, lo he dicho y lo he hecho. Yo, el Señor, lo afirmo.' "

### Reunificación de Judá e Israel

[15]El Señor se dirigió a mí, y me dijo: [16]"Toma un palo, y escribe en él: 'Judá y sus aliados israelitas'. Toma luego otro palo, y escribe: 'José, representado por Efraín, y todos sus aliados del resto de Israel'. [17]En seguida, júntalos en tu mano el uno con el otro, de manera que formen uno solo. [18]Cuando tus compatriotas te digan: 'Explícanos lo que esto significa', [19]diles: 'Esto dice el Señor: Voy a tomar el palo de José, que está en manos de Efraín y de las demás tribus aliadas de Israel, y lo voy a juntar con el palo de Judá para convertirlos en un solo palo en mi mano.' [20]Ten en tu mano, a la vista de ellos, los dos palos sobre los cuales escribiste. [21]Luego diles: 'Esto dice el Señor: Voy a sacar a los israelitas de entre las naciones a donde han ido a parar; los reuniré de todas partes y los haré volver a su tierra. [22]Haré de ellos una sola nación en este país, en los montes de Israel, y tendrán un solo rey. No volverán a estar divididos en dos naciones, ni separados en dos reinos. [23]Tampoco volverán a mancharse adorando ídolos repugnantes ni cometiendo toda clase de pecados. Yo los libraré de todas las infidelidades [74] que han cometido, y los limpiaré de sus pecados. Ellos serán mi pueblo, y yo seré su Dios. [24]Mi siervo David será el rey y único pastor de

todos ellos,g y ellos me obedecerán y cumplirán mis leyes y decretos. [25]Vivirán en el país que di a mi siervo Jacob, donde también vivieron sus antepasados. Allí vivirán siempre ellos y sus hijos y todos sus descendientes; y mi siervo David será siempre su jefe. [26]Haré con ellos un pacto para asegurarles una vida tranquila. Será un pacto eterno. Haré que aumenten en número, y para siempre pondré mi santo templo en medio de ellos. [27]Viviré entre ellos, y yo seré su Dios y ellos serán mi pueblo.h [28]Cuando mi santo templo esté para siempre en medio de ellos, las demás naciones reconocerán que yo he escogido a Israel como mi posesión sagrada.' "

### Gog, instrumento de Dios

**38** [1]El Señor se dirigió a mí, y me dijo: [2]"Tú, hombre, vuélvete ahora hacia el país de Magog, y habla en mi nombre contra Gog,i jefe supremo de Mesec y Tubal. [3]Dile: 'Esto dice el Señor: Gog, jefe supremo de Mesec y Tubal, yo me declaro tu enemigo. [4]Te voy a hacer volver, te voy a poner ganchos en la boca, te voy a sacar a ti y a toda tu caballería, con sus jinetes de elegantes uniformes, ese enorme ejército armado de espadas y escudos de diversas clases. [5]Irán acompañados de gente de Persia, Etiopía y Libia, todos ellos con escudos y cascos, [6]y también de todos los soldados de Gomer y de Bet-togarmá, de lo más lejano del norte, los numerosos pueblos aliados tuyos. [7]Prepárate y ármate, tú y todos los ejércitos que están contigo; tómalos bajo tu mando. [8]Al cabo de muchos años vas a recibir la orden de invadir un país que estuvo en guerra, pero que ya se habrá restablecido; un pueblo que estuvo disperso entre muchas naciones y que había sido arrasado para siempre, pero que ya se habrá vuelto a reunir en los montes de Israel. Para entonces, ellos habrán regresado ya de muchos países, y estarán todos viviendo tranquilos. [9]Llegarás tú, como un nubarrón, para cubrir el país, y lo invadirás como una tormenta con todos tus ejércitos y pueblos numerosos.

[10]'Yo, el Señor, digo: En ese tiempo se te ocurrirán planes malvados. [11]Vas a decir: Voy a invadir un país indefenso, de gente que vive tranquila y confiada, toda en ciudades sin murallas, sin puertas ni trancas. [12]Lo voy a saquear y robar; voy a atacar ciudades ya reconstruidas de un

---

[74] *Infidelidades:* según una versión antigua. Heb. *habitaciones.*
/ 37.10 Ap 11.11.   g 37.24 Ez 34.24.   h 37.27 2 Co 6.16; Ap 21.3.   i 38.2 Ap 20.8.

pueblo que se ha reunido de varias naciones, que tiene ganado y otras propiedades y que vive en el centro del mundo. ¹³La gente de Sabá y Dedán, y los comerciantes de Tarsis y demás ciudades, te preguntarán: ¿Viniste a robar? ¿Reuniste tus ejércitos para saquear y apoderarte de la plata y del oro, del ganado y otras propiedades, y llevarte una enorme riqueza?'

¹⁴"Pues, bien, habla en mi nombre a Gog, y dile: 'Esto dice el Señor: Cuando mi pueblo Israel viva tranquilo, tú te pondrás en marcha⁷⁵ ¹⁵desde tu tierra, en lo más lejano del norte, acompañado de ejércitos fuertes y numerosos, y tropas de caballería, ¹⁶y atacarás a mi pueblo Israel. Tú, Gog, cubrirás la tierra como un nubarrón. En esos últimos días te haré venir contra mi tierra, para que por medio de ti las demás naciones me reconozcan cuando yo demuestre mi santidad delante de ellos.

¹⁷'Yo, el Señor, digo: Era a ti a quien yo me refería en tiempos pasados, cuando hablaba por medio de mis siervos los profetas de Israel; ellos anunciaron en aquel tiempo que yo te haría venir para que atacaras a Israel.'

### Castigo de Gog

¹⁸"Yo, el Señor, afirmo: Cuando Gog invada a Israel, mi ira se encenderá terriblemente. ¹⁹En el ardor de mi ira juro que, en ese tiempo, habrá un fuerte terremoto en Israel. ²⁰Los peces del mar, las aves del cielo, las fieras salvajes y los reptiles temblarán delante de mí, lo mismo que todos los hombres de la tierra. Las montañas se derrumbarán, las rocas caerán y todas las murallas se vendrán abajo. ²¹⁻²²Yo haré venir sobre Gog toda clase de males que lo llenen de miedo.⁷⁶ Lo castigaré con enfermedades y muerte violenta. Haré que caigan sobre él, sobre su ejército y sobre los numerosos pueblos que lo acompañan, lluvia a torrentes, granizo, fuego y azufre, y sus hombres se atacarán unos a otros con la espada. Yo, el Señor, lo afirmo. ²³Así demostraré a muchos pueblos mi grandeza y mi santidad. Yo me daré a conocer a ellos, y reconocerán que yo soy el Señor.

### Derrota de Gog

**39** ¹"Y tú, hombre, habla en mi nombre contra Gog, y dile: 'Esto dice el Señor: Gog, jefe supremo de Mesec y Tubal, yo me declaro tu enemigo. ²Te voy a hacer volver; paso a paso te voy a sacar de lo más lejano del norte y te voy a traer a las montañas de Israel. ³Luego romperé el arco que llevas en la mano izquierda y haré caer las flechas que llevas en la derecha. ⁴Y tú, con tus ejércitos y pueblos que te acompañan, caerás muerto en las montañas de Israel. Allí los entregaré a toda clase de aves de rapiña y de fieras salvajes, para que se los coman. ⁵Quedarán tendidos en campo abierto. Yo, el Señor, he hablado. Yo he dado mi palabra. ⁶Enviaré fuego sobre Magog y sobre los que viven tranquilos en los países del mar. Entonces reconocerán que yo soy el Señor. ⁷Yo haré que mi santo nombre sea conocido de mi pueblo Israel, y no permitiré que siga siendo profanado. Y las naciones extranjeras sabrán que yo, el Señor, muestro mi santidad en Israel. ⁸El día de que hablo va a llegar sin falta. Yo, el Señor, lo afirmo.

⁹"Los habitantes de las ciudades de Israel saldrán y quemarán sus armas, sus diversas clases de escudos, arcos, flechas, jabalinas y lanzas, y tendrán leña suficiente para hacer fuego durante siete años. ¹⁰No tendrán necesidad de salir al campo a recoger leña, ni de cortarla en los bosques, porque todas esas armas les servirán de leña. Así ellos saquearán a quienes antes los habían saqueado, y despojarán a quienes antes los habían despojado. Yo, el Señor, lo afirmo.

### Sepultura de Gog

¹¹"Por aquel tiempo daré a Gog un lugar en Israel, en el Valle de los Viajeros, frente al mar, para que lo sepulten. Ese lugar impedirá el paso, y allí enterrarán a Gog y a todo su ejército, y le pondrán el nombre de Valle del ejército de Gog. ¹²Los israelitas necesitarán siete meses para enterrarlos y dejar limpio el país. ¹³Toda la gente estará ocupada enterrándolos, y será un honor para ellos. En ese día yo me mostraré glorioso. Yo, el Señor, lo afirmo. ¹⁴Además, después de esos siete meses, se encargará a un grupo de personas que recorran y exploren el país, y que entierren⁷⁷ a los que hayan quedado en el suelo, para dejarlo limpio. ¹⁵Cuando alguna de estas personas, al recorrer el país, vea algún hueso humano,

---

⁷⁵ *Te pondrás en marcha:* según la versión griega. Heb. *conocerás.*   ⁷⁶ *Males que lo llenen de miedo:* según la versión griega. Heb. *mis montes espada.*   ⁷⁷ *Que entierren:* según versiones antiguas. Heb. añade: *a los que pasan.*

pondrá a su lado una señal hasta que los enterradores lo entierren en el Valle del ejército de Gog. [16](También hay una ciudad llamada El Ejército.) Así dejarán limpio el país."

[17]El Señor me dijo: "Di a todas las aves y a todas las fieras que se reúnan de los alrededores y vengan a las montañas de Israel, al sacrificio que allí voy a hacer para ellas. Podrán comer carne y beber sangre; [18]se comerán la carne de los soldados y beberán la sangre de los gobernantes de la tierra, como si fuera de carneros, corderos, chivos o gordos becerros de Basán. [19]De ese sacrificio que voy a hacer para ellas, comerán grasa hasta enfermar y beberán sangre hasta emborracharse. [20]Les prepararé un banquete con la carne de los caballos y de los jinetes, de los soldados y de toda clase de guerreros, para que coman hasta llenarse. Yo, el Señor, lo afirmo.[j]

### Restauración de Israel

[21]"Así mostraré mi gloria a las naciones extranjeras. Todas las naciones verán cómo las he juzgado y castigado. [22]De ese día en adelante, Israel reconocerá que yo soy el Señor su Dios. [23]Y las naciones extranjeras sabrán que los israelitas fueron al destierro por causa de sus pecados, porque me fueron infieles; y que yo les volví la espalda y dejé que los enemigos los vencieran y los mataran a todos en la guerra. [24]Yo los traté como merecían su impureza y rebeldía, y les volví la espalda.

[25]"Por eso yo, el Señor, digo: Ahora voy a tener misericordia de todo el pueblo de Israel, de los descendientes de Jacob. Voy a hacer que cambie su suerte, para exigir que se dé honor a mi santo nombre. [26-27]Yo los reuniré otra vez de las naciones extranjeras y de los países enemigos; entonces vivirán tranquilos en su propia tierra, sin que nadie los asuste. Así mostraré mi santidad, y muchas naciones podrán verla. Los israelitas soportarán su deshonra por haberme sido infieles. [28]Yo los envié al destierro entre naciones extranjeras, y yo los reuniré de nuevo en su tierra. No dejaré desterrado a ninguno. Entonces reconocerán que yo soy el Señor su Dios. [29]No volveré a darles la espalda, pues he derramado mi poder sobre el pueblo de Israel. Yo, el Señor, lo afirmo."

### Visión del templo futuro

**40** [1-2]El día diez del mes, que es el día de año nuevo, el Señor puso su mano sobre mí, y en una visión me trasladó a la tierra de Israel. Ya iban a cumplirse veinticinco años desde que habíamos sido llevados a Babilonia, y catorce años desde la toma de Jerusalén.

En tierra de Israel, el Señor me puso sobre un monte muy alto; y desde allí, vi hacia el sur, una serie de edificios que parecían una ciudad.[k] [3]El Señor me llevó allá, y vi un hombre que parecía de bronce. Estaba de pie a la puerta, y tenía en la mano una cinta de lino y una regla para medir.[l] [4]Y aquel hombre me dijo: "Mira bien y escucha con cuidado; pon mucha atención a todo lo que te voy a mostrar, pues Dios te ha traído aquí para que yo te lo muestre. Luego, comunica al pueblo de Israel todo lo que veas."

### La puerta oriental

[5]Por fuera del templo[m] había una muralla que lo rodeaba. La regla que el hombre tenía en la mano medía tres metros. Entonces midió el muro, y éste tenía tres metros de ancho y tres de alto. [6]Luego se fue a la entrada que daba al oriente, subió los escalones y midió el umbral de la puerta, el cual tenía tres metros de ancho. [7]Las celdas que había a cada lado de la entrada medían cada una tres metros de largo por tres de ancho, y entre celda y celda había una distancia de dos metros y medio. Luego estaba la puerta que daba al vestíbulo, el cual miraba hacia el templo. El umbral de esta puerta tenía tres metros de ancho. [8-9]El hombre midió el vestíbulo que daba entrada al templo, y el vestíbulo medía cuatro metros. Había dos pilastras de un metro de grueso. [10](En cada lado de la entrada oriental había tres celdas, todas del mismo tamaño, y las pilastras que había a cada lado eran también del mismo tamaño.)

[11]Luego el hombre midió la puerta de entrada: tenía cinco metros de ancho, y la entrada seis metros y medio. [12]Delante de cada celda había un pequeño muro que tenía medio metro de ancho por cada lado. Cada celda medía tres metros de ancho por tres de largo. [13]Luego midió el ancho total de la entrada, desde el fondo de una celda hasta el fondo de la celda de

[j] 39.17-20 Ap 19.17-18.   [k] 40.1-2 Ap 21.10.   [l] 40.3 Ap 11.1; 21.15.   [m] 40.5-42.20 1 R 6; 2 Cr 3.

enfrente, pasando de una puerta a la puerta de enfrente, y medía doce metros y medio. [14] Luego midió el vestíbulo: diez metros. [78] El edificio de entrada daba por todos lados al atrio. [79] [15] El largo total, desde la parte exterior de la puerta hasta la parte interior del vestíbulo, era de veinticinco metros. [16] Las celdas, lo mismo que sus pilastras, tenían ventanas con rejas por dentro y alrededor del edificio de entrada. Igualmente, el vestíbulo tenía ventanas alrededor, por la parte de adentro. En las pilastras había grabados de palmeras.

### El atrio exterior

[17] El hombre me llevó después al atrio exterior. El atrio tenía un empedrado a su alrededor, y treinta cuartos daban a él. [18] Este empedrado, que era el más bajo, se extendía por los costados de los edificios de entrada, y su ancho era igual al largo de éstos. [19] El hombre midió la distancia que había desde el frente de la puerta de abajo hasta la parte de afuera de la puerta[80] interior, y era de cincuenta metros.[81]

### La puerta norte

[20] También había una entrada que daba al norte del atrio exterior. El hombre la midió a lo largo y a lo ancho. [21] Tenía también tres celdas a cada lado, y pilastras y vestíbulo de medidas iguales a las de la entrada oriental, es decir, de veinticinco metros de largo por doce y medio metros de ancho. [22] El vestíbulo, las ventanas y las palmeras eran del mismo tamaño que los de la entrada oriental. Aquí también se subía por una escalinata de siete escalones, y el vestíbulo quedaba por la parte de adentro.[82] [23] Tanto al oriente como al norte, frente a la entrada exterior, había otra entrada que conducía al atrio interior. El hombre midió la distancia entre las dos entradas, y era de cincuenta metros.

### La puerta sur

[24] Luego el hombre me llevó al sur, donde había una entrada, y midió las pilastras y el vestíbulo, que medían lo mismo que las otras. [25] El edificio de entrada, con su vestíbulo, tenía ventanas alrededor, como los otros. Medía en total veinticinco metros de largo por doce y medio de ancho. [26] Tenía también una escalinata de siete escalones, y el vestíbulo quedaba también en la parte interior. Las pilastras tenían también grabados de palmeras, una de cada lado. [27] El atrio interior tenía también una puerta que daba hacia el sur. El hombre midió la distancia entre las dos puertas del lado sur, y era de cincuenta metros.

### El atrio interior: la puerta sur

[28] Luego me llevó por la entrada sur hacia el atrio interior. Midió la puerta del sur, y tenía las mismas medidas de las puertas anteriores. [29-30] Sus celdas, vestíbulo y pilastras eran del mismo tamaño que los otros. El edificio de entrada, con su vestíbulo también, tenía ventanas alrededor, y medía en total veinticinco metros de largo por doce y medio de ancho. [31] El vestíbulo daba hacia el atrio exterior. Las pilastras tenían grabados de palmeras. A esta puerta se subía por una escalinata de ocho escalones.

### El atrio interior: la puerta oriental

[32] En seguida me llevó al atrio interior, por el lado de oriente, y midió la entrada, la cual medía lo mismo que las otras. [33] Sus celdas, pilastras y vestíbulo, eran también de iguales medidas que los otros. El edificio de entrada, con su vestíbulo, tenía ventanas alrededor, y medía veinticinco metros de largo por doce y medio de ancho. [34] El vestíbulo daba hacia el atrio exterior. Las pilastras tenían grabados de palmeras a cada lado. A esta puerta se subía por una escalinata de ocho escalones.

### El atrio interior: la puerta norte

[35] Luego aquel hombre me llevó a la entrada que daba al norte, y midió la entrada, la cual medía lo mismo que las otras [36] y tenía también celdas, pilastras, vestíbulo y ventanas alrededor. El edificio de entrada medía veinticinco metros de largo por doce y medio de ancho. [37] El vestíbulo [83] daba hacia el atrio exterior. Las pilastras tenían grabados de palmeras a cada lado. A esta puerta se subía por una escalinata de ocho escalones.

---

[78] El vestíbulo: diez metros: según una versión antigua. Heb. hizo las pilastras: treinta metros.    [79] Atrio: texto probable. Heb. la pilastra del atrio.    [80] Puerta: según la versión griega. Heb. atrio.    [81] Heb. añade: al oriente y al norte.    [82] La parte de adentro: según la versión griega. Heb. delante de ellos.    [83] El vestíbulo: según versiones antiguas. Heb. las pilastras.

### Edificios junto a la puerta norte

**38** Había también un cuarto que se comunicaba con el vestíbulo[84] de la entrada. Allí era donde se lavaba a los animales para el holocausto. **39** En el vestíbulo de la entrada había cuatro mesas, dos a cada lado, sobre las que mataban a los animales para el holocausto y para los sacrificios por el pecado o por la culpa. **40** Fuera del vestíbulo[85] de la entrada norte había también dos mesas a cada lado, **41** de manera que había cuatro mesas dentro y cuatro mesas fuera del edificio de entrada: ocho mesas en total. Sobre ellas se mataba a los animales. **42-43** Las cuatro mesas para los animales que se quemaban eran de piedra de cantera; medían setenta y cinco centímetros de largo por setenta y cinco centímetros de ancho, y cincuenta centímetros de alto, y sobre ellas se colocaba la carne de las ofrendas. Por la parte interior del cuarto, a todo su alrededor, había un borde de seis centímetros de ancho, sobre el que se colocaban la ofrenda de harina y los utensilios necesarios para matar los animales del holocausto.

**44** En el atrio interior, fuera de las puertas interiores, había dos cuartos,[86] uno junto a la puerta interior norte, mirando hacia el sur, y otro junto a la puerta interior sur, mirando hacia el norte. **45** El hombre me dijo: "El cuarto que mira hacia el sur es para los sacerdotes que prestan servicio en el templo, **46** y el cuarto que mira hacia el norte es para los sacerdotes que prestan servicio en el altar. Son descendientes de Sadoc, y son los únicos levitas que pueden acercarse al Señor para servirle."

### El atrio interior y el templo

**47** El hombre midió después el atrio interior, que era un cuadrado de cincuenta metros por lado. El altar estaba delante del templo. **48** El hombre me llevó al vestíbulo del templo y midió las pilastras del vestíbulo: cada una tenía dos metros y medio de grueso. La puerta tenía siete metros de ancho, y los soportes de la puerta del vestíbulo[87] medían un metro y medio de ancho cada uno. **49** El vestíbulo medía diez metros de ancho por seis[88] de profundidad, y se subía a él por una escalinata de diez escalones. Junto a cada pilastra había una columna.

**41** **1** En seguida el hombre me llevó al interior mismo del templo, y midió las pilastras: ambas tenían tres metros de grueso.[89] **2** La puerta tenía cinco metros de ancho; sus soportes medían dos metros y medio de ancho cada uno. Luego midió la sala central, y tenía veinte metros de largo por diez de ancho. **3** Después fue a la sala del fondo y midió las pilastras de la entrada, y cada una tenía un metro de grueso. La entrada tenía tres metros de ancho, y las pilastras de cada lado[90] medían tres metros y medio de grueso. **4** Luego midió la sala del fondo, y medía diez metros por lado. Entonces me dijo: "Este es el Lugar Santísimo."

### Las celdas construidas junto al muro

**5** Luego el hombre midió la pared exterior del templo, y tenía tres metros de grueso. Alrededor del templo, y unidas al mismo, había celdas de dos metros de profundidad. **6** Estas celdas estaban una sobre otra, formando tres pisos, y en cada piso había treinta celdas. El muro del templo era más estrecho en cada piso, y sobre estos entrantes se apoyaban las vigas de las celdas, de modo que no quedaban empotradas en el muro. **7** Por fuera de las celdas que rodeaban el templo había una rampa que llegaba hasta la parte de arriba, y así se podía subir desde la planta baja al piso intermedio y al de arriba.[91] **8** Yo vi que por todos lados el templo estaba sobre una base elevada, sobre la cual también estaban construidas las celdas. Esta base tenía una altura de tres metros, **9-10** La pared exterior de las celdas tenía dos metros y medio de grueso, y alrededor de todo el templo, entre las celdas que rodeaban el templo y los cuartos de los sacerdotes, había un espacio libre de diez metros de ancho. **11** Las celdas se comunicaban con el espacio libre por medio de una puerta hacia el norte y otra hacia el sur. El espacio libre tenía a todo lo largo un muro de dos metros y medio de grueso.

**84** El vestíbulo: según versiones antiguas. Heb. la pilastra.    **85** Vestíbulo: texto probable. Heb. el que sube.    **86** Dos cuartos: según la versión griega. Heb. oscuro.    **87** Tenía siete metros de ancho, y los soportes de la puerta del vestíbulo: según la versión griega. En el texto hebreo no aparece esta frase.    **88** Seis: según la versión griega. Heb. cinco y medio.    **89** Grueso: texto probable. Heb. añade: la anchura de la tienda.    **90** Las pilastras de cada lado: según la versión griega. Heb. la entrada.    **91** Por fuera de . . . y al de arriba: traducción probable. Heb. oscuro.

### El edificio del oeste

[12]Por el oeste, mirando hacia el patio cerrado, había un edificio que medía treinta y cinco metros de ancho por cuarenta y cinco de largo, con un muro de dos metros y medio de grueso.

### Medidas totales de templo

[13]El hombre midió el templo, y tenía en total cincuenta metros de largo. El ancho del patio cerrado, más el edificio y sus muros, también era de cincuenta metros. [14]La fachada del templo, más la parte del patio cerrado que daba al oriente, medía cincuenta metros. [15]Luego midió el largo del edificio que quedaba detrás del templo, frente al patio cerrado, más los muros de cada lado, y era de cincuenta metros.

### Detalles del templo

Las salas interiores del templo y el vestíbulo [16-17]estaban recubiertos de madera. Las ventanas enrejadas y los marcos que había alrededor estaban recubiertos de madera por los tres lados. El espacio comprendido entre el piso y las ventanas, y la parte superior de la puerta, también estaban recubiertos. Las paredes del templo, por dentro y por fuera, [18]estaban cubiertas de grabados alternados de seres alados y palmeras. Cada ser alado tenía dos caras; [19]de un lado, una cara de hombre miraba a una palmera, y del otro, una cara de león miraba a otra palmera. Así, alrededor de todo el templo [20]había grabados de seres alados y palmeras, desde el piso hasta la parte superior de las puertas. En la pared de la sala central, [21]el marco de la puerta tenía los postes cuadrados.

### El altar de madera

Frente a la entrada del Lugar Santísimo había algo que parecía [22]un altar de madera, que medía un metro por lado, y un metro y medio de alto. Tenía esquinas, y la base[92] y sus lados eran de madera. El hombre me dijo: "Esta es la mesa que está delante del Señor."

### Las puertas

[23-24]Tanto la sala central como el Lugar Santísimo tenían puertas dobles. Cada puerta tenía dos hojas que se abrían hacia la pared. [25]Las puertas de la sala central tenían grabados de seres alados y palmeras, iguales a los que había en los muros. En la fachada del vestíbulo, por la parte de afuera, había una verja[93] de madera. [26]A cada lado del vestíbulo había ventanas enrejadas y grabados de palmeras. Las celdas unidas al templo también tenían verjas.

### Los edificios junto al templo

42 [1]El hombre me sacó después al atrio exterior, hacia el norte, y me hizo entrar en el conjunto de cuartos que quedaba al norte, frente al patio cerrado y al edificio detrás del templo. [2]Este conjunto medía cincuenta metros de largo por el lado norte, y veinticinco metros de ancho. [3]Por un lado daba al patio interior, que tenía diez metros de ancho, y por el otro lado daba al empedrado del atrio exterior. Tenía tres pisos, cada uno de ellos más entrado que el de abajo. [4]Frente a los cuartos había un pasillo de cinco metros de ancho y cincuenta de largo,[94] que conducía al interior. Las puertas de los cuartos daban al norte. [5]Los cuartos del piso superior eran más cortos que los del piso intermedio y los de la planta baja, pues cada piso era más entrado que el de abajo. [6]Estos cuartos estaban dispuestos en tres pisos, pero no tenían columnas como los cuartos del atrio, sino que los cuartos del piso superior quedaban más entrados que los del medio y los del inferior.

[7-8]La serie de cuartos del atrio exterior tenía una extensión de veinticinco metros. Por todo el frente de los cuartos corría un muro de veinticinco metros de largo, que daba al atrio exterior. En total,[95] el pasillo medía cincuenta metros. [9]Al piso inferior de estas habitaciones se entraba por el atrio exterior, es decir, por el oriente, [10]por el lugar a donde llegaba el muro del atrio exterior.

Hacia el sur,[96] frente al patio cerrado y al edificio del occidente del templo, había también cuartos [11]de igual forma e iguales medidas, y dispuestos de la misma manera, con entradas y salidas como las de los cuartos del lado norte, y con un pasillo frente a ellos. [12]Para llegar hasta los cuartos del lado sur había una puerta en donde

---

[92] La base: según la versión griega. Heb. la longitud.   [93] Verja: El sentido de la palabra hebrea es incierto. Puede también entenderse como techo o viga.   [94] Cincuenta de largo: según versiones antiguas. Heb. un camino de medio metro.   [95] En total: según la versión griega. Heb. frente al santuario.   [96] Hacia el sur: según la versión griega. Heb. hacia el oriente.

comenzaba el pasillo que estaba frente al muro de protección, entrando por el oriente.

13 El hombre me dijo: "Tanto los cuartos del norte como los del sur, que están frente al patio cerrado, son cuartos sagrados. Los sacerdotes que se acercan al Señor comen allí las ofrendas más sagradas. Allí también colocan ellos ofrendas tan sagradas como son la ofrenda de cereales, la ofrenda por el pecado y la ofrenda por la culpa, pues es un lugar sagrado. 14 Una vez que los sacerdotes han entrado en el templo, no deben ya salir al atrio exterior sin antes dejar allí la ropa con que estaban haciendo los servicios, porque esa ropa es sagrada. Para salir a donde está el pueblo, deben ponerse otra ropa."

## Medidas del área del templo

15 Cuando el hombre terminó de medir el terreno interior del templo, me llevó afuera por la puerta oriental y se puso a medir el terreno exterior del mismo. 16 Tomó la regla de medir y midió el lado este: doscientos cincuenta metros.97 17 Luego midió el lado norte, y también medía doscientos cincuenta metros; 18 luego el lado sur: doscientos cincuenta metros; 19 y finalmente el lado oeste, otros doscientos cincuenta metros. 20 Por los cuatro lados tomó las medidas. El terreno del templo tenía a su alrededor un muro de doscientos cincuenta metros por lado, que separaba lo sagrado de lo profano.98

## La gloria del Señor vuelve al templo

43 1 El hombre me llevó a la puerta oriental, 2 y vi que la gloria del Dios de Israel venía del oriente.n Se oía un ruido muy fuerte, como el de un río caudaloso, y la tierra se llenó de luz.ñ 3 La visión era como la que yo tuve cuando el Señor vino a destruir Jerusalén, y como la que tuve junto al río Quebar. Me incliné hasta tocar el suelo con la frente, 4 y la gloria del Señor entró hasta el templo por la puerta oriental.

5 Entonces el poder de Dios me levantó y me llevó al atrio interior, y vi que la gloria del Señor había llenado el templo.o 6 El hombre se puso junto a mí, y oí que el Señor me hablaba desde el templo 7 y me

decía: "Este es el lugar de mi trono, el lugar donde pongo mis pies; aquí viviré en medio de los israelitas para siempre.p Ni ellos ni sus reyes volverán a deshonrar con sus infidelidades mi santo nombre: no volverán a construir monumentos a sus reyes después de su muerte, 8 o a construir sus palacios de manera que sus puertas queden junto a las puertas de mi templo, con sólo una pared de por medio. Ellos deshonraron mi santo nombre con acciones que yo detesto; por eso me enojé con ellos y los hice morir. 9 Que alejen ahora de mí sus infidelidades y los monumentos a sus reyes, y yo viviré en medio de ellos para siempre. 10 Y tú, hombre, cuéntales a los israelitas lo que viste del templo, y de sus planos y medidas, para que se avergüencen de sus pecados. 11 Y si se avergüenzan de todo lo que han hecho, explícales la forma del templo y lo que hay en él, las salidas y entradas, en fin, todo el plano, lo mismo que las leyes que deben cumplir. Dibújales todo esto para que tengan una idea clara del diseño y lo lleven a cabo. Escríbeles también todas las leyes para que puedan cumplirlas. 12 Esta es la ley del templo: todo el terreno que rodea al templo sobre el monte será un lugar sumamente sagrado."

## El altar

13 Estas eran las medidas del altar,q usando las medidas de antes. Alrededor del altar había una zanja de medio metro de hondo y medio de ancho, la cual tenía por fuera, alrededor, un borde que se levantaba veinticinco centímetros. La base del altar era así: 14 desde el fondo de la zanja hasta el borde del cuerpo inferior, había un metro de alto. El cuerpo inferior sobresalía medio metro. El cuerpo central medía dos metros de altura, y sobresalía también medio metro. 15 El cuerpo superior, que es donde se queman los sacrificios, medía dos metros de altura. Tenía cuatro cuernos, que salían hacia arriba. 16 El cuerpo superior del altar era cuadrado, de seis metros por lado. 17 El cuerpo central también era cuadrado, de siete metros por lado. La zanja que había alrededor tenía medio metro de ancho, y

el borde levantado tenía veinticinco centímetros de ancho. Los escalones para subir al altar daban hacia el oriente.

[18]Luego el Señor me dijo: "Cuando llegue el momento de construir el altar, deberán cumplirse estas normas:[r] Quemarán sobre el altar un animal, en holocausto, y rociarán el altar con la sangre. [19]A los sacerdotes levitas descendientes de Sadoc, que son los que deben acercarse a mí para servirme, les darás un becerro para que lo ofrezcan como sacrificio por el pecado. Yo, el Señor, lo ordeno. [20]Luego tomarás un poco de su sangre y rociarás con ella los cuatro cuernos, las cuatro esquinas del cuerpo central y todo el borde levantado. Así lo purificarás por completo del pecado. [21]Luego tomarás el becerro ofrecido por el pecado, y lo quemarás fuera del templo, en el lugar destinado para ello. [22]Al día siguiente ofrecerás, en sacrificio por el pecado, un cabrito que no tenga ningún defecto, y los sacerdotes purificarán el altar de la misma manera que lo hicieron con el becerro. [23]Cuando termines estos ritos de purificación, tomarás un becerro y un carnero, ambos sin ningún defecto, [24]y me los ofrecerás. Que los sacerdotes los rocíen con sal y los quemen, como holocausto en mi honor. [25]Diariamente, durante siete días,[s] deberás ofrecer un cabrito como sacrificio por el pecado, y también un becerro y un carnero, todos sin ningún defecto. [26]Diariamente, durante siete días, los sacerdotes deberán purificar por completo el altar, para dedicarlo al uso sagrado. [27]Así lo harán durante siete días, y del octavo en adelante empezarán a ofrecer los holocaustos y los sacrificios de reconciliación. Entonces yo los recibiré a ustedes con agrado. Yo, el Señor, doy mi palabra."

### Uso de la puerta oriental

**44** [1]El hombre me volvió a llevar a la entrada exterior del templo que daba al oriente, la cual estaba cerrada. [2]Allí el Señor me dijo: "Esta entrada quedará cerrada; no deberá abrirse. Nadie podrá entrar por ella, porque por ella ha entrado el Señor, el Dios de Israel. Así pues, quedará cerrada. [3]Sólo podrá entrar el gobernante, para sentarse a comer la comida sagrada en presencia del Señor. Deberá entrar por el vestíbulo de la puerta y salir por el mismo sitio."

### Quiénes pueden entrar en el templo

[4]El hombre me llevó después por la entrada del norte, frente al templo. Vi que la gloria del Señor había llenado el templo, y me incliné hasta tocar el suelo con la frente. [5]Entonces el Señor me dijo: "Tú, hombre, abre bien los ojos y escucha atentamente todo lo que te voy a decir acerca de las leyes y normas del templo. Fíjate bien en quiénes son los que pueden entrar en el templo y salir de él.

[6]"Dile a ese pueblo rebelde de Israel: 'Esto dice el Señor: Basta ya de acciones detestables, pueblo de Israel. [7]Ustedes profanan mi templo dejando entrar en él a extranjeros, a gente que no lleva la marca de mi pacto ni en su mente ni en su cuerpo;[t] lo profanan ofreciéndome como alimento la grasa y la sangre de los sacrificios y violando mi pacto con todas esas acciones detestables. [8]Y no han cumplido mis ritos sagrados, sino que los han puesto en manos de extranjeros.'

[9]"Por eso yo, el Señor, digo: No entrará en mi templo ningún extranjero que no lleve en su mente y en su cuerpo la marca de mi pacto; ni siquiera un extranjero que viva entre los israelitas. [10]Los levitas, que se alejaron de mí cuando Israel se apartó de mis caminos y me abandonó para adorar a los ídolos, deberán pagar por su pecado. [11]Podrán servir en mi templo como guardianes de las puertas, y en otros servicios del templo; ellos serán quienes maten los animales que se queman en holocausto y los que el pueblo presenta como ofrenda; además, deberán estar listos para servir al pueblo. [12]Ellos estuvieron al servicio de los israelitas para dirigir el culto a los ídolos, y así los hicieron pecar. Por eso, pagarán por su pecado. Yo, el Señor, lo afirmo. [13]No podrán estar a mi servicio como sacerdotes ni acercarse a mis cosas sagradas, ni menos aún a las más sagradas. Tendrán que cargar con su deshonra por las cosas detestables que han cometido. [14]Los pondré a cargo del servicio ordinario del templo, para que hagan todo lo que se deba hacer en él.

### Los sacerdotes

[15]"Los sacerdotes levitas descendientes de Sadoc,[u] que continuaron prestando servicio en mi templo cuando los israelitas se apartaron de mis caminos, sí podrán

---

[r] 43.18-27 Ex 29.35-37.  [s] 43.25-27 Lv 8.33-35.  [t] 44.7 Gn 17.10; Dt 10.16; Ro 2.25-29.  [u] 44.15 2 S 15.24-29; 1 R 1.5-8,32-45; 2.27,35.

acercarse a mí para servirme. Ellos podrán presentarse ante mí para ofrecerme la grasa y la sangre de los sacrificios. Yo, el Señor, lo ordeno. [16]Podrán también entrar en mi templo y acercarse a mi altar para servirme, y se encargarán de mi servicio. [17]Cuando entren por la puerta del atrio interior, deberán llevar puesta ropa de lino. Cuando estén de servicio en el atrio interior o en el templo, no llevarán ropa de lana. [18]Llevarán un turbante de lino en la cabeza, y calzones también de lino,[v] y no se pondrán en la cintura nada que los haga sudar. [19]Y antes de salir al atrio exterior, donde está el pueblo, deberán quitarse la ropa que usaron para los servicios en el templo y dejarla en los cuartos del templo,[w] y ponerse otra ropa, para que la santidad de la ropa no se trasmita al pueblo.

[20]"No se raparán la cabeza, ni tampoco se dejarán el pelo largo;[x] tan sólo se lo recortarán. [21]Ningún sacerdote debe beber vino cuando entre en el atrio interior.[y] [22]No debe casarse con una viuda o divorciada, sino sólo con una israelita virgen o con la viuda de un sacerdote.[z]

[23]"Los sacerdotes deben enseñar a mi pueblo a distinguir entre lo santo y lo profano, y entre lo puro y lo impuro.[a] [24]En los pleitos, ellos actuarán como jueces, y juzgarán según mis leyes. Cumplirán todas mis leyes y enseñanzas acerca de todas mis fiestas, y respetarán como días sagrados mis días de reposo.[99]

[25]"Nunca deberán tocar un cadáver, para no contaminarse,[b] a menos que se trate del propio padre, la madre, un hijo, una hija, un hermano o una hermana no casada. [26]Si lo hacen, deberán purificarse, y después esperar aún siete días. [27]Cuando vuelvan a entrar en el atrio interior del templo para cumplir su servicio, ofrecerán un sacrificio por el pecado. Yo, el Señor, lo ordeno.

[28]"Yo seré la única posesión que reciban los sacerdotes como herencia. No se les dará ninguna propiedad en Israel. Yo soy su propiedad.[c] [29]Podrán comer los cereales que los israelitas me ofrecen, y los animales de los sacrificios por el pecado y por la culpa. Igualmente, todo lo que los israelitas me consagren será para ellos. [30]Los sacerdotes recibirán también lo mejor de las primeras cosechas y de todas las ofrendas. Y cuando ustedes preparen la masa para el pan, lo mejor se lo darán a ellos. Así mi bendición descansará sobre las casas de ustedes.[d] [31]Los sacerdotes no deberán comer ningún ave o animal que haya muerto por sí mismo, o que haya sido despedazado por una fiera.[e]

## La porción de territorio consagrada al Señor
### (Ez 48.9-20)

**45** [1]"Cuando hagan el sorteo del territorio para dar a cada tribu su parte, deberán reservar una porción de terreno de doce kilómetros y medio de largo por diez[100] de ancho, la cual estará consagrada al Señor. Todo ese terreno será terreno sagrado. [2]De allí se reservará para el templo un cuadrado de doscientos cincuenta metros por lado, rodeado por una franja de pastos de veinticinco metros de ancho. [3]En la parte reservada al Señor se señalará un terreno de doce kilómetros y medio de largo por cinco de ancho, que será la parte más sagrada: ahí estará el templo. [4]Esa parte del terreno estará destinada a los sacerdotes que sirven en el templo del Señor y que se acercan a él para servirle. Ahí tendrán lugar para sus casas. Será un lugar sagrado, reservado al templo. [5]Además, habrá otro terreno de doce kilómetros y medio de largo por cinco de ancho, reservado como propiedad de los levitas que sirven en el templo, para que tengan ciudades donde vivir.[101] [6]Por último, para la ciudad deberá reservarse un terreno de doce kilómetros y medio de largo por dos y medio de ancho, junto a la porción sagrada. Este terreno pertenecerá a todo el pueblo de Israel.

## Parte reservada al gobernante
### (Ez 48.21-22)

[7]"También habrá un terreno reservado para el gobernante. Una parte estará al oriente y otra al occidente, es decir, a uno y otro lado de la parte sagrada y del terreno reservado para la ciudad. De oriente a occidente, tendrá el mismo largo que uno de los terrenos asignados a una de las tribus. [8]Este terreno será propiedad del gobernante de Israel; así no volverán los gobernantes a oprimir a mi pueblo, sino que dejarán su territorio a los israelitas según sus tribus.

---

[99] *Días de reposo:* aquí equivale a *sabado.* [100] *Diez:* según la versión griega. Heb. *cinco.* [101] *Ciudades donde vivir:* según la versión griega. Heb. *veinte cuartos.*
[v] 44.17-18 Ex 28.39-43; Lv 16.4. [w] 44.19 Lv 16.23. [x] 44.20 Lv 21.5. [y] 44.21 Lv 10.9. [z] 44.22 Lv 21.7,13-14.
[a] 44.23 Lv 10.10. [b] 44.25 Lv 21.1-4. [c] 44.28 Nm 18.20-24. [d] 44.29-30 Nm 18.8-19. [e] 44.31 Lv 7.24 ; 22.8.

### Normas para el gobernante

⁹"Yo, el Señor, digo: ¡Basta ya, gobernantes de Israel! ¡No más violencia ni explotación! ¡Actúen con justicia y rectitud! ¡Dejen de robarle tierras a mi pueblo! Yo, el Señor, lo ordeno.

¹⁰"Usen todos pesos y medidas exactas.ꟻ ¹¹La medida para granos debe ser igual a la medida para líquidos. El *homer* de doscientos veinte litros servirá de patrón. Un *bato* de líquidos debe medir un décimo de *homer*, y un *efa* de granos igualmente un décimo de *homer*.

¹²"Igualmente en cuanto a las medidas de peso: veinte *geras* hacen un *siclo* de once gramos; sesenta *siclos* hacen una *mina*.

¹³"Estas son las ofrendas que deben hacer: Dividirán sus cosechas de trigo y de cebada en sesenta partes iguales, y ofrendarán una de ellas. ¹⁴Igualmente el aceite que obtengan lo dividirán en cien partes iguales, y ofrendarán una de ellas. *102* ¹⁵En cuanto a las ovejas, tomarán una por cada doscientas, de los mejores pastos de Israel. Esto será para las ofrendas de cereales, para el holocausto y para el sacrificio de reconciliación, que se ofrecen para el perdón de los pecados. Yo, el Señor, lo ordeno.

¹⁶"Todos en el país están obligados a entregar esta ofrenda al gobernante de Israel, ¹⁷el cual se encargará de dar los animales para los holocaustos, y lo necesario para las ofrendas de cereales y de vino en las lunas nuevas, en los días de reposo*103* y en todas las fiestas de Israel. Deberá también presentar los sacrificios por el pecado, las ofrendas de cereales, los holocaustos y los sacrificios de reconciliación, para que se le perdonen los pecados a Israel.

### Fiesta de la Pascua

¹⁸"Yo, el Señor, digo: El día primero del mes primero ofrecerán ustedes como sacrificio un becerro que no tenga ningún defecto, para purificar el santuario del templo. ¹⁹El sacerdote tomará un poco de sangre del animal ofrecido como sacrificio por el pecado, y la untará en los postes de las puertas del templo, en las cuatro esquinas del altar y en los postes de las puertas del atrio interior. ²⁰Lo mismo se hará el día siete del mes en favor de cualquiera que haya cometido un pecado

involuntariamente o sin darse cuenta. Así se purificiará el templo. ²¹El día catorce del mes primero comenzarán ustedes a celebrar la fiesta de la Pascua, y durante siete días comerán pan sin levadura.ᵍ ²²Ese día el gobernante ofrecerá un becerro como sacrificio por sus propios pecados y por los de todo el pueblo, ²³y en cada uno de los siete días que dura la fiesta presentará siete becerros y siete carneros, todos sin defecto, en holocausto al Señor. Además, cada día ofrecerá un chivo como sacrificio por el pecado. ²⁴Por cada becerro y por cada carnero se añadirá una ofrenda de veinte litros de cereales y tres litros y medio de aceite.

### Fiesta de las Enramadas

²⁵"También en la fiesta de las Enramadas,ʰ que se celebra el día quince del séptimo mes, el gobernante deberá ofrecer, durante siete días, iguales sacrificios por el pecado, quemar igual número de animales y hacer las mismas ofrendas de cereales y de aceite.

### Deberes del gobernante y del pueblo en las fiestas

**46** ¹"Yo, el Señor, digo: La puerta oriental del atrio interior deberá estar cerrada durante los seis días de trabajo, y se abrirá el día de reposo*103* y el día de luna nueva. ²El gobernante entrará en el vestíbulo desde el atrio exterior, y se colocará junto a uno de los postes de la puerta. Entre tanto, los sacerdotes quemarán los animales del sacrificio y harán los sacrificios de reconciliación presentados por el gobernante, el cual se inclinará junto al umbral de la puerta, tocando el suelo con la frente, y luego saldrá. La puerta no volverá a cerrarse hasta el atardecer. ³Los días de reposo*103* y de luna nueva, el pueblo adorará delante del Señor, frente a la misma puerta. ⁴Los animales que el gobernante debe presentar en el día de reposo*103* para quemarlos como ofrenda al Señor son seis corderos y un carnero, todos sin ningún defecto. ⁵Por cada carnero ofrecerá veinte litros de cereales, y por los corderos lo que quiera. Por cada veinte litros de cereales ofrecerá tres litros y medio de aceite. ⁶El día de la luna nueva ofrecerá un becerro, seis corderos y un carnero, todos sin defecto. ⁷Por cada becerro ofrecerá veinte litros de

---

*102* La traducción de los vs. 13-14 se ha simplificado para hacerla más inteligible. Heb. hace las cuentas en detalle basándose en las medidas que se usaban entonces. *103* *Días de reposo:* aquí equivale a *sábado*.
ꟻ **45.10** Lv 19.36.   ᵍ **45.21** Ex 12.1-20; Nm 28.16-25.   ʰ **45.25** Lv 23.33-36; Nm 29.12-38.

cereales, y otro tanto por cada carnero, y por los corderos lo que quiera. Y por cada veinte litros de cereales, tres litros y medio de aceite.

[8]"Cuando el gobernante entre, deberá hacerlo por el vestíbulo de la puerta, y saldrá por allí mismo. [9]Y cuando en las fiestas el pueblo entre a adorar al Señor, deberá hacerlo así: los que entren por la puerta norte saldrán por la puerta sur, y los que entren por la puerta sur saldrán por la puerta norte. No volverán por la misma puerta por la que entraron, sino por la de enfrente. [10]El gobernante deberá entrar con el pueblo y salir también con él. [11]En las diversas fiestas se ofrecerán veinte litros de cereales por cada becerro, y otro tanto por cada carnero; por los corderos, lo que se quiera. Por cada veinte litros de cereales se ofrecerán, además, tres litros y medio de aceite.

[12]"Cuando el gobernante haga una ofrenda voluntaria al Señor, como un animal para el holocausto o un sacrificio de reconciliación, se le abrirá la puerta oriental y ofrecerá su sacrificio de la misma manera que lo hace en los días de reposo.[103] Una vez que haya salido, se cerrará la puerta.

### La ofrenda diaria

[13]"Todos los días por la mañana se ofrecerá un cordero de un año, sin defecto, para ser quemado como sacrificio al Señor. [14]Igualmente, cada mañana se le hará al Señor una ofrenda de siete litros de cereales y un litro de aceite, que se derramará sobre la harina. Este rito será obligatorio siempre. [15]El sacrificio en que se quema el cordero, y la ofrenda de cereal y de aceite, se deberán presentar siempre por la mañana.[i]

### Obligaciones del gobernante respecto de la tierra

[16]"Yo, el Señor, digo: Si el gobernante regala a uno de sus hijos parte del terreno que le pertenece, pasará a ser propiedad hereditaria de sus descendientes. [17]Pero si el gobernante regala parte de su terreno a uno de sus servidores, sólo será suya hasta el año de liberación,[j] en el que volverá a ser propiedad del gobernante y quedará como herencia de sus hijos. [18]El gobernante no tiene derecho de despojar a nadie de su propiedad. Lo que dé a sus hijos como herencia, deberá dárselo de sus propiedades; así nadie se quedará sin su propiedad ni se dispersará mi pueblo."

### Las cocinas del templo

[19]Luego el hombre me llevó, por la entrada que había al lado de la puerta, a los cuartos que daban hacia el norte y que estaban consagrados exclusivamente para los sacerdotes. Señalándome un lugar hacia el occidente, por la parte de atrás, [20]me dijo: "Aquí es donde los sacerdotes deberán hervir la carne de los animales ofrecidos como sacrificio por la culpa o por el pecado, y cocer la ofrenda de cereales. Así no tendrán que sacar esas cosas al atrio exterior, ni el pueblo entrará en contacto con las cosas sagradas."

[21-22]Luego me llevó al atrio exterior y me hizo recorrer sus cuatro ángulos. Vi que en cada uno de los cuatro ángulos del atrio había un patio pequeño.[104] Todos tenían las mismas medidas de veinte metros por quince; [23]alrededor de ellos había un muro de piedra, y al pie de todo el muro había fogones. [24]Entonces me dijo: "Estas son las cocinas del templo en que los que sirven el templo hervirán los animales que el pueblo ofrezca en sacrificio."

### El agua que brota del templo

**47** [1]El hombre me hizo volver después a la entrada del templo. Entonces vi que por debajo de la puerta brotaba agua,[k] y que corría hacia el oriente, hacia donde estaba orientado el templo. El agua bajaba por el lado derecho del templo, al lado sur del altar. [2]Luego me hizo salir del terreno del templo por la puerta norte, y me hizo dar la vuelta por fuera hasta la entrada exterior que miraba al oriente. Un pequeño chorro de agua brotaba por el lado sur de la entrada. [3]El hombre salió hacia el oriente con una cuerda en la mano, midió quinientos metros y me hizo cruzar la corriente; el agua me llegaba a los tobillos. [4]Luego midió otros quinientos metros y me hizo cruzar la corriente; el agua me llegaba entonces hasta las rodillas. Midió otros quinientos metros y me hizo cruzar la corriente; el agua me llegaba a la cintura. [5]Midió otros quinientos metros y la corriente era ya un río que no pude atravesar; se había convertido en un río tan hondo que sólo se podía

---

cruzar a nado. [6]Entonces me dijo: "Fíjate bien en lo que has visto."

Después me hizo volver por la orilla del río, [7]y vi que en las dos orillas había muchos árboles. [8]Entonces me dijo: "Esta agua corre hacia la región oriental y llega hasta la cuenca del Jordán, de donde desembocará en el Mar Muerto. Cuando llegue allá, el agua del mar se volverá dulce. [9]En cualquier parte a donde llegue esta corriente, podrán vivir animales de todas clases y muchísimos peces. Porque el agua de este río convertirá el agua amarga en agua dulce, y habrá todo género de vida. [10]Desde En-gadi hasta Eneglaim habrá pescadores, y ahí pondrán a secar sus redes. Y habrá allí tanta abundancia y variedad de peces como en el mar Mediterráneo. [11]Pero en las ciénagas y pantanos no habrá agua dulce; allí quedará agua salada, que servirá para sacar sal. [12]En las dos orillas del río crecerá toda clase de árboles frutales. Sus hojas no se caerán nunca, ni dejarán de dar fruto jamás. Cada mes tendrán fruto, porque estarán regados con el agua que sale del templo. Los frutos servirán de alimento y las hojas de medicina./

### Los límites del país

[13]"Yo, el Señor, digo: Estos son los límites[m] del país que recibirán como herencia las doce tribus de Israel (a José le corresponde una porción doble). [14]Yo juré dar ese país a los antepasados de ustedes. Repártanselo por partes iguales. Este país será su herencia.

[15]"Los límites por el norte, partiendo del mar Mediterráneo, pasarán por la ciudad de Hetlón y las ciudades de Zedad, [16]Berota y Sibraim (las cuales se encuentran entre el territorio de Damasco y el de Hamat), y Hazar-haticón (que limita con Haurán). [17]Así pues, el límite norte irá desde el Mediterráneo hasta Hazar-enán, quedando al norte los territorios de Damasco y de Hamat.

[18]"Los límites orientales irán desde el punto situado entre Haurán y Damasco hasta la ciudad de Tamar,[105] junto al Mar Muerto, a lo largo del río Jordán, que servirá de frontera entre el territorio de Galaad y el de Israel.

[19]"Los límites por el sur partirán de Tamar, pasando por el oasis de Meribacades y por el arroyo de Egipto, hasta llegar al Mediterráneo.

[20]"El límite occidental lo formará el mar Mediterráneo, desde la frontera con Egipto hasta el lugar de la costa que está frente a la entrada de Hamat.

[21]"Este es el país que deben repartir entre las doce tribus de Israel. [22]Será la herencia que les toque a ustedes, y también a los extranjeros que vivan con ustedes y que tengan hijos entre ustedes. Deberán considerarlos como si hubieran nacido en Israel. Cuando repartan la tierra entre las tribus de Israel, a ellos también les tocará su parte. [23]Los extranjeros recibirán su parte en el territorio de la tribu en que estén viviendo. Yo, el Señor, lo ordeno.

### División del país entre las tribus

**48** [1-7]Esta es la lista de las tribus. "Partiendo de la frontera norte, que va desde el Mediterráneo y pasa por Hetlón, la entrada de Hamat y Hazar-enán, al sur de los territorios de Damasco y Hamat, cada tribu recibirá una porción de territorio desde la frontera oriental hasta la occidental, en este orden:

Dan
Aser
Neftalí
Manasés
Efraín
Rubén
Judá

[8]"En seguida vendrá el territorio que deberán reservar, y que se extiende también de oriente a occidente. De ancho medirá doce kilómetros y medio, y de largo medirá lo mismo que miden los otros territorios de oriente a occidente. En medio de él estará el templo.

### El territorio consagrado al Señor
#### (Ez 45.1-6)

[9]"La porción consagrada al Señor dentro de este territorio tendrá doce kilómetros y medio de largo por diez[106] de ancho. [10]Dentro de esta porción habrá un terreno consagrado exclusivamente a los sacerdotes; por el norte y por el sur medirá doce kilómetros y medio, y por el este y el oeste, cinco kilómetros. En medio estará el templo del Señor. [11]Este terreno estará reservado a los sacerdotes consagrados al Señor, descendientes de Sadoc, que se encargaron de mi servicio y no siguieron a los demás israelitas cuando

---

[105] *Tamar:* según versiones antiguas. Heb. *medirán.*   [106] *Diez:* texto probable. Heb. *cinco.*
[/] 47.12 Ap 22.2.   [m] 47.13-20 Nm 34.1-12.

éstos se apartaron de mis caminos, como lo hicieron los levitas. [12]Por eso, dentro de la porción consagrada al Señor, junto al terreno de los levitas, los sacerdotes tendrán un terreno, que será la porción más sagrada. [13]Junto al terreno de los sacerdotes, los levitas tendrán el suyo, el cual medirá doce kilómetros y medio de largo por cinco de ancho. La parte consagrada al Señor tendrá, pues, en total doce kilómetros y medio de largo por diez de ancho.[107] [14]Esta será la mejor porción del país. Ninguna parte de ella se podrá vender o cambiar o pasar a otra persona, pues está consagrada al Señor.

[15]"La porción restante, de doce kilómetros y medio de largo por dos y medio de ancho, no es sagrada. Allí podrá vivir la gente y allí estarán los pastizales para el ganado. En medio estará la ciudad, [16]que ocupará un cuadrado de dos mil doscientos cincuenta metros por lado. [17]Alrededor de la ciudad estarán los pastizales, los cuales tendrán ciento veinticinco metros de ancho en las cuatro direcciones. [18]A los lados de la ciudad queda un terreno junto a la porción consagrada al Señor, que tiene cinco kilómetros de largo por el oriente y otro tanto por el occidente. Este terreno se cultivará, y sus productos servirán para alimentar a la gente que trabaja en la ciudad. [19]Los que trabajen en la ciudad, cualquiera que sea la tribu israelita a que pertenezcan, cultivarán ese terreno. [20]Todo el terreno así reservado, formado por la porción consagrada al Señor más lo que pertenece a la ciudad, formará un cuadrado de doce kilómetros y medio por lado.

### El territorio para el gobernante
(Ez 45.7-8)

[21-22]"Al gobernante le tocará el resto de la franja de territorio que queda entre los territorios de Judá y de Benjamín; es decir, los terrenos situados a uno y otro lado de la porción reservada al Señor y del terreno de la ciudad. Medirá doce kilómetros y medio de ancho, y se extenderá por el oriente hasta la frontera oriental, y por el occidente hasta el mar. En el centro quedarán la porción reservada al Señor, con el templo, más la porción de los levitas y el terreno de la ciudad.

### El territorio de las otras tribus

[23-27]"El territorio de las otras tribus sigue hacia el sur. Cada tribu recibirá una porción de territorio desde la frontera oriental hasta la occidental, en este orden:
  Benjamín
  Simeón
  Isacar
  Zabulón
  Gad
[28]"Al sur del territorio de Gad, la frontera irá desde Tamar, pasando por el oasis de Meriba-cades y el arroyo de Egipto, hasta el mar Mediterráneo.

[29]"Este es el país que recibirán como herencia las tribus de Israel, y de esa manera deberán ustedes repartirlo. Yo, el Señor, lo ordeno.

### Las puertas de Jerusalén

[30-34]"La ciudad estará rodeada de una muralla, que medirá dos mil doscientos cincuenta metros por cada uno de sus cuatro lados. En cada lado de la muralla habrá tres puertas, cada una dedicada a una de las tribus de Israel, en este orden: Las puertas del norte: a Rubén, Judá y Leví; las del oriente: a José, Benjamín y Dan; las del sur: a Simeón, Isacar y Zabulón; las del occidente: a Gad, Aser y Neftalí. [35]La muralla medirá en total nueve mil metros de largo, y el nombre de la ciudad será en adelante: 'El Señor está aquí'."[n]

[107] Véase nota en v. 9.
[n] 48.30-34 Ap 21.12-13.

# DANIEL

*El libro de Daniel se escribió en tiempos en que el pueblo judío sufría opresión. Por medio de visiones y relatos de episodios, el autor trata de fortalecer la fe y la lealtad a Dios de sus contemporáneos, y de explicarles las pruebas a que se ven sujetos. Para ello procura inspirarles la esperanza y confianza de que Dios vendrá en su socorro, derrocará a sus opresores y restablecerá la soberanía nacional. El relato se sitúa en tiempos de Nabucodonosor y en el escenario de Babilonia. Los protagonistas son unos jóvenes judíos de la cautividad, que se enfrentan con un tirano idólatra que quiere obligarlos a renegar de su Dios. Pero a pesar de los tremendos peligros que tienen que afrontar, ellos se mantienen fieles a su Dios, su pueblo y su religión.*

*El libro consta de dos partes. La primera relata la historia de Daniel y sus compañeros, y su heroica resistencia al tirano (caps. 1-6). La segunda contiene tres grandes visiones de Daniel, repletas de símbolos, sobre la elevación y caída de varios imperios, comenzando por Babilonia. En ellas se predicen el desplome del opresor y el triunfo del pueblo de Dios (caps. 7-12).*

## Introducción

**1** [1]Durante el tercer año del reinado de Joacim, rey de Judá, el rey Nabucodonosor de Babilonia llegó a Jerusalén y rodeó la ciudad con su ejército.*a* [2]El Señor dejó que Nabucodonosor capturara a Joacim, y que también cayeran en su poder gran parte de los utensilios del templo de Dios. Nabucodonosor se llevó los prisioneros a Babilonia,*l* y puso los utensilios sagrados en el tesoro del templo de sus dioses; [3]además, ordenó a Aspenaz, jefe del servicio de palacio,[2] que de entre los israelitas de familia real y de familias distinguidas trajera [4]jóvenes bien parecidos, sin ningún defecto físico, cultos e inteligentes, entendidos en todos los campos del saber y aptos para servir en el palacio real. A ellos se les enseñaría el lenguaje y la literatura de los caldeos.*b* [5]Nabucodonosor ordenó también que a esos jóvenes se les diera todos los días de los mismos alimentos y vinos que a él le servían, y que los educaran durante tres años, al cabo de los cuales quedarían a su servicio.

## Daniel y sus compañeros en el palacio del rey

[6]Entre estos jóvenes estaban Daniel, Ananías, Misael y Azarías, de la tribu de Judá, [7]a quienes el jefe del servicio de palacio les cambió de nombre: a Daniel le puso Beltsasar; a Ananías, Sadrac; a Misael, Mesac; y a Azarías, Abed-nego. [8]Pero Daniel se propuso no contaminarse con la comida y el vino del rey, y pidió al jefe del servicio de palacio que no le obligara a contaminarse con tales alimentos. * [9]Por obra de Dios, el jefe del servicio de palacio vio con buenos ojos a Daniel, [10]pero le dijo:

—Tengo miedo de mi señor, el rey. Él me ha dicho lo que ustedes deben comer y beber, y si los ve con peor aspecto que los otros jóvenes, serán ustedes la causa de que el rey me condene a muerte.

[11]Daniel habló entonces con el mayordomo a quien el jefe del servicio de palacio había encargado el cuidado de Daniel, Ananías, Misael y Azarías, y le dijo:

[12]—Ruego a usted que haga una prueba con estos servidores suyos: ordene usted que durante diez días nos den de comer solamente legumbres, y de beber solamente agua. [13]Pasado ese tiempo, compare usted nuestro aspecto con el de los jóvenes alimentados con la misma comida que se sirve al rey, y haga entonces con nosotros según lo que vea.

[14]El mayordomo estuvo de acuerdo, y durante diez días hizo la prueba con ellos. [15]Pasados los diez días, el aspecto de ellos era más sano y más fuerte que el de todos los jóvenes que comían de la comida del rey. [16]Así pues, el mayordomo se llevaba la comida y el vino que ellos tenían que comer y beber, y les servía legumbres.

[17]A estos cuatro jóvenes, Dios les dio inteligencia y entendimiento para comprender toda clase de libros y toda ciencia. Daniel entendía además el significado de toda clase de visiones y sueños. [18]Al cumplirse el plazo que el rey había señalado para que le fueran presentados los jóvenes, el jefe del servicio de palacio los

---

*l* Heb. *a territorio de Sinar*, otro nombre de Babilonia.    [2] Jefe del servicio de palacio: lit. *jefe de sus eunucos*. Véase *Glosario* anexo.
*a* **1.1** 2 R 24.1; 2 Cr 36.5-7.    *b* **1.2-4** 2 R 20.17-18; 24.10-16; 2 Cr 36.10; Is 39.7-8.    * **1.8** Jdt 12.2; Est (gr) 4.17x.

llevó a su presencia. [19]El rey habló con ellos y, entre todos los jóvenes, no encontró ni uno solo que pudiera compararse con Daniel, Ananías, Misael y Azarías, quienes, por lo tanto, quedaron al servicio del rey. [20]En todos los asuntos que requerían sabiduría e inteligencia, y sobre los cuales les preguntó el rey, los encontró diez veces más sabios que todos los magos y adivinos que había en su reino. [21]Y Daniel se quedó allí hasta el primer año del reinado de Ciro.[c]

### El sueño del rey Nabucodonosor

**2** [1]Durante el segundo año de su reinado, Nabucodonosor tuvo varios sueños, y por causa de ellos llegó a estar tan preocupado que no podía dormir. [2]Entonces mandó llamar a magos, adivinos, hechiceros y sabios,[3] para que le explicaran aquellos sueños. Ellos fueron y se presentaron ante el rey, [3]el cual les dijo:

—He tenido un sueño y estoy muy preocupado tratando de comprenderlo.

[4]Y los sabios dijeron al rey:[4]

—¡Que viva Su Majestad para siempre! Cuente Su Majestad a estos servidores suyos lo que ha soñado, y nosotros le explicaremos lo que significa.

[5]—Esta es mi decisión —contestó el rey—: Si no me dicen ustedes qué es lo que soñé y lo que significa, serán hechos pedazos y sus casas serán convertidas en un montón de escombros. [6]Pero si me dicen lo que soñé y lo que me niegan significa, recibirán regalos de mi parte, y favores y grandes honores. Así pues, díganme qué fue lo que soñé, y explíquenme su significado.

[7]Los sabios respondieron por segunda vez:

—Cuéntenos Su Majestad lo que soñó, y nosotros le explicaremos el significado.

[8]—Sé muy bien —contestó el rey— que ustedes quieren ganar tiempo, porque han oído mi decisión. [9]Por lo tanto, si no me dicen lo que soñé, todos ustedes sufrirán la misma sentencia, pues se han puesto de acuerdo para darme como respuesta mentiras y falsedades, en espera de que cambie la situación. Díganme, pues, el sueño, y así sabré que también pueden explicarme su significado.

[10]—No hay nadie en el mundo —respondieron los sabios— que pueda decir lo que Su Majestad desea saber. Por otra parte, jamás ningún rey, por grande y poderoso que haya sido, ha pedido semejante cosa a ningún mago, adivino o sabio. [11]Lo que Su Majestad pide es tan difícil que no hay nadie que se lo pueda decir, a no ser los dioses; ¡pero ellos no viven entre los hombres!

[12]Al oír esto, el rey se puso furioso y ordenó matar a todos los sabios de Babilonia. [13]Una vez publicada la orden, buscaron también a Daniel y a sus compañeros[d] para quitarles la vida.

### Daniel interpreta el sueño del rey

[14]Entonces Daniel habló de manera discreta y sensata con Arioc, el jefe de la guardia real, que ya se disponía a matar a los sabios. [15]Y le preguntó:

—¿Por qué ha dado el rey esta orden tan terminante?

Arioc le explicó el motivo. [16]Entonces Daniel fue a ver al rey y le suplicó que le concediera algún tiempo para poder explicarle el sueño y su significado. [17]Luego se fue a su casa e informó de todo a sus compañeros Ananías, Misael y Azarías, [18]para que pidieran ayuda del Dios del cielo sobre aquel misterio, a fin de que no los mataran junto con los otros sabios de Babilonia. [19]Aquella noche el misterio le fue revelado a Daniel en una visión, por lo cual Daniel bendijo al Dios del cielo [20]con estas palabras:

"Bendito sea por siempre el nombre
     de Dios,
  porque suyos son la sabiduría y el
     poder.[e]
[21]Él cambia los tiempos y las épocas;
  quita y pone reyes,
  da sabiduría a los sabios
  e inteligencia a los inteligentes.
[22]Él revela las cosas profundas y
     secretas;
  conoce lo que está en la oscuridad,
  pues la luz está con él.[f]
[23]A ti, Dios de mis padres,
  te doy gracias y te alabo,
  porque me has hecho sabio y fuerte;
  y ahora me has hecho saber lo que te
     pedimos:

[3] Heb. *caldeos*, y lo mismo en vs. 4 y 10: en estos casos el nombre no indica nacionalidad. Fuera de Mesopotamia era sinónimo de *sabios*, especialmente de astrólogos, por lo famosos que los de caldea se hicieron en su estudio de los astros. [4] Heb. añade: *en arameo.* A partir de aquí, y hasta 7.28, el texto original está escrito en lengua aramea. [c] **1.21** Esd 1.1.  [d] **2.13** Dn 1.20.  [e] **2.20** Job 12.13; Pr 2.6.  [f] **2.22** Job 12.22; Sal 139.11-12.

nos has dado a conocer lo que preocupaba al rey.''

²⁴Después de esto, Daniel fue a ver a Arioc, a quien el rey había ordenado matar a los sabios de Babilonia, y le dijo:

—No mates a los sabios. Llévame ante el rey, y yo le explicaré todo su sueño.

²⁵En seguida Arioc llevó a Daniel ante el rey Nabucodonosor, y le dijo al rey:

—Entre los judíos desterrados he hallado un hombre que explicará a Su Majestad el significado de su sueño.

²⁶Entonces el rey le dijo a Daniel, a quien llamaban Beltsasar:

—¿Puedes tú decirme lo que soñé, y lo que mi sueño significa?

²⁷Daniel respondió:

—No hay ningún sabio ni adivino, ni mago ni astrólogo, que pueda explicar a Su Majestad el misterio que desea conocer. ²⁸Pero hay un Dios en el cielo que revela los misterios, y él ha hecho saber a Su Majestad lo que va a pasar en el futuro. Voy a explicarle a Su Majestad el sueño y las visiones que ha tenido mientras dormía: ²⁹Su Majestad se hallaba en su cama; se puso a pensar en lo que va a pasar en el futuro, y el que revela los misterios se lo ha dado a conocer. ³⁰También a mí me ha sido revelado este misterio, pero no porque yo sea más sabio que todos los hombres, sino para que yo explique a Su Majestad lo que el sueño significa, y que así Su Majestad pueda comprender los pensamientos que han venido a su mente.

³¹''En el sueño, Su Majestad veía que en su presencia se levantaba una estatua muy grande y brillante, y de aspecto terrible. ³²La cabeza de la estatua era de oro puro; el pecho y los brazos, de plata; el vientre y los muslos, de bronce; ³³las piernas, de hierro; y una parte de los pies era de hierro, y la otra de barro. ³⁴Mientras Su Majestad la estaba mirando, de un monte se desprendió una piedra, sin que nadie la empujara, y vino a dar contra los pies de la estatua y los destrozó. ³⁵En un momento, el hierro, el barro, el bronce, la plata y el oro quedaron todos convertidos en polvo, como el que se ve en verano cuando se trilla el trigo, y el viento se lo llevó sin dejar el menor rastro. Pero la piedra que dio contra la estatua se convirtió en una gran montaña que ocupó toda la tierra.

³⁶''Este es el sueño. Y ahora voy a explicar a Su Majestad lo que el sueño significa. ³⁷Su Majestad es el más grande de todos los reyes, porque el Dios del cielo le ha dado el reino, el poder, la fuerza, el honor ³⁸y el dominio sobre todos los lugares habitados por hombres, animales y aves; él lo ha puesto todo bajo el poder de Su Majestad, que es la cabeza de oro. *
³⁹Después del reino de Su Majestad habrá otro reino inferior al suyo, y luego un tercer reino de bronce, que dominará sobre toda la tierra. ⁴⁰Vendrá después un cuarto reino, fuerte como el hierro; y así como el hierro lo destroza todo y lo destruye, así ese reino destrozará y destruirá a todos los otros reinos.

⁴¹''Su Majestad vio también que una parte de los pies y de los dedos era de barro, y la otra, de hierro; esto quiere decir que será un reino dividido, aunque con algo de la fortaleza del hierro, pues Su Majestad vio que el hierro estaba mezclado con el barro. ⁴²Los dedos de los pies eran en parte de hierro y en parte de barro, y eso significa que el reino será fuerte y débil al mismo tiempo. ⁴³Y así como Su Majestad vio el hierro mezclado con el barro, así los gobernantes de este reino se unirán por medio de alianzas matrimoniales; pero no podrán formar un solo cuerpo entre sí, como tampoco puede el hierro mezclarse con el barro. ⁴⁴Durante el gobierno de estos reyes, el Dios del cielo establecerá un reino que jamás será destruido ni dominado por ninguna otra nación, sino que acabará por completo con todos los demás reinos, y durará para siempre. ⁴⁵Eso es lo que significa la piedra que Su Majestad vio desprenderse del monte, sin que nadie la hubiera empujado; piedra que convirtió en polvo el hierro, el bronce, el barro, la plata y el oro. El gran Dios ha revelado a Su Majestad lo que va a pasar en el futuro. El sueño es verdadero, y su interpretación, cierta.

⁴⁶Entonces el rey Nabucodonosor se puso de rodillas delante de Daniel, inclinó la cabeza hasta el suelo y mandó que le ofrecieran sacrificios e incienso. ⁴⁷Después le dijo a Daniel:

—Verdaderamente el Dios de ustedes es el más grande de todos los dioses; es el Señor de los reyes y el que revela los misterios, pues tú has podido descubrir este misterio.

* 2.38 Jdt 11.7.

[48]Luego el rey puso a Daniel en un alto puesto y le hizo muchos y espléndidos regalos; además lo nombró gobernador de la provincia de Babilonia y jefe supremo de todos los sabios de aquella nación.

[49]A petición de Daniel, el rey puso a Sadrac, Mesac y Abed-nego en importantes cargos de la administración de la provincia de Babilonia. Daniel mismo se quedó en la corte del rey.

### La adoración de la estatua de oro

**3** [1]El rey Nabucodonosor mandó hacer una estatua de oro, que tenía treinta metros de alto por tres de ancho, y ordenó que la pusieran en la llanura de Dura, en la provincia de Babilonia. [2]Después mandó llamar a todos los gobernadores regionales, jefes del ejército, gobernadores provinciales, consejeros, tesoreros, jueces, magistrados y demás autoridades de las provincias, para que asistieran a la dedicación de la estatua que él había mandado hacer. [3]Todas estas grandes personalidades de la nación se reunieron ante la estatua, para celebrar su dedicación. [4]El encargado de anunciar el comienzo de la ceremonia ordenó en voz alta: "Atención, hombres de todos los pueblos, naciones y lenguas: [5]En cuanto oigan ustedes tocar la trompeta, la flauta, la cítara, la lira, el salterio, la gaita y todos los instrumentos musicales, se pondrán de rodillas y adorarán a la estatua de oro que hizo construir el rey Nabucodonosor. [6]Todo aquel que no se arrodille y adore a la estatua, será arrojado inmediatamente a un horno encendido."

[7]Así pues, en cuanto la multitud allí reunida oyó el sonido de todos aquellos instrumentos de música, se puso de rodillas y adoró a la estatua de oro.

[8]Unos caldeos aprovecharon esta oportunidad para acusar a los judíos ante el rey Nabucodonosor, [9]diciendo:

—¡Viva Su Majestad para siempre, y sea su nombre siempre recordado! [10]Su Majestad ha ordenado que todo el mundo se arrodille y adore a la estatua de oro tan pronto como se oiga el sonido de los instrumentos musicales, [11]y que aquel que no lo haga sea arrojado a un horno encendido. [12]Pues bien, hay unos judíos, a quienes Su Majestad puso al frente de la administración de la provincia de Babilonia, que no guardan el menor respeto por Su Majestad, ni adoran a los dioses ni a la estatua de oro que Su Majestad ha mandado levantar. Ellos son Sadrac, Mesac y Abed-nego.

[13]Nabucodonosor se puso muy furioso, y mandó que llevaran ante él a Sadrac, Mesac y Abed-nego. Y cuando ya estaban en su presencia, [14]les preguntó:

—¿Es verdad que ustedes no adoran a mis dioses ni a la estatua de oro que yo he mandado hacer? [15]¿Están ustedes dispuestos, tan pronto como oigan la música, a inclinarse ante la estatua que yo he mandado hacer, y adorarla? Porque si no la adoran, ahora mismo serán arrojados a un horno encendido; y entonces, ¿qué dios podrá salvarlos?

[16]—No tenemos por qué discutir este asunto —contestaron los tres jóvenes—. [17]Nuestro Dios, a quien adoramos, puede librarnos de las llamas del horno y de todo el mal que Su Majestad quiere hacernos, y nos librará. [18]Pero, aun si no lo hiciera, sepa bien Su Majestad que no adoraremos a sus dioses ni nos arrodillaremos ante la estatua de oro.

### Los tres jóvenes son librados del horno de fuego

[19]Al oír Nabucodonosor estas palabras, la cara se le puso roja de rabia contra los tres jóvenes. Entonces ordenó que se calentara el horno siete veces más de lo acostumbrado; [20]luego mandó que algunos de los soldados más fuertes de su ejército ataran a Sadrac, Mesac y Abed-nego, y que los arrojaran a las llamas del horno. [21]Los tres jóvenes, vestidos todavía con la misma ropa de los altos cargos que ocupaban, fueron atados y arrojados al horno ardiente. [22]Y como el rey había mandado que su orden se cumpliera al instante, y el horno estaba muy encendido, las llamas alcanzaron y mataron a los soldados que habían arrojado en él a los tres jóvenes,* [23]los cuales cayeron atados dentro del horno.

[24]Entonces Nabucodonosor se levantó rápidamente, y muy asombrado dijo a los consejeros de su gobierno:

—¿No arrojamos al fuego a tres hombres atados?

—Así es —le respondieron.

[25]—Pues yo veo cuatro hombres desatados, que caminan en medio del fuego sin que les pase nada, y el cuarto hombre tiene el aspecto de un ángel.

[26]Y diciendo esto, Nabucodonosor se acercó a la boca del horno y gritó:

* 3.22 Dn (dc) 3.48.

—¡Sadrac, Mesac y Abed-nego, siervos del Dios altísimo, salgan y vengan aquí!

Los tres salieron de entre las llamas, [27]y todas las autoridades de la nación allí presentes se acercaron a aquellos hombres, cuyos cuerpos no habían sido tocados por el fuego, y comprobaron que ni un pelo de la cabeza se les había chamuscado ni sus vestidos se habían estropeado, y que ni siquiera olían a quemado. *

[28]En ese momento Nabucodonosor exclamó: "¡Alabado sea el Dios de Sadrac, Mesac y Abed-nego, que envió a su ángel para salvar a sus siervos fieles, que no cumplieron la orden del rey, prefiriendo morir antes que arrodillarse y adorar a otro dios que no fuera su Dios! [29]Ahora pues, yo ordeno que cualquier hombre que hable mal del Dios de estos jóvenes, sea descuartizado, y su casa convertida en un montón de escombros, sea cual sea su pueblo, nación o lengua, pues no hay otro dios que pueda salvar así."

[30]Luego el rey dio a estos tres jóvenes cargos más importantes en la provincia de Babilonia.

## La locura del rey Nabucodonosor

4 [1g]"Yo, el rey Nabucodonosor, deseo paz y prosperidad a los hombres de todos los pueblos, naciones y lenguas que habitan la tierra. [2]Quiero que sepan ustedes las cosas tan maravillosas que el Dios altísimo ha hecho conmigo. [3]¡Qué grandes son sus prodigios y milagros! Su reino durará por siempre, y su poder continuará de generación en generación.

[4]"Yo, Nabucodonosor, vivía tranquilo en mi palacio y disfrutaba de una gran prosperidad. [5]Pero una noche, estando ya acostado, tuve un sueño que me espantó, y pensamientos y visiones que me llenaron de terror. [6]Entonces ordené que vinieran a verme todos los sabios de Babilonia, para que me explicaran el significado del sueño. [7]Vinieron todos los magos, adivinos, sabios y astrólogos de Babilonia, y yo les conté el sueño, pero no pudieron decirme lo que significaba. [8]Por último se presentó Daniel, llamado también Beltsasar en honor a mi dios, y cuya vida está guiada por el espíritu del Dios santo, y le conté mi sueño de la siguiente manera: [9]'Beltsasar, jefe de los adivinos, yo sé que el espíritu del Dios santo te guía, y que conoces todos los misterios. Escucha, pues, lo que

he visto en mi sueño, y dime lo que significa. [10]Estas son las visiones que tuve mientras estaba acostado:

"En medio de la tierra había un
    árbol muy alto.
[11]El árbol creció y se hizo muy grueso;
    su copa tocaba el cielo, y se le podía
        ver
    desde los puntos más lejanos de la
        tierra.
[12]Eran tan hermosas sus hojas
    y tan abundante su fruto,
    que bastaba para alimentar a todos.
    Las bestias del campo se ponían a su
        sombra,
    en sus ramas hacían nidos las aves
    y la vida de todo el mundo dependía
        de él.

[13]"De repente vi en mis visiones un ángel centinela que bajaba del cielo, [14]y que en voz alta decía:

'Echen abajo el árbol, córtenle las
    ramas,
    quítenle las hojas, esparzan sus
        frutos.
    Que huyan las bestias que están bajo
        su sombra
    y las aves que están en sus ramas.
[15]Pero dejen en la tierra el tronco y sus
    raíces;
    sujétenlo con cadenas de hierro y de
        bronce,
    y déjenlo entre la hierba del campo.
    Que caiga el rocío sobre él,
    y que comparta con las bestias la
        hierba del campo.
[16]Que su mente se trastorne
    y se vuelva como la de un animal,
    y que ese mal le dure siete años.
[17]Esta es la sentencia que han dictado
    los santos ángeles centinelas,
    para que todos los hombres sepan
    que el Dios altísimo tiene poder
    sobre los reinos humanos,
    que él da el gobierno a quien quiere
        dárselo[h]
    y hace jefe de una nación
    al más humilde de los hombres.'

[18]"Este es el sueño que yo, el rey Nabucodonosor, tuve. Ahora, Beltsasar, dime su significado, pues ninguno de los sabios de mi reino lo ha entendido; pero tú

---

* 3.27 Dn (dc) 3.50.   g Los vs 4.1-37 corresponden a los vs 3.31-4.34 en el texto arameo.   h 4.17 Job 36.7; Jer 27.5-8.

podrás interpretarlo, porque en ti está el espíritu del Dios santo.

[19]"Entonces Daniel, al que llamaban Beltsasar, se quedó un momento pensativo, horrorizado por los pensamientos que le venían a la mente. Pero yo, el rey, le dije: 'Beltsasar, no te preocupes por el sueño que he tenido, ni por su explicación.' Y Beltsasar contestó: '¡Ay, que todo lo que el sueño significa recaiga sobre los enemigos de Su Majestad! [20]El árbol alto y grueso que vio Su Majestad, el cual llegaba hasta el cielo y se podía ver desde los puntos más lejanos de la tierra, [21]que tenía hojas hermosas y fruto abundante que alcanzaba para alimentar a todos, a cuya sombra se arrimaban las bestias del campo y en cuyas ramas hacían su nido las aves, [22]ese árbol es Su Majestad, que ha crecido y se ha hecho poderoso. La grandeza de Su Majestad ha aumentado hasta alcanzar la altura del cielo, y su dominio se ha extendido sobre toda la tierra. [23]Su Majestad vio también que un santo ángel centinela bajaba del cielo y decía: Echen abajo el árbol y destrúyanlo, pero dejen en la tierra el tronco y sus raíces; sujétenlo con cadenas de hierro y de bronce, y déjenlo entre la hierba del campo. Que caiga el rocío sobre él, y que comparta con las bestias la hierba del campo durante siete años. [24]Esto significa la sentencia que el Dios altísimo ha dictado contra Su Majestad. [25]Y Su Majestad será separado de la gente y vivirá con los animales; comerá hierba, como los bueyes, y el rocío empapará su cuerpo. Así vivirá Su Majestad durante siete años, hasta que reconozca que el Dios altísimo tiene poder sobre todos los reinos humanos, y que es él quien pone como gobernante a quien él quiere. [26]La orden de que se dejara en la tierra el tronco y sus raíces, significa que se devolverá a Su Majestad el reino cuando Su Majestad haya reconocido que Dios es quien tiene el poder. [27]Por tanto, siga Su Majestad este consejo mío: actúe con rectitud y no peque más; ponga fin a sus maldades y ocúpese de ayudar a los pobres. Tal vez así pueda Su Majestad seguir viviendo en paz y prosperidad.' "*

[28]Todas estas cosas anunciadas al rey Nabucodonosor, se cumplieron: [29]Un año después, mientras el rey se paseaba por la terraza de su palacio de Babilonia, [30]dijo: "¡Miren qué grande es Babilonia! Yo, con mi gran poder, la edifiqué como capital de mi reino, para dejar muestras de mi grandeza."

[31]Todavía estaba hablando el rey cuando se oyó una voz del cielo, que decía: "Oye esto, rey Nabucodonosor. Tu reino ya no te pertenece; [32]serás separado de la gente y vivirás con los animales; comerás hierba como los bueyes durante siete años, hasta que reconozcas que el Dios altísimo tiene poder sobre todas las naciones de la tierra, y que es él quien pone como gobernante a quien él quiere."

[33]En ese mismo instante se cumplió la sentencia anunciada, y Nabucodonosor fue separado de la gente; comió hierba, como los bueyes, y el rocío empapó su cuerpo, hasta que el pelo y las uñas le crecieron como si fueran plumas y garras de águila.

### Curación de Nabucodonosor

[34]"Cuando el tiempo de la sentencia se cumplió, yo, Nabucodonosor, miré al cielo y me sentí curado de mi locura; entonces bendije al Dios altísimo y alabé con estas palabras al que vive para siempre:

'Su poder durará siempre;
su reino permanecerá de generación
    en generación.
[35]Ante él nada son
    los habitantes de la tierra.
El actúa según su voluntad,
tanto en el cielo como en la tierra.
No hay nadie que pueda oponerse a
    su poder[i]
ni preguntarle por qué actúa como
    actúa.'[j]

[36]"En aquel mismo momento recobré el juicio, el esplendor de mi reino, mi honor y mi grandeza. Mis consejeros y las altas personalidades de mi gobierno vinieron a buscarme, y me puse nuevamente al frente del gobierno de mi nación, llegando a tener un poder todavía mayor del que había tenido antes.

[37]"Ahora pues, yo, Nabucodonosor, alabo, honro y glorifico al Rey del cielo, porque todo lo que hace es verdadero y justo,[k] y puede humillar a los que se creen importantes."

## La escritura en la pared

**5** ¹Belsasar, rey de Babilonia, invitó a un gran banquete a mil de las altas personalidades de la nación; y, durante la comida, el rey y sus invitados bebieron mucho vino. ²⁻³Excitado por el vino, el rey Belsasar mandó traer las copas y tazones de oro y plata que su padre Nabucodonosor se había llevado del templo de Jerusalén. Las copas y tazones fueron traídos, y bebieron en ellos el rey, sus mujeres, sus concubinas y todos los demás asistentes al banquete. ⁴Todos bebían vino y alababan a sus ídolos, hechos de oro, plata, bronce, hierro, madera y piedra.

⁵En aquel momento apareció una mano de hombre que, a la luz de los candiles, comenzó a escribir con el dedo sobre la pared blanca de la sala. Al ver el rey la mano que escribía, ⁶se puso pálido y, del miedo que le entró, comenzó a temblar de pies a cabeza. ⁷Luego se puso a gritar y llamar a los adivinos, sabios y astrólogos de Babilonia, y les dijo:

—El que lea lo que ahí está escrito, y me explique lo que quiere decir, será vestido con ropas de púrpura, llevará una cadena de oro en el cuello y ocupará el tercer lugar en el gobierno de mi reino.

⁸Todos los sabios que estaban al servicio del rey entraron en la sala, pero nadie pudo entender el significado de lo escrito ni explicárselo al rey. ⁹Entonces le entró tanto miedo al rey Belsasar, que su cara se puso completamente pálida. Las personalidades del gobierno no sabían qué hacer, ¹⁰pero la reina madre, atraída por los gritos de su hijo el rey y de los grandes personajes invitados, entró en la sala del banquete y dijo:

—¡Que viva Su Majestad para siempre! Y no se preocupe ni se ponga pálido, ¹¹que en su reino hay un hombre guiado por el espíritu del Dios santo. Cuando el padre de Su Majestad era rey, ese hombre demostró tener una mente clara, e inteligencia y sabiduría como la de los dioses. Por eso el rey Nabucodonosor, padre de Su Majestad, nombró a ese hombre jefe de todos los magos, adivinos, sabios y astrólogos de la nación, ¹²ya que en Daniel, a quien el rey puso el nombre de Beltsasar, había un espíritu extraordinario e inteligencia y ciencia para entender el significado de los sueños, explicar el sentido de las palabras misteriosas y resolver los asuntos complicados. Llame Su Majestad a Daniel, y él le dará a conocer el significado de lo que está escrito en la pared.

¹³Daniel fue llevado ante el rey, y el rey le preguntó:

—¿Eres tú Daniel, uno de aquellos prisioneros judíos que mi padre, el rey Nabucodonosor, trajo de Judea? ¹⁴Me han dicho que el espíritu de Dios está en ti, que tienes una mente clara, y que eres muy inteligente y sabio. ¹⁵Pues bien, los hombres más sabios de la nación han estado aquí para leer esas palabras y explicarme su significado, pero ni siquiera las entienden. ¹⁶Sin embargo, he oído decir que tú puedes aclarar dudas y resolver cuestiones difíciles. Si tú puedes leer esas palabras y decirme lo que significan, haré que seas vestido con ropas de púrpura, que te pongan una cadena de oro en el cuello y que ocupes el tercer lugar en el gobierno de mi reino.

¹⁷Entonces Daniel le contestó:

—Quédese Su Majestad con sus regalos, y ofrézcale a otro el honor de estar en su palacio. Yo le explicaré de todos modos a Su Majestad lo que quieren decir las palabras escritas en la pared.

¹⁸"El Dios altísimo dio el reino, y también grandeza, gloria y honor, a Nabucodonosor, padre de Su Majestad. ¹⁹Por el poder que le dio, gente de todos los pueblos, naciones y lenguas lo respetaban y temblaban ante él. Y él mataba o dejaba vivir a quien él quería; a unos los ponía en alto y a otros los humillaba. ²⁰Pero cuando se llenó de soberbia, y actuó terca y orgullosamente, se le quitó el poder y la gloria que tenía como rey. ²¹Fue apartado de la gente y se convirtió en una especie de animal; vivió con los asnos salvajes, comió hierba como los bueyes y el rocío empapó su cuerpo, hasta que reconoció que el Dios altísimo tiene poder sobre todos los reinos humanos, y que él da la dirección del gobierno a quien él quiere. ²²Y ahora Su Majestad, Belsasar, que es hijo de aquél y que sabe lo que le pasó, tampoco ha vivido con humildad. ²³Al contrario, Su Majestad se ha burlado del Señor del cielo mandando traerse a la mesa las copas y tazones del templo, y, junto con sus invitados, ha bebido vino en ellos y ha dado alabanza a dioses hechos de oro, plata, bronce, hierro, madera y piedra; dioses que no ven, ni oyen, ni saben nada. En cambio, no ha alabado al Dios en cuyas manos está la vida de Su

Majestad[l] y de quien depende todo lo que haga. [24]Por eso, él envió la mano que escribió esas palabras, [25]MENE, MENE, TEKEL y PARSIN, [26]las cuales significan lo siguiente: MENE: Dios ha medido los días del reinado de Su Majestad, y le ha señalado su fin; [27]TEKEL: Su Majestad ha sido pesado en la balanza, y pesa menos de lo debido; [28]PARSIN: el reino de Su Majestad ha sido dividido, y será entregado a medos y persas.[s]

[29]En seguida el rey Belsasar ordenó que vistieran a Daniel con ropas de púrpura y que le pusieran una cadena de oro en el cuello, y comunicó a todos que, desde ese mismo instante, Daniel ocuparía el tercer lugar en el gobierno del reino.

[30]Aquella misma noche mataron a Belsasar, rey de los caldeos, [31m]y Darío de Media se apoderó del reino. Darío tenía entonces sesenta y dos años de edad.

## Daniel en el foso de los leones

**6** [1]El rey Darío decidió nombrar ciento veinte gobernadores regionales para que se encargaran de las distintas partes del reino. [2]Al frente de ellos puso tres supervisores, para que vigilaran la administración de los gobernadores, con el fin de que el rey no saliera perjudicado en nada. Uno de los supervisores era Daniel, [3]quien pronto se distinguió de los otros supervisores y jefes regionales por su gran capacidad; por eso el rey pensó en ponerlo al frente del gobierno de la nación. [4]Los supervisores y gobernadores buscaron entonces un motivo para acusarlo de mala administración del reino, pero como Daniel era un hombre honrado, no le encontraron ninguna falta; por lo tanto no pudieron presentar ningún cargo contra él. [5]Sin embargo, siguieron pensando en el asunto, y dijeron: "No encontraremos ningún motivo para acusar a Daniel, a no ser algo que tenga que ver con su religión."

[6]Así pues, los supervisores y gobernadores se pusieron de acuerdo para ir a hablar con el rey Darío, y cuando estuvieron en su presencia le dijeron:

—¡Que viva Su Majestad para siempre! [7]Todas las autoridades que gobiernan la nación han tenido una junta, en la que acordaron la publicación de un decreto real ordenando que, durante treinta días, nadie dirija una súplica a ningún dios ni hombre, sino sólo a Su Majestad. El que no obedezca, deberá ser arrojado al foso de los leones. [8]Por lo tanto, confirme Su Majestad el decreto, y fírmelo para que no pueda ser modificado, conforme a la ley de los medos y los persas, que no puede ser anulada.[n]

[9]Ante esto, el rey Darío firmó el decreto. [10]Y cuando Daniel supo que el decreto había sido firmado, se fue a su casa, abrió las ventanas de su dormitorio, el cual estaba orientado hacia Jerusalén,[ñ] se arrodilló para orar y alabar a Dios. Esto lo hacía tres veces al día,[o] tal como siempre lo había hecho. [11]Entonces aquellos hombres entraron juntos en la casa de Daniel, y lo encontraron orando y alabando a su Dios. [12]En seguida fueron a ver al rey para hablarle del decreto, y le dijeron:

—Su Majestad ha publicado un decreto, según el cual, aquel que durante estos treinta días dirija una súplica a cualquier dios o a cualquier hombre que no sea Su Majestad, será arrojado al foso de los leones, ¿no es verdad?

—Así es —respondió el rey—. Y el decreto debe cumplirse conforme a la ley de los medos y los persas, que no puede ser anulada.

[13]Entonces ellos siguieron diciendo:

—Pues Daniel, uno de esos judíos desterrados, no muestra ningún respeto por Su Majestad ni por el decreto publicado, ya que lo hemos visto hacer su oración tres veces al día.

[14]Al oír esto, el rey quedó muy triste, y buscó la manera de salvar a Daniel. Hasta la hora de ponerse el sol hizo todo lo posible para salvarlo, [15]pero aquellos hombres se presentaron otra vez al rey y le dijeron:

—Su Majestad sabe bien que, según la ley de los medos y los persas, ninguna prohibición o decreto firmado por el rey puede ser anulado.

[16]Entonces el rey ordenó que trajeran a Daniel y lo echaran al foso de los leones. Pero antes que se cumpliera la sentencia, el rey le dijo a Daniel:

—¡Que tu Dios, a quien sirves con tanta fidelidad, te salve! *

[17]En cuanto Daniel estuvo en el foso, trajeron una piedra y la pusieron sobre la

---

[s] Estas tres palabras son de medidas de peso o monedas de la antigüedad: *mené*, "mina"; *tekel (shekel)*, "siclo"; *parsin*, plural de *peres*, "media mina". El autor relaciona al mismo tiempo las dos primeras palabras con los verbos *maná*, "medir" y *shakal*, "pesar"; y la tercera, tanto con el verbo *parás*, "dividir", como con el nombre de los *persas*.
[l] 5.23 Job 12.10. [m] Los vs 5.31-6.28 corresponden a los vs 6.1-29 en el texto arameo. [n] 6.8 Est 1.19; 8.8. [ñ] 6.10 1 R 8.44,48; Sal 5.7; 28.2; 138.2. [o] 6.10 Sal 55.17. * 6.16 Dn (dc) 14.31-42.

boca del foso, y el rey la selló con su sello real y con el sello de las altas personalidades de su gobierno, para que también en el caso de Daniel se cumpliera estrictamente lo establecido por la ley. [18]Después el rey se fue a su palacio y se acostó sin cenar y sin entregarse a sus distracciones habituales; además, no pudo dormir en toda la noche. [19]Tan pronto como amaneció, se levantó y fue a toda prisa al foso de los leones. Cuando el rey estuvo cerca, llamó con voz triste a Daniel, diciendo:

—Daniel, siervo del Dios viviente, ¿pudo tu Dios, a quien sirves con tanta fidelidad, librarte de los leones?

[21]Y Daniel le respondió:

—¡Que viva Su Majestad para siempre! [22]Mi Dios envió su ángel, el cual cerró la boca de los leones[p] para que no me hicieran ningún daño, pues Dios sabe que soy inocente y que no he hecho nada malo contra Su Majestad.

[23]Entonces el rey se alegró mucho y ordenó que sacaran del foso a Daniel. Cuando lo sacaron, no le encontraron ninguna herida, porque tuvo confianza en su Dios. [24]Después, por orden del rey, fueron traídos los hombres que habían acusado a Daniel, y junto con sus mujeres y sus hijos fueron echados al foso de los leones; y aún no habían llegado al fondo cuando ya los leones se habían lanzado sobre ellos y los habían despedazado.

[25]Entonces el rey Darío escribió a la gente de todas las naciones y lenguas de la tierra, diciéndoles: "Deseo a ustedes paz y prosperidad, [26]y ordeno y mando que en todo mi imperio se respete y reverencie al Dios de Daniel.

"Porque él es el Dios viviente,
y permanece para siempre.
Su reino no será jamás destruido
ni su poder tendrá fin.
[27]Él es el salvador y el libertador;
el que hace señales maravillosas
en el cielo y en la tierra.
Él ha salvado a Daniel
de las garras de los leones."

[28]Y Daniel siguió siendo una alta personalidad del gobierno en el reinado de Darío, y también en el reinado de Ciro, rey de Persia.

## La visión de los cuatro monstruos

**7** [1]Una noche, durante el primer año del reinado de Belsasar en Babilonia, Daniel tuvo un sueño y visiones. En cuanto se despertó, puso por escrito las cosas principales que había soñado. Esto es lo que escribió:

[2]"Yo veía en mi sueño que los cuatro vientos soplaban y agitaban las aguas del gran mar. [3]De repente, cuatro enormes monstruos, diferentes uno del otro, salieron del mar.[q] [4]El primero se parecía a un león, pero tenía alas de águila. Mientras yo lo estaba mirando, le arrancaron las alas, lo levantaron del suelo y lo apoyaron sobre sus patas traseras, poniéndolo de pie como un hombre, y su cerebro se convirtió en el de un ser humano.

[5]"El segundo se parecía a un oso, alzado más de un lado que de otro, el cual tenía tres costillas entre los dientes; y oí que le decían: '¡Anda, come toda la carne que puedas!'

[6]"El tercero se parecía a un leopardo, pero con cuatro alas en la espalda; también vi que tenía cuatro cabezas y que se le entregaba el poder.[r]

[7]"El cuarto monstruo que vi en mis visiones era terrible, espantoso, y de una fuerza extraordinaria. Tenía grandes dientes de hierro; todo lo devoraba y destrozaba, y pisoteaba las sobras. Era un monstruo diferente de todos los que yo había visto en mi sueño, y tenía diez cuernos[s] en la cabeza.

[8]"Mientras yo estaba mirando los cuernos, vi que de entre ellos salía otro cuerno más pequeño, y entonces le arrancaron tres cuernos para dejar lugar al último que le había salido, el cual tenía ojos como los de un ser humano y una boca que hablaba con mucha arrogancia.[t]

### El juicio de Dios

[9]"Seguí mirando,
hasta que fueron puestos unos tronos[u]
y un Anciano se sentó.
Su vestido era blanco como la nieve,
y su cabello como lana limpia.[v]
El trono y sus ruedas eran llamas de fuego,
[10]y un río de fuego salía de delante de él.[w]
Miles y miles le servían,
y millones y millones estaban de pie en su presencia.
El tribunal dio principio a la sesión,
y los libros fueron abiertos.[x]

---

p 6.22 Heb 11.33.   q 7.3 Ap 13.1; 17.8.   r 7.4-6 Ap 13.2.   s 7.7 Ap 12.3; 13.1.   t 7.8 Ap 13.5-6.   u 7.9 Ap 20.4.   v 7.9 Ap 1.14.
w 7.10 Ap 5.11.   x 7.10 Ap 20.12.

[11]"Yo estaba mirando, atraído por las cosas tan arrogantes que el cuerno pequeño decía; y mientras estaba mirando, mataron al monstruo y lo despedazaron, y luego lo echaron al fuego para que se quemara. [12]También a los otros monstruos se les quitó el poder, pero los dejaron seguir viviendo hasta que les llegara su hora.

[13]"Yo seguía viendo estas visiones en la noche. De pronto:

"Vi que venía entre las nubes
alguien parecido a un hijo de
hombre,[y]
el cual fue a donde estaba el
Anciano;
y le hicieron acercarse a él.
[14]Y le fue dado el poder, la gloria y el
reino,
y gente de todas las naciones y
lenguas le servían.[z]
Su poder será siempre el mismo,
y su reino jamás será destruido.

[15]"Yo, Daniel, sentí que el terror se apoderaba de mí; y muy preocupado por todo lo que había visto, [16]me acerqué a uno de los que estaban allí de pie, y le pedí que me explicara todo aquello. Él aceptó explicármelo, y me dijo: [17]'Estos cuatro monstruos son cuatro reyes que dominarán el mundo.[6] [18]Pero después el reino será entregado al pueblo del Dios altísimo, y será suyo por toda la eternidad.'[a]

[19]"Yo quería saber más acerca del cuarto monstruo, que era tan diferente de los otros, pues su aspecto era horrible: tenía dientes de hierro y garras de bronce; todo lo devoraba y destrozaba, y pisoteaba las sobras. [20]También quería yo saber más acerca de sus diez cuernos, y del cuerno pequeño que tenía ojos y una boca que hablaba con mucha arrogancia, pues hasta parecía más grande que los otros cuernos, y tres cuernos habían caído para dejarle lugar. [21]Entonces vi que este cuerno luchaba contra el pueblo de Dios, y lo vencía,[b] [22]hasta que llegó el Anciano e hizo justicia al pueblo del Dios altísimo,[c] pues se había cumplido el tiempo para que el pueblo de Dios tomara posesión del reino. [23]Y dijo:

'El cuarto monstruo será un cuarto
reino

que habrá sobre la tierra,
diferente de todos los demás.
Devorará toda la tierra,
la pisoteará y la destrozará.
[24]Los diez cuernos son diez reyes
que reinarán en ese reino.[d]
Después de ellos subirá otro al
poder,
que será muy diferente de los
primeros
y que derribará a tres de estos reyes.
[25]Insultará al Dios altísimo
e irá acabando con su pueblo;
tratará de cambiar la ley de Dios y
las fiestas religiosas,
y el pueblo de Dios estará bajo su
poder
durante tres años y medio.[e]
[26]Pero el tribunal celebrará un juicio,
y se le arrebatará el poder,
dejándolo completamente destruido.
[27]Y el reino, el poder y la gloria
de todos los reinos de la tierra,
serán dados al pueblo del Dios
altísimo.[f]
Su reino permanecerá para siempre,[g]
y todos los pueblos de la tierra
le servirán y le obedecerán.'

[28]"Este es el final del relato. Y yo, Daniel, me quedé muy preocupado y me puse pálido; pero no dije nada a nadie sobre este asunto."

## Visión del carnero y del chivo

**8** [1]"Durante el tercer año del reinado de Belsasar, yo, Daniel, tuve otra visión, además de la que antes había tenido. [2]Durante la visión, me parecía estar en la ciudadela de Susa, en la provincia de Elam, a orillas del río Ulai. [3]Miré a lo lejos, y vi un carnero que estaba a la orilla del río. Tenía dos cuernos altos, pero uno de ellos le había salido más tarde y era más alto que el otro. [4]Vi que el carnero embestía con sus cuernos hacia el oeste, el norte y el sur, y que ningún otro animal podía hacerle frente ni librarse de sus golpes. Hacía lo que mejor le parecía, y cada vez era más fuerte.

[5]"Todavía estaba yo pensando en lo que había visto, cuando me di cuenta de que un chivo venía del oeste, corriendo tan deprisa que ni siquiera tocaba el suelo. Este chivo tenía un gran cuerno entre los ojos, [6]y cuando llegó cerca del carnero de

6 *Dominarán el mundo:* otra posible traducción: *se levantarán de la tierra.*
[y] 7.13 Mt 24.30; 26.64; Mr 13.26; 14.62; Lc 21.27; Ap 1.7,13; 14.14. [z] 7.14 Ap 11.15. [a] 7.18 Ap 22.5. [b] 7.21 Ap 13.7.
[c] 7.22 Ap 20.4. [d] 7.24 Ap 17.12. [e] 7.25 Dn 12.7; Ap 12.14; 13.5-6. [f] 7.27 Sab 3.8; Ap 20.4. [g] 7.27 Ap 22.5.

dos cuernos, que yo había visto junto al río, lo embistió con todas sus fuerzas [7]y le rompió sus dos cuernos, sin que el carnero tuviera fuerzas para enfrentarse con él. Después el chivo derribó por tierra al carnero y lo pisoteó, sin que nadie pudiera salvarlo.

[8]"El chivo se hacía cada vez más fuerte, pero en el momento en que más poder tenía, su gran cuerno se rompió, y en su lugar le salieron cuatro cuernos que apuntaban hacia los cuatro vientos. [9]De uno de ellos salió otro cuerno pequeño, que creció mucho hacia el sur, hacia el este y hacia la Tierra de la Hermosura.[7] [10]Tanto creció que llegó hasta el ejército del cielo, derribó parte de las estrellas[h] y las pisoteó, [11]y aun llegó a desafiar al jefe mismo de ese ejército; suprimió el sacrificio diario[8] y profanó el lugar de adoración. [12]Perversamente hizo que su ejército acampara donde antes se ofrecía el sacrificio,[9] y echó por los suelos la verdad. Hizo, en fin, todo cuanto quiso, y en todo tuvo éxito.

[13]"Después oí que un ángel le preguntaba a otro ángel: '¿Cuándo va a terminar esto que se ve en el altar del sacrificio diario? ¿Cuánto va a durar el horrible pecado de entregar el santuario del Señor y los creyentes en él, para ser pisoteados?' [14]Y la respuesta fue: 'Hasta dos mil trescientas tardes y mañanas. Después de eso, el santuario será purificado.'

[15]"Mientras yo, Daniel, contemplaba esta visión y trataba de comprender su significado, apareció de repente delante de mí una figura parecida a un hombre, [16]y oí una voz humana que venía del río Ulai, la cual decía: 'Gabriel,[i] explícale a este hombre la visión.'

[17]"Entonces él se me acercó. Yo me asusté, y me incliné hasta tocar el suelo con la frente, pero él me dijo: 'Hijo de hombre, ten en cuenta que esta visión se refiere al tiempo del fin.'

[18]"Mientras él me estaba hablando, yo me desmayé y quedé tendido en el suelo; pero él me tocó, hizo que me pusiera de pie, [19]y me dijo:

'Voy a explicarte lo que va a pasar cuando termine el tiempo de la ira de Dios, pues la visión se refiere al tiempo del fin.

[20]'El carnero con dos cuernos representa a los reyes de Media y de Persia. [21]El chivo es el rey de Grecia, y el gran cuerno que tiene entre los ojos es el primer rey. [22]Los cuatro cuernos que salieron cuando el primer cuerno se rompió, significan que de esta nación saldrán cuatro reinos más, pero no con el poder del primero.

[23]'Cuando el dominio de estos reinos
llegue a su fin
y las maldades hayan llegado al
colmo,
un rey insolente y astuto ocupará el
poder.
[24]Llegará a ser poderoso,
pero no con su propio poder;
destruirá de manera increíble
y triunfará en todo lo que haga.
Destruirá a hombres poderosos
y también a muchos del pueblo de
Dios.
[25]Por su astucia,
sus engaños triunfarán.
Se llenará de orgullo,
y a mucha gente que vivía confiada
le quitará la vida a traición.
Hará frente al príncipe de príncipes,
pero será destruido por él.

[26]'La visión de las tardes y las mañanas te ha sido revelada, y es verdadera; pero tú mantenla en secreto, pues se cumplirá cuando haya pasado mucho tiempo.'

[27]"Yo, Daniel, sentí que me faltaban las fuerzas, y estuve enfermo varios días. Después me levanté y seguí atendiendo los asuntos del gobierno de la nación. Pero estaba yo muy preocupado por la visión que había tenido, pues no podía comprenderla.

### Daniel ora por su pueblo

**9** [1]"Darío, hijo de Asuero, de la raza de los medos, gobernaba el reino de los caldeos. [2]En el primer año de su reinado, yo, Daniel, estaba estudiando en el libro del profeta Jeremías acerca de los setenta años[j] que debían pasar para que se cumpliera la ruina de Jerusalén, según el Señor se lo había dicho al profeta. [3]Y dirigí mis oraciones y súplicas a Dios el Señor, ayunando y vistiéndome con ropas ásperas, y sentándome en ceniza. [4]Oré al Señor mi Dios, y le hice esta confesión:[k]

'Señor, Dios grande y poderoso, que siempre cumples tus promesas y das pruebas de tu amor a los que te aman y cumplen tus mandamientos: [5]hemos pecado y

---

[7] Evidentemente una referencia a Palestina.   [8] *Diario:* lit. *continuo.*   [9] *Perversamente . . . sacrificio:* traducción probable. Heb. oscuro.
[h] 8.10 Ap 12.4.   [i] 8.16 Lc 1.19,26.   [j] 9.2 Jer 25.11; 29.10.   [k] 9.4-19 Neh 1.5-11; 9.6-37; Bar 1.15-2.19.

cometido maldad; hemos hecho lo malo; hemos vivido sin tomarte en cuenta; hemos abandonado tus mandamientos y decretos. [6]No hemos hecho caso a tus siervos los profetas, los cuales hablaron en tu nombre a nuestros reyes, jefes y antepasados, y a todo el pueblo de Israel. [7]Tú, Señor, eres justo, pero nosotros los judíos nos sentimos hoy avergonzados; tanto los que viven en Jerusalén como los otros israelitas, los de cerca y los de lejos, que viven en los países adonde tú los arrojaste por haberse rebelado contra ti. [8]Nosotros, Señor, lo mismo que nuestros reyes, jefes y antepasados, nos sentimos avergonzados porque hemos pecado contra ti. [9]Pero de ti, Dios nuestro, es propio el ser compasivo y perdonar. Nosotros nos hemos rebelado contra ti [10]y no te hemos escuchado, Señor y Dios nuestro, ni hemos obedecido las enseñanzas que nos diste por medio de tus siervos los profetas. [11]Todo Israel desobedeció tus enseñanzas y se negó a obedecer tus órdenes; por eso han caído sobre nosotros la maldición y el juramento que están escritos en la ley de Moisés,[l] tu siervo, porque hemos pecado contra ti. [12]Tú, al enviarnos una calamidad tan grande, has cumplido la amenaza que nos hiciste a nosotros y a los que nos gobernaron; pues jamás ha habido en el mundo nada comparable al castigo que ha caído sobre Jerusalén. [13]Todo este mal ha venido sobre nosotros, tal como está escrito en la ley de Moisés; pero nosotros no te hemos buscado, Señor y Dios nuestro, ni hemos abandonado nuestras maldades, ni hemos seguido tu verdad. [14]Por eso, Señor, has preparado este mal y lo has enviado sobre nosotros; porque tú, Señor y Dios nuestro, eres justo en todo lo que haces; pero nosotros no quisimos escucharte.

[15]'Señor y Dios nuestro, tú mostraste tu gran poder al sacar de Egipto a tu pueblo,[m] haciendo así famoso tu nombre desde aquellos días hasta hoy; pero nosotros hemos pecado y hemos hecho lo malo. [16]Señor, sabemos que eres bondadoso. Por favor, aparta de Jerusalén tu ira y furor, porque ella es tu ciudad, tu monte santo. Toda la gente de las naciones vecinas se burla de Jerusalén y de tu pueblo, por culpa de nuestros pecados y de los de nuestros antepasados. [17]Dios nuestro, escucha la oración y las súplicas de este siervo tuyo; por tu nombre, Señor, mira con amor la triste situación en que ha quedado tu templo. [18]Atiende, Dios mío, y escucha; mira con atención nuestra ruina y la de la ciudad donde se invoca tu nombre. No te hacemos nuestras súplicas confiados en la rectitud de nuestra vida, sino en tu gran compasión.[n] [19]¡Señor, Señor! ¡Escúchanos, perdónanos! ¡Atiéndenos, Señor, y ven a ayudarnos! ¡Por ti mismo, Dios mío, y por tu ciudad y tu pueblo, que invocan tu nombre, no tardes!'

### Profecía de las setenta semanas

[20]'Yo seguí orando y confesando mis pecados y los de mi pueblo Israel, y presentando mis súplicas al Señor mi Dios por su monte santo. [21]Mientras yo oraba, Gabriel,[ñ] que se me había aparecido antes en la visión, vino volando a donde yo estaba. Era casi la hora de ofrecer a Dios el sacrificio de la tarde. [22]Y me dijo: 'Daniel, he venido ahora para hacerte entender estas cosas. [23]En cuanto comenzaste a orar, Dios te respondió. Yo he venido para darte su respuesta, porque Dios te quiere mucho. Ahora, pues, pon mucha atención a lo siguiente, para que entiendas la visión:

[24]'Setenta semanas han de pasar
sobre tu pueblo y tu ciudad santa
para poner fin a la rebelión y al
pecado,
para obtener el perdón por la
maldad
y establecer la justicia para siempre,
para que se cumplan la visión y la
profecía
y se consagre el Santísimo.
[25]Debes saber y entender esto:
Desde el momento en que se ordene
restaurar y reconstruir Jerusalén,
hasta la llegada del jefe consagrado,
han de pasar siete semanas,
y las calles y murallas reconstruidas
de Jerusalén
durarán sesenta y dos semanas,
pero serán tiempos de mucha
angustia.
[26]Después de las sesenta y dos semanas
le quitarán la vida al jefe
consagrado.[10]
Jerusalén y el templo serán
destruidos
por la gente de un rey que vendrá.

[10] Jefe consagrado: lit. ungido.
[l] 9.11 Lv 26.14-39; Dt 28.15-68. [m] 9.15 Ex 20.2; Dt 6.21; Jer 32.20-21. [n] 9.18 Neh 9.17-19,27-28; Sal 51.1-4; 57.1-3; Is 54.8,10; Tit 3.5. [ñ] 9.21 Lc 1.19,26.

El fin llegará de pronto, como una
inundación,
y hasta el fin seguirán la guerra y las
destrucciones
que han sido determinadas.
[27] Durante una semana más,
él hará un pacto con mucha gente,
pero a mitad de la semana
pondrá fin a los sacrificios y las
ofrendas.
Y un horrible sacrilegio se cometerá[o]
ante el altar de los sacrificios,[ll]
hasta que la destrucción determinada
caiga sobre el autor de estos
horrores.' "

## Visión de Daniel junto al río Tigris

**10** [1] Durante el tercer año del reinado
de Ciro de Persia, Daniel, llamado
también Beltsasar, tuvo una revelación
verdadera, pero de significado muy difícil
de entender.[12] Sin embargo, Daniel puso
toda su atención en ello y pudo comprender el sentido de la revelación.

[2] "En aquellos días, yo, Daniel, estuve
muy triste durante tres semanas. [3] No
comí alimentos exquisitos, ni probé carne
ni vino, ni me puse ningún perfume hasta
que pasaron esas tres semanas. [4] El día
veinticuatro del primer mes del año,
estaba yo a la orilla del gran río Tigris.
[5] De pronto, me fijé y vi un hombre vestido con ropas de lino y un cinturón de
oro puro. [6] Su cuerpo brillaba como el
topacio, su cara resplandecía como un
relámpago, sus ojos eran como antorchas
encendidas, sus brazos y sus pies brillaban
como el bronce, su voz parecía la de una
multitud.[p]

[7] "Sólo yo pude ver la visión, pues los
hombres que estaban conmigo no se dieron cuenta de nada, porque el miedo se
apoderó de ellos y corrieron a esconderse.
[8] Yo estaba solo cuando tuve esta gran
visión. Me puse completamente pálido y
sentí que me faltaban las fuerzas.
[9] Cuando le oí hablar, caí desmayado y
quedé tendido en el suelo. [10] En seguida,
una mano me agarró y me levantó, hasta
dejarme apoyado sobre mis manos y rodillas. [11] Luego me dijo: 'Daniel, a quien
Dios ama, escucha bien lo que te voy a
decir: levántate; porque yo he sido
enviado a ti.'

"Tan pronto como terminó de decir
estas palabras, yo, tembloroso, me puse

de pie. [12] Entonces me dijo: 'No tengas
miedo, Daniel, porque desde el primer día
en que trataste de comprender las cosas
difíciles y decidiste humillarte ante tu
Dios, él escuchó tus oraciones. Por eso he
venido yo. [13] El ángel príncipe del reino de
Persia se me ha opuesto durante veintiún
días; pero Miguel,[q] uno de los ángeles
príncipes más altos, vino en mi ayuda,
pues yo me había quedado solo junto a los
reyes de Persia. [14] Así que he venido a
explicarte lo que va a pasarle a tu pueblo
en el futuro, porque la visión que has tenido se refiere a ese tiempo.'

[15] "Mientras me decía esto, yo estaba
con la mirada fija en el suelo y sin decir
una sola palabra. [16] De pronto, alguien
parecido a un hijo de hombre me tocó los
labios. Entonces le dije al que estaba ante
mí: 'Señor, esta visión me ha llenado de
angustia y me ha dejado sin fuerzas.
[17] ¿Cómo va a poder hablar contigo este
siervo tuyo, si estoy completamente sin
fuerzas y hasta me falta el aliento?'

[18] "Aquel que parecía un hijo de hombre me volvió a tocar, me dio nuevas fuerzas [19] y me dijo: 'No tengas miedo ni te
preocupes. Dios te ama; ¡anímate y ten
valor!'

"Mientras me hablaba, sentí que me
iba reanimando, y dije: 'Señor, háblame,
pues me has devuelto las fuerzas.'
[20] Entonces me dijo: '¿Sabes por qué he
venido a verte? Pues porque ahora tengo
que volver a luchar con el ángel príncipe
de Persia. Y cuando haya terminado de
luchar con él, vendrá el ángel príncipe de
Grecia. [21] Ahora voy a decirte lo que está
escrito en el libro de la verdad: En mi
lucha contra ellos sólo tengo la ayuda de
Miguel,[r] el ángel príncipe de Israel.

**11** [1] Yo también le animé y ayudé
cuando Darío, el rey de Media,
estaba en el primer año de su reinado. [2] Y
ahora te voy a dar a conocer la verdad:

## Los reyes del norte y del sur

'Todavía gobernarán en Persia tres
reyes, después de los cuales ocupará el
poder un cuarto rey que será más rico que
los otros tres. Y cuando por medio de sus
riquezas haya alcanzado gran poder, pondrá todo en movimiento contra el reino de
Grecia. [3] Pero después gobernará un rey
muy guerrero, que extenderá su dominio
sobre un gran imperio y hará lo que se le

*ll* Ante el altar de los sacrificios: texto probable. Heb. *y sobre el ala.*  *12* Pero de significado muy difícil de entender:
lit. *y grande ejército.*
*o* 9.27 Dn 11.31; 12.11; 1 Mac 1.54; 2 Mac 6.2; Mt 24.15; Mr 13.14.  *p* 10.5-6 Ap 1.13-15; 2.18; 19.12.  *q* 10.13 Jud 9; Ap 12.7.
*r* 10.21 Jud 9; Ap 12.7.

antoje. ⁴Sin embargo, una vez establecido, su imperio será deshecho y repartido en cuatro partes. El poder de este rey no pasará a sus descendientes, ni tampoco el imperio será tan poderoso como antes lo fue, ya que quedará dividido y otros gobernarán en su lugar.*

⁵'El rey del sur será muy poderoso, pero uno de sus generales llegará a ser más fuerte que él y extenderá su dominio sobre un gran imperio. ⁶Al cabo de algunos años, los dos harán un pacto: el rey del sur dará a su hija en matrimonio al rey del norte, con el fin de asegurar la paz entre las dos naciones. Pero el plan fracasará, pues tanto ella como su hijo, su marido y sus criados, serán asesinados. ⁷Sin embargo, un miembro de su familia atacará al ejército del norte y ocupará la fortaleza real, y sus tropas dominarán la situación. ⁸Además, se llevará a Egipto a sus dioses, a sus imágenes hechas de metal fundido, junto con otros valiosos objetos de oro y plata. Después de algunos años sin guerra entre las dos naciones, ⁹el rey del norte tratará de invadir el sur, pero se verá obligado a retirarse.

¹⁰'Pero los hijos del rey del norte se prepararán para la guerra y organizarán un gran ejército. Uno de ellos se lanzará con sus tropas a la conquista del sur, destruyéndolo todo como si fuera un río desbordado; después volverá a atacar, llegando hasta la fortaleza del rey del sur. ¹¹La invasión del ejército del norte enojará tanto al rey del sur, que éste saldrá a luchar contra el gran ejército enemigo y lo derrotará por completo. ¹²El triunfo obtenido y el gran número de enemigos muertos lo llenará de orgullo, pero su poder no durará mucho tiempo. ¹³El rey del norte volverá a organizar un ejército, más grande que el anterior, y después de algunos años volverá a atacar al sur con un ejército numeroso y perfectamente armado.

¹⁴'Cuando esto suceda, muchos se rebelarán contra el rey del sur. Entre ellos habrá algunos hombres malvados de Israel, tal como fue mostrado en la visión, pero fracasarán. ¹⁵El rey del norte vendrá y construirá una rampa alrededor de una ciudad fortificada, y la conquistará. Ni los mejores soldados del sur podrán detener el avance de las tropas enemigas. ¹⁶El invasor hará lo que se le antoje con los vencidos, sin que nadie pueda hacerle

frente, y se quedará en la Tierra de la Hermosura¹³ destruyendo todo lo que encuentre a su paso. ¹⁷Además, se preparará para apoderarse de todo el territorio del sur; para ello, hará un pacto con ese rey y le dará a su hija como esposa, con el fin de destruir su reino, pero sus planes fracasarán. ¹⁸Después atacará a las ciudades de las costas, y muchas de ellas caerán en su poder; pero un general pondrá fin a esta vergüenza, poniendo a su vez en vergüenza al rey del norte.¹⁴ ¹⁹Desde allí, el rey se retirará a las fortalezas de su país; pero tropezará con una dificultad que le costará la vida, y nunca más se volverá a saber de él.

²⁰'Su lugar será ocupado por otro rey, que enviará un cobrador de tributos para enriquecer su reino; pero al cabo de pocos días lo matarán, aunque no en el campo de batalla.

²¹'Después de él reinará un hombre despreciable, a quien no le correspondería ser rey, el cual ocultará sus malas intenciones y tomará el poder por medio de engaños. ²²Destruirá por completo a las fuerzas que se le opongan, y además matará al jefe del pacto. ²³Engañará también a los que hayan hecho un pacto de amistad con él y, a pesar de disponer de poca gente, vencerá. ²⁴Cuando nadie se lo espere, entrará en las tierras más ricas de la provincia y hará lo que no hizo ninguno de sus antepasados: repartirá entre sus soldados los bienes y riquezas obtenidas en la guerra. Planeará sus ataques contra las ciudades fortificadas, aunque sólo por algún tiempo.

²⁵'Animado por su poder y su valor, atacará al rey del sur con el apoyo de un gran ejército. El rey del sur responderá con valor, y entrará en la guerra con un ejército grande y poderoso; pero será traicionado, y no podrá resistir los ataques del ejército enemigo.** ²⁶Los mismos que él invitaba a comer en su propia mesa, le prepararán la ruina, pues su ejército será derrotado y muchísimos de sus soldados morirán. ²⁷Entonces los dos reyes, pensando sólo en hacerse daño, se sentarán a comer en la misma mesa y se dirán mentiras el uno al otro, pero ninguno de los dos logrará su propósito porque todavía no será el momento. ²⁸El rey del norte regresará a su país con todas las riquezas capturadas en la guerra, y entonces se pondrá en contra del santo pacto; llevará a cabo

---

¹³ Véase nota en 8.9.  ¹⁴ *Después atacará . . . rey del norte:* traducción probable. Heb. oscuro.
* 11.3-4 1 Mac 1.1-9.  ** 11.25 1 Mac 1.17-19.

sus planes, y después volverá a su tierra. *
²⁹Cuando llegue el momento señalado, lanzará de nuevo sus tropas contra el sur; pero en esta invasión no triunfará como la primera vez. ³⁰Su ejército será atacado por tropas del oeste ¹⁵ traídas en barcos, y dominado por el pánico emprenderá la retirada. Entonces el rey del norte descargará su odio sobre el santo pacto, valiéndose de los que renegaron del pacto para servirle a él.

³¹'Sus soldados profanarán el templo y las fortificaciones, suspenderán el sacrificio diario y pondrán allí el horrible sacrilegio.ˢ ³²El rey tratará de comprar con halagos a los que renieguen del pacto, pero el pueblo que ama a su Dios se mantendrá firme y hará frente a la situación. ³³Los sabios del pueblo instruirán a mucha gente, pero luego los matarán a ellos, y los quemarán, y les robarán todo lo que tengan, y los harán esclavos en tierras extranjeras. Esto durará algún tiempo. ³⁴Cuando llegue el momento de las persecuciones, recibirán un poco de ayuda, aunque muchos se unirán a ellos sólo por conveniencia propia. ³⁵También serán perseguidos algunos de los que instruían al pueblo, para que, puestos a prueba, sean purificados y perfeccionados, hasta que llegue el tiempo del fin, que ya ha sido señalado.

³⁶'El rey del norte hará todo lo que se le antoje. Será tal su orgullo que se creerá superior a todos los dioses,ᵗ y dirá terribles ofensas contra el verdadero Dios;ᵘ y todo le saldrá bien, hasta que Dios le envíe su castigo; porque lo que Dios ha de hacer, lo hará. ³⁷Este rey no tomará en cuenta a los dioses de sus antepasados, ni a los dioses adorados por las mujeres, ni a ningún otro dios, porque se creerá superior a todos ellos. ³⁸Sin embargo, adorará al dios de las fortalezas; honrará a este dios que sus antepasados no adoraron, y le ofrecerá oro, plata, piedras preciosas y objetos de gran valor. ³⁹Para defender las fortificaciones usará gente que adora a un dios extranjero; y a todos los que adoren a este rey, él les hará grandes honores, los pondrá en puestos importantes y les dará tierras como recompensa.

⁴⁰'Cuando llegue el tiempo del fin, el rey del sur atacará al rey del norte; pero éste saldrá a su encuentro y, como una tormenta, se lanzará contra el sur, inundando todo el país con carros de guerra, tropas de caballería y muchos barcos. ⁴¹También entrará en la Tierra de la Hermosura, y matará a muchísima gente; pero se salvarán los habitantes de Edom y Moab, y la mayor parte del territorio de Amón. ⁴²Su ejército ocupará otros países, y ni siquiera Egipto se librará. ⁴³Se llevará los tesoros de oro y plata, y todos los objetos preciosos de Egipto; luego les llegará su turno a Libia y Etiopía. ⁴⁴Pero recibirá noticias del este y del norte, que le dejarán alarmado; entonces saldrá furioso, con la idea de hacer una gran matanza, ⁴⁵y establecerá su campamento real entre el mar y el santo monte de la Hermosura. Pero allí mismo llegará la hora de su muerte, y no habrá nadie que lo ayude.

### La hora final

**12** ¹'En ese momento aparecerá Miguel,ᵛ el gran ángel protector que defiende a tu pueblo.

'Será un momento angustioso,
un momento como no ha habido otro
desde que existen las naciones.ʷ
Cuando ese momento llegue,
se salvarán todos los de tu pueblo
que tienen su nombre escrito en el libro.
²Muchos de los que duermen en la tumba, despertarán:
unos para vivir eternamente,
y otros para la vergüenza y el horror eternos.ˣ
³Los hombres sabios,
los que guiaron a muchos por el camino recto,
brillarán como la bóveda celeste;
¡brillarán por siempre, como las estrellas!ʸ

⁴'Pero tú, Daniel, guarda estas cosas en secreto y sella el libroᶻ hasta el tiempo del fin. Mucha gente andará de acá para allá, buscando aumentar sus conocimientos.'

⁵''Yo, Daniel, vi que otros dos hombres estaban de pie, uno a cada lado del río. ⁶Y uno de ellos le preguntó al hombre vestido con ropas de lino, que estaba sobre las aguas del río: '¿Cuándo van a terminar estas cosas tan extraordinarias?' ⁷El hombre vestido de lino levantó sus

¹⁵ Del oeste: lit. de Quitim.
* 11.28 1 Mac 1.20-24.  ˢ 11.31 Dn 9.27; 12.11; 1 Mac 1.54; 2 Mac 6.2; Mt 24.15; Mr 13.14.  ᵗ 11.36 2 Ts 2.3-4.  ᵘ 11.36 Ap 13.5-6.  ᵛ 12.1 Jud 9; Ap 12.7.  ʷ 12.1 Mt 24.21; Mr 13.19; Ap 7.14; 12.7.  ˣ 12.2 2 Mac 7.9,14,23; Mt 25.46; Jn 5.29.  ʸ 12.3 Sab 3.7; Mt 13.43.  ᶻ 12.4 Ap 22.10.

manos al cielo y, jurando en el nombre del Dios viviente,*a* dijo: 'Dentro de tres tiempos y medio,*b* cuando deje de ser destrozado el poder del pueblo de Dios, entonces terminarán todas estas cosas.'

⁸"Yo escuché lo que decía, pero no entendí nada. Entonces le pregunté: 'Señor, ¿qué va a pasar después de todo esto?' ⁹Y él me contestó: 'Sigue tu camino, Daniel, pues estas cosas deben ser mantenidas en secreto hasta que llegue el tiempo del fin. ¹⁰Muchos pasarán por los sufrimientos anunciados, y saldrán de ellos purificados y perfeccionados. Los malvados seguirán cometiendo maldades,*c* sin entender lo que pasa, pero los hombres sabios lo comprenderán todo. ¹¹Mil doscientos noventa días pasarán desde el momento en que se suspenda el sacrificio diario y se ponga el horrible sacrilegio*d* en el templo del Señor. ¹²Feliz aquel que espere confiado hasta que hayan pasado mil trescientos treinta y cinco días. ¹³Pero tú, Daniel, camina hacia tu fin y reposa, que en los últimos días te levantarás para recibir tu recompensa.' "

*a* 12.7 Ap 10.5.  *b* 12.7 Dn 7.25; Ap 12.14.  *c* 12.10 Ap 22.11.  *d* 12.11 Dn 9.27; 11.31; 1 Mac 1.54; 2 Mac 6.2; Mt 24.15; Mr 13.14.

# OSEAS

*Oseas es otro de los grandes profetas del siglo octavo a. C. Predica a Israel, reino del norte, después de Amós. Bajo la figura de una dolorosa tragedia conyugal —que muchos comentaristas piensan que fue una experiencia personal propia—, ocasionada por su matrimonio con una mujer infiel, a la que finalmente perdona y recoge, el profeta condena la idolatría del pueblo, que él compara, como lo hará después Jeremías, con un abominable adulterio. Por ello caerá sobre Israel el severo juicio de Dios. Pero Dios, que es infinito amor, no ha dejado de amar a su pueblo infiel, así que lo busca, lo perdona, lo rescata y lo recobra como suyo.*

*Tal es el fondo del mensaje de Oseas. El libro puede considerarse dividido en tres partes: (1) El drama conyugal de Oseas (caps. 1-3). (2) Mensajes de reprobación contra Israel (caps. 4-13). (3) Llamamiento al arrepentimiento y promesa de final reconciliación (cap. 14).*

## La esposa y los hijos de Oseas

**1** ¹Este es el mensaje que el Señor dirigió a Oseas, hijo de Beeri, en tiempos de Uzías,*a* Jotam,*b* Acaz*c* y Ezequías,*d* reyes de Judá, y de Jeroboam,*e* hijo de Joás, rey de Israel.

²El Señor comenzó así el mensaje que quería comunicar por medio de Oseas: "La tierra de Israel se ha prostituido apartándose de mí. De la misma manera, ve tú y toma por mujer a una prostituta, y ten hijos con ella; así ellos serán hijos de una prostituta."

³Oseas tomó entonces por mujer a Gomer, hija de Diblaim, la cual quedó embarazada y le dio un hijo. ⁴Entonces el Señor le dijo a Oseas: "Llama Jezreel*f* al niño, porque dentro de poco voy a castigar a los descendientes del rey Jehú por los crímenes que él cometió en Jezreel,*f* y voy a poner fin al reino de Israel. ⁵Ese día destruiré en el valle de Jezreel el poderío militar de Israel."

⁶Gomer volvió a quedar embarazada y tuvo una hija. El Señor le dijo a Oseas: "Llama Lo-ruhama² a la niña, porque ya no volveré a tener compasión del reino de Israel. No los perdonaré.³ ⁷En cambio, tendré compasión del reino de Judá: yo mismo, el Señor su Dios, los salvaré. Pero no los salvaré por medio de la guerra, sino que lo haré sin arco ni espada ni caballos ni jinetes."*g*

⁸Después de haber destetado a Lo-ruhama, Gomer volvió a quedar embarazada y tuvo un hijo. ⁹Entonces el Señor le dijo a Oseas: "Llama Lo-ami al

*f* Alusión a la residencia que los reyes de Israel tenían en Jezreel. Allí fue donde Jehú mató a los familiares de Acab. (2 R 10.11.)  *2* En hebreo, *Lo-ruhama* significa *no compadecida.*  *3* *No los perdonaré:* traducción probable. Heb. oscuro.  *4* En hebreo, *Lo-ami* significa *no es mi pueblo.*
*a* 1.1 2 R 15.1-7; 2 Cr 26.1-23.  *b* 1.1 2 R 15.32-38; 2 Cr 27.1-8.  *c* 1.1 2 R 16.1-20; 2 Cr 28.1-27.  *d* 1.1 2 R 18.1-20.21; 2 Cr 29.1-32.33.  *e* 1.1 2 R 14.23-29.  *f* 1.4 2 R 10.11.  *g* 1.7 Zac 4.6.

niño, porque ustedes ya no son mi pueblo
ni yo soy ya su Dios.''

## La restauración del pueblo de Israel

10[h] Un día los israelitas
serán como la arena del mar,[i]
que nadie la puede medir ni contar.
Y en vez de decirles:
"Ustedes ya no son mi pueblo",
Dios les dirá:
"Ustedes son hijos del Dios
viviente."[j]
11Entonces se juntará
la gente de Judá y de Israel,
y nombrarán un jefe único,
y de todas partes volverán a
Jerusalén.[5]
¡Grande será el día de Jezreel!

**2** 1Entonces dirán ustedes a sus
hermanos:
"Pueblo de Dios",
y a sus hermanas:
"Compadecidas".

## La infidelidad del pueblo de Israel

2El Señor dice:
"¡Acusen ustedes a su madre,
acúsenla,
porque ella no es ya mi esposa
ni yo soy su marido!
¡Que deje de mostrarse como
prostituta!
¡Que aparte de sus pechos a sus
amantes![k]
3Si no lo hace, la dejaré desnuda por
completo:
la pondré como el día en que nació,[l]
la convertiré en un desierto,
en pura tierra seca,
y la haré morir de sed.
4No me compadeceré de sus hijos,
pues son fruto de su prostitución.
5Su madre se prostituyó;
perdió el honor, cuando dijo:
'Iré en busca de mis amantes,
los que me dan mi pan y mi agua,
mi lana y mi lino,
mi aceite y mis bebidas.'[m]

6"Por eso cerraré con espinos su
camino
y pondré una cerca a su alrededor,
para que no encuentre sus senderos.
7Seguirá a sus amantes,

pero no los alcanzará;
los buscará, pero no los encontrará.
Dirá entonces:
'Volveré a mi primer marido,
pues con él me iba mejor que ahora.'

8"Pero ella no reconoció
que yo era quien le daba
el trigo, el vino y el aceite;
que yo era quien le aumentaba
la plata y el oro con que fabricó sus
ídolos.
9Por lo tanto, volveré
y tomaré mi trigo y mi vino
en el tiempo de su cosecha,
y recogeré mi lana y mi lino,
que le había dado para cubrirse.
10A la vista de sus amantes
pondré su desnudez al descubierto.
¡Nadie la librará de mi mano!
11Pondré fin a su alegría,
a sus fiestas y lunas nuevas,
a sus días de reposo[6]
y a todas sus festividades.[n]
12Destruiré sus viñas y sus higueras,
de las que ella decía:
'Esta es la paga
que me dieron mis amantes.'
Las convertiré en un matorral,
y se las comerán los animales
salvajes.
13Voy a castigarla por el tiempo que
pasó
ofreciendo incienso a los ídolos,
cuando se adornaba con anillos y
collares
para seguir a sus amantes
olvidándose de mí.
Yo, el Señor, lo afirmo.

## Dios ama a su pueblo Israel

14"Yo la voy a enamorar:
la llevaré al desierto
y le hablaré al corazón.
15Luego le devolveré sus viñas,
y convertiré el valle de Acor[7,ñ]
en puerta de esperanza para ella.
Allí me responderá como en su
juventud,[o]
como en el día en que salió de
Egipto.
16Entonces me llamará 'Marido mío',
en vez de llamarme 'Baal mío'.
Yo, el Señor, lo afirmo.
17Y quitaré de sus labios

---

[5] *Y de todas partes volverán a Jerusalén:* lit. *y subirán de la tierra.* [6] *Días de reposo:* aquí equivale a *sábado.* [7] En hebreo,
*Acor* significa *desastre.*
[h] Los vs 1.10-2.23 corresponden a los vs 2.1-25 en el texto hebreo. [i] **1.10** Gn 22.17. [j] **1.10** Ro 9.25-26. [k] **2.2-3.5** Ez 16.8-63.
[l] **2.3** Is 47.1-3; Ez 16.37-39; Ap 17.16. [m] **2.5** Jer 2.23-25; 3.1-2; Os 4.12-14. [n] **2.11** Is 1.12-14; Am 5.21-23. [ñ] **2.15** Jos 7.24-26.
[o] **2.15-16** Jer 2.2.

los nombres de los baales,[8]
y jamás volverán a mencionarse.

[18]"En aquel tiempo haré en favor de
Israel
un pacto con los animales salvajes,
y con las aves y las serpientes;
romperé y quitaré de este país
el arco, la espada y la guerra,
para que mi pueblo descanse
tranquilo.
[19]Israel, yo te haré mi esposa para
siempre,
mi esposa legítima, conforme a la
ley,
porque te amo entrañablemente.
[20]Yo te haré mi esposa y te seré fiel,
y tú entonces me conocerás como el
Señor.
[21]Yo, el Señor, lo afirmo:
En aquel tiempo yo responderé al
cielo,
y el cielo responderá a la tierra;
[22]la tierra responderá al trigo,
al vino y al aceite,
y ellos responderán a Jezreel.[9]
[23]Plantaré a mi pueblo en la tierra
exclusivamente para mí;
tendré compasión de Lo-ruhama,
y a Lo-ami[10] le diré: 'Tú eres mi
pueblo',[p]
y él me dirá: '¡Tú eres mi Dios!' "

### Oseas y la mujer adúltera

**3** [1]El Señor volvió a decirme:
"Ve y ama a una mujer
amada de su amigo y adúltera.
Así ama el Señor a los israelitas,
aunque ellos se vuelven a dioses
extraños
y comen de las tortas de pasas que
les ofrecen."
[2]Entonces adquirí una mujer para mí
por quince monedas de plata
y trescientos treinta litros de cebada.
[3]Le dije: "Por mucho tiempo serás
mía;
no te prostituyas ni te entregues a
otro hombre,
y yo también te seré fiel."[11]

[4]Pues por mucho tiempo los israelitas
estarán sin rey ni jefe,

sin sacrificio ni piedras sagradas,
sin ropas sacerdotales[12] ni ídolos
familiares.
[5]Después de esto se volverán los
israelitas
y buscarán al Señor su Dios
y a David su rey.
En los últimos tiempos
acudirán con reverencia al Señor
y a los bienes que él concede.

### El pleito del Señor contra Israel

**4** [1]Israelitas, escuchen
lo que dice el Señor.
Él ha entablado un pleito[q]
contra los que viven en este país, ·
porque aquí ya no hay lealtad entre
la gente,
ni fidelidad ni conocimiento de Dios.
[2]Abundan en cambio el juramento
falso y la mentira,
el asesinato y el robo,
el adulterio y la violencia,
y se comete homicidio tras
homicidio.
[3]Por eso, el país está de luto;
se quedan sin fuerzas los que viven
en él;
y con los animales salvajes y las aves
mueren también los peces del mar.

### El Señor acusa a los sacerdotes

[4]Dice el Señor:
"¡Que nadie acuse ni reprenda a
otro!
Mi pleito es sólo contra ti,
sacerdote.[13]
[5]Tú caerás en pleno día,
y por la noche
caerá también contigo el profeta,
y a ti te destruiré.[14]
[6]Mi pueblo no tiene conocimiento,
por eso ha sido destruido.
Y a ti, sacerdote, que rechazaste el
conocimiento,
yo te rechazo de mi sacerdocio.
Puesto que tú olvidas las enseñanzas
de tu Dios,
yo me olvidaré de tus descendientes.

[7]"Cuantos más eran los sacerdotes,
más pecaban contra mí;
por lo tanto, cambiaré su honra en
afrenta.

---

[8] En hebreo hay un juego de ideas entre *baal*, que significa *marido*, *Baal*, nombre de un dios pagano que ni siquiera debía ser pronunciado por un israelita, y *baales*, término que servía para designar a los ídolos en general.   [9] En hebreo, *Jezreel* significa *Dios siembra*.   [10] Véanse notas en 1.6,9.   [11] *Yo también te seré fiel:* otra posible traducción: *y yo tampoco me llegaré a ti.* Lit. *y yo también a ti.*   [12] *Sin ropas sacerdotales:* lit. *sin efod.*   [13] *Mi pleito es sólo contra ti, sacerdote:* texto probable. Heb. *Tu pueblo es como los que pleitean contra el sacerdote.*   [14] *Y a ti te destruiré:* texto probable. Heb. *a tu madre destruiré.*

[p] **2.23** Zac 13.8-9; Ro 9.25; 1 P 2.10.   [q] **4.1** Mi 6.2.

<sup>8</sup>Viven del pecado de mi pueblo;
por eso anhelan que mi gente peque.
<sup>9</sup>Lo mismo al pueblo que a los
sacerdotes,
los castigaré por su conducta.
<sup>10</sup>Puesto que han dejado de servir al
Señor,
comerán, pero no quedarán
satisfechos;
se prostituirán, pero no tendrán
hijos.

### La idolatría de Israel

<sup>11</sup>"La prostitución y el vino
hacen perder el juicio.
<sup>12</sup>Mi pueblo consulta a sus ídolos de
madera;
por medio de varas practica la
adivinación.
Dominado por la prostitución,
mi pueblo sigue caminos
equivocados:
se prostituye apartándose de su Dios.
<sup>13</sup>En lo alto de los montes y sobre las
colinas
queman incienso y ofrecen
sacrificios,
y también bajo la buena sombra
de los robles, los álamos y las
encinas.
Por eso se han prostituido las hijas
de ustedes,
y sus nueras cometen adulterio.
<sup>14</sup>Pero yo no castigaré a sus hijas por
su prostitución
ni a sus nueras por sus adulterios,
porque ustedes mismos se van con
prostitutas;
para ofrecer sacrificios, se juntan
con mujeres que practican la
prostitución como un culto.
¡Y así se hunde un pueblo falto de
inteligencia!<sup>r</sup>

<sup>15</sup>"Si tú, Israel, te prostituyes,
que al menos Judá no peque.
¡No vayan ustedes a Gilgal
ni suban a Bet-avén<sup>15</sup>
ni juren por la vida del Señor!<sup>s</sup>
<sup>16</sup>Israel es rebelde
como una novilla arisca;
y así, ¿los cuidará el Señor en
hermosos pastizales,
igual que si fueran corderitos?

<sup>17-18</sup>Efraín<sup>16</sup> se ha entregado a la
idolatría.
¡Todos han caído como pandilla de
borrachos!
Una y otra vez se prostituyen,
y prefieren la vergüenza a la
honra.<sup>17</sup>
<sup>19</sup>¡Un viento se los llevará en sus alas,
y se avergonzarán de su idolatría!

**5** <sup>1</sup>"Sacerdotes, oigan esto;
presta atención, pueblo de Israel;
escuchen ustedes, los de la casa real:
Contra ustedes va a ser el juicio,
porque han sido una trampa puesta
en Mizpa,
una red tendida sobre el monte
Tabor,
<sup>2</sup>un pozo ahondado en el valle de
Sitim.
Por eso voy a castigarlos.
<sup>3</sup>Yo conozco a Efraín;
Israel no me es desconocido.
Efraín se ha prostituido;
Israel se ha manchado."
<sup>4</sup>Las malas acciones del pueblo
no lo dejan volverse a su Dios.
Dominado por la prostitución,
no reconoce al Señor.
<sup>5</sup>El orgullo de Israel clama en contra
suya;
Efraín tropieza en su propia maldad,
¡y, junto con ellos, hasta Judá
tropezará!
<sup>6</sup>Con sus ovejas y sus vacas
irán en busca del Señor,
pero no lo encontrarán
porque se apartó de ellos.
<sup>7</sup>Han sido infieles al Señor,
pues tienen hijos de otro padre.
Por su infidelidad, en un solo mes
sus tierras serán devoradas.

### El castigo de Israel y de Judá

<sup>8</sup>¡Toquen el cuerno de guerra en
Gabaa
y la trompeta en Ramá!
¡Den la alarma en Bet-avén!<sup>18</sup>
¡Siembren el desconcierto en
Benjamín!<sup>19</sup>
<sup>9</sup>Yo anuncio entre las tribus<sup>20</sup> de
Israel
lo que ha de suceder con toda
seguridad:

---

<sup>15</sup> En hebreo, *Bet-avén* significa *casa de iniquidad.* Oseas lo aplica en forma despectiva a Betel, que significa *casa de Dios.*
<sup>16</sup> Oseas usa este nombre como sinónimo de Israel, el reino del norte.   <sup>17</sup> *¡Todos han caído . . . a la honra!:* traducción
probable. Heb. oscuro.   <sup>18</sup> Véase nota en 4.15.   <sup>19</sup> *Siembren el desconcierto en Benjamín!:* según la versión griega. Heb.
*después de ti, Benjamín.*   <sup>20</sup> *Entre las tribus:* otra posible traducción: *contra las tribus.*
<sup>r</sup> **4.12-14** Jer 2.23-27; 3.1-2; Os 2.5.   <sup>s</sup> **4.15** Am 4.4; 5.5.

Efraín será asolado en el día del
castigo.

### La respuesta del Señor

[4]Dice el Señor:
"¿Qué haré contigo, Efraín?
¿Qué haré contigo, Judá?
El amor que ustedes me tienen
es como la niebla de la mañana,
como el rocío de madrugada, que
temprano desaparece.
[5]Por eso los he despedazado mediante
los profetas;
por medio de mi mensaje los he
matado.
Mi justicia brota como la luz.
[6]Lo que quiero de ustedes es que me
amen,
y no que me hagan sacrificios;[w]
que me reconozcan como Dios,
y no que me ofrezcan holocaustos.[x]

[10]Dice el Señor:
"Los jefes de Judá son como esa
gente
que altera los límites de los campos.[t]
¡Pero los voy a inundar con mi
furor!
[11]Efraín está oprimido,
quebrantados sus derechos,
porque se ha empeñado en seguir
a los falsos dioses.
[12]Pues yo seré como la polilla para
Efraín,
como la carcoma para el pueblo de
Judá.

[13]"Cuando Efraín vea lo enfermo que
está,
y Judá se vea sus heridas,
Efraín irá a Asiria
a pedirle ayuda al gran rey,[u]
pero él no podrá sanarlos
ni curarles las heridas.
[14]Como un león cuando ataca,
así atacaré yo a Efraín y a Judá;
yo mismo los despedazaré, y luego
me iré;
los arrebataré, y nadie podrá
librarlos.

[7]"Pero mi pueblo, lo mismo que
Adán,
ha faltado a mi pacto y me ha sido
infiel.
[8]Galaad es una ciudad de
malhechores,
toda llena de huellas de sangre.
[9]Los sacerdotes son una pandilla de
ladrones
puestos al acecho de la gente;
asesinan y cometen infamias
en el camino de Siquem.
[10]En Israel he visto cosas horribles:
Efraín se ha prostituido,
Israel se ha contaminado.
[11]Y aun para ti, Judá,
ya he señalado el día de tu castigo.

[15]"Volveré luego a mi lugar,
hasta que ellos reconozcan su pecado
y vengan a buscarme.
¡En medio de su angustia, me
buscarán!"

### Israel habla de volverse al Señor

**6** [1]Vengan todos y volvámonos al
Señor.
El nos destrozó, pero también nos
sanará;
nos hirió, pero también nos curará.[v]
[2]En un momento nos devolverá la
salud,
nos levantará para vivir delante de
él.
[3]¡Esforcémonos por conocer al
Señor!
El Señor vendrá a nosotros,
tan cierto como que sale el sol,
tan cierto como que la lluvia riega la
tierra
en otoño y primavera.

"Cuando quiero cambiar la suerte de
mi pueblo Israel,
**7** [1]cuando quiero curar a mi pueblo, a
Efraín y a Samaria,
salta a la vista su pecado y su
maldad.
Porque todos practican la mentira;
como ladrones, entran en las casas
y asaltan a la gente en plena calle.
[2]No toman en cuenta
que yo recuerdo todas sus maldades.
Ahora los acorralan sus propias
acciones,
que están siempre delante de mis
ojos.

### La corrupción de los gobernantes

[3]"Con su maldad y sus mentiras

---

[t] **5.10** Dt 19.14; 27.17; Pr 22.28.   [u] **5.13** 2 R 15.19; 16.7.   [v] **6.1** Job 5.18.   [w] **6.6** Mt 9.13; 12.7.   [x] **6.6** 1 S 15.22; Pr 21.3;
Am 5.22-24; Mi 6.6-8.

mi pueblo divierte al rey y a los
jefes.
⁴Todos ellos son adúlteros;
son como el horno, que una vez
encendido
deja el hornero de atizarlo
mientras fermenta la masa.
⁵En el día de la coronación de nuestro
rey,
los jefes le hicieron enfermar con el
calor del vino.
¡Y él tendió la mano a los que se
burlaban!
⁶Disponen su corazón para la intriga,
como si dispusieran un horno;
duerme el hornero toda la noche,
pero a la mañana el horno sigue bien
encendido.²¹
⁷Sí, todos ellos arden como un horno
que devoró a sus gobernantes.
Todos sus reyes han caído,
y no hay ni uno solo que me
invoque.

### El pueblo que se apartó de su Dios

⁸"Efraín se ha mezclado con otros
pueblos.
Efraín es como una torta
cocida solamente por un lado.
⁹Gente extraña ha acabado con sus
fuerzas
sin que él se diera cuenta.
¡Hasta el pelo se le puso blanco
sin que él se diera cuenta!
¹⁰El orgullo de Israel es testigo en
contra suya.
Con todo, ellos no se volvieron
ni buscaron al Señor su Dios.
¹¹Efraín es como una paloma
atolondrada, sin inteligencia:
pide ayuda a Egipto,
acude luego a Asiria . . .
¹²Pero cuando vayan allá,
lanzaré mi red sobre ellos;
los haré caer como aves del cielo,
los atraparé a causa de su maldad.²²

¹³"¡Ay de ellos por haberse apartado
de mí!
La destrucción los alcanzará
porque contra mí se han rebelado.
Yo quiero salvarlos,
pero ellos mienten en contra mía.

¹⁴Aunque gritan cuando están en la
cama,
no me invocan de corazón.
Para pedir trigo y vino se hacen
heridas;²³,ʸ
¡se han rebelado contra mí!
¹⁵Yo los había enseñado
y había dado fuerzas a sus brazos,
pero ellos planearon maldades
contra mí.
¹⁶Se volvieron a los ídolos;²⁴
son como un arco torcido,
cuya flecha no da en el blanco.
Por hablar con insolencia
caerán sus jefes a filo de espada,
y en Egipto se burlarán de ellos.

### Israel condenado a causa de la idolatría

**8** ¹"Toca tu trompeta,
como centinela que vigila²⁵
sobre el pueblo del Señor.
Porque han faltado a mi pacto
y se han rebelado contra mi
enseñanza.
²Mientras tanto, vienen a mí
gritando:
'¡Te reconocemos como el Dios de
Israel!'²⁶
³Pero Israel ha rechazado lo bueno,
y por eso lo perseguirán sus
enemigos.

⁴"Sin contar conmigo han establecido
reyes,
y han nombrado jefes sin saberlo yo.
Han tomado su plata y su oro
para fabricarse ídolos
y destruirse a sí mismos.
⁵¡Me repugna el becerro que tú,
Samaria, adoras!ᶻ
Mi enojo se ha encendido en contra
de él.
¿Cuánto tardarán en quedar limpios
⁶los israelitas?²⁷
¡Ese becerro de Samaria no es Dios!
Salió de manos de un artesano,
y será hecho pedazos.
⁷Ellos sembraron vientos
y cosecharán tempestades;ᵃ
no tendrán campos que segar,
ni sacarán harina de sus espigas;
y si acaso llegan a sacarla,
los extranjeros se la comerán.
⁸¡Israel ha sido tragado!

---

²¹ *Disponen su corazón . . . encendido:* traducción probable. Heb. oscuro.   ²² *A causa de su maldad:* texto probable. Heb.
*conforme al informe de su asamblea.*   ²³ *Se hacen heridas:* texto probable. Heb. *viven como forasteros.*   ²⁴ *Se volvieron a
los ídolos:* texto probable. Heb. *se volvieron, pero no hacia arriba.*   ²⁵ *Como centinela que vigila:* texto probable. Heb.
*como águila.*   ²⁶ *Te reconocemos . . . Israel:* texto probable. Heb. *Dios mío, te reconocemos, Israel.*   ²⁷ *Israelitas:* texto
probable. Heb. *porque de Israel.*
ʸ **7.14** Dt 14.1; 1 R 18.28.   ᶻ **8.5** 1 R 12.28-32.   ᵃ **8.7** Pr 22.8; Gá. 6.7.

Las otras naciones lo miran
como a un objeto sin valor,
⁹por haber acudido a Asiria
como un terco asno salvaje.
¡Efraín dio regalos para comprarse
amantes!
¹⁰Pero aunque dé regalos entre las
naciones,
yo voy ahora a dispersarlos,
y durante un tiempo dejarán de
surgir
reyes y jefes.²⁸

¹¹"Porque Efraín construye multitud
de altares,
que sólo le sirven para pecar.
¹²Aunque yo escribí para él mis
muchas enseñanzas,
él las tuvo por cosa extraña.
¹³A ellos les gustan los sacrificios, y
sacrifican,
y comen la carne de los sacrificios;
pero yo, el Señor, no estoy contento
con ellos:
recordaré las maldades que
cometieron,
y los castigaré por su pecado
haciéndolos regresar a Egipto.
¹⁴Israel construye palacios,
pero se olvida de su creador.
Judá levanta muchas ciudades
fortificadas,
pero yo las haré arder en un fuego
que consumirá sus palacios."ᵇ

## El castigo de Israel anunciado por Oseas

**9** ¹No te alegres, Israel;
no saltes de contento como otros
pueblos,
pues te has prostituido
al abandonar a tu Dios.
En las eras donde se trilla el grano,
te gusta recibir el pago de tus
prostituciones.
²El pueblo de Israel no tendrá trigo ni
vino;
su vino nuevo no será suficiente.
³Efraín regresará a Egipto,
y en Asiria comerá alimentos
impuros.
No vivirán más en el país del Señor:
⁴no beberán vino en honor del Señor,
ni le ofrecerán allí sus sacrificios.
El pan que coman será como pan de
duelo,

y quienes lo coman quedarán
impuros.
Ellos se comerán ese pan,
pero no podrán llevarlo al templo del
Señor.
⁵¿Qué harán ustedes en el día de la
fiesta,
de la solemne fiesta del Señor?
⁶Ellos han huido de la destrucción;
Egipto los recogerá,
y en Menfis serán enterrados.
Sus tesoros de plata se llenarán de
ortigas,
y en su campamento crecerán los
espinos.

⁷¡Ya han llegado los días del castigo!ᶜ
¡Ya han llegado los días del pago
merecido!
¡Israel va a saber que ya han
llegado!
Ustedes dicen: "El profeta es un
necio.
El hombre inspirado es un loco."
Pero lo dicen porque están llenos de
maldad,
porque su odio es grande.
⁸Dios ha puesto a su profeta por
centinelaᵈ de Efraín,
pero ustedes tienden trampas a su
paso;
¡hasta en el templo de Dios le
odian!²⁹
⁹Se corrompieron completamente,
como en los tiempos de Gabaa.ᵉ
Pero el Señor se acordará de su
maldad
y castigará sus pecados.

## Israel sufrirá las consecuencias de su pecado

¹⁰Dice el Señor:
"Cuando encontré a Israel, me
alegré
como el que encuentra uvas en el
desierto.
Los antepasados de ustedes fueron a
mis ojos
como los higos tempranos.
Pero cuando llegaron a Baal-peorᶠ
se consagraron a los dioses falsos,
y se hicieron tan despreciables
como los ídolos que ellos amaban.
¹¹La grandeza de Efraín volará como
un ave.
No nacerán más niños,

²⁸ *Pero aunque . . . reyes y jefes:* traducción probable. Heb. oscuro. ²⁹ *Dios ha puesto . . . le odian:* traducción probable. Heb. oscuro.
ᵇ 8.14 Am 2.5. ᶜ 9.7 Lc 21.22. ᵈ 9.8 Is 21.6,11; Jer 6.17; Ez 3.16-21; 33.1-9. ᵉ 9.9 Jue 19.1-30. ᶠ 9.10 Nm 25.1-5.

no habrá más mujeres embarazadas,
no se concebirán más hijos.
[12] Y aun si lograran criar a sus hijos,
yo se los quitaría sin dejarles
ninguno.
¡Ay de esta gente cuando me aparte
de ella!
[13] Veo que Efraín trata a sus hijos
como si fueran presa de cazadores:
los saca para entregarlos a la
matanza."[30]

[14] ¡Dales, Señor, lo que hayas de
darles!
¡Dales vientres estériles y pechos sin
leche!

### Enojo del Señor contra Efraín

[15] Dice el Señor:
"En Gilgal hicieron todo lo malo,[g]
y allí comencé a odiarlos.
Por la maldad de sus acciones
los voy a echar de mi casa;
no voy a seguir amándolos,
pues todos sus jefes son rebeldes.
[16] Efraín está herido;
es como un árbol de raíces secas
que ha dejado de dar fruto.
Aunque tenga hijos,
yo los haré morir."
[17] Este pueblo no ha querido
hacerle caso a mi Dios;
por eso mi Dios va a rechazarlo,
y andarán errantes entre las
naciones.[h]

### Destrucción de los altares de Israel

**10** [1] Israel es como una vid llena de
uvas;
pero cuanto más abundante era su
fruto,
más altares se construía;
cuanto más hermosa era su tierra,
más hermosas eran sus piedras
sagradas.
[2] Israel tiene el corazón dividido,
y ahora va a pagar por su pecado.
El Señor destruirá sus altares
y derribará sus piedras sagradas.

[3] Ahora este pueblo dirá:
"No tenemos rey
porque no tenemos reverencia al
Señor.

Pero ¿qué podría hacer un rey por
nosotros?
[4] Tan sólo hablar y hablar,
prometer en falso y firmar pactos;
su justicia sería como una planta
venenosa
que crece entre los surcos del
campo."

[5] La gente de Samaria tiembla;
llora la pérdida del becerro[i] de
Bet-avén.[31]
Por él se están lamentando
el pueblo y los sacerdotes,
porque su gloria ha desaparecido.
[6] Aun el propio becerro será llevado a
Asiria
para ofrecérselo al gran rey.
Así Efraín quedará avergonzado:
Israel se avergonzará de su ídolo.[32]
[7] Desaparecerá el rey de Samaria
como una astilla que flota sobre el
agua.
[8] Serán destruidos los santuarios
paganos
donde el pueblo de Israel pecaba.
Sobre sus altares crecerán cardos y
espinos,
y la gente les dirá a los montes:
"¡Cúbrannos!",
y a los cerros: "¡Caigan sobre
nosotros!"[j]

### Sentencia del Señor contra Israel

[9] Dice el Señor:
"Israel no ha dejado de pecar
desde que comenzó a hacerlo en
Gabaá.[k]
¡En su pecado persisten!
Por eso, la guerra
alcanzará a estos malvados en
Gabaá.
[10] Castigaré a este pueblo cuando yo
quiera.
Contra él se juntarán naciones
cuando yo lo castigue por su gran
maldad.

[11] "Efraín era como una novilla
domada
que gustaba de trillar el grano.
Yo he puesto yugo ahora
sobre su hermoso cuello,
para que tire del carro;
y Judá tirará del arado,
y Jacob tirará del rastrillo.

---

[30] *Veo que Efraín . . . la matanza:* texto probable. Heb. oscuro.   [31] Véase nota en 4.15.   [32] *Idolo:* texto probable. Heb.
*propósito.*
[g] 9.15 Os 4.15; 12.11; Am 5.5.   [h] 9.17 Dt 28.64-65.   [i] 10.5 Os 8.5.   [j] 10.8 Lc 23.30; Ap 6.16.   [k] 10.9 Jue 19.1-30.

¹²Les dije: Siembren ustedes justicia
y recojan cosecha de amor.
Preparen la tierra para un nuevo
cultivo,*
porque es tiempo de buscar al Señor,
hasta que él venga y traiga
lluvia de salvación sobre ustedes.*
¹³Pero ustedes han cultivado la
maldad,
han cosechado la injusticia
y han comido los frutos de la
mentira.

"Por haber confiado en tus carros
de guerra³³
y en tus muchos guerreros,
¹⁴habrá alboroto entre tu gente
y todas tus fortalezas serán asoladas,
como asoló a Bet-arbel el rey Salmán
el día de la batalla,
cuando aplastaron a la madre con
los hijos.
¹⁵Esto mismo les pasará a ustedes,
habitantes de Betel,
por causa de su gran maldad.
¡El rey de Israel
morirá al nacer el día!

### Dios ama a su pueblo rebelde

**11** ¹"Cuando el pueblo de Israel era
niño, yo lo amaba;
a él, que era mi hijo, lo llamé de
Egipto.*
²Pero cuanto más lo llamaba,
más se apartaba de mí.
Mi pueblo ofrecía sacrificios a los
dioses falsos
y quemaba incienso a los ídolos.
³Con todo, yo guié al pueblo de
Efraín
y lo enseñé a caminar;
pero ellos no comprendieron que era
yo quien los cuidaba.³⁴
⁴Con lazos de ternura, con cuerdas de
amor,
los atraje hacia mí;
los acerqué a mis mejillas
como si fueran niños de pecho;³⁵
me incliné a ellos para darles de
comer,
⁵pero ellos no quisieron volverse a mí.
Por eso tendrán que regresar a
Egipto,
y Asiria reinará sobre ellos.

⁶La espada caerá sobre sus ciudades
y acabará con sus fortalezas,
destruyéndolos a causa de los planes
que hacen.
⁷Mi pueblo persiste en estar alejado
de mí;
gritan hacia lo alto, pero nadie los
ayuda.

⁸"¿Cómo podré dejarte, Efraín?
¿Cómo podré abandonarte, Israel?
¿Podré destruirte como destruí la
ciudad de Adma,
o hacer contigo lo mismo que hice
con Zeboim?*
¡Mi corazón está conmovido,
lleno de compasión por ti!
⁹No actuaré según el ardor de mi ira:
no volveré a destruir a Efraín,
porque yo soy Dios, no hombre.
Yo soy el Santo, que estoy en medio
de ti,
y no he venido a destruirte."³⁶

¹⁰Ellos seguirán al Señor,
y él rugirá como un león.
Rugirá, y los suyos
vendrán temblando de occidente.

¹¹"Como aves, vendrán temblando de
Egipto;
vendrán de Asiria, como palomas;
y haré que habiten de nuevo en sus
casas.
Yo, el Señor, lo afirmo.

### La maldad del pueblo de Dios

¹²º"Efraín me ha rodeado de
mentiras;
me ha rodeado de engaños el pueblo
de Israel.
Judá se ha separado de Dios,
y ahora es fiel a los ídolos.³⁷
**12** ¹Efraín se alimenta de aire:
todo el día va tras el viento del
este.
Aumenta sus mentiras y violencias,
hace pactos con Asiria
y manda regalos de aceite a Egipto."

²El Señor le ha puesto pleito a
Israel.³⁸
Va a castigar al pueblo de Jacob por
su conducta;

---

³³ *Tus carros de guerra:* según la versión griega. Heb. *en tu camino.* ³⁴ *Quien los cuidaba:* lit. *quien los sanaba.* ³⁵ *Los acerqué. . . niños de pecho:* texto probable. Heb. oscuro. ³⁶ *Y no he venido a destruirte:* texto probable. Heb. *y no he de venir a la ciudad.* ³⁷ *Efraín me. . . a los ídolos:* traducción probable. Heb. oscuro. ³⁸ *Israel:* texto probable. Heb. *Judd.* *10.12 Jer 4.3. *10.12 Is 44.3; 45.8; Os 6.3. *11.1 Ex 4.22; Mt 2.15. *11.8 Dt 29.23. º Los vs 11.12-12.14 corresponden a los vs 12.1-15 en el texto hebreo.

le va a pagar como merecen sus
acciones.
³Aun antes de nacer, Jacob suplantó
a su hermano,ᵖ
y cuando ya fue hombre luchó con
Dios.
⁴Luchó con un ángel, y lo venció;
lloró y pidió que le tuviera
compasión.�q
Dios lo encontró en Betelʳ
y habló con él allí.
⁵El Señor, el Dios todopoderoso:
¡el Señor es su nombre!
⁶Así pues, Israel, vuélvete a tu Dios;
actúa con lealtad y rectitud,
y confía siempre en tu Dios.

⁷Dice el Señor:
"Canaán tiene en su mano pesas
falsas,
porque le gusta estafar.
⁸Efraín dice: '¡Sí, me he hecho rico,
me he encontrado una fortuna;
pero nadie podrá acusarme
de haber obtenido mis ganancias
por medios deshonestos!'
⁹Yo, el Señor, que soy tu Dios
desde que estabas en Egipto,
haré que vivas de nuevo en tiendas
de campaña,
como en los días de nuestro
encuentro en el desierto.

¹⁰"Yo hablé a los profetas
y aumenté el número de sus visiones,
y por medio de ellos hablé en
parábolas.
¹¹En Galaad hay dioses paganos,
pero sólo son falsos dioses.
En Gilgal se ofrecen sacrificios de
toros;
sus altares son como montones de
piedras
entre los surcos del campo."

¹²Jacob huyó a los campos de Aram, y
allí, para conseguir esposa, trabajó cuidando ovejas.ˢ ¹³Por medio de un profeta,
el Señor sacó de Egipto al pueblo de
Israel;ᵗ ¡por medio de un profeta, cuidó
de él!

¹⁴La gente de Efraín ha irritado al
Señor,
le ha causado un amargo disgusto.

Por eso el Señor les hará pagar los
crímenes cometidos,³⁹
y hará caer sobre ellos sus propias
maldades.

### La ruina total de Israel

**13** ¹Cuando la gente de Efraín
hablaba,
las otras tribus de Israel mostraban
respeto;
pero Efraín murió cuando se hizo
culpable
por haber adorado a Baal.
²¡Y todavía siguen pecando!
Funden su plata y se hacen ídolos
según se les ocurre y a gusto de los
artesanos.
Luego dicen: "¡Ofrézcanles
sacrificios!",
y la gente besa ídolos que tienen
forma de becerro.
³Por eso serán como la niebla de la
mañana,
como el rocío de madrugada, que
temprano desaparece,
como la paja que se lleva el viento,ᵘ
como el humo que sale por la
chimenea.

⁴Dice el Señor:
"Yo, el Señor, soy tu Dios
desde que estabas en Egipto:
No reconozcas como Dios a nadie
sino a mí,
pues sólo yo soy tu salvador.ᵛ
⁵Yo te cuidé en las tierras ardientes
del desierto.

⁶"Pero cuando ustedes tuvieron
comida de sobra,
su corazón se llenó de orgullo
y se olvidaron de mí.ʷ
⁷Por lo tanto, voy a ser para ellos
como un león,
como un leopardo que los aceche en
el camino.
⁸Voy a salir a su encuentro como una
osa
que ha perdido sus cachorros,
y les despedazaré el corazón.
Como un león, los devoraré allí
mismo;
como una fiera, los destrozaré.
⁹Voy a destruirte, Israel,
y nadie podrá evitarlo.
¹⁰Pues ¿dónde está ahora tu rey,

³⁹ *Les hará pagar los crímenes cometidos:* otra posible traducción: *los hará culpables de su propia muerte.*
ᵖ **12.3** Gn 25.26.　q **12.3-4** Gn 32.24-26.　ʳ **12.4** Gn 28.10-22.　ˢ **12.12** Gn 29.10-20.　ᵗ **12.13** Ex 12.50-51.　ᵘ **13.3** Sal 1.4;
Jer 13.24; Sof 2.2.　ᵛ **13.4** Ex 20.2; Is 43.11; 45.21.　ʷ **13.5-6** Dt 8.11-17.

que te salve en todas tus ciudades?
¿Dónde están tus caudillos,
a quienes pediste rey y jefes?[x]
[11]Enojado contigo, te di reyes,[y]
y enojado contigo, te los quité.[z]

[12]"La maldad de Efraín está anotada;
su pecado ha quedado registrado.
[13]A Israel le ha llegado el momento de
nacer,
pero es un hijo tan torpe
que ni siquiera es capaz de colocarse
en la debida posición para el parto.
[14]¿Y habré de librarlos del poder del
sepulcro?
¿Habré de rescatarlos de la
muerte? . . .
¿Dónde está,[40] muerte, tu poder
destructor?
¿Dónde están,[40] sepulcro, tus
males?[a]
¡Ya no tendré compasión de esta
gente!"
[15]Aunque Israel florezca como la
hierba,[41]
vendrá el viento del este,
el fuerte viento que sopla del
desierto,
y secará y agotará sus fuentes y
manantiales.
El enemigo le arrebatará el tesoro de
sus ricas joyas.
[16b] El pueblo de Samaria llevará su
castigo
por haberse rebelado contra su Dios.
Morirán a filo de espada,
sus niños serán estrellados contra el
suelo
y las mujeres embarazadas serán
abiertas en canal.

## Oseas suplica a Israel que vuelva al Señor

**14** [1]¡Vuélvete, Israel, al Señor tu
Dios,
tú que caíste a causa de tu pecado!
[2]Vuélvanse al Señor

llevando con ustedes esta oración:
"Perdona toda nuestra maldad
y recibe con benevolencia
las alabanzas que te ofrecemos.[c]
[3]Asiria no puede salvarnos,
ni tampoco escaparemos a caballo.
Ya no llamaremos 'Dios nuestro'
a nada fabricado por nosotros
mismos,
porque solamente en ti, Señor,
el huérfano encuentra compasión."

## El Señor promete nueva vida a Israel

[4]Dice el Señor:
"Voy a curarlos de su rebeldía;
voy a amarlos aunque no lo
merezcan,
pues ya se ha apartado de ellos mi
ira.[d]
[5]Voy a ser para Israel como el rocío,
y él dará flores, como los lirios.
Sus raíces serán tan firmes
como el monte Líbano;
[6]sus ramas se extenderán
hermosas como las ramas del olivo,
y será su aroma como el de los
cedros del Líbano.
[7]Israel vivirá de nuevo bajo mi
protección;
entonces crecerán como el trigo,
florecerán como la vid
y serán famosos como el vino del
Líbano.
[8]Efraín dirá: '¿Qué me importan ya
los ídolos?'
¡Yo soy quien atiendo y cuido a mi
pueblo!
Yo soy como un pino siempre verde,
y en mí encontrará mi pueblo su
fruto."

## Conclusión

[9]Que los sabios y prudentes
entiendan este mensaje:
Los caminos del Señor son rectos,
y los justos los siguen;
pero los malvados tropiezan en
ellos.[e]

---

[40] ¿Dónde está y ¿Dónde están: según la versión griega. Heb. yo seré.   [41] Como la hierba: texto probable. Heb. hijo de
hermanos.
[x] 13.10 1 S 8.5-6.   [y] 13.11 1 S 10.17-24.   [z] 13.11 1 S 15.26.   [a] 13.14 1 Co 15.55.   [b] Los vs 13.16-14.9 corresponden a los vs 14.1-10 en
el tex to hebreo.   [c] 14.1-2 Is 55.6-7.   [d] 14.4 Jer 30.15-17.   [e] 14.9 Sal 1.6; Pr 4.7-12,18-19; Eclo 39.24.

# JOEL

*El marco de la profecía de Joel es una terrible plaga, tan común como temida en Palestina, tras la cual sobreviene una sequía igualmente terrible (1.1-2.11). El profeta trasmite el llamado de Dios al pueblo a arrepentirse, y su promesa de restauración y bendición (2.12-29). Grandes prodigios y señales anunciarán la llegada del Día del Señor, cuando él castigará a quienes se opongan a su voluntad; pero quienes recurran a él serán salvos. Dios liberará y restaurará a Judá, y hará de una Sión restaurada y purificada, su residencia.*

*A diferencia de otros profetas, Joel no da ninguna referencia de sí mismo ni de la época en que profetiza. Pero, según parece probable, el libro se escribió en el llamado periodo persa, entre los siglos quinto y cuarto a. C.*

## Las langostas arruinan las cosechas

1 ¹Este es el mensaje que el Señor dirigió a Joel, hijo de Petuel.

²Oigan bien esto, ancianos,
y todos ustedes, habitantes del país.
¿Han visto ustedes nunca cosa
semejante?
¿Se vio nunca cosa igual en tiempos
de sus padres?
³Cuéntenlo a sus hijos,
y que ellos lo cuenten a los suyos,
y éstos a los que nazcan después.
⁴Todo se lo comieron las langostas:ᵃ
lo que unas dejaron, otras vinieron y
lo devoraron.ᴵ

⁵¡Ustedes, borrachos, despierten!
¡Échense a llorar, bebedores de vino,
porque aun el jugo de la uva les van
a quitar!
⁶Pues la langosta, como un ejército
fuerte y numeroso,
de dientes de león y colmillos de
leona,ᵇ
ha invadido mi país.
⁷Ha destruido nuestros viñedos,
ha destrozado nuestras higueras;
las ha pelado por completo,
hasta dejar blancas sus ramas.
⁸Como novia que llora y se viste de
luto
por la muerte de su prometido,
⁹así lloran los sacerdotes
porque en el templo ya no hay
cereales ni vino
para las ofrendas del Señor.
¹⁰Los campos están desolados;
las tierras están de luto.
El trigo se ha perdido,
los viñedos se han secado

y los olivos están marchitos.
¹¹Ustedes, los que trabajan en campos
y viñedos,
lloren entristecidos,
pues se echaron a perder las siembras
y las cosechas de trigo y de cebada.
¹²Se han secado los viñedos
y se han perdido las higueras.
Secos quedaron también
los granados, las palmeras, los
manzanos
y todos los árboles del campo.
¡Así se ha perdido la alegría de toda
la gente!ᶜ
¹³Ustedes, sacerdotes, ministros del
altar,
vístanse de ropas ásperas y lloren de
dolor,
porque en el templo de su Dios
ya no hay cereales ni vino para las
ofrendas.

¹⁴Convoquen al pueblo y proclamen
ayuno;
junten en el templo del Señor su
Dios
a los ancianos y a todos los
habitantes del país,
e invoquen al Señor.
¹⁵¡Ay, se acerca el día del Señor!
¡Día terrible, que nos trae
destrucción
de parte del Todopoderoso!ᵈ
¹⁶Ante nuestros ojos nos quitaron la
comida,
y se acabó la alegría en el templo de
nuestro Dios.
¹⁷La semilla murió en el surco,
el trigo se ha perdido
y los graneros están en ruinas.
¹⁸¡Cómo muge el ganado!
En vano buscan pasto las vacas;

---

ᴵ Para describir de una manera gráfica la acción destructora de las langostas, el hebreo las menciona bajo cuatro nombres distintos, que probablemente corresponden a cuatro etapas de su desarrollo.
ᵃ 1.4 Dt 28.38; Jl 2.2-11; Am 4.9; 7.1.   ᵇ 1.6 Ap 9.8.   ᶜ 1.10-12 Os 4.3; Am 4.6-9.   ᵈ 1.15 Is 13.6; Ez 30.2-3; Sof 1.14-18.

los rebaños de ovejas se están
    muriendo.

[19]¡A ti clamo, Señor,
pues el fuego ha quemado
la hierba del desierto y los árboles
    del campo!
[20]¡Aun los animales salvajes claman a
    ti,
porque se han secado los arroyos
y el fuego quema los pastizales![e]

**2** [1]Toquen la trompeta en el monte
    Sión;
den el toque de alarma en el santo
    monte del Señor.
Tiemblen todos los que viven en
    Judá,
porque ya está cerca el día del Señor:
[2]día de oscuridad y tinieblas,
día de nubes y sombras.

### El ataque de las langostas

Un ejército fuerte y numeroso
se ha desplegado sobre los montes
como la luz del amanecer.
Nunca antes se vio, ni se verá jamás,
nada que se le parezca.
[3]Son como el fuego, que todo lo
    devora;
que ya quema antes de pasar,
y aun después que ha pasado.
La tierra, que antes de su llegada era
    un paraíso,
cuando se van parece un desierto.
¡No hay nada que se les escape!
[4]Su aspecto es como de caballos,
    corren como jinetes
[5]y su estruendo al saltar sobre los
    montes
es como el estruendo de los carros de
    guerra,
como el crujir de las hojas secas que
    arden en el fuego.
Son como un ejército poderoso
en formación de batalla.[f]
[6]La gente tiembla al verlas,
y todas las caras palidecen.
[7]Como valientes hombres de guerra,
corren, trepan por los muros
y avanzan de frente,
sin torcer ninguna su camino.
[8]No se atropellan unas a otras;
cada una sigue su camino,
y se lanzan entre las flechas
sin romper la formación.
[9]Asaltan la ciudad,
corren sobre los muros,

trepan por las casas
y como ladrones se cuelan por las
    ventanas.

[10]La tierra tiembla ante ellas,
el cielo se estremece,
el sol y la luna se oscurecen
y las estrellas pierden su brillo.[g]
[11]El Señor, al frente de su ejército,
hace oír su voz de trueno.
Muy numeroso es su ejército;
incontables los que cumplen sus
    órdenes.
¡Qué grande y terrible es el día del
    Señor!
No hay quien pueda resistirlo.[h]

### La misericordia del Señor

[12]"Pero ahora —lo afirma el Señor—,
vuélvanse a mí de todo corazón.
¡Ayunen, griten y lloren!"[i]
[13]¡Vuélvanse ustedes al Señor su Dios,
y desgárrense el corazón
en vez de desgarrarse la ropa!
Porque el Señor es tierno y
    compasivo,
paciente y todo amor,[j]
dispuesto siempre a levantar el
    castigo.
[14]Tal vez decida no castigarlos a
    ustedes,
y les envíe bendición:
cereales y vino
para las ofrendas del Señor su Dios.

[15]¡Toquen la trompeta en el monte
    Sión!
Convoquen al pueblo y proclamen
    ayuno;
[16]reúnan al pueblo de Dios, y
    purifíquenlo;
reúnan a los ancianos, a los niños
y aun a los niños de pecho.
¡Que hasta los recién casados
salgan de la habitación nupcial!
[17]Lloren los sacerdotes, los ministros
    del Señor,
y digan entre el vestíbulo y el altar:
"Perdona, Señor, a tu pueblo;
no dejes que nadie se burle de los
    tuyos;
no dejes que otras naciones los
    dominen
y que los paganos digan:
'¿Dónde está su Dios?' "[k]

[e] 1.19-20 Am 7.4-5.   [f] 2.4-5 Ap 9.7-9.   [g] 2.10 Am 8.9; Ap 8.12.   [h] 2.11 Ap 6.17.   [i] 2.12 Dt 4.29; Jer 29.13.   [j] 2.13 Ex 34.6;
Neh 9.17; Sal 86.15.   [k] 2.17 Sal 79.10; 1 Mac 7.36-38.

[18]Entonces el Señor mostró su amor por su país; compadecido de su pueblo, [19]dijo:

"Voy a enviarles trigo, vino y aceite,
hasta que queden satisfechos;
y no volveré a permitir
que los paganos se burlen de ustedes.
[20]Alejaré de ustedes las langostas que vienen del norte,
y las echaré al desierto.
Ahogaré su vanguardia en el Mar Muerto
y su retaguardia en el Mediterráneo,
y sus cuerpos se pudrirán y apestarán.
¡Voy a hacer grandes cosas!"

[21]Alégrate mucho, tierra, y no tengas miedo,
porque el Señor va a hacer grandes cosas.
[22]No tengan miedo, animales salvajes,
pues los pastizales reverdecerán,
los árboles darán su fruto,
y habrá higos y uvas en abundancia.
[23]¡Alégrense ustedes, habitantes de Sión,
alégrense en el Señor su Dios!
Él les ha dado las lluvias en el momento oportuno,
las lluvias de invierno y de primavera,
tal como antes lo hacía.
[24]Habrá una buena cosecha de trigo
y gran abundancia de vino y aceite.

[25]"Yo les compensaré a ustedes
los años que perdieron
a causa de la plaga de langostas,
de ese ejército destructor
que envié contra ustedes.
[26]Ustedes comerán hasta quedar satisfechos,
y alabarán al Señor su Dios,
pues yo hice por ustedes grandes maravillas.
Nunca más quedará mi pueblo cubierto de vergüenza.
[27]y ustedes, israelitas, habrán de reconocer
que yo, el Señor, estoy con ustedes,
que yo soy su Dios, y nadie más.[l]
¡Nunca más quedará mi pueblo cubierto de vergüenza!

## Viene el espíritu de Dios

[28][m]"Después de estas cosas
derramaré mi espíritu sobre toda la humanidad:[n]
los hijos e hijas de ustedes
hablarán de mi parte,
los viejos tendrán sueños
y los jóvenes visiones.
[29]También sobre siervos y siervas
derramaré mi espíritu en aquellos días;
[30]mostraré en el cielo grandes maravillas,
y sangre, fuego y nubes de humo en la tierra.
[31]El sol se volverá oscuridad,
y la luna como sangre,[ñ]
antes que llegue el día del Señor,
día grande y terrible."
[32]Pero todos los que invoquen el nombre del Señor
lograrán salvarse de la muerte,[o]
pues en el monte Sión, en Jerusalén, estará la salvación,
tal como el Señor lo ha prometido.
Los que él ha escogido quedarán con vida.

**3** [1]"Cuando llegue ese momento—dice el Señor—,
haré que cambie la suerte de Judá y Jerusalén.
[2]Reuniré a todas las naciones,
las llevaré al valle de Josafat[2]
y allí las juzgaré por lo que hicieron con mi pueblo Israel.
Pues dispersaron a los israelitas por todo el mundo,
y se repartieron mi país.
[3]Se repartieron mi pueblo echándolo a suertes,
vendieron a los niños y a las niñas,
y luego se gastaron el dinero en vino y prostitutas.

## Juicio del Señor contra las naciones

[4]"¿Qué quieren ustedes de mí, Tiro, Sidón[p] y Filistea?[q] ¿Quieren vengarse de mí? ¿Quieren cobrarse algo? ¡Pues muy pronto les daré su merecido! [5]Ustedes robaron mi plata y mi oro, y se llevaron mis tesoros a sus templos. [6]Se llevaron lejos a la gente de Judá, a los habitantes de Jerusalén, y los vendieron como esclavos a los griegos. [7]Pero yo voy a sacarlos

[2] En hebreo, *Josafat* significa *el Señor juzgó.*
[l] 2.27 Is 42.8; 45.5-6,18; Ez 36.11.    [m] Los vs 2.28-3.21 corresponden a los vs 3.1-4.21 en el texto hebreo.    [n] 2.28-32 Hch 2.17-21.    [ñ] 2.31 Mt 24.29; Mr 13.24-25; Lc 21.25; Ap 6.12-13.    [o] 2.32 Ro 10.13.    [p] 3.4-8 Is 23.1-18; Ez 26-28; Am 1.9-10; Zac 9.1-4; Mt 11.21-22; Lc 10.13-14.    [q] 3.4-8 Is 14.29-31; Jer 47; Ez 25.15-17; Am 1.6-8; Sof 2.4-7; Zac 9.5-7.

del lugar donde los vendieron, y voy a hacer que ustedes sufran la misma suerte. [8] Venderé sus hijos e hijas a los judíos, para que ellos los vendan a los sabeos, gente de tierras lejanas. Yo, el Señor, lo he dicho.''

[9] Anuncien esto a las naciones:
¡Declaren la guerra santa!
¡Llamen a los valientes!
¡Que vengan y avancen los
   guerreros!
[10] Que hagan espadas de sus azadones
y lanzas de sus hoces,[r]
y que el débil diga: ''¡Yo soy
   fuerte!''
[11] Todas ustedes, naciones vecinas,
¡dense prisa, vengan a reunirse!
¡Que aun el pacífico se convierta en
   un guerrero![3]
[12] Prepárense las naciones
y acudan al valle de Josafat,
pues allí juzgará el Señor
a todas las naciones vecinas.
[13] Porque ellos son tan malvados,
córtenlos como a trigo maduro,
pues ya es el tiempo de la cosecha;[s]
aplástenlos como a uvas,
pues ya está todo listo para hacer el
   vino.[t]
[14] Hay grandes multitudes en el valle de
   la Decisión,
porque ya está cerca el día del Señor.
[15] El sol y la luna se oscurecen
y las estrellas pierden su brillo.

[16] Cuando el Señor hace oír su voz de
   trueno
desde el monte Sión, en Jerusalén,[u]
el cielo y la tierra se ponen a
   temblar.
Pero el Señor es un refugio protector
para los israelitas, que son su
   pueblo.

### Futuro glorioso de Judá

[17] ''Ustedes reconocerán que yo, el
   Señor su Dios,
vivo en Sión, mi santo monte.
Jerusalén será una ciudad santa:
jamás volverán a conquistarla los
   extranjeros.
[18] En aquel día, el vino y la leche
correrán como agua por montes y
   colinas,
y los arroyos de Judá llevarán agua
   en abundancia.
De mi templo brotará un manantial
que regará el valle de Sitim.[v]
[19] Egipto quedará en ruinas,
y Edom será convertido en un
   desierto,
porque atacaron a los habitantes de
   Judá
y en su país derramaron sangre
   inocente.[w]
[20-21] Yo vengaré su muerte; no perdonaré
al culpable.[4]
Pero Judá y Jerusalén estarán
   siempre habitadas,
y yo, el Señor, viviré en el monte
   Sión.''

---

[3] ¡Que aun el pacífico se convierta en un guerrero!: según la versión griega. Heb. Haz venir, Señor, a tus valientes.
[4] Yo vengaré su muerte; no perdonaré al culpable: según algunas versiones antiguas. Heb. oscuro.
[r] 3.10 Is 2.4; Mi 4.3.   [s] 3.13 Ap 14.14-16.   [t] 3.13 Is 63.3; Lm 1.15; Ap 14.19-20; 19.15.   [u] 3.16 Jer 25.30; Am 1.2.
[v] 3.18 Ez 47.1-12.   [w] 3.19 Abd 10.

# AMÓS

*Amós no sólo es, en cuanto al tiempo, el primero de los grandes profetas del siglo de oro de la profecía hebrea (octavo a. C.), sino también el primer profeta de la Biblia cuyo mensaje se recogió con amplitud. Provenía de un pequeño poblado de Judá, y era un simple pastor. Pero fue llamado a predicar en Israel, el reino del norte, que en aquel tiempo gozaba de notable prosperidad pero en el que también imperaban la inmoralidad y la injusticia. La vida religiosa estaba plagada de insinceridad e infiltrada de paganismo y, frente al lujo insolente de los adinerados, las masas populares vivían extorsionadas y en la mayor miseria.*

*Amós comienza con una serie de profecías contra las naciones vecinas (1.1-2.5). Pero pronto se vuelve contra Israel y Judá, que no por formar el pueblo escogido son exceptuados del juicio severo de Dios sobre el pecado. Su primer mensaje es, pues, que Dios es el Señor de todas las naciones, que la vara de medir de su juicio se aplica a todas ellas sin excepción, y que el pueblo escogido no sólo no escapa a él sino que, precisamente por ser escogido, tiene mayor responsabilidad y es juzgado con más severidad (2.6-6.14). Las cinco visiones con que termina el libro (7.1-9.15) tienen como tema el juicio soberano de Dios, pero en la primera se revela también su misericordia. La conclusión del libro es una promesa de la futura restauración de Israel.*

*Amós es considerado con razón como el profeta por excelencia de la justicia social. Pero su demanda de justicia social no es realmente el centro de su mensaje, sino un derivado de su proclama central: la verdadera naturaleza de Dios, como Señor universal de la justicia. Denuncia las injusticias sociales por la iniquidad de ellas en sí, pero sobre todo porque constituyen también una ofensa y una rebeldía contra el Dios de la justicia. Las ardientes proclamas sociales del profeta son natural y obligada consecuencia de su teología.*

## Juicios sobre las naciones vecinas

1 ¹Este es el mensaje que Amós, pastor de ovejas del poblado de Tecoa, recibió de parte de Dios acerca de Israel, dos años antes del terremoto, en tiempos de Uzías,*a* rey de Judá, y de Jeroboam,*b* hijo de Joás, rey de Israel.

²Cuando el Señor hace oír su voz de trueno
desde el monte Sión, en Jerusalén,*c*
las tierras de pastos se marchitan
y se reseca la cumbre del Carmelo.

³Así dice el Señor:
"Los de Damasco*d* han cometido tantas maldades
que no dejaré de castigarlos;
pues trillaron a los de Galaad*e* con trillos de hierro.
⁴Por eso pondré fuego a la casa real de Hazael,
y ese fuego destruirá los palacios de Ben-hadad.*f*
⁵Abriré a la fuerza las puertas de Damasco;
destruiré al que reina en Bicat-avén*f*

y al que gobierna en Bet-edén,²
y los sirios serán llevados cautivos a Kir."*g*
Lo dice el Señor.

⁶Así dice el Señor:
"Los de Gaza han cometido tantas maldades
que no dejaré de castigarlos;
pues se llevaron cautivo a todo un pueblo
y lo vendieron en Edom como esclavo.*h*
⁷Por eso pondré fuego a los muros de Gaza,
y ese fuego destruirá sus palacios.
⁸Destruiré al que reina en Asdod
y al que gobierna en Ascalón.
¡Con todo mi poder me lanzaré contra Ecrón,
y hasta el último filisteo*i* morirá!"
Lo dice el Señor.

⁹Así dice el Señor:
"Los de Tiro*j* han cometido tantas maldades
que no dejaré de castigarlos;

---

*f* En hebreo, *Bicat-avén* significa *valle de iniquidad*. Probable juego de palabras para aludir al distrito de Bit Adín, en Siria.   ² En hebreo, *Bet-edén* significa *casa de placer*.
*a* 1.1 2 R 15.1-7; 2 Cr 26.1-23.   *b* 1.1 2 R 14.23-29.   *c* 1.2 Jer 25.30; Jl 3.16.   *d* 1.3-5 Is 17.1-3; Jer 49.23-27; Zac 9.1.
*e* 1.3 2 R 10.32-33.   *f* 1.4 2 R 13.3.   *g* 1.5 2 R 16.9.   *h* 1.6 2 Cr 21.16-17; Jl 3.4-8.   *i* 1.6-8 Is 14.29-31; Jer 47;
Ez 25.15-17; Jl 3.4-8; Sof 2.4-7; Zac 9.5-7.   *j* 1.9-10 Is 23; Ez 26.1-28.19; Jl 3.4-8; Zac 9.1-4; Mt 11.21-22; Lc 10.13-14.

pues entregaron cautivo al poder de
Edom
a todo un pueblo con el que tenían
un pacto de hermanos.
[10]Por eso pondré fuego a los muros de
Tiro,
y ese fuego destruirá sus palacios."

[11]Así dice el Señor:
"Los de Edom[k] han cometido tantas
maldades
que no dejaré de castigarlos;
pues, espada en mano y sin
compasión,
persiguieron a sus hermanos
israelitas.
Dieron rienda suelta a su enojo,
y su odio fue implacable.
[12]Por eso pondré fuego a Temán,
y ese fuego destruirá los palacios de
Bosra."

[13]Así dice el Señor:
"Los de Amón[l] han cometido tantas
maldades
que no dejaré de castigarlos;
pues, en su afán de agrandar su
territorio,
abrieron en canal a las mujeres
embarazadas de la región de
Galaad.
[14]Por eso pondré fuego a los muros de
Rabá,
y ese fuego destruirá sus palacios
entre clamores de batalla
y estruendo de día tempestuoso.
[15]Y su rey marchará al destierro,
junto con todos sus hombres
importantes."
Lo dice el Señor.

**2** [1]Así dice el Señor:
"Los de Moab[m] han cometido
tantas maldades
que no dejaré de castigarlos;
pues quemaron los huesos del rey de
Edom
hasta convertirlos en ceniza.
[2]Por eso pondré fuego a la región de
Moab,
y ese fuego destruirá los palacios de
Queriot;
y entre clamores de batalla
y toques de trompeta,
los moabitas morirán.
[3]¡Quitaré al rey de en medio de su
pueblo;

lo mataré, y con él a sus hombres
importantes!"
Lo dice el Señor.

[4]Así dice el Señor:
"Los de Judá han cometido tantas
maldades
que no dejaré de castigarlos;
pues rechazaron las enseñanzas del
Señor
y no obedecieron sus leyes,
sino que adoraron a los mismos
ídolos[3]
que sus padres habían adorado.
[5]Por eso pondré fuego a Judá,
y ese fuego destruirá los palacios de
Jerusalén."[n]

### Juicio sobre Israel

[6]Así dice el Señor:
"Los de Israel han cometido tantas
maldades
que no dejaré de castigarlos;
pues venden al inocente por dinero
y al pobre por un par de sandalias.
[7]Oprimen y humillan a los pobres,
y se niegan a hacer justicia a los
humildes.
El padre y el hijo se acuestan con la
misma mujer,
profanando así mi santo nombre.
[8]Tendidos sobre ropas que recibieron
en prenda,
participan en comidas en honor de
los ídolos;
con dinero de multas injustas
compran vino,
que beben en el templo de su dios.[ñ]
[9]Yo, sin embargo, para abrirles paso
a ustedes,
destruí a los amorreos;[o]
los destruí por completo,
aunque eran altos como cedros y
fuertes como robles.
[10]Pero a ustedes los saqué de Egipto,
y los conduje cuarenta años por el
desierto
para darles la tierra de ellos.[p]
[11]Y no pueden negar, israelitas, que de
entre ustedes
a algunos hice profetas y a otros
nazareos."[4,q]
El Señor lo afirma.

---

[3] Idolos: lit. mentiras. [4] Nazareo: véase nota en Nm 6.2.
[k] **1.11-12** Is 34.5-17; 63.1-6; Jer 49.7-22; Ez 25.12-14; 35.1-15; Abd 1-14; Mal 1.2-5.   [l] **1.13-15** Jer 49.1-6; Ez 21.28-32; 25.1-7;
Sof 2.8-11.   [m] **2.1-3** Is 15.1-16.14; 25.10-12; Jer 48; Ez 25.8-11; Sof 2.8-11.   [n] **2.5** Os 8.14.   [ñ] **2.8** Ex 22.26-27; Dt 24.12-13.
[o] **2.9** Dt 3.8-11.   [p] **2.10** Ex 20.2; Dt 8.2-16.   [q] **2.11** Nm 6.1-8.

12"Pero ustedes obligaron a los
  nazareos a beber vino,
y prohibieron a los profetas que
  hablaran en mi nombre.
13Pues bien, yo haré crujir la tierra
  bajo los pies de ustedes,
como cruje una carreta cargada de
  trigo.
14Por mucho que corran, no
  escaparán;
al más fuerte le faltarán las fuerzas,
y no se salvará ni el más valiente.
15El arquero no resistirá, y no se
  salvarán
ni el que corra con pies ligeros
ni el que huya a caballo.
16Ese día, hasta el más valiente de los
  guerreros
se despojará de sus armas para poder
  huir."
El Señor lo afirma.

### La tarea del profeta

3 ¹Israelitas, oigan lo que dice el Señor
  al pueblo que sacó de Egipto:

2"Sólo a ustedes he escogido
  de entre todos los pueblos de la
    tierra.ʳ
Por eso habré de pedirles cuentas
  de todas las maldades que han
    cometido."

3Si dos caminan juntos, es porque
  están de acuerdo;
4si el león ruge en la selva, es porque
  ha hecho una presa;
  si el cachorro gruñe en la cueva, es
    porque ha capturado algo;
5si un pájaro cae al suelo, es porque
  había una trampa;
  si la trampa salta del suelo, es
    porque algo ha atrapado;
6si la trompeta suena en la ciudad, la
  gente se alarma;
  si algo malo pasa en la ciudad, es
    porque el Señor lo ha mandado.ˢ
7Nunca hace nada el Señor
  sin revelarlo a sus siervos los
    profetas.ᵗ
8¿Quién no tiembla de miedo, si el
  león ruge?
¿Quién no habla en nombre del
  Señor, si él lo ordena?ᵘ

### Destrucción de Samaria

9Proclamen ustedes en los palacios de
  Asdod
y en los palacios de Egipto:
"Vengan a los montes de Samaria;
vean los desórdenes que hay en ella
y la violencia que allí se sufre."

10El Señor afirma:
"Ellos no saben actuar con rectitud;
guardan en sus palacios lo que
  robaron con violencia."

11Por tanto, así dice Dios el Señor:
"Un enemigo rodeará el país,
derribará tu fortaleza
y saqueará tus palacios."

12Así dice el Señor:
"Así como el pastor salva de la boca
  del león
dos patas o la punta de una oreja,
así escaparán los israelitas
que viven en Samaria,
esos que se recuestan en lujosos
  divanes de Damasco."ˢ

13El Señor, el Dios todopoderoso,
  afirma:
"Oigan ustedes y den testimonio
  contra el pueblo de Jacob,
14pues el día en que yo pida cuentas a
  Israel por sus pecados,
destruiré los altares de Betel;ᵛ
los cuernos del altar serán cortados
y caerán a tierra.
15Destruiré las casas de invierno y de
  verano,
pondré fin a las casas de marfil
y arruinaré los grandes palacios."
El Señor lo afirma.

4 ¹Escuchen esto, aristocráticas
  damas,⁶
flor y nata de Samaria,
que oprimen a los pobres
y maltratan a los necesitados,
que ordenan a sus maridos
traerles vino para beber.
2Dios el Señor juró por su santidad:
"Vienen días en que a ustedes
se las llevarán con ganchos,
y sus hijos serán enganchados con
  anzuelos.
3Tendrán que salir por las brechas, en
  fila,

---

⁵ Esos que se recuestan en lujosos divanes de Damasco: traducción probable. Heb. oscuro.   ⁶ Aristocráticas damas: lit.
vacas de Basán. Basán era una región al nordeste del río Jordán, famosa por su buen ganado.
ʳ 3.2 Dt 7.6.   ˢ 3.6 Job 2.10; Is 45.7.   ᵗ 3.7 Gn 18.17-19; Jer 7.25; Dn 9.10.   ᵘ 3.8 Jer 20.9; 1 Co 9.16.   ᵛ 3.14 2 R 23.15.

y las echarán al monte Hermón.''[7]
El Señor lo afirma.

### Una exhortación irónica

4''Vayan a Betel, y a Gilgal;
¡pequen, aumenten sus rebeliones![w]
Lleven sus sacrificios por la mañana
y sus diezmos cada tercer día.
5Quemen panes sin levadura en
ofrenda de gratitud,
y anuncien por todas partes sus
ofrendas voluntarias,
ya que eso es lo que a ustedes les
encanta.''
El Señor lo afirma.

### A pesar del castigo, Israel no aprende

6''Yo hice que ustedes pasaran
hambre
en todas sus ciudades;
yo hice que les faltara comida
en todos sus poblados,
¡pero ustedes no se volvieron a mí!''
El Señor lo afirma.

7''También hice que les faltara la
lluvia
durante tres meses antes de la
cosecha.
En una ciudad hice llover y en otra
no;
en un campo llovió y otro se secó
por falta de agua;
8de ciudad en ciudad iba la gente en
busca de agua,
y no encontraban bastante para
calmar su sed,
¡pero ustedes no se volvieron a mí!''
El Señor lo afirma.

9''Los azoté con vientos calurosos y
con plagas,
hice que se marchitaran sus huertos y
sus viñedos,
la langosta se comió sus higueras y
sus olivos,
¡pero ustedes no se volvieron a
mí!''[x]
El Señor lo afirma.

10''Les mandé una plaga como las que
mandé sobre Egipto;[y]
hice que sus jóvenes murieran en los
campos de batalla
y dejé que el enemigo se adueñara de
sus caballos;

les hice oler la peste de los muertos
en los campamentos,
¡pero ustedes no se volvieron a mí!''
El Señor lo afirma.

11''Los destruí con una catástrofe
como la que mandé sobre Sodoma y
Gomorra;[z]
parecían una brasa sacada del fuego,
¡pero ustedes no se volvieron a mí!''
El Señor lo afirma.

12''Por eso, Israel, voy a hacer lo
mismo contigo;
y porque voy a hacerlo,
¡prepárate para encontrarte con tu
Dios!''

13El Señor, el que forma las montañas
y crea el viento,
el que da a conocer sus planes al
hombre,
el que convierte la luz en oscuridad,
el que recorre las regiones más altas
de la tierra,
el Señor, el Dios todopoderoso: ése
es su nombre.

### Llamado a volverse a Dios

5 1Oigan mis palabras, israelitas;
escuchen el lamento que entono
contra ustedes:
2La bella y pura Israel ha caído;
cayó para no levantarse más.
Quedó tendida sobre su propio
suelo,
y no hay quien la levante.

3Así dice Dios el Señor a los israelitas:
''Si una ciudad manda mil hombres
a la guerra,
sólo cien volverán con vida;
y si una ciudad manda cien,
sólo diez regresarán.''

4Así dice el Señor a los israelitas:
''Acudan a mí, y vivirán.
5No acudan a Betel,
no vayan a Gilgal[a]
ni pasen por Beerseba,
porque Gilgal irá sin remedio al
destierro
y Betel quedará convertida en
ruinas.''

6Acudan al Señor, y vivirán;

[7] Hermón: texto probable. Heb. Harmón.
[w] 4.4 Os 4.15; Am 5.5.   [x] 4.9 Dt 28.38; Jl 1.4-6; 2.4-9.   [y] 4.10 Ex 9.1-6; 12.29; Dt 28.27,60.   [z] 4.11 Gn 19.24.   [a] 5.5 Os 4.15;
Am 4.4.

de otro modo él enviará fuego sobre
    el reino de Israel,
y no habrá en Betel quien lo apague.
[7]¡Ay de ustedes, que convierten la
    justicia en amargura
y arrojan por los suelos el derecho!

[8-9]El Señor, que hizo las Pléyades y el
    Orión,
es quien convierte la noche en día
y el día en noche oscura;
quien llama a las aguas del mar
y las derrama sobre la tierra;
quien desencadena la ruina sobre la
    fortaleza
y la hace llegar sobre la
    fortificación.[8]
El Señor, ése es su nombre.

[10]¡Ay de ustedes, que odian al
    defensor de la justicia
y detestan al testigo honrado!
[11]Puesto que pisotean al pobre
y le cobran impuestos de trigo,
no podrán vivir en las casas de
    piedra que han construido,
ni beberán el vino de los viñedos que
    han plantado.

[12]Yo conozco sus muchas maldades
y sus pecados sin fin:
oprimen al justo, reciben soborno
y en los tribunales hacen que el
    pobre pierda su causa.
[13]Por eso el que es sabio se calla,
porque el tiempo es malo.

[14]Busquen el bien y no el mal, y
    vivirán;
así será verdad lo que ustedes dicen:
que el Señor, el Dios todopoderoso,
    está con ustedes.
[15]¡Odien el mal! ¡Amen el bien!
Asegúrense de que en los tribunales
    se hace justicia;
quizá entonces el Señor, el Dios
    todopoderoso,
tendrá piedad de los sobrevivientes
    de Israel.

[16]Así dice el Señor, el Dios
    todopoderoso:
"En todas las plazas habrá llanto,
en todas las calles habrá gritos de
    dolor.
Llamarán al duelo a los campesinos,

y a los llorones profesionales al
    llanto.
[17]En todos los viñedos llorarán
cuando yo venga a castigarlos."
Lo dice el Señor.

[18]¡Ay de los que ansían que llegue el
    día del Señor!
¿Saben cómo va a ser para ustedes
    ese día?
Será día de oscuridad, y no de luz.
[19]Será como cuando uno huye de un
    león
y se topa con un oso,
o como cuando uno entra en su casa,
se apoya en la pared,
y lo muerde una culebra.
[20]Sí, el día del Señor será de
    oscuridad, y no de luz;
de densa oscuridad, sin claridad
    ninguna.

[21]"Odio y desprecio las fiestas
    religiosas que ustedes celebran;
me disgustan sus reuniones
    solemnes.
[22]No quiero los holocaustos que
    ofrecen en mi honor,
ni sus ofrendas de cereales;
no aceptaré los gordos becerros
de sus sacrificios de reconciliación.[b]
[23]¡Alejen de mí el ruido de sus cantos!
¡No quiero oír el sonido de sus
    arpas!
[24]Pero que fluya como agua la justicia,
y la honradez como un manantial
    inagotable.[c]

[25]"Israelitas, ¿acaso en los cuarenta
años del desierto me ofrecieron ustedes
sacrificios y ofrendas? [26]Ahora, sin
embargo, tendrán que cargar con su rey
Sicut[9] y su estrella Quiyún,[9] imágenes de
dioses que ustedes mismos se han hecho.
[27]Los lanzaré a ustedes al destierro, más
allá de Damasco."[d] Lo dice el Señor, el
Dios todopoderoso. Ese es su nombre.

### Destrucción de Israel

**6** [1]¡Ay de los que llevan una vida fácil
    en Sión!
¡Ay de los que viven confiados en
    Samaria,
los jefes de la nación más
    importante,

---

[8] *Quien desencadena . . . la fortificación:* otra posible traducción: *quien hace que Tauro brille tras Capricornio y que se meta después de Arcturo.* [9] *Sicut y Quiyún:* el texto hebreo registra así los nombres de los dioses *Sacut y Keiwan,* usando en ambos las vocales de la palabra hebrea *siqqus, abominación.*
[b] 5.21-22 Is 1.11-14. [c] 5.22-24 I S 15.22; Pr 21.3; Jer 7.22-23; Os 6.6; Mi 6.6-8. [d] 5.25-27 Hch 7.42-43.

a quienes recurren los israelitas!
²Vayan a Calne, y vean;
de allí pasen a Hamat la grande,
y bajen a Gat de los filisteos.
¿Son acaso ustedes mejores que esos
países?
¿Es el país de ustedes mejor que el
de ellos?
³Ustedes no quieren pensar en el día
malo,
pero están atrayendo el imperio de la
violencia.
⁴Recostados en lujosos divanes de
marfil,
se tienden a sus anchas en sus fiestas;
banquetean con corderitos y gordos
becerros;
⁵tocan la flauta sin ton ni son;
imitan a David,ᵉ inventando
instrumentos musicales;
⁶beben vino en grandes copas,
usan los más finos perfumes,
¡y nada les importa la ruina del país!
⁷Ustedes serán los primeros en ir al
destierro,
y se acabará el alboroto de sus
banquetes.

⁸El Señor ha jurado por sí mismo; el
Señor, el Dios todopoderoso, lo afirma:
"Odio el orgullo del pueblo de
Jacob;
aborrezco sus palacios;
entregaré la ciudad al enemigo,
junto con todo lo que hay en ella."

⁹Entonces, si quedan diez hombres en
una casa, los diez morirán. ¹⁰Tan grande
será el terror que, cuando alguien levante
el cadáver de un pariente para sacarlo de
la casa,¹⁰ le dirá a otro pariente que ande
adentro: "¿Hay alguien más contigo?"
"No", responderá el otro. Y dirá el primero: "¡Cállate, no sea que pronuncies el
nombre del Señor!" ¹¹Porque el Señor va
a ordenar su castigo sobre las casas grandes y sobre las pequeñas, y todas quedarán completamente en ruinas.

¹²¿Pueden los caballos trepar por las
peñas?
¿Acaso se puede arar en el mar?
¡Pues ustedes han convertido la
justicia en veneno
y el fruto de la justicia en amargura!
¹³Ustedes se alegran falsamente, y
dicen:

"Con nuestra propia fuerza hemos
adquirido poder."
¹⁴Pues fíjense bien, israelitas;
el Señor, el Dios todopoderoso,
afirma:
"Yo levantaré contra ustedes una
nación
que los oprimirá por completo,
desde el extremo norte hasta el
extremo sur."

### Visión de las langostas

**7** ¹Esto me mostró el Señor: Cuando
apenas comenzaba a brotar la siembra
tardía, la que se hace después de la cosecha del rey, vi al Señor creando langos-
tas.ᶠ ²Y cuando las langostas ya estaban
comiéndose hasta la última hierba, dije:
—¡Señor, perdónanos! ¿Cómo va a
resistir tu pueblo Jacob, si es tan
pequeño?
³Entonces el Señor desistió de su propósito, y dijo:
—¡Eso no va a suceder!

### Visión del fuego

⁴Esto me mostró el Señor: Le vi enviar
como castigo un fuego abrasador, que
secó por completo el gran mar profundo y
que estaba acabando también con los
campos.ᵍ ⁵Yo dije:
—¡Detente, Señor, por favor! ¿Cómo
va a resistir tu pueblo Jacob, si es tan
pequeño?
⁶Entonces el Señor desistió de su propósito, y dijo:
—¡Tampoco esto va a suceder!

### Visión de la plomada

⁷El Señor me mostró también esto:
Estaba él junto a un muro, y tenía en la
mano una plomada de albañil. ⁸Y me preguntó:
—¿Qué ves, Amós?
—Una plomada de albañil —respondí.
Entonces me dijo:
—Pues con esta plomada de albañil voy
a ver cómo es de recta la conducta de mi
pueblo Israel. No le voy a perdonar ni una
vez más. ⁹Los santuarios de Isaac serán
destruidos, y los templos de Israel quedarán en ruinas. ¡Alzaré la espada contra la
familia de Jeroboam!

---

¹⁰ *Tan grande será . . . de la casa:* traducción probable. Heb. oscuro.
ᵉ **6.5** 1 Cr 23.5; Neh 12.36.   ᶠ 7.1-2 Jl 1.4; 2.2-11.   ᵍ 7.4-5 Jl 1.19-20.

### Amós se enfrenta a Amasías

[10]Amasías, sacerdote de Betel, mandó a decir a Jeroboam, rey de Israel: "Amós anda entre la gente de Israel, conspirando contra Su Majestad. El país ya no puede soportar que siga hablando. [11]Porque anda por ahí diciendo: 'Jeroboam morirá a filo de espada, y todo el pueblo de Israel será llevado al destierro.' "

[12]Luego, Amasías le ordenó a Amós:

—¡Largo de aquí, profeta! Si quieres ganarte la vida profetizando, vete a Judá; [13]pero no profetices más en Betel, porque es santuario del rey y templo principal del reino.

[14]Pero Amós le contestó:

—Yo no soy profeta, ni pretendo serlo. Me gano la vida cuidando ovejas y recogiendo[ll] higos silvestres, [15]pero el Señor me quitó de andar cuidando ovejas, y me dijo: 'Ve y habla en mi nombre a mi pueblo Israel.' [16]Por lo tanto, oye la palabra del Señor. Esto es lo que tú dices: 'No hables nada en nombre de Dios contra Israel, ni digas nada contra los descendientes de Isaac.' [17]Pero esto es lo que dice el Señor: 'Tu mujer se prostituirá en plena ciudad, y tus hijos e hijas morirán a filo de espada; tus tierras serán repartidas en sorteo; tú mismo morirás en tierra de paganos, y los israelitas serán llevados cautivos, lejos de su tierra.'

### La cesta de fruta madura

8 [1]Esto me mostró Dios el Señor: Había una cesta de fruta madura, [2]y él me preguntó:

—¿Qué ves, Amós?

—Una cesta de fruta madura —respondí.

Y me dijo el Señor:

—Ya Israel está maduro; no le voy a perdonar ni una vez más. [3]Ese día los cantos del palacio se volverán lamentos. Mucha gente morirá, y en silencio serán arrojados fuera sus cadáveres. El Señor lo afirma.

### Se acerca el juicio de Israel

[4]Oigan esto, ustedes que oprimen a los humildes y arruinan a los pobres del país; [5]ustedes que dicen: "¿Cuándo pasará la fiesta de la luna nueva, para que podamos vender el trigo? ¿Cuándo pasará el día de reposo,[12] para que vendamos el grano a precios altos y usando medidas con trampa y pesas falsas?[h] [6]¡Arruinaremos a los pobres hasta que ellos mismos se nos vendan como esclavos para pagar sus deudas, aunque sólo deban un par de sandalias! ¡Venderemos hasta el desecho del trigo!" [7]El Señor ha jurado por la gloria de Jacob: "Nunca olvidaré lo que han hecho."

[8]¿Y no habrá de temblar la tierra por todo esto?
¿No habrán de llorar todos sus habitantes?
¡La tierra subirá y bajará,
como suben y bajan las aguas del Nilo!

[9]"Ese día —afirma el Señor—,
haré que se oculte el sol al mediodía,[13]
y en pleno día cubriré de oscuridad la tierra.[i]

[10]Cambiaré las fiestas en llanto por los muertos,
y los cantos en lamentos fúnebres;
haré que ustedes se vistan de luto,
y que se rapen la cabeza en señal de dolor.
Llorarán como el que ha perdido a su único hijo,
y todo acabará en amargura.*

[11]Vienen días —afirma el Señor—
en los cuales mandaré hambre a la tierra;
no hambre de pan, ni sed de agua,
sino hambre de oír la palabra del Señor.

[12]La gente andará errante,
buscando la palabra del Señor;
irán de un mar al otro mar,
y desde el norte y hasta el oriente,
pero no podrán encontrarla.

[13]Hermosas muchachas y valientes muchachos
se desmayarán de sed ese día.

[14]Los que juran por los ídolos de Samaria;
los que dicen: 'Por vida de tu dios, oh Dan',
'Por vida de los dioses de Beerseba',
caerán para no levantarse más.''

---

[ll] Y recogiendo: lit. y picando: el fruto verde del árbol llamado sicómoro, que tenía aspecto de higo silvestre, se picaba a fin de hacerlo madurar más pronto, y venderse como fruta corriente y barata. [12] Día de reposo: aquí equivale a sábado. [13] Que se oculte el sol al mediodía: por las crónicas asirias se sabe que, precisamente en la época de Amós, en junio del año 763 a.C., hubo un eclipse de sol visible en todo el Medio Oriente.
[h] 8.5 Lv 19.35-36; Dt 25.13-16; Pr 11.1; 20.10,13; Mi 6.10-11. [i] 8.9 Jl 2.10. * 8.10 Tob 2.6.

### Nadie escapa al juicio del Señor

**9** ¹Vi al Señor, que estaba junto al altar y me decía:

"Golpea los capiteles hasta que
tiemblen los umbrales;
¡que caigan hechos pedazos sobre la
gente!
A quienes queden vivos, los mataré a
filo de espada:
aunque traten de huir, ni uno solo se
salvará;
²aunque se escondan en las
profundidades de la tierra,
de allí los sacaré;
aunque suban a las alturas de los
cielos,
de allí los haré bajar.ʲ
³Si se esconden en la cumbre del
monte Carmelo,
aun allá los iré a buscar;
si se esconden de mí en el fondo del
mar,
mandaré al monstruo marino que
vaya y los destroce;
⁴y si van al destierro, llevados por sus
enemigos,
mandaré a la espada que vaya y los
mate.
¡Para mal, y no para bien,
los tendré siempre a la vista!"

⁵El Señor, el Dios todopoderoso,
toca la tierra, y la tierra se derrite
y lloran todos sus habitantes.
La tierra sube y baja,
como suben y bajan las aguas del
Nilo.
⁶El Señor ha puesto su habitación en
el cielo
y la bóveda celeste sobre la tierra;
él llama a las aguas del mar
y las derrama sobre la tierra.
El Señor, ése es su nombre.

⁷Esto afirma el Señor:
"Israelitas, para mí no hay
diferencia

entre ustedes y los etiopes.
Así como los traje a ustedes de
Egipto,
así traje también de Creta a los
filisteos
y de Kir a los arameos."

⁸El Señor mira este reino pecador, y
dice:
"Lo voy a borrar de la tierra,
pero no destruiré por completo la
casa de Jacob.
Yo, el Señor, lo afirmo.
⁹Voy a ordenar que la casa de Israel
sea zarandeada
como se zarandea el trigo en una
criba,
sin que un solo grano caiga a tierra.
¹⁰Todos los pecadores de mi pueblo
morirán a filo de espada;
todos los que dicen: 'Nada de eso
nos pasará;
el mal no va a alcanzarnos.'

### Restauración futura de Israel

¹¹"El día viene en que levantaré la caída choza de David. Taparé sus brechas, levantaré sus ruinas y la reconstruiré tal como fue en los tiempos pasados, ¹²para que lo que quede de Edom y de toda nación que me ha pertenecido vuelva a ser posesión de Israel." El Señor ha dado su palabra, y la cumplirá.ᵏ

¹³"Vienen días en que todavía se estará cosechando el trigo cuando ya será tiempo de arar el campo, y en que aún no se habrá acabado de pisar las uvas cuando ya será tiempo de sembrar el trigo. Por montes y colinas correrá el vino como agua. ¹⁴Entonces traeré del destierro a mi pueblo Israel. Reconstruirán las ciudades destruidas, y vivirán en ellas; plantarán viñedos, y beberán su vino; sembrarán huertos, y comerán sus frutos. ¹⁵Pues los plantaré en su propia tierra, y nunca más volverán a ser arrancados de la tierra que les di." Dios el Señor lo afirma.

ʲ **9.2** Sal 139.7-12; Jer 23.23-24.   ᵏ **9.11-12** Hch 15.16-18.

# ABDÍAS

*El trasfondo histórico de esta breve profecía es lo hecho por los idumeos contra Judá, aprovechándose de la caída y destrucción de Jerusalén: no sólo ayudaron al invasor, no sólo se alegraron de la desgracia de Judá, sino que saquearon la ciudad y ocuparon una parte del territorio. Abdías anuncia el castigo de Edom por esta felonía (vs. 1-14) y la proximidad del Día del Señor, en que el juicio divino se abatirá sobre ese pueblo y Judá será restaurado (vs. 15-21).*

## La humillación de Edom

¹Profecía que Abdías recibió del Señor por revelación.

Hemos oído un mensaje del Señor;
un mensajero ha ido a las naciones,
a decirles:
"¡En marcha! ¡Vamos a la guerra
contra Edom!"*a*

Dios el Señor le dice a Edom:
²"Voy a hacerte pequeño entre las
naciones
y a humillarte en gran manera.
³Tu orgullo te ha engañado.
Vives en las grietas de las peñas
y habitas en las alturas,
y por eso has llegado a creer
que nadie puede derribarte.
⁴Pero aunque te eleves como el águila
y pongas tu nido en las estrellas,
de allí te haré caer."

El Señor afirma:
⁵"Si los ladrones vinieran de noche a
robarte,
no se lo llevarían todo;
si vinieran a ti los vendimiadores,
algunos racimos dejarían.
En cambio, tus enemigos
te han destrozado por completo.
⁶¡Cómo te han saqueado, Esaú!*l*
¡Han robado hasta el último de tus
tesoros!
⁷Todos tus aliados te engañaron;
te echaron de tu propia tierra.
Aun tus propios amigos
se han puesto en contra tuya,
y tus amigos de confianza te han
tendido trampas.
¡Edom no tiene inteligencia!"

⁸El Señor afirma:
"Cuando yo castigue a Edom,
destruiré a todos sus sabios
y quitaré la inteligencia

a los de la región montañosa de
Esaú.
⁹Los guerreros de Temán temblarán
de miedo,
y en la región montañosa de Esaú
no quedará nadie con vida.

## Las culpas de Edom

¹⁰"Quedarás cubierto de vergüenza y
destruido para siempre,
por haber maltratado y matado a tu
hermano Jacob.*b*
¹¹Cuando el enemigo saqueó las
riquezas de la ciudad,
cuando los soldados extranjeros
rompieron las puertas de Jerusalén,
¡tú te hiciste a un lado!
Cuando se rifaron sus despojos
y se llevaron sus riquezas,
¡tú te portaste como uno de ellos!
¹²No debiste alegrarte de ver a tu
hermano
en el día de su desgracia,
ni debiste alegrarte de ver a Judá
en el día de su ruina,
ni debiste burlarte de ellos
en el día de su angustia.*c*
¹³No debiste entrar en mi ciudad
el día de su sufrimiento,
ni debiste alegrarte de su desgracia
el día de su infortunio,
ni debiste robar sus riquezas
el día de su calamidad.
¹⁴No te debiste parar en las
encrucijadas
para matar a los que escapaban,
ni debiste entregar a los que huían
en el día de la angustia.
¹⁵Lo mismo que hiciste con otros, se
hará contigo:
¡recibirás tu merecido!

## La exaltación de Israel

"Ya está cerca el día del Señor
para todas las naciones.

---

*l Esaú:* otro nombre del país de Edom.
*a* **1-14** Is 34.5-17; 63.1-6; Jer 49.7-22; Ez 25.12-14; 35.1-15; Am 1.11-12; Mal 1.2-5. *b* **10** Jl 3.19. *c* **12** Sal 137.7; Lm 4.21.

¹⁶Como fue de amarga la copa que
    ustedes
bebieron en mi santo monte,
así de amarga será la copa que las
    demás naciones
beberán sorbo a sorbo;
y desaparecerán por completo.
¹⁷Pero el monte Sión será un lugar
    santo
adonde algunos lograrán escapar.
Los descendientes de Jacob
recobrarán sus tierras;
¹⁸los descendientes de Jacob y de José
    serán fuego y serán llama,
y los de Esaú serán estopa
que aquel fuego devorará
    completamente.

¡Ninguno de los de Esaú se salvará!
Yo, el Señor, lo he dicho."

¹⁹⁻²⁰Los israelitas del Néguev tomarán
posesión de la región montañosa de Esaú,
y los de la llanura se apoderarán del territorio
de los filisteos. También tomarán
posesión de las tierras de Efraín y del
territorio de Samaria, y los de Benjamín
se apoderarán de Galaad. Esta multitud
de israelitas desterrados tomará posesión
del territorio de los cananeos² hasta
Sarepta, y los cautivos de Jerusalén que
están en Sefarad tomarán posesión de las
ciudades del Néguev. ²¹Subirán victoriosos
al monte Sión para dictar sentencia
contra los de la región montañosa de
Esaú, y el Señor será quien reine.

---

² *Tomará posesión del territorio de los cananeos:* texto probable. Heb. oscuro.

---

# JONÁS

*A diferencia de otros escritos proféticos, que son un mensaje o una serie de mensajes
en forma de predicación o proclama, el libro de Jonás es un relato. Trata de las aventuras
de un profeta que quiso eludir el cumplimiento de la comisión que Dios le encomendó
de ir a la ciudad de Nínive a exhortarla al arrepentimiento (cap. 1). Tras una dramática
experiencia que lo pone al borde de la muerte, pero que lo hace arrepentirse,
Jonás obedece la reiterada orden de Dios, va a la gran ciudad y da allí su mensaje. Pero
después se disgusta porque sucede algo que él no esperaba: los ninivitas se arrepienten y
Dios les levanta la sentencia de castigo que el profeta había ido a anunciar (caps. 2,3).
Por medio de una parábola actuada, Dios lo reprende por su injusta y hasta ridícula
contrariedad.*

*El libro exalta la soberanía de Dios sobre su creación, pero ante todo, su amor y
misericordia. Cuando hay arrepentimiento, Dios prefiere perdonar y salvar aun a los
enemigos de su pueblo antes que castigarlos y destruirlos. En un relato que no carece de
humor, se ridiculizan el amor propio y la arrogancia nacionalista de Jonás, el sentir y la
actitud de quienes, llevados de su enemistad o desprecio hacia otras naciones, caen en
extremos de exclusivismo religioso y de inhumanidad.*

## Jonás huye de Dios

**1** ¹El Señor se dirigió a Jonás,ᵃ hijo de
Amitai, y le dijo: ²"Anda, vete a la
gran ciudad de Nínive y anuncia que voy a
destruirla, porque hasta mí ha llegado la
noticia de su maldad."ᵇ

³Pero Jonás, en lugar de obedecer,
trató de huir del Señor, y se fue al puerto
de Jope, donde encontró un barco que
estaba a punto de salir para Tarsis;ᶦ
entonces compró pasaje y se embarcó

para ir allá. ⁴Pero el Señor hizo que
soplara un viento muy fuerte, y se levantó
en alta mar una tempestad tan violenta
que parecía que el barco iba a hacerse
pedazos. ⁵Los marineros estaban llenos
de miedo, y cada uno invocaba a su dios.
Por fin, para aligerar el barco, echaron
toda la carga al mar. Jonás, mientras
tanto, había bajado a la bodega del barco,
y allí se había quedado profundamente
dormido. ⁶Entonces el capitán fue a
donde estaba Jonás, y le dijo:

---

ᶦ *Tarsis:* puerto en el mar Mediterráneo, considerado por los israelitas de aquellos tiempos como el punto más lejano de
la tierra. Probablemente Tarsis correspondía a Tarteso, en la Península Ibérica.
ᵃ 1.1 2 R 14.25.    ᵇ 1.2 Nah 1.1; 3.1-19.

—¿Qué haces tú ahí, dormilón? ¡Levántate y clama a tu Dios! Tal vez quiera ocuparse de nosotros y nos ponga a salvo.

[7] Entre tanto, los marineros se decían unos a otros:

—Vamos a echar suertes, para ver quién tiene la culpa de esta desgracia.

Echaron, pues, suertes, y Jonás resultó ser el culpable. [8] Entonces le dijeron:

—Dinos por qué nos ha venido esta desgracia. ¿Qué negocio te ha traído aquí? ¿De dónde vienes? ¿Cuál es tu país? ¿De qué raza eres?

[9] Jonás les contestó:

—Soy hebreo, y rindo culto al Señor, el Dios del cielo, creador del mar y de la tierra.

[10-11] Jonás contó a los marineros que él estaba huyendo del Señor, y ellos, al oírlo y al ver que el mar se agitaba más y más, sintieron mucho miedo y le preguntaron:

—¿Por qué has hecho esto? ¿Qué podemos hacer contigo para que el mar se calme?

[12] —Pues échenme al mar, y el mar se calmará —contestó Jonás—. Yo sé bien que soy el culpable de que esta tremenda tempestad se les haya venido encima.

[13] Los marineros se pusieron a remar con todas sus fuerzas para acercarse a tierra, pero no lo lograron, porque el mar se embravecía cada vez más. [14] Entonces clamaron al Señor y dijeron: "Señor, no nos dejes morir por culpa de este hombre. Y si es inocente, no nos hagas responsables de su muerte, porque tú, Señor, actúas según tu voluntad."

[15] Dicho esto, echaron a Jonás al mar, y el mar se calmó. [16] Al verlo, los marineros sintieron una profunda reverencia por el Señor, y le ofrecieron un sacrificio y le hicieron promesas.

[17c] Entre tanto, el Señor había dispuesto un enorme pez para que se tragara a Jonás. Y Jonás pasó tres días y tres noches dentro del pez.[d]

### La oración de Jonás

**2** [1] Entonces Jonás oró al Señor su Dios desde dentro del pez, [2] diciendo:

"En mi angustia clamé a ti, Señor,
y tú me respondiste.[e]
Desde las profundidades de la
muerte

clamé a ti, y tú me oíste.[f]
[3] Me arrojaste a lo más hondo del
mar,
y las corrientes me envolvieron.
Las grandes olas que tú mandas
pasaban sobre mí.[g]
[4] Llegué a sentirme echado de tu
presencia;[h]
pensé que no volvería a ver tu santo
templo.
[5] Las aguas me rodeaban por
completo;
me cubría el mar profundo;
las algas se enredaban en mi cabeza.
[6] Me hundí hasta el fondo del abismo;[i]
¡ya me sentía su eterno prisionero!
Pero tú, Señor, mi Dios,
me salvaste de la muerte.[j]
[7] Al sentir que la vida se me iba,
me acordé de ti, Señor;
mi oración llegó a ti en tu santo
templo.
[8] Los que siguen a los ídolos
dejan de serte leales;
[9] pero yo, con voz de gratitud,
te ofreceré sacrificios;
cumpliré las promesas que te hice.[k]
¡Sólo tú, Señor, puedes salvar!"

[10] Entonces el Señor dispuso que el pez vomitara a Jonás en tierra firme.

### Nínive se arrepiente

**3** [1] El Señor se dirigió por segunda vez a Jonás, y le dijo: [2] "Anda, vete a la gran ciudad de Nínive y anuncia lo que te voy a decir."

[3-4] Jonás se puso en marcha y fue a Nínive, como el Señor se lo había ordenado. Nínive era una ciudad tan grande que para recorrerla toda había que caminar tres días. Jonás entró en la ciudad y caminó todo un día, diciendo a grandes voces: "¡Dentro de cuarenta días Nínive será destruida!"

[5] Los habitantes de la ciudad, grandes y pequeños, creyeron en Dios, proclamaron ayuno y se pusieron ropas ásperas en señal de dolor.[l] [6] Cuando la noticia llegó al rey de Nínive, también él se levantó de su trono, se quitó sus vestiduras reales, se puso ropas ásperas y se sentó en el suelo. [7] Luego, el rey y sus ministros dieron a conocer por toda la ciudad el siguiente decreto: "Que nadie tome ningún alimento. Que tampoco se dé de comer ni de

c Los vs 1.17-2.10 corresponden a los vs 2.1-11 en el texto hebreo.   d 1.17 Mt 12.40.   e 2.2 2 S 22.7; Sal 18.6; 120.1.
f 2.2 Sal 130.1; Lm 3.55.   g 2.3 Sal 42.7; 88.3-7.   h 2.4 Sal 31.22.   i 2.5-6 Sal 69.2.   j 2.6 Sal 30.3.   k 2.9 Sal 22.25.
l 3.3-5 Mt 1 2.41; Lc 11.32.

beber al ganado y a los rebaños. [8]Al contrario, vístanse todos con ropas ásperas en señal de dolor, y clamen a Dios con todas sus fuerzas. Deje cada uno su mala conducta y la violencia que ha estado cometiendo hasta ahora; [9]tal vez Dios cambie de parecer y se calme su ira, y así no moriremos.''

[10]Dios vio lo que hacía la gente de Nínive y cómo dejaba su mala conducta, y decidió no hacerles el daño que les había anunciado.

### El enojo de Jonás

**4** [1]A Jonás le cayó muy mal lo que Dios había hecho, y se disgustó mucho. [2]Así que oró al Señor, y le dijo:

—Mira, Señor, esto es lo que yo decía que iba a pasar cuando aún me encontraba en mi tierra. Por eso quise huir de prisa a Tarsis, pues yo sé que tú eres un Dios tierno y compasivo, que no te enojas fácilmente,[m] y que es tanto tu amor que anuncias un castigo y luego te arrepientes. [3]Por eso, Señor, te ruego que me quites la vida. Más me vale morir que seguir viviendo.

[4]Pero el Señor le contestó:

—¿Te parece bien enojarte así?

[5]Jonás salió de la ciudad y acampó al oriente de ella; allí hizo una enramada y se sentó a su sombra, esperando a ver lo que le iba a pasar a la ciudad. [6]Dios el Señor dispuso entonces que una mata de ricino[2] creciera por encima de Jonás, y que su sombra le cubriera la cabeza para que se sintiera mejor. Jonás estaba muy contento con aquella mata de ricino. [7]Pero, al amanecer del día siguiente, Dios dispuso que un gusano picara el ricino, y éste se secó. [8]Cuando el sol salió, Dios dispuso que soplara un viento caliente del este, y como el sol le daba a Jonás directamente en la cabeza, él sintió que se desmayaba, y quería morirse.

—Más me vale morir que seguir viviendo —decía.

[9]Pero Dios le contestó:

—¿Te parece bien enojarte así porque se haya secado la mata de ricino?

—¡Claro que me parece bien! —respondió Jonás—. ¡Estoy que me muero de rabia!

[10]Entonces el Señor le dijo:

—Tú no sembraste la mata de ricino, ni la hiciste crecer; en una noche nació, y a la otra se murió. Sin embargo le tienes compasión. [11]Pues con mayor razón debo yo tener compasión de Nínive, esa gran ciudad donde hay más de ciento veinte mil niños inocentes[3] y muchos animales.

---

[2] *Una mata de ricino:* la palabra hebrea se ha traducido también *calabacera* y *hiedra.* Se trata de una planta de identificación insegura.   [3] *Niños inocentes:* lit. *personas que no saben distinguir su derecha de su izquierda.*
[m] 4.2 Ex 34.6.

# MIQUEAS

*Miqueas es uno de los cuatro grandes profetas del siglo octavo a. C., y contemporá-*
*neo de Isaías. Miqueas tiene la viva conciencia de que Judá, de cuyo territorio es nativo*
*y en cuya zona rural predica, va a correr la misma suerte y por las mismas causas que*
*Israel, conforme al anuncio de Amós (caps. 1-3). Confirma así, al anunciar el juicio de*
*Dios, el mensaje clásico de los profetas sobre la santidad, la justicia y la universalidad*
*del Señor. Pero recalca también la misericordia divina: el Dios del juicio es también el*
*Dios del perdón. Por lo cual anuncia la final restauración y el futuro reinado de la paz*
*(caps. 4, 5). El libro termina con un mensaje a la vez de amonestación y de esperanza,*
*con la promesa de restauración.*
*    Su anuncio de que un gran rey de la familia de David, el Esperado y Elegido, nacerá*
*en Belén Efrata (5.2-5a), se cita en Mt 2.6 como anuncio del nacimiento de Jesús en esa*
*población.*

## Juicio de Dios sobre Samaria

**1** ¹Este es el mensaje que el Señor dirigió a Miqueas de Moreset y lo que por
revelación le comunicó acerca de Samaria
y Jerusalén, en el tiempo en que Jotam,ᵃ
Acazᵇ y Ezequíasᶜ reinaban en Judá.

²Pueblos todos, escuchen esto;
  habitantes de todo el país, pongan
    atención:
  El Señor, desde su santo templo,
  va a ser testigo contra ustedes.
³El Señor saldrá del lugar donde
    habita
  y vendrá caminando sobre las
    cumbres de los montes.
⁴Debajo de sus pies se fundirán los
    montes
  como cera puesta al fuego,ᵈ
  y los valles se abrirán en dos
  como cortados por las aguas de un
    torrente.
⁵Todo esto por la rebeldía del pueblo
    de Jacob,
  por los pecados del reino de Israel.
  ¿Dónde está la rebeldía de Jacob?
  ¡En el pueblo de Samaria!
  ¿Y dónde los santuarios paganos de
    Jacob?
  ¡En la misma Jerusalén!

⁶Por eso dice el Señor:
  "Haré de la ciudad de Samaria un
    montón de ruinas,
  un campo abierto donde plantar
    viñedos.
  Esparciré por el valle las piedras de
    la ciudad
  y pondré al descubierto sus
    cimientos.

⁷Todos sus ídolos quedarán hechos
    pedazos,
  y quemados todos sus troncos
    sagrados.¹
  Puesto que fueron hechos con dinero
    de prostitutas,
  en dinero de prostitutas los
    convertiré otra vez."

## Lamento de Miqueas

⁸Por eso lloraré con profunda
    tristeza;
  por eso andaré descalzo y desnudo,
  aullando como un chacal
  y gritando como un pollo de
    avestruz.
⁹Porque la herida de Samaria es
    incurable:
  ha alcanzado a Judá
  y ha llegado hasta Jerusalén,
  la ciudad donde vive mi pueblo.
¹⁰No digan esto a los habitantes de
    Gat;
  no se echen a llorar.
  Revuélquense de dolor
  entre el polvo de Bet-le-afra.²
¹¹¡Habitantes de Safir, vayan al
    destierro,
  desnudos y llenos de vergüenza!
  ¡No saldrán los que viven en
    Zaanán!
  ¡Hay llanto en Bet-esel,
  y ustedes van a quedar sin su apoyo!
¹²Los que viven en Marot se retuercen
  de dolor ansiando sentirse bien,
  porque el Señor ha hecho que el mal
    llegue
  a las puertas mismas de Jerusalén.
¹³Ustedes, habitantes de Laquis,
  que fueron rebeldes como Israel,

---

¹ *Sus troncos sagrados:* texto probable. Heb. *sus donativos* (recibidos como paga) *de prostituta.*   ² *Bet-le-afra* significa
en hebreo *casa del polvo.* Este lugar aún no ha sido identificado.
ᵃ 1.1 2 R 15.32-38; 2 Cr 27.1-7.   ᵇ 1.1 2 R 16.1-20; 2 Cr 28.1-27.   ᶜ 1.1 2 R 18.1-20.21; 2 Cr 29.1-32.33.   ᵈ 1.4 Sal 97.5.

que fueron la causa del pecado de
Sión,
enganchen caballos a sus carros.
[14]Despídanse para siempre de
Moreset-gat.
La ciudad de Aczib servirá de
trampa
a los reyes de Israel.

[15]El Señor dice:
"Contra ustedes, los que viven en
Maresa,
enviaré de nuevo un conquistador,
y lo más escogido de Israel
irá a meterse en la cueva de Adulam.
[16]Y tú, ciudad de Sión,[3]
rápate la cabeza en señal de dolor,
a causa de los hijos que tanto amas.
Rápate hasta quedar calva como un
buitre,
porque tus hijos van a ser llevados al
destierro."

### El poder de los opresores

**2** [1]¡Ay de aquellos que aun en sus
sueños
siguen planeando maldades,
y que al llegar el día las llevan a cabo
porque tienen el poder en sus manos!
[2]Codician terrenos, y se apoderan de
ellos;
codician casas, y las roban.
Oprimen a los hombres,
y a sus familias y propiedades.
[3]Por eso dice el Señor:
"Yo también tengo planes contra
ustedes.
Voy a enviarles una desgracia
de la que no podrán librar su cuello,
y ya no podrán caminar
orgullosamente
porque serán tiempos de desastre.
[4]En aquel día les cantarán a ustedes
canciones en son de lamento. Les
dirán:
'Hemos sido completamente
destruidos;
nuestro pueblo, propiedad del Señor,
ha cambiado de dueño sin que nadie
lo impida;
nuestros campos han sido repartidos
entre nuestros conquistadores.' "[4]
[5]Por eso ustedes no tendrán parte
en el pueblo del Señor.

### Los malos profetas

[6]"'¡Que no nos vengan con profecías!
—dicen ellos—.
¡La desgracia no podrá
alcanzarnos!'"[e]
[7]¿Acaso está maldito[5] el pueblo de
Jacob?
¿Es que Dios ha perdido la
paciencia?
¿Es así como Dios actúa?
¿Acaso no beneficia su palabra
al que se porta rectamente?
[8]Ustedes se han alzado en contra de
mi pueblo.
Les arrebatan las ropas de valor
a los que vuelven de la guerra
pensando que ya están a salvo.
[9]De sus amados hogares
arrojan a las mujeres,
y a sus niños los privan para siempre
del honor que les he dado.
[10]Levántense y sigan caminando,
que éste no es lugar de descanso;
es tanta la corrupción que hay en él,
que está por completo corrompido.
[11]Si alguien inventa mentiras, y dice:
"Yo anuncio vino y licor",
ése es el profeta ideal para este
pueblo.

### Dios promete liberar a su pueblo

[12]Voy a reunir a todo el pueblo de
Jacob;
voy a recoger al pequeño resto de
Israel.
Los juntaré como ovejas en el redil,
como rebaño en el pastizal,
y harán el ruido de una multitud.
[13]Dios irá abriéndoles camino,
y ellos le seguirán
y saldrán por la puerta de la ciudad.
Su rey, el Señor,
marchará al frente de todos.

### Mensaje contra los malos gobernantes

**3** [1]Escuchen ahora, gobernantes y
jefes de Israel,
¿acaso no corresponde a ustedes
saber lo que es la justicia?
[2]En cambio, odian el bien y aman el
mal;
despellejan a mi pueblo
y le dejan los huesos pelados.
[3]Se comen vivo a mi pueblo;

---

[3] *Ciudad de Sión:* texto probable. En el texto hebreo no aparece esta frase.    [4] *En aquel día . . . nuestros conquistadores:*
traducción probable. Heb. oscuro.    [5] *¿Acaso está maldito:* texto probable. Heb. oscuro.
[e] **2.6** Is 30.10.

le arrancan la piel y le rompen los
  huesos;
lo tratan como si fuera carne para la
  olla.
[4]Un día llamarán ustedes al Señor,
pero él no les contestará.
En aquel tiempo se esconderá de
  ustedes
por las maldades que han cometido.

[5]Mi pueblo sigue caminos
  equivocados
por culpa de los profetas que lo
  engañan,
que anuncian paz a quienes les dan
  de comer
pero declaran la guerra
a quienes no les llenan la boca.
El Señor dice a esos profetas:
[6]"No volverán ustedes a tener
visiones proféticas en la noche
ni a predecir el futuro en la
  oscuridad."
El sol se pondrá para esos profetas,
y el día se les oscurecerá.
[7]Esos videntes y adivinos
quedarán en completo ridículo.
Todos ellos se quedarán callados
al no recibir respuesta de Dios.
[8]En cambio, a mí, el espíritu del
  Señor
me llena de fuerza, justicia y valor,
para echarle en cara a Israel su
  rebeldía y su pecado.

[9]Escuchen esto ahora, gobernantes y
  jefes de Israel,
ustedes que odian la justicia
y tuercen todo lo que está derecho,[f]
[10]que construyen Jerusalén, la ciudad
  del monte Sión,
sobre la base del crimen y la
  injusticia.[g]
[11]Los jueces de la ciudad se dejan
  sobornar,
los sacerdotes enseñan sólo por
  dinero
y los profetas venden sus
  predicciones
alegando que el Señor los apoya, y
  diciendo:
"El Señor está con nosotros;
nada malo nos puede suceder."
[12]Por lo tanto, por culpa de ustedes,
Jerusalén, la ciudad del monte Sión,
va a quedar convertida en barbecho,
en un montón de ruinas,

y el monte del templo se cubrirá de
  maleza.[h]

## El reinado de paz del Señor
### (Is 2.2-4)

**4** [1]En los últimos tiempos quedará
  afirmado
el monte donde se halla el templo del
  Señor.
Será el monte más alto;
más alto que cualquier otro monte.
Todas las naciones vendrán a él;
[2]pueblos numerosos llegarán,
  diciendo:
"Vengan, subamos al monte del
  Señor,
al templo del Dios de Jacob,
para que él nos enseñe sus caminos
y podamos andar por sus senderos."
Porque de Sión saldrá la enseñanza
  del Señor,
de Jerusalén vendrá su palabra.
[3]El Señor juzgará entre las naciones
y decidirá los pleitos de pueblos
  numerosos,
aun de los más lejanos.
Ellos convertirán sus espadas en
  arados
y sus lanzas en hoces.[i]
Ningún pueblo volverá a tomar las
  armas contra otro
ni a recibir instrucción para la
  guerra.
[4]Todos vivirán entonces sin temor,
y cada cual podrá descansar
a la sombra de su vid y de su
  higuera.[j]
¡Son las propias palabras del Señor
  todopoderoso!

[5]Los otros pueblos obedecen a sus
  propios dioses,
pero nosotros siempre obedeceremos
al Señor nuestro Dios.

## El Señor salvará a su pueblo

[6-7]Esto afirma el Señor:
"En aquel día reuniré a mis ovejas,
a las que había castigado:
a las cojas, cansadas y dispersas.
Con ellas, con las que hayan
  quedado,
haré una nación poderosa.
Yo, el Señor, gobernaré a mi pueblo
desde el monte Sión, ahora y
  siempre.[k]

f 3.9 Am 5.7.   g 3.10 Hab 2.12.   h 3.12 Jer 26.18.   i 4.3 Jl 3.10.   j 4.4 Zac 3.10; 1 Mac 14.12.   k 4.6-7 Is 40.11; Ez 34.11-16; Sof 3.19; Jn 10.7-16.

[8]Y tú, Jerusalén, torre y fortaleza de
    Sión,
tú volverás a ser la capital del reino,
la gran señora que antes fuiste."

[9]Ahora pues, ¿por qué gritas así,
    como una mujer con dolores de
    parto?
¿Acaso porque en ti no hay rey?
¿O porque han muerto tus
    consejeros?
[10]Retuércete y grita, ciudad de Sión,
    como una mujer con dolores de
    parto,
porque tu gente va a salir de ti y
    tendrá que vivir a campo abierto,
y aun llegará hasta Babilonia.
Pero allí librará el Señor a su
    pueblo;
lo salvará de sus enemigos.

[11]Ahora muchas naciones
    se han juntado en contra tuya,
diciendo: "¡Vamos a darnos el gusto
de ver a Jerusalén profanada!"
[12]Pero esas naciones no conocen
los pensamientos y los planes de
    Dios;
no saben que él las va a juntar
como manojos de espigas en la era.

[13]¡Levántate y trilla, ciudad de Sión!
Porque el Señor dice:
"Yo te daré la fuerza de un toro
de cuernos de hierro y pezuñas de
    bronce,
para que destroces a muchos
    pueblos.
Tú les quitarás sus riquezas mal
    habidas
y me las consagrarás a mí,
al Señor de toda la tierra."

## Dios proveerá de gobernantes a Israel

5 [1][l]"Pero ahora, Jerusalén, prepara tu
    defensa,
porque has sido sitiada
y van a castigar duramente al jefe de
    Israel.
[2]En cuanto a ti, Belén Efrata,
pequeña entre los clanes de Judá,
de ti saldrá un gobernante de Israel[m]
que desciende de una antigua
    familia."
[3]Ahora el Señor deja a los suyos,
pero sólo hasta que dé a luz
la mujer que está esperando un hijo.

Entonces se reunirán con sus
    compatriotas
los israelitas que están en el
    destierro.
[4]El rey se levantará para pastorear a
    su pueblo
con el poder y la majestad del Señor
    su Dios,
y ellos podrán vivir en paz,
porque el Señor será engrandecido
hasta el último rincón de la tierra.
[5]Él traerá la paz.
Cuando los asirios invadan nuestro
    país
y entren en nuestros palacios,
enviaremos contra ellos
siete jefes y ocho hombres
    importantes.
[6]Ellos gobernarán Asiria,
el país de Nimrod,[n] a filo de espada,
y nos librarán de los asirios
que hayan cruzado nuestras
    fronteras
e invadido nuestra tierra.
[7]Entonces, en medio de muchos
    pueblos,
los que queden del pueblo de Jacob
serán como el rocío que envía el
    Señor, como las lluvias que caen
    sobre la hierba,
que no dependen de la voluntad del
    hombre.
[8]Entonces, en medio de muchas
    naciones,
lo que quede del pueblo de Jacob
será como un león entre los animales
    salvajes,
como un león en un rebaño de
    ovejas,
que al pasar las desgarra y destroza,
y no deja que ninguna escape con
    vida.
[9]Así atacarás tú, Señor, y destruirás
a todos tus enemigos.

[10]Esto afirma el Señor:
"En aquel día mataré tus caballos
y destruiré tus carros de guerra;
[11]convertiré en ruinas tus ciudades
y derribaré todas tus fortalezas;
[12]acabaré con tus hechicerías
y te dejaré sin adivinos;
[13]destruiré tus ídolos y piedras
    sagradas,
para que no vuelvas a adorar jamás
a los dioses que tú mismo hiciste.
[14]Arrancaré tus árboles sagrados

---

[l] Los vs 5.1-15 corresponden a los vs 4.14-5.14 en el texto hebreo.   [m] 5 .2 Mt 2.6; Jn 7.42.   [n] 5.6 Gn 10.8-11.

y destruiré por completo tus
ciudades.
[15]En mi furor, tomaré venganza
de las naciones que no quisieron
obedecerme.''

### Pleito de Dios contra Israel

**6** [1]Oigan ustedes ahora lo que dice el
Señor:
''¡Levántate y expón tu caso ante los
montes,
y que los cerros oigan tu voz!''
[2]Escuchen ustedes, montes
y firmes cimientos de la tierra:
el Señor va a entablar un juicio
contra su pueblo,
va a entablar un pleito contra
Israel.[ñ]

[3]Esto dice el Señor:
''Respóndeme, pueblo mío,
¿qué te he hecho o en qué te he
molestado?
[4]Yo te saqué de Egipto,[o] librándote
de la esclavitud;
yo envié a Moisés, Aarón[p] y María,[q]
para que te dirigieran.
[5]Pueblo mío, recuerda ahora
los planes de Balac, rey de Moab,
y la respuesta que le dio Balaam,
hijo de Beor.[r]
Recuerda cuando pasaste de Sitim a
Gilgal,[s]
y reconoce las victorias del Señor.''

### Lo que el Señor espera del hombre

[6]¿Con qué me presentaré a adorar
al Señor, Dios de las alturas?
¿Me presentaré ante él con becerros
de un año,
para ofrecérselos en holocausto?
[7]¿Se alegrará el Señor, si le ofrezco
mil carneros
o diez mil ríos de aceite?
¿O si le ofrezco a mi hijo mayor
en pago de mi rebelión y mi pecado?

[8]El Señor ya te ha dicho, oh hombre,
en qué consiste lo bueno
y qué es lo que él espera de ti:
que hagas justicia, que seas fiel y leal
y que obedezcas humildemente a tu
Dios.[t]

[9]El Señor está llamando a la ciudad,

y es sabio oírle con reverencia:
''Escuchen, pueblo y consejeros de
la ciudad:[6]
[10]En la casa del malvado hay riquezas
mal habidas
y esas medidas falsas que aborrezco.
[11]¿Cómo podré perdonar al que
emplea
balanzas alteradas y pesas falsas?[u]
[12]Los ricos de esta ciudad son todos
opresores;
mentirosos y engañadores todos sus
habitantes.
[13]Por eso voy a castigarte;
voy a arruinarte por causa de tus
pecados.
[14]Comerás, pero no quedarás
satisfecho,
sino que seguirás sufriendo hambre;
recogerás provisiones, pero no
podrás salvar nada,
y aun si algo salvas, haré que la
guerra lo destruya.
[15]Sembrarás, pero no cosecharás;
molerás aceitunas, pero no
aprovecharás el aceite;
pisarás uvas, pero no beberás el
vino.
[16]Porque has seguido los mandatos y
las prácticas
de Omri y de la familia de Acab,[v]
y te has portado como ellos lo
hicieron.
Por eso yo haré de ti y de tus
habitantes
un motivo de horror y de burla,
y la vergüenza de mi pueblo caerá
sobre ti.''

### La corrupción de Israel

**7** [1]¡Ay de mí! Soy como el que
rebusca
después de la cosecha,
y ya no encuentra uvas ni higos,
esos frutos que querría comer.
[2]Ya no quedan en el mundo
hombres rectos ni fieles a Dios;[w]
todos esperan el momento
de actuar con violencia;
los unos a los otros se ponen
trampas.
[3]Son maestros en hacer lo malo;
los funcionarios exigen recompensas,
los jueces se dejan sobornar,

---

[6] *Pueblo y consejeros de la ciudad:* texto probable. Heb. oscuro.
[ñ] 6.2 Is 3.13; Os 4.1; 12.2.  [o] 6.4 Ex 12.50-51.  [p] 6.4 Ex 4.10-16.  [q] 6.4 Ex 15.20.  [r] 6.5 Nm 22-24.  [s] 6.5 Jos 3.1-4.19.  [t] 6.6-8
1 S 15.22; Pr 21.3; Os 2.19-20; 6.6; Am 5.22-24; Zac 7.9-10.  [u] 6.10-11 Lv 19.35-36; Dt 25.13-16; Am 8.5.  [v] 6.16 1 R 16.23-34;
21.25-26.  [w] 7.2 Sal 12.1.

los poderosos hacen lo que se les
antoja
y pervierten la ciudad.[7]

4El mejor de ellos es como un espino;
el más honrado, como una zarza.
Pero viene el día de ajustar las
cuentas,
el día que te anunció el centinela.
Entonces reinará la confusión entre
ellos.
5No creas en la palabra de tu prójimo
ni confíes en ningún amigo;
cuídate aun de lo que hables con tu
esposa.
6Porque los hijos tratan con desprecio
a los padres,
las hijas se rebelan contra las
madres,
las nueras contra las suegras
y los enemigos de cada cual son sus
propios parientes.[x]
7Pero yo esperaré en el Señor;
pondré mi esperanza en Dios mi
salvador,
porque él me escuchará.

### La victoria definitiva de Israel

8Nación enemiga mía, no te alegres de
mi desgracia,
pues, aunque caí, voy a levantarme;
aunque me rodee la oscuridad,
el Señor es mi luz.
9He pecado contra el Señor,
y por eso soportaré su enojo;
mientras tanto, él juzgará mi causa
y me hará justicia.
El Señor me llevará a la luz,
me hará ver su victoria.
10También la verá mi enemiga,
y eso la cubrirá de vergüenza.
Ella me decía: "¿Dónde está el
Señor tu Dios?",[y]
pero ahora tendré el gusto de verla
pisoteada como el barro de las calles.

11Jerusalén, ya viene el día
en que tus muros serán reconstruidos
y tus límites ensanchados.

12Ya viene el día
en que acudirán a ti de todas partes:
desde Asiria hasta Egipto,
desde el río Nilo hasta el Éufrates,
de mar a mar y de monte a monte.
13La tierra será convertida en desierto
por culpa de sus habitantes,
como resultado de su maldad.

14¡Cuida, Señor, de tu pueblo,
de las ovejas de tu propiedad,
que están solas en el bosque,
rodeadas de fértiles tierras!
Llévalas, como en tiempos pasados,
a los pastos de Basán y Galaad.
15Hazles ver maravillas,
como en los días en que los sacaste
de Egipto.
16¡Que las otras naciones también las
vean,
y se cubran de vergüenza
a pesar de todo su poder!
¡Que se queden como mudas y
sordas!
17¡Que muerdan el polvo como las
serpientes
y como los otros reptiles!
¡Que salgan temblando de sus nidos,
y que llenas de miedo recurran
a ti, Señor nuestro Dios!

### Dios perdona a su pueblo

18No hay otro Dios como tú,
porque tú perdonas la maldad
y olvidas las rebeliones
de este pequeño resto de tu pueblo.
Tú nos muestras tu amor
y no mantienes tu enojo para
siempre.
19Ten otra vez compasión de nosotros
y sepulta nuestras maldades.
Arroja nuestros pecados
a las profundidades del mar.
20¡Mantén, Señor, la fidelidad y el
amor
que en tiempos antiguos prometiste
a nuestros antepasados Abraham y
Jacob![z]

---

7 *Pervierten la ciudad:* traducción probable. Heb. oscuro.
x 7.6 Mt 10.35-36; Lc 12.53.   y 7.10 Sal 79.10; Jl 2.17.   z 7.20 Gn 12.1-3; 17.6-8; 28.13-15; Lc 1.55,73.

# NAHUM

*El libro de Nahúm anuncia con alegría la caída de Nínive, capital de Asiria, la nación imperialista más brutal del mundo antiguo, y enemiga feroz de Israel. Esa caída ocurrió a fines del siglo siete a. C., y no sólo Judá sino todos los pueblos del Medio Oriente la aplaudieron, sintiéndose libres de tamaña amenaza. El profeta, por supuesto, interpreta el suceso como castigo de Dios. El lenguaje poético del libro es brillante y de vigoroso colorido, como por ejemplo la descripción del ataque de los carros y la caballería enemiga contra la ciudad (2.1-12). El estilo es de gran movimiento, con frases concisas y resonantes, con palabras que en el original hebreo parecen escogidas para imitar el estruendo de los carros, el galope de los caballos y la confusión del combate.*

## La ira vengadora de Dios

**1** ¹Libro de la profecía que Nahúm de Elcos recibió por revelación. Este es el mensaje dirigido a la ciudad de Nínive.ᵃ

²El Señor es Dios celoso y vengador:ᵇ
se venga de los que se le oponen,
y se enoja con sus enemigos.
³El Señor es paciente pero poderoso,
y no dejará de castigar al culpable.
El Señor camina sobre la tormenta,
y las nubes son el polvo de sus pies.
⁴Amenaza al mar, y lo seca.
Hace que se sequen todos los ríos.
Los campos de Basán
y el monte Carmelo se marchitan,
y se marchitan también las flores del
Líbano.
⁵Ante él tiemblan las montañas;
los cerros se derriten en su
presencia.ᶜ
Toda la tierra se estremece al verlo;
todo el mundo y los que en él viven.
⁶¿Quién podrá mantenerse de pie ante
su ira?
¿Quién podrá resistir su enojo?
Su furia se derrama como fuego,
y ante él se parten en dos las peñas.
⁷El Señor es bueno;
es un refugio en horas de angustia:
protege a los que en él confían.
⁸Pero, como inundación que todo lo
arrasa,
destruye a los que se le oponen;
la oscuridad alcanzará a sus
enemigos.
⁹¿Qué están tramando ustedes en
contra del Señor?
¡Él los destruirá por completo!
¡Nadie puede oponérsele dos veces!
¹⁰Pues como espinos enmarañados,¹

como paja seca, serán quemados por
completo.

¹¹De ti, Nínive, salió el que trama
lo malo en contra del Señor:
un malvado consejero.

¹²Por eso dice el Señor a su pueblo:
"Aunque los asirios sean fuertes y
numerosos,
serán destruidos y pasarán.²
Yo te he hecho sufrir,
pero no te haré sufrir más.
¹³Haré pedazos el yugo que tienes
encima
y romperé tus cadenas."

¹⁴El Señor ordenó respecto a ti, rey de
Nínive:
"No tendrás descendientes que
continúen tu nombre;
del templo de tu dios destruiré
los ídolos y las estatuas,
y allí te voy a enterrar porque eres
despreciable."

## Anuncio de la caída de Nínive

¹⁵ᵈ ¡Miren! ¡Ya viene sobre los montes
el mensajero que trae noticias de
paz!ᵉ
Celebra tus fiestas, Judá;
cumple tus promesas.
Nunca más te invadirán los
malvados;
han sido destruidos por completo.

**2** ¹Nínive, el destructor marcha contra
ti.
¡Monta tu guardia en la fortaleza!
¡Vigila el camino!
¡Cíñete la espada!
¡Reúne tus fuerzas!

---

¹ *Como espinos enmarañados:* Heb. añade: *y como borrachos en su borrachera.* ² *Aunque los asirios . . . pasarán:* texto probable. Heb. oscuro.
ᵃ 1.1-3.19 Is 10.5-34; 14.24-27; Sof 2.13-15. ᵇ 1.2-3 Ex 20.5-6; Dt 4.24. ᶜ 1.5 Sal 97.5; Mi 1.4. ᵈ Los vs 1.15-2.13 corresponden a los vs 2.1-14 en el texto hebreo. ᵉ 1.15 Is 52.7.

²Porque el Señor va a restaurar el
    orgullo de Jacob,
  el orgullo de Israel,
  como era antes de que lo saquearan
  y lo dejaran como vid sin ramas.
³Rojo es el escudo de sus guerreros
  y rojo el uniforme de su ejército.
  ¡Están listos para el ataque!
  Sus carros parecen de fuego;
  sus caballos³ se impacientan.
⁴Los carros corren con furia por las
    calles,
  van de un lado a otro de las plazas,
  son como antorchas encendidas,
  pasan como relámpagos.
⁵Llama el rey a sus oficiales,
  y ellos se atropellan
  al correr a la muralla,
  al parapeto ya preparado.
⁶Se abren las compuertas del río,
  y el palacio se viene abajo.
⁷Al destierro llevan a la reina;
  la acompañan sus criadas,
  que gimen como palomas
  y lloran golpeándose el pecho.
⁸Como el agua a través de un dique
    roto,
  así huyen los habitantes de Nínive.
  "¡Deténganse! ¡Vuelvan!" les
    gritan,
  pero nadie vuelve.
⁹¡Roben la plata! ¡Roben el oro!
  ¡Las riquezas de Nínive no tienen
    fin!

¹⁰Destruida, desierta, desolada,
  así está Nínive.
  Los corazones se deshacen de miedo,
  tiemblan las rodillas,
  a todos les faltan las fuerzas
  y los rostros pierden el color.
¹¹¿Qué queda de la cueva de los
    leones,
  de la guarida de los cachorros de
    león?
  Allí los leones y sus cachorros
  se sentían seguros;
  no había nadie que los espantara.
¹²Mataba el león a su presa,
  la repartía entre la leona y sus
    cachorros,
  y llenaba de rapiña sus cuevas.

### Destrucción total de Nínive

¹³El Señor todopoderoso afirma:
  "Aquí estoy contra ti:
  voy a quemar tus carros de guerra
  y a convertirlos en humo;

voy a matar tus cachorros;
  acabaré con el robo que hay en tu
    tierra,
  y no se oirá más la voz de tus
    mensajeros."

**3** ¹¡Ay de ti, ciudad sanguinaria,
  llena de mentira y violencia;
  tu rapiña no tiene fin!
²¡Chasquido de látigo,
  estruendo de ruedas!
  ¡Galopar de caballos,
  carros que saltan!
³¡Carga de caballería!
  ¡Brillo de espada,
  resplandor de lanza!
  ¡Miles de heridos,
  montones de muertos!
  ¡Cadáveres sin fin!
  ¡La gente tropieza con ellos!
⁴Y todo por culpa de las
    prostituciones
  de esa ramera llena de gracia y
    hermosura,
  maestra en brujerías,
  que con sus prostituciones y hechizos
  embaucaba a pueblos y naciones.

⁵El Señor todopoderoso afirma:
  "Aquí estoy contra ti:
  te voy a levantar el vestido hasta la
    cara,
  para que las naciones te vean
    desnuda
  y los reinos vean tu vergüenza.
⁶Y echaré suciedad sobre ti;
  te cubriré de deshonra y haré de ti un
    espectáculo.
⁷Todos los que te vean
  huirán de ti, diciendo:
  '¡Nínive está destruida!
  ¿Quien le tendrá compasión?
  ¿Dónde hallar quien la consuele?'
⁸¿Acaso eres tú mejor que Tebas,
  la ciudad junto al río Nilo,
  rodeada de muchas aguas,
  con el río por barrera y el agua por
    muralla?
⁹Etiopía y Egipto eran su fortaleza sin
    límite;
  los de Fut, los libios, eran sus
    aliados.
¹⁰Sin embargo, Tebas fue llevada al
    destierro;
  sus niños fueron estrellados
  en las esquinas de las calles;
  sobre sus nobles echaron suertes
  y sus caudillos fueron encadenados.
¹¹También a ti te van a emborrachar;

---

³ *Caballos:* según la versión griega. Heb. *pinos.*

aturdida, te esconderás
buscando refugio de tu enemigo.
¹²Todas tus fortalezas son como
    higueras
cargadas de higos tiernos,
que caen, si las sacuden,
en la boca de quien los come.
¹³Tu ejército parece formado de
    mujeres;
las puertas del país
están abiertas para el enemigo;
el fuego ha destruido tus cerrojos.
¹⁴Prepara agua, para que puedas
    resistir el sitio;
refuerza tus defensas.
Métete en el lodo,
pisa el barro,
toma el molde de ladrillos.
¹⁵Allí te consumirá el fuego,
y la espada, como langosta,
te exterminará por completo.
¡Multiplícate como las langostas!
¡Multiplícate como los saltamontes!
¹⁶Tus comerciantes se hicieron

más numerosos que las estrellas del
    cielo.
(La langosta cambia de piel y vuela.)
¹⁷Tus guardianes son como langostas;
y los encargados de reclutar tus
    tropas
son como nubes de insectos:
cuando hace frío, se posan en las
    paredes;
cuando sale el sol, se van; nadie sabe
    a dónde.

¹⁸"¡Cómo duermen tus pastores,
oh rey de Asiria!
Tus oficiales descansan,
tus tropas andan dispersas por los
    montes
y no hay quien las reúna.
¹⁹¡No hay remedio para tu herida;
tu llaga es incurable!
Todos los que oyen de tu desgracia
aplauden de alegría,
pues ¿quién no sufrió tu maldad sin
    fin?"

# HABACUC

*Los vencedores de los asirios fueron los babilonios. Habacuc profetiza al parecer
poco después de Nahúm, cuando Babilonia, después de vencer a Nínive, alcanza su
apogeo imperial. Sus ejércitos igualan en crueldad a los asirios. Si Nahúm anuncia la
caída de Nínive, Habacuc se alarma por la aparición de esta nueva y tremenda amenaza. Comprende que el pueblo escogido ha incurrido en pecado, y presiente que vendrá el castigo por mano de los babilonios. En momentos de inconformidad, que recuerdan la de Job, llega a interpelar a Dios. ¿Cómo permite él todo esto? Y en cuanto a los
babilonios, si Dios es santo, ¿cómo puede soportar a gente tan cruel? (cap. 1). Dios le
responde que debe tener paciencia y confianza en él. A su debido tiempo, y cuando él
considere llegada la hora, vendrá la merecida retribución: la destrucción de los malvados y la supervivencia de quienes se mantengan fieles a él (cap. 2). El capítulo final es
una oración, en forma de salmo, en que se alaba la grandeza de Dios y se expresa la fe
inconmovible del autor.*

## Queja de Habacuc contra la injusticia

**1** ¹Este es el mensaje que el Señor reveló
al profeta Habacuc.

²Señor, ¿hasta cuándo gritaré
    pidiendo ayuda
sin que tú me escuches?
¿Hasta cuándo clamaré a causa de la
    violencia
sin que vengas a librarnos?*a*
³¿Por qué me haces ver

tanta angustia y maldad?
Estoy rodeado de violencia y
    destrucción;
por todas partes hay pleitos y luchas.
⁴No se aplica la ley,
se pisotea el derecho,
el malo persigue al bueno
y se tuerce la justicia.

### Respuesta del Señor

⁵"Miren ustedes a las naciones que
    los rodean;

*a* 1.2 Job 21; Sal 13.1-2; 73.4-14; Jer 12.1-4; 14.9; Ap 6.10.

mírenlas y llénense de espanto.
Estoy a punto de hacer cosas tales
que ustedes no las creerían, si
alguien se las contara.*b*
⁶Voy a poner en pie de guerra a los
caldeos,*c*
que son gente cruel, que siempre
están dispuestos
a recorrer el mundo de lado a lado
para adueñarse de tierras que no les
pertenecen.
⁷Son espantosos y terribles,
y no reconocen más ley que la suya.
⁸Sus caballos son más veloces que los
leopardos,
más salvajes que los lobos del
desierto.*1*
Sus jinetes galopan en gran número
y se lanzan al ataque desde lejos,
como el águila se lanza sobre su
presa.
⁹Todo lo destruyen a su paso;
en su avance van sembrando el
terror,
y son más los prisioneros que hacen
que las arenas que hay en el mar.
¹⁰Se burlan de los reyes
y de la gente importante.
Se ríen de las fortalezas,
pues levantan rampas ante ellas
y las toman por asalto.
¹¹Pasan como un huracán;
no reconocen más dios que su propia
fuerza."*2*

### Nueva queja de Habacuc

¹²Señor, ¿acaso no existes tú
eternamente,
mi Dios santo e inmortal?*3*
Señor y protector mío,
tú has dado fuerza a los caldeos
para que ellos ejecuten tu justicia.
¹³Tú eres demasiado puro para
consentir el mal,
para contemplar con agrado la
iniquidad;
¿cómo, pues, contemplas callado a
los criminales,
y guardas silencio mientras el
malvado
destruye a los que son mejores que
él?*d*
¹⁴¿Por qué tratas a los hombres

como a peces del mar,
como a animales sin gobierno?
¹⁵Los caldeos se apoderan de otras
naciones
como el pescador se apodera del
pescado:
lo atrapa con anzuelos y con redes,
y luego, al verlo todo junto, se llena
de alegría.
¹⁶Por eso el pescador adora sus redes y
anzuelos,
y ofrece sacrificios y quema incienso
en su honor,
pues gracias a ellos tiene comida
buena y abundante.
¹⁷Así, ¿seguirán los caldeos
pescándonos con sus redes?
¿Seguirán matando sin compasión a
la gente?

### Lo que el Señor reveló a Habacuc

2 ¹Estaré atento y vigilante,
como lo está el centinela en su
puesto,
para ver qué me dice el Señor
y qué respuesta da a mis quejas.*e*

²El Señor me contestó:
"Escribe en tablas de barro lo que te
voy a mostrar,
de modo que pueda leerse de
corrido.*4*
³Aún no ha llegado el momento
de que esta visión se cumpla;
pero no dejará de cumplirse.
Tú espera, aunque parezca tardar,*f*
pues llegará en el momento preciso.
⁴Escribe que los malvados son
orgullosos,*5*
pero los justos vivirán por su
fidelidad a Dios."*g*

### El destino de los opresores

⁵Los hombres orgullosos desean el
poder;*6*
lo buscan sin descanso y siempre
quieren más,
aun cuando el poder es traicionero.*7*
Abren su boca, como el sepulcro;
son insaciables, como la muerte,
y por eso se lanzan a conquistar
nación tras nación.
⁶Pero todas las naciones conquistadas

*1* Lobos del desierto: según la versión griega. Heb. lobos de la noche. *2* No reconocen . . . fuerza: según un manuscrito antiguo. Heb. oscuro. *3* E inmortal: texto probable. Heb. no moriremos, para evitar, por irreverencia, aludir directamente a Dios. *4* Que pueda leerse de corrido: otra posible traducción: que el que lea corra a obedecer. *5* Los malvados son orgullosos: Traducción probable. Heb. oscuro. *6* Desean el poder: traducción probable. Heb. oscuro. *7* El poder es traicionero: según un manuscrito antiguo. Heb. el vino es traicionero.
*b* 1.5 Hch 13.41. *c* 1.6 2 R 24.2. *d* 1.13 Sal 5.4-6. *e* 2.1 Sal 5.3; 130.5-6. *f* 2.3 He 10.37; 2 P 3.8-10. *g* 2.4 Ro 1.17; Gá 3.11; He 10.38.

se burlarán del que las conquistó,
    cantándole:
"¡Ay de ti, que te haces rico
con lo que no te pertenece!
¿Hasta cuándo seguirás
    amontonando
las riquezas que tomaste prestadas?''

7Cuando menos lo esperes, llegarán
    tus acreedores,
despertarán los que te atormentan
y te dejarán desnudo.
8Las naciones se unirán en contra
    tuya
y te saquearán como tú las saqueaste
    a ellas.
Te harán pagar todos tus crímenes,
las violencias que cometiste en el país
contra las ciudades y sus habitantes.

9¡Ay de ti, que has llenado tu casa
con el producto de tus robos,
para ponerte a salvo de todo peligro!
10De ese modo has cubierto tu casa de
    vergüenza,
y has causado tu propia destrucción
al destruir a numerosas naciones.
11Aun las piedras de los muros
y la madera de las vigas
gritarán en contra tuya.

12¡Ay de ti, que construyes tus
    ciudades
sobre la base del crimen y la
    injusticia!h
13El Señor todopoderoso
va a hacer inútil tu trabajo y tu
    fatiga,
pues todas tus obras serán destruidas
    por el fuego.
14Y el conocimiento de la gloria del
    Señor
llenará entonces toda la tierra,
como las aguas llenan el mar.i

15¡Ay de ti, que emborrachas a tus
    vecinos
dándoles vino mezclado con drogas,
para humillarlos contemplando su
    desnudez!
16En lugar de honor, te cubrirás de
    vergüenza,
porque el Señor va a darte a beber
    una copa
que te hará mostrar tu incircuncisión
y convertirá en humillación tu
    gloria.j

17Las violencias que le hiciste al monte
    Líbano
se volverán en contra tuya,
y te espantarás por la matanza de sus
    animales.
Esto te vendrá a causa de tus
    crímenes
y de las violencias que cometiste en
    el país
contra las ciudades y sus habitantes.

18¿De qué sirve una escultura
en cuanto ha sido terminada?
¿De qué sirve una imagen
que sólo lleva a la mentira?
Los ídolos no pueden hablar;
¿cómo, pues, podrá confiar en ellos
el hombre que los fabrica?

19¡Ay de ti, que a un ídolo de madera
le dices que despierte,
y a una piedra muda, que se ponga
    de pie!
¿Podrán ellos comunicar mensaje
    alguno?
¡No, porque no tienen vida propia,
aunque estén recubiertos de oro y
    plata!
20Pero el Señor está en su santo
    templo:
¡guarde silencio delante de él toda la
    tierra!k

### Oración de Habacuc

**3** 1Esta es una oración del profeta
    Habacuc.

2Lo que oigo acerca de ti, Señor,
y de todo lo que has hecho,
me llena de profunda reverencia.
Realiza ahora, en nuestra vida,
tus grandes acciones de otros
    tiempos,
para que nosotros también las
    conozcamos.
Muéstranos así tu compasión
aun en medio de tu enojo.

3Dios viene de la región de Temán;
del monte Parán viene el Dios Santo.
Su gloria se extiende por todo el
    cielo,
y el mundo entero se llena de su
    alabanza.
4Viene envuelto en brillante
    resplandor,
y de sus manos brotan rayos de luz

h 2.12 Mi 3.10.   i 2.14 Is 11.9.   j 2.16 Sal 75.8; Jer 25.15-29; Ez 23.32-34.   k 2.20 Sal 11.4; Sof 1.7; Zac 2.13.

que muestran el poder que en él se
    esconde.
[5]Delante de él llegan plagas terribles,
y detrás la fiebre abrasadora.
[6]La tierra tiembla cuando él se
    detiene;
se estremecen las naciones cuando
    las mira;
las viejas montañas se derrumban
y se deshacen los montes antiguos;
pero los caminos de Dios son
    eternos.*

[7]Yo he visto a la gente de Cusán
hundida en la desgracia,
a los habitantes de Madián
encogidos por el miedo.
[8]¿Te has enojado, Señor, contra los
    ríos?
¿Se ha encendido tu furor contra los
    mares?
¿Cabalgas por eso en tus caballos
y montas así en tu carro victorioso?

[9]Tienes el arco preparado
y dispuestas todas tus flechas.[8]
Con los ríos has abierto surcos en la
    tierra.
[10]Las montañas tiemblan al verte;
cae del cielo la lluvia torrencial,
y el mar profundo da su rugido
mientras se alzan sus olas inmensas.
[11]El sol y la luna no salen de su
    escondite
ante el vivo resplandor de tus flechas
y la luz relampagueante de tu lanza.
[12]En tu enojo recorres toda la tierra;
en tu furor pisoteas las naciones.
[13]Tú has salido en ayuda de tu pueblo
y del rey que tú mismo escogiste.

Has destruido el techo de la casa del
    malvado,
y has descubierto hasta la roca sus
    cimientos.
[14]Mataste a su jefe con sus propias
    flechas,
cuando sus jinetes, como una
    tempestad,
se lanzaron arrogantes
a dispersar a los indefensos,
para destruirlos en secreto.

[15]Con tus caballos recorres el mar,
la gran extensión de las aguas
    espumosas.

[16]Al oír todo esto tuve miedo.
Mis labios se pusieron a temblar,
mis piernas dejaron de sostenerme
y todo mi cuerpo perdió sus fuerzas.
Aun así, esperaré tranquilo
el día en que Dios ponga en angustia
al ejército de nuestros opresores.

[17-18]Entonces me llenaré de alegría
a causa del Señor mi salvador.
Le alabaré aunque no florezcan las
    higueras
ni den fruto los viñedos y los
    olivares;
aunque los campos no den su
    cosecha;
aunque se acaben los rebaños de
    ovejas
y no haya reses en los establos.[l]
[19]Porque el Señor me da fuerzas;
da a mis piernas la ligereza del
    ciervo[m]
y me lleva a alturas donde estaré a
    salvo.

---

[8] *Tienes el . . . tus flechas:* texto probable. Heb. oscuro.
* 3.6 Eclo 43.16.   [l] 3.17-18 Sal 25.5; 68.19-20; Lc 1.47.   [m] 3.19 2 S 22.34; Sal 18.33.

# SOFONÍAS

*El profeta Sofonías es contemporáneo de Nahúm y de Habacuc, y por el texto de este libro se puede saber que predicó antes de las reformas de Josías. Por eso comienza advirtiendo, como otros profetas, la proximidad del Día del Señor, día de juicio, castigo y destrucción (1.1-2.3). Ciertamente los vecinos de Judá, las ciudades filisteas de Gaza, Ascalón, Asdod y Ecrón serán destruidas (2.4-15). Pero también por su propio pecado, Jerusalén sufrirá el desastre. Para ella, sin embargo, hay esperanza de redención, lo cual hace que el profeta concluya con un cántico de alegría.*

## El día de la ira del Señor

**1** ¹Este es el mensaje que el Señor dirigió a Sofonías en el tiempo en que Josías,*ᵃ* hijo de Amón, era rey de Judá. Sofonías era hijo de Cusi, éste de Gedalías, éste de Amarías y éste de Ezequías.

²Esto afirma el Señor:
"Voy a destruir completamente
todo lo que hay sobre la tierra.
³Destruiré a los hombres y los
animales, destruiré las aves y los
peces,
pondré tropiezo a los malvados
y eliminaré de la tierra al hombre.''

Esto afirma el Señor:
⁴"Extenderé mi mano contra el pueblo de Judá
y contra todos los que viven en
Jerusalén.
Borraré de este lugar todo rastro
del falso dios Baal,
y hasta el nombre de sus sacerdotes.
⁵Destruiré a los que suben a las
azoteas
para adorar a los astros,
y a los que se arrodillan
jurando al mismo tiempo por mi
nombre
y por el nombre del dios Milcom.*ᵇ*
⁶También destruiré a los que se
apartan de mí,
a los que no me buscan ni acuden a
consultarme.''

⁷¡Guarden silencio en presencia del
Señor,*ᶜ*
porque el día del Señor está cerca!
¡El Señor ha dispuesto un sacrificio
y ha consagrado a sus invitados!

⁸"En el día del sacrificio

castigaré a los jefes —dice el
Señor—,
a los hijos del rey
y a todos los que visten ropa
extraña.
⁹También castigaré en aquel día
a los que saltan sobre los umbrales,*¹*
y a los que llenan de violencia y
engaños
la casa de sus amos.''

¹⁰Esto afirma el Señor:
"En aquel día se oirán gritos de
socorro
desde la Puerta de los Pescados.
Gritará la gente en el Segundo Barrio
y habrá gran ruido de derrumbes
desde las colinas.
¹¹¡Aúllen ustedes, habitantes del
Barrio del Mortero,
porque todos los comerciantes*²* van
a morir,
todos los que trafican con dinero van
a ser destruidos!

¹²"En aquel tiempo tomaré una
lámpara
y registraré Jerusalén.
Castigaré entonces a la gente
que se siente tranquila
como el vino reposado,
y que se dice a sí misma:
'¡El Señor no hará nada, ni bueno ni
malo!'
¹³Por eso, sus tesoros serán saqueados
y sus casas destruidas.
Construirán casas, pero no vivirán
en ellas;
plantarán viñas, pero no beberán de
su vino.''

¹⁴¡Ya está cerca el gran día del Señor!*ᵈ*
¡Ya está cerca, viene de prisa!

---

*¹ Saltan sobre los umbrales: esta frase podría ser alusión a la costumbre mencionada en 1 S 5.5 o a algún rito practicado en las gradas de la plataforma o pedestal de los ídolos. ² Todos los comerciantes: lit. todo el pueblo de Canaán, expresión que había llegado a ser equivalente de la anterior.*
*ᵃ 1.12 R 22.1-22.30; 2 Cr 34.1-35.27. ᵇ 1.4-5 2 R 23.4-14. ᶜ 1.7 Hab 2.20; Zac 2.13. ᵈ 1.14-18 Is 13.6; Ez 30.2-3; Jl 1.15; Am 5.18,20; 8.9-14; Mal 3.2; Ap 6.17.*

El estruendo del día del Señor será
   amargo:
¡hasta los más valientes gritarán
   entonces!
[15]Será un día de ira,
de angustia y aflicción,
de ruina y desolación,
de oscuridad y tinieblas,
de nublado y sombras profundas;
[16]será un día de trompeta y de clamor
contra las ciudades fortificadas
y sus altas torres.
[17]Dice el Señor:
"Pondré en apuros a la gente.
Caminarán como ciegos,
porque pecaron contra mí.
Su sangre será derramada como
   polvo,
y su carne amontonada como
   estiércol."

[18]En el día de la ira del Señor,
no salvará a la gente ni su plata ni su
   oro,
porque el fuego del enojo del Señor
consumirá todo el país.
¡Todos los habitantes de la tierra
quedarán destruidos en un solo
   instante!

**2** [1]Reúnanse, júntense ustedes,
gente falta de vergüenza,
[2]antes de ser aventados
como paja,[e] que en un día
   desaparece;[3]
antes que caiga sobre ustedes
la ira ardiente del Señor;
antes que caiga sobre ustedes
el día de la ira del Señor.
[3]Busquen al Señor todos ustedes,
los humildes de este mundo,
los que obedecen sus mandatos.
Actúen con rectitud y humildad,
y quizás así encontrarán refugio
en el día de la ira del Señor.[f]

### El castigo que recibirán las naciones

[4]La ciudad de Gaza quedará desierta,
y Ascalón, desolada;
en pleno día serán expulsados
los que viven en Asdod,
y los de Ecrón serán arrancados de
   raíz!
[5]¡Ay de ustedes, gente de Creta,
que viven a orillas del mar!

Dios ha pronunciado esta sentencia
   contra ustedes:
"¡Canaán, país de los filisteos,[g]
te voy a destruir y a dejar sin
   habitantes!
[6]El país que está a orillas del mar
quedará convertido en pastizales
donde se junten los pastores,
y en corrales para los rebaños."
[7]Los sobrevivientes del pueblo de
   Judá
tomarán posesión de ese país
cuando el Señor su Dios venga en su
   ayuda
y cambie la suerte de ellos.
Allí cuidarán de sus rebaños,
y por las noches descansarán
en las casas de Ascalón.

[8-9]Esto afirma el Señor todopoderoso,
el Dios de Israel:
"He oído los insultos de los
   moabitas[h]
y las ofensas de los amonitas.[i]
Porque ellos han insultado a mi
   gente
y se han engrandecido a costa de su
   territorio.
Por eso, juro por mi vida
que a Moab le pasará como a
   Sodoma
y que los de Amón quedarán como
   Gomorra,[j]
convertidos en campo de espinos,
en mina de sal,
en un lugar de permanente soledad.
Los sobrevivientes de mi pueblo los
   saquearán
y se quedarán con sus tierras."

[10]Este es el pago que recibirán Moab y
   Amón
por haber insultado al pueblo del
   Señor,
por haberse engrandecido a costa
del pueblo del Señor todopoderoso.
[11]El Señor será terrible con ellos.
Destruirá todos los dioses del país,
y él será adorado en todo lugar,
aun por la gente de las islas.
[12]¡También ustedes, los de Etiopía,[k]
caerán heridos por la espada del
   Señor!
[13]Extenderá él su mano contra el norte
para destruir Asiria,[l]

---

[3] *Antes que sean . . . en un día desaparece:* traducción probable. Heb. oscuro.
[e] **2.2** Sal 1.4; Jer 13.24; Os 13.3.   [f] **2.3** Is 55.6-7; Jl 2.12-14.   [g] **2.4-7** Is 14.29-31; Jer 47.1-7; Ez 25.15-17; Jl 3.4-8; Am 1.6-8;
Zac 9.5-7.   [h] **2.8-11** Is 15-16; 25.10-12; Jer 48; Ez 25.8-11; Am 1.13-15.   [i] **2.8-11** Jer 49.1-6; Ez 21.28-32; 25.1-7; Am 1.13-15.
[j] **2.8-9** Gn 19-24.   [k] **2.12** Is 18.1-7.   [l] **2.13-15** Is 10.5-34; 14.24-27; Nah 1-3.

y dejará desolada la ciudad de
 Nínive,
convirtiéndola en un seco desierto.
¹⁴La madera de sus casas será
 arrancada,
y en ellas se echarán los rebaños de
 ovejas
y toda clase de animales salvajes.
El búho y el erizo
dormirán en lo alto de sus postes,
y los cuervos⁴ graznarán
en las ventanas y en los umbrales.
¹⁵Esa es la ciudad llena de orgullo
que vivía confiada,
de la que decían sus habitantes
que no tenía igual en el mundo.
¡Cómo ha quedado desolada
y convertida en guarida de fieras!
Cuantos pasen cerca de ella,
silbarán y harán gestos de desprecio.

## Pecado y redención de Jerusalén

**3** ¹¡Ay de Jerusalén, la ciudad rebelde,
 manchada y opresora!
²No escuchó la voz del Señor
ni aceptó ser corregida;
no confió en él;
no recurrió a su Dios.
³Sus jefes son como leones que rugen;
sus jueces, como lobos del desierto⁵
que no dejan ni un hueso para la
 mañana.
⁴Sus profetas son insolentes,
 traidores;
sus sacerdotes profanan el santuario
y violan la ley del Señor.
⁵Pero el Señor está en la ciudad;
él hace lo bueno, no lo malo.
Cada mañana, sin falta, establece su
 juicio.
En cambio, el malo
ni siquiera conoce la vergüenza.

⁶Dice el Señor:
"He destruido naciones,
he arrasado las torres de sus
 murallas
y he dejado desiertas sus calles,
sin gente que pase por ellas.
¡En sus solitarias ciudades
no queda un solo habitante!
⁷Pensé: 'Así Jerusalén me temerá
y aceptará que la corrija;
así no quedaría destruido su hogar
por haberla yo castigado.'
Pero ellos se apresuraron a cometer
toda clase de maldades.

⁸Por eso, espérenme ustedes el día
en que me levante a hablar en su
 contra.
Yo, el Señor, lo afirmo:
He decidido reunir las naciones y los
 reinos
para descargar sobre ellos mi enojo,
mi ardiente ira.
¡Toda la tierra va a quedar destruida
por el fuego de mi furor!

⁹"Cuando eso llegue, purificaré
el lenguaje de los pueblos,
para que todos me invoquen,
para que todos a una me sirvan.
¹⁰Del otro lado de los ríos de Etiopía,
mi pueblo disperso vendrá suplicante
a traerme ofrendas.
¹¹En aquel tiempo, pueblo mío,
ya no te avergonzarás
de ninguna de las acciones
con que te rebelaste contra mí,
pues entonces quitaré de ti
a los altaneros y orgullosos,
y nunca volverás a mostrar orgullo
en mi santo monte.
¹²Yo dejaré en ti gente humilde y
 sencilla,
que pondrá su confianza en mi
 nombre.
¹³Los sobrevivientes del pueblo de
 Israel
no cometerán injusticias,
ni dirán mentiras,ᵐ
ni llenarán de embustes su boca.
Podrán alimentarse
y descansar sin miedo alguno."ⁿ

## Canto de alegría por Jerusalén

¹⁴¡Canta, ciudad de Sión!
¡Da voces de alegría, pueblo de
 Israel!
¡Alégrate, Jerusalén,
alégrate de todo corazón!
¹⁵El Señor ha retirado la sentencia
 contra ti
y ha rechazado a tus enemigos.
El Señor, el Rey de Israel, está en
 medio de ti:ñ
ya no tendrás que temer mal alguno.
¹⁶En aquel tiempo se dirá a Jerusalén:
"¡No tengas miedo, Sión,
ni dejes que tus manos queden sin
 fuerzas!"
¹⁷El Señor tu Dios está en medio de ti;
¡él es poderoso, y te salvará!º
El Señor estará contento de ti.

---

⁴ *Cuervos:* según la versión griega. Heb. *destrucción.*  ⁵ Véase nota en Hab 1.8.
ᵐ **3.13** Ap 14.5.  ⁿ **3.13** Sal 23.2-4; Ez 34.13-16.  ñ **3.14-15** Zac 9.9.  º **3.17** Is 12.2.

Con su amor te dará nueva vida;[6]
en su alegría cantará
[18]como en día de fiesta.

Dice el Señor:
"Yo te libraré entonces del mal que
    te amenace,
de la vergüenza que pese sobre ti.[7]
[19]En aquel tiempo actuaré
en contra de todos los que te
    oprimen.

Ayudaré a la oveja que cojea
y recogeré a la extraviada;[p]
convertiré en honor y fama,
en toda la tierra,
los desprecios que les hicieron.
[20]En aquel tiempo
los traeré a ustedes, los reuniré;
haré que cambie su suerte,
y les daré fama y honor
entre todos los pueblos de la tierra.[q]
Yo, el Señor, lo he dicho."

[6] *Con su amor te dará nueva vida:* según la versión griega. Heb. *él calla en su amor.*   [7] *Como en día . . . sobre ti:* traducción probable. Heb. oscuro.
[p] **3.19** Is 40.11; Ez 34.11-16; Mi 4.6-7; Jn 10.7-16.   [q] **3.20** Gn 12.2-3; Zac 10.8-12.

# HAGEO

*El profeta Hageo aparece un siglo después de los tres anteriores. Se había efectuado ya el regreso del exilio bajo Zorobabel. Pero el tiempo pasaba y no se reconstruía el templo, si bien se habían comenzado a levantar de nuevo bellas mansiones en Jerusalén. El profeta comunica la orden divina de no demorar más la reconstrucción del santuario (cap. 1). El Señor promete prosperidad y paz en el futuro para un pueblo arrepentido de su infidelidad y dispuesto a servirle (cap. 2).*

## Exhortación a construir el templo

1 [1]En el año segundo del gobierno del rey Darío, el día primero del sexto mes, el Señor, por medio del profeta Hageo, se dirigió al gobernador de Judá, Zorobabel, hijo de Salatiel, y al jefe de los sacerdotes, Josué, hijo de Josadac.[a]

[2-3]Y esto es lo que dijo el Señor todopoderoso por medio del profeta: "Esta gente dice que todavía no es tiempo de reconstruir mi templo. [4]¿Y acaso para ustedes sí es tiempo de vivir en casas lujosas, mientras que mi templo está en ruinas? [5]Yo, el Señor todopoderoso, les digo que piensen bien en su conducta. [6]Ustedes siembran mucho, pero cosechan poco; comen, pero no se sienten satisfechos; beben, pero se quedan con sed; se abrigan, pero no entran en calor; y el que trabaja a jornal, echa su salario en saco roto. [7]Yo, el Señor todopoderoso, les digo que piensen bien en su conducta. [8]Vayan a las montañas, traigan madera y construyan de nuevo el templo. Yo estaré allí contento, y mostraré mi gloria. [9]Ustedes buscan mucho, pero encuentran poco; y lo que guardan en su casa, yo me lo llevo de un soplo. ¿Por qué? Pues porque mi casa está en

ruinas, mientras que ustedes sólo se preocupan de sus propias casas. Yo, el Señor, lo afirmo. [10]Por eso no cae para ustedes la lluvia, ni la tierra les da sus productos.[b] [11]Yo fui quien trajo la sequía sobre los campos y sobre los montes, sobre el trigo, los viñedos y los olivares, sobre las cosechas del campo, sobre los hombres y los animales, y sobre todas sus labores."

[12]Zorobabel, Josué y el resto de la gente sintieron miedo cuando oyeron lo que el Señor les decía por medio del profeta Hageo, esto es, lo que Dios el Señor le había encargado que dijera. [13]Entonces Hageo, el mensajero del Señor, les habló en nombre de Dios, diciéndoles: "El Señor dice: 'Yo, el Señor, lo afirmo: Yo estoy con ustedes.' "

[14-15]De esta manera animó el Señor a Zorobabel, gobernador de Judá, a Josué, jefe de los sacerdotes, y al resto de la gente, y el día veinticuatro del sexto mes del año segundo del reinado de Darío empezaron a reconstruir el templo de su Dios, el Señor todopoderoso.[c]

## La gloria del nuevo templo

2 [1]El día veintiuno del séptimo mes, el Señor volvió a dirigirse al profeta

[a] **1.1** Esd 4.24-5.2; 6.14.   [b] **1.10** Lv 26.18-20.   [c] **1.14-15** Esd 5.2.

Hageo, [2]y le ordenó que dijera a Zorobabel, a Josué y al resto de la gente:[d] [3]"Los que vieron el otro templo en todo su esplendor, digan qué les parece éste que ahora tenemos.[e] ¿No les parece que no vale nada comparado con aquel otro? [4]¡Pero ánimo, Zorobabel! ¡Animo, Josué, jefe de los sacerdotes! Y anímense todos ustedes, gente del país. Trabajen, que yo estoy con ustedes. Yo, el Señor todopoderoso, lo afirmo. [5]Tal como se lo prometí cuando salieron de Egipto,[f] mi espíritu les acompaña. No tengan miedo. [6]Dentro de poco haré temblar el cielo y la tierra,[g] el mar y la tierra firme. [7]Haré temblar a todas las naciones, y traerán sus riquezas, y mi templo se llenará de gloria." El Señor todopoderoso lo afirma: [8]"Míos son la plata y el oro. [9]Este segundo templo[i] será más hermoso que el primero. Entonces haré que haya paz en este lugar. Yo, el Señor todopoderoso, lo afirmo."

### Dios reprende al pueblo infiel

[10]El día veinticuatro del noveno mes del mismo año del gobierno del rey Darío, el Señor se dirigió al profeta Hageo [11]y le ordenó que, en el nombre del Señor todopoderoso, hiciera a los sacerdotes las siguientes preguntas en relación con la ley: [12]"Supongamos que un hombre lleva carne consagrada envuelta en su capa, y que el borde de la capa toca pan, guiso, vino, aceite o cualquier otra comida: ¿quedará por eso consagrada la comida?" Los sacerdotes contestaron que no. [13]Entonces Hageo continuó: "Pero supongamos que alguien, que ha quedado impuro por haber tocado un cadáver,[h] va y toca también cualquiera de estas cosas: ¿acaso ellas no quedarán impuras?" Los sacerdotes contestaron que sí.

[14]Entonces dijo Hageo: "El Señor afirma: 'Lo mismo pasa con esta gente: todo lo que hacen y todo lo que me ofrecen es impuro. [15]De ahora en adelante piensen ustedes en esto. Antes de empezar a construir el templo, [16]¿qué les pasaba?[2] Pues que cuando alguien iba a un montón de veinte medidas de grano, encontraba solamente diez; y cuando uno iba al lugar donde se hace el vino, a sacar cincuenta cántaros, encontraba solamente veinte. [17]Yo destruí con plagas y granizo el fruto de todos sus esfuerzos, pero ustedes no se volvieron a mí. Yo, el Señor, lo afirmo. [18]Hoy, día veinticuatro del noveno mes, han sido puestos los cimientos de mi templo. [19]Pues bien, fíjense ustedes en que a partir de hoy no faltará el grano en el granero. Aún no ha dado fruto la vid, ni la higuera, ni el granado, ni el olivo; pero a partir de hoy, yo los bendeciré.' "

### Promesa del Señor a Zorobabel

[20]Ese mismo día, el Señor volvió a dirigirse a Hageo, [21]y le ordenó que dijera a Zorobabel, el gobernador de Judá: "Yo haré temblar el cielo y la tierra; [22]destruiré el poder de los reinos del mundo y echaré abajo sus tronos; volcaré los carros de guerra y a los que montan en ellos, y morirán los caballos y sus jinetes; cada uno morirá atravesado por la espada de su hermano. [23]Y aquel día, Zorobabel, siervo mío, te cuidaré como a mi anillo de sellar, porque yo te he escogido. Yo, el Señor todopoderoso, lo afirmo."

---

[i] Este segundo templo: lit. este último templo.   [2] ¿Qué les pasaba?: según la versión griega. Heb. oscuro.
[d] 2.1-2 Esd 3.1-2.   [e] 2.3 Esd 3.12.   [f] 2.5 Ex 29.45-46.   [g] 2.6 He 12.26.   [h] 2.13 Nm 19.11-22.

# ZACARÍAS

*Entre los que habían regresado del exilio con Zorobabel se hallaba Zacarías, jefe de una de las familias sacerdotales. Su mensaje se expresa en una serie de visiones, que contienen exhortaciones y palabras de esperanza en la restauración de Jerusalén y del templo, el perdón del pueblo por sus pecados pasados, su purificación por la acción divina y el advenimiento de la futura edad mesiánica (caps. 1-8). La serie de mensajes de los caps. 9-14 trata del Mesías que la establecerá y del juicio final, que comenzará con el de las naciones vecinas. El pasaje de 9.9 es citado por los evangelistas Mateo y Juan en relación con la entrada triunfal de Jesús en Jerusalén (Mt. 21.5; Jn. 12.15).*

## Llamamiento del Señor a su pueblo

**1** ¹En el mes octavo del año segundo del gobierno del rey Darío, el Señor dirigió este mensaje al profeta Zacarías,ª hijo de Berequías y nieto de Ido. Le dijo:

²⁻³"Yo, el Señor todopoderoso, me enojé mucho con los antepasados de ustedes. Por eso, dile ahora de mi parte al pueblo: 'Vuélvanse a mí, y yo me volveré a ustedes.ᵇ Yo, el Señor, lo afirmo. ⁴No hagan como sus antepasados, a quienes los antiguos profetas les dijeron de parte mía que abandonaran su mala conducta y sus malas acciones, pero ellos no quisieron escucharme ni hacerme caso. Yo, el Señor, lo afirmo. ⁵Pero ahora, ¿dónde están aquellos antepasados de ustedes? ¿Acaso vivirán siempre los profetas? ⁶Sin embargo, mis palabras y mandatos, que yo había encomendado a mis siervos los profetas, llegaron a los antepasados de ustedes. Y ellos se volvieron a mí, reconociendo que yo, el Señor todopoderoso, los había tratado como su conducta y sus acciones merecían.' "

## Visión de los jinetes

⁷Este es el mensaje que yo, el profeta Zacarías, hijo de Berequías y nieto de Ido, recibí del Señor el día veinticuatro del mes once (el llamado mes de Sebat) del año segundo del gobierno del rey Darío. ⁸Una noche tuve esta visión: Vi un jinete montado en un caballo rojo. Estaba parado en un valle, entre unos arrayanes, y detrás de él había un grupo de caballos, unos rojos, otros castaños y otros blancos.ᶜ ⁹Yo pregunté: "Señor, ¿quiénes son esos jinetes?" Y el ángel que hablaba conmigo me contestó: "Yo te mostraré quiénes son." ¹⁰Entonces el que estaba entre los arrayanes dijo: "Estos son los que el Señor ha enviado a recorrer toda la tierra."

¹¹Los jinetes le dijeron entonces al ángel del Señor que estaba entre los arrayanes: "Hemos recorrido toda la tierra, y la hemos encontrado tranquila y en paz."ᶦ ¹²El ángel del Señor dijo: "Señor todopoderoso, hace ya setenta añosᵈ que estás enojado con Jerusalén y con las ciudades de Judá. ¿Cuánto tiempo habrá de pasar aún antes de que vuelvas a tenerles compasión?"

¹³El Señor respondió con bondadosas palabras de consuelo al ángel que hablaba conmigo, ¹⁴y luego el ángel me ordenó que anunciara: "Esto dice el Señor todopoderoso: 'Yo amo profundamente a Jerusalén y al monte Sión. ¹⁵Por eso mi furor se ha encendido contra esas naciones despreocupadas que, cuando yo estaba poco enojado, ayudaron a agravar la maldad. ¹⁶Por lo tanto, yo, el Señor, digo: Ahora me he vuelto con compasión a Jerusalén, y voy a hacer que el templo y toda la ciudad sean reconstruidos.' "

¹⁷El ángel me dijo además: "Anuncia también esto: 'El Señor todopoderoso dice: Voy a hacer que mis ciudades prosperen mucho otra vez; voy a dar nuevo aliento a Sión, y voy a proclamar de nuevo a Jerusalén como mi ciudad elegida.' "

## Visión de los cuernos y los herreros

¹⁸ᵉTuve otra visión, en la cual vi aparecer cuatro cuernos. ¹⁹Le pregunté al ángel que estaba hablando conmigo qué significaban aquellos cuernos, y él me contestó: "Estos cuernos representan el poder de los que han dispersado por todas partes a los habitantes de Judá, Israel y Jerusalén." ²⁰Después el Señor me hizo ver a cuatro herreros. ²¹Yo pregunté: "¿A qué han venido estos herreros?" Y él me contestó:

---

*ᶦ Tranquila y en paz:* la fecha que se da en el v. 7 coincide, según la inscripción persa de la roca de Behistún, con la del fin de una rebelión contra Darío.

ª **1.1** Esd 4.24-5.1; 6.14; Neh 12.16.   ᵇ **1.2-3** Is 55.7; Mal 3.7.   ᶜ **1.8** Zac 6.2-3; Ap 6.2-4.   ᵈ **1.12** Jer 25.11; 29.10; Zac 7.5.
ᵉ Los vs 1.18-2.13 corresponden a los vs 2.1-17 en el texto hebreo.

"Así como esos cuernos representan a los que dispersaron a Judá, de tal modo que nadie podía levantar cabeza, estos herreros han venido a hacer temblar de espanto y a cortarles los cuernos a las naciones que, dando cornadas a Judá, dispersaron a sus habitantes."

### Visión de la cinta de medir

2 ¹Aún tuve otra visión. Se me apareció un hombre que llevaba en la mano una cinta de medir. ²Le pregunté: "¿A dónde vas?" Y él me contestó: "Voy a medir la ciudad de Jerusalén, para saber su largo y su ancho."ᶠ

³Entonces vi que se iba el ángel que había hablado conmigo, y que otro ángel le salía al encuentro ⁴y le decía: "Corre a decirle al joven que lleva la cinta de medir: 'Jerusalén va a ser de nuevo habitada, y serán tantos sus habitantes y ganados que no podrá tener murallas. ⁵Pero el Señor afirma: Yo seré como una muralla de fuego alrededor de Jerusalén, y en medio de la ciudad mostraré mi gloria.' "ᵍ

### El Señor salvará a su pueblo

⁶⁻⁷El Señor afirma: "Yo hice que ustedes fueran dispersados en todas direcciones. Pero ahora les digo: ¡Huyan pronto del país del norte! ¡Escapen de Babilonia, donde viven desterrados ustedes, los que vivían en Sión! Yo, el Señor, lo afirmo."

⁸⁻⁹El Señor todopoderoso me ha enviado con este mensaje contra las naciones que los saquearon a ustedes: "Cualquiera que toca a mi pueblo, toca a la niña de mis ojos.² Por eso, yo mismo lucharé contra esas naciones, y haré que sus propios esclavos las saqueen." Así mostrará su gloria el Señor todopoderoso, y así comprenderán ustedes que él fue quien me envió.

¹⁰El Señor afirma: "¡Canten de alegría, habitantes de Jerusalén, porque yo vengo a vivir entre ustedes!" ¹¹Cuando esto suceda, muchas naciones se unirán al Señor. Y él dirá: "También estas naciones serán pueblo mío. Y yo viviré entonces entre ustedes." Así comprenderán ustedes que el Señor todopoderoso me ha enviado. ¹²El Señor tomará nuevamente a

Judá como su posesión especial en la tierra santa, y proclamará de nuevo a Jerusalén como su ciudad elegida.

¹³¡Que todo el mundo guarde silencio ante el Señor, pues él viene a nosotros desde el santo lugar donde habita!ʰ

### Visión del cambio de ropas de Josué

3 ¹Luego el Señor me mostró en una visión a Josué,ⁱ el sumo sacerdote, que estaba de pie en presencia del ángel del Señor. Al lado derecho de Josué estaba el ángel acusador,³ que se disponía a acusarlo.ʲ ²Entonces el ángel del Señorⁱ le dijo al ángel acusador: "¡Que el Señor te reprenda!ᵏ ¡Que el Señor, que ama a Jerusalén, te reprenda! Pues este hombre es como un carbón encendido sacado de entre las brasas." ³Josué, vestido con ropas muy sucias, permanecía de pie en presencia del ángel del Señor. ⁴Entonces el ángel ordenó a sus ayudantes que le quitaran a Josué aquellas ropas sucias. Luego le dijo: "Mira, esto significa que te he quitado tus pecados. ¡Ahora voy a hacer que te vistan de fiesta!"ˡ ⁵En seguida ordenó a sus ayudantes que pusieran a Josué un turbante limpio en la cabeza. Ellos se lo pusieron, y después le vistieron con ropas de fiesta. Mientras tanto, el ángel permanecía de pie.

⁶Entonces el ángel del Señor le dijo a Josué: ⁷"Esto dice el Señor todopoderoso: 'Anda por mis caminos y cumple todos los deberes que te he encomendado. Si lo haces así, quedarás encargado de mi templo. Cuidarás de él y de sus atrios, y yo te daré un puesto entre estos ángeles que están a mi servicio. ⁸Escucha bien, Josué, tú que eres el sumo sacerdote, y que escuchen también tus compañeros de la junta sacerdotal, pues todos ustedes son como una señal profética: Voy a traer a mi siervo, el Retoño. ⁹Yo he puesto delante de Josué una piedra de siete lados,⁵ y yo mismo grabaré en ella una inscripción. Luego, en un solo día, quitaré el pecado de este país. ¹⁰Cuando llegue ese día, podrán ustedes convidarse unos a otros a disfrutar de paz a la sombra de sus vides y sus higueras.ᵐ Yo, el Señor todopoderoso, lo afirmo.' "

---

² *La niña de mis ojos:* Heb. *la niña de sus ojos,* queriendo evitar que sea irreverencia aludir a los ojos de Dios.   ³ *Angel acusador:* lit. *Satán.* (Véase *Glosario* anexo.)   ⁴ *El ángel del Señor:* según una versión antigua. Heb. *el Señor.*   ⁵ *Lados:* lit. *ojos.*

ᶠ 2.1-2 Ez 40.3-4; Ap 11.1; 21.15-17.   ᵍ 2.5 Is 4.5; Ez 43.4-5; Ap 21.3,23.   ʰ 2.13 Hab 2.20; Sof 1.7.   ⁱ 3.1 Esd 5.2.
ʲ 3.1 1 Cr 21.1; Job 1.6; Ap 12.10.   ᵏ 3.2 Jud 9.   ˡ 3.4 Ap 19.8.   ᵐ 3.10 Mi 4.4; 1 Mac 14.12.

## Visión del candelabro y los olivos

**4** [1]Volvió entonces el ángel que hablaba conmigo, y me despertó como se despierta a uno que está dormido. Me preguntó: [2]"¿Qué ves?" Y yo le contesté: "Veo un candelabro de oro, con un depósito de aceite encima. En lo alto tiene siete lámparas, a las que llega el aceite por siete tubos. [3]Junto al candelabro hay dos olivos,[n] uno a su derecha y otro a su izquierda."

[4]Pregunté al ángel que hablaba conmigo: "Mi señor, ¿qué significa esto?" [5]El ángel me contestó: "¿No sabes lo que significa?" Yo le dije: "No, señor."

[6]Y él continuó: "Este es el mensaje del Señor para Zorobabel:[n] 'No depende del ejército, ni de la fuerza, sino de mi Espíritu, dice el Señor todopoderoso.[o] [7]¿Quién eres tú, gran montaña? ¡Quedarás convertida en llanura delante de Zorobabel! Él sacará la piedra principal, mientras grita la gente: ¡Qué hermosa es! ¡Qué hermosa!' "

[8]Después me dio el Señor otro mensaje: [9]"Zorobabel ha puesto los cimientos de este templo, y él mismo será quien lo termine." Así reconocerán ustedes que fue el Señor todopoderoso quien me envió. [10]"Aquellos que no tomaron en serio los pequeños comienzos, ahora se alegrarán viendo a Zorobabel terminar las obras."

Después de esto, el ángel añadió: "Estas siete lámparas son los ojos del Señor, que están recorriendo toda la tierra."[p]

[11]Yo le pregunté: "¿Qué son esos dos olivos,[q] uno a cada lado del candelabro?" [12]También le pregunté: "¿Y qué significan esas dos ramas de olivo que están junto a los tubos de oro por donde llega el aceite a las lámparas?" [13]El ángel me respondió: "¿No sabes lo que significan?" Le dije: "No, señor."

[14]Y él me contestó: "Estos son los dos que han sido consagrados para el servicio del Señor de toda la tierra."

## Visión del rollo escrito

**5** [1]Tuve otra visión. Vi un rollo escrito,[r] que volaba. [2]El ángel me preguntó: "¿Qué ves?" Le contesté: "Veo un rollo escrito, que vuela; mide nueve metros de largo por cuatro metros y medio de ancho."

[3]Me dijo entonces: "Ahí está escrita la maldición que alcanza a todo el país. Según lo escrito por ambos lados, nadie que robe o que jure en falso puede quedar sin castigo. [4]El Señor todopoderoso afirma: 'Yo envío esta maldición para que entre en casa del que roba y en casa del que jura en falso por mi nombre.[s] Y la maldición permanecerá allí hasta que no queden ni vigas ni piedras.' "

## Visión de la medida y la mujer

[5]Luego salió el ángel que hablaba conmigo, y me dijo: "¡Fíjate en eso que aparece ahora!" [6]Le pregunté: "¿Qué es eso?" Él me contestó: "Es una medida. Es la medida del pecado de los que viven en el país."

[7]La medida estaba cubierta con una tapa de plomo. Y fue levantada la tapa, y había una mujer sentada dentro de la medida. [8]Me dijo el ángel: "Esa mujer es la maldad." Y la empujó adentro de la medida, y la cerró con la tapa de plomo.

[9]Miré otra vez, y vi aparecer dos mujeres. Tenían alas, y el viento las impulsaba. Eran alas como de cigüeña, y llevaban la medida por los aires.

[10]Pregunté entonces al ángel que hablaba conmigo: "¿A dónde llevan esa medida?" [11]Y él me contestó: "Van a construirle un templo en Babilonia. Cuando ya esté terminado el templo, la instalarán allí, sobre un pedestal."

## Visión de los cuatro carros de guerra

**6** [1]Tuve otra visión. Vi aparecer cuatro carros de guerra por entre dos montañas de bronce. [2]El primer carro iba tirado por caballos rojos; el segundo, por caballos negros; [3]el tercero, por caballos blancos; y el cuarto, por caballos tordillos.[t]

[4]Pregunté al ángel que hablaba conmigo: "Mi señor, ¿qué significa esto?" [5]El ángel me contestó: "Estos son los cuatro vientos,[u] que salen de delante del Señor de toda la tierra. [6]El carro tirado por caballos negros va al país del norte; el tirado por caballos blancos, al país del poniente; y el tirado por caballos tordillos, al país del sur."

[7]Y salieron los caballos tordillos, ansiosos de recorrer toda la tierra. El ángel les dijo: "Recorran toda la tierra." Y ellos lo hicieron así.

⁸Después de esto, el ángel me gritó: "¡Mira, los que fueron al país del norte van a calmar el enojo del Señor en ese país!"

### La coronación de Josué

⁹El Señor me dio este mensaje: ¹⁰"Recoge una colecta entre los desterrados que ya han regresado de Babilonia: Heldai, Tobías y Jedaías. Luego, en el mismo día, vete a casa de Josías, hijo de Sofonías. ¹¹Con la plata y el oro que hayas recogido, haz coronas, y ponle una en la cabeza al sumo sacerdote Josué, hijo de Josadac. ¹²Y dile: 'El Señor todopoderoso afirma que el varón llamado Retoño brotará de sus propias raíces y reconstruirá el templo del Señor. ¹³Reconstruirá el templo del Señor y recibirá los honores propios de un rey. Se sentará en su trono a gobernar, y al lado de su trono se sentará el sacerdote, y habrá paz entre los dos. ¹⁴Y las coronas serán un recuerdo que quedará en el templo del Señor en honor de Heldai,⁶ Tobías, Jedaías y Josías,⁷ 'hijo de Sofonías.' "

¹⁵Vendrá gente de lejos, para ayudar a reconstruir el templo del Señor; y entonces reconocerán ustedes que el Señor todopoderoso fue quien me envió. Esto sucederá cuando ustedes escuchen la voz del Señor su Dios y le obedezcan.

### El falso ayuno

**7** ¹El día cuatro del mes noveno (llamado Quisleu), del cuarto año del gobierno del rey Darío, el Señor dirigió un mensaje al profeta Zacarías. ²En aquel tiempo, el pueblo de Betel había enviado a Sarezer y a Regem-melec, con sus hombres, a pedir la ayuda del Señor ³y a preguntar a los profetas y a los sacerdotes del templo del Señor todopoderoso: "¿Habremos de seguir guardando luto y ayuno el quinto mes de cada año, tal como lo hemos hecho hasta ahora?"

⁴Entonces el Señor todopoderoso se dirigió a mí, y me dijo: ⁵"Di a todo el pueblo del país, y a los sacerdotes: 'Ustedes hacen ayuno y guardan luto el quinto y el séptimo mes desde hace setenta años.ᵛ Pero no lo hacen para honrarme a mí, ⁶sino que cuando ustedes comen y beben, lo hacen para su propio provecho.' " ⁷¿Acaso no son éstas las mismas palabras que el Señor pronunció por medio de los antiguos profetas, cuando Jerusalén estaba en paz y llena de gente, y lo estaban también las ciudades de alrededor, y las regiones del Néguev y la llanura?

### La desobediencia, causa del destierro

⁸El Señor se dirigió al profeta Zacarías, y le dijo: ⁹"Esto es lo que yo ordeno: Sean ustedes rectos en sus juicios, y bondadosos y compasivos unos con otros. ¹⁰No opriman a las viudas, ni a los huérfanos, ni a los extranjeros, ni a los pobres. No piensen en cómo hacerse daño unos a otros."ʷ ¹¹Pero el pueblo se negó a obedecer. Todos volvieron la espalda y se hicieron los sordos. ¹²Endurecieron su corazón como el diamante, para no escuchar la enseñanza y los mandatos que el Señor todopoderoso comunicó por su espíritu, por medio de los antiguos profetas.

Por eso el Señor se enojó mucho, ¹³y dijo: "Así como ellos no quisieron escucharme cuando yo los llamaba, tampoco yo los escucharé cuando ellos me invoquen. ¹⁴Por eso los dispersé como por un torbellino entre todas esas naciones que ellos no conocían, y tras ellos quedó el país convertido en un desierto donde nadie podía vivir. ¡Un país tan hermoso, y ellos lo convirtieron en desolación!"

### Promesa del Señor

**8** ¹El Señor todopoderoso me dio este mensaje: ²"Esto es lo que yo, el Señor todopoderoso, digo: Siento por Sión grandes celos, celos furiosos. ³Y he de volver a Jerusalén, para vivir allí. Entonces Jerusalén será llamada Ciudad Fiel, y el monte del Señor todopoderoso será llamado Monte Santo.ˣ ⁴Ancianos y ancianas se sentarán de nuevo en las plazas de Jerusalén, apoyado cada cual en su bastón a causa de su mucha edad.* ⁵Niños y niñas llenarán las plazas de la ciudad y jugarán en ellas. ⁶En aquel tiempo todo esto parecerá imposible a los ojos de los que queden de mi pueblo; pero a mí no me lo parecerá. Yo, el Señor todopoderoso, lo afirmo: ⁷Yo libertaré a mi pueblo del poder del país de oriente y del país de occidente, ⁸y lo traeré a Jerusalén para que viva allí. Ellos serán entonces mi pueblo, y yo seré su Dios, con fidelidad y justicia."

⁹Esto dice el Señor todopoderoso: "Esfuércense, ustedes que en estos días

⁶ *Heldai:* según una versión antigua. Heb. *Helom.*   ⁷ *Josías:* según una versión antigua. Heb. *Hen.*
ᵛ 7.5 Jer 25.11; 29.10; Zac 1.12.   ʷ 7.9-10 Am 5.24; Mi 6.8.   ˣ 8.3 Is 1.26.   * 8.4 1 Mac 14.9.

han oído las palabras dichas por los profetas, desde el día en que se pusieron los cimientos para la reconstrucción del templo del Señor todopoderoso. [10]Porque hasta estos días no había paga para los hombres ni para las bestias. Y a causa del enemigo, tampoco había paz para los habitantes; y yo había puesto a los unos en contra de los otros. [11]Pero ahora, para los que queden de este pueblo, ya no voy a ser como en los primeros días. Yo, el Señor todopoderoso, lo afirmo. [12]Porque la paz estará sembrada entre ellos. Los viñedos darán su fruto; la tierra, sus productos; y el cielo, su rocío. Y yo les daré todo eso en posesión a los que queden de este pueblo.* [13]Y así como ustedes, los de Judá y los de Israel, fueron maldición entre las demás naciones, así yo ahora los salvaré y haré que sean bendición. ¡No tengan miedo! ¡Esfuércense!"

[14]Esto dice el Señor todopoderoso: "Yo había decidido castigar a los antepasados de ustedes cuando me hicieron enojar, y mantuve mi decisión. [15]Ahora, en cambio, he decidido hacerles bien a Jerusalén y a Judá. Por lo tanto, no tengan miedo. [16]Esto es lo que siempre deben hacer ustedes: Díganse siempre la verdad unos a otros, juzguen con justicia y procuren la paz en los tribunales; [17]no se hagan daño unos a otros ni juren en falso.[y] Porque yo odio todo eso. Yo, el Señor, lo afirmo."

[18]El Señor todopoderoso se dirigió a mí, y me dijo: [19]"Los ayunos de los meses cuarto, quinto, séptimo y décimo se convertirán en motivo de alegría, en fiestas felices para los descendientes de Judá. ¡Amen ustedes, pues, la verdad y la paz!"

[20]Esto dice el Señor todopoderoso: "Todavía han de venir gentes y habitantes de grandes ciudades. [21]Entonces los de una ciudad se dirigirán a los de otra, y les dirán: '¡Vamos a buscar al Señor todopoderoso y a pedirle que nos bendiga!' Y los otros les contestarán: '¡Nosotros también iremos!' [22]Y vendrán a Jerusalén muchos pueblos y naciones numerosas, a buscar al Señor todopoderoso y a pedirle que los bendiga. [23]En aquel tiempo, diez extranjeros de las demás naciones agarrarán por la ropa a un judío, y le dirán: '¡Queremos ir con ustedes, porque hemos oído que Dios está con ustedes!' "

## El castigo de las naciones vecinas

**9** [1]Este es el mensaje que el Señor comunicó contra el país de Hadrac y la ciudad de Damasco:[z] "Las ciudades de Siria[8] pertenecen al Señor, lo mismo que todas las tribus de Israel. [2]También le pertenecen Hamat, vecina de aquellas ciudades, y Tiro y Sidón[a] con toda su cultura. [3]Tiro construyó fortificaciones, y amontonó oro y plata como quien amontona barro. [4]Pero el Señor se lo quitará todo, y echará al mar su riqueza, y quemará por completo la ciudad.

[5]"Cuando la ciudad de Ascalón vea esto, se llenará de espanto. Gaza también sufrirá mucho, y las esperanzas de Ecrón quedarán por los suelos. ¡Gaza quedará sin rey, y Ascalón quedará sin habitantes! [6]En Asdod vivirá una raza mezclada, y así humillaré el orgullo de los filisteos.[b] [7]Les quitaré de la boca la carne con sangre que comen, y de entre los dientes, los alimentos prohibidos. Pero de esa gente habrá algunos que quedarán para mí; llegarán a ser parte de Judá, y Ecrón será como los jebuseos. [8]Y yo estaré atento para defender a los míos frente a cualquiera que pase por aquí. El opresor no volverá a oprimirlos, porque ahora yo vigilo con mis propios ojos."

## El futuro rey de Israel

[9]¡Alégrate mucho, ciudad de Sión!
¡Canta de alegría, ciudad de
    Jerusalén!
Tu rey[c] viene a ti, justo y victorioso,
    pero humilde, montado en un burro,
    en un burrito, cría de una burra.[d]
[10]Él destruirá los carros de Efraín,
    los caballos de Jerusalén
    y los arcos de guerra.
Anunciará paz a las naciones
    y gobernará de mar a mar,
    del Éufrates al último rincón del
    mundo.[e]

## La restauración de Israel

[11]Esto dice el Señor:
"Jerusalén, por la sangre de tu
    pacto,
    yo sacaré del pozo sin agua
    a tus presos que están en él.[f]
[12]¡Ustedes, cautivos que mantienen la
    esperanza,

---

[8] *Las ciudades de Siria:* texto probable. Heb. *el ojo del hombre.*
* **8.12** 1 Mac 14.8. [y] **8.16-17** Ef 4.25-32. [z] **9.1** Is 17.1-3; Jer 49.23-27; Am 1.3-5. [a] **9.1-4** Is 23.1-18; Ez 26.1-28.26; Jl 3.4-8; Am 1.9-10; Mt 11.21-22; Lc 10.13-14. [b] **9.5-7** Is 14.29-31; Jer 47.1-7; Ez 25.15-17; Jl 3.4-8; Am 1.6-8; Sof 2.4-7. [c] **9.9** Sof 3.14-15. [d] **9.9** Mt 21.5; Jn 12.15. [e] **9.10** Sal 72.8. [f] **9.11** Ex 24.8; Mt 26.28; Mr 14.24; He 9.20.

regresen a su fortaleza!
Les digo que voy a darles en
   bendición
el doble de cuanto tuvieron que
   sufrir.
[13] Pues he tendido mi arco de guerra,
   que es Judá,
y le he puesto una flecha, que es
   Efraín.
De ti, Sión, haré una espada,
y levantaré a tus hijos contra los
   hijos de Grecia.''

[14] El Señor se mostrará sobre su
   pueblo;
disparará sus flechas como rayos.
Dios, el Señor, tocará la trompeta
y avanzará entre las tempestades del
   sur.
[15] El Señor todopoderoso protegerá a
   los suyos,
y ellos pisotearán las piedras de los
   honderos
y devorarán a sus enemigos;
beberán su sangre como vino,
se llenarán de ella como un tazón,
como los cuernos del altar.[9]

[16] En aquel día, el Señor su Dios
salvará a su pueblo como a un
   rebaño,
y brillarán los suyos en su propio
   país
como las piedras preciosas de una
   corona.
[17] ¡Qué bueno, qué hermoso será el
   país!
Con la abundancia de su trigo y su
   vino,
nuestros muchachos y muchachas
crecerán hermosos.[g]

### La promesa de liberación

**10** [1] Pídanle al Señor lluvias de
   primavera,
y el Señor, que produce los
   relámpagos,
las enviará en abundancia,
y a todos les dará hierba en el
   campo.
[2] La palabra de los ídolos es mentira,
y es falso lo que ven los adivinos.
Sus predicciones son sueños sin
   sentido,
y sus palabras de consuelo están
   vacías.

Por eso el pueblo vaga como un
   rebaño,
y sufre por falta de un pastor.[h]

[3] Por eso dice el Señor:
   ''Mi furor se ha encendido contra los
   pastores,[i]
y castigaré a los guías de mi
   pueblo.''
El Señor todopoderoso, que cuida de
   su rebaño,
de los descendientes de Judá,
hará de ellos su fuerte caballo en la
   batalla.
[4] De ellos saldrán la Piedra Angular,
la Estaca de Tienda y el Arco de
   Guerra.
De ellos saldrán todos los caudillos.
[5] Serán como soldados
que en la batalla pisan el barro de las
   calles;
lucharán, porque el Señor está con
   ellos,
y pondrán en vergüenza a los jinetes.

[6] Dice el Señor:
   ''Yo daré fuerzas a los descendientes
   de Judá
y salvaré a los descendientes de José.
Los guiaré de vuelta a su patria,
porque tengo compasión de ellos.
Volverán a ser como si yo nunca los
   hubiera rechazado,
pues yo soy el Señor su Dios,
que atiendo sus oraciones.
[7] Efraín será como un soldado.
Su corazón se alegrará como con
   vino,
y al verlo se alegrarán también sus
   hijos.
¡Su corazón se alegrará a causa del
   Señor!

[8] ''Yo los llamaré y los reuniré,
porque los he salvado.
Volverán a ser tan numerosos
como lo fueron en otros tiempos.
[9] Yo los dispersé entre las naciones
pero, aun estando lejos, se
   acordarán de mí,
y un día volverán con sus hijos.[10]
[10] Los haré regresar de Egipto,
los traeré de Asiria,
los llevaré a Galaad y al Líbano,
y serán tantos que faltará lugar para
   ellos.
[11] Atravesarán el mar de Egipto,[11]

[9] *Beberán su sangre . . . cuernos del altar:* según la versión griega. Heb. oscuro.   [10] *Volverán con sus hijos:* texto probable.
Heb. *vivirán con sus hijos y volverán.*   [11] *Egipto:* texto probable. Heb. *angustia.*
[g] **9.17** Jer 31.12-13.   [h] **10.2** Jer 50.6-7; Ez 34.5-6; Mt 9.36; Mr 6.34.   [i] **10.3** Ez 34.2.

cuyas olas heriré.
Secaré el Nilo hasta el fondo,
destruiré el orgullo de Asiria
y acabaré con el poder de Egipto.
[12]Yo les daré fuerzas,
y avanzarán en mi nombre.
Yo, el Señor, doy mi palabra.''

**11** [1]¡Abre, Líbano, tus puertas,
y que el fuego consuma tus
cedros!
[2]¡Llora, oh pino,
porque cayó el cedro,
porque aquellos árboles hermosos
han quedado destruidos!
¡Giman ustedes, encinas de Basán,
porque el bosque espeso ha sido
derribado![j]
[3]Lloran a gritos los pastores,
porque la hermosura de los pastos
ha quedado destruida.
Se oye el rugido del león,
porque la espesura del Jordán
ha quedado destruida.

### Los dos pastores

[4]Esto me dijo el Señor mi Dios:
''Cuida las ovejas destinadas al matadero.
[5]Los compradores las matan sin sentirse
culpables, y los vendedores dicen: '¡Gracias al Señor, ya soy rico!' Ni siquiera sus
propios pastores tienen compasión de
ellas. [6]Pues, del mismo modo, tampoco
yo volveré a tener compasión de la gente
que vive en este país, sino que voy a entregar a cada uno en manos de su prójimo y
en manos de su rey. Estos destruirán el
país, y no salvaré de sus manos a nadie.
Yo, el Señor, lo afirmo.''

[7]Entonces me puse a cuidar las ovejas
destinadas al matadero. Lo hice por
cuenta de los tratantes.[l2] Y me conseguí
dos bastones: al uno lo llamé ''Bienestar''
y al otro ''Unión''. [8]Y en un solo mes despedí a tres pastores que habían agotado
mi paciencia y que me odiaban.

[9]Y a las ovejas les dije: ''¡No volveré a
ser el pastor de ustedes! ¡Si alguna ha de
morir, que muera! ¡Si a alguna la matan,
que la maten! ¡Y las que queden, que se
coman unas a otras!''

[10]Tomé entonces mi bastón llamado
''Bienestar'' y lo rompí en señal de que
quedaba anulado el pacto que Dios había
hecho con todas las naciones. [11]Aquel día
quedó anulado el pacto, y los tratantes de
ovejas, que me estaban observando, comprendieron que era el Señor quien hablaba

por medio de lo que yo hacía. [12]Les dije
entonces: ''Si les parece bien, páguenme
mi salario; y si no, déjenlo.'' Y me pagaron treinta monedas de plata.

[13]El Señor me dijo: ''Toma esas monedas, el espléndido precio que me han
puesto, y échalas en el tesoro del templo.''
Yo tomé las treinta monedas y las eché en
el tesoro del templo.[k] [14]Rompí después el
segundo bastón, el llamado ''Unión'', y
así quedó destruida la hermandad entre
Judá e Israel.

[15]El Señor me dijo: ''Y ahora hazte
pasar por un pastor irresponsable. [16]Porque voy a poner sobre este país un pastor
que no se preocupará por la oveja descarriada, ni buscará a la perdida, ni curará a
la herida, ni dará de comer a la debilitada,
sino que se comerá la carne de las más
gordas y no dejará de ellas ni las pezuñas.[l]
[17]¡Ay del pastor inútil que abandona el
rebaño![m] ¡Que caiga la espada sobre su
brazo y su ojo derecho! ¡Que se le quede
seco el brazo y completamente ciego el
ojo!''

### La liberación de Jerusalén

**12** [1]Este es un mensaje del Señor
acerca de Israel. El Señor, que ha
extendido el cielo, y ha puesto base a la
tierra, y ha dado vida al hombre, afirma:
[2]''Yo hago de Jerusalén una copa de vino
que emborrachará a todas las naciones
vecinas. Cuando ellas pongan sitio a Jerusalén, también las otras ciudades de Judá
serán atacadas. [3]En aquel tiempo convertiré a Jerusalén en una piedra muy pesada
para todas las naciones. Herirá a cualquiera de ellas que intente levantarla.
Todas las naciones se juntarán en contra
de Jerusalén, [4]pero entonces yo espantaré
a todos los caballos y volveré locos a sus
jinetes. Cuidaré de los descendientes de
Judá, y dejaré ciegos a todos los caballos
de las naciones. [5]Al ver esto, los jefes de
Judá dirán para sí: 'El Señor todopoderoso es el Dios de los que viven en Jerusalén, y el que les da fuerzas.' [6]En aquel
tiempo haré que los jefes de Judá sean
como un brasero encendido entre la leña,
como un fuego entre manojos de espigas.
Devorarán a derecha e izquierda a todas
las naciones vecinas, mientras que los
habitantes de Jerusalén vivirán otra vez en
su ciudad.

[7]''Pero primero yo, el Señor, salvaré a
las familias de Judá, para que no crezca el

---

[l2] *Por cuenta de los tratantes:* según la versión griega. Heb. *por tanto los humildes del rebaño.*
[j] **11.1-2** Is 2.12-13.   [k] **11.12-13** Mt 27.9-10.   [l] **11.16** Ez 34.2-4; Mi 3.1-7.   [m] **11.17** Jn 10.12-13.

prestigio de los descendientes de David y de los habitantes de Jerusalén por encima de los demás descendientes de Judá. 8Yo, el Señor, protegeré a los que viven en Jerusalén. Los más débiles de ellos serán tan fuertes como el rey David, y los descendientes de David serán como Dios, como el ángel del Señor, que va al frente de ellos. 9En aquel tiempo destruiré a cualquier nación que ataque a Jerusalén.

10"Llenaré de espíritu de bondad y oración a los descendientes de David y a los habitantes de Jerusalén, Entonces mirarán al que traspasaron,*n* y harán duelo y llorarán por él como por la muerte del hijo único o del hijo mayor. 11Se hará en Jerusalén un duelo tan grande como el duelo que se hace por el dios Hadad-rimón en la llanura de Meguido. 12Familia por familia, cada una por su lado, hará duelo en el país: los descendientes de David, y también sus mujeres; los descendientes de Natán, y también sus mujeres; 13los descendientes de Leví, y también sus mujeres; los descendientes de Semei, y también sus mujeres; 14y así todas las otras familias, cada una por su lado, y también sus mujeres.

**13** 1"En aquel tiempo se abrirá un manantial, para que en él puedan lavar sus pecados y su impureza los descendientes de David y los habitantes de Jerusalén.*ñ* 2Y en todo este país destruiré hasta los nombres de los ídolos, para que no sigan siendo invocados. Y también quitaré del país a los profetas y a todo espíritu impuro. Yo, el Señor, doy mi palabra.

3"Entonces, cuando alguno quiera profetizar, sus propios padres le dirán: '¡Tú has de morir, porque pretendes hacer pasar tus mentiras por mensajes del Señor!' ¡Sus propios padres lo apuñalarán cuando se esté haciendo pasar por profeta! 4En aquel tiempo, los profetas tendrán vergüenza de sus visiones cuando profeticen. Ninguno engañará poniéndose el manto de pieles de los profetas, 5sino que cada cual dirá: 'Yo no soy profeta, sino labrador. Desde niño me he dedicado a trabajar en el campo.'*13* 6Y si alguien le pregunta: '¿Pues qué heridas son ésas que traes en el cuerpo?', él contestará: 'Me las hicieron en casa de mis amigos.' "

## "El Señor es mi Dios"

7El Señor todopoderoso afirma:
"¡Levántate, espada, contra mi pastor
y contra mi ayudante!
¡Mata al pastor, y el rebaño se dispersará,*o*
y yo me volveré contra los corderos!
8-9Morirán dos terceras partes
de los que habitan en este país:
sólo quedará con vida la tercera parte.
Y a esa parte que quede
la haré pasar por el fuego;
la purificaré como se purifica la plata,
la afinaré como se afina el oro.*p*
Entonces ellos me invocarán,
y yo les contestaré.
Los llamaré 'Pueblo mío',*q*
y ellos responderán: 'El Señor es nuestro Dios.'
Yo, el Señor, doy mi palabra.''

## La victoria final de Jerusalén

**14** 1Ya viene el día del Señor, cuando tus despojos, Jerusalén, habrán de ser repartidos en medio de ti. 2Ese día reunirá el Señor a todas las naciones, para que peleen contra Jerusalén. Y conquistarán la ciudad, saquearán sus casas, violarán a sus mujeres y se llevarán cautiva a la mitad de sus habitantes. Sólo el resto permanecerá en ella. 3Pero luego saldrá el Señor a luchar contra esas naciones, como cuando lucha en el día de la batalla. 4Ese día el Señor apoyará sus pies sobre el monte de los Olivos, que está frente a Jerusalén, hacia el lado oriental. Y un gran valle, que correrá de oriente a occidente, dividirá en dos el monte de los Olivos. Medio monte se moverá hacia el norte y el otro medio hacia el sur, 5y ustedes huirán por ese valle que quedará entre los montes, el cual llegará hasta Azal, del otro lado. Huirán ustedes como antes huyeron sus antepasados a causa del terremoto que se produjo cuando el rey Uzías gobernaba en Judá. Y vendrá el Señor mi Dios acompañado de todos sus fieles.

6Ese día no hará frío ni habrá heladas.*14* 7Será un día único, conocido solamente por Dios. En él no se distinguirá el día de la noche, pues aun por la noche seguirá habiendo luz.*r* 8Entonces saldrán de Jerusalén aguas frescas,*s* que correrán

---

*13 Me he dedicado a trabajar en el campo:* traducción probable. Heb. oscuro. *14 No hará frío ni habrá heladas:* texto probable. Heb. *no habrá luz; las cosas preciosas se congelarán.*
*n* 12.10 Jn 19.37; Ap 1.7. *ñ* 13.1 Ez 47.1-12; Jl 3.18; Jn 4.10-14; 7.38; Ap 22.1-2. *o* 13.7 Mt 26.31; Mr 14.27. *p* 13.8-9 Is 1.25; 48.10. *q* 13.8-9 Os 2.23. *r* 14.7 Is 24.23; Ap 22.5. *s* 14.8 Ez 47.1-12; Jn 7.38; Ap 22.1-2.

en invierno y en verano, la mitad de ellas hacia el Mar Muerto y la otra mitad hacia el Mediterráneo. ⁹Ese día reinará el Señor en toda la tierra. El Señor será el único, y único será también su nombre. ¹⁰Todo el país quedará convertido en una llanura, desde Geba hasta Rimón, al sur de Jerusalén. Jerusalén estará en alto, y será habitada en ese lugar, desde la Puerta de Benjamín hasta la Puerta del Angulo (donde antes estuvo la Puerta Antigua) y desde la torre de Hananeel hasta las prensas de aceite del rey. ¹¹Sí, Jerusalén será habitada, y no volverá a ser destruida. Sus habitantes vivirán seguros.

¹²Pero a las naciones que hayan luchado contra Jerusalén, el Señor las castigará duramente: a su gente se le pudrirá la carne en vida, y se le pudrirán los ojos en sus cuencas y la lengua en la boca. ¹³Ese día el Señor los llenará de espanto. Cada cual agarrará de la mano a su compañero, y levantarán la mano unos contra otros. ¹⁴Entonces luchará también Judá en Jerusalén, y arrebatarán a las naciones vecinas abundantes riquezas de plata, oro y ropas. ¹⁵El mismo castigo que ha de caer sobre la gente, caerá también sobre los caballos, los mulos, los camellos, los

asnos y todas las bestias que los enemigos tengan en sus campamentos.

¹⁶Después de esto, los sobrevivientes de los mismos pueblos que lucharon contra Jerusalén irán año tras año a adorar al Rey, al Señor todopoderoso, y a celebrar la fiesta de las Enramadas.ᶠ ¹⁷Y si alguna de las naciones de la tierra no va a Jerusalén a adorar al Rey, al Señor todopoderoso, la lluvia no caerá en sus tierras. ¹⁸Y si los egipcios no van, el Señor los castigará, del mismo modo que a cualquier otra nación que no vaya a celebrar la fiesta de las Enramadas. ¹⁹Ese será el castigo de Egipto y de todas las naciones que no vayan a celebrar la fiesta de las Enramadas.

²⁰Ese día, hasta los cascabeles de los caballos llevarán la inscripción ''Consagrado al Señor''. Y los calderos del templo serán entonces tan sagrados como los tazones que están delante del altar. ²¹Todos los calderos, en Jerusalén y en Judá, estarán consagrados al Señor todopoderoso. Quienes vayan a hacer un sacrificio, los usarán, y cocerán en ellos la carne de los animales ofrecidos. Ese día ya no habrá más comerciantes en el templo del Señor todopoderoso.

ᶠ 14.16 Lv 23.39-43.

# MALAQUÍAS

*Este nombre, en hebreo Malají, significa "mi mensajero". Los mensajes del libro se pronuncian en el siglo quinto a. C., después de haberse reconstruido el templo. A causa del tiempo transcurrido sin ver cumplidas las promesas de la restauración de Judá, el pueblo había caído no sólo en la desilusión y la apatía sino, lo que era peor, en el relajamiento de sus costumbres y el menosprecio del culto divino. La gente del pueblo y aun los sacerdotes defraudan a Dios de las ofrendas que le son debidas, y se comportan dando la espalda a sus mandamientos. El profeta reprocha a Israel sus pecados (1.1-2.16), y le anuncia que Dios vendrá a juzgarlo y purificarlo. Al efecto, enviará por delante a su mensajero, a quien se designa como "el profeta Elías" (4.5), para prepararle el camino. No obstante la severidad del juicio en el Día del Señor, que se acerca, quienes se arrepientan y lo obedezcan serán libres y felices.*

## El amor de Dios a Israel

**1** [1]Este es el mensaje que el Señor comunicó al pueblo de Israel por medio del profeta Malaquías.[j]

[2]El Señor dice: "Yo los amo a ustedes." Pero ustedes responden: "¿Cómo sabemos que nos amas?" El Señor contesta: "Yo los amo por la misma razón que, siendo hermanos Esaú y Jacob, amé a Jacob [3]y aborrecí a Esaú.[a] Y el país de Esaú, que era montañoso, lo convertí en un desierto, y sus propiedades en tierra sólo buena para los animales salvajes."

[4]Si los edomitas,[b] descendientes de Esaú, dijeran: "Hemos sido destruidos, pero reconstruiremos nuestra nación", el Señor todopoderoso respondería: "Ellos reconstruirán, pero yo los destruiré otra vez. Su país será llamado 'País de maldad' y 'Nación del eterno enojo del Señor'." [5]Ustedes lo verán con sus propios ojos, y dirán: "¡El Señor es tan grande que sobrepasa las fronteras de Israel!"

## El Señor reprende a los sacerdotes

[6]El Señor todopoderoso dice a los sacerdotes: "Los hijos honran a sus padres, y los criados respetan a sus amos. Pues si yo soy el Padre de ustedes, ¿por qué ustedes no me honran? Si soy su Amo, ¿por qué no me respetan? Ustedes me desprecian, y dicen todavía: '¿En qué te hemos despreciado?' [7]Ustedes traen a mi altar pan indigno, y preguntan todavía: '¿En qué te ofendemos?' Ustedes me ofenden cuando piensan que mi altar puede ser despreciado [8]y que no hay nada malo en ofrecerme animales ciegos, cojos o enfermos."[c] ¡Vayan, pues, y llévenselos a sus gobernantes! ¡Vean si ellos les aceptan con gusto el regalo! [9]Pídanle ustedes a Dios que nos tenga compasión. Pero si le hacen esa clase de ofrendas, no esperen que Dios los acepte a ustedes con gusto. El Señor todopoderoso dice: [10]"¡Ojalá alguno de ustedes cerrara las puertas del templo, para que no volvieran a encender en vano el fuego de mi altar! Porque no estoy contento con ustedes ni voy a seguir aceptando sus ofrendas.[d] [11]En todas las naciones del mundo se me honra; en todas partes queman incienso en mi honor y me hacen ofrendas dignas. [12]En cambio, ustedes me ofenden, pues piensan que mi altar, que es mi mesa, puede ser despreciado, y que es despreciable la comida que hay en él.[2] [13]Ustedes dicen: '¡Ya estamos cansados de todo esto!' Y me desprecian.[3] Y todavía suponen que voy a alegrarme cuando vienen a ofrecerme un animal robado, o una res coja o enferma. [14]¡Maldito sea el tramposo que me promete un animal sano de su rebaño y luego me sacrifica uno que tiene defecto! Yo soy el gran Rey, y soy temido entre las naciones." Esto dice el Señor todopoderoso.

**2** [1]"Ahora, sacerdotes, esto es para ustedes: [2]Ustedes han de obedecerme y deben tomar en serio el honrarme. Si no lo hacen, yo los maldeciré. Y como no han tomado en serio el honrarme, yo convertiré en maldición incluso los beneficios que obtienen de su sacerdocio." Lo dice el Señor todopoderoso.

[3]"Voy a privarlos de su poder y a arrojarles a la cara el estiércol de los animales que traen a sacrificar. ¡Y junto con el estiércol, también ustedes serán barridos!

---

*j* **Malaquías**: en hebreo el nombre es *Malají,* que significa *mi mensajero* (o *mi ángel),* como en 3.1. *2* **Y que es despreciable la comida que hay en él:** texto probable. Heb. oscuro. *3* **Me desprecian:** Heb. *lo desprecian,* para que no pareciera irreverencia aplicar a Dios el verbo despreciar.

*a* **1.2-3** Gn 25.23-26; Ro 9.13. *b* **1.2-5** Is 34.5-17; 63.1-6; Jer 49.7-22; Ez 25.12-14; 35.1-15; Am 1.11-12; Abd 1-14. *c* **1.8** Lv 22.18-25; Dt 15.21. *d* **1.10** Is 1.13; Am 5.21-24.

[4] Así sabrán que yo les he dado este mandato para que mi pacto con Leví[e] permanezca firme.'' Lo dice el Señor todopoderoso.

[5] "Mi pacto era vida y paz para Leví.[f] Se las di para que me respetara y me temiera, y él me mostró temor y reverencia. [6] Leví enseñaba la verdad y no había maldad en sus labios. Vivía en perfecta relación de paz conmigo y apartó a muchos de hacer lo malo.[g] [7] Es el deber de los sacerdotes enseñar a la gente a conocerme,[h] y todos deben acudir a ellos para recibir instrucción, porque ellos son los mensajeros del Señor todopoderoso.

[8] "Pero ustedes, sacerdotes, se han apartado del buen camino; con sus enseñanzas han hecho caer a muchos. Así, ustedes han pervertido mi pacto con Leví. [9] Por eso, porque no me han obedecido y porque, además, cuando enseñan a la gente no tratan a todos por igual, yo haré que todo el pueblo los tenga por viles y los desprecie.'' Lo dice el Señor todopoderoso.

### La infidelidad de Israel

[10] ¿Acaso no tenemos todos un mismo Padre, que es el Dios que a todos nos ha creado?[i] ¿Por qué, pues, nos engañamos los unos a los otros, violando así el pacto que hizo Dios con nuestros antepasados? [11] Judá es infiel a Dios, y se cometen acciones horribles en Jerusalén y en Israel. Judá ha violado la santidad del templo que el Señor ama, y los hombres de Judá han tomado por esposas mujeres que adoran a dioses falsos. [12] ¡Ojalá el Señor borre de nuestra nación a quienes hacen tales cosas, sean quienes sean y aunque traigan ofrendas al Señor todopoderoso!

[13] Pero ustedes aún hacen más: inundan de lágrimas el altar del Señor, y lloran con grandes lamentos porque el Señor ya no acepta con gusto sus ofrendas. [14] ¿Y aún preguntan ustedes por qué? Pues porque el Señor es testigo de que tú has faltado a la promesa que le hiciste a la mujer con quien te casaste cuando eras joven. ¡Era tu compañera, y tú le prometiste fidelidad![4] [15] ¿Acaso no es un mismo Dios el que ha hecho el cuerpo y el espíritu? ¿Y qué requiere ese Dios sino descendientes

que le sean consagrados?[5] ¡Cuiden ustedes, pues, de su propio espíritu, y no falten a la promesa que le hicieron a la esposa de su juventud! [16] El Señor Dios de Israel, el todopoderoso, dice: "¡Cuiden, pues, de su propio espíritu, y no sean infieles; pues yo aborrezco al que se divorcia de su esposa y se mancha cometiendo esa maldad!''[j]

### El día del juicio

[17] El Señor ya está cansado de escucharles; y todavía ustedes preguntan: "¿Qué hemos dicho para que se haya cansado de escucharnos?'' Pues ustedes han dicho que al Señor le agradan los que hacen lo malo, y que está contento con ellos.[k] ¡Ustedes no creen que Dios sea justo!

**3** [1] El Señor todopoderoso dice: "Voy a enviar mi mensajero para que me prepare el camino.[l] El Señor, a quien ustedes están buscando, va a entrar de pronto en su templo. ¡Ya llega el mensajero del pacto que ustedes desean!''

[2] Pero ¿quién podrá resistir el día de su venida? ¿Quién podrá entonces permanecer en pie?[m] Pues llegará como un fuego, para purificarnos; será como un jabón que quitará nuestras manchas.[n] [3] El Señor se sentará a purificar a los sacerdotes, los descendientes de Leví, como quien purifica la plata y el oro en el fuego. Después ellos podrán presentar su ofrenda al Señor, tal como deben hacerlo. [4] El Señor se alegrará entonces de la ofrenda de Judá y Jerusalén, igual que se alegraba de ella en otros tiempos.

[5] El Señor todopoderoso dice: "Yo vendré a juzgarlos a ustedes. Y al mismo tiempo seré testigo contra los que practican la magia, los que cometen adulterio, los que juran en falso, los que oprimen a los trabajadores, a las viudas y a los huérfanos, los que tratan mal a los extranjeros y los que me faltan al respeto.

### El diezmo y las ofrendas

[6] "Yo soy el Señor. No he cambiado.[ñ] Y por eso ustedes, descendientes de Jacob, no han sido aniquilados. [7] Ustedes se han apartado de mis preceptos, como se apartaron sus antepasados, y no han

---

*4* Y tú le prometiste fidelidad: otra posible traducción y era tu esposa legal. Lit. y esposa de tu pacto.   *5* ¿Acaso no es un mismo . . . que le sean consagrados?: traducción probable. Heb. oscuro.

*e* **2.4** Nm 3.11-13.   *f* **2.5** Nm 25.12-13.   *g* **2.6** Dt 33.8-10.   *h* **2.7** Lv 10.11; Dt 21.5.   *i* **2.10** Is 63.16; 64.8; Os 11.1-4; Ef 4.6.   *j* **2.14-16** Gn 2.24; Pr 5.18; Mr 10.2-9; Ef 5.21-33.   *k* **2.17** Job 21.7-16; Hab 1.2-4,13; Mal 3.14-15.   *l* **3.1** Mt 11.10; Mr 1.2; Lc 1.76; 7.27.   *m* **3.2** Is 13.6; Ez 30.2-3; Jl 1.15; 2.11; Am 5.18-20; 8.9-14; Sof 1.14-18; Ap 6.17.   *n* **3.2** Mt 3.10-12.   *ñ* **3.6** Nm 23.19; He 13.8; Stg 1.17.

querido obedecerlos. Yo, el Señor todopoderoso, les digo: ¡Vuélvanse a mí, y yo me volveré a ustedes!*º* Pero ustedes dicen: '¿Por qué hemos de volvernos a ti?' *8*Y yo pregunto: ¿Acaso un hombre puede defraudar a Dios? ¡Pues ustedes me han defraudado! Y todavía preguntan: '¿En qué te hemos defraudado?' ¡En los diezmos y en las ofrendas me han defraudado! *9*Sí, toda la nación, todos ustedes, me están defraudando, y por eso voy a maldecirlos. Yo, el Señor todopoderoso, les digo: *10*Traigan su diezmo al tesoro del templo,*p* y así habrá alimentos en mi casa. Pónganme a prueba en eso, a ver si no les abro las ventanas del cielo para vaciar sobre ustedes la más rica bendición. *11*No dejaré que las plagas destruyan sus cosechas y sus viñedos. *12*Todas las naciones les llamarán dichosos, porque ustedes tendrán un país encantador." Yo, el Señor todopoderoso, lo he dicho.

## Compasión de Dios hacia su pueblo

*13*El Señor dice: "Ustedes han dicho cosas muy duras contra mí. Y todavía preguntan: '¿Qué es lo que hemos dicho en contra tuya?' *14*Esto es lo que han dicho: 'Servir a Dios es cosa inútil. ¿Qué provecho sacaremos de hacer lo que él manda, de andar vestidos de luto delante del Señor todopoderoso? *15*Nosotros hemos visto que los orgullosos son felices, que a los malvados les salen las cosas bien, que ponen a prueba a Dios y no reciben ningún castigo.' "*q*

*16*(Los que honran a Dios hablaron entonces entre sí, y el Señor escuchó con atención lo que decían. Y en presencia del Señor se escribió un libro, en el cual se recordaba a los que honran al Señor y lo toman en cuenta.)

*17*El Señor todopoderoso dice: "Estoy preparando un día en el que ellos volverán a ser mi pueblo. Como un padre se compadece del hijo que le sirve, así tendré yo compasión de ellos.*r* *18*Entonces ustedes se darán cuenta otra vez de la diferencia que hay entre el bueno y el malo, entre el que adora a Dios y el que no lo adora."

## La venida del día del Señor

**4** *1*El Señor todopoderoso dice: "Se acerca el día, ardiente como un horno, en que todos los orgullosos y malvados arderán como paja en una hoguera. Ese día que ha de venir los quemará, y nada quedará de ellos. *2*Pero para ustedes que me honran, mi justicia brillará como la luz del sol, que en sus rayos trae salud.*⁶* Y ustedes saltarán de alegría como becerros que salen del establo. *3*En ese día que estoy preparando, ustedes pisotearán a los malvados como si fueran polvo.

*4*"Acuérdense de la ley que le di a mi siervo Moisés en el monte Horeb.*t* ¡Eran preceptos y mandatos que todo Israel debía obedecer!

*5*"Miren ustedes: Voy a enviarles al profeta Elías,*u* antes que llegue el día del Señor, que será un día grande y terrible. *6*Y él hará que padres e hijos se reconcilien.*v* De lo contrario vendré y castigaré su país, destruyéndolo por completo."

---

*6 Mi justicia brillará . . . rayos trae salud:* lit. *nacerá un sol de justicia, que en sus alas trae salud.*
*o* **3.7** Is 55.7; Zac 1.3.   *p* **3.8-10** Lv 27.30; Nm 18.21-24; Dt 12.6; 14.22-29; Neh 13.12.   *q* **3.14-15** Mal 2.17.   *r* **3.17** Sal 103.13.
*s* Los vs 4.1-6 corresponden a los vs 3.19-24 en el texto hebreo.   *t* **4.4** Ex 19.16-20.20; 24.1-17; Dt 5.1-3.   *u* **4.5** I R 17-21;
2 R 2.1-12; Mt 11.14; 17.10-13; Mr 9.11-13; Jn 1.21.   *v* **4.5-6** Eclo 48.10; Lc 1.17.

# LIBROS DEUTEROCANÓNICOS

Se llaman *deuterocanónicos,* o sea "del segundo canon", los libros de *Tobit, Judit, Primero y Segundo Macabeos, Eclesiástico, Sabiduría, Baruc* y algunos pasajes adicionales de *Ester y Daniel.* Estos libros no se encuentran en la Biblia hebrea tal como la fijaron los rabinos judíos a fines del siglo 1 de la Era Cristiana. Pero formaban parte de la versión griega llamada Septuaginta, hecha probablemente a partir del año 250 a.C., y que fue la versión usada en un principio por los judíos de habla griega y por los primeros cristianos. A los libros de la Biblia hebrea se les llama también *protocanónicos,* o sea "del primer canon".

Algunos de estos libros (Tobit, Judit, 1 Macabeos y Eclesiástico) se escribieron originalmente en hebreo (o algunos probablemente en arameo), en tanto que otros (2 Macabeos, Sabiduría y las adiciones a Ester) se escribieron en griego. De algunos (Baruc y adiciones a Daniel) no se sabe con certeza cuál era su lengua original.

Sin embargo, de los libros escritos originalmente en hebreo (o arameo), sólo se conserva buena parte del texto original de Eclesiástico, y algunos pequeños fragmentos de otros libros. El texto completo de todos ellos se ha conservado únicamente en griego y en otras versiones antiguas. Para la presente versión se ha tomado como base el texto griego de la Septuaginta editado por Alfred Rahlfs. En el caso de Eclesiástico, se ha procedido según se indica en la introducción particular a dicho libro.

La inclusión de los libros deuterocanónicos dentro del Antiguo Testamento ha sido objeto de discusión desde tiempos muy antiguos. Ya hemos visto que finalmente los judíos optaron por excluirlos. Algunas iglesias han hecho lo mismo o no les conceden la misma autoridad que a los otros libros, y prefieren darles el nombre de *Apócrifos,* palabra que originalmente significa "escondidos", tal vez para indicar que no se destinaban a la lectura general. La Iglesia Católica Romana y algunas iglesias orientales los reciben como parte integrante de las Escrituras, y algunas confesiones protestantes los reconocen como libros provechosos para la lectura privada aunque no los consideran como base de doctrina.

Algunas veces estos libros deuterocanónicos se imprimen intercalados con los protocanónicos; otras veces, se les incluye como un grupo aparte antes del Nuevo Testamento, que fue lo que hizo San Jerónimo en su versión latina y que es lo que se ha hecho en la presente edición.

No es de la competencia de las Sociedades Bíblicas fallar sobre las cuestiones en que difieren entre sí las iglesias cristianas, como en el caso de los libros deuterocanónicos, ni les corresponde dictaminar en cuanto a la autoridad de éstos. De conformidad con lo establecido desde su fundación, su propósito es servir a todas las iglesias cristianas en lo tocante a la Biblia, y para cumplirlo se abstienen de tomar partido en aquello en que ellas difieren. Para quienes desean tener en su Biblia los libros deuterocanónicos se ha preparado esta traducción y se ha hecho la presente edición, según los mismos principios que se han seguido para la traducción de los demás libros.

# TOBIT

*El libro de* Tobit *(que también se conoce bajo el título de Tobías, nombre del hijo del personaje principal) contiene un relato de la vida judía en el destierro. Habla de dos familias judías que radican en diversos lugares. El jefe de una de ellas, Tobit, es un piadoso judío residente en Nínive y que hace muchas obras de caridad en favor de sus compatriotas, pero que pierde sus bienes y finalmente se queda ciego. Ante tales sufrimientos, ora a Dios (1.1-3.6). Al mismo tiempo en Ecbatana, la judía Sara, hija única, siete veces ve impedidas sus bodas por un demonio, por lo que pide la ayuda de Dios, que por conducto del ángel Rafael (cuyo nombre significa "Dios sana") viene en ayuda de Sara y de Tobit.*

*Tobit aconseja a su hijo Tobías un viaje a Media, y el joven lo hace acompañado de Rafael, que no se da a conocer aún como ángel. En Media Tobías libra a Sara y se casa con ella (4.1-9.6). Los recién casados vuelven con Rafael, que cura a Tobit, y finalmente se da a conocer (10.1-12.22). Tobit alaba a Dios, da consejos a su hijo y muere a una edad avanzada (13.1-14.11). El libro termina con la emigración de Tobías a Ecbatana y su muerte en esa ciudad (14.12-15). En conjunto esta narración ofrece un cuadro de la religión y la cultura judías de la época.*

*Del texto griego de este libro existen dos formas, con frecuencia bastante diferentes. La base principal de esta traducción es la representada por el manuscrito conocido como* Sinaítico. *Sin embargo, no es esa la forma que se ha seguido cuando ha parecido que en ella no se conserva bien el texto. A veces, como se indica en las notas, se ha corregido el texto griego según otras versiones antiguas.*

## Introducción

**1** ¹Esta es la historia de Tobit. Tobit era hijo de Tobiel y descendiente de Ananiel, de Aduel, de Gabael, de Rafael y de Ragüel, los cuales descendían de Jahzeel, de la tribu de Neftalí. ²En tiempos del rey Salmanasar[a] de Asiria, Tobit fue llevado cautivo desde Tisbe, aldea que se encuentra en la Galilea superior, al sur de Cedes de Neftalí, más arriba de Hazor, hacia el occidente, y al norte de Sefat.[l]

## Vida de Tobit en el destierro

³Yo, Tobit, llevé una conducta sincera y honrada todos los días de mi vida. Hice muchas obras de caridad entre mis parientes y mis compatriotas que habían sido desterrados conmigo a Asiria, a la ciudad de Nínive. ⁴Cuando yo era joven y estaba en mi tierra, en Israel, toda la tribu de Neftalí, a la cual pertenezco, se había separado de la dinastía de David[b] y de Jerusalén. Sin embargo, Jerusalén era la ciudad escogida entre todas las tribus de Israel como lugar donde ellas debían ofrecer sus sacrificios. Allí había sido construido el templo donde Dios habitaba y que había sido dedicado a él para siempre. ⁵En todos los montes de Galilea, todos mis parientes, y en general la tribu de Neftalí a la que pertenezco, ofrecían sacrificios al becerro que Jeroboam, rey de Israel, había mandado hacer en Dan.[c]

⁶Muchas veces, yo era el único que iba a Jerusalén en las fiestas, como se ordena[d] que lo haga siempre todo el pueblo de Israel. Me iba de prisa a Jerusalén a llevar los primeros frutos de mis cosechas, las primeras crías y la décima parte del ganado, y la primera lana que recogía de mis ovejas.[e] ⁷Y se lo daba a los sacerdotes, descendientes de Aarón, para el servicio del altar. También daba a los levitas encargados del servicio del templo en Jerusalén la décima parte del trigo, del vino, del aceite, de las granadas, de los higos y de las demás cosechas. Otra décima parte la vendía cada año, y durante seis años seguidos iba a gastar ese dinero en Jerusalén.[f] ⁸La tercera décima parte la repartía cada tres años entre los huérfanos, las viudas y los extranjeros que se habían convertido a nuestra religión y se habían unido a los israelitas. Con esa décima parte celebrábamos el banquete, como se ordena en la ley de Moisés y según me lo había recomendado Débora, mi abuela por parte de padre, pues mi padre había muerto dejándome huérfano.

---

[l] *Sefat:* según una versión antigua. Gr. *Peor.*
[a] 1.2 2 R 17.3; 18.9-11. [b] 1.4 1 R 12.16-20. [c] 1.5 1 R 12.26-33. [d] 1.6 Dt 12.11-14; 16.16. [e] 1.6 Ex 23.16-17; 34.22-23.
[f] 1.7 Nm 18.12-19; Dt 14.22-28; 18.3-4.

⁹Ya mayor de edad, me casé con una parienta mía, llamada Ana. De ella tuve un hijo, al que puse por nombre Tobías. ¹⁰Cuando me llevaron desterrado a Asiria, llegué a Nínive. Todos mis parientes y los demás israelitas comían los mismos alimentos que comen los paganos. ¹¹Yo, en cambio, tenía cuidado de no comerlos.ᵍ ¹²Y como había sido fiel a Dios de todo corazón, ¹³el Dios altísimo hizo que el rey Salmanasar me mirara con buenos ojos, y llegué a ser el encargado de comprar sus provisiones. ¹⁴Iba al país de Media y hacía compras para él. Así lo hice hasta que el rey murió. En Ragues de Media dejé una vez la cantidad de trescientos treinta kilos de plata, consignada en depósito, al cuidado de un pariente mío, llamado Gabael, hijo de Gabrí.

¹⁵Cuando Salmanasar murió, reinó en su lugar su hijo Senaquerib. Los caminos para ir a Media se volvieron inseguros, y ya no pude volver a aquel país.

### Obras de caridad de Tobit

¹⁶En tiempos de Salmanasar ayudé muchas veces con obras de caridad a los demás israelitas. ¹⁷Compartía mi comida con los que padecían hambre, y daba de mi ropa a quienes no tenían. Y cuando algún israelita moría y su cadáver era arrojado fuera de las murallas de Nínive, si yo lo veía, iba y lo enterraba. ¹⁸Cuando Senaquerib se puso a decir palabras ofensivas contra Dios, el Rey del cielo, y fue castigado por ello y tuvo que salir huyendo de Judea, se enojó y mató a muchos israelitas. Pero yo fui y los enterré. Robé los cadáveres y los enterré. Senaquerib los buscó, pero no pudo encontrarlos. ¹⁹Entonces un ciudadano de Nínive fue y avisó al rey que yo era quien los había enterrado. Cuando supe que ya el rey sabía de mí, y que me buscaba para matarme, tuve miedo y me escapé. ²⁰Me quitaron todo lo que tenía, y se lo llevaron al tesoro del rey. Sólo me dejaron a Ana mi esposa y a Tobías mi hijo.

²¹Aún no habían pasado cuarenta días, cuando Senaquerib fue asesinado por sus dos hijos, quienes huyeron a las montañas de Ararat. En lugar de Senaquerib reinó su hijo Asarhadón,ʰ quien encargó a Ajicar, hijo de mi hermano Anael, el oficio de llevar las cuentas del reino; Ajicar tenía la dirección general de la administración.

²²Entonces Ajicar habló en mi favor, y de esa manera pude volver a Nínive. Porque cuando Senaquerib era rey de Asiria, Ajicar fue jefe del servicio de mesa, encargado de guardar el sello real y jefe de administración y cuentas. Asarhadón le volvió a dar esos cargos. Ajicar era de mi familia, sobrino mío.

### Tobit queda ciego

2 ¹Siendo rey Asarhadón, volví a mi casa y me devolvieron a mi esposa Ana y a mi hijo Tobías. Una vez estábamos celebrando nuestra fiesta de Pentecostés (llamada también "fiesta de las semanas").ⁱ Me habían preparado un buen banquete, y me senté a la mesa. ²Me arreglaron la mesa y me trajeron varios platos preparados. Entonces dije a mi hijo Tobías:

—Hijo, ve a ver si encuentras algún israelita, de los que han venido desterrados a Nínive, que haya sido fiel a Dios de todo corazón y que sea pobre, e invítalo a comer con nosotros. Yo te espero, hijo, hasta que vuelvas.

³Tobías fue a buscar algún israelita pobre, y luego volvió y me llamó.

—¿Qué pasa, hijo? —contesté.

—¡Padre —me dijo—, hay un israelita asesinado, y está tirado en la plaza! ¡Lo acaban de estrangular!

⁴Yo ni siquiera probé la comida. Rápidamente fui a la plaza, me llevé de allí el cadáver y lo puse en una habitación, esperando que llegara la noche para enterrarlo. ⁵Volví a casa, me lavé bienʲ y comí con mucha tristeza. ⁶Entonces me acordé de lo que había dicho el profeta Amós al hablar contra Betel: "Cambiaré las fiestas en llanto por los muertos, y los cantos en lamentos fúnebres."ᵏ Y me puse a llorar. ⁷Cuando llegó la noche, cavé una fosa y enterré al muerto. ⁸Mis vecinos se burlaban de mí y decían: "La vez pasada lo estuvieron buscando para matarlo por hacer eso, y se escapó; ¡y todavía no tiene miedo! ¡Ahí está otra vez enterrando a los muertos!"

⁹Esa noche me lavé bien, salí de mi casa y me acosté junto a la pared de fuera con la cabeza descubierta porque estaba haciendo calor. ¹⁰No sabía que sobre la tapia, encima de mí, había unos pájaros, los cuales dejaron caer excremento caliente en mis ojos, y me salieron nubes en ellos. Fui a consultar a los médicos para

ᵍ 1.10-11 Dt 14.3-21.   ʰ 1.21 2 R 19.37; 2 Cr 32.21; Is 37.38.   ⁱ 2.1 Lv 23.15-21; Dt 16.9-11.   ʲ 2.5 Nm 19.11-13.   ᵏ 2.6 Am 8.10.

que me curaran; pero mientras más remedios me untaban, más ciego me iba quedando por las nubes en los ojos, hasta que perdí la vista por completo. Cuatro años estuve sin poder ver. A todos mis parientes les dolía verme en ese estado, y Ajicar me cuidó durante dos años, hasta que se fue a Elimaida.

### Honradez de Tobit

[11]Durante ese tiempo, mi esposa Ana se dedicó a trabajar en labores femeninas. [12]Se las enviaba a sus patrones, y ellos le las pagaban. Un día, el siete del mes de Distro,[2] terminó su tejido y se lo envió a sus patrones. Ellos le pagaron todo y además le regalaron un cabrito para que nos lo comiéramos. [13]Cuando llegó a la casa, el cabrito comenzó a balar. Yo la llamé y le pregunté:

—¿De dónde salió ese cabrito? ¿Acaso lo has robado? Devuélveselo a sus dueños, pues no tenemos derecho a comernos nada robado.

[14]Ella me contestó:

—Es un regalo que me hicieron, además de mi paga.

Yo no le creí, y seguí insistiendo en que lo devolviera a sus dueños. Me sentía avergonzado por lo que ella había hecho. Entonces me dijo:

—¡En eso pararon tus obras de caridad! ¡En eso pararon tus buenas obras! ¡Ahora se ve claro lo que eres!

### Oración de Tobit

**3** [1]Yo me puse muy triste, y suspiré y lloré; y entre suspiros comencé a orar así: [2]"Tú eres justo, Señor; todo lo que haces es justo. Tú procedes siempre con amor y fidelidad.[f] Tú eres el juez del mundo. [3]Ahora, Señor, acuérdate de mí, vuelve tus ojos hacia mí. No me castigues por mis pecados, por las faltas que yo o mis antepasados hemos cometido sin saberlo. Hemos pecado contra ti, [4]hemos desobedecido a tus mandamientos. Por eso tú nos has entregado al saqueo, al destierro y a la muerte, y en todos los pueblos a donde nos has desterrado has hecho que la gente hable mal de nosotros y nos insulte. [5]Reconozco que todas tus decisiones son justas al castigarme por mis pecados. No hemos cumplido tus órdenes, no hemos sido leales contigo. [6]Trátame como mejor te parezca. Manda que me

quiten la vida, para que yo desaparezca de este mundo y me convierta en tierra. Prefiero morir a seguir viviendo. He tenido que aguantar injurias y calumnias, y tengo una gran pena. ¡Señor, líbrame de esta angustia! Déjame ir al lugar del eterno descanso. Señor, no me vuelvas la espalda. Prefiero morir a pasar tantas angustias en mi vida y tener que escuchar tantos insultos."

### Sufrimientos y oración de Sara

[7]Ese mismo día, una mujer llamada Sara, hija de Ragüel, que vivía en la ciudad de Ecbatana, en el país de Media, tuvo que sufrir también los insultos de una criada de su padre. [8]Resulta que Sara había sido dada en matrimonio siete veces, pero en cada caso Asmodeo, un demonio malvado, había matado al esposo antes de que éste se uniera a ella como en todo matrimonio.

Entonces la criada le dijo: "¡Tú eres la que matas a tus maridos! Ya has tenido siete maridos, y no has podido llevar el apellido de ninguno de ellos. [9]Pero el que tus maridos se te mueran no es razón para que nos castigues. ¡Muérete con ellos, sin nunca haber tenido hijos!"

[10]Sara se puso muy triste y empezó a llorar. Luego se subió a la parte alta de la casa de su padre, con la intención de ahorcarse. Pero después de pensarlo bien, dijo: "Sería una vergüenza para mi padre que le dijeran: 'Tenías una hija única, tan querida, y se ahorcó por sus sufrimientos.' Con eso haría morir de tristeza a mi anciano padre. Es mejor que no me ahorque; pero voy a pedirle al Señor que me haga morir para no tener que oír más insultos en mi vida."

[11]Entonces extendió los brazos hacia la ventana y dijo: "Alabado seas, Dios compasivo; alabado sea tu nombre por siempre; que todo lo que has creado te alabe eternamente. [12]A ti me dirijo, a ti vuelvo mis ojos. [13]Manda que me vea libre de este mundo, para no tener que oír más insultos. [14]Tú, Señor, sabes que soy pura, que ningún hombre me ha tocado. [15]Yo no he deshonrado mi nombre ni el nombre de mi padre en este país de mi destierro. Soy la única hija de mi padre; él no tiene otros herederos, ni ningún pariente cercano o familiar con el que yo pueda casarme. Ya se me han muerto siete esposos. ¿Para qué seguir viviendo? Pero si no

---

[2] *Distro:* nombre griego de mes, que corresponde probablemente a enero-febrero.
[f] **3.2** Sal 25.10; 119.137; Dn (dc) 3.27.

quieres mandarme la muerte, mírame y ten compasión de mí; haz que no tenga yo que oír más insultos."

[16]En ese momento las oraciones de Tobit y de Sara llegaron a la presencia gloriosa de Dios, quien las escuchó [17]y envió al ángel Rafael a curar a los dos: a sanar a Tobit de las nubes que tenía en los ojos, para que así pudiera volver a ver la luz de Dios, y a librar a Sara, la hija de Ragüel, de Asmodeo, el demonio malvado, y dársela como esposa a Tobías, el hijo de Tobit. En efecto, Tobías tenía más derecho a casarse con ella que cualquier otro pretendiente.[m] En el mismo momento, Tobit, que estaba fuera, entraba en su casa, y Sara bajaba de la parte alta de la suya.

### Recomendaciones de Tobit

4 [1]Aquel mismo día se acordó Tobit de la plata que Gabael tenía en depósito en Ragues de Media,[n] [2]y se dijo para sus adentros: "Le he pedido a Dios la muerte. ¿Por qué no llamar a mi hijo Tobías y hablarle de esa plata antes que me muera?"

[3]Entonces llamó a su hijo Tobías. Cuando éste llegó, le dijo: "Hijo, cuando muera, dame una sepultura decente. Respeta a tu madre. No la abandones ni un solo día de su vida.[ñ] Dale gusto en lo que quiera y no la contraríes nunca. [4]Acuérdate, hijo mío, de cuántos peligros pasó cuando te llevaba en el seno.[o] Cuando ella muera, entiérrala junto a mí, en la misma sepultura. [5]Y acuérdate del Señor durante toda tu vida. No peques voluntariamente ni dejes de cumplir sus mandamientos. Procede con honradez todos los días de tu vida y no sigas el camino del mal. [6]Si procedes con sinceridad, tendrás éxito en todo lo que emprendas. [7]Así sucederá también a todos los que viven honradamente.

"Da limosna de lo que tengas. Y cuando des limosna, no seas tacaño. Cuando veas a un pobre, no le niegues tu ayuda. Así Dios tampoco te negará la suya.[p] [8]Da limosna según tus posibilidades. Si tienes mucho, da mucho; si tienes poco, no te dé miedo dar limosna de ese poco. [9]Haciéndolo así, estarás ahorrando un tesoro precioso que te servirá cuando pases necesidad.[q] [10]Porque la limosna libra de la muerte e impide que el hombre caiga en las tinieblas. [11]Dar limosna es hacer una ofrenda agradable al Altísimo.[r]

[12]"Evita toda inmoralidad sexual, hijo mío. Y, ante todo, escoge una esposa de tu misma parentela. Somos descendientes de profetas, así que no te cases con una extranjera, con una mujer que no sea de la misma tribu de tu padre. Acuérdate, hijo mío, de Noé, de Abraham, de Isaac y de Jacob, nuestros antepasados lejanos: todos ellos se casaron con mujeres de su misma parentela,[s] y Dios los bendijo en sus hijos, y sus descendientes serán dueños de la tierra que Dios les prometió. [13]Así que, hijo mío, ama a los demás israelitas, que son hermanos tuyos. Que no se llene de orgullo tu corazón, y llegues a despreciarlos, y te niegues a casarte con una mujer israelita. Porque el orgullo trae al hombre gran inquietud y ruina, y la ociosidad trae pobreza y miseria. La ociosidad es la madre del hambre.[t]

[14]"No te tardes en pagar el jornal a tus obreros; págaselo en seguida.[u] Si sirves a Dios, él te recompensará. Sé prudente, hijo mío, en todo lo que hagas, y bien educado en tu manera de portarte. [15]Lo que no quieras que te hagan, no se lo a los demás.[v] No bebas vino hasta emborracharte.[w] No te acostumbres a andar siempre borracho. [16]Comparte tu pan con el hambriento y tu ropa con el harapiento.[x] Si te sobra algo, dalo de limosna. Cuando des limosna, no seas tacaño.[y] [17]Reparte tu pan en las tumbas de los justos, pero no en las de los pecadores.

[18]"Pide consejo a las personas prudentes y no desprecies ningún consejo útil. [19]En toda ocasión alaba a Dios, el Señor, y pídele que te vaya bien en tus acciones y en todo lo que emprendas.[z] Porque ningún pueblo pagano tiene sabiduría: el Señor es quien da todos los bienes. Si él quiere, puede humillar a uno hasta lo más hondo. Hijo mío, graba en tu memoria estas recomendaciones; que no se te borren de la mente.

[20]"Ahora, hijo mío, te voy a contar una cosa: Gabael, hijo de Gabrí, me tiene guardada en depósito, en Ragues de Media, la cantidad de trescientos treinta kilos de plata. [21]No te preocupes, hijo, de

---

m **3.17** Nm 36.6-9; Tb 6.10-12.   n **4.1** Tb 1.14.   ñ **4.3** Ex 20.12; Pr 23.22.   o **4.4** Eclo 7.27.   p **4.7** Dt 15.7-8; Pr 19.17; Eclo 3.30-4.6.   q **4.9** Eclo 29.12; Mt 6.20.   r **4.7-11** Dt 15.7-8; Job 31.16-18; Tb 12.8-9; 14.10.11; Eclo 3.30; Mt 6.2-4; Lc 16.9.   s **4.12** Gn 11.29; 20.12; 24.3-4; 25.20; 29.15-30.   t **4.13** Pr 16.18; 19.15.   u **4.14** Lv 19.13; Eclo 34.21-22.   v **4.15** Mt 7.12; Lc 6.31.   w **4.15** Pr 23.29-32; Eclo 31.29-30.   x **4.16** Is 58.7; Mt 25.35-36.   y **4.16** Dt 15.10-11.   z **4.19** Pr 3.5-6.

que nos hayamos quedado pobres. Si respetas a Dios, y huyes de todo pecado, y haces lo que es bueno y agradable a los ojos del Señor tu Dios, grande es tu riqueza.''[a]

### Viaje de Tobías a Media

**5** [1]Entonces le respondió Tobías a su padre Tobit:

—Yo cumpliré todo lo que me encargas. [2]¿Pero cómo lograré que Gabael me entregue esa plata, si él no me conoce a mí ni yo lo conozco a él? ¿Qué señas le daré para que me reconozca y me crea y me dé la plata? Además, no conozco el camino para ir a Media.

[3]Tobit le contestó:

—Gabael me dio un recibo firmado, y yo le di un comprobante firmado también. Luego partí éste por la mitad, y cada uno tomó una parte. Yo puse mi parte con la plata. ¡Y pensar que ya hace veinte años que dejé ese depósito! Ahora, hijo, busca un hombre de confianza que te acompañe, para que vayas a recuperar ese dinero. Le pagaremos lo que sea hasta que vuelvas.

### El ángel Rafael, compañero de viaje

[4]Tobías se fue a buscar una persona que conociera bien el camino y lo acompañara hasta Media. Y al salir se encontró delante de él al ángel Rafael. Pero Tobías no sabía que era un ángel de Dios,[b] [5]así que le preguntó:

—Joven, ¿de dónde eres?

El ángel le respondió:

—Soy israelita, como tú. Vine aquí a buscar trabajo.

Tobías le preguntó:

—¿Conoces el camino que lleva a Media?

[6]—¡Claro! —contestó él—. He estado allá muchas veces. Conozco muy bien todos esos caminos. Muchas veces he ido a Media y me he alojado en la casa de Gabael, israelita también, que vive en Ragues de Media. De Ecbatana a Ragues hay dos días de viaje a buen paso. Las dos ciudades quedan en la región montañosa.

[7]Tobías le dijo:

—Espérame, joven; entraré a decírselo a mi padre. Necesito que me acompañes. Yo te pagaré lo que sea.

[8]El ángel respondió:

—Muy bien, te espero, pero no te tardes.

[9]Tobías entró y le dijo a su padre:

—Mira, ya encontré un hombre, israelita como nosotros.

Tobit le respondió:

—Llámalo, hijo. Quiero saber de qué tribu y de qué familia es, y si es de confianza, para que te acompañe.

[10]Tobías salió a llamarlo y le dijo:

—Joven, mi padre te llama.

El ángel entró, y Tobit se adelantó a saludarlo. El ángel le respondió, deseándole que se encontrara bien. Tobit le contestó:

—¿Qué bien me puedo encontrar ya? ¡Estoy ciego, no puedo ver la luz del sol! Me encuentro en la oscuridad, como los muertos, que ya no pueden ver la luz. Mi vida es una muerte. Oigo hablar a la gente, pero no la puedo ver.

El ángel le respondió:

—¡Ten confianza! Dios no tardará en sanarte. ¡Ten confianza!

Tobit le dijo:

—Mi hijo Tobías quiere viajar a Media. ¿Puedes acompañarlo y servirle de guía? Amigo, yo te pagaré lo que sea.

El respondió:

—Sí, puedo acompañarlo. Conozco bien esos caminos. He ido muchas veces a Media y he recorrido todas esas llanuras y los montes. Conozco todos esos caminos.

[11]—Dime, amigo —le dijo Tobit—, ¿de qué tribu y de qué familia eres?

[12]El ángel respondió:

—¿Qué necesidad tienes de saber mi tribu?

—Amigo —insistió Tobit—, quiero saber quién eres realmente y cómo te llamas.

[13]—Soy Azarías —contestó—, nieto de Ananías el viejo, israelita como tú.

[14]Tobit le dijo:

—¡Bienvenido, amigo! Y no te molestes porque haya querido saber la verdad preguntándote por tu familia. Resulta que tú eres pariente nuestro. Eres de una familia excelente. Yo conocí a Ananías y a Natán, los dos hijos de Semelías el viejo. Yo iba con ellos a Jerusalén a asistir al culto divino, y no se han apartado del buen camino. ¡Qué gente tan buena son tus parientes! Eres de una familia excelente. ¡Bienvenido!

[15]Luego añadió:

—Yo te pagaré una dracma por día, además de darte todo lo que necesites en

---

[a] 4.21 1 Ti 6.6-8.    [b] 5.4 He 13.2.

la misma forma que a mi hijo. [16]Acompaña a mi hijo en este viaje, y todavía te daré algo más fuera de tu sueldo.

[17]El ángel respondió:

—Yo iré con él. No temas. Volveremos a ti tan sanos y salvos como nos vamos. El camino es seguro.

Tobit dijo:

—¡Que Dios te bendiga, amigo!

Entonces llamó a su hijo y le dijo:

—Hijo, prepárate para el viaje y vete con tu amigo. Que Dios desde el cielo los proteja y les ayude a volver a mí sanos y salvos. Que el ángel de Dios los acompañe y los proteja, hijo mío.

Tobías besó a su padre y a su madre, y emprendió el viaje. Tobit le deseó:

—¡Que tengas buen viaje!

### El viaje

[18]La madre de Tobías empezó a llorar, y dijo a Tobit:

—¿Para qué mandaste a mi hijo a ese viaje? El es nuestro apoyo, y quien nos acompaña siempre. [19]¿Para qué queremos más dinero? ¡Sería preferible perder la plata a perder a nuestro hijo! [20]Para vivir, nos basta con lo que el Señor nos ha dado.

[21]Tobit le contestó:

—¡No te preocupes! Nuestro hijo volverá tan sano y salvo como se va. Tú misma te convencerás cuando vuelva con buena salud. [22]No te preocupes, querida, no temas que algo les pase. Un ángel bueno lo acompañará; le irá bien en el viaje, y volverá sano y salvo.

[23]Entonces ella dejó de llorar.

### El pescado providencial

**6** [1]El muchacho se fue acompañado por el ángel. El perro también salió y se fue con ellos. Empezaron su viaje, y la primera noche la pasaron junto al río Tigris. [2]El muchacho bajó al río a lavarse los pies. Entonces un pez enorme saltó del agua y amenazaba con comerle el pie al muchacho. Este dio un grito. [3]Pero el ángel le dijo:

—¡Agarra el pescado, no lo sueltes!

El muchacho agarró el pescado y lo sacó a la orilla. [4]El ángel le dijo:

—Ábrelo y sácale la hiel, el corazón y el hígado, y guárdalos. Son un remedio muy útil. Los intestinos, tíralos.

[5]El muchacho abrió el pescado y separó la hiel, el corazón y el hígado. Luego puso a asar un poco de pescado y se lo comió. El resto lo saló y lo guardó. [6]Y siguieron juntos el viaje hasta que llegaron cerca de Media. [7]Entonces el muchacho preguntó al ángel:

—Amigo Azarías, ¿para qué sirven de remedio la hiel, el corazón y el hígado del pescado?

[8]El contestó:

—Cuando una persona es atacada por un demonio o espíritu malo, si se queman delante de esa persona el corazón y el hígado del pescado, cesa el ataque y no se repite jamás. [9]Y cuando una persona tiene nubes en los ojos, si se untan con la hiel y se sopla en ellos, queda sana.

### Rafael habla de Sara a Tobías

[10]Habiendo llegado a Media, se acercaban ya a Ecbatana. [11]Entonces le dijo el ángel Rafael al muchacho:

—Amigo Tobías.

—¡A tus órdenes! —contestó él.

El ángel le dijo:

—Debemos pasar esta noche en la casa de Ragüel. Es pariente tuyo. Tiene una hija que se llama Sara. [12]Es su hija única. Tú tienes más derecho que ningún otro a casarte con ella, y a ti te corresponde también heredar los bienes de su padre. La joven es inteligente, valiente y muy bonita. Su padre es un hombre excelente. [13]A ti te corresponde pedir su mano. Escúchame, amigo: yo le voy a hablar al padre esta noche acerca de la joven, para que pidamos la mano de ella. Y cuando volvamos de Ragues celebraremos tu boda con ella. Estoy seguro de que Ragüel no va a poder negártela ni dársela a otro como esposa. Eso sería exponerse a la pena de muerte que decreta el libro de Moisés, pues él sabe que tú tienes más derecho a casarte con ella que ningún otro. Escúchame, pues, amigo: esta misma noche le vamos a hablar de la joven y haremos el compromiso. Y cuando volvamos de Ragues, celebraremos tu boda con ella y la llevaremos con nosotros a tu casa.

[14]Tobías le contestó a Rafael:

—Amigo Azarías, he oído decir que ya antes ha sido dada como esposa a siete hombres, y que todos ellos han muerto la misma noche de bodas, en la habitación nupcial, cuando querían unirse a ella. También he oído decir que es un demonio quien los mata. [15]El demonio no le hace a ella ningún mal, pero si otro quiere acercarse a ella, lo mata. Tengo miedo de que me mate. Con eso haría que mi padre y mi madre terminaran su vida llenos de pesar por mí, pues soy su único hijo; no tienen otro hijo que les dé sepultura.

[16]El ángel le dijo:

—¿No te acuerdas de las recomendaciones que te hizo tu padre? ¿De cómo te recomendó que te casaras con una mujer de la misma familia que él? Escucha, pues, amigo: no te preocupes por este demonio, y pídela. Yo sé que esta misma noche te la van a dar como esposa. [17]Cuando entres en la habitación nupcial, toma el hígado y el corazón del pescado, y colócalos sobre las brasas en que se quema incienso. El olor se esparcirá; y cuando el demonio lo huela, saldrá huyendo y nunca más volverá a su lado. [18]Y antes de que te unas a ella, levántense primero, hagan oración y pídanle al Señor del cielo que tenga misericordia de ustedes y los proteja. No tengas miedo. Dios te la tiene destinada desde la eternidad. Tú la vas a sanar. Ella se irá contigo, y pienso que tendrás hijos de ella y que los vas a querer mucho. No te preocupes.

[19]Cuando Tobías oyó lo que dijo Rafael, que Sara era parienta suya, de la familia de su padre, sintió por ella mucho cariño y se enamoró de ella.

### Llegan a casa de Ragüel

7 [1]Cuando llegaron a Ecbatana, dijo Tobías:

—Amigo Azarías, llévame inmediatamente a casa de Ragüel, nuestro pariente.

Entonces el ángel lo llevó a casa de Ragüel. Lo encontraron sentado junto a la puerta de entrada de su casa, y se adelantaron a saludarlo. El les respondió:

—¡Muy buenos días, amigos! ¡Bienvenidos!

Y los hizo entrar en la casa. [2]Luego dijo a su esposa Edna:

—¡Cómo se parece este muchacho a mi pariente Tobit!

[3]Edna les preguntó:

—¿De dónde son, amigos?

Ellos contestaron:

—Somos de la tribu de Neftalí y vivimos desterrados en Nínive.

[4]Ella volvió a preguntarles:

—¿Conocen a nuestro pariente Tobit?

—Sí, lo conocemos —contestaron ellos. [5]Entonces les preguntó:

—¿Está bien?

—Vive y está bien —le respondieron.[c]

Y Tobías añadió:

—¡Es mi padre!

[6]Ragüel se levantó de un salto y lo llenó de besos, mientras decía llorando:

—¡Dios te bendiga, hijo! Tu padre es un hombre excelente. ¡Qué desdicha tan grande que un hombre tan bueno y tan generoso se haya quedado ciego!

Y otra vez abrazó llorando a su pariente Tobías. [7]Edna, su esposa, también lloró, lo mismo que Sara, la hija. [8]Ragüel, pues, los recibió con mucha alegría y mandó matar un corderito.

### Se arreglan las bodas

[9]Luego se bañaron, se lavaron las manos y se sentaron a la mesa. Tobías dijo entonces a Rafael:

—Amigo Azarías, dile a Ragüel que me dé a mi parienta Sara.

[10]Ragüel lo alcanzó a oír y dijo al muchacho:

—Come y bebe, y pasa alegremente esta noche. Porque, amigo, ningún otro fuera de ti tiene derecho a casarse con mi hija Sara. Por la misma razón, yo no puedo dársela a nadie sino a ti; tú eres mi pariente más cercano. Sin embargo, hijo, te debo decir la verdad. [11]Ya antes se la he dado a siete esposos, parientes nuestros, y todos han muerto la misma noche en que se acercaron a ella. Ahora, hijo, come y bebe; el Señor hará que les vaya bien.

[12]Pero Tobías contestó:

—No probaré esta cena hasta que resuelvas mi asunto.[d]

Ragüel le dijo:

—Bueno, lo haré. Según está dispuesto en el libro de Moisés, y ya que Dios ha decretado dártela,[e] te la doy. Te entrego, pues, a tu parienta Sara. De ahora en adelante serás su marido, y ella será tu esposa. Es tuya desde hoy y para siempre. Hijo, que el Señor del cielo los favorezca esta noche, y les muestre su amor y les conceda bienestar.

[13]Ragüel llamó a su hija Sara. Cuando llegó, su padre la tomó de la mano y se la entregó a Tobías, diciéndole:

—Yo te la entrego conforme a la ley y según el decreto escrito en el libro de Moisés, que manda que te la dé como esposa. Tómala y vuelve sano y salvo a casa de tus padres. Que el Dios del cielo les conceda bienestar.

[14]Entonces llamó a la madre, le pidió que trajera una hoja, y en ella escribió el contrato de matrimonio, certificando que entregaba a su hija para ser la esposa de

c 7.4-5 Gn 29.4-6.　d 7.12 Gn 24.33.　e 7.12 Gn 24.50-51; Nm 36.6-9.

Tobías, como lo manda la ley de Moisés. Después de esto comenzaron a cenar. [15]Ragüel llamó después a su esposa Edna, y le dijo:

—Querida, prepara la otra habitación, y lleva a Sara allá.

[16]Ella fue y preparó la habitación como él se lo había pedido, y llevó allá a su hija. Y empezó a llorar por ella. Luego se secó las lágrimas, y le dijo:

[17]—Ten confianza, hija. Que el Señor del cielo te conceda alegría en vez de tristeza. ¡Ten confianza, hija!

Y salió.

### El demonio vencido

**8** [1]Cuando terminaron de cenar, decidieron ir a acostarse. Llevaron al muchacho a la habitación. [2]Tobías se acordó entonces de lo que le había dicho Rafael. Sacó de su bolsa el hígado y el corazón del pescado, y los puso sobre las brasas en las que se quemaba incienso. [3]El olor del pescado no dejó acercar al demonio, y éste salió huyendo por el aire hasta la parte más lejana de Egipto. Rafael fue y lo encadenó allá, y volvió inmediatamente. [4]Las otras personas salieron de la habitación y cerraron la puerta.

Tobías se levantó de la cama y le dijo a Sara: "Mi amor, levántate y hagamos oración para pedirle al Señor que tenga misericordia de nosotros y nos proteja."[f] [5]Ella se levantó, y los dos comenzaron a orar así, pidiendo a Dios que los protegiera: "Alabado seas, Dios de nuestros antepasados, alabado sea tu nombre por siempre. Que el cielo y la creación entera te alaben por todos los siglos.[g] [6]Tú creaste a Adán y le diste a su esposa Eva como compañera y apoyo. Y de ellos dos nació todo el género humano. Tú dijiste: 'No es bueno que el hombre esté solo. Le voy a hacer alguien que sea una ayuda adecuada para él.'[h] [7]Ahora, yo no tomo a esta mujer movido por deseos impuros, sino con intenciones sinceras. Dígnate tener compasión de mí y de ella, y concédenos llegar juntos a la vejez." [8]Y ambos añadieron: "Así sea, así sea", [9]y se acostaron para pasar la noche.

### Temores de Ragüel

[10]Mientras tanto Ragüel se levantó y llamó a sus criados, y se fueron a cavar una fosa, pues pensaba: "Si acaso ha

muerto, que la gente no se burle de nosotros y nos insulte." [11]Cuando terminaron de cavar la fosa, volvió Ragüel a la casa, llamó a su esposa [12]y le dijo: "Manda a una de las criadas que entre y vea si Tobías está vivo. Y si está muerto, lo enterraremos sin que nadie se dé cuenta."

[13]Mandaron a la criada, encendieron una lámpara y abrieron la puerta. La criada entró, y encontró a Tobías y a Sara profundamente dormidos el uno junto al otro. [14]Salió entonces y les avisó que Tobías estaba vivo y que no le había pasado nada malo. [15]Entonces Ragüel alabó al Dios del cielo, diciendo: ¡Alabado seas, oh Dios, con toda alabanza pura! ¡Alabado seas por todos los siglos! [16]Alabado seas porque me has llenado de alegría, y no sucedió lo que yo temía, sino que nos trataste de acuerdo con tu inmensa bondad. [17]Alabado seas porque tuviste compasión de estos dos hijos únicos. Ten misericordia de ellos, Señor, y protégelos. Concédeles hasta el fin una vida llena de felicidad y de tus favores."

[18]Entonces mandó a los criados que volvieran a llenar la fosa antes que amaneciera.

### Celebración de las fiestas

[19]Ragüel pidió a su mujer que preparara comida abundante. Fue al establo y trajo dos novillos y cuatro carneros, y los mandó matar, y comenzaron los preparativos.

[20]Luego llamó a Tobías, y le dijo: "Te vas a tener que quedar dos semanas, sin moverte de aquí. Comerás y beberás en mi casa. Alegrarás el corazón de mi hija, que ha tenido que sufrir tanto. [21]Después podrás tomar la mitad de lo que yo tengo, e irte en paz a casa de tu padre. Y cuando yo y mi esposa muramos, también la otra mitad será para ustedes dos. Ten confianza, hijo. Yo soy ahora tu padre y Edna es tu madre. Desde ahora y para siempre somos tuyos y de tu esposa. ¡Ten confianza, hijo!"

### El ángel Rafael va a buscar la plata

**9** [1]Entonces Tobías llamó a Rafael, y le dijo: [2]"Amigo Azarías, toma cuatro criados y dos camellos, y vete a Ragues, a casa de Gabael. Entrégale el recibo firmado, recoge el dinero, y trae a Gabael a las fiestas de bodas. [3-4]Tú sabes que mi padre está contando uno por uno los días que estoy fuera, y si me tardo un día más, se va a poner muy triste. Por otra parte, ya ves que Ragüel se comprometió solemnemente a no dejarme ir. No puedo contrariarlo.''

[5] Rafael se fue con los cuatro criados y los dos camellos a Ragues de Media. Al llegar se alojaron en la casa de Gabael. Rafael le dio el recibo firmado y le contó que Tobías, el hijo de Tobit, se había casado, y que lo invitaba a las fiestas de bodas. En seguida Gabael se puso a contar los sacos de plata, que aún tenían los sellos intactos. Luego los cargaron sobre los camellos. [6] Al día siguiente, los dos madrugaron y se fueron a las fiestas de bodas.

Cuando llegaron a la casa de Ragüel, encontraron a Tobías sentado a la mesa. Este se levantó y saludó a Gabael, el cual lloró y lo bendijo diciendo: ''Hijo excelente de un hombre excelente, honrado y generoso. Que el Señor les conceda las bendiciones del cielo a ti y a tu esposa, y al padre y a la madre de tu esposa.[3] Bendito sea Dios porque he visto el vivo retrato de mi primo Tobit.''

## Angustias de Tobit y de Ana

**10** [1] Entre tanto Tobit iba contando los días uno por uno, y calculaba cuánto tardaría Tobías en ir y cuánto en volver. Y cuando el tiempo calculado pasó sin que su hijo apareciera, [2] pensó: ''¿Lo habrán demorado allá? ¿Será que Gabael murió y nadie le entrega el dinero?'' [3] Y comenzó a entristecerse. [4] Ana, su esposa, le decía:

—¡Mi hijo murió, ya no está vivo!

Y se ponía a llorar y a lamentarse por su hijo, y decía:

[5]—¡Ay, hijo mío! ¿Por qué te dejé ir, luz de mis ojos?

[6] Pero Tobit le decía:

—¡Cállate, querida, no te preocupes! El está bien. Habrán tenido allá alguna demora. Pero el hombre que lo acompaña es de confianza, y además es pariente nuestro. No te pongas triste por él, querida, que ya estará por llegar.

[7] Pero ella le respondía:

—¡Cállate y déjame en paz! No me engañes. Mi hijo ha muerto.

Diariamente ella se levantaba y miraba atentamente hacia el camino por donde debía venir su hijo, y no le hacía caso a nadie. Al atardecer, entraba y comenzaba a lamentarse, y lloraba toda la noche sin poder dormir.

## Tobías decide regresar

[8] Terminadas las dos semanas de las fiestas de bodas que Ragüel se había comprometido a celebrar en honor de su hija, Tobías fue y le dijo a Ragüel:

—Déjame ir. Yo sé que mi padre y mi madre creen que ya no volverán a verme. Padre, te ruego que me dejes ir a casa de mi padre. Ya te conté cómo lo dejé.

[9] Ragüel le contestó:

—Quédate, hijo, quédate conmigo. Yo enviaré a tu padre Tobit unos mensajeros que le lleven noticias de ti.

Pero Tobías respondió:

—De ninguna manera. Te ruego que me dejes volver a casa de mi padre.

[10] Entonces Ragüel le entregó a Sara, su esposa, y le dio la mitad de todo lo que tenía: criados y criadas, bueyes y ovejas, asnos y camellos, ropa, plata y utensilios. [11] Luego los dejó ir tranquilos. A Tobías lo despidió diciéndole:

—¡Que te vaya bien, hijo! ¡Vete en paz! Que el Señor del cielo les conceda un feliz viaje a ti y a Sara tu esposa. ¡Ojalá pueda yo, antes de morir, ver a sus hijos!

[12] Y a su hija Sara le dijo:

—Vete en paz a casa de tu suegro. De ahora en adelante ellos serán tus padres, como nosotros que te dimos la vida. Vete en paz, hija mía, y que mientras viva, tenga yo solamente buenas noticias de ti.

Y despidiéndose de ellos los dejó ir. [13] Edna, por su parte, dijo a Tobías:

—Hijo y pariente querido, que el Señor te ayude a volver a tu casa, y que yo pueda vivir para ver los hijos de ustedes dos, antes de morirme. Delante del Señor confío y encomiendo mi hija a tu cuidado. Jamás le seas motivo de tristeza. ¡Adiós, hijo! De ahora en adelante yo soy tu madre y Sara es tu esposa querida. Que todos nosotros vivamos igualmente felices todos los días de nuestra vida.

Luego los besó a ambos y los dejó ir en paz.

[14] Tobías se fue de la casa de Ragüel feliz y contento y alabando al Señor del cielo y de la tierra, el Rey del universo, porque le había concedido un viaje tan bueno.[i] Pidió a Dios que bendijera a Ragüel y a Edna, y dijo:

---

[3] *Al padre y a la madre de tu esposa:* según una versión antigua. Gr. *a tu padre y a la madre de tu esposa.*
[i] **10.14** Gn 24.40,42, 56.

—¡Ojalá tenga yo la dicha de honrarlos todos los días de su vida!*

## Regreso de Tobías y curación de Tobit

**11** ¹Cuando estaban cerca de Caserín, ciudad que está frente a Nínive, dijo Rafael a Tobías:

²—Tú sabes en qué estado dejamos a tu padre. ³Adelantémonos a tu esposa, y vayamos a preparar la casa mientras llegan los demás.

⁴Y se fueron los dos juntos. Rafael le dijo también que tuviera a mano la hiel. El perro los iba siguiendo a los dos. ⁵Ana, mientras tanto, estaba sentada mirando atentamente hacia el camino por donde debía venir su hijo. ⁶Al presentir que venía, le dijo a Tobit:

—¡Ya llega tu hijo con su acompañante!

⁷Rafael dijo a Tobías antes de llegar a la casa de su padre:

—Estoy seguro de que tu padre recobrará la vista. ⁸Úntale en los ojos la hiel del pescado. Este remedio hará que las nubes se encojan y desaparezcan de sus ojos. Tu padre recobrará la vista y verá otra vez la luz.

⁹Ana salió corriendo y abrazó a su hijo, diciendo:

—¡Por fin te veo, hijo mío! ¡Ahora ya puedo morirme!

Y empezó a llorar. ¹⁰Tobit se levantó, y tropezando salió a la puerta de afuera. ¹¹Tobías, que tenía en la mano la hiel del pescado, se acercó a su padre y lo tomó de la mano. Entonces le sopló en los ojos, y le dijo:

—¡Ten confianza, padre!

En seguida le aplicó el remedio. ¹²Luego, con ambas manos, le desprendió las nubes de los extremos de los ojos.ʲ ¹³Entonces Tobit abrazó a su hijo, y llorando le dijo:

—¡Por fin puedo verte, hijo mío, luz de mis ojos!

¹⁴Y añadió:

—¡Alabado sea Dios, alabado sea su glorioso nombre! ¡Alabados sean todos sus santos ángeles! ¡Que su glorioso nombre sea alabado por toda la eternidad! Porque él me castigó,⁵ pero luego tuvo compasión de mí,⁵ y ahora puedo ver otra vez a mi hijo Tobías.

¹⁵Tobías entró en la casa muy contento y alabando a Dios en voz alta. Luego le contó a su padre lo bien que le había ido en su viaje, que había traído la plata, que se había casado con Sara, la hija de Ragüel, y que ella ya debía de estar llegando a las puertas de Nínive.

¹⁶Tobit, lleno de alegría y alabando a Dios, salió a las puertas de la ciudad a recibir a su nuera. La gente de Nínive se quedó admirada al ver que Tobit iba caminando con todo su vigor, sin que tuvieran que llevarlo de la mano. Y Tobit les dijo que Dios había tenido compasión de él y que había recobrado la vista. ¹⁷Luego se acercó a Sara, la esposa de su hijo Tobías, y la bendijo diciendo:

—¡Bienvenida, hija! Alabado sea Dios que te ha traído a nosotros. Bendito sea tu padre, y bendito Tobías mi hijo, y bendita tú, hija mía. ¡Bienvenida a tu casa! Que el Señor te bendiga y te dé alegría. ¡Entra, hija!

¹⁸En ese día hubo mucha alegría entre todos los judíos que vivían en Nínive, ¹⁹y Ajicar y Nadab, sobrinos de Tobit, fueron a felicitarlo.

## El ángel se da a conocer

**12** ¹Cuando se terminaron las fiestas de bodas, Tobit llamó a su hijo Tobías y le dijo:

—Hijo, no dejes de pagarle a tu compañero de viaje lo que estaba convenido, y aun dale más.

²Tobías le contestó:

—Padre, ¿qué paga le puedo dar? Aunque le diera la mitad de lo que me ayudó a traer, no me perjudicaría. ³El me trajo sano y salvo, sanó a mi esposa, me ayudó a traer la plata, y a ti también te sanó. ¿Qué paga le puedo dar?

⁴Tobit le dijo:

—Hijo, es justo darle la mitad de las cosas que trajo.

⁵Entonces Tobías lo llamó y le dijo:

—Toma como paga la mitad de todo lo que trajiste, y que te vaya bien.

⁶Entonces Rafael llamó aparte a los dos y les dijo:

—Alaben a Dios, y hablen de sus beneficios delante de todos los hombres. Alábenlo y canten salmos a su nombre. Honren a Dios dando a conocer a todo hombre lo que él ha hecho. No se cansen de darle gracias. ⁷Cuando el rey le confía a

---

*⁴ Pidió a Dios . . . de su vida: según una versión antigua. Gr. Y le dijo: Se te ha concedido honrarlos todos los días de tu vida.*
*⁵ Que su glorioso nombre . . . compasión de mí: según una versión antigua. El texto griego presenta algunas ligeras diferencias.*
ʲ 11.12 Hch 9.18.

uno un secreto, es bueno quedarse callado; pero hay que honrar a Dios contando a todos y publicando lo que él ha hecho. Hagan el bien, y ningún mal vendrá sobre ustedes. [8]Mucho mejor es la oración acompañada de ayuno, y dar limosna viviendo honradamente, que tener riquezas y ser un malvado. Mucho mejor es dar limosna que conseguir montones de oro. [9]Dar limosna salva de la muerte y purifica de todo pecado. Los que dan limosna gozarán de larga vida.[k] [10]Los que cometen el pecado y la maldad son enemigos de su propia vida. [11]Ahora voy a contarles toda la verdad, no voy a ocultarles nada. Ya les había dicho que cuando el rey le confía a uno un secreto, es bueno quedarse callado, pero que hay que honrar a Dios dando a conocer lo que él ha hecho. [12]Pues bien, Tobit, mientras tú y Sara oraban, yo presentaba sus oraciones ante la presencia gloriosa del Señor, para que él las tuviera en cuenta.[l] Y lo mismo hacía yo mientras tú enterrabas a los muertos. [13]Aquella vez, cuando no dudaste en levantarte y dejar servida la comida para ir a enterrar a aquel muerto, Dios me envió a ponerte a prueba. [14]Y ahora también me ha enviado Dios a sanarte, lo mismo que a Sara, tu nuera. [15]Yo soy Rafael, uno de los siete ángeles[m] que están al servicio del Señor y que pueden entrar ante su presencia gloriosa.

[16]Los dos se asustaron mucho y se arrodillaron inclinándose hasta el suelo, llenos de miedo. [17]Pero el ángel les dijo:

—¡No tengan miedo! ¡Tranquilícense! Alaben siempre a Dios. [18]Si yo he estado con ustedes, no fue porque yo lo quisiera, sino porque Dios lo dispuso. Denle gracias a él todos los días, alábenlo a él. [19]Cuando me veían comer y beber, no era a mí realmente a quien veían, sino a una visión.[6] [20]Den gracias ahora al Señor de la tierra, alaben a Dios. Yo voy a subir a Dios, que me envió. Pongan por escrito todo lo que les ha sucedido.

Y se elevó. [21]Ellos se levantaron y no lo pudieron ver más. [22]Entonces comenzaron a dar gracias a Dios y a alabarlo por sus maravillas: ¡un ángel de Dios se les había aparecido!

### Tobit alaba a Dios

**13** [1]Tobit dijo:

[2]"Alabado sea Dios,

que vive y reina por siempre.
Él castiga,
pero también tiene compasión.
Hace bajar hasta el reino de la muerte,
y salva de la gran perdición.
Nada puede escapar a su poder.[n]

[3]"Alábenlo, descendientes de Israel,
delante de las naciones.
Él fue quien los dispersó por todas ellas,
[4]y quien les ha mostrado allí lo grande que es.
Denle gloria delante de todos los hombres.
El es nuestro Señor,
nuestro Dios y nuestro Padre,[ñ]
y es Dios por toda la eternidad.
[5]Él los castiga por sus maldades,
pero tiene compasión de todos ustedes
y los reunirá de todas las naciones
a donde los había dispersado.[o]

[6]"Si se vuelven a Dios de todo corazón
y con toda el alma,
y proceden sinceramente ante él,[p]
él se volverá a ustedes
y no se les ocultará más.
[7]Vean ahora lo que hizo con ustedes,
y denle gracias públicamente.
Alaben al Señor, que hace justicia,
den gloria al Rey eterno.

[8]"Yo lo alabo en este país de mi destierro,
y muestro a una nación pecadora
la fuerza y la grandeza de Dios.
Les digo: 'Pecadores, vuélvanse a Dios,
hagan lo que es recto a los ojos de él.
Quizá sea favorable a ustedes
y les tenga compasión.'
[9]Yo alabo a mi Dios, el Rey del cielo;
mi corazón se alegra en su grandeza.
[10]Que todos lo alaben
y le den gracias en Jerusalén.

"Jerusalén, ciudad consagrada a Dios,
él te castigará
por las acciones de tus habitantes,
pero de nuevo tendrá compasión de los que sean buenos.

---

[6] *Cuando me veían . . . una visión:* según una versión antigua. Gr. oscuro.
[k] **12.8-9** Tb 4.7-11; Eclo 3.30; 29.8-13. [l] **12.12** Hch 10.4; Ap 8.3-4. [m] **12.15** Dn 9.21; 10.13; Lc 1.19; Ap 8.2. [n] **13.2** Dt 32.39; 1 S 2.6-7; Sab 16.13. [ñ] **13.4** Is 63.16; 64.8; Eclo 23.1,4; Mt 6.9. [o] **13.5** Dt 30.3. [p] **13.6** Dt 30.2.

11Da gracias dignamente al Señor,
alaba al Rey eterno,
para que tu templo sea reconstruido
con alegría,
12y cuando vuelvan a ti los
desterrados,
él los llene de alegría
y muestre su amor a todos los
desdichados,
por todos los tiempos hasta la
eternidad.

13"Tu luz brillante resplandecerá
por todos los rincones de la tierra.
Numerosas naciones vendrán de
lejos hasta ti;
ciudadanos de todos los rincones de
la tierra
vendrán a invocar el nombre de
Dios, el Señor.
Traerán en sus manos regalos al Rey
del cielo.
Los hombres de todos los tiempos
mostrarán su alegría por ti.
Y el nombre de la ciudad escogida
por Dios
permanecerá eternamente.

14"¡Malditos todos los que te insulten,
malditos todos los que te destruyan,
los que hagan caer tus murallas,
los que derriben tus torres de
defensa,
los que incendien tus casas!

"¡Benditos, en cambio, por siempre
todos los que te reconstruyan![7]
15Entonces te alegrarás mucho por los
buenos.
Todos se reunirán
y alabarán al Señor del universo.
¡Dichosos los que te aman!
¡Dichosos los que se alegren de tu
prosperidad!
16¡Dichosos todos los que sientan
pesar
por los castigos que vas a sufrir;
pues más tarde se alegrarán por ti,
cuando vean toda tu eterna dicha!

"Alma mía, alaba al Señor, el gran
Rey.
17Jerusalén será reconstruida,
el templo del Señor existirá por
siempre.

¡Qué dicha si me queda algún
descendiente
que pueda ver tu esplendor
y alabar al Rey del cielo!

Las puertas de Jerusalén serán
construidas
con zafiros y esmeraldas,
y con piedras preciosas todas sus
murallas.
Las torres de Jerusalén y sus
baluartes
se construirán con oro, con oro
puro.
Sus plazas serán pavimentadas
con rubíes y finísimas piedras.
18Sus puertas entonarán cantos de
júbilo,
y todas sus casas dirán:
'¡Alabado sea el Señor,
alabado sea el Dios de Israel!'
En ti[8] darán gloria a su santo
nombre eternamente."[q]

14 1Así terminó Tobit sus palabras de
alabanza a Dios.

### Recomendaciones a Tobías y muerte de Tobit

2Tobit murió en paz a la edad de
ciento doce años, y lo enterraron con todo
honor en Nínive. Cuando quedó ciego
tenía sesenta y dos años. Después que
recobró la vista tuvo una vida próspera, e
hizo obras de caridad, y continuó alabando a Dios y dando a conocer sus gran-
dezas. 3-4Cuando ya estaba por morir,
llamó a su hijo Tobías y le hizo estas recomendaciones:
"Hijo, vete cuanto antes con tus hijos a
Media, porque yo creo en las palabras
divinas que el profeta Nahúm pronunció
contra Nínive.[r] Todo va a cumplirse, todo
va a realizarse, todo lo que los profetas de
Israel, enviados por Dios, han dicho, va a
sucederles a Asiria y a Nínive. Nada quedará sin cumplirse de todas sus palabras.
Todo sucederá a su debido tiempo. En
Media habrá más seguridad que en Asiria
o en Babilonia. Yo sé, y de ello estoy convencido, que todo lo que Dios dijo se
cumplirá, y que ninguna de esas palabras
fallará.
"Y todos nuestros compatriotas que
viven en Israel van a ser dispersados y desterrados de su buena tierra, y todo el país

---

7 *Reconstruyan*: según una versión antigua. Gr. *teman*.    8 *En ti*: según una versióan antigua. Gr. *los bendecidos*.
q **13.9-18** Is 44.26-28; 54.11-12; 60.1-22; Zac 1.16; Ap 21.10-21.    r **14.3-4** Nah 1-3.

será un desierto. Samaria y Jerusalén quedarán convertidas en un desierto. El templo de Dios estará abandonado e incendiado por un tiempo. [5]Pero Dios volverá a tener compasión de ellos y los hará volver a la tierra de Israel. Reconstruirán el templo, aunque no será tan hermoso como antes, hasta que llegue el momento preciso. Después volverán todos del destierro y reconstruirán a Jerusalén con todo esplendor, y el templo será reconstruido, como lo anunciaron los profetas de Israel. [6]Y todas las naciones del mundo y todos los hombres se volverán a Dios.[s] Lo respetarán sinceramente y dejarán todos sus falsos dioses, que los engañan y los hacen caer en el error. Alabarán al Dios del universo con rectitud. [7]Todos los israelitas que se salven en aquel tiempo, se acordarán de Dios con sinceridad. Se reunirán e irán a Jerusalén, y vivirán tranquilamente por siempre en la tierra de Abraham; serán dueños de ella. Y los que aman sinceramente a Dios, se alegrarán; pero los que cometen el pecado y la maldad, desaparecerán de todo el país.

[8-9]"Ahora, hijos, les recomiendo esto: Sirvan a Dios con sinceridad y hagan lo que a él le agrada. Enseñen a sus hijos a hacer lo que es recto, lo mismo que a hacer obras de caridad. Que se acuerden de Dios, que alaben su nombre en todo tiempo sinceramente y con todas sus fuerzas. Y tú, hijo mío, vete de Nínive, no te quedes aquí. Cuando tu madre muera y la entierres junto a mí, aquel mismo día vete; ni siquiera pases la noche en este país. Porque veo que aquí hay mucha

[s] **14.6** Is 2.3; 60.1-3; 66.18; Zac 8.20-23.

maldad y que desvergonzadamente se cometen muchos engaños. [10]Hijo, mira lo que hizo Nadab con Ajicar, su padre adoptivo: lo enterró vivo. Pero Dios le pagó a Nadab su infamia a la vista de su propia víctima. Ajicar salió otra vez a la luz, y Nadab cayó en las tinieblas eternas por haber querido matar a Ajicar. Como Ajicar fue generoso en dar limosnas, salió de la trampa mortal que le había puesto Nadab, y Nadab cayó en ella y murió. [11]Vean, pues, hijos, lo que trae el hacer obras de caridad, y a dónde lleva el hacer la maldad: a la muerte. Pero ya se me acaba la vida . . ."

Entonces lo pusieron sobre la cama, y murió. Luego lo enterraron con todo honor.

### Fin de la historia de Tobías

[12]Cuando murió la madre de Tobías, éste la enterró junto a su padre. Y él y su esposa se fueron a Media y se establecieron en Ecbatana con Ragüel, su suegro. [13]Tobías cuidó a sus suegros en su vejez y los honró. Los enterró en Ecbatana de Media y heredó los bienes de Ragüel, lo mismo que los de su padre Tobit. [14]Murió a la edad de ciento diecisiete años rodeado de honor. [15]Antes de morir le llegó la noticia de la destrucción de Nínive, y vio que sus habitantes eran desterrados a Media por Ciaxares, rey de Media. Entonces alabó a Dios por todo lo que hizo con los habitantes de Nínive y de Asiria. Antes de morir pudo alegrarse de la destrucción de Nínive, y alabó al Señor, el Dios que vive por todos los siglos.

# JUDIT

*Este libro narra cómo, cuando el pueblo de Israel está a punto de ser vencido por un ejército asirio comandado por el general Holofernes (1.1-7.32), se salva por intervención de Judit, una viuda de extraordinaria belleza que expone su vida para lograr su propósito (8.1-14.10). Aterrorizados por la muerte de Holofernes, los asirios huyen y sufren una tremenda derrota de manos de los judíos (14.11-15.7). Con una acción de gracias y un cántico de Judit, los judíos celebran su victoria (15.8-16.20), y andando el tiempo Judit muere colmada de honores (16.21-25).*

*La presentación de los personajes y de los lugares en que se sitúan los acontecimientos, deja la impresión de que se trata de una leyenda, por medio de la cual el autor quiere animar al pueblo en momentos de peligro, infundiéndole confianza de que Dios les dará la victoria sobre sus enemigos, incluso valiéndose de medios al parecer muy débiles. Para lograr ese efecto en el pueblo, no tiene inconveniente en representar la ayuda divina bajo la forma del procedimiento empleado por Judit para deshacerse de Holofernes.*

## Guerra de Nabucodonosor contra Arfaxad

**1** ¹Cuando Nabucodonosor estaba en el año doce de su reinado sobre los asirios en Nínive, su capital, Arfaxad era rey de los medos en Ecbatana. ²Este fue quien construyó una muralla de piedras labradas alrededor de Ecbatana. Cada piedra tenía un metro con treinta y cinco centímetros de ancho por dos metros con sesenta centímetros de largo; la altura de la muralla era de treinta y un metros y medio, y de veintidós metros y medio el espesor. ³En las puertas de la ciudad construyó torres que medían cuarenta y cinco metros de altura, sobre bases de veintisiete metros de ancho. ⁴Las puertas mismas las hizo de treinta y un metros y medio de altura por dieciocho metros de anchura, para que su poderoso ejército pudiera desfilar con su infantería en formación.

⁵Por aquel tiempo, el rey Nabucodonosor hizo la guerra al rey Arfaxad en la gran llanura que está en la región de Ragues. ⁶A Nabucodonosor se le unieron todos los habitantes de la región montañosa, y todos los que vivían junto a los ríos Tigris, Éufrates e Hidaspes y en las llanuras que estaban bajo el dominio de Arioc, rey de Elam. Así pues, innumerables pueblos se reunieron para sumarse al ejército de los descendientes de Queleúd.

⁷El rey Nabucodonosor de Asiria mandó llamar a todos los habitantes de Persia y a todos los que vivían en occidente: a los habitantes de Cilicia, Damasco, el Líbano, el Antilíbano, a todos los que vivían en la costa, ⁸en el Carmelo, en Galaad, en la Galilea superior, en la gran llanura de Esdrelón,[1] ⁹a todos los de Samaria y de sus ciudades, del occidente del Jordán hasta Jerusalén, a los de Batane, Quelus, Cades, del arroyo que limita con Egipto, de Tafnes, Ramsés, y de todo el país de Gosén ¹⁰hasta más allá de Tanis y de Menfis, y a todos los habitantes de Egipto hasta la frontera con Etiopía. ¹¹Pero los habitantes de esas regiones no hicieron caso del llamado del rey Nabucodonosor de Asiria y no fueron a ayudarle en la guerra, pues no le tenían miedo, sino que lo consideraban como un hombre sin aliados; así que insultaron a sus mensajeros y los despidieron con las manos vacías.

¹²Nabucodonosor se puso terriblemente furioso contra todos estos países, y juró por su trono y su reino que se vengaría de toda la región de Cilicia, Damasco y Siria, y que les pasaría a cuchillo, lo mismo que a los moabitas y amonitas, y a toda Judea y a todos los de Egipto hasta la región de los dos mares.

## Derrota de Arfaxad

¹³El año dieciséis de su reinado, Nabucodonosor se lanzó con su ejército contra el rey Arfaxad, y le dio batalla y lo derrotó. Puso en fuga a todo su ejército, con toda su caballería y sus carros, ¹⁴se adueñó de sus ciudades, avanzó hasta Ecbatana y se apoderó de las torres, y saqueó las plazas y convirtió en humillación el esplendor de la ciudad. ¹⁵Además capturó a Arfaxad en las montañas de Ragues y lo atravesó con sus lanzas, aniquilándolo para siempre. ¹⁶Luego regresó con su ejército y con la gente que se le

---

[1] *Esdrelón:* forma griega de *Jezreel.*

había juntado, que era una enorme multitud de soldados, y él y su ejército se dedicaron a descansar y divertirse durante cuatro meses.

### Nabucodonosor manda a Holofernes contra los países de occidente

**2** ¹El día veintidós del primer mes del año dieciocho se discutió en el palacio de Nabucodonosor, rey de Asiria, lo relativo a la venganza que debía tomarse de toda la tierra, conforme a lo que el rey había dicho. ²Mandó llamar a todos sus funcionarios y personas de autoridad, y les expuso la decisión que había tomado en secreto de destruir por completo a aquellos países. ³Ellos estuvieron de acuerdo en que se debía exterminar a todos los que no habían hecho caso del llamado del rey.

⁴Cuando el rey Nabucodonosor terminó de comunicarles su decisión, llamó a Holofernes, comandante en jefe de su ejército, quien ocupaba el segundo lugar después del rey, y le dijo: ⁵"Yo, rey supremo y señor de toda la tierra, te ordeno que, una vez que te retires de mi presencia, tomes bajo tu mando un ejército de hombres de reconocida velentía, ciento veinte mil soldados de infantería y doce mil de caballería, ⁶y que luego te pongas en marcha contra todos los países del occidente, porque no hicieron caso de mi llamado. ⁷Ordénales que se rindan incondicionalmente, porque estoy muy enojado y voy a marchar contra ellos. Voy a hacer que mis ejércitos cubran toda la tierra y la saqueen. ⁸Tantos serán los muertos, que se llenarán los valles; los torrentes y los ríos se llenarán de cadáveres hasta desbordarse. ⁹Haré cautivos a muchos y los llevaré a los últimos rincones de la tierra. ¹⁰Adelántate, pues, y ocupa en mi nombre todos esos territorios. Si se someten a ti, guárdamelos hasta que yo los castigue. ¹¹Pero no tengas compasión de los que se resistan. Entrégalos a la matanza y al saqueo dondequiera que vayas. ¹²¡Juro por mi vida y por mi poder real, que lo que he dicho lo cumpliré yo mismo! ¹³¡No dejes de hacer nada de lo que te he ordenado; cumple mis órdenes al pie de la letra y sin tardanza!"

¹⁴Apenas se retiró Holofernes de la presencia de su soberano, llamó a todos los altos jefes, generales y oficiales del ejército asirio, ¹⁵y escogió los soldados que el rey le había ordenado: ciento veinte mil de infantería y doce mil arqueros de caballería, ¹⁶y los organizó para la guerra. ¹⁷Luego tomó una enorme cantidad de camellos, asnos y mulas para llevar la carga, innumerables ovejas, reses y cabras para su abastecimiento, ¹⁸así como provisiones en abundancia para cada hombre y gran cantidad de oro y plata del tesoro real. ¹⁹Holofernes, pues, se puso en marcha con todo su ejército, anticipándose al rey Nabucodonosor para cubrir toda la región occidental con sus carros y caballería y sus soldados escogidos de infantería. ²⁰Junto con ellos iba un gentío tan numeroso como las langostas o como los granos de arena; eran tantos que no se podían contar.

### Campaña de Holofernes

²¹Salieron de Nínive y caminaron tres días en dirección a la llanura de Bectilet. De Bectilet siguieron adelante, y acamparon junto a la montaña que queda al norte de la Cilicia superior. ²²De allí siguió Holofernes con su ejército, su infantería, su caballería y sus carros, hacia la región montañosa. ²³Se abrió paso destruyendo a Fud y a Lud, y saqueó a todos los habitantes de Rasis y a los ismaelitas que vivían al borde del desierto, al sur de Queleón. ²⁴Cruzó el río Éufrates, atravesó la Mesopotamia y destruyó todas las ciudades fortificadas que había a orillas del río Abrona hasta el mar. ²⁵Ocupó el territorio de Cilicia y derrotó a todos los que le opusieron resistencia. Luego llegó a la región de Jafet, en el sur, frente a Arabia. ²⁶Cercó a todos los madianitas, incendió sus campamentos y se apoderó de su ganado. ²⁷Luego bajó a la llanura de Damasco en la época de la cosecha del trigo, e incendió todos sus campos, exterminó las ovejas y las vacas, saqueó las ciudades, arrasó los campos y pasó a filo de espada a todos los jóvenes. ²⁸El miedo y el terror causados por él se apoderaron de los habitantes de la costa, de Sidón, de Tiro, de Sur, de Ocina, y de los que vivían en Jabnia, en Asdod y en Ascalón.

**3** ¹Entonces le enviaron mensajeros a hacerle propuestas de paz y decirle: ²"Nosotros somos servidores del gran rey Nabucodonosor, y estamos a los pies de Su Excelencia; haga con nosotros lo que le parezca mejor. ³Nuestras habitaciones, todo nuestro territorio, nuestros campos de trigo, nuestras vacas y ovejas, y todo nuestro ganado están a su disposición; haga Su Excelencia lo que quiera con todo ello. ⁴Nuestras ciudades y todos sus habitantes están a su servicio; venga Su Excelencia y trátelos como mejor le parezca.''

⁵Los mensajeros se presentaron ante Holofernes y le dijeron todo esto. ⁶Él bajó entonces a la costa con su ejército y puso guarniciones en las ciudades fortificadas, y de éstas sacó soldados escogidos para que sirvieran como tropas auxiliares. ⁷En esas ciudades y en las regiones vecinas la gente lo recibió adornada de coronas y bailando al son de tambores. ⁸Pero Holofernes destruyó sus templos² y derribó sus árboles sagrados, porque tenía el encargo de destruir a todos los dioses de la tierra, para que todas las naciones adoraran solamente a Nabucodonosor y la gente de toda lengua y tribu lo invocara como dios. ⁹Así llegó Holofernes hasta cerca de Esdrelón, junto a Dotán, frente a la gran cadena montañosa de Judea, ¹⁰y acampó entre Gabá y Escitópolis,³ donde se quedó todo un mes recogiendo provisiones para su ejército.

### Los israelitas se preparan para la defensa

4 ¹Cuando los israelitas que vivían en Judea oyeron todo lo que Holofernes, el comandante en jefe del ejército del rey Nabucodonosor de Asiria, había hecho con las otras naciones, y cómo había saqueado y destruido todos sus templos, ²se aterrorizaron al pensar lo que podía hacer con Jerusalén y con el templo del Señor su Dios. ³Hacía poco que habían vuelto del destierro, y no hacía mucho que todo el pueblo de Judea se había reunido y que habían sido consagrados de nuevo los utensilios, y el altar y el templo que habían sido profanados. ⁴Así que pusieron sobre aviso a toda la región de Samaria, y a Cona, Bet-horón, Ibleam, Jericó, Coba, Hazor y el valle de Salem, ⁵y se adelantaron a ocupar todas las cumbres de los montes altos; fortificaron con murallas las aldeas que había en aquellos lugares, consiguieron provisiones, y se prepararon para la guerra. Hacía poco que habían recogido las cosechas de sus campos. ⁶Joaquín, que era entonces el sumo sacerdote y estaba en Jerusalén, escribió una carta a los habitantes de Betulia y de Betomestaim, frente a Esdrelón, delante de la llanura cerca de Dotán, ⁷en la que les decía que ocuparan los lugares de subida a la región montañosa, por

donde se entraba en Judea, pues por allí era fácil impedir el avance, ya que el paso era estrecho y sólo podían pasar dos personas a la vez. ⁸Los israelitas hicieron lo que el sumo sacerdote Joaquín y los ancianos de todo el pueblo de Israel que vivían en Jerusalén les ordenaron.

### Los israelitas piden ayuda al Señor

⁹Todos los israelitas clamaron con gran fervor a Dios y se humillaron profundamente delante de él. ¹⁰Los hombres, las mujeres, los niños, el ganado, todos los extranjeros que vivían allí, los jornaleros y los esclavos se vistieron con ropas ásperas. ¹¹Todos los israelitas que vivían en Jerusalén, hombres, mujeres y niños, se inclinaron ante el santuario en actitud de adoración, se echaron ceniza sobre las cabezas, y extendieron sus ropas ásperas delante del Señor. ¹²También cubrieron con telas ásperas el altar, y a una voz clamaron con fervor al Dios de Israel pidiéndole que no permitiera que, para alegría de los paganos, sus niños fueran arrebatados, sus mujeres raptadas, las ciudades de su patria destruidas, y el templo profanado y deshonrado. ¹³Y el Señor escuchó sus gritos y tuvo en cuenta su aflicción. En toda Judea y en Jerusalén, el pueblo estuvo ayunando durante muchos días delante del templo del Señor todopoderoso. ¹⁴El sumo sacerdote Joaquín y todos los sacerdotes, que servían en el templo, y los demás que oficiaban ante el Señor, iban vestidos con ropas ásperas mientras ofrecían el holocausto de todos los días,ᵃ las oraciones y las ofrendas voluntariasᵇ del pueblo. ¹⁵Con sus turbantes cubiertos de ceniza, insistentemente pedían al Señor que tuviera misericordia y compasión de todo el pueblo de Israel.

### Holofernes reúne a sus consejeros

5 ¹Cuando informaron a Holofernes, comandante en jefe del ejército asirio, de que los israelitas se habían preparado para la guerra y habían cerrado los pasos de la región montañosa, fortificando con murallas todas las cumbres de los montes altos, y que habían levantado barreras en las llanuras, ²se puso terriblemente furioso. Llamó a todos los jefes de Moab, a los generales de Amón y a todos los gobernadores de la costa, ³y les habló así: ''Cananeos, díganme qué pueblo es ése

---

² *Templos:* según una versión antigua. Gr. *territorio.*   ³ *Escitópolis:* nombre griego de la ciudad de *Bet-seán.*
ᵃ 4.14 Ex 29.38-42.   ᵇ 4.14 Lv 22.18-30.

que está establecido en las montañas, cuáles son las ciudades en que vive, qué tan fuerte es su ejército, en qué consisten su fuerza y su poder, cuál es el rey que los gobierna y que manda su ejército, [4]y por qué son ellos el único pueblo de occidente que no quiere salir a recibirme.''

### Intervención de Aquior

[5]Aquior, jefe de todos los amonitas, le respondió: "Si Su Excelencia pone atención a las palabras de este su servidor, le contaré la verdad acerca de este pueblo que vive en esas montañas cercanas. No le diré ninguna mentira. [6]Ellos son descendientes de los caldeos.[c] [7]Primeramente se establecieron en Mesopotamia, porque no quisieron seguir a los dioses de sus antepasados, que vivían en Caldea. [8]Abandonaron las tradiciones de sus antepasados y adoraron al Dios del cielo, el Dios que ellos reconocen. Por eso los caldeos los expulsaron lejos de la vista de sus propios dioses, y ellos huyeron a Mesopotamia, donde vivieron mucho tiempo. [9]Pero su Dios les ordenó salir de aquel lugar e irse al país de Canaán,[d] donde se establecieron y se hicieron sumamente ricos en oro, plata y ganado.

[10]"Después hubo hambre en todo el país de Canaán, y ellos bajaron a Egipto y vivieron allí mientras hubo alimentos para ellos. Allá se multiplicaron enormemente, se convirtieron en una nación innumerable. [11]Entonces el rey de Egipto se volvió contra ellos, y los explotó y obligó a trabajar haciendo adobes. Y los humilló y los hizo esclavos.[e] [12]Ellos clamaron a su Dios, y él castigó a todo el país de Egipto enviándole plagas incurables. Entonces los egipcios los expulsaron de su tierra.[f] [13]Dios secó el Mar Rojo para que pudieran pasar,[g] [14]y los guió por el camino del Sinaí y de Cades-barnea.[h] Expulsaron a todos los que vivían en el desierto, [15]y luego se establecieron en el país de los amorreos. Eran tan fuertes que exterminaron a todos los habitantes de Hesbón.[i] Pasaron el Jordán y ocuparon toda la región montañosa, [16]expulsaron de allí a los cananeos, a los ferezeos, a los jebuseos, a los de Siquem y a todos los gergeseos, y allí vivieron mucho tiempo.[j]

[17]"Mientras no pecaron contra su Dios, les fue bien; porque su Dios es un Dios que aborrece la maldad. [18]Pero cuando se apartaron del camino que él les había señalado, sufrieron grandes destrucciones[k] en muchas guerras y fueron llevados cautivos a tierra extraña. El templo de su Dios fue arrasado, y sus ciudades cayeron en poder de los enemigos.[l] [19]Pero ahora, habiéndose vuelto a su Dios, han regresado de los lugares donde estaban dispersos y han tomado posesión de Jerusalén,[m] donde está su santo templo, y se han establecido en la región montañosa, que estaba sin habitantes.

[20]"Así pues, Excelencia, si este pueblo ha cometido alguna falta y ha pecado contra su Dios, y si nosotros vemos que ellos han cometido alguna ofensa, podemos marchar a hacerles la guerra. [21]Pero si no hay maldad en este pueblo, Su Excelencia debe dejarlos en paz; de lo contrario, el Señor su Dios saldrá en defensa de ellos, y nosotros quedaremos en ridículo delante de todo el mundo.''

[22]Cuando Aquior terminó de hablar, todos los que estaban alrededor de la tienda empezaron a protestar. Los oficiales de Holofernes, y toda la gente de la costa y de Moab, amenazaban con hacer pedazos a Aquior. [23]Decían: "Nosotros no tenemos miedo de los israelitas; son un pueblo sin poder e incapaz de dar una fuerte batalla. [24]¡Avancemos, pues, comandante Holofernes! ¡Todo el ejército de Su Excelencia se tragará vivos a los israelitas!''

### Aquior es entregado a los israelitas

**6** [1]Cuando el tumulto de la gente que rodeaba a los consejeros se calmó, Holofernes, comandante en jefe del ejército asirio, dijo a Aquior y a todos los hombres de Moab, en presencia de los extranjeros: [2]"¿Y quién eres tú, Aquior, con tus mercenarios de Efraín, para ponerte entre nosotros a hacer de profeta y aconsejarnos que no le hagamos la guerra al pueblo de Israel, porque el Dios de ellos saldrá en su defensa? ¿Qué otro Dios existe fuera de Nabucodonosor? Él desplegará su poder y los hará desaparecer de la tierra, y el poder de su Dios no podrá salvarlos. [3]Nosotros, servidores de Nabucodonosor, los aplastaremos como si fueran un solo hombre; no podrán resistir la embestida de nuestra caballería. [4]Los exterminaremos. Sus montes se embriagarán con su sangre, y las llanuras

c **5.6-8** Gn 11.27-31.   d **5.9** Gn 12.1-5.   e **5.10-11** Gn 42.1-5; 46.1-7; Ex 1.1-14.   f **5.12** Ex 2.23-12.51.   g **5.13** Ex 14.21-22.   h **5.14** Ex 19-40; Nm 1-14; 20.1.   i **5.15** Nm 21.21-32.   j **5.15-16** Jos 3-12.   k **5.17-18** Dt 28-30.   l **5.18** 2 R 24-25; 2 Cr 36.5-21.   m **5.19** Esd 1-3.

se llenarán con sus cadáveres. No podrán mantenerse en pie frente a nosotros. ¡Perecerán sin remedio! ¡Lo afirma el rey Nabucodonosor, el señor de toda la tierra! El ha hablado, y sus palabras no caerán en el vacío. [5]Y tú, Aquior, mercenario de Amón, que has dicho estas palabras con intenciones perversas, de hoy en adelante no volverás a presentarte delante de mí, hasta que yo haya tomado venganza de esa gente escapada de Egipto. [6]Cuando yo vuelva, mis soldados y todos mis servidores te atravesarán el cuerpo con sus lanzas, y morirás como los suyos. [7]Y ahora, mis servidores te llevarán a la montaña y te dejarán en una de las ciudades de la cuesta. [8]No morirás por el momento; morirás con ellos. [9]Y si en el fondo tú confías en que ellos no serán conquistados, no tienes de qué preocuparte. ¡He hablado, y ninguna de mis palabras dejará de cumplirse!''

[10]Dicho esto, Holofernes mandó a los hombres que estaban a su servicio personal que pusieran preso a Aquior, y que lo llevaran a Betulia y lo entregaran a los israelitas. [11]Sus servidores lo pusieron preso, lo sacaron del campamento hacia la llanura, y de allí lo llevaron a la montaña hasta que llegaron a los manantiales que hay abajo de Betulia. [12]Cuando los hombres de la ciudad los vieron subir a la cumbre del cerro, tomaron sus armas, salieron de la ciudad y subieron a la cumbre del cerro, y todos los expertos en manejar las hondas les arrojaron piedras, impidiéndoles subir. [13]Ellos, deslizándose por la parte baja del cerro, ataron a Aquior y, dejándolo abandonado al pie del monte, se volvieron a donde estaba su comandante. [14]Los israelitas bajaron de su ciudad, se acercaron a Aquior, y lo desataron y lo llevaron a Betulia, donde lo presentaron ante los jefes de la ciudad. [15]En aquel tiempo los jefes eran Ozías, hijo de Miqueas, de la tribu de Simeón; Cabris, hijo de Otoniel, y Carmis, hijo de Malquiel. [16]Estos llamaron a todos los ancianos de la ciudad, y todos los jóvenes y las mujeres vinieron también corriendo a la reunión. Colocaron a Aquior en medio de toda la gente, y Ozías le preguntó qué era lo que había pasado. [17]Él les contó todo lo que se había hablado en el consejo de Holofernes, lo que él mismo había dicho delante de los oficiales asirios, y las palabras altaneras de Holofernes contra el pueblo de Israel. [18]Todo el pueblo se postró para adorar a Dios, y gritó: [19]''¡Señor, Dios del cielo, mira el orgullo de nuestros enemigos, y ten compasión de nuestro pueblo humillado! ¡Dirige hoy tu mirada hacia esta nación consagrada a ti!'' [20]Luego tranquilizaron a Aquior y lo alabaron mucho. [21]Ozías lo sacó de la reunión, se lo llevó a su propia casa, y ofreció un banquete a los ancianos. Toda esa noche estuvieron pidiendo al Dios de Israel que los ayudara.

### Holofernes avanza contra Betulia

**7** [1]Al día siguiente, Holofernes dio órdenes a todo su ejército y demás fuerzas aliadas de ponerse en marcha hacia Betulia, y de adelantarse a ocupar los lugares de subida a la región montañosa y comenzar la guerra contra los israelitas. [2]Ese mismo día, todos sus soldados se pusieron en camino. El ejército se componía de ciento setenta mil soldados de infantería y doce mil de caballería, sin contar a los encargados del transporte y a una multitud enorme de hombres que iban a pie con ellos. [3]Acamparon en el valle cercano a Betulia, junto al manantial; el campamento se extendía a lo ancho, en dirección de Dotán, hasta Ibleam, y a lo largo desde Betulia a Ciamón, que está frente a Esdrelón. [4]Cuando los israelitas vieron un gentío tan grande, tuvieron mucho miedo y se dijeron unos a otros: ''Esta gente va a arrasar toda la tierra; ni los altos montes, ni los valles ni las colinas, van a poder soportar tanto peso.'' [5]Entonces cada uno tomó sus armas, y encendieron hogueras sobre las torres y se quedaron haciendo guardia toda la noche.

[6]Al otro día, Holofernes hizo desfilar toda su caballería a la vista de los israelitas que estaban en Betulia, [7]exploró las entradas de la ciudad, inspeccionó los manantiales de agua y se apoderó de ellos, colocando junto a ellos destacamentos de soldados, y luego se volvió a donde estaba su gente.

### El plan asirio

[8]Entonces se le acercaron todos los jefes de Edom y de Moab, y los generales de la costa, y le dijeron: [9]''Tenga Su Excelencia la bondad de escucharnos, para que su ejército no vaya a sufrir un desastre. [10]Estos israelitas no confían en sus lanzas sino en las elevadas montañas donde viven, pues no es fácil llegar hasta las cumbres de sus montes. [11]Así pues, no les dé Su Excelencia batalla en formación cerrada, como se hace de ordinario, y no

caerá ni un solo hombre del ejército de Su Excelencia. ¹²Quédese en el campamento y reserve a todos los hombres de su ejército. Haga que sus soldados se apoderen de los manantiales que brotan al pie del monte, ¹³pues allá van todos los habitantes de Betulia a sacar agua. Cuando se estén muriendo de sed, entregarán la ciudad. Entre tanto, nosotros y nuestra gente subiremos a las cumbres cercanas, acamparemos allí, y cuidaremos de que ni un solo hombre escape de la ciudad. ¹⁴Ellos y sus mujeres y sus hijos se agotarán por el hambre, y antes de que los pasemos a filo de espada quedarán tendidos en las calles. ¹⁵Así Su Excelencia les hará pagar caro el haberse rebelado y el no haber salido a recibirlo pacíficamente."

¹⁶A Holofernes y a sus oficiales les pareció bien la propuesta, y ordenó hacer lo que habían dicho. ¹⁷El ejército moabita, junto con cinco mil soldados asirios, levantó el campamento, y acamparon en el valle y se apoderaron de las cisternas y los manantiales de los israelitas. ¹⁸Los edomitas y amonitas subieron y acamparon en la región montañosa, frente a Dotán, y enviaron un destacamento hacia el sureste, frente a Egrebel, cerca de Cus, que está a la orilla del torrente Mocmur. El resto del ejército asirio acampó en la llanura, llenando toda la región. Sus tiendas de campaña y sus cargamentos formaban un campamento inmenso, pues era muchísima gente.

### Situación desesperada de Betulia

¹⁹Los israelitas, al verse rodeados de sus enemigos y sin poder escapar, se desanimaron y pidieron ayuda al Señor su Dios. ²⁰Todo el ejército asirio, y su infantería, carros y caballería, los tuvieron cercados durante treinta y cuatro días. A los habitantes de Betulia se les acabaron las provisiones de agua; ²¹las cisternas se estaban quedando vacías. El agua para beber estaba tan racionada que ni un solo día pudieron satisfacer su sed. ²²Los niños estaban sin fuerzas, y de puro agotamiento las mujeres y los jóvenes desfallecían de sed y caían desmayados en las calles de la ciudad y en las puertas.

²³Entonces todo el pueblo, los jóvenes, las mujeres y los niños, se reunieron alrededor de Ozías y de los jefes de la ciudad gritando con todas sus fuerzas, y dijeron delante de todos los ancianos: ²⁴"¡Que el Señor juzgue quién tiene razón, si ustedes o nosotros! Ustedes nos han causado un

grave mal no haciendo las paces con los asirios. ²⁵Ahora no hay nadie que nos ayude. ¡Dios nos ha entregado en poder de ellos! ¡Vamos a caer muertos de sed delante de ellos, y quedaremos totalmente destruidos! ²⁶Llamen a los asirios y entréguenles la ciudad entera, para que la gente de Holofernes y todo su ejército la saqueen. ²⁷Más vale que ellos se apoderen de nosotros. Seremos esclavos, pero quedaremos con vida, y no tendremos que ver cómo mueren nuestros niños delante de nuestros ojos ni cómo desfallecen nuestras mujeres e hijos. ²⁸¡Por el cielo y por la tierra; por nuestro Dios, el Señor de nuestros antepasados, que nos está castigando por nuestros pecados y por los pecados de nuestros antepasados, les pedimos que hagan lo que les decimos para que Dios no nos trate hoy de esta manera!" ²⁹Y como un solo hombre, toda la gente reunida empezó a llorar en voz alta, y a pedir a gritos ayuda a Dios el Señor.

³⁰Entonces Ozías les dijo: "¡Ánimo, hermanos! Aguantemos cinco días más, y el Señor nuestro Dios tendrá compasión de nosotros. ¡Él no nos abandonará totalmente! ³¹Si al cabo de ese tiempo no nos ha llegado ayuda, haré lo que ustedes proponen." ³²Entonces hizo que la gente se dispersara y que volviera cada uno a su puesto: los hombres volvieron a las murallas y a las torres de la ciudad, y a las mujeres y los niños los hizo regresar a sus casas. En la ciudad había una gran aflicción.

### Judit interviene

**8** ¹Todo esto llegó a oídos de Judit. Judit era hija de Merari, éste era hijo de Uz, éste de José, éste de Uziel, éste de Elcías, éste de Ananías, éste de Gedeón, éste de Rafaín, éste de Ahitob, éste de Elías, éste de Hilcías, éste de Eliab, éste de Natanael, éste de Selumiel, éste de Zurisadai y éste era descendiente de Israel. ²El esposo de Judit, que se llamaba Manasés y era de la misma tribu y familia que ella, había muerto durante la cosecha de la cebada. ³Estando al frente de los jornaleros que hacían los atados de trigo en el campo, le dio una insolación, cayó en cama y murió en Betulia, su ciudad. Lo sepultaron al lado de sus antepasados, en el campo que está entre Dotán e Ibleam. ⁴Ya hacía tres años y cuatro meses que Judit había quedado viuda, viviendo en su casa. ⁵En la azotea de su casa había hecho un cobertizo. Usaba ropas ásperas e iba siempre vestida de luto, [6]Desde que había quedado viuda ayunaba todos los días, excepto en los días de reposo y las vísperas de estos días, o en los días de la luna nueva y su víspera, o en los días de fiesta y alegría del pueblo de Israel. [7]Era muy bonita y de bello aspecto. Manasés, su esposo, le había dejado oro, plata, criados, criadas, ganado y campos. Vivía de sus posesiones, [8]y como era muy respetuosa de Dios, nadie tenía nada contra ella.

[9]Judit oyó las duras palabras que la gente había dicho contra el jefe Ozías, al verse tan desanimados por la falta de agua. Supo también que él les había prometido entregar la ciudad a los asirios al cabo de cinco días. [10]Mandó entonces a la criada que estaba al frente de todos los bienes, a que llamara a Cabris y a Carmis, los ancianos de la ciudad, [11]y cuando estos llegaron, les dijo:

—Escúchenme, jefes de los habitantes de Betulia: no está bien eso que ustedes han dicho hoy delante del pueblo, ni la promesa que han hecho, poniendo a Dios por testigo, de que entregarán la ciudad a nuestros enemigos si al cabo de ese tiempo el Señor no nos ha ayudado. [12]¿Quiénes son ustedes para exigir a Dios que actúe hoy, o para ocupar el lugar de Dios entre los hombres?[n] [13]Ustedes imponen condiciones al Señor todopoderoso, pero nunca lograrán comprender nada. [14]Si ni siquiera pueden penetrar en los secretos del corazón humano ni entender los pensamientos del hombre, ¿cómo podrán entender a Dios, que hizo todas las cosas? ¿Cómo podrán captar su entendimiento y comprender sus intenciones?[ñ] ¡No, hermanos, no hagan enojar al Señor nuestro Dios! [15]Si él no quiere ayudarnos en estos cinco días, en su mano está el ayudarnos cuando quiera, como también el hacernos morir delante de nuestros enemigos. [16]No hagan exigencias al Señor nuestro Dios acerca de sus planes; él no cede ante las amenazas ni ante las exigencias, como si fuera un hombre. [17]Más bien, pidámosle que nos ayude, con la esperanza de que él nos salvará. Si a él le parece bien, habrá de escucharnos.

[18]"Hoy en día no hay nadie entre nuestras tribus, familias, provincias o ciudades, que adore dioses hechos por los hombres. Esto sucedió en tiempos pasados, [19]y por eso Dios entregó a nuestros antepasados a la muerte y al saqueo, y nuestros enemigos les causaron un gran desastre.[o] [20]Nosotros, en cambio, no reconocemos a ningún otro dios fuera de él; por eso confiamos en que él no nos despreciará a nosotros ni al resto de nuestra nación. [21]Porque si nosotros somos conquistados, toda Judea caerá y nuestro templo será saqueado, y Dios nos hará responsables de su profanación, [22]de la matanza de nuestros hermanos y de la destrucción de nuestra patria, entre las naciones de las que seremos esclavos. Nuestros conquistadores se burlarán de nosotros y nos insultarán. [23]Nuestra esclavitud no será favorable a nosotros, sino que el Señor nuestro Dios la convertirá en deshonra nuestra. [24]Así pues, hermanos, demos buen ejemplo a nuestros compatriotas. De nosotros dependen la vida de ellos, el templo, el santuario y el altar. [25]Por todas estas razones debemos dar gracias al Señor nuestro Dios, quien nos está poniendo a prueba como a nuestros antepasados. [26]Acuérdense de lo que hizo con Abraham,[p] de cómo puso a prueba a Isaac, y de lo que le pasó a Jacob en Mesopotamia de Siria, cuando estaba cuidando las ovejas de su tío Labán.[q] [27]Él no nos ha sometido a la prueba del fuego como a ellos, ni nos trata así por venganza; cuando él castiga a los que se acercan a él, lo hace para corregirlos.

[28]Ozías le respondió:

—Tienes razón en todo lo que has dicho; nadie podrá contradecirte. [29]Y ésta no es la primera vez que muestras tu sabiduría; desde que eras pequeña, todo el pueblo conoce tu buen juicio, pues eres una mujer inteligente. [30]Pero es que el pueblo se estaba muriendo de sed, y nos vimos obligados a responderles de esa manera y a hacer ese juramento, al que no podemos faltar. [31]Puesto que eres una mujer piadosa, pide ahora a Dios por nosotros, para que el Señor nos envíe lluvia y se llenen nuestras cisternas y no nos debilitemos más.

[32]Judit les contestó:

—Escúchenme: voy a hacer algo que nuestra nación va a recordar por todos los siglos. [33]Esta noche manténganse ustedes a las puertas de la ciudad, y yo saldré con mi criada; y antes del plazo fijado por ustedes para entregar la ciudad a nuestros enemigos, el Señor salvará por mi medio a

[n] 8.12-13 Dt 6.16.   [ñ] 8.14 Sab 9.13; Ro 11.33.   [o] 8.18-19 Sal 78.56-64.   [p] 8.26 Gn 22.1-18.   [q] 8.26 Gn 29-31.

Israel. [34]No traten de averiguar qué es lo que voy a hacer, pues no se lo diré hasta que esté hecho.

[35]Ozías y los otros jefes le respondieron:

—¡Vete tranquila! ¡Que el Señor vaya delante de ti para castigar a nuestros enemigos!

[36]Y salieron de la casa de Judit y volvieron a sus puestos.

### Oración de Judit

**9** [1]Judit se inclinó hasta tocar el suelo con la frente, se cubrió la cabeza con ceniza, y dejó al descubierto las ropas ásperas que llevaba puestas; y en el momento en que en el templo de Jerusalén se ofrecía el incienso de la tarde,[r] Judit clamó en voz alta al Señor, y dijo: [2]"Señor, Dios de mi antepasado Simeón, en cuyas manos pusiste la espada para castigar a esos extranjeros que forzaron y deshonraron a Dina,[s] joven soltera a quien desnudaron para violarla, profanando su seno; a pesar de que tú habías prohibido hacer tales cosas, ellos lo hicieron. [3]Por eso hiciste matar a los jefes de esa gente, y en la misma cama en que habían engañado a la muchacha, encontraron la muerte al ser engañados ellos mismos. Derribaste a los esclavos junto con los señores, y a los señores junto con sus tronos. [4]Hiciste que sus mujeres cayeran en poder de otros, y que sus hijas fueran llevadas cautivas, y que sus posesiones fueran repartidas entre tus amados hijos, que llenos de celo por ti e indignados al ver deshonrada a su hermana, te pidieron ayuda. ¡Oh Dios, Dios mío, escúchame a mí, que soy viuda![t] [5]Tú hiciste que sucediera lo que entonces sucedió, y lo que ha sucedido antes y después; tú has planeado lo que sucede ahora y lo que vendrá después, y lo que has planeado se realiza.[u] [6]Las cosas que tú planeas se presentan ante ti, y dicen: '¡Aquí estamos!' Tú tienes preparado todo lo que vas a hacer, y todo lo que decides lo conoces con anterioridad.[v]

[7]"Mira cómo se han reunido los asirios con todo su poder, orgullosos de sus caballos y jinetes, jactándose de la fuerza de su infantería, confiados en sus escudos, sus flechas, sus arcos y sus hondas. No reconocen que tú, Señor, eres quien pone fin a la guerra; [8]tu nombre es 'el

Señor'. ¡Desbarata su fuerza con tu poder, y destruye su poderío con tu ira! Sus planes son profanar tu santuario, manchar el lugar en que reside tu glorioso nombre, derribar tu altar con sus armas. [9]Mira su orgullo, descarga sobre ellos tu ira, y dame a mí, que soy viuda, la fuerza para realizar mi plan. [10]Haz que yo los engañe, para que caigan los esclavos junto con los señores y los señores junto con los esclavos; destruye, por medio de una mujer,[w] su arrogancia. [11]Porque tu poder no depende del número, ni del valor de los hombres tu fuerza.[x] Tú eres el Dios de los oprimidos, el protector de los humillados, el defensor de los débiles, el apoyo de los abandonados, el salvador de los que no tienen esperanza. [12]Sí, oh Dios de mi padre, Dios del pueblo de Israel, Señor del cielo y de la tierra, creador de los mares, rey de todo lo que has creado, escucha mi oración: [13]dame palabras para poder engañarlos y causarles el desastre y la muerte, pues tienen planes perversos contra tu pacto, contra el templo consagrado a ti, contra el monte Sión y contra la ciudad que es hogar y propiedad de tus hijos.[y] [14]Haz que todo tu pueblo y todas las naciones reconozcan que sólo tú eres Dios, Dios de todo poder y fuerza, y que fuera de ti no hay otro que proteja a Israel."[z]

### Judit va al campamento de Holofernes

**10** [1]En cuanto Judit terminó de orar en voz alta al Dios de Israel y de decir todas estas palabras, [2]se puso de pie, llamó a su criada y bajó al piso inferior de su casa, donde acostumbraba pasar los días de reposo y las fiestas. [3]Se quitó las ropas ásperas que llevaba puestas y los vestidos de viuda, se bañó, se untó perfumes, se peinó y se puso una diadema, y se vistió con ropa de fiesta, como lo hacía cuando vivía su esposo Manasés. [4]Luego se puso sandalias, brazaletes, collares, anillos, aretes y, en fin, todas sus joyas; se arregló lo mejor que pudo, como para llamar la atención de cualquier hombre que la viera. [5]Le dio a su criada una garrafa de vino y una botella de aceite, llenó un costal con harina de cebada, tortas de higos y pan puro, lo empaquetó todo en el costal, y se lo entregó a su criada para que lo llevara.

⁶Salieron hacia la puerta de Betulia y encontraron allí a Ozías y a los ancianos de la ciudad, Cabris y Carmis. ⁷Al verla, tan transformada en su aspecto y vestida de manera tan diferente, se quedaron sumamente admirados de su belleza, y le dijeron:

⁸—El Dios de nuestros antepasados haga que seas bien recibida y te ayude a realizar tus planes, para orgullo de los israelitas y gloria de Jerusalén.

⁹Ella se inclinó para adorar a Dios, y les dijo:

—Manden que me abran la puerta de la ciudad, y yo iré a hacer lo que ustedes han dicho.

Ellos ordenaron a los guardias que le abrieran la puerta, como había pedido. ¹⁰Así lo hicieron, y Judit salió acompañada de su criada. Los hombres de la ciudad la vieron bajar el monte y atravesar el valle, y luego la perdieron de vista.

¹¹Ellas fueron derecho a través del valle, hasta que se encontraron con un puesto de avanzada de los asirios. ¹²Los soldados detuvieron a Judit y le preguntaron:

—¿De qué nación eres? ¿De dónde vienes, y a dónde vas?

—Soy hebrea —respondió ella—, pero estoy huyendo de los de mi nación, porque pronto caerán en poder de ustedes y serán destruidos. ¹³Quiero ver a Holofernes, el comandante del ejército de ustedes, para darle informes seguros. Quiero indicarle por dónde puede penetrar y apoderarse de toda la región montañosa sin perder un solo soldado.

¹⁴Al oír los soldados su respuesta y fijarse en su aspecto, se quedaron maravillados de su belleza. Entonces le dijeron:

¹⁵—Te has salvado al darte prisa en venir a ver a nuestro comandante. Acércate hasta su tienda de campaña; algunos de nosotros te escoltaremos hasta dejarte con él. ¹⁶Cuando estés en su presencia, no te asustes; dale la información que traes, y él te tratará bien.

¹⁷Entonces escogieron a cien hombres para que acompañaran a Judit y a su criada y las llevaran hasta la tienda de Holofernes.

¹⁸Apenas la noticia de su llegada se extendió por el campamento, los soldados corrieron de todas partes a reunirse alrededor de ella, que, frente a la tienda de Holofernes, esperaba que le anunciaran a éste su llegada. ¹⁹Maravillados de la belleza de Judit, pensaban que los israelitas debían de ser gente admirable, y se decían unos a otros: ''¿Quién va a menospreciar a un pueblo que tiene mujeres así? No hay que dejar con vida ni a uno solo de sus hombres, pues los que queden son capaces de dominar con engaños a todo el mundo.''

²⁰La guardia privada de Holofernes y los demás oficiales a su servicio salieron e hicieron entrar a Judit en la tienda. ²¹Holofernes estaba recostado en su cama, debajo de un pabellón de púrpura bordado en oro y adornado con esmeraldas y piedras preciosas. ²²Cuando le dijeron que ella estaba allí, salió a la entrada de la tienda. Delante de él llevaban lámparas de plata. ²³Cuando Judit se presentó delante de él y de sus oficiales de servicio, todos se quedaron maravillados de su belleza. Ella se inclinó ante él en señal de reverencia, pero los criados la levantaron.

### Entrevista de Judit con Holofernes

**11** ¹Holofernes le dijo:

—¡Ten confianza, mujer, no tengas miedo! Yo no he hecho mal a ninguna persona que haya querido servir a Nabucodonosor, rey de toda la tierra. ²Si tu pueblo, que vive en la montaña, no me hubiera despreciado, yo no habría levantado mi lanza contra ellos. Pero ellos mismos se han buscado esto. ³Y ahora, dime: ¿por qué huiste de ellos y te pasaste a nosotros? Por supuesto, al venir te has salvado. Ten confianza, que a partir de esta noche has salvado tu vida. ⁴Nadie te hará ningún daño; se te tratará bien, como se trata a los que sirven a mi señor, el rey Nabucodonosor.

⁵Judit le respondió:

—Escuche Su Excelencia lo que le voy a decir; deje que esta esclava suya hable a Su Excelencia, pues no diré esta noche nada que sea falso. ⁶Si Su Excelencia sigue mis consejos, Dios hará algo grande por su medio, y Su Excelencia no fracasará en sus planes. ⁷¡Por la vida y por el poder de Nabucodonosor, rey de toda la tierra, que envió a Su Excelencia a poner orden en todos los seres vivientes: gracias a Su Excelencia, no sólo los hombres están al servicio del rey, sino que por la fuerza de Su Excelencia hasta las fieras salvajes, el ganado y las aves vivirán para

Nabucodonosor y para todos sus descendientes.[a] [8]Hemos oído hablar de la sabiduría de Su Excelencia y de su aguda inteligencia. En toda la tierra se sabe que Su Excelencia es el mejor hombre de todo el imperio, y que es grande su inteligencia y admirable su habilidad en el arte de la guerra. [9]Nosotros nos hemos enterado de lo que dijo Aquior en la reunión del consejo,[b] pues los hombres de Betulia lo rescataron, y él les contó todo lo que había dicho delante de Su Excelencia. [10]Haga caso Su Excelencia a lo que él ha dicho; téngalo muy presente, pues es cierto. Nuestro pueblo no puede ser castigado ni vencido por las armas, si no ha pecado contra su Dios. [11]Ahora bien, Su Excelencia no debe fracasar ni fallar. Ellos están condenados a morir porque han caído bajo el poder del pecado, pues hacen enojar a su Dios cada vez que cometen un acto indebido. [12]Como se han quedado sin alimentos y el agua se les ha hecho muy escasa, han pensado echar mano del ganado, y hasta han resuelto comer de todo aquello que Dios en sus leyes les ha prohibido que coman. [13]También han resuelto comerse los primeros frutos de la cosecha de trigo y usar el diezmo del vino y el aceite[c] que ya habían apartado y reservado como cosa sagrada para los sacerdotes que ofic012an en Jerusalén ante nuestro Dios, cosas que ninguna otra persona del pueblo puede siquiera tocar con las manos. [14]Han enviado una delegación a Jerusalén a pedir permiso a los ancianos, pues la gente de allá también ha hecho esto. [15]Tan pronto como les llegue la respuesta y comiencen a hacerlo, ese mismo día Dios los entregará en manos de Su Excelencia para que los extermine. [16]Por eso, apenas supe todo esto, huí de ellos. Dios me ha enviado a realizar con Su Excelencia algo que va a llenar de asombro a todos los que lo sepan en el mundo entero. [17]Yo, esclava de Su Excelencia, soy una mujer piadosa que sirve al Dios del cielo día y noche. Yo me quedaré con Su Excelencia; todas las noches saldré al valle a orar a Dios, y él me dirá cuando los israelitas hayan cometido su pecado. [18]Entonces vendré y daré aviso a Su Excelencia, que entonces podrá salir con todo su ejército; ninguno de ellos podrá oponerle resistencia. [19]Luego guiaré a Su Excelencia a través de Judea hasta Jerusalén, y colocaré el trono de Su Excelencia en medio de la ciudad. Podrá llevarse a sus habitantes como a ovejas sin pastor, y no habrá ni un perro que le gruña. Yo he averiguado esto con anticipación, y Dios me lo ha comunicado y me ha enviado a comunicárselo a Su Excelencia.

[20]Las palabras de Judit agradaron a Holofernes y a sus oficiales de servicio, que admiraron su sabiduría y dijeron:

[21]—No hay en todo el mundo mujer que se le pueda comparar en belleza ni en inteligencia.

[22]Y Holofernes le dijo:

—¡Qué bien ha hecho Dios enviándote por delante de tu nación para traernos a nosotros la victoria, y la muerte a los que han despreciado a mi señor! [23]Eres muy hermosa y hablas muy bien. Si cumples lo que has dicho, tu Dios será mi Dios, vivirás en el palacio del rey Nabucodonosor, y serás famosa en toda la tierra.

### Judit se queda en el campamento

**12** [1]Holofernes ordenó que la llevaran a donde tenía su vajilla de plata, y que le sirvieran una cena de sus propios manjares y de su vino. [2]Pero Judit dijo:

—No comeré de esa comida, para no faltar a nuestras leyes.[d] Yo he traído mis propias provisiones.

[3]Holofernes le respondió:

—Pero si se te acaban tus provisiones, ¿de dónde vamos a darte alimentos iguales? No hay aquí, entre nosotros, ninguna otra persona de tu nación.

[4]—¡Por vida de Su Excelencia —contestó Judit—, no se acabarán mis provisiones antes que el Señor haya realizado por mi medio lo que tiene decidido!

[5]Los servidores de Holofernes la llevaron a la tienda, y ella durmió hasta la media noche. Hacia la madrugada se levantó, [6]y mandó este recado a Holofernes: "Ordene Su Excelencia que me permitan salir a orar." [7]Holofernes ordenó a los soldados de su guardia personal que la dejaran salir.

Así permaneció Judit en el campamento durante tres días. Por la noche salía al valle de Betulia y se bañaba en el manantial que había junto al puesto de avanzada. [8]Al regresar pedía al Señor, Dios de Israel, que le facilitara la manera de sacar de apuros a su pueblo. [9]Después de haberse purificado, volvía a la tienda y se quedaba en ella hasta que le traían su comida, hacia el atardecer.

---

[a] 11.7 Jer 27.6; Dn 2.38.   [b] 11.9 Jdt 5.5-21.   [c] 11.13 Ex 23.19; Lv 27.30.   [d] 12.2 Dn 1.8; Est (gr) 4.17x.

### Judit es invitada al banquete de Holofernes

[10] Al cuarto día, Holofernes dio un banquete a sus servidores, sin invitar a los otros oficiales, [11] y dijo a Bagoas, su hombre de confianza que estaba al frente de todas sus cosas:

—Ve y convence a la hebrea que está bajo tu cuidado de que venga a comer y beber con nosotros. [12] Sería una vergüenza para mí no disfrutar de la compañía de una mujer como ella. Si no la conquisto, se burlará de mí.

[13] Bagoas se retiró, fue a ver a Judit y le dijo:

—No te niegues, encantadora jovencita, y acepta el honor de hacerle compañía a mi señor. Ven a beber vino alegremente con nosotros, y sé hoy como las mujeres asirias que viven en el palacio de Nabucodonosor.

[14] Judit respondió:

—¿Y quién soy yo para negarle algo a Su Excelencia? Con todo gusto haré lo que a él le parezca. Esta será para mí la mayor satisfacción de toda mi vida.

[15] Y se levantó y se puso un vestido elegante y todos sus adornos femeninos. Su criada se adelantó y, delante de Holofernes, extendió para Judit, en el suelo, las pieles de oveja que Bagoas le había dado para que ella las usara todos los días, tomando sus comidas recostada sobre ellas. [16] Apenas entró Judit y se sentó, Holofernes sintió una terrible pasión por ella y un grandísimo deseo de gozarla; desde el primer día que la vio estaba esperando el momento de seducirla. [17] Holofernes le dijo:

—¡Bebe y diviértete con nosotros!

[18] —Con todo gusto, Excelencia —respondió Judit—; éste es el día más grande de toda mi vida.

[19] En seguida empezó a comer y beber delante de él lo que su criada le había preparado. [20] Holofernes estaba tan contento de verla que bebió demasiado vino, más del que nunca en toda su vida había bebido en un solo día.

### La hazaña de Judit

**13** [1] Cuando se hizo tarde, los servidores de Holofernes se retiraron rápidamente. Bagoas cerró la tienda desde fuera, e hizo salir de la presencia de su señor a los que estaban allí. Todos se fueron a dormir, pues estaban cansados, porque el banquete había durado mucho tiempo. [2] Judit quedó sola en la tienda, y

Holofernes, completamente borracho, estaba tirado en la cama. [3] Judit había dicho a su criada que se quedara fuera de la tienda en que ella estaba, y que esperara allí hasta que ella saliera como todos los días, pues había dicho que saldría a hacer su oración. A Bagoas le había dicho lo mismo. [4] Todos se habían retirado, y absolutamente nadie se había quedado en la tienda. Entonces Judit se puso de pie junto a la cama de Holofernes, y dijo interiormente: "Señor, Dios de todo poder, mira favorablemente lo que voy a hacer en este momento para gloria de Jerusalén. [5] Este es el momento de ayudar a tu pueblo y de realizar mis planes para perdición de los enemigos que se han levantado contra nosotros." [6] Se dirigió entonces al soporte de la cama, que estaba a la cabecera de Holofernes, descolgó la espada que él allí tenía [7] y, acercándose a la cama, le agarró la cabeza por el pelo y dijo: "¡Dame fuerzas, Señor, Dios de Israel, en este momento!" [8] Descargó entonces dos fuertes golpes en el cuello de Holofernes, y le cortó la cabeza. [9] Hizo rodar de la cama el cuerpo y desprendió de sus soportes el pabellón. En seguida salió y entregó a su criada la cabeza de Holofernes, [10] y ella la metió en el costal de las provisiones de Judit. Luego salieron las dos a orar, como acostumbraban hacerlo. Atravesaron el campamento, rodearon el valle, y subieron al monte de Betulia hasta llegar a las puertas de la ciudad.

### Regreso de Judit a Betulia

[11] Desde lejos, Judit gritó a los guardias que estaban en las puertas:

—¡Abran, abran la puerta! ¡Dios, nuestro Dios, está con nosotros, mostrando aún en Israel su fuerza y su poder contra los enemigos! ¡Así lo ha hecho hoy!

[12] Cuando los hombres de la ciudad la oyeron gritar, bajaron a toda prisa a la puerta de la ciudad y llamaron a los ancianos. [13] Todo el mundo sin excepción vino corriendo, pues apenas podían creer que Judit hubiera regresado. Abrieron la puerta, las hicieron pasar y, encendiendo fuego para poder ver, se amontonaron alrededor de ellas. [14] Judit, entonces, les dijo en voz alta:

—¡Alaben a Dios, alábenlo! ¡Alaben a Dios, que no ha negado su misericordia al pueblo de Israel, sino que por mi mano esta noche ha aplastado a sus enemigos!

[15]Y sacando del costal la cabeza, se la mostró y les dijo:

—¡Miren la cabeza de Holofernes, el comandante en jefe del ejército asirio! ¡Y aquí está el pabellón debajo del cual se acostaba en sus borracheras! ¡El Señor le dio un golpe mortal por mano de una mujer! [16]¡Y juro por la vida del Señor que él me protegió en todo lo que hice! Mi belleza fue una trampa que le causó la perdición, pero él no cometió conmigo ningún pecado que me hubiera traído mancha o deshonra.

[17]Todo el pueblo se quedó muy maravillado, e inclinándose para adorar a Dios, dijeron a una voz:

—¡Alabado seas, Dios nuestro, que humillaste en este día a los enemigos de tu pueblo!

[18]Y Ozías dijo a Judit:

—¡Hija, que el Dios altísimo te bendiga más que a todas las mujeres de la tierra! ¡Alabado sea Dios, el Señor, que creó el cielo y la tierra y te guió para que cortaras la cabeza al jefe de nuestros enemigos![e] [19]La confianza que tú has mostrado nunca se apartará del corazón de los hombres, que siempre recordarán el poder de Dios. [20]Dios permita que esto sea para gloria eterna tuya y te colme de bienes, porque con su ayuda expusiste tu vida para salvar a nuestro pueblo de la opresión y librarnos de la catástrofe, llevando a buen término tus planes.

Y todo el pueblo añadió:

—¡Así sea! ¡Así sea!

### Los israelitas se preparan a atacar

**14** [1]Judit les dijo:

—Escúchenme, hermanos. Tomen esta cabeza y cuélguenla de la parte más alta de la muralla. [2]Tan pronto como amanezca y salga el sol, que cada uno empuñe sus armas de guerra y que todos los hombres que sean capaces de pelear salgan de la ciudad. Señalen a uno como jefe, y hagan como si fueran a bajar a la llanura a atacar los puestos de avanzada de los asirios; pero no bajen. [3]Los asirios tomarán sus armas, irán al campamento y despertarán a sus generales. Todos correrán a la tienda de Holofernes y no lo encontrarán, se llenarán de pánico y huirán de ustedes. [4]Persíganlos ustedes y todos los demás que viven en las montañas de Israel, y los podrán matar por cualquier sitio que pasen. [5]Pero antes llámenme a Aquior, el amonita, para que él vea y reconozca al que injurió al pueblo de Israel y a él mismo lo envió aquí como si lo enviara a morir.

[6]Se mandó entonces traer de la casa de Ozías a Aquior,[f] quien apenas llegó y vio la cabeza de Holofernes[g] en manos de un hombre, en medio del pueblo allí reunido, cayó al suelo sin sentido. [7]Cuando lo levantaron, se echó a los pies de Judit en señal de reverencia y dijo:

—¡Bendita seas tú en todos los campamentos de Judá y en todas las naciones! Todos los que escuchen tu nombre temblarán de miedo. [8]¡Pero ahora, cuéntame qué fue lo que hiciste en estos días!

Judit, en medio del pueblo, le contó todo lo que había hecho desde el día en que salió hasta aquel momento. [9]Cuando terminó de hablar, toda la gente en la ciudad se puso a gritar y a hacer grandes demostraciones de alegría. [10]Al ver Aquior todo lo que el Dios de Israel había hecho, creyó en Dios de todo corazón, se hizo circuncidar y se unió para siempre al pueblo de Israel.

### Los asirios descubren lo sucedido

[11]Cuando amaneció, colgaron de la muralla la cabeza de Holofernes, y todos los hombres empuñaron sus armas y salieron en escuadrones a los pasos de la montaña. [12]Tan pronto como los asirios los vieron, mandaron avisar a sus capitanes, y éstos fueron a ver a los generales y comandantes y a todos los oficiales. [13]Todos se dirigieron a la tienda de Holofernes, y dijeron a su ayudante:

—¡Despierta al comandante, porque esos esclavos hebreos se han atrevido a bajar a atacarnos, como si quisieran que acabemos con ellos para siempre!

[14]Bagoas entró y llamó desde la cortina de la tienda, pensando que Holofernes estaría durmiendo con Judit. [15]Pero como nadie respondía, corrió la cortina y, al entrar en el dormitorio, se encontró con Holofernes muerto, tirado en el suelo, sin cabeza. [16]Lanzando un gran grito, se puso a llorar y gemir y lanzar ayes de dolor, y se desgarró la ropa. [17]En seguida fue a la tienda que había ocupado Judit, pero al no encontrarla salió a donde estaba la gente, gritando:

---

e **13.18** Gn 14.19-20; Jue 5.24-27; Lc 1.42.    f **14.6** Jdt 6.21.    g **14.6** Jdt 6.5.

¹⁸—¡Esos esclavos nos han hecho una mala jugada! ¡Una sola mujer ha traído una infamia sobre el reino de Nabucodonosor! ¡Ahí está Holofernes tirado en el suelo, sin cabeza!

¹⁹Al oír esto, los generales del ejército asirio se llenaron de pánico, se rasgaron la ropa y se pusieron a lanzar ayes y gritos de dolor en medio del campamento.

### Derrota de los asirios

**15** ¹Cuando todos los que estaban en las tiendas supieron lo que había pasado, se quedaron aterrados, ²se llenaron de pavor y pánico, y hubo una desbandada general; salieron corriendo por todos los caminos de la llanura y de la región montañosa, sin que quedaran dos hombres juntos. ³Los que estaban acampados en los cerros alrededor de Betulia también se dieron a la fuga. Entonces todos los israelitas en edad de pelear salieron a perseguirlos. ⁴Ozías envió gente a Betomestaim, a Bebai, a Coba, a Cola y a toda la región montañosa de Israel, para que contaran lo que había sucedido y para que todos salieran a perseguir y destruir a los enemigos. ⁵Al saberlo los israelitas, salieron todos a una y, lanzándose sobre los asirios, los derrotaron y los persiguieron hasta Hoba. Cuando los que vivían en Jerusalén y en toda la región montañosa supieron lo que había sucedido en el campamento de los enemigos, también ellos se presentaron. Los hombres de Galaad y de Galilea llegaron hasta Damasco y sus alrededores, se adelantaron a los asirios y les hicieron muchas bajas. ⁶Los demás habitantes de Betulia cayeron sobre el campamento asirio, lo saquearon y se apoderaron de muchas riquezas. ⁷Cuando los israelitas regresaron de la gran matanza, se apoderaron de lo que quedaba. También los que vivían en los pueblos y aldeas de la región montañosa y de la llanura se apoderaron de una gran cantidad de cosas, porque era mucho lo que había.

### Honores a Judit

⁸El sumo sacerdote Joaquín y los ancianos de Israel que vivían en Jerusalén fueron a ver las maravillas que el Señor había realizado en favor de Israel, y a ver y felicitar a Judit. ⁹Cuando llegaron a donde ella estaba, todos a una la alabaron y dijeron:

—¡Tú eres el orgullo de Jerusalén, la mayor gloria de Israel, el más grande honor de nuestra nación! ¹⁰Con tu mano hiciste todo esto; has hecho un gran bien a Israel; el Señor te ha mostrado su favor. ¡Que el Señor todopoderoso te bendiga eternamente!

Y todo el pueblo añadió:

—¡Así sea!

¹¹Durante treinta días, la gente se dedicó a saquear el campamento asirio. Dieron a Judit la tienda de Holofernes, toda su vajilla de plata, sus camas, sus vasos y todos sus utensilios. Ella los tomó y los puso sobre su mula, luego enganchó sus carros de bueyes, y lo puso todo encima. ¹²Todas las mujeres de Israel salían corriendo a verla, alabándola y bailando en su honor. Judit tomaba ramas y las repartía entre las mujeres que la acompañaban, ¹³y se ponían coronas hechas de ramos de olivo. Luego, yendo delante de todo el pueblo, encabezó el baile de las mujeres. Detrás iban todos los hombres, armados, adornados con coronas y cantando himnos.

### Canto de Judit

¹⁴Entonces Judit, en medio de todo Israel, empezó a cantar el siguiente himno de alabanza, que todo el pueblo repetía a coro:

**16** ¹"¡Entonen a mi Dios un canto al son de panderetas,
canten al Señor con
    acompañamiento de platillos,
ofrézcanle un canto de alabanza,
honren e invoquen su nombre!ʰ
²El Señor es un Dios que pone fin a
    las guerras;
él me libró de mis perseguidores
y me trajo al campamento de su
    pueblo.

³"Vinieron los asirios de las
    montañas del norte,
vinieron con miles de soldados,
tantos que con ellos los valles se
    inundaban
y con sus caballos se cubrían las
    colinas.
⁴Amenazaron con quemar mi
    territorio,
con matar a espada a mis
    muchachos,
con estrellar contra el suelo a mis
    niños de pecho,

---

ʰ **16.1** Ex 15.1-2; Jue 5.2-3.

con llevarse presos a mis pequeños
y cautivas a mis jovencitas.

5"Pero el Señor todopoderoso los
hizo fracasar
por medio de una mujer.[i]
6Su campeón no cayó a manos de
jóvenes,
ni fueron colosos los que lo
vencieron,
ni le cayeron encima gigantes
enormes;
¡Judit, la hija de Merari,
lo venció con su belleza!
7Se quitó su ropa de luto,
se untó el rostro con perfumes,
para salvar a los oprimidos de Israel.
8Se adornó la cabeza con una
diadema
y se puso ropa fina para engañarlo.
9Sus sandalias le deslumbraron los
ojos,
su belleza le cautivó el alma,
y la espada le atravesó el cuello.

10"Los persas se espantaron al ver su
atrevimiento,
los medos temblaron al ver su
audacia.
11Entonces mi pueblo oprimido alzó el
grito,
y los enemigos se asustaron;
gritó mi pueblo débil, y ellos se
aterraron;
alzó la voz, y ellos huyeron.
12Los traspasaron como a débiles
muchachos,
los hirieron como a esclavos
desertores;
¡el ejército de mi Señor los destruyó!

13"Voy a cantar a Dios una canción
nueva:[j]
¡Señor, tú eres grande y glorioso,
admirable por tu poder invencible!
14Que te sirvan todos los seres que
creaste;
tú hablaste, y comenzaron a existir,
enviaste tu soplo, y se formaron;
nadie puede resistir a tu voz de
mando.[k]
15Las montañas se estremecen desde
sus cimientos[l]

y se confunden con los mares,
las rocas se derriten como cera
delante de ti;
pero a aquellos que te reverencian
les muestras tu bondad.

16"Poca cosa son los sacrificios de
olor agradable,
muy poco es toda la grasa que se
quema en holocausto;
pero el que reverencia al Señor
siempre será grande.[m]
17¡Ay de las naciones que amenazan a
mi pueblo:[n]
el Señor todopoderoso las castigará
en el día del juicio;
las entregará al fuego y los gusanos,
y llorarán de dolor eternamente!"

### Término del relato

18Al llegar a Jerusalén, adoraron a
Dios, y una vez que el pueblo se purificó,
ofrecieron holocaustos, dones voluntarios
y ofrendas. 19Judit consagró a Dios toda
la vajilla de Holofernes, que el pueblo le
había regalado, lo mismo que el pabellón
que ella había quitado de la tienda en que
él dormía. 20Durante tres meses, el pueblo
estuvo celebrando fiestas en Jerusalén,
frente al templo, y Judit se quedó con
ellos.

21Al cabo de ese tiempo, cada uno volvió
a su tierra, y Judit regresó a Betulia
para seguir al frente de sus posesiones.
Mientras vivió, fue famosa en todo el
país. 22Tuvo muchos pretendientes, pero
después que su esposo Manasés murió y
fue a reunirse con sus antepasados, ella
nunca volvió a tener relaciones con ningún
hombre. 23Su fama fue creciendo más
y más; vivió en la casa de su esposo hasta
llegar a la avanzada edad de ciento cinco
años. Dio la libertad a su esclava. Murió
en Betulia, y fue sepultada en la tumba de
su esposo Manasés, excavada en la roca.
24El pueblo de Israel lloró su muerte
durante siete días. Antes de morir, ella
había repartido sus posesiones entre todos
los parientes más cercanos de su esposo
Manasés y entre los suyos propios.
25Durante el tiempo que vivió Judit, y por
mucho tiempo después de su muerte,
nadie volvió a amenazar a los israelitas.[ñ]

i 16.5-9 Jue 4.9; 5.24-27. j 16.13 Sal 96.1; 98.1; 144.9. k 16.14 Sal 33.6,9; 148.5; Est (gr) 4.17b-c. l 16.15 Jue 5.5; Sal 97.5.
m 16.16 1 S 15.22; Sal 40.6-8; 50.8-15; 51.16-17; Os 6.6. n 16.17 Jue 5.31. ñ 16.25 Jue 3.11,30; 5.31; 8.28.

# ESTER
## (texto griego)

*El libro de Ester, en el texto griego, contiene algunos pasajes que no se encuentran en el texto hebreo (véase la traducción de éste en las págs. AT 603-612), y da la impresión de que podría ser sólo una ampliación y adaptación de él. El orden de los sucesos es prácticamente el mismo, pero además de las adiciones, aparecen diferencias de detalle aun en las partes en que coincide sustancialmente con el texto hebreo. Las adiciones, especialmente las oraciones y el relato de cómo fueron contestadas, añaden un marcado tono religioso al libro hebreo que, como se sabe, tanto parece una narración secular, que no menciona ni una sola vez a Dios. Las principales adiciones, indicadas en la forma en que se señalan en el texto griego, son las siguientes:*

*El sueño de Mardoqueo (1.1a-1r)*
*Texto del decreto contra los judíos (3.13a-13g)*
*Oración de Mardoqueo (4.17a-17i)*
*Oración de Ester (4.17k-17z)*
*Ester es presentada al rey (5.1a-1f,2a-2b)*
*Texto de la carta en favor de los judíos (8.12a-12x)*
*Explicación del sueño de Mardoqueo (10.3a-3l)*

*Para una mejor comparación de los dos textos, el hebreo y el griego, así como para que se vea más claramente dónde ocurren las adiciones, se ha traducido aquí el texto griego completo. Las partes que tienen su correspondencia en el texto hebreo van encerradas entre corchetes [ ], pero la traducción procura mostrar si en ellas hay alguna diferencia del texto griego.*

## Sueño de Mardoqueo

**1** ¹ᵃEl día primero del mes de Nisán del segundo año de reinado del gran rey Artajerjes,ᵃ Mardoqueo tuvo un sueño. Mardoqueo, hijo de Jair y descendiente de Simei y de Cis, de la tribu de Benjamín, ¹ᵇera un judío que vivía en la ciudad de Susa. Era un hombre importante y estaba al servicio del rey en el palacio. ¹ᶜEra uno de los que el rey Nabucodonosor de Babilonia había llevado cautivos desde Jerusalén, junto con Jeconías, rey de Judá.ᵇ ¹ᵈEl sueño que tuvo fue el siguiente:ᶜ oía gritos, tumulto, truenos, un terremoto y mucha confusión en la tierra. ¹ᵉVeía también esos enormes dragones, que avanzaban listos para pelear el uno con el otro, y que rugían espantosamente. ¹ᶠAl oír aquel ruido, todas las naciones se prepararon a declararle la guerra al pueblo de los justos. ¹ᵍEra un día de oscuridad y tinieblas, aflicción y angustia, sufrimiento y mucha confusión en toda la tierra. ¹ʰTodo el pueblo de los justos se llenó de miedo al presentir las calamidades que estaban por caer sobre ellos, y se prepararon a morir; pero levantaron la voz pidiendo ayuda a Dios, ¹ⁱy en respuesta a sus clamores apareció un pequeño manantial, que se convirtió en un enorme río con mucha agua.

¹ᵏSalió el sol y hubo mucha luz. Los que estaban humillados se levantaron y devoraron a los que habían recibido muchos honores.ᵈ

¹ˡDespués de tener este sueño y de ver lo que Dios había decidido hacer, Mardoqueo se despertó; pero siempre tenía presente el sueño y, desde la mañana hasta la noche, por todos los medios, trataba de entenderlo.

## Mardoqueo descubre un complot

¹ᵐMardoqueo vivía en el palacio junto con Gabata y Tarra, los dos hombres de confianza del rey que hacían guardia en el palacio, ¹ⁿy los oyó conversar. Trató de entender de qué hablaban, y al darse cuenta de que estaban tramando un atentado contra el rey Artajerjes, fue y los denunció ante el rey. ¹ᵒEl rey interrogó a sus dos hombres de confianza, los cuales confesaron y fueron condenados a muerte. ¹ᵖEntonces el rey mandó escribir estos sucesos, para que no se olvidaran; y Mardoqueo también escribió un relato de ellos.ᵉ ¹ᑫDespués el rey empleó a Mardoqueo en el servicio del palacio, y en agradecimiento le hizo varios regalos. ¹ʳPero Amán, hijo de Amedata y descendiente de

---

ᵃ **1.1a** Esd 4.6.    ᵇ **1.1c** 2 R 24.10-16; 2 Cr 36.10.    ᶜ **1.1d-k** Est (gr) 10.3b-i.    ᵈ **1.1k** Est (gr) 8.16.    ᵉ **1.1m-p** Est (gr) 2.21-23.

Bugai, que había recibido muchos honores del rey, buscaba hacer mal a Mardoqueo y a los de su nación, por el asunto de los dos hombres de confianza del rey.

### Banquete del rey Artajerjes

[1s La siguiente historia tuvo lugar en el tiempo en que Artajerjes*f* reinaba sobre un imperio de ciento veintisiete provincias, que se extendía desde la India hasta Etiopía [2]y que tenía establecido su gobierno en la ciudad de Susa. [3]En el tercer año de su reinado, el rey Artajerjes dio un banquete en honor de sus amigos, de la gente de las demás naciones, de las personas notables de Persia y Media y de los jefes de las provincias. [4]Durante medio año les mostró la riqueza de su reino y el esplendor de sus ricos banquetes. [5]Una vez terminado aquel banquete, dio el rey otro banquete más para las personas de otras naciones que se encontraban en la ciudad, el cual duró seis días y se celebró en el patio del palacio real. [6]El patio estaba adornado con cortinas blancas de lino y algodón, sostenidas por cordones blancos y morados y sujetas a bloques de oro y plata que descansaban sobre columnas de mármol y de piedra. También se habían puesto divanes de oro y plata, y el suelo estaba embaldosado con piedras esmeralda y con perlas y mármol. Había cojines transparentes con rosas bordadas alrededor. [7]Había copas de oro y plata, y estaba expuesto un vaso de rubí que valía noventa millones de siclos.*J* El vino, muy bueno y abundante, era del mismo que bebía el rey. [8]No se había puesto ningún límite a la bebida. Sin embargo, el rey había ordenado a los camareros de palacio que no obligaran a nadie a beber, sino que respetaran la voluntad del rey y la de los invitados. [9]La reina Astín, por su parte, dio también un banquete a las esposas de los invitados en el palacio del rey Artajerjes.

[10]El séptimo día del banquete, el rey estaba muy alegre, y ordenó a Amán, Bazán, Tarra, Boraze, Zatolta, Abataza y Taraba, los siete hombres de confianza que estaban a su servicio personal, [11]que llevaran a su presencia a la reina Astín, para que se mostrara luciendo la corona real y para que los jefes y el pueblo pudieran admirar su belleza, pues realmente la reina era muy hermosa. [12]Pero ella se negó a ir con los hombres de confianza del

rey. Entonces el rey se puso muy triste, y lleno de ira [13]dijo a sus amigos:

—Vean lo que ha respondido Astín. Juzguen ustedes y decidan lo que hay que hacer en este caso.

[14]Entonces se le acercaron Arceseo, Sarsateo y Malesear, altas personalidades de Persia y Media muy allegados al rey y que ocupaban altos cargos en el gobierno de la nación, [15]y le dijeron lo que de acuerdo con las leyes había que hacer con la reina Astín, por no haber obedecido ella la orden que el rey le había dado por medio de sus hombres de confianza.

[16]Entonces Muqueo dijo al rey y a los demás jefes:

—La reina Astín no solamente ha ofendido a Su Majestad, sino también a todas las autoridades y a los jefes del reino [17](el rey les había repetido lo que la reina había dicho y cómo había respondido al rey). Y si ella respondió así al rey Artajerjes, [18]hoy mismo las esposas de los jefes persas y medos sabrán lo que ella le dijo al rey, y se atreverán a faltar al respeto a sus maridos. [19]Por lo tanto, si a Su Majestad le parece bien, publíquese el siguiente decreto real, y quede registrado entre las leyes de los persas y los medos, pues no hay otra cosa que hacer: "La reina no podrá presentarse nunca más delante del rey." Y que el rey dé el título de reina a otra mujer más digna. [20]El decreto real deberá publicarse por todo el reino, y así todas las mujeres respetarán a sus maridos, sean éstos pobres o ricos.

[21]La idea de Muqueo les pareció bien al rey y a los miembros del consejo real, y el rey la puso en práctica. [22]Envió cartas a todas las provincias de su reino, escritas en la lengua de cada provincia, ordenando en ellas que todo marido fuera respetado en su casa.

### Ester es elegida reina

**2** [1]Después de algún tiempo, el ánimo del rey se calmó; pero volvió a llamar a Astín, recordando lo que ella había dicho y cómo él la había condenado. [2]Entonces los funcionarios de su gobierno le dijeron:

—Es necesario que se busquen para el rey jóvenes vírgenes y bellas. [3]Que nombre el rey delegados en todas las provincias de su reino, con el encargo de que sean traídas todas ellas al palacio de las mujeres que el rey tiene en la ciudad de

---

*J Noventa millones de siclos:* lit. *treinta mil talentos.*
*f 1.1s Esd 4.6.*

Susa, y que se les ponga bajo el cuidado del hombre de confianza del rey y guardián de las mujeres. Que se les someta a un tratamiento de belleza, [4]y que la joven que más le guste al rey sea nombrada reina y ocupe el lugar de Astín.

La idea le agradó al rey, y así se hizo.

[5]En la ciudad de Susa vivía un judío llamado Mardoqueo, hijo de Jaír y descendiente de Simeí y de Cis, de la tribu de Benjamín. [6]Este Mardoqueo era uno de los muchos judíos que el rey Nabucodonosor de Babilonia había llevado cautivos desde Jerusalén.[g] [7]Tenía a su cuidado a una joven, hija de Aminadab, un tío suyo por parte de padre, a la que había educado, cuando sus padres murieron, para casarse con ella. Se llamaba Ester, y era muy bella. [8]Cuando se publicó el edicto del rey, muchas jóvenes fueron reunidas en el palacio real de la ciudad de Susa y puestas bajo el cuidado de Gai, el guardián de las mujeres. Entre ellas estaba Ester. [9]La joven agradó mucho a Gai y se ganó su estimación, así que Gai la sometió en seguida a tratamiento de belleza y le dio los mejores alimentos; puso a su servicio siete criadas que había en el palacio real, y a ella y a sus criadas las trató muy bien en el palacio de las mujeres.

[10]Ester no dijo nada en cuanto a su raza o su familia, pues Mardoqueo le había ordenado que no lo hiciera. [11]Y Mardoqueo se paseaba todos los días por el patio del palacio de las mujeres, para saber qué le había sucedido a Ester.

[12]Todas aquellas jóvenes eran sometidas a un tratamiento de belleza, que duraba doce meses. Los primeros seis meses se untaban el cuerpo con aceite de mirra, y los seis meses restantes con perfumes y cremas de los que usan las mujeres. Terminado el tratamiento, cada una de las jóvenes se presentaba por turno ante el rey, [13]y se le permitía llevar del palacio de las mujeres al palacio real todo lo que pidiera. [14]Iba al palacio real por la tarde, y a la mañana siguiente pasaba a otra sección del palacio de las mujeres, bajo el cuidado de Gai, hombre de confianza del rey y guardián de las mujeres; después ya no volvía a presentarse ante el rey, a menos que éste expresamente la mandara llamar.

[15]Cuando a Ester, hija de Aminadab, tío de Mardoqueo, le tocó presentarse ante el rey, no descuidó ninguna de las instrucciones que le había dado Gai, hombre de confianza del rey y guardián de las mujeres. Para entonces, Ester se había ganado ya la simpatía de todos los que la trataban. [16]Ester fue presentada ante el rey Artajerjes en el mes doce, el mes de Adar, del séptimo año de su reinado. [17]Y el rey se enamoró de Ester y la favoreció más que a ninguna otra joven, y le puso la corona de reina. [18]Luego, para celebrar las bodas con Ester, dio un banquete que duró siete días, e invitó a todos sus amigos y a las autoridades, y rebajó impuestos a los súbditos de su reino.

## Mardoqueo descubre un complot contra el rey

[19]Mardoqueo prestaba servicio en el palacio. [20]Ester, siguiendo el consejo de Mardoqueo, no había dicho a nadie cuál era su patria. Cuando ella estaba bajo el cuidado de Mardoqueo, éste le había encargado que tuviera reverencia a Dios y que cumpliera sus mandamientos, y ella no cambió su manera de vivir.

[21]Los dos hombres de confianza del rey y jefes de sus guardaespaldas se disgustaron de que Mardoqueo hubiera sido ascendido, e hicieron planes para asesinar al rey Artajerjes. [22]Mardoqueo supo de este complot y se lo contó a la reina Ester, quien a su vez se lo comunicó al rey. [23]El rey interrogó entonces a los dos hombres de confianza, y los condenó a la horca. Luego mandó que en el archivo real se hiciera la alabanza de Mardoqueo y se dejara constancia del servicio que le había hecho.[h]

## Mardoqueo y Amán

**3** [1]Algún tiempo después, el rey Artajerjes elevó a Amán, hijo de Amedata, descendiente de Bugai, a un alto cargo, dándole precedencia sobre todos los otros amigos del rey. [2]Todos los que servían al rey en su palacio se arrodillaban delante de él, porque así lo había mandado el rey; pero Mardoqueo no lo hacía.[i]

[3]Los funcionarios del rey preguntaron a Mardoqueo por qué no cumplía la orden dada por el rey. [4]Y como todos los días le preguntaban lo mismo y él no les hacía caso, fueron a contarle a Amán que Mardoqueo no obedecía la orden del rey. Mardoqueo ya les había dicho que era judío. [5]Y cuando Amán se enteró de que

Mardoqueo no se arrodillaba delante de él, se llenó de indignación [6]y decidió acabar con todos los judíos que vivían en el reino de Artajerjes.

### Decreto para destruir a los judíos

[7]En el año decimosegundo del reinado de Artajerjes, Amán echó suertes[j] para fijar el día y el mes en que debía exterminar, en un solo día, a la nación de Mardoqueo, y salió el día trece del mes de Adar. [8]Entonces dijo Amán al rey Artajerjes:

—Disperso entre todos los pueblos del reino de Su Majestad, hay uno que tiene leyes distintas de las de todos los demás pueblos, y que no cumple las órdenes de Su Majestad. No conviene a Su Majestad que este pueblo siga viviendo en su reino. [9]Por lo tanto, si a Su Majestad le parece bien, publíquese un decreto que ordene su exterminio. Yo, por mi parte, entregaré al tesoro real trescientos treinta mil kilos de plata.

[10]Entonces el rey se quitó su anillo y se lo dio a Amán para que sellara el decreto contra los judíos, [11]y le dijo:

—Puedes quedarte con la plata. En cuanto a ese pueblo, haz con él lo que mejor te parezca.

[12]El día trece del primer mes del año fueron llamados los secretarios del rey, los cuales escribieron las órdenes de Amán a los gobernadores y jefes de todas las ciento veintisiete provincias, desde la India hasta Etiopía, y a las autoridades de cada nación. Estas órdenes fueron escritas en la lengua de cada nación, por mandato del rey Artajerjes, [13]y enviadas luego por medio de correos a todas las provincias del reino. En ellas se les ordenaba que en un solo día del mes doce, es decir del mes de Adar, destruyeran por completo al pueblo judío y se apoderaran de todos sus bienes.]

### Texto del decreto

[13a]Esta es una copia de la carta:

"El gran rey Artajerjes a los gobernadores de las ciento veintisiete provincias del imperio, desde la India hasta Etiopía, y a los demás funcionarios subordinados.

[13b]"Yo, como rey de tantas naciones y soberano de todo el mundo, quiero asegurar siempre a mis súbditos una vida tranquila, procurar al reino la

calma y la seguridad hasta las últimas fronteras, y restablecer la paz por la que todos suspiran. Hago esto no porque el poder me llene de orgullo, sino porque quiero gobernar siempre con suavidad y bondad. [13c]Habiendo consultado a mis consejeros en cuanto a cómo alcanzar este objetivo, Amán me dio la respuesta. El se ha distinguido entre nosotros por su sano juicio, y se ha señalado por su inalterable afecto y su firme lealtad; por eso ha recibido el honor de ocupar el segundo lugar en el reino. [13d]Amán me ha informado de que, mezclado entre todas las naciones de la tierra, hay un pueblo enemigo, contrario en sus leyes a todas las demás naciones, que nunca obedece los decretos reales, con lo que pone impedimentos a mi gobierno bien intencionado e irreprochable.

[13e]"Considerando, pues, que este pueblo es el único que se opone siempre a todos los demás, que lleva una vida diferente por causa de sus extrañas leyes, y que al despreciar mis decretos comete los peores crímenes, impidiendo así la estabilidad del reino, [13f]decreto que todos aquellos que Amán, mi ministro de gobierno y mi segundo padre, señale en su carta, junto con sus mujeres y sus hijos, sean radicalmente exterminados por la espada de sus enemigos, sin compasión ni misericordia, el día catorce del mes doce, el mes de Adar, del presente año. [13g]Así, esas personas que ahora y siempre han sido enemigas, en un solo día morirán violentamente, y yo podré en adelante gobernar en paz y tranquilidad."

[[14]Copias de este decreto fueron publicadas y dadas a conocer en todas las provincias y pueblos, a fin de que se prepararan para aquel día. [15]Rápidamente el decreto fue publicado también en Susa. Y mientras el rey y Amán brindaban, en la ciudad reinaba la confusión.

### Tristeza de los judíos a causa del edicto

**4** [1]Cuando Mardoqueo supo lo que había pasado, se rasgó la ropa en señal de dolor, se vistió con ropas ásperas, se echó ceniza sobre la cabeza, y empezó a recorrer las calles de la ciudad gritando: "¡Una nación inocente va a ser exterminada!" [2]Así llegó hasta la entrada del palacio real, y allí se detuvo, pues no se permitía que nadie entrara vestido de tal manera y cubierto de ceniza. [3] También en cada provincia adonde llegaba el edicto, los judíos manifestaban con gritos su tristeza y aflicción, y se acostaban sobre la ceniza y se vestían con ropas ásperas.

### La intervención de Ester

[4] Las criadas que estaban al servicio de Ester y los hombres que formaban su guardia personal, le comunicaron lo que estaba sucediendo. La reina, al oírlo, se llenó de angustia y envió ropa a Mardoqueo para que se cambiara las ropas ásperas que llevaba puestas, pero él no quiso aceptarla. [5] Ester llamó entonces a Acrateo, que era de su guardia personal y que el rey había puesto al servicio de ella, y le ordenó que fuera de parte de ella a ver a Mardoqueo y averiguara exactamente lo que estaba sucediendo.[2] [7] Mardoqueo lo puso al corriente de lo que pasaba, y le habló de los trescientos treinta mil kilos de plata que Amán había prometido entregar al tesoro real a cambio de que los judíos fueran exterminados. [8] También le entregó una copia del decreto de exterminación publicado en Susa, para que se la diera a Ester. Además, le recomendaba a Ester que hablara personalmente con el rey y le suplicara que interviniera en favor de su pueblo;] que se acordara de cuando vivía humildemente bajo el cuidado de Mardoqueo, y que supiera que Amán, quien ocupaba el segundo lugar después del rey, había hablado a éste contra los judíos y quería matarlos. Igualmente le encargó que invocara al Señor y que hablara al rey en favor de los judíos y los salvara de la muerte.

[[9] Acrateo volvió y le contó esto mismo a Ester. [10] Ella le contestó: "Pues ve a ver a Mardoqueo y dile: [11] 'Todas las naciones del reino saben que todo hombre o mujer que entre en el patio interior del palacio sin que el rey lo haya llamado, no tiene salvación, a no ser que el rey tienda su cetro de oro hacia esa persona en señal de clemencia, y le salve así la vida. Por lo que a mí toca, hace ya treinta días que no he sido llamada por el rey.'!''

[12] Cuando Acrateo le comunicó a Mardoqueo la respuesta de Ester, [13] Mardoqueo le dijo: "Ve y dile: 'No creas, Ester, que por estar tú en el palacio real, vas a ser la única judía que se salve. [14] Si ahora callas y no dices nada, la liberación y la ayuda a los judíos vendrán de otra parte, pero tú y la familia de tu padre morirán. ¡A lo mejor tú has llegado a ser reina precisamente para ayudarnos en esta situación!'!"

[15] Ester encargó entonces al mensajero que llevara a Mardoqueo esta respuesta: [16] "Ve y reúne a todos los judíos de Susa, y ayunen por mí; no coman ni beban nada durante tres días y tres noches. Mis criadas y yo haremos también lo mismo, y después iré a ver al rey, aunque eso vaya contra la ley. Y si me matan, que me maten."

### Oración de Mardoqueo

[17] Mardoqueo fue y cumplió todas las indicaciones de Ester,] [17a] y recordando todas las obras del Señor, oró de esta manera:

[17b] "Señor, Señor, Rey que tienes poder sobre todas las cosas, porque todo está bajo tu dominio: no hay nadie que pueda oponerse a ti,[k] si es tu voluntad salvar a Israel. [17c] Tú hiciste el cielo y la tierra y todas las maravillas que existen bajo el cielo;[l] tú, Señor, eres Señor de todos, y no hay nadie que pueda oponerse a ti. [17d] Tú lo sabes todo, y sabes que si no me arrodillé delante del orgulloso Amán, no fue por soberbia, orgullo o ambición; tú sabes que, por la salvación de Israel, estaría dispuesto hasta a besarle las plantas de los pies. [17e] Si no lo hice, fue para no poner el honor de un hombre por encima del honor de Dios. Yo no me arrodillaré delante de ningún otro fuera de ti, Señor; y si actúo así, no es por orgullo.[m] [17f] ¡Ahora pues, Señor, Dios y Rey, Dios de Abraham,[n] no castigues a tu pueblo! Nuestros enemigos quieren destruirnos, quieren exterminar al pueblo que desde el principio ha sido tuyo. [17g] ¡No te desentiendas de tu propiedad, a la que libraste del país de Egipto para que fuera tuya!ⁿ [17h] Escucha mi súplica, Señor; mira con bondad a Israel, que es tu propiedad, y convierte nuestro luto en alegría, para que viviendo podamos cantar a tu nombre. ¡No hagas callar los labios que te alaban!"

[17i] De igual manera, todos los israelitas clamaron a Dios con todas sus fuerzas, porque veían cercana su muerte.

---

[2] El texto hebreo añade v. 6: *Hatac (Acrateo) fue a hablar con Mardoqueo, que estaba en la plaza de la ciudad, frente a la puerta del palacio real.*
[k] 4.17b 2 Cr 20.6.  [l] 4.17c Gn 1-2; 2 R 19.15.  [m] 4.17d-e Est (gr) 3.2-4.  [n] 4.17f Ex 3.6; Sal 47.9.  ⁿ 4.17g Ex 12-14; Dt 9.26; 1 R 8.51; Sal 33.12.

### Oración de Ester

[17k]También la reina Ester, dominada por una angustia mortal, recurrió al Señor. Se quitó sus vestidos lujosos, y se puso ropa de luto y tristeza; en lugar de finos perfumes, se cubrió la cabeza de ceniza y basura; maltrató mucho su cuerpo y, en vez de llevar sus alegres adornos, se dejó los cabellos sueltos y despeinados. Luego oró al Señor, el Dios de Israel, diciendo: [17l]"¡Señor mío, Rey de todos nosotros, tú eres único! Ayúdame, pues estoy sola; fuera de ti, no tengo a nadie que me ayude; estoy en gran peligro. [17m]En mi niñez, estando con la gente de la tribu de mi padre, oía decir que tú, Señor, escogiste a Israel entre todas las naciones y a nuestros patriarcas entre todos los antepasados, para que fueran tu propiedad eterna, y que les cumpliste todo lo que les habías prometido.[o] [17n]Pero nosotros pecamos contra ti, y tú nos entregaste en poder de nuestros enemigos, porque dimos culto a sus dioses. Tú eres justo, Señor. [17o]Pero nuestros enemigos no se contentaron con someternos a amarga esclavitud, sino que delante de sus dioses han jurado impedir que se cumplan tus promesas, y exterminar a tu propiedad haciendo callar los labios que te alaban, y acabar con el esplendor de tu templo y de tu altar. [17p]Así podrían los paganos celebrar el poder de ídolos que no tienen ningún valor, y honrar eternamente a un rey de carne y hueso. [17q]¡No renuncies, Señor, a tu poder soberano en favor de dioses que no son nada! No dejes que los demás se rían al ver nuestra ruina. Haz que sus planes se vuelvan contra ellos mismos, y da un castigo ejemplar al hombre que inició este plan contra nosotros. [17r]¡Acuérdate, Señor! ¡Date a conocer en este momento de aflicción para nosotros, y dame valor, Rey de los dioses, Señor todopoderoso! [17s]"Ayúdame a encontrar las palabras apropiadas[p] cuando me enfrente al león. Haz que su odio hacia nosotros se convierta en odio hacia nuestro enemigo, y sean así exterminados él y todos los que piensan como él. [17t]A nosotros, en cambio, sálvanos con tu poder; y a mí, que estoy sola, ayúdame, pues no tengo a nadie más fuera de ti, Señor.

[17u]"Tú lo sabes todo; tú sabes que aborrezco los honores de parte de los malvados, y que detesto ser esposa de un pagano y extranjero. [17w]Tú conoces la difícil situación en que me encuentro. Tú sabes que detesto la insignia de reina que llevo en la cabeza cuando me presento en público; la detesto como un paño manchado de sangre impura,[q] y cuando estoy sola nunca me la pongo. [17x]Yo, tu sierva, nunca he comido en la mesa de Amán, ni he apreciado los banquetes del rey, ni he tomado del vino que ofrece a sus dioses.[r] [17y]Desde que me trajeron aquí hasta ahora, nunca he sentido alegría en otro fuera de ti, Señor, Dios de Abraham. [17z]Tú, oh Dios, que tienes poder sobre todos, escucha las súplicas de los que están sin esperanza, y líbranos del poder de los malvados; y a mí, líbrame del peligro que temo.''

### Ester se presenta ante el rey

**5** [¹Tres días después de haber hecho su oración, Ester se quitó los vestidos que se había puesto para orar, y se puso las vestiduras reales.] [1a]Estando en todo su esplendor invocó a Dios, que todo lo ve y a todos salva, y tomó a dos de sus criadas. En la una se apoyaba delicadamente, y la otra iba detrás de ella, sosteniéndole la cola del vestido. [1b]Tenía la cara sonrosada y estaba radiante de belleza. Sin embargo, aunque se la veía alegre y amable, su corazón estaba angustiado por el miedo.[s] [1c]Pasó por todas las puertas hasta llegar a la presencia del rey. El rey estaba sentado en su trono, vestido con todo su esplendor y reluciente de oro y piedras preciosas; su aspecto era imponente. [1d]Su cara, que deslumbraba por su esplendor, se cambió en terrible gesto de enojo en cuanto vio a Ester, la cual cambió de color y se desmayó, quedando apoyada en el hombro de la criada que iba delante de ella.

[1e]Entonces Dios hizo que el rey se volviera amable; y éste, angustiado, se levantó del trono y la sostuvo en sus brazos hasta que se repuso. Además la tranquilizó con palabras amables, y le dijo:

[1f]—¿Qué pasa, Ester? No tengas miedo, yo soy tu esposo. No vas a morir. Esa ley se refiere solamente a la gente ordinaria. Acércate.

---

o 4.17l-m Dt 6.20-25; 7.6.   p 4.17s-t Jdt 9.13.   q 4.17w Lv 15.19-20.   r 4.17x Dn 1.8; Jdt 12.2.   s 5.1b Est (gr) 4.11.

[²Entonces el rey tomó el cetro de oro, lo puso sobre el cuello de Ester, la besó y le dijo:

—Dime lo que quieras.]

²ªElla respondió:

—Yo vi a Su Majestad, y me pareció un ángel de Dios. Al ver su esplendor me llené de miedo y confusión. ¡Qué admirable es Su Majestad, y qué hermoso es su aspecto!

²ᵇMientras Ester estaba hablando, volvió a desmayarse. El rey se preocupó mucho, y todos los criados trataron de reanimarla.

[³El rey le preguntó:

—¿Qué quieres, Ester? ¿Qué deseas? ¡Aunque sea la mitad de mi reino, te lo concederé!

⁴Ester respondió:

—Hoy es un día muy especial para mí. Si le parece bien a Su Majestad, le ruego que asista al banquete que he preparado hoy en su honor, y que traiga también a Amán.

⁵Entonces el rey ordenó:

—Busquen en seguida a Amán, para que cumplamos el deseo de Ester.

Así los dos fueron al banquete de que Ester había hablado. ⁶Durante el banquete, el rey dijo a Ester:

—¿Qué pasa, reina Ester? Te concederé lo que me pidas.

⁷Y Ester contestó:

—Sólo deseo y pido esto: ⁸que si Su Majestad me tiene cariño, asista mañana, acompañado de Amán, a otro banquete que voy a preparar en su honor. Entonces haré lo que Su Majestad me pide.

### Amán prepara la horca para Mardoqueo

⁹Amán salió del banquete muy contento y satisfecho; pero se llenó de ira al ver a Mardoqueo en el patio del palacio. ¹⁰Cuando llegó a su casa, mandó llamar a sus amigos y a Zosara, su mujer, ¹¹y les mostró sus grandes riquezas y el esplendor que había recibido del rey, y les habló también de cómo el rey le había dado el primer lugar y el mando del reino. ¹²Y añadió:

—Además, yo fui el único invitado de la reina Ester al banquete que hoy ofreció al rey; y me ha invitado de nuevo al banquete que le ofrecerá mañana. ¹³Sin embargo, todo esto no me satisface, mientras vea yo a ese judío Mardoqueo en el patio del palacio.

¹⁴Entonces su mujer y sus amigos le dijeron:

—Manda construir una horca de veintidós metros de altura, y mañana por la mañana pídele al rey que cuelguen en ella a Mardoqueo. Así podrás ir al banquete con el rey sin ninguna preocupación.

Esta idea le agradó a Amán, y mandó preparar la horca.

### Triunfo de Mardoqueo

**6** ¹Pero el Señor hizo que aquella noche el rey no pudiera dormir, por lo que mandó a su secretario que le trajera el libro en que estaban escritos todos los sucesos importantes de la nación, para que se lo leyeran. ²En él encontraron el relato de cómo Mardoqueo había descubierto el complot de los dos oficiales de la guardia real para asesinar al rey Artajerjes.ᵗ ³Entonces el rey preguntó:

—¿Qué hemos hecho para recompensar y honrar a Mardoqueo?ᵘ

—Nada absolutamente —respondieron los funcionarios.

⁴Mientras el rey estaba averiguando acerca del servicio que le había hecho Mardoqueo, entró Amán en el patio del palacio.

—¿Quién anda en el patio? —preguntó el rey.

En ese momento entró Amán para pedirle que Mardoqueo fuera colgado en la horca que había mandado preparar.

⁵—Es Amán —contestaron los funcionarios.

—¡Háganlo pasar! —ordenó el rey.

⁶Entonces le preguntó:

—¿Qué debo hacer al hombre a quien quiero honrar?

Amán se dijo a sí mismo: "¿Y a quién va a querer honrar el rey sino a mí?" ⁷Así que respondió:

—Para ese hombre ⁸deberán traer los criados del rey la túnica de lino que usa Su Majestad, y un caballo de los que Su Majestad monta. ⁹La túnica y el caballo se entregarán a uno de los amigos más honorables de Su Majestad, para que vista al hombre a quien Su Majestad estima tanto y lo conduzca a caballo por la plaza de la ciudad, diciendo: "¡Así se trata al hombre a quien el rey quiere honrar!"

¹⁰Entonces el rey dijo a Amán:

—Tal como has dicho, así hazlo con Mardoqueo, el judío que me sirve en el

---

ᵗ 6.2 Est (gr) 1.1*m-p;* 2.21-23.   ᵘ 6.3 Est (gr) 1.1*q.*

patio del palacio. No dejes de cumplir ningún detalle de los que has mencionado.

[11]Amán tomó la túnica y el caballo, y vistió a Mardoqueo, lo hizo montar en el caballo y lo condujo por la plaza de la ciudad, gritando: "¡Así se trata al hombre a quien el rey quiere honrar!"

[12]Mardoqueo volvió al patio del palacio, y Amán se fue a toda prisa a su casa, triste y con la cabeza baja. [13]Allí les contó a su mujer y a sus amigos lo que le había pasado, y ellos le dijeron:

—Si ese Mardoqueo es judío, has comenzado a perder autoridad ante el rey, y fracasarás por completo. No podrás vencerlo, porque el Dios viviente está con él.

[14]Todavía no había terminado de hablar, cuando llegaron los criados que estaban al servicio personal del rey, para llevar inmediatamente a Amán al banquete que Ester había preparado.

## Amán es condenado a muerte

**7** [1]El rey y Amán fueron al banquete, [2]y también este segundo día, durante el banquete, dijo el rey a Ester:

—¿De qué se trata, reina Ester? ¡Pídeme lo que quieras y te lo concederé, aun si me pides la mitad de mi reino!

[3]Y Ester respondió:

—Si Su Majestad me tiene cariño, lo único que deseo y pido es que Su Majestad me perdone la vida y la de mi pueblo; [4]pues tanto a mi pueblo como a mí se nos ha vendido para ser destruidos por completo, y saqueados, y para ser esclavos; nosotros y nuestros hijos seremos convertidos en esclavos. ¡Nuestro enemigo es una deshonra para la corte de Su Majestad!

[5]Entonces el rey preguntó:

—¿Quién es el que se ha atrevido a hacer semejante cosa?

[6]—¡El enemigo es este malvado Amán! —respondió Ester.

Al oír esto, Amán se quedó paralizado de miedo ante el rey y la reina. [7]El rey se levantó del banquete y salió al jardín. Pero Amán, al ver la mala situación en que estaba, empezó a pedirle compasión a la reina. [8]Cuando el rey volvió del jardín, Amán estaba inclinado sobre el diván en que se encontraba Ester, pidiéndole compasión. Entonces exclamó el rey:

—¿Acaso quieres también deshonrar a mi esposa en mi propia casa?

Al oír esto, Amán volvió la cara lleno de vergüenza. [9]Entonces Bugatán, uno de los oficiales de la guardia personal del rey, dijo a éste:

—Amán ha mandado construir en su casa una horca de veintidós metros para Mardoqueo, el hombre que tan buen informe dio a Su Majestad.

—¡Pues cuélguenlo en ella! —ordenó el rey.

[10]Y así Amán fue colgado en la misma horca que había preparado para Mardoqueo. Con eso se calmó la ira del rey.

## Decreto en favor de los judíos

**8** [1]Aquel mismo día, el rey Artajerjes regaló a Ester todo lo que había pertenecido a Amán el enemigo. Ester le dijo al rey que Mardoqueo era su pariente, y el rey lo mandó llamar. [2]Entonces el rey se quitó el anillo que había recobrado de Amán, y se lo dio a Mardoqueo. Ester, por su parte, lo nombró administrador de todos los bienes que habían sido de Amán. [3]Luego Ester habló nuevamente con el rey y, echándose a sus pies, le suplicó que anulara la malvada orden de Amán y todo lo que había hecho contra los judíos. [4]El rey tendió hacia Ester su cetro de oro. Ella se levantó, y de pie ante él [5]dijo:

—Si a Su Majestad le parece bien, y si realmente Su Majestad me quiere, que se escriba una orden que anule las cartas que Amán envió, en las que se ordenaba exterminar a los judíos que hay en el reino. [6]Pues ¿cómo podré soportar la desgracia que está por caer sobre mi pueblo, y cómo podré salvarme, si mi patria va a ser destruida?

[7]El rey contestó entonces a Ester:

—Yo te he dado ya los bienes que eran de Amán, y a éste lo hice colgar en la horca por haber atentado contra la vida de los judíos. Si quieres algo más, [8]los autorizo a escribir, en mi nombre, lo que mejor les parezca. ¡Y sellen las cartas con el sello real, pues una carta firmada en nombre del rey y sellada con mi sello no se puede anular![v]

[9]Los secretarios del rey fueron llamados. Era el día veintitrés del mes primero, o sea el de Nisán, del mismo año, y fue escrito a los judíos todo lo que Mardoqueo ordenó a los gobernadores regionales y provinciales de las ciento veintisiete provincias que se extendían desde la India

v **8.8** Dn 6.8.

hasta Etiopía, en la lengua de cada provincia. [10]Las cartas fueron firmadas en nombre del rey y, después de sellarlas con el sello real, fueron llevadas por medio de correos. [11]En ellas el rey autorizaba a los judíos, en cualquier ciudad donde vivieran, a seguir sus propias leyes, y a defenderse y hacer con sus enemigos y adversarios lo que quisieran. [12]Todo esto debería hacerse en un mismo día en todo el reino de Artajerjes; el día señalado era el trece del mes doce, o sea el mes de Adar.]

[12a]Esta es una copia de la carta:

[12b]"El gran rey Artajerjes saluda a los gobernadores de las ciento veintisiete provincias, desde la India hasta Etiopía, y a sus leales súbditos.

[12c]"Hay muchas personas que, al recibir grandes honores de la generosidad de sus bienhechores, se llenan de orgullo, y no sólo procuran tratar injustamente a mis súbditos sino que, no pudiendo resistir tantos honores, se dedican a hacer planes contra sus bienhechores. [12d]No se contentan con ser desagradecidos con los hombres, sino que se llenan de orgullo al verse aplaudidos por los tontos, y se imaginan que pueden escapar del justo castigo de Dios, que siempre lo ve todo y aborrece el mal. [12e]Los gobernantes confían a veces el gobierno de los asuntos a hombres que consideran amigos, pero éstos muchas veces los persuaden a hacerse cómplices de crímenes contra personas inocentes y a causar males irreparables; [12f]con engaños y mentiras malévolas traicionan la sinceridad y las buenas intenciones de los gobernantes. [12g]Esto puede verse no solamente en las historias antiguas que nos han transmitido, sino también ahora. Basta con abrir los ojos para darse cuenta de la cantidad de crímenes cometidos por esa peste de gobernantes indignos. [12h]Por eso, mis esfuerzos se enderezarán en el futuro a asegurar a todos los hombres un reino tranquilo y pacífico, [12i]efectuando los cambios necesarios y juzgando siempre con la mayor bondad posible los asuntos que lleguen a mis manos.

[12k]"Yo había recibido como huésped al macedonio Amán, hijo de Amedata, que en realidad no era de origen persa, sino extranjero y muy alejado de mi bondadosa manera de ser; [12l]y él había experimentado la bondad con que trato a todas las naciones, hasta el punto de que fue proclamado "padre del rey" y reverenciado por todos como la segunda persona en dignidad después de mí. [12m]Pero él no supo llevar tan elevado cargo, sino que tramó quitarme el reino y la vida, [12n]y valiéndose de enredos y engaños pidió la muerte para Mardoqueo, quien me había salvado la vida y siempre me había hecho beneficios, y para Ester, mi intachable compañera en la dignidad real, lo mismo que para toda su nación. [12o]Por estos medios pretendía tomarme desprevenido y quitarles a los persas el dominio, y pasárselo a los macedonios. [12p]Pero yo he averiguado que los judíos, a los cuales este pésimo criminal quería exterminar, no son malhechores, sino que viven de acuerdo con leyes sumamente justas [12q]y que son hijos del gran Dios, altísimo y viviente, quien lo mismo a mí que a mis antepasados nos ha conservado el reino en estado floreciente.

[12r]"Así pues, no se debe hacer ningún caso a las cartas que envió Amán, porque él, que fue quien tramó todo esto, ya ha sido colgado en la horca junto con su familia delante de las puertas de Susa. De esta manera Dios, que tiene poder sobre todo, le dio prontamente el castigo que merecía.

[12s]"Copias de esta carta deben colocarse en todo lugar público. Y debe permitirse a los judíos vivir de acuerdo con sus leyes. También deben los demás ayudar a los judíos, para que se defiendan de quienes los ataquen el día trece del mes doce, el mes de Adar, en caso de que se encuentren en dificultades. [12t]Porque Dios, Señor de todas las cosas, ha hecho que este día sea un día de alegría y no de exterminio para el pueblo elegido. [12u]Y ustedes, los judíos, entre sus otras fiestas y conmemoraciones, deben celebrar con toda alegría este día memorable, para que, tanto ahora como en el futuro, tengamos prosperidad yo y los persas bien dispuestos, y al mismo tiempo sea para mis enemigos un recuerdo de su destrucción. [12x]Si alguna ciudad o región no cumple estas órdenes, será terriblemente destruida con las armas y el fuego. Ningún hombre volverá a acercarse a ella, y hasta las fieras y las aves sentirán horror de ese lugar.

[[13]"Las copias de la orden deben ser publicadas a la vista de todos en el reino, para que los judíos estén preparados aquel día para pelear con sus enemigos."

[14]Los correos partieron a toda prisa, a caballo, para cumplir lo que el rey había ordenado, y el edicto fue publicado también en Susa. [15]Mardoqueo salió del palacio vestido con una túnica real, una corona de oro y un turbante de lino color púrpura. Al verlo, la gente de Susa se alegró, [16]y para los judíos todo fue luz y alegría. [17]En todas las ciudades y provincias donde se publicó el decreto, los judíos se llenaron de gozo y alegría, y lo celebraron con banquetes. Además, por miedo a los judíos, muchos hombres de aquellas naciones se circuncidaron y se hicieron judíos también.

### Triunfo de los judíos

**9** [1]El día trece del mes doce, llamado Adar,[w] llegó el decreto enviado por el rey. [2]En ese día perecieron los enemigos de los judíos. Era tal el miedo que infundían los judíos, que no hubo nadie que se les enfrentara. [3]Las autoridades de las provincias, los gobernadores regionales y los secretarios reales honraban a los judíos por miedo a Mardoqueo, [4]pues habían recibido la orden del rey de que se le honrara en todo el reino.[3] [6]Tan sólo en la ciudad de Susa mataron los judíos a quinientos hombres; [7]mataron también a Farsanestáin, Delfón, Fasga, [8]Fardata, Barea, Sarbaca, [9]Marmasima, Arufeo, Arseo y Zabutaitán, [10]que eran los diez hijos de Amán, el enemigo de los judíos, y además les quitaron sus bienes.

[11]Aquel mismo día, al enterarse el rey del número de muertos, [12]le dijo a Ester:

—Si los judíos han matado en Susa a quinientos hombres, ¿qué no habrán hecho en las otras provincias. ¡Dime qué más deseas, y te lo concederé!:

[13]Y Ester respondió:

—Que se permita a los judíos hacer mañana lo mismo que ya han hecho, y que se cuelguen en la horca los cuerpos de los diez hijos de Amán.

[14]El rey ordenó que se hiciera así, y que les entregaran los cadáveres de los diez hijos de Amán para que fueran colgados. [15]Los judíos que vivían en Susa se volvieron a reunir el día catorce del mes de Adar, y mataron allí a trescientos hombres; pero no tocaron sus bienes. [16]Los judíos que vivían en las otras provincias del reino se reunieron el día trece del mismo mes para defenderse y deshacerse de sus enemigos; mataron a quince mil de ellos, pero no tocaron sus bienes. [17]El día catorce descansaron, y lo celebraron con gozo y alegría.

[18]Como los judíos de Susa se habían concentrado también el día catorce, no descansaron ese día, pero el día quince lo celebraron con gozo y alegría. [19]Por eso, los judíos que viven dispersos en las provincias celebran el día catorce del mes de Adar con alegría, como día de fiesta, y unos a otros se hacen regalos. En cambio, los que viven en las ciudades principales celebran además el día quince con alegría, como día de fiesta, y unos a otros se hacen regalos.

### La fiesta de Purim

[20]Mardoqueo puso por escrito estos acontecimientos, y envió cartas a los judíos en las provincias del reino de Artajerjes, tanto cercanas como lejanas, [21]ordenándoles que establecieran estos días de fiesta y que celebraran los días catorce y quince del mes de Adar, [22]pues en estos días los judíos se habían deshecho de sus enemigos, y que celebraran todo ese mes de Adar como el mes en que la tristeza y el dolor se cambiaron en alegría y fiesta. Todo el mes debían celebrarlo con banquetes y alegría, y hacer regalos a los amigos y a los pobres.

[23]Los judíos recibieron, pues, el relato que Mardoqueo les había escrito, [24]donde les contaba cómo Amán el macedonio les había declarado la guerra, cómo había echado la suerte[x] para exterminarlos [25]y cómo se había presentado ante el rey para pedirle que colgara a Mardoqueo en la horca; pero que los males que Amán había pensado hacer caer sobre los judíos, habían caído sobre él, y que Amán y sus hijos habían sido colgados en la horca. [26]Por tal razón, estos días fueron llamados *purim*,[4] a causa de las suertes. En la lengua de los judíos se llaman *purim*,[y] a causa de lo que se dice en esta carta y de lo que sufrieron y lo que les sucedió. [27]Los judíos, pues, aceptaron esto y establecieron esta costumbre para ellos y

---

[3] El texto hebreo añade v. 5: *A filo de espada acabaron los judíos con todos sus enemigos; los exterminaron por completo e hicieron con ellos lo que quisieron.* [4] *Purim,* según Heb. Gr. *frurai.* En hebreo, *purim* significa *suertes,* y con tal palabra se designa a la fiesta judía del mismo nombre.

[w] 9.11 Mac 7.49; 2 Mac 15.36.    [x] 9.24-26 Est (gr) 3.7.    [y] 9.26 Est 9.26.

sus descendientes y para todos los que se convirtieran al judaísmo: celebrar sin falta estos días como una conmemoración,[z] de generación en generación, en todas las ciudades, familias y regiones. [28]Estos días de *purim* deberían ser celebrados siempre, para que jamás se perdiera su recuerdo en todas las generaciones. [29]La reina Ester, hija de Aminadab, y Mardoqueo el judío, escribieron todo lo que habían hecho, para confirmar la carta que habían escrito acerca de la fiesta de Purim.[5, a] [31]Ellos se hicieron responsables de esta decisión y se empeñaron con su propia vida en realizar el plan. [32]Ester estableció el decreto para siempre, y todo esto se puso por escrito para que quedara recuerdo.

### Elogio de Mardoqueo y conclusión

10 [1]El rey impuso tributos en todo su reino, que se extiende por tierra y por mar. [2]Su poder, su valor, su riqueza y el esplendor de su reino están escritos en el libro de los anales de los reyes de Persia y de Media. [3]Mardoqueo reemplazaba al rey Artajerjes, y fue un gran personaje en el reino y muy respetado entre los judíos. Su manera de vivir le ganó el aprecio de toda su nación.]

[3a]Mardoqueo dijo: "Dios es el que ha hecho todo esto. [3b]Ahora me acuerdo del sueño[b] que tuve, que se refería a estas cosas. Nada dejó de cumplirse: [3c]el pequeño manantial que se convertía en un río, la luz, el sol y la gran cantidad de agua. El río es Ester, con la cual se casó el rey y a la que hizo reina. [3d]Los dos dragones somos Amán y yo. [3e]Las naciones son aquellos que se juntaron para destruir a los judíos. [3f]Mi nación son los israelitas, que elevaron su voz a Dios y fueron salvados. Verdaderamente, el Señor ha salvado a su pueblo; el Señor nos ha librado de todos estos males, haciendo grandes milagros y prodigios, como nunca se han visto entre las otras naciones. [3g]Porque Dios preparó dos suertes, una para su pueblo y otra para las demás naciones. [3h]Después vino el día, la hora y el momento en que estas dos suertes debían ser sacadas, cuando Dios iba a juzgar a todas las naciones. [3i]Y Dios se acordó de su pueblo, de Israel, que es su propiedad, y le hizo justicia. [3k]Por eso los israelitas celebrarán los días catorce y quince del mes de Adar reuniéndose con alegría y gozo delante de Dios.[c] Y así se hará siempre, por todas las generaciones, en Israel, el pueblo de Dios."

[3l]En el año cuarto del reinado de Tolomeo y Cleopatra, Dositeo, que afirmó ser sacerdote de la tribu de Leví, y Tolomeo su hijo, trajeron la citada carta acerca de la fiesta de Purim. Afirmaron que era auténtica y que la había traducido Lisímaco, hijo de Tolomeo, quien vivía en Jerusalén.

---

[5] El texto hebreo añade v. 30: *y enviaron la carta a todos los judíos de las ciento veintisiete provincias del reino de Asuero (Artajerjes), con palabras amistosas y sinceras.*
[z] 9.27 Est (gr) 8.12u.   [a] 9.28-29 2 Mac 15.36.   [b] 10.3b-i Est (gr) 1.1d-k.   [c] 10.3k Est (gr) 9.20-22.

# Primer Libro de los
# MACABEOS

*Este libro narra episodios de la historia judía ocurridos en el siglo 2 antes de Cristo. Era la época en que el territorio judío había caído bajo el dominio de los reyes griegos que sucedieron a Alejandro Magno en el gobierno de Asia. Estos reyes, a veces ayudados por algunos judíos, quisieron imponer en Israel las costumbres paganas (1.1-64). Otros judíos, sin embargo, bajo la dirección de Matatías y sus hijos, se rebelaron (2.1-70). Después de Matatías, la rebelión prosigue bajo el mando sucesivo de sus hijos Judas, (3.1-9.22), Jonatán (9.23-12.53) y Simón (13.1-16.24), conocidos como los Macabeos, cuyas respectivas hazañas se refieren extensamente.*

## Alejandro y sus sucesores

1 ¹Alejandro de Macedonia, hijo de Filipo, partió de su país[f] y derrotó a Darío, rey de los persas y los medos, y reinó en lugar de él; primeramente fue rey de Grecia. ²Emprendió muchas guerras, se apoderó de ciudades fortificadas, mató a varios reyes de la región, ³llegó hasta los lugares más apartados de la tierra y saqueó muchas naciones. Después, toda la tierra quedó en paz bajo su dominio, y Alejandro se llenó de orgullo y soberbia. ⁴Luego de haber reunido un poderosísimo ejército, sometió provincias, naciones y gobernantes, y los obligó a pagarle tributo. ⁵Pero al fin cayó enfermo; y presintiendo que iba a morir, ⁶llamó a sus generales más ilustres, que se habían educado con él desde jóvenes, y antes de morir les repartió su reino.[a] ⁷Después de un reinado de doce años, Alejandro murió. ⁸Entonces sus generales tomaron el poder, cada uno en su propia región, ⁹y tras la muerte de Alejandro fueron coronados como reyes, lo mismo que sus descendientes después de ellos, durante muchos años, y así llenaron de calamidades la tierra.

## Antíoco IV Epífanes. Se introducen costumbres paganas en Israel
### (2 Mac 4.7-17)

¹⁰De esa raíz salió un retoño, el malvado Antíoco Epífanes, hijo del rey Antíoco, que había estado como rehén en Roma y empezó a reinar el año ciento treinta y siete de la dominación griega.[2] ¹¹Por aquel tiempo aparecieron en Israel renegados que engañaron a muchos diciéndoles: "Hagamos una alianza con las naciones que nos rodean, porque desde que nos separamos de ellas nos han venido muchas calamidades." ¹²A algunos del pueblo les gustó esto, ¹³y se animaron a ir al rey, y éste les dio autorización para seguir las costumbres paganas. ¹⁴Construyeron un gimnasio en Jerusalén, como acostumbran los paganos; ¹⁵se hicieron operaciones para ocultar la circuncisión, renegando así del pacto sagrado; se unieron a los paganos y se vendieron para practicar el mal.

## Antíoco saquea el templo de Jerusalén
### (2 Mac 5.11-20)

¹⁶Al ver Antíoco que su reino estaba firme, decidió apoderarse de Egipto para ser rey de los dos países. ¹⁷Así pues, invadió a Egipto con un poderoso ejército, con carros, elefantes y una gran flota, ¹⁸y atacó al rey Tolomeo, el cual retrocedió ante él y huyó dejando muchos muertos en el campo. ¹⁹Antíoco ocupó las ciudades fortificadas de Egipto y saqueó el país.[b] ²⁰Después de esta victoria sobre Egipto, en el año ciento cuarenta y tres,[3] Antíoco se puso en marcha con un poderoso ejército contra Israel, y llegó a Jerusalén. ²¹Entró con arrogancia en el santuario y se apoderó del altar de oro, del candelabro con todos sus accesorios, ²²de la mesa para los panes sagrados, de las copas, las tazas, los cucharones de oro, el velo y las coronas, y arrancó todo el enchapado de oro que adornaba la fachada del templo. ²³Se apoderó también de la plata, el oro, los utensilios preciosos y los tesoros escondidos, los cuales logró encontrar. ²⁴Con todas esas cosas se fue a su país.[c] También mató a mucha gente y habló con grandísima insolencia.

---

[f] Su país: lit. el país de Quitim.   [2] Es decir, de la dinastía griega de los seléucidas. Corresponde al año 175 a. C.
[3] Corresponde al año 169 a. C.
[a] 1.1-9 Dn 11.3-4.   [b] 1.17-19 Dn 11.25.   [c] 1.20-24 Dn 11.28.

²⁵En todo Israel hubo una gran
  tristeza;
²⁶los jefes y los ancianos lanzaban ayes
  de dolor,
  las muchachas y los jóvenes
  perdieron su vigor,
  desapareció la belleza de las mujeres.
²⁷Los recién casados entonaban
  lamentaciones,
  las novias guardaban luto, sentadas
  en sus alcobas.
²⁸La tierra entera se conmovió
  al ver la suerte de sus habitantes;
  todo el pueblo de Jacob se vio
  cubierto de deshonra.

### Destrucción de Jerusalén
*(2 Mac 5.21-26)*

²⁹Dos años más tarde, el rey envió a las
ciudades de Judea a un funcionario encargado de cobrar los impuestos, el cual llegó
a Jerusalén con un poderoso ejército;
³⁰con intención de engañar a los habitantes les habló en son de paz, y ellos le creyeron. Pero de repente se lanzó sobre la ciudad, descargó sobre ella un terrible golpe,
matando a muchos israelitas, ³¹y después
de saquearla la incendió y destruyó las
casas y la muralla que la rodeaba. ³²Sus
hombres se llevaron cautivos a las mujeres
y a los niños, y se apoderaron del ganado.
³³Alrededor de la Ciudad de David⁴ construyeron una muralla alta y fuerte, con
torres fortificadas, y la convirtieron en
ciudadela.⁵ ³⁴Pusieron en ella a paganos
impíos y a judíos renegados, que se fortificaron allí. ³⁵Almacenaron armas y provisiones, y guardaron allí las cosas que
habían robado en Jerusalén. Allí se pusieron al acecho.

³⁶Fue un peligro para el santuario
  y una constante amenaza para Israel.
³⁷Derramaron sangre inocente
  alrededor del santuario, y lo
  profanaron.
³⁸Por temor a ellos huyeron los
  habitantes de Jerusalén;
  la ciudad se convirtió en residencia
  de extranjeros,
  sus propios hijos llegaron a ser
  extraños en ella
  y tuvieron que abandonarla.
³⁹El templo quedó en ruinas y desierto,
  las fiestas se volvieron días de
  tristeza,

los días de reposo fueron causa de
  vergüenza,
  y el honor de la ciudad se convirtió
  en ignominia.
⁴⁰Como fue de grande su gloria,
  así de grande fue su humillación.
  Su altivez quedó convertida en
  tristeza.ᵈ

### Se introducen cultos paganos
*(2 Mac 6.1-11)*

⁴¹El rey publicó entonces en todo su
reino un decreto que ordenaba a todos
formar un solo pueblo, ⁴²abandonando
cada uno sus costumbres propias. Todas
las otras naciones obedecieron la orden
del rey, ⁴³y aun muchos israelitas aceptaron la religión del rey, ofrecieron sacrificios a los ídolos y profanaron el día de
reposo. ⁴⁴Por medio de mensajeros, el rey
envió a Jerusalén y demás ciudades de
Judea decretos que obligaban a seguir
costumbres extrañas en el país ⁴⁵y que
prohibían ofrecer holocaustos, sacrificios
y ofrendas en el santuario, que hacían
profanar el día de reposo, las fiestas, ⁴⁶el
santuario y todo lo que era sagrado; ⁴⁷que
mandaban construir altares, templos y
capillas para el culto idolátrico, así como
sacrificar cerdos y otros animales impuros, ⁴⁸dejar sin circuncidar a los niños y
mancharse con toda clase de cosas impuras y profanas, ⁴⁹olvidando la ley y cambiando todos los mandamientos. ⁵⁰Aquel
que no obedeciera las órdenes del rey,
sería condenado a muerte.

⁵¹Esta orden fue enviada por escrito a
todo su reino; además, el rey nombró inspectores para todo el pueblo, y dio orden
de que en cada una de las ciudades de
Judea se ofrecieran sacrificios. ⁵²Muchos
judíos, traicionando la ley, acudieron a
cumplir estas órdenes; con su perversa
manera de proceder ⁵³obligaron a los verdaderos israelitas a esconderse en toda
clase de refugios.

⁵⁴El día quince del mes de Quisleu del
año ciento cuarenta y cuatro,ᵇ el rey
cometió un horrible sacrilegio,ᵉ pues
construyó un altar pagano encima del
altar de los holocaustos. Igualmente, se
construyeron altares en las demás ciudades de Judea. ⁵⁵En las puertas de las casas
y en las calles se ofrecía incienso. ⁵⁶Des-
trozaron y quemaron los libros de la ley
que encontraron, ⁵⁷y si a alguien se le

---

⁴ En aquella época se llamaba "Ciudad de David" a la parte alta de la ciudad, que se hallaba al occidente del templo.
⁵ Fue la llamada Acra, cuartel y baluarte de las tropas griegas.   ⁶ Corresponde al año 167 a. C.
ᵈ 1.38-40 Sal 74.3-9; 79.1.  ᵉ 1.54 Dn 9.27; 11.31; 12.11; Mt 24.15; Mr 13.14.

encontraba un libro del pacto de Dios, o alguno simpatizaba con la ley, se le condenaba a muerte, según el decreto del rey. [58]Así, usando de la fuerza, procedía esa gente mes tras mes contra los israelitas que encontraban en las diversas ciudades.

[59]El día veinticinco de cada mes se ofrecían sacrificios en el altar pagano que estaba sobre el altar de los holocaustos. [60]De acuerdo con el decreto, a las mujeres que habían hecho circuncidar a sus hijos, las mataron [61]con sus niños colgados del cuello, y mataron también a sus familiares y a los que habían hecho la circuncisión. [62]Sin embargo, hubo muchos israelitas que tuvieron la fuerza y el valor para negarse a comer alimentos impuros. [63]Prefirieron morir antes que profanarse comiendo tales alimentos y violar el pacto sagrado;[f] y, en efecto, murieron. [64]Fueron días de terribles calamidades para Israel.

### Matatías comienza la resistencia

2 [1]Por ese tiempo entró en escena Matatías, hijo de Juan y nieto de Simón. Era sacerdote, descendiente de Joiarib.[g] Había nacido en Jerusalén, pero se había establecido en Modín. [2]Tenía cinco hijos: Juan, que también se llamaba Gadi; [3]Simón, llamado también Tasi; [4]Judas, también llamado Macabeo; [5]Eleazar, que también llevaba el nombre de Avarán, y Jonatán, también llamado Afús.

[6]Cuando Matatías vio las injurias que se hacían a Dios en Judea y en Jerusalén, [7]exclamó: "¡Qué desgracia! ¡Haber nacido para ver la ruina de mi pueblo y de la ciudad santa, y tener que quedarme con los brazos cruzados mientras que ella cae en manos de sus enemigos y el templo queda en poder de extranjeros! [8]Su santuario está como un hombre que ha perdido su honor, [9]los objetos que eran su gloria han sido llevados a otra parte, sus niños han caído muertos en las calles de la ciudad, sus jóvenes han sido acuchillados por el enemigo. [10]No hay nación que no le haya arrebatado su poder real y que no la haya saqueado. [11]Le robaron a Jerusalén todos sus adornos; de libre pasó a ser esclava. [12]¡Nuestro hermoso santuario, que era nuestra gloria, está en ruinas; los paganos lo han profanado![h] [13]¿Para qué seguir viviendo?" [14]Y Matatías y sus hijos se rasgaron la ropa, se pusieron ropas ásperas y lloraron amargamente.

[15]Cuando los funcionarios del rey encargados de obligar a los judíos a renegar de su religión llegaron a la ciudad de Modín, para hacer que se ofrecieran los sacrificios, [16]muchos israelitas se les juntaron. Pero Matatías y sus hijos hicieron un grupo aparte. [17]Entonces los funcionarios del rey dijeron a Matatías:

—Tú eres una persona de autoridad, respetada e importante en esta ciudad, y tienes el apoyo de tus hijos y de tus hermanos. [18]Acércate, pues, para ser el primero en cumplir la orden del rey. Así lo han hecho en todas las naciones, y también los hombres de Judea y la gente que ha quedado en Jerusalén. De esta manera, tú y tus hijos formarán parte del grupo de los amigos del rey, y serán honrados con obsequios de oro y plata, y con muchos otros regalos.

[19]Matatías respondió en alta voz:

—Pues aunque todas las naciones que viven bajo el dominio del rey le obedezcan y renieguen de la religión de sus antepasados, y aunque acepten sus órdenes, [20]yo y mis hijos y mis hermanos seguiremos fieles al pacto que Dios hizo con nuestros antepasados. [21]¡Dios nos libre de abandonar la ley y los mandamientos! [22]¡Nosotros no obedeceremos las órdenes del rey, ni nos apartaremos de nuestra religión en lo más mínimo!

[23]Apenas había terminado Matatías de decir estas palabras, un judío se adelantó, a la vista de todos, para ofrecer un sacrificio sobre el altar pagano que había en Modín, tal como el rey lo había ordenado. [24]Al verlo, Matatías se llenó de indignación, se estremeció interiormente y, lleno de justa ira, corrió y mató a aquel judío sobre el mismo altar; [25]mató también al funcionario del rey que obligaba a los judíos a ofrecer esos sacrificios, y destruyó el altar. [26]Estaba lleno de celo por la ley, como Finees contra Zimri, hijo de Salu.[i] [27]En seguida gritó Matatías a voz en cuello en la ciudad: "¡Todo el que tenga celo por la ley y quiera ser fiel al pacto de Dios, que me siga!"

[28]Y él y sus hijos huyeron a las montañas, dejando en la ciudad todo lo que tenían.[j]

[29]Por esa época, muchos que querían llevar una vida recta de acuerdo con la ley, se iban a vivir al desierto [30]con sus hijos, sus mujeres y sus animales, pues la situación se había hecho intolerable.

f 1.62-63 Dn 1.8-16; 3.8-18.   g 2.11 Cr 24.7; Neh 11.10.   h 2.8-12 Sal 74.3-7; 79.1.   i 2.26 Nm 25.6-15.   j 2.28 2 Mac 5.27.

³¹Entonces se informó a los funcionarios del rey y a las fuerzas militares estacionadas en Jerusalén, la Ciudad de David, que los que habían desobedecido las órdenes del rey se habían ido a esconder en el desierto, ³²y muchos soldados fueron rápidamente en su persecución. Los alcanzaron, tomaron posiciones frente a ellos, se prepararon para atacarlos en el día de reposo,ᵏ ³³y les dijeron:

—¡Basta ya! ¡Salgan, obedezcan las órdenes del rey y quedarán con vida!

³⁴Ellos respondieron:

—¡Pues no saldremos, ni obedeceremos las órdenes del rey, de profanar el día de reposo!ˡ

³⁵Inmediatamente los soldados comenzaron el ataque; ³⁶pero los israelitas no les respondieron, ni les tiraron una sola piedra, ni fortificaron sus refugios, ³⁷sino que dijeron: "¡Muramos todos con conciencia limpia! ¡El cielo y la tierra son testigos de que ustedes nos asesinan injustamente!"

³⁸Así pues, los soldados los atacaron en el día de reposo, y los israelitas, con sus mujeres y sus hijos y sus animales, murieron. Eran en total unas mil personas.

³⁹Cuando Matatías y sus amigos supieron esto, lloraron amargamente por ellos. ⁴⁰Entonces se dijeron unos a otros: "Si todos hacemos lo que nuestros hermanos, y no luchamos contra los paganos por nuestras vidas y por nuestras leyes, pronto nos harán desaparecer de la tierra." ⁴¹Y ese mismo día tomaron la siguiente decisión: "Si alguien nos ataca en el día de reposo, lucharemos nosotros también, y así no moriremos todos, como murieron nuestros hermanos en sus refugios."

⁴²Entonces se unió a ellos un grupo de hasideos, israelitas valientes, todos decididos a ser fieles a la ley. ⁴³Además, todos los que querían escapar de la terrible situación se les juntaban y reforzaban sus filas. ⁴⁴Organizaron un ejército, y descargaron su ira atacando a los paganos impíos y a los judíos renegados. Los que pudieron escapar de estos ataques se fueron a otras naciones para estar a salvo. ⁴⁵Matatías y sus amigos recorrieron el país destruyendo los altares paganos ⁴⁶y circuncidando a la fuerza a todos los niños no circuncidados que encontraron en el territorio de Israel. ⁴⁷Persiguieron a sus arrogantes enemigos, y todo lo que

emprendieron les salió bien. ⁴⁸Así salvaron la ley de los ataques de los paganos y de los reyes, y no se rindieron ante la fuerza del pagano impío.

⁴⁹Pero a Matatías le llegó la hora de morir, y entonces dijo a sus hijos:

"La insolencia y los insultos están reinando;
estamos en un tiempo de calamidades y terribles castigos.
⁵⁰Pero ustedes, hijos míos, tengan celo por la ley
y sacrifiquen sus vidas por el pacto que hizo Dios con nuestros antepasados;
⁵¹acuérdense de lo que ellos hicieron en su tiempo,
y obtendrán gran honor y fama inmortal.
⁵²Dios puso a prueba a Abraham; lo encontró fiel, y lo aceptó como justo.ᵐ
⁵³En medio de su situación adversa, José cumplió los mandamientos
y llegó a ser señor de Egipto.ⁿ
⁵⁴Finees, nuestro antepasado, mostró gran celo
y recibió la promesa de un sacerdocio eterno.ñ
⁵⁵Josué cumplió su misión
y fue caudillo de Israel.
⁵⁶Caleb dijo la verdad delante del pueblo
y pudo entrar a tomar posesión del país.º
⁵⁷David fue un hombre piadoso
y recibió como herencia eterna el trono real.ᵖ
⁵⁸Elías estuvo lleno de celo por la ley�q
y fue llevado al cielo.ʳ
⁵⁹Ananías, Azarías y Misael tuvieron fe
y se salvaron del fuego.ˢ
⁶⁰Daniel fue un hombre íntegro
y escapó de ser devorado por los leones.ᵗ
⁶¹Y así sucesivamente, fíjense que en todo tiempo
a los que confían en Dios no les fallan las fuerzas.

⁶²"No tengan miedo de las amenazas de un impío;
sus honores terminarán en la basura, comidos por gusanos.

ᵏ 2.32-38 2 Mac 6.11.  ˡ 2.34 Ex 20.8-11.  ᵐ 2.52 Gn 15.6; 22.15-18; Stg 2.21-23.  ⁿ 2.53 Gn 39-45.  ñ 2.54 Nm 25.6-15; 1 Mac 2.26.  º 2.55-56 Nm 13.1-14.12,24; 26.65; Jos 1.1-9.  ᵖ 2.57 2 S 7.  q 2.58 1 R 19.10,14.  ʳ 2.58 2 R 2.11.
ˢ 2.59 Dn 3.  ᵗ 2.60 Dn 6.1-24; Dn (dc.) 14.30-42.

⁶³Hoy se levanta, pero mañana
   desaparecerá,
porque habrá vuelto al polvo
y sus planes se reducirán a nada.ᵘ
⁶⁴¡Pero, ánimo, hijos míos,
sean valientes y apóyense en la ley,
pues ella será su mayor gloria!
⁶⁵Ahí queda Simón, su hermano;
yo sé que es hombre prudente.
Háganle caso siempre;
él hará de padre con ustedes.
⁶⁶Judas Macabeo, fuerte y valiente
   desde su juventud,
será el jefe del ejército
y peleará las batallas de su pueblo.
⁶⁷Hagan que se junten a ustedes
todos los que quieren cumplir la ley,
y defiendan los derechos de su
   pueblo.
⁶⁸Devuelvan a los paganos lo que han
   hecho con ustedes
y tengan cuidado de cumplir siempre
lo que manda la ley.''

⁶⁹Después Matatías los bendijo y fue a reunirse con sus antepasados. ⁷⁰Murió el año ciento cuarenta y seis,⁷ y lo enterraron en la tumba de sus antepasados, en Modín. Todo Israel lloró su muerte con grandes muestras de dolor.

## Judas Macabeo

**3** ¹Entonces Judas Macabeo ocupó el lugar de su padre. ²Todos sus hermanos y los partidarios de su padre lo apoyaron, y se entregaron con entusiasmo a luchar por Israel.

³Judas extendió la fama de su pueblo;
como un gigante, se protegió con su
   coraza
y se armó para la guerra.
Dio batalla tras batalla,
y con su espada protegió a su
   ejército.
⁴Por sus hazañas parecía un león,
o un cachorro que ruge tras la presa.
⁵Persiguió a los malvados hasta dar
   con ellos,
y entregó a las llamas a los
   perturbadores de su pueblo.
⁶Ante él, los malvados se llenaron de
   terror,
y los que hacían el mal fracasaron;
en sus manos prosperó la causa de la
   libertad.
⁷Les amargó la vida a muchos reyes,

pero alegró con sus hazañas al
   pueblo de Jacob.
Su nombre será recordado y
bendecido eternamente.
⁸Recorrió las ciudades de Judea
y exterminó a los impíos que en ella
   había.
Desvió de Israel los terribles
castigos;ᵛ
⁹su fama llegó hasta el extremo de la
   tierra,
pues reunió a un pueblo a punto de
   ser exterminado.

¹⁰Apolonio reunió un gran ejército compuesto de soldados de naciones paganas y de samaritanos, para luchar contra Israel. ¹¹Judas lo supo y le salió al encuentro, lo derrotó y lo mató. Hubo muchas bajas entre los enemigos, y los demás huyeron. ¹²Los judíos recogieron el botín, y Judas se apoderó de la espada de Apolonio. En las batallas siempre la usó.

¹³Cuando Serón, el comandante del ejército de Siria, se enteró de que Judas había reunido una tropa de fieles seguidores suyos dispuestos a pelear, ¹⁴pensó: ''Voy a hacerme famoso, y a conquistar muchos honores en el reino, peleando contra Judas y sus seguidores, que no cumplen las órdenes del rey.'' ¹⁵A él también se le unió un poderoso ejército de judíos renegados, que fueron a ayudarlo a vengarse de los israelitas. ¹⁶Cuando Serón llegó a la cuesta de Bet-horón, Judas le salió al encuentro con unos pocos hombres. ¹⁷Pero al ver éstos el ejército que venía contra ellos, le dijeron a Judas:

—¿Cómo podremos luchar, siendo tan pocos, contra un ejército tan numeroso y fuerte? Además, desde ayer estamos sin comer, y ya no tenemos fuerzas.

¹⁸Judas respondió:

—Es fácil que una gran multitud caiga en poder de unos pocos, pues para Dios lo mismo es dar la victoria con muchos que con pocos.ʷ ¹⁹En una batalla, la victoria no depende del número de los soldados, sino de la fuerza que Dios da. ²⁰Ellos vienen contra nosotros, llenos de orgullo y de impiedad, a matarnos a nosotros, a nuestras mujeres y a nuestros hijos, y a robarnos lo que tenemos. ²¹Nosotros, en cambio, luchamos por nuestras propias vidas y por nuestras costumbres. ²²Así que no les tengan miedo, pues Dios los hará pedazos ante nuestros ojos.

⁷ Corresponde al año 166 a. C.
ᵘ 2.62-63 Sal 37.1-2,10,35-36. ᵛ 3.8 2 Mac 8.5. ʷ 3.18 1 S 14.6.

²³En cuanto acabó de hablar, se lanzó sin más sobre los enemigos, y Serón y su ejército fueron derrotados. ²⁴Luego los persiguieron por la bajada de Bet-horón, hasta la llanura, y cayeron como ochocientos hombres del ejército enemigo, y los demás huyeron al país de los filisteos. ²⁵Todos comenzaron entonces a temer a Judas y a sus hermanos, y las naciones vecinas se llenaron de terror. ²⁶La fama de Judas llegó hasta el rey, y en todas las naciones se hablaba de sus victorias.

### Antíoco y sus generales

²⁷Cuando Antíoco se enteró de estas cosas, se puso furioso y mandó reunir todas las fuerzas armadas de su reino, un ejército sumamente poderoso. ²⁸Abrió su tesoro, les pagó a sus soldados el salario de todo un año, y les ordenó que estuvieran preparados para cualquier emergencia. ²⁹Pero al darse cuenta de que el dinero se había acabado en el tesoro real, y de que los tributos de las provincias habían disminuido a causa de las rebeliones y de las calamidades que él había traído al país, pues había suprimido las costumbres que existían desde tiempos antiguos, ³⁰le dio miedo que le sucediera lo que ya antes le había sucedido: quedarse sin dinero para los gastos y regalos que acostumbraba hacer más espléndidamente que sus predecesores en el trono. ³¹Viéndose, pues, en grandes apuros, decidió ir a Persia a cobrar los impuestos de las provincias, y así reunir una cuantiosa suma de dinero. ³²Entre tanto dejó a Lisias, personaje notable de la familia real, como encargado de los negocios del reino, desde el río Éufrates hasta Egipto. ³³Al mismo tiempo le encomendó el cuidado de su hijo Antíoco, mientras regresaba. ³⁴Le confió la mitad de sus tropas y los elefantes, y le dio todas las instrucciones relacionadas con sus decisiones, especialmente en lo tocante a los habitantes de Judea y Jerusalén. ³⁵Ordenó a Lisias que enviara un ejército para destruir y aniquilar la resistencia de Israel y lo que aún quedaba de Jerusalén, para borrar de aquella tierra incluso su recuerdo. ³⁶En todo el territorio debía instalar extranjeros y repartirles la tierra. ³⁷El rey Antíoco se llevó la otra mitad de sus tropas, y en el año ciento cuarenta y siete⁸ se puso en marcha desde Antioquía, su capital.

Cruzó el río Éufrates y siguió su camino a través de las provincias de la altiplanicie.

### Invasión de Judea
#### (2 Mac 8.8-15)

³⁸Lisias escogió a Tolomeo,ˣ hijo de Dorimeno, a Nicanor y a Gorgias,ʸ personajes poderosos del grupo de los amigos del rey, ³⁹y los envió al mando de cuarenta mil soldados de infantería y siete mil de caballería a invadir Judea y arrasarla, según la orden del rey. ⁴⁰Ellos se pusieron en marcha con todas sus tropas y llegaron hasta cerca de Emaús, en la llanura, donde acamparon. ⁴¹Los comerciantes de la región, al oír hablar de aquel ejército, tomaron plata y oro en gran cantidad, y cadenas, y se fueron al campamento para comprar israelitas como esclavos. Ese ejército se vio reforzado además con tropas sirias y filisteas. ⁴²Judas y sus hermanos se dieron cuenta de que la situación era muy grave, pues el ejército había tomado posiciones dentro del país. Se enteraron también de la orden que había dado el rey, de destruir y exterminar al pueblo, ⁴³y se dijeron unos a otros: "¡Saquemos a nuestro pueblo de su ruina! ¡Luchemos por nuestra patria y por el templo!"

⁴⁴Entonces se reunió la asamblea del pueblo a fin de prepararse para la guerra, y para orar y pedir de Dios su misericordia y compasión.

⁴⁵Jerusalén estaba sin habitantes,
      como un desierto;
   nadie se movía en la ciudad;
   el templo había sido profanado;
   gente extranjera se había instalado
      en la ciudadela,
   ahora convertida en refugio de
      paganos.
   La alegría había desaparecido del
      pueblo de Jacob;
   la flauta y el arpa habían
      enmudecido.ᶻ

### Los judíos se reúnen en Mizpa
#### (2 Mac 8.16-23)

⁴⁶Los israelitas se reunieron en Mizpa, frente a Jerusalén, pues en tiempos antiguos los israelitas habían tenido allí un lugar de culto.ᵃ ⁴⁷Ese día ayunaron, se pusieron ropas ásperas, se cubrieron de ceniza la cabeza y se rasgaron la ropa.

---

⁸ Corresponde al año 165 a. C.
ˣ 3. 38 2 Mac 4.45; 10.12.   ʸ 3.38 2 Mac 10.14.   ᶻ 3.45 Sal 74; Is 24.8.   ᵃ 3.46 Jue 20.1; 1 S 7.5-6.

[48] Abrieron el libro de la ley para buscar en él las orientaciones que los paganos piden a sus ídolos. [49] También trajeron las vestiduras sacerdotales, los primeros frutos y los diezmos;[b] hicieron venir a unos nazareos[c] que ya habían terminado el tiempo de su promesa, [50] y clamaron a Dios: "¿Qué vamos a hacer con estos hombres? ¿A dónde los llevaremos? [51] Tu templo ha sido pisoteado y profanado; tus sacerdotes están de luto y humillados. [52] Mira cómo se han reunido los paganos para exterminarnos. Tú conoces los planes que tienen contra nosotros. [53] ¿Cómo podremos hacerles frente, si tú no nos ayudas?" [54] En seguida tocaron las trompetas y levantaron un gran griterío.

[55] Después Judas nombró de entre el pueblo jefes de grupos de mil, de cien, de cincuenta y de diez. [56] Tal como lo ordena la ley, dijo que volvieran a sus hogares los que estuvieran construyendo su casa, los recién casados, los que estuvieran plantando un viñedo y los que tuvieran miedo.[d] [57] Luego, el ejército se puso en marcha, y acamparon al sur de Emaús. [58] Judas les dijo: "¡Prepárense! ¡Sean valientes, y prepárense a luchar mañana temprano contra estos paganos que se han reunido para atacarnos y exterminarnos y destruir nuestro templo! [59] Más vale morir luchando que ver cómo cae la desgracia sobre nuestra nación y nuestro templo. [60] ¡Pero que se haga lo que Dios quiera!"

### La batalla de Emaús
*(2 Mac 8.24-29, 34-36)*

4 [1] Gorgias tomó una tropa de cinco mil soldados de infantería y mil de caballería, los más escogidos, y por la noche se pusieron en marcha [2] para caer sobre el campamento judío y atacarlo de improviso. Le sirvieron de guías hombres de la ciudadela de Jerusalén. [3] Sin embargo, Judas tuvo noticia de esto, y él y sus valientes soldados se pusieron en marcha para atacar al ejército del rey, que estaba en Emaús, [4] mientras sus fuerzas se hallaban divididas. [5] Gorgias llegó de noche al campamento de Judas, pero no encontró a nadie. Entonces los buscó por las montañas, pues pensó que habían huido por miedo a ellos.

[6] Pero muy de mañana se presentó Judas en la llanura con tres mil hombres, aunque no tenían las armaduras ni las espadas que hubieran querido. [7] Vieron el poderoso ejército de los paganos, con sus buenas corazas, rodeado de la caballería, todos ellos expertos en la guerra. [8] Entonces dijo Judas a sus hombres: "No tengan miedo al ver tanta gente, ni se dejen dominar por el pánico cuando ellos los ataquen. [9] Acuérdense de cómo se salvaron nuestros antepasados en el Mar Rojo, cuando el faraón con su ejército los perseguía.[e] [10] Clamemos ahora a Dios para que nos favorezca, para que se acuerde del pacto que hizo con nuestros antepasados, y haga pedazos a este ejército que está hoy ante nuestra vista. [11] Así sabrán todas las naciones que hay uno que libra y salva a Israel."

[12] Cuando los extranjeros miraron y vieron que los israelitas venían contra ellos, [13] salieron del campamento para comenzar la batalla. Los soldados de Judas tocaron las trompetas [14] y atacaron. Los paganos fueron derrotados y huyeron hacia la llanura. [15] Todos los que iban a la retaguardia cayeron a filo de espada. Los israelitas persiguieron a los otros hasta Gezer y las llanuras de Idumea, de Azoto[g] y de Jabnia. Las bajas de los enemigos llegaron a unos tres mil soldados.

[16] Cuando Judas volvió con su ejército, después de haber perseguido a los enemigos, [17] dijo al pueblo: "No se preocupen por el botín, pues todavía hay más batallas por delante: [18] Gorgias con su ejército está en la montaña, cerca de nosotros. Manténganse firmes frente a sus enemigos, y dénles batalla. Después podrán apoderarse tranquilamente del botín."

[19] No había terminado Judas de decir estas palabras, cuando apareció una patrulla que estaba espiando desde la montaña. [20] Estos soldados se dieron cuenta de que sus compañeros habían tenido que huir y que su campamento había sido incendiado: el humo que salía indicaba claramente lo que había pasado. [21] Al ver esto, se llenaron de pánico; y cuando distinguieron al ejército de Judas en la llanura, listo para la batalla, [22] huyeron todos al país de los filisteos.

[23] Judas volvió entonces para recoger el botín del campamento enemigo, y se apoderaron de mucho oro y plata, y de telas teñidas de morado y de púrpura, y de muchas otras riquezas. [24] Al regresar, los israelitas cantaban salmos y daban gracias a Dios, porque él es bueno, porque su

---

*g Azoto: forma griega de Asdod.*
*b 3.49 Neh 10.35-38.   c 3.49 Nm 6.1-21.   d 3.56 Dt 20.5-9; Jue 7.3.   e 4.9 Ex 14.*

amor es eterno./ [25]Fue una gran victoria para Israel en aquel día.

[26]Los extranjeros que lograron salir con vida fueron a contar a Lisias todo lo que había pasado. [27]Y él, al oírlo, quedó terriblemente contrariado, pues las cosas con Israel no habían salido como él lo hubiera querido ni como el rey se lo había ordenado.

### Primera campaña de Lisias
#### (2 Mac 11.1-12)

[28]El año siguiente, Lisias reunió sesenta mil soldados escogidos de infantería y cinco mil de caballería para luchar con los israelitas. [29]Llegaron a Idumea y acamparon en Bet-sur. Judas le salió al encuentro con diez mil hombres. [30]Al ver aquel ejército tan poderoso, oró diciendo: "Bendito eres tú, salvador de Israel, que deshiciste el ataque del gigante Goliat por mano de tu siervo David[g] y entregaste el ejército de los filisteos en manos de Jonatán, el hijo de Saúl, y de su ayudante de armas.[h] [31]De la misma manera, entrega este ejército en manos de tu pueblo Israel, para que ellos, con todo su poder y sus caballos, queden en ridículo. [32]Llénalos de terror, destruye el orgullo que les da su fuerza, y que queden derrotados sin poder levantarse. [33]Derríbalos con la espada de los que te aman, para que todos los que te conocen te canten himnos de alabanza."

[34]Así pues, trabaron batalla, y como cinco mil soldados del ejército de Lisias cayeron en la lucha con los israelitas. [35]Al ver Lisias la derrota de su ejército y la intrepidez de Judas y sus soldados, que estaban dispuestos a vivir o a morir con valentía, se fue a Antioquía a reclutar un número mayor de mercenarios para volver a Judea.

### Se restablece el culto en el templo
#### (2 Mac 10.1-8)

[36]Judas y sus hermanos dijeron entonces: "Ahora que nuestros enemigos han sido derrotados, vayamos a purificar y a consagrar el templo." [37]Todo el ejército se reunió y subió al monte Sión. [38]Allí vieron el templo en ruinas, el altar profanado, las puertas incendiadas; en los atrios crecía la maleza, como en el bosque o en el monte; las habitaciones estaban destruidas.[i] [39]Entonces se rasgaron la ropa, dieron muestras de intenso dolor, se cubrieron de ceniza [40]y se inclinaron hasta tocar el suelo con la frente. Luego, al toque de las trompetas, clamaron a Dios.

[41]En seguida Judas dio a sus soldados la orden de atacar la ciudadela, mientras él purificaba el templo. [42]Escogió sacerdotes de conducta intachable, cumplidores de la ley, [43]para que purificaran el templo y llevaran las piedras profanadas a un lugar no sagrado. [44]Estuvieron pensando qué hacer con el altar de los holocaustos, que había sido profanado, [45]y por fin se les ocurrió la buena idea de destruirlo, para que no fuera una continua acusación contra ellos, puesto que los paganos lo habían profanado. Así pues, demolieron el altar [46]y colocaron las piedras en la colina del templo, en lugar apropiado, hasta que viniera un profeta que les indicara lo que debían hacer con ellas. [47]Luego tomaron piedras sin tallar, según lo ordena la ley,[j] y construyeron un nuevo altar igual al anterior. [48]Reconstruyeron el templo, restauraron su interior y purificaron los atrios. [49]Hicieron nuevos utensilios sagrados y volvieron a instalar en el santuario el candelabro, el altar del incienso y la mesa para los panes sagrados.[k] [50]Quemaron incienso sobre el altar y encendieron las lámparas del candelabro[l] para que alumbraran en el santuario. [51]Pusieron panes[m] sobre la mesa y colgaron las cortinas, y así terminaron todo su trabajo.

[52]El día veinticinco del noveno mes (es decir, el mes llamado Quisleu) del año ciento cuarenta y ocho,[10] se levantaron muy temprano [53]y ofrecieron, de acuerdo con la ley,[n] un sacrificio sobre el nuevo altar de los holocaustos que habían construido. [54]En el aniversario del día en que los paganos habían profanado el altar, en ese mismo día, lo consagraron[ñ] con cantos y música de cítaras, arpas y platillos. [55]Todo el pueblo cayó de rodillas y se inclinó hasta el suelo para adorar a Dios y darle gracias por el éxito que les había concedido. [56]Durante ocho días celebraron la consagración del altar y ofrecieron con alegría holocaustos y sacrificios de reconciliación y de acción de gracias. [57]Adornaron la fachada del santuario con coronas de oro y escudos decorativos, repararon las entradas y las habitaciones,

/ 4.24 1 Cr 16.34; 2 Cr 5.13; 7.3; Esd 3.11; Sal 100.5; 106.1; 107.1; 118.1; 136.1-26; Jer 33.11; Dn (dc) 3.89-90.   g 4.30 1 S 17.
h 4.30 1 S 14.1-15.   i 4.38 Sal 74.   j 4.47 Ex 20.25; Dt 27.5-6.   k 4.49 Ex 25.23-39; 30.1-5.   l 4.50 Ex 30.7-8.   m 4.51 Ex 25.30.
n 4.53 Lv 1.   ñ 4.52-54 1 Mac 1.54.

y les pusieron puertas. [58]Hubo gran alegría en el pueblo, porque se veían libres de la humillación que les habían causado los paganos. [59]Judas con sus hermanos y con todo el pueblo de Israel reunido determinaron que la consagración del nuevo altar se debía celebrar cada año con gozo y alegría durante ocho días, a partir del día veinticinco del mes de Quisleu.[o]

[60]Por aquel tiempo construyeron alrededor del monte Sión una alta muralla con torres fortificadas, para que no vinieran los paganos a profanar esos lugares, como lo habían hecho antes. [61]Judas puso allí una guarnición para defender el monte Sión, y fortificó a Bet-sur para que el país tuviera una defensa hacia el lado de Idumea.

### Campaña contra los idumeos y los amonitas
#### (2 Mac 10.14-38)

5 [1]Cuando las naciones vecinas supieron que el altar había sido reconstruido y que el templo había sido edificado de nuevo como era antes, se indignaron mucho [2]y decidieron exterminar a los israelitas que vivían entre ellos; comenzaron, pues, a matarlos para exterminarlos.

[3]Entonces Judas fue a luchar contra los descendientes de Esaú en Idumea, y atacó a Acrabatene, donde tenían rodeados a los israelitas. Allí causó a los idumeos una gran derrota, los sometió y los saqueó. [4]También se acordó de la maldad de la gente de Beón, pues continuamente ponían trampas y obstáculos a los israelitas y les tendían emboscadas en los caminos. [5]Judas los obligó a encerrarse en sus fortalezas, los cercó y los entregó a la destrucción,[p] quemando las fortalezas con todos los que estaban dentro.

[6]Después pasó al territorio de los amonitas, donde encontró un fuerte ejército, con mucha gente, bajo el mando de Timoteo. [7]Los atacó en muchas ocasiones, hasta que los deshizo y derrotó, [8]y luego de haber tomado a Jazer con sus aldeas, regresó a Judea.

### Campañas en Galaad y Galilea
#### (2 Mac 12.10-31)

[9]La población pagana de Galaad se alió contra los israelitas que vivían en ese territorio, para exterminarlos. Estos se refugiaron en la fortaleza de Datema, [10]y enviaron a Judas y a sus hermanos una carta en que decían: "La población pagana que nos rodea se ha aliado para exterminarnos. [11]Ya se están preparando para venir y asaltar la fortaleza en que nos refugiamos. Timoteo está al mando de ese ejército. [12]Ven a librarnos de ellos, pues entre nosotros ya ha habido muchas víctimas. [13]Todos nuestros hermanos que vivían en la región de Tubi han sido asesinados; se han llevado cautivos a sus mujeres y a sus niños, y les han quitado sus bienes. Cerca de mil hombres han muerto ya en esa región."

[14]Todavía estaban leyendo esta carta cuando llegaron de Galilea otros mensajeros, con la ropa desgarrada, que informaron: [15]"Gente de Tolemaida, de Tiro y de Sidón, y todos los paganos de Galilea, se han aliado para acabar con nosotros."

[16]Cuando Judas y el pueblo oyeron estas noticias, se convocó a una reunión muy numerosa, para decidir qué debían hacer por sus hermanos, que se encontraban en tan difícil situación, atacados por sus enemigos. [17]Judas le dijo a su hermano Simón: "Escoge los hombres que quieras, y ve a liberar a tus hermanos de Galilea. Mi hermano Jonatán y yo iremos a Galaad." [18]Al resto del ejército lo dejaron en Judea, para que la defendiera bajo el mando de José, hijo de Zacarías, y de Azarías, hombres de autoridad en el pueblo. [19]Pero les dieron las siguientes instrucciones: "Hágansen cargo del pueblo, pero no entren en guerra con los paganos hasta que nosotros volvamos." [20]A Simón le asignaron tres mil hombres para su campaña en Galilea, y a Judas ocho mil para su campaña en Galaad.

[21]Simón marchó, pues, a Galilea, y dio muchas batallas contra los paganos, a los que derrotó [22]y persiguió hasta las puertas de Tolemaida. Los paganos sufrieron cerca de tres mil bajas, y Simón se apoderó del botín. [23]Además, con gran alegría se llevó a Judea a los judíos que vivían en Galilea y en Arbata, con sus mujeres y sus hijos y todos sus bienes.

[24]Entre tanto, Judas Macabeo y su hermano Jonatán cruzaron el Jordán y avanzaron durante tres días por el desierto. [25]Allí se encontraron con un grupo de nabateos, que los recibieron pacíficamente y les contaron todo lo que les había sucedido a sus compatriotas judíos en Galaad, [26]y cómo muchos de ellos se habían encerrado en Bosra, Bosor, Alema, Caspín, Maqued y Carnáin, todas

o 4.52-59 Jn 10.22.   p 5.5 Jos 6.17.

ellas ciudades grandes y fortificadas.
[27]Dijeron que también en las otras ciudades de Galaad había israelitas encerrados, y que sus enemigos habían decidido atacar al día siguiente las fortalezas, y conquistarlas y exterminar en un solo día a todos los israelitas.

[28]Entonces Judas y su ejército cambiaron repentinamente de dirección, y a través del desierto se dirigieron a Bosra.[q] Judas tomó la ciudad, y después de pasar a cuchillo a todos sus hombres, saqueó la ciudad y la incendió. [29]Por la noche se pusieron en marcha y se dirigieron a la fortaleza de Datema."[ll] [30]Al amanecer vieron que un innumerable ejército estaba ya atacando la fortaleza: llevaban escaleras y máquinas de guerra para conquistarla. [31]Judas se dio cuenta de que la batalla había comenzado ya, y que los gritos de guerra y el toque de las trompetas de la ciudad llegaban hasta el cielo. [32]Entonces ordenó a sus soldados: "¡Luchen hoy por nuestros hermanos!"

[33]Los hizo avanzar en tres columnas para atacar al enemigo por la retaguardia. Tocaron las trompetas y levantaron la voz pidiendo ayuda a Dios. [34]El ejército de Timoteo se dio cuenta de que se trataba de Macabeo, y huyeron de él. Judas les causó una gran derrota, pues les hizo como ocho mil bajas en aquel día.

[35]Judas se desvió luego hacia Alema, y la atacó y la tomó, matando a toda la población masculina, después de lo cual saqueó e incendió la ciudad. [36]De allí pasó adelante y tomó a Caspín, Maqued y Bosor y demás ciudades de la región de Galaad.

[37]Después de esto, Timoteo reunió otro ejército y acampó frente a Rafón, del otro lado de un río. [38]Judas mandó soldados a espiar un campamento, los cuales le informaron de que todos los paganos de la región se habían unido a Timoteo, formando un ejército muy numeroso; [39]que entre ellos había también mercenarios árabes que les ayudaban, y que estaban acampados al otro lado del río, listos para atacarlos. Entonces Judas les salió al encuentro.

[40]Cuando Judas y su ejército se acercaban al río, Timoteo dijo a los jefes de sus tropas: "Si Judas cruza el río antes que nosotros y nos ataca, no podremos resistirle; seguramente nos vencerá. [41]Pero si le da miedo y acampa al otro lado del río,

lo cruzaremos nosotros, atacaremos a Judas y lo venceremos." [42]Cuando Judas se acercó al río, colocó a los oficiales de la administración a lo largo del río con la orden de no dejar acampar allí a nadie, sino de seguir todos al ataque. [43]Así pues, Judas, seguido de toda su gente, pasó antes que sus enemigos y derrotó a todos aquellos paganos, los cuales abandonaron sus armas y se refugiaron en el templo de Carnáin.[r] [44]Los israelitas tomaron la ciudad e incendiaron el templo con todos los que había dentro. Así fue conquistada Carnáin, sin que pudiera resistir más a Judas.

[45]Judas reunió a todos los israelitas que había en Galaad, sin excepción, con sus mujeres y sus niños y con todos sus bienes, para que se fueran a Judá: formaban una multitud enorme. [46]Llegaron a Efrón, ciudad grande y muy bien fortificada, que quedaba en el camino. No había paso por ninguno de los lados; el único camino era a través de la ciudad. [47]Pero los habitantes de la ciudad no los dejaron pasar, sino que levantaron barricadas de piedra delante de las puertas. [48]Judas les mandó mensajeros en son de paz, para decirles: "Queremos pasar por el territorio de ustedes para llegar a nuestra patria. Nadie les hará ningún mal. Solamente queremos pasar." Pero ellos no quisieron abrirle la ciudad.

[49]Entonces Judas mandó avisar a su ejército que cada uno conservara la posición que tenía. [50]Los soldados tomaron posiciones de batalla, y atacaron la ciudad todo ese día y toda la noche, hasta que la ciudad cayó en su poder. [51]Pasaron a filo de espada a todos los hombres que había en la ciudad, y a la ciudad la destruyeron, la saquearon y la atravesaron, pasando por encima de los cadáveres. [52]Luego cruzaron el Jordán, y llegaron a la gran llanura que está frente a Bet-seán. [53]Entre tanto, Judas reunía a los rezagados y animaba a la gente durante todo el viaje, hasta que llegaron a Judea. [54]Llenos de alegría y júbilo subieron al monte Sión y ofrecieron holocaustos porque habían vuelto sanos y salvos, sin haber sufrido ninguna baja.

### Fracasos y éxitos
(2 Mac 12.32-45)

[55]Mientras Judas y Jonatán estaban en campaña en Galaad, y Simón, su hermano, estaba en Galilea frente a Tolemaida, [56]José, hijo de Zacarías, y Azarías

---

[ll] De Datema: según v. 9. En el texto griego no aparecen estas palabras.
[q] 5.28-34 2 Mac 10.24-38.  [r] 5.43 2 Mac 12.26.

se habían quedado en Judea al mando del ejército. Allí oyeron contar las proezas que los otros israelitas realizaban en la guerra, [57]y dijeron: "¡Hagámonos famosos también nosotros! ¡Vayamos a luchar con los paganos que nos rodean!" [58]Entonces dieron órdenes a las tropas que tenían bajo su mando, y se pusieron en marcha contra Jabnia. [59]Pero Gorgias con sus soldados salió de la ciudad para darles batalla. [60]Y José y Azarías fueron derrotados y perseguidos hasta la frontera de Judea. En ese día cayeron muertos unos dos mil israelitas. [61]Fue una gran derrota para el pueblo de Israel, por no haber hecho caso a Judas y a sus hermanos, dándoselas de muy valientes. [62]Pero ellos no eran de la misma familia que aquellos hombres que dieron la libertad a Israel.

[63]El valiente Judas y sus hermanos alcanzaron una enorme fama en todo Israel y entre todas las naciones paganas donde se oía hablar de ellos. [64]La gente se amontonaba a su alrededor para aclamarlos.

[65]Judas se fue con sus hermanos a hacer la guerra a los descendientes de Esaú, en la región del sur. Conquistó a Hebrón y sus aldeas, derribó sus fortalezas e incendió las torres que había en sus alrededores. [66]Luego se dirigió al país de los filisteos pasando por Maresa. [67]Ese día cayeron en batalla algunos sacerdotes que, tratando de destacarse por su valentía, imprudentemente salieron a pelear. [68]Judas se desvió hacia Azoto, en el país de los filisteos, y destruyó los altares paganos, quemó las imágenes de sus dioses y saqueó las ciudades, después de lo cual volvió a Judea.

### Muerte del tirano Antíoco IV. Le sucede Antíoco Eupátor
*(2 Mac 1.11-17; 9; 10.9-11)*

6 [1]Entre tanto, el rey Antíoco recorría las provincias de la altiplanicie. Allí se enteró de que en Persia había una ciudad llamada Elimaida, famosa por su riqueza, por su plata y su oro. [2]Tenía un templo muy rico, donde había armaduras [12] de oro, corazas y armas que había dejado allí el rey Alejandro de Macedonia, hijo de Filipo, el primer rey de los griegos. [3]Antíoco fue a aquella ciudad y trató de tomarla y saquearla, pero no pudo, porque los habitantes se enteraron del plan [4]y

le resistieron luchando, de modo que tuvo que huir y regresar con mucho pesar a Babilonia.

[5]Estando todavía en Persia, le llegó la noticia de que las tropas que habían tratado de invadir Judea habían sido derrotadas; [6]que a pesar de que Lisias había emprendido su campaña con un ejército muy poderoso, había sido derrotado por los israelitas, quienes se habían reforzado con las armas y el equipo y muchos otros bienes que habían capturado del ejército derrotado; [7]que los judíos habían derribado también el altar sacrílego[s] que él había mandado construir encima del altar de los holocaustos en Jerusalén, que habían rodeado el templo de altas murallas, lo mismo que antes, y que habían fortificado también la ciudad de Bet-sur. [8]Cuando el rey oyó estas noticias, se angustió terriblemente, tanto que se enfermó de tristeza y cayó en cama, pues no le habían salido las cosas como él quería. [9]Así estuvo muchos días, continuamente atacado de una profunda tristeza, hasta pensó que iba a morir. [10]Llamó entonces a todos sus amigos, y les dijo: "El sueño ha huido de mis ojos; la inquietud me oprime el corazón. [11]Al principio me preguntaba: ¿Por qué habré llegado a tanta aflicción y me asalta esta terrible agitación, a mí, que en la plenitud de mi poder he sido dichoso y amado de todos? [12]Pero ahora recuerdo los males que hice en Jerusalén, cuando me llevé todos los utensilios de plata y de oro que había allá, y mandé exterminar a todos los habitantes de Judea sin ningún motivo. [13]Reconozco que por esa causa me han venido estas calamidades. ¡Aquí me tienen, muriendo de terrible tristeza en un país extranjero!"

[14]Entonces llamó a Filipo, uno de sus amigos, y le dio poder sobre todo el reino. [15]Le dio la corona, el manto real y el anillo, con el encargo de educar a su hijo Antíoco y prepararlo para reinar. [16]Allí murió el rey Antíoco, en el año ciento cuarenta y nueve.[13]

[17]Cuando Lisias se enteró de que el rey había muerto, instaló al joven Antíoco, a quien él había educado desde niño, como sucesor de su padre en el trono, y le dio el nombre de Eupátor.

### Nuevas luchas en Jerusalén y en Bet-sur
*(2 Mac 13.1-22)*

[18]Los soldados de la ciudadela de Jerusalén no dejaban que los israelitas salieran

---

[12] *Armaduras:* traducción probable. Gr. *velos.* [13] Corresponde al año 163 a. C.
[s] 6.7 1 Mac 1.54; 4.45.

de los alrededores del templo. Continuamente procuraban causarles daño, y apoyaban a los paganos. [19]Así que Judas decidió acabar con ellos, y reunió a todo el pueblo para atacarlos poniéndoles cerco. [20]En el año ciento cincuenta[14] se reunieron, pues, y los cercaron, levantando plataformas de tiro y máquinas de guerra.

[21]Sin embargo, algunos lograron escapar del cerco, a los cuales se les unieron unos israelitas renegados. [22]Todos éstos fueron a ver al rey, y le dijeron: "¿Cuánto tiempo tendremos que esperar hasta que Su Majestad nos haga justicia y nos vengue de nuestros compatriotas? [23]Nosotros servimos con toda buena voluntad al padre de Su Majestad, seguimos sus instrucciones y obedecemos sus órdenes. [24]Y a consecuencia de esto, nuestros compatriotas han cercado la ciudadela y se han vuelto enemigos nuestros. Más aún, han matado a todos los nuestros que han encontrado, y se han apoderado de nuestros bienes. [25]Y no solamente nos han atacado a nosotros, sino también a todos los vecinos de Su Majestad. [26]En este mismo momento están atacando la ciudadela de Jerusalén, con la intención de apoderarse de ella. Además, han fortificado el templo, y a Bet-sur. [27]Si Su Majestad no se adelanta a detenerlos pronto, harán cosas peores, y Su Majestad no podrá dominarlos.''

[28]Al oír esto, el rey se puso furioso y llamó a todos sus amigos, y a los comandantes de su ejército y a los jefes de la caballería. [29]También llegaron a unírsele ejércitos de mercenarios de otras naciones y de los países marítimos. [30]Los ejércitos del rey se componían de cien mil soldados de infantería y veinte mil de caballería, con treinta y dos elefantes adiestrados para la guerra. [31]Pasaron por Idumea y acamparon frente a Bet-sur, y durante muchos días la atacaron con ayuda de máquinas de guerra; pero los israelitas salieron de la fortaleza, y quemaron las máquinas y lucharon valientemente.

[32]Judas, entonces, se retiró de la ciudadela y acampó junto a Bet-zacarías, frente al campamento del rey. [33]Al día siguiente, muy temprano, el rey levantó el campamento e hizo que su ejército se dirigiera rápidamente hacia Bet-zacarías. El ejército se preparó para la batalla y se tocaron las trompetas. [34]A los elefantes les mostraron jugo de uvas y de moras para excitarlos al combate. [35]Distribuyeron los animales entre los batallones; alrededor de cada elefante dispusieron mil hombres protegidos con corazas y con cascos de bronce en la cabeza, además de quinientos soldados de caballería escogidos. [36]Los soldados habían sido colocados con anticipación en el lugar donde debía estar el elefante, y se movían al mismo tiempo que el animal, sin apartarse de él ni un momento. [37]Encima de cada elefante había una torre fortificada, hecha de madera, cubierta con un techo, sujeta a sus espaldas con un arnés especial, y en cada torre había tres [15] soldados, además del conductor indio.[16] [38]El resto de la caballería fue colocado a los lados del ejército para hostilizar al enemigo, protegiéndose al mismo tiempo con los batallones. [39]Cuando el sol brillaba sobre los escudos de oro y de bronce, se iluminaban las montañas con su reflejo y resplandecían como antorchas encendidas.

[40]Una parte del ejército del rey se desplegó sobre las cumbres de los montes, y otra se quedó en la parte baja. Avanzaron con confianza y en orden. [41]Todos los que oían el ruido que hacía este gentío al caminar y al hacer resonar las armas, temblaban de miedo. Era, en efecto, un ejército inmenso y poderoso.

[42]Judas y su ejército también avanzaron para dar la batalla, y cerca de seiscientos hombres del ejército del rey cayeron muertos. [43]Eleazar Avarán divisó un elefante protegido con armadura real, que sobresalía por encima de todos los demás, y pensó que el rey se encontraba en él. [44]Entonces dio su vida para salvar a su pueblo, y conquistó fama inmortal. [45]Corrió atrevidamente hacia él por en medio del batallón enemigo, matando gente a derecha e izquierda y haciendo que a uno y otro lado le abrieran paso. [46]Llegó hasta colocarse debajo del elefante, y lo atacó y lo mató. Pero el elefante, al desplomarse, cayó sobre Eleazar, y éste murió allí mismo. [47]Sin embargo, al ver los israelitas el poderío militar del rey y el ímpetu con que atacaban sus soldados, tuvieron que retirarse.

[48]Parte del ejército del rey avanzó sobre Jerusalén para atacar a los israelitas, y el rey puso cerco a Judea y al monte Sión. [49]Hizo las paces con los de Bet-sur, los

---

[14] Corresponde al año 162 a. C.   [15] *Tres:* texto probable. Gr. *treinta.* Otros mss. leen: *cuatro.*   [16] *Conductor indio:* es decir, nativo de la India, experto en conducir elefantes.

cuales salieron de la ciudad, pues no tenían provisiones para resistir el cerco. Era un año sabático, en que la tierra debía descansar.ᵗ ⁵⁰Así el rey ocupó Bet-sur y puso allí una guarnición. ⁵¹Luego atacó el templo durante muchos días, levantando plataformas de tiro, máquinas de guerra, lanzallamas, catapultas, lanzadardos y hondas. ⁵²Pero los israelitas también levantaron máquinas para responder a las de sus enemigos, y así estuvieron luchando mucho tiempo. ⁵³Sin embargo, por ser aquel un año sabático, no tenían suficientes provisiones en sus almacenes, y los israelitas que habían venido a Judea de los países paganos habían consumido las provisiones que quedaban. ⁵⁴Como el hambre era ya demasiado fuerte, sólo quedaron en el templo unos cuantos hombres; los demás se fueron cada uno a su casa.

### El rey concede la libertad religiosa a los judíos
### (2 Mac 13.23-26; 11.22-26)

⁵⁵⁻⁵⁶El rey Antíoco, antes de morir, había confiado su hijo Antíoco a Filipo, a fin de que lo educara y lo preparara para ser rey. Pero Filipo, una vez que regresó de Persia y Media con el ejército que el rey había llevado en su campaña, trató de apoderarse del gobierno. Cuando Lisias se enteró de ello, ⁵⁷a toda prisa dio órdenes al ejército de ponerse en marcha. Dijo al rey, a los comandantes del ejército y a los soldados: "Cada día nos debilitamos más; nos quedan muy pocas provisiones; el lugar que estamos sitiando está bien fortificado, y además los asuntos del imperio exigen nuestra atención. ⁵⁸Hagamos un trato con esta gente, hagamos las paces con ellos y con toda la nación. ⁵⁹Démosles libertad para que sigan sus leyes y costumbres como antes, pues por haberles prohibido nosotros que siguieran sus leyes y costumbres, ellos se han irritado y causado todo esto." ⁶⁰Al rey le pareció bien esta propuesta, lo mismo que a los jefes militares; así que envió a los israelitas propuestas de paz, y ellos las aceptaron. ⁶¹El rey y los jefes garantizaron con su juramento el convenio. Bajo esas condiciones, los israelitas salieron de su fortaleza. ⁶²Pero cuando el rey llegó al monte Sión y vio lo bien fortificado que estaba el lugar, se retractó de su juramento y mandó demoler la muralla que

había alrededor. ⁶³Luego se fue a toda prisa hacia Antioquía, y encontró a Filipo en posesión de la ciudad; lo atacó, y por la fuerza se apoderó de la ciudad.

### Expedición de Báquides y de Alcimo en tiempos del rey Demetrio I
### (2 Mac 14.1-4)

**7** ¹En el año ciento cincuenta y uno,¹⁷ Demetrio, hijo de Seleuco, partió de Roma con un puñado de hombres y se dirigió a cierta ciudad de la costa, donde se proclamó rey. ²Y sucedió que cuando iba a entrar en el palacio real de sus antepasados, el ejército puso presos a Antíoco y a Lisias, para entregárselos. ³Al enterarse Demetrio de lo sucedido, dijo: "¡No quiero ni verlos!" ⁴Entonces los soldados los mataron, y Demetrio tomó posesión de su trono real.

⁵Todos los israelitas renegados e impíos fueron a verlo, con Alcimo a la cabeza, el cual quería ser sumo sacerdote, ⁶y acusaron a su propio pueblo diciendo al rey: "Judas y sus hermanos han acabado con todos los amigos de Su Majestad, y a nosotros nos han expulsado de nuestra patria. ⁷Envíe Su Majestad un hombre de su confianza para que vaya y vea todos los estragos que nos han hecho a nosotros y al país de Su Majestad, y los castigue a ellos y a todos los que los apoyan." ⁸El rey escogió a Báquides, del grupo de los amigos del rey, gobernador del territorio al occidente del río Éufrates, personaje importante en el imperio y leal al rey, ⁹y lo envió en compañía del renegado Alcimo, a quien había dado el cargo de sumo sacerdote, con la misión de vengarse de los israelitas.

¹⁰Ellos se pusieron en camino con un gran ejército, y llegaron a Judea. Báquides envió mensajeros a Judas y a sus hermanos, con falsas propuestas de paz. ¹¹Pero ellos no hicieron caso de estas propuestas, pues vieron que habían venido con un ejército muy numeroso. ¹²Sin embargo, una comisión de expertos en la ley fueron a ver a Alcimo y a Báquides, para buscar una solución justa. ¹³Los primeros en hacer propuestas de paz fueron los hasideos. ¹⁴Decían: "Un sacerdote descendiente de Aarón ha venido con el ejército. Imposible que nos haga ningún mal." ¹⁵Alcimo¹⁸ mismo les habló en son de paz, e incluso les juró: "No trataremos de hacerles ningún mal ni a ustedes ni a

---

¹⁷ Corresponde al año 161 a. C. ¹⁸ *Alcimo*: lit. *él*. Otra posible traducción: *Báquides*.
ᵗ **6.49** Ex 23.11; Lv 25.1-7.

sus amigos." [16]Ellos le creyeron. Pero él, entonces, puso presos a sesenta israelitas y los mandó matar en un solo día, como dice la Escritura: [17]"Han dispersado los cadáveres de los que te fueron fieles, y han derramado su sangre por toda Jerusalén, ¡y no hay quien los entierre!"[u] [18]Todo el pueblo se llenó de miedo y de terror, pues decían: "¡En esa gente no hay sinceridad ni honradez! ¡Faltaron al convenio y al juramento que habían hecho!"

[19]Báquides se fue de Jerusalén y acampó en Bet-zet, desde donde mandó poner presos a muchos de los que se habían pasado a su lado, y a otros israelitas, y los mandó matar y echar en un pozo muy hondo. [20]A Alcimo lo puso al frente del distrito y le dejó tropas para que lo apoyaran. Luego regresó a donde estaba el rey.

[21]Alcimo se dedicó a luchar por el cargo de sumo sacerdote. [22]Todos los que perturbaban al pueblo se reunieron alrededor de él, y lograron el dominio de Judea, causando graves males en Israel. [23]Al ver Judas todos los males que Alcimo y sus seguidores habían traído a Israel, peores que los que habían causado los paganos, [24]se dedicó a recorrer todo el territorio de Judea y a tomar venganza de los que se habían pasado al otro bando, impidiéndoles circular por el territorio.

### Expedición de Nicanor
#### (2 Mac 14.5-36)

[25]Cuando Alcimo se dio cuenta de que Judas y sus partidarios se habían hecho muy fuertes, y de que no podría oponerles resistencia, se volvió a donde estaba el rey e hizo contra ellos acusaciones muy graves. [26]El rey envió a Nicanor, uno de sus más famosos generales y enemigo declarado de Israel, con la orden de exterminarlos.[v] [27]Nicanor llegó a Jerusalén con un numeroso ejército, y envió a Judas y sus hermanos un falso mensaje de paz, en el que les decía: [28]"¡Que no haya guerra entre ustedes y nosotros! Yo iré con unos cuantos hombres para que nos entrevistemos pacíficamente." [29]Y fue a encontrarse con Judas, y se saludaron amistosamente. Pero los enemigos estaban listos para secuestrar a Judas. [30]Judas se enteró entonces de que la visita de Nicanor era una trampa, y alarmado se retiró y no quiso volver a entrevistarse con él. [31]Al ver Nicanor que sus planes habían sido descubiertos, se puso en marcha para atacar a Judas en Cafarsalama, [32]pero unos quinientos hombres del ejército de Nicanor cayeron muertos, y el resto escapó a la Ciudad de David.

[33]Después de esto, Nicanor se fue al monte Sión. Algunos sacerdotes y ancianos del pueblo salieron del templo, fueron a saludarlo amistosamente y le mostraron el holocausto que se ofrecía por el rey. [34]Pero él se rió y se burló de ellos, les escupió para que quedaran impuros y les habló altaneramente. [35]Lleno de furia, juró: "Si Judas y su ejército no se me entregan inmediatamente, una vez terminada la guerra volveré e incendiaré este templo." Y se fue furioso. [36]Los sacerdotes entraron en el templo y se colocaron frente al altar de los holocaustos y del santuario, y exclamaron llorando: [37]"Tú escogiste este templo para que llevara tu nombre y para que fuera un lugar de oración para tu pueblo. [38]Castiga a ese hombre y a su ejército como se lo merecen; ¡que caigan a filo de espada! ¡Acuérdate de las injurias que te han hecho, y no les des tregua!"

### Derrota y muerte de Nicanor
#### (2 Mac 15.1-36)

[39]Nicanor salió de Jerusalén y acampó en Bet-horón, donde se le juntó un ejército de Siria. [40]Judas, por su parte, acampó en Hadasa con tres mil hombres. Entonces hizo esta oración: [41]"Cuando en otra ocasión los enviados del rey de Asiria te injuriaron, vino tu ángel y mató a ciento ochenta y cinco mil de ellos.[w] [42]De igual manera, desbarata hoy ante nuestros ojos este ejército, para que todos los demás sepan que su jefe insultó a tu templo, y castígalo como merece por su maldad."

[43]Los dos ejércitos se trabaron en batalla el día trece del mes de Adar. El ejército de Nicanor fue derrotado, y él mismo fue el primero que cayó en batalla. [44]Cuando su ejército vio que Nicanor había muerto, tiraron las armas y salieron huyendo. [45]Los israelitas, tocando trompetas detrás de ellos, fueron persiguiéndolos todo un día de camino, desde Hadasa hasta Gezer. [46]De todas las aldeas de aquella región de Judea salía la gente y cercaba a los que huían, haciéndolos volverse unos contra otros. Todos cayeron muertos a filo de espada, sin que ni uno solo quedara vivo.

[u] 7.17 Sal 79.2-3.   [v] 7.26-27 2 Mac 8.9.   [w] 7.41 2 R 19.35; Is 37.36; 2 Mac 8.19.

47 Los israelitas se apoderaron de todo el botín que dejaron. A Nicanor le cortaron la cabeza y la mano derecha, la mano que había alzado con tanta insolencia, y las llevaron para exponerlas en Jerusalén.x 48 El pueblo se alegró mucho, y celebraron aquel día como si fuera una gran fiesta. 49 Decidieron entonces que esa fiesta debía celebrarse todos los años, en el día trece del mes de Adar.y 50 Y por algún tiempo la tierra de Judea gozó de tranquilidad.

### Los romanos

8 1 A Judas le llegó la fama de los romanos: que eran muy poderosos, que trataban bien a sus aliados y que brindaban su amistad a los que acudían a ellos. 2 Especialmente se hablaba de su poderío. Oyó hablar de las guerras que habían hecho y del valor que habían mostrado en la conquista de las Galias: de cómo las habían sometido, obligándolas a pagarles tributo; 3 de lo que habían hecho en España, para apoderarse de las minas de plata y oro que allí hay; 4 de cómo se habían apoderado de toda aquella región gracias a su estrategia y a su resistencia, a pesar de la distancia tan grande entre ella y su país; de cómo habían derrotado y aplastado a todos los reyes de los últimos rincones de la tierra que los habían atacado, mientras que los otros tenían que pagarles tributos anualmente. 5 También habían derrotado en la guerra y sometido a Filipo y a Perseo, reyes de Macedonia,[19] y a los otros que los habían atacado. 6 Supo también que Antíoco el Grande, rey de Asia, les había declarado la guerra y se había lanzado a la batalla con ciento veinte elefantes, y con caballería y carros y un ejército muy numeroso, y que había sido derrotado por ellos, 7 que lo habían capturado vivo, obligando a él y a sus sucesores a pagarles un tributo muy alto, a entregar un cierto número de rehenes, y a cederles 8 las provincias de la India, Media y Lidia, que eran de las mejores provincias, las cuales le habían quitado, dándoselas el rey Eumenes.

9 Oyó también decir que cuando los griegos decidieron hacer una campaña para exterminar a los romanos, 10 éstos se enteraron del plan y les enviaron un solo general para que les hiciera la guerra; los griegos tuvieron muchas bajas, y los romanos se llevaron cautivos a las mujeres griegas y a sus hijos, saquearon el país y se adueñaron de él, destruyeron sus fortalezas y sometieron a los habitantes a esclavitud hasta el día de hoy. 11 Supo además que a los otros países e islas, y a todos los que se les habían opuesto, los habían derrotado y obligado a servirles, pero que, en cambio, con sus amigos y con los que buscaban su protección mantenían una fiel amistad. 12 Así han dominado a muchos reyes de cerca y de lejos, y todos los que oyen hablar de ellos les tienen miedo. 13 Los que para ser reyes reciben el apoyo de los romanos, llegan a serlo; pero cuando éstos quieren, los quitan del trono. Así han adquirido un poder muy grande. 14 Y sin embargo, ninguno de ellos se ha hecho coronar ni ha vestido el manto de púrpura ambicionando la gloria. 15 Han establecido un senado, donde diariamente se reúnen sus trescientos veinte miembros para examinar los asuntos del pueblo y decidir lo que más conviene para mantener el buen orden. 16 Cada año confían a un solo hombre el gobierno y el dominio sobre todo el imperio, y todos le obedecen, sin que haya envidia ni celos entre ellos.

### Alianza con los romanos

17 Judas, entonces, escogió a Eupólemo,z hijo de Juan de Acos, y a Jasón, hijo de Eleazar, y los envió a Roma para hacer un convenio de amistad y alianza, 18 y así verse libres del yugo de la tiranía, pues veían que el imperio griego estaba sometiendo a Israel a la esclavitud. 19 Ellos emprendieron el viaje a Roma —un viaje muy largo— y, entrando en el senado, dijeron: 20 "Judas Macabeo y sus hermanos, junto con todo el pueblo judío, nos han enviado para que hagamos un convenio de alianza y de paz con ustedes. Queremos que nos cuenten entre sus aliados y amigos." 21 Los romanos aceptaron la propuesta. 22 A continuación se copia la carta que escribieron en láminas de bronce y que enviaron a Jerusalén para que allí se conservara un documento del convenio de paz y alianza:

23 "¡Prosperidad a los romanos y a la nación de los judíos para siempre, en el mar y en la tierra! ¡Que la guerra y los enemigos se mantengan lejos de unos y de otros! 24 Si llega a suceder que

---

19 De Macedonia: lit. quiteos (o de Quitim).
x 7.47 2 Mac 14.33; 15.32-35.   y 7.49 2 Mac 15.36.   z 8.17 2 Mac 4.11.

Roma, en primer lugar, o cualquiera de sus aliados, se ven mezclados en alguna guerra, en cualquier lugar del imperio, [25]la nación de los judíos se pondrá de parte de ellos como aliado sincero, según lo exijan las circunstancias. [26]Los judíos no darán provisiones, ni armas, ni dinero ni naves a los enemigos de Roma. Tal es la voluntad de Roma. Los judíos cumplirán sus compromisos sin exigir recompensa.

[27]"De igual manera, si en primer lugar la nación de los judíos se encuentra en guerra, los romanos sinceramente les ayudarán como aliados, según lo exijan las circunstancias. [28]No les darán a los enemigos provisiones, ni armas, ni dinero ni naves. Tal es la voluntad de Roma. Los romanos cumplirán estos compromisos sin engaño.

[29]"Estos son los términos del convenio que los romanos han hecho con el pueblo judío. [30]Si después las dos partes deciden añadir o quitar algo a este convenio, podrán hacerlo según les parezca, y lo que añadan o quiten trendrá validez."

[31]Además, los romanos dijeron que habían escrito al rey Demetrio acerca de los males que él había causado a los judíos: "¿Por qué oprimes tan duramente a nuestros amigos los judíos? [32]Si ellos vuelven a quejarse de ti, nosotros los vengaremos y te haremos la guerra por tierra y por mar."

### Muerte de Judas Macabeo

**9** [1]Cuando Demetrio se enteró de que Nicanor y su ejército habían muerto en batalla, envió una vez más a Báquides y a Alcimo a Judea, con el ala derecha de su ejército. [2]Iniciando su avance por el camino de Galilea,[20] atacaron a Mesalot, en el territorio de Arbela, se apoderaron de esa ciudad, y mataron a muchos de sus habitantes.

[3]En el mes primero del año ciento cincuenta y dos[21] acamparon junto a Jerusalén. [4]De allí siguieron hasta Beerot, con veinte mil soldados de infantería y dos mil de caballería. [5]Judas había acampado en Elasa con tres mil guerreros escogidos. [6]Cuando sus hombres vieron que sus enemigos eran mucho más numerosos, se llenaron de miedo, y muchos se escaparon

del campamento, así que no quedaron en él más que ochocientos hombres. [7]Al ver Judas que sus tropas habían desertado y que la batalla no podía evitarse, sintió un gran desánimo, pues ya no tenía tiempo de volver a reunir a su gente. [8]Desalentado, les dijo a los que se habían quedado:

—¡Adelante! ¡Ataquemos a nuestros enemigos, a ver si podemos darles batalla!

[9]Pero ellos le respondieron:

—¡No podremos! Lo más que podemos hacer ahora es escapar con vida. Después volveremos con nuestros hermanos y lucharemos contra los enemigos. ¡Ahora somos demasiado pocos!

[10]Judas replicó:

—¡Ni pensar que yo vaya a huir de los enemigos! Si ha llegado nuestra hora, muramos valientemente por nuestros hermanos y no dejemos que se manche nuestra gloria.

[11]El ejército enemigo salió de su campamento y tomó posiciones frente a los judíos. La caballería se dividió en dos escuadrones. Los honderos y los arqueros iban delante del resto del ejército. En las primeras filas estaban los soldados más valientes. [12]Báquides estaba en el ala derecha. El grueso del ejército, dividido en dos partes, avanzó al toque de las trompetas. [13]El estruendo de los ejércitos hacía retemblar la tierra. El combate duró desde la mañana hasta el atardecer.

[14]Al ver Judas que Báquides y la parte más fuerte de su ejército estaban a la derecha, él y los hombres más valientes que se le habían unido [15]deshicieron el ala derecha del ejército enemigo y los persiguieron hasta las montañas de Hazor.[22] [16]Cuando los soldados del ala izquierda vieron que el ala derecha había sido derrotada, se volvieron tras Judas y sus hombres, y les cayeron por la retaguardia. [17]La batalla fue encarnizada y hubo muchas bajas por ambos lados. [18]Judas también cayó, y los demás huyeron.

[19]Jonatán y Simón recogieron a su hermano Judas y lo enterraron en la tumba de sus antepasados, en Modín. [20]Todo Israel lloró por él con grandes muestras de dolor y de luto durante muchos días. Decían: [21]"¡Cómo ha caído el héroe, el que salvó a Israel!"[a] [22]El resto de la historia de Judas, sus batallas, sus proezas y sus grandes hechos, son tan numerosos que no han sido escritos.

---

[20] *Galilea:* texto probable. Gr. *Galgala.* [21] Corresponde al año 160 a. C. [22] *Hazor:* texto probable (véase 2 S 13.23). Gr. *Azoto.*
[a] **9.21** 2 S 1.19,27.

### Jonatán, nuevo jefe

²³Después de la muerte de Judas, los judíos renegados levantaron cabeza en todo el territorio de Israel, y volvieron a aparecer todos los malhechores. ²⁴Por aquel tiempo hubo un hambre terrible, y todos en el país se pasaron al lado de ellos. ²⁵Báquides escogió precisamente a hombres impíos para ponerlos al frente del país. ²⁶Estos se pusieron a buscar y descubrir por todas partes a los amigos de Judas, y se los llevaban a Báquides, quien se vengaba de ellos y los insultaba. ²⁷Fue un tiempo de grandes sufrimientos para Israel, como no se había visto desde que desaparecieron los profetas.

²⁸Entonces todos los amigos de Judas se reunieron y dijeron a Jonatán: ²⁹"Desde que murió tu hermano Judas no ha habido un hombre como él, que haga frente a los enemigos, ni a Báquides y demás gente que odia a nuestra nación. ³⁰Por eso hoy te elegimos a ti, para que en su lugar seas nuestro jefe y nos guíes en nuestras batallas." ³¹Y desde ese momento Jonatán tomó el mando en lugar de su hermano Judas.

³²Báquides tuvo noticia de esto, y trató de matarlo; ³³pero Jonatán, su hermano Simón y sus seguidores lo supieron, y huyeron al desierto de Tecoa, donde acamparon junto al estanque de Asfar. ³⁴Báquides se enteró de esto en un día de reposo, y con todo su ejército pasó al otro lado del Jordán.

³⁵Jonatán envió a su hermano Juan, quien estaba al frente de la gente que acompañaba al ejército, a rogar a los nabateos, amigos suyos, que le permitieran dejar con ellos su abundante bagaje. ³⁶Pero unos hombres de la tribu de Jambrí salieron de Medeba, secuestraron a Juan con todo el bagaje y se escaparon llevándoselo todo.

³⁷Algún tiempo después, Jonatán y su hermano Simón tuvieron noticia de que los de la tribu de Jambrí estaban celebrando unas bodas muy importantes, y que con un gran cortejo llevaban a la novia desde Nadabot. La novia era hija de uno de los hombres más importantes de Canaán. ³⁸Entonces se acordaron de cómo ellos habían asesinado a su hermano Juan, y subieron y se escondieron al abrigo de la montaña. ³⁹De pronto vieron aparecer, en dirección hacia ellos y en medio de un gentío que llevaba un abundante bagaje, al novio con sus amigos y

sus hermanos. Iban tocando panderetas y otros instrumentos musicales, y estaban bien armados. ⁴⁰Los judíos salieron de su escondite, cayeron sobre ellos, mataron a muchos, hirieron a otros y se apoderaron de todo lo que llevaban, mientras que los sobrevivientes huían a la montaña. ⁴¹Así las bodas se convirtieron en llanto y la música en lamentaciones. ⁴²De esta manera vengaron la muerte de su hermano y regresaron a las orillas pantanosas del Jordán.

⁴³Báquides se enteró de esto, y un día de reposo fue a las orillas del Jordán con un numeroso ejército. ⁴⁴Entonces Jonatán dijo a su gente: "¡Adelante! ¡Luchemos y defendamos nuestras vidas! Nunca antes habíamos estado en situación tan grave como ahora. ⁴⁵Los enemigos nos atacan por delante y por detrás, y a uno y otro lado están el río Jordán, pantanos y matorrales. ¡No hay por dónde escapar! ⁴⁶Clamen a Dios, para que nos salve de nuestros enemigos."

⁴⁷Y trabaron batalla. Jonatán ya tenía la mano extendida para descargar un golpe contra Báquides, pero éste se escapó retrocediendo. ⁴⁸Entonces Jonatán y sus seguidores saltaron al Jordán y cruzaron el río a nado. Los enemigos no lo cruzaron para perseguirlos. ⁴⁹En ese día cayeron como mil hombres del ejército de Báquides.

⁵⁰Báquides regresó a Jerusalén y se puso a fortificar diversas ciudades de Judea: hizo las fortalezas de Jericó, Emaús, Bet-horón, Bet-el, Timna, Piratón y Tapúa, con murallas altas, y puertas y barras. ⁵¹En ellas puso guarniciones para hostilizar a los israelitas. ⁵²También fortificó Bet-sur, Gezer y la ciudadela de Jerusalén, y puso en ella guarniciones y provisiones de víveres. ⁵³Tomó como rehenes a los hijos de los jefes del país, y los encerró en la ciudadela de Jerusalén.

⁵⁴En el segundo mes del año ciento cincuenta y tres,²³ Alcimo ordenó demoler el muro del atrio interior del templo, destruyendo así el trabajo de los profetas. Pero cuando ya había empezado la demolición, ⁵⁵Alcimo sufrió un ataque que le impidió terminar sus obras. Se le paralizó la boca, de modo que no podía hablar ni hacer su testamento. ⁵⁶Así murió en medio de grandes tormentos. ⁵⁷Al saber Báquides que Alcimo había muerto, regresó a la corte real, y Judea gozó de tranquilidad durante dos años.

---

²³ Corresponde al año 159 a. C.

<sup>58</sup>Todos los judíos renegados se reunieron para ver qué podrían hacer, y dijeron: "Jonatán y sus seguidores viven tranquilos y confiados. Traigamos a Báquides para que los arreste a todos en una sola noche." <sup>59</sup>Entonces fueron a consultar con Báquides, <sup>60</sup>y él se puso en camino con un numeroso ejército. A todos los aliados que tenía en Judea les envió cartas secretas, en las que les pedía que arrestaran a Jonatán y a sus seguidores; pero éstos se enteraron del plan, así que no pudo realizarse. <sup>61</sup>Los seguidores de Jonatán pusieron entonces presos a unos cincuenta hombres del país, cabecillas de la conspiración, y los mataron. <sup>62</sup>Jonatán, Simón y sus seguidores se retiraron a Betbasi, en el desierto, ciudad que estaba en ruinas, la cual ellos reconstruyeron y fortificaron.

<sup>63</sup>Cuando Báquides tuvo conocimiento de esto, reunió a todo su ejército y mandó aviso a sus amigos de Judea. <sup>64</sup>Se puso en marcha, tomó posiciones frente a Betbasi, y durante muchos días la atacó con la ayuda de las máquinas de guerra que había construido. <sup>65</sup>Jonatán dejó a su hermano Simón en la ciudad, y salió por la región con un puñado de hombres. <sup>66</sup>Atacó las tribus de Odomera y Fasirón en sus campamentos. Después de estos primeros golpes, regresaron con más soldados.<sup>24</sup> <sup>67</sup>Simón y su gente salieron también de la ciudad e incendiaron las máquinas de guerra. <sup>68</sup>Lucharon contra Báquides, y lo derrotaron y lo pusieron en graves aprietos, haciendo fracasar su plan y su expedición. <sup>69</sup>Báquides se puso entonces furioso contra los judíos renegados, que le habían aconsejado que invadiera el país, y mandó matar a muchos de ellos. Después, él y su gente decidieron regresar a su patria. <sup>70</sup>Cuando Jonatán tuvo noticia de esto, envió una delegación a Báquides para que hicieran un tratado de paz y le devolvieran los israelitas cautivos. <sup>71</sup>Báquides aceptó la propuesta de Jonatán y juró no volver a hacerle ningún mal en toda su vida. <sup>72</sup>Además le devolvió los cautivos que se había llevado anteriormente de Judea, regresó a su tierra y no volvió a presentarse en Judea. <sup>73</sup>Así terminó la guerra en Israel. Jonatán se estableció en Micmas, donde empezó a gobernar al pueblo, y exterminó de Israel a los renegados. <sup>24</sup>

## Jonatán entre dos rivales

**10** <sup>1</sup>En el año ciento sesenta,<sup>25</sup> Alejandro Epífanes, hijo de Antíoco, vino y se apoderó de Tolemaida, donde fue bien recibido, y se proclamó rey. <sup>2</sup>Cuando el rey Demetrio tuvo noticias de esto, reunió un ejército extraordinariamente numeroso y se puso en marcha para atacar a Alejandro. <sup>3</sup>Al mismo tiempo envió Demetrio a Jonatán una carta en términos pacíficos y elogiosos. <sup>4</sup>Él pensaba que era preferible adelantarse a hacer las paces con los judíos, antes que Jonatán las hiciera con Alejandro y los dos se unieran contra él. <sup>5</sup>Pensaba que Jonatán se acordaría de todos los males que Demetrio les había hecho a él, a sus hermanos y a toda la nación. <sup>6</sup>Entonces autorizó a Jonatán para formar un ejército y conseguir armas y ser su aliado. Mandó también que le entregaran los rehenes que había en la ciudadela de Jerusalén. <sup>7</sup>Jonatán fue a Jerusalén y leyó la carta delante de todo el pueblo y de la guarnición de la ciudadela. <sup>8</sup>Estos se llenaron de miedo cuando le oyeron leer que el rey lo había autorizado para formar un ejército, <sup>9</sup>así que le entregaron los rehenes, y él los devolvió a sus padres.

<sup>10</sup>Jonatán se estableció en Jerusalén y empezó a reconstruir y reparar la ciudad. <sup>11</sup>Dio a los encargados de las obras la orden de reconstruir las murallas y de rodear el monte Sión con una fortificación hecha de piedras talladas, cosa que se realizó. <sup>12</sup>Los extranjeros que estaban en las fortalezas hechas por Báquides huyeron, <sup>13</sup>abandonando cada uno su puesto para regresar a su patria. <sup>14</sup>Sin embargo, en Bet-sur se quedaron algunos de los que habían sido infieles a la ley y a los mandamientos, y que se habían refugiado allí.

<sup>15</sup>El rey Alejandro se enteró de las promesas que Demetrio había hecho a Jonatán, lo mismo que de las batallas que habían sostenido, y el valor que habían mostrado Jonatán y sus hermanos, y las penalidades que habían soportado, <sup>16</sup>y dijo: "¡Ojalá tuviéramos nosotros un hombre así! Más vale que ahora lo hagamos amigo y aliado nuestro." <sup>17</sup>Entonces le escribió una carta en los siguientes términos:

<sup>18</sup>"El rey Alejandro saluda a su hermano Jonatán. <sup>19</sup>He tenido noticias de que eres un hombre fuerte y valiente,

---

<sup>24</sup> *Después . . . soldados:* otra posible traducción: *Comenzaron a atacar, avanzando por entre las tropas.* <sup>25</sup> Corresponde al año 152 a. C.

digno de ser amigo mío. ²⁰Por eso te confiero hoy la dignidad de sumo sacerdote de tu nación y el derecho de llamarte "amigo del rey", para que apoyes mi causa y me conserves tu amistad."

Con la carta, Alejandro le envió un manto de púrpura y una corona de oro.

²¹Jonatán se puso las vestiduras sagradasᵇ el mes séptimo del año ciento sesenta, en la fiesta de las Enramadas.ᶜ Reunió un ejército y consiguió muchas armas.

²²Cuando Demetrio supo esto, se sintió muy molesto y dijo: ²³"¿Cómo dejamos que Alejandro se nos adelantara y se ganara la amistad y el apoyo de los judíos? ²⁴Yo también voy a escribirles amistosamente y a ofrecerles honores y regalos, para que se pongan de mi lado y me apoyen." ²⁵Entonces les escribió en los siguientes términos:

²⁶"El rey Demetrio saluda a la nación de los judíos. He sabido con placer que ustedes han cumplido los convenios que hemos hecho, y que se han mantenido como amigos míos y no se han puesto del lado de mis enemigos. ²⁷Continúen manteniéndose fieles a mí, y los recompensaré bien por lo que hagan por mí; ²⁸los eximiré de muchas contribuciones y les haré muchos regalos.

²⁹"Por la presente eximo a ustedes y a todos los judíos de pagar tributo, del impuesto a la sal y del impuesto en oro para el rey. ³⁰De hoy en adelante renuncio a la tercera parte de la cosecha de granos y a la mitad de la cosecha de los árboles frutales que me correspondía. Desde ahora y para siempre renuncio a tomarlos de Judea, así como de los tres distritos que antes pertenecían a Samaria y Galilea, pero que ahora quedan anexados a Judea. ³¹Jerusalén, lo mismo que su territorio, será sagrada y estará libre de diezmos e impuestos. ²⁶ ³²También renuncio a mi autoridad sobre la ciudadela de Jerusalén, y concedo al sumo sacerdote autorización para escoger una guarnición que la proteja. ³³Declaro libres, sin rescate ninguno, a todos los judíos que han sido llevados cautivos de Judea a cualquier lugar de mi reino. Ellos y su ganado quedan libres de impuestos. ³⁴Todos los días de fiesta, los días de reposo, de

luna nueva y demás fechas especialmente señaladas para las fiestas, lo mismo que los tres días anteriores y los tres días siguientes de cada fiesta, serán días libres de impuestos y de obligaciones civiles para todos los judíos que viven en mi reino. ³⁵Nadie tendrá autoridad para exigir dinero o para molestar a ningún judío por ningún motivo.

³⁶"Los judíos podrán ser reclutados, hasta un número de treinta mil hombres, para los ejércitos del rey, y recibirán el mismo salario que las demás tropas del rey. ³⁷Habrá también algunos judíos en las principales fortalezas reales, y otros ocuparán puestos de confianza en el reino. Sus comandantes y oficiales deben ser también judíos y deben vivir de acuerdo con sus leyes, como el rey lo ha ordenado para toda Judea.

³⁸"Los tres distritos que han sido separados de Samaria y anexados a Judea, deben quedar incorporados a ella, bajo la misma administración y bajo la sola autoridad del sumo sacerdote.

³⁹"Doy Tolemaida y la tierra que le pertenece, como regalo, al templo de Jerusalén, para cubrir los gastos del mismo. ⁴⁰Del presupuesto real doy la cantidad anual de ciento sesenta y cinco kilos de plata, que deberá ser sacada de los lugares más convenientes. ⁴¹Todo el excedente de las contribuciones oficiales para el culto, que los funcionarios no estaban dando como al principio, será entregado de ahora en adelante para las obras del templo. ⁴²Queda además suprimido el impuesto de cincuenta y cinco kilos de plata, que el templo, de lo que recibía, debía pagar anualmente al rey, y ahora se destinará a los sacerdotes que oficiarán en el templo. ⁴³Si alguna persona que tenga una deuda con el fisco real o cualquier otra obligación se refugia en el templo de Jerusalén o en el terreno que le pertenece, quedará libre ella y todas las cosas que posea en mi reino. ⁴⁴Los gastos para la reconstrucción y reparación del templo serán pagados con fondos del tesoro real.ᵈ ⁴⁵Los gastos para la reconstrucción de las murallas de Jerusalén y de las fortificaciones que hay alrededor,

---

²⁶ *De diezmos e impuestos:* traducción probable. Lit. *los diezmos y los impuestos.*
ᵇ 10.21 Ex 28.1-39; 39.1-26.   ᶜ 10.21 Lv 23.34; Dt. 16.13; Zac 14.16-19.   ᵈ 10.44-45 Esd 6.8; 7.20.

así como la reconstrucción de las murallas de otras ciudades de Judea, también correrán por cuenta del tesoro real.''

⁴⁶Cuando Jonatán y el pueblo oyeron esto, no lo creyeron ni lo aceptaron, pues recordaban los terribles males que el rey Demetrio había causado a Israel y la dura opresión a que los había sometido. ⁴⁷Prefirieron ponerse de parte de Alejandro, pues él había tomado la iniciativa de hacerles propuestas de paz. Por eso fueron siempre sus aliados.

⁴⁸El rey Alejandro reunió un gran ejército y tomó posiciones frente a Demetrio. ⁴⁹Los dos reyes trabaron batalla, pero el ejército de Demetrio huyó, y Alejandro lo persiguió y sacó ventaja sobre sus enemigos. ⁵⁰Aunque Demetrio resistió con fuerza el ataque hasta la puesta del sol, sin embargo ese día cayó muerto.

### Jonatán recibe honores supremos

⁵¹Alejandro, entonces, envió una embajada al rey Tolomeo de Egipto, para decirle: ⁵²''He regresado a mi reino para ocupar el trono de mis antepasados, y he tomado el poder. He derrotado a Demetrio y me he apoderado de nuestro país. ⁵³Después de una batalla con él, lo he derrotado a él y a su ejército, y me he sentado en el trono real que él ocupaba. ⁵⁴Así pues, quiero que hagamos amistad y que me des como esposa a tu hija, para ser tu yerno. Yo te daré a ti, y también a ella, regalos dignos de tu posición.''

⁵⁵El rey Tolomeo respondió en los siguientes términos: ''Feliz el día en que regresaste a la tierra de tus antepasados y ocupaste el trono real. ⁵⁶Acepto la propuesta que me has hecho en tu carta, y te haré mi yerno, como me lo pides. Pero quisiera que nos encontráramos en Tolemaida, para entrevistarnos.''

⁵⁷Tolomeo y su hija Cleopatra²⁷ salieron de Egipto y se dirigieron a Tolemaida. Era el año ciento sesenta y dos.²⁸ ⁵⁸El rey Alejandro salió a su encuentro, y Tolomeo le dio su hija. La boda se celebró en Tolemaida con gran esplendor, como correspondía a su dignidad real.

⁵⁹El rey Alejandro le escribió a Jonatán, invitándolo a entrevistárse con él. ⁶⁰Jonatán fue con gran pompa a Tolemaida, y allí se entrevistó con los dos reyes; a ellos y a sus amigos les ofreció

regalos de oro y plata, y muchas otras cosas, y se ganó su amistad.

⁶¹Entonces se reunieron unos israelitas renegados, gente malvada, y fueron a acusar a Jonatán; pero el rey no les hizo caso. ⁶²Más aún, ordenó que le cambiaran a Jonatán la ropa que llevaba puesta por vestiduras de púrpura, y así se hizo. ⁶³El rey hizo que se sentara a su lado, y ordenó a sus oficiales que lo llevaran al centro de la ciudad y proclamaran que nadie podía acusarlo de ninguna cosa, ni causarle molestia por ningún motivo. ⁶⁴Cuando sus acusadores lo vieron con tantos honores, como se había proclamado, y vestido de púrpura, todos huyeron. ⁶⁵El rey, pues, lo cubrió de honores, lo inscribió en el grupo de primeros amigos del rey, y lo nombró jefe militar y gobernador de la provincia. ⁶⁶Después Jonatán volvió a Jerusalén, contento por lo bien que le había ido.

### Victoria de Jonatán sobre Apolonio

⁶⁷En el año ciento sesenta y cinco,²⁹ Demetrio, hijo del rey Demetrio, llegó de Creta a la tierra de sus antepasados. ⁶⁸Cuando el rey Alejandro lo supo, se contrarió mucho y se volvió a Antioquía. ⁶⁹Demetrio nombró comandante a Apolonio, que era gobernador de Celesiria. Éste reunió un numeroso ejército y acampó en Jabnia, desde donde envió el siguiente mensaje a Jonatán: ⁷⁰''Tú eres el único que se me opone; por culpa tuya he quedado en ridículo y me desprecian. ¡No te las des de muy fuerte contra mí, estando allá en tus montañas! ⁷¹Si tienes tanta confianza en tus ejércitos, baja a la llanura y midamos allí nuestras fuerzas. Yo tengo de mi lado el apoyo de las ciudades. ⁷²Pregunta, y te dirán quién soy yo y quiénes son los demás que me apoyan. Te dirán que contra nosotros no podrán ustedes resistir, pues los antepasados de ustedes ya han sido derrotados dos veces en su propia tierra. ⁷³En la llanura, donde no hay rocas ni peñascos ni sitios donde refugiarse, tú no podrás hacer frente a la caballería ni a un ejército como el mío.''

⁷⁴Al oír el mensaje de Apolonio, Jonatán se indignó profundamente, escogió a diez mil hombres y salió de Jerusalén. Su hermano Simón fue a su encuentro para prestarle ayuda. ⁷⁵Acamparon junto a Jope, pero los habitantes de la ciudad les cerraron las puertas, pues allí había una

---

²⁷ Se trata de Cleopatra III; no de Cleopatra VII, la amante de Julio César y Marco Antonio.   ²⁸ Corresponde al año 150 a. C.   ²⁹ Corresponde al año 147 a. C.

guarnición de Apolonio. Entonces los judíos atacaron la ciudad. [76]Los habitantes, llenos de miedo, les abrieron las puertas, y Jonatán se apoderó de Jope.

[77]Cuando Apolonio tuvo noticias de esto, alistó un ejército compuesto de tres mil soldados de caballería y una gran fuerza de infantería, y se puso en marcha hacia Azoto, como si quisiera pasar de largo, pero al mismo tiempo se internó por la llanura, confiado en su numerosa caballería. [78]Jonatán lo persiguió hasta Azoto, donde los dos ejércitos trabaron batalla. [79]Apolonio había dejado escondidos en la retaguardia diez mil soldados de caballería; [80]pero Jonatán se dio cuenta de que se le había tendido una emboscada en la retaguardia. La caballería enemiga rodeó al ejército de Jonatán y lo atacó con una lluvia de flechas, desde la mañana hasta el atardecer. [81]Pero la gente se mantuvo firme, como se lo había ordenado Jonatán, hasta que la caballería enemiga se cansó. [82]Una vez agotadas las fuerzas de la caballería, Simón hizo avanzar sus tropas y atacó a la infantería enemiga; todos fueron derrotados y huyeron. [83]Los de caballería se dispersaron por la llanura, huyeron a Azoto, y entraron en el templo de Dagón, el dios de la ciudad, para escapar de la muerte.

[84]Jonatán incendió Azoto y sus aldeas, y las saqueó; incendió el templo de Dagón e hizo morir en el incendio a los que se habían refugiado allí. [85]El número de los que murieron a filo de la espada o en el incendio llegó a ocho mil.

[86]De allí Jonatán se fue y acampó en Ascalón. Los habitantes de la ciudad salieron a su encuentro, y le rindieron grandes honores. [87]Luego Jonatán regresó a Jerusalén con su gente y gran cantidad de botín.

[88]Cuando el rey Alejandro recibió noticias de esto, todavía le concedió más honores a Jonatán: [89]le envió un broche de oro, como se acostumbra dar a los parientes del rey, y además le dio en propiedad la ciudad de Ecrón con todo su territorio.

### Las intrigas egipcias fracasan

**11** [1]El rey de Egipto reunió un gran ejército, innumerable como la arena de la playa del mar, y muchas naves, y con engaños trató de apoderarse del reino de Alejandro, para añadirlo a su reino. [2]Se puso en marcha hacia Siria, hablando de paz, y los habitantes de las ciudades le abrían sus puertas y salían a recibirlo. El rey Alejandro había ordenado que lo hicieran así, puesto que Tolomeo era su suegro.

[3]Pero en cada ciudad en donde entraba, Tolomeo dejaba una guarnición. [4]Cuando llegó a Azoto, le mostraron el templo incendiado de Dagón,[e] y la ciudad y sus alrededores destruidos, con los cadáveres tirados y los restos de la gente que Jonatán había quemado en la batalla; los habían amontonado a lo largo del camino por donde Tolomeo debía pasar. [5]La gente le contó al rey que eso lo había hecho Jonatán, para desacreditarlo, pero el rey se quedó callado. [6]Jonatán salió a Jope a recibir al rey con gran pompa. Allí se saludaron y pasaron la noche. [7]Jonatán acompañó luego al rey hasta el río llamado Eléutero, y de allí regresó a Jerusalén. [8]El rey Tolomeo se apoderó así de las ciudades de la costa hasta Seleucia Marítima, y entre tanto hacía planes funestos contra Alejandro.

[9]Envió una embajada al rey Demetrio, para decirle: "Ven y hagamos un pacto entre nosotros dos: yo te doy mi hija, que actualmente está viviendo con Alejandro, y serás rey en el reino de tu padre. [10]Me arrepiento de haberle dado mi hija a Alejandro, pues ha intentado matarme." [11]Esta acusación no tenía otro fundamento que el deseo de Tolomeo por apoderarse del reino de Alejandro. [12]Tolomeo, entonces, le quitó su hija a Alejandro y se la dio a Demetrio. Así rompió con Alejandro, y la enemistad entre los dos se hizo manifiesta. [13]Luego Tolomeo entró en Antioquía y se puso la corona de Asia. Así llevó en la cabeza dos coronas, la de Egipto y la de Asia.

[14]Por aquel tiempo, el rey Alejandro estaba en Cilicia, pues los habitantes de esa región se habían rebelado. [15]Cuando oyó las noticias, se puso en marcha para atacar a Tolomeo; pero éste le salió al encuentro con un poderoso ejército y lo hizo huir. [16]Alejandro fue a refugiarse a Arabia, y Tolomeo salió victorioso. [17]Pero Zabdiel, un jefe árabe, le cortó la cabeza a Alejandro y se la mandó a Tolomeo. [18]Sin embargo, dos días más tarde murió el rey Tolomeo, y los soldados que había dejado en las fortalezas fueron asesinados por la gente de esos lugares. [19]Demetrio quedó como rey en el año ciento sesenta y siete.[30]

---

[30] Corresponde al año 145 a. C.
[e] 11.4 1 Mac 10.84.

### Jonatán se hace amigo de Demetrio II

20Por aquel tiempo, Jonatán reunió a los habitantes de Judea para atacar la ciudadela de Jerusalén, y con este fin construyeron muchas máquinas de guerra. 21Pero algunos israelitas renegados, enemigos de su propio pueblo, acudieron al rey y le contaron que Jonatán tenía cercada la ciudadela. 22El rey, al oírlo, se puso furioso, e inmediatamente se fue a Tolemaida, desde donde escribió a Jonatán que desistiera del ataque y que fuera a entrevistarse con él en Tolemaida lo más pronto posible.

23Cuando Jonatán recibió esta carta, ordenó que siguieran el ataque, escogió unos cuantos ancianos del pueblo y unos sacerdotes, y exponiéndose al peligro acudió a la cita. 24Llevó plata, oro, ropa y muchos otros regalos, y se presentó ante el rey en Tolemaida, y se ganó su simpatía 25a pesar de las acusaciones de los renegados de su propio pueblo. 26El rey lo trató como lo habían tratado sus predecesores, y lo honró delante de todos sus amigos. 27Lo confirmó en el cargo de sumo sacerdote, le renovó todos los otros privilegios que tenía anteriormente, y lo contó en el grupo de los primeros amigos del rey.

28Jonatán pidió al rey que eximiera de pagar impuestos a Judea y a los tres distritos que antes habían pertenecido a Samaria,31 prometiéndole el envío de nueve mil novecientos kilos de plata. 29Al rey le pareció bien, y le escribió a Jonatán una carta sobre todos estos asuntos, en los siguientes términos:

30"El rey Demetrio saluda a su hermano Jonatán y a la nación de los judíos. 31Les copio a continuación el texto de la carta que escribí a mi pariente Lástenes acerca de ustedes, para que estén informados: 32'El rey Demetrio saluda a su venerable pariente Lástenes. 33Puesto que el pueblo judío ha sido amigo mío, y ha cumplido sus obligaciones para conmigo y ha mostrado sus buenas disposiciones hacia mí, he decidido concederles diversos favores. 34Les confirmo los derechos sobre el territorio de Judea y sobre los distritos de Efraín, Lida y Ramataim, que quedaron separados de Samaria y fueron anexados a Judea, lo mismo que todos los territorios que les pertenecen. A todos los israelitas que van a ofrecer sacrificios en Jerusalén, les perdono los impuestos que el rey acostumbraba cobrarles anteriormente cada año sobre los productos de los campos y de los árboles frutales. 35De ahora en adelante, les perdono todos los otros impuestos, diezmos y tributos que me correspondían, el impuesto sobre la sal y el impuesto de oro para el rey. Todo se lo perdono. 36De ahora en adelante, ninguna de esas concesiones podrá ser anulada jamás. 37Procura que se haga una copia de este documento y se le entregue a Jonatán, para que él la coloque en el monte santo, en lugar visible.' "

### Jonatán ayuda a Demetrio II

38Al ver el rey Demetrio que el país estaba tranquilo y que nadie le oponía resistencia, licenció a todas sus tropas, dejando que cada uno regresara a su tierra, con excepción de las tropas de mercenarios que había reclutado de diversos países marítimos extranjeros. Con esto, se indispusieron contra él las tropas que habían sido reclutadas por sus antepasados.

39Entonces un tal Trifón, que antes había sido partidario de Alejandro, dándose cuenta del descontento que había en todos los soldados contra Demetrio, fue a verse con Imalcue, un jefe árabe, que había educado a Antíoco, el hijo pequeño de Alejandro, 40y le insistió que le entregara el niño, para que fuera rey en lugar de su padre. Trifón lo informó de todas las medidas que Demetrio había tomado y de cómo se había ganado la enemistad de sus tropas. Trifón se quedó allí largo tiempo.

41Entre tanto, Jonatán había pedido al rey Demetrio que retirara sus soldados de la ciudadela de Jerusalén y de las otras fortalezas, pues estaban continuamente hostilizando a Israel. 42Demetrio le respondió: "No solamente les concederé esto a ti y a tu nación, sino que los llenaré de honores, tan pronto tenga oportunidad. 43Pero ahora lo mejor que puedes hacer es enviarme soldados que me ayuden, pues todas mis tropas me han abandonado."

44Jonatán le envió a Antioquía tres mil hombres fuertes y valientes. Cuando llegaron, el rey se puso muy contento. 45Los habitantes de la ciudad, que eran unos ciento veinte mil hombres, se reunieron en

---

31 Que antes habían pertenecido a Samaria: texto probable. Gr. y Samaria.

el centro de ella decididos a matar al rey. [46]Este se refugió en el palacio, mientras que la gente de la ciudad ocupó las calles, y comenzó la lucha. [47]El rey Demetrio llamó a los judíos para que lo ayudaran. Ellos se reunieron inmediatamente a su lado; luego se dispersaron por la ciudad, y ese día mataron a unas cien mil personas. [48]Incendiaron y saquearon la ciudad, y así salvaron al rey.

[49]Cuando los habitantes de la ciudad se dieron cuenta de que los judíos se habían adueñado por completo de ella, se acobardaron, y a gritos le suplicaron al rey: [50]"¡Hagamos las paces! ¡Que dejen los judíos de luchar contra nosotros y contra la ciudad!" [51]Entonces entregaron sus armas e hicieron las paces. Los judíos quedaron muy bien acreditados ante el rey, se hicieron famosos en el reino y regresaron a Jerusalén cargados de botín. [52]Pero cuando el rey Demetrio se afianzó en su trono y el país quedó apaciguado bajo su dominio, [53]faltó a todas las promesas que había hecho, rompió su amistad con Jonatán y, en vez de recompensarlo por los servicios que le había prestado, le causó innumerables molestias.

### Jonatán se hace amigo de Antíoco VI

[54]Después de esto, regresó Trifón en compañía de Antíoco, que era apenas un niño. Antíoco fue coronado rey, [55]y todas las tropas que Demetrio había licenciado se reunieron alrededor del rey y le hicieron la guerra a Demetrio, que huyó derrotado. [56]Trifón se apoderó entonces de los elefantes, y ocupó Antioquía.

[57]El joven Antíoco le escribió a Jonatán, confirmándolo en el cargo de sumo sacerdote y dándole autoridad sobre los cuatro distritos, y haciéndolo miembro del grupo de amigos del rey. [58]También le envió copas de oro y una vajilla, y le concedió el derecho de beber en copa de oro, de vestirse de púrpura y de llevar broche de oro. [59]A su hermano Simón lo nombró jefe militar de la región que va desde la Escala de Tiro[32] hasta la frontera con Egipto. [60]Jonatán recorrió toda la provincia y las ciudades al occidente del Éufrates, y todos los ejércitos de Siria se le unieron como aliados suyos. Luego se dirigió a Ascalón, donde los habitantes los recibieron con honores. [61]De allí siguió a Gaza,

pero sus habitantes le cerraron las puertas. Él la cercó, e incendió y saqueó las aldeas vecinas. [62]Entonces los habitantes de Gaza se rindieron, y Jonatán hizo un tratado de paz con ellos, pero tomó como rehenes a los hijos de los jefes y los envió a Jerusalén. Luego siguió su camino a través del país hacia Damasco.

[63]Jonatán tuvo noticia de que los generales de Demetrio habían llegado con un gran ejército a Cedes de Galilea, con el fin de impedir que él consiguiera sus propósitos. [64]Jonatán fue a hacerles frente, dejando a su hermano Simón en Judea. [65]Simón acampó frente a Bet-sur, y durante muchos días la rodeó y la atacó. [66]Por fin los habitantes se rindieron, e hizo con ellos un tratado. Pero los obligó a desocupar la ciudad, se apoderó de ella y puso allí una guarnición.

[67]Jonatán, entre tanto, había acampado con su ejército junto al lago de Genesaret. Muy de mañana se puso en camino hacia la llanura de Hazor. [68]En la llanura le salió al encuentro el ejército extranjero, mientras que otro ejército le tenía tendida una emboscada en las montañas. [69]Cuando estos últimos salieron de sus escondites y atacaron al ejército de Jonatán, [70]todos los soldados huyeron. No quedó ni uno solo, con excepción de Matatías, hijo de Absalón, y Judas, hijo de Calfi, jefes del ejército. [71]Jonatán se rasgó la ropa, se echó polvo sobre la cabeza y se puso a orar. [72]A pesar de todo, se volvió contra los enemigos para atacarlos, los derrotó y los puso en fuga. [73]Cuando los judíos que habían huido vieron esto, se volvieron a él y se pusieron a perseguirlos con él hasta el campamento que los enemigos tenían en Cedes. Allí acamparon ellos también. [74]Aquel día cayeron como tres mil hombres del ejército extranjero. Después Jonatán regresó a Jerusalén.

### Alianza de Israel con Roma y Esparta

**12** [1]Jonatán, viendo favorables las circunstancias, escogió unos cuantos hombres y los envió a Roma para confirmar y renovar el tratado de amistad. [2]Con el mismo propósito, envió también cartas a Esparta y a otros lugares. [3]Los embajadores fueron a Roma, entraron en el senado y dijeron: "El sumo sacerdote Jonatán, y la nación de los judíos, nos han enviado a renovar el tratado de amistad y

---

[32] Escala de Tiro: nombre de unos promontorios rocosos, con gradas al sur de Tiro.

la alianza que habíamos hecho anteriormente." [4]Los romanos les dieron salvoconductos para las autoridades de los diversos sitios, en los que les recomendaban que dejaran a los embajadores hacer su viaje en paz hasta Judea.

[5]Esta es la copia de la carta que Jonatán envió a los de Esparta:

[6]"El sumo sacerdote Jonatán, el consejo de ancianos de la nación, y los sacerdotes y todo el pueblo judío, saludan a sus hermanos los espartanos. [7]Ya en una ocasión anterior el rey Ario de Esparta había enviado una carta al sumo sacerdote Onías, para asegurarnos que ustedes nos consideran como hermanos. El texto de esta carta se copia más adelante. [8]Onías recibió con honores al enviado, y aceptó la carta en que se exponían los términos de la alianza y la amistad. [9]Aunque nosotros no tenemos necesidad de estas cosas, pues buscamos nuestro apoyo en los libros sagrados que poseemos, [10]hemos decidido enviar a ustedes una delegación para que renueve nuestra fraternidad y amistad, a fin de que no se enfríen nuestras relaciones, pues ha pasado ya mucho tiempo desde la primera carta de ustedes. [11]Nosotros no dejamos de acordarnos continuamente de ustedes en nuestras fiestas y demás días apropiados, cuando ofrecemos nuestros sacrificios, y en nuestras oraciones, como es justo y conveniente hacerlo por los hermanos. [12]Nos alegramos de la fama que tienen ustedes. [13]Por nuestra parte, nos hemos visto rodeados de innumerables dificultades y guerras. Los reyes que nos rodean nos han estado atacando. [14]Nosotros no hemos querido molestarlos a ustedes ni a nuestros otros aliados y amigos en estas guerras, [15]pues tenemos la ayuda divina, y Dios nos ha librado de nuestros enemigos y los ha humillado. [16]Hemos escogido a Numenio, hijo de Antíoco, y a Antípatro, hijo de Jasón, y los hemos enviado a Roma para renovar la amistad y alianza que habíamos pactado anteriormente con los romanos. [17]También les ordenamos que fueran a Esparta, a saludarlos a ustedes y entregarles nuestras cartas, con las que queremos renovar nuestra fraternidad.

[18]Les agredeceremos que nos den una respuesta a ellas."

[19]Esta es la copia de la carta enviada a Onías:

[20]"Ario, rey de Esparta, saluda al sumo sacerdote Onías. [21]He descubierto un documento en el que se muestra que los espartanos y los judíos somos hermanos, descendientes todos de Abraham. [22]Ahora que he tenido noticia de esto, les agradecería a ustedes que me escriban y me informen de cómo se encuentran. [23]Por mi parte les escribo: Si el ganado de ustedes y todos sus bienes son nuestros, también lo nuestro es de ustedes. Así pues, he dado órdenes de que les comuniquen este mensaje."

### Nuevas luchas de Jonatán

[24]Jonatán tuvo noticias de que los generales de Demetrio habían regresado para atacarlo con un ejército más numeroso que el anterior. [25]Jonatán salió de Jerusalén para hacerles frente en la región de Hamat, no dejándolos poner pie en el territorio de Judea. [26]Envió espías a su campamento, los cuales regresaron y contaron que se estaban preparando para atacarlos por la noche. [27]Apenas se puso el sol, Jonatán ordenó a su gente que se mantuvieran vigilantes toda la noche y con las armas en la mano, listos para luchar. Alrededor de todo el campamento colocó centinelas. [28]Cuando los enemigos se enteraron de que Jonatán y sus soldados estaban listos para la batalla, tuvieron miedo; acobardados, encendieron hogueras en su campamento y huyeron. [33] [29]Jonatán y su ejército, viendo las hogueras encendidas, no se dieron cuenta de lo sucedido hasta la mañana siguiente. [30]Entonces Jonatán los persiguió, pero no pudo alcanzarlos, pues ya habían cruzado el río Eléutero. [31]Jonatán se dirigió entonces contra una tribu árabe llamada de los zabadeos, y los derrotó y se apoderó de sus pertenencias. [32]Luego levantó el campamento, llegó hasta Damasco, y recorrió toda la región.

[33]Simón, por su parte, había emprendido una expedición hasta Ascalón y las fortalezas vecinas. Luego se dirigió a Jope y la ocupó, [34]pues había oído decir que

---

[33] Y huyeron: añadido según contexto. En el texto griego no aparece esta frase.

los habitantes querían entregar la fortaleza a los partidarios de Demetrio. Allí puso una guarnición para que la defendiera. 35Cuando Jonatán regresó, llamó a los ancianos del pueblo a una reunión, y con ellos decidió construir fortalezas en Judea, 36levantar más la muralla de Jerusalén y alzar un gran muro entre la ciudadela y la ciudad, para separarlas, de manera que la ciudadela quedara aislada, para que los soldados que había en ella no compraran ni vendieran cosa alguna. 37La gente se reunió para comenzar los trabajos de reconstrucción. Una parte de la muralla oriental, hacia el arroyo, se había derrumbado. También reparó la zona llamada Cafenata. 38Simón también reconstruyó y fortificó Hadid, en la llanura de la costa, y le puso puertas y barras.

### Traición de Trifón y caída de Jonatán

39Trifón aspiraba a ser rey de Asia; tenía intenciones de matar al rey Antíoco y coronarse él como rey. 40Sin embargo, tenía miedo de que Jonatán se le opusiera y le declarara la guerra. Así pues, comenzó a estudiar la manera de apoderarse de Jonatán para acabar con él. Entonces se puso en camino y se fue a Bet-seán. 41Jonatán le salió al encuentro con cuarenta mil soldados escogidos y bien disciplinados, y también fue a Bet-seán. 42Trifón, al ver que Jonatán había llegado con un ejército tan numeroso, tuvo miedo de arrestarlo. 43Así que, por el contrario, lo recibió con honores, los presentó a todos sus amigos, le hizo regalos, y ordenó a sus amigos y a sus tropas que le obedecieran como a él mismo. 44Y dijo a Jonatán: "¿Para qué molestaste a toda esa gente, si no hay guerra entre nosotros? 45Déjalos que se vayan a sus casas; escoge solamente unos cuantos que te acompañen, y ven conmigo a Tolemaida. Yo te entregaré la ciudad y las demás fortalezas, así como los otros ejércitos y sus oficiales, y después regresaré. Precisamente para esto he venido." 46Jonatán le creyó, e hizo como Trifón le había indicado: despidió a sus soldados, los cuales regresaron a Judea. 47Solamente conservó tres mil hombres, de los cuales dejó dos mil estacionados en Galilea, y los otros mil se fueron con él. 48Pero apenas entró Jonatán en Tolemaida, los habitantes de la ciudad cerraron las puertas, lo pusieron preso y acuchillaron a todos los que iban con él.

49Luego envió Trifón tropas de infantería y caballería a Galilea, a la gran llanura, para que mataran a todos los hombres de Jonatán. 50Pero éstos, deduciendo que Jonatán había sido hecho prisionero y que había muerto lo mismo que sus compañeros, se animaron unos a otros y avanzaron en filas cerradas, listos a luchar. 51Al ver los que los perseguían que los judíos estaban dispuestos a luchar hasta morir, se regresaron. 52Así, todos los judíos lograron llegar sanos y salvos a Judea, donde, llenos de miedo, lloraron a Jonatán y a sus compañeros. En todo Israel hubo grandes demostraciones de dolor. 53Todos los paganos que los rodeaban empezaron a buscar la manera de exterminar a los judíos, pues decían: "¡Ya no tienen un jefe que los defienda! ¡Es el momento de atacarlos y borrar de entre los hombres su recuerdo!"

### Simón, nuevo jefe

13 1Simón tuvo noticia de que Trifón había reunido un poderoso ejército para invadir Judea y destruirla. 2Al ver que el pueblo estaba alarmado y lleno de pavor, fue a Jerusalén, reunió a la gente, 3y los animó diciéndoles: "Ustedes saben lo que yo y mis hermanos y toda la familia de mi padre hemos hecho por las leyes y el templo, y las batallas que hemos peleado y las penalidades que hemos sufrido. 4Por Israel han muerto todos mis hermanos, y sólo yo he quedado con vida. 5Ahora, ni pensar que yo quiera salvar mi vida en un momento de peligro: ¡no valgo más que mis hermanos! 6Al contrario, lucharé por mi pueblo, por el templo y por las mujeres e hijos de ustedes, pues todos los paganos se han reunido para exterminarnos."

7Al oír estas palabras, el pueblo se llenó de entusiasmo, 8y todos gritaron: "¡Tú eres nuestro jefe, en reemplazo de tus hermanos Judas y Jonatán! 9Guíanos en nuestras batallas, y nosotros haremos todo lo que nos ordenes." 10Entonces Simón reunió a todos los aptos para la guerra, y se dio prisa en terminar las murallas de Jerusalén y la fortificó alrededor. 11Envió a la ciudad de Jope a Jonatán, hijo de Absalón, con un ejército suficiente, y expulsó a los que vivían en la ciudad y se estableció en ella.

### Asesinato de Jonatán

12Trifón salió de Tolemaida con un numeroso ejército para invadir Judea, llevando preso a Jonatán. 13Simón había acampado en Hadid, al borde de la llanura. [14]Cuando Trifón se enteró de que Simón había tomado el puesto de su hermano Jonatán, y que se preparaba a darle batalla, le envió una delegación a decirle: [15]"Tenemos preso a Jonatán, tu hermano, por causa de un dinero que debe al tesoro real, en relación con el cargo que ejercía. [16]Envíanos, pues, tres mil trescientos kilos de plata y dos de los hijos de Jonatán como rehenes, para estar seguros de que no se rebelará otra vez contra nosotros, y luego lo dejaremos en libertad." [17]Aunque Simón se dio cuenta de que era una trampa, mandó traer el dinero y a los dos muchachos, para no hacerse odioso entre la gente; [18]y para que no dijeran después que Jonatán había muerto por no haber enviado él el dinero y los muchachos. [19]Así pues, mandó a los dos muchachos y los tres mil trescientos kilos de plata; pero Trifón no cumplió su palabra, y no dejó libre a Jonatán.

[20]Después, Trifón se puso en marcha para invadir el país y destruirlo, pero dio un rodeo por el camino de Adoraim, porque Simón y su ejército les cerraban el paso por dondequiera que iban. [21]Entre tanto, los soldados de la ciudadela de Jerusalén enviaron mensajeros a Trifón, urgiéndole que fuera hasta ellos por el desierto y que les enviara alimentos. [22]Trifón preparó toda su caballería para ir allá, pero aquella noche cayó tanta nieve que no pudieron llegar. Entonces se retiró a Galaad. [23]Apenas se acercó a Bascama, mató a Jonatán, que fue enterrado allí. [24]Luego Trifón regresó a su país.

[25]Simón mandó traer los restos de su hermano Jonatán y los enterró en Modín, la ciudad de sus antepasados. [26]Todo Israel lo lloró durante muchos días, con grandes muestras de dolor. [27]Simón construyó un gran monumento sobre la tumba de su padre y de sus hermanos, bien visible, hecho de piedras talladas por el frente y por detrás. [28]También levantó siete pirámides, en dos hileras, para su padre, su madre y sus cuatro hermanos. [29]Con gran arte rodeó de altas columnas las pirámides, y sobre las columnas puso escudos y armas, como recuerdo eterno. Junto a los escudos y las armas había naves en relieve, para que todos los navegantes pudieran divisarlas. [30]Este monumento sepulcral hecho en Modín existe hasta el día de hoy.

[34] Corresponde al año 142 a. C.

### Reconciliación con Demetrio II

[31]Trifón traicionó al joven rey Antíoco, lo mató [32]y reinó en vez de él, poniéndose la corona de Asia. Causó grandes males en el país.

[33]Simón reconstruyó las fortalezas de Judea, protegiéndolas con altas torres, grandes murallas, puertas y barras, y dejó provisiones en las fortalezas. [34]Escogió delegados y los envió a ver al rey Demetrio, para pedirle que eximiera de los impuestos al país, pues Trifón no había hecho más que robarles todo. [35]El rey Demetrio les contestó, enviándoles la siguiente carta:

[36]"El rey Demetrio saluda al sumo sacerdote Simón, amigo de los reyes, a los ancianos y a la nación judía. [37]He recibido la corona de oro y la palma que ustedes me han enviado, y estoy dispuesto a hacer con ustedes una paz completa y a dar instrucciones por escrito a los funcionarios, para que los eximan a ustedes de los impuestos. [38]Todos los convenios que he hecho con ustedes quedan confirmados, y ustedes pueden conservar todas las fortalezas que han construido. [39]También les perdono todos los errores y faltas que hayan cometido hasta el día de hoy. Les perdono el impuesto real que me deben. Que no se siga cobrando ningún otro de los impuestos que se cobraban en Jerusalén. [40]Si hay algunos entre ustedes aptos para inscribirse en mi guardia personal, que se inscriban. Y que haya paz entre nosotros."

[41]En el año ciento setenta,[34] Israel se vio libre del yugo de los paganos. [42]Entonces comenzó la gente a escribir en los documentos y contratos: "En el año primero de Simón, gran sumo sacerdote, jefe militar y caudillo de los judíos."

### Toma de Gezer

[43]En aquel tiempo, Simón atacó a Gezer y la cercó con tropas. Construyó una torre de asalto, la acercó a la ciudad, abrió brecha en una de las torres, y tomó la ciudad. [44]Los que estaban en la torre de asalto penetraron en la ciudad, y hubo allí una gran agitación. [45]Los habitantes de la ciudad subieron con sus mujeres y sus hijos a las murallas, con la ropa rasgada, y a grandes gritos ofrecieron la rendición

a Simón, 46diciéndole: "¡No nos trate usted como merecen nuestras maldades, sino según su generosidad!" 47Simón llegó a un acuerdo con ellos y dejó de atacarlos. Pero los hizo salir de la ciudad y purificó las casas donde habían estado los ídolos, y luego entró él en la ciudad cantando himnos y cantos de alabanza. 48Sacó de ella todo objeto impuro, e instaló hombres cumplidores de la ley; fortificó la ciudad y se construyó una casa para sí mismo.

### Conquista de la ciudadela de Jerusalén

49Como los soldados que estaban en la ciudadela no podían salir al campo ni volver a entrar, ni comprar ni vender, empezaron a pasar mucha hambre, de manera que muchos de ellos murieron por esta razón. 50Entonces ofrecieron a Simón negociar la rendición, y él la aceptó; luego los hizo salir de allí y purificó la ciudadela de todas las impurezas. 51El día veintitrés del segundo mes del año ciento setenta y uno,35 entró Simón en la ciudadela entre cantos de alabanza, con palmas y al son de arpas, platillos y cítaras, con himnos y cantos, porque Israel se había visto libre de un terrible enemigo. 52Simón decretó que cada año se celebrara con alegría aquella fecha. Fortificó la colina del templo, del lado de la ciudadela, y él y su gente establecieron allí su residencia. 53Viendo Simón que su hijo Juan era ya todo un hombre, lo nombró comandante en jefe de todos los ejércitos, con residencia en Gezer.

### Demetrio II cae prisionero

**14** 1En el año ciento setenta y dos,36 el rey Demetrio reunió sus ejércitos y se puso en marcha hacia Media en busca de refuerzos para su guerra con Trifón. 2El rey Arsaces de Persia y de Media tuvo noticias de que Demetrio había entrado en su territorio, y envió a uno de sus generales para que lo capturara vivo. 3El general fue, derrotó al ejército de Demetrio, capturó a éste y se lo llevó a Arsaces, quien lo metió en la cárcel.

### Elogio de Simón

4Mientras Simón gobernó,
hubo tranquilidad en Judea.
Buscó el bien para su pueblo.
La gente estuvo contenta

todo el tiempo que duró su glorioso
reinado.
5Entre otras glorias suyas,
conquistó el puerto de Jope,
abriendo una ruta a los países del
mar.
6Extendió las fronteras de su patria
y se hizo dueño de todo el territorio.
7Hizo que muchos cautivos regresaran
a su patria;
se adueñó de Gezer, de Bet-sur
y de la ciudadela de Jerusalén,
y sacó de allí todos los objetos
impuros.
No hubo nadie que le opusiera
resistencia.

8La gente cultivaba en paz sus
campos,
la tierra producía sus cosechas,
los árboles de la llanura daban sus
frutos.
9Los ancianos, sentados en las plazas,
comentaban la prosperidad de que
disfrutaban,f
mientras los jóvenes lucían
sus gloriosos uniformes militares.
10Simón procuró alimentos a las
ciudades,
y las dotó de medios de defensa.
Su fama llegó hasta los últimos
rincones de la tierra.
11Restableció la paz en el país,
e Israel sintió una inmensa alegría.
12Cada uno se sentaba a la sombra de
su viña y de su higuera;g
no había nadie que les infundiera
miedo.
13Desaparecieron del país los
agresores,
y en aquel tiempo fueron derrotados
los reyes enemigos.
14Protegió a los oprimidos de su
pueblo,
y exterminó a los impíos y malvados.
Cumplió fielmente la ley,
15dio esplendor al templo
y lo enriqueció con muchos
utensilios sagrados.

### Renovación de la amistad con Roma y Esparta

16Cuando en Roma y en Esparta se recibió la noticia de la muerte de Jonatán, hubo mucho pesar. 17Pero al saber que su hermano Simón lo había sucedido como sumo sacerdote, y que se había adueñado

---

35 Corresponde al año 141 a. C.   36 Corresponde al año 140 a. C.
f 14.8-9 Zac 8.4,12.   g 14.12 1 R 4.25; Mi 4.4; Zac 3.10.

del país y de sus ciudades, [18]le escribieron en placas de bronce para renovar la amistad y la alianza que habían hecho con sus hermanos Judas y Jonatán.[h] [19]Este mensaje fue leído delante del pueblo reunido en Jerusalén. [20]Esta es la copia de la carta enviada por los espartanos:

"Los jefes y la ciudad de Esparta saludan a sus hermanos, el sumo sacerdote Simón, los ancianos, los sacerdotes y el resto del pueblo judío. [21]Los embajadores que ustedes enviaron a nuestro pueblo nos han informado de su fama y esplendor. Su venida ha sido para nosotros motivo de gran alegría. [22]Hemos registrado su informe en las actas de la nación, en los siguientes términos: 'Numenio, hijo de Antíoco, y Antípatro, hijo de Jasón, embajadores de los judíos, han venido a renovar la amistad con nosotros. [23]Al pueblo le ha parecido bien recibirlos con honores y guardar una copia del mensaje en el archivo de la nación, como recuerdo para el pueblo de Esparta. Se ha sacado una copia de este documento para el sumo sacerdote Simón.' "

[24]Después de esto, Simón envió a Numenio a Roma con un enorme escudo de oro que pesaba cuatrocientos treinta y seis kilos, para renovar la alianza con ellos.

### Decreto en honor de Simón

[25]Cuando los israelitas supieron todo esto, dijeron: "¿Cómo podremos mostrar nuestro agradecimiento a Simón y sus hijos? [26]Pues él, sus hermanos y la familia de su padre se han mantenido firmes, han luchado contra los enemigos de Israel y los han alejado, y le han dado al pueblo la libertad." Entonces grabaron una inscripción en placas de bronce, y la pusieron en un monumento en el monte Sión. [27]Esta es la copia de la inscripción:

"El día dieciocho del mes de Elul del año ciento setenta y dos,[37] en el año tercero de ejercer Simón el sumo sacerdocio, en Asaramel, [28]en una gran asamblea de sacerdotes, ciudadanos, jefes de la nación y ancianos del país, se nos notificó lo siguiente: [29]Mientras que numerosas guerras afligían al país, Simón, hijo de Matatías y descendiente

de Joiarib, lo mismo que sus hermanos, se expusieron al peligro resistiendo a los enemigos de su pueblo, para asegurar la preservación del templo y de las leyes; y así han traído gran gloria a su nación. [30]Jonatán reunió a su pueblo y fue sumo sacerdote, hasta que fue a reunirse con sus antepasados difuntos. [31]Los enemigos resolvieron invadir el país y atacar el templo. [32]Entonces Simón se puso al frente y luchó por su patria; gastó grandes sumas de su propio dinero en proveer de armas y en pagar su salario a los hombres del ejército de su nación; [33]fortificó las ciudades de Judea y a Bet-sur en la frontera de Judea, donde habían estado anteriormente las armas del enemigo, y puso allí una guarnición de judíos. [34]También fortificó Jope, puerto marítimo, y Gezer en la frontera con Azoto, anteriormente ocupada por el enemigo, e instaló allí judíos, proveyendo a estas ciudades de todo lo necesario para su restauración. [35]Al ver el pueblo la lealtad de Simón y los deseos que tenía de dar gloria a su nación, lo nombraron su jefe y sumo sacerdote, en reconocimiento de todo lo que había hecho, de su rectitud, de la lealtad que había mostrado para con su nación y de sus continuos trabajos en favor de la grandeza de su pueblo. [36]En sus manos tuvo éxito la campaña para eliminar del país a los paganos y a los que se habían establecido en la Ciudad de David, en Jerusalén, donde se habían construido una ciudadela, desde donde salían y contaminaban todos los alrededores del templo, haciendo grave injuria a la santidad de este lugar. [37]Instaló soldados judíos en la ciudadela, la fortificó para proteger al país y a la ciudad, y levantó las murallas de Jerusalén. [38]El rey Demetrio lo confirmó en el cargo de sumo sacerdote, [39]le hizo formar parte del grupo de los amigos del rey, y le concedió grandes honores, [40]pues se enteró de que los romanos habían dado a los judíos el título de amigos, aliados y hermanos, y que habían recibido con honores a los embajadores de Simón; [41]que los judíos y los sacerdotes habían decidido confirmar a Simón como jefe y sumo sacerdote para siempre, hasta que apareciera un profeta autorizado, [42-43]y que fuera su jefe militar y se encargara del templo, nombrando a los

---

[37] Corresponde al año 140 a. C.
[h] 14.18 1 Mac 8.22.

encargados de las obras del mismo, de la administración del país, de los armamentos y de las fortalezas, y que fuera obedecido por todos; que todos los documentos oficiales del país se hicieran en su nombre, y que usara vestiduras de púrpura y broche de oro.

44"Nadie del pueblo ni de los sacerdotes tendrá derecho a violar estos decretos, ni a oponerse a las órdenes dadas por Simón, ni a convocar una asamblea sin su consentimiento, ni a llevar vestiduras de púrpura o broche de oro. 45El que desobedezca estos decretos, o deje de cumplirlos, será castigado. 46Por decisión unánime del pueblo se ha decretado que Simón tenga el derecho de actuar de acuerdo con lo aquí determinado. 47Simón ha aceptado de buen grado desempeñar el cargo de sumo sacerdote, y ser jefe militar y gobernador de los judíos y de los sacerdotes, y estar al frente de todos los asuntos."

48Se decidió que este documento fuera grabado en placas de bronce, y que éstas fueran colocadas en el área del templo, en lugar visible, 49y que en el tesoro se guardaran copias del mismo a disposición de Simón y de sus hijos.

### Antíoco VII confirma a Simón en sus cargos

15 ¹Antíoco, hijo del rey Demetrio, envió desde un lugar de la costa una carta a Simón, sumo sacerdote y gobernador de los judíos, y a toda la nación. ²La carta decía:

"El rey Antíoco saluda al sumo sacerdote y gobernador Simón, y a la nación judía. ³Gente malvada se ha apoderado del reino de mis antepasados, pero yo estoy decidido a recuperarlo, para restablecerlo como era antiguamente. Con este fin, he reclutado un considerable número de soldados y he preparado naves de guerra. ⁴Tengo intención de desembarcar en mi país, para castigar a los que arruinaron nuestra patria y destruyeron muchas ciudades de mi reino. ⁵Ahora, pues, yo te confirmo todas las exenciones y todos los demás privilegios que los reyes mis predecesores te concedieron. ⁶Te permito acuñar moneda propia para que

circule legalmente en el país. ⁷Jerusalén y el templo serán libres. Todas las armas que has conseguido y las fortalezas que has construido y que están en tu poder, seguirán siendo tuyas. ⁸Desde ahora y para siempre quedan canceladas todas las deudas que tengas con el tesoro real y las que puedas tener en el futuro. ⁹Cuando haya reconquistado mi reino, te concederé grandes honores a ti, a tu pueblo y al templo, de manera que ustedes sean famosos en toda la tierra."

10En el año ciento setenta y cuatro, 38 Antíoco llegó a su patria, y todas las tropas se le unieron, de manera que muy pocos se quedaron con Trifón. 11Antíoco lo persiguió, y Trifón tuvo que refugiarse en el puerto de Dor. 12Al ver que las tropas lo habían abandonado, Trifón se dio cuenta de que su situación era muy grave. 13Antíoco acampó frente a Dor, con ciento veinte mil soldados de infantería y ocho mil de caballería. 14Cercó con sus tropas la ciudad, mientras que las naves la atacaban por mar. Sitió, pues, la ciudad por tierra y por mar, no dejando que nadie entrara ni saliera.

### Promulgación de la alianza con Roma

15Entre tanto, Numenio[i] y sus compañeros regresaron de Roma trayendo cartas dirigidas a los diversos reyes y países, las cuales decían lo siguiente:

16"Lucio, cónsul de los romanos, saluda al rey Tolomeo. 17El sumo sacerdote Simón y el pueblo judío, nuestros amigos y aliados, nos han enviado una delegación para renovar nuestra antigua amistad y alianza. 18Trajeron un escudo de oro que pesa cuatrocientos treinta y seis kilos. 19En consecuencia, hemos decidido escribir a los diversos reyes y países para pedirles que no causen ningún mal a los judíos, ni les hagan la guerra a ellos, a sus ciudades o a su país, ni se alíen con sus enemigos. 20Decidimos aceptar el escudo que nos trajeron. 21Si algunos malvados han escapado del país de los judíos y han llegado a ustedes, entréguenselos al sumo sacerdote Simón, para que los castigue según la ley de los judíos."

22Igual carta escribió al rey Demetrio, a Atalo, a Ariarate, a Arsaces 23y a todos los países: a Sampsame, Esparta, Delos, Mindos, Sición, Caria, Samos, Panfilia, Licia, Halicarnaso, Rodas, Faselis, Cos, Side, Arvad, Gortina, Cnido, Chipre y Cirene. 24Al sumo sacerdote Simón le enviaron una copia.

### Antíoco VII rompe su amistad con Simón

25El rey Antíoco acampó en uno de los suburbios39 de Dor, y la mantuvo bajo continuos ataques; construyó máquinas de guerra y cercó a Trifón para impedir que nadie pudiera entrar o salir. 26Simón le envió a Antíoco dos mil soldados escogidos, para que lo ayudaran, y también plata, oro y armamento. 27Pero Antíoco no quiso aceptarlos, sino que anuló todos los convenios que había hecho anteriormente con Simón, y rompió con él. 28Envió a Atenobio, uno del grupo de amigos del rey, a conferenciar con Simón. Lo envió con este mensaje: "Ustedes se han apoderado de Jope, de Gezer y de la ciudadela de Jerusalén, ciudades de mi reino. 29Han destruido esos territorios, han causado grandes males en el país y se han adueñado de muchos lugares de mi reino. 30Así que devuélvanme ahora las ciudades que han ocupado, y entreguen los impuestos que han cobrado en los lugares que están fuera del territorio de Judea. 31Si no, paguen por ellos dieciséis mil quinientos kilos de plata, y otro tanto como compensación por las destrucciones que causaron y por los impuestos de esas ciudades. Si no lo hacen, les declararé la guerra a ustedes."

32Atenobio, amigo del rey, fue a Jerusalén, y después de ver maravillado el esplendor de Simón, su vajilla de oro y plata, y toda su riqueza, comunicó a Simón el mensaje del rey. 33Simón respondió: "Nosotros no hemos ocupado territorio ajeno, ni nos hemos apoderado de cosas ajenas, sino de la herencia que nos dejaron nuestros antepasados, de la que en algún tiempo se habían apoderado injustamente nuestros enemigos. 34Nosotros aprovechamos la oportunidad para recuperar la herencia de nuestros antepasados. 35En cuanto a Jope y Gezer, que usted reclama: estas ciudades hacían muchos males a nuestro pueblo y a nuestro país. Por ellas le ofrecemos tres mil trescientos kilos de plata." 36Atenobio no respondió palabra. Regresó enojado adonde estaba el rey, y

lo informó de la respuesta de Simón, de su esplendor y, en una palabra, de todo lo que había visto. El rey se puso terriblemente furioso.

37Entre tanto, Trifón se embarcó en una nave y huyó a Ortosia. 38Entonces el rey nombró a Cendebeo general en jefe de la región de la costa, y le dio tropas de infantería y caballería 39con órdenes de tomar posiciones frente a Judea, de reconstruir Cedrón, de fortificar las puertas y de hacer la guerra al pueblo judío. Mientras tanto, el rey perseguiría a Trifón. 40Cendebeo llegó a Jabnia y comenzó a provocar al pueblo judío, a hacer incursiones en Judea y a tomar prisioneros y matar a muchos. 41Reconstruyó Cedrón y estacionó allí caballería y otras tropas, para que hicieran salidas y patrullaran por los caminos de Judea, como el rey le había ordenado.

### Victoria de los hijos de Simón sobre Cendebeo

16 1Juan fue de Gezer a avisar a su padre Simón de lo que estaba haciendo Cendebeo. 2Simón llamó a sus dos hijos mayores, Judas y Juan, y les dijo: "Mis hermanos y yo, y toda la familia de mi padre, hemos luchado contra los enemigos de Israel desde nuestra juventud hasta el día de hoy, y en muchas ocasiones hemos logrado la liberación de Israel. 3Yo ahora ya soy viejo, pero por la misericordia divina ustedes están en el vigor de su edad. Tomen mi lugar y el de mi hermano, y salgan a luchar por nuestra patria. ¡Que Dios los ayude!"

4Simón escogió en el país veinte mil guerreros de infantería y de caballería, que salieron a enfrentarse con Cendebeo. Después de pasar la noche en Modín, 5se levantaron temprano y se dirigieron a la llanura. Allí les salió al encuentro un enorme ejército de infantería y caballería. Un torrente separaba los dos ejércitos. 6Juan y su ejército tomaron posiciones frente a sus enemigos; pero al ver que sus soldados tenían miedo de cruzar el torrente, Juan pasó primero. Al verlo, sus hombres lo siguieron. 7Como la caballería enemiga era muy numerosa, Juan dividió su infantería en dos alas y puso la caballería en medio de ellas. 8Tocaron las trompetas, y Cendebeo y su ejército fueron derrotados. Tuvieron muchas bajas, y los que quedaron con vida huyeron a la fortaleza. 9En esta acción fue herido Judas, el

---

39 Uno de los suburbios: traducción probable. Gr. oscuro.

hermano de Juan. Juan persiguió a los que huyeron, y llegó hasta Cedrón, lugar que Cendebeo había reconstruido. [10]Los enemigos se refugiaron también en las torres que había en los campos de Azoto, pero Juan incendió la ciudad. Murieron unos dos mil enemigos, y Juan regresó sano y salvo a Judea.

### Simón es muerto a traición

[11]Tolomeo, hijo de Abub, había sido nombrado jefe militar de la llanura de Jericó. Tenía gran cantidad de oro y plata, [12]pues era yerno del sumo sacerdote; [13]pero se llenó de ambición y quiso adueñarse del país. Entonces tramó traicionar a Simón y a sus hijos, para eliminarlos. [14]Simón estaba haciendo una visita de inspección por las ciudades del país, para atender a las necesidades de aquéllas, y llegó a Jericó en compañía de sus hijos Matatías y Judas, en el undécimo mes, el mes de Sebat, del año ciento setenta y siete.[40] [15]El hijo de Abub los recibió hipócritamente en la pequeña fortaleza llamada Doc, que él había construido, y allí les ofreció un gran banquete. Pero tenía allí gente escondida, [16]y cuando Simón y sus hijos habían bebido bastante, Tolomeo y sus amigos empuñaron las armas y se precipitaron en la sala del banquete. Atacaron a Simón y lo mataron a él, a sus dos hijos y a algunos de sus criados. [17]Fue un terrible crimen, en el que Tolomeo pagó el bien con el mal.

[18]Tolomeo escribió un informe y se lo envió al rey, pidiéndole que le enviara tropas que lo apoyaran, y que le diera autoridad sobre[41] las ciudades y sobre todo el país. [19]Envió también otros hombres a Gezer para que mataran a Juan. Mandó asimismo cartas a los jefes del ejército, pidiéndoles que se unieran a él y prometiéndoles oro, plata y otros regalos. [20]A otros los envió a apoderarse de Jerusalén y de la colina del templo. [21]Sin embargo, alguien se adelantó corriendo a Gezer, y contó a Juan que su padre y sus hermanos habían muerto, y que Tolomeo había enviado gente a matarlo también a él. [22]Al oír esto, Juan se puso fuera de sí y, agarrando a los hombres que habían venido a matarlo, los mató; pues descubrió el plan que ellos tenían de asesinarlo.

[23]El resto de la historia de Juan, donde se habla de sus guerras y de las hazañas que realizó, y de cómo reconstruyó las murallas, y de otras cosas que hizo, [24]está escrito en los anales de su pontificado, desde el día en que sucedió a su padre en el cargo de sumo sacerdote.

---

[40] Corresponde al año 134 a. C.   [41] Que le diera autoridad sobre: otra posible traducción: y prometiendo entregarle.

# Segundo Libro de los
# MACABEOS

*El Segundo Libro de los Macabeos no es realmente una continuación del primero, sino el resumen, como lo explica el autor, de una obra más extensa escrita por otro judío, Jasón de Cirene, la cual no se conserva. Este segundo libro se refiere en parte a los mismos sucesos que el primero, pero abarca menos tiempo y está escrito con un enfoque diferente. El autor se interesa sobre todo en las hazañas de Judas Macabeo, tiene un gusto especial por lo maravilloso y se muestra deseoso de despertar la solidaridad de los judíos del extranjero con los de Palestina, y especialmente su interés por el templo.*

*El libro comienza con unas cartas a los judíos de Egipto, a las que sigue el prólogo del autor (1.1-2.32). Después de reseñar las persecuciones sufridas por los judíos (2.19-7.42), se dedica a narrar las victorias de Judas Macabeo (8.1-15.39).*

*Los dos libros de los Macabeos vienen a completar en buena parte la historia del periodo anterior al Nuevo Testamento, y de ese modo ayudan a entender los acontecimientos y mucho del carácter del medio ambiente en que surgió después el cristianismo.*

## Primera carta a los judíos de Egipto

**1** ¹"Los judíos de Jerusalén y de la región de Judea saludan a sus hermanos judíos de Egipto y les desean completo bienestar. ²Que Dios los llene de sus beneficios en recuerdo del pacto[a] que hizo con Abraham, Isaac y Jacob, sus siervos fieles; ³que les dé a todos la disposición de honrarlo y cumplir su voluntad con corazón grande y ánimo generoso, ⁴que disponga sus corazones para cumplir su ley y sus mandatos, que les dé paz, ⁵y que escuche sus oraciones y se reconcilie con ustedes y no los abandone en sus dificultades. ⁶Esto es lo que ahora pedimos para ustedes en nuestra oración.

⁷"Ya en el año ciento sesenta y nueve,[1] durante el reinado de Demetrio,[b] nosotros los judíos les escribimos a ustedes. Nos encontrábamos entonces en medio de la gran persecución y crisis que se desataron en esos años, después que Jasón y sus seguidores[c] traicionaron la tierra santa y su gobierno, ⁸e incendiaron la puerta principal del templo y asesinaron a gente inocente. Pero hicimos súplicas al Señor, y él nos escuchó; le presentamos un sacrificio y una ofrenda de cereales,[d] encendimos las lámparas[e] y colocamos sobre la mesa los panes consagrados.[f] ⁹Ahora les escribimos de nuevo a ustedes, para recomendarles que celebren la fiesta de las Enramadas en el mes de Quisleu.[g]

"Escrita en el año ciento ochenta y ocho."[2]

## Segunda carta a los judíos de Egipto

¹⁰"Los habitantes de Jerusalén y de Judea, y el consejo de ancianos y Judas, saludan a Aristóbulo, consejero del rey Tolomeo, de la familia de los sacerdotes consagrados, lo mismo que a los demás judíos que viven en Egipto, y les desean prosperidad.

¹¹"Librados por Dios de grandes peligros, le damos gracias de todo corazón, ya que él combate contra el rey en nuestro favor,[3] ¹²pues expulsó a los que luchaban contra la ciudad santa. ¹³En efecto, cuando el rey fue a Persia con un ejército que parecía invencible, fueron descuartizados en el templo de la diosa Nanea, engañados por los sacerdotes de la diosa.[h] ¹⁴Pues fingiendo celebrar matrimonio con la diosa, el rey Antíoco, acompañado de sus amigos, fue a ese lugar para tomar, como regalo de bodas, las enormes riquezas del templo. ¹⁵Los sacerdotes de Nanea las expusieron, y el rey Antíoco se presentó con algunas pocas personas en el interior del templo. Cuando estuvo dentro, los sacerdotes cerraron las puertas. ¹⁶Entonces abrieron una ventana secreta que había en el techo, y a pedradas mataron al rey y a sus amigos. Luego les cortaron la cabeza, los brazos y las piernas, y los echaron a los que estaban

---

[1] Corresponde al año 143 a. C.     [2] Corresponde al año 124 a. C.     [3] *Ya que él . . . favor:* texto probable. Gr. *como hombres dispuestos a luchar contra el rey.*

[a] **1.2** Gn 15; 17.1-21; Ex 6.3-4.     [b] **1.7** 1 Mac 10.67.     [c] **1.7** 2 Mac 4.7-22.     [d] **1.8** Lv 1-2.     [e] **1.8** Ex 25.31-39; 30.7-8; 1 R 7.49.     [f] **1.8** Ex 25.30.     [g] **1.9** 1 Mac 4.59; 2 Mac 10.1-8.     [h] **1.13-16** 1 Mac 6.1-4; 2 Mac 9.1-2.

fuera. [17] ¡Bendito sea siempre nuestro Dios, que entregó a los impíos a la muerte!

[18] "Como estamos para celebrar la purificación del templo el día veinticinco del mes de Quisleu,[i] hemos juzgado conveniente escribirles, para recomendarles que también ustedes celebren la fiesta de las Enramadas,[j] en honor del fuego que apareció cuando Nehemías, después de reconstruir el templo y el altar, ofreció sacrificios.[k] [19] Pues cuando nuestros antepasados fueron llevados a Persia, los piadosos sacerdotes que había entonces tomaron el fuego del altar y lo escondieron en una cisterna sin agua; allí lo guardaron tan bien que nadie conoció el lugar. [20] Pasados muchos años, en el momento dispuesto por Dios, Nehemías fue enviado a Judea por el rey de Persia,[l] y mandó a los descendientes de los sacerdotes que habían escondido el fuego, a que lo buscaran. Pero ellos informaron que no habían encontrado el fuego, sino un líquido espeso. Nehemías les mandó sacar de aquel líquido y llevárselo. [21] Cuando todo estaba listo para el sacrificio, Nehemías ordenó a los sacerdotes que rociaran con ese líquido la leña y lo que estaba colocado sobre ella. [22] Así se hizo, y al cabo de un rato brilló el sol, que había estado oculto por una nube; entonces se encendió un gran fuego, que causó la admiración de todos. [23] Mientras se consumía el sacrificio, los sacerdotes oraban, y a los sacerdotes se unieron todos los demás. Jonatán comenzaba la oración, y los demás, con Nehemías a la cabeza, respondían. [24] La oración era: 'Señor, Señor y Dios, creador de todas las cosas, temible y fuerte, justo y compasivo, el único Rey, el único bienhechor, [25] el único generoso, el único justo, todopoderoso y eterno, que salvas a Israel de toda calamidad, que escogiste a nuestros antepasados y los consagraste a ti:[m] [26] acepta este sacrificio que te ofrecemos en favor de todo Israel. Él es el pueblo de tu propiedad: protégelo y conságralo a ti. [27] Reúne a aquellos de nosotros que están desterrados, da libertad a los que están en esclavitud en medio de las naciones paganas, y mira con bondad a los despreciados y odiados, para que las naciones paganas reconozcan que sólo tú eres nuestro Dios. [28] Castiga a los que nos oprimen y nos insultan con insolencia, [29] y arraiga a tu pueblo en la tierra consagrada a ti, como lo dijo Moisés.'[n]

[30] "Mientras tanto, los sacerdotes cantaban los salmos. [31] Cuando se consumió el sacrificio, Nehemías ordenó que el líquido sobrante lo derramaran encima de unas grandes piedras. [32] Cuando hicieron esto, se encendió una llama que fue absorbida por la luz que brillaba en el altar.

[33] "El hecho se hizo público, y hasta el rey de Persia se enteró de que, en el lugar donde los sacerdotes llevados cautivos habían escondido el fuego, había aparecido un líquido que Nehemías y sus compañeros habían utilizado para quemar los animales del sacrificio. [34] Entonces el rey, después de comprobar el hecho, mandó construir un muro alrededor de aquel lugar y lo declaró sagrado; [35] y a los encargados de cuidar el lugar les daba ricos regalos de las ofrendas que recibía. [36] Los compañeros de Nehemías llamaron a aquel líquido 'neftar', que significa purificación, pero la mayoría de la gente lo llama 'nafta'.

**2** [1] En los documentos se dice que el profeta Jeremías ordenó a los desterrados tomar el fuego, como ya se ha dicho, [2] y que, dándoles la ley, les mandó que no se olvidaran de los mandamientos del Señor ni se dejaran engañar al ver las estatuas de oro y plata de los falsos dioses, y los adornos que las cubrían. [3] Y les dijo otras muchas cosas, para recomendarles que no abandonaran la ley.

[4] "Estaba escrito también en ese documento que el profeta, por instrucciones de Dios, se había hecho acompañar por la Tienda del encuentro con Dios y el cofre del pacto,[ñ] y que se había dirigido al monte desde el cual Moisés había visto la tierra prometida por Dios,[o] [5] y que, al llegar allí, Jeremías había encontrado una cueva, en la que depositó el cofre del pacto, la Tienda y el altar de los inciensos,[p] después de lo cual tapó la entrada. [6] Algunos de los acompañantes volvieron después para poner señales en el camino, pero ya no pudieron encontrarlo. [7] Jeremías, al saber esto, los reprendió

[i] 1.18 1 Mac 4.59; 2 Mac 10.1-8.　[j] 1.18 Lv 23.34; Dt 16.13.　[k] 1.18 Neh 8.13-18.　[l] 1.20 Neh 1.7-8.　[m] 1.25 Gn 12.1-3; 22.15-18; Dt 14.2.　[n] 1.29 Dt 30.5.　[ñ] 2.4 Ex 25.10-22; 26.1-36; 1 R 8.4.　[o] 2.4 Dt 32.48-52.　[p] 2.5 Ex 30.1-6.

diciéndoles: 'Ese lugar debe quedar desconocido hasta que Dios tenga compasión de su pueblo y vuelva a reunirlo. [8]Entonces el Señor hará conocer nuevamente esos objetos; y aparecerán la gloria del Señor y la nube, como aparecieron en tiempos de Moisés y cuando Salomón pidió al Señor que el templo fuera gloriosamente consagrado.'[q]

[9]"Se contaba igualmente en ese documento cómo Salomón, que poseía la sabiduría,[r] ofreció el sacrificio de la consagración e inauguración del templo,[s] [10]y que, así como Moisés oró al Señor y del cielo bajó un fuego que consumió el sacrificio,[t] del mismo modo Salomón oró, y bajó del cielo un fuego que consumió todos los animales ofrecidos en holocausto.[u] [11]Moisés había dicho: 'Como el sacrificio ofrecido por el pecado no fue comido, ha sido consumido por el fuego.' [12]Salomón, asimismo, celebró ocho días de fiesta.[v]

[13]"Esto también se contaba en los documentos y memorias de Nehemías,[w] y además se contaba cómo éste reunió la colección de los libros que contenían las crónicas de los reyes, los escritos de los profetas, los salmos de David y las cartas de los reyes sobre las ofrendas.[x] [14]De igual manera, Judas ha reunido todos los libros dispersos por causa de la guerra que nos han hecho, y ahora esos libros están en nuestras manos. [15]Si ustedes tienen necesidad de ellos, envíen algunas personas para que se los lleven.

[16]"Ya que nos estamos preparando para celebrar la purificación del templo, les escribimos para recomendarles que también ustedes celebren esta fiesta. [17]Dios ha salvado a todo su pueblo, y ha dado a todos la herencia, el reino y el sacerdocio, y nos ha consagrado a él, [18]como lo había prometido por la ley; por eso, confiamos en que también tendrá compasión de nosotros y nos reunirá en la tierra consagrada a él, llevándonos desde todos los lugares del mundo,[y] pues él nos ha librado de muchas calamidades y ha purificado el templo.''

### Prólogo del autor

[19]Jasón de Cirene escribió la historia de Judas Macabeo y sus hermanos, de la purificación del gran templo,[z] de la consagración del altar, [20]de las guerras contra el rey Antíoco Epífanes[a] y su hijo Eupátor,[b] [21]y de las manifestaciones gloriosas de Dios en favor de los valientes que lucharon varonilmente por el judaísmo, las cuales hicieron posible que éstos, aunque pocos en número, devastaran todo el país e hicieran huir a los ejércitos extranjeros. [22]Recuperaron el templo, famoso en todo el mundo; libraron a la ciudad de Jerusalén, y restablecieron las leyes que iban a ser suprimidas, pues el Señor fue sumamente bondadoso con ellos. [23]Pero nosotros procuraremos resumir en un solo libro lo que Jasón escribió en cinco.

[24]Considerando la cantidad de números y la dificultad que, por la abundancia de materia, se presenta a los que quieren seguir minuciosamente las narraciones de la historia, [25]nos esforzaremos por ofrecer entretenimiento a los que leen por el solo gusto de leer; facilidad a los que quieren aprender de memoria y, en fin, utilidad a todos los que lean este libro. [26]Para nosotros, que emprendimos la dura tarea de resumir la obra, fue una labor difícil que nos costó muchos sudores y desvelos, [27]tanto como el trabajo de quien prepara un banquete y quiere agradar a los demás. Por nuestra parte, para ser útiles a todos, soportaremos gustosamente la fatiga. [28]Dejaremos al historiador la discusión minuciosa de los detalles, para concretarnos a seguir las normas del resumen. [29]De la misma manera que el arquitecto de una casa nueva se preocupa de todo el edificio, mientras que a los pintores y decoradores les toca lo referente a la ornamentación, así nos parece que debe ser nuestra tarea: [30]al autor original de una historia le corresponde profundizar en la materia, tratar extensamente los temas, descender a los detalles; [31]pero el que hace un resumen debe ser breve en la expresión y no tratar de hacer una exposición completa de los hechos. [32]Comencemos, pues, nuestra narración, sin añadir más cosas a lo que ya hemos dicho; porque sería absurdo alargarnos en la introducción y luego acortar la historia misma.

### Dios protege los tesoros del templo

**3** [1]En tiempos del sumo sacerdote Onías,[4] la ciudad santa de Jerusalén vivía en completa paz, y las leyes eran

---

[4] Se trata de Onías III, hijo de Simón II.
[q] 2.8 Ex 16.10; 24.16; 1 R 8.10-11.   [r] 2.9 1 R 3.3-28; 4.29-34.   [s] 2.9 1 R 8.62-64.   [t] 2.10 Lv 9.24.   [u] 2.10 2 Cr 7.1.
[v] 2.12 1 R 8.65; 2 Cr 7.9.   [w] 2.13 Neh 8.   [x] 2.13 Esd 7.15-20.   [y] 2.18 Dt 30.3-5.   [z] 2.19 2 Mac 10.1-8.
[a] 2.20 2 Mac 4.7-9.29.   [b] 2.20 2 Mac 10.9-13.26.

cumplidas del modo más exacto, porque él era un hombre piadoso, que odiaba la maldad. ²Los mismos reyes rendían honores al santuario y aumentaban la gloria del templo con magníficos regalos. ³Aun Seleuco,⁵ rey de Asia, sostenía de sus propias rentas los gastos para la celebración de los sacrificios.

⁴Pero un cierto Simón, del turno sacerdotal de Bilga⁶ y administrador del templo, se disgustó con el sumo sacerdote Onías por causa de la administración del mercado de la ciudad. ⁵Al no poder imponerse a Onías, fue a hablar con Apolonio de Tarso, que en aquel tiempo era jefe militar de las provincias de Celesiria y Fenicia, ⁶y le contó que en el tesoro del templo de Jerusalén había incalculables riquezas, que la cantidad de dinero depositado era incontable, mucho más de lo que se necesitaba para los gastos de los sacrificios, y que, por lo tanto, el rey podía apoderarse del tesoro. ⁷Apolonio fue a ver al rey y lo puso al corriente del asunto de los tesoros del templo. Entonces el rey confió a Heliodoro, el encargado del gobierno, la misión de apoderarse de aquellas riquezas.

⁸Heliodoro se puso inmediatamente en camino, con el pretexto de visitar las ciudades de Celesiria y Fenicia, pero en realidad lo hacía para llevar a efecto las intenciones del rey. ⁹Cuando llegó a Jerusalén, fue recibido amistosamente por el sumo sacerdote y los habitantes de la ciudad, a quienes expuso lo que le habían dicho acerca del tesoro del templo, y manifestó el motivo de su venida. Preguntó, entonces, si era cierto lo que le habían contado. ¹⁰El sumo sacerdote le explicó que el dinero depositado pertenecía a las viudas y los huérfanos, ¹¹y que una parte era de Hircano, hijo de Tobías, personaje que ocupaba un cargo importante. Así pues, las afirmaciones del impío Simón eran falsas. Le explicó que todo el dinero depositado sumaba la cantidad de trece mil doscientos kilos de plata y seis mil seiscientos kilos de oro, ¹²y que de ningún modo se podía cometer una injusticia con los que habían confiado en la santidad del lugar y en el carácter sagrado e inviolable de aquel templo venerado en todo el mundo. ¹³Pero Heliodoro, en virtud de las órdenes que había recibido del rey, insistía en que el dinero debía ser entregado al tesoro real.

¹⁴En el día señalado por él, entró en el templo para hacer el inventario del tesoro, y en toda la ciudad hubo una gran preocupación. ¹⁵Los sacerdotes, con vestiduras sacerdotales, estaban arrodillados delante del altar e invocaban a Dios, autor de la ley sobre los depósitos, y le suplicaban que guardara intactos los bienes de quienes los habían dejado allí. ¹⁶El aspecto del sumo sacerdote impresionaba profundamente a quienes lo miraban: su rostro y la palidez de su semblante manifestaban la angustia de su alma; ¹⁷el miedo y el temor que se habían apoderado de él mostraban a quienes lo miraban el dolor profundo de su corazón. ¹⁸La gente se precipitaba en tropel a las calles para orar en común por el templo, que estaba en peligro de ser profanado. ¹⁹Las mujeres, vestidas de luto y con el pecho descubierto, llenaban las calles. De las más jóvenes, que ordinariamente eran obligadas a permanecer en su casa, algunas corrían hasta las puertas y otras subían a los muros o se asomaban por las ventanas, ²⁰y todas, con las manos levantadas al cielo, elevaban su oración. ²¹Daba compasión ver a la gente, de rodillas y en desorden, y la preocupación del sumo sacerdote, presa de una gran angustia.

²²Mientras se hacían súplicas al Señor todopoderoso para que guardara intactos y seguros los depósitos de quienes los habían dejado en el templo, ²³Heliodoro se disponía a ejecutar su decisión. ²⁴Pero cuando él y sus acompañantes se encontraban ya junto al tesoro, el Señor de los espíritus y de todo poder se manifestó con gran majestad, de modo que a todos los que se habían atrevido a entrar los aterró el poder de Dios, y quedaron sin fuerzas ni valor. ²⁵Pues se les apareció un caballo, ricamente adornado y montado por un jinete terrible, que levantando los cascos delanteros se lanzó con violencia contra Heliodoro. El jinete vestía una armadura de oro. ²⁶Aparecieron también dos jóvenes de extraordinaria fuerza y gran belleza, magníficamente vestidos. Se colocaron uno a cada lado de Heliodoro, y sin parar lo azotaron descargando golpes sobre él. ²⁷Heliodoro cayó inmediatamente a tierra sin ver absolutamente nada. Rápidamente lo levantaron y lo colocaron en una camilla. ²⁸Y así, a Heliodoro, que con gran acompañamiento y con toda su guardia había

⁵ Se trata de Seleuco IV, hermano mayor de Antíoco Epífanes.   ⁶ Del turno sacerdotal de Bilga: según versiones antiguas. Gr. de la tribu de Benjamín.

entrado en la sala del tesoro, tuvieron que llevárselo a cuestas, incapaz ahora de valerse por sí mismo, mientras reconocían claramente el poder de Dios.

²⁹Y en tanto que por la fuerza de Dios aquel hombre quedaba derribado, mudo y sin esperanza de salvación, ³⁰los judíos daban gracias al Señor, que había mostrado su gloria en el santuario; y el templo, en donde poco antes habían reinado el miedo y la confusión, estaba ahora lleno de alegría y gozo por la manifestación del Señor todopoderoso.

³¹Los amigos de Heliodoro corrieron a pedir a Onías que hiciera una oración al Dios altísimo, para que le perdonara la vida a Heliodoro, que ya estaba a punto de morir. ³²El sumo sacerdote, temeroso de que el rey sospechara que los judíos habían atentado contra la vida de Heliodoro, ofreció un sacrificio por su curación. ³³Y al ofrecer el sumo sacerdote el sacrificio por el pecado, los mismos jóvenes, vestidos con las mismas vestiduras, se aparecieron nuevamente a Heliodoro, se pusieron de pie junto a él y le dijeron: "Da muchas gracias al sumo sacerdote Onías; por su oración, el Señor te perdona la vida. ³⁴Y ahora que has recibido el castigo de Dios, proclama a todos su gran poder." Dichas estas palabras, desaparecieron.

³⁵Heliodoro ofreció un sacrificio e hizo grandes promesas al Señor por haberle conservado la vida, y despidiéndose de Onías volvió con sus tropas al rey. ³⁶A todos hablaba de lo que el Dios altísimo había hecho, y que él había visto con sus propios ojos.

³⁷El rey, entonces, le preguntó a Heliodoro a quién podría enviar de nuevo a Jerusalén, y él respondió: ³⁸"Si Su Majestad tiene algún enemigo o uno que conspire contra su gobierno, envíelo allá, y si logra sobrevivir, volverá a Su Majestad despedazado por los azotes, pues ciertamente en ese lugar hay un poder divino. ³⁹El que vive en el cielo vela sobre ese lugar y lo protege; a los que van allí con malas intenciones, los golpea y los hace morir."

⁴⁰Esta es la historia de Heliodoro y de la conservación del tesoro del templo.

### Onías acude al rey

**4** ¹Simón, de quien ya se ha hablado antes, que traicionó a su patria propagando las falsas noticias acerca del tesoro del templo, calumniaba a Onías diciendo que él había atacado a Heliodoro y le había causado esos males. ²Se atrevió a llamar enemigo de los intereses públicos a Onías, el benefactor de la ciudad, protector de sus compatriotas y celoso defensor de las leyes. ³La enemistad creció a tal punto, que uno de los hombres de confianza de Simón cometió algunos asesinatos. ⁴Considerando Onías que tal rivalidad era perjudicial, y viendo que Apolonio, hijo de Menesteo, jefe militar de las provincias de Celesiria y Fenicia, fomentaba la maldad de Simón, ⁵se dirigió al rey, no para acusar a sus conciudadanos sino buscando el interés general y particular de todo el pueblo, ⁶pues veía que sin una intervención del rey sería imposible alcanzar la paz pública y que Simón pusiera fin a su locura.

### Antíoco IV Epífanes: introducción de costumbres paganas en Israel
*(1 Mac 1.10-15)*

⁷Cuando Seleuco murió, lo sucedió Antíoco, conocido con el nombre de Epífanes. Entonces Jasón, hermano de Onías, compró con dinero el cargo de sumo sacerdote; ⁸en una entrevista con el rey, prometió darle once mil ochocientos ochenta kilos de plata como tributo, más otros dos mil seiscientos cuarenta de entradas adicionales. ⁹Se comprometió, además, a pagar casi cinco mil kilos de plata, si lo autorizaba a establecer, por cuenta propia, un gimnasio y un centro de deportes y cultura griega, y si daba a los habitantes de Jerusalén el derecho de ciudadanos de Antioquía.⁷ ¹⁰El rey le concedió lo que pedía, y desde que Jasón tomó posesión del cargo, fomentó entre sus compatriotas la manera griega de vivir. ¹¹Renunció a los privilegios que bondadosamente los reyes habían concedido a los judíos por intercesión de Juan, el padre de Eupólemo. Este Eupólemo es el mismo que fue enviado a hacer un tratado de amistad y alianza con los romanos.ᶜ Jasón suprimió además las costumbres conformes con la ley e introdujo otras contrarias a ella.ᵈ ¹²Se apresuró a construir un gimnasio al pie de la ciudadela, e hizo que los jóvenes más sobresalientes se dedicaran a los ejercicios del gimnasio.⁸ ¹³La extremada maldad del impío y falso sumo sacerdote Jasón hizo que por todas

---

⁷ *Si daba . . . Antioquía:* Otra posible traducción: *registrar a los ciudadanos de Antioquía residentes en Jerusalén.*   ⁸ *Se dedicaran . . . gimnasio:* lit. *se pusieran el petaso.* El petaso era el sombrero de ala ancha característico de Hermes, dios de los deportes.
ᶜ **4.11** 1 Mac 8.17.   ᵈ **4.11** 1 Mac 1.15,44 -50.

partes se propagara la manera griega de vivir, y que aumentara el deseo de imitar lo extranjero. [14]Así, los sacerdotes dejaron de mostrar interés por el servicio del altar, y ellos mismos, despreciando el templo y descuidando los sacrificios, en cuanto sonaba la señal se apresuraban a ayudar a los luchadores a entrenarse en los ejercicios prohibidos por la ley. [15]Despreciaban por completo los honores de la propia patria, y estimaban en sumo grado las glorias de los griegos. [16]Pero precisamente por eso se vieron en una situación difícil: aquéllos mismos a quienes se propusieron seguir y copiar en todo, fueron después sus enemigos y verdugos. [17]Porque la violación de las leyes divinas no queda sin castigo, como lo demuestra la historia que sigue.

[18]Al celebrarse en Tiro, en presencia del rey, los juegos que tenían lugar cada cuatro años, [19]el malvado Jasón envió, como representantes de Jerusalén, a algunos en calidad de ciudadanos de Antioquía, para presenciar los juegos, y les dio trescientas monedas de plata para el sacrificio al dios Hércules; pero ellos mismos pensaron que no convenía emplear ese dinero en el sacrificio, sino más bien en otros gastos. [20]Y así, el dinero destinado por Jasón para el sacrificio en honor de Hércules, fue dedicado, por quienes lo llevaban, a equipar barcos de remos.

[21]Cuando Apolonio, hijo de Menesteo, fue a Egipto para asistir como delegado a la coronación del rey Filométor, supo Antíoco que Filométor era contrario a su política, y se preocupó por tomar medidas de seguridad. Por eso se dirigió a la ciudad de Jope, y de allí marchó a Jerusalén. [22]Jasón y la ciudad le hicieron un gran recibimiento a la luz de antorchas y entre aclamaciones. Después Antíoco acampó con su ejército en la región de Fenicia.

### Menelao, sumo sacerdote

[23]Tres años más tarde, Jasón envió a Menelao, hermano del Simón antes mencionado, para llevar el dinero prometido al rey y tratar asuntos urgentes. [24]Pero Menelao, al presentarse ante el rey, se ganó su favor haciéndose pasar por un personaje importante y, ofreciéndole nueve mil novecientos kilos de plata más que Jasón, logró que le diera a él el cargo de sumo sacerdote. [25]Tan pronto como recibió el nombramiento de manos del rey, regresó; pero no mostraba reunir las cualidades de un sumo sacerdote, sino los sentimientos de un tirano cruel y el furor de una fiera salvaje. [26]De este modo, Jasón, que había suplantado a su propio hermano, fue a su vez suplantado por otro, y se vio obligado a huir al territorio de Amón.

[27]Pero Menelao, una vez que obtuvo el cargo, no se preocupó ya por pagar al rey el dinero prometido, [28]a pesar de las reclamaciones que le hacía Sóstrates, comandante de la ciudadela, a quien le correspondía cobrar los impuestos. Por esta causa, los dos fueron llamados por el rey. [29]Entonces Menelao dejó en lugar suyo, como sumo sacerdote, a su hermano Lisímaco, y Sóstrates dejó a Crates, jefe de los soldados de Chipre.

### Asesinato de Onías

[30]Mientras esto sucedía, los ciudadanos de Tarso y de Malos se rebelaron, porque sus ciudades habían sido dadas como regalo a Antióquida, concubina del rey. [31]El rey partió rápidamente para imponer orden, dejando como encargado del poder a Antíoco, uno de los personajes más importantes. [32]Pensando que la ocasión le era favorable, Menelao robó algunos objetos de oro del templo; unos se los regaló a Andrónico, y otros logró venderlos en Tiro y las ciudades vecinas. [33]Cuando de buenas fuentes Onías se enteró de esto, se retiró a Dafne, cerca de Antioquía, lugar en donde no lo podían atacar, y desde allí le reprochó a Menelao su proceder. [34]Menelao, entonces, acercándose en privado a Andrónico, empezó a urgirle que matara a Onías. Andrónico fue al lugar donde estaba Onías, y dándole la mano le juró falsamente que no le haría nada. Onías se resistía a creerle, pero al fin se dejó convencer y salió del lugar de refugio. Inmediatamente Andrónico lo mató, sin ningún miramiento por la justicia.

[35]Por esta causa, no sólo los judíos, sino también muchos de otras naciones, se indignaron y enojaron por la injusta muerte de aquel hombre. [36]Y cuando el rey regresó de Cilicia, los judíos de la ciudad fueron a hablar con él acerca del asesinato de Onías; los griegos reprobaban, lo mismo que ellos, ese crimen. [37]Antíoco, profundamente afectado y movido a compasión, lloró al recordar la prudencia y sensatez del difunto. [38]Lleno de indignación, despojó inmediatamente a Andrónico de su manto color púrpura y le rasgó las vestiduras, luego lo hizo llevar

por toda la ciudad hasta el lugar en que había cometido su impío crimen contra Onías, y allí libró al mundo de semejante asesino. Así el Señor le dio el castigo que merecía.

### Intrigas de Menelao

³⁹Con la complicidad de Menelao, Lisímaco cometió en Jerusalén muchos robos de objetos sagrados. Al saberlo, el pueblo se levantó contra Lisímaco; pero para entonces ya muchos objetos de oro habían desaparecido. ⁴⁰Viendo que la gente, enfurecida, empezaba a rebelarse, armó Lisímaco cerca de tres mil hombres y dio comienzo a una injusta represión, dirigida por un tal Auranos, hombre tan entrado en años como descentrado en juicio. ⁴¹Cuando la gente vio que Lisímaco los atacaba, unos reunieron piedras, otros tomaron palos pesados, otros recogieron con la mano la ceniza que había en el suelo y, en medio de una gran confusión, comenzaron a lanzarlo todo contra los hombres de Lisímaco. ⁴²De esta forma, a muchos de ellos los hirieron y a otros los mataron, y a todos los demás los pusieron en fuga; y al profanador Lisímaco lo mataron junto al tesoro del templo.

⁴³Por estos acontecimientos se siguió un juicio en contra de Menelao. ⁴⁴Cuando el rey fue a Tiro, tres hombres enviados por el consejo de ancianos de los judíos acusaron a Menelao ante el rey. ⁴⁵Menelao, viéndose ya perdido, ofreció mucho dinero a Tolomeo,ᵉ hijo de Dorimeno, para que convenciera al rey en su favor. ⁴⁶Así pues, Tolomeo, llevando al rey a una galería con el pretexto de refrescarse, lo hizo cambiar de opinión. ⁴⁷De esta manera, el rey absolvió de las acusaciones a Menelao, autor de todos estos males, y condenó a muerte a los pobres acusadores, a quienes aun los salvajes hubieran declarado inocentes. ⁴⁸Ellos, que habían querido defender la ciudad, y a sus habitantes y los objetos de culto, sufrieron sin más el injusto castigo. ⁴⁹Por esta razón, algunos habitantes de Tiro, disgustados por tanta maldad, costearon con generosidad los gastos de sus funerales. ⁵⁰Menelao, gracias a la codicia de los poderosos, permaneció en su cargo, y fue de mal en peor, llegando a ser el mayor enemigo de sus conciudadanos.

ᵉ 4.45 1 Mac 3.38; 2 Mac 10.12.    ᶠ 5.9 1 Mac 12.7.

### Muerte de Jasón

5 ¹Por aquel tiempo, Antíoco se preparaba para su segunda expedición contra Egipto. ²Entonces, durante casi cuarenta días, aparecieron en toda la ciudad jinetes con armadura de oro, armados y organizados en escuadrones, que corrían por el aire con las espadas desenvainadas; ³compañías de caballería en orden de batalla, con ataques y asaltos de una y de otra parte, con agitar de escudos y con lanzas innumerables, tiros de flechas, relampaguear de armaduras de oro y corazas de todo tipo. ⁴Todos pedían a Dios que estas visiones anunciaran algo bueno.

⁵Habiendo circulado el falso rumor de la muerte de Antíoco, Jasón tomó no menos de mil hombres y, sin previo aviso, atacó la ciudad. Finalmente, después de haber rechazado a los que defendían las murallas, Jasón tomó la ciudad, y Menelao buscó refugio en la ciudadela. ⁶Jasón degolló sin compasión a muchos de sus propios conciudadanos, no comprendiendo que la victoria sobre sus compatriotas era la mayor derrota; pero él pensaba que estaba celebrando el triunfo sobre sus enemigos y no sobre sus paisanos. ⁷Sin embargo no logró conquistar el poder, sino que el único resultado de su traición fue la humillación, y huyó de nuevo hacia el territorio de Amón. ⁸Su conducta perversa tuvo un triste final: después de caer prisionero en manos de Aretas, jefe de los árabes, huyó de ciudad en ciudad; perseguido por todos, odiado como traidor a las leyes, aborrecido como verdugo de su patria y de sus compatriotas, fue a parar a Egipto. ⁹Y él, que había desterrado de su patria a muchos, murió en tierra extranjera, después de haberse embarcado para Lacedemonia con la esperanza de encontrar allí un lugar de refugio, gracias al parentesco de los lacedemonios con los judíos;ᶠ ¹⁰y a él, que había dejado a tantos sin sepultura, nadie lo lloró; no se le hicieron funerales, ni encontró un lugar en la tumba de sus antepasados.

### Profanación del templo
#### (1 Mac 1.16-28)

¹¹Cuando el rey supo estas cosas, llegó a la conclusión de que Judea quería rebelarse. Entonces, enfurecido como una fiera, se puso en marcha desde Egipto,

tomó con su ejército a Jerusalén, [12]y ordenó a sus soldados golpear sin compasión a los que encontraran y degollar a los que buscaran refugio en las casas. [13]Fue una matanza de jóvenes y ancianos, una carnicería de mujeres y niños, y un degüello de muchachas y niños de pecho. [14]En sólo tres días, el total de víctimas fue de ochenta mil: cuarenta mil murieron asesinados, y otros tantos fueron vendidos como esclavos.

[15]No contento con esto, el rey se atrevió a penetrar en el templo más sagrado de toda la tierra; y Menelao, traicionando las leyes y la patria, le sirvió de guía. [16]Con sus manos impuras tomó el rey los vasos sagrados, y robó las cosas que otros reyes habían ofrecido para el engrandecimiento, la gloria y la dignidad del templo.

[17]Antíoco estaba lleno de orgullo y no entendía que, a causa de los pecados de los habitantes de Jerusalén, el Señor se había enojado por poco tiempo[g] y parecía haberse olvidado del santuario. [18]Si los judíos no hubieran cometido tantos pecados, Dios hubiera castigado a Antíoco desde el primer momento y lo hubiera hecho desistir de su audacia, como lo había hecho con Heliodoro, a quien el rey Seleuco envió para inspeccionar el tesoro del templo. [19]Pero el Señor no escogió al pueblo por amor al templo, sino que escogió el templo por amor al pueblo. [20]Por eso, el templo, después de haber participado de las calamidades del pueblo, participó también de su bienestar; fue abandonado porque Dios todopoderoso se enojó, pero fue nuevamente restaurado con todo su esplendor, cuando volvió a gozar del favor del soberano Señor.

### Matanzas en Jerusalén
#### (1 Mac 1.29-40)

[21]Antíoco, después de llevarse del templo casi mil kilos de plata, volvió rápidamente a Antioquía, pensando, en medio de su orgullo y arrogancia, que podría hacer que los barcos navegaran por tierra y que los hombres caminaran por el mar. [22]Sin embargo, dejó comisarios encargados de hacer mal a los judíos. En Jerusalén puso a Filipo, natural de Frigia, de sentimientos más salvajes que el que lo había nombrado; [23]en el monte Gerizim dejó a Andrónico; y además de éstos nombró a Menelao, el peor de todos

en cuanto a perseguir a sus conciudadanos. Era tal el odio que el rey sentía por los judíos, [24]que envió a Apolonio, jefe de los mercenarios de Misia, al frente de un ejército de veintidós mil hombres, con la orden de degollar a todos los hombres adultos y de vender a las mujeres y los niños. [25]Al llegar a Jerusalén, Apolonio fingió tener intenciones pacíficas y esperó hasta el sagrado día de reposo; y aprovechándose de que los judíos estaban descansando,[h] ordenó a sus tropas hacer un desfile militar. [26]a todos los que salieron a ver el espectáculo los hizo matar allí mismo, y recorriendo con sus tropas la ciudad, dio muerte a gran cantidad de gente.

[27]Pero Judas Macabeo se reunió con unos diez hombres más y se retiró al desierto;[i] en aquellas montañas vivió con sus compañeros como los animales salvajes, y para mantenerse ritualmente puros comían sólo hierbas.[j]

### Persecución religiosa y cultos paganos
#### (1 Mac 1.41-64)

**6** [1]Poco tiempo después, el rey envió a un anciano de la ciudad de Atenas para obligar a los judíos a quebrantar las leyes de sus antepasados y a organizar su vida de un modo contrario a las leyes de Dios, [2]para profanar el templo de Jerusalén y consagrarlo al dios Zeus Olímpico, y para dedicar el templo del monte Gerizim a Zeus Hospitalario, como lo habían pedido[9] los habitantes de aquel lugar.

[3]Aun para la masa del pueblo era penoso y difícil soportar tantos males. [4]El templo era escenario de actos desenfrenados y de fiestas profanas, organizadas por paganos que se divertían con mujeres de mala vida y tenían relaciones con prostitutas en los atrios sagrados. Además, llevaban al templo objetos que estaba prohibido introducir en él, [5]y el altar se veía lleno de animales que la ley prohibía ofrecer.[k] [6]No se podía observar el día de reposo,[l] ni celebrar las fiestas tradicionales, ni siquiera declararse judío. [7]A la fuerza se veía la gente obligada a comer de los animales que cada mes se ofrecían en sacrificio para celebrar el día del nacimiento del rey. Cuando llegaba la fiesta del dios Baco, se obligaba a la gente a tomar parte en la procesión, con la cabeza coronada de ramas de hiedra.

---

*9 Lo habían pedido:* texto probable. Gr. *eran.*
*g* **5.17** 2 Mac 6.12-16; 7.16-17.   *h* **5.25-26** 1 Mac 2.32-41.   *i* **5.27** 1 Mac 2.27-31.   *j* **5.27** 1 Mac 1.62-63.   *k* **6.5** Lv 11.7-8.
*l* **6.6** Ex 20.8-11.

[8]Por instigación de los habitantes de la ciudad de Tolemaida,[10] se expidió un decreto para que en las ciudades griegas vecinas se observara la misma conducta contra los judíos y se les obligara a tomar parte en la comida de los animales ofrecidos en sacrificio; [9]los que no aceptaran las costumbres griegas serían degollados. Todo esto hacía prever la calamidad que se aproximaba.

[10]Así, por ejemplo, dos mujeres fueron llevadas al tribunal por haber hecho circuncidar a sus hijos; después de conducirlas públicamente por la ciudad, con los niños colgados de los pechos, las arrojaron desde lo alto de la muralla. [11]Otros, que se habían reunido en cavernas cercanas para celebrar a escondidas el día de reposo, habiendo sido denunciados ante Filipo, fueron quemados todos juntos, pues por respeto al día de reposo no quisieron defenderse.[m]

[12]Recomiendo a los que lean este libro que no se desconcierten por causa de estas desgracias, sino que consideren que aquellos castigos eran para corregir a nuestro pueblo y no para destruirlo. [13]Pues es señal de gran bondad de Dios no condescender con los pecadores, sino castigarlos pronto; [14]para castigar a las otras naciones, el Señor aguarda con paciencia a que llenen la medida de sus pecados, pero a nosotros [15]nos castiga antes de que lleguemos al extremo de los nuestros. [16]Pues él no aparta de nosotros su misericordia, y aunque nos corrige con calamidades, no nos abandona.[n] [17]Baste ahora con haber recordado estas cosas; y hecha esta breve interrupción, sigamos el relato.

### Martirio de Eleazar

[18]A Eleazar, uno de los principales maestros de la ley, hombre de avanzada edad y de presencia noble, se le quería obligar, abriéndole la boca, a comer carne de cerdo.[ñ] [19]Pero él, prefiriendo una muerte honrosa a una vida sin honor, voluntariamente se dirigió al lugar del suplicio [20]después de haber escupido la carne. Se portó como deben portarse los que firmemente rechazan lo que no está permitido comer, ni aun por amor a la vida. [21]Los que presidían esta comida prohibida por la ley, y que de tiempo atrás conocían a este hombre, tomándolo aparte le aconsejaron que se hiciera traer carne preparada por él, la cual estuviera

permitida, y que fingiera comer de la carne ofrecida en sacrificio, como lo había ordenado el rey. [22]Así evitaría la muerte, y ellos, por su antigua amistad con él, lo tratarían con bondad. [23]Pero Eleazar, tomando una decisión honrosa y digna de su edad, de su venerable ancianidad y de sus cabellos blancos, que eran señal de sus trabajos y de su distinción, una decisión digna de su conducta intachable desde la niñez, y especialmente digna de la santa ley establecida por Dios, respondió en consecuencia: "Quítenme la vida de una vez. [24]A mi edad no es digno fingir; no quiero que muchos de los jóvenes vayan a creer que yo, Eleazar, a los noventa años, abracé una religión extranjera, [25]y que, a causa de mi hipocresía y por una corta y breve vida, ellos caigan por mi culpa en el error. Con esto atraería sobre mi ancianidad la infamia y la deshonra. [26]Además, aunque ahora evitara el castigo de los hombres, ni vivo ni muerto podría escapar de las manos del Todopoderoso. [27]Por lo tanto, abandono esta vida con valor, para mostrarme digno de mi ancianidad, [28]y dejo a los jóvenes un noble ejemplo, mostrándome dispuesto a morir valientemente por nuestras venerables y santas leyes."

Dicho esto, se encaminó directamente al lugar del suplicio. [29]Los que lo conducían, al escuchar sus palabras, que ellos tenían por propias de un loco, cambiaron su anterior afabilidad en dureza. [30]Pero Eleazar, ya a punto de morir a causa de los golpes, dijo suspirando: "El Señor lo conoce todo sin error. Él sabe que, aunque pude escapar de la muerte, sufro en mi cuerpo terribles dolores a causa de los azotes; pero sabe también que en mi interior sufro con alegría por la reverencia que le tengo." [31]Y de esta manera murió, dejando con su muerte, no sólo a los jóvenes sino a la nación entera, un ejemplo de valentía y un recuerdo de virtud.

### Martirio de siete hermanos y su madre

7 [1]Sucedió también que siete hermanos con su madre fueron detenidos. El rey quería obligarlos, azotándolos con látigos y nervios de buey, a comer carne de cerdo, prohibida por la ley. [2]Uno de ellos, en nombre de todos, habló así: "¿Qué quieres saber al interrogarnos? Estamos dispuestos a morir, antes que faltar a las

[10] Los habitantes . . . Tolemaida: según versiones antiguas. Gr. Tolomeo.
[m] 6.11 1 Mac 2.32-38.   [n] 6.12-16 Is 54.7-8; Jdt 8.25-27; Sab 11.9-10; 12.2-22; 2 Co 4.17.   [ñ] 6.18 Lv 11.7-8.

leyes de nuestros antepasados." [3]Enfurecido, el rey mandó poner al fuego grandes sartenes y calderas. [4]Cuando estuvieron calientes, ordenó que al que había hablado en nombre de todos le cortaran la lengua, y que le arrancaran el cuero cabelludo y le cortaran los pies y las manos, en presencia de su madre y de los demás hermanos. [5]Cuando ya estaba completamente mutilado, el rey mandó acercarlo al fuego y, todavía con vida, echarlo a la sartén. Mientras el humo de la sartén se esparcía por todas partes, los otros hermanos se animaban entre sí, y con su madre, a morir valientemente. Decían: [6]"Dios el Señor está mirando, y en verdad tiene compasión de nosotros. Eso fue lo que Moisés dijo en su canto, cuando echó en cara al pueblo su infidelidad: 'El Señor se compadecerá de sus siervos.' "[o] [7]Así murió el primero.

Entonces llevaron al segundo al suplicio, y después de arrancarle el cuero cabelludo, le preguntaron:

—¿Quieres comer, para que no te corten el cuerpo en pedazos?

[8]Él, respondiendo en su lengua materna, dijo:

—¡No!

Así que fue sometido igualmente al tormento. [9]Pero él, exhalando el último suspiro, dijo:

—Tú, criminal, nos quitas la vida presente. Pero el Rey del mundo nos resucitará a una vida eterna[p] a nosotros que morimos por sus leyes.

[10]En seguida torturaron al tercero. Este, cuando se lo pidieron, sacó inmediatamente la lengua, extendió sin miedo las manos, [11]y dijo valientemente: "De Dios recibí estos miembros, pero por sus leyes los desprecio, pues de él los espero recobrarlos." [12]Hasta el rey y los que estaban con él quedaron impresionados con el ánimo del joven, que de tal modo despreciaba los tormentos.

[13]Muerto éste, también el cuarto fue sometido a la tortura. [14]Y cuando estaba para morir, dijo: "Acepto morir a manos de los hombres, esperando las promesas hechas por Dios de que él nos resucitará. Para ti, en cambio, no habrá resurrección a la vida."

[15]En seguida trajeron al quinto y lo torturaron. [16]Él, mirando al rey, dijo: "Aunque eres mortal, tienes poder sobre los hombres y haces lo que quieres. Pero no pienses que Dios ha abandonado a nuestro pueblo. [17]Aguarda un poco y verás cómo él, con su gran poder, te atormentará a ti y a tus descendientes."[q]

[18]Después trajeron al sexto, quien, estando para morir, dijo: "No te hagas ilusiones; por nuestra culpa sufrimos esto, porque hemos pecado contra nuestro Dios; por eso nos han sucedido cosas terribles. [19]Pero tú, que te has atrevido a luchar contra Dios, no pienses que quedarás sin castigo."

[20]Pero mucho más admirable aún y digna de glorioso recuerdo fue la madre, quien, viendo morir a sus siete hijos en un solo día, lo sobrellevó todo con fortaleza de alma, sostenida por la esperanza en el Señor. [21]Animaba a cada uno hablándole en su idioma materno y llena de nobles sentimientos, y uniendo un ardor varonil a sus reflexiones maternales, les decía: [22]"No sé cómo aparecieron ustedes en mis entrañas; no fui yo quien les dio la vida y el aliento, ni quien organizó su cuerpo. [23]Es el creador del mundo, que hizo todas las cosas, quien forma al hombre desde el primer momento. Él, en su misericordia, les devolverá la vida y el aliento,[r] pues ustedes, por las leyes de Dios, no piensan en ustedes mismos."

[24]Antíoco creyó que ella se burlaba de él y sospechó que lo estaba insultando. Como el más joven estaba aún con vida, el rey no sólo trataba de convencerlo, sino que con juramento se comprometió a hacerlo rico y dichoso, y a contarlo entre sus amigos y confiarle altos cargos, si se apartaba de las leyes de sus antepasados. [25]Pero el joven no hizo caso. Entonces el rey mandó a la madre que aconsejara al joven que salvara su vida. [26]Tanto le insistieron, que ella al fin consintió en hablar a su hijo. [27]Se inclinó hacia él y, burlándose del cruel tirano, dijo al hijo en su lengua materna: "Hijo, ten piedad de mí, que te llevé nueve meses en mi seno, que te di el pecho durante tres años, y que te he criado y educado hasta la edad que ahora tienes. [28]Te ruego, hijo, que mires al cielo y a la tierra, que veas todo lo que hay en ellos y entiendas que de la nada Dios lo hizo todo;[s] y que de la misma manera creó el género humano. [29]No temas a este verdugo; muéstrate digno de tus hermanos y acepta la muerte, para que por la misericordia de Dios yo te recobre junto con ellos."

o 7.6 Dt 32.36.   p 7.9-14,23 Is 26.19; Dn 12.2; 2 Mac 12.43-45; Jn 5.25-29; 6.40; Hch 26.8; 1 Co 15.12-57.
q 7.17 2 Mac 9.5-28.   r 7.23 Jn 11.24.   s 7.28 He 11.3.

[30]Todavía estaba ella hablando, cuando el joven dijo: "¿Qué esperan ustedes? No obedezco las órdenes del rey; obedezco los mandamientos de la ley que Dios dio a nuestros antepasados por medio de Moisés. [31]Y tú, rey, autor de todos los males que afligen a los judíos, no escaparás de las manos de Dios. [32]Nosotros sufrimos por nuestros propios pecados. [33]Si para castigarnos y corregirnos el Señor de la vida se ha enojado momentáneamente con nosotros, nuevamente habrá de reconciliarse con sus siervos.[t] [34]Tú, impío, el más criminal de todos los hombres, no te enorgullezcas sin razón ni te llenes de vanas esperanzas para levantar tu mano contra los siervos de Dios. [35]Aún no has escapado del juicio del Señor todopoderoso, que todo lo ve. [36]Nuestros hermanos, después de soportar un sufrimiento pasajero, gozan ya de la vida eterna que Dios ha prometido;[u] tú, en cambio, recibirás de Dios el castigo que mereces por tu orgullo. [37]Yo, lo mismo que mis hermanos, entrego mi cuerpo y mi vida por las leyes de nuestros antepasados, y suplico a Dios que tenga pronto compasión de su pueblo, y que con calamidades y castigos te obligue a ti a confesar que él es el único Dios. [38]¡Que en mí y en mis hermanos se detenga la ira del Todopoderoso, justamente desatada contra nuestro pueblo!"

[39]Enfurecido el rey, y no pudiendo soportar la burla, torturó con mayor crueldad a éste que a los otros. [40]Así murió el muchacho, sin haber comido cosa impura y con una gran confianza en el Señor. [41]Finalmente, después de sus hijos, murió también la madre.

[42]Con esto terminamos nuestro relato sobre la comida de alimentos impuros y las extraordinarias crueldades que se cometieron.

## Insurrección de Judas Macabeo

**8** [1]Entre tanto, Judas Macabeo y sus compañeros entraron secretamente en las aldeas y empezaron a llamar a sus parientes, y reuniendo a otros que permanecían fieles al judaísmo, juntaron unos seis mil. [2]Pedían al Señor que mirara por el pueblo a quien todos perseguían, que tuviera compasión del templo profanado por hombres impíos, [3]que se compadeciera de la ciudad devastada y a punto de ser arrasada, que oyera el clamor de la sangre que le pedía a gritos que hiciera justicia, [4]que se acordara de la muerte injusta de niños inocentes y de los insultos contra su nombre, y que mostrara su odio contra el mal.

[5]Poniéndose a la cabeza de un ejército, Macabeo se hizo invencible frente a los paganos, pues el Señor cambió su ira en misericordia. [6]Caía de improviso sobre ciudades y aldeas, y las incendiaba; tomaba posiciones estratégicas y ponía en fuga a no pocos de sus enemigos, [7]aprovechando la noche para sus ataques. La fama de su valentía se extendió por todas partes.[u]

## Nicanor y Gorgias invaden Judea
### (1 Mac 3.38-45)

[8]Al ver Filipo que poco a poco Judas Macabeo iba haciendo grandes progresos, y que sus éxitos eran más y más frecuentes, escribió a Tolomeo, jefe militar de Celesiria y Fenicia, para que viniera en ayuda de los intereses del rey. [9]Tolomeo escogió inmediatamente a Nicanor,[v] hijo de Patroclo, quien pertenecía al grupo de los primeros amigos del rey, y lo envió al mando de no menos de veinte mil soldados de muchos países, para aniquilar a todos los judíos. Con él envió a Gorgias, general muy experimentado en asuntos de guerra. [10]Nicanor pensaba pagar, con la venta de los judíos que hiciera prisioneros, el tributo de sesenta y seis mil kilos de plata que el rey debía a los romanos. [11]Inmediatamente mandó invitaciones a las ciudades de la costa, para que tomaran parte en la compra de prisioneros judíos, prometiendo vendérselos a razón de tres esclavos por un kilo de plata,[12] sin pensar en el castigo que Dios todopoderoso le enviaría.

[12]A Judas le llegó la noticia del avance de Nicanor, e hizo saber a sus hombres que el ejército enemigo estaba cerca. [13]Entonces los cobardes y los que desconfiaban de la justicia de Dios huyeron y se refugiaron en otro lugar. [14]Los otros vendían lo que les quedaba y pedían al Señor que los librara del impío Nicanor, quien antes del combate ya los había vendido; [15]pedían a Dios que, si no hacía esto por consideración a ellos, al menos lo hiciera

---

[ll] Gozan . . . prometido: traducción probable. Gr. oscuro.   [12] Tres esclavos por un kilo de plata: lit. noventa esclavos por un talento.
[t] 7.33 2 Mac 5 .17-20; 6.12-16.   [u] 8.5-7 1 Mac 3.3-9.   [v] 8.9 1 Mac 7.26-27.

en atención al pacto[w] hecho con sus antepasados, y por el santo y glorioso nombre que ellos llevaban.

### Primera victoria judía sobre Nicanor
#### (1 Mac 3.46-60)

[16]Macabeo reunió a su gente, que eran seis mil hombres, y les recomendó que no perdieran el ánimo frente a los enemigos ni tuvieran miedo a la multitud de paganos que injustamente los atacaban, sino que lucharan con valor, [17]teniendo presentes los criminales ultrajes que los paganos habían hecho al templo, los malos tratos y los insultos contra la ciudad y, finalmente, la supresión de las costumbres recibidas de sus antepasados. [18]"Ellos —dijo— confían en sus armas y en su audacia. Nosotros, en cambio, ponemos nuestra confianza en Dios todopoderoso,[x] que con sólo ordenarlo puede derrotar a los que marchan contra nosotros, y aun al mundo entero." [19]Les recordó la protección de que habían gozado sus antepasados, lo que sucedió en tiempos de Senaquerib, cuando murieron ciento ochenta y cinco mil hombres,[y] [20]y lo que tuvo lugar en Babilonia durante la guerra contra los gálatas. En esa ocasión tomaron parte en la acción ocho mil judíos y cuatro mil soldados de Macedonia, y estando los macedonios sin saber qué hacer, los ocho mil judíos, gracias al auxilio que recibieron de Dios, derrotaron a ciento veinte mil enemigos y se apoderaron de un enorme botín.

[21]Después de haberlos animado con sus palabras, y de hacer que estuvieran preparados a morir por las leyes y la patria, repartió su ejército en cuatro divisiones. [22]Al frente de cada división puso a uno de sus hermanos, Simón, José y Jonatán, asignando a cada uno mil quinientos hombres. [23]Luego ordenó a Azarías que leyera[13] el libro sagrado, y habiéndoles dado como contraseña las palabras "Dios nos ayuda", tomó el mando de la primera división y atacó a Nicanor. [24]El Todopoderoso luchó a favor de ellos, y mataron a más de nueve mil enemigos, y mutilaron e hirieron a la mayor parte del ejército de Nicanor, y a todos los obligaron a huir. [25]Además, se apoderaron del dinero de los que habían venido a comprarlos.[z] Después de haberlos perseguido un buen trecho, tuvieron que regresar porque se hacía

tarde. [26]Era la víspera del día de reposo, y por esta causa no siguieron persiguiéndolos. [27]Después de recoger las armas de los enemigos y el botín, celebraron el día de reposo, alabando y dando gracias al Señor porque los había conservado hasta ese día, en que había comenzado a mostrar su misericordia con ellos. [28]Pasado el día de reposo, repartieron el botín, una parte entre las víctimas de la persecución, las viudas y los huérfanos, y el resto entre ellos y sus hijos. [29]Hecho esto, todos juntos hicieron oraciones al Señor misericordioso, para pedirle que se reconciliara del todo con sus siervos.

### Victoria sobre Timoteo y Báquides

[30]En su lucha con los soldados de Timoteo y Báquides,[a] mataron a más de veinte mil hombres y se apoderaron firmemente de fortalezas elevadas. Luego repartieron el botín en dos partes iguales, una para ellos mismos y otra para las víctimas de la persecución, los huérfanos, las viudas y los ancianos. [31]Recogieron cuidadosamente las armas de los enemigos y las guardaron en lugares estratégicos, y el resto lo llevaron a Jerusalén. [32]Mataron al comandante de las tropas de Timoteo, uno de los hombres más impíos, que había hecho sufrir mucho a los judíos. [33]Mientras celebraban la victoria en Jerusalén, quemaron a los que habían incendiado las puertas del templo, y también a Calístenes, que estaba refugiado en una choza; así recibió éste el castigo que merecía por su profanación.

### Huida y confesión de Nicanor

[34]Nicanor, aquel desalmado que había traído mil negociantes para la venta de los judíos,[b] [35]humillado con la ayuda del Señor por los que él más despreciaba, despojado de su elegante ropa, fugitivo y solitario, huyendo a través de los campos, logró llegar a Antioquía, siendo más afortunado que su ejército, que había sido aniquilado. [36]Y él, que había prometido a los romanos pagarles el tributo con el precio de la venta de los prisioneros de Jerusalén, proclamó que los judíos tenían un defensor, y que eran invencibles porque seguían las leyes que Dios, su defensor, les había dado.

[13] Ordenó a Azarías que leyera: según versiones antiguas. Gr. oscuro.
[w] 8.15 Ex 19.5-6; 2 Mac 1.2.   [x] 8.18 Sal 20.7.   [y] 8.19 2 R 19.35; Is 37.36; 1 Mac 7.41.   [z] 8.25 2 Mac 8.11,34.   [a] 8.30 1 Mac 7.8.
[b] 8.34 2 Mac 8.11,25.

### Muerte de Antíoco Epífanes
*(1 Mac 6.1-17; 2 Mac 1.11-17)*

**9** ¹Por aquel tiempo, Antíoco tuvo que retirarse de Persia en desorden. ²Había entrado en la ciudad llamada Persépolis, e intentado robar los objetos de culto del templo y apoderarse de la ciudad. Pero la gente se había levantado en armas, y Antíoco, derrotado por los habitantes del país, tuvo que emprender una retirada humillante. ³Cuando estaba en la ciudad de Ecbatana, se enteró de lo que había sucedido a Nicanor y a los soldados de Timoteo. ⁴Fuera de sí por la rabia, decidió hacer pagar a los judíos la humillación que le habían causado los persas al ponerlo en fuga. Por este motivo ordenó al conductor del carro que avanzara sin descanso hasta terminar el viaje.

Pero el juicio de Dios lo seguía. En su arrogancia, Antíoco había dicho: "Cuando llegue a Jerusalén, convertiré la ciudad en cementerio de los judíos." ⁵Pero el Señor Dios de Israel, que todo lo ve, lo castigó con un mal incurable e invisible: apenas había dicho estas palabras, le vino un dolor de vientre que con nada se le pasaba, y un fuerte cólico le atacó los intestinos. ⁶Esto fue un justo castigo para quien, con tantas y tan refinadas torturas, había atormentado en el vientre a los demás. ⁷A pesar de todo, Antíoco no abandonó en absoluto su arrogancia; lleno de orgullo y respirando llamas de odio contra los judíos, ordenó acelerar el viaje. Pero cayó del carro, que corría estrepitosamente, y en su aparatosa caída se le dislocaron todos los miembros del cuerpo. ⁸Así, el que hasta hacía poco, en su arrogancia sobrehumana, se imaginaba poder dar órdenes a las olas del mar y, como Dios, pesar las más altas montañas, cayó derribado al suelo y tuvo que ser llevado en una camilla, haciendo ver claramente a todos el poder de Dios. ⁹Los ojos del impío hervían de gusanos, y aún con vida, en medio de horribles dolores, la carne se le caía a pedazos; el cuerpo empezó a pudrírsele, y era tal su mal olor, que el ejército no podía soportarlo. ¹⁰Tan inaguantable era la hediondez, que nadie podía transportar al que poco antes pensaba poder alcanzar los astros del cielo.

¹¹Entonces, todo malherido, bajo el castigo divino que por momentos se hacía más doloroso, comenzó a moderar su enorme arrogancia y a entrar en razón.

¹²Y como ni él mismo podía soportar su propio mal olor, exclamó: "Es justo someterse a Dios y, siendo mortal, no pretender ser igual a él."

¹³Entonces este criminal empezó a suplicar al Señor; pero Dios ya no tendría misericordia de él. ¹⁴Poco antes quería ir a toda prisa a la ciudad santa, para arrasarla y dejarla convertida en cementerio,*c* y ahora prometía a Dios declararla libre; ¹⁵hacía poco juzgaba a los judíos indignos de sepultura, y buenos sólo para servir de alimento a las aves de rapiña o para ser arrojados con sus hijos a las fieras, y ahora prometía darles los mismos derechos que a los ciudadanos de Atenas; ¹⁶antes había robado el santo templo,*d* y ahora prometía adornarlo con las más bellas ofrendas, y devolver todos los utensilios sagrados y dar todavía muchos más, y atender con su propio dinero a los gastos de los sacrificios, ¹⁷y, finalmente, hacerse él mismo judío y recorrer todos los lugares habitados proclamando el poder de Dios.

¹⁸Como sus dolores no se calmaban de ninguna manera, pues el justo juicio de Dios pesaba sobre él, viéndose en una situación desesperada, escribió a los judíos una carta que tenía el carácter de súplica y que decía así:

¹⁹"El rey y jefe militar Antíoco saluda a los judíos, excelentes ciudadanos, y les desea salud y bienestar completos. ²⁰Deseo que ustedes y sus hijos se encuentren bien, y que todo marche según ustedes lo desean. Con la esperanza puesta en Dios, ²¹guardo un cariñoso recuerdo de las muestras de respeto y afecto que de ustedes he recibido. Al volver de la región de Persia he contraído una grave enfermedad, y así he juzgado necesario preocuparme por el bienestar de todos. ²²No es que yo esté desesperado de mi estado; al contrario, tengo muchas esperanzas de poder sanar de esta enfermedad. ²³Sin embargo, recuerdo que mi padre, siempre que emprendía una campaña al este del río Éufrates, designaba a su sucesor, ²⁴para que, si sucedía algo inesperado o corría un rumor molesto, sus súbditos estuvieran tranquilos, sabiendo quién había quedado encargado de los negocios. ²⁵Sé, además, que los jefes vecinos de nuestro país están esperando una ocasión propicia, y que

aguardan lo que pueda ocurrir. Por eso he designado como rey a mi hijo Antíoco, a quien muchas veces, cuando recorría las provincias del este del Éufrates, dejé al cuidado de la mayoría de ustedes. A él le escribí la carta que se copia más adelante. [26]Ruego, pues, encarecidamente a cada uno de ustedes que, recordando los beneficios, tanto generales como particulares, que de mí han recibido, guarden para con mi hijo las mismas buenas disposiciones que han tenido para conmigo. [27]Estoy seguro de que él seguirá mi línea de moderación y benevolencia, y será condescendiente con ustedes.''

[28]Así pues, este asesino, que injuriaba a Dios, terminó su vida con una muerte horrible, lejos de su patria y entre montañas, en medio de atroces sufrimientos, como los que él había hecho sufrir a otros. [29]Filipo, su amigo íntimo, transportó el cadáver; pero, como no se fiaba del hijo de Antíoco, se refugió en Egipto, junto al rey Tolomeo Filométor.

### Purificación del templo
*(1 Mac 4.36-61)*

10 [1]Macabeo y sus seguidores, guiados por el Señor, reconquistaron el templo y la ciudad de Jerusalén; [2]destruyeron los altares construidos por los paganos[e] en la plaza pública, y también sus lugares de culto. [3]Después de purificar el templo, construyeron otro altar, y golpeando una piedra contra otra, sacaron fuego y ofrecieron con él un sacrificio. También quemaron incienso, encendieron las lámparas y presentaron los panes consagrados.[f] Ya hacía dos años que los sacrificios se habían interrumpido. [4]Después de esto, inclinados y con la frente en el suelo, pidieron al Señor que no volviera a dejarlos sufrir tantas calamidades; que, en caso de pecar, los corrigiera con bondad, pero que no los entregara en manos de paganos salvajes que injuriaban a Dios. [5]El templo fue purificado en la misma fecha en que había sido profanado por los paganos, es decir, el día veinticinco del mes de Quisleu.[g] [6]Y celebraron con alegría ocho días de fiesta, a la manera de la fiesta de las Enramadas, recordando que poco tiempo antes lo habían celebrado en las montañas y en las cuevas, donde vivían como animales salvajes.

[7]Por esto, llevando limones adornados con hojas, ramas frescas de árboles y hojas de palmera, cantaban himnos a Dios, que había llevado a buen término la purificación del santuario. [8]Además, toda la asamblea aprobó y publicó un decreto en el que se ordenaba que todo el pueblo judío celebrara cada año estos días de fiesta.[h]

### Nuevas hazañas de Judas

[9]Después de haber contado lo referente a la muerte de Antíoco, el llamado Epífanes, [10]narraremos ahora lo que sucedió en tiempos de Antíoco Eupátor,[i] hijo del impío Antíoco Epífanes, resumiendo el recuento de los males que trajo la guerra.

[11]Al heredar Eupátor el reino, puso al frente del gobierno a un tal Lisias,[j] jefe militar y gobernador de Celesiria y Fenicia. [12]Antes lo había sido Tolomeo, llamado también Macrón, que fue el primero en mostrarse justo con los judíos y que, para reparar las injusticias cometidas contra ellos, procuró mantener con ellos relaciones pacíficas. [13]Por esta razón, los amigos del rey lo acusaron ante Eupátor. Filométor le había confiado el gobierno de Chipre, pero él había huido de allí y se había pasado al lado de Antíoco Epífanes; por eso, todos lo llamaban traidor. Él, viendo que no podía ejercer con honor la dignidad de su cargo, se quitó la vida envenenándose.

### Campañas contra Gorgias y los idumeos
*(1 Mac 5.1-8)*

[14]Cuando Gorgias[k] fue nombrado jefe militar de la región, formó un ejército de mercenarios, y cada vez que tenía ocasión hacía la guerra a los judíos. [15]Al mismo tiempo, los idumeos, que controlaban importantes fortalezas, hostilizaban a los judíos y acogían a los que huían de Jerusalén, y procuraban fomentar la guerra. [16]Los que estaban con Macabeo, después de hacer oraciones públicas y pedir a Dios que les ayudara en la lucha, marcharon contra las fortalezas de los idumeos, [17]las atacaron con valor y se apoderaron de la región. Rechazaron a los que combatían en las murallas, degollaron a los que cayeron en sus manos, y aniquilaron a cerca de veinte mil hombres. [18]No menos de nueve

*e* 10.2 1 Mac 1.54.   *f* 10.3 Ex 25.23-39; 30.1-8.   *g* 10.5 1 Mac 1.54.   *h* 10.5-8 Jn 10.22.   *i* 10.10 1 Mac 6.17.   *j* 10.11 1 Mac 3.32-33.   *k* 10.14 1 Mac 3.38.

mil hombres, provistos de todo lo necesario para resistir un ataque, se refugiaron en dos torres fuertemente protegidas. [19]Macabeo dejó para el asalto a Simón, a José y a Zaqueo, con un número suficiente de soldados, y se retiró a otros lugares en donde lo necesitaban. [20]Pero los soldados de Simón, codiciosos de riquezas, se dejaron sobornar y aceptaron dinero de algunos de los que estaban en las torres. Recibieron setenta mil monedas, y dejaron escapar a algunos. [21]Cuando le contaron a Macabeo lo sucedido, éste reunió a los oficiales del ejército y acusó a los culpables de haber vendido por dinero a sus hermanos, dejando escapar a sus enemigos. [22]Entonces los hizo ejecutar como traidores, e inmediatamente después tomó las dos torres. [23]Tuvo éxito en toda su campaña; en las dos torres mató a más de veinte mil enemigos.

[24]Timoteo, derrotado anteriormente por los judíos, reunió un numeroso ejército de mercenarios, juntó una tropa de caballería traída de Asia, y avanzó para tomar Judea por las armas.[l] [25]Macabeo y su gente, al acercarse Timoteo, hicieron súplicas a Dios, se echaron polvo sobre sus cabezas y se vistieron con ropas ásperas. [26]De rodillas sobre la base anterior del altar, pedían a Dios que tuviera compasión de ellos, y que fuera enemigo de sus enemigos y se opusiera a quienes se oponían a ellos, como claramente lo dice la ley.[m] [27]Terminada la oración, tomaron las armas y se alejaron bastante de la ciudad. Cuando estuvieron cerca de sus enemigos, se detuvieron. [28]Empezaba a salir el sol cuando los dos ejércitos trabaron combate. Además de confiar en su valor, los judíos ponían la garantía del buen éxito y de la victoria en el recurso al Señor; los paganos hacían de su furor la guía para el combate. [29]En lo más recio de la batalla, los enemigos vieron en el cielo a cinco hombres majestuosos, montados en caballos con frenos de oro, que, poniéndose a la cabeza de los judíos, [30]se colocaron alrededor de Macabeo, y lo protegían con sus armas y lo defendían para que nadie lo hiriera. También lanzaban flechas y rayos sobre los enemigos, que, ciegos y aturdidos, se dispersaron en gran desorden. [31]Veinte mil quinientos soldados de infantería y seiscientos de caballería fueron

degollados. [32]Timoteo huyó a Gezer, fortaleza muy protegida, que estaba bajo el mando de Quereas. [33]Macabeo y su gente la atacaron con ánimo durante cuatro días. [34]Los de dentro, confiados en la seguridad del lugar, decían palabras ofensivas e injuriosas contra Dios. [35]Pero al amanecer del quinto día, veinte jóvenes del ejército de Macabeo, enardecidos por aquellas injurias contra Dios, se lanzaron varonilmente contra las murallas y mataron con furia salvaje a cuantos encontraron. [36]Otros, igualmente, aprovechando esta distracción, escalaron el lado contrario, atacaron a los de dentro, pusieron fuego a las torres y las puertas, encendieron hogueras y quemaron vivos a los que habían injuriado a Dios. Otros rompieron las puertas para que entrara el resto del ejército, y tomaron la ciudad. [37]A Timoteo, que se había escondido en una cisterna, lo degollaron, lo mismo que a su hermano Quereas y a Apolófanes. [38]Realizada esta hazaña, alabaron con himnos y oraciones al Señor, que había realizado maravillas a favor de Israel y les había dado la victoria.

### Primera campaña de Lisias
*(1 Mac 4.28-35)*

**11** [1]Muy poco tiempo después, Lisias, tutor y pariente del rey y encargado del gobierno,[n] muy preocupado por los últimos acontecimientos, [2]reunió cerca de ochenta mil hombres de infantería y toda su caballería, y avanzó contra los judíos. Su intención era convertir a Jerusalén en ciudad de residencia de los griegos, [3]hacer que el templo pagara impuestos como los templos de las demás naciones, y vender cada año la dignidad de sumo sacerdote. [4]Pero no contaba con el poder de Dios, sino que confiaba en sus millares de soldados de infantería y caballería y en sus ochenta elefantes.

[5]Penetrando en Judea, se acercó a Bet-sur, fortaleza que distaba unos veinticinco kilómetros de Jerusalén, y la atacó. [6]Cuando Macabeo y sus soldados supieron que Lisias estaba atacando la fortaleza, se reunieron con todo el pueblo, y con gemidos y lágrimas pidieron al Señor que enviara un ángel[n] bueno para salvar a Israel. [7]Macabeo, que fue el primero en tomar las armas, animó a los demás para que todos juntos hicieran frente al peligro y fueran en ayuda de sus hermanos.

[l] 10.24-38 1 Mac 5.28-34.   [m] 10.26 Ex 23.22.   [n] 11.1 1 Mac 3.32-3 3; 6.17; 2 Mac 13.2.   [n] 11.6 Ex 23.20; Jos 5.13-15; Jue 6.11-24; 2 R 19.35.

Todos ellos, llenos de entusiasmo, se pusieron en marcha. [8]Estando todavía cerca de Jerusalén, se apareció, a la cabeza de la tropa, un jinete vestido de blanco, agitando unas armas de oro. [9]Entonces todos alabaron a Dios misericordioso, y tan fortalecidos se sintieron en su ánimo que estaban dispuestos a atacar no sólo a los hombres, sino a las fieras más salvajes y a murallas de hierro. [10]Marcharon en orden de batalla, con su defensor celestial, ayudados por la misericordia del Señor. [11]Se lanzaron como leones sobre los enemigos, y derribaron por tierra a once mil soldados de infantería y a mil seiscientos de caballería, y a los demás los hicieron huir. [12]La mayoría de ellos se escaparon heridos y sin armas. Lisias se salvó huyendo vergonzosamente.

### Paz con los judíos
*(1 Mac 6.55-63)*

[13]Pero Lisias, que no era tonto, reflexionó sobre la derrota que había recibido, y comprendió que los hebreos eran invencibles porque tenían como aliado a Dios todopoderoso. Entonces les envió mensajeros [14]para proponerles la paz en condiciones justas, y les prometió usar de su influencia para que el rey fuera amigo de ellos. [15]Macabeo, en consideración al bien común, aceptó todo lo que Lisias proponía, y el rey concedió todo lo que Macabeo pidió por escrito a Lisias en favor de los judíos.

[16]Las cartas escritas por Lisias a los judíos estaban concebidas en estos términos:

"Lisias saluda al pueblo judío. [17]Juan y Absalón, delegados de ustedes, me han entregado el documento transcrito más abajo, y me han pedido la aprobación de su contenido. [18]Yo comuniqué al rey todo lo que era de su competencia; lo que estaba en mis manos, lo concedí. [19]Si ustedes continúan mostrando buena disposición hacia los intereses del estado, yo procuraré promover en el futuro el bienestar de ustedes. [20]He dado orden a sus delegados y a los míos para que se pongan de acuerdo con ustedes sobre los detalles. [21]Que les vaya bien.

"A los veinticuatro días del mes de Dióscoro del año ciento cuarenta y ocho."[14]

[22]La carta del rey decía lo siguiente:

"El rey Antíoco saluda a su hermano Lisias. [23]Ahora que mi padre ha sido trasladado a los dioses, he querido que las personas de mi reino vivan tranquilas, para que puedan dedicarse a sus asuntos. [24]Pero he oído decir que los judíos no están de acuerdo con adoptar las costumbres griegas, como lo quería mi padre, sino que prefieren vivir según su manera propia, y han pedido que se les permita cumplir sus leyes. [25]Deseando, pues, que también esa nación viva tranquila, decido que se les devuelva el templo y que puedan vivir según las costumbres de sus antepasados. [26]Hazme el favor de enviar algunos delegados que hagan las paces con ellos, para que, conociendo mi determinación, estén tranquilos y puedan dedicarse en paz a sus asuntos."

[27]La carta del rey al pueblo judío decía así:

"El rey Antíoco saluda al consejo de ancianos y al pueblo judío. [28]Deseo que ustedes se encuentren bien; yo estoy bien de salud. [29]Menelao me ha manifestado que ustedes desean volver a sus hogares. [30]Por consiguiente, concedo una amnistía a todos los que hayan regresado para el día treinta del mes de Xántico. [31]Los judíos podrán comer sus alimentos especiales y seguir sus leyes como antes. Ninguno de ellos será molestado en manera alguna por las faltas cometidas anteriormente. [32]Les envío, además, a Menelao, para que garantice la seguridad de ustedes. [33]Que les vaya bien.

"A los quince días del mes de Xántico del año ciento cuarenta y ocho."

[34]También los romanos enviaron a los judíos una carta en los siguientes términos:

"Quinto Memio y Tito Manio, legados romanos, saludan al pueblo judío. [35]Lo que Lisias, pariente del rey, les ha concedido, lo aprobamos nosotros también. [36]Pero revisen ustedes cuidadosamente lo que él juzgó que debía proponérsele al rey, y envíennos luego un delegado, para que nosotros se lo

---

[14] Corresponde al año 164 a. C.

expongamos al rey de una manera conveniente para ustedes, pues nos dirigimos a Antioquía. [37]Por lo tanto, apresúrense a enviarnos algunos delegados, para que sepamos cuáles son las intenciones de ustedes. [38]Que les vaya bien.

"A los quince días del mes de Xántico del año ciento cuarenta y ocho."

### Ataques de Judas a las regiones vecinas

**12** [1]Hechos estos tratados, Lisias volvió a donde estaba el rey, mientras que los judíos se dedicaban a sus labores agrícolas. [2]Pero algunos jefes militares del lugar, Timoteo, Apolonio hijo de Geneo, y también Jerónimo y Demofón, a los que hay que añadir a Nicanor, comandante de las tropas de Chipre, no dejaban que los judíos tuvieran paz ni tranquilidad.

[3]Además, los habitantes de la ciudad de Jope cometieron un gran crimen. Invitaron a los judíos que allí vivían, a subir con sus mujeres y sus hijos a unos barcos que ellos mismos habían amarrado allí cerca, como si no hubiera entre ellos enemistad ninguna, [4]sino como por cumplir un decreto dado por los habitantes de la ciudad. Los judíos, deseosos de paz y sin sospechar nada, aceptaron; pero cuando salieron a mar abierto, los de Jope los hundieron. Eran no menos de doscientas personas.

[5]Cuando Judas supo de la crueldad que habían cometido con sus compatriotas, alertó a los hombres que estaban con él, [6]e invocando a Dios, justo juez, marchó contra los asesinos de sus hermanos. De noche prendió fuego al puerto, incendió los barcos y mató a quienes se habían refugiado en el puerto. [7]Como las puertas de la ciudad estaban cerradas, con el propósito de volver más tarde y exterminar a todos los habitantes de Jope. [8]Pero al saber que los habitantes de Jabnia querían hacer lo mismo con los judíos que vivían allí, [9]cayó de noche sobre la ciudad e incendió el puerto y la flota, de manera que el resplandor de las llamas se veía desde Jerusalén, a una distancia de cuarenta y tres kilómetros.

### Campañas en Galaad
(1 Mac 5.9-68)

[10]Judas y sus soldados se habían alejado de allí algo más de un kilómetro y medio en una expedición contra Timoteo, cuando cayeron sobre ellos por lo menos cinco mil árabes de a pie y quinientos de a caballo. [11]Se trabó un violento combate, pero los soldados de Judas, con la ayuda del Señor, consiguieron la victoria. Los árabes, vencidos, pidieron a Judas hacer las paces, y prometieron suministrar ganado a los judíos y prestarles ayuda de allí en adelante. [12]Judas, comprendiendo que en realidad los árabes podían serles útiles en muchas cosas, aceptó hacer las paces con ellos. Después de este convenio, los árabes se retiraron a sus tiendas.

[13]Judas atacó también a Caspín, ciudad fortificada, rodeada de terraplenes y murallas, y habitada por gente de diversas naciones. [14]Los habitantes, confiados en la fortaleza de sus murallas y en su provisión de víveres, se mostraron insolentes contra Judas y sus soldados; los insultaban, y además injuriaban a Dios y decían palabras horribles. [15]Judas y sus soldados invocaron al Señor, soberano de todo el universo, que sin aparatos ni máquinas de guerra destruyó Jericó en tiempos de Josué,[o] y con violencia salvaje se lanzaron contra las murallas. [16]Dios quiso que tomaran aquella ciudad, en la que hicieron una matanza espantosa, a tal punto que el estanque vecino, que tiene trescientos sesenta metros de ancho, aparecía lleno de la sangre derramada.

[17]Alejándose de allí ciento treinta y cinco kilómetros, llegaron a la ciudad de Cárax, donde viven los judíos llamados tubianos. [18]No encontraron allí a Timoteo, pues se había ido de aquella región sin alcanzar éxito alguno; pero había dejado en algún lugar una guarnición bastante fuerte. [19]Entonces Dositeo y Sosípatro, generales de Macabeo, marcharon contra la guarnición y mataron a los hombres que Timoteo había dejado en la fortaleza, que eran más de diez mil. [20]Macabeo, por su parte, distribuyó su ejército en compañías, les nombró jefes y atacó a Timoteo, que tenía ciento veinte mil soldados de infantería y dos mil quinientos de caballería. [21]Informado Timoteo del avance de Judas, envió primeramente las mujeres y los niños y todo el equipaje hacia un lugar llamado Carnáin, sitio muy seguro y de difícil acceso, pues todos los pasos eran muy estrechos. [22]Apenas apareció la primera compañía de Judas, el miedo y el terror se apoderaron de los enemigos,

*o* **12.15** Jos 6.1-21.

porque Dios, que todo lo ve, se les manifestó. Se dieron a la fuga en todas direcciones, de tal manera que con frecuencia se herían unos a otros y se atravesaban con sus propias espadas. ²³Judas los persiguió con la mayor energía, y pasó a cuchillo y aniquiló a treinta mil de aquellos criminales. ²⁴El mismo Timoteo cayó en manos de los soldados de Dositeo y Sosípatro; pero con mucha astucia les pidió que lo dejaran libre, pues tenía como rehenes a los padres y hermanos de muchos de ellos, a los cuales no se les tendría ninguna consideración. ²⁵Por fin, tras largos discursos en que les prometió que devolvería sanos y salvos a aquellos judíos, Timoteo los convenció, y ellos lo dejaron en libertad a fin de salvar la vida de sus parientes.

²⁶Judas se dirigió luego a Carnáin y al templo de la diosa Atargatis, y degolló a veinticinco mil hombres. ²⁷Después de esta victoria y de la matanza que hizo, marchó contra Efrón, ciudad fortificada, donde vivían Lisias y gente de diversas naciones. Jóvenes fuertes, colocados delante de las murallas, las defendían con valor, y dentro había abundante provisión de máquinas de guerra y proyectiles. ²⁸Pero, después de invocar al Señor, que con su poder destroza las fuerzas de los enemigos, los judíos se apoderaron de la ciudad y mataron como a veinticinco mil personas que en ella había. ²⁹De allí se pusieron nuevamente en marcha y se dirigieron a Escitópolis, ¹⁵ ciudad que dista ciento ocho kilómetros de Jerusalén. ³⁰Pero como los judíos que vivían allí les informaron de que los habitantes de Escitópolis habían mostrado buenos sentimientos para con ellos y los habían tratado bien en momentos difíciles, ³¹Judas y sus soldados les dieron las gracias y les recomendaron que en adelante mantuvieran las mismas buenas relaciones con los judíos. Llegaron a Jerusalén cuando ya estaba cerca la fiesta de las Semanas.ᴾ

³²Después de esta fiesta, se pusieron en marcha contra Gorgias, jefe militar de la región de Idumea. ³³Este se presentó al combate con tres mil soldados de infantería y cuatrocientos de caballería. ³⁴Se trabó el combate, y cayeron algunos judíos. ³⁵Entonces Dositeo, un valiente soldado de caballería, judío tubiano, ¹⁶ agarró a Gorgias por el manto y empezó a arrastrarlo con fuerza, con intención de

capturar vivo a este infame; pero un jinete de Tracia se lanzó contra Dositeo y le cortó el brazo, y así Gorgias pudo huir a la ciudad de Maresa.

³⁶Los soldados de Azarías, que llevaban mucho tiempo combatiendo, estaban muy cansados. Entonces Judas suplicó al Señor que se pusiera de parte de ellos y los guiara en la batalla. ³⁷Empezó a cantar himnos en su lengua materna, lanzó el grito de guerra y, cayendo de repente sobre los soldados de Gorgias, los puso en fuga.

³⁸Judas reunió su ejército y se fue a la ciudad de Adulam. Al acercarse el séptimo día de la semana, se purificaron según su costumbre y celebraron el día de reposo. ³⁹Y como el tiempo urgía, los soldados de Judas fueron al día siguiente a recoger los cadáveres de los caídos en el combate, para enterrarlos junto a sus parientes en los sepulcros familiares. ⁴⁰Pero debajo de la ropa de todos los muertos encontraron objetos consagrados a los ídolos de Jabnia, cosas que la ley no permite que tengan los judíos.�q Esto puso en claro a todos la causa de su muerte. ⁴¹Todos alabaron al Señor, justo juez, que descubre las cosas ocultas, ⁴²e hicieron una oración para pedir a Dios que perdonara por completo el pecado que habían cometido. El valiente Judas recomendó entonces a todos que se conservaran limpios de pecado, ya que habían visto con sus propios ojos lo sucedido a aquellos que habían caído a causa de su pecado. ⁴³Después recogió unas dos mil monedas de plata y las envió a Jerusalén, para que se ofreciera un sacrificio por el pecado. Hizo una acción noble y justa, con miras a la resurrección.ʳ ⁴⁴Si él no hubiera creído en la resurrección de los soldados muertos, hubiera sido innecesario e inútil orar por ellos. ⁴⁵Pero, como tenía en cuenta que a los que morían piadosamente los aguardaba una gran recompensa, su intención era santa y piadosa. Por esto hizo ofrecer ese sacrificio por los muertos, para que Dios les perdonara su pecado.

### Muerte de Menelao
(1 Mac 6.28-30)

**13** ¹En el año ciento cuarenta y nueve ¹⁷ llegó a oídos de Judas que Antíoco Eupátor venía hacia Judea con

---

¹⁵ Escitópolis: nombre griego de la ciudad de Bet-seán.   ¹⁶ Judío tubiano: texto probable. Gr. de los hombres de Bacenor.
¹⁷ Corresponde al año 163 a. C.
ᴾ 12.31 Ex 34.22; Lv 23.15-21; Dt 16.9-11.   q 12.40 Dt 7.25-26.   ʳ 12.43-45 2 Mac 7.9-14,23.

gran cantidad de soldados, [2]y que con él venía Lisias, su tutor y encargado del gobierno,[s] con un ejército de ciento diez mil soldados griegos de infantería, cinco mil trescientos de caballería, veintidós elefantes y trescientos carros provistos de cuchillas en los ejes.

[3]A éstos se les unió Menelao, quien con mucha astucia incitaba a Antíoco, pensando no en la salvación de su patria sino en conservar su puesto. [4]Pero Dios, Rey de reyes, hizo que Antíoco se enojara contra ese criminal. Lisias demostró al rey que Menelao era el causante de todos los males; entonces el rey mandó que lo llevaran a la ciudad de Berea[18] y que le dieran muerte en la forma que allí se acostumbra. [5]Hay en Berea una torre de veintidós metros de altura, llena de ceniza, provista de un aparato giratorio, inclinado por todas partes hacia la ceniza. [6]Cuando alguien comete un robo en un templo o algún otro crimen muy grave, le dan muerte arrojándolo de allí. [7]De esta manera, y privado de sepultura, murió el malvado Menelao; [8]y exactamente como lo merecía, pues había cometido muchos pecados contra el altar, cuyo fuego y ceniza son puros; así, en la ceniza encontró la muerte.

### La paz con Antíoco Eupátor
*(1 Mac 6.31-63)*

[9]El rey Antíoco venía, pues, con la salvaje intención de causar a los judíos peores sufrimientos que su padre. [10]Al saberlo, Judas recomendó a la gente que orara al Señor día y noche, para que una vez más los ayudara, pues iban a perder la ley, su patria y el santo templo; [11]y también para que no permitiera que el pueblo, que sólo ahora empezaba a tener respiro, cayera en manos de paganos que injuriaban a Dios. [12]Todos juntos cumplieron la orden, y durante tres días suplicaron al Señor misericordioso con lágrimas y ayunos, e inclinados y con la frente en el suelo. Entonces Judas les habló para animarlos, y les mandó que se reunieran con él.

[13]Pero después de una reunión privada con los ancianos, resolvió ponerse en marcha y, con ayuda del Señor, solucionar la situación, sin esperar a que el ejército del rey invadiera Judea y se adueñara de Jerusalén. [14]Habiendo confiado al creador del mundo el éxito de su campaña, animó a sus soldados a combatir valientemente, hasta la muerte, por las leyes, el templo, la ciudad, la patria y sus costumbres propias; y estableció su campamento cerca de la ciudad de Modín.

[15]Dándoles como contraseña las palabras "Victoria de Dios", Judas atacó de noche el campamento del rey con un grupo de los mejores jóvenes; dio muerte a dos mil soldados, y sus hombres mataron al más grande de los elefantes, lo mismo que a su guía. [16]Finalmente, llenaron de terror y confusión el campamento y se retiraron triunfantes. [17]Al amanecer, todo estaba ya terminado, gracias a la ayuda que el Señor dio a Judas.

[18]Cuando el rey experimentó la audacia de los judíos, intentó atacar sus fortalezas valiéndose de la astucia. [19]Avanzó hacia Bet-sur, lugar fortificado de los judíos, pero fue rechazado; fracasó y resultó vencido. [20]Judas envió provisiones a la guarnición; [21]pero Ródoco, un soldado judío, informaba de los secretos a los enemigos. Cuando lo descubrieron, lo arrestaron y lo ejecutaron. [22]Por segunda vez el rey entró en conversaciones con los de Bet-sur; hicieron un tratado, en el que mutuamente se daban garantías, y él se retiró. Entonces atacó a Judas y a sus soldados, pero fue derrotado. [23]En este momento se enteró de que Filipo, que había quedado a cargo del gobierno,[t] se había rebelado en Antioquía. Asustado, el rey llamó a los judíos, aceptó un acuerdo con ellos y juró respetar las condiciones justas; después de esta reconciliación, ofreció un sacrificio, rindió honores al templo y se mostró generoso con el santuario. [24]Recibió bien a Macabeo, dejó a Hegemónidas como jefe militar de la región, desde Tolemaida hasta Gerra, [25]y se fue después a Tolemaida. Pero los habitantes de esta ciudad, que no estaban contentos con el tratado, se indignaron y quisieron anular el convenio. [26]Entonces Lisias subió a la tribuna, defendió el convenio lo mejor que pudo y los convenció, calmándolos y dejándolos bien dispuestos, después de lo cual regresó a Antioquía.[u] Así terminó el ataque del rey y su retirada.

### Pacto entre Judas y Nicanor
*(1 Mac 7.1-38)*

**14** [1]Pasados tres años, Judas y su gente se enteraron de que Demetrio, hijo de Seleuco, había desembarcado

---

[18] *Berea:* nombre griego de la ciudad de *Alepo*, en Siria.
[s] 13.2 1 Mac 3.32-33; 6.17; 2 Mac 11.1.    [t] 13.23 1 Mac 6.14-15,55-56.    [u] 13.26 1 Mac 6.63.

en el puerto de Trípoli con un poderoso ejército y una flota, [2]y que, después de hacer matar a Antíoco y a Lisias, su tutor, se había apoderado del país.

[3]Un cierto Alcimo, que anteriormente había sido sumo sacerdote, pero que en lugar de evitar el contacto con los paganos había voluntariamente incurrido en impurezas, comprendiendo que de ningún modo podía salvarse ni volver a oficiar en el sagrado altar, [4]se entrevistó con el rey Demetrio hacia el año ciento cincuenta y uno;[19] le regaló una corona de oro, una palma y, además, los ramos de olivo que era costumbre que el templo ofreciera; y por el momento no dijo palabra.

[5]Pero encontró una ocasión propicia para sus insensatos propósitos: Demetrio lo llamó a una reunión de sus consejeros, y le preguntó sobre las disposiciones y planes de los judíos. Alcimo respondió: [6]"Los judíos llamados hasideos, cuyo jefe es Judas Macabeo, fomentan la guerra y la revolución, y no dejan que haya tranquilidad en el reino. [7]Así, yo, aunque me han quitado mi dignidad hereditaria, es decir, el cargo de sumo sacerdote, he venido aquí por dos motivos: [8]en primer lugar, por un sincero interés en los asuntos del rey; y en segundo lugar, por el bien de mis propios conciudadanos, pues por la falta de juicio de las personas que acabo de mencionar, todo nuestro pueblo se encuentra en situación sumamente difícil. [9]Aconsejo a Su Majestad que se informe bien de estas cosas, y que tome las medidas que convienen al país y a nuestro amenazado pueblo, conforme a la bondad y generosidad de Su Majestad para con todos; [10]pues, mientras Judas viva, será imposible que el estado goce de paz."

[11]Cuando Alcimo terminó de hablar, los otros amigos del rey, que veían con malos ojos a Judas, se apresuraron a excitar aún más a Demetrio. [12]Éste eligió inmediatamente a Nicanor, capitán del escuadrón de elefantes, lo nombró jefe militar de Judea y lo envió [13]con la orden de matar a Judas y de dispersar a los que estaban con él y restablecer a Alcimo como sumo sacerdote del más grande de los templos. [14]Los paganos de Judea que habían huido por miedo a Judas, se reunieron en masa alrededor de Nicanor, pensando que sacarían provecho de la derrota y el desastre de los judíos.

[15]Al recibir noticias de la llegada de Nicanor y del ataque de los paganos, los judíos esparcieron polvo sobre sus cabezas y oraron a Dios, que había establecido a su pueblo para siempre y que sin cesar se había preocupado de su heredad manifestándose gloriosamente. [16]Cuando su jefe les dio la orden, se pusieron en marcha desde el lugar donde se encontraban, y trabaron combate con los enemigos en el pueblo de Hadasa.[20] [17]Simón, hermano de Judas, estaba combatiendo contra Nicanor, pero a causa de la repentina llegada de los enemigos tuvo un pequeño fracaso. [18]Sin embargo, Nicanor, al conocer el valor de Judas y sus compañeros, y su ánimo cuando luchaban para la patria, decidió no acudir a las armas para solucionar sus diferencias. [19]Así pues, envió a Posidonio, a Teodoto y a Matatías para proponer la paz a los judíos.

[20]Después de estudiar detenidamente las condiciones, Judas las comunicó al ejército, que se mostró conforme y dio su aprobación al tratado de paz. [21]Fijaron un día para que los jefes se reunieran en privado. De cada ejército se adelantó un carro, y se colocaron asientos de honor. [22]Judas había colocado en sitios estratégicos gente armada y preparada, por temor a que de pronto los enemigos les hicieran alguna mala jugada. En la entrevista, los jefes llegaron a un acuerdo.

[23]Nicanor se quedó algún tiempo en Jerusalén y se portó correctamente. Incluso despidió a los soldados que se habían reunido alrededor de él. [24]Siempre tenía cerca a Judas, pues sentía una gran estima por él. [25]Le recomendó que se casara y tuviera hijos. Y Judas se casó y disfrutó de la vida en paz.

### Se reanudan las hostilidades

[26]Pero Alcimo, al ver las buenas relaciones que había entre Nicanor y Judas, y habiendo conseguido una copia del tratado, fue a buscar a Demetrio y le dijo que Nicanor seguía una política contraria a los intereses del estado, pues había nombrado sucesor suyo a Judas, que era enemigo del reino. [27]El rey se enfureció, e incitado por las calumnias de ese gran malvado, le escribió una carta a Nicanor, en la que le decía que no podía aceptar lo

---

[19] Corresponde al año 161 a. C. [20] *Hadasa*: texto probable (véase 1 Mac 7.40). Gr. *Desau*.

pactado y le ordenaba poner preso inmediatamente a Macabeo y enviarlo a Antioquía. [28]Al recibir la carta, Nicanor se contrarió mucho, pues no quería faltar al pacto, ya que Judas no había hecho nada malo. [29]Pero, como no podía oponerse al rey, valiéndose de la astucia buscaba una ocasión propicia para cumplir la orden.

[30]Sin embargo, al darse cuenta Macabeo de que Nicanor se portaba duramente con él y que su trato se hacía cada vez menos amistoso, y sospechando que esa dureza no hacía esperar nada bueno, reunió un buen número de partidarios suyos y se escondió de Nicanor. [31]Al darse cuenta Nicanor de que Judas le había ganado limpiamente la partida, se presentó en el sublime y santo templo a la hora en que los sacerdotes ofrecían los sacrificios regulares, y les ordenó que le entregaran a Judas. [32]Ellos aseguraron con juramento que no sabían dónde estaba el hombre que Nicanor buscaba. [33]Entonces éste, extendiendo su mano derecha hacia el templo, juró diciendo: "Si ustedes no me entregan a Judas prisionero, arrasaré este templo de Dios y destruiré el altar, y en su lugar levantaré un grandioso templo al dios Baco." [34]Dichas estas palabras, se retiró. Los sacerdotes, levantando las manos al cielo, empezaron a suplicar de esta manera a Dios, que siempre había protegido a nuestro pueblo: [35]"Tú, Señor, que no tienes necesidad de nada, has escogido este templo como tu lugar de residencia en medio de nosotros.[v] [36]Ahora, Señor santísimo, guarda siempre libre de profanación este santuario, que hace poco fue purificado."[w]

### Muerte de Razis

[37]Entonces denunciaron ante Nicanor a uno de los ancianos de Jerusalén, llamado Razis, hombre muy preocupado por el bien de sus conciudadanos, que gozaba de excelente fama y que, a causa de su generosidad para con ellos, era llamado "padre de los judíos." [38]Anteriormente, en tiempos de la rebelión, ya había sido acusado de defender la causa judía, y él, con toda firmeza, había expuesto su cuerpo y su vida por esa causa. [39]Nicanor, para hacer patente la hostilidad que sentía hacia los judíos, envió más de quinientos soldados para apresar a Razis, [40]pues pensaba que arrestar a este hombre sería

un duro golpe para los judíos. [41]Las tropas estaban ya a punto de tomar la torre donde se encontraba Razis, y trataban de forzar la puerta de fuera, habiendo recibido órdenes de prender fuego y quemar las puertas, cuando Razis, acosado por todas partes, volvió su espada contra sí mismo, [42]prefiriendo morir noblemente antes que caer en manos de aquellos criminales y sufrir injurias indignamente. [43]Pero, con la prisa de la lucha, falló el golpe; entonces, cuando las tropas ya entraban por las puertas, corrió animosamente hacia lo alto de la muralla, y valientemente se lanzó sobre la tropa. [44]Rápidamente los soldados se retiraron a cierta distancia, y él cayó en el espacio libre. [45]Todavía respirando, lleno de ardor a pesar de estar gravemente herido, se levantó bañado en sangre, pasó corriendo por entre la tropa, se colocó sobre una alta roca [46]y, casi completamente desangrado, se arrancó las entrañas y, tomándolas con las dos manos, las arrojó sobre la tropa, pidiendo al Señor de la vida que algún día se las devolviera.[x] De este modo murió.

### Derrota y muerte de Nicanor
*(1 Mac 7.39-50)*

**15** [1]Cuando Nicanor supo que Judas y su gente estaban en la región de Samaria, decidió atacarlos sin correr ningún riesgo, aprovechando el día de reposo. [2]Los judíos que habían sido obligados a ir a la fuerza con él, le dijeron:

—No los mate usted de una manera tan salvaje y bárbara; respete el día que Dios, que todo lo ve, honró de manera especial y consagró.

[3]Pero aquel desalmado preguntó si había en el cielo un Señor que hubiera mandado celebrar ese día como día de reposo. [4]Ellos le respondieron:

—El Señor viviente, que tiene poder en el cielo, es quien nos ha mandado celebrar el séptimo día.[y]

[5]Entonces replicó Nicanor:

—Pues yo tengo poder en la tierra, y ordeno tomar las armas y obedecer al rey.

Sin embargo, no pudo llevar a cabo su perverso deseo. [6]Nicanor, en su orgullo y arrogancia, pensaba levantar un monumento público con las cosas que iba a quitar a las tropas de Judas. [7]Pero Macabeo no dejaba de confiar, lleno de esperanza, en que el Señor les ayudaría, [8]y animaba a sus compañeros a no temer el ataque de los paganos, sino que, recordando el auxilio que ya habían recibido de Dios, esperaran que también ahora el Señor todopoderoso les daría la victoria. [9]Les dio ánimo con las palabras de la ley y los profetas, les trajo a la memoria los combates que habían sostenido, y los dejó aún más animosos. [10]Después de infundirles valor de esta manera, les dio instrucciones y les hizo ver la mala fe de los paganos y su incumplimiento de los juramentos.

[11]Así armó a todos más con el ardor de su elocuencia que con la seguridad de los escudos y las lanzas. Les contó además una visión digna de crédito que había tenido en sueños, la cual alegró a todos. [12]La visión era ésta: El antiguo sumo sacerdote Onías,[z] hombre bueno y excelente, de presencia modesta y carácter amable, de trato digno y dado desde su niñez a la práctica de la virtud, estaba con las manos extendidas, orando por todo el pueblo judío. [13]En seguida apareció otro hombre, que se distinguía por sus cabellos blancos y su dignidad; la majestad que lo rodeaba claramente indicaba que se trataba de un personaje de la más alta autoridad. [14]Onías tomó la palabra, y dijo: "Este es Jeremías, el profeta de Dios,[a] el amigo de sus hermanos, que ora mucho por el pueblo y por la ciudad santa." [15]Jeremías extendió la mano derecha, la dio a Judas una espada de oro y le dijo: [16]"Toma esta espada santa, que Dios te da; con ella destrozarás a tus enemigos."

[17]Reconfortados con las elocuentes palabras de Judas, palabras capaces de inspirar valor y de convertir en hombres fuertes a los jóvenes, los judíos resolvieron no quedarse en el campamento, sino lanzarse valientemente a la ofensiva y, con todo el valor posible, luchar cuerpo a cuerpo y resolver su situación, puesto que Jerusalén y la religión y el templo estaban en peligro. [18]El temor por sus mujeres y sus hijos, por sus hermanos y parientes, era poca cosa comparado con el que sentían por el templo recién purificado. [19]La angustia de los que quedaban en la ciudad no era menor, con la preocupación por el combate que iba a librarse a campo abierto. [20]Todos esperaban el desenlace de la acción. Los enemigos ya habían concentrado sus fuerzas; el ejército estaba dispuesto en orden de batalla, los elefantes colocados en posición estratégica y la caballería situada en las alas. [21]Al ver Macabeo el ejército que se acercaba, la variedad de sus armamentos y la fiereza de los elefantes, extendió sus brazos al cielo e invocó al Señor, que hace prodigios, sabiendo que el Señor da la victoria a los que la merecen, no gracias a las armas sino según él mismo decide. [22]Invocó al Señor de este modo: "Tú, Señor, en tiempos de Ezequías, rey de Judá, enviaste un ángel y aniquilaste a ciento ochenta y cinco mil hombres del campamento de Senaquerib;[b] [23]ahora también, Señor de los cielos, envía a tu ángel bueno delante de nosotros, para que siembre el miedo y el terror. [24]Hiere con el poder de tu brazo a estos paganos que te injurian, y que atacan a tu pueblo santo." Así terminó.

[25]Los soldados de Nicanor marcharon al son de trompetas y cantos de guerra; [26]los de Judas se lanzaron al combate con súplicas y oraciones, [27]y luchando con sus manos e invocando a Dios en sus corazones, dejaron tendidos a no menos de treinta y cinco mil enemigos, y quedaron muy contentos por esta intervención de Dios. [28]Terminado el combate, al retirarse llenos de alegría, descubrieron a Nicanor, con su armadura, muerto en la batalla. [29]Entonces, en medio de gritos y aclamaciones, alabaron al Señor en su lengua materna. [30]Y Judas, que se había entregado todo entero, en cuerpo y alma, a luchar en primera fila por sus conciudadanos, sin perder el afecto que desde joven había sentido por su pueblo, ordenó que le cortaran la cabeza a Nicanor y el brazo derecho, y que los llevaran a Jerusalén.

[31]Judas mismo fue a Jerusalén, y después de reunir a sus conciudadanos y a los sacerdotes, se colocó delante del altar, mandó llamar a los que estaban en la ciudadela [32]y les mostró la cabeza del impío Nicanor y el brazo que él, insultando a Dios, había dirigido lleno de arrogancia contra el santo templo del Todopoderoso; [33]después la cortó la lengua al impío Nicanor, y ordenó que la hicieran pedazos y se la dieran a las aves de rapiña, y que colocaran el brazo delante del templo, en pago[21] de su locura.[c] [34]Todos, entonces, mirando hacia el cielo y alabando al Señor, que se había hecho presente, dijeron: "¡Alabado sea el Señor, que ha conservado puro su templo!" [35]Judas colgó

[21] En griego, las palabras que significan *brazo* y *pago* tienen un sonido parecido.
[z] 15.12 2 Mac 3.1. [a] 15.14 2 Cr 36.12; Jer 1.1. [b] 15.22 2 R 19.35; Is 37.36. [c] 15.32-35 1 Mac 7.47; 2 Mac 14.33.

de la ciudadela la cabeza de Nicanor, como señal clara y patente para todos del auxilio del Señor, [36]y todos, de común acuerdo, decidieron no dejar pasar ese día sin recordarlo, sino celebrar como fiesta el día trece del mes doce, llamado en idioma arameo Adar, día anterior a la fiesta de Purim.[22,d]

### Conclusión

[37]Así sucedieron las cosas relativas a Nicanor; desde entonces la ciudad ha estado en poder de los hebreos.

[22] *Fiesta de Purim:* lit. *día de Mardoqueo.*
*d* **15.36** Est 9.1,17-32; 1 Mac 7.49.

Y yo termino aquí mi narración. [38]Si está bien escrita y ordenada, esto fue lo que me propuse. Si es mediocre y sin valor, sólo eso fue lo que pude hacer. [39]Así como no es agradable beber vino ni agua solos, en tanto que beber vino mezclado con agua es sabroso y agradable al gusto, del mismo modo, en una obra literaria, la variedad del estilo agrada a los oídos de los lectores. Y con esto termino mi relato.

# ECLESIÁSTICO
## (Sirácida)

*Este libro fue escrito en hebreo, en el siglo 2 antes de Cristo, por Jesús, hijo de Eleazar y nieto de Sira (o Sirac). Su nieto lo tradujo al griego después del año 132 a.C., fecha de su llegada a Egipto, como él mismo informa en su prólogo. Por eso el libro se conoce también con el nombre de "Sirácida" o de "Sabiduría de Sira".*

*Su tema es una reflexión de tipo poético, en el estilo tradicional del género de la sabiduría, o sapiencial, que vemos representado también en el libro de Proverbios y en otras partes de la Biblia. Trata de muchos temas propios de la religión judía, y contiene también consejos prácticos para muy diversas situaciones de la vida. Para el autor, sin embargo, la verdadera sabiduría es la que Dios ha dado al pueblo judío y que se identifica con la ley de Moisés.*

*Más de la mitad del libro (1.1-42.14) se dedica a una variedad de reflexiones, como por ejemplo sobre el deber, la retribución, el culto, el trabajo y la sabiduría de Dios. Hay una meditación sobre la gloria de Dios en la naturaleza (42.15-43.33) y un extenso elogio a los antepasados (44.1-50.21). Otros pasajes breves, la conclusión y unos apéndices ocupan de 50.22-51.30.*

*Del texto hebreo original se conocen actualmente sólo unas dos terceras partes. Pero el libro se conserva en su totalidad en la versión griega y en otras versiones antiguas. La presente traducción se basa en lo que existe del texto hebreo, conforme a la edición de F. Vattioni, pero se han tenido en cuenta las versiones antiguas, especialmente la griega. Cuando no existe el texto hebreo, se ha traducido el texto griego. Cuando ha parecido que el texto hebreo no estaba bien conservado, se ha corregido según la versión griega. Si en algún caso se ha preferido un texto apoyado sólo por alguna versión antigua, o el texto hebreo se ha reconstruido por conjetura, la indicación correspondiente aparece en una nota al pie de la página.*

### Prólogo del traductor griego

[La ley, los profetas y los demás libros que fueron escritos después, nos han trasmitido muchas y grandes enseñanzas. Por eso hay que felicitar al pueblo de Israel por su instrucción y sabiduría. Los que leen las Escrituras tienen el deber no solamente de adquirir ellos mismos muchos conocimientos, sino que deben ser capaces de ayudar, tanto de palabra como por escrito, a quienes no han recibido esta instrucción. Así lo hizo mi abuelo Jesús. En primer lugar se dedicó de lleno a la lectura de la ley y los profetas, y de los demás libros recibidos de nuestros antepasados, y alcanzó un conocimiento muy grande de ellos; y luego él mismo se sintió movido a escribir un libro sobre la instrucción y la sabiduría, para que, practicando sus enseñanzas, las personas deseosas de aprender puedan hacer mayores progresos viviendo de acuerdo con la ley.

Todos, pues, están invitados a leer este libro con atención y buena voluntad. Al traducirlo, he puesto todo el empeño posible. Si, a pesar de esto, les parece que no he acertado en la traducción de algunas frases, deben disculparme. Porque las cosas dichas en hebreo pierden mucho de su fuerza al ser traducidas a otra lengua. Y esto es cierto no sólo en este caso: también en la ley y los profetas, y en los otros libros, no es pequeña la diferencia que se nota cuando se leen en el original.

Llegué a Egipto en el año treinta y ocho[l] del reinado de Evergetes, y allí me establecí por un tiempo. Y allí encontré un libro de grandes enseñanzas, y pensé que era deber mío dedicar esfuerzos y trabajos a traducirlo. Por aquel entonces pasé muchas noches sin dormir, y usé mis conocimientos con el fin de terminar el libro y publicarlo para utilidad de aquellos que, residiendo en el extranjero, desean instruirse y están dispuestos a ordenar sus costumbres y vivir de acuerdo con la ley.]

### Alabanza de la sabiduría

**1** ¹Toda sabiduría viene del Señor
y está siempre con él.[a]
²¿Quién puede contar los granos de la
arena del mar,
las gotas de lluvia, o los días de la
eternidad?

---

[l] Corresponde probablemente al año 132 a. C.

[a] 1.1 Pr 2.6.

³¿Quién puede medir la altura del cielo,
la anchura de la tierra, o la profundidad del abismo?²
⁴La sabiduría fue creada antes que todo lo demás;
la inteligencia para comprender existe desde siempre.³
⁶¿Quién ha descubierto la raíz de la sabiduría?
¿Quién conoce sus secretos?⁴
⁸Sólo hay uno sabio y muy temible:
el Señor, que está sentado en su trono.
⁹Él fue quien creó la sabiduría.
La observó, la midió
y la derramó sobre todas sus obras.ᵇ
¹⁰Él se la dio en alguna medida a todo ser viviente,
y en abundancia a sus amigos.

### Honrar al Señor

¹¹Honrar al Señor trae gloria, satisfacción,
alegría y una corona de gozo.
¹²Honrar al Señor alegra el corazón,
trae gozo, alegría y larga vida.
¹³Al que honra al Señor, al final le irá bien;
cuando muera, todos hablarán bien de él.
¹⁴La sabiduría comienza por honrar al Señor;ᶜ
ella acompaña a los fieles desde el seno materno.
¹⁵Puso entre los hombres su hogar para vivir siempre allí,
y se mantendrá fielmente con ellos.
¹⁶La sabiduría perfecta consiste en honrar al Señor;
ella colma a los hombres con sus frutos.
¹⁷Llenará sus casas de todo lo que quieran,
y sus graneros de las cosechas que ella produce.
¹⁸Honrar al Señor es coronarse de sabiduría;
ella hace que florezcan la paz y la salud.
¹⁹Hace venir como lluvia la ciencia y la inteligencia,
y llena de honores a quienes a ella se aferran.
²⁰La raíz de la sabiduría es honrar al Señor,
y en sus ramas se encuentra larga vida.⁵,ᵈ

²²Enojarse injustamente no tiene disculpa,
porque el ímpetu de la pasión lleva al hombre a la ruina.
²³El que es paciente aguantará mientras sea necesario,
y al final su recompensa será la alegría.
²⁴Mientras sea necesario, se quedará callado,
y después muchos alabarán su inteligencia.
²⁵La sabiduría hace hablar con sensatez,
pero el pecador aborrece dar culto a Dios.
²⁶Si buscas la sabiduría, cumple los mandamientosᵉ
y el Señor te la dará en abundancia.
²⁷Honrar al Señor es ser sabio e instruido;
a él le gustan la fidelidad y la humildad.ᶠ
²⁸No te niegues a honrar al Señor,
ni te acerques a él con hipocresía.
²⁹No seas hipócrita delante de los hombres,
y fíjate bien en lo que dices.
³⁰No te eleves demasiado, si no quieres caerᵍ
y traer sobre ti mismo la deshonra.
El Señor pondrá al descubierto tus secretos
y te humillará delante de la gente,
por no haberle dado honra
y por tener el corazón lleno de engaños.

### Paciencia y confianza

2 ¹Hijo mío, si tratas de servir al Señor,
prepárate para la prueba.ʰ
²Fortalece tu voluntad y sé valiente,
para no acobardarte cuando llegue la calamidad.

---

² *Abismo:* según versiones antiguas. Gr. añade: *y la sabiduría.*   ³ Algunos mss. añaden v. 5: *La fuente de la sabiduría es la palabra de Dios en el cielo; los caminos de ella son los mandamientos eternos.*   ⁴ Algunos mss. añaden v. 7: *¿A quién se ha revelado el conocimiento de la sabiduría? ¿Quién ha comprendido su gran experiencia?*   ⁵ Algunos mss. añaden v. 21: *El respeto al Señor aleja los pecados; si aquél está presente, Dios no descarga su ira.*
ᵇ **1.4,9** Job 28.23-27; Pr 8.22-21; Eclo 24.9.   ᶜ **1.14** Job 28.28; Sal 111.10; Pr 1.7; 9.10.   ᵈ **1.20** Pr 3.2,16; 4.10.   ᵉ **1.26** Ec 12.13; Eclo 19.20.   ᶠ **1.27** Pr 15.33.   ᵍ **1.30** Mt 23.12.   ʰ **2.1-5** Stg 1.2-4,12; 1 P 1.6-7; 4.12.

³Aférrate al Señor, y no te apartes de él;
así, al final tendrás prosperidad.
⁴Acepta todo lo que te venga,
y sé paciente si la vida te trae sufrimiento.
⁵Porque el valor del oro se prueba en el fuego,
y el valor de los hombres en el horno del sufrimiento.ⁱ
⁶Confía en Dios, y él te ayudará;
procede rectamente y espera en él.ʲ

⁷Ustedes, los que honran al Señor, confíen en su misericordia;
no se desvíen del camino recto, para no caer.
⁸Los que honran al Señor, confíen en él,
y no quedarán sin recompensa.
⁹Los que honran al Señor, esperen la prosperidad,
la felicidad eterna y el amor de Dios.
¹⁰Fíjense en lo que sucedió en otros tiempos:
nadie que confiara en el Señor se vio decepcionado;
nadie que lo honrara fielmente se vio abandonado;
a todos los que lo invocaron, él los escuchó.
¹¹Porque el Señor es tierno y compasivo,ᵏ
perdona los pecados y salva en tiempo de aflicción.

¹²Pero, ¡ay de los corazones cobardes y las manos perezosas!
¡Ay de los pecadores que llevan una vida doble!
¹³¡Ay de los corazones débiles, que no tienen confianza!
¡Dios no los protegerá!
¹⁴¡Ay de los que no saben soportar con paciencia!
¿Qué harán cuando el Señor los ponga a prueba?
¹⁵Los que honran al Señor obedecen lo que él ordena;
aquellos que le aman hacen lo que él quiere.
¹⁶Los que honran al Señor tratan de hacer lo que a él le agrada;
aquellos que le aman cumplen con gusto su ley.ˡ

¹⁷Los que honran al Señor están siempre dispuestos
a humillarse delante de él.
¹⁸Pongámonos en las manos del Señor,
y no en las manos de los hombres;
porque el amor de Dios
es igual a su grandeza.ᵐ

### Deberes para con los padres

**3** ¹Hijos míos, escúchenme a mí, que soy su padre;
sigan mis consejos y se salvarán.
²El Señor quiere que el padre sea honrado por sus hijos,
y que la autoridad de la madre sea respetada por ellos.ⁿ
³El que respeta a su padre alcanza el perdón de sus pecados,
⁴y el que honra a su madre reúne una gran riqueza.
⁵El que respeta a su padre recibirá alegría de sus propios hijos;
cuando ore, el Señor lo escuchará.
⁶El que honra a su padre tendrá larga vida;
el que respeta a su madre será premiado por el Señor,⁶
⁷pues obedece a sus padres como si fueran sus amos.
⁸Hijo mío, honra a tu padre con obras y palabras,
y así recibirás toda clase de bendiciones.
⁹Porque la bendición del padre da raíces firmes a una familia,
pero la maldición de la madre la arranca de raíz.
¹⁰No te sientas orgulloso viendo a tu padre pasar vergüenza,
pues esto no es ninguna honra para ti.
¹¹El honor de un hijo está en el honor de su padre;
en cambio, el que desprecia a su madre se llena de pecados.
¹²Hijo mío, empéñate en honrar a tu padre;
no lo abandones mientras tengas vida.
¹³Aunque su inteligencia se debilite, sé comprensivo con él;
no lo avergüences mientras viva.
¹⁴Socorrer al padre es algo que no se olvidará;
será como ofrecer sacrificio por los pecados.

⁶ *Será premiado por el Señor:* según una versión antigua. Heb. incompleto.
ⁱ **2.5** Pr 17.3; 27.21; Sab 3.5-6; 1 P 1.7.  ʲ **2.6** Sal 37.3-5; Pr 2.6; 3.5-6.  ᵏ **2.11** Sal 103.8; 145.8; Stg 5.11.  ˡ **2.15-16** Sab 6.18;
Jn 14.15,21,23.  ᵐ **2.18** 2 S 24.14; 1 Cr 21.13.  ⁿ **3.1-16** Ex 20.12; Dt 5.16.

¹⁵Cuando estés en aflicción, Dios se
  acordará de ti
y perdonará tus pecados,
  como el calor del sol derrite el hielo.
¹⁶El que abandona a su padre ofende
  al Señor,
y el que hace enojar a su madre es
  maldecido por Dios.ⁿ

### Humildad

¹⁷Hijo mío, sé humilde en todo lo que
  hagas,
y te estimarán más que al que hace
  muchos regalos.
¹⁸Cuanto más grande seas, más
  deberás humillarte;ᵒ
así agradarás a Dios.⁷
²⁰El poder del Señor es grande,
y los humildes honran a Dios.
²¹No busques lo que es demasiado
  elevado para ti,
ni quieras saber lo que es demasiado
  difícil.
²²Procura entender lo que Dios te ha
  mandado
y no te preocupes de lo que está en
  secreto.ᵖ
²³No te inquietes por lo que te
  sobrepasa,
pues lo que has visto ya es
  demasiado para ti.
²⁴Muchos se han dejado engañar por
  sus propias ideas,
y falsos pensamientos han
  desequilibrado su mente.⁸

²⁶Al que es terco, al fin le irá mal,
y el que ama el peligro, en él
  perecerá.
²⁷Al terco le esperan muchos
  sufrimientos,
y el pecador amontona más y más
  pecados.
²⁸La desgracia del orgulloso no tiene
  remedio,
pues es el retoño de una mala planta.
²⁹El sabio entiende los proverbios de
  los sabios;
el que escucha atentamente se alegra
  en la sabiduría.

### La ayuda al necesitado

³⁰El agua apaga el fuego que arde,

y el dar limosnas consigue el perdón
  de los pecados.ᵠ
³¹Del que hace el bien se acordarán
  después;
cuando resbale, encontrará quien lo
  sostenga.

**4** ¹Hijo mío, no te burles del que vive
  en la aflicción,
ni desprecies al que sufre
  amargamente.ʳ
²No dejes sufrir al que esté
  necesitado,
ni te escondas del que esté abatido.
³No hagas sufrir al que tiene el
  corazón afligido,
ni le niegues tu ayuda al pobre.
⁴No rechaces al débil que te pida
  ayuda,ˢ
⁵ni le des motivos para que te
  maldiga.
⁶Si al sentirse triste y amargado
  levanta la voz,
el Creador escuchará sus gritos.ᵗ
⁷Hazte querer de los demás,
y sé respetuoso con las autoridades.
⁸Escucha con atención al pobre,
y con sencillez devuélvele el saludo.
⁹Libra del opresor al oprimido,
y no te niegues a dar un fallo justo.
¹⁰Pórtate como un padre con los
  huérfanos
y como un esposo con las viudas.ᵘ
Así Dios te llamará hijo,ᵛ
te amará y te librará de la desgracia.

### El premio de la sabiduría

¹¹La sabiduría instruye a los que la
  buscan;
los guía como si fueran hijos suyos.
¹²Los que la aman, aman la vida;ʷ
los que la buscan con afán, agradan
  al Señor.
¹³Los que la retienen, recibirán honor
  de él;
dondequiera que vivan los bendecirá
  el Señor.
¹⁴Servirla a ella es servir al Dios santo;
el Señor ama a los que la aman.
¹⁵El que la obedece, juzgará a las
  naciones;
el que le hace caso, vivirá en la casa
  de ella.
¹⁶Disimuladamente caminará con él.
¹⁷Lo pondrá primero a prueba,

---

⁷ La versión griega añade v. 19: *Muchos son altaneros y orgullosos, pero él revela sus secretos a los humildes.* ⁸ Algunos
mss. añaden v. 25: *Al que no tiene pupilas la luz le falta; al que no tiene entendimiento le falta la sabiduría.*
ⁿ **3.16** Lv 20.9; Dt 27.16; Pr 19.26; 30.17. ᵒ **3.18** Mt 20.26-27; 23.11; Mr 9.35; Lc 22.26. ᵖ **3.22** Dt 29.29. ᵠ **3.30** Tb 4.7-11;
12.8-9; Eclo 29.8-13. ʳ **4.1-10** Dt 15.7-11; Eclo 7.32-35; 29.8-13. ˢ **4.4** Mt 5.42. ᵗ **4.6** Ex 22.22-23; Stg 5.4. ᵘ **4.10** Job 29.16;
Sal 82.3; Is 1.17; Stg 1.27. ᵛ **4.10** Mt 5.45; Lc 6.35. ʷ **4.11-14** Pr 8.35.

y cuando tenga lleno de ella el
corazón,
[18]volverá a él para guiarlo y revelarle
sus secretos.
[19]Pero si él se desvía, lo rechazará
y lo entregará a su ruina.

### Ni tímido ni arrogante

[20]Hijo mío, fíjate en las circunstancias
y aléjate del mal,
para que no te avergüences de ti
mismo.
[21]Porque hay una vergüenza que trae
pecado
y otra vergüenza que produce honor
y buena fama.
[22]No tengas consideraciones con otros
en perjuicio propio,
ni seas tan tímido que te perjudiques
a ti mismo.
[23]No dejes de hablar cuando sea
necesario
ni escondas tu sabiduría.
[24]Porque la sabiduría se conoce al
hablar,
y la inteligencia, al dar una
respuesta.
[25-26]No seas rebelde a la verdad,
ni luches contra la corriente.
No te dé vergüenza confesar tus
faltas;
avergüénzate de tu ignorancia.
[27]No te humilles delante de un
insensato,
pero no resistas a los que gobiernan.
[28]Lucha por la justicia hasta la muerte,
y el Señor luchará a favor tuyo.
[29]No seas altanero cuando hables,
ni débil y cobarde en tus acciones.
[30]No seas como un león con tu familia,
y tímido con tus esclavos.
[31]No mantengas la mano extendida
para recibir,
y recogida para dar.[x]

### Contra la presunción

**5** [1]No confíes en tu riqueza,[y]
ni digas: "Tengo suficiente."[z]
[2]No confíes en tus fuerzas
para seguir tus caprichos.
[3]No digas: "Nadie puede contra mí",
porque el Señor te pedirá cuentas.
[4]No digas: "Pequé, y nada me
sucedió."
Lo que pasa es que Dios es muy
paciente.

[5]No confíes en su perdón
para seguir pecando más y más.
[6]No digas: "Dios es muy compasivo;
por más que yo peque, me
perdonará."[a]
Porque él es compasivo, pero
también se enoja,
y castiga con ira a los malvados.
[7]No tardes en volverte a él;
no lo dejes siempre para el día
siguiente.
Porque, cuando menos lo pienses, el
Señor se enojará,
y perecerás el día del castigo.
[8]No confíes en riquezas mal habidas,
pues de nada te servirán el día del
castigo.[b]

### Sinceridad ante todo

[9]No avientes el trigo a cualquier
viento,
ni camines en cualquier dirección.
[10]Sé constante en tu manera de pensar,
y no tengas más que una palabra.
[11]Date prisa para escuchar,
pero ten calma para responder.[c]
[12]Si puedes, responde a los demás,
pero si no, quédate callado.
[13]El hablar puede servir para la honra
y la deshonra.
¡La lengua es la ruina del hombre![d]
[14]No seas falso,
ni calumnies con tu lengua.
Así como para el ladrón se hizo la
vergüenza,
las peores injurias se hicieron para el
falso.
[15]No hagas ningún mal, ni grande ni
pequeño.
**6** [1]Si eres amigo, no te vuelvas
enemigo.
Si no, tendrás deshonra y mala
fama;
así es el hombre malo y falso.
[2]No te dejes llevar de la pasión,
para que no destroce tu fuerza como
un toro.
[3]La pasión devorará tu follaje,
arrancará tus frutos
y te dejará como árbol seco.
[4]Porque la pasión violenta destruye a
quien la tiene
y hace que los enemigos se rían de él.

### La verdadera amistad

[5]La conversación agradable atrae
muchos amigos,

x **4.31** Hch 20.35.   y **5.1** Pr 11.28; Mr 10.23-25.   z **5.1** Eclo 11.23-24.   a **5.5-6** Ro 6.1-2.   b **5.8** Pr 10.2; 11.4.   c **5.11** Stg 1.19.
d **5.13-14** Pr 18.21; Stg 3.2-12.

y al que habla amablemente todos lo
  saludan.
⁶Que sean muchos tus amigos,
  pero amigo íntimo sólo uno entre
  mil.
⁷Si consigues un amigo, ponlo a
  prueba;
  no confíes demasiado pronto en él.

⁸Porque algunos son amigos cuando
  les conviene,
  pero no cuentas con ellos cuando los
  necesitas.
⁹Hay amigos que se vuelven enemigos
  y te hacen quedar mal hablando de
  tus pleitos.
¹⁰Algunos son amigos a la hora de
  comer,
  pero cuando te va mal no los
  encuentras.
¹¹Mientras te vaya bien, serán uña y
  carne contigo;
  pero cuando te vaya mal, te
  abandonarán.
¹²Si algo malo te ocurre, se vuelven en
  contra tuya
  y se esconden de ti.ᵉ
¹³Aléjate de tus enemigos
  y cuídate de tus amigos.

¹⁴Un amigo fiel es una protección
  segura;
  el que lo encuentra ha encontrado un
  tesoro.
¹⁵Un amigo fiel no tiene precio;
  su valor no se mide con dinero.
¹⁶Un amigo fiel protege como un
  talismán;
  el que honra a Dios lo encontrará.
¹⁷El amigo es igual a uno mismo,
  y sus acciones son iguales a su fama.ᶠ

### Excelencia de la sabiduría

¹⁸Hijo mío, desde tu juventud busca la
  instrucción,
  y cuando seas viejo todavía tendrás
  sabiduría.
¹⁹Acércate a ella como quien ara y
  siega
  con la esperanza de una buena
  cosecha.
  Cultivándola tendrás poco trabajo
  y pronto comerás de sus frutos.
²⁰El necio no soporta la sabiduría;
  el tonto no la aguanta.
²¹Es para él como una piedra pesada,
  y no tarda en arrojarla lejos de sí.

²²La instrucción, como su nombre lo
  indica,⁹
  no se muestra a muchos.
²³Escucha, hijo, y acepta mi
  enseñanza;
  no rechaces mis consejos.
²⁴Acepta la sabiduría como cadenas
  para tus pies
  y como yugo para tu cuello.
²⁵Recíbela como una carga sobre tus
  hombros,
  y no rechaces sus ataduras.
²⁶Acércate a ella de todo corazón,
  y sigue su camino con todas tus
  fuerzas.
²⁷Síguele los pasos, búscala, y la
  encontrarás;
  cuando la tengas, ya no la sueltes.
²⁸Al fin ella te dará descanso
  y se convertirá en tu alegría.
²⁹Sus cadenas serán tu protección,
  y sus ataduras, tu adorno precioso.
³⁰Su yugo será diadema de oro,
  y sus cuerdas, cintas de púrpura.
³¹Te la pondrás como traje precioso,
  y te adornarás con ella como con
  una espléndida corona.

³²Si quieres, hijo mío, serás sabio,
  y si te empeñas, lo entenderás todo.
³³Si te gusta escuchar, aprenderás;
  si pones atención, te instruirás.
³⁴Júntate con los ancianos cuando se
  reúnan;
  cuando veas un sabio, júntate con él.
³⁵Procura escuchar toda explicación,
  y que no se te escapen los dichos
  sensatos.
³⁶Fíjate en quién tiene inteligencia;
  madruga a buscarlo
  y acude a su casa con frecuencia.
³⁷Piensa en respetar al Altísimo,
  y medita siempre en sus mandatos;ᵍ
  él te dará inteligencia
  y la sabiduría que deseas.

### Contra la ambición

7 ¹No hagas mal, y el mal no te
  alcanzará.
²Aléjate del pecado, y él se alejará de
  ti.
³No siembres en surcos de injusticia,
  si no quieres cosechar de ella siete
  veces más.

⁴No pidas a Dios un puesto de
  mando,

---

⁹ Probablemente el autor ve una semejanza entre la palabra "instrucción" *(musar)* y el verbo "alejarse" *(sur)*.
ᵉ **6.10-12** Eclo 12.8-9.  ᶠ **6.14-17** Pr 17.17; 18.24.  ᵍ **6.37** Jos 1.8; Sal 1.2.

ni al rey un lugar de honor.
5No pretendas tener razón frente a
   Dios,
   ni ser sabio frente al rey.
6No ambiciones tener autoridad,
   si no eres capaz de poner fin a la
   arrogancia.
   Pues te acobardarás ante los
   poderosos
   y venderás por dinero tu honradez.
7No te hagas culpable delante del
   pueblo reunido,
   ni te rebajes delante de la gente.
8No agraves tu pecado repitiéndolo,
   pues con una vez basta para merecer
   castigo.
9No digas: "Dios se fijará en mis
   muchas ofrendas;
   cuando se las presente, el Altísimo
   me las aceptará.''h
10No seas impaciente cuando ores,
   ni dejes de dar limosna.
11No te burles del que esté afligido;
   acuérdate de que hay uno que eleva y
   humilla.
12No trames crímenes contra tu
   hermano,
   ni tampoco contra un amigo o
   compañero.
13No sientas gusto en decir mentira
   tras mentira,
   porque eso te traerá consecuencias
   desagradables.
14No te metas en las reuniones de los
   que gobiernan,
   ni repitas las palabras cuando ores.i
15No hagas de mala gana el trabajo
   manual,
   pues es Dios quien lo ha instituido.
16No te creas más que los otros;
   recuerda que Dios no tarda en
   castigar.
17Humilla más y más tu orgullo,
   pues al hombre lo esperan los
   gusanos.
   No insistas demasiado en tu oración;
   encomiéndate a Dios y acepta lo que
   él decida.

## Cómo portarse con diversas personas

18No cambies a un amigo por dinero,
   ni a un hermano querido por el oro
   más fino.
19No rechaces a una mujer sensata;
   son de más valor sus cualidades que
   las perlas.

20No maltrates al criado que cumple su
   deber,
   ni al obrero dedicado a su trabajo.
21Ama como a ti mismo al esclavo
   inteligente,j
   y no le niegues la libertad.k
22Si tienes animales, trátalos bien,
   y si te sirven bien, consérvalos.
23Si tienes hijos, edúcalos,
   y búscales esposa mientras sean
   jóvenes.
24Si tienes hijas, cuida de que sean
   honestas,
   y no seas condescendiente con ellas.
25Casar a una hija es salir de
   preocupaciones,
   pero hay que dársela a un hombre
   sensato.
26Si tienes esposa, quiérela,
   pero si no la quieres, no confíes en
   ella.

27Respeta de todo corazón a tu padre,
   y no te olvides de cuánto sufrió tu
   madre.
28Recuerda que de ellos naciste.
   ¿Cómo podrás pagarles lo que han
   hecho por ti?
29De todo corazón reverencia al Señor,
   y trata con respeto a sus sacerdotes.
30Ama con todas tus fuerzas a tu
   Creador,
   y no abandones a sus servidores.
31Honra a Dios, respeta a los
   sacerdotes,
   y dales su parte, según está
   mandado:m
   el pan, los novillos, las ofrendas
   voluntarias,
   los sacrificios requeridos y la
   contribución sagrada.
32Sé generoso con el pobre,
   para que Dios te bendiga
   plenamente.n
33Sé generoso con todos los que viven,
   y no olvides mostrar amor y
   fidelidad a los muertos.
34No tardes en socorrer al que llora,
   y comparte el duelo con el que está
   de luto.ñ
35No descuides al enfermo,
   y él te querrá.
36En todo lo que hagas piensa en el
   final,
   y nunca pecarás.

h 7.9 Pr 21.27; Am 5.21-22.  i 7.14 Mt 6.7.  j 7.21 Lv 19.18; Eclo 33.31.  k 7.21 Ex 21.2; Lv 19.18; Dt 15.12-15; Eclo 33.31.
l 7.27-28 Ex 20.12; Pr 23.22; Tb 4.4.  m 7.31 Ex 29.27; Lv 7.31-34; Nm 18.8-20; Dt 18.1-5.  n 7.32-35 Dt 15.7-11; Eclo 4.1-10;
29.8-13.  ñ 7.34 Ro 12.15.

### Ser prudente

**8** <sup>1</sup>No le pongas pleito a un poderoso,
si no quieres caer en sus manos.
<sup>2</sup>No pelees con un rico;
su dinero pesa mucho, y saldrás
perdiendo.
Porque el oro ha hecho altaneros a
muchos,
y la riqueza, orgullosos a los
importantes.
<sup>3</sup>No disputes con un charlatán:
es como echar leña al fuego.
<sup>4</sup>No andes en compañía de tontos,
para que no te desprecien los
importantes.
<sup>5</sup>No avergüences al que se arrepiente
del pecado;
recuerda que todos somos pecadores.
<sup>6</sup>No hagas pasar vergüenza a un
anciano,
pues también nosotros seremos
viejos.
<sup>7</sup>No te creas más que alguien que ya
ha muerto;
recuerda que todos moriremos.
<sup>8</sup>No desprecies las enseñanzas de los
sabios;
estudia con atención sus dichos
difíciles.
Porque de ellos recibirás
instrucciones,
y así podrás presentarte ante los
grandes.
<sup>9</sup>No desprecies las tradiciones de los
ancianos,
las cuales ellos oyeron de sus padres.
Porque de ellos aprenderás a ser
sensato
y a responder bien cuando haga
falta.

<sup>10</sup>No alimentes el fuego del malvado,
si no quieres quemarte en él.
<sup>11</sup>No huyas delante del insolente,
dándole ocasión de tramar algo
contra ti.
<sup>12</sup>No prestes a uno más poderoso que
tú,
y si le has prestado algo, dalo por
perdido.
<sup>13</sup>No des fianza por uno que tiene más
que tú,
y si la diste, haz de cuenta que tú
eres el deudor.<sup>o</sup>
<sup>14</sup>No le pongas pleito a un juez,
pues su fallo siempre será a su favor.

<sup>15</sup>No camines con un hombre
arrebatado,
si no quieres agravar tus males;
porque él irá derecho a lo que se
propone,
y tú te perderás por su imprudencia.
<sup>16</sup>No porfíes con uno que se enoja
fácilmente,
ni vayas con él de viaje.
Porque a él poco le importa cometer
un homicidio,
y cuando nadie te pueda ayudar, te
matará.
<sup>17</sup>No cuentes cosas íntimas a un tonto,
pues no es capaz de guardar un
secreto.
<sup>18</sup>Delante de un extraño no hagas nada
secreto,
pues no sabes lo que puede suceder.
<sup>19</sup>No abras tu corazón a cualquiera,
si no quieres que se aleje de ti la
felicidad.

### Acerca de las mujeres

**9** <sup>1</sup>No seas celoso de tu propia mujer,<sup>p</sup>
si no quieres inducirla a hacer algo
malo contra ti.
<sup>2</sup>No te esclavices a una mujer,
hasta el punto de que te pisotee.
<sup>3</sup>No te acerques a la mujer ajena,<sup>q</sup>
si no quieres caer en sus redes.
<sup>4</sup>No trates con confianza a una
cantante,
si no quieres que te atrape en sus
lazos.
<sup>5</sup>No te fijes demasiado en la mujer
soltera,
para no pecar con ella y tener que
pagar la multa.
<sup>6</sup>No te entregues a las prostitutas,
si no quieres perder lo que tienes.
<sup>7</sup>Mirándolas perderás la cabeza,
y yendo a su casa te arruinarás.
<sup>8</sup>Aparta la vista de la mujer bonita,
no te fijes en la belleza que no te
pertenece.
Por las mujeres se han perdido
muchos;
su amor quema como fuego.
<sup>9</sup>No comas con una mujer casada;
no te sientes a beber con ella,
no sea que de ella te enamores
y tengas que pagarlo con tu vida.<sup>r</sup>

### Las compañías

<sup>10</sup>No abandones a un viejo amigo,

---

*o* **8.13** Pr 6.1-2; Eclo 29.14-20.   *p* **9.1** Nm 5.12-15.   *q* **9.3-9** Pr 5.3-23; 7.6-27; 23.27.   *r* **9.9** Lv 20.10; Dt 22.22.

que uno nuevo no será igual a él.
Amigo nuevo es como vino nuevo:
deja que se añeje, y entonces lo
beberás.
[11] No envidies al malvado:[s]
no sabes cuándo llegará su día.
[12] No envidies los éxitos del insolente;
piensa que a la hora de la muerte
tendrá su castigo.
[13] Aléjate del que tiene poder para
matar,
y no vivirás temiendo la muerte.
Y si te acercas a él, no lo ofendas,
si no quieres que te quite la vida.
Ten en cuenta que caminas entre
trampas
y que andas entre redes.
[14] Responde al prójimo lo mejor que
puedas,
y hazte amigo de los sabios.
[15] Cuenta tus planes a los prudentes,
y escoge entre ellos tus amigos
íntimos.
[16] Júntate a comer con los honrados,
y que tu adorno sea honrar a Dios.
[17] En manos hábiles está seguro el
derecho,
y el sabio gobierna a su pueblo.
[18] Al que habla sin ton ni son hay que
temerle,
pues en su boca hasta una profecía
se hace odiosa.

## Los gobernantes

**10** [1] Un gobernante sabio instruye a
su pueblo;
el gobierno del prudente es
ordenado.
[2] Según el gobernante, así son sus
ministros;
según el jefe de la ciudad, así son sus
habitantes.
[3] Un rey licencioso arruina a una
ciudad;
si los gobernantes son sensatos, la
ciudad crece.
[4] En manos de Dios está el gobierno
del mundo;
a su tiempo le da el jefe que le hace
falta.
[5] En manos de Dios está el gobierno
de todos los hombres,
y él da su propia autoridad al
gobernante.

## El orgullo

[6] Por ninguna ofensa devuelvas mal al
prójimo,
ni sigas el camino de los orgullosos.
[7] El orgullo es odioso al Señor y a los
hombres;
tanto Dios como los hombres
aborrecen la opresión.
[8] El poder pasa de una nación a otra
por causa de la violencia y del
orgullo.
[9] ¿Quién puede sentir orgullo siendo
polvo y ceniza,
si aun en vida se pudre ya su cuerpo?
[10] Achaque ligero, médico optimista;
pero el que hoy es rey, mañana será
cadáver.
[11] Cuando el hombre muere, se
apoderan de él los gusanos,
los insectos y la podredumbre.
[12] El comienzo del orgullo es el poder,
que hace que el hombre se olvide de
su Creador.
[13] El pecador es un pozo lleno de
orgullo,
del cual brotan las malas acciones.
Por eso, Dios lo llena de castigos
y lo hiere hasta terminar con él.
[14] Dios derriba del trono a los
orgullosos,
y en lugar de ellos pone a los
humildes.[t]
[15] El Señor arranca de raíz a las
naciones,
y en lugar de ellas hace crecer a los
humildes.
[16] Dios no dejó ni el rastro de las
naciones paganas;
las cortó de raíz hasta no dejar ni
rastro.
[17] Las borró de la tierra, las destruyó;
suprimió de la tierra incluso su
recuerdo.
[18] El orgullo no es digno del hombre,
ni tampoco la arrogancia.

## El verdadero honor

[19] ¿Seres honrosos? Los seres
humanos.
¿Seres honrosos? Los que honran al
Señor.
¿Seres despreciables? Los seres
humanos.
¿Seres despreciables? Los que no
cumplen los mandamientos.

s **9.11-12** Sal 37.1-2; Pr 23.17; 24.19-20.   t **10.14** 1 S 2.8; Lc 1.52.

²⁰Entre varios hermanos se honra al
mayor,
pero Dios honra al que lo
reverencia.¹⁰
²²Inmigrante, extranjero y pobre,
su gloria es respetar a Dios.
²³No hay que despreciar al que es
sensato, aunque sea pobre,
ni se debe honrar al hombre
violento.
²⁴Al noble, al gobernante y al juez se
da honor;
pero nadie es más grande que quien
reverencia a Dios.
²⁵A un esclavo inteligente lo sirven los
libres,
y al sabio esto no le duele.

²⁶No te las des de sabio cuando haces
lo que te gusta,
ni busques honores en tiempo de
necesidad.
²⁷Más vale trabajar y tener de sobra
que ser presumido y no tener qué
comer.ᵘ
²⁸Hijo mío, respétate a ti mismo con
modestia
y cuídate como es debido.
²⁹Al que a sí mismo se condena,
¿quién lo declarará inocente?
Y al que a sí mismo se deshonra,
¿quién lo respetará?
³⁰Hay pobres que por sensatos son
respetados,
pero a otros se les respeta sólo por
ser ricos.
³¹Si uno, siendo pobre, es respetado,
mucho más cuando sea rico.
Y si uno, siendo rico, es despreciado,
mucho más cuando sea pobre.

11 ¹El sabio, aunque pobre, llevará
alta la frente
y se sentará con la gente importante.
²No alabes a nadie por su belleza,
ni desprecies a nadie por su fealdad.
³¡Pequeño animalito es la abeja,
pero nada hay tan dulce como la
miel que produce!
⁴No te burles del que lleva ropa
gastada,
ni te rías del que pasa días amargos.
Porque el Señor hace cosas
admirables,
cosas que el hombre no puede
comprender.

⁵Muchos de los humillados se
sentaron en tronos,
y sin pensarlo se vieron coronados.
⁶Muchos encumbrados cayeron en
desgracia,
y teniendo honores quedaron en
poder de otros.
⁷No critiques sin antes averiguar;
primero examina, censura después.
⁸Hijo mío, escucha antes de
responder,
y cuando otro habla no lo
interrumpas.
⁹No pongas pleito, si no te ves
obligado,
ni te metas en las peleas de los
insolentes.
¹⁰¿Para qué vivir en pleitos, hijo mío?
Si insistes mucho, terminarás siendo
condenado.
Por más que corras nada alcanzarás,
y por mucho que huyas no podrás
escapar.
¹¹Hay quienes corren, sudan y se
cansan,
y sin embargo llegan tarde.
¹²Otro es pobre y vagabundo,
anda falto de todo y muy enfermo,
pero el Señor lo mira para hacerle
bien
y lo saca del polvo y la miseria,
¹³le hace alzar la frente y lo eleva,
y muchos se quedan admirados.
¹⁴Del Señor vienen lo bueno y lo malo,
la vida y la muerte, la pobreza y la
riqueza.ᵛ
¹⁵Son dones del Señor la sabiduría,
la inteligencia y la sensatez,
el amor y la buena conducta.
¹⁶La estupidez y las tinieblas fueron
hechas para los malos,
y el mal acompaña a los malvados.
¹⁷Los dones del Señor son para los
buenos;
él los ama y les dará éxito siempre.
¹⁸Hay quien se hace rico a fuerza de
trabajos,
pero se queda sin su recompensa.
¹⁹Dice: ''Ya puedo descansar;
voy a gozar de mis bienes.''
Pero no sabe cuánto tiempo pasará
antes de que muera y deje todo eso a
otros.ʷ

²⁰Hijo mío, cumple con tu deber,
ocúpate de él,

---

¹⁰ La versión griega añade v. 21: *Comienza por temer al Señor y serás bien aceptado; pero si eres terco y orgulloso,
serás rechazado.*
ᵘ **10.27** Pr 12.9.   ᵛ **11.14** 1 S 2.7; Job 1.21; Is 45.7.   ʷ **11.18-19** Sal 49.10; Lc 12.16-21.

que la vejez te llegue haciendo tu
tarea.
21No admires las obras de los malos;
confía en el Señor y espera su luz.
Pues para él es cosa fácil
hacer rico al pobre en un momento.
22Los buenos recibirán la bendición de
Dios,
su esperanza florecerá a su debido
tiempo.
23No digas: "Ya tengo lo que deseaba,
no me falta nada más."
24No digas: "Tengo lo que necesito,
¿qué mal puede venirme?"x
25Un día feliz hace olvidar los males,
y un día malo hace olvidar la
felicidad.
26Para Dios es cosa fácil dar al
hombre, cuando muera,
lo que mereció por su conducta.
27Un mal momento hace que se
olviden los placeres;
pero sólo al final se ve lo que cada
uno es.
28No llames feliz a nadie antes de su
muerte;
cuando le llegue el fin se sabrá cómo
era.

### Cuidado al escoger amigos

29No lleves a tu casa a cualquiera;
el tramposo tiene muchas mañas.
30El corazón del orgulloso es como
pájaro en trampa,
como lobo que aguarda a su presa.
31El chismoso cambia lo bueno en
malo,
y propaga mentiras sobre lo que tú
más estimas.
32Una chispita puede causar un gran
incendio,y
y un malvado está listo a cometer un
crimen.
33¡Cuidado con el malo, porque es
causa de males!
¿Por qué atraerte deshonra para
siempre?
34No te juntes con el malvado, pues
torcerá tu conducta
y te hará ser infiel a tus
compromisos.

**12** 1Cuando hagas el bien, fíjate a
quién,
y podrás esperar algo de tu buena
acción.

2Haz un favor al bueno y obtendrás
recompensa,
si no de él, del Señor.
3Ayudar al malo no trae ningún bien,
y ni siquiera es hacer una buena
acción.
4En tiempo de necesidad te hará doble
daño
por todo el bien que le hayas hecho.
5No le des armas de guerra,
para que no te ataque con ellas.
6También Dios aborrece a los
malvados
y les dará su castigo.
7Debes dar al bueno, pero no al
malvado;
da alivio al afligido, pero no des
nada al orgulloso.
8Cuando todo va bien, no se sabe
quién es amigo;
pero cuando todo va mal, se sabe
quién es enemigo.
9Cuando las cosas van bien, el
enemigo se hace amigo;
pero cuando van mal, hasta el amigo
te abandona.z
10Nunca confíes en el enemigo,
pues su maldad es como bronce
mohoso.
11Aunque te escuche y se muestre muy
humilde,
ten cuidado y desconfía de él.
Trátalo como quien limpia un espejo
de bronce,
y así podrás acabar con su moho.
12No dejes que se te acerque,
para que no te empuje y te desplace.
No hagas que se siente a tu derecha,
para que no te quite el puesto.
De lo contrario, más tarde
entenderás lo que te digo
y sentirás pesar al recordar mis
advertencias.
13Nadie tiene compasión
del encantador al que muerde una
serpiente
o de uno que se acerca a las fieras.
14Lo mismo pasa al que es amigo del
insolente
y se enreda en sus maldades.
15Mientras tú estés en pie, no se dará a
conocer,
pero cuando caigas, no se contendrá.
16El enemigo dice palabras melosas,
pero por dentro trama hacerte una
mala jugada.
Por muchas lágrimas que derrame,

cuando tenga ocasión no se cansará
de cometer crímenes.
[17] Si te ocurre una desgracia, allí estará
él;
fingiendo ayudarte, te pondrá una
zancadilla.
[18] Entonces hará gestos de alegría,
y murmurando entre dientes
cambiará de expresión.

### Compañías peligrosas

**13** [1] Al que toca la brea, se le pega en
la mano;
y el que se junta con burlones llega a
ser como ellos.
[2] No levantes un peso superior a tus
fuerzas,
ni te juntes con personas más ricas
que tú.
La olla de barro no se pone junto a
la de metal;
si chocan, la olla de barro se rompe.
[3] El rico comete una injusticia y se
siente orgulloso;
el pobre la sufre y tiene que pedir
perdón.[a]
[4] Si eres útil al rico, hará que le sirvas;
si le resultas inútil, te abandonará.
[5] Si tienes algo, ¡cómo te halagará!
Pero no tendrá ningún reparo en
explotarte.
[6] Si le haces falta, te tratará muy bien,
te sonreirá y te inspirará confianza.
Te hablará amablemente
y te preguntará qué necesitas.
[7] Te avergonzará con sus invitaciones
a comer.
Mientras pueda aprovecharse de ti,
te engañará;
te alabará unas cuantas veces,
pero después, al verte, se enojará
contigo
y te hará gestos de desprecio.

[8] ¡Cuidado! ¡No seas demasiado
confiado!
¡No seas como los tontos!
[9] Si un poderoso se te acerca, conserva
tu distancia;
entonces él insistirá para que vayas a
él.
[10] No te acerques demasiado, si no
quieres quedar lejos,
ni tampoco te alejes mucho, si no
quieres ser olvidado.
[11] No le hables con demasiada libertad
ni creas todo lo que dice,

pues él habla mucho para ponerte a
prueba,
y con sus bromas te está
examinando.
[12] Si a un hombre cruel lo hacen
gobernante,
no tendrá compasión de nadie
y atentará contra la vida de muchos.
[13] ¡Ten mucho cuidado,
no te juntes con gente violenta![ll]

[15] Todo ser viviente ama a los de su
especie;
y así también, todo hombre a sus
semejantes.
[16] Todo ser viviente se junta con los de
su especie,
y así también el hombre con quienes
son como él.
[17] ¿Cómo van a juntarse el lobo y el
cordero?
Así tampoco, el malo con el bueno.
[18] ¿Qué paz puede haber entre la hiena
y el perro?
Así tampoco, entre el rico y el pobre.
[19] Los asnos salvajes son presa para el
león;
lo mismo son los pobres para el rico.

### Ricos y pobres

[20] El orgulloso detesta al humilde,
y el rico detesta al pobre.
[21] Si el rico tropieza, sus amigos lo
sostienen,
pero si tropieza el pobre, sus amigos
lo empujan.[b]
[22] Habla el rico, y muchos lo apoyan,
y aunque hable mal, les parece muy
bien.
Se equivoca el pobre, y se burlan de
él,
y aunque hable con sensatez, nadie le
hace caso.
[23] Habla el rico, y todos se callan
y ponen por las nubes su talento.
Habla el pobre, y preguntan:
"¿Quién es ése?"
Y si tropieza, todavía le dan un
empujón.
[24] Buena es la riqueza conseguida
honradamente,
y mala es la pobreza fruto del
orgullo.

[25] Lo que el hombre tiene en su
interior,
bueno o malo, en su cara se refleja.

---

*ll* Algunos mss. griegos añaden v. 14: *Si oyes esto mientras duermes, despierta. Ama al Señor durante toda tu vida
e invócalo para que te salve.*
*a* 13.3 Pr 18.23.    *b* 13.21 Pr 19.4,7.

26Cara risueña es señal de corazón
  alegre;
actitud retraída refleja pensamientos
  tristes.

**14** 1¡Dichoso el hombre que no sufre
  por lo que dice
y a quien la conciencia no le acusa!c
2¡Dichoso el hombre al que no le falta
  el ánimo
ni ha perdido la esperanza!

### Sobre el uso de la riqueza

3El tacaño no merece la riqueza;
no merece tener oro el avaro.
4El que es tacaño consigo mismo,
  acumula para otros:
gente extraña gozará de sus bienes.d
5El que es tacaño consigo mismo,
  ¿con quién será generoso?
No saca provecho ni de sus propios
  bienes.
6Nadie peor que el que es tacaño
  consigo mismo:
en sí mismo lleva el castigo de su
  tacañería.
7Si hace un favor, es por descuido;
al fin mostrará su tacañería.
8Mala persona es el avaro;
vuelve la vista sin prestar atención a
  nadie.
9Al acaparador, todo lo que tiene le
  parece poco;
pero al quitar a los otros, pierde lo
  suyo.
10El avaro mira el pan con ansia,
pero no pone nada en su mesa.
11Hijo mío, si tienes algo, úsalo para
  tu provecho
y sé generoso con Dios.
12Recuerda que la muerte no tarda.
Nadie te ha dicho cuándo vas a
  morir.
13Antes de morir haz bien a tus amigos
y dales de acuerdo con tus
  posibilidades.
14No renuncies a la felicidad presente,
ni pases por alto lo que es bueno y
  deseable.e
15Tendrás que dejar a otros tu riqueza
y se repartirán lo que conseguiste
  con sudores.
16Da a tus hermanos y trátate bien,
pues en la tumba no se pueden
  buscar placeres.f
17Todo ser viviente se gasta como la
  ropa,

pues es ley eterna que tenemos que
  morir.
18Somos como las hojas de un árbol
  frondoso:
unas se marchitan y otras brotan.
Así pasa con los hombres:
unos mueren y otros nacen.
19Todo lo que hace el hombre, se
  destruye al fin;
todo su trabajo desaparecerá con él.g

### Los beneficios de la sabiduría

20Dichoso el que se ocupa en la
  sabiduríah
y se interesa por tener inteligencia,
21que pone atención al camino que ella
  sigue
y se fija en sus senderos;
22así puede salir a buscarla
y mirar dónde se encuentra.
23Mira por las ventanas de la casa de
  ella
y escucha a su puerta.
24Acampa junto a su casa,
asegurando la tienda en sus paredes.
25Pone su habitación junto a ella
para vivir feliz en su vecindad.
26Pone su nido en sus ramas
y pasa la noche entre sus hojas.
27A la sombra de ella se protege del
  calor,
y vive por ella resguardado.

**15** 1Así hace el que reverencia al
  Señor;
cumpliendo la ley encuentra la
  sabiduría.
2Ella le sale al encuentro como una
  madre;
lo recibe como la esposa de su
  juventud.i
3Lo alimenta con el pan de la
  inteligencia
y le da a beber el agua del
  entendimiento.j
4El se apoyará en ella para no caer;
confiado en ella, no fracasará.
5Ella lo levantará sobre sus
  compañeros,
para que lleve la palabra en la
  asamblea.
6Lo llenará de gozo y alegría
y le dará fama inmortal.k
7Los hombres falsos no pueden
  alcanzarla,
ni los orgullosos pueden verla.
8Ella está lejos de los insolentes;

c 14.1 Ro 14.22; 1 Jn 3.21. d 14.4 Sal 39.6; Ec 6.2; Lc 12.16-21. e 14.14 Ec 5.18. f 14.16 Ec 9.10. g 14.18-19 Ec 1.3-4.
h 14.20-25 Pr 8.32-35. i 15.2 Sab 8.2. j 15.3 Pr 9.2-5. k 15.5-6 Sab 8.10-15.

los mentirosos no tienen noción de
ella.
[9]Los malos no son dignos de alabarla,
pues Dios no les ha dado la
sabiduría.
[10]Es el sabio quien la alaba;
el que la tiene podrá enseñarla.

### Libertad del hombre

[11]No digas: "Es Dios quien me hace
pecar";[l]
porque él no hace lo que detesta.
[12]Ni tampoco digas: "Él me hizo
caer";
porque él no necesita de gente
malvada.
[13]El Señor odia lo que es detestable
y no se lo envía a quienes le
respetan.
[14]Dios creó al hombre al principio[m]
y le dio libertad de tomar sus
decisiones.
[15]Si quieres, puedes cumplir lo que él
manda,
y puedes ser fiel haciendo lo que le
gusta.
[16]Delante de ti tienes fuego y agua;
escoge lo que quieras.
[17]Delante de cada uno están la vida y
la muerte,[n]
y cada uno recibirá lo que elija.
[18]La sabiduría del Señor es muy
grande;
él es muy poderoso y lo ve todo.
[19]Dios ve a todos los seres que creó,
y se da cuenta de todo lo que el
hombre hace.[ñ]
[20]El a nadie ha ordenado pecar,
ni deja sin castigo a los mentirosos.

### Castigo del pecado

**16** [1]No te entusiasmes con hijos
hermosos pero inútiles,
ni te alegres de tener hijos malvados.
[2]Aunque sean muchos, no te sientas
contento de ellos,
si no reverencian al Señor.
[3]No confíes en que vivan mucho
tiempo,
ni creas que terminarán bien.
Vale más hijo dócil que mil que no
lo son;
vale más morir sin hijos que tener
hijos insolentes.[o]

[4]Un solo hombre sensato hace crecer
una ciudad,
pero un grupo de bandidos la deja
desierta.

[5]Muchas cosas así he visto con mis
ojos,
y peores aún he oído contar.
[6]Dios envió fuego contra el grupo de
Coré,[p] hombres malvados,
y se enojó con la nación impía.
[7]No perdonó a los poderosos del
pasado,
que se rebelaron al sentirse fuertes.
[8]Tampoco perdonó a los que vivían
con Lot,
que se hincharon llenos de orgullo.[q]
[9]No tuvo compasión de Canaán,
nación maldita,
que por sus pecados perdió todas sus
cosas.[r]
[10]Así pasó también con los seiscientos
mil israelitas
que murieron por su insolencia.[s]
[11]Y aunque sea uno solo el rebelde,
sería un milagro que quedara sin
castigo.
En Dios hay misericordia e ira;
él tolera y perdona, pero también
castiga a los malvados.
[12]Tan grande como su misericordia es
su castigo;
él juzga a cada uno según lo que
haya hecho.[t]
[13]No deja escapar al malvado con su
presa,
ni deja sin cumplir los deseos del
justo.
[14]Todo el que da limosna tendrá su
premio,
cada uno conforme a lo que haya
hecho.[12]

[17]No digas: "Me esconderé de Dios.
¿Quién en el cielo se acuerda de mí?
Entre tanta gente no pueden
distinguirme;
¿quién soy yo en este mundo
inmenso?"
[18]Mira, cuando aparece Dios, se ponen
a temblar
hasta el más alto cielo, y el océano y
la tierra.
[19]Aun las bases de los montes y los
cimientos de la tierra

---

[12] Algunos mss. añaden vs. 15 y 16: [15]Dios endureció el corazón del Faraón, quien no quiso obedecerle, para mostrar su
acción bajo el cielo. [16]Todas sus criaturas conocen su misericordia. A los hombres dejó su luz y su alabanza.
[l] 15.11-13,20 Stg 1.13.   [m] 15.14 Gn 1.27.   [n] 15.17 Dt 30.15-19; Jer 21.8.   [ñ] 15.19 Sal 33.13-15; Pr 15.3; Eclo 23.19; He 4.13.
[o] 16.1-3 Pr 17.21; Sab 4.1.   [p] 16.6-7 Nm 16.1-35.   [q] 16.8 Gn 19.1-25.   [r] 16.9 Dt 20.16-18; Jos 6.17,21.   [s] 16.10 Nm 11.21; 14.20-35.
[t] 16.12,14 Job 34.11; Sal 62.12; Pr 24.12; Mt 16.27; Ro 2.6.

se estremecen de terror cuando Dios
los mira.

20Algunos dicen: "Dios no se fija en
mí.
¿Quién presta atención a mi
conducta?
21Si peco, nadie me ve,[u]
si engaño a escondidas, ¿quién lo va
a saber?
22Si uno hace el bien, ¿quién se lo
contará a Dios?
¿Qué puedo esperar de cumplir con
el deber?"
23Sólo los insensatos piensan de este
modo;
así discurren los estúpidos.

### Sabiduría de Dios en la creación

24¡Escúchenme y aprendan a ser
sabios!
¡Pongan atención a mis palabras!
25Diré con moderación lo que pienso,
expondré con modestia lo que sé.

26Cuando Dios al principio creó sus
obras,
les dio la existencia y les fijó normas,
27les señaló para siempre un orden en
sus funciones
y estableció sus jerarquías por todos
los tiempos.[v]
Ellas no sienten hambre ni se cansan,
ni dejan nunca de cumplir su oficio.
28Ninguna de ellas estorba a las demás,
ni jamás desobedecen las órdenes de
Dios.
29Después de esto, Dios miró a la
tierra
y la llenó de sus bienes.
30La cubrió de seres vivientes de toda
especie,
que de nuevo han de volver a ella.[w]

**17** 1El Señor formó de tierra al
hombre,
y a la tierra lo hace volver.[x]
2Le ha señalado un contado número
de días,[y]
y le ha dado poder sobre todo lo que
hay en la tierra.[z]

3Le dio autoridad semejante a la
suya,
¡lo hizo a su propia imagen!
4Hizo que todas las otras criaturas lo
temieran,
y le dio dominio sobre fieras y
aves.[13]
6Le dio inteligencia, habla, ojos,
oídos y mente para entender.
7Dotó a los hombres de razón y
juicio,[a]
y les mostró el bien y el mal.
8Les inspiró que le tuvieran
reverencia,
y les mostró sus grandes obras,
9para que ellos después las contaran a
otros
10y alabaran su santo nombre.
11Les dio también conocimiento,
y les dejó una ley que da vida.[b]
12Hizo un pacto eterno con ellos,
y les promulgó sus decretos.[c]
13Ellos vieron la grandeza de la gloria
de Dios
y oyeron su majestuosa voz.[d]
14Les dijo: "No hagan nada malo",
y les impuso deberes para con el
prójimo.[e]

15La conducta de los hombres está
siempre presente ante Dios,
nada escapa a su mirada.[14]
17Cuando distribuyó sobre la tierra a
las naciones,
a cada una le puso un gobernante;
pero Israel es propiedad del
Señor.[15,f]
19Todos los hechos de los hombres
son para Dios claros como el sol.
Siempre tiene presente lo que hacen.
20No se le ocultan sus malas acciones,
y se da cuenta de los pecados que
cometen.[16]
22Él recuerda siempre la limosna que
da el hombre,
y guarda como la niña de sus ojos
sus buenas acciones.
23Después les dará su recompensa,
según lo que merezca cada uno.
24A los que se arrepienten les concede
el volverse a él,

[13] Algunos mss. añaden v. 5: El Señor le dio los cinco sentidos para que los usara, y todavía le dio una facultad más, la inteligencia, y aun una séptima, la razón, para que usara con discreción de los poderes que él le había dado. [14] Algunos mss. añaden v. 16: Su conducta, desde la juventud, se inclina al mal. No han podido convertir sus corazones de piedra en corazones de carne. [15] Algunos mss. añaden v. 18: El Señor educa (a Israel) como a hijo mayor, le da la luz de su amor y nunca lo abandona. [16] Algunos mss. añaden v. 21: El Señor es bondadoso y sabe de qué están hechos los hombres; no los rechaza ni los abandona, sino que los trata con compasión.
[u] 16.20-22 Job 8.20; Eclo 5.4. [v] 16.26-30 Gn 1-2; Is 40.26; 45.18. [w] 16.30 Gn 3.19; Sal 104.29. [x] 17.1 Gn 2.7; 3.19; Sal 146.4. [y] 17.2 Gn 6.3; Sal 90.10. [z] 17.2-4 Gn 1.26-28; 9.2; Sal 8.6-8. [a] 17.7 Gn 2.17; 3.5-7. [b] 17.11 Dt 30.15-20; Eclo 45.5; Bar 4.1. [c] 17.12 Gn 9.1-17; 15; 17.1-21; Ex 6.3-4; 20-24; 34.10. [d] 17.13 Ex 19.16-19; Dt 4.11-12. [e] 17.14 Ex 20-23. [f] 17.17 Dt 32.8-9.

y consuela a los que han perdido la
esperanza.

### Invitación a volverse a Dios

²⁵Vuélvete a Dios y deja el pecado;
ora en su presencia y disminuye tus
ofensas.
²⁶Vuélvete al Altísimo, apártate de la
maldad
y odia de todo corazón la idolatría.
²⁷En el reino de la muerte nadie puede
alabar al Altísimo;
sólo los que viven pueden darle
gracias.
²⁸El muerto, como si no existiera, no
puede alabarlo;
el que vive y está sano es quien
puede alabar al Señor.*g*
²⁹¡Qué grande es la misericordia del
Señor
y su perdón para los que se vuelven a
él!
³⁰No todo es posible para el hombre;
ningún ser humano es inmortal.
³¹No hay nada que brille más que el
sol,
y sin embargo éste tiene eclipses.
Así el hombre, que es carne y hueso,
concibe malos pensamientos.
³²Dios pasa revista al ejército del cielo,
¡pero el hombre no es más que polvo
y ceniza!

### Poder y misericordia de Dios

**18** ¹Dios, que vive eternamente, creó
el universo;
²sólo el Señor es intachable.*17*
⁴Nadie puede contar lo que él ha
hecho;
¿quién podrá investigar sus
maravillas?
⁵¿Quién podrá medir su inmensa
fuerza
o exponer todas sus bondades?*h*
⁶No es posible aumentarlas ni
disminuirlas;
nadie puede descubrir las maravillas
del Señor.
⁷Cuando uno termina, apenas está
comenzando;
cuando llega al fin, no sabe qué
pensar.

⁸¿Qué es el hombre?, ¿para qué
sirve?,*i*
¿qué es el bien o el mal que puede
hacer?
⁹Si un hombre vive mucho, llegará a
cien años;*j*
¹⁰pero comparados con la eternidad,
son como una gota de agua en el mar
o como un granito de arena.
¹¹Por eso Dios es paciente con los
hombres
y les tiene mucha compasión.
¹²El sabe qué desgraciado es el fin del
hombre,
y por eso es incansable en perdonar.
¹³El hombre se compadece sólo de su
prójimo,
pero el Señor se compadece de todo
ser viviente;
él reprende, corrige, enseña
y guía como un pastor a su rebaño.*k*
¹⁴¡Dichosos los que confían en su
misericordia*18*
y se apresuran a cumplir sus leyes!

### Bondad

¹⁵Hijo mío, cuando hagas un favor no
reprendas,
no eches a perder un regalo con
palabras duras.
¹⁶Como el rocío refresca el calor,
así una buena palabra es mejor que
un regalo.
¹⁷En verdad, una palabra es mejor que
un regalo,
y un hombre bondadoso da ambas
cosas.
¹⁸El estúpido critica sin miramientos,
y dar algo de mala gana es motivo de
llanto.

### Prudencia

¹⁹Antes de hablar, infórmate,
y antes de caer enfermo, cuida tu
salud.
²⁰Antes de ser juzgado, examínate a ti
mismo,
y cuando Dios te pida cuentas, te
perdonará.
²¹Antes de caer enfermo, humíllate;
y cuando peques, arrepiéntete.
²²No dejes de cumplir a tiempo lo que
prometas a Dios,*l*

---

*17* Algunos mss. añaden parte del v. 2 y el v. 3: *No hay nadie fuera de él; ³él puede dirigir el mundo con su mano, y todo obedece a su voluntad. Él es el rey del universo y tiene poder para separar lo sagrado de lo que no lo es.   *18* Dichosos . . . misericordia:* según una versión antigua. Gr. *Él se compadece de los que esperan la instrucción.*
*g* 17.27-28 Sal 6.5; 88.10-12; 115.17; Is 38.18-19; Bar 2.17-18.   *h* 18.4-7 Sal 139.17-18.   *i* 18.8 Job 7.17-18; Sal 8.4.   *j* 18.9 Job 14.1; Sal 90.10; Eclo 17.2.   *k* 18.13 Is 40.11; Ez 34; Lc 15.4-5; Jn 10.1-16.   *l* 18.22 Dt 23.21-23; Ec 5.4.

y no esperes hasta la muerte para
pagarlo.
²³Antes de hacer a Dios una promesa,
prepárate;
no pongas a prueba al Señor.ᵐ
²⁴Piensa en la ira de Dios el día final,
cuando sin compasión dará a cada
cual su merecido.
²⁵En la abundancia acuérdate de la
escasez,
y en la riqueza acuérdate de la
pobreza.
²⁶De la noche a la mañana cambia el
tiempo;
si el Señor lo quiere, todo pasa en un
momento.
²⁷El sabio siempre está prevenido;
si hay peligro de pecar, se aleja del
mal.
²⁸Todo hombre sensato conoce la
sabiduría
y alaba al que la encuentra.
²⁹Los que entienden los proverbios
también se hacen sabios
y pronuncian dichos acertados.

### Dominio de sí mismo

³⁰No te dejes llevar de tus pasiones;
domina tus deseos.
³¹Si das gusto a la pasión,
tus enemigos se reirán de ti.
³²No te aficiones a la vida de placer;
los gastos te dejarán en la pobreza.
³³No vivas en comilonas y
borracheras,
teniendo tu bolsa vacía.

**19** ¹El que hace eso nunca llegará a
ser rico;
el que descuida las cosas pequeñas
terminará en la ruina.
²El vino y las mujeres llevan al
libertinaje,
y el que anda con prostitutas se
vuelve descarado.
³Se pudrirá, los gusanos se lo
comerán,
y su descaro será aniquilado.

### Pecados de la lengua

⁴El que se fía a la primera, es un
espíritu ligero;
el que peca, se hace mal a sí mismo.

⁵El que goza haciendo el mal, será
condenado.
⁶El que domina su lengua, vivirá en
paz,
y el que odia la murmuración,
sufrirá poco.
⁷No repitas los chismes
y te evitarás perjuicios.
⁸No los cuentes ni de amigos ni de
enemigos;¹⁹
no los reveles, a menos que peques
por callar.
⁹Si uno de ellos te oye, desconfiará de
ti
y más tarde te odiará.
¹⁰Si te cuentan algo, guárdalo hasta la
tumba;
no te preocupes, que no vas a
reventar.
¹¹Un imprudente guardando un secreto
sufre más que una mujer de parto.
¹²Como flecha clavada en la pierna,
es un secreto en el pecho de un
imprudente.
¹³Si te cuentan algo de un amigo,
pregúntale,
quizás él no haya hecho lo que dicen;
y si lo hizo, para que no lo vuelva a
hacer.
¹⁴Si te cuentan algo de tu prójimo,
pregúntale,
quizás no haya dicho lo que le
achacan;
pero si lo dijo, para que no vuelva a
decirlo.
¹⁵Pregunta al amigo;
con frecuencia es pura calumnia;
no creas todo lo que dicen.
¹⁶A veces uno se equivoca, pero sin
querer;
¿quién no ha pecado con la lengua?
¹⁷Antes de amenazar al prójimo,
pregúntale;
deja que la ley del Altísimo siga su
curso.²⁰

### La verdadera sabiduría

²⁰Toda la sabiduría está en honrar al
Señorⁿ
y en cumplir su ley.²¹
²²Saber mucho de maldad, eso no es
sabiduría;
seguir el consejo de los pecadores no
es sensatez.

---

¹⁹ *Ni de amigos ni de enemigos:* otra posible traducción: *ni a amigos ni a enemigos.*   ²⁰ Algunos mss. añaden parte del v. 17
y los vs. 18 y 19: *y sé paciente.* ¹⁸*Comienza por temer al Señor y serás bien aceptado; si tienes sabiduría, él te amará.*
¹⁹*Conocer los mandamientos del Señor es instrucción que da vida; los que hacen lo que a él le agrada recogen el fruto del
árbol de la vida.*   ²¹ Algunos mss. añaden parte del v. 20 y el v. 21: *y conocer su omnipotencia.* ²¹*Un criado que dice a su
amo:* ''*Yo no hago lo que usted quiere*'', *aunque después sí lo haga, hace enojar a su amo que lo alimenta.*
ᵐ **18.23** Pr 20.25.   ⁿ **19.20** Sal 111.10; Pr 1.7; 9.10; Eclo 1.14.

23 Hay una astucia detestable,
pero hay tontos que no tienen la
culpa.[22]
24 Más vale ser ignorante y honrar a
Dios
que ser muy listo y faltar a la ley.
25 Hay habilidad consumada pero
injusta,
y hay quien actúa torcidamente para
que le hagan justicia.
26 Hay quien anda agachado y triste,
pero por dentro está lleno de
engaños;
27 agacha la cabeza y se hace el sordo,
pero cuando no lo ven, te saca
ventaja,
28 y si no tiene fuerza para ahora
hacerte mal,
en la primera ocasión te causará
algún perjuicio.
29 Por la cara se conoce a una persona,
y por el aspecto se distingue al sabio.
30 La manera de vestirse, de reír y
caminar,
muestra lo que uno es.

### El sabio y el necio

**20** ¹Hay reprensiones a destiempo,
y hay quien calla por prudencia.
2 Más vale reprender que enojarse.
3 Quien reconoce su falta, se libra de
la calamidad.
4 Como un eunuco que quiere violar a
una joven,
así es el que quiere hacer justicia por
la fuerza.
5 Unos callan y parecen sabios[ñ]
y otros, de tanto hablar, se hacen
odiosos.
6 Unos callan porque no saben qué
decir,
y otros callan esperando el momento
oportuno.
7 El sabio guarda silencio hasta el
momento preciso,
pero el necio es inoportuno.
8 El que habla demasiado se hace
antipático,
y el que abusa de su autoridad se
hace odioso.

9 A veces el éxito se encuentra en la
desgracia,
y hay ganancias que se vuelven
pérdida.
10 Unas veces das sin sacar ningún
provecho,

y otras veces, dando, recibes el
doble.
11 Hay honores que terminan en
desgracia,
y hay quien en la humillación levanta
la cabeza.
12 Algunos compran mucho a poco
precio,
pero pagan siete veces más de lo que
vale.
13 Al sabio le bastan pocas palabras
para hacerse querer,
pero las cortesías del tonto son
rechazadas.
14 Lo que un tonto te regale no te
servirá de nada;
él lo ve mucho más grande de lo que
es;
15 aunque da poco, sermonea mucho,
y abre la boca como quien anuncia
grandes cosas.
Hoy te lo presta y mañana te lo pide:
¡qué hombre tan odioso!
16 El necio dice: "¡Yo no tengo
amigos!
¡Nadie agradece mis favores!
17 Comen de mi pan y hablan mal de
mí."
¡Pero cuántas veces se ríen de él!

18 Más vale un traspié con los pies que
con la lengua;
la caída de los malos vendrá así en
un momento.
19 Un hombre sin gracia es como un
chiste a destiempo
que a todas horas repiten los necios.
20 Los refranes en la boca del necio
caen mal,[o]
porque nunca los dice en el momento
oportuno.
21 Algunos no pecan de pobres que son;
cuando descansan tienen la
conciencia tranquila.
22 Otros se arruinan por ser
vergonzosos
y tenerle miedo a un tonto.
23 Algunos, por timidez, hacen
promesas a un amigo,
y sin necesidad se ganan un enemigo.
24 La mentira es una infamia para el
hombre;
siempre la hallarás en la boca de los
necios.
25 El ladrón es preferible al embustero,
pero uno y otro van a la perdición.

---

[22] *La culpa:* según una versión antigua. Gr. *sabiduría.*
[ñ] **20.5** Pr 17.28.   [o] **20.20** Pr 26.7,9.

²⁶Al mentiroso lo acompaña la
deshonra;
siempre se verá sin honor.
²⁷El sabio se abre camino fácilmente,
y el sensato se hace querer de los
grandes.
²⁸El que cultiva la tierra tendrá su
cosecha,
y el que se hace querer de los grandes
alcanzará perdón cuando peque.
²⁹Obsequios y regalos hacen ciego al
sabio
y le ponen un bozal que le impide
reprender.
³⁰Sabiduría oculta y tesoro escondido,
¿a quién le sirven de algo?
³¹Más vale esconder la insensatez
que esconder la sabiduría.ᵖ

### Consecuencias del pecado

**21** ¹Hijo mío, ¿pecaste? No lo
vuelvas a hacer,
y pide perdón por tus culpas
pasadas.
²Huye del pecado como de una
serpiente,
pues si te acercas, te morderá.
Tiene dientes de león
para matar a los hombres.
³Toda maldad es como espada de dos
filos;
las heridas que causa no tienen
curación.
⁴Delirio de grandeza y orgullo
destruyen la riqueza;
la casa del altanero quedará
destruida.
⁵Dios escucha la oración del pobre
y le hace justicia sin tardar.
⁶El que odia la corrección sigue los
pasos del pecador,
pero el que respeta al Señor se
arrepiente de corazón.
⁷Desde lejos se conoce al charlatán;
pero el sensato se da cuenta de sus
propias faltas.
⁸Construir una casa con dinero ajeno
es como acarrear piedras para la
propia sepultura.
⁹Una banda de malvados es como
leña seca:
terminará en una llamarada.
¹⁰El camino de los pecadores es fácil y
llano,
pero termina en el reino de la
muerte.�q

### El sabio y el necio

¹¹El que cumple la ley domina sus
instintos;
honrar al Señor lleva a la sabiduría.
¹²El que no es inteligente no puede
aprender,
pero hay una inteligencia llena de
amargura.
¹³La ciencia del sabio es como un río
crecido,
y sus consejos como manantial que
no se agota.ʳ
¹⁴La mente del necio es como un vaso
roto:
nada retiene de lo que aprende.
¹⁵Si un hombre inteligente oye un
proverbio,
lo alaba y añade otro;
si lo oye un tonto,
pone mala cara y no le presta
atención.
¹⁶Escuchar a un necio es como viajar
con una carga a cuestas;
¡qué delicia, en cambio, oír hablar a
un inteligente!
¹⁷Cuando el pueblo se reúne, pide la
opinión del sabio
y se queda pensando en lo que dice.
¹⁸La sabiduría es para el necio como
una casa en ruinas;
todo lo que sabe decir son palabras
sin sentido.
¹⁹La instrucción es para el necio como
cadenas en los pies,
o como esposas en la mano derecha.
²⁰El tonto se ríe a carcajadas;
el sabio, cuando mucho, sonríe
suavemente.
²¹La instrucción es para el sabio como
adorno de oro,
como un brazalete en el brazo
derecho.
²²El necio se precipita en una casa;
el sensato se detiene
respetuosamente.
²³El necio, desde la puerta, espía hacia
adentro;
el bien educado se queda fuera.
²⁴Es mala educación poner el oído a la
puerta;
un hombre sensato se moriría de
vergüenza.
²⁵El charlatán habla hasta por los
codos;
el sabio pesa cada palabra.
²⁶El necio dice todo lo que piensa;
el sabio piensa todo lo que dice.

ᵖ **20.30-31** Eclo 41.14-15.   q **21.10** Pr 14.12; 16.25.   ʳ **21.13** Pr 13.14; 18.4.

27 Cuando un malvado maldice a su
enemigo,[23]
a sí mismo se maldice.
28 El chismoso trae mal sobre sí mismo
y se hace odioso a todos sus vecinos.

## El necio y el perezoso

**22** ¹ El perezoso es como una piedra
sucia:
a todos disgusta su indignidad.
² El perezoso es como un montón de
estiércol,
que si uno lo toca, sacude la mano.
³ Un hijo mal educado es vergüenza
para su padre;
y si es una hija, le causará la ruina.
⁴ Una hija sensata encontrará marido;
la que no tiene vergüenza entristece a
su padre.
⁵ Una hija descarada deshonra al
padre y al marido,
y ambos la despreciarán.
⁶ Un discurso inoportuno es como
música alegre en un entierro;
pero el castigo y la corrección
siempre traen sensatez.[24]
⁹ Enseñar a un tonto es querer pegar
una olla rota
o despertar a alguien profundamente
dormido.
¹⁰ Hablar con un tonto es como hablar
con un amodorrado;
al final preguntará: "¿De qué se
trata?"
¹¹ Llora por un muerto, porque le falta
la luz;
llora por un tonto, porque le falta la
razón;
llora menos por el muerto, porque
ya descansó;
la vida del tonto es peor que la
muerte.
¹² El duelo por los muertos dura siete
días;
por los tontos y los malos, todos los
días de su vida.
¹³ No hables mucho con un tonto,
ni visites a un insensato.
Cuídate de él, para no tener
problemas
y que no te llene de mugre cuando se
sacuda.
Aléjate de él, y vivirás tranquilo
y no te molestará su insensatez.

¹⁴ ¿Habrá algo más pesado que el
plomo?
Sí, "el tonto" es su nombre.
¹⁵ Es más fácil cargar arena, sal o una
bola de hierro,
que soportar a un tonto.[5]
¹⁶ Vigas empotradas en un muro
no se sueltan fácilmente en un
temblor;
así, una voluntad apoyada en
reflexión sensata
no temerá en el mómento del
peligro.
¹⁷ Decisión basada en razón e
inteligencia
es como enlucido sobre pared bien
lisa.
¹⁸ Una cerca colocada encima de una
peña
no resiste al viento,
y un corazón tímido y lleno de ideas
tontas
no resiste ninguna amenaza.

## La fidelidad a los amigos

¹⁹ Si se hiere el ojo, brotan lágrimas;
si se hiere el corazón, se hace
aparecer los sentimientos.
²⁰ Si se tiran piedras a los pájaros,
salen volando;
si se insulta a un amigo, se destruye
la amistad.
²¹ Si has sacado la espada contra un
amigo,
no pierdas la esperanza: aún puedes
envainarla.
²² Si ofendiste de palabra a un amigo,
no te preocupes: puedes volver a
hacer las paces.
Pero insultos, desprecios, descubrir
secretos
y herir por la espalda,
son cosas que alejan a cualquier
amigo.
²³ Sé fiel al amigo cuando esté en la
pobreza,
para que también goces con él
cuando esté en la abundancia.
No lo abandones cuando esté en
dificultades,
para que compartas con él sus bienes
cuando los reciba.
²⁴ Primero humo y después llamas en el
horno;
así también, primero insultos y
después sangre.

---

[23] *A su enemigo:* otra posible traducción: *a Satanás.*   [24] Algunos mss. añaden los vs. 7 y 8: ⁷*Unos hijos bien educados no
revelan el origen humilde de sus padres.* ⁸*Unos hijos altaneros, mal educados y orgullosos, son una mancha para la nobleza
de sus padres.*
[5] **22.15** Pr 27.3.

²⁵No me avergonzaré de proteger a un
amigo,
ni me esconderé de él.
²⁶Y si algo malo me pasa por su culpa,
todo el que lo sepa se cuidará de él.

### Oración

²⁷¡Ojalá tuviera yo un centinela en la
boca
y un sello de discreción en los
labios,ᵗ
para que éstos no me hagan caer
ni la lengua sea mi perdición!

**23** ¹¡Señor, Padre y dueño de mi
vida,
no dejes que mi lengua me domine,
o que por culpa de ella caiga!
²¡Ojalá castigara la sabiduría mi
mente
y corrigiera mi entendimiento,
sin perdonar mis faltas
ni disimular mis pecados!
³Para que mis errores no se
multipliquen
ni aumenten mis pecados,
para que no quede humillado ante
mis enemigos
ni ellos se rían de mí.
⁴Señor, Padre y Dios de mi vida,
no permitas que yo sea altanero
⁵y aparta de mí los malos deseos.
⁶¡Que no me domine la gula o la
pasión sexual!
¡No me entregues a deseos
vergonzosos!

### Uso y abuso de la palabra

⁷Hijos, escuchen la instrucción para
aprender a hablar;
el que la siga no pecará.
⁸Por su boca es atrapado el pecador,
y el insolente y altanero caerá por
ella.
⁹No te acostumbres a jurar
ni a pronunciar para todo el nombre
del Dios santo.ᵘ
¹⁰Si a un esclavo se le examina
constantemente,
no saldrá sin azotes;
así también, el que jura y nombra a
Dios continuamente
no quedará libre de pecado.
¹¹El que jura con frecuencia, se llenará
de culpa,
y el castigo no se alejará de su casa.

Si jura por descuido, es responsable
de su falta;
si lo hace por ligereza, peca
doblemente,
y si jura en falso, resultará culpable;
sobre su casa lloverán desgracias.
¹²Hay palabras que equivalen a la
muerte;
¡que nunca se pronuncien en el
pueblo de Jacob!
Los piadosos evitan todo esto
y no se revuelcan en el pecado.
¹³No te acostumbres a hablar grosera y
vulgarmente,
porque así cometerás pecado.
¹⁴Acuérdate de tu padre y de tu madre
cuando te sientes entre gente de
importancia,
no sea que, cuando estés con ellos, te
descuides
y te portes como un tonto;
entonces querrás no haber nacido,
y maldecirás el día en que naciste.
¹⁵El que se acostumbra a insultar,
no aprenderá en toda su vida.

### El adulterio

¹⁶Dos y tres clases de personas pecan
mucho
y se atraen el castigo de Dios:
¹⁷El que se entrega a la pasión sexual,
que arde como fuego
y no se apagará hasta que se
consuma.
El hombre mujeriego no quedará
satisfecho,
hasta que el fuego lo devore.
Al hombre mujeriego le parece
bueno cualquier pan, y no parará
hasta que muera.
¹⁸El hombre que es infiel al
matrimonio
dice para sus adentros: ''¿Quién va a
verme?
Todo está oscuro, las paredes me
esconden,
nadie me ve, ¿a qué podré tenerle
miedo?
El Altísimo no se fijará en mis
pecados.''ᵛ
¹⁹Lo único que teme es que los
hombres lo vean,
y no se da cuenta de que los ojos del
Señor
son mil veces más brillantes que el
sol,
ven todo lo que los hombres hacen
y penetran hasta lo más escondido.ʷ

²⁰Antes de crear todas las cosas, Dios
ya las conocía,
y lo mismo después de haberlas
terminado.
²¹El adúltero será atrapado cuando
menos lo espere,
y recibirá públicamente su castigo.
²²Otro tanto le pasará a la mujer infiel
a su marido,
que le da un heredero tenido de un
extraño.
²³En primer lugar, desobedece la ley
del Altísimo;
en segundo lugar, peca contra su
marido,
y en tercer lugar, se mancha con el
adulterio
teniendo hijos de un extraño.
²⁴Esa mujer será llevada ante la
asamblea,
y las consecuencias de su falta caerán
sobre sus hijos.
²⁵Sus hijos no podrán prosperar;
no producirán nada de provecho.
²⁶Sobre su recuerdo pesará una
maldición,
y su deshonra no se borrará.
²⁷Y los demás reconocerán
que nada hay mejor que respetar al
Señor,
ni más dulce que cumplir sus
mandamientos.

### Alabanza de la sabiduría

**24** ¹La sabiduría se alaba a sí misma,
habla con orgullo en medio de su
pueblo;
²delante de la asamblea del Altísimo
y de sus ángeles, dice con orgullo:
³"Yo salí de la boca del Altísimo
y cubrí la tierra como bruma.ˣ,ʸ
⁴En el cielo tenía mi habitación;
mi trono estaba sobre una columna
de nubes.ᶻ
⁵Yo sola recorrí la bóveda celeste
y atravesé lo más hondo del abismo.
⁶Reiné sobre las olas del mar, en la
tierra entera
y en todos los pueblos y naciones.
⁷En todos esos lugares busqué un
hogar,
un sitio donde poner mi residencia.
⁸Entonces el que me hizo a mí y a las
demás cosas

decidió dónde debía yo residir, y me
dijo:
'Pon tu residencia en Israel,
vive en el pueblo de Jacob.'ᵃ
⁹Él me creó al comienzo, antes del
mundo,ᵇ
y nunca dejaré de existir.
¹⁰He servido ante él en el santuario,
y en Sión me establecí.
¹¹Me hizo residir en la ciudad amada,
y en Jerusalén está mi autoridad.
¹²Eché raíces en este pueblo glorioso,
posesión escogida del Señor.
¹³Crecí como cedro del Líbano,
como ciprés de la montaña de
Hermón.
¹⁴como palmera de En-gadí,
como rosal de Jericó,
como olivo hermoso en la llanura;
crecí como castaño.
¹⁵Esparcí perfume como árbol de
canela,
como caña aromática y mirra
escogida,
como las resinas más olorosas,
como el incienso que se quema en el
santuario.ᶜ
¹⁶Extendí mis ramas como terebinto:
ramas bellas y frondosas.
¹⁷Eché hermosos retoños como vid,
y mis flores y frutos son bellos y
abundantes.²⁵
¹⁹Acérquense a mí los que me desean,
y coman todo lo que quieran de mis
frutos,
²⁰pues conocerme es más dulce que la
miel,
y poseerme, más dulce que un
panal.ᵈ
²¹El que me coma querrá comer más,
y el que me beba querrá beber más.
²²El que me hace caso no fracasará;
el que se conduce con sabiduría no
pecará."

²³Todo esto es el libro del pacto del
Dios altísimo,
la ley que promulgó Moisés para
nosotros,
la herencia del pueblo de Jacob.²⁶
²⁵Esta ley está llena de sabiduría como
el río Pisón,ᵉ
o como el Tigris en la primavera;
²⁶rebosa sensatez como el Éufrates,

---

²⁵ Algunos mss. añaden v. 18: *Yo soy la madre del amor hermoso, de la belleza, del temor, del conocimiento, de la santa esperanza. Yo, que nací desde la eternidad, soy el regalo que recibirán todos mis hijos, los hijos que Dios me ha asignado.*
²⁶ Algunos mss. añaden v. 24: *No se cansen de buscar fuerza en el Señor; permanezcan unidos a él, para que él los fortalezca. El Señor todopoderoso es el único Dios, y fuera de él no hay nadie que pueda salvar.*
ˣ **24.3** Gn 1.2.    ʸ **24.3-22** Pr 8.22-9.12.    ᶻ **24.4** Ex 13.21-22; 33.9-10.    ᵃ **24.8-12** Bar 3.37.    ᵇ **24.9** Eclo 1.4,9.
ᶜ **24.15** Ex 20.7-8,34-36.    ᵈ **24.20** Sal 19.10; 119.103.    ᵉ **24.25-27** Gn 2.10-14; Jos 3.15.

o como el Jordán cuando más
crece;[27]
[27]da instrucción tan abundante como
el Nilo,[28]
o como el río Gihón en tiempo de
creciente.[29]
[28]Nadie, del primero al último,
ha conocido a fondo la sabiduría,
[29]pues sus pensamientos abarcan más
que el océano
y sus designios son más profundos
que el inmenso abismo.

[30]Yo, por mi parte, soy como un canal
que sale de un río,
como una acequia que lleva agua a
un jardín.
[31]Dije: "Voy a regar mi jardín,
voy a empapar mis prados."
Y mi canal se convirtió en un río,
y mi río se convirtió en un mar.
[32]Haré que mi instrucción
resplandezca como la aurora,
y que su luz llegue hasta muy lejos;
[33]daré mi enseñanza como los profetas
y la dejaré a las generaciones
venideras.
[34]Vean que no he trabajado sólo para
mí,
sino para todos los que buscan la
sabiduría.

### Personas que merecen alabanza

**25** [1]Hay tres cosas que me gustan
y que agradan a Dios y a los
hombres:
la concordia entre los hermanos, la
amistad entre los vecinos
y la armonía entre los esposos.
[2]Y hay tres clases de personas que
detesto,
cuyo modo de vivir me molesta
mucho:
el pobre orgulloso, el rico tacaño
y el viejo mujeriego y tonto.

[3]Si no buscas la sabiduría siendo
joven,
¿cómo la vas a encontrar cuando ya
seas viejo?
[4]¡Qué bien queda a las canas el
juzgar,

y a los ancianos el dar buenos
consejos!
[5]¡Qué bien queda a los ancianos el ser
sabios,
y a los respetables dar consejos
acertados!
[6]La experiencia es la corona de los
viejos,
y su mayor gloria es honrar a Dios.

[7]Hay nueve y hasta diez personas
que declaro dichosas:
¡Dichoso el hombre que se alegra
con sus hijos,
y el que vive hasta ver la caída de sus
enemigos!
[8]¡Dichoso el hombre casado con
mujer sensata,
y el que no ara con yunta formada
por buey y burro!
¡Dichoso el que no peca con la
lengua,
y el que no sirve a uno menos
respetable que él!
[9]¡Dichoso el que encuentra un
amigo,[30]
y el que no habla a oídos sordos!
[10]¡Grandemente dichoso es el que
encuentra la sabiduría,
pero nunca comparable a quien
respeta al Señor!
[11]El respeto al Señor está por encima
de todo;
nadie puede compararse a quien lo
tiene.[31]

### La mala y la buena mujer

[13]¡No hay peor herida que la del
corazón,
ni peor maldad que la de la mujer!
[14]¡No hay peor sufrimiento que el
causado por el odio,
ni peor venganza que la venganza de
rivales!
[15]¡No hay veneno[32] como el de la
serpiente,
ni enojo como el de la mujer!
[16]Prefiero vivir con un león o un
dragón,
que vivir con una mujer malvada.[f]
[17]La maldad de la mujer hace que el
marido
ponga peor cara que un oso.
[18]Cuando él se encuentra entre sus
amigos,
suspira sin querer.

---

[27] *Cuando más crece:* lit. *en tiempo de la cosecha.*   [28] *El Nilo:* según una versión antigua. Gr. *luz.*   [29] *Creciente:* lit. *vendimia.*   [30] *Un amigo:* según versiones antiguas. Gr. *prudencia.*   [31] Algunos mss. añaden v. 12: *Comienza por respetar al Señor y lo amarás; si comienzas por serle fiel, estarás unido a él.*   [32] *Veneno:* texto probable. Gr. *cabeza.* En hebreo, las dos palabras se escriben igual.
[f] **25.16** Pr 21.9,19; 25.24.

¹⁹Cualquier maldad es poca,
comparada con la de la mujer;
ése será el castigo para el pecador.
²⁰Como cuesta arenosa para los pies de
un viejo
es la mujer charlatana para un
hombre tranquilo.
²¹No te dejes seducir por la belleza de
una mujer
ni codicies lo que posee,
²²porque es muy feo y vergonzoso
que la mujer mantenga a su marido.
²³Manos débiles, rodillas temblorosas:
así es el hombre a quien su mujer no
hace feliz.
²⁴Por una mujer comenzó el pecado,ᵍ
y por ella todos morimos.
²⁵No des salida al agua de un río,
ni libertad a una mujer malvada.
²⁶Si no se somete a ti,
apártala de tu compañía.

**26** ¹¡Dichoso el esposo de una mujer
buena:
vivirá el doble!ʰ
²Una mujer ejemplar hace prosperar a
su marido
y le alegra los años de su vida.
³¡Qué buena suerte es encontrar una
buena mujer!
Es un regalo que Dios da a quienes
lo respetan.
⁴Sea rico o pobre, estará contento
y siempre tendrá la cara alegre.

⁵Hay tres cosas que me asustan
y una cuarta que me da mucho
miedo:
chismes en la ciudad, tumulto de la
gente y calumnia;
son cosas peores que la muerte.
⁶Pero una mujer celosa de otra es un
sufrimiento terrible;
su lengua es como un látigo que a
todo mundo hiere.
⁷Una mujer malvada es como un yugo
flojo;
tocarla es como agarrar un alacrán.
⁸Una mujer borracha es una molestia
terrible,

y quedará públicamente en
vergüenza.
⁹La mujer seductora mira con
atrevimiento;
en sus ojos se lee lo que es.
¹⁰Vigila estrictamente a una hija
descarada;
no sea que, teniendo mucha libertad,
se aproveche de ella.
¹¹Vigila sus miradas desvergonzadas
y no te sorprendas si te falta al
respeto.
¹²Ella abre la boca como viajero
sediento
y bebe de cualquier agua que
encuentra;
se ofrece a cualquier hombre
y abre su aljaba a cualquier flecha.

¹³El encanto de la mujer alegra a su
esposo,
y si es sensata, lo hace prosperar.
¹⁴Una mujer discreta es un regalo del
Señor;
una persona educada no tiene precio.
¹⁵Una mujer modesta es el mayor
encanto;
nada vale tanto como una persona
reservada.
¹⁶Como el sol que brilla en lo alto del
cielo,
así es la mujer hermosa en un hogar
bien cuidado.
¹⁷Como lámpara que alumbra en el
candelabro del templo
es un rostro hermoso en un cuerpo
bien formado,
¹⁸y como columnas de oro sobre bases
de plata
son unas piernas hermosas sobre pies
bien firmes.³³

### Cosas desagradables

²⁸Hay dos cosas que me dan tristeza
y una tercera que me hace enojar:
un rico³⁴ que ha quedado en la
miseria,
hombres inteligentes tratados con
desprecio
y uno que pasa de la virtud al vicio.

---

³³ Algunos mss. añaden los vs. 19-27: ¹⁹*Hijo mío, conserva sana la flor de tu juventud y no entregues tu vigor a extrañas.*
²⁰*Busca un terreno fértil en toda la llanura y siembra tu semilla confiado en la nobleza de tu raza.* ²¹*Así los hijos que nacerán
de ti vivirán mucho y se sentirán orgullosos al estar seguros de su nobleza.* ²²*Una mujer que se vende no vale más que un
salivazo, y si es casada, es como torre que mata a los que usan de ella.* ²³*Una mujer impía tocará en suerte al malvado, y una
mujer piadosa al que teme al Señor.* ²⁴*La mujer desvergonzada vivirá en la deshonra, pero la mujer pudorosa es modesta
aun delante de su esposo.* ²⁵*A la mujer desvergonzada se la tratará como a un perro; la mujer modesta teme al Señor.* ²⁶*A la
mujer que respeta a su marido todos la tienen por sabia, pero a la que lo desprecia con orgullo, todos la tendrán por impía.
Dichoso el hombre que tiene una mujer buena, porque vivirá el doble.* ²⁷*La mujer que grita y habla mucho es como
trompeta que llama al combate; el hombre que se halla en semejante situación, vive como en el fragor de la batalla.*
³⁴ *Rico:* según una versión antigua. Gr. *guerrero.*
ᵍ **25.24** Gn 3.1-6; 1 Ti 2.14.     ʰ **26.1-4** Pr 31.10-31.

A éste, el Señor lo entregará a la muerte.

## Honradez y falta de honradez

29 ¡Qué difícil para el comerciante es estar libre de culpa,
y para el negociante no tener pecado!

**27** 1Por ganar dinero muchos pecan,
y el que quiere ser rico se hace el ciego.
2En la grieta de las rocas se clavan las estacas;
así se mete el pecado entre la compra y la venta.
3Si uno no está firme en el respeto al Señor,
pronto se arruinará su casa.

4Sacudiendo el cedazo, sólo el bagazo queda;
y oyendo a un hombre discurrir, se descubren sus faltas.
5Las vasijas de barro se prueban en el horno;
al hombre se le prueba en una discusión.
6El fruto muestra si un árbol está bien cultivado;
así, al discurrir se revela el carácter del hombre.*i*
7Antes de oírlo discurrir no alabes a nadie;
así se prueba a una persona.

8Si buscas la honradez, la alcanzarás,
y te adornará como manto precioso.
9Las aves se juntan con las de su especie;
y la sinceridad acompaña a los que la practican.
10El león aguarda para atacar a su presa
y el pecado a los que cometen injusticias.
11Los piadosos hablan siempre con sabiduría,
pero el necio cambia como la luna.
12Si estás con insensatos mide bien tu tiempo,
si estás con sabios, puedes demorarte.
13La charla de los tontos causa indignación,
y su risa es gozarse en el pecado.
14Oírlos jurar a cada paso te pone los pelos de punta;

si pelean, tienes que taparte los oídos.
15Cuando los altaneros pelean, hay muerte segura;
¡qué horrible es oírlos insultarse!

## Un secreto se guarda

16El que no guarda un secreto ya no es de fiar
y no encontrará un amigo íntimo.
17Ama a tu amigo y no lo traiciones;
si no guardas sus secretos, no lo busques más.
18Destruir una amistad
es lo mismo que un asesinato.
19Es como dejar escapar de la mano un pájaro;
dejaste escapar al amigo y ya no lo encontrarás.
20No lo busques, que ya está muy lejos;
escapó como gacela de una trampa.
21Una herida se puede vendar,
un insulto se puede perdonar,
pero el que no guarda los secretos,
ya no tiene esperanza.

## La insinceridad

22Quien guiña el ojo, algo malo trama;
quien ya lo conoce, no se le acerca.
23Delante de ti se deshace en halagos
y aplaude todo lo que dices,
pero a tus espaldas cambia de tono
y con tus propias palabras te hace caer.
24Detesto muchas cosas, pero ninguna más que a él,
y también el Señor lo detesta.
25Al que tira al cielo una piedra, le cae en la cabeza,
y el que hiere a traición, también se hiere a sí mismo.
26El que hace un hoyo caerá en él
y el que prepara una trampa quedará preso en ella.
27Al que hace el mal, éste le caerá encima,
y no sabrá de dónde le viene.*j*
28El orgulloso se burla e insulta,
pero el castigo, como un león, lo aguarda.
29El que se alegra de la ruina del bueno caerá en la trampa,
y recibirá su tormento antes de morir.

*i* 27.6 Mt 7.16-20; 12.33; Lc 6.43-44. *j* 27.26-27 Sal 7.15-16; 9.15-16; Pr 26.27; Ec 10.8.

## Perdona, y serás perdonado

³⁰Ira y enojo son cosas detestables,
pero del pecador nunca se apartan.

**28** ¹Del vengativo se vengará el
Señor;
Dios llevará cuenta estricta de sus
pecados.

²Perdona las ofensas a tu prójimo,
y Dios perdonará tus pecados
cuando se lo pidas.ᵏ

³Si uno guarda rencor a su prójimo,
¿cómo querrá que Dios le dé a él la
salud?

⁴No tiene compasión de un hombre
igual a él,
¿y pide a Dios el perdón de sus
pecados?ˡ

⁵Es un simple mortal y guarda rencor,
¿quién le obtendrá el perdón de sus
pecados?

⁶Piensa en tu fin y ya no odies más;
piensa en la muerte y cumple los
mandamientos.

⁷Recuerda los mandamientos y no
odies al prójimo;ᵐ
piensa en el pacto del Altísimo y
perdona las faltas.

## No eches más leña al fuego

⁸Aléjate de las peleas y evitarás
pecados,
porque el colérico enciende peleas.ⁿ

⁹El pecador siembra discordia entre
amigos,
y donde hay paz esparce calumnias.

¹⁰Cuanta más leña hay, tanto más arde
el fuego;
cuanta más terquedad, más se
enciende la pelea.ñ
Cuanto mayor es la fuerza, mayor es
el enojo;
cuanto más grande la riqueza, más
grande la furia.

¹¹Pajas y resinas³⁵ alimentan el fuego;
pelea acalorada termina en muerte
violenta.

¹²Si soplas a una chispa, se enciende,
si la escupes, se apaga;
y tanto el soplo como la saliva salen
de tu boca.º

## Las malas lenguas

¹³¡Malditos el murmurador y el
mentiroso,

porque han sido la ruina de muchos
que vivían en paz!

¹⁴Las calumnias han perjudicado a
muchos
y los han hecho ir de país en país;
han destruido ciudades fortificadas
y arruinado las casas de hombres
poderosos.

¹⁵Las calumnias han sido culpables
de que mujeres ejemplares hayan
sido repudiadas,
haciéndolas perder el fruto de su
trabajo.

¹⁶El que hace caso a las calumnias no
hallará descanso
ni podrá vivir en paz.

¹⁷Las heridas causadas por azotes se
quedan en la piel;
las heridas causadas por la lengua
rompen los huesos.

¹⁸Muchos han muerto a filo de espada,
pero más aún por culpa de las malas
lenguas.

¹⁹¡Dichoso el que está a salvo de la
lengua,
el que no ha sido víctima de su furia,
ni ha caído bajo su yugo,
ni ha quedado preso en sus cadenas!

²⁰Su yugo es yugo de hierro,
sus cadenas, cadenas de bronce.

²¹La muerte que causa es una muerte
cruel:
es preferible la tumba.

²²La lengua no tiene poder sobre los
buenos;
sus llamas no podrán quemarlos.

²³Pero en ellas caerán los que
abandonan al Señor,
se encenderán contra ellos y no se
apagarán;
se lanzarán como un león contra
ellos,
los destrozarán como una pantera.

²⁴Si pones un cercado de espinas a tu
viña
y guardas bien tu oro y tu plata,

²⁵pon también puerta y cerrojo a tu
boca
y pesa las palabras que digas.

²⁶Ten cuidado de no pecar con la
lengua,
para no caer en poder de tu
enemigo.ᵖ

## Los préstamos son fuente de enemistades

**29** ¹El hombre compasivo presta a su
prójimo;

---

³⁵ *Pajas y resinas:* según una versión antigua. Gr. *riña apresurada.*
ᵏ **28.2** Mt 6.14; Mr 11.25.  ˡ **28.3-4** Mt 5.7; 18.23-35.  ᵐ **28.7** Lv 19.17-18.  ⁿ **28.8** Pr 15.18.  ñ **28.10** Pr 26.20-21.
º **28.12** Pr 15.1.  ᵖ **28.17-26** Pr 13.3; Stg 3.2-12.

dar ayuda es cumplir los
mandamientos.
²Presta a tu prójimo cuando esté en
necesidad,*q*
y, por tu parte, devuelve a tiempo lo
que te hayan prestado.
³Cumple tu palabra y sé fiel a los
demás,
y siempre que lo necesites
encontrarás ayuda.
⁴Muchos se creen dueños del dinero
que les han prestado
y causan molestias a quienes les
ayudaron.
⁵Antes de recibir el dinero, le besan al
prójimo la mano
y le hablan con humildad de sus
riquezas;
pero cuando deben devolver dan
largas al asunto,
dicen que lo sienten mucho y le
echan la culpa al tiempo.
⁶Si el que prestó insiste, logrará que le
paguen la mitad,
y hará de cuenta que tiene mucha
suerte.
Si no, que dé su dinero por perdido,
y se habrá ganado un enemigo
gratuito.
Le pagará con injurias e insultos,
y con ofensas en vez de respeto.
⁷Muchos se niegan a prestar, no por
maldad,
sino porque no quieren perder sin
más ni más sus bienes.

### La limosna y las fianzas

⁸Pero tú, sé paciente con el pobre
y no le hagas esperar tu limosna.
⁹En atención a los mandamientos,
socorre al pobre;
si está en necesidad, no lo despidas
con las manos vacías.
¹⁰Pierde dinero dándoselo a un
hermano o un amigo,
y no lo dejes perder enmoheciéndose
debajo de una piedra.
¹¹Hazte un tesoro de limosna y
caridad,*36*
y te será más útil que el oro.
¹²Guarda limosnas en tu despensa,
y ellas te librarán de cualquier
calamidad.
¹³Te ayudarán a luchar contra tus
enemigos

con más fuerza que un escudo y una
lanza.*r*

¹⁴El bondadoso da fianza por su
prójimo,
pero el que no tiene vergüenza lo
abandona.
¹⁵Si alguien sale fiador por ti, quédale
agradecido,
pues se arriesgó a sí mismo por ti.
¹⁶El pecador arruina los bienes del
fiador;
el desagradecido abandona al que lo
salvó.
¹⁷Muchos ricos se han arruinado por
las fianzas,
y se han visto arrollados como por
las olas del mar.
¹⁸Personas poderosas perdieron sus
hogares
y tuvieron que irse a países
extranjeros.
¹⁹El pecador se pone a dar fianzas,
y por buscar ganancias se enreda en
pleitos.
²⁰Ayuda a tu prójimo en la medida en
que puedas,
pero ten cuidado de no caer en una
trampa.*s*

### Pobre, pero contento

²¹Lo esencial en la vida es el pan, el
agua y la ropa,
y un hogar que proteja de miradas
indiscretas.
²²Más vale vivir pobre en choza propia
que banquetear en casa ajena.
²³Conténtate con lo que tengas,*t* poco
o mucho,
para que no te reprochen el vivir a
costa de otros.
²⁴Triste vida es andar de casa en casa;
donde eres forastero, no puedes
chistar palabra.
²⁵Atiendes y das de beber a otros
huéspedes, y no te lo agradecen,
y oyes que, encima, te dicen de mala
manera:
²⁶"Ven, forastero, prepara la mesa,
dame de comer lo que tengas."
²⁷"Vete, forastero, hay alguien más
importante que tú;
vino mi hermano y necesito el cuarto
de huéspedes."
²⁸¡Qué duro es para una persona
sensata escuchar

---

³⁶ *Limosna y caridad:* según una versión antigua. Gr. *los mandatos del Altísimo.*
*q* **29.1-2** Mt 5.42.   *r* **29.8-13** Tb 4.7-11; 12.8-9; Eclo 3.30-4.10; 7.32-35; Mt 6.20; Lc 18.22.   *s* **29.14-20** Pr 6.1-5; Eclo 8.13.
*t* **29.23** He 13.5.

que lo injurian por vivir en casa
ajena
y le hacen reproches por deber
dinero!

### La educación de los hijos

**30** ¹El que ama a su hijo no deja de
castigarlo,ᵘ
y al final encontrará en él su alegría.
²El que educa a su hijo quedará
satisfecho,
y ante sus conocidos estará orgulloso
de él.
³El que instruye a su hijo causa
envidia a su enemigo,
pero ante sus amigos se mostrará
contento de él.
⁴Si el padre muere, es como si no
hubiera muerto,
porque deja a uno semejante a él.
⁵Cuando vivía, se sentía feliz al verlo,
y al morir no siente tristeza.
⁶Deja alguien que lo vengará de sus
enemigos
y que con sus amigos será
agradecido.
⁷El que mima a su hijo, después
tendrá que vendarle las heridas,
y al oírlo gritar se le partirá el
corazón.
⁸Caballo sin amansar se vuelve terco,
e hijo dejado a sus anchas se
desboca.
⁹Sé blando con tu hijo, y te hará
temblar;
bromea con él, y te hará llorar.
¹⁰No te diviertas con él, si no quieres
sufrir con él
y terminar lamentándolo
terriblemente.
¹¹No le des autoridad en su juventud
ni le perdones sus malas acciones.
¹²Mientras es joven, haz que se
someta,
y dale azotes mientras es muchacho,
para que no se obstine y se rebele
contra ti
y te cause grandes disgustos.
¹³Corrige a tu hijo y somételo con
energía,
para que en su necedad no se rebele
contra ti.

### Salud y felicidad

¹⁴Más vale pobre con buena salud
que rico con el cuerpo enfermo.

¹⁵Prefiero la buena salud al oro,
y el buen ánimo a las perlas.
¹⁶No hay riqueza mayor que la buena
salud,
ni bien más grande que la felicidad.
¹⁷Preferible la muerte a una vida
infeliz,
y el descanso eterno a estar siempre
sufriendo.
¹⁸Dar ricas comidas al que no puede
comer
es como llevar ofrendas a un ídolo
pagano.
¹⁹¿De qué les sirve eso a los ídolos,
que no comen ni huelen?ᵛ
Así le pasa a quien tiene riquezas
pero no las puede gozar.
²⁰Las mira y suspira,
como un eunuco abrazando a una
joven.

²¹No te entregues a la tristeza,
ni te atormentes con tus
pensamientos.ʷ
²²La alegría del corazón es la vida del
hombre,
la dicha le alarga los años.
²³Cálmate, tranquiliza tu corazón
y aleja de ti el enojo,
pues los pleitos han causado la
muerte a muchos
y el enojo no trae ningún provecho.
²⁴La envidia y los pleitos acortan la
vida,
y las preocupaciones hacen viejo
antes de tiempo.
²⁵Un corazón contento es como un
banquete
que trae buen provecho al que lo
come.

### Pobreza y riqueza

**31** ¹⁻²Los desvelos del rico acaban con
su salud;
preocuparse por la comida quita el
sueño;
es peor que una grave enfermedad;
no deja dormir.
³El rico se afana por amontonar
riquezas,
y cuando descansa puede gozar de
ellas.
⁴El pobre se afana por las necesidades
de su casa,
y cuando descansa todo le hace falta.

5El que va tras el oro no queda sin
    culpa,
  y el que ama el dinero se extraviará
    por él.x
6Muchos han quedado atados por el
    oro
  y han puesto su confianza en las
    alhajas.
7Estas cosas son una trampa para el
    necio,
  y todo insensato cae en ella.
8¡Dichoso el que se mantiene íntegro
  y no corre detrás de las riquezas!
9¿Quién es? Vamos a felicitarlo,
  pues ha hecho algo admirable entre
    su gente.
10Tuvo riquezas y se mantuvo íntegro,
  lo cual será un honor para él.
  Pudo extraviarse, pero no lo hizo;
  pudo hacer el mal, pero no quiso.
11Por eso su dicha está asegurada
  y la comunidad lo alabará.

### Reglas de etiqueta

12Hijo mío, si te invitan a una mesa
    importante,
  no te dejes llevar del apetito,
  ni digas: "¡Qué cantidad de cosas!"y
13Recuerda que la codicia es algo muy
    malo.
  Dios detesta el ojo codicioso;
  no creó nada peor que el ojo.
  A la vista de cualquier cosa, se
    excita,
  y después ruedan lágrimas por las
    mejillas.
14A donde el otro mire no extiendas tú
    la mano,
  para que no choquen las manos en el
    plato.
15Sé considerado con tu vecino como
    contigo mismo;
  piensa en todo lo que a ti no te
    gusta.
16Pórtate en la mesa como un
    invitado,
  y no metas la mano para no hacerte
    antipático.
17Por buena educación, termina tú
    primero;
  y no sorbas, para que no te
    desprecien.
18Y aunque estés a la mesa entre
    muchos,
  no extiendas la mano antes que tu
    vecino.

19¡Qué poco basta a una persona
    educada!
  Así no se ahoga después en su cama.
20El que come demasiado tendrá
    dolores,
  insomnio, malestar, sofocación y
    semblante alterado.
  En cambio, el que come con
    moderación tiene un sueño
    saludable
  y por la mañana se levanta con la
    cabeza despejada.
21Si tuviste que comer más de la
    cuenta,
  levántate y vomita, y sentirás alivio.
22Escúchame, hijo, y hazme caso;
  después entenderás lo que te digo.
  En todo lo que hagas sé moderado
  y no te pasará nada malo.
23Al generoso en convidar todos los
    alaban;
  su buena fama durará mucho
    tiempo.
24Del tacaño en convidar se habla mal
    públicamente;
  su mala fama durará mucho tiempo.

25No te hagas el valiente cuando tomes
    vino,
  pues la bebida ha hecho caer a
    muchos.
26En el horno se prueba una vasija de
    metal,
  y con el vino se ponen a prueba los
    orgullosos.
27El vino es vida para el hombre,
  si lo bebe con moderación.
  ¿Qué vida es ésa donde falta el vino?
  Desde el principio fue creado para
    dar alegría.z
28Alegría para el corazón,
  gozo y contento:
  eso es el vino bebido a su tiempo
  y con cuidado.
29Dolor de cabeza, amargura y
    deshonra:
  eso es el vino bebido con ardor
    apasionado.a
30El mucho licor es trampa para el
    necio:
  quita las fuerzas y es causa de
    heridas.
31Cuando alguien esté bebiendo vino,
  no lo reprendas;
  no le hagas reproches mientras está
    alegre;
  no le digas palabras injuriosas

ni le busques pleito delante de la gente.

## 32

¹Si te ponen a presidir un banquete, no te muestres orgulloso;
pórtate con los demás como uno de tantos.
Ocúpate de ellos antes de ponerte tú a la mesa;
²atiende a lo que necesiten, y luego siéntate.
Así te alegrarás mostrándote cortés con ellos,
y te premiarán por tu buena educación.
³Si eres el de más edad, te corresponde hablar;
pero habla con sensatez y sin interrumpir el canto.
⁴Donde se bebe vino no hagas largos discursos,
y no quieras ser sabio a destiempo.
⁵Los cantos son en un banquete como joya de rubí en adorno de oro.
⁶El sonido de la música mientras se bebe vino con gusto
es como una esmeralda engastada en oro.
⁷Si eres joven, habla sólo cuando sea necesario
y si te insisten dos y tres veces.
⁸Resume tus ideas y di mucho en pocas palabras;
pórtate como el que sabe pero prefiere callar.
⁹Entre los ancianos no seas arrogante,
ni seas impertinente con las autoridades.
¹⁰Después del rayo viene el granizo,
y al que es modesto los demás lo aprecian.
¹¹Al despedirte no te demores,
aunque se te ocurra cualquier otra cosa;
¹²retírate a tu casa y allí haz lo que quieras,
con respeto de Dios y sin cometer ninguna falta.
¹³Y por todo ello bendice a tu Creador,
que te colmó de bienes.

### Rectitud y prudencia

¹⁴El que busca a Dios recibirá instrucción,
y el que madruga para consultarlo tendrá respuesta.
¹⁵El que busca la ley, la encontrará;
pero el que la descuida será atrapado por ella.
¹⁶El que respeta al Señor aprenderá a actuar rectamente
e iluminará a otros con sus enseñanzas.
¹⁷El malvado no acepta represiones,
y acomoda la ley según le conviene.
¹⁸El sabio no oculta su sabiduría,
pero el insolente no domina su lengua.
¹⁹Antes de hacer una cosa, piénsala bien,
y no te arrepentirás después de hacerla.
²⁰Donde haya trampas no camines,
ni tropieces dos veces con el mismo obstáculo.
²¹En un viaje no te creas seguro de un asalto,
²²y cuídate de lo que pueda venir en el futuro.
²³En todo lo que hagas vigílate a ti mismo,
porque haciendo todo esto cumples los mandamientos.
²⁴El que cumple la ley se protege a sí mismo,[b]
y el que confía en el Señor no se verá defraudado.

## 33

¹Al que respeta al Señor no le pasará nada malo;
aunque Dios lo pone a prueba, lo salvará.
²El que odia la ley no llegará a ser sabio,
será como nave sacudida por la tempestad.
³El sabio entiende la palabra del Señor
y mira la ley como enseñanza divina.
⁴Ordena tus asuntos antes de realizarlos;
arregla la casa antes de habitarla.[37]
⁵La mente del tonto es como la rueda de un carro:
sus pensamientos dan vueltas y vueltas.
⁶Amigo repelente es como caballo en celo:
no importa quién lo monte, siempre relincha.

---

[37] *Ordena tus . . . de habitarla:* traducción probable. Heb. oscuro.
[b] **32.24** Pr 19.16.

## La providencia de Dios

⁷¿Por qué se distinguen unos días de
  otros,
si todo el año brilla el mismo sol?
⁸La sabiduría del Señor hizo una
  distinción,
y señaló diversas épocas y fechas.
⁹Bendijo algunos días y los hizo
  sagrados,
y a otros los dejó como días
  ordinarios.
¹⁰También todos los hombres son de
  barro;
Adán fue hecho del polvo de la
  tierra.ᶜ
¹¹Pero el Señor, en su sabiduría, los
  distinguió
y determinó que fueran diversos sus
  caminos.
¹²A unos los bendijo y les dio alta
  posición,
o los consagró para que se acerquen
  a él;
y a otros los maldijo y humilló
y derribó de sus puestos.
¹³Como el barro en manos del que lo
  trabaja,
que puede hacer con él lo que quiera,
así es el hombre en manos de su
  Creador,
que le señala un puesto en su
  presencia.ᵈ
¹⁴Frente al mal está el bien,
frente a la vida, la muerte;
frente al bueno, el malvado,
frente a la luz, la oscuridad.
¹⁵Fíjate en todas las cosas hechas por
  Dios:
están por pares, la una frente a la
  otra.ᵉ

¹⁶Aunque he sido el último en
  dedicarme a estos estudios,
como quien recoge espigas detrás de
  los segadores,
¹⁷con la bendición de Dios pude
  progresar
y recogí también mi cosecha.
¹⁸Vean que no he trabajado sólo para
  mí,
sino para todos los que buscan la
  sabiduría.
¹⁹Escuchen, pues, los que gobiernan la
  nación;
jefes del pueblo, pongan atención.

## Cómo tratar a familiares y esclavos

²⁰Ni a hijo ni a esposa ni a amigo ni a
  vecino
des poder sobre tu vida.
²¹Mientras vivas y respires
no dejes que nadie te domine.
No des a otro lo que tienes,
pues te arrepentirás y tendrás que
  pedirle favores.
²²Es preferible que tus hijos te
  supliquen,
a que tú dependas de ellos.
²³En todo lo que hagas conserva el
  dominio,
y no dejes que tu buen nombre se
  manche.
²⁴Cuando lleguen al final tus pocos
  días
y tengas que morir, reparte tu
  herencia.

²⁵Al burro, pasto, palos y carga;
y al esclavo, pan, corrección y
  trabajo.
²⁶Da trabajo a tu esclavo, para que no
  busque el descanso;
si levanta la cabeza, se rebelará
  contra ti.
²⁷Con yugo y riendas se doblega una
  bestia,
y con duros castigos al mal esclavo.
²⁸Pon a tu esclavo a trabajar, para que
  no esté ocioso,
pues la ociosidad trae muchos males.
²⁹Hazlo trabajar como le corresponde;
y si no obedece, ponle cadenas en los
  pies.
³⁰Pero no te excedas con nadie
ni hagas nada sin tener derecho.

³¹Si tienes un solo esclavo, trátalo
  como a ti mismo,ᶠ
pues lo compraste con sangre.
³²Si tienes un solo esclavo, trátalo
  como a un hermano,ᵍ
pues lo necesitarás como a ti mismo.
³³Si lo maltratas, se escapará,
¿y por dónde irás a buscarlo?

## Los sueños

**34** ¹Los tontos viven de falsas
  esperanzas;
los sueños dan alas a los insensatos.
²Creer en los sueños
es querer agarrar una sombra o
  perseguir el viento.

---

ᶜ **33.10** Gn 2.7; Job 10.9.   ᵈ **33.13** Is 29.16; 45.9; 64.8; Jer 18.4-6; Sab 15.7-8; Ro 9.21.   ᵉ **33.14-15** Ec 3.2-8.   ᶠ **33.31** Eclo 7.21.
ᵍ **33.32** Flm 16.

³Lo que uno ve en sueños es sólo una imagen,
como un rostro reflejado en un espejo.
⁴Nada limpio puede venir de la suciedad;
ninguna verdad puede tampoco venir de la mentira.
⁵Adivinaciones, pronósticos y sueños son cosas sin valor,
fantasías como las de mujer de parto.
⁶Si no vienen de parte del Altísimo, no les prestes la menor atención.
⁷Porque muchos se dejaron engañar por los sueños,
y por creer en ellos se arruinaron.
⁸Hay que cumplir la ley sin hacer trampas;
el hombre de fiar enseña la perfecta sabiduría.

### Los viajes

⁹El que mucho viaja, mucho sabe,
y el que tiene mucha experiencia discurre sabiamente.
¹⁰El que no ha pasado pruebas, sabe poco;
pero el que ha viajado, se hace muy listo.
¹¹En mis viajes he visto muchas cosas,
y sé más de lo que cuento.
¹²Muchas veces estuve en peligro de muerte,
pero gracias a mi experiencia salí con vida.

### Confianza en el Señor

¹³Los que respetan al Señor vivirán,
pues ponen su esperanza en quien puede salvarlos.ʰ
¹⁴El que respeta al Señor no le tiene miedo a nada,
ni se acobarda, pues confía en el Señor.
¹⁵¡Dichoso el que respeta al Señor!
Él sabe en quién confía y quién lo sostiene.
¹⁶El Señor vela por aquellos que lo aman,
como fuerte escudo y poderoso apoyo,
refugio contra el viento ardiente,
sombra para el calor del mediodía,
protección contra los tropiezos
y ayuda contra las caídas.

¹⁷Él da consuelo al alma, luz a los ojos,
y salud, vida y bendición.

### El verdadero culto a Dios

¹⁸La ofrenda a Dios hecha de cosas mal habidas, es impura;
a él no le agrada lo que ofrecen los malvados.
¹⁹El Altísimo no acepta las ofrendas de los impíos;
aunque le ofrezcan muchos sacrificios, no les perdona los pecados.
²⁰Robar algo a los pobres y ofrecérselo a Dios
es como matar un hijo ante los ojos de su padre.
²¹La vida del pobre depende del poco pan que tiene;
quien se lo quita, es un asesino.
²²Quitarle el sustento al prójimo es como matarlo;
no dar al obrero su salario es quitarle la vida.ⁱ

²³Si uno construye y otro derriba,
¿qué se gana sino más trabajos?
²⁴Si uno ora y otro maldice,
¿a cuál de los dos escuchará el Señor?
²⁵Si uno toca a un muerto,ʲ se lava, y vuelve luego a tocarlo,
¿de qué le sirve el haberse lavado?
²⁶Así pasa con uno que ayuna por sus pecados,
pero después vuelve a cometerlos.
¿Quién escuchará su oración?
¿De qué le servirá haber hecho penitencia?

**35** ¹Cumplir la ley vale tanto como hacer muchas ofrendas;
obedecer los mandamientos es como ofrecer sacrificios de reconciliación.ᵏ
²Ser agradecido es como ofrecer la mejor harina a Dios,ˡ
y dar limosna es como hacer sacrificios de alabanza.ᵐ
³Lo que agrada al Señor es que te apartes del mal;
si te apartas de la injusticia, obtendrás el perdón de tus pecados.
⁴No te presentes al Señor con las manos vacías,ⁿ

ʰ 34.13-16 Sal 91.1-12.   ⁱ 34.21-22 Lv 19.13; Dt 24.14-15; Tb 4.14; Stg 5.4-6.   ʲ 34.25 Nm 19.11-13.   ᵏ 35.1 Lv 3.1-17.   ˡ 35.2 Lv 2.
ᵐ 35.2 Lv 7.12.   ⁿ 35.4 Dt 16.16.

pues todo esto debe hacerse porque
es un mandamiento.
[5]Cuando un hombre honrado ofrece
grasa sobre el altar,
el buen olor llega hasta el Altísimo.
[6]Cuando un hombre honrado ofrece
un sacrificio,
Dios lo acepta y no lo olvidará.
[7]Honra al Señor con generosidad;
no seas tacaño cuando ofrezcas los
primeros frutos.[ñ]
[8]Siempre que ofrezcas algo, pon
buena cara
y da los diezmos con alegría.[o]
[9]Da al Altísimo como él te ha dado a
ti,
con generosidad, de acuerdo con tus
capacidades,[p]
[10]porque Dios sabe premiar
y te pagará siete veces más.
[11]No pretendas sobornarlo con
regalos, porque no los acepta,
ni confíes en ofrendas de cosas mal
habidas,
[12]porque él es un Dios justo
y trata a todos por igual.[q]
[13]No favorece a nadie con perjuicio del
pobre,
y escucha las súplicas del afligido.
[14]Él oye las quejas del huérfano
y los muchos gemidos de la viuda.
[15]¡Cómo ruedan las lágrimas por las
mejillas de la viuda
y gime por sus hijos sin hogar!
[16]Sus amargas quejas alcanzan el favor
de Dios,
y sus súplicas llegan hasta el cielo.
[17]El clamor del pobre traspasa las
nubes
y no descansa hasta llegar a Dios;[r]
[18]no desiste hasta que Dios lo atiende
y, como juez justo, le hace justicia.

[19]Y Dios no se demora;
como guerrero valiente, no se detiene
[20]hasta hacer pedazos al hombre cruel
y dar su castigo a los paganos;
[21]hasta dejar sin fuerzas a los
arrogantes
y hacer pedazos el poder de los
malvados;
[22]hasta pagar a cada cual como
merecen sus acciones
y dar a los hombres de acuerdo con
lo que han tramado;
[23]hasta defender la causa de su pueblo

y alegrarlo con su salvación.
[24]La misericordia de Dios en tiempo de
aflicción
llega como nubes de lluvia en tiempo
de sequía.

### Oración por Israel

**36** [1]Sálvanos, Dios del universo,
y haz que todas las naciones te
teman;[s]
[2]amenaza al pueblo extranjero
para que experimente tu fuerza.
[3]Tú nos castigaste para mostrarles a
ellos tu santidad;
castígalos también a ellos y
muéstranos así tu gloria,[t]
[4]para que reconozcan, como
reconocemos nosotros,
que no hay Dios fuera de ti.
[5]Renueva tus prodigios, repite tus
maravillas,
muestra tu gloria y el poder de tu
brazo.
[6]Haz que se encienda tu ira, y
descarga tu enojo,
y humilla y dispersa a nuestros
enemigos.
[7]Haz que llegue pronto el momento
señalado,
pues nadie puede pedirte cuentas de
lo que haces.[38]
[9]Destroza al jefe de los enemigos,
que dice: "No hay nadie igual a
mí."
[10]Reúne a todas las tribus de Jacob,
para que se establezcan en su tierra
como antiguamente.
[11]Ten piedad del pueblo que lleva tu
nombre,
de Israel, a quien escogiste como a
un primer hijo.
[12]Ten piedad de tu santa ciudad,
de Jerusalén, el lugar donde tú
vives.[u]
[13]Llena a Sión de tu majestad,
llena tu templo con tu gloria.
[14]Son las primeras cosas que creaste;
muéstrate a favor de ellas
y haz que se cumplan las profecías
dichas en tu nombre.
[15]Da el premio a los que esperan en ti,
demuestra que tus profetas dijeron la
verdad.
[16]Escucha las oraciones de tus siervos,
según el amor que tienes a tu pueblo,

---

[38] La versión griega añade v. 8: *Destruye con el fuego de tu ira a los sobrevivientes; que los que maltratan a tu pueblo vayan a la perdición.*
[ñ] **35.7** Dt 26.1-10. [o] **35.8** Dt 14.22. [p] **35.9** 2 Co 9.7. [q] **35.11-12** Dt 10.17-18; Sab 6.7. [r] **35.17** Stg 5.4. [s] **36.1,4** 1 R 8.43,60;
Sal 67. [t] **36.2-3** Sal 79.6; Jer 10.25. [u] **36.11-12** Sal 132.13-14; Dn 9.18-19.

[17]y que se sepa en todos los rincones
de la tierra
que tú eres Dios del universo.

## Hay que escoger lo mejor

[18]La garganta puede pasar cualquier
alimento,
pero hay unos alimentos más
sabrosos que otros.
[19]El paladar distingue los sabores,
y la inteligencia distingue las
mentiras.
[20]Una mente malvada causa
sufrimientos,
pero el hombre fuerte se los
devuelve.
[21]La mujer acepta a cualquiera como
esposo,
pero hay mujeres más bonitas que
otras.
[22]Ver una mujer bella es un placer,
no hay nada más agradable;
[23]y si además es afable en su
conversación,
su marido no tiene igual entre los
hombres.
[24]El que obtiene esposa comienza a
hacer fortuna,
y tiene ayuda, protección y apoyo.
[25]Un viñedo sin cerca es saqueado,
y un hombre sin esposa anda de un
lugar a otro.
[26]¿Quién confía en una banda de gente
armada
que va de ciudad en ciudad?
[27]Así es el hombre que no tiene nido,
que descansa donde la noche lo
sorprende.

## Amigos y consejeros

**37** [1]Todos los amigos dicen: "Soy tu
amigo",
pero hay amigos que lo son sólo de
nombre.[v]
[2]¡Qué golpe tan mortal
cuando un amigo íntimo se vuelve
enemigo!
[3]Mala inclinación, ¿para qué fuiste
creada?
¡Para llenar el mundo de traiciones!
[4]El mal amigo se fija en la mesa,
pero cuando estás en aprietos, se
mantiene lejos.
[5]El buen amigo lucha contra tu
enemigo
y te defiende de los que te atacan.

[6]No te olvides de tu compañero en la
lucha,
ni lo abandones al recoger el botín.

[7]Todo consejero indica el camino,
pero algunos aconsejan en propio
provecho.
[8]Ten cuidado con el consejero;
primero averigua qué necesita.
Porque él piensa en sus propios
intereses
y en cómo sacar provecho del
asunto.
[9]Entonces te dice: "Vas por buen
camino",
y después se aparta a mirar cómo te
arruinas.
[10]No pidas consejo a tus enemigos,
ni cuentes tus planes secretos a
quienes te envidian.
[11]No pidas a una mujer consejo sobre
su rival;
ni al que busca botín, sobre la
guerra;
ni a un comerciante, sobre negocios;
ni a un comprador, sobre la venta;
ni a un malvado, sobre la
generosidad;
ni a un cruel, sobre la bondad;
ni al ocioso, sobre el trabajo;
ni al guardián de un campo, sobre la
cosecha.
[12]Pide consejo a uno que respete
siempre a Dios,
que tú sepas que cumple los
mandamientos
y tiene sentimientos iguales a los
tuyos,
de manera que, si tropiezas, sufrirá
contigo.
[13]Atiende también a lo que te aconseja
tu propio juicio,
pues nadie es para ti más digno de
confianza que él.
[14]El propio juicio le advierte al
hombre más cosas
que siete centinelas en una atalaya.
[15]Y, además de todo esto, pídele a
Dios
que te mantenga en el camino de la
verdad.

## La verdadera sabiduría

[16]Antes de hacer cualquier cosa, hay
que discutirla;
antes de toda acción, hay que
reflexionar.

v 37.1-6 Eclo 6.8-17.

¹⁷La raíz de las decisiones es la
voluntad.
De ella se derivan cuatro ramas:
¹⁸bien y mal, vida y muerte,
y todo está bajo el dominio de la
lengua.ʷ
¹⁹Hay algunos que son sabios para los
demás,
y para sí mismos son insensatos;
²⁰y hay sabios despreciados por su
modo de hablar,
a quienes nadie invita a un buen
banquete.³⁹
²²Hay algunos que son sabios para sí
mismos;
su ciencia sólo a ellos aprovecha;
²³y hay otros que son sabios para el
pueblo,
y su ciencia la aprovechan los demás.
²⁴El que es sabio para sí mismo, vivirá
contento;
todo el que lo ve, lo felicita.
²⁵⁻²⁶El que es sabio para el pueblo, tendrá honores;
su fama durará para siempre.
El hombre tiene una vida muy corta,
pero Israel tiene vida sin término.

### Moderación

²⁷Hijo mío, muestra en el comer que
eres dueño de ti mismo,
y evita las cosas que te hagan daño,
²⁸pues no todo es bueno para todos,
ni a todos les sientan bien todos los
alimentos.
²⁹No te abalances sobre todo lo que
más te guste,
ni te dediques a comer todo lo
sabroso.
³⁰Porque en las muchas comidas
exquisitas anida la enfermedad,
y el mucho comer produce náuseas.
³¹Por falta de moderación, muchos
mueren;
pero el que se domina tiene larga
vida.

### Enfermedad y muerte

**38** ¹Respeta al médico por sus
servicios,
pues también a él lo instituyó Dios.
²El médico recibe de Dios su ciencia,
y del rey recibe su sustento.
³Gracias a sus conocimientos, el
médico goza de prestigio

y puede presentarse ante los nobles.
⁴Dios hace que la tierra produzca
sustancias medicinales,
y el hombre inteligente no debe
despreciarlas.
⁵Dios endulzó el agua con un troncoˣ
para mostrar a todos su poder.
⁶Él dio la inteligencia a los hombres,
para que lo alaben por sus obras
poderosas.
⁷Con esas sustancias, el médico calma
los dolores
y el boticario prepara sus remedios.
⁸Así no desaparecen los seres creados
por Dios,
ni falta a los hombres la salud.
⁹Hijo mío, cuando estés enfermo no
seas impaciente;
pídele a Dios, y él te dará la salud.
¹⁰Huye del mal y de la injusticia,
y purifica tu corazón de todo
pecado.
¹¹Ofrece a Dios sacrificios agradables
y ofrendas generosas de acuerdo con
tus recursos.
¹²Pero llama también al médico;
no lo rechaces, pues también a él lo
necesitas.
¹³Hay momentos en que el éxito
depende de él,
¹⁴y él también se encomienda a Dios,
para poder acertar en el diagnóstico
y aplicar los remedios eficaces.
¹⁵Así que un hombre peca contra su
Creador,
cuando se niega a que el médico lo
trate.

¹⁶Hijo mío, llora por el que muere,
muestra tu dolor y cumple los ritos
fúnebres.
Sepúltalo de acuerdo con las
costumbres,
no te ausentes de sus funerales.
¹⁷Hijo, con amargo llanto y señales de
duelo,
hazle un funeral como le
corresponde.
Deja correr las lágrimas uno o dos
días,
y después consuélate de la pena.ʸ
¹⁸Porque la pena lleva a la muerte,
y la tristeza desgasta las fuerzas.⁴⁰
²⁰No pienses más en él,
aparta su recuerdo y piensa en el
futuro.

---

³⁹ La versión griega añade v. 21: *El Señor no les* ha dado el don de agradar, porque les falta por completo la sabiduría.
⁴⁰ La versión griega añade v. 19: *Cuando el hombre muere, termina también el sufrimiento; vivir en la pobreza oprime el corazón.*
ʷ **37.18** Pr 18.21.    ˣ **38.5** Ex 15.23-25.    ʸ **38.17-23** Eclo 30 .21-23.

²¹No sigas pensando en él, que ya no
   tiene nada que esperar;
   a él no le aprovecha, y a ti te hace
   daño.
²²Piensa que tendrás igual destino que
   él:
   ayer él y hoy tú.
²³Como descansa el muerto, que así
   descanse su recuerdo;
   y tú consuélate, toda vez que él ya ha
   muerto.

### El trabajo manual y la sabiduría

²⁴La sabiduría del literato crece con
   sus tiempos libres;
   el que tiene pocas ocupaciones puede
   hacerse sabio.
²⁵No puede hacerse sabio quien pasa
   su tiempo arando,
   quien pone su orgullo en manejar
   bien la aguijada,
   quien no hace más que dirigir los
   bueyes,
   y solamente se ocupa del ganado,
²⁶y se desvela por arreglar el establo,
   y toda su preocupación es trazar los
   surcos.

²⁷Otro tanto hay que decir de todo
   obrero y artesano
   que trabaja de noche lo mismo que
   de día,
   que talla relieves para sellos
   y constantemente cambia los
   diseños.
   Se esfuerza por representar al vivo
   las imágenes
   y se desvela para terminar su
   trabajo.

²⁸Así también el herrero sentado junto
   al yunque,
   concentrado en trabajar el hierro.
   El humo y el fuego le resecan la piel
   mientras lucha con el calor de la
   fragua.
   El ruido del martillo resuena siempre
   en sus oídos;
   tiene los ojos fijos en el modelo que
   copia.
   Se esfuerza por terminar su trabajo,
   y se desvela por darle los toques
   finales.

²⁹Lo mismo es el que trabaja el barro,
   que hace girar el torno con los pies,
   siempre concentrado en su trabajo
   y esforzándose por hacer la cantidad
   fijada.

³⁰Moldea el barro con las manos,
   y con los pies lo ablanda.
   Se esfuerza por terminar el
   barnizado,
   y se desvela para dejar limpio el
   horno.

³¹Todos ellos son obreros que trabajan
   con sus manos,
   y cada uno en su oficio es un
   experto.
³²Sin ellos no sería posible la vida en
   sociedad,
   nadie viviría ni nadie viajaría.
³³Sin embargo nadie los invitará a
   gobernar el pueblo,
   ni descollarán en la asamblea.
   No forman parte de ningún tribunal,
   ni entienden de asuntos de justicia.
³⁴No demuestran instrucción ni
   capacidad para juzgar,
   ni entienden de proverbios.
   Pero ellos contribuyen a la
   estabilidad del mundo,
   ocupándose en su trabajo de
   artesanos.

**39** ¹¡Qué distinto es el que se dedica
       por completo
   a estudiar la ley del Altísimo,
   a investigar la sabiduría de todos los
   antiguos
   y a ocuparse en las profecías!
²Estudia lo que han dicho los
   hombres famosos
   e investiga los dichos más
   complicados;
³busca el sentido oculto de los
   proverbios
   y la solución a las preguntas más
   difíciles.
⁴Presta servicios a los hombres
   importantes
   y se le ve en compañía de los
   gobernantes.
   Viaja por países extranjeros
   y experimenta lo bueno y lo malo de
   los hombres.
⁵Se empeña desde temprano por la
   mañana
   en buscar al Altísimo, al Señor que
   lo creó;
   hace oración delante de él
   y le pide perdón por sus pecados.
⁶Si el Señor poderoso lo quiere,
   se llenará de inteligencia,
   las palabras sabias caerán como
   lluvia de su boca
   y alabará al Señor en la oración.

7 Dará consejos acertados y prudentes,
y se ocupará en investigar los
misterios de Dios.
8 Iluminará a otros con su doctrina y
enseñanza,
y se sentirá orgulloso de la ley del
pacto del Señor.
9 Muchos alabarán su inteligencia
y no la olvidarán jamás.
Su recuerdo no se borrará,
y su nombre vivirá por todas las
edades.
10 Las naciones hablarán de su
sabiduría,
y la comunidad cantará sus
alabanzas.
11 Mientras viva, será más famoso que
otros mil,
y cuando muera, eso le bastará.

### Alabanza a Dios Creador

12 Todavía tengo en mente más cosas
que decir;
estoy lleno, como la luna llena.
13 Escúchenme, hijos piadosos, y
florecerán
como rosales sembrados junto al
agua,
14 esparcirán perfume como el incienso
y darán flores como el lirio.
Alcen la voz para cantar a coro,
bendigan al Señor por todo lo que ha
hecho.
15 Proclamen la grandeza de su
nombre,
denle gracias y alábenlo
con toda clase de cantos y música de
arpas,
aclámenlo con estas palabras:
16 "Todo lo que Dios ha hecho es
bueno;ᶻ
él, a su tiempo, provee a todas las
necesidades."
17 Con una orden reunió las aguas,
y a su palabra se formaron sus
depósitos.ᵃ
18 Lo que él quiere, se realiza de
inmediato;
si quiere salvar, nadie se lo impide.
19 Él ve todo lo que los hombres hacen;
nada se esconde a su mirada.
20 Desde toda la eternidad él está
atento,
y su acción salvadora no tiene
límites.
Nada es para él demasiado pequeño
o menudo,

ni demasiado extraordinario o
difícil.
21 No hay que preguntar para qué sirve
esto o aquello,
porque todo tiene un propósito.

22 Sus bendiciones se desbordan como
el Nilo
y riegan la tierra como el Éufrates.
23 Así también, cuando se enoja,
destierra a las naciones
y convierte en salobre el terreno bien
regado.ᵇ
24 A los buenos les da un camino fácil,
pero a los malos, uno lleno de
tropiezos.ᶜ

25 Desde el principio destinó bienes
para los buenos,
y para los malos, bienes y males.
26 Las cosas más necesarias para la vida
humana son:
el agua, el fuego, el hierro, la sal,
la harina, la leche, la miel,
el vino, el aceite y la ropa.
27 Todas estas cosas son buenas para
los buenos,
pero para los malos se vuelven
malas.

28 Hay vientos que Dios creó para
castigo,
que en su furia arrancan de raíz los
cerros.
En el momento del castigo se desatan
con violencia,
y así se aplaca la ira del que los creó.
29 El fuego, el granizo, el hambre y la
peste
también fueron hechos como
castigos.
30 Las fieras, los alacranes, las víboras
y la guerra vengadora destruyen a los
malvados.
Todo esto fue creado para cuando
sea necesario;
Dios lo tiene reservado para la hora
del castigo.
31 Cuando él los llama, responden
alegres
y cumplen sin protestar la misión
que les confía.
32 Yo he estudiado esto con detención
desde el principio,
lo he entendido y lo he puesto por
escrito.
33 Todo lo que Dios ha hecho es bueno,

---

ᶻ 39.16 Gn 1.31; 1 Ti 4.4.   ᵃ 39.17 Gn 1.9-10; Sal 33.6-7.   ᵇ 39.23 Dt 29.23; Sal 107.33-34.   ᶜ 39.24 Pr 4.11-12,18-19; Os 14.9.

y él, a su tiempo, provee a todas las
necesidades.
³⁴No se puede decir: Esto es peor que
aquello,
pues todo tiene su valor a su debido
tiempo.ᵈ
³⁵Canten, pues, de todo corazón,
y bendigan el nombre del Dios santo.

### Penalidades humanas

**40** ¹Dios ha destinado grandes penas
y duros trabajos a los hombres,
desde el día en que salen del seno de
su madre
hasta el día en que vuelven a la
madre de todos los vivientes:
²preocupaciones, temor del corazón
y la angustiada espera del día de la
muerte.
³Desde el que se sienta en elevado
trono
hasta el que está echado entre el
polvo y la ceniza,
⁴desde el que lleva diadema y corona
hasta el que se envuelve en capa de
cuero,
¡cuánta aflicción, envidia, angustia,
miedo,
temor a la muerte, furia y peleas!
⁵Aun cuando se acuesta a descansar,
mientras duerme, lo agitan las
mismas inquietudes.
⁶Trata en vano de descansar por un
momento,
pero se agita entre pesadillas,
lleno de miedo por sus sueños,
como queriendo escapar de uno que
lo persigue.
⁷Cuando ya se pone a salvo, se
despierta,
y se calma al ver que no era nada.
⁸Esto vale para todos, hombres y
animales,
pero siete veces más para los
pecadores.
⁹Peste, homicidios, fiebre, guerras,
destrucción, ruina, hambres y
muerte,
¹⁰son los males creados para los
malvados,
para terminar con ellos.
¹¹Todo lo que de la tierra viene, a la
tierra vuelve;
y al cielo vuelve lo que del cielo
vino.ᵉ

¹²Todo soborno e injusticia
desaparecerán,
pero la fidelidad durará por siempre.
¹³La riqueza mal habida es como
torrente que se seca
o como arroyo que se hincha entre
relámpagos y truenos;
¹⁴cuando crece, hace rodar las rocas,
pero en un momento se acaba por
completo.
¹⁵Los violentos no podrán prosperar;
el impío echa raíces en el filo de una
roca.
¹⁶Son como los juncos a la orilla de un
torrente,
que se secan antes que cualquiera de
las hierbas.
¹⁷Pero la bondad estará firme por
siempre,
y la rectitud se mantendrá siempre
estable.

### Lo mejor de todo

¹⁸El vino y los licores son sabrosos,
pero aún mejor es encontrar un
tesoro.
¹⁹Los hijos y la fundación de una
ciudad dan fama duradera,
pero aún mejor es hallar la
sabiduría.
Ganado y siembras hacen próspero a
un hombre,
pero aún mejor es una esposa
afectuosa.
²⁰El vino y los licores alegran el
corazón,
pero aún mejor es el amor de los
enamorados.
²¹La flauta y el arpa acompañan bien
el canto,
pero aún mejor es una lengua
sincera.
²²La belleza y la gracia son un placer
para los ojos,
pero aún mejor es un campo bien
verde.
²³Amigo y compañero son guías
oportunos,
pero aún mejor es una esposa
inteligente.
²⁴Hermano y protector salvan en
tiempo de calamidad,
pero aún mejor salva la honradez.
²⁵Oro y plata dan firmeza al hombre,
pero aún mayor firmeza la da un
buen consejo.
²⁶Riqueza y poder alegran el corazón,
pero aún mejor es respetar a Dios.
Al que respeta a Dios no le falta
nada,

---

ᵈ **39.33-34** Ec 3.1-8.   ᵉ **40.11** Gn 3.19; Ec 12.7; Eclo 41.10.

no necesita buscar más ayuda.
²⁷El respeto a Dios es como jardín
  florido,
  todo cubierto de esplendor.

### No vivas a costa de otros

²⁸Hijo mío, no vivas de limosna;
  más vale morir que mendigar.
²⁹El que vive pendiente de la mesa
  ajena
  lleva una vida que no merece tal
  nombre.
  Comer a costa de otros es
  deshonroso;
  al sensato le repugna hacerlo.
³⁰Al goloso le encanta andar pidiendo,
  pero por dentro siente un fuego que
  le quema.

### La muerte

**41** ¹¡Muerte, qué amargo es tu
  recuerdo
  para el que vive tranquilo en su casa,
  para el que está sin problemas, y le
  va bien en todo,
  y aún tiene fuerzas para gozar de la
  vida!
²¡Muerte, qué buena sentencia eres
  para el que sufre ya sin fuerzas,
  para el que tropieza y cae a cada
  paso,
  y está triste y ha perdido la
  esperanza!
³No temas a la muerte, que es tu
  sentencia;
  recuerda que lo mismo fue antes y
  será después.
⁴Este es el destino que Dios señala a
  todos los vivientes;
  ¿para qué resistir a una ley del
  Altísimo?
  No tiene caso discutir en la tumba
  por qué unos viven diez años, y otros
  cien, y otros mil.

### Castigo de los malos

⁵Gente despreciable son los hijos de
  los malos;
  gente insensata es la familia del
  malvado.
⁶Por un hijo malvado se pierde el
  gobierno de un rey,
  y sus descendientes se cubrirán de
  deshonra.
⁷A un padre malvado lo maldicen sus
  hijos,

pues por su culpa sufren la
  deshonra.
⁸¡Ay de ustedes, los hombres
  perversos,
  que abandonan la ley del Altísimo!
⁹Si tienen hijos, se malograrán,
  sólo les causarán tristeza;
  cuando ustedes caigan, se alegrará
  todo el mundo,
  y cuando mueran, todos los
  maldecirán.
¹⁰Todo lo que de la nada viene, a la
  nada vuelve;ᶠ
  así, el impío, del vacío vuelve al
  vacío.
¹¹El hombre es sólo un soplo en un
  cuerpo,
  pero el nombre del bondadoso no se
  extinguirá.
¹²Ten cuidado de tu nombre, pues él te
  sobrevivirá
  más que mil tesoros preciosos.
¹³La dicha dura pocos días,
  pero el buen nombre dura para
  siempre.
¹⁴Sabiduría oculta y tesoro escondido,
  ¿a quién le sirven de nada?
¹⁵Es mejor esconder la insensatez
  que esconder la sabiduría.ᵍ

### De qué hay que avergonzarse

¹⁶Escuchen, hijos míos, mis
  instrucciones sobre la vergüenza;
  yo les enseñaré qué es lo que
  deshonra.
  No toda vergüenza vale la pena,
  ni todo sonrojo es aceptable.
¹⁷Siente vergüenza, ante tus padres, de
  cometer actos inmorales;
  ante el gobernante, de decir
  mentiras;
¹⁸ante los amos, de hacer trampas;
  ante la asamblea, de cometer
  crímenes;
¹⁹ante un amigo o compañero, de
  traicionarlos;
  ante los vecinos, de ser insolente.
²⁰Avergüénzate de no cumplir los
  pactos hechos bajo juramento,
  de meter los codos cuando comes,
²¹de no dar nada al que te pide,
  de no responder al que te saluda,
²²de desear la mujer ajena,
  de despreciar a un amigo,
²³de impedir que alguien reciba lo que
  es suyo,
  de tener relaciones con una mujer
  casada

ᶠ **41.10** Eclo 40.11. ᵍ **41.14-15** Eclo 20.30-31.

²⁴o con la esclava de ella;
no te acerques a su cama.
²⁵Avergüénzate, ante un amigo, de
insultarlo,
y de humillar a alguien después de
hacerle un regalo;
²⁶de repetir chismes y rumores
y de revelar secretos.
²⁷Esta es legítima vergüenza;
así todos te apreciarán.

**42** ¹En cambio, no debes
avergonzarte de estas cosas,
ni dejar de hacerlas por respeto
humano:
²de la ley y los mandatos del
Altísimo,
y de hacer justicia y condenar al
culpable;
³de hacer cuentas con el socio o el
patrón,
y de repartir una herencia o
propiedad;
⁴de usar balanzas exactas,
y de no engañar en las pesas y
medidas;
⁵de llevar cuentas de lo grande y lo
pequeño,
y de discutir el precio con el
comerciante;
de corregir a los hijos con
frecuencia,
y de castigar a un mal esclavo;
⁶de guardar bajo sello a una mujer
mala,
y de echar llave donde hay muchas
manos;
⁷de contar el dinero que te hayan
confiado,
y de apuntar todo lo que entregues o
recibas;
⁸de corregir a los insensatos y los
tontos,
y al viejo que se junta con
prostitutas.
Así serás verdaderamente ilustre,
y todos te tendrán por prudente.

### Cuidado de las hijas

⁹La hija es para el padre un tesoro
inseguro;
su cuidado por ella le hace perder el
sueño.
Si es joven, teme que se quede sin
casar;
si es casada, teme que el marido la
repudie.

¹⁰Si es soltera, y aún vive con su
padre,
teme que la violen y quede
embarazada;
si es casada, y ya vive con su esposo,
teme que sea infiel, o que resulte
estéril.
¹¹Hijo mío, vigila mucho a tu hija
soltera,
para que no te traiga mala fama,
habladurías de la ciudad y deshonra
entre la gente,
y te haga avergonzar ante la
asamblea.
En su aposento no debe haber
ventana,
ni su entrada se debe ver de todas
partes.
¹²Que no muestre su belleza a
cualquier hombre,
ni trate íntimamente con otras
mujeres.
¹³Porque de la ropa sale la polilla,
y de la mujer sale la maldad de la
mujer.
¹⁴Más vale esposo duro que mujer
complaciente,
y una hija temerosa que cualquier
deshonra.

### Las obras de Dios

¹⁵Voy a recordar lo que ha hecho Dios
y a contar lo que yo mismo he visto.
A una orden de Dios, todo fue
hecho,ʰ
y hace todo lo que él quiere.
¹⁶El sol, al salir, brilla en todas partes;
así la gloria del Señor se revela en
todo lo creado.
¹⁷Ni aun los ángeles de Dios son
capaces
de contar las maravillas del Señor.
Dios da fuerza a sus ejércitos del
cielo
para que se mantengan firmes ante
su majestad.
¹⁸Él sondea el océano y el corazón del
hombre,
y conoce todos los secretos de
ambos.
El Altísimo sabe todas las cosas,
y desde la eternidad ya ve el
porvenir.
¹⁹Él revela el pasado y anuncia el
futuro
y descubre los secretos más ocultos.
²⁰No hay conocimiento que él no
tenga;

ʰ **42.15** Gn 1.3-26.

ninguna cosa se le esconde.

²¹La eficacia de su sabiduría está bien
establecida;
él es el mismo desde la eternidad.
No hay nada que añadirle ni
quitarle;
no necesita de nadie que le dé
instrucciones.*

²²¡Qué hermoso es todo lo que él ha
hecho,
hasta la última chispa de lo que
podemos ver!

²³Todo vive y permanece para siempre,
y es guardado para cualquier
necesidad.

²⁴Todas las cosas son distintas,
y no hizo nada inútil.

²⁵¡Una tras otra muestran su belleza,
y uno no se cansa de contemplar su
hermosura!

**43** ¹¡Qué bella y pura es la bóveda
del cielo!
¡Qué espectáculo tan grandioso el
firmamento!

²Brilla el sol, y el calor se va
extendiendo;
¡qué maravillosa obra del Señor!

³A mediodía hace arder el mundo;
¿quién puede resistir su calor?

⁴Como el horno ardiente derrite los
metales,
así el sol con sus rayos abrasa las
montañas.
Una llamarada luminosa consume la
tierra,
y su luz ciega los ojos.

⁵¡Qué grande es el Señor, que lo creó!
Por orden suya, el sol avanza en su
carrera.

⁶También hace salir la luna en los
diversos tiempos,
y ella, como señal eterna, dirige los
períodos.

⁷Por ella sabemos las fiestas y otras
fechas señaladas;
al recorrer su órbita, su brillo es
menor.

⁸Sin embargo, se renueva cada mes;
¡qué admirable manera de cambiar!
Señal para los ejércitos del cielo,
que ilumina con su brillo la bóveda
celeste.

⁹Las estrellas son belleza y adorno del
cielo;
su luz ilumina las alturas infinitas.

¹⁰Por orden de Dios se mantienen en
su puesto
y no se cansan de hacer guardia.

¹¹Mira el arco iris y bendice a su
Creador;
¡qué maravillosa belleza!

¹²Con su esplendor abarca el
horizonte,
cuando Dios lo extiende con su
mano.

¹³Dios con su poder traza el camino a
los relámpagos
y manda los rayos como castigo.

¹⁴Con el mismo fin abre los depósitos
del cielo
y hace que las nubes vuelen como
buitres.ʲ

¹⁵Con su poder condensa las nubes
y desmenuza las piedras de granizo.

¹⁶El estrépito de su trueno hace que
tiemble la tierra,
y con su poder, que se estremezcan
los montes.ᵏ

¹⁷Con una orden suya incita al viento
sur,
al tempestuoso viento norte, al
huracán y a la tormenta.

¹⁸Esparce la nieve como pájaros en
vuelo;
cae la nieve como bandada de
langostas.
El resplandor de su blancura ciega
los ojos,
y al verla caer se conmueve el
corazón.

¹⁹Esparce la escarcha como si fuera
sal,
y la hace florecer como zafiros.

²⁰Hace que sople el helado viento
norte,
y congela el agua de los manantiales.
Una costra se extiende por todos los
estanques;
los cubre una coraza.

²¹Quema y reseca, como el fuego,
el verdor de las montañas y la hierba
de los prados.

²²Pero todo lo sana el rocío que cae de
las nubes
y que se extiende para fecundar la
tierra seca.

²³Dios, con su sabiduría, aplaca el
océano
y planta las islas en el mar.

²⁴Los navegantes describen su
extensión,
y al oírlos quedamos asombrados.

---

*i* **42.21** Is 40 .13; Ro 11.34; 1 Co 2.16.  *j* **43.13-14** Job 36.27-30; Sal 135.7; Jer 51.16.  *k* **43.16** Sal 18.7; 29.8; Hab 3.6.

²⁵Allí están sus obras más
    maravillosas,
toda clase de animales y de
    monstruos.
²⁶Con la ayuda de Dios tienen éxito
    sus mensajeros,
y cuando les da una orden, cumplen
    su voluntad.
²⁷No es necesario añadir más a lo ya
    dicho:
en resumen, Dios lo es todo.
²⁸Alabemos más y más su insondable
    grandeza;
él es más grande que todo lo creado.
²⁹El Señor es sumamente temible,
y su poder, maravilloso.
³⁰Levanten la voz para alabarlo
todo lo que puedan, y no será
    bastante,
glorifíquenlo con fuerzas siempre
    nuevas,
y no se cansen, pues nunca llegarán
    al término.
³¹¿Quién lo ha visto, que pueda
    describirlo?
¿Quién podrá alabar su grandeza tal
    cual es?
³²Más grandes todavía son las cosas
    escondidas;
sólo he visto unas pocas de sus
    obras.*l*
³³El Señor lo ha hecho todo,
y a sus fieles les da sabiduría.

## Elogio de los antepasados

**44** ¹Voy a hacer el elogio de los
        hombres buenos,
nuestros antepasados de épocas
    diversas.
²El Altísimo les concedió muchos
    honores
y los engrandeció desde hace mucho
    tiempo.
³Reyes que dominaron la tierra,
hombres famosos por sus grandes
    acciones,
consejeros llenos de sabiduría,
profetas que podían verlo todo,
⁴jefes de naciones llenos de
    prudencia,
gobernantes de visión profunda,
sabios pensadores que escribieron
    libros,
poetas que dedicaban sus noches al
    estudio,
⁵compositores de canciones, según las
    normas del arte,

autores que pusieron por escrito sus
    proverbios,
⁶hombres ricos y de mucha fuerza,
que vivieron tranquilamente en sus
    hogares.
⁷Todos ellos recibieron honores de sus
    contemporáneos
y fueron la gloria de su tiempo.
⁸Algunos dejaron un nombre famoso
que será conservado por sus
    herederos.
⁹Y hay otros a los que ya nadie
    recuerda,
que terminaron cuando terminó su
    vida,
que existieron como si no hubieran
    existido,
y después pasó lo mismo con sus
    hijos.
¹⁰Aquéllos, al contrario, fueron
    hombres de bien,
y su esperanza no terminará.
¹¹Sus bienes se conservan en su
    descendencia,
y su herencia se transmitió a sus
    nietos.
¹²Por su fidelidad al pacto, se
    mantiene aún su descendencia,
y gracias a ellos viven las
    generaciones siguientes.
¹³Su recuerdo permanecerá siempre,
y sus buenas acciones no se
    olvidarán.
¹⁴Sus cuerpos fueron enterrados en
    paz,
y su fama durará por todas las
    edades.
¹⁵La asamblea celebrará su sabiduría,
y el pueblo proclamará su alabanza.

## Enoc y Noé

¹⁶Enoc vivió de acuerdo con la
    voluntad del Señor
y dejó un ejemplo para todas las
    edades.*m*
¹⁷Noé fue recto e intachable;
cuando vino la destrucción, él
    renovó a la humanidad.*n*
Gracias a él quedaron sobrevivientes,
y haciendo Dios con él un pacto,
    terminó el diluvio;
¹⁸con señal eterna se comprometió con
    él
a no destruir otra vez a los vivientes.

---

*l* 43.32 Job 26.14.   *m* **44.16** Gn 5.24; Eclo 49.14; He 11.5.   *n* **44.17-18** Gn 6.9-9.17.

### Abraham, Isaac y Jacob

19 Abraham fue padre de pueblos
numerosos;[ñ]
no manchó nunca su honor.
20 Cumplió las órdenes del Altísimo
e hizo con él un pacto.
En su propio cuerpo marcó la señal
del pacto,
y cuando Dios lo puso a prueba, se
mostró fiel.
21 Por eso Dios le prometió con
juramento
que en su descendencia bendeciría a
las naciones,
que lo haría tan numeroso como el
polvo de la tierra,
y que sus descendientes serían como
las estrellas,
que la herencia de ellos sería de mar
a mar,
desde el río Éufrates hasta el
extremo de la tierra.
22 También a Isaac le hizo igual
promesa[o]
en atención a Abraham su padre.
23 Le confirmó el pacto hecho antes,
y así quedó la bendición sobre
Israel.[p]
El Señor confirmó a éste los
derechos de primer hijo,
le asignó su herencia
y los estableció en doce tribus,
cada una con su territorio.

### Moisés

**45** 1 Descendiente de Israel fue un
hombre
que tuvo el aprecio de todos
y que fue amado de Dios y de los
hombres:[q]
Moisés, de feliz recuerdo.
2 El Señor le concedió honores divinos
y lo hizo poderoso entre los grandes.
3 A petición suya, Dios apresuraba los
prodigios,
y lo sostuvo frente al rey.
Dios le dio el mando de su pueblo[41]
y le dejó ver su majestad.[r]
4 Por ser fiel y humilde,[s]
Dios lo escogió entre los demás
hombres.
5 Le hizo oír su voz
y entrar en la espesa nube.
Le entregó los mandamientos,
la ley de la vida y de la sabiduría,

para que enseñara a Israel, el pueblo
de Jacob,
sus órdenes, normas y decretos.[t]

### Aarón

6 Dios consagró a Aarón,[u] de la tribu
de Leví,
7 estableciendo en él una institución
eterna.
Le concedió el gran honor
de servir a la majestad del Señor.
Le ciñó los cuernos de búfalo
y lo vistió con un manto espléndido.
8 Para honrarlo confiriéndole dignidad
y poder,
lo revistió de ornamentos preciosos:
los calzoncillos, la túnica y el manto,
9 un cinturón de campanillas
rodeado de granadas,
que sonaban suavemente al caminar
y se hacían oír en el santuario,
para que la gente lo supiera.
10 Sus ornamentos sagrados eran de
oro, de tela morada y de púrpura,
bordados artísticamente;
el pectoral para el juicio, el efod y el
cinturón,
con hilo rojo, hechos por un tejedor;
11 las piedras preciosas sobre el
pectoral,
grabadas en forma de sellos y
engastadas;
cada piedra tenía grabado un
nombre,
en recuerdo de las tribus de Israel.
12 La diadema de oro encima del
turbante,
y la placa con la inscripción
"Consagrado".
¡Esplendor glorioso y gran dignidad!
¡Deleite a la vista y suprema belleza!
13 No existió antes nada igual;
ningún extraño se vistió jamás así,
sino solamente sus hijos
y sus sucesivos descendientes.
14 Su ofrenda de cereales se quema por
completo
dos veces por día, perpetuamente.
15 Moisés lo consagró
derramando el aceite sagrado sobre
él.
Así quedó una institución eterna
para él y para sus descendientes,
mientras dure el cielo:
servir como sacerdotes al Señor

---

[41] *Le dio el mando de su pueblo:* otra posible traducción: *le ordenó ir a su pueblo.*
[ñ] 44.19-21 Gn 15.18; 17.4-14; 22.1-18; 26.5. [o] 44.22 Gn 17.19; 26.3-5. [p] 44.23 Gn 27.28; 28.14. [q] 45.1 Ex 11.3. [r] 45.3 Ex 7-10; 33.18-23. [s] 45.4 Nm 12.3. [t] 45.5 Ex 19.7-20.21; 24.18; Dt 6.1-2. [u] 45.6-13 Ex 4.14; 28.

y bendecir en su nombre al pueblo.[v]
¹⁶Dios lo escogió entre todos los
    hombres
    para que ofreciera holocaustos y
        grasa,
    quemara ofrendas de olor agradable
    y pidiera perdón por el pueblo de
        Israel.[w]
¹⁷Dios le confió sus mandamientos
    y le dio autoridad para dar leyes y
        dictar sentencia,
    para enseñar la ley al pueblo
    e instruirlo en sus decretos.
¹⁸Los de otras familias se enojaron con
        Aarón
    y le tuvieron envidia en el desierto.
    Los seguidores de Datán y Abiram,
    y el grupo de Coré, se enfurecieron.[x]
¹⁹Pero el Señor lo vio y se disgustó,
    y con furor los destruyó.
    Hizo contra ellos un milagro:
    los hizo morir devorados por el
        fuego.
²⁰Después aumentó el honor de Aarón
    asignándole una herencia propia:
    le concedió comer de las ofrendas
        sagradas[y]
²¹y de los sacrificios que se queman
        para el Señor.
    Dios le dio como porción, para él y
        sus descendientes,
    el pan que se pone delante del Señor.
²²Pero Dios no les asignó en el país un
        territorio propio,
    ni les dio una parte hereditaria como
        a los demás;
    su herencia y su porción entre los
        israelitas
    son las ofrendas del Señor.

### Finees

²³También Finees, hijo de Eleazar,
    fue por su valor el tercero en tal
        dignidad,
    pues se llenó de celo por el Dios del
        universo
    e intercedió a favor del pueblo.
    Movido por su noble corazón
    alcanzó el perdón para los israelitas.[z]
²⁴Por eso Dios hizo con él también un
        pacto amistoso
    y le dio el derecho de servir en el
        templo,
    para que él, y también sus
        descendientes,

fueran sumos sacerdotes para
    siempre.
²⁵Dios también hizo un pacto con
        David,
    hijo de Isaí, de la tribu de Judá;
    pero la dignidad real se transmite de
        hijo en hijo,
    mientras que la herencia de Aarón
    pasa a todos sus descendientes.


²⁶Bendigan, pues, al Señor, que es tan
        bueno
    y los ha coronado de honor,
    que les ha dado una mente sabia
    para juzgar al pueblo de Dios con
        justicia.
    Así no terminará la felicidad
    ni el poder de ustedes por todas las
        edades.

### Josué y Caleb

**46** ¹Josué, hijo de Nun, fue un
        valiente guerrero
    que ayudó a Moisés en su oficio de
        profeta.[a]
    Estaba puesto para ser en su tiempo,
        como su nombre lo dice,[42]
    una gran salvación para los elegidos
        de Dios,
    para castigar a los enemigos
    y dar a Israel la tierra que era su
        herencia.
²¡Qué majestad la suya al levantar el
        brazo
    y agitar su lanza contra una ciudad!
³Nadie podía resistirle
    cuando peleaba las batallas del
        Señor.
⁴Por medio de él se detuvo el sol,
    y un solo día se convirtió en dos.
⁵Invocó al Dios altísimo
    cuando los enemigos lo atacaban por
        todas partes,
    y Dios le respondió enviando
    una enorme cantidad de granizos
        como piedras,
⁶que hizo caer sobre las tropas
        enemigas,
    con lo que destruyó a los adversarios
    en la cuesta de Bet-horón.
    Así supieron esas naciones,
    condenadas a la destrucción,
    que el Señor protegía a su pueblo en
        las batallas.
⁷Josué siguió fielmente a Dios,

---

[42] En hebreo, *Josué* significa: *el Señor salva.*
[v] 45.15 Ex 29; Lv 8; Nm 6.23-27.   [w] 45.16 Lv 1-2; 16.   [x] 45.18-19 Nm 16.   [y] 45.20-22 Nm 18.1-20.   [z] 45.23-24 Nm 25.7-13;
Sal 106.30-31.   [a] 46.1-7 Jos 1-11.

y en tiempo de Moisés se mantuvo
leal.
Él y Caleb, hijo de Jefone,
resistieron a la rebelión del pueblo,
apartaron de la comunidad la ira de
Dios
e hicieron callar a los que
murmuraban.[b]
[8]Por eso, entre los seiscientos mil
israelitas,
sólo ellos dos se libraron,
para entrar a tomar posesión del país
donde la leche y la miel corren como
el agua.[c]
[9]El Señor dio a Caleb fuerzas
que le duraron hasta la vejez,
para poder dominar las alturas del
país.[d]
Y también sus descendientes
recibieron su herencia,
[10]para que todos los israelitas supieran
lo bueno que es seguir fielmente al
Señor.

### Los jueces; Samuel

[11]También podría nombrar a los
jueces, uno por uno,[e]
que no se dejaron engañar
ni se alejaron de Dios.
¡Bendito sea su recuerdo!
[12]¡Que sus huesos reflorezcan en la
tumba
y sus nombres se renueven en sus
descendientes!
[13]Samuel, juez y sacerdote,
amado del pueblo y estimado por su
Creador,
escogido por Dios desde antes de
nacer,
consagrado al Señor en su oficio de
profeta,[f]
por encargo de Dios instituyó la
monarquía
y consagró a los que debían gobernar
a la nación.[g]
[14]Por orden del Señor gobernó al
pueblo[h]
y visitó los campamentos[43] de
Jacob.
[15]Como era un profeta que decía la
verdad, lo consultaban,
y sus palabras demostraron que se
podía confiar en él.
[16]Él también invocó a Dios

cuando sus enemigos lo atacaban por
todas partes,
y le ofreció en holocausto un
corderito.
[17]Y el Señor, desde el cielo, hizo oír un
trueno;
su voz se oyó con gran estruendo;
[18]sometió a los jefes enemigos
y destruyó a los gobernantes
filisteos.
[19]Estando ya en su cama, a punto de
morir,
declaró ante Dios y ante el rey
escogido por Dios:
"Nunca he aceptado soborno de
nadie,
ni siquiera un par de sandalias."
Y ninguno pudo desmentirlo.[i]
Hasta el fin de su vida fue prudente
a los ojos del Señor y de todos los
hombres.
[20]Aun después de su muerte fue
consultado,
y anunció al rey lo que iba a
sucederle;
desde la tumba alzó su voz de
profeta.[j]

### Natán y David

**47** [1]Después de él vino Natán,[k]
que se presentó ante David.
[2]David fue lo mejor de Israel,[l]
como la grasa es lo mejor de los
animales
que se ofrecen en sacrificio.
[3]Jugaba con los leones como si fueran
cabritos,
y con los osos como si fueran
corderos.
[4]Siendo un muchacho, mató al
gigante
y borró la deshonra del pueblo.
Hizo girar la honda con su mano,
y destrozó el orgullo de Goliat.
[5]Porque invocó al Dios altísimo,
el cual dio fuerzas a su brazo
para eliminar a aquel experto
guerrero
y alcanzar para su pueblo el triunfo.
[6]Por eso las muchachas le cantaban
alabándolo por los diez mil que
había matado.
Una vez coronado rey, hizo la guerra
[7]y derrotó a los enemigos de
alrededor,[m]

---

**b** 46.7 Nm 14.6-10.   **c** 46.8 Nm 11.21; 14.26-38; 26.65.   **d** 46.9-10 Jos 14.6-15.   **e** 46.11-12 Jue 2-16.   **f** 46.13 1 S 1.11,
24-28; 3.19-4.1.   **g** 46.13 1 S 10.1; 16.13.   **h** 46.14-16 1 S 7.3-17.   **i** 46.19 1 S 12.3-5.   **j** 46.20 1 S 28.3-19.   **k** 47.1 2 S 7;
12.1-25.   **l** 47.2-6 1 S 17.34-18.7.   **m** 47.6-7 2 S 5.1-7; 8.1-14.

levantó fortalezas entre los filisteos
y destruyó su poder hasta el día de
hoy.
⁸En todo lo que hacía
daba gracias y honor al Dios
altísimo.
Amó de todo corazón a su Creador,
y diariamente le cantaba salmos.ⁿ
⁹Introdujo instrumentos de cuerda
para cantar ante el altar,
y estableció el canto de salmos con
acompañamiento de arpas.ñ
¹⁰Dio esplendor a las fiestas
y ordenó las solemnidades del año,
cuando se alababa el santo nombre
de Dios
con cantos en el templo, desde el
alba.
¹¹Así también el Señor le perdonó su
culpa
y le concedió poder eterno,
le dio el derecho de ser rey
y estableció en Jerusalén su trono.º

### Salomón

¹²Gracias a David, el sabio hijo que le
sucedió
vivió con tranquilidad.
¹³Salomón fue rey en tiempos
tranquilos,ᵖ
y Dios le dio paz con sus vecinos;
él fue quien levantó un templo al
Señor
y construyó un santuario para
siempre.
¹⁴¡Qué sabio eras, Salomón, en tu
juventud:
tus enseñanzas se desbordaban como
el Nilo!
¹⁵Llenaste la tierra con tu ciencia
y el cielo con tus cantos de alabanza.
¹⁶Tu fama llegó hasta regiones muy
lejanas,
y por ser pacífico te hiciste querer.
¹⁷Con tus cantos, proverbios, enigmas
y sentencias
dejaste pasmados a los pueblos.
¹⁸Te llamaron ''Amado del Señor'',
el glorioso nombre que se dio a
Israel.
Amontonaste oro como hierro
e hiciste la plata tan abundante como
el plomo.q
¹⁹Pero te entregaste a las mujeres

y les diste dominio sobre tu cuerpo.
²⁰Echaste una mancha sobre tu honor
deshonrando tu lecho conyugal,
y atrajiste el castigo sobre tus
descendientes
y la desgracia sobre tu familia.ʳ
²¹Así la nación se dividió en dos
partes,
y Efraín se convirtió en un reino
rebelde.ˢ
²²Sin embargo, Dios no retira su amor
ni deja de cumplir lo que promete.
Por eso no aniquiló a los hijos de sus
elegidos
ni destruyó la descendencia de los
que amaba,
sino que a Jacob le dejó un resto,
y un retoño a la descendencia de
David.ᵗ
²³Salomón murió de mucha edad,
dejando como sucesor un hijo
rico en necedad y pobre de juicio:
Roboam,⁴⁴ que con su mal consejo
llevó al pueblo al desenfreno.ᵘ
²⁴Y luego vino Jeroboam, hijo de
Nabat
(que nadie se acuerde de él),
quien pecó e hizo pecar a Israel,ᵛ
haciendo caer a la gente de Efraín
hasta que fueron expulsados de su
tierra.ʷ

### Elías

²⁵El pecado de ellos fue muy grande,
y se entregaron a toda clase de
maldad,

## 48

¹hasta que vino un profeta como
un fuego,
cuya palabra era como un horno
ardiente.
²Él les quitó la provisión de pan
y en su celo los redujo a un pequeño
número.
³Por orden de Dios hizo que no
lloviera,
y tres veces hizo que cayera fuego.ˣ
⁴¡Qué terrible eras, Elías!
¡No hay nadie tan glorioso como tú!
⁵Tú resucitaste a un muerto;
¡por voluntad del Señor lo sacaste
del reino de la muerte!ʸ
⁶Tú llevaste a reyes poderosos a la
tumba
desde la cama en que estaban
enfermos.ᶻ

⁴⁴ En hebreo, hay un juego de palabras: ''Rico en necedad'' se opone a *Roboam*, o ''rico en gente''.
ⁿ **47.8** 2 S 23.1.   ñ **47.9-10** 1 Cr 16.4-7.   º **47.11** 2 S 7; 12.13; 24.17-25.   ᵖ **47.12-13** 1 R 4.1,21-34; 6.1-38.   q **47.18** 1 R 10.21,27.
ʳ **47.19-20** 1 R 11.1-13.   ˢ **47.21** 1 R 12.1-20.   ᵗ **47.22** 2 S 7.15; Sal 89.33-37.   ᵘ **47.23** 1 R 11.43-12.16.   ᵛ **47.24** 1 R 12.20,28-33.
ʷ **47.24** 2 R 17.6,18,21-23.   ˣ **48.1-3** 1 R 17.1; 18.1-38; 2 R 1.10-16.   ʸ **48.5** 1 R 17.17-23.   ᶻ **48.6** 1 R 21.17-24; 2 R 1.15-17.

⁷Tú oíste en Horeb, el monte Sinaí,ᵃ
amenazas y anuncios de castigo.
⁸Consagraste reyes que hicieran
justicia
y un profeta que había de ser tu
sucesor.
⁹Fuiste arrebatado al cielo en un
torbellino,
entre tropeles de fuego.ᵇ
¹⁰Está escrito que Dios te tiene
reservado para el tiempo
en que vuelvas para calmar la ira de
Dios,
antes de que venga el día del Señor,
para hacer que padres e hijos se
reconcilien,
y para restablecer las tribus de
Israel.ᶜ
¹¹¡Dichoso el que te vea antes de
morir,ᵈ
y más dichoso tú que vives
todavía!⁴⁵

### Eliseo

¹²Cuando Elías desapareció en un
torbellino,
Eliseo quedó lleno de su espíritu;ᵉ
hizo dos veces más milagros,
y todo lo que decía era asombroso.
Durante su vida no tembló ante
nadie,
y nadie tuvo poder sobre él.ᶠ
¹³Para él nada había difícil,
y acostándose sobre un muerto lo
resucitó.ᵍ
¹⁴En su vida hizo milagros,
y después de muerto hizo cosas
admirables.ʰ
¹⁵Y, a pesar de todo, el pueblo no se
volvió a Dios
ni dejaron de pecar.
Por fin fueron expulsados de su
propio paísⁱ
y se dispersaron por toda la tierra.

### El rey Ezequías y el profeta Isaías

¹⁶Pero quedó un pequeño número en
Judá,
con reyes de la dinastía de David.
Algunos de ellos llevaron una vida
recta,
pero otros cometieron enormes
delitos.
¹⁷Ezequías fortificó⁴⁶ su capital,

e hizo llegar agua hasta el interior de
ella
taladrando la roca con herramientas
de bronce,
y entre las colinas construyó un
dique para el estanque.ʲ
¹⁸En su tiempo, Senaquerib lanzó una
invasiónᵏ
y envió a un alto oficial de su
ejército,
el cual atacó la ciudad de Sión
y orgullosamente ofendió a Dios.
¹⁹La gente se retorcía de miedo y de
dolor,
como una mujer de parto.
²⁰Invocaron al Dios altísimo
extendiendo las manos hacia él.
Dios escuchó sus oraciones
y los salvó por medio de Isaías.
²¹Hirió el campamento asirio,
y allí sembró el pánico con una
peste.
²²Ezequías hizo el bien,
siguiendo el ejemplo de David
y las instrucciones del gran profeta
Isaías,
digno de crédito en sus visiones.
²³Por eso, en su tiempo el sol
retrocedió
y le alargó la vida al rey.ˡ
²⁴Poderosamente inspirado, Isaías vio
el futuro
y consoló a los afligidos de Sión.
²⁵Anunció el futuro hasta la eternidad,
y las cosas ocultas antes de que
sucedieran.

### El rey Josías y el profeta Jeremías

**49** ¹El nombre de Josías es como
incienso aromático
preparado por un experto
perfumista;
su recuerdo es dulce como la miel
o como la música en un banquete.ᵐ
²Porque él se entristeció con nuestras
traiciones
y destruyó los ídolos detestables.
³Se entregó a Dios de todo corazón
y fue bondadoso en un tiempo de
violencia.
⁴Con excepción de David, Ezequías y
Josías,
todos los otros reyes de Judá
llevaron una vida mala

---

⁴⁵ *Y más dichoso . . . todavía:* texto probable. Heb. incompleto.   ⁴⁶ Juego de palabras. En hebreo, *Ezequías* significa *El Señor fortifica.*
ᵃ 48.7-8 1 R 19.8-21.   ᵇ 48.9 2 R 2.11.   ᶜ 48.10 Mal 4.5-6; Mt 17.10; Mr 9.11.   ᵈ 48.11 2 R 2.10-12.   ᵉ 48.12 2 R 2.9,13-14.   ᶠ 48.12-14 2 R 2-13.   ᵍ 48.13 2 R 4.32-37.   ʰ 48.14 2 R 13.20-21.   ⁱ 48.15 2 R 18.11-12.   ʲ 48.17 2 R 20.20; 2 Cr 32.5,30.   ᵏ 48.18-21 2 R 18.13-19.35; Is 36-37.   ˡ 48.23 2 R 20.6-11; Is 38.5-8.   ᵐ 49.1-3 2 R 22.1-23.25.

y abandonaron la ley del Altísimo.
⁵Por eso Dios entregó su poder a
  otros,
  y su gloria pasó a una nación
    extranjera e insensata,
⁶que incendió la ciudad santa
  y asoló sus calles.
⁷Así lo había anunciado Jeremías,
  hecho profeta desde antes de nacer,
  para arrancar, derribar, destruir y
    demoler,
  y también para construir, plantar y
    restaurar;ⁿ
  pero la gente lo maltrató.

### Ezequiel y los otros profetas

⁸Ezequiel tuvo una visión
  y describió los seres del carro de
    Dios.ñ
⁹También mencionó a Job,ᵒ
  que se mantuvo firme en su rectitud.
¹⁰También están los doce profetas:ᵖ
  ¡que sus huesos florezcan en la
    tumba!
  Pues animaron al pueblo de Jacob
  y lo salvaron con la seguridad de la
    esperanza.

### Después del destierro

¹¹¡Cómo podremos honrar a
    Zorobabel,
  que es como un anillo en la mano
    derecha,�q
¹²y a Josué, hijo de Josadac!ʳ
  Ellos reconstruyeron el altar
  y levantaron el sagrado templo
  que debía tener gloria eterna.
¹³Nehemías, de glorioso recuerdo,
  reconstruyó nuestra ciudad en
    ruinas,
  reparó la muralla derruida
  y puso puertas y cerrojos.ˢ

### Los patriarcas primitivos

¹⁴Pocos ha habido en el mundo como
    Enoc:
  él también fue arrebatado de esta
    tierra.ᵗ
¹⁵No ha nacido un hombre igual a
    José,ᵘ
  jefe de sus hermanos y gloria de su
    pueblo;
  su cuerpo fue enterrado
    cuidadosamente.

¹⁶Sem, Set y Enós también recibieron
    honores,ᵛ
  pero la gloria de Adán es superior
  a la de cualquier otro ser viviente.ʷ

### El sumo sacerdote Simeón

**50** ¹También está el sumo sacerdote
      Simeón, hijo de Johanán;
  en su tiempo fue reconstruido el
    templo
  y consolidado el santuario.
²También en su tiempo fue
  reconstruida la muralla,
  con torres de defensa para el palacio
    real.
³También se cavó el estanque,
  que era tan grande como un mar.
⁴Él protegió a su pueblo del saqueo,
  y fortificó la ciudad contra los
    enemigos.
⁵¡Qué majestuoso era al asomarse
    desde el santuario,
  al salir de detrás de la cortina!
⁶Era como una estrella que brilla
    entre las nubes,
  o como la luna llena en día de fiesta;
⁷como el sol que ilumina el palacio
    real,
  o como el arco iris que aparece entre
    las nubes,
⁸como las flores entre el ramaje en
    primavera,
  como azucena junto a un riachuelo,
  o como rama de cedro en el verano;
⁹como incienso que se quema en un
    sacrificio,
  como copa de oro martillado,
  adornada de piedras preciosas,
¹⁰como olivo frondoso cargado de
    aceitunas,
  o como árbol de frondosas ramas.
¹¹Así era cuando se ponía ropa de gala
  y llevaba ornamentos espléndidos;
  cuando subía al magnífico altar
  y llenaba de esplendor el atrio del
    templo;
¹²cuando, de pie junto a la leña,
  recibía de los otros sacerdotes las
    porciones,
  mientras los jóvenes formaban una
    corona alrededor
  como retoños de cedro en el Líbano.
¹³Lo rodeaban, como sauces junto a
    un río,
  todos los descendientes de Aarón en
    su esplendor,

---

ⁿ **49.7** Jer 1.5-10.    ñ **49.8** Ez 1.3-28.    ᵒ **49.9** Ez 14.14-20.    ᵖ **49.10** Os-Mal.    q **49.11** Esd 3.2; Hag 2.23.    ʳ **49.12** Hag 1.1,12;
2.2; Zac 3.1.    ˢ **49.13** Neh 2.17-6.16.    ᵗ **49.14** Gn 5.24; Eclo 44.16.    ᵘ **49.15** Gn 39-50.    ᵛ **49.16** Gn 4.25-26; 5.32.
ʷ **49.16** Gn 1.26-27; 2.7,19-20; 4.25.

llevando en las manos las ofrendas
para el Señor,
delante de todo el pueblo de Israel.*

¹⁴Cuando terminaba el servicio del
altar,
preparaba los sacrificios para el
Altísimo,
¹⁵tomaba en sus manos la copa
y ofrecía un poco de vino
derramándolo al pie del altar,
como olor agradable para el
Altísimo, el Rey del universo.
¹⁶Entonces los sacerdotes,
descendientes de Aarón,
tocaban las trompetas de metal,
y un sonido poderoso resonaba
anunciando la presencia del
Altísimo.
¹⁷Inmediatamente, todos los presentes
se arrodillaban inclinándose hasta el
suelo
para adorar al Altísimo,
al Dios santo de Israel.
¹⁸Entonces se escuchaba el canto,
y sobre el pueblo resonaban dulces
melodías.
¹⁹Todo el pueblo cantaba
orando al Señor misericordioso.
Cuando el sumo sacerdote terminaba
el servicio en el altar,
habiendo ofrecido al Señor los
sacrificios prescritos,
²⁰bajaba del altar con los brazos
levantados
sobre toda la comunidad de Israel,
y pronunciaba la bendición del
Señor,ˣ
alegre de poder invocar su nombre.
²¹La gente se arrodillaba una vez más
para recibir de él la bendición.

²²Ahora, pues, bendigan ustedes al
Señor Dios de Israel,
que hace cosas prodigiosas en la
tierra,
que hace crecer al hombre desde el
seno materno
y lo forma según su voluntad.
²³Que él les conceda a ustedes
sabiduría,
y que entre ustedes haya paz.
²⁴Que el Señor mantenga su lealtad
hacia Simeón
y le cumpla las promesas que hizo a
Finees;ʸ
que no deje de cumplírselas a él

y a sus descendientes, mientras el
cielo exista.

### Naciones enemigas de Israel

²⁵Hay dos naciones que aborrezco,
y otra más que ni siquiera merece el
nombre de nación:
²⁶los habitantes de Seir, los filisteos
y la estúpida gente que vive en
Siquem.ᶻ

### Conclusión

²⁷Estas son las sabias instrucciones y
los oportunos proverbios
que con inteligencia decía Jesús,⁴⁷
hijo de Eleazar y nieto de Sira,
tal como brotaban de sus
reflexiones.
²⁸Dichoso el que los medite;
el que los aprenda se hará sabio,
²⁹pues honrar al Señor es vida.

### Salmo de alabanza

**51** ¹Yo te alabo, oh Dios, mi
salvador,
te doy gracias, Dios y Padre mío.
Voy a proclamar tu nombre, ²refu-
gio de mi vida,
porque me salvaste de la muerte,
porque libráste mi cuerpo de la
tumba,
porque no dejaste que cayera en el
reino de la muerte.
Me salvaste de las malas lenguas,
de las calumnias de los mentirosos.
³Por tu gran amor me ayudaste,
te pusiste a mi lado contra mis
enemigos,
contra los que querían quitarme la
vida.
Me salvaste de grandes aflicciones,
⁴de angustias que me cercaban como
fuego,
de una hoguera que no podía
apagarse,
⁵del fondo del abismo,
de labios pérfidos y llenos de
mentira,
⁶de las flechas de lenguas traicioneras.
Ya estaba yo cerca de la muerte,
y mi vida casi en lo más hondo del
abismo;
⁷miré alrededor, y no había quien me
ayudara,
busqué un apoyo, pero no lo había.

---

⁴⁷ *Jesús:* según la versión griega (véase prólogo del traductor). Heb. *Simeón, hijo de Jesús.*
ˣ **50.20** Lv 9.22; Nm 6.23-27.    ʸ **50.24** Nm 26.12-13; Eclo 45.24.    ᶻ **50.26** Ez 35.15; 25.15-17; Abd 19; 2 R 17.24-34.

⁸Entonces me acordé de la
    misericordia del Señor
y de su amor, que es eterno.ᵃ
El Señor salva a quienes a él se
    acogen,
y los libra de todo mal.
⁹Alcé la voz desde la tierra,
    grité desde las puertas del sepulcro,
¹⁰y oré: "Señor, tú eres mi padre,
    tú tienes poder para salvarme;
no me abandones en el momento del
    peligro,
en la hora del terror y la desolación.
Te alabaré continuamente
y te invocaré en mis oraciones."
¹¹Entonces el Señor oyó mi voz,
    escuchó mi súplica
y me libró de todo mal;
me salvó en el momento del peligro.
¹²Por eso le doy gracias,
y alabo y bendigo el nombre del
    Señor.⁴⁸

¹²ᵃDen gracias al Señor, porque él es
    bueno,
    porque su amor es eterno.ᵇ
¹²ᵇDen gracias al Dios de la
    alabanza,
    porque su amor es eterno.
¹²ᶜDen gracias al protector de Israel,
    porque su amor es eterno.
¹²ᵈDen gracias al Creador del
    universo,
    porque su amor es eterno.
¹²ᵉDen gracias al redentor de Israel,
    porque su amor es eterno.
¹²ᶠDen gracias al que reúne a los
    israelitas dispersos,
    porque su amor es eterno.
¹²ᵍDen gracias al que reconstruye la
    ciudad y el templo,
    porque su amor es eterno.
¹²ʰDen gracias al que hace renacer el
    poder de la dinastía de David,
    porque su amor es eterno.
¹²ⁱDen gracias al que escogió como
    sacerdotes a los descendientes
    de Sadoc,
    porque su amor es eterno.
¹²ʲDen gracias al protector de
    Abraham,
    porque su amor es eterno.
¹²ᵏDen gracias al refugio de Isaac,
    porque su amor es eterno.
¹²ˡDen gracias al Dios poderoso de
    Jacob,
    porque su amor es eterno.

¹²ᵐDen gracias al que eligió a Sión,
    porque su amor es eterno.
¹²ⁿDen gracias al Rey de todos los
    reyes,
    porque su amor es eterno.
¹²ᵒ¡Él ha dado poder a su pueblo!
Alabanza de todos sus fieles,
de los israelitas, su pueblo cercano.
¡Alabado sea el Señor!

### Búsqueda de la sabiduría

¹³Cuando yo era joven, antes de irme a
    recorrer mundo,
deseaba ardientemente recibir
    sabiduría.
¹⁴Y ella vino a mí en toda su belleza;
yo la busqué hasta que di por fin con
    ella.
¹⁵Estaba en su punto, como racimo
    maduro,
y en ella se alegró mi corazón.
Yo seguí fielmente su camino,
porque desde pequeño la había
    aprendido.
¹⁶En el poco tiempo que estuve
    escuchándola,
aprendí muchas cosas.
¹⁷Someterme a ella me fue un honor,
por eso doy gracias a quien me la
    enseñó.
¹⁸Decidí alcanzar algún bien,
y no cambiarlo por nada cuando lo
    encontrara.
¹⁹Me enamoré de ella,
y en ella tuve siempre fija la mirada.
Abrí la puerta de su casa
para abrazarla y contemplarla.
²⁰La deseé con toda mi alma,
y la encontré en toda su pureza.
Desde el primer momento me
    enamoré de ella,
y por eso no la abandonaré,
jamás me apartaré de ella.
²¹Mi corazón ardía como un horno al
    contemplarla,
por eso la adquirí, ¡qué gran tesoro!
²²El Señor me concedió lo que le
    pedía,
por eso le daré gracias en voz alta.
²³Gente ignorante: vengan a mí
y vivan en mi escuela.
²⁴¿Hasta cuándo quieren privarse de
    todo esto
y seguir sufriendo esa terrible sed?
²⁵Esto les digo acerca de la sabiduría:
Adquiéranla gratuitamente,
²⁶sométanse a ella,

---

⁴⁸ El himno que aparece a continuación se encuentra en el texto hebreo pero no en las versiones antiguas.
Su presencia en el texto original no es del todo segura.
ᵃ **51.8** Sal 100.5; 136.    ᵇ **51.12a-n** Sal 136.

acepten las tareas que les impone.
Ella está cerca de quienes la buscan;
el que se empeñe, la encontrará.

27 Vean con sus propios ojos qué poco
he trabajado
y qué gran descanso he logrado
encontrar.

28 Escuchen todos lo que aprendí en mi
juventud,

y así adquirirán oro y plata.

29 ¡Alégrense en mi escuela!
¡No se avergüencen de mis
enseñanzas!

30 Lleven una vida recta
y Dios les dará oportunamente el
premio.
¡Bendito sea el Señor eternamente,
y alabado sea su nombre por todas
las edades!

# SABIDURÍA

*Este libro se conoce también con el nombre de "Sabiduría de Salomón", porque una parte de él (6.22-9.18) está escrita como si quien estuviera hablando fuera Salomón mismo, el sabio por excelencia. El libro se escribió en griego, probablemente en el siglo 1 a. C. El principal interés del autor parece concentrarse en diversos temas religiosos judíos, y en sus reflexiones hace uso de algunas ideas de la filosofía griega, al lado de conceptos judíos tradicionales. A diferencia de otros libros del género de la sabiduría, este libro no es una colección de dichos breves sobre muchos temas sino una serie de disertaciones bastante amplias sobre pocos temas. Y así es como trata de la vida de los justos, cuya recompensa es la inmortalidad, y de la de los perversos, cuyo resultado es el castigo (1.1-5.23); del origen y naturaleza de la sabiduría y cómo adquirirla (6.1-9.18), y de la sabiduría de Dios manifestada en la historia, especialmente la de Israel (10.1-19.22).*

## La rectitud, garantía de vida eterna

1 ¹Gobernantes de la tierra, amen la justicia,
tengan buena idea del Señor
y búsquenlo con corazón sincero.
²Los que no le exigen pruebas pueden encontrarlo;
él se manifiesta a los que no desconfían de él.
³Los pensamientos torcidos alejan de Dios.
Su poder, cuando es puesto a prueba,
deja sin palabras a los insensatos.
⁴La sabiduría no entra en un alma perversa,
ni vive en un cuerpo entregado al pecado.
⁵El santo espíritu, que es maestro de los hombres,
nada tiene que ver con el engaño;
se aparta de los pensamientos insensatos
y se retira cuando está presente la injusticia.
⁶La sabiduría es un espíritu amigo de los hombres,
que no perdona al que injuria a Dios con sus palabras;
Dios es testigo de lo más íntimo del hombre,
es vigilante sincero de su corazón
y escucha todo lo que dice.
⁷En efecto, el espíritu del Señor llena la tierra,
da consistencia al universo
y conoce lo que dice el hombre.
⁸Por eso, quien dice cosas malas no puede esconderse,
ni podrá escapar del juicio y de la acusación de Dios.

⁹Los pensamientos del malo serán investigados,
y, como prueba de sus malas acciones,
llegará hasta el Señor el informe de lo que haya dicho.
¹⁰Dios lo escucha todo con oído atento;
ni aun lo dicho en voz baja por el hombre se le escapa.
¹¹Eviten, por tanto, las murmuraciones inútiles
y no digan nada malo,
porque aun lo dicho en secreto trae sus consecuencias,
y una boca mentirosa lleva al hombre a la muerte.
¹²No busquen la muerte con una vida extraviada,
ni, por sus acciones, atraigan sobre ustedes la perdición.
¹³Pues Dios no hizo la muerte
ni se alegra destruyendo a los seres vivientes.[a]
¹⁴Todo lo creó para que existiera;
lo que el mundo produce es saludable,
y en ello no hay veneno mortal;
la muerte no reina en la tierra,
¹⁵porque la justicia es inmortal.

## Manera de pensar de los malos

¹⁶Los malos llaman a la muerte con gestos y gritos;
pensando que es su amiga, la buscan con afán,
y con ella han hecho un pacto,[b]
pues merecen pertenecerle.
2 ¹Razonando equivocadamente se han dicho:
"Corta y triste es nuestra vida;
la muerte del hombre es inevitable,

---

*a* 1.13 Ez 18.32; 33.11; 2 P 3.9.   *b* 1.16 Is 28.15.

y no se sabe de nadie que haya
vuelto de la tumba.[c]
[2]Nacimos casualmente, y luego
pasaremos,
como si no hubiéramos existido,
pues nuestro aliento es como el
humo,
y el pensamiento, como una chispa
alimentada por el latido de nuestro
corazón.
[3]Cuando esta chispa se apague,
el cuerpo se convertirá en ceniza,
y el espíritu se desvanecerá como aire
ligero.
[4]Con el paso del tiempo,
nuestro nombre caerá en el olvido,
y nadie recordará nuestras acciones.[d]
Nuestra vida pasará como el rastro
de una nube
y se desvanecerá como neblina
perseguida por los rayos del sol
y vencida por su calor.
[5]Nuestra vida es como el paso de una
sombra;
cuando llega nuestro fin, no
podemos regresar.
El destino del hombre queda sellado;
nadie puede ya volver atrás.
[6]¡Por eso, disfrutemos de los bienes
presentes[e]
y gocemos de este mundo
con todo el ardor de la juventud!
[7]¡Embriaguémonos del vino más
costoso y de perfumes!
¡No dejemos pasar las flores de la
primavera!
[8]Coronémonos de rosas antes de que
se marchiten;
[9]que en nuestras orgías no falte
ninguno de nosotros.
Dejemos por todas partes huellas de
nuestra alegría:
¡eso es vivir; para eso estamos aquí!
[10]¡Aplastemos al hombre honrado que
no tiene dinero;
no tengamos compasión de la viuda,
ni respetemos las canas del anciano!
[11]Que la fuerza sea para nosotros la
norma de la justicia,
ya que la debilidad no sirve para
nada.
[12]Pongamos trampas al bueno, pues
nos es molesto;
se opone a nuestras acciones,
nos reprocha que no cumplamos la
ley

y nos echa en cara que no vivamos
según la educación que recibimos.
[13]Dice que conoce a Dios,
y se llama a sí mismo hijo del Señor.
[14]Es un reproche a nuestra manera de
pensar;
su sola presencia nos molesta.
[15]Su vida es distinta a la de los demás,
y su proceder es diferente.
[16]Nos rechaza como a moneda falsa,
y se aparta de nuestra compañía
como si fuéramos impuros.
Dice que los buenos, al morir, son
dichosos,
y se siente orgulloso de tener a Dios
por padre.
[17]Veamos si es cierto lo que dice
y comprobemos en qué va a parar su
vida.
[18]Si el bueno es realmente hijo de
Dios,
Dios lo ayudará y lo librará
de las manos de sus enemigos.
[19]Sometámoslo a insultos y torturas,
para conocer su paciencia
y comprobar su resistencia.
[20]Condenémoslo a una muerte
deshonrosa,
pues, según dice, tendrá quien lo
defienda.''[f]

### Error de los malos

[21]Así piensan los malos, pero se
equivocan;
su propia maldad los ha vuelto
ciegos.
[22]No entienden los planes secretos de
Dios,
ni esperan que una vida santa tenga
recompensa;
no creen que los inocentes recibirán
su premio.
[23]En verdad, Dios creó al hombre para
que no muriera,
y lo hizo a imagen de su propio ser;[g]
[24]sin embargo, por la envidia del
diablo
entró la muerte en el mundo,[h]
y la sufren los que del diablo son.

### La suerte de los buenos comparada con la de los malos

**3** [1]Las almas de los buenos
están en las manos de Dios,
y el tormento no las alcanzará.

c 2.1-3 Job 7.9-10; 14.1-2; Sal 39.4-6; Ec 6.12.   d 2.4 Ec 1.11; 2.16; 9.5-6.   e 2.6 Ec 2.24; 9.7-9; Is 22.13; 1 Co 15.32.
f 2.18-20 Sal 22.8; Mt 27.43.   g 2.23 Gn 1.26-27.   h 2.24 Gn 3; Ro 5.12.

[2]Los insensatos creen que los buenos
están muertos;
consideran su muerte como una
desgracia,
[3]y como una calamidad el haberse
alejado de nosotros.
Pero los buenos están en paz:
[4]aunque a los ojos de los hombres
parecían castigados,
abrigaban la esperanza de no tener
que morir.
[5]Después de sufrir pequeños castigos,
recibirán grandes beneficios,
porque Dios los puso a prueba[i]
y los halló dignos de él.
[6]Los probó como al oro en el crisol,
y los aceptó como un sacrificio
ofrecido en el altar.
[7]El día en que el Señor venga a
juzgarlos,
resplandecerán como antorchas,[j]
como chispas que prenden entre el
rastrojo.
[8]Juzgarán a las naciones y gobernarán
a los pueblos,
y el Señor reinará sobre ellos para
siempre.[k]
[9]Los que confían en el Señor
comprenderán la verdad,
y los fieles permanecerán a su lado
con amor,
pues Dios es bueno y favorece a sus
elegidos.
[10]Los malos tendrán el castigo que
merecen sus malos pensamientos,
porque despreciaron a los buenos y
se apartaron del Señor.
[11]¡Desdichados los que desprecian la
sabiduría y la instrucción;
vana es su esperanza, inútiles sus
esfuerzos,
y sin valor sus obras!
[12]Sus mujeres son estúpidas, malvados
sus hijos
y maldita su descendencia.

### Más vale no tener hijos que tenerlos del pecado

[13]¡Dichosa la mujer estéril
que se ha mantenido irreprochable
y no ha tenido relaciones prohibidas:
recibirá el premio[l] merecido
cuando el Señor venga a juzgar a los
hombres!
[14]¡Dichoso también el castrado
que nunca cometió ninguna maldad

ni tuvo malos pensamientos contra el
Señor:
por su fidelidad recibirá una
recompensa especial
y un lugar muy agradable en el
templo del Señor![l]
[15]El fruto del trabajo honrado es
espléndido,
y la raíz del buen juicio no se seca.
[16]Los hijos de los adúlteros no llegan a
la madurez;
habiendo nacido de relaciones
prohibidas, tendrán mal fin.
[17]Aunque lleguen a viejos, no se les
tendrá en cuenta;
y al final, en su vejez, nadie los
respetará;
[18]si mueren jóvenes, no tendrán
esperanza,
y el día del juicio no tendrán quien
los consuele.
[19]A la gente perversa le espera un
destino terrible.

**4** [1]Es mejor no tener hijos y tener
virtud;[m]
pues la virtud que deja un buen
recuerdo
es una especie de inmortalidad:
Dios y los hombres la aprecian.
[2]Cuando está presente, los hombres la
imitan;
cuando está ausente, la echan de
menos;
desfila por la eternidad,[2] coronada
como vencedora,
por haber alcanzado el triunfo
luchando limpiamente por el premio.
[3]La innumerable familia de los malos
no prosperará;
los hijos nacidos del adulterio son
como una planta que no echa
raíces profundas
ni tiene bases firmes.
[4]Aunque por un tiempo sus ramas
reverdezcan,
como no tiene fundamento sólido
será sacudida por el viento
y arrancada por la violencia de los
huracanes.
[5]Sus ramas se troncharán antes de
tiempo,
su fruto será inútil, no servirá de
nada:
no madurará ni podrá comerlo
nadie.

---

[l] *Premio:* lit. *fruto.*    [2] *La eternidad:* otra posible traducción: *el mundo.*
[i] **3.5-6** Job 23.10; Sal 66.10; Pr 17.3; Eclo 2.5; Ro 8.18; 2 Co 4.17.    [j] **3.7** Dn 12.3; Mt 13.43.    [k] **3.8** Dn 7.27; 1 Co 6.2;
Ap 20.4.    [l] **3.14** Is 56.4-5.    [m] **4.1** Eclo 16.3.

⁶Los hijos que nacen de relaciones
prohibidas
serán prueba de la perversidad de sus
padres,
cuando Dios llame a éstos a juicio.

### La muerte prematura del bueno

⁷El bueno, aunque muera antes de
tiempo, tendrá descanso,
⁸pues la vejez que merece respeto
no es la que dura mucho tiempo,
ni se mide por el número de años.
⁹La prudencia vale tanto como las
canas,
y una vida intachable es como una
edad avanzada.ⁿ
¹⁰El bueno agradó a Dios, y Dios lo
amó;
vivía entre pecadores, y Dios se lo
llevó;ñ
¹¹lo arrebató para que el mal no
pervirtiera su mente,
para que el error no sedujera su
alma,
¹²pues, como un hechizo, la maldad
oscurece el bien
y el vértigo de la pasión pervierte al
espíritu inocente.
¹³Él consiguió en poco tiempo
la perfección que se logra en muchos
años.
¹⁴Como su alma era agradable a Dios,
Dios se apresuró a sacarlo de la
maldad.
La gente ve esto, pero no lo
entiende;
no comprende ¹⁵que aquellos a quienes Dios ha escogido
gozan de su amor y su misericordia,
y que él vela por su pueblo santo.
¹⁶El bueno que muere condena a los
malos que todavía viven,
y la juventud que pronto llega a la
perfección
condena a la prolongada vejez del
malvado.
¹⁷La gente verá la muerte del sabio
y no comprenderá lo que el Señor
quería de él,
ni por qué lo puso en un lugar
seguro.
¹⁸Lo mirarán y lo despreciarán,
pero el Señor se reirá de ellos.ᵒ
¹⁹Cuando ellos mueran, nadie les
rendirá honores,
y serán despreciados para siempre
entre los muertos.

Sin dejarlos hablar, el Señor los
lanzará de cabeza,
los arrancará de sus cimientos
y los arruinará completamente.
Estarán llenos de angustia,
y no quedará recuerdo de ellos.

### Juicio sobre los buenos y los malos

²⁰Cuando Dios haga el balance de los
pecados de los malos,
éstos se presentarán llenos de miedo,
y sus malas acciones aparecerán allí
para acusarlos.

**5** ¹En aquel día el bueno estará de pie,
sin miedo,
frente a los que lo hicieron sufrir
y despreciaron sus trabajos.
²Al verlo, se estremecerán de espanto
y sorpresa,
ya que no esperaban que se hubiera
salvado.
³Dirán entre sí, arrepentidos,
gimiendo llenos de dolor:
⁴"Este es aquél de quien en otro
tiempo nos reímos,
aquél a quien convertimos en blanco
de nuestras burlas.
¡Qué tontos fuimos!
Pensamos que su vida era una locura
y su muerte una deshonra.
⁵¡Miren cómo ahora es tenido por
hijo de Dios
y comparte la herencia de su pueblo
santo!
⁶¡Qué lejos anduvimos del camino de
la verdad!
¡La luz de la justicia no brilló para
nosotros,
ni nos iluminó la luz del sol!ᵖ
⁷Anduvimos por caminos de maldad y
perdición,
caminando por desiertos sin
senderos,
y no reconocimos el camino del
Señor.
⁸¿De qué nos sirvió nuestro orgullo?
¿De qué nos valió el presumir de
ricos?
⁹Todo eso pasó como una sombra,
como palabra que se lleva el viento,
¹⁰como barco que cruza las olas del
mar
sin que queden huellas de su travesía
ni rastro de su quilla entre las olas;
¹¹como pájaro que vuela por el aire
sin dejar señales de su paso:
con sus alas azota el aire ligero,

ⁿ 4.8-9 Job 32.9.   ñ 4.10-15 Gn 5.21-24; Eclo 44.16; He 11.5.   ᵒ 4.18 Sal 37.13; 59.8.   ᵖ 5.6 Mal 4.2.

con fuerte silbido lo rasga,
se abre camino aleteando,
y después no quedan rastros de su
vuelo;
¹²como flecha disparada al blanco:
el aire se rasga, y vuelve en seguida a
juntarse,
sin que se sepa el camino seguido por
la flecha.*q*
¹³Lo mismo nosotros: a poco de nacer
ya dejamos de existir;
no hemos dejado ninguna huella de
virtud,
pues nos hemos consumido en
nuestra maldad.''

¹⁴En realidad, la esperanza del
malvado
es como paja que arrebata el viento,
como espuma ligera que la
tempestad arrastra;
se desvanece como humo llevado por
el viento*r*
y pasa como el recuerdo de un
viajero
que solamente se hospedó una
noche.

### Los buenos viven eternamente

¹⁵Los buenos viven eternamente;
su recompensa está en las manos del
Señor;
el Altísimo cuida de ellos.
¹⁶Por lo tanto, recibirán de manos del
Señor
un reino glorioso y una hermosa
corona;*s*
él los protegerá con su mano
y los defenderá con su brazo.
¹⁷El Señor se vestirá de su ira, como de
una armadura,*t*
y se armará de la creación, para
castigar a sus enemigos;
¹⁸se revestirá de justicia, como de una
coraza;
se pondrá como casco el juicio
sincero,
¹⁹tomará su santidad como escudo
impenetrable,
²⁰afilará como una espada su ira
inflexible
y el universo combatirá a su lado
contra los insensatos.
²¹Desde las nubes saldrán certeros
relámpagos y rayos,
como de un arco bien templado,
y volarán hacia el blanco;

²²y con furor saldrá el granizo
disparado como piedras.
Las olas del mar se embravecerán
contra ellos,*u*
y los ríos los arrollarán sin
compasión;
²³un viento poderoso se levantará
y los barrerá como un huracán.
Así la iniquidad convertirá toda la
tierra en un desierto,
y la maldad hará caer los tronos de
los poderosos.

### Los gobernantes deben buscar la sabiduría

**6** ¹Escuchen, reyes, y entiendan;
aprendan, gobernantes de todo el
mundo;
²pongan atención, ustedes que
dominan multitudes
y presumen de gobernar a muchos
pueblos.
³El Señor, Dios altísimo,
les ha dado poder y autoridad;*v*
él examinará las obras de ustedes
e investigará sus intenciones,
⁴porque, estando al servicio del reino
de Dios,
no han juzgado con rectitud, ni han
cumplido la ley,
ni se han portado según la voluntad
de Dios.
⁵El Señor vendrá sobre ustedes
de manera terrible y repentina,
porque él juzga con severidad a los
poderosos.
⁶De los humildes tiene compasión y
los perdona,
pero a los fuertes les pedirá cuentas
con rigor.
⁷Él es Señor de todos y no tiene
preferencias por ninguno,
ni siente miedo ante la grandeza.
Él hizo a los grandes y también a los
pequeños,
y se preocupa de todos por igual;*w*
⁸pero a los poderosos los examina con
mayor rigor.
⁹Esto se lo digo a ustedes,
gobernantes,
para que adquieran sabiduría y no
pierdan el camino.
¹⁰Los que cumplen santamente las
santas leyes,
serán contados entre el pueblo santo;
los que se dejaron instruir por ellas,
tendrán cómo defenderse.

*q* **5.10-12** Pr 30.19.   *r* **5.14** Job 20.8; Sal 1.4; 37.20.   *s* **5.16** Pr 4.9; 1 Co 9.25; Stg 1.12.   *t* **5.17-23** Ef 6.11-17; 1 Ts 5.8.
*u* **5.22** Lc 21.25.   *v* **6.3** Ro 13.1.   *w* **6.7** Dt 10.17; Eclo 35.12.

[11] Tengan, pues, vivos deseos de mis
palabras;
búsquenlas con avidez y recibirán
instrucción.

[12] La sabiduría resplandece con brillo
que no se empaña;
los que la aman, la descubren
fácilmente,
y los que la buscan, la encuentran;
[13] ella misma se da a conocer a los que
la desean.
[14] Quien madruga a buscarla no se
cansa:
la encuentra sentada a la puerta de
su propia casa.
[15] Tener la mente puesta en ella es
prudencia consumada;
el que trasnocha por hallarla,
pronto se verá libre de
preocupaciones.
[16] Ella misma va de un lado a otro
buscando a quienes son dignos de
ella;
se les manifiesta con bondad en el
camino
y les sale al encuentro en todo lo que
piensan.[x]

[17] El comienzo de la sabiduría
es el deseo sincero de instruirse;
tener deseo de instruirse ya es amar
la sabiduría;
[18] amarla es cumplir sus leyes;[y]
cumplir sus leyes es asegurarse la
inmortalidad,
[19] y la inmortalidad acerca a Dios.
[20] Por tanto, el deseo de la sabiduría
es lo que hace de uno un verdadero
rey.
[21] Gobernantes de los pueblos,
si estiman los tronos y los cetros,
aprecien la sabiduría,
para que puedan reinar eternamente.

### Descripción de la sabiduría

[22] Voy a decirles en qué consiste la
sabiduría
y de dónde viene,
sin ocultarles ningún secreto.
Llegaré hasta el comienzo mismo de
ella
y la daré a conocer con toda
claridad,
sin pasar por alto la verdad.
[23] No me dejaré guiar por la podrida
envidia,

pues nada tiene que ver con la
sabiduría.
[24] En que haya muchos sabios está la
salvación del mundo,
y un rey prudente trae bienestar a su
pueblo.[z]
[25] Por tanto, déjense instruir por mis
palabras
y sacarán provecho.

**7** [1] Yo también soy un hombre mortal,
y desciendo, como todos,
del primer hombre modelado de la
tierra.
En el seno de mi madre se formó mi
carne;
[2] por espacio de diez meses
tomé consistencia en su sangre,
gracias a la semilla de mi padre
y al placer que acompaña al sueño.
[3] Al nacer respiré el aire común,
y fui puesto en la tierra que a todos
recibe;
como todos, al nacer lo primero que
hice fue llorar.
[4] Me envolvieron en pañales y me
criaron con cariño.
[5] Ningún rey empezó de otra manera.
[6] Por un mismo camino entramos
todos en la vida,
y por un mismo camino salimos de
ella.

### Aprecio por la sabiduría

[7] Por eso supliqué a Dios, y me
concedió prudencia;[a]
le pedí espíritu de sabiduría, y me lo
dio.
[8] La preferí a los cetros y los tronos;
en comparación con ella, tuve en
nada la riqueza.
[9] Ninguna piedra preciosa me pareció
igual a ella,
pues frente a ella todo el oro es
como un puñado de arena,
y la plata vale tanto como el barro.
[10] La amé más que a la salud y a la
belleza;
la preferí a la luz del día,
porque su brillo no se apaga.
[11] Con ella me vinieron a la vez todos
los bienes,
pues me trajo incalculables riquezas;
[12] gocé de todos esos bienes, porque la
sabiduría los gobierna,
aunque no sabía que es la madre de
todos ellos.

x **6.12-16** Pr 1.20-21; 8.1-21.   y **6.18** Eclo 2.15-16; Jn 14.15.   z **6.24** Pr 11.14; 24.6.   a **7.7-12** 1 R 3.5-15; Sab 9.1-18.

13La alcancé sin malicia, y la comparto
sin envidia;
no escondo para mí su riqueza.
14La sabiduría es para los hombres un
tesoro inagotable:
quien sabe usar de ella, logra la
amistad de Dios,
porque ella, con sus enseñanzas, le
sirve de recomendación.

### El sabio pide la ayuda de Dios

15Que Dios me conceda hablar con
sensatez
y que mis pensamientos sean dignos
de sus dones,
pues él es quien guía la sabiduría
y dirige a los sabios.
16En sus manos estamos nosotros y
nuestros pensamientos,
y toda prudencia y habilidad
práctica.
17Él me dio el verdadero conocimiento
de las cosas,[b]
para conocer cómo está hecho el
mundo
y cómo actúan los elementos;
18para conocer el comienzo, el fin y el
medio de los tiempos,
las diversas posiciones del sol y los
cambios de estaciones;
19los períodos del año y la posición de
los astros;
20la naturaleza de los seres vivos
y el comportamiento de las fieras,
el poder de los espíritus y los
pensamientos de los hombres;
cómo se distinguen las plantas y para
qué sirven las raíces.
21Todo lo aprendí, lo mismo lo oculto
que lo visible,
porque la sabiduría, que todo lo
hizo, me lo enseñó.

### Elogio de la sabiduría

22Hay en la sabiduría un espíritu
inteligente, santo,
único, multiforme, sutil, móvil,
lúcido, puro,
claro, inofensivo, amante del bien,
penetrante,
23independiente, bienhechor, amigo
del hombre,
firme, seguro, tranquilo,
que todo lo puede y a todo está
atento,
que penetra en todos los espíritus,

los inteligentes, los puros y los más
sutiles.
24La sabiduría se mueve mejor que el
mismo movimiento,
y, a causa de su pureza, todo lo
atraviesa y lo penetra,
25porque es como el aliento del poder
de Dios
y una irradiación pura de la gloria
del Todopoderoso;
por eso, nada impuro puede entrar
en ella.
26Es reflejo de la luz eterna,
espejo sin mancha de la actividad de
Dios
e imagen de su bondad.[c]
27Es única y, sin embargo, lo puede
todo;
sin cambiar ella misma, todo lo
renueva,
y al penetrar a lo largo de la historia
en las almas santas,
las hace amigas de Dios, para que
hablen en nombre de él,
28pues nada es tan agradable a Dios
como el hombre que vive con la
sabiduría.
29Ella es más brillante que el sol
y supera a todas las estrellas;
comparada con la luz del día, es
superior,
30pues a la luz sigue la noche,
pero a la sabiduría no la puede
dominar el mal.

**8** 1Ella se extiende con fuerza de un
extremo a otro de la tierra,
y gobierna bien todas las cosas.

### En la sabiduría están todos los bienes

2Yo la amé y la busqué desde mi
juventud,
me enamoré de su belleza
y quise que fuera mi esposa.[d]
3La nobleza de su origen resplandece
porque vive junto a Dios
y porque la ama el que es Señor de
todos.
4Ella conoce los secretos de Dios
y elige lo que él hace.
5Si en esta vida la riqueza es un bien
deseable,
¿quién es más rico que la sabiduría,
que lo realiza todo?
6Y si es la prudencia la que todo lo
realiza,
¿quién, sino la sabiduría, es la
autora de todo cuanto existe?[e]

b 7.17-21 1 R 4.29-34.   c 7.25-26 Jn 1.4-9; Col 1.15; He 1.3.   d 8.2 Eclo 15.2.   e 8.4-6 Pr 8.27-30; Sab 7.21; 9.9; Jn 1.3;
Col 1.16; He 1.2.

⁷Si alguien ama la justicia,
las virtudes serán el fruto de sus
esfuerzos.
Pues la sabiduría enseña la
moderación y la prudencia,
la justicia y la fortaleza,
que son más útiles para los hombres
que cualquier otra cosa en esta vida.
⁸Si alguien desea alcanzar gran
experiencia,
ella conoce el pasado y adivina el
futuro,
sabe entender el lenguaje figurado
y dar respuesta a las preguntas
difíciles,
prevé los sucesos más maravillosos
y lo que ha de suceder en los diversos
tiempos.
⁹Por eso decidí tomarla como
compañera de mi vida,
sabiendo que sería mi compañera en
la prosperidad
y mi alivio en las preocupaciones y
tristezas.
¹⁰"Gracias a ella —pensé yo—
conseguiré fama entre la gente,
y, aunque soy joven, los ancianos me
respetarán;
¹¹al hacer justicia mostraré mi aguda
inteligencia,
y seré admirado por los poderosos.
¹²Cuando yo calle, esperarán a que
hable;
cuando abra la boca, prestarán
atención;
y si me alargo hablando, me
escucharán admirados.
¹³Gracias a la sabiduría, tendré la
inmortalidad
y dejaré un recuerdo eterno a los que
vengan después.
¹⁴Gobernaré pueblos y someteré
naciones;
¹⁵los terribles tiranos se asustarán
cuando oigan hablar de mí;
con mi pueblo me mostraré bueno y,
en la guerra, valiente.
¹⁶Cuando regrese a casa, descansaré al
lado de ella,
pues su compañía no produce
amargura
ni se sufre al vivir con ella;
por el contrario, se experimenta
placer y alegría."

¹⁷Cuando reflexioné sobre todo esto,
comprendí que la inmortalidad
consiste
en tener parentesco con la sabiduría
¹⁸y que su amistad produce un gran
gozo.
Comprendí también que haciendo lo
que ella ordena
se encuentra una riqueza inagotable,
que en el trato familiar con ella se
halla la prudencia,
y que conversar con ella trae fama.
Por eso me puse a buscarla
para llevármela conmigo.
¹⁹Yo era un niño, bueno por
naturaleza,
que había recibido un alma buena,
²⁰o más bien, siendo bueno, entré en
un cuerpo puro.
²¹Pero vi que no podría alcanzar la
sabiduría
si Dios no me la daba,
y ya era señal de inteligencia saber
quién era
el que concedía tan grande beneficio.
Entonces me dirigí al Señor
y le supliqué de todo corazón:

### Oración para alcanzar la sabiduría

**9** ¹"Dios de mis antepasados, Señor
misericordioso,
que por tu palabra has hecho todas
las cosas,ᶠ
²que con tu sabiduría has formado al
hombre
para que domine sobre toda tu
creación,
³para que gobierne el mundo con
santidad y rectitud
y administre justicia con recto
corazón:
⁴dame la sabiduría, que reina junto a
ti,ᵍ
y no me excluyas del número de tus
hijos,
⁵porque soy tu siervo, hijo de tu
sierva,
hombre débil, de breve existencia,
incapaz de entender la justicia y las
leyes.
⁶Por perfecto que sea cualquier
hombre,
nada vale si le falta la sabiduría que
de ti viene.
⁷Tú me has escogido por rey de tu
pueblo
y por juez de tus hijos y tus hijas;

ᶠ 9.1 Gn 1.3-26; Jn 1.3. ᵍ 9.1-18 1 R 3.6-9; 2 Cr 1.8-10; Sab 7.7.

⁸me ordenaste construir un templo en
tu santo monte
y un altar en la ciudad en donde
vives,
semejante a la tienda sagrada
que desde el comienzo preparaste.
⁹Contigo está la sabiduría, que
conoce tus obras
y que estaba presente cuando hiciste
el mundo;*h*
ella sabe lo que te agrada
y lo que está de acuerdo con tus
mandamientos.
¹⁰Envíala desde tu santo cielo,
mándala desde tu trono glorioso,
para que me acompañe en mi trabajo
y me enseñe lo que te agrada.
¹¹Ella, que todo lo conoce y lo
comprende,
me guiará con prudencia en todas
mis acciones
y me protegerá con su gloria.
¹²Mis obras serán entonces de tu
agrado,
gobernaré a tu pueblo con justicia
y seré digno del trono de mi padre.
¹³Porque, ¿qué hombre conoce los
planes de Dios?
¿Quién puede imaginar lo que el
Señor quiere?*i*
¹⁴Débil es la inteligencia de los
hombres,
y falsas muchas veces sus
reflexiones;
¹⁵el cuerpo mortal es un peso para el
alma;
estando hecho de barro, oprime la
mente,
en la que bullen tantos
pensamientos.
¹⁶Con dificultad imaginamos las cosas
de la tierra,
y trabajosamente hallamos lo que
está a nuestro alcance.
Pero, ¿quién puede descubrir las
cosas celestiales?*j*
¹⁷Nadie puede conocer tus planes
sino aquél a quien das sabiduría
y sobre quien desde el cielo envías tu
santo espíritu.*k*
¹⁸Gracias a la sabiduría
han podido los hombres seguir el
buen camino
y aprender lo que te agrada:
fueron salvados gracias a ella.''

### La sabiduría desde Adán hasta José

**10** ¹La sabiduría protegió al hombre
que fue creado primero,
al padre del género humano, después
de ser formado solo,
y ella lo levantó de su caída
²y le dio el poder de dominarlo todo.*l*
³En cambio Caín, llevado por su ira,
se apartó de ella,
y llevado por el odio dio muerte a su
hermano.
De ese modo, él mismo pereció.*m*
⁴Por culpa del hombre, el agua
inundó la tierra,
pero la sabiduría la salvó de nuevo,
guiando al justo Noé en un simple
trozo de madera.*n*
⁵Cuando las naciones se unieron para
hacer el mal
y fueron confundidas,*ñ*
la sabiduría escogió a Abraham,
hombre justo,
lo conservó irreprochable ante Dios
y lo mantuvo fuerte a pesar del amor
que sentía por su hijo.*o*
⁶Cuando Dios exterminó a los
perversos,
la sabiduría libró a Lot, otro hombre
justo,
del fuego que cayó sobre las cinco
ciudades.*p*
⁷En prueba de aquella maldad,
todavía queda el desierto humeante,
plantas cuyos frutos nunca maduran
y una estatua de sal que se levanta
como recuerdo de una persona que
no creyó.
⁸Por haberse apartado de la
sabiduría,
esa gente no sólo se hizo incapaz de
conocer el bien,
sino que dejó un recuerdo de su poco
juicio,
para que no se olvidaran sus errores.
⁹La sabiduría, en cambio, sacó de
apuros a sus servidores.
¹⁰Llevó por caminos seguros a Jacob,
hombre justo,
que huía de la ira de su hermano;*q*
le mostró el reino de Dios
y le dio el conocimiento de las cosas
sagradas;*r*
le dio éxito en sus trabajos
y multiplicó el fruto de sus fatigas;*s*
¹¹lo ayudó ante la codicia de sus
opresores

*h* 9.9 Pr 8.27-30; Jn 1.3; Col 1.16; He 1.2.    *i* 9.13 Ro 11.34; 1 Co 2.16.    *j* 9.16 Jn 3.12.    *k* 9.17 Mt 11.27; 1 Co 2.7-12.
*l* 10.1-2 Gn 1.26-28.    *m* 10.3 Gn 4.5-16.    *n* 10.4 Gn 7-8.    *ñ* 10.5 Gn 11.1-9.    *o* 10.5 Gn 12.1-3; 22.1-19.
*p* 10.6-7 Gn 19.1-29.    *q* 10.10 Gn 27.42-45.    *r* 10.10 Gn 28.10-22; 32.24-30.    *s* 10.10-12 Gn 29-33.

y lo enriqueció;

[12] lo defendió de sus enemigos,
lo protegió de los ataques de éstos
y lo hizo triunfar en el duro
combate,
para que supiera que nada es tan
fuerte como la piedad.

[13] La sabiduría no abandonó a José, el
justo vendido,
sino que lo libró de caer en pecado;

[14] lo acompañó al calabozo
y no lo dejó en la cárcel,
sino que le entregó el cetro de rey
y le dio poder sobre sus opresores;
demostró la mentira de los que lo
acusaron
y le dio gloria eterna. [t]

### La sabiduría y la salida de Israel de Egipto

[15] La sabiduría libró a tu pueblo santo,
a tu gente irreprochable,
de la nación que lo oprimía. [u]

[16] Entró en el alma de Moisés, tu
siervo,
y con milagros y prodigios
hizo frente a reyes temibles.

[17] Dio a tu pueblo santo la recompensa
de sus sufrimientos,
y lo condujo por un camino
maravilloso;
durante el día le daba sombra,
y de noche era como la luz de las
estrellas.

[18] Lo hizo atravesar el Mar Rojo a pie,
y lo guió a través de aguas
caudalosas;

[19] a sus enemigos, en cambio, los
hundió,
y luego los sacó del fondo del
abismo.

[20] Así los justos se apoderaron de las
riquezas de los impíos,
alabaron, Señor, tu santo nombre,
y todos a una te dieron gracias
porque tú los defendiste:

[21] la sabiduría enseñó a hablar a los
mudos
y soltó la lengua de los niños.

**11** [1] Ella dio a tu pueblo éxito en sus
empresas
por medio de Moisés, santo profeta.

[2] Atravesaron un desierto solitario
y acamparon en llanuras sin
caminos;

[3] hicieron frente a sus enemigos

y rechazaron a sus adversarios. [v]

[4] Cuando tuvieron sed, te invocaron,
y de una roca áspera, de una piedra
dura,
les diste agua para calmar su sed. [w]

[5] Las mismas cosas con que sus
enemigos fueron castigados
sirvieron a tu pueblo en los
momentos difíciles.

[6] Los enemigos no hallaron en el río
agua inagotable,
sino agua turbia, llena de sangre y
lodo,

[7] en castigo por su orden de matar a
los niños. [x]
A tu pueblo, en cambio, sin que lo
esperara,
le diste agua en abundancia.

[8] Así, haciendo que entonces pasara
sed,
le mostraste cómo habías castigado a
sus enemigos.

[9] Al sufrir la prueba, aunque era una
corrección hecha con amor, [y]
conoció los tormentos que sufren los
malvados,
cuando tú, enojado, los castigas.

[10] A tu pueblo lo corregiste
como padre que reprende,
pero a los enemigos los juzgaste
como rey severo que condena.

[11] Sea que estuvieran en casa o fuera de
ella,
sufrieron iguales aflicciones;

[12] su dolor y tristeza aumentaron
al recordar lo sucedido,

[13] pues, al saber que sus propios
castigos
habían sido para bien de tu pueblo,
vieron que eras tú, Señor, quien
actuaba.

[14] A Moisés lo habían hecho abandonar
siendo niño,
y más tarde lo rechazaron con
burlas, [z]
pero al final tuvieron que admirarlo.
La sed que sufrieron los impíos
fue muy diferente de la de los justos.

### Moderación de Dios con Egipto

[15] En castigo de su perversión y falta de
entendimiento,
que los hicieron caer en el error de
dar culto
a reptiles sin razón y a animales
despreciables,

---

[t] **10.13-14** Gn 37; 39-41.    [u] **10.15-21** Ex 1.1-15.21.    [v] **11.1-3** Ex 15.22-17.16.    [w] **11.4** Ex 17.1-7; Nm 20.2-13; Sal 78.44.
[x] **11.6-7** Ex 1.22; 7.17-24.    [y] **11.9-10** Dt 8.2-5.    [z] **11.14** Ex 1.22-2.15.

les enviaste una multitud de animales
estúpidos,
[16]para enseñarles que las cosas con que
el hombre peca,
esas mismas le sirven de castigo.[a]
[17]Tu mano omnipotente,
que de la materia sin forma creó el
mundo,
hubiera podido fácilmente enviar
contra ellos
manadas de osos o de leones feroces,
[18]o crear fieras desconocidas, llenas de
furor,
que, lanzando resoplidos de fuego,
o despidiendo humo entre rugidos,
o arrojando por los ojos chispas
terribles,
[19]no sólo habrían sido capaces de
atacarlos y matarlos,
sino que, con solo su aspecto,
los habrían hecho morir de miedo.
[20]Y aun sin acudir a tales medios,
un soplo nada más habría bastado,
para que cayeran perseguidos por tu
justicia
y arrollados por la fuerza de tu
poder.
Sin embargo, tú lo has dispuesto
todo
con moderación y orden y equilibrio.

## Motivos de la moderación de Dios

[21]Tú puedes, en cualquier momento,
actuar con gran poder;
¿quién puede resistir la fuerza de tu
brazo?
[22]Porque el mundo entero es ante ti
como la pesa más pequeña en la
balanza,[b]
o como una gota de rocío
que cae al amanecer sobre la tierra.
[23]Sin embargo, tú de todos tienes
compasión,
porque lo puedes todo
y no te fijas en los pecados de los
hombres,
para que se arrepientan.[c]
[24]Amas a todos los seres
y no aborreces nada de lo que has
hecho;
si hubieras odiado alguna cosa, no la
habrías creado.
[25]¿Cómo podrían existir los seres,
si tú no lo hubieras querido?
¿Cómo podrían conservarse,
si tú no lo ordenaras?
[26]Tú tienes compasión de todos,

porque todos, Señor, te pertenecen,
y tú amas todo lo que tiene vida,

**12** [1]Porque en todos los seres está tu
espíritu inmortal.
[2]Por eso, a los que pecan
los corriges y reprendes poco a poco,
y haces que reconozcan sus faltas,
para que, apartándose del mal, crean
en ti, Señor.

## Moderación de Dios con Canaán

[3]A los antiguos habitantes de tu santa
tierra
[4]los aborreciste por sus prácticas
odiosas,[d]
por practicar la magia y otros actos
perversos,
[5]por matar sin compasión a los niños,
y por comer en sus banquetes
vísceras y carne
y hasta sangre de seres humanos.
A ellos, que practicaban tales ritos,
[6]padres asesinos de criaturas
indefensas,
decidiste eliminarlos por medio de
nuestros antepasados,
[7]para que esta tierra, la más preciosa
para ti de todas,
pudiera recibir al pueblo de tus
hijos.
[8]Pero aun de ellos, por ser hombres,
tuviste compasión:
como vanguardia de tu ejército,
les enviaste avispas,
para que acabaran con ellos poco a
poco.[e]
[9]Hubieras podido, en batalla campal,
poner a los impíos en manos de los
justos,
o aniquilarlos en un solo instante
por medio de fieras salvajes,
o con una severa orden de mando;
[10]sin embargo, para darles
oportunidad de arrepentirse,
los castigaste poco a poco,
sabiendo que eran malos por
naturaleza
y perversos desde su nacimiento,
y que nunca cambiarían su modo de
pensar,
[11]porque eran una nación maldita
desde el comienzo.

## Razones de la moderación divina

No fue por miedo a nadie

*a* **11.15-16** Ex 8.1-24; 10.12-15; Sab 16.1.   *b* **11.22** Is 40.15.   *c* **11.23** Ro 2.4.   *d* **12.3-7** Ex 23.23-24; Dt 7.1-2; 12.31; 18.10-14.
*e* **12.8** Ex 23.27-30; Sal 78.38-39.

por lo que dejaste sin castigo sus
  pecados,
[12] pues, ¿quién podrá pedirte cuentas
  de lo que haces[f]
u oponerse a tu sentencia?
¿Quién podrá acusarte de haber
  destruido
naciones que tú mismo hiciste?
¿Quién puede levantarse contra ti
para defender a los malvados?
[13] Pues no existe ningún dios, fuera de
  ti,[g]
que tenga todo bajo su cuidado
y a quien tú tengas que dar cuentas
de si has juzgado rectamente o no;
[14] ni hay rey o gobernante que pueda
  hacerte frente
para defender a los que tú has
  castigado.
[15] Puesto que eres justo, todo lo
  gobiernas con justicia;
y juzgas indigno de tu poder
condenar al que no merece castigo.
[16] Porque tu poder es la base de tu
  justicia,
y como eres el dueño de todos,
de todos tienes compasión.
[17] Tú despliegas tu fuerza
ante aquellos que dudan de tu gran
  poder,
y confundes a los que, conociéndolo,
se muestran insolentes;
[18] pero, precisamente porque dispones
  de tan gran poder,
juzgas con bondad y nos gobiernas
  con gran misericordia,
porque puedes usar de tu poder en el
  momento que quieras.

### Lo que nos enseña la moderación de Dios

[19] Actuando así, enseñaste a tu pueblo
que el hombre justo debe ser
  bondadoso,
y llenaste a tus hijos de una bella
  esperanza,
al darles la oportunidad de
  arrepentirse de sus pecados.
[20] Si a los cananeos, que eran enemigos
  de tus hijos
y merecían la muerte,
los castigaste con tanta bondad y
  consideración,
dándoles oportunidad de dejar su
  maldad,

[21] con mayor delicadeza aún has
  juzgado a tus hijos,
pues tú habías hecho un pacto con
  sus antepasados
y con juramento les habías
  prometido grandes bienes.
[22] Mientras que a nuestros enemigos les
  envías mil castigos,
a nosotros nos corriges,
para que a la hora de juzgar a otros
  pensemos en tu bondad,
y cuando nos toque ser juzgados
  esperemos tu misericordia.

### Después de tener compasión, Dios juzga con rigor

[23] Por eso, a los egipcios insensatos,
  que habían pasado su vida haciendo
  el mal,
los atormentaste con los mismos
  seres odiosos que adoraban:
[24] se habían extraviado mucho
  siguiendo el camino del error,
aceptando como dioses a los
  animales más feos y repugnantes,
dejándose engañar como niños sin
  inteligencia;
[25] y por eso, como a niños sin uso de
  razón,
les enviaste un castigo que los puso
  en ridículo.
[26] Y como no escarmentaron con el
  ridículo y la corrección,
tuvieron que sufrir el juicio de Dios
  que merecían.[3]
[27] Ellos, al verse castigados con
  aquellos animales
que habían tenido como dioses
y que ahora eran su tormento,[h]
reconocieron que el verdadero Dios
  era aquel
a quien se habían negado a conocer.
¡Así cayó sobre ellos el castigo final!

### El culto a los astros y a las fuerzas de la naturaleza

**13** [1] Faltos por completo de
  inteligencia
son todos los hombres que vivieron
  sin conocer a Dios;
los cuales, a pesar de ver tantas cosas
  buenas,
no reconocieron al que
  verdaderamente existe;
los cuales, a pesar de ver sus obras,
no descubrieron al que las hizo.[i]

---

[3] *El juicio . . . merecían:* otra posible traducción: *un juicio digno de Dios.*
[f] **12.12** Job 9.12,19; Ro 9.20. [g] **12.13** Dt 32.39; Is 43.10-11. [h] **12.23-27** Sab 11.15-16. [i] **13.1** Sal 92.5-6; Eclo 17.8-10;
Ro 1.19-20.

²En cambio, tuvieron por dioses que
gobiernan el mundo
al fuego, al viento,
al aire ligero, a las estrellas del
firmamento,
al agua caudalosa y a los astros del
cielo.
³Si con la belleza de esos seres tanto
se encantaron
que llegaron a tenerlos por dioses,
deberían comprender que mucho
más hermoso
es el Señor de todos ellos,
pues él, el autor de la belleza, fue
quien los creó.
⁴Si los asombró el poder y la
actividad de aquellos seres,
deberían saber que más poderoso es
quien los hizo;
⁵pues, partiendo de la grandeza y la
belleza de lo creado,
se puede reflexionar y llegar a
conocer a su creador.
⁶A esos hombres, sin embargo, no se
les puede culpar del todo,
porque quizás se equivocaron
en su afán mismo de buscar a Dios y
querer encontrarlo.ʲ
⁷Pasan la vida en medio de las obras
de Dios, tratando de estudiarlas,
y se dejan engañar por su apariencia,
ya que las cosas que ven son
efectivamente bellas.
⁸Sin embargo, no tienen excusa,
⁹porque si fueron capaces de saber
tanto,
hasta el punto de investigar el
universo,
¿por qué no descubrieron antes al
Señor de todos?

### El culto a los ídolos

¹⁰¡Pero qué desgraciados son
los que llaman dioses a cosas hechas
por los hombres,
a objetos de oro y plata,
artísticamente trabajados,
a figuras de animales,
a una piedra sin valor, tallada hace
mucho por un escultor,
pues ponen su esperanza en cosas
muertas!ᵏ
¹¹Pongamos por ejemplo un
carpintero:
corta un árbol fácil de manejar,
con habilidad le quita toda la
corteza,
lo labra con cuidado
y hace un objeto útil para las
necesidades ordinarias;
¹²la madera que le sobra
la usa para preparar toda la comida
que quiere.
¹³Y lo que queda todavía,
un palo torcido y nudoso, que no
sirve para nada,
lo toma, lo labra, simplemente por
pasar el tiempo,
y lo modela, con habilidad y sin
esfuerzo,
hasta sacar la imagen de un hombre
¹⁴o lograr el parecido de un animal
despreciable.
Lo cubre luego con pintura roja,
tapando así todas las imperfecciones;
¹⁵y le hace entonces un nicho
conveniente,
lo coloca en la pared y lo sujeta con
un clavo.
¹⁶Tiene que tomar precauciones para
que no se caiga,
porque sabe que el ídolo mismo no
puede valerse:
no es más que una imagen, y necesita
ayuda.
¹⁷Y a pesar de todo, le pide por sus
bienes de fortuna,
por su esposa y por sus hijos;
no le da vergüenza dirigir la palabra
a un objeto que no tiene vida.
Para pedir la salud, acude a un ser
que no la tiene;
¹⁸para pedir la vida, acude a un ser
muerto;
para conseguir protección, recurre al
más incapaz;
para pedir buen viaje, a un ser que ni
siquiera puede andar;
¹⁹para tener éxito en sus negocios,
actividades y trabajos,
pide ayuda a quien no tiene la menor
fuerza en sus manos.

**14** ¹Otro hombre, que está a punto
de embarcarse
para cruzar las enfurecidas olas,
ora ante un palo, más frágil que la
embarcación que lo transporta.
²El deseo de ganancia ideó la
embarcación,
y la habilidad técnica la construyó,
³pero es tu providencia, Padre, quien
la guía,
pues tú trazaste un camino en el mar

ʲ **13.6** Hch 17.27.   ᵏ **13.10-14.21** Sal 115.4-8; 135.15-18; Is 40.18-20; 44.9-20; Jer 10.2-16; Bar 6.7-72.

y un sendero seguro entre las olas,
[4]demostrando así que puedes salvar
de cualquier peligro,
para que aun el más inexperto pueda
embarcarse.
[5]No quieres que sea inútil lo hecho
con tu sabiduría;
por eso, los hombres confían su vida
a un débil barco de madera,
en el que cruzan las olas
y llegan a tierra sanos y salvos.
[6]Así también, al comienzo,
cuando murieron los orgullosos
gigantes,
la esperanza del mundo se refugió en
una balsa
que, conducida por tu mano, dejó al
mundo
la semilla de una nueva humanidad.
[7]¡Bendita la madera que se usa
rectamente![l]
[8]¡Maldita la madera de la que se hace
un ídolo!
¡Maldito el ídolo y el que lo hace:
éste por haberlo fabricado
y aquél porque, siendo cosa que se
pudre, fue llamado dios!
[9]Dios aborrece tanto al malo como al
mal que hace;
[10]y, tanto la obra como el que la hace,
serán castigados.
[11]Por eso, Dios destruirá también a los
ídolos de los paganos,
porque, aunque eran cosas creadas
por Dios,
fueron convertidas en cosas
detestables,
un peligro para la vida de los
hombres
y una trampa para los pies de los
incautos.

### Origen del culto a los ídolos

[12]De la invención de los ídolos se
siguió la inmoralidad;
fue algo que destruyó la vida.
[13]Los ídolos no existían desde el
principio,
ni existirán siempre.
[14]Vinieron al mundo por la
superstición de los hombres,
y por eso Dios ha decretado que
pronto desaparezcan.

[15]Un padre, desconsolado por la
muerte temprana de su hijo,
que le fue arrebatado bruscamente,
hace una imagen de él,

y al que antes era un simple hombre
muerto,
lo venera luego como a un dios,
y establece, para sus familiares, ritos
y ceremonias.
[16]Más tarde, con el tiempo, esta impía
costumbre se arraiga
y se observa como ley.

[17]De igual manera, por orden de los
gobernantes
se da culto a sus estatuas.
Como la gente que vivía lejos
no podía rendirles honores
personalmente,
hicieron algo que tuviera algún
parecido
y reprodujera visiblemente
la imagen del rey que querían
honrar,
deseosos de adularlo, estando
ausente,
como si estuviera presente.
[18]Luego, la ambición del artista
fomentó,
en los que no conocían al rey,
el deseo de venerarlo,
[19]pues, deseando sin duda agradar al
gobernante,
exageró con arte la belleza de la
imagen.
[20]Así la gente, atraída por el encanto
de la obra,
consideró como objeto de adoración
al que poco antes honraba sólo como
a hombre.
[21]Esto se convirtió en una trampa para
los hombres,
porque ellos, esclavos de la desgracia
o de la tiranía,
dieron a la piedra y al palo
el nombre que sólo pertenece a Dios.

### Consecuencia del culto a los ídolos

[22]Pero, no contentos con su error de
no conocer a Dios,
viven los hombres en una espantosa
guerra
causada por la ignoracia,
¡y a tan terribles males llaman paz!
[23]Practican ritos en los que matan a
niños,
celebran cultos misteriosos
o realizan locas fiestas de extrañas
ceremonias;
[24]no respetan ni la vida ni el
matrimonio,

l 14.6-7 Gn 6.11-8.19.

sino que un hombre mata a otro a
    traición
o lo hace sufrir cometiendo adulterio
    con su esposa.
25Todo es confusión, muerte,
    asesinato, robo, engaño,
sobornos, infidelidad, desorden,
    juramentos falsos,
26confusión de los valores, ingratitud,
    corrupción de las almas, perversión
    sexual,
destrucción del matrimonio,
    adulterio e inmoralidad.*m*
27El culto a ídolos que no son nada
es principio, causa y fin de todo mal:
28los que los adoran celebran fiestas en
    que se pierde el juicio,
o pronuncian falsas profecías, o
    viven en la injusticia,
o juran en falso con facilidad.
29Como ponen su confianza en ídolos
    sin vida,
piensan que el jurar en falso no les
    traerá ningún mal.
30Pero serán condenados por dos
    razones:
por tener una falsa idea de Dios,
    dando culto a los ídolos,
y por jurar contra la verdad y la
    justicia,
despreciando cuanto hay de más
    sagrado.
31No es que los ídolos, por quienes
    juran, tengan poder alguno,
sino que el castigo reservado a los
    pecadores
cae siempre sobre los que cometen
    actos malos.

### Israel no adora a falsos dioses

**15** 1Tú, Dios nuestro, eres bueno y
    fiel,
eres paciente y todo lo gobiernas con
    misericordia.
2Aunque pequemos, somos tuyos y
    reconocemos tu poder;
pero no pecaremos, sabiendo que
    nos consideras tuyos.
3Conocerte a ti es rectitud perfecta,
y reconocer tu poder es la raíz de la
    inmortalidad.*n*
4Pues no nos hemos dejado engañar
por esos ídolos inventados por la
    habilidad perversa de los hombres
y por el infructuoso trabajo de los
    pintores,

5cuya vista despierta pasiones en los
    hombres sin razón
que se entusiasman con la imagen sin
    vida de un ídolo muerto.
6Tanto los que hacen ídolos
como los que los aman y les dan
    culto,
están enamorados del mal
y no merecen esperar nada mejor.

### Ejemplo del alfarero

7El alfarero, por ejemplo,
amasa laboriosamente el barro
    blando
y moldea cada vasija que
    necesitamos;
pero del mismo barro hace por igual
las que sirven para usos nobles
y las que sirven para otros usos;
es él, sin embargo, quien decide
cuál ha de servir para este o aquel
    uso.*ñ*
8Luego, dedicándose a una labor
    reprobable,
modela con el mismo barro un falso
    dios;
lo hace un hombre que ayer mismo
    nació de la tierra
y que pronto volverá a la tierra de
    donde fue sacado,
cuando tenga que entregar la vida
    que recibió prestada.
9En vez de pensar en que tiene que
    morir
y en que su vida es corta,
hace competencia a los que trabajan
    el oro y la plata,
imita a los que labran el bronce
y se siente orgulloso de hacer
    falsificaciones.
10Su corazón es como ceniza,
su esperanza, más despreciable que
    la tierra,
su vida vale menos que el barro,
11porque no reconoció a Dios, que lo
    formó a él,
le infundió un alma activa
y le comunicó aliento de vida.*o*
12El alfarero pensó que la vida es un
    juego,
y la existencia, un mercado para
    obtener ganancias.
Dijo: "De todo, hasta del mal,
hay que valerse para hacer dinero."
13Este hombre, que hace con el mismo
    barro

*m* 14.22-26 Ro 1.23-32.   *n* 15.3 Jn 17.3.   *ñ* 15.7 Is 64.8; Jer 18.4-6; Eclo 33.13; Ro 9.21.   *o* 15.11 Gn 2.7.

lo mismo ídolos que vasijas que se
  rompen,
sabe mejor que nadie que comete
  una acción mala.

### Error de los egipcios

¹⁴Pero los más faltos de inteligencia
y peores que niños sin razón
fueron los enemigos que oprimieron
  a tu pueblo,
¹⁵pues aceptaron como dioses
a todos los ídolos de las demás
  naciones,
ídolos que tienen ojos y no pueden
  ver,
que tienen narices y no pueden
  respirar,
que tienen oídos y no pueden oír,
que tienen dedos y no pueden tocar,
que tienen pies y no pueden
  caminar.ᵖ
¹⁶Idolos hechos por los hombres,
formados por un ser con vida
  prestada,
pues ningún hombre es capaz de
  hacer un dios igual a él;
¹⁷siendo mortal, sus manos pecadoras
sólo fabrican algo sin vida;
él vale más que los objetos que
  adora,
pues al menos él tiene vida, y ellos
  no.
¹⁸Los egipcios adoran, además,
a los animales más repugnantes,
que, comparados con los demás,
resultan los más estúpidos;
¹⁹no tienen belleza alguna que los haga
  atractivos,
como la tienen otros animales;
son animales que no recibieron
la aprobación y bendición de Dios.

### Comparación entre Egipto e Israel. Las ranas y las codornices.

**16** ¹Por eso los egipcios fueron
          castigados,
como merecían,
por medio de semejantes seres,
y atormentados por una multitud de
  animalejos.�q
²A tu pueblo, en cambio, en vez de
  castigarlo, lo favoreciste
y, para satisfacer su apetito,
le diste un alimento que no conocía:
  las codornices.ʳ

³Los egipcios, a pesar de tener
  hambre, perdieron su apetito
ante el aspecto repugnante
de los animales que les habías
  enviado.
Tu pueblo, en cambio,
después de haber pasado necesidad
  por corto tiempo,
disfrutó de un alimento nuevo para
  ellos.
⁴Era justo que a los opresores
les viniera un hambre irresistible
y que, en cambio, tu pueblo tuviera
  sólo una muestra
de los tormentos que sufrían sus
  enemigos.

### Las langostas y la serpiente de bronce

⁵Y cuando animales venenosos
atacaron a tu pueblo con furor
  terrible
y serpientes tortuosas sembraban la
  muerte con su mordedura,ˢ
tu ira no duró hasta el final.
⁶Los asustaste un poco, para que
  escarmentaran,
pero les diste una señal de salvación,ᵗ
para que recordaran los mandatos de
  tu ley.
⁷Quien se volvía hacia aquella señal,
  se salvaba,
no en virtud de la señal misma que
  veía,
sino gracias a ti, salvador de todos.
⁸De ese modo mostraste a nuestros
  enemigos
que eres tú quien libra de todo mal.
⁹Ellos murieron picados por langostas
  y mosquitos,ᵘ
sin hallar un remedio para salvar su
  vida.
Al fin y al cabo merecían tal castigo.
¹⁰Tus hijos, en cambio, no fueron
  vencidos
ni aun por los colmillos de las
  serpientes venenosas,
porque tu misericordia vino en su
  ayuda y los salvó.
¹¹Ellos eran mordidos y sanados
  inmediatamente
para que recordaran tus palabras,
para que no olvidaran fácilmente
  ni se hicieran insensibles a tus
  beneficios.
¹²No fue ninguna hierba, ni ungüento
  alguno,

---

lo que los sanó,
sino tu palabra, Señor, que da a
todos la salud.
[13] Pues tú tienes poder sobre la vida y
la muerte,
tú nos bajas al reino de la muerte, y
nos sacas de él.
[14] En cambio el hombre, en su maldad,
puede quitar la vida, es cierto,
pero no puede devolverla
ni hacer regresar el alma
que ha sido arrebatada por la
muerte.

### Los elementos de la naturaleza y el maná

[15] Nadie puede escapar de tu mano.
[16] Los impíos, que no quisieron
reconocerte,
fueron azotados por tu brazo
poderoso,
perseguidos por lluvias
desacostumbradas,
por granizo[v] y tremendas tormentas,
y consumidos por el fuego.
[17] Y lo más maravilloso fue
que con agua, que lo apaga todo,
el fuego tomaba mayor fuerza.
Y es que la misma naturaleza
defiende a los justos.
[18] Unas veces las llamas disminuían,
para no destruir a los animales
enviados contra los impíos,
y para que éstos comprendieran, al
ver tal fenómeno,
que la justicia de Dios los perseguía.
[19] Otras veces, aun en medio del agua,
la llama ardía con más fuerza que
cualquier fuego,
para destruir las cosechas de aquella
nación malvada.
[20] A tu pueblo, en cambio,
le diste a comer alimento de
ángeles.[w]
Sin que tuvieran que trabajar,
les enviaste desde el cielo
un pan listo ya para comer, que
podía agradar a todos
y era apropiado a todos los gustos.
[21] Este sustento que le dabas
mostraba la ternura que sientes por
tus hijos:
se acomodaba al gusto del que lo
comía
y se convertía en lo que cada uno
quería.

[22] Además, aunque era como nieve o
como hielo,
resistía el fuego sin derretirse.
Así podían darse cuenta
de que, mientras el fuego que ardía
en medio del granizo
y centelleaba en medio del aguacero
destruía las cosechas de los
enemigos,
[23] ese mismo fuego perdía su energía
propia
para que los justos pudieran
alimentarse.

[24] Porque la creación, sirviéndote a ti,
su creador,
actúa con más fuerza para castigar a
los malvados,
y se calma en favor de los que en ti
confían.
[25] Así fue como, en aquella ocasión,
ella, por una transformación total,
se puso al servicio de tu bondad, que
a todos alimenta,
para satisfacer los deseos de los que
a ti acudían,
[26] para que aprendieran tus amados
hijos, Señor,
que no son las cosechas de la tierra
las que alimentan al hombre,
sino que es tu palabra
la que mantiene a los que en ti
confían.
[27] El maná, que no era destruido por el
fuego,
se derretía simplemente
con el calor del primer rayo del sol,
[28] para que tu pueblo supiera que es
preciso
levantarse antes del amanecer a darte
gracias
y orar antes de que salga el sol,
[29] pues la esperanza del ingrato
se derretirá como escarcha de
invierno
y se escurrirá como agua inútil.

### Oscuridad y luz

**17** [1] Tus juicios son grandiosos e
inexplicables.[x]
Por eso, la gente que no aprende se
equivoca.
[2] Los malvados pensaron que podían
oprimir
al pueblo consagrado a ti,
pero fueron ellos los que,
aprisionados por la oscuridad

v 16.16 Ex 9.22-26; Sal 78.47-48.   w 16.20-29 Ex 16; Sal 78.25; Jn 6.31.   x 17.1 Ro 11.33.

y cautivos de una noche
interminable,[y]
tuvieron que quedarse encerrados en
sus casas,
sin gozar de la luz que tú, en tu
providencia, siempre das.
[3]Pensaron que los pecados que
cometían en secreto
quedarían ocultos
bajo el oscuro manto del olvido,
pero, en realidad, tuvieron que huir
en todas direcciones,
terriblemente asustados por
apariciones
que los llenaban de terror.
[4]De hecho, ni siquiera escondiéndose
en sus casas
pudieron librarse de ese miedo.
Por todas partes oían ruidos que los
aterraban,
y se les aparecían figuras espantosas
de aspecto horrible.
[5]El fuego no tenía fuerza suficiente
para darles luz,
ni el resplandor brillante de los
astros
lograba iluminar aquella horrible
noche.
[6]Para ellos brillaba solamente
un fuego que los espantaba y que
ardía por sí solo;
y era tal el miedo, que cuando la
visión desaparecía de su vista
todavía les parecía más terrible.
[7]Los trucos de la magia fracasaron,
y la ciencia de que presumían quedó
en ridículo,
[8]pues los que prometían librar de
temores y angustias
a los hombres enfermos,
estaban a su vez enfermos de un
miedo ridículo.
[9]Y aunque no hubiera nada terrible
que los asustara,
los pasos de los animales
y el silbido de las serpientes
los llenaban de pavor;
se morían de miedo,
y ni siquiera se atrevían a mirar el
aire,
del que es imposible escapar.
[10]Ciertamente la maldad es cobarde,
pues tiene en sí misma un testigo que
la condena;
acosada por la conciencia,
siempre imagina lo peor.
[11]El miedo, en realidad, no es otra
cosa

que no querer servirse de la ayuda de
la razón.
[12]Mientras menores son los recursos
interiores,
peor parece la causa desconocida del
tormento.

[13]Los egipcios, en medio de aquella
oscuridad
que, en realidad, no tenía ningún
poder,
pues venía de las profundidades
del reino impotente de la muerte,
aunque dormían como de
costumbre,
[14]se veían perseguidos por horribles
fantasmas,
o se sentían paralizados y sin
fuerzas,
a causa del terror que, de repente
y sin que lo esperaran, los había
invadido.
[15]Así, todos por igual, donde
estuvieran,
caían como presos en una cárcel sin
rejas:
[16]lo mismo agricultores que pastores,
o los que trabajaban en los campos
solitarios,
todos, de improviso, sufrían este
castigo,
sin poder escapar,
pues la oscuridad los tenía presos a
todos por igual.
[17]El silbido del viento,
el melodioso canto de los pájaros en
las ramas de los árboles,
el rumor acompasado del agua que
corría con fuerza,
el ruido seco de las piedras al caer,
[18]la invisible carrera de los animales
que brincaban,
el rugido de las fieras salvajes
o el eco en las cavernas de los
montes
los paralizaban de terror.
[19]El resto del mundo,
iluminado por una luz
resplandeciente,
se entregaba libremente a sus tareas;
[20]sólo sobre los egipcios se extendía
una pesada noche,
imagen de la oscuridad en que iban a
caer;
pero ellos eran para sí mismos
más insoportables que la oscuridad.

**18** [1]Para tu pueblo santo, en cambio,
brillaba una luz intensa.[z]

[y] 17.2-21 Ex 10.21-23. [z] 18.1-2 Ex 10.23.

Los egipcios, al oírlos hablar,
aunque sin poder verlos,
envidiaban su felicidad por no sufrir
como ellos;
[2]les agradecían que, a pesar de los
malos tratos recibidos,
no hubieran tomado venganza
contra ellos,
y les pedían perdón por haberlos
tratado como enemigos.
[3]A tu pueblo, en vez de tinieblas,
le diste una columna de fuego,[a]
como un sol que no hacía daño,
para que lo guiara en su desconocido
viaje,
en su gloriosa expedición.
[4]Los egipcios merecieron quedarse sin
luz,
esclavos de la oscuridad,
por haber tenido presos a tus hijos,
que tenían la misión de trasmitir al
mundo
la luz inagotable de tu ley.

### La muerte

[5]Los egipcios decidieron matar a los
niños de tu pueblo santo,
y sólo se salvó Moisés, que fue
abandonado.[b]
Pero, en castigo, les quitaste a ellos
muchos hijos
e hiciste que se ahogaran todos
juntos
en el agua enfurecida.[c]
[6]Lo que aquella noche había de
suceder,
nuestros antepasados lo supieron de
antemano,
para que, teniendo tal seguridad,
se sintieran animados
por las promesas en que habían
creído.[d]
[7]Tu pueblo esperó al mismo tiempo
la salvación de los inocentes
y la perdición de sus enemigos,
[8]pues con los mismos medios
castigaste a éstos
y nos honraste llamándonos a ti.
[9]Los piadosos herederos de tus
bendiciones
ofrecieron sacrificios a escondidas;
de común acuerdo se
comprometieron a cumplir la ley
divina
y a compartir la prosperidad y los
peligros,

y cantaron ya los himnos
tradicionales.
[10]Con estos himnos contrastaban
los gritos confusos de los enemigos
y los quejidos dolorosos
de quienes lloraban a sus hijos
muertos.
[11]Señores y esclavos sufrieron igual
castigo;
el hombre del pueblo corrió igual
suerte que el rey.[e]
[12]Todos por igual tuvieron
innumerables muertos,
que de igual forma perecieron.
Los vivos no se daban abasto para
enterrarlos,
pues en un instante pereció lo mejor
de su nación.
[13]Así ellos, que confiados en su magia
no habían creído en ninguna de las
advertencias,
reconocieron, al ver muertos a sus
hijos mayores,
que nuestro pueblo era hijo de Dios.
[14]Porque a la medianoche,
cuando la paz y el silencio todo lo
envolvían,
[15]tu palabra omnipotente, cual
guerrero invencible,
salió del cielo, donde tú reinas como
rey,
y cayó en medio de aquella tierra
maldita.
Llevando, como afilada espada, tu
orden terminante,
[16]entró en acción y todo lo llenó de
muerte;
con su cabeza tocaba el cielo, y con
sus pies, la tierra.
[17]Entonces, horribles pesadillas
angustiaron a los egipcios,
y los asaltó un terror que no habían
imaginado.
[18]Y al caer por tierra, moribundos, en
diversos sitios,
mostraron claramente quién les
había enviado la muerte.
[19]Los sueños que los atormentaron
habían sido una advertencia,
para que no murieran
sin saber la razón de su desgracia.

[20]Pero también los justos
tuvieron que experimentar la muerte:
muchos de ellos perecieron en el
desierto.
Pero tu ira no duró mucho tiempo,

---

[a] **18.3** Ex 13.21-22.    [b] **'18.5** Ex 1.15-2.10.    [c] **18.5** Ex 14.26-28.    [d] **18.6-19** Ex 12.29-30.    [e] **18.11-16** Ex 12.29-30.

²¹pues Aarón, un hombre irreprochable,
se convirtió en su defensor
con las armas de su oficio sacerdotal:
la oración y el incienso con que alcanzó el perdón.ᶠ
Hizo así frente a tu ira
y puso término a la calamidad,
mostrando que era en verdad tu servidor.
²²Venció a tu ira, no con la fuerza de su cuerpo
ni con el poder de las armas,
sino que calmó tu enojo con su palabra,
recordándote los pactos y promesas
que habías hecho a sus antepasados.
²³Cuando ya se amontonaban los cadáveres unos sobre otros,
se interpuso, detuvo el avance de tu ira
y le cerró el paso hacia los sobrevivientes.
²⁴En su larga vestidura
estaba representado todo el mundo;
en las cuatro hileras de piedras talladas
estaban los gloriosos nombres de los antepasados;
y sobre el turbante que llevaba en la cabeza
estaba tu majestad.
²⁵Ante esto, el destructor retrocedió, lleno de miedo,
pues con solo probar tu ira era suficiente.

### El paso del Mar Rojo

**19** ¹Pero los impíos sufrieron el castigo en todo su rigor,
porque tú sabías de antemano lo que iban a hacer:
²iban a dejar salir a tu pueblo,
urgiéndolo a que se fuera,ᵍ
para luego, cambiando de parecer, perseguirlo.ʰ
³Cuando todavía estaban de luto
y lloraban junto a las tumbas de sus muertos,
tuvieron la insensata idea
de perseguir a tu pueblo, como si estuviera huyendo,
después de haberle suplicado que se fuera.
⁴El castigo que habían merecido
los llevó a este extremo

y les hizo olvidar lo sucedido;
por esto, sufrieron los tormentos
que faltaban todavía para completar el castigo.
⁵Así, mientras tu pueblo realizaba un maravilloso viaje,
ellos encontraron la muerte fuera de su patria.
⁶Toda la creación, obedeciendo tus órdenes,
cambió por completo su naturaleza,
para que tus hijos no sufrieran daño alguno.
⁷Se vio la nube cubrir con su sombra el campamento,ⁱ
y donde antes había agua, surgir la tierra seca;
en el Mar Rojo apareció un camino despejado,
y una verde llanura entre las impetuosas olas.ʲ
⁸Por allí pasó todo al pueblo,
protegido por tu mano,
presenciando prodigios asombrosos.
⁹Parecían caballos que pastaban,
saltaban de alegría como corderitos
y te alababan a ti, Señor, que los habías librado.
¹⁰Porque todavía recordaban lo que había sucedido
en aquel país donde habían estado desterrados:
cómo la tierra, en vez de ganado, produjo mosquitos,
y el río, en vez de peces, innumerables ranas.ᵏ
¹¹Más tarde vieron una nueva manera de nacer las aves:
cuando acosados por el hambre pidieron alimentos delicados,
¹²las codornices salieron del mar, para satisfacerlos.ˡ

### Egipto es más culpable que Sodoma

¹³Los castigos cayeron sobre esa nación pecadora,
después de haber sido anunciados por violentos truenos.
Ellos sufrieron justamente, por su maldad,
pues habían mostrado un odio cruel hacia los extranjeros.
¹⁴Los habitantes de Sodoma no acogieron
a personas deconocidas que llegaron a su ciudad.ᵐ

ᶠ 18.20-25 Nm 16.41-50.   ᵍ 19.1-2 Ex 12.30-36.   ʰ 19.2-5 Ex 14.4-28.   ⁱ 19.7 Ex 13.21-22.   ʲ 19.7-9 Ex 14.21-22.
ᵏ 19.10 Ex 8.1-18.   ˡ 19.11-12 Ex 16.13; Nm 11.31.   ᵐ 19.14-15 Gn 19.1-11.

Pero los egipcios convirtieron en esclavos
a extranjeros que estaban prestándoles servicios.[n]

[15]Los de Sodoma fueron castigados por haber recibido a los extranjeros como enemigos.

[16]Pero los egipcios, después de haber recibido cordialmente a los israelitas,
y cuando éstos ya gozaban de iguales derechos,
los maltrataron sometiéndolos a trabajos forzados.

[17]Por esto fueron heridos de ceguera, como los de Sodoma a la puerta de Lot, hombre justo;
quedaron envueltos en tan densa oscuridad
que cada cual buscaba a tientas la puerta de su propia casa.[ñ]

### Transformación de la naturaleza

[18]Los elementos de la naturaleza cambiaron sus propiedades,[o]
del mismo modo que, en un instrumento de cuerdas,
las notas pueden variar el ritmo, conservando el mismo tono.
Y esto puede deducirse de los siguientes hechos:

[19]los seres terrestres pudieron pasar por el agua,
y los animales que nadan salieron a la tierra;

[20]el fuego se hizo más intenso en el agua,
y ésta perdió su propiedad de apagarlo.

[21]Las llamas no quemaban
a los débiles animales que pasaban por ellas,
ni derretían el maná caído del cielo,
tan fácil de derretir, por su semejanza a la escarcha.

[22]¡En todo, Señor,
has hecho grande y glorioso a tu pueblo;
nunca ni en ningún lugar
dejaste de ayudarlo!

---

[n] **19.14-16** Gn 45.16-20; 47.1-6; Ex 1.8-14.   [ñ] **19.17** Gn 19.11; Ex 10.21-23.   [o] **19.18-21** Sab 16.17-23.

# BARUC

*El libro de Baruc es una colección de cuatro distintas disertaciones que se atribuyen al secretario del profeta Jeremías, y una carta que se atribuye al profeta mismo. Estas porciones, escritas probablemente en hebreo y en diversas épocas, fueron reunidas en un solo libro hacia el año 100 a.C. La primera parte es una introducción formada por varias narraciones (1.1-13), a la que sigue una oración de confesión y de petición de perdón por parte de Israel (1.15-3.8); después se hace un elogio de la sabiduría contenida en la ley (3.9-4.4), y hay luego una lamentación y un mensaje de consuelo (4.5-5.9). La carta que se supone que Jeremías envió a los cautivos de Babilonia (6.1-72) es una fuerte condenación de la idolatría.*

## Reunión en Babilonia

1 ¹Este es el libro que Baruc,ᵃ hijo de Nerías y descendiente de Maasías, Sedequías, Hasadías e Hilcías, escribió en Babilonia ²el día siete del mes del año quinto después que los caldeos se apoderaron de Jerusalén y la incendiaron.ᵇ

³Baruc leyó este libro delante de Jeconías,ᶜ hijo de Joacim, rey de Judá, y delante de todas las personas que se habían reunido para oírlo. ⁴También lo escucharon los funcionarios del gobierno y los miembros de la familia real, los ancianos y gente del pueblo de toda condición social, es decir, todos los que vivían en Babilonia, a orillas del río Sud. ⁵Al oírlo, la gente se puso a llorar, a ayunar y a orar al Señor. ⁶También reunieron dinero, según lo que cada uno podía dar, ⁷y lo enviaron a Jerusalén, al sumo sacerdote Joacim, hijo de Hilcías y nieto de Salom, y a los otros sacerdotes y a la gente que se encontraba con él en Jerusalén. ⁸Este envío se hizo el día diez del mes de Siván, cuando Baruc recibió los utensilios que se habían llevado del templo, para devolverlos al país de Judá. Se trataba de los utensilios de plata que había mandado hacer Sedequías,ᵈ hijo de Josías, rey de Judá, ⁹después que el rey Nabucodonosor de Babilonia había hecho salir de Jerusalén y deportado a Babilonia a Jeconías, a los funcionarios del gobierno, a los jefes, a los cerrajerosˡ y a la gente del pueblo.ᵉ

¹⁰Ese dinero lo enviaron junto con el siguiente mensaje: "Les enviamos este dinero para que tengan con qué ofrecer holocaustos, sacrificios por el pecado e incienso. Preparen ofrendas y ofrézcanlas sobre el altar del Señor nuestro Dios. ¹¹Hagan oraciones por el rey Nabucodonosor de Babilonia y por su hijo Baltasar, para que ellos vivan en la tierra tantos años como dure el cielo.ᶠ ¹²El Señor nos dará fuerzas e iluminará nuestros ojos para que sigamos viviendo bajo la protección del rey Nabucodonosor y de su hijo Baltasar,ᵍ y para que sigamos sirviéndole durante mucho tiempo; y así ellos nos tratarán favorablemente. ¹³Oren también al Señor nuestro Dios por nosotros, pues hemos pecado contra él; por eso, hasta el día de hoy el Señor no ha apartado de nosotros su ira y su enojo.

## Confesión de los pecados de Israel

¹⁴"Cuando se reúnan en el templo para celebrar la fiesta de las Enramadas,² y en otros días oportunos, lean este libro que les enviamos y confiesen sus pecados. ¹⁵⁻¹⁶Digan:

'Al Señor nuestro Dios pertenece la justicia; a nosotros, en cambio, a los habitantes de Judá y de Jerusalén, lo mismo que a nuestros reyes, gobernantes, sacerdotes y profetas, y a nuestros padres, toca ahora la humillación.ʰ ¹⁷Porque hemos pecado contra el Señor, ¹⁸le desobedecimos y no le hicimos caso cuando nos ordenaba que viviéramos según las leyes que había puesto delante de nosotros. ¹⁹Desde el día en que el Señor nuestro Dios sacó a nuestros antepasados del país de Egipto hasta hoy, le hemos sido desobedientes y no hemos tenido cuidado de hacer caso de sus órdenes. ²⁰Por eso nos han venido tantos males, y estamos ahora bajo la maldición que el Señor ordenó pronunciar a su siervo Moisés cuando sacó de Egipto a nuestros antepasados, para darnos la tierra en que la leche y la miel corren como el agua.ⁱ ²¹Tampoco

---

ˡ *Cerrajeros:* traducción probable (véase Jer 24.1). Lit. *prisioneros.*   ² *La fiesta de las Enramadas:* traducción probable. Lit. *la fiesta.*
ᵃ 1.1 Jer 36.4.   ᵇ 1.2 2 R 25.8-12.   ᶜ 1.3 2 R 24.8-17; Jer 24.1.   ᵈ 1.8 2 R 24.17-25.7.   ᵉ 1.9 2 R 24.14; Jer 24.1.
ᶠ 1.11-12 Jer 29.7.   ᵍ 1.12 Dn 5.2,13.   ʰ 1.15-18 Dn 9.7-10; Dn (dc) 3.29-31.   ⁱ 1.20 Dt 28.

hemos hecho caso de lo que el Señor nuestro Dios nos ha dicho en todos los mensajes de los profetas que nos ha enviado. ²²Cada uno ha seguido las malas inclinaciones de su corazón, hemos dado culto a dioses extraños y hemos hecho cosas que son malas a los ojos del Señor nuestro Dios.

2 ¹'Así el Señor cumplió lo que había anunciado que haría con nosotros, con los gobernantes de Israel, con nuestros reyes y jefes y contra los habitantes de Israel y de Judá. ²En todo el mundo nunca ha sucedido nada igual a lo que él hizo con Jerusalén, tal como estaba escrito en la ley de Moisés: ³que llegaríamos hasta el punto de comernos la carne de nuestros propios hijos y de nuestras propias hijas.ʲ ⁴El Señor hizo que los israelitas cayeran en poder de todas las naciones que los rodean, que fueran despreciados y quedaran convertidos en un desierto en medio de todos los países vecinos por donde el Señor los dispersó. ⁵Por haber pecado contra el Señor nuestro Dios y no hacer caso de sus órdenes, hemos quedado por debajo de los demás y no por encima.ᵏ

⁶'Al Señor nuestro Dios pertenece la justicia; a nosotros, en cambio, lo mismo que a nuestros padres, toca ahora la humillación. ⁷Todas las calamidades que el Señor había anunciado contra nosotros, nos han caído encima. ⁸No hicimos oración al Señor para pedirle que nos hiciera volver a él y que dejáramos las malas inclinaciones de nuestro corazón.ˡ ⁹Entonces el Señor estuvo atento para enviarnos esos males, porque él es justo en todo aquello que nos ordenó hacer. ¹⁰Pero nosotros no obedecimos sus órdenes ni seguimos los mandatos que nos había dado.

### Oración por la liberación

¹¹'Ahora bien, Señor, Dios de Israel, que sacaste de Egipto a tu pueblo desplegando tu poder y tu gran fuerza, y haciendo milagros y prodigios, y consiguiendo gran fama hasta el día de hoy; ¹²Señor y Dios nuestro, con nuestros pecados, maldades e injusticias hemos ido en contra de todos tus mandamientos.ᵐ ¹³Aparta de nosotros tu enojo, pues sólo hemos quedado unos pocos en los países

por donde nos dispersaste. ¹⁴¡Escucha, Señor, nuestras oraciones y súplicas! Por tu propio honor, líbranos; haz que los que nos han traído al destierro nos traten con bondad, ¹⁵para que todos en la tierra sepan que tú eres el Señor nuestro Dios, y que Israel y sus descendientes llevan tu nombre. ¹⁶Míranos, Señor, desde el lugar santo en que vives, y ocúpate de nosotros; inclina tu oído y escúchanos; ¹⁷abre tus ojos y mira. No son, Señor, los que ya están en el reino de la muerte, cuyos cuerpos han quedado sin vida, quienes te honran y celebran tu justicia. ¹⁸Son, Señor, los que están vivos pero afligidos en extremo, los que caminan encorvados y sin fuerzas, con la mirada debilitada por el hambre, quienes te honran y celebran tu justicia.ⁿ

¹⁹'Señor, Dios nuestro, no te presentamos nuestra súplica por los méritos de nuestros antepasados y de nuestros reyes. ²⁰Tú nos castigaste con ira y enojo, como lo habías anunciado por medio de tus siervos los profetas al decir: ²¹Esto dice el Señor: Sométanse y sirvan al rey de Babilonia, y así podrán seguir viviendo en el país que di a los antepasados de ustedes.ñ ²²Pero si no hacen caso de la orden que les di, de someterse al rey de Babilonia, ²³entonces haré que ni en Jerusalén ni en las otras ciudades de Judá vuelvan a oírse cantos de alegría y de gozo, ni cantos de bodas; todo el país se convertirá en un desierto sin habitantes.º

²⁴'Pero nosotros no hicimos caso de la orden que nos diste de someternos al rey de Babilonia, y tú cumpliste lo que por medio de tus siervos los profetas habías anunciado: que los huesos de nuestros reyes y de nuestros antepasados serían sacados de sus tumbas. ²⁵Y, en efecto, se encuentran tirados por el suelo bajo el calor del día y el frío de la noche;ᵖ y murieron en medio de terribles sufrimientos, a causa del hambre, la guerra y la peste.³,�q ²⁶Por la maldad de Israel y de Judá hiciste que el templo que lleva tu nombre quedara en el estado en que ahora se encuentra.ʳ

### Recuerdo de las promesas de Dios

²⁷'Sin embargo, Señor, Dios nuestro, tú nos has tratado según tu bondad y tu gran misericordia, ²⁸como lo habías

---

³ La peste: otra posible traducción: el destierro.
ʲ 2.2-3 Lv 26.29; Dt 28.53; Jer 19.9; Lm 4.10.   ᵏ 2.5 Dt 28.13,43.   ˡ 2.8-9 Dn 9.13-14.   ᵐ 2.11-14 Dn 9.15-17.   ⁿ 2.17-18 Sal 6.5; 30.9; Is 38.18-19; Eclo 17.27-28.   ñ 2.21 Jer 27.11-12.   º 2.23 Jer 7.34.   ᵖ 2.24-25 Jer 8.1-2; 36.30.   q 2.25 Jer 14.12.
ʳ 2.26 Jer 7.14.

anunciado por medio de tu siervo Moisés,[s] cuando le mandaste que escribiera la ley en presencia de los israelitas y dijiste: [29]Si no me hacen caso, este pueblo tan grande y numeroso quedará reducido a un pequeño número en medio de las naciones entre las que yo los dispersaré. [30]Pues sé que no van a obedecerme, porque son un pueblo terco. Pero cuando estén desterrados, entonces reflexionarán [31]y reconocerán que yo soy el Señor su Dios. Yo les daré inteligencia y oídos para escuchar, [32]y en el sitio en que estén desterrados me alabarán y se acordarán de mí. [33]Dejarán su terquedad y su mala conducta, al acordarse de lo que sucedió a sus antepasados que pecaron contra mí, el Señor. [34]Entonces yo haré que regresen a su país, el país que con juramento había prometido a Abraham, Isaac y Jacob, sus antepasados, y volverán a ser dueños de él.[t] Yo haré que se multipliquen y que no disminuyan. [35]Yo haré con ellos un pacto eterno y me comprometeré a ser su Dios y a que ellos sean mi pueblo, y no volveré a hacer salir a mi pueblo Israel del país que les di.[u]

**3** [1]"Señor todopoderoso, Dios de Israel, con el alma afligida y el espíritu abatido clamamos a ti. [2]¡Escúchanos, Señor, y ten misericordia, porque hemos pecado contra ti! [3]Tú estás sentado para siempre en tu trono, y nosotros estamos continuamente a punto de morir. [4]Señor todopoderoso, Dios de Israel, escucha las súplicas de los israelitas condenados a muerte y de los hijos de los que pecaron contra ti y no te hicieron caso, a ti, su Dios y Señor, por lo que nos vinieron tantos males. [5]No te acuerdes de las maldades de nuestros antepasados; acuérdate ahora, más bien, de tu poder y de tu nombre. [6]Tú eres el Señor nuestro Dios, y nosotros, Señor, te alabaremos. [7]Tú has hecho que sintamos reverencia hacia ti, para que te invoquemos. Nosotros te alabaremos ahora que estamos en el destierro, pues hemos alejado de nuestro corazón toda la maldad de nuestros antepasados que pecaron contra ti. [8]Ahora estamos desterrados en este lugar adonde nos dispersaste, cubiertos de injurias y maldiciones, y sufriendo el castigo por todas las maldades de nuestros antepasados,[v] los cuales te abandonaron, Señor, Dios nuestro.' "

## Alabanza de la sabiduría que se encuentra en la ley

[9]Escucha, Israel, la instrucción que da vida;
pon atención y conoce la sabiduría.
[10]¿Por qué te encuentras, Israel, en un país enemigo,
envejeciendo en tierra extraña,
[11]manchándote con el contacto de los muertos,
en compañía de los que van al reino de la muerte?
[12]¡Porque abandonaste el manantial de la sabiduría!
[13]Si hubieras seguido el camino que Dios te señaló,
vivirías eternamente en paz.
[14]Aprende dónde está el saber, dónde la fuerza,
dónde el conocimiento,
y sabrás dónde está la larga vida,[w]
dónde la luz para los ojos y la paz.

[15]Pero, ¿quién ha descubierto dónde está?
¿Quién ha llegado hasta el lugar donde se guarda?[x]
[16]¿Dónde están los que gobiernan las naciones?
¿Dónde los que doman las fieras de la tierra?
[17]o se divierten con las aves del cielo?
¿Dónde están los que amontonan oro y plata,
cosas en que confían los hombres,
los que tienen posesiones sin límite?
[18]¿Dónde están los que trabajan la plata con paciencia,
sin que nadie conozca el secreto de su trabajo?
[19]Todos han desaparecido, han muerto,
y en lugar de ellos otros han venido.
[20]Gente más joven ha visto la luz del día
y vive en el mundo.
Pero no saben el camino de la sabiduría,
[21]no conocen sus senderos
ni han podido alcanzarla.
Sus hijos han quedado lejos del camino.
[22]De ella no se supo nada en Canaán,
ni fue vista en Temán.[y]
[23]Los descendientes de Agar,
que buscan la ciencia aquí en la tierra,

---

[s] **2.28-29** Dt 28.58,62.   [t] **2.34** Jer 32.37.   [u] **2.35** Jer 31.31; 32.38-40; Am 9.15.   [v] **3.8** Lm 5.7.   [w] **3.14** Pr 3.16.
[x] **3.15** Job 28.12,20; Eclo 1.6.   [y] **3.22** Jer 49.7; Abd 8-9.

los comerciantes de Madián[4] y de
Tema,[5]
los narradores de fábulas, los que
buscan la ciencia,
no han conocido el camino de la
sabiduría
ni han tenido noción de sus
senderos.

[24] ¡Qué grande, Israel, es el templo de
Dios,
qué extenso el lugar de su dominio!
[25] ¡Grande, sin límites, alto e inmenso!
[26] Allí nacieron en tiempos antiguos los
gigantes,[z]
hombres famosos, de alta estatura,
expertos en la guerra.
[27] Pero Dios no los escogió a ellos
ni les mostró el camino de la
sabiduría.
[28] Y por no tener inteligencia,
perecieron;
perecieron por su insensatez.
[29] ¿Quién subió al cielo, y adueñándose
de la sabiduría
la hizo bajar de las nubes?
[30] ¿Quién cruzó el mar para descubrirla
y traerla, pagándola a precio de oro
fino?
[31] Nadie conoce su camino
ni tiene idea de su sendero.[a]

[32] Pero Dios, que todo lo sabe, la
conoce;
él con su inteligencia la ha
encontrado.[b]
Él fue quien afirmó la tierra para
siempre
y la llenó de ganado.
[33] Cuando él envía la luz, ella va;
cuando la llama, obedece
temblando.
[34] Las estrellas brillan en su puesto de
guardia,
llenas de alegría.
[35] Cuando él las llama, responden:
"¡Aquí estamos!"
y brillan alegres para su creador.
[36] Él es nuestro Dios;
no hay nadie igual a él.
[37] Él halló todos los caminos de la
sabiduría,
y la ha dado a Jacob, su siervo,
a Israel, a quien ama.[c]
[38] Así apareció en la tierra la sabiduría
y ha vivido con los hombres.

## 4

[1] ¡Ella es el libro de los
mandamientos de Dios!
¡Ella es la ley que dura
eternamente![d]
Todos los que lleguen a poseerla,
vivirán;
pero los que la abandonen,
morirán.[e]
[2] ¡Vuelve, Jacob, y consíguela;
iluminado por ella, dirígete a su
esplendor!
[3] ¡No cedas a otros tus honores,
ni tus privilegios a naciones
extranjeras!
[4] ¡Qué dichosos somos, Israel,
pues conocemos la voluntad de Dios!

### Lamentación de Jerusalén por sus hijos

[5] ¡Ánimo, pueblo mío,
tú que guardas vivo el recuerdo de
Israel!
[6] Ustedes fueron vendidos a naciones
extranjeras,
pero no serán exterminados.
Por haber hecho enojar a Dios,
fueron entregados a sus enemigos.[f]
[7] Ustedes ofendieron a su creador
ofreciendo sacrificios a demonios y
no a Dios.[g]
[8] Se olvidaron del Dios eterno, que los
alimentó,
y entristecieron a Jerusalén,
que ha sido una madre para ustedes;
[9] al ver venir sobre ustedes el castigo
que Dios iba a enviarles, ella dijo:
"¡Escuchen, ciudades vecinas:
Dios me ha enviado un gran dolor!
[10] He visto cómo el Dios eterno
ha enviado cautivos a mis hijos y mis
hijas.
[11] Yo los había alimentado llena de
alegría,
y luego, con tristeza y lágrimas, los
vi partir.
[12] Que nadie se alegre al ver que estoy
viuda[h]
y que me han quitado a tantos hijos.
Desierta estoy por los pecados de mis
hijos,
porque se apartaron de la ley de
Dios.
[13] No hicieron caso de los decretos de
Dios,
no vivieron de acuerdo con sus
mandamientos

[4] *Madián:* texto probable. Gr. *Merrán.*   [5] *Tema:* texto probable. Gr. *Temán.*
[z] 3.26-27 Gn 6.4; Dt 2.10; Sab 14.6.   [a] 3.29-31 Dt 30.12-13; Job 28.12-14,20.21.   [b] 3.32-35 Job 28.23-27; Pr 8.22-31.
[c] 3.37 Eclo 24.8-12.   [d] 4.1 Eclo 24.23.   [e] 4.1 Dt 4.1; 8.1; 30.15-20; Pr 1.32-33; 8.35-36.   [f] 4.6 Is 50.1.   [g] 4.7 Dt 32.16-17;
Sal 106.37-38; 1 Co 10.20.   [h] 4.12 Lm 1.1.

ni se dejaron guiar de él por el
camino recto.

14¡Vengan, ciudades vecinas;
fíjense cómo el Dios eterno
ha enviado cautivos a mis hijos y mis
hijas!

15Trajo desde lejos, contra ellos,
a una nación cruel, de idioma
extraño,
que no respetaba a los ancianos
ni tenía compasión de los niños;*i*

16y a mí, viuda y desamparada,
me quitó a mis queridos hijos y a mis
hijas.

17¿Y yo, qué ayuda puedo dar a
ustedes, hijos míos?

18Dios, que les envió estas
calamidades,
es quien los librará de sus enemigos.

19¡Sigan, hijos míos, sigan su camino!
¡Yo me quedo abandonada!

20Me he quitado mis vestidos de los
días de paz,
me he puesto ropas ásperas para orar
y clamaré al Dios eterno mientras
viva.

21¡Ánimo, hijos, pídanle ayuda a Dios,
y él los librará de la tiranía y del
poder de sus enemigos!

22Yo espero que el Dios eterno los
salve;
el Señor santo y Dios eterno
me ha dado la alegría de saber
que pronto tendrá compasión de
ustedes.

23Yo, con tristeza y lágrimas, los vi
partir;
pero Dios me los devolverá
con alegría y gozo eternos.

24Y así como ahora las ciudades
vecinas
los han visto salir cautivos,
pronto verán cómo el Dios eterno los
salvará
con su gran gloria y esplendor.

25Hijos míos, soporten con paciencia
el castigo que Dios les ha enviado.
Sus enemigos los han perseguido,
pero pronto verán ustedes cómo van
a ser ellos destruidos,
y ustedes les pondrán los pies sobre
el cuello.

26Mis hijos consentidos han ido por
caminos ásperos;
sus enemigos se los llevaron
como las fieras se llevan a las ovejas.

27¡Ánimo, hijos, pidan ayuda a Dios,

y él, que les mandó todo esto, se
acordará de ustedes.

28Así como se empeñaron en alejarse
de Dios,
vuélvanse ahora y búsquenlo con
mucho más empeño.

29Porque él, que les envió estas
calamidades,
les dará también alegría eterna
al concederles la salvación.''

### Consuelo para Jerusalén

30¡Ánimo, Jerusalén!
Dios, que te dio su nombre,*j* te
consolará.

31¡Ay de los que te afligieron
y se alegraron de tu ruina!

32¡Ay de las ciudades que esclavizaron
a tus hijos!
¡Ay de la ciudad adonde fueron
deportados!

33Así como ella se alegró de tu caída
y se gozó con tu ruina,
así se entristecerá cuando quede
despoblada.

34Dios le quitará las multitudes que
tanto la alegran,
y su orgullo se convertirá en dolor.

35El Dios eterno le enviará un incendio
por largos días,
y por mucho tiempo sólo vivirán allí
demonios.

36Jerusalén, mira al oriente
y verás la alegría que Dios te envía.

37Mira, ya vienen los hijos que viste
partir;
vienen de oriente y occidente,*k*
reunidos por orden del Dios santo,
alegres al ver la gloria de Dios.

**5** 1¡Jerusalén, quítate tu ropa de luto y
aflicción,
y vístete de gala con el esplendor
eterno que Dios te da!

2Vístete la túnica de la victoria de
Dios,*l*
y ponte en la cabeza la corona de
gloria del Eterno.

3Dios mostrará en toda la tierra tu
esplendor,

4pues el nombre eterno que Dios te
dará*m* es:
"Paz en la justicia y gloria en el
servicio a Dios.''

5¡Levántate, Jerusalén, colócate en
lugar alto,
mira hacia el oriente y verás

*i* **4.15** Dt 28.49-50; Jer 5.15. *j* **4.30** Bar 5.4. *k* **4.37** Is 43.5; 60.4; Bar 5.5. *l* **5.1-2** Is 52.1; 61.3,10; Ap 21.2. *m* **5.4** Is 60.14; 62.4; Jer 33.16; Ez 48.35.

cómo vienen tus hijos de oriente y
occidente,
reunidos por orden del Dios santo,
alegres al ver que Dios se acordó de
ellos![n]
[6]Cuando se alejaron de ti, iban a pie,
llevados por sus enemigos;
pero Dios te los traerá
gloriosamente,
como reyes en su trono.[ñ]
[7]Dios ha ordenado que se aplanen
los altos montes y las colinas eternas,
que las cañadas se rellenen
y la tierra quede plana,
para que Israel pase por ellos
tranquilamente,
guiado por la gloria de Dios.[o]
[8]Los bosques y todos los árboles
olorosos
darán sombra a Israel por orden de
Dios,
[9]porque él guiará a Israel con alegría,
a la luz de su gloria,
y le mostrará su amor y su justicia.

## CARTA DE JEREMÍAS

Esta es una copia de la carta enviada
por Jeremías a los israelitas que el rey de
Babilonia iba a llevarse cautivos a Babilonia, en la que les comunicaba un mensaje
recibido de Dios.[p]

**6** [1]"Ustedes han pecado contra Dios.
Por eso el rey Nabucodonosor de
Babilonia se los llevará cautivos a su
país.[q] [2]En Babilonia tendrán que vivir
muchos años, un tiempo muy largo,
siete generaciones; pero después yo los
sacaré de allí en paz. [3]En Babilonia
verán dioses de plata, de oro y de
madera, que la gente lleva cargados
sobre los hombros y que dan miedo a
los paganos. [4]¡Mucho cuidado! No
sean como los paganos; no tengan
miedo a esos dioses.[r] [5]Cuando los vean
entre una multitud de gente que los
adora, digan ustedes interiormente:
'Sólo a ti, Señor, hay que adorar.'
[6]Porque mi ángel estará con ustedes y
los protegerá.

[7]"Esos ídolos[s] están recubiertos de
oro y plata, y tienen lengua modelada
por un artesano, pero son de mentira y
no pueden hablar. [8]La gente toma oro y
hace coronas para ponérselas en la
cabeza a sus dioses, como si fueran
muchachas que gustan de adornarse
mucho. [9]A veces los sacerdotes les
roban a sus dioses el oro y la plata para
gastarlo en provecho propio, o los dan
una parte a las prostitutas que viven en
los templos. [10]Adornan con ropa a esos
dioses de oro, de plata y de madera,
como si fueran hombres; pero los dioses son incapaces de protegerse a sí mismos del moho y la carcoma. [11]A pesar
de estar vestidos con mantos de pur-
pura, el polvo del templo se amontona
sobre ellos, y es necesario limpiarles la
cara. [12]Uno de ellos tiene cetro, como si
fuera juez de un país; pero si alguien lo
ofende, no puede matarlo. [13]Otro tiene
en la mano una espada y un hacha, pero
no puede defenderse en caso de guerra
o de ataque de bandidos. [14]Así se puede
ver que en realidad no son dioses. Por
consiguiente, no les tengan miedo.

[15]"Esos dioses, colocados allá en sus
templos, son tan inútiles como un
cacharro roto. [16]Los ojos se les llenan
del polvo levantado por la gente que
entra en el templo. [17]Cuando alguien ha
cometido una ofensa contra el rey y está
a punto de ser ejecutado, se le cierran
muy bien las puertas; así también los
sacerdotes aseguran los templos con
puertas, cerraduras y trancas, para que
no entren ladrones a robar a los dioses.
[18]"Les encienden lámparas, más de
las que ellos mismos usan, pero los dioses no pueden ver ninguna. [19]Son como
las vigas del templo: se dice que por
dentro están todas carcomidas. Salen
de la tierra los gusanos y se comen a los
ídolos y sus ropas, y ellos no sienten
nada. [20]Tienen la cara ennegrecida por
el humo que hay en el templo. [21]Sobre
su cabeza y su cuerpo van a pararse los
murciélagos, las golondrinas y otras
aves, y hasta los gatos. [22]Así pueden
ver ustedes que en realidad no son dioses. Por consiguiente, no les tengan
miedo.

[23]"Aunque están cubiertos de oro
para que aparezcan hermosos, si
alguien no pule el oro, ellos no pueden
darle brillo. Ellos mismos no sintieron
nada cuando los estaban fundiendo.
[24]Fueron comprados a un precio muy
alto, y sin embargo no tienen vida.

*n* 5.5 Is 43.5; 60.4; Bar 4.37.   *ñ* 5.6 Is 49.22; 60.4; 66.20.   *o* 5.7 Is 40.4-5; Lc 3.4-6.   *p* 6 Introd. 2 R 24.10-17; Jer 29.1.
*q* 6.1 Jer 16.10-13.   *r* 6.3-4 Jer 10.2,5.   *s* 6.7-72 Sal 115.4-8; 135.15-18; Is 40.18-20; 44.9-20; Jer 10.2-16; Sab 13.10-14.21.

²⁵Como en realidad no tienen pies, tienen que ser llevados en hombros,ᵗ mostrando a los hombres su vergüenza. Y los mismos que les dan culto se llenan de vergüenza cuando ven que, si un ídolo se cae, ellos tienen que levantarlo. ²⁶Si lo dejan de pie, no puede moverse por sí mismo, y si se ladea, no puede enderezarse. Llevarles ofrendas a ellos es como llevar ofrendas a los muertos.ᵘ ²⁷Lo que la gente ofrece a los ídolos, los sacerdotes lo venden para su provecho. Y las mujeres de los sacerdotes hacen otro tanto: toman una parte de la carne y la salan para usarla después, pero no dan nada a los pobres ni a los necesitados. Esas ofrendas las tocan mujeres que están en su periodo de menstruación, o que acaban de dar a luz.ᵛ ²⁸Por estas cosas pueden ustedes darse cuenta de que en realidad no son dioses. Por consiguiente, no les tengan miedo.

²⁹"¿Cómo puede alguien decir que son dioses? Son mujeres las que presentan las ofrendas a esos dioses de oro, de plata y de madera. ³⁰En los templos se sientan los sacerdotes con las túnicas desgarradas, con el cabello y la barba rapados, con la cabeza descubierta, ³¹y lanzan gritos y alaridos como si estuvieran en un banquete en honor de un muerto. ³²Los sacerdotes toman las ropas de los ídolos y hacen vestidos para sus esposas y sus hijos. ³³A quienes les hacen algún mal o algún bien, esos dioses no pueden darles nada en pago; no pueden poner ni quitar un rey.ʷ ³⁴Tampoco pueden dar a nadie riqueza ni dinero. Si alguien les hace una promesa y no la cumple, no pueden reclamárselo.ˣ ³⁵No pueden librar a nadie de la muerte,ʸ ni salvar al débil del poder del violento. ³⁶No pueden devolver la vista al ciego, ni ayudar al necesitado, ³⁷ni tener compasión de la viuda, ni auxiliar al huérfano.ᶻ ³⁸Esos dioses de madera cubiertos de oro y de plata son como bloques de piedra sacados de una cantera. ¡Los que les dan culto quedarán en ridículo!ᵃ ³⁹¿Cómo puede alguien pensar y decir que son dioses?

⁴⁰"Los mismos babilonios desacreditan a sus dioses, pues cuando ven un sordomudo, van y traen al dios Belᵇ y le piden que le haga hablar,⁶ como si el ídolo pudiera oír; ⁴¹pero están tan faltos de inteligencia que no son capaces de reflexionar y abandonar esos ídolos. ⁴²Las mujeres se atan una cuerda a la cintura, y se sientan en las calles a quemar salvado como si fuera incienso. ⁴³Y si un hombre pasa y se lleva a una de ellas para pasar la noche juntos, ella desprecia a sus compañeras porque no tuvieron el honor de ser invitadas y de que les desataran la cuerda. ⁴⁴Todo lo que tiene relación con los ídolos es engaño. ¿Cómo, entonces, puede alguien pensar y decir que son dioses?

⁴⁵"Los ídolos son hechos por artesanos y orfebres, y no son más que lo que el artista quiere que sean. ⁴⁶Los hombres que los hacen no viven mucho tiempo: ¿cómo pueden ser dioses cosas hechas por esos hombres? ⁴⁷Estos no dejan a sus descendientes más que un engaño vergonzoso. ⁴⁸En caso de guerra o de desastre, los sacerdotes se reúnen para ver dónde esconderse con sus dioses. ⁴⁹¿Cómo es posible que no se den cuenta de que no son dioses, si no pueden salvarse a sí mismos de la guerra y del desastre? ⁵⁰No son más que trozos de madera recubiertos de oro y plata; por eso, tarde o temprano aparecerá que son un puro engaño. Todas las naciones y sus reyes reconocerán que no son dioses, sino cosas hechas por los hombres, y que en ellos no hay ningún poder divino. ⁵¹¿Quién no se da cuenta, pues, de que no son dioses?

⁵²"No pueden nombrar a nadie rey de un país, ni pueden dar la lluvia a los hombres.ᶜ ⁵³No pueden hacer valer en un juicio sus derechos, ni pueden salvar al oprimido, porque no tienen poder ninguno. Son como cuervos en el aire. ⁵⁴Y si se incendia el templo de esos dioses de madera recubiertos de oro y plata, los sacerdotes salen corriendo para salvarse, y los dioses, como troncos, se quedan allí dentro y se queman. ⁵⁵No pueden resistir a un rey que los ataque o a otros enemigos. ⁵⁶Entonces, ¿cómo es posible aceptar o pensar que son dioses?

⁵⁷"Esos dioses de madera recubiertos de oro y plata tampoco pueden escapar de los ladrones y bandidos. Llegan y les quitan a la fuerza el oro, la plata y la ropa con que están cubiertos, y se van,

---

⁶ *Le piden . . . hablar:* otra posible traducción: *le piden al sordomudo que lo invoque.*
ᵗ **6.25** Is 46.7; Jer 10.5. ᵘ **6.26** Eclo 30.18-19. ᵛ **6.27** Lv 12.2-5; 15.19-27. ʷ **6.33** Dn 2.21. ˣ **6.34** Dt 23.21. ʸ **6.35** Dt 32.29; Sal 49.15. ᶻ **6.36-37** Dt 10.18; Sal 146.7-9. ᵃ **6.38** Hab 2.19. ᵇ **6.40** Is 46.1; Jer 50.2; 51.44; Dn (dc) 14.3-22. ᶜ **6.52** Dt 11.14; 28.12; Sal 147.8.

y los dioses no pueden defenderse.
[58]Por eso, un rey que demuestre su
valor, o un utensilio que preste algún
servicio en una casa y que el dueño usa
como quiere, son preferibles a uno de
esos dioses falsos. Más vale una puerta
en una casa, que proteja lo que hay
dentro, o una columna de madera en un
palacio, que uno de esos dioses falsos.
[59]El sol, la luna y las estrellas brillan,
cumplen una misión útil y obedecen.
[60]Lo mismo el rayo: cuando brilla, es
un espectáculo hermoso.[7] El viento
sopla en todas partes. [61]Y cuando Dios
manda a las nubes que recorran toda la
tierra, cumplen lo que les ordena. El
fuego que cae del cielo para quemar
montañas y bosques, cumple la orden
que recibe.[d] [62]Pero esos dioses no pueden compararse a ninguna de estas
cosas ni en belleza ni en poder. [63]Por
consiguiente, no es posible pensar ni
decir que sean dioses, pues no tienen
poder alguno ni pueden hacer justicia ni
ningún bien a los hombres. [64]Sabiendo,

pues, que no son dioses, no les tengan
miedo.

[65]"Ellos no pueden maldecir ni bendecir a los reyes; [66]no pueden mostrar a
las naciones prodigios en el cielo,[e] ni
brillan como el sol, ni alumbran como
la luna. [67]Mejores que ellos son las fieras, pues se pueden defender escondiéndose. [68]No hay, pues, la menor prueba
de que sean dioses. Por consiguiente,
no les tengan miedo.

[69]"Esos dioses de madera recubiertos
de oro y plata son como espantajos en
un campo de melones, que no protegen
nada, [70]o como un espino en un jardín,
sobre el que se posan pájaros de toda
clase, o como un cadáver abandonado
en la oscuridad. [71]Al ver cómo se
pudren la púrpura y el lino de que están
ellos vestidos, pueden ustedes darse
cuenta de que no son dioses. Por
último, ellos mismos acabarán pudrién-
dose y quedarán en ridículo en todo el
país. [72]Más vale un hombre honrado
que no tiene ídolos, pues no hay peligro
de que quede en ridículo."

---

[7] *Es un espectáculo hermoso:* otra posible traducción: *se ve claramente.*
[d] **6.59-61** Sal 104.3-4; 148.3-8.   [e] **6.66** Jl 2.30.

# DANIEL
## (adiciones deuterocanónicas)

*Las antiguas traducciones griegas del libro de Daniel contienen tres pasajes que no se encuentran en el texto hebreo tradicional. Entre 3.23 y 3.24 del texto hebreo se inserta el primer pasaje, compuesto de la oración de Azarías y el canto de los tres jóvenes (aquí aparece con la numeración 3.24-90). El segundo pasaje es el relato acerca de Susana, virtuosa mujer a la que dos jueces perversos falsamente acusan de adulterio, por lo que hacen que sea sentenciada a muerte, pero a la que Daniel libra de morir luego de haber demostrado su inocencia. En algunas ediciones este relato se pone al comienzo del libro. En otras se encuentra al final, formando un capítulo adicional, el 13. El tercer pasaje se compone de dos relatos en el que se ridiculiza el culto a los falsos dioses. En el primero, Daniel destruye el ídolo del dios Bel, y en el segundo mata a una serpiente monstruosa. Con estos relatos se forma el capítulo 14 adicional.*

*Del texto griego de Daniel existen dos formas, entre las que hay a menudo mucha diferencia. Aquí se ha traducido la forma llamada de "Teodoción".*

### Oración de Azarías

**3** ²⁴Sadrac, Mesac y Abed-nego caminaban en medio de las llamas*a* cantando himnos y alabando a Dios, el Señor. ²⁵Entonces Azarías,*b* en medio del fuego, empezó a orar y dijo:

²⁶"Bendito eres, Señor, Dios de nuestros antepasados.*c* Tú mereces alabanza, tu nombre es glorioso por siempre.*d* ²⁷Tú has sido justo en todo lo que has hecho con nosotros. En todo lo que haces eres sincero; tu proceder es recto; tú siempre juzgas según la verdad.*e* ²⁸Tú juzgaste según la verdad, al enviar todos estos castigos sobre nosotros y sobre Jerusalén, la ciudad santa de nuestros antepasados.*f* En castigo verdaderamente justo por nuestros pecados nos has enviado todo esto. ²⁹Pecando y faltando a nuestra ley nos hemos apartado de ti. En todo hemos pecado. No hemos obedecido tus mandamientos; ³⁰no los hemos cumplido ni practicado, como tú nos habías mandado que hiciéramos para que fuéramos felices. ³¹Así, todos los males que nos has enviado, todo lo que has hecho con nosotros, es un castigo verdaderamente justo.*g* ³²Nos entregaste a enemigos malvados, a gente sin Dios y sin ley, a un rey perverso, el peor de toda la tierra. ³³Ahora ni siquiera podemos abrir la boca. Los que te sirven y adoran están cubiertos de deshonra y vergüenza. ³⁴Por tu mismo honor, no nos abandones del todo, no deshagas tu pacto con nosotros,*h* ³⁵no retires de nosotros tu misericordia. Hazlo por Abraham tu amigo,*i* por Isaac tu siervo y por Israel consagrado a ti. ³⁶Tú les prometiste que harías su descendencia tan numerosa como las estrellas del cielo y como los granos de arena en la playa del mar.*j* ³⁷Pero, Señor, hemos venido a ser más pequeños que cualquier otra nación; por nuestros pecados estamos humillados en toda la tierra. ³⁸Actualmente no tenemos ni rey ni profeta ni jefe, ni holocausto ni sacrificio ni ofrenda, ni incienso ni lugar donde ofrecerte los primeros frutos y encontrar tu misericordia. ³⁹⁻⁴⁰Pero este sacrificio que te ofrecemos hoy, con corazón afligido y espíritu humillado, acéptalo tú como si fuera un holocausto de carneros y novillos, y de miles y miles de corderos gordos,*k* para que te podamos seguir íntegramente, porque los que confían en ti no quedarán en ridículo.*l* ⁴¹Ahora queremos seguirte de todo corazón, te reverenciamos, queremos agradarte; no nos hagas quedar en ridículo. ⁴²Trátanos según tu bondad y tu gran misericordia. ⁴³¡Líbranos, Señor, por tu maravilloso poder; muestra qué glorioso es tu nombre! ⁴⁴Haz que queden avergonzados y humillados los que maltratan a tus siervos. ¡Arrebátales el poder, y destruye su fuerza!*m* ⁴⁵Y reconozcan que tú eres el Señor, el único Dios, glorioso en toda la tierra.''*n*

⁴⁶Los hombres al servicio del rey que habían echado a los jóvenes al horno, no dejaban de alimentar el fuego con petróleo, brea, trapos y ramas. ⁴⁷Y las llamas, que se elevaban hasta más de veintidós metros por encima del horno, ⁴⁸salieron y

*a* **3.24** Dn 3.23-25. *b* **3.25** Dn 1.6-7. *c* **3.26-45** Esd 9.6-15; Dn 9.4-19. *d* **3.26** 1 Cr 29.10-12. *e* **3.27** Neh 9.33; Tb 3.2-6; Ap 16.7; 19.2. *f* **3.28-31** Dn 9.5-8; Bar 1.15-16. *g* **3.31** Lv 26.14,48; Dt 28.15,63-67. *h* **3.34** Ex 32.11-13. *i* **3.35** 2 Cr 20.7; Is 41.8; Stg 2.23. *j* **3.36** Gn 15.5; 22.17. *k* **3.39-40** Sal 51.16-17; Os 6.6. *l* **3.39-40** Sal 25.3. *m* **3.44** Sal 35.26; 40.15. *n* **3.45** Sal 83.18.

quemaron a los caldeos que estaban alrededor del horno.[ñ] [49]Pero el ángel del Señor bajó al horno para estar con Azarías y sus compañeros, y echó fuera del horno las llamas de fuego, [50]haciendo que el horno quedara por dentro como si soplara un viento fresco. El fuego no los tocó en absoluto ni les causó ningún daño ni molestia.[o]

### Canto de los tres jóvenes

[51]Entonces los tres, dentro del horno, empezaron a cantar a una voz un himno de alabanza a Dios. Decían:

[52]"Bendito eres, Señor, Dios de
   nuestros antepasados,
digno de honor y de toda alabanza
   por siempre.
Bendito tu nombre santo y glorioso,
digno de todo honor y de toda
   alabanza por siempre.
[53]Bendito eres en tu santo y glorioso
   templo,
digno de todo honor y de toda gloria
   por siempre.
[54]Bendito eres tú, que te sientas en
   trono de rey,
digno de todo honor y de toda
   alabanza por siempre.
[55]Bendito eres tú, que estás sentado
   sobre querubines
y con tu mirada penetras los
   abismos,
digno de honor y de toda alabanza
   por siempre.
[56]Bendito eres en la bóveda del cielo,
digno de alabanza y de gloria por
   siempre.

[57]"Bendigan al Señor, todas sus
   obras,[p]
canten en su honor eternamente.
[58]Bendíganlo, ángeles del Señor,[q]
canten en su honor eternamente.
[59]Bendice, cielo, al Señor,
canta en su honor eternamente.
[60]Bendice al Señor, agua que estás
   encima del cielo,
canta en su honor eternamente.
[61]Bendigan al Señor, todos sus astros,
canten en su honor eternamente.
[62]Bendigan al Señor, sol y luna,
canten en su honor eternamente.
[63]Bendigan al Señor, estrellas del
   cielo,[r]

canten en su honor eternamente.
[64]Bendigan al Señor, todas las lluvias y
   el rocío,
canten en su honor eternamente.
[65]Bendigan al Señor, todos los vientos,
canten en su honor eternamente.
[66]Bendigan al Señor, fuego y calor,
canten en su honor eternamente.
[67]Bendigan al Señor, frío y calor,
canten en su honor eternamente.
[68]Bendigan al Señor, rocío y escarcha,
canten en su honor eternamente.
[69]Bendigan al Señor, hielo y frío,
canten en su honor eternamente.
[70]Bendigan al Señor, heladas y nieve,[s]
canten en su honor eternamente.
[71]Bendigan al Señor, días y noches,
canten en su honor eternamente.
[72]Bendigan al Señor, luz y oscuridad,
canten en su honor eternamente.
[73]Bendigan al Señor, relámpagos y
   nubes,
canten en su honor eternamente.

[74]"Bendice, tierra, al Señor,
canta en su honor eternamente.
[75]Bendigan al Señor, montañas y
   colinas,[t]
canten en su honor eternamente.
[76]Bendigan al Señor, todas las cosas
   que crecen en la tierra,
canten en su honor eternamente.
[77]Bendigan, manantiales, al Señor,
canten en su honor eternamente.
[78]Bendigan al Señor, mares y ríos,
canten en su honor eternamente.
[79]Bendigan al Señor, ballenas y demás
   animales del agua,
canten en su honor eternamente.
[80]Bendigan al Señor, todas las aves del
   cielo,
canten en su honor eternamente.
[81]Bendigan al Señor, todos los
   animales domésticos y salvajes,[u]
canten en su honor eternamente.

[82]"Bendigan al Señor, seres humanos,
canten en su honor eternamente.
[83]Bendice, Israel, al Señor,
canta en su honor eternamente.
[84]Sacerdotes del Señor, bendíganlo,[v]
canten en su honor eternamente.
[85]Siervos del Señor, bendíganlo,[w]
canten en su honor eternamente.
[86]Bendigan al Señor, hombres de
   espíritu recto,

[ñ] 3.48 Dn 3.22.   [o] 3.50 Dn 3.27.   [p] 3.57 Sal 145.10.   [q] 3.58 Sal 103.20; 148.2.   [r] 3.59-63 Sal 148.3-4.   [s] 3.65-70 Sal 148.8.
[t] 3.75 Sal 148.9.   [u] 3.80-81 Sal 148.10.   [v] 3.83-84 Sal 135.19.   [w] 3.85 Sal 134.1.

canten en su honor eternamente.
[87] Bendigan al Señor, santos y humildes
de corazón,
canten en su honor eternamente.
[88] Bendigamos al Señor, Ananías,
Azarías y Misael,
cantemos en su honor eternamente,
porque él nos libró del sepulcro,
nos salvó de la muerte,
nos libró del fuego del horno
encendido,
nos libró de las llamas.
[89] Den gracias al Señor, porque él es
bueno,
porque su amor es eterno.[x]
[90] Alábenlo todos los que adoran al
Señor, el Dios de los dioses,
canten en su honor, denle gracias,
porque su amor es eterno.''

# SUSANA

### Susana es condenada a muerte

**13** [1] Vivía en Babilonia un hombre que
se llamaba Joaquín. [2] Estaba casado
con una mujer llamada Susana, hija de
Hilcías, que era muy bonita y respetuosa
del Señor. [3] Sus padres eran rectos y la
habían educado de acuerdo con la ley de
Moisés. [4] Joaquín era muy rico, y junto a
su casa tenía un jardín con árboles. Y
como era el hombre más importante de
todos, los judíos tenían la costumbre de
reunirse en su casa.
[5] Aquel año habían sido nombrados
jueces dos ancianos del pueblo. Pero eran
de aquellos de quienes dijo el Señor: ''La
maldad apareció en Babilonia por obra de
ancianos y jueces que sólo en apariencia
guiaban al pueblo.'' [6] Estos hombres iban
con frecuencia a la casa de Joaquín, y
todos los que tenían algún pleito acudían
a ellos.
[7] A mediodía, cuando la gente se iba,
Susana acostumbraba salir a pasear al jardín de su esposo. [8] Los dos ancianos, que
todos los días la veían salir a pasear, se llenaron de pasión por ella [9] y tuvieron pensamientos perversos; no volvieron a tener
en cuenta a Dios ni se acordaron de lo que
es la rectitud. [10] Ambos estaban llenos de
pasión por ella, pero no se manifestaron
el uno al otro su tormento, [11] porque les
daba vergüenza descubrir sus deseos de

tener relaciones con ella. [12] Y todos los
días buscaban impacientes la ocasión de
verla.
[13] Una vez se dijeron el uno al otro:
''Vámonos a casa, que ya es hora de
comer.'' Y cada uno se fue por su lado.
[14] Pero ambos regresaron y se encontraron
de nuevo en el mismo sitio. Se preguntaron uno a otro por qué lo habían hecho, y
ambos se confesaron los malos deseos que
tenían. Entonces se pusieron de acuerdo
para buscar un momento en que pudieran
encontrar sola a Susana.
[15] En cierta ocasión, mientras esperaban
el día oportuno, Susana fue al jardín
como de costumbre, acompañada solamente de dos muchachas. Y tuvo deseos
de bañarse en el jardín, porque hacía
mucho calor. [16] Fuera de los dos ancianos,
que estaban escondidos espiándola, nadie
más había allí. [17] Susana les dijo a las
muchachas: ''Tráiganme aceite y perfumes, y cierren las puertas del jardín, porque voy a bañarme.'' [18] Ellas hicieron lo
que les mandó; cerraron las puertas del
jardín y salieron por una puerta lateral
para traer lo que les había encargado.
Como los ancianos estaban escondidos,
no los vieron.
[19] Apenas se fueron las muchachas,
salieron corriendo los dos viejos hacia ella
[20] y le dijeron:
—Mira, las puertas del jardín están
cerradas; nadie nos ve. Estamos llenos de
pasión por ti; acepta y entrégate a nosotros. [21] De lo contrario, te acusaremos de
que un joven estaba contigo, y que por
eso mandaste salir a las muchachas.
[22] Susana se echó a llorar y dijo:
—¡No tengo salida! Si hago lo que ustedes me proponen, seré condenada a
muerte,[y] y si me resisto, no podré escapar
de sus manos. [23] Pero prefiero resistirme y
caer en sus manos, antes que pecar contra
el Señor.[z]
[24] Entonces Susana gritó con todas sus
fuerzas, y también los dos viejos gritaron.
[25] Uno de los dos corrió y abrió las puertas
del jardín. [26] Al oír que gritaban en el jardín, la gente de la casa vino corriendo por
la puerta lateral para ver qué sucedía. [27] Y
cuando los viejos contaron su cuento, la
gente del servicio se llenó de vergüenza,
porque nunca habían oído decir cosa
semejante de Susana.
[28] Al día siguiente, cuando el pueblo se
reunió en la casa de Joaquín, el esposo de

` 3.89-90 1 Cr 16.34; 2 Cr 5.13; 7.3; Esd 3.11; Sal 100.5; 106.1; 107.1; 118.1; 136.1-26; Jer 33.11; 1 Mac 4.24. .y 13.22 Lv 20.10;
Dt 22.22.    .z 13.23 Gn 39.9.

Susana, vinieron los dos viejos con el malvado plan de hacer que la mataran. ²⁹Y dijeron delante del pueblo: "Manden traer a Susana, la hija de Hilcías y esposa de Joaquín." Y la hicieron venir. ³⁰Ella se presentó acompañada de sus padres, de sus hijos y de todos sus parientes. ³¹Susana era una mujer muy delicada y bonita. ³²Como estaba cubierta con un velo, aquellos malvados le ordenaron que se lo quitara, para poder darse el gusto de contemplar su belleza. ³³Pero todos los de su familia, y sus amigos, y todos los que la veían, lloraban.

³⁴Entonces los dos viejos, de pie en medio de la gente, pusieron las manos sobre la cabeza de Susana.ᵃ ³⁵Ella, llorando, levantó los ojos hacia el cielo, porque en su corazón confiaba en el Señor.

³⁶Los viejos dijeron: "Mientras estábamos solos, paseando por el jardín, llegó esta mujer con dos muchachas, hizo cerrar las puertas del jardín y despidió a las muchachas. ³⁷Inmediatamente se acercó un joven que había estado escondido, y ella se le entregó. ³⁸Nosotros estábamos en un rincón del jardín, y cuando vimos esta maldad fuimos corriendo adonde ellos estaban. ³⁹Los vimos abrazados, pero no pudimos agarrar al joven, porque era más fuerte que nosotros y abrió las puertas y se escapó. ⁴⁰Entonces la agarramos a ella y le preguntamos quién era ese joven, ⁴¹pero no nos lo quiso decir. Esto lo declaramos como testigos."

El pueblo que estaba reunido les creyó, pues eran ancianos del pueblo y además jueces. Así que la condenaron a muerte.

### Intervención de Daniel

⁴²Entonces Susana gritó con todas sus fuerzas: "¡Dios eterno, que conoces las cosas ocultas,ᵇ que sabes todo antes de que suceda, ⁴³tú sabes que estos hombres han declarado falsamente contra mí! ¡Mira que voy a morir, a pesar de no haber hecho ninguna de las cosas que han inventado contra mí estos malvados!"

⁴⁴El Señor escuchó los gritos de Susana. ⁴⁵Y mientras la llevaban para matarla, Dios despertó el espíritu santo en un joven que se llamaba Daniel, ⁴⁶el cual gritó con todas sus fuerzas:

—¡Yo no me hago responsable de la muerte de esta mujer!

⁴⁷Todos se volvieron hacia él, y le preguntaron:

—¿Qué significa eso que acabas de decir?

⁴⁸El se puso en medio de ellos y les dijo:

—¿Son ustedes tan tontos, israelitas, que condenan a una mujer de nuestro pueblo sin averiguar ni examinar bien el asunto? ⁴⁹Vuelvan al juzgado, porque lo que estos hombres han declarado contra ella es mentira.

⁵⁰Entonces todo el pueblo volvió rápidamente. Y los otros ancianos le dijeron a Daniel:

—Ven, siéntate con nosotros e infórmanos, pues Dios te ha dado el mismo derecho que a los ancianos.

⁵¹Daniel les dijo:

—Separen a buena distancia a los dos viejos, y yo les haré un interrogatorio.

⁵²Y los separaron. Entonces mandó llamar a uno y le dijo:

—Viejo en años y en maldad, ahora van a recaer sobre ti los pecados que cometiste en otro tiempo, ⁵³cuando dictabas sentencias injustas condenando a los inocentes y absolviendo a los culpables, a pesar de que el Señor ha dicho: 'No condenes a muerte al hombre inocente y sin culpa.'ᶜ ⁵⁴Bueno, si de veras la viste pecar, dinos debajo de qué árbol los viste juntos.

El respondió:

—Debajo de un castaño.ˡ

⁵⁵Y Daniel dijo:

—¡Muy bien! Dijiste una mentira que va a ser tu perdición. ¿Conque debajo de un castaño? ¡Pues el ángel de Dios ya recibió de él la orden de castigarte partiéndote en dos!

⁵⁶Entonces mandó que se llevaran a éste y trajeran al otro viejo. Y le dijo:

—¡Hombre de la raza de Canaán, y no de Judá; la belleza te sedujo y la pasión pervirtió tu corazón! ⁵⁷Así es como estaban ustedes haciendo con las mujeres de Israel, y ellas, por miedo, se les entregaban. Pero esta mujer de la tribu de Judá no quiso consentir en la maldad de ustedes. ⁵⁸Ahora dime, ¿debajo de qué árbol los sorprendiste juntos?

—Debajo de una encina —respondió él.

⁵⁹Y Daniel dijo:

—¡Muy bien! Tú también dijiste una mentira que va a ser tu perdición. ¿Conque debajo de una encina? ¡Pues el ángel de Dios está esperando, con la espada lista, para dejártela caer encima y rajarte por la mitad! ¡Así va a matarlos a los dos!

---

ˡ Castaño: para conservar el juego de palabras. Lit. pistacho o lentisco.
ᵃ 13.34 Lv 24.14.    ᵇ 13.42 Pr 15.11; He 4.13.    ᶜ 13.53 Ex 23.7.

⁶⁰Entonces todo el pueblo reunido levantó el grito y bendijo a Dios, que salva a los que confían en él.

⁶¹Y como Daniel hizo que los dos viejos mostraran por su propia boca que habían declarado falsamente, todos se volvieron contra ellos y les aplicaron el mismo castigo que ellos, en su maldad, pensaban aplicar a Susana: ⁶²de acuerdo con la ley de Moisés,ᵈ los mataron. Y así aquel día se salvó la vida de una persona inocente. ⁶³Hilcías y su mujer dieron gracias a Dios por su hija Susana, y lo mismo hicieron Joaquín, el esposo de ella, y todos sus parientes, porque no se descubrió nada deshonroso en ella. ⁶⁴Y desde aquel día en adelante, Daniel fue muy estimado por el pueblo.

# DANIEL, EL DIOS BEL Y LA SERPIENTE

## Daniel y el dios Bel

**14** ¹Cuando el rey Astiages murió y se reunió con sus antepasados, le sucedió Ciro, rey de Persia.ᵉ ²Daniel era uno de los hombres de confianza del rey, el cual lo estimaba más que a cualquier otro de sus amigos.

³Los babilonios tenían un ídolo llamado Bel,ᶠ al que cada día le llevaban seiscientos sesenta litros de la mejor harina, cuarenta ovejas y ciento treinta litros de vino. ⁴El rey le daba culto, y todos los días iba a adorarlo. Pero Daniel adoraba a su Dios. ⁵Un día le preguntó el rey:

—¿Por qué no adoras a Bel?

Daniel respondió:

—Yo no doy culto a ídolos hechos por los hombres, sino al Dios viviente que creó el cielo y la tierra, y que es el Señor de todos los hombres.

⁶El rey le preguntó:

—¿De manera que no crees que Bel sea un dios viviente? ¿Acaso no has visto todo lo que come y bebe cada día?

⁷Daniel se echó a reír y respondió:

—¡No se deje engañar Su Majestad! Por dentro, ese ídolo es de barro; y por fuera es de cobre. ¡Jamás ha comido ni bebido nada!

⁸El rey se enojó mucho, mandó llamar a los sacerdotes de Bel y les dijo:

—Si ustedes no me dicen quién es el que se come esos alimentos, morirán. Pero si demuestran que Bel sí se los come, morirá Daniel, por haber dicho palabras ofensivas contra Bel.

⁹Daniel le dijo al rey:

—Está bien; que se haga tal como Su Majestad ha dicho.

Los sacerdotes de Bel eran setenta, sin contar las mujeres ni los niños. ¹⁰El rey se dirigió entonces al templo de Bel acompañado de Daniel. ¹¹Los sacerdotes le dijeron:

—Vea Su Majestad cómo nosotros nos vamos de aquí en seguida; y ponga Su Majestad mismo los alimentos y prepare el vino; luego cierre con llave la puerta y séllela con su sello. Si al volver Su Majestad por la mañana encuentra que Bel no se lo ha comido todo, moriremos; pero si las acusaciones de Daniel contra nosotros resultan falsas, será él quien deba morir.

¹²Los sacerdotes no le daban importancia al asunto, porque debajo de la mesa habían hecho una entrada secreta y por ella entraban siempre para comerse los alimentos.

¹³Apenas salieron los sacerdotes, el rey puso los alimentos delante de Bel. ¹⁴Daniel, por su parte, mandó a sus criados que le trajeran ceniza y la regaran por todo el templo. Todo esto lo presenció solamente el rey. Luego salieron, cerraron con llave la puerta, la sellaron con el sello del rey y se fueron. ¹⁵Por la noche llegaron los sacerdotes, como de costumbre, con sus mujeres y sus hijos, y se comieron todos los alimentos y se bebieron el vino. ¹⁶El rey se levantó muy temprano, y lo mismo hizo Daniel. ¹⁷Entonces le preguntó el rey:

—Daniel, ¿están intactos los sellos?

—Sí, Majestad, están intactos —respondió Daniel.

¹⁸Apenas abrió la puerta y vio la mesa, gritó el rey:

—¡Qué grande eres, oh Bel! ¡En ti no hay ninguna clase de engaño!

¹⁹Daniel soltó la risa y no dejó que el rey entrara en el templo. Entonces dijo:

—Fíjese Su Majestad en el piso, y vea de quién son estas huellas.

²⁰—Por lo que veo, son huellas de hombres, mujeres y niños —dijo el rey. ²¹Y se puso furioso, y mandó arrestar a los sacerdotes con sus mujeres e hijos.

ᵈ **13.62** Dt 19.16-21.　ᵉ **14.1** Dn 6.28.　ᶠ **14.3** Is 46.1; Jer 50.2; 51.44; Bar 6.40.

Entonces ellos le mostraron la puerta secreta por donde entraban a comerse las cosas que había sobre la mesa. ²²El rey los mandó matar, y le entregó el ídolo a Daniel, quien lo destruyó, lo mismo que a su templo.

### Daniel mata la serpiente y se salva de morir

²³También había en Babilonia una enorme serpiente, y la gente de la ciudad le daba culto. ²⁴El rey le dijo a Daniel:

—¡No puedes decir que éste no es un dios viviente! ¡Tienes que adorarlo!

²⁵Pero Daniel respondió:

—Yo adoro al Señor mi Dios, que es el Dios viviente. Si Su Majestad me da permiso, mataré esa serpiente sin espada ni palo alguno.

²⁶El rey le dijo:

—Te doy permiso.

²⁷Daniel tomó un poco de brea, grasa y unos pelos, lo puso todo junto a cocer, hizo unas tortas y se las echó en la boca a la serpiente; ella se las comió y reventó. Entonces dijo Daniel:

—¡Vean qué es lo que ustedes adoran!

²⁸Cuando los babilonios se enteraron de esto, se pusieron furiosos, se rebelaron contra el rey y empezaron a decir:

—¡El rey se ha hecho judío! ¡Ha derribado a Bel, ha matado la serpiente y ha acuchillado a los sacerdotes!

²⁹En seguida se fueron al rey y le dijeron:

—¡Entréganos a Daniel! Si no, te mataremos a ti y a tu familia.

³⁰Al ver el rey que lo amenazaban tan seriamente, no tuvo más remedio que entregarles a Daniel. ³¹Ellos lo echaron a un foso lleno de leones, donde permaneció seis días. ³²En el foso había siete leones, a los que cada día les echaban dos hombres muertos y dos ovejas; pero ese día no les echaron nada, para que se comieran a Daniel.ᵍ

³³Por aquel mismo tiempo se encontraba en Judea el profeta Habacuc.ʰ Acabada de preparar la comida y de echar unos panes en un canasto, e iba al campo a llevar la comida a los segadores, ³⁴cuando se le apareció un ángel del Señor y le dijo:

—Llévale esa comida que tienes ahí a Daniel, que está en Babilonia, en el foso de los leones.

³⁵Habacuc respondió:

—¡Señor, jamás he estado en Babilonia ni conozco ese foso!

³⁶Entonces el ángel del Señor lo agarró por el pelo de la cabeza,ⁱ y con el ímpetu de su soplo se lo llevó a Babilonia y lo dejó junto al foso de los leones. ³⁷Habacuc gritó:

—¡Daniel, Daniel! ¡Toma esta comida que Dios te ha mandado!

³⁸Daniel respondió:

—¡Te acordaste de mí, oh Dios! ¡Tú no abandonas a los que te aman!

³⁹Y se levantó y comió, mientras el ángel de Dios se llevaba inmediatamente a Habacuc al lugar donde antes estaba. ⁴⁰A los siete días fue el rey a hacer lamentación por la muerte de Daniel, pero al llegar al foso de los leones vio que allí estaba sentado Daniel. ⁴¹Entonces dio un grito y dijo:

—¡Qué grande eres, Señor, Dios de Daniel! ¡Fuera de ti no hay ningún otro dios!

⁴²El rey mandó que lo sacaran, y echó en el foso a los que habían querido matar a Daniel, y los leones se los comieron en un momento, en presencia del rey.ʲ

ᵍ 14.31-32 Dn 6.16.   ʰ 14.33 Hab 1.1.   ⁱ 14.36 Ez 8.3.   ʲ 14.40-42 Dn 6.19,23-27.

# NUEVO TESTAMENTO

El Nuevo Testamento, nombre que equivale a Nuevo Pacto, es el libro que trata de Jesucristo, en cuya persona y obra redentora ofrece Dios a su pueblo un pacto nuevo. Este pacto se basa en las buenas noticias — que es lo que en griego quiere decir la palabra "evangelio" — de que Dios llega al hombre en la persona de Jesucristo y en él ofrece la salvación a todos los hombres, de cualquier pueblo y nación que sean y que confíen en él como Señor y Salvador.

El Nuevo Testamento contiene las escrituras reconocidas como de inspiración divina por todas las confesiones cristianas. Son veintisiete libros, escritos por unos diez autores en el curso de más o menos cincuenta años.

Los cuatro primeros escritos son los evangelios, que conjuntamente relatan los principales hechos y enseñanzas, y la muerte y la resurrección de Jesucristo. Los tres primeros hacen un relato más o menos continuo y paralelo, por lo cual se les llama "sinópticos". Se ve luego que el de Juan es diferente en su enfoque. En *Los Hechos de los Apóstoles* se narra cómo el mensaje de Cristo se propagó durante los primeros treinta años del cristianismo, desde Jerusalén hasta Roma.

Vienen luego las cartas del apóstol Pablo, escritas a diferentes iglesias o personas para tratar los problemas doctrinales y de conducta que se iban presentando a los primeros cristianos. También tenían por objeto guiar y aconsejar en diversos asuntos relacionados con la vida cristiana y con la organización y labores de las primeras iglesias.

Después hay ocho cartas llamadas generales o universales. Algunas de ellas se dirigieron a los cristianos en general, dondequiera que estuvieran. Otras eran para los creyentes de alguna región en particular o para alguna persona determinada, pero haciendo referencia a algún grupo de fieles. El Apocalipsis, o Revelación, es el último libro del Nuevo Testamento. Por medio de visiones, símbolos y alegorías proclama la autoridad suprema de Jesucristo y la victoria final del reino de Dios, a pesar de los tiempos en que predominan la maldad y la persecución padecida por los creyentes fieles. Su mensaje principal es también el tema de todo el Nuevo Testamento:

*Los reinos del mundo han llegado a pertenecer*
*a nuestro Señor y a su Cristo;*
*y él gobernará por todos los siglos.*
(Ap. 11.15)

Como base para la presente versión del Nuevo Testamento se utilizó la tercera edición del Nuevo Testamento Griego, preparado por un comité internacional e interconfesional de eruditos especializados en el estudio del texto bíblico, y publicado por las Sociedades Bíblicas Unidas. En los casos en que la traducción se aparta de dicho texto, las notas al pie de página explican a qué se debe ello.

# El Evangelio según
# SAN MATEO

*Cada uno de los evangelistas escribió desde cierto punto de vista y con un determinado propósito. En el primer evangelio se presenta a Jesús como el Mesías Salvador por medio de quien Dios cumplió las promesas hechas a su pueblo en el Antiguo Testamento. El relato sigue un orden consecutivo, reseñando primero la genealogía y nacimiento de Jesús, para luego, dejando pasar un intervalo de más o menos treinta años, seguir con el ministerio del precursor Juan el Bautista (1.1—3.12). El ministerio público de Jesús comienza con su bautismo y tentación (3.13—4.11). Luego el libro concentra su relato en el ministerio de Jesús en Galilea, donde predica, enseña y cura enfermedades (4.12—18.35), hasta que emprende su último viaje a Jerusalén (caps. 19,20). Los sucesos de la última semana, que culminan en su crucifixión y resurrección, con sus apariciones subsecuentes, se narran en los capítulos 21—28. El evangelio concluye con el mandato de Jesús a sus seguidores de ir y hacer discípulos por todo el mundo.*

*Este evangelio presenta a Jesús como el gran maestro, con autoridad para interpretar la Ley de Dios y enseñar sobre su reino. A tal fin, el cuerpo principal de sus enseñanzas se consigna en cinco grandes discursos o colecciones de dichos suyos: (1) el Sermón del Monte, relativo al carácter, deberes, privilegios y destino de los ciudadanos del reino de los cielos, (caps. 5—7); (2) las instrucciones a los doce discípulos enviados en misión evangelizadora (cap. 10); (3) parábolas sobre el reino de los cielos (cap. 13); (4) enseñanzas sobre lo que significa el discipulado cristiano (cap. 18), y (5) enseñanzas sobre el fin de la edad presente y la venida del reino de Dios (caps. 24,25).*

## Los antepasados de Jesucristo
### (Lc 3.23-38)

1 [1]Esta es una lista de los antepasados de Jesucristo, que fue descendiente de David y de Abraham:

[2]Abraham fue padre de Isaac, éste lo fue de Jacob y éste de Judá y sus hermanos. [3]Judá fue padre de Fares y de Zara, y su madre fue Tamar. Fares fue padre de Esrom y éste de Aram. [4]Aram fue padre de Aminadab, éste lo fue de Naasón y éste de Salmón. [5]Salmón fue padre de Booz, cuya madre fue Rahab. Booz fue padre de Obed, cuya madre fue Rut. Obed fue padre de Isaí. [6]Isaí fue padre del rey David, y el rey David fue padre de Salomón, cuya madre fue la que había sido esposa de Urías.[a]

[7]Salomón fue padre de Roboam, éste lo fue de Abías y éste de Asa. [8]Asa fue padre de Josafat, éste lo fue de Joram y éste de Uzías. [9]Uzías fue padre de Jotam, éste lo fue de Acaz y éste de Ezequías. [10]Ezequías fue padre de Manasés, éste lo fue de Amón y éste de Josías. [11]Josías fue padre de Jeconías y de sus hermanos, en el tiempo en que los israelitas fueron llevados cautivos a Babilonia.[b]

[12]Después de la cautividad, Jeconías fue padre de Salatiel y éste de Zorobabel. [13]Zorobabel fue padre de Abiud, éste lo fue de Eliaquim y éste de Azor. [14]Azor fue padre de Sadoc, éste lo fue de Aquim y éste de Eliud. [15]Eliud fue padre de Eleazar, éste lo fue de Matán y éste de Jacob. [16]Jacob fue padre de José, el marido de María, y ella fue madre de Jesús, al que llamamos el Mesías.

[17]De modo que hubo catorce generaciones desde Abraham hasta David, catorce desde David hasta la cautividad de los israelitas en Babilonia, y otras catorce desde la cautividad hasta el nacimiento del Mesías.

## Nacimiento de Jesucristo
### (Lc 2.1-7)

[18]El nacimiento de Jesucristo fue así: María, su madre, estaba comprometida para casarse con José;[c] pero antes que vivieran juntos, se encontró encinta por el poder del Espíritu Santo. [19]José, su marido, que era un hombre justo y no quería denunciar públicamente a María, decidió separarse de ella en secreto. [20]Ya había pensado hacerlo así, cuando un ángel del Señor se le apareció en sueños y le dijo: "José, descendiente de David, no tengas miedo de tomar a María por esposa, porque el hijo que va a tener es del Espíritu Santo. [21]María tendrá un hijo, y le pondrás por nombre Jesús.[l,d] Se llamará así

*l* El nombre *Jesús* significa *El Señor salva.*
*a* **1.3-6** 1 Cr 2.1-15; Rt 4.18-22.   *b* **1.11** 2 R 24.14-15; 2 Cr 36.10; Jer 27.20.   *c* **1.18** Lc 1.27.   *d* **1.21** Eclo 46.1; Lc 1.31.

porque salvará a su pueblo de sus pecados."

²²Todo esto sucedió para que se cumpliera lo que el Señor había dicho por medio del profeta:

²³"La virgen quedará encinta
y tendrá un hijo,
al que pondrán por nombre
      Emanuel"ᵉ

(que significa: "Dios con nosotros").

²⁴Cuando José despertó del sueño, hizo lo que el ángel del Señor le había mandado, y tomó a María por esposa. ²⁵Pero no vivieron como esposos hasta que ella dio a luz a su hijo,² al que José puso por nombre Jesús.ᶠ

### La visita de los sabios del Oriente

2 ¹Jesús nació en Belén, un pueblo de la región de Judea, en el tiempo en que Herodes era rey del país. Llegaron por entonces a Jerusalén unos sabios del Oriente que se dedicaban al estudio de las estrellas, ²y preguntaron:

—¿Dónde está el rey de los judíos que ha nacido? Pues vimos salir³ su estrella y hemos venido a adorarlo.

³El rey Herodes se inquietó mucho al oír esto, y lo mismo les pasó a todos los habitantes de Jerusalén. ⁴Mandó el rey llamar a todos los jefes de los sacerdotes y a los maestros de la ley, y les preguntó dónde había de nacer el Mesías.⁴ ⁵Ellos le dijeron:

—En Belén de Judea; porque así lo escribió el profeta:

⁶'En cuanto a ti, Belén, de la tierra de
      Judá,
no eres la más pequeña
entre las principales ciudades de esa
      tierra;
porque de ti saldrá un gobernante
que guiará a mi pueblo Israel.'ᵍ

⁷Entonces Herodes llamó en secreto a los sabios, y se informó por ellos del tiempo exacto en que había aparecido la estrella. ⁸Luego los mandó a Belén, y les dijo:

—Vayan allá, y averigüen todo lo que puedan acerca de ese niño; y cuando lo encuentren, avísenme, para que yo también vaya a adorarlo.

⁹Con estas indicaciones del rey, los sabios se fueron. Y la estrella que habían visto salir⁵ iba delante de ellos, hasta que por fin se detuvo sobre el lugar donde estaba el niño. ¹⁰Cuando los sabios vieron la estrella, se alegraron mucho. ¹¹Luego entraron en la casa, y vieron al niño con María, su madre; y arrodillándose lo adoraron. Abrieron sus cofres y le ofrecieron oro, incienso y mirra. ¹²Después, advertidos en sueños de que no debían volver a donde estaba Herodes, regresaron a su tierra por otro camino.

### La huida a Egipto

¹³Cuando ya los sabios se habían ido, un ángel del Señor se le apareció en sueños a José, y le dijo: "Levántate, toma al niño y a su madre, y huye a Egipto. Quédate allí hasta que yo te avise, porque Herodes va a buscar al niño para matarlo."

¹⁴José se levantó, tomó al niño y a su madre, y salió con ellos de noche camino de Egipto, ¹⁵donde estuvieron hasta que murió Herodes. Esto sucedió para que se cumpliera lo que el Señor había dicho por medio del profeta: "De Egipto llamé a mi Hijo."ʰ

### Herodes manda matar a los niños

¹⁶Al darse cuenta Herodes de que aquellos sabios lo habían engañado, se llenó de ira y mandó matar a todos los niños de dos años para abajo que vivían en Belén y sus alrededores, de acuerdo con el tiempo que le habían dicho los sabios. ¹⁷Así se cumplió lo escrito por el profeta Jeremías:

¹⁸"Se oyó una voz en Ramá,
llantos amargos y grandes lamentos.
Era Raquel, que lloraba por sus
      hijos
y no quería ser consolada
porque ya estaban muertos."ⁱ

¹⁹Pero después que murió Herodes, un ángel del Señor se le apareció en sueños a José, en Egipto, y le dijo: ²⁰"Levántate, toma contigo al niño y a su madre, y regresa a Israel, porque ya han muerto los que querían matar al niño."

²¹Entonces José se levantó y llevó al niño y a su madre a Israel. ²²Pero cuando supo que Arquelao estaba gobernando en Judea en lugar de su padre Herodes, tuvo miedo de ir allá; y habiendo sido advertido en sueños por Dios, se dirigió a la región de Galilea. ²³Al llegar, se fue a vivir al pueblo de Nazaret.ʲ Esto sucedió

---

² *Su hijo:* algunos mss. dicen: *su primer hijo.*   ³ *Vimos salir:* otra posible traducción: *vimos en el oriente.*   ⁴ *El Mesías:* véase *Glosario* anexo.   ⁵ *Que habían visto salir:* otra posible traducción: *que habían visto en el oriente.*
ᵉ **1.23** Is 7.14.   ᶠ **1.25** Lc 2.21.   ᵍ **2.6** Mi 5.2.   ʰ **2.15** Os 11.1.   ⁱ **2.18** Jer 31.15.   ʲ **2.23** Mr 1.24; Lc 2.39; Jn 1.45.

para que se cumpliera lo que dijeron los profetas: que Jesús sería llamado nazareno.

## Juan el Bautista en el desierto
### (Mr 1.1-8; Lc 3.1-9, 15-17; Jn 1.19-28)

3 ¹Por aquel tiempo se presentó Juan el Bautista en el desierto de Judea. ²En su proclamación decía: "¡Vuélvanse a Dios, porque el reino de Dios⁶ está cerca!"ᵏ

³Juan era aquel de quien el profeta Isaías había escrito:

"Una voz grita en el desierto:
'Preparen el camino del Señor;
    ábranle un camino recto.' "ˡ

⁴La ropa de Juan estaba hecha de pelo de camello, y se la sujetaba al cuerpo con un cinturón de cuero;ᵐ su comida era langostas y miel del monte. ⁵La gente de Jerusalén y todos los de la región de Judea y de la región cercana al Jordán salían a oírle. ⁶Confesaban sus pecados y Juan los bautizaba en el río Jordán.

⁷Pero cuando Juan vio que muchos fariseos y saduceos iban a que los bautizara, les dijo: "¡Raza de víboras!ⁿ ¿Quién les ha dicho a ustedes que van a librarse⁷ del terrible castigo que se acerca? ⁸Pórtense de tal modo que se vea claramente que se han vuelto al Señor, ⁹y no presuman diciéndose a sí mismos: 'Nosotros somos descendientes de Abraham';ñ porque les aseguro que incluso a estas piedras Dios puede convertirlas en descendientes de Abraham. ¹⁰El hacha ya está lista para cortar los árboles de raíz. Todo árbol que no da buen fruto, se corta y se echa al fuego.ᵒ ¹¹Yo, en verdad, los bautizo con agua para invitarlos a que se vuelvan a Dios; pero el que viene después de mí los bautizará con el Espíritu Santo y con fuego. Él es más poderoso que yo, que ni siquiera merezco llevarle sus sandalias. ¹²Trae su pala en la mano, y limpiará el trigo y lo separará de la paja. Guardará su trigo en el granero, pero quemará la paja en un fuego que nunca se apagará."

## Jesús es bautizado
### (Mr 1.9-11; Lc 3.21-22)

¹³Jesús fue de Galilea al río Jordán, donde estaba Juan, para que éste lo bautizara. ¹⁴Al principio Juan quería impedírselo, y le dijo:

—Yo debería ser bautizado por ti, ¿y tú vienes a mí?

¹⁵Jesús le contestó:

—Déjalo así por ahora, pues es conveniente que cumplamos todo lo que Dios ha ordenado.

Entonces Juan consintió. ¹⁶En cuanto Jesús fue bautizado, salió del agua. De pronto el cielo se abrió, y Jesús vio que el Espíritu de Dios bajaba sobre él como una paloma. ¹⁷Se oyó entonces una voz del cielo, que decía: "Este es mi Hijo amado, a quien he elegido."ᵖ

## Jesús es puesto a prueba
### (Mr 1.12-13; Lc 4.1-13)

4 ¹Luego el Espíritu llevó a Jesús al desierto, para que el diablo lo pusiera a prueba.�q

²Estuvo cuarenta días y cuarenta noches sin comer, y después sintió hambre. ³El diablo se acercó entonces a Jesús para ponerlo a prueba, y le dijo:

—Si de veras eres Hijo de Dios, ordena que estas piedras se conviertan en panes.

⁴Pero Jesús le contestó:

—La Escritura dice: 'No sólo de pan vivirá el hombre, sino también de toda palabra que salga de los labios de Dios.'ʳ

⁵Luego el diablo lo llevó a la santa ciudad de Jerusalén, lo subió a la parte más alta del templo ⁶y le dijo:

—Si de veras eres Hijo de Dios, tírate abajo; porque la Escritura dice:

'Dios mandará que sus ángeles te
    cuiden.

Te levantarán con sus manos,
para que no tropieces con piedra
    alguna.'ˢ

⁷Jesús le contestó:

—También dice la Escritura: 'No pongas a prueba al Señor tu Dios.'ᵗ

⁸Finalmente el diablo lo llevó a un cerro muy alto, y mostrándole todos los países del mundo y la grandeza de ellos, ⁹le dijo:

—Yo te daré todo esto, si te arrodillas y me adoras.

¹⁰Jesús le contestó:

—Vete, Satanás, porque la Escritura dice: 'Adora al Señor tu Dios, y sírvele sólo a él.'ᵘ

---

⁶Reino de Dios: lit. reino de los cielos. (Véase Glosario anexo.)    ⁷ ¿Quién les ha dicho . . . que van a librarse . . .?: otra posible traducción: ¿Quién les advirtió . . . para que escaparan . . .?

ᵏ 3.2 Mt 4.17; Mr 1.15.    ˡ 3.3 Is 40.3.    ᵐ 3.4 2 R 1.8.    ⁿ 3.7 Mt 12.34; 23.33.    ñ 3.9 Jn 8.33.    ᵒ 3.10 Mt 7.19.
ᵖ 3.17 Gn 22.2; Sal 2.7; Is 42.1; Mt 12.18; 17.5; Mr 1.11; Lc 9.35.    q 4.1 He 2.18; 4.15.    ʳ 4.4 Dt 8.3.    ˢ 4.6 Sal 91.11-12.
ᵗ 4.7 Dt 6.16.    ᵘ 4.10 Dt 6.13.

[11]Entonces el diablo se apartó de Jesús, y unos ángeles acudieron a servirle.

## Jesús comienza su trabajo en Galilea
### (Mr 1.14-15; Lc 4.14-15)

[12]Cuando Jesús oyó que habían metido a Juan en la cárcel,[v] se dirigió a Galilea. [13]Pero no se quedó en Nazaret, sino que se fue a vivir a Capernaum,[w] a orillas del lago, en la región de las tribus de Zabulón y Neftalí. [14]Esto sucedió para que se cumpliera lo que había escrito el profeta Isaías:

[15]"Tierra de Zabulón y de Neftalí,
al otro lado del Jordán,
a la orilla del mar:
Galilea, donde viven los paganos.
[16]El pueblo que andaba en la
oscuridad
vio una gran luz;
una luz ha brillado
para los que vivían en sombras de
muerte."[x]

[17]Desde entonces Jesús comenzó a proclamar: "Vuélvanse a Dios, porque el reino de Dios está cerca."[y]

## Jesús llama a cuatro pescadores
### (Mr 1.16-20; Lc 5.1-11)

[18]Jesús iba caminando por la orilla del lago de Galilea, cuando vio a dos hermanos: uno era Simón, también llamado Pedro, y el otro Andrés. Eran pescadores, y estaban echando la red al agua. [19]Jesús les dijo:

—Síganme, y yo los haré pescadores de hombres.

[20]Al momento dejaron sus redes y se fueron con él.

[21]Un poco más adelante, Jesús vio a otros dos hermanos: Santiago y Juan, hijos de Zebedeo, que estaban con su padre en una barca arreglando las redes. Jesús los llamó, [22]y en seguida ellos dejaron la barca y a su padre, y lo siguieron.

## Jesús enseña a mucha gente
### (Lc 6.17-19)

[23]Jesús recorría toda Galilea, enseñando en la sinagoga de cada lugar. Anunciaba la buena noticia del reino de Dios y curaba a la gente de todas sus enfermedades y dolencias.[z] [24]Se hablaba de Jesús en toda la región de Siria, y le

traían a cuantos sufrían de diferentes males, enfermedades y dolores, y a los endemoniados, a los epilépticos[8] y a los paralíticos. Y Jesús los sanaba. [25]Mucha gente de Galilea, de los pueblos de Decápolis, de Jerusalén, de Judea y de la región al oriente del Jordán seguía a Jesús.

## El sermón del monte

5 [1]Al ver la multitud, Jesús subió al monte y se sentó. Sus discípulos se le acercaron, [2]y él comenzó a enseñarles, diciendo:

## La verdadera dicha del hombre
### (Lc 6.20-23)

[3]"Dichosos los que reconocen su necesidad espiritual, pues el reino de Dios les pertenece.
[4]"Dichosos los que están tristes,[a] pues Dios les dará consuelo.
[5]"Dichosos los de corazón humilde,[b] pues recibirán la tierra que Dios les ha prometido.
[6]"Dichosos los que tienen hambre y sed[c] de hacer lo que Dios exige, pues él hará que se cumplan sus deseos.
[7]"Dichosos los que tienen compasión de otros, pues Dios tendrá compasión de ellos.
[8]"Dichosos los de corazón limpio,[d] pues ellos verán a Dios.
[9]"Dichosos los que procuran la paz,[e] pues Dios los llamará hijos suyos.
[10]"Dichosos los que sufren persecución por hacer lo que Dios exige,[f] pues el reino de Dios les pertenece.
[11]"Dichosos ustedes, cuando la gente los insulte y los maltrate, y cuando por causa mía los ataquen con toda clase de mentiras.[g] [12]Alégrense, estén contentos, porque van a recibir un gran premio en el cielo; pues así también persiguieron a los profetas que vivieron antes que ustedes.[h]

## Sal y luz del mundo
### (Mr 9.50; Lc 14.34-35)

[13]"Ustedes son la sal de este mundo. Pero si la sal deja de estar salada, ¿cómo podrá recobrar su sabor? Ya no sirve para nada, así que se la tira a la calle y la gente la pisotea.[i]

---

[8] Epilépticos: lit. lunáticos.
[v] 4.12 Mt 14.3; Mr 6.17; Lc 3.19-20.   [w] 4.13 Jn 2.12.   [x] 4.15-16 Is 9.1-2.   [y] 4.17 Mt 3.2.   [z] 4.23 Mt 9.35; Mr 1.39.
[a] 5.4 Is 57.18; 61.2.   [b] 5.5 Sal 37.11.   [c] 5.6 Pr 9.5; Is 55.1-2; Eclo 24.21.   [d] 5.8 Sal 24.3-4.   [e] 5.9 Pr 12.20.
[f] 5.10 1 P 3.14.   [g] 5.11 1 P 4.14.   [h] 5.12 2 Cr 36.16; Hch 7.52.   [i] 5.13 Mr 9.50; Lc 14.34-35.

14"Ustedes son la luz de este mundo.[j] Una ciudad en lo alto de un cerro no puede esconderse. 15Ni se enciende una lámpara para ponerla bajo un cajón; antes bien, se la pone en alto[k] para que alumbre a todos los que están en la casa. 16Del mismo modo, procuren ustedes que su luz brille delante de la gente, para que, viendo el bien que ustedes hacen, todos alaben a su Padre que está en el cielo.[l]

### Jesús enseña sobre la ley

17"No crean ustedes que yo he venido a poner fin a la ley ni a las enseñanzas de los profetas; no he venido a ponerles fin, sino a darles su verdadero significado.[9] 18Pues les aseguro que mientras existan el cielo y la tierra, no se le quitará a la ley ni un punto ni una letra, hasta que suceda todo lo que tiene que suceder.[m] 19Por eso, el que no obedece uno de los mandatos de la ley, aunque sea el más pequeño, ni enseña a la gente a obedecerlo, será considerado el más pequeño en el reino de Dios. Pero el que los obedece y enseña a otros a hacer lo mismo, será considerado grande en el reino de Dios. 20Porque les digo a ustedes que, si no superan a los maestros de la ley y a los fariseos en hacer lo que Dios ha ordenado, nunca entrarán en el reino de Dios.

### Jesús enseña sobre el enojo
#### (Lc 12.57-59)

21"Ustedes han oído que a sus antepasados se les dijo: 'No mates,[n] pues el que mate será condenado.' 22Pero yo les digo que cualquiera que se enoje con su hermano,[10] será condenado. Al que insulte a su hermano, lo juzgará la Junta Suprema; y el que injurie gravemente a su hermano, se hará merecedor del fuego del infierno.

23"Así que, si al llevar tu ofrenda al altar te acuerdas de que tu hermano tiene algo contra ti, 24deja tu ofrenda allí mismo delante del altar y ve primero a ponerte en paz con tu hermano. Entonces podrás volver al altar y presentar tu ofrenda.

25"Si alguien te demanda y te quiere llevar a juicio, procura ponerte de acuerdo con él mientras todavía estés a tiempo, para que no te entregue al juez; porque si no, el juez te entregará a los guardias y te

meterán en la cárcel. 26Te aseguro que no saldrás de allí hasta que pagues el último centavo.

### Jesús enseña sobre el adulterio

27"Ustedes han oído que antes se dijo: 'No cometas adulterio.'[ñ] 28Pero yo les digo que cualquiera que mira con deseo a una mujer, ya cometió adulterio con ella en su corazón.

29"Así pues, si tu ojo derecho te hace caer en pecado, sácatelo y échalo lejos de ti; es mejor que pierdas una sola parte de tu cuerpo, y no que todo tu cuerpo sea arrojado al infierno.[o] 30Y si tu mano derecha te hace caer en pecado, córtatela y échala lejos de ti; es mejor que pierdas una sola parte de tu cuerpo, y no que todo tu cuerpo sea arrojado al infierno.[p]

### Jesús enseña sobre el divorcio
#### (Mt 19.9; Mr 10.11-12; Lc 16.18)

31"También se dijo antes: 'Cualquiera que se divorcia de su esposa, debe darle un certificado de divorcio.'[q] 32Pero yo les digo que si un hombre se divorcia de su esposa, a no ser por motivo de inmoralidad sexual, la pone en peligro de cometer adulterio. Y el que se casa con una divorciada, también comete adulterio.[r]

### Jesús enseña sobre los juramentos

33"También han oído ustedes que se dijo a los antepasados: 'No dejes de cumplir lo que hayas ofrecido al Señor bajo juramento.'[s] 34Pero yo les digo que no juren por ninguna razón. No juren por el cielo, porque es el trono de Dios; 35ni por la tierra, porque es el estrado de sus pies;[t] ni por Jerusalén, porque es la ciudad del gran Rey.[u] 36Ni juren ustedes tampoco por su propia cabeza, porque no pueden hacer blanco o negro ni un solo cabello. 37Si dicen 'sí', que sea sí; si dicen 'no', que sea no, pues lo que se aparta de esto, es malo.

### Jesús enseña sobre la venganza
#### (Lc 6.29-30)

38"Ustedes han oído que antes se dijo: 'Ojo por ojo y diente por diente.'[v] 39Pero yo les digo: No resistas al que te haga

---

9 A darles su verdadero significado: lit. a completar(los).    10 Algunos mss. añaden: sin causa.
j 5.14 Jn 8.12; 9.5.    k 5.15 Mr 4.21; Lc 8.16; 11.33.    l 5.16 1 P 2.12.    m 5.18 Lc 16.17.    n 5.21 Ex 20.13; Dt 5.17.
ñ 5.27 Ex 20.14; Dt 5.18.    o 5.29 Mt 18.9; Mr 9.47.    p 5.30 Mt 18.8; Mr 9.43.    q 5.31 Dt 24.1-4; Mt 19.7; Mr 10.4.
r 5.32 Mt 19.9; Mr 10.11-12; Lc 16.18; 1 Co 7.10-11.    s 5.33 Lv 19.12; Nm 30.2; Dt 23.21.    t 5.34-35 Is 66.1; Mt 23.22;
Stg 5.12.    u 5.35 Sal 48.2.    v 5.38 Ex 21.24; Lv 24.20; Dt 19.21.

algún mal; al contrario, si alguien te pega en una mejilla, ofrécele también la otra.[w] [40]Si alguien te demanda y te quiere quitar la camisa, déjale que se lleve también tu capa. [41]Si te obliga a llevar carga una milla, llévala dos. [42]A cualquiera que te pida algo, dáselo; y no le vuelvas la espalda al que te pida prestado.

### El amor a los enemigos
#### (Lc 6.27-28, 32-36)

[43]"También han oído que antes se dijo: 'Ama a tu amigo[x] y odia a tu enemigo.' [44]Pero yo les digo: Amen a sus enemigos,[ll] y oren por quienes[12] los persiguen. [45]Así ustedes serán hijos de su Padre que está en el cielo; pues él hace que su sol salga sobre malos y buenos, y manda la lluvia sobre justos e injustos. [46]Porque si ustedes aman solamente a quienes los aman, ¿qué premio recibirán? Hasta los que cobran impuestos para Roma se portan así. [47]Y si saludan solamente a sus hermanos, ¿qué hacen de extraordinario? Hasta los paganos se portan así. [48]Sean ustedes perfectos, como su Padre que está en el cielo es perfecto.[y]

### Jesús enseña sobre las buenas obras

**6** [1]"No practiquen su religión delante de la gente sólo para que los demás los vean.[z] Si lo hacen así, su Padre que está en el cielo no les dará ningún premio.

[2]"Por eso, cuando ayudes a los necesitados, no lo publiques a los cuatro vientos, como hacen los hipócritas en las sinagogas y en las calles para que la gente hable bien de ellos. Les aseguro que con eso ya tienen su premio. [3]Cuando tú ayudes a los necesitados, no se lo cuentes ni siquiera a tu amigo más íntimo; [4]hazlo en secreto. Y tu Padre, que ve lo que haces en secreto, te dará tu premio.[13]

### Jesús enseña a orar
#### (Lc 11.2-4)

[5]"Cuando ustedes oren, no sean como los hipócritas, a quienes les gusta orar de pie en las sinagogas y en las esquinas de las plazas para que la gente los vea.[a] Les aseguro que con eso ya tienen su premio. [6]Pero tú, cuando ores, entra en tu cuarto, cierra la puerta y ora a tu Padre que está

allí a solas contigo. Y tu Padre, que ve lo que haces en secreto, te dará tu premio.[13]

[7]"Y al orar no repitas palabras inútiles, como hacen los paganos, que se imaginan que cuanto más hablen más caso les hará Dios. * [8]No sean ustedes como ellos, porque su Padre ya sabe lo que ustedes necesitan, antes que se lo pidan. [9]Ustedes deben orar así:

'Padre nuestro que estás en el cielo, santificado sea tu nombre.
[10]Venga tu reino.
Hágase tu voluntad en la tierra, así como se hace en el cielo.
[11]Danos hoy el pan que necesitamos.[b]
[12]Perdónanos el mal que hemos hecho, así como nosotros hemos perdonado a los que nos han hecho mal.
[13]No nos expongas a la tentación, sino líbranos del maligno.'[14]

[14]"Porque si ustedes perdonan a otros el mal que les han hecho, su Padre que está en el cielo los perdonará también a ustedes; [15]pero si no perdonan a otros, tampoco su Padre les perdonará a ustedes sus pecados.[c]

### Jesús enseña sobre el ayuno

[16]"Cuando ustedes ayunen, no pongan cara triste, como los hipócritas, que aparentan tristeza para que la gente vea que están ayunando. Les aseguro que con eso ya tienen su premio. [17]Tú, cuando ayunes, lávate la cara y arréglate bien, [18]para que la gente no note que estás ayunando. Solamente lo notará tu Padre, que está a solas contigo, y él te dará tu premio.

### Riquezas en el cielo
#### (Lc 12.33-34)

[19]"No amontonen riquezas aquí en la tierra, donde la polilla destruye y las cosas se echan a perder,[d] y donde los ladrones entran a robar. [20]Más bien amontonen riquezas en el cielo, donde la polilla no destruye ni las cosas se echan a perder ni los ladrones entran a robar.** [21]Pues donde esté tu riqueza, allí estará también tu corazón.

---

[ll] Algunos mss. añaden: bendigan a los que los maldicen, hagan bien a los que los odian.  [12] Algunos mss. añaden: los ultrajan y.  [13] Algunos mss. añaden: en público.  [14] Algunos mss. añaden: Porque tuyo es el reino y el poder y la gloria para siempre. Así sea.
[w] 5.39 Lm 3.30.  [x] 5.43 Lv 19.18.  [y] 5.48 Lv 11.44-45; 19.2; Dt 18.13.  [z] 6.1 Mt 23.5.  [a] 6.5 Lc 18.10-14.  * 6.7 Eclo 7.14.
[b] 6.11 Pr 30.8-9.  [c] 6.14-15 Eclo 28.2-5; Mr 11.25-26.  [d] 6.19 Stg 5.2-3.  ** 6.20 Tob 4.9; Eclo 29.11.

## La lámpara del cuerpo
### (Lc 11.34-36)

22"Los ojos son como una lámpara para el cuerpo; así que, si tus ojos son buenos, todo tu cuerpo tendrá luz; 23pero si tus ojos son malos, todo tu cuerpo estará en oscuridad. Y si la luz que hay en ti resulta ser oscuridad, ¡qué negra será la oscuridad misma!

## Dios y las riquezas
### (Lc 16.13)

24"Nadie puede servir a dos amos, porque odiará a uno y querrá al otro, o será fiel a uno y despreciará al otro. No se puede servir a Dios y a las riquezas.

## Dios cuida de sus hijos
### (Lc 12.22-31)

25"Por lo tanto, yo les digo: No se preocupen por lo que han de comer o beber para vivir, ni por la ropa que han de ponerse. ¿No vale la vida más que la comida y el cuerpo más que la ropa? 26Miren las aves que vuelan por el aire: ni siembran ni cosechan ni guardan la cosecha en graneros; sin embargo, el Padre de ustedes que está en el cielo les da de comer. ¡Y ustedes valen más que las aves! 27En todo caso, por mucho que uno se preocupe, ¿cómo podrá prolongar su vida ni siquiera una hora?[15]

28"¿Y por qué se preocupan ustedes por la ropa? Fíjense cómo crecen las flores del campo: no trabajan ni hilan. 29Sin embargo, les digo que ni siquiera el rey Salomón, con todo su lujo,[e] se vestía como una de ellas. 30Pues si Dios viste así a la hierba, que hoy está en el campo y mañana se quema en el horno, ¡con mayor razón los vestirá a ustedes, gente falta de fe! 31Así que no se preocupen, preguntándose: '¿Qué vamos a comer?' o '¿Qué vamos a beber?' o '¿Con qué vamos a vestirnos?' 32Todas estas cosas son las que preocupan a los paganos, pero ustedes tienen un Padre celestial que ya sabe que las necesitan. 33Por lo tanto, pongan toda su atención en el reino de Dios y en hacer lo que Dios exige, y recibirán también todas estas cosas. 34No se preocupen por el día de mañana, porque mañana habrá tiempo para preocuparse.

Cada día tiene bastante con sus propios problemas.[f]

## No juzgar a otros
### (Lc 6.37-38, 41-42)

7 1"No juzguen a otros, para que Dios no los juzgue a ustedes. 2Pues Dios los juzgará a ustedes de la misma manera que ustedes juzguen a otros; y con la misma medida con que ustedes midan, Dios los medirá a ustedes.[g] 3¿Por qué te pones a mirar la paja que tiene tu hermano en el ojo, y no te fijas en el tronco que tú tienes en el tuyo? 4Y si tú tienes un tronco en tu propio ojo, ¿cómo puedes decirle a tu hermano: 'Déjame sacarte la paja que tienes en el ojo'? 5¡Hipócrita!, saca primero el tronco de tu propio ojo, y así podrás ver bien para sacar la paja que tiene tu hermano en el suyo.

6"No den las cosas sagradas a los perros, no sea que se vuelvan contra ustedes y los hagan pedazos. Y no echen sus perlas a los cerdos, no sea que las pisoteen.

## Pedir, buscar y llamar a la puerta
### (Lc 11.9-13; 6.31)

7"Pidan, y Dios les dará; busquen, y encontrarán; llamen a la puerta, y se les abrirá. 8Porque el que pide, recibe; y el que busca, encuentra;[h] y al que llama a la puerta, se le abre.

9¿Acaso alguno de ustedes sería capaz de darle a su hijo una piedra cuando le pide pan? 10¿O de darle una culebra cuando le pide un pescado? 11Pues si ustedes, que son malos, saben dar cosas buenas a sus hijos, ¡cuánto más su Padre que está en el cielo dará cosas buenas a quienes se las pidan![i]

12"Así pues, hagan ustedes con los demás como quieran que los demás hagan con ustedes;[j] porque esto es lo que mandan la ley y los escritos de los profetas.

## La puerta angosta
### (Lc 13.24)

13"Entren por la puerta angosta. Porque la puerta y el camino que llevan a la perdición son anchos y espaciosos, y muchos entran por ellos; 14pero la puerta y el camino que llevan a la vida son angostos y difíciles, y pocos los encuentran.[k]

---

[15] ¿Cómo podrá prolongar . . . una hora?: Otra posible traducción: ¿Cómo podrá aumentar medio metro su estatura?
[e] 6.29 1 R 10.4-7; 2 Cr 9.3-6.  [f] 6.25-34 Sal 55.22; 1 P 5.7.  [g] 7.2 Mr 4.24.  [h] 7.7-8 Dt 4.29; 2 Cr 15.2-15; Jer 29.13.
[i] 7.7-11 Jn 14.13-14; 15.7,16; 16.23-24; 1 Jn 3.21-22; 5.14-15.  [j] 7.12 Lc 6.31.  [k] 7.13-14 Sal 1.6; Pr 4.18-19.

## El árbol se conoce por su fruto
*(Lc 6.43-44)*

[15]"Cuídense de esos mentirosos que pretenden hablar de parte de Dios. Vienen a ustedes disfrazados de ovejas, pero por dentro son lobos feroces. [16]Ustedes los pueden reconocer por sus acciones, pues no se cosechan uvas de los espinos ni higos de los cardos. [17]Así, todo árbol bueno da fruto bueno, pero el árbol malo da fruto malo. [18]El árbol bueno no puede dar fruto malo, ni el árbol malo dar fruto bueno. [19]Todo árbol que no da buen fruto, se corta y se echa al fuego.[l] [20]De modo que ustedes los reconocerán por sus acciones.[m]

## No todos entrarán en el reino de Dios
*(Lc 13.25-27)*

[21]"No todos los que me dicen: 'Señor, Señor', entrarán en el reino de Dios, sino solamente los que hacen la voluntad de mi Padre celestial. [22]Aquel día muchos me dirán: 'Señor, Señor, nosotros hablamos en tu nombre, y en tu nombre expulsamos demonios, y en tu nombre hicimos muchos milagros.' [23]Pero entonces les contestaré: 'Nunca los conocí; ¡aléjense de mí, malhechores!'[n]

## Las dos bases
*(Mr 1.22; Lc 6.47-49)*

[24]"Por tanto, el que me oye y hace lo que yo digo, es como un hombre prudente que construyó su casa sobre la roca. [25]Vino la lluvia, crecieron los ríos y soplaron los vientos contra la casa; pero no cayó, porque tenía su base sobre la roca. [26]Pero el que me oye y no hace lo que yo digo, es como un tonto que construyó su casa sobre la arena. [27]Vino la lluvia, crecieron los ríos, soplaron los vientos y la casa se vino abajo. ¡Fue un gran desastre!"

[28]Cuando Jesús terminó de hablar, toda la gente estaba admirada de cómo les enseñaba, [29]porque lo hacía con plena autoridad, y no como sus maestros de la ley.[ñ]

## Jesús sana a un leproso
*(Mr 1.40-45; Lc 5.12-16)*

**8** [1]Cuando Jesús bajó del monte, mucha gente le siguió. [2]En esto se le acercó un hombre enfermo de lepra, el cual se puso de rodillas delante de él y le dijo:

—Señor, si quieres, puedes limpiarme de mi enfermedad.

[3]Jesús lo tocó con la mano, y dijo:

—Quiero. ¡Queda limpio!

Al momento, el leproso quedó limpio de su enfermedad. [4]Jesús añadió:

—Mira, no se lo digas a nadie; solamente ve y preséntate al sacerdote, y lleva la ofrenda que ordenó Moisés,[o] para que todos sepan que ya estás limpio de tu enfermedad.

## Jesús sana al criado de un capitán romano
*(Lc 7.1-10)*

[5]Al entrar Jesús en Capernaum, un capitán romano se le acercó para hacerle un ruego. [6]Le dijo:

—Señor, mi criado está en casa enfermo, paralizado y sufriendo terribles dolores.

[7]Jesús le respondió:

—Iré a sanarlo.

[8]El capitán contestó:

—Señor, yo no merezco que entres en mi casa; solamente da la orden, y mi criado quedará sano. [9]Porque yo mismo estoy bajo órdenes superiores, y a la vez tengo soldados bajo mi mando. Cuando le digo a uno de ellos que vaya, va; cuando le digo a otro que venga, viene; y cuando mando a mi criado que haga algo, lo hace.

[10]Jesús se quedó admirado al oír esto, y dijo a los que le seguían:

—Les aseguro que no he encontrado a nadie en Israel con tanta fe como este hombre. [11]Y les digo que muchos vendrán de oriente y de occidente, y se sentarán a comer con Abraham, Isaac y Jacob en el reino de Dios,[p] [12]pero los que deberían estar en el reino, serán echados a la oscuridad de afuera, donde llorarán y les rechinarán los dientes.[q]

[13]Luego Jesús dijo al capitán:

—Vete a tu casa, y que se haga tal como has creído.

En ese mismo momento el criado quedó sano.

## Jesús sana a la suegra de Pedro
*(Mr 1.29-31; Lc 4.38-39)*

[14]Jesús fue a casa de Pedro, donde encontró a la suegra de éste en cama y con

[l] 7.19 Mt 3.10; Lc 3.9.   [m] 7.20 Eclo 27.6; Mt 12.33.   [n] 7.23 Sal 6.8.   [ñ] 7.28-29 Mr 1.22; Lc 4.32.   [o] 8.4 Lv 14.1-32.
[p] 8.11 Lc 13.29.   [q] 8.12 Mt 22.13; 25.30; Lc 13.28.

fiebre. [15] Jesús tocó entonces la mano de ella, y la fiebre se le quitó, así que ella se levantó y comenzó a atenderlos.

## Jesús sana a muchos enfermos
### (Mr 1.32-34; Lc 4.40-41)

[16] Al anochecer llevaron a Jesús muchas personas endemoniadas; y con una sola palabra expulsó a los espíritus malos, y también sanó a todos los enfermos. [17] Esto sucedió para que se cumpliera lo que anunció el profeta Isaías, cuando dijo: "Él tomó nuestras debilidades y cargó con nuestras enfermedades."[r]

## Los que querán seguir a Jesús
### (Lc 9.57-62)

[18] Jesús, al verse rodeado por la multitud, dio orden de pasar al otro lado del lago. [19] Entonces se le acercó un maestro de la ley, y le dijo:

—Maestro, deseo seguirte a dondequiera que vayas.

[20] Jesús le contestó:

—Las zorras tienen cuevas y las aves tienen nidos, pero el Hijo del hombre no tiene donde recostar la cabeza.

[21] Otro, que era uno de sus discípulos, le dijo:

—Señor, déjame ir primero a enterrar a mi padre. [*]

[22] Jesús le contestó:

—Sígueme, y deja que los muertos entierren a sus muertos.

## Jesús calma el viento y las olas
### (Mr 4.35-41; Lc 8.22-25)

[23] Jesús subió a la barca, y sus discípulos lo acompañaron. [24] En esto se desató sobre el lago una tormenta tan fuerte que las olas cubrían la barca. Pero Jesús se había dormido. [25] Entonces sus discípulos fueron a despertarlo, diciéndole:

—¡Señor, sálvanos! ¡Nos estamos hundiendo!

[26] El les contestó:

—¿Por qué tanto miedo? ¡Qué poca fe tienen ustedes!

Dicho esto, se levantó y dio una orden al viento y al mar, y todo quedó completamente tranquilo. [27] Ellos, admirados, se preguntaban:

—¿Pues quién será éste, que hasta los vientos y el mar le obedecen?

## Los endemoniados de Gadara
### (Mr 5.1-20; Lc 8.26-39)

[28] Cuando Jesús llegó al otro lado del lago, a la tierra de Gadara, dos endemoniados salieron de entre las tumbas y se acercaron a él. Eran tan feroces que nadie podía pasar por aquel camino; [29] y se pusieron a gritar:

—¡No te metas con nosotros, Jesús, Hijo de Dios! ¿Viniste acá para atormentarnos antes de tiempo?

[30] A cierta distancia de allí había muchos cerdos comiendo, [31] y los demonios le rogaron a Jesús:

—Si nos expulsas, déjanos entrar en esos cerdos.

[32] Jesús les dijo:

—Vayan.

Los demonios salieron de los hombres y entraron en los cerdos; y al momento todos los cerdos echaron a correr pendiente abajo hasta el lago, y allí se ahogaron.

[33] Los que cuidaban de los cerdos salieron huyendo, y al llegar al pueblo comenzaron a contar lo sucedido, todo lo que había pasado con los endemoniados. [34] Entonces todos los del pueblo salieron a donde estaba Jesús, y al verlo le rogaron que se fuera de aquellos lugares.

## Jesús sana a un paralítico
### (Mr 2.1-12; Lc 5.17-26)

9 [1] Después de esto, Jesús subió a una barca, pasó al otro lado del lago y llegó a su propio pueblo. [2] Allí le llevaron un paralítico, acostado en una camilla; y cuando Jesús vio la fe que tenían, le dijo al enfermo:

—Ánimo, hijo; tus pecados quedan perdonados.

[3] Algunos maestros de la ley pensaron: "Lo que éste ha dicho es una ofensa contra Dios." [4] Pero como Jesús sabía lo que estaban pensando, les preguntó:

—¿Por qué tienen ustedes tan malos pensamientos? [5] ¿Qué es más fácil, decir: 'Tus pecados quedan perdonados', o decir: 'Levántate y anda'? [6] Pues voy a demostrarles que el Hijo del hombre tiene autoridad en la tierra para perdonar pecados.

Entonces le dijo al paralítico:

—Levántate, toma tu camilla y vete a tu casa.

[7] El paralítico se levantó y se fue a su casa. [8] Al ver esto, la gente tuvo miedo y

[r] 8.17 Is 53.4.   [*] 8.21 Tob 4.3-4.

alabó a Dios por haber dado tal poder a los hombres.

### Jesús llama a Mateo
*(Mr 2.13-17; Lc 5.27-32)*

⁹Jesús se fue de allí y vio a un hombre llamado Mateo, que estaba sentado en el lugar donde cobraba los impuestos para Roma. Jesús le dijo:

—Sígueme.

Entonces Mateo se levantó y lo siguió.

¹⁰Sucedió que Jesús estaba comiendo en la casa, y muchos de los que cobraban impuestos para Roma, y otra gente de mala fama, llegaron y se sentaron también a la mesa junto con Jesús y sus discípulos. ¹¹Al ver esto, los fariseos preguntaron a los discípulos:

—¿Cómo es que su maestro come con cobradores de impuestos y pecadores?ˢ

¹²Jesús lo oyó y les dijo:

—Los que están buenos y sanos no necesitan médico, sino los enfermos. ¹³Vayan y aprendan el significado de esta Escritura: 'Lo que quiero es que sean compasivos, y no que ofrezcan sacrificios.'ᵗ Pues yo no he venido a llamar a los buenos, sino a los pecadores.

### La cuestión del ayuno
*(Mr 2.18-22; Lc 5.33-39)*

¹⁴Los seguidores de Juan el Bautista se acercaron a Jesús y le preguntaron:

—Nosotros y los fariseos ayunamos mucho, ¿por qué tus discípulos no ayunan?

¹⁵Jesús les contestó:

—¿Acaso pueden estar tristes los invitados a una boda, mientras el novio está con ellos? Pero llegará el momento en que se lleven al novio; entonces sí ayunarán. ¹⁶"Nadie arregla un vestido viejo con un remiendo de tela nueva, porque el remiendo nuevo encoge y rompe el vestido viejo, y el desgarrón se hace mayor. ¹⁷Ni tampoco se echa vino nuevo en cueros viejos, porque los cueros se revientan, y tanto el vino como los cueros se pierden. Por eso hay que echar el vino nuevo en cueros nuevos, para que así se conserven las dos cosas."

### La hija de Jairo. La mujer que tocó la capa de Jesús
*(Mr 5.21-43; Lc 8.40-56)*

¹⁸Mientras Jesús les estaba hablando, un jefe de los judíos llegó, se arrodilló ante él y le dijo:

—Mi hija acaba de morir; pero si tú vienes y pones tu mano sobre ella, volverá a la vida.

¹⁹Jesús se levantó, y acompañado de sus discípulos se fue con él. ²⁰Entonces una mujer que desde hacía doce años estaba enferma, con derrames de sangre, se acercó a Jesús por detrás y le tocó el borde de la capa. ²¹Porque pensaba: "Tan sólo con que llegue a tocar su capa, quedaré sana." ²²Pero Jesús se dio la vuelta, vio a la mujer y le dijo:

—Ánimo, hija, por tu fe has sido sanada.

Y desde aquel mismo momento quedó sana.

²³Cuando Jesús llegó a casa del jefe de los judíos, y vio que los músicos estaban preparados ya para el entierro y que la gente lloraba a gritos, ²⁴les dijo:

—Sálganse de aquí, pues la muchacha no está muerta, sino dormida.

La gente se rió de Jesús, ²⁵pero él los hizo salir; luego entró y tomó de la mano a la muchacha, y ella se levantó. ²⁶Y por toda aquella región corrió la noticia de lo que había pasado.

### Jesús sana a dos ciegos

²⁷Al salir Jesús de allí, dos ciegos lo siguieron, gritando:

—¡Ten compasión de nosotros, Hijo de David!

²⁸Cuando Jesús entró en la casa, los ciegos se le acercaron, y él les preguntó:

—¿Creen ustedes que puedo hacer esto?

—Sí, Señor —le contestaron.

²⁹Entonces Jesús les tocó los ojos, y les dijo:

—Que se haga conforme a la fe que ustedes tienen.

³⁰Y recobraron la vista. Jesús les advirtió mucho:

—Procuren que no lo sepa nadie.

³¹Pero, apenas salieron, contaron por toda aquella región lo que Jesús había hecho.

### Jesús sana a un mudo

³²Mientras los ciegos salían, algunas personas trajeron a Jesús un mudo que estaba endemoniado. ³³En cuanto Jesús expulsó al demonio, el mudo comenzó a hablar. La gente, admirada, decía:

—¡Nunca se ha visto en Israel una cosa igual!

ˢ **9.10-11** Lc 15.1-2.   ᵗ **9.13** Os 6.6; Mt 12.7.

[34]Pero los fariseos decían:

—Es el propio jefe de los demonios quien le ha dado a éste el poder de expulsarlos.[u]

### Jesús tiene compasión de la gente

[35]Jesús recorría todos los pueblos y aldeas, enseñando en las sinagogas de cada lugar. Anunciaba la buena noticia del reino de Dios, y curaba toda clase de enfermedades y dolencias.[v] [36]Al ver a la gente, sintió compasión de ellos, porque estaban angustiados y desvalidos, como ovejas que no tienen pastor.[w] [37]Dijo entonces a sus discípulos:

—Ciertamente la cosecha es mucha, pero los trabajadores son pocos. [38]Por eso, pidan ustedes al Dueño de la cosecha que mande trabajadores a recogerla.[x]

### Jesús escoge a los doce apóstoles
#### (Mr 3.13-19; Lc 6.12-16)

**10** [1]Jesús llamó a sus doce discípulos, y les dio autoridad para expulsar a los espíritus impuros y para curar toda clase de enfermedades y dolencias.

[2]Estos son los nombres de los doce apóstoles: primero Simón, llamado también Pedro, y su hermano Andrés; Santiago y su hermano Juan, hijos de Zebedeo; [3]Felipe y Bartolomé; Tomás y Mateo, el que cobraba impuestos para Roma; Santiago, hijo de Alfeo, y Tadeo; [4]Simón el celote,[16] y Judas Iscariote, que después traicionó a Jesús.

### Jesús envía a los discípulos a anunciar el reino de Dios
#### (Mr 6.7-13; Lc 9.1-6)

[5]Jesús envió a estos doce con las siguientes instrucciones: "No vayan a las regiones de los paganos ni entren en los pueblos de Samaria; [6]vayan más bien a las ovejas perdidas del pueblo de Israel. [7]Vayan y anuncien que el reino de Dios se ha acercado. [8]Sanen a los enfermos, resuciten a los muertos, limpien de su enfermedad a los leprosos y expulsen a los demonios. Ustedes recibieron gratis este poder; no cobren tampoco por emplearlo. [9]"No lleven oro ni plata ni cobre [10]ni bolsa para el camino. No lleven ropa de repuesto ni sandalias ni bastón, pues el trabajador tiene derecho a su alimento.[y]

[11]"Cuando lleguen ustedes a un pueblo o aldea, busquen alguna persona de confianza y quédense en su casa hasta que se vayan de allí. [12]Al entrar en la casa, saluden a los que viven en ella. [13]Si la gente de la casa lo merece, su deseo de paz se cumplirá; pero si no lo merece, no se cumplirá. [14]Y si no los reciben ni los quieren oír, salgan de la casa o del pueblo y sacúdanse el polvo de los pies.[z] [15]Les aseguro que en el día del juicio el castigo para ese pueblo será peor que para la gente de la región de Sodoma y Gomorra.[a,b]

### Persecuciones

[16]"¡Miren! Yo los envío a ustedes como ovejas en medio de lobos.[c] Sean, pues, astutos como serpientes, aunque también ingenuos como palomas. [17]Tengan cuidado, porque los entregarán a las autoridades, los golpearán en las sinagogas [18]y hasta los presentarán ante gobernadores y reyes por causa mía; así podrán dar testimonio de mí delante de ellos y de los paganos. [19]Pero cuando los entreguen a las autoridades, no se preocupen ustedes por lo que han de decir o cómo han de decirlo, porque cuando les llegue el momento de hablar, Dios les dará las palabras. [20]Pues no serán ustedes quienes hablen, sino que el Espíritu de su Padre hablará por ustedes.[d]

[21]"Los hermanos entregarán a la muerte a sus hermanos, y los padres a sus hijos; y los hijos se volverán contra sus padres y los matarán.[e] [22]Todo el mundo los odiará a ustedes por causa mía;[f] pero el que se mantenga firme hasta el fin, será salvo.[g] [23]Cuando los persigan en una ciudad, huyan a otra; pues les aseguro que el Hijo del hombre vendrá antes que ustedes hayan recorrido todas las ciudades de Israel.

[24]"Ningún discípulo es más que su maestro,[h] y ningún criado es más que su amo.[i] [25]El discípulo debe conformarse con llegar a ser como su maestro, y el criado como su amo. Si al jefe de la casa lo llaman Beelzebú,[j] ¿qué dirán de los de su familia?

---

[16] *Celote:* véase *Glosario* anexo.

[u] **9.34** Mt 10.25; 12.24; Mr 3.22; Lc 11.15.   [v] **9.35** Mt 4.23; Mr 1.39; Lc 4.44.   [w] **9.36** Nm 27.17; 1 R 22.17; 2 Cr 18.16; Jer 50.6-7; Ez 34.5; Zac 10.2; Jdt 11.19; Mr 6.34.   [x] **9.37-38** Lc 10.2.   [y] **10.10** 1 Co 9.14; 1 Ti 5.18.   [z] **10.14** Hch 13.51.
[a] **10.7-15** Lc 10.4-12.   [b] **10.15** Gn 19.24-28; Mt 11.24.   [c] **10.16** Lc 10.3.   [d] **10.17-20** Mr 13.9-11; Lc 12.11-12; 21.12-15.
[e] **10.21** Mr 13.12; Lc 21.16.   [f] **10.22** Mt 24.9; Mr 13.13; Lc 21.17.   [g] **10.22** Mt 24.13; Mr 13.13.   [h] **10.24** Lc 6.40.
[i] **10.24** Jn 13.16; 15.20.   [j] **10.25** Mt 9.34; 12.24; Mr 3.22; Lc 11.15.

## A quién se debe tener miedo
### (Lc 12.2-7)

26"No tengan, pues, miedo de la gente. Porque no hay nada secreto que no llegue a descubrirse, ni nada escondido que no llegue a saberse.*k* 27Lo que les digo en la oscuridad, díganlo ustedes a la luz del día; y lo que les digo en secreto, grítenlo desde las azoteas de las casas. 28No tengan miedo de los que pueden darles muerte pero no pueden disponer de su destino eterno; teman más bien al que puede darles muerte y también puede destruirlos para siempre en el infierno.

29"¿No se venden dos pajarillos por una monedita? Sin embargo, ni uno de ellos cae a tierra sin que el Padre de ustedes lo permita. 30En cuanto a ustedes mismos, hasta los cabellos de la cabeza los tienen contados uno por uno. 31Así que no tengan miedo: ustedes valen más que muchos pajarillos.

## Los que reconocen a Jesucristo delante de los hombres
### (Lc 12.8-9)

32"Si alguien se declara a mi favor delante de los hombres, yo también me declararé a favor de él delante de mi Padre que está en el cielo; 33pero al que me niegue delante de los hombres, yo también lo negaré delante de mi Padre que está en el cielo.*l*

## Jesús, causa de división
### (Lc 12.51-53; 14.26-27)

34"No crean que yo he venido a traer paz al mundo; no he venido a traer paz, sino guerra. 35He venido a poner al hombre contra su padre, a la hija contra su madre y a la nuera contra su suegra; 36de modo que los enemigos de cada cual serán sus propios parientes.*m*

37"El que quiere a su padre o a su madre más que a mí, no merece ser mío; el que quiere a su hijo o a su hija más que a mí, no merece ser mío; 38y el que no toma su cruz y me sigue, no merece ser mío.*n*

39El que trate de salvar su vida, la perderá, pero el que pierda su vida por causa mía, la salvará.*ñ*

## Premios
### (Mr 9.41)

40"El que los recibe a ustedes, me recibe a mí;*o* y el que me recibe a mí, recibe al que me envió.*p* 41El que recibe a un profeta porque viene de parte de Dios, recibirá el mismo premio que se da a un profeta; y el que recibe a un hombre bueno porque es bueno, recibirá el mismo premio que se da a un hombre bueno. 42Y cualquiera que le da siquiera un vaso de agua fresca a uno de estos pequeños por ser seguidor mío, les aseguro que tendrá su premio."

## Los enviados de Juan el Bautista
### (Lc 7.18-35)

**11** 1Cuando Jesús terminó de dar instrucciones a sus doce discípulos, se fue de allí a enseñar y anunciar el mensaje en los pueblos de aquella región.

2Juan, que estaba en la cárcel, tuvo noticias de lo que Cristo estaba haciendo. Entonces envió algunos de sus seguidores 3a que le preguntaran si él era de veras el que había de venir, o si debían esperar a otro.

4Jesús les contestó: "Vayan y díganle a Juan lo que están viendo y oyendo. 5Cuéntenle que los ciegos ven, los cojos andan, los leprosos quedan limpios de su enfermedad, los sordos oyen,*q* los muertos vuelven a la vida y a los pobres se les anuncia el mensaje de salvación.*r* 6¡Y dichoso aquél que no pierda su confianza en mí!"

7Cuando ellos se fueron, Jesús comenzó a hablar a la gente acerca de Juan, diciendo: "¿Qué salieron ustedes a ver al desierto? ¿Una caña sacudida por el viento? 8Y si no, ¿qué salieron a ver? ¿Un hombre vestido con lujo? Ustedes saben que los que se visten lujosamente están en las casas de los reyes. 9En fin, ¿a qué salieron? ¿A ver a un profeta? Sí, de veras, y a uno que es mucho más que profeta. 10Juan es aquél de quien dice la Escritura:

'Yo envío mi mensajero delante
de ti,
para que te prepare el camino.'*s*

11Les aseguro que, entre todos los hombres, ninguno ha sido más grande que Juan el Bautista; y, sin embargo, el más

---

*k* 10.26 Mr 4.22; Lc 8.17.   *l* 10.33 2 Ti 2.12.   *m* 10.35-36 Mi 7.6.   *n* 10.38 Mt 16.24; Mr 8.34; Lc 9.23; Jn 12.24.
*ñ* 10.39 Mt 16.25; Mr 8.35; Lc 9.24; 17.33; Jn 12.25.   *o* 10.40 Lc 10.16; Jn 13.20.   *p* 10.40 Mr 9.37; Lc 9.48.
*q* 11.5 Is 35.5-6.   *r* 11.5 Is 61.1.   *s* 11.10 Mal 3.1.

pequeño en el reino de Dios es más grande que él.

12"Desde que vino Juan el Bautista hasta ahora, el reino de Dios sufre violencia, y los que usan la fuerza pretenden acabar con él. 13Todos los profetas y la ley fueron sólo un anuncio del reino, hasta que vino Juan;[t] 14y, si ustedes quieren aceptar esto, Juan es el profeta Elías que había de venir.[u] 15Los que tienen oídos, oigan.

16"¿A qué compararé la gente de este tiempo? Se parece a los niños que se sientan a jugar en las plazas y gritan a sus compañeros: 17'Tocamos la flauta, pero ustedes no bailaron; cantamos canciones tristes, pero ustedes no lloraron.' 18Porque vino Juan, que ni come ni bebe, y dicen que tiene un demonio. 19Luego ha venido el Hijo del hombre, que come y bebe, y dicen que es glotón y bebedor, amigo de gente de mala fama y de los que cobran impuestos para Roma. Pero la sabiduría de Dios se demuestra por todos sus resultados."

### Los pueblos desobedientes
#### (Lc 10.13-15)

20Entonces Jesús comenzó a reprender a los pueblos donde había hecho la mayor parte de sus milagros, porque la gente que vivía en ellos no se había vuelto a Dios. Decía Jesús: 21"¡Ay de ti, Corazín! ¡Ay de ti, Betsaida! Porque si en Tiro y Sidón[v] se hubieran hecho los milagros que se han hecho entre ustedes, ya hace tiempo que se habrían vuelto a Dios, y lo habrían demostrado poniéndose ropas ásperas y ceniza. 22Pero les digo que en el día del juicio el castigo para ustedes será peor que para la gente de Tiro y Sidón. 23Y tú, pueblo de Capernaum, ¿crees que serás levantado hasta el cielo? ¡Hasta lo más hondo del abismo serás arrojado![w] Porque si en Sodoma[x] se hubieran hecho los milagros que se han hecho entre ustedes, esa ciudad habría permanecido hasta el día de hoy. 24Pero les digo que en el día del juicio el castigo para ustedes será peor que para la gente de la región de Sodoma."[y]

### Vengan a mí y descansen
#### (Lc 10.21-22)

25En aquel tiempo, Jesús dijo: "Te alabo, Padre, Señor del cielo y de la tierra, porque has mostrado a los sencillos las cosas que escondiste de los sabios y entendidos. 26Sí, Padre, porque así lo has querido.

27"Mi Padre me ha entregado todas las cosas.[z] Nadie conoce realmente al Hijo, sino el Padre; y nadie conoce realmente al Padre, sino el Hijo y aquellos a quienes el Hijo quiera darlo a conocer.[a] 28Vengan a mí todos ustedes que están cansados de sus trabajos y cargas, y yo los haré descansar. 29Acepten el yugo que les pongo, y aprendan de mí, que soy paciente y de corazón humilde; así encontrarán descanso.[b] 30Porque el yugo que les pongo y la carga que les doy a llevar son ligeros."

### Los discípulos arrancan espigas en el día de reposo
#### (Mr 2.23-28; Lc 6.1-5)

12 1Por aquel tiempo, en un día de reposo,[17] Jesús caminaba entre los sembrados. Sus discípulos sintieron hambre, y comenzaron a arrancar espigas de trigo[c] y a comer los granos. 2Los fariseos lo vieron, y dijeron a Jesús:

—Mira, tus discípulos están haciendo algo que no está permitido hacer en el día de reposo.[17]

3Él les contestó:

—¿No han leído ustedes lo que hizo David en una ocasión en que él y sus compañeros tuvieron hambre? 4Pues entró en la casa de Dios y comió los panes consagrados a Dios,[d] los cuales no les estaba permitido comer ni a él ni a sus compañeros, sino solamente a los sacerdotes.[e] 5¿O no han leído en la ley de Moisés que los sacerdotes en el templo no cometen pecado aunque no descansen en los días de reposo?[17,f] 6Pues les digo que aquí hay algo más importante que el templo. 7Ustedes no han entendido el significado de esta Escritura: 'Lo que quiero es que sean compasivos, y no que ofrezcan sacrificios.'[g] Si lo hubieran entendido, no condenarían a quienes no han cometido ninguna falta. 8Pues bien, el Hijo del hombre tiene autoridad sobre el día de reposo.[17]

### El hombre de la mano tullida
#### (Mr 3.1-6; Lc 6.6-11)

9Jesús se fue de allí y entró en la sinagoga del lugar. 10Había en ella un hombre

---

17 Día(s) de reposo: aquí equivale a sábado.
t 11.12-13 Lc 16.16.   u 11.14 Mal 4.5; Mt 17.10-13; Mr 9.11-13.   v 11.21 Is 23.1-18; Ez 26.1-28.26; Jl 3.4-8; Am 1.9-10; Zac 9.2-4.   w 11.23 Is 14.13-15.   x 11.23 Gn 19.24-28.   y 11.24 Mt 10.15; Lc 10.12.   z 11.27 Jn 3.35.   a 11.27 Sab 9.17; Jn 1.18; 10.15.   b 11.28-30 Is 30.15; Jer 6.16; Eclo 6.24-30; 24.19; 51.23-26.   c 12.1 Dt 23.25.   d 12.3-4 1 S 21.1-6. e 12.4 Lv 24.9.   f 12.5 Nm 28.9-10.   g 12.7 Os 6.6; Mt 9.13.

que tenía una mano tullida; y como buscaban algún pretexto para acusar a Jesús, le preguntaron:

—¿Está permitido sanar a un enfermo en el día de reposo?[17]

[11]Jesús les contestó:

—¿Quién de ustedes, si tiene una oveja y se le cae a un pozo en el día de reposo,[17] no va y la saca?[h] [12]Pues ¡cuánto más vale un hombre que una oveja! Por lo tanto, sí está permitido hacer el bien en los días de reposo.[17]

[13]Entonces le dijo a aquel hombre:

—Extiende la mano.

El hombre la extendió, y le quedó tan sana como la otra. [14]Pero cuando los fariseos salieron, comenzaron a hacer planes para matar a Jesús.

### Una profecía acerca de Jesús

[15]Jesús, al saberlo, se fue de allí, y mucha gente lo siguió. Jesús sanaba a todos los enfermos, [16]y les ordenaba que no hablaran de él en público. [17]Esto fue para que se cumpliera lo que anunció el profeta Isaías, cuando dijo:

[18]"Aquí está mi siervo, a quien he
    escogido,
mi amado, en quien me deleito.
Pondré sobre él mi Espíritu,
y proclamará justicia a las naciones.
[19]No protestará ni gritará;
nadie oirá su voz en las calles.
[20]No romperá la caña quebrada
ni apagará la mecha que apenas
    humea,
hasta que haga triunfar la justicia.
[21]Y las naciones pondrán su esperanza
    en él."[i]

### Acusan a Jesús de recibir su poder del demonio
#### (Mr 3.20-30; Lc 11.14-23; 12.10)

[22]Llevaron a Jesús un hombre ciego y mudo, que estaba endemoniado, y Jesús le devolvió la vista y el habla. [23]Todos se preguntaban admirados: "¿Será éste el Hijo de David?"

[24]Al oír esto, los fariseos dijeron: "Beelzebú, el jefe de los demonios, es quien le ha dado a este hombre el poder de expulsarlos."[j]

[25]Jesús, que sabía lo que estaban pensando, les dijo: "Todo país dividido en bandos enemigos, se destruye a sí mismo;

y una ciudad o una familia dividida en bandos, no puede mantenerse. [26]Así también, si Satanás expulsa al propio Satanás, contra sí mismo está dividido; ¿cómo, pues, mantendrá su poder? [27]Ustedes dicen que yo expulso a los demonios por el poder de Beelzebú; pero si es así, ¿quién da a los seguidores de ustedes el poder para expulsarlos? Por eso, ellos mismos demuestran que ustedes están equivocados. [28]Porque si yo expulso a los demonios por medio del Espíritu de Dios, eso significa que el reino de Dios ya ha llegado a ustedes.

[29]"¿Cómo podrá entrar alguien en la casa de un hombre fuerte y quitarle lo que le pertenece, si primero no lo ata? Solamente así podrá quitárselo.

[30]"El que no está a mi favor, está en contra mía;[k] y el que conmigo no recoge, desparrama.

[31]"Por eso les digo que Dios perdonará a los hombres todos los pecados y todo lo malo que digan, pero no les perdonará que con sus palabras ofendan al Espíritu Santo. [32]Dios perdonará incluso a aquél que diga algo contra el Hijo del hombre; pero al que hable contra el Espíritu Santo, no lo perdonará[l] ni en este mundo ni en el venidero.

### El árbol se conoce por su fruto
#### (Lc 6.43-45)

[33]"Cultiven bien un árbol, y tendrán buen fruto; cultívenlo mal, y tendrán mal fruto; pues el árbol se conoce por su fruto.[m] [34]¡Raza de víboras![n] ¿Cómo pueden decir cosas buenas, si ustedes mismos son malos? De lo que abunda en el corazón, habla la boca.[ñ] [35]El hombre bueno dice cosas buenas porque el bien está en él, y el hombre malo dice cosas malas porque el mal está en él. [36]Y yo les digo que en el día del juicio todos tendrán que dar cuenta de cualquier palabra inútil que hayan pronunciado. [37]Pues por tus propias palabras serás juzgado, y declarado inocente o culpable."

### La gente mala pide una señal milagrosa
#### (Mr 8.12; Lc 11.29-32)

[38]Algunos de los fariseos y maestros de la ley dijeron entonces a Jesús:

—Maestro, queremos verte hacer alguna señal milagrosa.[o]

---

[17] Día(s) de reposo: aquí equivale a sábado.
[h] 12.11 Lc 14.5.  [i] 12.18-21 Is 42.1-4.  [j] 12.24 Mt 9.34; 10.25.  [k] 12.30 Mr 9.40.  [l] 12.32 Lc 12.10.  [m] 12.33 Eclo 27.6; Mt 7.20; Lc 6.44.  [n] 12.34 Mt 3.7; 23.33; Lc 3.7.  [ñ] 12.34 Mt 15.18; Lc 6.45.  [o] 12.38 Mt 16.1; Mr 8.11; Lc 11.16.

[39] Jesús les contestó:

—Esta gente malvada e infiel pide una señal milagrosa;[p] pero no va a dársele más señal que la del profeta Jonás. [40] Pues así como Jonás estuvo tres días y tres noches dentro del gran pez,[q] así también el Hijo del hombre estará tres días y tres noches dentro de la tierra. [41] Los de Nínive se levantarán en el día del juicio, cuando se juzgue a la gente de este tiempo, y la condenarán; porque los de Nínive se volvieron a Dios cuando oyeron el mensaje de Jonás,[r] y lo que hay aquí es mayor que Jonás. [42] También la reina del Sur se levantará en el día del juicio, cuando se juzgue a la gente de este tiempo, y la condenará; porque ella vino de lo más lejano de la tierra para escuchar la sabiduría de Salomón,[s] y lo que hay aquí es mayor que Salomón.

### El espíritu impuro que regresa
#### (Lc 11.24-26)

[43] "Cuando un espíritu impuro sale de un hombre, anda por lugares secos buscando descanso; y si no lo encuentra, piensa: [44] 'Regresaré a mi casa, de donde salí.' Cuando regresa, encuentra a ese hombre como una casa desocupada, barrida y arreglada. [45] Entonces va y reúne otros siete espíritus peores que él, y todos juntos se meten a vivir en aquel hombre, que al final queda peor que al principio. Eso mismo le va a suceder a esta gente malvada."

### La madre y los hermanos de Jesús
#### (Mr 3.31-35; Lc 8.19-21)

[46] Todavía estaba Jesús hablando a la gente, cuando acudieron su madre y sus hermanos, que deseaban hablar con él. Como se quedaron afuera, [47] alguien avisó a Jesús:

—Tu madre y tus hermanos están ahí afuera, y quieren hablar contigo.

[48] Pero él contestó al que le llevó el aviso:

—¿Quién es mi madre, y quiénes son mis hermanos?

[49] Entonces, señalando a sus discípulos, dijo:

—Estos son mi madre y mis hermanos. [50] Porque cualquiera que hace la voluntad de mi Padre que está en el cielo, ése es mi hermano, mi hermana y mi madre.

### La parábola del sembrador
#### (Mr 4.1-9; Lc 8.4-8)

**13** [1] Aquel mismo día salió Jesús de casa y se sentó a la orilla del lago. [2] Como se reunió mucha gente, Jesús subió a una barca y se sentó,[t] mientras la gente se quedaba en la playa. [3] Entonces se puso a hablarles de muchas cosas por medio de parábolas.

Les dijo: "Un sembrador salió a sembrar. [4] Y al sembrar, una parte de la semilla cayó en el camino, y llegaron las aves y se la comieron. [5] Otra parte cayó entre las piedras, donde no había mucha tierra; esa semilla brotó pronto, porque la tierra no era muy honda; [6] pero el sol, al salir, la quemó, y como no tenía raíz, se secó. [7] Otra parte de la semilla cayó entre espinos, y los espinos crecieron y la ahogaron. [8] Pero otra parte cayó en buena tierra, y dio buena cosecha; algunas espigas dieron cien granos por semilla, otras sesenta granos, y otras treinta. [9] Los que tienen oídos, oigan."

### El porqué de las parábolas
#### (Mr 4.10-12; Lc 8.9-10)

[10] Los discípulos se acercaron a Jesús y le preguntaron por qué hablaba a la gente por medio de parábolas. [11] Jesús les contestó: "A ustedes, Dios les da a conocer los secretos de su reino; pero a ellos no. [12] Pues al que tiene, se le dará más, y tendrá bastante; pero al que no tiene, hasta lo poco que tiene se le quitará.[u] [13] Por eso les hablo por medio de parábolas; porque ellos miran, pero no ven; escuchan, pero no oyen ni entienden. [14] Así, en el caso de ellos se cumple lo que dijo el profeta Isaías:

'Por más que escuchen, no
    entenderán,
por más que miren, no verán.
[15] Pues la mente de este pueblo está
    entorpecida,
tienen tapados los oídos
y sus ojos están cerrados,
para que no puedan ver ni oír,
ni puedan entender;
para que no se vuelvan a mí,
y yo no los sane.'[v]

[16] "Pero dichosos ustedes, porque tienen ojos que ven y oídos que oyen. [17] Les aseguro que muchos profetas y gente buena quisieron ver esto que ustedes ven,

---

[p] **12.39** Mt 16.4; Mr 8.12.   [q] **12.40** Jon 1.17.   [r] **12.41** Jon 3.5.   [s] **12.42** 1 R 10.1-10; 2 Cr 9.1-12.   [t] **13.2** Lc 5.1-3.
[u] **13.12** Mt 25.29; Mr 4.25; Lc 8.18; 19.26.   [v] **13.14-15** Is 6.9-10.

y no lo vieron; quisieron oír esto que ustedes oyen, y no lo oyeron.ʷ

## Jesús explica la parábola del sembrador

### (Mr 4.13-20; Lc 8.11-15)

18"Escuchen, pues, lo que quiere decir la parábola del sembrador: 19Los que oyen el mensaje del reino de Dios y no lo entienden, son como la semilla que cayó en el camino; viene el maligno y les quita el mensaje sembrado en su corazón. 20La semilla que cayó entre las piedras representa a los que oyen el mensaje y lo reciben con gusto, 21pero como no tienen suficiente raíz, no se mantienen firmes; cuando por causa del mensaje sufren pruebas o persecución, pierden la fe. 22La semilla sembrada entre espinos representa a los que oyen el mensaje, pero los negocios de este mundo les preocupan demasiado y el amor por las riquezas los engaña. Todo esto ahoga el mensaje y no lo deja dar fruto en ellos. 23Pero la semilla sembrada en buena tierra representa a los que oyen el mensaje y lo entienden y dan una buena cosecha. Algunos de éstos son como las espigas que dieron cien granos por semilla, otros como las que dieron sesenta y otros como las que dieron treinta."

## La parábola de la mala hierba entre el trigo

24Jesús les contó esta otra parábola: "El reino de Dios es como un hombre que sembró buena semilla en su campo; 25pero cuando todos estaban durmiendo, llegó un enemigo, que sembró mala hierba entre el trigo y se fue. 26Cuando el trigo creció y se formó la espiga, apareció también la mala hierba. 27Entonces los trabajadores fueron a decirle al dueño: 'Señor, si la semilla que sembró usted en el campo era buena, ¿de dónde ha salido la mala hierba?' 28El dueño les dijo: 'Algún enemigo ha hecho esto.' Los trabajadores le preguntaron: '¿Quiere usted que vayamos a arrancar la mala hierba?' 29Pero él les dijo: 'No, porque al arrancar la mala hierba pueden arrancar también el trigo. 30Lo mejor es dejarlos crecer juntos hasta la cosecha; entonces mandaré a los que han de recogerla que aparten primero la mala hierba y la aten en manojos, para quemarla, y que después guarden el trigo en mi granero.' "

## La parábola de la semilla de mostaza

### (Mr 4.30-32; Lc 13.18-19)

31Jesús también les contó esta parábola: "El reino de Dios es como una semilla de mostaza que un hombre siembra en su campo. 32Es, por cierto, la más pequeña de todas las semillas; pero cuando crece, se hace más grande que las otras plantas del huerto, y llega a ser como un árbol, tan grande que las aves van y hacen nidos en sus ramas."

## La parábola de la levadura

### (Lc 13.20-21)

33También les contó esta parábola: "El reino de Dios es como la levadura que una mujer mezcla con tres medidas de harina para hacer fermentar toda la masa."

## El uso que Jesús hacía de las parábolas

### (Mr 4.33-34)

34Jesús habló de todo esto a la gente por medio de parábolas, y sin parábolas no les hablaba. 35Esto fue para que se cumpliera lo que había dicho el profeta:
"Hablaré por medio de parábolas;
diré cosas que han estado en secreto
desde que Dios hizo el mundo."ˣ

## Jesús explica la parábola de la mala hierba entre el trigo

36Jesús despidió entonces a la gente y entró en la casa, donde sus discípulos se le acercaron y le pidieron que les explicara la parábola de la mala hierba en el campo. 37Jesús les respondió: "El que siembra la buena semilla es el Hijo del hombre, 38y el campo es el mundo. La buena semilla representa a los que son del reino, y la mala hierba representa a los que son del maligno, 39y el enemigo que sembró la mala hierba es el diablo. La cosecha representa el fin del mundo, y los que recogen la cosecha son los ángeles. 40Así como la mala hierba se recoge y se echa al fuego para quemarla, así sucederá también al fin del mundo. 41El Hijo del hombre mandará a sus ángeles a recoger de su reino a todos los que hacen pecar a otros, y a los que practican el mal. 42Los echarán en el horno encendido, donde llorarán y les rechinarán los dientes. 43Entonces, aquellos que cumplen lo que Dios exige,

ʷ 13.16-17 Lc 10.23-24.   ˣ 13.35 Sal 78.2.

brillarán como el sol<sup>y</sup> en el reino de su Padre. Los que tienen oídos, oigan.

### La parábola del tesoro escondido

⁴⁴"El reino de Dios es como un tesoro escondido en un terreno. Un hombre encuentra el tesoro, y lo vuelve a esconder allí mismo; lleno de alegría, va y vende todo lo que tiene, y compra ese terreno.

### La parábola de la perla de mucho valor

⁴⁵"El reino de Dios es también como un comerciante que anda buscando perlas finas; ⁴⁶cuando encuentra una de mucho valor, va y vende todo lo que tiene, y compra esa perla.

### La parábola de la red

⁴⁷"El reino de Dios es también como una red que se echa al mar y recoge toda clase de pescado. ⁴⁸Cuando la red se llena, los pescadores la sacan a la playa, donde se sientan a escoger el pescado; guardan el bueno en canastas y tiran el malo. ⁴⁹Así también sucederá al fin del mundo: saldrán los ángeles para separar a los malos de los buenos, ⁵⁰y echarán a los malos en el horno de fuego, donde llorarán y les rechinarán los dientes."

### Tesoros nuevos y viejos

⁵¹Jesús preguntó:
—¿Entienden ustedes todo esto?
—Sí, Señor —contestaron ellos.
⁵²Entonces Jesús les dijo:
—Cuando un maestro de la ley se instruye acerca del reino de Dios, se parece al dueño de una casa, que de lo que tiene guardado sabe sacar cosas nuevas y cosas viejas.

### Jesús en Nazaret
#### (Mr 6.1-6; Lc 4.16-30)

⁵³Cuando Jesús terminó de contar estas parábolas, se fue de allí ⁵⁴y llegó a su propia tierra, donde comenzó a enseñar en la sinagoga del lugar. La gente, admirada, decía:
—¿Dónde aprendió éste todo lo que sabe? ¿Cómo puede hacer esos milagros? ⁵⁵¿No es éste el hijo del carpintero, y su madre es María? ¿No es el hermano de Santiago, José, Simón y Judas, ⁵⁶y no viven sus hermanas también aquí entre nosotros? ¿De dónde le viene todo esto?

⁵⁷Por eso no quisieron hacerle caso. Pero Jesús les dijo:
—En todas partes se honra a un profeta, menos en su propia tierra y en su propia casa.<sup>z</sup>
⁵⁸Y no hizo allí muchos milagros porque aquella gente no creía en él.

### La muerte de Juan el Bautista
#### (Mr 6.14-29; Lc 9.7-9)

**14** ¹Por aquel mismo tiempo, Herodes, el que gobernaba en Galilea, oyó hablar de Jesús, ²y dijo a los que estaban a su servicio: "Ese es Juan el Bautista, que ha resucitado. Por eso tiene este poder milagroso."

³Es que Herodes había hecho arrestar a Juan y llevarlo encadenado a la cárcel. Lo hizo por causa de Herodías, esposa de su hermano Felipe, ⁴pues Juan había dicho a Herodes: "No debes tenerla como tu mujer."<sup>a,b</sup>

⁵Herodes, que quería matar a Juan, tenía miedo de la gente, porque todos creían que Juan era un profeta. ⁶Pero en el cumpleaños de Herodes, la hija de Herodías salió a bailar delante de los invitados, y le gustó tanto a Herodes ⁷que le prometió bajo juramento darle cualquier cosa que pidiera. ⁸Ella entonces, aconsejada por su madre, dijo a Herodes:
—Dame en un plato la cabeza de Juan el Bautista.

⁹Esto entristeció al rey Herodes; pero como había hecho un juramento en presencia de sus invitados, mandó que se la dieran. ¹⁰Ordenó, pues, cortarle la cabeza a Juan en la cárcel; ¹¹luego la llevaron en un plato y se la dieron a la muchacha, y ella se la entregó a su madre. ¹²Llegaron los seguidores de Juan, se llevaron el cuerpo y lo enterraron; después fueron y avisaron a Jesús.

### Jesús da de comer a cinco mil hombres
#### (Mr 6.30-44; Lc 9.10-17; Jn 6.1-14)

¹³Cuando Jesús recibió la noticia, se fue de allí él solo, en una barca, a un lugar apartado. Pero la gente lo supo y salió de los pueblos para seguirlo por tierra. ¹⁴Al bajar Jesús de la barca, vio la multitud; sintió compasión de ellos y sanó a los enfermos que llevaban. ¹⁵Como ya se hacía de noche, los discípulos se le acercaron y le dijeron:

---

<sup>y</sup> **13.43** Dn 12.3; Sab 3.7.   <sup>z</sup> **13.57** Jn 4.44.   <sup>a</sup> **14.3-4** Lc 3.19-20.   <sup>b</sup> **14.4** Lv 18.16; 20.21.

—Ya es tarde, y éste es un lugar solitario. Despide a la gente, para que vayan a las aldeas y se compren comida.

[16] Jesús les contestó:

—No es necesario que se vayan; denles ustedes de comer.

[17] Ellos respondieron:

—No tenemos aquí más que cinco panes y dos pescados.

[18] Jesús les dijo:

—Tráiganmelos aquí.

[19] Entonces mandó a la multitud que se sentara sobre la hierba. Luego tomó en sus manos los cinco panes y los dos pescados y, mirando al cielo, dio gracias a Dios y partió los panes, los dio a los discípulos y ellos los repartieron entre la gente. [20] Todos comieron hasta quedar satisfechos, y todavía llenaron doce canastas con los pedazos sobrantes. [21] Los que comieron fueron unos cinco mil hombres, sin contar las mujeres y los niños.

### Jesús camina sobre el agua
#### (Mr 6.45-52; Jn 6.16-21)

[22] Después de esto, Jesús hizo que sus discípulos subieran a la barca, para que cruzaran el lago antes que él y llegaran al otro lado mientras él despedía a la gente. [23] Cuando la hubo despedido, Jesús subió a un cerro, para orar a solas. Al llegar la noche, estaba allí él solo, [24] mientras la barca ya iba bastante lejos de tierra firme. Las olas azotaban la barca, porque tenían el viento en contra. [25] A la madrugada, Jesús fue hacia ellos caminando sobre el agua. [26] Cuando los discípulos lo vieron andar sobre el agua, se asustaron, y gritaron llenos de miedo:

—¡Es un fantasma!

[27] Pero Jesús les habló, diciéndoles:

—¡Tengan valor, soy yo, no tengan miedo!

[28] Entonces Pedro le respondió:

—Señor, si eres tú, ordena que yo vaya hasta ti sobre el agua.

[29] —Ven —dijo Jesús.

Pedro entonces bajó de la barca y comenzó a caminar sobre el agua en dirección a Jesús. [30] Pero al notar la fuerza del viento, tuvo miedo; y como comenzaba a hundirse, gritó:

—¡Sálvame, Señor!

[31] Al momento, Jesús lo tomó de la mano y le dijo:

—¡Qué poca fe tienes! ¿Por qué dudaste?

[32] En cuanto subieron a la barca, se calmó el viento. [33] Entonces los que estaban en la barca se pusieron de rodillas delante de Jesús, y le dijeron:

—¡En verdad tú eres el Hijo de Dios!

### Jesús sana a los enfermos en Genesaret
#### (Mr 6.53-56)

[34] Cruzaron el lago y llegaron a la tierra de Genesaret. [35] La gente del lugar reconoció a Jesús, y la noticia se extendió por toda la región. Le llevaban los enfermos, [36] y le rogaban que les dejara tocar siquiera el borde de su capa; y todos los que la tocaban, quedaban sanos.

### Lo que hace impuro al hombre
#### (Mr 7.1-23)

**15** [1] Se acercaron a Jesús algunos fariseos y maestros de la ley que habían llegado de Jerusalén, y le preguntaron:

[2] —¿Por qué tus discípulos desobedecen la tradición de nuestros antepasados? ¿Por qué no cumplen con la ceremonia de lavarse las manos antes de comer?

[3] Jesús les preguntó:

—¿Y por qué también ustedes desobedecen el mandato de Dios para seguir sus propias tradiciones? [4] Porque Dios dijo: 'Honra a tu padre y a tu madre',[c] y 'El que maldiga a su padre o a su madre será condenado a muerte.'[d] [5] Pero ustedes afirman que un hombre puede decirle a su padre o a su madre: 'No puedo ayudarte, porque todo lo que tengo lo he ofrecido a Dios'; [6] y que cualquiera que diga esto, ya no está obligado a ayudar a su padre o a su madre. Así pues, ustedes han anulado el mandato de Dios para seguir sus propias tradiciones. [7] ¡Hipócritas! Bien habló el profeta Isaías acerca de ustedes, cuando dijo:

[8] 'Este pueblo me honra con la boca,
    pero su corazón está lejos de mí.
[9] De nada sirve que me rinda culto;
    sus enseñanzas son mandatos de
       hombres.'[e]

[10] Luego Jesús llamó a la gente y dijo:

—Escuchen y entiendan: [11] Lo que entra por la boca del hombre no es lo que le hace impuro. Al contrario, lo que hace impuro al hombre es lo que sale de su boca.

[12] Entonces los discípulos se acercaron a Jesús y le preguntaron:

---

—¿Sabes que los fariseos se ofendieron al oír lo que dijiste?

¹³Él les contestó:

—Cualquier planta que mi Padre celestial no haya plantado, será arrancada de raíz. ¹⁴Déjenlos, pues son ciegos que guían a otros ciegos. Y si un ciego guía a otro, los dos caerán en algún hoyo.ᶠ

¹⁵Pedro entonces le dijo a Jesús:

—Explícanos lo que dijiste.

¹⁶Jesús respondió:

—¿Tampoco lo comprenden ustedes? ¹⁷¿No entienden que todo lo que entra por la boca va al vientre, para después salir del cuerpo? ¹⁸Pero lo que sale de la boca, viene del interior del hombre;ᵍ y eso es lo que le hace impuro. ¹⁹Porque del interior del hombre salen los malos pensamientos, los asesinatos, el adulterio, la inmoralidad sexual, los robos, las mentiras y los insultos. ²⁰Estas cosas son las que hacen impuro al hombre; pero el comer sin cumplir con la ceremonia de lavarse las manos, no lo hace impuro.

### Una extranjera que creyó en Jesús
(Mr 7.24-30)

²¹Jesús se dirigió de allí a la región de Tiro y Sidón. ²²Y una mujer cananea que vivía en aquella tierra, se le acercó, gritando:

—¡Señor, Hijo de David, ten compasión de mí! ¡Mi hija tiene un demonio!

²³Jesús no le contestó nada. Entonces sus discípulos se acercaron a él y le rogaron:

—Dile a esa mujer que se vaya, porque viene gritando detrás de nosotros.

²⁴Jesús dijo:

—Dios me ha enviado solamente a las ovejas perdidas del pueblo de Israel.

²⁵Pero la mujer fue a arrodillarse delante de él, diciendo:

—¡Señor, ayúdame!

²⁶Jesús le contestó:

—No está bien quitarles el pan a los hijos y dárselo a los perros.

²⁷Ella le dijo:

—Sí, Señor; pero hasta los perros comen las migajas que caen de la mesa de sus amos.

²⁸Entonces le dijo Jesús:

—¡Mujer, qué grande es tu fe! Hágase como quieres.

Y desde ese mismo momento su hija quedó sana.

### Jesús sana a muchos enfermos

²⁹Jesús salió de allí y llegó a la orilla del lago de Galilea; luego subió a un cerro y se sentó. ³⁰Mucha gente se reunió donde él estaba. Llevaban cojos, ciegos, mancos, mudos y otros muchos enfermos, que pusieron a los pies de Jesús, y él los sanó. ³¹De modo que la gente estaba admirada al ver que los mudos hablaban, los mancos quedaban sanos, los cojos andaban y los ciegos podían ver. Y comenzaron a alabar al Dios de Israel.

### Jesús da de comer a cuatro mil hombres
(Mr 8.1-10)

³²Jesús llamó a sus discípulos, y les dijo:

—Siento compasión de esta gente, porque ya hace tres días que están aquí conmigo y no tienen nada que comer. No quiero mandarlos sin comer a sus casas, porque pueden desmayarse por el camino.

³³Sus discípulos le dijeron:

—Pero ¿cómo podremos encontrar comida para tanta gente, en un lugar como éste, donde no vive nadie?

³⁴Jesús les preguntó:

—¿Cuántos panes tienen ustedes?

—Siete, y unos pocos pescaditos —contestaron ellos.

³⁵Entonces mandó que la gente se sentara en el suelo, ³⁶tomó en sus manos los siete panes y los pescados y, habiendo dado gracias a Dios, los partió y los dio a sus discípulos, y ellos los repartieron entre la gente. ³⁷Todos comieron hasta quedar satisfechos, y aun llenaron siete canastas con los pedazos sobrantes. ³⁸Los que comieron eran cuatro mil hombres, sin contar las mujeres y los niños. ³⁹Después Jesús despidió a la gente, subió a la barca y se fue a la región de Magadán.¹⁸

### Los fariseos y los saduceos piden una señal milagrosa
(Mr 8.11-13; Lc 12.54-56)

**16** ¹Los fariseos y los saduceos fueron a ver a Jesús y, para tenderle una trampa, le pidieron que hiciera alguna señal milagrosaʰ que probara que él venía de parte de Dios.

²Pero Jesús les contestó: "Por la tarde dicen ustedes: 'Va a hacer buen tiempo, porque el cielo está rojo'; ³y por la mañana dicen: 'Hoy va a hacer mal tiempo,

---

¹⁸ Algunos mss. dicen: *Magdala.*
ᶠ **15.14** Lc 6.39.    ᵍ **15.18** Mt 12.34.    ʰ **16.1** Mt 12.38; Lc 11.16.

porque el cielo está rojo y nublado.' Pues si ustedes saben interpretar tan bien el aspecto del cielo, ¿cómo es que no saben interpretar las señales de estos tiempos? [4]Esta gente mala e infiel pide una señal milagrosa;[i] pero no va a dársele más señal que la de Jonás.''

Y los dejó, y se fue.

### La levadura de los fariseos
#### (Mr 8.14-21)

[5]Cuando los discípulos pasaron al otro lado del lago, se olvidaron de llevar pan. [6]Entonces Jesús les dijo:

—Miren, cuídense de la levadura de los fariseos[j] y de los saduceos.

[7]Los discípulos comentaban unos con otros:

—¡No trajimos pan!

[8]Jesús se dio cuenta, y les dijo:

—¿Por qué dicen que no tienen pan? ¡Qué poca fe tienen ustedes! [9]¿Todavía no entienden, ni se acuerdan de los cinco panes que repartí entre cinco mil hombres,[k] y cuántas canastas recogieron? [10]¿Ni se acuerdan tampoco de los siete panes que repartí entre cuatro mil,[l] y cuántas canastas recogieron? [11]¿Cómo no se dan cuenta ustedes de que yo no estaba hablando del pan? Cuídense de la levadura de los fariseos y de los saduceos.

[12]Entonces comprendieron que Jesús no les había dicho que se cuidaran de la levadura del pan, sino de la enseñanza de los fariseos y de los saduceos.

### Pedro declara que Jesús es el Mesías
#### (Mr 8.27-30; Lc 9.18-21)

[13]Cuando Jesús llegó a la región de Cesarea de Filipo, preguntó a sus discípulos:

—¿Quién dice la gente que es el Hijo del hombre?

[14]Ellos contestaron:

—Algunos dicen que Juan el Bautista; otros dicen que Elías, y otros dicen que Jeremías o algún otro profeta.[m]

[15]—Y ustedes, ¿quién dicen que soy? —les preguntó.

[16]Simón Pedro le respondió:

—Tú eres el Mesías, el Hijo del Dios viviente.[n]

[17]Entonces Jesús le dijo:

—Dichoso tú, Simón, hijo de Jonás, porque ningún hombre te ha mostrado esto, sino mi Padre que está en el cielo. [18]Y yo te digo que tú eres Pedro, y sobre esta piedra voy a construir mi iglesia; y ni siquiera el poder de la muerte podrá vencerla. [19]Te daré las llaves del reino de los cielos; lo que tú ates en este mundo, también quedará atado en el cielo, y lo que tú desates en este mundo, también quedará desatado en el cielo.[ñ]

[20]Luego Jesús ordenó a sus discípulos que no dijeran a nadie que él era el Mesías.

### Jesús anuncia su muerte
#### (Mr 8.31—9.1; Lc 9.22-27)

[21]A partir de entonces Jesús comenzó a explicar a sus discípulos que él tendría que ir a Jerusalén, y que los ancianos, los jefes de los sacerdotes y los maestros de la ley lo harían sufrir mucho. Les dijo que lo iban a matar, pero que al tercer día resucitaría. [22]Entonces Pedro lo llevó aparte y comenzó a reprenderlo, diciendo:

—¡Dios no lo quiera, Señor! ¡Esto no te puede pasar!

[23]Pero Jesús se volvió y le dijo a Pedro:

—¡Apártate de mí, Satanás, pues me pones en peligro de caer! Tú no ves las cosas como las ve Dios, sino como las ven los hombres.

[24]Luego Jesús dijo a sus discípulos:

—Si alguno quiere ser discípulo mío, olvídese de sí mismo, cargue con su cruz y sígame.[o] [25]Porque el que quiera salvar su vida, la perderá; pero el que pierda la vida por causa mía, la encontrará.[p] [26]¿De qué le sirve al hombre ganar el mundo entero, si pierde la vida? ¿O cuánto podrá pagar el hombre por su vida? [27]Porque el Hijo del hombre va a venir con la gloria de su Padre y con sus ángeles,[q] y entonces recompensará a cada uno conforme a lo que haya hecho.[r] [28]Les aseguro que algunos de los que están aquí presentes no morirán hasta que vean al Hijo del hombre venir a reinar.

### La transfiguración de Jesús
#### (Mr 9.2-13; Lc 9.28-36)

17 [1]Seis días después, Jesús tomó a Pedro, a Santiago y a Juan, el hermano de Santiago, y se fue aparte con

---

[i] 16.4 Mt 12.39; Lc 11.29.  [j] 16.6 Lc 12.1.  [k] 16.9 Mt 14.17-21.  [l] 16.10 Mt 15.34-38.  [m] 16.14 Mt 14.1-2; Mr 6.14-15; Lc 9.7-8.  [n] 16.16 Jn 6.68-69.  [ñ] 16.19 Mt 18.18; Jn 20.23.  [o] 16.24 Mt 10.38; Lc 14.27; Jn 12.24.  [p] 16.25 Mt 10.39; Lc 17.33; Jn 12.25.  [q] 16.27 Mt 25.31.  [r] 16.27 Sal 62.11-12; Pr 24.12; Jer 17.10; Ez 18.30; 33.20; Eclo 16.12, 14; Ro 2.6.

ellos a un cerro muy alto. ²Allí, delante de ellos, cambió la apariencia de Jesús. Su cara brillaba como el sol, y su ropa se volvió blanca como la luz. ³En esto vieron a Moisés y a Elías conversando con Jesús. ⁴Pedro le dijo a Jesús:

—Señor, ¡qué bien que estemos aquí! Si quieres, haré tres chozas: una para ti, otra para Moisés y otra para Elías.

⁵Mientras Pedro estaba hablando, una nube brillante los envolvió en su sombra, y de la nube salió una voz, que dijo: "Este es mi Hijo amado, a quien he elegido:ˢ escúchenlo."ᵗ,ᵘ

⁶Al oír esto, los discípulos se postraron con la cara en tierra, llenos de miedo. ⁷Jesús se acercó a ellos, los tocó y les dijo:

—Levántense; no tengan miedo.

⁸Y cuando miraron, ya no vieron a nadie, sino a Jesús solo.

⁹Mientras bajaban del cerro, Jesús les ordenó:

—No cuenten a nadie esta visión, hasta que el Hijo del hombre haya resucitado.

¹⁰Los discípulos preguntaron entonces a Jesús:

—¿Por qué dicen los maestros de la ley que Elías ha de venir primero?ᵛ

¹¹Y Jesús contestó:

—Es cierto que Elías viene primero, y que él lo arreglará todo. ¹²Pero yo les digo que Elías ya vino,ʷ y que ellos no lo reconocieron, sino que hicieron con él todo lo que quisieron. Del mismo modo, el Hijo del hombre va a sufrir a manos de ellos.

¹³Entonces los discípulos se dieron cuenta de que Jesús les estaba hablando de Juan el Bautista.

### Jesús sana a un muchacho que tenía un demonio
#### (Mr 9.14-29; Lc 9.37-43)

¹⁴Cuando llegaron a donde estaba la gente, se acercó un hombre a Jesús, y arrodillándose delante de él le dijo:

¹⁵—Señor, ten compasión de mi hijo, porque le dan ataques y sufre terriblemente; muchas veces cae en el fuego o en el agua. ¹⁶Aquí se lo traje a tus discípulos, pero no han podido sanarlo.

¹⁷Jesús contestó:

—¡Oh gente sin fe y perversa! ¿Hasta cuándo tendré que estar con ustedes? ¿Hasta cuándo tendré que soportarlos? Traigan acá al muchacho.

¹⁸Entonces Jesús reprendió al demonio y lo hizo salir del muchacho, que quedó sano desde aquel momento.

¹⁹Después los discípulos hablaron aparte con Jesús, y le preguntaron:

—¿Por qué no pudimos nosotros expulsar el demonio?

²⁰Jesús les dijo:

—Porque ustedes tienen muy poca fe. Les aseguro que si tuvieran fe, aunque sólo fuera del tamaño de una semilla de mostaza, le dirían a este cerro: 'Quítate de aquí y vete a otro lugar', y el cerro se quitaría.ˣ Nada les sería imposible.¹⁹

### Jesús anuncia por segunda vez su muerte
#### (Mr 9.30-32; Lc 9.43-45)

²²Mientras andaban juntos por la región de Galilea, Jesús les dijo:

—El Hijo del hombre va a ser entregado en manos de los hombres, ²³y lo matarán; pero al tercer día resucitará. Esta noticia los llenó de tristeza.

### El pago del impuesto para el templo

²⁴Cuando Jesús y sus discípulos llegaron a Capernaum, los que cobraban el impuesto para el temploʸ fueron a ver a Pedro, y le preguntaron:

—¿Tu maestro no paga el impuesto para el templo?

²⁵—Sí, lo paga —contestó Pedro.

Luego, al entrar Pedro en la casa, Jesús le habló primero, diciendo:

—¿Tú qué opinas, Simón? ¿A quiénes cobran impuestos y contribuciones los reyes de este mundo: a sus propios súbditos o a los extranjeros?

²⁶Pedro le contestó:

—A los extranjeros.

Jesús añadió:

—Así pues, los propios súbditos no tienen que pagar nada. ²⁷Pero, por no ofender a nadie, vete al lago, echa el anzuelo y saca el primer pez que pique. En su boca encontrarás una moneda, que será suficiente para pagar mi impuesto y el tuyo; llévala y págalos.

### ¿Quién es el más importante?
#### (Mr 9.33-37; Lc 9.46-48)

**18** ¹En aquella misma ocasión los discípulos se acercaron a Jesús y le preguntaron:

---

¹⁹ Algunos mss. añaden v. 21: *Pero esta clase (de demonios) no sale sino con oración y ayuno.*
ˢ **17.5** Gn 22.2; Sal 2.7; Is 42.1; Mt 3.17; 12.18; Mr 1.11; Lc 3.22.  ᵗ **17.5** Dt 18.15; 2 Mac 2.8.  ᵘ **17.1-5** 2 P 1.17-18.
ᵛ **17.10** Mal 4.5; Eclo 48.10.  ʷ **17.12** Mt 11.14.  ˣ **17.20** Mt 21.21; Mr 11.23; 1 Co 13.2.  ʸ **17.24** Ex 30.13; 38.26.

—¿Quién es el más importante en el reino de Dios?[z]

[2] Jesús llamó entonces a un niño, lo puso en medio de ellos [3] y dijo:

—Les aseguro que si ustedes no cambian y se vuelven como niños, no entrarán en el reino de Dios.[a] [4] El más importante en el reino de Dios es el que se humilla y se vuelve como este niño. [5] Y el que recibe en mi nombre a un niño como éste, me recibe a mí.

### El peligro de caer en pecado
*(Mr 9.42-48; Lc 17.1-2)*

[6] "A cualquiera que haga caer en pecado a uno de estos pequeños que creen en mí, más le valdría que lo hundieran en lo profundo del mar con una gran piedra de molino atada al cuello. [7] ¡Qué malo es para el mundo que haya tantas invitaciones al pecado! Siempre las habrá, pero ¡ay del hombre que haga pecar a los demás!

[8] "Por eso, si tu mano o tu pie te hacen caer en pecado, córtatelos y échalos lejos de ti; es mejor que entres en la vida manco o cojo, y no que con tus dos manos y tus dos pies seas arrojado al fuego eterno.[b] [9] Y si tu ojo te hace caer en pecado, sácatelo y échalo lejos de ti; es mejor que entres en la vida con un solo ojo, y no que con tus dos ojos seas arrojado al fuego del infierno.[c]

### La parábola de la oveja perdida
*(Lc 15.3-7)*

[10] "No desprecien a ninguno de estos pequeños. Pues les digo que en el cielo los ángeles de ellos están siempre en la presencia de mi Padre celestial.[20,d] [12] "¿Qué les parece? Si un hombre tiene cien ovejas y se le extravía una de ellas, ¿acaso no dejará las otras noventa y nueve en el monte, para ir a buscar la oveja extraviada? [13] Y si logra encontrarla, de seguro se alegrará más por esa oveja que por las noventa y nueve que no se extraviaron. [14] Así también, el Padre de ustedes que está en el cielo no quiere que se pierda ninguno de estos pequeños.

### Cómo se debe perdonar al hermano
*(Lc 17.3)*

[15] "Si tu hermano te hace algo malo, habla con él a solas y hazle reconocer su falta. Si te hace caso, ya has ganado a tu hermano.[e] [16] Si no te hace caso, llama a una o dos personas más, para que toda acusación se base en el testimonio de dos o tres testigos.[f] [17] Si tampoco les hace caso a ellos, díselo a la congregación; y si tampoco hace caso a la congregación, entonces habrás de considerarlo como un pagano o como uno de esos que cobran impuestos para Roma.

[18] "Les aseguro que lo que ustedes aten en este mundo, también quedará atado en el cielo, y lo que ustedes desaten en este mundo, también quedará desatado en el cielo.[g]

[19] "Esto les digo: Si dos de ustedes se ponen de acuerdo aquí en la tierra para pedir algo en oración, mi Padre que está en el cielo se lo dará. [20] Porque donde dos o tres se reúnen en mi nombre, allí estoy yo en medio de ellos.

[21] Entonces Pedro fue y preguntó a Jesús:

—Señor, ¿cuántas veces deberé perdonar a mi hermano, si me hace algo malo? ¿Hasta siete?

[22] Jesús le contestó:

—No te digo hasta siete veces, sino hasta setenta veces siete.[h]

### La parábola del funcionario que no quiso perdonar

[23] "Por esto, el reino de Dios es como un rey que quiso hacer cuentas con sus funcionarios. [24] Estaba comenzando a hacerlas cuando le presentaron a uno que le debía muchos millones. [25] Como aquel funcionario no tenía con qué pagar, el rey ordenó que lo vendieran como esclavo, junto con su esposa, sus hijos y todo lo que tenía, para que quedara pagada la deuda. [26] El funcionario se arrodilló delante del rey, y le rogó: 'Tenga usted paciencia conmigo, y se lo pagaré todo.' [27] Y el rey tuvo compasión de él; así que le perdonó la deuda y lo puso en libertad.

[28] "Pero al salir, aquel funcionario se encontró con un compañero suyo que le debía una pequeña cantidad. Lo agarró del cuello y comenzó a ahogarlo, diciéndole: '¡Págame lo que me debes!' [29] El compañero, arrodillándose delante de él, le rogó: 'Ten paciencia conmigo y te lo pagaré todo.' [30] Pero el otro no quiso, sino que lo hizo meter en la cárcel hasta que le pagara la deuda. [31] Esto dolió

[20] Algunos mss. añaden v. 11: *Porque el Hijo del hombre vino a salvar lo que se había perdido.*
z **18.1** Lc 22.24.   a **18.3** Mr 10.15; Lc 18.17.   b **18.8** Mt 5.30.   c **18.9** Mt 5.29.   d **18.10** Ez 34.16; Lc 19.10.
e **18.15** Eclo 19.13-17; Lc 17.3.   f **18.16** Dt 19.15.   g **18.18** Mt 16.19; Jn 20.23.   h **18.21-22** Lc 17.3-4.

mucho a los otros funcionarios, que fueron a contarle al rey todo lo sucedido. [32]Entonces el rey lo mandó llamar, y le dijo: '¡Malvado! Yo te perdoné toda aquella deuda porque me lo rogaste. [33]Pues tú también debiste tener compasión de tu compañero, del mismo modo que yo tuve compasión de ti.' [34]Y tanto se enojó el rey, que ordenó castigarlo hasta que pagara todo lo que debía.''

[35]Jesús añadió:

—Así hará también con ustedes mi Padre celestial, si cada uno de ustedes no perdona de corazón a su hermano. *

### Jesús enseña sobre el divorcio
(Mr 10.1-12; Lc 16.18)

**19** [1]Después de decir estas cosas, Jesús se fue de Galilea y llegó a la región de Judea que está al oriente del Jordán. [2]Mucha gente le siguió, y allí sanó a los enfermos.

[3]Algunos fariseos se acercaron a Jesús y, para tenderle una trampa, le preguntaron:

—¿Le está permitido a uno divorciarse de su esposa por un motivo cualquiera?

[4]Jesús les contestó:

—¿No han leído ustedes en la Escritura que el que los creó en el principio, 'hombre y mujer los creó'?[i] [5]Y dijo: 'Por eso, el hombre dejará a su padre y a su madre para unirse a su esposa, y los dos serán como una sola persona.'[j] [6]Así que ya no son dos, sino uno solo. De modo que el hombre no debe separar lo que Dios ha unido.

[7]Ellos le preguntaron:

—¿Por qué, pues, mandó Moisés darle a la esposa un certificado de divorcio, y despedirla así?[k]

[8]Jesús les dijo:

—Precisamente por lo tercos que son ustedes, Moisés les permitió divorciarse de su esposa; pero al principio no fue de esa manera. [9]Yo les digo que el que se divorcia de su esposa, a no ser por motivo de inmoralidad sexual, y se casa con otra, comete adulterio.[2l,l]

[10]Le dijeron sus discípulos:

—Si éste es el caso del hombre en relación con su esposa, no conviene casarse.

[11]Jesús les contestó:

—No todos pueden comprender esto, sino únicamente aquellos a quienes Dios les ha dado que lo comprendan. [12]Hay diferentes razones que impiden a los hombres casarse: unos ya nacen incapacitados para el matrimonio, a otros los incapacitan los hombres, y otros viven como incapacitados por causa del reino de Dios. El que pueda aceptar esto, que lo acepte.

### Jesús bendice a los niños
(Mr 10.13-16; Lc 18.15-17)

[13]Llevaron unos niños a Jesús, para que pusiera sobre ellos las manos y orara por ellos; pero los discípulos comenzaron a reprender a quienes los llevaban. [14]Entonces Jesús dijo:

—Dejen que los niños vengan a mí, y no se lo impidan, porque el reino de Dios es de quienes son como ellos.

[15]Puso las manos sobre los niños, y se fue de aquel lugar.

### Un joven rico habla con Jesús
(Mr 10.17-31; Lc 18.18-30)

[16]Un joven fue a ver a Jesús, y le preguntó:

—Maestro, [22] ¿qué cosa buena debo hacer para tener vida eterna?

[17]Jesús le contestó:

—¿Por qué me preguntas acerca de lo que es bueno? Bueno solamente hay uno.[23] Pero si quieres entrar en la vida, obedece los mandamientos.

[18]—¿Cuáles? —preguntó el joven.

Y Jesús le dijo:

—'No mates,[m] no cometas adulterio,[n] no robes,[ñ] no digas mentiras en perjuicio de nadie,[o] [19]honra a tu padre y a tu madre,[p] y ama a tu prójimo como a ti mismo.'[q]

[20]—Todo eso ya lo he cumplido —dijo el joven—. ¿Qué más me falta?

[21]Jesús le contestó:

—Si quieres ser perfecto, anda, vende lo que tienes y dáselo a los pobres. Así tendrás riqueza en el cielo. Luego ven y sígueme.

[22]Cuando el joven oyó esto, se fue triste, porque era muy rico.

[23]Jesús dijo entonces a sus discípulos:

—Les aseguro que difícilmente entrará un rico en el reino de Dios.[r] [24]Les repito

---

[2l] Algunos mss. añaden: y el que se casa con la divorciada, comete adulterio. [22] Algunos mss. añaden: bueno. [23] ¿Por qué... bueno? Bueno... hay uno: Algunos mss. dicen: ¿Por qué me llamas ''bueno''? Nadie es bueno, sino Dios.
* **18.23-35** Eclo 28.3-4. [i] **19.4** Gn 1.27; 5.2. [j] **19.5** Gn 2.24. [k] **19.7** Dt 24.1-4; Mt 5.31. [l] **19.9** Mt 5.32; 1 Co 7.10-11.
[m] **19.18** Ex 20.13; Dt 5.17. [n] **19.18** Ex 20.14; Dt 5.18. [ñ] **19.18** Ex 20.15; Dt 5.19. [o] **19.18** Ex 20.16; Dt 5.20.
[p] **19.19** Ex 20.12; Dt 5.16. [q] **19.19** Lv 19.18. [r] **19.23-24** Pr 11.28.

que es más fácil para un camello pasar por el ojo de una aguja, que para un rico entrar en el reino de Dios.

²⁵Al oírlo, sus discípulos se asombraron más aún, y decían:

—Entonces, ¿quién podrá salvarse?

²⁶Jesús los miró y les contestó:

—Para los hombres esto es imposible, pero no para Dios.

²⁷Pedro le dijo entonces:

—Nosotros hemos dejado todo lo que teníamos y te hemos seguido. ¿Qué vamos a recibir?

²⁸Jesús les respondió:

—Les aseguro que cuando llegue el tiempo en que todo sea renovado, cuando el Hijo del hombre se siente en su trono glorioso,ˢ ustedes que me han seguido se sentarán también en doce tronos para juzgar a las doce tribus de Israel.ᵗ ²⁹Y todos los que por causa mía hayan dejado casa, o hermanos, o hermanas, o padre, o madre, o hijos, o terrenos, recibirán cien veces más, y también recibirán la vida eterna. ³⁰Pero muchos que ahora son los primeros, serán los últimos; y muchos que ahora son los últimos, serán los primeros.ᵘ

### La parábola de los trabajadores

**20** ¹"El reino de Dios es como el dueño de una finca que salió muy de mañana a contratar trabajadores para su viñedo. ²Se arregló con ellos para pagarles el jornal de un día, y los mandó a trabajar a su viñedo. ³Volvió a salir como a las nueve de la mañana, y vio a otros que estaban en la plaza desocupados. ⁴Les dijo: 'Vayan también ustedes a trabajar a mi viñedo, y les daré lo que sea justo.' Y ellos fueron. ⁵El dueño salió de nuevo a eso del mediodía, y otra vez a las tres de la tarde, e hizo lo mismo. ⁶Alrededor de las cinco de la tarde volvió a la plaza, y encontró en ella a otros que estaban desocupados. Les preguntó: '¿Por qué están ustedes aquí todo el día sin trabajar?' ⁷Le contestaron: 'Porque nadie nos ha contratado.' Entonces les dijo: 'Vayan también ustedes a trabajar a mi viñedo.'

⁸"Cuando llegó la noche, el dueño dijo al encargado del trabajo: 'Llama a los trabajadores, y págalesᵛ comenzando por los últimos que entraron y terminando por los que entraron primero.' ⁹Se presentaron, pues, los que habían entrado

a trabajar alrededor de las cinco de la tarde, y cada uno recibió el jornal completo de un día. ¹⁰Después, cuando les tocó el turno a los que habían entrado primero, pensaron que iban a recibir más; pero cada uno de ellos recibió también el jornal de un día. ¹¹Al cobrarlo, comenzaron a murmurar contra el dueño, ¹²diciendo: 'Estos, que llegaron al final, trabajaron solamente una hora, y usted les ha pagado igual que a nosotros, que hemos aguantado el trabajo y el calor de todo el día.' ¹³Pero el dueño contestó a uno de ellos: 'Amigo, no te estoy haciendo ninguna injusticia. ¿Acaso no te arreglaste conmigo por el jornal de un día? ¹⁴Pues toma tu paga y vete. Si yo quiero darle a éste que entró a trabajar al final lo mismo que te doy a ti, ¹⁵es porque tengo el derecho de hacer lo que quiera con mi dinero. ¿O es que te da envidia que yo sea bondadoso?'

¹⁶"De modo que los que ahora son los últimos, serán los primeros; y los que ahora son los primeros, serán los últimos.ʷ

### Jesús anuncia por tercera vez su muerte
#### (Mr 10.32-34; Lc 18.31-34)

¹⁷Jesús, yendo ya de camino a Jerusalén, llamó aparte a sus doce discípulos y les dijo:

¹⁸—Como ustedes ven, ahora vamos a Jerusalén, donde el Hijo del hombre va a ser entregado a los jefes de los sacerdotes y a los maestros de la ley, que lo condenarán a muerte ¹⁹y lo entregarán a los extranjeros para que se burlen de él, lo golpeen y lo crucifiquen; pero al tercer día resucitará.

### Lo que pidió la madre de Santiago y Juan
#### (Mr 10.35-45)

²⁰La madre de los hijos de Zebedeo, junto con sus hijos, se acercó a Jesús y se arrodilló delante de él para pedirle un favor. ²¹Jesús le preguntó:

—¿Qué quieres?

Ella le dijo:

—Manda que en tu reino uno de mis hijos se siente a tu derecha y el otro a tu izquierda.

²²Jesús contestó:

---

ˢ **19.28** Mt 25.31.   ᵗ **19.28** Lc 22.30.   ᵘ **19.30** Mt 20.16; Lc 13.30.   ᵛ **20.8** Lv 19.13; Dt 24.15.   ʷ **20.16** Mt 19.30; Mr 10.31; Lc 13.30.

—Ustedes no saben lo que piden. ¿Acaso pueden beber el trago amargo que voy a beber yo?

Ellos dijeron:

—Podemos.

²³Jesús les respondió:

—Ustedes beberán este trago amargo, pero el sentarse a mi derecha o a mi izquierda no me corresponde a mí darlo, sino que se les dará a aquellos para quienes mi Padre lo ha preparado.

²⁴Cuando los otros diez discípulos oyeron esto, se enojaron con los dos hermanos. ²⁵Pero Jesús los llamó, y les dijo:

—Como ustedes saben, entre los paganos los jefes gobiernan con tiranía a sus súbditos, y los grandes hacen sentir su autoridad sobre ellos. ²⁶Pero entre ustedes no debe ser así.ˣ Al contrario, el que entre ustedes quiera ser grande, deberá servir a los demás; ²⁷y el que entre ustedes quiera ser el primero, deberá ser su esclavo.ʸ ²⁸Porque, del mismo modo, el Hijo del hombre no vino para que le sirvan, sino para servirᶻ y para dar su vida como precio por la libertad de muchos.

### Jesús sana a dos ciegos
#### (Mr 10.46-52; Lc 18.35-43)

²⁹Al salir ellos de Jericó, mucha gente siguió a Jesús. ³⁰Dos ciegos que estaban sentados junto al camino, al oír que Jesús pasaba, gritaron:

—¡Señor, Hijo de David, ten compasión de nosotros!

³¹La gente los reprendía para que se callaran, pero ellos gritaban más todavía:

—¡Señor, Hijo de David, ten compasión de nosotros!

³²Entonces Jesús se detuvo, llamó a los ciegos y les preguntó:

—¿Qué quieren que haga por ustedes?

³³Ellos le contestaron:

—Señor, que recobremos la vista.

³⁴Jesús tuvo compasión de ellos, y les tocó los ojos. En el mismo momento los ciegos recobraron la vista, y siguieron a Jesús.

### Jesús entra en Jerusalén
#### (Mr 11.1-11; Lc 19.28-40; Jn 12.12-19)

**21** ¹Cuando ya estaban cerca de Jerusalén y habían llegado a Betfagé, al monte de los Olivos, Jesús envió a dos de sus discípulos, ²diciéndoles:

—Vayan a la aldea que está enfrente. Allí encontrarán una burra atada, y un burrito con ella. Desátenla y tráiganmelos. ³Y si alguien les dice algo, díganle que el Señor los necesita y que en seguida los devolverá.

⁴Esto sucedió para que se cumpliera lo que dijo el profeta, cuando escribió:

⁵"Digan a la ciudad de Sión:
'Mira, tu Rey viene a ti,
humilde, montado en un burro,
en un burrito, cría de una bestia de carga.' "ᵃ

⁶Los discípulos fueron e hicieron lo que Jesús les había mandado. ⁷Llevaron la burra y su cría, les pusieron ropas encima y Jesús montó. ⁸Había mucha gente. Unos tendían sus propias ropas por el camino, y otros tendían ramas que cortaban de los árboles. ⁹Y tanto los que iban delante como los que iban detrás, gritaban:

—¡Gloria²⁴ al Hijo del rey David! ¡Bendito el que viene en el nombre del Señor!ᵇ ¡Gloria en las alturas!

¹⁰Cuando Jesús entró en Jerusalén, toda la ciudad se alborotó, y muchos preguntaban:

—¿Quién es éste?

¹¹Y la gente contestaba:

—Es el profeta Jesús, el de Nazaret de Galilea.

### Jesús purifica el templo
#### (Mr 11.15-19; Lc 19.45-48; Jn 2.13-22)

¹²Jesús entró en el templo y echó de allí a todos los que estaban vendiendo y comprando. Volcó las mesas de los que cambiaban dinero a la gente, y los puestos de los que vendían palomas; ¹³y les dijo:

—En las Escrituras se dice: 'Mi casa será declarada casa de oración',ᶜ pero ustedes han hecho de ella una cueva de ladrones.ᵈ

¹⁴Se acercaron a Jesús en el templo los ciegos y los cojos, y él los sanó. ¹⁵Pero cuando los jefes de los sacerdotes y los maestros de la ley vieron los milagros que hacía, y oyeron que los niños gritaban en el templo: "¡Gloria al Hijo del rey David!", se enojaron ¹⁶y dijeron a Jesús:

—¿Oyes lo que ésos están diciendo?

Jesús les contestó:

—Sí, lo oigo. Pero ¿no han leído ustedes la Escritura que habla de esto? Dice:
'Con los cantos de los pequeños,

---

²⁴ *Gloria:* lit. *hosana,* palabra hebrea que originalmente significaba *¡salva!*
ˣ **20.25-26** Lc 22.25-26.  ʸ **20.26-27** Eclo 3.18; Mt 23.11; Mr 9.35; Lc 22.26.  ᶻ **20.28** Lc 22.27; Jn 13.12-15.
ᵃ **21.5** Zac 9.9.  ᵇ **21.9** Sal 118.25-26.  ᶜ **21.13** Is 56.7.  ᵈ **21.13** Jer 7.11.

de los niñitos de pecho,
has dispuesto tu alabanza.'*e*

¹⁷Entonces los dejó, y se fue de la ciudad a Betania, donde pasó la noche.

### Jesús maldice la higuera sin fruto
*(Mr 11.12-14, 20-26)*

¹⁸Por la mañana, cuando volvía a la ciudad, Jesús sintió hambre. ¹⁹Vio una higuera junto al camino y se acercó a ella, pero no encontró más que hojas. Entonces le dijo a la higuera:

—¡Nunca más vuelvas a dar fruto!

Y al instante la higuera se secó. ²⁰Al ver lo ocurrido, los discípulos se maravillaron y preguntaron a Jesús:

—¿Cómo es que la higuera se secó al instante?

²¹Jesús les contestó:

—Les aseguro que si tienen fe y no dudan, no solamente podrán hacer esto que le hice a la higuera, sino que le dirán a este cerro: 'Quítate de ahí y arrójate al mar', y así sucederá.*f* ²²Y todo lo que ustedes, al orar, pidan con fe, lo recibirán.

### La autoridad de Jesús
*(Mr 11.27-33; Lc 20.1-8)*

²³Después de esto, Jesús entró en el templo. Mientras estaba allí, enseñando, se le acercaron los jefes de los sacerdotes y los ancianos de los judíos, y le preguntaron:

—¿Con qué autoridad haces esto? ¿Quién te dio esta autoridad?

²⁴⁻²⁵Jesús les contestó:

—Yo también les voy a hacer una pregunta: ¿Quién envió a Juan a bautizar, Dios o los hombres? Si ustedes me responden, yo les diré con qué autoridad hago esto.

Comenzaron a discutir unos con otros: "Si respondemos que Dios lo envió, nos dirá: 'Entonces, ¿por qué no le creyeron?' ²⁶Y no podemos decir que fueron los hombres, porque tenemos miedo de la gente, ya que todos creen que Juan hablaba de parte de Dios." ²⁷Así que respondieron a Jesús:

—No lo sabemos.

Entonces él les contestó:

—Pues yo tampoco les digo con qué autoridad hago esto.

### La parábola de los dos hijos

²⁸Jesús les preguntó:

—¿Qué opinan ustedes de esto? Un hombre tenía dos hijos, y le dijo a uno de ellos: 'Hijo, ve hoy a trabajar a mi viñedo.' ²⁹El hijo le contestó: '¡No quiero ir!' Pero después cambió de parecer, y fue. ³⁰Luego el padre se dirigió al otro, y le dijo lo mismo. Este contestó: 'Sí, señor, yo iré.' Pero no fue. ³¹¿Cuál de los dos hizo lo que su padre quería?

—El primero —contestaron ellos.

Y Jesús les dijo:

—Les aseguro que los que cobran impuestos para Roma, y las prostitutas, entrarán antes que ustedes en el reino de Dios. ³²Porque Juan el Bautista vino a enseñarles cómo deben vivir, y ustedes no le creyeron; en cambio, esos cobradores de impuestos y esas prostitutas sí le creyeron.*g* Pero ustedes, aunque vieron todo esto, no cambiaron de actitud para creerle.

### La parábola de los labradores malvados
*(Mr 12.1-12; Lc 20.9-19)*

³³"Escuchen otra parábola: El dueño de una finca plantó un viñedo*h* y le puso un cerco; preparó un lugar donde hacer el vino y levantó una torre para vigilarlo todo. Luego alquiló el terreno a unos labradores y se fue de viaje. ³⁴Cuando llegó el tiempo de la cosecha, mandó unos criados a pedir a los labradores la parte que le correspondía. ³⁵Pero los labradores echaron mano a los criados: golpearon a unos, mataron a otros y apedrearon a otros. ³⁶El dueño volvió a mandar más criados que al principio; pero los labradores los trataron a todos de la misma manera.

³⁷"Por fin mandó a su propio hijo, pensando: 'Sin duda, respetarán a mi hijo.' ³⁸Pero cuando vieron al hijo, los labradores se dijeron unos a otros: 'Este es el que ha de recibir la herencia; matémoslo y nos quedaremos con su propiedad.' ³⁹Así que lo agarraron, lo sacaron del viñedo y lo mataron.

⁴⁰"Y ahora, cuando venga el dueño del viñedo, ¿qué creen ustedes que hará con esos labradores?

⁴¹Le contestaron:

---

*e* **21.16** Sal 8.2.    *f* **21.21** Mt 17.20; 1 Co 13.2.    *g* **21.32** Lc 3.12; 7.29-30.    *h* **21.33** Is 5.1-2.

—Matará sin compasión a esos malvados, y alquilará el viñedo a otros labradores que le entreguen a su debido tiempo la parte de la cosecha que le corresponde. [42]Jesús entonces les dijo:

—¿Nunca han leído ustedes las Escrituras? Dicen:

'La piedra que los constructores despreciaron
se ha convertido en la piedra principal.

Esto lo hizo el Señor,
y estamos maravillados.'[i]

[43]Por eso les digo que a ustedes se les quitará el reino de Dios, y que se le dará a un pueblo que entregue al reino la debida cosecha. [[44]En cuanto a la piedra, cualquiera que caiga sobre ella quedará hecho pedazos; y si la piedra cae sobre alguien, lo hará polvo.][25]

[45]Los jefes de los sacerdotes y los fariseos, al oír las parábolas que Jesús contaba, se dieron cuenta de que hablaba de ellos. [46]Quisieron entonces arrestarlo, pero tenían miedo, porque la gente creía que Jesús era un profeta.

### La parábola de la fiesta de bodas
(Lc 14.15-24)

**22** [1]Jesús comenzó a hablarles otra vez por medio de parábolas. Les dijo: [2]"El reino de Dios es como un rey que hizo una fiesta para la boda de su hijo. [3]Mandó a sus criados que fueran a llamar a los invitados, pero éstos no quisieron asistir. [4]Volvió a mandar otros criados, encargándoles: 'Digan a los invitados que ya tengo preparada la comida. Mandé matar mis reses y animales engordados, y todo está listo; que vengan a la boda.' [5]Pero los invitados no hicieron caso. Uno de ellos se fue a sus terrenos, otro se fue a sus negocios, [6]y los otros agarraron a los criados del rey y los maltrataron hasta matarlos. [7]Entonces el rey se enojó mucho, y ordenó a sus soldados que mataran a aquellos asesinos y quemaran su pueblo. [8]Luego dijo a sus criados: 'Todo está listo para la boda, pero aquellos invitados no merecían venir. [9]Vayan, pues, ustedes a las calles principales, e inviten a la boda a todos los que encuentren.' [10]Los criados salieron a las calles y reunieron a todos los que encontraron, malos y buenos; y así la sala se llenó de gente.

[11]"Cuando el rey entró a ver a los invitados, se fijó en un hombre que no iba vestido con traje de boda. [12]Le dijo: 'Amigo, ¿cómo has entrado aquí, si no traes traje de boda?' Pero el otro se quedó callado. [13]Entonces el rey dijo a los que atendían las mesas: 'Átenlo de pies y manos y échenlo a la oscuridad de afuera, donde llorará y le rechinarán los dientes.'[j] [14]Porque muchos son llamados, pero pocos escogidos."

### El asunto de los impuestos
(Mr 12.13-17; Lc 20.20-26)

[15]Después de esto, los fariseos fueron y se pusieron de acuerdo para hacerle decir a Jesús algo que les diera motivo para acusarlo. [16]Así que mandaron a algunos de sus partidarios, junto con otros del partido de Herodes, a decirle:

—Maestro, sabemos que sí dices la verdad, y que enseñas de veras a vivir como Dios exige, sin dejarte llevar por lo que diga la gente, porque no juzgas a los hombres por su apariencia. [17]Danos, pues, tu opinión: ¿Está bien que paguemos impuestos al emperador romano, o no?

[18]Jesús, dándose cuenta de la mala intención que llevaban, les dijo:

—Hipócritas, ¿por qué me tienden trampas? [19]Enséñenme la moneda con que se paga el impuesto.

Le trajeron un denario, [20]y Jesús les preguntó:

—¿De quién es esta cara y el nombre que aquí está escrito?

[21]Le contestaron:

—Del emperador.

Jesús les dijo entonces:

—Pues den al emperador lo que es del emperador, y a Dios lo que es de Dios.

[22]Cuando oyeron esto, se quedaron admirados; y dejándolo, se fueron.

### La pregunta sobre la resurrección
(Mr 12.18-27; Lc 20.27-40)

[23]Aquel mismo día, algunos saduceos fueron a ver a Jesús. Alegaban que no hay resurrección de los muertos;[k] así que le presentaron este caso:

[24]—Maestro, Moisés dijo que si alguien muere sin dejar hijos, su hermano deberá tomar por esposa a la viuda, para darle hijos al hermano que murió.[l] [25]Pues bien, aquí, entre nosotros, había una vez siete hermanos. El primero se casó, y murió.

[25] El texto entre corchetes falta en algunos mss.
[i] 21.42 Sal 118.22-23. [j] 22.13 Mt 8.12; 25.30; Lc 13.28. [k] 22.23 Hch 23.8. [l] 22.24 Dt 25.5.

Como no tuvo hijos, dejó su viuda al segundo hermano. [26]Lo mismo le pasó al segundo, y después al tercero, y así hasta el séptimo hermano. [27]Después de todos murió también la mujer. [28]Pues bien, en la resurrección, ¿de cuál de los siete hermanos será esposa esta mujer, si todos estuvieron casados con ella?

[29]Jesús les contestó:

—Ustedes están equivocados, porque no conocen las Escrituras ni el poder de Dios. [30]Cuando los muertos resuciten, los hombres y las mujeres no se casarán, pues serán como los ángeles que están en el cielo. [31]Y en cuanto a que los muertos resucitan, ¿no han leído ustedes que Dios mismo dijo: [32]'Yo soy el Dios de Abraham, de Isaac y de Jacob'?[m] ¡Y Dios no es Dios de muertos, sino de vivos!

[33]Al oír esto, la gente se quedó admirada de las enseñanzas de Jesús.

### El mandamiento más importante
*(Mr 12.28-34)*

[34]Los fariseos se reunieron al saber que Jesús había hecho callar a los saduceos, [35]y uno, que era maestro de la ley, para tenderle una trampa, le preguntó:

[36]—Maestro, ¿cuál es el mandamiento más importante de la ley?

[37]Jesús le dijo:

—'Ama al Señor tu Dios con todo tu corazón, con toda tu alma y con toda tu mente.'[n] [38]Este es el más importante y el primero de los mandamientos. [39]Y el segundo es parecido a éste; dice: 'Ama a tu prójimo como a ti mismo.'[ñ] [40]Estos dos mandamientos son la base de toda la ley y de las enseñanzas de los profetas.[o]

### ¿De quién desciende el Mesías?
*(Mr 12.35-37; Lc 20.41-44)*

[41]Mientras los fariseos todavía estaban reunidos, [42]Jesús les preguntó:

—¿Qué piensan ustedes del Mesías? ¿De quién desciende?

Le contestaron:

—Desciende de David.

[43]Entonces les dijo Jesús:

—¿Pues cómo es que David, inspirado por el Espíritu, lo llama Señor? Porque David dijo:

[44]'El Señor dijo a mi Señor:
Siéntate a mi derecha,

hasta que yo ponga a tus enemigos debajo de tus pies.'[p]

[45]¿Cómo puede el Mesías descender de David, si David mismo lo llama Señor?

[46]Nadie pudo responderle ni una sola palabra, y desde ese día ninguno se atrevió a hacerle más preguntas.

### Jesús acusa a los fariseos y a los maestros de la ley
*(Mr 12.38-40; Lc 11.37-54; 20.45-47)*

**23** [1]Después de esto, Jesús dijo a la gente y a sus discípulos: [2]"Los maestros de la ley y los fariseos tienen la función de interpretar la ley de Moisés. [3]Por lo tanto, obedézcanlos ustedes y hagan todo lo que les digan; pero no sigan su ejemplo, porque ellos dicen una cosa y hacen otra. [4]Atan cargas tan pesadas que es imposible soportarlas, y las echan sobre los hombros de los demás, mientras que ellos mismos no quieren tocarlas ni siquiera con un dedo. [5]Todo lo hacen para que la gente los vea.[q] Les gusta llevar en la frente y en los brazos porciones de las Escrituras escritas en anchas tiras,[r] y ponerse ropas con grandes borlas.[s] [6]Quieren tener los mejores lugares en las comidas y los asientos de honor en las sinagogas, [7]y desean que la gente los salude con todo respeto en la calle y que les llame maestros.

[8]"Pero ustedes no deben pretender que la gente les llame maestros, porque todos ustedes son hermanos y tienen solamente un Maestro. [9]Y no llamen ustedes padre a nadie en la tierra, porque tienen solamente un Padre: el que está en el cielo. [10]Ni deben pretender que los llamen jefes, porque Cristo es su único Jefe. [11]El más grande entre ustedes debe servir a los demás.[t] [12]Porque el que a sí mismo se engrandece, será humillado; y el que se humilla, será engrandecido.[u]

[13]"¡Ay de ustedes, maestros de la ley y fariseos, hipócritas!, que cierran la puerta del reino de Dios para que otros no entren. Y ni ustedes mismos entran, ni dejan entrar a los que quieren hacerlo.[26]

[15]"¡Ay de ustedes, maestros de la ley y fariseos, hipócritas!, que recorren tierra y mar para ganar un adepto, y cuando lo han logrado, hacen de él una persona dos

[26] Algunos mss. añaden v. 14: *¡Ay de ustedes, maestros de la ley y fariseos, hipócritas, porque les quitan sus casas a las viudas, y para disimularlo hacen largas oraciones. Por esto ustedes recibirán mayor castigo.*
[m] 22.32 Ex 3.6.  [n] 22.37 Dt 6.5.  [ñ] 22.39 Lv 19.18.  [o] 22.35-40 Lc 10.25-28.  [p] 22.44 Sal 110.1.  [q] 23.5 Mt 6.1.
[r] 23.5 Dt 6.8.  [s] 23.5 Nm 15.38.  [t] 23.11 Eclo 3.18; Mt 20.26-27; Mr 9.35; 10.43-44; Lc 22.26.  [u] 23.12 Pr 29.23;
Eclo 1.27; Lc 14.11; 18.14.

veces más merecedora del infierno que ustedes mismos.

[16]"¡Ay de ustedes, guías ciegos!, que dicen: 'Quien hace una promesa jurando por el templo, no se compromete a nada; pero si jura por el oro del templo, entonces sí queda comprometido.' [17]¡Tontos y ciegos! ¿Qué es más importante: el oro, o el templo por cuya causa el oro queda consagrado? [18]También dicen ustedes: 'Quien hace una promesa jurando por el altar, no se compromete a nada; pero si jura por la ofrenda que está sobre el altar, entonces sí queda comprometido.' [19]¡Ciegos! ¿Qué es más importante: la ofrenda, o el altar por cuya causa la ofrenda queda consagrada? [20]El que jura por el altar, no está jurando solamente por el altar, sino también por todo lo que hay encima; [21]y el que jura por el templo, no está jurando solamente por el templo, sino también por Dios, que vive allí. [22]Y el que jura por el cielo, está jurando por el trono de Dios,[v] y a la vez por Dios, que se sienta en él.

[23]"¡Ay de ustedes, maestros de la ley y fariseos, hipócritas!, que separan para Dios la décima parte de la menta, del anís y del comino,[w] pero no hacen caso de las enseñanzas más importantes de la ley, que son la justicia, la misericordia y la fidelidad. Esto es lo que deben hacer, sin dejar de hacer lo otro. [24]¡Ustedes, guías ciegos, cuelan el mosquito, pero se tragan el camello!

[25]"¡Ay de ustedes, maestros de la ley y fariseos, hipócritas!, que limpian por fuera el vaso y el plato, pero por dentro están llenos de lo que han conseguido por medio del robo y la avaricia. [26]¡Fariseo ciego: primero limpia por dentro el vaso, y así quedará limpio también por fuera!

[27]"¡Ay de ustedes, maestros de la ley y fariseos, hipócritas!, que son como sepulcros blanqueados,[x] bonitos por fuera, pero llenos por dentro de huesos de muertos y de toda clase de impureza. [28]Así son ustedes: por fuera parecen buenos ante la gente, pero por dentro están llenos de hipocresía y de maldad.

[29]"¡Ay de ustedes, maestros de la ley y fariseos, hipócritas!, que construyen los sepulcros de los profetas y adornan los monumentos de quienes fueron personas buenas, [30]y luego dicen: 'Si nosotros hubiéramos vivido en tiempos de nuestros antepasados, no los habríamos ayudado a

matar a los profetas.' [31]Ya con esto, ustedes mismos reconocen que son descendientes de los que mataron a los profetas. [32]¡Terminen de hacer, pues, lo que sus antepasados comenzaron!

[33]"¡Serpientes! ¡Raza de víboras![y] ¿Cómo van a escapar del castigo del infierno? [34]Por esto yo les voy a enviar profetas, sabios y maestros. Pero ustedes matarán y crucificarán a algunos de ellos, y a otros los golpearán en las sinagogas y los perseguirán de pueblo en pueblo. [35]Así que sobre ustedes caerá el castigo por la muerte de todas las personas buenas que han sido asesinadas desde Abel[z] el justo hasta Zacarías[a] hijo de Berequías, a quien ustedes mataron entre el santuario y el altar. [36]Les aseguro que el castigo por todo esto caerá sobre la gente de hoy.

### Jesús llora por Jerusalén
*(Lc 13.34-35)*

[37]"¡Jerusalén, Jerusalén, que matas a los profetas[b] y apedreas a los mensajeros que Dios te envía! ¡Cuántas veces quise juntar a tus hijos, como la gallina junta sus pollitos bajo las alas, pero no quisiste! [38]Pues miren, el hogar de ustedes va a quedar abandonado; [39]y les digo que, a partir de este momento, no volverán a verme hasta que digan: '¡Bendito el que viene en el nombre del Señor!'"[c]

### Jesús anuncia que el templo será destruido
*(Mr 13.1-2; Lc 21.5-6)*

**24** [1]Jesús salió del templo, y ya se iba, cuando sus discípulos se acercaron y comenzaron a atraer su atención a los edificios del templo. [2]Jesús les dijo:

—¿Ven ustedes todo esto? Pues les aseguro que aquí no va a quedar ni una piedra sobre otra. Todo será destruido.

### Señales antes del fin
*(Mr 13.3-23; Lc 21.7-24; 17.22-24)*

[3]Luego se fueron al monte de los Olivos. Jesús se sentó, y los discípulos se le acercaron para preguntarle aparte:

—Queremos que nos digas cuándo va a ocurrir esto. ¿Cuál será la señal de tu regreso y del fin del mundo?

[4]Jesús les contestó:

---

[v] **23.22** Is 66.1; Mt 5.34.   [w] **23.23** Lv 27.30.   [x] **23.27** Hch 23.3.   [y] **23.33** Mt 3.7; 12.34; Lc 3.7.   [z] **23.35** Gn 4.8.
[a] **23.35** 2 Cr 24.20-21.   [b] **23.37** 1 R 19.10; Jer 2.30.   [c] **23.39** Sal 118.26.

—Tengan cuidado de que nadie los engañe. [5]Porque vendrán muchos haciéndose pasar por mí. Dirán: 'Yo soy el Mesías', y engañarán a mucha gente. [6]Ustedes tendrán noticias de que hay guerras aquí y allá; pero no se asusten, pues así tiene que ocurrir; sin embargo, aún no será el fin. [7]Porque una nación peleará contra otra y un país hará guerra contra otro; y habrá hambres y terremotos en muchos lugares. [8]Pero todo eso apenas será el comienzo de los dolores.

[9]"Entonces los entregarán a ustedes para que los maltraten; y los matarán, y todo el mundo los odiará por causa mía.[d] [10]En aquel tiempo muchos perderán su fe, y se odiarán y se traicionarán unos a otros. [11]Aparecerán muchos falsos profetas, y engañarán a mucha gente. [12]Habrá tanta maldad, que la mayoría dejará de tener amor hacia los demás. [13]Pero el que siga firme hasta el fin, será salvo.[e] [14]Y esta buena noticia del reino será anunciada en todo el mundo, para que todas las naciones la conozcan; entonces vendrá el fin.

[15]"El profeta Daniel escribió acerca del horrible sacrilegio.[f] Cuando ustedes lo vean en el lugar santo —el que lee, entienda—, [16]entonces los que estén en Judea, que huyan a las montañas; [17]y el que esté en la azotea de su casa, que no baje a sacar nada; [18]y el que esté en el campo, que no regrese ni aun a recoger su ropa.[g] [19]¡Pobres mujeres aquellas que en tales días estén embarazadas o tengan niños de pecho! [20]Pidan ustedes a Dios que no hayan de huir en el invierno ni en día de reposo;[27] [21]porque habrá entonces un sufrimiento tan grande como nunca lo ha habido desde el comienzo del mundo[h] ni lo habrá después. [22]Y si Dios no acortara ese tiempo, no se salvaría nadie; pero lo acortará por amor a los que ha escogido.

[23]"Si entonces alguien les dice a ustedes: 'Miren, aquí está el Mesías', o 'Miren, allí está', no lo crean. [24]Porque vendrán falsos mesías y falsos profetas; y harán grandes señales y milagros, para engañar, a ser posible, hasta a los que Dios mismo ha escogido. [25]Ya se lo he advertido a ustedes de antemano. [26]Por eso, si les dicen: 'Miren, allí está, en el desierto', no vayan; o si les dicen: 'Miren,

aquí está escondido', no lo crean. [27]Porque como un relámpago que se ve brillar de oriente a occidente, así será cuando regrese el Hijo del hombre.[i] [28]Donde esté el cadáver, allí se juntarán los buitres.[j]

### El regreso del Hijo del hombre
*(Mr 13.24-37; Lc 21.25-33; 17.26-30, 34-36)*

[29]"Tan pronto como pasen aquellos días de sufrimiento, el sol se oscurecerá,[k] la luna dejará de dar su luz,[l] las estrellas caerán del cielo[m] y las fuerzas celestiales temblarán.[n] [30]Entonces se verá en el cielo la señal del Hijo del hombre, y llenos de terror todos los pueblos del mundo llorarán, y verán al Hijo del hombre que viene en las nubes del cielo[ñ] con gran poder y gloria. [31]Y él mandará a sus ángeles, para que con un fuerte toque de trompeta reúnan a sus escogidos de los cuatro puntos cardinales, desde un extremo del cielo hasta el otro.

[32]"Aprendan esta enseñanza de la higuera: Cuando sus ramas se ponen tiernas, y brotan sus hojas, se dan cuenta ustedes de que ya el verano está cerca. [33]De la misma manera, cuando vean todo esto, sepan que el Hijo del hombre ya está a la puerta. [34]Les aseguro que todo esto sucederá antes que muera la gente de este tiempo. [35]El cielo y la tierra dejarán de existir, pero mis palabras no dejarán de cumplirse.

[36]"En cuanto al día y la hora, nadie lo sabe, ni aun los ángeles del cielo, ni el Hijo. Solamente lo sabe el Padre.

[37]"Como sucedió en tiempos de Noé,[o] así sucederá también cuando regrese el Hijo del hombre. [38]En aquellos tiempos antes del diluvio, y hasta el día en que Noé entró en la barca, la gente comía y bebía y se casaba. [39]Pero cuando menos lo esperaban, vino el diluvio y se los llevó a todos.[p] Así sucederá también cuando regrese el Hijo del hombre. [40]En aquel momento estarán dos hombres en el campo: uno será llevado y el otro será dejado. [41]Dos mujeres estarán moliendo: una será llevada y la otra será dejada.

[42]"Manténganse ustedes despiertos, porque no saben en qué día va a venir su Señor. [43]Pero sepan esto, que si el dueño de una casa supiera a qué hora de la noche va a llegar el ladrón, se mantendría despierto y no dejaría que nadie se metiera en

---

[27] *Día de reposo:* aquí equivale a *sábado.*
[d] **24.9** Mt 10.22. [e] **24.13** Mt 10.22. [f] **24.15** Dn 9.27; 11.31; 12.11; 1 Mac 1.54; 6.7. [g] **24.17-18** Lc 17.31. [h] **24.21** Dn 12.1; Ap 7.14. [i] **24.26-27** Lc 17.23-24. [j] **24.28** Lc 17.37. [k] **24.29** Is 13.10; Jl 2.10,31; 3.15; Ap 6.12. [l] **24.29** Is 13.10; Ez 32.7; Jl 2.10; 3.15. [m] **24.29** Is 34.4; Ap 6.13. [n] **24.29** Jl 2.10. [ñ] **24.30** Dn 7.13; 2 Mac 2.8; Ap 1.7. [o] **24.37** Gn 6.5-8. [p] **24.39** Gn 7.6-24.

su casa a robar. 44Por eso, ustedes también estén preparados; porque el Hijo del hombre vendrá cuando menos lo esperen.q

## El criado fiel y el criado infiel
### (Lc 12.41-48)

45"¿Quién es el criado fiel y atento, a quien su amo deja encargado de los de su casa, para darles de comer a su debido tiempo? 46Dichoso el criado a quien su amo, cuando llega, lo encuentra cumpliendo con su deber. 47Les aseguro que el amo lo pondrá como encargado de todos sus bienes. 48Pero si ese criado es un malvado, y pensando que su amo va a tardar 49comienza a maltratar a los otros criados, y se junta con borrachos a comer y beber, 50el día que menos lo espere y a una hora que no sabe, llegará su amo 51y lo castigará,28 condenándolo a correr la misma suerte que los hipócritas. Entonces llorará y le rechinarán los dientes.

## La parábola de las diez muchachas

25 1"El reino de Dios será entonces como diez muchachas que, en una boda, tomaron sus lámparasr de aceite y salieron a recibir al novio. 2Cinco de ellas eran despreocupadas y cinco previsoras. 3Las despreocupadas llevaron sus lámparas, pero no llevaron aceite para llenarlas de nuevo; 4en cambio, las previsoras llevaron sus botellas de aceite, además de sus lámparas. 5Como el novio tardaba en llegar, les dio sueño a todas, y por fin se durmieron. 6Cerca de la medianoche, se oyó gritar: '¡Ya viene el novio! ¡Salgan a recibirlo!' 7Todas las muchachas se levantaron y comenzaron a preparar sus lámparas. 8Entonces las cinco despreocupadas dijeron a las cinco previsoras: 'Dennos un poco de su aceite, porque nuestras lámparas se están apagando.' 9Pero las muchachas previsoras contestaron: 'No, porque así no alcanzará ni para nosotras ni para ustedes. Más vale que vayan a donde lo venden, y compren para ustedes mismas.' 10Pero mientras aquellas cinco muchachas fueron a comprar aceite, llegó el novio, y las que habían sido previsoras entraron con él en la boda, y se cerró la puerta. 11Después llegaron las otras muchachas, diciendo: '¡Señor, señor, ábrenos!' 12Pero él les contestó: 'Les aseguro que no las conozco.'s

13"Manténganse ustedes despiertos —añadió Jesús—, porque no saben ni el día ni la hora.

## La parábola del dinero

14"El reino de Dios es como un hombre que, estando a punto de irse a otro país, llamó a sus empleados y les encargó que le cuidaran su dinero. 15A uno de ellos le entregó cinco mil monedas, a otro dos mil y a otro mil: a cada uno según su capacidad. Entonces se fue de viaje. 16El empleado que recibió las cinco mil monedas, hizo negocio con el dinero y ganó otras cinco mil monedas. 17Del mismo modo, el que recibió dos mil, ganó otras dos mil. 18Pero el que recibió mil, fue y escondió el dinero de su jefe en un hoyo que hizo en la tierra.

19"Mucho tiempo después volvió el jefe de aquellos empleados, y se puso a hacer cuentas con ellos. 20Primero llegó el que había recibido las cinco mil monedas, y entregó a su jefe otras cinco mil, diciéndole: 'Señor, usted me dio cinco mil, y aquí tiene otras cinco mil que gané.' 21El jefe le dijo: 'Muy bien, eres un empleado bueno y fiel; ya que fuiste fiel en lo poco, te pondré a cargo de mucho más. Entra y alégrate conmigo.' 22Después llegó el empleado que había recibido las dos mil monedas, y dijo: 'Señor, usted me dio dos mil, y aquí tiene otras dos mil que gané.' 23El jefe le dijo: 'Muy bien, eres un empleado bueno y fiel; ya que fuiste fiel en lo poco, te pondré a cargo de mucho más. Entra y alégrate conmigo.'

24"Pero cuando llegó el empleado que había recibido las mil monedas, le dijo a su jefe: 'Señor, yo sabía que usted es un hombre duro, que cosecha donde no sembró y recoge donde no esparció. 25Por eso tuve miedo, y fui y escondí su dinero en la tierra. Pero aquí tiene lo que es suyo.' 26El jefe le contestó: 'Tú eres un empleado malo y perezoso, pues si sabías que yo cosecho donde no sembré y que recojo donde no esparcí, 27deberías haber llevado mi dinero al banco, y yo, al volver, habría recibido mi dinero más los intereses.' 28Y dijo a los que estaban allí: 'Quítenle las mil monedas, y dénselas al que tiene diez mil. 29Porque al que tiene, se le dará más, y tendrá de sobra; pero al que no tiene, hasta lo poco que tiene se le

28 Lo castigará: lit. lo cortará en dos.
q 24.43-44 Lc 12.39-40.   r 25.1 Lc 12.35.   s 25.11-12 Lc 13.25.

quitará.' ³⁰Y a este empleado inútil, échenlo fuera, a la oscuridad, donde llorará y le rechinarán los dientes.'ᵘ,ᵛ

## El juicio de las naciones

³¹''Cuando el Hijo del hombre venga, rodeado de esplendor y de todos sus ángeles,ʷ se sentará en su trono glorioso.ˣ ³²La gente de todas las naciones se reunirá delante de él, y él separará a unos de otros, como el pastor separa las ovejas de las cabras. ³³Pondrá las ovejas a su derecha y las cabras a su izquierda. ³⁴Y dirá el Rey a los que estén a su derecha: 'Vengan ustedes, los que han sido bendecidos por mi Padre; reciban el reino que está preparado para ustedes desde que Dios hizo el mundo. ³⁵Pues tuve hambre, y ustedes me dieron de comer;ʸ tuve sed, y me dieron de beber; anduve como forastero, y me dieron alojamiento. ³⁶Me faltó ropa, y ustedes me la dieron; estuve enfermo, y me visitaron; estuve en la cárcel, y vinieron a verme.ᶻ ³⁷Entonces los justos preguntarán: 'Señor, ¿cuándo te vimos con hambre, y te dimos de comer? ¿O cuándo te vimos con sed, y te dimos de beber? ³⁸¿O cuándo te vimos como forastero, y te dimos alojamiento, o falto de ropa, y te la dimos? ³⁹¿O cuándo te vimos enfermo o en la cárcel, y fuimos a verte?' ⁴⁰El Rey les contestará: 'Les aseguro que todo lo que hicieron por uno de estos hermanos míos más humildes, por mí mismo lo hicieron.'

⁴¹''Luego el Rey dirá a los que estén a su izquierda: 'Apártense de mí, ustedes que están bajo maldición; váyanse al fuego eterno preparado para el diablo y sus ángeles. ⁴²Pues tuve hambre, y ustedes no me dieron de comer; tuve sed, y no me dieron de beber; ⁴³anduve como forastero, y no me dieron alojamiento. Me faltó ropa, y ustedes no me la dieron; estuve enfermo, y en la cárcel, y no vinieron a visitarme.' ⁴⁴Entonces ellos le preguntarán: 'Señor, ¿cuándo te vimos con hambre o con sed, o como forastero, o falto de ropa, o enfermo, o en la cárcel, y no te ayudamos?' ⁴⁵El Rey les contestará: 'Les aseguro que todo lo que no hicieron por una de estas personas más humildes, tampoco por mí lo hicieron.'ᵃ ⁴⁶Ésos irán al castigo eterno, y los justos a la vida eterna.''ᵇ

## Conspiración para arrestar a Jesús

(Mr 14.1-2; Lc 22.1-2; Jn 11.45-53)

**26** ¹Después de haber dicho todo esto, Jesús dijo a sus discípulos:
²—Como ustedes saben, dentro de dos días es la fiesta de la Pascua,ᶜ y el Hijo del hombre será entregado para que lo crucifiquen.

³Por aquel tiempo, los jefes de los sacerdotes y los ancianos de los judíos se reunieron en el palacio de Caifás, el sumo sacerdote, ⁴e hicieron planes para arrestar a Jesús mediante algún engaño, y matarlo. ⁵Pero decían:
—No durante la fiesta, para que no se alborote la gente.

## Una mujer derrama perfume sobre Jesús

(Mr 14.3-9)

⁶Jesús estaba en Betania, en casa de Simón, al que llamaban el leproso; ⁷en esto se le acercó una mujer que llevaba un frasco de alabastro lleno de un perfume muy caro. Mientras Jesús estaba a la mesa, ella le derramó el perfume sobre la cabeza.ᵈ ⁸Los discípulos, al verlo, se enojaron y comenzaron a decir:
—¿Por qué se desperdicia esto? ⁹Pudo haberse vendido por mucho dinero, para ayudar a los pobres.

¹⁰Jesús lo oyó, y les dijo:
—¿Por qué molestan a esta mujer? Esto que me ha hecho es bueno. ¹¹Pues a los pobres los tendrán siempre entre ustedes,ᵉ pero a mí no siempre me van a tener. ¹²Lo que ha hecho esta mujer, al derramar el perfume sobre mi cuerpo, es prepararme para mi entierro. ¹³Les aseguro que en cualquier lugar del mundo donde se predique este mensaje de salvación, se hablará también de lo que hizo esta mujer, y así será recordada.

## Judas traiciona a Jesús

(Mr 14.10-11; Lc 22.3-6)

¹⁴Uno de los doce discípulos, el que se llamaba Judas Iscariote, fue a ver a los jefes de los sacerdotes ¹⁵y les dijo:
—¿Cuánto me quieren dar, y yo les entrego a Jesús?
Ellos señalaron el precio: treinta monedas de plata. ¹⁶Y desde entonces Judas anduvo buscando el momento más oportuno para entregarles a Jesús.

' 25.29 Mt 13.12; Mr 4.25; Lc 8.18.   ᵘ 25.30 Mt 8.12; 22.13; Lc 13.28.   ᵛ 25.14-30 Lc 19.11-27.   ʷ 25.31 Mt 16.27.
ˣ 25.31 Mt 19.28.   ʸ 25.35-40 Ez 18.7.   ᶻ 25.36 He 13.3.   ᵃ 25.45 1 Co 8.12.   ᵇ 25.46 Dn 12.2.   ᶜ 26.2 Ex 12.1-27;
Dt 16.1-8.   ᵈ 26.7 Lc 7.37-38.   ᵉ 26.11 Dt 15.11.

### La Cena del Señor

*(Mr 14.12-25; Lc 22.7-23; Jn 13.21-30; 1 Co 11.23-26)*

¹⁷El primer día de la fiesta en que se comía el pan sin levadura, los discípulos se acercaron a Jesús y le preguntaron:

—¿Dónde quieres que te preparemos la cena de Pascua?

¹⁸Él les contestó:

—Vayan a la ciudad, a casa de Fulano, y díganle: 'El Maestro dice: Mi hora está cerca, y voy a tu casa a celebrar la Pascua con mis discípulos.'

¹⁹Los discípulos hicieron como Jesús se lo había mandado, y prepararon la cena de Pascua.

²⁰Cuando llegó la noche, Jesús estaba a la mesa con los doce discípulos; ²¹y mientras comían, les dijo:

—Les aseguro que uno de ustedes me va a traicionar.

²²Ellos se pusieron muy tristes, y comenzaron a preguntarle uno tras otro:

—Señor, ¿acaso seré yo?

²³Jesús les contestó:

—Uno que moja el pan en el mismo plato que yo, va a traicionarme.ᶠ ²⁴El Hijo del hombre ha de recorrer el camino que dicen las Escrituras; pero ¡ay de aquél que le traiciona! Hubiera sido mejor para él no haber nacido.

²⁵Entonces Judas, el que le estaba traicionando, le preguntó:

—Maestro, ¿acaso seré yo?

—Tú lo has dicho —contestó Jesús.

²⁶Mientras comían, Jesús tomó en sus manos el pan y, habiendo dado gracias a Dios, lo partió y se lo dio a los discípulos, diciendo:

—Coman, esto es mi cuerpo.

²⁷Luego tomó en sus manos una copa y, habiendo dado gracias a Dios, se la pasó a ellos, diciendo:

—Beban todos ustedes de esta copa, ²⁸porque esto es mi sangre,ᵍ con la que se confirma el pacto,²⁹,ʰ la cual es derramada en favor de muchos para perdón de sus pecados. ²⁹Pero les digo que no volveré a beber de este producto de la vid, hasta el día en que beba con ustedes el vino nuevo en el reino de mi Padre.

### Jesús anuncia que Pedro lo negará

*(Mr 14.26-31; Lc 22.31-34; Jn 13.36-38)*

³⁰Después de cantar los salmos, se fueron al monte de los Olivos. ³¹Y Jesús les dijo:

—Todos ustedes van a perder su confianza en mí esta noche. Así lo dicen las Escrituras: 'Mataré al pastor, y las ovejas se dispersarán.'ⁱ ³²Pero cuando yo resucite, iré a Galilea antes que ustedes.ʲ

³³Pedro le contestó:

—Aunque todos pierdan su confianza en ti, yo no la perderé.

³⁴Jesús le dijo:

—Te aseguro que esta misma noche, antes que cante el gallo, me negarás tres veces.

³⁵Pedro afirmó:

—Aunque tenga que morir contigo, no te negaré.

Y todos los discípulos decían lo mismo.

### Jesús ora en Getsemaní

*(Mr 14.32-42; Lc 22.39-46)*

³⁶Luego fue Jesús con sus discípulos a un lugar llamado Getsemaní, y les dijo:

—Siéntense aquí, mientras yo voy allí a orar.

³⁷Y se llevó a Pedro y a los dos hijos de Zebedeo, y comenzó a sentirse muy triste y angustiado. ³⁸Les dijo:

—Siento en mi alma una tristeza de muerte. Quédense ustedes aquí, y permanezcan despiertos conmigo.

³⁹En seguida Jesús se fue un poco más adelante, se inclinó hasta tocar el suelo con la frente, y oró diciendo: "Padre mío, si es posible, líbrame de este trago amargo; pero que no se haga lo que yo quiero, sino lo que quieres tú."

⁴⁰Luego volvió a donde estaban los discípulos, y los encontró dormidos. Le dijo a Pedro:

—¿Ni siquiera una hora pudieron ustedes mantenerse despiertos conmigo? ⁴¹Manténganse despiertos y oren, para que no caigan en tentación. Ustedes tienen buena voluntad, pero su cuerpo es débil.

⁴²Por segunda vez se fue, y oró así: "Padre mío, si no es posible evitar que yo sufra esta prueba, hágase tu voluntad."

⁴³Cuando volvió, encontró otra vez dormidos a los discípulos, porque sus ojos se les cerraban de sueño. ⁴⁴Los dejó y se fue a orar por tercera vez, repitiendo las mismas palabras. ⁴⁵Entonces regresó a donde estaban los discípulos, y les dijo:

—¿Siguen ustedes durmiendo y descansando? Ha llegado la hora en que el Hijo del hombre va a ser entregado en manos

---

²⁹ *El pacto:* algunos mss. dicen *el nuevo pacto.*
ᶠ **26.23** Sal 41.9. ᵍ **26.28** Ex 24.8; Zac 9.11. ʰ **26.28** Jer 31.31-34. ⁱ **26.31** Zac 13.7. ʲ **26.32** Mt 28.16.

de los pecadores. [46]Levántense, vámonos; ya se acerca el que me traiciona.

### Arrestan a Jesús
*(Mr 14.43-50; Lc 22.47-53; Jn 18.2-11)*

[47]Todavía estaba hablando Jesús, cuando Judas, uno de los doce discípulos, llegó acompañado de mucha gente armada con espadas y con palos. Iban de parte de los jefes de los sacerdotes y de los ancianos de los judíos. [48]Judas, el traidor, les había dado una contraseña, diciéndoles: "Al que yo bese, ése es; arréstenlo." [49]Así que, acercándose a Jesús, dijo:

—¡Buenas noches, Maestro!

Y lo besó. [50]Jesús le contestó:

—Amigo, lo que has venido a hacer, hazlo.

Entonces los otros se acercaron, echaron mano a Jesús y lo arrestaron.

[51]En eso, uno de los que estaban con Jesús sacó su espada y le cortó una oreja al criado del sumo sacerdote. [52]Jesús le dijo:

—Guarda tu espada en su lugar. Porque todos los que pelean con la espada, también a espada morirán. [53]¿No sabes que yo podría rogarle a mi Padre, y él me mandaría ahora mismo más de doce ejércitos de ángeles? [54]Pero en ese caso, ¿cómo se cumplirían las Escrituras, que dicen que debe suceder así?

[55]En seguida Jesús preguntó a la gente:

—¿Por qué han venido ustedes con espadas y con palos a arrestarme, como si yo fuera un bandido? Todos los días he estado enseñando en el templo,[k] y nunca me arrestaron. [56]Pero todo esto sucede para que se cumpla lo que dijeron los profetas en las Escrituras.

En aquel momento, todos los discípulos dejaron solo a Jesús y huyeron.

### Jesús ante la Junta Suprema
*(Mr 14.53-65; Lc 22.54-55, 63-71; Jn 18.12-14, 19-24)*

[57]Los que habían arrestado a Jesús lo llevaron a la casa de Caifás, el sumo sacerdote, donde los maestros de la ley y los ancianos estaban reunidos. [58]Pedro lo siguió de lejos hasta el patio de la casa del sumo sacerdote. Entró, y se quedó sentado con los guardianes del templo, para ver en qué terminaría todo aquello.

[59]Los jefes de los sacerdotes y toda la Junta Suprema buscaban alguna prueba falsa para condenar a muerte a Jesús, [60]pero no la encontraron, a pesar de que muchas personas se presentaron y lo acusaron falsamente. Por fin se presentaron dos más, [61]que afirmaron:

—Este hombre dijo: 'Yo puedo destruir el templo de Dios y volver a levantarlo en tres días.'[l]

[62]Entonces el sumo sacerdote se levantó y preguntó a Jesús:

—¿No contestas nada? ¿Qué es esto que están diciendo contra ti?

[63]Pero Jesús se quedó callado. El sumo sacerdote le dijo:

—En el nombre del Dios viviente te ordeno que digas la verdad. Dinos si tú eres el Mesías, el Hijo de Dios.

[64]Jesús le contestó:

—Tú lo has dicho. Y yo les digo también que ustedes van a ver al Hijo del hombre sentado a la derecha del Todopoderoso, y venir en las nubes del cielo.[m]

[65]Entonces el sumo sacerdote se rasgó las ropas en señal de indignación, y dijo:

—¡Las palabras de este hombre son una ofensa contra Dios! ¿Qué necesidad tenemos de más testigos? Ustedes han oído sus palabras ofensivas; [66]¿qué les parece?

Ellos contestaron:

—Es culpable, y debe morir.[n]

[67]Entonces le escupieron en la cara y lo golpearon. Otros le pegaron en la cara,[ñ] [68]diciéndole:

—Tú que eres el Mesías, ¡adivina quién te pegó!

### Pedro niega conocer a Jesús
*(Mr 14.66-72; Lc 22.56-62; Jn 18.15-18, 25-27)*

[69]Pedro, entre tanto, estaba sentado afuera, en el patio. En esto, una sirvienta se le acercó y le dijo:

—Tú también andabas con Jesús, el de Galilea.

[70]Pero Pedro lo negó delante de todos, diciendo:

—No sé de qué estás hablando.

[71]Luego se fue a la puerta, donde otra lo vio y dijo a los demás:

—Ése andaba con Jesús, el de Nazaret.

[72]De nuevo Pedro lo negó, jurando:

—¡No conozco a ese hombre!

[73]Poco después, los que estaban allí se acercaron a Pedro y le dijeron:

---

*k* 26.55 Lc 19.47; 21.37.  *l* 26.61 Jn 2.19.  *m* 26.64 Dn 7.13.  *n* 26.65-66 Lv 24.16.  *ñ* 26.67 Is 50.6.

—Seguro que tú también eres uno de ellos. Hasta en tu manera de hablar se te nota.

[74]Entonces él comenzó a jurar y perjurar, diciendo:

—¡No conozco a ese hombre!

En aquel mismo momento cantó un gallo, [75]y Pedro se acordó de que Jesús le había dicho: 'Antes que cante el gallo, me negarás tres veces.' Y salió Pedro de allí, y lloró amargamente.

### Jesús es entregado a Pilato
*(Mr 15.1; Lc 23.1-2; Jn 18.28-32)*

**27** [1]Cuando amaneció, todos los jefes de los sacerdotes y los ancianos de los judíos se pusieron de acuerdo en un plan para matar a Jesús. [2]Lo llevaron atado y se lo entregaron a Pilato, el gobernador romano.

### La muerte de Judas

[3]Judas, el que había traicionado a Jesús, al ver que lo habían condenado, tuvo remordimientos y devolvió las treinta monedas de plata a los jefes de los sacerdotes y a los ancianos,[o] [4]diciéndoles:

—He pecado entregando a la muerte a un hombre inocente.

Pero ellos le contestaron:

—¿Y eso qué nos importa a nosotros? ¡Eso es cosa tuya!

[5]Entonces Judas arrojó las monedas en el templo, y fue y se ahorcó. [6]Los jefes de los sacerdotes recogieron aquel dinero, y dijeron:

—Este dinero está manchado de sangre; no podemos ponerlo en el cofre de las ofrendas.

[7]Así que tomaron el acuerdo de comprar con él un terreno llamado el Campo del Alfarero, para tener un lugar donde enterrar a los extranjeros. [8]Por eso, aquel terreno se llama hasta el día de hoy Campo de Sangre. [9]Así se cumplió lo que había dicho el profeta Jeremías: "Tomaron las treinta monedas de plata, el precio que los israelitas le habían puesto, [10]y con ellas compraron el campo del alfarero, tal como me lo ordenó el Señor."[p]

### Jesús ante Pilato
*(Mr 15.2-5; Lc 23.3-5; Jn 18.33-38)*

[11]Jesús fue llevado ante el gobernador, que le preguntó:

—¿Eres tú el Rey de los judíos?

—Tú lo has dicho —contestó Jesús.

[12]Mientras los jefes de los sacerdotes y los ancianos lo acusaban, Jesús no respondía nada. [13]Por eso Pilato le preguntó:

—¿No oyes todo lo que están diciendo contra ti?

[14]Pero Jesús no le contestó ni una sola palabra; de manera que el gobernador se quedó muy extrañado.

### Jesús es sentenciado a muerte
*(Mr 15.6-20; Lc 23.13-25; Jn 18.38—19.16)*

[15]Durante la fiesta, el gobernador acostumbraba dejar libre un preso, el que la gente escogiera. [16]Había entonces un preso famoso llamado Jesús Barrabás;[30] [17]y estando ellos reunidos, Pilato les preguntó:

—¿A quién quieren ustedes que les ponga en libertad: a Jesús Barrabás, [30] o a Jesús, el que llaman el Mesías?

[18]Porque se había dado cuenta de que lo habían entregado por envidia. [19]Mientras Pilato estaba sentado en el tribunal, su esposa mandó a decirle: "No te metas con ese hombre justo, porque anoche tuve un sueño horrible por causa suya."

[20]Pero los jefes de los sacerdotes y los ancianos convencieron a la multitud de que pidiera la libertad de Barrabás y la muerte de Jesús. [21]El gobernador les preguntó otra vez:

—¿A cuál de los dos quieren ustedes que les ponga en libertad?

Ellos dijeron:

—¡A Barrabás!

[22]Pilato les preguntó:

—¿Y qué voy a hacer con Jesús, el que llaman el Mesías?

Todos contestaron:

—¡Crucifícalo!

[23]Pilato les dijo:

—Pues ¿qué mal ha hecho?

Pero ellos volvieron a gritar:

—¡Crucifícalo!

[24]Cuando Pilato vio que no conseguía nada, sino que el alboroto era cada vez mayor, mandó traer agua y se lavó las manos[q] delante de todos, diciendo:

—Yo no soy responsable de la muerte de este hombre; es cosa de ustedes.

[25]Toda la gente contestó:

—¡Nosotros y nuestros hijos nos hacemos responsables de su muerte!

[30] *Jesús Barrabás:* algunos mss. sólo dicen *Barrabás.*
*o* **27.3-8** Hc h 1.18-19.. *p* **27.9-10** Zac 11.12-13. *q* **27.24** Dt 21.6-9.

²⁶Entonces Pilato dejó libre a Barrabás; luego mandó azotar a Jesús y lo entregó para que lo crucificaran.

²⁷Los soldados del gobernador llevaron a Jesús al palacio y reunieron toda la tropa alrededor de él. ²⁸Le quitaron su ropa, lo vistieron con una capa roja ²⁹y le pusieron en la cabeza una corona tejida de espinas y una vara en la mano derecha. Luego se arrodillaron delante de él, y burlándose le decían:

—¡Viva el Rey de los judíos!

³⁰También le escupían, y con la misma vara le golpeaban la cabeza. ³¹Después de burlarse así de él, le quitaron la capa roja, le pusieron su propia ropa y se lo llevaron para crucificarlo.

### Jesús es crucificado
*(Mr 15.21-32; Lc 23.26-43; Jn 19.17-27)*

³²Al salir de allí, encontraron a un hombre llamado Simón, natural de Cirene, a quien obligaron a cargar con la cruz de Jesús. ³³Cuando llegaron a un sitio llamado Gólgota, (es decir, "Lugar de la Calavera"), ³⁴le dieron a beber vino mezclado con hiel; pero Jesús, después de probarlo, no lo quiso beber.

³⁵Cuando ya lo habían crucificado, los soldados echaron suertes para repartirse entre sí la ropa de Jesús.ʳ ³⁶Luego se sentaron allí para vigilarlo. ³⁷Y por encima de su cabeza pusieron un letrero, donde estaba escrita la causa de su condena. El letrero decía: "Este es Jesús, el Rey de los judíos."

³⁸También fueron crucificados con él dos bandidos, uno a su derecha y otro a su izquierda. ³⁹Los que pasaban lo insultaban, meneando la cabezaˢ ⁴⁰y diciendo:

—¡Tú, que derribas el templo y en tres días lo vuelves a levantar,ᵗ sálvate a ti mismo! ¡Si eres Hijo de Dios, bájate de la cruz!

⁴¹De la misma manera se burlaban de él los jefes de los sacerdotes y los maestros de la ley, junto con los ancianos. Decían:

⁴²—Salvó a otros, pero a sí mismo no puede salvarse. Es el Rey de Israel: ¡pues que baje de la cruz, y creeremos en él! ⁴³Ha puesto su confianza en Dios: ¡pues que Dios lo salve ahora, si de veras le quiere!ᵘ ¿No nos ha dicho que es Hijo de Dios?

⁴⁴Y hasta los bandidos que estaban crucificados con él, lo insultaban.

### Muerte de Jesús
*(Mr 15.33-41; Lc 23.44-49; Jn 19.28-30)*

⁴⁵Desde el mediodía y hasta las tres de la tarde, toda la tierra quedó en oscuridad. ⁴⁶A esa misma hora, Jesús gritó con fuerza: "Elí, Elí, ¿lema sabactani?" (es decir: "Dios mío, Dios mío, ¿por qué me has abandonado?")ᵛ

⁴⁷Algunos de los que estaban allí, lo oyeron y dijeron:

—Este está llamando al profeta Elías.

⁴⁸Al momento, uno de ellos fue corriendo en busca de una esponja, la empapó en vino agrio, la ató a una caña y se la acercó para que bebiera.ʷ ⁴⁹Pero los otros dijeron:

—Déjalo, a ver si Elías viene a salvarlo.

⁵⁰Jesús dio otra vez un fuerte grito, y murió. ⁵¹En aquel momento el veloˣ del templo se rasgó en dos, de arriba abajo. La tierra tembló, las rocas se partieron ⁵²y los sepulcros se abrieron; y hasta muchos hombres de Dios, que habían muerto, volvieron a la vida. ⁵³Entonces salieron de sus tumbas, después de la resurrección de Jesús, y entraron en la santa ciudad de Jerusalén, donde mucha gente los vio.

⁵⁴Cuando el capitán y los que estaban con él vigilando a Jesús vieron el terremoto y todo lo que estaba pasando, se llenaron de miedo y dijeron:

—¡De veras este hombre era Hijo de Dios!

⁵⁵Estaban allí, mirando de lejos, muchas mujeres que habían seguido a Jesús desde Galilea y que lo habían ayudado. ⁵⁶Entre ellas se encontraban María Magdalena, María la madre de Santiago y de José, y la madre de los hijos de Zebedeo.ʸ

### Jesús es sepultado
*(Mr 15.42-47; Lc 23.50-56; Jn 19.38-42)*

⁵⁷Cuando ya anochecía, llegó un hombre rico llamado José, natural de Arimatea, que también se había hecho seguidor de Jesús. ⁵⁸José fue a ver a Pilato y le pidió el cuerpo de Jesús. Pilato ordenó que se lo dieran, ⁵⁹y José tomó el cuerpo, lo envolvió en una sábana de lino limpia ⁶⁰y lo puso en un sepulcro nuevo, de su propiedad, que había hecho cavar en la

ʳ **27.35** Sal 22.18.   ˢ **27.39** Sal 22.7; 109.25.   ᵗ **27.40** Mt 26,61; Jn 2.19.   ᵘ **27.43** Sab 2.18-20; Sal 22.8.   ᵛ **27.46** Sal 22.1.   ʷ **27.48** Sal 69.21.   ˣ **27.51** Ex 26.31-33; 2 Cr 3.14.   ʸ **27.55-56** Lc 8.2-3.

roca. Después de tapar la entrada del sepulcro con una gran piedra, se fue. [61]Pero María Magdalena y la otra María se quedaron sentadas frente al sepulcro.

### La guardia ante el sepulcro de Jesús

[62]Al día siguiente, es decir, el día de reposo,[31] los jefes de los sacerdotes y los fariseos fueron juntos a ver a Pilato, [63]y le dijeron:

—Señor, recordamos que aquel mentiroso, cuando aún vivía, dijo que después de tres días iba a resucitar.[z] [64]Por eso, mande usted asegurar el sepulcro hasta el tercer día, no sea que vengan sus discípulos y roben el cuerpo, y después digan a la gente que ha resucitado. En tal caso, la última mentira sería peor que la primera.

[65]Pilato les dijo:

—Ahí tienen ustedes soldados de guardia. Vayan y aseguren el sepulcro lo mejor que puedan.

[66]Fueron, pues, y aseguraron el sepulcro poniendo un sello sobre la piedra que lo tapaba; y dejaron allí los soldados de guardia.

### La resurrección de Jesús

*(Mr 16.1-8; Lc 24.1-12; Jn 20.1-10)*

**28** [1]Pasado el día de reposo,[31] cuando ya amanecía el primer día de la semana, María Magdalena y la otra María fueron a ver el sepulcro. [2]De pronto hubo un fuerte temblor de tierra, porque un ángel del Señor bajó del cielo y, acercándose al sepulcro, quitó la piedra que lo tapaba y se sentó sobre ella. [3]El ángel brillaba como un relámpago, y su ropa era blanca como la nieve. [4]Al verlo, los soldados temblaron de miedo y quedaron como muertos. [5]El ángel dijo a las mujeres:

—No tengan miedo. Yo sé que están buscando a Jesús, el que fue crucificado. [6]No está aquí, sino que ha resucitado, como dijo. Vengan a ver el lugar donde lo pusieron. [7]Vayan pronto y digan a los discípulos: 'Ha resucitado, y va a ir a Galilea

antes que ustedes; allí lo verán.' Esto es lo que yo tenía que decirles.

[8]Las mujeres se fueron rápidamente del sepulcro, con miedo y mucha alegría a la vez, y corrieron a llevar la noticia a los discípulos. [9]En eso, Jesús se presentó ante ellas y las saludó. Ellas se acercaron a Jesús y lo adoraron, abrazándole los pies, [10]y él les dijo:

—No tengan miedo. Vayan a decir a mis hermanos que se dirijan a Galilea, y que allá me verán.

### Lo que contaron los soldados

[11]Mientras iban las mujeres, algunos soldados de la guardia llegaron a la ciudad y contaron a los jefes de los sacerdotes todo lo que había pasado. [12]Estos jefes fueron a hablar con los ancianos, para ponerse de acuerdo con ellos. Y dieron mucho dinero a los soldados, [13]a quienes advirtieron:

—Ustedes digan que durante la noche, mientras ustedes dormían, los discípulos de Jesús vinieron y robaron el cuerpo. [14]Y si el gobernador se entera de esto, nosotros lo convenceremos, y a ustedes les evitaremos dificultades.

[15]Los soldados recibieron el dinero e hicieron lo que se les había dicho. Y ésta es la explicación que hasta el día de hoy circula entre los judíos.

### El encargo de Jesús a los discípulos

*(Mr 16.14-18; Lc 24.36-49; Jn 20.19-23)*

[16]Así pues, los once discípulos se fueron a Galilea,[a] al cerro que Jesús les había indicado. [17]Y cuando vieron a Jesús, lo adoraron, aunque algunos dudaban. [18]Jesús se acercó a ellos y les dijo:

—Dios me ha dado toda autoridad en el cielo y en la tierra. [19]Vayan, pues, a las gentes de todas las naciones, y háganlas mis discípulos;[b] bautícenlas en el nombre del Padre, del Hijo y del Espíritu Santo, [20]y enséñenles a obedecer todo lo que les he mandado a ustedes. Por mi parte, yo estaré con ustedes todos los días, hasta el fin del mundo.

---

[31] *Día de reposo:* aquí equivale a *sábado.*
[z] 27.63 Mt 16.21; 17.23; 20.19; Mr 8.31; 9.31; 10.33-34; Lc 9.22; 18.31-33.   [a] 28.16 Mt 26.32; Mr 14.28.   [b] 28.19 Hch 1.8.

# El Evangelio según
# SAN MARCOS

*Se considera que el de Marcos es el más antiguo de los evangelios, y que Mateo y Lucas, cada uno por su lado, lo conocieron y aprovecharon. Es a la vez el más breve y conciso de los cuatro. Empieza diciendo cómo fue el comienzo del "evangelio", o sea cuál fue el origen de las "buenas noticias" para el mundo, en la persona de Jesucristo. Y para el escritor sagrado, el evangelio comenzó con el ministerio de Juan el Bautista en el desierto (1.1-8) y con el bautismo y la tentación de Jesús (1.9-13). En paralelo con Mateo, refiere luego el ministerio público de Jesús en Galilea (1.14-9.50), el viaje de Galilea a Jerusalén (11.1-52) y los sucesos de la última semana, con la muerte y resurrección del Señor (caps 11-16).*

*Este libro presenta a Jesús en continua actividad. Hace más hincapié en sus hechos que en sus palabras, y pone de relieve su autoridad, la cual se deja ver claramente en su poder sobre la ley y sobre los demonios, en su facultad para perdonar pecados y en sus enseñanzas. En este evangelio, Jesús habla de sí mismo como del Hijo del hombre. Pero Dios le llama su "Hijo amado", los espíritus malignos lo reconocen como "el Hijo de Dios", y cuando en su proceso el sumo sacerdote le pregunta si él es "el Mesías, el Hijo del Dios bendito", él contesta: "Sí, yo soy" (14.61,62).*

## Juan el Bautista en el desierto
### (Mt 3.1-12; Lc 3.1-9, 15-17; Jn 1.19-28)

**1** ¹Principio de la buena noticia de Jesucristo, el Hijo de Dios.
²El profeta Isaías había escrito:
"Envío mi mensajero delante de ti,
para que te prepare el camino.ᵃ
³Una voz grita en el desierto:
'Preparen el camino del Señor;
ábranle un camino recto.' "ᵇ
⁴Sucedió que Juan se presentó en el desierto bautizando a la gente; les decía que debían volverse a Dios y ser bautizados, para que Dios les perdonara sus pecados. ⁵Todos los de la región de Judea y de la ciudad de Jerusalén salían a oírlo. Confesaban sus pecados, y Juan los bautizaba en el río Jordán.
⁶La ropa de Juan estaba hecha de pelo de camello, y se la sujetaba al cuerpo con un cinturón de cuero;ᶜ y comía langostas y miel del monte. ⁷En su proclamación decía: "Después de mí viene uno más poderoso que yo, que ni siquiera merezco agacharme para desatarle la correa de sus sandalias. ⁸Yo los he bautizado a ustedes con agua; pero él los bautizará con el Espíritu Santo."

## Jesús es bautizado
### (Mt 3.13-17; Lc 3.21-22)

⁹Por aquellos días, Jesús salió de Nazaret, que está en la región de Galilea, y Juan lo bautizó en el Jordán. ¹⁰En el momento de salir del agua, Jesús vio que el cielo se abría y que el Espíritu bajaba sobre él como una paloma. ¹¹Y se oyó una voz del cielo, que decía: "Tú eres mi Hijo amado, a quien he elegido."ᵈ

## Jesús es puesto a prueba
### (Mt 4.1-11; Lc 4.1-13)

¹²Después de esto, el Espíritu llevó a Jesús al desierto. ¹³Allí estuvo cuarenta días, viviendo entre las fieras y siendo puesto a prueba por Satanás; y los ángeles le servían.

## Jesús comienza su trabajo en Galilea
### (Mt 4.12-17; Lc 4.14-15)

¹⁴Después que metieron a Juan en la cárcel, Jesús fue a Galilea a anunciar las buenas noticias de parte de Dios. ¹⁵Decía: "Ha llegado el tiempo, y el reino de Dios está cerca. Vuélvanse a Diosᵉ y acepten con fe sus buenas noticias."

## Jesús llama a cuatro pescadores
### (Mt 4.18-22; Lc 5.1-11)

¹⁶Jesús iba caminando por la orilla del lago de Galilea, cuando vio a Simón y a su hermano Andrés. Eran pescadores, y estaban echando la red al agua. ¹⁷Les dijo Jesús:
—Síganme, y yo haré que ustedes sean pescadores de hombres.
¹⁸Al momento dejaron sus redes y se fueron con él.

---

ᵃ **1.2** Ma 3.1.  ᵇ **1.3** Is 40.3.  ᶜ **1.6** 2 R 1.8.  ᵈ **1.11** Gn 22.2; Sal 2.7; Is 42.1; Mt 3.17; 12.18; Mr 9.7; Lc 3.22.  ᵉ **1.15** Mt 3.2.

¹⁹Un poco más adelante, Jesús vio a Santiago y a su hermano Juan, hijos de Zebedeo, que estaban en una barca arreglando las redes. ²⁰En seguida los llamó, y ellos dejaron a su padre Zebedeo en la barca con sus ayudantes, y se fueron con Jesús.

## Un hombre que tenía un espíritu impuro
### (Lc 4.31-37)

²¹Llegaron a Capernaum, y en el día de reposo[l] Jesús entró en la sinagoga y comenzó a enseñar. ²²La gente se admiraba de cómo les enseñaba, porque lo hacía con plena autoridad y no como los maestros de la ley.[j] ²³En la sinagoga del pueblo había un hombre que tenía un espíritu impuro, el cual gritó:

²⁴—¿Por qué te metes con nosotros, Jesús de Nazaret? ¿Has venido a destruirnos? Yo te conozco, y sé que eres el Santo de Dios.

²⁵Jesús reprendió a aquel espíritu, diciéndole:

—¡Cállate y deja a este hombre!

²⁶El espíritu impuro hizo que al hombre le diera un ataque, y gritando con gran fuerza salió de él. ²⁷Todos se asustaron, y se preguntaban unos a otros:

—¿Qué es esto? ¡Enseña de una manera nueva, y con plena autoridad! ¡Incluso a los espíritus impuros da órdenes, y le obedecen!

²⁸Y muy pronto se supo de Jesús en toda la región de Galilea.

## Jesús sana a la suegra de Simón Pedro
### (Mt 8.14-15; Lc 4.38-39)

²⁹Cuando salieron de la sinagoga, Jesús fue con Santiago y Juan a casa de Simón y Andrés. ³⁰La suegra de Simón estaba en cama, con fiebre. Se lo dijeron a Jesús, ³¹y él se acercó, y tomándola de la mano la levantó; al momento se le quitó la fiebre y comenzó a atenderlos.

## Jesús sana a muchos enfermos
### (Mt 8.16-17; Lc 4.40-41)

³²Al anochecer, cuando ya se había puesto el sol, llevaron todos los enfermos y endemoniados a Jesús, ³³y el pueblo entero se reunió a la puerta. ³⁴Jesús sanó de toda clase de enfermedades a mucha gente, y expulsó a muchos demonios; pero

no dejaba que los demonios hablaran, porque ellos le conocían.

## Jesús anuncia el mensaje en las sinagogas
### (Lc 4.42-44)

³⁵De madrugada, cuando todavía estaba oscuro, Jesús se levantó y salió de la ciudad para ir a orar a un lugar solitario. ³⁶Simón y sus compañeros fueron en busca de Jesús, ³⁷y cuando lo encontraron le dijeron:

—Todos te están buscando.

³⁸Pero él les contestó:

—Vamos a los otros lugares cercanos, a anunciar también allí el mensaje; porque para esto he salido.

³⁹Así que Jesús andaba por toda Galilea, anunciando el mensaje en las sinagogas de cada lugar y expulsando a los demonios.[g]

## Jesús sana a un leproso
### (Mt 8.1-4; Lc 5.12-16)

⁴⁰Un hombre enfermo de lepra se acercó a Jesús, y poniéndose de rodillas le dijo:

—Si quieres, puedes limpiarme de mi enfermedad.

⁴¹Jesús tuvo compasión de él; lo tocó con la mano y dijo:

—Quiero. ¡Queda limpio!

⁴²Al momento se le quitó la lepra al enfermo, y quedó limpio. ⁴³Jesús lo despidió en seguida, y le recomendó mucho:

⁴⁴—Mira, no se lo digas a nadie; solamente ve y preséntate al sacerdote, y lleva, por tu purificación, la ofrenda que ordenó Moisés,[h] para que todos sepan que ya estás limpio de tu enfermedad.

⁴⁵Pero el hombre se fue y comenzó a contar a todos lo que había pasado. Por eso Jesús ya no podía entrar abiertamente en ningún pueblo, sino que se quedaba afuera, en lugares donde no había gente; pero de todas partes acudían a verlo.

## Jesús sana a un paralítico
### (Mt 9.1-8; Lc 5.17-26)

2 ¹Algunos días después, Jesús volvió a entrar en Capernaum. En cuanto se supo que estaba en casa, ²se juntó tanta gente que ni siquiera cabían frente a la puerta; y él les anunciaba el mensaje. ³Entonces, entre cuatro, le llevaron un

l Día de reposo: aquí equivale a sábado.
j 1.22 Mt 7.8-29.  g 1.39 Mt 4.23; 9.35.  h 1.44 Lv 14.1-32.

paralítico. [4]Pero como había mucha gente y no podían llegar hasta Jesús, quitaron parte del techo encima de donde él estaba, y por la abertura bajaron en una camilla al enfermo. [5]Cuando Jesús vio la fe que tenían, le dijo al enfermo:

—Hijo mío, tus pecados quedan perdonados.

[6]Algunos maestros de la ley que estaban allí sentados, pensaron: [7]"¿Cómo se atreve éste a hablar así? Sus palabras son una ofensa contra Dios. Sólo Dios puede perdonar pecados." [8]Pero Jesús en seguida se dio cuenta de lo que estaban pensando, y les preguntó:

—¿Por qué piensan ustedes así? [9]¿Qué es más fácil, decirle al paralítico: 'Tus pecados quedan perdonados', o decirle: 'Levántate, toma tu camilla y anda'? [10]Pues voy a demostrarles que el Hijo del hombre tiene autoridad en la tierra para perdonar pecados.

Entonces le dijo al paralítico:

[11]—A ti te digo, levántate, toma tu camilla y vete a tu casa.

[12]El enfermo se levantó en el acto, y tomando su camilla salió de allí, a la vista de todos. Por esto, todos se admiraron y alabaron a Dios, diciendo:

—Nunca hemos visto una cosa así.

### Jesús llama a Leví
*(Mt 9.9-13; Lc 5.27-32)*

[13]Después fue Jesús otra vez a la orilla del lago; la gente se acercaba a él, y él les enseñaba. [14]Al pasar vio a Leví, hijo de Alfeo, sentado en el lugar donde cobraba los impuestos para Roma. Jesús le dijo:

—Sígueme.

Leví se levantó y lo siguió.

[15]Sucedió que Jesús estaba comiendo en casa de Leví, y muchos de los que cobraban impuestos para Roma, y otra gente de mala fama, estaban también sentados a la mesa, junto con Jesús y sus discípulos, pues eran muchos los que lo seguían. [16]Algunos maestros de la ley, que eran fariseos, al ver que Jesús comía con todos aquéllos, preguntaron a los discípulos:

—¿Cómo es que su maestro come[2] con cobradores de impuestos y pecadores?

[17]Jesús lo oyó, y les dijo:

—Los que están buenos y sanos no necesitan médico, sino los enfermos. Yo no he venido a llamar a los buenos, sino a los pecadores.

### La cuestión del ayuno
*(Mt 9.14-17; Lc 5.33-39)*

[18]Una vez estaban ayunando los seguidores de Juan el Bautista y los de los fariseos, y algunas personas fueron a Jesús y le preguntaron:

—Los seguidores de Juan y los de los fariseos ayunan: ¿por qué no ayunan tus discípulos?

[19]Jesús les contestó:

—¿Acaso pueden ayunar los invitados a una boda, mientras el novio está con ellos? Mientras está presente el novio, no pueden ayunar. [20]Pero llegará el momento en que se lleven al novio; cuando llegue ese día, entonces sí ayunarán.

[21]"Nadie arregla un vestido viejo con un remiendo de tela nueva, porque el remiendo nuevo encoge y rompe el vestido viejo, y el desgarrón se hace mayor. [22]Ni tampoco se echa vino nuevo en cueros viejos, porque el vino nuevo hace que se revienten los cueros, y se pierden tanto el vino como los cueros. Por eso hay que echar el vino nuevo en cueros nuevos."

### Los discípulos arrancan espigas en el día de reposo
*(Mt 12.1-8; Lc 6.1-5)*

[23]Un día de reposo,[3] Jesús caminaba entre los sembrados, y sus discípulos, al pasar, comenzaron a arrancar espigas de trigo.[i] [24]Los fariseos le preguntaron:

—Oye, ¿por qué hacen tus discípulos algo que no está permitido hacer en los días de reposo?[3]

[25]Pero él les dijo:

—¿Nunca han leído ustedes lo que hizo David en una ocasión en que él y sus compañeros tuvieron necesidad y sintieron hambre? [26]Pues siendo Abiatar sumo sacerdote, David entró en la casa de Dios y comió los panes consagrados a Dios, que solamente a los sacerdotes se les permitía comer;[j] y dio también a la gente que iba con él.[k]

[27]Jesús añadió:

—El día de reposo[3] se hizo para el hombre, y no el hombre para el día de reposo. [28]Por esto, el Hijo del hombre tiene autoridad también sobre el día de reposo.[3]

### El hombre de la mano tullida
*(Mt 12.9-14; Lc 6.6-11)*

**3** [1]Jesús entró otra vez en una sinagoga; y había en ella un hombre que tenía

---

[2] Algunos mss. añaden: *y bebe.*  [3] *Día de reposo:* aquí equivale a *sábado.*
[i] **2.23** Dt 23.25.  [j] **2.26** Lv 24.9.  [k] **2.25-26** 1 S 21.1-6.

una mano tullida. ²Y espiaban a Jesús para ver si lo sanaría en el día de reposo,³ y así tener de qué acusarlo. ³Jesús le dijo entonces al hombre que tenía la mano tullida:

—Levántate y ponte ahí en medio.

⁴Luego preguntó a los otros:

—¿Qué está permitido hacer en el día de reposo:³ el bien o el mal? ¿Salvar una vida o destruirla?

Pero ellos se quedaron callados. ⁵Jesús miró entonces con enojo a los que le rodeaban, y entristecido porque no querían entender le dijo a aquel hombre:

—Extiende la mano.

El hombre la extendió, y su mano quedó sana. ⁶Pero en cuanto los fariseos salieron, comenzaron a hacer planes con los del partido de Herodes para matar a Jesús.

### Mucha gente a la orilla del lago

⁷Jesús, seguido por mucha gente de Galilea, se fue con sus discípulos a la orilla del lago. ⁸Cuando supieron las grandes cosas que hacía, también acudieron a verlo muchos de Judea, de Jerusalén, de Idumea, del oriente del Jordán y de la región de Tiro y Sidón. ⁹Por esto, Jesús encargó a sus discípulos que le tuvieran lista una barca, para evitar que la multitud lo apretujara. ¹⁰Porque había sanado a tantos, que todos los enfermos se echaban sobre él para tocarlo.ˡ

¹¹Y cuando los espíritus impuros le veían, se ponían de rodillas delante de él y gritaban:

—¡Tú eres el Hijo de Dios!

¹²Pero Jesús les ordenaba severamente que no hablaran de él en público.

### Jesús escoge a los doce apóstoles
#### (Mt 10.1-4; Lc 6.12-16)

¹³Después Jesús subió a un cerro, y llamó a los que le pareció bien. Una vez reunidos, ¹⁴eligió de entre ellos a doce, para que lo acompañaran y para mandarlos a anunciar el mensaje. A éstos les dio el nombre de apóstoles, ¹⁵y les dio autoridad para expulsar a los demonios. ¹⁶Estos son los doce que escogió: Simón, a quien puso el nombre de Pedro; ¹⁷Santiago y su hermano Juan, hijos de Zebedeo, a quienes llamó Boanerges (es decir, "Hijos del Trueno"); ¹⁸Andrés, Felipe, Bartolomé, Mateo, Tomás y Santiago, hijo de Alfeo;

Tadeo, Simón el celote, ¹⁹y Judas Iscariote, que después traicionó a Jesús.

### Acusan a Jesús de recibir su poder del demonio
#### (Mt 12.22-32; Lc 11.14-23; 12.10)

²⁰Después entró Jesús en una casa, y otra vez se juntó tanta gente, que ni siquiera podían comer él y sus discípulos. ²¹Cuando lo supieron los parientes de Jesús, fueron a llevárselo, pues decían que se había vuelto loco.

²²También los maestros de la ley que habían llegado de Jerusalén decían: "Beelzebú, el propio jefe de los demonios, es quien le ha dado a este hombre el poder de expulsarlos."ᵐ

²³Jesús los llamó, y les puso un ejemplo, diciendo: "¿Cómo puede Satanás expulsar al propio Satanás? ²⁴Un país dividido en bandos enemigos, no puede mantenerse; ²⁵y una familia dividida, no puede mantenerse. ²⁶Así también, si Satanás se divide y se levanta contra sí mismo, no podrá mantenerse; habrá llegado su fin.

²⁷"Nadie puede entrar en la casa de un hombre fuerte y quitarle lo que le pertenece, si no lo ata primero; solamente así podrá quitárselo.

²⁸"Les aseguro que Dios dará su perdón a los hombres por todos los pecados y todo lo malo que digan: ²⁹pero al que ofenda con sus palabras al Espíritu Santo, nunca lo perdonará,ⁿ sino que será culpable para siempre."

³⁰Esto lo dijo Jesús porque ellos afirmaban que tenía un espíritu impuro.

### La madre y los hermanos de Jesús
#### (Mt 12.46-50; Lc 8.19-21)

³¹Entre tanto llegaron la madre y los hermanos de Jesús, pero se quedaron afuera y mandaron llamarlo. ³²La gente que estaba sentada alrededor de Jesús le dijo:

—Tu madre, tus hermanos y tus hermanas están afuera, y te buscan.

³³El les contestó:

—¿Quiénes son mi madre y mis hermanos?

³⁴Luego, mirando a los que estaban sentados a su alrededor, añadió:

—Estos son mi madre y mis hermanos.

³⁵Pues cualquiera que hace la voluntad de

---

³ *Día de reposo:* aquí equivale a *sábado.*
ˡ **3.9-10** Mr 4.1; Lc 5.1-3. ᵐ **3.22** Mt 9.34; 10.25. ⁿ **3.29** Lc 12.10.

Dios, ése es mi hermano, mi hermana y mi madre.

## La parábola del sembrador

### (Mt 13.1-9; Lc 8.4-8)

4 [1]Otra vez comenzó Jesús a enseñar a la orilla del lago. Como se reunió una gran multitud, Jesús subió a una barca que había en el lago, y se sentó,[n] mientras la gente se quedaba en la orilla. [2]Entonces se puso a enseñarles muchas cosas por medio de parábolas.

En su enseñanza les decía: [3]"Oigan esto: Un sembrador salió a sembrar. [4]Y al sembrar, una parte de la semilla cayó en el camino, y llegaron las aves y se la comieron. [5]Otra parte cayó entre las piedras, donde no había mucha tierra; esa semilla brotó pronto, porque la tierra no era muy honda; [6]pero el sol, al salir, la quemó, y como no tenía raíz, se secó. [7]Otra parte de la semilla cayó entre espinos, y los espinos crecieron y la ahogaron, de modo que la semilla no dio grano. [8]Pero otra parte cayó en buena tierra, y creció, dando una buena cosecha; algunas espigas dieron treinta granos por semilla, otras sesenta granos, y otras cien."

[9]Y añadió Jesús: "Los que tienen oídos, oigan."

## El porqué de las parábolas

### (Mt 13.10-17; Lc 8.9-10)

[10]Después, cuando Jesús se quedó solo, los que estaban cerca de él junto con los doce discípulos le preguntaron qué quería decir aquella parábola. [11]Les contestó: "A ustedes, Dios les da a conocer el secreto de su reino; pero a los que están afuera se les dice todo por medio de parábolas, [12]para que por más que miren, no vean, y por más que oigan, no entiendan, para que no se vuelvan a Dios, y él no los perdone."[o]

## Jesús explica la parábola del sembrador

### (Mt 13.18-23; Lc 8.11-15)

[13]Les dijo: "¿No entienden ustedes esta parábola? ¿Cómo, pues, entenderán todas las demás? [14]El que siembra la semilla es como el que anuncia el mensaje. [15]Hay quienes son como la semilla que cayó en el camino: oyen el mensaje, pero después de oírlo viene Satanás y les quita el mensaje sembrado en su corazón.

[16]Otros son como la semilla sembrada entre las piedras: oyen el mensaje y lo reciben con gusto, [17]pero como no tienen suficiente raíz, no se mantienen firmes; por eso, cuando por causa del mensaje sufren pruebas o persecución, pierden la fe. [18]Otros son como la semilla sembrada entre espinos: oyen el mensaje, [19]pero los negocios de este mundo les preocupan demasiado, el amor por las riquezas los engaña, y quisieran poseer todas las cosas. Todo esto entra en ellos, y ahoga el mensaje y no lo deja dar fruto. [20]Pero hay otros que oyen el mensaje y lo aceptan, y dan una buena cosecha, como la semilla sembrada en buena tierra. Algunos de éstos son como las espigas que dieron treinta granos por semilla, otros como las que dieron sesenta y otros como las que dieron cien."

## La parábola de la lámpara

### (Lc 8.16-18)

[21]También les dijo: "¿Acaso se trae una lámpara para ponerla bajo un cajón o debajo de la cama? No, una lámpara se pone en alto, para que alumbre.[p] [22]De la misma manera, no hay nada escondido que no llegue a descubrirse, ni nada secreto que no llegue a ponerse en claro.[q] [23]Los que tienen oídos, oigan."

[24]También les dijo: "Fíjense en lo que oyen. Con la misma medida con que ustedes midan, Dios los medirá a ustedes;[r] y les dará todavía más. [25]Pues al que tiene, se le dará más; pero al que no tiene, hasta lo poco que tiene se le quitará."[s]

## La parábola de la semilla que crece

[26]Jesús dijo también: "Con el reino de Dios sucede como con el hombre que siembra semilla en la tierra: [27]que tanto si duerme como si está despierto, lo mismo de noche que de día, la semilla nace y crece, sin que él sepa cómo. [28]Y es que la tierra produce por sí misma: primero brota una hierba, luego se forma la espiga y más tarde los granos que llenan la espiga. [29]Y cuando ya el grano está maduro, lo recoge, porque ha llegado el tiempo de la cosecha."[t]

## La parábola de la semilla de mostaza

### (Mt 13.31-32; Lc 13.18-19)

[30]También dijo Jesús: "¿A qué se parece el reino de Dios, o con qué podremos

n 4.1 Lc 5.1-3.  o 4.12 Is 6.9-10.  p 4.21 Mt 5.15; Lc 11.33.  q 4.22 Mt 10.26; Lc 12.2.  r 4.24 Mt 7.2; Lc 6.38.  s 4.25 Mt 13.12; 25.29; Lc 19.26.  t 4.29 Jl 3.13.

compararlo? [31]Es como una semilla de mostaza que se siembra en la tierra. Es la más pequeña de todas las semillas del mundo, [32]pero una vez sembrada, crece y se hace mayor que todas las otras plantas del huerto, con ramas tan grandes que hasta las aves pueden anidar bajo su sombra.''

### El uso que Jesús hacía de las parábolas
#### (Mt 13.34-35)

[33]De esta manera les enseñaba Jesús el mensaje, por medio de muchas parábolas como éstas y hasta donde podían entender. [34]Pero no les decía nada sin parábolas, aunque a sus discípulos se lo explicaba todo aparte.

### Jesús calma el viento y las olas
#### (Mt 8.23-27; Lc 8.22-25)

[35]Al anochecer de aquel mismo día, Jesús dijo a sus discípulos:

—Vamos al otro lado del lago.

[36]Entonces dejaron a la gente y llevaron a Jesús en la barca en que ya estaba; y también otras barcas le acompañaban. [37]En esto se desató una tormenta, con un viento tan fuerte que las olas caían sobre la barca, de modo que se llenaba de agua. [38]Pero Jesús se había dormido en la parte de atrás, apoyado sobre una almohada. Lo despertaron y le dijeron:

—¡Maestro! ¿No te importa que nos estemos hundiendo?

[39]Jesús se levantó y dio una orden al viento, y dijo al mar:

—¡Calla! ¡Quieto!

El viento se calmó, y todo quedó completamente tranquilo. [40]Después dijo Jesús a los discípulos:

—¿Por qué tienen tanto miedo? ¿Todavía no tienen fe?

[41]Pero ellos estaban llenos de miedo, y se preguntaban unos a otros:

—¿Quién será éste, que hasta el viento y el mar le obedecen?

### El endemoniado de Gerasa
#### (Mt 8.28-34; Lc 8.26-39)

5 [1]Llegaron al otro lado del lago, a la tierra de Gerasa. [2]En cuanto Jesús bajó de la barca, se le acercó un hombre que tenía un espíritu impuro. Este hombre había salido de entre las tumbas, [3]porque vivía en ellas. Nadie podía sujetarlo, ni siquiera con cadenas. [4]Pues aunque muchas veces lo habían atado de pies y manos con cadenas, siempre las había

hecho pedazos, sin que nadie lo pudiera dominar. [5]Andaba de día y de noche por los cerros y las tumbas, gritando y golpeándose con piedras. [6]Pero cuando vio de lejos a Jesús, echó a correr, y poniéndose de rodillas delante de él [7]le dijo a gritos:

—¡No te metas conmigo, Jesús, Hijo del Dios altísimo! ¡Te ruego por Dios que no me atormentes!

[8]Hablaba así porque Jesús le había dicho:

—¡Espíritu impuro, deja a ese hombre!

[9]Jesús le preguntó:

—¿Cómo te llamas?

El contestó:

—Me llamo Legión, porque somos muchos.

[10]Y rogaba mucho a Jesús que no enviara los espíritus fuera de aquella región. [11]Y como cerca de allí, junto al cerro, había gran número de cerdos comiendo, [12]los espíritus le rogaron:

—Mándanos a los cerdos y déjanos entrar en ellos.

[13]Jesús les dio permiso, y los espíritus impuros salieron del hombre y entraron en los cerdos. Estos, que eran unos dos mil, echaron a correr pendiente abajo hasta el lago, y allí se ahogaron.

[14]Los que cuidaban de los cerdos salieron huyendo, y fueron a contar en el pueblo y por los campos lo sucedido. La gente acudió a ver lo que había pasado. [15]Y cuando llegaron a donde estaba Jesús, vieron sentado, vestido y en su cabal juicio al endemoniado que había tenido la legión de espíritus. La gente estaba asustada, [16]y los que habían visto lo sucedido con el endemoniado y con los cerdos, se lo contaron a los demás. [17]Entonces comenzaron a rogarle a Jesús que se fuera de aquellos lugares.

[18]Al volver Jesús a la barca, el hombre que había estado endemoniado le rogó que lo dejara ir con él. [19]Pero Jesús no se lo permitió, sino que le dijo:

—Vete a tu casa, con tus parientes, y cuéntales todo lo que el Señor te ha hecho, y cómo ha tenido compasión de ti.

[20]El hombre se fue, y comenzó a contar por los pueblos de Decápolis lo que Jesús había hecho por él; y todos se quedaron admirados.

### La hija de Jairo. La mujer que tocó la capa de Jesús
#### (Mt 9.18-26; Lc 8.40-56)

[21]Cuando Jesús regresó en la barca al otro lado del lago, se le reunió mucha

gente, y él se quedó en la orilla. ²²En esto llegó uno de los jefes de la sinagoga, llamado Jairo, que al ver a Jesús se echó a sus pies ²³y le rogó mucho, diciéndole:

—Mi hija se está muriendo; ven a poner tus manos sobre ella, para que sane y viva.

²⁴Jesús fue con él, y mucha gente lo acompañaba apretujándose a su alrededor. ²⁵Entre la multitud había una mujer que desde hacía doce años estaba enferma, con derrames de sangre. ²⁶Había sufrido mucho a manos de muchos médicos, y había gastado todo lo que tenía, sin que le hubiera servido de nada. Al contrario, iba de mal en peor. * ²⁷Cuando oyó hablar de Jesús, esta mujer se le acercó por detrás, entre la gente, y le tocó la capa. ²⁸Porque pensaba: "Tan sólo con que llegue a tocar su capa, quedaré sana." ²⁹Al momento, el derrame de sangre se detuvo, y sintió en el cuerpo que ya estaba curada de su enfermedad. ³⁰Jesús, dándose cuenta de que había salido poder de él, se volvió a mirar a la gente, y preguntó:

—¿Quién me ha tocado la capa?

³¹Sus discípulos le dijeron:

—Ves que la gente te oprime por todos lados, y preguntas '¿Quién me ha tocado?'

³²Pero Jesús seguía mirando a su alrededor, para ver quién lo había tocado. ³³Entonces la mujer, temblando de miedo y sabiendo lo que le había pasado, fue y se arrodilló delante de él, y le contó toda la verdad. ³⁴Jesús le dijo:

—Hija, por tu fe has sido sanada. Vete tranquila y curada ya de tu enfermedad.

³⁵Todavía estaba hablando Jesús, cuando llegaron unos de casa del jefe de la sinagoga a decirle al padre de la niña:

—Tu hija ha muerto. ¿Para qué molestar más al Maestro?

³⁶Pero Jesús, sin hacer caso de ellos, ⁴ le dijo al jefe de la sinagoga:

—No tengas miedo; cree solamente.

³⁷Y no dejó que le acompañaran más que Pedro, Santiago y Juan, el hermano de Santiago. ³⁸Al llegar a la casa del jefe de la sinagoga y ver el alboroto y la gente que lloraba y gritaba, ³⁹entró y les dijo:

—¿Por qué hacen tanto ruido y lloran de esa manera? La niña no está muerta, sino dormida.

⁴⁰La gente se rió de Jesús, pero él los hizo salir a todos, y tomando al padre, a la madre y a los que le acompañaban, entró a donde estaba la niña. ⁴¹La tomó de la mano y le dijo:

—Talita, cum⁵ (que significa: "Muchacha, a ti te digo, levántate.")

⁴²Al momento, la muchacha, que tenía doce años, se levantó y echó a andar. Y la gente se quedó muy admirada. ⁴³Pero Jesús ordenó severamente que no se lo contaran a nadie, y luego mandó que dieran de comer a la niña.

### Jesús en Nazaret
#### (Mt 13.53-58; Lc 4.16-30)

**6** ¹Jesús se fue de allí a su propia tierra, y sus discípulos fueron con él. ²Cuando llegó el día de reposo,⁶ comenzó a enseñar en la sinagoga. La multitud, al oír a Jesús, se preguntaba admirada:

—¿Dónde aprendió éste tantas cosas? ¿De dónde ha sacado esa sabiduría y los milagros que hace? ³¿No es éste el carpintero, el hijo de María y hermano de Santiago, José, Judas y Simón? ¿Y no viven sus hermanas también aquí, entre nosotros?

Por eso no quisieron hacerle caso. ⁴Pero Jesús les dijo:

—En todas partes se honra a un profeta, menos en su propia tierra,ᵘ entre sus parientes y en su propia casa.

⁵No pudo hacer allí ningún milagro, aparte de poner las manos sobre unos pocos enfermos y sanarlos. ⁶Y estaba asombrado porque aquella gente no creía en él.

### Jesús envía a los discípulos a anunciar el reino de Dios
#### (Mt 10.5-15; Lc 9.1-6)

Jesús recorría las aldeas cercanas, enseñando. ⁷Llamó a los doce discípulos, y comenzó a enviarlos de dos en dos, dándoles autoridad sobre los espíritus impuros. ⁸Les ordenó que no llevaran nada para el camino, sino solamente un bastón. No debían llevar bolsa ni pan ni dinero.ᵛ ⁹Podían ponerse sandalias, pero no llevar ropa de repuesto. ¹⁰Les dijo:

—Cuando entren ustedes en una casa, quédense allí hasta que se vayan del lugar. ¹¹Y si en algún lugar no los reciben ni los quieren oír, salgan de allí y sacúdanse el polvo de los pies, para que les sirva a ellos de advertencia.ʷ

---

⁴ Sin hacer caso de ellos: algunos mss. dicen: al oír (los). ⁵ En arameo, idioma hablado en tiempos de Jesús. ⁶ Día de reposo: aquí equivale a sábado.
* 5.26 Tob 2.10. ᵘ 6.4 Jn 4.44. ᵛ 6.8-11 Lc 10.4-11. ʷ 6.11 Hch 13.51.

¹²Entonces salieron los discípulos a decirle a la gente que se volviera a Dios. ¹³También expulsaron muchos demonios, y curaron a muchos enfermos poniéndoles aceite.ˣ

### La muerte de Juan el Bautista
*(Mt 14.1-12; Lc 9.7-9)*

¹⁴El rey Herodes oyó hablar de Jesús, cuya fama había corrido por todas partes. Supo que se decía: "Juan el Bautista ha resucitado, y por eso tiene este poder milagroso."

¹⁵Se decía también: "Es el profeta Elías."

Y hasta se decía: "Es un profeta, como los antiguos profetas.ʸ"

¹⁶Pero Herodes, al oír estas cosas, decía:

—Ese es Juan. Yo mandé cortarle la cabeza y ahora ha resucitado.

¹⁷Es que, por causa de Herodías, Herodes había mandado arrestar a Juan, y lo había hecho encadenar en la cárcel. Herodías era esposa de Felipe, hermano de Herodes, pero Herodes se había casado con ella. ¹⁸Y Juan había dicho a Herodes: "No debes tener como tuya a la mujer de tu hermano."ᶻ

¹⁹Herodías odiaba por eso a Juan, y quería matarlo; pero no podía, ²⁰porque Herodes le tenía miedo, sabiendo que era un hombre justo y santo, y lo protegía. Y aunque al oírlo se quedaba sin saber qué hacer, Herodes escuchaba a Juan de buena gana. ²¹Pero Herodías vio llegar su oportunidad cuando Herodes, en su cumpleaños, dio un banquete a sus jefes y comandantes y a las personas importantes de Galilea. ²²La hija de Herodías⁷ entró en el lugar del banquete y bailó, y el baile gustó tanto a Herodes y a los que estaban cenando con él, que el rey dijo a la muchacha:

—Pídeme lo que quieras, y te lo daré.

²³Y le juró una y otra vez que le daría cualquier cosa que pidiera, aunque fuera la mitad del país que él gobernaba. ²⁴Ella salió, y le preguntó a su madre:

—¿Qué pediré?

Le contestó:

—Pídele la cabeza de Juan el Bautista.

²⁵La muchacha entró de prisa donde estaba el rey, y le dijo:

—Quiero que ahora mismo me des en un plato la cabeza de Juan el Bautista.

²⁶El rey se puso muy triste; pero como había hecho un juramento en presencia de sus invitados, no quiso negarle lo que le pedía. ²⁷Así que mandó en seguida a un soldado con la orden de llevarle la cabeza de Juan. ²⁸Fue el soldado a la cárcel, le cortó la cabeza a Juan y se la llevó en un plato. Se la dio a la muchacha, y ella se la entregó a su madre.

²⁹Cuando los seguidores de Juan lo supieron, recogieron el cuerpo y se lo llevaron a enterrar.

### Jesús da de comer a cinco mil hombres
*(Mt 14.13-21; Lc 9.10-17; Jn 6.1-14)*

³⁰Después de esto, los apóstoles se reunieron con Jesús y le contaron todo lo que habían hecho y enseñado. ³¹Jesús les dijo:

—Vengan, vamos nosotros solos a descansar un poco en un lugar tranquilo.

Porque iba y venía tanta gente, que ellos ni siquiera tenían tiempo para comer. ³²Así que Jesús y sus apóstoles se fueron en una barca a un lugar apartado. ³³Pero muchos los vieron ir, y los reconocieron; entonces de todos los pueblos corrieron allá, y llegaron antes que ellos. ³⁴Al bajar Jesús de la barca, vio la multitud, y sintió compasión de ellos, porque estaban como ovejas que no tienen pastor;ᵃ y comenzó a enseñarles muchas cosas. ³⁵Por la tarde, sus discípulos se le acercaron y le dijeron:

—Ya es tarde, y éste es un lugar solitario. ³⁶Despide a la gente, para que vayan por los campos y las aldeas de alrededor y se compren algo de comer.

³⁷Pero Jesús les contestó:

—Denles ustedes de comer.

Ellos respondieron:

—¿Quieres que vayamos a comprar doscientos denarios de pan, para darles de comer?

³⁸Jesús les dijo:

—¿Cuántos panes tienen ustedes? Vayan a verlo.

Cuando lo averiguaron, le dijeron:

—Cinco panes y dos pescados.

³⁹Entonces les mandó que sentaran a la gente en grupos sobre la hierba verde; ⁴⁰y se sentaron en grupos de cien y de cincuenta. ⁴¹Luego Jesús tomó en sus manos los cinco panes y los dos pescados y,

---

⁷ *La hija de Herodías:* algunos mss. dicen *Herodías, la hija de Herodes.*
ˣ **6.13** Stg 5.14. ʸ **6.14-15** Mt 16.14; Mr 8.28; Lc 9.19. ᶻ **6.17-18** Lc 3.19-20. ᵃ **6.34** Nm 27.17; 1 R 22.17; 2 Cr 18.16; Jer 50.6-7; Ez 34.5; Zac 10.2; Jdt 11.19; Mt 9.36.

mirando al cielo, dio gracias a Dios, partió los panes y se los dio a sus discípulos para que los repartieran entre la gente. Repartió también los dos pescados entre todos. ⁴²Todos comieron hasta quedar satisfechos, ⁴³y todavía llenaron doce canastas con los pedazos sobrantes de pan y de pescado. ⁴⁴Los que comieron de aquellos panes fueron cinco mil hombres.

### Jesús camina sobre el agua
#### (Mt 14.22-27; Jn 6.16-21)

⁴⁵Después de esto, Jesús hizo que sus discípulos subieran a la barca para que cruzaran el lago⁸ antes que él, en dirección a Betsaida, mientras él despedía a la gente. ⁴⁶Y cuando la hubo despedido, se fue al cerro a orar. ⁴⁷Al llegar la noche, la barca ya estaba en medio del lago. Jesús, que se había quedado solo en tierra, ⁴⁸vio que remaban con dificultad, porque tenían el viento en contra. A la madrugada, fue Jesús hacia ellos caminando sobre el agua, pero hizo como que iba a pasar de largo. ⁴⁹Cuando lo vieron andar sobre el agua, pensaron que era un fantasma, y gritaron; ⁵⁰porque todos lo vieron y se asustaron. Pero en seguida él les habló, diciéndoles:

—¡Tengan valor, soy yo, no tengan miedo!

⁵¹Subió a la barca, y se calmó el viento; y ellos se quedaron muy asombrados, ⁵²porque no habían entendido el milagro de los panes, pues tenían el entendimiento oscurecido.

### Jesús sana a los enfermos de Genesaret
#### (Mt 14.34-36)

⁵³Cruzaron el lago y llegaron a la tierra de Genesaret, donde amarraron la barca a la orilla. ⁵⁴Tan pronto como bajaron de la barca, la gente reconoció a Jesús. ⁵⁵Corrieron por toda aquella región, y comenzaron a llevar en camillas a los enfermos a donde sabían que estaba Jesús. ⁵⁶Y dondequiera que él entraba, ya fuera en las aldeas, en los pueblos o en los campos, ponían a los enfermos en las calles y le rogaban que los dejara tocar siquiera el borde de su capa; y todos los que la tocaban, quedaban sanos.

### Lo que hace impuro al hombre
#### (Mt 15.1-20)

**7** ¹Se acercaron los fariseos a Jesús, con unos maestros de la ley que habían llegado de Jerusalén. ²Estos, al ver que algunos discípulos de Jesús comían con las manos impuras, es decir, sin haber cumplido con la ceremonia de lavárselas, los criticaron. ³(Porque los fariseos y todos los judíos siguen la tradición de sus antepasados, de no comer sin antes lavarse las manos debidamente. ⁴Y cuando regresan del mercado, no comen sin antes cumplir con la ceremonia de lavarse. Y aun tienen otras muchas costumbres, como lavar los vasos, los jarros, las vasijas de metal y las camas.) ⁵Por eso, los fariseos y los maestros de la ley le preguntaron:

—¿Por qué tus discípulos no siguen la tradición de nuestros antepasados, sino que comen con las manos impuras?

⁶Jesús les contestó:

—Bien habló el profeta Isaías acerca de lo hipócritas que son ustedes, cuando escribió:

'Este pueblo me honra con la boca,
    pero su corazón está lejos de mí.
⁷De nada sirve que me rinda culto:
    sus enseñanzas son mandatos de
        hombres.'ᵇ

⁸Porque ustedes dejan el mandato de Dios para seguir las tradiciones de los hombres.⁹

⁹También les dijo:

—Para mantener sus propias tradiciones, ustedes pasan por alto el mandato de Dios. ¹⁰Pues Moisés dijo: 'Honra a tu padre y a tu madre',ᶜ y 'El que maldiga a su padre o a su madre, será condenado a muerte.'ᵈ ¹¹Pero ustedes afirman que un hombre puede decirle a su padre o a su madre: 'No puedo ayudarte, porque todo lo que tengo es corbán' (es decir: "ofrecido a Dios"); ¹²y también afirman que quien dice esto ya no está obligado a ayudar a su padre o a su madre. ¹³De esta manera ustedes anulan el mandato de Dios con esas tradiciones que se trasmiten unos a otros. Y hacen otras muchas cosas parecidas.

¹⁴Luego Jesús llamó a la gente, y dijo:

—Escúchenme todos, y entiendan: ¹⁵Nada de lo que entra de afuera puede hacer impuro al hombre. Lo que sale del corazón del hombre es lo que lo hace impuro.¹⁰

---

⁸ Algunos mss. no dicen *que cruzaran el lago*.   ⁹ Algunos mss. añaden: *el lavar los jarros y los vasos, y el hacer muchas cosas semejantes*.   ¹⁰ Algunos mss. añaden v. 16: *Ustedes que tienen oídos, oigan*.
ᵇ **7.6-7** Is 29.13.   ᶜ **7.10** Ex 20.12; Dt 5.16.   ᵈ **7.10** Ex 21.17; Lv 20.9.

[17]Cuando Jesús dejó a la gente y entró en la casa, sus discípulos le preguntaron sobre esta enseñanza. [18]El les dijo:

—¿Así que ustedes tampoco lo comprenden? ¿No entienden que nada de lo que entra de afuera puede hacer impuro al hombre, [19]porque no entra en el corazón, sino en el vientre, para después salir del cuerpo?

Con esto quiso decir que todos los alimentos son limpios. [20]Dijo también:

—Lo que sale del hombre, eso sí lo hace impuro. [21]Porque de adentro, es decir, del corazón de los hombres, salen los malos pensamientos, la inmoralidad sexual, los robos, los asesinatos, [22]los adulterios, la codicia, las maldades, el engaño, los vicios, la envidia, los chismes, el orgullo y la falta de juicio. [23]Todas estas cosas malas salen de adentro y hacen impuro al hombre.

### Una extranjera que creyó en Jesús
#### (Mt 15.21-28)

[24]De allí se dirigió Jesús a la región de Tiro. Entró en una casa, sin querer que nadie lo supiera; pero no pudo esconderse. [25]Pronto supo de él la madre de una muchacha que tenía un espíritu impuro, la cual fue y se arrodilló a los pies de Jesús. [26]La mujer era extranjera, de nacionalidad sirofenicia. Fue, pues, y rogó a Jesús que expulsara de su hija al demonio. [27]Pero Jesús le dijo:

—Deja que los hijos coman primero, porque no está bien quitarles el pan a los hijos y dárselo a los perros.

[28]Ella le respondió:

—Pero, Señor, hasta los perros comen debajo de la mesa las migajas que dejan caer los hijos.

[29]Jesús le dijo:

—Has hablado bien; puedes irte. El demonio ya ha salido de tu hija.

[30]Cuando la mujer llegó a su casa, encontró a la niña en la cama, pero el demonio ya había salido de ella.

### Jesús sana a un sordomudo

[31]Jesús volvió a salir de la región de Tiro y, pasando por Sidón y los pueblos de la región de Decápolis, llegó al lago de Galilea. [32]Allí le llevaron un sordo y tartamudo, y le pidieron que pusiera su mano sobre él. [33]Jesús se lo llevó a un lado, aparte de la gente, le metió los dedos en los oídos y con saliva le tocó la lengua.

[34]Luego, mirando al cielo, suspiró y dijo al hombre: "¡Efatá!" (es decir: "¡Abrete!")

[35]Al momento, los oídos del sordo se abrieron, y su lengua quedó sana y pudo hablar bien. [36]Jesús les mandó que no se lo dijeran a nadie; pero cuanto más se lo mandaba, tanto más lo contaban. [37]Llenos de admiración, decían: "Todo lo hace bien. ¡Hasta puede hacer que los sordos oigan y que los mudos hablen!"

### Jesús da de comer a cuatro mil personas
#### (Mt 15.32-39)

**8** [1]Un día en que de nuevo se había juntado mucha gente y no tenían nada que comer, Jesús llamó a sus discípulos y les dijo:

[2]—Siento compasión de esta gente, porque ya hace tres días que están aquí conmigo y no tienen nada que comer. [3]Y si los mando sin comer a sus casas, pueden desmayarse por el camino, porque algunos han venido de lejos.

[4]Sus discípulos le contestaron:

—¿Pero cómo se les puede dar de comer en un lugar como éste, donde no vive nadie?

[5]Jesús les preguntó:

—¿Cuántos panes tienen ustedes?

—Siete —contestaron ellos.

[6]Entonces mandó que la gente se sentara en el suelo, tomó en sus manos los siete panes y, habiendo dado gracias a Dios, los partió y los dio a sus discípulos, y ellos los repartieron entre la gente. [7]Tenían también unos cuantos pescaditos; Jesús dio gracias a Dios por ellos, y también mandó repartirlos. [8]Todos comieron hasta quedar satisfechos, y aun llenaron siete canastas con los pedazos sobrantes. [9]Los que comieron eran cerca de cuatro mil. Luego Jesús los despidió, [10]subió a la barca con sus discípulos y se fue a la región de Dalmanuta.

### Los fariseos piden una señal milagrosa
#### (Mt 16.1-4; Lc 12.54-56)

[11]Llegaron los fariseos y comenzaron a discutir con Jesús. Y para tenderle una trampa, le pidieron que hiciera alguna señal milagrosa[e] que probara que él venía de parte de Dios. [12]Jesús suspiró profundamente y dijo:

e 8.11 Mt 12.38; Lc 11.16.

—¿Por qué pide esta gente una señal milagrosa?ⁱ Les aseguro que no se les dará ninguna señal.

¹³Entonces los dejó, y volviendo a entrar en la barca se fue al otro lado del lago.

### La levadura de los fariseos
#### (Mt 16.5-12)

¹⁴Se habían olvidado de llevar algo de comer, y solamente tenían un pan en la barca. ¹⁵Jesús les advirtió:

—Miren, cuídense de la levadura de los fariseosᵍ y de la levadura de Herodes.

¹⁶Los discípulos comentaban entre sí que no tenían pan.

¹⁷Jesús se dio cuenta, y les dijo:

—¿Por qué dicen que no tienen pan? ¿Todavía no entienden ni se dan cuenta? ¿Tienen tan cerrado el entendimiento? ¹⁸¿Tienen ojos y no ven, y oídos y no oyen?ʰ ¿No se acuerdan? ¹⁹Cuando repartí los cinco panes entre cinco mil hombres, ¿cuántas canastas llenas de pedazos recogieron?

Ellos contestaron:

—Doce.

²⁰—Y cuando repartí los siete panes entre cuatro mil, ¿cuántas canastas llenas recogieron?

Contestaron:

—Siete.

²¹Entonces les dijo:

—¿Todavía no entienden?

### Jesús sana a un ciego en Betsaida

²²Después llegaron a Betsaida, y llevaron un ciego a Jesús, rogándole que lo tocara. ²³Jesús tomó de la mano al ciego y lo sacó fuera del pueblo. Le mojó los ojos con saliva, puso las manos sobre él y le preguntó si podía ver algo. ²⁴El ciego comenzó a ver, y dijo:

—Veo a los hombres. Me parecen como árboles que andan.

²⁵Jesús le puso otra vez las manos sobre los ojos, y el hombre miró con atención y quedó sano. Ya todo lo veía claramente. ²⁶Entonces Jesús lo mandó a su casa, y le dijo:

—No vuelvas al pueblo.ⁱⁱ

### Pedro declara que Jesús es el Mesías
#### (Mt 16.13-20; Lc 9.18-21)

²⁷Después de esto, Jesús y sus discípulos fueron a las aldeas de la región de Cesarea de Filipo. En el camino, Jesús preguntó a sus discípulos:

—¿Quién dice la gente que soy yo?

²⁸Ellos contestaron:

—Algunos dicen que eres Juan el Bautista, otros dicen que eres Elías, y otros dicen que eres uno de los profetas.ⁱ

²⁹—Y ustedes, ¿quién dicen que soy? —les preguntó.

Pedro le respondió:

—Tú eres el Mesías.ʲ

³⁰Pero Jesús les ordenó que no hablaran de él a nadie.

### Jesús anuncia su muerte
#### (Mt 16.21-28; Lc 9.22-27)

³¹Jesús comenzó a enseñarles que el Hijo del hombre tendría que sufrir mucho, y que sería rechazado por los ancianos, por los jefes de los sacerdotes y por los maestros de la ley. Les dijo que lo iban a matar, pero que resucitaría a los tres días. ³²Esto se lo advirtió claramente. Entonces Pedro lo llevó aparte y comenzó a reprenderlo. ³³Pero Jesús se volvió, miró a los discípulos y reprendió a Pedro, diciéndole:

—¡Apártate de mí, Satanás! Tú no ves las cosas como las ve Dios, sino como las ven los hombres.

³⁴Luego Jesús llamó a sus discípulos y a la gente, y dijo:

—Si alguno quiere ser discípulo mío, olvídese de sí mismo, cargue con su cruz y sígame.ᵏ ³⁵Porque el que quiera salvar su vida, la perderá; pero el que pierda la vida por causa mía y del mensaje de salvación, la salvará.ˡ ³⁶¿De qué le sirve al hombre ganar el mundo entero, si pierde la vida? ³⁷O también, ¿cuánto podrá pagar el hombre por su vida? ³⁸Pues si alguno se avergüenza de mí y de mi mensaje delante de esta gente infiel y pecadora, también el Hijo del hombre se avergonzará de él cuando venga con la gloria de su Padre y con los santos ángeles.

**9** ¹Jesús también les dijo:

—Les aseguro que algunos de los que están aquí presentes no morirán hasta que vean el reino de Dios llegar con poder.

### La transfiguración de Jesús
#### (Mt 17.1-13; Lc 9.28-36)

²Seis días después, Jesús se fue a un cerro alto llevándose solamente a Pedro, a

---

ⁱⁱ Algunos mss. añaden: *ni lo digas a nadie en el pueblo.*
ⁱ **8.12** Mt 12.39; Lc 11.29.   ᵍ **8.15** Lc 12.1.   ʰ **8.18** Jer 5.21; Ez 12.2; Mr 4.12.   ⁱ **8.28** Mr 6.14-15; Lc 9.7-8.   ʲ **8.29** Jn 6.68-69.
ᵏ **8.34** Mt 10.38; Lc 14.27; Jn 12.24.   ˡ **8.35** Mt 10.39; Lc 17.33; Jn 12.25.

Santiago y a Juan.[m] Allí, delante de ellos, cambió la apariencia de Jesús. [3]Su ropa se volvió brillante y más blanca de lo que nadie podría dejarla por mucho que la lavara. [4]Y vieron a Elías y a Moisés, que estaban conversando con Jesús. [5]Pedro le dijo a Jesús:

—Maestro, ¡qué bien que estemos aquí! Vamos a hacer tres chozas: una para ti, otra para Moisés y otra para Elías.

[6]Es que los discípulos estaban asustados, y Pedro no sabía qué decir. [7]En esto, una nube bajó y los envolvió en su sombra. Y de la nube salió una voz, que dijo: "Este es mi Hijo amado:[n] escúchenlo." [8]Al momento, cuando miraron alrededor, ya no vieron a nadie con ellos, sino a Jesús solo.

[9]Mientras bajaban del cerro, Jesús les encargó que no contaran a nadie lo que habían visto, hasta que el Hijo del hombre hubiera resucitado. [10]Por esto guardaron el secreto entre ellos, aunque se preguntaban qué sería eso de resucitar. [11]Le preguntaron a Jesús:

—¿Por qué dicen los maestros de la ley que Elías ha de venir primero?[ñ]

[12]El les contestó:

—Es cierto que Elías viene primero, y que él lo arreglará todo. ¿Y por qué dicen las Escrituras que el Hijo del hombre ha de sufrir y ser despreciado? [13]Pero yo les digo que Elías ya vino, y que ellos hicieron con él todo lo que quisieron, como dicen las Escrituras que le había de suceder.

### Jesús sana a un muchacho que tenía un espíritu impuro
#### (Mt 17.14-21; Lc 9.37-43)

[14]Cuando regresaron a donde estaban los discípulos, los encontraron rodeados de una gran multitud, y algunos maestros de la ley discutían con ellos. [15]Al ver a Jesús, todos corrieron a saludarlo llenos de admiración. [16]El les preguntó:

—¿Qué están ustedes discutiendo con ellos?

[17]Uno de los presentes contestó:

—Maestro, aquí te he traído a mi hijo, pues tiene un espíritu que lo ha dejado mudo. [18]Dondequiera que se encuentra, el espíritu lo agarra y lo tira al suelo; y echa espuma por la boca, le rechinan los dientes y se queda tieso. He pedido a tus discípulos que le saquen ese espíritu, pero no han podido.

[19]Jesús contestó:

—¡Gente sin fe! ¿Hasta cuándo tendré que estar con ustedes? ¿Hasta cuándo tendré que soportarlos? Traigan acá al muchacho.

[20]Entonces llevaron al muchacho ante Jesús. Pero cuando el espíritu vio a Jesús, hizo que le diera un ataque al muchacho, el cual cayó al suelo revolcándose y echando espuma por la boca. [21]Jesús le preguntó al padre:

—¿Desde cuándo le sucede esto?

El padre contestó:

—Desde que era niño. [22]Y muchas veces ese espíritu lo ha arrojado al fuego y al agua, para matarlo. Así que, si puedes hacer algo, ten compasión de nosotros y ayúdanos.

[23]Jesús le dijo:

—¿Cómo que 'si puedes'? ¡Todo es posible para el que cree!

[24]Entonces el padre del muchacho gritó:

—Yo creo. ¡Ayúdame a creer más!

[25]Al ver Jesús que se estaba reuniendo mucha gente, reprendió al espíritu impuro, diciendo:

—Espíritu mudo y sordo, yo te ordeno que salgas de este muchacho y que no vuelvas a entrar en él.

[26]El espíritu gritó, e hizo que le diera otro ataque al muchacho. Luego salió de él, dejándolo como muerto, de modo que muchos decían que, en efecto, estaba muerto. [27]Pero Jesús, tomándolo de la mano, lo levantó; y el muchacho se puso de pie.

[28]Luego Jesús entró en una casa, y sus discípulos le preguntaron a solas:

—¿Por qué nosotros no pudimos expulsar ese espíritu?

[29]Y Jesús les contestó:

—A esta clase de demonios solamente se la puede expulsar por medio de la oración.[l2]

### Jesús anuncia por segunda vez su muerte
#### (Mt 17.22-23; Lc 9.43-45)

[30]Cuando se fueron de allí, pasaron por Galilea. Pero Jesús no quiso que nadie lo supiera, [31]porque estaba enseñando a sus discípulos. Les decía:

—El Hijo del hombre va a ser entregado en manos de los hombres, y lo matarán; pero tres días después resucitará.

---

[l2] Algunos mss. añaden: y el ayuno.
[m] 9.2-7 2 P 1.17-18.   [n] 9.7 Mt 3.17; Mr 1.11; Lc 3.22.   [ñ] 9.11 Mal 4.5; Eclo 48.10; Mt 11.14.

[32]Ellos no entendían lo que les decía, y tenían miedo de preguntarle.

### ¿Quién es el más importante?
*(Mt 18.1-5; Lc 9.46-48)*

[33]Llegaron a la ciudad de Capernaum. Cuando ya estaban en casa, Jesús les preguntó:

—¿Qué venían discutiendo ustedes por el camino?

[34]Pero se quedaron callados, porque en el camino habían discutido quién de ellos era el más importante. [35]Entonces Jesús se sentó, llamó a los doce y les dijo:

—Si alguien quiere ser el primero, deberá ser el último de todos, y servirlos a todos.[p]

[36]Luego puso un niño en medio de ellos, y tomándolo en brazos les dijo:

[37]—El que recibe en mi nombre a un niño como éste, me recibe a mí; y el que me recibe a mí, no solamente a mí me recibe, sino también a aquél que me envió.[q]

### El que no está contra nosotros, está a nuestro favor
*(Mt 10.42; Lc 9.49-50)*

[38]Juan le dijo:

—Maestro, hemos visto a uno que expulsaba demonios en tu nombre, pero como no es de los nuestros, se lo hemos prohibido.

[39]Jesús contestó:

—No se lo prohíban, porque nadie que haga un milagro en mi nombre podrá luego hablar mal de mí. [40]El que no está contra nosotros, está a nuestro favor.[r] [41]Cualquiera que les dé a ustedes aunque sólo sea un vaso de agua por ser ustedes de Cristo, les aseguro que tendrá su premio.[s]

### El peligro de caer en pecado
*(Mt 18.6-9; Lc 17.1-2)*

[42]"A cualquiera que haga caer en pecado a uno de estos pequeños que creen en mí, mejor le sería que lo echaran al mar con una gran piedra de molino atada al cuello. [43]Si tu mano te hace caer en pecado, córtatela; es mejor que entres manco en la vida, y no que con las dos

manos vayas a parar al infierno, donde el fuego no se puede apagar.[13,t] [45]Y si tu pie te hace caer en pecado, córtatelo; es mejor que entres cojo en la vida, y no que con los dos pies seas arrojado al infierno. [14] [47]Y si tu ojo te hace caer en pecado, sácatelo; es mejor que entres con un solo ojo en el reino de Dios, y no que con los dos ojos seas arrojado al infierno,[u] [48]donde los gusanos no mueren y el fuego no se apaga.[v] [49]"Porque todos serán salados con fuego.[15] [50]La sal es buena; pero si deja de estar salada, ¿cómo podrán ustedes hacerla útil otra vez?[w] Tengan sal en ustedes y vivan en paz unos con otros.

### Jesús enseña sobre el divorcio
*(Mt 19.1-12; Lc 16.18)*

**10** [1]Jesús salió de Capernaum y fue a la región de Judea y a la tierra que está al oriente del Jordán. Allí volvió a reunírsele la gente, y él comenzó de nuevo a enseñar, como tenía por costumbre. [2]Algunos fariseos se acercaron a Jesús y, para tenderle una trampa, le preguntaron si al esposo le está permitido divorciarse de su esposa. [3]El les contestó:

—¿Qué les mandó a ustedes Moisés?

[4]Dijeron:

—Moisés permitió divorciarse de la esposa dándole un certificado de divorcio.[x]

[5]Entonces Jesús les dijo:

—Moisés les dio ese mandato por lo tercos que son ustedes. [6]Pero en el principio de la creación, 'Dios los creó hombre y mujer.[y] [7]Por esto el hombre dejará a su padre y a su madre para unirse a su esposa, [8]y los dos serán como una sola persona.'[z] Así que ya no son dos, sino uno solo. [9]De modo que el hombre no debe separar lo que Dios ha unido.

[10]Cuando ya estaban en casa, los discípulos volvieron a preguntarle sobre este asunto. [11]Jesús les dijo:

—El que se divorcia de su esposa y se casa con otra, comete adulterio contra la primera; [12]y si la mujer deja a su esposo y se casa con otro, también comete adulterio.[a]

---

[13] Algunos mss. añaden v. 44: *Donde los gusanos no mueren y el fuego no se apaga.* [14] Algunos mss. añaden v. 46: *Donde los gusanos no mueren y el fuego no se apaga.* [15] Algunos mss. añaden: *y todo sacrificio será salado con sal.*
[o] 9.34 Lc 22.24. [p] 9.35 Eclo 3.18; Mt 20.26-27; 23.11; Mr lo.43-44; Lc 22.26. [q] 9.37 Mt lo.40; Lc lo.16; Jn 13.20.
[r] 9.40 Mt 12.30; Lc ll.23. [s] 9.41 Mt lo.42. [t] 9.43 Mt 5.30. [u] 9.47 Mt 5.29. [v] 9.48 Is 66.24. [w] 9.50 Mt 5.13; Lc 14.34-35.
[x] 10.4 Dt 24.1-4; Mt 5.31. [y] 10.6 Gn 1.27; 5.2. [z] 10.7-8 Gn 2.24. [a] 10.11-12 Mt 5.32; 1 Co 7.10-11.

## Jesús bendice a los niños
*(Mt 19.13-15; Lc 18.15-17)*

¹³Llevaron unos niños a Jesús, para que los tocara; pero los discípulos comenzaron a reprender a quienes los llevaban. ¹⁴Jesús, viendo esto, se enojó y les dijo:

—Dejen que los niños vengan a mí, y no se lo impidan, porque el reino de Dios es de quienes son como ellos. ¹⁵Les aseguro que el que no acepta el reino de Dios como un niño, no entrará en él.[b]

¹⁶Y tomó en sus brazos a los niños, y los bendijo poniendo las manos sobre ellos.

## Un hombre rico habla con Jesús
*(Mt 19.16-30; Lc 18.18-30)*

¹⁷Cuando Jesús iba a seguir su viaje, llegó un hombre corriendo, se puso de rodillas delante de él y le preguntó:

—Maestro bueno, ¿qué debo hacer para alcanzar la vida eterna?

¹⁸Jesús le contestó:

—¿Por qué me llamas bueno? Bueno solamente hay uno: Dios. ¹⁹Ya sabes los mandamientos: 'No mates,[c] no cometas adulterio,[d] no robes,[e] no digas mentiras en perjuicio de nadie[f] ni engañes; honra a tu padre y a tu madre.'[g]

²⁰El hombre le dijo:

—Maestro, todo eso lo he cumplido desde joven.

²¹Jesús lo miró con cariño, y le contestó:

—Una cosa te falta: anda, vende todo lo que tienes y dáselo a los pobres. Así tendrás riqueza en el cielo. Luego ven y sígueme.

²²El hombre se afligió al oír esto; y se fue triste, porque era muy rico.

²³Jesús miró entonces alrededor, y dijo a sus discípulos:

—¡Qué difícil va a ser para los ricos entrar en el reino de Dios![h]

²⁴Estas palabras dejaron asombrados a los discípulos, pero Jesús les volvió a decir:

—Hijos, ¡qué difícil es[16] entrar en el reino de Dios! ²⁵Es más fácil para un camello pasar por el ojo de una aguja, que para un rico entrar en el reino de Dios.

²⁶Al oírlo, se asombraron más aún, y se preguntaban unos a otros:

—¿Y quién podrá salvarse?

²⁷Jesús los miró y les contestó:

—Para los hombres es imposible, pero no para Dios, porque para él no hay nada imposible.

²⁸Pedro comenzó a decirle:

—Nosotros hemos dejado todo lo que teníamos, y te hemos seguido.

²⁹Jesús respondió:

—Les aseguro que cualquiera que por mi causa y por causa del mensaje de salvación haya dejado casa, o hermanos, o hermanas, o madre, o padre, o hijos, o terrenos, ³⁰recibirá ahora en este mundo cien veces más en casas, hermanos, hermanas, madres, hijos y terrenos, aunque con persecuciones; y en el mundo venidero recibirá la vida eterna. ³¹Pero muchos que ahora son los primeros, serán los últimos; y muchos que ahora son los últimos, serán los primeros.[i]

## Jesús anuncia por tercera vez su muerte
*(Mt 20.17-19; Lc 18.31-34)*

³²Se dirigían a Jerusalén, y Jesús caminaba delante de los discípulos. Ellos estaban asombrados, y los que iban detrás tenían miedo. Jesús volvió a llamar aparte a los doce discípulos, y comenzó a decirles lo que le iba a pasar: ³³"Como ustedes ven, ahora vamos a Jerusalén, donde el Hijo del hombre va a ser entregado a los jefes de los sacerdotes y a los maestros de la ley, que lo condenarán a muerte y lo entregarán a los extranjeros. ³⁴Se burlarán de él, lo escupirán, lo golpearán y lo matarán; pero tres días después resucitará."

## Santiago y Juan piden un favor
*(Mt 20.20-28)*

³⁵Santiago y Juan, hijos de Zebedeo, se acercaron a Jesús y le dijeron:

—Maestro, queremos que nos hagas el favor que vamos a pedirte.

³⁶El les preguntó:

—¿Qué quieren que haga por ustedes?

³⁷Le dijeron:

—Concédenos que en tu reino glorioso nos sentemos uno a tu derecha y otro a tu izquierda.

³⁸Jesús les contestó:

—Ustedes no saben lo que piden. ¿Acaso pueden beber este trago amargo que voy a beber yo, y recibir el bautismo que yo voy a recibir?[j]

¹⁶ Algunos mss. añaden: *para los que confían en las riquezas.*
[b] 10.15 Mt 18.3.   [c] 10.19 Ex 20.13; Dt 5.17.   [d] 10.19 Ex 20.14; Dt 5.18.   [e] 10.19 Ex 20.15; Dt 5.19.   [f] 10.19 Ex 20.16; Dt 5.20.
[g] 10.19 Ex 20.12; Dt 5.16.   [h] 10.23-25 Pr 11.28; Eclo 5.1.   [i] 10.31 Mt 20.16; Lc 13.30.   [j] 10.38 Lc 12.50.

<sup>39</sup>Ellos contestaron:

—Podemos.

Jesús les dijo:

—Ustedes beberán este trago amargo, y recibirán el bautismo que yo voy a recibir; <sup>40</sup>pero el sentarse a mi derecha o a mi izquierda no me corresponde a mí darlo, sino que les será dado a aquellos para quienes está preparado.

<sup>41</sup>Cuando los otros diez discípulos oyeron esto, se enojaron con Santiago y Juan. <sup>42</sup>Pero Jesús los llamó, y les dijo:

—Como ustedes saben, entre los paganos hay jefes que se creen con derecho a gobernar con tiranía a sus súbditos, y los grandes hacen sentir su autoridad sobre ellos. <sup>43</sup>Pero entre ustedes no debe ser así. Al contrario, el que quiera ser grande entre ustedes, deberá servir a los demás,<sup>k</sup> <sup>44</sup>y el que entre ustedes quiera ser el primero, deberá ser el esclavo de los demás.<sup>l</sup> <sup>45</sup>Porque ni aun el Hijo del hombre vino para que le sirvan, sino para servir<sup>m</sup> y dar su vida como precio por la libertad de muchos.

### Jesús sana a Bartimeo el ciego
#### (Mt 20.29-34; Lc 18.35-43)

<sup>46</sup>Llegaron a Jericó. Y cuando Jesús ya salía de la ciudad, seguido de sus discípulos y de mucha gente, un mendigo ciego llamado Bartimeo, hijo de Timeo, estaba sentado junto al camino. <sup>47</sup>Al oír que era Jesús de Nazaret, el ciego comenzó a gritar:

—¡Jesús, Hijo de David, ten compasión de mí!

<sup>48</sup>Muchos lo reprendían para que se callara, pero él gritaba más todavía:

—¡Hijo de David, ten compasión de mí!

<sup>49</sup>Entonces Jesús se detuvo, y dijo:

—Llámenlo.

Llamaron al ciego, diciéndole:

—Ánimo, levántate; te está llamando.

<sup>50</sup>El ciego arrojó su capa, y dando un salto se acercó a Jesús, <sup>51</sup>que le preguntó:

—¿Qué quieres que haga por ti?

El ciego le contestó:

—Maestro, quiero recobrar la vista.

<sup>52</sup>Jesús le dijo:

—Puedes irte; por tu fe has sido sanado.

En aquel mismo instante el ciego recobró la vista, y siguió a Jesús por el camino.

### Jesús entra en Jerusalén
#### (Mt 21.1-11; Lc 19.28-40; Jn 12.12-19)

**11** <sup>1</sup>Cuando ya estaban cerca de Jerusalén, en los pueblos de Betfagé y Betania, junto al monte de los Olivos, Jesús envió a dos de sus discípulos, <sup>2</sup>diciéndoles:

—Vayan a la aldea que está enfrente, y al entrar en ella encontrarán un burro atado, que nadie ha montado todavía. Desátenlo y tráiganlo. <sup>3</sup>Y si alguien les pregunta por qué lo hacen, díganle que el Señor lo necesita y que en seguida lo devolverá.

<sup>4</sup>Fueron, pues, y encontraron el burro atado en la calle, junto a una puerta, y lo desataron. <sup>5</sup>Algunos que estaban allí les preguntaron:

—¿Qué hacen ustedes? ¿Por qué desatan el burro?

<sup>6</sup>Ellos contestaron lo que Jesús les había dicho; y los dejaron ir. <sup>7</sup>Pusieron entonces sus ropas sobre el burro, y se lo llevaron a Jesús. Y Jesús montó. <sup>8</sup>Muchos tendían sus propias ropas por el camino, y otros tendían ramas que habían cortado en el campo. <sup>9</sup>Y tanto los que iban delante como los que iban detrás, gritaban:

—¡Gloria!<sup>17</sup> ¡Bendito el que viene en el nombre del Señor!<sup>n</sup> <sup>10</sup>¡Bendito el reino que viene, el reino de nuestro padre David! ¡Gloria en las alturas! <sup>11</sup>Entró Jesús en Jerusalén y se dirigió al templo. Miró por todas partes y luego se fue a Betania con los doce discípulos, porque ya era tarde.

### Jesús maldice la higuera sin fruto
#### (Mt 21.18-19)

<sup>12</sup>Al día siguiente, cuando salían de Betania, Jesús sintió hambre. <sup>13</sup>De lejos vio una higuera que tenía hojas, y se acercó a ver si también tendría fruto, pero no encontró más que las hojas, porque no era tiempo de higos. <sup>14</sup>Entonces le dijo a la higuera:

—¡Nunca más vuelva nadie a comer de tu fruto!

Sus discípulos lo oyeron.

### Jesús purifica el templo
#### (Mt 21.12-17; Lc 19.45-48; Jn 2.13-22)

<sup>15</sup>Después que llegaron a Jerusalén, Jesús entró en el templo y comenzó a

---

<sup>17</sup> Véase nota en Mt 21.9.
<sup>k</sup> **10.42-43** Lc 22.25-26.   <sup>l</sup> **10.43-44** Eclo 3.18; Mt 23.11; Mr 9.35; Lc 22.26.   <sup>m</sup> **10.45** Lc 22.27; Jn 13.12-15.
<sup>n</sup> **11.9** Sal 118.25-26.

echar de allí a los que estaban vendiendo y comprando. Volcó las mesas de los que cambiaban dinero a la gente, y los puestos de los que vendían palomas; [16]y no permitía que nadie pasara por el templo llevando cosas. [17]Y se puso a enseñar, diciendo:

—En las Escrituras dice: 'Mi casa será declarada casa de oración para todas las naciones',[ñ] pero ustedes han hecho de ella una cueva de ladrones.[o]

[18]Al oír esto, los jefes de los sacerdotes y los maestros de la ley comenzaron a buscar la manera de matar a Jesús, porque le tenían miedo, pues toda la gente estaba admirada de su enseñanza. [19]Pero al llegar la noche, Jesús y sus discípulos salieron de la ciudad.

### La higuera sin fruto se seca
#### (Mt 21.20-22)

[20]A la mañana siguiente pasaron junto a la higuera, y vieron que se había secado de raíz. [21]Entonces Pedro, acordándose de lo sucedido, le dijo a Jesús:

—Maestro, mira, la higuera que maldijiste se ha secado.

[22]Jesús contestó:

—Tengan fe en Dios. [23]Pues les aseguro que si alguien le dice a este cerro: '¡Quítate de ahí y arrójate al mar', y no lo hace con dudas, sino creyendo que ha de suceder lo que dice, entonces sucederá.[p] [24]Por eso les digo que todo lo que ustedes pidan en oración, crean que ya lo han conseguido, y lo recibirán. [25]Y cuando estén orando, perdonen lo que tengan contra otro, para que también su Padre que está en el cielo les perdone a ustedes sus pecados.[18,q]

### La autoridad de Jesús
#### (Mt 21.23-27; Lc 20.1-8)

[27]Después de esto regresaron a Jerusalén. Mientras Jesús andaba por el templo, se acercaron a él los jefes de los sacerdotes, los maestros de la ley y los ancianos, [28]y le preguntaron:

—¿Con qué autoridad haces esto? ¿Quién te dio la autoridad para hacerlo?

[29-30]Jesús les contestó:

—Yo también les voy a hacer una pregunta: ¿Quién envió a Juan a bautizar, Dios o los hombres? Contéstenme. Si ustedes me dan la respuesta, yo les diré con qué autoridad hago esto.

[31]Ellos se pusieron a discutir unos con otros: ''Si respondemos que Dios lo envió, va a decir: 'Entonces, ¿por qué no le creyeron?' [32]¿Y cómo vamos a decir que lo enviaron los hombres? . . .'' Tenían miedo de la gente, pues todos creían que Juan hablaba verdaderamente de parte de Dios. [33]Así que respondieron a Jesús:

—No lo sabemos.

Entonces Jesús les contestó:

—Pues yo tampoco les digo con qué autoridad hago esto.

### La parábola de los labradores malvados
#### (Mt 21.33-46; Lc 20.9-19)

**12** [1]Jesús comenzó a hablarles por medio de parábolas. Les dijo: ''Un hombre plantó un viñedo[r] y le puso un cerco; preparó un lugar donde hacer el vino y levantó una torre para vigilarlo todo. Luego alquiló el terreno a unos labradores y se fue de viaje. [2]A su debido tiempo, mandó un criado a pedir a los labradores la parte de la cosecha que le correspondía. [3]Pero ellos le echaron mano, lo golpearon y lo enviaron con las manos vacías. [4]Entonces el dueño mandó otro criado, pero a éste lo hirieron en la cabeza y lo insultaron. [5]Mandó a otro, y a éste lo mataron. Después mandó a otros muchos; y a unos los golpearon y a otros los mataron.

[6]''Todavía le quedaba uno: su propio hijo, a quien quería mucho. Por último lo mandó a él, pensando: 'Sin duda, respetarán a mi hijo.' [7]Pero los labradores se dijeron unos a otros: 'Este es el que ha de recibir la herencia; matémoslo, y será nuestra la propiedad.' [8]Así que lo agarraron, lo mataron y arrojaron el cuerpo fuera del viñedo.

[9]''¿Y qué creen ustedes que hará el dueño del viñedo? Pues irá y matará a esos labradores, y dará el viñedo a otros. [10]¿No han leído ustedes la Escritura? Dice:

'La piedra que los constructores
    despreciaron
se ha convertido en la piedra
    principal.
[11]Esto lo hizo el Señor,
    y estamos maravillados.' ''[s]

---

[18] Algunos mss. añaden v. 26: *Pero si ustedes no perdonan, tampoco su Padre que está en el cielo les perdonará a ustedes sus pecados.*
[ñ] **11.17** Is 56.7. [o] **11.17** Jer 7.11. [p] **11.23** Mt 17.20; 1 Co 13.2. [q] **11.25** Eclo 28.2-5; Mt 6.14-15. [r] **12.1** Is 5.1-2.
[s] **12.10-11** Sal 118.22-23.

[12] Quisieron entonces arrestar a Jesús, porque sabían que había usado esta parábola contra ellos. Pero como tenían miedo de la gente, lo dejaron y se fueron.

### El asunto de los impuestos
*(Mt 22.15-22; Lc 20.20-26)*

[13] Mandaron a Jesús algunos de los fariseos y del partido de Herodes, para hacerle decir algo de que pudieran acusarlo. [14] Estos fueron y le dijeron:

—Maestro, sabemos que tú dices la verdad, sin dejarte llevar por lo que diga la gente, porque no juzgas a los hombres por su apariencia. Tú enseñas de veras a vivir como Dios exige. ¿Está bien que paguemos impuestos al emperador romano, o no? ¿Debemos o no debemos pagarlos?

[15] Pero Jesús, que conocía su hipocresía, les dijo:

—¿Por qué me tienden trampas? Tráiganme una moneda, para que la vea.

[16] Se la llevaron, y Jesús les dijo:

—¿De quién es esta cara y el nombre que aquí está escrito?

Le contestaron:

—Del emperador.

[17] Entonces Jesús les dijo:

—Pues den al emperador lo que es del emperador, y a Dios lo que es de Dios.

Y su respuesta los dejó admirados.

### La pregunta sobre la resurrección
*(Mt 22.23-33; Lc 20.27-40)*

[18] Entonces fueron a ver a Jesús algunos saduceos. Estos dicen que los muertos no resucitan;[t] por eso le presentaron este caso:

[19] —Maestro, Moisés nos dejó escrito que si un hombre casado muere sin haber tenido hijos con su mujer, el hermano del difunto deberá tomar por esposa a la viuda, para darle hijos al hermano que murió.[u] [20] Pues bien, había una vez siete hermanos, el primero de los cuales se casó, pero murió sin dejar hijos. [21] Entonces el segundo se casó con la viuda, pero él también murió sin dejar hijos. Lo mismo pasó con el tercero, [22] y con los siete; pero ninguno dejó hijos. Finalmente murió también la mujer. [23] Pues bien, en la resurrección, cuando vuelvan a vivir, ¿de cuál de ellos será esposa esta mujer, si los siete estuvieron casados con ella?

[24] Jesús les contestó:

—Ustedes están equivocados, porque no conocen las Escrituras ni el poder de Dios. [25] Cuando los muertos resuciten, los hombres y las mujeres no se casarán, pues serán como los ángeles que están en el cielo. [26] Y en cuanto a que los muertos resucitan, ¿no han leído ustedes en el libro de Moisés el pasaje de la zarza que ardía? Dios le dijo a Moisés: 'Yo soy el Dios de Abraham, de Isaac y de Jacob.'[v] [27] ¡Y Dios no es Dios de muertos, sino de vivos! Así que ustedes están muy equivocados.

### El mandamiento más importante
*(Mt 22.34-40)*

[28] Al ver que Jesús les había contestado bien, uno de los maestros de la ley, que los había oído discutir, se acercó a él y le preguntó:

—¿Cuál es el primero de todos los mandamientos?

[29] Jesús le contestó:

—El primer mandamiento de todos es: 'Oye, Israel: el Señor nuestro Dios es el único Señor.[19] [30] Ama al Señor tu Dios con todo tu corazón, con toda tu alma, con toda tu mente y con todas tus fuerzas.'[w] [31] Y el segundo es: 'Ama a tu prójimo como a ti mismo.'[x] Ningún mandamiento es más importante que éstos.

[32] El maestro de la ley le dijo:

—Muy bien, Maestro. Es verdad lo que dices: hay un solo Dios, y no hay otro fuera de él.[y] [33] Y amar a Dios con todo el corazón, con todo el entendimiento y con todas las fuerzas, y amar al prójimo como a uno mismo, vale más que todos los holocaustos y todos los sacrificios que se queman en el altar.[z]

[34] Al ver Jesús que el maestro de la ley había contestado con buen sentido, le dijo:

—No estás lejos del reino de Dios.

Y ya nadie se atrevía a hacerle más preguntas.[a]

### ¿De quién desciende el Mesías?
*(Mt 22.41-46; Lc 20.41-44)*

[35] Jesús estaba enseñando en el templo, y preguntó:

—¿Por qué dicen los maestros de la ley que el Mesías desciende de David? [36] Pues David mismo, inspirado por el Espíritu Santo, dijo:

'El Señor dijo a mi Señor:

---

[19] *Es el único Señor:* otra posible traducción: *el Señor es uno.*
[t] **12.18** Hch 23.8.   [u] **12.19** Dt 25.5.   [v] **12.26** Ex 3.6.   [w] **12.29-30** Dt 6.4-5.   [x] **12.31** Lv 19.18.   [y] **12.32** Dt 4.35.   [z] **12.33** Os 6.6.
[a] **12.28-34** Lc 10.25-28.

Siéntate a mi derecha,
hasta que yo ponga a tus enemigos
debajo de tus pies.'[b]
[37]¿Pero cómo puede el Mesías descender de David, si David mismo lo llama Señor?

La gente, que era mucha, escuchaba con gusto a Jesús.

### Jesús acusa a los maestros de la ley
(Mt 23.1-36; Lc 11.37-54; 20.45-47)

[38]Jesús decía en su enseñanza: "Cuídense de los maestros de la ley, pues les gusta andar con ropas largas y que los saluden con todo respeto en las plazas. [39]Buscan los asientos de honor en las sinagogas y los mejores lugares en las comidas; [40]y les quitan sus casas a las viudas, y para disimularlo hacen largas oraciones. Ellos recibirán mayor castigo."

### La ofrenda de la viuda pobre
(Lc 21.1-4)

[41]Jesús estaba una vez sentado frente a los cofres de las ofrendas, mirando cómo la gente echaba dinero en ellos. Muchos ricos echaban mucho dinero. [42]En esto llegó una viuda pobre, y echó en uno de los cofres dos monedtas de cobre, de muy poco valor. [43]Entonces Jesús llamó a sus discípulos, y les dijo:

—Les aseguro que esta viuda pobre ha dado más que todos los otros que echan dinero en los cofres; [44]pues todos dan de lo que les sobra, pero ella, en su pobreza, ha dado todo lo que tenía para vivir.

### Jesús anuncia que el templo será destruido
(Mt 24.1-2; Lc 21.5-6)

**13** [1]Al salir Jesús del templo, uno de sus discípulos le dijo:

—¡Maestro, mira qué piedras y qué edificios!

[2]Jesús le contestó:

—¿Ves estos grandes edificios? Pues no va a quedar de ellos ni una piedra sobre otra. Todo será destruido.

### Señales antes del fin
(Mt 24.3-28; Lc 21.7-24; 17.22-24)

[3]Luego se fueron al monte de los Olivos, que está frente al templo. Jesús se sentó, y Pedro, Santiago, Juan y Andrés le preguntaron aparte [4]cuándo iba a ocurrir esto y cuál sería la señal de que estas cosas ya estaban a punto de suceder.

[5]Jesús les contestó: "Tengan cuidado de que nadie los engañe. [6]Porque vendrán muchos haciéndose pasar por mí. Dirán: 'Yo soy', y engañarán a mucha gente.

[7]"Cuando ustedes tengan noticias de que hay guerras aquí y allá, no se asusten. Así tiene que ocurrir; sin embargo, aún no será el fin. [8]Porque una nación peleará contra otra y un país hará guerra contra otro; y habrá terremotos en muchos lugares, y habrá hambres. Eso apenas será el comienzo de los dolores.

[9]"Cuídense ustedes mismos; porque los entregarán a las autoridades y los golpearán en las sinagogas. Los harán comparecer ante gobernadores y reyes por causa mía; así podrán dar testimonio de mí delante de ellos. [10]Pues antes del fin, el mensaje de salvación tiene que anunciarse a todas las naciones. [11]Y no se preocupen ustedes por lo que hayan de decir cuando los entreguen a las autoridades. En esos momentos digan lo que Dios les dé a decir, porque no serán ustedes los que hablen, sino el Espíritu Santo.[c] [12]Los hermanos entregarán a la muerte a sus hermanos, y los padres a los hijos; y los hijos se volverán contra sus padres y los matarán. [13]Todo el mundo los odiará a ustedes por causa mía; pero el que siga firme hasta el fin, será salvo.[d]

[14]"Cuando ustedes vean el horrible sacrilegio[e] en el lugar donde no debe estar —el que lee, entienda—, entonces los que estén en Judea, que huyan a las montañas; [15]y el que esté en la azotea de su casa, que no baje ni entre a sacar nada; [16]y el que esté en el campo, que no regrese ni aun a recoger su ropa.[f] [17]¡Pobres mujeres aquellas que en tales días estén embarazadas o tengan niños de pecho! [18]Pidan ustedes a Dios que esto no suceda en el invierno, [19]porque serán días de un sufrimiento como nunca lo ha habido desde que Dios hizo el mundo,[g] ni lo habrá después. [20]Y si el Señor no acortara ese tiempo, no se salvaría nadie; pero lo ha acortado por amor a los suyos, a los que él ha escogido.

[21]"Si entonces alguien les dice a ustedes: 'Miren, aquí está el Mesías', o 'Miren, allí está', no lo crean. [22]Pues vendrán falsos mesías y falsos profetas; y harán señales y milagros, para engañar, a

[b] 12.36 Sal 110.1.   [c] 13.9-11 Mt 10.17-20; Lc 12.11-12.   [d] 13.13 Mt 10.22.   [e] 13.14 Dn 9.27; 11.31; 12.11; 1 Mac 1.54; 6.7.
[f] 13.15-16 Lc 17.31.   [g] 13.19 Dn 12.1; Ap 7.14.

ser posible, hasta a los que Dios mismo ha escogido. 23¡Tengan cuidado! Todo esto ya se lo he advertido a ustedes de antemano.

### El regreso del Hijo del hombre
*(Mt 24.29-35,42,44; Lc 21.25-36)*

24"Pero en aquellos días, pasado el tiempo de sufrimiento, el sol se oscurecerá,ʰ la luna dejará de dar su luz,ⁱ 25las estrellas caerán del cieloʲ y las fuerzas celestiales temblarán.ᵏ 26Entonces se verá al Hijo del hombre venir en las nubesˡ con gran poder y gloria. 27Él mandará a sus ángeles, y reunirá a sus escogidos de los cuatro puntos cardinales, desde el último rincón de la tierra hasta el último rincón del cielo.

28"Aprendan esta enseñanza de la higuera: Cuando sus ramas se ponen tiernas, y brotan sus hojas, se dan cuenta ustedes de que ya el verano está cerca. 29De la misma manera, cuando vean que suceden estas cosas, sepan que el Hijo del hombre ya está a la puerta. 30Les aseguro que todo esto sucederá antes que muera la gente de este tiempo. 31El cielo y la tierra dejarán de existir, pero mis palabras no dejarán de cumplirse.

32"Pero en cuanto al día y la hora, nadie lo sabe, ni aun los ángeles del cielo, ni el Hijo. Solamente lo sabe el Padre.ᵐ

33"Por lo tanto, manténganse ustedes despiertos y vigilantes,²⁰ porque no saben cuándo llegará el momento. 34Esto es como un hombre que, estando a punto de irse a otro país, encarga a sus criados que le cuiden la casa. A cada cual le manda un trabajo, y ordena al portero que vigile.ⁿ 35Así pues, manténganse ustedes despiertos, porque no saben cuándo va a llegar el señor de la casa, si al anochecer, a la medianoche, al canto del gallo o a la mañana; 36no sea que venga de repente y los encuentre durmiendo. 37Lo que les digo a ustedes se lo digo a todos: ¡Manténganse despiertos!"

### Conspiración para arrestar a Jesús
*(Mt 26.1-5; Lc 22.1-2; Jn 11.45-53)*

14 ¹Faltaban dos días para la fiesta de la Pascua,ñ cuando se come el pan sin levadura. Los jefes de los sacerdotes y los maestros de la ley buscaban la manera de arrestar a Jesús por medio de algún engaño, y matarlo. ²Pues algunos decían:

—No durante la fiesta, para que la gente no se alborote.

### Una mujer derrama perfume sobre Jesús
*(Mt 26.6-13)*

³Jesús había ido a Betania, a casa de Simón, al que llamaban el leproso. Mientras estaba sentado a la mesa, llegó una mujer que llevaba un frasco de alabastro lleno de perfume de nardo puro, de mucho valor. Rompió el frasco y derramó el perfume sobre la cabeza de Jesús.º ⁴Algunos de los presentes se enojaron, y se dijeron unos a otros:

—¿Por qué se ha desperdiciado este perfume? ⁵Podía haberse vendido por más de trescientos denarios, para ayudar a los pobres.

Y criticaban a aquella mujer.

⁶Pero Jesús dijo:

—Déjenla; ¿por qué la molestan? Esto que me ha hecho es bueno. ⁷Pues a los pobres siempre los tendrán entre ustedes,ᵖ y pueden hacerles bien cuando quieran; pero a mí no siempre me van a tener. ⁸Esta mujer ha hecho lo que ha podido: ha perfumado mi cuerpo de antemano para mi entierro. ⁹Les aseguro que en cualquier lugar del mundo donde se predique el mensaje de salvación, se hablará también de lo que hizo esta mujer, y así será recordada.

### Judas traiciona a Jesús
*(Mt 26.14-16; Lc 22.3-6)*

¹⁰Judas Iscariote, uno de los doce discípulos, fue a ver a los jefes de los sacerdotes para entregarles a Jesús. ¹¹Al oírlo, se alegraron y prometieron darle dinero a Judas, que comenzó a buscar el momento más oportuno de entregar a Jesús.

### La Cena del Señor
*(Mt 26.17-29; Lc 22.7-23; Jn 13.21-30; 1 Co 11.23-26)*

¹²El primer día de la fiesta en que se comía el pan sin levadura, cuando se sacrificaba el cordero de Pascua, los discípulos de Jesús le preguntaron:

—¿Dónde quieres que vayamos a prepararte la cena de Pascua?

---

²⁰ Algunos mss. añaden: *y oren.*
ʰ 13.24 Is 13.10; Jl 2.10,31; 3.15; Ap 6.12.  ⁱ 13.24 Is 13.10; Ez 32.7; Jl 2.10; 3.15.  ʲ 13.25 Is 34.14; Ap 6.13.  ᵏ 13.25 Jl 2.10.
ˡ 13.26 Dn 7.13; Ap 1.7.  ᵐ 13.32 Mt 24.36.  ⁿ 13.34 Lc 12.36-38.  ñ 14.1 Ex 12.1-27; Dt 16.1-8.  º 14.3 Lc 7.37-38.
ᵖ 14.7 Dt 15.11.

[13]Entonces envió a dos de sus discípulos, diciéndoles:

—Vayan a la ciudad. Allí encontrarán a un hombre que lleva un cántaro de agua; síganlo, [14]y donde entre, digan al dueño de la casa: 'El Maestro pregunta: ¿Cuál es el cuarto donde voy a comer con mis discípulos la cena de Pascua?' [15]El les mostrará en el piso alto un cuarto grande y muy bien arreglado. Preparen allí la cena para nosotros.

[16]Los discípulos salieron y fueron a la ciudad. Lo encontraron todo como Jesús se lo había dicho, y prepararon la cena de Pascua.

[17]Al anochecer llegó Jesús con los doce discípulos. [18]Mientras estaban a la mesa, comiendo, Jesús les dijo:

—Les aseguro que uno de ustedes, que está comiendo conmigo,[q] me va a traicionar.

[19]Ellos se pusieron tristes, y comenzaron a preguntarle uno por uno:

—¿Seré yo?

[20]Jesús les contestó:

—Es uno de los doce, que está mojando el pan en el mismo plato que yo. [21]El Hijo del hombre ha de recorrer el camino que dicen las Escrituras; pero ¡ay de aquél que le traiciona! Hubiera sido mejor para él no haber nacido.

[22]Mientras comían, Jesús tomó en sus manos el pan y, habiendo dado gracias a Dios, lo partió y se lo dio a ellos, diciendo:

—Tomen, esto es mi cuerpo.

[23]Luego tomó en sus manos una copa y, habiendo dado gracias a Dios, se la pasó a ellos, y todos bebieron. [24]Les dijo:

—Esto es mi sangre,[r] con la que se confirma el pacto,[2l,s] la cual es derramada en favor de muchos. [25]Les aseguro que no volveré a beber del producto de la vid, hasta el día en que beba el vino nuevo en el reino de Dios.

### Jesús anuncia que Pedro lo negará
#### (Mt 26.30-35; Lc 22.31-34; Jn 13.36-38)

[26]Después de cantar los salmos, se fueron al monte de los Olivos. [27]Jesús les dijo:

—Todos ustedes van a perder su confianza en mí. Así lo dicen las Escrituras: 'Mataré al pastor, y las ovejas se dispersarán.'[t] [28]Pero cuando yo resucite, iré a Galilea antes que ustedes.[u]

[29]Pedro le dijo:

—Aunque todos pierdan su confianza, yo no.

[30]Jesús le contestó:

—Te aseguro que esta misma noche, antes que cante el gallo por segunda vez, me negarás tres veces.

[31]Pero él insistía:

—Aunque tenga que morir contigo, no te negaré.

Y todos decían lo mismo.

### Jesús ora en Getsemaní
#### (Mt 26.36-46; Lc 22.39-46)

[32]Luego fueron a un lugar llamado Getsemaní. Jesús dijo a sus discípulos:

—Siéntense aquí, mientras yo voy a orar.

[33]Y se llevó a Pedro, a Santiago y a Juan, y comenzó a sentirse muy afligido y angustiado. [34]Les dijo:

—Siento en mi alma una tristeza de muerte. Quédense ustedes aquí, y permanezcan despiertos.

[35]En seguida Jesús se fue un poco más adelante, se inclinó hasta tocar el suelo con la frente, y pidió a Dios que, a ser posible, no le llegara ese momento de dolor. [36]En su oración decía: "Padre mío, para ti todo es posible: líbrame de este trago amargo; pero que no se haga lo que yo quiero, sino lo que quieres tú."

[37]Luego volvió a donde ellos estaban, y los encontró dormidos. Le dijo a Pedro:

—Simón, ¿estás durmiendo? ¿Ni siquiera una hora pudiste mantenerte despierto? [38]Manténganse despiertos y oren, para que no caigan en tentación. Ustedes tienen buena voluntad, pero su cuerpo es débil.

[39]Se fue otra vez, y oró repitiendo las mismas palabras. [40]Cuando volvió, encontró otra vez dormidos a los discípulos, porque sus ojos se les cerraban de sueño. Y no sabían qué contestarle. [41]Volvió por tercera vez, y les dijo:

—¿Siguen ustedes durmiendo y descansando? Ya basta, ha llegado la hora en que el Hijo del hombre va a ser entregado en manos de los pecadores. [42]Levántense, vámonos; ya se acerca el que me traiciona.

### Arrestan a Jesús
#### (Mt 26.47-56; Lc 22.47-53; Jn 18.2-11)

[43]Todavía estaba hablando Jesús cuando Judas, uno de los doce discípulos,

---

*2l El pacto:* algunos mss. dicen: *el nuevo pacto.*
q **14.18** Sal 41.9.   r **14.24** Ex 24.8; Zac 9.11.   s **14.24** Jer 31.31-34.   t **14.27** Zac 13.7.   u **14.28** Mt 28.16.

llegó acompañado de mucha gente armada con espadas y con palos. Iban de parte de los jefes de los sacerdotes, de los maestros de la ley y de los ancianos. [44]Judas, el traidor, les había dado una contraseña, diciéndoles: "Al que yo bese, ése es; arréstenlo y llévenselo bien sujeto." [45]Así que se acercó a Jesús y le dijo:

—¡Maestro!

Y lo besó. [46]Entonces le echaron mano a Jesús y lo arrestaron.

[47]Pero uno de los que estaban allí sacó su espada y le cortó una oreja al criado del sumo sacerdote. [48]Y Jesús preguntó a la gente:

—¿Por qué han venido ustedes con espadas y con palos a arrestarme, como si yo fuera un bandido? [49]Todos los días he estado entre ustedes enseñando en el templo,[v] y nunca me arrestaron. Pero esto sucede para que se cumplan las Escrituras.

[50]Todos los discípulos dejaron solo a Jesús, y huyeron. [51]Pero un joven lo seguía, cubierto sólo con una sábana. A éste lo agarraron, [52]pero él soltó la sábana y escapó desnudo.

### Jesús ante la Junta Suprema
*(Mt 26.57-68; Lc 22.54-55, 63-71; Jn 18.12-14, 19-24)*

[53]Llevaron entonces a Jesús ante el sumo sacerdote, y se juntaron todos los jefes de los sacerdotes, los ancianos y los maestros de la ley. [54]Pedro lo siguió de lejos hasta dentro del patio de la casa del sumo sacerdote, y se quedó sentado con los guardianes del templo, calentándose junto al fuego.

[55]Los jefes de los sacerdotes y toda la Junta Suprema buscaban alguna prueba para condenar a muerte a Jesús; pero no la encontraban. [56]Porque aunque muchos presentaban falsos testimonios contra él, se contradecían unos a otros. [57]Algunos se levantaron y lo acusaron falsamente, diciendo:

[58]—Nosotros le hemos oído decir: 'Yo voy a destruir este templo que hicieron los hombres, y en tres días levantaré otro no hecho por los hombres.'[w]

[59]Pero ni aun así estaban de acuerdo en lo que decían.

[60]Entonces el sumo sacerdote se levantó en medio de todos, y preguntó a Jesús:

—¿No contestas nada? ¿Qué es esto que están diciendo contra ti?

[61]Pero Jesús se quedó callado, sin contestar nada. El sumo sacerdote volvió a preguntarle:

—¿Eres tú el Mesías, el Hijo del Dios bendito?

[62]Jesús le dijo:

—Sí, yo soy. Y ustedes verán al Hijo del hombre sentado a la derecha del Todopoderoso y venir en las nubes del cielo.[x]

[63]Entonces el sumo sacerdote se rasgó las ropas en señal de indignación, y dijo:

—¿Qué necesidad tenemos de más testigos? [64]Ustedes le han oído decir palabras ofensivas contra Dios. ¿Qué les parece?

Todos estuvieron de acuerdo en que era culpable y debía morir.[y]

[65]Algunos comenzaron a escupirle, y a taparle los ojos y golpearlo, diciéndole:

—¡Adivina quién te pegó!

Y los guardianes del templo le pegaron en la cara.

### Pedro niega conocer a Jesús
*(Mt 26.69-75; Lc 22.56-62; Jn 18.15-18, 25-29)*

[66]Pedro estaba abajo, en el patio. En esto llegó una de las sirvientas del sumo sacerdote; [67]y al ver a Pedro, que se estaba calentando junto al fuego, se quedó mirándolo y le dijo:

—Tú también andabas con Jesús, el de Nazaret.

[68]Pedro lo negó, diciendo:

—No lo conozco, ni sé de qué estás hablando.

Y salió afuera, a la entrada. Entonces cantó un gallo. [69]La sirvienta vio otra vez a Pedro y comenzó a decir a los demás:

—Este es uno de ellos.

[70]Pero él volvió a negarlo. Poco después, los que estaban allí dijeron de nuevo a Pedro:

—Seguro que tú eres uno de ellos. Además eres de Galilea.

[71]Entonces Pedro comenzó a jurar y perjurar, diciendo:

—¡No conozco a ese hombre de quien ustedes están hablando!

[72]En aquel mismo momento cantó el gallo por segunda vez, y Pedro se acordó de que Jesús le había dicho: 'Antes que

---

[v] **14.49** Lc 19.47; 21.37.   [w] **14.58** Jn 2.19.   [x] **14.62** Dn 7.13.   [y] **14.64** Lv 24.16.

cante el gallo por segunda vez, me negarás tres veces.' Y se echó a llorar.

### Jesús ante Pilato

*(Mt 27.1-2, 11-14; Lc 23.1-5; Jn 18.28-38)*

15 ¹Al amanecer, se reunieron los jefes de los sacerdotes con los ancianos, los maestros de la ley y toda la Junta Suprema. Y llevaron a Jesús atado, y se lo entregaron a Pilato. ²Pilato le preguntó:

—¿Eres tú el Rey de los judíos?

—Tú lo has dicho —contestó Jesús.

³Como los jefes de los sacerdotes lo acusaban de muchas cosas, ⁴Pilato volvió a preguntarle:

—¿No respondes nada? Mira de cuántas cosas te están acusando.

⁵Pero Jesús no le contestó; de manera que Pilato se quedó muy extrañado.

### Jesús es sentenciado a muerte

*(Mt 27.15-31; Lc 23.13-25; Jn 18.38—19.16)*

⁶Durante la fiesta, Pilato dejaba libre un preso, el que la gente pidiera. ⁷Un hombre llamado Barrabás estaba entonces en la cárcel, junto con otros que habían cometido un asesinato en una rebelión. ⁸La gente llegó, pues, y empezó a pedirle a Pilato que hiciera como tenía por costumbre. ⁹Pilato les contestó:

—¿Quieren ustedes que les ponga en libertad al Rey de los judíos?

¹⁰Porque se daba cuenta de que los jefes de los sacerdotes lo habían entregado por envidia. ¹¹Pero los jefes de los sacerdotes alborotaron a la gente, para que pidieran que les dejara libre a Barrabás. ¹²Pilato les preguntó:

—¿Y qué quieren que haga con el que ustedes llaman el Rey de los judíos?

¹³Ellos contestaron a gritos:

—¡Crucifícalo!

¹⁴Pilato les dijo:

—Pues ¿qué mal ha hecho?

Pero ellos volvieron a gritar:

—¡Crucifícalo!

¹⁵Entonces Pilato, como quería quedar bien con la gente, dejó libre a Barrabás; y después de mandar que azotaran a Jesús, lo entregó para que lo crucificaran.

¹⁶Los soldados llevaron a Jesús al patio del palacio, y reunieron a toda la tropa. ¹⁷Le pusieron una capa de color rojo oscuro, y en la cabeza una corona hecha de espinas. ¹⁸Luego comenzaron a gritar:

—¡Viva el Rey de los judíos!

¹⁹Y le golpeaban la cabeza con una vara, le escupían y, doblando la rodilla, le hacían reverencias. ²⁰Después de burlarse así de él, le quitaron la capa de color rojo oscuro, le pusieron su propia ropa y lo sacaron para crucificarlo.

### Jesús es crucificado

*(Mt 27.32-44; Lc 23.26-43; Jn 19.17-27)*

²¹Un hombre de Cirene, llamado Simón, padre de Alejandro y de Rufo,ᶻ llegaba entonces del campo. Al pasar por allí, le obligaron a cargar con la cruz de Jesús. ²²Llevaron a Jesús a un sitio llamado Gólgota (que significa: "Lugar de la Calavera"); ²³y le dieron vino mezclado con mirra, pero Jesús no lo aceptó. ²⁴Entonces lo crucificaron. Y los soldados echaron suertes para repartirse entre sí la ropa de Jesúsᵃ y ver qué se llevaría cada uno.

²⁵Eran las nueve de la mañana cuando lo crucificaron. ²⁶Y pusieron un letrero en el que estaba escrita la causa de su condena: "El Rey de los judíos." ²⁷Con él crucificaron también a dos bandidos, uno a su derecha y otro a su izquierda.²²,ᵇ

²⁹Los que pasaban lo insultaban, meneando la cabezaᶜ y diciendo:

—¡Eh, tú, que derribas el templo y en tres días lo vuelves a levantar,ᵈ ³⁰sálvate a ti mismo y bájate de la cruz!

³¹De la misma manera se burlaban de él los jefes de los sacerdotes y los maestros de la ley. Decían:

—Salvó a otros, pero a sí mismo no puede salvarse. ³²¡Que baje de la cruz ese Mesías, Rey de Israel, para que veamos y creamos!

Y hasta los que estaban crucificados con él lo insultaban.

### Muerte de Jesús

*(Mt 27.45-56; Lc 23.44-49; Jn 19.28-30)*

³³Al llegar el mediodía, toda la tierra quedó en oscuridad hasta las tres de la tarde. ³⁴A esa misma hora, Jesús gritó con fuerza: "Eloi, Eloi, ¿lema sabactani?" (que significa: "Dios mío, Dios mío, ¿por qué me has abandonado?")ᵉ

³⁵Algunos de los que estaban allí, lo oyeron y dijeron:

—Oigan, está llamando al profeta Elías.

[36]Entonces uno de ellos corrió, empapó una esponja en vino agrio, la ató a una caña y se la acercó a Jesús para que bebiera,[f] diciendo:

—Déjenlo, a ver si Elías viene a bajarlo de la cruz.

[37]Pero Jesús dio un fuerte grito, y murió. [38]Y el velo[g] del templo se rasgó en dos, de arriba abajo. [39]El capitán romano, que estaba frente a Jesús, al ver que éste había muerto, dijo:

—Verdaderamente este hombre era Hijo de Dios.

[40]También había algunas mujeres mirando de lejos; entre ellas estaban María Magdalena, María la madre de Santiago el menor y de José, y Salomé. [41]Estas mujeres habían seguido a Jesús y lo habían ayudado cuando él estaba en Galilea.[h] Además había allí muchas otras que habían ido con él a Jerusalén.

## Jesús es sepultado
### (Mt 27.57-61; Lc 23.50-56; Jn 19.38-42)

[42]Cuando anochecía el día de la preparación, es decir, la víspera del día de reposo,[23] [43]José, natural de Arimatea y miembro importante de la Junta Suprema, el cual también esperaba el reino de Dios, se dirigió con decisión a Pilato y le pidió el cuerpo de Jesús. [44]Pilato, sorprendido de que ya hubiera muerto, llamó al capitán para preguntarle cuánto tiempo hacía de ello. [45]Cuando el capitán le hubo informado, Pilato entregó el cuerpo a José. [46]Entonces José compró una sábana de lino, bajó el cuerpo y lo envolvió en ella. Luego lo puso en un sepulcro abierto en la roca, y tapó la entrada del sepulcro con una piedra. [47]María Magdalena y María la madre de José, miraban dónde le ponían.

## La resurrección de Jesús
### (Mt 28.1-10; Lc 24.1-12; Jn 20.1-10)

**16** [1]Pasado el día de reposo,[23] María Magdalena, María la madre de Santiago, y Salomé, compraron perfumes para perfumar el cuerpo de Jesús. [2]Y el primer día de la semana fueron al sepulcro muy temprano, apenas salido el sol, [3]diciéndose unas a otras:

—¿Quién nos quitará la piedra de la entrada del sepulcro?

[4]Pero, al mirar, vieron que la gran piedra que tapaba el sepulcro ya no estaba en su lugar. [5]Cuando entraron en el sepulcro vieron, sentado al lado derecho, a un joven vestido con una larga ropa blanca. Las mujeres se asustaron, [6]pero él les dijo:

—No se asusten. Ustedes buscan a Jesús de Nazaret, el que fue crucificado. Ha resucitado; no está aquí. Miren el lugar donde lo pusieron. [7]Vayan y digan a sus discípulos, y a Pedro: 'Él va a ir a Galilea antes que ustedes;[i] allí lo verán, tal como les dijo.'

[8]Entonces las mujeres salieron huyendo del sepulcro, pues estaban temblando, asustadas. Y no dijeron nada a nadie, porque tenían miedo.[24]

## Jesús se aparece a María Magdalena
### (Jn 20.11-18)

[[9]Después que Jesús hubo resucitado al amanecer del primer día de la semana, se apareció primero a María Magdalena, de la que había expulsado siete demonios. [10]Ella fue y avisó a los que habían andado con Jesús, que estaban tristes y llorando. [11]Estos, al oír que Jesús vivía y que ella lo había visto, no lo creyeron.

## Jesús se aparece a dos de sus discípulos
### (Lc 24.13-35)

[12]Después de esto, Jesús se apareció en otra forma a dos de ellos que iban caminando hacia el campo. [13]Estos fueron y avisaron a los demás; pero tampoco a ellos les creyeron.

## El encargo de Jesús a los apóstoles
### (Mt 28.16-20; Lc 24.36-49; Jn 20.19-23)

[14]Más tarde, Jesús se apareció a los once discípulos, mientras ellos estaban sentados a la mesa. Los reprendió por su falta de fe y su terquedad, ya que no creyeron a los que lo habían visto resucitado. [15]Y les dijo: "Vayan por todo el mundo y anuncien a todos este mensaje de salvación.[j] [16]El que crea y sea bautizado, será

---

[23] *Día de reposo:* aquí equivale a *sábado.* [24] Los vs. 9-20 faltan en algunos mss. En otros aparece en su lugar: *En pocas palabras, las mujeres contaron a Pedro y a sus compañeros todo lo que el ángel les había dicho. Después de esto, Jesús mismo, por medio de sus discípulos, envió de oriente a occidente el mensaje santo e incorruptible de la salvación eterna. Así sea.*

[f] 15.36 Sal 69.21.  [g] 15.38 Ex 26.31-33; 2 Cr 3.14.  [h] 15.40-41 Lc 8.2-3.  [i] 16.7 Mt 26.32; Mr 14.28.  [j] 16.15 Hch 1.8.

salvo; pero el que no crea, será condenado. ¹⁷Y estas señales acompañarán a los que creen: en mi nombre expulsarán demonios; hablarán nuevas lenguas; ¹⁸tomarán en las manos serpientes; y si beben algo venenoso, no les hará daño; además pondrán las manos sobre los enfermos, y éstos sanarán."

*k 16.19* Hch 1.9-11.

## Jesús sube al cielo
### (Lc 24.50-53)

¹⁹Después de hablarles, el Señor Jesús fue levantado al cielo*k* y se sentó a la derecha de Dios. ²⁰Ellos salieron a anunciar el mensaje por todas partes; y el Señor los ayudaba, y confirmaba el mensaje acompañándolo con señales milagrosas.]

# El Evangelio según
# SAN LUCAS

*El* Evangelio de Lucas *presenta a Jesús, no sólo como el Salvador prometido de un pueblo, Israel, sino como el Salvador de todo el género humano. Es el evangelio en que se muestra un interés especial en los aspectos históricos de la vida de Jesús. El autor explica en su prólogo que ha consultado los escritos que existían acerca de él, ha investigado los hechos y luego ha tratado de escribir una ordenada relación de los mismos (1.1-4). Por eso, contiene más datos que Mateo sobre el nacimiento e infancia de Jesús, así como los del precursor Juan el Bautista (1.5—2.52). Muchos de ellos se encuentran sólo en este evangelio. En paralelo con los evangelios de Mateo y Marcos, después de reseñar el ministerio de Juan el Bautista (3.1-20) y el bautismo y la tentación de Jesús (3.21—4.13), refiere el ministerio público del Señor en Galilea (4.14—9.50). Como los otros dos, y siguiendo el mismo orden cronológico, narra el viaje final de Galilea a Jerusalén (9.51—19.27), la semana de la pasión (19.28—23.56) y la resurrección, las apariciones y la ascensión del Señor (cap. 24).*

*En cuanto al ministerio público de Jesús, este evangelio da mayor información sobre su visita a la sinagoga de Nazaret, y hasta nos dice qué pasaje de Isaías le sirvió de base para su exposición, y cómo Jesús se aplicó a sí mismo la inspiración del Espíritu del Señor para "dar buenas noticias a los pobres". Es característico de este evangelio el hacer resaltar la solicitud por los pobres, los que sufren y los socialmente menospreciados. Tanto al referir los antecedentes y circunstancias del nacimiento de Jesús, como en el pasaje de la ascensión, el evangelio hace sonar la nota del gozo. Las parábolas del buen samaritano y del padre que perdona a su hijo aparecen sólo en este evangelio. Y también es notable el hincapié que en él se hace en la oración, en el Espíritu Santo, en el perdón de los pecados, y en el papel de la mujer en el ministerio del Señor.*

## Prólogo

1 [1]Muchos han tratado de escribir la historia de los hechos sucedidos entre nosotros, [2]tal y como nos los enseñaron quienes, habiéndolos visto desde el comienzo, recibieron el encargo de anunciar el mensaje. [3]Yo también, excelentísimo Teófilo,[a] lo he investigado todo con cuidado desde el principio, y me ha parecido conveniente escribirte estas cosas ordenadamente, [4]para que conozcas bien la verdad de lo que te han enseñado.

## Un ángel anuncia el nacimiento de Juan el Bautista

[5]En el tiempo en que Herodes era rey de Judea, vivía un sacerdote llamado Zacarías, perteneciente al grupo de Abías.[b] Su esposa, llamada Isabel,[l] descendía de Aarón. [6]Los dos eran justos delante de Dios y obedecían los mandatos y leyes del Señor, de tal manera que nadie los podía culpar de nada. [7]Pero no tenían hijos, porque Isabel no había podido tenerlos; además, los dos eran ya muy ancianos.

[8]Un día en que al grupo sacerdotal de Zacarías le tocó el turno de oficiar delante de Dios, [9]según era costumbre entre los sacerdotes, le tocó en suerte a Zacarías entrar en el santuario del templo del Señor para quemar incienso. [10]Mientras se quemaba el incienso, todo el pueblo estaba orando afuera. [11]En esto se le apareció a Zacarías un ángel del Señor, de pie al lado derecho del altar del incienso. [12]Al ver al ángel, Zacarías se quedó sorprendido y lleno de miedo. [13]Pero el ángel le dijo:

—Zacarías, no tengas miedo, porque Dios ha oído tu oración, y tu esposa Isabel te va a dar un hijo, al que pondrás por nombre Juan. [14]Tú te llenarás de gozo, y muchos se alegrarán de su nacimiento, [15]porque tu hijo va a ser grande delante del Señor. No tomará vino ni licor,[c] y estará lleno del Espíritu Santo desde antes de nacer. [16]Hará que muchos de la nación de Israel se vuelvan al Señor su Dios. [17]Este Juan irá delante del Señor, con el espíritu y el poder del profeta Elías, para reconciliar a los padres con los hijos[d] y para que los rebeldes aprendan a obedecer. De este modo preparará al pueblo para recibir al Señor.

[18]Zacarías preguntó al ángel:

---

[l] *Isabel:* forma del nombre castellano: *Elisabet* es la forma griega y latina.
[a] 1.3 Hch 1.1.   [b] 1.5 1 Cr 24.10.   [c] 1.15 Nm 6.3.   [d] 1.17 Mal 4.5-6; Eclo 48.10.

—¿Cómo puedo estar seguro de esto? Porque yo soy muy anciano y mi esposa también.

[19]El ángel le contestó:

—Yo soy Gabriel,[e] y estoy al servicio de Dios; él me mandó a hablar contigo y darte estas buenas noticias. [20]Pero ahora, como no has creído lo que te he dicho, vas a quedarte mudo; no podrás hablar hasta que, a su debido tiempo, suceda todo esto.

[21]Mientras tanto, la gente estaba afuera esperando a Zacarías y preguntándose por qué tardaba tanto en salir del santuario. [22]Cuando al fin salió, no les podía hablar; entonces se dieron cuenta de que había tenido una visión en el santuario, pues les hablaba por señas; y siguió así, sin poder hablar.

[23]Cumplido su servicio, Zacarías se fue a su casa. [24]Después de esto, su esposa Isabel quedó encinta, y durante cinco meses no salió de su casa, pensando: [25]"El Señor me ha hecho esto ahora, para que la gente ya no me desprecie."

### Un ángel anuncia el nacimiento de Jesús

[26]A los seis meses, Dios mandó al ángel Gabriel a un pueblo de Galilea llamado Nazaret, [27]a visitar a una mujer virgen llamada María, que estaba comprometida para casarse con un hombre llamado José, descendiente del rey David.[f] [28]El ángel entró en el lugar donde ella estaba, y le dijo:

—¡Te saludo, favorecida de Dios! El Señor está contigo.[2]

[29]María se sorprendió de estas palabras, y se preguntaba qué significaría aquel saludo. [30]El ángel le dijo:

—María, no tengas miedo, pues tú gozas del favor de Dios. [31]Ahora vas a quedar encinta: tendrás un hijo, y le pondrás por nombre Jesús.[g] [32]Será un gran hombre, al que llamarán Hijo del Dios altísimo, y Dios el Señor lo hará rey, como a su antepasado David, [33]para que reine por siempre en la nación de Israel. Su reinado no tendrá fin.[h]

[34]María preguntó al ángel:

—¿Cómo podrá suceder esto, si no vivo con ningún hombre?

[35]El ángel le contestó:

—El Espíritu Santo vendrá sobre ti, y el poder del Dios altísimo descansará sobre ti como una nube. Por eso, el niño que va a nacer será llamado Santo e Hijo de Dios. [36]También tu parienta Isabel va a tener un hijo, a pesar de que es anciana; la que decían que no podía tener hijos, está encinta desde hace seis meses. [37]Para Dios no hay nada imposible.[i]

[38]Entonces María dijo:

—Yo soy esclava del Señor; que Dios haga conmigo como me has dicho.

Con esto, el ángel se fue.

### María visita a Isabel

[39]Por aquellos días, María se fue de prisa a un pueblo de la región montañosa de Judea, [40]y entró en la casa de Zacarías y saludó a Isabel. [41]Cuando Isabel oyó el saludo de María, la criatura se le movió en el vientre, y ella quedó llena del Espíritu Santo. [42]Entonces, con voz muy fuerte, dijo:

—¡Dios te ha bendecido más que a todas las mujeres, y ha bendecido a tu hijo!* [43]¿Quién soy yo, para que venga a visitarme la madre de mi Señor? [44]Pues tan pronto como oí tu saludo, mi hijo se movió de alegría en mi vientre. [45]¡Dichosa tú por haber creído que han de cumplirse las cosas que el Señor te ha dicho!

[46]María dijo:

"Mi alma alaba la grandeza del
    Señor;[j]
[47]mi espíritu se alegra en Dios mi
    Salvador.[k]
[48]Porque Dios ha puesto sus ojos en
    mí, su humilde esclava,
    y desde ahora siempre me llamarán
    dichosa,
[49]porque el Todopoderoso ha hecho en
    mí grandes cosas.
    ¡Santo es su nombre!
[50]Dios tiene siempre misericordia
    de quienes lo reverencian.
[51]Actuó con todo su poder:
    deshizo los planes de los orgullosos,
[52]derribó a los reyes de sus tronos
    y puso en alto a los humildes.**
[53]Llenó de bienes a los hambrientos
    y despidió a los ricos con las manos
    vacías.
[54]Ayudó al pueblo de Israel, su siervo,
    y no se olvidó de tratarlo con
    misericordia.

[2] Algunos mss. añaden: Dios te ha bendecido más que a todas las mujeres.
[e] 1.19 Dn 8.16; 9.21; Tob 12.15.   [f] 1.27 Mt 1.18.   [g] 1.31 Mt 1.21.   [h] 1.32-33 2 S 7.12,13,16; Is 9.7.   [i] 1.37 Gn 18.14; Jer 32.16,27.
* 1.42 Jue 5.24; Jdt 13.18.   [j] 1.46-55 1 S 2.1-10; Sal 113.5-9.   [k] 1.46-47 Is 61.10.   ** 1.52 Eclo 10.14.

⁵⁵Así lo había prometido a nuestros
  antepasados,
  a Abraham*f* y a sus futuros
  descendientes.''

⁵⁶María se quedó con Isabel unos tres
meses, y después regresó a su casa.

### Nacimiento de Juan el Bautista

⁵⁷Al cumplirse el tiempo en que Isabel
debía dar a luz, tuvo un hijo. ⁵⁸Sus vecinos y parientes fueron a felicitarla cuando
supieron que el Señor había sido tan
bueno con ella. ⁵⁹A los ocho días, llevaron a circuncidar al niño,*m* y querían
ponerle el nombre de su padre, Zacarías.
⁶⁰Pero su madre dijo:

—No. Tiene que llamarse Juan.
⁶¹Le contestaron:

—No hay nadie en tu familia con ese
nombre.

⁶²Entonces preguntaron por señas al
padre del niño, para saber qué nombre
quería ponerle. ⁶³El padre pidió una tabla
para escribir, y escribió: 'Su nombre es
Juan.' Y todos se quedaron admirados.
⁶⁴En aquel mismo momento Zacarías volvió a hablar, y comenzó a alabar a Dios.
⁶⁵Todos los vecinos estaban asombrados,
y en toda la región montañosa de Judea se
contaba lo sucedido. ⁶⁶Todos los que lo
oían se preguntaban a sí mismos: ''¿Qué
llegará a ser este niño?'' Porque ciertamente el Señor mostraba su poder en
favor de él.

### El canto de Zacarías

⁶⁷Zacarías, el padre del niño, lleno del
Espíritu Santo y hablando en nombre de
Dios, dijo:

⁶⁸''¡Bendito sea el Señor, Dios de
  Israel,
  porque ha venido a salvar a su
  pueblo!
⁶⁹Nos ha enviado un poderoso
  salvador,
  un descendiente de David, su siervo.
⁷⁰Esto es lo que había prometido en el
  pasado
  por medio de sus santos profetas:
⁷¹que nos salvaría de nuestros
  enemigos
  y de todos los que nos odian,
⁷²que tendría compasión de nuestros
  antepasados

y que no se olvidaría de su santo
  pacto.
⁷³Y éste es el juramento que había
  hecho
  a nuestro padre Abraham:
⁷⁴que nos libraría de nuestros
  enemigos,
  para servirle a él sin temor alguno
⁷⁵y estar en su presencia, con rectitud y
  santidad,
  todos los días de nuestra vida.
⁷⁶En cuanto a ti, hijito mío,
  serás llamado profeta del Dios
  altísimo,
  porque irás delante del Señor
  preparando sus caminos,*n*
⁷⁷para hacer saber a su pueblo
  que Dios les perdona sus pecados
  y les da la salvación.
⁷⁸Porque nuestro Dios, en su gran
  misericordia,
  nos trae de lo alto el sol de un nuevo
  día,
⁷⁹para dar luz a los que viven
  en la más profunda oscuridad,*ñ*
  para dirigir nuestros pasos
  por el camino de la paz.''

⁸⁰El niño crecía y se hacía fuerte espiritualmente, y vivió en los desiertos hasta el
día en que se dio a conocer a los israelitas.

### Nacimiento de Jesús
*(Mt 1.18-25)*

2 ¹Por aquel tiempo, el emperador
  Augusto ordenó que se hiciera un
censo de todo el mundo. ²Este primer
censo fue hecho siendo Cirenio gobernador de Siria. ³Todos tenían que ir a inscribirse a su propio pueblo.

⁴Por esto, José salió del pueblo de
Nazaret, de la región de Galilea, y se fue a
Belén, en Judea, donde había nacido el
rey David, porque José era descendiente
de David. ⁵Fue allá a inscribirse, junto
con María, que estaba comprometida
para casarse con él y se encontraba
encinta. ⁶Y sucedió que mientras estaban
en Belén, le llegó a María el tiempo de dar
a luz. ⁷Y allí nació su primer hijo, y lo
envolvió en pañales y lo acostó en el establo, porque no había alojamiento para
ellos en el mesón.

### Los ángeles y los pastores

⁸Cerca de Belén había unos pastores
que pasaban la noche en el campo cuidando sus ovejas. ⁹De pronto se les apareció un ángel del Señor, y la gloria del

---

*f* **1.55** Gn 17.7.   *m* **1.59** Lv 12.3.   *n* **1.76** Mal 3.1.   *ñ* **1.79** Is 9.2.

Señor brilló alrededor de ellos; y tuvieron mucho miedo. [10]Pero el ángel les dijo: "No tengan miedo, porque les traigo una buena noticia, que será motivo de gran alegría para todos: [11]Hoy les ha nacido en el pueblo de David un salvador, que es el Mesías, el Señor. [12]Como señal, encontrarán ustedes al niño envuelto en pañales y acostado en un establo."

[13]En aquel momento aparecieron, junto al ángel, muchos otros ángeles del cielo, que alababan a Dios y decían:

[14]"¡Gloria a Dios en las alturas!
¡Paz en la tierra entre los hombres
    que gozan de su favor!"[3]

[15]Cuando los ángeles se volvieron al cielo, los pastores comenzaron a decirse unos a otros:

—Vamos, pues, a Belén, a ver esto que ha sucedido y que el Señor nos ha anunciado.

[16]Fueron de prisa y encontraron a María y a José, y al niño acostado en el establo. [17]Cuando lo vieron, se pusieron a contar lo que el ángel les había dicho acerca del niño, [18]y todos los que lo oyeron se admiraban de lo que decían los pastores. [19]María guardaba todo esto en su corazón, y lo tenía muy presente. [20]Los pastores, por su parte, regresaron dando gloria y alabanza a Dios por todo lo que habían visto y oído, pues todo sucedió como se les había dicho.

### El niño Jesús es presentado en el templo

[21]A los ocho días circuncidaron al niño,[o] y le pusieron por nombre Jesús, el mismo nombre que el ángel le había dicho[p] a María antes que ella estuviera encinta.

[22]Cuando se cumplieron los días en que ellos debían purificarse según las ceremonias de la ley de Moisés, llevaron al niño a Jerusalén para presentárselo al Señor. [23]Lo hicieron así porque en la ley del Señor está escrito: "Todo primer hijo varón será consagrado al Señor."[q] [24]Fueron, pues, a ofrecer en sacrificio lo que manda la ley del Señor: un par de tórtolas o dos pichones de paloma.[r]

[25]En aquel tiempo vivía en Jerusalén un hombre que se llamaba Simeón. Era un

hombre justo, que adoraba a Dios y esperaba la liberación de Israel. El Espíritu Santo estaba con Simeón, [26]y le había hecho saber que no moriría sin ver antes al Mesías, a quien el Señor enviaría. [27]Guiado por el Espíritu Santo, Simeón fue al templo; y cuando los padres del niño Jesús lo llevaron también a él, para cumplir con lo que la ley ordenaba, [28]Simeón lo tomó en brazos y alabó a Dios, diciendo:

[29]"Ahora, Señor, tu promesa está
    cumplida:
puedes dejar que tu siervo muera en
    paz.
[30]Porque ya he visto la salvación
[31]que has comenzado a realizar
a la vista de todos los pueblos,
[32]la luz que alumbrará a las naciones[s]
y que será la honra de tu pueblo
    Israel."

[33]El padre y la madre de Jesús se quedaron admirados al oír lo que Simeón decía del niño. [34]Entonces Simeón les dio su bendición, y dijo a María, la madre de Jesús:

—Mira, este niño está destinado a hacer que muchos en Israel caigan o se levanten. Él será una señal que muchos rechazarán, [35]a fin de que las intenciones de muchos corazones queden al descubierto. Pero todo esto va a ser para ti como una espada que atraviese tu propia alma.

[36]También estaba allí una mujer llamada Ana, que hablaba en nombre de Dios y que era hija de Fanuel, de la tribu de Aser. Era ya muy anciana. Se casó siendo muy joven, y había vivido con su marido siete años; [37]hacía ya ochenta y cuatro años que se había quedado viuda.[4] Nunca salía del templo, sino que servía día y noche al Señor, con ayunos y oraciones. [38]Ana se presentó en aquel mismo momento, y comenzó a dar gracias a Dios y a hablar del niño Jesús a todos los que esperaban la liberación de Jerusalén.

### El regreso a Nazaret

[39]Después de haber cumplido con todo lo que manda la ley del Señor, volvieron a Galilea, a su propio pueblo de Nazaret.[t] [40]Y el niño crecía y se hacía más fuerte y más sabio, y gozaba del favor de Dios.

---

[3] Los hombres que gozan de su favor: otra posible traducción: los hombres de buena voluntad. [4] Hacía ya . . . viuda: otra posible traducción: ahora era viuda, y tenía ochenta y cuatro años. [o] 2.21 Lv 12.3. [p] 2.21 Lc 1.31. [q] 2.23 Ex 13.2,12. [r] 2.22-24 Lv 12.6-8. [s] 2.32 Is 42.6; 49.6; 52.10. [t] 2.39 Mt 2.23.

### El niño Jesús en el templo

⁴¹Los padres de Jesús iban todos los años a Jerusalén para la fiesta de la Pascua.ᵘ ⁴²Y así, cuando Jesús cumplió doce años, fueron allá todos ellos, como era costumbre en esa fiesta. ⁴³Pero pasados aquellos días, cuando volvían a casa, el niño Jesús se quedó en Jerusalén, sin que sus padres se dieran cuenta. ⁴⁴Pensando que Jesús iba entre la gente, hicieron un día de camino; pero luego, al buscarlo entre los parientes y conocidos, ⁴⁵no lo encontraron. Así que regresaron a Jerusalén para buscarlo allí.

⁴⁶Al cabo de tres días lo encontraron en el templo, sentado entre los maestros de la ley, escuchándolos y haciéndoles preguntas. ⁴⁷Y todos los que le oían se admiraban de su inteligencia y de sus respuestas. ⁴⁸Cuando sus padres le vieron, se sorprendieron; y su madre le dijo:

—Hijo mío, ¿por qué nos has hecho esto? Tu padre y yo te hemos estado buscando llenos de angustia.

⁴⁹Jesús les contestó:

—¿Por qué me buscaban? ¿No saben que tengo que estar en la casa de mi Padre?⁵

⁵⁰Pero ellos no entendieron lo que les decía.

⁵¹Entonces volvió con ellos a Nazaret, donde vivió obedeciéndoles en todo. Su madre guardaba todo esto en su corazón. ⁵²Y Jesús seguía creciendo en cuerpo y mente, y gozaba del favor de Dios y de los hombres.ᵛ

### Juan el Bautista en el desierto
(Mt 3.1-12; Mr 1.1-8; Jn 1.19-28)

**3** ¹En el año quince del gobierno del emperador Tiberio, Poncio Pilato era gobernador de Judea, Herodes gobernaba en Galilea, su hermano Felipe gobernaba en Iturea y Traconite, y Lisanias gobernaba en Abilinia. ²Anás y Caifás eran los sumos sacerdotes. Por aquel tiempo, Dios habló en el desierto a Juan, el hijo de Zacarías, ³y Juan pasó por todos los lugares junto al río Jordán, diciendo a la gente que ellos debían volverse a Dios y ser bautizados, para que Dios les perdonara sus pecados. ⁴Esto sucedió como el profeta Isaías había escrito:

"Una voz grita en el desierto:
'Preparen el camino del Señor;
ábranle un camino recto.
⁵Todo valle será rellenado,
todo cerro y colina será nivelado,
los caminos torcidos serán
        enderezados,
y allanados los caminos disparejos.
⁶Todo el mundo verá la salvación que
        Dios envía.' "ʷ

⁷Cuando la gente salía para que Juan los bautizara, él les decía: "¡Raza de víboras!ˣ ¿Quién les ha dicho a ustedes que van a librarse⁶ del terrible castigo que se acerca? ⁸Pórtense de tal modo que se vea claramente que se han vuelto al Señor, y no vayan a decir entre ustedes: '¡Nosotros somos descendientes de Abraham!';ʸ porque les aseguro que incluso a estas piedras Dios puede convertirlas en descendientes de Abraham. ⁹Además, el hacha ya está lista para cortar los árboles de raíz. Todo árbol que no da buen fruto, se corta y se echa al fuego."ᶻ

¹⁰Entonces la gente le preguntó:

—¿Qué debemos hacer?

¹¹Juan les contestó:

—El que tenga dos trajes, dele uno al que no tiene ninguno; y el que tenga comida, compártala con el que no la tiene.

¹²Se acercaron también para ser bautizados algunos de los que cobraban impuestos para Roma,ᵃ y le preguntaron a Juan:

—Maestro, ¿qué debemos hacer nosotros?

¹³Juan les dijo:

—No cobren más de lo que deben cobrar.

¹⁴También algunos soldados le preguntaron:

—Y nosotros, ¿qué debemos hacer?

Les contestó:

—No le quiten nada a nadie, ni con amenazas ni acusándolo de algo que no haya hecho; y confórmense con su sueldo.

¹⁵La gente estaba en gran expectativa, y se preguntaba si tal vez Juan sería el Mesías; ¹⁶pero Juan les dijo a todos: "Yo, en verdad, los bautizo con agua; pero viene uno que los bautizará con el Espíritu Santo y con fuego. El es más poderoso que yo, que ni siquiera merezco desatarle la correa de sus sandalias. ¹⁷Trae su aventador en la mano, para limpiar el trigo y separarlo de la paja. Guardará el trigo en su granero, pero quemará la paja en un fuego que nunca se apagará."

---

⁵ Tengo que estar en la casa de mi Padre: otra posible traducción: tengo que ocuparme en las cosas de mi Padre.
⁶ ¿Quién les ha dicho . . . que van a librarse . . .?: otra posible traducción: ¿Quién les advirtió . . . para que escaparan . . .?
ᵘ 2.41 Ex 12.1-27; Dt 16.1-8.   ᵛ 2.52 1 S 2.26; Pr 3.4.   ʷ 3.4-6 Is 40.3-5; Bar 5.7.   ˣ 3.7 Mt 12.34; 23.33.   ʸ 3.8 Jn 8.33.
ᶻ 3.9 Mt 7.19.   ᵃ 3.12 Lc 7.29.

18De este modo, y con otros muchos consejos, Juan anunciaba las buenas noticias a la gente. 19Además reprendió a Herodes, el gobernante, porque tenía por mujer a Herodías, la esposa de su hermano Felipe, y también por todo lo malo que había hecho; 20pero Herodes, a todas sus malas acciones añadió otra: metió a Juan en la cárcel.b

### Jesús es bautizado
#### (Mt 3.13-17; Mr 1.9-11)

21Sucedió que cuando Juan los estaba bautizando a todos, también Jesús fue bautizado; y mientras oraba, el cielo se abrió 22y el Espíritu Santo bajó sobre él en forma visible, como una paloma, y se oyó una voz del cielo, que decía:

—Tú eres mi Hijo amado, a quien he elegido.c

### Los antepasados de Jesucristo
#### (Mt 1.1-17)

23Jesús tenía unos treinta años cuando comenzó su actividad. Fue hijo, según se creía, de José. José fue hijo de Elí, 24que a su vez fue hijo de Matat, que fue hijo de Leví, que fue hijo de Melqui, que fue hijo de Jana, que fue hijo de José, 25que fue hijo de Matatías, que fue hijo de Amós, que fue hijo de Nahúm, que fue hijo de Esli, que fue hijo de Nagai, 26que fue hijo de Maat, que fue hijo de Matatías, que fue hijo de Semei, que fue hijo de Josec, que fue hijo de Judá, 27que fue hijo de Joanán, que fue hijo de Resa, que fue hijo de Zorobabel, que fue hijo de Salatiel, que fue hijo de Neri, 28que fue hijo de Melqui, que fue hijo de Adi, que fue hijo de Cosam, que fue hijo de Elmadam, que fue hijo de Er, 29que fue hijo de Jesús, que fue hijo de Eliezer, que fue hijo de Jorim, que fue hijo de Matat, 30que fue hijo de Leví, que fue hijo de Simeón, que fue hijo de Judá, que fue hijo de José, que fue hijo de Jonam, que fue hijo de Eliaquim, 31que fue hijo de Melea, que fue hijo de Mena, que fue hijo de Matata, que fue hijo de Natán, 32que fue hijo de David, que fue hijo de Isaí, que fue hijo de Obed, que fue hijo de Booz, que fue hijo de Sala, que fue hijo de Naasón, 33que fue hijo de Aminadab, que fue hijo de Admin, que fue hijo de Arni, que fue hijo de Esrom, que fue hijo de Fares, que

fue hijo de Judá, 34que fue hijo de Jacob, que fue hijo de Isaac, que fue hijo de Abraham, que fue hijo de Taré, que fue hijo de Nacor, 35que fue hijo de Serug, que fue hijo de Ragau, que fue hijo de Peleg, que fue hijo de Heber, que fue hijo de Sala, 36que fue hijo de Cainán, que fue hijo de Arfaxad, que fue hijo de Sem, que fue hijo de Noé, que fue hijo de Lamec, 37que fue hijo de Matusalén, que fue hijo de Enoc, que fue hijo de Jared, que fue hijo de Mahalaleel, que fue hijo de Cainán, 38que fue hijo de Enós, que fue hijo de Set, que fue hijo de Adán, que fue hijo de Dios.

### Jesús es puesto a prueba
#### (Mt 4.1-11; Mr 1.12-13)

4 1Jesús, lleno del Espíritu Santo, volvió del río Jordán, y el Espíritu lo llevó al desierto. 2Allí estuvo cuarenta días, y el diablo lo puso a prueba. No comió nada durante esos días, así que después sintió hambre. 3El diablo entonces le dijo:

—Si de veras eres Hijo de Dios, ordena a esta piedra que se convierta en pan.

4Jesús le contestó:

—La Escritura dice: 'No sólo de pan vivirá el hombre.'7,d

5Luego el diablo lo levantó y, mostrándole en un momento todos los países del mundo, 6le dijo:

—Yo te daré todo este poder y la grandeza de estos países. Porque yo lo he recibido, y se lo daré al que quiera dárselo. 7Si te arrodillas y me adoras, todo será tuyo.

8Jesús le contestó:

—La Escritura dice: 'Adora al Señor tu Dios, y sírvele sólo a él.'e

9Después el diablo lo llevó a la ciudad de Jerusalén, lo subió a la parte más alta del templo y le dijo:

—Si de veras eres Hijo de Dios, tírate abajo desde aquí; 10porque la Escritura dice:

'Dios mandará que sus ángeles
te cuiden y te protejan.f
11Te levantarán con sus manos,
para que no tropieces con piedra
alguna.'g

12Jesús le contestó:

—También dice la Escritura: 'No pongas a prueba al Señor tu Dios.'h

---

7 Algunos mss. añaden: sino de toda palabra de Dios.
b **3.19-20** Mt 14.3-4; Mr 6.17-18.   c **3.22** Gn 22.2; Sal 2.7; Is 42.1; Mt 3.17; Mr 1.11; Lc 9.35.   d **4.4** Dt 8.3.   e **4.8** Dt 6.13.
f **4.10** Sal 91.11.   g **4.11** Sal 91.12.   h **4.12** Dt 6.16.

¹³Cuando ya el diablo no encontró otra forma de poner a prueba a Jesús, se alejó de él por algún tiempo.

### Jesús comienza su trabajo en Galilea
*(Mt 4.12-17; Mr 1.14-15)*

¹⁴Jesús volvió a Galilea lleno del poder del Espíritu Santo, y se hablaba de él por toda la tierra de alrededor. ¹⁵Enseñaba en la sinagoga de cada lugar, y todos le alababan.

### Jesús en Nazaret
*(Mt 13.53-58; Mr 6.1-6)*

¹⁶Jesús fue a Nazaret, el pueblo donde se había criado. En el día de reposo[8] entró en la sinagoga, como era su costumbre, y se puso de pie para leer las Escrituras. ¹⁷Le dieron a leer el libro del profeta Isaías, y al abrirlo encontró el lugar donde estaba escrito:

¹⁸"El Espíritu del Señor está sobre mí,
porque me ha consagrado
  para llevar la buena noticia a los
    pobres;
me ha enviado a anunciar libertad a
    los presos
y dar vista a los ciegos;
a poner en libertad a los oprimidos;
¹⁹a anunciar el año favorable del
    Señor."[i]

²⁰Luego Jesús cerró el libro, lo dio al ayudante de la sinagoga y se sentó. Todos los que estaban allí seguían mirándole. ²¹El comenzó a hablar, diciendo:

—Hoy mismo se ha cumplido esta Escritura delante de ustedes.

²²Todos hablaban bien de Jesús y estaban admirados de las cosas tan bellas que decía. Se preguntaban:

—¿No es éste el hijo de José?

²³Jesús les respondió:

—Seguramente ustedes me dirán este refrán: 'Médico, cúrate a ti mismo.' Y además me dirán: 'Lo que oímos que hiciste en Capernaum, hazlo también aquí en tu propia tierra.'

²⁴Y siguió diciendo:

—Les aseguro que ningún profeta es bien recibido en su propia tierra.[j] ²⁵Verdaderamente, había muchas viudas en Israel en tiempos del profeta Elías, cuando no llovió durante tres años y medio y hubo mucha hambre en todo el país;[k] ²⁶pero Elías no fue enviado a ninguna de las viudas israelitas, sino a una de

Sarepta, cerca de la ciudad de Sidón.[l] ²⁷También había en Israel muchos enfermos de lepra en tiempos del profeta Eliseo, pero no fue sanado ninguno de ellos, sino Naamán, que era de Siria.[m]

²⁸Al oír esto, todos los que estaban en la sinagoga se enojaron mucho. ²⁹Se levantaron y echaron del pueblo a Jesús, llevándolo a lo alto del monte sobre el cual el pueblo estaba construido, para arrojarle abajo desde allí. ³⁰Pero Jesús pasó por en medio de ellos y se fue.

### Un hombre que tenía un espíritu impuro
*(Mr 1.21-28)*

³¹Jesús fue a Capernaum, un pueblo de Galilea, y en el día de reposo[8] enseñaba a la gente. ³²Y la gente se admiraba de cómo les enseñaba, porque hablaba con plena autoridad.[n] ³³En la sinagoga había un hombre que tenía un demonio o espíritu impuro, el cual gritó con fuerza:

³⁴—¡Déjanos! ¿Por qué te metes con nosotros, Jesús de Nazaret? ¿Has venido a destruirnos? Yo te conozco, y sé que eres el Santo de Dios.

³⁵Jesús reprendió a aquel demonio, diciéndole:

—¡Cállate y deja a este hombre!

Entonces el demonio arrojó al hombre al suelo delante de todos, y salió de él sin hacerle ningún daño. ³⁶Todos se asustaron, y se decían unos a otros:

—¿Qué palabras son éstas? Con toda autoridad y poder este hombre ordena a los espíritus impuros que salgan, ¡y ellos salen!

³⁷Y se hablaba de Jesús por todos los lugares de la región.

### Jesús sana a la suegra de Simón Pedro
*(Mt 8.14-15; Mr 1.29-31)*

³⁸Jesús salió de la sinagoga y entró en casa de Simón. La suegra de Simón estaba enferma, con mucha fiebre, y rogaron por ella a Jesús. ³⁹Jesús se inclinó sobre ella y reprendió a la fiebre, y la fiebre se le quitó. Al momento, ella se levantó y comenzó a atenderlos.

### Jesús sana a muchos enfermos
*(Mt 8.16-17; Mr 1.32-34)*

⁴⁰Al ponerse el sol, todos los que tenían enfermos de diferentes enfermedades los

---

[8] *Día de reposo:* aquí equivale a *sábado.*
[i] **4.18-19** Is 61.1-2.   [j] **4.24** Jn 4.44.   [k] **4.25** 1 R 17.1.   [l] **4.26** 1 R 17.8-16.   [m] **4.27** 2 R 5.1-14.   [n] **4.32** Mt 7.28-29.

llevaron a Jesús; y él puso las manos sobre cada uno de ellos, y los sanó. [41]De muchos enfermos también salieron demonios, que gritaban:

—¡Tú eres el Hijo de Dios!

Pero Jesús reprendía a los demonios y no los dejaba hablar, porque sabían que él era el Mesías.

### Jesús anuncia el mensaje en las sinagogas
#### (Mr 1.35-39)

[42]Al amanecer, Jesús salió fuera de la ciudad, a un lugar solitario. Pero la gente lo buscó, y llegaron a donde él estaba. Querían detenerlo, para que no se fuera, [43]pero Jesús les dijo:

—También tengo que anunciar las buenas noticias del reino de Dios a los otros pueblos, porque para esto fui enviado.

[44]Así iba Jesús anunciando el mensaje en las sinagogas de Judea.[9]

### La pesca milagrosa
#### (Mt 4.18-22; Mr 1.16-20)

5 [1]En una ocasión, estando Jesús a orillas del lago de Genesaret, se sentía apretujado por la multitud que quería oír el mensaje de Dios. [2]Jesús vio dos barcas en la playa. Estaban vacías, porque los pescadores habían bajado de ellas a lavar sus redes. [3]Jesús subió a una de las barcas, que era de Simón, y le pidió que la alejara un poco de la orilla. Luego se sentó en la barca, y desde allí comenzó a enseñar a la gente.[ñ] [4]Cuando terminó de hablar, le dijo a Simón:

—Lleva la barca a la parte honda del lago, y echen allí sus redes, para pescar.

[5]Simón le contestó:

—Maestro, hemos estado trabajando toda la noche sin pescar nada;[o] pero, ya que tú lo mandas, voy a echar las redes.

[6]Cuando lo hicieron, recogieron tanto pescado[p] que las redes se rompían. [7]Entonces hicieron señas a sus compañeros de la otra barca, para que fueran a ayudarlos. Ellos fueron, y llenaron tanto las dos barcas que les faltaba poco para hundirse. [8]Al ver esto, Simón Pedro se puso de rodillas delante de Jesús y le dijo:

—¡Apártate de mí, Señor, porque soy un pecador![q]

[9]Es que Simón y todos los demás estaban asustados por aquella gran pesca que habían hecho. [10]También lo estaban Santiago y Juan, hijos de Zebedeo, que eran compañeros de Simón. Pero Jesús le dijo a Simón:

—No tengas miedo; desde ahora vas a pescar hombres.

[11]Entonces llevaron las barcas a tierra, lo dejaron todo y se fueron con Jesús.

### Jesús sana a un leproso
#### (Mt 8.1-4; Mr 1.40-45)

[12]Un día, estando Jesús en un pueblo, llegó un hombre enfermo de lepra; al ver a Jesús, se inclinó hasta el suelo y le rogó:

—Señor, si quieres, puedes limpiarme de mi enfermedad.

[13]Jesús lo tocó con la mano, diciendo:

—Quiero. ¡Queda limpio!

Al momento se le quitó la lepra al enfermo, [14]y Jesús le ordenó:

—No se lo digas a nadie; solamente ve y preséntate al sacerdote, y lleva por tu purificación la ofrenda que ordenó Moisés,[r] para que todos sepan que ya estás limpio de tu enfermedad.

[15]Sin embargo, la fama de Jesús aumentaba cada vez más, y mucha gente se juntaba para oírlo y para que curara sus enfermedades. [16]Pero Jesús se retiraba a orar a lugares donde no había nadie.

### Jesús sana a un paralítico
#### (Mt 9.1-8; Mr 2.1-12)

[17]Un día en que Jesús estaba enseñando, se habían sentado por allí algunos fariseos y maestros de la ley venidos de todas las aldeas de Galilea, y de Judea y Jerusalén. Y el poder de Dios se mostraba en Jesús sanando a los enfermos. [18]Entonces llegaron unos hombres que llevaban en una camilla a uno que estaba paralítico. Querían meterlo en la casa y ponerlo delante de Jesús, [19]pero no encontraban por dónde entrar, porque había mucha gente; así que subieron al techo y, haciendo un hueco entre las tejas, bajaron al enfermo en la camilla, allí en medio de todos, delante de Jesús. [20]Cuando Jesús vio la fe que tenían, le dijo al enfermo:

—Amigo, tus pecados quedan perdonados.

[21]Entonces los maestros de la ley y los fariseos comenzaron a pensar: "¿Quién es

---

[9] A veces Lucas se refiere a toda la Palestina cuando dice *Judea*. (Véanse 1.5; 6.17; 7.17; 23.5.)
[ñ] 5.1-3 Mt 13.1-2; Mr 3.9-10; 4.1. [o] 5.5 Jn 21.3. [p] 5.6 Jn 21.6. [q] 5.8 Job 7.19-20; Sal 39.13. [r] 5.14 Lv 14.1-32.

éste que se atreve a decir palabras ofensivas contra Dios? Sólo Dios puede perdonar pecados.''

²²Pero Jesús se dio cuenta de lo que estaban pensando, y les preguntó:

—¿Por qué piensan ustedes así? ²³¿Qué es más fácil, decir: 'Tus pecados quedan perdonados', o decir: 'Levántate y anda?' ²⁴Pues voy a demostrarles que el Hijo del hombre tiene autoridad en la tierra para perdonar pecados.

Entonces le dijo al paralítico:

—A ti te digo, levántate, toma tu camilla y vete a tu casa.

²⁵Al momento, el paralítico se levantó delante de todos, tomó la camilla en que estaba acostado y se fue a su casa alabando a Dios. ²⁶Todos se quedaron admirados y alabaron a Dios, y llenos de miedo dijeron:

—Hoy hemos visto cosas maravillosas.

### Jesús llama a Leví
#### (Mt 9.9-13; Mr 2.13-17)

²⁷Después de esto, Jesús salió y se fijó en uno de los que cobraban impuestos para Roma. Se llamaba Leví, y estaba sentado en el lugar donde cobraba los impuestos. Jesús le dijo:

—Sígueme.

²⁸Entonces Leví se levantó, y dejándolo todo siguió a Jesús.

²⁹Más tarde, Leví hizo en su casa una gran fiesta en honor de Jesús; y muchos de los que cobraban impuestos para Roma, junto con otras personas, estaban sentados con ellos a la mesa. ³⁰Pero los fariseos y los maestros de la ley del mismo partido comenzaron a criticar a los discípulos de Jesús. Les dijeron:

—¿Por qué comen y beben ustedes con cobradores de impuestos y pecadores?ˢ

³¹Jesús les contestó:

—Los que están buenos y sanos no necesitan médico, sino los enfermos. ³²Yo no he venido a llamar a los buenos, sino a los pecadores, para que se vuelvan a Dios.

### La cuestión del ayuno
#### (Mt 9.14-17; Mr 2.18-22)

³³Le dijeron a Jesús:

—Los seguidores de Juan y de los fariseos ayunan mucho y hacen muchas oraciones, pero tus discípulos siempre comen y beben.

³⁴Jesús les contestó:

—¿Acaso pueden ustedes hacer ayunar a los invitados a una boda, mientras el novio está con ellos? ³⁵Pero llegará el momento en que se lleven al novio; cuando llegue ese día, entonces sí ayunarán.

³⁶También les contó esta parábola:

—Nadie corta un pedazo de un vestido nuevo para remendar un vestido viejo. Si lo hace así, echa a perder el vestido nuevo; además, el pedazo nuevo no quedará bien con el vestido viejo. ³⁷Ni tampoco se echa vino nuevo en cueros viejos, porque el vino nuevo hace que se revienten los cueros, y tanto el vino como los cueros se pierden. ³⁸Por eso hay que echar el vino nuevo en cueros nuevos. ³⁹Y nadie que toma el vino añejo quiere después el nuevo, porque dice: 'El añejo es más sabroso.'

### Los discípulos arrancan espigas en el día de reposo
#### (Mt 12.1-8; Mr 2.23-28)

**6** ¹Un día de reposo,¹⁰ Jesús caminaba entre los sembrados. Sus discípulos arrancaban espigas de trigo, las desgranaban entre las manos y se comían los granos.ᵗ ²Entonces algunos fariseos les preguntaron:

—¿Por qué hacen ustedes algo que no está permitido hacer en los días de reposo?¹⁰

³Jesús les contestó:

—¿No han leído ustedes lo que hizo David en una ocasión en que él y sus compañeros tuvieron hambre? ⁴Entró en la casa de Dios y tomó los panes consagrados a Dios, comió de ellos y dio también a sus compañeros,ᵘ a pesar de que solamente a los sacerdotes se les permitía comer de ese pan.ᵛ

⁵Y añadió:

—El Hijo del hombre tiene autoridad sobre el día de reposo.¹⁰

### El hombre de la mano tullida
#### (Mt 12.9-14; Mr 3.1-6)

⁶Otro día de reposo,¹⁰ Jesús entró en la sinagoga y comenzó a enseñar. Había en ella un hombre que tenía la mano derecha tullida; ⁷y los maestros de la ley y los fariseos espiaban a Jesús para ver si lo sanaría en el día de reposo,¹⁰ y así tener algún pretexto para acusarlo. ⁸Pero él, que sabía lo

---

¹⁰ *Día de reposo:* aquí equivale a *sábado.*
ˢ **5.30** Lc 15.1-2.   ᵗ **6.1** Dt 23.25.   ᵘ **6.3-4** 1 S 21.1-6.   ᵛ **6.4** Lv 24.9.

que estaban pensando, le dijo al hombre que tenía la mano tullida:

—Levántate y ponte ahí en medio.

El hombre se levantó y se puso de pie, [9]y Jesús dijo a los otros:

—Les voy a hacer una pregunta: ¿Qué está permitido hacer en el día de reposo:[10] el bien o el mal? ¿Salvar una vida o destruirla?

[10]Luego miró a todos los que le rodeaban, y le dijo a aquel hombre:

—Extiende la mano.

El hombre lo hizo así, y su mano quedó sana. [11]Pero los otros se enojaron mucho y comenzaron a discutir qué podrían hacer contra Jesús.

### Jesús escoge a los doce apóstoles
#### (Mt 10.1-4; Mr 3.13-19)

[12]Por aquellos días, Jesús se fue a un cerro a orar, y pasó toda la noche orando a Dios. [13]Cuando se hizo de día, llamó a sus discípulos, y escogió a doce de ellos, a quienes llamó apóstoles. [14]Estos fueron: Simón, a quien puso también el nombre de Pedro; Andrés, hermano de Simón; Santiago, Juan, Felipe, Bartolomé, [15]Mateo, Tomás, Santiago, hijo de Alfeo; Simón el celote, [16]Judas, hijo de Santiago, y Judas Iscariote, que fue quien traicionó a Jesús.

### Jesús enseña a mucha gente
#### (Mt 4.23-25)

[17]Jesús bajó del cerro con ellos y se detuvo en un llano. Se habían juntado allí muchos de sus seguidores y mucha gente de toda la región de Judea, de Jerusalén y de la costa de Tiro y Sidón. Habían llegado para oír a Jesús y para que los curara de sus enfermedades. [18]Los que sufrían a causa de espíritus impuros, también quedaban sanos. [19]Así que toda la gente quería tocar a Jesús, porque los sanaba a todos con el poder que de él salía.

### La felicidad y la infelicidad
#### (Mt 5.1-12)

[20]Jesús miró a sus discípulos, y les dijo: "Dichosos ustedes los pobres, pues el reino de Dios les pertenece. [21]"Dichosos ustedes los que ahora tienen hambre, pues quedarán satisfechos. "Dichosos ustedes los que ahora lloran, pues después reirán.

[22]"Dichosos ustedes cuando la gente los odie, cuando los expulsen, cuando los insulten y cuando desprecien su nombre como cosa mala, por causa del Hijo del hombre.[w] [23]Alégrense mucho, llénense de gozo en ese día, porque ustedes recibirán un gran premio en el cielo; pues también así maltrataron los antepasados de esa gente a los profetas.[x]

[24]"Pero ¡ay de ustedes los ricos, pues ya han tenido su alegría!

[25]"¡Ay de ustedes los que ahora están satisfechos, pues tendrán hambre!

"¡Ay de ustedes los que ahora ríen, pues van a llorar de tristeza!

[26]"¡Ay de ustedes cuando todo el mundo los alabe, pues así hacían los antepasados de esa gente con los falsos profetas!

### El amor a los enemigos
#### (Mt 5.38-48; 7.12)

[27]"Pero a ustedes que me escuchan les digo: Amen a sus enemigos, hagan bien a quienes los odian, [28]bendigan a quienes los maldicen, oren por quienes los insultan. [29]Si alguien te pega en una mejilla, ofrécele también la otra; y si alguien te quita la capa, déjale que se lleve también tu camisa. [30]A cualquiera que te pida algo, dáselo, y al que te quite lo que es tuyo, no se lo reclames. [31]Hagan ustedes con los demás como quieren que los demás hagan con ustedes.[y]

[32]"Si ustedes aman solamente a quienes los aman a ustedes, ¿qué hacen de extraordinario? Hasta los pecadores se portan así. [33]Y si hacen bien solamente a quienes les hacen bien a ustedes, ¿qué tiene eso de extraordinario? También los pecadores se portan así. [34]Y si dan prestado sólo a aquellos de quienes piensan recibir algo, ¿qué hacen de extraordinario? También los pecadores se prestan unos a otros, esperando recibir unos de otros. [35]Ustedes deben amar a sus enemigos, y hacer bien, y dar prestado sin esperar nada a cambio. Así será grande su recompensa, y ustedes serán hijos del Dios altísimo, que es también bondadoso con los desagradecidos y los malos.[*] [36]Sean ustedes compasivos, como también su Padre es compasivo.

### No juzgar a otros
#### (Mt 7.1-5)

[37]"No juzguen a otros, y Dios no los juzgará a ustedes. No condenen a otros, y

Dios no los condenará a ustedes. Perdonen, y Dios los perdonará. [38]Den a otros, y Dios les dará a ustedes. Les dará en su bolsa una medida buena, apretada, sacudida y repleta. Dios los medirá a ustedes con la misma medida con que ustedes midan a los otros.''

[39]Jesús les puso esta comparación: ''¿Acaso puede un ciego servir de guía a otro ciego? ¿No caerán los dos en algún hoyo?[z] [40]Ningún discípulo es más que su maestro:[a] cuando termine sus estudios llegará a ser como su maestro.

[41]''¿Por qué te pones a mirar la paja que tiene tu hermano en el ojo, y no te fijas en el tronco que tienes en el tuyo? [42]Y si no te das cuenta del tronco que tienes en tu propio ojo, ¿cómo te atreves a decir a tu hermano: 'Hermano, déjame sacarte la paja que tienes en el ojo? ¡Hipócrita!, saca primero el tronco de tu propio ojo, y así podrás ver bien para sacar la paja que tiene tu hermano en el suyo.

### El árbol se conoce por su fruto
*(Mt 7.17-20; 12.34-35)*

[43]''No hay árbol bueno que pueda dar fruto malo, ni árbol malo que pueda dar fruto bueno. [44]Cada árbol se conoce por su fruto:[b] no se cosechan higos de los espinos, ni se recogen uvas de las zarzas. [45]El hombre bueno dice cosas buenas porque el bien está en su corazón, y el hombre malo dice cosas malas porque el mal está en su corazón. Pues de lo que abunda en su corazón habla su boca.[c]

### Las dos bases
*(Mt 7.24-27)*

[46]''¿Por qué me llaman ustedes, 'Señor, Señor', y no hacen lo que les digo? [47]Voy a decirles a quién se parece el que viene a mí y me oye y hace lo que digo: [48]se parece a un hombre que para construir una casa cavó primero bien hondo, y puso la base sobre la roca. Cuando creció el río, el agua dio con fuerza contra la casa, pero ni moverla pudo, porque estaba bien construida. [49]Pero el que me oye y no hace lo que digo, se parece a un hombre que construyó su casa sobre la tierra y sin cimientos; y cuando el río creció y dio con fuerza contra ella, se derrumbó y quedó completamente destruida.''

### Jesús sana al criado de un oficial romano
*(Mt 8.5-13)*

**7** [1]Cuando Jesús terminó de hablar a la gente, se fue a Capernaum. [2]Vivía allí un capitán romano que tenía un criado al que quería mucho, el cual estaba enfermo y a punto de morir. [3]Cuando el capitán oyó hablar de Jesús, mandó a unos ancianos de los judíos a rogarle que fuera a sanar a su criado. [4]Ellos se presentaron a Jesús y le rogaron mucho, diciendo:

—Este capitán merece que lo ayudes, [5]porque ama a nuestra nación y él mismo hizo construir nuestra sinagoga.

[6]Jesús fue con ellos, pero cuando ya estaban cerca de la casa, el capitán mandó unos amigos a decirle: ''Señor, no te molestes, porque yo no merezco que entres en mi casa; [7]por eso, ni siquiera me atreví a ir en persona a buscarte. Solamente da la orden, para que sane mi criado. [8]Porque yo mismo estoy bajo órdenes superiores, y a la vez tengo soldados bajo mi mando. Cuando le digo a uno de ellos que vaya, va; cuando le digo a otro que venga, viene; y cuando mando a mi criado que haga algo, lo hace.''

[9]Jesús se quedó admirado al oír esto, y mirando a la gente que le seguía dijo:

—Les aseguro que ni siquiera en Israel he encontrado tanta fe como en este hombre.

[10]Al regresar a la casa, los enviados encontraron que el criado ya estaba sano.

### Jesús resucita al hijo de una viuda

[11]Después de esto, Jesús se dirigió a un pueblo llamado Naín. Iba acompañado de sus discípulos y de mucha gente. [12]Al llegar cerca del pueblo, vio que llevaban a enterrar a un muerto, hijo único de su madre, que era viuda. Mucha gente del pueblo la acompañaba. [13]Al verla, el Señor tuvo compasión de ella y le dijo:

—No llores.

[14]En seguida se acercó y tocó la camilla, y los que la llevaban se detuvieron. Jesús le dijo al muerto:

—Joven, a ti te digo: ¡Levántate!

[15]Entonces el muerto se sentó y comenzó a hablar, y Jesús se lo entregó a la madre. [16]Al ver esto, todos tuvieron miedo y comenzaron a alabar a Dios, diciendo:

---

[z] 6.39 Mt 15.14.   [a] 6.40 Mt 10.24-25; Jn 13.16; 15.20.   [b] 6.44 Mt 12.33.   [c] 6.45 Mt 12.34.

—Un gran profeta ha aparecido entre nosotros.

También decían:

—Dios ha venido a ayudar a su pueblo.

[17]Y por toda Judea y sus alrededores se supo lo que había hecho Jesús.

## Los enviados de Juan el Bautista
### (Mt 11.2-19)

[18]Juan tuvo noticias de todas estas cosas, pues sus seguidores se las contaron. Llamó a dos de ellos [19]y los envió a Jesús, a preguntarle si él era de veras el que había de venir o si debían esperar a otro. [20]Los enviados de Juan se acercaron, pues, a Jesús y le dijeron:

—Juan el Bautista nos ha mandado a preguntarte si tú eres el que ha de venir, o si debemos esperar a otro.

[21]En aquél mismo momento Jesús curó a muchas personas de sus enfermedades y sufrimientos, y de los espíritus malignos, y dio la vista a muchos ciegos. [22]Luego les contestó:

—Vayan y díganle a Juan lo que han visto y oído. Cuéntenle que los ciegos ven, los cojos andan, los leprosos quedan limpios de su enfermedad, los sordos oyen,[d] los muertos vuelven a la vida y a los pobres se les anuncia el mensaje de salvación.[e] [23]¡Y dichoso aquél que no pierda su confianza en mí!

[24]Cuando los enviados de Juan se fueron, Jesús comenzó a hablar a la gente acerca de Juan, diciendo: "¿Qué salieron ustedes a ver al desierto? ¿Una caña sacudida por el viento? [25]Y si no, ¿qué salieron a ver? ¿Un hombre vestido con ropas lujosas? Ustedes saben que los que se visten con lujo y viven en placeres, están en las casas de los reyes. [26]En fin, ¿qué salieron a ver? ¿Un profeta? Sí, de veras, y uno que es mucho más que profeta. [27]Juan es aquél de quien dice la Escritura:

'Yo envío mi mensajero delante
        de ti,
    para que te prepare el camino.'[f]

[28]Les digo que, entre todos los hombres, ninguno ha sido más grande que Juan; y, sin embargo, el más pequeño en el reino de Dios es más grande que él."

[29]Todos los que oyeron a Juan, incluso los que cobraban impuestos para Roma, se hicieron bautizar por él, reconociendo así que Dios es justo; [30]pero los fariseos y los maestros de la ley no se hicieron bautizar por Juan, despreciando de este modo lo que Dios había querido hacer en favor de ellos.[g]

[31]"¿A qué compararé la gente de este tiempo? ¿A qué se parece? [32]Se parece a los niños que se sientan a jugar en la plaza y gritan a sus compañeros: 'Tocamos la flauta, pero ustedes no bailaron; cantamos canciones tristes, pero ustedes no lloraron.' [33]Porque vino Juan el Bautista, que ni come pan ni bebe vino, y ustedes dicen que tiene un demonio. [34]Luego ha venido el Hijo del hombre, que come y bebe, y ustedes dicen que es glotón y bebedor, amigo de gente de mala fama y de los que cobran impuestos para Roma. [35]Pero la sabiduría de Dios se demuestra por todos sus resultados."[ll]

## Jesús en casa de Simón el fariseo

[36]Un fariseo invitó a Jesús a comer, y Jesús fue a su casa. Estaba sentado a la mesa, [37]cuando una mujer de mala vida que vivía en el mismo pueblo y que supo que Jesús había ido a comer a casa del fariseo, llegó con un frasco de alabastro lleno de perfume. [38]Llorando, se puso junto a los pies de Jesús y comenzó a bañarlos con lágrimas. Luego los secó con sus cabellos, los besó y derramó sobre ellos el perfume.[h] [39]El fariseo que había invitado a Jesús, al ver esto, pensó: "Si este hombre fuera de veras un profeta, se daría cuenta de qué clase de persona es ésta que lo está tocando: una mujer de mala vida." [40]Entonces Jesús le dijo al fariseo:

—Simón, tengo algo que decirte.

El fariseo contestó:

—Dímelo, Maestro.

[41]Jesús siguió:

—Dos hombres le debían dinero a un prestamista. Uno le debía quinientos denarios, y el otro cincuenta; [42]y como no le podían pagar, el prestamista les perdonó la deuda a los dos. Ahora dime, ¿cuál de ellos le amará más?

[43]Simón le contestó:

—Me parece que el hombre a quien más le perdonó.

Jesús le dijo:

—Tienes razón.

[44]Entonces, mirando a la mujer, Jesús dijo a Simón:

ll Por todos sus resultados: lit. por todos sus hijos. Otra posible traducción: por todos los que la practican.
d 7.22 Is 35.5-6. e 7.22 Is 61.1. f 7.27 Mal 3.1. g 7.29-30 Mt 21.32; Lc 3.12. h 7.37-38 Mt 26.7; Mr 14.3; Jn 12.3.

—¿Ves esta mujer? Entré en tu casa, y no me diste agua para mis pies; en cambio, esta mujer me ha bañado los pies con sus lágrimas y los ha secado con sus cabellos. ⁴⁵No me besaste, pero ella, desde que entré, no ha dejado de besarme los pies.

⁴⁶No me pusiste aceite en la cabeza, pero ella ha derramado perfume sobre mis pies. ⁴⁷Por esto te digo que sus muchos pecados son perdonados, porque amó mucho; pero la persona a quien poco se le perdona, poco amor muestra.

⁴⁸Luego dijo a la mujer:

—Tus pecados te son perdonados.

⁴⁹Los otros invitados que estaban allí, comenzaron a preguntarse:

—¿Quién es éste, que hasta perdona pecados?

⁵⁰Pero Jesús añadió, dirigiéndose a la mujer:

—Por tu fe has sido salvada; vete tranquila.

### Mujeres que ayudaban a Jesús

8 ¹Después de esto, Jesús anduvo por muchos pueblos y aldeas, proclamando y anunciando el reino de Dios. Los doce apóstoles le acompañaban, ²como también algunas mujeres que él había curado de espíritus malignos y enfermedades. Entre ellas iba María, la llamada Magdalena, de la que habían salido siete demonios; ³también Juana, esposa de Cuza, el que era administrador de Herodes; y Susana; y muchas otras que les ayudaban con lo que tenían.ⁱ

### La parábola del sembrador
*(Mt 13.1-9; Mr 4.1-9)*

⁴Muchos salieron de los pueblos para ver a Jesús, de manera que se reunió mucha gente. Entonces les contó esta parábola: ⁵"Un sembrador salió a sembrar su semilla. Y al sembrar, una parte de la semilla cayó en el camino, y fue pisoteada, y las aves se la comieron. ⁶Otra parte cayó entre las piedras; y cuando esa semilla brotó, se secó por falta de humedad. ⁷Otra parte de la semilla cayó entre espinos; y al nacer juntamente, los espinos la ahogaron. ⁸Pero otra parte cayó en buena tierra; y creció, y dio una buena cosecha, hasta de cien granos por semilla."

Esto dijo Jesús, y añadió con voz muy fuerte: "¡Los que tienen oídos, oigan!"

### El porqué de las parábolas
*(Mt 13.10-17; Mr 4.10-12)*

⁹Los discípulos le preguntaron a Jesús qué quería decir aquella parábola. ¹⁰Les dijo: "A ustedes Dios les da a conocer los secretos de su reino; pero a los otros les hablo por medio de parábolas, para que por más que miren no vean, y por más que oigan no entiendan.ʲ

### Jesús explica la parábola del sembrador
*(Mt 13.18-23; Mr 4.13-20)*

¹¹"Esto es lo que quiere decir la parábola: La semilla representa el mensaje de Dios; ¹²y la parte que cayó por el camino representa a los que oyen el mensaje, pero viene el diablo y se lo quita del corazón, para que no crean y se salven. ¹³La semilla que cayó entre las piedras representa a los que oyen el mensaje y lo reciben con gusto, pero no tienen suficiente raíz; creen por algún tiempo, pero a la hora de la prueba fallan. ¹⁴La semilla que cayó entre espinos representa a los que escuchan, pero poco a poco se dejan ahogar por las preocupaciones, las riquezas y los placeres, de modo que no llegan a dar fruto. ¹⁵Pero la semilla que cayó en buena tierra, son las personas que con corazón bueno y dispuesto escuchan y hacen caso del mensaje y, permaneciendo firmes, dan una buena cosecha.

### La parábola de la lámpara
*(Mr 4.21-25)*

¹⁶"Nadie enciende una lámpara para después taparla con algo o ponerla debajo de la cama, sino que la pone en alto,ᵏ para que tengan luz los que entran. ¹⁷De la misma manera, no hay nada escondido que no llegue a descubrirse, ni nada secreto que no llegue a conocerse y ponerse en claro.ˡ

¹⁸"Así pues, oigan bien, pues al que tiene se le dará más; pero al que no tiene, hasta lo que cree tener se le quitará."ᵐ

### La madre y los hermanos de Jesús
*(Mt 12.46-50; Mr 3.31-35)*

¹⁹La madre y los hermanos de Jesús se presentaron donde él estaba, pero no pudieron acercarse a él porque había mucha gente. ²⁰Alguien avisó a Jesús:

ⁱ 8.2-3 Mt 27.55-56; Mr 15.40-41; Lc 23.49.   ʲ 8.10 Is 6.9-10.   ᵏ 8.16 Mt 5.15; Lc 11.33.   ˡ 8.17 Mt 10.26; Lc 12.2.
ᵐ 8.18 Mt 25.29; Lc 19.26.

—Tu madre y tus hermanos están ahí afuera, y quieren verte.

²¹El contestó:

—Los que oyen el mensaje de Dios y lo ponen en práctica, ésos son mi madre y mis hermanos.

### Jesús calma el viento y las olas
#### (Mt 8.23-27; Mr 4.35-41)

²²Un día, Jesús entró en una barca con sus discípulos, y les dijo:

—Vamos al otro lado del lago.

Partieron, pues, ²³y mientras cruzaban el lago, Jesús se durmió. En esto se desató una fuerte tormenta sobre el lago, y la barca empezó a llenarse de agua y corrían peligro de hundirse. ²⁴Entonces fueron a despertar a Jesús, diciéndole:

—¡Maestro! ¡Maestro! ¡Nos estamos hundiendo!

Jesús se levantó y dio una orden al viento y a las olas, y todo se calmó y quedó tranquilo. ²⁵Después dijo a los discípulos:

—¿Qué pasó con su fe?

Pero ellos, asustados y admirados, se preguntaban unos a otros:

—¿Quién será éste, que da órdenes al viento y al agua, y le obedecen?

### El endemoniado de Gerasa
#### (Mt 8.28-34; Mr 5.1-20)

²⁶Por fin llegaron a la tierra de Gerasa, que está al otro lado del lago, frente a Galilea. ²⁷Al bajar Jesús a tierra, salió del pueblo un hombre que estaba endemoniado, y se le acercó. Hacía mucho tiempo que no se ponía ropa ni vivía en una casa, sino entre las tumbas. ²⁸Cuando vio a Jesús, cayó de rodillas delante de él, gritando:

—¡No te metas conmigo, Jesús, Hijo del Dios altísimo! ¡Te ruego que no me atormentes!

²⁹Dijo esto porque Jesús estaba ordenando al espíritu impuro que saliera de él. Muchas veces el demonio se había apoderado de él; y aunque la gente le sujetaba las manos y los pies con cadenas para tenerlo seguro, él las rompía y el demonio lo hacía huir a lugares desiertos. ³⁰Jesús le preguntó:

—¿Cómo te llamas?

Y él contestó:

—Me llamo Legión.

Dijo esto porque eran muchos los demonios que habían entrado en él, ³¹los cuales pidieron a Jesús que no los mandara al abismo. ³²Como había muchos cerdos comiendo en el cerro, los espíritus le rogaron que los dejara entrar en ellos; y Jesús les dio permiso. ³³Los demonios salieron entonces del hombre y entraron en los cerdos, y éstos echaron a correr pendiente abajo hasta el lago, y allí se ahogaron.

³⁴Los que cuidaban de los cerdos, cuando vieron lo sucedido, salieron huyendo y fueron a contarlo en el pueblo y por el campo. ³⁵La gente salió a ver lo que había pasado. Y cuando llegaron a donde estaba Jesús, encontraron sentado a sus pies al hombre de quien habían salido los demonios, vestido y en su cabal juicio; y tuvieron miedo. ³⁶Y los que habían visto lo sucedido, les contaron cómo había sido sanado aquel endemoniado. ³⁷Toda la gente de la región de Gerasa comenzó entonces a rogar a Jesús que se fuera de allí, porque tenían mucho miedo. Así que Jesús entró en la barca y se fue. ³⁸El hombre de quien habían salido los demonios le rogó que le permitiera ir con él, pero Jesús le ordenó que se quedara, y le dijo:

³⁹—Vuelve a tu casa y cuenta todo lo que Dios ha hecho por ti.

El hombre se fue y contó por todo el pueblo lo que Jesús había hecho por él.

### La hija de Jairo. La mujer que tocó la capa de Jesús
#### (Mt 9.18-26; Mr 5.21-43)

⁴⁰Cuando Jesús regresó al otro lado del lago, la gente lo recibió con alegría, porque todos lo estaban esperando. ⁴¹En esto llegó uno llamado Jairo, que era jefe de la sinagoga. Este hombre se postró a los pies de Jesús y le rogó que fuera a su casa, ⁴²porque tenía una sola hija, de unos doce años, que estaba a punto de morir.

Mientras Jesús iba, se sentía apretujado por la multitud que lo seguía. ⁴³Entre la gente había una mujer que desde hacía doce años estaba enferma, con derrames de sangre, y que había gastado en médicos todo lo que tenía, sin que ninguno la hubiera podido sanar. ⁴⁴Esta mujer se acercó a Jesús por detrás y tocó el borde de su capa, y en el mismo momento el derrame de sangre se detuvo. ⁴⁵Entonces Jesús preguntó:

—¿Quién me ha tocado?

Como todos negaban haberlo tocado, Pedro dijo:[12]

—Maestro, la gente te oprime y empuja por todos lados.

[46]Pero Jesús insistió:

—Alguien me ha tocado, porque me he dado cuenta de que de mí ha salido poder.

[47]La mujer, al ver que no podía esconderse, fue temblando a arrodillarse a los pies de Jesús. Le confesó delante de todos por qué razón lo había tocado, y cómo había sido sanada en el acto. [48]Jesús le dijo:

—Hija, por tu fe has sido sanada. Vete tranquila.

[49]Todavía estaba hablando Jesús, cuando llegó un mensajero y le dijo al jefe de la sinagoga:

—Tu hija ha muerto; no molestes más al Maestro.

[50]Pero Jesús lo oyó y le dijo:

—No tengas miedo; solamente cree, y tu hija se salvará.

[51]Al llegar a la casa, no dejó entrar con él a nadie más que a Pedro, a Santiago y a Juan, junto con el padre y la madre de la niña. [52]Todos estaban llorando y lamentándose por ella, pero Jesús les dijo:

—No lloren; la niña no está muerta, sino dormida.

[53]Todos se rieron de él, porque sabían que estaba muerta. [54]Entonces Jesús la tomó de la mano y dijo con voz fuerte:

—¡Muchacha, levántate!

[55]Y ella volvió a la vida; al momento se levantó, y Jesús mandó que le dieran de comer. [56]Sus padres estaban muy admirados; pero Jesús les ordenó que no contaran a nadie lo que había pasado.

## Jesús envía a los discípulos a anunciar el reino de Dios
### (Mt 10.5-15; Mr 6.7-13)

**9** [1]Jesús reunió a sus doce discípulos, y les dio poder y autoridad para expulsar toda clase de demonios y para curar enfermedades. [2]Los envió a anunciar el reino de Dios y a sanar a los enfermos. [3]Les dijo:

—No lleven nada para el camino: ni bastón, ni bolsa, ni pan, ni dinero, ni ropa de repuesto.[n] [4]En cualquier casa donde lleguen, quédense hasta que se vayan del lugar. [5]Y si en algún pueblo no los quieren recibir, salgan de él y sacúdanse el polvo de los pies, para que les sirva a ellos de advertencia.[ñ]

[6]Salieron ellos, pues, y fueron por todas las aldeas, anunciando el mensaje de salvación y sanando enfermos.

## Incertidumbre de Herodes
### (Mt 14.1-12; Mr 6.14-29)

[7]El rey Herodes oyó hablar de todo lo que sucedía; y no sabía qué pensar, porque unos decían que Juan había resucitado, [8]otros decían que había aparecido el profeta Elías, y otros decían que era alguno de los antiguos profetas, que había resucitado.[o] [9]Pero Herodes dijo:

—Yo mismo mandé que le cortaran la cabeza a Juan. ¿Quién será entonces éste, de quien oigo contar tantas cosas?

Por eso Herodes procuraba ver a Jesús.

## Jesús da de comer a cinco mil hombres
### (Mt 14.13-21; Mr 6.30-44; Jn 6.1-14)

[10]Cuando los apóstoles regresaron, contaron a Jesús lo que habían hecho. El, tomándolos aparte, los llevó a un pueblo llamado Betsaida. [11]Pero cuando la gente lo supo, lo siguieron; y Jesús los recibió, les habló del reino de Dios y sanó a los enfermos.

[12]Cuando ya comenzaba a hacerse tarde, se acercaron a Jesús los doce discípulos y le dijeron:

—Despide a la gente, para que vayan a descansar y a buscar comida por las aldeas y los campos cercanos, porque en este lugar no hay nada.

[13]Jesús les dijo:

—Denles ustedes de comer.

Ellos contestaron:

—No tenemos más que cinco panes y dos pescados, a menos que vayamos a comprar comida para toda esta gente.

[14]Pues eran unos cinco mil hombres. Pero Jesús dijo a sus discípulos:

—Háganlos sentarse en grupos como de cincuenta.

[15]Así lo hicieron, y se sentaron todos. [16]Luego Jesús tomó en sus manos los cinco panes y los dos pescados y, mirando al cielo, dio gracias a Dios por ellos, los partió y se los dio a sus discípulos para que los repartieran entre la gente. [17]La gente comió hasta quedar satisfecha, y todavía llenaron doce canastas con los pedazos sobrantes.

---

[12] Algunos mss. dicen: *Pedro y los que lo acompañaban dijeron*.
[n] 9.3-5 Lc 10.4-11.   [ñ] 9.5 Hch 13.51.   [o] 9.7-8 Mt 16.14; Mr 8.28; Lc 9.19.

### Pedro declara que Jesús es el Mesías
*(Mt 16.13-19; Mr 8.27-29)*

18Un día en que Jesús estaba orando solo, y sus discípulos estaban con él, les preguntó:

—¿Quién dice la gente que soy yo?

19Ellos contestaron:

—Algunos dicen que eres Juan el Bautista, otros dicen que eres Elías, y otros dicen que eres uno de los antiguos profetas, que ha resucitado.p

20—Y ustedes, ¿quién dicen que soy? —les preguntó.

Y Pedro le respondió:

—Eres el Mesías de Dios.q

### Jesús anuncia su muerte
*(Mt 16.20-28; Mr 8.30—9.1)*

21Pero Jesús les encargó mucho que no dijeran esto a nadie. 22Y les dijo:

—El Hijo del hombre tendrá que sufrir mucho, y será rechazado por los ancianos, por los jefes de los sacerdotes y por los maestros de la ley. Lo van a matar, pero al tercer día resucitará.

23Después les dijo a todos:

—Si alguno quiere ser discípulo mío, olvídese de sí mismo, cargue con su cruz cada día y sígame.r 24Porque el que quiera salvar su vida, la perderá; pero el que pierda la vida por causa mía, la salvará.s 25¿De qué le sirve al hombre ganar el mundo entero, si se pierde o se destruye a sí mismo? 26Pues si alguno se avergüenza de mí y de mi mensaje, también el Hijo del hombre se avergonzará de él cuando venga con su gloria y con la gloria de su Padre y de los santos ángeles. 27Les aseguro que algunos de los que están aquí presentes no morirán sin antes haber visto el reino de Dios.

### La transfiguración de Jesús
*(Mt 17.1-8; Mr 9.2-8)*

28Unos ocho días después de esta conversación, Jesús subió a un cerro a orar, acompañado de Pedro, Santiago y Juan.t 29Mientras oraba, el aspecto de su cara cambió, y su ropa se volvió muy blanca y brillante; 30y aparecieron dos hombres conversando con él. Eran Moisés y Elías, que estaban 31rodeados de un resplandor glorioso y hablaban de la muerte que Jesús iba a sufrir en Jerusalén. 32Aunque Pedro y sus compañeros tenían mucho sueño, permanecieron despiertos, y vieron la gloria de Jesús y a los dos hombres que estaban con él. 33Cuando aquellos hombres se separaban ya de Jesús, Pedro le dijo:

—Maestro, ¡qué bien que estemos aquí! Vamos a hacer tres chozas: una para ti, otra para Moisés y otra para Elías.

Pero Pedro no sabía lo que decía. 34Mientras hablaba, una nube los envolvió en su sombra, y al verse dentro de la nube tuvieron miedo. 35Entonces de la nube salió una voz, que dijo: "Este es mi Hijo, mi elegido:u escúchenlo."

36En el momento en que la voz se escuchó, Jesús estaba solo. Pero ellos mantuvieron esto en secreto y en aquel tiempo a nadie dijeron nada de lo que habían visto.

### Jesús sana a un muchacho que tenía un espíritu impuro
*(Mt 17.14-21; Mr 9.14-29)*

37Al día siguiente, cuando bajaron del cerro, una gran multitud salió al encuentro de Jesús. 38Y un hombre de entre la gente le dijo con voz fuerte:

—Maestro, por favor, mira a mi hijo, que es el único que tengo; 39un espíritu lo agarra, y hace que grite y que le den ataques y que eche espuma por la boca. Lo maltrata y no lo quiere soltar. 40He rogado a tus discípulos que le saquen ese espíritu, pero no han podido.

41Jesús contestó:

—¡Oh gente sin fe y perversa! ¿Hasta cuándo tendré que estar con ustedes y soportarlos? Trae acá a tu hijo.

42Cuando el muchacho se acercaba, el demonio lo tiró al suelo e hizo que le diera otro ataque; pero Jesús reprendió al espíritu impuro, sanó al muchacho y se lo devolvió a su padre. 43Y todos se quedaron admirados de la grandeza de Dios.

### Jesús anuncia por segunda vez su muerte
*(Mt 17.22-23; Mr 9.30-32)*

Mientras todos se maravillaban de lo que Jesús hacía, él dijo a sus discípulos:

44—Oigan bien esto y no lo olviden: el Hijo del hombre va a ser entregado en manos de los hombres.

45Pero ellos no entendían lo que les decía, pues Dios no les había permitido

p 9.19 Mt 14.1-2; Mr 6.14-15; Lc 9.7-8. q 9.20 Jn 6.68-69. r 9.23 Mt 10.38; Lc 14.27; Jn 12.24. s 9.24 Mt 10.39; Lc 17.33; Jn 12.25. t 9.28-35 2 P 1.17-18. u 9.35 Is 42.1; Mt 3.17; 12.18; Mr 1.11; Lc 3.22.

entenderlo; además tenían miedo de pedirle a Jesús que se lo explicara.

## ¿Quién es el más importante?

*(Mt 18.1-5; Mr 9.33-37)*

⁴⁶Por entonces los discípulos comenzaron a discutir quién de ellos sería el más importante.ᵛ ⁴⁷Jesús, al darse cuenta de lo que estaban pensando, tomó a un niño, lo puso junto a él ⁴⁸y les dijo:

—El que recibe a este niño en mi nombre, me recibe a mí; y el que me recibe a mí, recibe también al que me envió.ʷ Por eso, el más insignificante entre todos ustedes, ése es el más importante.

## El que no está contra nosotros, está a nuestro favor

*(Mr 9.38-40)*

⁴⁹Juan le dijo:

—Maestro, hemos visto a uno que expulsaba demonios en tu nombre; y se lo hemos prohibido, porque no es de los nuestros.

⁵⁰Jesús le contestó:

—No se lo prohíban, porque el que no está contra nosotros, está a nuestro favor.

## Jesús reprende a Santiago y a Juan

⁵¹Cuando ya se acercaba el tiempo en que Jesús había de subir al cielo, emprendió con valor su viaje a Jerusalén. ⁵²Envió por delante mensajeros, que fueron a una aldea de Samaria para conseguirle alojamiento; ⁵³pero los samaritanos no quisieron recibirlo, porque se daban cuenta de que se dirigía a Jerusalén. ⁵⁴Cuando sus discípulos Santiago y Juan vieron esto, le dijeron:

—Señor, ¿quieres que ordenemos que baje fuego del cielo,¹³ y que acabe con ellos?ˣ

⁵⁵Pero Jesús se volvió y los reprendió.¹⁴ ⁵⁶Luego se fueron a otra aldea.

## Los que querían seguir a Jesús

*(Mt 8.19-22)*

⁵⁷Mientras iban de camino, un hombre le dijo a Jesús:

—Señor, deseo seguirte a dondequiera que vayas. ⁵⁸Jesús le contestó:

—Las zorras tienen cuevas y las aves tienen nidos; pero el Hijo del hombre no tiene donde recostar la cabeza.

⁵⁹Jesús le dijo a otro:

—Sígueme.

Pero él respondió:

—Señor, déjame ir primero a enterrar a mi padre.

⁶⁰Jesús le contestó:

—Deja que los muertos entierren a sus muertos; tú ve y anuncia el reino de Dios.

⁶¹Otro le dijo:

—Señor, quiero seguirte, pero primero déjame ir a despedirme de los de mi casa.ʸ

⁶²Jesús le contestó:

—El que pone la mano en el arado y sigue mirando atrás, no sirve para el reino de Dios.

## Jesús envía a los setenta y dos

**10** ¹Después de esto, el Señor escogió también a otros setenta y dos,¹⁵ y los mandó de dos en dos delante de él, a todos los pueblos y lugares a donde tenía que ir.

²Les dijo: "Ciertamente la cosecha es mucha, pero los trabajadores son pocos. Por eso, pidan ustedes al Dueño de la cosecha que mande trabajadores a recogerla.ᶻ ³Vayan ustedes; miren que los envío como corderos en medio de lobos.ᵃ ⁴No lleven bolsa ni monedero ni sandalias; y no se detengan a saludar a nadie en el camino.ᵇ ⁵Cuando entren en una casa, saluden primero, diciendo: 'Paz a esta casa.' ⁶Y si allí hay gente de paz, su deseo de paz se cumplirá; pero si no, no se cumplirá. ⁷Quédense en la misma casa, y coman y beban de lo que ellos tengan, pues el trabajador tiene derecho a su paga.ᶜ No anden de casa en casa. ⁸Al llegar a un pueblo donde los reciban, coman lo que les sirvan; ⁹sanen a los enfermos que haya allí, y díganles: 'El reino de Dios ya está cerca de ustedes.' ¹⁰Pero si llegan a un pueblo y no los reciben, salgan a las calles diciendo: ¹¹'¡Hasta el polvo de su pueblo, que se ha pegado a nuestros pies, lo sacudimos como protesta contra ustedes!ᵈ Pero sepan esto, que el reino de Dios ya está cerca de ustedes.' ¹²Les digo que en aquel día el castigo para ese pueblo será peor que para la gente de Sodoma.ᵉ

---

¹³ Algunos mss. añaden: *como hizo Elías.* ¹⁴ Algunos mss. añaden: *Y les dijo: «Ustedes no saben a qué espíritu pertenecen. ⁵⁶Pues el Hijo del hombre no ha venido a destruir la vida de los hombres, sino a salvarla.»* ¹⁵ Algunos mss. dicen: *setenta.*

ᵛ **9.46** Lc 22.24.   ʷ **9.48** Mt 10.40; Lc 10.16; Jn 13.20.   ˣ **9.54** 2 R 1.9-16.   ʸ **9.61** R 19.20.   ᶻ **10.2** Mt 9.37-38.
ᵃ **10.3** Mt 10.16.   ᵇ **10.4-11** Mt 10.7-14; Mr 6.8-11; Lc 9.3-5.   ᶜ **10.7** 1 Co 9.14; 1 Ti 5.18.   ᵈ **10.10-11** Hch 13.51.
ᵉ **10.12** Gn 19.24-28; Mt 10.15; 11.24.

## Los pueblos desobedientes
### (Mt 11.20-24)

¹³"¡Ay de ti, Corazín! ¡Ay de ti, Betsaida! Porque si en Tiro y Sidónʳ se hubieran hecho los milagros que se han hecho entre ustedes, ya hace tiempo que se habrían vuelto a Dios, y lo habrían demostrado poniéndose ropas ásperas y sentándose en ceniza. ¹⁴Pero en el día del juicio el castigo para ustedes será peor que para la gente de Tiro y Sidón. ¹⁵Y tú, pueblo de Capernaum, ¿crees que serás levantado hasta el cielo? ¡Hasta lo más hondo del abismo serás arrojado!ᵍ

¹⁶"El que los escucha a ustedes, me escucha a mí;ʰ y el que los rechaza a ustedes, me rechaza a mí; y el que me rechaza a mí, rechaza al que me envió."

## Regreso de los setenta y dos

¹⁷Los setenta y dos regresaron muy contentos, diciendo:

—¡Señor, hasta los demonios nos obedecen en tu nombre!

¹⁸Jesús les dijo:

—Sí, pues yo vi que Satanás caía del cielo como un rayo. ¹⁹Yo les he dado poder a ustedes para caminar sobre serpientes y alacranes,ⁱ y para vencer toda la fuerza del enemigo, sin sufrir ningún daño. ²⁰Pero no se alegren de que los espíritus los obedezcan, sino de que sus nombres ya están escritos en el cielo.

## Jesús se alegra
### (Mt 11.25-27; 13.16-17)

²¹En aquel momento, Jesús, lleno de alegría por el Espíritu Santo, dijo: "Te alabo, Padre, Señor del cielo y de la tierra, porque has mostrado a los sencillos las cosas que escondiste de los sabios y entendidos. Sí, Padre, porque así lo has querido.

²²"Mi Padre me ha entregado todas las cosas.ʲ Nadie sabe quién es el Hijo, sino el Padre; y nadie sabe quién es el Padre, sino el Hijo y aquellos a quienes el Hijo quiera darlo a conocer."ᵏ

²³Volviéndose a los discípulos, les dijo a ellos solos: "Dichosos quienes vean lo que ustedes están viendo; ²⁴porque les digo que muchos profetas y reyes quisieron ver esto que ustedes ven, y no lo vieron; quisieron oír esto que ustedes oyen, y no lo oyeron."

## Parábola del buen samaritano

²⁵Un maestro de la ley fue a hablar con Jesús,ˡ y para ponerlo a prueba le preguntó:

—Maestro, ¿qué debo hacer para alcanzar la vida eterna?

²⁶Jesús le contestó:

—¿Qué está escrito en la ley? ¿Qué es lo que lees?

²⁷El maestro de la ley contestó:

—'Ama al Señor tu Dios con todo tu corazón, con toda tu alma, con todas tus fuerzas y con toda tu mente';ᵐ y ama a tu prójimo como a ti mismo'.ⁿ

²⁸Jesús le dijo:

—Has contestado bien. Si haces eso, tendrás la vida.ñ

²⁹Pero el maestro de la ley, queriendo justificar su pregunta, dijo a Jesús:

—¿Y quién es mi prójimo?

³⁰Jesús entonces le contestó:

—Un hombre iba por el camino de Jerusalén a Jericó, y unos bandidos lo asaltaron y le quitaron hasta la ropa; lo golpearon y se fueron, dejándolo medio muerto. ³¹Por casualidad, un sacerdote pasaba por el mismo camino; pero al verle, dio un rodeo y siguió adelante. ³²También un Levita llegó a aquel lugar, y cuando le vio, dio un rodeo y siguió adelante. ³³Pero un hombre de Samaria que viajaba por el mismo camino, al verle, sintió compasión. ³⁴Se acercó a él, le curó las heridas con aceite y vino, y le puso vendas. Luego lo subió en su propia cabalgadura, lo llevó a un alojamiento y lo cuidó. ³⁵Al día siguiente, el samaritano sacó dos monedas, se las dio al dueño del alojamiento y le dijo: 'Cuide a este hombre, y si gasta usted algo más, yo se lo pagaré cuando vuelva.' ³⁶Pues bien, ¿cuál de esos tres te parece que fue el prójimo del hombre asaltado por los bandidos?

³⁷El maestro de la ley contestó:

—El que tuvo compasión de él.

Jesús le dijo:

—Pues ve y haz tú lo mismo.

## Jesús en casa de Marta y María

³⁸Jesús siguió su camino y llegó a una aldea, donde una mujer llamada Marta lo recibió en su casa. ³⁹Marta tenía una hermana llamada María,º la cual se sentó a los pies de Jesús para escuchar lo que él decía. ⁴⁰Pero Marta, que estaba atareada

ᶠ **10.13** Is 23.1-18; Ez 26.1-28.26; Jl 3.4-8; Am 1.9-10; Zac 9.2-4.    ᵍ **10.15** Is 14.13-15.    ʰ **10.16** Mt 10.40; Mr 9.37; Lc 9.48; Jn 13.20.    ⁱ **10.19** Sal 91.13.    ʲ **10.22** Jn 3.35.    ᵏ **10.22** Jn 10.15.    ˡ **10.25-28** Mt 22.35-40; Mr 12.28-34.    ᵐ **10.27** Dt 6.5. ⁿ **10.27** Lv 19.18.    ñ **10.28** Lv 18.5.    º **10.38-39** Jn 11.1.

con sus muchos quehaceres, se acercó a Jesús y le dijo:

—Señor, ¿no te preocupa nada que mi hermana me deje sola con todo el trabajo? Dile que me ayude.

[41]Pero Jesús le contestó:

—Marta, Marta, estás preocupada y afligida por muchas cosas, [42]pero sólo una cosa es necesaria. María ha escogido la mejor parte, y nadie se la va a quitar.

### Jesús y la oración
#### (Mt 6.9-15; 7.7-11)

11 [1]Una vez, Jesús estaba orando en un lugar; cuando terminó, uno de sus discípulos le dijo:

—Señor, enséñanos a orar, lo mismo que Juan enseñó a sus discípulos.

[2]Jesús les dijo:

—Cuando oren, digan:

'Padre,[16] santificado sea tu nombre.
Venga tu reino.[17]
[3]Danos cada día el pan que
   necesitamos.[p]
[4]Perdónanos nuestros pecados,
porque también nosotros
   perdonamos
a todos los que nos han hecho mal.
No nos expongas a la tentación.'[18]

[5]También les dijo Jesús:

—Supongamos que uno de ustedes tiene un amigo, y que a medianoche va a su casa y le dice: 'Amigo, préstame tres panes, [6]porque un amigo mío acaba de llegar de viaje a mi casa, y no tengo nada que darle.' [7]Sin duda el otro no le contestará desde adentro: 'No me molestes; la puerta está cerrada, y mis hijos y yo estamos en la cama; no puedo levantarme a darte nada.' [8]Les digo que, aunque no se levante a darle algo por ser su amigo, lo hará por su impertinencia, y le dará todo lo que necesita. [9]Así que yo les digo: Pidan, y Dios les dará; busquen, y encontrarán; llamen a la puerta, y se les abrirá. [10]Porque el que pide, recibe; y el que busca, encuentra; y al que llama a la puerta, se le abre. [11]"¿Acaso alguno de ustedes, que sea padre, sería capaz de darle a su hijo[19] una culebra cuando le pide pescado, [12]o de darle un alacrán cuando le pide un huevo? [13]Pues si ustedes, que son malos, saben dar cosas buenas a sus hijos, ¡cuánto más

el Padre que está en el cielo dará el Espíritu Santo a quienes se lo pidan![q]

### Acusan a Jesús de recibir su poder del demonio
#### (Mt 12.22-30; Mr 3.20-27)

[14]Jesús estaba expulsando un demonio que había dejado mudo a un hombre; y cuando el demonio salió, el mudo comenzó a hablar. La gente se admiró de esto, [15]pero algunos dijeron: "Beelzebú, el jefe de los demonios, es quien ha dado a este hombre el poder de expulsarlos."[r]

[16]Otros, para tenderle una trampa, le pidieron una señal milagrosa del cielo.[s] [17]Pero él, que sabía lo que estaban pensando, les dijo:

"Todo país dividido en bandos enemigos, se destruye a sí mismo y todas sus casas se derrumban una sobre otra. [18]Así también, si Satanás se divide contra sí mismo, ¿cómo mantendrá su poder? Esto lo digo porque ustedes afirman que yo expulso los demonios por el poder de Beelzebú; [19]pero si es así, ¿quién da a los seguidores de ustedes el poder para expulsarlos? Por eso, ellos mismos demuestran que ustedes están equivocados. [20]Porque si yo expulso los demonios precisamente por el poder de Dios, eso significa que el reino de Dios ya ha llegado a ustedes.

[21]"Cuando un hombre fuerte está bien armado y cuida su casa, lo que en ella guarda está seguro. [22]Pero si otro más fuerte que él viene y lo vence, le quita las armas en que confía, y sus pertenencias, y dispone de ellas.

[23]"El que no está a mi favor, está en contra mía,[t] y el que conmigo no recoge, desparrama.

### El espíritu impuro que regresa
#### (Mt 12.43-45)

[24]"Cuando un espíritu impuro sale de un hombre, anda por lugares secos buscando descanso; pero, al no encontrarlo, piensa: 'Volveré a mi casa, de donde salí.' [25]Cuando regresa, encuentra a ese hombre como una casa barrida y arreglada. [26]Entonces va y reúne otros siete espíritus peores que él, y todos juntos se meten a vivir en aquel hombre, que al final queda peor que al principio."

---

[16] Algunos mss. añaden: *nuestro, que estás en el cielo.*    [17] Algunos mss. añaden: *Hágase tu voluntad en la tierra, así como se hace en el cielo.*    [18] Algunos mss. añaden: *sino líbranos del maligno.*    [19] Algunos mss. añaden: *una piedra cuando le pide pan, o de darle.*

[p] **11.3** Pr 30.8-9.   [q] **11.9-13** Jn 14.13-14; 15.7,16; 16.23-24; 1 Jn 3.21-22; 5.14-15.   [r] **11.15** Mt 9.34; 10.25.   [s] **11.16** Mt 12.38; 16.1; Mr 8.11.   [t] **11.23** Mt 9.40.

### La felicidad verdadera

27Mientras Jesús decía estas cosas, una mujer entre la gente gritó:

—¡Dichosa la mujer que te dio a luz y te crió!

28El contestó:

—¡Dichosos más bien quienes escuchan lo que Dios dice, y le obedecen!

### La gente mala pide una señal milagrosa

*(Mt 12.38-42; Mr 8.12)*

29La multitud seguía juntándose alrededor de Jesús, y él comenzó a decirles: "La gente de este tiempo es malvada; pide una señal milagrosa,u pero no va a dársele más señal que la de Jonás. 30Pues así como Jonás fue una señal para la gente de Nínive,v también el Hijo del hombre será una señal para la gente de este tiempo. 31En el día del juicio, cuando se juzgue a la gente de este tiempo, la reina del Sur se levantará y la condenará; porque ella vino de lo más lejano de la tierra para escuchar la sabiduría de Salomón,w y lo que hay aquí es mayor que Salomón. 32También los de Nínive se levantarán en el día del juicio, cuando se juzgue a la gente de este tiempo, y la condenarán; porque los de Nínive se volvieron a Dios cuando oyeron el mensaje de Jonás,x y lo que hay aquí es mayor que Jonás.

### La lámpara del cuerpo

*(Mt 5.15; 6.22-23)*

33"Nadie enciende una lámpara y la pone en un lugar escondido, ni bajo un cajón, sino en alto,y para que los que entran tengan luz. 34Tus ojos son como una lámpara para el cuerpo; si tus ojos son buenos, todo tu cuerpo tendrá luz; pero si son malos, tu cuerpo estará en la oscuridad. 35Ten cuidado de que la luz que hay en ti no resulte oscuridad. 36Pues si todo tu cuerpo tiene luz y no hay en él ninguna oscuridad, lo verás todo claramente, como cuando una lámpara te alumbra con su luz."

### Jesús acusa a los fariseos y a los maestros de la ley

*(Mt 23.1-36; Mr 12.38-40; Lc 20.45-47)*

37Cuando Jesús dejó de hablar, un fariseo lo invitó a comer en su casa, y Jesús entró y se sentó a la mesa. 38El fariseo se extrañó al ver que no había cumplido con la ceremonia de lavarse antes de comer. 39Pero el Señor le dijo:

—Ustedes los fariseos limpian por fuera el vaso y el plato, pero por dentro están llenos de lo que han conseguido por medio del robo y la maldad. 40¡Necios! ¿No saben que el que hizo lo de fuera, hizo también lo de dentro? 41Den ustedes sus limosnas de lo que está dentro, y así todo quedará limpio.

42"¡Ay de ustedes, fariseos!, que separan para Dios la décima parte de la menta, de la ruda y de toda clase de legumbres,z pero no hacen caso de la justicia y el amor a Dios. Esto es lo que deben hacer, sin dejar de hacer lo otro.

43"¡Ay de ustedes, fariseos!, que quieren tener los asientos de honor en las sinagogas, y que desean que la gente los salude con todo respeto en las calles.

44"¡Ay de ustedes, que son como sepulcros ocultos a la vista, los cuales la gente pisa sin saberlo!

45Le contestó entonces uno de los maestros de la ley:

—Maestro, al decir esto nos ofendes también a nosotros.

46Pero Jesús dijo:

—¡Ay de ustedes también, maestros de la ley!, que cargan sobre los demás cargas que nadie puede soportar, y ustedes ni siquiera con un dedo quieren tocarlas.

47"¡Ay de ustedes!, que construyen los sepulcros de los profetas a quienes los antepasados de ustedes mataron. 48Con eso dan a entender que están de acuerdo con lo que sus antepasados hicieron, pues ellos los mataron y ustedes construyen sus sepulcros.

49"Por eso, Dios en su sabiduría dijo: 'Les mandaré profetas y apóstoles, y matarán a algunos de ellos y perseguirán a otros.' 50Pues a la gente de hoy Dios le va a pedir cuentas de la sangre de todos los profetas que fueron asesinados desde que se hizo el mundo, 51desde la sangre de Abela hasta la de Zacarías,b a quien mataron entre el altar y el santuario. Por lo tanto, les digo que Dios pedirá cuentas de la muerte de ellos a la gente de hoy.

52"¡Ay de ustedes, maestros de la ley!, que se han apoderado de la llave de la puerta del conocimiento; pero ni ustedes mismos entran ni dejan entrar a los que quieren hacerlo.

---

u 11.29 Mt 16.4; Mr 8.12. v 11.30 Jon 3.4. w 11.31 1 R 10.1-10; 2 Cr 9.1-12. x 11.32 Jon 3.5. y 11.33 Mt 5.15; Mr 4.21; Lc 8.16. z 11.42 Lv 27.30. a 11.51 Gn 4.8. b 11.51 2 Cr 24.20-21.

⁵³Cuando Jesús les dijo estas cosas, los maestros de la ley y los fariseos se enojaron mucho, y comenzaron a molestarlo con muchas preguntas, ⁵⁴tendiéndole trampas para intentar acusarlo de algo que él dijera.

### Jesús enseña contra la hipocresía
*(Mt 10.26-27)*

12 ¹Entre tanto se juntaron miles y miles de personas, tantas que unas a otras se atropellaban. Jesús comenzó a hablar, dirigiéndose primero a sus discípulos: "Cuídense de la levadura de los fariseos,ᶜ es decir, de su hipocresía. ²Porque no hay ningún secreto que no llegue a descubrirse, ni nada escondido que no llegue a saberse.ᵈ ³Por tanto, todo lo que ustedes han dicho en la oscuridad, se oirá a la luz del día; y lo que han dicho en secreto y a puerta cerrada, será gritado desde las azoteas de las casas.

### A quién se debe tener miedo
*(Mt 10.26-31)*

⁴"A ustedes, amigos míos, les digo que no deben tener miedo de los que pueden darles muerte, pero después no pueden hacer más. ⁵Yo les voy a decir a quién deben tenerle miedo: ténganle miedo al que, después de quitar la vida, tiene autoridad para echar en el infierno. Sí, ténganle miedo a él.

⁶¿No se venden cinco pajarillos por dos moneditas? Sin embargo, Dios no se olvida de ninguno de ellos. ⁷En cuanto a ustedes mismos, hasta los cabellos de la cabeza los tienen contados uno por uno. Así que no tengan miedo: ustedes valen más que muchos pajarillos.

### Los que reconocen a Jesucristo delante de los hombres
*(Mt 10.32-33; 12.32; 10.19-20)*

⁸"Les digo que si alguien se declara a mi favor delante de los hombres, también el Hijo del hombre se declarará a favor de él delante de los ángeles de Dios; ⁹pero el que me niegue delante de los hombres, será negado delante de los ángeles de Dios.

¹⁰"Dios perdonará incluso a aquel que diga algo contra el Hijo del hombre; pero no perdonará a aquel que con sus palabras ofenda al Espíritu Santo.ᵉ

¹¹"Cuando los lleven a ustedes a las sinagogas, o ante los jueces y las autoridades, no se preocupen por cómo van a defenderse o qué van a decir, ¹²porque cuando les llegue el momento de hablar, el Espíritu Santo les enseñará lo que deben decir."ᶠ

### El peligro de las riquezas

¹³Uno de entre la gente le dijo a Jesús:
—Maestro, dile a mi hermano que me dé mi parte de la herencia.

¹⁴Y Jesús le contestó:
—Amigo, ¿quién me ha puesto sobre ustedes como juez o partidor?

¹⁵También dijo:
—Cuídense ustedes de toda avaricia; porque la vida no depende del poseer muchas cosas.

¹⁶Entonces les contó esta parábola: "Había un hombre rico, cuyas tierras dieron una gran cosecha. ¹⁷El rico se puso a pensar: '¿Qué haré? No tengo dónde guardar mi cosecha.' ¹⁸Y se dijo: 'Ya sé lo que voy a hacer. Derribaré mis graneros y levantaré otros más grandes, para guardar en ellos toda mi cosecha y todo lo que tengo. ¹⁹Luego me diré: Amigo, tienes muchas cosas guardadas para muchos años; descansa, come, bebe, alégrate.'* ²⁰Pero Dios le dijo: 'Necio, esta misma noche vas a morir, y lo que tienes guardado, ¿para quién será?' ²¹Así le pasa al hombre que amontona riquezas para sí mismo, pero es pobre delante de Dios."

### Dios cuida de sus hijos
*(Mt 6.25-34)*

²²Después dijo Jesús a sus discípulos: "Esto les digo: No se preocupen por lo que han de comer para vivir, ni por la ropa que han de ponerse. ²³La vida vale más que la comida, y el cuerpo más que la ropa. ²⁴Fíjense en los cuervos: ni siembran ni cosechan, ni tienen granero ni troje; sin embargo, Dios les da de comer. ¡Cuánto más valen ustedes que las aves! ²⁵Y en todo caso, por mucho que uno se preocupe, ¿cómo podrá prolongar su vida ni siquiera una hora?²⁰ ²⁶Pues si no pueden hacer ni aun lo más pequeño, ¿por qué se preocupan por las demás cosas? ²⁷Fíjense cómo crecen las flores: no trabajan ni hilan. Sin embargo, les digo que ni siquiera el rey Salomón, con todo su lujo,ᵍ se vestía como una de ellas.

---

²⁰ *Cómo podrá prolongar . . . una hora?:* otra posible traducción: *¿Cómo podrá aumentar medio metro su estatura?*
ᶜ 12.1 Mt 16.6; Mr 8.15.   ᵈ 12.2 Mr 4.22; Lc 8.17.   ᵉ 12.10 Mt 12.32; Mr 3.29.   ᶠ 12.11-12 Mt 10.19-20; Mr 13.11; Lc 21.14-15.
* 12.19 Eclo 11.19.   ᵍ 12.27 1 R 10.4-7; 2 Cr 9.3-6.

²⁸Pues si Dios viste así a la hierba, que hoy está en el campo y mañana se quema en el horno, ¡cuánto más habrá de vestirlos a ustedes, gente falta de fe! ²⁹Por tanto, no anden afligidos, buscando qué comer y qué beber. ³⁰Porque todas estas cosas son las que preocupan a la gente del mundo, pero ustedes tienen un Padre que ya sabe que las necesitan. ³¹Ustedes pongan su atención en el reino de Dios, y recibirán también estas cosas.

### Riqueza en el cielo
#### (Mt 6.19-21)

³²"No tengan miedo, ovejas mías; ustedes son pocos, pero el Padre, en su bondad, ha decidido darles el reino. ³³Vendan lo que tienen, y den a los necesitados; procúrense bolsas que no se hagan viejas, riqueza sin fin en el cielo, donde el ladrón no puede entrar ni la polilla destruir. ³⁴Pues donde esté la riqueza de ustedes, allí estará también su corazón.

### Hay que estar preparados

³⁵"Estén preparados, vestidos y con sus lámparas encendidas.ʰ ³⁶Sean como criados que están esperando a que su amo regrese de una boda, para abrirle la puerta tan pronto como llegue y toque.ⁱ ³⁷Dichosos los criados a quienes su amo, al llegar, encuentre despiertos. Les aseguro que el amo mismo los hará sentarse a la mesa y se dispondrá a servirles la comida. ³⁸Dichosos ellos, si los encuentra despiertos aunque llegue a la medianoche o de madrugada. ³⁹Y sepan ustedes esto: que si el dueño de una casa supiera a qué hora va a llegar el ladrón, no dejaría que le abrieran su casa para robarle. ⁴⁰Ustedes también estén preparados; porque el Hijo del hombre vendrá cuando menos lo esperen."ʲ

### El criado fiel y el criado infiel
#### (Mt 24.45-51)

⁴¹Pedro le preguntó:
—Señor, ¿contaste esta parábola solamente para nosotros, o para todos?
⁴²Dijo el Señor: "¿Quién es el mayordomo fiel y atento, a quien su amo deja encargado de los de su casa, para darles de comer a su debido tiempo? ⁴³Dichoso el criado a quien su amo, cuando llega, lo encuentra cumpliendo con su deber. ⁴⁴De veras les digo que el amo lo pondrá como

encargado de todos sus bienes. ⁴⁵Pero si ese criado, pensando que su amo va a tardar en llegar, comienza a maltratar a los otros criados y a las criadas, y se pone a comer, a beber y a emborracharse, ⁴⁶el día que menos lo espere y a una hora que no sabe, llegará su amo y lo castigará,²¹ condenándolo a correr la misma suerte que los infieles.

⁴⁷"El criado que sabe lo que quiere su amo, pero no está preparado ni le obedece, será castigado con muchos golpes. ⁴⁸Pero el criado que sin saberlo hace cosas que merecen castigo, será castigado con menos golpes. A quien mucho se le da, también se le pedirá mucho; a quien mucho se le confía, se le exigirá mucho más.

### Jesús es causa de división
#### (Mt 10.34-36)

⁴⁹"Yo he venido a prender fuego en el mundo; y ¡cómo quisiera que ya estuviera ardiendo! ⁵⁰Tengo que pasar por una terrible prueba,ᵏ y ¡cómo sufro hasta que se lleve a cabo! ⁵¹¿Creen ustedes que he venido a traer paz a la tierra? Les digo que no, sino división. ⁵²Porque de hoy en adelante, cinco en una familia estarán divididos, tres contra dos y dos contra tres. ⁵³El padre estará contra su hijo y el hijo contra su padre; la madre contra su hija y la hija contra su madre; la suegra contra su nuera y la nuera contra su suegra."ˡ

### Las señales de los tiempos
#### (Mt 16.1-4; Mr 8.11-13)

⁵⁴Jesús también dijo a la gente: "Cuando ustedes ven que las nubes se levantan por occidente, dicen que va a llover, y así sucede. ⁵⁵Y cuando el viento sopla del sur, dicen que va a hacer calor, y lo hace. ⁵⁶¡Hipócritas! Si saben interpretar tan bien el aspecto del cielo y de la tierra, ¿cómo es que no saben interpretar el tiempo en que viven?

### Procura ponerte en paz con tu enemigo
#### (Mt 5.25-26)

⁵⁷"¿Por qué no juzgas por ti mismo lo que es justo? ⁵⁸Si alguien te demanda y vas con él a presentarte a la autoridad, procura llegar a un acuerdo mientras aún estés a tiempo, para que no te lleve ante el juez; porque si no, el juez te entregará a

---

²¹ Lo castigará: lit. lo cortará en dos.
ʰ 12.35 Mt 25.1-13.   ⁱ 12.36 Mr 13.34-36.   ʲ 12.39-40 Mt 24.43-44.   ᵏ 12.50 Mr 10.38.   ˡ 12.53 Mi 7.6.

los guardias, y los guardias te meterán en la cárcel. [59]Te digo que no saldrás de allí hasta que pagues el último centavo.''

## Importancia de la conversión

**13** [1]Por aquel mismo tiempo fueron unos a ver a Jesús, y le contaron que Pilato había matado a unos hombres de Galilea, y que había mezclado su sangre con la de los animales que ellos habían ofrecido en sacrificio.

[2]Jesús les dijo: ''¿Piensan ustedes que esto les pasó a esos hombres de Galilea por ser ellos más pecadores que los otros de su país? [3]Les digo que no; y si ustedes mismos no se vuelven a Dios, también morirán. [4]¿O creen que aquellos dieciocho que murieron cuando la torre de Siloé les cayó encima, eran más culpables que los otros que vivían en Jerusalén? [5]Les digo que no; y si ustedes mismos no se vuelven a Dios, también morirán.''

## La parábola de la higuera sin fruto

[6]Jesús les contó esta parábola: ''Un hombre tenía una higuera plantada en su viñedo, y fue a ver si daba higos, pero no encontró ninguno.[m] [7]Así que le dijo al hombre que cuidaba el viñedo: 'Mira, por tres años seguidos he venido a esta higuera en busca de fruto, pero nunca lo encuentro. Córtala, pues; ¿para qué ha de ocupar terreno inútilmente?' [8]Pero el que cuidaba el terreno le contestó: 'Señor, déjala todavía este año; voy a aflojarle la tierra y a echarle abono. [9]Con eso tal vez dará fruto; y si no, ya la cortarás.' ''

## Jesús sana en el día de reposo a una mujer jorobada

[10]Una vez, en el día de reposo,[22] Jesús se había puesto a enseñar en una sinagoga; [11]y había allí una mujer que estaba enferma desde hacía dieciocho años. Un espíritu maligno la había dejado jorobada, y no podía enderezarse para nada. [12]Cuando Jesús la vio, la llamó y le dijo:

—Mujer, ya estás libre de tu enfermedad.

[13]Entonces puso las manos sobre ella, y al momento la mujer se enderezó y comenzó a alabar a Dios. [14]Pero el jefe de la sinagoga se enojó, porque Jesús la había sanado en el día de reposo,[22] y dijo a la gente:

—Hay seis días para trabajar; vengan en esos días a ser sanados, y no en el día de reposo.[22,n]

[15]El Señor le contestó:

—Hipócritas, ¿no desata cualquiera de ustedes su buey o su burro en día de reposo,[22] para llevarlo a tomar agua? [16]Pues a esta mujer, que es descendiente de Abraham y que Satanás tenía atada con esta enfermedad desde hace dieciocho años, ¿acaso no se la debía desatar en el día de reposo?[22]

[17]Cuando Jesús dijo esto, sus enemigos quedaron avergonzados; pero toda la gente se alegraba al ver las grandes cosas que él hacía.

## La parábola de la semilla de mostaza
### (Mt 13.31-32; Mr 4.30-32)

[18]Jesús dijo también: ''¿A qué se parece el reino de Dios y con qué puedo compararlo? [19]Es como una semilla de mostaza que un hombre siembra en su campo, y que crece hasta llegar a ser como un árbol, tan grande que las aves hacen nidos en sus ramas.''

## La parábola de la levadura
### (Mt 13.33)

[20]También dijo Jesús: ''¿Con qué puedo comparar el reino de Dios? [21]Es como la levadura que una mujer mezcla con tres medidas de harina para hacer fermentar toda la masa.''

## La puerta angosta
### (Mt 7.13-14, 21-23)

[22]En su camino a Jerusalén, Jesús enseñaba en los pueblos y aldeas por donde pasaba. [23]Uno le preguntó:

—Señor, ¿son pocos los que se salvan? Y él contestó:

[24]—Procuren entrar por la puerta angosta; porque les digo que muchos querrán entrar, y no podrán. [25]Después que el dueño de la casa se levante y cierre la puerta, ustedes, los que están afuera, llamarán y dirán: 'Señor, ábrenos.' Pero él les contestará: 'No sé de dónde son ustedes.' [26]Entonces comenzarán ustedes a decir: 'Hemos comido y bebido contigo, y tú enseñaste en nuestras calles.' [27]Pero él les contestará: 'No sé de dónde son ustedes. ¡Apártense de mí, malhechores!'[ñ] [28]Allí llorarán y les rechinarán los dientes,[o] al ver que Abraham, Isaac,

---

[22] *Día de reposo:* aquí equivale a *sábado.*
[m] **13.6-9** Is 5.1-7; Jer 2.21; 8.13. [n] **13.14** Ex 20.9-10; Dt 5.13-14. [ñ] **13.27** Sal 6.8. [o] **13.28** Mt 22.13; 25.30.

Jacob y todos los profetas están en el reino de Dios, y que ustedes son echados fuera. 29 Porque va a venir gente del norte y del sur, del este y del oeste, para sentarse a comer en el reino de Dios.*p* 30 Entonces algunos de los que ahora son los últimos serán los primeros, y algunos que ahora son los primeros serán los útimos.*q*

### Jesús llora por Jerusalén
#### (Mt 23.37-39)

31 También entonces llegaron algunos fariseos, y le dijeron a Jesús:

—Vete de aquí, porque Herodes te quiere matar.

32 El les contestó:

—Vayan y díganle a ese zorro: 'Mira, hoy y mañana expulso a los demonios y sano a los enfermos, y pasado mañana termino.' 33 Pero tengo que seguir mi camino hoy, mañana y el día siguiente, porque no es posible que un profeta muera fuera de Jerusalén.

34 "'¡Jerusalén, Jerusalén, que matas a los profetas y apedreas a los mensajeros que Dios te envía! ¡Cuántas veces quise juntar a tus hijos, como la gallina junta sus pollitos bajo las alas, pero no quisiste! 35 Pues miren, el hogar de ustedes va a quedar abandonado; y les digo que no volverán a verme hasta que llegue el tiempo en que ustedes digan: '¡Bendito el que viene en el nombre del Señor!'*r*

### Jesús sana a un enfermo de hidropesía

**14** 1 Sucedió en un día de reposo,*22* que Jesús fue a comer a casa de un jefe fariseo, y otros fariseos lo estaban espiando. 2 También estaba allí, delante de él, un hombre enfermo de hidropesía. 3 Jesús les preguntó a los maestros de la ley y a los fariseos:

—¿Se permite sanar a un enfermo en el día de reposo,*22* o no?

4 Pero ellos se quedaron callados. Entonces él tomó al enfermo, lo sanó y le dijo que se fuera. 5 Y a los fariseos les dijo:

—¿Quién de ustedes, si su hijo o su buey se cae a un pozo, no lo saca en seguida, aunque sea día de reposo?*22,s*

6 Y no pudieron contestarle nada.

### Los invitados a la fiesta de bodas

7 Al ver Jesús cómo los invitados escogían los asientos de honor en la mesa, les dio este consejo:

8 —Cuando alguien te invite a una fiesta de bodas, no te sientes en el lugar principal, pues puede llegar otro invitado más importante que tú; 9 y el que los invitó a los dos puede venir a decirte: 'Dale tu lugar a este otro.' Entonces tendrás que ir con vergüenza a ocupar el último asiento. 10 Al contrario, cuando te inviten, siéntate en el último lugar, para que cuando venga el que te invitó, te diga: 'Amigo, pásate a un lugar de más honor.' Así recibirás honores delante de los que están sentados contigo a la mesa.*t* 11 Porque el que a sí mismo se engrandece, será humillado; y el que se humilla, será engrandecido.*u*

12 Dijo también al hombre que lo había invitado:

—Cuando des una comida o una cena, no invites a tus amigos, ni a tus hermanos, ni a tus parientes, ni a tus vecinos ricos; porque ellos, a su vez, te invitarán, y así quedarás ya recompensado. 13 Al contrario, cuando tú des una fiesta, invita a los pobres, los inválidos, los cojos y los ciegos; 14 y serás feliz. Pues ellos no te pueden pagar, pero tú tendrás tu recompensa el día en que los justos resuciten.

### La parábola de la gran cena
#### (Mt 22.1-10)

15 Al oír esto, uno de los que estaban sentados a la mesa le dijo a Jesús:

—¡Dichoso el que participe del banquete del reino de Dios!

16 Jesús le dijo:

—Un hombre dio una gran cena, y mandó invitar a muchas personas. 17 A la hora de la cena mandó a su criado a decir a los invitados: 'Vengan, porque ya está todo listo.' 18 Pero todos comenzaron a disculparse. El primero dijo: 'Acabo de comprar un terreno, y tengo que ir a verlo. Te ruego que me disculpes.' 19 Otro dijo: 'He comprado cinco yuntas de bueyes, y voy a probarlas. Te ruego que me disculpes.' 20 Y otro dijo: 'Acabo de casarme, y no puedo ir.' 21 El criado regresó y se lo contó todo a su amo. Entonces el amo se enojó, y le dijo al criado: 'Ve pronto por las calles y los callejones de la ciudad, y trae acá a los pobres, los inválidos,

---

*22 Día de reposo:* aquí equivale a *sábado.*

*p* 13.28-29 Mt 8.11-12. *q* 13.30 Mt 19.30; 20.16; Mr 10.31. *r* 13.35 Sal 118.26. *s* 14.5 Mt 12.11. *t* 14.8-10 Pr 25.6-7. *u* 14.11 Pr 29.23; Mt 23.12; Lc 18.14.

los ciegos y los cojos.' ²²Más tarde, el criado dijo: 'Señor, ya hice lo que usted me mandó, y todavía hay lugar.' ²³Entonces el amo le dijo al criado: 'Ve por los caminos y los cercados, y obliga a otros a entrar, para que se llene mi casa. ²⁴Porque les digo que ninguno de aquellos primeros invitados comerá de mi cena.'

### Lo que cuesta seguir a Cristo
*(Mt 10.37-38)*

²⁵Mucha gente seguía a Jesús; y él se volvió y dijo: ²⁶"Si alguno viene a mí y no me ama más que a su padre, a su madre, a su esposa, a sus hijos, a sus hermanos y a sus hermanas, y aun más que a sí mismo, no puede ser mi discípulo.ᵛ ²⁷Y el que no toma su propia cruz y me sigue, no puede ser mi discípulo.ʷ ²⁸Si alguno de ustedes quiere construir una torre, ¿acaso no se sienta primero a calcular los gastos, para ver si tiene con qué terminarla? ²⁹De otra manera, si pone los cimientos y después no puede terminarla, todos los que lo vean comenzarán a burlarse de él, ³⁰diciendo: 'Este hombre empezó a construir, pero no pudo terminar.' ³¹O si algún rey tiene que ir a la guerra contra otro rey, ¿acaso no se sienta primero a calcular si con diez mil soldados puede hacer frente a quien va a atacarlo con veinte mil? ³²Y si no puede hacerle frente, cuando el otro rey esté todavía lejos, le mandará mensajeros a pedir la paz. ³³Así pues, cualquiera de ustedes que no deje todo lo que tiene, no puede ser mi discípulo.

### Cuando la sal deja de estar salada
*(Mt 5.13; Mr. 9.50)*

³⁴"La sal es buena; pero si deja de estar salada, ¿cómo volverá a ser útil? ³⁵No sirve ni para la tierra ni para el montón de abono. Simplemente, se la tira. Los que tienen oídos, oigan."

### La parábola del pastor que encuentra su oveja
*(Mt 18.10-14)*

**15** ¹Todos los que cobraban impuestos para Roma y otra gente de mala fama se acercaban a Jesús, para oírlo. ²Los fariseos y los maestros de la ley lo criticaban por esto, diciendo:

—Este recibe a los pecadores y come con ellos.ˣ

³Entonces Jesús les contó esta parábola: ⁴"¿Quién de ustedes, si tiene cien ovejas y pierde una de ellas, no deja las otras noventa y nueve en el campo y va en busca de la oveja perdida, hasta encontrarla? ⁵Y cuando la encuentra, contento la pone sobre sus hombros,ʸ ⁶y al llegar a casa junta a sus amigos y vecinos, y les dice: 'Felicítenme, porque ya encontré la oveja que se me había perdido.' ⁷Les digo que así también hay más alegría en el cielo por un pecador que se convierte que por noventa y nueve personas buenas que no necesitan convertirse.

### La parábola de la mujer que encuentra su moneda

⁸"O bien, ¿qué mujer que tiene diez monedas y pierde una de ellas, no enciende una lámpara y barre la casa buscando con cuidado hasta encontrarla? ⁹Y cuando la encuentra, reúne a sus amigas y vecinas, y les dice: 'Felicítenme, porque ya encontré la moneda que había perdido.' ¹⁰Les digo que así también hay alegría entre los ángeles de Dios por un pecador que se convierte."

### La parábola del padre que perdona a su hijo

¹¹Jesús contó esto también: "Un hombre tenía dos hijos, ¹²y el más joven le dijo a su padre: 'Padre, dame la parte de la herencia que me toca.' Entonces el padre repartió los bienes entre ellos. ¹³Pocos días después el hijo menor vendió su parte de la propiedad, y con ese dinero se fue lejos, a otro país, donde todo lo derrochó llevando una vida desenfrenada. ¹⁴Pero cuando ya se lo había gastado todo, hubo una gran escasez de comida en aquel país, y él comenzó a pasar hambre. ¹⁵Fue a pedir trabajo a un hombre del lugar, que lo mandó a sus campos a cuidar cerdos. ¹⁶Y tenía ganas de llenarse el estómago con las algarrobas que comían los cerdos, pero nadie se las daba. ¹⁷Al fin se puso a pensar: '¡Cuántos trabajadores en la casa de mi padre tienen comida de sobra, mientras yo aquí me muero de hambre! ¹⁸Regresaré a casa de mi padre, y le diré: Padre mío, he pecado contra Dios y contra ti; ¹⁹ya no merezco llamarme tu hijo; trátame como a uno de tus trabajadores.'

ᵛ **14.26** Mt 10.37.   ʷ **14.27** Mt 10.38; 16.24; Mr 8.34; Lc 9.23; Jn 12.24.   ˣ **15.1-2** Lc 5.29-30.   ʸ **15.4-5** Is 40.11; Ez 34.11-12; Jn 10.1-16; He 13.20.

²⁰Así que se puso en camino y regresó a la casa de su padre.

"Cuando todavía estaba lejos, su padre lo vio y sintió compasión de él. Corrió a su encuentro, y lo recibió con abrazos y besos. ²¹El hijo le dijo: 'Padre mío, he pecado contra Dios y contra ti; ya no merezco llamarme tu hijo.' ²²Pero el padre ordenó a sus criados: 'Saquen pronto la mejor ropa y vístanlo; pónganle también un anillo en el dedo y sandalias en los pies. ²³Traigan el becerro más gordo y mátenlo. ¡Vamos a comer y a hacer fiesta! ²⁴Porque este hijo mío estaba muerto y ha vuelto a vivir; se había perdido y lo hemos encontrado.' Y comenzaron a hacer fiesta.

²⁵"Entre tanto, el hijo mayor estaba en el campo. Cuando regresó y llegó cerca de la casa, oyó la música y el baile. ²⁶Entonces llamó a uno de los criados y le preguntó qué pasaba. ²⁷El criado le dijo: 'Es que su hermano ha vuelto; y su padre ha mandado matar el becerro más gordo, porque llegó bueno y sano.' ²⁸Pero tanto se enojó el hermano mayor, que no quería entrar, así que su padre salió a rogarle que lo hiciera. ²⁹Le dijo a su padre: 'Tú sabes cuántos años te he servido, sin desobedecerte nunca, y jamás me has dado ni siquiera un cabrito para hacer fiesta con mis amigos. ³⁰En cambio, ahora llega este hijo tuyo, que ha malgastado tu dinero con prostitutas, y matas para él el becerro más gordo.' ³¹El padre le contestó: 'Hijo mío, tú siempre estás conmigo, y todo lo que tengo es tuyo. ³²Pero ahora es muy justo hacer fiesta y alegrarnos, porque tu hermano, que estaba muerto, ha vuelto a vivir; se había perdido y lo hemos encontrado.' "

### La parábola del mayordomo que abusó de la confianza

**16** ¹Jesús contó también esto a sus discípulos: "Había un hombre rico que tenía un mayordomo; y fueron a decirle que éste le estaba malgastando sus bienes. ²El amo lo llamó y le dijo: '¿Qué es esto que me dicen de ti? Dame cuenta de tu trabajo, porque ya no puedes seguir siendo mi mayordomo.' ³El mayordomo se puso a pensar: '¿Qué voy a hacer ahora que mi amo me deja sin trabajo? No tengo fuerzas para trabajar la tierra, y me da vergüenza pedir limosna. ⁴Ya sé lo que voy a hacer, para tener quienes me reciban en sus casas cuando me quede sin trabajo.' ⁵Llamó entonces uno por uno a los que le debían algo a su amo. Al primero le preguntó: '¿Cuánto le debes a mi amo?' ⁶Le contestó: 'Le debo cien barriles de aceite.' El mayordomo le dijo: 'Aquí está tu vale; siéntate en seguida y haz otro por cincuenta solamente.' ⁷Después preguntó a otro: 'Y tú, ¿cuánto le debes?' Este le contestó: 'Cien medidas de trigo.' Le dijo: 'Aquí está tu vale; haz otro por ochenta solamente.' ⁸El amo reconoció que el mal mayordomo había sido listo en su manera de hacer las cosas. Y es que cuando se trata de sus propios negocios, los que pertenecen al mundo son más listos que los que pertenecen a la luz.

⁹"Les aconsejo que usen las riquezas de este mundo pecador para ganarse amigos, para que cuando las riquezas se acaben, haya quien los reciba a ustedes en las viviendas eternas.

¹⁰"El que se porta honradamente en lo poco, también se porta honradamente en lo mucho; y el que no tiene honradez en lo poco, tampoco la tiene en lo mucho.ᶻ ¹¹De manera que, si con las riquezas de este mundo pecador ustedes no se portan honradamente, ¿quién les confiará las verdaderas riquezas? ¹²Y si no se portan honradamente con lo ajeno, ¿quién les dará lo que les pertenece?

¹³"Ningún sirviente puede servir a dos amos; porque odiará a uno y querrá al otro, o será fiel a uno y despreciará al otro. No se puede servir a Dios y a las riquezas."ᵃ

¹⁴Los fariseos, que eran amigos del dinero, oyeron todo esto y se burlaron de Jesús. ¹⁵Jesús les dijo: "Ustedes son los que se hacen pasar por buenos delante de la gente, pero Dios conoce sus corazones; pues lo que los hombres tienen por más elevado, Dios lo aborrece.

### La ley y el reino de Dios

¹⁶"La ley y los profetas llegan hasta Juan. Desde entonces se anuncian las buenas noticias del reino de Dios, y a todos se les hace fuerza para que entren.ᵇ ¹⁷"Es más fácil que el cielo y la tierra dejen de existir, que deje de cumplirse una sola letra de la ley.ᶜ

ᶻ **16.10** Mt 25.21; Lc 19.17.   ᵃ **16.13** Mt 6.24.   ᵇ **16.16** Mt 11.12-13.   ᶜ **16.17** Mt 5.18.

## Jesús enseña sobre el divorcio
### (Mt 19.1-12; Mr 10.1-12)

[18]"Si un hombre se divorcia de su esposa y se casa con otra, comete adulterio; y el que se casa con una divorciada, también comete adulterio.[d]

## El rico y Lázaro

[19]"Había un hombre rico, que se vestía con ropa fina y elegante y que todos los días hacía fiestas con mucho lujo. [20]Había también un pobre llamado Lázaro, que estaba lleno de llagas y se sentaba en el suelo a la puerta del rico. [21]Este pobre quería llenarse con lo que caía de la mesa del rico; y hasta los perros se acercaban a lamerle las llagas. [22]Un día el pobre murió, y los ángeles lo llevaron a estar con Abraham en el paraíso. El rico también murió, y fue enterrado.

[23]"Y mientras el rico sufría en el lugar adonde van los muertos, levantó los ojos y vio de lejos a Abraham, y a Lázaro con él. [24]Entonces gritó: "'¡Padre Abraham, ten lástima de mí! Manda a Lázaro que moje la punta de su dedo en agua y venga a refrescar mi lengua, porque estoy sufriendo mucho en este fuego.' [25]Pero Abraham le contestó: 'Hijo, acuérdate que a ti te fue muy bien en la vida, y que a Lázaro le fue muy mal. Ahora él recibe consuelo aquí, y tú sufres. [26]Aparte de esto, hay un gran abismo entre nosotros y ustedes; de modo que los que quieren pasar de aquí allá, no pueden, ni los de allá tampoco pueden pasar aquí.'

[27]"El rico dijo: 'Te suplico entonces, padre Abraham, que mandes a Lázaro a la casa de mi padre, [28]donde tengo cinco hermanos, para que les hable y así no vengan ellos también a este lugar de tormento.' [29]Abraham dijo: 'Ellos ya tienen lo escrito por Moisés y los profetas: ¡que les hagan caso!' [30]El rico contestó: 'Sí, padre Abraham, pero si un muerto resucita y se les aparece, ellos se convertirán.' [31]Pero Abraham le dijo: 'Si no quieren hacer caso a Moisés y a los profetas, tampoco creerán aunque algún muerto resucite.'"

## El peligro de caer en pecado
### (Mt 18.6-7, 21-22; Mr 9.42)

**17** [1]Jesús dijo a sus discípulos: "Siempre habrá invitaciones al pecado; pero ¡ay del hombre que haga pecar a los demás! [2]Mejor le sería que lo echaran al mar con una piedra de molino atada al cuello, que hacer caer en pecado a uno de estos pequeñitos. [3]¡Tengan cuidado!

"Si tu hermano peca, repréndelo; pero si cambia de actitud, perdónalo.[e] [4]Aunque peque contra ti siete veces en un día, si siete veces viene a decirte: 'No lo volveré a hacer', debes perdonarlo."

## El poder de la fe

[5]Los apóstoles pidieron al Señor:

—Danos más fe.

[6]El Señor les contestó:

—Si ustedes tuvieran fe, aunque sólo fuera del tamaño de una semilla de mostaza, podrían decirle a esta morera: 'Arráncate de aquí y plántate en el mar', y el árbol les haría caso.

## El deber del que sirve

[7]"Si uno de ustedes tiene un criado que regresa del campo después de haber estado arando o cuidando el ganado, ¿acaso le dice: 'Pasa y siéntate a comer'? [8]No, sino que le dice: 'Prepárame la cena, y dispónte a atenderme mientras yo como y bebo. Después podrás tú comer y beber.' [9]Y tampoco le da las gracias al criado por haber hecho lo que le mandó. [10]Así también ustedes, cuando ya hayan cumplido todo lo que Dios les manda, deberán decir: 'Somos servidores inútiles, porque no hemos hecho más que cumplir con nuestra obligación.'

## Jesús sana a diez leprosos

[11]En su camino a Jerusalén, pasó Jesús entre las regiones de Samaria y Galilea. [12]Y llegó a una aldea, donde le salieron al encuentro diez hombres enfermos de lepra, los cuales se quedaron lejos de él [13]gritando:

—¡Jesús, Maestro, ten compasión de nosotros!

[14]Cuando Jesús los vio, les dijo:

—Vayan a presentarse a los sacerdotes.[f]

Y mientras iban, quedaron limpios de su enfermedad. [15]Uno de ellos, al verse limpio, regresó alabando a Dios a grandes voces, [16]y se arrodilló delante de Jesús, inclinándose hasta el suelo para darle las gracias. Este hombre era de Samaria. [17]Jesús dijo:

---

[d] **16.18** Mt 5.32; 1 Co 7.10-11.   [e] **17.3** Mt 18.15.   [f] **17.14** Lv 14.1-32.

—¿Acaso no eran diez los que quedaron limpios de su enfermedad? ¿Dónde están los otros nueve? [18]¿Únicamente este extranjero ha vuelto para alabar a Dios? [19]Y le dijo al hombre:

—Levántate y vete; por tu fe has sido sanado.

### Cómo llegará el reino de Dios
#### (Mt 24.23-28, 36-41)

[20]Los fariseos le preguntaron a Jesús cuándo había de llegar el reino de Dios, y él les contestó:

—El reino de Dios no va a llegar en forma visible. [21]No se va a decir: 'Aquí está', o 'Allí está'; porque el reino de Dios ya está entre ustedes.[23]

[22]Y dijo a sus discípulos:

—Llegará el tiempo en que ustedes querrán ver siquiera uno de los días del Hijo del hombre, y no lo verán. [23]Algunos dirán: 'Aquí está', o 'Allí está'; pero no vayan ni los sigan. [24]Porque así como el relámpago, al brillar, ilumina el cielo de uno a otro lado, así será el Hijo del hombre en el día de su regreso. [25]Pero primero tiene que sufrir mucho y ser rechazado por la gente de este tiempo. [26]Como pasó en los tiempos de Noé,[g] así pasará también en los días en que regrese el Hijo del hombre. [27]La gente comía y bebía y se casaba, hasta el día en que Noé entró en la barca, y llegó el diluvio y todos murieron.[h] [28]Lo mismo sucedió en los tiempos de Lot:[i] la gente comía y bebía, compraba y vendía, sembraba y construía casas; [29]pero cuando Lot salió de la ciudad de Sodoma, llovió del cielo fuego y azufre, y todos murieron. [30]Así será el día en que el Hijo del hombre aparezca.

[31]"En aquel día, el que se encuentre en la azotea y tenga sus cosas dentro de la casa, que no baje a sacarlas; y el que esté en el campo, que no regrese a su casa.[j] [32]Acuérdense de la mujer de Lot.[k] [33]El que trate de salvar su vida, la perderá; pero el que la pierda, la conservará.[l]

[34]"Les digo que en aquella noche estarán dos en una misma cama: uno será llevado y el otro será dejado. [35]Dos mujeres estarán moliendo juntas: una será llevada y la otra será dejada.[24]

[37]Le preguntaron entonces:

—¿Dónde ocurrirá eso, Señor?

Y él les contestó:

—Donde esté el cadáver, allí se juntarán los buitres.

### La parábola de la viuda y el juez

**18** [1]Jesús les contó una parábola para enseñarles que debían orar siempre, sin desanimarse. [2]Les dijo: "Había en un pueblo un juez que ni temía a Dios ni respetaba a los hombres. [3]En el mismo pueblo había también una viuda que tenía un pleito y que fue al juez a pedirle justicia contra su adversario. [4]Durante mucho tiempo el juez no quiso atenderla, pero después pensó: 'Aunque ni temo a Dios ni respeto a los hombres, [5]sin embargo, como esta viuda no deja de molestarme, la voy a defender, para que no me siga viniendo y acabe con mi paciencia.' "

[6]Y el Señor añadió: "Esto es lo que dijo el juez malo. [7]Pues bien, ¿acaso Dios no defenderá también a sus escogidos, que claman a él día y noche? ¿Los hará esperar?* [8]Les digo que los defenderá sin demora. Pero cuando el Hijo del hombre venga, ¿encontrará todavía fe en la tierra?"

### La parábola del fariseo y el cobrador de impuestos

[9]Jesús contó esta otra parábola para algunos que, creyéndose buenos, despreciaban a los demás: [10]"Dos hombres fueron al templo a orar: el uno era fariseo, y el otro era uno de esos que cobran impuestos para Roma. [11]El fariseo, de pie, oraba así: 'Oh Dios, te doy gracias porque no soy como los demás, que son ladrones, malvados y adúlteros, y porque tampoco soy como ese cobrador de impuestos. [12]Yo ayuno dos veces a la semana y te doy la décima parte de todo lo que gano.' [13]Pero el cobrador de impuestos se quedó a cierta distancia, y ni siquiera se atrevía a levantar los ojos al cielo, sino que se golpeaba el pecho y decía: '¡Oh Dios, ten compasión de mí, que soy pecador!' [14]Les digo que este cobrador de impuestos volvió a su casa ya perdonado por Dios, pero el fariseo no. Porque el que a sí mismo se engrandece, será humillado; y el que se humilla, será engrandecido."[m]

---

[23] *Entre ustedes:* otra posible traducción: *dentro de ustedes.* [24] Algunos mss. añaden v. 36: *Dos hombres estarán en el campo: uno será llevado y el otro será dejado.*
[g] 17.26 Gn 6.5-8. [h] 17.27 Gn 7.6-24. [i] 17.28-29 Gn 18.20-19.25. [j] 17.31 Mt 24.17-18; Mr 13.15-16. [k] 17.32 Gn 19.26. [l] 17.33 Mt 10.39; 16.25; Mr 8.35; Lc 9.24; Jn 12.25. * 18.7 Eclo 35.17-19. [m] 18.14 Pr 29.23; Mt 23.12; Lc 14.11.

### Jesús bendice a los niños
*(Mt 19.13-15; Mr 10.13-16)*

¹⁵También le llevaban niñitos a Jesús, para que los tocara; pero cuando los discípulos lo vieron, comenzaron a reprender a quienes los llevaban. ¹⁶Entonces Jesús los llamó y dijo:

—Dejen que los niños vengan a mí, y no se lo impidan, porque el reino de Dios es de quienes son como ellos. ¹⁷Les aseguro que el que no acepte el reino de Dios como un niño, no entrará en él.

### Un hombre rico habla con Jesús
*(Mt 19.16-30; Mr 10.17-31)*

¹⁸Uno de los jefes le preguntó a Jesús:

—Buen Maestro, ¿qué debo hacer para alcanzar la vida eterna?

¹⁹Jesús le contestó:

—¿Por qué me llamas bueno? Bueno solamente hay uno: Dios. ²⁰Ya sabes los mandamientos: 'No cometas adulterio,ⁿ no mates,ᶠ no robes,ᵒ no digas mentiras en perjuicio de nadie,ᵖ y honra a tu padre y a tu madre.'�q

²¹El hombre le dijo:

—Todo eso lo he cumplido desde joven.

²²Al oír esto, Jesús le contestó:

—Todavía te falta una cosa: vende todo lo que tienes y dáselo a los pobres. Así tendrás riqueza en el cielo. Luego ven y sígueme.

²³Pero cuando el hombre oyó esto, se puso muy triste, porque era muy rico. ²⁴Al verlo así, Jesús dijo:

—¡Qué difícil es para los ricos entrar en el reino de Dios!ʳ ²⁵Es más fácil para un camello pasar por el ojo de una aguja, que para un rico entrar en el reino de Dios.

²⁶Los que lo oyeron preguntaron:

—¿Y quién podrá salvarse?

²⁷Jesús le contestó:

—Lo que es imposible para los hombres es posible para Dios.

²⁸Pedro le dijo:

—Señor, nosotros hemos dejado todas nuestras cosas y te hemos seguido.

²⁹El les respondió:

—Les aseguro que cualquiera que por causa del reino de Dios haya dejado casa, o esposa, o hermanos, o padres, o hijos, ³⁰recibirá mucho más en este mundo, y en el mundo venidero recibirá la vida eterna.

### Jesús anuncia por tercera vez su muerte
*(Mt 20.17-19; Mr 10.32-34)*

³¹Jesús llamó aparte a los doce discípulos, y les dijo: "Ahora vamos a Jerusalén, donde se cumplirá todo lo que los profetas escribieron acerca del Hijo del hombre. ³²Pues lo van a entregar a los extranjeros, y se burlarán de él, lo insultarán y le escupirán. ³³Lo golpearán y lo matarán; pero al tercer día resucitará."

³⁴Ellos no entendieron nada de esto, ni sabían de qué les hablaba, pues eran cosas que no podían comprender.

### Jesús sana a un ciego en Jericó
*(Mt 20.29-34; Mr 10.46-52)*

³⁵Cuando ya se encontraba Jesús cerca de Jericó, un ciego que estaba sentado junto al camino pidiendo limosna, ³⁶al oír que pasaba mucha gente, preguntó qué sucedía. ³⁷Le dijeron que Jesús de Nazaret pasaba por allí, ³⁸y él gritó:

—¡Jesús, Hijo de David, ten compasión de mí!

³⁹Los que iban delante lo reprendían para que se callara, pero él gritaba más todavía:

—¡Hijo de David, ten compasión de mí!

⁴⁰Jesús se detuvo y mandó que se lo trajeran. Cuando lo tuvo cerca, le preguntó:

⁴¹—¿Qué quieres que haga por ti?

El ciego contestó:

—Señor, quiero recobrar la vista.

⁴²Jesús le dijo:

—¡Recóbrala! Por tu fe has sido sanado.

⁴³En aquel mismo momento el ciego recobró la vista, y siguió a Jesús alabando a Dios. Y toda la gente que vio esto, también alababa a Dios.

### Jesús y Zaqueo

**19** ¹Jesús entró en Jericó y comenzó a atravesar la ciudad. ²Vivía allí un hombre rico llamado Zaqueo, jefe de los que cobraban impuestos para Roma. ³Este quería conocer a Jesús, pero no conseguía verlo porque había mucha gente y Zaqueo era pequeño de estatura. ⁴Por eso corrió adelante y, para alcanzar a verlo, se subió a un árbol cerca de donde Jesús tenía que pasar. ⁵Cuando Jesús pasaba por allí, miró hacia arriba y le dijo:

---

ⁿ **18.20** Ex 20.14; Dt 5.18.  ᶠ **18.20** Ex 20.13; Dt 5.17.  ᵒ **18.20** Ex 20.15; Dt 5.19.  ᵖ **18.20** Ex 20.16; Dt 5.20.  q **18.20** Ex 20.12; Dt 5.16.  ʳ **18.24-25** Pr 11.28.

—Zaqueo, baja en seguida, porque hoy tengo que quedarme en tu casa.

[6] Zaqueo bajó aprisa, y con gusto recibió a Jesús. [7] Al ver esto, todos comenzaron a criticar a Jesús, diciendo que había ido a quedarse en la casa de un pecador. [8] Zaqueo se levantó entonces y le dijo al Señor:

—Mira, Señor, voy a dar a los pobres la mitad de todo lo que tengo; y si le he robado algo a alguien, le devolveré cuatro veces más.

[9] Jesús le dijo:

—Hoy ha llegado la salvación a esta casa, porque este hombre también es descendiente de Abraham. [10] Pues el Hijo del hombre ha venido a buscar y salvar lo que se había perdido.[s]

### La parábola del dinero

[11] La gente estaba oyendo a Jesús decir estas cosas, y él les contó una parábola,[t] porque ya estaba cerca de Jerusalén y ellos pensaban que el reino de Dios iba a llegar en seguida.

[12] Les dijo: "Había un hombre de la nobleza, que se fue lejos, a otro país, para ser nombrado rey y regresar. [13] Antes de salir, llamó a diez de sus empleados, entregó a cada uno de ellos una gran cantidad de dinero y les dijo: 'Hagan negocio con este dinero hasta que yo vuelva.' [14] Pero la gente de su país lo odiaba, y mandaron tras él una comisión encargada de decir: 'No queremos que este hombre sea nuestro rey.'

[15] "Pero él fue nombrado rey, y regresó a su país. Cuando llegó, mandó llamar a los empleados a quienes había entregado el dinero, para saber cuánto había ganado cada uno. [16] El primero se presentó y dijo: 'Señor, su dinero ha producido diez veces más.' [17] El rey le contestó: 'Muy bien; eres un buen empleado; ya que fuiste fiel en lo poco, te hago gobernador de diez pueblos.' [18] Se presentó otro y dijo: 'Señor, su dinero ha producido cinco veces más.' [19] También a éste le contestó: 'Tú serás gobernador de cinco pueblos.'

[20] "Pero otro se presentó diciendo: 'Señor, aquí está su dinero. Lo guardé en un pañuelo; [21] pues tuve miedo de usted, porque usted es un hombre duro, que recoge lo que no puso y cosecha donde no sembró.' [22] Entonces le dijo el rey: 'Empleado malo, con tus propias palabras te juzgo. Si sabías que soy un hombre

duro, que recojo lo que no puse y cosecho donde no sembré, [23] ¿por qué no llevaste mi dinero al banco, para devolvérmelo con los intereses a mi regreso a casa?' [24] Y dijo a los que estaban allí: 'Quítenle el dinero y dénselo al que ganó diez veces más.' [25] Ellos le dijeron: 'Señor, ¡pero si él ya tiene diez veces más!' [26] El rey contestó: 'Pues les digo que al que tiene, se le dará más; pero al que no tiene, hasta lo poco que tiene se le quitará.[u] [27] Y en cuanto a mis enemigos que no querían tenerme por rey, tráiganlos acá y mátenlos en mi presencia.' ''

### Jesús entra en Jerusalén
(Mt 21.1-11; Mr 11.1-11; Jn 12.12-19)

[28] Después de decir esto, Jesús siguió su viaje a Jerusalén. [29] Cuando ya había llegado cerca de Betfagé y Betania, junto al monte que se llama de los Olivos, envió a dos de sus discípulos, [30] diciéndoles:

—Vayan a la aldea que está enfrente, y al llegar encontrarán un burro atado, que nadie ha montado todavía. Desátenlo y tráiganlo. [31] Y si alguien les pregunta por qué lo desatan, díganle que el Señor lo necesita.

[32] Los discípulos fueron y lo encontraron todo como Jesús se lo había dicho. [33] Mientras estaban desatando el burro, los dueños les preguntaron:

—¿Por qué lo desatan?

[34] Ellos contestaron:

—Porque el Señor lo necesita.

[35] Y poniendo sus ropas sobre el burro, se lo llevaron a Jesús y le hicieron montar. [36] Conforme Jesús avanzaba, la gente tendía sus propias ropas por el camino. [37] Y al acercarse a la bajada del monte de los Olivos, todos sus seguidores comenzaron a gritar de alegría y a alabar a Dios por todos los milagros que habían visto. [38] Decían:

—¡Bendito el Rey que viene en el nombre del Señor![v] ¡Paz en el cielo y gloria en las alturas!

[39] Entonces algunos fariseos que había entre la gente le dijeron:

—Maestro, reprende a tus seguidores.

[40] Pero Jesús les contestó:

—Les digo que si éstos se callan, las piedras gritarán.

[41] Cuando llegó cerca de Jerusalén, al ver la ciudad, Jesús lloró por ella, [42] diciendo: "¡Si entendieras, siquiera en este día, lo que te puede dar paz! Pero

ahora eso te está escondido y no puedes verlo. [43]Pues van a venir para ti días malos, en que tus enemigos harán un muro a tu alrededor, y te rodearán y atacarán por todos lados, [44]y te destruirán por completo. Matarán a tus habitantes, y no dejarán en ti ni una piedra sobre otra, porque no reconociste el momento en que Dios vino a salvarte.''

### Jesús purifica el templo
*(Mt 21.12-17; Mr 11.15-19; Jn 2.13-22)*

[45]Después de esto, Jesús entró en el templo y comenzó a echar de allí a los que estaban vendiendo, [46]y les dijo:

—En las Escrituras se dice: 'Mi casa será casa de oración', [w] pero ustedes han hecho de ella una cueva de ladrones. [x]

[47]Todos los días Jesús enseñaba en el templo, [y] y los jefes de los sacerdotes, los maestros de la ley y también los jefes del pueblo, andaban buscando cómo matarlo. [48]Pero no encontraban la manera de hacerlo, porque toda la gente estaba oyendo con atención lo que él decía.

### La autoridad de Jesús
*(Mt 21.23-27; Mr 11.27-33)*

**20** [1]Un día, mientras Jesús estaba en el templo enseñando a la gente y anunciándoles el mensaje de salvación, llegaron los jefes de los sacerdotes y los maestros de la ley, junto con los ancianos, [2]y le dijeron:

—¿Con qué autoridad haces esto? ¿Quién te dio esta autoridad?

[3]Jesús les contestó:

—Yo también les voy a hacer una pregunta. Respóndanme: [4]¿Quién envió a Juan a bautizar, Dios o los hombres?

[5]Comenzaron a discutir unos con otros: ''Si respondemos que Dios lo envió, va a decir: '¿Por qué no le creyeron?' [6]Y no podemos decir que fueron los hombres, porque la gente nos matará a pedradas, ya que todos están seguros de que Juan hablaba de parte de Dios.'' [7]Así que respondieron que no sabían quién había enviado a Juan a bautizar. [8]Entonces Jesús les contestó:

—Pues yo tampoco les digo con qué autoridad hago esto.

### La parábola de los labradores malvados
*(Mt 21.33-44; Mr 12.1-11)*

[9]Luego empezó Jesús a hablar a la gente, y contó esta parábola: ''Un hombre plantó un viñedo, [z] lo alquiló a unos labradores y emprendió un largo viaje. [10]A su debido tiempo, mandó un criado a pedir a los labradores la parte de la cosecha que le correspondía; pero ellos lo golpearon y lo enviaron con las manos vacías. [11]Entonces el dueño mandó otro criado; pero también a éste lo insultaron, lo golpearon y lo enviaron con las manos vacías. [12]Volvió a mandar otro, pero los labradores también lo hirieron y lo echaron fuera.

[13]''Por fin el dueño del terreno dijo: '¿Qué haré? Mandaré a mi hijo querido; tal vez lo respetarán.' [14]Pero cuando los labradores lo vieron, se dijeron unos a otros: 'Este es el que ha de recibir la herencia; matémoslo, para que la propiedad pase a poder nuestro.' [15]Así que lo sacaron del viñedo y lo mataron.

''¿Y qué creen ustedes que hará con ellos el dueño del viñedo? [16]Pues irá y matará a esos labradores, y dará el viñedo a otros.''

Al oír esto, dijeron:

—¡Eso jamás!

[17]Pero Jesús los miró, y dijo:

—Entonces ¿qué significa esto que dicen las Escrituras?:

'La piedra que los constructores despreciaron se há convertido en la piedra principal.' [a]

[18]Cualquiera que caiga sobre esa piedra, quedará hecho pedazos; y si la piedra cae sobre alguien, lo hará polvo.

[19]Los jefes de los sacerdotes y los maestros de la ley quisieron arrestar a Jesús en aquel mismo momento, porque sabían que había usado esta parábola contra ellos. Pero tenían miedo de la gente.

### El asunto de los impuestos
*(Mt 22.15-22; Mr 12.13-17)*

[20]Mandaron a unos espías que, aparentando ser hombres honrados, hicieran decir a Jesús algo que les diera pretexto para entregarlo al gobernador. [21]Estos le preguntaron:

—Maestro, sabemos que lo que tú dices y enseñas es correcto, y que no te basas en las apariencias. Tú enseñas de veras a

---

w **19.46** Is 56.7.　x **19.46** Jer 7.11.　y **19.47** Lc 21.37.　z **20.9** Is 5.1.　a **20.17** Sal 118.22.

vivir como Dios exige. ²²¿Está bien que paguemos impuestos al emperador romano, o no?

²³Jesús, dándose cuenta de la mala intención que llevaban, les dijo:

²⁴—Enséñenme una moneda. ¿De quién es la cara y el nombre que aquí está escrito?

Le contestaron:

—Del emperador.

²⁵Jesús les dijo:

—Pues den al emperador lo que es del emperador, y a Dios lo que es de Dios.

²⁶Y en nada de lo que él decía delante de la gente encontraron pretexto para arrestarlo, así que admirados de su respuesta se callaron.

### La pregunta sobre la resurrección
#### (Mt 22.23-33; Mr 12.18-27)

²⁷Después algunos saduceos fueron a ver a Jesús. Los saduceos niegan que los muertos resuciten;[b] por eso le presentaron este caso:

²⁸—Maestro, Moisés nos dejó escrito que si un hombre casado muere sin haber tenido hijos con su mujer, el hermano del difunto deberá tomar por esposa a la viuda para darle hijos al hermano que murió.[c] ²⁹Pues bien, había una vez siete hermanos, el primero de los cuales se casó, pero murió sin dejar hijos. ³⁰El segundo ³¹y el tercero se casaron con ella, y lo mismo hicieron los demás, pero los siete murieron sin dejar hijos. ³²Finalmente murió también la mujer. ³³Pues bien, en la resurrección, ¿de cuál de ellos será esposa esta mujer, si los siete estuvieron casados con ella?

³⁴Jesús les contestó:

—En este mundo, los hombres y las mujeres se casan; ³⁵pero los que merezcan llegar a aquel otro mundo y resucitar, sean hombres o mujeres, ya no se casarán, ³⁶porque ya no pueden morir. Pues serán como los ángeles, y serán hijos de Dios por haber resucitado. ³⁷Hasta el mismo Moisés, en el pasaje de la zarza que ardía, nos hace saber que los muertos resucitan. Allí dice que el Señor es el Dios de Abraham, de Isaac y de Jacob.[d] ³⁸¡Y Dios no es Dios de muertos, sino de vivos, pues para él todos están vivos!

³⁹Algunos maestros de la ley le dijeron entonces:

—Bien dicho, Maestro.

⁴⁰Y ya no se atrevieron a hacerle más preguntas.

### ¿De quién desciende el Mesías?
#### (Mt 22.41-46; Mr 12.35-37)

⁴¹Jesús les preguntó:

—¿Por qué dicen que el Mesías desciende de David? ⁴²Pues David mismo, en el libro de los Salmos, dice:

'El Señor dijo a mi Señor:
Siéntate a mi derecha,
⁴³hasta que yo haga de tus enemigos
el estrado de tus pies.'[e]

⁴⁴¿Cómo puede entonces el Mesías descender de David, si David mismo lo llama Señor?

### Jesús acusa a los maestros de la ley
#### (Mt 23.1-36; Mr 12.38-40; Lc 11.37-54)

⁴⁵Toda la gente estaba escuchando, y Jesús dijo a sus discípulos: ⁴⁶"Cuídense de los maestros de la ley, pues les gusta andar con ropas largas, y quieren que los saluden con todo respeto en las plazas. Buscan los asientos de honor en las sinagogas y los mejores lugares en las comidas; ⁴⁷y les quitan sus casas a las viudas, y para disimularlo hacen largas oraciones. Ellos recibirán mayor castigo."

### La ofrenda de la viuda pobre
#### (Mr 12.41-44)

**21** ¹Jesús estaba viendo a los ricos echar dinero en los cofres de las ofrendas, ²y vio también a una viuda pobre que echaba dos moneditas de cobre. ³Entonces les dijo:

—De veras les digo que esta viuda pobre ha dado más que todos; ⁴pues todos dan ofrendas de lo que les sobra, pero ella, en su pobreza, ha dado todo lo que tenía para vivir.

### Jesús anuncia que el templo será destruido
#### (Mt 24.1-2; Mr 13.1-2)

⁵Algunos estaban hablando del templo, de la belleza de sus piedras y de las ofrendas que lo adornaban. Jesús dijo:

⁶—Vienen días en que de todo esto que ustedes están viendo no quedará ni una piedra sobre otra. Todo será destruido.

---

b **20.27** Hch 23.8.   c **20.28** Dt 25.5.   d **20.37** Ex 3.6.   e **20.42-4** 3 Sal 110.1.

## Señales antes del fin
*(Mt 24.3-28; Mr 13.3-23)*

[7] Entonces le preguntaron:

—Maestro, ¿cuándo va a ocurrir esto? ¿Cuál será la señal de que estas cosas ya están a punto de suceder?

[8] Jesús contestó: "Tengan cuidado para no dejarse engañar. Porque vendrán muchos haciéndose pasar por mí. Dirán: 'Yo soy', y 'Ahora es el tiempo.' Pero ustedes no los sigan. [9] Y cuando tengan noticias de guerras y revoluciones, no se asusten, pues esto tiene que ocurrir primero; sin embargo, aún no habrá llegado el fin."

[10] Siguió diciéndoles: "Una nación peleará contra otra y un país hará guerra contra otro. [11] Habrá grandes terremotos, y hambres y enfermedades en diferentes lugares, y en el cielo se verán cosas espantosas y grandes señales.

[12] "Pero antes de esto, a ustedes les echarán mano y los perseguirán. Los llevarán a juzgar en las sinagogas, los meterán en la cárcel y los presentarán ante reyes y gobernadores por causa mía. [13] Así tendrán oportunidad de dar testimonio de mí. [14] Háganse el propósito de no preparar de antemano su defensa, [15] porque yo les daré palabras tan llenas de sabiduría que ninguno de sus enemigos podrá resistirlos ni contradecirlos en nada.[f] [16] Pero ustedes serán traicionados incluso por sus padres, sus hermanos, sus parientes y sus amigos. A algunos de ustedes los matarán, [17] y todo el mundo los odiará por causa mía; [18] pero no se perderá ni un cabello de su cabeza. [19] ¡Manténganse firmes, para poder salvarse!

[20] "Cuando vean a Jerusalén rodeada de ejércitos, sepan que pronto será destruida. [21] Entonces, los que estén en Judea, que huyan a las montañas; los que estén en Jerusalén, que salgan de la ciudad, y los que estén en el campo, que no regresen a ella. [22] Porque serán días de castigo,[g] en que se cumplirá todo lo que dicen las Escrituras. [23] ¡Pobres mujeres aquellas que en tales días estén embarazadas o tengan niños de pecho! Porque habrá mucho dolor en el país, y un castigo terrible contra este pueblo. [24] Unos morirán a filo de espada y a otros los llevarán prisioneros por todas las naciones; y los paganos pisotearán a Jerusalén hasta que se cumpla el tiempo que les ha sido señalado.

## El regreso del Hijo del hombre
*(Mt 24.29-35, 42-44; Mr 13.24-37)*

[25] "Habrá señales en el sol, en la luna y en las estrellas;[h] y en la tierra las naciones estarán confusas y se asustarán por el terrible ruido del mar y de las olas. [26] La gente se desmayará de miedo al pensar en lo que va a sucederle al mundo; pues hasta las fuerzas celestiales serán sacudidas. [27] Entonces se verá al Hijo del hombre venir en una nube[i] con gran poder y gloria. [28] Cuando ven comiencen a suceder estas cosas, anímense y levanten la cabeza, porque muy pronto serán libertados."

[29] También les puso esta comparación: "Fíjense en la higuera, o en cualquier otro árbol. [30] Cuando ven que brotan las hojas, se dan cuenta ustedes de que ya está cerca el verano. [31] De la misma manera, cuando vean que suceden estas cosas, sepan que el reino de Dios ya está cerca.

[32] "Les aseguro que todo esto sucederá antes que muera la gente de este tiempo. [33] El cielo y la tierra dejarán de existir, pero mis palabras no dejarán de cumplirse.

[34] "Tengan cuidado y no dejen que sus corazones se endurezcan por los vicios, las borracheras y las preocupaciones de esta vida, para que aquel día no caiga de pronto sobre ustedes [35] como una trampa. Porque vendrá sobre todos los habitantes de la tierra. [36] Estén ustedes preparados, orando en todo tiempo, para que puedan escapar de todas estas cosas que van a suceder y para que puedan presentarse delante del Hijo del hombre."

[37] Jesús enseñaba de día en el templo,[j] y de noche se quedaba en el monte que se llama de los Olivos. [38] Y toda la gente iba temprano al templo a oírle.

## Conspiración para arrestar a Jesús
*(Mt 26.1-5, 14-16; Mr 14.1-2, 10-11; Jn 11.45-53)*

**22** [1] Estaba ya cerca la fiesta en que se come el pan sin levadura, o sea la fiesta de la Pascua.[k] [2] Los jefes de los sacerdotes y los maestros de la ley, que tenían miedo de la gente, buscaban la manera de matar a Jesús.

[3] Entonces Satanás entró en Judas, uno de los doce discípulos, al que llamaban Iscariote. [4] Este fue a ver a los jefes de los sacerdotes y a los oficiales del templo, y habló con ellos sobre cómo entregarles a Jesús. [5] Ellos se alegraron y prometieron

*f* **21.14-15** Lc 12.11-12.   *g* **21.22** Os 9.7.   *h* **21.25** Is 13.10; Ez 32.7; Jl 2.31; Sab 5.22; Ap 6.12-13.   *i* **21.27** Dn 7.13; Ap 1.7.
*j* **21.37** Lc 19.47.   *k* **22.1** Ex 12.1-27; Dt 16.1-8.

darle dinero a Judas. [6]Y él aceptó y comenzó a buscar un momento oportuno, en que no hubiera gente, para entregarles a Jesús.

### La Cena del Señor
*(Mt 26.17-29; Mr 14.12-25; Jn 13.21-30; 1 Co 11.23-26)*

[7]Llegó el día de la fiesta en que se comía el pan sin levadura, cuando se sacrificaba el cordero de Pascua. [8]Jesús envió a Pedro y a Juan, diciendo:

—Vayan a prepararnos la cena de Pascua.

[9]Ellos le preguntaron:

—¿Dónde quieres que la preparemos?

[10]Jesús les contestó:

—Cuando entren ustedes en la ciudad, encontrarán a un hombre que lleva un cántaro de agua. Síganlo hasta la casa donde entre, [11]y digan al dueño de la casa: 'El Maestro pregunta: ¿Cuál es el cuarto donde voy a comer con mis discípulos la cena de Pascua?' [12]Él les mostrará en el piso alto un cuarto grande y arreglado. Preparen allí la cena.

[13]Ellos fueron y lo encontraron todo como Jesús se lo había dicho, y prepararon la cena de Pascua.

[14]Cuando llegó la hora, Jesús y los apóstoles se sentaron a la mesa. [15]Jesús les dijo:

—¡Cuánto he querido celebrar con ustedes esta cena de Pascua antes de mi muerte! [16]Porque les digo que no he de celebrarla hasta que se cumpla en el reino de Dios.

[17]Entonces tomó en sus manos una copa y, habiendo dado gracias a Dios, dijo:

—Tomen esto y repártanlo entre ustedes; [18]porque les digo que no volveré a beber del producto de la vid, hasta que venga el reino de Dios.

[19]Después tomó el pan en sus manos y, habiendo dado gracias a Dios, lo partió y se lo dio a ellos, diciendo:

—Esto es mi cuerpo, entregado a muerte en favor de ustedes. Hagan esto en memoria de mí.

[20]Lo mismo hizo con la copa después de la cena, diciendo:

—Esta copa es el nuevo pacto[l] confirmado con mi sangre, la cual es derramada en favor de ustedes. [21]Pero ahora la mano del que me va a traicionar está aquí, con la mía, sobre la mesa.[m] [22]Pues el Hijo del hombre ha de recorrer el camino que se le ha señalado, pero ¡ay de aquel que le traiciona!

[23]Entonces comenzaron a preguntarse unos a otros quién sería el traidor.

### Quién es el más importante

[24]Los discípulos tuvieron una discusión sobre cuál de ellos debía ser considerado el más importante.[n] [25]Jesús les dijo: "Entre los paganos, los reyes gobiernan con tiranía a sus súbditos,[ñ] y de los jefes se dice que son hombres que hacen el bien. [26]Pero ustedes no deben ser así. Al contrario, el más importante entre ustedes tiene que hacerse como el más joven, y el que manda tiene que hacerse como el que sirve.[o] [27]Pues ¿quién es más importante, el que se sienta a la mesa a comer o el que sirve? ¿Acaso no lo es el que se sienta a la mesa? En cambio yo estoy entre ustedes como el que sirve.[p]

[28]"Ustedes han estado siempre conmigo en mis pruebas. [29]Por eso, yo les doy un reino, como mi Padre me lo dio a mí, [30]y ustedes comerán y beberán a mi mesa en mi reino, y se sentarán en tronos para juzgar a las doce tribus de Israel."[q]

### Jesús anuncia que Pedro lo negará
*(Mt 26.31-35; Mr 14.27-31; Jn 13.36-38)*

[31]Dijo también el Señor:

—Simón, Simón, mira que Satanás los ha pedido a ustedes para sacudirlos como si fueran trigo; [32]pero yo he rogado por ti, para que no te falte la fe. Y tú, cuando te hayas vuelto a mí, ayuda a tus hermanos a permanecer firmes.

[33]Simón le dijo:

—Señor, estoy dispuesto a ir contigo a la cárcel, y hasta a morir contigo.

[34]Jesús le contestó:

—Pedro, te digo que hoy mismo, antes que cante el gallo, tres veces negarás que me conoces.

### Se acerca la hora de la prueba

[35]Luego Jesús les preguntó:

—Cuando los mandé sin bolsa ni monedero ni sandalias,[r] ¿acaso les faltó algo?

Ellos contestaron:

—Nada.

[36]Entonces les dijo:

---

[l] **22.20** Jer 31.31-34.   [m] **22.21** Sal 41.9.   [n] **22.24** Mt 18.1; Mr 9.34; Lc 9.46.   [ñ] **22.25-26** Mt 20.25-27; Mr 10.42-44.
[o] **22.26** Eclo 3.18; Mt 23.11; Mr 9.35.   [p] **22.27** Mt 20.28; Mr 10.45; Jn 13.12-15.   [q] **22.30** Mt 19.28.   [r] **22.35** Mt 10.9-10; Mr 6.8-9; Lc 9.3; 10.4.

—Ahora, en cambio, el que tenga bolsa, que la lleve, y también monedero; y el que no tenga espada, que venda su abrigo y se compre una. 37 Porque les digo que tiene que cumplirse en mí esto que dicen las Escrituras: 'Y fue contado entre los malvados.'s Pues todo lo que está escrito de mí, tiene que cumplirse.

38 Ellos dijeron:

—Señor, aquí hay dos espadas.

Y él contestó:

—Basta ya.

### Jesús ora en Getsemaní

*(Mt 26.36-46; Mr 14.32-42)*

39 Luego Jesús salió y, según su costumbre, se fue al monte de los Olivos; y los discípulos lo siguieron. 40 Al llegar al lugar, les dijo:

—Oren, para que no caigan en tentación.

41 Se alejó de ellos como a la distancia de un tiro de piedra, y se puso de rodillas para orar. 42 Dijo: "Padre, si quieres, líbrame de este trago amargo; pero que no se haga mi voluntad, sino la tuya."

[43 En esto se le apareció un ángel del cielo, para darle fuerzas. 44 En medio de su gran sufrimiento, Jesús oraba aún más intensamente, y el sudor le caía a tierra como grandes gotas de sangre.]25

45 Cuando se levantó de la oración, fue a donde estaban los discípulos, y los encontró dormidos, vencidos por la tristeza. 46 Les dijo:

—¿Por qué están durmiendo? Levántense y oren, para que no caigan en tentación.

### Arrestan a Jesús

*(Mt 26.47-56; Mr 14.43-50; Jn 18.2-11)*

47 Todavía estaba hablando Jesús, cuando llegó mucha gente. El que se llamaba Judas, que era uno de los doce discípulos, iba a la cabeza. Este se acercó a besar a Jesús, 48 pero Jesús le dijo:

—Judas, ¿con un beso traicionas al Hijo del hombre?

49 Los que estaban con Jesús, al ver lo que pasaba, le preguntaron:

—Señor, ¿atacamos con espada?

50 Y uno de ellos hirió al criado del sumo sacerdote, cortándole la oreja derecha. 51 Jesús dijo:

—Déjenlos; ya basta.

Y le tocó la oreja al criado, y lo sanó. 52 Luego dijo a los jefes de los sacerdotes, a los oficiales del templo y a los ancianos, que habían venido a llevárselo:

—¿Por qué han venido ustedes con espadas y con palos, como si yo fuera un bandido? 53 Todos los días he estado con ustedes en el templo,t y ni siquiera me tocaron. Pero ésta es la hora de ustedes, cuando domina la oscuridad.

### Pedro niega conocer a Jesús

*(Mt 26.57-58, 69-75; Mr 14.53-54, 66-72; Jn 18.12-18, 25-27)*

54 Arrestaron entonces a Jesús y lo llevaron a la casa del sumo sacerdote. Pedro lo seguía de lejos. 55 Allí, en medio del patio, habían hecho fuego, y se sentaron alrededor; y Pedro se sentó también entre ellos. 56 En esto, una sirvienta, al verlo sentado junto al fuego, se quedó mirándolo y dijo:

—También éste estaba con él.

57 Pero Pedro lo negó, diciendo:

—Mujer, yo no lo conozco.

58 Poco después, otro lo vio y dijo:

—Tú también eres de ellos.

Pedro contestó:

—No, hombre, no lo soy.

59 Como una hora después, otro insistió:

—Seguro que éste estaba con él. Además es de Galilea.

60 Pedro dijo:

—Hombre, no sé de qué hablas.

En ese mismo momento, mientras Pedro aún estaba hablando, cantó un gallo. 61 Entonces el Señor se volvió y miró a Pedro, y Pedro se acordó de que el Señor le había dicho: "Hoy, antes que el gallo cante, me negarás tres veces." 62 Y salió Pedro de allí y lloró amargamente.

### Se burlan de Jesús

*(Mt 26.67-68; Mr 14.65)*

63 Los hombres que estaban vigilando a Jesús se burlaban de él y lo golpeaban. 64 Le taparon los ojos, y le preguntaban:

—¡Adivina quién te pegó!

65 Y lo insultaban diciéndole otras muchas cosas.

### Jesús ante la Junta Suprema

*(Mt 26.59-66; Mr 14.55-64; Jn 18.19-24)*

66 Cuando se hizo de día, se reunieron los ancianos de los judíos, los jefes de los

---

25 El texto entre corchetes falta en algunos mss.
s **22.37** Is 53.12.   t **22.53** Lc 19.47; 21.37.

sacerdotes y los maestros de la ley, y llevaron a Jesús ante la Junta Suprema. Allí le preguntaron:

67 —Dinos, ¿eres tú el Mesías?

El les contestó:

—Si les digo que sí, no me van a creer. 68 Y si les hago preguntas, no me van a contestar. 69 Pero desde ahora el Hijo del hombre estará sentado a la derecha del Dios todopoderoso.

70 Luego todos le preguntaron:

—¿Así que tú eres el Hijo de Dios?

Jesús les contestó:

—Ustedes mismos han dicho que lo soy.

71 Entonces ellos dijeron:

—¿Qué necesidad tenemos de más testigos? Nosotros mismos lo hemos oído de sus propios labios.

### Jesús ante Pilato

(Mt 27.1-2, 11-14; Mr 15.1-5; Jn 18.28-38)

23 ¹Todos se levantaron, y llevaron a Jesús ante Pilato. ²En su presencia comenzaron a acusarlo, diciendo:

—Hemos encontrado a este hombre alborotando a nuestra nación. Dice que no debemos pagar impuestos al emperador, y además afirma que él es el Mesías, el Rey.

³Pilato le preguntó:

—¿Eres tú el Rey de los judíos?

—Tú lo has dicho —contestó Jesús.

⁴Entonces Pilato dijo a los jefes de los sacerdotes y a la gente:

—No encuentro ninguna falta en este hombre.

⁵Pero ellos insistieron con más fuerza:

—Con sus enseñanzas está alborotando a todo el pueblo. Comenzó en Galilea, y ahora sigue haciéndolo aquí, en Judea.

### Jesús ante Herodes

⁶Al oír esto, Pilato preguntó si el hombre era de Galilea. ⁷Y cuando le dijeron que sí, lo envió a Herodes, que era gobernador de Galilea y que también se encontraba aquellos días en Jerusalén. ⁸Al ver a Jesús, Herodes se puso muy contento, porque durante mucho tiempo había querido verlo, pues había oído hablar de él y esperaba verle hacer algún milagro. ⁹Le hizo muchas preguntas, pero Jesús no le contestó nada. ¹⁰También estaban allí los jefes de los sacerdotes y los maestros de la ley, que lo acusaban con gran insistencia.

¹¹Entonces Herodes y sus soldados lo trataron con desprecio, y para burlarse de él lo vistieron con ropas lujosas, como de rey. Luego Herodes lo envió nuevamente a Pilato. ¹²Aquel día se hicieron amigos Pilato y Herodes, que antes eran enemigos.

### Jesús es sentenciado a muerte

(Mt 27.15-26; Mr 15.6-15; Jn 18.39—19.16)

¹³Pilato reunió a los jefes de los sacerdotes, a las autoridades y al pueblo, ¹⁴y les dijo:

—Ustedes me trajeron a este hombre, diciendo que alborota al pueblo; pero yo lo he interrogado delante de ustedes y no lo he encontrado culpable de ninguna de las faltas de que lo acusan. ¹⁵Ni tampoco Herodes, puesto que nos lo ha devuelto. Ya ven, no ha hecho nada que merezca la pena de muerte. ¹⁶Lo voy a castigar y después lo dejaré libre.²⁶

¹⁸Pero todos juntos comenzaron a gritar:

—¡Fuera con ése! ¡Deja libre a Barrabás!

¹⁹A este Barrabás lo habían metido en la cárcel por una rebelión ocurrida en la ciudad, y por un asesinato. ²⁰Pilato, que quería dejar libre a Jesús, les habló otra vez; ²¹pero ellos gritaron más alto:

—¡Crucifícalo! ¡Crucifícalo!

²²Por tercera vez Pilato les dijo:

—Pues ¿qué mal ha hecho? Yo no encuentro en él nada que merezca la pena de muerte. Lo voy a castigar y después lo dejaré libre.

²³Pero ellos insistían a gritos, pidiendo que lo crucificara; y tanto gritaron que consiguieron lo que querían. ²⁴Pilato decidió hacer lo que le estaban pidiendo; ²⁵así que dejó libre al hombre que habían escogido, que estaba en la cárcel por rebelión y asesinato, y entregó a Jesús a la voluntad de ellos.

### Jesús es crucificado

(Mt 27.32-44; Mr 15.21-32; Jn 19.17-27)

²⁶Cuando llevaron a Jesús a crucificarlo, echaron mano de un hombre de Cirene llamado Simón, que venía del campo, y le hicieron cargar con la cruz y llevarla detrás de Jesús.

²⁷Mucha gente y muchas mujeres que lloraban y gritaban de tristeza por él, lo seguían. ²⁸Pero Jesús las miró y les dijo:

²⁶ Algunos mss. añaden v. 17: Durante la fiesta. Pilato tenía que agradar a la gente dejando libre a un preso.

—Mujeres de Jerusalén, no lloren por mí, sino por ustedes mismas y por sus hijos. 29Porque vendrán días en que se dirá: 'Dichosas las que no pueden tener hijos, los vientres que nunca concibieron y los pechos que no dieron de mamar.' 30Entonces comenzará la gente a decir a los montes: '¡Caigan sobre nosotros!', y a las colinas: '¡Escóndannos!'u 31Porque si con el árbol verde hacen todo esto, ¿qué no harán con el seco?

32También llevaban a dos criminales, para crucificarlos junto con Jesús. 33Cuando llegaron al sitio llamado La Calavera, crucificaron a Jesús y a los dos criminales, uno a su derecha y otro a su izquierda. [34Jesús dijo:

—Padre, perdónalos, porque no saben lo que hacen.]27

Y los soldados echaron suertes para repartirse entre sí la ropa de Jesús.v 35La gente estaba allí mirando; y hasta las autoridades se burlaban de él, diciendo:

—Salvó a otros; que se salve a sí mismo ahora, si de veras es el Mesías de Dios y su escogido.

36Los soldados también se burlaban de Jesús. Se acercaban y le daban a beber vino agrio, 37diciéndole:

—¡Si tú eres el Rey de los judíos, sálvate a ti mismo!

38Y había un letrero sobre su cabeza, que decía:28 "Este es el Rey de los judíos."

39Uno de los criminales que estaban colgados, le insultaba:

—¡Si tú eres el Mesías, sálvate a ti mismo y sálvanos también a nosotros!

40Pero el otro reprendió a su compañero, diciéndole:

—¿No tienes temor de Dios, tú que estás bajo el mismo castigo? 41Nosotros estamos sufriendo con toda razón, porque estamos pagando el justo castigo de lo que hemos hecho; pero este hombre no hizo nada malo.

42Luego añadió:

—Jesús, acuérdate de mí cuando comiences a reinar.

43Jesús le contestó:

—Te aseguro que hoy estarás conmigo en el paraíso.

## Muerte de Jesús
### (Mt 27.45-56; Mr 15.33-41; Jn 19.28-30)

44Desde el mediodía y hasta las tres de la tarde, toda la tierra quedó en oscuridad. 45El sol dejó de brillar, y el velow del templo se rasgó por la mitad. 46Jesús gritó con fuerza y dijo:

—¡Padre, en tus manos encomiendo mi espíritu!x

Y al decir esto, murió.

47Cuando el capitán romano vio lo que había pasado, alabó a Dios, diciendo:

—De veras, este hombre era inocente.

48Toda la multitud que estaba presente y que vio lo que había pasado, se fue de allí golpeándose el pecho. 49Pero todos los conocidos de Jesús, y también las mujeres que lo habían seguido desde Galilea,y se quedaron allí, mirando de lejos aquellas cosas.

## Jesús es sepultado
### (Mt 27.57-61; Mr 15.42-47; Jn 19.38-42)

50-51Había un hombre bueno y justo llamado José, natural de Arimatea, un pueblo de Judea. Pertenecía a la Junta Suprema de los judíos. Este José, que esperaba el reino de Dios y que no estuvo de acuerdo con lo que la Junta había hecho, 52fue a ver a Pilato y le pidió el cuerpo de Jesús. 53Después de bajarlo de la cruz, lo envolvió en una sábana de lino y lo puso en un sepulcro abierto en una peña, donde todavía no habían sepultado a nadie. 54Era el día de la preparación para el día de reposo,29 que ya estaba a punto de comenzar.

55Las mujeres que habían acompañado a Jesús desde Galilea, fueron y vieron el sepulcro, y se fijaron en cómo habían puesto el cuerpo. 56Cuando volvieron a casa, prepararon perfumes y ungüentos.

## La resurrección de Jesús
### (Mt 28.1-10; Mr 16.1-8; Jn 20.1-10)

Las mujeres descansaron en el día de reposo,29 conforme al mandamiento,z 24 1pero el primer día de la semana regresaron al sepulcro muy temprano, llevando los perfumes que habían preparado. 2Al llegar, se encontraron con que la piedra que tapaba el sepulcro no estaba en su lugar; 3y entraron, pero no encontraron el cuerpo del Señor Jesús. 4Estaban asustadas, sin saber qué hacer, cuando de pronto vieron a dos hombres de pie junto a ellas, vestidos con ropas brillantes. 5Llenas de miedo, se inclinaron hasta el suelo; pero aquellos hombres les dijeron:

---

27 El texto entre corchetes falta en algunos mss.  28 Algunos mss. añaden: en griego, latín y hebreo.  29 Día de reposo: aquí equivale a sábado.
u 23.30 Os 10.8; Ap 6.16.  v 23.34 Sal 22.18.  w 23.45 Ex 26.31-33; 2 Cr 3.14.  x 23.46 Sal 31.5; Hch 7.59.  y 23.49 Lc 8.2-3.
z 23.56 Ex 20.10; Dt 5.14.

—¿Por qué buscan ustedes entre los muertos al que está vivo? [6]No está aquí, sino que ha resucitado. Acuérdense de lo que les dijo cuando todavía estaba en Galilea: [7]que el Hijo del hombre tenía que ser entregado en manos de pecadores, que lo crucificarían y que al tercer día resucitaría.[a]

[8]Entonces ellas se acordaron de las palabras de Jesús, [9]y al regresar del sepulcro contaron todo esto a los once apóstoles y a todos los demás. [10]Las que llevaron la noticia a los apóstoles fueron María Magdalena, Juana, María madre de Santiago, y las otras mujeres. [11]Pero a los apóstoles les pareció una locura lo que ellas decían, y no querían creerles.

[12]Sin embargo, Pedro se fue corriendo al sepulcro; y cuando miró dentro, no vió más que las sábanas. Entonces volvió a casa, admirado de lo que había sucedido.

### En el camino a Emaús
#### (Mr 16.12-13)

[13]Aquel mismo día, dos de los discípulos se dirigían a un pueblo llamado Emaús, a unos once kilómetros de Jerusalén. [14]Iban hablando de todo lo que había pasado. [15]Mientras conversaban y discutían, Jesús mismo se acercó y comenzó a caminar con ellos. [16]Pero aunque lo veían, algo les impedía darse cuenta de quién era. [17]Jesús les preguntó:

—¿De qué van hablando ustedes por el camino?

Se detuvieron tristes, [18]y uno de ellos, que se llamaba Cleofas, contestó:

—¿Eres tú el único que ha estado alojado en Jerusalén y que no sabe lo que ha pasado allí en estos días?

[19]El les preguntó:

—¿Qué ha pasado?

Le dijeron:

—Lo de Jesús de Nazaret, que era un profeta poderoso en hechos y en palabras delante de Dios y de todo el pueblo; [20]y cómo los jefes de los sacerdotes y nuestras autoridades lo entregaron para que lo condenaran a muerte y lo crucificaran. [21]Nosotros teníamos la esperanza de que él sería el que había de libertar a la nación de Israel. Pero ya hace tres días que pasó todo eso. [22]Aunque algunas de las mujeres que están con nosotros nos han asustado, pues fueron de madrugada al sepulcro, [23]y como no encontraron el cuerpo, volvieron a casa. Y cuentan que unos

ángeles se les han aparecido y les han dicho que Jesús vive. [24]Algunos de nuestros compañeros fueron después al sepulcro y lo encontraron tal como las mujeres habían dicho, pero a Jesús no lo vieron.

[25]Entonces Jesús les dijo:

—¡Qué faltos de comprensión son ustedes y qué lentos para creer todo lo que dijeron los profetas! [26]¿Acaso no tenía que sufrir el Mesías estas cosas antes de ser glorificado?

[27]Luego se puso a explicarles todos los pasajes de las Escrituras que hablaban de él, comenzando por los libros de Moisés y siguiendo por todos los libros de los profetas.

[28]Al llegar al pueblo adonde se dirigían, Jesús hizo como que iba a seguir adelante. [29]Pero ellos lo obligaron a quedarse, diciendo:

—Quédate con nosotros, porque ya es tarde. Se está haciendo de noche.

Jesús entró, pues, para quedarse con ellos. [30]Cuando ya estaban sentados a la mesa, tomó en sus manos el pan, y habiendo dado gracias a Dios, lo partió y se lo dio. [31]En ese momento se les abrieron los ojos y reconocieron a Jesús; pero él desapareció. [32]Y se dijeron el uno al otro:

—¿No es verdad que el corazón nos ardía en el pecho cuando nos venía hablando por el camino y nos explicaba las Escrituras?

[33]Sin esperar más, se pusieron en camino y volvieron a Jerusalén, donde encontraron reunidos a los once apóstoles y a sus compañeros, [34]que les dijeron:

—De veras ha resucitado el Señor, y se le ha aparecido a Simón.

[35]Entonces ellos dos les contaron lo que les había pasado en el camino, y cómo reconocieron a Jesús cuando partió el pan.

### Jesús se aparece a los discípulos
#### (Mt 28.16-20; Mr 16.14-18; Jn 20.19-23)

[36]Estaban todavía hablando de estas cosas, cuando Jesús se puso en medio de ellos y los saludó diciendo:

—Paz a ustedes.

[37]Ellos se asustaron mucho, pensando que estaban viendo un espíritu. [38]Pero Jesús les dijo:

—¿Por qué están asustados? ¿Por qué tienen esas dudas en su corazón? [39]Miren mis manos y mis pies. Soy yo mismo. Tóquenme y vean: un espíritu no tiene carne ni huesos, como ustedes ven que tengo yo.

⁴⁰Al decirles esto, les enseñó las manos y los pies. ⁴¹Pero como ellos no acababan de creerlo, a causa de la alegría y el asombro que sentían, Jesús les preguntó:

—¿Tienen aquí algo que comer?

⁴²Le dieron un pedazo de pescado asado,³⁰ ⁴³y él lo aceptó y lo comió en su presencia. ⁴⁴Luego les dijo:

—Lo que me ha pasado es aquello que les anuncié cuando estaba todavía con ustedes: que había de cumplirse todo lo que está escrito de mí en la ley de Moisés, en los libros de los profetas y en los salmos.

⁴⁵Entonces hizo que entendieran las Escrituras, ⁴⁶y les dijo:

—Está escrito que el Mesías tenía que morir, y resucitar al tercer día. ⁴⁷En su nombre, y comenzando desde Jerusalén, hay que anunciar a todas las naciones que se vuelvan a Dios, para que sus pecados les sean perdonados. ⁴⁸Ustedes son testigos de estas cosas. ⁴⁹Y yo enviaré sobre ustedes lo que mi Padre prometió.ᵇ Pero ustedes quédense aquí, en la ciudad de Jerusalén, hasta que reciban el poder que viene del cielo.

### Jesús sube al cielo
#### (Mr 16.19-20)

⁵⁰Luego Jesús los llevó fuera de la ciudad, hasta Betania, y alzando las manos los bendijo. ⁵¹Y mientras los bendecía, se apartó de ellos y fue llevado al cielo.ᶜ ⁵²Ellos, después de adorarlo, volvieron a Jerusalén muy contentos. ⁵³Y estaban siempre en el templo, alabando a Dios.

---

³⁰ Algunos mss. añaden: *y un panal de miel.*
ᵇ **24.49** Hch 1.4.   ᶜ **24.50-51** Hch 1.9-11.

# El Evangelio según
# SAN JUAN

*Se tiene por seguro que el Evangelio de Juan fue el último que se escribió, aunque no puede precisarse con exactitud cuánto tiempo después de los otros. Puede notarse a primera vista cómo se diferencia de ellos, pues narra muchos hechos y palabras del Señor que no se encuentran en los otros, o los mismos pero en otro orden. Comienza, como Marcos, con el ministerio de Juan el Bautista (1.19-51). En cuanto al ministerio público de Jesús (2.1—12.50), aunque refiere algunos episodios en Galilea, da más atención al ministerio del Señor en Judea. También da importancia especial a su presencia en varias pascuas y en otras grandes festividades judías. En relación con los últimos días del Señor en Jerusalén (13.1—19.42) y con su resurrección y apariciones subsecuentes, informa de sucesos importantes que no aparecen en ninguno de los otros tres evangelios. Por ejemplo, algunos encuentros con los fariseos y la visita de los griegos. Es el único evangelio que refiere la última aparición de Jesús, a la orilla del mar de Galilea, y la rehabilitación de Pedro, episodio que se narra a manera de un apéndice (cap. 21).*

*Pero la característica más notable del Evangelio de Juan es que más que informar lo que hizo Jesús, revela quién era él en última instancia. A ello se dedica explícitamente el prólogo (1.1-18), en donde se presenta a Jesús como la eterna Palabra de Dios, hecha hombre y viviendo entre los hombres. Sus milagros son signos o señales que revelan esta esencia de su persona. Sus discursos, que explican lo revelado en los milagros, se valen de símbolos como el agua, el pan y la luz, para expresar el don de la vida eterna que Dios otorga por medio de Cristo, un don que reciben ahora mismo, en esta vida, aquellos que responden a Jesús y lo reconocen como el camino, la verdad y la vida. Los caps. 13—17 ofrecen amplios y preciosos datos sobre el íntimo compañerismo de Jesús con sus discípulos la noche de su arresto, su plegaria de intercesión por ellos y las conmovedoras palabras que les dirigió para prepararlos y alentarlos ante la proximidad de su arresto y crucifixión.*

*En este evangelio se citan los grandes "Yo soy" de Jesús: "Yo soy" el pan de vida, la luz del mundo, la puerta del redil, el buen pastor, la resurrección y la vida, el camino, la verdad y la vida, y la vid verdadera. Es también este evangelio el único de los cuatro que declara explícitamente cuál ha sido el propósito con el cual se escribió: para que quienes lo lean crean que Jesús es el Mesías prometido, el Hijo de Dios, y que por creer en él tengan vida (20.31).*

## La Palabra de Dios hecha hombre

1 ¹En el principio ya existía la Palabra; y aquel que es la Palabra estaba con Dios y era Dios. ²Él estaba en el principio con Dios. ³Por medio de él, Dios hizo todas las cosas; nada de lo que existe fue hecho sin él.[a] ⁴En él estaba la vida, y la vida era la luz de la humanidad. ⁵Esta luz brilla en las tinieblas, y las tinieblas no han podido apagarla.

⁶Hubo un hombre llamado Juan,[b] a quien Dios envió ⁷como testigo, para que diera testimonio de la luz y para que todos creyeran por lo que él decía. ⁸Juan no era la luz, sino uno enviado a dar testimonio de la luz. ⁹La luz verdadera que alumbra a toda la humanidad venía a este mundo.

¹⁰Aquel que es la Palabra estaba en el mundo; y, aunque Dios hizo el mundo por medio de él, los que son del mundo no

le reconocieron. ¹¹Vino a su propio mundo, pero los suyos no lo recibieron. ¹²Pero a quienes lo recibieron y creyeron en él, les concedió el privilegio de llegar a ser hijos de Dios. ¹³Y son hijos de Dios, no por la naturaleza ni los deseos humanos, sino porque Dios los ha engendrado.

¹⁴Aquel que es la Palabra se hizo hombre y vivió entre nosotros, lleno de amor y verdad. Y hemos visto su gloria, la gloria que como Hijo único recibió del Padre. ¹⁵Juan dio testimonio de él, diciendo: "Este es aquel a quien yo me refería cuando dije que el que viene después de mí es más importante que yo, porque existía antes que yo."

¹⁶De sus grandes riquezas, todos hemos recibido bendición tras bendición. ¹⁷La ley fue dada por medio de Moisés; el amor y la verdad se han hecho realidad por medio de Jesucristo. ¹⁸Nadie ha visto

---

a 1.1-3 Gn 1.1-3; Sal 33.6; Pr 8.22-31; Eclo 24.3; Sab 7.21; 8.6; 9.1, 9; Col 1.15-17; He 1.2; 1 Jn 1.1; Ap 19.13.
b 1.6 Mt 3.1; Mr 1.4; Lc 3.1-2.

jamás a Dios; el Hijo único, que es Dios[f] y que vive en íntima comunión con el Padre, es quien nos lo ha dado a conocer.[c]

## Juan el Bautista da testimonio de Jesucristo

*(Mt 3.11-12; Mr 1.7-8; Lc 3.15-17)*

[19]Los judíos de Jerusalén enviaron sacerdotes y Levitas a Juan, a preguntarle quién era. [20]Y él confesó claramente:

—Yo no soy el Mesías.

[21]Le volvieron a preguntar:

—¿Quién eres, pues? ¿El profeta Elías?[d]

Juan dijo:

—No lo soy.

Ellos insistieron:

—Entonces, ¿eres el profeta[e] que ha de venir?

Contestó:

—No.

[22]Le dijeron:

—¿Quién eres, pues? Tenemos que llevar una respuesta a los que nos enviaron. ¿Qué nos puedes decir de ti mismo?

[23]Juan les contestó:

—Yo soy una voz que grita en el desierto: 'Abran un camino derecho para el Señor', tal como dijo el profeta Isaías.[f]

[24]Los que fueron enviados por los fariseos a hablar con Juan, [25]le preguntaron:

—Pues si no eres el Mesías, ni Elías ni el profeta, ¿por qué bautizas?

[26]Juan les contestó:

—Yo bautizo con agua; pero entre ustedes hay uno que no conocen [27]y que viene después de mí. Yo ni siquiera merezco desatarle la correa de sus sandalias.

[28]Todo esto sucedió en el lugar llamado Betania, al oriente del río Jordán, donde Juan estaba bautizando.

## Jesús, el Cordero de Dios

[29]Al día siguiente, Juan vio a Jesús, que se acercaba a él, y dijo: "¡Miren, éste es el Cordero de Dios, que quita el pecado del mundo! [30]A él me refería yo cuando dije: 'Después de mí viene uno que es más importante que yo, porque existía antes que yo.' [31]Yo mismo no sabía quién era; pero he venido bautizando con agua precisamente para que el pueblo de Israel lo conozca."

[32]Juan también declaró: "He visto al Espíritu Santo bajar del cielo como una paloma, y reposar sobre él. [33]Yo todavía no sabía quién era; pero el que me envió a bautizar con agua, me dijo: 'Aquel sobre quien veas que el Espíritu baja y reposa, es el que bautiza con Espíritu Santo.' [34]Yo ya lo he visto, y soy testigo de que es el Hijo de Dios."

## Los primeros discípulos de Jesús

[35]Al día siguiente, Juan estaba allí otra vez con dos de sus seguidores. [36]Cuando vio pasar a Jesús, Juan dijo:

—¡Miren, ése es el Cordero de Dios!

[37]Los dos seguidores de Juan le oyeron decir esto, y siguieron a Jesús. [38]Jesús se volvió, y al ver que lo seguían les preguntó:

—¿Qué están buscando?

Ellos dijeron:

—Maestro, ¿dónde vives?

[39]Jesús les contestó:

—Vengan a verlo.

Fueron, pues, y vieron dónde vivía, y pasaron con él el resto del día, porque ya eran como las cuatro de la tarde.

[40]Uno de los dos que oyeron a Juan y siguieron a Jesús, era Andrés, hermano de Simón Pedro. [41]Andrés, antes que nada, fue a buscar a su hermano Simón y le dijo:

—Hemos encontrado al Mesías (que significa: Cristo.)

[42]Luego Andrés llevó a Simón a donde estaba Jesús; cuando Jesús lo vio, le dijo:

—Tú eres Simón, hijo de Juan,[2] pero serás llamado Cefas (que significa: Pedro).

## Jesús llama a Felipe y a Natanael

[43]Al día siguiente, Jesús decidió ir a la región de Galilea. Encontró a Felipe, y le dijo:

—Sígueme.

[44]Este Felipe era del pueblo de Betsaida, de donde eran también Andrés y Pedro. [45]Felipe fue a buscar a Natanael, y le dijo:

—Hemos encontrado a aquel de quien escribió Moisés en los libros de la ley, y de quien también escribieron los profetas. Es Jesús, el hijo de José, el de Nazaret.

[46]Dijo Natanael:

—¿Acaso puede salir algo bueno de Nazaret?

---

[f] *Que es Dios:* esta frase falta en algunos mss.   [2] *Hijo de Juan:* algunos mss. dicen: *hijo de Jonás.*
[c] **1.14,18** Mt 11.27; Lc 10.22; 1 Jn 1.2.   [d] **1.21** Mal 4.5; Eclo 48.10.   [e] **1.21** Dt 18.15,18.   [f] **1.23** Is 40.3.

Felipe le contestó:

—Ven y compruébalo.

⁴⁷Cuando Jesús vio acercarse a Natanael, dijo:

—Aquí viene un verdadero israelita, en quien no hay engaño.

⁴⁸Natanael le preguntó:

—¿Cómo es que me conoces?

Jesús le respondió:

—Te vi antes que Felipe te llamara, cuando estabas bajo la higuera.

⁴⁹Natanael le dijo:

—Maestro, ¡tú eres el Hijo de Dios,g tú eres el Rey de Israel!

⁵⁰Jesús le contestó:

—¿Me crees solamente porque te he dicho que te vi bajo la higuera? Pues vas a ver cosas más grandes que éstas.

⁵¹También dijo Jesús:

—Les aseguro que ustedes verán el cielo abierto, y a los ángeles de Dios subir y bajarh sobre el Hijo del hombre.

### Una boda en Caná de Galilea

**2** ¹Al tercer día hubo una boda en Caná, un pueblo de Galilea. La madre de Jesús estaba allí, ²y Jesús y sus discípulos fueron también invitados a la boda. ³Se acabó el vino, y la madre de Jesús le dijo:

—Ya no tienen vino.

⁴Jesús le contestó:

—Mujer, ¿por qué me dices esto? Mi hora no ha llegado todavía.

⁵Ella dijo a los que estaban sirviendo:

—Hagan todo lo que él les diga.

⁶Había allí seis tinajas de piedra, para el agua que usan los judíos en sus ceremonias de purificación. En cada tinaja cabían de cincuenta a setenta litros de agua. ⁷Jesús dijo a los sirvientes:

—Llenen de agua estas tinajas.

Las llenaron hasta arriba, ⁸y Jesús les dijo:

—Ahora saquen un poco y llévenselo al encargado de la fiesta.

Así lo hicieron. ⁹El encargado de la fiesta probó el agua convertida en vino, sin saber de dónde había salido; sólo los sirvientes lo sabían, pues ellos habían sacado el agua. Así que el encargado llamó al novio ¹⁰y le dijo:

—Todo el mundo sirve primero el mejor vino, y cuando los invitados ya han bebido bastante, entonces se sirve el vino corriente. Pero tú has guardado el mejor vino hasta ahora.

¹¹Esto que hizo Jesús en Caná de Galilea fue la primera señal milagrosa con la cual mostró su gloria; y sus discípulos creyeron en él.

¹²Después de esto se fue a Capernaum,i acompañado de su madre, sus hermanos y sus discípulos; y allí estuvieron unos cuantos días.

### Jesús purifica el templo

*(Mt 21.12-13; Mr 11.15-18; Lc 19.45-46)*

¹³Como ya se acercaba la fiesta de la Pascuaj de los judíos, Jesús fue a Jerusalén. ¹⁴Y encontró en el templo a los vendedores de bueyes, ovejas y palomas, y a los que estaban sentados en los puestos donde se le cambiaba el dinero a la gente. ¹⁵Al verlo, Jesús tomó unas cuerdas, se hizo un látigo y los echó a todos del templo, junto con sus ovejas y sus bueyes. A los que cambiaban dinero les arrojó las monedas al suelo y les volcó las mesas. ¹⁶A los vendedores de palomas les dijo:

—¡Saquen esto de aquí! ¡No hagan un mercado de la casa de mi Padre!

¹⁷Entonces sus discípulos se acordaron de la Escritura que dice: "Me consume el celo por tu casa."k

¹⁸Los judíos le preguntaron:

—¿Qué prueba nos das de tu autoridad para hacer esto?

¹⁹Jesús les contestó:

—Destruyan este templo, y en tres días volveré a levantarlo.l

²⁰Los judíos le dijeron:

—Cuarenta y seis años se ha trabajado en la construcción de este templo, ¿y tú en tres días lo vas a levantar?

²¹Pero el templo al que Jesús se refería era su propio cuerpo. ²²Por eso, cuando resucitó, sus discípulos se acordaron de esto que había dicho, y creyeron en la Escritura y en las palabras de Jesús.

### Jesús conoce a todos

²³Mientras Jesús estaba en Jerusalén, en la fiesta de la Pascua, muchos creyeron en él al ver las señales milagrosas que hacía. ²⁴Pero Jesús no confiaba en ellos, porque los conocía a todos. ²⁵No necesitaba que nadie le dijera nada acerca de la gente, pues él mismo conocía el corazón del hombre.

g 1.49 Mt 16.15.  h 1.51 Gn 28.12.  i 2.12 Mt 4.13.  j 2.13 Ex 12.1-27; Dt 16.1-8.  k 2.17 Sal 69.9.  l 2.19 Mt 26.61; 27.40; Mr 14.58; 15.29.

## Jesús y Nicodemo

**3** [1]Había un fariseo llamado Nicodemo, que era un hombre importante entre los judíos. [2]Este fue de noche a visitar a Jesús, y le dijo:

—Maestro, sabemos que Dios te ha enviado a enseñarnos, porque nadie podría hacer los milagros que tú haces, si Dios no estuviera con él.

[3]Jesús le dijo:

—Te aseguro que el que no nace de nuevo,[3] no puede ver el reino de Dios.

[4]Nicodemo le preguntó:

—¿Y cómo puede uno nacer cuando ya es viejo? ¿Acaso podrá entrar otra vez dentro de su madre, para volver a nacer?

[5]Jesús le contestó:

—Te aseguro que el que no nace de agua y del Espíritu, no puede entrar en el reino de Dios. [6]Lo que nace de padres humanos, es humano; lo que nace del Espíritu, es espíritu.[4] [7]No te extrañes de que te diga: 'Todos tienen que nacer de nuevo.'[m] [8]El viento[4] sopla por donde quiere, y aunque oyes su ruido, no sabes de dónde viene ni a dónde va. Así son también todos los que nacen del Espíritu.[n]

[9]Nicodemo volvió a preguntarle:

—¿Cómo puede ser esto?

[10]Jesús le contestó:

—¿Tú, que eres el maestro de Israel, no sabes estas cosas? [11]Te aseguro que nosotros hablamos de lo que sabemos, y somos testigos de lo que hemos visto; pero ustedes no creen lo que les decimos. [12]Si no me creen cuando les hablo de las cosas de este mundo, ¿cómo me van a creer si les hablo de las cosas del cielo?[*]

[13]"Nadie ha subido al cielo sino el que bajó del cielo; es decir, el Hijo del hombre.[5][**] [14]Y así como Moisés levantó la serpiente en el desierto,[ñ] así también el Hijo del hombre tiene que ser levantado,[o] [15]para que todo el que cree en él tenga vida eterna.

## El amor de Dios para el mundo

[16]"Pues Dios amó tanto al mundo, que dio a su Hijo único, para que todo aquel que cree en él no muera, sino que tenga vida eterna. [17]Porque Dios no envió a su Hijo al mundo para condenar al mundo, sino para salvarlo. [18]"El que cree en el Hijo de Dios, no está condenado; pero el que no cree, ya ha sido condenado por no creer en el Hijo único de Dios. [19]Los que no creen, ya han sido condenados, pues, como hacían cosas malas, cuando la luz vino al mundo prefirieron la oscuridad a la luz. [20]Todos los que hacen lo malo odian la luz, y no se acercan a ella para que no se descubra lo que están haciendo.[p] [21]Pero los que viven de acuerdo con la verdad, se acercan a la luz para que se vea que todo lo hacen de acuerdo con la voluntad de Dios.

## Juan el Bautista vuelve a hablar de Jesús

[22]Después de esto, Jesús fue con sus discípulos a la región de Judea, donde pasó algún tiempo con ellos bautizando. [23]También Juan estaba bautizando en Enón, cerca de Salim, porque allí había mucha agua; y la gente iba y era bautizada. [24]Esto sucedió antes que metieran a Juan a la cárcel.[q]

[25]Pero algunos de los seguidores de Juan comenzaron a discutir con un judío sobre el asunto de la purificación, [26]y fueron a decirle a Juan:

—Maestro, el que estaba contigo al este del Jordán, de quien tú nos hablaste, ahora está bautizando y todos lo siguen.

[27]Juan les dijo:

—Nadie puede tener nada, si Dios no se lo da. [28]Ustedes mismos me oyeron decir claramente que yo no soy el Mesías,[r] sino uno que ha sido enviado delante de él. [29]En una boda, el que tiene a la novia es el novio; y el amigo del novio, que está allí y lo escucha, se llena de alegría al oírlo hablar. Así también mi alegría es ahora completa. [30]El ha de ir aumentando en importancia, y yo disminuyendo.

## El que viene de arriba

[31]El que viene de arriba está sobre todos. El que es de la tierra es terrenal, y habla de las cosas de la tierra. Pero el que viene del cielo está sobre todos, [32]y habla de lo que ha visto y oído; pero nadie cree lo que él dice. [33]Pero si alguno lo cree, confirma con ello que Dios dice la verdad; [34]pues el que ha sido enviado por Dios, habla las palabras de Dios, porque Dios da abundantemente su Espíritu. [35]El Padre ama al Hijo, y le ha dado poder sobre todas las cosas.[s] [36]El que cree en el Hijo, tiene vida eterna; pero el que no

---

[3] De nuevo: otra posible traducción: de lo alto.   [4] En griego, la misma palabra significa tanto espíritu como viento. Lo mismo en hebreo.   [5] Algunos mss. añaden: que está en el cielo.
[m] 3.3-7 1 P 1.3,23.   [n] 3.8 Ec 11.5.   [*] 3.12 Sab 9.16.   [**] 3.13 Bar 3.29.   [ñ] 3.14 Nm 21.9; Sab 16.6-7.   [o] 3.14 Is 52.13; Jn 8.28; 12.32-34; 18.32.   [p] 3.20 Job 24.13-17.   [q] 3.24 Mt 14.3; Mr 6.17; Lc 3.19-20.   [r] 3.28 Jn 1.20.   [s] 3.35 Mt 11.27; Lc 10.22.

quiere creer en el Hijo, no tendrá esa vida, sino que recibirá el terrible castigo de Dios.

## Jesús y la mujer de Samaria

4 ¹Los fariseos se enteraron de que Jesús tenía más seguidores y bautizaba más que Juan ²(aunque en realidad no era Jesús el que bautizaba, sino sus discípulos). ³Cuando Jesús lo supo, salió de Judea para volver a Galilea.

⁴En su viaje, tenía que pasar por la región de Samaria. ⁵De modo que llegó a un pueblo de Samaria que se llamaba Sicar,⁶ cerca del terreno que Jacob había dado en herencia a su hijo José.ᵗ ⁶Allí estaba el pozo que llamaban de Jacob. Jesús, cansado del camino, se sentó junto al pozo. Era cerca del mediodía. ⁷⁻⁸Los discípulos habían ido al pueblo a comprar algo de comer. En eso, una mujer de Samaria llegó al pozo a sacar agua, y Jesús le dijo:

—Dame un poco de agua.

⁹Pero como los judíos no tienen trato⁷ con los samaritanos,ᵘ la mujer le respondió:

—¿Cómo es que tú, siendo judío, me pides agua a mí, que soy samaritana?

¹⁰Jesús le contestó:

—Si supieras lo que Dios da y quién es el que te está pidiendo agua, tú le pedirías a él, y él te daría agua viva.ᵛ

¹¹La mujer le dijo:

—Señor, ni siquiera tienes con qué sacar agua, y el pozo es muy hondo: ¿de dónde vas a darme agua viva? ¹²Nuestro antepasado Jacob nos dejó este pozo, del que él mismo bebía y del que bebían también sus hijos y sus animales. ¿Acaso eres tú más que él?

¹³Jesús le contestó:

—Todos los que beben de esta agua, volverán a tener sed; ¹⁴pero el que beba del agua que yo le daré, nunca volverá a tener sed. Porque el agua que yo le daré brotará en él como un manantial de vida eterna.

¹⁵La mujer le dijo:

—Señor, dame de esa agua, para que no vuelva yo a tener sed ni haya de venir aquí a sacarla.

¹⁶Jesús le dijo:

—Ve a llamar a tu marido y vuelve acá.

¹⁷La mujer le contestó:

—No tengo marido.

Jesús le dijo:

—Bien dices que no tienes marido; ¹⁸porque has tenido cinco maridos, y el que ahora tienes no es tu marido. Es cierto lo que has dicho.

¹⁹Al oír esto, la mujer le dijo:

—Señor, ya veo que eres un profeta. ²⁰Nuestros antepasados, los samaritanos, adoraron a Dios aquí, en este monte;⁸ pero ustedes los judíos dicen que Jerusalén es el lugar donde debemos adorarlo.

²¹Jesús le contestó:

—Créeme, mujer, que llega la hora en que ustedes adorarán al Padre sin tener que venir a este monte ni ir a Jerusalén. ²²Ustedes no saben a quién adoran; pero nosotros sabemos a quién adoramos, pues la salvación viene de los judíos. ²³Pero llega la hora, y es ahora mismo, cuando los que de veras adoran al Padre lo harán de un modo verdadero, conforme al Espíritu de Dios. Pues el Padre quiere que así lo hagan los que lo adoran. ²⁴Dios es Espíritu, y los que lo adoran deben hacerlo de un modo verdadero, conforme al Espíritu de Dios.

²⁵La mujer le dijo:

—Yo sé que va a venir el Mesías (es decir, el Cristo); y cuando él venga, nos lo explicará todo.

²⁶Jesús le dijo:

—Ese soy yo, el mismo que habla contigo.

²⁷En esto llegaron sus discípulos, y se quedaron extrañados de que Jesús estuviera hablando con una mujer. Pero ninguno se atrevió a preguntarle qué quería, o de qué estaba conversando con ella. ²⁸La mujer dejó su cántaro y se fue al pueblo, donde dijo a la gente:

²⁹—Vengan a ver a un hombre que me ha dicho todo lo que he hecho. ¿No será éste el Mesías?

³⁰Entonces salieron del pueblo y fueron a donde estaba Jesús. ³¹Mientras tanto, los discípulos le rogaban:

—Maestro, come algo.

³²Pero él les dijo:

—Yo tengo algo que comer, que ustedes no conocen.

³³Los discípulos comenzaron a preguntarse unos a otros:

—¿Será que le habrán traído algo de comer?

³⁴Pero Jesús les dijo:

---

⁶ Una antigua versión dice *Siquem.* Parece tratarse, en efecto, de esta población, muy próxima al pozo de Jacob. No se ha identificado ninguna Sicar en Samaria.   ⁷ *No tienen trato:* otra posible traducción: *no usan nada en común* (especialmente vasijas).   ⁸ El monte Gerizim, donde los samaritanos tenían su santuario.
ᵗ 4.5 Gn 33.19; Jos 24.32.   ᵘ 4.9 Esd 4.1-5; Neh 4.1-2.   ᵛ 4.10-14 Is 44.3; Jer 2.13; 17.13; Jn 7.37-39.

—Mi comida es hacer la voluntad del que me envió y terminar su trabajo. [35]Ustedes dicen: 'Todavía faltan cuatro meses para la cosecha'; pero yo les digo que se fijen en los sembrados, pues ya están maduros para la cosecha. [36]El que trabaja en la cosecha recibe su paga, y la cosecha que recoge es para vida eterna, para que tanto el que siembra como el que cosecha se alegren juntamente. [37]Porque este dicho es verdadero: 'Uno es el que siembra y otro el que cosecha.' [38]Yo los envié a ustedes a cosechar algo que no les había costado ningún trabajo; otros fueron los que trabajaron, y ustedes son los que se han beneficiado del trabajo de ellos.

[39]Muchos de los habitantes de aquel pueblo de Samaria creyeron en Jesús por lo que les había asegurado la mujer: "Me ha dicho todo lo que he hecho." [40]Así que, cuando los samaritanos llegaron, rogaron a Jesús que se quedara con ellos. El se quedó allí dos días, [41]y muchos más creyeron al oír lo que él mismo decía. [42]Y dijeron a la mujer:

—Ahora creemos, no solamente por lo que tú nos dijiste, sino también porque nosotros mismos le hemos oído y sabemos que de veras es el Salvador del mundo.

### Jesús sana al hijo de un oficial del rey

[43]Pasados esos dos días, Jesús salió de Samaria y siguió su viaje a Galilea. [44]Porque, como él mismo dijo, a un profeta no lo honran en su propia tierra.[w] [45]Cuando llegó a Galilea, los de aquella región lo recibieron bien, porque también habían ido a la fiesta de la Pascua a Jerusalén y habían visto todo lo que él hizo entonces.[x]

[46]Jesús regresó a Caná de Galilea, donde había convertido el agua en vino.[y] Y había un alto oficial del rey, que tenía un hijo enfermo en Capernaum. [47]Cuando el oficial supo que Jesús había llegado de Judea a Galilea, fue a verlo y le rogó que fuera a su casa y sanara a su hijo, que estaba a punto de morir. [48]Jesús le contestó:

—Ustedes no creen, si no ven señales y milagros.

[49]Pero el oficial le dijo:

—Señor, ven pronto, antes que mi hijo se muera.

[50]Jesús le dijo entonces:

—Vuelve a casa; tu hijo vive.

El hombre creyó lo que Jesús le dijo, y se fue. [51]Mientras regresaba a su casa, sus criados salieron a su encuentro y le dijeron:

—¡Su hijo vive!

[52]El les preguntó a qué hora había comenzado a sentirse mejor su hijo, y le contestaron:

—Ayer a la una de la tarde se le quitó la fiebre.

[53]El padre cayó entonces en la cuenta de que era la misma hora en que Jesús le dijo: "Tu hijo vive"; y él y toda su familia creyeron en Jesús.

[54]Esta fue la segunda señal milagrosa que hizo Jesús, cuando volvió de Judea a Galilea.

### Jesús sana al paralítico de Betzata

5 [1]Algún tiempo después, los judíos celebraban una fiesta, y Jesús volvió a Jerusalén. [2]En Jerusalén, cerca de la puerta llamada de las Ovejas, hay un estanque que en hebreo se llama Betzata. Tiene cinco pórticos, [3]en los cuales se encontraban muchos enfermos, ciegos, cojos y tullidos echados en el suelo.[9] [5]Había entre ellos un hombre que estaba enfermo desde hacía treinta y ocho años. [6]Cuando Jesús lo vio allí acostado y se enteró del mucho tiempo que llevaba así, le preguntó:

—¿Quieres recobrar la salud?

[7]El enfermo le contestó:

—Señor, no tengo a nadie que me meta en el estanque cuando se remueve el agua. Cada vez que quiero meterme, otro lo hace primero.

[8]Jesús le dijo:

—Levántate, recoge tu camilla y anda.

[9]En aquel momento el hombre recobró la salud, recogió su camilla y comenzó a andar. Pero como era día de reposo,[10] [10]los judíos dijeron al que había sido sanado:

—Hoy es día de reposo;[10] no te está permitido llevar tu camilla.[z]

[11]Aquel hombre les contestó:

—El que me devolvió la salud, me dijo: 'Recoge tu camilla y anda.'

[12]Ellos le preguntaron:

---

[9] Algunos mss. añaden la parte final del v. 3 y el v. 4: *que esperaban el movimiento del agua.* [4]*Porque de cuando en cuando un ángel bajaba al estanque y removía el agua, y el primero que se metía en ella después de haber sido removida, quedaba sano de cualquier enfermedad que tuviera.* [10] *Día de reposo:* aquí equivale a *sábado.*

w **4.44** Mt 13.57; Mr 6.4; Lc 4.24.  x **4.45** Jn 2.23.  y **4.46** Jn 2.1-11.  z **5.10** Neh 13.19; Jer 17.21.

—¿Quién es el que te dijo: 'Recoge tu camilla y anda'?

[13]Pero el hombre no sabía quién lo había sanado, porque Jesús había desaparecido entre la mucha gente que había allí. [14]Después Jesús lo encontró en el templo, y le dijo:

—Mira, ahora que ya estás sano, no vuelvas a pecar, para que no te pase algo peor.

[15]El hombre se fue y comunicó a los judíos que Jesús era quien le había devuelto la salud. [16]Por eso los judíos perseguían a Jesús, pues hacía estas cosas en el día de reposo.[10] [17]Pero Jesús les dijo:

—Mi Padre siempre ha trabajado, y yo también trabajo.

[18]Por esto, los judíos tenían aún más deseos de matarlo, porque no solamente no observaba el mandato sobre el día de reposo,[10] sino que además se hacía igual a Dios, al decir que Dios era su propio Padre.[a]

### La autoridad del Hijo de Dios

[19]Jesús les dijo: "Les aseguro que el Hijo de Dios no puede hacer nada por su propia cuenta; solamente hace lo que ve hacer al Padre. Todo lo que hace el Padre, también lo hace el Hijo. [20]Pues el Padre ama al Hijo y le muestra todo lo que hace; y le mostrará cosas todavía más grandes, que los dejarán a ustedes asombrados. [21]Porque así como el Padre resucita a los muertos y les da vida, también el Hijo da vida a quienes quiere dársela. [22]Y el Padre no juzga a nadie, sino que le ha dado a su Hijo todo el poder de juzgar, [23]para que todos den al Hijo la misma honra que dan al Padre. El que no honra al Hijo, tampoco honra al Padre, que lo ha enviado.

[24]"Les aseguro que quien presta atención a lo que yo digo y cree en el que me envió, tiene vida eterna; y no será condenado, pues ya ha pasado de la muerte a la vida. [25]Les aseguro que viene la hora, y es ahora mismo, cuando los muertos oirán la voz del Hijo de Dios; y los que la oigan, vivirán. [26]Porque así como el Padre tiene vida en sí mismo, así también ha hecho que el Hijo tenga vida en sí mismo, [27]y le ha dado autoridad para juzgar, por cuanto que es el Hijo del hombre. [28]No se admiren de esto, porque va a llegar la hora en que todos los muertos oirán su voz [29]y saldrán de las tumbas. Los que hicieron el bien, resucitarán para tener vida; pero los que hicieron el mal, resucitarán para ser condenados.[b]

### Pruebas de la autoridad de Jesús

[30]"Yo no puedo hacer nada por mi propia cuenta. Juzgo según el Padre me ordena, y mi juicio es justo, pues no trato de hacer mi voluntad sino la voluntad del Padre, que me ha enviado. [31]Si yo diera testimonio en favor mío, mi testimonio no valdría como prueba. [32]Pero hay otro que da testimonio en favor mío, y me consta que su testimonio sí vale como prueba. [33]Ustedes enviaron a preguntarle a Juan, y lo que él contestó es cierto.[c] [34]Pero yo no dependo del testimonio de ningún hombre. Sólo digo esto para que ustedes puedan ser salvos. [35]Juan era como una lámpara que ardía y alumbraba, y ustedes quisieron gozar de su luz por un corto tiempo. [36]Pero tengo a mi favor una prueba mejor que la dada por Juan. Lo que yo hago, que es lo que el Padre me encargó que hiciera, comprueba que de veras el Padre me ha enviado. [37]Y también el Padre, que me ha enviado, da pruebas a mi favor,[d] a pesar de que ustedes nunca han oído su voz ni lo han visto, [38]ni tampoco su mensaje vive en ustedes, porque no creen en aquel que el Padre envió. [39]Ustedes estudian las Escrituras con mucho cuidado, porque esperan encontrar en ellas la vida eterna; sin embargo, aunque son las Escrituras las que hablan de mí,* [40]ustedes no quieren venir a mí para tener esa vida.

[41]"Yo no acepto honores que vengan de los hombres. [42]Además, los conozco a ustedes y sé que no aman a Dios. [43]Yo he venido en nombre de mi Padre, y ustedes no me aceptan; en cambio, si viniera otro en nombre propio, a ése lo aceptarían. [44]¿Cómo pueden creer ustedes, si reciben honores los unos de los otros y no buscan los honores que vienen del Dios único? [45]No crean que yo los voy a acusar delante de mi Padre; el que los acusa es Moisés mismo, en quien ustedes han puesto su esperanza. [46]Porque si ustedes creyeran lo que dijo Moisés, también me creerían a mí, porque Moisés escribió acerca de mí. [47]Pero si no creen lo que él escribió, ¿cómo van a creer lo que yo les digo?"

[10] Día de reposo: aquí equivale a sábado.
a 5.18 Jn 10.30-38. b 5.29 Dn 12.2; 2 Mac 7.9-14,23. c 5.33 Jn 1.19-27; 3.27-30. d 5.37 Mt 3.17; Mr 1.11; Lc 3.22.
* 5.39 Dt 4.1; 8.1; 30.15-20; Bar 4.1.

## Jesús da de comer a cinco mil hombres

*(Mt 14.13-21; Mr 6.30-44; Lc 9.10-17)*

**6** ¹Después de esto, Jesús se fue al otro lado del lago de Galilea, que es el mismo lago de Tiberias. ²Mucha gente lo seguía, porque habían visto las señales milagrosas que hacía sanando a los enfermos. ³Entonces Jesús subió a un monte, y se sentó con sus discípulos. ⁴Ya estaba cerca la Pascua, la fiesta de los judíos. ⁵Cuando Jesús miró y vio la mucha gente que lo seguía, le dijo a Felipe:

—¿Dónde vamos a comprar comida para toda esta gente?

⁶Pero lo dijo por ver qué contestaría Felipe, porque Jesús mismo sabía bien lo que había de hacer. ⁷Felipe le respondió:

—Ni siquiera doscientos denarios de pan bastarían para que cada uno recibiera un poco.

⁸Entonces Andrés, que era otro de sus discípulos y hermano de Simón Pedro, le dijo:

⁹—Aquí hay un niño que tiene cinco panes de cebada y dos pescados; pero, ¿qué es esto para tanta gente?

¹⁰Jesús respondió:

—Díganles a todos que se sienten.

Había mucha hierba en aquel lugar, y se sentaron. Eran unos cinco mil hombres. ¹¹Jesús tomó en sus manos los panes y, después de dar gracias a Dios, los repartió entre los que estaban sentados. Hizo lo mismo con los pescados, dándoles todo lo que querían. ¹²Cuando ya estuvieron satisfechos, Jesús dijo a sus discípulos:

—Recojan los pedazos sobrantes, para que no se desperdicie nada.

¹³Ellos los recogieron, y llenaron doce canastas con los pedazos que sobraron de los cinco panes de cebada. ¹⁴La gente, al ver esta señal milagrosa hecha por Jesús, decía:

—De veras éste es el profeta que había de venir al mundo.

¹⁵Pero como Jesús se dio cuenta de que querían llevárselo a la fuerza para hacerlo rey, se retiró otra vez a lo alto del cerro, para estar solo.

## Jesús camina sobre el agua

*(Mt 14.22-27; Mr 6.45-52)*

¹⁶Al llegar la noche, los discípulos de Jesús bajaron al lago, ¹⁷subieron a una barca y comenzaron a cruzar el lago para llegar a Capernaum. Ya estaba completamente oscuro, y Jesús no había regresado todavía. ¹⁸En esto, el lago se alborotó a causa de un fuerte viento que se había levantado. ¹⁹Cuando ya habían avanzado unos cinco o seis kilómetros, vieron a Jesús, que se acercaba a la barca caminando sobre el agua, y tuvieron miedo. ²⁰El les dijo:

—¡Soy yo, no tengan miedo!

²¹Ellos querían recibirlo en la barca; y en un momento llegaron a la tierra adonde iban.

## La gente busca a Jesús

²²Al día siguiente, la gente que estaba al otro lado del lago se dio cuenta de que los discípulos se habían ido en la única barca que allí había, y que Jesús no iba con ellos. ²³Mientras tanto, otras barcas llegaron de la ciudad de Tiberias a un lugar cerca de donde habían comido el pan después que el Señor dio gracias. ²⁴Así que, al ver que ni Jesús ni sus discípulos estaban allí, la gente subió también a las barcas y se dirigió a Capernaum, a buscarlo.

## Jesús, el pan de la vida

²⁵Al llegar ellos al otro lado del lago, encontraron a Jesús y le preguntaron:

—Maestro, ¿cuándo viniste acá?

²⁶Jesús les dijo:

—Les aseguro que ustedes me buscan porque comieron hasta llenarse, y no porque hayan entendido las señales milagrosas. ²⁷No trabajen por la comida que se acaba, sino por la comida que permanece y que les da vida eterna. Esta es la comida que les dará el Hijo del hombre, porque Dios, el Padre, ha puesto su sello en él.

²⁸Le preguntaron:

—¿Qué debemos hacer para realizar las obras que Dios quiere que hagamos?

²⁹Jesús les contestó:

—Lo que Dios quiere que hagan es que crean en aquel que él ha enviado.

³⁰Le preguntaron entonces:

—¿Qué señal puedes darnos, para que al verla te creamos? ¿Cuáles son tus obras? ³¹Nuestros antepasados comieron el maná en el desierto,*e* como dice la Escritura: 'Dios les dio a comer pan del cielo.'*f*

³²Jesús les contestó:

—Les aseguro que no fue Moisés quien les dio a ustedes el pan del cielo, sino que mi Padre es quien les da el verdadero pan

*e* 6.31 Ex 16.4,15.   *f* 6.31 Sal 78.24; Sab 16.20.

del cielo. [33]Porque el pan que Dios da es el que ha bajado del cielo y da vida al mundo.

[34]Ellos le pidieron:

—Señor, danos siempre ese pan.

[35]Y Jesús les dijo:

—Yo soy el pan que da vida. El que viene a mí, nunca tendrá hambre; y el que cree en mí, nunca tendrá sed. [36]Pero como ya les dije, ustedes no creen aunque me han visto. [37]Todos los que el Padre me da, vienen a mí; y a los que vienen a mí, no los echaré fuera. [38]Porque yo no he venido del cielo para hacer mi propia voluntad, sino para hacer la voluntad de mi Padre, que me ha enviado. [39]Y la voluntad del que me ha enviado es que yo no pierda a ninguno de los que me ha dado, sino que los resucite en el día último. [40]Porque la voluntad de mi Padre es que todos los que miran al Hijo de Dios y creen en él, tengan vida eterna; y yo los resucitaré en el día último.

[41]Por esto los judíos comenzaron a murmurar de Jesús, porque afirmó: "Yo soy el pan que ha bajado del cielo." [42]Y dijeron:

—¿No es éste Jesús, el hijo de José? Nosotros conocemos a su padre y a su madre. ¿Cómo dice ahora que ha bajado del cielo?

[43]Jesús les dijo entonces:

—Dejen de murmurar. [44]Nadie puede venir a mí, si no lo trae el Padre, que me ha enviado; y yo lo resucitaré en el día último. [45]En los libros de los profetas se dice: 'Dios instruirá a todos.'[g] Así que todos los que escuchan al Padre y aprenden de él, vienen a mí.

[46]"No es que alguno haya visto al Padre; el único que lo ha visto es el que ha venido de Dios. [47]Les aseguro que quien tiene fe, tiene vida eterna. [48]Yo soy el pan que da la vida. [49]Los antepasados de ustedes comieron el maná en el desierto, y a pesar de ello murieron; [50]pero yo hablo del pan que baja del cielo; quien come de él, no muere. [51]Yo soy ese pan vivo que ha bajado del cielo; el que come de este pan, vivirá para siempre. El pan que yo daré es mi propio cuerpo. Lo daré por la vida del mundo.

[52]Los judíos se pusieron a discutir unos con otros:

—¿Cómo puede éste darnos a comer su propio cuerpo?

[53]Jesús les dijo:

—Les aseguro que si ustedes no comen el cuerpo del Hijo del hombre y beben su sangre, no tendrán vida. [54]El que come mi cuerpo y bebe mi sangre, tiene vida eterna; y yo lo resucitaré en el día último. [55]Porque mi cuerpo es verdadera comida, y mi sangre es verdadera bebida. [56]El que come mi cuerpo y bebe mi sangre, vive unido a mí, y yo vivo unido a él. [57]El Padre, que me ha enviado, tiene vida, y yo vivo por él; de la misma manera, el que se alimenta de mí, vivirá por mí. [58]Hablo del pan que ha bajado del cielo. Este pan no es como el maná que comieron los antepasados de ustedes, que a pesar de haberlo comido murieron; el que come de este pan, vivirá para siempre.

[59]Jesús enseñó estas cosas en la reunión de la sinagoga en Capernaum.

### Palabras de vida eterna

[60]Al oír estas enseñanzas, muchos de los que seguían a Jesús dijeron:

—Esto que dice es muy difícil de aceptar; ¿quién puede hacerle caso?

[61]Jesús, dándose cuenta de lo que estaban murmurando, les preguntó:

—¿Esto les ofende? [62]¿Qué pasaría entonces, si vieran al Hijo del hombre subir a donde antes estaba? [63]El espíritu es el que da vida; el cuerpo no aprovecha. Y las cosas que yo les he dicho son espíritu y vida. [64]Pero todavía hay algunos de ustedes que no creen.

Es que Jesús sabía desde el principio quiénes eran los que no creían, y quién era el que lo iba a traicionar. [65]Y añadió:

—Por esto les he dicho que nadie puede venir a mí, si el Padre no lo trae.

[66]Desde entonces, muchos de los que habían seguido a Jesús lo dejaron, y ya no andaban con él. [67]Jesús les preguntó a los doce discípulos:

—¿También ustedes quieren irse?

[68]Simón Pedro le contestó:

—Señor, ¿a quién podemos ir? Tus palabras son palabras de vida eterna. [69]Nosotros ya hemos creído, y sabemos que tú eres el Santo de Dios.[h]

[70]Jesús le contestó:

—¿No los he escogido yo a ustedes doce? Sin embargo, uno de ustedes es un diablo.

[71]Al decir esto, Jesús hablaba de Judas, hijo de Simón Iscariote, porque Judas iba a traicionarlo, aunque era uno de los doce discípulos.

g 6.45 Is 54.13.   h 6.68-69 Mt 16.16; Mr 8.29; Lc 9.20.

### Los hermanos de Jesús no creían en él

7 ¹Después de esto, Jesús andaba por la región de Galilea. No quería estar en Judea, porque allí los judíos lo buscaban para matarlo. ²Pero como se acercaba la fiesta de las Enramadas,ⁱ una de las fiestas de los judíos, ³sus hermanos le dijeron:

—No te quedes aquí; vete a Judea, para que los seguidores que tienes allá también vean lo que haces. ⁴Pues cuando uno quiere ser conocido, no hace las cosas en secreto. Ya que haces cosas como éstas, hazlas delante de todo el mundo.

⁵Y es que ni siquiera sus hermanos creían en él. ⁶Jesús les dijo:

—Todavía no ha llegado mi hora, pero para ustedes cualquier hora es buena. ⁷Los que son del mundo no pueden odiarlos a ustedes; pero a mí me odian, porque yo hago ver claramente que lo que hacen es malo. ⁸Vayan ustedes a la fiesta; yo no voy,ˡˡ porque todavía no se ha cumplido mi hora.

⁹Les dijo esto, y se quedó en Galilea.

### Jesús en la fiesta de las Enramadas

¹⁰Pero después que se fueron sus hermanos, también Jesús fue a la fiesta, aunque no públicamente, sino casi en secreto. ¹¹Los judíos lo buscaban en la fiesta, y decían:

—¿Dónde estará ese hombre?

¹²Entre la gente se hablaba mucho de él. Unos decían: "Es un hombre de bien"; pero otros decían: "No es bueno; engaña a la gente."

¹³Sin embargo, nadie hablaba abiertamente de él, por miedo a los judíos.

¹⁴Hacia la mitad de la fiesta, Jesús entró en el templo y comenzó a enseñar. ¹⁵Los judíos decían admirados:

—¿Cómo sabe éste tantas cosas, sin haber estudiado?

¹⁶Jesús les contestó:

—Mi enseñanza no es mía, sino de aquel que me envió. ¹⁷Si alguien está dispuesto a hacer la voluntad de Dios, podrá reconocer si mi enseñanza viene de Dios o si hablo por mi propia cuenta. ¹⁸El que habla por su propia cuenta, lo hace para que la gente lo honre; pero quien procura que el honor sea para el que lo envió, dice la verdad y en él no hay nada reprochable.

¹⁹"¿No es verdad que Moisés les dio a ustedes la ley? Sin embargo, ninguno de

ustedes la obedece. ¿Por qué quieren matarme?

²⁰La gente le contestó:

—¡Estás endemoniado! ¿Quién quiere matarte?

²¹Jesús les dijo:

—Todos ustedes se admiran por una sola cosa que hice en el día de reposo. ²²Sin embargo, Moisés les mandó practicar el rito de la circuncisiónʲ (aunque no procede de Moisés, sino de los antepasados de ustedesᵏ), y ustedes circuncidan a un niño aunque sea en el día de reposo.¹² ²³Ahora bien, si por no faltar a la ley de Moisés ustedes circuncidan al niño aunque sea en el día de reposo,¹² ¿por qué se enojan conmigo por haber sanado en el día de reposo¹² el cuerpo entero de un hombre?ˡ ²⁴No juzguen ustedes por las apariencias. Cuando juzguen, háganlo con rectitud.

### Jesús habla de su origen

²⁵Algunos de los que vivían en Jerusalén comenzaron entonces a preguntar:

—¿No es a éste al que andan buscando para matarlo? ²⁶Pues está ahí, hablando en público, y nadie le dice nada. ¿Será que las autoridades creen de veras que este hombre es el Mesías? ²⁷Pero nosotros sabemos de dónde viene éste; en cambio, cuando venga el Mesías, nadie sabrá de dónde viene.

²⁸Al oír esto, Jesús, que estaba enseñando en el templo, dijo con voz fuerte:

—¡Así que ustedes me conocen y saben de dónde vengo! Pero no he venido por mi propia cuenta, sino que vengo enviado por uno que es digno de confianza y a quien ustedes no conocen. ²⁹Yo lo conozco porque vengo de él, y él me ha enviado.

³⁰Entonces quisieron arrestarlo, pero ninguno le echó mano porque todavía no había llegado su hora. ³¹Muchos creyeron en él, y decían:

—Cuando venga el Mesías, ¿acaso hará más señales milagrosas que este hombre?

### Los fariseos intentan arrestar a Jesús

³²Los fariseos oyeron lo que la gente decía de Jesús; y ellos y los jefes de los sacerdotes mandaron a unos guardianes del templo a que lo arrestaran. ³³Entonces Jesús dijo:

—Voy a estar con ustedes solamente un poco de tiempo, y después regresaré al

---

ˡˡ Yo no voy: algunos mss. dicen: yo no voy todavía.   ¹² Día de reposo: aquí equivale a sábado.
ⁱ 7.2 Lv 23.34; Dt 16.13.   ʲ 7.22 Lv 12.3.   ᵏ 7.22 Gn 17.10.   ˡ 7.23 Jn 5.9.

—Voy a estar con ustedes solamente un poco de tiempo, y después regresaré al que me ha enviado. [34]Ustedes me buscarán, pero no me encontrarán, porque no podrán ir a donde yo voy a estar.

[35]Los judíos comenzaron entonces a preguntarse unos a otros:

—¿A dónde se va a ir éste, que no podremos encontrarlo? ¿Acaso va a ir a los judíos que viven dispersos en el extranjero, y a enseñar a los paganos? [36]¿Qué quiere decir eso de que 'Me buscarán, pero no me encontrarán, porque no podrán ir a donde yo voy a estar'?

### Ríos de agua viva

[37]El último día de la fiesta[m] era el más importante. Aquel día, Jesús, puesto de pie, dijo con voz fuerte:

—Si alguien tiene sed, venga a mí y beba.[n] [38]Como dice la Escritura, del corazón del que cree en mí brotarán ríos de agua viva.[ñ]

[39]Con esto, Jesús quería decir que los que creyeran en él recibirían el Espíritu; y es que el Espíritu todavía no había venido, porque Jesús aún no había sido glorificado.

### División entre la gente

[40]Había algunos entre la gente que cuando oyeron estas palabras dijeron:

—Seguro que este hombre es el profeta.

[41]Otros decían:

—Este es el Mesías.

Pero otros decían:

—No, porque el Mesías no puede proceder de Galilea. [42]La Escritura dice que el Mesías tiene que ser descendiente del rey David,[o] y que procederá de Belén,[p] el mismo pueblo de donde era David.

[43]Así que la gente se dividió por causa de Jesús. [44]Algunos querían llevárselo preso, pero nadie lo hizo.

### Las autoridades no creían en Jesús

[45]Los guardianes del templo volvieron a donde estaban los fariseos y los jefes de los sacerdotes, que les preguntaron:

—¿Por qué no lo trajeron?

[46]Los guardianes contestaron:

—¡Jamás ningún hombre ha hablado así!

[47]Entonces los fariseos les dijeron:

—¿También ustedes se han dejado engañar? [48]¿Acaso ha creído en él alguno de nuestros jefes, o de los fariseos? [49]Pero esta gente, que no conoce la ley, está maldita.

[50]Nicodemo, el fariseo que en una ocasión había ido a ver a Jesús,[q] les dijo:

[51]—Según nuestra ley, no podemos condenar a un hombre sin antes haberlo oído para saber qué es lo que ha hecho.

[52]Ellos le contestaron:

—¿También tú eres de Galilea? Estudia las Escrituras y verás que de Galilea jamás surge un profeta.

### La mujer adúltera

[[53]Cada uno se fue a su casa.

**8** [1]Pero Jesús se dirigió al monte de los Olivos, [2]y al día siguiente, al amanecer, volvió al templo. La gente se le acercó, y él se sentó y comenzó a enseñarles.

[3]Los maestros de la ley y los fariseos llevaron entonces a una mujer que habían sorprendido cometiendo adulterio. La pusieron en medio de todos los presentes, [4]y dijeron a Jesús:

—Maestro, esta mujer ha sido sorprendida en el acto mismo de cometer adulterio. [5]En nuestra ley, Moisés ordenó que se matara a pedradas a esta clase de mujeres.[r] ¿Tú qué dices?

[6]Ellos preguntaron esto para ponerlo a prueba, y tener así de qué acusarlo. Pero Jesús se inclinó y comenzó a escribir en la tierra con el dedo. [7]Luego, como seguían preguntándole, se enderezó y les dijo:

—Aquel de ustedes que no tenga pecado, que le tire la primera piedra.

[8]Y volvió a inclinarse y siguió escribiendo en la tierra. [9]Al oír esto, uno tras otro comenzaron a irse, y los primeros en hacerlo fueron los más viejos. Cuando Jesús se encontró solo con la mujer, que se había quedado allí, [10]se enderezó y le preguntó:

—Mujer, ¿dónde están? ¿Ninguno te ha condenado?

[11]Ella le contestó:

—Ninguno, Señor.

Jesús le dijo:

—Tampoco yo te condeno; ahora vete, y no vuelvas a pecar.][13]

---

[13] El texto entre corchetes falta en la mayoría de los mss. Otros mss. lo incluyen en distinto lugar.
[m] 7.37 Lv 23.36; Nm 29.35. [n] 7.37 Jn 4.10-14. [ñ] 7.38 Ez 47.1; Zac 14.8. [o] 7.42 2 S 7.12-13; Sal 89.3-4; 132.11-12.
[p] 7.42 Mi 5.2. [q] 7.50 Jn 3.1-2. [r] 8.5 Lv 20.10; Dt 22.22-24.

### Jesús, la luz del mundo

[12] Jesús se dirigió otra vez a la gente, diciendo:

—Yo soy la luz del mundo;[s] el que me sigue, tendrá la luz que le da vida, y nunca andará en la oscuridad.

[13] Los fariseos le dijeron:

—Tú estás dando testimonio a favor tuyo: ese testimonio no tiene valor.[t]

[14] Jesús les contestó:

—Mi testimonio sí tiene valor, aunque lo dé yo mismo a mi favor. Pues yo sé de dónde vine y a dónde voy; en cambio, ustedes no lo saben. [15] Ustedes juzgan según los criterios humanos. Yo no juzgo a nadie; [16] pero si juzgo, mi juicio está de acuerdo con la verdad, porque no juzgo yo solo, sino que el Padre que me envió juzga conmigo. [17] En la ley de ustedes está escrito que cuando dos testigos dicen lo mismo, su testimonio tiene valor. [18] Pues bien, yo mismo soy un testigo a mi favor, y el Padre que me envió es el otro testigo.

[19] Le preguntaron:

—¿Dónde está tu Padre?

Jesús les contestó:

—Ustedes no me conocen a mí, ni tampoco a mi Padre; si me conocieran a mí, también conocerían a mi Padre.

[20] Jesús dijo estas cosas mientras enseñaba en el templo, en el lugar donde estaban los cofres de las ofrendas. Pero nadie lo arrestó, porque todavía no había llegado su hora.

### "A donde yo voy, ustedes no pueden ir"

[21] Jesús les volvió a decir:

—Yo me voy, y ustedes me van a buscar, pero morirán en su pecado. A donde yo voy, ustedes no pueden ir.

[22] Los judíos dijeron:

—¿Acaso estará pensando en matarse, y por eso dice que no podemos ir a donde él va?

[23] Jesús les dijo:

—Ustedes son de aquí abajo, pero yo soy de arriba; ustedes son de este mundo, pero yo no soy de este mundo. [24] Por eso les dije que morirán en sus pecados; porque si no creen que yo soy el que soy, morirán en sus pecados.

[25] Entonces le preguntaron:

—¿Quién eres tú?

Jesús les respondió:

—En primer lugar, ¿por qué he de hablar con ustedes?[14] [26] Tengo mucho que decir y que juzgar de ustedes, pero el que me ha enviado dice la verdad, y lo que yo le digo al mundo es lo mismo que le he oído decir a él.

[27] Pero ellos no entendieron que les hablaba del Padre. [28] Por eso les dijo:

—Cuando ustedes levanten en alto al Hijo del hombre, reconocerán que yo soy el que soy, y que no hago nada por mi propia cuenta; solamente digo lo que el Padre me ha enseñado. [29] Porque el que me ha enviado está conmigo; mi Padre no me ha dejado solo, porque yo siempre hago lo que a él le agrada.

[30] Cuando Jesús dijo esto, muchos creyeron en él.

### Los hijos de Dios y los esclavos del pecado

[31] Jesús les dijo a los judíos que habían creído en él:

—Si ustedes se mantienen fieles a mi palabra, serán de veras mis discípulos; [32] conocerán la verdad, y la verdad los hará libres.

[33] Ellos le contestaron:

—Nosotros somos descendientes de Abraham,[u] y nunca hemos sido esclavos de nadie; ¿cómo dices tú que seremos libres?

[34] Jesús les dijo:

—Les aseguro que todos los que pecan son esclavos del pecado. [35] Un esclavo no pertenece para siempre a la familia; pero un hijo sí pertenece para siempre a la familia. [36] Así que, si el Hijo los hace libres, ustedes serán verdaderamente libres.[v] [37] Ya sé que ustedes son descendientes de Abraham; pero quieren matarme porque no aceptan mi palabra. [38] Yo hablo de lo que mi Padre me ha mostrado, y ustedes hacen lo que su padre les ha dicho.

[39] Ellos le dijeron:

—¡Nuestro padre es Abraham!

Pero Jesús les dijo:

—Si ustedes fueran de veras hijos de Abraham, harían lo que él hizo. [40] Sin embargo, aunque les he dicho la verdad que Dios me ha enseñado, ustedes quieren matarme. ¡Abraham nunca hizo nada así! [41] Ustedes hacen lo mismo que hace su padre.

Ellos le dijeron:

---

[14] *En primer lugar, ¿por qué he de hablar con ustedes?:* otra posible traducción: *Lo que desde el principio les digo.*
[s] **8.12** Mt 5.14; Jn 9.5.   [t] **8.13** Jn 5.31.   [u] **8.33** Mt 3.9; Lc 3.8.   [v] **8.36** Gá 5.1,13.

—¡Nosotros no somos hijos bastardos; tenemos un solo padre, que es Dios!

⁴²Jesús les contestó:

—Si de veras Dios fuera su padre, ustedes me amarían, porque yo vengo de Dios y aquí estoy. No he venido por mi propia cuenta, sino que Dios me ha enviado. ⁴³¿Por qué no pueden entender ustedes mi mensaje? Pues simplemente porque no quieren escuchar mi palabra. ⁴⁴El padre de ustedes es el diablo; ustedes le pertenecen, y tratan de hacer lo que él quiere. El diablo ha sido un asesino desde el principio. Nunca se ha basado en la verdad, y nunca dice la verdad. Cuando dice mentiras, habla como lo que es; porque es mentiroso y es el padre de la mentira. * ⁴⁵Pero como yo digo la verdad, ustedes no me creen. ⁴⁶¿Quién de ustedes puede demostrar que yo tengo algún pecado? Y si digo la verdad, ¿por qué no me creen? ⁴⁷El que es de Dios, escucha las palabras de Dios; pero como ustedes no son de Dios, no quieren escuchar.

### Cristo existe desde antes de Abraham

⁴⁸Los judíos le dijeron entonces:

—Tenemos razón cuando decimos que eres un samaritano y que tienes un demonio.

⁴⁹Jesús les contestó:

—No tengo ningún demonio. Lo que hago es honrar a mi Padre; en cambio, ustedes me deshonran. ⁵⁰Yo no quiero que me honren, aunque hay alguien que quiere que se me honre, y él juzga. ⁵¹Les aseguro que quien hace caso de mi palabra, no morirá.

⁵²Los judíos le contestaron:

—Ahora estamos seguros de que tienes un demonio. Abraham y todos los profetas murieron, y tú dices: 'El que hace caso de mi palabra, no morirá.' ⁵³¿Acaso tú eres más que nuestro padre Abraham? El murió, y los profetas también murieron. ¿Quién te has creído que eres?

⁵⁴Jesús les contestó:

—Si yo me honro a mí mismo, mi honra no vale nada. Pero el que me honra es mi Padre, el mismo que ustedes dicen que es su Dios. ⁵⁵Pero ustedes no lo conocen. Yo sí lo conozco; y si dijera que no lo conozco, sería yo tan mentiroso como ustedes. Pero ciertamente lo conozco, y hago caso de su palabra. ⁵⁶Abraham, el antepasado de ustedes, se alegró porque iba a ver mi día; y lo vio, y se llenó de gozo.

⁵⁷Los judíos dijeron a Jesús:

—Todavía no tienes cincuenta años, ¿y dices que has visto a Abraham?

⁵⁸Jesús les contestó:

—Les aseguro que yo existoʷ desde antes que existiera Abraham.

⁵⁹Entonces ellos tomaron piedras para arrojárselas; pero Jesús se escondió y salió del templo.

### Jesús da la vista a un hombre que nació ciego

**9** ¹Al pasar por cierto lugar, Jesús vio a un hombre que había nacido ciego. ²Sus discípulos le preguntaron:

—Maestro, ¿por qué nació ciego este hombre? ¿Por el pecado de sus padres o por su propio pecado?

³Jesús les contestó:

—Ni por su propio pecado ni por el de sus padres; fue más bien para que en él se demuestre lo que Dios puede hacer. ⁴Mientras es de día, tenemos que hacer el trabajo del que me envió; pues viene la noche, cuando nadie puede trabajar. ⁵Mientras estoy en este mundo, soy la luz del mundo.ˣ

⁶Después de haber dicho esto, Jesús escupió en el suelo, hizo con la saliva un poco de lodo y untó con él los ojos del ciego. ⁷Luego le dijo:

—Ve a lavarte al estanque de Siloé (que significa: "Enviado").

El ciego fue y se lavó, y cuando regresó ya podía ver. ⁸Los vecinos y los que antes lo habían visto pedir limosna se preguntaban:

—¿No es éste el que se sentaba a pedir limosna?

⁹Unos decían:

—Sí, es él.

Otros decían:

—No, no es él, aunque se le parece.

Pero él mismo decía:

—Sí, yo soy.

¹⁰Entonces le preguntaron:

—¿Y cómo es que ahora puedes ver?

¹¹El les contestó:

—Ese hombre que se llama Jesús hizo lodo, me untó los ojos con él y me dijo: 'Ve al estanque de Siloé, y lávate.' Yo fui, y en cuanto me lavé, pude ver.

¹²Entonces le preguntaron:

—¿Dónde está ese hombre?

* 8.44 Sab 2.24.  ʷ 8.58 Ex 3.14; Jn 8.24; 10.30-33; 13.19.  ˣ 9.5 Mt 5.14; Jn 8.12.

Y él les dijo:

—No lo sé.

## Los fariseos interrogan al ciego que fue sanado

[13-14]El día en que Jesús hizo el lodo y devolvió la vista al ciego, era día de reposo.[15] Por eso llevaron ante los fariseos al que había sido ciego, [15]y ellos le preguntaron cómo era que ya podía ver. Y él les contestó:

—Me puso lodo sobre los ojos, me lavé y ahora veo.

[16]Algunos fariseos dijeron:

—El que hizo esto no puede ser de Dios, porque no respeta el día de reposo.[15]

Pero otros decían:

—¿Cómo puede hacer estas señales milagrosas, si es pecador?

De manera que hubo división entre ellos, [17]y volvieron a preguntarle al que antes era ciego:

—Puesto que te ha dado la vista, ¿qué dices de él?

El contestó:

—Yo digo que es un profeta.

[18]Pero los judíos no quisieron creer que había sido ciego y que ahora podía ver, hasta que llamaron a sus padres [19]y les preguntaron:

—¿Es éste su hijo? ¿Declaran ustedes que nació ciego? ¿Cómo es que ahora puede ver?

[20]Sus padres contestaron:

—Sabemos que éste es nuestro hijo, y que nació ciego; [21]pero no sabemos cómo es que ahora puede ver, ni tampoco sabemos quién le dio la vista. Pregúntenselo a él; ya es mayor de edad, y él mismo puede darles razón.

[22]Sus padres dijeron esto por miedo, pues los judíos se habían puesto de acuerdo para expulsar de la sinagoga a cualquiera que reconociera que Jesús era el Mesías. [23]Por eso dijeron sus padres: "Pregúntenselo a él, que ya es mayor de edad."

[24]Los judíos volvieron a llamar al que había sido ciego, y le dijeron:

—Dinos la verdad delante de Dios. Nosotros sabemos que ese hombre es pecador.

[25]El les contestó:

—Yo no sé si es pecador o no. Lo único que sé es que yo era ciego y ahora veo.

[26]Volvieron a preguntarle:

—¿Qué te hizo? ¿Qué hizo para darte la vista?

[27]Les contestó:

—Ya se lo he dicho, pero no me hacen caso. ¿Por qué quieren que se lo repita? ¿Es que también ustedes quieren seguirle?

[28]Entonces lo insultaron, y le dijeron:

—Tú sigues a ese hombre, pero nosotros seguimos a Moisés. [29]Nosotros sabemos que Dios le habló a Moisés; pero ése, ni siquiera sabemos de dónde ha salido.

[30]El hombre les contestó:

—¡Qué cosa tan rara! Ustedes no saben de dónde ha salido, y en cambio a mí me ha dado la vista. [31]Bien sabemos que Dios no escucha a los pecadores; solamente escucha a los que lo adoran y hacen su voluntad.[y] [32]Nunca se ha oído decir de nadie que diera la vista a una persona que nació ciega. [33]Si este hombre no viniera de Dios, no podría hacer nada.

[34]Le dijeron entonces:

—Tú, que naciste lleno de pecado, ¿quieres darnos lecciones a nosotros?

Y lo expulsaron de la sinagoga.[16]

## Ciegos espirituales

[35]Jesús supo que habían expulsado al ciego; y cuando se encontró con él, le preguntó:

—¿Crees tú en el Hijo del hombre?

[36]El le dijo:

—Señor, dime quién es, para que yo crea en él.

[37]Jesús le contestó:

—Ya lo has visto: soy yo, con quien estás hablando.

[38]Entonces el hombre se puso de rodillas delante de Jesús, y le dijo:

—Creo, Señor.

[39]Luego dijo Jesús:

—Yo he venido a este mundo para hacer juicio, para que los ciegos vean y para que los que ven se vuelvan ciegos.

[40]Algunos fariseos que estaban con él, al oír esto, le preguntaron:

—¿Acaso nosotros también somos ciegos?

[41]Jesús les contestó:

—Si ustedes fueran ciegos, no tendrían culpa de sus pecados. Pero como dicen que ven, son culpables.

## El pastor y sus ovejas

**10** [1]Entonces Jesús dijo: "Les aseguro que el que no entra por la puerta en

---

[15] *Día de reposo:* aquí equivale a *sábado*.   [16] *De la sinagoga:* según v. 22. En el texto griego no aparece esta frase.   [y] 9.31 Pr 15.29.

el redil de las ovejas, sino que se mete por otro lado, es ladrón y bandido. [2]Pero el que entra por la puerta es el pastor que cuida las ovejas. [3]El portero le abre la puerta, y el pastor llama a cada oveja por su nombre, y las ovejas reconocen su voz. El las saca del redil, [4]y cuando ya han salido todas, camina delante de ellas, y las ovejas lo siguen porque reconocen su voz. [5]En cambio, no siguen a un desconocido, sino que huyen de él, porque no conocen la voz de los desconocidos.''

[6]Jesús les puso esta comparación, pero ellos no entendieron lo que les quería decir.

### Jesús, el buen pastor

[7]Jesús volvió a decirles: "Esto les aseguro: Yo soy la puerta por donde pasan las ovejas. [8]Todos los que vinieron antes de mí, fueron unos ladrones y bandidos; pero las ovejas no les hicieron caso. [9]Yo soy la puerta: el que por mí entre, será salvo. Será como una oveja que entra y sale y encuentra pastos.

[10]"El ladrón viene solamente para robar, matar y destruir; pero yo he venido para que tengan vida, y para que la tengan en abundancia. [11]Yo soy el buen pastor. El buen pastor da su vida por las ovejas; [12]pero el que trabaja solamente por la paga, cuando ve venir al lobo deja las ovejas y huye, porque no es el pastor y porque las ovejas no son suyas. Y el lobo ataca a las ovejas y las dispersa en todas direcciones. [13]Ese hombre huye porque lo único que le importa es la paga, y no las ovejas.

[14-15]"Yo soy el buen pastor.[z] Así como mi Padre me conoce a mí y yo conozco a mi Padre,[a] así también yo conozco a mis ovejas y ellas me conocen a mí. Yo doy mi vida por las ovejas. [16]También tengo otras ovejas que no son de este redil; y también a ellas debo traerlas. Ellas me obedecerán, y habrá un solo rebaño y un solo pastor.[b]

[17]"El Padre me ama porque yo doy mi vida para volverla a recibir. [18]Nadie me quita la vida, sino que yo la doy por mi propia voluntad. Tengo el derecho de darla y de volver a recibirla. Esto es lo que me ordenó mi Padre.''

[19]Cuando los judíos oyeron estas palabras, volvieron a dividirse. [20]Muchos de ellos decían:

—¿Por qué le hacen caso, si tiene un demonio y está loco?

[21]Pero otros decían:

—Nadie que tenga un demonio puede hablar así. ¿Acaso un demonio puede dar la vista a los ciegos?

### Los judíos rechazan a Jesús

[22]Era invierno, y en Jerusalén estaban celebrando la fiesta en que se conmemoraba la dedicación del templo.[*] [23]Jesús estaba en el templo, y andaba por el Pórtico de Salomón. [24]Entonces los judíos le rodearon y le preguntaron:

—¿Hasta cuándo nos vas a tener en dudas? Si tú eres el Mesías, dínoslo de una vez.

[25]Jesús les contestó:

—Ya se lo dije a ustedes, y no me creyeron. Las cosas que yo hago con la autoridad de mi Padre, lo demuestran claramente; [26]pero ustedes no creen, porque no son de mis ovejas. [27]Mis ovejas reconocen mi voz, y yo las conozco y ellas me siguen. [28]Yo les doy vida eterna, y jamás perecerán ni nadie me las quitará. [29]Lo que el Padre me ha dado es más grande que todo,[17] y nadie se lo puede quitar.[**] [30]El Padre y yo somos uno solo.

[31]Los judíos volvieron a tomar piedras para tirárselas, [32]pero Jesús les dijo:

—Por el poder de mi Padre he hecho muchas cosas buenas delante de ustedes; ¿por cuál de ellas me van a apedrear?

[33]Los judíos le contestaron:

—No te vamos a apedrear por ninguna cosa buena que hayas hecho, sino porque tus palabras son una ofensa contra Dios.[c] Tú no eres más que un hombre, pero te estás haciendo Dios a ti mismo.

[34]Jesús les dijo:

—En la ley de ustedes está escrito: 'Yo dije que ustedes son dioses.'[d] [35]Sabemos que lo que la Escritura dice, no se puede anular; y Dios llamó dioses a aquellas personas a quienes dirigió su mensaje. [36]Y si Dios me apartó a mí y me envió al mundo, ¿cómo pueden ustedes decir que lo he ofendido porque dije que soy Hijo de Dios? [37]Si yo no hago las obras que hace mi Padre, no me crean. [38]Pero si las hago, aunque no me crean a mí, crean en las obras que hago, para que sepan de una vez por todas que el Padre está en mí y que yo estoy en el Padre.

[17] Lo que el Padre . . . grande que todo: algunos mss. dicen: Mi Padre, que me las ha dado, es más grande que todos.
[z] 10.1-16 Is 40.11; Ez 34; Eclo 18.13; Lc 15.4-5; He 13.20.   [a] 10.15 Mt 11.27; Lc 10.22.   [b] 10.16 Ef 2.11-22.
[*] 10.22 1 Mac 4.36,52-59; 2 Mac 1.18; 10.5.   [**] 10.28-29 Sab 3.1.   [c] 10.33 Lv 24.16.   [d] 10.34 Sal 82.6.

<sup>39</sup>Otra vez quisieron arrestarlo, pero Jesús se les escapó.

<sup>40</sup>Regresó Jesús al oriente del Jordán, y se quedó allí, en el lugar donde Juan había estado antes bautizando.<sup>e</sup> <sup>41</sup>Mucha gente fue a verle, y decían:

—De veras, aunque Juan no hizo ninguna señal milagrosa, todo lo que dijo de este hombre era verdad.

<sup>42</sup>Muchos creyeron en Jesús en aquel lugar.

### Muerte de Lázaro

**11** <sup>1</sup>Había un hombre enfermo que se llamaba Lázaro, natural de Betania, el pueblo de María y de su hermana Marta.<sup>f</sup> <sup>2</sup>Esta María, que era hermana de Lázaro, fue la que derramó perfume sobre los pies del Señor y los secó con sus cabellos.<sup>g</sup> <sup>3</sup>Así pues, las dos hermanas mandaron a decir a Jesús:

—Señor, tu amigo está enfermo.

<sup>4</sup>Jesús, al oírlo, dijo:

—Esta enfermedad no va a terminar en muerte, sino que ha de servir para mostrar la gloria de Dios, y también la gloria del Hijo de Dios.

<sup>5</sup>Aunque Jesús quería mucho a Marta, a su hermana y a Lázaro, <sup>6</sup>cuando le dijeron que Lázaro estaba enfermo se quedó dos días más en el lugar donde se encontraba. <sup>7</sup>Después dijo a sus discípulos:

—Vamos otra vez a Judea.

<sup>8</sup>Los discípulos le dijeron:

—Maestro, hace poco los judíos de esa región trataron de matarte a pedradas, ¿y otra vez quieres ir allá?

<sup>9</sup>Jesús les dijo:

—¿No es cierto que el día tiene doce horas? Pues si uno anda de día, no tropieza, porque ve la luz que hay en este mundo; <sup>10</sup>pero si uno anda de noche, tropieza, porque le falta la luz.

<sup>11</sup>Después añadió:

—Nuestro amigo Lázaro se ha dormido, pero voy a despertarlo.

<sup>12</sup>Los discípulos le dijeron:

—Señor, si se ha dormido, es señal de que va a sanar.

<sup>13</sup>Pero lo que Jesús les decía es que Lázaro había muerto, mientras que los discípulos pensaban que se había referido al sueño natural. <sup>14</sup>Entonces Jesús les dijo claramente:

—Lázaro ha muerto. <sup>15</sup>Y me alegro de no haber estado allí, porque así es mejor

para ustedes, para que crean. Pero vamos a verlo.

<sup>16</sup>Entonces Tomás, al que llamaban el Gemelo, dijo a los otros discípulos:

—Vamos también nosotros, para morir con él.

### Jesús, la resurrección y la vida

<sup>17</sup>Al llegar, Jesús se encontró con que ya hacía cuatro días que Lázaro había sido sepultado. <sup>18</sup>Betania se hallaba cerca de Jerusalén, a unos tres kilómetros, <sup>19</sup>y muchos de los judíos habían ido a visitar a Marta y a María, para consolarlas por la muerte de su hermano. <sup>20</sup>Cuando Marta supo que Jesús estaba llegando, salió a recibirlo; pero María se quedó en la casa. <sup>21</sup>Marta le dijo a Jesús:

—Señor, si hubieras estado aquí, mi hermano no habría muerto. <sup>22</sup>Pero yo sé que aun ahora Dios te dará todo lo que le pidas.

<sup>23</sup>Jesús le contestó:

—Tu hermano volverá a vivir.

<sup>24</sup>Marta le dijo:

—Sí, ya sé que volverá a vivir cuando los muertos resuciten, en el día último. *

<sup>25</sup>Jesús le dijo entonces:

—Yo soy la resurrección y la vida.<sup>h</sup> El que cree en mí, aunque muera, vivirá; <sup>26</sup>y todo el que todavía está vivo y cree en mí, no morirá jamás. ¿Crees esto?

<sup>27</sup>Ella le dijo:

—Sí, Señor, yo creo que tú eres el Mesías, el Hijo de Dios, el que tenía que venir al mundo.

### Jesús llora junto al sepulcro de Lázaro

<sup>28</sup>Después de decir esto, Marta fue a llamar a su hermana María, y le dijo en secreto:

—El Maestro está aquí y te llama.

<sup>29</sup>Tan pronto como lo oyó, María se levantó y fue a ver a Jesús. <sup>30</sup>Jesús no había entrado todavía en el pueblo; estaba en el lugar donde Marta se había encontrado con él. <sup>31</sup>Al ver que María se levantaba y salía rápidamente, los judíos que estaban con ella en la casa, consolándola, la siguieron pensando que iba al sepulcro a llorar.

<sup>32</sup>Cuando María llegó a donde estaba Jesús, se puso de rodillas a sus pies, diciendo:

—Señor, si hubieras estado aquí, mi hermano no habría muerto.

<sup>e</sup> 10.40 Jn 1.28.   <sup>f</sup> 11.1 Lc 10.38-39.   <sup>g</sup> 11.2 Jn 12.3.   * 11.24 Dn 12.2; 2 Mac 7.23.   <sup>h</sup> 11.25 Ro 6.4-5; Col 2.12; 3.1.

³³Jesús, al ver llorar a María y a los judíos que habían llegado con ella, se conmovió profundamente y se estremeció, ³⁴y les preguntó:

—¿Dónde lo sepultaron?

Le dijeron:

—Ven a verlo, Señor.

³⁵Y Jesús lloró. ³⁶Los judíos dijeron entonces:

—¡Miren cuánto lo quería!

³⁷Pero algunos de ellos decían:

—Este que dio la vista al ciego, ¿no podría haber hecho algo para que Lázaro no muriera?

### Resurrección de Lázaro

³⁸Jesús, otra vez muy conmovido, se acercó a la tumba. Era una cueva, cuya entrada estaba tapada con una piedra. ³⁹Jesús dijo:

—Quiten la piedra.

Marta, la hermana del muerto, le dijo:

—Señor, ya ha de oler mal, porque hace cuatro días que murió.

⁴⁰Jesús le contestó:

—¿No te dije que, si crees, verás la gloria de Dios?

⁴¹Quitaron la piedra, y Jesús, mirando al cielo, dijo:

—Padre, te doy gracias porque me has escuchado. ⁴²Yo sé que siempre me escuchas, pero lo digo por el bien de esta gente que está aquí, para que crean que tú me has enviado.

⁴³Después de decir esto, gritó:

—¡Lázaro, sal de ahí!

⁴⁴Y el muerto salió, con las manos y los pies atados con vendas y la cara envuelta en un lienzo. Jesús les dijo:

—Desátenlo y déjenlo ir.

### Conspiración para arrestar a Jesús
*(Mt 26.1-5; Mr 14.1-2; Lc 22.1-2)*

⁴⁵Por esto creyeron en Jesús muchos de los judíos que habían ido a acompañar a María y que vieron lo que él había hecho. ⁴⁶Pero algunos fueron a ver a los fariseos, y les contaron lo que había hecho Jesús. ⁴⁷Entonces los fariseos y los jefes de los sacerdotes reunieron a la Junta Suprema, y dijeron:

—¿Qué haremos? Este hombre está haciendo muchas señales milagrosas. ⁴⁸Si lo dejamos, todos van a creer en él, y las autoridades romanas vendrán y destruirán nuestro templo y nuestra nación.

⁴⁹Pero uno de ellos, llamado Caifás, que era el sumo sacerdote aquel año, les dijo:

—Ustedes no saben nada, ⁵⁰ni se dan cuenta de que es mejor para ustedes que muera un solo hombre por el pueblo, y no que toda la nación sea destruida.

⁵¹Pero Caifás no dijo esto por su propia cuenta, sino que, como era sumo sacerdote aquel año, dijo por inspiración de Dios que Jesús iba a morir por la nación judía; ⁵²y no solamente por esta nación, sino también para reunir a todos los hijos de Dios que estaban dispersos. ⁵³Así que desde aquel día las autoridades judías tomaron la decisión de matar a Jesús.

⁵⁴Por eso Jesús ya no andaba públicamente entre los judíos, sino que salió de la región de Judea y se fue a un lugar cerca del desierto, a un pueblo llamado Efraín. Allí se quedó con sus discípulos.

⁵⁵Faltaba poco para la fiesta de la Pascua de los judíos, y mucha gente de los pueblos se dirigía a Jerusalén a celebrar los ritos de purificación antes de la Pascua. ⁵⁶Andaban buscando a Jesús, y se preguntaban unos a otros en el templo:

—¿Qué les parece? ¿Vendrá a la fiesta o no?

⁵⁷Los fariseos y los jefes de los sacerdotes habían dado orden de que, si alguien sabía dónde estaba Jesús, lo dijera, para poder arrestarlo.

### Una mujer derrama perfume sobre Jesús

**12** ¹Seis días antes de la Pascua, Jesús fue a Betania, donde vivía Lázaro, a quien él había resucitado. ²Allí hicieron una cena en honor de Jesús; Marta servía, y Lázaro era uno de los que estaban a la mesa comiendo con él. ³María trajo unos trescientos gramos de perfume de nardo puro, muy caro, y perfumó los pies de Jesús; luego se los secó con sus cabellos.ⁱ Y toda la casa se llenó del aroma del perfume. ⁴Entonces Judas Iscariote, que era aquel de los discípulos que iba a traicionar a Jesús, dijo:

⁵—¿Por qué no se ha vendido este perfume en trescientos denarios, para ayudar a los pobres?

⁶Pero Judas no dijo esto porque le importaran los pobres, sino porque era ladrón, y como tenía a su cargo la bolsa del dinero, robaba de lo que echaban en ella. ⁷Jesús le dijo:

ⁱ **12.3** Lc 7.37-38.

—Déjala, pues lo estaba guardando para el día de mi entierro. [8] A los pobres siempre los tendrán entre ustedes,[j] pero a mí no siempre me tendrán.

### Conspiración contra Lázaro

[9] Muchos de los judíos se enteraron de que Jesús estaba en Betania, y fueron allá, no sólo para ver a Jesús sino también a Lázaro, a quien Jesús había resucitado. [10] Entonces los jefes de los sacerdotes decidieron matar también a Lázaro, [11] porque por causa suya muchos judíos se estaban separando de ellos para creer en Jesús.

### Jesús entra en Jerusalén
*(Mt 21.1-11; Mr 11.1-11; Lc 19.28-40)*

[12] Mucha gente había ido a Jerusalén para la fiesta de la Pascua. Al día siguiente, supieron que Jesús iba a llegar a la ciudad. [13] Entonces cortaron hojas de palmera y salieron a recibirlo, gritando:

—¡Gloria![18] ¡Bendito el que viene en el nombre del Señor! ¡Bendito el Rey de Israel![k]

[14] Jesús encontró un burro y montó en él, como se dice en la Escritura:

[15] "No tengas miedo, ciudad de Sión;
    mira, tu Rey viene
    montado en un burrito." [l]

[16] Al principio, sus discípulos no entendieron estas cosas; pero después, cuando Jesús fue glorificado, se acordaron de que todo esto que le había pasado era lo que estaba escrito acerca de él.

[17] La gente que estaba con Jesús cuando él llamó a Lázaro de la tumba y lo resucitó, contaba lo que había visto. [18] Por eso, la gente salió al encuentro de Jesús, porque supieron de la señal milagrosa que había hecho. [19] Pero los fariseos se decían unos a otros:

—Ya ven ustedes que así no vamos a conseguir nada. Miren, ¡todo el mundo se va con él!

### Unos griegos buscan a Jesús

[20] Entre la gente que había ido a Jerusalén a adorar durante la fiesta, había algunos griegos. [21] Estos se acercaron a Felipe, que era de Betsaida, un pueblo de Galilea, y le rogaron:

—Señor, queremos ver a Jesús.

[22] Felipe fue y se lo dijo a Andrés, y los dos fueron a contárselo a Jesús. [23] Jesús les dijo entonces:

—Ha llegado la hora en que el Hijo del hombre va a ser glorificado. [24] Les aseguro que si un grano de trigo no cae en la tierra y muere, sigue siendo un solo grano; pero si muere, da abundante cosecha.[m] [25] El que ama su vida, la perderá; pero el que desprecia su vida en este mundo, la conservará para la vida eterna.[n] [26] Si alguno quiere servirme, que me siga; y donde yo esté, allí estará también el que me sirva. Si alguno me sirve, mi Padre lo honrará.

### Jesús anuncia su muerte

[27] "¡Siento en este momento una angustia terrible! ¿Y qué voy a decir? ¿Diré: 'Padre, líbrame de esta angustia'? ¡Pero precisamente para esto he venido! [28] Padre, glorifica tu nombre.

Entonces se oyó una voz del cielo, que decía: "Ya lo he glorificado, y lo voy a glorificar otra vez."

[29] La gente que estaba allí escuchando, decía que había sido un trueno; pero algunos afirmaban:

—Un ángel le ha hablado.

[30] Jesús les dijo:

—No fue por mí por quien se oyó esta voz, sino por ustedes. [31] Este es el momento en que el mundo va a ser juzgado, y ahora será expulsado el que manda en este mundo. [32] Pero cuando yo sea levantado de la tierra, atraeré a todos a mí mismo.

[33] Con esto daba a entender de qué forma había de morir. [34] La gente le contestó:

—Por la ley sabemos que el Mesías vivirá para siempre.[ñ] ¿Cómo, pues, dices tú que el Hijo del hombre tiene que ser levantado? ¿Quién es ese Hijo del hombre?

[35] Jesús les dijo:

—Todavía estará entre ustedes la luz, pero solamente por un poco de tiempo. Anden, pues, mientras tienen esta luz, para que no les sorprenda la oscuridad; porque el que anda en oscuridad, no sabe por dónde va. [36] Crean en la luz mientras todavía la tienen, para que pertenezcan a la luz.

Después de decir estas cosas, Jesús se fue y se escondió de ellos.

*18* Véase nota en Mt 21.9.
*j* 12.8 Dt 15.11.   *k* 12.13 Sal 118.25-26; 1 Mac 13.51; 2 Mac 10.7.   *l* 12.15 Zac 9.9.   *m* 12.24 Mt 10.38; 16.24; Mr 8.34; Lc 9.23.
*n* 12.25 Mt 10.39; 16.25; Mr 8.35; Lc 9.24; 17.33.   *ñ* 12.34 Sal 110.4; Is 9.7; Ez 37.25; Dn 7.14.

### Por qué los judíos no creían en Jesús

**37** A pesar de que Jesús había hecho tan grandes señales milagrosas delante de ellos, no creían en él; **38** pues tenía que cumplirse lo que escribió el profeta Isaías:

"Señor, ¿quién ha creído nuestro mensaje?
¿A quién ha revelado el Señor su poder?"*o*

**39** Así que no podían creer, pues también escribió Isaías:

**40** "Dios les ha cerrado los ojos
y ha entorpecido su mente,
para que no puedan ver
ni puedan entender;
para que no se vuelvan a mí,
y yo no los sane."*p*

**41** Isaías dijo esto porque había visto la gloria de Jesús, y hablaba de él.

**42** Sin embargo, muchos de los judíos creyeron en Jesús, incluso algunos de los más importantes. Pero no lo decían en público por miedo a los fariseos, para que no los expulsaran de las sinagogas. **43** Preferían recibir la honra que dan los hombres a recibir la honra que da Dios.

### Las palabras de Jesús juzgarán a la gente

**44** Jesús dijo con voz fuerte: "El que cree en mí, no cree solamente en mí, sino también en el Padre, que me ha enviado. **45** Y el que me ve a mí, ve también al que me ha enviado. **46** Yo, que soy la luz, he venido al mundo para que los que creen en mí no se queden en la oscuridad. **47** Pero a aquel que oye mis palabras y no las obedece, no soy yo quien lo condena; porque yo no vine para condenar al mundo, sino para salvarlo. **48** El que me desprecia y no hace caso de mis palabras, ya tiene quien lo condene: las palabras que yo he dicho lo condenarán en el día último. **49** Porque yo no hablo por mi cuenta; el Padre, que me ha enviado, me ha ordenado lo que debo decir y enseñar. **50** Y sé que el mandato de mi Padre es para vida eterna. Así pues, lo que yo digo, lo digo como el Padre me ha ordenado."

### Jesús lava los pies de sus discípulos

**13** **1** Era el día anterior a la fiesta de la Pascua. Jesús sabía que había llegado la hora de que él dejara este mundo para ir a reunirse con el Padre. El siempre había amado a los suyos que estaban en el mundo, y así los amó hasta el fin.

**2-4** El diablo ya había metido en el corazón de Judas, hijo de Simón Iscariote, la idea de traicionar a Jesús. Jesús sabía que había venido de Dios, que iba a volver a Dios y que el Padre le había dado toda autoridad; así que, mientras estaban cenando, se levantó de la mesa, se quitó la ropa exterior y se ató una toalla a la cintura. **5** Luego echó agua en una palangana y se puso a lavar los pies de los discípulos y a secárselos con la toalla que llevaba a la cintura. **6** Cuando iba a lavarle los pies a Simón Pedro, éste le dijo:

—Señor, ¿tú me vas a lavar los pies a mí?

**7** Jesús le contestó:

—Ahora no entiendes lo que estoy haciendo, pero después lo entenderás.

**8** Pedro le dijo:

—¡Jamás permitiré que me laves los pies!

Respondió Jesús:

—Si no te los lavo, no podrás ser de los míos.

**9** Simón Pedro le dijo:

—¡Entonces, Señor, no me laves solamente los pies, sino también las manos y la cabeza!

**10** Pero Jesús le contestó:

—El que está recién bañado no necesita lavarse más que los pies, porque está todo limpio. Y ustedes están limpios, aunque no todos.

**11** Dijo: "No están limpios todos", porque sabía quién lo iba a traicionar.

**12** Después de lavarles los pies, Jesús volvió a ponerse la ropa exterior, se sentó otra vez a la mesa y les dijo:

—¿Entienden ustedes lo que les he hecho? **13** Ustedes me llaman Maestro y Señor, y tienen razón, porque lo soy. **14** Pues si yo, el Maestro y Señor, les he lavado a ustedes los pies, también ustedes deben lavarse los pies unos a otros. **15** Yo les he dado un ejemplo, para que ustedes hagan lo mismo que yo les he hecho.*q* **16** Les aseguro que ningún criado es más que su amo,*r* y que ningún enviado es más que el que lo envía. **17** Si entienden estas cosas y las ponen en práctica, serán dichosos.

**18** "No estoy hablando de todos ustedes; yo sé quiénes son los que he escogido. Pero tiene que cumplirse lo que dice la

*o* 12.38 Is 53.1. *p* 12.40 Is 6.10. *q* 13.12-15 Mt 20.28; Mr 10.45; Lc 22.27. *r* 13.16 Mt 10.24; Lc 6.40; Jn 15.20.

Escritura: 'El que come conmigo, se ha vuelto contra mí.'[s] [19]Les digo esto de antemano para que, cuando suceda, ustedes crean que yo soy el que soy. [20]Les aseguro que el que recibe al que yo envío, me recibe a mí; y el que me recibe a mí, recibe al que me ha enviado.[t]

### Jesús anuncia que Judas lo traicionará
*(Mt 26.20-25; Mr 14.17-21; Lc 22.21-23)*

[21]Después de decir esto, Jesús se sintió profundamente conmovido, y añadió con toda claridad:

—Les aseguro que uno de ustedes me va a traicionar.

[22]Los discípulos comenzaron entonces a mirarse unos a otros, sin saber de quién estaba hablando. [23]Uno de ellos, a quien Jesús quería mucho, estaba junto a él, mientras cenaban, [24]y Simón Pedro le dijo por señas que le preguntara de quién estaba hablando. [25]Él, acercándose más a Jesús, le preguntó:

—Señor, ¿quién es?

[26]Jesús le contestó:

—Voy a mojar un pedazo de pan, y a quien se lo dé, ése es.

En seguida mojó un pedazo de pan y se lo dio a Judas, hijo de Simón Iscariote. [27]Y tan pronto como Judas recibió el pan, Satanás entró en su corazón. Jesús le dijo:

—Lo que vas a hacer, hazlo pronto.

[28]Pero ninguno de los que estaban cenando a la mesa entendió por qué le decía eso. [29]Como Judas era el encargado de la bolsa del dinero, algunos pensaron que Jesús le quería decir que comprara algo para la fiesta, o que diera algo a los pobres. [30]Una vez que Judas hubo recibido el pan, salió. Ya era de noche.

### El nuevo mandamiento

[31]Después que Judas hubo salido, Jesús dijo:

—Ahora se muestra la gloria del Hijo del hombre, y la gloria de Dios se muestra en él. [32]Y si el Hijo del hombre muestra la gloria de Dios, también Dios mostrará la gloria de él; y lo hará pronto. [33]Hijitos míos, ya no estaré con ustedes mucho tiempo. Ustedes me buscarán, pero lo mismo que les dije a los judíos les digo ahora a ustedes: No podrán ir a donde yo voy.[u] [34]Les doy este mandamiento nuevo:

Que se amen los unos a los otros. Así como yo los amo a ustedes, así deben amarse ustedes los unos a los otros.[v] [35]Si se aman los unos a los otros, todo el mundo se dará cuenta de que son discípulos míos.

### Jesús anuncia que Pedro lo negará
*(Mt 26.31-35; Mr 14.27-31; Lc 22.31-34)*

[36]Simón Pedro le preguntó a Jesús:

—Señor, ¿a dónde vas?

—A donde yo voy —le contestó Jesús—, no puedes seguirme ahora; pero me seguirás después.

[37]Pedro le dijo:

—Señor, ¿por qué no puedo seguirte ahora? ¡Estoy dispuesto a dar mi vida por ti!

[38]Jesús le respondió:

—¿De veras estás dispuesto a dar tu vida por mí? Pues te aseguro que antes que cante el gallo, me negarás tres veces.

### Jesús, el camino al Padre

**14** [1]"No se angustien ustedes. Confíen en Dios y confíen también en mí.[19] [2]En la casa de mi Padre hay muchos lugares donde vivir; si no fuera así, yo no les hubiera dicho que voy a prepararles un lugar. [3]Y después de irme y de prepararles un lugar, vendré otra vez para llevarlos conmigo, para que ustedes estén en el mismo lugar en donde yo voy a estar. [4]Ustedes saben el camino que lleva a donde yo voy.[20]

[5]Tomás le dijo a Jesús:

—Señor, no sabemos a dónde vas, ¿cómo vamos a saber el camino?

[6]Jesús le contestó:

—Yo soy el camino, la verdad y la vida. Solamente por mí se puede llegar al Padre.[w] [7]Si ustedes me conocen a mí, también conocerán a mi Padre; y ya lo conocen desde ahora, pues lo han estado viendo.

[8]Felipe le dijo entonces:

—Señor, déjanos ver al Padre, y con eso nos basta.

[9]Jesús le contestó:

—Felipe, hace tanto tiempo que estoy con ustedes, ¿y todavía no me conoces? El que me ve a mí, ve al Padre; ¿por qué me pides que les deje ver al Padre? [10]¿No crees que yo estoy en el Padre y el Padre está en mí? Las cosas que les digo, no las

[19] *Confíen en Dios . . . en mí:* otras posibles traducciones: *ustedes confían en Dios, y confían también en mí;* y *ustedes confían en Dios, confíen también en mí.* [20] *Ustedes saben . . . a donde yo voy:* algunos mss. dicen: *Ustedes saben a dónde voy y saben el camino.*
[s] **13.18** Sal 41.9.   [t] **13.20** Mt 10.40; Mr 9.37; Lc 9.48; 10.16.   [u] **13.33** Jn 7.34.   [v] **13.34** Jn 15.12,17; 1 Jn 3.23; 2 Jn 5.
[w] **14.6** Mt 11.27; Jn 1.18; 6.46; Hch 4.12.

digo por mi propia cuenta. El Padre, que vive en mí, es el que hace su propio trabajo. [11]Créanme que yo estoy en el Padre y el Padre está en mí; si no, crean al menos por lo que hago. [12]Les aseguro que el que cree en mí hará también las obras que yo hago; y hará otras todavía más grandes, porque yo voy a donde está el Padre. [13]Y todo lo que ustedes pidan en mi nombre, yo lo haré, para que por el Hijo se muestre la gloria del Padre. [14]Yo haré cualquier cosa que en mi nombre ustedes me pidan.[x]

### Jesús promete enviar el Espíritu Santo

[15]"Si ustedes me aman, obedecerán mis mandamientos. [16-17]Y yo le pediré al Padre que les mande otro Defensor, el Espíritu de la verdad, para que esté siempre con ustedes. Los que son del mundo no lo pueden recibir, porque no lo ven ni lo conocen; pero ustedes lo conocen, porque él permanece con ustedes y estará en ustedes.

[18]"No los voy a dejar abandonados; volveré para estar con ustedes. [19]Dentro de poco, los que son del mundo ya no me verán; pero ustedes me verán, y vivirán porque yo vivo. [20]En aquel día, ustedes se darán cuenta de que yo estoy en mi Padre, y ustedes están en mí, y yo en ustedes. [21]El que recibe mis mandamientos y los obedece, demuestra que de veras me ama. Y mi Padre amará al que me ama, y yo también lo amaré y me mostraré a él. [*]

[22]Judas (no el Iscariote) le preguntó:

—Señor, ¿por qué vas a mostrarte a nosotros y no a la gente del mundo?

[23]Jesús le contestó:

—El que me ama, hace caso de mi palabra; y mi Padre lo amará, y mi Padre y yo vendremos a vivir con él. [24]El que no me ama, no hace caso de mis palabras. Las palabras que ustedes están escuchando no son mías, sino del Padre, que me ha enviado.

[25]"Les estoy diciendo todo esto mientras estoy con ustedes; [26]pero el Espíritu Santo, el Defensor que el Padre va a enviar en mi nombre, les enseñará todas las cosas y les recordará todo lo que les he dicho. [27]"Al irme les dejo la paz. Les doy mi paz, pero no se la doy como la dan los que son del mundo. No se angustien ni tengan miedo. [28]Ya me oyeron decir que me voy

y que vendré para estar otra vez con ustedes. Si de veras me amaran, se habrían alegrado al saber que voy al Padre, porque él es más que yo. [29]Les digo esto de antemano para que, cuando suceda, entonces crean.

[30]"Ya no hablaré mucho con ustedes, porque viene el que manda en este mundo. Aunque no tiene ningún poder sobre mí, [31]así tiene que ser, para que el mundo sepa que yo amo al Padre y que hago lo que él me ha mandado.

"Levántense. Vámonos de aquí.

### La vid verdadera

**15** [1]Jesús continuó: "Yo soy la vid[y] verdadera, y mi Padre es el que la cultiva. [2]Si una de mis ramas no da uvas, la corta; pero si da uvas, la poda y la limpia, para que dé más. [3]Ustedes ya están limpios por las palabras que les he dicho. [4]Sigan unidos a mí, como yo sigo unido a ustedes. Una rama no puede dar uvas de sí misma, si no está unida a la vid; de igual manera, ustedes no pueden dar fruto, si no permanecen unidos a mí.

[5]"Yo soy la vid, y ustedes son las ramas. El que permanece unido a mí, y yo unido a él, da mucho fruto; pues sin mí no pueden ustedes hacer nada. [6]El que no permanece unido a mí, será echado fuera y se secará como las ramas que se recogen y se queman en el fuego.

[7]"Si ustedes permanecen unidos a mí, y si permanecen fieles a mis enseñanzas, pidan lo que quieran y se les dará. [8]Mi Padre recibe honor cuando ustedes dan mucho fruto y llegan así a ser verdaderos discípulos míos. [9]Yo los amo a ustedes como el Padre me ama a mí; permanezcan, pues, en el amor que les tengo. [10]Si obedecen mis mandamientos, permanecerán en mi amor, así como yo obedezco los mandamientos de mi Padre y permanezco en su amor.

[11]"Les hablo así para que se alegren conmigo y su alegría sea completa. [12]Mi mandamiento es éste: Que se amen unos a otros como yo los he amado a ustedes.[z]

[13]El amor más grande que uno puede tener es dar su vida por sus amigos. [14]Ustedes son mis amigos, si hacen lo que yo les mando. [15]Ya no los llamo siervos, porque el siervo no sabe lo que hace su amo. Los llamo mis amigos, porque les he dado a conocer todo lo que mi Padre me

[x] **14.13-14** Mt 7.7-11; Lc 11.9-13; Jn 15.7,16; 16.23-24; 1 Jn 3.21-22; 5.14-15.    [*] **14.15,21** Dt 6.4-9; 11.1; Eclo 2.15-16; Sab 6.18.
[y] **15.1** Is 5.1-7; Eclo 24.17.    [z] **15.12** Jn 13.34; 15.17; 1 Jn 3.23; 2 Jn 5.

ha dicho. [16]Ustedes no me escogieron a mí, sino que yo los he escogido a ustedes y les he encargado que vayan y den mucho fruto, y que ese fruto permanezca. Así el Padre les dará todo lo que le pidan en mi nombre. [17]Esto, pues, es lo que les mando: Que se amen unos a otros.

### El mundo odia a Jesús y a los suyos

[18]"Si el mundo los odia a ustedes, sepan que a mí me odió primero. [19]Si ustedes fueran del mundo, la gente del mundo los amaría, como ama a los suyos. Pero yo los escogí a ustedes entre los que son del mundo, y por eso el mundo los odia, porque ya no son del mundo.[a] [20]Acuérdense de esto que les dije: 'Ningún criado es más que su amo.'[b] Si a mí me han perseguido, también a ustedes los perseguirán; y si han hecho caso de mi palabra, también harán caso de la de ustedes. [21]Todo esto van a hacerles por mi causa, porque no conocen al que me envió.

[22]"Ellos no tendrían ninguna culpa, si yo no hubiera venido a hablarles. Pero ahora no tienen disculpa por su pecado; [23]pues los que me odian a mí, odian también a mi Padre. [24]No tendrían ninguna culpa, si yo no hubiera hecho entre ellos cosas que ningún otro ha hecho; pero ya han visto estas cosas y, a pesar de ello, me odian a mí y odian también a mi Padre. [25]Pero esto sucede porque tienen que cumplirse las palabras que están escritas en la ley de ellos: 'Me odiaron sin motivo.'[c]

[26]"Pero cuando venga el Defensor, el Espíritu de la verdad, que yo voy a enviar de parte del Padre, él será mi testigo. [27]Y ustedes también serán mis testigos, porque han estado conmigo desde el principio.

**16** [1]Les digo estas cosas para que no pierdan su fe en mí. [2]Los expulsarán de las sinagogas, y aun llegará el momento en que cualquiera que los mate creerá que así presta un servicio a Dios. [3]Esto lo harán porque no nos han conocido, ni al Padre ni a mí. [4]Les digo esto para que, cuando llegue el momento, se acuerden de que yo se lo había dicho ya.

### Lo que hace el Espíritu Santo

"No les dije esto desde un principio porque yo estaba con ustedes. [5]Pero ahora me voy para estar con el que me ha enviado, y ninguno de ustedes me pregunta a dónde voy; [6]al contrario, se han puesto muy tristes porque les he dicho estas cosas. [7]Pero les digo la verdad: es mejor para ustedes que yo me vaya. Porque si no me voy, el Defensor no vendrá para estar con ustedes; pero si me voy, yo se lo enviaré. [8]Cuando él venga, mostrará claramente a la gente del mundo lo que es el pecado, la rectitud y el juicio de Dios. [9]El pecado se mostrará en que ellos no creen en mí; [10]la rectitud, en que yo voy al Padre y ustedes ya no me verán; [11]y el juicio, en que ya ha sido condenado el que gobierna este mundo.

[12]"Tengo mucho más que decirles, pero en este momento sería demasiado para ustedes. [13]Cuando venga el Espíritu de la verdad, él los guiará a toda verdad; porque no hablará por su propia cuenta, sino que dirá todo lo que oiga, y les hará saber las cosas que van a suceder. [14]El me honrará a mí, porque recibirá de lo que es mío y se lo dará a conocer a ustedes. [15]Todo lo que el Padre tiene, es mío también; por eso dije que el Espíritu recibirá de lo que es mío y se lo dará a conocer a ustedes.

[16]"Dentro de poco, ustedes ya no me verán, pero un poco más tarde me volverán a ver."

### La tristeza se cambiará en alegría

[17]Entonces algunos de sus discípulos se preguntaron unos a otros:

—¿Qué quiere decir con esto? Nos dice que dentro de poco ya no lo veremos, y que un poco más tarde lo volveremos a ver, y que es porque se va a donde está el Padre. [18]¿Qué quiere decir con eso de 'dentro de poco'? No entendemos de qué está hablando.

[19]Jesús se dio cuenta de que querían hacerle preguntas, y les dijo:

—Yo les he dicho que dentro de poco ya no me verán, y que un poco más tarde me volverán a ver. ¿Es esto lo que se están preguntando ustedes? [20]Les aseguro que ustedes llorarán y estarán tristes, mientras que la gente del mundo se alegrará. Sin embargo, aunque ustedes estén tristes, su tristeza se convertirá en alegría. [21]Cuando una mujer va a dar a luz, se aflige porque le ha llegado la hora; pero después que nace la criatura, se olvida del dolor a causa de la alegría de que haya nacido un niño en el mundo. [22]Así también, ustedes se afligen ahora; pero yo volveré a verlos,

*a* **15.18-19** Jn 17.14-18.    *b* **15.20** Mt 10.24; Lc 6.40; Jn 13.16.    *c* **15.25** Sal 35.19; 69.4.

y entonces su corazón se llenará de alegría, una alegría que nadie les podrá quitar.

23"En aquel día ya no me preguntarán nada. Les aseguro que el Padre les dará todo lo que le pidan en mi nombre. 24Hasta ahora, ustedes no han pedido nada en mi nombre; pidan y recibirán, para que su alegría sea completa.d

### Jesucristo, vencedor del mundo

25"Les he dicho estas cosas poniéndoles comparaciones; pero viene la hora en que ya no les pondré más comparaciones, sino que les hablaré claramente acerca del Padre. 26Aquel día, ustedes le pedirán en mi nombre; y no digo que yo voy a rogar por ustedes al Padre, 27porque el Padre mismo los ama. Los ama porque ustedes me aman a mí, y porque han creído que yo he venido de Dios. 28Salí de la presencia del Padre para venir a este mundo, y ahora dejo el mundo para volver al Padre.

29Entonces dijeron sus discípulos:

—Ahora sí estás hablando claramente, sin usar comparaciones. 30Ahora vemos que sabes todas las cosas y que no hay necesidad de que nadie te haga preguntas. Por esto creemos que has venido de Dios.

31Jesús les contestó:

—¿Así que ahora creen? 32Pues ya llega la hora, y es ahora mismo, cuando ustedes se dispersarán cada uno por su lado, y me dejarán solo. Pero no estoy solo, porque el Padre está conmigo. 33Les digo todo esto para que encuentren paz en su unión conmigo. En el mundo, ustedes habrán de sufrir; pero tengan valor: yo he vencido al mundo.e

### Jesús ora por sus discípulos

**17** 1Después de decir estas cosas, Jesús miró al cielo y dijo: "Padre, la hora ha llegado: glorifica a tu Hijo, para que también él te glorifique a ti. 2Pues tú has dado a tu Hijo autoridad sobre todo hombre, para dar vida eterna a todos los que le diste. 3Y la vida eterna consiste en que te conozcan a ti, el único Dios verdadero, y a Jesucristo, a quien tú enviaste. *

4"Yo te he glorificado aquí en el mundo, pues he terminado lo que me mandaste hacer. 5Ahora, pues, Padre, dame en tu presencia la misma gloria que yo tenía contigo desde antes que existiera el mundo.

6"A los que escogiste del mundo para dármelos, les he hecho saber quién eres. Eran tuyos, y tú me los diste, y han hecho caso de tu palabra. 7Ahora saben que todo lo que me diste viene de ti; 8pues les he dado el mensaje que me diste, y ellos lo han aceptado. Se han dado cuenta de que en verdad he venido de ti, y han creído que tú me enviaste.

9"Yo te ruego por ellos; no ruego por los que son del mundo, sino por los que me diste, porque son tuyos. 10Todo lo que es mío es tuyo, y lo que es tuyo es mío; y mi gloria se hace visible en ellos.

11"Yo no voy a seguir en el mundo, pero ellos sí van a seguir en el mundo, mientras que yo me voy para estar contigo. Padre santo, cuídalos con el poder de tu nombre, el nombre que me has dado,21 para que estén completamente unidos, como tú y yo. 12Cuando yo estaba con ellos en este mundo, los cuidaba y los protegía con el poder de tu nombre, el nombre que me has dado.22 Y ninguno de ellos se perdió, sino aquel que ya estaba perdido, para que se cumpliera lo que dice la Escritura.f

13"Ahora voy a donde tú estás; pero digo estas cosas mientras estoy en el mundo, para que ellos se llenen de la misma perfecta alegría que yo tengo. 14Yo les he comunicado tu palabra, pero el mundo los odia porque ellos no son del mundo, como tampoco yo soy del mundo. 15No te pido que los saques del mundo, sino que los protejas del mal. 16Así como yo no soy del mundo, ellos tampoco son del mundo. 17Conságralos a ti mismo por medio de la verdad; tu palabra es la verdad. 18Como me enviaste a mí entre los que son del mundo, también yo los envío a ellos entre los que son del mundo. 19Y por causa de ellos me consagro a mí mismo, para que también ellos sean consagrados por medio de la verdad.

20"No te ruego solamente por éstos, sino también por los que han de creer en mí al oír el mensaje de ellos. 21Te pido que todos ellos estén completamente unidos, que sean una sola cosa en unión con nosotros, oh Padre, así como tú estás en mí y yo estoy en ti. Que estén completamente unidos, para que el mundo crea que tú me enviaste. 22Les he dado la misma gloria que tú me diste, para que sean una sola cosa, así como tú y yo somos una sola

---

21 *El nombre que me has dado:* algunos mss. dicen: *a los que me has dado.*    22 *El nombre que me has dado:* algunos mss. dicen: *a los que me has dado.*
d 16.23-24 Mt 7.7-11; Stg 1.5-6.   e 16.33 Rm 8.37; 2 Co 2.14; Ap 3.21; 5.5.   * 17.3 Sab 15.3.   f 17.12 Sal 41.9; Jn 13.18.

cosa: ²³yo en ellos y tú en mí, para que lleguen a ser perfectamente uno, y que así el mundo pueda darse cuenta de que tú me enviaste, y que los amas tanto como me amas a mí.

²⁴"Padre, tú me los diste, y quiero que estén conmigo donde yo voy a estar, para que vean mi gloria, la gloria que me has dado; porque me has amado desde antes que el mundo fuera hecho. ²⁵Oh Padre justo, los que son del mundo no te conocen; pero yo te conozco, y éstos también saben que tú me enviaste. ²⁶Les he dado a conocer quién eres, y aún seguiré haciéndolo, para que el amor que me tienes esté en ellos, y para que yo mismo esté en ellos."

### Arrestan a Jesús
*(Mt 26.47-56; Mr 14.43-50; Lc 22.47-53)*

18 ¹Después de decir esto, Jesús salió con sus discípulos para ir al otro lado del arroyo de Cedrón. Allí había un huerto, donde Jesús entró con sus discípulos. ²También Judas, el que lo estaba traicionando, conocía el lugar, porque muchas veces Jesús se había reunido allí con sus discípulos. ³Así que Judas llegó con una tropa de soldados y con algunos guardianes del templo enviados por los jefes de los sacerdotes y por los fariseos. Estaban armados, y llevaban lámparas y antorchas. ⁴Pero como Jesús ya sabía todo lo que le iba a pasar, salió y les preguntó:

—¿A quién buscan?

⁵Ellos le contestaron:

—A Jesús de Nazaret.

Jesús dijo:

—Yo soy.

Judas, el que lo estaba traicionando, se encontraba allí con ellos. ⁶Cuando Jesús les dijo: "Yo soy", se echaron hacia atrás y cayeron al suelo. ⁷Jesús volvió a preguntarles:

—¿A quién buscan?

Y ellos repitieron:

—A Jesús de Nazaret.

⁸Jesús les dijo otra vez:

—Ya les he dicho que soy yo. Si me buscan a mí, dejen que estos otros se vayan.

⁹Esto sucedió para que se cumpliera lo que Jesús mismo había dicho: "Padre, de los que me diste, no se perdió ninguno."

¹⁰Entonces Simón Pedro, que tenía una espada, la sacó y le cortó la oreja derecha

a uno llamado Malco, que era criado del sumo sacerdote. ¹¹Jesús le dijo a Pedro:

—Vuelve a poner la espada en su lugar. Si el Padre me da a beber este trago amargo,ᵍ ¿acaso no habré de beberlo?

### Jesús ante Anás
*(Mt 26.57-58; Mr 14.53-54; Lc 22.54)*

¹²Los soldados de la tropa, con su comandante y los guardianes judíos del templo, arrestaron a Jesús y lo ataron. ¹³Lo llevaron primero a la casa de Anás, porque era suegro de Caifás, sumo sacerdote aquel año. ¹⁴Este Caifás era el mismo que había dicho a los judíos que era mejor para ellos que un solo hombre muriera por el pueblo.ʰ

### Pedro niega conocer a Jesús
*(Mt 26.69-70; Mr 14.66-68; Lc 22.55-57)*

¹⁵Simón Pedro y otro discípulo seguían a Jesús. El otro discípulo era conocido del sumo sacerdote, de modo que entró con Jesús en la casa; ¹⁶pero Pedro se quedó afuera, a la puerta. Por esto, el discípulo conocido del sumo sacerdote salió y habló con la portera, e hizo entrar a Pedro. ¹⁷La portera le preguntó a Pedro:

—¿No eres tú uno de los discípulos de ese hombre?

Pedro contestó:

—No, no lo soy.

¹⁸Como hacía frío, los criados y los guardianes del templo habían hecho fuego, y estaban allí calentándose. Pedro también estaba con ellos, calentándose junto al fuego.

### El sumo sacerdote interroga a Jesús
*(Mt 26.59-66; Mr 14.55-64; Lc 22.66-71)*

¹⁹El sumo sacerdote comenzó a preguntarle a Jesús acerca de sus discípulos y de lo que él enseñaba. ²⁰Jesús le dijo:

—Yo he hablado públicamente delante de todo el mundo; siempre he enseñado en las sinagogas y en el templo, donde se reúnen todos los judíos; así que no he dicho nada en secreto. ²¹¿Por qué me preguntas a mí? Pregúntales a los que me han escuchado, y que ellos digan de qué les he hablado. Ellos saben lo que he dicho.

²²Cuando Jesús dijo esto, uno de los guardianes del templo le dio una bofetada, diciéndole:

—¿Así contestas al sumo sacerdote?

²³Jesús le respondió:

ᵍ **18.11** Mt 26.39; Mr 14.36; Lc 22.42.    ʰ **18.14** Jn 11.49-50.

—Si he dicho algo malo, dime en qué ha consistido; y si lo que he dicho está bien, ¿por qué me pegas? [24]Entonces Anás lo envió, atado, a Caifás, el sumo sacerdote.

### Pedro niega otra vez a Jesús

*(Mt 26.71-75; Mr 14.69-72; Lc 22.58-62)*

[25]Entre tanto, Pedro seguía allí, calentándose junto al fuego. Le preguntaron:

—¿No eres tú uno de los discípulos de ese hombre?

Pedro lo negó, diciendo:

—No, no lo soy.

[26]Luego le preguntó uno de los criados del sumo sacerdote, pariente del hombre a quien Pedro le había cortado la oreja:

—¿No te vi con él en el huerto?

[27]Pedro lo negó otra vez, y en ese mismo instante cantó el gallo.

### Jesús ante Pilato

*(Mt 27.1-2, 11-14; Mr 15.1-5; Lc 23.1-5)*

[28]Llevaron a Jesús de la casa de Caifás al palacio del gobernador romano. Como ya comenzaba a amanecer, los judíos no entraron en el palacio, pues de lo contrario faltarían a las leyes sobre la pureza ritual y entonces no podrían comer la cena de Pascua. [29]Por eso Pilato salió a hablarles. Les dijo:

—¿De qué acusan a este hombre?

[30]—Si no fuera un criminal —le contestaron—, no te lo habríamos entregado.

[31]Pilato les dijo:

—Llévenselo ustedes, y júzguenlo conforme a su propia ley.

Los judíos contestaron:

—Pero los judíos no tenemos el derecho de dar muerte a nadie.

[32]Así se cumplió lo que Jesús había dicho sobre la manera en que tendría que morir.[i] [33]Pilato volvió a entrar en el palacio, llamó a Jesús y le preguntó:

—¿Eres tú el Rey de los judíos?

[34]Jesús le dijo:

—¿Eso lo preguntas tú por tu cuenta, o porque otros te lo han dicho de mí?

[35]Le contestó Pilato:

—¿Acaso yo soy judío? Los de tu nación y los jefes de los sacerdotes son los que te han entregado a mí. ¿Qué has hecho?

[36]Jesús le contestó:

—Mi reino no es de este mundo. Si lo fuera, tendría gente a mi servicio que

pelearía para que yo no fuera entregado a los judíos. Pero mi reino no es de aquí.

[37]Le preguntó entonces Pilato:

—¿Así que tú eres rey?

Jesús le contestó:

—Tú lo has dicho: soy rey. Yo nací y vine al mundo para decir lo que es la verdad. Y todos los que pertenecen a la verdad, me escuchan.

[38]Pilato le dijo:

—¿Y qué es la verdad?

### Jesús es sentenciado a muerte

*(Mt 27.15-31; Mr 15.6-20; Lc 23.13-25)*

Después de hacer esta pregunta, Pilato salió otra vez a hablar con los judíos, y les dijo:

—Yo no encuentro ningún delito en este hombre. [39]Pero ustedes tienen la costumbre de que yo les suelte un preso durante la fiesta de la Pascua: ¿quieren que les deje libre al Rey de los judíos?

[40]Todos volvieron a gritar:

—¡A ése no! ¡Suelta a Barrabás!

Y Barrabás era un bandido.

**19** [1]Pilato tomó entonces a Jesús y mandó azotarlo. [2]Los soldados trenzaron una corona de espinas, la pusieron en la cabeza de Jesús y lo vistieron con una capa de color rojo oscuro. [3]Luego se acercaron a él, diciendo:

—¡Viva el Rey de los judíos!

Y le pegaban en la cara.

[4]Pilato volvió a salir, y les dijo:

—Miren, lo he sacado para que se den cuenta de que no encuentro en él ningún delito.

[5]Salió, pues, Jesús, con la corona de espinas en la cabeza y vestido con aquella capa de color rojo oscuro. Pilato dijo:

—¡Ahí tienen a este hombre!

[6]Cuando lo vieron los jefes de los sacerdotes y los guardianes del templo, comenzaron a gritar:

—¡Crucifícalo! ¡Crucifícalo!

Pilato les dijo:

—Pues llévenselo y crucifíquenlo ustedes, porque yo no encuentro ningún delito en él.

[7]Los judíos le contestaron:

—Nosotros tenemos una ley, y según nuestra ley debe morir, porque se ha hecho pasar por Hijo de Dios.

[8]Al oír esto, Pilato tuvo más miedo todavía. [9]Entró de nuevo en el palacio y le preguntó a Jesús:

—¿De dónde eres tú?

*[i] 18.32 Jn 3.14; 12.32.*

Pero Jesús no le contestó nada. ¹⁰Pilato le dijo:

—¿Es que no me vas a contestar? ¿No sabes que tengo autoridad para crucificarte, lo mismo que para ponerte en libertad?

¹¹Entonces Jesús le contestó:

—No tendrías ninguna autoridad sobre mí, si Dios no te la hubiera dado; por eso, el que me entregó a ti es más culpable de pecado que tú.

¹²Desde aquel momento, Pilato buscaba la manera de dejar libre a Jesús; pero los judíos le gritaron:

—¡Si lo dejas libre, no eres amigo del emperador! ¡Cualquiera que se hace rey, es enemigo del emperador!

¹³Pilato, al oír esto, ordenó que sacaran a Jesús, y luego se sentó en el tribunal, en el lugar que en hebreo se llamaba Gabata, que quiere decir el Empedrado. ¹⁴Era el día antes de la Pascua, como al mediodía. Pilato dijo a los judíos:

—¡Ahí tienen a su rey!

¹⁵Pero ellos gritaron:

—¡Muera! ¡Muera! ¡Crucifícalo!

Pilato les preguntó:

—¿Acaso voy a crucificar a su rey?

Y los jefes de los sacerdotes le contestaron:

—¡Nosotros no tenemos más rey que el emperador!

¹⁶Entonces Pilato les entregó a Jesús para que lo crucificaran, y ellos se lo llevaron.

### Jesús es crucificado
#### (Mt 27.32-44; Mr 15.21-32; Lc 23.26-43)

¹⁷Jesús salió llevando su cruz, para ir al llamado "Lugar de la Calavera" (o que en hebreo se llama Gólgota). ¹⁸Allí lo crucificaron, y con él a otros dos, uno a cada lado. ¹⁹Pilato mandó poner sobre la cruz un letrero, que decía: "Jesús de Nazaret, Rey de los judíos." ²⁰Muchos judíos leyeron aquel letrero, porque el lugar donde crucificaron a Jesús estaba cerca de la ciudad, y el letrero estaba escrito en hebreo, latín y griego. ²¹Por eso, los jefes de los sacerdotes judíos dijeron a Pilato:

—No escribas: 'Rey de los judíos', sino escribe: 'El que dice ser Rey de los judíos'.

²²Pero Pilato les contestó:

—Lo que he escrito, escrito queda.

²³Después que los soldados crucificaron a Jesús, recogieron su ropa y la repartieron en cuatro partes, una para cada soldado. Tomaron también la túnica, pero como era sin costura, tejida de arriba abajo de una sola pieza, ²⁴los soldados se dijeron unos a otros:

—No la rompamos, sino echémosla a suertes, a ver a quién le toca.

Así se cumplió la Escritura que dice: "Se repartieron entre sí mi ropa, y echaron a suertes mi túnica."ʲ Esto fue lo que hicieron los soldados.

²⁵Junto a la cruz de Jesús estaban su madre, y la hermana de su madre, María, esposa de Cleofas, y María Magdalena. ²⁶Cuando Jesús vio a su madre, y junto a ella al discípulo a quien él quería mucho, dijo a su madre:

—Mujer, ahí tienes a tu hijo.

²⁷Luego le dijo al discípulo:

—Ahí tienes a tu madre.

Desde entonces, ese discípulo la recibió en su casa.

### Muerte de Jesús
#### (Mt 27.45-56; Mr 15.33-41; Lc 23.44-49)

²⁸Después de esto, como Jesús sabía que ya todo se había cumplido, y para que se cumpliera la Escritura,ᵏ dijo:

—Tengo sed.

²⁹Había allí un jarro lleno de vino agrio. Empaparon una esponja en el vino, la ataron a una rama de hisopo y se la acercaron a la boca. ³⁰Jesús bebió el vino agrio, y dijo:

—Todo está cumplido.

Luego inclinó la cabeza y murió.

### Un soldado abre con su lanza el costado de Jesús

³¹Era el día antes de la Pascua, y los judíos no querían que los cuerpos quedaran en las cruces durante el día de reposo,²³ pues precisamente aquel día de reposo²³ era muy solemne. Por eso le pidieron a Pilato que ordenara quebrar las piernas a los crucificados y que quitaran de allí los cuerpos. ³²Los soldados fueron entonces y le quebraron las piernas al primero, y también al otro que estaba crucificado junto a Jesús. ³³Pero al acercarse a Jesús, vieron que ya estaba muerto. Por eso no le quebraron las piernas.

²³ *Día de reposo:* aquí equivale a *sábado.*
ʲ **19.24** Sal 22.18.   ᵏ **19.28** Sal 69.21.

³⁴Sin embargo, uno de los soldados le abrió el costado con una lanza, y al momento salió sangre y agua. ³⁵El que cuenta esto es uno que lo vio, y dice la verdad; él sabe que dice la verdad, para que ustedes también crean. ³⁶Porque estas cosas sucedieron para que se cumpliera la Escritura que dice: "No le quebrarán ningún hueso."*l* ³⁷Y en otra parte, la Escritura dice: "Mirarán al que traspasaron."*m*

### Jesús es sepultado
#### (Mt 27.57-61; Mr 15.42-47; Lc 23.50-56)

³⁸Después de esto, José, el de Arimatea, pidió permiso a Pilato para llevarse el cuerpo de Jesús. José era un seguidor de Jesús, aunque en secreto por miedo a los judíos. Pilato le dio permiso, y José fue y se llevó el cuerpo. ³⁹También Nicodemo, el que una noche fue a hablar con Jesús,*n* llegó con unos treinta kilos de un perfume, mezcla de mirra y áloe. ⁴⁰Así pues, José y Nicodemo tomaron el cuerpo de Jesús y lo envolvieron con vendas empapadas en aquel perfume, según la costumbre que siguen los judíos para enterrar a los muertos. ⁴¹En el lugar donde crucificaron a Jesús había un huerto, y en el huerto un sepulcro nuevo donde todavía no habían puesto a nadie. ⁴²Allí pusieron el cuerpo de Jesús, porque el sepulcro estaba cerca y porque ya iba a empezar el día de reposo de los judíos.

### La resurrección de Jesús
#### (Mt 28.1-10; Mr 16.1-8; Lc 24.1-12)

**20** ¹El primer día de la semana, María Magdalena fue al sepulcro muy temprano, cuando todavía estaba oscuro; y vio quitada la piedra que tapaba la entrada. ²Entonces se fue corriendo a donde estaban Simón Pedro y el otro discípulo, aquel a quien Jesús quería mucho, y les dijo:

—¡Se han llevado del sepulcro al Señor, y no sabemos dónde lo han puesto!

³Pedro y el otro discípulo salieron y fueron al sepulcro. ⁴Los dos iban corriendo juntos; pero el otro corrió más que Pedro y llegó primero al sepulcro. ⁵Se agachó a mirar, y vio allí las vendas, pero no entró. ⁶Detrás de él llegó Simón Pedro, y entró en el sepulcro. El también vio allí las vendas; ⁷y además vio que la tela que había servido para envolver la cabeza de Jesús, no estaba junto a las vendas, sino enrollada y puesta aparte. ⁸Entonces entró también el otro discípulo, el que había llegado primero al sepulcro, y vio lo que había pasado, y creyó. ⁹Pues todavía no habían entendido lo que dice la Escritura, que él tenía que resucitar. ¹⁰Luego, aquellos discípulos regresaron a su casa.

### Jesús se aparece a María Magdalena
#### (Mr 16.9-11)

¹¹María se quedó afuera, junto al sepulcro, llorando. Y llorando como estaba, se agachó para mirar dentro, ¹²y vio dos ángeles vestidos de blanco, sentados donde había estado el cuerpo de Jesús; uno a la cabecera y otro a los pies. ¹³Los ángeles le preguntaron:

—Mujer, ¿por qué lloras?

Ella les dijo:

—Porque se han llevado a mi Señor, y no sé dónde lo han puesto.

¹⁴Apenas dijo esto, volvió la cara y vio allí a Jesús, pero no sabía que era él. ¹⁵Jesús le preguntó:

—Mujer, ¿por qué lloras? ¿A quién buscas?

Ella, pensando que era el que cuidaba el huerto, le dijo:

—Señor, si usted se lo ha llevado, dígame dónde lo ha puesto, para que yo vaya a buscarlo.

¹⁶Jesús entonces le dijo:

—¡María!

Ella se volvió y le dijo en hebreo:

—¡Rabuni! (que quiere decir: "Maestro").

¹⁷Jesús le dijo:

—Suéltame, porque todavía no he ido a reunirme con mi Padre. Pero ve y di a mis hermanos que voy a reunirme con el que es mi Padre y Padre de ustedes, mi Dios y Dios de ustedes.

¹⁸Entonces María Magdalena fue y contó a los discípulos que había visto al Señor, y también les contó lo que él le había dicho.

### Jesús se aparece a los discípulos
#### (Mt 28.16-20; Mr 16.14-18; Lc 24.36-49)

¹⁹Al llegar la noche de aquel mismo día, el primero de la semana, los discípulos se habían reunido con las puertas cerradas por miedo a los judíos. Jesús entró y,

---

*l* 19.36 Ex 12.46; Nm 9.12; Sal 34.20; 1 Co 5.7. *m* 19.37 Zac 12.10; Ap 1.7. *n* 19.39 Jn 3.1-2.

poniéndose en medio de los discípulos, los saludó diciendo:

—¡Paz a ustedes!

²⁰Dicho esto, les mostró las manos y el costado. Y ellos se alegraron de ver al Señor. ²¹Luego Jesús les dijo otra vez:

—¡Paz a ustedes! Como el Padre me envió a mí, así yo los envío a ustedes.

²²Y sopló sobre ellos, y les dijo:

—Reciban el Espíritu Santo. ²³A quienes ustedes perdonen los pecados, les quedarán perdonados; y a quienes no se los perdonen, les quedarán sin perdonar.ñ

### Tomás ve al Señor resucitado

²⁴Tomás, uno de los doce discípulos, al que llamaban el Gemelo, no estaba con ellos cuando llegó Jesús. ²⁵Después los otros discípulos le dijeron:

—Hemos visto al Señor.

Pero Tomás les contestó:

—Si no veo en sus manos las heridas de los clavos, y si no meto mi dedo en ellas y mi mano en su costado, no lo podré creer.

²⁶Ocho días después, los discípulos se habían reunido de nuevo en una casa, y esta vez Tomás estaba también. Tenían las puertas cerradas, pero Jesús entró, se puso en medio de ellos y los saludó, diciendo:

—¡Paz a ustedes!

²⁷Luego dijo a Tomás:

—Mete aquí tu dedo, y mira mis manos; y trae tu mano y métela en mi costado. No seas incrédulo; ¡cree!

²⁸Tomás entonces exclamó:

—¡Mi Señor y mi Dios!

²⁹Jesús le dijo:

—¿Crees porque me has visto? ¡Dichosos los que creen sin haber visto!

### El porqué de este libro

³⁰Jesús hizo muchas otras señales milagrosas delante de sus discípulos, las cuales no están escritas en este libro. ³¹Pero éstas se han escrito para que ustedes crean que Jesús es el Mesías, el Hijo de Dios, y para que creyendo en él tengan vida.

### Jesús se aparece a siete de sus discípulos

**21** ¹Después de esto, Jesús se apareció otra vez a sus discípulos, a orillas del lago de Tiberias. Sucedió de esta manera: ²Estaban juntos Simón Pedro,

Tomás, al que llamaban el Gemelo, Natanael, que era de Caná de Galilea, los hijos de Zebedeo y otros dos discípulos de Jesús. ³Simón Pedro les dijo:

—Voy a pescar.

Ellos contestaron:

—Nosotros también vamos contigo.

Fueron, pues, y subieron a una barca; pero aquella noche no pescaron nada.o ⁴Cuando comenzaba a amanecer, Jesús se apareció en la orilla, pero los discípulos no sabían que era él. ⁵Jesús les preguntó:

—Muchachos, ¿no han pescado nada?

Ellos le contestaron:

—Nada.

⁶Jesús les dijo:

—Echen la red a la derecha de la barca, y pescarán.

Así lo hicieron, y después no podían sacar la red por los muchos pescados que tenía.p ⁷Entonces el discípulo a quien Jesús quería mucho, le dijo a Pedro:

—¡Es el Señor!

Apenas oyó Simón Pedro que era el Señor, se vistió, porque estaba sin ropa, y se tiró al agua. ⁸Los otros discípulos llegaron a la playa con la barca, arrastrando la red llena de pescados, pues estaban a cien metros escasos de la orilla. ⁹Al bajar a tierra, encontraron un fuego encendido, con un pescado encima, y pan. ¹⁰Jesús les dijo:

—Traigan algunos pescados de los que acaban de sacar.

¹¹Simón Pedro subió a la barca y arrastró hasta la playa la red llena de grandes pescados, ciento cincuenta y tres; y aunque eran tantos, la red no se rompió. ¹²Jesús les dijo:

—Vengan a desayunarse.

Ninguno de los discípulos se atrevía a preguntarle quién era, porque sabían que era el Señor. ¹³Luego Jesús se acercó, tomó en sus manos el pan y se lo dio a ellos; y lo mismo hizo con el pescado. ¹⁴Esta fue la tercera vez que Jesús se apareció a sus discípulos después de haber resucitado.

### Jesús habla con Simón Pedro

¹⁵Terminado el desayuno, Jesús le preguntó a Simón Pedro:

—Simón, hijo de Juan, ¿me amas más que éstos?

Pedro le contestó:

—Sí, Señor, tú sabes que te quiero.

Jesús le dijo:

---

ñ **20.23** Mt 16.19; 18.18.   o **21.3** Lc 5.5.   p **21.6** Lc 5.6.

—Cuida de mis corderos.

[16] Volvió a preguntarle:

—Simón, hijo de Juan, ¿me amas?

Pedro le contestó:

—Sí, Señor, tú sabes que te quiero.

Jesús le dijo:

—Cuida de mis ovejas.

[17] Por tercera vez le preguntó:

—Simón, hijo de Juan, ¿me quieres?

Pedro, triste porque le había preguntado por tercera vez si lo quería, le contestó:

—Señor, tú lo sabes todo: tú sabes que te quiero.

Jesús le dijo:

—Cuida de mis ovejas. [18] Te aseguro que cuando eras más joven, te vestías para ir a donde querías; pero cuando ya seas viejo, extenderás los brazos y otro te vestirá, y te llevará a donde no quieras ir.

[19] Al decir esto, Jesús estaba dando a entender de qué manera Pedro iba a morir y a glorificar con su muerte a Dios. Después le dijo:

—¡Sígueme!

q 21.20 Jn 13.25.

## El discípulo a quien Jesús quería mucho

[20] Al volverse, Pedro vio que detrás venía el discípulo a quien Jesús quería mucho, el mismo que en la cena había estado a su lado y le había preguntado: "Señor, ¿quién es el que te va a traicionar?"[q] [21] Cuando Pedro lo vio, preguntó a Jesús:

—Señor, y a éste, ¿qué le va a pasar?

[22] Jesús le contestó:

—Si quiero que él viva hasta que yo vuelva, ¿qué te importa a ti? Tú sígueme.

[23] Por esto corrió entre los hermanos el rumor de que aquel discípulo no moriría. Pero Jesús no dijo que no moriría. Lo que dijo fue: "Si quiero que él viva hasta que yo vuelva, ¿qué te importa a ti?"

[24] Este es el mismo discípulo que da testimonio de estas cosas, y que las ha escrito. Y sabemos que dice la verdad.

[25] Jesús hizo muchas otras cosas; tantas que, si se escribieran una por una, creo que en todo el mundo no cabrían los libros que podrían escribirse.

# LOS HECHOS
## de los Apóstoles

*Juntando el comienzo de este libro (1.1) con el del Evangelio de Lucas, se ve que Hechos es la continuación de la historia relatada en el evangelio. Se podría decir que es la segunda parte de una misma obra. En efecto, hasta repite, como para volver a tomar el hilo, el relato de la ascensión, con que terminó el evangelio. Hechos refiere cómo los primeros seguidores de Jesús, guiados por el Espíritu Santo, difundieron la fe cristiana, partiendo de Jerusalén, por toda Judea, luego, hacia el norte, por Samaria, y después, entrando en territorio no judío, por Antioquía de Siria. Después, principalmente debido a la labor misionera de Pablo, el mensaje cristiano se extiende por Asia Menor y penetra en el mundo clásico, primero Grecia y luego Roma, capital del imperio. Es, pues, la historia de los principios del movimiento cristiano que después se difundiría por todo el mundo occidental y, con el correr de los siglos, por todos los continentes.*

*Destacan en este relato, como personajes principales, los apóstoles Pedro y Pablo. Pero el verdadero protagonista es el Espíritu Santo, con cuyo poder y bajo cuya dirección surge, en el escenario de la historia, la Iglesia, cuyo fundador y eterno cimiento es Cristo. Con toda razón, el Espíritu Santo se menciona unas cincuenta veces en el libro. El Espíritu Santo desciende poderosamente sobre los creyentes el día de Pentecostés en Jerusalén, y desde entonces no cesa de guiar y fortalecer a la Iglesia y a sus líderes en el curso de los sucesos consignados en Hechos. El mensaje cristiano primitivo se proclama en los sermones, y los acontecimientos registrados en el libro muestran el poder ejercido por ese mensaje en la vida de cada uno de los creyentes y de la comunidad que ellos forman.*

*Hechos puede dividirse en tres grandes partes: (1) los comienzos del movimiento cristiano en Jerusalén (1.15—8.3) después de la ascensión de Jesús y de su último mandato y promesa (1.1-14); (2) la propagación del movimiento a otras partes de Palestina (8.4—12.25) y (3) su posterior difusión por el mundo del Mediterráneo hasta Roma: primer viaje misionero de Pablo (13.1—14.28), la reunión de apóstoles y ancianos en Jerusalén (15.1-35), segundo viaje misionero (15.36—18.22), tercer viaje misionero (18.23—21.16) y prisiones de Pablo en Jerusalén, Cesarea y, finalmente, Roma (21.17—28.31).*

### La promesa del Espíritu Santo

1 ¹En mi primer libro, excelentísimo Teófilo,*a* escribí acerca de todo lo que Jesús había hecho y enseñado desde el principio ²y hasta el día en que subió al cielo. Antes de irse, por medio del Espíritu Santo dio instrucciones a los apóstoles que había escogido respecto a lo que debían hacer. ³Y después de muerto se les presentó en persona, dándoles así claras pruebas de que estaba vivo. Durante cuarenta días se dejó ver de ellos y les estuvo hablando del reino de Dios.

⁴Cuando todavía estaba con los apóstoles, Jesús les advirtió que no debían irse de Jerusalén. Les dijo:

—Esperen a que se cumpla la promesa que mi Padre les hizo,*b* de la cual yo les hablé. ⁵Es cierto que Juan bautizó con agua, pero dentro de pocos días ustedes serán bautizados con el Espíritu Santo.*c*

### Jesús asciende al cielo

⁶Los que estaban reunidos con Jesús, le preguntaron:

—Señor, ¿vas a restablecer en este momento el reino de Israel?

⁷Jesús les contestó:

—No les toca a ustedes saber en qué día o en qué ocasión hará el Padre las cosas que solamente él tiene autoridad para hacer; ⁸pero cuando el Espíritu Santo venga sobre ustedes, recibirán poder y saldrán a dar testimonio de mí, en Jerusalén, en toda la región de Judea y de Samaria, y hasta en las partes más lejanas de la tierra.*d*

⁹Dicho esto, mientras ellos lo estaban mirando, Jesús fue llevado, y una nube lo envolvió y no lo volvieron a ver.*e* ¹⁰Y mientras miraban cómo subía Jesús al cielo, dos hombres vestidos de blanco se aparecieron junto a ellos ¹¹y les dijeron:

—Galileos, ¿por qué se han quedado mirando al cielo? Este mismo Jesús que estuvo entre ustedes y que ha sido llevado al cielo, vendrá otra vez de la misma manera que lo han visto irse allá.

*a* 1.1 Lc 1.1-4. *b* 1.4 Lc 24.49. *c* 1.5 Mt 3.11; Mr 1.8; Lc 3.16; Jn 1.33. *d* 1.8 Mt 28.19; Mr 16.15; Lc 24.47-48. *e* 1.9 Mr 16.19; Lc 24.50-51.

### Se escoge a Matías para reemplazar a Judas

[12]Desde el monte llamado de los Olivos, regresaron los apóstoles a Jerusalén: un trecho corto, precisamente lo que la ley permitía caminar en el día de reposo.[l] [13]Cuando llegaron a la ciudad, subieron al piso alto de la casa donde estaban alojados. Eran Pedro, Juan, Santiago, Andrés, Felipe, Tomás, Bartolomé, Mateo, Santiago hijo de Alfeo, Simón el Celote, y Judas, el hijo de Santiago.[J] [14]Todos ellos se reunían siempre para orar con los hermanos de Jesús, con María su madre y con las otras mujeres.

[15]Por aquellos días se reunieron los creyentes, que eran unas ciento veinte personas, y Pedro tomó la palabra y les dijo: [16]"Hermanos, tenía que cumplirse lo que el Espíritu Santo, por medio de David, ya había dicho en la Escritura acerca de Judas, el que sirvió de guía a los que arrestaron a Jesús. [17]Pues Judas era uno de los nuestros, y tenía parte en nuestro trabajo. [18]Pero fue y compró un terreno con el dinero que le pagaron por su maldad; luego cayó de cabeza y se reventó, y se le salieron todos los intestinos. [19]Cuando los que vivían en Jerusalén lo supieron, llamaron a aquel terreno Acéldama, que en su lengua quiere decir: 'Campo de Sangre.'[g] [20]Porque en el libro de los Salmos dice:

'Que su casa se vuelva un desierto,
y que nadie viva en ella.'[h]

Y dice también:

'Que otro ocupe su cargo.'[i]

[21]"Tenemos aquí hombres que nos han acompañado todo el tiempo que el Señor Jesús estuvo entre nosotros, [22]desde que fue bautizado por Juan[J] hasta que subió al cielo.[k] Es necesario, pues, que uno de ellos sea agregado a nosotros, para que junto con nosotros dé testimonio de que Jesús resucitó."

[23]Entonces propusieron a dos: a José, llamado Barsabás, y llamado también Justo, y a Matías. [24]Y oraron así: "Señor, tú que conoces los corazones de todos, muéstranos cuál de estos dos has escogido [25]para que tome a su cargo el servicio de apóstol que Judas perdió por su pecado, cuando se fue al lugar que le correspondía." [26]Las suertes fueron echadas, y cayeron sobre Matías, quien desde aquel momento quedó agregado a los once apóstoles.

### La venida del Espíritu Santo

**2** [1]Cuando llegó la fiesta de Pentecostés,[l] todos los creyentes se encontraban reunidos en un mismo lugar. [2]De repente, un gran ruido que venía del cielo, como de un viento fuerte, resonó en toda la casa donde ellos estaban. [3]Y se les aparecieron lenguas como de fuego, repartidas sobre cada uno de ellos. [4]Y todos quedaron llenos del Espíritu Santo, y comenzaron a hablar en otras lenguas, según el Espíritu hacía que hablaran.

[5]Por aquellos días había en Jerusalén judíos cumplidores de sus deberes religiosos, llegados de todas partes del mundo. [6]La gente se reunió al oír aquel ruido, y no sabía qué pensar, porque cada uno oía a los creyentes hablar en su propia lengua. [7]Eran tales su sorpresa y su asombro, que se decían unos a otros:

—¿Acaso no son de Galilea todos estos que están hablando? [8]¿Cómo es que les oímos hablar en nuestras propias lenguas? [9]Aquí hay gente de Partia, de Media, de Elam, de Mesopotamia, de Judea, de Capadocia, del Ponto y de la provincia de Asia, [10]de Frigia y de Panfilia, de Egipto y de las regiones de Libia cercanas a Cirene. Hay también algunos que vienen de Roma; [11]unos son judíos de nacimiento y otros se han convertido al judaísmo. También los hay venidos de Creta y de Arabia. ¡Y todos les oímos hablar en nuestras propias lenguas de las maravillas de Dios!

[12]Todos estaban asombrados y sin saber qué pensar; y se preguntaban:

—¿Qué significa todo esto?

[13]Pero algunos, burlándose, decían:

—¡Es que están borrachos!

### Discurso de Pedro

[14]Entonces Pedro se puso de pie junto con los otros once apóstoles, y con voz fuerte dijo: "Judíos y todos los que viven en Jerusalén, sepan ustedes esto y oigan bien lo que les voy a decir. [15]Estos no están borrachos como ustedes creen, ya que apenas son las nueve de la mañana. [16]Al contrario, aquí está sucediendo lo que anunció el profeta Joel, cuando dijo:

[17]'Sucederá que en los últimos días,
dice Dios,

*l Día de reposo:* aquí equivale a *sábado.*
*J* 1.13 Mt 10.2-4; Mr 3.16-19; Lc 6.14-16. *g* 1.18-19 Sab 4.19; Mt 27.3-8. *h* 1.20 Sal 69.25. *i* 1.20 Sal 109.8. *J* 1.22 Mt 3.16; Mr 1.9; Lc 3.21. *k* 1.22 Mr 16.19; Lc 24.51. *l* 2.1 Lv 23.15-21; Dt 16.9-11.

derramaré mi Espíritu sobre toda la
    humanidad;
los hijos e hijas de ustedes
    hablarán de mi parte,
los jóvenes tendrán visiones,
y los viejos tendrán sueños.
[18]También sobre mis siervos y siervas
    derramaré mi Espíritu en aquellos
    días,
y hablarán de mi parte.
[19]En el cielo mostraré grandes
    maravillas,
y sangre, fuego y nubes de humo en
    la tierra.
[20]El sol se volverá oscuridad,
y la luna como sangre,
antes que llegue el día del Señor,
    día grande y glorioso.
[21]Pero todos los que invoquen el
    nombre del Señor,
alcanzarán la salvación.'[m]

[22]"Escuchen, pues, israelitas, lo que
voy a decir: Como ustedes saben muy
bien, Jesús de Nazaret fue un hombre a
quien Dios aprobó ante ustedes, haciendo
por medio de él grandes maravillas, milagros y señales. [23]Y a ese hombre, que conforme a los planes y propósitos de Dios
fue entregado, ustedes lo mataron; por
medio de hombres malvados[n] ustedes lo
crucificaron. [24]Pero Dios lo resucitó,[o]
liberándolo de los dolores de la muerte,
porque la muerte no podía tenerlo dominado. [25]El rey David, refiriéndose a
Jesús, dijo:

'Yo veía siempre al Señor delante de
    mí;
con él a mi derecha, nada me hará
    caer.
[26]Por eso se alegra mi corazón,
y mi lengua canta llena de gozo.
Todo mi ser vivirá confiadamente,
[27]porque no me dejarás en el sepulcro
ni permitirás que se descomponga
el cuerpo de tu santo siervo.
[28]Me mostraste el camino de la vida,
y me llenarás de alegría con tu
    presencia.'[p]

[29]"Hermanos, permítanme decirles con
franqueza que nuestro antepasado David
murió y fue enterrado, y que su sepulcro
está todavía entre nosotros. [30]Pero David
era profeta, y sabía que Dios le había prometido con juramento que pondría por
rey a uno de sus descendientes.[q] [31]Así que,
como si ya lo estuviera viendo, David
habló de la resurrección del Mesías, y dijo

que éste no se quedaría en el sepulcro ni su
cuerpo se descompondría. [32]Pues bien,
Dios ha resucitado a ese mismo Jesús, y de
ello todos nosotros somos testigos. [33]El
fue levantado para ir a sentarse a la derecha de Dios, y recibió del Padre el Espíritu
Santo que había sido prometido, el cual, a
su vez, él repartió. Eso es lo que ustedes
han visto y oído. [34]Porque no fue David
quien subió al cielo; pues él mismo dijo:

'El Señor dijo a mi Señor:
    Siéntate a mi derecha,
[35]hasta que yo haga de tus enemigos el
    estrado de tus pies.'[r]

[36]"Sepa todo el pueblo de Israel, con
toda seguridad, que a este mismo Jesús a
quien ustedes crucificaron, Dios lo ha
hecho Señor y Mesías."

[37]Cuando los allí reunidos oyeron esto,
se afligieron profundamente, y preguntaron a Pedro y a los otros apóstoles:

—Hermanos, ¿qué debemos hacer?

[38]Pedro les contestó:

—Vuélvanse a Dios y bautícese cada
uno en el nombre de Jesucristo, para que
Dios les perdone sus pecados, y así él les
dará el Espíritu Santo. [39]Esta promesa es
para ustedes y para sus hijos, y también
para todos los que están lejos; es decir,
para todos aquellos a quienes el Señor
nuestro Dios quiera llamar.

[40]Con estas y otras palabras, Pedro les
habló y les aconsejó, diciéndoles:

—¡Apártense de esta gente perversa!

[41]Así pues, los que hicieron caso de su
mensaje fueron bautizados; y aquel día se
agregaron a los creyentes unas tres mil
personas. [42]Todos seguían firmes en lo
que los apóstoles les enseñaban, y com-
partían lo que tenían, y oraban y se reunían para partir el pan.

### La vida de los primeros cristianos

[43]Todos estaban asombrados a causa
de los muchos milagros y señales que eran
hechos por medio de los apóstoles. [44]Los
creyentes estaban muy unidos y compar-
tían sus bienes entre sí;[s] [45]vendían sus
propiedades y todo lo que tenían, y repartían el dinero según las necesidades de
cada uno. [46]Todos los días se reunían en
el templo, y en las casas partían el pan y
comían juntos con alegría y sencillez de
corazón. [47]Alababan a Dios y eran estimados por todos; y cada día el Señor añadía a la iglesia los que iban siendo salvos.

[m] 2.17-21 Jl 2.28-32.   [n] 2.23 Mt 27.35; Mr 15.24; Lc 23.33; Jn 19.18.   [o] 2.24 Mt 28.5-6; Mr 16.6; Lc 24.5.
[p] 2.25-28 Sal 16.8-11.   [q] 2.30 Sal 132.11; 2 S 7.12-13.   [r] 2.34-35 Sal 110.1.   [s] 2.44 Hch 4.32-35.

## Un cojo es sanado

**3** ¹Un día, Pedro y Juan fueron al templo a las tres de la tarde, que era la hora de la oración. ²Allí, en el templo, estaba un hombre cojo de nacimiento, al cual llevaban todos los días y lo ponían junto a la puerta llamada la Hermosa, para que pidiera limosna a los que entraban. ³Cuando el cojo vio a Pedro y a Juan, que estaban a punto de entrar en el templo, les pidió una limosna. ⁴Ellos lo vieron, y Pedro le dijo:

—Míranos.

⁵El hombre puso atención, creyendo que le iban a dar algo. ⁶Pero Pedro le dijo:

—No tengo plata ni oro, pero lo que tengo te doy: en el nombre de Jesucristo de Nazaret, levántate y anda.

⁷Dicho esto, Pedro lo tomó por la mano derecha y lo levantó, y en el acto cobraron fuerzas sus pies y sus tobillos. ⁸El cojo se puso en pie de un salto y comenzó a andar; luego entró con ellos en el templo, por su propio pie, brincando y alabando a Dios. ⁹Todos los que lo vieron andar y alabar a Dios, ¹⁰se llenaron de asombro y de temor por lo que le había pasado, ya que conocían al hombre y sabían que era el mismo que se sentaba a pedir limosna en el templo, en la puerta llamada la Hermosa.

## Discurso de Pedro en el Pórtico de Salomón

¹¹El cojo que había sido sanado no soltaba a Pedro y a Juan. Toda la gente, admirada, corrió a la parte del templo que se llama Pórtico de Salomón, donde ellos estaban. ¹²Pedro, al ver esto, les dijo: "¿Por qué se asombran ustedes, israelitas? ¿Por qué nos miran como si nosotros mismos hubiéramos sanado a este hombre y lo hubiéramos hecho andar por medio de algún poder nuestro o por nuestra devoción a Dios? ¹³El Dios de Abraham, de Isaac y de Jacob, el Dios de nuestros antepasados,ᵗ ha dado el más alto honor a su siervoᵘ Jesús, a quien ustedes entregaron a las autoridades y a quien, cuando Pilato quiso soltarlo, ustedes no lo permitieron. ¹⁴En vez de pedir la libertad de aquel que era santo y justo, ustedes pidieron que se soltara a un criminal.ᵛ ¹⁵Y así mataron ustedes al que nos lleva a la vida.ᶻ Pero Dios lo resucitó, y de esto nosotros somos testigos. ¹⁶Lo que ha hecho cobrar fuerzas a este hombre que ustedes ven y conocen, es la fe en el nombre de Jesús. Esa fe en Jesús es la que le ha hecho sanar completamente, como todos ustedes pueden ver.

¹⁷"Ya sé, hermanos, que cuando ustedes y sus jefes mataron a Jesús, lo hicieron sin saber en realidad lo que estaban haciendo. ¹⁸Pero Dios cumplió de este modo lo que antes había anunciado por medio de todos sus profetas: que su Mesías tenía que morir. ¹⁹Por eso, vuélvanse ustedes a Dios y conviértanse, para que él les borre sus pecados. Quizás entonces el Señor les mande tiempos de alivio, ²⁰enviándoles a Jesús, a quien desde el principio había escogido como Mesías para ustedes. ²¹Aunque por ahora Jesucristo debe permanecer en el cielo hasta que Dios ponga en orden todas las cosas, como dijo por medio de sus santos profetas que vivieron en los tiempos antiguos. ²²Moisés anunció a nuestros antepasados: 'El Señor Dios hará que salga de entre ustedes un profeta como yo. Obedézcanlo en todo lo que les diga, ²³porque todo aquel que no haga caso a ese profeta, será eliminado del pueblo.'ʷ ²⁴Y todos los profetas, desde Samuel en adelante, hablaron también de estos días. ²⁵Ustedes son herederos de las promesas que Dios hizo por medio de los profetas, y son también herederos del pacto hecho por Dios con los antepasados de ustedes. Pues Dios le dijo a Abraham: 'Todas las naciones del mundo serán bendecidas por medio de tus descendientes.'ˣ ²⁶Cuando Dios resucitó a su Hijo, lo envió primero a ustedes, para bendecirlos, para que cada uno de ustedes se convierta de su maldad."

## Pedro y Juan ante las autoridades

**4** ¹Todavía Pedro y Juan estaban hablándole a la gente, cuando llegaron los sacerdotes, con el jefe de la guardia del templo y con los saduceos. ²Estaban enojados porque Pedro y Juan enseñaban a la gente y decían que la resurrección de los muertos había quedado demostrada en el caso de Jesús. ³Los arrestaron y, como ya era tarde, los metieron en la cárcel hasta el día siguiente. ⁴Pero muchos de los que habían escuchado el mensaje, creyeron; y el número

---

ᶻ *Al que nos lleva a la vida:* otra posible traducción: *al que gobierna la vida.* También es posible: *al originador de la vida.*
ᵗ **3.13** Ex 3.15.    ᵘ **3.13** Is 52.13?53.12; Fil 2.7-9.    ᵛ **3.14** Mt 27.15-23; Mr 15.6-14; Lc 23.13-23; Jn 19.12-15.
ʷ **3.22-23** Dt 18.15-19; 34.10.    ˣ **3.25** Gn 12.3; 22.18.

de creyentes, contando solamente los hombres, llegó a cerca de cinco mil.

⁵Al día siguiente se reunieron en Jerusalén los jefes de los judíos, los ancianos y los maestros de la ley. ⁶Allí estaban también Anás, que era el sumo sacerdote, Caifás, Juan, Alejandro y todos los que pertenecían a la familia de los sumos sacerdotes. ⁷Ordenaron que les llevaran a Pedro y a Juan, y poniéndolos en medio de ellos les preguntaron:

—¿Con qué autoridad, o en nombre de quién hacen ustedes estas cosas?

⁸Pedro, lleno del Espíritu Santo, les contestó:

—Jefes del pueblo y ancianos: ⁹ustedes nos preguntan acerca del bien hecho a un enfermo, para saber de qué manera ha sido sanado. ¹⁰Pues bien, declaramos ante ustedes, para que lo sepa todo el pueblo de Israel, que este hombre que está aquí, delante de todos, ha sido sanado en el nombre de Jesucristo de Nazaret, el mismo a quien ustedes crucificaron y a quien Dios resucitó. ¹¹Este Jesús es la piedra que ustedes los constructores despreciaron, pero que se ha convertido en la piedra principal.ʸ ¹²En ningún otro hay salvación,ᶻ porque en todo el mundo Dios no nos ha dado otra persona por la cual podamos ser salvos.

¹³Cuando las autoridades vieron la valentía con que hablaban Pedro y Juan, y se dieron cuenta de que eran hombres sin estudios ni cultura, se quedaron sorprendidos, y reconocieron que eran discípulos de Jesús. ¹⁴Además, el que había sido sanado estaba allí con ellos, y por eso no podían decir nada en contra. ¹⁵Entonces los mandaron salir de la reunión, y se quedaron discutiendo unos con otros. ¹⁶Decían:

—¿Qué vamos a hacer con estos hombres? Todos los habitantes de Jerusalén saben que han hecho esta señal milagrosa, y no lo podemos negar. ¹⁷Pero a fin de que este asunto no siga corriendo de boca en boca, vamos a amenazarlos, para que de aquí en adelante no hablen del nombre de Jesús a nadie.

¹⁸Así que los llamaron y les ordenaron que no hablaran ni enseñaran nada acerca del nombre de Jesús. ¹⁹Pero Pedro y Juan les contestaron:

—Piensen ustedes mismos si es justo delante de Dios obedecerlos a ustedes en lugar de obedecerle a él. ²⁰Nosotros no podemos dejar de decir lo que hemos visto y oído.

²¹Las autoridades los amenazaron, pero los dejaron libres. No encontraron cómo castigarlos, porque toda la gente alababa a Dios por lo que había pasado. ²²El hombre que fue sanado de esta manera milagrosa, tenía más de cuarenta años.

### Los creyentes piden confianza y valor

²³Pedro y Juan, ya puestos en libertad, fueron a reunirse con sus compañeros y les contaron todo lo que los jefes de los sacerdotes y los ancianos les habían dicho. ²⁴Después de haberlos oído, todos juntos oraron a Dios, diciendo: "Señor, tú que hiciste el cielo, la tierra, el mar y todo lo que hay en ellos,ᵃ ²⁵dijiste por medio del Espíritu Santo y por boca de nuestro antepasado David, tu siervo:

'¿Por qué se alborotan los pueblos? ¿Por qué hacen planes sin sentido? ²⁶Los reyes y gobernantes de la tierra se rebelan, y juntos conspiran contra el Señor y contra su escogido, el Mesías.'ᵇ

²⁷"Es un hecho que Herodesᶜ y Poncio Pilatoᵈ se juntaron aquí, en esta ciudad, con los extranjeros y los israelitas, contra tu santo siervoᵉ Jesús, a quien escogiste como Mesías. ²⁸De esta manera, ellos hicieron todo lo que tú en tus planes ya habías dispuesto que tenía que suceder. ²⁹Ahora, Señor, fíjate en sus amenazas y concede a tus siervos que anuncien tu mensaje sin miedo, ³⁰y que por tu poder sanen a los enfermos y hagan señales y milagros en el nombre de tu santo siervo Jesús."

³¹Cuando acabaron de orar, el lugar donde estaban reunidos tembló; y todos fueron llenos del Espíritu Santo, y anunciaban abiertamente el mensaje de Dios.

### Todas las cosas eran de todos

³²Todos los creyentes, que eran muchos, pensaban y sentían de la misma manera. Ninguno decía que sus cosas fueran solamente suyas, sino que eran de todos.ᶠ ³³Los apóstoles seguían dando un poderoso testimonio de la resurrección del Señor Jesús, y Dios los bendecía mucho a todos. ³⁴No había entre ellos ningún necesitado, porque quienes tenían terrenos o casas, los vendían, y el dinero ³⁵lo ponían

ʸ 4.11 Sal 118.22.   ᶻ 4.12 Jn 14.6.   ᵃ 4.24 Ex 20.11; Neh 9.6; Sal 146.6.   ᵇ 4.25-26 Sal 2.1-2.   ᶜ 4.27 Lc 23.7-11.
ᵈ 4.27 Mt 27.1-2; Mr 15.1; Lc 23.1; Jn 18.28-29.   ᵉ 4.27 Is 52.13; Fil 2.7.   ᶠ 4.32 Hch 2.44-45.

a disposición de los apóstoles, para repartirlo entre todos según las necesidades de cada uno. [36]Tal fue el caso de un Levita llamado José, natural de la isla de Chipre, a quien los apóstoles pusieron por sobrenombre Bernabé, (que significa: "Hijo de consolación"). [37]Este hombre tenía un terreno, y lo vendió y puso el dinero a disposición de los apóstoles.

## El pecado de Ananías y Safira

5 [1]Pero hubo uno, llamado Ananías, que junto con Safira, su esposa, vendió un terreno. [2]Este hombre, de común acuerdo con su esposa, se quedó con una parte del dinero y puso la otra parte a disposición de los apóstoles. [3]Pedro le dijo:

—Ananías, ¿por qué entró Satanás en tu corazón, para hacerte mentir al Espíritu Santo quedándote con parte del dinero que te pagaron por el terreno? [4]¿Acaso no era tuyo el terreno? Y puesto que lo vendiste, ¿no era tuyo el dinero? ¿Por qué se te ocurrió hacer esto? No has mentido a los hombres, sino a Dios.

[5]Al oír esto, Ananías cayó muerto. Y todos los que lo supieron se llenaron de miedo. [6]Entonces vinieron unos jóvenes, envolvieron el cuerpo y se lo llevaron a enterrar.

[7]Unas tres horas después entró la esposa de Ananías, sin saber lo que había pasado. [8]Pedro le preguntó:

—Dime, ¿vendieron ustedes el terreno en el precio que han dicho?

Ella contestó:

—Sí, en ese precio.

[9]Pedro le dijo:

—¿Por qué se pusieron ustedes de acuerdo para poner a prueba al Espíritu del Señor? Ahí vienen los que se llevaron a enterrar a tu esposo, y ahora te van a llevar también a ti.

[10]En ese mismo instante Safira cayó muerta a los pies de Pedro. Cuando entraron los jóvenes, la encontraron muerta, y se la llevaron a enterrar al lado de su esposo. [11]Y todos los de la iglesia, y todos los que supieron estas cosas, se llenaron de miedo.

## Muchos milagros y señales

[12]Por medio de los apóstoles se hacían muchas señales y milagros entre la gente; y todos se reunían en el Pórtico de Salomón. [13]Ninguno de los otros se atrevía a juntarse con ellos, pero la gente los tenía

en alta estima. [14]Y aumentó el número de personas, tanto hombres como mujeres, que creyeron en el Señor. [15]Y sacaban los enfermos a las calles, poniéndolos en camas y camillas para que, al pasar Pedro, por lo menos su sombra cayera sobre alguno de ellos. [16]También de los pueblos vecinos acudía mucha gente a Jerusalén, trayendo enfermos y personas atormentadas por espíritus impuros; y todos eran sanados.

## Los apóstoles son perseguidos

[17]El sumo sacerdote y los del partido de los saduceos que estaban con él, se llenaron de envidia, [18]y arrestaron a los apóstoles y los metieron en la cárcel pública. [19]Pero un ángel del Señor abrió de noche las puertas de la cárcel y los sacó, diciéndoles: [20]"Vayan y, de pie en el templo, cuenten al pueblo todo lo de esta vida[g] nueva." [21]Conforme a esto que habían oído, al día siguiente entraron temprano en el templo y comenzaron a enseñar.

Mientras tanto, el sumo sacerdote y los que estaban con él llamaron a todos los ancianos israelitas a una reunión de la Junta Suprema, y mandaron traer de la cárcel a los apóstoles. [22]Pero cuando los guardias llegaron a la cárcel, no los encontraron. Así que volvieron con la noticia, [23]diciendo:

—Encontramos la cárcel perfectamente cerrada, y a los soldados vigilando delante de las puertas; pero cuando abrimos, no encontramos a nadie adentro.

[24]Al oírlo, el sumo sacerdote, el jefe de la guardia del templo y los principales sacerdotes se preguntaban en qué iría a parar todo aquello. [25]En aquel momento llegó uno, que les dijo:

—Los que ustedes metieron en la cárcel, están en el templo enseñando al pueblo.

[26]El jefe de la guardia, junto con los guardias, fue a buscarlos; pero no los maltrataron, porque tenían miedo de ser apedreados por la gente. [27]Al llegar, los llevaron ante la Junta Suprema, y el sumo sacerdote les dijo:

[28]—Nosotros les habíamos prohibido terminantemente que enseñaran nada relacionado con ese hombre. ¿Y qué han hecho ustedes? Han llenado toda Jerusalén con esas enseñanzas, y encima quieren echarnos la culpa de la muerte de ese hombre.[h]

[g] 5.20 Jn 11.25; 14.6; Ro 6.4. [h] 5.28 Mt 27.25.

²⁹Pedro y los demás apóstoles contestaron:

—Es nuestro deber obedecer a Dios antes que a los hombres. ³⁰El Dios de nuestros antepasados resucitó a Jesús, el mismo a quien ustedes mataron colgándolo en una cruz. ³¹Dios lo ha levantado y lo ha puesto a su derecha, y lo ha hecho Guía y Salvador, para que la nación de Israel se vuelva a Dios y reciba el perdón de sus pecados. ³²De esto somos testigos nosotros, y también lo es el Espíritu Santo, que Dios ha dado a los que le obedecen.

³³Cuando oyeron esto, se enfurecieron y quisieron matarlos. ³⁴Pero entre aquellas autoridades había un fariseo llamado Gamaliel, que era un maestro de la ley muy respetado por el pueblo. Este se puso de pie y mandó que por un momento sacaran de allí a los apóstoles. ³⁵Luego dijo a las demás autoridades:

—Israelitas, tengan cuidado con lo que van a hacer con estos hombres. ³⁶Recuerden que hace algún tiempo se levantó Teudas, alegando ser un hombre importante, y unos cuatrocientos hombres lo siguieron. Pero a éste lo mataron, y sus seguidores se dispersaron, y allí se acabó todo. ³⁷Más tarde, en los días del censo, se levantó Judas, el de Galilea, y logró que algunos lo siguieran; pero también lo mataron, y todos sus seguidores se dispersaron. ³⁸Por eso, yo les aconsejo que dejen a estos hombres y que no se metan con ellos. Porque si este asunto es cosa de los hombres, pasará; ³⁹pero si es cosa de Dios, no podrán ustedes vencerlos. Tengan cuidado, no se vayan a encontrar luchando contra Dios.*

Ellos le hicieron caso. ⁴⁰Así que llamaron a los apóstoles, los azotaron y les prohibieron seguir hablando en el nombre de Jesús; después los soltaron. ⁴¹Los apóstoles salieron de la presencia de las autoridades muy contentos, porque Dios les había permitido sufrir injurias por causa del nombre de Jesús. ⁴²Todos los días enseñaban y anunciaban las buenas noticias de Jesús el Mesías, tanto en el templo como por las casas.

### Se nombra a siete ayudantes

6 ¹En aquel tiempo, como el número de los creyentes iba aumentando, los de habla griega comenzaron a quejarse de los de habla hebrea, diciendo que las viudas griegas no eran bien atendidas en la distribución diaria de ayuda.³ ²Los doce apóstoles reunieron a todos los creyentes, y les dijeron:

—No está bien que nosotros dejemos de anunciar el mensaje de Dios para dedicarnos a la administración. ³Así que, hermanos, busquen entre ustedes siete hombres de confianza, entendidos y llenos del Espíritu Santo, para que les encarguemos estos trabajos. ⁴Nosotros seguiremos orando y proclamando el mensaje de Dios.

⁵Todos estuvieron de acuerdo, y escogieron a Esteban, hombre lleno de fe y del Espíritu Santo, y a Felipe, a Prócoro, a Nicanor, a Timón, a Parmenas y a Nicolás, uno de Antioquía que antes se había convertido al judaísmo. ⁶Luego los llevaron a donde estaban los apóstoles, los cuales oraron y les impusieron las manos.

⁷El mensaje de Dios iba extendiéndose, y el número de los creyentes aumentaba mucho en Jerusalén. Incluso muchos sacerdotes judíos aceptaban la fe.

### Arrestan a Esteban

⁸Esteban, lleno del poder y la bendición de Dios, hacía milagros y señales entre el pueblo. ⁹Algunos de la sinagoga llamada de los Esclavos Libertados, junto con algunos de Cirene, de Alejandría, de Cilicia y de la provincia de Asia, comenzaron a discutir con Esteban; ¹⁰pero no podían hacerle frente, porque hablaba con la sabiduría que le daba el Espíritu Santo. ¹¹Pagaron entonces a unos para que afirmaran que le habían oído decir palabras ofensivas contra Moisés y contra Dios. ¹²De este modo alborotaron al pueblo, a los ancianos y a los maestros de la ley; por lo cual atacaron a Esteban, lo apresaron y lo llevaron ante la Junta Suprema. ¹³Además buscaron testigos falsos, que dijeron:

—Ese hombre no deja de hablar contra este santo templo y contra la ley. ¹⁴Le hemos oído decir que ese Jesús de Nazaret va a destruir el templo y que va a cambiar las costumbres que nos dejó Moisés.

¹⁵Las autoridades y todos los que estaban allí sentados, al mirar a Esteban, vieron que su cara era como la de un ángel.

---

³ Este texto hace referencia a judíos procedentes de regiones en las que usualmente se hablaba el griego, a diferencia de los judíos palestinos, que conservaban la lengua aramea, llamada hebrea en el Nuevo Testamento.
* 5.39 2 Mac 7.19.

*Defensa de Esteban*

**7** ¹El sumo sacerdote le preguntó a Esteban si lo que decían de él era cierto, ²y él contestó: "Hermanos y padres, escúchenme: Nuestro glorioso Dios se mostró a nuestro antepasado Abraham cuando estaba en Mesopotamia, antes que se fuera a vivir a Harán, ³y le dijo: 'Deja tu tierra y a tus parientes, y vete a la tierra que yo te mostraré.'ⁱ ⁴Entonces Abraham salió de Caldea y se fue a vivir a Harán.ʲ Después murió su padre, y Dios trajo a Abraham a esta tierra, donde ustedes viven ahora.ᵏ ⁵Pero no le dio ninguna herencia en ella; ni siquiera un lugar donde poner el pie. Pero sí le prometió que se la daría, para que después de su muerte fuera de sus descendientesˡ (aunque en aquel tiempo Abraham todavía no tenía hijos). ⁶Además, Dios le dijo que sus descendientes vivirían como extranjeros en una tierra extraña, y que serían esclavos, y que los maltratarían durante cuatrocientos años. ⁷Pero también le dijo Dios: 'Yo castigaré a la nación que los haga esclavos, y después ellos saldrán de allí y me servirán en este lugar.'ᵐ ⁸En su pacto, Dios ordenó a Abraham la práctica de la circuncisión.ⁿ Por eso, a los ocho días de haber nacido su hijo Isaac, Abraham lo circuncidó.ⁿ Lo mismo hizo Isaac con su hijo Jacob,ᵒ y éste hizo lo mismo con sus hijos, que fueron los padres de las doce tribus de Israel.ᵖ

⁹"Estos hijos de Jacob, que fueron nuestros antepasados, tuvieron envidia de su hermano José,�q y lo vendieron para que se lo llevaran a Egipto.ʳ Pero Dios, que estaba con José,ˢ ¹⁰lo libró de todas sus aflicciones. Le dio sabiduría y le hizo ganarse el favor del faraón, rey de Egipto, el cual nombró a José gobernador de Egipto y del palacio real.ᵗ

¹¹"Hubo entonces hambre y mucha aflicción en todo Egipto y en Canaán, y nuestros antepasados no tenían qué comer.ᵘ ¹²Pero cuando Jacob supo que en Egipto había de comer, mandó allá a sus hijos, es decir, a nuestros antepasados. Este fue el primer viaje que hicieron. ¹³Cuando fueron por segunda vez, José se dio a conocer a sus hermanos,ᵛ y así el faraón supo de qué raza era José.ʷ ¹⁴Más tarde, José ordenó que su padre Jacob y toda su familia,ˣ que eran setenta y cinco personas,ʸ fueran llevados a Egipto. ¹⁵De ese modo Jacob se fue a vivir a Egipto;ᶻ y allí murió,ᵃ y allí murieron también nuestros antepasados. ¹⁶Los restos de Jacob fueron llevados a Siquem, y fueron enterrados en el sepulcro que Abraham había comprado por cierta cantidad de dinero a los hijos de Hamor, en Siquem.ᵇ

¹⁷"Cuando ya se acercaba el tiempo en que había de cumplirse la promesa hecha por Dios a Abraham, el pueblo de Israel había crecido en Egipto y se había hecho numeroso; ¹⁸y por entonces comenzó a gobernar en Egipto un rey que no había conocido a José.ᶜ ¹⁹Este rey engañó a nuestro puebloᵈ y maltrató a nuestros antepasados; los obligó a abandonar y dejar morir a sus hijos recién nacidos.ᵉ ²⁰En aquel tiempo nació Moisés. Fue un niño que agradó a Dios, y sus padres lo criaron en su casa durante tres meses.ᶠ ²¹Cuando tuvieron que abandonarlo, la hija del faraón lo recogió y lo crió como si fuera su propio hijo.ᵍ ²²De esa manera Moisés fue instruido en la sabiduría de los egipcios, y fue un hombre poderoso en palabras y en hechos.

²³"A la edad de cuarenta años, Moisés decidió visitar a los israelitas, que eran su propio pueblo. ²⁴Pero al ver que un egipcio maltrataba a uno de ellos, Moisés salió en su defensa, y lo vengó matando al egipcio. ²⁵Y es que Moisés pensaba que sus hermanos los israelitas se darían cuenta de que por medio de él Dios iba a libertarlos; pero ellos no se dieron cuenta. ²⁶Al día siguiente, Moisés encontró a dos israelitas que se estaban peleando y, queriendo ponerlos en paz, les dijo: 'Ustedes son hermanos; ¿por qué se maltratan el uno al otro?' ²⁷Entonces el que maltrataba a su compañero empujó a Moisés, y le dijo: '¿Quién te ha puesto a ti como jefe y juez entre nosotros? ²⁸¿Acaso quieres matarme, como mataste ayer al egipcio?' ²⁹Al oír esto, Moisés huyó y se fue a la tierra de Madián.ʰ Allí vivió como extranjero, y tuvo dos hijos.ⁱ

³⁰"Cuarenta años después, en el desierto, cerca del monte Sinaí, un ángel se le apareció en el fuego de una zarza que estaba ardiendo. ³¹Moisés se asombró de aquella visión, y cuando se acercó para ver mejor, oyó la voz del Señor, que

ⁱ 7.2-3 Gn 12.1. ʲ 7.4 Gn 11.31. ᵏ 7.4 Gn 12.4. ˡ 7.5 Gn 12.7; 13.15; 15.18; 17.8. ᵐ 7.6-7 Gn 15.13-14; Ex 3.12. ⁿ 7.8 Gn 17.10-14. ⁿ 7.8 Gn 21.2-4. ᵒ 7.8 Gn 25.26. ᵖ 7.8 Gn 29.31?35.18. q 7.9 Gn 37.11. ʳ 7.9 Gn 37.28. ˢ 7.9 Gn 39.2,21. ᵗ 7.10 Gn 41.39-41. ᵘ 7.11 Gn 42.1-2. ᵛ 7.13 Gn 45.1. ʷ 7.13 Gn 45.16. ˣ 7.14 Gn 45.9-10,17-18. ʸ 7.14 Gn 46.27. ᶻ 7.15 Gn 46.1-7. ᵃ 7.15 Gn 49.33. ᵇ 7.16 Gn 23.3-16; 33.19; 50.7-13; Jos 24.32. ᶜ 7.17-18 Ex 1.7-8. ᵈ 7.19 Ex 1.10-11. ᵉ 7.19 Ex 1.22. ᶠ 7.20 Ex 2.2. ᵍ 7.21 Ex 2.3-10. ʰ 7.23-29 Ex 2.11-15. ⁱ 7.29 Ex 18.3-4.

decía: [32]'Yo soy el Dios de tus antepasados. Soy el Dios de Abraham, de Isaac y de Jacob.' Moisés comenzó a temblar de miedo, y no se atrevía a mirar. [33]Entonces el Señor le dijo: 'Descálzate, porque el lugar donde estás es sagrado. [34]Claramente he visto cómo sufre mi pueblo, que está en Egipto. Los he oído quejarse y he bajado para librarlos. Por lo tanto, ven, que te voy a enviar a Egipto.'[j]

[35]"Aunque ellos habían despreciado a Moisés y le habían dicho: '¿Quién te nombró jefe y juez?', Dios lo envió como jefe y libertador, por medio del ángel que se le apareció en la zarza. [36]Y fue Moisés quien sacó de Egipto a nuestros antepasados, y quien hizo milagros y señales durante cuarenta años en aquella tierra,[k] en el Mar Rojo[l] y en el desierto.[m] [37]Este mismo Moisés fue quien dijo a los israelitas: 'Dios hará que salga de entre ustedes un profeta como yo.'[n] [38]Fue también Moisés quien estuvo en la asamblea de Israel en el desierto, y con el ángel que le habló en el monte Sinaí,[ñ] y con nuestros antepasados; y él fue quien recibió palabras de vida para pasárnoslas a nosotros.

[39]"Pero nuestros antepasados no quisieron obedecerlo, sino que lo rechazaron y quisieron volverse a Egipto. [40]Le dijeron a Aarón: 'Haznos dioses que nos guíen, porque no sabemos qué le ha pasado a este Moisés que nos sacó de Egipto.'[o] [41]Entonces hicieron un ídolo que tenía forma de becerro, mataron animales para ofrecérselos y celebraron una fiesta en honor del ídolo que ellos mismos habían hecho.[p] [42]Por esto, Dios se apartó de ellos y los dejó adorar a las estrellas del cielo. Pues así está escrito en el libro de los profetas:

'Israelitas,
¿acaso en los cuarenta años del
     desierto
me ofrecieron ustedes sacrificios y
     ofrendas?
[43]Por el contrario,
cargaron con el santuario del dios
     Moloc
y con la estrella del dios Refán,
imágenes de dioses que ustedes
     mismos
se hicieron para adorarlas.
Por eso los lanzaré a ustedes al
     destierro
más allá de Babilonia.'[q]

[44]"Nuestros antepasados tenían en el desierto la tienda del pacto,[4] que fue hecha tal como Dios se lo ordenó a Moisés cuando le dijo que la hiciera según el modelo que había visto.[r] [45]Nuestros antepasados recibieron esta tienda en herencia, y los que vinieron con Josué la trajeron consigo[s] cuando conquistaron la tierra de los otros pueblos, a los que Dios arrojó de delante de ellos. Así fue hasta los días de David. [46]El rey David encontró favor delante de Dios, y quiso construir un lugar donde viviera la descendencia[5] de Jacob;[t] [47]pero fue Salomón quien construyó el templo de Dios.[u] [48]Aunque el Dios altísimo no vive en templos hechos por la mano de los hombres. Como dijo el profeta:

[49]'El cielo es mi trono,
y la tierra es el estrado de mis pies.
¿Qué clase de casa me construirán?,
     dice el Señor;
¿cuál será mi lugar de descanso,
[50]si yo mismo hice todas estas cosas?'[v]

[51]"Pero ustedes —siguió diciendo Esteban— siempre han sido tercos, y tienen oídos y corazón paganos. Siempre están en contra del Espíritu Santo. Son iguales que sus antepasados.[w] [52]¿A cuál de los profetas no maltrataron los antepasados de ustedes? Ellos mataron a quienes habían hablado de la venida de aquel que es justo, y ahora ya este justo ya ha venido, ustedes lo traicionaron y lo mataron. [53]Ustedes, que recibieron la ley por medio de ángeles, no la obedecen."

### Muerte de Esteban

[54]Cuando oyeron estas cosas, se enfurecieron y rechinaron los dientes contra Esteban. [55]Pero él, lleno del Espíritu Santo, miró al cielo y vio la gloria de Dios, y a Jesús de pie a la derecha de Dios. [56]Entonces dijo:
—¡Miren! Veo los cielos abiertos, y al Hijo del hombre a la derecha de Dios.
[57]Pero ellos se taparon los oídos, y dando fuertes gritos se lanzaron todos contra él. [58]Lo sacaron de la ciudad y lo apedrearon; y los que lo acusaban dejaron sus ropas al cuidado de un joven llamado Saulo.

[4] *Tienda del pacto:* lit. *Tienda del testimonio.* [5] *La descendencia:* lit. *la casa.* Otros mss.: *el Dios.*
[j] 7.30-34 Ex 3.1-10.  [k] 7.36 Ex 7.3.  [l] 7.36 Ex 14.21.  [m] 7.36 Nm 14.33.  [n] 7.37 Dt 8.15,18.  [ñ] 7.38 Ex 19.1?20.17; Dt. 5.1-33.
[o] 7.40 Ex 32.1.  [p] 7.41 Ex 32.2-6.  [q] 7.42-43 Am 5.25-27.  [r] 7.44 Ex 25.9,40.  [s] 7. 45 Jos 3.14-17.  [t] 7.46 2 S 7.1-16;
1 Cr 17.1-14.  [u] 7.47 1 R 6.1-38; 2 Cr 3.1-17.  [v] 7.49-50 Is 66.1-2.  [w] 7.51 Is 63.10.

⁵⁹Mientras lo apedreaban, Esteban oró, diciendo: "Señor Jesús, recibe mi espíritu."ˣ ⁶⁰Luego se puso de rodillas y gritó con voz fuerte: "¡Señor, no les tomes en cuenta este pecado!"ʸ

Habiendo dicho esto, murió.

**8** ¹Y Saulo estaba allí, dando su aprobación a la muerte de Esteban.

### Saulo persigue a la iglesia

Aquel mismo día comenzó una gran persecución contra la iglesia de Jerusalén. Todos, menos los apóstoles, se dispersaron por las regiones de Judea y de Samaria. ²Algunos hombres piadosos enterraron a Esteban y lloraron mucho por él. ³Mientras tanto, Saulo perseguía a la iglesia, y entraba de casa en casa para sacar a rastras a hombres y mujeres y mandarlos a la cárcel.ᶻ

### Anuncio del evangelio en Samaria

⁴Pero los que tuvieron que salir de Jerusalén anunciaban el mensaje de salvación por dondequiera que iban. ⁵Felipe, uno de ellos, se dirigió a la principal ciudad de Samaria y comenzó a hablarles de Cristo. ⁶La gente se reunía, y todos escuchaban con atención lo que decía Felipe, pues veían las señales milagrosas hechas por él. ⁷Muchas personas que tenían espíritus impuros eran sanadas, y los espíritus salían de ellas gritando; y también muchos paralíticos y cojos eran sanados. ⁸Por esta causa hubo gran alegría en aquel pueblo.

⁹Pero había allí un hombre llamado Simón, que antes había practicado la brujería y que había engañado a la gente de Samaria haciéndose pasar por una persona importante. ¹⁰Todos, desde el más pequeño hasta el más grande, lo escuchaban atentamente y decían: "Este es a quien llaman 'el gran poder de Dios'." ¹¹Y le hacían caso, porque con su brujería los había engañado durante mucho tiempo. ¹²Pero cuando creyeron en las buenas noticias que Felipe les anunciaba acerca del reino de Dios y de Jesucristo, tanto hombres como mujeres se bautizaron. ¹³Y el mismo Simón creyó y se bautizó, y comenzó a acompañar a Felipe, admirado de los grandes milagros y señales que veía.

¹⁴Cuando los apóstoles que estaban en Jerusalén supieron que los de Samaria habían aceptado el mensaje de Dios, mandaron allá a Pedro y a Juan. ¹⁵Al llegar, oraron por los creyentes de Samaria, para que recibieran el Espíritu Santo. ¹⁶Porque todavía no había venido el Espíritu Santo sobre ninguno de ellos; solamente se habían bautizado en el nombre del Señor Jesús. ¹⁷Entonces Pedro y Juan les impusieron las manos, y así recibieron el Espíritu Santo.

¹⁸Simón, al ver que el Espíritu Santo venía cuando los apóstoles imponían las manos a la gente, les ofreció dinero, ¹⁹y les dijo:

—Denme también a mí ese poder, para que aquel a quien yo le imponga las manos reciba igualmente el Espíritu Santo.

²⁰Entonces Pedro le contestó:

—¡Que tu dinero se condene contigo, porque has pensado comprar con dinero lo que es un don de Dios! ²¹Tú no tienes ningún derecho a recibirlo, porque delante de Dios tu corazón no es recto. ²²Abandona esta maldad tuya, y ruega a Dios, que tal vez te perdonará el haber pensado así. ²³Porque veo que estás lleno de amargura y que la maldad te tiene preso.

²⁴Simón contestó:

—Oren ustedes al Señor por mí, para que no me pase nada de esto que me han dicho.

²⁵Después de dar testimonio y de comunicar la palabra de Dios, los apóstoles anunciaron las buenas noticias en muchas de las aldeas de Samaria, y regresaron a Jerusalén.

### Felipe y el funcionario etíope

²⁶Después de esto, un ángel del Señor le dijo a Felipe: "Levántate y vete al sur, por el camino de Jerusalén a Gaza." Este camino pasa por el desierto. ²⁷Felipe se levantó y se fue; y en el camino se encontró con un hombre de Etiopía. Era un alto funcionario, tesorero de la reina de Etiopía, el cual había ido a Jerusalén a adorar a Dios. ²⁸Iba de regreso a su país, sentado en su carro y leyendo el libro del profeta Isaías.

²⁹El Espíritu le dijo a Felipe: "Ve y acércate a ese carro." ³⁰Cuando Felipe se acercó, oyó que el etíope leía el libro de Isaías; entonces le preguntó:

—¿Entiende usted lo que está leyendo?

³¹El etíope le contestó:

ˣ 7.59 Sal 31.5; Lc 23.46.   ʸ 7.60 Lc 23.34.   ᶻ 8.3 Hch 22.4-5; 26.9-11.

—¿Cómo lo voy a entender, si no hay quien me lo explique?

Y le pidió a Felipe que subiera y se sentara junto a él. [32]La parte de la Escritura que estaba leyendo era ésta:

"Fue llevado como una oveja al
   matadero;
como un cordero que se queda
   callado
delante de los que lo trasquilan,
así tampoco abrió él la boca.
[33]Fue humillado, y no se le hizo
   justicia;
¿quién podrá hablar de su
   descendencia?
Porque su vida fue arrancada de la
   tierra."[a]

[34]El funcionario etiope le preguntó a Felipe:

—Dígame, por favor, ¿de quién dice esto el profeta: de sí mismo o de algún otro?

[35]Entonces Felipe, tomando como punto de partida el lugar de la Escritura que el etiope leía, le anunció las buenas noticias acerca de Jesús. [36]Más tarde, al pasar por un sitio donde había agua, el funcionario dijo:

—Aquí hay agua; ¿no podría yo ser bautizado?[6]

[38]Entonces mandó parar el carro; y los dos bajaron al agua, y Felipe lo bautizó. [39]Cuando subieron del agua, el Espíritu del Señor se llevó a Felipe, y el funcionario no lo volvió a ver; pero siguió su camino lleno de alegría. [40]Felipe se encontró en Azoto, y pasó de pueblo en pueblo anunciando las buenas noticias, hasta llegar a Cesarea.

### Conversión de Saulo
*(Hch 22.6-16; 26.12-18)*

**9** [1]Mientras tanto, Saulo no dejaba de amenazar de muerte a los creyentes en el Señor. Por eso, se presentó al sumo sacerdote, [2]y le pidió cartas de autorización para ir a las sinagogas de Damasco, a buscar a los que seguían el Nuevo Camino,[7] tanto hombres como mujeres, y llevarlos presos a Jerusalén. [3]Pero cuando ya se encontraba cerca de la ciudad de Damasco, una luz que venía del cielo brilló de repente a su alrededor. [4]Saulo cayó al suelo, y oyó una voz que le decía: "Saulo, Saulo, ¿por qué me persigues?" [5]Saulo preguntó: "¿Quién eres, Señor?" La voz le contestó: "Yo soy Jesús, el mismo a quien estás persiguiendo."[8] [6]Levántate y entra en la ciudad; allí te dirán lo que debes hacer.

[7]Los que viajaban con Saulo estaban muy asustados, porque habían oído la voz pero no habían visto a nadie. [8]Luego, Saulo se levantó del suelo; pero cuando abrió los ojos, no podía ver. Así que lo tomaron de la mano y lo llevaron a Damasco. [9]Allí estuvo tres días sin ver, y sin comer ni beber nada.

[10]En Damasco vivía un creyente que se llamaba Ananías, a quien el Señor se le presentó en una visión y le dijo: "¡Ananías!" El contestó: "Aquí estoy, Señor."

[11]El Señor le dijo: "Levántate y vete a la calle llamada Derecha, y en la casa de Judas pregunta por un hombre de Tarso que se llama Saulo. Está orando, [12]y en una visión ha visto a uno llamado Ananías que entra y pone sus manos sobre él para que pueda ver de nuevo."

[13]Al oír esto, Ananías dijo: "Señor, muchos me han hablado de ese hombre y de todos los males que ha causado en Jerusalén a tu pueblo santo. [14]Y ahora ha venido aquí, con autorización de los jefes de los sacerdotes, a llevarse presos a todos los que invocan tu nombre."

[15]Pero el Señor le dijo: "Ve, porque he escogido a ese hombre para que hable de mí a la gente de otras naciones, y a sus reyes, y también a los israelitas. [16]Yo le mostraré lo mucho que tiene que sufrir por mi causa."

[17]Ananías fue a la casa donde estaba Saulo. Al entrar, puso sus manos sobre él, y le dijo:

—Hermano Saulo, el Señor Jesús, el que se te apareció en el camino por donde venías, me ha mandado para que recobres la vista y quedes lleno del Espíritu Santo.

[18]Al momento cayeron de los ojos de Saulo una especie de escamas, y recobró la vista. Entonces se levantó y fue bautizado. [19]Después comió y recobró las fuerzas, y se quedó algunos días con los creyentes que vivían en Damasco.

### Saulo predica en Damasco

[20]Luego Saulo comenzó a proclamar en las sinagogas que Jesús es el Hijo de Dios.

---

*6* Algunos mss. añaden v. 37: *Felipe le dijo: —Si cree usted de todo corazón, puede. Y el hombre contestó: —Creo que Jesucristo es el Hijo de Dios.* *7 El Nuevo Camino:* lit. *el Camino.* *8* Algunos mss. añaden parte de los vs. 5 y 6: *Te estás haciendo daño a ti mismo, como si dieras coces contra el aguijón.* *6Saulo entonces, temblando de miedo, dijo: "Señor, ¿qué quieres que yo haga?" Y el Señor le dijo:* . . .
*a* **8.32-33** Is 53.7-8.

²¹Todos los que lo oían se quedaban asombrados, y decían:

—¿No es éste el que andaba persiguiendo en Jerusalén a los que invocan el nombre de Jesús? ¿No es el mismo que también vino aquí para arrestarlos y entregarlos a los jefes de los sacerdotes?

²²Pero Saulo hablaba cada vez con más valor, y dejaba confundidos a los judíos que vivían en Damasco, demostrándoles que Jesús es el Mesías.

### Saulo escapa de los judíos

²³Al cabo de muchos días, los judíos se pusieron de acuerdo para matar a Saulo, ²⁴pero él llegó a saberlo. Día y noche lo esperaban en las puertas de salida de la ciudad, para matarlo, ²⁵pero los seguidores de Saulo lo pusieron en un gran canasto y lo bajaron de noche por la muralla que rodeaba la ciudad. Así se escapó.ᵇ

### Saulo en Jerusalén

²⁶Cuando Saulo llegó a Jerusalén, quiso reunirse con los creyentes; pero todos le tenían miedo, porque no creían que él también fuera creyente. ²⁷Sin embargo, Bernabé lo llevó y lo presentó a los apóstoles. Les contó que Saulo había visto al Señor en el camino, y que el Señor le había hablado, y que, en Damasco, Saulo había anunciado a Jesús con toda valentía. ²⁸Así Saulo se quedó en Jerusalén, y andaba con ellos. Hablaba del Señor con toda valentía, ²⁹conversando y discutiendo con los judíos que hablaban griego; pero éstos procuraban matarlo. ³⁰Cuando los hermanos se dieron cuenta de ello, llevaron a Saulo a Cesarea, y de allí lo mandaron a Tarso.

³¹Entonces la iglesia, en todas las regiones de Judea, Galilea y Samaria, tenía paz y crecía espiritualmente. Vivía en el temor del Señor y, con la ayuda del Espíritu Santo, iba aumentando en número.

### Curación de Eneas

³²Pedro, que andaba visitando a los hermanos, fue también a ver a los creyentes que vivían en Lida. ³³Allí encontró a un hombre llamado Eneas, que desde hacía ocho años estaba en cama, paralítico. ³⁴Pedro le dijo:

—Eneas, Jesucristo te sana. Levántate y arregla tu cama.

Eneas se levantó al momento. ³⁵Y todos los que vivían en Lida y en Sarón lo vieron levantarse, y se convirtieron al Señor.

### Resurrección de Dorcas

³⁶Por aquel tiempo había en la ciudad de Jope una creyente llamada Tabita, que en griego significa Dorcas.⁹ Esta mujer pasaba su vida haciendo el bien y ayudando a los necesitados. ³⁷Por aquellos días, Dorcas enfermó y murió. Su cuerpo, después de haber sido lavado, fue puesto en un cuarto del piso alto. ³⁸Jope estaba cerca de Lida, donde Pedro se encontraba; y como los creyentes supieron que estaba allí, mandaron dos hombres a decirle: ''Venga usted a Jope sin demora.''

³⁹Y Pedro se fue con ellos. Cuando llegó, lo llevaron al cuarto donde estaba el cuerpo, y todas las viudas le rodearon llorando y le mostraron los vestidos y túnicas que Dorcas había hecho cuando aún vivía. ⁴⁰Pedro los hizo salir a todos, y se arrodilló y oró; luego, mirando a la muerta, dijo:

—¡Tabita, levántate!

Ella abrió los ojos y, al ver a Pedro, se sentó. ⁴¹El la tomó de la mano y la levantó; luego llamó a los creyentes y a las viudas, y la presentó viva. ⁴²Esto se supo en toda la ciudad de Jope, y muchos creyeron en el Señor. ⁴³Pedro se quedó varios días en la ciudad, en casa de un curtidor que se llamaba Simón.

### Pedro y Cornelio

**10** ¹Había en la ciudad de Cesarea un hombre que se llamaba Cornelio, capitán del batallón llamado el Italiano. ²Era un hombre piadoso que, junto con toda su familia, adoraba a Dios. También daba mucho dinero para ayudar a los judíos, y oraba siempre a Dios. ³Un día, a eso de las tres de la tarde, tuvo una visión:

Vio claramente a un ángel de Dios que entraba donde él estaba y le decía: ''¡Cornelio!'' ⁴Cornelio se quedó mirando al ángel, y con mucho miedo le preguntó: ''¿Qué se te ofrece, señor?'' El ángel le dijo: ''Dios ha aceptado tus oraciones y lo que has hecho para ayudar a los necesitados. * ⁵Manda a alguien a la ciudad de Jope para que haga venir a un hombre llamado Simón, que también es conocido

---

⁹ El nombre arameo Tabita, cuya traducción griega es Dorcas, en castellano significa gacela.
ᵇ 9.23-25 2 Co 11.32-33.   * 10.4 Eclo 35.6.

como Pedro. [6]Está alojado en casa de otro Simón, un curtidor que vive junto al mar.''

[7]Cuando se fue el ángel que le había hablado, Cornelio llamó a dos de sus sirvientes y a un soldado que era muy religioso y de su confianza, [8]y después de contárselo todo, los envió a Jope.

[9]Al día siguiente, a eso del mediodía, mientras iban de camino cerca de Jope, Pedro subió a orar a la azotea de la casa. [10]Tenía hambre y quería comer, pero mientras le estaban preparando la comida, tuvo una visión: [11]vio que el cielo se abría y que descendía a la tierra algo parecido a una gran sábana, bajada por las cuatro puntas. [12]En la sábana había toda clase de cuadrúpedos, y también reptiles y aves. [13]Y oyó una voz, que le dijo: ''Levántate, Pedro; mata y come.''

[14]Pedro contestó: ''No, Señor; yo nunca he comido nada profano ni impuro.'' [15]La voz le habló de nuevo, y le dijo: ''Lo que Dios ha purificado, no lo llames tú profano.''

[16]Esto sucedió tres veces, y luego la sábana volvió a subir al cielo. [17]Pedro estaba preocupado pensando qué querría decir aquella visión, cuando llegaron a la puerta los hombres de Cornelio, que iban preguntando por la casa de Simón. [18]Al llegar, preguntaron en voz alta si allí se alojaba un tal Simón, a quien también llamaban Pedro.

[19]Y mientras Pedro todavía estaba pensando en la visión, el Espíritu Santo le dijo: ''Mira, tres hombres te buscan. [20]Levántate, baja y ve con ellos sin dudarlo, porque yo los he enviado.''

[21]Pedro bajó y dijo a los hombres:

—Yo soy el que ustedes buscan; ¿a qué han venido?

[22]Ellos contestaron:

—Venimos de parte del capitán Cornelio, un hombre justo, que adora a Dios y a quien todos los judíos estiman y quieren. Un ángel de Dios le dijo que debía hacerle llamar a usted, para que usted vaya a su casa y él escuche lo que tenga que decirle.

[23]Entonces Pedro los hizo entrar, y se quedaron con él aquella noche. Al día siguiente, Pedro se fue con ellos, y lo acompañaron algunos de los hermanos que vivían en Jope.

[24]Y al otro día llegaron a Cesarea, donde Cornelio los estaba esperando junto con un grupo de sus parientes y amigos íntimos, a quienes había invitado.

[25]Cuando Pedro llegó a la casa, Cornelio salió a recibirlo, y se puso de rodillas delante de él, para adorarlo. [26]Pero Pedro lo levantó, diciéndole:

—Ponte de pie, pues yo también soy un hombre, como tú.

[27]Mientras hablaba con él, entró y encontró a muchas personas reunidas. [28]Pedro les dijo:

—Ustedes saben que a un judío le prohíbe su religión tener tratos con extranjeros o entrar en sus casas. Pero Dios me ha enseñado que no debo llamar profano o impuro a nadie. [29]Por eso, tan pronto como me avisaron, vine sin poner ninguna objeción. Quisiera saber, pues, por qué me han llamado.

[30]Cornelio contestó:

—Hace cuatro días, como a esta misma hora, yo estaba aquí en mi casa, haciendo la oración de la tarde, cuando se me apareció un hombre vestido con ropa brillante. [31]Me dijo: 'Cornelio, Dios ha oído tu oración y se ha acordado de lo que has hecho para ayudar a los necesitados. [32]Envía a la ciudad de Jope a hacer venir a Simón, que también se llama Pedro. Está alojado en casa de otro Simón, un curtidor que vive junto al mar.' [33]Así que envié inmediatamente a buscarte, y tú has tenido la bondad de venir. Ahora estamos todos aquí delante de Dios, y queremos escuchar todo lo que el Señor te ha mandado decirnos.

### Discurso de Pedro en casa de Cornelio

[34]Pedro entonces comenzó a hablar, y dijo:

—Ahora entiendo que de veras Dios no hace diferencia entre una persona y otra,[c] [35]sino que en cualquier nación acepta a los que lo reverencian y hacen lo bueno. [36]Dios habló a los descendientes de Israel, anunciando el mensaje de paz por medio de Jesucristo, que es el Señor de todos. [37]Ustedes bien saben lo que pasó en toda la tierra de los judíos, comenzando en Galilea, después que Juan proclamó que era necesario bautizarse. [38]Saben que Dios llenó de poder y del Espíritu Santo a Jesús de Nazaret, y que Jesús anduvo haciendo bien y sanando a todos los que sufrían bajo el poder del diablo. Esto pudo hacerlo porque Dios estaba con él, [39]y nosotros somos testigos de todo lo que hizo Jesús en la región de Judea y en Jerusalén. Después lo mataron, colgándolo en una cruz. [40]Pero Dios lo resucitó al tercer

c **10.34** Dt 10.17; Sab 6.7.

día, e hizo que se nos apareciera a nosotros. [41]No se apareció a todo el pueblo, sino a nosotros, a quienes Dios había escogido de antemano como testigos. Nosotros comimos y bebimos con él después que resucitó. [42]Y él nos envió a anunciarle al pueblo que Dios lo ha puesto como Juez de los vivos y de los muertos. [43]Todos los profetas habían hablado ya de Jesús, y habían dicho que quienes creen en él reciben por medio de él el perdón de los pecados.

### Los no judíos reciben el Espíritu Santo

[44]Todavía estaba hablando Pedro, cuando el Espíritu Santo vino sobre todos los que escuchaban su mensaje. [45]Y los creyentes procedentes del judaísmo que habían llegado con Pedro, se quedaron admirados de que el Espíritu Santo fuera dado también a los que no eran judíos, [46]pues los oían hablar en lenguas extrañas y alabar a Dios. [47]Entonces Pedro dijo:

—¿Acaso puede impedirse que sean bautizadas estas personas, que han recibido el Espíritu Santo igual que nosotros?

[48]Y mandó que fueran bautizados en el nombre de Jesucristo. Después rogaron a Pedro que se quedara con ellos algunos días.

### Informe de Pedro a la iglesia de Jerusalén

**11** [1]Los apóstoles y los hermanos que estaban en Judea recibieron noticias de que también los no judíos habían aceptado el mensaje de Dios. [2]Pero cuando Pedro volvió a Jerusalén, lo criticaron algunos de los creyentes procedentes del judaísmo. [3]Le preguntaron:

—¿Por qué fuiste a visitar a los que no son judíos, y comiste con ellos?

[4]Pedro les contó desde el principio todo lo que había pasado. Les dijo:

[5]—Yo estaba en la ciudad de Jope, y mientras oraba tuve una visión: Vi algo parecido a una gran sábana que, atada por las cuatro puntas, bajaba del cielo hasta donde yo estaba. [6]Me fijé bien para ver lo que había adentro, y vi cuadrúpedos y fieras, reptiles y aves. [7]Y oí una voz, que me dijo: 'Levántate, Pedro; mata y come.' [8]Yo contesté: 'No, Señor, porque nunca ha entrado en mi boca nada profano ni impuro.' [9]Entonces la voz del cielo me habló de nuevo, diciéndome: 'Lo que Dios ha purificado, no lo llames tú

profano.' [10]Esto sucedió tres veces, y luego todo volvió a subir al cielo. [11]En aquel momento, tres hombres enviados desde Cesarea a buscarme llegaron a la casa donde estábamos. [12]El Espíritu me mandó que, sin dudarlo, fuera con ellos. Y también fueron conmigo estos seis hermanos. Todos entramos en casa de cierto hombre, [13]que nos contó cómo en su casa había visto a un ángel, que puesto de pie le había dicho: 'Manda a alguien a la ciudad de Jope para que haga venir a Simón, que también es conocido como Pedro; [14]él te dirá cómo puedes salvarte, tú y toda tu familia.' [15]Cuando comencé a hablarles, el Espíritu Santo vino sobre ellos de igual manera que al principio vino sobre nosotros. [16]Entonces me acordé de lo que había dicho el Señor: 'Es cierto que Juan bautizó con agua, pero ustedes serán bautizados con el Espíritu Santo.'[d] [17]Pues bien, si Dios les da también a ellos lo mismo que nos ha dado a nosotros que hemos creído en el Señor Jesucristo, ¿quién soy yo para oponerme a Dios?

[18]Cuando los hermanos de Jerusalén oyeron estas cosas, se callaron y alabaron a Dios, diciendo:

—¡De manera que también a los que no son judíos les ha dado Dios la oportunidad de volverse a él y alcanzar la vida eterna!

### La iglesia de Antioquía

[19]Después de la muerte de Esteban, comenzaron a perseguir a los creyentes, por lo que algunos tuvieron que huir a Fenicia, Chipre y Antioquía.[e] Allí anunciaron a los judíos el mensaje del evangelio, pero no a los demás. [20]Sin embargo, algunos creyentes de Chipre y de Cirene llegaron a la ciudad de Antioquía y hablaron también a los no judíos, anunciándoles las buenas noticias acerca de Jesús, el Señor. [21]El poder del Señor estaba con ellos, y así fueron muchos los que dejaron sus antiguas creencias y creyeron en el Señor.

[22]Los de la iglesia de Jerusalén, al conocer esta noticia, mandaron a Bernabé a Antioquía. [23]Al llegar, Bernabé vio cómo Dios los había bendecido, y se alegró mucho. Les aconsejó a todos que con corazón firme siguieran fieles al Señor. [24]Porque Bernabé era un hombre bueno, lleno del Espíritu Santo y de fe. Y así mucha gente se unió al Señor.

---

*d* **11.16** Hch 1.5.     *e* **11.19** Hch 8.1-4.

²⁵Después de esto, Bernabé fue a Tarso a buscar a Saulo, ²⁶y cuando lo encontró, lo llevó a Antioquía. Allí estuvieron con la iglesia un año entero, enseñando a mucha gente. Fue en Antioquía donde por primera vez se les dio a los discípulos el nombre de cristianos.

²⁷Por aquel tiempo, unos profetas fueron de Jerusalén a Antioquía. ²⁸Y uno de ellos, llamado Agabo,ᶠ puesto de pie y por inspiración del Espíritu, anunció que iba a haber una gran hambre en todo el país, lo cual sucedió, en efecto, en tiempos del emperador Claudio. ²⁹Entonces los creyentes de Antioquía decidieron enviar ayuda a los hermanos que vivían en Judea, según lo que cada uno pudiera dar. ³⁰Así lo hicieron, y por medio de Bernabé y Saulo mandaron una ofrenda a los ancianos de Judea.

### Muerte de Santiago y encarcelamiento de Pedro

**12** ¹Por aquel tiempo, el rey Herodes comenzó a perseguir a algunos de la iglesia. ²Ordenó matar a filo de espada a Santiago, el hermano de Juan; ³y como vio que esto había agradado a los judíos, hizo arrestar también a Pedro. Esto sucedió en los días de la fiesta en que se come el pan sin levadura. ⁴Después de arrestarlo, Herodes metió a Pedro en la cárcel, donde estaba vigilado por cuatro grupos de soldados, de cuatro soldados por grupo. Pensaba presentarlo ante el pueblo después de la Pascua.ᵍ ⁵Así que Pedro estaba en la cárcel, bien vigilado, pero los de la iglesia seguían orando a Dios por él con mucho fervor.

### Dios libra de la cárcel a Pedro

⁶La misma noche anterior al día en que Herodes lo iba a presentar ante el pueblo, Pedro estaba durmiendo entre dos soldados, sujeto con dos cadenas, mientras otros soldados estaban en la puerta vigilando la cárcel. ⁷De pronto se presentó un ángel del Señor, y la cárcel se llenó de luz. El ángel tocó a Pedro en el costado, lo despertó, y le dijo: "¡Levántate en seguida!" Al instante, las cadenas cayeron de las manos de Pedro, ⁸y el ángel le dijo: "Vístete y ponte las sandalias." Así lo hizo Pedro, y el ángel añadió: "Ponte tu capa y sígueme."

⁹Pedro salió tras el ángel, sin saber si era realidad o no lo que el ángel hacía.

Más bien le parecía que estaba viendo una visión. ¹⁰Pero pasaron la primera guardia, luego la segunda, y cuando llegaron a la puerta de hierro que daba a la calle, la puerta se abrió por sí sola. Salieron, y después de haber caminado una calle, el ángel lo dejó solo.

¹¹Pedro comprendió entonces, y dijo: "Ahora veo que verdaderamente el Señor ha enviado a su ángel para librarme de Herodes y de todo lo que los judíos querían hacerme."

¹²Al darse cuenta de esto, Pedro se fue a casa de María, la madre de Juan, llamado también Marcos, donde muchas personas estaban reunidas en oración. ¹³Llamó a la puerta de la calle, y una muchacha llamada Rode salió a ver quién era. ¹⁴Al reconocer la voz de Pedro, fue tanta su alegría que, en vez de abrir, corrió adentro a avisar que Pedro estaba a la puerta. ¹⁵Le dijeron:

—¡Estás loca!

Pero ella aseguraba que era cierto. Ellos decían:

—No es él; es su ángel.

¹⁶Mientras tanto, Pedro seguía llamando a la puerta. Y cuando abrieron y lo vieron, se asustaron. ¹⁷Pero él, con la mano, les hizo señas de que se callaran, y les contó cómo el Señor lo había sacado de la cárcel. Y añadió:

—Cuenten esto a Santiago y a los hermanos.

Luego salió y se fue a otro lugar.

¹⁸Cuando amaneció, se produjo una gran confusión entre los soldados, porque no sabían qué había pasado con Pedro. ¹⁹Herodes ordenó buscarlo, pero como no lo pudo encontrar, hizo responsables a los guardias y los mandó matar. Después de esto, Herodes salió de Judea y se fue a vivir a Cesarea.

### La muerte de Herodes

²⁰Herodes estaba enojado con los habitantes de Tiro y de Sidón, los cuales se pusieron de acuerdo para presentarse ante él. Lograron ganarse la buena voluntad de Blasto, un alto funcionario del rey Herodes, y por medio de él le pidieron paz, porque Tiro y Sidón obtenían sus provisiones en el país del rey. ²¹Herodes los citó para un cierto día, en el que, vestido con ropa de ceremonia, ocupó su asiento en el tribunal y les dirigió un discurso. ²²La gente comenzó entonces a gritar: "¡Este que habla no es un hombre, sino un

dios!" [23]En el mismo momento, un ángel del Señor hizo que Herodes cayera enfermo, por no haber dado honor a Dios, y murió comido de gusanos. *

[24]Entre tanto, el mensaje de Dios iba extendiéndose y era anunciado en todas partes.

[25]Cuando Bernabé y Saulo terminaron su trabajo, volvieron de Jerusalén llevando con ellos a Juan, que también se llamaba Marcos.

### Bernabé y Saulo comienzan su trabajo misionero

**13** [1]En la iglesia que estaba en Antioquía había profetas y maestros. Eran Bernabé, Simón (al que también llamaban el Negro), Lucio de Cirene, Manaén (que se había criado junto con Herodes, el que gobernó en Galilea) y Saulo. [2]Un día, mientras estaban celebrando el culto al Señor y ayunando, el Espíritu Santo dijo: "Sepárenme a Bernabé y a Saulo para el trabajo al cual los he llamado." [3]Entonces, después de orar y ayunar, les impusieron las manos y los despidieron.

### Los apóstoles en Chipre

[4]Enviados por el Espíritu Santo, Bernabé y Saulo se dirigieron a Seleucia, y allí se embarcaron para la isla de Chipre. [5]Al llegar al puerto de Salamina, comenzaron a anunciar el mensaje de Dios en las sinagogas de los judíos. Juan iba también con ellos, como ayudante.

[6]Recorrieron toda la isla y llegaron a Pafos, donde encontraron a un brujo judío llamado Barjesús, el cual era además un mentiroso que decía hablar de parte de Dios. [7]Este brujo estaba con el gobernador Sergio Paulo, que era un hombre inteligente. El gobernador mandó llamar a Bernabé y a Saulo, porque quería oír el mensaje de Dios. [8]Pero el brujo, cuyo nombre griego era Elimas, se les opuso, tratando de impedir que el gobernador creyera. [9]Entonces Saulo, también llamado Pablo, lleno del Espíritu Santo, lo miró fijamente [10]y le dijo:

—¡Mentiroso, malvado, hijo del diablo y enemigo de todo lo bueno! ¿Por qué no dejas de torcer los caminos rectos del Señor? [11]Ahora el Señor te va a castigar: vas a quedarte ciego, y por algún tiempo no podrás ver la luz del sol.

Inmediatamente Elimas quedó en total oscuridad, y buscaba que alguien lo llevara de la mano porque estaba ciego. [12]Al ver esto, el gobernador creyó, admirado de la enseñanza acerca del Señor.

### Pablo y Bernabé en Antioquía de Pisidia

[13]Pablo y sus compañeros se embarcaron en Pafos y viajaron a Perge, en la región de Panfilia; pero Juan los dejó y volvió a Jerusalén. [14]De Perge pasaron a Antioquía, que está cerca de Pisidia. Allí, el día de reposo,[10] entraron en la sinagoga y se sentaron. [15]Después de leer en los libros de la ley y de los profetas, los jefes de la sinagoga los invitaron:

—Hermanos, si tienen algo que decir para dar ánimo a la gente, díganlo ahora.

[16]Entonces Pablo se levantó y, pidiéndoles con la mano que guardaran silencio, dijo:

—Escuchen ustedes, israelitas, y también ustedes, extranjeros que tienen temor de Dios. [17]El Dios del pueblo de Israel escogió a nuestros antepasados; hizo de ellos una nación grande cuando todavía estaban viviendo como extranjeros en Egipto,[h] y después, con su poder, los sacó de aquella tierra.[i] [18]Dios soportó su conducta en el desierto unos cuarenta años,[j] [19]y destruyó siete naciones en el país de Canaán,[k] para dar sus tierras a nuestros antepasados.[l] [20]Todo esto duró unos cuatrocientos cincuenta años.

"Después les dio caudillos,[m] hasta los días del profeta Samuel.[n] [21]Entonces ellos pidieron un rey[ñ] que los gobernara, y Dios, durante cuarenta años, les dio como rey a Saúl, hijo de Cis, que era de la tribu de Benjamín.[o] [22]Más tarde, Dios quitó de su puesto a Saúl,[p] y les dio por rey a David, de quien dijo: 'He encontrado que David, hijo de Isaí, es un hombre que me agrada y que está dispuesto a hacer todo lo que yo quiero.'[q] [23]Uno de los descendientes de este mismo David fue Jesús, a quien Dios envió para salvar a Israel, como había prometido. [24]Antes que Jesús viniera, Juan anunciaba el mensaje a todo el pueblo de Israel, diciéndoles que debían volverse a Dios y ser bautizados.[r] [25]Y cuando Juan se iba acercando al fin de su vida, dijo: 'Yo no soy lo que ustedes piensan;[s] pero después de mí viene uno a

[10] Día de reposo: aquí equivale a sábado.
* 12.20-23 2 Mac 9.5-28.  h 13.17 Ex 1.7.  i 13.17 Ex 12.51.  j 13.18 Nm 14.34; Dt 1.31.  k 13.19 Dt 7.1.  l 13.19 Jos 14.1.
m 13.20 Jue 2.16.  n 13.20 1 S 3.20.  ñ 13.21 1 S 8.5.  o 13.21 1 S 10.21.  p 13.22 1 S 13.14.  q 13.22 1 S 16.12; Sal 89.20.
r 13.24 Mr 1.4; Lc 3.3.  s 13.25 Jn 1.20.

quien yo ni siquiera merezco desatarle las sandalias de los pies.'[t]

[26]"Hermanos descendientes de Abraham, y ustedes, los extranjeros que tienen temor de Dios: este mensaje de salvación es para nosotros. [27]Pues los que vivían en Jerusalén, y sus jefes, no sabían quién era Jesús, ni entendían las palabras de los profetas que se leen en la sinagoga cada día de reposo;[10] así ellos mismos, cuando condenaron a Jesús, cumplieron esas profecías. [28]Y aunque no encontraron en él ningún motivo para darle muerte, pidieron a Pilato que mandara matarlo.[u] [29]Luego, cuando ya habían hecho todo lo que se decía de él en las Escrituras, lo bajaron de la cruz y lo enterraron.[v] [30]Pero Dios lo resucitó. [31]Y, durante muchos días, Jesús se apareció a los que lo habían acompañado en su viaje de Galilea a Jerusalén;[w] y ahora son ellos los que hablan de Jesús a la gente.

[32]"Así que nosotros les estamos dando a ustedes esta buena noticia: La promesa que Dios hizo a nuestros antepasados, [33]nos la ha cumplido a nosotros, que somos los descendientes. Esto lo ha hecho al resucitar a Jesús, como está escrito en el salmo segundo: 'Tú eres mi Hijo; yo te he engendrado hoy.'[x] [34]Dios ya había anunciado que lo resucitaría para que su cuerpo no se descompusiera, al decir en las Escrituras: 'Cumpliré las santas y verdaderas promesas que hice a David.'[y] [35]Por eso dice también en otro lugar: 'No permitirás que se descomponga el cuerpo de tu santo siervo.'[z] [36]Ahora bien, lo cierto es que David sirvió a los de su tiempo, según Dios se lo había ordenado, y que después murió y se reunió con sus padres, y que su cuerpo se descompuso. [37]Pero el cuerpo de aquel que Dios resucitó, no se descompuso. [38-39]Así pues, hermanos, ustedes deben saber que el perdón de los pecados se les anuncia por medio de Jesús. Por medio de él, todos los que creen quedan perdonados de todo aquello que bajo la ley de Moisés no tenía perdón. [40]Tengan, pues, cuidado, para que no caiga sobre ustedes lo que escribieron los profetas:

[41]'Miren, ustedes que desprecian, asómbrense y desaparezcan; porque en sus días haré cosas tales que ustedes no las creerían, si alguien se las contara.'"[a]

[42]Cuando Pablo y sus compañeros salieron de la sinagoga de los judíos, los que no eran judíos de nacimiento les pidieron que al siguiente día de reposo[10] les hablaran también de estas cosas. [43]Una vez terminada la reunión en la sinagoga, muchos de los judíos y de los que se habían convertido al judaísmo siguieron a Pablo y Bernabé. Y ellos les aconsejaron que permanecieran firmes en el llamamiento que habían recibido por amor de Dios.

[44]A la siguiente semana, en el día de reposo,[10] casi toda la ciudad se reunió para oír el mensaje del Señor. [45]Pero cuando los judíos vieron tanta gente, se llenaron de celos y comenzaron a contradecir a Pablo y a insultarlo. [46]Entonces Pablo y Bernabé, hablando con valentía, les contestaron:

—Teníamos la obligación de anunciar el mensaje de Dios en primer lugar a ustedes, que son judíos; pero ya que ustedes lo rechazan y no se consideran dignos de la vida eterna, nos iremos a los que no son judíos. [47]Porque así nos mandó el Señor, diciendo:

'Te he puesto como luz de las naciones, para que lleves mi salvación hasta las partes más lejanas de la tierra.'[b]

[48]Al oír esto, los que no eran judíos se alegraron y comenzaron a decir que el mensaje del Señor era bueno; y creyeron todos los que estaban destinados a tener vida eterna. [49]Así se predicó el mensaje del Señor por toda aquella región. [50]Pero los judíos hablaron con algunas mujeres piadosas y honorables, y con los hombres importantes de la ciudad, y los incitaron a comenzar una persecución contra Pablo y Bernabé, para echarlos de la región. [51]Entonces éstos sacudieron el polvo de sus pies en señal de protesta contra aquella gente,[c] y se fueron a Iconio. [52]Pero los creyentes estaban llenos de alegría y del Espíritu Santo.

### Pablo y Bernabé en Iconio

**14** [1]En Iconio, Pablo y Bernabé entraron juntos en la sinagoga de los judíos, y hablaron de tal modo que muchos creyeron, tanto judíos como no judíos. [2]Pero los judíos que no creían

---

[10] *Día de reposo:* aquí equivale a *sábado.*
[t] **13.25** Mt 3.11; Mr 1.7; Lc 3.16; Jn 1.27.     [u] **13.28** Mt 27.22-23; Mr 15.13-14; Lc 23.21-23; Jn 19.15.     [v] **13.29** Mt 27.57-61; Mr 15.42-47; Lc 23.50-56; Jn 19.38-42.     [w] **13.31** Hch 1.3.     [x] **13.33** Sal 2.7.     [y] **13.34** Is 55.3.     [z] **13.35** Sal 16.10.     [a] **13.41** Hab 1.5.     [b] **13.47** Is 42.6; 49.6.     [c] **13.51** Mt 10.14; Mr 6.11; Lc 9.5; 10.11.

incitaron a los no judíos, haciéndolos pensar mal de los hermanos. [3]Por esto, los apóstoles se quedaron allí mucho tiempo, y confiados en el Señor hablaron con toda franqueza; y el Señor confirmaba lo que ellos decían del amor de Dios, dándoles poder para hacer señales y milagros. [4]Pero la gente de la ciudad estaba dividida, unos a favor de los judíos y otros a favor de los apóstoles. [5]Entonces, tanto los judíos como los no judíos se pusieron de acuerdo con las autoridades para maltratarlos y apedrearlos. [6]Pero Pablo y Bernabé, al saberlo, se escaparon a Listra y Derbe, pueblos de Licaonia, y a la región de alrededor, [7]donde también anunciaron las buenas noticias.

### Apedrean a Pablo en Listra

[8]En Listra había un hombre que no podía andar. Nunca había andado, porque era cojo de nacimiento. Este hombre estaba sentado, [9]oyendo lo que Pablo decía, y Pablo se fijó en él y vio que tenía suficiente fe para ser sanado. [10]Entonces le dijo con voz fuerte:

—¡Levántate y ponte derecho sobre tus pies!

El hombre se puso en pie de un salto, y comenzó a andar. [11]Al ver lo que Pablo había hecho, la gente empezó a gritar en la lengua de Licaonia:

—¡Dioses en forma de hombre han bajado a nosotros!

[12]Y tomaron a Bernabé por el dios Zeus, y a Pablo por el dios Hermes, porque era el que hablaba. [13]El sacerdote de Zeus, que tenía su templo a la entrada del pueblo, trajo toros y adornos florales; y él y la gente querían adorar a los apóstoles y matar los toros como sacrificio. [14]Pero cuando Bernabé y Pablo se dieron cuenta, se rasgaron la ropa y se metieron entre la gente, gritando:

[15]—Pero señores, ¿por qué hacen esto? Nosotros somos hombres, como ustedes. Precisamente hemos venido para decirles que dejen ya estas cosas que no sirven para nada, y que se vuelvan al Dios viviente, que hizo el cielo, la tierra, el mar y todo lo que hay en ellos. [16]Aunque en otros tiempos Dios permitió que cada cual siguiera su propio camino, [17]nunca dejó de mostrar, por medio del bien que hacía, quién era él; pues él es quien les manda a ustedes la lluvia y las buenas cosechas, y quien les da lo suficiente para que coman y estén contentos.

[18]Pero aunque les dijeron todo esto, les fue difícil impedir que la gente matara los toros para ofrecérselos en sacrificio y adorarlos.

[19]En esto llegaron unos judíos de Antioquía y de Iconio, que hicieron cambiar de parecer a la gente; entonces apedrearon a Pablo y, creyendo que lo habían matado, lo arrastraron fuera del pueblo. [20]Pero cuando los creyentes se juntaron alrededor de Pablo, él se levantó y entró otra vez en el pueblo; y al día siguiente salió con Bernabé para Derbe. [21]Después de anunciar las buenas noticias en Derbe, donde ganaron muchos creyentes, volvieron a Listra, a Iconio y a Antioquía. [22]En estos lugares animaron a los creyentes, y recomendándoles que siguieran firmes en la fe, les dijeron que para entrar en el reino de Dios hay que sufrir muchas aflicciones. [23]También nombraron ancianos en cada iglesia, y después de orar y ayunar los encomendaron al Señor, en quien habían creído.

### Pablo y Bernabé vuelven a Antioquía de Siria

[24]Pasando por la región de Pisidia, llegaron a la de Panfilia. [25]Anunciaron el mensaje en Perge, y luego fueron a Atalia; [26]allí se embarcaron para Antioquía, la ciudad donde los habían encomendado al amor de Dios para el trabajo que ahora habían terminado. [27]Cuando llegaron a Antioquía, reunieron a los de la iglesia y les contaron todas las cosas que Dios había hecho con ellos, y cómo el Señor había abierto la puerta a los no judíos, para que también ellos pudieran creer. [28]Y Pablo y Bernabé se quedaron allí mucho tiempo con los creyentes.

### La reunión en Jerusalén

**15** [1]Por aquel tiempo, algunos que habían ido de Judea a Antioquía comenzaron a enseñar a los hermanos que no podían ser salvos si no se sometían al rito de la circuncisión, conforme a la práctica establecida por Moisés.[d] [2]Pablo y Bernabé tuvieron una fuerte discusión con ellos, y por fin Pablo, Bernabé y algunos otros fueron nombrados para ir a Jerusalén a tratar este asunto con los apóstoles y ancianos de la iglesia de aquella ciudad.

[3]Enviados, pues, por los de la iglesia de Antioquía, al pasar por las regiones de

---

[d] 15.1 Lv 12.3.

Fenicia y Samaria contaron cómo los no judíos habían dejado sus antiguas creencias para seguir a Dios. Y todos los hermanos se alegraron mucho con estas noticias.

⁴Cuando Pablo y Bernabé llegaron a Jerusalén, fueron recibidos por la iglesia y por los apóstoles y ancianos, y contaron todo lo que Dios había hecho con ellos. ⁵Pero algunos fariseos que habían creído, se levantaron y dijeron:

—Es necesario circuncidar a los creyentes que no son judíos, y mandarles que cumplan la ley de Moisés.

⁶Se reunieron entonces los apóstoles y los ancianos para estudiar este asunto. ⁷Después de mucho discutir, Pedro se levantó y les dijo:

—Hermanos, ustedes saben que hace tiempo Dios me escogió de entre ustedes para comunicar las buenas noticias de la salvación a los no judíos, para que ellos crean.ᵉ ⁸Y Dios, que conoce los corazones, mostró que los aceptaba, pues les dio el Espíritu Santo a ellosᶠ lo mismo que a nosotros.ᵍ ⁹Dios no ha hecho ninguna diferencia entre ellos y nosotros, pues también ha purificado sus corazones por medio de la fe. ¹⁰Ahora pues, ¿por qué desafían ustedes a Dios imponiendo sobre estos creyentes una carga que ni nosotros ni nuestros antepasados hemos podido llevar? ¹¹Al contrario, nosotros creemos que somos salvados gratuitamente por la bondad del Señor Jesús, lo mismo que ellos.

¹²Todos se callaron y escucharon mientras Bernabé y Pablo hablaban de las señales y milagros que Dios había hecho por medio de ellos entre los no judíos. ¹³Cuando terminaron de hablar, Santiago dijo:

—Hermanos, óiganme: ¹⁴Simón nos ha contado cómo Dios favoreció por primera vez a los no judíos, escogiendo también de entre ellos un pueblo para sí mismo. ¹⁵Esto está de acuerdo con lo que escribieron los profetas, como dice en la Escritura:

¹⁶'Después de esto volveré
y reconstruiré la caída choza de David;
reconstruiré sus ruinas
y la volveré a levantar,
¹⁷para que los demás busquen al Señor
junto con todas las naciones
que han sido consagradas a mi nombre.

¹⁸El Señor, que dio a conocer estas cosas
desde tiempos antiguos,
ha dado su palabra.'ʰ

¹⁹''Considero, por lo tanto, que no se les debe imponer cargas innecesarias a aquellos que, no siendo judíos, dejan sus antiguas creencias para seguir a Dios. ²⁰Basta con escribirles que se aparten de todo lo que haya sido contaminado por los ídolos,ⁱ que eviten la inmoralidad sexualʲ y que no coman carne de animales estrangulados o ahogados, ni tampoco sangre.ᵏ ²¹Porque desde los tiempos antiguos hay en cada pueblo quienes predican la ley de Moisés, la cual se lee en las sinagogas cada día de reposo.¹⁰

### La carta a los no judíos

²²Los apóstoles y los ancianos, con toda la iglesia, decidieron escoger algunos de entre ellos y enviarlos a Antioquía junto con Pablo y Bernabé. Nombraron a Judas, que también se llamaba Barsabás, y a Silas, hombres de importancia entre los hermanos, ²³y con ellos mandaron la siguiente carta:

''Nosotros los apóstoles y los ancianos hermanos de ustedes saludamos a nuestros hermanos que no son judíos y que viven en Antioquía, Siria y Cilicia. ²⁴Hemos sabido que algunas personas han ido de aquí sin nuestra autorización, y que los han molestado a ustedes con sus palabras, y los han confundido.ˡˡ ²⁵Por eso, de común acuerdo, nos ha parecido bien nombrar a algunos de entre nosotros para que vayan a verlos junto con nuestros muy queridos hermanos Bernabé y Pablo, ²⁶quienes han puesto sus vidas en peligro por la causa de nuestro Señor Jesucristo. ²⁷Así que les enviamos a Judas y Silas: ellos hablarán personalmente con ustedes para explicarles todo esto. ²⁸Pues ha parecido bien al Espíritu Santo y a nosotros no imponer sobre ustedes ninguna carga aparte de estas cosas necesarias: ²⁹que no coman carne de animales ofrecidos en sacrificio a los ídolos, que no coman sangre ni carne de animales estrangulados y que eviten la inmoralidad sexual. Si se guardan de estas cosas, actuarán correctamente. Que les vaya bien.''

---

¹⁰ *Día de reposo:* aquí equivale a *sábado.* ˡˡ Algunos mss. añaden: *diciéndoles que deben circuncidarse y cumplir la ley.*
ᵉ **15.7** Hch 10.1-43. ᶠ **15.8** Hch 10.44. ᵍ **15.8** Hch 2.4. ʰ **15.16-18** Am 9.11-12. ⁱ **15.20** Ex 34.15-17. ʲ **15.20** Lv 18.6-23.
ᵏ **15.20** Lv 17.10-16.

³⁰Así que ellos, después de despedirse, se dirigieron a Antioquía, y reuniendo a la congregación les entregaron la carta. ³¹Cuando los hermanos la leyeron, se alegraron mucho por el consuelo que les daba. ³²Y como Judas y Silas tenían también el don de comunicar mensajes recibidos de Dios, consolaron y animaron mucho con sus palabras a los hermanos. ³³Al cabo de algún tiempo, los hermanos los despidieron con saludos de paz, para que regresaran a quienes los habían enviado.*¹²* ³⁵Pero Pablo y Bernabé se quedaron en Antioquía y, junto con otros muchos, siguieron enseñando y anunciando el mensaje del Señor.

### Pablo comienza su segundo viaje misionero

³⁶Algún tiempo después, Pablo dijo a Bernabé:

—Vamos a visitar otra vez a los hermanos en todas las ciudades donde hemos anunciado el mensaje del Señor, para ver cómo están.

³⁷Bernabé quería llevar con ellos a Juan, al que también llamaban Marcos; ³⁸pero a Pablo no le pareció conveniente llevarlo, porque Marcos los había abandonado en Panfilia*ˡ* y no había seguido con ellos en el trabajo. ³⁹Fue tan serio el desacuerdo, que terminaron separándose: Bernabé se llevó a Marcos y se embarcó para Chipre, ⁴⁰mientras Pablo, por su parte, escogió a Silas y, encomendado por los hermanos al amor del Señor, salió de allí ⁴¹y pasó por Siria y Cilicia animando a los hermanos en las iglesias.

### Timoteo acompaña a Pablo y a Silas

16 ¹Pablo llegó a Derbe y Listra, donde encontró a un creyente llamado Timoteo, hijo de una mujer judía creyente y de padre griego. ²Los hermanos de Listra y de Iconio hablaban bien de él. ³Pablo quiso que Timoteo lo acompañara, pero antes lo hizo circuncidar para que no se ofendieran los judíos que vivían en aquellos lugares, ya que todos sabían que el padre de Timoteo era griego. ⁴En todos los pueblos por donde pasaban, comunicaron a los hermanos las instrucciones dadas por los apóstoles y los ancianos de la iglesia de Jerusalén. ⁵Así que las iglesias se afirmaban en la fe, y el número de creyentes aumentaba cada día.

### La visión que Pablo tuvo de un hombre de Macedonia

⁶Como el Espíritu Santo no les permitió anunciar el mensaje en la provincia de Asia, atravesaron la región de Frigia y Galacia, ⁷y llegaron a la frontera de Misia. De allí pensaban entrar en la región de Bitinia, pero el Espíritu de Jesús no se lo permitió. ⁸Así que, pasando de largo por Misia, bajaron al puerto de Troas. ⁹Allí Pablo tuvo de noche una visión; vio a un hombre de la región de Macedonia, que puesto de pie le rogaba: "Pasa a Macedonia y ayúdanos." ¹⁰En cuanto Pablo tuvo esa visión, preparamos el viaje a Macedonia, seguros de que Dios nos estaba llamando para anunciar allí las buenas noticias.

### Pablo y Silas en Filipos

¹¹Nos embarcamos, pues, en Troas, y fuimos directamente a la isla de Samotracia, y al día siguiente llegamos a Neápolis. ¹²De aquí fuimos a Filipos, que es una colonia romana y la ciudad más importante de esa parte de Macedonia. Allí estuvimos algunos días. ¹³Un día de reposo*¹³* salimos a las afueras de la ciudad, junto al río, donde pensamos que había un lugar de oración de los judíos. Nos sentamos y hablamos del evangelio a las mujeres que se habían reunido. ¹⁴Una de ellas se llamaba Lidia; era de la ciudad de Tiatira y vendía telas finas de púrpura. A esta mujer, que adoraba a Dios y que estaba escuchando, el Señor la movió a poner toda su atención en lo que Pablo decía. ¹⁵Fue bautizada, junto con toda su familia, y después nos rogó:

—Si ustedes juzgan que de veras soy creyente en el Señor, vengan a alojarse en mi casa.

Y nos obligó a quedarnos.

¹⁶Sucedió una vez, cuando íbamos al lugar de oración, que encontramos a una muchacha poseída por un espíritu de adivinación. Era una esclava que, adivinando, daba a ganar mucho dinero a sus amos. ¹⁷Esta muchacha comenzó a seguirnos a nosotros, gritando:

—¡Estos hombres son servidores del Dios altísimo, y les anuncian a ustedes el camino de salvación!

¹⁸Esto hizo durante muchos días, hasta que Pablo, ya molesto, terminó por volverse y decirle al espíritu que la poseía:

---

*¹²* Algunos mss. añaden v. 34: *Pero Silas decidió quedarse.*
*ˡ* **15.38** Hch 13.13.

*¹³ Día de reposo:* aquí equivale a *sábado.*

—En el nombre de Jesucristo, te ordeno que salgas de ella.

En aquel mismo momento el espíritu la dejó.

¹⁹Pero cuando los amos de la muchacha vieron que ya no tenían más esperanza de ganar dinero por medio de ella, agarraron a Pablo y a Silas y los llevaron ante las autoridades, a la plaza principal. ²⁰Los presentaron a los jueces, diciendo:

—Estos judíos están alborotando nuestra ciudad, ²¹y enseñan costumbres que nosotros no podemos admitir ni practicar, porque somos romanos.

²²Entonces la gente se levantó contra ellos, y los jueces ordenaron que les quitaran la ropa y los azotaran con varas. ²³Después de haberlos azotado mucho, los metieron en la cárcel, y ordenaron al carcelero que los vigilara con el mayor cuidado. ²⁴Al recibir esta orden, el carcelero los metió en el lugar más profundo de la cárcel y los dejó con los pies sujetos en el cepo.

²⁵Pero a eso de la medianoche, mientras Pablo y Silas oraban y cantaban himnos a Dios, y los otros presos estaban escuchando, ²⁶vino de repente un temblor tan fuerte que sacudió los cimientos de la cárcel. En el mismo momento se abrieron todas las puertas, y a todos los presos se les soltaron las cadenas. ²⁷Cuando el carcelero despertó y vio que las puertas de la cárcel estaban abiertas, sacó su espada para matarse, pues pensaba que los presos se habían escapado. ²⁸Pero Pablo le gritó:

—¡No te hagas ningún daño, que todos estamos aquí!

²⁹Entonces el carcelero pidió una luz, entró corriendo y, temblando de miedo, se echó a los pies de Pablo y de Silas. ³⁰Luego los sacó y les preguntó:

—Señores, ¿qué debo hacer para ser salvo?

³¹Ellos contestaron:

—Cree en el Señor Jesús, y serás salvo tú y tu familia.

³²Y les hablaron del mensaje del Señor a él y a todos los que estaban en su casa. ³³A esa misma hora de la noche, el carcelero les lavó las heridas, y luego él y toda su familia fueron bautizados. ³⁴Los llevó después a su casa y les dio de comer, y él y su familia estaban muy contentos por haber creído en Dios.

³⁵Por la mañana, los jueces mandaron unos guardias al carcelero con orden de soltar a Pablo y a Silas. ³⁶El carcelero le dijo a Pablo:

—Los jueces me han ordenado que los suelte a ustedes; así que ya pueden irse tranquilos.

³⁷Pero Pablo dijo a los guardias:

—A nosotros, que somos ciudadanos romanos, nos azotaron públicamente sin antes habernos juzgado, y nos metieron en la cárcel; ¿y ahora quieren soltarnos a escondidas? ¡Pues no! Que vengan ellos mismos a sacarnos.

³⁸Los guardias hicieron saber esto a los jueces, los cuales se asustaron al oír que se trataba de ciudadanos romanos. ³⁹Fueron, pues, los jueces a disculparse ante Pablo y Silas, y los sacaron y les rogaron que salieran de la ciudad. ⁴⁰Al salir de la cárcel, Pablo y Silas se dirigieron a casa de Lidia, y después de ver a los hermanos y animarlos, se fueron de allí.

### El alboroto en Tesalónica

**17** ¹En su viaje, Pablo y Silas pasaron por Anfípolis y Apolonia, y luego llegaron a Tesalónica, donde los judíos tenían una sinagoga. ²Pablo, según su costumbre, fue a la sinagoga, y cada día de reposo,¹³ durante tres semanas, discutió con ellos. Basándose en las Escrituras, ³les explicaba que el Mesías tenía que morir, y que después de muerto tenía que resucitar. Les decía:

—Este mismo Jesús que yo les anuncio a ustedes, es el Mesías.

⁴Algunos de los judíos creyeron, y se unieron a Pablo y Silas. También creyeron muchos griegos que adoraban a Dios, y muchas mujeres distinguidas. ⁵Pero esto hizo que los judíos que no creían se llenaran de celos, y que reunieran a unos malvados que andaban ociosos por la calle para que alborotaran y perturbaran la ciudad. Atacaron además la casa de Jasón, buscando a Pablo y a Silas para sacarlos y entregarlos a la gente; ⁶pero como no los encontraron allí, llevaron a rastras a Jasón y a algunos otros hermanos ante las autoridades de la ciudad, gritando:

—¡Estos hombres, que han trastornado el mundo entero, también han venido acá, ⁷y Jasón los ha recibido en su casa! ¡Todos ellos están violando las leyes del emperador romano, pues dicen que hay otro rey, que es Jesús!

⁸Al oír estas cosas, la gente y las autoridades se inquietaron. ⁹Pero Jasón y los otros dieron una fianza, y los soltaron.

---

¹³ *Día de reposo:* aquí equivale a *sábado*.

### Pablo y Silas en Berea

[10]Ya de noche, los hermanos hicieron que Pablo y Silas partieran inmediatamente hacia Berea. En cuanto llegaron, se dirigieron a la sinagoga de los judíos. [11]Estos judíos, que eran de mejores sentimientos que los de Tesalónica, de buena gana recibieron el mensaje, y día tras día estudiaban las Escrituras para ver si era cierto lo que se les decía. [12]De modo que muchos de ellos creyeron, y también creyeron muchos de los griegos, tanto mujeres distinguidas como hombres. [13]Pero cuando los judíos de Tesalónica supieron que Pablo estaba anunciando el mensaje de Dios también en Berea, se fueron allá, alborotando y perturbando a la gente. [14]Pero los hermanos hicieron que Pablo saliera sin demora hacia la costa, mientras Silas y Timoteo se quedaban en Berea. [15]Los que acompañaban a Pablo fueron con él hasta la ciudad de Atenas. Luego volvieron con instrucciones para que Silas y Timoteo se le reunieran lo más pronto posible.

### Pablo en Atenas

[16]Mientras Pablo esperaba en Atenas a Silas y Timoteo, se indignó mucho al ver que la ciudad estaba llena de ídolos. [17]Por eso discutía en la sinagoga con los judíos y con otros que adoraban a Dios, y cada día discutía igualmente en la plaza con los que allí se reunían. [18]También algunos filósofos epicúreos y estoicos comenzaron a discutir con él. Unos decían:

—¿De qué habla este charlatán?

Y otros:

—Parece que es propagandista de dioses extranjeros.

Esto lo decían porque Pablo les anunciaba las buenas noticias acerca de Jesús y de la resurrección. [19]Entonces lo llevaron al Areópago, el lugar donde acostumbraban reunirse en consejo, y le preguntaron:

—¿Se puede saber qué nueva enseñanza es ésta que usted nos trae? [20]Pues nos habla usted de cosas extrañas, y queremos saber qué significan.

[21]Y es que todos los atenienses, como también los extranjeros que vivían allí, sólo se ocupaban de oír y comentar las últimas novedades.

[22]Pablo se levantó en medio de ellos en el Areópago, y dijo:

"Atenienses, por todo lo que veo, ustedes son gente muy religiosa. [23]Pues al mirar los lugares donde ustedes celebran sus cultos, he encontrado un altar que tiene escritas estas palabras: 'Al Dios no conocido'. Pues bien, lo que ustedes adoran sin conocer, es lo que proclamo ante ustedes.[14]

[24]"El Dios que hizo el mundo y todas las cosas que hay en él, es Señor del cielo y de la tierra. No vive en templos hechos por los hombres, [25]ni necesita que nadie haga nada por él, pues él es quien nos da a todos la vida, el aire y las demás cosas.[m]

[26]"De un solo hombre hizo él todas las naciones, para que vivan en toda la tierra; y les ha señalado el tiempo y el lugar en que deben vivir, [27]para que busquen a Dios, y quizás, como a tientas, puedan encontrarlo,* aunque en verdad Dios no está lejos de cada uno de nosotros. [28]Porque en Dios vivimos, nos movemos y existimos; como también algunos de los poetas de ustedes dijeron: 'Somos descendientes de Dios.' [29]Siendo, pues, descendientes de Dios, no debemos pensar que Dios sea como las imágenes de oro, plata o piedra que los hombres hacen según su propia imaginación. [30]Dios pasó por alto en otros tiempos la ignorancia de la gente, pero ahora ordena a todos, en todas partes, que se vuelvan a él. [31]Porque Dios ha fijado un día en el cual juzgará al mundo con justicia,[n] por medio de un hombre que él ha escogido; y de ello dio pruebas a todos cuando lo resucitó."

[32]Al oír eso de la resurrección de los muertos, unos se burlaron y otros dijeron:

—Ya lo oiremos hablar de esto en otra ocasión.

[33]Entonces Pablo los dejó. [34]Pero algunos lo siguieron y creyeron. Entre ellos estaba Dionisio, que era uno de los miembros del Areópago, y también una mujer llamada Dámaris, y otros más.

### Pablo en Corinto

**18** [1]Después de esto, Pablo salió de Atenas y se fue a Corinto. [2]Allí se encontró con un judío llamado Aquila, que era de la región del Ponto: Poco antes, Aquila y su esposa Priscila habían llegado de Italia, de donde tuvieron que salir porque el emperador Claudio había ordenado que todos los judíos salieran de Roma. Pablo fue a visitarlos [3]y, como

---

[14] Algunos mss., de menor autoridad, dicen *aquel a quien ustedes adoran sin conocerlo, es de quien yo les hablo.*
[m] 17.24-25 1 R 8.27; Is 42.5; 2 Mac 14.35; Hch 8.47.   * 17.27 Sab 13.6.   [n] 17.31 Sal 9.8.

tenía el mismo oficio que ellos, que era hacer tiendas de campaña, se quedó con ellos para trabajar juntos. [4]Y cada día de reposo[15] Pablo iba a la sinagoga, donde hablaba y trataba de convencer tanto a los judíos como a los no judíos.

[5]Cuando Silas y Timoteo llegaron de Macedonia, Pablo se dedicó por completo a anunciar el mensaje y a probar a los judíos que Jesús era el Mesías. [6]Pero ellos comenzaron a ponerse en contra suya y a insultarlo; así que Pablo sacudió su ropa en señal de protesta, y les dijo:

—De ustedes será la culpa de su propia perdición; yo no me hago responsable. De hoy en adelante me iré a los que no son judíos.

[7]Salió de la sinagoga y se fue a casa de un hombre llamado Ticio Justo, que adoraba a Dios y que vivía al lado de la sinagoga. [8]Y Crispo, un jefe de la sinagoga, con toda su familia, creyó en el Señor. Y también muchos de los de Corinto, al oír el mensaje, creyeron y fueron bautizados. [9]Una noche, el Señor le dijo a Pablo en una visión: "No tengas miedo; sigue anunciando el mensaje y no calles. [10]Porque yo estoy contigo y nadie te puede tocar para hacerte daño, pues yo tengo mucha gente en esta ciudad." [11]Así que Pablo se quedó un año y medio en Corinto, enseñando entre ellos el mensaje de Dios.

[12]Pero en los días en que Galión era gobernador de Acaya, los judíos se juntaron contra Pablo; lo llevaron al tribunal [13]y dijeron al gobernador:

—Este hombre anda convenciendo a la gente de que deben adorar a Dios en una forma que va contra la ley.

[14]Pablo ya iba a hablar, cuando Galión dijo a los judíos:

—Si se tratara de algún delito o de algún crimen grave, yo, naturalmente, me tomaría la molestia de oírlos a ustedes los judíos; [15]pero como se trata de palabras, de nombres y de la ley de ustedes, arréglenlo ustedes mismos, porque yo no quiero meterme en esos asuntos.

[16]Y los echó del tribunal. [17]Entonces agarraron todos a Sóstenes, un jefe de la sinagoga, y lo golpearon allí mismo, delante del tribunal. Pero a Galión no le importaba nada de esto.

### Pablo vuelve a Antioquía y comienza su tercer viaje misionero

[18]Pablo se quedó todavía muchos días en Corinto. Después se despidió de los hermanos y, junto con Priscila y Aquila, se embarcó para la región de Siria. En Cencrea, antes de embarcarse, se rapó la cabeza, para cumplir una promesa[n] que había hecho. [19]Cuando llegaron a Efeso, Pablo dejó a Priscila y Aquila y se fue a la sinagoga, donde habló con los judíos que allí se reunían. [20]Ellos le rogaron que se quedara más tiempo, pero no quiso, [21]sino que se despidió de ellos diciendo:[16] "Si Dios quiere, volveré a visitarlos otra vez."

Después Pablo se embarcó y se fue de Efeso. [22]Cuando llegó a Cesarea, fue a Jerusalén a saludar a los de la iglesia, y luego se dirigió a Antioquía. [23]Al cabo de algún tiempo, salió de nuevo a recorrer uno por unos los lugares de Galacia y Frigia, animando a todos los creyentes.

### Apolos predica en Efeso

[24]Por aquel tiempo llegó a Efeso un judío llamado Apolos, que era de la ciudad de Alejandría. Era muy elocuente y conocía muy bien las Escrituras. [25]Estaba instruido en el camino del Señor, y hablaba con mucho entusiasmo enseñando con claridad acerca de Jesús, aunque sólo conocía el bautismo de Juan. [26]Apolos se puso a hablar abiertamente en la sinagoga; pero cuando lo oyeron Priscila y Aquila, lo llevaron aparte y le explicaron más exactamente el camino de Dios. [27]Cuando Apolos quiso pasar a la región de Acaya, los hermanos le dieron su apoyo, y escribieron una carta a los creyentes de allá para que lo recibieran bien. Cuando llegó a Acaya, ayudó mucho a los que, por la bondad de Dios, habían creído, [28]pues delante de todos contradecía a los judíos con razones que ellos no podían negar, y basándose en las Escrituras demostraba que Jesús era el Mesías.

### Pablo en Efeso

19 [1]Mientras Apolos estaba en Corinto, Pablo cruzó la región montañosa y llegó a Efeso, donde encontró a varios creyentes. [2]Les preguntó:

—¿Recibieron ustedes el Espíritu Santo cuando se hicieron creyentes?

Ellos le contestaron:

—Ni siquiera habíamos oído hablar del Espíritu Santo.

[3]Pablo les preguntó:

---

[15] Día de reposo: aquí equivale a sábado. [16] Algunos mss. añaden aquí: Tengo que estar en Jerusalén para celebrar la próxima fiesta.
[n] **18.18** Nm 6.18.

—Pues ¿qué bautismo recibieron ustedes?

Y ellos respondieron:

—El bautismo de Juan.

[4]Pablo les dijo:

—Sí, Juan bautizaba a los que se volvían a Dios, pero les decía que creyeran en el que vendría después de él, es decir, en Jesús.[o]

[5]Al oír esto, fueron bautizados en el nombre del Señor Jesús; [6]y cuando Pablo les impuso las manos, también vino sobre ellos el Espíritu Santo, y hablaban en lenguas extrañas, y comunicaban mensajes recibidos de Dios. [7]Eran entre todos unos doce hombres.

[8]Durante tres meses, Pablo estuvo yendo a la sinagoga, donde anunciaba el mensaje sin ningún temor, y hablaba y trataba de convencer a la gente acerca del reino de Dios. [9]Pero algunos, tercamente, no quisieron creer, sino que delante de la gente hablaban mal del Nuevo Camino. Entonces Pablo se apartó de ellos y llevó a los creyentes a la escuela de un tal Tirano. Allí hablaba todos los días, [10]y así lo hizo durante dos años, de modo que todos los que vivían en la provincia de Asia, tanto los judíos como los que no lo eran, oyeron el mensaje del Señor. [11]Y Dios hacía grandes milagros por medio de Pablo, [12]tanto que hasta los pañuelos o las ropas que habían sido tocados por su cuerpo eran llevados a los enfermos, y éstos se curaban de sus enfermedades, y los espíritus malignos salían de ellos.

[13]Pero algunos judíos que andaban por las calles expulsando de la gente espíritus malignos, quisieron usar para ello el nombre del Señor Jesús; así que decían a los espíritus: "¡En el nombre de Jesús, a quien Pablo anuncia, les ordeno que salgan!"

[14]Esto es lo que hacían los siete hijos de un judío llamado Esceva, que era un jefe de los sacerdotes. [15]Pero en cierta ocasión el espíritu maligno les contestó: "Conozco a Jesús, y sé quién es Pablo; pero ustedes, ¿quiénes son?"

[16]Al mismo tiempo, el hombre que tenía el espíritu maligno se lanzó sobre ellos, y con gran fuerza los dominó a todos, maltratándolos con tanta violencia que huyeron de la casa desnudos y heridos. [17]Todos los que vivían en Efeso,

judíos y no judíos, lo supieron, y se llenaron de temor. De esta manera crecía la fama del nombre del Señor Jesús.

[18]También muchos de los que creyeron llegaban confesando públicamente todo lo malo que antes habían hecho, [19]y muchos que habían practicado la brujería trajeron sus libros y los quemaron en presencia de todos. Cuando se calculó el precio de aquellos libros, resultó que valían como cincuenta mil monedas de plata. [20]Así el mensaje del Señor iba extendiéndose y demostrando su poder.

[21]Después de estas cosas, Pablo decidió visitar Macedonia y Acaya, y seguir su viaje hasta Jerusalén. Además decía que después de ir a Jerusalén tendría que ir también a Roma. [22]Entonces mandó a Macedonia a dos de sus ayudantes, Timoteo y Erasto, mientras él se quedaba algún tiempo más en Asia.

### El alboroto en Efeso

[23]Por aquel tiempo hubo en Efeso un gran alboroto acerca del Nuevo Camino, [24]causado por uno llamado Demetrio, que era platero. Este hombre hacía figuritas de plata que representaban el templo de la diosa Artemisa, [17] y daba mucha ganancia a los que trabajaban con él. [25]Reunió, pues, a éstos, junto con otros que trabajaban en oficios semejantes, y les dijo: "Señores, ustedes saben que nuestro bienestar depende de este oficio. [26]Pero como ustedes ven y oyen, ese tal Pablo anda diciendo que los dioses hechos por los hombres no son dioses; y así ha convencido a mucha gente, no solamente aquí en Efeso sino en casi toda la provincia de Asia. [27]Esto es muy peligroso, porque nuestro negocio puede echarse a perder, y el templo mismo de la gran diosa Artemisa puede también perder la fama que tiene, y así será despreciada la grandeza de esta diosa que es adorada en toda la provincia de Asia y en el mundo entero."

[28]Cuando oyeron esto, se enojaron mucho y gritaron: "¡Viva Artemisa de los efesios!"

[29]Hubo, pues, confusión en toda la ciudad. Se lanzaron sobre Gayo y Aristarco, dos hombres de Macedonia que acompañaban a Pablo, y los arrastraron hasta el teatro. [30]Pablo quiso entrar allí para hablar a la gente, pero los creyentes no lo dejaron. [31]También entre las autoridades

---

[17] *Artemisa.* Llamada también Diana, pero diferente, en sus atributos e imágenes, de la Diana cazadora de los griegos.
[o] **19.4** Mt 3.11; Mr 1.4,7-8; Lc 3.4,16; Jn 1.26-27.

de Asia había algunos amigos de Pablo, que mandaron a decirle que no debía meterse allí. ³²Entre tanto, en la reunión, unos gritaban una cosa y otros otra, porque la gente estaba alborotada y la mayor parte ni sabía para qué se habían reunido. ³³Pero algunos de ellos explicaron el asunto a Alejandro, a quien los judíos habían empujado al frente de todos. Alejandro hizo señas con la mano para pedir silencio y hablar en defensa de los judíos delante del pueblo. ³⁴Pero cuando se dieron cuenta de que él mismo era judío, gritaron todos durante un par de horas: "¡Viva Artemisa de los efesios!"

³⁵El secretario de la ciudad, cuando pudo calmar a la gente, dijo: "Ciudadanos de Efeso, todo el mundo sabe que esta ciudad está encargada de cuidar el templo de la gran diosa Artemisa y de la imagen de ella que cayó del cielo.¹⁸ ³⁶Como nadie puede negar esto, cálmense ustedes y no hagan nada sin pensarlo bien. ³⁷Porque estos hombres que ustedes han traído no han profanado el templo ni han hablado mal de nuestra diosa. ³⁸Si Demetrio y los que trabajan con él tienen alguna queja contra alguien, ahí están los jueces y los juzgados; que reclamen ante las autoridades y que cada uno defienda su derecho. ³⁹Y si ustedes piden alguna otra cosa, deberá tratarse en una reunión legal. ⁴⁰Con lo que hoy ha pasado corremos peligro de que nos acusen de agitadores, pues no hay ninguna razón que podamos dar, si nos preguntan por la causa de este alboroto." ⁴¹Dicho esto, despidió a la gente.

## Viaje de Pablo a Macedonia y Grecia

**20** ¹Una vez terminado el alboroto, Pablo llamó a los creyentes para darles algunos consejos. Luego se despidió de ellos y se fue a Macedonia. ²Visitó todos aquellos lugares animando mucho con sus palabras a los hermanos; y después llegó a Grecia, ³donde se quedó tres meses. Estaba ya a punto de tomar el barco para ir a Siria, cuando supo que los judíos habían hecho planes contra él. Así que decidió regresar por tierra, pasando otra vez por Macedonia. ⁴Le acompañaron Sópater de Berea, hijo de Pirro; y Aristarco y Segundo de Tesalónica, Gayo de Derbe, Timoteo, y también Tíquico y Trófimo, que eran de la provincia de

Asia. ⁵Estos hermanos se adelantaron y nos esperaron en Troas. ⁶Nosotros, después de la fiesta en que se come el pan sin levadura, salimos de Filipos en barco, y a los cinco días los alcanzamos en Troas, donde nos quedamos siete días.

## Visita de Pablo a Troas

⁷El primer día de la semana nos reunimos para partir el pan, y Pablo estuvo hablando a los creyentes. Como tenía que salir al día siguiente, prolongó su discurso hasta la medianoche. ⁸Nos hallábamos reunidos en un cuarto del piso alto, donde había muchas lámparas encendidas; ⁹y un joven que se llamaba Eutico estaba sentado en la ventana. Como Pablo habló por largo tiempo, le entró sueño al muchacho, que al fin, profundamente dormido, cayó desde el tercer piso; y lo levantaron muerto. ¹⁰Entonces Pablo bajó, se tendió sobre el muchacho y lo abrazó. Y dijo a los hermanos:

—No se asusten; está vivo.

¹¹Luego Pablo volvió a subir, partió el pan, comió y siguió hablando hasta el amanecer. Entonces se fue. ¹²En cuanto al muchacho, se lo llevaron vivo, y eso los animó mucho.

## Viaje desde Troas a Mileto

¹³Nosotros nos adelantamos y fuimos en barco hasta Aso para recoger a Pablo, según se había convenido, porque él quiso ir por tierra. ¹⁴Cuando nos encontramos con él en Aso, se embarcó con nosotros y fuimos a Mitilene. ¹⁵Salimos de allí, y al día siguiente pasamos frente a Quío, llegando un día después al puerto de Samos.¹⁹ Al cabo de otro día de viaje, llegamos a Mileto. ¹⁶Se hizo así porque Pablo, para no retrasarse mucho en Asia, no quiso ir a Efeso; pues quería llegar pronto a Jerusalén y, de ser posible, estar allí para el día de Pentecostés.

## Discurso de Pablo a los ancianos de Efeso

¹⁷Estando en Mileto, Pablo mandó llamar a los ancianos de la iglesia de Efeso. ¹⁸Cuando llegaron les dijo: "Ustedes saben cómo me he portado desde el primer día que vine a la provincia de Asia. ¹⁹Todo el tiempo he estado entre ustedes sirviendo al Señor con toda humildad,

¹⁸ Por esta alusión se cree que la imagen de la diosa que se adoraba en Efeso pudo haber estado esculpida en un aerolito.
¹⁹ Algunos mss. añaden: *Después de detenernos en Troguilio.*

con muchas lágrimas y en medio de muchas pruebas que me vinieron por lo que me querían hacer los judíos. [20]Pero no dejé de anunciarles a ustedes nada de lo que era para su bien, enseñándoles públicamente y en sus casas. [21]A judíos y a no judíos les he dicho que se vuelvan a Dios y crean en nuestro Señor Jesús. [22]Y ahora voy a Jerusalén, obligado por el Espíritu, sin saber lo que allí me espera. [23]Lo único que sé es que, en todas las ciudades a donde voy, el Espíritu Santo me dice que me esperan la cárcel y muchos sufrimientos. [24]Para mí, sin embargo, mi propia vida no cuenta, con tal de que yo pueda correr con gozo hasta el fin de la carrera[p] y cumplir el encargo que el Señor Jesús me dio de anunciar la buena noticia del amor de Dios.

[25]"Y ahora estoy seguro de que ninguno de ustedes, entre quienes he anunciado el reino de Dios, me volverá a ver. [26]Por esto quiero decirles hoy que no me siento culpable respecto de ninguno, [27]porque les he anunciado todo el plan de Dios, sin ocultarles nada. [28]Por lo tanto, estén atentos y cuiden de toda la congregación, en la cual el Espíritu Santo los ha puesto como pastores para que cuiden de la iglesia de Dios,[20] que él compró con su propia sangre. [29]Sé que cuando yo me vaya vendrán otros que, como lobos feroces, querrán acabar con la iglesia. [30]Aun entre ustedes mismos se levantarán algunos que enseñarán mentiras para que los creyentes los sigan. [31]Estén alerta; acuérdense de que durante tres años, de día y de noche, no dejé de aconsejar con lágrimas a cada uno de ustedes.

[32]"Ahora, hermanos, los encomiendo a Dios y al mensaje de su amor. El tiene poder para hacerlos crecer espiritualmente y darles todo lo que ha prometido a su pueblo santo. [33]No he querido para mí mismo ni el dinero ni la ropa de nadie; [34]al contrario, bien saben ustedes que trabajé con mis propias manos para conseguir lo necesario para mí y para los que estaban conmigo. [35]Siempre les he enseñado que así se debe trabajar y ayudar a los que están en necesidad, recordando aquellas palabras del Señor Jesús: 'Hay más dicha en dar que en recibir.' "

[36]Después de decir esto, Pablo se puso de rodillas y oró con todos ellos. [37]Todos lloraron, y abrazaron y besaron a Pablo. [38]Y estaban muy tristes, porque les había

dicho que no volverían a verlo. Luego lo acompañaron hasta el barco.

### Viaje de Pablo a Jerusalén

**21** [1]Cuando dejamos a los hermanos, nos embarcamos y fuimos directamente a Cos, y al día siguiente a Rodas, y de allí a Pátara. [2]En Pátara encontramos un barco que iba a Fenicia, y en él nos embarcamos. [3]Al pasar, vimos la isla de Chipre, y dejándola a mano izquierda seguimos hasta Siria. Y como el barco tenía que dejar carga en el puerto de Tiro, entramos allí. [4]Encontramos a los creyentes, y nos quedamos con ellos siete días. Ellos, advertidos por el Espíritu, dijeron a Pablo que no debía ir a Jerusalén. [5]Pero pasados los siete días, salimos. Todos, con sus mujeres y niños, nos acompañaron hasta fuera de la ciudad, y allí en la playa nos arrodillamos y oramos. [6]Luego nos despedimos y subimos al barco, y ellos regresaron a sus casas.

[7]Terminamos nuestro viaje por mar yendo de Tiro a Tolemaida, donde saludamos a los hermanos y nos quedamos con ellos un día. [8]Al día siguiente salimos y llegamos a Cesarea. Fuimos a casa de Felipe[q] el evangelista, que era uno de los siete ayudantes de los apóstoles, y nos quedamos con él. [9]Felipe tenía cuatro hijas solteras, que eran profetisas. [10]Ya hacía varios días que estábamos allí, cuando llegó de Judea un profeta llamado Agabo.[r] [11]Al llegar ante nosotros tomó el cinturón de Pablo, se sujetó con él las manos y los pies, y dijo:

—El Espíritu Santo dice que en Jerusalén los judíos atarán así al dueño de este cinturón, y lo entregarán en manos de los extranjeros.

[12]Al oír esto, nosotros y los de Cesarea rogamos a Pablo que no fuera a Jerusalén. [13]Pero Pablo contestó:

—¿Por qué lloran y me ponen triste? Yo estoy dispuesto, no solamente a ser atado sino también a morir en Jerusalén por causa del Señor Jesús.

[14]Como no pudimos convencerlo, lo dejamos, diciendo:

—Que se haga la voluntad del Señor.

[15]Después de esto, nos preparamos y nos fuimos a Jerusalén. [16]Nos acompañaron algunos creyentes de Cesarea, quienes nos llevaron a casa de un hombre de Chipre llamado Mnasón, que era creyente

[20] *De Dios:* Algunos mss. dicen: *del Señor.*
[p] 20.24 2 Ti 4.7.   [q] 21.8 Hch 6.5; 8.5.   [r] 21.10 Hch 11.28.

desde hacía mucho tiempo y que iba a darnos alojamiento.

## Pablo visita a Santiago

[17]Cuando llegamos a Jerusalén, los hermanos nos recibieron con alegría. [18]Al día siguiente, Pablo fue con nosotros a visitar a Santiago, y allí estaban también todos los ancianos. [19]Pablo los saludó, y luego les contó detalladamente las cosas que Dios había hecho por medio de él entre los no judíos. [20]Cuando lo oyeron, alabaron a Dios. Dijeron a Pablo:

—Bueno, hermano, ya ves que entre los judíos hay muchos miles que han creído, y todos ellos insisten en que es necesario seguir la ley de Moisés. [21]Y les han informado de que a todos los judíos que viven en el extranjero tú les enseñas a no hacer caso de lo que mandó Moisés, y les dices que no deben circuncidar a sus hijos ni seguir nuestras costumbres. [22]¿Qué hay de esto? Pues sin duda la gente va a saber que has venido. [23]Lo mejor es que hagas lo siguiente: Hay aquí, entre nosotros, cuatro hombres que tienen que cumplir una promesa. [24]Llévalos contigo, purifícate junto con ellos y paga sus gastos, para que ellos puedan hacerse cortar el cabello.[s] Así todos verán que no es cierto lo que les han dicho de ti, sino que, al contrario, tú también obedeces la ley. [25]En cuanto a los que no son judíos y han creído, ya les hemos escrito nuestra decisión: no deben comer carne que haya sido ofrecida a los ídolos, ni sangre, ni carne de animales estrangulados, y deben evitar la inmoralidad sexual.[t]

## Arrestan a Pablo en el templo

[26]Entonces Pablo se llevó a los cuatro hombres, y al día siguiente se purificó junto con ellos; luego entró en el templo para avisar cuándo terminarían los días del cumplimiento de la promesa, es decir, cuándo cada uno de ellos tendría que presentar su ofrenda. [27]Estando ya por terminar los siete días, unos judíos de la provincia de Asia vieron a Pablo en el templo y alborotaron a la gente. Se lanzaron contra Pablo, [28]gritando: "¡Israelitas, ayúdennos! Este es el hombre que anda por todas partes enseñando a la gente cosas que van contra nuestro pueblo, contra la ley de Moisés y contra este templo. Además, ahora ha metido en el templo a unos griegos, profanando este lugar santo."

[29]Decían esto porque antes lo habían visto en la ciudad con Trófimo[u] de Efeso, y pensaban que Pablo lo había llevado al templo. [30]Toda la ciudad se alborotó, y la gente llegó corriendo. Agarraron a Pablo y lo arrastraron fuera del templo, cerrando inmediatamente las puertas. [31]Estaban a punto de matarlo, cuando al comandante del batallón romano le llegó la noticia de que toda la ciudad de Jerusalén se había alborotado. [32]El comandante reunió a sus soldados y oficiales, y fue corriendo a donde estaba la gente. Cuando vieron al comandante y a los soldados, dejaron de golpear a Pablo. [33]Entonces el comandante se acercó, arrestó a Pablo y mandó que lo sujetaran con dos cadenas. Después preguntó quién era y qué había hecho. [34]Pero unos gritaban una cosa y otros otra, de modo que el comandante no podía aclarar nada a causa del ruido que hacían; así que mandó llevarlo al cuartel. [35]Al llegar a las gradas del cuartel, los soldados tuvieron que llevar a Pablo a cuestas, debido a la violencia de la gente; [36]porque todos iban detrás, gritando: "¡Muera!"

## Pablo se defiende delante de la gente

[37]Cuando ya iban a meterlo en el cuartel, Pablo le preguntó al comandante del batallón:

—¿Puedo hablar con usted un momento?

El comandante le contestó:

—¿Sabes hablar griego? [38]Entonces, ¿tú no eres aquel egipcio que hace algún tiempo comenzó una rebelión y salió al desierto con cuatro mil guerrilleros?

[39]Pablo le dijo:

—Yo soy judío, natural de Tarso de Cilicia, ciudadano de una población importante; pero, por favor, permítame usted hablar a la gente.

[40]El comandante le dio permiso, y Pablo se puso de pie en las gradas y con la mano hizo callar a la gente. Cuando se hizo silencio, les habló en hebreo, diciendo:

**22** [1]"Hermanos y padres, escuchen lo que les digo en mi defensa." [2]Al oír que les hablaba en hebreo, guardaron aún más silencio. Pablo continuó:

[s] 21.23-24 Nm 6.13-21. [t] 21.25 Hch 15.29. [u] 21.29 Hch 20.4.

[3]"Yo soy judío. Nací en Tarso de Cilicia, pero me crié aquí en Jerusalén y estudié bajo la dirección de Gamaliel,[v] muy de acuerdo con la ley de nuestros antepasados. Siempre le procuraba servir a Dios con todo mi corazón, tal como todos ustedes lo hacen hoy día. [4]Antes perseguí a muerte a quienes seguían este Nuevo Camino, y los arresté y metí en la cárcel, ya fueran hombres o mujeres. [5]El jefe de los sacerdotes y todos los ancianos son testigos de esto. Ellos me dieron cartas para nuestros hermanos judíos en Damasco, y fui allá en busca de creyentes, para traerlos aquí a Jerusalén y castigarlos.[w]

### Pablo cuenta su conversión
*(Hch 9.1-19; 26.12-18)*

[6]"Pero mientras iba yo de camino, y estando ya cerca de Damasco, a eso del mediodía, una fuerte luz del cielo brilló de repente a mi alrededor, [7]y caí al suelo. Y oí una voz, que me decía: 'Saulo, Saulo, ¿por qué me persigues?' [8]Pregunté: '¿Quién eres, Señor?' Y la voz me contestó: 'Yo soy Jesús de Nazaret, el mismo a quien tú estás persiguiendo.' [9]Los que iban conmigo vieron la luz, pero no oyeron la voz del que me hablaba. [10]Yo pregunté: '¿Qué debo hacer, Señor?' Y el Señor me dijo: 'Levántate y sigue tu viaje a Damasco. Allí se te dirá todo lo que debes hacer.' [11]Como la luz me dejó ciego, mis compañeros me llevaron de la mano a Damasco.

[12]"Allí había un hombre llamado Ananías, que era muy piadoso y obediente a la ley de Moisés; todos los judíos que vivían en Damasco hablaban muy bien de él. [13]Ananías vino a verme, y al llegar me dijo: 'Hermano Saulo, recibe de nuevo la vista.' En aquel mismo momento recobré la vista, y pude verlo. [14]Luego añadió: 'El Dios de nuestros padres te ha escogido para que conozcas su voluntad, y para que veas al que es justo y oigas su voz de sus propios labios. [15]Pues tú vas a ser testigo suyo ante todo el mundo, y vas a contar lo que has visto y oído. [16]Y ahora, no esperes más. Levántate y bautízate, invocando el nombre del Señor para lavarte de tus pecados.'

### Pablo cuenta cómo fue enviado a los no judíos

[17]"Cuando regresé a Jerusalén, fui al templo a orar, y tuve una visión. [18]Vi al Señor, que me dijo: 'Date prisa, sal rápidamente de Jerusalén, porque no van a hacer caso de lo que dices de mí.' [19]Yo le dije: 'Señor, ellos saben que yo iba por todas las sinagogas y llevaba a la cárcel a los que creían en ti, y que los golpeaba, [20]y que cuando mataron a tu siervo Esteban, que daba testimonio de ti, yo mismo estaba allí, aprobando que lo mataran, e incluso cuidé la ropa de quienes lo mataron.'[x] [21]Pero el Señor me dijo: 'Ponte en camino, que voy a enviarte a naciones lejanas.' "

### Pablo en manos del comandante

[22]Hasta este punto lo escucharon; pero entonces comenzaron a gritar: "¡Ese hombre no debe vivir! ¡Bórralo de este mundo!" [23]Y como seguían gritando y sacudiendo sus ropas y tirando polvo al aire, [24]el comandante ordenó que metieran a Pablo en el cuartel, y mandó que lo azotaran, para que confesara por qué la gente gritaba en contra suya. [25]Pero cuando ya lo tenían atado para azotarlo, Pablo le preguntó al capitán que estaba presente:

—¿Tienen ustedes autoridad para azotar a un ciudadano romano, y además sin haberlo juzgado?

[26]Al oír esto, el capitán fue y avisó al comandante, diciendo:

—¿Qué va a hacer usted? Este hombre es ciudadano romano.

[27]Entonces el comandante se acercó a Pablo, y le preguntó:

—¿Es cierto que tú eres ciudadano romano?

Pablo le contestó:

—Sí.

[28]El comandante le dijo:

—A mí me costó mucho dinero hacerme ciudadano romano.

Y Pablo respondió:

—Pues yo lo soy por nacimiento.

[29]Con esto, los que iban a azotar a Pablo se apartaron de él; y hasta el mismo comandante, al darse cuenta de que era ciudadano romano, tuvo miedo por haberlo encadenado.

### Pablo ante la Junta Suprema de los judíos

[30]Al día siguiente, el comandante, queriendo saber con exactitud de qué acusaban los judíos a Pablo, le quitó las cadenas y mandó reunir a los jefes de los sacerdotes y a toda la Junta Suprema. Luego sacó a Pablo y lo puso delante de ellos.

---

[v] 22.3 Hch 5.34-39.  [w] 22.4-5 Hch 8.3; 26.9-11.  [x] 22.20 Hch 7.58.

**23** ¹Pablo miró a los de la Junta Suprema y les dijo:

—Hermanos, yo he vivido hasta hoy con la conciencia tranquila delante de Dios.

²Entonces Ananías, que era sumo sacerdote, mandó a los que estaban cerca de Pablo que le pegaran en la boca. ³Pero Pablo le contestó:

—¡Dios le va a pegar a usted, hipócrita!ʸ Si usted está sentado ahí para juzgarme según la ley, ¿por qué contra la ley manda que me peguen?

⁴Los que estaban presentes le dijeron:

—¿Así insultas al sumo sacerdote de Dios?

⁵Pablo dijo:

—Hermanos, yo no sabía que fuera el sumo sacerdote; pues en la Escritura dice: 'No maldigas al que gobierna a tu pueblo.'ᶻ

⁶Luego, dándose cuenta de que algunos de la Junta eran del partido saduceo y otros del partido fariseo, dijo Pablo en voz alta:

—Hermanos, yo soy fariseo,ᵃ de familia de fariseos; y se me está juzgando porque creo en la resurrección de los muertos.

⁷En cuanto Pablo dijo esto, los fariseos y los saduceos comenzaron a discutir entre sí, y se dividió la reunión. ⁸Porque los saduceos dicen que los muertos no resucitan,ᵇ y que no hay ángeles ni espíritus; en cambio, los fariseos creen en todas estas cosas. ⁹Todos gritaban; y algunos maestros de la ley, que eran del partido fariseo, se levantaron y dijeron:

—Este hombre no ha hecho nada malo; tal vez le ha hablado un espíritu o un ángel.

¹⁰Como el alboroto era cada vez mayor, el comandante tuvo miedo de que hicieran pedazos a Pablo, por lo cual mandó llamar a unos soldados para sacarlo de allí y llevarlo otra vez al cuartel.

¹¹A la noche siguiente, el Señor se le apareció a Pablo y le dijo: "Ánimo, Pablo, porque así como has dado testimonio de mí aquí en Jerusalén, así tendrás que darlo también en Roma."

### Planes para matar a Pablo

¹²Al día siguiente, algunos de los judíos se pusieron de acuerdo para matar a Pablo, y juraron bajo maldición que no comerían ni beberían hasta que lograran matarlo. ¹³Eran más de cuarenta hombres los que así se habían comprometido. ¹⁴Fueron, pues, a los jefes de los sacerdotes y a los ancianos de los judíos, y les dijeron:

—Nosotros hemos jurado bajo maldición que no comeremos nada mientras no matemos a Pablo. ¹⁵Ahora, ustedes y los demás miembros de la Junta Suprema pidan al comandante que lo traiga mañana ante ustedes, con el pretexto de investigar su caso con más cuidado; y nosotros estaremos listos para matarlo antes que llegue.

¹⁶Pero el hijo de la hermana de Pablo se enteró del asunto, y fue al cuartel a avisarle. ¹⁷Pablo llamó a uno de los capitanes, y le dijo:

—Lleve a este muchacho al comandante, porque tiene algo que comunicarle.

¹⁸El capitán lo llevó al comandante, y le dijo:

—El preso Pablo me llamó y me pidió que trajera aquí a este muchacho, que tiene algo que comunicarle a usted.

¹⁹El comandante tomó de la mano al muchacho, y llevándolo aparte le preguntó:

—¿Qué quieres decirme?

²⁰El muchacho le dijo:

—Los judíos se han puesto de acuerdo para pedirle a usted que mañana lleve a Pablo ante la Junta Suprema, con el pretexto de que quieren investigar su caso con más cuidado. ²¹Pero no les crea, porque más de cuarenta de sus hombres lo esperan escondidos, y han jurado bajo maldición que no comerán ni beberán hasta que maten a Pablo; y ahora están listos, esperando solamente que usted les dé una respuesta.

²²Entonces el comandante despidió al muchacho, mandándole que no dijera a nadie lo que le había contado.

### Envían a Pablo ante Félix el gobernador

²³El comandante llamó a dos de sus capitanes, y les dio orden de preparar doscientos soldados de a pie, setenta de a caballo y doscientos con lanzas, para ir a Cesarea a las nueve de la noche. ²⁴Además mandó preparar caballos para que Pablo montara, y dio orden de llevarlo sano y salvo al gobernador Félix. ²⁵Con ellos envió una carta que decía lo siguiente:

ʸ **23.3** Mt 23.27.   ᶻ **23.5** Ex 22.28.   ᵃ **23.6** 2 Mac 7.9; Hch 26.5; Fil 3.5.   ᵇ **23.8** Mt 22.23; Mr 12.18; Lc 20.27.

26"De Claudio Lisias al excelentísimo gobernador Félix: saludos. 27Los judíos habían arrestado a este hombre y lo iban a matar, pero cuando yo supe que se trataba de un ciudadano romano, fui con mis soldados y lo libré. 28Como quise saber de qué lo acusaban, lo llevé ante la Junta de los judíos, 29y resultó que lo acusaban de asuntos de la ley de ellos; pero no había razón para matarlo, y ni siquiera para tenerlo en la cárcel. 30Pero como me he enterado de que los judíos tienen planes para matarlo, ahí se lo envío a usted; y he pedido también a los que lo acusan que traten delante de usted lo que tengan contra él."

31Los soldados, conforme a las órdenes que tenían, tomaron a Pablo y lo llevaron de noche a Antípatris. 32Al día siguiente, los soldados de a pie volvieron al cuartel, y los de a caballo siguieron el viaje con Pablo. 33Al llegar a Cesarea, dieron la carta al gobernador y le entregaron también a Pablo. 34Después de leer la carta, el gobernador preguntó de dónde era Pablo; y al saber que era de Cilicia, 35le dijo:

—Te oiré cuando vengan los que te acusan.

Luego dio orden de ponerlo bajo vigilancia en el palacio de Herodes.

### Defensa de Pablo ante Félix

24 1Cinco días después, Ananías, el sumo sacerdote, llegó a Cesarea con algunos de los ancianos y con un abogado que se llamaba Tértulo. Estos se presentaron ante el gobernador, para acusar a Pablo. 2Cuando trajeron a Pablo, Tértulo comenzó su acusación, diciendo a Félix:

—Gracias a usted, señor gobernador, tenemos paz, y gracias a su sabiduría se han hecho muchas mejoras en nuestra nación. 3Todo esto lo recibimos siempre y en todas partes, oh excelentísimo Félix, con mucho agradecimiento. 4Pero para no quitarle mucho tiempo, le ruego que tenga la bondad de oírnos un momento. 5Hemos encontrado que este hombre es una calamidad, y que por todo el mundo anda provocando divisiones entre los judíos, y que es cabecilla de la secta de los nazarenos. 6Incluso trató de profanar el templo, por lo cual nosotros lo arrestamos.21 8Usted mismo puede interrogarlo

para saber la verdad de todo esto de que lo acusamos.

9Los judíos allí presentes también afirmaban lo mismo. 10El gobernador le hizo entonces a Pablo señas de que hablara, y Pablo dijo:

—Con mucho gusto presento mi defensa ante usted, porque sé que usted es juez de esta nación desde hace muchos años. 11Como usted mismo puede averiguar, hace apenas doce días que llegué a Jerusalén, a adorar a Dios. 12Y no me encontraron discutiendo con nadie, ni alborotando a la gente en el templo, ni en las sinagogas, ni en otras partes de la ciudad. 13Estas personas no pueden probar ninguna de las cosas de que me acusan. 14Pero lo que sí confieso es que sirvo al Dios de mis padres de acuerdo con el Nuevo Camino que ellos llaman una secta, porque creo todo lo que está escrito en los libros de la ley y de los profetas. 15Y tengo, lo mismo que ellos, la esperanza en Dios de que los muertos han de resucitar, tanto los buenos como los malos. 16Por eso procuro siempre tener limpia mi conciencia delante de Dios y de los hombres.

17'Después de algunos años de andar por otras partes, volví a mi país para dar limosnas y presentar ofrendas. 18-19Y estaba haciendo esto, después de haberme purificado según el rito establecido, aunque sin mucha gente y sin ningún alboroto, cuando unos judíos de la provincia de Asia me encontraron en el templo.c Esos son los que deben venir y presentarse aquí para acusarme, si es que tienen algo contra mí. 20Y si no, que éstos que están aquí digan si me hallaron culpable de algún delito cuando estuve ante la Junta Suprema de los judíos. 21A no ser que cuando estuve entre ellos dije en voz alta: 'Hoy me están juzgando ustedes porque creo en la resurrección de los muertos.'d

22Al oír esto, Félix, como estaba bien informado del Nuevo Camino, dejó el asunto pendiente y les dijo:

—Cuando venga el comandante Lisias, me informaré mejor de este asunto de ustedes.

23Y mandó Félix al capitán que Pablo siguiera detenido, pero que le diera alguna libertad y dejara que sus amigos lo atendieran.

24Unos días más tarde llegó otra vez Félix, junto con Drusila, su esposa, que era judía. Y mandó Félix llamar a Pablo,

---

21 Algunos mss. añaden: y quisimos juzgarlo de acuerdo con nuestra ley; 7pero el comandante Lisias se metió, y con mucha fuerza nos lo quitó 8y dijo que los que lo acusaban debían presentarse ante usted.
c 24.17-19 Hch 21.17-28.   d 24.21 Hch 23.6.

y escuchó lo que éste decía acerca de la fe en Jesucristo. 25Pero cuando Pablo le habló de una vida de rectitud, del dominio propio y del juicio futuro, Félix se asustó y le dijo:

—Vete ahora. Te volveré a llamar cuando tenga tiempo.

26Por otra parte, Félix esperaba que Pablo le diera dinero; por eso lo llamaba muchas veces para hablar con él. 27Dos años pasaron así; luego Félix dejó de ser gobernador, y en su lugar entró Porcio Festo. Y como Félix quería quedar bien con los judíos, dejó preso a Pablo.

### Pablo delante de Festo

25 1Festo llegó para tomar su puesto de gobernador, y tres días después se dirigió de Cesarea a Jerusalén. 2Allí los jefes de los sacerdotes y los judíos más importantes le presentaron una demanda contra Pablo. 3Le pidieron, como favor especial, que ordenara que Pablo fuera llevado a Jerusalén. El plan de ellos era hacer que lo mataran en el camino; 4pero Festo contestó que Pablo estaba preso en Cesarea, y que él mismo pensaba ir allá dentro de poco. 5Les dijo:

—Por eso, las autoridades de ustedes deben ir conmigo a Cesarea, y si ese hombre ha cometido algún delito, allí podrán acusarlo.

6Festo estuvo en Jerusalén unos ocho o diez días más, y luego regresó a Cesarea. Al día siguiente ocupó su asiento en el tribunal y ordenó que le llevaran a Pablo. 7Cuando Pablo entró, los judíos que habían llegado de Jerusalén se acercaron y lo acusaron de muchas cosas graves, aunque no pudieron probar ninguna de ellas. 8Pablo, por su parte, decía en su defensa:

—Yo no he cometido ningún delito, ni contra la ley de los judíos ni contra el templo ni contra el emperador romano.

9Pero como Festo quería quedar bien con los judíos, le preguntó a Pablo:

—¿Quieres ir a Jerusalén, para que yo juzgue allá tu caso?

10Pablo contestó:

—Estoy ante el tribunal del emperador romano, que es donde debo ser juzgado. Como bien sabe usted, no he hecho nada malo contra los judíos. 11Si he cometido algún delito que merezca la pena de muerte, no me niego a morir; pero si no hay nada de cierto en las cosas de que me acusan, nadie tiene el derecho de entregarme a ellos. Pido que el emperador mismo me juzgue.

12Festo entonces consultó con sus consejeros, y luego dijo:

—Ya que has pedido que te juzgue el emperador, al emperador irás.

### Pablo ante el rey Agripa

13Al cabo de algunos días, el rey Agripa y Berenice fueron a Cesarea a saludar a Festo. 14Como estuvieron allí varios días, Festo contó al rey el caso de Pablo. Le dijo:

—Hay aquí un hombre que Félix dejó preso. 15Cuando estuve en Jerusalén, los jefes de los sacerdotes y los ancianos de los judíos me presentaron una demanda contra él, pidiéndome que lo condenara. 16Yo les contesté que la autoridad romana no acostumbra condenar a muerte a nadie sin que antes el acusado pueda verse cara a cara con los que lo acusan, para defenderse de la acusación. 17Por eso, cuando ellos vinieron acá, no perdí tiempo, sino que al día siguiente ocupé mi asiento en el tribunal y mandé traer al hombre. 18Pero los que se presentaron para acusarlo no alegaron en contra suya ninguno de los delitos que yo había pensado. 19Lo único que decían contra él eran cosas de su religión, y de un tal Jesús que murió y que Pablo dice que está vivo. 20Como yo no sabía qué hacer en este asunto, le pregunté a Pablo si quería ir a Jerusalén para ser juzgado de esas cosas. 21Pero él ha pedido que lo juzgue Su Majestad el emperador, así que le he ordenado que siga preso hasta que yo pueda mandárselo.

22Entonces Agripa le dijo a Festo:

—Yo también quisiera oír a ese hombre.

Y Festo le contestó:

—Mañana mismo lo oirás.

23Al día siguiente, Agripa y Berenice llegaron y entraron con gran solemnidad en la sala, junto con los jefes militares y los principales señores de la ciudad. Festo mandó que le llevaran a Pablo, 24y dijo:

—Rey Agripa y señores que están aquí reunidos con nosotros: ahí tienen a ese hombre. Todos los judíos me han traído acusaciones contra él, tanto en Jerusalén como aquí en Cesarea, y no dejan de pedirme a gritos su muerte; 25pero a mí me parece que no ha hecho nada que la merezca. Sin embargo, como él mismo ha pedido ser juzgado por Su Majestad el emperador, he decidido enviárselo. 26Pero como no tengo nada concreto que escribirle a mi señor el emperador acerca de él, lo traigo ante ustedes, y sobre todo ante ti, oh rey Agripa, para que después de interrogarlo tenga yo algo que escribir. [27]Pues me parece absurdo enviar un preso y no decir de qué está acusado.

## Pablo presenta su caso ante el rey Agripa

**26** [1]Entonces Agripa le dijo a Pablo:
—Puedes hablar en tu defensa.

Pabló alzó la mano y comenzó a hablar así: [2]"Me siento feliz de poder hablar hoy delante de Su Majestad, oh rey Agripa, para defenderme de todas las acusaciones que los judíos han presentado contra mí, [3]sobre todo porque Su Majestad conoce todas las costumbres de los judíos y las cosas que discutimos. Por eso le pido que me oiga con paciencia.

### La vida de Pablo antes de su conversión

[4]"Todos los judíos saben cómo viví entre ellos, en mi tierra y en Jerusalén, desde mi juventud. [5]También saben, y lo pueden declarar si quieren, que siempre he sido fariseo,[e] que es la secta más estricta de nuestra religión. [6]Y ahora me han traído a juicio precisamente por esta esperanza que tengo en la promesa que Dios hizo a nuestros antepasados. [7]Nuestras doce tribus de Israel esperan ver el cumplimiento de esta promesa, y por eso adoran a Dios y le sirven día y noche. Por esta misma esperanza, oh rey Agripa, los judíos me acusan ahora. [8]¿Por qué no creen ustedes que Dios resucita a los muertos?[*]

### Pablo cuenta cómo perseguía a los cristianos

[9]"Yo mismo pensaba antes que debía hacer muchas cosas en contra del nombre de Jesús de Nazaret, [10]y así lo hice en Jerusalén. Con la autorización de los jefes de los sacerdotes, metí en la cárcel a muchos de los creyentes; y cuando los mataban, yo estaba de acuerdo. [11]Muchas veces los castigaba para obligarlos a negar su fe. Y esto lo hacía en todas las sinagogas, y estaba tan furioso contra ellos que los perseguía hasta en ciudades extranjeras.[f]

## Pablo cuenta otra vez su conversión
### (Hch 9.1-19; 22.6-16)

[12]"Con ese propósito me dirigía a la ciudad de Damasco, autorizado y comisionado por los jefes de los sacerdotes. [13]Pero en el camino, oh rey, vi a mediodía una luz del cielo, más fuerte que la luz del sol, que brilló alrededor de mí y de los que iban conmigo. [14]Todos caímos al suelo, y oí una voz que me decía en hebreo: 'Saulo, Saulo, ¿por qué me persigues? Te estás haciendo daño a ti mismo, como si dieras coces contra el aguijón.' [15]Entonces dije: '¿Quién eres, Señor?' El Señor me contestó: 'Yo soy Jesús, el mismo a quien estás persiguiendo. [16]Ponte de pie, porque me he aparecido a ti para que me sirvas y para que seas testigo de lo que ahora has visto de mí, y de lo que todavía te he de mostrar. [17]Te voy a librar de los judíos y también de los no judíos, a los cuales ahora te envío. [18]Te mando a ellos para que les abras los ojos y no caminen más en la oscuridad, sino en la luz; para que no sigan bajo el poder de Satanás, sino que sigan a Dios; y para que crean en mí y reciban así el perdón de los pecados y una herencia en el pueblo santo de Dios.

### Pablo obedece a la visión

[19]"Así que, oh rey Agripa, no desobedecí a la visión del cielo, [20]sino que primero anuncié el mensaje a los que estaban en Damasco,[g] luego a los de Jerusalén[h] y de toda la región de Judea, y también a los no judíos, invitándolos a convertirse, y a volverse a Dios, y a hacer obras que demuestren esa conversión. [21]Por este motivo, los judíos me arrestaron en el templo y quisieron matarme. [22]Pero con la ayuda de Dios sigo firme hasta ahora, hablando de Dios a todos, pequeños y grandes. Nunca les digo nada aparte de lo que los profetas y Moisés dijeron que había de suceder: [23]que el Mesías tenía que morir, pero que después de morir sería el primero en resucitar,[i] y que anunciaría la luz de la salvación tanto a nuestro pueblo como a las otras naciones."[j]

### Pablo trata de convencer a Agripa de que se haga cristiano

[24]Al decir Pablo estas cosas en su defensa, Festo gritó:
—¡Estás loco, Pablo! De tanto estudiar te has vuelto loco.

*e* **26.5** Hch 23.6; Fil 3.5.   *** 26.6-8** 2 Mac 7.9,23.   *f* **26.9-11** Hch 8.3; 22.4-5.   *g* **26.20** Hch 9.20.   *h* **26.20** Hch 9.28-29.
*i* **26.23** 1 Co 15.20.   *j* **26.23** Is 42.6; 49.6.

²⁵Pero Pablo contestó:

—No estoy loco, excelentísimo Festo; al contrario, lo que digo es razonable y es la verdad. ²⁶Ahí está el rey Agripa, que conoce bien estas cosas, y por eso hablo con tanta libertad delante de él; porque estoy seguro de que él también sabe todo esto, ya que no se trata de cosas sucedidas en algún rincón escondido. ²⁷¿Cree Su Majestad lo que dijeron los profetas? Yo sé que lo cree.

²⁸Agripa le contestó:

—¿Piensas hacerme un cristiano en tan poco tiempo?

²⁹Pablo dijo:

—Que sea en poco tiempo o en mucho, quiera Dios que, no solamente Su Majestad, sino también todos los que me están escuchando hoy, lleguen a ser como yo, aunque sin estas cadenas.

³⁰Entonces se levantó el rey, y también el gobernador, junto con Berenice y todos los que estaban allí sentados, ³¹y se fueron aparte a hablar del asunto. Decían entre sí:

—Este hombre no ha hecho nada que merezca la muerte; ni siquiera debe estar en la cárcel.

³²Y Agripa dijo a Festo:

—Se podría haber soltado a este hombre, si él mismo no hubiera pedido ser juzgado por el emperador.

### Pablo enviado a Roma

27 ¹Cuando decidieron mandarnos a Italia, Pablo y los otros presos fueron entregados a un capitán que se llamaba Julio, del batallón llamado del Emperador. ²Nos embarcamos, pues, en un barco del puerto de Adramitio que estaba a punto de salir para los puertos de Asia. Estaba también con nosotros Aristarco, que era de Tesalónica, ciudad de Macedonia. ³Al día siguiente llegamos al puerto de Sidón, donde Julio trató a Pablo con mucha consideración, pues le dejó visitar a sus amigos y ser atendido por ellos. ⁴Saliendo de Sidón, navegamos protegidos del viento por la isla de Chipre, porque teníamos el viento en contra. ⁵Atravesamos el mar frente a la costa de Cilicia y Panfilia, y llegamos a Mira, una ciudad de Licia.

⁶El capitán de los soldados encontró allí un barco de Alejandría que iba a Italia, y nos hizo embarcar para seguir el viaje. ⁷Durante varios días viajamos despacio, y con mucho trabajo llegamos frente a Gnido. Como todavía teníamos el viento en contra, pasamos frente a Salmón dando la vuelta a la isla de Creta; ⁸y navegando con dificultad a lo largo de la costa, llegamos a un lugar llamado Buenos Puertos, cerca del pueblo de Lasea.

⁹Se había perdido mucho tiempo, y ya era peligroso viajar por mar porque se acercaba el invierno.²² Por eso, Pablo les aconsejó:

¹⁰—Señores, veo que este viaje va a ser muy peligroso, y que vamos a perder tanto el barco como su carga, y que hasta podemos perder la vida.

¹¹Pero el capitán de los soldados hizo más caso al dueño del barco y al capitán del mismo que a Pablo. ¹²Y como aquel puerto no era bueno para pasar el invierno, casi todos pensaron que sería mejor salir de allí e intentar llegar a Fenice, un puerto de Creta que mira al noroeste y al suroeste, y pasar allí el invierno.

### La tempestad en el mar

¹³Pensando que podrían seguir el viaje porque comenzaba a soplar un viento suave del sur, salieron y navegaron junto a la costa de Creta. ¹⁴Pero poco después un viento huracanado del nordeste azotó el barco, ¹⁵y comenzó a arrastrarlo. Como no podíamos mantener el barco de cara al viento, tuvimos que dejarnos llevar por él. ¹⁶Pasamos por detrás de una pequeña isla llamada Cauda, donde el viento no soplaba tan fuerte, y con mucho trabajo pudimos recoger el bote salvavidas. ¹⁷Después de subirlo a bordo, usaron sogas para reforzar el barco. Luego, como tenían miedo de encallar en los bancos de arena llamados la Sirte, echaron el ancla flotante²³ y se dejaron llevar por el viento. ¹⁸Al día siguiente, la tempestad era todavía fuerte, así que comenzaron a arrojar al mar la carga del barco; ¹⁹y al tercer día, con sus propias manos, arrojaron también los aparejos del barco. ²⁰Por muchos días no se dejaron ver ni el sol ni las estrellas, y con la gran tempestad que

---

²² *Porque se acercaba el invierno:* lit. *porque ya había pasado el ayuno.* Al hacer Pablo referencia al ayuno del Día de Perdón, que en el calendario judío tiene lugar el día diez del mes Tishri (septiembre-octubre), lo hace para indicar la época del año en que esto ocurría (véase v. 12). ²³ *Echaron el ancla flotante:* una especie de balsa con cuyo peso se contrarresta la velocidad del barco. Otra posible traducción: *arriaron los aparejos.*

nos azotaba habíamos perdido ya toda esperanza de salvarnos.

²¹Como habíamos pasado mucho tiempo sin comer, Pablo se levantó en medio de todos y dijo:

—Señores, hubiera sido mejor hacerme caso y no salir de Creta; así habríamos evitado estos daños y perjuicios. ²²Ahora, sin embargo, no se desanimen, porque ninguno de ustedes morirá, aunque el barco sí va a perderse. ²³Pues anoche se me apareció un ángel, enviado por el Dios a quien pertenezco y sirvo, ²⁴y me dijo: 'No tengas miedo, Pablo, porque tienes que presentarte ante el emperador romano, y por tu causa Dios va a librar de la muerte a todos los que están contigo en el barco.' ²⁵Por tanto, señores, anímense, porque tengo confianza en Dios y estoy seguro de que las cosas sucederán como el ángel me dijo. ²⁶Pero tendremos que ser arrojados a una isla.

²⁷Una noche, cuando al cabo de dos semanas de viaje nos encontrábamos en el mar Adriático llevados de un lado a otro por el viento, a eso de la medianoche los marineros se dieron cuenta de que estábamos llegando a tierra. ²⁸Midieron la profundidad del agua, y era de treinta y seis metros; un poco más adelante la midieron otra vez, y era de veintisiete metros. ²⁹Por miedo de chocar contra las rocas, echaron cuatro anclas por la parte de atrás del barco, mientras pedían a Dios que amaneciera. ³⁰Pero los marineros pensaron en escapar del barco, así que comenzaron a bajar el bote salvavidas, haciendo como que iban a echar las anclas de la parte delantera del barco. ³¹Pero Pablo avisó al capitán y a sus soldados, diciendo:

—Si éstos no se quedan en el barco, ustedes no podrán salvarse.

³²Entonces los soldados cortaron las amarras del bote salvavidas y lo dejaron caer al agua.

³³De madrugada, Pablo les recomendó a todos que comieran algo. Les dijo:

—Ya hace dos semanas que, por esperar a ver qué pasa, ustedes no han comido como de costumbre. ³⁴Les ruego que coman algo. Esto es necesario, si quieren sobrevivir, pues nadie va a perder ni un cabello de la cabeza.

³⁵Al decir esto, Pablo tomó en sus manos un pan y dio gracias a Dios delante de todos. Lo partió y comenzó a comer. ³⁶Luego todos se animaron y comieron

también. ³⁷Éramos en el barco doscientas setenta y seis personas en total. ³⁸Después de haber comido lo que quisieron, echaron el trigo al mar para aligerar el barco.

## Se hunde el barco

³⁹Cuando amaneció, los marineros no reconocieron la tierra, pero vieron una bahía que tenía playa; y decidieron tratar de arrimar el barco hacia allá. ⁴⁰Cortaron las amarras de las anclas, abandonándolas en el mar, y aflojaron los remos que servían para guiar el barco. Luego alzaron al viento la vela delantera, y el barco comenzó a acercarse a la playa. ⁴¹Pero fue a dar en un banco de arena, donde el barco encalló. La parte delantera quedó atascada en la arena, sin poder moverse, mientras la parte de atrás comenzó a hacerse pedazos por la fuerza de las olas.

⁴²Los soldados quisieron matar a los presos, para no dejarlos escapar nadando. ⁴³Pero el capitán de los soldados, que quería salvar a Pablo, no dejó que lo hicieran, sino que ordenó que quienes supieran nadar se echaran al agua primero para llegar a tierra, ⁴⁴y que los demás siguieran sobre tablas o en pedazos del barco. Así llegamos todos salvos a tierra.

## Pablo en la isla de Malta

**28** ¹Cuando ya estuvimos todos a salvo, supimos que la isla se llamaba Malta. ²Los nativos nos trataron muy bien a todos; y como estaba lloviendo y hacía frío, encendieron una gran fogata y nos invitaron a acercarnos. ³Pablo, que había recogido un poco de leña seca, la estaba echando al fuego cuando una víbora salió huyendo del calor y se le enredó en la mano. ⁴Al ver los nativos la víbora colgada de la mano de Pablo, se dijeron unos a otros: "Este hombre debe de ser un asesino, pues aunque se salvó del mar, la justicia divina ²⁴ no lo deja vivir."

⁵Pero Pablo se sacudió la víbora en el fuego, y no le pasó nada. ⁶Todos estaban esperando que se hinchara o que de un momento a otro cayera muerto; pero después de mucho esperar, cuando vieron que nada le pasaba, cambiaron de idea y comenzaron a decir que Pablo era un dios.

⁷Cerca de aquel lugar había unos terrenos que pertenecían al personaje principal

---

²⁴ *La justicia divina:* en griego, *dike.* Al parecer los malteses aludían a *Dike,* la diosa griega de la justicia.

de la isla, llamado Publio, que nos recibió y nos atendió muy bien durante tres días. [8]Y sucedió que el padre de Publio estaba en cama, enfermo de fiebre y disentería. Pablo fue entonces a visitarlo y, después de orar, puso las manos sobre él y lo sanó. [9]Con esto, vinieron también los otros enfermos que había en la isla, y fueron sanados. [10]Nos llenaron de atenciones, y después, al embarcarnos de nuevo, nos dieron todo lo necesario para el viaje.

### Pablo llega a Roma

[11]Al cabo de tres meses de estar en la isla, nos embarcamos en un barco que había pasado allí el invierno; era una embarcación de Alejandría, que llevaba por insignia la figura de los dioses Cástor y Pólux. [12]Llegamos al puerto de Siracusa, donde nos quedamos tres días, [13]y de allí navegamos cerca de la costa hasta arribar a Regio. El día siguiente tuvimos viento sur, y un día más tarde llegamos a Puteoli, [14]donde encontramos a algunos hermanos que nos invitaron a quedarnos con ellos una semana; y así, finalmente, llegamos a Roma. [15]Los hermanos de Roma ya tenían noticias acerca de nosotros; de manera que salieron a nuestro encuentro hasta el Foro de Apio y el lugar llamado las Tres Tabernas. Al verlos, Pablo dio gracias a Dios y se sintió animado. [16]Cuando llegamos a Roma, [25] permitieron que Pablo viviera aparte, vigilado solamente por un soldado.

### Pablo en Roma

[17]Tres días después de su llegada, Pablo mandó llamar a los principales judíos de Roma. Cuando estuvieron reunidos, les dijo:

—Hermanos, yo no he hecho nada contra los judíos ni contra las costumbres de nuestros antepasados. Sin embargo, en Jerusalén fui entregado a los romanos, [18]quienes después de interrogarme querían soltarme, porque no encontraron ninguna razón para condenarme a muerte. [19]Pero los judíos se opusieron, y tuve que pedir que el emperador me juzgara,[k] aunque no tengo nada de qué acusar a los de mi nación. [20]Por esto, pues, los he llamado a ustedes, para verlos y hablarles; porque es precisamente por la esperanza que tenemos nosotros los israelitas, por lo que me encuentro aquí encadenado.

[21]Ellos le dijeron:

—Nosotros no hemos recibido ninguna carta de Judea acerca de ti, ni ninguno de los hermanos judíos que han llegado de allá nos ha dicho nada malo en contra tuya. [22]Quisiéramos oír lo que tú piensas, porque sabemos que en todas partes se habla en contra de esta nueva secta.

[23]Así que le señalaron un día, en el que acudieron muchas personas a donde Pablo estaba alojado. Desde la mañana hasta la tarde, Pablo les habló del reino de Dios. Trataba de convencerlos acerca de Jesús, por medio de la ley de Moisés y los escritos de los profetas. [24]Unos aceptaron lo que Pablo decía, pero otros no creyeron. [25]Y como no se ponían de acuerdo entre sí, comenzaron a irse. Pablo les dijo:

—Bien habló el Espíritu Santo a los antepasados de ustedes por medio del profeta Isaías, diciendo:

[26]‘Anda y dile a este pueblo:
Por más que escuchen, no
    entenderán;
por más que miren, no verán.
[27]Pues la mente de este pueblo está
    entorpecida,
tienen tapados los oídos
y sus ojos están cerrados,
para que no puedan ver ni oír,
ni puedan entender;
para que no se vuelvan a mí,
y yo no los sane.'[l]

[28]Sepan ustedes, pues, que de ahora en adelante esta salvación de Dios se ofrece a los no judíos, y ellos sí escucharán.[26]

[30]Pablo se quedó dos años completos en la casa que tenía alquilada, donde recibía a todos los que iban a verlo. [31]Con toda libertad anunciaba el reino de Dios, y enseñaba acerca del Señor Jesucristo sin que nadie se lo estorbara.

---

[25] Algunos mss. añaden: *el capitán entregó los presos al prefecto militar.*     [26] Algunos mss. añaden v. 29: *Cuando Pablo dijo esto, los judíos se fueron, discutiendo mucho entre ellos.*
[k] **28.19** Hch 25.11.     [l] **28.26-27** Is 6.9-10.

# Carta de San Pablo a los
# ROMANOS

*Pablo no había visitado Roma todavía cuando escribió esta carta a los creyentes de aquella ciudad, pero tenía planes de hacerlo de camino a España, a donde también pensada ir. Y esperaba que ellos le ayudaran a tal fin. Esta carta es, con la dirigida a los Gálatas, la más amplia exposición de cómo entiende Pablo la fe cristiana y lo que ésta significa, en sentido práctico, para el modo de vivir cristiano. Siguiendo el estilo epistolar de su época, empieza con la identificación del que escribe y un saludo, a lo cual se añade una oración de gratitud y una indicación del motivo y propósito de la carta (1.1-17). Y en seguida (vs. 16, 17) hace un resumen de lo que para él es el evangelio —las buenas noticias— y la doctrina central de su predicación y enseñanza: judíos y gentiles, y en fin todos los hombres, necesitan la salvación; en el mensaje del evangelio se nos muestra de qué manera Dios nos libra de culpa: es "por fe y solamente por fe" (1.17).*

*En lo que sigue, se puede notar una forma característica de casi todas las cartas de Pablo. Tras una introducción, se divide en una primera gran sección que podríamos llamar de exposición de doctrina; una segunda, en que lleva la doctrina a su aplicación en la vida práctica, y, finalmente, recomendaciones adicionales y saludos, sea en general o personales.*

*En esta carta, la sección doctrinal ocupa la mayor parte: 1.18—11.36. En ella enseña Pablo que todo hombre, judío o no judío, se halla bajo el poder del pecado y, por tanto, bajo condenación. Necesita, pues, de la salvación (1.18—3.20). Esta consiste en que Dios perdona al hombre, lo libra de culpa y lo restaura a una íntima relación con él, todo mediante la fe en Jesucristo (3.21—4.25). El resultado de esa relación con Dios es una nueva vida en unión con Cristo. El creyente, liberado por el Espíritu Santo del poder del pecado y de la muerte, y reconciliado con Dios, obtiene una profunda paz. El propósito de la ley ha sido convenver al hombre de su pecado, pero una vez perdonado y librado de él, su vida queda bajo el poder del Espíritu de Dios (caps. 5—8). En el plan de Dios para todos los hombres, el rechazo actual de Jesús por la mayoría de los judíos abre las puertas de la gracia divina a todos los demás hombres. Pero Dios no ha retirado de los judíos ni su amor ni su llamamiento, y al final también ellos aceptarán a Jesús y "todo Israel será salvado" (caps. 9—11).*

*Pablo termina su explosión escribiendo sobre lo que es la vida cristiana, cuya clave es el amor, e incluye el servicio a Dios y los deberes para con el estado y de los unos para con los otros. Trata también algunas cuestiones de conciencia (12.1—15.13). La carta concluye con una serie de referencias y saludos personales (15.14—16.27).*

## Saludo

**1** ¹Yo, Pablo, siervo de Jesucristo, escribo esta carta. Dios me llamó y me apartó para ser apóstol suyo, para anunciar su mensaje de salvación. ²Por medio de sus profetas, Dios ya había comunicado este mensaje en las santas Escrituras. ³⁻⁴Es el mensaje que trata de su Hijo Jesucristo, nuestro Señor, que como hombre fue descendiente del rey David,ᵃ pero como espíritu santificador y por el hecho de haber resucitado, fue declarado Hijo de Dios y se le dieron plenos poderes. ⁵Por medio de Jesucristo, Dios me ha concedido el privilegio de ser su apóstol, y de anunciar su nombre, para que en todas las naciones haya quienes crean en él y le obedezcan. ⁶⁻⁷Entre ellos están también ustedes, que viven en Roma. Dios los ama, y los ha llamado a ser de Jesucristo y a formar parte de su pueblo. Que Dios nuestro Padre y el Señor Jesucristo derramen su gracia y su paz sobre ustedes.

## Pablo quiere visitar Roma

⁸En primer lugar, por medio de Jesucristo doy gracias a mi Dios por cada uno de ustedes, porque en todas partes se habla de su fe. ⁹Dios, a quien yo sirvo con todo mi corazón anunciando el mensaje de su Hijo, es testigo de que continuamente los recuerdo en mis oraciones, ¹⁰y pido siempre a Dios que, si es su voluntad, me conceda que vaya por fin a visitarlos. ¹¹Porque deseo verlos y prestarles alguna ayuda espiritual, para que estén

---

ᵃ 1.3-4 Mt 1.1; 12.23.

más firmes; [12]es decir, para que nos animemos unos a otros con esta fe que ustedes y yo tenemos.

[13]Quiero que sepan, hermanos, que muchas veces me he propuesto ir a verlos,[b] pero hasta ahora siempre se me han presentado obstáculos. Mi deseo es recoger alguna cosecha espiritual entre ustedes, como la he recogido entre las otras naciones. [14]Me siento en deuda con todos, sean cultos o incultos, sabios o ignorantes; [15]por eso estoy tan ansioso de anunciarles el evangelio también a ustedes que viven en Roma.

### El poder del evangelio

[16]No me avergüenzo[c] del mensaje del evangelio, porque es poder de Dios[d] para que todos los que creen alcancen la salvación, los judíos en primer lugar, pero también los que no lo son. [17]Pues este mensaje nos muestra de qué manera Dios nos libra de culpa: es por fe y solamente por fe. Así lo dicen las Escrituras: "El justo por la fe vivirá."[e]

### La culpa de la humanidad

[18]Pues vemos que el terrible castigo de Dios viene del cielo sobre toda la gente mala e injusta, que con su maldad impide que se conozca la verdad. [19]Lo que de Dios se puede conocer, ellos lo conocen muy bien, porque él mismo se lo ha mostrado; [20]pues lo invisible de Dios se puede llegar a conocer, si se reflexiona en lo que él ha hecho.[*] En efecto, desde que el mundo fue creado, claramente se ha podido ver que él es Dios y que su poder nunca tendrá fin. Por eso los malvados no tienen disculpa. [21]Pues aunque han conocido a Dios, no lo han honrado como a Dios ni le han dado gracias. Al contrario, han terminado pensando puras tonterías, y su necia mente se ha quedado a oscuras.[f] [22]Dicen que son sabios, pero son tontos; [23]porque han cambiado[g] la gloria del Dios inmortal por imágenes del hombre mortal, y hasta por imágenes de aves, cuadrúpedos y reptiles.[h]

[24]Por eso, Dios los ha abandonado a los impuros deseos que hay en ellos, y han cometido unos con otros acciones vergonzosas. [25]En lugar de la verdad de Dios, han buscado la mentira, y han honrado y adorado las cosas creadas por Dios y no a

Dios mismo, que las creó y que merece alabanza por siempre.[**] Así sea.

[26]Por eso, Dios los ha abandonado a pasiones vergonzosas.[***] Hasta sus mujeres han cambiado las relaciones naturales por las que van contra la naturaleza; [27]de la misma manera, los hombres han dejado sus relaciones naturales con la mujer y arden en malos deseos los unos por los otros. Hombres con hombres cometen acciones vergonzosas, y sufren en su propio cuerpo el castigo de su perversión.

[28]Como no quieren reconocer a Dios, él los ha abandonado a sus perversos pensamientos, para que hagan lo que no deben. [29]Están llenos de toda clase de injusticia,[i] perversidad, avaricia y maldad. Son envidiosos, asesinos, pendencieros, engañadores, perversos y chismosos. [30]Hablan mal de los demás, son enemigos de Dios, insolentes, vanidosos y orgullosos; inventan maldades, desobedecen a sus padres, [31]no quieren entender, no cumplen su palabra, no sienten cariño por nadie, no sienten compasión. [32]Saben muy bien que Dios ha decretado que quienes hacen estas cosas merecen la muerte; y, sin embargo, las siguen haciendo, y hasta ven con gusto que otros las hagan.

### Dios juzga conforme a la verdad

2 [1]Por eso no tienes disculpa, tú que juzgas a otros, no importa quién seas. Al juzgar a otros te condenas a ti mismo,[i] pues haces precisamente lo mismo que hacen ellos. [2]Pero sabemos que Dios juzga conforme a la verdad cuando condena a los que así se portan. [3]En cuanto a ti, que juzgas a otros y haces lo mismo que ellos, no creas que vas a escapar de la condenación de Dios. [4]Tú desprecias la inagotable bondad, tolerancia y paciencia de Dios, sin darte cuenta de que es precisamente su bondad la que te está llevando a convertirte a él.[****] [5]Pero tú, como eres terco y no has querido volverte a Dios, estás amontonando castigo sobre ti mismo para el día del castigo, cuando Dios se manifestará para dictar su justa sentencia [6]y pagar a cada uno conforme a lo que haya hecho.[j] [7]Dará vida eterna a quienes, buscando gloria, honor e inmortalidad, perseveraron en hacer lo bueno; [8]pero castigará con enojo a los rebeldes, es decir, a los que están en contra de la

[i] Algunos mss. añaden aquí: inmoralidad sexual.
[b] 1.13 Hch 19.21.  [c] 1.16 Mr 8.38.  [d] 1.16 1 Co 1.18.  [e] 1.17 Hab 2.4.  [*] 1.19,20 Sab 13.1-9; Hch 17.24-27.
[f] 1.21 Ef 4.17-18.  [g] 1.23 Sal 106.20; Jer 2.11; Sab 12.24.  [h] 1.23 Dt 4.16-18.  [**] 1.18-25 Sab 13.1.
[***] 1.24-32 Sab 14.22-31.  [i] 2.1 Mt 7 .1; Lc 6.37.  [****] 2.4 Sab 11.23.  [j] 2.6 Sal 62.11-12; Pr 24.12; Jer 17.10;
Ez 18,30; 33.20; Eclo 16.12,14; Mt 16.27.

verdad y a favor de la maldad. [9]Habrá sufrimiento y angustia para todos los que hacen lo malo, para los judíos en primer lugar, pero también para los que no lo son. [10]En cambio, Dios dará gloria, honor y paz a todos los que hacen lo bueno, a los judíos en primer lugar, pero también a los que no lo son.

[11]Porque Dios no hace diferencia entre unos y otros:[k] [12]todos los que pecan sin haber tenido la ley de Moisés, morirán sin esa ley; y los que pecan a pesar de tener la ley de Moisés, por medio de esa misma ley serán juzgados. [13]Porque no quedan libres de culpa los que solamente oyen la ley, sino los que la obedecen. [14]Pero cuando los que no son judíos ni tienen la ley hacen por naturaleza lo que la ley manda, ellos mismos son su propia ley, [15]pues muestran por su conducta que llevan la ley escrita en el corazón. Su propia conciencia lo comprueba, y sus propios pensamientos los acusarán o los defenderán [16]el día en que Dios juzgará los secretos de todos por medio de Jesucristo, conforme al mensaje de salvación que yo predico.

### Los judíos y la ley de Moisés

[17]Tú dices que eres judío, y te basas en la ley de Moisés, y estás orgulloso de tu Dios. [18]Conoces su voluntad, y la ley te enseña a escoger lo mejor. [19]Estás convencido de que puedes guiar a los ciegos y alumbrar a los que andan en la oscuridad; [20]de que puedes instruir a los ignorantes y orientar a los sencillos, ya que en la ley tienes la regla del conocimiento y de la verdad. [21]Pues bien, si enseñas a otros, ¿por qué no te enseñas a ti mismo? Si predicas que no se debe robar, ¿por qué robas? [22]Si dices que no se debe cometer adulterio, ¿por qué lo cometes? Si odias a los ídolos, ¿por qué robas las riquezas de sus templos? [23]Te ufanas de la ley, pero deshonras a Dios porque la desobedeces. [24]Con razón dice la Escritura: "Los paganos ofenden a Dios por culpa de ustedes."[l]

[25]Es cierto que, a quien obedece a la ley de Moisés, la circuncisión le sirve de algo; pero si no la obedece, es como si no estuviera circuncidado. [26]En cambio, si el que no está circuncidado se porta según lo que la ley ordena, se le considerará circuncidado aun cuando no lo esté. [27]El que obedece a la ley, aunque no esté circuncidado en su cuerpo, juzgará a aquel que, a pesar de tener la ley y de estar circuncidado, no la obedece. [28]Porque ser judío no es serlo solamente por fuera, y estar circuncidado no es estarlo solamente por fuera, en el cuerpo. [29]El verdadero judío lo es interiormente, y el estar circuncidado es cosa del corazón:[m] no depende de reglas escritas, sino del espíritu. El que es así, resulta aprobado, no por los hombres, sino por Dios.

**3** [1]Entonces, ¿qué ventajas tiene el ser judío o el estar circuncidado? [2]Muchas y por muchas razones. En primer lugar, Dios confió su mensaje a los judíos.[n] [3]Ahora bien, ¿qué pasa si dejan de ser fieles algunos de ellos? ¿Acaso por eso dejará Dios de ser fiel? [4]¡Claro que no! Al contrario, Dios actúa siempre conforme a la verdad, aunque todo hombre sea mentiroso; pues la Escritura dice:

"Serás tenido por justo en lo que
    dices,
  y saldrás vencedor cuando te
    juzguen."[ñ]

[5]Pero si nuestra maldad sirve para poner de relieve que Dios es justo, ¿qué diremos? ¿Que Dios es injusto porque nos castiga? (Hablo en términos humanos.) [6]¡Claro que no! Porque si Dios fuera injusto, ¿cómo podría juzgar al mundo? [7]Pero si mi mentira sirve para que la verdad de Dios resulte todavía más gloriosa, ¿por qué se me juzga a mí como pecador? [8]En tal caso, ¿por qué no hacer lo malo para que venga lo bueno? Esto es precisamente lo que algunos, para desacreditarme, dicen que yo enseño; pero tales personas merecen la condenación.

### Todos somos culpables

[9]¿Qué pues? ¿Somos nosotros, los judíos, mejores que los demás?[2] ¡Claro que no! Porque ya hemos demostrado que, tanto los judíos como los que no lo son, están bajo el poder del pecado, [10]pues las Escrituras dicen:

"¡No hay quien haga lo bueno!
  ¡No hay ni siquiera uno!
[11]No hay quien tenga entendimiento;
  no hay quien busque a Dios.
[12]Todos se han ido por mal camino;
  todos por igual se han pervertido.
  ¡No hay quien haga lo bueno!
  ¡No hay ni siquiera uno!"[o]

---

[2] *¿Somos nosotros . . . los demás?:* otra posible traducción: *¿Nos estamos disculpando?*
[k] **2.11** Dt 10.17.   [l] **2.24** Is 52.5.   [m] **2.25-29** Dt 10.16; 30.6; Jer 4.4.   [n] **3.2** Sal 147.19-20.   [ñ] **3.4** Sal 51.4.
[o] **3.10-12** Sal 14.1-3; 53.1-3.

¹³Su garganta es un sepulcro abierto,
su lengua es mentirosa,[p]
sus labios esconden veneno de
víbora[q]
¹⁴y su boca está llena de maldición y
amargura.[r]
¹⁵Sus pies corren ágiles a derramar
sangre;
¹⁶destrucción y miseria hay en sus
caminos,
¹⁷y no conocen el camino de la paz.[s]
¹⁸Jamás tienen presente que hay que
temer a Dios."[t]

¹⁹Sabemos que todo lo que dice el libro
de la ley, lo dice a quienes están sometidos
a ella, para que todos callen y el mundo
entero caiga bajo el juicio de Dios; ²⁰porque
Dios no declarará a nadie libre de
culpa por haber cumplido la ley,[u] ya que
la ley solamente sirve para hacernos saber
que somos pecadores.

### La salvación es por medio de la fe

²¹⁻²²Pero ahora, dejando aparte la ley,
Dios ha dado a conocer de qué manera
nos libra de culpa, y esto se comprueba
leyendo los libros de la ley y los profetas:
Dios nos libra de culpa por medio de la fe
en Jesucristo;[v] y lo hace por igual con
todos los que creen, ²³pues todos han
pecado y están lejos de la presencia salvadora
de Dios. ²⁴Pero Dios, en su bondad
y gratuitamente, los ha librado de culpa,
mediante la liberación que se alcanza por
Cristo Jesús. ²⁵Dios hizo que Cristo, al
derramar su sangre, fuera el instrumento
del perdón. Este perdón se alcanza por la
fe, y demuestra que Dios es justo y que, si
pasó por alto los pecados de otro tiempo,
²⁶fue sólo a causa de su paciencia. Igualmente
demuestra que Dios es justo ahora,
y que sigue siendo justo al declarar libres
de culpa a los que creen en Jesús.

²⁷¿Dónde, pues, queda el orgullo del
hombre ante Dios? ¡Queda eliminado!
¿Por qué razón? No por haber cumplido
la ley, sino por haber creído. ²⁸Así llegamos
a esta conclusión: que Dios declara
libre de culpa al hombre por la fe, sin exigirle
cumplir con la ley.

²⁹¿Acaso Dios es solamente Dios de los
judíos? ¿No lo es también de todas las
naciones? ¡Claro está que lo es también de
todas las naciones, ³⁰pues no hay más que
un Dios:[w] el Dios que libra de culpa a los
que tienen fe, sin tomar en cuenta si están

o no están circuncidados! ³¹Entonces,
¿con la fe le quitamos el valor a la ley?
¡Claro que no! Más bien afirmamos el
valor de la ley.

### El ejemplo de Abraham

**4** ¹Pero entonces, ¿qué diremos que
ganó Abraham, nuestro antepasado?
²En realidad, si Abraham hubiera sido
aceptado como justo a causa de sus propios
hechos, tendría un motivo de orgullo,
aunque no delante de Dios. ³Pues la
Escritura dice: "Abraham creyó a Dios, y
por eso Dios lo aceptó como justo."[x]
⁴Ahora bien, si alguno trabaja, el pago no
se le da como un regalo sino como algo
merecido. ⁵En cambio, si alguno cree en
Dios, que libra de culpa al pecador, Dios
lo acepta como justo por su fe, aunque no
haya hecho nada que merezca su favor.
⁶David mismo habla de la dicha de aquel
a quien Dios acepta como justo sin
tomarle en cuenta sus hechos. ⁷Dijo
David:

"¡Dichosos aquellos a quienes Dios
perdona sus maldades y pasa por
alto sus pecados!
⁸¡Dichoso el hombre a quien el Señor
no toma en cuenta su pecado!"[y]

⁹¿Será que esta dicha corresponde
solamente a los que están circuncidados, o
corresponderá también a los que no lo
están? Hemos dicho que Dios aceptó
como justo a Abraham por su fe. ¹⁰Pero
¿cuándo lo aceptó? ¿Después de que
Abraham fue circuncidado, o antes? No
después, sino antes. ¹¹Y después Abraham
fue circuncidado,[z] como señal o sello de
que Dios ya lo había aceptado como justo
por causa de su fe. De este modo, Abraham
ha venido a ser también el padre de
todos los que tienen fe, aunque no hayan
sido circuncidados; y así Dios los acepta
igualmente a ellos como justos. ¹²Y Abraham
es también el padre de quienes, además
de estar circuncidados, siguen el
ejemplo de aquella fe que él ya tenía
cuando aún no estaba circuncidado.

### La promesa se cumple por medio
de la fe

¹³Pues Dios prometió a Abraham y a
sus descendientes que recibirían el mundo
como herencia;[a] pero esta promesa no les
fue hecha porque Abraham hubiera obedecido
la ley, sino porque tuvo fe en Dios;

---

p **3.13** Sal 5.9.    q **3.13** Sal 140.3.    r **3.14** Sal 10.7.    s **3.15-17** Is 59.7-8.    t **3.18** Sal 36.1.    u **3.20** Sal 143.2; Gá 2.16.
v **3.21-22** Gá 2.16.    w **3.30** Dt 6.4; Gá 3.20.    x **4.3** Gn 15.6; 1 Mac 2.52; Gá 3.6.    y **4.7-8** Sal 32.1-2.
z **4.11** Gn 17.10.    a **4.13** Gn 17.4-6; 22.17-18; Gá 3.29.

y por eso, Dios lo aceptó como justo. [14]Pues si los que han de recibir la herencia son los que obedecen la ley, entonces la fe resultaría cosa inútil y la promesa de Dios perdería su valor.[b] [15]Porque la ley trae castigo; pero donde no hay ley, tampoco hay faltas contra la ley.

[16]Por eso, para que la promesa hecha a Abraham fuera firme para todos sus descendientes, tenía que ser un don basado en la fe. Es decir, la promesa no es solamente para los que obedecen la ley, sino también para todos los que creen como creyó Abraham. De esa manera, él viene a ser padre de todos nosotros,[c] [17]como dice la Escritura: "Te he hecho padre de muchas naciones."[d] Este es el Dios en quien Abraham creyó, el Dios que da vida a los muertos y crea las cosas que aún no existen.

[18]Cuando ya no había esperanza, Abraham creyó y tuvo esperanza, y así vino a ser "padre de muchas naciones", conforme a lo que Dios le había dicho: "Así será el número de tus descendientes."[e] [19]La fe de Abraham no se debilitó, aunque ya tenía casi cien años de edad[f] y se daba cuenta de que tanto él como Sara morirían pronto, y que eran demasiado viejos para tener hijos. [20]No dudó ni desconfió de la promesa de Dios, sino que tuvo más fe y confianza. Alabó a Dios, [21]plenamente convencido de que Dios tiene poder para cumplir lo que promete. [22]Por eso, Dios lo aceptó como justo.

[23]Y esto de que Dios lo aceptó como justo por su fe, no se escribió solamente de Abraham; [24]se escribió también de nosotros. Pues, por nuestra fe, Dios nos acepta como justos también a nosotros, los que creemos en aquel que resucitó a Jesús, nuestro Señor, [25]que fue entregado a la muerte por nuestros pecados[g] y resucitado para librarnos de culpa.

### Libres de culpa

5 [1]Así pues, libres ya de culpa gracias a la fe, tenemos paz con Dios por medio de nuestro Señor Jesucristo. [2]Pues por Cristo gozamos del favor de Dios por medio de la fe, y estamos firmes, y nos alegramos con la esperanza de tener parte en la gloria de Dios. [3]Y no sólo esto, sino que también nos alegramos en el sufrimiento; porque sabemos que el sufrimiento nos da firmeza para soportar, [4]y esta firmeza nos permite salir aprobados, y el salir aprobados nos llena de esperanza. [5]Y esta esperanza no nos defrauda, porque Dios ha llenado con su amor nuestro corazón por medio del Espíritu Santo que nos ha dado.

[6]Pues cuando nosotros éramos incapaces de salvarnos, Cristo, a su debido tiempo, murió por los malos. [7]No es fácil que alguien se deje matar en lugar de otra persona. Ni siquiera en lugar de una persona justa; aunque quizás alguien estaría dispuesto a morir por una persona verdaderamente buena. [8]Pero Dios prueba que nos ama, en que, cuando todavía éramos pecadores, Cristo murió por nosotros. [9]Y ahora, libres ya de culpa mediante la muerte de Cristo, con mayor razón seremos librados del castigo final por medio de él. [10]Porque si Dios, cuando todavía éramos sus enemigos, nos puso en paz consigo mismo mediante la muerte de su Hijo, con mayor razón seremos salvados por su vida, ahora que ya estamos en paz con él. [11]Y no sólo esto, sino que también nos alegramos en Dios mediante nuestro Señor Jesucristo, pues por Cristo hemos llegado a tener paz con Dios.

### Adán y Cristo

[12]Así pues, por medio de un solo hombre entró el pecado en el mundo y trajo consigo la muerte,[h] y la muerte pasó a todos porque todos pecaron. [13]Antes que hubiera ley, ya había pecado en el mundo; aunque el pecado no se toma en cuenta cuando no hay ley. [14]Sin embargo, desde el tiempo de Adán hasta el de Moisés, la muerte reinó sobre los que pecaron, aunque el pecado de éstos no consistió en desobedecer un mandato, como hizo Adán,[i] el cual fue figura de aquel que había de venir.

[15]Pero el delito de Adán no puede compararse con el don que Dios nos ha dado. Pues por el delito de un solo hombre, muchos murieron; pero el don que Dios nos ha dado gratuitamente por medio de un solo hombre, Jesucristo, es mucho mayor y en bien de muchos. [16]El pecado de un solo hombre no puede compararse con el don de Dios, pues por un solo pecado vino la condenación, pero por el don de Dios los hombres son declarados libres de sus muchos pecados. [17]Pues si la muerte reinó como resultado del delito de un solo hombre, con mayor razón aquellos a quienes Dios, en su gran bondad y

b 4.14 Gá 3.18.   c 4.16 Gá 3.7.   d 4.17 Gn 17.5.   e 4.18 Gn 15.5.   f 4.19 Gn 17.17.   g 4.25 Is 53.4-5.   h 5.12 Gn 3.6-19; Sab 2.24. i 5.14 Gn 2.16-17; 3.11-12.

gratuitamente, declara libres de culpa, reinarán en la nueva vida mediante un solo hombre, Jesucristo.

[18]Y así como el delito de Adán puso bajo condenación a todos los hombres, así también el acto justo de Jesucristo trajo a todos los hombres una vida libre de condenación. [19]Es decir, que por la desobediencia de un solo hombre, muchos fueron hechos pecadores; pero, de la misma manera, por la obediencia de un solo hombre, muchos quedarán libres de culpa.

[20]La ley vino para que aumentara el pecado; pero cuando el pecado aumentó, Dios se mostró aún más bondadoso. [21]Y así como el pecado reinó para traer muerte, así también la bondad de Dios reinó para librarnos de culpa y darnos vida eterna mediante nuestro Señor Jesucristo.

### Muertos respecto al pecado pero vivos en Cristo

**6** [1]¿Qué, pues, diremos? ¿Vamos a seguir pecando para que Dios se muestre aún más bondadoso? [2]¡Claro que no! Nosotros ya hemos muerto respecto al pecado; ¿cómo, pues, podremos seguir viviendo en pecado? * [3]¿No saben ustedes que, al quedar unidos a Cristo Jesús en el bautismo, quedamos unidos a su muerte? [4]Pues por el bautismo fuimos sepultados con Cristo, y morimos para ser resucitados y vivir una vida nueva, así como Cristo fue resucitado por el glorioso poder del Padre.*

[5]Si nos hemos unido a Cristo en una muerte como la suya, también nos uniremos a él en su resurrección. [6]Sabemos que lo que antes éramos fue crucificado con Cristo, para que el poder de nuestra naturaleza pecadora quedara destruido y ya no siguiéramos siendo esclavos del pecado.*

[7]Porque, cuando uno muere, queda libre del pecado. [8]Si nosotros hemos muerto con Cristo, confiamos en que también viviremos con él. [9]Sabemos que Cristo, habiendo resucitado, no volverá a morir. La muerte ya no tiene poder sobre él. [10]Pues Cristo, al morir, murió de una vez para siempre respecto al pecado; pero al vivir, vive para Dios. [11]Así también, ustedes considérense muertos respecto al pecado, pero vivos para Dios en unión con Cristo Jesús.

[12]Por lo tanto, no dejen ustedes que el pecado siga dominando en su cuerpo mortal y que los siga obligando a obedecer los deseos del cuerpo. [13]No entreguen su cuerpo al pecado, como instrumento para hacer lo malo. Al contrario, entréguense a Dios, como personas que han muerto y han vuelto a vivir, y entréguenle su cuerpo como instrumento para hacer lo bueno. [14]Así el pecado ya no tendrá poder sobre ustedes, pues no están sujetos a la ley sino a la bondad de Dios.

### Un ejemplo tomado de la esclavitud

[15]¿Entonces qué? ¿Vamos a pecar porque no estamos sujetos a la ley sino a la bondad de Dios? ¡Claro que no! [16]Ustedes saben muy bien que si se entregan como esclavos a un amo para obedecerlo, entonces son esclavos de ese amo a quien obedecen. Y esto es así, lo mismo si obedecen al pecado, lo cual lleva a la muerte, que si obedecen a Dios para vivir una vida de rectitud. [17]Pero gracias a Dios que ustedes, que antes eran esclavos del pecado, ya han obedecido de corazón a la forma de enseñanza que han recibido. [18]Una vez libres de la esclavitud del pecado, ustedes han entrado al servicio de una vida de rectitud. [19](Hablo en términos humanos, porque ustedes, por su naturaleza humana, no pueden entender bien estas cosas.) De modo que, así como antes entregaron su cuerpo al servicio de la impureza y la maldad para hacer lo malo, entreguen también ahora su cuerpo al servicio de una vida de rectitud, con el fin de vivir completamente consagrados a Dios.

[20]Cuando ustedes todavía eran esclavos del pecado, no estaban al servicio de una vida de rectitud; [21]pero ¿qué provecho sacaron de aquellas cosas que ahora les dan vergüenza, y que no llevan sino a la muerte?[3] [22]Pero ahora, libres de la esclavitud del pecado, han entrado al servicio de Dios. Esto sí les es provechoso, pues el resultado es una vida consagrada a Dios y, finalmente, la vida eterna.[l] [23]El pago que da el pecado es la muerte, pero el don de Dios es vida eterna en unión con Cristo Jesús, nuestro Señor.

### Un ejemplo tomado del matrimonio

**7** [1]Hermanos, ustedes conocen la ley, y saben que la ley solamente tiene poder sobre una persona mientras esa persona

---

[3] Les dan vergüenza . . . muerte?: otra posible traducción: les dan vergüenza? No llevan sino a la muerte.
* 6.1-2 Eclo 5.5-6.   j 6.4 Col 2.12.   k 6.6 Gá 2.20.   l 6.21-22 Pr 12.28.

vive. [2]Por ejemplo, una mujer casada está ligada por ley a su esposo mientras éste vive; pero si el esposo muere, la mujer queda libre de la ley que la ligaba a él. [3]De modo que si ella tiene relaciones con otro hombre mientras el esposo vive, comete adulterio, pero si el esposo muere, ella queda libre de esa ley, y puede casarse con otro sin cometer adulterio.

[4]Así también, ustedes, hermanos míos, mediante la muerte de Cristo han muerto con él a la ley, para pertenecer a otro esposo, aquel que resucitó. De este modo, nuestra vida será útil delante de Dios. [5]Porque mientras estábamos viviendo como hombres pecadores, la ley sirvió para despertar en nuestro cuerpo los malos deseos, y eso nos llevó a la muerte. [6]Pero ahora hemos muerto a la ley que nos tenía bajo su poder, quedando así libres para servir a Dios en la nueva vida del Espíritu y no bajo la vieja ley escrita.

### El pecado que está en mí

[7]¿Vamos a decir por esto que la ley es pecado? ¡Claro que no! Sin embargo, de no ser por la ley, yo no hubiera sabido lo que es el pecado. Jamás habría sabido lo que es codiciar, si la ley no hubiera dicho: "No codicies."[m] [8]Pero el pecado se aprovechó de esto, y valiéndose del propio mandamiento despertó en mí toda clase de malos deseos. Pues mientras no hay ley, el pecado es cosa muerta. [9]Hubo un tiempo en que, sin la ley, yo tenía vida; pero cuando vino el mandamiento, cobró vida el pecado, [10]y yo morí. Así resultó que aquel mandamiento que debía darme la vida, me llevó a la muerte, [11]porque el pecado se aprovechó del mandamiento y me engañó,[n] y con el mismo mandamiento me dio muerte.

[12]En resumen, la ley en sí misma es santa, y el mandamiento es santo, justo y bueno. [13]Pero entonces, ¿esto que es bueno habrá de llevarme a la muerte? ¡Claro que no! Lo que pasa es que el pecado, para demostrar que verdaderamente es pecado, me causó la muerte valiéndose de lo bueno. Y así, por medio del mandamiento, quedó demostrado lo terriblemente malo que es el pecado.

[14]Sabemos que la ley es espiritual, pero en mi naturaleza humana estoy vendido como esclavo al pecado. [15]No entiendo lo que me pasa, pues no hago lo que quiero, y en cambio aquello que odio es precisamente lo que hago.[ñ] [16]Pero si lo que hago es lo que no quiero hacer, reconozco con ello que la ley es buena. [17]Así que ya no soy yo quien lo hace, sino el pecado que está en mí. [18]Porque yo sé que en mí, es decir, en mi naturaleza de hombre pecador, no hay nada bueno; pues aunque tengo el deseo de hacer lo bueno, no soy capaz de hacerlo. [19]No hago lo bueno que quiero hacer, sino lo malo que no quiero hacer. [20]Ahora bien, si hago lo que no quiero hacer, ya no soy yo quien lo hace, sino el pecado que está en mí.

[21]Me doy cuenta de que, aun queriendo hacer el bien, solamente encuentro el mal a mi alcance. [22]En mi interior me gusta la ley de Dios, [23]pero veo en mí algo que se opone a mi capacidad de razonar: es la ley del pecado, que está en mí y que me tiene preso.

[24]¡Desdichado de mí! ¿Quién me librará del poder de la muerte que está en mi cuerpo?[4] [25]Solamente Dios, a quien doy gracias por medio de nuestro Señor Jesucristo. En conclusión: yo entiendo que debo someterme a la ley de Dios, pero como hombre estoy sometido a la ley del pecado.

### La vida conforme al Espíritu de Dios

**8** [1]Así pues, no hay ninguna condenación para los que están unidos a Cristo Jesús,[5] [2]porque la ley del Espíritu que da vida en Cristo Jesús, nos libera de la ley del pecado y de la muerte. [3]Porque Dios ha hecho lo que la ley de Moisés no pudo hacer, pues no era capaz de hacerlo debido a la naturaleza del hombre pecador: Dios envió a su propio Hijo en condición semejante a la del hombre pecador y como sacrificio por el pecado, para de esta manera condenar al pecado en la propia naturaleza humana. [4]Lo hizo para que nosotros podamos cumplir lo que la ley ordena, pues ya no vivimos conforme a la naturaleza del hombre pecador sino conforme al Espíritu.

[5]Los que viven conforme a la naturaleza del hombre pecador, sólo se preocupan por lo puramente humano; pero los que viven conforme al Espíritu, se preocupan por las cosas del Espíritu. [6]Y preocuparse por lo puramente humano lleva a la muerte; pero preocuparse por las cosas

---

[4] *Del poder de la muerte que está en mi cuerpo:* lit. *del cuerpo de esta muerte.* [5] Algunos mss. añaden: *los que no viven según la naturaleza humana sino según el espíritu.*
[m] 7. 7 Ex 20.17; Dt 5.21. [n] 7.11 Gn 3.13. [ñ] 7.15 Gá 5.17.

del Espíritu lleva a la vida y a la paz. [7]Los que se preocupan por lo puramente humano son enemigos de Dios, porque ni quieren ni pueden someterse a su ley. [8]Por eso, los que viven sometidos a los deseos del hombre pecador no pueden agradar a Dios.

[9]Pero ustedes ya no viven conforme a tales deseos, sino conforme al Espíritu, si es que realmente el Espíritu de Dios vive en ustedes. El que no tiene el Espíritu de Cristo, no es de Cristo. [10]Pero si Cristo vive en ustedes, el espíritu vive[6] porque Dios los ha librado de culpa, aun cuando el cuerpo esté destinado a la muerte por causa del pecado. [11]Y si el Espíritu de aquel que resucitó a Jesús vive en ustedes, el mismo que resucitó a Cristo dará nueva vida a sus cuerpos mortales por medio del Espíritu de Dios que vive en ustedes.[o]

[12]Así pues, hermanos, tenemos una obligación, pero no es la de vivir conforme a los deseos del hombre pecador. [13]Porque si viven ustedes conforme a tales deseos, morirán; pero si por medio del Espíritu hacen ustedes morir esos deseos, vivirán.

[14]Todos los que son guiados por el Espíritu de Dios, son hijos de Dios. [15]Pues ustedes no han recibido un espíritu de esclavitud que los lleve otra vez a tener miedo, sino al Espíritu que los hace hijos de Dios. Por este Espíritu nos dirigimos a Dios, diciendo: "¡Padre mío!"[p] [16]Y este mismo Espíritu se une a nuestro espíritu para dar testimonio de que ya somos hijos de Dios. [17]Y puesto que somos sus hijos, también tendremos parte en la herencia que Dios nos ha prometido,[q] la cual compartiremos con Cristo, si es que realmente sufrimos con él para después estar con él en su gloria.

### La gloria que ha de venir

[18]Considero que los sufrimientos del tiempo presente no son nada si los comparamos con la gloria que habremos de ver después. [19]La creación espera con gran impaciencia el momento en que los hijos de Dios sean dados a conocer. [20]Porque la creación perdió su verdadera finalidad, no por su propia voluntad, sino porque Dios así lo había dispuesto;[r] pero le quedaba siempre la esperanza [21]de ser liberada de la esclavitud y la destrucción, para alcanzar la gloriosa libertad de los

hijos de Dios. [22]Sabemos que hasta ahora la creación se queja y sufre como una mujer con dolores de parto. [23]Y no sólo ella sufre, sino también nosotros, que ya tenemos el Espíritu como anticipo de lo que vamos a recibir. Sufrimos profundamente, esperando el momento de ser adoptados como hijos de Dios, con lo cual serán liberados nuestros cuerpos.[s] [24]Hemos sido salvados, pero sólo en esperanza. Ahora bien, si lo que uno espera ya lo está viendo, entonces no es esperanza, pues lo que uno ve no tiene por qué esperarlo. [25]Pero si lo que esperamos es algo que todavía no vemos, tenemos que esperarlo con constancia.

[26]De igual manera, el Espíritu nos ayuda en nuestra debilidad. Porque no sabemos orar como es debido, pero el Espíritu mismo ruega a Dios por nosotros, con gemidos que no pueden expresarse con palabras. [27]Y Dios, que examina los corazones, sabe qué es lo que el Espíritu quiere decir, porque el Espíritu ruega, conforme a la voluntad de Dios, por los que le pertenecen.

### Más que victoriosos

[28]Sabemos que Dios dispone todas las cosas para el bien de quienes le aman, a los cuales él ha llamado de acuerdo con su propósito. [29]A los que de antemano Dios había conocido, los destinó desde un principio a ser como su Hijo,[t] para que su Hijo fuera el mayor entre muchos hermanos. [30]Y a los que Dios destinó desde un principio, también los llamó; y a los que llamó, los declaró libres de culpa; y a los que declaró libres de culpa, les dio parte en su gloria.

[31]¿Qué más podremos decir? ¡Que si Dios está a nuestro favor, nadie podrá estar contra nosotros! [32]Si Dios no nos negó ni a su propio Hijo, sino que lo entregó a la muerte por todos nosotros, ¿cómo no habrá de darnos también, junto con su Hijo, todas las cosas? [33]¿Quién podrá acusar a los que Dios ha escogido? Dios es quien los declara libres de culpa. [34]¿Quién podrá condenarlos? Cristo Jesús es quien murió; todavía más, quien resucitó y está a la derecha de Dios, rogando por nosotros. [35]¿Quién nos podrá separar del amor de Cristo? ¿El sufrimiento, o las dificultades, o la persecución, o el hambre, o la falta de ropa, o

[6] *El espíritu vive:* otra posible traducción: *el Espíritu es vida para ustedes.*
[o] 8.11 1 Co 3.16.   [p] 8.15 Mr 14.36; Gá 4.6.   [q] 8.15-17 Gá 4.5-7.   [r] 8.20 Gn 3.17-19.   [s] 8.23 2 Co 5.2-4.
[t] 8.29 2 Co 3.18; Gá 4.19; Fil 3.10.

el peligro, o la muerte? ³⁶Como dice la Escritura:

"Por causa tuya estamos siempre
    expuestos a la muerte;
nos tratan como a ovejas llevadas al
    matadero."ᵘ

³⁷Pero en todo esto salimos más que vencedores por medio de aquel que nos amó. ³⁸Estoy convencido de que nada podrá separarnos del amor de Dios: ni la muerte, ni la vida, ni los ángeles, ni los poderes y fuerzas espirituales, ni lo presente, ni lo futuro, ³⁹ni lo alto, ni lo profundo, ni ninguna otra de las cosas creadas por Dios. ¡Nada podrá separarnos del amor que Dios nos ha mostrado en Cristo Jesús nuestro Señor!

### Dios ha escogido a Israel

**9** ¹Como creyente que soy en Cristo, estoy diciendo la verdad, no miento. Además, mi conciencia, guiada por el Espíritu Santo, me asegura que esto es verdad: ²tengo una gran tristeza y en mi corazón hay un dolor continuo, ³pues hasta quisiera estar yo mismo bajo maldición, separado de Cristo, si así pudiera favorecer a mis hermanos, los de mi propia raza. ⁴Son descendientes de Israel, y Dios los adoptó como hijos.ᵛ Dios estuvo entre ellos con su presencia gloriosa, y les dio los pactos, la ley de Moisés, el culto y las promesas. ⁵Son descendientes de nuestros antepasados; y de su raza, en cuanto a lo humano, vino el Mesías, el cual es Dios sobre todas las cosas, alabado por siempre.⁷ Así sea.

⁶Pero no es que las promesas de Dios a Israel hayan quedado sin cumplirse; más bien es que no todos los descendientes de Israel son verdadero pueblo de Israel. ⁷No todos los descendientes de Abraham son verdaderamente sus hijos, sino que Dios le había dicho: "Tu descendencia vendrá por medio de Isaac."ʷ ⁸Esto nos da a entender que nadie es hijo de Dios solamente por pertenecer a cierta raza; al contrario, sólo a quienes son hijos en cumplimiento de la promesa de Dios, se les considera verdaderos descendientes. ⁹Porque ésta es la promesa que Dios hizo a Abraham: "Por este tiempo volveré, y Sara tendrá un hijo."ˣ

¹⁰Pero eso no es todo. Los dos hijos de Rebeca eran de un mismo padre, nuestro antepasado Isaac, ¹¹⁻¹³y antes que ellos nacieran, cuando aún no habían hecho nada, ni bueno ni malo, Dios anunció a Rebeca: "El mayor será siervo del menor."ʸ Lo cual también está de acuerdo con la Escritura que dice: "Amé a Jacob y aborrecí a Esaú."ᶻ Así quedó confirmado el derecho que Dios tiene de escoger, de acuerdo con su propósito, a los que quiere llamar, sin tomar en cuenta lo que hayan hecho.

¹⁴¿Diremos por eso que Dios es injusto? ¡Claro que no! ¹⁵Porque Dios dijo a Moisés: "Tendré misericordia de quien yo quiera, y tendré compasión también de quien yo quiera."ᵃ ¹⁶Así pues, no depende de que el hombre quiera o se esfuerce, sino de que Dios tenga compasión. ¹⁷Pues en la Escritura Dios le dice al rey de Egipto: "Te hice rey precisamente para mostrar en ti mi poder y para darme a conocer en toda la tierra."ᵇ ¹⁸De manera que Dios tiene compasión de quien él quiere tenerla, y también le endurece el corazón a quien él quiere endurecérselo.

¹⁹Pero me dirás: "Siendo así, ¿de qué puede Dios culpar al hombre, si nadie puede oponerse a su voluntad?" ²⁰Y tú, hombre, ¿quién eres para pedirle cuentas a Dios? ¿Acaso la olla de barro le dirá al que la hizo: "¿Por qué me hiciste así?"ᶜ ²¹El alfarero tiene el poder de hacer lo que quiera con el barro,ᵈ y del mismo barro puede hacer una olla para uso especial y otra para uso común.

²²Dios, queriendo dar un ejemplo de castigo y mostrar su poder, soportó con mucha paciencia a aquellos que merecían el castigo e iban a ser destruidos. * ²³Al mismo tiempo quiso dar a conocer en nosotros la grandeza de su gloria, pues nos tuvo compasión y nos preparó de antemano para tener parte en ella. ²⁴Así que Dios nos llamó, a unos de entre los judíos y a otros de entre los no judíos. ²⁵Como se dice en el libro de Oseas:

"A los que no eran mi pueblo, los
    llamaré mi pueblo;
a la que no era amada, la llamaré mi
    amada.ᵉ
²⁶Y en el mismo lugar donde se les
    dijo: 'Ustedes no son mi pueblo',
serán llamados hijos del Dios
    viviente."ᶠ

²⁷En cuanto a los israelitas, Isaías dijo: "Aunque los descendientes de Israel sean

---

⁷ El Mesías, el cual . . . por siempre: otra posible traducción: el Mesías. Dios, que está sobre todas las cosas, sea alabado por siempre.
ᵘ **8.36** Sal 44.22.   ᵛ **9.4** Ex 4.22.   ʷ **9.7** Gn 21.12.   ˣ **9.9** Gn 18.10.   ʸ **9.11-13** Gn 25.23.   ᶻ **9.11-13** Mal 1.2-3.
ᵃ **9.15** Ex 33.19.   ᵇ **9.17** Ex 9.16.   ᶜ **9.20** Is 29.16; 45.9; Sab 12.12.   ᵈ **9.21** Jer 18.4-6; Eclo 33.13; Sab 15.7.
* **9.22** Sab 12.20-21.   ᵉ **9.25** Os 2.23.   ᶠ **9.26** Os 1.10.

tan numerosos como la arena del mar, solamente un resto de ellos alcanzará la salvación, <sup>28</sup>porque muy pronto el Señor cumplirá plenamente su palabra en todo el mundo."<sup>g</sup> <sup>29</sup>Como el mismo Isaías había dicho antes:

"Si el Señor todopoderoso no nos
    hubiera dejado descendencia,
ahora mismo estaríamos como
    Sodoma y Gomorra."<sup>h</sup>

### Los judíos y el evangelio

<sup>30</sup>¿Qué diremos a esto? Que, por medio de la fe, Dios ha declarado libres de culpa a los paganos, que no buscaban tal liberación. <sup>31</sup>En cambio, los israelitas, que intentaban cumplir la ley para quedar libres de culpa, no lo lograron. <sup>32</sup>¿Por qué? Porque no procuraron quedar libres de culpa por su fe, sino por sus hechos. Por eso tropezaron con la "piedra de tropiezo" <sup>33</sup>que se menciona en la Escritura:

"Yo pongo en Sión una roca,
    una piedra con la cual tropezarán;
    el que confíe en ella, no quedará
        defraudado."<sup>i</sup>

**10** <sup>1</sup>Hermanos, el deseo de mi corazón y mi oración a Dios por los israelitas es que alcancen la salvación. <sup>2</sup>En su favor puedo decir que tienen un gran deseo de servir a Dios; sólo que ese deseo no está basado en el verdadero conocimiento. <sup>3</sup>Pues no reconocen que es Dios quien libra de culpa a los hombres, y por eso buscan ser librados por sus propios medios, sin someterse a lo que Dios ha establecido. <sup>4</sup>Porque la ley se cumple en Cristo, para librar de culpa a todos los que tienen fe.

<sup>5</sup>En cuanto a quedar libres de culpa por cumplir la ley, Moisés escribió esto: "La persona que cumpla la ley, vivirá por ella."<sup>j</sup> <sup>6</sup>Pero en cuanto a quedar libres de culpa por medio de la fe, dice: "No pienses: '¿Quién subirá al cielo?' —esto es, para hacer que Cristo baje—; <sup>7</sup>o '¿Quién bajará al abismo?' " —esto es, para hacer que Cristo suba de entre los muertos. <sup>8</sup>¿Qué es, pues, lo que dice?: "La palabra está cerca de ti, en tu boca y en tu corazón."<sup>k</sup> Esta palabra es el mensaje de fe que predicamos. <sup>9</sup>Si con tu boca reconoces a Jesús como Señor, y con tu corazón crees que Dios lo resucitó, alcanzarás la salvación. <sup>10</sup>Pues con el corazón se cree para quedar libre de culpa, y con la boca

se reconoce a Jesucristo para alcanzar la salvación.

<sup>11</sup>La Escritura dice: "El que confíe en él, no quedará defraudado."<sup>l</sup> <sup>12</sup>No hay diferencia entre los judíos y los no judíos; pues el mismo Señor es Señor de todos, y da con abundancia a todos los que le invocan. <sup>13</sup>Porque esto es lo que dice: "Todos los que invoquen el nombre del Señor, alcanzarán la salvación."<sup>m</sup> <sup>14</sup>Pero ¿cómo van a invocarlo, si no han creído en él? ¿Y cómo van a creer en él, si no han oído hablar de él? ¿Y cómo van a oír, si no hay quien les anuncie el mensaje? <sup>15</sup>¿Y cómo van a anunciar el mensaje, si no hay quien los envíe? Como dice la Escritura: "¡Qué hermosa es la llegada de los que traen buenas noticias!"<sup>n</sup>

<sup>16</sup>Pero no todos hacen caso del mensaje de salvación. Es como dice Isaías: "Señor, ¿quién ha creído nuestro mensaje?"<sup>ñ</sup> <sup>17</sup>Así pues, la fe viene como resultado del oír, y lo que se oye es el mensaje de Cristo.

<sup>18</sup>Pero yo pregunto: ¿Será tal vez que no oyeron el mensaje? ¡Claro que lo oyeron! Porque la Escritura dice:

"La voz de ellos salió por toda la
    tierra,
y hasta los últimos rincones del
    mundo llegaron sus palabras."<sup>o</sup>

<sup>19</sup>Y vuelvo a preguntar: ¿Será que los de Israel no se han dado cuenta? En primer lugar, Moisés dice:

"Yo los pondré a ustedes celosos
de un pueblo que no es pueblo;
los haré enojar contra un pueblo
que no quiere entender."<sup>p</sup>

<sup>20</sup>Luego, Isaías se atreve a decir:

"Los que no me buscaban, me
    encontraron;
y me mostré a los que no
    preguntaban por mí."<sup>q</sup>

<sup>21</sup>Y al hablar de los israelitas, Isaías dice: "Todo el día extendí mis manos a un pueblo desobediente y rebelde."<sup>r</sup>

### El Israel escogido

**11** <sup>1</sup>Ahora pregunto: ¿Será que Dios ha rechazado a su pueblo? ¡Claro que no! Yo mismo soy israelita, descendiente de Abraham y de la tribu de Benjamín.<sup>s</sup> <sup>2</sup>Desde el principio, Dios había reconocido a los israelitas como su pueblo; y ahora no los ha rechazado. ¿No saben ustedes que la Escritura dice en la

<sup>g</sup> 9.27-28 Is 10.22-23.   <sup>h</sup> 9.29 Is 1.9.   <sup>i</sup> 9.33 Is 28.16.   <sup>j</sup> 10.5 Lv 18.5.   <sup>k</sup> 10.6-8 Dt 30.12-14.   <sup>l</sup> 10.11 Is 28.16.   <sup>m</sup> 10.13 Jl 2.32.
<sup>n</sup> 10.15 Is 52.7.   <sup>ñ</sup> 10.16 Is 53.1.   <sup>o</sup> 10.18 Sal 19.4.   <sup>p</sup> 10.19 Dt 32.21.   <sup>q</sup> 10.20. Is 65.1.   <sup>r</sup> 10.21 Is 65.2.   <sup>s</sup> 11.1 Fil 3.5.

historia del profeta Elías que éste, en su oración a Dios, acusó al pueblo de Israel? Dijo: [3]"Señor, han matado a tus profetas y han destruido tus altares; sólo yo he quedado con vida, y a mí también me quieren matar."[t] [4]Pero Dios le contestó: "He apartado para mí siete mil hombres que no se han arrodillado ante el dios Baal."[u] [5]Pues de la misma manera, ha quedado ahora un pequeño resto de ellos, que Dios, en su bondad, ha escogido. [6]Y si es por la bondad de Dios, ya no es por los hechos; porque si así fuera, la bondad de Dios ya no sería bondad.[8]

[7]¿Entonces qué? Los israelitas no consiguieron lo que buscaban, pero los que Dios escogió sí lo consiguieron. Los otros fueron endurecidos, [8]como dice la Escritura: "Dios los hizo espiritualmente insensibles, y así son hasta el día de hoy; les dio ojos que no ven y oídos que no oyen."[v] [9]También dice David:

"Que sus banquetes se les vuelvan
    trampas y redes,
para que tropiecen y sean castigados.
[10]Que sus ojos se queden ciegos y no
    vean;
que su espalda se les doble para
    siempre."[w]

### La salvación de los no judíos

[11]Ahora pregunto: ¿Será que los judíos, al tropezar, cayeron por completo? ¡De ninguna manera! Al contrario, al desobedecer los judíos, los otros han podido alcanzar la salvación, para que los israelitas se pongan celosos. [12]Así que, si el tropiezo y el fracaso de los judíos han servido para enriquecer al mundo, a los que no son judíos, ¡ya podemos imaginarnos lo que será su plena restauración!

[13]Pero tengo algo que decirles a ustedes, que no son judíos. Puesto que Dios me ha enviado a los no judíos, yo doy mucha importancia a mi trabajo. [14]Quiero que algunos de mi propia raza sientan celos de ustedes, y que así alcancen la salvación. [15]Pues si por ser rechazados los judíos, el mundo pudo llegar a la paz con Dios, ¿qué no será cuando sean aceptados? ¡Nada menos que vida para los que estaban muertos! [16]Pues si el primer pan que se hace de la masa está consagrado a Dios, también lo está la masa entera. Y si la raíz de un árbol está consagrada a Dios, también lo están las ramas.

[17]Algunos de los judíos, como ramas naturales del olivo, fueron cortados, y en su lugar fuiste injertado tú, que eras como una rama de olivo silvestre. Así llegaste a tener parte en la misma raíz y en la misma vida del olivo. [18]Pero no te creas mejor que las ramas naturales. Si te crees mejor, recuerda que no eres tú quien sostiene a la raíz, sino que la raíz te sostiene a ti.

[19]Tal vez dirás: "Sí, pero las ramas fueron cortadas para injertarme a mí en el olivo." [20]Bien, pero fueron cortadas porque no tenían fe, y tú estás ahí únicamente porque tienes fe. Así que no te jactes, sino más bien siente temor. [21]Porque si Dios no perdonó a las ramas naturales, tampoco a ti te perdonará. [22]Mira, pues, qué bueno es Dios, aunque también qué estricto. Ha sido estricto con los que cayeron, y ha sido bueno contigo. Pero tienes que vivir siempre de acuerdo con su bondad; pues de lo contrario también tú serás cortado. [23]Por otra parte, si los judíos abandonan su incredulidad, serán injertados de nuevo; pues Dios tiene poder para volver a injertarlos. [24]Porque si tú, que no eres judío, fuiste cortado de un olivo silvestre e injertado contra lo natural en el olivo bueno, ¡cuánto más los judíos, que son las ramas naturales del olivo bueno, serán injertados nuevamente en su propio olivo!

### La salvación final de los de Israel

[25]Hermanos, quiero que sepan este secreto del plan de Dios, para que no se crean sabios: los israelitas se han endurecido en parte, pero sólo hasta que hayan entrado todos los que no son de Israel. [26]Cuando esto suceda, todo Israel alcanzará la salvación, pues la Escritura dice:

"El libertador vendrá de Sión
y apartará de Jacob la maldad.[x]
[27]Y éste será mi pacto con ellos
cuando yo quite sus pecados."[y]

[28]En cuanto al mensaje de salvación, los judíos son tenidos por enemigos de Dios a fin de darles oportunidad a ustedes; pero Dios todavía los ama a ellos, porque escogió a sus antepasados. [29]Pues lo que Dios da, no lo quita, ni retira tampoco su llamamiento. [30]En tiempos pasados, ustedes desobedecieron a Dios, pero ahora que los judíos han desobedecido, Dios tiene compasión de ustedes. [31]De la misma manera, ellos han desobedecido

[8] Algunos mss. añaden: *Y si es por los hechos, ya no es por la bondad de Dios; porque si así fuera, los hechos ya no serían hechos.*
[t] 11.2-3. 1 R 19.10,14.   [u] 11.4 1 R 19.18.   [v] 11.8 Dt 29.4; Is 29.10.   [w] 11.9-10 Sal 69.22-23.   [x] 11.26 Is 59.20.   [y] 11.27 Jer 31.33-34.

ahora, pero solamente para que Dios tenga compasión de ustedes y para que, también ahora, tenga compasión de ellos. [32]Porque Dios sujetó a todos por igual a la desobediencia, con el fin de tener compasión de todos por igual.

[33]¡Qué profundas son las riquezas de Dios, y su sabiduría y entendimiento! Nadie puede explicar sus decisiones, ni llegar a comprender sus caminos.[z] [34]Pues "¿quién conoce la mente del Señor? ¿Quién podrá darle consejos?[a] [35]¿Quién le ha dado algo antes, para que él tenga que devolvérselo?" [36]Porque todas las cosas vienen de Dios, y existen por él y para él.[b] ¡Gloria para siempre a Dios! Así sea.

### La vida consagrada a Dios

**12** [1]Así que, hermanos míos, les ruego por la misericordia de Dios que se presenten ustedes mismos como ofrenda viva, consagrada y agradable a Dios. Este es el verdadero culto que deben ofrecer. [2]No vivan ya según los criterios del tiempo presente; al contrario, cambien su manera de pensar para que así cambie su manera de vivir y lleguen a conocer la voluntad de Dios, es decir, lo que es bueno, lo que le es grato, lo que es perfecto.[9]

[3]Por el encargo que Dios en su bondad me ha dado, digo a todos ustedes que ninguno piense de sí mismo más de lo que debe pensar. Antes bien, cada uno piense de sí con moderación, según los dones que Dios le haya dado junto con la fe. [4]Porque así como en un solo cuerpo tenemos muchas partes, y no todas las partes sirven para lo mismo, [5]así también nosotros, aunque somos muchos, formamos un solo cuerpo en Cristo y estamos unidos unos a otros como partes de un mismo cuerpo.[c]

[6]Dios nos ha dado diferentes dones, según lo que él quiso dar a cada uno. Por lo tanto, si Dios nos ha dado el don de comunicar sus mensajes, hagámoslo según la fe que tenemos; [7]si nos ha dado el don de servir a otros, sirvámoslos bien. El que haya recibido el don de enseñar, que se dedique a la enseñanza; [8]el que haya recibido el don de animar a otros, que se dedique a animarlos. El que da, hágalo con sencillez; el que ocupa un

puesto de responsabilidad, desempeñe su cargo con todo cuidado; el que ayuda a los necesitados, hágalo con alegría.[d]

### Deberes de la vida cristiana

[9]Ámense sinceramente unos a otros. Aborrezcan lo malo y sigan lo bueno. [10]Ámense como hermanos los unos a los otros, dándose preferencia y respetándose mutuamente. [11]Esfuércense, no sean perezosos y sirvan al Señor con corazón ferviente. [12]Vivan alegres por la esperanza que tienen; soporten con valor los sufrimientos; no dejen nunca de orar. [13]Hagan suyas las necesidades de los que pertenecen al pueblo de Dios; reciban bien a quienes los visitan.[e] [14]Bendigan a quienes los persiguen.[f] Bendíganlos y no los maldigan. [15]Alégrense con los que están alegres y lloren con los que lloran. [*] [16]Vivan en armonía unos con otros. No sean orgullosos, sino pónganse al nivel de los humildes. No se crean sabios.[g] [17]No paguen a nadie mal por mal. Procuren hacer lo bueno delante de todos. [18]Hasta donde dependa de ustedes, hagan cuanto puedan por vivir en paz con todos. [19]Queridos hermanos, no tomen venganza ustedes mismos, sino dejen que Dios sea quien castigue; porque la Escritura dice: "A mí me corresponde hacer justicia; yo pagaré, dice el Señor."[h] [20]Y también: "Si tu enemigo tiene hambre, dale de comer; y si tiene sed, dale de beber; así harás que le arda la cara de vergüenza."[i] [21]No te dejes vencer por el mal. Al contrario, vence con el bien el mal.

**13** [1]Todos deben someterse a las autoridades establecidas. Porque no hay autoridad que no venga de Dios, y las que hay, fueron puestas por él. [**] [2]Así que quien se opone a la autoridad, va en contra de lo que Dios ha ordenado. Y los que se oponen serán castigados; [3]porque los gobernantes no están para causar miedo a los que hacen lo bueno, sino a los que hacen lo malo. ¿Quieres vivir sin miedo a la autoridad? Pues pórtate bien, y la autoridad te aprobará, [4]porque está al servicio de Dios para tu bien. Pero si te portas mal, entonces sí debes tener miedo; porque no en vano la autoridad lleva la

---

[9] *La voluntad de Dios . . . perfecto:* otra posible traducción: *la voluntad de Dios, buena, grata y perfecta.*
[z] 11.33 Is 55.8-9; Jdt 8.14; Sab 9.13; 17.1.   [a] 11.34 Job 15.8; Is 40.13; Jer 23.18; Eclo 42.21; Sab 9.13; 1 Co 2.16.   [b] 11.36 1 Co 8.6; Ef 4.6; Col 1.16.   [c] 12.4-5 1 Co 12.12.   [d] 12.6-8 1 Co 12.4-11.   [e] 12.13 He 13.2; 1 P 4.9.   [f] 12.14 Mt 5.44; Lc 6.28.
[*] 12.15 Eclo 7.34.   [g] 12.16 Pr 3.7.   [h] 12.19 Dt 32.35.   [i] 12.20 Pr 25.21-22.   [**] 13.1 Sab 6.3.

espada, ya que está al servicio de Dios para dar su merecido al que hace lo malo. [5]Por lo tanto, es preciso someterse a las autoridades, no sólo para evitar el castigo, sino como un deber de conciencia. [6]También por esta razón ustedes pagan impuestos; porque las autoridades están al servicio de Dios, y a eso se dedican.

[7]Denle a cada uno lo que le corresponde. Al que deban pagar contribuciones, páguenle las contribuciones; al que deban pagar impuestos, páguenle los impuestos; al que deban respeto, respétenlo; al que deban estimación, estímenlo.[j]

[8]No tengan deudas con nadie, aparte de la deuda de amor que tienen unos con otros; pues el que ama a su prójimo ya ha cumplido todo lo que la ley ordena. [9]Los mandamientos dicen: "No cometas adulterio,[k] no mates,[l] no robes,[10,m] no codicies";[n] pero éstos y los demás mandamientos quedan comprendidos en estas palabras: "Ama a tu prójimo como a ti mismo."[ñ] [10]El que tiene amor no hace mal al prójimo; así que en el amor se cumple perfectamente la ley.

[11]En todo esto tengan en cuenta el tiempo en que vivimos, y sepan que ya es hora de despertarnos del sueño. Porque nuestra salvación está más cerca ahora que al principio, cuando creímos en el mensaje. [12]La noche está muy avanzada, y se acerca el día; por eso dejemos de hacer las cosas propias de la oscuridad y revistámonos de luz, como un soldado se reviste de su armadura. [13]Actuemos con decencia, como en pleno día. No andemos en borracheras y banquetes ruidosos, ni en inmoralidades y vicios, ni en discordias y envidias. [14]Al contrario, revístanse ustedes del Señor Jesucristo como de una armadura,[o] y no busquen satisfacer los malos deseos de la naturaleza humana.

### No critiques a tu hermano

**14** [1]Reciban bien al que es débil en la fe, y no entren en discusiones con él. [2]Por ejemplo, hay quienes piensan que pueden comer de todo, mientras otros, que son débiles en la fe, comen solamente verduras. [3]Pues bien, el que come de todo no debe menospreciar al que no come ciertas cosas; y el que no come ciertas

cosas no debe criticar al que come de todo, pues Dios lo ha aceptado. [4]¿Quién eres tú para criticar al servidor de otro? Si queda bien o queda mal, es asunto de su propio amo. Pero quedará bien, porque el Señor tiene poder para hacerle quedar bien.

[5]Otro caso: Hay quienes dan más importancia a un día que a otro, y hay quienes creen que todos los días son iguales. Cada uno debe estar convencido de lo que cree. [6]El que guarda cierto día, para honrar al Señor lo guarda.[ll] Y el que come de todo, para honrar al Señor lo come, y da gracias a Dios; y el que no come ciertas cosas, para honrar al Señor deja de comerlas, y también da gracias a Dios.[p]

[7]Ninguno de nosotros vive para sí mismo ni muere para sí mismo. [8]Si vivimos, para el Señor vivimos; y si morimos, para el Señor morimos. De manera que, tanto en la vida como en la muerte, del Señor somos. [9]Para eso murió Cristo y volvió a la vida: para ser Señor tanto de los muertos como de los vivos.

[10]¿Por qué, entonces, criticas a tu hermano? ¿O por qué lo desprecias? Todos tendremos que presentarnos delante de Dios, para que él nos juzgue.[q] [11]Porque la Escritura dice:

"Juro por mi vida, dice el Señor,
que ante mí todos doblarán la rodilla
y todos alabarán a Dios."[r]

[12]Así pues, cada uno de nosotros tendrá que dar cuenta de sí mismo a Dios.

### No hagas tropezar a tu hermano

[13]Por eso, ya no debemos criticarnos unos a otros. Al contrario, propónganse ustedes no hacer nada que sea causa de que su hermano tropiece, o que ponga en peligro su fe. [14]Yo sé que no hay nada impuro en sí mismo; como creyente en el Señor Jesús, estoy seguro de ello. Y si alguno piensa que una cosa es impura, será impura para él. [15]Pero si, por lo que tú comes, tu hermano se siente ofendido, tu conducta ya no es de amor. ¡Que tu comida no sea causa de que se pierda aquel por quien Cristo murió! [16]No den pues, lugar, a que se hable mal de la libertad que ustedes tienen.[12] [17]Porque el reino de Dios no es cuestión de comer o

---

[10] Algunos mss. añaden aquí: *no digas mentiras en perjuicio de tu prójimo.* [ll] Algunos mss. añaden: *y el que no lo guarda, para honrar al Señor deja de guardarlo.* [12] *La libertad que ustedes tienen:* otra posible traducción: *lo que ustedes consideran bueno.*
[j] 13.6-7 Mt 22.21; Mr 12.17; Lc 20.25. [k] 13.9 Ex 20.14; Dt 5.18. [l] 13.9 Ex 20.13; Dt 5.17. [m] 13.9 Ex 20.15; Dt 5.19. [n] 13.9 Ex 20.17; Dt 5.21. [ñ] 13.9 Lv 19.18. [o] 13.14 Ef 6.11-17. [p] 14.1-6 Col 2.16. [q] 14.10 2 Co 5.10. [r] 14.11 Is 45.23.

beber determinadas cosas, sino de vivir en rectitud, paz y alegría por medio del Espíritu Santo. [18]El que de esta manera sirve a Cristo, agrada a Dios y es aprobado por los hombres.

[19]Por lo tanto, busquemos todo lo que conduce a la paz; con ello podremos ayudarnos unos a otros a crecer espiritualmente. [20]No eches a perder la obra de Dios por causa de la comida. En realidad, todos los alimentos son limpios; lo malo es comer algo que haga perder la fe a otros. [21]Es mejor no comer carne, ni beber vino, ni hacer nada que sea causa de que tu hermano tropiece. [22]La fe que tienes, debes tenerla tú mismo delante de Dios. ¡Dichoso aquel que usa de su libertad sin cargos de conciencia! * [23]Pero el que no está seguro de si debe o no comer algo, al comerlo se hace culpable, porque no lo come con la convicción que da la fe; y todo lo que no se hace con la convicción que da la fe, es pecado.

### Agrada a tu prójimo, no a ti mismo

**15** [1]Los que somos fuertes en la fe debemos aceptar como nuestras las debilidades de los que son menos fuertes, y no buscar lo que a nosotros mismos nos agrada. [2]Todos nosotros debemos agradar a nuestro prójimo y hacer las cosas para su bien y para que pueda crecer en la fe. [3]Porque tampoco Cristo buscó agradarse a sí mismo; al contrario, en él se cumplió lo que dice la Escritura: "Las ofensas de los que te insultaban cayeron sobre mí."[s] [4]Todo lo que antes se dijo en las Escrituras, se escribió para nuestra instrucción, para que con constancia y con el consuelo que de ellas recibimos, tengamos esperanza. [5]Y Dios, que es quien da constancia y consuelo, los ayude a ustedes a vivir en armonía unos con otros, conforme al ejemplo de Cristo Jesús, [6]para que todos juntos, a una sola voz, alaben al Dios y Padre de nuestro Señor Jesucristo.

### El evangelio es anunciado a los no judíos

[7]Así pues, recíbanse los unos a los otros, como también Cristo los recibió a ustedes, para gloria de Dios. [8]Puedo decirles que Cristo vino a servir a los judíos para cumplir las promesas hechas a nuestros antepasados y demostrar así que

Dios es fiel a lo que promete. [9]Vino también para que los no judíos alaben a Dios por su misericordia, según dice la Escritura:

"Por eso te alabaré entre las naciones
y cantaré himnos a tu nombre."[t]

[10]En otra parte, la Escritura dice:

"¡Alégrense, naciones, con el pueblo de Dios!"[u]

[11]Y en otro lugar dice:

"Naciones y pueblos todos,
¡alaben al Señor!"[v]

[12]Isaías también escribió:

"Brotará la raíz de Isaí,
que se levantará para gobernar a las naciones,
las cuales pondrán en él su esperanza."[w]

[13]Que Dios, que da esperanza, los llene de alegría y paz a ustedes que tienen fe en él, y les dé abundante esperanza por el poder del Espíritu Santo.

[14]Hermanos míos, estoy convencido de que ustedes están llenos de bondad y de todo conocimiento, y que saben aconsejarse unos a otros; [15]pero en esta carta me he atrevido a escribirles francamente sobre algunas cosas, para que no las olviden. Lo hago por el encargo que Dios en su bondad me ha dado, [16]de servir a Jesucristo para bien de los que no son judíos. El servicio sacerdotal que presto consiste en predicar el mensaje de la salvación que Dios ofrece, con el fin de presentar ante él a los no judíos, como ofrenda que le sea grata, consagrada por el Espíritu Santo.

[17]Como creyente en Cristo Jesús, tengo motivo de satisfacción en mi servicio a Dios, [18]porque no me atrevo a hablar de nada, aparte de lo que Cristo mismo ha hecho por medio de mí para llevar a los no judíos a obedecer a Dios. Esto se ha realizado con palabras y hechos, [19]por el poder de señales y milagros y por el poder del Espíritu de Dios. De esta manera he llevado a buen término la predicación del mensaje de la salvación por Cristo, desde Jerusalén y por todas partes hasta la región de Iliria. [20]Así he procurado anunciar la salvación donde nunca antes se había oído hablar de Cristo, para no construir sobre bases puestas por otros, [21]sino más bien, como dice la Escritura:

"Verán los que nunca habían tenido noticias de él;
entenderán los que nunca habían oído de él."[x]

### Pablo piensa ir a Roma

²²Precisamente por esto no he podido ir a verlos, aunque muchas veces me lo había propuesto.ʸ ²³Pero ahora que ya he terminado mi trabajo en estas regiones, y como desde hace muchos años estoy queriendo visitarlos, ²⁴espero que podré hacerlo durante mi viaje a España. Y una vez que haya tenido el gusto de verlos, espero que ustedes me ayuden a continuar el viaje. ²⁵Pero ahora voy a Jerusalén, a llevar ayuda a los hermanos de allí. ²⁶Porque los de Macedonia y Acaya decidieron voluntariamente hacer una colecta y mandarla a los hermanos pobres de Jerusalén.ᶻ ²⁷Lo decidieron voluntariamente, y han hecho bien, porque así como los creyentes judíos compartieron sus bienes espirituales con los no judíos, éstos, a su vez, deben ayudar con sus bienes materiales a los creyentes judíos.ᵃ ²⁸Así que, cuando yo haya terminado este asunto y les haya entregado a ellos la colecta, saldré para España, y de paso los visitaré a ustedes. ²⁹Estoy seguro de que cuando yo vaya, Cristo me bendecirá abundantemente.

³⁰Hermanos, por nuestro Señor Jesucristo y por el amor que el Espíritu nos da, les ruego que se unan conmigo en la lucha, orando a Dios por mí. ³¹Pidan a Dios que me libre de los incrédulos que hay en Judea, y que la ayuda que llevo a los hermanos de Jerusalén sea bien recibida, ³²para que, si Dios quiere, llegue yo con alegría a verlos a ustedes y tenga descanso al visitarlos. ³³Que el Dios de paz esté con todos ustedes. Así sea.

### Saludos personales

**16** ¹Les recomiendo a nuestra hermana Febe, diaconisa en la iglesia de Cencrea. ²Recíbanla bien en el nombre del Señor, como se debe hacer entre los hermanos en la fe, y ayúdenla en todo lo que necesite, porque ha ayudado a muchos, y también a mí mismo.

³Saluden a Prisca y Aquila,ᵇ mis compañeros de trabajo en el servicio de Cristo Jesús. ⁴A ellos, que pusieron en peligro su propia vida por salvar la mía, no sólo yo les doy las gracias, sino también todos los hermanos de las iglesias no judías. ⁵Saluden igualmente a los hermanos que se reúnen en casa de Prisca y Aquila. Saluden a mi querido amigo Epeneto, que en la provincia de Asia fue el primer creyente en Cristo. ⁶Saluden a María, que tanto ha trabajado por ustedes. ⁷Saluden a mis paisanos Andrónico y Junias, que fueron mis compañeros de cárcel; se han distinguido entre los apóstoles, y se hicieron creyentes en Cristo antes que yo.

⁸Saluden a Ampliato, mi querido amigo en el Señor. ⁹Saluden a Urbano, nuestro compañero de trabajo en Cristo, y a mi querido Estaquis. ¹⁰Saluden a Apeles, que ha dado tantas pruebas de su fe en Cristo; y también a los de la familia de Aristóbulo. ¹¹Saluden a mi paisano Herodión, y a los de la familia de Narciso que creen en el Señor. ¹²Saluden a Trifena y a Trifosa, que trabajan en la obra del Señor; y también a nuestra querida hermana Pérsida, que tanto ha trabajado en la obra del Señor. ¹³Saluden a Rufo,ᶜ distinguido creyente en el Señor, y a su madre, que ha sido también como una madre para mí. ¹⁴Saluden a Asíncrito, a Flegonte, a Hermes, a Patrobas, a Hermas y a los hermanos que están con ellos. ¹⁵Saluden también a Filólogo y a Julia, a Nereo y a su hermana, a Olimpas y a todos los hermanos en la fe que están con ellos.

¹⁶Salúdense los unos a los otros con un beso santo. Todas las iglesias de Cristo les mandan saludos.

¹⁷Hermanos, les ruego que se fijen en los que causan divisiones y ponen tropiezos, pues eso va contra la enseñanza que ustedes recibieron. Apártense de ellos, ¹⁸porque no sirven a nuestro Señor Jesucristo, sino a sus propios apetitos, y con sus palabras suaves y agradables engañan el corazón de la gente sencilla. ¹⁹Todos saben que ustedes han sido obedientes; por eso me alegro, y quiero que muestren sabiduría para hacer lo bueno, pero no para hacer lo malo; ²⁰así el Dios de paz aplastará pronto a Satanás bajo los pies de ustedes. Que nuestro Señor Jesús los bendiga.

²¹Les manda saludos Timoteo,ᵈ mi compañero de trabajo; y también Lucio, Jasón y Sosípater, mis paisanos.

²²Yo, Tercio, que estoy escribiendo esta carta, también les mando saludos en el Señor.

²³Los saluda Gayo.ᵉ Estoy alojado en su casa, que él pone a disposición de toda la iglesia. También los saluda Erasto,ᶠ

ʸ 15.22 Ro 1.13.   ᶻ 15.25-26 1 Co 16.1-4.   ᵃ 15.27 1 Co 9.11.   ᵇ 16.3 Hch 18.2.   ᶜ 16.13 Mr 15.21.   ᵈ 16.21 Hch 16.1.
ᵉ 16.23 Hch 19.29; 1 Co 1.14.   ᶠ 16.23 2 Ti 4.20.

tesorero de la ciudad, y el hermano Cuarto.[13]

### Alabanza final

[25]Alabemos a Dios, que puede hacerlos a ustedes firmes conforme al mensaje de salvación que yo anuncio y la enseñanza acerca de Jesucristo. Esto está de acuerdo con lo que Dios ha revelado de su plan secreto, el cual estuvo oculto desde antes que el mundo existiera, [26]pero ahora se ha dado a conocer por los escritos de los profetas, de acuerdo con el mandato del Dios eterno. Este secreto del plan de Dios se ha dado a conocer a todas las naciones, para que crean y obedezcan.

[27]¡A Dios, el único y sabio, sea la gloria para siempre por medio de Jesucristo! Así sea.

[13] Algunos mss. añaden v. 24: *Que nuestro Señor Jesucristo bendiga a todos ustedes. Así sea.*

# Primera Carta de San Pablo a los
# CORINTIOS

*En la iglesia de Corinto, que Pablo había fundado, se habían presentado muy serios problemas tanto de doctrina como de conducta. Corinto era una gran ciudad griega, cosmopolita y próspera. De comercio floreciente, con una cultura refinada y una variedad de religiones, ofrecía un ambiente cargado de inmoralidad que constituía un medio lleno de presiones y tentaciones para la comunidad cristiana del lugar.*

*En el saludo acostumbrado, no obstante la situación de la iglesia corintia, Pablo halla motivo para dar gracias por lo bueno que todavía hay en ella (1.1-9). Después el apóstol va al grano. Reprocha a los corintios que se hallen divididos en facciones (1.10—4.21), que ocurran entre ellos graves inmoralidades sexuales y que lleven sus pleitos ante los jueces civiles; y les da consejos prácticos sobre el matrimonio (caps. 5—7). El predominio del paganismo había planteado a los cristianos problemas de conciencia sobre los que Pablo les ofrece orientación y criterios (8.1—11.1). En materias de culto y vida de la iglesia, había cuestiones que necesitaban aclararse, como lo relativo a los dones del Espíritu Santo y la reverencia en la Cena del Señor (11.2—14.40).*

*Los creyentes se sentían confundidos respecto a la doctrina de la resurrección de Cristo y de los cristianos, y Pablo les explica su significado (cap. 15). Para terminar les da instrucciones acerca de la ayuda económica para los creyentes de Judea, y les habla de sus propios planes y de otros asuntos personales. El capítulo 13 ha sido llamado el "himno del amor".*

### Saludo

**1** [1]Yo, Pablo, he sido llamado por la voluntad de Dios a ser apóstol de Jesucristo. Junto con el hermano Sóstenes, [2]escribo esta carta a los hermanos de la iglesia de Dios que están en la ciudad de Corinto,[a] los que en Cristo Jesús han sido consagrados a Dios y llamados a formar parte de su pueblo, junto con todos los que en todas partes invocan el nombre de nuestro Señor Jesucristo, Señor nuestro y de ellos. [3]Que Dios nuestro Padre y el Señor Jesucristo derramen sobre ustedes su gracia y su paz.

### Bendiciones por medio de Cristo

[4]Siempre doy gracias a mi Dios por ustedes, por la gracia que Dios ha derramado sobre ustedes por medio de Cristo Jesús. [5]Pues por medio de él Dios les ha dado gran riqueza espiritual, así de palabra como de conocimiento. [6]De manera que el mensaje acerca de Cristo ha llegado a ser una realidad en ustedes. [7]De este modo no les falta ningún don de Dios mientras esperan el día en que aparezca nuestro Señor Jesucristo. [8]Dios los mantendrá firmes hasta el fin, para que nadie pueda reprocharles nada cuando nuestro Señor Jesucristo regrese. [9]Dios siempre

cumple sus promesas, y él es quien los llamó a vivir en unión con su Hijo Jesucristo, nuestro Señor.

### Divisiones en la iglesia

¹⁰Hermanos, en el nombre de nuestro Señor Jesucristo les ruego que se pongan de acuerdo y no estén divididos. Vivan en armonía, pensando y sintiendo de la misma manera. ¹¹Digo esto, hermanos míos, porque he sabido por los de la familia de Cloé que hay discordias entre ustedes. ¹²Quiero decir, que algunos de ustedes afirman: "Yo soy de Pablo"; otros: "Yo soy de Apolos";[b] otros: "Yo soy de Pedro"; y otros: "Yo soy de Cristo." ¹³¿Acaso Cristo está dividido? ¿Fue crucificado Pablo en favor de ustedes? ¿O fueron ustedes bautizados en el nombre de Pablo? ¹⁴¡Gracias a Dios que yo no bauticé a ninguno de ustedes, aparte de Crispo[c] y de Gayo![d] ¹⁵Así nadie puede decir que fue bautizado en mi nombre. ¹⁶También bauticé a la familia de Estéfanas,[e] pero no recuerdo haber bautizado a ningún otro, ¹⁷pues Cristo no me mandó a bautizar, sino a anunciar la salvación, y no con alardes de sabiduría, para no quitarle valor a la muerte de Cristo en la cruz.

### Cristo, poder y sabiduría de Dios

¹⁸El mensaje de la muerte de Cristo en la cruz parece una tontería a los que van a la destrucción; pero este mensaje es poder de Dios para los que vamos a la salvación.[f] ¹⁹Como dice la Escritura:

"Destruiré la sabiduría de los sabios
y rechazaré el entendimiento de los
entendidos."[g]

²⁰¿En qué pararon el sabio, y el maestro,[h] y el que sabe discutir sobre cosas de este mundo? ¡Dios ha convertido en tontería la sabiduría de este mundo![i] ²¹Dios, en su sabiduría, dispuso que los que son del mundo no le conocieran por medio de la sabiduría humana;* antes bien, prefirió salvar por medio de su mensaje a los que confían en él, aunque este mensaje parezca una tontería.

²²Los judíos quieren ver señales milagrosas, y los griegos buscan sabiduría; ²³pero nosotros anunciamos a un Mesías crucificado. Esto les resulta ofensivo a los judíos, y a los no judíos les parece una tontería; ²⁴pero para los que Dios ha llamado, sean judíos o griegos, este Mesías es el poder y la sabiduría de Dios. ²⁵Pues lo que en Dios puede parecer una tontería, es mucho más sabio que toda sabiduría humana; y lo que en Dios puede parecer debilidad, es más fuerte que toda fuerza humana. ²⁶Hermanos, deben darse cuenta de que Dios los ha llamado a pesar de que pocos de ustedes son sabios según los criterios humanos, y pocos de ustedes son gente con autoridad o pertenecientes a familias importantes. ²⁷Y es que, para avergonzar a los sabios, Dios ha escogido a los que el mundo tiene por tontos; y para avergonzar a los fuertes, ha escogido a los que el mundo tiene por débiles. ²⁸Dios ha escogido a la gente despreciada y sin importancia de este mundo, es decir, a los que no son nada, para anular a los que son algo. ²⁹Así nadie podrá presumir delante de Dios. ³⁰Pero Dios mismo los ha unido a ustedes con Cristo Jesús, y ha hecho también que Cristo sea nuestra sabiduría y que por medio de Cristo seamos librados de culpa, consagrados a Dios y salvados. ³¹De esta manera, como dicen las Escrituras: "Si alguno quiere enorgullecerse, que se enorgullezca del Señor."[j]

### El mensaje de Cristo crucificado

**2** ¹Pero hermanos, cuando yo fui a hablarles de la verdad secreta de Dios, lo hice sin usar palabras sabias ni elevadas. ²Y, estando entre ustedes, no quise saber de otra cosa sino de Jesucristo y, más estrictamente, de Jesucristo crucificado. ³Me presenté ante ustedes débil y temblando de miedo,[k] ⁴y cuando les hablé y les prediqué el mensaje, no usé palabras sabias para convencerlos. Al contrario, los convencí por medio del Espíritu y del poder de Dios, ⁵para que la fe de ustedes dependiera del poder de Dios y no de la sabiduría de los hombres.

### Dios se da a conocer por medio de su Espíritu

⁶Sin embargo, entre los que ya han alcanzado la madurez en su fe sí usamos palabras de sabiduría. Pero no se trata de una sabiduría propia de este mundo ni de quienes lo gobiernan, los cuales pronto van a desaparecer. ⁷Se trata más bien de la sabiduría secreta de Dios, del secreto

---

*b* 1.12 Hch 18.24.  *c* 1.14 Hch 18.8.  *d* 1.14 Hch 19.29; Ro 16.23.  *e* 1.16 1 Co 16.15.  *f* 1.18 Ro 1.16.  *g* 1.19 Is 29.14.  *h* 1.20 Job 12.17; Is 19.12; 33.18.  *i* 1.20 Is 44.25.  *\** 1.21 Sab 13.1-9.  *j* 1.31 Jer 9.23-24.  *k* 2.3 Hch 18.9.

propósito que Dios, desde antes de hacer el mundo, ha tenido para nuestra gloria. [8]Esto es algo que no han entendido los gobernantes de este mundo, pues si lo hubieran entendido no habrían crucificado al Señor de la gloria. [9]Pero, como se dice en la Escritura:

"Dios ha preparado para los que le aman
cosas que nadie ha visto ni oído,
y ni siquiera pensado."[l]

[10]Estas son las cosas que Dios nos ha hecho conocer por medio del Espíritu, pues el Espíritu lo examina todo, hasta las cosas más profundas de Dios.

[11]¿Quién entre los hombres puede saber lo que hay en el corazón del hombre, sino sólo el espíritu que está dentro del hombre? De la misma manera, solamente el Espíritu de Dios sabe lo que hay en Dios. [12]Y nosotros no hemos recibido el espíritu del mundo, sino el Espíritu que viene de Dios, para que entendamos las cosas que Dios en su bondad nos ha dado.[*] [13]Hablamos de estas cosas con palabras que el Espíritu de Dios nos ha enseñado, y no con palabras que hayamos aprendido por nuestra propia sabiduría. Así explicamos las cosas espirituales a los que son espirituales.

[14]El que no es espiritual no acepta las cosas que son del Espíritu de Dios, porque para él son tonterías. Y tampoco las puede entender, porque son cosas que tienen que juzgarse espiritualmente. [15]Pero aquel que tiene el Espíritu puede juzgar todas las cosas, y nadie lo puede juzgar a él. [16]Pues la Escritura dice: "¿Quién conoce la mente del Señor? ¿Quién podrá instruirle?"[m] Sin embargo, nosotros tenemos la mente de Cristo.

### Compañeros de trabajo al servicio de Dios

**3** [1]Yo, hermanos, no pude hablarles entonces como a gente guiada por el Espíritu, sino como a personas con criterios puramente humanos, como a niños en cuanto a las cosas de Cristo. [2]Les di una enseñanza sencilla, igual que a un niño de pecho se le da leche en vez de alimento sólido,[n] porque ustedes todavía no podían digerir la comida fuerte. ¡Y ni siquiera pueden digerirla ahora, [3]porque todavía tienen criterios puramente humanos! Mientras haya entre ustedes envidias y discordias, es que siguen manteniendo criterios puramente humanos y conduciéndose como lo hace todo el mundo. [4]Porque cuando uno afirma: "Yo soy de Pablo", y otro: "Yo soy de Apolos",[ñ] están manteniendo criterios puramente humanos.

[5]A fin de cuentas, ¿quién es Apolos?, ¿quién es Pablo? Simplemente servidores, por medio de los cuales ustedes han creído en el Señor. Cada uno de nosotros hizo el trabajo que el Señor le señaló: [6]yo sembré[o] y Apolos regó,[p] pero Dios es quien hizo crecer la planta. [7]De manera que ni el que siembra ni el que riega son nada, sino que Dios lo es todo, pues él es quien hace crecer la planta. [8]Los que siembran y los que riegan son iguales, aunque Dios pagará a cada uno según su trabajo. [9]Somos compañeros de trabajo al servicio de Dios, y ustedes son el campo que Dios está trabajando, el edificio que Dios está construyendo. [10]Yo soy el maestro albañil al cual Dios permitió poner los fundamentos, y otro está construyendo sobre ellos. Pero cada uno debe tener cuidado de cómo construye, [11]pues nadie puede poner otro fundamento que el que ya está puesto, que es Jesucristo. [12]Sobre este fundamento, uno puede construir con oro, plata y piedras preciosas, o con madera, paja y cañas; [13]pero el trabajo de cada cual se verá claramente en el día del juicio; porque ese día vendrá con fuego, y el fuego probará la clase de trabajo que cada uno haya hecho. [14]Si alguno construyó un edificio resistente al fuego, recibirá su pago; [15]pero si lo que construyó llega a quemarse, lo perderá todo, aunque él mismo logrará salvarse como quien escapa del fuego.

[16]¿Acaso no saben ustedes que son templo de Dios, y que el Espíritu de Dios vive en ustedes?[q] [17]Si alguno destruye el templo de Dios, Dios lo destruirá a él, porque el templo de Dios es santo, y ese templo son ustedes mismos.

[18]Que nadie se engañe: si alguno de ustedes se cree sabio según la sabiduría de este mundo, vuélvase como un ignorante, para así llegar a ser verdaderamente sabio. [19]Pues la sabiduría de este mundo es pura tontería para Dios. En efecto, la Escritura dice: "Dios atrapa a los sabios en la propia astucia de ellos."[r] [20]Y dice también: "El Señor sabe que los pensamientos de los sabios son tonterías."[s]

---

*l* 2.9 Is 64.4.   * 2.11-12 Sab 9.17.   *m* 2.16 Is 40.13; Eclo 42.21; Sab 9.13; Ro 11.34.   *n* 3.2 He 5.12-13.   *ñ* 3.4 1 Co 1.12. *o* 3.6 Hch 18.4-11.   *p* 3.6 Hch 18.24-28.   *q* 3.16 1 Co 6.19; 2 Co 6.16.   *r* 3.19 Job 5.13.   *s* 3.20 Sal 94.11.

²¹Por eso, nadie debe sentirse orgulloso de ser seguidor de hombre alguno; pues todas las cosas son de ustedes: ²²Pablo, Apolos, Pedro, el mundo, la vida, la muerte, el presente y el futuro; todo es de ustedes, y ²³ustedes son de Cristo, y Cristo es de Dios.

### El trabajo de los apóstoles

4 ¹Ustedes deben considerarnos simplemente como ayudantes de Cristo, encargados de enseñar los secretos del plan de Dios. ²Ahora bien, el que recibe un encargo debe demostrar que es digno de confianza. ³En cuanto a mí respecta, muy poco me preocupa ser juzgado por ustedes o por algún tribunal humano. Ni siquiera yo mismo me juzgo. ⁴Sin embargo, el que mi conciencia no me acuse de nada no significa que Dios me considere libre de culpa. Pues el que me juzga es el Señor.ᵗ ⁵Por lo tanto, no juzguen ustedes nada antes de tiempo; esperen a que el Señor venga y saque a la luz lo que ahora está en la oscuridad y dé a conocer las intenciones del corazón. Entonces Dios dará a cada uno la alabanza que merezca.

⁶Hermanos, les hablo de estas cosas por su propio bien y poniendo como ejemplo a Apolos y a mí mismo. Lo digo para que por nuestro ejemplo aprendan ustedes a no ir más allá de lo que está escrito, y para que nadie se enorgullezca de favorecer a uno en perjuicio de otro. ⁷Pues, ¿quién te hace mejor que los demás? ¿Y qué tienes que Dios no te haya dado? Y si él te lo ha dado, ¿por qué presumes, como si lo hubieras conseguido por ti mismo?

⁸Al parecer, ustedes ya son ricos, y tienen todo lo que pueden desear, y se sienten como reyes que nada necesitan de nosotros. ¡Ojalá fueran reyes de verdad, para que nosotros tuviéramos parte en su reino! ⁹Pues me parece que a nosotros, los apóstoles, Dios nos ha puesto en el último lugar, como si fuéramos condenados a muerte. Hemos llegado a ser un espectáculo para el mundo, para los ángeles y para los hombres. ¹⁰Nosotros, por causa de Cristo, pasamos por tontos; mientras que ustedes, gracias a Cristo, pasan por inteligentes. Nosotros somos débiles, mientras que ustedes son fuertes. A nosotros se nos desprecia, y a ustedes se les respeta. ¹¹Hasta hoy mismo no hemos dejado de sufrir hambre, sed y falta de ropa; la gente nos maltrata, no tenemos hogar propio ¹²y nos cansamos trabajando con nuestras propias manos.ᵘ A las maldiciones respondemos con bendiciones; somos perseguidos, y lo soportamos. ¹³Se habla mal de nosotros, y contestamos con bondad. Nos tratan como a basura del mundo, como a desperdicio de la humanidad. Y así hasta el día de hoy.

¹⁴No les escribo esto para avergonzarlos, sino para darles un consejo, como a mis propios hijos, pues los amo. ¹⁵Pues aunque ustedes tengan diez mil maestros que les hablen de Cristo, padres no tienen muchos. Padre de ustedes en cuanto a su fe en Cristo Jesús, lo soy yo por haberles dado las buenas noticias de la salvación. ¹⁶Así pues, les ruego que sigan mi ejemplo.ᵛ

¹⁷Por esto les envío a Timoteo, mi querido y fiel hijo en el Señor. Él les hará recordar mi conducta como creyente en Cristo Jesús, conforme a lo que enseño en todas las iglesias por donde paso. ¹⁸Algunos de ustedes ya se sienten importantes pensando que no iré a verlos; ¹⁹pero, si el Señor quiere, espero visitarlos pronto. Entonces veré lo que son capaces de hacer esos presumidos, y no solamente lo que son capaces de decir. ²⁰Porque el reino de Dios no es cuestión de palabras, sino de poder. ²¹¿Qué prefieren ustedes: que vaya dispuesto a castigarlos, o que vaya a verlos con amor y ternura?

### Juicio sobre un caso de inmoralidad

5 ¹Se ha sabido que uno de ustedes tiene como mujer a su propia madrastra.ʷ Este caso de inmoralidad es tan grave, que ni siquiera se da entre los paganos. ²¡Y aún se llenan ustedes de orgullo! ¡Deberían llenarse de tristeza! El hombre que vive en semejante situación debe ser expulsado de entre ustedes. ³En cuanto a mí, aunque en el cuerpo no estoy presente entre ustedes, lo estoy en el espíritu; y, como si estuviera presente, en nombre de nuestro Señor Jesucristo he dado ya mi sentencia sobre aquél que así actúa. ⁴Cuando ustedes se reúnan, yo estaré con ustedes en espíritu, y también el poder del Señor Jesús estará con ustedes. ⁵Entonces ese hombre deberá ser entregado a Satanás, para que su cuerpo sea destruido y su espíritu se salve cuando el Señor Jesús venga.

ᵗ 4.4 1 Jn 3.19-21.  ᵘ 4.12 Hch 18.3.  ᵛ 4.16 1 Co 11.1; Fil 3.17.  ʷ 5.1 Dt 22.30.

⁶Ustedes no deben enorgullecerse de tales acciones. Ya conocen el dicho: "Un poco de levadura hace fermentar toda la masa."ˣ ⁷Así que echen fuera esa vieja levadura que los corrompe, para que sean como el pan hecho de masa nueva y sin levadura que se come en la fiesta de Pascua, lo que en realidad son ustedes. Porque Cristo, que es el Cordero de nuestra Pascua,ʸ fue muerto en sacrificio por nosotros. ⁸Así que debemos celebrar nuestra Pascua con sinceridad y verdad, que son como el pan sin levadura,ᶻ y no celebrarla con maldad y perversidad, que son como la vieja levadura.

⁹En mi otra carta les dije que no deben tener trato alguno con quienes cometen inmoralidades sexuales. ¹⁰Y con esto no quise decirles que se aparten por completo de todos los que en este mundo son inmorales, o avaros, o ladrones, o idólatras, pues para lograrlo tendrían ustedes que salirse del mundo. ¹¹Lo que quise decir es que no deben tener trato con ninguno que, llamándose hermano, sea inmoral, o avaro, o idólatra, o chismoso, o borracho, o ladrón. Con gente así, ni siquiera se sienten a comer. ¹²⁻¹³No me toca a mí juzgar a los de afuera; Dios será quien los juzgue. Pero ustedes deben juzgar a los de adentro. Por eso, quiten a ese pecador de en medio de ustedes.ᵃ

### Pleitos ante jueces no creyentes

**6** ¹Cuando alguno de ustedes tiene una queja que presentar contra otro, ¿por qué va a pedir justicia a los jueces paganos, en vez de pedírsela al pueblo de Dios? ²¿Acaso no saben ustedes que el pueblo de Dios ha de juzgar al mundo?* Y si ustedes han de juzgar al mundo, ¿cómo no son capaces de juzgar estos asuntos tan pequeños? ³¿No saben que incluso a los ángeles habremos de juzgarlos nosotros? ¡Pues con mayor razón los asuntos de esta vida! ⁴Así que, si ustedes tienen pleitos por asuntos de esta vida, ¿por qué ponen por jueces a los que nada significan para la iglesia? ⁵Digo esto para que les dé vergüenza: ¿Acaso no hay entre ustedes ni siquiera uno con capacidad suficiente para juzgar un asunto entre sus hermanos? ⁶¡No sólo se pelean unos hermanos con otros, sino que llevan sus pleitos ante jueces paganos!

⁷Ya el simple hecho de tener pleitos entre ustedes mismos, es un grave defecto.

¿Por qué no, mejor, soportar la injusticia? ¿Por qué no, mejor, dejar que les roben? ⁸¡Pero ustedes, al contrario, cometen injusticias y roban hasta a sus propios hermanos!

⁹⁻¹⁰¿No saben ustedes que los malvados no tendrán parte en el reino de Dios? No se dejen engañar, pues en el reino de Dios no tendrán parte los que cometen inmoralidades sexuales, ni los idólatras, ni los que cometen adulterio, ni los hombres que tienen trato sexual con otros hombres, ni los ladrones, ni los avaros, ni los borrachos, ni los chismosos, ni los tramposos. ¹¹Y esto eran antes algunos de ustedes; pero ahora ya han sido limpiados y consagrados a Dios, ya han sido librados de culpa en el nombre del Señor Jesucristo y por el Espíritu de nuestro Dios.

### La santidad del cuerpo

¹²Se dice: "Yo soy libre de hacer lo que quiera." Es cierto, pero no todo conviene.ᵇ Sí, yo soy libre de hacer lo que quiera, pero no debo dejar que nada me domine. ¹³También se dice: "La comida es para el estómago, y el estómago para la comida." Es cierto, pero Dios va a terminar con las dos cosas. En cambio, no es verdad que el cuerpo sea para la inmoralidad sexual; el cuerpo es para el Señor, y el Señor es para el cuerpo. ¹⁴Y así como Dios resucitó al Señor, también nos va a resucitar a nosotros por su poder.

¹⁵¿Acaso no saben ustedes que su cuerpo es parte del cuerpo de Cristo? ¿Y habré de tomar yo esa parte del cuerpo de Cristo y hacerla parte del cuerpo de una prostituta? ¡Claro que no! ¹⁶¿No saben ustedes que cuando un hombre se une con una prostituta, se hacen los dos un solo cuerpo? Pues la Escritura dice: "Los dos serán como una sola persona."ᶜ ¹⁷Pero cuando alguien se une al Señor, se hace espiritualmente uno con él.

¹⁸Huyan, pues, de la inmoralidad sexual. Cualquier otro pecado que una persona comete, no afecta a su cuerpo; pero el que comete inmoralidades sexuales, peca contra su propio cuerpo. ¹⁹¿No saben ustedes que su cuerpo es templo del Espíritu Santo que Dios les ha dado, y que el Espíritu Santo vive en ustedes?ᵈ Ustedes no son sus propios dueños, ²⁰porque Dios los ha comprado por un precio. Por eso deben honrar a Dios en el cuerpo.

ˣ **5.6** Gá 5.9.   ʸ **5.7** Ex 12.5.   ᶻ **5.8** Ex 13.7; Dt 16.3.   ᵃ **5.12-13** Dt 13.5; 17.7.   * **6.2** Sab 3.8.   ᵇ **6.12** 1 Co 10.23.
ᶜ **6.16** Gn 2.24.   ᵈ **6.19** 1 Co 3.16; 2 Co 6.16.

### Consejos sobre el matrimonio

**7** ¹Ahora paso a contestar las preguntas que ustedes me hicieron en su carta. Bueno sería que el hombre no se casara; ²pero, a causa de la inmoralidad sexual, cada uno debe tener su propia esposa, y cada mujer su propio esposo. ³Y tanto el esposo como la esposa deben cumplir con los deberes propios del matrimonio. ⁴Ni la esposa es dueña de su propio cuerpo, puesto que pertenece a su esposo, ni el esposo es dueño de su propio cuerpo, puesto que pertenece a su esposa. ⁵Por lo tanto, no se nieguen el uno al otro, a no ser que se pongan de acuerdo en no juntarse por algún tiempo para dedicarse a la oración. Después deberán volver a juntarse; no sea que, por no poder dominarse, Satanás los haga pecar.

⁶Todo esto lo digo más como concesión que como mandamiento. ⁷Personalmente, quisiera que todos fueran como yo; pero Dios ha dado a cada uno diferentes dones, a unos de una clase y a otros de otra.

⁸A los solteros y a las viudas les digo que es bueno quedarse sin casar, como yo. ⁹Pero si no pueden controlar su naturaleza, que se casen, pues más vale casarse que consumirse de pasión.

¹⁰Pero a los que ya están casados, les doy este mandato, que no es mío, sino del Señor: que la esposa no se separe de su esposo. ¹¹Ahora bien, en caso de que la esposa se separe de su esposo, deberá quedarse sin casar o reconciliarse con él. De la misma manera, el esposo no debe divorciarse de su esposa.ᵉ

¹²En cuanto a los demás, les digo, como cosa mía y no del Señor, que si la mujer de algún hermano no es creyente pero está de acuerdo en seguir viviendo con él, el hermano no debe divorciarse de ella. ¹³Y si una mujer creyente está casada con un hombre no creyente que está de acuerdo en seguir viviendo con ella, no deberá divorciarse de él. ¹⁴Pues el esposo no creyente queda consagrado a Dios por su unión con una mujer creyente; y la mujer no creyente queda consagrada a Dios por su unión con un esposo creyente. De otra manera, los hijos de ustedes serían impuros; pero, de hecho, son parte del pueblo de Dios. ¹⁵Ahora bien, si el esposo o la esposa no creyentes insisten en separarse, que lo hagan. En estos casos, el hermano o la hermana quedan en libertad, porque Dios los ha llamado a ustedes a vivir en paz. ¹⁶Pues ¿cómo sabes tú, esposa, si acaso puedes salvar a tu esposo? ¿O cómo sabes tú, esposo, si acaso puedes salvar a tu esposa?

¹⁷Como quiera que sea, cada uno debe vivir según los dones que el Señor le ha dado, y tal como era cuando Dios lo llamó. Esta es la norma que doy a todas las iglesias. ¹⁸Si Dios llama a alguno que ha sido circuncidado, no trate de disimular su circuncisión;* y si llama a uno que no ha sido circuncidado, no debe circuncidarse. ¹⁹Porque lo que importa no es estar o no estar circuncidado, sino obedecer los mandatos de Dios. ²⁰Cada uno debe quedarse en la condición en que estaba cuando Dios lo llamó. ²¹Si cuando fuiste llamado eras esclavo, no te preocupes; aunque si tienes oportunidad de conseguir tu libertad, debes aprovecharla.ᶦ ²²Pues el que era esclavo cuando fue llamado a creer en el Señor, ahora es un hombre libre al servicio del Señor; y, de la misma manera, el que era hombre libre cuando fue llamado, ahora es esclavo de Cristo. ²³Dios los ha comprado a ustedes a gran precio; no permitan que otros hombres los hagan esclavos. ²⁴Así pues, hermanos, que cada cual permanezca delante de Dios en la condición en que estaba cuando fue llamado.

²⁵En cuanto al no casarse, no tengo ningún mandato especial del Señor; pero doy mi opinión, como uno que es digno de confianza por la misericordia del Señor. ²⁶A mí me parece que el hombre debe quedarse tal como está, por causa de los tiempos difíciles en que vivimos. ²⁷Si tienes mujer, no la abandones; y si no tienes, no la busques. ²⁸Si te casas, no cometes pecado; y si una joven se casa, tampoco comete pecado. Pero los que se casan van a tener problemas materiales que yo quisiera evitarles.

²⁹Hermanos, lo que quiero decir es esto: Nos queda poco tiempo. Por lo tanto, los casados deben vivir como si no lo estuvieran; ³⁰los que están de luto deben portarse como si estuvieran de fiesta, y los que están de fiesta deben portarse como si estuvieran de luto; los que compran deben vivir como si nada fuera suyo; ³¹y los que sacan provecho de este

ᶦ *Aunque si tienes . . . aprovecharla:* otra posible traducción: *y aunque tengas oportunidad de conseguir tu libertad, saca provecho de tu esclavitud.*
ᵉ **7.10-11** Mt 5.32; 19.9; Mr 10.11-12; Lc 16.18.   * **7.18** 1 Mac 1.15.

mundo deben vivir como si no lo estuvieran sacando, porque este mundo que vemos ha de terminar.

³²Yo quisiera librarlos a ustedes de preocupaciones. El que está soltero se preocupa por las cosas del Señor, y por agradarle; ³³pero el que está casado se preocupa por las cosas del mundo y por agradar a su esposa, ³⁴y así está dividido. Igualmente, la mujer que no está casada y la que nunca se casó, se preocupan por las cosas del Señor, por estar consagradas a Dios² tanto en cuerpo como en espíritu; pero la casada se preocupa por las cosas del mundo y por agradar a su esposo.

³⁵Les digo esto, no para ponerles restricciones, sino en bien de ustedes y para que vivan de una manera digna, sirviendo al Señor con toda dedicación.

³⁶Si alguno cree que debe casarse con su prometida, porque ya está en edad de casarse, y si piensa que eso es lo más indicado, que haga lo que crea conveniente; cásese, pues no es pecado. ³⁷Y si otro, sin sentirse obligado, y con toda libertad para actuar como quiera, se hace en su corazón el propósito firme de no casarse, hará bien. ³⁸Así que, si se casa con su prometida, hace bien; pero si no se casa, hace mejor.³

³⁹La mujer casada está ligada a su esposo mientras éste vive; pero si el esposo muere, ella queda libre para casarse con quien quiera, con tal de que sea un creyente. ⁴⁰Aunque creo que será más feliz si no vuelve a casarse. Esta es mi opinión, y creo que yo también tengo el Espíritu de Dios.

### Los alimentos consagrados a los ídolos

**8** ¹Ahora paso al asunto de los alimentos ofrecidos en sacrificio a los ídolos. Es verdad lo que se dice: que todos tenemos conocimiento; pero el conocimiento nos hace creernos importantes, en tanto que el amor nos hace crecer espiritualmente. ²Si alguien cree que conoce algo, todavía no lo conoce como lo debe conocer. ³Pero si alguien ama a Dios, Dios lo conoce a él.

⁴En cuanto a esto de comer alimentos ofrecidos en sacrificio a los ídolos, bien sabemos que un ídolo no tiene valor alguno en el mundo, y que solamente hay un Dios. ⁵Pues aunque en el cielo y en la tierra existan esos llamados dioses (y en este sentido hay muchos dioses y muchos señores), ⁶para nosotros no hay más que un solo Dios, el Padre, en quien todo tiene su origen y para quien nosotros existimos. Y hay también un solo Señor, Jesucristo, por quien todas las cosas existen, incluso nosotros mismos.ᶠ

⁷Pero no todos saben esto. Algunos que estaban acostumbrados a adorar ídolos, todavía comen de esos alimentos pensando que fueron ofrecidos a los dioses; y su conciencia, que es débil, los hace sentirse contaminados por el ídolo. ⁸Claro que el que Dios nos acepte no depende de lo que comamos; pues no vamos a ser mejores por comer, ni peores por no comer. ⁹Pero eviten que esa libertad que ustedes tienen haga caer en pecado a los que son débiles en su fe. ¹⁰Porque si tú, que sabes estas cosas, te sientas a comer en un lugar dedicado a los ídolos, y algún hermano débil te ve, puede suceder que él se anime a comer de esa ofrenda hecha a un ídolo. ¹¹Y así tú, por tu conocimiento, haces que se pierda tu hermano débil, por quien Cristo también murió. ¹²Al herir la conciencia de los hermanos débiles en la fe, pecan ustedes contra Cristo mismo.ᵍ ¹³Por eso, si por causa de mi comida hago caer en pecado a mi hermano, mejor me será no comer carne nunca, para no ponerlo en peligro de pecar.

### Los derechos de un apóstol

**9** ¹Claro que yo tengo la libertad y los derechos de un apóstol, pues he visto a Jesús nuestro Señor,ʰ y ustedes mismos son el resultado de mi trabajo en la obra del Señor. ²Puede ser que otros no me reconozcan como apóstol; pero ustedes tienen que reconocerme como tal, porque el hecho de que ustedes sean creyentes en el Señor prueba que en verdad lo soy.

³Esta es mi respuesta a los que me critican: ⁴Tengo todo el derecho de recibir comida y bebida, ⁵y también de llevar conmigo una esposa cristiana, como hacen los otros apóstoles, y los hermanos

---

² *Y así está dividido . . . consagradas a Dios:* algunos mss. dicen: *Y hay diferencia entre la que está casada y la que nunca se casó. La que nunca se casó se preocupa por las cosas del Señor, por estar consagrada a Dios.* ³ Otra posible traducción de los vs. 36-38: *Si alguno piensa que es mejor que su hija se case, porque va pasando su juventud, y si piensa que eso es lo más indicado, que haga lo que crea conveniente; puede casarla, pues eso no es pecado.* ³⁷*Y si otro, sin sentirse obligado, y con toda libertad para actuar como quiera, se hace en su corazón el propósito firme de que su hija se quede sin casar, hará bien.* ³⁸*Así que, el que la da en matrimonio, hace bien; y el que no la da, hace mejor.* ᶠ **8.6** Mal 2.10; Jn 1.3; Ro 11.36; Ef 4.6; Col 1.16. ᵍ **8.12** Mt 25.45. ʰ **9.1** Hch 9.3-6; 1 Co 15.8; Gá 1.11-16.

del Señor, y Pedro. [6]¿O acaso Bernabé y yo somos los únicos que no tenemos derecho a que la comunidad nos mantenga? [7]¿Quién sirve como soldado pagándose sus propios gastos? ¿Quién cultiva un viñedo y no come de sus uvas? ¿Quién cuida las ovejas y no toma de la leche que ordeña? [8]Y no vayan a creer que ésta es sólo una opinión humana, porque la ley de Moisés también lo dice. [9]Pues está escrito en el libro de la ley: "No le pongas bozal al buey que trilla."[i] Y esto no significa que Dios se preocupe de los bueyes, [10]sino que se preocupa de nosotros. Porque la ley se escribió por causa nuestra, pues tanto el que ara la tierra como el que trilla el grano deben hacerlo con la esperanza de recibir su parte de la cosecha. [11]Así que, si nosotros hemos sembrado en ustedes una semilla espiritual, no es mucho pedir que cosechemos de ustedes algo de lo material.[j] [12]Si otros tienen este derecho sobre ustedes, con mayor razón nosotros.

Pero no hemos hecho uso de tal derecho, y hemos venido soportándolo todo por no estorbar la predicación del mensaje de Cristo. [13]Ustedes saben que quienes trabajan al servicio del templo, viven de lo que hay en el templo.[k] Es decir, que quienes atienden el altar donde se ofrecen los sacrificios, comen de la carne de los animales que allí se sacrifican. [14]De igual manera, el Señor ha dispuesto que quienes anuncian el mensaje de salvación vivan de ese mismo trabajo.[l] [15]Pero yo nunca he utilizado ninguno de estos derechos, ni tampoco les escribo esto para que ustedes me den algo. ¡Prefiero morir a que alguien me quite esta satisfacción que tengo!

[16]Para mí no es motivo de orgullo predicar el mensaje de salvación, porque lo considero una obligación ineludible. ¡Y ay de mí si no lo predico![m] [17]Por eso, si lo hago por mi propia voluntad, ya tengo mi recompensa; y si lo hago a regañadientes, de todas maneras es un encargo que Dios me ha dado. [18]Así pues, mi recompensa es la satisfacción de predicar el mensaje de salvación sin cobrar nada; es decir, sin hacer valer mi derecho a vivir de mi trabajo como predicador.

[19]Aunque no soy esclavo de nadie, me he hecho esclavo de todos, a fin de ganar para Cristo el mayor número posible de personas. [20]Cuando estoy entre los judíos me vuelvo como un judío, para ganarlos a ellos; es decir, que para ganar a los que viven bajo la ley de Moisés, yo mismo me pongo bajo esa ley, aunque en realidad no estoy sujeto a ella. [21]Por otra parte, para ganar a los que no viven bajo la ley de Moisés, me vuelvo como uno de ellos, aunque realmente estoy sujeto a la ley de Dios, ya que estoy bajo la ley de Cristo. [22]Cuando estoy con los que son débiles en la fe, me vuelvo débil como uno de ellos, para ganarlos también. Es decir, me he hecho igual a todos, para de alguna manera poder salvar a algunos. [23]Hago todo esto por causa del mensaje de salvación, para tener parte en el mismo.

[24]Ustedes saben que en una carrera todos corren, pero solamente uno recibe el premio. Pues bien, corran ustedes de tal modo que reciban el premio. [25]Los que se preparan para competir en un deporte, evitan todo lo que pueda hacerles daño. Y esto lo hacen por alcanzar como premio una corona de hojas de laurel, que en seguida se marchita; en cambio, nosotros luchamos por recibir un premio que no se marchita.[*] [26]Yo, por mi parte, no corro a ciegas ni peleo como si estuviera dando golpes al aire. [27]Al contrario, castigo mi cuerpo y lo obligo a obedecerme, para no quedar yo mismo descalificado después de haber enseñado a otros.

### Consejos contra la idolatría

**10** [1]No quiero, hermanos, que olviden que nuestros antepasados estuvieron todos bajo aquella nube,[n] y que todos atravesaron el Mar Rojo.[ñ] [2]De ese modo, todos ellos quedaron unidos a Moisés al ser bautizados en la nube y en el mar. [3]Igualmente, todos ellos comieron el mismo alimento espiritual[o] [4]y tomaron la misma bebida espiritual.[p] Porque bebían agua de la roca espiritual que los acompañaba en su viaje, la cual era Cristo. [5]Sin embargo, la mayoría de ellos no agradó a Dios, y por eso sus cuerpos quedaron tendidos en el desierto.[q]

[6]Todo esto sucedió como un ejemplo para nosotros, para que no deseemos lo malo, como ellos lo desearon.[r] [7]Por eso, no adoren ustedes ídolos, como algunos de ellos lo hicieron, según dice la Escritura: "La gente se sentó a comer y beber, y luego se levantó a divertirse."[s] [8]No cometamos inmoralidades sexuales, como

[i] 9.9 Dt 25.4; 1 Ti 5.18. [j] 9.11 Ro 15.27. [k] 9.13 Dt 18.1. [l] 9.14 Mt 10.10; Lc 10.7. [m] 9.16 Jer 20.9; Am 3.8. [*] 9.25 Sab 4.2; 5.16. [n] 10.1 Ex 13.21-22. [ñ] 10.1 Ex 14.22-29. [o] 10.3 Ex 16.35. [p] 10.4 Ex 17.6; Nm 20.11. [q] 10.5 Nm 14.29-30. [r] 10.6 Nm 11.4. [s] 10.7 Ex 32.6.

las que algunos de ellos cometieron, por lo que en un solo día murieron veintitrés mil.[t] [9]Tampoco pongamos a prueba a Cristo, como algunos de ellos lo hicieron, por lo que murieron mordidos por las serpientes.[u] [10]Ni murmuren contra Dios, como algunos de ellos murmuraron, por lo que el ángel de la muerte los mató.[v]

[11]Todo esto les sucedió a nuestros antepasados como un ejemplo para nosotros, y fue puesto en las Escrituras como una advertencia para los que vivimos en estos tiempos últimos. [12]Así pues, el que cree estar firme, tenga cuidado de no caer. [13]Ustedes no han pasado por ninguna prueba que no sea humanamente soportable. Y pueden ustedes confiar en Dios, que no les dejará sufrir pruebas más duras de lo que pueden soportar. Por el contrario, cuando llegue la prueba, Dios les dará también la manera de salir de ella, para que puedan soportarla. *

[14]Por eso, mis queridos hermanos, huyan de la idolatría. [15]Les hablo como a personas entendidas, y ustedes mismos pueden juzgar lo que les digo. [16]Cuando bebemos de la copa bendita por la cual damos gracias a Dios, nos hacemos uno con Cristo en su sangre; cuando comemos del pan que partimos, nos hacemos uno con Cristo en su cuerpo.[w] [17]Aunque somos muchos, todos comemos de un mismo pan, y por esto somos un solo cuerpo.

[18]Fíjense en el pueblo de Israel: los que comen de los animales ofrecidos en sacrificio, participan del sacrificio mismo.[x] [19]Con esto no quiero decir que el ídolo tenga valor alguno, ni que la carne ofrecida al ídolo sea algo más que otra carne cualquiera. [20]Lo que digo es que cuando los paganos ofrecen algo en sacrificio, se lo ofrecen a los demonios, y no a Dios,[y] y yo no quiero que ustedes tengan parte con los demonios. [21]No pueden beber de la copa del Señor y, a la vez, de la copa de los demonios; ni pueden sentarse a la mesa del Señor y, a la vez, a la mesa de los demonios.[z]

[22]¿O acaso queremos poner celoso al Señor?[a] ¿Somos acaso más fuertes que él?

### La libertad y el amor cristiano

[23]Se dice: "Uno es libre de hacer lo que quiera." Es cierto, pero no todo conviene.[b] Sí, uno es libre de hacer lo que quiera, pero no todo ayuda al crecimiento espiritual. [24]No hay que buscar el bien de uno mismo, sino el bien de los demás.

[25]Coman ustedes de todo lo que se vende en la carnicería, sin preguntar nada por motivos de conciencia; [26]porque el mundo entero, con todo lo que hay en él, es del Señor.[c]

[27]Si uno que no es creyente los invita a comer, y ustedes quieren ir, coman de todo lo que les sirvan, sin preguntar nada por motivos de conciencia. [28]Ahora bien, si alguien les dice: "Esta carne fue ofrecida en sacrificio", entonces no la coman, en atención al que lo dijo y por motivos de conciencia.[4] [29]Estoy hablando de la conciencia del otro, no de la de ustedes.[d]

Pero alguien puede preguntar: "¿Por qué se ha de juzgar mi libertad según la conciencia de otra persona? [30]Y si doy gracias a Dios por lo que como, ¿por qué me han de criticar por comerlo?" [31]En todo caso, lo mismo si comen, que si beben, que si hacen cualquier otra cosa, háganlo todo para la gloria de Dios. [32]No den mal ejemplo a nadie; ni a los judíos, ni a los no judíos, ni a los que pertenecen a la iglesia de Dios. [33]Yo, por mi parte, procuro agradar a todos en todo, sin buscar mi propio bien sino el de los demás, para que alcancen la salvación.

**11** [1]Sigan ustedes mi ejemplo,[e] como yo sigo el ejemplo de Cristo.

### Las mujeres en el culto

[2]Los felicito porque siempre se acuerdan de mí y siguen las enseñanzas que les trasmití.[f] [3]Pero quiero que entiendan que Cristo es cabeza de cada hombre, y que el esposo es cabeza de su esposa, así como Dios es cabeza de Cristo. [4]Si un hombre se cubre la cabeza cuando ora o cuando comunica mensajes de parte de Dios, deshonra al que es su cabeza. [5]En cambio, si una mujer no se cubre la cabeza cuando ora o cuando comunica mensajes de parte de Dios, deshonra al que es su cabeza. Es igual que si se hubiera rapado. [6]Porque si una mujer no se cubre la cabeza, más vale que se la rape de una vez. Pero si la mujer considera vergonzoso cortarse el cabello o raparse la cabeza, entonces que se la cubra. [7]El hombre no debe cubrirse la cabeza, porque él es imagen de Dios y

---

[4] Algunos mss. añaden: *Porque del Señor es la tierra y todo lo que hay en ella.*

[t] **10.8** Nm 25.1-18.  [u] **10.9** Nm 21.5-6.  [v] **10.10** Nm 16.41-49.  *  **10.13** Jdt 8.25-27; Mt 6.13.  [w] **10.16** Mt 26.26-28; Mr 14.22-24; Lc 22.19-20.  [x] **10.18** Lv 7.6.  [y] **10.20** Dt 32.17; Bar 4.7.  [z] **10.21** 2 Co 6.15-16.  [a] **10.22** Ex 20.5; Dt 32.21.  [b] **10.23** 1 Co 6.12.  [c] **10.26** Sal 24.1; 50.12; 89.11.  [d] **10.28-29** 1 Co 8.7-12.  [e] **11.1** 1 Co 4.16; Fil 3.17.  [f] **11.2** 2 Ts 2.15.

refleja la gloria de Dios.*g* Pero la mujer refleja la gloria del hombre, [8]pues el hombre no fue sacado de la mujer, sino la mujer del hombre. [9]Y el hombre no fue creado por causa de la mujer, sino la mujer por causa del hombre.*h* [10]Precisamente por esto, y por causa de los ángeles, la mujer debe llevar sobre la cabeza una señal de autoridad. [11]Sin embargo, en la vida cristiana, ni el hombre existe sin la mujer, ni la mujer sin el hombre. [12]Pues aunque es verdad que la mujer fue formada del hombre, también es cierto que el hombre nace de la mujer; y todo tiene su origen en Dios.

[13]Ustedes mismos juzguen si está bien que la mujer ore a Dios sin cubrirse la cabeza. [14]La naturaleza misma nos enseña que es una vergüenza que el hombre se deje crecer el cabello; [15]en cambio, es una honra para la mujer dejárselo crecer; porque a ella se le ha dado el cabello largo para que le cubra la cabeza. [16]En todo caso, si alguno quiere discutir este asunto, debe saber que ni nosotros ni las iglesias de Dios conocemos otra costumbre.

### Abusos en la Cena del Señor

[17]Al escribirles lo que sigue, no puedo felicitarlos, pues parece que sus reuniones les hacen daño en vez de hacerles bien. [18]En primer lugar, se me ha dicho que cuando se reúnen para celebrar el culto, hay divisiones entre ustedes; y en parte creo que esto es verdad. [19]¡No cabe duda de que ustedes tienen que dividirse en partidos, para que se sepa quiénes son los verdaderos cristianos! [20]El resultado de esas divisiones es que la cena que ustedes toman en sus reuniones ya no es realmente la Cena del Señor. [21]Porque a la hora de comer, cada uno se adelanta a tomar su propia cena; y mientras unos se quedan con hambre, otros hasta se emborrachan. [22]¿No tienen ustedes casas donde comer y beber? ¿Por qué menosprecian la iglesia de Dios y ponen en vergüenza a los que no tienen nada? ¿Qué les voy a decir? ¿Qué los felicito? ¡No en cuanto a esto!

### La Cena del Señor
*(Mt 26.26-29; Mr 14.22-25; Lc 22.14-20)*

[23]Porque yo recibí del Señor esta enseñanza que les di: Que la misma noche que el Señor Jesús fue traicionado, tomó en sus manos pan [24]y, después de dar gracias a Dios, lo partió y dijo: "Esto es mi cuerpo, dado en favor de ustedes. Hagan esto en memoria de mí." [25]Así también, después de la cena, tomó en sus manos la copa y dijo: "Esta copa es el nuevo pacto*i* confirmado con mi sangre.*j* Cada vez que beban, háganlo en memoria de mí." [26]De manera que, hasta que venga el Señor, ustedes proclaman su muerte cada vez que comen de este pan y beben de esta copa.

### Cómo se debe tomar la Cena del Señor

[27]Así pues, cualquiera que come del pan o bebe de la copa del Señor de manera indigna, comete un pecado contra el cuerpo y la sangre del Señor. [28]Por tanto, cada uno debe examinar su propia conciencia antes de comer del pan y beber de la copa. [29]Porque si come y bebe sin fijarse en que se trata del cuerpo del Señor, para su propio castigo come y bebe. [30]Por eso, muchos de ustedes están enfermos y débiles, y también algunos han muerto. [31]Si nos examináramos bien a nosotros mismos, el Señor no tendría que castigarnos, [32]aunque si el Señor nos castiga es para que aprendamos y no seamos condenados con los que son del mundo.*k*

[33]Así que, hermanos míos, cuando se reúnan para comer, espérense unos a otros. [34]Y si alguno tiene hambre, que coma en su propia casa, para que Dios no tenga que castigarlos por esa clase de reuniones. Los otros asuntos los arreglaré cuando vaya a verles.

### Los dones espirituales

**12** [1]Hermanos, quiero que ustedes sepan algo respecto a los dones espirituales. [2]Ustedes saben que cuando todavía no eran creyentes se dejaban arrastrar ciegamente tras los ídolos mudos. [3]Por eso, ahora quiero que sepan que nadie puede decir: "¡Maldito sea Jesús!", si está hablando por el poder del Espíritu de Dios. Y tampoco puede decir nadie: "¡Jesús es Señor!", si no está hablando por el poder del Espíritu Santo.

[4]Una persona puede recibir diferentes dones, pero el que los concede es un mismo Espíritu. [5]Hay diferentes maneras de servir, pero todas por encargo de un mismo Señor. [6]Y hay diferentes poderes para actuar, pero es un mismo Dios el que

---

*g* **11.7** Gn 1.26-27.   *h* **11.8-9** Gn 2.18-23.   *i* **11.25** Ex 24.8; Jer 31.31-34.   *j* **11.25** Ex 24.6-8.   *k* **11.31-32** Dt 8.5; He 12.5-11.

lo hace todo en todos. [7]Dios da a cada uno alguna prueba de la presencia del Espíritu, para provecho de todos. [8]Por medio del Espíritu, a unos les concede que hablen con sabiduría; y a otros, por el mismo Espíritu, les concede que hablen con profundo conocimiento. [9]Unos reciben fe por medio del mismo Espíritu, y otros reciben el don de curar enfermos. [10]Unos reciben poder para hacer milagros, y otros para comunicar mensajes recibidos de Dios. A unos, Dios les da la capacidad de distinguir entre los espíritus falsos y el Espíritu verdadero, y a otros la capacidad de hablar en lenguas, y todavía a otros les da la capacidad de interpretar lo que se ha dicho en esas lenguas. [11]Pero todas estas cosas las hace el único y mismo Espíritu, dando a cada persona lo que a él mejor le parece.[l]

### Todos pertenecemos a un solo cuerpo

[12]El cuerpo humano, aunque está formado por muchas partes, es un solo cuerpo. Así también Cristo.[m] [13]Y de la misma manera, todos nosotros, judíos o no judíos, esclavos o libres, fuimos bautizados para formar un solo cuerpo por medio de un solo Espíritu; y a todos se nos dio a beber de ese mismo Espíritu.

[14]Un cuerpo no se compone de una sola parte, sino de muchas. [15]Si el pie dijera: "Como no soy mano, no soy del cuerpo", no por eso dejaría de ser del cuerpo. [16]Y si la oreja dijera: "Como no soy ojo, no soy del cuerpo", no por eso dejaría de ser del cuerpo. [17]Si todo el cuerpo fuera ojo, no podríamos oír. Y si todo el cuerpo fuera oído, no podríamos oler. [18]Pero Dios ha puesto cada parte del cuerpo en el sitio que mejor le pareció. [19]Si todo fuera una sola parte, no habría cuerpo. [20]Lo cierto es que, aunque son muchas las partes, el cuerpo sólo es uno.

[21]El ojo no puede decirle a la mano: "No te necesito"; ni la cabeza puede decirles a los pies: "No los necesito." [22]Al contrario, las partes del cuerpo que parecen más débiles, son las que más se necesitan; [23]y las partes del cuerpo que menos estimamos, son las que vestimos con más cuidado. Y las partes que consideramos menos presentables, son las que tratamos con más modestia, [24]lo cual no es necesario hacer con las partes más presentables. Dios arregló el cuerpo de tal manera que las partes menos estimadas

reciban más honor, [25]para que no haya desunión en el cuerpo, sino que cada parte del cuerpo se preocupe por las otras. [26]Si una parte del cuerpo sufre, todas las demás sufren también; y si una parte recibe atención especial, todas las demás comparten su alegría.

[27]Pues bien, ustedes son el cuerpo de Cristo, y cada uno de ustedes es parte de ese cuerpo. [28]Dios ha querido que en la iglesia haya, en primer lugar, apóstoles; en segundo lugar, profetas; en tercer lugar, maestros;[n] luego personas que hacen milagros, y otras que curan enfermos, o que ayudan, o que dirigen, o que hablan en lenguas. [29]No todos son apóstoles, ni todos son profetas. No todos son maestros, ni todos hacen milagros, [30]ni todos tienen poder para curar enfermos. Tampoco todos hablan en lenguas, ni todos saben interpretarlas. [31]Ustedes deben ambicionar los mejores dones.

### El amor

Yo voy a enseñarles un camino mucho mejor.

**13** [1]Si hablo las lenguas de los hombres y aun de los ángeles, pero no tengo amor, no soy más que un metal que resuena o un platillo discordante. [2]Y si hablo de parte de Dios, y entiendo sus propósitos secretos, y sé todas las cosas, y si tengo la fe necesaria para mover montañas,[ñ] pero no tengo amor, no soy nada. [3]Y si reparto entre los pobres todo lo que poseo, y aun si entrego mi propio cuerpo para tener de qué enorgullecerme,[s] pero no tengo amor, de nada me sirve.

[4]Tener amor es saber soportar; es ser bondadoso; es no tener envidia, ni ser presumido, ni orgulloso, [5]ni grosero, ni egoísta; es no enojarse ni guardar rencor; [6]es no alegrarse de las injusticias, sino de la verdad. [7]Tener amor es sufrirlo todo, creerlo todo, esperarlo todo, soportarlo todo.

[8]El amor jamás dejará de existir. Un día los hombres dejarán de profetizar, y ya no hablarán en lenguas, ni serán necesarios los conocimientos. [9]Porque los conocimientos y la profecía son cosas imperfectas, [10]que llegarán a su fin cuando venga lo que es perfecto.

[11]Cuando yo era niño, hablaba, pensaba y razonaba como un niño; pero al hacerme hombre, dejé atrás lo que era propio de un niño. [12]Ahora vemos de

---

[s] *Para tener de qué enorgullecerme:* algunos mss. dicen: *para ser quemado.*
[l] 12.4-11 Ro 12.6-8.   [m] 12.12 Ro 12.4-5; Ef 4.14-16.   [n] 12.28 Ef 4.11.   [ñ] 13.2 Mt 17.20; 21.21; Mr 11.23.

manera borrosa, como en un espejo; pero un día lo veremos todo tal como es en realidad.º Mi conocimiento es ahora imperfecto, pero un día lo conoceré todo del mismo modo que Dios me conoce a mí.

[13] Tres cosas hay que son permanentes: la fe, la esperanza y el amor; pero la más importante de las tres es el amor.

### El hablar en lenguas

**14** [1] Procuren, pues, tener amor, y al mismo tiempo ambicionen que Dios les dé dones espirituales, especialmente el de comunicar mensajes de su parte. [2] Aquel que habla en lenguas extrañas, habla a Dios y no a la gente, pues nadie le entiende. Lo que dice es espiritual, pero nadie lo sabe.⁶ [3] En cambio, el que comunica mensajes de parte de Dios, hace crecer espiritualmente a los demás, y los anima y consuela. [4] El que habla en una lengua extraña, crece espiritualmente él mismo; pero el que comunica mensajes recibidos de Dios, hace crecer espiritualmente a los de la iglesia.

[5] Yo quisiera que todos ustedes hablaran en lenguas extrañas; pero preferiría que comunicaran mensajes de parte de Dios; esto es mejor que hablar en lenguas, a menos que se interprete su significado para que los de la iglesia crezcan espiritualmente. [6] Por eso, hermanos, no les servirá de nada que yo los visite y les hable en lenguas extrañas, en vez de hablarles de lo que Dios nos manifiesta, o del conocimiento de la verdad, o en vez de comunicarles algún mensaje de parte de Dios, o alguna enseñanza.

[7] Si los instrumentos musicales, como la flauta o el arpa, no tuvieran diferente sonido, no podrían distinguirse unos de otros. [8] Y si, en la guerra, la trompeta no diera sus toques con claridad, nadie se prepararía para la batalla. [9] Lo mismo sucede con ustedes: si no usan su lengua para pronunciar palabras que se puedan entender, ¿cómo va a saberse lo que están diciendo? ¡Le estarán hablando al aire! [10] Sin duda hay muchos idiomas en el mundo, y ciertamente todos tienen sentido. [11] Pero si yo no conozco el significado de las palabras, seré un extranjero para el que me habla, y él será un extranjero para mí. [12] Por eso, ya que ustedes ambicionan poseer dones espirituales, procuren tener un abundancia aquellos que ayudan a crecer espiritualmente a los de la iglesia.

[13] Por lo tanto, el que habla en lengua extraña, pídale a Dios que le conceda el poder de interpretarla. [14] Pues si yo oro en una lengua extraña, es verdad que estoy orando con mi espíritu, pero mi entendimiento no participa. [15] ¿Qué debo hacer entonces? Pues debo orar con el espíritu, pero también con el entendimiento. Debo cantar con el espíritu, pero también con el entendimiento. [16] Porque si tú alabas a Dios solamente con el espíritu, y una persona no instruida te escucha, no podrá unirse a ti en tu acción de gracias, pues no entenderá lo que dices. [17] Tu acción de gracias podrá ser muy buena, pero no ayudará al otro a crecer espiritualmente. [18] Doy gracias a Dios porque hablo en lenguas extrañas más que todos ustedes; [19] pero en la iglesia prefiero decir cinco palabras que se entiendan, para enseñar así a otros, que decir diez mil palabras en lengua extraña.

[20] Hermanos, no piensen ustedes como niños. Sean como niños para lo malo; pero sean adultos en su modo de pensar. [21] En el libro de la ley está escrito: "Hablaré a esta nación en lenguas extrañas y por boca de extranjeros, pero ni aun así me harán caso, dice el Señor."ᵖ [22] Así que el hablar en lenguas es una señal para los incrédulos, no para los creyentes. Pero el comunicar mensajes de parte de Dios es una señal para los creyentes, no para los incrédulos. [23] Porque cuando la iglesia se encuentra reunida, si todos están hablando en lenguas, y entra un simple oyente o un incrédulo, creerá que ustedes se han vuelto locos. [24] En cambio, si todos están comunicando mensajes recibidos de Dios, y entra un incrédulo o un simple oyente, se convencerá de su pecado, y él mismo se examinará al oír lo que todos están diciendo. [25] Así quedará al descubierto lo más profundo de su corazón, y adorará de rodillas a Dios, y reconocerá que Dios está verdaderamente entre ustedes.

### Háganlo todo decentemente y con orden

[26] En resumen, hermanos, cuando ustedes se reúnan, unos pueden cantar salmos, otros pueden enseñar, o comunicar lo que Dios les haya revelado, o hablar en lenguas extrañas, o interpretarlas. Pero

---

⁶ *Lo que dice es espiritual, pero nadie lo sabe:* otra posible traducción: *para sí mismo* (lit. *en espíritu*) *habla de cosas secretas.*
º **13.12** 1 Jn 3.2.   ᵖ **14.21** Is 28.11-12.

que todo sea para su crecimiento espiritual. [27]Y cuando se hable en lenguas extrañas, que lo hagan dos personas, o tres cuando más, y por turno; además, alguien debe interpretar esas lenguas. [28]Y si no hay nadie en la iglesia que pueda interpretarlas, mejor será no hablar en lenguas, sino que cada uno hable consigo mismo y con Dios. [29]Igualmente, si se trata de comunicar mensajes de parte de Dios, que hablen dos o tres, y que los otros consideren lo que se haya dicho. [30]Pero si Dios le revela algo a otra persona que está allí sentada, entonces el primero debe dejar de hablar. [31]De esta manera todos, cada uno en su turno correspondiente, podrán comunicar mensajes de parte de Dios, para que todos aprendan y se animen. [32]El comunicar mensajes de parte de Dios debe estar bajo el control del que los comunica, [33]porque Dios es Dios de paz y no de confusión.

Siguiendo la práctica general del pueblo de Dios, [34]las mujeres deben guardar silencio en el culto de la iglesia, porque no les está permitido hablar. Deben estar sometidas a sus esposos, como manda la ley de Dios. [35]Si quieren saber algo, pregúntenlo a sus esposos en casa; porque no está bien que una mujer hable en el culto.

[36]Tengan presente que la palabra de Dios no comenzó en ustedes, ni ustedes son los únicos que la han recibido. [37]Si alguien se cree profeta, o cree estar inspirado por el Espíritu, reconocerá que esto que les estoy escribiendo es un mandato del Señor. [38]Y si no lo reconoce, que tampoco se le reconozca a él.

[39]Así pues, hermanos míos, ambicionen comunicar mensajes de Dios, y no prohíban que se hable en lenguas; [40]pero háganlo todo decentemente y con orden.

### La resurrección de Cristo

**15** [1]Ahora, hermanos, quiero que se acuerden del mensaje de salvación que les he predicado. Este es el mensaje que ustedes aceptaron, y en el cual están firmes. [2]También por medio de este mensaje son ustedes salvos, si es que se mantienen firmes en él; de lo contrario, habrán creído en vano.

[3]En primer lugar les he dado a conocer la enseñanza que yo recibí. Les he enseñado que Cristo murió por nuestros pecados, como dicen las Escrituras;[q] [4]que lo sepultaron y que resucitó al tercer día,

como también dicen las Escrituras;[r] [5]que se apareció a Pedro,[s] y luego a los doce.[t] [6]Después se apareció a más de quinientos hermanos a la vez, la mayoría de los cuales vive todavía, aunque algunos ya han muerto. [7]Después se apareció a Santiago, y luego a todos los apóstoles.

[8]Por último se me apareció también a mí,[u] que soy como un niño nacido anormalmente. [9]Pues yo soy el menos importante de los apóstoles, y ni siquiera merezco llamarme apóstol, porque perseguí a la iglesia de Dios.[v] [10]Pero soy lo que soy porque Dios fue bueno conmigo; y su bondad para conmigo no ha resultado en vano. Al contrario, he trabajado más que todos ellos; aunque no he sido yo, sino Dios, que en su bondad me ha ayudado. [11]Lo que importa no es si he sido yo o si han sido ellos, sino que éste es nuestro mensaje y que esto es lo que ustedes han creído.

### La resurrección de los muertos

[12]Pero si nuestro mensaje es que Cristo resucitó, ¿por qué dicen algunos de ustedes que los muertos no resucitan? [13]Porque si los muertos no resucitan, entonces tampoco Cristo resucitó; [14]y si Cristo no resucitó, el mensaje que predicamos no vale para nada, ni tampoco vale para nada la fe que ustedes tienen. [15]Si esto fuera así, nosotros resultaríamos ser testigos falsos de Dios, puesto que afirmamos que él resucitó a Cristo, cuando en realidad no lo habría resucitado si fuera verdad que los muertos no resucitan. [16]Porque si los muertos no resucitan, entonces tampoco Cristo resucitó; [17]y si Cristo no resucitó, la fe de ustedes no vale para nada: todavía siguen en sus pecados. [18]En este caso, también están perdidos los que murieron creyendo en Cristo. [19]Si nuestra esperanza en Cristo solamente está referida a esta vida, somos los más desdichados de todos.

[20]Pero lo cierto es que Cristo ha resucitado. Él es el primer fruto de la cosecha: ha sido el primero en resucitar. [21]Así como por causa de un hombre entró la muerte en el mundo, también por causa de un hombre entró la resurrección de los muertos. [22]Y así como en Adán todos mueren, así también en Cristo todos tendrán vida.[w] [23]Pero cada uno en el orden que le corresponda: Cristo en primer lugar; después, cuando Cristo vuelva, los

*q* 15.3 Is 53.5-12.   *r* 15.4 Sal 16.8-10; Mt 12.40; Hch 2.24-32.   *s* 15.5 Lc 24.34.   *t* 15.5 Mt 28.16-17; Mr 16.14; Lc 24.36; Jn 20.19.
*u* 15.8 Hch 9.3-6.   *v* 15.9 Hch 8.3.   *w* 15.21-22 Ro 5.12-18.

que son suyos. [24]Entonces vendrá el fin, cuando Cristo derrote a todos los señoríos, autoridades y poderes, y entregue el reino al Dios y Padre. [25]Porque Cristo tiene que reinar hasta que todos sus enemigos estén puestos debajo de sus pies;[x] [26]y el último enemigo que será derrotado es la muerte. [27]Porque Dios lo ha sometido todo debajo de sus pies.[y] Pero cuando dice que todo le ha quedado sometido, es claro que esto no incluye a Dios mismo, ya que es él quien le sometió todas las cosas. [28]Y cuando todo haya quedado sometido a Cristo, entonces Cristo mismo, que es el Hijo, se someterá a Dios, que es quien sometió a él todas las cosas. Así, Dios será todo en todo.

[29]De otra manera, los que se bautizan por los muertos, ¿para qué lo harían? Si los muertos no resucitan, ¿para qué bautizarse por ellos? [30]¿Y por qué estamos nosotros en peligro a todas horas? [31]Porque, hermanos, todos los días estoy en peligro de muerte. Esto es tan cierto como la satisfacción que siento por ustedes como creyentes en nuestro Señor Jesucristo. [32]Yo he luchado con las fieras en Éfeso, pero ¿qué he ganado con eso? Si es verdad que los muertos no resucitan, entonces, como algunos dicen: "¡Comamos y bebamos, que mañana moriremos!"[z]

[33]No se dejen engañar. Como alguien dijo: "Los malos compañeros echan a perder las buenas costumbres." [34]Vuelvan ustedes al buen juicio, y no pequen, pues algunos de ustedes no conocen a Dios. Digo esto para que se avergüencen.

### Cómo resucitarán los muertos

[35]Tal vez alguno preguntará: "¿Cómo resucitarán los muertos? ¿Qué clase de cuerpo tendrán?" [36]¡Vaya pregunta tonta! Cuando se siembra, la semilla tiene que morir para que tome vida la planta. [37]Lo que se siembra no es la planta que ha de brotar, sino el simple grano, sea de trigo o de otra cosa. [38]Después Dios le da la forma que él quiere, y a cada semilla le da el cuerpo que le corresponde. [39]No todos los cuerpos son iguales; uno es el cuerpo del hombre, otro el de los animales, otro el de las aves y otro el de los peces. [40]Del mismo modo, hay cuerpos celestes y cuerpos terrestres; pero una es la hermosura de los cuerpos celestes y otra la hermosura de los cuerpos terrestres. [41]El brillo del sol es diferente del brillo de la luna y del brillo de las estrellas; y aun entre las estrellas, el brillo de una es diferente del de otra.

[42]Lo mismo pasa con la resurrección de los muertos. Lo que se entierra es corruptible; lo que resucita es incorruptible. [43]Lo que se entierra es despreciable; lo que resucita es glorioso. Lo que se entierra es débil; lo que resucita es fuerte. [44]Lo que se entierra es un cuerpo material; lo que resucita es un cuerpo espiritual. Si hay cuerpo material, también hay cuerpo espiritual.

[45]Así dice la Escritura: "El primer hombre, Adán, fue materia con vida"; pero el último Adán es espíritu que da vida. [46]Sin embargo, lo espiritual no es primero, sino lo material; después lo espiritual. [47]El primer hombre, hecho de tierra, era de la tierra;[a] el segundo hombre es del cielo. [48]Los cuerpos de la tierra son como aquel hombre hecho de tierra; y los del cielo son como aquel que es del cielo. [49]Así como nos parecemos al hombre hecho de tierra, así también nos pareceremos a aquel que es del cielo.

[50]Quiero decirles, hermanos, que lo que es de carne y hueso[7] no puede tener parte en el reino de Dios, y que lo corruptible no puede tener parte en lo incorruptible. [51]Pero quiero que sepan un secreto: No todos moriremos, pero todos seremos transformados [52]en un momento, en un abrir y cerrar de ojos, cuando suene el último toque de trompeta. Porque sonará la trompeta, y los muertos serán resucitados para no volver a morir. Y nosotros seremos transformados.[b] [53]Pues nuestra naturaleza corruptible se revestirá de lo incorruptible, y nuestro cuerpo mortal se revestirá de inmortalidad. [54]Y cuando nuestra naturaleza corruptible se haya revestido de lo incorruptible, y cuando nuestro cuerpo mortal se haya revestido de inmortalidad, se cumplirá lo que dice la Escritura: "La muerte ha sido devorada por la victoria.[c] [55]¿Dónde está, oh muerte, tu victoria? ¿Dónde está, oh muerte, tu aguijón?"[d] [56]El aguijón de la muerte es el pecado, y la ley antigua es la que da al pecado su poder. [57]¡Pero gracias a Dios, que nos da la victoria por medio de nuestro Señor Jesucristo!

[58]Por lo tanto, mis queridos hermanos, sigan firmes y constantes, trabajando siempre más y más en la obra del Señor;

---

[7] *Carne y hueso:* lit. *carne y sangre.*

[x] **15.25** Sal 110.1.   [y] **15.27** Sal 8.6.   [z] **15.32** Is 22.13; Sab 2.6.   [a] **15.45-47** Gn 2.7.   [b] **15.51-52** 1 Ts 4.15-17.   [c] **15.54** Is 25.8.   [d] **15.55** Os 13.14.

porque ustedes saben que no es en vano el trabajo que hacen en unión con el Señor.

## La colecta para los hermanos

**16** ¹En cuanto a la colecta para los hermanos en la fe,ᵉ háganla según las instrucciones que di a las iglesias en la provincia de Galacia. ²Los domingos, cada uno de ustedes debe apartar algo, según lo que haya ganado, y guardarlo para que cuando yo llegue no se tengan que hacer colectas. ³Y cuando yo llegue, mandaré a Jerusalén a las personas que ustedes escojan, dándoles cartas para que lleven a los hermanos de allá la colecta hecha por ustedes. ⁴Y si es conveniente que yo también vaya, ellos irán conmigo.

## Planes de viaje de Pablo

⁵En mi viaje tengo que pasar por la región de Macedonia; y después de Macedonia llegaré a Corinto.ᶠ ⁶Puede ser que me quede con ustedes algún tiempo, o que tal vez pase allí todo el invierno; entonces ustedes podrán ayudarme en mi viaje a donde tenga que ir después. ⁷No quiero verlos solamente de paso, sino que espero estar algún tiempo con ustedes, si el Señor lo permite; ⁸pero me quedaré en Éfeso hasta el día de Pentecostés,ᵍ ⁹porque tengo una gran oportunidad de trabajar en la obra del Señor y obtener buenos resultados, a pesar de que muchos están en contra mía.ʰ

¹⁰Si llega Timoteo,ⁱ procuren que se sienta a gusto entre ustedes, pues trabaja en la obra del Señor lo mismo que yo. ¹¹Así que ninguno de ustedes lo desprecie; sino, al contrario, ayúdenlo a seguir su viaje en paz, para que venga a verme, porque yo estoy esperando junto con los otros hermanos.

¹²En cuanto al hermano Apolos, le rogué mucho que fuera con los hermanos a visitarlos a ustedes, pero por ahora no quiso ir. Lo hará cuando tenga oportunidad.

## Saludos finales

¹³Manténganse despiertos y firmes en la fe. Tengan mucho valor y firmeza. ¹⁴Y todo lo que hagan, háganlo con amor.

¹⁵Hermanos, ustedes saben que la familia de Estéfanasʲ fue la primera que en la región de Acaya se convirtió al evangelio, y que ellos se han dedicado a servir a los hermanos en la fe. ¹⁶Quiero que ustedes, a su vez, se sometan a personas como ellos y a todos los que ayudan y trabajan en esta labor.

¹⁷Me alegro de que hayan venido Estéfanas, Fortunato y Acaico, pues en ausencia de ustedes ¹⁸ellos me han animado espiritualmente, lo mismo que a ustedes. Personas así merecen que ustedes las reconozcan.

¹⁹Las iglesias de la provincia de Asia les mandan saludos. Aquila y Prisca,ᵏ y la congregación que se reúne en su casa, les mandan muchos saludos en el Señor. ²⁰Reciban saludos de todos los hermanos. Salúdense unos a otros con un beso santo.

²¹Yo, Pablo, les escribo a ustedes este saludo de mi puño y letra. ²²Si alguien no ama al Señor Jesucristo, que sea puesto bajo maldición. ¡Señor nuestro, ven!ᵍ

²³Que el Señor Jesucristo derrame su gracia sobre ustedes. ²⁴A todos ustedes les envío mi amor en Cristo Jesús.

ᵍ ¡Señor nuestro, ven!: otra posible traducción: El Señor viene.
ᵉ 16.1 Ro 15.25-26; 2 Co 8-9.  ᶠ 16.5 Hch 19.21.  ᵍ 16.8 Lv 23.15-21; Dt 16.9-11.  ʰ 16.8-9 Hch 19.8-10.  ⁱ 16.10 1 Co 4.17.
ʲ 16.15 1 Co 1.16.  ᵏ 16.19 Hch 18.2.

# Segunda Carta de San Pablo a los
# CORINTIOS

*Esta es una de las cartas más emotivas y francas del apóstol, así como más de carácter personal. La iglesia de Corinto seguía causándole dolores de cabeza, y ahora sus relaciones con ella parecían colgar de un hilo. Algunos de sus miembros habían emprendido una campaña para desprestigiar a Pablo, llegando hasta poner en duda la legitimidad y autoridad de su apostolado. Y a esto él reaccionaba con energía y aun con rudeza. Pero no obstante, la carta respira el amor del apóstol por los corintios, su espíritu dispuesto a la reconciliación y su convicción de que, a pesar de todo, los corintios también lo aman.*

*Tras la introducción acostumbrada (1.1-11), Pablo se refiere a sus relaciones con la iglesia de Corinto, y explica por qué les ha escrito con severidad ante la campaña desatada contra él. Se alegra de que su severidad hubiera producido arrepentimiento y reconciliación (1.12—7.16). Aun en medio del conflicto que se había creado no deja de pensar en los demás, así que hace un nuevo llamamiento a la iglesia para que envíen socorros a los hermanos de Judea (caps. 8,9). Luego viene la más vibrante defensa que hizo Pablo de su autoridad de apóstol, frente a aquellos —al parecer sólo una minoría— que lo acusaban de ser un falso apóstol, y que, además, se presentaban a sí mismos como verdaderos apóstoles y trataban de suplantarlo en el afecto y obediencia de los creyentes corintios (10.1—13.10). La conclusión es breve, pero afectuosa (13.11-14).*

## Saludo

**1** ¹Yo, Pablo, por la voluntad de Dios soy apóstol de Jesucristo. Junto con el hermano Timoteo, escribo esta carta a la iglesia de Dios que está en la ciudad de Corinto*ª* y al pueblo de Dios en toda la región de Acaya. ²Que Dios nuestro Padre y el Señor Jesucristo derramen su gracia y su paz sobre ustedes.

## Sufrimientos de Pablo

³Alabemos al Dios y Padre de nuestro Señor Jesucristo, pues él es el Padre que nos tiene compasión y el Dios que siempre nos consuela. ⁴El nos consuela en todos nuestros sufrimientos, para que nosotros podamos consolar también a los que sufren, dándoles el mismo consuelo que él nos ha dado a nosotros. ⁵Porque así como los sufrimientos de Cristo se desbordan sobre nosotros y nosotros sufrimos con él, así también por medio de Cristo se desborda nuestro consuelo. ⁶Pues si nosotros sufrimos, es para que ustedes tengan consuelo y salvación; y si Dios nos consuela, también es para que ustedes tengan consuelo y puedan soportar con fortaleza los mismos sufrimientos que nosotros padecemos. ⁷Tenemos una esperanza firme en cuanto a ustedes, porque nos consta que, así como tienen parte en los sufrimientos, también tienen parte en el consuelo que viene de Dios.

⁸Hermanos, queremos recordarles cuántas dificultades tuvimos en la provincia de Asia.*ᵇ* Fue una prueba tan dura que ya no podíamos resistir más, y hasta perdimos la esperanza de salir con vida. ⁹Nos sentíamos como condenados a muerte. Pero esto sirvió para enseñarnos a no confiar en nosotros mismos, sino en Dios, que resucita a los muertos. ¹⁰Y Dios nos libró y nos librará de tan gran peligro de muerte. Confiamos en que seguirá librándonos, ¹¹si ustedes nos ayudan orando por nosotros. Si muchos oran por nosotros, muchos también darán gracias a Dios por las bendiciones que de él recibimos.

## Por qué no fue Pablo a Corinto

¹²Hay algo que nos causa satisfacción, y es que nuestra conciencia nos dice que nos hemos portado limpia y sinceramente en este mundo, y especialmente entre ustedes. Esto no se debe a nuestra propia sabiduría, sino a que Dios, en su bondad, nos ha ayudado a vivir así. ¹³En nuestras cartas, no escribimos nada distinto de lo que ustedes pueden leer y entender. Y espero que lleguen a entender perfectamente, ¹⁴como ya lo han entendido en parte, que cuando regrese nuestro Señor Jesús ustedes se sentirán satisfechos de nosotros, como también nosotros nos sentiremos satisfechos de ustedes.

¹⁵Confiando en esto, yo había pensado en ir primero a verlos a ustedes, y así

---

*ª* 1.1 Hch 18.1.   *ᵇ* 1.8 1 Co 15.32.

hacerles el favor de visitarlos dos veces; [16]pensaba visitarlos primero al pasar camino de Macedonia,[c] y después, al regresar, visitarlos otra vez. Así ustedes podrían ayudarme luego a seguir mi viaje a Judea. [17]¿Será que cuando decidí hacer esto no lo pensé seriamente? ¿Creen ustedes que yo hago mis planes con doblez, diciendo "sí" y "no" al mismo tiempo? [18]Dios es testigo de que nosotros no les decimos a ustedes "sí" y "no" al mismo tiempo. [19]Porque Cristo Jesús, el Hijo de Dios, a quien Silvano, Timoteo y yo[d] predicamos entre ustedes, no es "sí" y "no" al mismo tiempo. Cristo es el "sí" de Dios, [20]pues en él se cumplen todas las promesas de Dios. Por esto, cuando alabamos a Dios, decimos "Así sea" por medio de Cristo Jesús. [21]Y Dios es el que a nosotros y a ustedes nos ha afirmado al unirnos a Cristo, y nos ha escogido. [22]Nos ha marcado con su sello, y ha puesto en nuestro corazón el Espíritu Santo como garantía[e] de lo que vamos a recibir.

[23]Pero si todavía no he ido a Corinto, como pensaba, pongo a Dios por testigo de que ha sido por consideración a ustedes. [24]No es que queramos imponerles a ustedes lo que tienen que creer, pues ya están firmes en su fe; lo que queremos es colaborar con ustedes, para que tengan alegría.

2 [1]Por esto decidí no hacerles otra visita que les causara tristeza. [2]Porque si yo los entristezco, ¿quién hará que me sienta alegre, de no ser ustedes, a quienes he entristecido? [3]Por eso les escribí como lo hice, porque no quería ir para que me entristecieran ustedes, que más bien deberían alegrarme. Estaba seguro de que todos ustedes harían suya mi alegría, [4]pero cuando les escribí esa carta, me sentía tan preocupado y afligido que hasta lloraba. Sin embargo, no la escribí para causarles tristeza, sino para que vieran el amor tan grande que les tengo.

### Perdón para el que había ofendido a Pablo

[5]Si alguno ha causado tristeza, no me la ha causado sólo a mí, sino hasta cierto punto también a todos ustedes. Digo "hasta cierto punto" para no exagerar. [6]El castigo que la mayoría de ustedes le impuso a esa persona, ya es suficiente. [7]Lo que ahora deben hacer es perdonarlo y ayudarlo, no sea que tanta tristeza lo

lleve a la desesperación. [8]Por eso les ruego que nuevamente le demuestren el amor que le tienen. [9]Ya antes les escribí sobre este asunto, precisamente para probarlos y saber si están dispuestos a seguir mis instrucciones. [10]Así que aquel a quien ustedes perdonen algo, también yo se lo perdono. Y se lo perdono, si es que había algo que perdonar, por consideración a ustedes y en presencia de Cristo. [11]Así Satanás no se aprovechará de nosotros, pues conocemos muy bien sus mañas.

### Intranquilidad de Pablo en Troas

[12]Cuando llegué a la ciudad de Troas para anunciar el mensaje de Cristo, se me presentó una gran oportunidad de trabajar por el Señor. [13]Pero mi ánimo no estaba tranquilo, porque no encontré a nuestro hermano Tito. Por eso me despedí de ellos y me fui a Macedonia.[f]

### Victoriosos en Cristo

[14]Gracias a Dios que siempre nos lleva en el desfile victorioso de Cristo Jesús[I] y que por medio de nosotros da a conocer su mensaje, el cual se esparce por todas partes como un aroma agradable. [15]Porque nosotros somos como el olor del incienso que Cristo ofrece a Dios, y que se esparce tanto entre los que se salvan como entre los que se pierden. [16]Para los que se pierden, este incienso resulta un aroma mortal, pero para los que se salvan, es una fragancia que les da vida. ¿Y quién está capacitado para esto? [17]Nosotros no andamos negociando con el mensaje de Dios, como hacen muchos; al contrario, hablamos con sinceridad delante de Dios, como enviados suyos que somos y por nuestra unión con Cristo.

### El mensaje del nuevo pacto

3 [1]Cuando decimos esto, ¿les parece que estamos comenzando otra vez a alabarnos a nosotros mismos? ¿O acaso tendremos que presentarles o pedirles a ustedes cartas de recomendación, como hacen algunos? [2]Ustedes mismos son la única carta de recomendación que necesitamos: una carta escrita en nuestro corazón, la cual todos conocen y pueden leer. [3]Y se ve claramente que ustedes son una carta escrita por Cristo mismo y entregada por nosotros; una carta que no ha sido escrita con tinta, sino con el Espíritu

[I] *Nos lleva . . . Cristo Jesús:* otra posible traducción: *nos hace triunfar en unión con Cristo Jesús.*
[c] 1.16 Hch 19.21.    [d] 1.19 Hch 18.5.    [e] 1.22 Ef 1.14.    [f] 2.12-13 Hch 20.1.

del Dios viviente; una carta que no ha sido grabada en tablas de piedra,$^g$ sino en corazones humanos.$^h$

$^4$Confiados en Dios por medio de Cristo, estamos seguros de esto. $^5$No es que nosotros mismos estemos capacitados para considerar algo como nuestro; al contrario, todo lo que podemos hacer viene de Dios, $^6$pues él nos ha capacitado para ser servidores de un nuevo pacto,$^i$ no escrito, sino espiritual. La ley escrita condena a muerte, pero el Espíritu de Dios da vida.

$^7$Esta ley, grabada en letras sobre tablas de piedra, vino con tal resplandor que los israelitas ni siquiera podían mirar la cara de Moisés a causa de su intenso brillo.$^j$ Sin embargo, aquel resplandor había de terminar por apagarse. Pero si esa ley que condena a muerte fue promulgada con tanta gloria, $^8$¡cuánta más será la gloria del anuncio de un nuevo pacto fundado en el Espíritu! $^9$Es decir, que si fue tan gloriosa la promulgación de una ley que sirvió para condenarnos, ¡cuánto más glorioso será poder anunciar que Dios nos declara sin culpa! $^{10}$Porque la gloria anterior ya no es nada en comparación con esto, que es mucho más glorioso. $^{11}$Y si fue glorioso lo que había de terminar por apagarse, mucho más glorioso será lo que permanece para siempre.

$^{12}$Precisamente porque tenemos esta esperanza, hablamos con toda libertad. $^{13}$No hacemos como Moisés, que se tapaba la cara con un velo$^k$ para que los israelitas no vieran que aquel resplandor se iba apagando. $^{14}$Pero ellos no lo entendieron así, y todavía ahora, cuando leen el antiguo pacto, ese mismo velo les impide entender, pues no les ha sido quitado, porque solamente se quita por medio de Cristo. $^{15}$Hasta el día de hoy, cuando leen los libros de Moisés, un velo cubre su entendimiento. $^{16}$Pero cuando una persona se vuelve al Señor, el velo se le quita. $^{17}$Porque el Señor es el Espíritu; y donde está el Espíritu del Señor, allí hay libertad. $^{18}$Por eso, todos nosotros, ya sin el velo que nos cubría la cara, somos como un espejo que refleja la gloria del Señor, y vamos transformándonos en su imagen misma,$^l$ porque cada vez tenemos más de su gloria, y esto por la acción del Señor, que es el Espíritu.

**4** $^1$Por eso no nos desanimamos, porque Dios, en su misericordia, nos ha encargado este trabajo. $^2$Hemos rechazado las cosas vergonzosas que se hacen a escondidas; y no actuamos con astucia ni falseamos el mensaje de Dios. Al contrario, decimos solamente la verdad, y de esta manera nos recomendamos a la conciencia de todos delante de Dios. $^3$Y si el mensaje de salvación que predicamos es oscuro, lo es solamente para los que se pierden. $^4$Pues como ellos no creen, el dios de este mundo los ha hecho ciegos de entendimiento, para que no vean la brillante luz del evangelio del Cristo glorioso, imagen viva de Dios. $^5$No nos predicamos a nosotros mismos, sino a Jesucristo como Señor; nosotros nos declaramos simplemente servidores de ustedes por amor a Jesús. $^6$Porque el mismo Dios que mandó que la luz brotara de la oscuridad,$^m$ es el que ha hecho brotar su luz en nuestro corazón, para que por medio de ella podamos conocer la gloria de Dios que brilla en la cara de Jesucristo.

### El vivir por la fe

$^7$Pero esta riqueza la tenemos en nuestro cuerpo, que es como una olla de barro,$^*$ para mostrar que ese poder tan grande viene de Dios y no de nosotros. $^8$Así, aunque llenos de problemas, no estamos sin salida; tenemos preocupaciones, pero no nos desesperamos; $^9$Nos persiguen, pero no estamos abandonados; nos derriban, pero no nos destruyen. $^{10}$Dondequiera que vamos, llevamos siempre en nuestro cuerpo la muerte de Jesús, para que también su vida se muestre en nosotros. $^{11}$Pues nosotros, los que vivimos, siempre estamos expuestos a la muerte por causa de Jesús, para que también su vida se muestre en nuestro cuerpo mortal. $^{12}$De ese modo, la muerte actúa en nosotros, y en ustedes actúa la vida.

$^{13}$La Escritura dice: "Tuve fe, y por eso hablé."$^n$ De igual manera, nosotros, con esa misma actitud de fe, creemos y también hablamos. $^{14}$Porque sabemos que Dios, que resucitó de la muerte al Señor Jesús, también nos resucitará a nosotros con él, y junto con ustedes nos llevará a su presencia. $^{15}$Todo esto ha sucedido para bien de ustedes, para que, siendo muchas las bendiciones de Dios, muchos sean también los que le den gracias, para la gloria de Dios.

$^{16}$Por eso no nos desanimamos. Pues aunque por fuera vamos envejeciendo,

---

$^g$ 3.3 Ex 24.12.   $^h$ 3.3 Jer 31.33; Ez 11.19; 36.26.   $^i$ 3.6 Jer 31.31.   $^j$ 3.7 Ex 34.29.   $^k$ 3.13 Ex 34.33.   $^l$ 3.18 Ro 8.29; Gá 4.19; Fil 3.10.   $^m$ 4.6 Gn 1.3.   $^*$ 4.7 Sab 9.15-16.   $^n$ 4.13 Sal 116.10.

por dentro nos rejuvenecemos día a día. [17]Lo que sufrimos en esta vida es cosa ligera, que pronto pasa; pero nos trae como resultado una gloria eterna mucho más grande y abundante. [18]Porque no nos fijamos en lo que se ve, sino en lo que no se ve, ya que las cosas que se ven son pasajeras, pero las que no se ven son eternas.

**5** [1]Nosotros somos como una casa terrenal, como una tienda de campaña no permanente; pero sabemos que si esta tienda se destruye, Dios nos tiene preparada en el cielo una casa eterna, que no ha sido hecha por manos humanas. [2]Por eso suspiramos mientras vivimos en esta casa actual, pues quisiéramos mudarnos ya a nuestra casa celestial, [3]la cual nos cubrirá como un vestido para que no quedemos desnudos. [4]Mientras vivimos en esta tienda suspiramos afligidos, * pues no quisiéramos ser desnudados, sino más bien ser revestidos de tal modo que lo mortal quede absorbido por la nueva vida. [5]Y Dios es quien nos ha preparado para esto, y quien nos ha dado el Espíritu Santo como garantía de lo que hemos de recibir.

[6]Por eso tenemos siempre confianza. Sabemos que mientras vivamos en este cuerpo estaremos como en el destierro, lejos del Señor. [7]Ahora no podemos verlo, sino que vivimos sostenidos por la fe; [8]pero tenemos confianza, y quisiéramos más bien salir de este cuerpo para ir a presentarnos ante el Señor. [9]Por eso procuramos agradar siempre al Señor, ya sea que dejemos este cuerpo o que sigamos en él. [10]Porque todos tenemos que presentarnos ante el tribunal de Cristo,[ñ] para que cada uno reciba lo que le corresponda, según lo bueno o lo malo que haya hecho mientras estaba en el cuerpo.[2]

### El mensaje de la paz

[11]Por eso, sabiendo qué al Señor hay que tenerle reverencia, procuramos convencer a los hombres. Dios nos conoce muy bien, y espero que también ustedes nos conozcan. [12]No es que nos hayamos puesto otra vez a alabarnos a nosotros mismos, sino que les estamos dando a ustedes una oportunidad de sentirse satisfechos de nosotros, para que puedan contestar a quienes presumen de las apariencias y no de lo que hay en el corazón. [13]Pues si estamos locos, es para Dios; y si no lo estamos, es para ustedes. [14]El amor

de Cristo gobierna nuestras vidas, desde que sabemos que uno murió por todos y que, por consiguiente, todos han muerto. [15]Y Cristo murió por todos, para que los que viven ya no vivan para sí mismos, sino para él, que murió y resucitó por ellos. [16]Por eso, nosotros ya no pensamos de nadie según los criterios de este mundo; y aunque antes pensábamos de Cristo según tales criterios, ahora ya no pensamos así de él. [17]Por lo tanto, el que está unido a Cristo es una nueva persona. Las cosas viejas pasaron; lo que ahora hay, es nuevo.[3,o]

[18]Todo esto es la obra de Dios, quien por medio de Cristo nos puso en paz consigo mismo y nos dio el encargo de poner a todos en paz con él. [19]Es decir que, en Cristo, Dios estaba poniendo al mundo en paz consigo mismo, sin tomar en cuenta los pecados de los hombres; y a nosotros nos encargó que diéramos a conocer este mensaje. [20]Así que somos embajadores de Cristo, lo cual es como si Dios mismo les rogara a ustedes por medio de nosotros. Así pues, en el nombre de Cristo les rogamos que se pongan en paz con Dios. [21]Cristo no cometió pecado alguno; pero por causa nuestra, Dios lo trató como al pecado mismo, para así, por medio de Cristo, librarnos de culpa.

**6** [1]Ahora pues, como colaboradores en la obra de Dios, les rogamos a ustedes que no desaprovechen la bondad que Dios les ha mostrado. [2]Porque él dice en las Escrituras:

"En el momento oportuno te
    escuché;
en el día de la salvación te ayudé."[p]

Y ahora es el momento oportuno. ¡Ahora es el día de la salvación!

[3]En nada damos mal ejemplo a nadie, para que nuestro trabajo no caiga en descrédito. [4]Al contrario, en todo damos muestras de que somos siervos de Dios, soportando con mucha paciencia los sufrimientos, las necesidades, las dificultades, [5]los azotes, las prisiones,[q] los alborotos, el trabajo duro, los desvelos y el hambre. [6]También lo demostramos por nuestra pureza de vida, por nuestro conocimiento de la verdad, por nuestra tolerancia y bondad, por la presencia del Espíritu Santo en nosotros, por nuestro amor sincero, [7]por nuestro mensaje de verdad y por el poder de Dios en nosotros. Usamos las armas de la rectitud, tanto

---

[2] *Mientras estaba en el cuerpo:* otra posible traducción: *sirviéndose de su cuerpo.*     [3] *Lo que ahora hay, es nuevo:* otra posible traducción: *se han vuelto nuevas.*
* 5.1-4 Sab 9.15.     [ñ] 5.10 Ro 14.10.     [o] 5.17 Jn 3.3-7; Gá 6.15.     [p] 6.2 Is 49.8.     [q] 6.5 Hch 16.23.

para el ataque como para la defensa. [8]Unas veces se nos honra, y otras veces se nos ofende; unas veces se habla bien de nosotros, y otras veces se habla mal. Nos tratan como a mentirosos, a pesar de que decimos la verdad. [9]Nos tratan como a desconocidos, a pesar de que somos bien conocidos. Estamos medio muertos, pero seguimos viviendo; nos castigan, pero no nos matan. [10]Parecemos tristes, pero siempre estamos contentos; parecemos pobres, pero hemos enriquecido a muchos; parece que no tenemos nada, pero lo tenemos todo.

[11]Hermanos corintios, les hemos hablado con toda franqueza; les hemos abierto por completo nuestro corazón. [12]No tenemos con ustedes ninguna clase de reserva; son ustedes quienes tienen reservas con nosotros. [13]Les ruego por lo tanto, como un padre ruega a sus hijos, que sean francos conmigo, como yo lo he sido con ustedes.

### Somos templo del Dios viviente

[14]No se unan ustedes en un mismo yugo con los que no creen. Porque ¿qué tienen en común la justicia y la injusticia? ¿O cómo puede la luz ser compañera de la oscuridad?* [15]No puede haber armonía entre Cristo y el diablo, ni entre un creyente y un incrédulo. [16]No puede haber nada en común entre el templo de Dios y los ídolos. Porque nosotros somos templo del Dios viviente,[r] como él mismo dijo:

"Viviré y andaré entre ellos;
yo seré su Dios
y ellos serán mi pueblo."[s]

[17]Por eso también dice el Señor:

"Salgan de en medio de ellos, y
apártense;
no toquen nada impuro.[t]
Entonces yo los recibiré
[18]y seré un Padre para ustedes,
y ustedes serán mis hijos y mis hijas,
dice el Señor todopoderoso."[u]

**7** [1]Así pues, queridos hermanos, éstas son las promesas que tenemos. Por eso debemos mantenernos limpios de todo lo que pueda mancharnos, tanto en el cuerpo como en el espíritu; y en el temor de Dios debemos consagrarnos completamente a él.

### La conversión de los corintios

[2]¡Hágannos un lugar en su corazón! Con nadie hemos sido injustos; a nadie hemos hecho daño; a nadie hemos engañado. [3]No les digo esto para criticarlos, pues, como ya les dije antes, ustedes están en mi corazón, para vivir juntos y morir juntos. [4]Tengo mucha franqueza para hablarles y mucha satisfacción a causa de ustedes. En medio de todo lo que sufrimos, me siento muy animado y lleno de gozo.

[5]Desde que llegamos a Macedonia,[v] no hemos tenido ningún descanso, sino que en todas partes hemos encontrado dificultades: luchas a nuestro alrededor y temores en nuestro interior. [6]Pero Dios, que anima a los desanimados, nos animó con la llegada de Tito; [7]y no solamente con su llegada, sino también por el hecho de que él se sentía muy animado a causa de ustedes. El nos habló de lo mucho que ustedes desean vernos, y nos contó de la tristeza que sienten y de su preocupación por mí; y con todo esto me alegré más todavía.

[8]Aunque la carta que les escribí los entristeció, no lo lamento ahora. Y si antes lo lamenté viendo que esa carta los había entristecido por un poco de tiempo, [9]ahora me alegro; no por la tristeza que les causó, sino porque esa tristeza los hizo volverse a Dios. Ustedes soportaron la tristeza de una manera que agrada a Dios, así que nosotros no les causamos ningún daño; [10]pues la tristeza que se soporta de manera agradable a Dios, conduce a una conversión que da por resultado la salvación, y no hay nada que lamentar. Pero la tristeza del mundo produce la muerte.** [11]Ustedes soportaron la tristeza como a Dios le agrada, ¡y miren ahora los resultados! Les hizo tomar en serio el asunto y defenderme; les hizo enojar, y también sentir miedo. Después tuvieron deseos de verme, y se dispusieron a castigar al culpable. Con todo lo cual han demostrado ustedes que no tuvieron nada que ver en este asunto. [12]Así pues, cuando les escribí aquella carta, no lo hice pensando en el ofensor ni en la persona ofendida, sino más bien para que se viera delante de Dios la preocupación que ustedes tienen por nosotros. [13]Esto ha sido para nosotros un consuelo.

Pero mucho más que este consuelo que hemos recibido, nos ha alegrado el ver que Tito está muy contento; pues todos ustedes le han dado nuevos ánimos. [14]Yo ya le había dicho a Tito que me sentía satisfecho de ustedes, y no he quedado

---

* 6.14 Dt 22.10; Eclo 13.17.   r 6.16 1 Co 3.16; 6.19.   s 6.16 Lv 26.12; Ez 37.27.   t 6.17 Is 52.11.   u 6.18 2 S 7.14; 1 Cr 17.13; Is 43.6; Jer 31.9.   v 7.5 2 Co 2.13.   ** 7.10 Eclo 30.23; 38.18.

mal. Al contrario, así como es verdad todo lo que les hemos dicho a ustedes, también es verdad lo que le dijimos a Tito: que estamos satisfechos de ustedes. [15]Y él les tiene aún más cariño cuando recuerda que todos ustedes le obedecieron y lo recibieron con tan profundo respeto. [16]¡Me alegro de poder confiar plenamente en ustedes!

### Generosidad en las ofrendas

8 [1]Ahora, hermanos, queremos contarles cómo se ha mostrado la bondad de Dios en las iglesias de Macedonia. [2]A pesar de las pruebas por las que han tenido que pasar, son muy felices; y a pesar de ser muy pobres, sus ofrendas han sido tan generosas como si fueran ricos. [3]Yo soy testigo de que, de buena gana, han ofrendado según sus posibilidades, y aun más allá de sus posibilidades. [4]Nos rogaron mucho que les permitiéramos tomar parte en esta ayuda para el pueblo de Dios.[w] [5]Y hasta hicieron más de lo que esperábamos, pues se ofrendaron a sí mismos, primero al Señor y luego a nosotros, conforme a la voluntad de Dios. [6]Por eso hemos rogado a Tito que recoja entre ustedes esta bondadosa colecta que él comenzó antes a recoger. [7]Pues ustedes, que sobresalen en todo: en fe, en facilidad de palabra, en conocimientos, en buena disposición para servir y en amor que aprendieron de nosotros, igualmente deben sobresalir en esta obra de caridad.

[8]No les digo esto como un mandato; solamente quiero que conozcan la buena disposición de otros, para darles a ustedes la oportunidad de demostrar que su amor es verdadero. [9]Porque ya saben ustedes que nuestro Señor Jesucristo, en su bondad, siendo rico se hizo pobre por causa de ustedes, para que por su pobreza fueran ustedes enriquecidos.

[10]Por el bien de ustedes les doy mi opinión sobre este asunto. Desde el año pasado, no sólo comenzaron ustedes a hacer algo al respecto, sino a hacerlo con entusiasmo. [11]Ahora pues, dentro de sus posibilidades, terminen lo que han comenzado con la misma buena disposición que mostraron al principio, cuando decidieron hacerlo. [12]Porque si alguien de veras quiere dar, Dios le acepta la ofrenda que él dé conforme a sus posibilidades. Dios no pide lo que uno no tiene.

[13]No se trata de que por ayudar a otros ustedes pasen necesidad; [14]se trata más bien de que haya igualdad. Ahora ustedes tienen lo que a ellos les falta; en otra ocasión ellos tendrán lo que les falte a ustedes, y de esta manera habrá igualdad. [15]Como dice la Escritura: "Ni le sobró al que había recogido mucho, ni le faltó al que había recogido poco."[x]

### Tito y sus compañeros

[16]Gracias a Dios que puso en el corazón de Tito la misma preocupación que yo tengo por ustedes. [17]Pues aceptó mi encargo y, como él mismo está muy interesado en ustedes, ahora va a verlos por su propia voluntad. [18]Junto con Tito, les envío un hermano de quien se habla muy bien en todas las iglesias, por lo bien que ha trabajado en favor del mensaje de salvación. [19]Además, las iglesias lo escogieron para que viajara con nosotros y ayudara en esta obra de caridad que estamos haciendo para honrar al Señor y para demostrar nuestros deseos de ayudar. [20]Queremos evitar así que se nos critique a causa de esta gran colecta que estamos recogiendo, [21]y por eso procuramos hacer lo bueno, no sólo delante del Señor sino también delante de los hombres.[y]

[22]Juntamente con aquellos, les envío otro de nuestros hermanos, que nos ha demostrado de muchas maneras su buena disposición, y mucho más ahora, por la gran confianza que tiene en ustedes. [23]Si alguien pregunta acerca de Tito, díganle que es mi compañero y que trabaja conmigo para servirles a ustedes. Y si preguntan acerca de los otros hermanos, díganles que son enviados de las iglesias y que honran a Cristo. [24]Y para que las iglesias lo sepan, muéstrenles ustedes que verdaderamente los aman y que tenemos razón al estar satisfechos de ustedes.

### La colecta para los hermanos

9 [1]En cuanto a la colecta para los hermanos en la fe, realmente no es necesario que les escriba a ustedes, [2]porque ya conozco su buena voluntad. Siempre digo con satisfacción a los de Macedonia, que desde el año pasado ustedes los de Acaya han estado dispuestos a ayudar, y la mayoría de los de Macedonia se han animado por la buena disposición de ustedes. [3]Sin embargo, les envío a estos hermanos para que no resulte falso lo bueno que respecto de ustedes he dicho al hablar de este

---

[w] **8.1-4** Ro 15.26.   [x] **8.15** Ex 16.18.   [y] **8.21** Pr 3.4.

asunto. Es decir, para que de veras estén preparados, [4]no sea que algunos de Macedonia vayan conmigo y encuentren que ustedes no lo están. Eso sería una vergüenza para nosotros, que hemos tenido tanta confianza en ustedes; por no hablar de la vergüenza que sería para ustedes mismos. [5]Precisamente por ello me ha parecido necesario pedir a estos hermanos que vayan a visitarlos primero, y que los ayuden a completar la colecta que ustedes habían prometido. Así, la colecta de ustedes estará dispuesta como una muestra de generosidad, y no como una muestra de tacañería.

[6]Acuérdense de esto: El que siembra poco, poco cosecha; el que siembra mucho, mucho cosecha. [7]Cada uno debe dar según lo que haya decidido en su corazón, y no de mala gana o a la fuerza, porque Dios ama al que da con alegría.* [8]Dios puede darles a ustedes con abundancia toda clase de bendiciones, para que tengan siempre todo lo necesario y además les sobre para ayudar en toda clase de buenas obras. [9]La Escritura dice:

"Ha dado generosamente a los
      pobres,
y su justicia permanece para
      siempre."z

[10]Dios, que da la semilla que se siembra y el alimento que se come,ᵃ les dará a ustedes todo lo necesario para su siembra, y la hará crecer, y hará que la generosidad de ustedes produzca una gran cosecha. [11]Así tendrán ustedes toda clase de riquezas y podrán dar generosamente. Y la colecta que ustedes envíen, será motivo de que por medio de nosotros los hermanos den gracias a Dios. [12]Porque al llevar esta ayudaᵈ a los hermanos, no solamente les llevamos lo que les haga falta, sino que también los movemos a dar muchas gracias a Dios. [13]Y ellos alabarán a Dios, pues esta ayuda les demostrará que ustedes obedecen al evangelio de Cristo. También ellos honrarán a Dios por la generosa contribución de ustedes para ellos y para todos. [14]Y además orarán por ustedes con mucho cariño, por la gran bondad que Dios les ha mostrado a ustedes. [15]¡Gracias a Dios, porque nos ha hecho un regalo tan grande que no tenemos palabras para expresarlo!

## La autoridad de Pablo como apóstol

**10** [1]Yo, Pablo, les ruego a ustedes, por la ternura y la bondad de Cristo. Se dice que cuando estoy entre ustedes soy muy tímido, y muy atrevido cuando estoy lejos. [2]Pues bien, les ruego que, cuando vaya a verlos, no me obliguen a ser atrevido con quienes nos acusan de hacer las cosas por motivos puramente humanos, pues estoy dispuesto a enfrentarme con ellos. [3]Es cierto que somos humanos, pero no luchamos como los hombres de este mundo. [4]Las armas que usamos no son las del mundo, sino que son poder de Dios capaz de destruir fortalezas. Y así destruimos las acusaciones [5]y toda altanería que pretenda impedir que se conozca a Dios. Todo pensamiento humano lo sometemos a Cristo, para que le obedezca a él, [6]y estamos dispuestos a castigar toda desobediencia, una vez que ustedes obedezcan perfectamente.

[7]Ustedes sólo se fijan en las apariencias.ˢ Si alguno está seguro de ser de Cristo, debe tener en cuenta que también nosotros somos de Cristo. [8]Y aunque yo insista un poco más de la cuenta en nuestra autoridad, no tengo por qué avergonzarme; pues el Señor nos dio la autoridad para hacerlos crecer a ustedes espiritualmente, y no para destruirlos. [9]No quiero que parezca que trato de asustarlos con mis cartas. [10]Hay quien dice que mis cartas son duras y fuertes, pero que en persona no impresiona a nadie, ni impongo respeto al hablar. [11]Pero el que esto dice debe saber también que, así como somos con palabras y por carta estando lejos de ustedes, así seremos con hechos cuando estemos entre ustedes.

[12]Ciertamente, no nos atrevemos a igualarnos o a compararnos con esos que se alaban a sí mismos. Pero ellos cometen una tontería al medirse con su propia medida y al compararse unos con otros. [13]Nosotros no vamos a jactarnos más allá de ciertos límites. Dios es quien señala los límites de nuestro campo de trabajo, y él nos permitió llegar hasta ustedes en Corinto. [14]Por eso, no estamos saliéndonos de nuestros límites, como sería el caso si no hubiéramos estado antes entre ustedes. Nosotros fuimos los primeros en llevarles a ustedes la buena noticia acerca de Cristo. [15]Y no nos jactamos de los trabajos que otros han hecho, saliéndonos de

---

ᵈ *Al llevar esta ayuda:* lit. *al oficiar (en) esta liturgia.* La expresión que se emplea es propia de un acto de culto a Dios.
ˢ *Ustedes sólo se fijan en las apariencias:* otra posible traducción: *Fíjense en lo que es evidente.*
* **9.7** Eclo 35.9.   z **9.9** Sa l 112.9.   ᵃ **9.10** Is 55.10.

nuestros límites. Al contrario, esperamos poder trabajar más entre ustedes, conforme ustedes vayan teniendo más fe, aunque siempre dentro de nuestros límites. [16]También esperamos extendernos y anunciar la salvación en lugares más allá de donde están ustedes, pero sin meternos en campos ajenos, para no jactarnos de los trabajos que otros han hecho.

[17]Si alguno quiere enorgullecerse, que se enorgullezca del Señor.[b] [18]Porque el hombre digno de aprobación no es el que se alaba a sí mismo, sino aquel a quien el Señor alaba.

### Pablo y los falsos apóstoles

**11** [1]¡Ojalá me soportaran ustedes un poco de locura! Como quiera que sea, sopórtenme. [2]Porque el celo que siento por ustedes es un celo que viene de Dios. Yo los he comprometido en casamiento con un solo esposo, Cristo, y quiero presentarlos ante él puros como una virgen. [3]Pero temo que, así como la serpiente engañó con su astucia a Eva,[c] también ustedes se dejen engañar, y que sus pensamientos se aparten de la devoción pura y sincera a Cristo. [4]Ustedes soportan con gusto a cualquiera que llega hablándoles de un Jesús diferente del que nosotros les hemos predicado; y aceptan de buena gana un espíritu diferente del Espíritu que ya recibieron y un mensaje de salvación diferente del que ya han aceptado. [5]Pues bien, yo no me siento inferior en nada a esos superapóstoles a quienes ustedes siguen. [6]Aunque yo sea torpe en mi modo de hablar, no lo soy en cuanto a conocimientos; y esto se lo hemos demostrado a ustedes siempre y en todos nuestros hechos.

[7]¿Será que hice mal en predicarles el mensaje de salvación sin cobrarles nada, humillándome yo para enaltecerlos a ustedes? [8]Les he quitado su dinero a otras iglesias, al aceptar que ellos me pagaran para poder servirles a ustedes. [9]Y cuando estando entre ustedes necesité algo, nunca fui una carga para ninguno; pues los hermanos que llegaron de Macedonia me dieron lo que necesitaba.[d] Procuré no ser una carga para ustedes, y así seguiré haciéndolo. [10]Tan seguro estoy de que conozco la verdad de Cristo, como de que nadie me va a quitar este motivo de satisfacción en toda la región de Acaya. [11]¿Por qué hablo así? ¿Será porque no los quiero a ustedes? ¡Dios sabe que sí los quiero!

[12]Pero voy a seguir haciendo lo que hago, para no dar oportunidad a ésos que andan buscando pretexto para tener una satisfacción como la nuestra; [13]pues no son más que falsos apóstoles y engañadores que se disfrazan de apóstoles de Cristo. [14]Y esto no es nada raro, ya que Satanás mismo se disfraza de ángel de luz; [15]por eso resulta muy natural que sus servidores también se disfracen de personas de bien. ¡Pero habrán de terminar como sus hechos merecen!

### Sufrimientos de Pablo como apóstol

[16]Vuelvo a decirles que nadie piense que estoy loco; pero si así lo piensan, déjenme que les hable como un loco, para que también yo pueda jactarme un poco, [17]aunque esta jactancia sea más bien una locura y no palabras que el Señor apruebe. [18]Ya que hay tantos que se jactan de sus propios méritos, también yo me jactaré! [19]Ustedes son muy sabios, pero soportan de buena gana a los locos, [20]y soportan también a aquellos que les obligan a servir, que los explotan, que los engañan, que los tratan con desprecio o que los golpean en la cara. [21]Aunque me da vergüenza decirlo, ¡nosotros fuimos demasiado débiles para portarnos así!

Pero si los otros se atreven a jactarse, también yo me atreveré, aunque esto sea una locura. [22]¿Son ellos hebreos? Yo también. ¿Son israelitas? Yo también. ¿Son descendientes de Abraham? Yo también. [23]¿Son siervos de Cristo? Yo lo soy más que ellos, aunque al decir esto hablo como un loco. Yo he trabajado más que ellos, me han encarcelado[e] más veces que a ellos, he sido azotado más que ellos, y muchas veces he estado en peligro de muerte. [24]En cinco ocasiones los judíos me castigaron con los treinta y nueve azotes.[f] [25]Tres veces me apalearon,[g] y una me apedrearon.[h] En tres ocasiones se hundió el barco en que yo viajaba, y, a punto de ahogarme, pasé una noche y un día en alta mar. [26]He viajado mucho, y me he visto en peligros de ríos, en peligros de ladrones, y en peligros entre mis paisanos[i] y entre los extranjeros.[j] También me he visto en peligros en la ciudad, en el campo

[b] 10.17 Jer 9.24.   [c] 11.3 Gn 3.1-5,13.   [d] 11.9 Fil 4.15-18.   [e] 11.23 Hch 16.23.   [f] 11.24 Dt 25.3.   [g] 11.25 Hch 16.22.   [h] 11.25 Hch 14.19.   [i] 11.26 Hch 9.23.   [j] 11.26 Hch 14.5.

y en el mar, y en peligros entre falsos hermanos. [27]He pasado trabajos y dificultades; muchas veces me he quedado sin dormir; he sufrido hambre y sed; muchas veces no he comido; he sufrido por el frío y por la falta de ropa.

[28]Además de estas y otras cosas, cada día pesa sobre mí la preocupación por todas las iglesias. [29]Si alguien enferma, también yo enfermo; y si hacen caer a alguno, yo me indigno. [30]Si de algo hay que jactarse, me jactaré de las cosas que demuestran mi debilidad. [31]El Dios y Padre de nuestro Señor Jesucristo, que es digno de alabanza por siempre, sabe que digo la verdad. [32]Cuando estuve en Damasco, el gobernador que servía al rey Aretas puso guardias a las puertas de la ciudad, para que me arrestaran; [33]pero hubo quienes me bajaron en un canasto por una ventana de la muralla de la ciudad, y así escapé de sus manos.[k]

### Visiones y revelaciones

12 [1]Nada gana uno con hacer alarde de sí mismo. Sin embargo, tengo que hablar de las visiones y revelaciones que he recibido del Señor. [2]Conozco a un hombre que cree en Cristo y que hace catorce años fue llevado al tercer cielo. No sé si fue llevado en cuerpo o en espíritu; Dios lo sabe. [3]Pero sé que ese hombre (si en cuerpo o en espíritu, no lo sé, sólo Dios lo sabe) [4]fue llevado al paraíso, donde oyó palabras tan secretas que a ningún hombre se le permite pronunciarlas. [5]Yo podría hacer alarde de alguien así, pero no de mí mismo, a no ser de mis debilidades. [6]Aunque si quisiera yo alardear, eso no sería ninguna locura, porque estaría diciendo la verdad; pero no lo hago, para que nadie piense que soy más de lo que aparento o de lo que digo. [7]Por eso, para que no creyera yo ser más de lo que soy, por haber recibido revelaciones tan maravillosas, se me dio un sufrimiento, una especie de espina clavada en el cuerpo, que como un instrumento de Satanás vino a maltratarme. [8]Tres veces le he pedido al Señor que me quite ese sufrimiento; [9]pero el Señor me ha dicho: "Mi amor es todo lo que necesitas; pues mi poder se muestra mejor en los débiles." Así que me alegro de ser débil, para que en mí se muestre el poder de Cristo. [10]Y me alegro también de las debilidades, los insultos, las necesidades, las persecuciones y las dificultades que sufro por Cristo,

porque cuando más débil me siento es cuando más fuerte soy.

### Preocupación de Pablo por la iglesia de Corinto

[11]Me he portado como un loco, pero ustedes me obligaron a hacerlo. Porque ustedes son quienes debían hablar bien de mí, pues en nada valgo menos que esos superapóstoles a quienes ustedes siguen. ¡Y eso que yo no valgo nada! [12]Con las señales, milagros y maravillas que con tanta paciencia he realizado entre ustedes, ha quedado comprobado que soy un verdadero apóstol. [13]Perdónenme si los ofendo, pero sólo en una cosa han sido ustedes menos que las otras iglesias: ¡en que yo no fui una carga para ustedes!

[14]Ya estoy preparado para hacerles mi tercera visita, y tampoco ahora les seré una carga. Yo no busco lo que ustedes tienen, sino a ustedes mismos; porque son los padres quienes deben juntar dinero para los hijos, y no los hijos para los padres. [15]Y yo de buena gana gastaré todo lo que tengo, y aun a mí mismo me gastaré en bien de ustedes; aunque parece que mientras más los quiero yo, menos me quieren ustedes.

[16]No, yo no fui una carga para ustedes. Sin embargo, algunos dicen que los hice caer astutamente en una trampa. [17]¿Acaso yo los engañé por medio de alguna de las personas que les he enviado? [18]A Tito le pedí que fuera a visitarlos, y con él mandé al otro hermano. ¿Acaso los engañó Tito? ¿No es verdad que los dos nos hemos portado de la misma manera y con el mismo espíritu?

[19]Tal vez ustedes piensen que nos estamos disculpando ante ustedes, pero no es así. Al contrario, estamos hablando en presencia de Dios y como quienes pertenecen a Cristo. Y todo esto, queridos hermanos, es para que ustedes crezcan espiritualmente. [20]Porque temo que cuando vaya a verlos, quizá no los encuentre como quisiera, y que tampoco ustedes me encuentren a mí como ustedes quisieran. Temo que haya discordias, envidias, enojos, egoísmos, chismes, críticas, orgullos y desórdenes. [21]Temo también que, en mi próxima visita, mi Dios me haga sentir vergüenza de ustedes, y que me haga llorar por muchos de ustedes que desde hace tiempo vienen pecando y no han dejado la impureza, la inmoralidad sexual y los vicios que practicaban.

[k] 11.32-33 Hch 9.23-25.

## *Advertencias y saludos finales*

**13** ¹Esta es la tercera vez que voy a visitarlos. Todo tendrá que decidirse por el testimonio de dos o tres testigos.¹ ²A los que antes pecaron, y a todos, ahora que estoy lejos les repito la advertencia que les hice personalmente en mi segunda visita: que si voy otra vez a visitarlos, no voy a tenerles consideración, ³ya que ustedes están buscando una prueba de que Cristo habla por mí. Y Cristo no es débil en su trato con ustedes, sino que muestra su fuerza entre ustedes. ⁴Es cierto que fue crucificado como débil, pero vive por el poder de Dios. De la misma manera, nosotros participamos de su debilidad, pero unidos a él viviremos por el poder de Dios para servirles a ustedes.

⁵Examínense ustedes mismos, para ver si están firmes en la fe; pónganse a prueba. ¿No se dan cuenta de que Jesucristo está en ustedes? ¡A menos que hayan fracasado en la prueba! ⁶Confío, sin embargo, en que reconocerán que nosotros no hemos fracasado. ⁷Y oramos a Dios para que ustedes no hagan nada malo; no para demostrar que nosotros hemos pasado la prueba, sino simplemente para que ustedes hagan lo bueno, aunque parezca que nosotros hemos fracasado. ⁸Porque no podemos hacer nada contra la verdad, sino solamente a favor de la verdad. ⁹Por eso nos alegramos cuando somos débiles, con tal de que ustedes sean fuertes; y seguiremos orando para que lleguen a ser perfectos. ¹⁰Les escribo esta carta antes de ir a verlos, para que cuando vaya no tenga que ser tan duro en el uso de mi autoridad, la cual el Señor me dio, no para destruirlos, sino para hacer que ustedes crezcan espiritualmente.

¹¹Para terminar, hermanos, deseo que vivan felices y que busquen la perfección en su vida. Anímense y vivan en armonía y paz; y el Dios de amor y de paz estará con ustedes. ¹²Salúdense los unos a los otros con un beso santo. ¹³Todos los hermanos en la fe les mandan saludos.

¹⁴Que la gracia del Señor Jesucristo, el amor de Dios y la presencia constante del Espíritu Santo estén con todos ustedes.

¹ **13.1** Dt 17.6; 19.15.

# Carta de San Pablo a los
# GÁLATAS

*El tema de esta carta es en importantes respectos semejante al de la carta a los romanos: Pablo insiste en que la clave de la reconciliación con Dios es la fe y no las obras de la ley. Pero mientras que en Romanos ésta es una designación general, en Gálatas se trata particularmente de una de tales "obras": la circuncisión. También, a diferencia del caso de Roma, Pablo había fundado las iglesias de la provincia romana de Galacia, en el Asia Menor, así que el problema que se presentaba en ellas le tocaba más vivamente el corazón. A la zaga del apóstol, en su activa labor misionera en Galacia, habían entrado personas que predicaban que para obtener la reconciliación con Dios era necesario cumplir también con la ley de Moisés, especialmente en cuanto a la circuncisión. Esto iba en completa contraposición con lo que Pablo llamaba "su" evangelio, y no podía menos que repudiar enérgicamente esa exigencia que se le hacía a los cristianos no judíos. Y más cuando la gente que así enseñaba atacaba también su autoridad apostólica.*

*Pablo escribe a los gálatas, que ya habían comenzado a desviarse de la fe y la práctica verdaderas, con el fin de volverlos a ellas. Después de la introducción (1.1-10), defiende con toda energía su autoridad como apóstol. Con vigor insiste en que recibió su autoridad directamente del Señor, y con ella el evangelio que predica. No los recibió de seres humanos, ni siquiera de los otros apóstoles. Y la comisión que recibió de él fue de llevar ese evangelio a los no judíos (1.11-2.21). Luego explica que este evangelio es el único auténtico, el evangelio de la gracia de Dios solamente por la fe en Cristo (3.1-4.31). En su conclusión escribe, de su puño y letra, su famosa declaración: "De nada vale estar o no estar circuncidados; lo que sí vale es el haber sido creados de nuevo" (6.15).*

## Saludo

1 ¹Yo, Pablo, soy un apóstol, no enviado ni nombrado por los hombres, sino por Jesucristo mismo y por Dios Padre, que lo resucitó. ²Yo, junto con todos los hermanos que están conmigo, escribo esta carta a las iglesias de la provincia de Galacia. ³Que Dios nuestro Padre y el Señor Jesucristo derramen su gracia y su paz sobre ustedes. ⁴Jesucristo se entregó a la muerte por nuestros pecados,[a] para librarnos del presente mundo perverso, según la voluntad de nuestro Dios y Padre. ⁵¡Gloria a Dios para siempre! Así sea.

## No hay otro mensaje de salvación

⁶Estoy muy sorprendido de que ustedes se hayan alejado tan pronto de Dios, que los llamó por el amor de Cristo, y se hayan pasado a un mensaje diferente de salvación. ⁷En realidad no es que haya otro mensaje de salvación. Lo que pasa es que hay algunos que los perturban a ustedes, y que quieren trastornar el mensaje de salvación de Cristo. ⁸Pero si alguien les anuncia un mensaje de salvación distinto del que ya les hemos anunciado, caiga bajo maldición, no importa si se trata de mí mismo o de un ángel venido del cielo. ⁹Lo he dicho antes y ahora lo repito: Si alguien les anuncia un mensaje de salvación diferente del que ya recibieron, caiga bajo maldición.

¹⁰Yo no busco la aprobación de los hombres, sino la aprobación de Dios.[b] ¡Si yo quisiera quedar bien con los hombres, ya no sería un siervo de Cristo!

## Cómo llegó Pablo a ser apóstol

¹¹Sepan ustedes esto, hermanos: el mensaje de salvación que yo anuncio no es una idea humana. ¹²No lo recibí ni lo aprendí de hombre alguno, sino que Jesucristo mismo me lo hizo conocer. ¹³Ustedes habrán oído decir que en otros tiempos, cuando yo pertenecía al judaísmo, perseguí con violencia a la iglesia de Dios y procuré destruirla.[c] ¹⁴En el judaísmo, yo estaba más adelantado que

---

[a] **1.4** Mt 20.28; Mr 10.45; 1 Ti 2.6; Tit 2.14.  [b] **1.10** 1 Ts 2.4.  [c] **1.13** Hch 8.3; 22.4-5; 26.9-11.

muchos de mis paisanos de mi misma edad, porque era mucho más estricto en conservar las tradiciones de mis antepasados.*d* 15Pero Dios me escogió antes que yo naciera, y por su mucho amor me llamó. Cuando él quiso, 16me hizo conocer a su Hijo,*e* para que yo anunciara su mensaje de salvación entre los no judíos. Y no fui entonces a consultar con nadie; 17ni fui tampoco a Jerusalén a ver a los que eran apóstoles antes que yo. Por el contrario, me dirigí sin tardar a la región de Arabia, y luego volví a Damasco.

18Tres años después fui a Jerusalén*f* para conocer a Pedro, con quien estuve quince días. 19Pero no vi a ningún otro de los apóstoles, sino a Santiago*i* el hermano del Señor. 20Les aseguro delante de Dios que lo que les estoy escribiendo es la verdad.

21Después me dirigí a las regiones de Siria y Cilicia. 22En cambio, los hermanos de las iglesias de Cristo que están en Judea no me conocían personalmente. 23Solamente oían decir: "El que antes nos perseguía, anda ahora predicando el mensaje de fe que en otro tiempo quería destruir." 24Y alababan a Dios por causa mía.

### Los otros apóstoles aceptan a Pablo

2 1Catorce años después fui otra vez a Jerusalén*g* con Bernabé, y llevé a Tito conmigo. 2Fui porque Dios me había mostrado que tenía que ir. Y ya en Jerusalén, en una reunión que tuve en privado con los que eran reconocidos como dirigentes, les expliqué el mensaje de salvación que predico entre los no judíos. Hice esto porque no quería que lo que había hecho y estaba haciendo fuera trabajo perdido. 3Pero ni siquiera Tito, que estaba conmigo y que era griego, fue obligado a someterse al rito de la circuncisión. 4Algunos falsos hermanos se habían metido entre nosotros a escondidas, para espiar la libertad que tenemos en Cristo Jesús y hacernos otra vez esclavos de la ley. 5Pero ni por un momento nos dejamos llevar por ellos, porque queríamos que la verdad del mensaje de salvación permaneciera en ustedes.

6Pero no me dieron nuevas instrucciones los que eran reconocidos como dirigentes (aunque a mí no me interesa lo que hayan sido ellos, porque Dios no juzga por las apariencias*h*). 7Lejos de darme

nuevas instrucciones, reconocieron que Dios me había encargado el trabajo de predicar el mensaje de salvación a los no judíos, así como a Pedro le había encargado el trabajo de predicarlo a los judíos. 8Pues el mismo Dios que envió a Pedro como apóstol a los judíos, me envió también a mí como apóstol a los no judíos.

9Por eso, Santiago, Pedro y Juan, que eran tenidos por columnas de la iglesia, reconocieron que Dios me había concedido este privilegio. Para confirmar que nos aceptaban como compañeros, nos dieron la mano a mí y a Bernabé, y estuvieron de acuerdo en que nosotros fuéramos a trabajar entre los no judíos, mientras que ellos trabajarían entre los judíos. 10Solamente nos pidieron que nos acordáramos de los pobres, cosa que he procurado hacer con todo cuidado.

### Pablo reprende a Pedro en Antioquía

11Pero cuando Pedro fue a la ciudad de Antioquía, le reprendí en su propia cara, porque lo que estaba haciendo era condenable. 12Pues primero comía con los no judíos,*i* hasta que llegaron algunas personas de parte de Santiago; entonces comenzó a separarse, y dejó de comer con ellos, porque tenía miedo de los fanáticos de la circuncisión. 13Y los otros creyentes judíos consintieron también con Pedro en su hipocresía, tanto que hasta Bernabé se dejó llevar por ellos. 14Por eso, cuando vi que no se portaban conforme a la verdad que el mensaje de salvación enseña, le dije a Pedro delante de toda la congregación: "Tú, que eres judío, has estado viviendo como si no lo fueras; ¿por qué, pues, quieres obligar a los no judíos a vivir como si lo fueran?"

### Los judíos y los no judíos alcanzan la salvación por la fe

15Nosotros somos judíos de nacimiento, y no pecadores paganos. 16Sin embargo, sabemos que nadie queda libre de culpa por hacer lo que manda la ley de Moisés,*j* sino únicamente por creer en Jesucristo.*k* Por esto, también nosotros hemos creído en Jesucristo, para ser librados de culpa por medio de esta fe y no por hacer lo que manda la ley. Porque nadie queda libre de culpa por hacer lo que manda la ley.

---

*i* Pero no vi . . . a Santiago: otra posible traducción: Pero fuera de los apóstoles no vi sino a Santiago.
*d* 1.14 Hch 22.3.   *e* 1.15-16 Hch 9.3-6; 22.6-10; 26.13-18.   *f* 1.18 Hch 9.26-30.   *g* 2.1 Hch 11.30; 15.2.   *h* 2.6 Dt 10.17.
*i* 2.12 Hch 11.2-17.   *j* 2.16 Sal 143.2; Ro 3.20.   *k* 2.16 Ro 3.22.

[17]Ahora bien, si buscando ser librados de culpa por medio de Cristo, resulta que también nosotros somos pecadores, ¿acaso esto querrá decir que Cristo nos hace pecadores? ¡Claro que no! [18]Pues si destruyo algo y luego lo vuelvo a construir, yo mismo soy el culpable. [19]Porque debido a la ley yo he muerto a la ley, a fin de vivir para Dios. Con Cristo he sido crucificado, [20]y ya no soy yo quien vive, sino que es Cristo quien vive en mí.[l] Y la vida que ahora vivo en el cuerpo, la vivo por mi fe en el Hijo de Dios, que me amó y se entregó a la muerte por mí. [21]No quiero rechazar la bondad de Dios; pues si uno pudiera quedar libre de culpa por obedecer a la ley, Cristo habría muerto inútilmente.

### La ley o la fe

**3** [1]¡Gálatas estúpidos! ¿Quién los embrujó? En nuestra predicación hemos mostrado ante sus propios ojos a Jesucristo crucificado. [2]Sólo quiero que me contesten a esta pregunta: ¿Recibieron ustedes el Espíritu de Dios por obedecer a la ley de Moisés o por haber creído en el mensaje que oyeron? [3]¿Tan estúpidos son ustedes, que habiendo comenzado con el Espíritu quieren ahora terminar con esfuerzos puramente humanos? [4]¿Tantas buenas experiencias para nada? . . . ¡Imposible que hayan sido para nada! [5]Cuando Dios les da su Espíritu y hace milagros entre ustedes, ¿por qué lo hace? No porque ustedes cumplan lo que la ley manda, sino porque creen en el mensaje que han oído.

[6]Abraham creyó a Dios, y por eso Dios lo aceptó como justo.[m] [7]Por lo tanto, ustedes deben saber que los verdaderos descendientes de Abraham son los que tienen fe.[n] [8]La Escritura, viendo de antemano que también entre los no judíos iba Dios a librar de culpa a los que tuvieran fe, había anunciado a Abraham esta buena noticia: "Todas las naciones serán bendecidas por medio de ti."[ñ] [9]De manera que los que creen son bendecidos junto con Abraham, que también creyó.

[10]Quienes ponen su confianza en la ley de Moisés, están bajo maldición, porque la Escritura dice: "Maldito sea el que no cumple fielmente todo lo que está escrito en el libro de la ley."[o] [11]Por tanto, está claro que nadie queda libre de culpa por hacer lo que manda la ley; pues la Escritura dice: "El justo por la fe vivirá."[p] [12]Pero la ley de Moisés no es cuestión de fe, sino que dice: "El que cumpla la ley, vivirá por ella."[q] [13]Cristo nos libró de la maldición de la ley, pues él fue hecho objeto de maldición por causa nuestra, porque la Escritura dice: "Maldito todo el que muere colgado de un madero."[r] [14]Esto sucedió para que la bendición que Dios prometió a Abraham alcance también, por medio de Cristo Jesús, a los no judíos; y para que por medio de la fe recibamos todos el Espíritu que Dios ha prometido.

### La ley y la promesa

[15]Hermanos, voy a hablarles en términos humanos: Cuando un hombre hace un trato y lo respalda con su firma, nadie puede anularlo ni agregarle nada. [16]Ahora bien, Dios hizo sus promesas a Abraham y a su descendencia. La Escritura no habla de "descendencias", en plural, sino en singular; dice: "y a tu descendencia",[s] la cual es Cristo. [17]Lo que digo es esto: Dios hizo un pacto con Abraham, y lo confirmó. Por eso, la ley de Moisés, que vino cuatrocientos treinta años después,[t] no puede anular aquel pacto y dejar sin valor la promesa de Dios. [18]Pues si lo que Dios ha de darnos dependiera de la ley de Moisés, ya no sería una promesa;[u] pero el hecho es que Dios prometió a Abraham dárselo gratuitamente.

[19]Entonces, ¿para qué sirve la ley de Moisés? Fue dada después, para poner de manifiesto la desobediencia de los hombres, hasta que viniera esa "descendencia" a quien se le había hecho la promesa. La ley fue proclamada por medio de ángeles, y Moisés sirvió de intermediario. [20]Pero no hay necesidad de intermediario cuando se trata de una sola persona, y Dios es uno solo.

### El propósito de la ley

[21]¿Acaso esto quiere decir que la ley de Moisés está en contra de las promesas de Dios? ¡Claro que no! Porque si la ley pudiera dar vida, entonces uno podría quedar libre de culpa haciendo lo que esa ley manda. [22]Pero, según lo que dice la Escritura, todos son prisioneros del

---

*l* **2.20** Fil 1.21.   *m* **3.6** Gn 15.6; 1 Mac 2.52; Ro 4.3.   *n* **3.7** Ro 4.16.   *ñ* **3.8** Gn 12.3; Eclo 44.21.   *o* **3.10** Dt 27.26.
*p* **3.11** Hab 2.4.   *q* **3.12** Lv 18.5.   *r* **3.13** Dt 21.3.   *s* **3.16** Gn 12.7.   *t* **3.17** Ex 12.40.   *u* **3.18** Ro 4.14.

pecado, para que quienes creen en Jesucristo puedan recibir lo que Dios ha prometido.

[23] Antes de venir la fe, la ley nos tenía presos, esperando a que la fe fuera dada a conocer. [24] La ley, como el esclavo que conduce a los niños, nos condujo a Cristo,[2] para que al creer en él pudiéramos ser hechos libres de culpa. [25] Pero ahora que ha llegado la fe, ya no estamos a cargo de ese esclavo que era la ley, [26] pues por la fe en Cristo Jesús todos ustedes son hijos de Dios, [27] y por el bautismo han venido a estar unidos con Cristo y se encuentran revestidos de él. [28] Ya no importa el ser judío o griego, esclavo o libre, hombre o mujer; porque unidos a Cristo Jesús, todos ustedes son uno solo. [29] Y si son de Cristo, entonces son descendientes de Abraham y herederos de las promesas que Dios le hizo.[v]

**4** [1] Lo que quiero decir es esto: Mientras el heredero es niño, en nada se diferencia de un esclavo de la familia, aunque sea en realidad el dueño de todo. [2] Hay personas que lo cuidan y que se encargan de sus asuntos, hasta el tiempo que su padre haya señalado. [3] Lo mismo pasa con nosotros: durante nuestra niñez, estábamos, por así decirlo, sometidos a los poderes que dominan este mundo.[w] [4] Pero cuando se cumplió el tiempo, Dios envió a su Hijo, que nació de una mujer, sometido a la ley de Moisés, [5] para dar libertad a los que estábamos bajo esa ley, para que Dios nos recibiera como a hijos. [6] Y para mostrar que ya somos sus hijos, Dios mandó el Espíritu de su Hijo a nuestros corazones; y el Espíritu clama: "¡Padre mío!" [7] Así pues, tú ya no eres esclavo, sino hijo de Dios; y por ser hijo suyo, es voluntad de Dios que seas también su heredero.[3,x]

### Pablo se preocupa por los creyentes

[8] Antes, cuando ustedes no conocían a Dios, eran esclavos de dioses que en realidad no lo son. [9] Pero ahora que conocen a Dios, o mejor dicho, que Dios los conoce a ustedes, ¿cómo es posible que vuelvan a someterse a esos débiles y pobres poderes, y a hacerse sus esclavos? [10] Ustedes celebran ciertos días, meses, fechas y años. . . [11] ¡Mucho me temo que mi trabajo entre ustedes no haya servido de nada!

[12] Hermanos, les ruego que se vuelvan como yo, porque yo me he vuelto como ustedes. No es que me hayan causado ustedes ningún daño. [13] Como ya saben, cuando primero les prediqué el mensaje de salvación[y] lo hice debido a una enfermedad que sufría. [14] Y esa enfermedad fue una prueba para ustedes, que no me despreciaron ni me rechazaron a causa de ella, sino que, al contrario, me recibieron como a un ángel de Dios, ¡como si se tratara de Jesucristo mismo! [15] ¿Qué pasó con aquella alegría que sentían? Puedo decir en favor de ustedes que, de haberles sido posible, hasta se habrían sacado los ojos para dármelos a mí. [16] Y ahora, ¿acaso me he vuelto enemigo de ustedes, solamente porque les he dicho la verdad?

[17] Esa gente tiene mucho interés en ustedes, pero no son buenas sus intenciones. Lo que quieren es apartarlos de nosotros, para que luego ustedes se interesen por ellos. [18] Claro que es bueno interesarse por los demás, pero con buenas intenciones; y que sea siempre, y no solamente cuando estoy entre ustedes. [19] Hijitos míos, otra vez sufro dolores por ustedes, como una madre sufre dolores de parto; y seguiré sufriéndolos hasta que Cristo se forme en ustedes.[z] [20] ¡Ojalá estuviera yo ahí ahora mismo para hablarles de otra manera, pues no sé qué pensar de ustedes!

### El ejemplo de Agar y Sara

[21] Díganme una cosa, ustedes, los que quieren someterse a la ley de Moisés: ¿acaso no han escuchado lo que esa ley dice? [22] Pues dice que Abraham tuvo dos hijos: uno de una esclava,[a] y el otro de su propia esposa, que era libre.[b] [23] El hijo de la esclava nació según las leyes de la naturaleza; pero el hijo de la libre nació para que se cumpliera lo que Dios había prometido. [24] Esto tiene un profundo sentido; las dos mujeres representan dos pactos: uno es el del monte Sinaí, y está representado por Agar; los que pertenecen a este pacto nacen para ser esclavos. [25] Pues Agar, en efecto, representa el monte Sinaí, en Arabia, que corresponde a la actual Jerusalén, ya que esta ciudad está sometida a esclavitud junto con sus hijos. [26] Pero la Jerusalén celestial es libre, y nosotros somos hijos suyos. [27] Porque la Escritura dice:

---

[2] *La ley . . . a Cristo:* otra posible traducción: *Hasta Cristo, la ley nos condujo, como el esclavo que conduce a los niños.*
[3] Algunos mss. añaden: *por medio de Cristo.*
[v] **3.29** Ro 4.13.  [w] **4.3,9** Col 2.8,20.  [x] **4.5-7** Ro 8.15-17.  [y] **4.13** Hch 16.6.  [z] **4.19** Ro 8.29; 2 Co 3.18; Fil 3.10.
[a] **4.22** Gn 16.15.  [b] **4.22** Gn 21.2.

"Alégrate, mujer estéril, tú que no
tienes hijos;
grita de alegría, tú que no conoces
los dolores de parto.
Porque la mujer que fue
abandonada tendrá más hijos
que la mujer que tiene esposo."*c*

²⁸Hermanos, ustedes son como Isaac:
son los hijos que Dios había prometido.
²⁹Pero así como en aquel tiempo el hijo
que nació según las leyes de la naturaleza
perseguía al hijo que nació por obra del
Espíritu,*d* así sucede también ahora.
³⁰Pero ¿qué dice la Escritura? Pues dice:
"Echa fuera a la esclava y a su hijo, porque el hijo de la esclava no puede compartir la herencia con el hijo de la libre."*e*
³¹De manera, hermanos, que no somos
hijos de la esclava, sino de la libre.

### Firmes en la libertad

**5** ¹Cristo nos dio libertad para que seamos libres.*f* Por lo tanto, manténganse ustedes firmes en esa libertad y no
se sometan otra vez al yugo de la esclavitud.

²Escúchenme. Yo, Pablo, les digo que
si ustedes se someten al rito de la circuncisión, Cristo no les servirá de nada.
³Quiero repetirle a cualquier hombre que
se circuncida, que está obligado a hacer
todo lo que manda la ley de Moisés.
⁴Ustedes, los que buscan quedar libres de
culpa cumpliendo la ley, se han apartado
de Cristo; se han separado del amor de
Dios. ⁵Pero nosotros, por medio del Espíritu y por la fe, tenemos la esperanza de
ser librados de culpa. ⁶Porque si estamos
unidos a Cristo Jesús, de nada vale estar o
no circuncidados. Lo que sí vale es tener
fe, y que esta fe nos haga vivir con amor.

⁷Ustedes iban bien. ¿Quién hizo que
dejaran de obedecer a la verdad? ⁸No fue
cosa de Dios, que los ha llamado. ⁹Se dice
que "un poco de levadura hace que fermente toda la masa",*g* ¹⁰y yo tengo confianza en el Señor de que ustedes no van a
pensar de otro modo; pero Dios castigará
a ese que los anda perturbando, no
importa quién sea.

¹¹En cuanto a mí, hermanos, si todavía
estuviera yo insistiendo en que los creyentes se circunciden, los judíos no me perse-
guirían, ya que en ese caso el mensaje de

la cruz de Cristo no los ofendería. ¹²Pero
esos que los andan perturbando a ustedes,
¡ojalá se castraran a sí mismos de una vez!
¹³Ustedes, hermanos, fueron llamados
a ser libres. Pero no usen esta libertad
para dar rienda suelta a sus instintos. Más
bien sírvanse los unos a los otros*h* por
amor. ¹⁴Porque toda la ley se resume en
este solo mandato: "Ama a tu prójimo
como a ti mismo."*i* ¹⁵Tengan cuidado,
porque si ustedes se muerden y se comen
unos a otros, llegarán a destruirse entre
ustedes mismos.

### Los deseos humanos y la vida por el Espíritu

¹⁶Por lo tanto, digo: Vivan según el
Espíritu, y no busquen satisfacer sus propios malos deseos. ¹⁷Porque los malos
deseos están en contra del Espíritu, y el
Espíritu está en contra de los malos
deseos. El uno está en contra de los otros,
y por eso ustedes no pueden hacer lo que
quisieran.*j* ¹⁸Pero si el Espíritu los guía,
entonces ya no estarán sometidos a la ley.

¹⁹Es fácil ver lo que hacen quienes
siguen los malos deseos: cometen inmoralidades sexuales, hacen cosas impuras y
viciosas, ²⁰adoran ídolos y practican la
brujería. Mantienen odios, discordias y
celos. Se enojan fácilmente, causan rivalidades, divisiones y partidismos. ²¹Son
envidiosos,*⁴* borrachos, glotones y otras
cosas parecidas. Les advierto a ustedes,
como ya antes lo he hecho, que los que así
se portan no tendrán parte en el reino de
Dios.

²²En cambio, lo que el Espíritu produce
es amor, alegría, paz, paciencia, amabili-
dad, bondad, fidelidad, ²³humildad y
dominio propio. No hay ninguna ley que
condene cosas como éstas. ²⁴Y los que son
de Jesucristo, ya han crucificado la naturaleza del hombre pecador junto con sus
pasiones y malos deseos.*k* ²⁵Si ahora vivimos por el Espíritu, dejemos también que
el Espíritu nos guíe.

²⁶No seamos orgullosos, ni sembremos
rivalidades y envidias entre nosotros.

### Ayúdense unos a otros

**6** ¹Hermanos, si ven que alguien ha caído*⁵* en algún pecado, ustedes que son
espirituales deben ayudarlo a corregirse.

---

*⁴* Algunos mss. añaden: *asesinos.* *⁵ Si ven que alguien ha caído:* otra posible traducción: *si alguien es sorprendido.*
*c* **4.27** Is 54.1. *d* **4.29** Gn 21.9. *e* **4.30** Gn 21.10. *f* **5.1** Jn 8.32-36. *g* **5.9** 1 Co 5.6. *h* **5.13** Mt 20.26. *i* **5.14** Lv 19.18;
Ro 13.8-10. *j* **5.17** Ro 7.15-23. *k* **5.24** Ro 6.3-14; Gá 2.20; 6.14.

Pero háganlo amablemente; y que cada cual tenga mucho cuidado, no suceda que él también sea puesto a prueba. [2]Ayúdense entre sí a soportar las cargas, y de esa manera cumplirán la ley de Cristo.

[3]Si alguien se cree ser algo, cuando no es nada, a sí mismo se engaña. [4]Cada uno debe juzgar su propia conducta, y si ha de sentirse satisfecho, que lo sea respecto de sí mismo y no respecto de los demás. [5]Pues cada uno tiene que llevar su propia carga.

[6]El que recibe instrucción en el mensaje del evangelio, debe compartir con su maestro toda clase de bienes.

[7]No se engañen ustedes: nadie puede burlarse de Dios. Lo que se siembra, se cosecha.[l] [8]El que siembra la satisfacción de sus malos deseos, de sus malos deseos recogerá una cosecha de muerte. El que siembra la satisfacción del Espíritu, del Espíritu recogerá una cosecha de vida eterna. [9]Así que no debemos cansarnos de hacer el bien;[m] porque si no nos desanimamos, a su debido tiempo cosecharemos. [10]Por eso, siempre que podamos, hagamos bien a todos, y especialmente a nuestros hermanos en la fe.

## Advertencias y saludos finales

[11]¡Miren ustedes con qué letras tan grandes les estoy escribiendo ahora con mi propia mano! [12]Esos que quieren obligarlos a circuncidarse, lo hacen solamente para quedar bien con la gente y no ser perseguidos por causa de la cruz de Cristo. [13]Pero ni siquiera los que se circuncidan cumplen todo lo que la ley dice. En cambio quieren que ustedes se circunciden, para así ellos presumir de haberlos obligado a ustedes a llevar esa marca en el cuerpo. [14]En cuanto a mí, de nada quiero presumir sino de la cruz de nuestro Señor Jesucristo. Pues por medio de la cruz de Cristo,[6] el mundo ha muerto para mí y yo he muerto para el mundo. [15]De nada vale estar o no estar circuncidados; lo que sí vale es el haber sido creados de nuevo.[n]

[16]Reciban paz y misericordia todos los que viven según esta regla, y todos los del verdadero pueblo de Dios.[ñ]

[17]De ahora en adelante no quiero que nadie me cause más dificultades; pues las cicatrices que tengo en mi cuerpo muestran que soy un siervo de Jesús.

[18]Hermanos, que nuestro Señor Jesucristo derrame su gracia sobre todos ustedes. Así sea.

---

[6] *Pues por medio de la cruz de Cristo:* otra posible traducción: *pues por medio de él.*
[l] 6.7 Pr 22.8; Os 8.7.   [m] 6.9 2 Ts 3.13.   [n] 6.15 Jn 3.3-7; 2 Co 5.17.   [ñ] 6.16 Sal 125.5; 128.6.

# Carta de San Pablo a los
# EFESIOS

*El tema central de esta carta es el plan y propósito eternos de Dios, de unir a toda la creación bajo la autoridad de Cristo cuando llegue el tiempo señalado. Dios revela a los suyos este plan, que está oculto a los otros. Y en vista de él, debe el pueblo de Dios vivir en unidad con Cristo, camino por el cual se llegará a la unidad de todos los hombres.*

*La introducción es más breve que la de otras cartas (1.1,2). Luego la carta puede dividirse en dos grandes secciones. En la primera (1.3—3.21) se desarrolla el tema de la unidad, hablando de cómo a su pueblo, cómo lo ha perdonado y librado del pecado mediante su Hijo Jesucristo, y cuán grande es el amor de Cristo. En la segunda sección (4.1—6.20) se hace hincapié en la unidad por el Espíritu Santo, en la nueva vida en Cristo y en cómo deben vivir los hijos de Dios. En la conclusión (6.21-24) se anuncia el envío de un mensajero, Tíquico.*

*Tres principales figuras se emplean en la carta para ilustrar la unidad de los creyentes: la del cuerpo —la Iglesia, con Cristo como cabeza—; la del edificio —la Iglesia con Cristo como piedra principal—, y la del matrimonio —la Iglesia como la esposa de Cristo. Cuando se habla del amor de Cristo, la carta prorrumpe en una fervorosa alabanza a Dios (3.20,21). Antes de los saludos finales se exhorta a tener firmeza y valor, comparando las armas espirituales del cristiano con la armadura que usaban los ejércitos de ese tiempo (6.10-20).*

## Saludo

1 [1]Yo, Pablo, apóstol de Jesucristo por la voluntad de Dios, escribo esta carta a quienes en la ciudad de Éfeso[a] pertenecen a Dios y creen en Cristo Jesús. [2]Que Dios nuestro Padre y el Señor Jesucristo derramen su gracia y su paz sobre ustedes.

## Bendiciones espirituales en Cristo

[3]Alabemos al Dios y Padre de nuestro Señor Jesucristo, pues en nuestra unión con Cristo[1] nos ha bendecido en los cielos con toda clase de bendiciones espirituales. [4]Dios nos escogió en Cristo desde antes de la creación del mundo, para estar en su presencia, consagrados a él y sin culpa. Por su amor[2] [5]nos había destinado a ser adoptados como hijos suyos por medio de Jesucristo, conforme a lo que se había propuesto en su voluntad. [6]Por esta causa alabamos siempre a Dios por su gloriosa bondad, con la cual nos bendijo mediante su amado Hijo. [7]En su gran amor, Dios nos ha liberado por la sangre que su Hijo derramó,[b] y ha perdonado nuestros pecados.[c] [8]Dios nos ha mostrado su amor dándonos toda sabiduría y entendimiento, [9]y nos ha hecho conocer su voluntad secreta, o sea el plan que él mismo se había propuesto llevar a cabo.

[10]Según este plan, que se cumplirá fielmente a su debido tiempo, Dios va a unir bajo el mando de Cristo todas las cosas, tanto en el cielo como en la tierra. [11]Dios nos había escogido de antemano para que, por nuestra unión con Cristo, recibiéramos nuestra parte en su herencia,[3] de acuerdo con el propósito de Dios mismo, que todo lo hace según lo que bien le parece. [12]Y lo ha hecho así a fin de que nosotros, que fuimos los primeros en confiar en Cristo, vivamos para que Dios sea alabado por su grandeza. [13]Y también ustedes, cuando oyeron el mensaje de la verdad, el anuncio de su salvación, y creyeron en Cristo, fueron unidos a él y sellados como propiedad de Dios por medio del Espíritu Santo que él había prometido.[d] [14]El Espíritu Santo es la garantía[e] de que recibiremos la herencia que Dios nos ha de dar cuando haya completado la liberación de los suyos, para que él sea alabado por su grandeza.

## Pablo pide a Dios que dé sabiduría a los creyentes

[15]Por esto, como sé que ustedes tienen fe en el Señor Jesús y amor para con todos los que pertenecen al pueblo de Dios, [16]no dejo de darle gracias por ustedes, recordándolos en mis oraciones. [17]Pido al Dios

---

[1] *En nuestra unión con Cristo:* otra posible traducción: *en la persona de Cristo.* [2] *Para estar en su . . . Por su amor:* otra posible traducción: *para que, consagrados a él y sin culpa, estemos en su presencia en el amor.* [3] *Recibiéramos . . . su herencia:* otra posible traducción: *fuéramos su herencia.*
a 1.1 Hch 18.19-21; 19.1. b 1.7 Mr 10.45; 14.24; He 9.12-14. c 1.7 Col 1.14. d 1.13 Lc 24.49; Jn 14.26; 16.13-15; Hch 1.4; 2.33. e 1.14 2 Co 1.22.

de nuestro Señor Jesucristo, al glorioso Padre, que les dé sabiduría espiritual para entender su revelación y conocerlo mejor. [18]Pido que Dios les ilumine la mente, para que sepan cuál es la esperanza a la que han sido llamados, cuán gloriosa y rica es la herencia que Dios da a los que pertenecen a su pueblo, [19]y cuán grande y sin límites es su poder, el cual actúa en nosotros los creyentes. Este poder es el mismo que Dios mostró con tanta fuerza y potencia [20]cuando resucitó a Cristo y lo hizo sentar a su derecha en el cielo,[f] [21]poniéndolo por encima de todo poder, autoridad, dominio y señorío, y por encima de todo lo que existe, tanto en este mundo como en el venidero. [22]Sometió todas las cosas bajo los pies de Cristo,[g] y a Cristo mismo lo dio a la iglesia como cabeza de todo. [23]Pues la iglesia es el cuerpo de Cristo,[h] la plenitud misma de Cristo; y Cristo es la plenitud de todas las cosas.[4]

### Salvos por el amor de Dios

2 [1]Antes ustedes estaban muertos a causa de las maldades y pecados [2]en que vivían, pues seguían el ejemplo de este mundo y hacían la voluntad de aquel espíritu que domina en el aire y que anima a los que desobedecen a Dios.[i] [3]De esa manera vivíamos también todos nosotros en otro tiempo, siguiendo nuestros propios deseos y cumpliendo los caprichos de nuestra naturaleza pecadora y de nuestros pensamientos. A causa de esa naturaleza merecíamos el terrible castigo de Dios,[j] igual que los demás. [4]Pero Dios es tan misericordioso y nos amó tanto, [5]que nos dio vida juntamente con Cristo cuando todavía estábamos muertos a causa de nuestros pecados.[k] Por la bondad de Dios han recibido ustedes la salvación. [6]Dios nos resucitó juntamente con Cristo Jesús, y nos hizo sentar con él en el cielo. [7]Hizo esto para demostrar en los tiempos futuros el gran amor que nos tiene, y su bondad para con nosotros en Cristo Jesús. [8]Pues por la bondad de Dios han recibido ustedes la salvación por medio de la fe. No es esto algo que ustedes mismos hayan conseguido, sino que les ha sido dado por Dios. [9]No es el resultado de las propias acciones, de modo que nadie puede jactarse de nada; [10]pues es Dios quien nos ha hecho; él nos ha creado en Cristo Jesús

para que hagamos buenas obras, según él lo había dispuesto de antemano.

### La paz que tenemos por medio de Cristo

[11]Así pues, ustedes, que no son judíos, y a quienes llaman "no circuncidados" los judíos (que circuncidan al hombre en el cuerpo, y a sí mismos se llaman "circuncidados"), [12]recuerden que en otro tiempo estaban sin Cristo, separados de la nación de Israel, y no tenían parte en los pactos ni en la promesa de Dios. Vivían en este mundo, sin Dios y sin esperanza. [13]Pero ahora, unidos a Cristo Jesús por la sangre que él derramó, ustedes que antes estaban lejos han sido acercados. [14]Cristo es nuestra paz.[l] El hizo de judíos y de no judíos un solo pueblo, al destruir el muro de enemistad que los separaba. En su propio cuerpo, [15]Cristo puso fin a la ley que consistía en mandatos y reglamentos,[m] y formó de los dos pueblos un solo pueblo nuevo, unido a él. Así hizo la paz. [16]Por su muerte en la cruz, Cristo dio fin a las luchas entre los dos pueblos, y los puso en paz con Dios, haciendo de ellos un solo cuerpo.[n] [17]Cristo vino a traer buenas noticias de paz a todos, tanto a ustedes que estaban lejos de Dios como a los que estaban cerca.[ñ] [18]Pues por medio de Cristo, los unos y los otros podemos acercarnos al Padre por un mismo Espíritu. [19]Por eso, ustedes ya no son extranjeros, ya no están fuera de su tierra, sino que ahora comparten con el pueblo de Dios los mismos derechos, y son miembros de la familia de Dios. [20]Ustedes son como un edificio levantado sobre los fundamentos que son los apóstoles y los profetas, y Jesucristo mismo es la piedra que corona el edificio.[o] [21]Unido a Cristo, todo el edificio va levantándose en todas y cada una de sus partes, hasta llegar a ser un templo consagrado y unido al Señor. [22]Así también ustedes, unidos a Cristo, se unen todos entre sí para llegar a ser un templo[p] en el cual Dios vive por medio de su Espíritu.

### Pablo encargado de llevar el evangelio a los no judíos

3 [1]Por esta razón yo, Pablo, estoy preso por causa de Cristo Jesús para bien de ustedes, los que no son judíos. [2]Pues ya

---

[4] *La plenitud misma . . . todas las cosas:* otra posible traducción: *la que completa al que es la plenitud de todas las cosas.*
[f] 1.20 Sal 110.1.   [h] 1.22-23 Col 1.18.   [i] 2.2 Ef 6.11-12; Col 1.13.   [j] 2.3 Ro 3.6.   [k] 2.1-5 Col 2.13.   [l] 2.14 Jn 14.27.
[m] 2.15 Col 2.14.   [n] 2.16 Col 1.20.   [ñ] 2.17 Is 57.19.   [o] 2.20 Is 28.16; Mt 21.42.   [p] 2.22 1 Co 3.16-17; 1 P 2.4-5.

deben saber que Dios, en su bondad, me ha encargado esta tarea[5] en favor de ustedes.[q] [3]Dios mostró su plan secreto, y me lo hizo saber,[r] como ya les escribí brevemente. [4]Al leerlo, pueden darse cuenta de que conozco el secreto de Cristo, [5]un secreto que no se dio a conocer a nadie en otros tiempos, pero que ahora Dios ha mostrado a sus santos apóstoles y profetas por medio de su Espíritu. [6]El secreto es éste: que por medio del mensaje de salvación, los no judíos recibirán la misma herencia que los judíos, pues son miembros del mismo cuerpo y tienen parte en la misma promesa que Dios hizo en Cristo Jesús.[s]

[7]Yo, sin merecerlo, he sido puesto al servicio de este mensaje, por la acción poderosa de Dios. [8]Yo soy menos que el más pequeño de todos los que pertenecen al pueblo de Dios;[t] pero él me ha concedido este privilegio de anunciar a los no judíos la buena noticia de las incontables riquezas de Cristo. [9]Y me ha encargado hacerles ver a todos cuál es el plan que desde siempre era un secreto de Dios, creador de todas las cosas. [10]Sucedió así para que ahora, por medio de la iglesia, todos los poderes y autoridades en el cielo lleguen a conocer la sabiduría de Dios en todas sus formas. [11]Dios hizo esto de acuerdo con el propósito eterno que llevó a cabo en nuestro Señor Jesucristo. [12]Y en Cristo tenemos libertad para acercarnos a Dios, con la confianza que nos da nuestra fe en él. [13]Por eso les ruego que no se desanimen a causa de lo que por ustedes estoy sufriendo, porque esto es más bien un honor para ustedes.

### El amor de Cristo

[14]Por esta razón me pongo de rodillas delante del Padre,[6] [15]de quien recibe su nombre toda familia, tanto en el cielo como en la tierra. [16]Pido al Padre que de su gloriosa riqueza les dé a ustedes, interiormente, poder y fuerza por medio del Espíritu de Dios, [17]y que Cristo viva en sus corazones por la fe. Así ustedes, firmes y con raíces profundas en el amor, [18]podrán comprender con todos los creyentes cuán ancho, largo, profundo y alto es el amor de Cristo. [19]Pido, pues, que conozcan ese amor, que es mucho más grande que todo cuanto podemos conocer, para que así estén completamente llenos de Dios.

[20]Y ahora, gloria sea a Dios, que tiene poder para hacer muchísimo más de lo que nosotros pedimos o pensamos, por medio de su poder que actúa en nosotros. [21]¡Gloria a Dios en la iglesia y en Cristo Jesús, por todos los siglos y para siempre! Así sea.

### Unidos por el Espíritu

**4** [1]Por esto yo, que estoy preso por la causa del Señor, les ruego que se porten como deben hacerlo los que han sido llamados por Dios, como lo fueron ustedes. [2]Sean humildes y amables; tengan paciencia y sopórtense unos a otros con amor;[u] [3]procuren mantenerse siempre unidos, con la ayuda del Espíritu Santo y por medio de la paz que ya los une. [4]Hay un solo cuerpo y un solo Espíritu, así como Dios los ha llamado a una sola esperanza. [5]Hay un Señor, una fe, un bautismo; [6]hay un Dios y Padre de todos, que está sobre todos, actúa por medio de todos y está en todos.

[7]Pero cada uno de nosotros ha recibido los dones que Cristo le ha querido dar. [8]Por eso, la Escritura dice:

"Subió al cielo llevando consigo a
   los cautivos,
y dio dones a los hombres."[v]

[9]¿Y qué quiere decir eso de que "subió"? Pues quiere decir que primero bajó a esta tierra.[7] [10]Y el que bajó es el mismo que también subió a lo más alto del cielo, para llenarlo todo con su presencia. [11]Y él mismo concedió a unos ser apóstoles y a otros profetas, a otros anunciar el mensaje de salvación y a otros ser pastores y maestros. [12]Así preparó a los suyos para un trabajo de servicio, para hacer crecer el cuerpo de Cristo [13]hasta que todos lleguemos a estar unidos en la fe y en el conocimiento del Hijo de Dios. De ese modo alcanzaremos la madurez y el desarrollo que corresponden a la estatura perfecta de Cristo. [14]Ya no seremos como niños, que cambian fácilmente de parecer y que son arrastrados por el viento de cualquier nueva enseñanza hasta dejarse engañar por gente astuta que anda por caminos equivocados. [15]Más bien, hablando la verdad en un espíritu de

---

[5] *Dios, en su bondad . . . tarea:* otra posible traducción: *Dios me ha encargado esta tarea de su bondad.*   [6] Algunos mss. añaden: *de nuestro Señor Jesucristo.*   [7] *A esta tierra:* otra posible traducción: *a lo más bajo de la tierra.*
[q] 3.2 Col 1.25.   [r] 3.3 Gá 1.12.   [s] 3.4-6 Col 1.26-27.   [t] 3.8 1 Co 15.9.   [u] 4.2 Col 3.12-13.   [v] 4.8 Sal 68.18.

amor, debemos crecer en todo hacia Cristo, que es la cabeza del cuerpo. [16]Y por Cristo el cuerpo entero se ajusta y se liga bien mediante la unión entre sí de todas sus partes; y cuando cada parte funciona bien, todo va creciendo y desarrollándose en amor.[w]

### La nueva vida en Cristo

[17]Esto, pues, es lo que les digo y les encargo en el nombre del Señor: que ya no vivan más como los paganos, los cuales viven de acuerdo con sus inútiles pensamientos [18]y tienen oscurecido el entendimiento. Ellos no gozan de la vida que viene de Dios, porque son ignorantes a causa de lo insensible de su corazón. [19]Se han endurecido y se han entregado al vicio, cometiendo sin freno toda clase de cosas impuras.[x] [20]Pero ustedes no conocieron a Cristo para vivir así, [21]si es que de veras oyeron acerca de él y aprendieron de él en qué consiste la verdad. [22]En cuanto a su antigua manera de vivir, desháganse ustedes de su vieja naturaleza,[y] que está corrompida, engañada por sus malos deseos. [23]Ustedes deben renovarse en su mente y en su espíritu, [24]y revestirse de la nueva naturaleza,[z] creada según la voluntad de Dios[a] y que se muestra en una vida recta y pura, basada en la verdad.

[25]Por lo tanto, ya no mientan más, sino diga cada uno la verdad a su prójimo,[b] porque todos somos miembros de un mismo cuerpo.[c] [26]Si se enojan, no pequen;[d] y procuren que el enojo no les dure todo el día. [27]No le den oportunidad al diablo.

[28]El que robaba, deje de robar y póngase a trabajar, realizando un buen trabajo con sus manos para que tenga algo que dar a los necesitados.

[29]No digan malas palabras, sino sólo palabras buenas que ayuden a crecer y traigan bendición a quienes las escuchen. [30]No hagan que se entristezca el Espíritu Santo de Dios, con el que ustedes han sido sellados para distinguirlos como propiedad de Dios el día en que él les dé completa salvación. [31]Echen fuera la amargura, las pasiones, los enojos, los gritos, los insultos y toda clase de maldad. [32]Sean buenos y compasivos unos con otros, y perdónense unos a otros, como Dios los perdonó a ustedes en Cristo.[e]

### Cómo deben vivir los hijos de Dios

**5** [1]Ustedes, como hijos amados de Dios, procuren ser como él. [2]Condúzcanse con amor, lo mismo que Cristo nos amó y se entregó para ser sacrificado por nosotros, como ofrenda y sacrificio de olor agradable a Dios.[f]

[3]Ustedes, que pertenecen al pueblo de Dios, no deben ni siquiera hablar de la inmoralidad sexual ni de ninguna otra clase de impureza o de avaricia. [4]No digan indecencias ni tonterías ni vulgaridades, porque estas cosas no convienen; más bien alaben a Dios. [5]Pues ya saben que quien comete inmoralidades sexuales, o hace cosas impuras, o es avaro (que es una especie de idolatría), no puede tener parte en el reino de Cristo y de Dios. [6]Que nadie los engañe con palabras huecas, porque precisamente por estas cosas viene el terrible castigo de Dios sobre aquellos que no le obedecen. [7]No tengan ustedes, pues, ninguna parte con ellos.

[8]Ustedes antes vivían en la oscuridad, pero ahora, por estar unidos al Señor, viven en la luz. Pórtense como quienes pertenecen a la luz, [9]pues la luz produce toda una cosecha de bondad, rectitud y verdad. [10]Procuren hacer lo que agrada al Señor. [11]No tomen parte en las cosas inútiles que hacen los que son de la oscuridad; más bien sáquenlas a la luz. [12]Pues hasta vergüenza da hablar de lo que ellos hacen en secreto; [13]pero cuando todas las cosas son puestas al descubierto por la luz, quedan en claro, [14]porque la luz lo descubre todo. Por eso se dice:

"Despiértate, tú que duermes; levántate de entre los muertos, y Cristo te alumbrará."

[15]Por lo tanto, cuiden mucho su comportamiento. No vivan neciamente, sino con sabiduría. [16]Aprovechen bien el tiempo,[g] porque los días son malos. [17]No actúen tontamente; procuren entender cuál es la voluntad del Señor. [18]No se emborrachen, pues eso lleva al desenfreno; al contrario, llénense del Espíritu Santo. [19]Háblense unos a otros con salmos, himnos y cantos espirituales, y canten y alaben de todo corazón al Señor. [20]Den siempre gracias a Dios el Padre por todas las cosas, en el nombre de nuestro Señor Jesucristo.[h]

---

[w] 4.16 Col 2.19.    [x] 4.17-19 Ro 1.21-25.    [y] 4.22 Col 3.9 .    [z] 4.24 Col 3.10.    [a] 4.24 Gn 1.26.    [b] 4.25 Zac 8.16.    [c] 4.25 Ro 12.5.
[d] 4.26 Sal 4.4; Stg 1.19-20.    [e] 4.32 Col 3.13.    [f] 5.2 Ex 29.18; Sal 40.6.    [g] 5.16 Col 4.5.    [h] 5.19-20 Col 3.16-17.

### La vida familiar del cristiano

[21]Sométanse los unos a los otros, por reverencia a Cristo. [22]Esposas, estén sujetas a sus esposos[i] como al Señor. [23]Porque el esposo es cabeza de la esposa, como Cristo es cabeza de la iglesia. Cristo es también el Salvador de la iglesia, la cual es su cuerpo; [24]y así como la iglesia está sujeta a Cristo, así también las esposas deben estar en todo sujetas a sus esposos.

[25]Esposos, amen a sus esposas[j] como Cristo amó a la iglesia y dio su vida por ella. [26]Esto lo hizo para consagrarla, purificándola por medio de la palabra y del lavamiento del agua [27]para presentársela a sí mismo como una iglesia gloriosa, sin mancha ni arruga ni nada parecido, sino consagrada y perfecta.[k] [28]Así como el esposo ama a su propio cuerpo, así debe amar también a su esposa. El que ama a su esposa, se ama a sí mismo. [29]Porque nadie odia su propio cuerpo, sino que lo alimenta y lo cuida, como Cristo hace con la iglesia, [30]porque ella es su cuerpo.[8] Y nosotros somos parte de ese cuerpo. [31]"Por eso, el hombre dejará a su padre y a su madre para unirse a su esposa, y los dos serán como una sola persona."[l] [32]Esto es un secreto muy grande; pero yo me estoy refiriendo a Cristo y a la iglesia. [33]En todo caso, que cada uno de ustedes ame a su esposa como a sí mismo, y que la esposa respete al esposo.

**6** [1]Hijos, obedezcan a sus padres por amor al Señor, porque esto es justo.[m] [2]El primer mandamiento que contiene una promesa es éste: "Honra a tu padre y a tu madre, [3]para que seas feliz y vivas una larga vida en la tierra."[n]

[4]Y ustedes, padres, no hagan enojar a sus hijos,[ñ] sino más bien críenlos con disciplina e instrúyanlos en el amor al Señor.

[5]Esclavos, obedezcan ustedes a los que aquí en la tierra son sus amos. Háganlo con respeto, temor y sinceridad, como si estuvieran sirviendo a Cristo. [6]Sírvanles, no solamente cuando ellos los están mirando, para quedar bien con ellos, sino como siervos de Cristo, haciendo de todo corazón la voluntad de Dios. [7]Realicen su trabajo de buena gana, como un servicio al Señor y no a los hombres. [8]Pues ya saben que cada uno, sea esclavo o libre, recibirá del Señor según lo que haya hecho de bueno.[o]

[9]Y ustedes, amos, pórtense del mismo modo con sus siervos, sin amenazas. Recuerden que tanto ustedes como ellos están sujetos al Señor que está en el cielo,[p] y que él no hace diferencia entre una persona y otra.[q]

### Las armas espirituales del cristiano

[10]Y ahora, hermanos, háganse fuertes en unión con el Señor, por medio de su fuerza poderosa. [11]Protéjanse con toda la armadura[r] que Dios les ha dado, para que puedan estar firmes contra los engaños del diablo. [12]Porque no estamos luchando contra gente de carne y hueso, sino contra malignas fuerzas espirituales del cielo, las cuales tienen mando, autoridad y dominio sobre este mundo oscuro. [13]Por eso, tomen toda la armadura que Dios les ha dado, para que puedan resistir en el día malo y, después de haberse preparado bien, mantenerse firmes.[9]

[14]Así que manténganse firmes, revestidos de la verdad[s] y protegidos por la rectitud.[t] [15]Estén siempre listos[10] para salir a anunciar el mensaje de la paz.[u] [16]Sobre todo, que su fe sea el escudo que los libre de las flechas encendidas del maligno.[v] [17]Que la salvación sea el casco[w] que proteja su cabeza, y que la palabra de Dios sea la espada[x] que les da el Espíritu Santo. [18]No dejen ustedes de orar:[y] rueguen y pidan a Dios siempre, guiados por el Espíritu. Manténganse alerta, sin desanimarse, y oren por todo el pueblo de Dios. [19]Oren también por mí, para que Dios me dé las palabras que debo decir, y para que pueda hablar con valor y dar así a conocer el secreto del mensaje de salvación. [20]Dios me ha enviado como embajador de este mensaje, por el cual estoy preso ahora. Oren para que yo hable de él sin temor alguno.

### Saludos finales

[21]Tíquico,[z] nuestro querido hermano y fiel ayudante en la obra del Señor, les

---

[8] Algunos mss. añaden: *de su carne y de sus huesos.* [9] *Y, después de . . . firmes:* otra posible traducción: *y vencer, y mantenerse firmes.* [10] *Estén siempre listos:* lit. *Pónganse sus sandalias.*
[i] 5.22 Col 3.18; 1 P 3.1. [j] 5.25 Col 3.19; 1 P 3.7. [k] 5.25-27 2 Co 11.2; Ap 21.2,9. [l] 5.31 Gn 2.24. [m] 6.1 Col 3.20.
[n] 6.2-3 Ex 20.12; Dt 5.16. [ñ] 6.4 Col 3.21. [o] 6.5-8 Col 3.22-25. [p] 6.9 Col 4.1. [q] 6.9 Dt 10.17; Col 3.25.
[r] 6.11-17 Sab 5.17-23; Ro 13.12-14; 1 Ts 5.8. [s] 6.14 Is 11.5. [t] 6.14 Is 59.17. [u] 6.15 Is 52.7. [v] 6.16 Sal 7.13. [w] 6.17 Is 59.17.
[x] 6.17 He 4.12. [y] 6.18-20 Col 4.2-4. [z] 6.21 Hch 20.4; 2 Ti 4.12.

llevará todas las noticias acerca de mí y de lo que estoy haciendo. ²²Por eso se lo envío a ustedes, para que les diga cómo estamos y de esta manera los anime.ᵃ

²³Que Dios el Padre, y el Señor Jesucristo, les dé a los hermanos paz y amor, con fe; ²⁴y que derrame su gracia sobre todos los que aman a nuestro Señor Jesucristo con un amor inalterable.

# Carta de San Pablo a los
# FILIPENSES

*La primera iglesia que Pablo estableció en Europa propiamente dicha fue la de Filipos, en Macedonia. El apóstol escribe desde la prisión, en un tono especialmente afectuoso, primeramente para dar gracias a los cristianos filipenses por el donativo que le han enviado para asistirlo en su necesidad. A la vez, preocupado por falsas enseñanzas que se han introducido en aquella iglesia, los exhorta a ser fieles y a tener valor y confianza.*

*Desde la introducción (1.1-11), Pablo hace sonar la nota del gozo, del amor y de la gratitud que siente por los creyentes de Filipos. Sintiéndolos tan cerca de su corazón, les da informes sobre su situación. Pero lo hace, no como queja, sino expresando su ánimo y seguridad por sentirse completamente identificado con Cristo, a tal punto que puede enfrentarse a la propia muerte. "Porque para mí —escribe— la vida es Cristo y la muerte es ganancia" (1.12-21). Exhorta a los filipenses a tener valor y confianza, a vivir de acuerdo con el evangelio y a mostrar el espíritu de humildad que hubo en Cristo (1.27-2.18). Pasa luego a comunicarles los planes que tiene para Timoteo y Epafrodito, sus ayudantes (2.19-30).*

*Y volviendo a hacer sonar la nota del gozo, les da su testimonio de cómo él, habiendo sido celoso cumplidor de la ley, ha llegado a encontrar en Cristo la clave de la verdadera rectitud, aunque de ninguna manera cree haber alcanzado la perfección. A este respecto emplea Pablo la comparación de los juegos olímpicos y la carrera del atleta (cap. 3). Termina la carta con reiteradas exhortaciones al gozo cristiano, recomendaciones, referencias personales y saludos (cap. 4).*

## Saludo

1 ¹Pablo y Timoteo, siervos de Jesucristo, escribimos esta carta a los que en la ciudad de Filiposᵃ pertenecen al pueblo de Dios y están unidos con Cristo Jesús, es decir, a toda la comunidad con sus obispos y diáconos. ²Que Dios nuestro Padre y el Señor Jesucristo derramen su gracia y su paz sobre ustedes.

## Oración de pablo por los creyentes

³Cada vez que me acuerdo de ustedes doy gracias a mi Dios; ⁴y cuando oro, siempre pido con alegría por todos ustedes; ⁵pues juntos hemos participado en la causa del evangelio, desde el primer día hasta hoy. ⁶Estoy seguro de que Dios, que comenzó a hacer su buena obra en ustedes, la irá llevando a buen finᵇ hasta el día en que Jesucristo regrese. ⁷Es muy justo

que yo piense así de todos ustedes, porque les tengo mucho cariño y porque participan conmigo de las mismas bendiciones, ya sea que esté yo en la cárcel o que me presente delante de las autoridades para defender y confirmar el mensaje de salvación. ⁸Pues Dios sabe cuánto deseo verlos a todos ustedes, por el tierno amor de Jesucristo. ⁹Pido en oración que lleguen a tener más amor todavía, y mucha sabiduría y entendimiento en todo, ¹⁰para que sepan escoger siempre lo mejor. Así podrán vivir una vida limpia, y no habrá nada que reprocharles cuando Cristo regrese; ¹¹pues ustedes presentarán una abundante cosecha de buenas acciones gracias a Jesucristo, para honra y gloria de Dios.

## Para mí la vida es Cristo

¹²Hermanos, quiero que sepan que las cosas que a mí me han pasado han venido

ᵃ 1.1 Hch 16.12.    ᵇ 1.6 Sal 138.8.

en realidad a ayudar a la predicación del mensaje de salvación. [13]Toda la gente de palacio, y todos los demás, saben que estoy preso[c] por seguir a Cristo. [14]Y al ver que estoy preso, la mayoría de los hermanos se han animado a anunciar el mensaje, sin miedo y con más confianza en el Señor.

[15]Es verdad que algunos hablan de Cristo por envidia y rivalidad, pero otros lo hacen con buena intención. [16]Algunos hablan de Cristo por amor, sabiendo que Dios me ha puesto aquí para defender el mensaje de salvación; [17]pero otros lo hacen por interés personal, y no son sinceros, sino que quieren causarme más dificultades ahora que estoy preso. [18]Pero ¿qué importa? De cualquier manera, con sinceridad o sin ella, hablan de Cristo; y esto me causa alegría.

Y todavía me alegraré más, [19]pues yo sé que todo esto será para mi salvación, gracias a las oraciones de ustedes y a la ayuda que me da el Espíritu de Jesucristo. [20]Pues espero firmemente que Dios no me dejará quedar mal, sino que podré hablar con confianza delante de todos y, ahora como siempre, se verá más y más en mí la grandeza de Cristo, tanto si estoy vivo como si estoy muerto. [21]Porque para mí la vida es Cristo[d] y la muerte es ganancia. [22]Pero si viviendo en este cuerpo puedo seguir trabajando para bien de la causa del Señor, entonces no sé qué escoger. [23]Me es difícil decidirme por una de las dos cosas: por un lado, quisiera morir para ir a estar con Cristo, pues eso sería mucho mejor para mí; [24]pero, por otro lado, a causa de ustedes es más necesario que siga viviendo. [25]Y como estoy convencido de esto, sé que me quedaré todavía con ustedes, para ayudarlos a seguir adelante y a tener más gozo en su fe. [26]Así me tendrán otra vez entre ustedes, como motivo de satisfacción en Cristo Jesús.

[27]Solamente esto: procuren que su manera de vivir esté de acuerdo con el evangelio de Cristo. Así, lo mismo si voy a verlos que si no voy, quiero recibir noticias de que ustedes siguen firmes y muy unidos, luchando todos juntos por la fe que procede del mensaje de salvación, [28]sin dejarse asustar en nada por sus enemigos. Esto es una clara señal de que ellos van a la destrucción, y al mismo tiempo es señal de la salvación de ustedes. Y esto procede de Dios. [29]Pues por causa de Cristo, ustedes no sólo tienen el privilegio de creer en él, sino también de sufrir por él. [30]Ustedes y yo estamos en la misma lucha. Ya vieron antes cómo luché,[e] y ahora tienen noticias de cómo sigo luchando.

## La humillación y la grandeza de Cristo

**2** [1]Así que, si Cristo los anima, si el amor los consuela, si el Espíritu está con ustedes, si conocen el cariño y la compasión, [2]llénenme de alegría viviendo todos en armonía, unidos por un mismo amor, por un mismo espíritu y por un mismo propósito. [3]No hagan nada por rivalidad o por orgullo, sino con humildad, y que cada uno considere a los demás como mejores que él mismo. [4]Ninguno busque únicamente su propio bien, sino también el bien de los otros.

[5]Tengan ustedes la misma manera de pensar que tuvo Cristo Jesús,[l] [6]el cual:

Aunque era de naturaleza divina,[f]
no insistió en ser igual a Dios,
[7]sino que hizo a un lado lo que le era propio,
y tomando naturaleza de siervo
nació como hombre.
Y al presentarse como hombre
[8]se humilló a sí mismo,
y por obediencia fue a la muerte,[g]
a la vergonzosa muerte en la cruz.
[9]Por eso, Dios le dio el más alto honor[h]
y el más excelente de todos los nombres,
[10]para que, al nombre de Jesús, doblen la rodilla
todos los que están en los cielos,
y en la tierra, y debajo de la tierra,
[11]y todos reconozcan[i]
que Jesucristo es el Señor,
para honra de Dios Padre.

## Los cristianos son como luces en el mundo

[12]Por tanto, mis queridos hermanos, así como ustedes me han obedecido siempre cuando he estado entre ustedes, obedézcanme más ahora que estoy lejos. Ocúpense de su salvación con profunda reverencia; [13]pues Dios es quien hace nacer en ustedes los buenos deseos y quien les ayuda a llevarlos a cabo, según su buena voluntad.

---

[l] *Que tuvo Cristo Jesús:* otra posible traducción: *que conviene al que está unido a Cristo Jesús.*
[c] **1.13** Hch 28.30.   [d] **1.21** Gá 2.20; Col 3.4.   [e] **1.30** Hch 16.19-40.   [f] **2.6** Jn 1.1-3; Col 1.15.   [g] **2.8** Mt 26.39; Jn 10.18; He 5.8.   [h] **2.8-9** He 2.9; 12.2.   [i] **2.10-11** Is 45.23.

¹⁴Háganlo todo sin murmuraciones ni discusiones, ¹⁵para que nadie encuentre en ustedes culpa ni falta alguna. Sean hijos de Dios sin mancha en medio de esta gente mala y perversa.ʲ Entre ellos brillan ustedes como estrellas en un mundo obscuro, ¹⁶manteniendo en alto el mensaje de vida. Así, cuando venga Cristo, yo podré sentirme satisfecho a causa de ustedes, sabiendo que no he corrido ni trabajado en vano. ¹⁷Y aunque mi propia vida sea sacrificada para completar la ofrenda que ustedes hacen a Dios por su fe, yo me alegro y comparto esa alegría con todos ustedes. ¹⁸Alégrense ustedes también, y tomen parte en mi alegría.

### Timoteo y Epafrodito

¹⁹Confiado en el Señor Jesús, espero mandarles pronto a Timoteo,ᵏ para alegrarme al recibir noticias de ustedes. ²⁰Porque no tengo a ningún otro que piense igual que yo y que de veras se preocupe por el bien de ustedes; ²¹todos buscan su propio interés, y no el interés de Jesucristo. ²²Pero ustedes ya saben del buen comportamiento de Timoteo y de cómo ha servido conmigo en el anuncio del mensaje, ayudándome como si fuera mi hijo. ²³Así que espero enviárselo en cuanto yo sepa cómo van mis asuntos; ²⁴aunque confío en el Señor que también yo mismo iré pronto.

²⁵Igualmente me parece necesario mandarles al hermano Epafrodito, mi compañero de trabajo y de armas, al que ustedes mismos me enviaron para atender mis necesidades. ²⁶El tiene muchos deseos de verlos a todos, y está muy preocupado porque ustedes supieron que se encontraba enfermo. ²⁷Y es verdad que lo estuvo, y hasta a punto de morir; pero Dios tuvo compasión de él, y no sólo de él sino también de mí, para que no tuviera yo más tristezas de las que ya tengo. ²⁸Por eso se lo envío a toda prisa, para que ustedes se alegren de verlo otra vez y para que yo no esté tan triste. ²⁹Recíbanlo con toda alegría, como hermano en el Señor, y estimen siempre a los que son como él, ³⁰ya que estuvo a punto de morir por servir a Cristo. Puso en peligro su propia vida por prestarme los servicios que ustedes no me podían prestar personalmente.

### Lo verdaderamente valioso

**3** ¹Y ahora, hermanos míos, alégrense en el Señor. Para mí no es ninguna molestia repetir lo que ya les he escrito, y para ustedes es útil. ²Cuídense de esa gente despreciable,² de esos que hacen lo malo, de esos que mutilan el cuerpo; ³porque los verdaderos circuncidadosˡ somos nosotros, los que adoramos a Dios movidos por su Espíritu,³ y nos alegramos de ser de Cristo Jesús, y no ponemos nuestra confianza en las cosas externas. ⁴Aunque también yo tengo razones para confiar en tales cosas. Nadie tendría más razones que yo para confiar en ellas: ⁵me circuncidaron a los ocho días de nacer, soy de raza israelita, pertenezco a la tribu de Benjamín,ᵐ soy hebreo e hijo de hebreos. En cuanto a la interpretación de la ley judía, fui del partido fariseo;ⁿ ⁶era tan fanático, que perseguía a los de la iglesia;ñ y en cuanto al cumplimiento de la ley, nadie tuvo nada que reprocharme. ⁷Pero todo esto, que antes valía mucho para mí, ahora, a causa de Cristo, lo tengo por algo sin valor. ⁸Aún más, a nada le concedo valor si lo comparo con el bien supremo de conocer a Cristo Jesús, mi Señor. Por causa de Cristo lo he perdido todo, y todo lo considero basura a cambio de ganarlo a él ⁹y encontrarme unido a él. No busco quedar libre de culpa por la obediencia a la ley, sino por medio de la fe en Cristo; es decir, que Dios me libre de culpa por medio de la fe. ¹⁰Lo que quiero es conocer a Cristo, sentir en mí el poder de su resurrección, tomar parte en sus sufrimientos y llegar a ser como él en su muerte,ᵒ ¹¹con la esperanza de alcanzar la resurrección de los muertos.

### La lucha por llegar a la meta

¹²No quiero decir que ya lo haya conseguido todo, ni que ya sea perfecto; pero sigo adelante con la esperanza de alcanzarlo, puesto que Cristo Jesús me alcanzó primero. ¹³Hermanos, no digo que yo mismo ya lo haya alcanzado; lo que sí hago es olvidarme de lo que queda atrás y esforzarme por alcanzar lo que está delante, ¹⁴para llegar a la meta y ganar el premio que Dios nos llama a recibir por medio de Cristo Jesús. *

¹⁵Todos los que ya poseemos una fe madura, debemos pensar de esta manera.

---

² *Esa gente despreciable.* lit. *los perros.*   ³ *Movidos por su Espíritu:* algunos mss. dicen: *en espíritu.*
ʲ 2.15 Dt 32.5.   ᵏ 2.19 Hch 16.1-3.   ˡ 3.3 Jer 4.4; Ro 2.28-29; Gá 6.14-15; Col 2.11-13.   ᵐ 3.5 Ro 11.1.   ⁿ 3.5 Hch 23.6; 26.5.
ñ 3.6 Hch 8.3; 9.1-2; 22.4; 26.9-11.   ᵒ 3.10 Ro 6.11-13; 8.29; 2 Co 3.18; Gá 4.19.   * 3.13-14 Sab 4.2; 5.16.

Si en alguna cosa ustedes piensan de otro modo, Dios les hará ver esto también. [16]Pero, eso sí, debemos vivir de acuerdo con lo que ya hemos alcanzado.

[17]Hermanos, sigan mi ejemplo[p] y fíjense también en los que viven según el ejemplo que nosotros les hemos dado a ustedes. [18]Ya les he dicho muchas veces, y ahora se lo repito con lágrimas, que hay muchos que están viviendo como enemigos de la cruz de Cristo [19]y que acabarán por ser destruidos. Su dios son sus propios apetitos, y sienten orgullo de lo que debería darles vergüenza. Sólo piensan en las cosas de este mundo. [20]En cambio, nosotros somos ciudadanos del cielo, y estamos esperando que del cielo venga el Salvador, el Señor Jesucristo, [21]que cambiará nuestro cuerpo miserable para que sea como su propio cuerpo glorioso. Y lo hará por medio del poder que tiene para dominar todas las cosas.

### Alégrense siempre en el Señor

**4** [1]Por eso, mis queridos hermanos, a quienes tanto deseo ver; ustedes, amados míos, que son mi alegría y mi premio, sigan así, firmes en el Señor.

[2]Ruego a Evodia, y también a Síntique, que se pongan de acuerdo como hermanas en el Señor. [3]Y a ti, mi fiel compañero de trabajo, te pido que ayudes a estas hermanas, pues ellas lucharon a mi lado en la predicación del mensaje de salvación, junto con Clemente y los otros que trabajaron conmigo. Sus nombres ya están escritos en el libro de la vida. [4]Alégrense siempre en el Señor. Repito: ¡Alégrense![q] [5]Que todos los conozcan a ustedes como personas bondadosas. El Señor está cerca.[r]

[6]No se aflijan por nada, sino preséntenselo todo a Dios en oración; pídanle, y denle gracias también.[s] [7]Así Dios les dará su paz, que es más grande de lo que el hombre puede entender; y esta paz cuidará sus corazones y sus pensamientos, porque ustedes están unidos a Cristo Jesús.

### Piensen en todo lo que es bueno

[8]Por último, hermanos, piensen en todo lo verdadero, en todo lo que es digno de respeto, en todo lo recto, en todo lo puro, en todo lo agradable, en todo lo que tiene buena fama. Piensen en todo lo que es bueno y merece alabanza.

[9]Pongan en práctica lo que les enseñé y las instrucciones que les di, lo que me oyeron decir y lo que me vieron hacer: háganlo así y el Dios de paz estará con ustedes.

### Ofrendas de los filipenses para Pablo

[10]Me alegro mucho en el Señor de que ustedes hayan vuelto a pensar en mí. No quiero decir que me hubieran olvidado, sino que no tenían la oportunidad de ayudarme. [11]No lo digo porque yo esté necesitado, pues he aprendido a contentarme con lo que tengo. [12]Sé lo que es vivir en la pobreza, y también lo que es vivir en la abundancia. He aprendido a hacer frente a cualquier situación, lo mismo a estar satisfecho que a tener hambre, a tener de sobra que a no tener nada. [13]A todo puedo hacerle frente, pues Cristo es quien me sostiene. [14]Sin embargo, ustedes hicieron bien compartiendo mis dificultades.

[15]Cuando yo partí de Macedonia, al comenzar a anunciar el mensaje de salvación, fueron ustedes, los de la iglesia de Filipos, los únicos que me enviaron ofrendas de gratitud por la ayuda espiritual que habían recibido. [16]Pues incluso estando yo en Tesalónica,[t] más de una vez ustedes me enviaron ofrendas para mis necesidades.[u] [17]No es que yo piense sólo en recibir; lo que quiero es que ustedes lleguen a tener más en su cuenta delante de Dios. [18]Pues yo ya lo he recibido todo, y hasta tengo de sobra. Con lo que me enviaron por medio de Epafrodito, tengo más que suficiente. Lo que me enviaron fue como una ofrenda de incienso perfumado, un sacrificio de olor agradable a Dios.[v] [19]Por lo tanto, mi Dios les dará a ustedes todo lo que les falte, conforme a las gloriosas riquezas que tiene en Cristo Jesús. [20]¡Gloria para siempre a nuestro Dios y Padre! Así sea.

### Saludos finales

[21]Saluden de mi parte a todos los que pertenecen al pueblo de Dios por Jesucristo. Los hermanos que están conmigo les mandan saludos. [22]También les mandan saludos todos los que pertenecen al pueblo de Dios, y especialmente los del servicio del emperador romano.

[23]Que nuestro Señor Jesucristo derrame su gracia sobre ustedes.

---

p 3.17 1 Co 4.16; 11.1.    q 4.4 1 Ts 5.16.    r 4.5 Sal 119.151.    s 4.6 Col 4.2-7; 1 Ts 5.17-18.    t 4.16 Hch 17.1.    u 4.15-16 2 Co 11.9.
v 4.18 Ex 29.18.

# Carta de San Pablo a los
# COLOSENSES

*Aunque Pablo no había fundado él mismo la iglesia de Colosas, se sentía responsable por ella debido, en primer lugar, a que estaba en el área que consideraba bajo su cuidado, y después a que desde Éfeso había enviado personas a ayudar a dicha iglesia. Es otra de las cartas desde la prisión. Después del saludo inicial, en el cual asocia a su ayudante Timoteo, expresa, como en otras cartas, su gratitud a Dios por todo lo bueno que se le ha informado sobre la iglesia de Colosas (1.1-8). Al parecer se habían introducido en ella falsos maestros que hablaban de ciertas potencias y espíritus sobrehumanos que debían ser adorados, y a la vez insistían en que la circuncisión, las reglas sobre comidas y otros preceptos de la ley mosaica deberían ser estrictamente observados.*

*Pablo rebate todo esto, proclamando que Cristo, por medio de quien Dios creó todas las cosas, es superior a aquellas potencias sobrehumanas, las cuales le están sujetas. Además, él es la cabeza de la Iglesia, y por su muerte en la cruz ha efectuado la reconciliación con Dios. La obra de Cristo es suficiente para la salvación. A la circuncisión corporal contrapone una "circuncisión que viene de Cristo" (2.11) y que consiste en despojarse de los pecados. Al exaltar la soberanía de Cristo, el tono general es muy semejante al de la carta a los efesios (1.9—2.19). Y su mensaje sobre la nueva vida en Cristo (2.20—4.6), tema que se recalca en la carta a los filipenses, hace pensar que tal vez el apóstol escribió ambas cartas por las mismas fechas. Los creyentes, a quienes Dios ha dado una nueva vida, la "vida juntamente con Cristo" (2.13), deben mantenerse unidos a él, y mostrar en su conducta diaria y en sus relaciones con los demás que en verdad viven esa nueva vida. Algunas de sus recomendaciones al respecto se asemejan a las del cap. 5 de Efesios.*

*Los saludos finales reflejan el interés y afecto personales que dominaban en las relaciones de Pablo con sus compañeros de trabajo. En esta sección (4.7-18) se habla de una carta a la iglesia de Laodicea, pero entre las cartas de Pablo que se conocen no figura una "Carta a los Laodicenses".*

## Saludo

**1** ¹Yo, Pablo, apóstol de Jesucristo por la voluntad de Dios, junto con el hermano Timoteo ²escribo esta carta a nuestros fieles hermanos en Cristo que están en Colosas y pertenecen al pueblo de Dios. Que Dios nuestro Padre[l] derrame su gracia y su paz sobre ustedes.

## La oración de Pablo por los creyentes

³Siempre que oramos por ustedes damos gracias a Dios, el Padre de nuestro Señor Jesucristo. ⁴Pues hemos recibido noticias de su fe en Cristo Jesús y de su amor para con todos los que pertenecen al pueblo de Dios, ⁵amor basado en la esperanza de lo que a ustedes se les ha reservado en el cielo. Ustedes alcanzaron esta esperanza al escuchar el mensaje verdadero, las buenas noticias de la salvación. ⁶Este mensaje que les fue predicado está creciendo y dando fruto en todas partes del mundo, igual que ha sucedido entre ustedes desde que oyeron hablar del amor

de Dios y supieron que este amor es verdadero. ⁷Esto les enseñó nuestro querido Epafras,[a] quien ha trabajado con nosotros y en quien ustedes tienen un fiel servidor de Cristo. ⁸El nos ha traído noticias de ustedes y del amor que el Espíritu les inspira.

⁹Por esto nosotros, desde el día que lo supimos, no hemos dejado de orar por ustedes y de pedir a Dios que les haga conocer plenamente su voluntad y les dé toda clase de sabiduría y entendimiento espiritual. ¹⁰Así podrán portarse como deben hacerlo los que son del Señor, haciendo siempre lo que a él le agrada, dando frutos de toda clase de buenas obras y llegando a conocer mejor a Dios. ¹¹Pedimos que él, con su glorioso poder, los haga fuertes; así podrán ustedes soportarlo todo con mucha fortaleza y paciencia, ¹²y darán gracias con alegría al Padre, que los ha preparado a ustedes para recibir en la luz la parte de la herencia que él dará a quienes pertenecen a su pueblo. ¹³Dios nos libró del poder de la oscuridad[b] y nos llevó al reino de su

---

[l] Algunos mss. añaden aquí: *y el Señor Jesucristo.*
[a] 1.7 Col 4.12; Flm 23.    [b] 1.13 Ef 6.12.

amado Hijo, [14]por quien nos salvó y nos perdonó nuestros pecados.[c]

### La paz con Dios por medio de la muerte de Cristo

[15]Cristo es la imagen visible de Dios, que es invisible; es su Hijo primero, anterior a todo lo creado. [16]Por medio de él, Dios creó todo lo que hay en el cielo y en la tierra, tanto lo visible como lo invisible, así como los seres espirituales que tienen dominio, autoridad y poder.[d] Todo fue creado por medio de él y para él. [17]Cristo existe antes que todas las cosas, y por él se mantiene todo en orden.[e] [18]Además, Cristo es la cabeza del cuerpo, que es la iglesia.[f] El, que es el principio, fue el primero en resucitar, para tener así el primer puesto en todo.[g] [19]Pues Dios quiso habitar plenamente en Cristo, [20]y por medio de Cristo quiso poner en paz consigo al universo entero, tanto lo que está en la tierra como lo que está en el cielo, haciendo la paz mediante la sangre que Cristo derramó en la cruz.[h]

[21]Ustedes antes eran extranjeros y enemigos de Dios en sus corazones, por las cosas malas que hacían, [22]pero ahora Dios los ha puesto en paz con él, mediante la muerte que Cristo sufrió en su cuerpo humano. Y lo hizo para tenerlos a ustedes en su presencia, consagrados a él, sin mancha y sin culpa. [23]Pero para esto deben permanecer firmemente basados en la fe, sin apartarse de la esperanza que tienen por el mensaje de salvación que oyeron. Este es el mensaje que se ha anunciado en todas partes del mundo, y que yo, Pablo, ayudo a predicar.

### Pablo encargado de servir a la iglesia

[24]Ahora me alegro de lo que sufro por ustedes, porque de esta manera voy completando, en mi propio cuerpo, lo que falta de los sufrimientos de Cristo por la iglesia, que es su cuerpo. [25]Dios ha hecho de mí un servidor de la iglesia, por el encargo que él me dio, para bien de ustedes,[i] de anunciar en forma completa su mensaje, [26]es decir, el secreto que desde hace siglos y generaciones Dios tenía escondido, pero que ahora ha manifestado a los suyos. [27]A ellos Dios les quiso dar a conocer la gloriosa riqueza que ese secreto encierra para los que no son

judíos. Y ese secreto es Cristo, que habita en ustedes[2] y que es la esperanza de la gloria que han de tener.

[28]Nosotros anunciamos a Cristo, aconsejando y enseñando a todos en toda sabiduría, para presentarlos perfectos en Cristo. [29]Para esto trabajo y lucho con toda la fuerza y el poder que Cristo me da.

**2** [1]Pues quiero que sepan que estoy luchando duramente por ustedes, por los de Laodicea[j] y por todos los que no me han visto personalmente. [2]Lucho para que ellos reciban ánimo en su corazón, para que permanezcan unidos en amor y enriquecidos con un perfecto entendimiento que les permita comprender el secreto de Dios, que es Cristo mismo;[3] [3]pues en él están encerradas todas las riquezas de la sabiduría y del conocimiento. [4]Esto se lo digo a ustedes para que nadie los engañe con palabras seductoras. [5]Pues aunque no estoy presente entre ustedes en persona, lo estoy en espíritu, y me alegra ver que tienen orden y que se mantienen firmes en su fe en Cristo.

### La nueva vida en Cristo

[6]Por eso, así como aceptaron ustedes al Señor Jesucristo, así deben vivir unidos a él, [7]con profundas raíces en él, firmemente basados en él por la fe, como se les enseñó, y dando siempre gracias a Dios.

[8]Tengan cuidado: no se dejen llevar por quienes los quieren engañar con teorías y argumentos falsos, pues ellos no se apoyan en Cristo, sino en las tradiciones de los hombres y en los poderes que dominan este mundo.[k]

[9]Porque todo lo que Dios es, se encuentra plenamente en la persona de Cristo, [10]y ustedes están llenos de Dios porque están unidos a Cristo, que es cabeza de todos los seres espirituales que tienen poder y autoridad. [11]También, por su unión con Cristo, ustedes han sido circuncidados, no con aquella circuncisión que se hace en el cuerpo, sino con la que consiste en ser librados de la naturaleza pecadora. Esta es la circuncisión que viene de Cristo. [12]Al ser bautizados, ustedes fueron sepultados con Cristo, y fueron también resucitados con él,[l] porque

---

[2] *Cristo, que habita entre ustedes:* otra posible traducción: *Cristo predicado entre ustedes.* [3] *El secreto de Dios que es Cristo mismo:* algunos mss. dicen: *el secreto de Dios el Padre, y de Cristo.*
[c] **1.14** Ef 1.7. [d] **1.16** Ef 6.12. [e] **1.15-17** Jn 1.1-3,18; He 1.2-3. [f] **1.18** Ef 1.22-23; 4.15. [g] **1.18** Hch 26.23; Ap 1.5. [h] **1.20** Ef 2.16. [i] **1.25** Ef 3.2. [j] **2.1** Ap 3.14-22. [k] **2.8,20** Gá 4.3,9. [l] **2.12** Ro 6.4.

creyeron en el poder de Dios, que lo resucitó. [13] Ustedes, en otro tiempo, estaban muertos espiritualmente a causa de sus pecados y por no haber sido circuncidados; pero ahora Dios les ha dado vida juntamente con Cristo,[m] en quien nos ha perdonado todos los pecados. [14] Dios canceló la deuda que había contra nosotros y que nos obligaba con sus requisitos legales. Puso fin a esa deuda clavándola en la cruz.[n] [15] Por medio de Cristo, Dios[4] venció a los seres espirituales que tienen poder y autoridad, y los humilló públicamente llevándolos como prisioneros en su desfile victorioso.

### Busquen las cosas del cielo

[16] Por tanto, que nadie los critique a ustedes por lo que comen o beben, o por cuestiones tales como días de fiesta, lunas nuevas o días de reposo.[5,ñ] [17] Todo esto no es más que la sombra de lo que ha de venir, pero la realidad misma es Cristo. [18] No dejen que los condenen esos que se hacen pasar por muy humildes y que adoran a los ángeles, que pretenden tener visiones y que se hinchan de orgullo a causa de sus pensamientos humanos. [19] Ellos no están unidos a la cabeza, la cual hace crecer todo el cuerpo al alimentarlo y unir cada una de sus partes conforme al plan de Dios.[o]

[20] Ustedes han muerto con Cristo[p] y ya no están sujetos a los poderes que dominan este mundo. ¿Por qué, pues, viven como si todavía fueran del mundo, sometidos a reglas tales [21] como: "No toques eso, no comas aquello, no lo tomes en tus manos"? [22] Todas estas reglas tienen que ver con cosas que se acaban con el uso y que sólo son mandatos y enseñanzas de hombres. [23] Es verdad que tales cosas pueden parecer sabias, porque exigen cierta religiosidad y humildad y duro trato del cuerpo, pero de nada sirven para combatir los deseos humanos.

**3** [1] Por lo tanto, ya que ustedes han sido resucitados con Cristo,[q] busquen las cosas del cielo, donde Cristo está sentado a la derecha de Dios.[r] [2] Piensen en las cosas del cielo, no en las de la tierra. [3] Pues ustedes murieron, y ahora su vida está escondida con Cristo en Dios. [4] Cristo mismo es la vida de ustedes.[s] Cuando él

aparezca, ustedes también aparecerán con él y tendrán parte en su gloria.

### La vida antigua y la vida nueva

[5] Hagan, pues, morir todo lo que de terrenal hay en ustedes: que nadie cometa inmoralidades sexuales, ni haga cosas impuras, ni siga sus pasiones y malos deseos, ni sea avaro (que es una forma de idolatría). [6] Estas cosas, por las que viene el terrible castigo de Dios sobre aquellos que no le obedecen,[t] [7] son las que ustedes hacían en su vida pasada. [8] Pero ahora dejen todo eso: el enojo, la pasión, la maldad, los insultos y las palabras indecentes. [9] No se mientan los unos a los otros, puesto que ya se han librado de su vieja naturaleza[u] y de las cosas que antes hacían, [10] y se han revestido de la nueva naturaleza:[v] la del nuevo hombre, que se va renovando a imagen de Dios, su Creador,[w] para llegar a conocerlo plenamente. [11] Ya no tiene importancia el ser griego o judío, el estar circuncidado o no estarlo, el ser extranjero, inculto, esclavo o libre; lo que importa es que Cristo es todo y está en todos.

[12] Dios los ama a ustedes y los ha escogido para que pertenezcan a su pueblo. Vivan, pues, revestidos de verdadera compasión, bondad, humildad, mansedumbre y paciencia.[x] [13] Tengan paciencia unos con otros, y perdónense si alguno tiene una queja contra otro. Así como el Señor los perdonó, perdonen también ustedes.[y] [14] Sobre todo revístanse de amor, que es el perfecto lazo de unión. [15] Y que la paz de Cristo dirija sus corazones, porque con este propósito los llamó Dios a formar un solo cuerpo. Y sean agradecidos.

[16] Que el mensaje de Cristo esté siempre presente en sus corazones. Instrúyanse y anímense unos a otros con toda sabiduría. Con profunda gratitud canten a Dios salmos, himnos y canciones espirituales. [17] Y todo lo que hagan o digan, háganlo en el nombre del Señor Jesús, dando gracias a Dios el Padre por medio de él.[z]

### Relaciones domésticas

[18] Esposas, sométanse a sus esposos,[a] pues éste es su deber como creyentes en el Señor. [19] Esposos, amen a sus esposas[b] y no las traten con aspereza.

---

[4] *Por medio de Cristo, Dios:* otra posible traducción: *En la cruz, Cristo.*    [5] *Días de reposo:* aquí equivale a *sábado.*
[m] 2.13 Ef 2.1-5.   [n] 2.14 Ef 2.15.   [ñ] 2.16 Ro 14.1-6.   [o] 2.19 Ef 1.22; 4.15-16.   [p] 2.20 Ro 6.6-11; Gá 2.19-20.   [q] 3.1-3 Ro 6.4-11; Col 2.12.   [r] 3.1 Sal 110.1; He 1.3.   [s] 3.4 Gá 2.20; Fil 1.21.   [t] 3.6 Ef 2.3.   [u] 3.9 Ef 4.22.   [v] 3.10 Ef 4.24.   [w] 3.10 Gn 1.26; Ef 2.10.   [x] 3.12-13 Ef 4.2.   [y] 3.13 Ef 4.32.   [z] 3.16-17 Ef 5.19-20.   [a] 3.18 Ef 5.22; 1 P 3.1.   [b] 3.19 Ef 5.25; 1 P 3.7.

²⁰Hijos, obedezcan en todo a sus padres, porque esto agrada al Señor.ᶜ ²¹Padres, no hagan enojar a sus hijos,ᵈ para que no se desanimen. ²²Esclavos, obedezcan en todo a quienes aquí en la tierra son sus amos, no solamente cuando ellos los estén mirando, para quedar bien con ellos, sino de corazón sincero, por temor al Señor. ²³Todo lo que hagan, háganlo de buena gana, como si estuvieran sirviendo al Señor y no a los hombres. ²⁴Pues ya saben que, en recompensa, el Señor les dará parte en la herencia. Porque ustedes sirven a Cristo, que es su verdadero Señor. ²⁵Pero el que hace lo malo, recibirá el pago del mal que ha hecho,ᵉ porque Dios no hace diferencia entre una persona y otra.ᶠ

**4** ¹Ustedes, amos, sean justos y razonables con sus esclavos. Acuérdense de que también ustedes tienen que responder ante un Señor que está en el cielo.ᵍ

### Exhortaciones

²Manténganse constantes en la oración,ʰ siempre alerta y dando gracias a Dios. ³Oren también por nosotros, a fin de que el Señor nos abra las puertas para predicar el mensaje y hablar del secreto de Cristo, pues por este secreto estoy preso. ⁴Oren para que yo lo dé a conocer tan claramente como debo hacerlo.

⁵Pórtense prudentemente con los no creyentes, y aprovechen bien el tiempo.ⁱ ⁶Su conversación debe ser siempre agradable y de buen gusto, y deben saber también cómo contestar a cada uno.

### Saludos finales

⁷Nuestro querido hermano Tíquico,ʲ que ha sido un fiel ayudante y que ha servido al Señor conmigo, les llevará noticias mías. ⁸Por esto lo envío a ustedes, para que les diga cómo estamos y los anime.ᵏ ⁹Con él va también Onésimo,ˡ nuestro querido y fiel hermano, que es uno de ustedes. Ellos les contarán todo lo que pasa por aquí.

¹⁰Aristarco,ᵐ mi compañero de cárcel, les manda saludos; y también Marcos,ⁿ el primo de Bernabé. Ustedes ya tienen instrucciones respecto a Marcos; si va a visitarlos, recíbanlo bien. ¹¹También los saluda Jesús, al que llaman el Justo. Estos son los únicos entre los creyentes judíos que han trabajado conmigo por el reino de Dios, y han sido un gran consuelo para mí. ¹²Les manda saludos Epafras,ñ un siervo de Cristo Jesús; él es uno de ustedes, y siempre está rogando por ustedes en oración, para que se mantengan firmes y totalmente entregados a hacer la voluntad de Dios. ¹³Yo soy testigo de lo mucho que Epafras se preocupa por ustedes y por los que están en Laodicea y en Hierápolis. ¹⁴Lucas,ᵒ el médico amado, los saluda, y también Demas.ᵖ

¹⁵Saluden a los hermanos que están en Laodicea. Saluden también a Ninfa y a la congregación que se reúne en su casa. ¹⁶Después de haber leído ustedes esta carta, mándenla a la iglesia de Laodicea,�q para que también allí sea leída; y ustedes, a su vez, lean la carta que les llegue de allá. ¹⁷Díganle esto a Arquipo:ʳ "Procura cumplir bien el servicio que el Señor te ha encomendado."

¹⁸Yo, Pablo, les escribo este saludo de mi puño y letra. Recuerden que estoy preso. Que Dios derrame su gracia sobre ustedes.

---

ᶜ 3.20 Ef 6.1.　ᵈ 3.21 Ef 6.4.　ᵉ 3.22-25 Ef 6.5-8.　ᶠ 3.25 Dt 10.17; Ef 6.9.　ᵍ 4.1 Ef 6.9.　ʰ 4.2-4 Ef 6.18-20; Fil 4.6. ⁱ 4.5 Ef 5.16.　ʲ 4.7 Hch 20.4; 2 Ti 4.12.　ᵏ 4.7-8 Ef 6.21-22.　ˡ 4.9 Flm 10-12.　ᵐ 4.10 Hch 19.29; 27.2; Flm 24. ⁿ 4.10 Hch 12.12,25; 13.13; 15.37-39.　ñ 4.12 Col 1.7; Flm 23.　ᵒ 4.14 2 Ti 4.11; Flm 24.　ᵖ 4.14 2 Ti 4.10; Flm 24. q 4.16 Ap 3.14-22.　ʳ 4.17 Flm 2.

# Primera Carta de San Pablo a los
# TESALONICENSES

*Se hallaba Pablo en Corinto cuando Timoteo, su compañero y colaborador, le dio un informe personal sobre la situación de la iglesia fundada por él en Tesalónica, la capital de Macedonia, provincia romana. Por la oposición judía, debido a que el mensaje del apóstol estaba siendo aceptado por no judíos que se habían interesado por el judaísmo, y que estaban convirtiéndose en cristianos, Pablo había tenido que salir de aquella ciudad. Pero siempre recordaba a los creyentes con cariño, y estaba ansioso de saber de ellos.*

*Las noticias eran buenas. A pesar de la oposición, los creyentes eran un verdadero ejemplo de fidelidad para los cristianos de toda la región. Pablo no puede menos que escribirles, lleno de alegría, agradeciendo a Dios y a ellos esa adhesión a la fe, y haciendo recuerdos de cuando estaba con ellos (1.1—3.13). Los exhorta a crecer en la vida cristiana, en la que han mostrado tan buen comienzo (4.13—5.11), y pasa a tratar un asunto que había despertado interés especial entre ellos y sobre el cual necesitaban más explicación: la resurrección de los muertos y la segunda venida del Señor. Pablo les confirma esta doctrina y esperanza, y les aconseja estar preparados en la fe y el amor. Termina con algunas exhortaciones, consejos y más encargos (5.12-28).*

*Con mucha probabilidad esta carta fue el primer escrito con que empezó a formarse el Nuevo Testamento. Pablo la escribió más o menos por el año 50 o el 51 de nuestra era.*

### Saludo

1 ¹Yo, Pablo, junto con Silvano y Timoteo, escribo esta carta a los hermanos de la iglesia de la ciudad de Tesalónica,*a* que están unidos a Dios el Padre y al Señor Jesucristo. Que Dios derrame*l* su gracia y su paz sobre ustedes.

### El ejemplo de fe que daban los de Tesalónica

²Siempre damos gracias a Dios por todos ustedes, y los recordamos en nuestras oraciones. ³Continuamente recordamos delante de nuestro Dios y Padre con cuánta fe han trabajado ustedes, con cuánto amor han servido y de qué manera su esperanza en nuestro Señor Jesucristo los ha ayudado a soportar con fortaleza los sufrimientos. ⁴Hermanos, Dios los ama a ustedes, y sabemos que él los ha escogido. ⁵Pues cuando nosotros les predicamos el mensaje de salvación, no fue solamente con palabras, sino también con el poder del Espíritu Santo y con la completa seguridad de que este mensaje es la verdad. Bien saben cómo nos portamos entre ustedes, buscando su propio bien. ⁶Ustedes, por su parte, siguieron nuestro ejemplo y el ejemplo del Señor, y recibieron el mensaje con la alegría que el Espíritu Santo les daba, aunque les costó mucho sufrimiento.*b* ⁷De esta manera llegaron a ser un ejemplo para todos los creyentes en las regiones de Macedonia y Acaya. ⁸Partiendo de ustedes, el mensaje del Señor se ha extendido, no sólo por Macedonia y Acaya, sino por todas partes, y se sabe de la fe que ustedes tienen en Dios, de manera que ya no es necesario que nosotros digamos nada. ⁹Al contrario, ellos mismos hablan de la visita que les hicimos a ustedes, de lo bien que ustedes nos recibieron y de cómo abandonaron los ídolos para seguir al Dios vivo y verdadero y comenzar a servirle. ¹⁰También cuentan cómo ustedes están esperando que vuelva del cielo Jesús, el Hijo de Dios, al cual Dios resucitó. Jesús es quien nos salva del terrible castigo que viene.

### El trabajo de Pablo en Tesalónica

2 ¹Ustedes mismos, hermanos, saben que nuestra visita a ustedes no fue en vano. ²Más bien, aunque, como ya saben, antes habíamos sido insultados y maltratados en Filipos,*c* Dios nos ayudó a anunciarles a ustedes su mensaje de salvación, con todo valor y en medio de una fuerte lucha.*d* ³Porque no estábamos equivocados en lo que predicábamos, ni tampoco hablábamos con malas intenciones ni con

*l Que Dios derrame:* algunos mss. dicen: *Que Dios nuestro Padre y el Señor Jesucristo derramen.*
*a* 1.1 Hch 17.1.   *b* 1.6 Hch 17.5-9.   *c* 2.2 Hch 16.19-24.   *d* 2.2 Hch 17.1-9.

el propósito de engañar a nadie. [4]Al contrario, Dios nos aprobó y nos encargó el mensaje de salvación, y así es como hablamos. No tratamos de agradar a la gente,[e] sino a Dios, que examina nuestros corazones. [5]Como ustedes saben, nunca los hemos halagado con palabras bonitas, ni hemos usado pretextos para ganar dinero. Dios es testigo de esto. [6]Nunca hemos buscado honores de nadie: ni de ustedes ni de otros. [7]Aunque muy bien hubiéramos podido hacerles sentir el peso de nuestra autoridad como apóstoles de Cristo, fuimos como niños entre ustedes. Como una madre que cría y cuida a sus propios hijos, [8]así también les tenemos a ustedes tanto cariño que hubiéramos deseado darles, no sólo el evangelio de Dios, sino hasta nuestras propias vidas. ¡Tanto hemos llegado a quererlos! [9]Hermanos, ustedes se acuerdan de cómo trabajábamos y luchábamos para ganarnos la vida.[f] Trabajábamos día y noche, a fin de no ser una carga para ninguno de ustedes mientras les anunciábamos el mensaje de Dios.

[10]Ustedes son testigos, y Dios también, de que nos hemos portado de una manera limpia, recta e irreprochable con ustedes los creyentes. [11-12]También saben que los hemos animado y consolado a cada uno de ustedes, como hace un padre con sus hijos. Les hemos encargado que se porten como deben hacerlo los que son de Dios, que los ha llamado a tener parte en su propio reino y gloria.

[13]Por esto damos siempre gracias a Dios, pues cuando ustedes escucharon el mensaje de Dios que nosotros les predicamos, lo recibieron realmente como mensaje de Dios y no como mensaje de hombres. Y en verdad es el mensaje de Dios, el cual produce sus resultados en ustedes los que creen. [14]Cuando ustedes, hermanos, sufrieron persecución a manos de sus paisanos,[g] les pasó lo mismo que a las iglesias de Dios que están en Judea y que son de Cristo Jesús, pues ellas también fueron perseguidas por sus paisanos los judíos. [15]Estos judíos mataron al Señor Jesús, como antes habían matado a los profetas, y nos echaron fuera a nosotros.[h] No agradan a Dios, y están en contra de todos, [16]pues cuando queremos hablar a los que no son judíos, para que también se salven, no nos dejan hacerlo. De esta manera han llenado la medida de sus pecados. Pero

ahora, por fin, el terrible castigo de Dios ha venido sobre ellos.

### Pablo desea visitar otra vez a los de Tesalónica

[17]Hermanos, cuando nos separamos de ustedes por algún tiempo, aunque no los veíamos, siempre los teníamos presentes en nuestro corazón y deseábamos mucho ir a verlos. [18]Intentamos ir; por lo menos yo, Pablo, quise hacerlo varias veces, pero Satanás nos lo impidió. [19]Pues ¿cuál es nuestra esperanza, nuestro gozo, nuestro motivo de alegría y satisfacción? ¡Ustedes mismos lo serán cuando regrese nuestro Señor Jesucristo! [20]Sí, ustedes son nuestra satisfacción y nuestra alegría.

**3** [1]Entonces, como ya no pude resistir más, decidí quedarme, yo solo, en Atenas,[i] [2]y envié a nuestro hermano Timoteo, que es un colaborador de Dios en el anuncio de las buenas noticias acerca de Cristo. Lo envié para que fuera a visitarlos y los afirmara y animara en su fe, [3]y para que ninguno se desanimara por estas dificultades. Pues ustedes mismos saben que tenemos que sufrir estas cosas. [4]Además, cuando todavía estábamos con ustedes, les advertimos que íbamos a tener aflicciones; y así sucedió, como ya saben. [5]Por eso, no pudiendo resistir más, mandé preguntar cómo andaban ustedes en cuanto a su fe, pues tenía miedo de que el diablo los hubiera empujado al mal y que nuestro trabajo hubiera resultado en vano.

[6]Pero ahora Timoteo ha vuelto de Tesalónica,[j] y nos trae buenas noticias de la fe y el amor que ustedes tienen. Nos dice que siempre se acuerdan de nosotros con cariño, y que tienen tantos deseos de vernos como nosotros los tenemos de verlos a ustedes. [7]Por esto, hermanos, en medio de todas nuestras dificultades y aflicciones, hemos recibido mucho consuelo al saber que ustedes siguen firmes en su fe. [8]El saber que ustedes están firmes en el Señor, nos reaviva. [9]¿Cómo podremos dar suficientes gracias a nuestro Dios por ustedes y por el mucho gozo que a causa de ustedes tenemos delante de él? [10]Día y noche suplicamos a Dios que nos permita verlos personalmente y completar lo que todavía falte en su fe.

[11]Deseamos que Dios mismo nuestro Padre, y nuestro Señor Jesús, nos ayuden para que podamos ir a visitarlos. [12]Y que

---

[e] 2.4 Gá 1.10.   [f] 2.9 Hch 18.3; 2 Ts 3.8.   [g] 2.14 Hch 17.5.   [h] 2.15 Hch 9.23,29; 13.45,50; 14.2,5,19; 17.5,13; 18.12.
[i] 3.1 Hch 17.15.   [j] 3.6 Hch 18.5.

el Señor los haga crecer y tener todavía más amor los unos para con los otros y para con todos, como nosotros los amamos a ustedes. [13]Que los haga firmes en sus corazones, santos y sin culpa delante de Dios nuestro Padre cuando regrese nuestro Señor Jesús con todos los suyos. Así sea.

### La vida que agrada a Dios

4 [1]Ahora, hermanos, les rogamos y encargamos esto en el nombre del Señor Jesús: que sigan ustedes portándose (como ya lo están haciendo) de la manera que nosotros les enseñamos que lo hicieran para agradar a Dios.

[2]Ustedes conocen las instrucciones que les dimos por la autoridad del Señor Jesús. [3]Lo que Dios quiere es que ustedes vivan consagrados a él, que nadie cometa inmoralidades sexuales [4]y que cada uno sepa portarse con su propia esposa[2] en forma santa y respetuosa, [5]no con pasión y malos deseos como las gentes que no conocen a Dios. [6]Que nadie abuse ni engañe en este asunto[3] a su hermano, porque el Señor castiga duramente todo esto, como ya les hemos advertido. [7]Pues Dios no nos ha llamado a vivir en impureza, sino consagrados a él. [8]Así pues, el que desprecia estas enseñanzas no desprecia a ningún hombre, sino a Dios, que les ha dado a ustedes su Espíritu Santo.

[9]En cuanto al amor entre hermanos, no tengo necesidad de escribirles, porque Dios mismo les ha enseñado a amarse unos a otros. [10]Pues así hacen ustedes con todos los hermanos que viven en toda Macedonia. Pero les rogamos, hermanos, que su amor aumente todavía más. [11]Procuren vivir tranquilos y ocupados en sus propios asuntos, trabajando con sus manos como les hemos encargado, [12]para que los respeten los de afuera y para que no les falte nada.

### El regreso del Señor

[13]Hermanos, no queremos que se queden sin saber lo que pasa con los muertos, para que ustedes no se entristezcan como los otros, los que no tienen esperanza. [14]Así como creemos que Jesús murió y resucitó, así también creemos que Dios va a resucitar con Jesús a los que murieron creyendo en él.

[15]Por esto les decimos a ustedes, como enseñanza del Señor, que nosotros, los que quedemos vivos hasta la venida del Señor, no nos adelantaremos a los que murieron. [16]Porque se oirá una voz de mando, la voz de un arcángel y el sonido de la trompeta de Dios, y el Señor mismo bajará del cielo. Y los que murieron creyendo en Cristo, resucitarán primero; [17]después, los que estemos vivos seremos llevados, juntamente con ellos, en las nubes, para encontrarnos con el Señor en el aire; y así estaremos con el Señor para siempre.[k] [18]Anímense, pues, unos a otros con estas palabras.

5 [1]En cuanto a las fechas y los tiempos, hermanos, no es necesario que yo les escriba. [2]Ustedes saben muy bien que el día del regreso del Señor llegará cuando menos se le espere, como un ladrón que llega de noche.[l] [3]Cuando la gente diga: "Todo está en paz y tranquilo", entonces vendrá de repente sobre ellos la destrucción, como le vienen los dolores de parto[m] a una mujer que está encinta; y no podrán escapar. [4]Pero ustedes, hermanos, no están en la oscuridad para que el día del regreso del Señor los sorprenda como un ladrón. [5]Todos ustedes son de la luz y del día. No somos de la noche ni de la oscuridad; [6]por eso no debemos dormir como los otros, sino mantenernos despiertos y en nuestro sano juicio. [7]Los que duermen, duermen de noche, y los que se emborrachan, se emborrachan de noche; [8]pero nosotros, que somos del día, debemos estar siempre en nuestro sano juicio. Debemos protegernos con la fe y el amor, y cubrirnos, como con un casco, con la esperanza de la salvación.[n] [9]Porque Dios no nos destinó a recibir el castigo, sino a alcanzar la salvación por medio de nuestro Señor Jesucristo. [10]Jesucristo murió por nosotros, para que, ya sea que vivamos o que muramos, vivamos juntamente con él. [11]Por eso, anímense y fortalézcanse unos a otros, tal como ya lo están haciendo.

### Pablo aconseja a los hermanos

[12]Hermanos, les rogamos que tengan respeto a los que trabajan entre ustedes y los dirigen y aconsejan en el Señor. [13]Deben estimarlos y amarlos mucho, por el trabajo que hacen. Vivan en paz unos con otros.

---

[2] *Esposa:* lit. *vasija,* según el uso de los rabinos. Véase 1 P 3.7.   [3] *En este asunto:* otra posible traducción: *en los negocios.*
[k] **4.15-17** Mt 24.30-31; Mr 13.26-27; 1 Co 15.51-52.   [l] **5.2** Mt 24.43; Lc 12.39; 2 P 3.10.   [m] **5.3** Is 13.8.   [n] **5.8** Is 59.17; Sab 5.17-23; Ro 13.12; Ef 6.13-17.

<sup>14</sup>También les encargamos, hermanos, que reprendan a los que no quieren trabajar, que animen a los que están desanimados, que ayuden a los débiles y que tengan paciencia con todos. <sup>15</sup>Tengan cuidado de que ninguno pague a otro mal por mal. Al contrario, procuren hacer siempre el bien, lo mismo entre ustedes mismos que a todo el mundo. <sup>16</sup>Estén siempre contentos.<sup>ñ</sup> <sup>17</sup>Oren en todo momento. <sup>18</sup>Den gracias a Dios por todo, porque esto es lo que él quiere de ustedes como creyentes en Cristo Jesús.<sup>o</sup>

<sup>19</sup>No apaguen el fuego del Espíritu. <sup>20</sup>No desprecien el mensaje de los que hablan por inspiración de Dios. <sup>21</sup>Sométanlo todo a prueba y retengan lo bueno. <sup>22</sup>Apártense de toda clase de mal.

<sup>23</sup>Que Dios mismo, el Dios de paz, los haga a ustedes perfectamente santos, y les conserve todo su ser, espíritu, alma y cuerpo, sin defecto alguno, para la venida de nuestro Señor Jesucristo. <sup>24</sup>El que los ha llamado es fiel, y cumplirá todo esto.

### Saludos y bendición final

<sup>25</sup>Hermanos, oren también por nosotros. <sup>26</sup>Saluden a todos los hermanos con un beso santo. <sup>27</sup>Les encargo, por la autoridad del Señor, que lean esta carta a todos los hermanos. <sup>28</sup>Que nuestro Señor Jesucristo derrame su gracia sobre ustedes.

---

<sup>ñ</sup> 5.16 Fil 4.4.  <sup>o</sup> 5.17-18 Fil 4.6; Col 4.2-7.

# Segunda Carta de San Pablo a los
# TESALONICENSES

*Al parecer, la primera carta tuvo entre los cristianos de Tesalónica un efecto inesperado para Pablo: produjo alarma, porque creyeron que la venida de Cristo estaba muy próxima. Hasta, según se desprende de la amonestación de 3.6-12, algunos hermanos habían abandonado su trabajo y, mientras esperaban la venida del Señor, estaban viviendo a costa de los demás. Pablo les escribe esta segunda carta para aclarar las cosas y corregir aquella alarma y confusión.*

*Después de alegrarse y dar nuevamente gracias a Dios por la fe y amor de los creyentes de Tesalónica va en aumento (1.1-12), pasa a explicarles que, aunque el juicio de Dios es seguro y la segunda venida del Señor es cierta, antes de ella la maldad del mundo alcanzará una culminación bajo la dirección de un misterioso poder que el apóstol llama "el hombre malvado". Les encarga, pues, que no se dejen asustar por nadie que les diga, ni siquiera atribuyéndole a él mismo el aviso, "que el día del regreso del Señor ya llegó" (2.2).*

*Entre los consejos en cuanto al modo cristiano de vivir, que les da al final de su carta (cap. 3), después de pedirles que oren por él y sus compañeros, hace hincapié, severamente, en el deber de trabajar para ganarse honradamente el propio sustento, conforme al ejemplo que él les dio personalmente. Es suya, y aparece en este pasaje, la famosa máxima que a veces se ha atribuido a otros: "El que no quiera trabajar, que tampoco coma" (3.10).*

### Saludo

**1** <sup>1</sup>Yo, Pablo, junto con Silvano y Timoteo, escribo esta carta a los hermanos de la iglesia de la ciudad de Tesalónica,<sup>a</sup> que están unidos a Dios nuestro Padre y al Señor Jesucristo. <sup>2</sup>Que Dios nuestro Padre y el Señor Jesucristo derramen su gracia y su paz sobre ustedes.

---

<sup>a</sup> 1.1 Hch 17.1; 1 Ts 1.1.

### Dios juzgará a los pecadores cuando Cristo vuelva

<sup>3</sup>Hermanos, siempre tenemos que dar gracias a Dios por ustedes, como es justo que hagamos, porque la fe de ustedes está creciendo y el amor que cada uno tiene por los otros es cada vez mayor. <sup>4</sup>De modo que nosotros mismos hablamos de

ustedes con satisfacción en las iglesias de Dios, por la fortaleza y la fe que ustedes muestran en medio de todas las persecuciones y aflicciones que sufren. [5]Esto demuestra que Dios es justo en su manera de juzgar, al tenerlos a ustedes por dignos de entrar en su reino, por el cual están sufriendo.

[6]Pues es justo que Dios haga sufrir a quienes los hacen sufrir a ustedes, [7]y que a ustedes, los que sufren, les dé descanso lo mismo que a nosotros. Esto será en el día en que el Señor Jesús aparezca con sus ángeles poderosos, viniendo del cielo entre llamas de fuego. [8]Vendrá para castigar a los que no reconocen a Dios ni hacen caso al mensaje de salvación de nuestro Señor Jesús. [9]Estos serán castigados con destrucción eterna, y serán arrojados lejos de la presencia del Señor y de su gloria y poder, [10]cuando el Señor venga en aquel día para ser honrado por los suyos y admirado por todos los creyentes; pues ustedes han creído en el testimonio que les dimos. [11]Con este fin oramos siempre por ustedes, pidiendo a nuestro Dios que los tenga por dignos de haber sido llamados por él, y que él cumpla por su poder todos los buenos deseos de ustedes y los trabajos que realizan por fe. [12]De esta manera, el nombre de nuestro Señor Jesús será honrado por causa de ustedes, y él los honrará conforme a la bondad de nuestro Dios y del Señor Jesucristo.

## Aclaraciones sobre el regreso del Señor

2 [1]Ahora, hermanos, en cuanto al regreso de nuestro Señor Jesucristo y a nuestra reunión con él,[b] les rogamos [2]que no cambien fácilmente de manera de pensar ni se dejen asustar por ningún mensaje espiritual, discurso o carta que reciban como si fuera nuestra, diciendo que el día del regreso del Señor ya llegó. [3]No se dejen engañar de ninguna manera. Pues antes de aquel día tiene que venir la rebelión contra Dios, cuando aparecerá el hombre malvado, el que está condenado a la destrucción. [4]Este es el enemigo que se levanta contra todo lo que lleva el nombre de Dios o merece ser adorado,[c] y llega incluso a instalar su trono en el templo de Dios, haciéndose pasar por Dios.

[5]¿No recuerdan que yo les hablaba de esto cuando aún estaba con ustedes? [6]Y ahora ustedes saben qué es lo que lo detiene, para que no aparezca antes de su debido tiempo. [7]Pues el plan secreto de la maldad ya está en marcha; sólo falta que sea quitado de en medio el que ahora lo está deteniendo. [8]Entonces aparecerá aquel malvado, a quien el Señor Jesús matará con el soplo de su boca[d] y destruirá cuando regrese en todo su esplendor. [9]En cuanto a ese malvado, vendrá con la ayuda de Satanás; llegará con mucho poder, y con señales y milagros[e] falsos. [10]Y usará toda clase de maldad para engañar a los que van a la condenación, porque no quisieron aceptar y amar la verdad para recibir la salvación. [11]Por eso, Dios deja que el error los engañe y que crean en la mentira, [12]a fin de que sean condenados todos los que no han querido creer en la verdad, sino que se complacen en la maldad.

## Escogidos para ser salvados

[13]Pero nosotros siempre tenemos que dar gracias a Dios por ustedes, hermanos amados por el Señor, porque Dios los escogió para que fueran los primeros en alcanzar la salvación[f] por medio del Espíritu que los consagra y de la verdad en que han creído. [14]Para esto los llamó Dios por medio del mensaje de salvación que nosotros anunciamos: para que lleguen a tener parte en la gloria de nuestro Señor Jesucristo.

[15]Así que, hermanos, sigan firmes y no se olviden de las enseñanzas que les hemos trasmitido personalmente y por carta.[f] [16]Que nuestro Señor Jesucristo mismo, y Dios nuestro Padre, que en su bondad nos ha amado y nos ha dado consuelo eterno y una buena esperanza, [17]anime sus corazones y les mantenga firmes para que todo lo que digan y hagan sea bueno.

## Oren por nosotros

3 [1]Por último, hermanos, oren por nosotros, para que el mensaje del Señor llegue pronto a todas partes y sea recibido con estimación, como sucedió entre ustedes. [2]Oren también para que seamos librados de los hombres malos y perversos, porque no todos tienen fe. [3]Pero el Señor es fiel, y él los mantendrá a ustedes firmes y los protegerá del mal. [4]Y

[f] Para que fueran los primeros en alcanzar la salvación: algunos mss. dicen: desde el principio para la salvación.
[b] 2.1 1 Ts 4.15-17.   [c] 2.4 Dn 11.36; Ez 28.2; 2 Mac 9.8.   [d] 2.8 Is 11.4.   [e] 2.9 Mt 24.24.   [f] 2.15 1 Co 11.2.

en el Señor tenemos confianza en que ustedes hacen y seguirán haciendo lo que les hemos ordenado. [5]Que el Señor los ayude a amar como Dios ama y a tener en el sufrimiento la fortaleza de Cristo.

## El deber de trabajar

[6]Hermanos, les ordenamos en el nombre de nuestro Señor Jesucristo, que se aparten de cualquier hermano que no quiera trabajar y que no viva de acuerdo con las enseñanzas que les hemos trasmitido. [7]Pues ustedes saben cómo deben vivir para seguir nuestro ejemplo: nosotros no hemos vivido entre ustedes sin trabajar, [8]ni hemos comido el pan de nadie sin pagarlo. Al contrario, trabajamos y luchamos día y noche para no serle una carga a ninguno de ustedes.[g] [9]Y ciertamente teníamos el derecho de pedirles a ustedes que nos ayudaran, pero trabajamos para darles un ejemplo a seguir. [10]Cuando estuvimos con ustedes, les

g 3.8 Hch 18.3; 1 Ts 2.9.    h 3.13 Gá 6.9.

dimos esta regla: El que no quiera trabajar, que tampoco coma. [11]Pero hemos sabido que algunos de ustedes viven sin trabajar, muy ocupados en no hacer nada. [12]A tales personas les mandamos y encargamos, por la autoridad del Señor Jesucristo, que trabajen tranquilamente para ganarse la vida.

[13]Hermanos, no se cansen de hacer el bien.[h] [14]Si alguno no hace caso a lo que decimos en esta carta, fíjense en quién es y no se junten con él, para que le dé vergüenza. [15]Pero no lo tengan por enemigo, sino aconséjenlo como a hermano.

## Bendición final

[16]Y que el mismo Señor de paz les dé paz a ustedes en todo tiempo y en todas formas. Que el Señor esté con todos ustedes.

[17]Yo, Pablo, les escribo este saludo de mi puño y letra. Así firmo todas mis cartas; así escribo. [18]Que nuestro Señor Jesucristo derrame su gracia sobre todos ustedes.

# Primera Carta de San Pablo a
# TIMOTEO

*Esta es la primera de las cartas llamadas "pastorales". Timoteo era un joven cristiano, de madre judía y padre griego, que Pablo había encontrado en Listra (Hch. 16.1-3) y que había llegado a ser un amado y valioso colaborador suyo. Esta carta y la siguiente, dirigida también a Timoteo, se consideran como la Carta Magna del joven ministro cristiano. Ambas están llenas de consejos, más que pastorales, paternales, y rebosan de solicitud y afecto.*

*La primera carta trata de tres grandes temas. En los caps. 1-3, se expresa mucha preocupación por las falsas doctrinas que se han infiltrado en la iglesia, en este caso una mezcla de ideas judías y paganas. De las primeras, es la abstención de cierta clase de alimentos. De las segundas, el concepto de que el mundo material es malo en sí —creencia muy difundida en el mundo griego y oriental—, y que la salvación se alcanza por una especie de conocimiento particular secreto, reservado a los iniciados. También es de origen pagano la prohibición del matrimonio. De modo que se hace una severa advertencia contra estas serias desviaciones doctrinales y de conducta.*

*El segundo tema tratado es el de la dirección del culto y el comportamiento en él, así como de la organización, administración y dignatarios de la congregación. Por último (caps. 4-6), en un plano más personal y afectuoso, se instruye al joven ministro sobre cómo debe realizar su trabajo, a fin de ser "un buen siervo de Jesucristo" (4.6).*

## Saludo

1 ¹Yo, Pablo, apóstol de Jesucristo, enviado por mandato de Dios nuestro Salvador y del Señor Jesucristo, que es nuestra esperanza, ²te escribo esta carta, Timoteo,ª mi verdadero hijo en la fe, deseando que Dios nuestro Padre y Cristo Jesús nuestro Señor derramen su gracia, su misericordia y su paz sobre ti.

## Advertencia contra enseñanzas falsas

³Como ya te rogué al irme a la región de Macedonia, quédate en Efeso, para ordenar a ciertas personas que no enseñen ideas falsas ⁴ni presten atención a cuentos y cuestiones interminables acerca de los antepasados. Estas cosas llevan solamente a la discusión y no ayudan a aceptar con fe el plan de Dios. ⁵El propósito de esa orden es que nos amemos unos a otros con el amor que proviene de un corazón limpio, de una buena conciencia y de una fe sincera. ⁶Algunos se han desviado de esto y se han perdido en inútiles discusiones. ⁷Quieren ser maestros de la ley de Dios, cuando no entienden lo que ellos mismos dicen ni lo que enseñan con tanta seguridad.

⁸Sabemos que la ley es buena, si se usa de ella conforme al propósito que tiene. ⁹Hay que recordar que ninguna ley se da para quienes hacen lo bueno. La ley se da para castigar a los rebeldes y desobedientes, a los malvados y pecadores, a los que no respetan a Dios ni a la religión, a los que matan a su padre o a su madre, a todos los asesinos, ¹⁰a los que cometen inmoralidades sexuales, a los homosexuales, a los traficantes de esclavos, a los mentirosos y a los que juran en falso; es decir, a los que hacen cosas que van en contra de la sana enseñanza. ¹¹Y esta sana enseñanza es la que se encuentra en el glorioso mensaje de salvación que el Dios bendito me ha encargado.

## Gratitud por la misericordia de Dios

¹²Doy gracias a nuestro Señor Jesucristo, el cual me ha dado fuerzas, porque me ha considerado fiel y me ha puesto a su servicio, ¹³a pesar de que yo antes decía cosas ofensivas contra él, lo perseguíaᵇ y lo insultaba. Pero Dios tuvo misericordia de mí, porque yo todavía no era creyente y no sabía lo que hacía. ¹⁴Y así nuestro Señor derramó abundantemente su gracia sobre mí, y me dio la fe y el amor que tenemos por nuestra unión con Cristo Jesús.

¹⁵Esto es muy cierto, y todos deben creerlo: que Cristo Jesús vino al mundo para salvar a los pecadores, de los cuales yo soy el primero. ¹⁶Por eso, Dios tuvo misericordia de mí: para que Jesucristo mostrara en mí toda su paciencia. Así yo vine a ser ejemplo de los que habían de

ª 1.2 Hch 16.1-3.  ᵇ 1.13 Hch 8.3; 9.4-5.

creer en él para obtener la vida eterna. [17]¡Demos honor y gloria para siempre al Rey eterno, al inmortal, invisible y único Dios! Así sea.

[18-19]Timoteo, hijo mío, te doy este encargo para que pelees la buena batalla con fe y buena conciencia, conforme a lo que antes dijeron los hermanos que hablaron de ti en nombre de Dios. Algunos, por no haber hecho caso a su conciencia, han fracasado en su fe. [20]Esto les ha pasado a Himeneo y Alejandro, a quienes he entregado a Satanás para que aprendan a no decir cosas ofensivas contra Dios.

### Instrucciones sobre la oración

**2** [1]Ante todo recomiendo que se hagan peticiones, oraciones, súplicas y acciones de gracias a Dios por toda la humanidad. [2]Se debe orar por los que gobiernan y por todas las autoridades, para que podamos gozar de una vida tranquila y pacífica, llena de reverencia a Dios y respetable en todos sentidos. [3]Esto es bueno y agrada a Dios nuestro Salvador, [4]pues él quiere que todos se salven y lleguen a conocer la verdad. [5]Porque no hay más que un Dios; y no hay más que un hombre que pueda llevar a todos los hombres a la unión con Dios: Jesucristo. [6]Porque Jesucristo se entregó a la muerte para pagar el precio de la salvación de todos,[c] conforme al testimonio que se dio a su debido tiempo. [7]Por esto yo he sido nombrado mensajero y apóstol, y se me ha encargado que enseñe acerca de la fe y de la verdad a los que no son judíos. Lo que digo es cierto; no miento.[d]

[8]Así pues, quiero que los hombres oren en todas partes, y que eleven sus manos a Dios con pureza de corazón y sin enojos ni discusiones. [9]Y quiero que las mujeres se vistan decentemente, con modestia y sencillez; que se adornen, pero no con peinados exagerados, ni con oro, perlas o vestidos costosos,[e] [10]sino con buenas obras, como deben hacerlo las mujeres que se han consagrado a Dios. [11]La mujer debe escuchar la instrucción en silencio, con toda sumisión; [12]y no permito que la mujer enseñe en público ni domine al hombre. Quiero que permanezca callada, [13]porque Dios hizo primero a Adán[f] y después a Eva;[g] [14]y Adán no fue el engañado, sino la mujer; y al ser engañada, cayó en pecado.[h] [15]Pero la mujer se

salvará si cumple sus deberes como madre, y si con buen juicio se mantiene en la fe, el amor y la santidad.

### Cómo deben ser los dirigentes

**3** [1]Esto es muy cierto: si alguien aspira a un puesto de dirigente en la iglesia,[l] a un buen trabajo aspira. [2]Por eso, la conducta del que tiene responsabilidades como dirigente ha de ser irreprensible. Debe ser esposo de una sola mujer[2] y llevar una vida seria, juiciosa y respetable. Debe estar siempre dispuesto a hospedar gente en su casa; debe ser apto para enseñar; [3]no debe ser borracho ni amigo de peleas, sino bondadoso, pacífico y desinteresado en cuanto al dinero. [4]Debe saber gobernar bien su casa y hacer que sus hijos sean obedientes y respetuosos; [5]porque si uno no sabe gobernar su propia casa, ¿cómo podrá cuidar de la iglesia de Dios? [6]Por lo tanto, el dirigente no debe ser un recién convertido, no sea que se llene de orgullo y caiga bajo la misma condenación en que cayó el diablo. [7]También debe ser respetado entre los no creyentes, para que no caiga en deshonra y en alguna trampa del diablo.[l]

### Cómo deben ser los diáconos

[8]Asimismo, los diáconos deben ser hombres respetables, que nunca falten a su palabra ni sean dados a emborracharse ni a desear ganancias mal habidas. [9]Deben apegarse a la verdad revelada en la cual creemos, y mantener limpia la conciencia. [10]Primero deben ser sometidos a una prueba, y después, si no tienen falta, podrán servir como diáconos. [11]Igualmente, las mujeres deben ser respetables, no chismosas, serias y fieles en todo. [12]Un diácono debe ser esposo de una sola mujer,[3] y saber gobernar bien a sus hijos y su propia casa. [13]Porque los diáconos que realizan bien su trabajo, se ganan un lugar de honor, y con mayor confianza podrán hablar de su fe en Cristo Jesús.

### La verdad revelada de nuestra religión

[14]Espero ir pronto a verte; pero te escribo esto [15]para que, si me retraso,

---

[1] *Un puesto de dirigente en la iglesia:* lit. *obispado.* [2] *Esposo de una sola mujer:* otra posible traducción: *casado una sola vez.* [3] *Véase nota en 3.2.*

[c] 2.6 Mt 20.28; Mr 10.45; Gá 1.4; Tit 2.14. [d] 2.7 2 Ti 1.11. [e] 2.9 1 P 3.3. [f] 2.13 Gn 2.7. [g] 2.13 Gn 2.21-22. [h] 2.14 Gn 3.1-6. [i] 3.2-7 Tit 1.6-9.

sepas cómo debe portarse uno en la familia de Dios, que es la iglesia del Dios viviente, la cual sostiene y defiende la verdad. [16]No hay duda de que el secreto de nuestra religión es algo muy grande:

Cristo se manifestó en su condición
  de hombre,
triunfó en su condición de espíritu[4]
y fue visto por los ángeles.
Fue anunciado a las naciones,
creído en el mundo
y recibido en la gloria.

### Los que se apartarán de la fe

**4** [1]Pero el Espíritu dice claramente que en los últimos tiempos algunos se apartarán de la fe, siguiendo a espíritus engañadores y enseñanzas que vienen de los demonios. [2]Harán caso a gente hipócrita y mentirosa, cuya conciencia está marcada con el hierro de sus malas acciones. [3]Esta gente prohíbe casarse y comer ciertos alimentos que Dios ha creado para que los creyentes y los que conocen la verdad los coman, dándole gracias. [4]Pues todo lo que Dios ha creado es bueno;* y nada debe ser rechazado si lo aceptamos dando gracias a Dios, [5]porque la palabra de Dios y la oración lo hacen sagrado.

### Un buen siervo de Jesucristo

[6]Si enseñas estas cosas a los hermanos y te alimentas con las palabras de la fe y de la buena enseñanza que has seguido, serás un buen siervo de Jesucristo. [7]Pero no hagas caso de cuentos mundanos y tontos. Ejercítate en la devoción a Dios; [8]pues aunque el ejercicio del cuerpo sirve para algo, la devoción a Dios es útil para todo, porque nos trae provecho para esta vida y también para la vida futura. [9]Esto es muy cierto, y todos deben creerlo. [10]Por eso mismo trabajamos y luchamos,[5] porque hemos puesto nuestra esperanza en el Dios viviente, que es el Salvador de todos, especialmente de los que creen. [11]Estas cosas tienes que mandar y enseñar. [12]Evita que te desprecien por ser joven; más bien debes ser un ejemplo para los creyentes en tu modo de hablar y de portarte, y en amor, fe y pureza de vida. [13]Mientras llego, dedícate a leer en público las Escrituras, a animar a los hermanos y a instruirlos. [14]No descuides los dones

que Dios te concedió cuando, por inspiración suya, los ancianos de la iglesia te impusieron las manos. [15]Pon toda tu atención en estas cosas, para que todos puedan ver cómo adelantas. [16]Ten cuidado de ti mismo y de lo que enseñas a otros, y sigue firme en todo. Si lo haces así, te salvarás a ti mismo y salvarás también a los que te escuchan.

### Cómo portarse con los creyentes

**5** [1]No reprendas al anciano; al contrario, aconséjalo como si fuera tu padre; y trata a los jóvenes como si fueran tus hermanos. [2]A las ancianas trátalas como a tu propia madre; y a las jóvenes, como si fueran tus hermanas, con toda pureza.

### Las viudas en la iglesia

[3]Ayuda a las viudas que no tengan a quien recurrir. [4]Pero si una viuda tiene hijos o nietos, ellos son quienes primero deben aprender a cumplir sus obligaciones con los de su propia familia y a corresponder al amor de sus padres, porque esto es bueno y agrada a Dios. [5]La verdadera viuda, la que se ha quedado sola, pone su esperanza en Dios y no deja de rogar, orando día y noche. [6]Pero la viuda que se entrega al placer, está muerta en vida. [7]Mándales también estas cosas, para que sean irreprensibles. [8]Pues quien no se preocupa de los suyos, y sobre todo de los de su propia familia, ha negado la fe y es peor que los que no creen. [9]En la lista de las viudas debe estar únicamente la que tenga más de sesenta años y no haya tenido sino un sólo esposo. [10]Debe ser conocida por el bien que haya hecho: si ha criado bien a sus hijos, si ha sido amable con los que llegan a su casa, si ha lavado los pies a los creyentes y si ha ayudado a los que sufren; en fin, si ha procurado hacer toda clase de obras buenas. [11]Pero no pongas en la lista a viudas de menos edad; porque cuando sus propios deseos las apartan de Cristo, quieren casarse de nuevo [12]y resultan culpables de haber faltado a su compromiso. [13]Además andan de casa en casa, y se vuelven perezosas; y no sólo perezosas, sino también chismosas, metiéndose en todo y diciendo cosas que no convienen. [14]Por eso quiero que las viudas jóvenes se casen,

---

[4] *Triunfó en su condición de espíritu:* otra posible traducción: *fue declarado justo por el Espíritu.*   [5] *Luchamos:* algunos mss. dicen: *somos objeto de insultos.*
* 4.4 Gn 1.31; Eclo 39.16.

que tengan hijos, que sean amas de casa y que no den lugar a las críticas del enemigo. [15]Pues algunas viudas ya se han apartado y han seguido a Satanás.

[16]Si alguna mujer creyente[6] tiene viudas en su familia, debe ayudarlas, para que no sean una carga para la iglesia; así la iglesia podrá ayudar a las viudas que de veras no tengan a quien recurrir.

### El trato a los dirigentes

[17]Los ancianos que gobiernan bien la iglesia deben ser doblemente apreciados,[7] especialmente los que se dedican a predicar y enseñar. [18]Pues la Escritura dice: "No le pongas bozal al buey que trilla."[j] Y también: "El trabajador tiene derecho a su paga."[k]

[19]No hagas caso de acusaciones contra un anciano, si no están apoyadas por dos o tres testigos.[l]

### Consejos varios

[20]A los que siguen pecando, debes reprenderlos delante de todos, para que los demás tengan temor.

[21]Te encargo delante de Dios, de Jesucristo y de los ángeles escogidos, que sigas estas reglas sin hacer distinciones ni preferencias. [22]No impongas las manos a nadie sin haberlo pensado bien, para no hacerte cómplice de los pecados de otros. Evita todo lo malo.

[23]Puesto que a menudo estás enfermo del estómago, no bebas agua sola, sino bebe también un poco de vino.

[24]Los pecados de algunos se ven claramente antes de que ellos vayan a juicio, pero en otros casos sólo se ven después. [25]Del mismo modo, las obras buenas se ven claramente; y aquellas que no se ven, no podrán quedar siempre escondidas.

**6** [1]Los que están sometidos a esclavitud, deben considerar a sus amos como dignos de todo respeto, para que no se hable mal del nombre de Dios ni de nuestra enseñanza. [2]Y si algunos tienen amos creyentes, que no dejen de respetarlos por ser sus hermanos en la fe. Al contrario, deben servirlos mejor todavía, porque los que reciben sus buenos servicios son creyentes y hermanos amados.

### La verdadera riqueza

Enseña y predica esto: [3]Si alguien enseña ideas extrañas y no está de acuerdo con la sana enseñanza de nuestro Señor Jesucristo ni con lo que enseña nuestra religión, [4]es un orgulloso que no sabe nada. Discutir sobre cuestiones de palabras es en él como una enfermedad; y de ahí vienen envidias, discordias, insultos, desconfianzas [5]y peleas sin fin entre gente que tiene la mente pervertida y no conoce la verdad, y que toma la religión por una fuente de riqueza.[8] [6]Y claro está que la religión es una fuente de gran riqueza, pero sólo para el que se contenta con lo que tiene. [7]Porque nada trajimos a este mundo, y nada podremos llevarnos;[m] [8]si tenemos qué comer y con qué vestirnos, ya nos podemos dar por satisfechos. [9]En cambio, los que quieren hacerse ricos no resisten la prueba, y caen en la trampa de muchos deseos insensatos y perjudiciales, que hunden a los hombres en la ruina y la condenación. [10]Porque el amor al dinero es raíz de toda clase de males;[n] y hay quienes, por codicia, se han desviado de la fe y han llenado de sufrimiento sus propias vidas.

### La buena lucha de la fe

[11]Pero tú, hombre de Dios, huye de todo esto. Lleva una vida de rectitud, de devoción a Dios, de fe, de amor, de constancia y de humildad de corazón. [12]Pelea la buena batalla de la fe; no dejes escapar la vida eterna, pues para eso te llamó Dios y por eso hiciste una buena declaración de tu fe delante de muchos testigos. [13]Ahora, delante de Dios, que da vida a todo lo que existe, y delante de Jesucristo, que también hizo una buena declaración y dio testimonio ante Poncio Pilato,[ñ] te mando [14]que obedezcas lo que te ordeno, sin cambiarlo, para que no haya de qué reprenderte. Y hazlo así hasta que venga nuestro Señor Jesucristo. [15]A su debido tiempo, Dios llevará esto a cabo, porque él es el único y bendito Soberano, Rey de reyes y Señor de señores. [16]Es el único inmortal, que vive en una luz a la que nadie puede acercarse.[o] Ningún hombre lo ha visto ni lo puede ver. ¡Suyos sean para siempre el honor y el poder! Así sea.

[17]A los que tienen riquezas de este mundo, mándales que no sean orgullosos

---

[6] Si alguna mujer creyente: algunos mss. dicen: Si algún creyente o alguna creyente.　[7] Deben ser doblemente apreciados: otra posible traducción: deben recibir doble salario.　[8] Algunos mss. añaden: apártate de ellos.
[j] 5.18 Dt 25.4.　[k] 5.18 Mt 10.10; Lc 10.7.　[l] 5.19 Dt 17.6; 19.15.　[m] 6.7 Job 1.21; Sal 49.17; Ec 5.15.　[n] 6.6-10 Eclo 31.1-7; He 13.5.　[ñ] 6.13 Jn 18.37.　[o] 6.16 Sal 104.2.

ni pongan su esperanza en sus riquezas, porque las riquezas no son seguras. Antes bien, que pongan su esperanza en Dios, el cual nos da todas las cosas con abundancia y para nuestro provecho. [18]Mándales que hagan el bien, que se hagan ricos en buenas obras y que estén dispuestos a dar y compartir lo que tienen. [19]Así tendrán riquezas que les proporcionarán una base firme para el futuro, y alcanzarán la vida verdadera.[9]

[9] La vida verdadera: algunos mss. dicen: la vida eterna.

### Encargo final a Timoteo

[20]Timoteo, cuida bien lo que se te ha confiado. No escuches palabrerías mundanas y vacías, ni los argumentos que opone el falsamente llamado conocimiento; [21]pues algunos que profesan esa clase de conocimiento, se han desviado de la fe.

Que el Señor derrame su gracia sobre ustedes.

# Segunda Carta de San Pablo a
# TIMOTEO

*Esta segunda carta prosigue en el plano íntimo, personal y práctico de la primera. El autor, que siente muy próxima su muerte, recuerda y agradece a Dios el amor y la fe de Timoteo. Ante el sufrimiento y la oposición, le exhorta a resistir valerosamente las pruebas y mantenerse firme "como un buen soldado de Jesucristo" (1.1—2.13). Por otra parte, le aconseja no enredarse en polémicas "por cuestión de palabras", que no sirven de nada, sino que perjudican a quienes las oyen, y degeneran en pleitos. Le recomienda igualmente cuidar de su vida personal, y mantenerse firme en las enseñanzas que, conforme a las Escrituras sagradas, ha recibido desde niño (2.14—4.5).*

*La carta termina haciendo a Timoteo confidencias acerca de la propia situación del autor: preso y procesado, abandonado de muchos, sufriendo la enemistad de otros, con sólo Lucas a su lado, y con el deseo de que él, Timoteo, venga pronto a verlo. En medio de todo, sin embargo, el Señor ha estado con él y lo ha ayudado, por lo cual le da gloria (4.6-22). En todo esto, se invoca el ejemplo que el autor ha dado a Timoteo en su manera de vivir y en sus enseñanzas, su determinación, paciencia, fe, amor y fortaleza para soportar la persecución.*

### Saludo

**1** [1]Yo, Pablo, apóstol de Jesucristo, enviado por la voluntad de Dios de acuerdo con la promesa de vida que hay en la unión con Cristo Jesús, [2]te escribo esta carta, mi querido hijo Timoteo,[a] deseando que Dios el Padre y nuestro Señor Jesucristo derramen su gracia, su misericordia y su paz sobre ti.

### Dar testimonio de Cristo

[3]Al recordarte siempre en mis oraciones, día y noche doy gracias a Dios, a quien sirvo con una conciencia limpia, como sirvieron también mis antepasados. [4]Me acuerdo siempre de tus lágrimas, y quisiera verte para llenarme de alegría. [5]Porque me acuerdo de la fe sincera que

tienes. Primero la tuvieron tu abuela Loida y tu madre Eunice,[b] y estoy seguro de que también tú la tienes.

[6]Por eso te recomiendo que avives el fuego del don que Dios te dio cuando te impuse las manos. [7]Pues Dios no nos ha dado un espíritu de temor, sino un espíritu de poder, de amor y de buen juicio. [8]No te avergüences, pues, de dar testimonio a favor de nuestro Señor; ni tampoco te avergüences de mí, preso por causa suya. Antes bien, con las fuerzas que Dios te da, acepta tu parte en los sufrimientos que vienen por causa del mensaje de salvación. [9]Dios nos salvó y nos ha llamado a consagrarle nuestra vida, no por lo que nosotros hayamos hecho, sino porque ése fue su propósito y porque nos ama en Cristo Jesús. Dios, que nos ama desde

[a] 1.2 Hch 16.1; 1 Ti 1.2.     [b] 1.5 Hch 16.1.

antes que el mundo existiera, [10]ha mostrado su amor ahora, al venir nuestro Salvador Jesucristo, que destruyó el poder de la muerte y que, por el mensaje de salvación, sacó a la luz la vida inmortal.

[11]Dios me ha encargado de anunciar este mensaje, y me ha enviado como apóstol y maestro.[c] [12]Precisamente por eso sufro todas estas cosas. Pero no me avergüenzo de ello, porque yo sé en quién he puesto mi confianza; y estoy seguro de que él tiene poder para guardar hasta aquel día lo que me ha encomendado.[f]

[13]Sigue el modelo de la sana enseñanza que de mí has recibido, y vive en la fe y el amor que tenemos por estar unidos a Cristo Jesús. [14]Con la ayuda del Espíritu Santo que vive en nosotros, cuida de la buena doctrina que Dios te ha confiado.

[15]Como ya sabes, todos los de la provincia de Asia me abandonaron; entre ellos, Figelo y Hermógenes. [16]Que el Señor tenga misericordia de la familia de Onesíforo, porque él muchas veces me trajo alivio y no se avergonzó de que yo estuviera preso. [17]Al contrario, apenas llegó a Roma se puso a buscarme sin descanso, hasta que me encontró. [18]Que el Señor le permita encontrar su misericordia en aquel día. Tú ya sabes muy bien cuánto nos ayudó en Efeso.

### Un buen soldado de Jesucristo

**2** [1]Y tú, hijo mío, saca fuerzas de los dones que has recibido de Cristo Jesús. [2]Lo que me has oído decir delante de muchos testigos, encárgaselo a hombres de confianza que sean capaces de enseñárselo a otros.

[3]Toma tu parte en los sufrimientos como un buen soldado de Jesucristo. [4]Ningún soldado en servicio activo se enreda en los asuntos de la vida civil, porque tiene que agradar a su superior. [5]De la misma manera, el deportista no puede recibir el premio, si no lucha de acuerdo con las reglas. [6]El que trabaja en el campo tiene derecho a ser el primero en recibir su parte de la cosecha. [7]Piensa en esto que digo, y el Señor te lo hará comprender todo.

[8]Acuérdate de Jesucristo, que resucitó y que era descendiente del rey David; éste es el mensaje de salvación que predico. [9]Y por causa de este mensaje soporto sufrimientos, incluso el estar encadenado como un criminal; pero el mensaje de

Dios no está encadenado. [10]Por eso lo soporto todo en bien de los que Dios ha escogido, para que también ellos alcancen la salvación gloriosa y eterna en Cristo Jesús.

[11]Esto es muy cierto:

> Si hemos muerto con él, también
>     viviremos con él;
> [12]si sufrimos, tendremos parte en su
>     reino;[d]
> si le negamos, también él nos
>     negará;[e]
> [13]si no somos fieles, él sigue siendo
>     fiel,
> porque no puede negarse a sí mismo.

### Un trabajador aprobado

[14]Recuérdales esto, y encárgales delante de Dios que dejen de discutir por cuestiones de palabras. Esas discusiones no sirven para nada; lo que hacen es perjudicar a quienes las escuchan. [15]Haz todo lo posible por presentarte delante de Dios como un trabajador aprobado que no tiene de qué avergonzarse, que enseña debidamente el mensaje de la verdad. [16]Evita palabrerías mundanas y vacías, porque los que hablan así, se hunden cada vez más en la maldad [17]y sus enseñanzas corroen como la gangrena. Esto es lo que sucede con Himeneo y Fileto, [18]que se han desviado de la verdad diciendo que nuestra resurrección ya ha tenido lugar, y andan trastornando de esa manera la fe de algunos. [19]Pero Dios ha puesto una base que permanece firme, en la cual está escrito: "El Señor conoce a los que le pertenecen",[f] y "Todos los que invocan el nombre del Señor han de apartarse de la maldad."

[20]En una casa grande, no solamente hay objetos de oro y de plata, sino también de madera y de barro; unos son para usos especiales y otros para uso común. [21]Para ser de uso especial, consagrado y útil al Señor, uno tiene que mantenerse limpio de todo lo malo; entonces será útil para cualquier cosa buena.

[22]Huye, pues, de las pasiones de la juventud, y vive con rectitud, fe, amor y paz, junto con todos los que de limpio corazón invocan al Señor. [23]No hagas caso de discusiones que no tienen ton ni son; ya sabes que traen disgustos. [24]Y un siervo del Señor no debe andar en peleas; al contrario, debe ser bueno con todos.

---

[f] Lo que me ha encomendado: lit. mi depósito.
[c] 1.11 1 Ti 2.7.    [d] 2.11-12 1 P 5.1.    [e] 2.12 Mt 10.33; Lc 12.9.    [f] 2.19 Nm 16.5; Jn 10.14; 1 Co 8.3.

Debe ser apto para enseñar; debe tener paciencia [25]y corregir con corazón humilde a los rebeldes, esperando que Dios haga que se vuelvan a él y conozcan la verdad, [26]a fin de que se despierten y escapen de la trampa en que el diablo los tiene presos para hacer de ellos lo que quiera.

## Cómo será la gente en los tiempos últimos

**3** [1]También debes saber que en los tiempos últimos vendrán días difíciles. [2]Los hombres serán egoístas, amantes del dinero, orgullosos y vanidosos. Hablarán en contra de Dios, desobedecerán a sus padres, serán ingratos y no respetarán la religión. [3]No tendrán cariño ni compasión, serán chismosos, no podrán dominar sus pasiones, serán crueles y enemigos de todo lo bueno. [4]Serán traidores y atrevidos, estarán llenos de vanidad y buscarán sus propios placeres en vez de buscar a Dios. [5]Aparentarán ser muy religiosos, pero con sus hechos negarán el verdadero poder de la religión.

No tengas nada que ver con esa clase de gente. [6]Porque a ellos pertenecen esos que se meten en las casas y engañan a débiles mujeres cargadas de pecado que, arrastradas por toda clase de deseos, [7]están siempre aprendiendo pero jamás llegan a comprender la verdad. [8]Y así como los brujos Janes y Jambres se opusieron a Moisés,[g] también esa gente se opone a la verdad. Son hombres de mente pervertida, fracasados en la fe. [9]Pero no avanzarán mucho, porque todo el mundo se dará cuenta de que son unos tontos, igual que les pasó a aquellos dos que se opusieron a Moisés.

## El último encargo de Pablo a Timoteo

[10]Pero tú has seguido bien mis enseñanzas, mi manera de vivir, mi propósito, mi fe, mi paciencia, mi amor y mi fortaleza para soportar [11]las persecuciones y los sufrimientos. Sabes todo lo que me pasó en Antioquía,[h] Iconio[i] y Listra,[j] y las persecuciones que sufrí; pero el Señor me libró de todo ello. [12]Es cierto que todos los que quieren vivir consagrados a Cristo Jesús sufrirán persecución; [13]pero los malos y los engañadores irán de mal en peor, engañando y siendo engañados.

[14]Tú, sigue firme en todo aquello que aprendiste, de lo cual estás convencido. Ya sabes quiénes te lo enseñaron. [15]Recuerda que desde niño conoces las sagradas Escrituras, que pueden instruirte y llevarte a la salvación por medio de la fe en Cristo Jesús. [16]Toda Escritura está inspirada por Dios y es útil[2] para enseñar y reprender, para corregir y educar en una vida de rectitud, [17]para que el hombre de Dios esté capacitado y completamente preparado para hacer toda clase de bien.

**4** [1]Delante de Dios y de Cristo Jesús, que vendrá como rey a juzgar a los vivos y a los muertos, te encargo mucho [2]que prediques el mensaje, y que insistas cuando sea oportuno y aun cuando no lo sea. Convence, reprende y anima, enseñando con toda paciencia. [3]Porque va a llegar el tiempo en que la gente no soportará la sana enseñanza; más bien, según sus propios caprichos, se buscarán un montón de maestros que sólo les enseñen lo que ellos quieran oír. [4]Darán la espalda a la verdad y harán caso a toda clase de cuentos. [5]Pero tú conserva siempre el buen juicio, soporta los sufrimientos, dedícate a predicar el mensaje de salvación, cumple bien con tu trabajo.

[6]Yo ya estoy para ser ofrecido en sacrificio; ya se acerca la hora de mi muerte. [7]He peleado la buena batalla, he llegado al término de la carrera, me he mantenido fiel. [8]Ahora me espera la corona merecida[3] que el Señor, el Juez justo, me dará en aquel día. * Y no me la dará solamente a mí, sino también a todos los que con amor esperan que él vuelva.

## Instrucciones personales

[9]Haz lo posible por venir pronto a verme; [10]pues Demas,[k] que amaba más las cosas de este mundo, me ha abandonado y se ha ido a Tesalónica. Crescente se ha ido a la región de Galacia, y Tito[l] a la de Dalmacia. [11]Solamente Lucas[m] está conmigo. Busca a Marcos[n] y tráelo contigo, porque puede ser una ayuda para mí en el trabajo. [12]A Tíquico[ñ] lo mandé a Efeso. [13]Cuando vengas, tráeme la capa que dejé en Troas,[o] en casa de Carpo; también los libros, y especialmente los pergaminos.

---

[2] *Toda Escritura está inspirada por Dios y es útil:* otra posible traducción: *Toda Escritura inspirada por Dios también es útil.* [3] *Corona merecida:* lit. *corona de justicia.*
[g] 3.8 Ex 7.11.   [h] 3.11 Hch 13.14-52.   [i] 3.11 Hch 14.1-7.   [j] 3.11 Hch 14.8-20.   * 4.7-8 Sab 4.2; 5.16.   [k] 4.10 Col 4.14; Flm 24.
[l] 4.10 2 Co 8.23; Gá 2.3; Tit 1.4.   [m] 4.11 Col 4.14; Flm 24.   [n] 4.11 Hch 12.12,25; 13.13; 15.37-39; Col 4.10; Flm 24.
[ñ] 4.12 Hch 20.4; Ef 6.21-22; Col 4.7-8.   [o] 4.13 Hch 20.6.

[14] Alejandro[p] el herrero se ha portado muy mal conmigo; el Señor le pagará conforme a lo que ha hecho.[q] [15] Tú cuídate de él, porque se ha puesto muy en contra de nuestro mensaje.

[16] En mi primera defensa ante las autoridades, nadie me ayudó; todos me abandonaron. Espero que Dios no se lo tome en cuenta. [17] Pero el Señor sí me ayudó y me dio fuerzas, de modo que pude llevar a cabo la predicación del mensaje de salvación y hacer que lo oyeran todos los paganos. Así el Señor me libró de la boca del león, [18] y me librará de todo mal, y me guardará para su reino celestial. ¡Gloria a él para siempre! Así sea.

### Saludos y bendición final

[19] Saludos a Prisca y a Aquila,[r] y a la familia de Onesíforo.[s] [20] Erasto[t] se quedó en Corinto, y a Trófimo[u] lo dejé enfermo en Mileto. [21] Procura venir antes del invierno. Te mandan saludos Eubulo, Pudente, Lino, Claudia y todos los hermanos.

[22] Que el Señor Jesucristo esté contigo, y que Dios derrame su gracia sobre todos ustedes.

*p* **4.14** 1 Ti 1.20.  *q* **4.14** Sal 62.12; Ro 2.6.  *r* **4.19** Hch 18.2,18.  *s* **4.19** 2 Ti 1.16-17.  *t* **4.20** Hch 19.22; Ro 16.23.  *u* **4.20** Hch 20.4; 21.29.

## Carta de San Pablo a
# TITO

*Pablo había dejado en Creta a Tito, un no judío convertido al cristianismo, a quien había encargado organizar debidamente la iglesia del lugar. Esta carta se la dirige para aconsejarlo sobre varios asuntos al respecto. Como las cartas a Timoteo, esta carta está llena de afecto personal.*

*En primer lugar, la carta habla sobre los dignatarios de la iglesia, sus requisitos y deberes, en términos semejantes a los que emplea cuando escribe a Timoteo (3.1-13). El carácter y conducta de aquellos han de ser ejemplares, sobre todo en vista del difícil medio ambiente en que han de trabajar (cap. 1). Se le encomienda que vigile cómo han de ser y comportarse los varios grupos y las distintas edades que forman la iglesia (cap. 2), y cómo cumplen sus deberes los creyentes en general (3.1-11). Concluye, como en otras cartas, con instrucciones y saludos personales (3.12-15).*

### Saludo

**1** [1] Yo, Pablo, soy siervo de Dios y apóstol de Jesucristo, enviado por él para traer a la fe a los que Dios ha escogido, y para que conozcan la verdad de nuestra religión, [2] que está basada en la esperanza de la vida eterna. Dios, que no miente, prometió esta vida desde antes que el mundo existiera, [3] y ahora, a su debido tiempo, nos ha dado a conocer su mensaje por medio de la predicación que me ha sido confiada por mandato de Dios nuestro Salvador. [4] Te escribo la presente carta, Tito,[a] verdadero hijo mío en esta fe que los dos tenemos, deseando que Dios nuestro Padre y Jesucristo nuestro Salvador derramen su gracia y su paz sobre ti.

### El trabajo de Tito en Creta

[5] Cuando te dejé en la isla de Creta, lo hice para que arreglaras lo que quedaba por arreglar y para que, en cada pueblo, nombraras ancianos de la iglesia, de acuerdo con lo que yo te encargué. [6] Un anciano debe vivir de tal manera que no haya nada de que reprenderlo. Debe ser esposo de una sola mujer,[l] y sus hijos deben ser creyentes y no estar acusados de mala conducta o de ser rebeldes. [7] Pues el que tiene responsabilidades como dirigente de la iglesia, está encargado de las cosas de Dios, y por eso es necesario que lleve una vida recta. No debe ser terco, ni de mal genio; no debe ser borracho, ni amigo de peleas, ni desear ganancias mal habidas. [8] Al contrario, siempre debe estar

*l Esposo de una sola mujer:* otra posible traducción: *casado una sola vez.*
*a* **1.4** 2 Co 8.23; Gá 2.3; 2 Ti 4.10.

dispuesto a hospedar gente en su casa, y debe ser un hombre de bien, de buen juicio, justo, consagrado a Dios y disciplinado. [9]Debe apegarse al verdadero mensaje que se le enseñó, para que también pueda animar a otros con la sana enseñanza y convencer a los que contradicen.[b]

[10]Porque hay muchos rebeldes, sobre todo entre los que insisten en la circuncisión, que dicen cosas sin sentido y engañan a la gente. [11]A ésos hay que taparles la boca, pues trastornan familias enteras, enseñando lo que no deben para obtener ganancias mal habidas.

[12]Fue un profeta de la misma isla de Creta quien dijo de sus paisanos: "Los cretenses, siempre mentirosos, salvajes, glotones y perezosos." [13]Y dijo la verdad; por eso, repréndelos duramente, para que sean sanos en su fe [14]y para que no hagan caso de cuentos inventados por los judíos, ni de lo que ordenan los que dan la espalda a la verdad. [15]Para quienes tienen la mente limpia, todas las cosas son limpias; pero para quienes no creen ni tienen la mente limpia, no hay nada limpio; pues hasta su mente y su conciencia están sucias. [16]Dicen conocer a Dios, pero con sus hechos lo niegan; son odiosos y rebeldes, incapaces de ninguna obra buena.

### La sana enseñanza

**2** [1]Lo que digas debe estar siempre de acuerdo con la sana enseñanza. [2]Los ancianos deben ser serios, respetables y de buen juicio; sanos en su fe, en su amor y en su fortaleza para soportar el sufrimiento. [3]Igualmente, las ancianas deben portarse con reverencia, y no ser chismosas, ni emborracharse. Deben dar buen ejemplo [4]y enseñar a las jóvenes a amar a sus esposos y a sus hijos, [5]a ser juiciosas, puras, cuidadosas del hogar, bondadosas y sujetas a sus esposos, para que nadie pueda hablar mal del mensaje de Dios.

[6]Anima igualmente a los jóvenes a ser juiciosos, [7]y dales tú mismo un buen ejemplo en todas las cosas. Al enseñarles, hazlo con toda pureza y seriedad, [8]hablando de una manera sana, que nadie pueda condenar. Así sentirá vergüenza cualquiera que se ponga en contra, pues no podrá decir nada malo de nosotros.

[9]Aconseja a los siervos que obedezcan en todo a sus amos; que sean amables y no respondones. [10]Que no roben, sino que sean completamente honrados, para que

todos vean en sus vidas lo hermosa que es la enseñanza acerca de Dios nuestro Salvador.

[11]Pues Dios nos ha mostrado su bondad, la cual trae la salvación a toda la humanidad. [12]Esa bondad de Dios nos enseña a dejar la maldad y los deseos mundanos, y a llevar en este mundo una vida de buen juicio, rectitud y devoción a Dios, [13]viviendo en espera del feliz cumplimiento de lo que se nos ha prometido: el regreso glorioso de nuestro gran Dios y Salvador Jesucristo.[c] [14]El se entregó a la muerte por nosotros,[d] para salvarnos de toda maldad[e] y limpiarnos completamente, para que seamos suyos,[f] deseosos de hacer el bien.

[15]Esto es lo que tienes que enseñar, animando y reprendiendo con toda autoridad. Que nadie te desprecie.

### Deberes de los creyentes

**3** [1]Recuérdales que se sometan al gobierno y a las autoridades, que sean obedientes y que siempre estén dispuestos a hacer lo bueno. [2]Que no hablen mal de nadie, que sean pacíficos y bondadosos, y que se muestren humildes de corazón en su trato con todos.

[3]Porque antes también nosotros éramos insensatos y desobedientes a Dios; andábamos perdidos y éramos esclavos de toda clase de deseos y placeres. Vivíamos en maldad y envidia, odiados y odiándonos unos a otros. [4]Pero cuando Dios nuestro Salvador mostró su bondad y su amor por la humanidad, [5]nos salvó, no porque nosotros hubiéramos hecho nada bueno, sino porque tuvo compasión de nosotros.[g] Por medio del lavamiento[h] nos ha hecho nacer de nuevo; por medio del Espíritu Santo nos ha dado nueva vida; [6]y por medio de nuestro Salvador Jesucristo nos ha dado el Espíritu Santo en abundancia, [7]para que, habiéndonos librado de culpa por su bondad, recibamos la vida eterna que esperamos.

[8]Esto es muy cierto, y quiero que insistas mucho en ello, para que los que creen en Dios se ocupen en hacer el bien. Estas cosas son buenas y útiles para todos. [9]Pero evita las discusiones tontas, las leyendas acerca de los antepasados, las discordias y las peleas por cuestiones de la ley de Moisés. Son cosas inútiles y sin sentido.

[b] 1.6-9 1 Ti 3.2-7.   [c] 2.13 2 P 1.1.   [d] 2.14 Mt 20.28; Mr 10.45; Gá 1.4; 1 Ti 2.6.   [e] 2.14 Sal 130.8; Mt 20.28.   [f] 2.14 Ex 19.5; Dt 4.20; 7.6; 14.2; 1 P 2.9.   [g] 3.5 Dn 9.18   [h] 3.5 Ef 5.26.

¹⁰Si alguien causa divisiones en la iglesia, llámale la atención una y dos veces; pero si no te hace caso, expúlsalo de ella, ¹¹pues debes saber que esa persona se ha pervertido y que su mismo pecado la está condenando.

### Instrucciones personales

¹²Cuando yo te mande a Artemas o a Tíquico,ⁱ haz lo posible por ir a Nicópolis a verme, porque he decidido pasar allí el invierno. ¹³Ayuda en todo lo que puedas al abogado Zenas y a Apolos,ʲ dándoles lo necesario para que sigan su viaje y no les falte nada. ¹⁴Y que los nuestros aprendan también a hacer el bien y a ayudar en casos de necesidad, para que sus vidas sean útiles.

### Saludos y bendición final

¹⁵Todos los que están conmigo te mandan saludos. Saluda a nuestros queridos amigos en la fe. Que Dios derrame su gracia sobre todos ustedes.

ⁱ 3.12 Hch 20.4; Ef 6.21-22; Col 4.7-8; 2 Ti 4.12.   ʲ 3.13 Hch 18.24; 1 Co 16.12.

# Carta de San Pablo a
# FILEMÓN

*Cuando Pablo se hallaba preso, cierto esclavo fugitivo, llamado Onésimo, se puso de algún modo en contacto con él, se hizo cristiano por su predicación y se puso a su servicio. Era para él una gran ayuda, pero conforme a la ley romana, debía ser devuelto a su dueño. En este caso, el dueño era un cristiano llamado Filemón, persona muy importante y probablemente miembro de la iglesia de Colosas, a quien Pablo conocía bien. Habiendo decidido devolver su esclavo a Filemón, Pablo se lo envía, pero le escribe una carta pidiéndole que lo reciba bien, ya no como a un esclavo sino como a un querido hermano en la fe.*

*Esta carta es un verdadero modelo de tacto, discreción, cortesía y ternura: Pablo no discute los derechos legales de Filemón sobre Onésimo. Simplemente le habla en nombre de una ley más alta, la del amor cristiano.*

### Saludo

**1** ¹Yo, Pablo, que estoy preso por causa de Cristo Jesús, te escribo esta carta junto con el hermano Timoteo, a ti, Filemón, nuestro querido compañero de trabajo, ²y a la iglesia que se reúne en tu casa, así como a nuestra hermana Apia y a Arquipo,ᵃ compañero nuestro en la lucha. ³Que Dios nuestro Padre y el Señor Jesucristo derramen su gracia y su paz sobre ustedes.

### El amor y la fe de Filemón

⁴Siempre doy gracias a mi Dios al acordarme de ti en mis oraciones, ⁵porque he tenido noticias del amor y la fe que tienes para con el Señor Jesús y para con todos los que pertenecen al pueblo de Dios. ⁶Y pido a Dios que tú, que compartes nuestra fe, llegues a entender bien todas las bendiciones que tenemos por Cristo Jesús.ⁱ ⁷Estoy muy contento y animado por tu amor, ya que gracias a ti, hermano, el corazón de los creyentes ha sido consolado.

### Pablo pide un favor para el esclavo Onésimo

⁸Por eso, aunque como apóstol de Cristo tengo derecho a ordenarte lo que debes hacer, ⁹prefiero rogártelo en nombre del amor. Yo, Pablo, ya anciano, y ahora preso por causa de Cristo Jesús, ¹⁰te pido un favor para Onésimo,ᵇ que ha llegado a ser mi hijo espiritual aquí en la cárcel.

¹¹En otro tiempo, Onésimo fue para ti un esclavo inútil, pero ahora nos es útil²

ⁱ *Y pido a Dios . . . que tenemos por Cristo Jesús:* otra posible traducción: *Y pido a Dios que la fe que compartes con nosotros sea tan eficaz que llegues a entender todo lo bueno que entre nosotros se puede hacer para Cristo.* Griego oscuro.   ² *Ahora nos es útil:* posible juego de palabras con el nombre *Onésimo,* que significa *útil.*
ᵃ 2 Col 4.17.   ᵇ 10 Col 4.9.

tanto a ti como a mí. [12]Te lo envío de nuevo: trátalo como a mí mismo. [13]Yo hubiera querido que se quedara aquí conmigo, para que me sirviera en tu lugar mientras estoy preso por causa del evangelio. [14]Pero no quiero hacer nada que tú antes no hayas aprobado, para que el favor que me haces no sea por obligación sino por tu propia voluntad. [15]Tal vez Onésimo se apartó de ti por algún tiempo para que ahora lo tengas para siempre, [16]ya no como un esclavo, sino como algo mejor que un esclavo: como un hermano querido.* Yo lo quiero mucho, pero tú debes quererlo todavía más, no solamente como persona sino también como hermano en el Señor.

[17]Así pues, si me tienes por hermano en la fe, recíbelo como si se tratara de mí mismo. [18]Si te ha hecho algún daño, o si te debe algo, cóbramelo a mí. [19]Yo, Pablo, escribo esto con mi puño y letra: Yo lo pagaré. ¡Aunque podría recordarte que tú me debes tu propia persona! [20]Sí, hermano, hazme este favor como creyente en el Señor; consuela mi corazón como hermano en Cristo.

[21]Te escribo porque estoy seguro de tu obediencia, y sé que harás más de lo que te pido. [22]Además de esto, prepárame alojamiento; porque espero que, en respuesta a las oraciones de ustedes, Dios les concederá que yo vaya a verlos.

### Saludos y bendición final

[23]Saludos de Epafras,[c] mi compañero de cárcel por causa de Cristo Jesús, [24]y también de Marcos,[d] Aristarco,[e] Demas[f] y Lucas,[g] que me ayudan en el trabajo. [25]Que el Señor Jesucristo derrame su gracia sobre ustedes.

---

* **16** Eclo 33.31-32.   **c 23** Col 1.7; 4.12.   **d 24** Hch 12.12,25; 13.13; 15.37-39; Col 4.10.   **e 24** Hch 19.29; 27.2; Col 4.10.
**f 24** Col 4.14; 2 Ti 4.10.   **g 24** Col 4.14; 2 Ti 4.11.

# Carta a los
# HEBREOS

*Sólo al final tiene este escrito el carácter de una carta propiamente dicha. En realidad parece más bien una disertación o sermón. Por su contenido parece haberse dirigido, sin embargo, a cristianos casi seguramente de origen judío que, acosados por la impopularidad y la oposición, se veían tentados a abandonar la fe cristiana y volver a sus antiguas creencias y prácticas. El autor trata de disuadirlos. El tema central, que se expresa a modo de resumen al comienzo (1.1-3), es la superioridad de Jesucristo como revelación definitiva de Dios.*

*Luego se desarrolla de modo ordenado ese tema: Jesús, como Hijo eterno de Dios, que aprendió la obediencia por medio del sufrimiento que soportó, es superior, no sólo a sus profetas (1.1) sino a los ángeles sus mensajeros (1.4—2.18), a Moisés mismo y a Josué (3.1—4.13), así como al antiguo sacerdocio, puesto que Dios lo ha declarado sacerdote eterno (4.14—7.28). Por medio de él, Dios establece un pacto nuevo y mejor (8.1—9.28). Por el sacrificio que Jesús hace de sí mismo, superior al de los toros y de los cabritos, y oficiando él mismo a la vez como sumo sacerdote eterno, el que cree en él es salvado del pecado, el temor y la muerte. Así obtiene de él la verdadera salvación, de la cual los rituales y los sacrificios de animales del pacto antiguo son sólo una figura anticipada (10.1-31).*

*Y puesto que esa salvación se recibe sólo por la fe, el autor procede a declarar, con numerosos ejemplos de la historia judía, la primacía de la fe. En consecuencia, exhorta a los creyentes a permanecer fieles hasta el fin y, con la mirada fija en Jesús, a soportar el sufrimiento y la persecución que puedan sobrevenirles. El cap. 13 cierra el libro con varias exhortaciones, peticiones y saludos finales.*

## Dios ha hablado por medio de su Hijo

**1** ¹En tiempos antiguos Dios habló a nuestros antepasados muchas veces y de muchas maneras por medio de los profetas. ²Ahora, en estos tiempos últimos, nos ha hablado por su Hijo, mediante el cual creó los mundos y al cual ha hecho heredero de todas las cosas. ³El es el resplandor glorioso de Dios, la imagen misma de lo que Dios es y el que sostiene todas las cosas con su palabra poderosa.[a] Después de limpiarnos de nuestros pecados, se ha sentado en el cielo, a la derecha del trono de Dios.

## El Hijo de Dios es superior a los ángeles

⁴El Hijo de Dios ha llegado a ser superior a los ángeles, pues ha recibido en herencia un título mucho más importante que el de ellos. ⁵Porque Dios nunca dijo a ningún ángel:

"Tú eres mi Hijo;
yo te he engendrado hoy."[b]

Ni dijo tampoco de ningún ángel:

"Yo seré un padre para él,
y él será un hijo para mí."[c]

⁶Pero en otro lugar, al presentar a su Hijo primogénito al mundo, dice:

"Que todos los ángeles de Dios le
adoren."[d]

⁷Respecto a los ángeles, Dios dice:

"Hace que sus ángeles sean como
vientos,
y como llamas de fuego sus
servidores."[e]

⁸Pero respecto al Hijo, dice:

"Tu reinado, oh Dios, es eterno,
y es un reinado de justicia.
⁹Has amado lo bueno y odiado lo
malo;
por eso te ha escogido Dios, tu Dios,
y te ha colmado de alegría
más que a tus compañeros."[f]

¹⁰También dice:

"Tú, oh Señor, afirmaste la tierra
desde el principio;
tú mismo hiciste el cielo.
¹¹Todo ello dejará de existir,
pero tú permaneces para siempre.
Todo ello se gastará como la ropa;
¹²¡lo doblarás como se dobla un
vestido,
lo cambiarás como quien se cambia
de ropa!
Pero tú eres el mismo;
tu vida no terminará."[g]

¹³Dios nunca dijo a ninguno de los ángeles:

*a* 1.2-3 Sab 7.25-26; 8.1,6; 9.9; Jn 1.1-3; Col 1.15-17.   *b* 1.5 Sal 2.7.   *c* 1.5 2 S 7.14; 1 Cr 17.13.   *d* 1.6 Dt 32.43; Sal 97.7.
*e* 1.7 Sal 104.4.   *f* 1.8-9 Sal 45.6-7.   *g* 1.10-12 Sal 102.25-27.

"Siéntate a mi derecha,
    hasta que yo haga de tus enemigos el
    estrado de tus pies."[h]
[14]Porque todos los ángeles son espíritus[l] al servicio de Dios, * enviados en ayuda de quienes han de recibir en herencia la salvación.

### No hay que descuidar la salvación

2 [1]Por esta causa debemos prestar mucha más atención al mensaje que hemos oído, para que no nos apartemos del camino. [2]Los mandamientos que Dios dio en otros tiempos por medio de los ángeles, tenían fuerza de ley, y quienes pecaron y los desobedecieron fueron castigados justamente. [3]¿Cómo, pues, escaparemos nosotros, si descuidamos una salvación tan grande? Pues el mismo Señor fue quien anunció primero esta salvación, la cual después confirmaron entre nosotros los que le oyeron. [4]Además, Dios la ha confirmado con señales, maravillas y muchos milagros, y por medio del Espíritu Santo, que nos ha dado de diferentes maneras, conforme a su voluntad.

### Jesucristo, hecho como sus hermanos

[5]Dios no ha puesto bajo la autoridad de los ángeles ese mundo futuro del cual estamos hablando. [6]Al contrario, en un lugar de la Escritura alguien declara:
    "¿Qué es el hombre? ¿Qué es el ser
        humano?
    ¿Por qué lo recuerdas y te preocupas
        por él?
    [7]Por un poco de tiempo lo hiciste algo
        menor que los ángeles,
    pero lo coronaste de gloria y honor;
    [8]todo lo sujetaste debajo de sus
        pies."[i]
Así que, al sujetarlo todo debajo de sus pies, Dios no dejó nada sin sujetarlo a él. Sin embargo, todavía no vemos que todo le esté sujeto. [9]Pero vemos a Jesús, a quien, por un poco de tiempo, Dios hizo algo menor que los ángeles. Dios, en su amor, quiso que muriera por todos aquél que ahora, a causa de la muerte que sufrió, está coronado de gloria y honor.[j] [10]Todas las cosas existen para Dios y por la acción de Dios, que quiere que todos sus hijos tengan parte en su gloria. Por eso, Dios, por medio del sufrimiento, tenía que hacer perfecto a Jesucristo, el Salvador de ellos. [11]Porque todos son del mismo Padre: tanto los consagrados como el que los consagra. Por esta razón, el Hijo de Dios no se avergüenza de llamarlos hermanos, [12]al decir en la Escritura:
    "Hablaré de ti a mis hermanos,
    y te cantaré himnos en medio de la
        congregación."[k]
[13]También dice:
    "En él pondré mi esperanza."[l]
Y otra vez dice:
    "Aquí estoy, con los hijos que Dios
        me dio."[m]
[14]Así como los hijos de una familia son de la misma carne y sangre, así también Jesús fue de carne y sangre humanas, para derrotar con su muerte al que tenía poder para matar, es decir, al diablo. * [15]De esta manera ha dado libertad a todos los que por miedo a la muerte viven como esclavos durante toda la vida. [16]Pues ciertamente no vino para ayudar a los ángeles, sino a los descendientes de Abraham. [17]Y para eso tenía que ser hecho igual en todo a sus hermanos, para llegar a ser delante de Dios un sumo sacerdote fiel y compasivo, y para obtener el perdón de los pecados de los hombres por medio del sacrificio. [18]Y como él mismo sufrió y fue puesto a prueba, ahora puede ayudar a los que también son puestos a prueba.

### Jesús es superior a Moisés

3 [1]Por lo tanto, hermanos, ustedes que pertenecen al pueblo de Dios, que han sido llamados por Dios a ser suyos, consideren atentamente a Cristo Jesús, el apóstol y sumo sacerdote gracias al cual profesamos nuestra fe. [2]Pues Jesús ha sido fiel a Dios, que lo nombró para este servicio, como también Moisés fue fiel en su servicio en toda la casa de Dios.[n] [3]Pero Jesús merece más honor que Moisés, del mismo modo que el que hace una casa merece más honor que la casa misma. [4]Toda casa tiene que estar hecha por alguien, pero Dios es el que hizo todo lo que existe. [5]Así pues, Moisés, como siervo, fue fiel en toda la casa de Dios, y su servicio consistió en ser testigo de las cosas que Dios había de decir. [6]Pero Cristo, como Hijo, es fiel sobre esta casa de Dios que somos nosotros mismos, si mantenemos la seguridad y la alegría en la esperanza que tenemos.

---

[l] Son espíritus: juego de palabras con 1.7: en griego como en hebreo la misma palabra puede significar espíritu o viento.
[h] 1.13 Sal 110.1. * 1.14 Tob 12.15; Mt 4.11; Lc 1.19. [i] 2.6-8 Sal 8.4-6. [j] 2.9 Fil 2.6-11; He 12.2. [k] 2.12 Sal 22.22. [l] 2.13 Is 8.17. [m] 2.13 Is 8.18. * 2.14 Sab 2.24. [n] 3.2 Nm 12.7.

### Reposo del pueblo de Dios

[7]Por eso, como dice el Espíritu Santo en la Escritura:

"Si hoy escuchan ustedes lo que
    Dios dice,
[8]no endurezcan su corazón como
    aquellos que se rebelaron
y pusieron a Dios a prueba en el
    desierto.
[9]Allí me pusieron a prueba los
    antepasados de ustedes,
aun cuando habían visto mis obras
    durante cuarenta años.
[10]Por eso me enojé con aquella
    generación,
y dije: 'Andan siempre extraviados
    en su corazón,
y no han querido conocer mis
    caminos.'
[11]Por eso juré en mi furor
que no entrarían en mi reposo."[ñ]

[12]Hermanos, cuídense de que ninguno de ustedes tenga un corazón malo que se aparte del Dios viviente por no creer en él. [13]Al contrario, anímense unos a otros cada día, mientras dura ese "hoy" de que habla la Escritura, para que ninguno de ustedes sea engañado por el pecado y su corazón se vuelva rebelde. [14]Porque para tener parte con Cristo, hemos de mantenernos firmes hasta el fin en la confianza que teníamos al principio.

[15]Por lo cual dice:

"Si hoy escuchan ustedes lo que
    Dios dice,
no endurezcan su corazón como
    aquellos que se rebelaron."[o]

[16]¿Y quiénes fueron los que se rebelaron después de haber oído la voz de Dios? Pues todos los que Moisés había sacado de la tierra de Egipto. [17]¿Y con quiénes estuvo Dios enojado durante cuarenta años? Con los que pecaron, los cuales cayeron muertos en el desierto. [18]¿Y a quiénes juró Dios que no entrarían en su reposo? A los que desobedecieron.[p] [19]Y, en efecto, vemos que no pudieron entrar porque no creyeron.

**4** [1]Por eso, mientras todavía contamos con la promesa de entrar en ese reposo de Dios, debemos tener cuidado, no sea que alguno de ustedes no lo logre. [2]Porque a nosotros también se nos anunció el mensaje de salvación, lo mismo que a ellos; pero a ellos no les sirvió de nada el oírlo, porque no se unieron por la fe con los que habían obedecido al mensaje.

[3]Pero nosotros, que hemos creído, entraremos en ese reposo, del cual Dios ha dicho:

"Por eso juré en mi furor
que no entrarían en el lugar de mi
    reposo."[q]

Sin embargo, Dios había terminado su trabajo desde que creó el mundo; [4]pues en alguna parte de las Escrituras se dice del séptimo día:

"Dios reposó de todo su trabajo el
    séptimo día."[r]

[5]Y otra vez se dice en las Escrituras:

"No entrarán en mi reposo."[s]

[6]Pero todavía falta que algunos entren en ese lugar de reposo, ya que, por haber desobedecido, no entraron los que primero oyeron el mensaje de salvación. [7]Por eso, Dios ha vuelto a señalar un día, un nuevo "hoy", y lo ha hecho hablándonos por medio de lo que, mucho tiempo después, David dijo en la Escritura ya mencionada:

"Si hoy escuchan ustedes lo que
    Dios dice,
no endurezcan su corazón."[t]

[8]Porque si Josué les hubiera dado reposo a los israelitas,[u] Dios no habría hablado de otro día. [9]De manera que todavía queda un reposo sagrado para el pueblo de Dios; [10]porque el que entra en ese reposo de Dios, reposa de su trabajo, así como Dios reposó del suyo. [11]Debemos, pues, esforzarnos por entrar en ese reposo, para que nadie siga el ejemplo de aquellos que no creyeron.

[12]Porque la palabra de Dios tiene vida y poder. Es más aguda que cualquier espada de dos filos,[v] y penetra hasta lo más profundo del alma y del espíritu, hasta lo más íntimo de la persona; y somete a juicio los pensamientos y las intenciones del corazón. [13]Nada de lo que Dios ha creado puede esconderse de él; todo está claramente expuesto ante aquel a quien tenemos que rendir cuentas.

### Jesús es el gran sumo sacerdote

[14]Jesús, el Hijo de Dios, es nuestro gran sumo sacerdote que ha entrado en el cielo. Por eso debemos seguir firmes en la fe que profesamos. [15]Pues nuestro sumo sacerdote puede compadecerse de nuestra debilidad, porque él también estuvo sometido a las mismas pruebas que nosotros; sólo que él jamás pecó. [16]Acerquémonos, pues, con confianza al trono de nuestro

ñ 3.7-11 Sal 95.7-11.  o 3.15 Sal 95.7-8.  p 3.16-18 Nm 14.1-35.  q 4.3 Sal 95.11.  r 4.4 Gn 2.2.  s 4.5 Sal 95.11.  t 4.7 Sal 95.7-8.  u 4.8 Dt 31.7; Jos 22.4.  v 4.12 Is 49.2; Ef 6.17.

Dios amoroso, para que él tenga misericordia de nosotros y en su bondad nos ayude en la hora de necesidad.

**5** [1]Todo sumo sacerdote es escogido de entre los hombres, nombrado para representarlos delante de Dios y para hacer ofrendas y sacrificios por los pecados. [2]Y como el sacerdote está sujeto a las debilidades humanas, puede tener compasión de los ignorantes y los extraviados; [3]y a causa de su propia debilidad, tiene que ofrecer sacrificios por sus pecados tanto como por los pecados del pueblo.[w] [4]Nadie puede tomar este honor para sí mismo, sino que es Dios quien lo llama y le da el honor, como en el caso de Aarón.[x] [5]De la misma manera, Cristo no se nombró sumo sacerdote a sí mismo, sino que Dios le dio ese honor, pues él fue quien dijo:

"Tú eres mi hijo;
    yo te he engendrado hoy."[y]

[6]Y también le dijo en otra parte de las Escrituras:

"Tú eres sacerdote para siempre,
    de la misma clase que
        Melquisedec."[z]

[7]Mientras Cristo estuvo viviendo aquí en el mundo, con voz fuerte y muchas lágrimas oró y suplicó a Dios, que tenía poder para librarlo de la muerte;[a] y por su obediencia, Dios lo escuchó. [8]Así que Cristo, a pesar de ser Hijo, sufriendo aprendió a obedecer;[b] [9]y al perfeccionarse de esa manera, llegó a ser fuente de salvación eterna para todos los que le obedecen, [10]y Dios lo nombró sumo sacerdote de la misma clase que Melquisedec.

### Peligro de renunciar a la fe

[11]Tenemos mucho que decir sobre este asunto, pero es difícil explicarlo, porque ustedes son lentos para entender. [12]Al cabo de tanto tiempo, ustedes ya deberían ser maestros; en cambio, necesitan que se les expliquen de nuevo las cosas más sencillas de las enseñanzas de Dios. Han vuelto a ser tan débiles que, en vez de comida sólida, tienen que tomar leche. [13]Y los que se alimentan de leche son como niños de pecho, incapaces de juzgar rectamente.[2,c] [14]La comida sólida es para los adultos, para los que ya saben juzgar, porque están acostumbrados a distinguir entre lo bueno y lo malo.

**6** [1]Así que sigamos adelante hasta llegar a ser adultos, dejando a un lado las primeras enseñanzas acerca de Cristo. No volvamos otra vez a las cosas básicas, como la conversión y el abandono de las obras que llevan a la muerte, o como la fe en Dios, [2]las enseñanzas sobre el bautismo, el imponer las manos a los creyentes, la resurrección de los muertos y el juicio eterno. [3]Es lo que haremos, si Dios lo permite.

[4]Porque a los que una vez recibieron la luz, y saborearon el don de Dios, y tuvieron parte en el Espíritu Santo, [5]y saborearon el buen mensaje de Dios y el poder del mundo venidero, [6]si caen de nuevo, ya no se les puede hacer volver a Dios, porque ellos mismos están crucificando otra vez al Hijo de Dios y exponiéndolo a la burla de todos. [7]Son como la tierra que bebe la lluvia que cae sobre ella: si da una cosecha útil a los que la trabajan, recibe la bendición de Dios; [8]pero si da espinos y cardos, no vale nada; cae bajo la maldición de Dios,[d] y finalmente será quemada.

### La esperanza que nos mantiene firmes

[9]Pero aunque hablamos así, queridos hermanos, estamos seguros de que ustedes se encuentran en el primer caso, es decir, en camino de salvación. [10]Porque Dios es justo, y no olvidará lo que ustedes han hecho y el amor que le han mostrado al ayudar a los hermanos en la fe, como aún lo están haciendo. [11]Pero deseamos que cada uno de ustedes siga mostrando hasta el fin ese mismo entusiasmo, para que se realice completamente su esperanza. [12]No queremos que se vuelvan perezosos, sino que sigan el ejemplo de quienes por medio de la fe y la constancia están recibiendo la herencia que Dios les ha prometido.

[13]Cuando Dios hizo la promesa a Abraham, juró por sí mismo, porque no había otro superior a él por quien jurar; [14]y dijo: "Sí, yo te bendeciré mucho y haré que tu descendencia sea numerosa."[e] [15]Abraham esperó con paciencia, y recibió lo que Dios le había prometido. [16]Cuando los hombres juran, lo hacen por alguien superior a ellos mismos; y cuando garantizan algo mediante un juramento, ya no hay más que discutir. [17]Pues bien, Dios quiso mostrar claramente a quienes habían de recibir la herencia que él les prometía, que estaba dispuesto a cumplir

---

[2] *Incapaces de juzgar rectamente: otra posible traducción: inexpertos en cuanto a la recta doctrina.*
[w] **5.3** Lv 9.7.  [x] **5.4** Ex 28.1.  [y] **5.5** Sal 2.7.  [z] **5.6** Sal 110.4.  [a] **5.7** Mt 26.36-46; Mr 14.32-42; Lc 22.39-46.  [b] **5.7-8** Mt 26.39; Jn 10.18; Fil 2.8.  [c] **5.12-13** 1 Co 3.2.  [d] **6.8** Gn 3.17-18.  [e] **6.14** Gn 22.16-17.

la promesa sin cambiar nada de ella. Por eso garantizó su promesa mediante el juramento. [18]De estas dos cosas que no pueden cambiarse y en las que Dios no puede mentir, recibimos un firme consuelo los que hemos buscado la protección de Dios y hemos confiado en la esperanza que él nos ha dado. [19]Esta esperanza mantiene firme y segura nuestra alma, igual que el ancla mantiene firme al barco. Es una esperanza que ha penetrado hasta detrás del velo[f] en el templo celestial, [20]donde antes entró Jesús para abrirnos camino, llegando él a ser así sumo sacerdote para siempre, de la misma clase que Melquisedec.[g]

### Jesús, sacerdote de la misma clase que Melquisedec

**7** [1]Este Melquisedec fue rey de Salem y sacerdote del Dios altísimo. Cuando Abraham regresaba de la batalla en la que había derrotado a los reyes, Melquisedec salió a su encuentro y lo bendijo; [2]entonces Abraham le dio la décima parte de todo lo que había ganado en la batalla.[h] El nombre Melquisedec quiere decir en primer lugar "rey justo"; y, como era rey de Salem, que quiere decir "paz", significa también "rey de paz". [3]Nada se sabe de su padre ni de su madre ni de sus antepasados; ni tampoco se habla de su nacimiento ni de su muerte; y así, a semejanza del Hijo de Dios, es sacerdote para siempre.

[4]Ahora bien, fíjense qué importante era Melquisedec, que nuestro propio antepasado Abraham le dio la décima parte de lo que les había ganado a los reyes en la batalla. [5]Según la ley de Moisés, los sacerdotes que son descendientes de Leví tienen el derecho de cobrarle al pueblo la décima parte de todo,[i] a pesar de que son sus parientes y descienden de Abraham lo mismo que ellos. [6]Pero Melquisedec, aunque no era descendiente de Leví, le cobró la décima parte a Abraham, que había recibido las promesas de Dios. Así Melquisedec bendijo a Abraham; [7]y nadie puede negar que el que bendice es superior al bendecido. [8]Aquí, en esta vida, los que cobran la décima parte son hombres mortales; pero la Escritura habla de Melquisedec como de uno que todavía vive. [9]Y se puede decir que los sacerdotes que descienden de Leví, y que ahora cobran la décima parte, pagaron también la décima

parte a Melquisedec al pagársela a él Abraham; [10]porque, en cierto sentido, cuando Melquisedec salió al encuentro de Abraham, éste llevaba ya en su cuerpo a sus descendientes que aún no habían nacido.

[11]El pueblo de Israel recibió la ley por medio de los sacerdotes levitas, que eran descendientes de Aarón. Ahora pues, si en verdad éstos hubieran podido hacer perfectos a los que seguían la ley, no habría sido necesario que apareciera otro sacerdote, ya no de la clase de Aarón sino de la clase de Melquisedec. [12]Porque al cambiar el sacerdocio, también se tiene que cambiar la ley; [13]y nuestro Señor, de quien la Escritura dice esto, pertenece a otra tribu de Israel, de la cual no ha salido ningún sacerdote. [14]Porque es bien sabido que nuestro Señor vino de la tribu de Judá, y Moisés no dijo nada de esa tribu cuando habló del sacerdocio.

[15]Y esto es aún más claro si el nuevo sacerdote que aparece es uno como Melquisedec, [16]que no fue sacerdote según una ley que establece de qué familia debe venir, sino según el poder de una vida indestructible. [17]Porque esto es lo que Dios dice de él:

"Tú eres sacerdote para siempre,
de la misma clase que
Melquisedec."[j]

[18]Así que el mandato anterior quedó cancelado porque era débil e inútil, [19]pues la ley de Moisés no perfeccionó nada, y en su lugar tenemos una esperanza mejor, por la cual nos acercamos a Dios.

[20]Y Dios garantizó esto con un juramento. Los otros sacerdotes fueron nombrados sin juramento alguno, [21]pero en el caso del Señor sí hubo un juramento, pues en la Escritura se le dice:

"El Señor hizo un juramento
y no va a desdecirse:
'Tú eres sacerdote para siempre.'!"[k]

[22]De este modo, Jesús es quien garantiza un pacto mejor que el primero. [23]Los otros sacerdotes fueron muchos porque la muerte les impedía seguir viviendo; [24]pero como Jesús no muere, su oficio sacerdotal no pasa a ningún otro. [25]Por eso puede salvar para siempre a los que se acercan a Dios por medio de él, pues vive para siempre, para rogar a Dios por ellos.

[26]Así pues, Jesús es precisamente el sumo sacerdote que necesitábamos. Él es santo, sin maldad y sin mancha, apartado

---

[f] 6.19 Lv 16.2.   [g] 6. 20 Sal 110.4.   [h] 7.1-2 Gn 14.17-20.   [i] 7.5 Nm 18.21.   [j] 7.17 Sal 110.4.   [k] 7.21 Sal 110.4.

de los pecadores y puesto más alto que el cielo. ²⁷No es como los otros sumos sacerdotes, que tienen que matar animales y ofrecerlos cada día en sacrificio, primero por sus propios pecados y luego por los pecados del pueblo.ᶦ Por el contrario, Jesús ofreció el sacrificio una sola vez y para siempre, cuando se ofreció a sí mismo. ²⁸La ley de Moisés nombra como sumos sacerdotes a hombres imperfectos; pero el juramento de Dios, que fue hecho después de la ley, nombra sumo sacerdote a su Hijo, quien ha sido hecho perfecto para siempre.

### Jesús, mediador de un nuevo pacto

**8** ¹Lo más importante de lo que estamos diciendo es que nuestro sumo sacerdote es de tal naturaleza que se ha sentado en el cielo, a la derecha del trono de Dios,ᵐ ²y oficia como sacerdote en el verdadero santuario, el que fue hecho por el Señor y no por los hombres.

³Todo sumo sacerdote es nombrado para presentar ofrendas y sacrificios, y por eso es necesario que Jesucristo también tenga algo que ofrecer. ⁴Si él estuviera en la tierra, ni siquiera sería sacerdote, pues aquí ya hay sacerdotes que presentan las ofrendas mandadas por la ley de Moisés. ⁵Pero estos sacerdotes prestan su servicio por medio de cosas que no son más que copias y sombras de lo que hay en el cielo. Y sabemos que son copias porque, cuando Moisés iba a construir el santuario, Dios le dijo: "Pon atención y hazlo todo según el modelo que te mostré en el monte."ⁿ ⁶Pero nuestro sumo sacerdote, que ha recibido un ministerio sacerdotal mucho mejor, ha unido a Dios y los hombres mediante un pacto mejor, basado en mejores promesas.

⁷Si el primer pacto hubiera sido perfecto, no habría sido necesario un segundo pacto. ⁸Pero Dios encontró imperfecta a aquella gente,ʲ y dijo:

"El Señor dice: Vendrán días
en que haré un nuevo pacto con
Israel y con Judá.
⁹Este pacto no será como el que hice
con sus antepasados,
cuando los tomé de la mano
para sacarlos de la tierra de Egipto;
y como ellos no cumplieron mi
pacto,

yo los abandoné, dice el Señor.
¹⁰El pacto que haré con Israel
después de aquellos días,
será éste, dice el Señor:
Pondré mis leyes en su mente
y las escribiré en su corazón.
Yo seré su Dios
y ellos serán mi pueblo.
¹¹Ya no será necesario que unos a
otros,
compatriotas o parientes, tengan que
instruirse
para que conozcan al Señor,
porque todos me conocerán,
desde el más pequeño hasta el más
grande.
¹²Yo les perdonaré sus maldades
y no me acordaré más de sus
pecados."ñ
¹³Cuando Dios habla de un nuevo pacto es porque ha declarado viejo al primero; y a lo que está viejo y anticuado, poco le falta para desaparecer.

### El santuario terrenal y el santuario celestial

**9** ¹Ahora bien, el primer pacto tenía sus reglas para el culto, pero en un santuario terrenal. ²La tiendaᵒ se levantó de tal forma que en su primera parte, llamada el Lugar Santo, estaban el candelabroᵖ y la mesa con los panes consagrados a Dios.�q ³Detrás del segundo velo estaba el llamado Lugar Santísimo;ʳ ⁴allí había un altar de oro para quemar el incienso,ˢ y el cofre del pacto cubierto de oro por todos lados.ᵗ En el cofre había una jarra de oro que contenía el maná,ᵘ y también estaban el bastón de Aarón, que había retoñado,ᵛ y las tablas del pacto.ʷ ⁵Encima del cofre estaban los seres alados que representaban la presencia de Dios, los cuales cubrían con sus alas la tapa del cofre.ˣ Pero por ahora no es necesario dar más detalles sobre estas cosas.

⁶Preparadas así las cosas, los sacerdotes entran continuamente en la primera parte de la tienda para celebrar los oficios del culto.ʸ ⁷Pero en la segunda parte entra únicamente el sumo sacerdote, y sólo una vez al año; y cuando entra, tiene que llevar sangre de animales para ofrecerla por sí mismo y por los pecados que el pueblo comete sin darse cuenta.ᶻ ⁸Con esto el Espíritu Santo nos da a entender que,

---

³ *Dios encontró imperfecta a aquella gente:* algunos mss. dicen: *Dios encontró que para ellos era imperfecto* (aquel pacto).
ᶦ 7.27 Lv 9.7. ᵐ 8.1 Sal 110.1. ⁿ 8.5 Ex 25.40. ñ 8.8-12 Jer 31.31-34. ᵒ 9.2 Ex 26.1-30. ᵖ 9.2 Ex 25.31-40.
q 9.2 Ex 25.23-30. ʳ 9.3 Ex 26.31-33. ˢ 9.4 Ex 30.1-6. ᵗ 9.4 Ex 25.10 -16. ᵘ 9.4 Ex 16.33. ᵛ 9.4 Nm 17.8-10.
ʷ 9.4 Ex 25.16; Dt 10.3-5. ˣ 9.5 Ex 25.18-22. ʸ 9.6 Nm 18.2-6. ᶻ 9.7 Lv 16.2-34.

mientras la primera parte de la tienda seguía sirviendo para el culto, el camino al santuario todavía no estaba abierto. [9]Todo esto es como un ejemplo para el tiempo presente; pues las ofrendas y sacrificios que allí se ofrecen a Dios no pueden hacer perfecta la conciencia de los que así le adoran. [10]Se trata únicamente de alimentos, bebidas y ciertas ceremonias de purificación, que son reglas externas y que tienen valor solamente hasta que Dios cambie las cosas.

[11]Pero Cristo ya vino, y ahora él es el sumo sacerdote de los bienes definitivos.[4] El santuario donde él actúa como sacerdote es mejor y más perfecto, y no ha sido hecho por los hombres; es decir, no es de esta creación. [12]Cristo ha entrado en el santuario, ya no para ofrecer la sangre de chivos y becerros, sino su propia sangre; ha entrado una sola vez y para siempre, y ha obtenido para nosotros la salvación eterna. [13]Es verdad que la sangre de los toros y chivos,[a] y las cenizas de la becerra[b] que se quema en el altar, las cuales son rociadas sobre los que están impuros, tienen poder para consagrarlos y purificarlos por fuera. [14]Pero si esto es así, ¡cuánto más poder tendrá la sangre de Cristo! Pues por medio del Espíritu eterno, Cristo se ofreció a sí mismo a Dios como sacrificio sin mancha, y su sangre limpia nuestra conciencia de las obras que llevan a la muerte, para que podamos servir al Dios viviente.

[15]Por eso, Jesucristo intervino con su muerte, a fin de unir a Dios y los hombres mediante un nuevo pacto y testamento, para que sean perdonados los pecados cometidos bajo el primer pacto, y para que los que Dios ha llamado puedan recibir la herencia eterna que él les ha prometido. [16]Para que un testamento[5] entre en vigor, tiene que comprobarse primero la muerte de la persona que lo hizo. [17]Pues un testamento no tiene valor mientras vive el que lo hizo, sino sólo cuando ya ha muerto. [18]Por eso, el primer pacto también se estableció con derramamiento de sangre. [19]Moisés anunció todos los mandamientos de la ley a todo el pueblo; después tomó lana roja y una rama de hisopo, las mojó en la sangre de los becerros y los chivos mezclada con agua, y roció el libro de la ley y también a todo el pueblo. [20]Entonces les dijo: "Esta es la sangre que confirma el pacto que Dios ha ordenado para ustedes."[c] [21]Moisés roció también con sangre el santuario y todos los objetos que se usaban en el culto.[d] [22]Según la ley, casi todo tiene que ser purificado con sangre; y no hay perdón de pecados si no hay derramamiento de sangre.[e]

### El sacrificio de Cristo quita el pecado

[23]De manera que se necesitaban tales sacrificios para purificar aquellas cosas que son copias de lo celestial; pero las cosas celestiales necesitan mejores sacrificios que esos. [24]Porque Cristo no entró en aquel santuario hecho por los hombres, que era solamente una figura del santuario verdadero, sino que entró en el cielo mismo, donde ahora se presenta delante de Dios para rogar en nuestro favor. [25]Y no entró para ofrecerse en sacrificio muchas veces, como hace cada año todo sumo sacerdote, que entra en el santuario para ofrecer sangre ajena. [26]Si ése fuera el caso, Cristo habría tenido que morir muchas veces desde la creación del mundo. Pero el hecho es que ahora, en el final de los tiempos, Cristo ha aparecido una sola vez y para siempre, ofreciéndose a sí mismo en sacrificio para quitar el pecado. [27]Y así como todos han de morir una sola vez y después vendrá el juicio, [28]así también Cristo ha sido ofrecido en sacrificio una sola vez para quitar los pecados de muchos.[f] Después aparecerá por segunda vez, ya no en relación con el pecado, sino para salvar a los que le esperan.

**10** [1]Porque la ley de Moisés era solamente una sombra de los bienes que habían de venir, y no su presencia verdadera. Por eso la ley nunca puede hacer perfectos a quienes cada año se acercan a Dios para ofrecerle los mismos sacrificios. [2]Pues si la ley realmente pudiera purificarlos del pecado, ya no se sentirían culpables, y dejarían de ofrecer sacrificios. [3]Pero estos sacrificios sirven más bien para hacerles recordar sus pecados cada año, [4]ya que la sangre de los toros y de los chivos no puede quitar los pecados.

[5]Por eso Cristo, al entrar en el mundo, dijo a Dios:

"No quieres sacrificio ni ofrendas,
    sino que me has dado un cuerpo.
[6]No te agradan los holocaustos ni las
    ofrendas para quitar el pecado.

---

[4] *Bienes definitivos:* algunos mss. dicen: *bienes venideros.* [5] *Testamento:* la misma palabra griega puede significar *pacto* o *testamento.*
[a] 9.13 Lv 16.15-16.  [b] 9.13 Nm 19.9,17-19.  [c] 9.19-20 Ex 24.6-8; Zac 9.11; Mt 26.28.  [d] 9.21 Lv 8.15.
[e] 9.22 Lv 17.11.  [f] 9.28 Is 53.12.

[7]Entonces dije: 'Aquí estoy, tal como
    está escrito de mí en el libro,
    para hacer tu voluntad, oh Dios.'!''[g]
[8]En primer lugar, dice que Dios no quiere
ni le agradan sacrificios ni ofrendas de
animales, ni holocaustos para quitar el
pecado, a pesar de que son cosas que la
ley manda ofrecer. [9]Y después añade:
''Aquí vengo para hacer tu voluntad.'' Es
decir, que quita aquellos sacrificios antiguos y pone en su lugar uno nuevo. [10]Dios
nos ha consagrado porque Jesucristo hizo
la voluntad de Dios al ofrecer su propio
cuerpo en sacrificio una sola vez y para
siempre.

[11]Todo sacerdote judío oficia cada día y
sigue ofreciendo muchas veces los mismos
sacrificios, aunque éstos nunca pueden
quitar los pecados.[h] [12]Pero Jesucristo
ofreció por los pecados un solo sacrificio
para siempre, y luego se sentó a la derecha
de Dios. [13]Allí está esperando hasta que
Dios haga de sus enemigos el estrado de
sus pies,[i] [14]porque por medio de una sola
ofrenda hizo perfectos para siempre a los
que han sido consagrados a Dios. [15]Y el
Espíritu Santo nos lo confirma, al decir:
[16]''El pacto que haré con ellos
    después de aquellos días,
    será éste, dice el Señor:
    Pondré mis leyes en su corazón
    y las escribiré en su mente.[j]
[17]Y no me acordaré más de sus
    pecados y maldades.''[k]
[18]Así pues, cuando los pecados han sido
perdonados, ya no hay necesidad de más
ofrendas por el pecado.

### Debemos acercarnos a Dios

[19]Por tanto, hermanos, ahora podemos
entrar sin ningún temor en el santuario
por medio de la sangre de Jesucristo,
[20]siguiendo el camino nuevo, el camino de
vida que él nos abrió a través del velo, es
decir, a través de su propio cuerpo.
[21]Jesús es nuestro gran sacerdote que está
al frente de la casa de Dios; [22]por eso
debemos acercarnos a Dios con corazón
sincero y con una fe completamente
segura, limpios nuestros corazones de
mala conciencia y lavados nuestros cuerpos con agua pura.[l] [23]Mantengámonos
firmes, sin dudar, en la esperanza de la fe
que profesamos, porque Dios cumplirá la
promesa que nos ha hecho. [24]Busquemos
la manera de ayudarnos unos a otros a

tener más amor y a hacer el bien. [25]No
dejemos de asistir a nuestras reuniones,
como hacen algunos, sino démonos ánimos unos a otros; y tanto más cuanto que
vemos que el día del Señor se acerca.

[26]Porque si seguimos pecando intencio-
nalmente después de haber conocido la
verdad, ya no queda más sacrificio por los
pecados; [27]solamente nos queda la terrible amenaza del juicio y del fuego
ardiente que destruirá a los enemigos de
Dios.[m] [28]Cuando alguien que desobedece
la ley de Moisés tiene dos o tres testigos en
su contra, se le condena a muerte sin compasión.[n] [29]Pues ¿no creen ustedes que
mucho mayor castigo merecen los que
pisotean al Hijo de Dios y desprecian su
sangre, los que insultan al Espíritu del
Dios que los ama? Esa sangre es la que
confirma el pacto,[ñ] y con ella han sido
ellos consagrados. [30]Sabemos que el
Señor ha dicho: ''A mí me corresponde
hacer justicia; yo pagaré.''[o] Y ha dicho
también: ''El Señor juzgará a su pueblo.''[p] [31]¡Terrible cosa es caer en las
manos del Dios viviente!

[32]Pero recuerden ustedes los tiempos
pasados, cuando acababan ustedes de
recibir la luz y soportaron con fortaleza
los sufrimientos de una gran lucha.
[33]Algunos de ustedes fueron insultados y
maltratados públicamente, y otros se
unieron en el sufrimiento con los que fueron tratados así. [34]Ustedes tuvieron compasión de los que estaban en la cárcel, y
hasta con alegría se dejaron quitar lo que
poseían, sabiendo que en el cielo tienen
algo que es mucho mejor y que permanece
para siempre. [35]No pierdan, pues, su confianza, porque ella les traerá una gran
recompensa. [36]Ustedes necesitan tener
fortaleza en el sufrimiento, para hacer la
voluntad de Dios y recibir así lo que él ha
prometido. [37]Pues la Escritura dice:
''Pronto, muy pronto,
    vendrá el que tiene que venir.
    No tardará.
[38]Mi justo por la fe vivirá;
    pero si se vuelve atrás,
    no estaré contento de él.''[q]
[39]Y nosotros no somos de los que se vuelven atrás y van a su condenación, sino de
los que alcanzan la salvación porque tienen fe.

[g] 10.5-7 Sal 40.6-8.  [h] 10.11 Ex 29.38.  [i] 10.12-13 Sal 110.1.  [j] 10.16 Jer 31.33.  [k] 10.17 Jer 31.34.  [l] 10.22 Lv 8.30; Ez 36.25.
[m] 10.27 Is 26.11.  [n] 10.28 Dt 17.6; 19.15.  [ñ] 10.29 Ex 24.8; He 13.20.  [o] 10.30 Dt 32.35.  [p] 10.30 Dt 32.36.
[q] 10.37-38 Hab 2.3-4.

## La fe

**11** ¹Tener fe es tener la plena seguridad de recibir lo que se espera; es estar convencidos de la realidad de cosas que no vemos. ²Nuestros antepasados fueron aprobados porque tuvieron fe.

³Por fe sabemos que Dios formó los mundos mediante su palabra,ʳ de modo que lo que ahora vemos fue hecho de cosas que no podían verse.⁶

⁴Por fe, Abel ofreció a Dios un sacrificio mejor que el que ofreció Caín, y por eso Dios lo declaró justo y le aceptó sus ofrendas.ˢ Así que, aunque Abel está muerto, sigue hablando por medio de su fe.

⁵Por su fe, Enoc fue llevado en vida para que no muriera, y ya no lo encontraron, porque Dios se lo había llevado. Y la Escritura dice que, antes de ser llevado, Enoc había agradado a Dios.ᵗ ⁶Pero no es posible agradar a Dios sin tener fe, porque para acercarse a Dios, uno tiene que creer que existe y que recompensa a los que le buscan.

⁷Por fe, Noé, cuando Dios le advirtió que habían de pasar cosas que todavía no podían verse, obedeció y construyó la barca para salvar a su familia.ᵘ Y por esa misma fe, Noé condenó a la gente del mundo y alcanzó la salvación que se obtiene por la fe.

⁸Por fe, Abraham, cuando Dios lo llamó, obedeció y salió para ir al lugar que él le iba a dar como herencia. Salió de su tierra sin saber a dónde iba,ᵛ ⁹y por la fe que tenía vivió como extranjero en la tierra que Dios le había prometido. Vivió en tiendas de campaña, lo mismo que Isaac y Jacob, que también recibieron esa promesa.ʷ ¹⁰Porque Abraham esperaba aquella ciudad que tiene bases firmes, de la cual Dios es arquitecto y constructor.ˣ

¹¹Por fe también, aunque Sara no podía tener hijos y Abraham era demasiado viejo, éste recibió fuerzas para ser padre, porque creyó que Dios cumpliría sin falta su promesa.ʸ ¹²Así que Abraham, aunque ya próximo al fin de sus días, llegó a tener descendientes tan numerosos como las estrellas del cielo y como la arena de la orilla del mar, que no se puede contar.ᶻ

¹³Todas esas personas murieron sin haber recibido las cosas que Dios había prometido; pero como tenían fe, las vieron de lejos, y las saludaron reconociéndose a sí mismos como extranjeros de paso por este mundo.ᵃ ¹⁴Y los que dicen tal cosa, claramente dan a entender que todavía andan en busca de una patria. ¹⁵Si hubieran estado pensando en la tierra de donde salieron, bien podrían haber regresado allá; ¹⁶pero ellos deseaban una patria mejor, es decir, la patria celestial. Por eso, Dios no se avergüenza de ser llamado el Dios de ellos, pues les tiene preparada una ciudad.

¹⁷Por fe, Abraham, cuando Dios lo puso a prueba, tomó a Isaac para ofrecerlo en sacrificio. Estaba dispuesto a ofrecer a su único hijo,ᵇ a pesar de que Dios le había prometido: ¹⁸"Por medio de Isaac tendrás descendientes."ᶜ ¹⁹Es que Abraham reconoció que Dios tiene poder hasta para resucitar a los muertos; y por eso Abraham recobró a su hijo,ᵈ y así vino a ser un símbolo.

²⁰Por fe, Isaac prometió bendiciones futuras a Jacob y a Esaú.ᵉ

²¹Por fe, Jacob, cuando ya iba a morir, prometió bendiciones a cada uno de los hijos de José, y adoró a Dios apoyándose sobre la punta de su bastón.ᶠ

²²Por fe, José, al morir, dijo que los israelitas saldrían más tarde de la tierra de Egipto, y dejó órdenes acerca de lo que deberían hacer con sus restos.ᵍ

²³Por fe, al nacer Moisés, sus padres lo escondieron durante tres meses;ʰ porque vieron que era un niño hermoso, y no tuvieron miedo de la orden que el rey había dado de matar a los niños.ⁱ

²⁴Y por fe, Moisés, cuando ya fue hombre, no quiso llamarse hijo de la hija del faraón;ʲ ²⁵prefirió ser maltratado junto con el pueblo de Dios, a gozar por un tiempo los placeres del pecado. ²⁶Consideró de más valor sufrir la deshonra del Mesías que gozar de la riqueza de Egipto; porque tenía la vista puesta en la recompensa que Dios le había de dar.

²⁷Por fe, Moisés se fue de la tierra de Egipto,ᵏ sin miedo al enojo del rey; y se mantuvo firme en su propósito, como si viera al Dios invisible. ²⁸Por fe, Moisés celebró la Pascua y mandó rociar las puertas con sangre, para que el ángel de la

---

⁶ *Lo que ahora vemos fue hecho de cosas que no podían verse:* otra posible traducción: *lo que ahora vemos no fue hecho de cosas que podían verse.*

ʳ 11.3 Gn 1.1; Sal 33.6,9; 2 Mac 7.28; Jn 1.3. ˢ 11.4 Gn 4.3-10. ᵗ 11.5 Gn 5.21-24; Eclo 44.16; Sab 4.10. ᵘ 11.7 Gn 6.13-22. ᵛ 11.8 Gn 12.1-5. ʷ 11.9 Gn 35.27. ˣ 11.10 He 13.14. ʸ 11.11 Gn 17.19; 18.11-14; 21.2; Ro 4.17-22. ᶻ 11.12 Gn 15.5; 22.17; 32.12; Eclo 44.21. ᵃ 11.13 Gn 23.4; 1 Cr 29.15; Sal 39.12. ᵇ 11.17 Gn 22.1-14. ᶜ 11.18 Gn 21.12. ᵈ 11.19 Gn 22.13. ᵉ 11.20 Gn 27.27-29,39-40. ᶠ 11.21 Gn 47.31-48.20. ᵍ 11.22 Gn 50.24-25; Ex 13.19. ʰ 11.23 Ex 2.2. ⁱ 11.23 Ex 1.22. ʲ 11.24 Ex 2.10-12. ᵏ 11.27 Ex 2.15.

muerte no tocara al hijo mayor de ningún israelita.[l]

[29]Por fe, los israelitas pasaron el Mar Rojo como si fuera tierra seca; luego, cuando los egipcios quisieron hacer lo mismo, se ahogaron.[m]

[30]Por fe cayeron los muros de la ciudad de Jericó, después que los israelitas marcharon alrededor de ellos durante siete días.[n] [31]Y por fe, Rahab, la prostituta, no murió junto con los desobedientes,[ñ] porque ella había recibido bien a los espías de Israel.[o]

[32]¿Qué más voy a decir? Me faltaría tiempo para hablar de Gedeón,[p] de Barac,[q] de Sansón,[r] de Jefté,[s] de David,[t] de Samuel[u] y de los profetas. [33]Por la fe conquistaron países, impartieron justicia, recibieron lo que Dios había prometido, cerraron la boca de los leones,[v] [34]apagaron fuegos violentos,[w] escaparon de ser muertos a filo de espada, sacaron fuerzas de flaqueza y llegaron a ser poderosos en la guerra, venciendo a los ejércitos enemigos. [35]Hubo mujeres que recibieron otra vez con vida a sus familiares muertos.[x]

Otros murieron en el tormento, sin aceptar ser liberados, a fin de resucitar a una vida mejor. * [36]Otros sufrieron burlas y azotes,[y] y hasta cadenas y cárceles.[z] [37]Y otros fueron muertos a pedradas,[a] aserrados por la mitad o muertos a filo de espada;[b] anduvieron de un lado a otro vestidos sólo de piel de oveja y de cabra; pobres, afligidos y maltratados. [38]Estos hombres, que el mundo ni siquiera merecía, anduvieron sin rumbo fijo por los desiertos, y por los montes, y por las cuevas y las cavernas de la tierra.

[39]Sin embargo, ninguno de ellos recibió lo que Dios había prometido, aunque fueron aprobados por la fe que tenían; [40]porque Dios, teniéndonos en cuenta a nosotros, había dispuesto algo mejor, para que solamente en unión con nosotros fueran ellos hechos perfectos.

### Fijemos la mirada en Jesús

12 [1]Por eso, nosotros, teniendo a nuestro alrededor tantas personas que han demostrado su fe, dejemos a un lado todo lo que nos estorba y el pecado que nos enreda, y corramos con fortaleza

la carrera que tenemos por delante. [2]Fijemos nuestra mirada en Jesús, pues de él procede nuestra fe y él es quien la perfecciona. Jesús sufrió en la cruz, sin hacer caso de lo vergonzoso de esa muerte, porque sabía que después del sufrimiento tendría gozo y alegría; y se sentó a la derecha del trono de Dios.[c]

[3]Por lo tanto, mediten en el ejemplo de Jesús, que sufrió tanta contradicción de parte de los pecadores; por eso, no se cansen ni se desanimen. [4]Pues ustedes aún no han tenido que llegar hasta la muerte en su lucha contra el pecado, [5]y han olvidado ya lo que Dios les aconseja como a hijos suyos. Dice en la Escritura:

"No desprecies, hijo mío,
la corrección del Señor,
ni te desanimes cuando te reprenda.
[6]Porque el Señor corrige a quien él ama,
y castiga a aquel a quien recibe como hijo."[d]

[7]Soporten ustedes el castigo, y así Dios los tratará como a hijos. ¿Acaso hay algún hijo a quien su padre no corrija? [8]Pero si Dios no los corrige a ustedes como corrige a todos sus hijos, es que ustedes no son hijos legítimos, sino ilegítimos. [9]Además, cuando éramos niños, nuestros padres aquí en la tierra nos corregían, y los respetábamos. ¿Por qué no hemos de someternos, con mayor razón, a nuestro Padre celestial, para obtener la vida? [10]Nuestros padres aquí en la tierra nos corregían durante esta corta vida, según lo que más conveniente les parecía; pero Dios nos corrige para nuestro verdadero provecho, para hacernos santos como él. [11]Ciertamente, ningún castigo es agradable en el momento de recibirlo, sino que duele; pero si uno aprende la lección, el resultado es una vida de paz y rectitud.[e]

### El peligro de rechazar la voz de Dios

[12]Así pues, renueven las fuerzas de sus manos cansadas y de sus rodillas debilitadas,[f] [13]y busquen el camino derecho, para que sane el pie que está cojo y no se tuerza más.

[14]Procuren estar en paz con todos y llevar una vida santa; pues sin la santidad, nadie podrá ver al Señor. [15]Procuren que a nadie le falte la gracia de Dios, a fin de que ninguno sea como una planta de raíz amarga[g] que hace daño y envenena a la

[l] 11.28 Ex 12.21-30.   [m] 11.29 Ex 14.21-31.   [n] 11.30 Jos 6.12-21.   [ñ] 11.31 Jos 6.22-25.   [o] 11.31 Jos 2.1-21.   [p] 11.32 Jue 6.11-8.32.
[q] 11.32 Jue 4.6-5.31.   [r] 11.32 Jue 13.2-16.31.   [s] 11.32 Jue 11.1-12.7.   [t] 11.32 1 S 16.1-1 R 2.11.   [u] 11.32 1 S 1.1-25.1.
[v] 11.33 Dn 6.   [w] 11.34 Dn 3.   [x] 11.35 1 R 17.17-24; 2 R 4.25-37.   * 11.35 2 Mac 6.18-7.42.   [y] 11.36 Jer 20.2; 37.15.
[z] 11.36 1 R 22.26-27; 2 Cr 18.25-26; Jer 20.2; 37.15; 38.6.   [a] 11.37 2 Cr 24.21.   [b] 11.37 Jer 26.23.   [c] 12.2 Fil 2.6-11; He 2.9.
[d] 12.5-6 Job 5.17; Pr 3.11-12.   [e] 12.5-11 Dt 8.5; 1 S 7.14; 1 Co 11.31-32.   [f] 12.12 Is 35.3.   [g] 12.15 Dt 29.18.

gente. [16]Que ninguno de ustedes cometa inmoralidades sexuales ni desprecie lo sagrado; pues esto hizo Esaú, que por una sola comida vendió sus derechos de hijo mayor.[h] [17]Y ustedes saben que después, cuando quiso recibir la bendición de su padre, fue rechazado; y aunque lloró mucho, ya no hubo remedio para lo sucedido.[i]

[18]Ustedes no se acercaron, como los israelitas, a algo[7] que se podía tocar y que ardía en llamas, donde había oscuridad, tinieblas y tempestad; [19]ni oyeron el sonido de la trompeta ni la voz de Dios. Los que oyeron esa voz rogaron que no les siguiera hablando,[j] [20]porque no podían soportar el mandato que decía: "Al que ponga el pie en el monte, hay que matarlo a pedradas o con lanza, aunque sea un animal."[k] [21]Tan espantoso era lo que se veía, que el mismo Moisés dijo: "Estoy temblando de miedo."[l]

[22]Ustedes, por el contrario, se han acercado al monte Sión, y a la ciudad del Dios viviente, la Jerusalén celestial, y a muchos miles de ángeles reunidos para alabar a Dios, [23]y a la congregación de los primeros hijos de Dios inscritos en el cielo. Se han acercado a Dios, el Juez de todos, a los espíritus de los hombres buenos que Dios ha hecho perfectos, [24]a Jesús, que realizó el nuevo pacto, y a la sangre con que hemos sido purificados, la cual nos habla mejor que la sangre de Abel.[m]

[25]Por eso tengan cuidado de no rechazar al que nos habla. Pues los que rechazaron a Dios cuando él les llamó la atención aquí en la tierra, no escaparon. Y mucho menos podremos escapar nosotros, si le damos la espalda al que nos llama la atención desde el cielo.[n] [26]En aquel tiempo, la voz de Dios hizo temblar la tierra, pero ahora dice: "Una vez más haré temblar no sólo la tierra, sino también el cielo."[ñ] [27]Al decir "una vez más", se entiende que se quitarán las cosas creadas, lo que puede ser movido, para que permanezca lo que no puede moverse. [28]El reino que Dios nos da, no puede ser movido. Demos gracias por esto, y adoremos a Dios con la devoción y reverencia que le agradan. [29]Porque nuestro Dios es como un fuego que todo lo consume.[o]

## Cómo agradar a Dios

**13** [1]No dejen de amarse unos a otros como hermanos. [2]No se olviden de ser amables con los que lleguen a su casa, pues de esa manera, sin saberlo, algunos hospedaron ángeles.[p]

[3]Acuérdense de los presos, como si también ustedes estuvieran presos con ellos. Piensen en los que han sido maltratados, ya que ustedes también pueden pasar por lo mismo.[q,8]

[4]Que todos respeten el matrimonio y mantengan la pureza de sus relaciones matrimoniales; porque Dios juzgará a los que cometen inmoralidades sexuales y a los que cometen adulterio.

[5]No amen el dinero;[r] conténtense con lo que tienen, porque Dios ha dicho: "Nunca te dejaré ni te abandonaré."[s] [6]Así que podemos decir con confianza: "El Señor es mi ayuda; no temeré. ¿Que me puede hacer el hombre?"[t]

[7]Acuérdense de quienes los han dirigido y les han anunciado el mensaje de Dios; mediten en cómo han terminado sus vidas, y sigan el ejemplo de su fe.

[8]Jesucristo es el mismo ayer, hoy y siempre. [9]No se dejen ustedes llevar por enseñanzas diferentes y extrañas. Es mejor que nuestros corazones se fortalezcan en el amor de Dios que en seguir reglas sobre los alimentos; pues esas reglas nunca han sido de provecho.

[10]Nosotros tenemos un sacrificio distinto, del cual no tienen derecho a comer los sacerdotes del antiguo santuario. [11]Pues el sumo sacerdote lleva la sangre de los animales al santuario, como ofrenda para quitar el pecado, pero los cuerpos de esos animales se queman fuera del campamento.[u] [12]Así también, Jesús sufrió la muerte fuera de la ciudad, para consagrar al pueblo por medio de su propia sangre. [13]Vayamos, pues, con Jesús, fuera del campamento, y suframos la misma deshonra que él sufrió. [14]Pues en este mundo no tenemos una ciudad que permanezca para siempre, sino que vamos en busca de la ciudad futura. [15]Por eso debemos alabar siempre a Dios por medio de Jesucristo. Esta alabanza es el sacrificio que debemos ofrecer. ¡Alabémosle, pues, con nuestros labios![v] [16]No se olviden ustedes de hacer el bien y de compartir con otros

---

[7] *A algo:* algunos mss. dicen: *a un monte.* [8] *Ya que ustedes . . . por lo mismo:* otra posible traducción: *como si se tratara de ustedes mismos.*
[h] 12.16 Gn 25.29-34. [i] 12.17 Gn 27.30-40. [j] 12.18-19 Ex 19.16-22; 20.18-21; Dt 4.11-12; 5.22-27. [k] 12.20 Ex 19.12-13. [l] 12.21 Dt 9.19. [m] 12.24 Gn 4.10. [n] 12.25 Ex 20.22. [ñ] 12.26 Hag 2.6. [o] 12.29 Dt 4.24; 9.3; Mt 3.12; 2 Ts 1.7-8. [p] 13.2 Gn 18.1-8; 19.1-3; Tob 5.4; Ro 12.13; 1 P 4.9. [q] 13.3 Mt 25.35-46. [r] 13.5 1 Ti 6.6-10. [s] 13.5 Dt 31.6,8; Jos 1.5; Eclo 29.23; Fil 4.11-13. [t] 13.6 Sal 56.3-4,9-11; 118.6. [u] 13.11 Lv 16.27. [v] 13.15 Lv 7.12; Sal 50.14,23; Os 14.2.

lo que tienen; porque éstos son los sacrificios que agradan a Dios.

[17]Obedezcan a sus dirigentes y sométanse a ellos, porque ellos cuidan sin descanso de ustedes, sabiendo que tienen que rendir cuentas a Dios. Procuren hacerles el trabajo agradable y no penoso, pues lo contrario no sería de ningún provecho para ustedes.

[18]Oren por nosotros, que estamos seguros de tener la conciencia tranquila, ya que queremos portarnos bien en todo. [19]Pido especialmente sus oraciones para que Dios me permita volver a estar pronto con ustedes.

### Bendición y saludos finales

[20]Que el Dios de paz, que resucitó de la muerte a nuestro Señor Jesús, el gran Pastor de las ovejas,[w] con la sangre que confirmó su pacto eterno,[x] [21]los haga a ustedes perfectos y buenos en todo, para que cumplan su voluntad; y que haga de nosotros lo que él quiera, por medio de Jesucristo. ¡Gloria para siempre a Cristo! Así sea.

[22]Hermanos, les ruego que reciban con paciencia estas pocas palabras de aliento que les he escrito. [23]Sepan ustedes que nuestro hermano Timoteo está ya en libertad; si llega pronto, lo llevaré conmigo cuando vaya a verlos.

[24]Saluden a todos sus dirigentes y a todos los que pertenecen al pueblo de Dios. Los de Italia les mandan saludos.

[25]Que Dios derrame su gracia sobre todos ustedes.

[w] 13.20 Is 40.11; Ez 34; Lc 15.4-5; Jn 10.1-16.   [x] 13.20 Ex 24.8; He 10.29.

# Carta de
# SANTIAGO

*Si Hebreos comienza como sermón y termina como carta, este escrito comienza como carta y termina como sermón. Pero una y otro van dirigidos a los creyentes esparcidos por todo el mundo. El hincapié está en la vida cristiana práctica, la cual, por medio de vivas comparaciones y analogías, se presenta como prueba y fruto de la verdadera fe, que, si no se manifiesta en los hechos de una persona, en su manera de vivir, resulta una fe muerta (2.14-26).*

*El autor exhorta a procurar la sabiduría que viene de Dios, la cual se necesita cuando la fe está sometida a prueba, y se obtiene sólo pidiéndola con fe (1.1-8). Trata en seguida sobre la pobreza y la riqueza, las pruebas y tentaciones, y la verdadera religión, que se expresa en hechos virtuosos (1.9-27). Amonesta enérgicamente contra la discriminación (2.1-13). Uno de sus pasajes más fuertes y a la vez más lleno de comparaciones gráficas, es aquel en que denuncia los peligros y daños de la mala lengua (3.1-12), y en que, como al principio, insiste en la verdadera sabiduría y lo que ésta significa (3.13-18).*

*Reconviene severamente a los causantes de discordias, a los que tienen amistad con el mundo, a los que se erigen en jueces de sus hermanos y a los ricos explotadores (4.1—5.6). Y termina recomendando la paciencia y la oración, y dando otros consejos (5.7-20).*

## Saludo

**1** ¹Yo, Santiago,ᵃ siervo de Dios y del Señor Jesucristo, saludo a las doce tribus de Israel esparcidas por todo el mundo.ᵇ

### La sabiduría que viene de Dios

²Hermanos míos, ustedes deben tenerse por muy dichosos cuando se vean sometidos a pruebas de toda clase.ᶜ ³Pues ya saben que cuando su fe es puesta a prueba, ustedes aprenden a soportar con fortaleza el sufrimiento. ⁴Pero procuren que esa fortaleza los lleve a la perfección, a la madurez plena, sin que les falte nada.

⁵Si a alguno de ustedes le falta sabiduría, pídasela a Dios, y él se la dará; pues Dios a todos les da sin limitación y sin hacer reproche alguno.ᵈ ⁶Pero tiene que pedir con fe, sin dudar nada; porque el que duda es como una ola del mar, que el viento lleva de un lado a otro.ᵉ ⁷Quien es así, no crea que va a recibir nada del Señor, ⁸porque hoy piensa una cosa y mañana otra, y no es constante en su conducta.

⁹El hermano de condición humilde debe sentirse orgulloso si Dios lo enaltece;ᶠ ¹⁰y el rico debe sentirse orgulloso si Dios lo humilla. Porque el rico es como la flor de la hierba, que no permanece. ¹¹Cuando el sol sale y calienta con fuerza, la hierba se seca, su flor se cae y su belleza se pierde.ᵍ Así también, el rico desaparecerá en medio de sus negocios.

### Pruebas y tentaciones

¹²Dichoso el hombre que soporta la prueba con fortaleza, porque al salir aprobado recibirá como premio la vida, que es la coronaʰ que Dios ha prometido a los que le aman. ¹³Cuando alguno se sienta tentado a hacer lo malo, no piense que es tentado por Dios, porque Dios ni siente la tentación de hacer lo malo, ni tienta a nadie para que lo haga.ⁱ ¹⁴Al contrario, uno es tentado por sus propios malos deseos, que lo atraen y lo seducen. ¹⁵De estos malos deseos nace el pecado; y del pecado, cuando llega a su completo desarrollo, nace la muerte.

¹⁶Queridos hermanos míos, no se engañen: ¹⁷todo lo bueno y perfecto que se nos da, viene de arriba, de Dios, que creó los astros del cielo. Dios es siempre el mismo: en él no hay cambioʲ que produzca sombras. ¹⁸El, porque así lo quiso, nos dio vida mediante el mensaje de la verdad,ᵏ para que seamos los primeros frutos de su creación.

### La verdadera religión

¹⁹Recuerden esto, queridos hermanos: todos ustedes deben estar listos para escuchar; en cambio deben ser lentos para

---

ᵃ **1.1** Mt 13.55; Mr 6.3; Hch 15.13; Gá 1.19. ᵇ **1.1** 1 P 1.1. ᶜ **1.2-3** Eclo 2.1-5; Sab 3.5-6. ᵈ **1.5** 1 R 3.7-12; Pr 1-9; Sab 8.2-19.18; Stg 3.13-17. ᵉ **1.5-6** Mt 7.7-11; Jn 16.23-24. ᶠ **1.9** Jer 9.24. ᵍ **1.10-11** Is 40.6-7. ʰ **1.12** Sab 4.2; 5.16. ⁱ **1.13** Eclo 15.11-13,20. ʲ **1.17** Nm 23.19; Mal 3.6. ᵏ **1.18** 1 P 1.23.

hablar y para enojarse.[l] [20]Porque el hombre enojado no hace lo que agrada a Dios. [21]Así pues, dejen ustedes todo lo impuro y la maldad que tanto abunda, y acepten humildemente el mensaje que se ha sembrado en su corazón; pues ese mensaje tiene poder para salvarlos.

[22]Pero no basta con oír el mensaje; hay que ponerlo en práctica, pues de lo contrario se estarían engañando ustedes mismos. [23]El que solamente oye el mensaje, y no lo practica, es como el hombre que se mira la cara en un espejo: [24]se ve a sí mismo, pero en cuanto da la vuelta se olvida de cómo es. [25]Pero el que no olvida lo que oye, sino que se fija atentamente en la ley perfecta, que es la ley que nos trae libertad, y permanece firme cumpliendo lo que ella manda, será feliz en lo que hace.

[26]Si alguno cree ser religioso, pero no sabe poner freno a su lengua, se engaña a sí mismo y su religión no sirve de nada. [27]La religión pura y sin mancha delante de Dios el Padre es ésta: ayudar a los huérfanos y a las viudas en sus aflicciones,[m] y no mancharse con la maldad del mundo.

### Advertencia contra la discriminación

2 [1]Ustedes, hermanos míos, que creen en nuestro glorioso Señor Jesucristo, no deben hacer diferencia entre una persona y otra. [2-3]Supongamos que ustedes están reunidos, y llega un rico con anillos de oro y ropa lujosa, y lo atienden bien y le dicen: "Siéntate aquí, en un buen lugar", y al mismo tiempo llega un pobre vestido con ropa vieja, y a éste le dicen: "Tú quédate allá de pie, o siéntate ahí en el suelo"; [4]entonces ya están haciendo distinciones entre ustedes mismos y juzgando con mala intención.

[5]Queridos hermanos míos, oigan esto: Dios ha escogido a los que en este mundo son pobres, para que sean ricos en fe y para que reciban como herencia el reino que él ha prometido a los que le aman; [6]ustedes, en cambio, los humillan. ¿Acaso no son los ricos quienes los explotan a ustedes, y quienes a rastras los llevan ante las autoridades? [7]¿No son ellos quienes hablan mal del precioso nombre que fue invocado sobre ustedes?

[8]Ustedes hacen bien si de veras cumplen la ley suprema, tal como dice la Escritura: "Ama a tu prójimo como a ti mismo."[n] [9]Pero si hacen diferencia entre una persona y otra, cometen pecado y son culpables ante la ley de Dios. [10]Porque si una persona obedece toda la ley, pero falla en un solo mandato, resulta culpable frente a todos los mandatos de la ley. [11]Pues el mismo Dios que dijo: "No cometas adulterio",[ñ] dijo también: "No mates."[o] Así que, si uno no comete adulterio, pero mata, ya ha violado la ley. [12]Ustedes deben hablar y portarse como quienes van a ser juzgados por la ley que nos trae libertad. [13]Pues los que no han tenido compasión de otros, sin compasión serán también juzgados, pero los que han tenido compasión saldrán victoriosos en la hora del juicio.

### Hechos y no palabras

[14]Hermanos míos, ¿de qué le sirve a uno decir que tiene fe, si sus hechos no lo demuestran? ¿Podrá acaso salvarlo esa fe? [15]Supongamos que a un hermano o a una hermana les falta la ropa y la comida necesarias para el día; [16]si uno de ustedes les dice: "Que les vaya bien; abríguense y coman todo lo que quieran", pero no les da lo que su cuerpo necesita, ¿de qué les sirve? [17]Así pasa con la fe: por sí sola, es decir, si no se demuestra con hechos, es una cosa muerta.

[18]Tal vez alguien dirá: "Tú tienes fe, y yo tengo hechos." Muéstrame tu fe sin hechos, y yo te mostraré mi fe con mis hechos. [19]Tú crees que hay un solo Dios, y en esto haces bien; pero los demonios también lo creen, y tiemblan de miedo. [20]No seas tonto, y reconoce que si la fe que uno tiene no va acompañada de hechos, es una fe inútil. [21]Dios aceptó como justo a Abraham, nuestro antepasado, por lo que él hizo cuando ofreció en sacrificio a su hijo Isaac.[l] [22]Y puedes ver que, en el caso de Abraham, su fe se demostró con hechos, y que por sus hechos llegó a ser perfecta su fe. [23]Así se cumplió la Escritura que dice: "Abraham creyó a Dios, y por eso Dios lo aceptó como justo."[p] Y Abraham fue llamado amigo de Dios.[q]

[24]Ya ven ustedes, pues, que Dios declara justo al hombre también por sus hechos, y no solamente por su fe. [25]Lo mismo pasó con Rahab, la prostituta; Dios la aceptó como justa por sus hechos,

[l] 1.19 Eclo 5.11.   [m] 1.27 Eclo 4.10.   [n] 2.8 Lv 19.18.   [ñ] 2.11 Ex 20.14; Dt 5.18.   [o] 2.11 Ex 20.13; Dt 5.17.   [l] 2.21 Gn 22.1-14;
1 Mac 2.52.   [p] 2.23 Gn 15.6; 1 Mac 2.52.   [q] 2.23 2 Cr 20.7; Is 41.8; Dn (dc) 3.35.

porque dio alojamiento a los mensajeros y los ayudó a salir por otro camino.[r] [26]En resumen: así como el cuerpo sin espíritu está muerto, así también la fe está muerta si no va acompañada de hechos.

## La lengua

3 [1]Hermanos míos, no haya entre ustedes tantos maestros, pues ya saben que quienes enseñamos seremos juzgados con más severidad. [2]Todos cometemos muchos errores; ahora bien, si alguien no comete ningún error en lo que dice, es un hombre perfecto, capaz también de controlar todo su cuerpo. [3]Cuando ponemos freno en la boca a los caballos para que nos obedezcan, controlamos todo su cuerpo. [4]Y fíjense también en los barcos: aunque son tan grandes y los vientos que los empujan son fuertes, los pilotos, con un pequeño timón, los guían por donde quieren. [5]Lo mismo pasa con la lengua;[s] es una parte muy pequeña del cuerpo, pero se cree capaz de grandes cosas. ¡Qué bosque tan grande puede quemarse por causa de un pequeño fuego![t] [6]Y la lengua es un fuego. Es un mundo de maldad puesto en nuestro cuerpo, que contamina a toda la persona. Está encendida por el infierno mismo, y a su vez hace arder todo el curso de la vida.[u] [7]El hombre es capaz de dominar toda clase de fieras, de aves, de serpientes y de animales del mar, y los ha dominado; [8]pero nadie ha podido dominar la lengua. Es un mal que no se deja dominar y que está lleno de veneno mortal. [9]Con la lengua, lo mismo bendecimos a nuestro Señor y Padre, que maldecimos a los hombres creados por Dios a su propia imagen.[v] [10]De la misma boca salen bendiciones y maldiciones. Hermanos míos, esto no debe ser así. [11]De un mismo manantial no puede brotar a la vez agua dulce y agua amarga. [12]Así como una higuera no puede dar aceitunas ni una vid puede dar higos, tampoco, hermanos míos, puede dar agua dulce un manantial de agua salada.

## La verdadera sabiduría

[13]Si entre ustedes hay alguno sabio y entendido, que lo demuestre con su buena conducta, con la humildad que su sabiduría le da. [14]Pero si ustedes dejan que la envidia les amargue el corazón, y hacen las cosas por rivalidad, entonces no tienen de qué enorgullecerse y están faltando a la verdad. [15]Porque esta sabiduría no es la que viene de Dios, sino que es sabiduría de este mundo, de la mente humana y del diablo mismo. [16]Donde hay envidias y rivalidades, hay también desorden y toda clase de maldad; [17]pero los que tienen la sabiduría que viene de Dios, llevan ante todo una vida pura; y además son pacíficos, bondadosos y dóciles. Son también compasivos, imparciales y sinceros, y hacen el bien.[w] [18]Y los que procuran la paz, siembran en paz para recoger como fruto la justicia.

## La amistad con el mundo

4 [1]¿De dónde vienen las guerras y las peleas entre ustedes? Pues de los malos deseos que siempre están luchando en su interior. [2]Ustedes quieren algo, y no lo obtienen; matan, sienten envidia de alguna cosa, y como no la pueden conseguir, luchan y se hacen la guerra. No consiguen lo que quieren porque no se lo piden a Dios; [3]y si se lo piden, no lo reciben porque lo piden mal, pues lo quieren para gastarlo en sus placeres. [4]¡Oh gente infiel![x] ¿No saben ustedes que ser amigos del mundo es ser enemigos de Dios?[y] Cualquiera que decide ser amigo del mundo, se vuelve enemigo de Dios. [5]Por algo dice la Escritura: "Dios ama celosamente el espíritu que ha puesto dentro de nosotros."[l,z] [6]Pero Dios nos ayuda más con su bondad, pues la Escritura dice: "Dios se opone a los orgullosos, pero trata con bondad a los humildes."[a] [7]Sométanse, pues, a Dios. Resistan al diablo, y éste huirá de ustedes. [8]Acérquense a Dios, y él se acercará a ustedes. ¡Límpiense las manos, pecadores! ¡Purifiquen sus corazones, ustedes que quieren amar a Dios y al mundo a la vez! [9]¡Aflíjanse, lloren y laméntense! ¡Que su risa se cambie en lágrimas y su alegría en tristeza! [10]Humíllense delante del Señor, y él los enaltecerá.[b]

## No juzgar al hermano

[11]Hermanos, no hablen mal unos de otros. El que habla mal de su hermano, o lo juzga, habla mal de la ley y la juzga. Y

---

[l] *Dios ama . . . dentro de nosotros:* otra posible traducción: *El Espíritu que él hizo morar dentro de nosotros ama celosamente.* Griego oscuro.
[r] 2.25 Jos 2.1-21.   [s] 3.2-12 Pr 18.21; Eclo 5.13-14; 14.1; 19.6-16; 28.13-26; 37.18.   [t] 3.5 Eclo 11.32.   [u] 3.6 Pr 16.27.
[v] 3.9 Gn 1.26.   [w] 3.13-17 Pr 1-9; Stg 1.5.   [x] 4.4 Is 1.21; Jer 3.6-10; Os 2.2.   [y] 4.4 Mt 6.24; Lc 16.13.   [z] 4.5 Ex 20.5; Dt 4.24; Zac 8.2.   [a] 4.6 Pr 3.34; 1 P 5.5.   [b] 4.10 Mt 23.12; 1 P 5.6.

si juzgas a la ley, te haces juez de ella en vez de obedecerla. [12]Solamente hay uno que ha dado la ley y al mismo tiempo es Juez, y es aquel que puede salvar o condenar; tú, en cambio, ¿quién eres para juzgar a tu prójimo?

### Inseguridad del día de mañana

[13]Ahora oigan esto, ustedes, los que dicen: "Hoy o mañana iremos a tal o cual ciudad, y allí pasaremos un año haciendo negocios y ganando dinero", [14]¡y ni siquiera saben lo que mañana será de su vida![c] Ustedes son como una neblina que aparece por un momento y en seguida desaparece.[d] [15]Lo que deben decir es: "Si el Señor quiere, viviremos y haremos esto o aquello." [16]En cambio, ustedes insisten en hablar orgullosamente; y todo orgullo de esa clase es malo. [17]El que sabe hacer el bien y no lo hace, comete pecado.

### Advertencias a los ricos

**5** [1]¡Oigan esto, ustedes los ricos! ¡Lloren y griten por las desgracias que van a sufrir! [2]Sus riquezas están podridas; sus ropas, comidas por la polilla. [3]Su oro y su plata se han enmohecido, y ese moho será una prueba contra ustedes y los destruirá como fuego. Han amontonado riquezas en estos días, que son los últimos.[e] [4]El pago[f] que no les dieron a los hombres que trabajaron en su cosecha, está clamando contra ustedes; y el Señor todopoderoso ha oído la reclamación de esos trabajadores.[g] [5]Aquí en la tierra se han dado ustedes una vida de lujo y placeres, engordando como ganado, ¡y ya llega el día de la matanza! [6]Ustedes han condenado y matado a los inocentes sin que ellos opusieran resistencia.[h]

### La paciencia y la oración

[7]Pero ustedes, hermanos, tengan paciencia hasta que el Señor venga. El campesino que espera recoger la preciosa cosecha, tiene que aguardar con paciencia las temporadas de lluvia.[i] [8]Ustedes también tengan paciencia y manténganse firmes, porque muy pronto volverá el Señor.

[9]Hermanos, no se quejen unos de otros, para que no sean juzgados; pues Dios, que es el Juez, está ya a la puerta. [10]Hermanos míos, tomen como ejemplo de sufrimiento y paciencia a los profetas que hablaron en nombre del Señor. [11]Pues nosotros consideramos felices a los que soportan con fortaleza el sufrimiento. Ustedes han oído cómo soportó Job sus sufrimientos,[j] y saben de qué modo lo trató al fin el Señor, porque el Señor es muy misericordioso y compasivo.[k]

[12]Sobre todo, hermanos míos, no juren: ni por el cielo, ni por la tierra, ni por ninguna otra cosa. Cuando digan "Sí", que sea sí; y cuando digan "No", que sea no, para que Dios no los condene.[l]

[13]Si alguno de ustedes está afligido, que ore. Si alguno está contento, que cante alabanzas. [14]Si alguno está enfermo, que llame a los ancianos de la iglesia, para que oren por él y en el nombre del Señor le unten aceite.[2,m] [15]Y cuando oren con fe, el enfermo sanará, y el Señor lo levantará; y si ha cometido pecados, le serán perdonados. [16]Por eso, confiésense unos a otros sus pecados, y oren unos por otros para ser sanados. La oración fervorosa del hombre bueno tiene mucho poder.[n] [17]El profeta Elías era un hombre como nosotros, y cuando oró con fervor pidiendo que no lloviera, dejó de llover sobre la tierra durante tres años y medio.[ñ] [18]Después, cuando oró otra vez, volvió a llover,[o] y la tierra dio su cosecha.

[19]Hermanos míos, si alguno de ustedes se desvía de la verdad y otro lo hace volver, [20]sepan ustedes que cualquiera que hace volver al pecador de su mal camino, le salva de la muerte y hace que muchos pecados sean perdonados.[p]

---

[2] Práctica usual en la iglesia cristiana primitiva. A los enfermos se les untaba aceite, mientras los hermanos oraban por ellos al Señor. (Véase Mr 6.13.)

c **4.13-14** Pr 27.1.  d **4.14** Sab 2.4; 5.9-13.  e **5.2-3** Eclo 29.10; Mt 6.19.  f **5.4-6** Eclo 34.21-22.  g **5.4** Dt 24.14-15; Eclo 4.6; 35.17.  h **5.6** Sab 2.10-20.  i **5.7** Eclo 6.19.  j **5.11** Job 1.21-22; 2.10.  k **5.11** Sal 103.8; 111.4; Eclo 2.11.  l **5.12** Eclo 23.9; Mt 5.34-37.  m **5.14** Mr 6.13; Lc 10.34.  n **5.16** Eclo 4.25-26.  ñ **5.17** 1 R 17.1; 18.1; Eclo 48.2-3; Lc 4.25.  o **5.18** 1 R 18.42-45.  p **5.20** Pr 10.12; 1 P 4.8.

# Primera Carta de
# SAN PEDRO

*Esta carta, como otras, se dirige a los cristianos esparcidos, pero esta vez en la región norte del Asia Menor (1.1,2), los cuales se hallan sometidos a persecución y sufrimiento por causa de su fe. El autor procura alentarlos y fortalecerlos, para lo cual les recuerda cómo Dios los ha salvado y les ha dado una vida de esperanza (1.3-12): ha sido por medio de la muerte y resurrección de Cristo. Y es la promesa de su venida la que infunde esperanza. Lo que ellos sufren es prueba de su fe, y en medio de ella deben vivir como quienes han sido consagrados a Cristo y pertenecen a Dios (1.13—2.10).*

*Inspirados en el ejemplo de Cristo, deben reconocer que es mejor sufrir por hacer el bien que por hacer el mal, y padecer dignamente, como cristianos que son. Concretamente da consejos al respecto a amos y sirvientes, así como a los casados, y a todos les recomienda que más que nada haya entre ellos mucho amor (2.11—4.19). Termina dirigiéndose especialmente a los ancianos que están al frente de las iglesias, y a los jóvenes, y asegura a todos que después del presente sufrimiento Dios les dará bendiciones y los perfeccionará (cap. 5).*

## Saludo

**1** ¹Yo, Pedro, apóstol de Jesucristo, escribo esta carta a los que viven esparcidos fuera de su patria,ᵃ en las provincias de Ponto, Galacia, Capadocia, Asia y Bitinia, ²a quienes Dios el Padre había escogido anteriormente conforme a su propósito. Por medio del Espíritu los ha consagrado a ustedes para que le obedezcan y sean purificados con la sangre de Jesucristo. Reciban abundancia de gracia y de paz.

## Una vida de esperanza

³Alabemos al Dios y Padre de nuestro Señor Jesucristo, que por su gran misericordia nos ha hecho nacer de nuevo por la resurrección de Jesucristo.ᵇ Esto nos da una viva esperanza, ⁴y hará que ustedes reciban la herencia que Dios les tiene guardada en el cielo, la cual no puede destruirse, ni mancharse, ni marchitarse. ⁵Por la fe que ustedes tienen en Dios, él los protege con su poder para que alcancen la salvación que tiene preparada, la cual dará a conocer en los tiempos últimos.

⁶Por esta razón están ustedes llenos de alegría, aunque quizá sea necesario que durante en poco de tiempo pasen por muchas pruebas. ⁷Porque la fe de ustedes es como el oro: su calidad debe ser probada por medio del fuego.* La fe que resiste la prueba vale mucho más que el oro, el cual se puede destruir. De manera que la fe de ustedes, al ser así probada, merecerá aprobación, gloria y honor cuando Jesucristo aparezca.

⁸Ustedes aman a Jesucristo, aunque no lo han visto; y ahora, creyendo en él sin haberlo visto,ᶜ se alegran con una alegría tan grande y gloriosa que no pueden expresarla con palabras, ⁹por haber conseguido la salvación de sus almas; pues tal es la meta de su fe.

¹⁰Los profetas estudiaron e investigaron acerca de esta salvación, y hablaron de lo que Dios en su bondad iba a darles a ustedes. ¹¹El Espíritu de Cristo hacía saber de antemano a los profetas lo que Cristo había de sufrir y la gloria que vendría después; y ellos trataban de descubrir quién era la persona y cuál el tiempo que señalaba ese Espíritu que estaba en ellos. ¹²Pero Dios les hizo saber que lo que ellos anunciaban no era para ellos mismos, sino para bien de ustedes. Ahora pues, esto es lo que les ha sido anunciado por los mismos que les predicaron el mensaje de salvación con el poder del Espíritu Santo que ha sido enviado del cielo. ¡Estas son cosas que los ángeles mismos quisieran contemplar!

## Dios nos llama a una vida santa

¹³Por eso, estén preparados y usen de su buen juicio. Pongan toda su esperanza en lo que Dios en su bondad les va a dar cuando Jesucristo aparezca. ¹⁴Como hijos obedientes, no vivan conforme a los deseos que tenían antes de conocer a Dios. ¹⁵Al contrario, vivan de una manera completamente santa, porque Dios, que los

---

ᵃ 1.1 Stg 1.1. ᵇ 1.3 Jn 3.3-7; Ro 6.4-13; 1 P 1.22. * 1.6-7 Eclo 2.1-5. ᶜ 1.8 Jn 20.29.

llamó, es santo; [16]pues la Escritura dice: "Sean ustedes santos, porque yo soy santo."[d]

[17]Si ustedes llaman "Padre" a Dios, que juzga a cada uno según sus hechos y sin hacer distinción entre personas, deben mostrarle reverencia durante todo el tiempo que vivan en este mundo. [18]Pues Dios los ha salvado a ustedes de la vida sin sentido que heredaron de sus antepasados; y ustedes saben muy bien que el costo de esta salvación no se pagó con cosas corruptibles, como el oro o la plata, [19]sino con la sangre preciosa de Cristo, que fue ofrecido en sacrificio como un cordero sin defecto ni mancha. [20]Cristo había sido destinado para esto desde antes que el mundo fuera creado, pero en estos tiempos últimos ha aparecido para bien de ustedes. [21]Por medio de Cristo, ustedes creen en Dios, el cual lo resucitó y lo glorificó; así que ustedes han puesto su fe y su esperanza en Dios.

[22]Ahora ustedes, al obedecer al mensaje de la verdad, han purificado sus almas para amar sinceramente a los hermanos. Así que deben amarse unos a otros con corazón puro y con todas sus fuerzas. [23]Pues ustedes han vuelto a nacer, y esta vez no de padres humanos y mortales, sino de la palabra de Dios, la cual vive y permanece para siempre.[e] [24]Porque la Escritura dice:

"Todo hombre es como hierba,
y su grandeza es como la flor de la hierba.
La hierba se seca y la flor se cae,
[25]pero la palabra del Señor permanece para siempre."[f]

Y esta palabra es el mensaje de salvación que se les ha anunciado a ustedes.

**2** [1]Por lo tanto, abandonen toda clase de maldad, todo engaño, hipocresía y envidia, y toda clase de chismes. [2]Como niños recién nacidos, busquen con ansia la leche espiritual pura, para que por medio de ella crezcan y tengan salvación, [3]si es que realmente han llegado a darse cuenta de que el Señor es bueno.[g]

### Cristo, la piedra viva

[4]Acérquense, pues, al Señor, la piedra viva que los hombres desecharon, pero que para Dios es una piedra escogida y de mucho valor. [5]De esta manera, Dios hará de ustedes, como de piedras vivas, un templo espiritual, un sacerdocio santo, que por medio de Jesucristo ofrezca sacrificios espirituales, agradables a Dios. [6]Por eso también dice la Escritura:

"Yo pongo en Sión una piedra
que es la piedra principal,
escogida y muy valiosa;
el que confía en ella, no quedará defraudado."[h]

[7]Para ustedes, que creen, esa piedra es de mucho valor; pero para los que no creen se cumple lo que dice la Escritura:

"La piedra que los constructores despreciaron,
se ha convertido en la piedra principal."[i]

[8]Y también esto otro:

"Una roca, una piedra con la cual tropezarán."[j]

Pues ellos tropiezan al no hacer caso del mensaje: para eso fueron destinados.

[9]Pero ustedes son una familia escogida, un sacerdocio al servicio del rey, una nación santa,[k] un pueblo adquirido por Dios.[l] Y esto es así para que anuncien las obras maravillosas de Dios,[m] el cual los llamó a salir de la oscuridad para entrar en su luz maravillosa.[n] [10]Ustedes antes ni siquiera eran pueblo, pero ahora son pueblo de Dios; antes Dios no les tenía compasión, pero ahora les tiene compasión.[ñ]

### Vivan para servir a Dios

[11]Queridos hermanos, les ruego, como a extranjeros de paso por este mundo, que no den lugar a los deseos humanos que luchan contra el alma.[o] [12]Condúzcanse bien entre los que no conocen a Dios. Así ellos, aunque ahora hablen contra ustedes como si ustedes fueran malhechores, verán el bien que ustedes hacen y alabarán a Dios el día en que él pida cuentas a todos.

[13]Por causa del Señor, sométanse a toda autoridad humana: tanto al emperador, por ser el cargo más alto, [14]como a los gobernantes que él envía para castigar a los malhechores y honrar a los que hacen el bien. [15]Porque Dios quiere que ustedes hagan el bien, para que los ignorantes y los tontos no tengan nada que decir en contra de ustedes.

[16]Pórtense como personas libres, aunque sin usar su libertad como un pretexto para hacer lo malo. Pórtense más bien como siervos de Dios. [17]Den a todos el

[d] 1.16 Lv 11.44-45; 19.2.   [e] 1.23 Jn 3.3-7; Stg 1.18; 1 P 1.3.   [f] 1.24-25 Is 40.6-8.   [g] 2.3 Sal 34.8.   [h] 2.6 Is 28.16.   [i] 2.7 Sal 118.22.   [j] 2.8 Is 8.14-15.   [k] 2.9 Ex 19.5-6; Is 43.20; 2 Mac 2.17.   [l] 2.9 Ex 19.5; Dt 4.20; 7.6; 14.2; Tit 2.14.   [m] 2.9 Is 43.21.   [n] 2.9 Is 9.2.   [ñ] 2.10 Os 2.23.   [o] 2.11 Sal 119.19.

debido respeto. Amen a los hermanos, reverencien a Dios, respeten al emperador.

## El ejemplo del sufrimiento de Cristo

[18]Sirvientes, sométanse con todo respeto a sus amos, no solamente a los buenos y comprensivos sino también a los malos. [19]Porque buena cosa es que uno soporte sufrimientos injustamente, por sentido de responsabilidad delante de Dios. [20]Pues si a ustedes los castigan por haber hecho algo malo, ¿qué mérito tendrá que lo soporten con paciencia? Pero si sufren por haber hecho el bien, y soportan con paciencia el sufrimiento, eso es bueno delante de Dios. [21]Pues para esto los llamó Dios, ya que Cristo sufrió por ustedes, dándoles un ejemplo para que sigan sus pasos. [22]Cristo no cometió ningún pecado ni engañó jamás a nadie.[p] [23]Cuando lo insultaban, no contestaba con insultos; cuando lo hacían sufrir, no amenazaba, sino que se encomendaba a Dios, que juzga con rectitud.[q] [24]Cristo mismo llevó nuestros pecados en su cuerpo sobre la cruz, para que nosotros muramos al pecado y vivamos una vida de rectitud. Cristo fue herido para que ustedes fueran sanados.[r] [25]Pues ustedes andaban antes como ovejas extraviadas,[s] pero ahora han vuelto a Cristo, que los cuida como un pastor y vela por ustedes.

## Cómo deben vivir los casados

3 [1]Así también ustedes, las esposas, sométanse a sus esposos,[t] para que los que no creen en el mensaje puedan ser convencidos, sin necesidad de palabras, por el comportamiento de ustedes, [2]al ver ellos su conducta pura y respetuosa. [3]Que el adorno de ustedes no consista en cosas externas, como peinados exagerados, joyas de oro o vestidos lujosos,[u] [4]sino en lo íntimo del corazón, en la belleza incorruptible de un espíritu suave y tranquilo. Esta belleza vale mucho delante de Dios. [5]Pues éste era también, en tiempos antiguos, el adorno de las mujeres santas; ellas confiaban en Dios y se sometían a sus esposos. [6]Así fue Sara, que obedeció a Abraham y le llamó "mi señor".[v] Y ustedes son hijas de ella, si hacen el bien y no tienen miedo de nada.

[7]En cuanto a ustedes, los esposos, sean comprensivos con sus esposas.[w] Denles el honor que les corresponde, no solamente porque la mujer es más delicada, sino también porque Dios en su bondad les ha prometido a ellas la misma vida que a ustedes. Háganlo así para que nada estorbe sus oraciones.

## Los que sufren por hacer el bien

[8]En fin, vivan todos ustedes en armonía, unidos en un mismo sentir y amándose como hermanos. Sean bondadosos y humildes. [9]No devuelvan mal por mal ni insulto por insulto. Al contrario, devuelvan bendición, pues Dios los ha llamado a recibir bendición. [10]Porque:

"Quien quiera amar la vida y pasar
    días felices,
cuide su lengua de hablar mal
y sus labios de decir mentiras;
[11]aléjese del mal y haga el bien,
busque la paz y sígala.
[12]Porque el Señor cuida a los justos
y presta oídos a sus oraciones,
pero está en contra de los
    malhechores."[x]

[13]¿Quién podrá hacerles mal, si ustedes se empeñan siempre en hacer el bien? [14]Pero aun si por actuar con rectitud han de sufrir, ¡dichosos ustedes![y] No tengan miedo a nadie, ni se asusten, [15]sino honren a Cristo como Señor en sus corazones.[z] Estén siempre preparados a responder a todo el que les pida razón de la esperanza que ustedes tienen, [16]pero háganlo con humildad y respeto. Pórtense de tal modo que tengan tranquila su conciencia, para que los que hablan mal de su buena conducta como creyentes en Cristo, se avergüencen de sus propias palabras.

[17]Es mejor sufrir por hacer el bien, si así lo quiere Dios, que por hacer el mal. [18]Porque Cristo mismo sufrió la muerte por nuestros pecados, una vez para siempre. El era bueno, pero sufrió por los malos, para llevarlos a ustedes a Dios. Como hombre, murió; pero como ser espiritual que era, volvió a la vida. [19]Y como ser espiritual, fue y predicó a los espíritus que estaban presos. [20]Estos habían sido desobedientes en tiempos antiguos, en los días de Noé, cuando Dios esperaba con paciencia mientras se construía la barca, en la que algunas personas, ocho en total, fueron salvadas por medio del agua.[a] [21]Y aquella agua representaba el agua del bautismo, por medio del cual

p 2.22 Is 53.9.   q 2.23 Is 53.7.   r 2.24 Is 53.5.   s 2.25 Is 53.6.   t 3.1 Ef 5.22; Col 3.18.   u 3.3 1 Ti 2.9.   v 3.6 Gn 18.12.   w 3.7 Ef 5.25; Col 3.19.   x 3.10-12 Sal 34.12-16.   y 3.14 Mt 5.10.   z 3.14-15 Is 8.12-13.   a 3.20 Gn 6.1-7.24.

somos ahora salvados. El bautismo no consiste en limpiar el cuerpo, sino en pedirle a Dios una conciencia limpia; y nos salva por la resurrección de Jesucristo, [22]que subió el cielo y está a la derecha de Dios, y al que han quedado sujetos los ángeles y demás seres espirituales que tienen autoridad y poder.

### Servir según los dones recibidos de Dios

**4** [1]Por eso, así como Cristo sufrió en su cuerpo, ustedes también deben estar dispuestos a sufrir. Pues el que ha sufrido en el cuerpo ha roto con el pecado, [2]para vivir el resto de su vida conforme a la voluntad de Dios y no conforme a los deseos humanos. [3]Por mucho tiempo hicieron ustedes las mismas cosas que hacen los paganos, pues vivían entonces en vicios, malos deseos, borracheras y banquetes ruidosos, bebiendo con exceso y adorando ídolos abominables. [4]Ahora, como ustedes ya no los acompañan en los excesos de su mala vida, ellos se extrañan y hablan mal de ustedes. [5]Pero ellos tendrán que rendir cuentas ante aquel que está preparado para juzgar a los vivos y a los muertos. [6]Pues a los que están muertos se les predicó el mensaje, para que pudieran vivir en el espíritu, según Dios, aunque en este mundo hubieran sido juzgados en el cuerpo, según los hombres.

[7]Ya se acerca el fin de todas las cosas. Por eso, sean ustedes juiciosos y dedíquense seriamente a la oración. [8]Haya sobre todo mucho amor entre ustedes, porque el amor perdona muchos pecados.[1,b] [9]Recíbanse unos a otros en sus casas, sin murmurar de nadie.[c] [10]Como buenos administradores de las variadas bendiciones de Dios, cada uno de ustedes sirva a los demás según los dones que haya recibido. [11]Cuando alguien hable, sean sus palabras como palabras de Dios. Cuando alguien preste algún servicio, préstelo con las fuerzas que Dios le da. Todo lo que hagan, háganlo para que Dios sea alabado por medio de Jesucristo, a quien pertenece la gloria y el poder para siempre. Así sea.

### Sufrir como cristianos

[12]Queridos hermanos, no se extrañen de verse sometidos al fuego de la prueba,

como si fuera algo extraordinario. [13]Al contrario, alégrense de tener parte en los sufrimientos de Cristo, para que también se llenen de alegría cuando su gloria se manifieste.[d] [14]Dichosos ustedes, si alguien los insulta por causa de Cristo, porque el glorioso Espíritu de Dios está continuamente sobre ustedes.[2] [15]Si alguno de ustedes sufre, que no sea por asesino, ladrón o criminal, ni por meterse en asuntos ajenos. [16]Pero si sufre por ser cristiano, no debe avergonzarse, sino alabar a Dios por ello.

[17]Ya ha llegado el tiempo en que el juicio comience por la propia familia de Dios. Y si el juicio está comenzando así por nosotros, ¿cómo será el fin de los que no obedecen al mensaje de Dios? [18]Y si el justo con dificultad se salva, ¿qué pasará con el malvado y el pecador?[e] [19]De manera que los que sufren según la voluntad de Dios, deben seguir haciendo el bien y poner sus almas en manos del Dios que los creó, pues él es fiel.

### Consejos para los creyentes

**5** [1]Quiero aconsejar ahora a los ancianos[3] de las congregaciones de ustedes, yo que soy anciano como ellos y testigo de los sufrimientos de Cristo, y que, lo mismo que ellos, voy a tener parte en la gloria que ha de manifestarse. [2]Cuiden de las ovejas de Dios[f] que han sido puestas a su cargo; háganlo de buena voluntad, como Dios quiere, y no por obligación ni por ambición de dinero. Realicen su trabajo de buena gana, [3]no como si ustedes fueran los dueños de los que están a su cuidado, sino procurando ser un ejemplo para ellos. [4]Así, cuando aparezca el Pastor principal,[g] ustedes recibirán la corona de la gloria, una corona que jamás se marchitará.

[5]De la misma manera, ustedes los jóvenes sométanse a la autoridad de los ancianos. Todos deben someterse unos a otros con humildad, porque:

"Dios se opone a los orgullosos,
pero ayuda con su bondad a los
humildes."[h]

[6]Humíllense, pues, bajo la poderosa mano de Dios, para que él los enaltezca a

---

[1] *El amor perdona muchos pecados:* otra posible traducción: *el amor alcanza el perdón para muchos pecados.*
[2] Algunos mss. añaden: *Ciertamente ellos blasfeman* (contra él), *pero ustedes* (lo) *glorifican.*   [3] *Ancianos:* la palabra puede referirse a la edad, y puede también, siguiendo la tradición judía, designar un puesto directivo en la comunidad. (Véase v. 2.)
[b] 4.8 Pr 10.12; 1 Co 13.7.   [c] 4.9 Ro 12.13.   [d] 4.13 Ro 8.17; 1 P 4.1.   [e] 4.18 Pr 11.31.   [f] 5.2 Jn 21.15-17.   [g] 5.4 He 13.20.
[h] 5.5 Pr 3.34; Stg 4.6.

su debido tiempo.[i] [7]Dejen todas sus preocupaciones a Dios, porque él se interesa por ustedes.[j]

[8]Sean prudentes y manténganse despiertos, porque su enemigo el diablo, como un león rugiente, anda buscando a quien devorar. [9]Resístanle, firmes en la fe, sabiendo que en todas partes del mundo sus hermanos de ustedes están sufriendo las mismas cosas. [10]Pero después que ustedes hayan sufrido por un poco de tiempo, Dios los hará perfectos, firmes, fuertes y seguros. Es el mismo Dios que en su gran amor nos ha llamado a tener parte en su gloria eterna en unión con Jesu-

cristo. [11]A él sea el poder para siempre. Así sea.

### Saludos finales

[12]Por medio de Silvano,[k] a quien considero un hermano fiel, les he escrito esta breve carta, para aconsejarles y asegurarles que las bendiciones que han recibido son prueba verdadera del amor de Dios. ¡Permanezcan fieles a ese amor!

[13]La iglesia que está en Babilonia, [⁴] la cual Dios ha escogido lo mismo a ustedes, les manda saludos, y también mi hijo Marcos.[l] [14]Salúdense unos a otros con un beso de amor fraternal.

Tengan paz todos ustedes, los que pertenecen a Cristo.

---

[⁴] *Babilonia:* nombre que los primeros cristianos usaban a veces para referirse a Roma.
[i] **5.6** Mt 23.12; Lc 14.11; 18.14; Stg 4.10.   [j] **5.7** Sal 55.22; Mt 6.25-34.   [k] **5.12** Hch 15.22,40.   [l] **5.13** Hch 12.12,25; 13.13; 15.37-39; Col 4.10; Flm 24.

# Segunda Carta de
# SAN PEDRO

*Esta carta se dirige a los creyentes en general. Sucedía que en muchas iglesias había falsos maestros que se habían introducido en ellas y enseñaban doctrinas que daban como resultado un relajamiento de la moral cristiana. El autor procura fortalecer a los creyentes en la fe y en la doctrina que han recibido de quienes vieron con sus propios ojos al Señor. Una de las falsas doctrinas que se estaban difundiendo aseguraba que no era cierto que el Señor vendría otra vez, ya que el tiempo pasaba y pasaba, y él no volvía.*

*El autor comienza haciendo hincapié en las virtudes capitales de la vida cristiana: fe, buena conducta, entendimiento, dominio propio, paciencia, devoción a Dios, cariño fraternal y amor (cap. 1). Denuncia luego a los falsos maestros (cap. 2) y termina reiterando la seguridad de la venida del Señor, explicando que la aparente demora de ella se debe a que Dios quiere dar a todos la oportunidad de que se vuelvan a él y dejen de pecar (cap. 3).*

### Saludo

1 [1]Yo, Simón[l] Pedro, siervo y apóstol de Jesucristo, les escribo esta carta a ustedes, que han llegado a tener una fe tan preciosa como la nuestra, porque nuestro Dios y Salvador Jesucristo[a] es justo. [2]Reciban abundancia de gracia y de paz mediante el conocimiento que tienen de Dios y de Jesús, nuestro Señor.

### Cualidades del cristiano

[3]Dios, por su poder, nos ha concedido todo lo que necesitamos para la vida y la devoción, al hacernos conocer a aquel que

nos llamó por su propia grandeza y sus obras maravillosas. [4]Por medio de estas cosas nos ha dado sus promesas, que son muy grandes y de mucho valor, para que por ellas lleguen ustedes a tener parte en la naturaleza de Dios y escapen de la corrupción que los malos deseos han traído al mundo. [5]Y por esto deben esforzarse en añadir a su fe la buena conducta; a la buena conducta, el entendimiento; [6]al entendimiento, el dominio propio; al dominio propio, la paciencia; a la paciencia, la devoción; [7]a la devoción, el afecto fraternal; y al afecto fraternal, el amor.

---

[l] *Simón:* algunos mss. dicen: *Simeón,* que es la forma hebrea del mismo nombre.
[a] **1.1** Tit 2.13.

[8]Si ustedes poseen estas cosas y las desarrollan, ni su vida será inútil ni habrán conocido en vano a nuestro Señor Jesucristo. [9]Pero el que no las posee es como un ciego o corto de vista; ha olvidado que fue limpiado de sus pecados pasados. [10]Por eso, hermanos, ya que Dios los ha llamado y escogido, procuren que esto arraigue en ustedes, pues haciéndolo así nunca caerán. [11]De ese modo se les abrirán de par en par las puertas del reino eterno de nuestro Señor y Salvador Jesucristo.

[12]Por eso les seguiré recordando siempre todo esto, aun cuando ya lo saben y permanecen firmes en la verdad que les han enseñado. [13]Mientras yo viva, creo que estoy en el deber de llamarles la atención con estos consejos. [14]Nuestro Señor Jesucristo me ha hecho saber que pronto habré de dejar esta vida; [15]pero haré todo lo posible para que también después de mi muerte se acuerden ustedes de estas cosas.

### Los que vieron la grandeza de Cristo

[16]La enseñanza que les dimos sobre el poder y el regreso de nuestro Señor Jesucristo, no consistía en cuentos inventados con maña, pues con nuestros propios ojos vimos al Señor en su grandeza. [17]Lo vimos cuando Dios el Padre le dio honor y gloria, cuando la voz de Dios le habló de aquella gloriosa manera: "Este es mi Hijo amado, a quien he elegido." [18]Nosotros mismos oímos aquella voz que venía del cielo, pues estábamos con el Señor en el monte sagrado.[b]

[19]Esto hace más seguro el mensaje de los profetas, el cual con toda razón toman ustedes en cuenta. Pues ese mensaje es como una lámpara que brilla en un lugar oscuro, hasta que el día amanezca y la estrella de la mañana salga para alumbrarles el corazón. [20]Pero ante todo tengan esto presente: que ninguna profecía de la Escritura es algo que puede interpretarse según el personal parecer de nadie; [21]porque los profetas nunca hablaron por su propia voluntad; al contrario, eran hombres que hablaban de parte de Dios, dirigidos por el Espíritu Santo.

### Los que enseñan mentiras

**2** [1]Hubo también falsos profetas entre el pueblo de Israel; y así habrá falsos maestros entre ustedes. Ellos enseñarán con disimulo sus dañinas ideas, negando de ese modo al propio Señor que los salvó; esto les atraerá una rápida condenación. [2]Muchos los seguirán en su vida viciosa, y por causa de ellos se hablará mal del camino de la verdad. [3]En su ambición de dinero, los explotarán a ustedes con falsas enseñanzas; pero la condenación los espera a ellos sin remedio, pues desde hace mucho tiempo están sentenciados.

[4]Dios no perdonó a los ángeles que pecaron, sino que los arrojó al infierno y los dejó en tinieblas, encadenados y guardados para el juicio. [5]Ni tampoco perdonó Dios al mundo antiguo, sino que mandó el diluvio sobre aquellos hombres malos, y salvó solamente a Noé, que predicó una vida de rectitud, y a otras siete personas.[c] [6]Dios también condenó a la destrucción a las ciudades de Sodoma y Gomorra, quemándolas hasta dejarlas hechas cenizas,[d] para que sirvieran de advertencia a la gente mala que habría de vivir después. [7]Pero libró a Lot, un hombre justo a quien afligía la vida viciosa de aquellos malvados.[e] [8]Este hombre justo que vivía entre ellos, sufría en su buen corazón a causa de las maldades que día tras día tenía que ver y oír.

[9]Así pues, el Señor sabe librar de la prueba a los que viven entregados a él, y sabe tener a los malos bajo castigo para el día del juicio. [10]Dios castigará sobre todo a los que siguen deseos impuros y desprecian la autoridad del Señor. Son tercos y atrevidos, y no tienen miedo de insultar a los poderes superiores; [11]en cambio, los ángeles, aunque tienen más fuerza y autoridad, no se atreven a condenar con insultos a esos poderes de parte del Señor.

[12]Esos hombres son como los animales: no tienen entendimiento, viven sólo por instinto y nacen para que los atrapen y los maten. Hablan mal de cosas que no entienden; pero morirán de la misma manera que los animales,[2] [13]sufriendo por lo que han hecho sufrir a otros. Se creen felices divirtiéndose con los placeres del momento. ¡Son una vergüenza y un escándalo cuando los acompañan a ustedes en sus fiestas, divirtiéndose con sus placeres engañosos! [14]No pueden ver a una mujer sin desearla; no se cansan de pecar. Seducen a las almas débiles; son expertos en la avaricia; son gente maldita. [15]Andan perdidos,

---

[2] *Pero morirán . . . animales:* otra posible traducción: *pero en la destrucción que causan morirán ellos mismos.* Griego oscuro.

[b] 1.17-18 Mt 17.1-5; Mr 9.2-7; Lc 9.28-35.   [c] 2.5 Gn 6.1-7.24; 8.18; Sab 10.4.   [d] 2.6 Gn 19.24.   [e] 2.7 Gn 19.1-16,29; Sab 10.6.

porque se han desviado del camino recto. Siguen el ejemplo del profeta Balaam, hijo de Beor,[3] que quiso ganar dinero haciendo el mal [16]y fue reprendido por su pecado: una asna muda le habló con voz humana y no lo dejó seguir con su locura.[f]

[17]Esos maestros son como pozos sin agua, como nubes llevadas por el viento; están condenados a pasar la eternidad en la más negra oscuridad. [18]Dicen cosas altisonantes y vacías, y con vicios y deseos humanos seducen a quienes a duras penas logran escapar de los que viven en el error. [19]Les prometen libertad, siendo ellos mismos esclavos[g] de la corrupción;[4] porque todo hombre es esclavo de aquello que lo ha dominado. [20]Pues los que han conocido a nuestro Señor y Salvador Jesucristo, y han escapado así de las impurezas del mundo, si se dejan enredar otra vez en esas cosas y son dominados por ellas, quedan peor que antes.[h] [21]Hubiera sido mejor para ellos no haber conocido el camino recto que, después de haberlo conocido, apartarse del santo mandamiento que les fue dado. [22]Pero en ellos se ha cumplido la verdad de aquel dicho: "El perro vuelve a su vómito[i]" y "La puerca recién bañada vuelve a revolcarse en el lodo."

### El regreso del Señor

**3** [1]Esta es, queridos hermanos, la segunda carta que les escribo. En las dos he querido, con mis consejos, hacerlos pensar rectamente. [2]Acuérdense de lo que en otro tiempo dijeron los santos profetas; y del mandamiento del Señor y Salvador, que los apóstoles les enseñaron a ustedes.

[3]Sobre todo tengan esto en cuenta: que en los días últimos vendrá gente que vivirá de acuerdo con sus propios malos deseos,[j] y que en son de burla [4]preguntarán: "¿Qué pasó con la promesa de que Cristo iba a volver? Ya murieron nuestros padres, y todo sigue igual desde que el mundo fue creado."[k] [5]Esa gente no quiere darse cuenta de que el cielo ya existía desde tiempos antiguos, y de que por mandato de Dios la tierra surgió del agua y por

medio del agua.[l] [6]También por medio del agua del diluvio fue destruido el mundo de entonces.[m] [7]Pero los cielos y la tierra que ahora existen, están reservados para el fuego por el mismo mandato de Dios. Ese fuego los quemará en el día del juicio y de la perdición de los malos.

[8]Además, queridos hermanos, no olviden que para el Señor un día es como mil años, y mil años como un día.[n] [9]No es que el Señor se tarde en cumplir su promesa, como algunos suponen, sino que tiene paciencia con ustedes, pues no quiere que nadie muera, sino que todos se vuelvan a Dios.[ñ]

[10]Pero el día del Señor vendrá como un ladrón.[o] Entonces los cielos se desharán con un ruido espantoso, los elementos serán destruidos por el fuego, y la tierra, con todo lo que hay en ella, quedará sometida al juicio de Dios.[5] [11]Puesto que todo va a ser destruido de esa manera, ¡con cuánta santidad y devoción deben vivir ustedes! [12]Esperen la llegada del día de Dios, y hagan lo posible por apresurarla. Ese día los cielos serán destruidos por el fuego, y los elementos se derretirán entre las llamas; [13]pero nosotros esperamos el cielo nuevo y la tierra nueva que Dios ha prometido, en los cuales todo será justo y bueno.[p]

[14]Por eso, queridos hermanos, mientras esperan estas cosas, hagan todo lo posible para que Dios los encuentre en paz, sin mancha ni culpa. [15]Tengan en cuenta que la paciencia con que nuestro Señor nos trata es para nuestra salvación. Acerca de esto también les ha escrito a ustedes nuestro querido hermano Pablo, según la sabiduría que Dios le ha dado. [16]En cada una de sus cartas él les ha hablado de esto, aunque hay en ellas puntos difíciles de entender que los ignorantes y los débiles en la fe tuercen, como tuercen las demás Escrituras,[6] para su propia condenación.

[17]Por eso, queridos hermanos, ya que ustedes saben de antemano estas cosas, cuídense, para que no sean arrastrados por los engaños de los malvados ni caigan de su firme posición. [18]Pero conozcan mejor a nuestro Señor y Salvador Jesucristo y crezcan en su amor. ¡Gloria a él ahora y para siempre! Así sea.

---

[3] *Beor:* según algunos mss. y Nm 22.4-35. Griego oscuro.   [4] *La corrupción:* otra posible traducción: *la muerte.*   [5] *Quedará sometida al juicio de Dios:* lit. *será encontrada.* Algunos mss. dicen: *será quemada.*   [6] *Como tuercen las demás Escrituras:* otra posible traducción: *como tuercen sus otros escritos.*
[f] 2.15-16 Nm 22.4-35.   [g] 2.19 Jn 8.34; Ro 6.6,16.   [h] 2.20 Mt 12.45; Lc 11.26.   [i] 2.22 Pr 26.11.   [j] 3.3 2 Ti 3.1-5; Jud 18.
[k] 3.4 Ez 12.22.   [l] 3.5 Gn 1.6-9; Sal 24.2.   [m] 3.6 Gn 7.11.   [n] 3.8 Sal 90.4.   [ñ] 3.9 Ez 18.23; 33.11; Sab 1.13; 11.23; 12.8-10.
[o] 3.10 Mt 24.43; Lc 12.39; 1 Ts 5.2; Ap 16.15.   [p] 3.13 Is 65.17; 66.22; Ap 21.1.

# Primera Carta de
# SAN JUAN

*El tema central de esta carta es el amor, como demostración del verdadero conocimiento de Dios. Porque "Dios es amor", y sólo el que ama a sus hermanos conoce en verdad a Dios. Se echa de ver que el autor refuta por lo menos dos falsas doctrinas: la de que siendo el mundo físico malo en sí mismo —concepto que vimos refutado ya en la primera carta a Timoteo— Jesús, el Hijo de Dios, no pudo haberse hecho realmente hombre, y la de que la salvación no tenía nada que ver con este mundo y con las relaciones humanas, sino que era cuestión de un secreto conocimiento intelectual de Dios, falsa idea repudiada en aquella misma carta de Pablo.*

*Recalcando la contraposición entre la luz y las tinieblas, que era un tema común en el judaísmo de entonces, se exhorta a los creyentes a "vivir en la luz", porque "Dios es luz" (cap. 1). En el cap. 2 comienza a insistirse en el amor entre hermanos, y se anuncia la aparición de grandes opositores de Cristo, que niegan que Jesús es el Cristo y son por tanto mentirosos, tema al que se vuelve en 4.1-6. La característica de los hijos de Dios es el amor, y el sumario de la vida cristiana es creer en Jesucristo, obedecer los mandamientos de Dios y amarse los unos a los otros (cap. 3; 4.7-21). La carta termina proclamando una fe victoriosa y añadiendo algunos consejos finales (cap. 5).*

## La palabra de vida

**1** [1]Les escribimos a ustedes acerca de aquello que ya existía desde el principio,[a] de lo que hemos oído y de lo que hemos visto con nuestros propios ojos. Porque lo hemos visto y lo hemos tocado con nuestras manos. Se trata de la Palabra de vida.[b] [2]Esta vida se manifestó, y nosotros la vimos[c] y hemos dado testimonio de ella; y les anunciamos a ustedes esta vida eterna, la cual estaba con el Padre y se nos ha manifestado. [3]Les anunciamos, pues, lo que hemos visto y oído, para que ustedes estén unidos con nosotros, como nosotros estamos unidos con Dios el Padre y con su Hijo Jesucristo. [4]Escribimos estas cosas para que nuestra alegría sea completa.

## Dios es luz

[5]Este es el mensaje que Jesucristo nos enseñó y que les anunciamos a ustedes: que Dios es luz y que en él no hay ninguna oscuridad. [6]Si decimos que estamos unidos a él, y al mismo tiempo vivimos en la oscuridad, mentimos de palabra y de hecho. [7]Pero si vivimos en la luz, así como Dios está en la luz, entonces hay unión entre nosotros, y la sangre de su Hijo Jesucristo nos limpia de todo pecado. [8]Si decimos que no tenemos pecado, nos engañamos a nosotros mismos y no hay verdad en nosotros; [9]pero si confesamos nuestros pecados, podemos confiar en que Dios hará lo que es justo: nos perdonará nuestros pecados y nos limpiará de toda maldad. [10]Si decimos que no hemos cometido pecado, hacemos que Dios parezca mentiroso y no hemos aceptado verdaderamente su palabra.[d]

## Cristo, nuestro abogado

**2** [1]Hijitos míos, les escribo estas cosas para que no cometan pecado.[e] Aunque si alguno comete pecado, tenemos un abogado ante el Padre, que es Jesucristo, y él es justo. [2]Jesucristo se ofreció en sacrificio para que nuestros pecados sean perdonados;[f] y no sólo los nuestros, sino los de todo el mundo.

[3]Si obedecemos los mandamientos de Dios, podemos estar seguros de que hemos llegado a conocerlo.[g] [4]Pero si alguno dice: "Yo lo conozco", y no obedece sus mandamientos, es un mentiroso y no hay verdad en él. [5]En cambio, el que hace caso de su palabra, ha llegado a amarle perfectamente, y de ese modo sabemos que estamos unidos a él. [6]El que dice que está unido a Dios, debe vivir como vivió Jesucristo.

## El nuevo mandamiento

[7]Queridos hermanos, este mandamiento que les escribo no es nuevo: es el mismo que ustedes recibieron desde el principio. Este mandamiento antiguo es el mensaje que ya oyeron. [8]Y, sin embargo, esto que les escribo es un mandamiento

---

a 1.1 Jn 1.1; 1 Jn 2.13,14.  b 1.1 Jn 1.1,4; 6.68.  c 1.2 Jn 1.14,18.  d 1.8-10 Pr 20.9.  e 2.1 Ro 6.11-14.  f 2.2 1 Jn 4.10.
g 2.3 Jn 14.15,21,23.

nuevo,[h] que es verdad tanto en Cristo como en ustedes, porque la oscuridad va pasando y ya brilla la luz verdadera.

[9]Si alguno dice que está en la luz,[i] pero odia a su hermano, todavía está en la oscuridad. [10]El que ama a su hermano vive en la luz, y no hay nada que lo haga caer en pecado. [11]Pero el que odia a su hermano vive y anda en la oscuridad, y no sabe a dónde va, porque la oscuridad lo ha dejado ciego.

[12]Hijitos, les escribo a ustedes porque Dios, haciendo honor a su nombre, les ha perdonado sus pecados. [13]Padres, les escribo a ustedes porque han conocido al que ya existía desde el principio. Jóvenes, les escribo a ustedes porque han vencido al maligno.

[14]Les he escrito a ustedes, hijitos, porque han conocido al Padre. Les he escrito a ustedes, padres, porque han conocido al que ya existía desde el principio. Les he escrito también a ustedes, jóvenes, porque son fuertes y han aceptado la palabra de Dios en su corazón, y porque han vencido al maligno.

[15]No amen al mundo, ni lo que hay en el mundo.[j] Si alguno ama al mundo, no ama al Padre; [16]porque nada de lo que el mundo ofrece viene del Padre, sino del mundo mismo. Y esto es lo que el mundo ofrece: los malos deseos de la naturaleza humana, el deseo de poseer lo que agrada a los ojos, y el orgullo de las riquezas. [17]Pero el mundo se va acabando, con todos sus malos deseos; en cambio, el que hace la voluntad de Dios vive para siempre.

### La verdad y la mentira

[18]Hijitos, ésta es la hora última. Ustedes han oído de uno que viene y que es enemigo de Cristo; pues bien, ahora han aparecido muchos enemigos de Cristo. Por eso sabemos que es la hora última. [19]Ellos salieron de entre nosotros; pero en realidad no eran de los nuestros, porque si lo hubieran sido se habrían quedado con nosotros. Pero sucedió así para que se viera claramente que no todos son de los nuestros. [20]Cristo les ha dado a ustedes el Espíritu Santo, y todos ustedes tienen conocimiento.[l,k] [21]Les escribo, pues, no porque no conozcan la verdad, sino porque la conocen; y ustedes saben que ninguna mentira puede venir de la verdad. [22]¿Quién es el mentiroso? Precisamente el que dice que Jesús no es el Mesías. Ese es el enemigo de Cristo, pues niega tanto al Padre como al Hijo. [23]Cualquiera que niega al Hijo, tampoco tiene al Padre; pero el que se declara a favor del Hijo, tiene también al Padre.

[24]Por eso, guarden ustedes en su corazón el mensaje que oyeron desde el principio; y si lo que oyeron desde el principio queda en su corazón, también ustedes permanecerán unidos con el Hijo y con el Padre. [25]Esto es precisamente lo que nos ha prometido Jesucristo: la vida eterna.

[26]Les estoy escribiendo acerca de quienes tratan de engañarlos. [27]Pero ustedes tienen el Espíritu Santo que Jesucristo les ha dado, y no necesitan que nadie les enseñe, porque el Espíritu mismo les enseña todas las cosas, y sus enseñanzas son verdad y no mentira. Permanezcan unidos a Cristo, conforme a lo que el Espíritu les ha enseñado.

[28]Ahora, hijitos, permanezcan unidos a Cristo, para que tengamos confianza cuando él aparezca y no sintamos vergüenza delante de él cuando venga. [29]Ya que ustedes saben que Jesucristo es justo, deben saber también que todos los que hacen lo que es justo son hijos de Dios.

### Hijos de Dios

**3** [1]Miren cuánto nos ama Dios el Padre, que se nos puede llamar hijos de Dios,[l] y lo somos. Por eso, los que son del mundo no nos conocen, pues no han conocido a Dios. [2]Queridos hermanos, ya somos hijos de Dios. Y aunque no sabemos todavía lo que seremos después, sabemos que cuando Jesucristo aparezca seremos como él, porque lo veremos tal como es. [3]Y todo el que tiene esta esperanza en él, se purifica a sí mismo, de la misma manera que Jesucristo es puro.

[4]Pero todo el que peca, hace maldad; porque el pecado es la maldad. [5]Ustedes ya saben que Jesucristo vino al mundo para quitar los pecados,[m] y que él no tiene pecado alguno. [6]Así pues, todo el que permanece unido a él, no peca; pero todo el que peca, no lo ha visto ni lo ha conocido. [7]Hijitos míos, que nadie los engañe: el que practica la justicia es justo, como él es justo; [8]pero el que practica el pecado es del diablo, porque el diablo peca desde el

---

[l] *Y todos ustedes tienen conocimiento:* algunos mss. dicen: *y ustedes conocen todo.*
[h] 2.8 Jn 13.34; 15.12.   [i] 2.8-10 Ro 13.12-14.   [j] 2.15 Stg 1.27.   [k] 2.20 1 Co 2.10-16.   [l] 3.1 Jn 1.12.   [m] 3.5 Jn 1.29.

principio. Precisamente para esto ha venido el Hijo de Dios: para deshacer lo hecho por el diablo.*ⁿ*

⁹Ninguno que sea hijo de Dios practica el pecado, porque tiene la vida que Dios le ha dado; y no puede pecar porque es hijo de Dios. ¹⁰Se sabe quiénes son hijos de Dios y quiénes son hijos del diablo, porque cualquiera que no hace el bien o no ama a su hermano, no es de Dios.

### Amémonos unos a otros

¹¹Este es el mensaje que han oído ustedes desde el principio: que nos amemos unos a otros.*ñ* ¹²No seamos como Caín, que era del maligno y mató a su hermano.*o* ¿Y por qué lo mató? Pues porque los hechos de Caín eran malos, y los de su hermano, buenos.

¹³Hermanos míos, no se extrañen si los que son del mundo los odian. ¹⁴Nosotros hemos pasado de la muerte a la vida,*p* y lo sabemos porque amamos a nuestros hermanos. El que no ama, aún está muerto. ¹⁵Todo el que odia a su hermano es un asesino, y ustedes saben que ningún asesino puede tener vida eterna en sí mismo. ¹⁶Conocemos lo que es el amor porque Jesucristo dio su vida por nosotros;*q* así también, nosotros debemos dar la vida por nuestros hermanos. ¹⁷Pues si uno es rico y ve que su hermano necesita ayuda, pero no se la da, ¿cómo puede tener amor de Dios en su corazón? ¹⁸Hijitos míos, que nuestro amor no sea solamente de palabra, sino que se demuestre con hechos.

### Confianza delante de Dios

¹⁹De esta manera sabremos que somos de la verdad, y podremos sentirnos seguros delante de Dios; ²⁰pues si nuestro corazón nos acusa de algo, Dios es más grande que nuestro corazón, y lo sabe todo. ²¹Queridos hermanos, si nuestro corazón no nos acusa, tenemos confianza delante de Dios; ²²y él nos dará todo lo que le pidamos, porque obedecemos sus mandamientos y hacemos lo que le agrada. ²³Y su mandamiento es que creamos en su Hijo Jesucristo, y que nos amemos unos a otros como él nos mandó.*r* ²⁴Los que obedecen sus mandamientos viven en él, y él vive en ellos. Y en esto sabemos que él vive en nosotros: por el Espíritu que nos ha dado.

### El Espíritu de Dios y el espíritu del enemigo de Cristo

**4** ¹Queridos hermanos, no crean ustedes a todos los que dicen estar inspirados por Dios, sino pónganlos a prueba, a ver si el espíritu que hay en ellos es de Dios o no. Porque el mundo está lleno de mentirosos que dicen hablar de parte de Dios. ²De esta manera pueden ustedes saber quién tiene el Espíritu de Dios: todo el que reconoce que Jesucristo vino como hombre verdadero, tiene el Espíritu de Dios; ³El que no reconoce así a Jesús, no tiene el Espíritu de Dios; al contrario, tiene el espíritu del enemigo de Cristo. Ustedes han oído que ese espíritu ha de venir; pues bien, ya está en el mundo.*s*

⁴Hijitos, ustedes son de Dios y han vencido a esos mentirosos, porque el que está en ustedes es más poderoso que el que está en el mundo. ⁵Ellos son del mundo; por eso hablan de las cosas del mundo, y los que son del mundo los escuchan.*t* ⁶En cambio, nosotros somos de Dios. El que conoce a Dios nos escucha, pero el que no es de Dios no nos escucha.*u* En esto, pues, podemos conocer quién tiene el espíritu de la verdad y quién tiene el espíritu del engaño.

### Dios es amor

⁷Queridos hermanos, debemos amarnos unos a otros, porque el amor viene de Dios. Todo el que ama es hijo de Dios y conoce a Dios. ⁸El que no ama no ha conocido a Dios, porque Dios es amor. ⁹Dios mostró su amor hacia nosotros al enviar a su Hijo único al mundo para que tengamos vida por él.*v* ¹⁰El amor consiste en esto: no en que nosotros hayamos amado a Dios, sino en que él nos amó a nosotros y envió a su Hijo, para que, ofreciéndose en sacrificio, nuestros pecados quedaran perdonados.

¹¹Queridos hermanos, si Dios nos ha amado así, nosotros también debemos amarnos unos a otros. ¹²A Dios nunca lo ha visto nadie;*w* pero si nos amamos unos a otros, Dios vive en nosotros y su amor se hace realidad en nosotros. ¹³La prueba de que nosotros vivimos en Dios y de que él vive en nosotros, es que nos ha dado su Espíritu.*x* ¹⁴Y nosotros mismos hemos visto y declaramos que el Padre envió a su Hijo para salvar al mundo.*y* ¹⁵Cualquiera

---

*ⁿ* 3.8 He 2.14-15. *ñ* 3.11 Jn 13.34; 15.12. *o* 3.12 Gn 4.8. *p* 3.14 Jn 5.24. *q* 3.16 Jn 15.13. *r* 3.23 Jn 13.34; 15.12,17. *s* 4.1-3 Mt 7.15; 2 Jn 7. *t* 4.5 Jn 15.19. *u* 4.6 Jn 8.47. *v* 4.9 Jn 3.16. *w* 4.12 Jn 1.18. *x* 4.13 Ro 8 .9; 1 Jn 3.24. *y* 4.14 Jn 3.17.

que reconoce que Jesús es el Hijo de Dios, vive en Dios y Dios en él.

[16]Así hemos llegado a saber y creer que Dios nos ama. Dios es amor, y el que vive en el amor, vive en Dios y Dios en él. [17]De esta manera se hace realidad el amor en nosotros, para que en el día del juicio tengamos confianza; porque nosotros somos en este mundo tal como es Jesucristo. [18]Donde hay amor no hay miedo. Al contrario, el amor perfecto echa fuera el miedo, pues el miedo supone el castigo. Por eso, si alguien tiene miedo, es que no ha llegado a amar perfectamente.

[19]Nosotros amamos[2] porque él nos amó primero. [20]Si alguno dice: "Yo amo a Dios", y al mismo tiempo odia a su hermano, es un mentiroso. Pues si uno no ama a su hermano, a quien ve, tampoco puede amar a Dios, a quien no ve. [21]Jesucristo nos ha dado este mandamiento: que el que ama a Dios, ame también a su hermano.[z]

### Nuestra victoria sobre el mundo

5 [1]Todo el que tiene fe en que Jesús es el Mesías, es hijo de Dios; y el que ama a un padre, ama también a los hijos de ese padre. [2]Cuando amamos a Dios y hacemos lo que él manda, sabemos que amamos también a los hijos de Dios. [3]El amar a Dios consiste en obedecer sus mandamientos;[a] y sus mandamientos no son una carga,[b] [4]porque todo el que es hijo de Dios vence al mundo. Y nuestra fe nos ha dado la victoria sobre el mundo. [5]El que cree que Jesús es el Hijo de Dios, vence al mundo.

### El testimonio acerca del Hijo de Dios

[6]La venida de Jesucristo quedó señalada con agua y sangre; no sólo con agua, sino con agua y sangre. El Espíritu mismo es testigo de esto, y el Espíritu es la verdad. [7]Tres son los testigos:[3] [8]el Espíritu,

el agua y la sangre; y los tres están de acuerdo. [9]Aceptamos el testimonio de los hombres, pero el testimonio de Dios es de mucho más valor, porque consiste en el testimonio que Dios ha dado acerca de su Hijo.[c] [10]El que cree en el Hijo de Dios, lleva este testimonio en su propio corazón; el que no cree en Dios, lo hace aparecer como mentiroso, porque no cree en el testimonio que Dios ha dado acerca de su Hijo. [11]Este testimonio es que Dios nos ha dado vida eterna, y que esta vida está en su Hijo. [12]El que tiene al Hijo de Dios, tiene también esta vida; pero el que no tiene al Hijo de Dios, no la tiene.[d]

### Conclusión y consejos finales

[13]Les escribo esto a ustedes que creen en el Hijo de Dios, para que sepan que tienen vida eterna.[e]

[14]Tenemos confianza en Dios, porque sabemos que si le pedimos algo conforme a su voluntad, él nos oye. [15]Y así como sabemos que Dios oye nuestras oraciones, también sabemos que ya tenemos lo que le hemos pedido.[f]

[16]Si alguno ve que su hermano está cometiendo un pecado que no lleva a la muerte, debe orar, y Dios dará vida al hermano, si se trata de un pecado que no lleva a la muerte. Hay pecado que lleva a la muerte, y por ese pecado no digo que se deba orar. [17]Toda maldad es pecado; pero hay pecado que no lleva a la muerte.

[18]Sabemos que el que tiene a Dios como Padre, no peca, porque el Hijo de Dios lo cuida, y el maligno no lo toca. [19]Sabemos que somos de Dios y que el mundo entero está bajo el poder del maligno. [20]Sabemos también que el Hijo de Dios ha venido y nos ha dado entendimiento para conocer al Dios verdadero. Vivimos unidos al que es verdadero, es decir, a su Hijo Jesucristo. Este es el Dios verdadero y la vida eterna.[g] [21]Hijitos, cuídense de los dioses falsos.

---

[2] *Nosotros amamos:* algunos mss. dicen: *nosotros amamos a Dios.*   [3] *Tres son los testigos:* algunos mss. latinos añaden: *en el cielo: el Padre, la Palabra y el Espíritu Santo, y estos tres son uno.* [8] *Y tres son los testigos en la tierra.*
[z] 4.21 Mt 5.44-45; Mr 12.29-31.   [a] 5.3 Jn 14.15; 2 Jn 6.   [b] 5.3 Dt 30.11; Mt 11.30.   [c] 5.9 Jn 5.32-37; 8.18.   [d] 5.12 Jn 3.36.
[e] 5.13 Jn 20.31.   [f] 5.14-15 Mt 7.7-11; Lc 11.9-13; Jn 15.7,16; 16.23-24; 1 Jn 3.21-22.   [g] 5.20 Jn 17.3.

# Segunda Carta de
# SAN JUAN

*El autor se describe simplemente como "el anciano", y dirige su breve carta a "la congregación escogida por Dios y a los que pertenecen a ella". El mensaje es una exhortación a vivir en la verdad y el amor (1-6), y también una advertencia contra los falsos maestros y sus doctrinas (7-11). A esto se añade una concisa conclusión (12,13).*

## La verdad y el amor

[1]Yo, el anciano, escribo esta carta a la congregación escogida por Dios y a los que pertenecen a ella,[1] a quienes amo de veras; y no sólo yo, sino también todos los que han conocido la verdad. [2]Los amo a ustedes por causa de la verdad que tenemos en nuestro corazón y que estará con nosotros para siempre. [3]Que Dios el Padre, y Jesucristo, Hijo del Padre, derramen su gracia sobre ustedes y les den misericordia y paz, en verdad y en amor.

[4]Me he alegrado mucho de encontrar a algunos de los tuyos[2] viviendo conforme a la verdad,[a] como Dios el Padre nos ha mandado. [5]Ahora, queridos hermanos, les ruego que nos amemos los unos a los otros.[b] Esto que les escribo[3] no es un mandamiento nuevo, sino el mismo que recibimos desde el principio. [6]El amor consiste en vivir según los mandamientos de Dios, y el mandamiento, como ya lo han oído ustedes desde el principio, es que vivan en el amor.[c]

## Los engañadores

[7]Pues andan por el mundo muchos engañadores que no reconocen que Jesucristo vino como hombre verdadero. El que es así, es el engañador y el enemigo de Cristo.[d] [8]Tengan ustedes cuidado, para no perder el resultado de nuestro trabajo, sino recibir su recompensa completa.

[9]Cualquiera que pretenda avanzar más allá de lo que Cristo enseñó, no tiene a Dios; pero el que permanece en esa enseñanza, tiene al Padre y también al Hijo.[e] [10]Si alguno va a visitarlos a ustedes y no lleva esta enseñanza, no lo reciban en casa ni lo saluden; [11]porque quien lo salude se hará cómplice de sus malas acciones.

## Palabras finales

[12]Tengo mucho que decirles a ustedes, pero no quiero hacerlo por carta. Espero ir a verlos y hablar con ustedes personalmente,[f] para que así nuestra alegría sea completa.

[13]Los que pertenecen a la congregación hermana de ustedes, a la cual Dios también ha escogido, les mandan saludos.[4]

---

[1] *A la congregación escogida por Dios y a los que pertenecen a ella:* lit. *a la señora escogida y a sus hijos.* [2] *Algunos de los tuyos:* lit. *tus hijos.* [3] *Queridos hermanos, les ruego que nos amemos los unos a los otros. Esto que les escribo:* lit. *señora, te ruego que nos amemos los unos a los otros. Esto que te escribo.* [4] *Los que pertenecen a la congregación hermana de ustedes, que Dios también ha escogido, les mandan saludos:* lit. *los hijos de tu hermana, que Dios también ha escogido, te mandan saludos.*
[a] 4 3 Jn 3. [b] 5 Jn 13.34; 15.12,17. [c] 6 Jn 14.15,23-24; 1 Jn 5.3. [d] 7 Mt 7.15; 1 Jn 2.18; 4.1-3. [e] 9 1 Jn 2.22-23; 4.15.
[f] 12 3 Jn 13-14.

# Tercera Carta de
# SAN JUAN

*La carta, escrita también por "el anciano", va dirigida a un pastor o prominente cristiano de una iglesia, llamado Gayo, en un tono personal y afectuoso. Lo alaba por los servicios que está prestando a los creyentes (1-8), se duele de la conducta de un cierto Diótrefes (9,10), elogia también a otro buen cristiano llamado Demetrio (11,12) y se despide, según era usual, con saludos (13-15).*

## Alabanzas a Gayo

[1]Yo, el anciano, escribo esta carta a mi querido amigo Gayo,[a] a quien amo en verdad.

[2]Querido hermano, pido a Dios que, así como te va bien espiritualmente, te vaya bien en todo y tengas buena salud. [3]Me alegré mucho cuando algunos hermanos vinieron y me contaron que te mantienes fiel a la verdad.[b] [4]No hay para mí mayor alegría que saber que mis hijos viven de acuerdo con la verdad.

[5]Querido hermano, te estás portando fielmente en el servicio que prestas a los demás hermanos, especialmente a los que llegan de otros lugares. [6]Delante de la congregación han hablado ellos de cuánto los amas. Por favor, ayúdalos en lo que necesiten para seguir su viaje, de manera agradable a Dios. [7]Pues ellos han emprendido su viaje en el servicio de Jesucristo,[1] y no han aceptado ninguna ayuda de gente pagana. [8]Por eso nosotros debemos hacernos cargo de ellos, para ayudarlos en la predicación de la verdad.

## La mala conducta de Diótrefes y el buen ejemplo de Demetrio

[9]Yo escribí una carta a la congregación, pero Diótrefes no acepta nuestra autoridad porque le gusta mandar. [10]Por eso, cuando yo vaya le llamaré la atención, pues anda contando chismes y mentiras contra nosotros. Y, no contento con esto, no recibe a los hermanos que llegan, y a quienes quieren recibirlos les prohíbe hacerlo y los expulsa de la congregación.

[11]Querido hermano, no sigas los malos ejemplos, sino los buenos. El que hace lo bueno es de Dios, pero el que hace lo malo no ha visto a Dios.[c]

[12]Todos, incluso la verdad misma, hablan bien de Demetrio. También nosotros hablamos en favor suyo, y tú sabes que decimos la verdad.

## Palabras finales

[13]Yo tenía mucho que decirte, pero no quiero hacerlo por escrito, [14]porque espero verte pronto y hablar contigo personalmente.[d]

[15]Que tengas paz. Los amigos te mandan saludos. Por favor, saluda a cada uno de nuestros amigos.

---

[1] *En el servicio de Jesucristo:* lit. *por el Nombre.*
[a] 1 Hch 19.29; Ro 16.23; 1 Co 1.14. [b] 3 2 Jn 4. [c] 11 1 Jn 2.29; 3.6,9-10. [d] 13-14 2 Jn 12.

# Carta de
# SAN JUDAS

*Esta carta parece dirigirse a cristianos de la segunda generación y ofrece mucha seme-*
*janza con la segunda carta de San Pedro. Contiene una advertencia contra los falsos*
*maestros (1-16) y una exhortación a mantenerse firmes en la fe (17-23), la cual se designa*
*en el versículo 3 como "la fe que una vez fue entregada a los que pertenecen a Dios".*

### Saludo

¹Yo, Judas,ª siervo de Jesucristo y hermano de Santiago, escribo esta carta a los
que Dios el Padre ama y ha llamado, los
cuales son protegidos por Jesucristo.
²Reciban ustedes abundancia de misericordia, paz y amor.

### Los que enseñan mentiras

³Queridos hermanos, he sentido grandes deseos de escribirles acerca de la salvación que tanto ustedes como yo tenemos;
pero ahora me veo en la necesidad de
hacerlo para rogarles que luchen por la fe
que una vez fue entregada a los que pertenecen a Dios. ⁴Porque por medio de engaños se han infiltrado ciertas personas a
quienes las Escrituras ya habían señalado
desde hace mucho tiempo para la condenación. Son hombres malvados, que
toman la bondad de nuestro Dios como
pretexto para una vida desenfrenada, y
niegan a nuestro único Dueño y Señor,
Jesucristo.

⁵Aunque ustedes ya lo saben, quiero
recordarles que el Señor, después que sacó
de Egipto al pueblo de Israel,ᵇ destruyó a
los que no creyeron.ᶜ ⁶Y a los ángeles que
no conservaron su debido puesto, sino
que dejaron su propio hogar, Dios los
retiene en prisiones oscuras y eternas para
el gran día del juicio. ⁷Lo mismo que esos
ángeles, también Sodoma y Gomorra y las
ciudades vecinas se entregaron a las inmoralidades sexuales, y se dejaron llevar por
vicios contra la naturaleza. Por eso sufrieron el castigo del fuego eterno y quedaron
como advertencia para todos.ᵈ

⁸A pesar de ello, también esos hombres, viviendo en sueños, contaminan su
cuerpo, rechazan la autoridad del Señor e
insultan a los poderes superiores. ⁹El
mismo arcángel Miguel,ᵉ cuando luchaba
contra el diablo disputándole el cuerpo de
Moisés,ᶠ no se atrevió a condenarlo con

insultos, sino que solamente le dijo:
"¡Que el Señor te reprenda!"ᵍ ¹⁰Pero esos
hombres hablan mal de las cosas que no
conocen; y en cuanto a las que conocen
por instinto, como las conocen los animales sin entendimiento, las usan para su
propia condenación.

¹¹¡Ay de ellos!, porque han seguido el
ejemplo de Caín.ʰ Por ganar dinero se
han desviado, como Balaam,ⁱ y como
Coré, mueren por su rebeldía.ʲ ¹²Son una
vergüenza en las fiestas de amor fraternal
que ustedes celebran, en las que ellos
comen y beben alegremente, sin mostrar
ningún respeto. Son pastores que cuidan
solamente de sí mismos. Son nubes sin
agua, llevadas por el viento. Son árboles
que no dan fruto a su tiempo, dos veces
muertos y arrancados de raíz. ¹³Son violentas olas del mar, que arrojan como
espuma sus acciones vergonzosas. Son
estrellas que han perdido su rumbo y
están condenadas a pasar la eternidad en
la más negra oscuridad.

¹⁴También Enoc,ᵏ que fue el séptimo
después de Adán, habló de parte de Dios
cuando dijo acerca de esa gente: "Vi al
Señor, que venía con miles y miles de sus
ángeles ¹⁵a juzgar a todo hombre y a condenar a todos los malvados, por todo el
mal que cometieron en su maldad y por
todas las palabras insolentes que como
malvados pecadores dijeron contra él."ˡ
¹⁶De todo se quejan, todo lo critican y
sólo buscan satisfacer sus propios deseos.
Hablan con jactancia, y adulan a los
demás para aprovecharse de ellos.

### Amonestaciones a los creyentes

¹⁷Pero ustedes, queridos hermanos,
acuérdense de que los apóstoles de nuestro Señor Jesucristo ¹⁸les habían dicho:
"En los últimos tiempos habrá gente burlona, que vivirá de acuerdo con sus malos

---

*ˡ* Esta cita es de un documento extra-bíblico, el Libro de Enoc (1.9; 5.4; 14; 15). Véase *Glosario* anexo.
*ª* 1 Mt 13.55; Mr 6.3.   *ᵇ* 5 Ex 12.51.   *ᶜ* 5 Nm 14.29-30.   *ᵈ* 7 Gn 19.1-24.   *ᵉ* 9 Dn 10.13,21; 12.1; Ap 12.7.   *ᶠ* 9 Dt 34.6.
*ᵍ* 9 Zac 3.2.   *ʰ* 11 Gn 4.3-9; He 11.4; 1 Jn 3.12.   *ⁱ* 11 Nm 22.1-35; Ap 2.14.   *ʲ* 11 Nm 16.1-35.   *ᵏ* 14 Gn 5.18,21-24.

deseos."' [19]Esos son los que causan divisiones; siguen sus deseos naturales y no tienen el Espíritu de Dios.

[20]Pero ustedes, queridos hermanos, manténganse firmes en su santísima fe. Oren guiados por el Espíritu Santo. [21]Consérvense en el amor de Dios y esperen el día en que nuestro Señor Jesucristo, en su misericordia, nos dará la vida eterna.

[22]Tengan compasión de[2] los que dudan. [23]A unos sálvenlos sacándolos del fuego, y tengan compasión de otros, aun-

que cuídense de ellos y aborrezcan hasta la ropa que llevan contaminada por su mala vida.

### Alabanza final

[24-25]El Dios único, Salvador nuestro, tiene poder para cuidar de que ustedes no caigan, y para presentarlos sin mancha y llenos de alegría ante su gloriosa presencia. A él sea la gloria, la grandeza, el poder y la autoridad, por nuestro Señor Jesucristo, antes, ahora y siempre. Así sea.

---

[2] *Tengan compasión de:* algunos mss. dicen: *Convenzan a.*
[*] **18** 2 Ti 3.1-5; 2 P 3.3.

# EL APOCALIPSIS

Apocalipsis *significa "revelación"*. *Según el orden establecido, es el último de los libros del Nuevo Testamento, y se da por hecho que fue uno de los últimos que se escribió. Se compone en su mayor parte de visiones y revelaciones, con un gran número de símbolos y un lenguaje alegórico o simbólico, en una especie de clave que los lectores cristianos de su tiempo entendían, pero que resultaba oscuro y misterioso para otros lectores de aquel mismo tiempo como también lo resulta para nosotros hoy en algunos de sus pasajes. Pero ¿por qué mensaje "en clave"? Pues porque se escribió en una época en que la Iglesia sufría una ruda persecución bajo el imperio romano. Era necesario fortalecer la fe y la confianza de los creyentes, presentándoles, bajo un ropaje brillante de símbolos y figuras, la revelación de que, a pesar del aparente triunfo de los poderes del mal, la victoria final y decisiva sería de Dios y de Cristo el Señor. Debían, pues, permanecer firmes y fieles en medio del sufrimiento y la persecución.*

*Se ha comparado la índole y estructura de este libro con un drama sinfónico. Después de los compases introductorios (1.1-8) viene la obertura en la tierra, cuyo tema es la visión del Cristo glorioso, y las cartas a las siete iglesias (1.9—3.22). Sigue luego la obertura en el cielo (caps. 4,5). El primer acto es el de los siete sellos (6.1—8.1), que concluye con un primer intermedio (cap. 7) sobre los sellados de Dios. El segundo acto es el de las siete trompetas y los tres ayes (8.2—14.20), en el que hay un segundo intermedio (10.1—11.13). El tercer acto es el de las siete copas (15.1—16.21). El tercer intermedio sigue esta vez al tercer acto, y contiene visiones del juicio final (17.1—20.15). Luego viene el gran acto final: la nueva Jerusalén (21.1—22.15), y después, el epílogo, cuya nota dominante es: "¡Ven, Señor Jesús!"*

El Apocalipsis o Revelación *ha de verse primero a la luz de la situación y los sucesos de la época en que fue escrito, o sea, en el contexto histórico de fines del siglo primero de nuestra era. Visto así, constituye un mensaje concreto para los cristianos de aquellos días. Sin embargo, su mensaje esencial de esperanza, aliento y seguridad es válido para todas las épocas y ofrece en algunos pasajes una visión simbólica de los últimos tiempos. Las fuerzas del mal podrán prevalecer por períodos más o menos prolongados, pero el triunfo definitivo será de Dios por medio de Jesucristo.*

### La revelación de Jesucristo

1 ¹Esta es la revelación que Dios hizo a Jesucristo, para que él mostrara a sus siervos lo que pronto ha de suceder. Jesucristo lo ha dado a conocer enviando su ángel a su siervo Juan, ²el cual ha dicho la verdad de todo lo que vio, y es testigo del mensaje de Dios confirmado por Jesucristo.

³Dichoso el que lee y dichosos los que escuchan la lectura de este mensaje recibido de Dios, y hacen caso de lo que aquí está escrito, porque ya se acerca el tiempo.

### Juan escribe a las siete iglesias

⁴Yo, Juan, escribo a las siete iglesias de la provincia de Asia. Reciban ustedes gracia y paz de parte del que es y era y ha de venir,ᵃ y de parte de los siete espíritus que están delante de su trono,ᵇ ⁵y también de parte de Jesucristo, testigo fiel,ᶜ que

fue el primero en resucitarᵈ y tiene autoridad sobre los reyes de la tierra.ᵉ Cristo nos ama, y nos ha librado de nuestros pecados derramando su sangre; ⁶y ha hecho de nosotros un reino; nos ha hecho sacerdotes al servicio de su Dios y Padre.ᶠ ¡Que la gloria y el poder sean suyos para siempre! Así sea.

⁷¡Cristo viene en las nubes!ᵍ
Todos le verán,
incluso los que lo traspasaron;ʰ
y todos los pueblos del mundo
harán duelo y llorarán por él.ⁱ
Sí, así sea.

⁸"Yo soy el alfa y la omega,"ⁱ·ʲ dice el Señor, el Dios todopoderoso, el que es y era y ha de venir.ᵏ

### Una visión del Cristo glorioso

⁹Yo, Juan, soy hermano de ustedes, y por mi unión con Jesús tengo parte con

---

ⁱ Las letras *alfa* y *omega* son respectivamente la primera y la última del alfabeto griego. Algunos mss. añaden: *el principio y el fin.*

ᵃ 1.4 Ex 3.14.  ᵇ 1.4 Ap 4.5; Is 11.2.  ᶜ 1.5 Is 55.4.  ᵈ 1.5 Hch 26.23; Col 1.18.  ᵉ 1.5 Sal 89.27.  ᶠ 1.6 Ex 19.6; Ap 5.10; 20.6.  ᵍ 1.7 Dn 7.13; Mt 24.30; Mr 13.26; Lc 21.27; 1 Ts 4.17.  ʰ 1.7 Zac 12.10; Jn 19.34,37.  ⁱ 1.7 Zac 12.10; Mt 24.30.  ʲ 1.8 Is 41.4; 44.6; Ap 1.17; 22.13.  ᵏ 1.8 Ex 3.14.

ustedes en el reino de Dios, en los sufrimientos y en la fortaleza para soportarlos. Por haber anunciado el mensaje de Dios confirmado por Jesús, me encontraba yo en la isla llamada Patmos. [10]Y sucedió que en el día del Señor quedé bajo el poder del Espíritu, y oí detrás de mí una fuerte voz, como un toque de trompeta, [11]que me decía: "Escribe en un libro lo que ves, y mándalo a las siete iglesias de la provincia de Asia: a Efeso, Esmirna, Pérgamo, Tiatira, Sardis, Filadelfia y Laodicea."

[12]Me volví para ver de quién era la voz que me hablaba; y al hacerlo vi siete candelabros de oro, [13]y en medio de los siete candelabros vi a alguien con apariencia humana,[l] vestido con una ropa que le llegaba hasta los pies y con un cinturón de oro a la altura del pecho.[m] [14]Sus cabellos eran blancos como la lana,[n] o como la nieve, y sus ojos parecían llamas de fuego. [15]Sus pies brillaban como bronce pulido, fundido en un horno;[ñ] y su voz era tan fuerte como el ruido de una cascada.[o] [16]En su mano derecha tenía siete estrellas, y de su boca salía una aguda espada de dos filos. Su cara era como el sol cuando brilla en todo su esplendor.

[17]Al verlo, caí a sus pies como muerto. Pero él, poniendo su mano derecha sobre mí, me dijo: "No tengas miedo; yo soy el primero y el último,[p] [18]y el que vive. Estuve muerto, pero ahora vivo para siempre. Yo tengo las llaves del reino de la muerte. [19]Escribe lo que has visto: lo que ahora hay y lo que va a haber después. [20]Este es el secreto de las siete estrellas que has visto en mi mano derecha, y de los siete candelabros de oro: las siete estrellas representan a los ángeles de las siete iglesias, y los siete candelabros representan a las siete iglesias.

### Mensajes a las siete iglesias. El mensaje a Efeso

**2** [1]"Escribe al ángel de la iglesia de Efeso: 'Esto dice el que tiene las siete estrellas en su mano derecha y anda en medio de los siete candelabros de oro: [2]Yo sé todo lo que haces; conozco tu duro trabajo y tu constancia, y sé que no puedes soportar a los malos. También sé que has puesto a prueba a los que dicen ser apóstoles y no lo son, y has descubierto que son mentirosos. [3]Has sido constante,

y has sufrido mucho por mi causa, sin cansarte. [4]Pero tengo una cosa contra ti: que ya no tienes el mismo amor que al principio. [5]Por eso, recuerda de dónde has caído, vuélvete a Dios y haz otra vez lo que hacías al principio. Si no, iré a ti y quitaré tu candelabro de su lugar, a menos que te vuelvas a Dios. [6]Sin embargo, tienes a tu favor que odias los hechos de los nicolaítas, los cuales yo también odio. [7]¡El que tiene oídos, oiga lo que el Espíritu dice a las iglesias! A los que salgan vencedores les daré a comer del árbol de la vida,[q] que está en el paraíso de Dios.'[r]

### El mensaje a Esmirna

[8]"Escribe también al ángel de la iglesia de Esmirna: 'Esto dice el primero y el último,[s] el que murió y ha vuelto a vivir: [9]Yo conozco tus sufrimientos y tu pobreza, aunque en realidad eres rico. Y sé lo mal que hablan de ti los que se dicen judíos pero no son otra cosa que una congregación de Satanás. [10]No tengas miedo de lo que vas a sufrir, pues el diablo meterá en la cárcel a algunos de ustedes, para que todos ustedes sean puestos a prueba; y tendrán que sufrir durante diez días. Mantente fiel hasta la muerte, y yo te daré la vida como premio. [11]¡El que tiene oídos, oiga lo que el Espíritu dice a las iglesias! Los que salgan vencedores no sufrirán ningún daño de la segunda muerte.'[t]

### El mensaje a Pérgamo

[12]"Escribe también al ángel de la iglesia de Pérgamo: 'Esto dice el que tiene la aguda espada de dos filos: [13]Yo sé que vives donde Satanás tiene su trono; sin embargo sigues fiel a mi causa. No has dejado de creer en mí, ni siquiera en los días en que a Antipas, mi testigo fiel, lo mataron en esa ciudad donde vive Satanás. [14]Pero tengo unas cuantas cosas contra ti: que ahí tienes algunos que no quieren apartarse de la enseñanza de Balaam, el cual aconsejó a Balac que hiciera pecar a los israelitas[u] incitándolos a comer alimentos ofrecidos en sacrificio a los ídolos y a cometer inmoralidades sexuales.[v] [15]También tienes ahí algunos que no quieren apartarse de la enseñanza de ios nicolaítas. [16]Por eso, vuélvete a Dios; de lo contrario, iré pronto a ti, y con la espada

---

*l* **1.13** Dn 7.13.   *m* **1.13** Dn 10.5.   *n* **1.14** Dn 7.9.   *ñ* **1.14-15** Dn 10.6.   *o* **1.15** Ez 1.24; 43.2.   *p* **1.17** Is 41.4; 44.6-8; 48.12; Ap 1.8; 2.8; 22.13.   *q* **2.7** Gn 2.9; Ap 22.2.   *r* **2.7** Ez 28.13; 31.8.   *s* **2.8** Is 41.4; 44.6; 48.12; Ap 1.17; 22.13.   *t* **2.11** Ap 20.14; 21.8. *u* **2.14** Nm 22.5,7; 31.16; Dt 23.4.   *v* **2.14** Nm 25.1-3.

que sale de mi boca pelearé contra ellos. [17] ¡El que tiene oídos, oiga lo que el Espíritu dice a las iglesias! A los que salgan vencedores les daré a comer del maná[w] que está escondido; y les daré también una piedra blanca, en la que está escrito un nombre nuevo[x] que nadie conoce sino quien lo recibe.'

### El mensaje a Tiatira

[18] "Escribe también al ángel de la iglesia de Tiatira: 'Esto dice el Hijo de Dios, el que tiene los ojos como llamas de fuego y los pies como bronce pulido: [19]Yo sé todo lo que haces; conozco tu amor, tu fe, tu servicio y tu constancia, y sé que ahora estás haciendo más que al principio. [20]Pero tengo una cosa contra ti: que toleras a esa mujer, Jezabel,[y] que dice hablar de parte de Dios pero engaña con su enseñanza a mis siervos, haciéndoles cometer inmoralidades sexuales y comer alimentos ofrecidos en sacrificio a los ídolos. [21]Yo le he dado tiempo para que se convierta a Dios; pero ella no ha querido hacerlo ni ha abandonado su inmoralidad sexual. [22-23]Por eso, voy a hacerla caer en cama, y mataré a sus hijos; y a los que cometen adulterio con ella, si no dejan de portarse como ella lo hace, les enviaré grandes sufrimientos. Así todas las iglesias se darán cuenta de que yo conozco hasta el fondo la mente y el corazón;[z] y a cada uno de ustedes le daré según lo que haya hecho.[a] [24]En cuanto a ustedes, los que están en Tiatira pero no siguen esa enseñanza ni han llegado a conocer lo que ellos llaman los secretos profundos de Satanás, les digo que no les impongo otra carga. [25]Pero conserven lo que tienen, hasta que yo venga. [26]A los que salgan vencedores y sigan hasta el fin haciendo lo que yo quiero que se haga, les daré autoridad sobre las naciones, [27-28]así como mi Padre me ha dado autoridad a mí; y gobernarán a las naciones con cetro de hierro, y las harán pedazos como a ollas de barro.[b] Y les daré también la estrella de la mañana. [29]¡El que tiene oídos, oiga lo que el Espíritu dice a las iglesias!'

### El mensaje a Sardis

3 [1]"Escribe también al ángel de la iglesia de Sardis: 'Esto dice el que tiene los siete espíritus de Dios y las siete estrellas: Yo sé todo lo que haces, y sé que estás muerto aunque tienes fama de estar vivo. [2]Despiértate y refuerza las cosas que todavía quedan, pero que ya están a punto de morir, pues he visto que lo que haces no es perfecto delante de mi Dios. [3]Recuerda, pues, la enseñanza que has recibido; síguela y vuélvete a Dios. Si no te mantienes despierto, iré a ti como un ladrón, cuando menos lo esperes.[c] [4]Sin embargo, ahí en Sardis tienes unas cuantas personas que no han manchado sus ropas; ellas andarán conmigo vestidas de blanco, porque se lo merecen. [5]Los que salgan vencedores serán así vestidos de blanco, y no borraré sus nombres del libro de la vida,[d] sino que los reconoceré delante de mi Padre y delante de sus ángeles.[e] [6]¡El que tiene oídos, oiga lo que el Espíritu dice a las iglesias!'

### El mensaje a Filadelfia

[7]"Escribe también al ángel de la iglesia de Filadelfia: 'Esto dice el que es santo y verdadero, el que tiene la llave del rey David, el que cuando abre nadie puede cerrar y cuando cierra nadie puede abrir:[f] [8]Yo sé todo lo que haces; mira, delante de ti he puesto una puerta abierta que nadie puede cerrar, y aunque tienes poca fuerza, has hecho caso de mi palabra y no me has negado. [9]Yo haré que los de la congregación de Satanás, los mentirosos que dicen ser judíos y no lo son, vayan a arrodillarse a tus pies,[g] para que sepan que yo te he amado.[h] [10]Has cumplido mi mandamiento de ser constante, y por eso yo te protegeré de la hora de prueba que va a venir sobre el mundo entero para poner a prueba a todos los que viven en la tierra. [11]Vengo pronto. Conserva lo que tienes, para que nadie te arrebate tu premio. [12]A los que salgan vencedores les daré que sean columnas en el templo de mi Dios, y nunca más saldrán de allí; y en ellos escribiré el nombre de mi Dios y el nombre de la ciudad de mi Dios, la nueva Jerusalén que viene del cielo, de mi Dios;[i] y también escribiré en ellos mi nombre nuevo.[j] [13]¡El que tiene oídos, oiga lo que el Espíritu dice a las iglesias!'

[w] **2.17** Ex 16.14-15; 16.33-34; Jn 6.48-50.    [x] **2.17** Is 62.2; 65.15.    [y] **2.20** 1 R 16.31; 2 R 9.22,30.    [z] **2.22-23** Sal 7.9; Jer 17.10.    [a] **2.22-23** Sal 62.11-12; Pr 24.12; Ez 18.30; 33.20; Mt 16.27.    [b] **2.26-28** Sal 2.8-9.    [c] **3.3** Mt 24.43-44; Lc 12.39-40; Ap 16.15.    [d] **3.5** Ex 32.32-33; Sal 69.28; Ap 20.12.    [e] **3.5** Mt 10.32; Lc 12.8.    [f] **3.7** Is 22.22; Job 12.14.    [g] **3.9** Is 49.23; 60.14.    [h] **3.9** Is 43.4.    [i] **3.12** Ap 21.2.    [j] **3.12** Is 62.2; 65.15.

### El mensaje a Laodicea

[14] "Escribe también al ángel de la iglesia de Laodicea: 'Esto dice el Verdadero, el testigo fiel que dice la verdad, el origen de todo lo que Dios creó:[k] [15] Yo sé todo lo que haces. Sé que no eres frío ni caliente. ¡Ojalá fueras frío o caliente! [16] Pero como eres tibio, y no frío ni caliente, te vomitaré de mi boca. [17] Pues tú dices que eres rico, que te ha ido muy bien y que no te hace falta nada; y no te das cuenta de que eres un desdichado, miserable, pobre, ciego y desnudo. [18] Por eso te aconsejo que de mí compres oro refinado en el fuego, para que seas realmente rico; y que de mí compres ropa blanca para vestirte y cubrir tu vergonzosa desnudez, y una medicina para que te la pongas en los ojos y veas. [19] Yo reprendo y corrijo a todos los que amo.[l] Por lo tanto, sé fervoroso y vuélvete a Dios. [20] Mira, yo estoy llamando a la puerta; si alguien oye mi voz y abre la puerta, entraré en su casa y cenaremos juntos. [21] A los que salgan vencedores les daré un lugar conmigo en mi trono, así como yo he vencido[m] y me he sentado con mi Padre en su trono. [22] ¡El que tiene oídos, oiga lo que el Espíritu dice a las iglesias!'"

### La adoración en el cielo

**4** [1] Después de esto, miré y vi una puerta abierta en el cielo; y la voz que yo había escuchado primero, y que parecía un toque de trompeta, me dijo: "Sube acá y te mostraré las cosas que tienen que suceder después de éstas."

[2] En ese momento quedé bajo el poder del Espíritu, y vi un trono puesto en el cielo, y alguien estaba sentado en el trono. [3] El que estaba sentado en el trono tenía el aspecto de una piedra de jaspe o de cornalina, y alrededor del trono había un arco iris que brillaba como una esmeralda;[n] [4] también alrededor del trono vi otros veinticuatro tronos, en los cuales estaban sentados veinticuatro ancianos: iban vestidos de blanco y llevaban una corona de oro en la cabeza. [5] Del trono salían relámpagos, voces[2] y truenos;[ñ] y delante del trono ardían siete antorchas de fuego,[o] que son los siete espíritus de Dios.[p] [6] Delante del trono había también algo que parecía un mar, transparente como el cristal.[q]

En el centro, donde estaba el trono, y a su alrededor, había cuatro seres vivientes llenos de ojos por delante y por detrás. [7] El primero de aquellos seres parecía un león, el segundo parecía un toro, el tercero tenía aspecto humano, y el cuarto parecía un águila volando.[r] [8] Cada uno de los cuatro seres vivientes tenía seis alas, y estaba cubierto de ojos por fuera y por dentro.[s] Y ni de día ni de noche dejaban de decir:

> "¡Santo, santo, santo es el Señor,
> Dios todopoderoso,[t]
> el que era y es y ha de venir!"

[9-10] Cada vez que esos seres vivientes dan gloria y honor y gracias al que está sentado en el trono, al que vive por todos los siglos, los veinticuatro ancianos se arrodillan ante él y lo adoran y, arrojando sus coronas delante del trono, dicen:

> [11] "Tú eres digno, Señor y Dios nuestro,
> de recibir la gloria, el honor y el poder,
> porque tú has creado todas las cosas;
> por tu voluntad existen y han sido creadas."

### El rollo escrito y el Cordero

**5** [1] En la mano derecha del que estaba sentado en el trono vi un rollo escrito por dentro y por fuera,[u] y cerrado con siete sellos. [2] Y vi un ángel poderoso que preguntaba a gran voz: "¿Quién es digno de abrir el rollo y romper sus sellos?" [3] Pero ni en el cielo ni en la tierra ni debajo de la tierra había nadie que pudiera abrir el rollo, ni mirarlo. [4] Y yo lloraba mucho, porque no se había encontrado a nadie digno de abrir el rollo, ni de mirarlo. [5] Pero uno de los ancianos me dijo: "No llores más, pues el León de la tribu de Judá,[v] que es descendiente del rey David,[w] ha vencido[x] y puede abrir el rollo y romper sus siete sellos."

[6] Entonces, en medio del trono y de los cuatro seres vivientes, y en medio de los ancianos, vi un Cordero. Estaba de pie, aunque parecía haber sido sacrificado.[y] Tenía siete cuernos y siete ojos,[z] que son los siete espíritus de Dios enviados por toda la tierra. [7] Aquel Cordero fue y tomó

---

[2] *Voces: lit. estruendos.*

[k] 3.14 Pr 8.22-31; Jn 1.3; Col 1.15,18.   [l] 3.19 Pr 3.12; He 12.6.   [m] 3.21 Jn 16.33; Ap 5.5.   [n] 4.2-3 Ez 1.26-28; 10.1.   [ñ] 4.5 Ex 19.16; Ap 8.5; 11.19; 16.18.   [o] 4.5 Ez 1.13.   [p] 4.5 Zac 4.2; Ap 1.4.   [q] 4.6 Ez 1.22.   [r] 4.6-7 Ez 1.5-10; 10.14.   [s] 4.8 Ez 1.18; 10.12.   [t] 4.8 Is 6.2-3.   [u] 5.1 Is 29.11; Ez 2.9-10; Zac 5.1.   [v] 5.5 Gn 49.9.   [w] 5.5 Is 11.1,10.   [x] 5.5 Jn 16.33; Ap 3.21.   [y] 5.6 Is 53.7.   [z] 5.6 Zac 4.10.

el rollo de la mano derecha del que estaba sentado en el trono; [8]y en cuanto tomó el rollo, los cuatro seres vivientes y los veinticuatro ancianos se pusieron de rodillas delante del Cordero. Todos ellos tenían arpas, y llevaban copas de oro llenas de incienso, que son las oraciones de los que pertenecen al pueblo de Dios.[a] [9]Y cantaban este canto nuevo:[b]

"Tú eres digno de tomar el rollo y de romper sus sellos,
porque fuiste sacrificado;
y derramando tu sangre compraste para Dios
gentes de toda raza, lengua, pueblo y nación.
[10]De ellos hiciste un reino,
hiciste sacerdotes para nuestro Dios,[c]
y reinarán sobre la tierra."

[11]Luego miré, y oí la voz de muchos ángeles que estaban alrededor del trono, de los seres vivientes y de los ancianos. Había millones y millones de ellos,[d] [12]y decían con fuerte voz:

"¡El Cordero que fue sacrificado[e]
es digno de recibir el poder y la riqueza,
la sabiduría y la fuerza,
el honor, la gloria y la alabanza!"

[13]Y oí también que todas las cosas creadas por Dios en el cielo, en la tierra, debajo de la tierra y en el mar, decían:

"¡Al que está sentado en el trono y al Cordero,
sean dados la alabanza, el honor, la gloria y el poder
por todos los siglos!"

[14]Los cuatro seres vivientes respondían: "¡Así sea!" Y los veinticuatro ancianos se pusieron de rodillas y adoraron.

### Los siete sellos

6 [1]Luego vi cómo el Cordero rompía el primero de los siete sellos, y oí que uno de aquellos cuatro seres vivientes decía con voz que parecía un trueno: "¡Ven!" [2]Miré, y vi un caballo blanco,[f] y el que lo montaba llevaba un arco en la

mano. Se le dio una corona, y salió triunfante y para triunfar.

[3]Cuando el Cordero rompió el segundo sello, oí que el segundo de los seres vivientes decía: "¡Ven!" [4]Y salió otro caballo. Era de color rojo,[g] y el que lo montaba recibió poder para quitar la paz del mundo y para hacer que los hombres se mataran unos a otros; y se le dio una gran espada.

[5]Cuando el Cordero rompió el tercer sello, oí que el tercero de los seres vivientes decía: "¡Ven!" Miré, y vi un caballo negro,[h] y el que lo montaba tenía una balanza en la mano. [6]Y en medio de los cuatro seres vivientes oí una voz que decía: "Solamente un kilo de trigo por el salario de un día, y tres kilos de cebada por el salario de un día; pero no eches a perder el aceite ni el vino."

[7]Cuando el Cordero rompió el cuarto sello, oí que el cuarto de los seres vivientes decía: "¡Ven!" [8]Miré, y vi un caballo amarillento, y el que lo montaba se llamaba Muerte. Tras él venía el que representaba al reino de la muerte, y se les dio poder sobre la cuarta parte del mundo, para matar con guerras, con hambres, con enfermedades y con las fieras de la tierra.[i]

[9]Cuando el Cordero rompió el quinto sello, vi debajo del altar a los que habían sido muertos por haber proclamado el mensaje de Dios. [10]Decían con fuerte voz: "Soberano santo y fiel, ¿cuándo juzgarás a los habitantes de la tierra y vengarás nuestra muerte?" [11]Entonces se les dieron ropas blancas, y se les dijo que descansaran aún por un poco de tiempo, hasta que se completara el número de sus hermanos que, en el servicio de Cristo, tenían que ser muertos como ellos.

[12]Cuando el Cordero rompió el sexto sello, miré, y hubo un gran terremoto.[j] El sol se volvió negro,[k] como ropa de luto; toda la luna se volvió roja, como la sangre,[l] [13]y las estrellas cayeron del cielo a la tierra, como caen los higos verdes de la higuera cuando ésta es sacudida por un fuerte viento. [14]El cielo desapareció como un papel que se enrolla,[m] y todas las montañas y las islas fueron removidas de su lugar.[n] [15]Y los reyes del mundo se escondieron en las cuevas y entre las rocas de las montañas,[ñ] junto con los grandes, los jefes militares, los ricos, los poderosos y todos los esclavos y los hombres libres; [16]y

a 5.8 Sal 141.2; Ap 8.3.   b 5.9 Sal 33.3; 98.1; Is 42.10.   c 5.10 Ex 19.6; Ap 1.6; 20.6.   d 5.11 Dn 7.10.   e 5.12 Jn 1.29; 1 Co 5.7.   f 6.2 Zac 1.8; 6.3,6.   g 6.4 Zac 1.8; 6.2.   h 6.5 Zac 6.2,6.   i 6.8 Ez 14.21.   j 6.12 Ap 11.13; 16.18.   k 6.12 Is 13.10; Jl 2.10,31; 3.15; Mt 24.29; Mr 13.24-25; Lc 21.25.   l 6.12 Jl 2.31.   m 6.13-14 Is 34.4.   n 6.14 Ap 16.20.   ñ 6.15 Is 2.19,21.

decían a las montañas y a las rocas: "¡Caigan sobre nosotros y escóndannos[o] de la presencia del que está sentado en el trono, y de la ira del Cordero! [17]Porque ha llegado ya el gran día del castigo, ¿y quién podrá resistir?"[p]

### Los señalados de las tribus de Israel

**7** [1]Después de esto, vi cuatro ángeles que estaban en pie sobre los cuatro puntos cardinales, deteniendo los cuatro vientos[q] para que no soplaran sobre la tierra ni sobre el mar ni sobre ningún árbol. [2]También vi otro ángel que venía del oriente, y que tenía el sello del Dios viviente. Este ángel gritó con fuerte voz a los otros cuatro que habían recibido poder para hacer daño a la tierra y al mar: [3]"¡No hagan daño a la tierra ni al mar ni a los árboles, mientras no hayamos puesto un sello en la frente a los siervos de nuestro Dios!"[r]

[4]Y oí el número de los que así fueron señalados: ciento cuarenta y cuatro mil de entre todas las tribus israelitas. [5]Fueron señalados doce mil de la tribu de Judá, doce mil de la tribu de Rubén, doce mil de la tribu de Gad, [6]doce mil de la tribu de Aser, doce mil de la tribu de Neftalí, doce mil de la tribu de Manasés, [7]doce mil de la tribu de Simeón, doce mil de la tribu de Leví, doce mil de la tribu de Isacar, [8]doce mil de la tribu de Zabulón, doce mil de la tribu de José y doce mil de la tribu de Benjamín.

### La multitud vestida de blanco

[9]Después de esto, miré y vi una gran multitud de todas las naciones, razas, lenguas y pueblos. Estaban en pie delante del trono y delante del Cordero, y eran tantos que nadie podía contarlos. Iban vestidos de blanco y llevaban hojas de palma en las manos. [10]Todos gritaban con fuerte voz:

"¡La victoria es de nuestro Dios,
que está sentado en el trono,
y del Cordero!"

[11]Y todos los ángeles estaban en pie alrededor del trono y de los ancianos y de los cuatro seres vivientes; y se inclinaron delante del trono hasta tocar el suelo con la frente, y adoraron a Dios [12]diciendo:

"¡Así sea!
La alabanza, la gloria,
la sabiduría, la gratitud,
el honor, el poder y la fuerza
sean dados a nuestro Dios por todos
los siglos.
¡Así sea!"

[13]Entonces uno de los ancianos me preguntó: "¿Quiénes son éstos que están vestidos de blanco, y de dónde han venido?" [14]"Tú lo sabes, señor", le contesté. Y él me dijo: "Estos son los que han pasado por la gran aflicción,[s] los que han lavado sus ropas y las han blanqueado en la sangre del Cordero.[t]

[15]"Por eso están delante del trono de Dios,
y día y noche le sirven en su templo.
El que está sentado en el trono
los protegerá con su presencia.
[16]Ya no sufrirán hambre ni sed,
ni los quemará el sol,
ni el calor los molestará;[u]
[17]porque el Cordero, que está en
medio del trono,
los cuidará como a ovejas[v]
y los guiará a manantiales de aguas
de vida,[w]
y Dios secará toda lágrima de sus
ojos."[x]

### El séptimo sello y el incensario de oro

**8** [1]Cuando el Cordero rompió el séptimo sello del rollo, hubo silencio en el cielo durante una media hora. [2]Luego vi a los siete ángeles que estaban de pie delante de Dios, * a los cuales se les dieron siete trompetas. [3]Después vino otro ángel, con un incensario de oro, y se puso de pie ante el altar;[y] y se le dio mucho incienso, para ofrecerlo sobre el altar de oro[z] que estaba delante del trono, junto con las oraciones de todos los que pertenecen al pueblo de Dios.[a] [4]El humo del incienso subió de la mano del ángel a la presencia de Dios, junto con las oraciones de los que pertenecen al pueblo de Dios. [5]Entonces el ángel tomó el incensario, lo llenó con brasas de fuego del altar, y lo lanzó sobre la tierra;[b] y hubo truenos, voces,[2] relámpagos y un terremoto.[c]

---

[2] *Voces: lit. estruendos.*

[o] 6.16 Os 10.8; Lc 23.30.  [p] 6.17 Is 13.6; Ez 30.2-3; Jl 1.15; 2.11; Am 5.18-20; 8.9-14; Sof 1.14-18; Mal 3.2.  [q] 7.1 Jer 49.36; Dn 7.2; Zac 6.5.  [r] 7.3 Ez 9.4,6.  [s] 7.14 Dn 12.1; Mt 24.21; Mr 13.19.  [t] 7.14 Jn 1.29; 1 Jn 1.7.  [u] 7.16 Sal 121.6; Is 49.10.  [v] 7.17 Sal 23.1; Ez 34.23; Jn 10.1-16.  [w] 7.17 Sal 23.2; Is 49.10; Jn 4.10; 7.37.  [x] 7.17 Is 25.8; Ap 21.4.  * 8.2 Tob 12.15.  [y] 8.3 Am 9.1.  [z] 8.3 Ex 30.1,3.  [a] 8.3 Sal 141.2; Ap 5.8.  [b] 8.5 Lv 16.12; Ez 10.2.  [c] 8.5 Ex 19.16; Ap 11.19; 16.18.

### Las trompetas

⁶Los siete ángeles que tenían las siete trompetas se prepararon para tocarlas.

⁷El primer ángel tocó su trompeta, y fueron lanzados sobre la tierra granizo y fuego[d] mezclados con sangre. Se quemó la tercera parte de la tierra, junto con la tercera parte de los árboles y toda la hierba verde.

⁸El segundo ángel tocó su trompeta, y fue lanzado al mar algo que parecía un gran monte ardiendo en llamas; y la tercera parte del mar se volvió sangre.[e] ⁹La tercera parte de todo lo que vivía en el mar, murió, y la tercera parte de los barcos fueron destruidos.

¹⁰El tercer ángel tocó su trompeta, y una gran estrella, ardiendo como una antorcha, cayó del cielo[f] sobre la tercera parte de los ríos y sobre los manantiales. ¹¹La estrella se llamaba Amargura; y la tercera parte de las aguas se volvió amarga, y a causa de aquellas aguas amargas murió[g] mucha gente.

¹²El cuarto ángel tocó su trompeta, y fue dañada la tercera parte del sol, la tercera parte de la luna y la tercera parte de las estrellas. De modo que una tercera parte de ellos quedó oscura,[h] y no dieron su luz durante la tercera parte del día ni de la noche.

¹³Luego miré, y oí un águila que volaba en medio del cielo y decía con fuerte voz: "¡Ay, ay, ay de los habitantes de la tierra, cuando suenen las trompetas que van a tocar los otros tres ángeles!"

**9** ¹El quinto ángel tocó su trompeta, y vi una estrella que había caído del cielo a la tierra; y se le dio la llave del pozo del abismo. ²Abrió el pozo del abismo, y de él subió humo como de un gran horno;[i] y el humo del pozo hizo oscurecer el sol y el aire. ³Del humo salieron langostas que se extendieron por la tierra;[j] y se les dio poder como el que tienen los alacranes. ⁴Se les mandó que no hicieran daño a la hierba de la tierra ni a ninguna cosa verde ni a ningún árbol, sino solamente a quienes no llevaran el sello de Dios en la frente.[k] ⁵Pero no se les permitió matar a la gente, sino tan sólo causarle dolor durante cinco meses; y el dolor que causaban era como el de una picadura de alacrán.

⁶En aquellos días la gente buscará la muerte, y no la encontrará; desearán morirse, y la muerte se alejará de ellos.[l]

⁷Las langostas parecían caballos preparados para la guerra;[m] en la cabeza llevaban algo semejante a una corona de oro, y su cara tenía apariencia humana. ⁸Tenían cabello como de mujer, y sus dientes parecían de león.[n] ⁹Sus cuerpos estaban protegidos con una especie de armadura de hierro, y el ruido de sus alas era como el de muchos carros tirados por caballos cuando entran en combate.[ñ] ¹⁰Sus colas, armadas de aguijones, parecían de alacrán, y en ellas tenían poder para hacer daño a la gente durante cinco meses. ¹¹El jefe de las langostas, que es el ángel del abismo, se llama en hebreo Abadón y en griego Apolión.[3]

¹²Pasó el primer desastre; pero todavía faltan dos.

¹³El sexto ángel tocó su trompeta, y oí una voz que salía de entre los cuatro cuernos del altar de oro[o] que estaba delante de Dios. ¹⁴Y la voz le dijo al sexto ángel, que tenía la trompeta: "Suelta los cuatro ángeles que están atados junto al gran río Éufrates." ¹⁵Entonces fueron soltados los cuatro ángeles, para que mataran a la tercera parte de la gente, pues habían sido preparados precisamente para esa hora, día, mes y año. ¹⁶Y alcancé a oír el número de los soldados de a caballo: eran doscientos millones.

¹⁷Así es como vi los caballos en la visión, y quienes los montaban se cubrían el pecho con una armadura que parecía de fuego, pues era azul como el jacinto y amarilla como el azufre. Y los caballos tenían cabeza como de león, y de su boca salía fuego, humo y azufre. ¹⁸La tercera parte de la gente fue muerta por estas tres calamidades que salían de la boca de los caballos: fuego, humo y azufre. ¹⁹Porque el poder de los caballos estaba en su boca y en su cola; pues sus colas parecían serpientes, y dañaban con sus cabezas.

²⁰Pero el resto de la gente, los que no murieron por estas calamidades, tampoco ahora dejaron de hacer el mal que hacían, ni dejaron de adorar a los demonios y a los ídolos de oro, plata, bronce, piedra y madera, los cuales no pueden ver ni oír ni caminar.[p] ²¹Y tampoco dejaron de matar,

³ El nombre hebreo *Abadón*, que en griego se traduce por *Apolión*, significa *Destructor*.
*d* **8.7** Ex 9.23-25; Ez 38.22; Sab 16.16.    *e* **8.8** Ex 7.17-21.    *f* **8.10** Is 14.12.    *g* **8.11** Jer 9.15; 23.15.    *h* **8.12** Ex 10.21-23; Is 13.10; Ez 32.7; Jl 2.10,31; 3.15; Sab 17.2-20.    *i* **9.2** Gn 19.28.    *j* **9.3** Ex 10.12-15; Sab 16.9.    *k* **9.4** Ez 9.4.    *l* **9.6** Job 3.21; Jer 8.3.
*m* **9.7** Jl 2.4.    *n* **9.8** Jl 1.6.    *ñ* **9.9** Jl 2.5.    *o* **9.13** Ex 30.1-3.    *p* **9.20** Sal 115.4 -7; 135.15-17; Dn 5.23.

ni de hacer brujerías, ni de cometer inmoralidades sexuales, ni de robar.[q]

## El ángel con el rollito escrito

**10** [1]Vi otro ángel poderoso, que bajaba del cielo envuelto en una nube; tenía un arco iris sobre la cabeza, su cara brillaba como el sol y sus piernas parecían columnas de fuego. [2]Llevaba en la mano un rollito abierto, y puso el pie derecho sobre el mar y el izquierdo sobre la tierra. [3]Y gritó con fuerte voz, como un león que ruge; y cuando gritó, siete truenos dejaron oír sus propias voces. [4]Después que los siete truenos hablaron, iba yo a escribir; pero oí una voz del cielo, que me decía: "Guarda en secreto lo que dijeron los siete truenos, y no lo escribas."

[5]Entonces el ángel que vi en pie sobre el mar y sobre la tierra, levantó al cielo su mano derecha [6]y juró por el que vive para siempre, el que hizo el cielo, la tierra, el mar y todas las cosas que hay en ellos. Dijo: "Ya no habrá más tiempo; [7]pues cuando llegue el momento en que el séptimo ángel comience a tocar su trompeta, ya se habrá cumplido el plan secreto de Dios, como él anunció a sus propios siervos los profetas."[r]

[8]La voz que yo había oído, y que salía del cielo, volvió a hablarme, y me dijo: "Anda y toma el rollito abierto que tiene en la mano el ángel que está de pie sobre el mar y sobre la tierra." [9]Fui al ángel y le pedí que me diera el rollito, y me contestó: "Toma y cómetelo. En tu boca será dulce como la miel, pero en tu estómago se volverá amargo."

[10]Tomé el rollito de la mano del ángel, y me lo comí; y en mi boca era dulce como la miel, pero cuando me lo hube comido se volvió amargo en mi estómago.[s] [11]Entonces me dijeron: "Tienes que anunciar otra vez lo que Dios dice acerca de muchos pueblos, naciones, lenguas y reyes."

## Los dos testigos

**11** [1]Me dieron una vara de medir, parecida a una caña, y me dijeron: "Levántate y toma las medidas del templo de Dios[t] y del altar, y cuenta los que adoran allí. [2]Pero no midas el atrio exterior del templo, porque ha sido entregado a los paganos, los cuales van a pisotear la ciudad santa durante cuarenta y dos meses.[u] [3]Y yo enviaré dos testigos, vestidos con ropas ásperas, a hablar de mi parte durante mil doscientos sesenta días."

[4]Estos dos testigos son los dos olivos y los dos candelabros que están delante del Señor de la tierra.[v] [5]Si alguien intenta hacerles daño, ellos echan fuego por la boca, que quema por completo a sus enemigos; así morirá cualquiera que quiera hacerles daño. [6]Estos testigos tienen poder para cerrar el cielo, para que no llueva durante el tiempo en que estén hablando de parte de Dios,[w] y también tienen poder para cambiar el agua en sangre[x] y para hacer sufrir a la tierra con toda clase de calamidades,[y] tantas veces como ellos quieran.

[7]Pero cuando hayan terminado de dar su testimonio, el monstruo que sube del abismo[z] los atacará, los vencerá y los matará.[a] [8]Sus cadáveres quedarán tendidos en las calles de la gran ciudad donde fue crucificado su Señor, la cual en lenguaje figurado se llama Sodoma,[b] y también Egipto. [9]Y por tres días y medio, gente de distintos pueblos, razas, lenguas y naciones verá sus cadáveres y no dejará que los entierren. [10]Los que viven en la tierra se alegrarán de su muerte. Estarán tan contentos que se harán regalos unos a otros, porque aquellos dos profetas eran un tormento para ellos.

[11]Pero al cabo de los tres días y medio, Dios los revivió y se levantaron otra vez,[c] y todos los que los vieron se llenaron de miedo. [12]Entonces los dos testigos oyeron una fuerte voz del cielo, que les decía: "¡Suban acá!" Y subieron al cielo en una nube,[d] y sus enemigos los vieron. [13]En aquel mismo momento hubo un gran terremoto,[e] y a causa del terremoto se derrumbó la décima parte de la ciudad, y siete mil personas murieron. Los que aún quedaron con vida, llenos de miedo alabaron a Dios, que está en el cielo.

[14]Pasó el segundo desastre, pero pronto viene el tercero.

## La séptima trompeta

[15]El séptimo ángel tocó su trompeta, y se oyeron fuertes voces en el cielo, que decían:

[q] 9.20-21 Ex 8.15,19.   [r] 10.5-7 Ex 20.11; Dt 32.40; Dn 12.7; Am 3.7.   [s] 10.8-10 Ez 2.8-3.3.   [t] 11.1 Ez 40.3; Zac 2.1-2.
[u] 11.2 Dn 7.25; 12.7; Lc 21.24.   [v] 11.4 Zac 4.3,11-14.   [w] 11.6 1 R 17.1.   [x] 11.6 Ex 7.17-19.   [y] 11.6 1 S 4.8.   [z] 11.7 Dn 7.7.;
Ap 13.5-7; 17.8.   [a] 11.7 Dn 7.21.   [b] 11.8 Is 1.9-10.   [c] 11.11 Ez 37.5,10.   [d] 11.12 2 R 2.11.   [e] 11.13 Ap 6.12; 16.18.

"El reino del mundo
ha llegado a ser de nuestro Señor y
    de su Mesías,
y reinarán por todos los siglos."*f*

[16]Los veinticuatro ancianos que estaban
sentados en sus tronos delante de Dios, se
inclinaron hasta el suelo y adoraron a
Dios, [17]diciendo:
"Te damos gracias, Señor, Dios
    todopoderoso,
tú que eres y que eras,
porque has tomado tu gran poder
    y has comenzado a reinar.
[18]Las naciones se han enfurecido;
pero ha llegado el día de tu ira,*g*
el momento en que has de juzgar a
    los muertos;
y darás la recompensa a tus siervos
    los profetas,
a los que pertenecen a tu pueblo
y a los que honran tu nombre,
sean grandes o pequeños;*h*
y destruirás a los que destruyen la
    tierra."

[19]Entonces se abrió el templo de Dios
que está en el cielo, y en el templo se veía
el cofre de su pacto.* Y hubo relámpagos,
voces,*i* truenos, un terremoto y una gran
granizada.*j*

### La mujer y el dragón

**12** [1]Apareció en el cielo una gran
señal: una mujer envuelta en el sol
como en un vestido, con la luna bajo sus
pies y una corona de doce estrellas en la
cabeza. [2]La mujer estaba encinta, y gritaba por los dolores del parto, por el
sufrimiento de dar a luz. [3]Luego apareció
en el cielo otra señal: un gran dragón rojo
que tenía siete cabezas, diez cuernos*j*
una corona en cada cabeza. [4]Con la cola
arrastró la tercera parte de las estrellas del
cielo, y las lanzó sobre la tierra.*k* El dragón se detuvo delante de la mujer que iba
a dar a luz, para devorar a su hijo tan
pronto como naciera. [5]Y la mujer dio a
luz un hijo varón,*l* el cual ha de gobernar
a todas las naciones con cetro de hierro.*m*
Pero su hijo le fue quitado y llevado ante
Dios y ante su trono; [6]y la mujer huyó al
desierto, donde Dios le había preparado

un lugar para que allí le dieran de comer
durante mil doscientos sesenta días.
[7]Después hubo una batalla en el cielo:
Miguel*n* y sus ángeles lucharon contra el
dragón. El dragón y sus ángeles pelearon,
[8]pero no pudieron vencer, y ya no hubo
lugar para ellos en el cielo. [9]Así que fue
expulsado el gran dragón, aquella serpiente antigua*n* que se llama Diablo y
Satanás, y que engaña a todo el mundo.
El y sus ángeles fueron lanzados a la tierra.*o*
[10]Entonces oí una fuerte voz en el cielo,
que decía:

"Ya llegó la salvación,
el poder y el reino de nuestro Dios,
y la autoridad de su Mesías;
porque ha sido expulsado
el acusador de nuestros hermanos,*p*
el que día y noche los acusaba
delante de nuestro Dios.
[11]Nuestros hermanos lo han vencido
con la sangre derramada del Cordero
y con el mensaje que ellos
    proclamaron;
no tuvieron miedo de perder la vida,
sino que estuvieron dispuestos a
    morir.
[12]¡Alégrense, pues, cielos,
y ustedes que viven en ellos!
¡Pero ay de los que viven en la tierra
    y en el mar,
porque el diablo, sabiendo que le
    queda poco tiempo,
ha bajado contra ustedes lleno de
    furor!"

[13]Cuando el dragón se vio lanzado a la
tierra, persiguió a la mujer que había tenido el hijo. [14]Pero a la mujer se le dieron
dos grandes alas de águila, para que
pudiera volar a su lugar en el desierto,
lejos de la serpiente, donde tenían que
darle de comer durante tres años y
medio.*q* [15]La serpiente arrojó agua por la
boca, para formar un río que arrastrara a
la mujer; [16]pero la tierra ayudó a la
mujer, pues abrió la boca y se tragó el río
que el dragón había arrojado por su boca.
[17]Con eso, el dragón se puso furioso contra la mujer, y fue a pelear contra el resto
de los descendientes de ella, contra los que
obedecen los mandamientos de Dios y
siguen fieles al testimonio de Jesús. [18]Y el
dragón se plantó*5* a la orilla del mar.*6*

---

*4* Voces: lit. estruendos.  *5* Y el dragón se plantó: algunos mss. dicen: y yo estaba de pie.  *6* Algunas versiones tradicionales
incluyen v. 18 como parte de 13.1
*f* 11.15 Ex 15.18; Dn 2.44; 7.14,27.  *g* 11.18 Sal 2.5; 110.5.  *h* 11.18 Sal 115.13.  * 11.19 2 Mac 2.4-8.  *i* 11.19 Ap 8.5; 16.18-21.
*j* 12.3 Dn 7.7.  *k* 12.4 Dn 8.10.  *l* 12.5 Is 66.7.  *m* 12.5 Sal 2.9.  *n* 12.7 Dn 10.13 ,21; 12.1; Jud 9.  *ñ* 12.9 Gn 3.1.
*o* 12.9 Lc 10.18.  *p* 12.10 Job 1.6-12; Zac 3.1.  *q* 12.14 Dn 7.25; 12.7.

### Los dos monstruos

**13** ¹Vi subir del mar un monstruo' que tenía siete cabezas y diez cuernos. En cada cuerno tenía una corona, y en las cabezas tenía nombres ofensivos contra Dios.ˢ ²Este monstruo que yo vi, parecía un leopardo; y tenía patas como de oso, y boca como de león.ᵗ El dragón le dio su poder y su trono, y mucha autoridad. ³Una de las cabezas del monstruo parecía tener una herida mortal; pero la herida fue curada, y el mundo entero se llenó de asombro y siguió al monstruo. ⁴Adoraron al dragón porque había dado autoridad al monstruo, y adoraron también al monstruo, diciendo: "¿Quién hay como este monstruo, y quién podrá luchar contra él?"

⁵También se le permitió al monstruo decir cosas arrogantes y ofensivas contra Dios, y tener autoridad durante cuarenta y dos meses. ⁶Y así lo hizo; habló contra Dios,ᵘ y dijo cosas ofensivas contra él y su santuario y contra los que están en el cielo. ⁷También se le permitió hacer guerra contra los que pertenecen al pueblo de Dios, hasta vencerlos;ᵛ y se le dio autoridad sobre toda raza, pueblo, lengua y nación. ⁸A ese monstruo lo adorarán todos los habitantes de la tierra cuyos nombres no están escritos, desde la creación del mundo, en el libro de la vidaʷ del Cordero que fue sacrificado.

⁹Si alguno tiene oídos, oiga:
¹⁰"A los que deban ir presos,
se los llevarán presos;⁷,ˣ
y a los que deban morir a filo de
espada,⁸
a filo de espada los matarán."

Aquí se verá la fortaleza y la fe del pueblo de Dios.
¹¹Después vi otro monstruo, que subía de la tierra. Tenía dos cuernos que parecían de cordero, pero hablaba como un dragón. ¹²Y tenía toda la autoridad del primer monstruo, en su presencia, y hacía que la tierra y los que viven en ella adoraran al primer monstruo, el que había sido curado de su herida mortal. ¹³También hacía grandes señales milagrosas. Hasta hacía caer fuego del cielo a la tierra, a la vista de la gente. ¹⁴Y por medio de esas señales que se le permitía hacer en presencia del primer monstruo, engañó a los habitantes de la tierraʸ y les mandó que hicieran una imagen de aquel monstruo que seguía vivo a pesar de haber sido herido a filo de espada. ¹⁵Y al segundo monstruo se le dio el poder de dar vida a la imagen del primer monstruo, para que aquella imagen hablara e hiciera matar a todos los que no la adorasen. ¹⁶Además, hizo que a todos, pequeños y grandes, ricos y pobres, libres y esclavos, les pusieran una marca en la mano derecha o en la frente. ¹⁷Y nadie podía comprar ni vender, si no tenía la marca o el nombre del monstruo, o el número de su nombre.

¹⁸Aquí se verá la sabiduría; el que entienda, calcule el número del monstruo, que es un número de hombre. Ese número es el seiscientos sesenta y seis.⁹

### El canto de los 144,000

**14** ¹Vi al Cordero, que estaba de pie sobre el monte Sión. Con él había ciento cuarenta y cuatro mil personas que tenían escritos en la frente el nombre del Cordero y de su Padre.ᶻ ²Luego oí un sonido que venía del cielo; era como el sonido de una cascada, como el retumbar de un fuerte trueno; era un sonido como el de muchos arpistas tocando sus arpas. ³Y cantaban un canto nuevo delante del trono y delante de los cuatro seres vivientes y de los ancianos. Ninguno podía aprender aquel canto, sino solamente los ciento cuarenta y cuatro mil que fueron salvados de entre los de la tierra. ⁴Estos son los que no se contaminaron con mujeres, pues no tuvieron relaciones con ellas; son los que siguen al Cordero por dondequiera que va. Fueron salvados de entre los hombres como primera ofrendaᵃ para Dios y para el Cordero. ⁵No se encontró ninguna mentira en sus labios,ᵇ pues son intachables.

### Los mensajes de los tres ángeles

⁶Vi otro ángel, que volaba en medio cielo y que llevaba un mensaje eterno para anunciarlo a los que viven en la tierra, a todas las naciones, razas, lenguas y pueblos. ⁷Decía con fuerte voz: "Teman a Dios y denle alabanza, pues ya llegó la hora en que él ha de juzgar. Adoren al que

---

⁷ *A los que deban ir presos:* algunos mss. dicen: *A los que llevan presos.* ⁸ *Y a los que deban morir a filo de espada:* algunos mss. dicen: *y a los que a filo de espada matan.* ⁹ *Seiscientos sesenta y seis:* algunos mss. dicen: *seiscientos dieciséis.*
ʳ **13.1** Dn 7.3. ˢ **13.1** Ap 17.3,7-12. ᵗ **13.2** Dn 7.4-6. ᵘ **13.5-6** Dn 7.8,25; 11.36. ᵛ **13.7** Dn 7.21. ʷ **13.8** Sal 69.28; Ap 3.5. ˣ **13.10** Jer 15.2; 43.11. ʸ **13.14** Mt 24.24; 2 Ts 2.9-10. ᶻ **14.1** Ez 9.4; Ap 7.3. ᵃ **14.4** Ex 23.19; Stg 1.18. ᵇ **14.5** Sof 3.13.

hizo el cielo y la tierra, el mar y los manantiales."

[8] Lo siguió un segundo ángel, que decía: "'¡Ya cayó, ya cayó la gran Babilonia,[c] la que emborrachó a todas las naciones con el vino de su pasión inmoral!'"

[9] Luego los siguió otro ángel, el tercero, que decía con fuerte voz: "Si alguno adora al monstruo y a su imagen, y se deja poner su marca en la frente o en la mano, [10] tendrá que beber el vino del terrible castigo que viene de Dios, que se ha preparado puro en la copa de su ira;[d] y será atormentado con fuego y azufre[e] delante de los santos ángeles y del Cordero. [11] El humo de su tormento sube por todos los siglos,[f] y no hay descanso de día ni de noche para los que adoran al monstruo y a su imagen y reciben la marca de su nombre."

[12] ¡Aquí se verá la fortaleza del pueblo de Dios, de aquellos que cumplen sus mandamientos y son fieles a Jesús!

[13] Entonces oí una voz del cielo, que me decía: "Escribe esto: 'Dichosos de aquí en adelante los que mueren unidos al Señor.'"

"Sí —dice el Espíritu—, ellos descansarán de sus trabajos, pues sus obras los acompañan."

### La cosecha de la tierra

[14] Miré, y vi una nube blanca, y sobre la nube estaba sentado uno que tenía apariencia humana.[g] Llevaba una corona de oro en la cabeza y una hoz afilada en la mano. [15] Y salió del templo otro ángel, gritando con fuerte voz al que estaba sentado en la nube: "'¡Mete tu hoz y recoge la cosecha; porque ya llegó la hora, y la cosecha de la tierra está madura!'"[h] [16] El que estaba sentado en la nube pasó entonces su hoz sobre la tierra, y recogió la cosecha de la tierra.

[17] Luego otro ángel salió del templo que está en el cielo, llevando él también una hoz afilada. [18] Y del altar salió otro ángel, que tenía autoridad sobre el fuego y que llamó con fuerte voz al que llevaba la hoz afilada, diciendo: "'¡Mete tu hoz afilada, y corta con ella los racimos de los viñedos que hay en la tierra, porque ya sus uvas están maduras!'" [19] El ángel pasó su hoz sobre la tierra y cortó las uvas de los viñedos de la tierra, y luego las echó en un gran depósito para que fueran exprimidas. Esto significa el terrible castigo que viene de Dios. [20] Las uvas fueron exprimidas fuera de la ciudad,[i] y del depósito salió sangre, que llegó a la altura de los frenos de los caballos en una extensión de trescientos kilómetros.

### Los ángeles con las siete últimas calamidades

**15** [1] Vi en el cielo otra señal grande y asombrosa: siete ángeles con las siete últimas calamidades, con las cuales llegaba a su fin la ira de Dios.

[2] Vi también lo que parecía ser un mar de cristal mezclado con fuego; junto a ese mar de cristal estaban de pie, con arpas que Dios les había dado, los que habían alcanzado la victoria sobre el monstruo y su imagen, y sobre el número de su nombre. [3] Y cantaban el canto de Moisés,[j] siervo de Dios, y el canto del Cordero. Decían:

"Grande y maravilloso es todo lo
    que has hecho,
Señor, Dios todopoderoso;
rectos y verdaderos son tus caminos,
oh Rey de las naciones.
[4] ¿Quién no te temerá, oh Señor?
¿Quién no te alabará?[k]
Pues solamente tú eres santo;
todas las naciones vendrán y te
    adorarán,[l]
porque tus juicios han sido
    manifestados."

[5] Después de esto, miré y vi abrirse en el cielo el santuario, la tienda del pacto.[10,m] [6] Del santuario salieron aquellos siete ángeles que llevaban las siete calamidades. Iban vestidos de lino limpio y brillante, y llevaban cinturones de oro a la altura del pecho. [7] Uno de los cuatro seres vivientes dio a cada uno de los siete ángeles una copa de oro llena del terrible castigo que viene de Dios, el cual vive por todos los siglos. [8] Y el santuario se llenó del humo[n] procedente de la grandeza y del poder de Dios, y nadie podía entrar en él hasta que no se hubieran terminado las siete calamidades que llevaban los siete ángeles.

---

[10] Tienda del pacto: lit. Tienda del testimonio.
[c] **14.8** Is 21.9; Jer 51.8; Ap 18.2.  [d] **14.10** Is 51.17; Jer 25.15; Ap 16.19.  [e] **14.10** Gn 19.24; Sal 11.6; Ez 38.22.  [f] **14.11** Is 34.10.
[g] **14.14** Dn 7.13.  [h] **14.15** Jl 3.13.  [i] **14.20** Is 63.3; Lm 1.15; Jl 3.13; Ap 19.15.  [j] **15.3** Ex 15.1-18.  [k] **15.4** Jer 10.7.  [l] **15.4** Sal 86.9.
[m] **15.5** Ex 38.21.  [n] **15.8** Ex 40.34; 1 R 8.10-11; 2 Cr 5.13-14; Is 6.4.

### Las copas del castigo

**16** ¹Oí una fuerte voz, que salía del santuario y que decía a los siete ángeles: "Vayan y vacíen sobre la tierra esas siete copas del terrible castigo que viene de Dios."

²El primer ángel fue y vació su copa sobre la tierra; y a toda la gente que tenía la marca del monstruo y adoraba su imagen, le salió una llaga maligna y dolorosa.ⁿ

³El segundo ángel vació su copa sobre el mar, y el agua del mar se volvió sangre, como la de un hombre asesinado, y murió todo lo que en el mar tenía vida.

⁴El tercer ángel vació su copa sobre los ríos y manantiales, y se volvieron sangre.ᵒ ⁵Luego oí que el ángel de las aguas decía:

"Tú eres justo por haber juzgado así,
oh Dios santo, que eres y que eras,
⁶porque ellos derramaron la sangre
de los que pertenecen a tu pueblo
y de los profetas,
y ahora tú les has dado a beber
sangre.
¡Se lo han merecido!"

⁷Oí también que el altar decía: "Sí, oh Señor, Dios todopoderoso, tú has juzgado con verdad y rectitud."

⁸El cuarto ángel vació su copa sobre el sol, y se le dio al sol poder para quemar con fuego a la gente. ⁹Y todos quedaron terriblemente quemados; pero no se volvieron a Dios ni lo alabaron, sino que dijeron cosas ofensivas contra él, que tiene poder sobre estas calamidades.

¹⁰El quinto ángel vació su copa sobre el trono del monstruo, y su reino quedó en oscuridad.ᵖ La gente se mordía la lengua de dolor; ¹¹pero ni aun así dejaron de hacer el mal, sino que a causa de sus dolores y sus llagas dijeron cosas ofensivas contra el Dios del cielo.

¹²El sexto ángel vació su copa sobre el gran río Éufrates, y el agua del río se secó�q para dar paso a los reyes que venían de oriente. ¹³Vi que de la boca del dragón, de la boca del monstruo y de la boca del falso profeta, salían tres espíritus impuros en forma de ranas. ¹⁴Eran espíritus de demonios, que hacían señales milagrosas y salían a reunir a todos los reyes del mundo para la batalla del gran día del Dios todopoderoso.

¹⁵"Miren, yo vengo inesperadamente, como un ladrón.ʳ Dichoso el que se mantiene despierto y conserva su ropa, para que no ande desnudo y se vea la vergüenza de su desnudez."

¹⁶Y reunieron a los reyes en el lugar que en hebreo se llama Armagedón.ˢ

¹⁷El séptimo ángel vació su copa en el aire, y desde el santuario del cielo salió una fuerte voz que venía del trono y decía: "¡Ya está hecho!" ¹⁸Entonces hubo relámpagos, vocesⁱⁱ y truenos, y la tierra tembló a causa de un terremotoʳ más violento que todos los terremotos que ha habido desde que hay gente en el mundo. ¹⁹La gran ciudad se partió en tres, y las ciudades del mundo se derrumbaron; y Dios se acordó de la gran ciudad de Babilonia, para hacerle beber el vino del castigo que él le mandó en su enojo.ᵘ ²⁰Todas las islas y los montes desaparecieron,ᵛ ²¹y del cielo cayeron sobre la gente enormes granizos,ʷ que pesaban más de cuarenta kilos, y los hombres dijeron cosas ofensivas contra Dios por la calamidad del granizo, porque fue un castigo muy grande.

### Condenación de la gran prostituta

**17** ¹Uno de los siete ángeles que tenían las siete copas, vino y me dijo: "Ven, te voy a mostrar el castigo de la gran prostituta que está sentada sobre las aguas.ˣ ²Los reyes del mundo han cometido inmoralidades sexuales con ella, y los habitantes de la tierra se han emborrachado con el vino de sus inmoralidades."ʸ

³Luego, en la visión que me hizo ver el Espíritu, el ángel me llevó al desierto. Allí vi una mujer montada en un monstruo rojo, el cual estaba cubierto de nombres ofensivos para Dios y tenía siete cabezas y diez cuernos.ᶻ ⁴Aquella mujer iba vestida con ropa de colores púrpura y rojo, y estaba adornada con oro, piedras preciosas y perlas. Tenía en la mano una copa de oroᵃ llena de cosas odiosas y de la impureza de sus inmoralidades sexuales; ⁵y llevaba escrito en la frente un nombre misterioso: "La gran Babilonia, madre de las prostitutas y de todo lo que hay de odioso en el mundo." ⁶Luego me di cuenta de

ⁱⁱ Voces: lit. estruendos.
ⁿ 16.2 Ex 9.10; Dt 28.35. ᵒ 16.4 Ex 7.17-21; Sal 78.44. ᵖ 16.10 Ex 10.21. �q 16.12 Is 11.15. ʳ 16.15 Mt 24.43-44; Lc 12.39-40; Ap 3.3. ˢ 16.16 Jue 5.19; 2 R 9.27; 23.29; 2 Cr 35.22; Zac 12.11. ᵗ 16.18 Ap 8.5; 11.13,19. ᵘ 16.19 Is 51.17; Jer 25.15; Ap 14.10. ᵛ 16.20 Ap 6.14. ʷ 16.21 Ex 9.23; Ap 11.19. ˣ 17.1 Jer 51.13. ʸ 17.2 Is 23.17; Jer 51.7. ᶻ 17.3 Ap 13.1. ᵃ 17.4 Jer 51.7.

que la mujer estaba borracha de la sangre de los que pertenecen al pueblo de Dios y de los que habían sido muertos por ser testigos de Jesús.

Al verlo, me quedé muy asombrado. [7]Entonces el ángel me dijo: "¿Por qué te asombras? Te voy a decir el significado secreto de esa mujer y del monstruo que la lleva, el que tiene las siete cabezas y los diez cuernos. [8]El monstruo que has visto es uno que antes vivía, pero ya no existe; sin embargo, va a subir del abismo[b] antes de ir a su destrucción total. Los habitantes de la tierra cuyos nombres no están escritos en el libro de la vida[c] desde la creación del mundo, se asombrarán cuando vean ese monstruo que antes vivía y ya no existe, pero que volverá a venir.

[9]"Aquí se verá quien tiene sabiduría y entendimiento: Las siete cabezas representan siete montes sobre los que esa mujer está sentada; las cabezas, a su vez, representan siete reyes. [10]Cinco de estos reyes ya cayeron, uno de ellos gobierna ahora y el otro no ha venido todavía. Pero cuando venga el último de ellos, no durará mucho tiempo. [11]El monstruo que antes vivía y que ya no existe, es el octavo rey; aunque es también uno de los otros siete, y se encamina a su destrucción total.

[12]"Los diez cuernos que has visto son diez reyes[d] que todavía no han comenzado a gobernar; pero por una hora recibirán, junto con el monstruo, autoridad como de reyes. [13]Estos diez reyes están de acuerdo, y darán su poder y autoridad al monstruo. [14]Pelearán contra el Cordero; pero el Cordero los vencerá, teniendo con él a los que Dios ha llamado y escogido y son fieles, porque el Cordero es Señor de señores y Rey de reyes."[e]

[15]El ángel me dijo también: "Las aguas que viste, sobre las cuales está sentada la prostituta, son pueblos, gentes, lenguas y naciones. [16]Y los diez cuernos que viste en el monstruo, odiarán a la prostituta, y la dejarán abandonada y desnuda; comerán la carne de su cuerpo, y la quemarán con fuego. [17]Dios les ha puesto en el corazón el deseo de hacer lo que él quiere que hagan: se pondrán de acuerdo para entregar su autoridad de reyes al monstruo, hasta que se cumpla lo que Dios ha dicho. [18]La mujer que viste es aquella gran ciudad que domina a los reyes del mundo."

## La caída de Babilonia

**18** [1]Después de esto, vi otro ángel que bajaba del cielo; tenía mucha autoridad, y la tierra quedó iluminada con su resplandor. [2]Con fuerte voz gritaba:

"¡Ya cayó, ya cayó la gran
  Babilonia![f]
¡Se ha vuelto vivienda de demonios,
guarida de toda clase de espíritus
  impuros,
nido de aves impuras y de toda fiera
  impura y odiosas![g]
[3]Pues todas las naciones se
  emborracharon
con el vino de su pasión inmoral;[h]
los reyes del mundo
cometieron con ella inmoralidades
  sexuales,
y los comerciantes del mundo
se hicieron ricos con su exagerado
  derroche."

[4]Oí otra voz del cielo, que decía:
"Salgan de esa ciudad, ustedes que
  son mi pueblo,[i]
para que no participen en sus
  pecados
ni les alcancen sus calamidades;
[5]pues sus pecados se han amontonado
  hasta el cielo,[j]
y Dios ha tenido presentes sus
  maldades.
[6]Denle lo mismo que ella ha dado a
  otros;[k]
páguenle el doble de lo que ha
  hecho;
mézclenle una bebida dos veces más
  fuerte
que la que ella mezcló para otros;
[7]denle tormento y sufrimiento
en la medida en que se entregó al
  orgullo y al derroche.
Pues dice en su corazón:
'Aquí estoy sentada como una reina.
No soy viuda, ni sufriré.'
[8]Por eso, en un solo día le vendrán
  sus calamidades:[l]
muerte, aflicción y hambre,
y será quemada en el fuego;
porque poderoso es Dios, el Señor,
  que la ha condenado."

[9]Los reyes del mundo que cometieron con ella inmoralidades sexuales y se entregaron al derroche, llorarán y harán

[b] 17.8 Dn 7.7; Ap 11.7.   [c] 17.8 Sal 69.28; Ap 3.5; 13.8.   [d] 17.12 Dn 7.24.   [e] 17.14 Dt 10.17; Ap 19.16.   [f] 18.2 Is 21.9; Jer 51.8; Ap 14.8.   [g] 18.2 Is 13.21; Jer 50.39; Bar 4.35.   [h] 18.3 Is 23.17; Jer 51.7.   [i] 18.4 Is 48.20; Jer 50.8; 51.6,45.   [j] 18.5 Gn 18.20-21; Jer 51.9.   [k] 18.6 Sal 28.4; 137.8; Jer 50.29.   [l] 18.7-8 Is 47.7-9.

lamentación por ella cuando vean el humo de su incendio. [10]Se quedarán lejos por miedo a su castigo, y dirán:

"¡Ay, ay de ti, la gran ciudad,
Babilonia, la ciudad poderosa!
Porque en un instante llegó tu castigo."[m]

[11]Los comerciantes del mundo también llorarán y harán lamentación por esa ciudad, porque ya no habrá quien les compre sus cargamentos:[n] [12]cargamentos de oro, plata, piedras preciosas, perlas, telas de lino fino y de seda, de color púrpura y rojo; toda clase de maderas aromáticas; objetos de marfil, de maderas preciosas, de bronce, de hierro y de mármol; [13]cargamentos de canela y especias aromáticas; incienso, mirra y perfumes; vino, aceite, harina fina y trigo; animales de carga, ovejas, caballos, carros y hasta esclavos, que son vidas humanas.[ñ] [14]Y dirán a la ciudad:

"¡Ya no tienes las ricas frutas
que tanto te gustaban;
para siempre has perdido
todos tus lujos y riquezas!"

[15]Los que negociaban con esas cosas y se hicieron ricos a costa de la ciudad, se quedarán lejos por miedo a su castigo, llorando y lamentándose,[o] [16]y dirán:

"¡Ay, ay de la gran ciudad!
Parecía una mujer vestida de lino fino,
vestida con ropas de color púrpura y rojo,
adornada con oro, perlas y piedras preciosas.
[17]¡Y en un instante se ha acabado tanta riqueza!"

Todos los capitanes de barco y los que navegan por la costa, los marineros y todos los que se ganan la vida en el mar, se quedaron lejos[p] [18]y, al ver el humo del incendio de la ciudad, gritaron: "¿Qué otra ciudad podía compararse a esta gran ciudad?"[q] [19]Y se echaron polvo en la cabeza, llorando y lamentándose, y gritaron:

"¡Ay, ay de la gran ciudad!

Con su riqueza se hicieron ricos
todos los que tenían barcos en el mar.
¡Y en un instante ha quedado destruida!"[r]

[20]Tú, oh cielo, alégrate
por causa de esa ciudad;[s]
y alégrense ustedes,
los que pertenecen al pueblo de Dios,
y los apóstoles y los profetas,
porque Dios, al condenarla,
les ha hecho justicia a ustedes.

[21]Entonces un ángel poderoso levantó una piedra, que era como una gran piedra de molino, y lanzándola al mar dijo:

"Así serás tú echada abajo,
Babilonia, la gran ciudad,[t]
y nunca más te volverán a ver.[u]
[22]Nunca más se oirá en tus calles
música de arpas, flautas y trompetas,[v]
ni habrá en ti trabajadores de ningún oficio,
ni se oirá en ti el ruido de la piedra del molino.
[23]Nunca más brillará en ti la luz de una lámpara,
ni se oirá en ti el bullicio de las fiestas de bodas,[w]
aunque tus comerciantes eran los poderosos del mundo
y engañaste a todas las naciones con tus brujerías."

[24]Pues en esa ciudad se ha encontrado la sangre de los profetas y de los que pertenecen al pueblo de Dios, y de todos los que han sido asesinados en el mundo.[x]

**19** [1]Después de esto, oí las fuertes voces de una gran multitud que decía en el cielo:

"¡Alabado sea el Señor!
La salvación, la gloria y el poder
son de nuestro Dios,
[2]porque él juzga rectamente y con verdad;
pues ha condenado a la gran prostituta
que con su inmoralidad corrompió al mundo;
ha vengado en ella
la muerte de los siervos de Dios."[y]

---

[m] **18.9-10** Ez 26.16-17.   [n] **18.11** Ez 27.31,36.   [ñ] **18.12-13** Ez 27. 12-13,22.   [o] **18.15** Ez 27.31,36.   [p] **18.17** Is 23.14; Ez 27.26-30.
[q] **18.18** Ez 27.32.   [r] **18.19** Ez 27.30-34.   [s] **18.20** Dt 32.43; Jer 51.48.   [t] **18.21** Jer 51.63-64.   [u] **18.21** Ez 26.21.   [v] **18.22** Is 24.8;
Ez 26.13.   [w] **18.22-23** Jer 7.34; 25.10.   [x] **18.24** Jer 51.49.   [y] **19.2** Dt 32.43; 2 R 9.7.

³Luego volvieron a decir:
"¡Alabado sea el Señor!
El humo de ella nunca dejará de
    subir."*z*

⁴Y los veinticuatro ancianos y los cuatro seres vivientes se postraron hasta el
suelo y adoraron a Dios, que estaba sentado en el trono. Y decían: "¡Así sea!
¡Alabado sea el Señor!" ⁵Desde el trono
se oyó entonces una voz, que decía:

"¡Alaben a nuestro Dios
todos ustedes, pequeños y grandes,
todos ustedes que lo sirven
y le tienen reverencia!"*a*

### La fiesta de las bodas del Cordero

⁶Oí también algo como las voces de
mucha gente, como el sonido de una cascada*b* y de fuertes truenos. Decían:

"¡Alabado sea el Señor!
Porque ha comenzado a gobernar el
    Señor,
nuestro Dios todopoderoso.*c*
⁷Alegrémonos,
llenémonos de gozo y démosle
    gloria,
porque ha llegado el momento
de las bodas del Cordero.
Su esposa*d* se ha preparado:
⁸se le ha permitido vestirse
de lino fino, limpio y brillante,*e*
porque ese lino es la recta conducta
de los que pertenecen al pueblo de
    Dios."

⁹El ángel me dijo: "Escribe: 'Felices
los que han sido invitados a la fiesta de
bodas*f* del Cordero.'!" Y añadió: "Estas
son palabras verdaderas de Dios."
¹⁰Me arrodillé a los pies del ángel, para
adorarlo, pero él me dijo: "No hagas eso,
pues yo soy siervo de Dios, lo mismo que
tú y tus hermanos que siguen fieles al testimonio de Jesús. Adora a Dios."
Pues ese testimonio de Jesús es el que
inspira a los profetas.

### El jinete del caballo blanco

¹¹Vi el cielo abierto;*g* y apareció un
caballo blanco, y el que lo montaba se llamaba Fiel y Verdadero, porque con rectitud gobernaba*h* y hacía la guerra. ¹²Sus

ojos brillaban como llamas de fuego,*i* llevaba en la cabeza muchas coronas y tenía
un nombre escrito que solamente él conocía. ¹³Iba vestido con ropa teñida de sangre, y su nombre era: La Palabra de
Dios.*j* ¹⁴Lo seguían los ejércitos del cielo,
vestidos de lino fino, blanco y limpio, y
montados en caballos blancos. ¹⁵Le salía
de la boca una espada afilada, para herir
con ella a las naciones. Las gobernará con
cetro de hierro.*k* Las juzgará como quien
exprime uvas y las pisa con los pies, y las
hará beber el vino del terrible castigo que
viene del furor del Dios todopoderoso.*l*
¹⁶En su manto y sobre el muslo llevaba
escrito este título: "Rey de reyes y Señor
de señores."*m*

¹⁷Y vi un ángel que, puesto de pie en el
sol, gritaba con fuerza a todas las aves de
rapiña que vuelan en medio del cielo:
"¡Vengan y reúnanse para la gran cena de
Dios, ¹⁸para que coman carne de reyes, de
jefes militares y de hombres valientes,
carne de caballos y de sus jinetes, carne de
todos: de libres y de esclavos, de pequeños
y de grandes!"*n*

¹⁹Vi al monstruo y a los reyes del
mundo con sus ejércitos, que se habían
reunido para pelear contra el que montaba aquel caballo y contra su ejército.
²⁰El monstruo fue apresado, junto con el
falso profeta que había hecho señales
milagrosas en su presencia. Por medio de
esas señales, el falso profeta había engañado a los que se dejaron poner la marca
del monstruo y adoraron su imagen.*ñ*
Entonces el monstruo y el falso profeta
fueron arrojados vivos al lago de fuego
donde arde el azufre. ²¹Y los demás fueron muertos con la espada que salía de la
boca del que montaba el caballo, y todas
las aves de rapiña se hartaron de la carne
de ellos.

### Los mil años

**20** ¹Vi un ángel que bajaba del cielo
con la llave del abismo y una gran
cadena en la mano. ²Este ángel sujetó al
dragón, aquella serpiente antigua*o* que es
el diablo y Satanás, y lo encadenó por mil
años. ³Lo arrojó al abismo, donde lo
encerró, y puso un sello sobre la puerta
para que no engañara a las naciones hasta
que pasaran los mil años, al cabo de los

---

*z* **19.3** Is 34.10.  *a* **19.5** Sal 115.13.  *b* **19.6** Ez 1.24.  *c* **19.6** Sal 93.1; 97.1; 99.1.  *d* **19.7-8** Ef 5.23-32.  *e* **19.8** Ap 7.14.
*f* **19.9** Mt 22.2-3.  *g* **19.11** Ez 1.1.  *h* **19.11** Sal 96.13; Is 11.4.  *i* **19.12** Dn 10.6.  *j* **19.13** Sab 18.14-16; Jn 1.1,14.  *k* **19.15** Sal 2.9.
*l* **19.15** Is 63.3; Lm 1.15; Jl 3.13; Ap 14.20.  *m* **19.16** Dt 10.17; Ap 17.14.  *n* **19.17-18** Ez 39.17-20.  *ñ* **19.20** Ap 13.1-18.
*o* **20.2** Gn 3.1.

cuales habrá de ser soltado por un poco de tiempo.

[4]Vi tronos, y en ellos estaban sentados los que habían recibido autoridad para juzgar.[p] Vi también las almas de aquellos a quienes les cortaron la cabeza por haber sido fieles al testimonio de Jesús y al mensaje de Dios.[q] Ellos no habían adorado al monstruo ni a su imagen, ni se habían dejado poner su marca[r] en la frente o en la mano. Y vi que volvieron a vivir y que reinaron con Cristo mil años. [5]Pero los otros muertos no volvieron a vivir hasta después de los mil años. Esta es la primera resurrección. [6]¡Dichosos los que tienen parte en la primera resurrección, pues pertenecen al pueblo de Dios! La segunda muerte no tiene ningún poder sobre ellos, sino que serán sacerdotes[s] de Dios y de Cristo, y reinarán con él los mil años.

### Derrota del diablo

[7]Cuando hayan pasado los mil años, Satanás será soltado de su prisión, [8]y saldrá a engañar a las naciones de los cuatro extremos de la tierra, a Gog y a Magog,[t] cuyos ejércitos, numerosos como la arena del mar, reunirá para la batalla. [9]Y subieron por lo ancho de la tierra, y rodearon el campamento del pueblo de Dios, y la ciudad que él ama. Pero cayó fuego del cielo y los quemó por completo. [10]Y el diablo, que los había engañado, fue arrojado al lago de fuego y azufre, donde también habían sido arrojados el monstruo y el falso profeta. Allí serán atormentados día y noche por todos los siglos.

### El juicio ante el gran trono blanco

[11]Vi un gran trono blanco, y al que estaba sentado en él. Delante de su presencia desaparecieron completamente la tierra y el cielo, y no se los volvió a ver por ninguna parte. [12]Y vi los muertos, grandes y pequeños, de pie delante del trono; y fueron abiertos los libros, y también otro libro, que es el libro de la vida.[u] Los muertos fueron juzgados de acuerdo con sus hechos y con lo que estaba escrito en aquellos libros.[v] [13]El mar entregó sus muertos, y el reino de la muerte entregó los muertos que había en él; y todos fueron juzgados, cada uno conforme a lo que había hecho. [14]Luego el reino de la muerte

fue arrojado al lago de fuego. Este lago de fuego es la muerte segunda,[w] [15]y allí fueron arrojados los que no tenían su nombre escrito en el libro de la vida.

### El cielo nuevo y la tierra nueva

**21** [1]Después vi un cielo nuevo y una tierra nueva;[x] porque el primer cielo y la primera tierra habían dejado de existir, y también el mar. [2]Vi la ciudad santa,[y] la nueva Jerusalén, que bajaba del cielo,[z] de la presencia de Dios. Estaba arreglada como una novia vestida para su prometido.[a] [3]Y oí una fuerte voz que venía del trono, y que decía: "Dios vive ahora entre los hombres. Vivirá con ellos, y ellos serán su pueblo,[b] y Dios mismo estará con ellos como su Dios. [4]Secará todas las lágrimas de ellos, y ya no habrá muerte,[c] ni llanto, ni lamento, ni dolor;[d] porque todo lo que antes existía ha dejado de existir."

[5]El que estaba sentado en el trono dijo: "Yo hago nuevas todas las cosas." Y también dijo: "Escribe, porque estas palabras son verdaderas y dignas de confianza."

[6]Después me dijo: "Ya está hecho. Yo soy el alfa y la omega, el principio y el fin. Al que tenga sed le daré a beber del manantial del agua de la vida, sin que le cueste nada.[e] [7]El que salga vencedor recibirá todo esto como herencia; y yo seré su Dios y él será mi hijo.[f] [8]Pero en cuanto a los cobardes, los incrédulos, los odiosos, los asesinos, los que cometen inmoralidades sexuales, los que practican la brujería, los que adoran ídolos, y todos los mentirosos, a ellos les tocará ir al lago de azufre ardiente, que es la segunda muerte."[g]

### La nueva Jerusalén

[9]Vino uno de los siete ángeles que tenían las siete copas[h] llenas de las siete últimas calamidades, y me dijo: "Ven, que te voy a enseñar a la novia, la esposa del Cordero." [10]Y en la visión que me hizo ver el Espíritu, el ángel me llevó a un monte grande y alto, y me mostró la gran ciudad santa de Jerusalén,[i] que bajaba del cielo, de la presencia de Dios. [11]La ciudad brillaba con el resplandor de Dios; su brillo era como el de una piedra preciosa, como una piedra de jaspe, transparente

p 20.4 Dn 7.9,22,27; Mt 19.28; Lc 22.30.   q 20.4 Ap 6.9.   r 20.4 Ap 13.16-17; 14.9.   s 20.6 Ap 1.6; 5.10.   t 20.8 Ez 38.2,9,15.
u 20.12 Sal 69.28; Ap 3.5.   v 20.11-12 Dn 7.9-10.   w 20.14 Mt 25.41; Ap 2.11; 21.8.   x 21.1 Is 65.17; 66.22; 2 P 3.13.
y 21.2 Is 52.1.   z 21.2 Gá 4.26; Ap 3.12.   a 21.2 Is 61.10; Ap 19.7-8.   b 21.3 Lv 26.11,12; Ez 37.27.   c 21.4 Is 25.8; Ap 7.17.
d 21.4 Is 35.10; 65.19.   e 21.6 Is 55.1; Jn 4.10,14; 7.37.   f 21.7 2 S 7.14; Sal 89.26-27.   g 21.8 Mt 25.41; Ap 2.11; 20.14.
h 21.9 Ap 16.1.   i 21.10 Ez 40.2.

como el cristal. [12]Alrededor de la ciudad había una muralla grande y alta, que tenía doce puertas, y en cada puerta había un ángel; en las puertas estaban escritos los nombres de las doce tribus de Israel. [13]Tres puertas daban al este, tres al norte, tres al sur y tres al oeste.[j] [14]La muralla de la ciudad tenía doce piedras por base, en las que estaban escritos los nombres de los doce apóstoles[k] del Cordero.

[15]El ángel que hablaba conmigo llevaba una caña de oro para medir la ciudad, sus puertas y su muralla.[l] [16]La ciudad era cuadrada; su largo era igual a su ancho. El ángel midió con su caña la ciudad: medía dos mil doscientos kilómetros;[12] su largo, su alto y su ancho eran iguales. [17]Luego midió la muralla: medía sesenta y cinco metros, según las medidas humanas que el ángel estaba usando.

[18]La muralla estaba hecha de piedra de jaspe, y la ciudad era de oro puro, como vidrio pulido. [19]Las piedras de la base de la muralla estaban adornadas con toda clase de piedras preciosas: la primera, con jaspe; la segunda, con zafiro; la tercera, con ágata; la cuarta, con esmeralda; [20]la quinta, con ónice; la sexta, con cornalina; la séptima, con crisólito; la octava, con berilo; la novena, con topacio; la décima, con crisoprasa; la undécima, con jacinto; y la duodécima, con amatista. [21]Las doce puertas eran doce perlas;[m] cada puerta estaba hecha de una sola perla. Y la calle principal de la ciudad era de oro puro, como vidrio transparente.

[22]No vi ningún santuario en la ciudad, porque el Señor, el Dios todopoderoso, es su santuario, y también el Cordero. [23]La ciudad no necesita ni sol ni luna que la alumbren, porque la alumbra el resplandor de Dios,[n] y su lámpara es el Cordero.[ñ] [24]Las naciones caminarán a la luz de la ciudad,[o] y los reyes del mundo le entregarán sus riquezas. [25]Sus puertas no se cerrarán de día, y en ella no habrá noche.[p] [26]Le entregarán las riquezas y el esplendor de las naciones; [27]pero nunca entrará nada impuro,[q] ni nadie que haga cosas odiosas o engañosas. Solamente entrarán los que tienen su nombre escrito en el libro de la vida del Cordero.

**22** [1]El ángel me mostró un río limpio, de agua de vida.[r] Era claro como el cristal, y salía del trono de Dios y del Cordero. [2]En medio de la calle principal de la ciudad y a cada lado del río, crecía el árbol de la vida,[s] que da fruto cada mes, es decir, doce veces al año; y las hojas del árbol sirven para sanar a las naciones. [3]Ya no habrá allí nada puesto bajo maldición.[t] El trono de Dios y del Cordero estará en la ciudad, y sus siervos lo adorarán. [4]Lo verán cara a cara,[u] y llevarán su nombre en la frente. [5]Allí no habrá noche, y los que allí vivan no necesitarán luz de lámpara ni luz del sol, porque Dios el Señor les dará su luz,[v] y ellos reinarán por todos los siglos.[w]

### La venida de Jesucristo está cerca

[6]El ángel me dijo: "Estas palabras son verdaderas y dignas de confianza. El Señor, el mismo Dios que inspira a los profetas, ha enviado su ángel para mostrar a sus siervos lo que pronto va a suceder."

[7]"¡Vengo pronto! ¡Dichoso el que hace caso del mensaje profético que está escrito en este libro!"

[8]Yo, Juan, vi y oí estas cosas. Y después de verlas y oírlas, me arrodillé a los pies del ángel que me las había mostrado, para adorarlo. [9]Pero él me dijo: "No hagas eso, pues yo soy siervo de Dios, lo mismo que tú y que tus hermanos los profetas y que todos los que hacen caso de lo que está escrito en este libro. Adora a Dios."

[10]También me dijo: "No guardes en secreto el mensaje profético que está escrito en este libro, porque ya se acerca el tiempo de su cumplimiento. [11]Deja que el malo siga en su maldad, y que el impuro siga en su impureza; pero que el bueno siga haciendo el bien, y que el hombre consagrado a Dios le siga siendo fiel."[x]

[12]"Sí, vengo pronto, y traigo el premio que voy a dar a cada uno conforme a lo que haya hecho.[y] [13]Yo soy el alfa y la omega,[z] el primero y el último,[a] el principio y el fin."

[14]Dichosos los que lavan sus ropas para tener derecho al árbol de la vida[b] y poder entrar por las puertas de la ciudad. [15]Pero afuera se quedarán los pervertidos, los que practican la brujería, los que cometen inmoralidades sexuales, los asesinos, los

*12* Dos mil doscientos kilómetros: lit. doce mil estadios.
*j* 21.12-13 Ez 48.30-35.   *k* 21.14 Ef 2.20.   *l* 21.15 Ez 40.3.   *m* 21.18-21 Is 54.11-12; Tob 13.17-18.   *n* 21.23 Is 60.19-20.
*ñ* 21.23 Jn 8.12.   *o* 21.24 Is 60.3.   *p* 21.25-26 Is 60.11.   *q* 21.27 Is 52.1; Ez 44.9.   *r* 22.1 Ez 47.1,12; Zac 14.8.   *s* 22.2 Gn 2.9.
*t* 22.3 Gn 3.17.   *u* 22.4 Sal 17.15; Mt 5.8; 1 Jn 3.2.   *v* 22.5 Is 60.19; Ap 21.23.   *w* 22.5 Dn 7.18.   *x* 22.11 Dn 12.10.
*y* 22.12 Jer 17.10.   *z* 22.13 Ap 1.8.   *a* 22.13 Is 41.4; 44.6; 48.12; Ap 1.17; 2.8.   *b* 22.14 Gn 2.9; 3.22.

que adoran ídolos y todos los que aman y practican el engaño.

[16]"Yo, Jesús, he enviado mi ángel para declarar todo esto a las iglesias. Yo soy el retoño que desciende de David.[c] Soy la estrella brillante de la mañana."

[17]El Espíritu Santo y la esposa del Cordero dicen: "¡Ven!" Y el que escuche, diga: "¡Ven!" Y el que tenga sed, y quiera, venga y tome del agua de la vida sin que le cueste nada.[d]

[18]A todos los que escuchan el mensaje profético escrito en este libro, les advierto esto: Si alguno añade algo a estas cosas, Dios le añadirá a él las calamidades que en este libro se han descrito. [19]Y si alguno quita algo del mensaje profético escrito en este libro, Dios le quitará su parte del árbol de la vida y de la ciudad santa que en este libro se han descrito.[e]

[20]El que declara esto, dice: "Sí, vengo pronto."

Así sea. ¡Ven, Señor Jesús!

[21]Que el Señor Jesús derrame su gracia sobre todos.

[c] 22.16 Is 11.1,10, [d] 22.17 Is 55.1; Jn 4.10,14; 7.37. [e] 22.18-19 Dt 4.2; 12.32.

GLOSARIO

PLANOS DEL TEMPLO

MAPAS

AYUDAS ESPECIALES
   PARA EL LECTOR

# GLOSARIO

**Abadón** Palabra hebrea que a veces significa "destrucción" ( Job 31.12), pero más comúnmente en el Antiguo Testamento "lugar de destrucción", o sea la morada de los muertos ( Job 26.6; Sal 88.12; Pr 15.11; 27.20). En ocasiones se le personificaba, como en Ap 9.11, donde se da ese nombre al "ángel del abismo" (véase *abismo*).

**Abismo** En el Antiguo Testamento significa océano ( Job 36.16, 30; Is 51.10; Jon 2.6) y, al parecer una vez (Sal 71.20), la morada de los muertos. En el Nuevo Testamento esa palabra sirve para designar el profundo pozo que, según la tradición judía contemporánea servía de prisión de espíritus malignos (Ap 9.1, 2; 11.7; 17.8; 20.1-3; Lc 8.31).

**Algarroba** Fruto de un árbol propio de los paises del Mediterráneo. Es una vaina con semillas muy duras que se da como alimento al ganado y otros animales, sobre todo cuando no hay cosa mejor que darles. En tiempos de hambre extrema, también la gente se ha visto obligada a comerlo.

**Altar** El Antiguo Testamento menciona dos clases de altares. La más común era un lugar o construcción destinada a ofrecer sacrificios. Podía improvisarse con un simple montón de grandes piedras, o edificarse, también generalmente de piedra, de manera más permanente. Su tamaño también variaba. Según Ex. 27.1-8 y 38.1-2 el altar construido por Moisés fue hecho de madera de acacia recubierta de bronce era de forma cúbica, con un saliente triangular hacia arriba en cada esquina (los "cuernos" del altar). La cara superior tenía una depresión para el fuego en que se quemaban las víctimas ("la rejilla" del altar). Además del altar de los sacrificios, el santuario israelita poseía un altar de incienso (Ex. 30.1-10) ubicado dentro del lugar santo. Estaba hecho de madera de acacia recubierta de oro laminado. Era cuadrado (como medio metro por lado) y tenía como un metro de alto.

**Anciano** En un principio se trataba de las personas de más edad, que en la primitiva organización social de los israelitas, por tribus, eran reconocidos como jefes o autoridades. Después ya no fue solamente cuestión de edad, sino que la palabra *anciano* se convirtió en un título dado a quienes ejercían la autoridad en la región designada con el nombre de una tribu y en cada una de las ciudades de ella. En los tiempos del Nuevo Testamento se llamaba así a los jefes religiosos, algunos de los cuales eran miembros de la Junta Suprema (Sanedrín). La iglesia primitiva, siguiendo esta tradición, dio el nombre de *ancianos* (la palabra *presbítero* viene del griego que significa "anciano") a las personas prominentes de la congregación a quienes se encargaba de su dirección. Según Hch 20.1, 28 y Tit 1.5-9 el cargo de *anciano* era, en un principio, igual al de obispo (véase *Obispo*). El significado de anciano en al Apocalipsis es difícil de precisar.

**Ángel** Tanto la palabra griega como la hebrea que se traducen como "ángel" significan "mensajero". Los ángeles son los seres celestiales que rodean a Dios (Ap 5.11) y constituyen su ejército (Sal 148.2). Aparecen muchas veces, tanto en el Antiguo como en el Nuevo Testamento, ayudando a seres humanos (Sal 37.4) y protegiéndolos (Sal 91.11; Hch 12.7-10). Dios emplea a los ángeles para transmitir sus mensajes a los hombres (Gn 19.1, 5; Lc 2.10). En los libros protocanónicos se menciona el nombre personal de los ángeles: Gabriel (Dn 8.16; 9.21; Lc 1.19, 26) y Miguel (Dn 10.13; Ap 12.7) también denominado "arcángel" (Jud 9), o sea "jefe de ángeles". En los libros deuterocanónicos se menciona al arcángel Rafael (Tobit 12.15). En el Antiguo Testamento aparecen también los "seres alados" (querubines, Gn 3.24) y los "seres como de fuego" (serafines, Is 6.2). Los ángeles estuvieron relacionados con la vida de Jesús desde el anuncio de su nacimiemto (Lc 1.26, 28) hasta su resurrección (Mt 28.5-7). Jesús habló acerca de ángeles buenos y de su actividad (Mt 18.10; Lc 15.10; etc.). Se mencionan también ángeles malos, que sirven al diablo (Mt 25.41; Ap 12.7).

**Apóstol** La palabra significa "enviado", y designa en general a una persona comisionada y enviada con algún encargo, especialmente religioso. Equivale a "mensajero". Se aplica particularmente a los doce discípulos escogidos por Jesús para ser sus más íntimos compañeros y colaboradores. Pablo reclamó y sostuvo con energía su título de apóstol, por haber sido elegido y constituido personalmente por Cristo (en el camino a Damasco), también como los doce.

**Arabá** La palabra hebrea significa una "extensión despoblada o desierta". Pero como nombre propio se aplicaba a la gran depresión del terreno por el cual corre el Jordán desde el mar de Galilea. Esa depresión, en la cual se encuentra también el mar Muerto, continúa luego hasta el golfo de Eilat (Aqaba). Especialmente este último tramo es que recibe, todavía hoy, el nombre de Arabá.

**Areópago** Nombre de una colina de Atenas, al pie de la Acrópolis, donde se reunía el consejo de la ciudad. Por extensión también a éste se le daba el mismo nombre.

**Armagedón** Nombre del lugar, probablemente simbólico, en el que, según Ap 16.16, se juntarán los reyes de la tierra para librar la última batalla contra Dios. Hay quienes consideran que *Harmaguedón,* transliteración compuesta del hebreo que significa "monte de Maguedón", tiene alguna relación con Meguido, ciudad que estaba situada en el extremo norte de un desfiladero que corta el monte Carmelo, y que comunica el valle de Jezreel (o Esdraelón) con la gran llanura costera de Palestina. En este lu-

gar, desde la antigüedad hasta los tiempos modernos, se han librado grandes y decisivas batallas. Esa posición estratégica podría ser, según opinión de algunos, el origen del nombre y la razón de que se convirtiera, en el pasaje citado, en símbolo de la batalla decisiva de los últimos tiempos.

**Artemisa** Diosa pagana de la fertilidad, llamada también *Diana,* pero que no debe confundirse con la Diana Cazadora de los griegos. Su culto estaba muy extendido en el Asia Menor. Tenía un templo en Éfeso, que era considerado una de las siete maravillas del mundo de aquel tiempo.

**Asera** Diosa cananea de la fertilidad, pareja femenina de *Baal* (véase *Baal*). Por extensión se llamaba también así el árbol, poste o tronco sagrado asociado con su culto, y que generalmente se hallaba junto a su altar, como probable símbolo de la vegetación.

**Asia** El Asia mencionada en el Nuevo Testamento no es el continente del mismo nombre, sino tan sólo parte del Asia Menor occidental, que era entonces una provincia romana. Se llamaba también *Asia proconsular.*

**Astarté** Forma griega del nombre de Astart, diosa cananea de la vegetación, la fertilidad y los cielos. Los hebreos la llamaban *Astoret,* para hacer que sonara como *boset,* que en hebreo significa "oprobio" o "vergüenza", palabra que usaban a menudo para referirse a un ídolo o dios pagano cuyo nombre les repugnaba pronunciar. Tenía varias advocaciones o representaciones, y por eso en hebreo se usa a veces el plural *Astarot.*

**Baal** Dios cananeo de la fertilidad, llamado también *Hadad.* Su nombre significa "señor". Su pareja femenina era *Asera* (véase *Asera*). Cuando se usa el plural "baales", se trata de sus varias representaciones, algunas de las cuales eran locales o regionales. Una de ellas era Baal-berit ("señor del pacto"), de Siquem (Jue 9.4). El nombre de este dios figuraba en nombres compuestos de lugar y de persona. En este último caso los hebreos lo sustituían generalmente por *boset* ("oprobio" o "vergüenza"). Y así, por ejemplo, a *Is-baal,* hijo de Saúl, le llamaban *Is-boset.*

**Bautismo** El empleo del agua en lavamientos o baños rituales aparece en numerosas y distintas religiones. Por su forma, el bautismo cristiano tiene como antecedente directo las abluciones practicadas por el judaísmo, y más particularmente el bautismo de Juan, el precursor de Jesús. Este bautismo representa un volverse a Dios, que requiere la confesión de pecados y el arrepentimiento. El bautismo cristiano exige además un requisito que le da carácter único: la fe en Cristo como redentor y como Señor resucitado y glorificado, y representa la recepción del Espíritu Santo por el creyente. La palabra *bautizar* viene del griego *baptiza* que significa literalmente sumergir. La administración del bautismo constituye el rito de iniciación formal y oficial en la comunidad de fe y vida (la iglesia).

**Beelzebú** Nombre que se da en el Nuevo Testamento al diablo como jefe de los espíritus malignos. Aparece también en los manuscritos como *Beelzebub* y *Beelzebul.* Se cree que es la adaptación de Baalzebub ("señor de las moscas"), dios de Ecrón (2 R 1.2), hecha por los rabinos para hacerle significar "señor del estiércol".

**Calendario judío** El año judío se basaba en las fases de la luna y tenía doce meses de veintinueve o treinta días cada uno. En un principio se llamaban simplemente "primer mes", "segundo mes", etc. Sólo cuatro de esos meses se mencionan en el Antiguo Testamento con nombres cananeos: *Abib* (marzo-abril, Ex 13.4), *Ziv* (abril-mayo, R 6.1), *Etanim* (septiembre-octubre, 1 R 8.2), y *Bul* (octubre-noviembre, R 6.38). Al regreso de la cautividad se habían adoptado ya los nombres babilónicos: el primer mes, o *Abib,* pasó a llamarse *Nisán;* el siguiente, o *Ziv,* se llamó entonces *Iyar;* y así sucesivamente, *Siván* (mayo-junio), *Tamuz* (junio-julio), *Ab* (julio-

agosto), *Elul* (agosto-septiembre), *Tisri* (septiembre-octubre), *Marjesván* (octubre-noviembre), *Kislev* (noviembre-diciembre), *Tevet* (diciembre-enero), *Sabat* (enero-febrero), y *Adar* (febrero-marzo). El mes se contaba comenzando con la luna nueva. Para compensar la diferencia respecto al año solar, cada dos o tres años se añadía un décimotercer mes, llamado *segundo Adar.* La iglesia primitiva adoptó el calendario romano, que se divide en doce meses de treinta o treinta y un días.

**Camino** En la Biblia se usa con frecuencia esta palabra para significar conducta, el modo de vivir de los hombres. Y cuando se dice "camino (o caminos) de Dios", se quiere expresar el modo de proceder de Dios y también como quiere Dios que los hombres vivan. Significa especialmente la conducta religiosa y, en este sentido, equivale más o menos a nuestra palabra *religión.* Los primeros cristianos fueron llamados "los del Camino", queriendo decir, de un nuevo camino, un nuevo modo de vida, una nueva religión (Hch 9.2; 19.9; 22.4; etc.).

**Cástor y Pólux** Dioses o héroes de la mitología romana, hijos gemelos de Zeus y Leda, representados en el mascarón del barco en que Pablo y sus compañeros continuaron el viaje desde Malta. Según la mitología, se convirtieron en la constelación Géminis.

**Celote** Miembro de un movimiento judío de resistencia contra los romanos. Los celotes eran nacionalistas fanáticos y pensaban en el Mesías como en un caudillo político revolucionario que libertaría al pueblo judío del yugo de Roma. Su celo nacionalista los llevaba a justificar el uso de la violencia. Es casi seguro que los "guerrilleros" (lit. *sicarios,* "los del puñal") de Hch 21.38 eran celotes. Tomaron parte muy activa en el levantamiento contra Roma de los años 66-70 d.C. Simón, uno de los apóstoles de Jesús, había pertenecido a ese partido, y para distinguirlo del otro Simón (Pedro), se le conocía como "Simón el celote".

**Circuncidar, circuncisión** Operación que consistía en cortar el extremo del prepucio. Era una costumbre que practicaban varios pueblos antiguos en el Cercano Oriente. (Se practica también en algunas religiones primitivas.) Entre los israelitas tenía un significado altamente religioso: era la señal externa y visible del pacto de Dios con Israel, mediante la cual el circuncidado era formalmente reconocido como perteneciente al pueblo de Dios.

**Ciudad** Comparadas con las ciudades modernas, las ciudades de los tiempos bíblicos, especialmente en Palestina, vendrían a ser apenas grandes aldeas, sólo que algunas de ellas estaban amuralladas. Cuando una ciudad llegaba a tener, como en el caso de Hazor, 40,000 habitantes, se consideraba realmente extraordinaria en tamaño. No obstante, algunas constituían, con los pequeños poblados circunvecinos que dependían de ellas, estados independientes con su propio "rey" (véase, *Reino, rey*).

**Cobrador de impuestos** Según el sistema implantado por los romanos en Palestina, el cobro de impuestos se hacía por medio de concesionarios que se comprometían a pagar al gobierno imperial determinada cantidad cada cierto tiempo. Todo lo demás que pudieran cobrar era para ellos, con lo cual fácilmente se convertían en ambiciosos extorsionadores del pueblo. Como, por otra parte, se les consideraba empleados del gobierno extranjero, y como para obtener el pago de los impuestos acostumbraban pedir la ayuda de los soldados romanos, los judíos los odiaban intensamente y los clasificaban en la misma categoría que las prostitutas y otros a quienes llamaban "pecadores". (Las versiones tradicionales traducen "publicanos".) El rencor popular creó la designación de "cobradores de impuestos y pecadores" para le gente considerada la peor.

**Cofre del pacto** Se le llamaba también "cofre de Dios", "cofre del Señor" o "cofre de la ley". Las versiones tradicionales traducen "arca". Era el signo o símbolo visible de la presencia y protección de Dios para su pueblo. Se describe en Ex 37.1–9. Contenía las tablas de la ley, y según He 9.4, también una jarra con maná y el bastón de Aarón. Después de muchas peripecias y cambios de lugar, quedó depositado en el templo de Salomón. La Biblia nada dice acerca de la suerte del cofre del pacto durante o después de la destrucción del templo en el año 586 a.C. Según una antigua tradición judía Jeremías lo hizo ocultar en una caverna poco antes de aquel suceso. En las sinagogas judías hay al frente un armario en que se guardan los rollos de la ley, y que recibe por eso el nombre de "arca del pacto" o "de la ley".

**Concubina** Mujer con la que se hacía vida marital aparte de la esposa propiamente dicha. Era considerada como esposa legítima, aunque de segunda categoría, y tenía ciertos derechos legales. Generalmente era una criada o esclava.

**Consagrar, consagrado** Consagrar un lugar, objeto o persona a Dios quería decir apartarlo para él. Otra palabra que las versiones tradicionales usan para designar lo así consagrado, es "santo". Como señal visible de la consagración, se untaba o derramaba aceite de olivo sobre la cabeza del que iba a ser consagrado ("ungir", "ungimiento"). Así se consagraba a los sacerdotes y los reyes.

**Cristo** Este nombre es la traducción griega de *Mesías* (véase *Mesías*). En un principio era un título, y por eso se usaba con el artículo determinado: se decía *el Cristo* (el Mesías). Aplicado a Jesús llegó a ser nombre propio, y se combinó para formar con Jesús un solo nombre: *Jesucristo,* que equivale a *Jesús Mesías.* Es difícil precisar cuándo ocurrió el cambio. Seguramente fue gradual. En términos generales podría decirse que en los Evangelios y el libro de los Hechos aparece como título, pero que en el resto del Nuevo

Testamento ocurre casi siempre como nombre propio.

**Cruz, crucifixión** El suplicio de la crucifixión consistía en colgar o clavar al condenado a muerte en un poste que llevaba un travesaño destinado a los brazos. Parece que lo inventaron los persas. Los romanos lo adoptaron, pero lo consideraban tan humillante y vergonzoso que jamás se aplicaba a los ciudadanos romanos. Se reservaba para los esclavos, los insurrectos y los prisioneros de guerra de otras naciones. Lo usaron con frecuencia tratándose de judíos, con los cuales llegaron a hacer crucifixiones en masa. Era una forma horrible de muerte. El crucificado quedaba abandonado a la intemperie, desangrándose hasta morir y expuesto a los quemantes rayos del sol. A la tortura de la dolorosa posición se unía el tormento de las heridas y sobre todo el de la sed, que se agravaba con la pérdida de sangre y el sofocante calor. A veces el crucificado tardaba en morir días enteros. Otras, se apresuraba su muerte golpeándolo con palos o quebrándole los huesos. Era usual dejarlo en la cruz hasta que el cadáver entraba en descomposición. Generalmente la sentencia prohibía sepultar el cuerpo, y se consideraba una concesión especial, que había que solicitar, el que se permitiera bajarlo de la cruz y darle sepultura.

**Denario** Moneda romana de plata que lleva una inscripción y la imagen del emperador, y tenía el valor de una dracma. Era el salario normal de un día de trabajo manual.

**Diaconisa** No aparece en el Nuevo Testamento esta forma femenina del oficio de diácono, que en griego se emplea en él tanto para los de un sexo como para los del otro. Así se ve en Ro 16.1 donde se llama a Febe simplemente "diácono". Es posible que 1 Ti 3.11 se refiera a diaconisas. Sin embargo, en el texto bíblico no se indica precisamente en qué consistía su trabajo.

**Diácono** Palabra que en griego viene del verbo "servir". En la iglesia apostólica se llamó así primeramente al encargado de servir las mesas en la comida fraternal de la comunidad cristiana. Después se le confiaron otros servicios especiales, así que con el tiempo, el oficio de diácono vino a ser uno de los principales de la iglesia, inferior sólo al del *obispo* y al *anciano* (véanse).

**Día del Señor** Con este nombre y sus equivalentes se designa el tiempo cuando Dios intervendrá decisivamente en la historia humana. Tiene dos significados: se le describe como terrible para los que se oponen a Dios, pero glorioso para sus fieles. Es, por eso, día de juicio y castigo para unos, y día de misericordia y alegría para otros. Se identifica en la predicación cristiana del Nuevo Testamento con el día "cuando el Señor Jesús venga" (1 Co 5.5), "cuando Cristo regrese" (Fil 1.10; véase 2.16).

**Día de Reposo** Día en que se suspendía el trabajo usual, y que se dedicaba especialmente al culto a Dios. El nombre hebreo es *sabat*, que pasó al griego como *sábaton* y al latín como *sabatum,* de donde viene el castellano *sábado.* La palabra hebrea se relaciona con el verbo de la misma lengua que significa "cesar", "dejar de hacer algo", "descansar". En la gran mayoría de los casos, el *sabat* era el séptimo día de la semana, y por tanto equivale a nuestro sábado (Ex 16.23, 25–26, 29; 20.8, 10–11; 31.13–16; 35.2–3; Lev 19.3, 30; 23.3, 11, 15–16, 38; 24.8; 26.2; Nm 15.32; 28.9–10; Dt 5.12, 14–15; 2 R 4.23; 11.5, 7, 9; 16.18; 1 Cr 9.32; 23.31; 2 Cr 2.4; 8.13; 23.4, 8; Neh 9.14; 10.31, 33; 13.15–19, 21–22; Is 1.13; 56.2, 4, 6; 58.13; 66.23; Jer 17.21–22, 24, 27; Lm 2.6; Ez 20.12–13, 16, 20–21, 24; 22.8, 26; 23.38; 44.24; 45.17; 46.1, 3–4, 12; Os 2.11; Am 8.5; Mt 12.1–2, 5, 8, 10–12; 24.20; 27.62; 28.1; Mr 1.21; 2.23–24, 27–28; 3.2, 4; 6.2; 15.42; 16.1; Lc 4.16, 31; 6.1–2, 5–7, 9; 13.10, 14–16; 14.1, 3, 5; 23.54, 56; Jn 5.9–10, 16, 18; 7.22–23; 9.14, 16; 19.31; Hch 1.12; 13.14, 27, 42, 44; 15.21; 16.13; 17.2; 18.4; Col 2.16.)

En los Diez Mandamientos se ordena la observancia de este día en conmemoración de la creación del "descanso" divino al terminar la Creación (Ex 20.8-11; Gn 2.1-3) y de la liberación del pueblo israelita de la esclavitud (Dt 5.12-15). Los hebreos contaban el día de reposo desde la puesta del sol del viernes hasta la puesta del sol del sábado, y así lo hacen todavía hoy los judíos. Por su significado de "día en que no se trabaja", se llamaban también *sabat* los días de gran festividad religiosa, que no siempre caían en el séptimo día de la semana (Lv 16.29-31; 23.24, 32, 39). El mismo término se aplicó a cada séptimo año, en el que se dejaba descansar la tierra (Lv 25.2-7).

*Dracma* (Véase *Denario*)

*Dragón* Animal imaginario, que se pensaba era como un lagarto gigante o una enorme serpiente, y que en Ap 12.9 aparece como representación del diablo y Satanás.

*Efod* Artículo asociado con las funciones rituales del sacerdote israelita, pero cuya forma y significado no han podido precisarse con seguridad. Los contextos en que aparece mencionado son muy diversos, y dan ideas diferentes de lo que pudo haber sido y para lo que servía. Unas veces parece ser parte de la vestidura sacerdotal, quizá a modo de delantal (1 S 2.18; 2 S 6.14). Se le enumera entre las vestiduras sacerdotales en Ex 28.5-14, pero aquí su descripción parece ser la de un corpiño que se suspende de los hombros y va al parecer debajo del *pectoral* (véase *pectoral*). Pero en otros casos se alude al *efod* como un objeto de culto idolátrico ( Jue 8.26, 27; 18.14-20).

*Enoc, Libro de* Libro apócrifo escrito probablemente en el siglo segundo a.C., del cual al parecer se cita en Jud 14-16 un pasaje, el de 1.9. Se conoce especialmente en su versión etiópica, aunque existen también fragmentos de una versión griega y en hebreo, estos últimos hallados en las cuevas de Qumrán, cerca del mar Muerto. La iglesia abisinia o etíope lo considera canónico. En opinión de algunos, también hay influencias de este libro en la carta a los Hebreos y en el Apocalipsis.

*Enramadas, Fiesta de las* Fiesta celebrada por los israelitas en el otoño de cada año, al término de la cosecha. Se llamaba así porque se construían chozas improvisadas con ramas para vivir en ellas durante la fiesta. Servían para recordar a los israelitas la vida de sus antepasados en el desierto, después de la salida de Egipto. Tradicionalmente se ha llamado fiesta de los Tabernáculos o de las Cabañas. La fiesta se llama en hebreo *Sucot,* que quiere decir "cabañas".

*Epicúreos* Se llamaba así a los seguidores del filósofo griego Epicuro, que vivió a fines del siglo cuarto y principios del tercero a.C. Enseñaba que la felicidad, entendida como la liberación del dolor y del temor, es el supremo bien de la vida.

*Escrituras* En el Nuevo Testamento los escritores sagrados se refieren con estas palabras a los escritos de los judíos que hoy llamamos Antiguo Testamento. Cuando se refieren a un solo pasaje usan el singular "escritura".

*Estoicos* Los seguidores de Zenón, filósofo griego del siglo tercero a.C., que enseñaba que la meta suprema del hombre debe ser vivir conforme a la razón y practicando la virtud, la cual consiste en dominar las pasiones y en no sentirse atraído por el placer ni dejarse vencer por el dolor.

*Eunuco* En un principio se designaba así generalmente al hombre que había sido castrado para servir principalmente como guardián de las mujeres de su amo. Pero los eunucos llegaron a tener tanta importancia en las cortes de los reyes antiguos que, al parecer el término dejó de usarse exclusivamente en su sentido literal y pasó a significar también un alto funcionario de toda confianza del rey, estuviera o no realmente castrado. En Mt 19.11, 12 la palabra "eunuco", como ocurre en versiones tradicionales, se emplea también en sentido figurado, aplicándolo a los que permanecen sin casarse.

**Evangelio** Esta palabra significa literalmente "buena noticia". Llegó a llamarse así a cada uno de los cuatro primeros libros del Nuevo Testamento, en los cuales se relatan la vida, obra, muerte y resurrección de Jesucristo. Quizá esto fue así por la forma en que comienza el relato de San Marcos. En esta versión la palabra se ha traducido en el texto como "buenas noticias", "mensaje de salvación", "mensaje de Cristo" y otras expresiones semejantes que aclaran su sentido.

**Fariseo** Miembro de uno de los principales grupos religiosos judíos de tiempos de Cristo. Los fariseos eran muy estrictos en cuanto a la obediencia literal de la ley de Moisés y a otros ritos y costumbres que se le habían agregado en el curso de los siglos.

**Filisteos** Uno de los llamados "pueblos del mar". Procedían de la isla de Creta, y por el año 1200 a.C. invadieron Palestina y se establecieron en la costa del Mediterráneo. Tuvieron choques con Egipto, pero como no pudieron conquistarle territorios a dicho país, se hicieron fuertes en esa costa, desde donde amenazaron constantemente a los israelitas. La superioridad militar de los filisteos se basaba principalmente en su monopolio de la producción del hierro, metal que ellos ya utilizaban cuando los israelitas no habían salido todavía de la edad del bronce.

**Genesaret** Nombre que se daba a una fértil llanura junto a la orilla noroeste del mar de Galilea, también llamado lago de Genesaret. (Este nombre se recuerda hoy todavía en el de *Guinossar,* que es el de una granja colectiva israelí *(quibuts)* situada en la ribera del mencionado lago, y en la antigua llanura de Genesaret.)

**Gog, Magog** Potencias apocalípticas (Ap 20.8) que se congregan con las naciones, o son nombres colectivos de ellas, en la batalla decisiva que libran contra Dios. Los nombres están tomados de Ez 38.2, sólo que en este pasaje

Magog es un país y Gog su rey. La identificación de un país con una persona es común en la literatura de los rabinos.

**Hebreo** El hebreo era el idioma clásico de los israelitas, que también eran llamados hebreos. Pero en el Nuevo Testamento la palabra "hebreo", cuando se refiere al lenguaje, significa más bien arameo, una lengua hermana del hebreo y muy parecida a él, que era la que más comúnmente se hablaba en Palestina en tiempos de Jesús. El hebreo propiamente dicho se hablaba también, pero parece que se reservaba más bien para los actos religiosos y para algunos documentos importantes, según se ha comprobado por el hallazgo reciente de unas cartas en ese idioma dirigidas por el caudillo de la segunda insurrección judía (año 135 de nuestra era), Simón Ben Cosiba, a algunos comandantes. Cuando Pablo dice de sí mismo que es "hebreo e hijo de hebreos" (lit "hebreo de hebreos") probablemente quiere decir también que es un hebreo que habla el hebreo.

**Hermes** Nombre de un dios griego que servía de portavoz y mensajero de los dioses. Se le da también el nombre latino de *Mercurio.* (Véase *Zeus.*)

**Herodes** Nombre que en el Nuevo Testamento llevan varios gobernantes. Es importante no confundirlos. El Herodes de Mt 2 es el llamado el Grande, fundador de la familia, hijo de padre idumeo y de madre árabe, y constructor del gran templo de Jerusalén. Gobernó casi toda Palestina. Murió el año 4 antes de nuestra era. El Herodes de los tiempos de Jesús adulto (Mt 14.1; Lc 23.8) era hijo del anterior, y se le conoce como Herodes Antipas. A su hermano Filipo o Felipe, el marido de Herodías, se llamaba también Herodes Filipo, hijo de Cleopatra. El Herodes de Hch 12.1-25 es Herodes Agripa I, nieto de Herodes el Grande. Y el Herodes llamado en el Nuevo Testamento simplemente Agripa (Hch 25 y 26) es Herodes Agripa II, hijo del anterior.

**Hijo del hombre** Esta expresión ocurre en el Antiguo Testamento muchas veces en el sentido general de *hijo de hombre,* es decir, ser humano, simple hombre, hombre a secas. En estos casos en la presente versión se traduce sencillamente *hombre* (Ez 2.1; 3.1; etc). Pero en la literatura apocalíptica empezando con Dn 7.13, 14, 27, esa expresión adquiere un significado específico a la vez que misterioso. En este pasaje aparece alguien llamado un hijo de hombre que viene entre las nubes y al cual fue dado el poder, la gloria y el reino. En el libro de Enoc se identifica con el Mesías. Con este significado se usa en los Evangelios. Jesús la emplea siempre en tercera persona, pero se la aplica a sí mismo (Mt 16.13-16) uniendo, sin embargo, al antiguo concepto el del siervo de Dios que sufre (Is 53; Mr 8.31; 9.31; Jn 3.14, 15 etc.). En este sentido usa la expresión como un título mesiánico. *Hijo del hombre* no es, pues, una expresión que simplemente afirma la naturaleza humana de Jesucristo y que con ello completa la de "Hijo de Dios", sino la forma como Jesús reconoce y expresa su misión mesiánica.

**Holocausto** Este nombre significa "todo quemado" y es el nombre que se da a una forma principal de sacrificio en que la víctima es enteramente consumida por el fuego (Lv 1). En el templo de Jerusalén se ofrecía dos veces, una por la mañana y otra por la tarde, diariamente. Una persona podía, además, acudir al templo a ofrecer, por medio de los sacerdotes, un holocausto como sacrificio privado. (Véase *Sacrificio.*)

**Iglesia** Palabra que viene del griego *ecclesia,* que originalmente y en el uso común significa "asamblea" o "reunión", celebrada previa convocatoria o llamado. En Atenas se llamaba así a la asamblea de los ciudadanos. En el Nuevo Testamento es Pablo quien usa con frecuencia esta palabra, y significa tanto la congregación local de creyentes cristianos como la comunidad cristiana universal. Nunca se llama *iglesia* al edificio en que los cristianos se reúnen.

**Impuro, impureza** (Véase *Purificar, purificación.*)

**Janes y Jambres** En Ex 7.11, pasaje al que se refiere 2 Ti 3.8, no aparecen estos nombres como los de los magos egipcios que se opusieron a Moisés y Aarón. Los nombres provienen de una antigua tradición judía, consignada probablemente en un libro apócrifo del siglo segundo a.C., llamado "Historia de Moisés, Janes y Jambres", mencionado por Orígenes. En un escrito llamado "Documento de Damasco", hallado en el Cairo en 1896, y del que aparecieron fragmentos también en los rollos de Qumrán, se mencionan como "Janes y su hermano" (5.18, 19).

**Jesucristo** Combinación del nombre personal Jesús con el título de *Cristo,* equivalente a *Mesías* (véanse). Por tanto, *Jesucristo* quiere decir *Jesús Mesías.*

**Junta Suprema** Consejo y tribunal religioso supremo de los judíos, llamado también Sanedrín, compuesto de los sumos sacerdotes (el que estaba en función y los ya retirados), los ancianos y los maestros de la ley, estos últimos generalmente fariseos. Tenía un total de 71 miembros, incluido su presidente.

**Legión** Una división del ejército romano compuesta de aproximadamente 6,000 soldados de infantería y 120 de caballería. En el Nuevo Testamento la palabra no se usa nunca en su sentido militar sino sólo para significar un número incontable de ángeles (Mt 26.53, en esta versión "ejércitos") o de espíritus malignos (Mr 5.9, 15).

**Lepra** Bajo este nombre se agrupaba en los tiempos bíblicos una variedad de afecciones de la piel, incluyendo la que la medicina moderna considera como verdadera lepra. Las telas podridas o con moho se consideraban "leprosas" y, por consiguiente, ritualmente impuras. También se consideraba como "lepra" la avería causada en las paredes por la humedad, el salitre y el moho.

**Levadura** La levadura, sustancia que se mezcla con la masa para hacer que fermente y se alce antes de meterla en el horno, sirve en la Biblia como ejemplo y símbolo de lo que penetra y crece, unas veces benéficamente y otras con efecto dañoso. En el Antiguo Testamento se ordena que el pan que se coma en la Pascua sea sin levadura, como recuerdo del sufrimiento y la precipitación con que se efectuó la salida de Egipto (Dt 16.3). Considerada la fermentación como una forma de corrupción, estaban prohibidas las ofrendas con levadura (Lv 2.11). Jesús parece emplear la figura con este sentido cuando advierte a sus discípulos que se cuiden "de la levadura de los fariseos y los saduceos" (Mt 16.6). Lo mismo hace Pablo cuando exhorta a los corintios a limpiarse de la "vieja levadura" (1 Co 5.6-8). Jesús, en cambio, compara el reino de Dios con la levadura, por la forma irresistible en que ésta va penetrando en la masa hasta dejarla completamente fermentada (Mt 13.33).

**Levita** Miembro de la tribu de Leví. En Nm 3.6-10 se establece una diferencia entre los levitas consagrados específicamente para el sacerdocio—Aarón y sus descendientes—y los demás, que desempeñarían más bien el oficio de ayudantes de los sacerdotes y se encargarían de diversos servicios menores del santuario. Esta distinción aparece más marcada en Ez 44.6-31, debido a la apostasía en que incurrieron muchos levitas. Algunos opinan que ya desde la reforma de Josías (2 R 22 y 23) los levitas no sacerdotes habían perdido mucha importancia.

**Ley** Este vocablo se encuentra usado con diferentes acepciones. Se usó para hablar del código civil judío (Hch 25.8; Jn 8.5) o romano (Hch 18.13, 15). También se usó con referencia a las ceremonias judías o lo que es conocido como "ley ceremonial", con referencia a una ceremonia específica (Lc 2.27) o en términos generales (Ef 2.15; He 10.1). Desde tiempos del Antiguo Testamento los judíos también usaron este vocablo para hablar de la *toráh*, los primeros cinco libros del Antiguo Testamento (Neh 8.8). Lo mismo sucedió en el Nuevo Testamento donde era conocido como *nómos* (Lc 24.44). Desde tiempos de Moisés los Diez Mandamientos eran considerados ser el corazón de esta ley (Ex 24.12). Lo mismo sucedió en el Nuevo Testamento (Ro 7.7; Stg 2.9-12). En tiempos del Nuevo Testamento también se usó esta expresión con relación a los "profetas" (1 Co 14.21 citando a Is 28.11, 12) y hasta los "escritos" (Jn 10.34 citando a Sal 110.4). Esto significa que el término "ley" podía usarse con referencia a todo el Antiguo Testamento. En tiempos de Jesús, los judíos incluyeron como ley no sólo el Antiguo Testamento, sino también los reglamentos que la tradición fue agregando en el curso de los siglos.

**Lugar Santísimo** Llamado en hebreo *debir* y también *qodesh qodashim*, era el cuarto que se hallaba al fondo del tabernáculo (Ex 26.34) y más tarde del templo (1 R 6.16). En él se encontraba el *Cofre del pacto* (véase *Cofre del pacto*). Era de una forma cúbica, sin ventanas, y en él podía entrar solamente el sumo sacerdote una vez al año, en el gran día de la expiación (Lv 16.15-17, 29-34), para rociar la tapa del cofre con la sangre de un chivo sacrificado por los pecados del pueblo.

**Lugar Santo** Llamado en hebreo *hejal* y también *qodesh*, era el salón que se encontraba delante del Lugar Santísimo. En él se hallaban el altar del incienso, la mesa de los panes consagrados a Dios y el candelabro de siete brazos. Entre el Lugar Santo y el Lugar Santísimo había una puerta, en el Templo de Salomón, y dos cortinas en el de Herodes. En el tabernáculo, ambos lugares estaban separados por una cortina.

**Llanura** Cuando se dice simplemente "la llanura", y por el contexto este término se relaciona con la región montañosa de Judea, se refiere a la zona llana situada al occidente de dicha región, a lo largo de la costa del Mediterráneo. En hebreo se llamaba

*Sefela,* que literalmente quiere decir "tierra baja" o "llanura". Se menciona así especialmente en los libros de Josué y Jueces. Era famosa por su fertilidad, y particularmente por su abundancia de higueras silvestres.

**Maestro de la ley** Así se traduce en esta versión lo que en otras versiones se traduce por *escriba.* En un principio el escriba judío era sólo un escribiente o escribano, ocupado principalmente en copiar las Escrituras. Pero después llegó a especializarse de tal modo en el conocimiento e interpretación de ellas, sobre todo de la ley de Moisés, que se convirtió en un verdadero maestro en ese respecto. Vino a ser lo que hoy llamaríamos no sólo un maestro de la Biblia sino un escriturista o erudito bíblico.

**Magos** Bajo esta designación, como practicantes de artes mágicas, podrían agruparse los adivinos, hechiceros, astrólogos y brujos que en una forma u otra se mencionan en la Biblia, y cuyas prácticas estaban rigurosamente prohibidas por la ley mosaica. Los tradicionalmente llamados *magos* de Mt 2 quizá pertenecían a un grupo de sacerdotes de los países orientales, particularmente de Media, y eran sabios que se dedicaban al estudio de las estrellas. Así es como se les designa en esta versión. San Mateo no dice que fueran tres ni mucho menos fueran reyes. Tampoco da sus nombres. Lo de los "reyes" magos llamados Melchor, Gaspar y Baltasar es una leyenda que data del siglo octavo de nuestra era. En el Nuevo Testamento, como en el Antiguo, se condena enérgicamente la magia bajo cualquiera de sus formas (Dt 18.10, 11; Hch 19.18, 19; Gá 5.20; etc.).

**Maná** Alimento proporcionado por Dios a los israelitas durante sus viajes por el desierto, entre Egipto y Canaán (Ex 16; Jos 5.12). Se parecía a la escarcha; era blanco, dulce y parecido a la semilla de cilantro (Ex 16.14, 31). En forma poética se le describe como "pan del cielo" (Sal 105.41). Jesús señaló que el maná lo representaba a él como pan que había descendido del cielo ( Jn 6.48-51). Se encuentra en la península de Sinaí un árbol, llamado tamarisco, que da una especie de goma comestible, de sabor dulce, cuando cierto insecto pica su corteza. Los árabes llaman *mann* a esta sustancia que puede encontrarse por un par de meses al año.

**Mar Rojo** En hebreo se llama *mar de los Juncos* (o carrizos). Entonces, como ahora, con ese nombre se designaba la zona que comprende el golfo de Suez, el golfo de Eilat (o Aqaba) y el mar Rojo propiamente dicho. Hay quienes piensan que el nombre también se aplicaba a los pantanos y lagos situados en el golfo de Suez y el Mediterráneo, que desaparecieron en parte al construirse el canal de Suez.

**Mesías** Título hebreo que significaba "ungido" (véase *Consagrar, consagrado*). Se daba al Salvador prometido por Dios a su pueblo, y cuya llegada predijeron los profetas del Antiguo Testamento. Los judíos llegaron a pensar en el Mesías como un caudillo político o rey victorioso y justo de la dinastía de David, que vendría a liberar a Israel de sus opresores extranjeros, derrotaría a todos sus enemigos y establecería un imperio universal con capital en Jerusalén. Al aceptar para sí el título y la misión del Mesías, Jesús corrigió este concepto político y nacionalista mediante sus actos y enseñanzas, y le dio al reino que venía a establecer un significado moral y espiritual, que, sin embargo, produciría la transformación total de la vida humana. *Mesías* equivale en griego a *Cristo* (véase).

**Mirra** Una resina fragante y muy costosa, importada generalmente del sur de Arabia y obtenida probablemente del árbol llamado terebinto. Mezclada con vino tenía un efecto calmante o medicinal (Mr 15.23). Mezclada con aceite de oliva resultaba un perfume muy apreciado, que los judíos usaban también para preparar los cuerpos que habían de recibir sepultura ( Jn 19.39).

**Moloc** Nombre derivado de una raíz de las lenguas semíticas que significa "reinar". Por tanto quiere decir "rey", en hebreo *mélej*. Los israelitas lo llamaban *Molej*, haciéndolo sonar como *boset*, "oprobio" o "vergüenza". Era un dios originario de Mesopotamia. Entre los ritos de su culto, el más cruel era sin duda el de sacrificarle niños lanzándolos al fuego. Los israelitas llegaron a ofrecerle esta clase de sacrificios en el valle de Hinom, situado al sur de Jerusalén. En 1 R 11.7, se identifica Moloc con Milcom, dios de los amonitas (véase también 1 R 11.5, 33).

**Nardo, Perfume de** Era un perfume que se preparaba con las raíces y tallos de una planta llamada también espinacardo. Por ser originaria de la India tenía que importarse, lo cual hacía que este perfume resultara muy costoso.

**Nazareo** o **nazireo,** del hebreo **nazir,** que significa "separado", "consagrado". (Véase la nota a Nm 6.2.) El voto de nazareo podía tomarse sólo por determinado tiempo, pero había quienes estaban consagrados a Dios como nazareos desde su nacimiento.

**Nicolaítas** Miembros de una secta cristiana considerada herética (Ap 2.6, 15). El nombre parece significar "seguidores de Nicolás", personaje que no ha sido posible identificar.

**Nombre** En el uso bíblico, "nombre" significa mucho más que el nombre de una persona. Representa la esencia misma de la personalidad. Equivale, en suma, a la persona misma. Dar nombre a algo es reconocer su existencia real. No tener nombre es como no existir, o como ser algo insignificante y despreciable. Pedir que alguien diga su nombre no es solo pedirle que lo pronuncie, sino que manifieste su naturaleza, que se identifique (Gn 32.29; Ex 3.13, 14). Bendecir el nombre de Dios no es bendecir la palabra con que se le nombra, sino a Dios mismo. Invocar el nombre de Dios es invocar a Dios, y no sólo pronunciar su nombre. Cuando se dice que Dios escogió a Jerusalén para que en ella residiera su "nombre", quiere decirse que la escogió como su residencia personal. Cuando Cristo dice que algo se haga en su "nombre", eso significa que debe hacerse identificándose con él, haciéndolo en su espíritu, como si fuera él mismo. En ningún caso se trata de pronunciar el nombre divino como palabra mágica.

**Obispo** Del griego *episkopos,* que significa exactamente lo mismo que *supervisor* o *superintendente.* Su función se compara con la de un pastor. Por lo menos en los tiempos apostólicos se llamó así al encargado de una congregación o iglesia local y parece haber sido equivalente de *anciano* (véase *anciano*). Fue sólo en tiempos posteriores a los bíblicos cuando el obispo asumió superintendencia del conjunto de iglesias de toda una determinada región.

**Pacto** En la Biblia es el trato, convenio o alianza que Dios, por su propia iniciativa, ha hecho con su pueblo. En el Antiguo Testamento se habla de un primer pacto hecho con Noé después del diluvio (Gn 9.9), de un pacto hecho con Abraham (Gn 17.1-8), refrendado con Isaac y con Jacob, y finalmente del pacto hecho con todo el pueblo israelita en el Sinaí (Ex 19.1-5) ratificado en Moab (Dt 29.1). Los términos principales de este pacto estaban escritos en las tablas de la ley, que quedaron guardadas en el *Cofre del pacto* (véase *Cofre del pacto*). El profeta Jeremías anunció un nuevo pacto (31.31). En el Nuevo Testamento se habla del nuevo pacto que Dios ha hecho con los que tienen fe en Jesucristo. En el griego del original, una misma palabra significa tanto "pacto" como "testamento". "Nuevo Testamento" quiere decir, pues, "Nuevo Pacto", y "Antiguo Testamento", "Antiguo Pacto". La idea de pacto viene a ser, por ello, la clave de la historia de la salvación.

**Paganos** Las palabras hebrea y griega que se traducen así tienen también otros significados aparte del usual de "practicantes de una religión pagana". Pueden significar también los que no son judíos (equivalente de *gentiles*) y después los que no son cristianos (porque los cristianos se consideran el Israel espiritual, 1 Co 5.1; 12.2). También puede significar las naciones en general, sin querer referirse sólo a aquellas en que predomina el paganismo como religión. En la presente versión se ha procurado precisar esos varios significados.

**Pan sin Levadura, Fiesta del** Una fiesta judía que se celebraba durante los siete días que seguían a la *Pascua* (véase *Pascua*), y en que, como el nombre lo dice, estaba prohibido comer pan hecho de masa fermentada. Era también una conmemoración de la salida de Egipto, cuando los israelitas se abstuvieron durante una semana de comer pan con levadura (Ex 12.14-20). Se celebraba del 15 al 21 del mes de Nisán. (Véase *Calendario judío*.)

**Paraíso** Esta palabra de origen persa, adoptada por el hebreo y el griego, significa literalmente "jardín", "parque" o "huerto". Pasó a usarse con referencia especial al jardín del Edén (Gn 28). En sentido figurado se usa en el Nuevo Testamento para designar al cielo (2 Co 12.2, 4), el lugar donde Dios está (Ap 2.7; véase también Lc 23.43).

**Pascua** La fiesta judía considerada como más importante, para celebrar la liberación de los israelitas de su esclavitud en Egipto. Se efectuaba el día 14 del mes de Nisán (véase *Calendario judío*). El nombre viene de *Pésaj*, que es como se llama la fiesta en hebreo, y que contiene la idea de "pasar por encima" o "pasar de largo", que según el relato de Éxodo es lo que hizo el Señor aquella noche en Egipto (Ex 12.27).

**Paz** Con esta palabra se ha traducido generalmente la hebrea *shalom*, cuyo sentido en el uso bíblico es tan amplio y profundo que en ninguna otra lengua puede hallarse la manera de expresarlo con un solo término que encierre todo lo que significa. Originalmente, *shalom* quiere decir "estar completo", "estar sano", "estar

bien en todos sentidos", "ser próspero y feliz". *Shalom* es el completo bienestar que, por supuesto, significa paz en su más profundo significado: paz del hombre primeramente con Dios, y, en consecuencia, consigo mismo y con sus semejantes. Hasta nuestros días, el saludo hebreo es: *"¡Shalom!"* En el mismo sentido se usa en el Nuevo Testamento la palabra equivalente en griego, como no podía ser menos, ya que Jesús y sus discípulos, como en general los judíos de su tiempo, empleaban como lengua de uso diario la aramea, que es muy semejante a la hebrea. La paz de que se habla en el Nuevo Testamento significa muchísimo más que la mera ausencia de contiendas, guerras y conflictos entre los hombres. Tiene un profundo sentido religioso. Depende del estado de las relaciones del hombre con Dios, y, sobre todo en Pablo, es un elemento básico en el reinado de Cristo (Gá 5.22; Ro 5.1; Col 1.20).

**Pecador** En los Evangelios este adjetivo se aplica especialmente a los judíos que habían sido excluidos del culto de la sinagoga, debido a que violaban las reglas relativas a los alimentos prohibidos y que, también contra los estrictos reglamentos al respecto, se asociaban con los no judíos, por lo cual se les consideraba ritualmente impuros. Estas personas sufrían el desprecio de muchos de sus compatriotas judíos, y al mismo Jesús se le censuró fuertemente por juntarse con ellos. A los *cobradores de impuestos* (véase *cobrador de impuestos*) se les consideraba igualmente detestables (Mr 2.15-17; Lc 7.34; 15.1, 2). "Pecador" es aplicado también, tanto en los evangelios (Mt 26.45; Lc 5.8; 7.37; 15.7, 10) como en varias de las epístolas (Ro 5.8, 19; Gá 2.15, 17; 1 Ti 1.9, 15; Jud 15) a quienes desobedecen a Dios, sea en cuanto a un precepto específico o en general, incluyendo la rebelión abierta contra él.

**Pectoral** Una de las prendas de la vestimenta del sumo sacerdote en funciones, que se llevaba sobre el *efod* (véase *efod*). Las descripciones que se hacen de él son confusas. Pero parece haber sido hecho de tela multicolor bordada con hilo de oro. El pectoral estaba adornado con doce piedras preciosas. Cada una llevaba grabado el nombre de una de las tribus de Israel. Sobre él estaban el Urim y el Tumim (Ex 28.15-30). La explicación de cómo se sujetaba al pecho del sumo sacerdote también resulta oscura.

**Pentecostés** Fiesta judía llamada también fiesta de la Cosecha (Ex 23.16) y fiesta de las Semanas (Nm 28.26), esto último porque se celebraba siete semanas después de la *Pascua* y de la *Fiesta del Pan sin Levadura* (véanse). El nombre Pentecostés viene de una palabra griega que quiere decir "quincuagésimo", o sea "a los cincuenta" días del ofrecimiento a Dios de la primera gavilla cosechada (Lv 23.9-14). En los escritos de los rabinos se llama fiesta de los Cincuenta Días.

**Preparación** Se llamaba así al día viernes (Mr 15.42), el día anterior al día de reposo, porque en él se hacían los preparativos necesarios para observar debidamente el reposo semanal. Entre ellos estaba la preparación anticipada de los alimentos, a fin de no tener que prender fuego y cocinar el día de reposo mismo.

**Profeta** En el uso corriente esta palabra ha venido a entenderse casi exclusivamente como "uno que predice el futuro". Pero en la Biblia, el profeta es uno que habla en nombre de otro y, en un sentido especial, en la mayoría de los casos en que la palabra ocurre, uno que habla en nombre de Dios como su portavoz y representante. La predicción de las cosas futuras es sólo una parte de su mensaje, y no siempre está presente en él. En el Antiguo Testamento, al profeta se le llama *nabí*, término que posiblemente signifique "el que es llamado (por Dios) y tiene el encargo de llamar a otros de parte de Dios". También se le llama con otra palabra que quiere decir "vidente", o sea el que ve, por revelación divina, a veces en verdaderas visiones o sueños, un mensaje que Dios le transmite, y que a su vez le encarga que transmita a otros. En ese amplio sentido bíblico, bien puede decirse que toda persona que ha sido llamada por Dios para encomendarle un mensaje suyo que debe llevar a otros, es un profeta. En la presente versión se ha conservado la palabra "profeta" al referirse a los profetas del Antiguo Testamento. En otros casos, especialmente en el Nuevo Testamento, cuando se trata de personas que tenían el don de "profecía" en el sentido que se ha explicado, unas veces se usa la palabra "profeta" y otras, en su lugar, una frase descriptiva, como, por ejemplo, "el que habla en nombre de Dios".

**Profundidades de la tierra** Así se ha expresado a veces en esta versión el concepto hebreo antiguo de que el infierno y el lugar de los muertos (véase *Reino de la muerte*) se halla en lo más hondo de la tierra.

**Prostitución** Además del significado usual de esta palabra, en la Biblia sirve para referirse a la prostitución ritual que se practicaba en las religiones paganas, muy particularmente en relación con el culto a la fertilidad. Los templos contaban con un prostíbulo servido por mujeres que tenían prácticamente el carácter de sacerdotisas. Existía también una prostitución masculina dedicada al mismo oficio. Se tenía la idea de que, mediante esta práctica ritual de la unión sexual, el participante se unía místicamente con el dios o los dioses correspondientes, y además se estimulaba simbólicamente la intervención de los mismos en favor de la fertilidad de la tierra, el ganado y la familia. Desde luego, estas prácticas llegaban a degenerar en orgías desenfrenadas. Había pues un elemento literal en las vigorosas denuncias de la idolatría hechas por los profetas, cuando para condenarla hablaban de ella como de una prostitución.

**Purificar, purificación** Según la ley de Moisés, la purificación era una ceremonia exigida para limpiar o dejar libre de impureza ritual un objeto, un lugar o una persona. Las leyes de pureza se consignan principalmente en Levítico caps. 11-16. Se podía llegar a estar ritualmente impuro por haber comido alimentos prohibidos, por padecer de lepra, por tocar un muerto o un sepulcro, por entrar en contacto con sangre, y por otras razones. Según estas leyes, la impureza consistía en hacer cosas así, las cuales incapacitaban al que las hacía para tomar parte en el culto y, por consiguiente para entrar en contacto con Dios. No se trataba precisamente de impureza moral. Los profetas denunciaron esta última con toda energía, y advirtieron al pueblo que la pureza simplemente ritual y externa no tiene valor delante de Dios cuando no va acompañada de la pureza moral, que consiste en obedecer los preceptos divinos que exigen una vida limpia, regida por la misericordia, la justicia, el amor a Dios y al prójimo y la fidelidad. Este es el hincapié hecho también por Jesús, que aunque respetó en lo esencial los preceptos relativos a la pureza ritual, predicó absoluta supremacía de la pureza moral, el "corazón limpio", que es lo único que permite realmente "ver" a Dios y entrar en comunión con él. La purificación verdadera viene, según el Nuevo Testamento, volviéndose a Dios y por la fe en Cristo, y es obra del Espíritu Santo.

*Refán* Con este nombre aparece en el discurso de Esteban (Hch 7.43), el dios Keiwan (o *Quiyún*, según Am 5.26), personificación del planeta Saturno. La razón de esta diferencia de nombres consiste en que Esteban estaba citando la versión griega (Septuaginta), en la cual el nombre es *Refán*.

*Reino, rey* Los "reinos" bíblicos, especialmente en la antigüedad, y sólo con las excepciones que pueden identificarse fácilmente (Egipto, Asiria, Babilonia, Israel en tiempos de David y Salomón, etc.) no tenían la extensión y la importancia que la palabra sugiere hoy. La mayoría de las veces

equivalían prácticamente a lo que hoy llamamos una provincia, un estado o hasta un distrito. A veces se trataba sólo de una ciudad con sus anexos. (Véase *Ciudad*). Sus "reyes", con las exepciones mencionadas, eran por lo general caciques locales o regionales, con jurisdicción muy limitada, aunque políticamente independientes entre sí. A menudo, sin embargo, eran tributarios y vasallos de alguno de los grandes reinos o imperios de la época.

*Reino de Dios* En el Antiguo Testamento se habla muchas veces del futuro reinado del Señor y de un reino mesiánico universal. En el Nuevo Testamento, el anuncio del *reino de Dios* (o "reino de los cielos") que "ha llegado" ya, constituye la proclama inicial y el centro del mensaje de Jesús. Es el reino que llega con él y que él viene a establecer. Es un reino que está presente ya, y en marcha o desarrollo, pero cuya consumación es futura. No es un reino temporal sino eterno, y no es nacional sino universal. No es un reino político, a manera de los reinos humanos, pero tampoco es un reino solamente moral y espiritual en abstracto, y enteramente ultraterrestre. El reino de Dios consiste en su soberanía. Dondequiera que se acepta su soberanía y se ajusta la vida a su voluntad, su reino ha empezado. Pero el reino de Dios no viene ni crece por el esfuerzo humano, sino por la gracia y el poder de Dios mismo. El hombre sólo puede, y eso por la acción de Dios en él, acatar su soberanía y ofrecerse para ser, en sus manos, su colaborador (Col 4.11). En la oración que el Señor enseñó, las peticiones "Venga tu reino" y "Hágase tu voluntad en la tierra así como se hace en el cielo", son equivalentes.

*Reino de la muerte* Con esta expresión y otras semejantes, según el contexto respectivo, como "lugar donde van los muertos", "sepulcro" o simplemente "muerte", se traducen en esta versión la palabra hebrea *seol* y la griega *hades,* que en la Biblia tienen el mismo significado.

**Reino de los cielos** (Véase *Reino de Dios.*)

**Ropas ásperas** Para expresar dolor, arrepentimiento o luto, los hebreos acostumbraban vestirse, sobre el cuerpo desnudo, ropas que causaran molestia, y cuya naturaleza es ahora difícil de precisar. Tal vez estaban hechas de pelo de cabra o de algún otro material tosco y rasposo. A la vez se acostumbraba esparcir ceniza o tierra suelta sobre la propia cabeza.

**Sacerdote** En el Antiguo Testamento el sacerdote era el encargado del culto divino, principalmente del ofrecimiento de los sacrificios (véase *Sacrificar, sacrificio*). El sacerdocio israelita propiamente dicho apareció cuando se construyó el tabernáculo del desierto, del cual estaban encargados los sacerdotes, Aarón y sus descendientes. Las funciones del sacerdocio se especializaron más cuando se construyó el templo de Jerusalén. Hasta que, al regreso del exilio, apareció la sinagoga como centro de instrucción doctrinal, quien impartía ésta era el sacerdote, pero no ejercía, propiamente hablando, lo que hoy llamamos "ministerio pastoral". Cuando en el Nuevo Testamento hablamos de sacerdotes, la referencia es siempre a los del judaísmo. No se nombra en él ningún sacerdocio como oficio u orden propio de la iglesia. Cristo, como mediador, es el único sacerdote, a la vez que es el sacrificio único y perfecto. Este es el tema en que se hace hincapié especialmente en la carta a los Hebreos. Todos los creyentes son "sacerdotes al servicio de su Dios" (Ap 1.6) y constituyen "un sacerdocio al servicio del rey" (1 P 2.9). Y por ser sacerdote, el creyente ha de ofrecerse a sí mismo en sacrificio, como "ofrenda viva" (Ro 12.1).

**Sacrificar, sacrificio** En el Antiguo Testamento, el sacrificio es un acto de culto tan importante que se le considera indispensable. Hoy entendemos por "sacrificio" la inmolación de un animal, es decir, el sacrificio que consiste en matarlo para ofrecerlo a Dios. Pero para los hebreos ésta era tan sólo

una de las formas posibles del sacrificio, ciertamente la principal, pero no la única. También se hacían ofrendas de alimentos, de bebida y de incienso. En cuanto a su objeto o motivo, el sacrificio podía ser de gratitud (o acción de gracias), de expiación o perdón de pecados, de reconciliación con Dios o de purificación. Una de las formas principales del sacrificio era el holocausto (véase *holocausto*). En el Nuevo Testamento, Jesucristo, por su muerte en la cruz, se ofrece "en sacrificio una sola vez y para siempre" (He 10.10) por los pecados de todo el mundo ( Jn 1.29).

**Saduceo** Miembro de un grupo o partido religioso judío, menos numeroso pero de mayor fuerza que el de los fariseos (véase *Fariseo*). Su influencia no era sólo religiosa sino política. Formaban la clase sacerdotal dominante, y contaban entre sus miembros y partidarios con elementos de la aristocracia de Jerusalén. En cuanto a sus doctrinas, se apegaban solamente a la ley mosaica escrita, y para interpretarla rechazaban la tradición oral en que se apoyaban los fariseos. Por eso estaban en pugna con éstos. Negaban, por ejemplo, la resurrección (Hch 23.6–8). No obstante esa rivalidad con los fariseos, hicieron causa común con ellos contra Jesús.

**Samaritanos** Habitantes de Samaria, la región al norte de Judea que fue el centro del reino de Israel, rival del reino de Judá. Después de la caída de Samaria (año 772 a.C.) los asirios deportaron a buena parte de su población y en su lugar establecieron colonos asirios. Se produjo así una mezcla de razas, por la cual los judíos consideraban ritualmente impuros a los samaritanos. Al regreso del exilio, los samaritanos se opusieron a que los judíos reconstruyeran Jerusalén y el templo, y levantaron su propio santuario en el monte Gerizim. Por otra parte, no reconocían más autoridad doctrinal que los libros de la ley (el Pentateuco). A causa de todo ello, los judíos no reconocían como legítimo el culto de los samaritanos, los cuales eran para ellos prácticamente paganos. Se negaban, pues a tener con ellos cualquier clase de relación o trato.

**Sangre** En el Antiguo Testamento, la sangre se consideraba como el asiento o sustancia de la vida (Lv 17.14). Por eso se ofrece a Dios la sangre de las víctimas de los sacrificios, como un reconocimiento de que la vida le pertenece a él. Y por eso también se prohíbe alimentarse con sangre. Además, "derramar sangre", o sea el homicidio, se juzga como uno de los pecados que más aborrece el Señor. En el Nuevo Testamento, la sangre de Cristo significa su vida sacrificada en expiación de los pecados del mundo, y participar de su "sangre" ( Jn 6.54–56; 1 Co 10.16) es compartir su vida, unirse con él en comunión de vida.

**Santuario** Aunque cualquier lugar de culto puede llamarse en general santuario, este nombre se da especialmente a un edificio dedicado al culto. En la peregrinación por el desierto y hasta la construcción del templo por Salomón, se consideró como santuario la tienda de campaña consagrada al culto por el Señor (Ex 25 —40). En esta versión se traduce como "santuario" el término hebreo que otras versiones traducen literalmente "lugar alto". Pero como casi siempre se trata de un santuario pagano en lo alto de una colina, también se le ha traducido como "lugar alto de culto pagano". Cuando los israelitas se establecieron en Palestina, hallaron muchos de estos santuarios de los cananeos, y antes de la construcción del templo de Jerusalén adaptaron muchos de ellos al culto del Señor. Pero no siempre eliminaron en su uso algunas prácticas del culto pagano, y aun a veces, como en ciertas etapas de la monarquía, siguieron existiendo santuarios de esta clase en que los propios israelitas practicaban la idolatría. Por eso los profetas denunciaban con toda energía la subsistencia de los mismos. En Hebreos 9 y 10 se hace referencia al santuario celestial en el que entró Cristo después de haberse ofrecido a sí mismo como sacrificio.

**Satán, Satanás** La palabra hebrea *satán*, de donde se ha formado como nombre propio *Satanás*, significa "adversario", "enemigo", "opositor". Y en el Antiguo Testamento se usa con frecuencia en ese sentido general de nombre común. En algunos casos este nombre puede tener un sentido judicial y designar una especie de fiscal o acusador de oficio. En Job 2.1 aparece con este carácter y como uno de los servidores de Dios (lit. "hijos de Dios"). En hebreo se le sigue designando como un nombre común, no propio: lleva el artículo determinado; es "el satán". Por ello en esta versión se traduce como "el ángel acusador". Igual función acusadora, como la de un fiscal, tiene en Zac 3.1, aunque ya en este pasaje recibe la represión divina. En 1 Cr 21.1 ocurre sin el artículo, con lo que *Satán* adquiere carácter de nombre propio. Es interesante, sin embargo, notar que el autor de Crónicas lo identifica con "la ira" del Señor (véase paralelo en 2 S 24.1). En el judaísmo posterior, la figura de Satán adquiere un carácter ya bien definido: es el adversario de Dios que se opone a sus santos designios, y el supremo enemigo del hombre, al que trata de mantener bajo la esclavitud del pecado. Tal es el concepto que se halla en el Nuevo Testamento.

**Señor, el** Esta es la expresión que se usa en la presente versión en vez del nombre personal de Dios que en la Biblia hebrea aparece escrito sólo con las consonantes YHWH. Se ha seguido así la tradición judía consistente en leer, al encontrar esas letras, "Adonay", que quiere decir precisamente "Señor". Lo mismo hicieron las antiguas versiones griega (Septuaginta) y latina (Vulgata), como lo hacen también algunas versiones modernas. En cuanto al nombre divino, según opinión general, era probablemente *Yahvéh*, y así, o en forma simplificada, *"Yavé",* aparece en algunas traducciones de nuestros días. (La transcripción como *Jehová* se debe a que los rabinos les pusieron a las consonantes YHWH, como contraseña para que se pronunciara "Adonay", las vocales que esta palabra lleva en hebreo. Siglos después, lectores cristianos que no sabían tal cosa, creyeron que estas vocales eran las que correspondían a las cuatro consonantes. De ahí resultó, conforme a la forma latina, *Jehová*.)

**Sepulcro, sepultura** Los sepulcros o sepulturas israelitas tuvieron diferentes formas, según las épocas. Pero ya desde tiempos de Abraham existía la costumbre, que se generalizó con el tiempo, de sepultar a los muertos en grutas, unas veces naturales y otras, cavadas en la roca especialmente para ese objeto. La entrada se cubría con una piedra. Estas cámaras sepulcrales servían generalmente para varios cuerpos. En la presente versión, a veces se traducen simplemente por "sepulcro" las palabras hebrea *seol* y griega *hades*. (Véase *Reino de la muerte*.)

**Seres alados** Casi siempre se ha traducido así en esta versión la palabra hebrea *querubim* (de donde viene el castellano *querubín*) plural de *querub*. El querubín era un ser sobrenatural de representación bastante común en el antiguo Oriente Medio. Tenía rostro humano, alas, y cuerpo y patas de toro o de león, a veces con cola diferente de uno o de otro. Variedades del querubín son los toros alados esculpidos en algunos palacios de Mesopotamia, y también las esfinges de Egipto. Es probable que el querubín represente la combinación de las cualidades respectivas del hombre, el águila y el león o el toro, como ejemplo supremo de vigor y bravura.

**Seres como de fuego** De tal manera se ha traducido en esta versión la palabra hebrea *serafim* (de donde viene el castellano *serafín*), plural de *saraf*, originalmente "serpiente", pero nombre derivado de la raíz que significa "arder" o "quemar". Estos seres sobrenaturales aparecen solamente en el pasaje de Is 6.2-6, pero no se les describe, exepto para decir que tenían seis alas cada uno. Quizá tienen que ver con el fuego del altar.

**Sinagoga** La sinagoga es una institución que surgió en la época del exilio en Babilonia, cuando no fue posible para los judíos seguir practicando los sacrificios en el templo como elemento central del culto a Dios. La vida religiosa judía se concentró necesariamente en el estudio de las Escrituras, la oración y la observancia del día de reposo y de las festividades tradicionales. El rabino, como encargado de la instrucción religiosa, vino con el tiempo a sustituir al sacerdote propiamente dicho. Al regreso de la cautividad, y aunque el culto del templo se restableció con la construcción de uno nuevo, la sinagoga continuó en actividad y siguió siendo el centro del estudio bíblico y de la instrucción en la ley y sus prácticas. Por otra parte, los judíos de la dispersión—los que se quedaron en Babilonia y los demás que residían fuera de Palestina—hicieron de la sinagoga tanto el centro de su vida religiosa como el de su cohesión y continuidad como comunidad. Los locales donde se reunían recibieron también el nombre de sinagoga. Se formaban con un mínimo de diez varones y se reunían bajo la dirección de un presidente.

**Sión** Nombre de la colina situada al sureste de Jerusalén, donde estuvo situada originalmente la ciudad, tanto en la época de los jebuseos como por un tiempo después de conquistada por David. Entonces recibió también el nombre de "Ciudad de David". La ciudad comenzó a extenderse primero hacia el norte, con la construcción del palacio y el templo de Salomón, y el nombre se hizo extensivo a medida en que éstos se edificaron. En los siglos siguientes, la ciudad se extendió no sólo más al norte sino también a la colina occidental, situada al otro lado del valle central. Y con ello se extendió más todavía la aplicación del nombre, de modo que finalmente *Sión* llegó a ser sinónimo de toda la ciudad de Jerusalén. En tiempos posteriores a los bíblicos, sobre todo desde la época bizantina (siglo cuarto de nuestra era en adelante), la colina occidental fue absorviendo para sí el nombre, de manera que hasta la fecha se le llama "el monte Sión".

**Sumo sacerdote**  Sacerdote principal o jefe de los sacerdotes judíos. Desde el regreso de la cautividad de Babilonia, y especialmente en la época de los macabeos, cuando Judea tuvo periodos de independencia nacional, el sumo sacerdote ejerció la jefatura política a la vez que la religiosa de la nación. Cuando Palestina cayó bajo la jurisdicción romana, el suno sacerdote volvió a tener solamente la suprema autoridad religiosa. Sus funciones se prescriben principalmente en los libros de Éxodo y Levítico. En tiempos del Nuevo Testamento, era también presidente de la Junta Suprema (véase *Junta Suprema*).

**Templo**  El templo de Jerusalén tuvo tres épocas antes de ser destruido definitivamente, en al año 70 de nuestra era, por los romanos. En la primera se trata del famoso templo de Salomón. Fue destruido por los Babilonios en al año 587-586 a.C. En la literatura judía se alude a él como el Primer Templo. Al regreso del destierro en Babilonia, se construyó un nuevo templo, no tan hermoso como el de Salomón, pero de cuyo plano y construcción no tenemos una descripción completa. Herodes emprendió su reconstrucción en el año 20 a.C. Por riguroso orden, éste fue en realidad el segundo templo. Pero como, según parece, era sumamente modesto, y el edificio que lo reemplazó era, en cambio, tan espléndido, en la literatura judía se reserva la designación de Segundo Templo al de Herodes propiamente dicho. La construcción de este templo y construcciones anexas duró hasta el año 64 de nuestra era, en que se terminó, sólo seis años antes de ser destruido por completo.

**Testamento**  Se da este nombre a cada una de las dos secciones de la Biblia usada por los cristianos: el *Antiguo Testamento* y el *Nuevo Testamento*. En este uso tiene el significado de "pacto" (véase *Pacto*), debido a que la palabra griega de la cual se traduce tiene los dos significados de "pacto" y "testamento". En He 9.15-18 se combinan ambos.

**Tiberias, Lago de**  En el Evangelio de San Juan, lago o mar de Tiberias es el nombre que se da al mar de Galilea o lago de Genesaret, por la ciudad de Tiberias que era, y es hasta hoy, la problación más importante de sus riberas. Se le dio ese nombre en honor del emperador romano Tiberio.

**Tienda del encuentro con Dios**  La gran tienda que sirvió a los israelitas en el desierto como santuario. Se describe en detalle en Ex 26. Fue reemplazada por el templo de Salomón. Tradicionalmente se la ha llamado también *el tabernáculo del Testimonio* o simplemente *el tabernáculo.*

**Tribu**  Uno de los grandes grupos en que se dividía el pueblo de Israel, cada uno de los cuales llevaba el nombre de uno de los hijos de Jacob, a título de descendientes suyos. La agrupación por tribu se hizo más definida al establecerse los israelitas en Canaán, cuando se dividió entre ellas el territorio, con exepción de la tribu de Leví a la que no se le asignó parte en él, para quedar consagrada por completo al culto del Señor. La tribu se dividía a su vez en clanes, o grupos de familias de parentesco más próximo, y familias, a veces llamadas en hebreo "casas paternas" o simplemente "casas".

**Urim y Tumim**  Objetos que se mencionan usualmente juntos, y que portaba el sumo sacerdote (véanse *Efod* y *Pectoral*). Su forma y significado son difíciles de precisar. Sólo se sabe que servían para consultar a Dios y emitir fallos y decisiones, probablemente echando suertes. Su uso se menciona después de los tiempos de David, y parece que tampoco se emplearon después del exilio (Esd 2.63; Neh 7.65).

**Zeus**  Nombre del supremo dios griego, llamado por los romanos *Júpiter.* (Véase *Hermes*.)

# PLANOS DEL TEMPLO DESCRITO EN EL LIBRO DE EZEQUIEL

**Estos planos se basan en la visión de Ezequiel (capítulos 40 y 41) y no puede pretenderse que representen el templo de Salomón ni tampoco el segundo templo, construido después del exilio.**

## PLANO GENERAL DEL TEMPLO

1. Muralla exterior (40.5; 42.15-20)
2. Puerta oriental (40.5-16)
3. Puerta norte (40.20-23)
4. Puerta sur (40.24-27)
5. Atrio exterior (40.17)
6. Empedrado (40.17-18)
7. Atrio interior (40.28)
8. Puerta sur del atrio interior (40.28-31)
9. Puerta oriental del atrio interior (40.32-34)
10. Puerta norte del atrio interior (40.35-37)
11. Cuarto para lavar los animales (40.38)
12. Cuartos para los sacerdotes (40.44-46)
13. Templo propiamente dicho (Véase figura II)
14. Edificio del oeste (41.12)
15. Cuartos del norte (42.1-10)
16. Cuartos del sur (42.10-11)
17. Patios (46.21-22)
18. Altar (40.47; 43.13-17).

## ZONA DEL TEMPLO PROPIAMENTE DICHO (40.48-41.15)

1. Escalinata (40.49)
2. Columnas (40.49)
3. Pilastras del vestíbulo (40.48)
4. Vestíbulo (40.49)
5. Pilastras (41.1)
6. Sala central (41.2)
7. Pilastras (41.3)
8. Lugar santísimo (41.4)
9. Pared exterior (41.5)
10. Celdas anexas (41.5)
11. Pared exterior de las celdas (41.9)
12. Espacio libre (41.9)
13. Muro (41.11)
14. Edificio del oeste (41.12)
15. Patio cerrado (41.12)
16. Parte del patio cerrado que da al oriente (41.14)

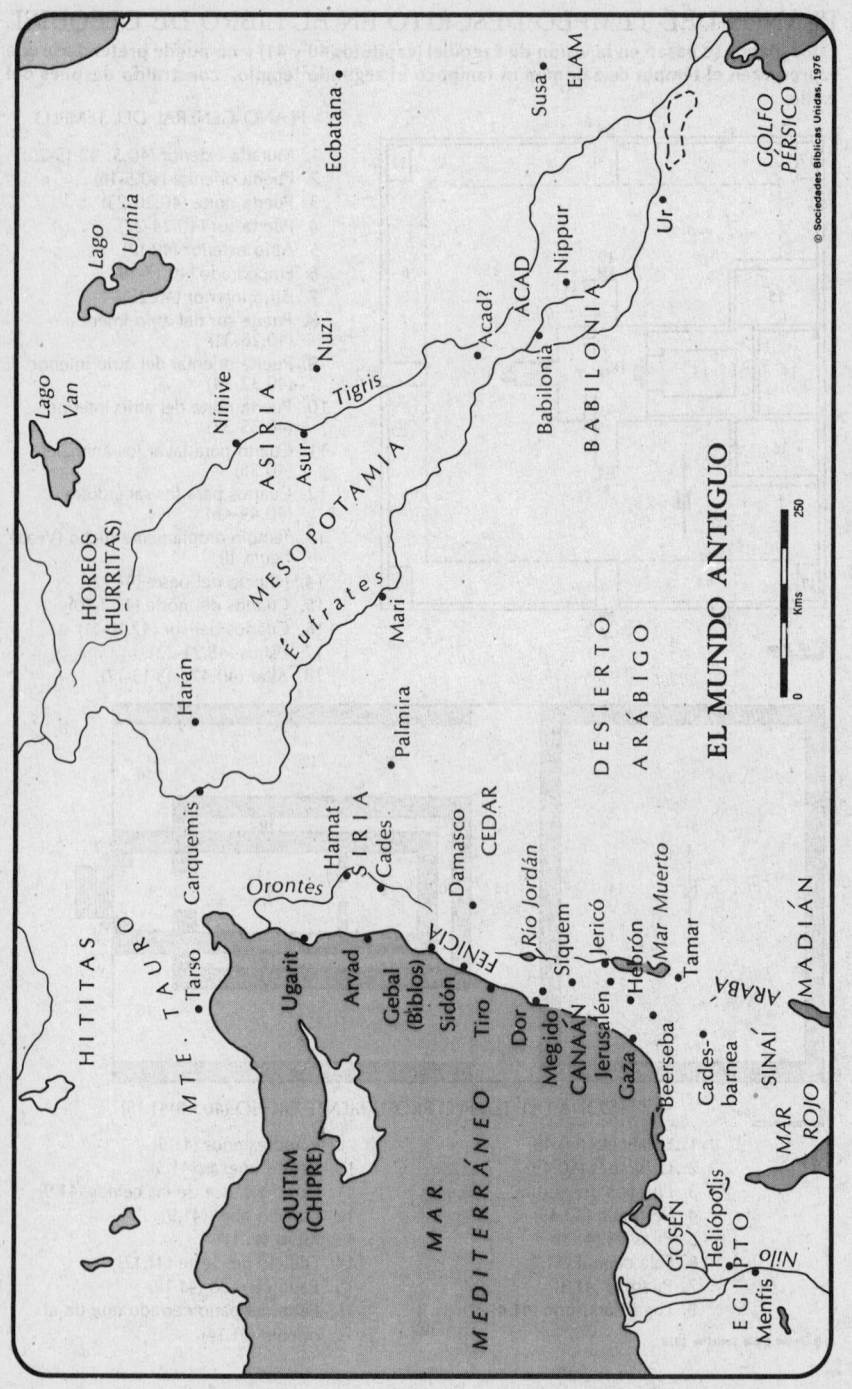

EL MUNDO ANTIGUO

© Sociedades Bíblicas Unidas, 1976

1373

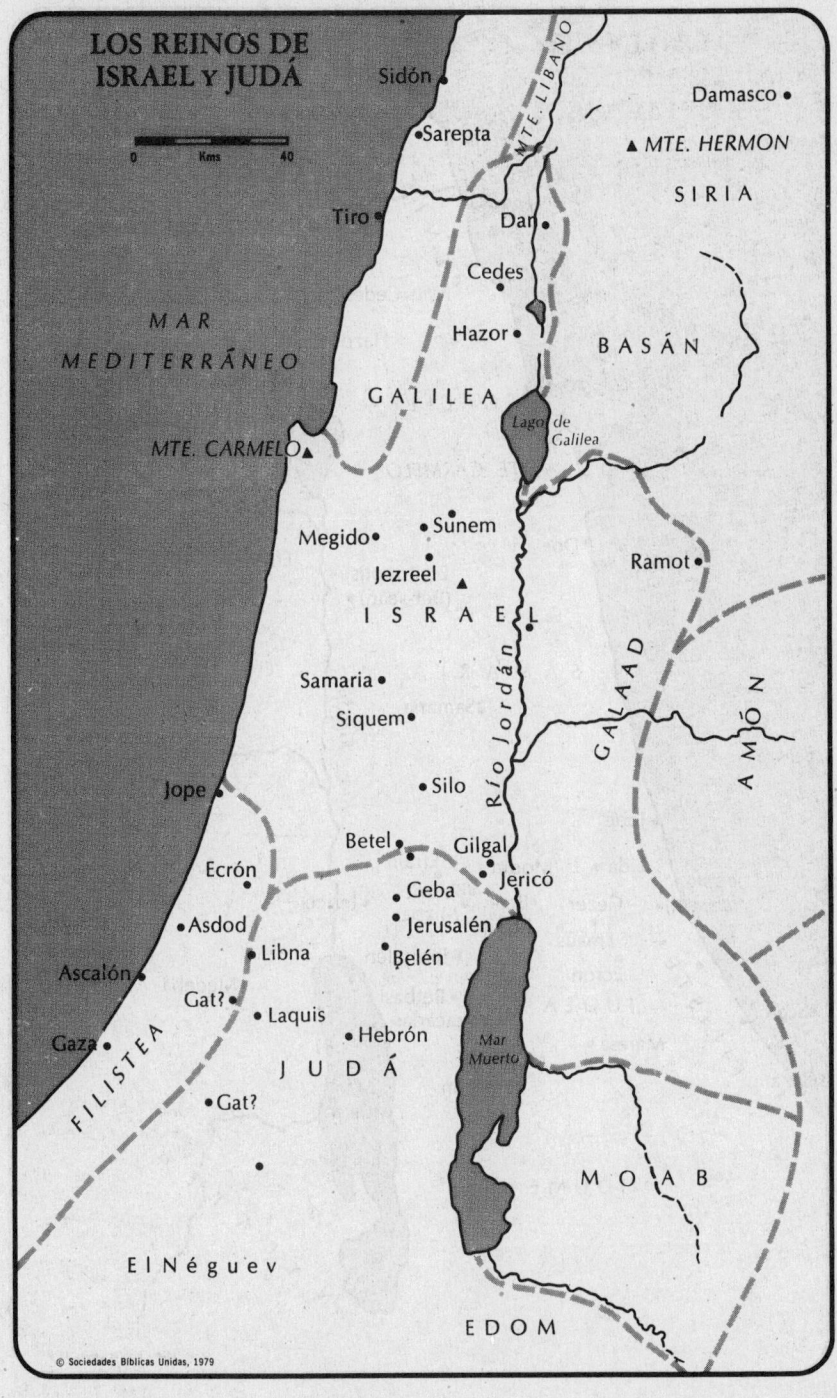

LOS REINOS DE
ISRAEL Y JUDÁ

0    Kms    40

MAR
MEDITERRÁNEO

MTE. CARMELO

GALILEA

Lago de
Galilea

Sidón
Sarepta
Tiro
Dan
Cedes
Hazor

Damasco
MTE. HERMON
SIRIA

BASÁN

Megido
Sunem
Jezreel

Ramot

I S R A E L

Samaria
Siquem

Silo

Jope

Betel
Gilgal
Jericó

Ecrón
Geba
Jerusalén
Belén

Asdod
Libna

Ascalón
Gat?
Laquis
Hebrón

Gaza

Gat?

J U D Á

Mar
Muerto

GALAAD

AMÓN

M O A B

El Néguev

EDOM

© Sociedades Bíblicas Unidas, 1979

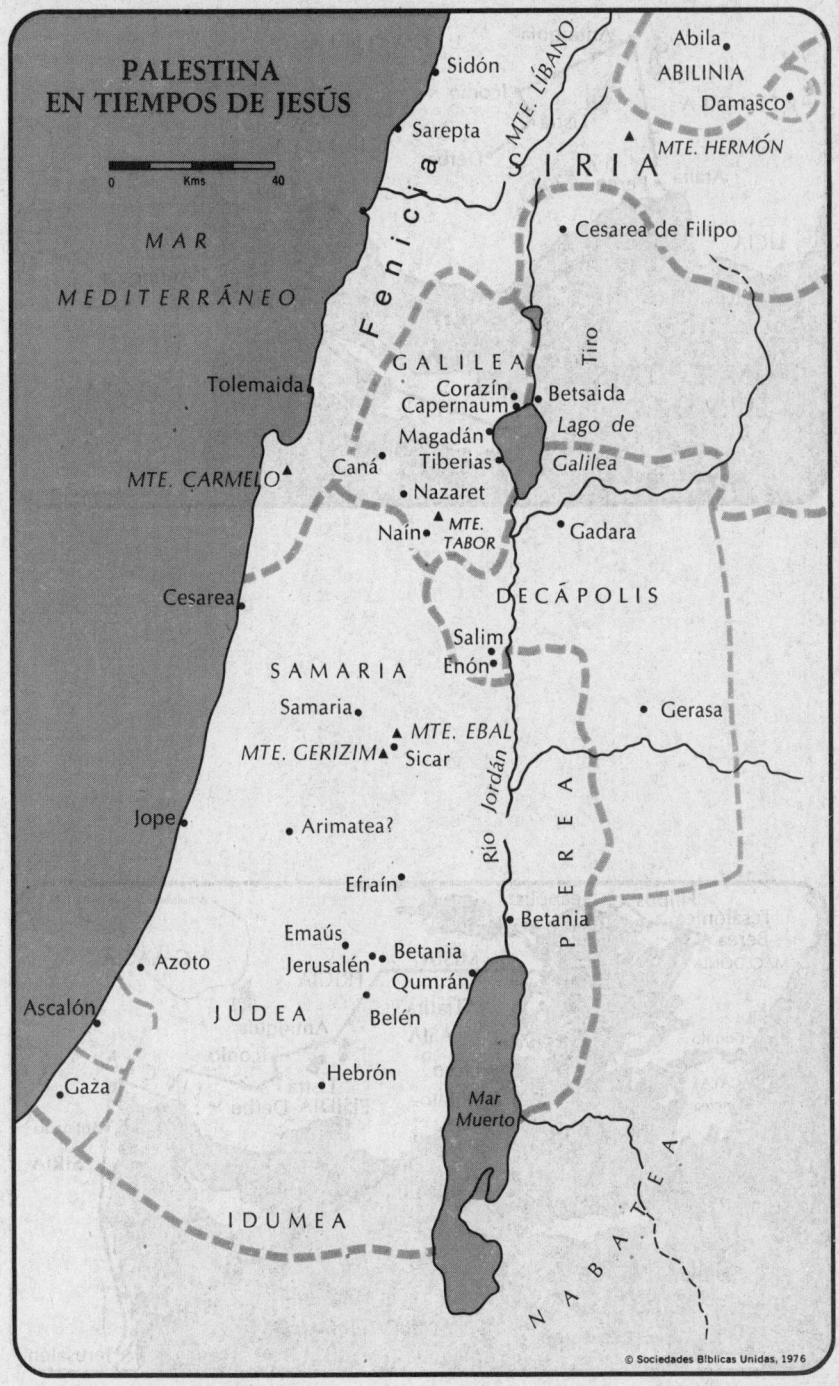

# PALESTINA EN TIEMPOS DE JESÚS

0 Kms 40

MAR MEDITERRÁNEO

Sidón

MTE. LÍBANO

Abila
ABILINIA
Damasco

MTE. HERMÓN

Sarepta

S I R I A

Fenicia

Cesarea de Filipo

G A L I L E A

Tiro

Tolemaida

Corazín
Capernaum
Betsaida

Lago de

MTE. CARMELO

Caná

Magadán
Tiberias

Galilea

Nazaret

Naín

MTE. TABOR

Gadara

Cesarea

D E C Á P O L I S

Salim
Enón

S A M A R I A

Samaria

MTE. EBAL
MTE. GERIZIM
Sicar

Gerasa

Jope

Arimatea?

Río Jordán

P E R E A

Efraín

Emaús
Jerusalén

Betania
Qumrán

Betania

Azoto

Belén

Ascalón

J U D E A

Gaza

Hebrón

Mar Muerto

N A B A T E A

I D U M E A

© Sociedades Bíblicas Unidas, 1976

PRIMER VIAJE
DE PABLO

SEGUNDO VIAJE
DE PABLO

TERCER VIAJE
DE PABLO

MAR
MEDITERRÁNEO

VIAJE A
ROMA

MAR MEDITERRÁNEO

# LA JERUSALÉN DEL NUEVO TESTAMENTO

Camino de Cesarea

0 — Metros — 400

Murallas en tiempos de Jesús
Murallas posteriores, de Agripa I
Muralla actual

Muralla antigua, de origen y fecha desconocidos

Camino de Jericó

Estanque de Betzata

Fortaleza Antonia (Pretorio?)

Camino de Jope

Puerta de las ovejas
TEMPLO

Getsemaní

Gólgota

Pórtico de Salomón

Al Monte de los Olivos

Estanque

Puente

Pórtico

Tumbas

Gradas

Pórtico Real

Palacio de los Asmoneos

Calle

Palacio de Herodes

Hipódromo

Teatro?

Calle herodiana

Manantial de Gihón

Estanque

Acueducto

Canal subterráneo

?

Estanque de Siloé

Valle del Cedrón

Camino de Betania

Valle de Hinom

Manantial de En-rogel

Camino de Belén

© Sociedades Bíblicas Unidas, 1976

Camino del Mar Muerto

# ¡Felicitaciones!

En tus manos tienes uno de los libros más preciados que el mundo ha visto. Es un libro lleno de profunda sabiduría y discernimiento claro acerca de la naturaleza humana y del carácter y propósito del que creó todas las cosas. A través de los siglos mucha gente de muchos países han abierto sus páginas para leer en sus propios idiomas. En él han aprendido del amor y la justicia de Dios. Grandes líderes e intelectuales han buscado y explorado sus páginas buscando sus verdades, buscando las respuestas a los problemas y retos de la vida.

Te invitamos a hacer la misma exploración. La sección que sigue, con ayudas al lector, provee la ayuda básica para emprender este viaje tan gratificante.

- *Qué se encuentra en la Biblia* da un breve resumen de cada libro y una Tabla con una vista general de los libros que componen la Biblia.

- *Cómo leer la Biblia* da sugererencias de cómo leer la Biblia para devocional y cómo hacer anotaciones de las muchas lecciones que irán aprendiendo.

- *Lee la Biblia en un año* es un plan de lectura fácil de seguir y que guiará al lector a través del Antiguo y del Nuevo Testamento en un año.

- *Lecturas para días especiales* da pasajes que quizás quieres leer en los días especiales del año como Navidad, Domingo de Resurrección, Día de las Madres o tu cumpleaños.

- *Pasajes famosos en la Biblia* te ayuda a localizar esas historias famosas de la Biblia que todos hemos oído una y otra vez, pero que quizás no hayas leído por ti mismo.

- *Encuentre ayuda en la Biblia* nos lleva a esos pasajes de la Biblia en los que podemos encontrar apoyo y ayuda cuando enfrentamos problemas difíciles o retos especiales.

- *Qué dice la Biblia sobre el perdón de Dios* te llevará a pasajes bíblicos donde puedes aprender cuánto Dios nos ama a cada uno y lo que ha hecho para reconciliarnos consigo mismo.

No importa dónde comiences a leer, lo que importa es que comiences. Usa cualquiera de estas ayudas al lector para empezar a crear tu hábito diario de leer la Biblia. Descubre por ti mismo la ayuda y la esperanza que las Escrituras ofrecen.

# La Biblia

La palabra "biblia" viene del griego *biblía*, plural de *biblíon*, "libritos." Así que la Biblia es realmente, una colección o biblioteca de muchos libros. Estos libros están divididos en dos secciones: el Antiguo Testamento y el Nuevo Testamento.

## Antiguo Testamento

El Antiguo Testamento cuenta la historia del pueblo de Israel. Esa historia está basada en la fe del pueblo en el Dios de Israel y su vida religiosa como pueblo de Dios. Los autores de estos libros escribieron de lo que Dios había hecho por ellos como pueblo, y en qué forma ellos debían adorarlo y obedecerlo en respuesta a su amor. La siguiente Tabla enseña gráficamente cómo están agrupados los libros que forman el Antiguo Testamento.

### La Ley

Génesis · Éxodo · Levítico · Números · Deuteronomio

### Históricos

Josué · Jueces · Rut · 1 Samuel · 2 Samuel · 1 Reyes · 2 Reyes · 1 Crónicas · 2 Crónicas · Esdras · Nehemías · Ester

### Poéticos y de Sabiduría

Job · Salmos · Proverbios · Eclesiastés · Cantares

### Profetas Mayores

Isaías · Jeremías · Lamentaciones · Ezequiel · Daniel

### Profetas Menores

Oseas · Joel · Amós · Abdías · Jonás · Miqueas · Náhum · Habacuc · Sofonías · Hageo · Zacarías · Malaquías

## Libros Deuterocanónicos

Los libros llamados Deuterocanónicos forman parte de la antigua traducción del Antiguo Testamento al griego, llamada Septuaginta. Estaban distribuidos a través del Antiguo Testamento y cubren el período entre el Antiguo y el Nuevo Testamentos. Son importantes porque contribuyen significativamente a los conocimientos que se tienen de ese período en la historia judía. Si desea una explicación más extensa de cómo estos libros se relacionan más de cerca al Antiguo y Nuevo Testamentos, vea la página 879.

### Históricos

Ester (griego) · 1 Macabeos · 2 Macabeos

### Carta

Baruc

### Sabiduría

Sabiduría · Eclesiástico

### Devocionales e Historias de Enseñanza

Tobit · Judit · Daniel (dc.)

# Nuevo Testamento

Los libros del Nuevo Testamento fueron escritos por los discípulos de Jesucristo. Ellos querían que otros oyeran de la vida nueva que es posible a través de la muerte y resurrección de Jesús. La Tabla que sigue muestra los diferentes grupos de libros que componen el Nuevo Testamento. Aunque los eruditos divergen de opinión, tradicionalmente San Pablo escribió las cartas que se le atribuyen a continuación.

## Evangelios

San Mateo | San Marcos | San Lucas | San Juan

## Históricos

Hechos

## Cartas Paulinas

Romanos | 1 Corintios | 2 Corintios | Gálatas | Efesios | Filipenses | Colosenses | 1 Tesalonicenses | 2 Tesalonicenses | 1 Timoteo | 2 Timoteo | Tito | Filemón

## Cartas Generales

Hebreos | Santiago | 1 Pedro | 2 Pedro | 1 Juan | 2 Juan | 3 Juan | Judas

## Profético

Apocalipsis

# Cómo encontrar una referencia bíblica

Cada versículo en esta Biblia está marcado con su *propio número*. Para encontrar los pasajes aquí numerados, necésitas encontrar primero, el libro, luego el número del capítulo dentro de ese libro, y luego el número o números de los versículos dentro de ese capítulo. En las listas, el número de capítulo aparece inmediatamente después del nombre del libro. Después del punto están los números de los versículos. Por ejemplo: 1 Corintios 12.1-11 es la primera carta de San Pablo a los Corintios capítulo doce, versículos del uno al once.

# Qué se encuentra en la Biblia

Damos a continuación resúmenes de cada uno de los libros de la Biblia. Es evidente por su brevedad, que no son descripciones completas. Sin embargo, pueden servir de referencia conveniente al contenido de la Biblia.

## Antiguo Testamento

GÉNESIS:  Este libro de "comienzos" hace una narración de la relación de Dios con el hombre y la promesa de Dios a Abraham y a sus descendientes.

ÉXODO:  El nombre Éxodo quiere decir "salida". Este libro cuenta cómo Dios liberó a los Israelitas de una vida de penurias y esclavitud en Egipto. Dios hizo un pacto con ellos y les dio leyes para ordenar y governar sus vidas.

LEVÍTICO:  El nombre del libro se deriva de una de las doce tribus de Israel. El libro da todas las leyes y regulaciones concernientes a rituales y ceremonias.

NÚMEROS:  Los israelitas vagaron por el desierto cuarenta años antes de entrar a la tierra de Canaán "la tierra prometida". El nombre del libro se deriva de los dos censos tomados durante ese tiempo en el desierto.

DEUTERONOMIO:  Moisés dio tres discursos de despedida poco antes de morir. En ellos repasó con el pueblo todas las leyes de Dios para los israelitas. El nombre del libro viene de ese repaso o "segunda ley".

JOSUÉ:  Josué fue el líder de los ejércitos israelitas en sus victorias contra los cananeos. El libro termina con la partición de la tierra entre las doce tribus de Israel.

JUECES:  Los israelitas a menudo desobedecían a Dios y caían en las manos de gobiernos opresores. Dios les enviaba jueces para librarlos de la opresión.

RUT:  El amor y la dedicación de Rut a su suegra, Noemí, son el tema de este libro.

1 SAMUEL:  Samuel fue el líder de Israel en el período entre el tiempo de los jueces y el tiempo de Saúl, el primer rey de Israel. Cuando el liderazgo de Saúl falló, Samuel ungió a David como rey.

2 SAMUEL:  Bajo el reinado de David la nación se hizo fuerte y unificada. Pero después de los pecados de David: adulterio y asesinato, tanto la familia como la nación sufrió.

1 REYES:  Este libro comienza con el reinado de Salomón en Israel. Después de su muerte, el reino se dividió en guerra civil: el norte contra el sur. El resultado fue el nacimiento de dos naciones: Israel, en el norte; y Judá en el sur.

2 REYES:  Israel fue conquistada por Asiria en el 721 antes de C. Judá perdió en su guerra contra Babilonia en el 586 antes de C. Estos eventos son vistos como el castigo al pueblo por no haber seguido las leyes de Dios.

1 CRÓNICAS:  Este libro comienza con la genealogía desde Adán hasta David, y luego recuenta los incidentes del reinado de David.

2 CRÓNICAS:  Este libro cubre el mismo período que 2 Reyes pero con énfasis en Judá, el reino del sur, y sus governantes.

ESDRAS:  Después de ser cautivos en Babilonia por algunas décadas, el pueblo de Dios retorna a Jerusalén. Uno de sus líderes era Esdras. Este libro contiene el reto que Esdras le hizo al pueblo a seguir y honrar la ley de Dios.

NEHEMÍAS:  Después que el Templo fue reconstruido, la muralla protectora al rededor de Jerusalén también fue reconstruida. Nehemías fue quien dirigió esta empresa. Él también trabajó con Esdras para restaurar el fervor religioso entre el pueblo.

ESTER:  Este libro relata la historia de la reina de Persia, quien era judía, y quien expuso un complot para destruir a sus compatriotas y así libró a todos los judíos en ese país de ser aniquilados.

JOB:  La pregunta: "¿Porqué sufren los inocentes?" es tratada en esta historia de Job.

SALMOS:  Estos 150 himnos y oraciones fueron usados por los hebreos para expresar su relación con Dios. Cubren todo el campo de emociones humanas: desde alegría hasta furia, de esperanza a desesperación.

PROVERBIOS:  Este es un libro de dichos sabios, de enseñanzas éticas y de sentido común acerca de cómo vivir una vida recta.

ECLESIASTÉS:  En su búsqueda de la felicidad y del sentido de la vida, este escritor, conocido sólo como "el filósofo", hace preguntas que aún están vigentes en la sociedad de hoy.

CANTAR DE CANTARES:  Este poema describe el gozo y el éxtasis del amor. Simbólicamente, ha sido aplicado al amor de Dios por Israel y al amor de Cristo por la Iglesia.

ISAÍAS:  El profeta Isaías trajo el mensaje del juicio de Dios a las naciones, señaló a un rey futuro, como David, y prometió una era de paz y tranquilidad.

JEREMÍAS:  Mucho antes de que Babilonia destruyera a Judá, Jeremías predijo el justo juicio de Dios. Aunque su mensaje era mayormente acerca de la destrucción, también habló del nuevo pacto con Dios.

LAMENTACIONES:  Tal y como Jeremías había predicho, Jerusalén cayó cautiva bajo Babilonia. Este libro registra cinco "lamentos" por la ciudad caída.

EZEQUIEL:  El mensaje de Ezequiel fue dado a los judíos cautivos en Babilonia. Él usó historias y parábolas para hablar del juicio, la esperanza y la restauración de Israel.

DANIEL:  Daniel se mantuvo fiel a Dios aun enfrentando muchas presiones como cautivo en Babilonia. Este libro incluye las visiones proféticas de Daniel.

OSEAS:  Oseas usó la lección de su dedicación a su esposa, aún enfrentando su infidelidad, para ilustrar el adulterio que Israel había cometido contra Dios, y como el amor fiel de Dios por su pueblo nunca cambia.

JOEL: Después de una plaga de langostas, Joel amonesta al pueblo a arrepentirse.

AMÓS: Durante un tiempo de prosperidad, este profeta de Judea predicó a los ricos líderes de Israel acerca del juicio de Dios. Amós insistía en que pensaran en los pobres y oprimidos antes que en su satisfacción propia.

ABDÍAS: Abdías profetizó el juicio a Edom, un país vecino a Israel.

JONÁS: Jonás no quería predicar a la gente de Nínive, quienes eran enemigos de su propio país. Cuando finalmente les llevó el mensaje enviado por Dios, ellos se arrepintieron.

MIQUEAS: El mensaje de Miqueas a Judá era un mensaje de juicio a la vez que de perdón, esperanza y restauración. Especialmente notable es un verso en el que sumariza lo que Dios requiere de nosotros. (6.8)

NAHÚM: Nahúm anunció que Dios destruiría el pueblo de Nínive por causa de su crueldad en la guerra.

HABACUC: Este libro presenta un diálogo entre Dios y Habacuc sobre la justicia y el sufrimiento.

SOFONÍAS: Sofonías anunció el día del Señor, que traería juicio a Judá y a las otras naciones vecinas. Ese futuro día sería uno de destrucción para muchos, pero un pequeño remanente siempre fiel a Dios sobreviviría para bendecir al mundo entero.

HAGEO: Después que el pueblo volvió del exilio, Hageo les recordó darle a Dios la prioridad y reconstruir el Templo antes que sus propias casas.

ZACARÍAS: Al igual que Hageo, Zacarías instó al pueblo a reconstruir el Templo, asegurándoles la ayuda y bendiciones de Dios. Sus visiones apuntaban a un futuro brillante.

MALAQUÍAS: Después del retorno del exilio, el pueblo llegó de nuevo a descuidarse de su vida religiosa. Malaquías trató de inspirarlos de nuevo hablándoles del "día del Señor".

## Libros Deuterocanónicos

TOBIT: El libro de Tobit provee un retrato claro de la cultura y vida religiosa judía en el siglo antes de Jesús. Teje juntas dos historias de la vida judía en Persia, después del exilio: Tobit, un hombre pío de Nínive y la sufrida Sara, en Ecbatana.

JUDIT: Este libro cuenta la historia de Judit, una mujer de gran coraje y fe en Dios, quien pudo llevar a cabo su plan para rescatar a su pueblo haciendo que las tropas enemigas que rodeaban a su ciudad se retiraran.

ESTER (GR.): El libro de Ester en griego es una traducción, una adaptación y una expansión del libro de Ester en hebreo. El material adicional da al lector un mejor entendimiento de la dimensión religiosa de la historia de Ester.

1 MACABEO: Esta es la historia de la revuelta judía en el año 168 antes de C. en contra de los gobernantes de Syria. Cuenta la historia de la familia sacerdotal de Judas Macabeo y el establecimiento de una Judea libre bajo el gobierno de reyes Macabeos (134 A de C.) El libro trata de enseñar cómo Dios, quien ha rescatado al pueblo de Israel incontables veces, aún hoy está activo de la misma manera.

2 MACABEO: Este libro no es una continuación de la historia de 1 Macabeo. Realmente el autor recuenta paralelamente la historia de los primeros siete capítulos de 1 Macabeo, haciendo énfasis en el significado de la resurrección y el martirio.

ECLESIÁSTICO: Este libro es una extensa colección de los consejos sabios dados para una gran variedad de problemas prácticos. En su estilo, es muy similar a los Proverbios del Antiguo Testamento.

SABIDURÍA: Este libro usa el material tradicional judío y las ideas filosóficas griegas para enseñar que Dios premiará a los fieles y castigará a los malos.

BARUC: Este libro está situado en el tiempo del exilio en Babilonia. Se compone de una oración de confesión de toda la nación, un himno de sabiduría, un poema de consolación al estilo de Isaías, y la carta de Jeremías.

DANIEL (DEUTEROCANÓNICO): Esta adición al libro de Daniel se compone de tres partes principales: a). La oración de Azarías y el himno de alabanza de los tres amigos de Daniel; b). La historia de Susana, una víctima inocente de la lujuria, y c) el dragón y Bel, dos historias que tratan de la idolatría, enseñando que hay un sólo Dios viviente.

## Nuevo Testamento

SAN MATEO: Este Evangelio cita muchos pasajes del Antiguo Testamento. De esta forma es atractivo a la audiencia judía a quien presenta a Jesús como el Mesías prometido en las Escrituras judías. San Mateo narró la historia de Jesús desde su nacimiento hasta la resurrección y pone énfasis especial en las enseñanzas del maestro.

SAN MARCOS: San Marcos escribió un Evangelio corto, conciso y lleno de acción. Su meta era profundizar la fe y la dedicación de los creyentes de la comunidad para quien escribía.

SAN LUCAS: En este Evangelio se enfatiza cuán al alcance de todos está la salvación en Jesús. El evangelista lo hace describiendo a Jesús en contacto con la gente pobre, con los necesitados y con los que viven al margen de la sociedad.

SAN JUAN: El Evangelio de San Juan, por su forma, se coloca aparte del los otros tres. San Juan organiza su mensaje enfocándolo en siete señales que apuntan a Jesús como Hijo de Dios. Su estilo de escribir es reflexivo y lleno de imágenes y figuras.

LOS HECHOS: Cuando Jesús se ausentó de sus discípulos, el Espíritu Santo vino a morar con ellos. Este libro fue escrito por San Lucas como complemento a su Evangelio y relata eventos claves en la historia y trabajo de la iglesia cristiana primitiva y como se propagó la fe en el mundo Mediterráneo de entonces.

ROMANOS: En esta importante carta, San Pablo le escribe a los Romanos acerca de la vida en el Espíritu, que es dada, por la fe, a los creyentes en Cristo. El apóstol les reitera la gran bondad de Dios y les declara que a través de Jesucristo, Dios nos acepta y nos liberta de nuestros pecados.

1 CORINTIOS: Esta carta trata específicamente los problemas que la iglesia en Corinto estaba enfrentando: disensión, inmoralidad, problemas de forma en la adoración pública y confusión acerca de los dones del Espíritu.

2 CORINTIOS: En esta carta San Pablo escribe sobre su relación con la iglesia de Corinto y los efectos que algunos falsos profetas habían tenido en su ministerio.

GÁLATAS: Esta carta expone la libertad con respecto a la ley del creyente en Cristo. Pablo declara que es sólo por fe que todos los creyentes son reconciliados con Dios.

EFESIOS: El tema central de esta carta es el propósito eterno de Dios: juntar de muchas naciones y razas la iglesia universal de Jesucristo.

FILIPENSES: El énfasis de esta carta es en el gozo que el creyente en Cristo encuentra en todas las situaciones de la vida. San Pablo la escribió mientras estaba en la cárcel.

COLOSENSES: En esta carta San Pablo le dice a los creyentes en Colosas que pongan a un lado sus supersticiones y que pongan a Cristo en el centro de sus vidas.

1 TESALONICENSES: En esta carta San Pablo da consejos a los cristianos de Tesalónica en cuanto al retorno de Jesús al mundo.

2 TESALONICENSES: En esta carta, como en la primera, San Pablo habla del retorno de Jesús al mundo. También trata de preparar a los creyentes para la venida del Señor.

1 TIMOTEO: Esta carta sirve como guía a Timoteo, un joven líder de la iglesia primitiva. San Pablo le da consejos sobre la adoración, el ministerio y las relaciones dentro de la iglesia.

2 TIMOTEO: Es esta la última carta escrita por San Pablo. En ella él da un último reto a sus compañeros de trabajo.

TITO: Tito estaba ministrando en Creta. En esta carta San Pablo le aconseja cómo ayudar a los nuevos cristianos.

FILEMÓN: En esta carta, Filemón es instado a perdonar a su esclavo, Onésimo, quien había tratado de escaparse; también a aceptarlo como a un amigo en Cristo.

HEBREOS: Esta carta reta a los nuevos cristianos a ir más allá de los rituales y ceremonias tradicionales y a darse cuenta de que en Cristo todos han encontrado su cumplimiento.

SANTIAGO: Santiago aconseja a los creyentes a poner en práctica sus creencias y además ofrece ideas prácticas de cómo vivir su fe.

1 PEDRO: Esta carta fue escrita para confortar a los primeros cristianos quienes estaban siendo perseguidos por causa de su fe.

2 PEDRO: En esta carta San Pedro advierte a los creyentes sobre los falsos maestros y los estimula a seguir leales a Dios.

1 JUAN: Esta carta explica verdades básicas acerca de la vida cristiana con énfasis en el mandato de amarse unos a otros.

2 JUAN: Esta carta, dirigida a "la señora escogida y a sus hijos" advierte a los creyentes sobre los falsos maestros.

3 JUAN: En contraste con la Segunda Carta de San Juan, esta carta habla de la necesidad de recibir a aquellos que predican a Cristo.

JUDAS: Judas advierte a los creyentes en contra de la influencia mala de personas fuera de la hermandad de creyentes.

APOCALIPSIS: Este libro fue escrito para alentar a los creyentes quienes estaban siendo perseguidos y para afirmar su fe en que Dios cuidará de ellos. Usando símbolos y visiones, el escritor ilustra el triunfo del bien sobre el mal y la creación de una tierra nueva y un cielo nuevo.

## Cómo encontrar una referencia bíblica

Cada versículo en esta Biblia está marcado con su *propio número*. Para encontrar los pasajes aquí numerados, necesitas encontrar primero, el libro, luego el número del capítulo dentro de ese libro, y luego el número o números de los versículos dentro de ese capítulo. En las listas, el número de capítulo aparece inmediatamente después del nombre del libro. Después del punto están los números de los versículos. Por ejemplo: 1 Corintios 12.1-11 es la primera carta de San Pablo a los Corintios capítulo doce, versículos del uno al once.

# Cómo leer la Biblia

Cada día separa un tiempo para leer tu Biblia. Trata de apartar la misma hora del día cada día. Dedica tanto tiempo como sea lógico y posible usar sin interferir con otras cosas, pues vas a dedicarlo por un tiempo más o menos largo. Antes de comenzar la lectura pide la guía y bendición de Dios. Algunas personas han descubierto que mantener un diario les ha ayudado. Usa los siguientes pasos para sacar el mayor provecho posible de tus lecturas diarias de la Biblia.

1. Selecciona un pasaje bíblico (puedes hacerlo siguiendo la guía *Lee la Biblia en un año* a continuación.)

2. Examina su contexto:

   a. ¿De qué clase de libro está tomada? (Un libro biográfico como uno de los Evangelios que da la vida de Jesús; un libro histórico como *El Segundo Libro de Samuel* que da la historia del reinado del Rey David; o una breve carta a una persona como *Las Cartas a Timoteo* o una carta a una iglesia específica como *Las Cartas de Pablo a los Corintios*.)

   b. ¿Cuál es el enfoque general del libro? (No tienes que hacer estudios extensos sobre el libro, pero siéntete libre para leer el primer o el último párrafo del libro, así como los subtítulos y las introducciones al libro si tu Biblia las tiene.)

   c. ¿Qué ocurre o es discutido en los pasajes antes y después de la lectura que has escogido?

3. Lee el pasaje completo para coger el sentido de lo que lees.

4. Identifica palabras y frases. ¿Hay alguna palabra o frase que se repite a través del pasaje? ¿Se discierne alguna relación de causa y efecto? (Las frases repetidas casi siempre están precedidas de *si*, *entonces*, *por eso*, *porque*, etc. ¿Hay alguna comparación hecha? ¿Se contrastan personajes, cosas o conceptos?

5. Lee el pasaje de nuevo y pregúntate cuál es la intención o propósito del pasaje. Trata de encontrar lo que el autor está tratando de decir. Debes ser honesto; no busques para encontrar sólo lo que quieres oír. La Biblia contiene muchos mensajes fuertes que pueden cambiar vidas.

6. ¿Qué has aprendido acerca de Dios en este pasaje? ¿Qué has aprendido acerca de la naturaleza humana? Pregúntate a ti mismo cómo este mensaje se aplica a tu propia vida. ¿Hay algo en tu vida que necesita cambiar para llegar a ser un mejor hijo de Dios o más amante del prójimo? Pídele a Dios que te ayude a hacer los cambios necesarios en tu vida para llegar a ser una mejor persona.

7. Lee el pasaje una vez más. ¿Hay algún versículo que quieres memorizar? ¿Por qué no lo escribes en una tarjetita y lo llevas contigo todo el día para estudiarlo?

8. Da gracias a Dios por lo que te ha mostrado y pídele su ayuda hoy, cuando tratas de aplicar la lección aprendida a tu vida.

9. Comparte lo que has aprendido con alguna otra persona.

# Lee la Biblia en un año

¿Has leído alguna vez la Biblia completa? Si dedicas de veinte a treinta minutos diarios, y sigues este plan, puedes hacerlo en solo un año. Las abreviaciones de los libros están explicadas al principio de la Biblia. Si necesitas ayuda para encontrar las referencias busca *Cómo encontrar las referencias en la Biblia*. Empieza a leer tu Biblia hoy y descubre las riquezas de la Palabra de Dios.

## ENERO

1 ☐ Lc 5.27-39 ☐ Gn 1-2 ☐ Sal 1 ☐ Tb 1
2 ☐ Lc 6.1-26 ☐ Gn 3-5 ☐ Sal 2
3 ☐ Lc 6.27-49 ☐ Gn 6-7 ☐ Sal 3 ☐ Tb 2
4 ☐ Lc 1.1-17 ☐ Gn 8-10 ☐ Sal 4
5 ☐ Lc 7.18-50 ☐ Gn 11 ☐ Sal 5 ☐ Tb 3
6 ☐ Lc 8.1-25 ☐ Gn 12 ☐ Sal 6
7 ☐ Lc 8.26-56 ☐ Gn 13-14 ☐ Sal 7 ☐ Tb 4
8 ☐ Lc 9.1-27 ☐ Gn 15 ☐ Sal 8
9 ☐ Lc 9.28-62 ☐ Gn 16 ☐ Sal 9 ☐ Tb 5
10 ☐ Lc 10.1-20 ☐ Gn 17 ☐ Sal 10
11 ☐ Lc 10.21-42 ☐ Gn 18 ☐ Sal 11 ☐ Tb 6
12 ☐ Lc 11.1-28 ☐ Gn 19 ☐ Sal 12
13 ☐ Lc 11.29-54 ☐ Gn 20 ☐ Sal 13 ☐ Tb 7
14 ☐ Lc 12.1-31 ☐ Gn 21 ☐ Sal 14
15 ☐ Lc 12.32-59 ☐ Gn 22 ☐ Sal 15 ☐ Tb 8
16 ☐ Lc 13.1-17 ☐ Gn 23 ☐ Sal 16
17 ☐ Lc 13.18-35 ☐ Gn 24 ☐ Sal 17 ☐ Tb 9
18 ☐ Lc 14.1-24 ☐ Gn 25 ☐ Sal 18
19 ☐ Lc 14.25-35 ☐ Gn 26 ☐ Sal 19 ☐ Tb 10
20 ☐ Lc 15 ☐ Gn 27.1-45 ☐ Sal 20
21 ☐ Lc 16 ☐ Gn 27.46-28.22 ☐ Sal 21 ☐ Tb 11
22 ☐ Lc 17 ☐ Gn 29.1-30 ☐ Sal 22
23 ☐ Lc 18.1-17 ☐ Gn 29.31-30.43 ☐ Sal 23
   ☐ Tb 12
24 ☐ Lc 18.18-43 ☐ Gn 31 ☐ Sal 24
25 ☐ Lc 19.1-27 ☐ Gn 32-33 ☐ Sal 25 ☐ Tb 13
26 ☐ Lc 19.28-48 ☐ Gn 34 ☐ Sal 26
27 ☐ Lc 20.1-26 ☐ Gn 35-36 ☐ Sal 27 ☐ Tb 14
28 ☐ Lc 20.27-47 ☐ Gn 37 ☐ Sal 28
29 ☐ Lc 21 ☐ Gn 38 ☐ Sal 29 ☐ Jdt 1
30 ☐ Lc 22.1-38 ☐ Gn 39 ☐ Sal 30
31 ☐ Lc 22.39-71 ☐ Gn 40 ☐ Sal 31 ☐ Jdt 2

## FEBRERO

1 ☐ Lc 23.1-25 ☐ Gn 41 ☐ Sal 32
2 ☐ Lc 23.26-56 ☐ Gn 42 ☐ Sal 33 ☐ Jdt 3
3 ☐ Lc 24.1-12 ☐ Gn 43 ☐ Sal 34
4 ☐ Lc 24.13-53 ☐ Gn 44 ☐ Sal 35 ☐ Jdt 4
5 ☐ He 1 ☐ Gn 45.1-46.27 ☐ Sal 36
6 ☐ He 2 ☐ Gn 46.28-47.31 ☐ Sal 37 ☐ Jdt 5
7 ☐ He 3.1-4.13 ☐ Gn 48 ☐ Sal 38
8 ☐ He 4.14-6.12 ☐ Gn 49-50 ☐ Sal 39 ☐ Jdt 6
9 ☐ He 6.13-20 ☐ Ex 1-2 ☐ Sal 40
10 ☐ He 7 ☐ Ex 3-4 ☐ Sal 41 ☐ Jdt 7
11 ☐ He 8 ☐ Ex 5.1-6.27 ☐ Pr 1
12 ☐ He 9.1-22 ☐ Ex 6.28-8.32 ☐ Pr 2 ☐ Jdt 8
13 ☐ He 9.23-10.18 ☐ Ex 9-10 ☐ Pr 3
14 ☐ He 10.19-39 ☐ Ex 11-12 ☐ Pr 4 ☐ Jdt 9
15 ☐ He 11.1-21 ☐ Ex 13-14 ☐ Pr 5
16 ☐ He 11.22-40 ☐ Ex 15 ☐ Pr 6.1-7.5 ☐ Jdt 10
17 ☐ He 12 ☐ Ex 16-17 ☐ Pr 7.6-27

18 ☐ He 13 ☐ Ex 18-19 ☐ Pr 8 ☐ Jdt 11
19 ☐ Mt 1 ☐ Ex 20-21 ☐ Pr 9
20 ☐ Mt 2 ☐ Ex 22-23 ☐ Pr 10 ☐ Jdt 12
21 ☐ Mt 3 ☐ Ex 24 ☐ Pr 11
22 ☐ Mt 4 ☐ Ex 25-27 ☐ Pr 12 ☐ Jdt 13
23 ☐ Mt 5.1-20 ☐ Ex 28-29 ☐ Pr 13
24 ☐ Mt 5.21-48 ☐ Ex 30-32 ☐ Pr 14 ☐ Jdt 14
25 ☐ Mt 6.1-18 ☐ Ex 33-34 ☐ Pr 15
26 ☐ Mt 6.19-34 ☐ Ex 35-36 ☐ Pr 16 ☐ Jdt 15
27 ☐ Mt 7 ☐ Ex 37-38 ☐ Pr 17
28 ☐ Mt 8.1-13 ☐ Ex 39-40 ☐ Pr 18 ☐ Jdt 16

## MARZO

1 ☐ Mt 8.14-34 ☐ Lv 1-2 ☐ Pr 19
2 ☐ Mt 9.1-17 ☐ Lv 3-4 ☐ Pr 20 ☐ Est gr 1
3 ☐ Mt 9.18-38 ☐ Lv 5-6 ☐ Pr 21
4 ☐ Mt 10.1-25 ☐ Lv 7-8 ☐ Pr 22 ☐ Est gr 2-3
5 ☐ Mt 10.26-42 ☐ Lv 9-10 ☐ Pr 23
6 ☐ Mt 11.1-19 ☐ Lv 11-12 ☐ Pr 24 ☐ Est gr 4
7 ☐ Mt 11.20-30 ☐ Lv 13 ☐ Pr 25
8 ☐ Mt 12.1-21 ☐ Lv 14 ☐ Pr 26 ☐ Est gr 5-6
9 ☐ Mt 12.22-50 ☐ Lv 15-16 ☐ Pr 27
10 ☐ Mt 13.1-23 ☐ Lv 17-18 ☐ Pr 28 ☐ Est gr 7-8
11 ☐ Mt 13.24-58 ☐ Lv 19 ☐ Pr 29
12 ☐ Mt 14.1-21 ☐ Lv 20-21 ☐ Pr 30 ☐ Est gr 9-10
13 ☐ Mt 14.22-36 ☐ Lv 22-23 ☐ Pr 31
14 ☐ Mt 15.1-20 ☐ Lv 24-25 ☐ Ec 1.1-11
   ☐ Sab 1.1-15
15 ☐ Mt 15.21-39 ☐ Lv 26-27 ☐ Ec 1.12-2.26
16 ☐ Mt 16 ☐ Nm 1-2 ☐ Ec 3.1-15
   ☐ Sab 1.16-2.24
17 ☐ Mt 17 ☐ Nm 3-4 ☐ Ec 3.16-4.16
18 ☐ Mt 18.1-17 ☐ Nm 5-6 ☐ Ec 5 ☐ Sab 3
19 ☐ Mt 18.18-35 ☐ Nm 7-8 ☐ Ec 6
20 ☐ Mt 19.1-15 ☐ Nm 9-10 ☐ Ec 7 ☐ Sab 4.1-19
21 ☐ Mt 19.16-30 ☐ Nm 11-12 ☐ Ec 8
22 ☐ Mt 20.1-16 ☐ Nm 13-14 ☐ Ec 9.1-12
   ☐ Sab 4.20-5.23
23 ☐ Mt 20.17-34 ☐ Nm 15-16 ☐ Ec 9.13-10.20
24 ☐ Mt 21.1-27 ☐ Nm 17-18 ☐ Ec 11.1-8 ☐ Sab 6
25 ☐ Mt 21.28-46 ☐ Nm 19-20 ☐ Ec 11.9-12.14
26 ☐ Mt 22.1-22 ☐ Nm 21 ☐ Cnt 1.1-2.7
   ☐ Sab 7.1-8.1
27 ☐ Mt 22.23-46 ☐ Nm 22.1-40 ☐ Cnt 2.8-3.5
28 ☐ Mt 23.1-12 ☐ Nm 22.41-23.26 ☐ Cnt 3.6-5.1
   ☐ Sab 8.2-21
29 ☐ Mt 23.13-39 ☐ Nm 23.27-24.25
   ☐ Cnt 5.2-6.3
30 ☐ Mt 24.1-31 ☐ Nm 25-27 ☐ Cnt 6.4-8.4
   ☐ Sab 9
31 ☐ Mt 24.32-51 ☐ Nm 28-29 ☐ Cnt 8.5-14

## ABRIL

1 ☐ Mt 25.1-30 ☐ Nm 30-31 ☐ Job 1 ☐ Sab 10
2 ☐ Mt 25.31-46 ☐ Nm 32-34 ☐ Job 2
3 ☐ Mt 26.1-25 ☐ Nm 35-36 ☐ Job 3
   ☐ Sab 11.1-12-2
4 ☐ Mt 26.26-46 ☐ Dt 1-2 ☐ Job 4
5 ☐ Mt 26.47-75 ☐ Dt 3-4 ☐ Job 5 ☐ Sab 12.3-27
6 ☐ Mt 27.1-31 ☐ Dt 5-6 ☐ Job 6
7 ☐ Mt 27.32-66 ☐ Dt 7-8 ☐ Job 7 ☐ Sab 13
8 ☐ Mt 28 ☐ Dt 9-10 ☐ Job 8
9 ☐ Hch 1 ☐ Dt 11-12 ☐ Job 9 ☐ Sab 14
10 ☐ Hch 2.1-13 ☐ Dt 13-14 ☐ Job 10
11 ☐ Hch 2.14-47 ☐ Dt 15-16 ☐ Job 11 ☐ Sab 15
12 ☐ Hch 3 ☐ Dt 17-18 ☐ Job 12
13 ☐ Hch 4.1-22 ☐ Dt 19-20 ☐ Job 13 ☐ Sab 16
14 ☐ Hch 4.23-37 ☐ Dt 21-22 ☐ Job 14
15 ☐ Hch 5.1-16 ☐ Dt 23-24 ☐ Job 15 ☐ Sab 17
16 ☐ Hch 5.17-42 ☐ Dt 25-27 ☐ Job 16
17 ☐ Hch 6 ☐ Dt 28 ☐ Job 17 ☐ Sab 18
18 ☐ Hch 7.1-22 ☐ Dt 29-30 ☐ Job 18
19 ☐ Hch 7.23-8.1 ☐ Dt 31-32 ☐ Job 19 ☐ Sab 19
20 ☐ Hch 8.1-25 ☐ Dt 33-34 ☐ Job 20
21 ☐ Hch 8.26-40 ☐ Josh 1-2 ☐ Job 21 ☐ Eclo 1
22 ☐ Hch 9.1-25 ☐ Josh 3.1-5.1 ☐ Job 22
23 ☐ Hch 9.26-43 ☐ Jos 5.2-6.27 ☐ Job 23 ☐ Eclo 2
24 ☐ Hch 10.1-33 ☐ Jos 7-8 ☐ Job 24
25 ☐ Hch 10.34-48 ☐ Jos 9-10 ☐ Job 25
   ☐ Eclo 3.1-16
26 ☐ Hch 11.1-18 ☐ Jos 11-12 ☐ Job 26
27 ☐ Hch 11.19-30 ☐ Jos 13-14 ☐ Job 27
   ☐ Eclo 3.17-29
28 ☐ Hch 12 ☐ Jos 15-17 ☐ Job 28
29 ☐ Hch 13.1-25 ☐ Jos 18-19 ☐ Job 29
   ☐ Eclo 3.30-4.19
30 ☐ Hch 13.26-52 ☐ Jos 20-21 ☐ Job 30

## MAYO

1 ☐ Hch 14 ☐ Jos 22 ☐ Job 31 ☐ Eclo 4.20-31
2 ☐ Hch 15.1-21 ☐ Jos 23-24 ☐ Job 32
3 ☐ Hch 15.22-41 ☐ Jue 1 ☐ Job 33 ☐ Eclo 5.1-8
4 ☐ Hch 16.1-15 ☐ Jue 2-3 ☐ Job 34
5 ☐ Hch 16.16-40 ☐ Jue 4-5 ☐ Job 35
   ☐ Eclo 5.9-6.4
6 ☐ Hch 17.1-15 ☐ Jue 6 ☐ Job 36
7 ☐ Hch 17.16-34 ☐ Jue 7-8 ☐ Job 37
   ☐ Eclo 6.5-6.17
8 ☐ Hch 18 ☐ Jue 9 ☐ Job 38
9 ☐ Hch 19.1-20 ☐ Jue 10.1-11.33 ☐ Job 39
   ☐ Eclo 6.18-37
10 ☐ Hch 19.21-41 ☐ Jue 11.34-12.15 ☐ Job 40
11 ☐ Hch 20.1-16 ☐ Jue 13 ☐ Job 41
   ☐ Eclo 7.1-7.17
12 ☐ Hch 20.17-38 ☐ Jue 14-15 ☐ Job 42
13 ☐ Hch 21.1-36 ☐ Jue 16 ☐ Sal 42
   ☐ Eclo 7.18-36
14 ☐ Hch 21.37-22.29 ☐ Jue 17-18 ☐ Sal 43
15 ☐ Hch 22.30-23.22 ☐ Jue 19 ☐ Sal 44 ☐ Eclo 8
16 ☐ Hch 23.23-24.9 ☐ Jue 20 ☐ Sal 45

17 ☐ Hch 24.10-27 ☐ Jue 21 ☐ Sal 46 ☐ Eclo 9
18 ☐ Hch 25 ☐ Rt 1-2 ☐ Sal 47
19 ☐ Hch 26.1-18 ☐ Rt 3-4 ☐ Sal 48
   ☐ Eclo 10.1-18
20 ☐ Hch 26.19-32 ☐ 1 S 1.1-2.11 ☐ Sal 49
21 ☐ Hch 27.1-12 ☐ 1 S 2.12-2.36 ☐ Sal 50
   ☐ Eclo 10.19-31
22 ☐ Hch 27.13-44 ☐ 1 S 3 ☐ Sal 51
23 ☐ Hch 28.1-15 ☐ 1 S 4-5 ☐ Sal 52 ☐ Eclo 11
24 ☐ Hch 28.16-31 ☐ 1 S 6-7 ☐ Sal 53
25 ☐ Ro 1.1-15 ☐ 1 S 8 ☐ Sal 54 ☐ Eclo 12
26 ☐ Ro 1.16-32 ☐ 1 S 9.1-10.16 ☐ Sal 55
27 ☐ Ro 2.1-3.8 ☐ 1 S 10.17-11.15 ☐ Sal 56
   ☐ Eclo 13.1-19
28 ☐ Ro 3.9-31 ☐ 1 S 12 ☐ Sal 57
29 ☐ Ro 4 ☐ 1 S 13 ☐ Sal 58 ☐ Eclo 13.20-14.2
30 ☐ Ro 5 ☐ 1 S 14 ☐ Sal 59
31 ☐ Ro 6 ☐ 1 S 15 ☐ Sal 60 ☐ Eclo 14.3-15.20

## JUNIO

1 ☐ Ro 7 ☐ 1 S 16 ☐ Sal 61 ☐ Eclo 16.1-23
2 ☐ Ro 8 ☐ 1 S 17.1-54 ☐ Sal 62
3 ☐ Ro 9.1-29 ☐ 1 S 17.55-18.30 ☐ Sal 63
   ☐ Eclo 16.24-17.32
4 ☐ Ro 9.30-10.21 ☐ 1 S 19 ☐ Sal 64
5 ☐ Ro 11.1-24 ☐ 1 S 20 ☐ Sal 65 ☐ Eclo 18.1-29
6 ☐ Ro 11.25-36 ☐ 1 S 21-22 ☐ Sal 66
7 ☐ Ro 12 ☐ 1 S 23-24 ☐ Sal 67 ☐ Eclo 18.30-19.30
8 ☐ Ro 13 ☐ 1 S 25 ☐ Sal 68
9 ☐ Ro 14 ☐ 1 S 26 ☐ Sal 69 ☐ Eclo 20
10 ☐ Ro 15.1-13 ☐ 1 S 27-28 ☐ Sal 70
11 ☐ Ro 15.14-33 ☐ 1 S 29-31 ☐ Sal 71 ☐ Eclo 21
12 ☐ Ro 16 ☐ 2 S 1 ☐ Sal 72
13 ☐ Mr 1.1-20 ☐ 2 S 2.1-3.1 ☐ Dn 1
   ☐ Eclo 22.1-26
14 ☐ Mr 1.21-45 ☐ 2 S 3.2-39 ☐ Dn 2.1-23
15 ☐ Mr 2 ☐ 2 S 4-5 ☐ Dn 2.24-49
   ☐ Eclo 22.27-23.27
16 ☐ Mr 3.1-19 ☐ 2 S 6 ☐ Dn 3
17 ☐ Mr 3.20-35 ☐ 2 S 7-8 ☐ Dn 4 ☐ Bar 1.1-3.8
18 ☐ Mr 4.1-20 ☐ 2 S 9-10 ☐ Dn 5
19 ☐ Mr 4.21-41 ☐ 2 S 11-12 ☐ Dn 6
   ☐ Bar 3.9-5.9a
20 ☐ Mr 5.1-20 ☐ 2 S 13 ☐ Dn 7
21 ☐ Mr 5.21-43 ☐ 2 S 14 ☐ Dn 8 ☐ Bar 5.9b-6.44
22 ☐ Mr 6.1-29 ☐ 2 S 15 ☐ Dn 9
23 ☐ Mr 6.30-56 ☐ 2 S 16 ☐ Dn 10.1-11.2
   ☐ Bar 6.45-72
24 ☐ Mr 7.1-13 ☐ 2 S 17 ☐ Dn 11.2-20
25 ☐ Mr 7.14-37 ☐ 2 S 18 ☐ Dn 11.21-45
   ☐ Dn dc 3.24-50
26 ☐ Mr 8.1-21 ☐ 2 S 19 ☐ Dn 12
27 ☐ Mr 8.22-9.1 ☐ 2 S 20-21 ☐ Os 1.1-2.1
   ☐ Dn dc 3.51-90
28 ☐ Mr 9.2-50 ☐ 2 S 22 ☐ Os 2.2-23
29 ☐ Mr 10.1-31 ☐ 2 S 23 ☐ Os 3 ☐ Dn dc 13.1-41
30 ☐ Mr 10.32-52 ☐ 2 S 24 ☐ Os 4.1-10

# Lecturas para días especiales

**Día de Año Nuevo**
Colosenses 3.5-17

**Epifanía**
San Mateo 2.1-12

**Día de Martín Lutero King, Jr**
Éxodo 3.1-12

**Día de San Valentín**
1 Corintios 13; 1 Juan 4.7-21

**Día de los Presidentes**
Isaías 32.1-8

**Miércoles de Ceniza**
Salmo 51; Joel 2.12-19; San Mateo 6.1-6;
Santiago 1.12-18

**Día de San Patricio**
Isaías 52.7-12

**Domingo de Ramos**
San Marcos 11.1-11; San Juan 12.12-19;
Filipenses 2.1-5

**Jueves Santo**
San Juan 13.1-17,34; Salmo 116

**Viernes Santo**
San Juan 18.1-19.42; Salmo 22;
Isaías 52.13-53.12

**Domingo de Resurrección**
San Mateo 28; San Lucas 24; San Juan 20;
Hechos 10.34-43; Salmo 33

**La Pascua**
Éxodo 12

**Día de las Madres**
1 Samuel 1. 1-28; Proverbios 23.22-25;
Proverbios 31.10-31; San Lucas 1.26-56

**Día Memorial**
Isaías 26.1-19

**Pentecostés**
Hechos 2.1-11

**Día de los Padres**
Proverbios 4; Proverbios 20.7;
San Lucas 15.11-32

**Día de la Independencia**
Salmo 33

**Día del Trabajo**
Génesis 1.26-2.4

**Día de Reconciliación**
Jeremías 31.31-34

**Día de los Abuelos**
Salmo 128

**Domingo de Comunión Mundial**
San Juan 10.1-16

**"Halloween"**
1 Juan 3.1-10; 1 Corintios 15.51-58

**Día de Todos los Santos**
Hebreos 11

**Día de Mayordomía Cristiana**
San Mateo 25.11-29; 2 Corintios 9.1-15

**Día de Elecciones**
1 Pedro 2.13-17

**Día de los Veteranos**
Isaías 2.1-5

**Domingo de la Biblia**
2 Timoteo 3.10-17

**Día de Gracias**
Deuteronomio 8.1-10; Salmo 65; Salmo 67

**Primer Domingo de Adviento**
Isaías 63.16-64.9; San Mateo 24.36-44;
San Lucas 21.25-36; Salmo 25

**Segundo Domingo de Adviento**
Malaquías 3.1-5; San Mateo 3.1-12; Salmo 8

**Tercer Domingo de Adviento**
Isaías 12. 1-6; San Mateo 11.2-19;
San Lucas 3.7-18; Filepenses 4.4-9

**Cuarto Domingo de Adviento**
Isaías 7.10-17; Miqueas 5.1-4;
San Lucas 1.26-56; Salmo 89.1-18

**Navidad**
San Lucas 2.1-20; San Mateo 1.18-25;
San Juan 1.1-18; Tito 3.4-7

**Cumpleaños Personal**
Salmo 145

# Pasajes famosos en la Biblia

## Historias del Antiguo Testamento

### EL COMIENZO

**La creación y el pecado**
Génesis 2.4-3.24

**El primer asesinato**
Génesis 4.1-15

**Noé y el diluvio**
Génesis 6.1-9.17

**La Torre de Babel**
Génesis 11.1-9

**El llamado a Abraham**
Génesis 12.1-9

**La destrucción de Sodoma y Gomorra**
Génesis 19.1-28

Hagar e Ismael
Génesis 16.1-15; 21.9-21
El nacimiento de Isaac
Génesis 21.1-8
Abraham ofrece a Isaac como ofrenda
Génesis 22.1-19
La historia de Jacob
Génesis 25.19-35.29
La historia de José
Génesis 37-50
Moisés en Egipto
Éxodo 1-14
Moisés vaga por el desierto
Éxodo 15.22-20.26; 31.18-34.35;
Números 20-21.25
Los Diez Mandamientos
Éxodo 20.1-17;
Deuteronomio 5.1-21
Balaam y el Rey de Moab
Números 22-24

## PERSONAS DE GRAN FE EN EL ANTIGUO TESTAMENTO

Rahab ayuda a los espías israelitas
Josué 2
Josué, estratega militar
Josué 3; 6
Débora, una mujer de poder y juicio
Jueces 4-5
Gedeón, el conquistador
Jueces 6.11-8.32
Sansón, el hombre de gran fuerza
Jueces 13-16
Rut, la mujer leal y devota
Rut 1-4
Samuel, el profeta que escuchó a Dios
1 Samuel 1-3; 7-10; 12; 15; 16
Saúl, primer rey de Israel
1 Samuel 8-11; 13; 15; 28; 31
David, el rey pastor
1 Samuel 16-27; 29-30.25;

2 Samuel 2; 11; 12; 15.1-8; 18;
1 Reyes 1.1-31; 2.1-11
Salomón, el rey sabio
1 Reyes 2.12— 11.43
Elías, el gran profeta
1 Reyes 17-19; 21;
2 Reyes 1
Eliseo, su sucesor
2 Reyes 2; 4—7.2; 13.14-21
Nehemías, un heroico constructor
Nehemías 1; 2; 4
Ester, una reina valiente
Ester 1-10
Daniel, un profeta de valor
Daniel 1-6
Jonás, el misionero renuente
Jonás 1-4

## ALGUNOS PASAJES FAMOSOS EN LOS DEUTEROCANÓNICOS

Un himno de acción de gracias
Eclesiástico 50.22-24
Consejos morales para un hijo
Tobit 13.1-18
Un himno de alabanza a Dios
Tobit 16.1-17
Una canción de acción de gracias
Judit 16.1-17
Salomón ora pidiendo sabiduría
Sabiduría 9.1-18
La sabiduría de Dios en la creación
Eclesiástico 16.24-17.14
La gran majestad de Dios
Eclesiástico 18.1-14
En alabanza a la sabiduría
Eclesiástico 24.1-34
En alabanza a los fieles
Eclesiástico 44.1-50.24
El canto de los tres jóvenes
Daniel (dc.) 3.51-90
Los mártires fieles
2 Macabeos 7

# Historias del Nuevo Testamento

## LA VIDA DE JESÚS

El nacimiento de Jesús
San Mateo 1.18-2.15;
San Lucas 2.1-20
Jesús es presentado en el Templo
San Lucas 2.21-40
El joven Jesús
San Lucas 2.41-52

El bautismo de Jesús
San Mateo 3;
San Marcos 1.1-11;
San Lucas 3.21,22
La tentación de Jesús
San Mateo 4.1-11;
San Marcos 1.12, 13;
San Lucas 4.1-13

## LA MUERTE Y RESURRECCIÓN DE JESÚS

## MILAGROS Y CURACIONES DE JESÚS

### ¿Qué es una parábola?

Parábola es una historia que usa situaciones de la vida real diaria para enseñar verdades. Jesús usó muchas parábolas para enseñar sobre el Reino de Dios a sus seguidores.

## LAS PARÁBOLAS Y LAS ENSEÑANZAS DE JESÚS

## OTRAS HISTORIAS DEL NUEVO TESTAMENTO

Esteban, el primer mártir
Hechos 6.5-15; 7.54-60
Felipe bautiza al funcionario etíope
Hechos 8.26-39
La conversión de Pablo
Hechos 9.1-31
Pedro y Cornelio
Hechos 10
Pedro en la prisión
Hechos 12.1-19

El bautismo de Lidia
Hechos 16.11-15
Pablo en la prisión
Hechos 16.16-40
El alboroto en Éfeso
Hechos 19.23-41
El viaje de Pablo a Roma
Hechos 27; 28

## Otros Pasajes Famosos en la Biblia

### CANCIONES EN LA BIBLIA

El canto de liberación de Moisés
Éxodo 15.1-18
La canción de victoria de Débora y Barac
Jueces 5.1-31
El canto de alabanza de Ana
1 Samuel 2.1-10
El lamento de David por Saúl y Jonatán
2 Samuel 1.17-27
Canto de victoria de David
2 Samuel 22;
Salmo 18
Canción de amor de Salomón
Cantares 2.10-15
Canción de alabanza de María
San Lucas 1.46-55
Himno a Cristo Jesús
Filipenses 2.6-11

La oración de Job
Job 42.1-6
La oración de Jeremías
Jeremías 32.16-25
La oración de Daniel
Daniel 9.3-19
La oración de Jonás
Jonás 2.1-9
El Padre Nuestro
San Mateo 6.9-13
Oración de Jesús en Getsemaní
San Mateo 26.36-44
Jesús ora por sus discípulos
San Juan 17
La oración de los discípulos
Hechos 4.24-31
La oración de Pablo por los creyentes
Efesios 3.14-21

### ORACIONES EN LA BIBLIA

Oración personal de Salomón
1 Reyes 3.5-10
Oración pública de Salomón
1 Reyes 8.22-61;
2 Crónicas 6.12-42
Oración de Ezequías en el Templo
2 Reyes 19.15-19;
Isaías 37.14-20
Oración de acción de gracias de David
2 Samuel 7.18-29;
1 Crónicas 17.16-27

### BENDICIONES ESPECIALES HALLADAS EN LA BIBLIA

Invocaciones y aperturas
Salmo 19.14; 1 Corintios 1.3; 1 Timoteo 1.
2 San Juan 3; Apocalipsis 1.4-6
Despedidas y conclusiones
Números 6.24-26; 1 Reyes 8.57,58;
Romanos 15.5,6,13; Romanos 16.25-27;
2 Corintios 13.13; Efesios 6.23,24;
Filipenses 4.7; Hebreos 13.20,21;
Judas 24,25

## Encuentra ayuda en la Biblia

### Ayuda en Circunstancias Especiales

**Siendo un buen amigo**
Proverbios 17.17; San Lucas 10.25-37; San Juan
15.11-17; Romanos 16.1-2

**Siendo un líder**
Isaías 11.1-9; Isaías 32.1-8; 1 Timoteo 3.1-7;
2 Timoteo 2.14-26; Tito 1.5-9

**Cuidando a las viudas y a los ancianos**
Génesis 47.1-12; Rut 1; Proverbios 23.22;
1 Timoteo 5.3-8

**Celebrando la adopción/nacimiento de un niño**
Salmo 100; Proverbios 22.6; San Lucas
18.15-17; San Juan 16.16-22

**Celebrando una graduación**
Salmo 119.105,105; Proverbios 9.10-12; Gálatas 5.16-26; Filipenses 4.4-9

**Celebrando una boda**
Génesis 2.18-24; Cantar de Cantares 8.6-7; Efesios 5.21-33; Colosenses 2.6,7

**Celebrando un aniversario de boda**
Salmo 100; 1 Corintios 13

**Controlando su temperamento**
Proverbios 14.17, 29; 15.18; 19.11; 29.22; Eclesiastés 7.9; Gálatas 5.16-26

**Controlando su lengua**
Salmo 12; Salmo 19.14; Proverbios 11.13; Proverbios 26.20; 2 Tesalonicenses 2.16-17; Santiago 3.1-12

**Descubriendo la voluntad de Dios**
Salmo 15; Miqueas 6.6-8; San Mateo 5.14-16; San Lucas 9.21-27; Romanos 13.8-14; 2 Pedro 1.3-9; 1 Juan 4.7-21

**Enfrentando un culto extraño**
San Mateo 7.15-20; 2 Pedro 2; 1 Juan 4.1-6; Judas

**Enfrentando la presión de los compañeros**
Proverbios 1.7-19; Romanos 12.1-2; Gálatas 6.1-5; Efesios 5.1-20

**Entrando a la Universidad**
Proverbios 2.1-8; Proverbios 3.1-18; Proverbios 4.1-27; Proverbios 23.12; Romanos 8.1-17; 1 Corintios 1.18-31

**Entrando al servicio militar**
2 Samuel 22.2-51; Salmo 91; Efesios 6.10-20; 2 Timoteo 2.1-13

**Confrontando la muerte de un ser querido**
Job 19.25-27; San Juan 11.25-27; San Juan 14.1-7; Romanos 8.31-39; Romanos 14.7-9; 1 Tesalonicenses 4.13-18

**Confrontando enfermedad**
Salmo 23; San Marcos 1.29-34; San Marcos 6.53-56; Santiago 5.14-16

**Confrontando el sufrimiento y la persecución**
Salmo 109; Salmo 119.153-160; San Mateo 5.3-12; San Juan 15.18-16.4; Romanos 8.18-30; 2 Corintios 4.1-15; Hebreos 12.1-11; 1 Pedro 4.12-19

**Tomando una decisión difícil**
1 Reyes 3; Ester 4-7; Salmo 139; Daniel 2.14-23; Colosenses 3.12-17

**Enfrentando divorcio**
Salmo 25; San Mateo 19.1-9; Filipenses 3.1-11

**Confrontando el desamparo**
Salmo 90.1-2; Isaías 65.17-25; Lamentaciones 3.19-24; San Lucas 9.57-62; Apocalipsis 21.1-4

**Enfrentando la cárcel**
Lamentaciones 3.34-36; San Mateo 25.31-46; San Lucas 4.16-21

**De frente a una vida solitaria**
1 Corintios 7.25-38; 1 Corintios 12.1-31

**Enfrentando un desastre natural**
Génesis 8-9.17; Job 36.22-37.13; Salmos 29, 124; Salmo 36.5-9; Jeremías 31.35-37; Romanos 8.31-39; 1 Pedro 1.3-12

**De frente a un juicio o demanda judicial**
Salmo 26; Isaías 50.4-11; San Mateo 5.25-26; San Lucas 18.1-8

**Perdiendo tu trabajo**
Jeremías 29.10-14; San Lucas 16.1-13; Filipenses 4.10-13

**Perdiendo las posesiones o propiedades**
Job 1.13-22; Job 42.7-17; Isaías 30.19-26; Isaías 41.17-20; Romanos 8.18-39

**Manejando el tiempo**
Proverbios 12.11; Proverbios 28.19; San Marcos 13.32-37; San Lucas 21.34-36; Timoteo 4.11-16; Tito 3.8-14

**Mudándose a una nueva casa**
Salmo 127.1-2; Proverbios 24.3-4; San Juan 14.1-7; Efesios 3.14-21; Apocalipsis 3.20,21

**Sobreponiéndose a la adicción**
Salmo 40.1-5, 11-17; Salmo 116.1-7; Proverbios 23.29-35; 2 Corintios 5.16-21; Efesios 4.22-24

**Superando una rencilla**
Levítico 19.17-18; San Mateo 5.23-26; San Lucas 6.27-36; Efesios 4.25-32

**Superando el prejuicio**
San Mateo 7.1-5; Hechos 10.34-36; Gálatas 3.26-29; Efesios 2.11-22; Colosenses 3.5-11; Santiago 2.1-13

**Conquistando el orgullo**
Salmo 131; San Marcos 9.33-37; San Lucas 14.7-11; San Lucas 18.9-14; San Lucas 22.24-27; Romanos 12.14-16; 1 Corintios 1.18-31; 2 Corintios 12.1-10

**No dejando para mañana lo que puedas hacer hoy**
San Mateo 22.1-14; San Mateo 25.1-13; 2 Corintios 6.1-2

**Criando niños**
Proverbios 22.6; Efesios 6.4; Colosenses 3.21

**Respetando la autoridad civil**
San Marcos 12.13-17; Romanos 13.1-7; Tito 3.1-2; 1 Pedro 2.13-17

**Respetando a los padres**
Exodus 20.12; Proverbios 23.22; Efesios 6.1-3; Colosenses 3.20

**Jubilándose de su trabajo**
Números 6.24-26; Salmo 145; San Mateo 25.31-46; Romanos 12.1-2; Filipenses 3.12-21; 2 Pedro 1.2

**Buscando perdón**
Salmo 32.1-5; Salmo 51; Proverbios 28.13; Joel 2.12-17; San Mateo 6.14-15; San Lucas 15; Filemón; Hebreos 4.14-16; 1 Juan 1.5-10

**Buscando la ayuda de Dios**
Salmos 5, 57, 86, 121, 130; Salmo 119.169-176;
San Mateo 7.7-12

**Buscando justicia**
Salmos 10, 17, 75, 94; Isaías 42.1-7; Isaías
61.1-9; Amós 5.21-24; Habacuc 1.1-2.4

**Buscando salvación**
San Juan 3.1-21; Romanos 1.16-17; Romanos
3.21-31; Romanos 5.1-11; Romanos 10.5-13;
Efesios 1.3-14; Efesios 2.1-10

**Buscando fortaleza**
Salmos 46, 138; Isaías 40.27-31; Isaías 51.12-16;
Efesios 6.10-20; 2 Tesalonicenses 2.16-17

**Buscando la verdad**
Salmo 119.153-160; San Juan 8.31-47; San Juan
14.6-14; San Juan 16.4b-15; 1 Timoteo 2.1-7

**Compartiendo tus dones**
Exodus 35.20-29; Malaquías 3.6-12; San Lucas
21.1-4; Hechos 2.43-47; Hechos 4.32-37;
Romanos 12.9-13; 1 Corintios 16.1-4; 2
Corintios 8.1-15; 2 Corintios 9.6-15

**Comenzando un trabajo nuevo**
Proverbios 11.3; Proverbios 22.29; Romanos
12.3-11; 1 Tesalonicenses 5.12-18;
2 Tesalonicenses 3.6-13; 1 Pedro 4.7-11

**Entendiendo tu relación con Dios**
Deuteronomio 5.1-22; Salmo 139; San Juan
15.1-17; Romanos 5.1-11; Romanos 8.1-17

**Entendiendo tu relación con otros**
Deuteronomio 5.16-21; Proverbios 3.27-35;
San Mateo 18.15-17; San Mateo 18.21-35;
Romanos 14.13- 23; Romanos 15.1-6; Gálatas
6.1-10; Colosenses 3.12-17; 1 Juan 4.7-12

**Preocupándote por el futuro**
Isaías 35; Isaías 60; Jeremías 29.10-14; 1 Pedro
1.3-5; Apocalipsis 21.1-8

**Preocupándote por la vejez**
Salmo 37.23-29; Isaías 46.3-4

**Preocupándote por el dinero**
Proverbios 11.7; Eclesiastés 5.10-20; San Mateo
6.24-34; San Lucas 12.13-21; 1 Timoteo 6.6-10

## Confrontando sentimientos que perturban

**¿Tienes miedo?**
Salmos 27, 91; Isaías 41.5-13; San Marcos
4.35-41; Hebreos 13.5-6; 1 Juan 4.13-18

**¿Tienes miedo a la muerte?**
Salmo 23; Salmo 63.1-8; San Juan 6.35-40;
Romanos 8.18-39; 1 Corintios 15.35-57;
2 Corintios 5.1-10; 2 Timoteo 1.8-10

**¿Estás enojado?**
Proverbios 15.1; Romanos 12.17-21; San Mateo
5.21-24; Efesios 4.26-32; Santiago 1.19-21

**¿Estás ansioso o enojado?**
Salmo 25; San Mateo 6.24-34; San Mateo
10.26-31; 1 Pedro 1.3-5; 1 Pedro 5.7

**¿Te sientes deprimido?**
Salmos 16, 43, 130; Isaías 61.1-4; Jeremías
15.10-21; Lamentaciones 3.55-57; San Juan
3.14-17; Efesios 3.14-21

**¿Te sientes frustrado o engañado?**
Salmo 55; Salmo 62.1-8; Jeremías 20.7-18

**¿Estás desanimado?**
Salmo 34; Isaías 12.1-6; Romanos 15.13;
2 Corintios 4.16-18; Filipenses 4.10-13;
Colosenses 1.9-14; Hebreos 6.9-12

**¿Dudando en cuanto a tu fe en Dios?**
Salmos 8, 146; Proverbios 30.5; San Mateo
7.7-12; San Lucas 17.5-6; San Juan 20.24-31;
Romanos 4.13-25; Hebreos 11; 1 Juan 5.13-15

**¿Estás frustrado?**
Job 21.1-16; Job 24.1-17; Job 36.1-26;
San Mateo 7.13-14

**¿Eres impaciente?**
Salmo 13; Salmo 37.1-7; Salmo 40.1-5;
Eclesiastés 3.1-15; Lamentaciones 3.25-33;
Hebreos 6.13-20; Santiago 5.7-11

**¿Eres inseguro? ¿Te falta estima propia?**
Deuteronomio 31.1-8; Salmo 73.21-26;
Salmo 108; Filipenses 4.10-20; 1 Juan 3.19-24

**¿Eres celoso?**
Salmo 49; Proverbios 23.17; Santiago 3.13-18

**¿Te sientes solo?**
Salmos 22, 42; San Juan 14.15-31a

**¿Te sientes abrumado? ¿Bajo tensión?**
Isaías 55.1-9; San Mateo 11.25-30; San Juan
4.1-30; 2 Corintios 6.3-10; Apocalipsis 22.17

**¿Te sientes rechazado?**
Salmo 38; Isaías 52.13-53.12; San Mateo 9.9-3;
San Lucas 4.16-30; San Juan 15.18-16.4; Efesios
1.3-14; 1 Pedro 2.1-10

**¿Eres tentado?**
Salmo 19.12-14; Salmo 141; San Lucas 4.1-13;
Hebreos 2.11-18; Hebreos 4.14-16;
Santiago 1.12-18

**¿Eres tentado por el sexo?**
2 Samuel 11.1-12.25; 1 Corintios 6.12-20;
Gálatas 5.16.26

**¿Estás cansado? ¿Exhausto?**
Salmo 3.5-6; Salmo 4.4-8; Isaías 35.1-10;
San Mateo 11.25-30; 2 Tesalonicenses 3.16;
Hebreos 4.1-11

**¿Te sientes inútil o inferior?**
Isaías 6.1-8; Jeremías 1.4-10; Gálatas 1.11-24;
Efesios 4.1-16; 1 Pedro 2.4-10

**¿Tienes deseos de venganza?**
San Mateo 5.38-42; Romanos 12.17-21

# Qué dice la Biblia sobre el Perdón de Dios

**Todos estamos separados de Dios por causa del pecado.**

Isaías 59.1-15
Romanos 3.9-20
Romanos 5.12-21
Eclesiastés 7.20
Romanos 7.14-25

**Dios siempre ha buscado tener una relación de cerca con la humanidad.**

Éxodo 19.3b-8
Jeremías 31.31-34
Isaías, 54.1-10
1 Pedro 1.1-10
1 Juan 3.1-10

**Dios ha tratado de hacer contacto con nosotros de una forma personal al enviar a su hijo Jesucristo.**

Colosenses 1.15-23
Romanos 5.1-11
1 Pedro 2.10-25
San Juan 3.1-21
2 Timoteo 1.3-10
Efesios 2.1-10

**El perdón de Dios a través de su hijo Jesucristo está al alcance de todos.**

Salmos 51.1-17
1 Juan 1.5-10
Romanos 10. 5-13
Salmos 32.1-11
Romanos 8.31-39
Romanos 3.21-26

**Para vivir la "nueva vida" en Cristo es necesario vivir como Cristo vivió.**

Romanos 6.1-14
San Mateo 20.20-28
Efesios 4.17-32
Gálatas 5.16-26
1 Juan 4.7-21
Romanos 12.1-21

# Compartiendo
## la Palabra de Dios
## con el Mundo

Esta Biblia representa un legado en traducción de la Palabra de Dios al idioma del pueblo—esto es a los idiomas que dan vida a las Escrituras en los corazones de quienes las leen y escuchan. La American Bible Society trabaja con eruditos de diferentes partes del mundo para traducir las Escrituras lo más fielmente posible, a los diferentes idiomas y en formatos que hablan claramente a la mente y al corazón de quienes las reciben. Hacemos un llamado a todos para que lean la inspiradora Palabra de Dios—para que al identificarse con su mensaje experimenten una verdadera relación con Dios.

Para lograr este fin, la American Bible Society—una organización cristiana sin fines de lucro—ofrece a iglesias, a otras organizaciones bíblica, y a individuos programas que dan a conocer la Palabra viva de Dios y que además dan apoyo a más de cien Sociedades Bíblicas a través del mundo. Desde su fundación en el 1816, la American Bible Society ha recibido generoso apoyo en su misión de traducir, publicar y poner al alcance de todos Escrituras de fácil comprensión y a un bajo costo.

En muchas partes del mundo, y aun en algunos lugares de los Estados Unidos de América, el costo de una Biblia representa un gasto considerable para algunas personas que ardientemente desean conocer la Palabra de Dios. Gracias a las aportaciones de individuos, iglesias y alianzas de ministerios, la American Bible Society continúa respondiendo a la necesidad de las Escrituras entre los sectores más necesitados de la sociedad. Esto se hace a través de individuos, programas efectivos y de cooperación con otros ministerios.

Le invitamos a unirse a nosotros mientras compartimos la Palabra de Dios con el mundo.

American Bible Society
1865 Broadway
New York, New York 10023-7505
www.americanbible.org
1-888-227-8262